中华人民共和国
乡镇行政区划简册2018

The Brochure of Administrative Divisions of
Township in P.R. China

中华人民共和国民政部　编

中国社会出版社
国家一级出版社 · 全国百佳图书出版单位

图书在版编目（CIP）数据

中华人民共和国乡镇行政区划简册. 2018 / 中华人民共和国民政部编.
—北京：中国社会出版社，2018.6
ISBN 978－7－5087－5594－6

Ⅰ. ①中…　Ⅱ. ①中…　Ⅲ. ①乡镇—行政区划—中国—2018—手册
Ⅳ. ①K928.2-62

中国版本图书馆 CIP 数据核字（2018）第130466号

书　　名：中华人民共和国乡镇行政区划简册. 2018
编　　者：中华人民共和国民政部

出 版 人：浦善新
终 审 人：李　浩
责任编辑：王晓燕　彭先芬

出版发行：中国社会出版社　　**邮政编码：**100032
通联方式：北京市西城区二龙路甲 33 号
电　　话：编辑部：（010）58124812
邮购部：（010）58124848
销售部：（010）58124845
传　真：（010）58124856
网　　址：www. shcbs. com. cn
shcbs. mca. gov. cn
经　　销：各地新华书店

中国社会出版社天猫旗舰店

印刷装订：中国电影出版社印刷厂
开　　本：210mm × 297mm　1 / 16
印　　张：40.75
字　　数：1300千字
版　　次：2018年7月第1版
印　　次：2018年7月第1次印刷
定　　价：228.00元

中国社会出版社微信公众号

《中华人民共和国乡镇行政区划简册·2018》

编　委　会

编者说明

乡镇街道是我国地域经济社会发展与管理的基本单元，是社会交流、经济活动、产业布局、公共服务的重要平台。乡镇街道行政区划信息已经成为企业布局规划的重要依据、群众询情办事的信息索引、社会交流交往的必备工具，区划代码更是电子信息数据共享的基础。为满足社会各界对乡镇街道行政区划信息的需求，我们编辑出版了《中华人民共和国乡镇行政区划简册·2018》。本简册是新中国成立以来最为完整的省、市、县、乡4级行政区划名录汇编。

《中华人民共和国乡镇行政区划简册·2018》全面收录了截至2017年年底的中华人民共和国行政区划名称和代码。我们在2016年行政区划的基础上，根据国务院2017年批准的全国县级以上行政区划调整以及各省（自治区、直辖市）人民政府2017年批准的全国县级以下行政区划的变更，编制成本书。本书由六部分组成，第一部分中华人民共和国行政区划数量，第二部分中华人民共和国行政区划名录和行政区划代码，第三部分2017年中华人民共和国行政区划变更名录，第四部分中华人民共和国行政区划名称造字与电脑替代字，第五部分《中华人民共和国乡镇行政区划简册·2017》勘误，第六部分中华人民共和国行政区划地名索引。为方便广大读者阅读使用，本书提供电子数据光盘。由于播放软件在显示生僻字时可能出现问题，请以纸质内容为准。

本书中使用的代码为9位行政区划代码。名称后加“*”号的为脱离所属管理区域的行政区划代码。

为方便读者查找地名，本书按地名汉字的首字笔画数顺序排列制作了地名索引，笔画数相同的按起笔笔形一、丨、丿、丶、乛的顺序排列。首笔笔画相同，比较次字，以此类推。香港特别行政区、澳门特别行政区、台湾省行政区划暂未列入本书。

在本书编辑出版过程中，得到了中国社会出版社以及有关单位、部门领导和相关同志的热情指导和大力支持，在此表示衷心感谢。书中难免存有一些不足的地方，恳请各位读者不吝批评指正。

编　者

2018年5月

目　录

第一部分　中华人民共和国行政区划数量

省级行政区划 …… 3
地、县级行政区划 …… 4
乡镇行政区划及自治组织数量 …… 5
北京市 …… 6
天津市 …… 6
河北省 …… 7
山西省 …… 12
内蒙古自治区 …… 16
辽宁省 …… 19
吉林省 …… 22
黑龙江省 …… 24
上海市 …… 28
江苏省 …… 29
浙江省 …… 32
安徽省 …… 35
福建省 …… 38
江西省 …… 41
山东省 …… 44
河南省 …… 48
湖北省 …… 53
湖南省 …… 56
广东省 …… 60
广西壮族自治区 …… 64
海南省 …… 67
重庆市 …… 68
四川省 …… 69

贵州省 …… 74
云南省 …… 77
西藏自治区 …… 81
陕西省 …… 83
甘肃省 …… 86
青海省 …… 89
宁夏回族自治区 …… 91
新疆维吾尔自治区 …… 92

第二部分　中华人民共和国行政区划名录和行政区划代码

北京市 …… 97
天津市 …… 101
河北省 …… 105
山西省 …… 121
内蒙古自治区 …… 133
辽宁省 …… 143
吉林省 …… 155
黑龙江省 …… 163
上海市 …… 173
江苏省 …… 177
浙江省 …… 187
安徽省 …… 199
福建省 …… 211
江西省 …… 221
山东省 …… 233
河南省 …… 247
湖北省 …… 265
湖南省 …… 275
广东省 …… 289
广西壮族自治区 …… 301

海南省 …… 311
重庆市 …… 315
四川省 …… 325
贵州省 …… 355
云南省 …… 367
西藏自治区 …… 379
陕西省 …… 387
甘肃省 …… 399
青海省 …… 411
宁夏回族自治区 …… 417
新疆维吾尔自治区 …… 421

第三部分 2017 年中华人民共和国行政区划变更名录

2017 年中华人民共和国县及县以上行政区划变更名录 …… 433
2017 年中华人民共和国县以下行政区划变更名录 …… 436

第四部分 中华人民共和国行政区划名称造字与电脑替代字

中华人民共和国行政区划名称造字与电脑替代字 …… 453

第五部分 《中华人民共和国乡镇行政区划简册・2017》勘误

《中华人民共和国乡镇行政区划简册・2017》勘误 …… 457

第六部分 中华人民共和国行政区划地名索引（按笔画顺序）

中华人民共和国行政区划地名索引（按笔画顺序） …… 461

第一部分

中华人民共和国行政区划数量

省级行政区划

单位：个

地区	省级合计	直辖市	省	自治区	特别行政区
全国合计	**34**	**4**	**23**	**5**	**2**
北京市	1	1			
天津市	1	1			
河北省	1		1		
山西省	1		1		
内蒙古自治区	1			1	
辽宁省	1		1		
吉林省	1		1		
黑龙江省	1		1		
上海市	1	1			
江苏省	1		1		
浙江省	1		1		
安徽省	1		1		
福建省	1		1		
江西省	1		1		
山东省	1		1		
河南省	1		1		
湖北省	1		1		
湖南省	1		1		
广东省	1		1		
广西壮族自治区	1			1	
海南省	1		1		
重庆市	1	1			
四川省	1		1		
贵州省	1		1		
云南省	1		1		
西藏自治区	1			1	
陕西省	1		1		
甘肃省	1		1		
青海省	1		1		
宁夏回族自治区	1			1	
新疆维吾尔自治区	1			1	
香港	1				1
澳门	1				1
台湾	1		1		

地、县级行政区划

单位：个

地区	地级合计	地级市	地区	自治州	盟	县级合计	市辖区	县级市	县	自治县	旗	自治旗	特区	林区
全国合计	**334**	**294**	**7**	**30**	**3**	**2851**	**962**	**363**	**1355**	**117**	**49**	**3**	**1**	**1**
北京市						16	16							
天津市						16	16							
河北省	11	11				168	47	20	95	6				
山西省	11	11				119	23	11	85					
内蒙古自治区	12	9			3	103	23	11	17		49	3		
辽宁省	14	14				100	59	16	17	8				
吉林省	9	8		1		60	21	20	16	3				
黑龙江省	13	12	1			128	65	19	43	1				
上海市						16	16							
江苏省	13	13				96	55	21	20					
浙江省	11	11				89	37	19	32	1				
安徽省	16	16				105	44	6	55					
福建省	9	9				85	29	12	44					
江西省	11	11				100	25	11	64					
山东省	17	17				137	55	26	56					
河南省	17	17				158	52	21	85					
湖北省	13	12		1		103	39	24	37	2				1
湖南省	14	13		1		122	35	17	63	7				
广东省	21	21				121	64	20	34	3				
广西壮族自治区	14	14				111	40	7	52	12				
海南省	4	4				23	8	5	4	6				
重庆市						38	26		8	4				
四川省	21	18		3		183	53	17	109	4				
贵州省	9	6		3		88	15	8	53	11			1	
云南省	16	8		8		129	16	15	69	29				
西藏自治区	7	6	1			74	8		66					
陕西省	10	10				107	30	4	73					
甘肃省	14	12		2		86	17	4	58	7				
青海省	8	2		6		43	6	3	27	7				
宁夏回族自治区	5	5				22	9	2	11					
新疆维吾尔自治区	14	4	5	5		105	13	24	62	6				

乡镇行政区划及自治组织数量

单位：个

地区	乡镇级合计	镇	乡	民族乡	街道办事处	区公所	村委会	居委会
全国合计	**39888**	**21116**	**10529**	**982**	**8241**	**2**	**554218**	**106491**
北京市	331	143	38	5	150		3920	3140
天津市	248	124	3	1	121		3680	1657
河北省	2255	1128	818	47	308	1	48671	4415
山西省	1398	564	632		202		27881	2377
内蒙古自治区	1020	505	272	17	243		11053	2375
辽宁省	1531	641	202	54	688		11598	4359
吉林省	919	426	182	28	311		9327	1875
黑龙江省	1192	532	353	52	307		8968	3739
上海市	214	107	2		105		1585	4364
江苏省	1284	758	68	1	458		14462	7201
浙江省	1378	641	274	14	463		27458	4466
安徽省	1486	965	275	9	246		14482	3516
福建省	1105	642	284	19	179		14399	2404
江西省	1561	825	579	8	157		17033	3569
山东省	1824	1094	70		660		74167	6828
河南省	2441	1151	640	12	650		46198	5466
湖北省	1234	761	165	10	308		24970	4401
湖南省	1927	1134	398	83	395		23906	5277
广东省	1601	1124	11	7	466		19785	6747
广西壮族自治区	1251	799	319	59	133		14258	1969
海南省	218	175	21		22		2562	599
重庆市	1030	626	182	14	222		8090	3055
四川省	4610	2196	2064	98	350		45683	7410
贵州省	1379	839	317	193	223		13436	4052
云南省	1398	682	543	140	173		11905	2473
西藏自治区	697	140	545	9	12		5259	215
陕西省	1295	983	23		289		18116	2771
甘肃省	1355	816	413	32	126		16039	1343
青海省	400	143	223	28	34		4147	477
宁夏回族自治区	240	103	90		47		2260	541
新疆维吾尔自治区	1066	349	523	42	193	1	8920	3410

北京市

行政区划代码	行政区划名称	乡镇街道合计	街道	镇	乡
110000000	**北京市**	**331**	**150**	**143**	**38**
110101000	东城区	17	17		
110102000	西城区	15	15		
110105000	朝阳区	43	24		19
110106000	丰台区	21	16	2	3
110107000	石景山区	9	9		
110108000	海淀区	29	22	7	
110109000	门头沟区	13	4	9	
110111000	房山区	28	8	14	6
110112000	通州区	15	4	10	1
110113000	顺义区	25	6	19	
110114000	昌平区	22	8	14	
110115000	大兴区	22	8	14	
110116000	怀柔区	16	2	12	2
110117000	平谷区	18	2	14	2
110118000	密云区	20	2	17	1
110119000	延庆区	18	3	11	4

天津市

行政区划代码	行政区划名称	乡镇街道合计	街道	镇	乡
120000000	**天津市**	**248**	**121**	**124**	**3**
120101000	和平区	6	6		
120102000	河东区	13	13		
120103000	河西区	14	14		
120104000	南开区	12	12		
120105000	河北区	10	10		
120106000	红桥区	11	11		
120110000	东丽区	11	11		
120111000	西青区	11	4	7	
120112000	津南区	10	2	8	
120113000	北辰区	16	7	9	
120114000	武清区	30	6	24	
120115000	宝坻区	24	8	16	
120116000	滨海新区	21	16	5	
120117000	宁河区	14		14	
120118000	静海区	18		16	2
120119000	蓟州区	27	1	25	1

河北省

行政区划代码	行政区划名称	乡镇街道合计	街道	镇	乡
130000000	**河北省**	**2254**	**308**	**1128**	**818**
130100000	**石家庄市**	**276**	**60**	**127**	**89**
130102000	长安区	16	12	4	
130104000	桥西区	17	17		
130105000	新华区	15	15		
130107000	井陉矿区	5	2	2	1
130108000	裕华区	13	11	2	
130109000	藁城区	14		13	1
130110000	鹿泉区	12		9	3
130111000	栾城区	8		5	3
130121000	井陉县	17		10	7
130123000	正定县	10	2	3	5
130125000	行唐县	15		4	11
130126000	灵寿县	15		6	9
130127000	高邑县	5		4	1
130128000	深泽县	6		3	3
130129000	赞皇县	11		4	7
130130000	无极县	11		6	5
130131000	平山县	23		12	11
130132000	元氏县	15		8	7
130133000	赵县	11		7	4
130181000	辛集市	15		8	7
130183000	晋州市	10		9	1
130184000	新乐市	12	1	8	3
130200000	**唐山市**	**231**	**54**	**132**	**45**
130202000	路南区	11	9	1	1
130203000	路北区	13	12		1
130204000	古冶区	10	5	2	3
130205000	开平区	11	5	6	
130207000	丰南区	19	3	13	3
130208000	丰润区	26	3	20	3
130209000	曹妃甸区	8	3	5	
130223000	滦县	14	4	10	
130224000	滦南县	17	1	16	
130225000	乐亭县	15	1	11	3

注：本表数据不含区公所。

续表 1

行政区划代码	行政区划名称	乡镇街道合计	街道	镇	乡
130227000	迁西县	18	1	9	8
130229000	玉田县	21	1	16	4
130281000	遵化市	27	2	13	12
130283000	迁安市	21	4	10	7
130300000	**秦皇岛市**	**98**	**23**	**50**	**25**
130302000	海港区	21	13	8	
130303000	山海关区	9	5	3	1
130304000	北戴河区	5	2	3	
130306000	抚宁区	9	2	5	2
130321000	青龙满族自治县	26	1	11	14
130322000	昌黎县	16		11	5
130324000	卢龙县	12		9	3
130400000	**邯郸市**	**242**	**30**	**117**	**95**
130402000	邯山区	20	11	5	4
130403000	丛台区	19	10	3	6
130404000	复兴区	12	7	2	3
130406000	峰峰矿区	10	1	9	
130407000	肥乡区	9		5	4
130408000	永年区	17		9	8
130423000	临漳县	14		7	7
130424000	成安县	9		5	4
130425000	大名县	20		10	10
130426000	涉县	17	1	8	8
130427000	磁县	13		6	7
130430000	邱县	7		5	2
130431000	鸡泽县	7		4	3
130432000	广平县	7		4	3
130433000	馆陶县	8		4	4
130434000	魏县	21		12	9
130435000	曲周县	10		6	4
130481000	武安市	22		13	9
130500000	**邢台市**	**198**	**26**	**104**	**68**
130502000	桥东区	10	7	2	1
130503000	桥西区	10	8	2	
130521000	邢台县	18		12	6
130522000	临城县	8		4	4

续表 2

行政区划代码	行政区划名称	乡镇街道合计	街道	镇	乡
130523000	内丘县	9		5	4
130524000	柏乡县	6		4	2
130525000	隆尧县	12		7	5
130526000	任县	8		4	4
130527000	南和县	8		3	5
130528000	宁晋县	17	1	11	5
130529000	巨鹿县	10		7	3
130530000	新河县	6		2	4
130531000	广宗县	8		4	4
130532000	平乡县	7	1	2	4
130533000	威县	16		11	5
130534000	清河县	6		6	
130535000	临西县	9		6	3
130581000	南宫市	15	4	6	5
130582000	沙河市	15	5	6	4
130600000	**保定市**	**340**	**31**	**172**	**137**
130602000	竞秀区	11	5		6
130606000	莲池区	17	10		7
130607000	满城区	13	1	5	7
130608000	清苑区	18		9	9
130609000	徐水区	14		10	4
130623000	涞水县	15		11	4
130624000	阜平县	13		6	7
130626000	定兴县	16		7	9
130627000	唐县	20		9	11
130628000	高阳县	9	1	4	4
130629000	容城县	8		5	3
130630000	涞源县	17		8	9
130631000	望都县	8		4	4
130632000	安新县	12		9	3
130633000	易县	27		9	18
130634000	曲阳县	18		8	10
130635000	蠡县	13		10	3
130636000	顺平县	10		5	5
130637000	博野县	7		6	1
130638000	雄县	9		6	3

续表 3

行政区划代码	行政区划名称	乡镇街道合计	街道	镇	乡
130681000	涿州市	14	3	10	1
130682000	定州市	25	4	16	5
130683000	安国市	11	2	6	3
130684000	高碑店市	15	5	9	1
130700000	**张家口市**	**232**	**23**	**99**	**110**
130702000	桥东区	11	7	3	1
130703000	桥西区	9	7	2	
130705000	宣化区	23	7	9	7
130706000	下花园区	6	2		4
130708000	万全区	11		4	7
130709000	崇礼区	10		2	8
130722000	张北县	20		8	12
130723000	康保县	15		7	8
130724000	沽源县	14		4	10
130725000	尚义县	14		7	7
130726000	蔚县	22		11	11
130727000	阳原县	14		5	9
130728000	怀安县	11		4	7
130730000	怀来县	17		11	6
130731000	涿鹿县	17		13	4
130732000	赤城县	18		9	9
130800000	**承德市**	**218**	**14**	**103**	**101**
130802000	双桥区	14	7	7	
130803000	双滦区	9	3	4	2
130804000	鹰手营子矿区	5	1	4	
130821000	承德县	23		12	11
130822000	兴隆县	20		13	7
130824000	滦平县	21	1	9	11
130825000	隆化县	25	1	9	15
130826000	丰宁满族自治县	27	1	10	16
130827000	宽城满族自治县	18		10	8
130828000	围场满族蒙古族自治县	37		12	25
130881000	平泉市	19		13	6
130900000	**沧州市**	**194**	**26**	**85**	**83**
130902000	新华区	6	5		1
130903000	运河区	8	6	1	1

续表 4

行政区划代码	行政区划名称	乡镇街道合计	街道	镇	乡
130921000	沧县	19		4	15
130922000	青县	10		7	3
130923000	东光县	9		8	1
130924000	海兴县	7		3	4
130925000	盐山县	12		6	6
130926000	肃宁县	9		6	3
130927000	南皮县	9		6	3
130928000	吴桥县	10		5	5
130929000	献县	18		7	11
130930000	孟村回族自治县	6		4	2
130981000	泊头市	15	3	8	4
130982000	任丘市	22	7	9	6
130983000	黄骅市	14	3	4	7
130984000	河间市	20	2	7	11
131000000	**廊坊市**	**107**	**17**	**68**	**22**
131002000	安次区	11	3	4	4
131003000	广阳区	11	7	3	1
131022000	固安县	9		5	4
131023000	永清县	10		5	5
131024000	香河县	9		9	
131025000	大城县	10		8	2
131026000	文安县	13		12	1
131028000	大厂回族自治县	6	1	5	
131081000	霸州市	13	1	7	5
131082000	三河市	15	5	10	
131100000	**衡水市**	**118**	**4**	**71**	**43**
131102000	桃城区	10	4	3	3
131103000	冀州区	11		7	4
131121000	枣强县	11		8	3
131122000	武邑县	9		6	3
131123000	武强县	6		3	3
131124000	饶阳县	7		4	3
131125000	安平县	8		5	3
131126000	故城县	13		9	4
131127000	景县	16		10	6
131128000	阜城县	10		5	5
131182000	深州市	17		11	6

山西省

行政区划代码	行政区划名称	乡镇街道合计	街道	镇	乡
140000000	**山西省**	**1398**	**202**	**564**	**632**
140100000	**太原市**	**105**	**53**	**21**	**31**
140105000	小店区	10	7	1	2
140106000	迎泽区	7	6	1	
140107000	杏花岭区	12	10		2
140108000	尖草坪区	14	9	2	3
140109000	万柏林区	15	14		1
140110000	晋源区	6	3	3	
140121000	清徐县	9		4	5
140122000	阳曲县	10		4	6
140123000	娄烦县	8		3	5
140181000	古交市	14	4	3	7
140200000	**大同市**	**139**	**40**	**33**	**66**
140202000	城区	14	14		
140203000	矿区	26	26		
140211000	南郊区	10		3	7
140212000	新荣区	7		1	6
140221000	阳高县	13		7	6
140222000	天镇县	11		5	6
140223000	广灵县	9		2	7
140224000	灵丘县	12		3	9
140225000	浑源县	18		6	12
140226000	左云县	9		3	6
140227000	大同县	10		3	7
140300000	**阳泉市**	**44**	**12**	**20**	**12**
140302000	城区	6	6		
140303000	矿区	6	6		
140311000	郊区	8		4	4
140321000	平定县	10		8	2
140322000	盂县	14		8	6
140400000	**长治市**	**146**	**14**	**68**	**64**
140402000	城区	10	10		

续表 1

行政区划代码	行政区划名称	乡镇街道合计	街道	镇	乡
140411000	郊区	8	2	5	1
140421000	长治县	11		6	5
140423000	襄垣县	11		8	3
140424000	屯留县	11		7	4
140425000	平顺县	12		5	7
140426000	黎城县	9		5	4
140427000	壶关县	12		5	7
140428000	长子县	12		7	5
140429000	武乡县	14		5	9
140430000	沁县	13		6	7
140431000	沁源县	14		5	9
140481000	潞城市	9	2	4	3
140500000	**晋城市**	**84**	**10**	**48**	**26**
140502000	城区	8	7	1	
140521000	沁水县	14		7	7
140522000	阳城县	17		10	7
140524000	陵川县	12		7	5
140525000	泽州县	17		14	3
140581000	高平市	16	3	9	4
140600000	**朔州市**	**73**	**4**	**19**	**50**
140602000	朔城区	15	4	2	9
140603000	平鲁区	13		2	11
140621000	山阴县	13		4	9
140622000	应县	12		3	9
140623000	右玉县	10		4	6
140624000	怀仁县	10		4	6
140700000	**晋中市**	**135**	**17**	**59**	**59**
140702000	榆次区	19	9	6	4
140721000	榆社县	9		4	5
140722000	左权县	10		5	5
140723000	和顺县	10		5	5
140724000	昔阳县	12		5	7
140725000	寿阳县	14		7	7

续表 2

行政区划代码	行政区划名称	乡镇街道合计	街道	镇	乡
140726000	太谷县	9		3	6
140727000	祁县	8		6	2
140728000	平遥县	17	3	5	9
140729000	灵石县	12		6	6
140781000	介休市	15	5	7	3
140800000	**运城市**	**149**	**13**	**81**	**55**
140802000	盐湖区	21	8	7	6
140821000	临猗县	14		9	5
140822000	万荣县	14		4	10
140823000	闻喜县	13		7	6
140824000	稷山县	7		5	2
140825000	新绛县	9		8	1
140826000	绛县	10		8	2
140827000	垣曲县	11		5	6
140828000	夏县	11		6	5
140829000	平陆县	10		6	4
140830000	芮城县	10		7	3
140881000	永济市	10	3	7	
140882000	河津市	9	2	2	5
140900000	**忻州市**	**191**	**6**	**59**	**126**
140902000	忻府区	20	3	6	11
140921000	定襄县	9		3	6
140922000	五台县	19		6	13
140923000	代县	11		6	5
140924000	繁峙县	13		3	10
140925000	宁武县	14		4	10
140926000	静乐县	14		4	10
140927000	神池县	10		3	7
140928000	五寨县	12		3	9
140929000	岢岚县	12		2	10
140930000	河曲县	13		4	9
140931000	保德县	13		4	9
140932000	偏关县	10		4	6

续表 3

行政区划代码	行政区划名称	乡镇街道合计	街道	镇	乡
140981000	原平市	21	3	7	11
141000000	**临汾市**	**171**	**20**	**75**	**76**
141002000	尧都区	26	10	10	6
141021000	曲沃县	7		5	2
141022000	翼城县	10		6	4
141023000	襄汾县	13		7	6
141024000	洪洞县	16		9	7
141025000	古县	7		4	3
141026000	安泽县	7		4	3
141027000	浮山县	9		2	7
141028000	吉县	8		3	5
141029000	乡宁县	10		5	5
141030000	大宁县	6		2	4
141031000	隰县	8		3	5
141032000	永和县	7		2	5
141033000	蒲县	9		4	5
141034000	汾西县	8		5	3
141081000	侯马市	8	5		3
141082000	霍州市	12	5	4	3
141100000	**吕梁市**	**161**	**13**	**81**	**67**
141102000	离石区	12	7	2	3
141121000	文水县	12		7	5
141122000	交城县	10		6	4
141123000	兴县	17		7	10
141124000	临县	23		13	10
141125000	柳林县	15		8	7
141126000	石楼县	9		4	5
141127000	岚县	12		4	8
141128000	方山县	7		5	2
141129000	中阳县	7		5	2
141130000	交口县	7		4	3
141181000	孝义市	16	4	7	5
141182000	汾阳市	14	2	9	3

内蒙古自治区

行政区划代码	行政区划名称	乡镇街道合计	街道	镇	乡
150000000	**内蒙古自治区**	**1020**	**243**	**505**	**272**
150100000	**呼和浩特市**	**76**	**31**	**29**	**16**
150102000	新城区	9	8	1	
150103000	回民区	8	7	1	
150104000	玉泉区	9	8	1	
150105000	赛罕区	11	8	3	
150121000	土默特左旗	9		7	2
150122000	托克托县	5		5	
150123000	和林格尔县	8		4	4
150124000	清水河县	8		4	4
150125000	武川县	9		3	6
150200000	**包头市**	**85**	**46**	**29**	**10**
150202000	东河区	14	12	2	
150203000	昆都仑区	15	13	2	
150204000	青山区	10	8	2	
150205000	石拐区	8	6	1	1
150206000	白云鄂博矿区	2	2		
150207000	九原区	10	5	4	1
150221000	土默特右旗	8		5	3
150222000	固阳县	6		6	
150223000	达尔罕茂明安联合旗	12		7	5
150300000	**乌海市**	**20**	**15**	**5**	
150302000	海勃湾区	7	6	1	
150303000	海南区	5	2	3	
150304000	乌达区	8	7	1	
150400000	**赤峰市**	**153**	**21**	**86**	**46**
150402000	红山区	13	11	2	
150403000	元宝山区	12	6	5	1
150404000	松山区	18	4	9	5
150421000	阿鲁科尔沁旗	14		7	7
150422000	巴林左旗	11		7	4
150423000	巴林右旗	9		5	4
150424000	林西县	9		7	2
150425000	克什克腾旗	13		7	6
150426000	翁牛特旗	14		8	6
150428000	喀喇沁旗	9		7	2
150429000	宁城县	15		13	2
150430000	敖汉旗	16		9	7

续表 1

行政区划代码	行政区划名称	乡镇街道合计	街道	镇	乡
150500000	**通辽市**	**110**	**19**	**61**	**30**
150502000	科尔沁区	26	15	10	1
150521000	科尔沁左翼中旗	17		11	6
150522000	科尔沁左翼后旗	15		10	5
150523000	开鲁县	10		10	
150524000	库伦旗	8		5	3
150525000	奈曼旗	14		8	6
150526000	扎鲁特旗	15		7	8
150581000	霍林郭勒市	5	4		1
150600000	**鄂尔多斯市**	**77**	**26**	**43**	**8**
150602000	东胜区	15	12	3	
150603000	康巴什区	4	4		
150621000	达拉特旗	15	6	8	1
150622000	准格尔旗	14	4	7	3
150623000	鄂托克前旗	4		4	
150624000	鄂托克旗	6		4	2
150625000	杭锦旗	6		5	1
150626000	乌审旗	6		5	1
150627000	伊金霍洛旗	7		7	
150700000	**呼伦贝尔市**	**141**	**35**	**68**	**38**
150702000	海拉尔区	8	6	2	
150703000	扎赉诺尔区	6	5	1	
150721000	阿荣旗	12		8	4
150722000	莫力达瓦达斡尔族自治旗	15		11	4
150723000	鄂伦春自治旗	10		8	2
150724000	鄂温克族自治旗	10		4	6
150725000	陈巴尔虎旗	7		3	4
150726000	新巴尔虎左旗	7		2	5
150727000	新巴尔虎右旗	7		3	4
150781000	满洲里市	6	5	1	
150782000	牙克石市	16	6	10	
150783000	扎兰屯市	19	7	8	4
150784000	额尔古纳市	9	2	3	4
150785000	根河市	9	4	4	1
150800000	**巴彦淖尔市**	**68**	**9**	**46**	**13**
150802000	临河区	18	9	7	2
150821000	五原县	9		8	1
150822000	磴口县	5		4	1
150823000	乌拉特前旗	11		9	2

续表 2

行政区划代码	行政区划名称	乡镇街道合计	街道	镇	乡
150824000	乌拉特中旗	10		6	4
150825000	乌拉特后旗	6		3	3
150826000	杭锦后旗	9		9	
150900000	**乌兰察布市**	**105**	**13**	**51**	**41**
150902000	集宁区	10	8	1	1
150921000	卓资县	8		5	3
150922000	化德县	6		3	3
150923000	商都县	10		6	4
150924000	兴和县	9		5	4
150925000	凉城县	8		6	2
150926000	察哈尔右翼前旗	9		5	4
150927000	察哈尔右翼中旗	11		5	6
150928000	察哈尔右翼后旗	8		5	3
150929000	四子王旗	13		5	8
150981000	丰镇市	13	5	5	3
152200000	**兴安盟**	**71**	**15**	**37**	**19**
152201000	乌兰浩特市	15	11	4	
152202000	阿尔山市	8	4	4	
152221000	科尔沁右翼前旗	14		9	5
152222000	科尔沁右翼中旗	12		6	6
152223000	扎赉特旗	13		8	5
152224000	突泉县	9		6	3
152500000	**锡林郭勒盟**	**82**	**11**	**35**	**36**
152501000	二连浩特市	4	3		1
152502000	锡林浩特市	12	8	1	3
152522000	阿巴嘎旗	7		3	4
152523000	苏尼特左旗	7		3	4
152524000	苏尼特右旗	7		3	4
152525000	东乌珠穆沁旗	10		6	4
152526000	西乌珠穆沁旗	7		5	2
152527000	太仆寺旗	7		5	2
152528000	镶黄旗	4		2	2
152529000	正镶白旗	5		2	3
152530000	正蓝旗	7		3	4
152531000	多伦县	5		2	3
152900000	**阿拉善盟**	**32**	**2**	**15**	**15**
152921000	阿拉善左旗	15		9	6
152922000	阿拉善右旗	7		3	4
152923000	额济纳旗	10	2	3	5

辽宁省

行政区划代码	行政区划名称	乡镇街道合计	街道	镇	乡
210000000	**辽宁省**	**1531**	**688**	**641**	**202**
210100000	**沈阳市**	**214**	**145**	**53**	**16**
210102000	和平区	13	13		
210103000	沈河区	15	15		
210104000	大东区	14	14		
210105000	皇姑区	12	12		
210106000	铁西区	20	20		
210111000	苏家屯区	17	17		
210112000	浑南区	14	14		
210113000	沈北新区	14	14		
210114000	于洪区	12	12		
210115000	辽中区	20	4	16	
210123000	康平县	15	3	5	7
210124000	法库县	19	2	12	5
210181000	新民市	29	5	20	4
210200000	**大连市**	**163**	**114**	**35**	**14**
210202000	中山区	9	9		
210203000	西岗区	7	7		
210204000	沙河口区	9	9		
210211000	甘井子区	16	16		
210212000	旅顺口区	13	13		
210213000	金州区	27	27		
210214000	普兰店区	19	17	2	
210224000	长海县	5		5	
210281000	瓦房店市	32	11	13	8
210283000	庄河市	26	5	15	6
210300000	**鞍山市**	**116**	**61**	**52**	**3**
210302000	铁东区	16	16		
210303000	铁西区	14	14		
210304000	立山区	13	13		
210311000	千山区	6	3	3	
210321000	台安县	14	4	10	
210323000	岫岩满族自治县	26	5	18	3
210381000	海城市	27	6	21	
210400000	**抚顺市**	**83**	**36**	**27**	**20**
210402000	新抚区	11	10		1
210403000	东洲区	13	9	2	2
210404000	望花区	13	11	1	1

续表 1

行政区划代码	行政区划名称	乡镇街道合计	街道	镇	乡
210411000	顺城区	9	6	1	2
210421000	抚顺县	8		4	4
210422000	新宾满族自治县	15		9	6
210423000	清原满族自治县	14		10	4
210500000	**本溪市**	**58**	**35**	**18**	**5**
210502000	平山区	9	9		
210503000	溪湖区	10	10		
210504000	明山区	9	9		
210505000	南芬区	5	5		
210521000	本溪满族自治县	12	1	10	1
210522000	桓仁满族自治县	13	1	8	4
210600000	**丹东市**	**90**	**26**	**59**	**5**
210602000	元宝区	7	6	1	
210603000	振兴区	12	10	2	
210604000	振安区	9	4	5	
210624000	宽甸满族自治县	22		19	3
210681000	东港市	19	3	15	1
210682000	凤城市	21	3	17	1
210700000	**锦州市**	**116**	**49**	**55**	**12**
210702000	古塔区	10	10		
210703000	凌河区	11	11		
210711000	太和区	15	15		
210726000	黑山县	22	2	16	4
210727000	义县	18	2	13	3
210781000	凌海市	21	4	15	2
210782000	北镇市	19	5	11	3
210800000	**营口市**	**72**	**34**	**35**	**3**
210802000	站前区	7	7		
210803000	西市区	8	8		
210804000	鲅鱼圈区	7	4	3	
210811000	老边区	5	2	3	
210881000	盖州市	27	8	16	3
210882000	大石桥市	18	5	13	
210900000	**阜新市**	**95**	**30**	**60**	**5**
210902000	海州区	11	10	1	
210903000	新邱区	5	4	1	
210904000	太平区	6	5	1	
210905000	清河门区	6	4	2	
210911000	细河区	7	6	1	

续表 2

行政区划代码	行政区划名称	乡镇街道合计	街道	镇	乡
210921000	阜新蒙古族自治县	36	1	32	3
210922000	彰武县	24		22	2
211000000	**辽阳市**	**62**	**26**	**30**	**6**
211002000	白塔区	11	11		
211003000	文圣区	5	3	2	
211004000	宏伟区	6	4	2	
211005000	弓长岭区	5	3	1	1
211011000	太子河区	6	2	3	1
211021000	辽阳县	15		12	3
211081000	灯塔市	14	3	10	1
211100000	**盘锦市**	**56**	**35**	**21**	
211102000	双台子区	8	6	2	
211103000	兴隆台区	18	18		
211104000	大洼区	18	8	10	
211122000	盘山县	12	3	9	
211200000	**铁岭市**	**103**	**14**	**78**	**11**
211202000	银州区	8	7		1
211204000	清河区	5	2	2	1
211221000	铁岭县	14		12	2
211223000	西丰县	18		12	6
211224000	昌图县	33		33	
211281000	调兵山市	5	2	3	
211282000	开原市	20	3	16	1
211300000	**朝阳市**	**171**	**43**	**81**	**47**
211302000	双塔区	15	11	3	1
211303000	龙城区	12	6	6	
211321000	朝阳县	27	1	14	12
211322000	建平县	31	7	17	7
211324000	喀喇沁左翼蒙古族自治县	22	3	14	5
211381000	北票市	34	7	12	15
211382000	凌源市	30	8	15	7
211400000	**葫芦岛市**	**132**	**40**	**37**	**55**
211402000	连山区	20	11	3	6
211403000	龙港区	11	10		1
211404000	南票区	20	10	6	4
211421000	绥中县	25		14	11
211422000	建昌县	28		7	21
211481000	兴城市	28	9	7	12

吉林省

行政区划代码	行政区划名称	乡镇街道合计	街道	镇	乡
220000000	**吉林省**	**919**	**311**	**426**	**182**
220100000	**长春市**	**174**	**87**	**57**	**30**
220102000	南关区	20	16	3	1
220103000	宽城区	18	12	5	1
220104000	朝阳区	13	10	2	1
220105000	二道区	13	9	3	1
220106000	绿园区	12	9	3	
220112000	双阳区	8	4	3	1
220113000	九台区	19	15	2	2
220122000	农安县	25	4	11	10
220182000	榆树市	28	4	15	9
220183000	德惠市	18	4	10	4
220200000	**吉林市**	**143**	**67**	**56**	**20**
220202000	昌邑区	19	14	3	2
220203000	龙潭区	19	13	5	1
220204000	船营区	16	12	3	1
220211000	丰满区	11	7	1	3
220221000	永吉县	9		7	2
220281000	蛟河市	17	7	8	2
220282000	桦甸市	14	5	6	3
220283000	舒兰市	20	5	10	5
220284000	磐石市	18	4	13	1
220300000	**四平市**	**107**	**34**	**56**	**17**
220302000	铁西区	9	5	3	1
220303000	铁东区	12	8	3	1
220322000	梨树县	21	3	12	6
220323000	伊通满族自治县	17	2	12	3
220381000	公主岭市	30	10	18	2
220382000	双辽市	18	6	8	4
220400000	**辽源市**	**44**	**14**	**23**	**7**
220402000	龙山区	10	8	1	1
220403000	西安区	7	6	1	
220421000	东丰县	14		12	2
220422000	东辽县	13		9	4

续表

行政区划代码	行政区划名称	乡镇街道合计	街道	镇	乡
220500000	**通化市**	**98**	**20**	**61**	**17**
220502000	东昌区	12	9	1	2
220503000	二道江区	6	2	3	1
220521000	通化县	15		10	5
220523000	辉南县	11		10	1
220524000	柳河县	15		12	3
220581000	梅河口市	24	5	16	3
220582000	集安市	15	4	9	2
220600000	**白山市**	**65**	**18**	**41**	**6**
220602000	浑江区	12	8	4	
220605000	江源区	10	4	6	
220621000	抚松县	14		11	3
220622000	靖宇县	8		7	1
220623000	长白朝鲜族自治县	8		7	1
220681000	临江市	13	6	6	1
220700000	**松原市**	**100**	**22**	**43**	**35**
220702000	宁江区	24	17	4	3
220721000	前郭尔罗斯蒙古族自治县	22		9	13
220722000	长岭县	22		12	10
220723000	乾安县	10		6	4
220781000	扶余市	22	5	12	5
220800000	**白城市**	**97**	**24**	**38**	**35**
220802000	洮北区	23	11	7	5
220821000	镇赉县	11		7	4
220822000	通榆县	16		8	8
220881000	洮南市	24	8	6	10
220882000	大安市	23	5	10	8
222400000	**延边朝鲜族自治州**	**91**	**25**	**51**	**15**
222401000	延吉市	10	6	4	
222402000	图们市	7	3	4	
222403000	敦化市	20	4	11	5
222404000	珲春市	13	4	4	5
222405000	龙井市	9	2	5	2
222406000	和龙市	11	3	8	
222424000	汪清县	12	3	8	1
222426000	安图县	9		7	2

黑龙江省

行政区划代码	行政区划名称	乡镇街道合计	街道	镇	乡
230000000	**黑龙江省**	**1192**	**307**	**532**	**353**
230100000	**哈尔滨市**	**304**	**135**	**112**	**57**
230102000	道里区	23	19	4	
230103000	南岗区	20	18	1	1
230104000	道外区	27	23	4	
230108000	平房区	10	9	1	
230109000	松北区	10	5	5	
230110000	香坊区	24	20	4	
230111000	呼兰区	26	16	7	3
230112000	阿城区	19	15	4	
230113000	双城区	27	10	9	8
230123000	依兰县	9		6	3
230124000	方正县	8		4	4
230125000	宾县	17		12	5
230126000	巴彦县	18		10	8
230127000	木兰县	8		6	2
230128000	通河县	8		8	
230129000	延寿县	9		5	4
230183000	尚志市	17		10	7
230184000	五常市	24		12	12
230200000	**齐齐哈尔市**	**161**	**38**	**71**	**52**
230202000	龙沙区	7	7		
230203000	建华区	5	5		
230204000	铁锋区	8	7	1	
230205000	昂昂溪区	6	4	2	
230206000	富拉尔基区	10	8		2
230207000	碾子山区	4	4		
230208000	梅里斯达斡尔族区	7	1	5	1
230221000	龙江县	14		8	6
230223000	依安县	15		6	9
230224000	泰来县	10		8	2
230225000	甘南县	10		5	5
230227000	富裕县	10		6	4
230229000	克山县	15		7	8
230230000	克东县	7		5	2

续表 1

行政区划代码	行政区划名称	乡镇街道合计	街道	镇	乡
230231000	拜泉县	16		7	9
230281000	讷河市	17	2	11	4
230300000	**鸡西市**	**75**	**29**	**23**	**23**
230302000	鸡冠区	9	7		2
230303000	恒山区	9	7		2
230304000	滴道区	6	4		2
230305000	梨树区	5	5		
230306000	城子河区	7	5		2
230307000	麻山区	1	1		
230321000	鸡东县	11		8	3
230381000	虎林市	11		7	4
230382000	密山市	16		8	8
230400000	**鹤岗市**	**53**	**32**	**11**	**10**
230402000	向阳区	5	5		
230403000	工农区	6	6		
230404000	南山区	6	6		
230405000	兴安区	7	6	1	
230406000	东山区	8	5	1	2
230407000	兴山区	4	4		
230421000	萝北县	8		6	2
230422000	绥滨县	9		3	6
230500000	**双鸭山市**	**66**	**24**	**21**	**21**
230502000	尖山区	8	7		1
230503000	岭东区	7	6		1
230505000	四方台区	5	4	1	
230506000	宝山区	8	7	1	
230521000	集贤县	8		5	3
230522000	友谊县	11		4	7
230523000	宝清县	10		6	4
230524000	饶河县	9		4	5
230600000	**大庆市**	**58**		**31**	**27**
230602000	萨尔图区				
230603000	龙凤区	1		1	
230604000	让胡路区	1		1	
230605000	红岗区	1		1	
230606000	大同区	8		4	4

续表 2

行政区划代码	行政区划名称	乡镇街道合计	街道	镇	乡
230621000	肇州县	12		6	6
230622000	肇源县	16		8	8
230623000	林甸县	8		5	3
230624000	杜尔伯特蒙古族自治县	11		5	6
230700000	**伊春市**	**20**	**1**	**10**	**9**
230702000	伊春区	1	1		
230703000	南岔区	3		2	1
230704000	友好区				
230705000	西林区				
230706000	翠峦区				
230707000	新青区				
230708000	美溪区				
230709000	金山屯区				
230710000	五营区				
230711000	乌马河区				
230712000	汤旺河区				
230713000	带岭区				
230714000	乌伊岭区				
230715000	红星区				
230716000	上甘岭区				
230722000	嘉荫县	9		4	5
230781000	铁力市	7		4	3
230800000	**佳木斯市**	**75**	**3**	**43**	**29**
230803000	向阳区				
230804000	前进区				
230805000	东风区	3	1	1	1
230811000	郊区	11		6	5
230822000	桦南县	10		6	4
230826000	桦川县	9		5	4
230828000	汤原县	10		4	6
230881000	同江市	10		6	4
230882000	富锦市	13	2	11	
230883000	抚远市	9		4	5
230900000	**七台河市**	**17**		**9**	**8**
230902000	新兴区	2		1	1
230903000	桃山区	1		1	

续表 3

行政区划代码	行政区划名称	乡镇街道合计	街道	镇	乡
230904000	茄子河区	4		2	2
230921000	勃利县	10		5	5
231000000	**牡丹江市**	**78**	**23**	**47**	**8**
231002000	东安区	5	4	1	
231003000	阳明区	8	4	4	
231004000	爱民区	9	8	1	
231005000	西安区	9	7	1	1
231025000	林口县	11		10	1
231081000	绥芬河市	2		2	
231083000	海林市	8		8	
231084000	宁安市	12		8	4
231085000	穆棱市	8		6	2
231086000	东宁市	6		6	
231100000	**黑河市**	**76**	**11**	**28**	**37**
231102000	爱辉区	15	4	3	8
231121000	嫩江县	14		9	5
231123000	逊克县	9		3	6
231124000	孙吴县	11		2	9
231181000	北安市	15	6	5	4
231182000	五大连池市	12	1	6	5
231200000	**绥化市**	**166**	**6**	**99**	**61**
231202000	北林区	26	6	14	6
231221000	望奎县	15		10	5
231222000	兰西县	15		8	7
231223000	青冈县	15		11	4
231224000	庆安县	14		8	6
231225000	明水县	12		6	6
231226000	绥棱县	11		6	5
231281000	安达市	14		11	3
231282000	肇东市	21		11	10
231283000	海伦市	23		14	9
232700000	**大兴安岭地区**	**43**	**6**	**26**	**11**
232721000	呼玛县	8		2	6
232722000	塔河县	7		4	3
232723000	漠河县	6		6	

上海市

行政区划代码	行政区划名称	乡镇街道合计	街道	镇	乡
310000000	**上海市**	**214**	**105**	**107**	**2**
310101000	黄浦区	10	10		
310104000	徐汇区	13	12	1	
310105000	长宁区	10	9	1	
310106000	静安区	14	13	1	
310107000	普陀区	10	8	2	
310109000	虹口区	8	8		
310110000	杨浦区	12	11	1	
310112000	闵行区	13	4	9	
310113000	宝山区	12	3	9	
310114000	嘉定区	10	3	7	
310115000	浦东新区	36	12	24	
310116000	金山区	10	1	9	
310117000	松江区	17	6	11	
310118000	青浦区	11	3	8	
310120000	奉贤区	10	2	8	
310151000	崇明区	18		16	2

江苏省

行政区划代码	行政区划名称	乡镇街道合计			
			街道	镇	乡
320000000	**江苏省**	**1284**	**458**	**758**	**68**
320100000	**南京市**	**100**	**87**	**13**	
320102000	玄武区	7	7		
320104000	秦淮区	12	12		
320105000	建邺区	6	6		
320106000	鼓楼区	13	13		
320111000	浦口区	9	9		
320113000	栖霞区	9	9		
320114000	雨花台区	6	6		
320115000	江宁区	10	10		
320116000	六合区	12	11	1	
320117000	溧水区	8	2	6	
320118000	高淳区	8	2	6	
320200000	**无锡市**	**83**	**53**	**30**	
320205000	锡山区	9	5	4	
320206000	惠山区	7	5	2	
320211000	滨湖区	9	8	1	
320213000	梁溪区	17	17		
320214000	新吴区	6	6		
320281000	江阴市	17	7	10	
320282000	宜兴市	18	5	13	
320300000	**徐州市**	**163**	**66**	**97**	
320302000	鼓楼区	9	9		
320303000	云龙区	8	8		
320305000	贾汪区	11	6	5	
320311000	泉山区	14	14		
320312000	铜山区	29	11	18	
320321000	丰县	15	3	12	
320322000	沛县	17	4	13	
320324000	睢宁县	18	3	15	
320381000	新沂市	17	4	13	
320382000	邳州市	25	4	21	
320400000	**常州市**	**61**	**25**	**36**	
320402000	天宁区	7	6	1	
320404000	钟楼区	8	7	1	
320411000	新北区	10	3	7	

续表 1

行政区划代码	行政区划名称	乡镇街道合计	街道	镇	乡
320412000	武进区	16	5	11	
320413000	金坛区	9	3	6	
320481000	溧阳市	11	1	10	
320500000	**苏州市**	**90**	**37**	**53**	
320505000	虎丘区	8	6	2	
320506000	吴中区	15	8	7	
320507000	相城区	11	7	4	
320508000	姑苏区	8	8		
320509000	吴江区	9	1	8	
320581000	常熟市	14	6	8	
320582000	张家港市	8		8	
320583000	昆山市	10		10	
320585000	太仓市	7	1	6	
320600000	**南通市**	**102**	**37**	**65**	
320602000	崇川区	14	14		
320611000	港闸区	6	6		
320612000	通州区	16	4	12	
320621000	海安县	13	4	9	
320623000	如东县	15	3	12	
320681000	启东市	12		12	
320682000	如皋市	14	3	11	
320684000	海门市	12	3	9	
320700000	**连云港市**	**90**	**30**	**50**	**10**
320703000	连云区	13	12		1
320706000	海州区	19	15	4	
320707000	赣榆区	15		15	
320722000	东海县	19	2	11	6
320723000	灌云县	13	1	10	2
320724000	灌南县	11		10	1
320800000	**淮安市**	**125**	**21**	**84**	**20**
320803000	淮安区	27	3	20	4
320804000	淮阴区	21		14	7
320812000	清江浦区	19	12	3	4
320813000	洪泽区	9	3	6	
320826000	涟水县	19		17	2
320830000	盱眙县	20	3	14	3
320831000	金湖县	10		10	

续表 2

行政区划代码	行政区划名称	乡镇街道合计			
			街道	镇	乡
320900000	**盐城市**	**122**	**26**	**96**	
320902000	亭湖区	16	10	6	
320903000	盐都区	14	6	8	
320904000	大丰区	12		12	
320921000	响水县	8		8	
320922000	滨海县	14	3	11	
320923000	阜宁县	17	4	13	
320924000	射阳县	13		13	
320925000	建湖县	14	3	11	
320981000	东台市	14		14	
321000000	**扬州市**	**81**	**14**	**62**	**5**
321002000	广陵区	11	4	6	1
321003000	邗江区	20	8	9	3
321012000	江都区	13		13	
321023000	宝应县	14		14	
321081000	仪征市	10		10	
321084000	高邮市	13	2	10	1
321100000	**镇江市**	**56**	**25**	**31**	
321102000	京口区	11	8	3	
321111000	润州区	8	8		
321112000	丹徒区	8	2	6	
321181000	丹阳市	12	2	10	
321182000	扬中市	6	2	4	
321183000	句容市	11	3	8	
321200000	**泰州市**	**96**	**20**	**71**	**5**
321202000	海陵区	13	10	3	
321203000	高港区	9	4	5	
321204000	姜堰区	16	2	14	
321281000	兴化市	33	2	27	4
321282000	靖江市	9	1	8	
321283000	泰兴市	16	1	14	1
321300000	**宿迁市**	**115**	**17**	**70**	**28**
321302000	宿城区	18	8	7	3
321311000	宿豫区	19	3	13	3
321322000	沭阳县	39	6	25	8
321323000	泗阳县	16		11	5
321324000	泗洪县	23		14	9

浙江省

行政区划代码	行政区划名称	乡镇街道合计			
			街道	镇	乡
330000000	**浙江省**	**1378**	**463**	**641**	**274**
330100000	**杭州市**	**190**	**92**	**75**	**23**
330102000	上城区	6	6		
330103000	下城区	8	8		
330104000	江干区	10	10		
330105000	拱墅区	10	10		
330106000	西湖区	12	10	2	
330108000	滨江区	3	3		
330109000	萧山区	26	14	12	
330110000	余杭区	20	14	6	
330111000	富阳区	24	5	13	6
330112000	临安区	18	5	13	
330122000	桐庐县	14	4	6	4
330127000	淳安县	23		11	12
330182000	建德市	16	3	12	1
330200000	**宁波市**	**154**	**69**	**75**	**10**
330203000	海曙区	17	9	7	1
330205000	江北区	8	7	1	
330206000	北仑区	11	11		
330211000	镇海区	7	5	2	
330212000	鄞州区	24	14	10	
330213000	奉化区	11	5	6	
330225000	象山县	18	3	10	5
330226000	宁海县	18	4	11	3
330281000	余姚市	21	6	14	1
330282000	慈溪市	19	5	14	
330300000	**温州市**	**185**	**66**	**93**	**26**
330302000	鹿城区	14	12	2	
330303000	龙湾区	10	10		
330304000	瓯海区	13	12	1	
330305000	洞头区	7	5	1	1
330324000	永嘉县	22	7	11	4
330326000	平阳县	16		14	2

续表 1

行政区划代码	行政区划名称	乡镇街道合计			
			街道	镇	乡
330327000	苍南县	19		17	2
330328000	文成县	17		12	5
330329000	泰顺县	19		12	7
330381000	瑞安市	23	12	9	2
330382000	乐清市	25	8	14	3
330400000	**嘉兴市**	**72**	**30**	**42**	
330402000	南湖区	13	9	4	
330411000	秀洲区	9	4	5	
330421000	嘉善县	9	3	6	
330424000	海盐县	9	4	5	
330481000	海宁市	12	4	8	
330482000	平湖市	9	3	6	
330483000	桐乡市	11	3	8	
330500000	**湖州市**	**69**	**24**	**39**	**6**
330502000	吴兴区	18	12	5	1
330503000	南浔区	9		9	
330521000	德清县	12	4	8	
330522000	长兴县	15	4	9	2
330523000	安吉县	15	4	8	3
330600000	**绍兴市**	**118**	**36**	**67**	**15**
330602000	越城区	17	12	5	
330603000	柯桥区	16	8	8	
330604000	上虞区	21	6	12	3
330624000	新昌县	16	3	8	5
330681000	诸暨市	27	3	23	1
330683000	嵊州市	21	4	11	6
330700000	**金华市**	**152**	**40**	**76**	**36**
330702000	婺城区	27	9	9	9
330703000	金东区	11	2	8	1
330723000	武义县	18	3	8	7
330726000	浦江县	15	3	7	5
330727000	磐安县	19		9	10
330781000	兰溪市	16	6	7	3
330782000	义乌市	14	8	6	

续表 2

行政区划代码	行政区划名称	乡镇街道合计	街道	镇	乡
330783000	东阳市	18	6	11	1
330784000	永康市	14	3	11	
330800000	**衢州市**	**100**	**18**	**43**	**39**
330802000	柯城区	18	8	2	8
330803000	衢江区	20	2	10	8
330822000	常山县	14	3	6	5
330824000	开化县	14		8	6
330825000	龙游县	15	2	6	7
330881000	江山市	19	3	11	5
330900000	**舟山市**	**36**	**14**	**17**	**5**
330902000	定海区	13	10	3	
330903000	普陀区	9	4	5	
330921000	岱山县	7		6	1
330922000	嵊泗县	7		3	4
331000000	**台州市**	**129**	**44**	**61**	**24**
331002000	椒江区	9	8	1	
331003000	黄岩区	19	8	5	6
331004000	路桥区	10	6	4	
331022000	三门县	10	3	6	1
331023000	天台县	15	3	7	5
331024000	仙居县	20	3	7	10
331081000	温岭市	16	5	11	
331082000	临海市	19	5	14	
331083000	玉环市	11	3	6	2
331100000	**丽水市**	**173**	**30**	**53**	**90**
331102000	莲都区	15	6	4	5
331121000	青田县	32	3	9	20
331122000	缙云县	18	3	7	8
331123000	遂昌县	20	2	7	11
331124000	松阳县	19	3	5	11
331125000	云和县	10	4	3	3
331126000	庆元县	19	3	6	10
331127000	景宁畲族自治县	21	2	4	15
331181000	龙泉市	19	4	8	7

安徽省

行政区划代码	行政区划名称	乡镇街道合计	街道	镇	乡
340000000	**安徽省**	**1486**	**246**	**965**	**275**
340100000	**合肥市**	**127**	**45**	**65**	**17**
340102000	瑶海区	15	14	1	
340103000	庐阳区	11	9	1	1
340104000	蜀山区	12	8	4	
340111000	包河区	10	8	2	
340121000	长丰县	14		9	5
340122000	肥东县	18		12	6
340123000	肥西县	12		8	4
340124000	庐江县	17		17	
340181000	巢湖市	18	6	11	1
340200000	**芜湖市**	**62**	**18**	**44**	
340202000	镜湖区	1	1		
340203000	弋江区	6	6		
340207000	鸠江区	11	7	4	
340208000	三山区	5	4	1	
340221000	芜湖县	5		5	
340222000	繁昌县	6		6	
340223000	南陵县	8		8	
340225000	无为县	20		20	
340300000	**蚌埠市**	**74**	**19**	**43**	**12**
340302000	龙子湖区	9	7	1	1
340303000	蚌山区	8	6		2
340304000	禹会区	8	5	2	1
340311000	淮上区	6	1	5	
340321000	怀远县	18		15	3
340322000	五河县	14		12	2
340323000	固镇县	11		8	3
340400000	**淮南市**	**90**	**19**	**59**	**12**
340402000	大通区	5	1	3	1
340403000	田家庵区	14	9	4	1
340404000	谢家集区	11	5	4	2
340405000	八公山区	5	3	2	
340406000	潘集区	11	1	9	1
340421000	凤台县	19		15	4
340422000	寿县	25		22	3
340500000	**马鞍山市**	**48**	**13**	**33**	**2**
340503000	花山区	10	9	1	
340504000	雨山区	7	4	2	1
340506000	博望区	3		3	

续表 1

行政区划代码	行政区划名称	乡镇街道合计	街道	镇	乡
340521000	当涂县	11		10	1
340522000	含山县	8		8	
340523000	和县	9		9	
340600000	**淮北市**	**33**	**15**	**18**	
340602000	杜集区	5	2	3	
340603000	相山区	9	8	1	
340604000	烈山区	8	5	3	
340621000	濉溪县	11		11	
340700000	**铜陵市**	**37**	**3**	**27**	**7**
340705000	铜官区	2	1	1	
340706000	义安区	8		6	2
340711000	郊区	5	2	2	1
340722000	枞阳县	22		18	4
340800000	**安庆市**	**149**	**18**	**84**	**47**
340802000	迎江区	10	6	1	3
340803000	大观区	10	7	1	2
340811000	宜秀区	7	2	3	2
340822000	怀宁县	20		15	5
340824000	潜山县	16		11	5
340825000	太湖县	15		10	5
340826000	宿松县	22		9	13
340827000	望江县	10		8	2
340828000	岳西县	24		14	10
340881000	桐城市	15	3	12	
341000000	**黄山市**	**105**	**4**	**58**	**43**
341002000	屯溪区	9	4	5	
341003000	黄山区	14		9	5
341004000	徽州区	7		4	3
341021000	歙县	28		15	13
341022000	休宁县	21		10	11
341023000	黟县	8		5	3
341024000	祁门县	18		10	8
341100000	**滁州市**	**110**	**16**	**82**	**12**
341102000	琅琊区	9	9		
341103000	南谯区	10	2	8	
341122000	来安县	12		8	4
341124000	全椒县	10		10	
341125000	定远县	22		16	6
341126000	凤阳县	15		14	1
341181000	天长市	15	1	14	
341182000	明光市	17	4	12	1

续表 2

行政区划代码	行政区划名称	乡镇街道合计			
			街道	镇	乡
341200000	**阜阳市**	**167**	**18**	**125**	**24**
341202000	颍州区	14	5	8	1
341203000	颍东区	12	3	8	1
341204000	颍泉区	6	2	4	
341221000	临泉县	28	5	21	2
341222000	太和县	31		30	1
341225000	阜南县	28		20	8
341226000	颍上县	30		22	8
341282000	界首市	18	3	12	3
341300000	**宿州市**	**106**	**12**	**71**	**23**
341302000	埇桥区	36	12	15	9
341321000	砀山县	13		13	
341322000	萧县	23		18	5
341323000	灵璧县	19		13	6
341324000	泗县	15		12	3
341500000	**六安市**	**140**	**10**	**87**	**43**
341502000	金安区	22	5	11	6
341503000	裕安区	22	3	12	7
341504000	叶集区	6	2	3	1
341522000	霍邱县	30		21	9
341523000	舒城县	21		15	6
341524000	金寨县	23		12	11
341525000	霍山县	16		13	3
341600000	**亳州市**	**89**	**10**	**72**	**7**
341602000	谯城区	25	3	20	2
341621000	涡阳县	24	4	20	
341622000	蒙城县	17	3	12	2
341623000	利辛县	23		20	3
341700000	**池州市**	**56**	**11**	**37**	**8**
341702000	贵池区	20	11	9	
341721000	东至县	15		12	3
341722000	石台县	8		6	2
341723000	青阳县	13		10	3
341800000	**宣城市**	**93**	**15**	**60**	**18**
341802000	宣州区	24	9	12	3
341821000	郎溪县	9		7	2
341822000	广德县	9		6	3
341823000	泾县	11		9	2
341824000	绩溪县	11		8	3
341825000	旌德县	10		10	
341881000	宁国市	19	6	8	5

福建省

行政区划代码	行政区划名称	乡镇街道合计	街道	镇	乡
350000000	**福建省**	**1105**	**179**	**642**	**284**
350100000	**福州市**	**189**	**43**	**99**	**47**
350102000	鼓楼区	10	9	1	
350103000	台江区	10	10		
350104000	仓山区	13	8	5	
350105000	马尾区	4	1	3	
350111000	晋安区	9	3	4	2
350121000	闽侯县	18	4	12	2
350122000	连江县	15	1	8	6
350123000	罗源县	23		16	7
350124000	闽清县	11		6	5
350125000	永泰县	16		11	5
350128000	平潭县	21		9	12
350181000	福清市	15		7	8
350112000	长乐区	24	7	17	
350200000	**厦门市**	**38**	**26**	**12**	
350203000	思明区	10	10		
350205000	海沧区	4	4		
350206000	湖里区	5	5		
350211000	集美区	6	4	2	
350212000	同安区	8	2	6	
350213000	翔安区	5	1	4	
350300000	**莆田市**	**54**	**8**	**40**	**6**
350302000	城厢区	7	3	4	
350303000	涵江区	12	2	9	1
350304000	荔城区	6	2	4	
350305000	秀屿区	11		11	
350322000	仙游县	18	1	12	5
350400000	**三明市**	**142**	**13**	**69**	**60**
350402000	梅列区	5	3	2	
350403000	三元区	8	4	2	2

续表 1

行政区划代码	行政区划名称	乡镇街道合计			
			街道	镇	乡
350421000	明溪县	9		4	5
350423000	清流县	13		6	7
350424000	宁化县	16		9	7
350425000	大田县	18		10	8
350426000	尤溪县	15		10	5
350427000	沙县	12	2	6	4
350428000	将乐县	13		6	7
350429000	泰宁县	9		2	7
350430000	建宁县	9		4	5
350481000	永安市	15	4	8	3
350500000	**泉州市**	**163**	**30**	**108**	**25**
350502000	鲤城区	8	8		
350503000	丰泽区	8	8		
350504000	洛江区	6	2	3	1
350505000	泉港区	7	1	6	
350521000	惠安县	16		15	1
350524000	安溪县	24		13	11
350525000	永春县	22		18	4
350526000	德化县	18		12	6
350527000	金门县				
350581000	石狮市	9	2	7	
350582000	晋江市	19	6	13	
350583000	南安市	26	3	21	2
350600000	**漳州市**	**121**	**9**	**89**	**23**
350602000	芗城区	10	6	4	
350603000	龙文区	5	2	3	
350622000	云霄县	9		6	3
350623000	漳浦县	21		17	4
350624000	诏安县	15		10	5
350625000	长泰县	5		4	1
350626000	东山县	7		7	
350627000	南靖县	11		11	

续表 2

行政区划代码	行政区划名称	乡镇街道合计	街道	镇	乡
350628000	平和县	15		10	5
350629000	华安县	9		6	3
350681000	龙海市	14	1	11	2
350700000	**南平市**	**139**	**24**	**72**	**43**
350702000	延平区	21	6	13	2
350703000	建阳区	13	2	8	3
350721000	顺昌县	12	1	8	3
350722000	浦城县	19	2	9	8
350723000	光泽县	8		3	5
350724000	松溪县	9	1	2	6
350725000	政和县	10	1	4	5
350781000	邵武市	19	4	12	3
350782000	武夷山市	10	3	3	4
350783000	建瓯市	18	4	10	4
350800000	**龙岩市**	**134**	**13**	**85**	**36**
350802000	新罗区	20	10	10	
350803000	永定区	24	1	12	11
350821000	长汀县	18		13	5
350823000	上杭县	22		17	5
350824000	武平县	17		12	5
350825000	连城县	17		10	7
350881000	漳平市	16	2	11	3
350900000	**宁德市**	**125**	**13**	**68**	**44**
350902000	蕉城区	16	2	11	3
350921000	霞浦县	14	2	6	6
350922000	古田县	14	2	8	4
350923000	屏南县	11		4	7
350924000	寿宁县	14		8	6
350925000	周宁县	9		6	3
350926000	柘荣县	9		2	7
350981000	福安市	22	4	13	5
350982000	福鼎市	16	3	10	3

江西省

行政区划代码	行政区划名称	乡镇街道合计	街道	镇	乡
360000000	**江西省**	**1561**	**157**	**825**	**579**
360100000	**南昌市**	**114**	**34**	**52**	**28**
360102000	东湖区	12	11	1	
360103000	西湖区	12	11	1	
360104000	青云谱区	6	5	1	
360105000	湾里区	6	2	4	
360111000	青山湖区	9	4	5	
360112000	新建区	19		13	6
360121000	南昌县	19	1	11	7
360123000	安义县	10		7	3
360124000	进贤县	21		9	12
360200000	**景德镇市**	**52**	**13**	**28**	**11**
360202000	昌江区	6	2	2	2
360203000	珠山区	10	9	1	
360222000	浮梁县	18		10	8
360281000	乐平市	18	2	15	1
360300000	**萍乡市**	**54**	**7**	**28**	**19**
360302000	安源区	10	6	4	
360313000	湘东区	11	1	8	2
360321000	莲花县	13		5	8
360322000	上栗县	10		6	4
360323000	芦溪县	10		5	5
360400000	**九江市**	**196**	**14**	**102**	**80**
360402000	濂溪区	12	3	7	2
360403000	浔阳区	7	7		
360404000	柴桑区	12		7	5
360423000	武宁县	20	1	8	11
360424000	修水县	36		19	17
360425000	永修县	15		11	4
360426000	德安县	13		5	8
360428000	都昌县	24		12	12
360429000	湖口县	12		6	6
360430000	彭泽县	13		10	3
360481000	瑞昌市	18	2	8	8
360482000	共青城市	6	1	2	3
360483000	庐山市	8		7	1
360500000	**新余市**	**31**	**5**	**17**	**9**
360502000	渝水区	20	4	10	6

续表 1

行政区划代码	行政区划名称	乡镇街道合计	街道	镇	乡
360521000	分宜县	11	1	7	3
360600000	**鹰潭市**	**43**	**9**	**24**	**10**
360602000	月湖区	8	6	1	1
360622000	余江县	12		7	5
360681000	贵溪市	23	3	16	4
360700000	**赣州市**	**291**	**7**	**143**	**141**
360702000	章贡区	14	5	9	
360703000	南康区	20	2	6	12
360704000	赣县区	19		12	7
360722000	信丰县	16		13	3
360723000	大余县	11		8	3
360724000	上犹县	14		6	8
360725000	崇义县	16		6	10
360726000	安远县	18		8	10
360727000	龙南县	14		9	5
360728000	定南县	7		7	
360729000	全南县	9		6	3
360730000	宁都县	24		12	12
360731000	于都县	23		9	14
360732000	兴国县	25		7	18
360733000	会昌县	19		6	13
360734000	寻乌县	15		7	8
360735000	石城县	10		5	5
360781000	瑞金市	17		7	10
360800000	**吉安市**	**227**	**13**	**120**	**94**
360802000	吉州区	11	7	4	
360803000	青原区	9	2	6	1
360821000	吉安县	21	2	13	6
360822000	吉水县	18		15	3
360823000	峡江县	11		6	5
360824000	新干县	14	1	7	6
360825000	永丰县	21		8	13
360826000	泰和县	22		16	6
360827000	遂川县	23		12	11
360828000	万安县	16		9	7
360829000	安福县	19		7	12
360830000	永新县	23		10	13

续表 2

行政区划代码	行政区划名称	乡镇街道合计	街道	镇	乡
360881000	井冈山市	19	1	7	11
360900000	**宜春市**	**183**	**24**	**115**	**44**
360902000	袁州区	32	10	19	3
360921000	奉新县	13		10	3
360922000	万载县	17	1	9	7
360923000	上高县	15	1	9	5
360924000	宜丰县	12		8	4
360925000	靖安县	11		5	6
360926000	铜鼓县	9		6	3
360981000	丰城市	32	5	20	7
360982000	樟树市	19	5	10	4
360983000	高安市	23	2	19	2
361000000	**抚州市**	**160**	**7**	**94**	**59**
361002000	临川区	34	7	18	9
361003000	东乡区	13		9	4
361021000	南城县	12		10	2
361022000	黎川县	15		7	8
361023000	南丰县	12		7	5
361024000	崇仁县	15		7	8
361025000	乐安县	16		9	7
361026000	宜黄县	12		8	4
361027000	金溪县	13		8	5
361028000	资溪县	7		5	2
361030000	广昌县	11		6	5
361100000	**上饶市**	**210**	**24**	**102**	**84**
361102000	信州区	9	6	3	
361103000	广丰区	23	5	15	3
361121000	上饶县	24	3	11	10
361123000	玉山县	17	2	9	6
361124000	铅山县	17		7	10
361125000	横峰县	9	1	2	6
361126000	弋阳县	17	2	10	5
361127000	余干县	20		9	11
361128000	鄱阳县	30	1	14	15
361129000	万年县	12		6	6
361130000	婺源县	17	1	10	6
361181000	德兴市	15	3	6	6

山东省

行政区划代码	行政区划名称	乡镇街道合计	街道	镇	乡
370000000	**山东省**	**1824**	**660**	**1094**	**70**
370100000	**济南市**	**141**	**112**	**29**	
370102000	历下区	14	14		
370103000	市中区	17	17		
370104000	槐荫区	16	16		
370105000	天桥区	15	15		
370112000	历城区	21	19	2	
370113000	长清区	10	7	3	
370114000	章丘区	18	15	3	
370124000	平阴县	8	2	6	
370125000	济阳县	10	6	4	
370126000	商河县	12	1	11	
370200000	**青岛市**	**145**	**102**	**43**	
370202000	市南区	14	14		
370203000	市北区	30	30		
370211000	黄岛区	22	12	10	
370212000	崂山区	5	5		
370213000	李沧区	11	11		
370214000	城阳区	8	8		
370215000	即墨区	15	8	7	
370281000	胶州市	12	6	6	
370283000	平度市	17	5	12	
370285000	莱西市	11	3	8	
370300000	**淄博市**	**88**	**30**	**58**	
370302000	淄川区	13	4	9	
370303000	张店区	13	7	6	
370304000	博山区	10	3	7	
370305000	临淄区	12	5	7	
370306000	周村区	10	5	5	
370321000	桓台县	9	2	7	
370322000	高青县	9	2	7	
370323000	沂源县	12	2	10	
370400000	**枣庄市**	**64**	**18**	**46**	
370402000	市中区	11	6	5	
370403000	薛城区	9	4	5	
370404000	峄城区	7	2	5	
370405000	台儿庄区	6	1	5	
370406000	山亭区	10	1	9	

续表 1

行政区划代码	行政区划名称	乡镇街道合计	街道	镇	乡
370481000	滕州市	21	4	17	
370500000	**东营市**	**40**	**15**	**23**	**2**
370502000	东营区	10	6	4	
370503000	河口区	6	2	4	
370505000	垦利区	7	2	5	
370522000	利津县	8	2	4	2
370523000	广饶县	9	3	6	
370600000	**烟台市**	**154**	**66**	**82**	**6**
370602000	芝罘区	12	12		
370611000	福山区	11	8	3	
370612000	牟平区	13	5	8	
370613000	莱山区	7	7		
370634000	长岛县	8	1	1	6
370681000	龙口市	13	5	8	
370682000	莱阳市	18	5	13	
370683000	莱州市	17	6	11	
370684000	蓬莱市	12	5	7	
370685000	招远市	14	5	9	
370686000	栖霞市	15	3	12	
370687000	海阳市	14	4	10	
370700000	**潍坊市**	**118**	**56**	**62**	
370702000	潍城区	6	6		
370703000	寒亭区	7	7		
370704000	坊子区	7	7		
370705000	奎文区	10	10		
370724000	临朐县	10	2	8	
370725000	昌乐县	8	4	4	
370781000	青州市	12	4	8	
370782000	诸城市	13	3	10	
370783000	寿光市	14	5	9	
370784000	安丘市	12	2	10	
370785000	高密市	10	3	7	
370786000	昌邑市	9	3	6	
370800000	**济宁市**	**156**	**48**	**104**	**4**
370811000	任城区	20	17	3	
370812000	兖州区	12	6	6	
370826000	微山县	15	3	11	1
370827000	鱼台县	11	2	9	
370828000	金乡县	13	4	9	

续表2

行政区划代码	行政区划名称	乡镇街道合计	街道	镇	乡
370829000	嘉祥县	15	3	12	
370830000	汶上县	15	2	12	1
370831000	泗水县	13	2	11	
370832000	梁山县	14	2	10	2
370881000	曲阜市	12	4	8	
370883000	邹城市	16	3	13	
370900000	**泰安市**	**88**	**20**	**62**	**6**
370902000	泰山区	8	5	2	1
370911000	岱岳区	18	3	14	1
370921000	宁阳县	13	2	10	1
370923000	东平县	14	3	9	2
370982000	新泰市	21	3	17	1
370983000	肥城市	14	4	10	
371000000	**威海市**	**71**	**23**	**48**	
371002000	环翠区	19	9	10	
371003000	文登区	15	3	12	
371082000	荣成市	22	10	12	
371083000	乳山市	15	1	14	
371100000	**日照市**	**55**	**14**	**37**	**4**
371102000	东港区	14	7	7	
371103000	岚山区	9	2	6	1
371121000	五莲县	12	1	9	2
371122000	莒县	20	4	15	1
371200000	**莱芜市**	**20**	**7**	**13**	
371202000	莱城区	15	4	11	
371203000	钢城区	5	3	2	
371300000	**临沂市**	**156**	**29**	**118**	**9**
371302000	兰山区	12	4	8	
371311000	罗庄区	9	6	3	
371312000	河东区	11	8	3	
371321000	沂南县	15	1	13	1
371322000	郯城县	13	1	9	3
371323000	沂水县	18	2	15	1
371324000	兰陵县	17	1	15	1
371325000	费县	12	1	9	2
371326000	平邑县	14	1	13	
371327000	莒南县	16	1	15	
371328000	蒙阴县	10	1	8	1
371329000	临沭县	9	2	7	

续表 3

行政区划代码	行政区划名称	乡镇街道合计	街道	镇	乡
371400000	**德州市**	**134**	**27**	**91**	**16**
371402000	德城区	12	7	5	
371403000	陵城区	13	2	10	1
371422000	宁津县	12	2	9	1
371423000	庆云县	9	1	5	3
371424000	临邑县	12	3	8	1
371425000	齐河县	15	2	11	2
371426000	平原县	12	2	8	2
371427000	夏津县	14	2	10	2
371428000	武城县	8	1	7	
371481000	乐陵市	16	4	9	3
371482000	禹城市	11	1	9	1
371500000	**聊城市**	**135**	**32**	**94**	**9**
371502000	东昌府区	23	10	11	2
371521000	阳谷县	18	3	14	1
371522000	莘县	24	4	20	
371523000	茌平县	14	3	10	1
371524000	东阿县	10	2	7	1
371525000	冠县	18	3	11	4
371526000	高唐县	12	3	9	
371581000	临清市	16	4	12	
371600000	**滨州市**	**91**	**29**	**58**	**4**
371602000	滨城区	15	12	2	1
371603000	沾化区	11	2	7	2
371621000	惠民县	15	3	12	
371622000	阳信县	10	2	7	1
371623000	无棣县	12	2	10	
371625000	博兴县	12	3	9	
371626000	邹平县	16	5	11	
371700000	**菏泽市**	**168**	**32**	**126**	**10**
371702000	牡丹区	24	11	13	
371703000	定陶区	12	2	10	
371721000	曹县	27	5	20	2
371722000	单县	22	4	16	2
371723000	成武县	13	2	11	
371724000	巨野县	17	2	15	
371725000	郓城县	22	2	18	2
371726000	鄄城县	17	2	13	2
371728000	东明县	14	2	10	2

河南省

行政区划代码	行政区划名称	乡镇街道合计	街道	镇	乡
410000000	**河南省**	**2441**	**650**	**1151**	**640**
410100000	**郑州市**	**175**	**89**	**73**	**13**
410102000	中原区	14	12	1	1
410103000	二七区	16	15	1	
410104000	管城回族区	13	12		1
410105000	金水区	19	19		
410106000	上街区	6	5	1	
410108000	惠济区	8	6	2	
410122000	中牟县	19	4	14	1
410181000	巩义市	20	5	15	
410182000	荥阳市	14	2	9	3
410183000	新密市	16	3	12	1
410184000	新郑市	15	3	9	3
410185000	登封市	15	3	9	3
410200000	**开封市**	**116**	**37**	**31**	**48**
410202000	龙亭区	12	9		3
410203000	顺河回族区	8	8		
410204000	鼓楼区	8	8		
410205000	禹王台区	7	5		2
410212000	祥符区	15	1	5	9
410221000	杞县	21	1	7	13
410222000	通许县	12	1	5	6
410223000	尉氏县	17	1	9	7
410225000	兰考县	16	3	5	8
410300000	**洛阳市**	**188**	**58**	**106**	**24**
410302000	老城区	8	8		
410303000	西工区	10	10		
410304000	瀍河回族区	8	7		1
410305000	涧西区	13	13		
410306000	吉利区	4	4		
410311000	洛龙区	19	10	9	
410322000	孟津县	10		10	
410323000	新安县	11		11	
410324000	栾川县	14		12	2
410325000	嵩县	16		11	5

续表 1

行政区划代码	行政区划名称	乡镇街道合计	街道	镇	乡
410326000	汝阳县	13		8	5
410327000	宜阳县	16		12	4
410328000	洛宁县	18		12	6
410329000	伊川县	15	2	12	1
410381000	偃师市	13	4	9	
410400000	**平顶山市**	**143**	**57**	**53**	**33**
410402000	新华区	12	10	2	
410403000	卫东区	13	13		
410404000	石龙区	4	4		
410411000	湛河区	10	9		1
410421000	宝丰县	12		9	3
410422000	叶县	19	3	10	6
410423000	鲁山县	24	4	7	13
410425000	郏县	15	2	8	5
410481000	舞钢市	13	6	4	3
410482000	汝州市	21	6	13	2
410500000	**安阳市**	**135**	**46**	**63**	**26**
410502000	文峰区	16	15	1	
410503000	北关区	10	9	1	
410505000	殷都区	10	9		1
410506000	龙安区	11	6	3	2
410522000	安阳县	18		12	6
410523000	汤阴县	10		9	1
410526000	滑县	23	3	11	9
410527000	内黄县	17		10	7
410581000	林州市	20	4	16	
410600000	**鹤壁市**	**42**	**23**	**14**	**5**
410602000	鹤山区	7	5	1	1
410603000	山城区	8	7	1	
410611000	淇滨区	7	3	2	2
410621000	浚县	11	4	6	1
410622000	淇县	9	4	4	1
410700000	**新乡市**	**154**	**36**	**75**	**43**
410702000	红旗区	10	7	2	1
410703000	卫滨区	8	7	1	
410704000	凤泉区	5	2	2	1

续表 2

行政区划代码	行政区划名称	乡镇街道合计	街道	镇	乡
410711000	牧野区	9	7	2	
410721000	新乡县	7		6	1
410724000	获嘉县	11		9	2
410725000	原阳县	19	3	6	10
410726000	延津县	13	3	4	6
410727000	封丘县	19		13	6
410728000	长垣县	18	5	11	2
410781000	卫辉市	13		7	6
410782000	辉县市	22	2	12	8
410800000	**焦作市**	**108**	**56**	**34**	**18**
410802000	解放区	9	9		
410803000	中站区	10	10		
410804000	马村区	7	7		
410811000	山阳区	15	12	2	1
410821000	修武县	8		5	3
410822000	博爱县	9	2	5	2
410823000	武陟县	15	4	5	6
410825000	温县	11	4	5	2
410882000	沁阳市	13	4	6	3
410883000	孟州市	11	4	6	1
410900000	**濮阳市**	**88**	**13**	**40**	**35**
410902000	华龙区	17	13	2	2
410922000	清丰县	17		6	11
410923000	南乐县	12		6	6
410926000	范县	12		7	5
410927000	台前县	9		6	3
410928000	濮阳县	21		13	8
411000000	**许昌市**	**103**	**27**	**60**	**16**
411002000	魏都区	15	15		
411003000	建安区	18	4	7	7
411024000	鄢陵县	12		12	
411025000	襄城县	16		10	6
411081000	禹州市	26	4	19	3
411082000	长葛市	16	4	12	
411100000	**漯河市**	**52**	**6**	**37**	**9**
411102000	源汇区	4		3	1

续表 3

行政区划代码	行政区划名称	乡镇街道合计	街道	镇	乡
411103000	郾城区	9	2	7	
411104000	召陵区	9	2	7	
411121000	舞阳县	14		10	4
411122000	临颍县	16	2	10	4
411200000	**三门峡市**	**74**	**12**	**29**	**33**
411202000	湖滨区	8	5		3
411203000	陕州区	13		4	9
411221000	渑池县	12		6	6
411224000	卢氏县	19		9	10
411281000	义马市	7	7		
411282000	灵宝市	15		10	5
411300000	**南阳市**	**243**	**39**	**154**	**50**
411302000	宛城区	19	9	6	4
411303000	卧龙区	20	9	9	2
411321000	南召县	16		8	8
411322000	方城县	17	2	11	4
411323000	西峡县	19	3	14	2
411324000	镇平县	22	3	15	4
411325000	内乡县	16		12	4
411326000	淅川县	17	2	11	4
411327000	社旗县	16	2	13	1
411328000	唐河县	23	4	14	5
411329000	新野县	15	2	8	5
411330000	桐柏县	16		13	3
411381000	邓州市	27	3	20	4
411400000	**商丘市**	**196**	**29**	**95**	**72**
411402000	梁园区	21	11	4	6
411403000	睢阳区	19	6	9	4
411421000	民权县	19	2	11	6
411422000	睢县	20		8	12
411423000	宁陵县	14		7	7
411424000	柘城县	22	4	9	9
411425000	虞城县	26		11	15
411426000	夏邑县	24		13	11
411481000	永城市	31	6	23	2

续表 4

行政区划代码	行政区划名称	乡镇街道合计	街道	镇	乡
411500000	**信阳市**	**209**	**40**	**83**	**86**
411502000	浉河区	18	9	5	4
411503000	平桥区	23	9	6	8
411521000	罗山县	20	3	11	6
411522000	光山县	19	2	7	10
411523000	新县	16	1	5	10
411524000	商城县	19	2	10	7
411525000	固始县	33	3	19	11
411526000	潢川县	21	4	9	8
411527000	淮滨县	19	4	5	10
411528000	息县	21	3	6	12
411600000	**周口市**	**203**	**35**	**98**	**70**
411602000	川汇区	12	10		2
411621000	扶沟县	16	2	8	6
411622000	西华县	21	4	8	9
411623000	商水县	23	3	11	9
411624000	沈丘县	22	2	15	5
411625000	郸城县	22	3	8	11
411626000	淮阳县	19	1	7	11
411627000	太康县	23		13	10
411628000	鹿邑县	24	4	13	7
411681000	项城市	21	6	15	
411700000	**驻马店市**	**196**	**42**	**95**	**59**
411702000	驿城区	21	12	5	4
411721000	西平县	19	3	8	8
411722000	上蔡县	26	4	12	10
411723000	平舆县	19	3	11	5
411724000	正阳县	20	2	8	10
411725000	确山县	13	3	10	
411726000	泌阳县	22	3	10	9
411727000	汝南县	18	4	12	2
411728000	遂平县	15	5	8	2
411729000	新蔡县	23	3	11	9
419001000	济源市	16	5	11	

湖北省

行政区划代码	行政区划名称	乡镇街道合计	街道	镇	乡
420000000	**湖北省**	**1234**	**308**	**761**	**165**
420100000	**武汉市**	**160**	**156**	**1**	**3**
420102000	江岸区	16	16		
420103000	江汉区	13	13		
420104000	硚口区	11	11		
420105000	汉阳区	11	11		
420106000	武昌区	14	14		
420107000	青山区	10	10		
420111000	洪山区	14	13		1
420112000	东西湖区	11	11		
420113000	汉南区	4	4		
420114000	蔡甸区	12	11		1
420115000	江夏区	15	15		
420116000	黄陂区	16	15		1
420117000	新洲区	13	12	1	
420200000	**黄石市**	**36**	**8**	**27**	**1**
420202000	黄石港区	1	1		
420203000	西塞山区	2	1	1	
420204000	下陆区	1	1		
420205000	铁山区				
420222000	阳新县	16		16	
420281000	大冶市	16	5	10	1
420300000	**十堰市**	**119**	**13**	**72**	**34**
420302000	茅箭区	7	4	1	2
420303000	张湾区	8	4	2	2
420304000	郧阳区	19		16	3
420322000	郧西县	16		9	7
420323000	竹山县	17		9	8
420324000	竹溪县	15		11	4
420325000	房县	20		12	8
420381000	丹江口市	17	5	12	
420500000	**宜昌市**	**110**	**24**	**67**	**19**
420502000	西陵区	10	10		
420503000	伍家岗区	5	4		1
420504000	点军区	5	1	2	2
420505000	猇亭区	3	3		
420506000	夷陵区	12	1	9	2
420525000	远安县	7		6	1
420526000	兴山县	8		6	2

续表 1

行政区划代码	行政区划名称	乡镇街道合计	街道	镇	乡
420527000	秭归县	12		8	4
420528000	长阳土家族自治县	11		8	3
420529000	五峰土家族自治县	8		5	3
420581000	宜都市	10	1	8	1
420582000	当阳市	10	3	7	
420583000	枝江市	9	1	8	
420600000	**襄阳市**	**105**	**27**	**74**	**4**
420602000	襄城区	9	6	2	1
420606000	樊城区	13	10	3	
420607000	襄州区	17	4	13	
420624000	南漳县	10		10	
420625000	谷城县	10		9	1
420626000	保康县	11		10	1
420682000	老河口市	10	2	7	1
420683000	枣阳市	15	3	12	
420684000	宜城市	10	2	8	
420700000	**鄂州市**	**25**	**4**	**18**	**3**
420702000	梁子湖区	5		5	
420703000	华容区	6		4	2
420704000	鄂城区	14	4	9	1
420800000	**荆门市**	**59**	**7**	**50**	**2**
420802000	东宝区	9	2	6	1
420804000	掇刀区	6	4	2	
420821000	京山县	14		14	
420822000	沙洋县	13		13	
420881000	钟祥市	17	1	15	1
420900000	**孝感市**	**108**	**13**	**72**	**23**
420902000	孝南区	15	4	8	3
420921000	孝昌县	12		8	4
420922000	大悟县	17		14	3
420923000	云梦县	12		9	3
420981000	应城市	15	5	10	
420982000	安陆市	15	2	9	4
420984000	汉川市	22	2	14	6
421000000	**荆州市**	**115**	**13**	**89**	**13**
421002000	沙市区	12	6	4	2
421003000	荆州区	10	3	7	
421022000	公安县	16		14	2
421023000	监利县	21		18	3

续表 2

行政区划代码	行政区划名称	乡镇街道合计	街道	镇	乡
421024000	江陵县	9		7	2
421081000	石首市	14	2	11	1
421083000	洪湖市	17	2	14	1
421087000	松滋市	16		14	2
421100000	**黄冈市**	**126**	**11**	**99**	**16**
421102000	黄州区	8	4	3	1
421121000	团风县	10		8	2
421122000	红安县	11		10	1
421123000	罗田县	12		10	2
421124000	英山县	11		8	3
421125000	浠水县	13		12	1
421126000	蕲春县	14		13	1
421127000	黄梅县	16		12	4
421181000	麻城市	19	3	15	1
421182000	武穴市	12	4	8	
421200000	**咸宁市**	**70**	**6**	**52**	**12**
421202000	咸安区	13	3	9	1
421221000	嘉鱼县	8		8	
421222000	通城县	11		9	2
421223000	崇阳县	12		8	4
421224000	通山县	12		8	4
421281000	赤壁市	14	3	10	1
421300000	**随州市**	**45**	**8**	**37**	
421303000	曾都区	9	4	5	
421321000	随县	19		19	
421381000	广水市	17	4	13	
422800000	**恩施土家族苗族自治州**	**88**	**5**	**51**	**32**
422801000	恩施市	16	3	5	8
422802000	利川市	14	2	7	5
422822000	建始县	10		7	3
422823000	巴东县	12		10	2
422825000	宣恩县	9		5	4
422826000	咸丰县	10		6	4
422827000	来凤县	8		6	2
422828000	鹤峰县	9		5	4
429004000	仙桃市	18	3	15	
429005000	潜江市	17	7	10	
429006000	天门市	25	3	21	1
429021000	神农架林区	8		6	2

湖南省

行政区划代码	行政区划名称	乡镇街道合计	街道	镇	乡
430000000	**湖南省**	**1927**	**395**	**1134**	**398**
430100000	**长沙市**	**168**	**94**	**68**	**6**
430102000	芙蓉区	13	13		
430103000	天心区	14	14		
430104000	岳麓区	18	16	2	
430105000	开福区	16	16		
430111000	雨花区	13	12	1	
430112000	望城区	15	10	5	
430121000	长沙县	18	5	13	
430181000	浏阳市	32	4	26	2
430182000	宁乡市	29	4	21	4
430200000	**株洲市**	**101**	**33**	**61**	**7**
430202000	荷塘区	6	5	1	
430203000	芦淞区	8	7	1	
430204000	石峰区	7	6	1	
430211000	天元区	6	3	3	
430221000	株洲县	8		8	
430223000	攸县	17	4	13	
430224000	茶陵县	16	4	10	2
430225000	炎陵县	10		5	5
430281000	醴陵市	23	4	19	
430300000	**湘潭市**	**69**	**24**	**35**	**10**
430302000	雨湖区	14	9	3	2
430304000	岳塘区	12	11	1	
430321000	湘潭县	17		14	3
430381000	湘乡市	22	4	15	3
430382000	韶山市	4		2	2
430400000	**衡阳市**	**185**	**38**	**115**	**32**
430405000	珠晖区	10	7	1	2
430406000	雁峰区	7	6	1	
430407000	石鼓区	8	7		1
430408000	蒸湘区	6	4	2	
430412000	南岳区	3	1	1	1
430421000	衡阳县	25		17	8

续表 1

行政区划代码	行政区划名称	乡镇街道合计	街道	镇	乡
430422000	衡南县	22		21	1
430423000	衡山县	12		7	5
430424000	衡东县	17		15	2
430426000	祁东县	24	4	17	3
430481000	耒阳市	30	6	19	5
430482000	常宁市	21	3	14	4
430500000	**邵阳市**	**201**	**34**	**110**	**57**
430502000	双清区	12	9	2	1
430503000	大祥区	14	11	1	2
430511000	北塔区	5	4		1
430521000	邵东县	25	3	18	4
430522000	新邵县	15		13	2
430523000	邵阳县	20		12	8
430524000	隆回县	24		19	5
430525000	洞口县	23	3	12	8
430527000	绥宁县	17		8	9
430528000	新宁县	16		8	8
430529000	城步苗族自治县	12		6	6
430581000	武冈市	18	4	11	3
430600000	**岳阳市**	**127**	**24**	**89**	**14**
430602000	岳阳楼区	20	17	1	2
430603000	云溪区	4	2	2	
430611000	君山区	5	1	4	
430621000	岳阳县	14		12	2
430623000	华容县	14		12	2
430624000	湘阴县	14		12	2
430626000	平江县	24		19	5
430681000	汨罗市	19	1	17	1
430682000	临湘市	13	3	10	
430700000	**常德市**	**169**	**42**	**107**	**20**
430702000	武陵区	19	15	2	2
430703000	鼎城区	26	6	19	1
430721000	安乡县	12		8	4
430722000	汉寿县	23	4	16	3

续表 2

行政区划代码	行政区划名称	乡镇街道合计	街道	镇	乡
430723000	澧县	19	4	15	
430724000	临澧县	11	2	7	2
430725000	桃源县	29	2	23	4
430726000	石门县	21	4	13	4
430781000	津市市	9	5	4	
430800000	**张家界市**	**72**	**8**	**34**	**30**
430802000	永定区	20	6	7	7
430811000	武陵源区	4	2		2
430821000	慈利县	25		15	10
430822000	桑植县	23		12	11
430900000	**益阳市**	**92**	**11**	**70**	**11**
430902000	资阳区	8	2	5	1
430903000	赫山区	18	7	10	1
430921000	南县	15		14	1
430922000	桃江县	15		12	3
430923000	安化县	23		18	5
430981000	沅江市	13	2	11	
431000000	**郴州市**	**158**	**21**	**100**	**37**
431002000	北湖区	14	10	2	2
431003000	苏仙区	14	6	8	
431021000	桂阳县	22	3	17	2
431022000	宜章县	19		14	5
431023000	永兴县	15		11	4
431024000	嘉禾县	10		9	1
431025000	临武县	13		9	4
431026000	汝城县	14		9	5
431027000	桂东县	11		7	4
431028000	安仁县	13		5	8
431081000	资兴市	13	2	9	2
431100000	**永州市**	**181**	**30**	**111**	**40**
431102000	零陵区	16	6	7	3
431103000	冷水滩区	19	10	8	1
431121000	祁阳县	26	3	20	3
431122000	东安县	15		13	2

续表 3

行政区划代码	行政区划名称	乡镇街道合计	街道	镇	乡
431123000	双牌县	11		6	5
431124000	道县	22	7	11	4
431125000	江永县	10		6	4
431126000	宁远县	20	4	12	4
431127000	蓝山县	14		8	6
431128000	新田县	12		11	1
431129000	江华瑶族自治县	16		9	7
431200000	**怀化市**	**204**	**11**	**103**	**90**
431202000	鹤城区	10	7	1	2
431221000	中方县	12		11	1
431222000	沅陵县	21		8	13
431223000	辰溪县	23		9	14
431224000	溆浦县	25		18	7
431225000	会同县	18		8	10
431226000	麻阳苗族自治县	18		8	10
431227000	新晃侗族自治县	11		9	2
431228000	芷江侗族自治县	18		9	9
431229000	靖州苗族侗族自治县	11		6	5
431230000	通道侗族自治县	11		9	2
431281000	洪江市	26	4	7	15
431300000	**娄底市**	**85**	**15**	**56**	**14**
431302000	娄星区	13	7	5	1
431321000	双峰县	15		12	3
431322000	新化县	28	3	18	7
431381000	冷水江市	10	4	5	1
431382000	涟源市	19	1	16	2
433100000	**湘西土家族苗族自治州**	**115**	**10**	**75**	**30**
433101000	吉首市	12	6	5	1
433122000	泸溪县	11		7	4
433123000	凤凰县	17		13	4
433124000	花垣县	12		9	3
433125000	保靖县	12		10	2
433126000	古丈县	7		7	
433127000	永顺县	23		12	11
433130000	龙山县	21	4	12	5

广东省

行政区划代码	行政区划名称	乡镇街道合计	街道	镇	乡
440000000	**广东省**	**1601**	**466**	**1124**	**11**
440100000	**广州市**	**170**	**136**	**34**	
440103000	荔湾区	22	22		
440104000	越秀区	18	18		
440105000	海珠区	18	18		
440106000	天河区	21	21		
440111000	白云区	22	18	4	
440112000	黄埔区	15	14	1	
440113000	番禺区	16	11	5	
440114000	花都区	10	4	6	
440115000	南沙区	9	3	6	
440117000	从化区	8	3	5	
440118000	增城区	11	4	7	
440200000	**韶关市**	**104**	**10**	**93**	**1**
440203000	武江区	7	2	5	
440204000	浈江区	8	3	5	
440205000	曲江区	10	1	9	
440222000	始兴县	10		9	1
440224000	仁化县	11	1	10	
440229000	翁源县	7		7	
440232000	乳源瑶族自治县	9		9	
440233000	新丰县	7	1	6	
440281000	乐昌市	17	1	16	
440282000	南雄市	18	1	17	
440300000	**深圳市**	**74**	**74**		
440303000	罗湖区	10	10		
440304000	福田区	10	10		
440305000	南山区	8	8		
440306000	宝安区	16	16		
440307000	龙岗区	14	14		
440308000	盐田区	4	4		
440309000	龙华区	6	6		
440310000	坪山区	6	6		
440400000	**珠海市**	**24**	**9**	**15**	
440402000	香洲区	14	8	6	

续表 1

行政区划代码	行政区划名称	乡镇街道合计	街道	镇	乡
440403000	斗门区	6	1	5	
440404000	金湾区	4		4	
440500000	**汕头市**	**69**	**37**	**32**	
440507000	龙湖区	7	5	2	
440511000	金平区	17	17		
440512000	濠江区	7	7		
440513000	潮阳区	13	4	9	
440514000	潮南区	11	1	10	
440515000	澄海区	11	3	8	
440523000	南澳县	3		3	
440600000	**佛山市**	**32**	**11**	**21**	
440604000	禅城区	4	3	1	
440605000	南海区	7	1	6	
440606000	顺德区	10	4	6	
440607000	三水区	7	2	5	
440608000	高明区	4	1	3	
440700000	**江门市**	**73**	**12**	**61**	
440703000	蓬江区	6	3	3	
440704000	江海区	3	3		
440705000	新会区	11	1	10	
440781000	台山市	17	1	16	
440783000	开平市	15	2	13	
440784000	鹤山市	10	1	9	
440785000	恩平市	11	1	10	
440800000	**湛江市**	**121**	**37**	**82**	**2**
440802000	赤坎区	8	8		
440803000	霞山区	12	12		
440804000	坡头区	7	2	5	
440811000	麻章区	7	3	4	
440823000	遂溪县	15		15	
440825000	徐闻县	15	1	12	2
440881000	廉江市	21	3	18	
440882000	雷州市	21	3	18	
440883000	吴川市	15	5	10	
440900000	**茂名市**	**109**	**22**	**87**	
440902000	茂南区	17	8	9	

续表 2

行政区划代码	行政区划名称	乡镇街道合计	街道	镇	乡
440904000	电白区	22	2	20	
440981000	高州市	28	5	23	
440982000	化州市	23	6	17	
440983000	信宜市	19	1	18	
441200000	**肇庆市**	**104**	**12**	**91**	**1**
441202000	端州区	4	4		
441203000	鼎湖区	7	3	4	
441204000	高要区	17	1	16	
441223000	广宁县	15		15	
441224000	怀集县	19		18	1
441225000	封开县	16		16	
441226000	德庆县	13	1	12	
441284000	四会市	13	3	10	
441300000	**惠州市**	**71**	**22**	**48**	**1**
441302000	惠城区	18	10	8	
441303000	惠阳区	12	6	6	
441322000	博罗县	17	2	15	
441323000	惠东县	14	2	12	
441324000	龙门县	10	2	7	1
441400000	**梅州市**	**110**	**6**	**104**	
441402000	梅江区	7	3	4	
441403000	梅县区	17		17	
441422000	大埔县	14		14	
441423000	丰顺县	16		16	
441424000	五华县	16		16	
441426000	平远县	12		12	
441427000	蕉岭县	8		8	
441481000	兴宁市	20	3	17	
441500000	**汕尾市**	**54**	**10**	**44**	
441502000	城区	10	7	3	
441521000	海丰县	16		16	
441523000	陆河县	8		8	
441581000	陆丰市	20	3	17	
441600000	**河源市**	**101**	**6**	**94**	**1**
441602000	源城区	8	6	2	
441621000	紫金县	18		18	

续表 3

行政区划代码	行政区划名称	乡镇街道合计	街道	镇	乡
441622000	龙川县	24		24	
441623000	连平县	13		13	
441624000	和平县	17		17	
441625000	东源县	21		20	1
441700000	**阳江市**	**48**	**10**	**38**	
441702000	江城区	12	8	4	
441704000	阳东区	11		11	
441721000	阳西县	8		8	
441781000	阳春市	17	2	15	
441800000	**清远市**	**85**	**5**	**77**	**3**
441802000	清城区	8	4	4	
441803000	清新区	8		8	
441821000	佛冈县	6		6	
441823000	阳山县	13		12	1
441825000	连山壮族瑶族自治县	7		7	
441826000	连南瑶族自治县	7		7	
441881000	英德市	24	1	23	
441882000	连州市	12		10	2
441900000	**东莞市**	**32**	**4**	**28**	
442000000	**中山市**	**24**	**6**	**18**	
445100000	**潮州市**	**50**	**9**	**41**	
445102000	湘桥区	13	9	4	
445103000	潮安区	16		16	
445122000	饶平县	21		21	
445200000	**揭阳市**	**83**	**20**	**61**	**2**
445202000	榕城区	15	10	5	
445203000	揭东区	12	2	10	
445222000	揭西县	17	1	15	1
445224000	惠来县	14		14	
445281000	普宁市	25	7	17	1
445300000	**云浮市**	**63**	**8**	**55**	
445302000	云城区	8	4	4	
445303000	云安区	7		7	
445321000	新兴县	12		12	
445322000	郁南县	15		15	
445381000	罗定市	21	4	17	

广西壮族自治区

行政区划代码	行政区划名称	乡镇街道合计	街道	镇	乡
450000000	**广西壮族自治区**	**1251**	**133**	**799**	**319**
450100000	**南宁市**	**127**	**25**	**86**	**16**
450102000	兴宁区	6	3	3	
450103000	青秀区	9	5	4	
450105000	江南区	9	5	4	
450107000	西乡塘区	13	10	3	
450108000	良庆区	7	2	5	
450109000	邕宁区	5		4	1
450110000	武鸣区	13		13	
450123000	隆安县	10		6	4
450124000	马山县	11		7	4
450125000	上林县	11		7	4
450126000	宾阳县	16		16	
450127000	横县	17		14	3
450200000	**柳州市**	**117**	**31**	**53**	**33**
450202000	城中区	7	7		
450203000	鱼峰区	10	8	2	
450204000	柳南区	9	8	1	
450205000	柳北区	11	8	3	
450206000	柳江区	12		12	
450222000	柳城县	12		10	2
450223000	鹿寨县	9		6	3
450224000	融安县	12		6	6
450225000	融水苗族自治县	20		7	13
450226000	三江侗族自治县	15		6	9
450300000	**桂林市**	**147**	**13**	**86**	**48**
450302000	秀峰区	3	3		
450303000	叠彩区	3	2		1
450304000	象山区	4	3		1
450305000	七星区	5	4		1
450311000	雁山区	5	1	2	2
450312000	临桂区	11		9	2
450321000	阳朔县	9		6	3
450323000	灵川县	12		7	5
450324000	全州县	18		15	3
450325000	兴安县	10		6	4
450326000	永福县	9		6	3
450327000	灌阳县	9		6	3
450328000	龙胜各族自治县	10		5	5
450329000	资源县	7		3	4
450330000	平乐县	10		6	4

续表 1

行政区划代码	行政区划名称	乡镇街道合计	街道	镇	乡
450331000	荔浦县	13		10	3
450332000	恭城瑶族自治县	9		5	4
450400000	**梧州市**	**67**	**9**	**53**	**5**
450403000	万秀区	10	7	3	
450405000	长洲区	4	2	2	
450406000	龙圩区	4		4	
450421000	苍梧县	9		9	
450422000	藤县	17		15	2
450423000	蒙山县	9		6	3
450481000	岑溪市	14		14	
450500000	**北海市**	**30**	**7**	**22**	**1**
450502000	海城区	8	7	1	
450503000	银海区	4		4	
450512000	铁山港区	3		3	
450521000	合浦县	15		14	1
450600000	**防城港市**	**30**	**7**	**17**	**6**
450602000	港口区	6	4	2	
450603000	防城区	13	3	8	2
450621000	上思县	8		4	4
450681000	东兴市	3		3	
450700000	**钦州市**	**66**	**12**	**54**	
450702000	钦南区	16	5	11	
450703000	钦北区	14	3	11	
450721000	灵山县	19	2	17	
450722000	浦北县	17	2	15	
450800000	**贵港市**	**74**	**7**	**55**	**12**
450802000	港北区	8	2	4	2
450803000	港南区	9	2	7	
450804000	覃塘区	10	1	7	2
450821000	平南县	21	2	16	3
450881000	桂平市	26		21	5
450900000	**玉林市**	**110**	**8**	**102**	
450902000	玉州区	9	5	4	
450903000	福绵区	6		6	
450921000	容县	15		15	
450922000	陆川县	14		14	
450923000	博白县	28		28	
450924000	兴业县	13		13	
450981000	北流市	25	3	22	
451000000	**百色市**	**135**	**2**	**75**	**58**
451002000	右江区	9	2	4	3
451021000	田阳县	10		9	1
451022000	田东县	10		9	1

续表 2

行政区划代码	行政区划名称	乡镇街道合计	街道	镇	乡
451023000	平果县	12		9	3
451024000	德保县	12		7	5
451081000	靖西市	19		11	8
451026000	那坡县	9		3	6
451027000	凌云县	8		4	4
451028000	乐业县	8		4	4
451029000	田林县	14		5	9
451030000	西林县	8		4	4
451031000	隆林各族自治县	16		6	10
451100000	**贺州市**	**61**	**4**	**47**	**10**
451102000	八步区	16	3	12	1
451103000	平桂区	9	1	7	1
451121000	昭平县	12		9	3
451122000	钟山县	12		10	2
451123000	富川瑶族自治县	12		9	3
451200000	**河池市**	**139**	**1**	**65**	**73**
451202000	金城江区	12	1	7	4
451203000	宜州区	16		9	7
451221000	南丹县	11		8	3
451222000	天峨县	9		2	7
451223000	凤山县	9		3	6
451224000	东兰县	14		6	8
451225000	罗城仫佬族自治县	11		7	4
451226000	环江毛南族自治县	12		6	6
451227000	巴马瑶族自治县	10		3	7
451228000	都安瑶族自治县	19		10	9
451229000	大化瑶族自治县	16		4	12
451300000	**来宾市**	**70**	**4**	**43**	**23**
451302000	兴宾区	24	4	14	6
451321000	忻城县	12		6	6
451322000	象州县	11		8	3
451323000	武宣县	10		9	1
451324000	金秀瑶族自治县	10		3	7
451381000	合山市	3		3	
451400000	**崇左市**	**78**	**3**	**41**	**34**
451402000	江州区	11	3	6	2
451421000	扶绥县	11		8	3
451422000	宁明县	13		7	6
451423000	龙州县	12		5	7
451424000	大新县	14		5	9
451425000	天等县	13		6	7
451481000	凭祥市	4		4	

海南省

行政区划代码	行政区划名称	乡镇街道合计	街道	镇	乡
460000000	**海南省**	**218**	**22**	**175**	**21**
460100000	**海口市**	**43**	**21**	**22**	
460105000	秀英区	8	2	6	
460106000	龙华区	11	6	5	
460107000	琼山区	11	4	7	
460108000	美兰区	13	9	4	
460200000	**三亚市**				
460202000	海棠区				
460203000	吉阳区				
460204000	天涯区				
460205000	崖州区				
460300000	**三沙市**				
460400000	**儋州市**	**17**	**1**	**16**	
469001000	五指山市	7		4	3
469002000	琼海市	12		12	
469005000	文昌市	17		17	
469006000	万宁市	12		12	
469007000	东方市	10		8	2
469021000	定安县	10		10	
469022000	屯昌县	8		8	
469023000	澄迈县	11		11	
469024000	临高县	11		11	
469025000	白沙黎族自治县	11		4	7
469026000	昌江黎族自治县	8		7	1
469027000	乐东黎族自治县	11		11	
469028000	陵水黎族自治县	11		9	2
469029000	保亭黎族苗族自治县	9		6	3
469030000	琼中黎族苗族自治县	10		7	3

重庆市

行政区划代码	行政区划名称	乡镇街道合计	街道	镇	乡
500000000	**重庆市**	**1030**	**222**	**626**	**182**
500101000	万州区	52	11	29	12
500102000	涪陵区	27	9	12	6
500103000	渝中区	11	11		
500104000	大渡口区	8	5	3	
500105000	江北区	12	9	3	
500106000	沙坪坝区	28	20	8	
500107000	九龙坡区	19	8	11	
500108000	南岸区	15	8	7	
500109000	北碚区	17	6	11	
500110000	綦江区	30	5	25	
500111000	大足区	27	6	21	
500112000	渝北区	30	19	11	
500113000	巴南区	22	8	14	
500114000	黔江区	30	6	12	12
500115000	长寿区	19	7	12	
500116000	江津区	30	5	25	
500117000	合川区	30	7	23	
500118000	永川区	23	7	16	
500119000	南川区	34	3	29	2
500120000	璧山区	15	6	9	
500151000	铜梁区	28	5	23	
500152000	潼南区	22	2	20	
500153000	荣昌区	21	6	15	
500154000	开州区	40	7	26	7
500155000	梁平区	33	2	29	2
500156000	武隆区	27	2	12	13
500229000	城口县	25	2	10	13
500230000	丰都县	30	2	23	5
500231000	垫江县	26	2	22	2
500233000	忠县	29	4	19	6
500235000	云阳县	42	4	31	7
500236000	奉节县	32	3	18	11
500237000	巫山县	26	2	11	13
500238000	巫溪县	32	2	19	11
500240000	石柱土家族自治县	33	3	17	13
500241000	秀山土家族苗族自治县	27	3	18	6
500242000	酉阳土家族苗族自治县	39	2	14	23
500243000	彭水苗族土家族自治县	39	3	18	18

四川省

行政区划代码	行政区划名称	乡镇街道合计	街道	镇	乡
510000000	**四川省**	**4610**	**350**	**2196**	**2064**
510100000	**成都市**	**375**	**117**	**206**	**52**
510104000	锦江区	16	16		
510105000	青羊区	14	14		
510106000	金牛区	15	15		
510107000	武侯区	17	17		
510108000	成华区	14	14		
510112000	龙泉驿区	12	4	7	1
510113000	青白江区	11	2	8	1
510114000	新都区	13	3	10	
510115000	温江区	10	4	6	
510116000	双流区	26	8	18	
510117000	郫都区	16	3	13	
510121000	金堂县	21	1	18	2
510129000	大邑县	20	1	16	3
510131000	蒲江县	12	1	7	4
510132000	新津县	12	1	10	1
510181000	都江堰市	19	5	13	1
510182000	彭州市	20	1	19	
510183000	邛崃市	24	2	18	4
510184000	崇州市	25	1	18	6
510185000	简阳市	58	4	25	29
510300000	**自贡市**	**108**	**12**	**75**	**21**
510302000	自流井区	13	6	3	4
510303000	贡井区	13	2	9	2
510304000	大安区	16	4	9	3
510311000	沿滩区	13		11	2
510321000	荣县	27		21	6
510322000	富顺县	26		22	4
510400000	**攀枝花市**	**60**	**16**	**21**	**23**
510402000	东区	10	9	1	
510403000	西区	7	6	1	
510411000	仁和区	15	1	8	6
510421000	米易县	12		7	5
510422000	盐边县	16		4	12
510500000	**泸州市**	**144**	**22**	**110**	**12**
510502000	江阳区	18	10	8	
510503000	纳溪区	15	3	12	
510504000	龙马潭区	13	8	5	
510521000	泸县	20	1	19	
510522000	合江县	27		26	1

续表 1

行政区划代码	行政区划名称	乡镇街道合计	街道	镇	乡
510524000	叙永县	25		20	5
510525000	古蔺县	26		20	6
510600000	**德阳市**	**129**	**10**	**99**	**20**
510603000	旌阳区	19	8	10	1
510623000	中江县	10		10	
510604000	罗江区	45		29	16
510681000	广汉市	18		16	2
510682000	什邡市	16	2	14	
510683000	绵竹市	21		20	1
510700000	**绵阳市**	**292**	**23**	**172**	**97**
510703000	涪城区	25	11	13	1
510704000	游仙区	29	6	20	3
510705000	安州区	18		15	3
510722000	三台县	63	1	49	13
510723000	盐亭县	35	2	14	19
510725000	梓潼县	32		13	19
510726000	北川羌族自治县	23		10	13
510727000	平武县	25		9	16
510781000	江油市	42	3	29	10
510800000	**广元市**	**239**	**9**	**103**	**127**
510802000	利州区	18	8	7	3
510811000	昭化区	29	1	11	17
510812000	朝天区	25		9	16
510821000	旺苍县	35		18	17
510822000	青川县	36		11	25
510823000	剑阁县	57		23	34
510824000	苍溪县	39		24	15
510900000	**遂宁市**	**130**	**18**	**74**	**38**
510903000	船山区	26	14	7	5
510904000	安居区	23	2	17	4
510921000	蓬溪县	31		18	13
510922000	射洪县	32	2	20	10
510923000	大英县	18		12	6
511000000	**内江市**	**121**	**14**	**103**	**4**
511002000	市中区	20	7	13	
511011000	东兴区	29	5	20	4
511024000	威远县	20		20	
511025000	资中县	33		33	
511083000	隆昌市	19	2	17	
511100000	**乐山市**	**218**	**7**	**102**	**109**
511102000	市中区	32	7	15	10

续表 2

行政区划代码	行政区划名称	乡镇街道合计	街道	镇	乡
511111000	沙湾区	13		8	5
511112000	五通桥区	12		11	1
511113000	金口河区	6		2	4
511123000	犍为县	30		12	18
511124000	井研县	27		10	17
511126000	夹江县	22		11	11
511129000	沐川县	19		7	12
511132000	峨边彝族自治县	19		6	13
511133000	马边彝族自治县	20		5	15
511181000	峨眉山市	18		15	3
511300000	**南充市**	**424**	**31**	**180**	**213**
511302000	顺庆区	29	11	9	9
511303000	高坪区	32	7	12	13
511304000	嘉陵区	46	6	22	18
511321000	南部县	73	2	32	39
511322000	营山县	54	1	20	33
511323000	蓬安县	39		15	24
511324000	仪陇县	57		29	28
511325000	西充县	44		16	28
511381000	阆中市	50	4	25	21
511400000	**眉山市**	**131**	**5**	**85**	**41**
511402000	东坡区	26	3	16	7
511403000	彭山区	13	2	8	3
511421000	仁寿县	60		37	23
511423000	洪雅县	15		12	3
511424000	丹棱县	7		5	2
511425000	青神县	10		7	3
511500000	**宜宾市**	**185**	**13**	**123**	**49**
511502000	翠屏区	24	11	13	
511503000	南溪区	15	2	8	5
511521000	宜宾县	26		23	3
511523000	江安县	18		15	3
511524000	长宁县	18		13	5
511525000	高县	19		12	7
511526000	珙县	17		11	6
511527000	筠连县	18		9	9
511528000	兴文县	15		10	5
511529000	屏山县	15		9	6
511600000	**广安市**	**182**	**12**	**91**	**79**
511602000	广安区	36	5	14	17
511603000	前锋区	14	4	8	2

续表 3

行政区划代码	行政区划名称	乡镇街道合计	街道	镇	乡
511621000	岳池县	43		22	21
511622000	武胜县	31		17	14
511623000	邻水县	45		21	24
511681000	华蓥市	13	3	9	1
511700000	**达州市**	**315**	**8**	**163**	**144**
511702000	通川区	22	3	14	5
511703000	达川区	56	2	29	25
511722000	宣汉县	54		31	23
511723000	开江县	20		13	7
511724000	大竹县	51	3	27	21
511725000	渠县	60		30	30
511781000	万源市	52		19	33
511800000	**雅安市**	**143**	**6**	**47**	**90**
511802000	雨城区	22	4	12	6
511803000	名山区	20		9	11
511822000	荥经县	21		4	17
511823000	汉源县	30		10	20
511824000	石棉县	17	1	1	15
511825000	天全县	15		2	13
511826000	芦山县	9	1	6	2
511827000	宝兴县	9		3	6
511900000	**巴中市**	**200**	**13**	**108**	**79**
511902000	巴州区	32	9	15	8
511903000	恩阳区	27	3	17	7
511921000	通江县	49		24	25
511922000	南江县	48		23	25
511923000	平昌县	44	1	29	14
512000000	**资阳市**	**120**	**4**	**69**	**47**
512002000	雁江区	26	4	20	2
512021000	安岳县	69		32	37
512022000	乐至县	25		17	8
513200000	**阿坝藏族羌族自治州**	**219**		**59**	**160**
513201000	马尔康市	14		4	10
513221000	汶川县	12		8	4
513222000	理县	13		5	8
513223000	茂县	21		9	12
513224000	松潘县	25		4	21
513225000	九寨沟县	15		3	12
513226000	金川县	22		3	19
513227000	小金县	21		5	16
513228000	黑水县	17		3	14

续表 4

行政区划代码	行政区划名称	乡镇街道合计			
			街道	镇	乡
513230000	壤塘县	12		3	9
513231000	阿坝县	19		3	16
513232000	若尔盖县	17		4	13
513233000	红原县	11		5	6
513300000	**甘孜藏族自治州**	**325**	**2**	**68**	**255**
513301000	康定市	21	2	5	14
513322000	泸定县	12		7	5
513323000	丹巴县	15		3	12
513324000	九龙县	18		2	16
513325000	雅江县	17		4	13
513326000	道孚县	22		4	18
513327000	炉霍县	16		3	13
513328000	甘孜县	22		3	19
513329000	新龙县	19		3	16
513330000	德格县	26		6	20
513331000	白玉县	17		2	15
513332000	石渠县	22		7	15
513333000	色达县	17		4	13
513334000	理塘县	24		2	22
513335000	巴塘县	19		3	16
513336000	乡城县	12		3	9
513337000	稻城县	14		4	10
513338000	得荣县	12		3	9
513400000	**凉山彝族自治州**	**550**	**8**	**138**	**404**
513401000	西昌市	43	6	8	29
513422000	木里藏族自治县	29		4	25
513423000	盐源县	30		10	20
513424000	德昌县	19		16	3
513425000	会理县	27	2	14	11
513426000	会东县	20		13	7
513427000	宁南县	25		16	9
513428000	普格县	34		3	31
513429000	布拖县	30		3	27
513430000	金阳县	34		4	30
513431000	昭觉县	47		1	46
513432000	喜德县	24		7	17
513433000	冕宁县	38		16	22
513434000	越西县	38		10	28
513435000	甘洛县	28		7	21
513436000	美姑县	36		1	35
513437000	雷波县	48		5	43

贵州省

行政区划代码	行政区划名称	乡镇街道合计	街道	镇	乡
520000000	**贵州省**	**1379**	**223**	**839**	**317**
520100000	**贵阳市**	**77**		**50**	**27**
520102000	南明区	4			4
520103000	云岩区	1		1	
520111000	花溪区	11		5	6
520112000	乌当区	8		6	2
520113000	白云区	5		3	2
520115000	观山湖区	3		3	
520121000	开阳县	16		8	8
520122000	息烽县	10		9	1
520123000	修文县	10		9	1
520181000	清镇市	9		6	3
520200000	**六盘水市**	**87**	**22**	**39**	**26**
520201000	钟山区	12	9	3	
520203000	六枝特区	18	3	9	6
520221000	水城县	30	4	13	13
520281000	盘州市	27	6	14	7
520300000	**遵义市**	**252**	**50**	**181**	**21**
520302000	红花岗区	22	13	9	
520303000	汇川区	15	7	8	
520304000	播州区	24	5	17	2
520322000	桐梓县	25	2	20	3
520323000	绥阳县	15		13	2
520324000	正安县	19	1	16	2
520325000	道真仡佬族苗族自治县	15	1	11	3
520326000	务川仡佬族苗族自治县	16	3	11	2
520327000	凤冈县	13	2	11	
520328000	湄潭县	15	3	12	
520329000	余庆县	10	1	8	1
520330000	习水县	26	4	20	2
520381000	赤水市	17	3	11	3
520382000	仁怀市	20	5	14	1

续表 1

行政区划代码	行政区划名称	乡镇街道合计	街道	镇	乡
520400000	**安顺市**	**87**	**21**	**48**	**18**
520402000	西秀区	24	7	10	7
520403000	平坝区	11	2	7	2
520422000	普定县	12	3	6	3
520423000	镇宁布依族苗族自治县	15	4	8	3
520424000	关岭布依族苗族自治县	13	3	9	1
520425000	紫云苗族布依族自治县	12	2	8	2
520500000	**毕节市**	**263**	**37**	**135**	**91**
520502000	七星关区	46	11	27	8
520521000	大方县	37	3	10	24
520522000	黔西县	31	4	15	12
520523000	金沙县	25	4	14	7
520524000	织金县	32	6	16	10
520525000	纳雍县	26	3	13	10
520526000	威宁彝族回族苗族自治县	39	4	30	5
520527000	赫章县	27	2	10	15
520600000	**铜仁市**	**175**	**31**	**95**	**49**
520602000	碧江区	13	5	3	5
520603000	万山区	10	3	1	6
520621000	江口县	10	2	6	2
520622000	玉屏侗族自治县	7	2	4	1
520623000	石阡县	19	3	6	10
520624000	思南县	28	3	17	8
520625000	印江土家族苗族自治县	17	3	13	1
520626000	德江县	21	2	11	8
520627000	沿河土家族自治县	22	3	17	2
520628000	松桃苗族自治县	28	5	17	6
522300000	**黔西南布依族苗族自治州**	**126**	**26**	**83**	**17**
522301000	兴义市	30	8	17	5
522322000	兴仁县	16	4	11	1
522323000	普安县	12	2	8	2
522324000	晴隆县	14	2	8	4
522325000	贞丰县	14	2	9	3

续表 2

行政区划代码	行政区划名称	乡镇街道合计	街道	镇	乡
522326000	望谟县	15	3	11	1
522327000	册亨县	12	2	9	1
522328000	安龙县	13	3	10	
522600000	**黔东南苗族侗族自治州**	**206**	**17**	**129**	**60**
522601000	凯里市	18	7	11	
522622000	黄平县	11		8	3
522623000	施秉县	8		5	3
522624000	三穗县	9		7	2
522625000	镇远县	12		8	4
522626000	岑巩县	11		9	2
522627000	天柱县	16	3	11	2
522628000	锦屏县	15		7	8
522629000	剑河县	13	1	11	1
522630000	台江县	9	2	4	3
522631000	黎平县	25	2	14	9
522632000	榕江县	19		9	10
522633000	从江县	19		12	7
522634000	雷山县	8		5	3
522635000	麻江县	7	2	4	1
522636000	丹寨县	6		4	2
522700000	**黔南布依族苗族自治州**	**106**	**19**	**79**	**8**
522701000	都匀市	10	5	4	1
522702000	福泉市	8	2	5	1
522722000	荔波县	8	1	5	2
522723000	贵定县	8	2	6	
522725000	瓮安县	13	2	10	1
522726000	独山县	8		8	
522727000	平塘县	11	1	9	1
522728000	罗甸县	10	1	8	1
522729000	长顺县	7	1	5	1
522730000	龙里县	6	1	5	
522731000	惠水县	10	2	8	
522732000	三都水族自治县	7	1	6	

云南省

行政区划代码	行政区划名称	乡镇街道合计	街道	镇	乡
530000000	**云南省**	**1398**	**173**	**682**	**543**
530100000	**昆明市**	**135**	**76**	**43**	**16**
530102000	五华区	10	10		
530103000	盘龙区	12	12		
530111000	官渡区	10	10		
530112000	西山区	10	10		
530113000	东川区	8	1	6	1
530114000	呈贡区	10	10		
530115000	晋宁区	8	2	4	2
530124000	富民县	7	2	5	
530125000	宜良县	8	2	4	2
530126000	石林彝族自治县	7	3	3	1
530127000	嵩明县	4	1	3	
530128000	禄劝彝族苗族自治县	16	1	9	6
530129000	寻甸回族彝族自治县	16	3	9	4
530181000	安宁市	9	9		
530300000	**曲靖市**	**134**	**43**	**51**	**40**
530302000	麒麟区	16	13	3	
530303000	沾益区	11	4	2	5
530321000	马龙县	10	5	2	3
530322000	陆良县	11	2	7	2
530323000	师宗县	10	3	4	3
530324000	罗平县	13	3	4	6
530325000	富源县	12	2	9	1
530326000	会泽县	23	3	7	13
530381000	宣威市	28	8	13	7
530400000	**玉溪市**	**75**	**24**	**25**	**26**
530402000	红塔区	11	9		2
530403000	江川区	7	1	4	2
530422000	澄江县	6	2	4	
530423000	通海县	9	2	4	3
530424000	华宁县	5	1	3	1
530425000	易门县	7	2	1	4
530426000	峨山彝族自治县	8	2	3	3
530427000	新平彝族傣族自治县	12	2	4	6
530428000	元江哈尼族彝族傣族自治县	10	3	2	5

续表 1

行政区划代码	行政区划名称	乡镇街道合计	街道	镇	乡
530500000	**保山市**	**75**	**6**	**35**	**34**
530502000	隆阳区	21	6	5	10
530521000	施甸县	13		5	8
530523000	龙陵县	10		5	5
530524000	昌宁县	13		9	4
530581000	腾冲市	18		11	7
530600000	**昭通市**	**146**	**7**	**99**	**40**
530602000	昭阳区	20	3	10	7
530621000	鲁甸县	12		10	2
530622000	巧家县	16		12	4
530623000	盐津县	10		6	4
530624000	大关县	9		8	1
530625000	永善县	15		8	7
530626000	绥江县	5		5	
530627000	镇雄县	30	3	20	7
530628000	彝良县	15		10	5
530629000	威信县	10		7	3
530630000	水富县	4	1	3	
530700000	**丽江市**	**65**	**7**	**23**	**35**
530702000	古城区	11	7	2	2
530721000	玉龙纳西族自治县	16		7	9
530722000	永胜县	15		9	6
530723000	华坪县	8		4	4
530724000	宁蒗彝族自治县	15		1	14
530800000	**普洱市**	**103**		**66**	**37**
530802000	思茅区	7		5	2
530821000	宁洱哈尼族彝族自治县	9		6	3
530822000	墨江哈尼族自治县	15		12	3
530823000	景东彝族自治县	13		10	3
530824000	景谷傣族彝族自治县	10		6	4
530825000	镇沅彝族哈尼族拉祜族自治县	9		8	1
530826000	江城哈尼族彝族自治县	7		5	2
530827000	孟连傣族拉祜族佤族自治县	6		4	2
530828000	澜沧拉祜族自治县	20		5	15
530829000	西盟佤族自治县	7		5	2
530900000	**临沧市**	**77**	**2**	**32**	**43**
530902000	临翔区	10	2	1	7

续表 2

行政区划代码	行政区划名称	乡镇街道合计	街道	镇	乡
530921000	凤庆县	13		8	5
530922000	云县	12		7	5
530923000	永德县	10		3	7
530924000	镇康县	7		3	4
530925000	双江拉祜族佤族布朗族傣族自治县	6		2	4
530926000	耿马傣族佤族自治县	9		4	5
530927000	沧源佤族自治县	10		4	6
532300000	**楚雄彝族自治州**	**103**		**65**	**38**
532301000	楚雄市	15		12	3
532322000	双柏县	8		5	3
532323000	牟定县	7		4	3
532324000	南华县	10		6	4
532325000	姚安县	9		6	3
532326000	大姚县	12		8	4
532327000	永仁县	7		3	4
532328000	元谋县	10		3	7
532329000	武定县	11		7	4
532331000	禄丰县	14		11	3
532500000	**红河哈尼族彝族自治州**	**130**	**3**	**67**	**60**
532501000	个旧市	10	1	7	2
532502000	开远市	7	2	2	3
532503000	蒙自市	11		7	4
532504000	弥勒市	11		9	2
532523000	屏边苗族自治县	7		4	3
532524000	建水县	12		8	4
532525000	石屏县	9		7	2
532527000	泸西县	8		5	3
532528000	元阳县	14		3	11
532529000	红河县	13		5	8
532530000	金平苗族瑶族傣族自治县	13		4	9
532531000	绿春县	9		4	5
532532000	河口瑶族自治县	6		2	4
532600000	**文山壮族苗族自治州**	**104**	**3**	**42**	**59**
532601000	文山市	17	3	7	7
532622000	砚山县	11		4	7
532623000	西畴县	9		2	7

续表 3

行政区划代码	行政区划名称	乡镇街道合计	街道	镇	乡
532624000	麻栗坡县	11		4	7
532625000	马关县	13		9	4
532626000	丘北县	12		3	9
532627000	广南县	18		7	11
532628000	富宁县	13		6	7
532800000	**西双版纳傣族自治州**	**32**	**1**	**19**	**12**
532801000	景洪市	11	1	5	5
532822000	勐海县	11		6	5
532823000	勐腊县	10		8	2
532900000	**大理白族自治州**	**110**		**70**	**40**
532901000	大理市	11		10	1
532922000	漾濞彝族自治县	9		4	5
532923000	祥云县	10		8	2
532924000	宾川县	10		8	2
532925000	弥渡县	8		6	2
532926000	南涧彝族自治县	8		5	3
532927000	巍山彝族回族自治县	10		4	6
532928000	永平县	7		3	4
532929000	云龙县	11		4	7
532930000	洱源县	9		6	3
532931000	剑川县	8		5	3
532932000	鹤庆县	9		7	2
533100000	**德宏傣族景颇族自治州**	**51**	**1**	**23**	**27**
533102000	瑞丽市	6		3	3
533103000	芒市	12	1	5	6
533122000	梁河县	9		3	6
533123000	盈江县	15		8	7
533124000	陇川县	9		4	5
533300000	**怒江傈僳族自治州**	**29**		**13**	**16**
533301000	泸水市	9		6	3
533323000	福贡县	7		1	6
533324000	贡山独龙族怒族自治县	5		2	3
533325000	兰坪白族普米族自治县	8		4	4
533400000	**迪庆藏族自治州**	**29**		**9**	**20**
533401000	香格里拉市	11		4	7
533422000	德钦县	8		2	6
533423000	维西傈僳族自治县	10		3	7

西藏自治区

行政区划代码	行政区划名称	乡镇街道合计	街道	镇	乡
540000000	**西藏自治区**	**697**	**12**	**140**	**545**
540100000	**拉萨市**	**65**	**8**	**9**	**48**
540102000	城关区	12	8		4
540103000	堆龙德庆区	7		2	5
540104000	达孜区	6		1	5
540121000	林周县	10		1	9
540122000	当雄县	8		2	6
540123000	尼木县	8		1	7
540124000	曲水县	6		1	5
540127000	墨竹工卡县	8		1	7
540200000	**日喀则市**	**204**	**2**	**27**	**175**
540202000	桑珠孜区	12	2		10
540221000	南木林县	17		1	16
540222000	江孜县	19		1	18
540223000	定日县	13		2	11
540224000	萨迦县	11		2	9
540225000	拉孜县	11		2	9
540226000	昂仁县	17		2	15
540227000	谢通门县	19		1	18
540228000	白朗县	11		2	9
540229000	仁布县	9		1	8
540230000	康马县	9		1	8
540231000	定结县	10		3	7
540232000	仲巴县	13		1	12
540233000	亚东县	7		2	5
540234000	吉隆县	6		2	4
540235000	聂拉木县	7		2	5
540236000	萨嘎县	8		1	7
540237000	岗巴县	5		1	4
540300000	**昌都市**	**138**		**28**	**110**
540302000	卡若区	15		3	12
540321000	江达县	13		2	11
540322000	贡觉县	12		1	11
540323000	类乌齐县	10		2	8
540324000	丁青县	13		2	11
540325000	察雅县	13		3	10
540326000	八宿县	14		4	10
540327000	左贡县	10		3	7
540328000	芒康县	16		2	14
540329000	洛隆县	11		4	7

续表

行政区划代码	行政区划名称	乡镇街道合计			
			街道	镇	乡
540330000	边坝县	11		2	9
540400000	**林芝市**	**56**	**2**	**20**	**34**
540402000	巴宜区	9	2	4	3
540421000	工布江达县	9		3	6
540422000	米林县	8		3	5
540423000	墨脱县	8		1	7
540424000	波密县	10		3	7
540425000	察隅县	6		3	3
540426000	朗县	6		3	3
540500000	**山南市**	**83**		**24**	**59**
540502000	乃东区	7		2	5
540521000	扎囊县	5		2	3
540522000	贡嘎县	9		5	4
540523000	桑日县	4		1	3
540524000	琼结县	4		1	3
540525000	曲松县	5		2	3
540526000	措美县	4		2	2
540527000	洛扎县	7		2	5
540528000	加查县	7		2	5
540529000	隆子县	11		2	9
540530000	错那县	10		1	9
540531000	浪卡子县	10		2	8
540600000	**那曲市**	**114**		**25**	**89**
540602000	色尼区	12		3	9
540621000	嘉黎县	10		2	8
540622000	比如县	10		2	8
540623000	聂荣县	10		1	9
540624000	安多县	13		4	9
540625000	申扎县	8		2	6
540626000	索县	10		2	8
540627000	班戈县	10		4	6
540628000	巴青县	10		3	7
540629000	尼玛县	14		1	13
540630000	双湖县	7		1	6
542500000	**阿里地区**	**37**		**7**	**30**
542521000	普兰县	3		1	2
542522000	札达县	7		1	6
542523000	噶尔县	5		1	4
542524000	日土县	5		1	4
542525000	革吉县	5		1	4
542526000	改则县	7		1	6
542527000	措勤县	5		1	4

陕西省

行政区划代码	行政区划名称	乡镇街道合计	街道	镇	乡
610000000	**陕西省**	**1295**	**289**	**983**	**23**
610100000	**西安市**	**172**	**120**	**52**	
610102000	新城区	9	9		
610103000	碑林区	8	8		
610104000	莲湖区	9	9		
610111000	灞桥区	9	9		
610112000	未央区	12	12		
610113000	雁塔区	10	10		
610114000	阎良区	7	5	2	
610115000	临潼区	23	23		
610116000	长安区	25	25		
610117000	高陵区	7	7		
610118000	鄠邑区	14	1	13	
610122000	蓝田县	19	1	18	
610124000	周至县	20	1	19	
610200000	**铜川市**	**38**	**17**	**20**	**1**
610202000	王益区	7	6	1	
610203000	印台区	9	4	5	
610204000	耀州区	14	6	8	
610222000	宜君县	8	1	6	1
610300000	**宝鸡市**	**116**	**17**	**99**	
610302000	渭滨区	10	5	5	
610303000	金台区	11	7	4	
610304000	陈仓区	18	3	15	
610322000	凤翔县	12		12	
610323000	岐山县	9		9	
610324000	扶风县	8	1	7	
610326000	眉县	8	1	7	
610327000	陇县	10		10	
610328000	千阳县	7		7	
610329000	麟游县	7		7	
610330000	凤县	9		9	
610331000	太白县	7		7	
610400000	**咸阳市**	**141**	**40**	**101**	
610402000	秦都区	12	12		
610403000	杨陵区	5	3	2	
610404000	渭城区	10	10		
610422000	三原县	10	1	9	
610423000	泾阳县	13	1	12	

续表 1

行政区划代码	行政区划名称	乡镇街道合计	街道	镇	乡
610424000	乾县	16	1	15	
610425000	礼泉县	12	1	11	
610426000	永寿县	7	1	6	
610427000	彬县	9	1	8	
610428000	长武县	8	1	7	
610429000	旬邑县	10	1	9	
610430000	淳化县	8	1	7	
610431000	武功县	8	1	7	
610481000	兴平市	13	5	8	
610500000	**渭南市**	**130**	**22**	**108**	
610502000	临渭区	24	10	14	
610503000	华州区	10	1	9	
610522000	潼关县	5	1	4	
610523000	大荔县	16	1	15	
610524000	合阳县	12	1	11	
610525000	澄城县	10	1	9	
610526000	蒲城县	16	1	15	
610527000	白水县	8	1	7	
610528000	富平县	15	1	14	
610581000	韩城市	8	2	6	
610582000	华阴市	6	2	4	
610600000	**延安市**	**114**	**18**	**84**	**12**
610602000	宝塔区	18	5	9	4
610603000	安塞区	11	3	8	
610621000	延长县	8	1	7	
610622000	延川县	8	1	7	
610623000	子长县	9	1	8	
610625000	志丹县	8	1	7	
610626000	吴起县	9	1	8	
610627000	甘泉县	6	1	3	2
610628000	富县	8	1	6	1
610629000	洛川县	9	1	7	1
610630000	宜川县	7	1	4	2
610631000	黄龙县	7		5	2
610632000	黄陵县	6	1	5	
610700000	**汉中市**	**176**	**24**	**152**	
610702000	汉台区	15	8	7	
610703000	南郑区	21	1	20	
610722000	城固县	17	2	15	

续表 2

行政区划代码	行政区划名称	乡镇街道合计	街道	镇	乡
610723000	洋县	18	3	15	
610724000	西乡县	17	2	15	
610725000	勉县	18	1	17	
610726000	宁强县	18	2	16	
610727000	略阳县	17	2	15	
610728000	镇巴县	20	1	19	
610729000	留坝县	8	1	7	
610730000	佛坪县	7	1	6	
610800000	**榆林市**	**171**	**15**	**146**	**10**
610802000	榆阳区	27	8	14	5
610803000	横山区	14	1	13	
610822000	府谷县	14		14	
610824000	靖边县	17	1	16	
610825000	定边县	19	1	14	4
610826000	绥德县	15		15	
610827000	米脂县	9	1	8	
610828000	佳县	13	1	12	
610829000	吴堡县	6	1	5	
610830000	清涧县	9		9	
610831000	子洲县	13	1	11	1
610881000	神木市	15		15	
610900000	**安康市**	**139**	**4**	**135**	
610902000	汉滨区	28	4	24	
610921000	汉阴县	10		10	
610922000	石泉县	11		11	
610923000	宁陕县	11		11	
610924000	紫阳县	17		17	
610925000	岚皋县	12		12	
610926000	平利县	11		11	
610927000	镇坪县	7		7	
610928000	旬阳县	21		21	
610929000	白河县	11		11	
611000000	**商洛市**	**98**	**12**	**86**	
611002000	商州区	18	4	14	
611021000	洛南县	16	2	14	
611022000	丹凤县	12	1	11	
611023000	商南县	10	1	9	
611024000	山阳县	18	2	16	
611025000	镇安县	15	1	14	
611026000	柞水县	9	1	8	

甘肃省

行政区划代码	行政区划名称	乡镇街道合计	街道	镇	乡
620000000	**甘肃省**	**1355**	**126**	**816**	**413**
620100000	**兰州市**	**115**	**54**	**47**	**14**
620102000	城关区	26	26		
620103000	七里河区	15	9	5	1
620104000	西固区	13	7	5	1
620105000	安宁区	8	8		
620111000	红古区	8	4	4	
620121000	永登县	18		15	3
620122000	皋兰县	7		7	
620123000	榆中县	20		11	9
620200000	**嘉峪关市**	**4**	**1**	**3**	
620300000	**金昌市**	**18**	**6**	**11**	**1**
620302000	金川区	8	6	2	
620321000	永昌县	10		9	1
620400000	**白银市**	**78**	**9**	**53**	**16**
620402000	白银区	10	5	3	2
620403000	平川区	11	4	5	2
620421000	靖远县	18		13	5
620422000	会宁县	28		24	4
620423000	景泰县	11		8	3
620500000	**天水市**	**123**	**10**	**101**	**12**
620502000	秦州区	23	7	16	
620503000	麦积区	20	3	17	
620521000	清水县	18		15	3
620522000	秦安县	17		17	
620523000	甘谷县	15		13	2
620524000	武山县	15		13	2
620525000	张家川回族自治县	15		10	5
620600000	**武威市**	**102**	**9**	**72**	**21**
620602000	凉州区	46	9	29	8
620621000	民勤县	18		18	
620622000	古浪县	19		14	5
620623000	天祝藏族自治县	19		11	8

续表 1

行政区划代码	行政区划名称	乡镇街道合计	街道	镇	乡
620700000	**张掖市**	**65**	**5**	**48**	**12**
620702000	甘州区	23	5	13	5
620721000	肃南裕固族自治县	8		3	5
620722000	民乐县	10		10	
620723000	临泽县	7		7	
620724000	高台县	9		9	
620725000	山丹县	8		6	2
620800000	**平凉市**	**105**	**3**	**60**	**42**
620802000	崆峒区	20	3	6	11
620821000	泾川县	14		11	3
620822000	灵台县	13		9	4
620823000	崇信县	6		4	2
620824000	华亭县	10		7	3
620825000	庄浪县	18		10	8
620826000	静宁县	24		13	11
620900000	**酒泉市**	**76**	**8**	**48**	**20**
620902000	肃州区	22	7	14	1
620921000	金塔县	9		5	4
620922000	瓜州县	15		10	5
620923000	肃北蒙古族自治县	4		2	2
620924000	阿克塞哈萨克族自治县	4		1	3
620981000	玉门市	13	1	7	5
620982000	敦煌市	9		9	
621000000	**庆阳市**	**119**	**3**	**63**	**53**
621002000	西峰区	10	3	5	2
621021000	庆城县	15		7	8
621022000	环县	20		9	11
621023000	华池县	15		6	9
621024000	合水县	12		5	7
621025000	正宁县	10		8	2
621026000	宁县	18		14	4
621027000	镇原县	19		9	10
621100000	**定西市**	**122**	**3**	**87**	**32**
621102000	安定区	22	3	12	7

续表 2

行政区划代码	行政区划名称	乡镇街道合计	街道	镇	乡
621121000	通渭县	18		14	4
621122000	陇西县	17		12	5
621123000	渭源县	16		12	4
621124000	临洮县	18		12	6
621125000	漳县	13		10	3
621126000	岷县	18		15	3
621200000	**陇南市**	**199**	**4**	**120**	**75**
621202000	武都区	40	4	21	15
621221000	成县	17		14	3
621222000	文县	20		14	6
621223000	宕昌县	25		11	14
621224000	康县	21		14	7
621225000	西和县	20		12	8
621226000	礼县	29		15	14
621227000	徽县	15		13	2
621228000	两当县	12		6	6
622900000	**临夏回族自治州**	**130**	**7**	**58**	**65**
622901000	临夏市	11	7	4	
622921000	临夏县	25		9	16
622922000	康乐县	15		5	10
622923000	永靖县	17		10	7
622924000	广河县	9		6	3
622925000	和政县	13		9	4
622926000	东乡族自治县	23		8	15
622927000	积石山保安族东乡族撒拉族自治县	17		7	10
623000000	**甘南藏族自治州**	**99**	**4**	**45**	**50**
623001000	合作市	10	4	3	3
623021000	临潭县	16		8	8
623022000	卓尼县	15		5	10
623023000	舟曲县	19		7	12
623024000	迭部县	11		5	6
623025000	玛曲县	8		4	4
623026000	碌曲县	7		5	2
623027000	夏河县	13		8	5

青海省

行政区划代码	行政区划名称	乡镇街道合计	街道	镇	乡
630000000	**青海省**	**400**	**34**	**143**	**223**
630100000	**西宁市**	**72**	**22**	**27**	**23**
630102000	城东区	9	7	2	
630103000	城中区	8	7	1	
630104000	城西区	6	5	1	
630105000	城北区	5	3	2	
630121000	大通回族土族自治县	20		9	11
630122000	湟中县	15		10	5
630123000	湟源县	9		2	7
630200000	**海东市**	**94**		**35**	**59**
630202000	乐都区	19		7	12
630203000	平安区	8		3	5
630222000	民和回族土族自治县	22		8	14
630223000	互助土族自治县	19		8	11
630224000	化隆回族自治县	17		6	11
630225000	循化撒拉族自治县	9		3	6
632200000	**海北藏族自治州**	**30**		**11**	**19**
632221000	门源回族自治县	12		4	8
632222000	祁连县	7		3	4
632223000	海晏县	6		2	4
632224000	刚察县	5		2	3
632300000	**黄南藏族自治州**	**33**		**11**	**22**
632321000	同仁县	11		3	8
632322000	尖扎县	9		3	6
632323000	泽库县	7		3	4
632324000	河南蒙古族自治县	6		2	4

续表

行政区划代码	行政区划名称	乡镇街道合计	街道	镇	乡
632500000	**海南藏族自治州**	**36**		**19**	**17**
632521000	共和县	11		7	4
632522000	同德县	5		2	3
632523000	贵德县	7		4	3
632524000	兴海县	7		3	4
632525000	贵南县	6		3	3
632600000	**果洛藏族自治州**	**44**		**8**	**36**
632621000	玛沁县	8		2	6
632622000	班玛县	9		1	8
632623000	甘德县	7		1	6
632624000	达日县	10		1	9
632625000	久治县	6		1	5
632626000	玛多县	4		2	2
632700000	**玉树藏族自治州**	**48**	**4**	**11**	**33**
632701000	玉树市	11	4	2	5
632722000	杂多县	8		1	7
632723000	称多县	7		5	2
632724000	治多县	6		1	5
632725000	囊谦县	10		1	9
632726000	曲麻莱县	6		1	5
632800000	**海西蒙古族藏族自治州**	**43**	**8**	**21**	**14**
632801000	格尔木市	9	5	2	2
632802000	德令哈市	7	3	3	1
632821000	乌兰县	4		4	
632822000	都兰县	8		4	4
632823000	天峻县	15		8	7

宁夏回族自治区

行政区划代码	行政区划名称	乡镇街道合计	街道	镇	乡
640000000	**宁夏回族自治区**	**240**	**47**	**103**	**90**
640100000	**银川市**	**52**	**25**	**21**	**6**
640104000	兴庆区	15	11	2	2
640105000	西夏区	9	7	2	
640106000	金凤区	7	5	2	
640121000	永宁县	7	1	5	1
640122000	贺兰县	5		4	1
640181000	灵武市	9	1	6	2
640200000	**石嘴山市**	**36**	**16**	**11**	**9**
640202000	大武口区	11	10	1	
640205000	惠农区	12	6	3	3
640221000	平罗县	13		7	6
640300000	**吴忠市**	**47**	**3**	**29**	**15**
640302000	利通区	12		8	4
640303000	红寺堡区	6	1	2	3
640323000	盐池县	9	1	4	4
640324000	同心县	11		7	4
640381000	青铜峡市	9	1	8	
640400000	**固原市**	**65**	**3**	**21**	**41**
640402000	原州区	14	3	7	4
640422000	西吉县	19		4	15
640423000	隆德县	13		3	10
640424000	泾源县	7		3	4
640425000	彭阳县	12		4	8
640500000	**中卫市**	**40**		**21**	**19**
640502000	沙坡头区	11		10	1
640521000	中宁县	12		6	6
640522000	海原县	17		5	12

新疆维吾尔自治区

行政区划代码	行政区划名称	乡镇街道合计	街道	镇	乡
650000000	**新疆维吾尔自治区**	**1065**	**193**	**349**	**523**
650100000	**乌鲁木齐市**	**104**	**82**	**10**	**12**
650102000	天山区	16	16		
650103000	沙依巴克区	16	16		
650104000	新市区	26	21	1	4
650105000	水磨沟区	14	14		
650106000	头屯河区	5	5		
650107000	达坂城区	7	3	1	3
650109000	米东区	14	7	5	2
650121000	乌鲁木齐县	6		3	3
650200000	**克拉玛依市**	**15**	**13**	**1**	**1**
650202000	独山子区	3	3		
650203000	克拉玛依区	8	7		1
650204000	白碱滩区	2	2		
650205000	乌尔禾区	2	1	1	
650400000	**吐鲁番地区**	**30**	**3**	**15**	**12**
650402000	高昌区	12	3	5	4
650421000	鄯善县	10		5	5
650422000	托克逊县	8		5	3
650500000	**哈密市**	**42**	**5**	**14**	**23**
650502000	伊州区	23	5	6	12
650521000	巴里坤哈萨克自治县	12		5	7
650522000	伊吾县	7		3	4
652300000	**昌吉回族自治州**	**79**	**9**	**44**	**26**
652301000	昌吉市	16	6	8	2
652302000	阜康市	10	3	4	3
652323000	呼图壁县	7		6	1
652324000	玛纳斯县	11		7	4
652325000	奇台县	15		9	6
652327000	吉木萨尔县	9		6	3
652328000	木垒哈萨克自治县	11		4	7
652700000	**博尔塔拉蒙古自治州**	**23**	**6**	**12**	**5**
652701000	博乐市	10	5	4	1
652702000	阿拉山口市	2	1	1	
652722000	精河县	5		4	1
652723000	温泉县	6		3	3
652800000	**巴音郭楞蒙古自治州**	**91**	**5**	**36**	**50**
652801000	库尔勒市	17	5	3	9
652822000	轮台县	11		4	7
652823000	尉犁县	8		2	6

注：本表数据不含区公所。

续表 1

行政区划代码	行政区划名称	乡镇街道合计	街道	镇	乡
652824000	若羌县	8		5	3
652825000	且末县	13		5	8
652826000	焉耆回族自治县	8		4	4
652827000	和静县	12		8	4
652828000	和硕县	7		3	4
652829000	博湖县	7		2	5
652900000	**阿克苏地区**	**96**	**11**	**38**	**47**
652901000	阿克苏市	13	7	2	4
652922000	温宿县	10		5	5
652923000	库车县	18	4	8	6
652924000	沙雅县	11		7	4
652925000	新和县	8		3	5
652926000	拜城县	14		4	10
652927000	乌什县	9		3	6
652928000	阿瓦提县	8		3	5
652929000	柯坪县	5		3	2
653000000	**克孜勒苏柯尔克孜自治州**	**39**	**2**	**6**	**31**
653001000	阿图什市	9	2	1	6
653022000	阿克陶县	13		2	11
653023000	阿合奇县	6		1	5
653024000	乌恰县	11		2	9
653100000	**喀什地区**	**177**	**9**	**40**	**128**
653101000	喀什市	19	8	2	9
653121000	疏附县	10		4	6
653122000	疏勒县	15		3	12
653123000	英吉沙县	14		2	12
653124000	泽普县	12		2	10
653125000	莎车县	30	1	9	20
653126000	叶城县	20		3	17
653127000	麦盖提县	10		1	9
653128000	岳普湖县	9		4	5
653129000	伽师县	13		4	9
653130000	巴楚县	12		4	8
653131000	塔什库尔干塔吉克自治县	13		2	11
653200000	**和田地区**	**95**	**4**	**22**	**69**
653201000	和田市	12	4	2	6
653221000	和田县	12		2	10
653222000	墨玉县	16		4	12
653223000	皮山县	16		6	10
653224000	洛浦县	9		3	6

续表 2

行政区划代码	行政区划名称	乡镇街道合计	街道	镇	乡
653225000	策勒县	8		2	6
653226000	于田县	15		2	13
653227000	民丰县	7		1	6
654000000	**伊犁哈萨克自治州**	**114**	**17**	**40**	**57**
654002000	伊宁市	17	8	2	7
654003000	奎屯市	6	5		1
654004000	霍尔果斯市	4	4		
654021000	伊宁县	18		6	12
654022000	察布查尔锡伯自治县	13		3	10
654023000	霍城县	10		5	5
654024000	巩留县	8		6	2
654025000	新源县	9		8	1
654026000	昭苏县	10		4	6
654027000	特克斯县	8		5	3
654028000	尼勒克县	11		1	10
654200000	**塔城地区**	**75**	**8**	**34**	**33**
654201000	塔城市	9	3	2	4
654202000	乌苏市	22	5	10	7
654221000	额敏县	11		6	5
654223000	沙湾县	12		9	3
654224000	托里县	7		3	4
654225000	裕民县	6		2	4
654226000	和布克赛尔蒙古自治县	8		2	6
654300000	**阿勒泰地区**	**59**	**4**	**27**	**28**
654301000	阿勒泰市	15	4	5	6
654321000	布尔津县	7		4	3
654322000	富蕴县	10		5	5
654323000	福海县	6		3	3
654324000	哈巴河县	7		3	4
654325000	青河县	7		3	4
654326000	吉木乃县	7		4	3
659001000	石河子市	7	5	2	
659002000	阿拉尔市	8	4	3	1
659003000	图木舒克市	4	3	1	
659004000	五家渠市	5	3	2	
659005000	北屯市				
659006000	铁门关市	2		2	
659007000	双河市				
659008000	可克达拉市				
659009000	昆玉市				

第二部分

中华人民共和国行政区划名录和行政区划代码

北京市

北京市（京）

行政区划名称	行政区划代码
北京市（150 街道，143 镇，38 乡）	**110000000**
东城区（17 街道）	**110101000**
东华门街道	110101001
景山街道	110101002
交道口街道	110101003
安定门街道	110101004
北新桥街道	110101005
东四街道	110101006
朝阳门街道	110101007
建国门街道	110101008
东直门街道	110101009
和平里街道	110101010
前门街道	110101011
崇文门外街道	110101012
东花市街道	110101013
龙潭街道	110101014
体育馆路街道	110101015
天坛街道	110101016
永定门外街道	110101017
西城区（15 街道）	**110102000**
西长安街街道	110102001
新街口街道	110102003
月坛街道	110102007
展览路街道	110102009
德胜街道	110102010
金融街街道	110102011
什刹海街道	110102012
大栅栏街道	110102013
天桥街道	110102014
椿树街道	110102015
陶然亭街道	110102016
广安门内街道	110102017
牛街街道	110102018
白纸坊街道	110102019
广安门外街道	110102020
朝阳区（24 街道，19 乡）	**110105000**
建外街道	110105001
朝外街道	110105002
呼家楼街道	110105003
三里屯街道	110105004
左家庄街道	110105005
香河园街道	110105006
和平街街道	110105007
安贞街道	110105008
亚运村街道	110105009
小关街道	110105010
酒仙桥街道	110105011
麦子店街道	110105012
团结湖街道	110105013
六里屯街道	110105014
八里庄街道	110105015
双井街道	110105016
劲松街道	110105017
潘家园街道	110105018
垡头街道	110105019
大屯街道	110105025
望京街道	110105026
奥运村街道	110105031
首都机场街道	110105043
东湖街道	110105044
南磨房（地区）乡	110105221
高碑店（地区）乡	110105222
将台（地区）乡	110105223
太阳宫（地区）乡	110105224
小红门（地区）乡	110105227
十八里店（地区）乡	110105228
平房（地区）乡	110105229
东风（地区）乡	110105230
来广营（地区）乡	110105232
常营（地区）回族乡	110105233
三间房（地区）乡	110105234
管庄（地区）乡	110105235
金盏（地区）乡	110105236
孙河（地区）乡	110105237
崔各庄（地区）乡	110105238
东坝（地区）乡	110105239
黑庄户（地区）乡	110105240
豆各庄（地区）乡	110105241
王四营（地区）乡	110105242
丰台区（16 街道，2 镇，3 乡）	**110106000**
右安门街道	110106001
太平桥街道	110106002
西罗园街道	110106003
大红门街道	110106004
南苑街道	110106005
东高地街道	110106006
东铁匠营街道	110106007
卢沟桥街道	110106008
丰台街道	110106009
新村街道	110106010
长辛店街道	110106011
云岗街道	110106012
方庄（地区）街道	110106013
宛平城（地区）街道	110106014
马家堡街道	110106015
和义街道	110106016
长辛店镇	110106100
王佐镇	110106101
卢沟桥（地区）乡	110106201
花乡（地区）乡	110106202
南苑（地区）乡	110106203
石景山区（9 街道）	**110107000**
八宝山街道	110107001
老山街道	110107002
八角街道	110107003
古城街道	110107004
苹果园街道	110107005
金顶街街道	110107006
广宁街道	110107009
五里坨街道	110107010
鲁谷街道	110107011
海淀区（22 街道，7 镇）	**110108000**
万寿路街道	110108001
永定路街道	110108002
羊坊店街道	110108003
甘家口街道	110108004
八里庄街道	110108005
紫竹院街道	110108006
北下关街道	110108007
北太平庄街道	110108008
学院路街道	110108010
中关村街道	110108011
海淀街道	110108012
青龙桥街道	110108013
清华园街道	110108014
燕园街道	110108015
香山街道	110108016
清河街道	110108017
花园路街道	110108018
西三旗街道	110108019
马连洼街道	110108020
田村路街道	110108021
上地街道	110108022
曙光街道	110108025
温泉（地区）镇	110108101
四季青（地区）镇	110108102
西北旺（地区）镇	110108103
苏家坨（地区）镇	110108104
上庄（地区）镇	110108105
海淀（万柳地区）镇	110108123
东升（地区）镇	110108124
门头沟区（4 街道，9 镇）	**110109000**
大峪街道	110109001
城子街道	110109002
东辛房街道	110109003
大台街道	110109004
潭柘寺镇	110109101
永定（地区）镇	110109102
龙泉（地区）镇	110109103
军庄镇	110109104
雁翅镇	110109105
斋堂镇	110109106
清水镇	110109107
妙峰山镇	110109108
王平（地区）镇	110109109
房山区（8 街道，14 镇，6 乡）	**110111000**
城关街道	110111001
新镇街道	110111002
向阳街道	110111004
东风街道	110111005
迎风街道	110111006
星城街道	110111007
拱辰街道	110111011
西潞街道	110111012
阎村镇	110111101
窦店镇	110111103
石楼镇	110111104
长阳镇	110111105
河北镇	110111107
长沟镇	110111108
大石窝镇	110111109
张坊镇	110111110
十渡镇	110111111
青龙湖镇	110111112
韩村河镇	110111115
良乡（地区）镇	110111116

续表

行政区划名称	行政区划代码
周口店（地区）镇	110111117
琉璃河（地区）镇	110111118
霞云岭乡	110111208
南窖乡	110111209
佛子庄乡	110111210
大安山乡	110111211
史家营乡	110111212
蒲洼乡	110111213
通州区（4 街道，10 镇，1 乡）	**110112000**
中仓街道	110112001
新华街道	110112002
北苑街道	110112003
玉桥街道	110112004
宋庄镇	110112104
张家湾镇	110112105
漷县镇	110112106
马驹桥镇	110112109
西集镇	110112110
台湖镇	110112114
永乐店镇	110112117
潞城镇	110112119
永顺（地区）镇	110112120
梨园（地区）镇	110112121
于家务回族乡	110112209
顺义区（6 街道，19 镇）	**110113000**
胜利街道	110113001
光明街道	110113002
石园街道	110113010
空港街道	110113011
双丰街道	110113012
旺泉街道	110113013
高丽营镇	110113101
李桥镇	110113104
李遂镇	110113105
南彩镇	110113106
北务镇	110113108
大孙各庄镇	110113109
张镇	110113110
龙湾屯镇	110113111
木林镇	110113112
北小营镇	110113113
北石槽镇	110113115
赵全营镇	110113116
仁和（地区）镇	110113117
后沙峪（地区）镇	110113118
天竺（地区）镇	110113119
杨镇（地区）镇	110113120
牛栏山（地区）镇	110113121
南法信（地区）镇	110113122
马坡（地区）镇	110113123
昌平区（8 街道，14 镇）	**110114000**
城北街道	110114001
城南街道	110114005
天通苑北街道	110114006
天通苑南街道	110114007
霍营街道	110114008
回龙观街道	110114009
龙泽园街道	110114010
史各庄街道	110114011
阳坊镇	110114104
小汤山镇	110114110
南邵镇	110114111
崔村镇	110114112
百善镇	110114113
北七家镇	110114115
兴寿镇	110114116
流村镇	110114118
十三陵镇	110114119
延寿镇	110114120
南口（地区）镇	110114121
马池口（地区）镇	110114122
沙河（地区）镇	110114123
东小口（地区）镇	110114125
大兴区（8 街道，14 镇）	**110115000**
兴丰街道	110115001
林校路街道	110115002
清源街道	110115003
观音寺街道	110115009
天宫院街道	110115010
高米店街道	110115011
荣华街道	110115012
博兴街道	110115013
青云店镇	110115103
采育镇	110115104
安定镇	110115105
礼贤镇	110115106
榆垡镇	110115107
庞各庄镇	110115108
北臧村镇	110115109
魏善庄镇	110115110
长子营镇	110115111
亦庄（地区）镇	110115112
黄村（地区）镇	110115113
旧宫（地区）镇	110115114
西红门（地区）镇	110115115
瀛海（地区）镇	110115116
怀柔区（2 街道，12 镇，2 乡）	**110116000**
泉河街道	110116001
龙山街道	110116002
北房镇	110116102
杨宋镇	110116103
桥梓镇	110116105
怀北镇	110116106
汤河口镇	110116107
渤海镇	110116108
九渡河镇	110116109
琉璃庙镇	110116110
宝山镇	110116111
怀柔（地区）镇	110116112
雁栖（地区）镇	110116113
庙城（地区）镇	110116114
长哨营满族乡	110116211
喇叭沟门满族乡	110116213
平谷区（2 街道，14 镇，2 乡）	**110117000**
滨河街道	110117001
兴谷街道	110117002
东高村镇	110117101
山东庄镇	110117102
南独乐河镇	110117104
大华山镇	110117105
夏各庄镇	110117106
马昌营镇	110117108
王辛庄镇	110117110
大兴庄镇	110117111
刘家店镇	110117112
镇罗营镇	110117114
平谷（渔阳地区）镇	**110117115**
峪口（地区）镇	110117116
马坊（地区）镇	110117117
金海湖（地区）镇	110117118
黄松峪乡	110117213
熊儿寨乡	110117214
密云区（2 街道，17 镇，1 乡）	**110118000**
鼓楼街道	110118001
果园街道	110118002
密云镇	110118100
溪翁庄镇	110118101
西田各庄镇	110118102
十里堡镇	110118103
河南寨镇	110118104
巨各庄镇	110118105
穆家峪镇	110118106
太师屯镇	110118107
高岭镇	110118108
不老屯镇	110118109
冯家峪镇	110118110
古北口镇	110118111
大城子镇	110118112
东邵渠镇	110118113
北庄镇	110118114
新城子镇	110118115
石城镇	110118116
檀营（地区）满族蒙族乡	110118203
延庆区（3 街道，11 镇，4 乡）	**110119000**
百泉街道	110119001
香水园街道	110119002
儒林街道	110119003
延庆镇	110119100
康庄镇	110119101
八达岭镇	110119102
永宁镇	110119103
旧县镇	110119104
张山营镇	110119105
四海镇	110119106
千家店镇	110119107
沈家营镇	110119108
大榆树镇	110119109
井庄镇	110119110
大庄科乡	110119207
刘斌堡乡	110119209
香营乡	110119210
珍珠泉乡	110119214

「天津市」

天津市（津）

行政区划名称	行政区划代码	行政区划名称	行政区划代码	行政区划名称	行政区划代码
天津市（121 街道，124 镇，3 乡）	**120000000**	万兴街道	120104005	**西青区（4 街道，7 镇）**	**120111000**
和平区（6 街道）	**120101000**	学府街道	120104006	西营门街道	120111001
劝业场街道	120101001	向阳路街道	120104007	李七庄街道	120111002
小白楼街道	120101002	嘉陵道街道	120104008	赤龙南街道	120111003
五大道街道	120101003	王顶堤街道	120104009	赤龙北街道	120111004
新兴街道	120101004	水上公园街道	120104010	中北镇	120111100
南营门街道	120101005	体育中心街道	120104011	杨柳青镇	120111101
南市街道	120101006	华苑街道	120104012	辛口镇	120111102
河东区（13 街道）	**120102000**	**河北区（10 街道）**	**120105000**	张家窝镇	120111103
大王庄街道	120102001	光复道街道	120105001	精武镇	120111104
大直沽街道	120102002	望海楼街道	120105002	大寺镇	120111105
中山门街道	120102003	鸿顺里街道	120105003	王稳庄镇	120111106
富民路街道	120102004	新开河街道	120105004	**津南区（2 街道，8 镇）**	**120112000**
二号桥街道	120102005	铁东路街道	120105005	双新街道	120112001
春华街道	120102006	建昌道街道	120105006	双林街道	120112002
唐家口街道	120102007	宁园街道	120105007	咸水沽镇	120112100
向阳楼街道	120102008	王串场街道	120105008	葛沽镇	120112101
常州道街道	120102009	江都路街道	120105009	小站镇	120112102
上杭路街道	120102010	月牙河街道	120105010	双港镇	120112103
东新街道	120102011	**红桥区（11 街道）**	**120106000**	辛庄镇	120112104
鲁山道街道	120102012	西于庄街道	120106001	双桥河镇	120112106
天津铁厂街道	120102013	双环村街道	120106002	八里台镇	120112107
河西区（14 街道）	**120103000**	咸阳北路街道	120106003	北闸口镇	120112108
大营门街道	120103001	丁字沽街道	120106004	**北辰区（7 街道，9 镇）**	**120113000**
下瓦房街道	120103002	西沽街道	120106005	果园新村街道	120113001
桃园街道	120103003	三条石街道	120106006	集贤里街道	120113002
挂甲寺街道	120103004	邵公庄街道	120106008	普东街道	120113003
马场街道	120103005	芥园道街道	120106009	瑞景街道	120113004
越秀路街道	120103006	铃铛阁街道	120106010	佳荣里街道	120113005
友谊路街道	120103007	大胡同街道	120106011	青源街道	120113006
天塔街道	120103008	和苑街道	120106012	广源街道	120113007
尖山街道	120103009	**东丽区（11 街道）**	**120110000**	天穆镇	120113100
陈塘庄街道	120103010	张贵庄街道	120110001	北仓镇	120113101
柳林街道	120103011	丰年村街道	120110002	双街镇	120113102
东海街道	120103012	万新街道	120110003	双口镇	120113103
梅江街道	120103013	无瑕街道	120110004	青光镇	120113104
太湖路街道	120103014	新立街道	120110005	宜兴埠镇	120113106
南开区（12 街道）	**120104000**	华明街道	120110006	小淀镇	120113107
长虹街道	120104001	金钟街道	120110007	大张庄镇	120113108
鼓楼街道	120104002	军粮城街道	120110008	西堤头镇	120113111
兴南街道	120104003	金桥街道	120110009	**武清区（6 街道，24 镇）**	**120114000**
广开街道	120104004	东丽湖街道	120110010	杨村街道	120114001
		华新街道	120110011	下朱庄街道	120114002

续表

行政区划名称	行政区划代码	行政区划名称	行政区划代码	行政区划名称	行政区划代码
东蒲洼街道	120114003	大唐庄镇	120115115	唐官屯镇	120118101
黄庄街道	120114004	牛道口镇	120115119	独流镇	120118102
徐官屯街道	120114005	史各庄镇	120115120	王口镇	120118103
运河西街道	120114006	郝各庄镇	120115121	台头镇	120118104
梅厂镇	120114101	牛家牌镇	120115123	子牙镇	120118105
大碱厂镇	120114102	尔王庄镇	120115124	陈官屯镇	120118106
崔黄口镇	120114103	黄庄镇	120115125	中旺镇	120118107
大良镇	120114104	**滨海新区（16 街道，5 镇）**	**120116000**	大邱庄镇	120118108
下伍旗镇	120114105	杭州道街道	120116005	蔡公庄镇	120118109
南蔡村镇	120114106	新河街道	120116006	梁头镇	120118110
大孟庄镇	120114107	大沽街道	120116007	团泊镇	120118111
泗村店镇	120114108	新北街道	120116008	双塘镇	120118112
河西务镇	120114109	北塘街道	120116009	大丰堆镇	120118113
城关镇	120114110	胡家园街道	120116011	沿庄镇	120118114
东马圈镇	120114111	泰达街道	120116012	西翟庄镇	120118115
黄花店镇	120114112	汉沽街道	120116021	良王庄乡	120118200
石各庄镇	120114113	寨上街道	120116022	杨成庄乡	120118201
王庆坨镇	120114114	古林街道	120116033	**蓟州区（1 街道，25 镇，1 乡）**	**120119000**
汊沽港镇	120114115	海滨街道	120116034	文昌街道	120119001
河北屯镇	120114116	塘沽街道	120116036	渔阳镇	120119100
上马台镇	120114117	茶淀街道	120116037	洇溜镇	120119101
大王古庄镇	120114118	大港街道	120116038	官庄镇	120119102
陈咀镇	120114119	新港街道	120116039	马伸桥镇	120119103
白古屯镇	120114120	新村街道	120116040	下营镇	120119104
曹子里镇	120114121	新城镇	120116100	邦均镇	120119105
大黄堡镇	120114122	杨家泊镇	120116102	别山镇	120119106
豆张庄镇	120114123	太平镇	120116105	尤古庄镇	120119108
高村镇	120114124	小王庄镇	120116106	上仓镇	120119109
宝坻区（8 街道，16 镇）	**120115000**	中塘镇	120116107	下仓镇	120119111
海滨街道	120115001	**宁河区（14 镇）**	**120117000**	罗庄子镇	120119112
宝平街道	120115002	芦台镇	120117100	白涧镇	120119113
钰华街道	120115003	宁河镇	120117101	五百户镇	120119114
周良街道	120115004	苗庄镇	120117102	侯家营镇	120119115
大白街道	120115005	丰台镇	120117103	桑梓镇	120119116
口东街道	120115006	岳龙镇	120117104	东施古镇	120119117
朝霞街道	120115007	板桥镇	120117105	下窝头镇	120119118
潮阳街道	120115008	潘庄镇	120117106	杨津庄镇	120119119
大口屯镇	120115101	造甲城镇	120117107	出头岭镇	120119120
王卜庄镇	120115103	七里海镇	120117108	西龙虎峪镇	120119121
方家庄镇	120115104	大北涧沽镇	120117109	穿芳峪镇	120119122
林亭口镇	120115105	东棘坨镇	120117110	东二营镇	120119123
八门城镇	120115106	俵口镇	120117111	许家台镇	120119124
大钟庄镇	120115107	廉庄镇	120117112	礼明庄镇	120119125
新安镇	120115108	北淮淀镇	120117113	东赵各庄镇	120119126
霍各庄镇	120115111	**静海区（16 镇，2 乡）**	**120118000**	孙各庄满族乡	120119203
新开口镇	120115113	静海镇	120118100		

河北省

河北省（冀）

行政区划名称	行政区划代码	行政区划名称	行政区划代码	行政区划名称	行政区划代码
河北省（308 街道，1128 镇，818 乡，1 区公所）	**130000000**	**井陉矿区（2 街道，2 镇，1 乡）**	**130107000**	南高乡	130111200
				柳林屯乡	130111201
石家庄市（60 街道，127 镇，89 乡）	**130100000**	矿市街道	130107001	西营乡	130111202
		四微街道	130107002	**井陉县（10 镇，7 乡）**	**130121000**
长安区（12 街道，4 镇）	**130102000**	贾庄镇	130107100	微水镇	130121100
建北街道	130102001	凤山镇	130107101	上安镇	130121101
青园街道	130102002	横涧乡	130107200	天长镇	130121102
广安街道	130102003	**裕华区（11 街道，2 镇）**	**130108000**	秀林镇	130121103
育才街道	130102004	裕兴街道	130108001	南峪镇	130121104
跃进街道	130102005	裕强街道	130108002	威州镇	130121105
河东街道	130102007	东苑街道	130108003	小作镇	130121106
长丰街道	130102010	建通街道	130108004	南障城镇	130121107
谈固街道	130102011	槐底街道	130108005	苍岩山镇	130121108
中山东路街道	130102012	裕华路街道	130108006	测鱼镇	130121109
阜康街道	130102013	裕东街道	130108007	吴家窑乡	130121200
建安街道	130102014	长江街道	130108008	北正乡	130121201
胜北街道	130102015	太行街道	130108009	于家乡	130121202
西兆通镇	130102100	裕翔街道	130108010	孙庄乡	130121203
南村镇	130102101	建华南街道	130108011	南陉乡	130121204
高营镇	130102102	宋营镇	130108100	辛庄乡	130121205
桃园镇	130102103	方村镇	130108101	南王庄乡	130121206
桥西区（17 街道）	**130104000**	**藁城区（13 镇，1 乡）**	**130109000**	**正定县（2 街道，3 镇，5 乡）**	**130123000**
东里街道	130104001	廉州镇	130109100	诸福屯街道	130123001
中山街道	130104002	兴安镇	130109101	三里屯街道	130123002
南长街道	130104004	贾市庄镇	130109102	正定镇	130123100
维明街道	130104005	南营镇	130109103	新城铺镇	130123102
友谊街道	130104007	梅花镇	130109104	新安镇	130123103
红旗街道	130104008	岗上镇	130109105	南牛乡	130123200
新石街道	130104009	邱头镇 *	130109106	南楼乡	130123201
苑东街道	130104010	南董镇	130109107	西平乐乡	130123202
西里街道	130104011	张家庄镇	130109108	北早现乡	130123203
振头街道	130104012	南孟镇	130109109	曲阳桥乡	130123204
留营街道	130104013	增村镇	130109110	**行唐县（4 镇，11 乡）**	**130125000**
长兴街道	130104014	常安镇	130109111	龙州镇	130125100
东华街道	130104015	西关镇	130109112	南桥镇	130125101
休门街道	130104016	九门回族乡	130109200	上碑镇	130125102
彭后街道	130104017	**鹿泉区（9 镇，3 乡）**	**130110000**	口头镇	130125103
东风街道	130104018	获鹿镇	130110100	独羊岗乡	130125200
汇通街道	130104019	铜冶镇	130110101	安香乡	130125201
新华区（15 街道）	**130105000**	寺家庄镇	130110102	只里乡	130125202
革新街街道	130105001	上庄镇	130110103	市同乡	130125203
新华路街道	130105003	李村镇	130110104	翟营乡	130125204
宁安街道	130105004	宜安镇	130110105	城寨乡	130125205
东焦街道	130105005	黄壁庄镇	130110106	上方乡	130125206
西苑街道	130105006	大河镇	130110107	玉亭乡	130125207
合作路街道	130105007	山尹村镇	130110108	北河乡	130125208
联盟街道	130105008	石井乡	130110200	上阎庄乡	130125209
石岗街道	130105009	白鹿泉乡	130110201	九口子乡	130125210
天苑街道	130105011	上寨乡	130110202	**灵寿县（6 镇，9 乡）**	**130126000**
北苑街道	130105012	**栾城区（5 镇，3 乡）**	**130111000**	灵寿镇	130126100
赵陵铺路街道	130105013	栾城镇	130111100	青同镇	130126101
赵佗路街道	130105014	郄马镇	130111101	塔上镇	130126102
大郭街道	130105015	冶河镇	130111102	陈庄镇	130126103
西三庄街道	130105016	窦妪镇	130111103	慈峪镇	130126104
杜北街道	130105017	楼底镇	130111104	岔头镇	130126105

续表 1

行政区划名称	行政区划代码	行政区划名称	行政区划代码	行政区划名称	行政区划代码
三圣院乡	130126200	下口镇	130131111	总十庄镇	130183101
北洼乡	130126201	西大吾乡	130131200	营里镇	130183102
牛城乡	130126202	上三汲乡	130131201	桃园镇	130183103
狗台乡	130126203	两河乡	130131202	东卓宿镇	130183104
南寨乡	130126204	东王坡乡	130131203	马于镇	130183105
南燕川乡	130126205	苏家庄乡	130131204	小樵镇	130183106
北谭庄乡	130126206	宅北乡	130131205	槐树镇	130183107
寨头乡	130126207	北冶乡	130131207	东里庄镇	130183108
南营乡	130126208	上观音堂乡	130131209	周家庄乡	130183201
高邑县 (4 镇，1 乡)	**130127000**	杨家桥乡	130131210	**新乐市 (1 街道，8 镇，3 乡)**	**130184000**
高邑镇	130127100	营里乡	130131211	长寿街道	130184001
大营镇	130127101	合河口乡	130131212	化皮镇	130184101
富村镇	130127102	**元氏县 (8 镇，7 乡)**	**130132000**	承安镇	130184102
万城镇	130127103	槐阳镇	130132100	正莫镇	130184103
中韩乡	130127201	殷村镇	130132101	南大岳镇	130184104
深泽县 (3 镇，3 乡)	**130128000**	南佐镇	130132102	杜固镇	130184105
深泽镇	130128100	宋曹镇	130132103	邯邰镇	130184106
铁杆镇	130128101	南因镇	130132104	东王镇	130184107
赵八镇	130128102	姬村镇	130132105	马头铺镇	130184108
白庄乡	130128200	北褚镇	130132106	协神乡	130184200
留村乡	130128201	马村镇	130132107	木村乡	130184201
桥头乡	130128203	东张乡	130132201	彭家庄回族乡	130184202
赞皇县 (4 镇，7 乡)	**130129000**	赵同乡	130132202	**唐山市 (54 街道，132 镇，45 乡)**	**130200000**
赞皇镇	130129100	苏村乡	130132204		
院头镇	130129101	苏阳乡	130132205	**路南区 (9 街道，1 乡，1 镇)**	**130202000**
南邢郭镇	130129102	北正乡	130132206	学院南路街道	130202001
嶂石岩镇	130129103	前仙乡	130132207	友谊街道	130202002
西龙门乡	130129200	黑水河乡	130132208	广场街道	130202003
南清河乡	130129202	**赵县 (7 镇，4 乡)**	**130133000**	永红桥街道	130202004
西阳泽乡	130129203	赵州镇	130133100	小山街道	130202005
土门乡	130129204	范庄镇	130133101	文化北后街街道	130202006
黄北坪乡	130129205	北王里镇	130133102	钱家营矿区街道	130202007
许亭乡	130129207	新寨店镇	130133103	惠民道街道	130202008
张楞乡	130129208	韩村镇	130133104	梁家屯路街道	130202009
无极县 (6 镇，5 乡)	**130130000**	南柏舍镇	130133105	稻地镇	130202100
无极镇	130130100	沙河店镇	130133106	女织寨乡	130202200
七汲镇	130130101	前大章乡	130133200	**路北区 (12 街道，1 乡)**	**130203000**
张段固镇	130130102	谢庄乡	130133201	乔屯街道	130203001
北苏镇	130130103	高村乡	130133202	文化路街道	130203002
郭庄镇	130130104	王西章乡	130133203	钓鱼台街道	130203003
大陈镇	130130105	**辛集市 (8 镇，7 乡)**	**130181000**	东新村街道	130203004
高头回族乡	130130200	辛集镇	130181100	缸窑街道	130203005
郝庄乡	130130201	旧城镇	130181101	机场路街道	130203006
东侯坊乡	130130202	张古庄镇	130181102	河北路街道	130203007
里城道乡	130130203	位伯镇	130181103	龙东街道	130203008
南流乡	130130204	新垒头镇	130181104	大里街道	130203009
平山县 (12 镇，11 乡)	**130131000**	新城镇	130181105	光明街道	130203010
平山镇	130131100	南智丘镇	130181106	翔云道街道	130203011
东回舍镇	130131101	王口镇	130181107	高新区街道 *	130203012
温塘镇	130131102	天宫营乡	130181200	果园乡	130203200
南甸镇	130131103	前营乡	130181201	**古冶区 (5 街道，2 镇，3 乡)**	**130204000**
岗南镇	130131104	马庄乡	130181202	林西街道	130204001
古月镇	130131105	和睦井乡	130181203	唐家庄街道	130204002
下槐镇	130131106	田家庄乡	130181204	古冶街道	130204003
孟家庄镇	130131107	中里厢乡	130181205	赵各庄街道	130204004
小觉镇	130131108	小辛庄乡	130181206	京华街道	130204005
蛟潭庄镇	130131109	**晋州市 (9 镇，1 乡)**	**130183000**	范各庄镇	130204100
西柏坡镇	130131110	晋州镇	130183100	卑家店镇	130204101

续表 2

行政区划名称	行政区划代码
王辇庄乡	130204201
刁家套乡	130204202
大庄坨乡	130204203
开平区 (5 街道，6 镇)	**130205000**
马家沟街道	130205001
开平街道	130205002
税务庄街道	130205003
陡电街道	130205005
荆各庄街道	130205006
开平镇	130205100
栗园镇	130205101
越河镇	130205102
双桥镇	130205103
郑庄子镇	130205104
洼里镇	130205105
丰南区 (3 街道，13 镇，3 乡)	**130207000**
胥各庄街道	130207001
新华路街道 *	130207002
振兴街道 *	130207003
丰南镇	130207100
小集镇	130207103
黄各庄镇	130207104
西葛镇	130207105
大新庄镇	130207106
钱营镇	130207107
唐坊镇	130207108
王兰庄镇	130207109
柳树酄镇	130207110
黑沿子镇	130207111
大齐各庄镇	130207113
海北镇 *	130207114
汉丰镇 *	130207115
南孙庄乡	130207201
东田庄乡	130207202
尖字沽乡	130207203
丰润区 (3 街道，20 镇，3 乡)	**130208000**
太平路街道	130208001
燕山路街道	130208002
浭阳街道	130208003
丰润镇	130208100
老庄子镇	130208101
任各庄镇	130208102
左家坞镇	130208103
泉河头镇	130208104
王官营镇	130208105
火石营镇	130208106
韩城镇	130208107
岔河镇	130208108
新军屯镇	130208109
小张各庄镇	130208110
丰登坞镇	130208111
李钊庄镇	130208112
白官屯镇	130208113
石各庄镇	130208114
沙流河镇	130208115
七树庄镇	130208116
杨官林镇	130208117
银城铺镇	130208118
常庄镇	130208119
姜家营乡	130208202
欢喜庄乡	130208205
刘家营乡	130208208
曹妃甸区 (3 街道，5 镇)	**130209000**
希望路街道	130209001
垦丰街道	130209002
中山路街道	130209003
唐海镇	130209100
柳赞镇	130209101
滨海镇	130209102
孙塘庄镇	130209103
双井镇	130209104
滦县 (4 街道，10 镇)	**130223000**
滦河街道	130223001
古城街道	130223002
滦城路街道	130223003
响嘡街道	130223004
东安各庄镇	130223102
雷庄镇	130223103
茨榆坨镇	130223104
榛子镇	130223105
杨柳庄镇	130223106
油榨镇	130223107
古马镇	130223108
小马庄镇	130223109
九百户镇	130223110
王店子镇	130223111
滦南县 (1 街道，16 镇)	**130224000**
友谊路街道	130224001
倴城镇	130224100
宋道口镇	130224101
长凝镇	130224102
胡各庄镇	130224103
坨里镇	130224104
姚王庄镇	130224105
司各庄镇	130224106
安各庄镇	130224107
扒齿港镇	130224108
程庄镇	130224109
青坨营镇	130224110
柏各庄镇	130224111
南堡镇	130224114
方各庄镇	130224115
东黄坨镇	130224116
马城镇	130224117
乐亭县 (1 街道，11 镇，3 乡)	**130225000**
乐安街道	130225001
乐亭镇	130225100
汤家河镇	130225101
胡家坨镇	130225102
王滩镇	130225103
闫各庄镇	130225104
马头营镇	130225105
新寨镇	130225106
汀流河镇	130225107
姜各庄镇	130225108
毛庄镇	130225109
中堡镇	130225110
庞各庄乡	130225201
大相各庄乡	130225202
古河乡	130225203
迁西县 (1 街道，9 镇，8 乡)	**130227000**
栗乡街道	130227008
兴城镇	130227100
金厂峪镇	130227101
洒河桥镇	130227102
太平寨镇	130227103
罗家屯镇	130227104
东荒峪镇	130227105
新集镇	130227106
三屯营镇	130227107
滦阳镇	130227108
白庙子乡	130227200
上营乡	130227201
汉儿庄乡	130227202
渔户寨乡	130227203
旧城乡	130227204
尹庄乡	130227205
东莲花院乡	130227206
新庄子乡	130227207
玉田县 (1 街道，16 镇，4 乡)	**130229000**
无终街道	130229001
玉田镇	130229100
亮甲店镇	130229101
鸦鸿桥镇	130229102
窝洛沽镇	130229103
石臼窝镇	130229104
虹桥镇	130229105
散水头镇	130229106
林南仓镇	130229107
林西镇	130229108
杨家板桥镇	130229109
彩亭桥镇	130229110
孤树镇	130229111
大安镇镇	130229112
唐自头镇	130229113
郭家屯镇	130229114
杨家套镇	130229115
林头屯乡	130229201
潮洛窝乡	130229203
陈家铺乡	130229204
郭家桥乡	130229205
遵化市 (2 街道，13 镇，12 乡)	**130281000**
华明路街道	130281001
文化路街道	130281002
遵化镇	130281100
堡子店镇	130281101
马兰峪镇	130281102
平安城镇	130281103
东新庄镇	130281104
新店子镇	130281105
党峪镇	130281106
地北头镇	130281107
东旧寨镇	130281108

续表 3

行政区划名称	行政区划代码
铁厂镇	130281109
苏家洼镇	130281110
建明镇	130281111
石门镇	130281112
西留村乡	130281200
崔家庄乡	130281201
兴旺寨乡	130281202
西下营满族乡	130281203
汤泉满族乡	130281204
东陵满族乡	130281205
刘备寨乡	130281206
团瓢庄乡	130281207
娘娘庄乡	130281208
西三里乡	130281209
候家寨乡	130281210
小厂乡	130281211
迁安市 (4 街道，10 镇，7 乡)	**130283000**
永顺街道	130283001
兴安街道	130283002
滨河街道	130283003
杨店子街道	130283004
夏官营镇	130283101
杨各庄镇	130283102
建昌营镇	130283103
赵店子镇	130283104
野鸡坨镇	130283105
大崔庄镇	130283106
蔡园镇	130283108
马兰庄镇	130283109
沙河驿镇	130283110
木厂口镇	130283111
扣庄乡	130283200
彭店子乡	130283201
上射雁庄乡	130283202
阎家店乡	130283203
五重安乡	130283204
大五里乡	130283205
太平庄乡	130283206
秦皇岛市 (23 街道，50 镇，25 乡)	**130300000**
海港区 (13 街道，8 镇)	**130302000**
文化路街道	130302001
海滨路街道	130302002
北环路街道	130302003
建设大街街道	130302004
河东街道	130302005
西港路街道	130302006
燕山大街街道	130302007
港城大街街道	130302008
东环路街道	130302009
白塔岭街道	130302010
珠江道街道 *	130302011
黄河道街道 *	130302012
腾飞路街道 *	130302013
东港镇	130302100
海港镇	130302101
西港镇	130302102
海阳镇	130302103
北港镇	130302104
杜庄镇	130302105
石门寨镇	130302106
驻操营镇	130302107
山海关区 (5 街道，3 镇，1 乡)	**130303000**
南关街道	130303001
古城街道	130303002
西关街道	130303003
路南街道	130303004
船厂路街道 *	130303005
第一关镇	130303100
石河镇	130303101
孟姜镇	130303102
渤海乡 *	130303200
北戴河区 (2 街道，3 镇)	**130304000**
西山街道	130304001
东山街道	130304002
海滨镇	130304100
戴河镇	130304101
牛头崖镇	130304102
抚宁区 (2 街道，5 镇，2 乡)	**130306000**
骊城街道	130306001
南戴河街道	130306002
抚宁镇	130306100
留守营镇	130306101
榆关镇	130306102
台营镇	130306105
大新寨镇	130306106
茶棚乡	130306200
深河乡	130306201
青龙满族自治县 (1 街道，11 镇，14 乡)	**130321000**
都阳路街道	130321001
青龙镇	130321100
祖山镇	130321101
木头凳镇	130321102
双山子镇	130321103
马圈子镇	130321104
肖营子镇	130321105
大巫岚镇	130321106
土门子镇	130321107
八道河镇	130321108
隔河头镇	130321109
娄杖子镇	130321111
凤凰山乡	130321200
龙王庙乡	130321201
三星口乡	130321202
干沟乡	130321203
大石岭乡	130321206
官场乡	130321208
茨榆山乡	130321209
平方子乡	130321210
安子岭乡	130321211
朱杖子乡	130321212
草碾乡	130321213
七道河乡	130321214
三拨子乡	130321217
凉水河乡	130321218
昌黎县 (11 镇，5 乡)	**130322000**
昌黎镇	130322100
靖安镇	130322101
安山镇	130322102
龙家店镇	130322103
泥井镇	130322104
大蒲河镇	130322105
新集镇	130322106
刘台庄镇	130322107
朱各庄镇	130322108
荒佃庄镇	130322109
茹荷镇	130322110
团林乡	130322201
葛条港乡	130322202
马坨店乡	130322203
两山乡	130322206
十里铺乡	130322207
卢龙县 (9 镇，3 乡)	**130324000**
卢龙镇	130324100
潘庄镇	130324101
燕河营镇	130324102
双望镇	130324103
刘田各庄镇	130324104
石门镇	130324105
木井镇	130324106
陈官屯镇	130324107
蛤泊镇	130324108
下寨乡	130324200
刘家营乡	130324201
印庄乡	130324203
邯郸市 (30 街道，117 镇，95 乡)	**130400000**
邯山区 (11 街道，5 镇，4 乡)	**130402000**
火磨街道	130402001
陵园街道	130402002
光明路街道	130402003
滏东街道	130402004
罗城头街道	130402005
渚河路街道	130402006
浴新南街道	130402007
农林路街道	130402008
贸东街道	130402009
贸西街道	130402010
盛和路街道	130402011
北张庄镇	130402100
马头镇 *	130402101
河沙镇镇	130402102
高臾镇	130402103
光禄镇	130402104
南堡乡	130402201
代召乡	130402202
辛庄营乡	130402203
花官营乡	130402204
丛台区 (10 街道，3 镇，6 乡)	**130403000**
丛台西街道	130403001
联纺西街道	130403002
联纺东街道	130403003

续表 4

行政区划名称	行政区划代码	行政区划名称	行政区划代码	行政区划名称	行政区划代码
光明桥街道	130403004	讲武镇	130408108	河南店镇	130426101
丛台东街道	130403005	西苏镇	130408109	索堡镇	130426102
四季青街道	130403006	界河店乡	130408201	西戌镇	130426103
和平街道	130403007	刘汉乡	130408203	井店镇	130426104
中华街道	130403008	正西乡	130408204	更乐镇	130426105
人民路街道	130403009	曲陌乡	130408206	固新镇	130426106
柳林桥街道	130403010	辛庄堡乡	130408207	西达镇	130426107
尚壁镇	130403101	小龙马乡	130408208	偏城镇	130426108
南沿村镇	130403102	西河庄乡	130408211	神头乡	130426200
黄粱梦镇	130403103	西阳城乡	130408213	辽城乡	130426201
苏曹乡	130403200	**临漳县 (7 镇，7 乡)**	**130423000**	偏店乡	130426202
南吕固乡	130403201	临漳镇	130423100	龙虎乡	130426203
兼庄乡	130403202	南东坊镇	130423101	木井乡	130426204
三陵乡	130403203	孙陶集镇	130423102	关防乡	130426205
小西堡乡	130403204	柳园镇	130423103	合漳乡	130426206
姚寨乡	130403205	称勾集镇	130423104	鹿头乡	130426207
复兴区 (7 街道，2 镇，3 乡)	**130404000**	邺城镇	130423105	**磁县 (6 镇，7 乡)**	**130427000**
胜利桥街道	130404001	章里集镇	130423106	磁州镇	130427100
百家村街道	130404002	狄邱乡	130423200	讲武城镇	130427103
铁路大院街道	130404003	张村集乡	130423201	岳城镇	130427104
化林路街道	130404004	西羊羔乡	130423202	观台镇	130427105
庞村街道	130404005	杜村集乡	130423204	白土镇	130427107
二六七二街道	130404006	习文乡	130423206	黄沙镇	130427108
石化街道	130404007	砖寨营乡	130423207	路村营乡	130427200
户村镇	130404100	柏鹤集乡	130423208	西固义乡	130427201
林坛镇	130404101	**成安县 (5 镇，4 乡)**	**130424000**	时村营乡	130427204
彭家寨乡	130404200	成安镇	130424100	台城乡	130427206
康庄乡	130404201	商城镇	130424101	陶泉乡	130427207
南城乡	130404202	漳河店镇	130424102	都党乡	130427208
峰峰矿区 (1 街道，9 镇)	**130406000**	李家疃镇	130424103	北贾壁乡	130427209
滏阳东路街道	130406001	北乡义镇	130424104	**邱县 (5 镇，2 乡)**	**130430000**
临水镇	130406100	辛义乡	130424200	新马头镇	130430100
峰峰镇	130406101	柏寺营乡	130424201	邱城镇	130430101
新坡镇	130406102	道东堡乡	130424202	梁二庄镇	130430102
大社镇	130406103	长巷乡	130424204	香城固镇	130430103
和村镇	130406104	**大名县 (10 镇，10 乡)**	**130425000**	古城营镇	130430104
义井镇	130406105	大名镇	130425100	南辛店乡	130430201
彭城镇	130406106	杨桥镇	130425101	陈村回族乡	130430204
界城镇	130406107	万堤镇	130425102	**鸡泽县 (4 镇，3 乡)**	**130431000**
大峪镇	130406108	龙王庙镇	130425103	鸡泽镇	130431100
肥乡区 (5 镇，4 乡)	**130407000**	束馆镇	130425104	小寨镇	130431101
肥乡镇	130407100	金滩镇	130425105	双塔镇	130431102
天台山镇	130407101	沙圪塔镇	130425106	曹庄镇	130431103
辛安镇镇	130407102	大街镇	130425107	浮图店乡	130431200
大寺上镇	130407103	铺上镇	130425108	吴官营乡	130431201
东漳堡镇	130407104	孙甘店镇	130425109	风正乡	130431202
毛演堡乡	130407202	王村乡	130425201	**广平县 (4 镇，3 乡)**	**130432000**
元固乡	130407203	黄金堤乡	130425203	广平镇	130432100
屯庄营乡	130407204	旧治乡	130425205	平固店镇	130432101
旧店乡	130407206	西未庄乡	130425206	胜营镇	130432102
永年区 (9 镇，8 乡)	**130408000**	西付集乡	130425208	南阳堡镇	130432103
临洺关镇	130408100	埝头乡	130425209	十里铺乡	130432201
大北汪镇	130408101	北峰乡	130425210	南韩村乡	130432202
张西堡镇	130408102	张铁集乡	130425211	东张孟乡	130432204
广府镇	130408103	红庙乡	130425212	**馆陶县 (4 镇，4 乡)**	**130433000**
永合会镇	130408105	营镇回族乡	130425213	馆陶镇	130433100
刘营镇	130408106	**涉县 (1 街道，8 镇，8 乡)**	**130426000**	房寨镇	130433101
东杨庄镇	130408107	平安街道	130426001	柴堡镇	130433102

续表 5

行政区划名称	行政区划代码
魏僧寨镇	130433103
寿山寺乡	130433200
王桥乡	130433201
南徐村乡	130433202
路桥乡	130433203
魏县（12 镇，9 乡）	**130434000**
魏城镇	130434100
德政镇	130434101
北皋镇	130434102
双井镇	130434103
牙里镇	130434104
车往镇	130434105
回隆镇	130434106
张二庄镇	130434107
东代固镇	130434108
院堡镇	130434109
南双庙镇	130434110
棘针寨镇	130434111
沙口集乡	130434202
野胡拐乡	130434203
仕望集乡	130434204
前大磨乡	130434205
大辛庄乡	130434208
大马村乡	130434209
边马乡	130434210
北台头乡	130434212
泊口乡	130434213
曲周县（6 镇，4 乡）	**130435000**
曲周镇	130435100
安寨镇	130435101
侯村镇	130435102
河南疃镇	130435103
第四疃镇	130435104
白寨镇	130435105
槐桥乡	130435200
南里岳乡	130435201
大河道乡	130435203
依庄乡	130435204
武安市（13 镇，9 乡）	**130481000**
武安镇	130481100
康二城镇	130481101
午汲镇	130481102
磁山镇	130481103
伯延镇	130481104
淑村镇	130481105
大同镇	130481106
邑城镇	130481107
矿山镇	130481108
贺进镇	130481109
阳邑镇	130481110
徘徊镇	130481111
冶陶镇	130481112
上团城乡	130481200
北安庄乡	130481201
北安乐乡	130481202
西土山乡	130481203
西寺庄乡	130481204
活水乡	130481205
石洞乡	130481206
管陶乡	130481207
马家庄乡	130481208
邢台市（26 街道，104 镇，68 乡）	**130500000**
桥东区（7 街道，2 镇，1 乡）	**130502000**
南长街街道	130502001
北大街街道	130502002
西大街街道	130502003
西门里街道	130502004
豫让桥街道	130502005
泉东街道	130502006
火炬街道 *	130502007
东郭村镇	130502100
祝村镇 *	130502101
大梁庄乡	130502200
桥西区（8 街道，2 镇）	**130503000**
钢铁路街道	130503001
中兴路街道	130503002
达活泉街道	130503003
张宽街道	130503004
章村街道	130503005
中华大街街道	130503006
团结路街道	130503007
泉西街道	130503008
南大郭镇	130503100
李村镇	130503101
邢台县（12 镇，6 乡）	**130521000**
晏家屯镇	130521103
南石门镇	130521104
羊范镇	130521105
皇寺镇	130521106
会宁镇	130521107
西黄村镇	130521108
路罗镇	130521109
将军墓镇	130521110
浆水镇	130521111
宋家庄镇	130521112
祝村镇 *	130521113
东汪镇 *	130521114
太子井乡	130521200
龙泉寺乡	130521201
北小庄乡	130521202
城计头乡	130521203
白岸乡	130521204
冀家村乡	130521206
临城县（4 镇，4 乡）	**130522000**
临城镇	130522100
东镇镇	130522101
郝庄镇	130522102
西竖镇	130522103
黑城乡	130522200
鸭鸽营乡	130522201
石城乡	130522203
赵庄乡	130522205
内丘县（5 镇，4 乡）	**130523000**
内丘镇	130523100
大孟村镇	130523101
金店镇	130523102
官庄镇	130523103
柳林镇	130523104
五郭店乡	130523200
南赛乡	130523203
獐貘乡	130523204
侯家庄乡	130523205
柏乡县（4 镇，2 乡）	**130524000**
柏乡镇	130524100
固城店镇	130524101
西汪镇	130524102
龙华镇	130524103
王家庄乡	130524200
内步乡	130524203
隆尧县（7 镇，5 乡）	**130525000**
隆尧镇	130525100
魏家庄镇	130525101
尹村镇	130525102
山口镇	130525103
莲子镇镇	130525104
固城镇	130525105
东良镇	130525106
北楼乡	130525200
双碑乡	130525202
牛家桥乡	130525203
千户营乡	130525204
大张庄乡	130525205
任县（4 镇，4 乡）	**130526000**
任城镇	130526100
邢家湾镇	130526101
辛店镇	130526102
天口镇	130526103
西固城乡	130526200
永福庄乡	130526201
大屯乡	130526202
骆庄乡	130526204
南和县（3 镇，5 乡）	**130527000**
和阳镇	130527100
贾宋镇	130527101
郝桥镇	130527102
东三召乡	130527200
阎里乡	130527201
河郭乡	130527202
史召乡	130527203
三思乡	130527204
宁晋县（1 街道，11 镇，5 乡）	**130528000**
宁北街道	130528001
凤凰镇	130528100
河渠镇	130528101
北河庄镇	130528102
耿庄桥镇	130528103
东汪镇	130528104
贾家口镇	130528105
四芝兰镇	130528106
大陆村镇	130528107
换马店镇	130528108
苏家庄镇	130528109
唐邱镇	130528110

续表 6

行政区划名称	行政区划代码	行政区划名称	行政区划代码	行政区划名称	行政区划代码
侯口乡	130528200	葛仙庄镇	130534100	韩村乡	130602202
纪昌庄乡	130528202	连庄镇	130534101	南奇乡	130602203
北鱼乡	130528205	油坊镇	130534102	江城乡	130602204
徐家河乡 *	130528206	谢炉镇	130534103	大马坊乡 *	130602205
大曹庄乡 *	130528207	王官庄镇	130534104	**莲池区 (10 街道，7 乡)**	**130606000**
巨鹿县 (7 镇，3 乡)	**130529000**	坝营镇	130534105	和平里街道	130606001
巨鹿镇	130529100	**临西县 (6 镇，3 乡)**	**130535000**	五四路街道	130606002
王虎寨镇	130529101	临西镇	130535100	西关街道	130606003
西郭城镇	130529102	河西镇	130535101	中华路街道	130606004
官亭镇	130529103	下堡寺镇	130535102	东关街道	130606005
阎疃镇	130529104	尖冢镇	130535103	联盟路街道	130606006
小吕寨镇	130529105	老官寨镇	130535104	红星街道	130606007
苏家营镇	130529106	吕寨镇	130535105	裕华街道	130606008
堤村乡	130529200	东枣园乡	130535200	永华街道	130606009
张王疃乡	130529201	摇鞍镇乡	130535203	南关街道	130606010
观寨乡	130529202	大刘庄乡	130535204	韩庄乡	130606200
新河县 (2 镇，4 乡)	**130530000**	**南宫市 (4 街道，6 镇，5 乡)**	**130581000**	东金庄乡	130606201
新河镇	130530100	凤岗街道	130581001	百楼乡	130606202
寻寨镇	130530101	南杜街道	130581002	杨庄乡	130606203
白神首乡	130530200	北胡街道	130581003	南大园乡	130606204
荆家庄乡	130530201	西丁街道	130581004	焦庄乡	130606205
西流乡	130530202	苏村镇	130581100	五尧乡	130606206
仁让里乡	130530203	大高村镇	130581101	**满城区 (1 街道，5 镇，7 乡)**	**130607000**
广宗县 (4 镇，4 乡)	**130531000**	垂杨镇	130581102	惠阳街道	130607001
广宗镇	130531100	明化镇	130581103	满城镇	130607100
冯家寨镇	130531101	段芦头镇	130581104	大册营镇	130607101
北塘疃镇	130531102	紫冢镇	130581105	神星镇	130607102
核桃园镇	130531103	大村乡	130581200	南韩村镇	130607103
葫芦乡	130531200	南便村乡	130581201	方顺桥镇	130607104
大平台乡	130531201	大屯乡	130581202	于家庄乡	130607201
件只乡	130531202	王道寨乡	130581203	要庄乡	130607203
东召乡	130531204	薛吴村乡	130581204	白龙乡	130607204
平乡县 (1 街道，2 镇，4 乡)	**130532000**	**沙河市 (5 街道，6 镇，4 乡)**	**130582000**	石井乡	130607205
中华路街道	130532001	褡裢街道	130582001	坨南乡	130607206
平乡镇	130532101	桥东街道	130582002	刘家台乡	130607207
河古庙镇	130532102	桥西街道	130582003	贤台乡	130607208
节固乡	130532200	赞善街道	130582004	**清苑区 (9 镇，9 乡)**	**130608000**
油召乡	130532201	周庄街道	130582005	清苑镇	130608100
田付村乡	130532202	新城镇	130582101	冉庄镇	130608101
寻召乡	130532203	白塔镇	130582102	阳城镇	130608102
威县 (11 镇，5 乡)	**130533000**	十里亭镇	130582103	魏村镇	130608103
洺州镇	130533100	綦村镇	130582104	温仁镇	130608104
梨园屯镇	130533101	沙河城镇 *	130582105	张登镇	130608105
章台镇	130533102	留村镇 *	130582106	大庄镇	130608106
侯贯镇	130533103	册井乡	130582201	臧村镇	130608107
七级镇	130533104	刘石岗乡	130582202	望亭镇	130608108
贺营镇	130533105	柴关乡	130582203	白团乡	130608200
方家营镇	130533106	蝉房乡	130582204	北店乡	130608201
常庄镇	130533107	**保定市 (31 街道，172 镇，**	**130600000**	石桥乡	130608202
第什营镇	130533108	**137 乡)**		李庄乡	130608203
赵村镇	130533109	**竞秀区 (5 街道，6 乡)**	**130602000**	北王力乡	130608204
贺钊镇	130533110	先锋街道	130602001	东闾乡	130608205
枣园乡	130533202	新市场街道	130602002	何桥乡	130608206
固献乡	130533203	东风路街道	130602003	孙村乡	130608207
张家营乡	130533206	建南街道	130602004	阎庄乡	130608208
常屯乡	130533207	韩北街道	130602005	**徐水区 (10 镇，4 乡)**	**130609000**
高公庄乡	130533209	颉庄乡	130602200	安肃镇	130609100
清河县 (6 镇)	**130534000**	富昌乡	130602201	崔庄镇	130609101

续表 7

行政区划名称	行政区划代码	行政区划名称	行政区划代码	行政区划名称	行政区划代码
大因镇	130609102	**唐县（9 镇，11 乡）**	**130627000**	望都镇	130631100
遂城镇	130609103	仁厚镇	130627100	固店镇	130631101
高林村镇	130609104	王京镇	130627101	贾村镇	130631102
大王店镇	130609105	高昌镇	130627102	中韩庄镇	130631103
漕河镇	130609106	北罗镇	130627103	寺庄乡	130631200
留村镇	130609107	白合镇	130627104	赵庄乡	130631201
东史端镇	130609108	军城镇	130627105	黑堡乡	130631202
正村镇	130609109	川里镇	130627106	高岭乡	130631204
户木乡	130609203	长古城镇	130627107	**安新县（9 镇，3 乡）**	**130632000**
瀑河乡	130609204	罗庄镇	130627108	安新镇	130632100
东釜山乡	130609205	都亭乡	130627201	大王镇	130632101
义联庄乡	130609206	南店头乡	130627202	三台镇	130632102
涞水县（11 镇，4 乡）	**130623000**	北店头乡	130627203	端村镇	130632103
涞水镇	130623100	雹水乡	130627205	赵北口镇	130632104
永阳镇	130623101	大洋乡	130627206	同口镇	130632105
义安镇	130623102	迷城乡	130627207	刘李庄镇	130632106
石亭镇	130623103	齐家佐乡	130627208	安州镇	130632107
赵各庄镇	130623104	羊角乡	130627209	老河头镇	130632108
九龙镇	130623105	石门乡	130627210	圈头乡	130632200
三坡镇	130623106	黄石口乡	130627211	寨里乡	130632201
一渡镇	130623107	倒马关乡	130627212	芦庄乡	130632202
娄村镇	130623108	**高阳县（1 街道，4 镇，4 乡）**	**130628000**	**易县（9 镇，18 乡）**	**130633000**
王村镇	130623109	锦华街道	130628001	易州镇	130633100
明义镇	130623110	庞口镇	130628101	梁格庄镇	130633101
东文山乡	130623202	西演镇	130628102	西陵镇	130633102
其中口乡	130623205	邢家南镇	130628103	裴山镇	130633103
龙门口乡	130623206	晋庄镇	130628104	塘湖镇	130633104
胡家庄乡	130623207	蒲口乡	130628202	狼牙山镇	130633105
阜平县（6 镇，7 乡）	**130624000**	小王果庄乡	130628203	良岗镇	130633106
阜平镇	130624100	龙化乡	130628204	紫荆关镇	130633107
龙泉关镇	130624101	庞家佐乡	130628205	高村镇	130633108
平阳镇	130624102	**容城县（5 镇，3 乡）**	**130629000**	桥头乡	130633200
城南庄镇	130624103	容城镇	130629100	白马乡	130633201
天生桥镇	130624104	小里镇	130629101	流井乡	130633202
王林口镇	130624105	南张镇	130629102	高陌乡	130633204
台峪乡	130624202	大河镇	130629103	大龙华乡	130633205
大台乡	130624203	晾马台镇	130629104	安格庄乡	130633206
史家寨乡	130624204	八于乡	130629200	凌云册满族回族乡	130633207
砂窝乡	130624205	贾光乡	130629201	西山北乡	130633208
吴王口乡	130624206	平王乡	130629203	尉都乡	130633209
下庄乡	130624207	**涞源县（8 镇，9 乡）**	**130630000**	独乐乡	130633210
北果元乡	130624208	涞源镇	130630100	七峪乡	130633211
定兴县（7 镇，9 乡）	**130626000**	银坊镇	130630101	富岗乡	130633212
定兴镇	130626100	走马驿镇	130630102	坡仓乡	130633213
固城镇	130626101	水堡镇	130630103	牛岗乡	130633214
贤寓镇	130626102	王安镇镇	130630104	桥家河乡	130633215
北河镇	130626103	杨家庄镇	130630105	甘河净乡	130633216
天宫寺镇	130626104	白石山镇	130630106	蔡家峪乡	130633217
小朱庄镇	130626105	南屯镇	130630107	南城司乡	130633218
姚村镇	130626106	南马庄乡	130630202	**曲阳县（8 镇，10 乡）**	**130634000**
东落堡乡	130626200	北石佛乡	130630203	恒州镇	130634100
高里乡	130626201	金家井乡	130630204	灵山镇	130634101
张家庄乡	130626202	留家庄乡	130630205	燕赵镇	130634102
肖村乡	130626204	上庄乡	130630206	羊平镇	130634103
柳卓乡	130626205	东团堡乡	130630207	文德镇	130634104
杨村乡	130626206	塔崖驿乡	130630208	晓林镇	130634105
北田乡	130626207	乌龙沟乡	130630209	邸村镇	130634106
北南蔡乡	130626208	烟煤洞乡	130630210	齐村镇	130634107
李郁庄乡	130626209	**望都县（4 镇，4 乡）**	**130631000**	路庄子乡	130634200

续表 8

行政区划名称	行政区划代码	行政区划名称	行政区划代码	行政区划名称	行政区划代码
下河乡	130634201	高官庄镇	130681103	张六庄镇	130684107
庄窠乡	130634202	百尺竿镇	130681104	肖官营镇	130684108
孝墓乡	130634203	东仙坡镇	130681105	辛桥镇	130684109
东旺乡	130634205	义和庄镇	130681106	梁家营乡	130684201
产德乡	130634208	豆庄镇	130681107	**张家口市(23街道，99镇，110乡)**	**130700000**
党城乡	130634210	刁窝镇	130681108		
郎家庄乡	130634211	林家屯镇	130681109	**桥东区(7街道，3镇，1乡)**	**130702000**
范家庄乡	130634212	孙家庄乡	130681204	红旗楼街道	130702001
北台乡	130634213	**定州市(4街道，16镇，5乡)**	**130682000**	胜利北路街道	130702002
蠡县(10镇，3乡)	**130635000**	南城区街道	130682001	五一路街道	130702003
蠡吾镇	130635100	北城区街道	130682002	花园街街道	130702004
留史镇	130635101	西城区街道	130682003	工业路街道	130702005
大百尺镇	130635102	长安路街道	130682004	南站街道 *	130702006
辛兴镇	130635103	留早镇	130682100	马路东街道 *	130702007
北郭丹镇	130635104	清风店镇	130682101	姚家庄镇	130702100
万安镇	130635105	庞村镇	130682102	大仓盖镇	130702101
桑园镇	130635106	砖路镇	130682103	老鸦庄镇 *	130702102
南庄镇	130635107	明月店镇	130682104	东望山乡	130702200
大曲堤镇	130635108	叮咛店镇	130682105	**桥西区(7街道，2镇)**	**130703000**
鲍墟镇	130635109	东亭镇	130682106	明德南街街道	130703001
小陈乡	130635200	大辛庄镇	130682107	大境门街道	130703002
林堡乡	130635201	东旺镇	130682108	明德北街街道	130703003
北埝头乡	130635202	高蓬镇	130682109	新华街街道	130703004
顺平县(5镇，5乡)	**130636000**	邢邑镇	130682110	堡子里街道	130703005
蒲阳镇	130636100	李亲顾镇	130682111	南营坊街道	130703006
高于铺镇	130636101	子位镇	130682112	工人新村街道	130703007
腰山镇	130636102	息冢镇	130682113	东窑子镇	130703100
蒲上镇	130636103	周村镇	130682114	沈家屯镇 *	130703101
神南镇	130636104	开元镇	130682116	**宣化区(7街道，9镇，7乡)**	**130705000**
白云乡	130636201	东留春乡	130682203	天泰寺街街道	130705001
河口乡	130636202	号头庄回族乡	130682204	皇城街道	130705002
安阳乡	130636203	杨家庄乡	130682205	南关街道	130705003
台鱼乡	130636204	大鹿庄乡	130682206	南大街街道	130705004
大悲乡	130636205	西城乡	130682208	大北街街道	130705005
博野县(6镇，1乡)	**130637000**	**安国市(2街道，6镇，3乡)**	**130683000**	工业街街道	130705006
博野镇	130637100	药都街道	130683001	建国街街道	130705007
小店镇	130637101	祁州路街道	130683002	庞家堡镇	130705100
程委镇	130637102	伍仁桥镇	130683101	洋河南镇	130705101
东墟镇	130637103	石佛镇	130683102	深井镇	130705102
北杨村镇	130637104	郑章镇	130683103	崞村镇	130705103
城东镇	130637105	大五女镇	130683104	贾家营镇	130705104
南小王乡	130637203	西佛落镇	130683105	顾家营镇	130705105
雄县(6镇，3乡)	**130638000**	西城镇	130683106	姚家房镇 *	130705106
雄州镇	130638100	明官店乡	130683200	沙岭子镇 *	130705107
昝岗镇	130638101	南娄底乡	130683201	赵川镇	130705108
大营镇	130638102	北段村乡	130683204	河子西乡	130705200
龙湾镇	130638103	**高碑店市(5街道，9镇，1乡)**	**130684000**	春光乡	130705201
朱各庄镇	130638104			侯家庙乡	130705202
米家务镇	130638105	和平街道	130684001	王家湾乡	130705203
双堂乡	130638203	军城街道	130684002	塔儿村乡	130705204
张岗乡	130638204	东盛街道	130684003	江家屯乡	130705205
北沙口乡	130638205	北城街道	130684004	李家堡乡	130705206
涿州市(3街道，10镇，1乡)	**130681000**	兴华街道	130684005	**下花园区(2街道，4乡)**	**130706000**
双塔街道	130681001	方官镇	130684100	城镇街道	130706001
桃园街道	130681002	新城镇	130684101	煤矿街道	130706002
清凉寺街道	130681003	泗庄镇	130684102	花园乡	130706200
松林店镇	130681100	辛立庄镇	130684104	辛庄子乡	130706201
码头镇	130681101	东马营镇	130684105	定方水乡	130706202
东城坊镇	130681102	白沟镇 *	130684106	段家堡乡	130706203

续表 9

行政区划名称	行政区划代码
万全区 (4 镇，7 乡)	**130708000**
孔家庄镇	130708100
万全镇	130708101
洗马林镇	130708102
郭磊庄镇	130708103
膳房堡乡	130708200
北新屯乡	130708201
宣平堡乡	130708202
高庙堡乡	130708203
旧堡乡	130708204
安家堡乡	130708205
北沙城乡	130708206
崇礼区 (2 镇，8 乡)	**130709000**
西湾子镇	130709100
高家营镇	130709101
四台嘴乡	130709200
红旗营乡	130709201
石窑子乡	130709202
驿马图乡	130709203
石嘴子乡	130709204
狮子沟乡	130709205
清三营乡	130709206
白旗乡	130709207
张北县 (8 镇，12 乡)	**130722000**
张北镇	130722100
公会镇	130722101
二台镇	130722102
大囫囵镇	130722103
小二台镇	130722104
沙沟镇 *	130722105
油篓沟镇	130722106
大河镇	130722107
台路沟乡	130722200
馒头营乡	130722202
二泉井乡	130722203
单晶河乡	130722204
海流图乡	130722206
两面井乡	130722207
大西湾乡	130722208
郝家营乡	130722209
白庙滩乡	130722210
战海乡	130722212
三号乡	130722213
宇宙营乡 *	130722214
康保县 (7 镇，8 乡)	**130723000**
康保镇	130723100
张纪镇	130723101
土城子镇	130723102
邓油坊镇	130723103
李家地镇	130723104
照阳河镇	130723105
屯垦镇	130723106
阎油房乡	130723200
丹清河乡	130723201
哈咇嘎乡	130723202
二号卜乡	130723203
芦家营乡	130723204
忠义乡	130723205
处长地乡	130723206
满德堂乡	130723207
沽源县 (4 镇，10 乡)	**130724000**
平定堡镇	130724100
小厂镇	130724101
黄盖淖镇	130724102
九连城镇	130724103
高山堡乡	130724200
小河子乡	130724201
二道渠乡	130724202
大二号回族乡	130724203
闪电河乡	130724204
长梁乡	130724205
丰源店乡	130724206
西辛营乡	130724207
莲花滩乡	130724208
白土窑乡	130724209
尚义县 (7 镇，7 乡)	**130725000**
南壕堑镇	130725100
大青沟镇	130725101
八道沟镇	130725102
红土梁镇	130725103
小蒜沟镇	130725104
三工地镇	130725105
满井镇	130725106
大营盘乡	130725200
大苏计乡	130725201
石井乡	130725202
七甲乡	130725205
套里庄乡	130725206
甲石河乡	130725207
下马圈乡	130725208
蔚县 (11 镇，11 乡)	**130726000**
蔚州镇	130726100
代王城镇	130726101
西合营镇	130726102
吉家庄镇	130726103
白乐镇	130726104
暖泉镇	130726105
南留庄镇	130726106
北水泉镇	130726107
桃花镇	130726108
阳眷镇	130726109
宋家庄镇	130726110
下宫村乡	130726200
南杨庄乡	130726202
柏树乡	130726203
常宁乡	130726204
涌泉庄乡	130726205
杨庄窠乡	130726206
南岭庄乡	130726207
陈家洼乡	130726208
黄梅乡	130726209
白草村乡	130726210
草沟堡乡	130726211
阳原县 (5 镇，9 乡)	**130727000**
西城镇	130727100
东城镇	130727101
化稍营镇	130727102
揣骨疃镇	130727103
东井集镇	130727104
要家庄乡	130727200
东坊城堡乡	130727201
井儿沟乡	130727202
三马坊乡	130727203
高墙乡	130727204
大田洼乡	130727205
辛堡乡	130727206
马圈堡乡	130727207
浮图讲乡	130727208
怀安县 (4 镇，7 乡)	**130728000**
柴沟堡镇	130728100
左卫镇	130728101
头百户镇	130728102
怀安城镇	130728103
渡口堡乡	130728200
第六屯乡	130728201
西湾堡乡	130728202
西沙城乡	130728203
太平庄乡	130728204
王虎屯乡	130728205
第三堡乡	130728206
怀来县 (11 镇，6 乡)	**130730000**
沙城镇	130730100
北辛堡镇	130730101
新保安镇	130730102
东花园镇	130730103
官厅镇	130730104
桑园镇	130730105
存瑞镇	130730106
土木镇	130730107
大黄庄镇	130730108
西八里镇	130730109
小南辛堡镇	130730110
狼山乡	130730200
鸡鸣驿乡	130730203
东八里乡	130730205
瑞云观乡	130730207
孙庄子乡	130730208
王家楼回族乡	130730210
涿鹿县 (13 镇，4 乡，1 区公所)	**130731000**
涿鹿镇	130731100
张家堡镇	130731101
武家沟镇	130731102
五堡镇	130731103
保岱镇	130731104
矾山镇	130731105
大堡镇	130731106
河东镇	130731107
东小庄镇	130731108
温泉屯镇	130731109
大河南镇	130731110
蟒石口镇	130731111
辉耀镇	130731112
栾庄乡	130731201
黑山寺乡	130731204
卧佛寺乡	130731205
谢家堡乡	130731206

续表 10

行政区划名称	行政区划代码
赵家蓬区公所	
赤城县（9 镇，9 乡）	**130732000**
赤城镇	130732100
田家窑镇	130732101
龙关镇	130732102
雕鹗镇	130732103
独石口镇	130732104
白草镇	130732105
龙门所镇	130732106
后城镇	130732107
东卯镇	130732108
炮梁乡	130732200
大海陀乡	130732201
镇宁堡乡	130732202
马营乡	130732203
云州乡	130732204
三道川乡	130732205
东万口乡	130732206
茨营子乡	130732207
样田乡	130732208
承德市（14 街道，103 镇，101 乡）	**130800000**
双桥区（7 街道，7 镇）	**130802000**
西大街街道	130802001
头道牌楼街道	130802002
潘家沟街道	130802003
中华路街道	130802004
新华路街道	130802005
石洞子沟街道	130802006
桥东街道	130802007
水泉沟镇	130802100
狮子沟镇	130802101
牛圈子沟镇	130802102
大石庙镇	130802103
冯营子镇 *	130802104
双峰寺镇	130802105
上板城镇 *	130802106
双滦区（3 街道，4 镇，2 乡）	**130803000**
钢城街道	130803001
元宝山街道	130803002
秀水街道	130803003
双塔山镇	130803100
滦河镇	130803101
大庙镇	130803102
偏桥子镇	130803103
陈栅子乡	130803201
西地满族乡	130803202
鹰手营子矿区（1 街道，4 镇）	**130804000**
铁北路街道	130804001
鹰手营子镇	130804100
北马圈子镇	130804101
寿王坟镇	130804102
汪家庄镇	130804103
承德县（12 镇，11 乡）	**130821000**
下板城镇	130821100
甲山镇	130821102
六沟镇	130821103
三沟镇	130821104
头沟镇	130821105
高寺台镇	130821106
三家镇	130821107
鞍匠镇	130821108
上谷镇	130821109
磴上镇	130821110
石灰窑镇	130821111
满杖子镇	130821112
东小白旗乡	130821200
刘杖子乡	130821202
新杖子镇	130821203
孟家院乡	130821204
大营子乡	130821205
八家乡	130821206
五道河乡	130821210
岔沟乡	130821211
岗子满族乡	130821212
两家满族乡	130821214
仓子乡	130821216
兴隆县（13 镇，7 乡）	**130822000**
兴隆镇	130822100
半壁山镇	130822101
挂兰峪镇	130822102
青松岭镇	130822103
六道河镇	130822104
平安堡镇	130822105
北营房镇	130822106
孤山子镇	130822107
蓝旗营镇	130822108
雾灵山镇	130822109
李家营镇	130822110
大杖子镇	130822111
三道河镇	130822112
南天门满族乡	130822200
八卦岭满族乡	130822202
陡子峪乡	130822203
上石洞乡	130822204
蘑菇峪乡	130822208
安子岭乡	130822211
大水泉乡	130822212
滦平县（1 街道，9 镇，11 乡）	**130824000**
中兴路街道	130824001
滦平镇	130824100
长山峪镇	130824101
红旗镇	130824102
金沟屯镇	130824103
虎什哈镇	130824104
巴克什营镇	130824105
张百湾镇	130824106
付营子镇	130824107
大屯镇	130824108
平坊满族乡	130824200
安纯沟门满族乡	130824201
小营满族乡	130824205
西沟满族乡	130824206
邓厂满族乡	130824207
五道营子满族乡	130824208
马营子满族乡	130824209
付家店满族乡	130824210
火斗山乡	130824211
两间房乡	130824212
涝洼乡	130824213
隆化县（1 街道，9 镇，15 乡）	**130825000**
安州街道	130825001
韩麻营镇	130825101
中关镇	130825102
七家镇	130825103
汤头沟镇	130825104
张三营镇	130825105
唐三营镇	130825106
蓝旗镇	130825107
步古沟镇	130825108
郭家屯镇	130825109
荒地乡	130825200
章吉营乡	130825201
茅荆坝乡	130825202
尹家营满族乡	130825203
庙子沟蒙古族满族乡	130825204
偏坡营满族乡	130825205
山湾乡	130825206
八达营蒙古族乡	130825207
太平庄满族乡	130825208
旧屯满族乡	130825209
西阿超满族蒙古族乡	130825210
白虎沟满族蒙古族乡	130825211
碱房乡	130825212
韩家店乡	130825213
湾沟门乡	130825214
丰宁满族自治县（1 街道，10 镇，16 乡）	**130826000**
新丰路街道	130826001
大阁镇	130826100
大滩镇	130826101
鱼儿山镇	130826102
土城镇	130826103
黄旗镇	130826104
凤山镇	130826105
波罗诺镇	130826106
黑山咀镇	130826107
天桥镇	130826108
胡麻营镇	130826109
万胜永乡	130826200
四岔口乡	130826201
苏家店乡	130826202
外沟门乡	130826203
草原乡	130826204
窟窿山乡	130826205
小坝子乡	130826206
五道营乡	130826207
南关蒙古族乡	130826208
选将营乡	130826209
西官营乡	130826210
王营乡	130826211
北头营乡	130826212
石人沟乡	130826214
汤河乡	130826215
杨木栅子乡	130826216

续表 11

行政区划名称	行政区划代码	行政区划名称	行政区划代码	行政区划名称	行政区划代码
宽城满族自治县 (10镇,8乡)	**130827000**	黄土梁子镇	130881101	流河镇	130922103
宽城镇	130827100	榆树林子镇	130881102	木门店镇	130922104
龙须门镇	130827101	杨树岭镇	130881103	马厂镇	130922105
峪耳崖镇	130827102	七沟镇	130881104	盘古镇	130922106
板城镇	130827103	小寺沟镇	130881105	上伍乡	130922200
汤道河镇	130827104	党坝镇	130881106	曹寺乡	130922201
桲罗台镇	130827105	卧龙镇	130881109	陈嘴乡	130922203
碾子峪镇	130827106	南五十家子镇	130881110	**东光县 (8 镇，1 乡)**	**130923000**
亮甲台镇	130827107	北五十家子镇	130881111	东光镇	130923100
化皮溜子镇	130827108	桲椤树镇	130881112	连镇镇	130923101
松岭镇	130827109	柳溪镇	130881113	找王镇	130923102
塌山乡	130827201	平北镇	130881114	秦村镇	130923103
孟子岭乡	130827203	王土房乡	130881200	灯明寺镇	130923104
独石沟乡	130827204	七家岱满族乡	130881203	南霞口镇	130923105
铧尖乡	130827207	茅兰沟满族蒙古族乡	130881206	大单镇	130923106
东黄花川乡	130827208	台头山乡	130881207	龙王李镇	130923107
苇子沟乡	130827210	松树台乡	130881209	于桥乡	130923201
大字沟门乡	130827211	道虎沟乡	130881210	**海兴县 (3 镇，4 乡)**	**130924000**
大石柱子乡	130827212	**沧州市 (26 街道，85 镇，83 乡)**	**130900000**	苏基镇	130924100
围场满族蒙古族自治县 (12 镇，25 乡)	**130828000**			辛集镇	130924101
		新华区 (5 街道，1 乡)	**130902000**	高湾镇	130924102
围场镇	130828100	建设北街街道	130902001	赵毛陶乡	130924200
四合永镇	130828101	车站街道	130902002	香坊乡	130924201
克勒沟镇	130828102	南大街街道	130902003	小山乡	130924202
棋盘山镇	130828103	东环中街街道	130902004	张会亭乡	130924203
半截塔镇	130828104	道东街道	130902005	**盐山县 (6 镇，6 乡)**	**130925000**
朝阳地镇	130828105	小赵庄乡	130902200	盐山镇	130925100
朝阳湾镇	130828106	**运河区 (6 街道，1 镇，1 乡)**	**130903000**	望树镇	130925101
腰站镇	130828107	水月寺街街道	130903001	庆云镇	130925102
龙头山镇	130828108	南环中路街道	130903002	韩集镇	130925103
新拨镇	130828109	南湖街道	130903003	千童镇	130925104
御道口镇	130828110	市场街道	130903004	圣佛镇	130925105
城子镇	130828111	西环中街街道	130903005	边务乡	130925200
道坝子乡	130828200	公园街道	130903006	小营乡	130925201
黄土坎乡	130828203	小王庄镇	130903100	杨集乡	130925202
四道沟乡	130828204	南陈屯乡	130903200	孟店乡	130925203
蓝旗卡伦乡	130828205	**沧县 (4 镇，15 乡)**	**130921000**	常庄乡	130925204
银窝沟乡	130828206	旧州镇	130921100	小庄乡	130925205
新地乡	130828207	兴济镇	130921101	**肃宁县 (6 镇，3 乡)**	**130926000**
广发永乡	130828208	杜生镇	130921102	肃宁镇	130926100
育太和乡	130828209	崔尔庄镇	130921103	梁家村镇	130926101
郭家湾乡	130828210	薛官屯乡	130921200	窝北镇	130926102
杨家湾乡	130828211	捷地回族乡	130921201	尚村镇	130926103
大唤起乡	130828212	张官屯乡	130921202	万里镇	130926104
哈里哈乡	130828213	李天木回族乡	130921203	师素镇	130926105
张家湾乡	130828215	风化店乡	130921204	河北留善寺乡	130926203
宝元栈乡	130828216	姚官屯乡	130921205	付家佐乡	130926204
山湾子乡	130828217	杜林回族乡	130921206	邵庄乡	130926205
三义永乡	130828218	汪家铺乡	130921207	**南皮县 (6 镇，3 乡)**	**130927000**
姜家店乡	130828219	刘家庙乡	130921208	南皮镇	130927100
下伙房乡	130828220	仵龙堂乡	130921209	冯家口镇	130927101
燕格柏乡	130828221	大官厅乡	130921210	寨子镇	130927102
牌楼乡	130828222	高川乡	130921211	鲍官屯镇	130927103
老窝铺乡	130828224	黄递铺乡	130921212	王寺镇	130927104
石桌子乡	130828226	大褚村回族乡	130921213	乌马营镇	130927105
大头山乡	130828227	纸房头乡	130921214	大浪淀乡	130927200
南山嘴乡	130828228	**青县 (7 镇，3 乡)**	**130922000**	刘八里乡	130927201
西龙头乡	130828229	清州镇	130922100	潞灌乡	130927202
平泉市 (13 镇，6 乡)	**130881000**	金牛镇	130922101	**吴桥县 (5 镇，5 乡)**	**130928000**
平泉镇	130881100	新兴镇	130922102	桑园镇	130928100

续表 12

行政区划名称	行政区划代码
铁城镇	130928101
于集镇	130928102
梁集镇	130928103
安陵镇	130928104
曹家洼乡	130928200
宋门乡	130928201
杨家寺乡	130928202
沟店铺乡	130928203
何庄乡	130928204
献县 (7 镇，11 乡)	**130929000**
乐寿镇	130929100
淮镇镇	130929101
郭庄镇	130929102
河城街镇	130929103
韩村镇	130929104
陌南镇	130929105
陈庄镇	130929106
高官乡	130929205
商林乡	130929206
段村乡	130929207
本斋回族乡	130929208
张村乡	130929209
临河乡	130929210
小平王乡	130929211
十五级乡	130929212
垒头乡	130929213
南河头乡	130929214
西城乡	130929215
孟村回族自治县 (4 镇，2 乡)	**130930000**
孟村镇	130930100
新县镇	130930101
辛店镇	130930102
高寨镇	130930103
宋庄子乡	130930200
牛进庄乡	130930201
泊头市 (3 街道，8 镇，4 乡)	**130981000**
解放街道	130981001
河东街道	130981002
鼓楼街道	130981003
泊镇镇	130981100
交河镇	130981101
齐桥镇	130981102
寺门村镇	130981103
郝村镇	130981104
富镇镇	130981105
文庙镇	130981106
洼里王镇	130981107
王武庄乡	130981201
营子乡	130981202
四营乡	130981203
西辛店乡	130981204
任丘市 (7 街道，9 镇，6 乡)	**130982000**
新华路街道	130982001
西环路街道	130982002
永丰路街道	130982003
中华路街道	130982004
渤海路街道	130982005
会战道街道	130982006
油建路街道	130982007
出岸镇	130982100
石门桥镇	130982101
吕公堡镇	130982102
长丰镇	130982103
鄚州镇	130982104
苟各庄镇	130982105
辛中驿镇	130982106
梁召镇	130982107
麻家坞镇	130982108
议论堡乡	130982203
青塔乡	130982204
北辛庄乡	130982205
七间房乡	130982206
北汉乡	130982207
于村乡	130982208
黄骅市 (3 街道，4 镇，7 乡)	**130983000**
骅东街道	130983001
骅中街道	130983002
骅西街道	130983003
黄骅镇	130983100
南排河镇	130983101
吕桥镇	130983102
旧城镇	130983103
羊二庄回族乡	130983200
常郭乡	130983202
滕庄子乡	130983203
官庄乡	130983204
齐家务乡	130983205
新村回族乡	130983206
羊三木回族乡	130983207
河间市 (2 街道，7 镇，11 乡)	**130984000**
瀛州路街道	130984001
城垣西路街道	130984002
米各庄镇	130984101
景和镇	130984102
卧佛堂镇	130984103
束城镇	130984104
留古寺镇	130984105
沙河桥镇	130984106
诗经村镇	130984107
故仙乡	130984200
黎民居乡	130984201
兴村乡	130984202
沙洼乡	130984203
西九吉乡	130984204
北石槽乡	130984205
果子洼回族乡	130984206
时村乡	130984209
行别营乡	130984210
尊祖庄乡	130984211
龙华店乡	130984212
廊坊市 (17 街道，68 镇，22 乡)	**131000000**
安次区 (3 街道，4 镇，4 乡)	**131002000**
银河南路街道	131002001
光明西道街道	131002002
永华道街道	131002003
落垡镇	131002100
码头镇	131002101
葛渔城镇	131002102
东沽港镇	131002103
杨税务乡	131002200
仇庄乡	131002201
调河头乡	131002202
北史家务乡	131002203
广阳区 (7 街道，3 镇，1 乡)	**131003000**
银河北路街道	131003001
爱民东道街道	131003002
解放道街道	131003003
新开路街道	131003004
新源道街道	131003005
云鹏道街道	131003006
耀华道街道	131003007
南尖塔镇	131003100
万庄镇	131003101
九州镇	131003102
北旺乡	131003200
固安县 (5 镇，4 乡)	**131022000**
固安镇	131022100
宫村镇	131022101
柳泉镇	131022102
牛驼镇	131022103
马庄镇	131022104
东湾乡	131022200
彭村乡	131022201
渠沟乡	131022202
礼让店乡	131022203
永清县 (5 镇，5 乡)	**131023000**
永清镇	131023100
韩村镇	131023101
后奕镇	131023102
别古庄镇	131023103
里澜城镇	131023104
管家务回族乡	131023200
曹家务乡	131023201
龙虎庄乡	131023202
刘街乡	131023203
三圣口乡	131023204
香河县 (9 镇)	**131024000**
淑阳镇	131024100
蒋辛屯镇	131024101
渠口镇	131024102
安头屯镇	131024103
安平镇	131024104
刘宋镇	131024105
五百户镇	131024106
钳屯镇	131024107
钱旺镇	131024108
大城县 (8 镇，2 乡)	**131025000**
平舒镇	131025100
旺村镇	131025101
大尚屯镇	131025102
南赵扶镇	131025103
留各庄镇	131025104
权村镇	131025105
里坦镇	131025106
广安镇	131025107
北魏乡	131025200
臧屯乡	131025202
文安县 (12 镇，1 乡)	**131026000**
文安镇	131026100

续表 13

行政区划名称	行政区划代码	行政区划名称	行政区划代码	行政区划名称	行政区划代码
新镇镇	131026101	大麻森乡 *	131102201	**故城县（9 镇，4 乡）**	**131126000**
苏桥镇	131026102	彭杜村乡 *	131102203	郑口镇	131126100
大柳河镇	131026103	**冀州区（7 镇，4 乡）**	**131103000**	夏庄镇	131126101
左各庄镇	131026104	冀州镇	131103100	青罕镇	131126102
滩里镇	131026105	官道李镇	131103101	故城镇	131126103
史各庄镇	131026106	南午村镇	131103102	武官寨镇	131126104
赵各庄镇	131026107	周村镇	131103103	饶阳店镇	131126105
兴隆宫镇	131026108	码头李镇	131103104	军屯镇	131126106
大留镇镇	131026109	西王庄镇	131103105	建国镇	131126107
孙氏镇	131026110	魏家屯镇	131103107	西半屯镇	131126108
德归镇	131026111	门家庄乡	131103200	辛庄乡	131126200
大围河回族满族乡	131026200	徐家庄乡	131103201	里老乡	131126201
大厂回族自治县（1 街道，	**131028000**	北漳淮乡	131103202	房庄乡	131126202
5 镇）		小寨乡	131103203	三朗乡	131126203
北辰街道	131028001	**枣强县（8 镇，3 乡）**	**131121000**	**景县（10 镇，6 乡）**	**131127000**
大厂镇	131028100	枣强镇	131121100	景州镇	131127100
夏垫镇	131028101	恩察镇	131121101	龙华镇	131127101
祁各庄镇	131028102	大营镇	131121102	广川镇	131127102
陈府镇	131028103	嘉会镇	131121103	王瞳镇	131127103
邵府镇	131028104	马屯镇	131121104	洚河流镇	131127104
霸州市（1 街道，7 镇，5 乡）	**131081000**	肖张镇	131121105	安陵镇	131127105
裕华街道	131081001	张秀屯镇	131121106	杜桥镇	131127106
霸州镇	131081100	新屯镇	131121107	王谦寺镇	131127107
南孟镇	131081101	王均乡	131121202	留智庙镇	131127108
信安镇	131081102	唐林乡	131121203	北留智镇	131127109
堂二里镇	131081103	王常乡	131121204	刘集乡	131127200
煎茶铺镇	131081104	**武邑县（6 镇，3 乡）**	**131122000**	连镇乡	131127201
胜芳镇	131081105	武邑镇	131122100	梁集乡	131127202
扬芬港镇	131081106	清凉店镇	131122101	温城乡	131127203
岔河集乡	131081200	审坡镇	131122102	后留名府乡	131127204
康仙庄乡	131081201	赵桥镇	131122103	青兰乡	131127205
东杨庄乡	131081202	韩庄镇	131122104	**阜城县（5 镇，5 乡）**	**131128000**
王庄子乡	131081203	肖桥头镇	131122105	阜城镇	131128100
东段乡	131081204	龙店乡	131122200	古城镇	131128101
三河市（5 街道，10 镇）	**131082000**	圈头乡	131122201	码头镇	131128102
鼎盛东大街街道	131082001	大紫塔乡	131122203	霞口镇	131128103
泃阳西大街街道	131082002	**武强县（3 镇，3 乡）**	**131123000**	崔家庙镇	131128104
科技路街道	131082003	武强镇	131123100	漫河乡	131128200
行宫东大街街道	131082004	街关镇	131123101	建桥乡	131128201
迎宾北路街道	131082005	周家窝镇	131123102	蒋坊乡	131128202
泃阳镇	131082100	豆村乡	131123200	大白乡	131128203
李旗庄镇	131082101	北代乡	131123201	王集乡	131128204
杨庄镇	131082102	孙庄乡	131123202	**深州市（11 镇，6 乡）**	**131182000**
皇庄镇	131082103	**饶阳县（4 镇，3 乡）**	**131124000**	唐奉镇	131182100
新集镇	131082104	饶阳镇	131124100	深州镇	131182101
段甲岭镇	131082105	大尹村镇	131124101	辰时镇	131182102
黄土庄镇	131082106	五公镇	131124102	榆科镇	131182103
高楼镇	131082107	大官亭镇	131124103	魏家桥镇	131182104
齐心庄镇	131082108	王同岳乡	131124200	大堤镇	131182105
燕郊镇	131082109	留楚乡	131124202	前磨头镇	131182106
衡水市（4 街道，71 镇，	**131100000**	东里满乡	131124203	王家井镇	131182107
43 乡）		**安平县（5 镇，3 乡）**	**131125000**	护驾迟镇	131182108
桃城区（4 街道，3 镇，3 乡）	**131102000**	安平镇	131125100	大屯镇	131182109
河西街道	131102001	马店镇	131125101	高古庄镇	131182110
河东街道	131102002	南王庄镇	131125102	兵曹乡	131182200
路北街道	131102003	大子文镇	131125103	穆村乡	131182201
中华大街街道	131102004	东黄城镇	131125104	东安庄乡	131182202
郑家河沿镇	131102100	大何庄乡	131125200	北溪村乡	131182203
赵家圈镇	131102101	程油子乡	131125201	大冯营乡	131182204
邓庄镇	131102102	西两洼乡	131125202	乔家屯乡	131182206
何家庄乡	131102200				

山西省

山西省（晋）

行政区划名称	行政区划代码
山西省（202 街道，564 镇，632 乡）	**140000000**
太原市（53 街道，21 镇，31 乡）	**140100000**
小店区（7 街道，1 镇，2 乡）	140105000
坞城街道	140105001
营盘街道	140105002
北营街道	140105003
平阳路街道	140105004
黄陵街道	140105005
小店街道	140105006
龙城街道	140105007
北格镇	140105100
西温庄乡	140105200
刘家堡乡	140105201
迎泽区（6 街道，1 镇）	**140106000**
柳巷街道	140106001
文庙街道	140106002
庙前街道	140106003
迎泽街道	140106004
桥东街道	140106005
老军营街道	140106006
郝庄镇	140106100
杏花岭区（10 街道，2 乡）	**140107000**
巨轮街道	140107001
三桥街道	140107002
鼓楼街道	140107003
杏花岭街道	140107004
坝陵桥街道	140107005
大东关街道	140107006
职工新街街道	140107007
敦化坊街道	140107008
涧河街道	140107009
杨家峪街道	140107010
中涧河乡	140107200
小返乡	140107201
尖草坪区（9 街道，2 镇，3 乡）	**140108000**
尖草坪街道	140108001
光社街道	140108002
上兰街道	140108003
南寨街道	140108004
迎新街道	140108005
古城街道	140108006
汇丰街道	140108007
柴村街道	140108008
新城街道	140108009
向阳镇	140108100
阳曲镇	140108101
马头水乡	140108200
柏板乡	140108201
西墕乡	140108202
万柏林区（14 街道，1 乡）	**140109000**
千峰街道	140109001
下元街道	140109002
和平街道	140109003
兴华街道	140109004
万柏林街道	140109005
杜儿坪街道	140109006
白家庄街道	140109007
南寒街道	140109008
西铭街道	140109009
小井峪街道	140109010
东社街道	140109012
化客头街道	140109013
长风西街街道	140109014
神堂沟街道	140109015
王封乡	140109202
晋源区（3 街道，3 镇）	**140110000**
义井街道	140110001
罗城街道	140110002
晋源街道	140110003
金胜镇	140110100
晋祠镇	140110101
姚村镇	140110102
清徐县（4 镇，5 乡）	**140121000**
清源镇	140121100
徐沟镇	140121101
东于镇	140121102
孟封镇	140121103
马峪乡	140121200
柳杜乡	140121201
西谷乡	140121202
王答乡	140121203
集义乡	140121204
阳曲县（4 镇，6 乡）	**140122000**
黄寨镇	140122100
大盂镇	140122101
东黄水镇	140122102
泥屯镇	140122103
高村乡	140122200
侯村乡	140122201
凌井店乡	140122202
西凌井乡	140122203
北小店乡	140122204
杨兴乡	140122205
娄烦县（3 镇，5 乡）	**140123000**
娄烦镇	140123100
静游镇	140123101
杜交曲镇	140123102
庙湾乡	140123200
马家庄乡	140123201
盖家庄乡	140123202
米峪镇乡	140123203
天池店乡	140123204
古交市（4 街道，3 镇，7 乡）	**140181000**
东曲街道	140181001
西曲街道	140181002
桃园街道	140181003
屯兰街道	140181004
河口镇	140181100
镇城底镇	140181101
马兰镇	140181102
阁上乡	140181200
嘉乐泉乡	140181201
梭峪乡	140181202
岔口乡	140181203
常安乡	140181204
原相乡	140181205
邢家社乡	140181206
大同市（40 街道，33 镇，66 乡）	**140200000**
城区（14 街道）	**140202000**
南关街道	140202001
北关街道	140202002
东街街道	140202003
西街街道	140202004
南街街道	140202005
北街街道	140202006
新建南路街道	140202007
新建北路街道	140202008
大庆路街道	140202009
新华街街道	140202010
西花园街道	140202011
老平旺街道	140202012
向阳里街道	140202013
振华南街街道	140202014
矿区（26 街道）	**140203000**
新胜街道	140203001
新平旺街道	140203002
煤峪口街道	140203003
永定庄街道	140203004
同家梁街道	140203005
四老沟街道	140203006
忻州窑街道	140203007
白洞街街道	140203008
雁崖街道	140203009
挖金湾街道	140203010
晋华宫街道	140203011
马脊梁街道	140203012
大斗沟街道	140203013
王村街道	140203014
姜家湾街道	140203015
新泉路街道	140203016
民胜街道	140203017
口泉街道	140203018
马口街道	140203019
燕子山街道	140203020
杏儿沟街道	140203021
青磁窑街道	140203022
平泉路街道	140203023
四台沟街道	140203024

续表 1

行政区划名称	行政区划代码	行政区划名称	行政区划代码	行政区划名称	行政区划代码
和瑞街道	140203025	**灵丘县（3 镇，9 乡）**	**140224000**	下站街道	140302002
和顺街道	140203026	武灵镇	140224100	北大街街道	140302003
南郊区（3 镇，7 乡）	**140211000**	东河南镇	140224101	南山路街道	140302004
古店镇	140211100	上寨镇	140224102	义井街道	140302005
高山镇	140211101	落水河乡	140224200	坡底街道	140302006
云冈镇	140211102	史庄乡	140224203	**矿区（6 街道）**	**140303000**
口泉乡	140211200	赵北乡	140224205	平潭街街道	140303001
新旺乡	140211201	石家田乡	140224206	桥头街道	140303002
水泊寺乡	140211202	柳科乡	140224207	蔡洼街道	140303003
马军营乡	140211205	白崖台乡	140224208	赛鱼街道	140303004
西韩岭乡	140211206	红石塄乡	140224210	沙坪街道	140303005
平旺乡	140211207	下关乡	140224212	贵石沟街道	140303006
鸦儿崖乡	140211210	独峪乡	140224213	**郊区（4 镇，4 乡）**	**140311000**
新荣区（1 镇，6 乡）	**140212000**	**浑源县（6 镇，12 乡）**	**140225000**	荫营镇	140311100
新荣镇	140212100	永安镇	140225100	河底镇	140311101
破鲁堡乡	140212200	西坊城镇	140225101	义井镇	140311102
郭家窑乡	140212202	蔡村镇	140225102	平坦镇	140311103
花园屯乡	140212203	沙圪坨镇	140225103	西南舁乡	140311200
西村乡	140212206	王庄堡镇	140225104	杨家庄乡	140311201
上深涧乡	140212207	大磁窑镇	140225105	李家庄乡	140311202
堡子湾乡	140212209	东坊城乡	140225201	旧街乡	140311203
阳高县（7 镇，6 乡）	**140221000**	裴村乡	140225203	**平定县（8 镇，2 乡）**	**140321000**
龙泉镇	140221100	驼峰乡	140225204	冠山镇	140321100
罗文皂镇	140221101	西留村乡	140225205	冶西镇	140321101
大白登镇	140221102	下韩村乡	140225206	锁簧镇	140321102
王官屯镇	140221103	南榆林乡	140225208	张庄镇	140321103
古城镇	140221104	吴城乡	140225210	东回镇	140321104
东小村镇	140221105	黄花滩乡	140225212	柏井镇	140321105
友宰镇	140221106	大仁庄乡	140225213	娘子关镇	140321106
长城乡	140221201	千佛岭乡	140225215	巨城镇	140321107
北徐屯乡	140221202	官儿乡	140225218	石门口乡	140321200
狮子屯乡	140221204	青磁窑乡	140225220	岔口乡	140321201
下深井乡	140221209	**左云县（3 镇，6 乡）**	**140226000**	**盂县（8 镇，6 乡）**	**140322000**
马家皂乡	140221211	云兴镇	140226100	秀水镇	140322100
鳌石乡	140221212	鹊儿山镇	140226101	孙家庄镇	140322101
天镇县（5 镇，6 乡）	**140222000**	店湾镇	140226102	路家村镇	140322102
玉泉镇	140222100	管家堡乡	140226200	南娄镇	140322103
谷前堡镇	140222101	张家场乡	140226201	牛村镇	140322104
米薪关镇	140222102	三屯乡	140226205	苌池镇	140322105
逯家湾镇	140222103	马道头乡	140226206	上社镇	140322106
新平堡镇	140222104	小京庄乡	140226207	西烟镇	140322107
三十里铺乡	140222200	水窑乡	140226209	仙人乡	140322200
南河堡乡	140222202	**大同县（3 镇，7 乡）**	**140227000**	北下庄乡	140322201
贾家屯乡	140222204	西坪镇	140227100	下社乡	140322202
赵家沟乡	140222206	倍加造镇	140227101	梁家寨乡	140322203
南高崖乡	140222208	周士庄镇	140227102	西潘乡	140322204
张西河乡	140222209	吉家庄乡	140227201	东梁乡	140322205
广灵县（2 镇，7 乡）	**140223000**	峰峪乡	140227202	**长治市（14 街道，68 镇，64 乡）**	**140400000**
壶泉镇	140223100	杜庄乡	140227204		
南村镇	140223101	党留庄乡	140227205	**城区（10 街道）**	**140402000**
一斗泉乡	140223200	瓜园乡	140227207	东街街道	140402001
蕉山乡	140223202	聚乐乡	140227209	西街街道	140402002
加斗乡	140223203	许堡乡	140227211	英雄南路街道	140402003
宜兴乡	140223206	**阳泉市（12 街道，20 镇，12 乡）**	**140300000**	英雄中路街道	140402004
作疃乡	140223207			紫金街道	140402005
梁庄乡	140223209	**城区（6 街道）**	**140302000**	太行东街街道	140402006
望狐乡	140223211	上站街道	140302001	太行西街街道	140402007

续表 2

行政区划名称	行政区划代码
延安南路街道	140402008
常青街道	140402009
五马街道	140402010
郊区（2 街道，5 镇，1 乡）	**140411000**
长北街道	140411001
故县街道	140411002
老顶山镇	140411100
堠北庄镇	140411101
大辛庄镇	140411102
马厂镇	140411103
黄碾镇	140411104
西白兔乡	140411200
长治县（6 镇，5 乡）	**140421000**
韩店镇	140421100
苏店镇	140421101
荫城镇	140421102
西火镇	140421103
八义镇	140421104
贾掌镇	140421105
郝家庄乡	140421200
西池乡	140421201
北呈乡	140421202
东和乡	140421203
南宋乡	140421204
襄垣县（8 镇，3 乡）	**140423000**
古韩镇	140423100
王桥镇	140423101
侯堡镇	140423102
夏店镇	140423103
虒亭镇	140423104
西营镇	140423105
王村镇	140423106
下良镇	140423107
善福乡	140423200
北底乡	140423201
上马乡	140423202
屯留县（7 镇，4 乡）	**140424000**
麟绛镇	140424100
上村镇	140424101
渔泽镇	140424102
余吾镇	140424103
吾元镇	140424104
张店镇	140424105
丰宜镇	140424106
李高乡	140424200
路村乡	140424201
河神庙乡	140424202
西贾乡	140424203
平顺县（5 镇，7 乡）	**140425000**
青羊镇	140425100
龙溪镇	140425101
石城镇	140425102
苗庄镇	140425103
杏城镇	140425104
西沟乡	140425200
东寺头乡	140425201
虹梯关乡	140425202
阳高乡	140425203
北耽车乡	140425204
中五井乡	140425205
北社乡	140425206
黎城县（5 镇，4 乡）	**140426000**
东阳关镇	140426101
上遥镇	140426102
西井镇	140426103
黄崖洞镇	140426104
黎侯镇	140426105
西仵乡	140426200
停河铺乡	140426201
程家山乡	140426202
洪井乡	140426203
壶关县（5 镇，7 乡）	**140427000**
龙泉镇	140427100
百尺镇	140427101
店上镇	140427102
晋庄镇	140427103
树掌镇	140427104
集店乡	140427200
黄山乡	140427201
东井岭乡	140427202
石坡乡	140427203
五龙山乡	140427204
鹅屋乡	140427205
桥上乡	140427206
长子县（7 镇，5 乡）	**140428000**
丹朱镇	140428100
鲍店镇	140428101
石哲镇	140428102
大堡头镇	140428103
慈林镇	140428104
色头镇	140428105
南漳镇	140428106
岚水乡	140428200
碾张乡	140428201
常张乡	140428202
南陈乡	140428203
宋村乡	140428204
武乡县（5 镇，9 乡）	**140429000**
丰州镇	140429100
洪水镇	140429101
蟠龙镇	140429102
监漳镇	140429103
故城镇	140429104
墨镫乡	140429200
韩北乡	140429201
大有乡	140429202
贾豁乡	140429203
故县乡	140429204
上司乡	140429205
石北乡	140429206
涌泉乡	140429207
分水岭乡	140429208
沁县（6 镇，7 乡）	**140430000**
定昌镇	140430100
郭村镇	140430101
故县镇	140430102
新店镇	140430103
漳源镇	140430104
册村镇	140430105
段柳乡	140430200
松村乡	140430201
次村乡	140430202
牛寺乡	140430203
南里乡	140430204
南泉乡	140430205
杨安乡	140430206
沁源县（5 镇，9 乡）	**140431000**
沁河镇	140431100
郭道镇	140431101
灵空山镇	140431102
王和镇	140431103
李元镇	140431104
中峪乡	140431200
法中乡	140431201
交口乡	140431202
聪子峪乡	140431203
韩洪乡	140431204
官滩乡	140431205
景凤乡	140431206
赤石桥乡	140431207
王陶乡	140431208
潞城市（2 街道，4 镇，3 乡）	**140481000**
潞华街道	140481001
成家川街道	140481002
店上镇	140481100
微子镇	140481101
辛安泉镇	140481102
翟店镇	140481103
合室乡	140481200
黄牛蹄乡	140481201
史迴乡	140481202
晋城市（10 街道，48 镇，26 乡）	**140500000**
城区（7 街道，1 镇）	**140502000**
东街街道	140502001
西街街道	140502002
南街街道	140502003
北街街道	140502004
矿区街道	140502005
钟家庄街道	140502006
西上庄街道	140502007
北石店镇	140502100
沁水县（7 镇，7 乡）	**140521000**
龙港镇	140521100
中村镇	140521101
郑庄镇	140521102
端氏镇	140521103
嘉峰镇	140521104
郑村镇	140521105
柿庄镇	140521106
樊村河乡	140521200

续表 3

行政区划名称	行政区划代码
土沃乡	140521201
张村乡	140521202
苏庄乡	140521203
胡底乡	140521204
固县乡	140521205
十里乡	140521206
阳城县（10 镇，7 乡）	**140522000**
凤城镇	140522100
北留镇	140522101
润城镇	140522102
町店镇	140522103
芹池镇	140522104
次营镇	140522105
横河镇	140522106
河北镇	140522107
蟒河镇	140522108
东冶镇	140522109
白桑乡	140522200
寺头乡	140522201
西河乡	140522202
演礼乡	140522203
固隆乡	140522204
董封乡	140522205
驾岭乡	140522206
陵川县（7 镇，5 乡）	**140524000**
崇文镇	140524100
礼义镇	140524101
附城镇	140524102
西河底镇	140524103
平城镇	140524104
杨村镇	140524105
潞城镇	140524106
夺火乡	140524204
马圪当乡	140524206
古郊乡	140524207
六泉乡	140524209
秦家庄乡	140524212
泽州县（14 镇，3 乡）	**140525000**
南村镇	140525100
下村镇	140525101
大东沟镇	140525102
周村镇	140525103
犁川镇	140525104
晋庙铺镇	140525105
金村镇	140525106
高都镇	140525107
巴公镇	140525108
大阳镇	140525109
山河镇	140525110
大箕镇	140525111
柳树口镇	140525112
北义城镇	140525113
川底乡	140525200
李寨乡	140525201
南岭乡	140525202
高平市（3 街道，9 镇，4 乡）	**140581000**
北城街道	140581001
东城街道	140581002
南城街道	140581003
米山镇	140581100
三甲镇	140581101
陈区镇	140581102
北诗镇	140581103
河西镇	140581104
马村镇	140581105
野川镇	140581106
寺庄镇	140581107
神农镇	140581108
建宁乡	140581202
石末乡	140581204
原村乡	140581207
永禄乡	140581209
朔州市（4 街道，19 镇，50 乡）	**140600000**
朔城区（4 街道，2 镇，9 乡）	**140602000**
北城街道	140602001
南城街道	140602002
神头街道	140602003
北旺庄街道	140602004
神头镇	140602100
利民镇	140602101
下团堡乡	140602200
小平易乡	140602201
滋润乡	140602202
福善庄乡	140602203
南榆林乡	140602204
贾庄乡	140602205
沙塄河乡	140602206
窑子头乡	140602207
张蔡庄乡	140602208
平鲁区（2 镇，11 乡）	**140603000**
井坪镇	140603100
凤凰城镇	140603101
白堂乡	140603200
陶村乡	140603201
下水头乡	140603202
双碾乡	140603203
阻虎乡	140603204
高石庄乡	140603205
西水界乡	140603206
下面高乡	140603207
下木角乡	140603208
向阳堡乡	140603209
榆岭乡	140603210
山阴县（4 镇，9 乡）	**140621000**
玉井镇	140621100
北周庄镇	140621101
古城镇	140621102
岱岳镇	140621103
吴马营乡	140621200
马营乡	140621201
下喇叭乡	140621202
合盛堡乡	140621203
安荣乡	140621205
薛圐圙乡	140621206
后所乡	140621207
张家庄乡	140621208
马营庄乡	140621209
应县（3 镇，9 乡）	**140622000**
金城镇	140622100
南河种镇	140622101
下社镇	140622102
镇子梁乡	140622200
义井乡	140622201
臧寨乡	140622202
大黄巍乡	140622203
杏寨乡	140622204
下马峪乡	140622205
南泉乡	140622206
大临河乡	140622207
白马石乡	140622208
右玉县（4 镇，6 乡）	**140623000**
新城镇	140623100
右卫镇	140623101
威远镇	140623102
元堡子镇	140623103
牛心堡乡	140623200
白头里乡	140623201
高家堡乡	140623202
丁家窑乡	140623203
杨千河乡	140623204
李达窑乡	140623205
怀仁县（4 镇，6 乡）	**140624000**
云中镇	140624100
吴家窑镇	140624101
金沙滩镇	140624102
毛家皂镇	140624103
何家堡乡	140624200
新家园乡	140624201
亲和乡	140624202
海北头乡	140624203
马辛庄乡	140624204
河头乡	140624205
晋中市（17 街道，59 镇，59 乡）	**140700000**
榆次区（9 街道，6 镇，4 乡）	**140702000**
北关街道	140702001
锦纶街道	140702002
新华街道	140702003
西南街道	140702004
路西街道	140702005
经纬街道	140702006
安宁街道	140702007
新建街道	140702008
晋华街道	140702009
乌金山镇	140702100
东阳镇	140702101
什贴镇	140702102
长凝镇	140702103
北田镇	140702104
修文镇	140702105

续表 4

行政区划名称	行政区划代码	行政区划名称	行政区划代码	行政区划名称	行政区划代码
郭家堡乡	140702200	解愁乡	140725201	西关街道	140781002
张庆乡	140702201	温家庄乡	140725202	东南街道	140781003
庄子乡	140702202	景尚乡	140725203	西南街道	140781004
东赵乡	140702203	上湖乡	140725204	北坛街道	140781005
榆社县（4 镇，5 乡）	**140721000**	羊头崖乡	140725205	义安镇	140781100
箕城镇	140721100	马首乡	140725206	张兰镇	140781101
云簇镇	140721101	**太谷县（3 镇，6 乡）**	**140726000**	连福镇	140781102
郝北镇	140721102	明星镇	140726100	洪山镇	140781103
社城镇	140721103	胡村镇	140726101	义棠镇	140781104
河峪乡	140721200	范村镇	140726102	龙凤镇	140781105
北寨乡	140721201	侯城乡	140726200	绵山镇	140781106
西马乡	140721202	北洸乡	140726201	城关乡	140781200
岚峪乡	140721203	水秀乡	140726202	宋阳乡	140781201
讲堂乡	140721204	阳邑乡	140726203	三佳乡	140781202
左权县（5 镇，5 乡）	**140722000**	小白乡	140726204	**运城市（13 街道，81 镇，55 乡）**	**140800000**
辽阳镇	140722100	任村乡	140726205		
桐峪镇	140722101	**祁县（6 镇，2 乡）**	**140727000**	**盐湖区（8 街道，7 镇，6 乡）**	**140802000**
麻田镇	140722102	昭余镇	140727100	中城街道	140802001
芹泉镇	140722103	东观镇	140727101	东城街道	140802002
拐儿镇	140722104	古县镇	140727102	西城街道	140802003
石匣乡	140722200	贾令镇	140727103	南城街道	140802004
粟城乡	140722201	城赵镇	140727104	北城街道	140802005
羊角乡	140722202	来远镇	140727105	安邑街道	140802006
寒王乡	140722203	西六支乡	140727200	大渠街道	140802007
龙泉乡	140722204	峪口乡	140727201	姚孟街道	140802008
和顺县（5 镇，5 乡）	**140723000**	**平遥县（3 街道，5 镇，9 乡）**	**140728000**	龙居镇	140802100
义兴镇	140723100	古城街道	140728001	陶村镇	140802101
李阳镇	140723101	城东街道	140728002	东郭镇	140802102
松烟镇	140723102	城西街道	140728003	三路里镇	140802103
青城镇	140723103	古陶镇	140728100	北相镇	140802104
横岭镇	140723104	段村镇	140728101	泓芝驿镇	140802105
喂马乡	140723200	东泉镇	140728102	解州镇	140802106
平松乡	140723201	洪善镇	140728103	席张乡	140802200
牛川乡	140723202	宁固镇	140728104	金井乡	140802201
马坊乡	140723203	南政乡	140728200	冯村乡	140802202
阳光占乡	140723204	中都乡	140728201	王范乡	140802203
昔阳县（5 镇，7 乡）	**140724000**	岳壁乡	140728202	上郭乡	140802204
乐平镇	140724100	卜宜乡	140728203	上王乡	140802205
皋落镇	140724101	孟山乡	140728204	**临猗县（9 镇，5 乡）**	**140821000**
冶头镇	140724102	朱坑乡	140728205	猗氏镇	140821100
沾尚镇	140724103	襄垣乡	140728206	嵋阳镇	140821101
大寨镇	140724104	杜家庄乡	140728207	临晋镇	140821102
李家庄乡	140724201	香乐乡	140728208	七级镇	140821103
界都乡	140724202	**灵石县（6 镇，6 乡）**	**140729000**	东张镇	140821104
三都乡	140724203	翠峰镇	140729101	孙吉镇	140821105
赵壁乡	140724204	静升镇	140729102	三管镇	140821106
孔氏乡	140724205	两渡镇	140729103	牛杜镇	140821107
阎庄乡	140724206	夏门镇	140729104	耽子镇	140821108
西寨乡	140724207	南关镇	140729105	楚侯乡	140821200
寿阳县（7 镇，7 乡）	**140725000**	段纯镇	140729106	庙上乡	140821201
朝阳镇	140725100	马和乡	140729200	角杯乡	140821202
南燕竹镇	140725101	英武乡	140729201	北辛乡	140821203
宗艾镇	140725102	王禹乡	140729202	北景乡	140821205
平头镇	140725103	坛镇乡	140729203	**万荣县（4 镇，10 乡）**	**140822000**
松塔镇	140725104	梁家焉乡	140729204	解店镇	140822100
西洛镇	140725105	交口乡	140729205	通化镇	140822101
尹灵芝镇	140725106	**介休市（5 街道，7 镇，3 乡）**	**140781000**	汉薛镇	140822102
平舒乡	140725200	北关街道	140781001	荣河镇	140822103

续表 5

行政区划名称	行政区划代码
万泉乡	140822200
里望乡	140822201
西村乡	140822202
南张乡	140822203
高村乡	140822204
皇甫乡	140822205
贾村乡	140822206
王显乡	140822207
光华乡	140822208
裴庄乡	140822209
闻喜县 (7 镇，6 乡)	**140823000**
桐城镇	140823100
郭家庄镇	140823101
畖底镇	140823102
薛店镇	140823103
东镇镇	140823104
礼元镇	140823105
河底镇	140823106
神柏乡	140823200
阳隅乡	140823201
侯村乡	140823202
裴社乡	140823203
后宫乡	140823204
石门乡	140823205
稷山县 (5 镇，2 乡)	**140824000**
稷峰镇	140824100
西社镇	140824101
化峪镇	140824102
翟店镇	140824103
清河镇	140824104
蔡村乡	140824200
太阳乡	140824201
新绛县 (8 镇，1 乡)	**140825000**
龙兴镇	140825100
三泉镇	140825101
泽掌镇	140825102
北张镇	140825103
古交镇	140825104
万安镇	140825105
阳王镇	140825106
泉掌镇	140825107
横桥乡	140825200
绛县 (8 镇，2 乡)	**140826000**
古绛镇	140826100
横水镇	140826101
陈村镇	140826102
卫庄镇	140826103
磨里镇	140826104
南樊镇	140826105
安峪镇	140826106
大交镇	140826107
郝庄乡	140826200
冷口乡	140826201
垣曲县 (5 镇，6 乡)	**140827000**
新城镇	140827100
历山镇	140827101
古城镇	140827102
王茅镇	140827103
毛家湾镇	140827104
蒲掌乡	140827200
英言乡	140827201
解峪乡	140827202
华峰乡	140827203
长直乡	140827204
皋落乡	140827205
夏县 (6 镇，5 乡)	**140828000**
瑶峰镇	140828100
庙前镇	140828101
裴介镇	140828102
水头镇	140828103
埝掌镇	140828104
泗交镇	140828105
尉郭乡	140828200
禹王乡	140828201
胡张乡	140828202
南大里乡	140828203
祁家河乡	140828204
平陆县 (6 镇，4 乡)	**140829000**
圣人涧镇	140829100
常乐镇	140829101
张店镇	140829102
张村镇	140829103
曹川镇	140829104
三门镇	140829105
洪池乡	140829200
杜马乡	140829201
部官乡	140829202
坡底乡	140829203
芮城县 (7 镇，3 乡)	**140830000**
古魏镇	140830100
风陵渡镇	140830101
陌南镇	140830102
西陌镇	140830103
永乐镇	140830104
大王镇	140830105
阳城镇	140830106
东垆乡	140830200
南磑乡	140830201
学张乡	140830202
永济市 (3 街道，7 镇)	**140881000**
城西街道	140881001
城北街道	140881002
城东街道	140881003
虞乡镇	140881100
卿头镇	140881101
开张镇	140881102
栲栳镇	140881103
蒲州镇	140881104
韩阳镇	140881105
张营镇	140881106
河津市 (2 街道，2 镇，5 乡)	**140882000**
城区街道	140882001
清涧街道	140882002
樊村镇	140882100
僧楼镇	140882101
小梁乡	140882200
柴家乡	140882201
赵家庄乡	140882202
下化乡	140882204
阳村乡	140882205
忻州市 (6 街道，59 镇，126 乡)	**140900000**
忻府区 (3 街道，6 镇，11 乡)	**140902000**
秀容街道	140902001
长征街道	140902002
新建路街道	140902003
播明镇	140902100
奇村镇	140902101
三交镇	140902102
庄磨镇	140902103
豆罗镇	140902104
董村镇	140902105
曹张乡	140902200
高城乡	140902201
秦城乡	140902202
解原乡	140902203
合索乡	140902204
阳坡乡	140902205
兰村乡	140902206
紫岩乡	140902207
西张乡	140902208
东楼乡	140902209
北义井乡	140902210
定襄县 (3 镇，6 乡)	**140921000**
晋昌镇	140921100
河边镇	140921101
宏道镇	140921102
杨芳乡	140921200
南王乡	140921201
蒋村乡	140921202
神山乡	140921203
季庄乡	140921204
受禄乡	140921205
五台县 (6 镇，13 乡)	**140922000**
台城镇	140922100
台怀镇	140922101
耿镇镇	140922102
豆村镇	140922103
白家庄镇	140922104
东冶镇	140922105
沟南乡	140922200
东雷乡	140922201
高洪口乡	140922202
门限石乡	140922203
陈家庄乡	140922204
建安乡	140922205
神西乡	140922206
蒋坊乡	140922207
灵境乡	140922208
阳白乡	140922209
茹村乡	140922210
石咀乡	140922211
金岗库乡	140922212
代县 (6 镇，5 乡)	**140923000**
上馆镇	140923100
阳明堡镇	140923101
峨口镇	140923102

续表 6

行政区划名称	行政区划代码	行政区划名称	行政区划代码	行政区划名称	行政区划代码
聂营镇	140923103	虎北乡	140927202	南河沟乡	140931208
枣林镇	140923104	贺职乡	140927203	**偏关县（4 镇，6 乡）**	**140932000**
滩上镇	140923105	长畛乡	140927204	新关镇	140932100
新高乡	140923200	烈堡乡	140927205	天峰坪镇	140932101
峪口乡	140923201	大严备乡	140927206	老营镇	140932102
上磨坊乡	140923202	**五寨县（3 镇，9 乡）**	**140928000**	万家寨镇	140932103
胡峪乡	140923203	砚城镇	140928100	窑头乡	140932200
雁门关乡	140923204	小河头镇	140928101	楼沟乡	140932201
繁峙县（3 镇，10 乡）	**140924000**	三岔镇	140928102	尚峪乡	140932202
繁城镇	140924100	前所乡	140928200	南堡子乡	140932203
砂河镇	140924101	李家坪乡	140928201	水泉乡	140932204
大营镇	140924102	孙家坪乡	140928202	陈家营乡	140932205
下茹越乡	140924201	梁家坪乡	140928203	**原平市（3 街道，7 镇，11 乡）**	**140981000**
杏园乡	140924202	胡会乡	140928204		
光裕堡乡	140924203	新寨乡	140928205	北城街道	140981001
集义庄乡	140924204	韩家楼乡	140928206	南城街道	140981002
东山乡	140924207	东秀庄乡	140928207	轩煤矿街道	140981003
金山铺乡	140924209	杏岭子乡	140928208	东社镇	140981100
柏家庄乡	140924211	**岢岚县（2 镇，10 乡）**	**140929000**	苏龙口镇	140981101
横涧乡	140924212	岚漪镇	140929100	崞阳镇	140981102
神堂堡乡	140924213	三井镇	140929101	大牛店镇	140981103
岩头乡	140924215	神堂坪乡	140929200	阎庄镇	140981104
宁武县（4 镇，10 乡）	**140925000**	高家会乡	140929201	长梁沟镇	140981105
凤凰镇	140925100	李家沟乡	140929203	轩岗镇	140981106
阳方口镇	140925101	水峪贯乡	140929204	新原乡	140981200
东寨镇	140925102	西豹峪乡	140929206	南白乡	140981201
石家庄镇	140925103	温泉乡	140929208	子干乡	140981202
薛家洼乡	140925200	阳坪乡	140929209	中阳乡	140981203
榆庄乡	140925201	大涧乡	140929211	沿沟乡	140981204
涔山乡	140925202	宋家沟乡	140929212	大林乡	140981205
化北屯乡	140925203	王家岔乡	140929215	西镇乡	140981206
西马坊乡	140925204	**河曲县（4 镇，9 乡）**	**140930000**	解村乡	140981207
新堡乡	140925205	文笔镇	140930100	王家庄乡	140981208
迭台寺乡	140925206	楼子营镇	140930101	楼板寨乡	140981209
圪壕乡	140925207	刘家塔镇	140930102	段家堡乡	140981210
怀道乡	140925208	巡镇镇	140930103	**临汾市（20 街道，75 镇，76 乡）**	**141000000**
东马坊乡	140925209	鹿固乡	140930200		
静乐县（4 镇，10 乡）	**140926000**	前川乡	140930201	**尧都区（10 街道，10 镇，6 乡）**	**141002000**
鹅城镇	140926100	单寨乡	140930202		
杜家村镇	140926101	土沟乡	140930203	解放路街道	141002001
康家会镇	140926102	旧县乡	140930204	鼓楼西街道	141002002
丰润镇	140926103	沙坪乡	140930205	水塔街道	141002003
堂尔上乡	140926201	社梁乡	140930206	南街街道	141002004
中庄乡	140926202	沙泉乡	140930207	乡贤街道	141002005
双路乡	140926203	赵家沟乡	140930208	辛寺街道	141002006
段家寨乡	140926204	**保德县（4 镇，9 乡）**	**140931000**	路东街道	141002007
辛村乡	140926205	东关镇	140931100	车站街道	141002008
王村乡	140926206	义门镇	140931101	汾河街道	141002009
神峪沟乡	140926207	桥头镇	140931102	滨河街道	141002010
娘子神乡	140926208	杨家湾镇	140931103	屯里镇	141002100
娑婆乡	140926209	腰庄乡	140931200	乔李镇	141002101
赤泥洼乡	140926210	韩家川乡	140931201	大阳镇	141002102
神池县（3 镇，7 乡）	**140927000**	林遮峪乡	140931202	县底镇	141002103
龙泉镇	140927100	冯家川乡	140931203	刘村镇	141002104
义井镇	140927101	土崖塔乡	140931204	金殿镇	141002105
八角镇	140927102	孙家沟乡	140931205	吴村镇	141002106
东湖乡	140927200	窑洼乡	140931206	土门镇	141002107
太平庄乡	140927201	窑圪台乡	140931207	魏村镇	141002108

续表 7

行政区划名称	行政区划代码
尧庙镇	141002109
段店乡	141002200
贾得乡	141002201
贺家庄乡	141002202
一平垣乡	141002203
枕头乡	141002204
河底乡	141002205
曲沃县（5 镇，2 乡）	**141021000**
乐昌镇	141021100
史村镇	141021101
曲村镇	141021102
高显镇	141021103
里村镇	141021104
北董乡	141021200
杨谈乡	141021201
翼城县（6 镇，4 乡）	**141022000**
唐兴镇	141022100
南梁镇	141022101
里砦镇	141022102
隆化镇	141022103
桥上镇	141022104
西阎镇	141022105
中卫乡	141022200
南唐乡	141022201
王庄乡	141022202
浇底乡	141022203
襄汾县（7 镇，6 乡）	**141023000**
新城镇	141023100
赵康镇	141023101
汾城镇	141023102
南贾镇	141023103
古城镇	141023104
襄陵镇	141023105
邓庄镇	141023106
陶寺乡	141023200
永固乡	141023201
景毛乡	141023202
西贾乡	141023203
南辛店乡	141023204
大邓乡	141023205
洪洞县（9 镇，7 乡）	**141024000**
大槐树镇	141024100
甘亭镇	141024101
曲亭镇	141024102
苏堡镇	141024103
广胜寺镇	141024104
明姜镇	141024105
赵城镇	141024106
万安镇	141024107
刘家垣镇	141024108
淹底乡	141024200
兴唐寺乡	141024201
堤村乡	141024202
辛村乡	141024203
龙马乡	141024204
山头乡	141024205
左木乡	141024206
古县（4 镇，3 乡）	**141025000**
岳阳镇	141025100
北平镇	141025101
古阳镇	141025102
旧县镇	141025103
石壁乡	141025200
永乐乡	141025201
南垣乡	141025202
安泽县（4 镇，3 乡）	**141026000**
府城镇	141026100
和川镇	141026101
唐城镇	141026102
冀氏镇	141026103
马壁乡	141026200
杜村乡	141026201
良马乡	141026202
浮山县（2 镇，7 乡）	**141027000**
天坛镇	141027100
响水河镇	141027101
张庄乡	141027200
东张乡	141027201
槐埝乡	141027202
北王乡	141027203
北韩乡	141027204
米家垣乡	141027205
寨圪塔乡	141027206
吉县（3 镇，5 乡）	**141028000**
吉昌镇	141028100
屯里镇	141028101
壶口镇	141028102
车城乡	141028200
文城乡	141028201
东城乡	141028202
柏山寺乡	141028203
中垛乡	141028204
乡宁县（5 镇，5 乡）	**141029000**
昌宁镇	141029100
光华镇	141029101
台头镇	141029102
管头镇	141029103
西坡镇	141029104
双鹤乡	141029200
关王庙乡	141029201
尉庄乡	141029202
西交口乡	141029203
枣岭乡	141029204
大宁县（2 镇，4 乡）	**141030000**
昕水镇	141030100
曲峨镇	141030101
三多乡	141030200
太德乡	141030201
徐家垛乡	141030202
太古乡	141030203
隰县（3 镇，5 乡）	**141031000**
龙泉镇	141031100
午城镇	141031101
黄土镇	141031102
阳头升乡	141031200
寨子乡	141031201
陡坡乡	141031202
下李乡	141031203
城南乡	141031204
永和县（2 镇，5 乡）	**141032000**
芝河镇	141032100
桑壁镇	141032101
阁底乡	141032200
南庄乡	141032201
打石腰乡	141032202
坡头乡	141032203
交口乡	141032204
蒲县（4 镇，5 乡）	**141033000**
蒲城镇	141033100
薛关镇	141033101
黑龙关镇	141033102
克城镇	141033103
山中乡	141033200
古县乡	141033201
红道乡	141033202
乔家湾乡	141033203
太林乡	141033204
汾西县（5 镇，3 乡）	**141034000**
永安镇	141034100
对竹镇	141034101
勍香镇	141034102
和平镇	141034103
僧念镇	141034104
佃坪乡	141034200
团柏乡	141034201
邢家要乡	141034202
侯马市（5 街道，3 乡）	**141081000**
路东街道	141081001
路西街道	141081002
浍滨街道	141081003
上马街道	141081004
张村街道	141081005
新田乡	141081200
高村乡	141081201
凤城乡	141081202
霍州市（5 街道，4 镇，3 乡）	**141082000**
鼓楼街道	141082001
北环路街道	141082002
南环路街道	141082003
开元街街道	141082004
退沙街道	141082005
白龙镇	141082100
辛置镇	141082101
大张镇	141082102
李曹镇	141082103
陶唐峪乡	141082200
三教乡	141082201
师庄乡	141082202
吕梁市（13 街道，81 镇，67 乡）	**141100000**
离石区（7 街道，2 镇，3 乡）	**141102000**
凤山街道	141102001
城北街道	141102002
滨河街道	141102003

续表 8

行政区划名称	行政区划代码
莲花池街道	141102004
田家会街道	141102005
西属巴街道	141102006
交口街道	141102007
吴城镇	141102100
信义镇	141102104
红眼川乡	141102200
枣林乡	141102201
坪头乡	141102202
文水县（7镇，5乡）	**141121000**
凤城镇	141121100
开栅镇	141121101
南庄镇	141121102
南安镇	141121103
刘胡兰镇	141121104
下曲镇	141121105
孝义镇	141121106
南武乡	141121200
西城乡	141121201
北张乡	141121202
马西乡	141121203
西槽头乡	141121204
交城县（6镇，4乡）	**141122000**
天宁镇	141122100
夏家营镇	141122101
西营镇	141122102
水峪贯镇	141122103
西社镇	141122104
庞泉沟镇	141122105
洪相乡	141122200
岭底乡	141122201
东坡底乡	141122202
会立乡	141122203
兴县（7镇，10乡）	**141123000**
蔚汾镇	141123100
魏家滩镇	141123101
瓦塘镇	141123102
康宁镇	141123103
高家村镇	141123104
罗峪口镇	141123105
蔡家会镇	141123106
交楼申乡	141123200
恶虎滩乡	141123201
东会乡	141123202
固贤乡	141123203
奥家湾乡	141123204
蔡家崖乡	141123205
贺家会乡	141123206
孟家坪乡	141123207
赵家坪乡	141123208
圪垯上乡	141123209
临县（13镇，10乡）	**141124000**
临泉镇	141124100
白文镇	141124101
城庄镇	141124102
兔坂镇	141124103
克虎寨镇	141124104
三交镇	141124105
湍水头镇	141124106
林家坪镇	141124107
招贤镇	141124108
碛口镇	141124109
刘家会镇	141124110
丛罗峪镇	141124111
曲峪镇	141124112
木瓜坪乡	141124200
安业乡	141124201
玉坪乡	141124202
青凉寺乡	141124203
石白头乡	141124204
雷家碛乡	141124205
第八堡乡	141124206
大禹乡	141124207
车赶乡	141124208
安家庄乡	141124209
柳林县（8镇，7乡）	**141125000**
柳林镇	141125100
穆村镇	141125101
薛村镇	141125102
庄上镇	141125103
留誉镇	141125104
下三交镇	141125105
成家庄镇	141125106
孟门镇	141125107
李家湾乡	141125200
贾家垣乡	141125201
陈家湾乡	141125202
金家庄乡	141125203
高家沟乡	141125204
石西乡	141125205
西王家沟乡	141125206
石楼县（4镇，5乡）	**141126000**
灵泉镇	141126100
罗村镇	141126101
义牒镇	141126102
小蒜镇	141126103
龙交乡	141126200
和合乡	141126201
前山乡	141126202
曹家垣乡	141126203
裴沟乡	141126204
岚县（4镇，8乡）	**141127000**
东村镇	141127100
岚城镇	141127101
普明镇	141127102
界河口镇	141127103
土峪乡	141127200
上明乡	141127201
王狮乡	141127202
梁家庄乡	141127203
顺会乡	141127204
河口乡	141127205
社科乡	141127206
大蛇头乡	141127207
方山县（5镇，2乡）	**141128000**
圪洞镇	141128100
马坊镇	141128101
峪口镇	141128102
大武镇	141128103
北武当镇	141128104
积翠乡	141128200
麻地会乡	141128201
中阳县（5镇，2乡）	**141129000**
宁乡镇	141129100
金罗镇	141129101
枝柯镇	141129102
武家庄镇	141129103
暖泉镇	141129104
车鸣峪乡	141129200
下枣林乡	141129201
交口县（4镇，3乡）	**141130000**
水头镇	141130100
康城镇	141130101
双池镇	141130102
桃红坡镇	141130103
石口乡	141130200
回龙乡	141130201
温泉乡	141130202
孝义市（4街道，7镇，5乡）	**141181000**
新义街道	141181001
中阳楼街道	141181002
振兴街道	141181003
崇文街道	141181004
兑镇镇	141181100
阳泉曲镇	141181101
下堡镇	141181102
西辛庄镇	141181103
高阳镇	141181104
梧桐镇	141181105
柱濮镇	141181106
大孝堡乡	141181200
下栅乡	141181201
驿马乡	141181202
南阳乡	141181203
杜村乡	141181204
汾阳市（2街道，9镇，3乡）	**141182000**
文峰街道	141182001
太和桥街道	141182002
贾家庄镇	141182100
杏花村镇	141182101
冀村镇	141182102
肖家庄镇	141182103
演武镇	141182104
三泉镇	141182105
石庄镇	141182106
杨家庄镇	141182107
峪道河镇	141182108
西河乡	141182200
阳城乡	141182201
栗家庄乡	141182202

内蒙古自治区

内蒙古自治区（内蒙古）

行政区划名称	行政区划代码
内蒙古自治区 (243 街道，505 镇，119 乡，153 苏木)	**150000000**
呼和浩特市 (31 街道，29 镇，16 乡)	**150100000**
新城区 (8 街道，1 镇)	**150102000**
海拉尔东路街道	150102001
锡林北路街道	150102002
中山东路街道	150102003
东街街道	150102004
西街街道	150102005
东风路街道	150102006
迎新路街道	150102007
成吉思汗大街街道	150102008
保合少镇	150102101
回民区 (7 街道，1 镇)	**150103000**
新华西路街道	150103001
中山西路街道	150103002
光明路街道	150103003
海拉尔西路街道	150103004
环河路街道	150103005
通道街街道	150103006
钢铁路街道	150103007
攸攸板镇	150103100
玉泉区 (8 街道，1 镇)	**150104000**
大南街街道	150104001
小召前街街道	150104002
鄂尔多斯路街道	150104003
兴隆巷街道	150104004
长和廊街道	150104005
石东路街道	150104006
西菜园街道	150104007
昭君路街道	150104009
小黑河镇	150104100
赛罕区 (8 街道，3 镇)	**150105000**
人民路街道	150105001
大学西路街道	150105002
乌兰察布东路街道	150105003
大学东路街道	150105004
中专路街道	150105005
昭乌达路街道	150105006
巴彦街道	150105007
敕勒川街道	150105008
榆林镇	150105101
黄合少镇	150105103
金河镇	150105104
土默特左旗 (7 镇，2 乡)	**150121000**
察素齐镇	150121100
毕克齐镇	150121101
善岱镇	150121102
白庙子镇	150121103
台阁牧镇	150121104
沙尔沁镇	150121105
敕勒川镇	150121106
北什轴乡	150121207
塔布赛乡	150121208
托克托县 (5 镇)	**150122000**
双河镇	150122100
新营子镇	150122101
五申镇	150122102
古城镇	150122103
伍什家镇	150122104
和林格尔县 (4 镇，4 乡)	**150123000**
城关镇	150123100
盛乐镇	150123101
新店子镇	150123102
巧什营镇	150123103
舍必崖乡	150123203
大红城乡	150123205
羊群沟乡	150123206
黑老夭乡	150123207
清水河县 (4 镇，4 乡)	**150124000**
喇嘛湾镇	150124100
城关镇	150124101
宏河镇	150124102
老牛湾镇	150124103
窑沟乡	150124201
北堡乡	150124203
韭菜庄乡	150124208
五良太乡	150124209
武川县 (3 镇，6 乡)	**150125000**
可可以力更镇	150125100
哈乐镇	150125101
西乌兰不浪镇	150125102
大青山乡	150125200
得胜沟乡	150125204
上秃亥乡	150125205
哈拉合少乡	150125213
二份子乡	150125214
耗赖山乡	150125215
包头市 (46 街道，29 镇，5 乡，5 苏木)	**150200000**
东河区 (12 街道，2 镇)	**150202000**
和平路街道	150202001
财神庙街道	150202002
西脑包街道	150202003
南门外街道	150202004
南圪洞街道	150202005
东站街道	150202006
回民街道	150202007
天骄街道	150202008
河东街道	150202009
铁西街道	150202010
东兴街道	150202011
杨圪塄街道	150202012
河东镇	150202100
沙尔沁镇	150202101
昆都仑区 (13 街道，2 镇)	**150203000**
少先路街道	150203001
昆北街道	150203002
沼潭街道	150203003
林荫路街道	150203004
友谊大街街道	150203005
阿尔丁大街街道	150203006
团结大街街道	150203007
鞍山道街道	150203008
前进道街道	150203009
市府东路街道	150203010
白云路街道	150203011
黄河西路街道	150203012
昆工路街道	150203013
昆河镇	150203100
卜尔汉图镇	150203101
青山区 (8 街道，2 镇)	**150204000**
先锋道街道	150204001
幸福路街道	150204002
万青路街道	150204003
富强路街道	150204004
科学路街道	150204005
青山路街道	150204006
自由路街道	150204007
乌素图街道	150204008
青福镇	150204100
兴胜镇	150204101
石拐区 (6 街道，1 镇，1 苏木)	**150205000**
石拐街道	150205001
大发街道	150205002
大磁街道	150205003
五当沟街道	150205004
白狐沟街道	150205005
大德恒街道	150205006
五当召镇	150205100
吉忽伦图苏木	150205200
白云鄂博矿区 (2 街道)	**150206000**
矿山路街道	150206001
通阳道街道	150206002
九原区 (5 街道，4 镇，1 苏木)	**150207000**
沙河街道	150207001
赛汗街道	150207002
萨如拉街道	150207003
白音席勒街道	150207004
稀土路街道	150207005
麻池镇	150207103
哈业胡同镇	150207104
哈林格尔镇	150207105

续表 1

行政区划名称	行政区划代码
万水泉镇	150207106
阿嘎如泰苏木	150207205
土默特右旗（5 镇，3 乡）	**150221000**
萨拉齐镇	150221100
双龙镇	150221101
美岱召镇	150221102
沟门镇	150221103
将军尧镇	150221104
明沙淖乡	150221202
海子乡	150221203
苏波盖乡	150221212
固阳县（6 镇）	**150222000**
金山镇	150222100
西斗铺镇	150222101
下湿壕镇	150222102
银号镇	150222103
怀朔镇	150222104
兴顺西镇	150222105
达尔罕茂明安联合旗（7 镇，2 乡，3 苏木）	**150223000**
百灵庙镇	150223100
满都拉镇	150223101
希拉穆仁镇	150223102
明安镇	150223103
巴音花镇	150223104
石宝镇	150223105
乌克忽洞镇	150223106
达尔汗苏木	150223216
巴音敖包苏木	150223217
查干哈达苏木	150223218
西河乡	150223219
小文公乡	150223220
乌海市（15 街道，5 镇）	**150300000**
海勃湾区（6 街道，1 镇）	**150302000**
新华街道	150302001
新华西街道	150302002
凤凰岭街道	150302003
海北街道	150302004
滨河街道	150302005
卡布其街道	150302006
千里山镇	150302108
海南区（2 街道，3 镇）	**150303000**
西卓子山街道	150303001
拉僧仲街道	150303002
拉僧庙镇	150303101
公乌素镇	150303102
巴音陶亥镇	150303103
乌达区（7 街道，1 镇）	**150304000**
巴音赛街道	150304001
三道坎街道	150304002
五虎山街道	150304003
梁家沟街道	150304004
新达街道	150304005
滨海街道	150304006
苏海图街道	150304007
乌兰淖尔镇	150304100
赤峰市（21 街道，86 镇，27 乡，19 苏木）	**150400000**
红山区（11 街道，2 镇）	**150402000**
西屯街道	150402001
三中街街道	150402002
永巨街道	150402003
东城街道	150402004
南新街街道	150402005
站前街道	150402006
铁南街道	150402007
长青街道	150402008
哈达街道	150402009
西城街道	150402010
桥北街道	150402011
红庙子镇	150402100
文钟镇	150402102
元宝山区（6 街道，5 镇，1 乡）	**150403000**
西露天街道	150403001
平庄城区街道	150403002
平庄东城街道	150403003
平庄西城街道	150403004
云杉路街道	150403005
马林街道	150403006
风水沟镇	150403100
元宝山镇	150403101
美丽河镇	150403102
平庄镇	150403103
五家镇	150403104
小五家乡	150403201
松山区（4 街道，9 镇，5 乡）	**150404000**
振兴街道	150404001
向阳街道	150404002
松州街道	150404003
铁东街道	150404004
穆家营子镇	150404100
初头朗镇	150404101
大庙镇	150404102
王府镇	150404103
老府镇	150404104
哈拉道口镇	150404105
上官地镇	150404106
安庆镇	150404107
太平地镇	150404108
当铺地满族乡	150404200
夏家店乡	150404201
城子乡	150404202
大夫营子乡	150404203
岗子乡	150404204
阿鲁科尔沁旗（7 镇，3 乡，4 苏木）	**150421000**
天山镇	150421100
天山口镇	150421101
双胜镇	150421102
坤都镇	150421103
巴彦花镇	150421104
绍根镇	150421105
扎嘎斯台镇	150421106
新民乡	150421200
先锋乡	150421201
罕苏木苏木	150421202
赛汉塔拉苏木	150421203
巴拉奇如德苏木	150421204
巴彦温都苏木	150421205
乌兰哈达乡	150421206
巴林左旗（7 镇，2 乡，2 苏木）	**150422000**
林东镇	150422100
隆昌镇	150422101
十三敖包镇	150422102
碧流台镇	150422103
富河镇	150422104
白音勿拉镇	150422105
哈拉哈达镇	150422106
查干哈达苏木	150422200
乌兰达坝苏木	150422201
三山乡	150422202
花加拉嘎乡	150422203
巴林右旗（5 镇，4 苏木）	**150423000**
大板镇	150423100
索博日嘎镇	150423101
宝日勿苏镇	150423102
查干诺尔镇	150423103
巴彦琥硕镇	150423105
西拉沐沦苏木	150423200
巴彦塔拉苏木	150423201
幸福之路苏木	150423202
查干沐沦苏木	150423204
林西县（7 镇，2 乡）	**150424000**
官地镇	150424100
新城子镇	150424101
新林镇	150424102
五十家子镇	150424103
林西镇	150424104
大井镇	150424105
统部镇	150424106
大营子乡	150424200
十二吐乡	150424201
克什克腾旗（7 镇，2 乡，4 苏木）	**150425000**
经棚镇	150425100
宇宙地镇	150425102
土城子镇	150425103
达来诺日镇	150425104
同兴镇	150425105
万合永镇	150425106
芝瑞镇	150425108
新开地乡	150425208
红山子乡	150425214
达日罕乌拉苏木	150425219
巴彦查干苏木	150425221
浩来呼热苏木	150425222

续表 2

行政区划名称	行政区划代码
乌兰布统苏木	150425223
翁牛特旗（8 镇，2 乡，4 苏木）	**150426000**
乌丹镇	150426100
乌敦套海镇	150426101
五分地镇	150426102
桥头镇	150426103
广德公镇	150426104
梧桐花镇	150426105
海拉苏镇	150426106
亿合公镇	150426107
解放营子乡	150426200
阿什罕苏木	150426201
新苏莫苏木	150426202
白音套海苏木	150426203
毛山东乡	150426204
格日僧苏木	150426205
喀喇沁旗（7 镇，2 乡）	**150428000**
锦山镇	150428100
美林镇	150428101
王爷府镇	150428102
小牛群镇	150428103
牛家营子镇	150428104
乃林镇	150428105
西桥镇	150428106
十家满族乡	150428200
南台子乡	150428201
宁城县（13 镇，2 乡）	**150429000**
天义镇	150429100
小城子镇	150429101
大城子镇	150429102
八里罕镇	150429103
黑里河镇	150429104
甸子镇	150429105
大双庙镇	150429106
汐子镇	150429107
大明镇	150429108
忙农镇	150429109
五化镇	150429110
必斯营子镇	150429111
三座店镇	150429112
一肯中乡	150429202
存金沟乡	150429203
敖汉旗（9 镇，6 乡，1 苏木）	**150430000**
新惠镇	150430100
四家子镇	150430101
长胜镇	150430102
贝子府镇	150430103
四道湾子镇	150430104
下洼镇	150430105
金厂沟梁镇	150430106
兴隆洼镇	150430107
黄羊洼镇	150430108
牛古吐乡	150430201
木头营子乡	150430202
古鲁板蒿乡	150430203
丰收乡	150430204
玛尼罕乡	150430205
萨力巴乡	150430206
敖润苏莫苏木	150430207
通辽市（19 街道，61 镇，4 乡，26 苏木）	**150500000**
科尔沁区（15 街道，10 镇，1 苏木）	**150502000**
科尔沁街道	150502001
西门街道	150502002
永清街道	150502003
明仁街道	150502004
施介街道	150502005
清真街道	150502006
东郊街道	150502007
铁路街道	150502008
电厂街道	150502009
霍林河街道	150502010
河西街道	150502011
红星街道	150502012
建国街道	150502013
新城街道	150502014
滨河街道	150502015
大林镇	150502100
钱家店镇	150502101
余粮堡镇	150502102
木里图镇	150502104
丰田镇	150502106
清河镇	150502108
育新镇	150502110
庆和镇	150502113
敖力布皋镇	150502114
辽河镇	150502130
莫力庙苏木	150502200
科尔沁左翼中旗（11 镇，1 乡，5 苏木）	**150521000**
保康镇	150521100
宝龙山镇	150521101
舍伯吐镇	150521102
巴彦塔拉镇	150521103
门达镇	150521104
架玛吐镇	150521105
腰林毛都镇	150521106
希伯花镇	150521107
花吐古拉镇	150521108
代力吉镇	150521109
努日木镇	150521110
图布信苏木	150521204
协代苏木	150521207
白兴吐苏木	150521210
花胡硕苏木	150521212
敖包苏木	150521213
胜利乡	150521214
科尔沁左翼后旗（10 镇，5 苏木）	**150522000**
金宝屯镇	150522101
吉尔嘎朗镇	150522102
双胜镇	150522103
阿古拉镇	150522107
朝鲁吐镇	150522109
海鲁吐镇	150522110
甘旗卡镇	150522111
常胜镇	150522112
查日苏镇	150522113
努古斯台镇	150522136
阿都沁苏木	150522208
茂道吐苏木	150522209
巴胡塔苏木	150522210
散都苏木	150522211
巴彦毛都苏木	150522212
开鲁县（10 镇）	**150523000**
开鲁镇	150523100
大榆树镇	150523103
黑龙坝镇	150523104
麦新镇	150523105
建华镇	150523108
小街基镇	150523109
东风镇	150523111
吉日嘎郎吐镇	150523112
东来镇	150523113
义和塔拉镇	150523114
库伦旗（5 镇，1 乡，2 苏木）	**150524000**
库伦镇	150524100
六家子镇	150524101
额勒顺镇	150524103
扣河子镇	150524104
白音花镇	150524105
茫汗苏木	150524203
水泉乡	150524204
先进苏木	150524205
奈曼旗（8 镇，2 乡，4 苏木）	**150525000**
大沁他拉镇	150525100
八仙筒镇	150525101
青龙山镇	150525102
东明镇	150525103
治安镇	150525104
义隆永镇	150525105
新镇	150525106
沙日浩来镇	150525109
黄花塔拉苏木	150525201
固日班花苏木	150525202
白音他拉苏木	150525203
明仁苏木	150525205
土城子乡	150525206
苇莲苏乡	150525207
扎鲁特旗（7 镇，8 苏木）	**150526000**
鲁北镇	150526100
巨日河镇	150526101
黄花山镇	150526103
巴雅尔吐胡硕镇	150526104
嘎亥图镇	150526105
香山镇	150526106

续表 3

行政区划名称	行政区划代码
阿日昆都楞镇	150526107
格日朝鲁苏木	150526203
乌力吉木仁苏木	150526204
巴彦塔拉苏木	150526209
道老杜苏木	150526210
前德门苏木	150526211
乌兰哈达苏木	150526212
查布嘎图苏木	150526213
乌额格其苏木	150526214
霍林郭勒市（4 街道，1 苏木）	**150581000**
珠斯花街道	150581001
莫斯台街道	150581002
宝日呼吉尔街道	150581003
沙尔呼热街道	150581005
达来胡硕苏木	150581200
鄂尔多斯市（26 街道，43 镇，2 乡，6 苏木）	**150600000**
东胜区（12 街道，3 镇）	**150602000**
交通街道	150602001
公园街道	150602002
林荫街道	150602003
建设街道	150602004
富兴街道	150602005
天骄街道	150602006
诃额伦街道	150602007
巴音门克街道	150602008
民族街道	150602009
幸福街道	150602010
纺织街道	150602011
兴胜路街道	150602012
泊尔江海子镇	150602106
罕台镇	150602107
铜川镇	150602108
康巴什区（4 街道）	**150603000**
哈巴格希街道	150603001
青春山街道	150603002
滨河街道	150603003
康新街道	150603004
达拉特旗（6 街道，8 镇，1 苏木）	**150621000**
锡尼街道	150621001
西园街道	150621002
白塔街道	150621003
工业街道	150621004
昭君街道	150621005
平原街道	150621006
王爱召镇	150621108
树林召镇	150621109
昭君镇	150621110
白泥井镇	150621111
吉格斯太镇	150621112
中和西镇	150621113
恩格贝镇	150621114
风水梁镇	150621115
展旦召苏木	150621201
准格尔旗（4 街道，7 镇，2 乡，1 苏木）	**150622000**
友谊街道	150622001
蓝天街道	150622002
兴隆街道	150622003
迎泽街道	150622004
薛家湾镇	150622114
沙圪堵镇	150622115
龙口镇	150622116
准格尔召镇	150622117
纳日松镇	150622118
大路镇	150622119
魏家峁镇	150622120
布尔陶亥苏木	150622206
十二连城乡	150622207
暖水乡	150622208
鄂托克前旗（4 镇）	**150623000**
敖勒召其镇	150623105
上海庙镇	150623106
昂素镇	150623107
城川镇	150623108
鄂托克旗（4 镇，2 苏木）	**150624000**
蒙西镇	150624100
乌兰镇	150624101
棋盘井镇	150624102
木凯淖尔镇	150624103
苏米图苏木	150624200
阿尔巴斯苏木	150624203
杭锦旗（5 镇，1 苏木）	**150625000**
锡尼镇	150625100
巴拉贡镇	150625101
吉日嘎朗图镇	150625102
呼和木都镇	150625103
独贵塔拉镇	150625104
伊和乌素苏木	150625206
乌审旗（5 镇，1 苏木）	**150626000**
乌审召镇	150626106
图克镇	150626107
嘎鲁图镇	150626108
乌兰陶勒盖镇	150626109
无定河镇	150626110
苏力德苏木	150626203
伊金霍洛旗（7 镇）	**150627000**
阿勒腾席热镇	150627100
札萨克镇	150627107
红庆河镇	150627108
伊金霍洛镇	150627109
乌兰木伦镇	150627110
纳林陶亥镇	150627111
苏布尔嘎镇	150627113
呼伦贝尔市（35 街道，68 镇，19 乡，19 苏木）	**150700000**
海拉尔区（6 街道，2 镇）	**150702000**
正阳街道	150702001
靠山街道	150702003
健康街道	150702004
胜利街道	150702005
呼伦街道	150702006
建设街道	150702007
奋斗镇	150702101
哈克镇	150702102
扎赉诺尔区（5 街道，1 镇）	**150703000**
第一街道	150703001
第二街道	150703002
第三街道	150703003
第四街道	150703004
第五街道	150703005
灵泉镇	150703100
阿荣旗（8 镇，4 乡）	**150721000**
那吉镇	150721100
六合镇	150721102
亚东镇	150721104
复兴镇	150721105
霍尔奇镇	150721106
向阳峪镇	150721108
三岔河镇	150721109
兴安镇	150721110
得力其鄂温克民族乡	150721200
查巴奇鄂温克民族乡	150721201
音河达斡尔鄂温克民族乡	150721202
新发朝鲜民族乡	150721203
莫力达瓦达斡尔族自治旗（11 镇，4 乡）	**150722000**
尼尔基镇	150722100
红彦镇	150722101
宝山镇	150722102
哈达阳镇	150722103
阿尔拉镇	150722104
西瓦尔图镇	150722106
腾克镇	150722108
塔温敖宝镇	150722110
汉古尔河镇	150722120
奎勒河镇	150722121
登特科镇	150722122
巴彦鄂温克民族乡	150722200
杜拉尔鄂温克民族乡	150722203
库如奇乡	150722204
额尔和乡	150722205
鄂伦春自治旗（8 镇，2 乡）	**150723000**
阿里河镇	150723100
诺敏镇	150723102
乌鲁布铁镇	150723104
大杨树镇	150723105
宜里镇	150723107
甘河镇	150723109
克一河镇	150723113
吉文镇	150723114
古里乡	150723200
托扎敏乡	150723216
鄂温克族自治旗（4 镇，1 乡，5 苏木）	**150724000**
伊敏河镇	150724101
巴彦托海镇	150724102
红花尔基镇	150724104
大雁镇	150724105
巴彦塔拉达斡尔民族乡	150724200
伊敏苏木	150724201
辉苏木	150724202

续表 4

行政区划名称	行政区划代码
锡泥河东苏木	150724203
锡泥河西苏木	150724204
巴彦嵯岗苏木	150724205
陈巴尔虎旗 (3 镇，4 苏木)	**150725000**
巴彦库仁镇	150725100
宝日希勒镇	150725101
呼和诺尔镇	150725102
鄂温克民族苏木	150725201
东乌珠尔苏木	150725202
巴彦哈达苏木	150725203
西乌珠尔苏木	150725204
新巴尔虎左旗 (2 镇，5 苏木)	**150726000**
阿木古郎镇	150726100
嵯岗镇	150726101
新宝力格苏木	150726202
乌布尔宝力格苏木	150726203
吉布胡郎图苏木	150726204
罕达盖苏木	150726205
甘珠尔苏木	150726206
新巴尔虎右旗 (3 镇，4 苏木)	**150727000**
阿拉坦额莫勒镇	150727100
呼伦镇	150727101
阿日哈沙特镇	150727102
克尔伦苏木	150727204
贝尔苏木	150727206
达赉苏木	150727207
宝格德乌拉苏木	150727208
满洲里市 (5 街道，1 镇)	**150781000**
道北街道	150781001
兴华街道	150781002
东山街道	150781003
道南街道	150781004
敖尔金街道	150781005
新开河镇	150781100
牙克石市 (6 街道，10 镇)	**150782000**
胜利街道	150782001
红旗街道	150782002
新工街道	150782003
永兴街道	150782004
建设街道	150782005
暖泉街道	150782006
免渡河镇	150782101
博克图镇	150782103
绰河源镇	150782105
乌尔其汉镇	150782108
库都尔镇	150782109
图里河镇	150782110
乌奴耳镇	150782111
塔尔气镇	150782112
伊图里河镇	150782113
牧原镇	150782114
扎兰屯市 (7 街道，8 镇，4 乡)	**150783000**
兴华街道	150783001
正阳街道	150783002
繁荣街道	150783003
向阳街道	150783004
铁东街道	150783005
河西街道	150783006
高台子街道	150783007
磨菇气镇	150783100
卧牛河镇	150783106
成吉思汗镇	150783108
大河湾镇	150783109
哈多河镇	150783110
浩饶山镇	150783112
柴河镇	150783113
中和镇	150783114
达斡尔民族乡	150783200
鄂伦春民族乡	150783201
萨马街鄂温克民族乡	150783204
洼堤乡	150783205
额尔古纳市 (2 街道，3 镇，3 乡，1 苏木)	**150784000**
拉布大林街道	150784001
上库力街道	150784002
莫尔道嘎镇	150784100
黑山头镇	150784101
恩和哈达镇	150784102
三河回族乡	150784200
蒙兀室韦苏木	150784201
恩和俄罗斯族民族乡	150784203
奇乾乡	150784204
根河市 (4 街道，4 镇，1 乡)	**150785000**
河东街道	150785001
河西街道	150785002
森工街道	150785003
好里堡街道	150785004
金河镇	150785102
阿龙山镇	150785103
满归镇	150785104
得耳布尔镇	150785105
敖鲁古雅鄂温克民族乡	150785200
巴彦淖尔市 (9 街道，46 镇，3 乡，10 苏木)	**150800000**
临河区 (9 街道，7 镇，2 乡)	**150802000**
团结街道	150802001
车站街道	150802002
先锋街道	150802003
解放街道	150802004
新华街道	150802005
东环街道	150802006
铁南街道	150802007
西环街道	150802008
北环街道	150802009
狼山镇	150802100
新华镇	150802101
干召庙镇	150802102
乌兰图克镇	150802104
双河镇	150802107
城关镇	150802109
白脑包镇	150802110
八一乡	150802200
曙光乡	150802201
五原县 (8 镇，1 乡)	**150821000**
隆兴昌镇	150821100
塔尔湖镇	150821101
巴彦套海镇	150821102
新公中镇	150821104
天吉泰镇	150821105
胜丰镇	150821106
银定图镇	150821107
复兴镇	150821108
和胜乡	150821200
磴口县 (4 镇，1 苏木)	**150822000**
巴彦高勒镇	150822100
隆盛合镇	150822103
渡口镇	150822104
补隆淖镇	150822105
沙金套海苏木	150822202
乌拉特前旗 (9 镇，2 苏木)	**150823000**
乌拉山镇	150823101
白彦花镇	150823102
新安镇	150823103
大佘太镇	150823104
西小召镇	150823106
明安镇	150823108
先锋镇	150823109
小佘太镇	150823110
苏独仑镇	150823111
额尔登布拉格苏木	150823209
沙德格苏木	150823210
乌拉特中旗 (6 镇，4 苏木)	**150824000**
德岭山镇	150824100
石哈河镇	150824101
海流图镇	150824102
乌加河镇	150824103
甘其毛都镇	150824105
温更镇	150824106
巴音乌兰苏木	150824203
呼勒斯太苏木	150824205
新忽热苏木	150824207
川井苏木	150824208
乌拉特后旗 (3 镇，3 苏木)	**150825000**
巴音宝力格镇	150825100
呼和温都尔镇	150825101
潮格温都尔镇	150825103
获各琦苏木	150825204
巴音前达门苏木	150825207
乌盖苏木	150825208
杭锦后旗 (9 镇)	**150826000**
头道桥镇	150826101
二道桥镇	150826102
三道桥镇	150826103
团结镇	150826104
双庙镇	150826105
蛮会镇	150826106
陕坝镇	150826107

续表 5

行政区划名称	行政区划代码	行政区划名称	行政区划代码	行政区划名称	行政区划代码
沙海镇	150826108	六苏木镇	150925103	工业区街道	150981004
蒙海镇	150826109	蛮汉镇	150925104	南城区街道	150981005
乌兰察布市（13 街道，51 镇，32 乡，9 苏木）	**150900000**	鸿茅镇	150925105	黑土台镇	150981101
		天成乡	150925204	隆盛庄镇	150981102
集宁区（8 街道，1 镇，1 乡）	**150902000**	曹碾满族乡	150925207	巨宝庄镇	150981103
新体路街道	150902001	**察哈尔右翼前旗（5 镇，4 乡）**	**150926000**	红砂坝镇	150981104
桥东街道	150902002	土贵乌拉镇	150926100	三义泉镇	150981105
前进路街道	150902003	平地泉镇	150926101	浑源窑乡	150981201
常青路街道	150902004	玫瑰营镇	150926102	官屯堡乡	150981205
虎山街道	150902005	巴音塔拉镇	150926104	元山子乡	150981206
桥西街道	150902006	黄旗海镇	150926105	**兴安盟（15 街道，37 镇，7 乡，12 苏木）**	**152200000**
新华街街道	150902007	乌拉哈乡	150926202		
泉山街道	150902008	黄茂营乡	150926203	**乌兰浩特市（11 街道，4 镇）**	**152201000**
白海子镇	150902101	三岔口乡	150926208	爱国街道	152201001
马莲渠乡	150902201	老圈沟乡	150926209	和平街道	152201002
卓资县（5 镇，3 乡）	**150921000**	**察哈尔右翼中旗（5 镇，4 乡，2 苏木）**	**150927000**	兴安街道	152201003
卓资山镇	150921100			胜利街道	152201004
旗下营镇	150921101	科布尔镇	150927100	铁西街道	152201005
十八台镇	150921102	铁沙盖镇	150927101	都林街道	152201006
巴音锡勒镇	150921103	乌素图镇	150927102	五一街道	152201007
梨花镇	150921104	广益隆镇	150927103	城郊街道	152201008
大榆树乡	150921203	黄羊城镇	150927104	天骄街道	152201009
红召乡	150921208	宏盘乡	150927203	新城街道	152201010
复兴乡	150921209	巴彦乡	150927204	山水街道	152201011
化德县（3 镇，3 乡）	**150922000**	大滩乡	150927211	乌兰哈达镇	152201101
长顺镇	150922100	乌兰哈页苏木	150927214	葛根庙镇	152201102
七号镇	150922101	库伦苏木	150927215	太本站镇	152201103
朝阳镇	150922102	土城子乡	150927216	义勒力特镇	152201104
德包图乡	150922205	**察哈尔右翼后旗（5 镇，1 乡，2 苏木）**	**150928000**	**阿尔山市（4 街道，4 镇）**	**152202000**
公腊胡洞乡	150922207			林海街道	152202001
白音特拉乡	150922208	土牧尔台镇	150928100	新城街道	152202002
商都县（6 镇，4 乡）	**150923000**	红格尔图镇	150928101	温泉街道	152202003
七台镇	150923100	白音察干镇	150928102	伊尔施街道	152202004
十八顷镇	150923101	贲红镇	150928103	天池镇	152202100
大黑沙土镇	150923102	大六号镇	150928105	白狼镇	152202101
西井子镇	150923103	当郎忽洞苏木	150928204	五岔沟镇	152202102
屯垦队镇	150923104	锡勒乡	150928206	明水河镇	152202103
小海子镇	150923105	乌兰哈达苏木	150928207	**科尔沁右翼前旗（9 镇，2 乡，3 苏木）**	**152221000**
大库伦乡	150923205	**四子王旗（5 镇，3 乡，5 苏木）**	**150929000**		
卯都乡	150923206	乌兰花镇	150929100	索伦镇	152221100
玻璃忽镜乡	150923207	供济堂镇	150929101	大石寨镇	152221101
三大顷乡	150923208	吉生太镇	150929102	归流河镇	152221102
兴和县（5 镇，4 乡）	**150924000**	库伦图镇	150929103	察尔森镇	152221103
城关镇	150924100	白音朝克图镇	150929104	科尔沁镇	152221104
张皋镇	150924101	东八号乡	150929208	额尔格图镇	152221110
赛乌素镇	150924102	忽鸡图乡	150929211	德伯斯镇	152221111
鄂尔栋镇	150924103	查干补力格苏木	150929215	居力很镇	152221119
店子镇	150924105	脑木更苏木	150929219	俄体镇	152221120
大库联乡	150924202	红格尔苏木	150929223	满族屯满族乡	152221203
民族团结乡	150924205	江岸苏木	150929225	乌兰毛都苏木	152221205
大同夭乡	150924206	巴音敖包苏木	150929227	阿力得尔苏木	152221207
五股泉乡	150924207	大黑河乡	150929228	巴拉格歹乡	152221208
凉城县（6 镇，2 乡）	**150925000**	**丰镇市（5 街道，5 镇，3 乡）**	**150981000**	桃合木苏木	152221209
岱海镇	150925100	新城区街道	150981001	**科尔沁右翼中旗（6镇，6苏木）**	**152222000**
麦胡图镇	150925101	旧城区街道	150981002	巴彦呼舒镇	152222100
永兴镇	150925102	北城区街道	150981003	高力板镇	152222101

续表 6

行政区划名称	行政区划代码
吐列毛都镇	152222102
巴仁哲里木镇	152222103
杜尔基镇	152222104
好腰苏木镇	152222105
新佳木苏木	152222203
代钦塔拉苏木	152222206
哈日诺尔苏木	152222207
巴彦茫哈苏木	152222208
巴彦淖尔苏木	152222209
额木庭高勒苏木	152222210
扎赉特旗(8镇,2乡,3苏木)	**152223000**
音德尔镇	152223100
新林镇	152223101
巴彦高勒镇	152223102
胡尔勒镇	152223103
阿尔本格勒镇	152223104
巴达尔胡镇	152223105
图牧吉镇	152223107
好力保镇	152223108
巴彦乌兰苏木	152223210
努文木仁乡	152223211
巴彦扎拉嘎乡	152223212
阿拉达尔吐苏木	152223213
宝力根花苏木	152223214
突泉县（6 镇，3 乡）	**152224000**
突泉镇	152224100
六户镇	152224101
东杜尔基镇	152224102
永安镇	152224103
水泉镇	152224104
宝石镇	152224105
九龙乡	152224200
太平乡	152224201
学田乡	152224202
锡林郭勒盟（11 街道，35 镇，4 乡，32 苏木）	**152500000**
二连浩特市(3街道,1苏木)	**152501000**
乌兰街道	152501001
锡林街道	152501002
东城街道	152501003
格日勒敖都苏木	152501200
锡林浩特市（8 街道，1 镇，3 苏木）	**152502000**
希日塔拉街道	152502001
宝力根街道	152502002
杭盖街道	152502003
楚古兰街道	152502004
额尔敦街道	152502005
南郊街道	152502006
巴彦锡勒街道	152502007
巴彦查干街道	152502008
阿尔善宝拉格镇	152502100
宝力根苏木	152502200
朝克乌拉苏木	152502201
巴彦宝拉格苏木	152502202
阿巴嘎旗（3 镇，4 苏木）	**152522000**
别力古台镇	152522100
洪格尔高勒镇	152522101
查干淖尔镇	152522102
那仁宝拉格苏木	152522200
伊和高勒苏木	152522201
吉尔嘎郎图苏木	152522202
巴彦图嘎苏木	152522203
苏尼特左旗（3 镇，4 苏木）	**152523000**
满都拉图镇	152523100
查干敖包镇	152523101
巴彦淖尔镇	152523102
巴彦乌拉苏木	152523200
赛罕高毕苏木	152523201
洪格尔苏木	152523202
达来苏木	152523203
苏尼特右旗（3 镇，4 苏木）	**152524000**
赛汉塔拉镇	152524100
朱日和镇	152524101
乌日根塔拉镇	152524102
桑宝拉格苏木	152524200
额仁淖尔苏木	152524201
赛罕乌力吉苏木	152524202
阿其图乌拉苏木	152524203
东乌珠穆沁旗(6镇,4苏木)	**152525000**
乌里雅斯太镇	152525100
道特淖尔镇	152525101
嘎达布其镇	152525102
满都呼宝拉格镇	152525103
额吉淖尔镇	152525104
巴彦胡硕镇	152525105
呼热图淖尔苏木	152525200
萨麦苏木	152525201
嘎海乐苏木	152525202
阿拉坦合力苏木	152525203
西乌珠穆沁旗(5镇,2苏木)	**152526000**
巴拉嘎尔高勒镇	152526100
巴彦花镇	152526101
吉仁高勒镇	152526102
浩勒图高勒镇	152526103
高日罕镇	152526104
巴彦胡硕苏木	152526200
乌兰哈拉嘎苏木	152526201
太仆寺旗（5 镇，1 乡，1 苏木）	**152527000**
宝昌镇	152527100
千斤沟镇	152527101
红旗镇	152527102
骆驼山镇	152527103
永丰镇	152527104
幸福乡	152527200
贡宝拉格苏木	152527201
镶黄旗（2 镇，2 苏木）	**152528000**
新宝拉格镇	152528100
巴彦塔拉镇	152528101
翁贡乌拉苏木	152528200
宝格达音高勒苏木	152528201
正镶白旗（2 镇，3 苏木）	**152529000**
明安图镇	152529100
星耀镇	152529101
伊和淖尔苏木	152529200
乌兰查布苏木	152529201
宝拉根陶海苏木	152529202
正蓝旗（3 镇，4 苏木）	**152530000**
上都镇	152530100
桑根达来镇	152530101
哈毕日嘎镇	152530102
宝绍代苏木	152530200
那日图苏木	152530201
赛音呼都嘎苏木	152530202
扎格斯台苏木	152530203
多伦县（2 镇，3 乡）	**152531000**
大北沟镇	152531100
多伦淖尔镇	152531101
大河口乡	152531200
蔡木山乡	152531201
西干沟乡	152531202
阿拉善盟（2 街道，15 镇，15 苏木）	**152900000**
阿拉善左旗（9 镇，6 苏木）	**152921000**
巴彦浩特镇	152921100
嘉尔嘎勒赛汉镇	152921101
温都尔勒图镇	152921102
吉兰泰镇	152921103
乌斯太镇	152921104
巴润别立镇	152921105
宗别立镇	152921107
敖伦布拉格镇	152921108
腾格里额里斯镇	152921109
巴彦木仁苏木	152921203
乌力吉苏木	152921207
额尔克哈什哈苏木	152921210
巴彦诺日公苏木	152921212
银根苏木	152921213
超格图呼热苏木	152921214
阿拉善右旗（3 镇，4 苏木）	**152922000**
巴丹吉林镇	152922100
雅布赖镇	152922101
阿拉腾敖包镇	152922103
阿拉腾朝格苏木	152922201
曼德拉苏木	152922205
塔木素布拉格苏木	152922206
巴彦高勒苏木	152922207
额济纳旗（2 街道，3 镇，5 苏木）	**152923000**
东风街道	152923001
航空街道	152923002
东风镇	152923101
达来呼布镇	152923102
哈日布日格德音乌拉镇	152923103
赛汉陶来苏木	152923200
马鬃山苏木	152923204
苏泊淖尔苏木	152923205
巴彦陶来苏木	152923206
温图高勒苏木	152923207

辽宁省

辽宁省（辽）

行政区划名称	行政区划代码
辽宁省（688 街道，641 镇，202 乡）	**210000000**
沈阳市（145 街道，53 镇，16 乡）	**210100000**
和平区（13 街道）	**210102000**
浑河湾街道	210102001
新华街道	210102002
太原街街道	210102005
西塔街道	210102007
北市场街道	210102010
八经街道	210102013
南市场街道	210102014
马路湾街道	210102016
集贤街道	210102017
南湖街道	210102019
长白街道	210102021
沈水湾街道	210102022
浑河站西街道	210102023
沈河区（15 街道）	**210103000**
大西街道	210103004
滨河街道	210103005
万莲街道	210103006
大南街道	210103010
山东庙街道	210103011
朱剪炉街道	210103013
新北站街道	210103014
风雨坛街道	210103015
五里河街道	210103017
皇城街道	210103018
马官桥街道	210103019
南塔街道	210103020
东陵街道	210103021
泉园街道	210103022
丰乐街道	210103023
大东区（14 街道）	**210104000**
大北街道	210104002
万泉街道	210104003
洮昌街道	210104004
文官街道	210104006
二台子街道	210104007
东站街道	210104009
长安街道	210104012
新东街道	210104014
东塔街道	210104015
津桥街道	210104016
前进街道	210104017
上园街道	210104018
小东街道	210104019
北海街道	210104020
皇姑区（12 街道）	**210105000**
寿泉街道	210105014
舍利塔街道	210105020
黄河街道	210105021
三台子街道	210105022
新乐街道	210105023
辽河街道	210105024
明廉街道	210105025
塔湾街道	210105026
三洞桥街道	210105027
华山街道	210105028
北塔街道	210105029
陵东街道	210105030
铁西区（20 街道）	**210106000**
昆明湖街道	210106001
工人村街道	210106003
七路街道	210106005
启工街道	210106007
艳粉街道	210106008
保工街道	210106010
兴顺街道	210106011
笃工街道	210106013
兴华街道	210106015
贵和街道	210106017
兴工街道	210106018
霁虹街道	210106019
凌空街道	210106020
重工街道	210106023
西三环街道	210106024
翟家街道	210106025
大青中朝友谊街道	210106026
大潘街道	210106027
高花街道	210106028
彰驿站街道	210106029
苏家屯区（17 街道）	**210111000**
解放街道	210111001
民主街道	210111003
临湖街道	210111004
中兴街道	210111005
湖西街道	210111006
八一街道	210111007
红菱街道	210111008
林盛街道	210111009
沙河街道	210111010
十里河街道	210111011
陈相街道	210111012
姚千街道	210111013
王纲街道	210111014
永乐街道	210111015
大沟街道	210111016
白清街道	210111017
佟沟街道	210111018
浑南区（14 街道）	**210112000**
桃仙街道	210112005
深井子街道	210112006
祝家街道	210112007
白塔街道	210112008
英达街道 *	210112009
李相街道	210112010
五三街道	210112014
浑河站东街道	210112015
东湖街道	210112016
高坎街道 *	210112017
满堂街道 *	210112018
王滨街道	210112019
营城子街道	210112020
汪家街道	210112021
沈北新区（14 街道）	**210113000**
新城子街道	210113001
清水台街道	210113002
道义街道	210113003
辉山街道	210113004
虎石台街道	210113005
财落街道	210113006
望滨街道 *	210113007
兴隆台街道	210113008
清泉街道	210113009
沈北街道	210113010
黄家街道	210113011
石佛寺街道	210113012
尹家街道	210113013
马刚街道	210113014
于洪区（12 街道）	**210114000**
迎宾路街道	210114001
陵西街道	210114003
城东湖街道	210114004
平罗街道	210114005
马三家街道	210114006
沙岭街道	210114007
造化街道	210114008
于洪街道	210114009
北陵街道	210114011
大兴街道	210114012
南阳湖街道	210114013
光辉街道	210114014
辽中区（4 街道，16 镇）	**210115000**
蒲西街道	210115001
蒲东街道	210115002
茨榆坨街道	210115003
城郊街道	210115004
于家房镇	210115101
朱家房镇	210115102
冷子堡镇	210115103
刘二堡镇	210115104
满都户镇	210115107
杨士岗镇	210115108
肖寨门镇	210115109
六间房镇	210115110
养士堡镇	210115111
潘家堡镇	210115112

续表 1

行政区划名称	行政区划代码	行政区划名称	行政区划代码	行政区划名称	行政区划代码
老大房镇	210115118	胡台镇	210181109	椒金山街道	210211018
大黑岗子镇	210115119	法哈牛镇	210181110	泉水街道	210211019
牛心坨镇	210115120	柳河沟镇	210181111	中华路街道	210211020
四方台镇	210115121	高台子镇	210181112	营城子街道	210211021
长滩镇	210115122	罗家房镇	210181113	革镇堡街道	210211022
新民屯镇	210115123	三道岗子镇	210181114	凌水街道 *	210211023
康平县 (3 街道，5 镇，7 乡)	**210123000**	周坨子镇	210181115	七贤岭街道 *	210211024
北三家子街道	210123001	东蛇山子镇	210181116	**旅顺口区 (13 街道)**	**210212000**
胜利街道	210123002	陶家屯镇	210181117	登峰街道	210212001
东关街道	210123003	张家屯镇	210181118	市场街道	210212002
小城子镇	210123101	金五台子镇	210181119	得胜街道	210212003
张强镇	210123102	新农村镇	210181120	光荣街道	210212004
方家屯镇	210123103	红旗乡	210181205	水师营街道	210212005
郝官屯镇	210123105	卢家屯乡	210181206	铁山街道	210212006
二牛所口镇	210123106	姚堡乡	210181207	双岛湾街道	210212007
北四家子乡	210123203	于家窝堡乡	210181209	三涧堡街道	210212008
两家子乡	210123204	**大连市 (114 街道，35 镇，14 乡)**	**210200000**	长城街道	210212009
海洲窝堡乡	210123206			龙头街道	210212010
沙金台蒙古族满族乡	210123208	**中山区 (9 街道)**	**210202000**	北海街道	210212011
柳树屯蒙古族满族乡	210123209	昆明街道	210202009	江西街道	210212013
西关屯蒙古族满族乡	210123210	葵英街道	210202010	龙王塘街道 *	210212014
东升满族蒙古族乡	210123211	桃源街道	210202011	**金州区 (27 街道)**	**210213000**
法库县 (2 街道，12 镇，5 乡)	**210124000**	老虎滩街道	210202012	拥政街道	210213001
吉祥街道	210124001	海军广场街道	210202014	友谊街道	210213002
龙山街道	210124002	桂林街道	210202015	光明街道	210213003
大孤家子镇	210124101	人民路街道	210202016	中长街道	210213007
三面船镇	210124102	青泥洼桥街道	210202017	站前街道	210213008
秀水河子镇	210124103	东港街道	210202018	先进街道	210213009
叶茂台镇	210124104	**西岗区 (7 街道)**	**210203000**	华家街道	210213010
登仕堡子镇	210124105	香炉礁街道	210203001	登沙河街道	210213014
柏家沟镇	210124106	日新街道	210203004	杏树街道	210213015
丁家房镇	210124107	北京街道	210203005	大魏家街道	210213017
孟家镇	210124108	八一路街道	210203010	向应街道	210213018
十间房镇	210124109	白云街道	210203013	七顶山街道	210213019
冯贝堡镇	210124120	人民广场街道	210203014	马桥子街道	210213020
依牛堡子镇	210124121	站北街道	210203015	海青岛街道	210213021
包家屯镇	210124123	**沙河口区 (9 街道)**	**210204000**	大孤山街道	210213022
慈恩寺乡	210124201	中山公园街道	210204002	湾里街道	210213023
和平乡	210124203	白山路街道	210204004	董家沟街道	210213024
四家子蒙古族乡	210124208	兴工街道	210204005	金石滩街道	210213025
双台子乡	210124209	春柳街道	210204006	大窑湾街道 *	210213026
卧牛石乡	210124210	马栏街道	210204008	得胜街道	210213027
新民市 (5 街道，20 镇，4 乡)	**210181000**	南沙河口街道	210204009	大李家街道	210213028
东城街道	210181001	黑石礁街道	210204010	二十里堡街道 *	210213029
辽滨街道	210181002	李家街道	210204011	亮甲店街道 *	210213030
西城街道	210181003	星海湾街道	210204017	炮台街道	210213031
新柳街道	210181004	**甘井子区 (16 街道)**	**210211000**	复州湾街道	210213032
新城街道	210181005	周水子街道	210211001	三十里堡街道	210213033
大红旗镇	210181101	甘井子街道	210211004	石河街道	210213034
梁山镇	210181102	南关岭街道	210211006	**普兰店区 (17 街道，2 镇)**	**210214000**
公主屯镇	210181103	泡崖街道	210211007	丰荣街道	210214001
兴隆镇	210181104	兴华街道	210211009	铁西街道	210214002
前当堡镇	210181105	机场街道	210211010	太平街道	210214003
大民屯镇	210181106	辛寨子街道	210211014	南山街道	210214004
大柳屯镇	210181107	红旗街道	210211015	大刘家街道	210214007
兴隆堡镇	210181108	大连湾街道	210211017	杨树房街道	210214008

续表 2

行政区划名称	行政区划代码
皮口街道	212214009
城子坦街道	210214010
唐家房街道	210214011
大谭街道	210214012
莲山街道	210214013
安波街道	210214014
沙包街道	210214015
星台街道	210214016
乐甲街道	210214017
墨盘街道	210214018
同益街道	210214019
双塔镇	210214100
四平镇	210214102
长海县（5 镇）	**210224000**
大长山岛镇	210224100
獐子岛镇	210224101
广鹿岛镇	210224102
小长山岛镇	210224103
海洋岛镇	210224104
瓦房店市（11 街道，13 镇，8 乡）	**210281000**
新华街道	210281001
文兰街道	210281002
岭东街道	210281003
共济街道	210281004
铁东街道	210281005
祝华街道	210281006
岗店街道	210281007
九龙街道	210281008
太阳街道	210281009
长兴岛街道 *	210281010
交流岛街道 *	210281011
复州城镇	210281101
松树镇	210281103
得利寺镇	210281105
万家岭镇	210281106
许屯镇	210281107
永宁镇	210281108
谢屯镇	210281109
老虎屯镇	210281112
红沿河镇	210281113
李官镇	210281115
仙浴湾镇	210281116
瓦窝镇	210281117
元台镇	210281118
赵屯乡	210281201
土城乡	210281203
阎店乡	210281204
西杨乡	210281205
驼山乡	210281206
三台满族乡	210281208
泡崖乡	210281210
杨家满族乡	210281212
庄河市（5 街道，15 镇，6 乡）	**210283000**
城关街道	210283001
新华街道	210283002
兴达街道	210283003
昌盛街道	210283004
明阳街道 *	210283005
青堆镇	210283101
徐岭镇	210283102
黑岛镇	210283104
栗子房镇	210283105
大营镇	210283107
塔岭镇	210283108
仙人洞镇	210283109
蓉花山镇	210283110
长岭镇	210283111
荷花山镇	210283112
城山镇	210283113
光明山镇	210283114
大郑镇	210283115
王家镇	210283116
吴炉镇	210283118
鞍子山乡	210283204
太平岭满族乡	210283208
步云山乡	210283209
桂云花满族乡	210283211
兰店乡	210283214
石城乡	210283216
鞍山市（61 街道，52 镇，3 乡）	**210300000**
铁东区（16 街道）	**210302000**
长甸街道	210302001
解放街道	210302002
山南街道	210302003
园林街道	210302004
胜利街道	210302005
站前街道	210302006
钢城街道	210302007
和平街道	210302008
对炉街道	210302009
东长甸街道	210302010
湖南街道	210302011
常青街道	210302012
新兴街道	210302013
旧堡街道	210302014
大孤山街道	210302015
温泉街道	210302016
铁西区（14 街道）	**210303000**
启明街道	210303001
繁荣街道	210303002
八家子街道	210303003
兴盛街道	210303004
共和街道	210303005
永乐街道	210303006
北陶官街道	210303007
南华街道	210303008
大陆街道	210303009
新陶官街道	210303010
新城街道	210303011
永发街道	210303012
达道湾街道	210303013
宁远街道	210303014
立山区（13 街道）	**210304000**
友好街道	210304001
双山街道	210304004
立山街道	210304006
曙光街道	210304008
灵山街道	210304009
深南街道	210304013
深北街道	210304014
沙河街道	210304015
滨河街道	210304016
汪峪街道	210304017
齐大山街道	210304019
千山街道	210304020
红岭街道	210304021
千山区（3 街道，3 镇）	**210311000**
汤岗子街道	210311001
东鞍山街道	210311002
对桩石街道	210311003
唐家房镇	210311102
甘泉镇	210311111
大屯镇	210311112
台安县（4 街道，10 镇）	**210321000**
八角台街道	210321001
台东街道	210321002
台南街道	210321003
台北街道	210321004
西佛镇	210321101
新开河镇	210321102
黄沙坨镇	210321103
高力房镇	210321104
桑林镇	210321105
富家镇	210321106
达牛镇	210321107
韭菜台镇	210321109
新台镇	210321110
桓洞镇	210321111
岫岩满族自治县（5 街道，18 镇，3 乡）	**210323000**
阜昌街道	210323001
大宁街道	210323002
雅河街道	210323003
兴隆街道	210323004
仙人咀街道	210323005
三家子镇	210323101
石庙子镇	210323102
黄花甸镇	210323103
大营子镇	210323104
苏子沟镇	210323105
偏岭镇	210323106
哈达碑镇	210323107
新甸镇	210323108
洋河镇	210323109
杨家堡镇	210323111
清凉山镇	210323112

续表 3

行政区划名称	行政区划代码
石灰窑镇	210323113
前营镇	210323114
龙潭镇	210323115
牧牛镇	210323116
药山镇	210323117
大房身镇	210323118
朝阳镇	210323119
红旗营子乡	210323206
岭沟乡	210323211
哨子河乡	210323212
海城市 (6 街道，21 镇)	**210381000**
海州街道	210381001
兴海街道	210381002
响堂街道	210381003
东四街道	210381004
验军街道	210381005
温泉街道	210381006
孤山镇	210381101
岔沟镇	210381102
接文镇	210381103
析木镇	210381104
马风镇	210381105
牌楼镇	210381107
八里镇	210381108
毛祁镇	210381109
英落镇	210381110
感王镇	210381111
西柳镇	210381112
中小镇	210381113
王石镇	210381114
南台镇	210381115
腾鳌镇	210381118
耿庄镇	210381121
牛庄镇	210381123
西四镇	210381124
望台镇	210381125
温香镇	210381126
高坨镇	210381127
抚顺市 (36 街道，27 镇，20 乡)	**210400000**
新抚区 (10 街道，1 乡)	**210402000**
站前街道	210402001
东公园街道	210402003
福民街道	210402005
新抚街道	210402007
榆林街道	210402009
永安台街道	210402011
千金街道	210402015
南阳街道	210402017
南花园街道	210402018
刘山街道	210402019
千金乡	210402200
东洲区 (9 街道，2 镇，2 乡)	**210403000**
东洲街道	210403002
张甸街道	210403003
搭连街道	210403004
龙凤街道	210403005
新屯街道	210403006
万新街道	210403007
老虎台街道	210403008
平山街道	210403009
章党街道	210403012
章党镇	210403100
哈达镇	210403101
碾盘乡	210403202
兰山乡	210403203
望花区 (11 街道，1 镇，1 乡)	**210404000**
田屯街道	210404001
工农街道	210404002
建设街道	210404003
和平街道	210404004
光明街道	210404005
朴屯街道	210404006
演武街道	210404007
五老屯街道	210404008
古城子街道	210404009
新民街道	210404010
李石街道	210404011
塔峪镇	210404101
拉古满族乡	210404200
顺城区 (6 街道，1 镇，2 乡)	**210411000**
河东街道	210411001
长春街道	210411002
葛布街道	210411003
将军堡街道	210411004
新华街道	210411005
抚顺城街道	210411007
前甸镇	210411102
河北乡	210411201
会元乡	210411205
抚顺县 (4 镇，4 乡)	**210421000**
石文镇	210421101
后安镇	210421102
救兵镇	210421103
上马镇	210421104
马圈子乡	210421204
峡河乡	210421209
海浪乡	210421211
汤图满族乡	210421216
新宾满族自治县 (9 镇，6 乡)	**210422000**
新宾镇	210422100
旺清门镇	210422101
永陵镇	210422102
平顶山镇	210422103
大四平镇	210422104
苇子峪镇	210422105
木奇镇	210422106
上夹河镇	210422108
南杂木镇	210422109
红升乡	210422202
响水河子乡	210422203
红庙子乡	210422204
北四平乡	210422205
榆树乡	210422207
下夹河乡	210422208
清原满族自治县 (10 镇，4 乡)	**210423000**
清原镇	210423100
红透山镇	210423101
北三家镇	210423102
草市镇	210423103
英额门镇	210423104
南口前镇	210423105
南山城镇	210423106
湾甸子镇	210423107
大孤家镇	210423108
夏家堡镇	210423109
土口子乡	210423203
敖家堡乡	210423206
大苏河乡	210423207
枸乃甸乡	210423208
本溪市 (35 街道，18 镇，5 乡)	**210500000**
平山区 (9 街道)	**210502000**
南地街道	210502001
工人街道	210502002
平山街道	210502003
东明街道	210502004
崔东街道	210502005
站前街道	210502007
千金街道	210502008
北台街道	210502010
桥头街道	210502011
溪湖区 (10 街道)	**210503000**
河东街道	210503001
河西街道	210503003
彩屯街道	210503005
竖井街道	210503006
彩北街道	210503007
东风街道	210503009
石桥子街道	210503010
张其寨街道	210503011
日月岛街道	210503012
火连寨街道	210503013
明山区 (9 街道)	**210504000**
金山街道	210504001
北地街道	210504002
高峪街道	210504004
明山街道	210504005
东兴街道	210504007
新明街道	210504008
牛心台街道	210504009
卧龙街道	210504010
高台子街道	210504011
南芬区 (5 街道)	**210505000**
南芬街道	210505001
铁山街道	210505002
郭家街道	210505003
思山岭街道	210505004
下马塘街道	210505005

续表 4

行政区划名称	行政区划代码
本溪满族自治县（1 街道，10 镇，1 乡）	**210521000**
观音阁街道	210521003
小市镇	210521100
草河掌镇	210521101
草河城镇	210521102
草河口镇	210521103
连山关镇	210521104
清河城镇	210521106
田师傅镇	210521109
南甸子镇	210521110
碱厂镇	210521111
高官镇	210521112
东营坊乡	210521202
桓仁满族自治县（1 街道，8 镇，4 乡）	**210522000**
八卦城街道	210522001
桓仁镇	210522100
普乐堡镇	210522101
二棚甸子镇	210522102
沙尖子镇	210522103
五里甸子镇	210522104
八里甸子镇	210522108
华来镇	210522110
古城镇	210522111
雅河朝鲜族乡	210522201
向阳乡	210522202
黑沟乡	210522206
北甸子乡	210522208
丹东市（26 街道，59 镇，5 乡）	**210600000**
元宝区（6 街道，1 镇）	**210602000**
六道口街道	210602001
七道街道	210602002
八道街道	210602003
九道街道	210602004
广济街道	210602005
兴东街道	210602006
金山镇	210602101
振兴区（10 街道，2 镇）	**210603000**
头道街道	210603001
站前街道	210603002
临江街道	210603003
六道沟街道	210603004
帽盔山街道	210603005
纤维街道	210603006
永昌街道	210603007
花园街道	210603008
江海街道	210603009
西城街道	210603010
浪头镇	210603101
安民镇	210603102
振安区（4 街道，5 镇）	**210604000**
鸭绿江街道	210604001
金矿街道	210604003
珍珠街道	210604004
太平湾街道	210604005
同兴镇	210604102
五龙背镇	210604104
楼房镇	210604105
九连城镇	210604106
汤山城镇	210604107
宽甸满族自治县（19 镇，3 乡）	**210624000**
宽甸镇	210624100
灌水镇	210624101
硼海镇	210624102
红石镇	210624103
毛甸子镇	210624104
长甸镇	210624105
永甸镇	210624106
太平哨镇	210624108
青山沟镇	210624109
牛毛坞镇	210624110
大川头镇	210624111
青椅山镇	210624112
杨木川镇	210624113
虎山镇	210624114
振江镇	210624115
步达远镇	210624116
大西岔镇	210624117
八河川镇	210624118
双山子镇	210624119
石湖沟乡	210624201
下露河朝鲜族乡	210624202
古楼子乡	210624206
东港市（3 街道，15 镇，1 乡）	**210681000**
大东街道	210681001
新兴街道	210681002
新城街道	210681003
孤山镇	210681101
前阳镇	210681104
长安镇	210681105
十字街镇	210681106
长山镇	210681107
北井子镇	210681108
椅圈镇	210681109
黄土坎镇	210681110
马家店镇	210681113
龙王庙镇	210681114
小甸子镇	210681115
菩萨庙镇	210681117
黑沟镇	210681118
新农镇	210681119
汤池镇	210681120
合隆满族乡	210681204
凤城市（3 街道，17 镇，1 乡）	**210682000**
凤凰城街道	210682001
凤山街道	210682002
草河街道	210682003
宝山镇	210682101
白旗镇	210682102
沙里寨镇	210682103
红旗镇	210682104
蓝旗镇	210682105
边门镇	210682107
东汤镇	210682110
石城镇	210682111
大兴镇	210682112
爱阳镇	210682113
赛马镇	210682114
弟兄山镇	210682115
鸡冠山镇	210682116
刘家河镇	210682117
通远堡镇	210682118
四门子镇	210682119
青城子镇	210682120
大堡蒙古族乡	210682201
锦州市（49 街道，55 镇，12 乡）	**210700000**
古塔区（10 街道）	**210702000**
天安街道	210702001
石油街道	210702002
北街街道	210702003
敬业街道	210702004
保安街道	210702005
南街街道	210702006
饶阳街道	210702007
站前街道	210702008
士英街道	210702009
钟屯街道	210702010
凌河区（11 街道）	**210703000**
正大街道	210703001
石桥子街道	210703002
龙江街道	210703003
榴花街道	210703004
铁新街道	210703005
凌安街道	210703006
菊园街道	210703007
康宁街道	210703008
锦铁街道	210703009
马家街道	210703010
紫荆街道	210703011
太和区（15 街道）	**210711000**
太和街道	210711001
兴隆街道	210711002
汤河子街道	210711003
凌西街道	210711004
大薛街道	210711008
王家街道 *	210711009
天桥街道 *	210711010
新民街道	210711011
营盘街道	210711012
女儿河街道	210711013
杏山街道 *	210711014
凌南街道 *	210711015
松山街道 *	210711016
娘娘宫街道 *	210711017
龙栖湾街道 *	210711018

续表 5

行政区划名称	行政区划代码
黑山县(2街道,16镇,4乡)	**210726000**
黑山街道	210726001
大虎山街道	210726002
芳山镇	210726101
白厂门镇	210726102
常兴镇	210726103
姜屯镇	210726104
励家镇	210726105
绕阳河镇	210726106
半拉门镇	210726107
无梁殿镇	210726108
胡家镇	210726109
新立屯镇	210726110
八道壕镇	210726111
四家子镇	210726113
新兴镇	210726114
小东镇	210726115
太和镇	210726116
镇安镇	210726117
英城子乡	210726201
段家乡	210726209
大兴乡	210726210
薛屯乡	210726212
义县(2街道,13镇,3乡)	**210727000**
义州街道	210727001
城关街道	210727002
刘龙台镇	210727101
七里河镇	210727102
大榆树堡镇	210727103
稍户营子镇	210727104
九道岭镇	210727105
高台子镇	210727106
瓦子峪镇	210727108
头台镇	210727109
张家堡镇	210727110
前杨镇	210727111
头道河镇	210727112
留龙沟镇	210727113
聚粮屯镇	210727114
地藏寺满族乡	210727203
大定堡满族乡	210727205
白庙子乡	210727207
凌海市(4街道,15镇,2乡)	**210781000**
大凌河街道	210781001
金城街道	210781002
八千街道	210781003
大有街道	210781004
石山镇	210781101
余积镇	210781102
双羊镇	210781103
班吉塔镇	210781104
沈家台镇	210781105
三台子镇	210781106
右卫镇	210781107
阎家镇	210781108
新庄子镇	210781109
翠岩镇	210781112
安屯镇	210781113
大业镇	210781114
白台子镇	210781116
温滴楼镇	210781117
建业镇	210781118
板石沟乡	210781212
谢屯乡	210781217
北镇市(5街道,11镇,3乡)	**210782000**
北镇街道	210782004
广宁街道	210782006
富屯街道	210782007
沟帮子街道	210782008
沙河子街道	210782009
大市镇	210782101
罗罗堡镇	210782102
常兴店镇	210782103
正安镇	210782104
闾阳镇	210782105
中安镇	210782106
廖屯镇	210782107
赵屯镇	210782109
青堆子镇	210782110
高山子镇	210782111
吴家镇	210782113
鲍家乡	210782203
大屯乡	210782206
柳家乡	210782209
营口市(34街道,35镇,3乡)	**210800000**
站前区(7街道)	**210802000**
八田地街道	210802001
建丰街道	210802002
建设街道	210802003
跃进街道	210802004
东风街道	210802005
新兴街道	210802006
新建街道	210802007
西市区(8街道)	**210803000**
胜利街道	210803001
清华街道	210803002
得胜街道	210803004
五台子街道	210803005
渔市街道	210803006
河北街道	210803007
滨海街道	210803008
沿海街道	210803009
鲅鱼圈区(4街道,3镇)	**210804000**
红海街道	210804001
海星街道	210804002
望海街道	210804003
海东街道	210804004
熊岳镇	210804100
芦屯镇	210804102
红旗镇	210804103
老边区(2街道,3镇)	**210811000**
老边街道	210811001
城东街道	210811002
路南镇	210811101
柳树镇	210811102
边城镇	210811103
盖州市(8街道,16镇,3乡)	**210881000**
鼓楼街道	210881001
西城街道	210881002
东城街道	210881003
太阳升街道	210881004
团山街道	210881005
西海街道	210881006
九垄地街道	210881007
归州街道	210881008
高屯镇	210881102
沙岗镇	210881105
九寨镇	210881109
万福镇	210881110
卧龙泉镇	210881111
青石岭镇	210881112
暖泉镇	210881113
榜式堡镇	210881116
团甸镇	210881117
双台镇	210881118
杨运镇	210881119
徐屯镇	210881120
什字街镇	210881121
矿洞沟镇	210881122
陈屯镇	210881123
梁屯镇	210881124
小石棚乡	210881216
果园乡	210881217
二台乡	210881218
大石桥市(5街道,13镇)	**210882000**
石桥街道	210882001
青花街道	210882002
金桥街道	210882003
钢都街道	210882004
南楼街道	210882005
水源镇	210882101
沟沿镇	210882102
石佛镇	210882103
高坎镇	210882104
旗口镇	210882105
虎庄镇	210882106
官屯镇	210882107
博洛铺镇	210882112
永安镇	210882113
汤池镇	210882114
建一镇	210882115
黄土岭镇	210882116
周家镇	210882117
阜新市(30街道,60镇,5乡)	**210900000**
海州区(10街道,1镇)	**210902000**
新兴街道	210902002
和平街道	210902003

续表 6

行政区划名称	行政区划代码
西山街道	210902004
河北街道	210902005
站前街道	210902006
西阜新街道	210902007
五龙街道	210902008
平安西部街道	210902009
工人村街道	210902010
东梁街道	210902011
韩家店镇	210902101
新邱区（4 街道，1 镇）	**210903000**
兴隆街道	210903001
中兴街道	210903002
益民街道	210903003
新发街道	210903004
长营子镇	210903101
太平区（5 街道，1 镇）	**210904000**
红树街道	210904001
煤海街道	210904002
高德街道	210904003
孙家湾街道	210904004
城南街道	210904005
水泉镇	210904101
清河门区（4 街道，2 镇）	**210905000**
清河街道	210905001
六台街道	210905002
艾友街道	210905003
新北街道	210905004
河西镇	210905101
乌龙坝镇	210905102
细河区（6 街道，1 镇）	**210911000**
西苑街道	210911001
北苑街道	210911002
东苑街道	210911003
学苑街道	210911004
中苑街道	210911005
华东街道	210911006
四合镇	210911102
阜新蒙古族自治县（1 街道，32 镇，3 乡）	**210921000**
城区街道	210921001
阜新镇	210921100
东梁镇	210921102
佛寺镇	210921103
伊吗图镇	210921104
旧庙镇	210921105
务欢池镇	210921106
建设镇	210921107
大巴镇	210921108
泡子镇	210921109
十家子镇	210921110
王府镇	210921111
于寺镇	210921112
富荣镇	210921113
新民镇	210921114
福兴地镇	210921115
平安地镇	210921116
沙拉镇	210921117
大固本镇	210921118
大五家子镇	210921119
大板镇	210921120
招束沟镇	210921121
八家子镇	210921122
扎兰营子镇	210921123
塔营子镇	210921124
红帽子镇	210921125
蜘蛛山镇	210921126
七家子镇	210921127
紫都台镇	210921128
化石戈镇	210921129
哈达户稍镇	210921130
老河土镇	210921131
太平镇	210921132
卧凤沟乡	210921203
苍土乡	210921211
国华乡	210921222
彰武县（22 镇，2 乡）	**210922000**
彰武镇	210922100
哈尔套镇	210922101
章古台镇	210922102
五峰镇	210922103
冯家镇	210922104
后新秋镇	210922105
东六家子镇	210922106
阿尔乡镇	210922107
前福兴地镇	210922108
双庙镇	210922109
大四家子镇	210922110
苇子沟镇	210922111
兴隆山镇	210922112
满堂红镇	210922113
四合城镇	210922114
大冷镇	210922115
平安镇	210922116
两家子镇	210922117
兴隆堡镇	210922118
四堡子镇	210922119
西六家子镇	210922120
大德镇	210922121
二道河子蒙古族乡	210922202
丰田乡	210922209
辽阳市（26 街道，30 镇，6 乡）	**211000000**
白塔区（11 街道）	**211002000**
星火街道	211002001
胜利街道	211002002
跃进街道	211002003
卫国路街道	211002005
站前街道	211002006
东兴街道	211002010
新华街道	211002011
武圣街道	211002012
文圣街道	211002013
南门街道	211002014
襄平街道	211002015
文圣区（3 街道，2 镇）	**211003000**
庆阳街道	211003004
东京陵街道	211003008
新城街道	211003009
罗大台镇	211003100
小屯镇	211003101
宏伟区（4 街道，2 镇）	**211004000**
工农街道	211004001
光华街道	211004002
新村街道	211004003
长征街道	211004004
曙光镇	211004101
兰家镇	211004102
弓长岭区（3 街道，1 镇，1 乡）	**211005000**
苏家街道	211005001
团山街道	211005002
安平街道	211005003
汤河镇	211005101
安平乡	211005201
太子河区（2 街道，3 镇，1 乡）	**211011000**
望水台街道	211011002
铁西街道	211011003
祁家镇	211011101
王家镇	211011102
沙岭镇	211011103
东宁卫乡	211011204
辽阳县（12 镇，3 乡）	**211021000**
首山镇	211021100
刘二堡镇	211021101
小北河镇	211021103
黄泥洼镇	211021104
唐马寨镇	211021106
穆家镇	211021107
柳壕镇	211021108
河栏镇	211021110
隆昌镇	211021111
八会镇	211021112
寒岭镇	211021113
兴隆镇	211021115
下达河乡	211021201
吉洞峪满族乡	211021202
甜水满族乡	211021206
灯塔市（3 街道，10 镇，1 乡）	**211081000**
烟台街道	211081001
万宝桥街道	211081002
古城街道	211081003
佟二堡镇	211081101
铧子镇	211081102
张台子镇	211081103
西大窑镇	211081104
沈旦堡镇	211081105
西马峰镇	211081106

续表 7

行政区划名称	行政区划代码	行政区划名称	行政区划代码	行政区划名称	行政区划代码
柳条寨镇	211081107	得胜街道	211122003	明德满族乡	211223206
柳河子镇	211081108	沙岭镇	211122101	成平满族乡	211223209
大河南镇	211081111	胡家镇	211122103	和隆满族乡	211223211
五星镇	211081114	古城子镇	211122107	营厂满族乡	211223212
鸡冠山乡	211081205	坝墙子镇	211122108	金星满族乡	211223213
盘锦市（35 街道，21 镇）	**211100000**	陈家镇	211122110	**昌图县（33 镇）**	**211224000**
双台子区（6 街道，2 镇）	**211102000**	甜水镇	211122111	昌图镇	211224100
胜利街道	211102002	吴家镇	211122112	老城镇	211224101
建设街道	211102003	石新镇 *	211122114	八面城镇	211224102
红旗街道	211102004	羊圈子镇 *	211122115	三江口镇	211224103
辽河街道	211102005	**铁岭市（14 街道，78 镇，11 乡）**	**211200000**	金家镇	211224104
铁东街道	211102008			宝力镇	211224105
双盛街道	211102009	**银州区（7 街道，1 乡）**	**211202000**	泉头镇	211224106
陆家镇	211102100	红旗街道	211202001	双庙子镇	211224107
统一镇	211102101	工人街道	211202002	亮中桥镇	211224108
兴隆台区（18 街道）	**211103000**	铁西街道	211202003	马仲河镇	211224109
振兴街道	211103001	铜钟街道	211202004	毛家店镇	211224110
兴隆街道	211103002	柴河街道	211202005	老四平镇	211224111
渤海街道	211103003	岭东街道	211202006	大洼镇	211224112
新工街道	211103004	辽海街道	211202007	头道镇	211224113
友谊街道	211103006	龙山乡	211202201	鴜鹭树镇	211224114
曙光街道	211103007	**清河区（2 街道，2 镇，1 乡）**	**211204000**	傅家镇	211224115
欢喜街道	211103008	红旗街道	211204001	四合镇	211224117
平安街道	211103009	向阳街道	211204002	朝阳镇	211224118
新生街道	211103010	张相镇	211204101	古榆树镇	211224119
高升街道	211103012	杨木林子镇	211204102	七家子镇	211224120
沈采街道	211103013	聂家满族乡	211204203	东嘎镇	211224121
锦采街道	211103014	**铁岭县（12 镇，2 乡）**	**211221000**	四面城镇	211224122
茨采街道	211103015	新台子镇	211221101	前双井镇	211224123
创新街道	211103016	阿吉镇	211221102	通江口镇	211224124
兴盛街道	211103017	平顶堡镇	211221103	大四家子镇	211224125
兴海街道	211103018	大甸子镇	211221104	曲家店镇	211224126
东郭街道 *	211103019	凡河镇	211221105	平安堡镇	211224130
惠实街道	211103020	腰堡镇	211221106	下二台镇	211224131
大洼区（8 街道，10 镇）	**211104000**	镇西堡镇	211221107	太平镇	211224132
大洼街道	211104001	蔡牛镇	211221108	十八家子镇	211224133
榆树街道	211104002	李千户镇	211221109	后窑镇	211224134
田家街道	211104003	熊官屯镇	211221111	大兴镇	211224135
王家街道	211104004	横道河子镇	211221112	长发镇	211224136
于楼街道	211104006	双井子镇	211221113	**调兵山市（2 街道，3 镇）**	**211281000**
荣兴街道	211104007	鸡冠山乡	211221208	兀术街道	211281001
荣滨街道	211104008	白旗寨满族乡	211221209	调兵山街道	211281002
二界沟街道	211104009	**西丰县（12 镇，6 乡）**	**211223000**	晓明镇	211281102
东风镇	211104103	西丰镇	211223100	大明镇	211281103
新开镇	211104104	平岗镇	211223101	晓南镇	211281105
清水镇	211104106	郜家店镇	211223102	**开原市（3 街道，16 镇，1 乡）**	**211282000**
新兴镇	211104107	凉泉镇	211223103	新城街道	211282001
西安镇	211104108	振兴镇	211223104	老城街道	211282002
新立镇	211104109	安民镇	211223105	兴开街道	211282003
唐家镇	211104112	天德镇	211223106	威远堡镇	211282102
平安镇	211104113	房木镇	211223107	庆云堡镇	211282103
赵圈河镇	211104114	柏榆镇	211223109	中固镇	211282104
田庄台镇 *	211104115	更刻镇	211223110	八棵树镇	211282105
盘山县（3 街道，9 镇）	**211122000**	钓鱼镇	211223111	金沟子镇	211282106
太平街道	211122001	陶然镇	211223112	八宝镇	211282107
高升街道	211122002	德兴满族乡	211223204	业民镇	211282108

续表 8

行政区划名称	行政区划代码
莲花镇	211282109
靠山镇	211282110
下肥镇	211282111
松山镇	211282112
李家台镇	211282113
马家寨镇	211282114
城东镇	211282115
上肥镇	211282116
黄旗寨镇	211282117
林丰满族乡	211282217
朝阳市（43 街道，81 镇，47 乡）	**211300000**
双塔区（11 街道，3 镇，1 乡）	**211302000**
南塔街道	211302001
北塔街道	211302002
前进街道	211302003
凌河街道	211302004
光明街道	211302005
凌凤街道	211302006
龙山街道	211302007
站南街道	211302008
红旗街道	211302009
燕北街道	211302010
燕都街道	211302011
桃花吐镇	211302111
他拉皋镇	211302113
孙家湾镇	211302114
长宝营子乡	211302212
龙城区（6 街道，6 镇）	**211303000**
向阳街道	211303001
燕山街道	211303002
马山街道	211303003
新华街道	211303004
海龙街道	211303006
龙泉街道	211303007
七道泉子镇	211303101
西大营子镇	211303102
召都巴镇	211303103
大平房镇	211303104
联合镇	211303105
边杖子镇	211303106
朝阳县（1 街道，14 镇，12 乡）	**211321000**
柳城街道	211321001
波罗赤镇	211321102
木头城子镇	211321103
二十家子镇	211321104
羊山镇	211321105
六家子镇	211321106
瓦房子镇	211321107
大庙镇	211321108
古山子镇	211321110
南双庙镇	211321111
台子镇	211321112
清风岭镇	211321113
胜利镇	211321114
七道岭镇	211321115
杨树湾镇	211321116
西五家子乡	211321211
北沟门子乡	211321212
东大道乡	211321214
乌兰河硕蒙古族乡	211321215
东大屯乡	211321220
松岭门蒙古族乡	211321221
根德营子乡	211321222
西营子乡	211321224
北四家子乡	211321228
王营子乡	211321230
黑牛营子乡	211321231
尚志乡	211321232
建平县（7 街道，17 镇，7 乡）	**211322000**
叶柏寿街道	211322001
红山街道	211322002
铁南街道	211322003
万寿街道	211322004
富山街道	211322005
东城街道	211322006
新城街道	211322007
朱碌科镇	211322101
建平镇	211322102
黑水镇	211322103
喀喇沁镇	211322104
北二十家子镇	211322105
沙海镇	211322106
哈拉道口镇	211322108
榆树林子镇	211322109
老官地镇	211322110
深井镇	211322111
奎德素镇	211322112
小塘镇	211322113
马场镇	211322114
昌隆镇	211322115
张家营子镇	211322117
青峰山镇	211322118
太平庄镇	211322119
青松岭乡	211322205
杨树岭乡	211322206
罗福沟乡	211322209
烧锅营子乡	211322211
白山乡	211322214
三家蒙古族乡	211322218
义成功乡	211322220
喀喇沁左翼蒙古族自治县（3 街道，14 镇，5 乡）	**211324000**
大城子街道	211324001
南哨街道	211324002
利州街道	211324003
南公营子镇	211324101
山嘴子镇	211324102
公营子镇	211324104
白塔子镇	211324105
中三家镇	211324106
老爷庙镇	211324107
六官营子镇	211324108
平房子镇	211324109
十二德堡镇	211324110
羊角沟镇	211324111
甘招镇	211324112
兴隆庄镇	211324113
东哨镇	211324114
水泉镇	211324115
尤杖子乡	211324204
草场乡	211324207
坤都营子乡	211324210
大营子乡	211324211
卧虎沟乡	211324214
北票市（7 街道，12 镇，15 乡）	**211381000**
城关街道	211381001
南山街道	211381002
冠山街道	211381003
桥北街道	211381004
三宝街道	211381005
台吉街道	211381006
双河街道	211381007
西官营镇	211381101
大板镇	211381102
上园镇	211381103
宝国老镇	211381104
黑城子镇	211381105
五间房镇	211381107
台吉镇	211381108
东官营镇	211381109
龙潭镇	211381110
北塔镇	211381111
蒙古营镇	211381112
大三家镇	211381113
长皋乡	211381201
常河营乡	211381202
小塔子乡	211381203
马友营蒙古族乡	211381204
泉巨永乡	211381206
哈尔脑乡	211381212
南八家子乡	211381213
章吉营乡	211381214
三宝营乡	211381215
巴图营乡	211381216
台吉营乡	211381218
娄家店乡	211381220
北四家乡	211381221
凉水河蒙古族乡	211381223
三宝乡	211381228
凌源市（8 街道，15 镇，7 乡）	**211382000**
东城街道	211382001
北街街道	211382002
南街街道	211382003
红山街道	211382004
热水汤街道	211382006

续表 9

行政区划名称	行政区划代码
城关街道	211382007
凌北街道	211382008
兴源街道	211382009
万元店镇	211382101
宋杖子镇	211382102
三十家子镇	211382103
杨杖子镇	211382104
刀尔登镇	211382105
松岭子镇	211382106
四官营子镇	211382107
沟门子镇	211382108
小城子镇	211382110
四合当镇	211382111
乌兰白镇	211382113
瓦房店镇	211382114
大河北镇	211382115
牛营子镇	211382116
三道河子镇	211382117
刘杖子乡	211382205
北炉乡	211382210
三家子蒙古族乡	211382217
佛爷洞乡	211382219
大王杖子乡	211382220
前进乡	211382222
河坎子乡	211382223
葫芦岛市（40 街道，37 镇，55 乡）	**211400000**
连山区（11 街道，3 镇，6 乡）	**211402000**
连山街道	211402001
站前街道	211402002
渤海街道	211402003
兴工街道	211402004
石油街道	211402005
化工街道	211402006
化机街道	211402007
水泥街道	211402008
锦郊街道	211402010
杨家杖子街道	211402011
毛祁屯街道	211402012
钢屯镇	211402104
寺儿堡镇	211402105
新台门镇	211402106
沙河营乡	211402201
孤竹营子乡	211402202
白马石乡	211402203
山神庙子乡	211402205
塔山乡	211402206
杨郊乡	211402210
龙港区（10 街道，1 乡）	**211403000**
葫芦岛街道	211403001
东街道	211403002
西街道	211403003
望海寺街道	211403004
龙湾街道	211403005
滨海街道	211403006
双龙街道	211403007
玉皇街道	211403008
连湾街道	211403009
北港街道	211403010
双树乡	211403211
南票区（10 街道，6 镇，4 乡）	**211404000**
赵家屯街道	211404001
沙锅屯街道	211404002
邱皮沟街道	211404003
苇子沟街道	211404005
三家子街道	211404006
小凌河街道	211404007
九龙街道	211404008
龙飞街道	211404009
龙腾街道	211404010
龙祥街道	211404011
缸窑岭镇	211404101
暖池塘镇	211404102
高桥镇	211404103
台集屯镇	211404104
虹螺岘镇	211404105
金星镇	211404106
沙锅屯乡	211404201
黄土坎乡	211404203
大兴乡	211404204
张相公屯乡	211404205
绥中县（14 镇，11 乡）	**211421000**
绥中镇	211421100
西甸子镇	211421101
宽邦镇	211421102
大王庙镇	211421103
万家镇	211421104
前所镇	211421105
高岭镇	211421106
前卫镇	211421107
荒地镇	211421108
塔山屯镇	211421109
高台镇	211421113
王宝镇	211421114
沙河镇	211421115
小庄子镇	211421116
西平坡满族乡	211421201
葛家满族乡	211421202
高甸子满族乡	211421204
范家满族乡	211421206
明水满族乡	211421207
秋子沟乡	211421208
加碑岩乡	211421210
永安堡乡	211421211
李家堡乡	211421212
网户满族乡	211421214
城郊乡	211421217
建昌县（7 镇，21 乡）	**211422000**
建昌镇	211422100
八家子镇	211422101
喇嘛洞镇	211422102
药王庙镇	211422103
汤神庙镇	211422104
玲珑塔镇	211422105
大屯镇	211422106
牤牛营子乡	211422201
素珠营子乡	211422203
石佛乡	211422204
王宝营子乡	211422206
老大杖子乡	211422207
要路沟乡	211422208
魏家岭乡	211422209
西碱厂乡	211422210
头道营子乡	211422211
新开岭乡	211422212
贺杖子乡	211422213
养马甸子乡	211422214
和尚房子乡	211422215
杨树湾子乡	211422218
黑山科乡	211422219
雷家店乡	211422220
小德营子乡	211422222
二道湾子蒙古族乡	211422223
巴什罕乡	211422224
娘娘庙乡	211422225
谷杖子乡	211422226
兴城市（9 街道，7 镇，12 乡）	**211481000**
古城街道	211481001
宁远街道	211481002
城东街道	211481003
温泉街道	211481004
钓鱼台街道	211481005
华山街道	211481006
四家屯街道	211481007
菊花街道	211481008
临海街道	211481009
曹庄镇	211481101
沙后所镇	211481103
东辛庄镇	211481104
郭家镇	211481105
红崖子镇	211481106
徐大堡镇	211481107
高家岭镇	211481108
羊安满族乡	211481201
元台子满族乡	211481203
白塔满族乡	211481204
望海满族乡	211481206
刘台子满族乡	211481207
大寨满族乡	211481208
南大山满族乡	211481209
围屏满族乡	211481210
碱厂满族乡	211481212
三道沟满族乡	211481213
旧门满族乡	211481215
药王满族乡	211481216

吉林省

吉林省（吉）

行政区划名称	行政区划代码
吉林省（311 街道，426 镇，182 乡）	**220000000**
长春市（87 街道，57 镇，30 乡）	**220100000**
南关区（16 街道，3 镇，1 乡）	**220102000**
南岭街道	220102001
自强街道	220102002
民康街道	220102003
新春街道	220102004
长通街道	220102005
全安街道	220102006
曙光街道	220102007
永吉街道	220102008
桃源街道	220102009
永兴街道	220102010
净月街道	220102011
临河街道	220102012
鸿城街道	220102013
明珠街道	220102014
富裕街道	220102015
会展街道	220102016
新立城镇	220102100
新湖镇	220102101
玉谭镇	220102102
幸福乡	220102200
宽城区（12 街道，5 镇，1 乡）	**220103000**
新发街道	220103001
站前街道	220103002
南广街道	220103003
东广街道	220103004
群英街道	220103005
兴业街道	220103006
凯旋街道	220103007
团山街道	220103008
柳影街道	220103009
欣园街道	220103010
北湖街道	220103011
长德街道	220103012
兰家镇	220103101
兴隆山镇	220103102
米沙子镇	220103103
万宝镇	220103104
合隆镇	220103105
奋进乡	220103200
朝阳区（10 街道，2 镇，1 乡）	**220104000**
南站街道	220104001
桂林街道	220104002
南湖街道	220104003
永昌街道	220104004
重庆街道	220104005
清和街道	220104006
红旗街道	220104007
湖西街道	220104008
富锋街道	220104009
硅谷街道	220104010
乐山镇	220104101
永春镇	220104102
双德乡	220104200
二道区（9 街道，3 镇，1 乡）	**220105000**
东盛街道	220105001
吉林街道	220105002
荣光街道	220105003
东站街道	220105004
远达街道	220105005
八里堡街道	220105006
东方广场街道	220105007
长青街道	220105008
世纪街道	220105009
劝农山镇	220105101
泉眼镇	220105102
英俊镇	220105103
四家乡	220105201
绿园区（9 街道，3 镇）	**220106000**
正阳街道	220106001
普阳街道	220106002
锦程街道	220106003
春城街道	220106004
铁西街道	220106005
青年路街道	220106006
东风街道	220106007
林园街道	220106008
同心街道	220106009
合心镇	220106100
西新镇	220106101
城西镇	220106102
双阳区（4 街道，3 镇，1 乡）	**220112000**
云山街道	220112001
平湖街道	220112002
奢岭街道	220112003
山河街道	220112004
鹿乡镇	220112101
太平镇	220112102
齐家镇	220112104
双营子回族乡	220112203
九台区（15 街道，2 镇，2 乡）	**220113000**
九台街道	220113001
营城街道	220113002
九郊街道	220113003
西营城街道	220113004
卡伦湖街道	220113005
东湖街道	220113006
土们岭街道	220113007
波泥河街道	220113008
苇子沟街道	220113009
兴隆街道	220113010
纪家街道	220113011
龙嘉街道	220113012
兴港街道	220113013
城子街街道	220113014
沐石河街道	220113015
其塔木镇	220113102
上河湾镇	220113103
胡家回族乡	220113200
莽卡满族乡	220113201
农安县（4 街道，11 镇，10 乡）	**220122000**
兴农街道	220122001
宝塔街道	220122002
和谐街道	220122003
黄龙街道	220122004
农安镇	220122100
伏龙泉镇	220122101
哈拉海镇	220122102
靠山镇	220122103
开安镇	220122105
烧锅镇	220122106
高家店镇	220122107
华家镇	220122109
三盛玉镇	220122111
巴吉垒镇	220122112
三岗镇	220122113
前岗乡	220122201
龙王乡	220122202
万顺乡	220122204
杨树林乡	220122205
永安乡	220122207
青山口乡	220122208
黄鱼圈乡	220122209
新农乡	220122210
万金塔乡	220122211
小城子乡	220122212
榆树市（4 街道，15 镇，9 乡）	**220182000**
华昌街道	220182001
正阳街道	220182002
培英街道	220182003
城郊街道	220182004
五棵树镇	220182100
弓棚镇	220182101
闵家镇	220182102
大坡镇	220182103
黑林镇	220182104
土桥镇	220182105
新立镇	220182106
大岭镇	220182107
于家镇	220182108
泗河镇	220182109
八号镇	220182110
刘家镇	220182111
秀水镇	220182112

续表 1

行政区划名称	行政区划代码
保寿镇	220182113
新庄镇	220182115
育民乡	220182200
红星乡	220182201
太安乡	220182203
先峰乡	220182204
青山乡	220182208
延和朝鲜族乡	220182209
恩育乡	220182210
城发乡	220182211
环城乡	220182213
德惠市(4街道,10镇,4乡)	**220183000**
胜利街道	220183001
建设街道	220183002
惠发街道	220183004
夏家店街道	220183005
大青嘴镇	220183100
郭家镇	220183101
松花江镇	220183102
达家沟镇	220183103
大房身镇	220183104
岔路口镇	220183105
朱城子镇	220183106
布海镇	220183110
天台镇	220183111
菜园子镇	220183112
同太乡	220183200
边岗乡	220183202
五台乡	220183203
朝阳乡	220183204
吉林市(67街道,56镇,20乡)	**220200000**
昌邑区(14街道,3镇,2乡)	**220202000**
兴华街道	220202001
文庙街道	220202002
东局子街道	220202003
新地号街道	220202004
延安街道	220202005
站前街道	220202006
民主街道	220202007
莲花街道	220202008
通江街道	220202009
哈达街道	220202010
新建街道	220202011
延江街道	220202012
双吉街道	220202013
九站街道	220202016
孤店子镇	220202100
桦皮厂镇	220202101
左家镇	220202102
两家子满族乡	220202200
土城子满族朝鲜族乡	220202201
龙潭区(13街道,5镇,1乡)	**220203000**
榆树街道	220203001
遵义街道	220203002
铁东街道	220203003
龙潭街道	220203004
新安街道	220203005
湘潭街道	220203006
龙华街道	220203007
新吉林街道	220203008
山前街道	220203009
泡子沿街道	220203010
靠山街道	220203011
东城街道	220203012
承德街道	220203013
乌拉街满族镇	220203100
缸窑镇	220203101
江密峰镇	220203102
大口钦满族镇	220203103
金珠镇	220203104
江北乡	220203201
船营区(12街道,3镇,1乡)	**220204000**
德胜街道	220204001
南京街道	220204002
大东街道	220204003
青岛街道	220204004
向阳街道	220204005
北极街道	220204006
致和街道	220204007
长春路街道	220204008
临江街道	220204009
北山街道	220204010
黄旗街道	220204011
新北街道	220204014
大绥河镇	220204100
搜登站镇	220204101
越北镇	220204102
欢喜乡	220204200
丰满区(7街道,1镇,3乡)	**220211000**
泰山街道	220211001
江南街道	220211002
石井街道	220211003
沿丰街道	220211004
丰满街道	220211005
红旗街道	220211006
高新街道	220211007
旺起镇	220211100
江南乡	220211200
小白山乡	220211201
前二道乡	220211202
永吉县(7镇,2乡)	**220221000**
口前镇	220221101
岔路河镇	220221102
双河镇	220221103
西阳镇	220221104
北大湖镇	220221105
一拉溪镇	220221106
万昌镇	220221107
金家满族乡	220221203
黄榆乡	220221205
蛟河市(7街道,8镇,2乡)	**220281000**
民主街道	220281001
长安街道	220281002
河南街道	220281003
奶子山街道	220281005
新农街道	220281006
拉法街道	220281007
河北街道	220281009
新站镇	220281100
天岗镇	220281101
白石山镇	220281102
漂河镇	220281103
黄松甸镇	220281104
天北镇	220281106
松江镇	220281107
庆岭镇	220281108
乌林朝鲜族乡	220281200
前进乡	220281202
桦甸市(5街道,6镇,3乡)	**220282000**
明桦街道	220282001
永吉街道	220282002
胜利街道	220282003
新华街道	220282004
启新街道	220282005
夹皮沟镇	220282100
二道甸子镇	220282102
红石砬子镇	220282103
八道河子镇	220282104
常山镇	220282106
金沙镇	220282107
桦郊乡	220282200
横道河子乡	220282202
公吉乡	220282205
舒兰市(5街道,10镇,5乡)	**220283000**
北城街道	220283001
南城街道	220283002
环城街道	220283003
吉舒街道	220283004
滨河街道	220283005
白旗镇	220283100
朝阳镇	220283101
开原镇	220283102
上营镇	220283103
水曲柳镇	220283104
平安镇	220283105
法特镇	220283106
溪河镇	220283107
小城镇	220283108
金马镇	220283109
七里乡	220283200
莲花乡	220283202
亮甲山乡	220283203
天德乡	220283204
新安乡	220283206
磐石市(4街道,13镇,1乡)	**220284000**
东宁街道	220284001
河南街道	220284002
福安街道	220284003
阜康街道	220284004
烟筒山镇	220284100

续表 2

行政区划名称	行政区划代码	行政区划名称	行政区划代码	行政区划名称	行政区划代码
明城镇	220284101	四棵树乡	220322206	辽西街道	220382003
红旗岭镇	220284102	双河乡	220322207	辽南街道	220382004
牛心镇	220284103	金山乡	220322208	辽北街道	220382005
石嘴镇	220284104	**伊通满族自治县（2 街道，12 镇，3 乡）**	**220323000**	红旗街道	220382006
朝阳山镇	220284105	永盛街道	220323001	茂林镇	220382100
富太镇	220284106	永宁街道	220323002	双山镇	220382101
呼兰镇	220284107	伊通镇	220323100	卧虎镇	220382102
松山镇	220284108	二道镇	220323101	服先镇	220382103
黑石镇	220284109	伊丹镇	220323102	王奔镇	220382105
吉昌镇	220284110	马鞍山镇	220323103	玻璃山镇	220382106
取柴河镇	220284111	景台镇	220323104	兴隆镇	220382107
驿马镇	220284112	靠山镇	220323105	东明镇	220382108
宝山乡	220284200	大孤山镇	220323106	那木斯蒙古族乡	220382200
四平市（34 街道，56 镇，17 乡）	**220300000**	小孤山镇	220323107	柳条乡	220382201
铁西区（5 街道，3 镇，1 乡）	**220302000**	营城子镇	220323108	新立乡	220382202
仁兴街道	220302001	西苇镇	220323109	永加乡	220382203
英雄街道	220302002	河源镇	220323110	**辽源市（14 街道，23 镇，7 乡）**	**220400000**
站前街道	220302003	黄岭子镇	220323111	**龙山区（8 街道，1 镇，1 乡）**	**220402000**
北沟街道	220302004	新兴乡	220323200	南康街道	220402001
地直街道	220302005	莫里青乡	220323201	北寿街道	220402002
十家堡镇	220302100	三道乡	220323203	东吉街道	220402003
郭家店镇	220302101	**公主岭市（10 街道，18 镇，2 乡）**	**220381000**	西宁街道	220402004
孟家岭镇	220302102	河南街道	220381001	站前街道	220402005
平西乡	220302200	河北街道	220381002	新兴街道	220402006
铁东区（8 街道，3 镇，1 乡）	**220303000**	东三街道	220381003	福镇街道	220402007
平东街道	220303001	岭东街道	220381004	向阳街道	220402008
北市场街道	220303002	铁北街道	220381005	寿山镇	220402100
黄土坑街道	220303003	岭西街道	220381006	工农乡	220402200
七马路街道	220303004	南崴子街道	220381007	**西安区（6 街道，1 镇）**	**220403000**
四马路街道	220303005	刘房子街道	220381008	仙城街道	220403001
解放街道	220303006	苇子沟街道	220381010	太安街道	220403002
北门街道	220303007	环岭街道	220381011	东山街道	220403003
平南街道	220303008	二十家子满族镇	220381100	安家街道	220403004
山门镇	220303100	黑林子镇	220381103	先锋街道	220403005
石岭子镇	220303103	陶家屯镇	220381104	富国街道	220403006
叶赫满族镇	220303110	范家屯镇	220381105	灯塔镇	220403100
城东乡	220303200	响水镇	220381106	**东丰县（12 镇，2 乡）**	**220421000**
梨树县（3 街道，12 镇，6 乡）	**220322000**	大岭镇	220381107	东丰镇	220421100
富强街道	220322001	怀德镇	220381108	大阳镇	220421101
康平街道	220322002	双城堡镇	220381109	横道河镇	220421102
霍家店街道	220322003	双龙镇	220381110	那丹伯镇	220421103
梨树镇	220322100	杨大城子镇	220381111	猴石镇	220421104
榆树台镇	220322102	毛城子镇	220381112	杨木林镇	220421105
小城子镇	220322105	玻璃城子镇	220381113	小四平镇	220421106
喇嘛甸镇	220322106	朝阳坡镇	220381114	黄河镇	220421107
蔡家镇	220322107	大榆树镇	220381115	拉拉河镇	220421108
刘家馆子镇	220322108	秦家屯镇	220381116	沙河镇	220421109
万发镇	220322113	八屋镇	220381117	南屯基镇	220421110
东河镇	220322114	十屋镇	220381118	大兴镇	220421111
沈洋镇	220322115	桑树台镇	220381119	三合满族朝鲜族乡	220421201
林海镇	220322116	龙山满族乡	220381201	二龙山乡	220421207
小宽镇	220322117	永发乡	220381203	**东辽县（9 镇，4 乡）**	**220422000**
孤家子镇	220322118	双辽市（6 街道，8 镇，4 乡）	220382000	白泉镇	220422100
白山乡	220322202	郑家屯街道	220382001	渭津镇	220422101
泉眼岭乡	220322204	辽东街道	220382002	安石镇	220422102
胜利乡	220322205			辽河源镇	220422103

续表 3

行政区划名称	行政区划代码
泉太镇	220422104
建安镇	220422105
安恕镇	220422106
平岗镇	220422107
云顶镇	220422111
凌云乡	220422200
甲山乡	220422201
足民乡	220422202
金州乡	220422204
通化市 (20 街道，61 镇，17 乡)	**220500000**
东昌区 (9 街道，1 镇，2 乡)	**220502000**
东昌街道	220502001
民主街道	220502002
老站街道	220502003
团结街道	220502004
新站街道	220502005
光明街道	220502006
龙泉街道	220502007
滨江街道	220502008
陆港街道	220502009
金厂镇	220502100
环通乡	220502200
江东乡	220502201
二道江区 (2 街道，3 镇，1 乡)	**220503000**
桃园街道	220503001
东通化街道	220503002
鸭园镇	220503100
铁厂镇	220503101
五道江镇	220503102
二道江乡	220503200
通化县 (10 镇，5 乡)	**220521000**
快大茂镇	220521100
二密镇	220521103
果松镇	220521104
石湖镇	220521105
大安镇	220521106
光华镇	220521107
兴林镇	220521108
英额布镇	220521109
三棵榆树镇	220521110
西江镇	220521111
富江乡	220521202
四棚乡	220521203
东来乡	220521205
大泉源满族朝鲜族乡	220521207
金斗朝鲜族满族乡	220521208
辉南县 (10 镇，1 乡)	**220523000**
朝阳镇	220523100
辉南镇	220523101
样子哨镇	220523102
杉松岗镇	220523103
石道河镇	220523104
辉发城镇	220523105
抚民镇	220523106
金川镇	220523108
团林镇	220523110
庆阳镇	220523111
楼街朝鲜族乡	220523200
柳河县 (12 镇，3 乡)	**220524000**
柳河镇	220524100
三源浦朝鲜族镇	220524101
五道沟镇	220524102
驼腰岭镇	220524103
孤山子镇	220524104
圣水河子镇	220524105
罗通山镇	220524106
安口镇	220524107
向阳镇	220524108
红石镇	220524109
凉水河子镇	220524110
亨通镇	220524111
柳南乡	220524201
时家店乡	220524202
姜家店朝鲜族乡	220524203
梅河口市 (5 街道，16 镇，3 乡)	**220581000**
新华街道	220581001
和平街道	220581002
光明街道	220581003
解放街道	220581004
福民街道	220581005
山城镇	220581100
红梅镇	220581101
海龙镇	220581102
新合镇	220581103
曙光镇	220581105
中和镇	220581106
黑山头镇	220581107
水道镇	220581108
进化镇	220581109
一座营镇	220581110
康大营镇	220581111
牛心顶镇	220581112
湾龙镇	220581113
杏岭镇	220581114
兴华镇	220581115
双兴镇	220581116
李炉乡	220581203
小杨满族朝鲜族乡	220581207
吉乐乡	220581209
集安市 (4 街道，9 镇，2 乡)	**220582000**
团结街道	220582001
黎明街道	220582002
通胜街道	220582003
城东街道	220582004
青石镇	220582100
榆林镇	220582101
花甸镇	220582102
头道镇	220582103
清河镇	220582104
台上镇	220582105
财源镇	220582106
大路镇	220582107
太王镇	220582108
麻线乡	220582200
凉水朝鲜族乡	220582201
白山市 (18 街道，41 镇，6 乡)	**220600000**
浑江区 (8 街道，4 镇)	**220602000**
新建街道	220602001
通沟街道	220602002
东兴街道	220602003
红旗街道	220602004
河口街道	220602005
板石街道	220602006
江北街道	220602007
城南街道	220602008
六道江镇	220602101
红土崖镇	220602102
三道沟镇	220602103
七道江镇	220602104
江源区 (4 街道，6 镇)	**220605000**
孙家堡子街道	220605001
江源街道	220605002
正岔街道	220605003
城墙街道	220605004
湾沟镇	220605102
松树镇	220605103
砟子镇	220605104
石人镇	220605105
大阳岔镇	220605106
大石人镇	220605107
抚松县 (11 镇，3 乡)	**220621000**
抚松镇	220621100
松江河镇	220621101
泉阳镇	220621102
露水河镇	220621103
仙人桥镇	220621104
万良镇	220621105
新屯子镇	220621106
东岗镇	220621107
漫江镇	220621108
北岗镇	220621109
兴参镇	220621110
兴隆乡	220621202
抽水乡	220621203
沿江乡	220621205
靖宇县 (7 镇，1 乡)	**220622000**
靖宇镇	220622100
三道湖镇	220622101
龙泉镇	220622102
那尔轰镇	220622103
花园口镇	220622104
景山镇	220622105
赤松镇	220622106
濛江乡	220622203

续表 4

行政区划名称	行政区划代码
长白朝鲜族自治县（7 镇，1 乡）	**220623000**
长白镇	220623100
八道沟镇	220623101
十四道沟镇	220623102
马鹿沟镇	220623103
宝泉山镇	220623104
新房子镇	220623105
十二道沟镇	220623106
金华乡	220623200
临江市（6 街道，6 镇，1 乡）	**220681000**
建国街道	220681001
新市街道	220681002
兴隆街道	220681003
大湖街道	220681004
森工街道	220681005
大栗子街道	220681006
桦树镇	220681101
六道沟镇	220681102
苇沙河镇	220681103
花山镇	220681104
闹枝镇	220681105
四道沟镇	220681106
蚂蚁河乡	220681200
松原市（22 街道，43 镇，35 乡）	**220700000**
宁江区（17 街道，4 镇，3 乡）	**220702000**
团结街道	220702001
文化街道	220702002
民主街道	220702003
临江街道	220702004
新区街道	220702005
前进街道	220702006
和平街道	220702007
工农街道	220702008
沿江街道	220702009
铁西街道	220702010
繁荣街道	220702011
建设街道	220702012
石化街道	220702013
伯都讷街道	220702014
长宁街道	220702015
镜湖街道	220702016
滨江街道	220702017
大洼镇	220702100
善友镇	220702102
毛都站镇	220702103
哈达山镇	220702104
新城乡	220702200
伯都乡	220702202
兴原乡	220702204
前郭尔罗斯蒙古族自治县（9 镇，13 乡）	**220721000**
前郭尔罗斯镇	220721100
长山镇	220721102
海勃日戈镇	220721103
乌兰图嘎镇	220721104
查干花镇	220721105
王府站镇	220721106
八郎镇	220721107
哈拉毛都镇	220721108
查干湖镇	220721109
宝甸乡	220721200
平凤乡	220721201
达里巴乡	220721205
吉拉吐乡	220721206
白依拉嘎乡	220721207
洪泉乡	220721208
额如乡	220721209
套浩太乡	220721210
长龙乡	220721211
乌兰塔拉乡	220721212
东三家子乡	220721213
浩特芒哈乡	220721214
乌兰敖都乡	220721215
长岭县（12 镇，10 乡）	**220722000**
长岭镇	220722100
太平川镇	220722101
巨宝山镇	220722102
太平山镇	220722103
前七号镇	220722104
新安镇	220722105
三青山镇	220722106
大兴镇	220722107
北正镇	220722108
流水镇	220722109
永久镇	220722110
利发盛镇	220722111
集体乡	220722202
光明乡	220722203
三县堡乡	220722204
海青乡	220722205
前进乡	220722206
东岭乡	220722207
腰坨子乡	220722209
八十八乡	220722210
三团乡	220722213
三十号乡	220722214
乾安县（6 镇，4 乡）	**220723000**
乾安镇	220723100
大布苏镇	220723101
水字镇	220723102
让字镇	220723103
所字镇	220723104
安字镇	220723105
余字乡	220723200
道字乡	220723203
严字乡	220723206
赞字乡	220723207
扶余市（5 街道，12 镇，5 乡）	**220781000**
和兴街道	220781001
育才街道	220781002
联盟街道	220781003
士英街道	220781004
铁西街道	220781005
三岔河镇	220781100
长春岭镇	220781101
五家站镇	220781102
陶赖昭镇	220781103
蔡家沟镇	220781104
弓棚子镇	220781105
三井子镇	220781106
增盛镇	220781107
新万发镇	220781108
大林子镇	220781109
新源镇	220781110
得胜镇	220781111
三骏满族蒙古族锡伯族乡	220781200
永平乡	220781201
新站乡	220781202
更新乡	220781203
肖家乡	220781204
白城市（24 街道，38 镇，35 乡）	**220800000**
洮北区（11 街道，7 镇，5 乡）	**220802000**
海明街道	220802001
长庆街道	220802002
瑞光街道	220802003
明仁街道	220802004
铁东街道	220802005
城南街道	220802006
新立街道	220802007
幸福街道	220802008
新华街道	220802009
保平街道	220802010
西郊街道	220802011
岭下镇	220802100
平安镇	220802101
青山镇	220802102
林海镇	220802103
洮河镇	220802104
平台镇	220802105
到保镇	220802106
东风乡	220802201
三合乡	220802202
金祥乡	220802204
东胜乡	220802205
德顺蒙古族乡	220802206
镇赉县（7 镇，4 乡）	**220821000**
镇赉镇	220821100
坦途镇	220821101
东屏镇	220821102
大屯镇	220821103
沿江镇	220821105
五棵树镇	220821106
黑鱼泡镇	220821107
哈吐气蒙古族乡	220821201
莫莫格蒙古族乡	220821203

续表 5

行政区划名称	行政区划代码	行政区划名称	行政区划代码	行政区划名称	行政区划代码
建平乡	220821205	叉干镇	220882107	近海街道	222404004
嘎什根乡	220821206	龙沼镇	220882108	春化镇	222404100
通榆县（8 镇，8 乡）	**220822000**	太山镇	220882109	敬信镇	222404101
开通镇	220822100	四棵树乡	220882200	板石镇	222404102
瞻榆镇	220822101	联合乡	220882201	英安镇	222404103
双岗镇	220822102	乐胜乡	220882203	马川子乡	222404200
兴隆山镇	220822103	大赉乡	220882204	杨泡满族乡	222404201
边昭镇	220822104	红岗子乡	220882205	三家子满族乡	222404202
鸿兴镇	220822105	烧锅镇乡	220882208	密江乡	222404203
新华镇	220822107	海坨乡	220882210	哈达门乡	222404204
乌兰花镇	220822108	新艾里蒙古族乡	220882211	**龙井市（2 街道，5 镇，2 乡）**	**222405000**
新发乡	220822201	**延边朝鲜族自治州**	**222400000**	安民街道	222405001
新兴乡	220822202	**（25 街道，51 镇，15 乡）**		龙门街道	222405002
向海蒙古族乡	220822204	**延吉市（6 街道，4 镇）**	**222401000**	开山屯镇	222405100
包拉温都蒙古族乡	220822205	进学街道	222401001	老头沟镇	222405102
团结乡	220822206	北山街道	222401002	三合镇	222405103
十花道乡	220822207	新兴街道	222401003	东盛涌镇	222405104
八面乡	220822208	公园街道	222401004	智新镇	222405105
苏公坨乡	220822209	河南街道	222401005	德新乡	222405200
洮南市（8 街道，6 镇，10 乡）	**220881000**	建工街道	222401006	白金乡	222405201
团结街道	220881001	小营镇	222401100	**和龙市（3 街道，8 镇）**	**222406000**
富文街道	220881002	依兰镇	222401101	民惠街道	222406001
光明街道	220881003	三道湾镇	222401102	光明街道	222406002
兴隆街道	220881004	朝阳川镇	222401103	文化街道	222406003
永康街道	220881005	**图们市（3 街道，4 镇）**	**222402000**	八家子镇	222406100
通达街道	220881006	向上街道	222402001	福洞镇	222406101
向阳街道	220881007	新华街道	222402002	头道镇	222406102
洮府街道	220881008	月宫街道	222402003	西城镇	222406103
瓦房镇	220881100	月晴镇	222402100	南坪镇	222406104
万宝镇	220881101	石岘镇	222402101	东城镇	222406105
黑水镇	220881102	长安镇	222402102	崇善镇	222406106
那金镇	220881103	凉水镇	222402103	龙城镇	222406108
安定镇	220881104	**敦化市（4 街道，11 镇，5 乡）**	**222403000**	**汪清县（3 街道，8 镇，1 乡）**	**222424000**
福顺镇	220881105	渤海街道	222403001	大川街道	222424001
胡力吐蒙古族乡	220881200	胜利街道	222403002	新民街道	222424002
万宝乡	220881201	民主街道	222403003	长荣街道	222424003
聚宝乡	220881202	丹江街道	222403004	大兴沟镇	222424101
东升乡	220881204	大石头镇	222403100	天桥岭镇	222424102
野马乡	220881205	黄泥河镇	222403101	罗子沟镇	222424103
永茂乡	220881206	官地镇	222403102	百草沟镇	222424104
蛟流河乡	220881208	沙河沿镇	222403103	春阳镇	222424105
大通乡	220881209	秋梨沟镇	222403104	复兴镇	222424106
二龙乡	220881212	额穆镇	222403105	东光镇	222424107
呼和车力蒙古族乡	220881214	贤儒镇	222403106	汪清镇	222424109
大安市（5 街道，10 镇，8 乡）	**220882000**	大蒲柴河镇	222403107	鸡冠乡	222424202
慧阳街道	220882001	雁鸣湖镇	222403108	**安图县（7 镇，2 乡）**	**222426000**
临江街道	220882002	江源镇	222403109	明月镇	222426100
长虹街道	220882003	江南镇	222403110	松江镇	222426101
锦华街道	220882004	大桥乡	222403200	二道白河镇	222426102
安北街道	220882005	黑石乡	222403201	两江镇	222426103
月亮泡镇	220882100	青沟子乡	222403202	石门镇	222426104
安广镇	220882101	翰章乡	222403203	万宝镇	222426105
丰收镇	220882102	红石乡	222403204	亮兵镇	222426106
新平安镇	220882103	**珲春市（4 街道，4 镇，5 乡）**	**222404000**	新合乡	222426201
两家子镇	220882104	靖和街道	222404001	永庆乡	222426202
舍力镇	220882105	新安街道	222404002		
大岗子镇	220882106	河南街道	222404003		

黑龙江省

黑龙江省（黑）

行政区划名称	行政区划代码
黑龙江省（307 街道，532 镇，353 乡）	**230000000**
哈尔滨市（135 街道，112 镇，57 乡）	**230100000**
道里区（19 街道，4 镇）	**230102000**
兆麟街道	230102001
新阳路街道	230102002
抚顺街道	230102003
共乐街道	230102004
新华街道	230102005
城乡路街道	230102006
工农街道	230102007
尚志街道	230102008
斯大林街道	230102009
通江街道	230102010
经纬街道	230102011
工程街道	230102012
安静街道	230102013
安和街道	230102014
正阳河街道	230102015
建国街道	230102016
康安街道	230102017
爱建街道	230102018
群力街道	230102019
太平镇	230102101
新发镇	230102102
新农镇	230102103
榆树镇	230102104
南岗区（18 街道，1 镇，1 乡）	**230103000**
花园街道	230103001
奋斗路街道	230103002
革新街道	230103003
文化街道	230103004
大成街道	230103005
芦家街道	230103006
荣市街道	230103007
燎原街道	230103009
松花江街道	230103010
曲线街道	230103011
通达街道	230103012
七政街道	230103013
和兴路街道	230103015
哈西街道	230103016
保健路街道	230103017
先锋路街道	230103018
新春街道	230103019
跃进街道	230103020
王岗镇	230103101
红旗满族乡	230103201
道外区（23 街道，4 镇）	**230104000**
靖宇街道	230104001
太古街道	230104002
东莱街道	230104003
滨江街道	230104004
仁里街道	230104005
崇俭街道	230104007
振江街道	230104008
东原街道	230104009
大兴街道	230104010
胜利街道	230104011
南马街道	230104012
民强街道	230104021
大有坊街道	230104022
南直路街道	230104023
化工街道	230104024
火车头街道	230104025
新一街道	230104026
三棵树大街街道	230104027
水泥路街道	230104028
太平大街街道	230104029
黎华街道	230104030
新乐街道	230104031
南市街道	230104033
团结镇	230104111
永源镇	230104112
巨源镇	230104113
民主镇	230104114
平房区（9 街道，1 镇）	**230108000**
兴建街道	230108001
保国街道	230108002
联盟街道	230108003
友协街道	230108004
新疆街道	230108005
新伟街道	230108006
平新街道	230108007
平盛街道	230108008
建安街道	230108009
平房镇	230108101
松北区（5 街道，5 镇）	**230109000**
三电街道	230109001
太阳岛街道	230109002
船口街道	230109003
松祥街道	230109004
松安街道	230109005
对青山镇	230109101
乐业镇	230109102
松浦镇	230109103
万宝镇	230109104
松北镇	230109105
香坊区（20 街道，4 镇）	**230110000**
香坊大街街道	230110001
安埠街道	230110002
通天街道	230110003
新香坊街道	230110004
铁东街道	230110005
新成街道	230110006
红旗街道	230110007
六顺街道	230110008
建筑街道	230110009
哈平路街道	230110010
安乐街道	230110011
健康路街道	230110012
大庆路街道	230110013
进乡街道	230110014
通乡街道	230110015
和平路街道	230110016
民生路街道	230110017
文政街道	230110018
王兆街道	230110019
黎明街道	230110020
成高子镇	230110101
朝阳镇	230110102
幸福镇	230110103
向阳镇	230110104
呼兰区（16 街道，7 镇，3 乡）	**230111000**
呼兰街道	230111001
兰河街道	230111002
腰堡街道	230111003
利民街道	230111004
康金街道	230111005
双井街道	230111006
建设路街道	230111007
学院路街道	230111008
长岭街道	230111009
沈家街道	230111010
南京路街道	230111011
裕民街道	230111012
裕田街道	230111013
裕强街道	230111014
萧乡街道	230111015
公园路街道	230111016
二八镇	230111105
石人镇	230111106
白奎镇	230111107
方台镇	230111109
莲花镇	230111110
大用镇	230111111
利业镇	230111114
杨林乡	230111201
许堡乡	230111203
孟家乡	230111205
阿城区（15 街道，4 镇）	**230112000**
金城街道	230112001
金都街道	230112002
通城街道	230112003
河东街道	230112004
阿什河街道	230112005
玉泉街道	230112006
新利街道	230112007

续表 1

行政区划名称	行政区划代码	行政区划名称	行政区划代码	行政区划名称	行政区划代码
舍利街道	230112008	德善乡	230124202	**延寿县（5 镇，4 乡）**	**230129000**
双丰街道	230112009	宝兴乡	230124204	延寿镇	230129100
小岭街道	230112010	**宾县（12 镇，5 乡）**	**230125000**	六团镇	230129101
亚沟街道	230112011	宾州镇	230125100	中和镇	230129102
交界街道	230112012	居仁镇	230125101	加信镇	230129103
蜚克图街道	230112013	宾西镇	230125102	延河镇	230129104
杨树街道	230112014	糖坊镇	230125103	安山乡	230129204
料甸街道	230112015	宾安镇	230125104	寿山乡	230129205
平山镇	230112107	新甸镇	230125105	玉河乡	230129206
松峰山镇	230112108	胜利镇	230125106	青川乡	230129209
红星镇	230112109	宁远镇	230125107	**尚志市（10 镇，7 乡）**	**230183000**
金龙山镇	230112110	摆渡镇	230125109	尚志镇	230183100
双城区（10 街道，9 镇，8 乡）	**230113000**	平坊镇	230125110	一面坡镇	230183101
五家街道	230113001	满井镇	230125111	苇河镇	230183102
新兴街道	230113002	常安镇	230125112	亚布力镇	230183103
兰棱街道	230113003	永和乡	230125201	帽儿山镇	230183104
周家街道	230113004	鸟河乡	230125203	亮河镇	230183105
公正街道	230113005	民和乡	230125204	庆阳镇	230183106
承旭街道	230113006	经建乡	230125205	石头河子镇	230183107
承恩街道	230113007	三宝乡	230125210	元宝镇	230183108
永治街道	230113008	**巴彦县（10 镇，8 乡）**	**230126000**	黑龙宫镇	230183109
永和街道	230113009	巴彦镇	230126100	长寿乡	230183202
幸福街道	230113010	兴隆镇	230126101	乌吉密乡	230183204
韩甸镇	230113104	西集镇	230126102	鱼池朝鲜族乡	230183206
单城镇	230113105	洼兴镇	230126103	珍珠山乡	230183207
东官镇	230113106	龙泉镇	230126104	老街基乡	230183208
农丰满族锡伯族镇	230113107	巴彦港镇	230126105	马延乡	230183209
杏山镇	230113108	龙庙镇	230126106	河东朝鲜族乡	230183211
西官镇	230113110	万发镇	230126107	**五常市（12 镇，12 乡）**	**230184000**
联兴满族镇	230113112	天增镇	230126108	五常镇	230184100
永胜镇	230113113	黑山镇	230126110	拉林满族镇	230184101
胜丰镇	230113114	松花江乡	230126200	山河镇	230184102
金城乡	230113201	富江乡	230126202	小山子镇	230184103
青岭满族乡	230113202	华山乡	230126204	安家镇	230184104
临江乡	230113206	丰乐乡	230126205	牛家满族镇	230184105
水泉乡	230113207	德祥乡	230126209	杜家镇	230184106
乐群满族乡	230113208	红光乡	230126210	背荫河镇	230184107
万隆乡	230113209	山后乡	230126212	冲河镇	230184108
希勤满族乡	230113210	镇东乡	230126214	沙河子镇	230184109
同心满族乡	230113211	**木兰县（6 镇，2 乡）**	**230127000**	向阳镇	230184110
依兰县（6 镇，3 乡）	**230123000**	木兰镇	230127100	龙凤山镇	230184111
依兰镇	230123100	东兴镇	230127101	兴盛乡	230184200
达连河镇	230123101	大贵镇	230127102	志广乡	230184201
江湾镇	230123102	利东镇	230127103	卫国乡	230184202
三道岗镇	230123103	柳河镇	230127104	常堡乡	230184203
道台桥镇	230123104	新民镇	230127105	民意乡	230184206
宏克力镇	230123105	建国乡	230127200	红旗满族乡	230184209
团山子乡	230123205	吉兴乡	230127203	八家子乡	230184210
愚公乡	230123206	**通河县（8 镇）**	**230128000**	民乐朝鲜族乡	230184211
迎兰朝鲜族乡	230123210	通河镇	230128100	营城子满族乡	230184212
方正县（4 镇，4 乡）	**230124000**	乌鸦泡镇	230128101	长山乡	230184214
方正镇	230124100	清河镇	230128102	兴隆乡	230184215
会发镇	230124101	浓河镇	230128103	二河乡	230184216
大罗密镇	230124102	凤山镇	230128104	**齐齐哈尔市（38 街道，71 镇，52 乡）**	**230200000**
得莫利镇	230124103	祥顺镇	230128105		
天门乡	230124200	富林镇	230128106	**龙沙区（7 街道）**	**230202000**
松南乡	230124201	三站镇	230128107	五龙街道	230202001

续表 2

行政区划名称	行政区划代码
湖滨街道	230202002
正阳街道	230202004
彩虹街道	230202005
江安街道	230202007
南航街道	230202008
大民街道	230202009
建华区（5 街道）	**230203000**
中华街道	230203003
西大桥街道	230203004
卜奎街道	230203005
建设街道	230203006
文化街道	230203007
铁锋区（7 街道，1 镇）	**230204000**
站前街道	230204001
南浦街道	230204002
通东街道	230204003
光荣街道	230204004
龙华街道	230204005
北局宅街道	230204006
东湖街道	230204008
扎龙镇	230204100
昂昂溪区（4 街道，2 镇）	**230205000**
新兴街道	230205001
新建街道	230205002
林机街道	230205005
道北街道	230205006
水师营满族镇	230205100
榆树屯镇	230205101
富拉尔基区（8 街道，2 乡）	**230206000**
红岸街道	230206001
沿江街道	230206003
电力街道	230206004
幸福街道	230206005
红宝石街道	230206006
北兴街道	230206007
铁北街道	230206008
和平街道	230206009
长青乡	230206200
杜尔门沁达斡尔族乡	230206202
碾子山区（4 街道）	**230207000**
东安街道	230207001
富强街道	230207002
跃进街道	230207003
繁荣街道	230207004
梅里斯达斡尔族区（1 街道，5 镇，1 乡）	**230208000**
梅里斯街道	230208001
雅尔塞镇	230208101
卧牛吐镇	230208102
达呼店镇	230208103
共和镇	230208104
梅里斯镇	230208105
莽格吐达斡尔族乡	230208200
龙江县（8 镇，6 乡）	**230221000**
龙江镇	230221100
景星镇	230221101
龙兴镇	230221102
山泉镇	230221103
七棵树镇	230221104
杏山镇	230221105
白山镇	230221106
头站镇	230221107
黑岗乡	230221201
广厚乡	230221202
华民乡	230221203
哈拉海乡	230221204
鲁河乡	230221215
济沁河乡	230221217
依安县（6 镇，9 乡）	**230223000**
依安镇	230223100
依龙镇	230223101
双阳镇	230223102
三兴镇	230223103
中心镇	230223104
新兴镇	230223105
富饶乡	230223200
解放乡	230223201
阳春乡	230223202
新发乡	230223203
太东乡	230223204
上游乡	230223205
红星乡	230223206
先锋乡	230223207
新屯乡	230223208
泰来县（8 镇，2 乡）	**230224000**
泰来镇	230224100
平洋镇	230224101
汤池镇	230224102
江桥镇	230224103
塔子城镇	230224104
大兴镇	230224105
和平镇	230224106
克利镇	230224107
胜利蒙古族乡	230224200
宁姜蒙古族乡	230224209
甘南县（5 镇，5 乡）	**230225000**
甘南镇	230225100
兴十四镇	230225101
平阳镇	230225102
东阳镇	230225103
巨宝镇	230225104
长山乡	230225201
中兴乡	230225202
兴隆乡	230225203
宝山乡	230225204
查哈阳乡	230225206
富裕县（6 镇，4 乡）	**230227000**
富裕镇	230227100
富路镇	230227101
富海镇	230227102
二道湾镇	230227103
龙安桥镇	230227104
塔哈镇	230227105
繁荣乡	230227200
绍文乡	230227201
忠厚乡	230227202
友谊达斡尔族满族柯尔克孜族乡	230227203
克山县（7 镇，8 乡）	**230229000**
克山镇	230229100
北兴镇	230229101
西城镇	230229102
古城镇	230229103
北联镇	230229104
西河镇	230229105
双河镇	230229106
河南乡	230229200
河北乡	230229203
古北乡	230229204
西联乡	230229205
发展乡	230229206
西建乡	230229207
向华乡	230229208
曙光乡	230229210
克东县（5 镇，2 乡）	**230230000**
克东镇	230230100
宝泉镇	230230101
乾丰镇	230230102
玉岗镇	230230103
蒲峪路镇	230230104
润津乡	230230202
昌盛乡	230230204
拜泉县（7 镇，9 乡）	**230231000**
拜泉镇	230231100
三道镇	230231101
兴农镇	230231102
长春镇	230231103
龙泉镇	230231104
国富镇	230231105
富强镇	230231106
新生乡	230231200
兴国乡	230231201
上升乡	230231203
兴华乡	230231204
大众乡	230231206
丰产乡	230231209
永勤乡	230231210
爱农乡	230231212
时中乡	230231214
讷河市（2 街道，11 镇，4 乡）	**230281000**
雨亭街道	230281001
通江街道	230281002
拉哈镇	230281101
二克浅镇	230281102
学田镇	230281103
龙河镇	230281104
讷南镇	230281105
六合镇	230281106
长发镇	230281107
通南镇	230281108
同义镇	230281109

续表 3

行政区划名称	行政区划代码
九井镇	230281110
老莱镇	230281111
孔国乡	230281201
和盛乡	230281207
同心乡	230281208
兴旺鄂温克族乡	230281210
鸡西市（29 街道，23 镇，23 乡）	**230300000**
鸡冠区（7 街道，2 乡）	**230302000**
向阳街道	230302001
南山街道	230302002
立新街道	230302003
东风街道	230302004
红军路街道	230302005
西鸡西街道	230302006
西山街道	230302007
红星乡	230302200
西郊乡	230302201
恒山区（7 街道，2 乡）	**230303000**
桦木林街道	230303001
大恒山街道	230303002
小恒山街道	230303003
二道河子街道	230303004
张新街道	230303005
奋斗街道	230303006
柳毛街道	230303007
红旗乡	230303200
柳毛乡	230303201
滴道区（4 街道，2 乡）	**230304000**
东兴街道	230304001
矿里街道	230304002
洗煤街道	230304003
大通沟街道	230304004
滴道河乡	230304200
兰岭乡	230304201
梨树区（5 街道）	**230305000**
街里街道	230305001
穆棱街道	230305002
平岗街道	230305003
碱场街道	230305004
石磷街道	230305005
城子河区（5 街道，2 乡）	**230306000**
中心街道	230306001
正阳街道	230306002
东海街道	230306003
城西街道	230306004
杏花街道	230306005
长青乡	230306200
永丰朝鲜族乡	230306201
麻山区（1 街道）	**230307000**
麻山街道	230307001
鸡东县（8 镇，3 乡）	**230321000**
鸡东镇	230321100
平阳镇	230321101
向阳镇	230321102
哈达镇	230321103
永安镇	230321104
永和镇	230321105
东海镇	230321106
兴农镇	230321107
鸡林朝鲜族乡	230321200
明德朝鲜族乡	230321205
下亮子乡	230321206
虎林市（7 镇，4 乡）	**230381000**
虎林镇	230381100
东方红镇	230381101
迎春镇	230381102
虎头镇	230381103
杨岗镇	230381104
宝东镇	230381106
东诚镇	230381107
新乐乡	230381203
伟光乡	230381204
珍宝岛乡	230381206
阿北乡	230381207
密山市（8 镇，8 乡）	**230382000**
密山镇	230382100
连珠山镇	230382101
当壁镇	230382102
知一镇	230382103
黑台镇	230382104
兴凯镇	230382105
裴德镇	230382106
白鱼湾镇	230382107
柳毛乡	230382200
杨木乡	230382201
兴凯湖乡	230382202
承紫河乡	230382203
二人班乡	230382206
太平乡	230382208
和平朝鲜族乡	230382210
富源乡	230382212
鹤岗市（32 街道，11 镇，10 乡）	**230400000**
向阳区（5 街道）	**230402000**
光明街道	230402001
红军街道	230402002
胜利街道	230402003
南翼街道	230402004
北山街道	230402005
工农区（6 街道）	**230403000**
育才街道	230403001
团结街道	230403002
湖滨街道	230403003
解放街道	230403004
新南街道	230403005
红旗街道	230403006
南山区（6 街道）	**230404000**
铁西街道	230404001
铁东街道	230404002
六号街道	230404003
大陆街道	230404004
富力街道	230404005
鹿林山街道	230404006
兴安区（6 街道，1 镇）	**230405000**
兴安街道	230405001
兴建街道	230405002
河东街道	230405003
峻德街道	230405004
兴长街道	230405005
光宇街道	230406006
红旗镇	230405100
东山区（5 街道，1 镇，2 乡）	**230406000**
东山街道	230406001
三街街道	230406002
工人村街道	230406003
新一街道	230406004
鹤兴街道	230406005
新华镇	230406100
蔬园乡	230406201
东方红乡	230406202
兴山区（4 街道）	**230407000**
沟南街道	230407001
沟北街道	230407002
岭南街道	230407003
岭北街道	230407004
萝北县（6 镇，2 乡）	**230421000**
凤翔镇	230421100
鹤北镇	230421101
名山镇	230421102
团结镇	230421103
肇兴镇	230421104
云山镇	230421105
东明朝鲜族乡	230421200
太平沟乡	230421203
绥滨县（3 镇，6 乡）	**230422000**
绥滨镇	230422100
绥东镇	230422101
忠仁镇	230422102
连生乡	230422200
北岗乡	230422201
富强乡	230422202
北山乡	230422203
福兴满族乡	230422204
新富乡	230422205
双鸭山市（24 街道，21 镇，21 乡）	**230500000**
尖山区（7 街道，1 乡）	**230502000**
二马路街道	230502001
八马路街道	230502002
中心站街道	230502003
富安街道	230502004
窑地街道	230502005
长安街道	230502006
铁西街道	230502007
安邦乡	230502200
岭东区（6 街道，1 乡）	**230503000**
中山街道	230503001
北山街道	230503002
南山街道	230503003
东山街道	230503004
中心街道	230503005
西山街道	230503006
长胜乡	230503200

续表 4

行政区划名称	行政区划代码
四方台区（4 街道，1 镇）	**230505000**
振兴中路街道	230505001
振兴东路街道	230505002
集贤街道	230505004
东荣街道	230505005
太保镇	230505101
宝山区（7 街道，1 镇）	**230506000**
红旗街道	230506001
跃进街道	230506002
东保卫街道	230506003
七星街道	230506004
双阳街道	230506005
新安街道	230506006
电厂街道	230506007
七星镇	230506101
集贤县（5 镇，3 乡）	**230521000**
福利镇	230521100
集贤镇	230521101
升昌镇	230521102
丰乐镇	230521103
太平镇	230521104
腰屯乡	230521201
兴安乡	230521202
永安乡	230521204
友谊县（4 镇，7 乡）	**230522000**
友谊镇	230522100
兴隆镇	230522101
龙山镇	230522102
凤岗镇	230522103
兴盛乡	230522200
东建乡	230522201
庆丰乡	230522202
建设乡	230522203
友邻乡	230522204
新镇乡	230522205
成富朝鲜族满族乡	230522206
宝清县（6 镇，4 乡）	**230523000**
宝清镇	230523100
七星泡镇	230523101
青原镇	230523102
夹信子镇	230523103
龙头镇	230523104
小城子镇	230523105
朝阳乡	230523202
万金山乡	230523203
尖山子乡	230523204
七星河乡	230523209
饶河县（4 镇，5 乡）	**230524000**
饶河镇	230524100
小佳河镇	230524101
西丰镇	230524102
五林洞镇	230524103
西林子乡	230524200
四排赫哲族乡	230524201
大佳河乡	230524203
山里乡	230524204
大通河乡	230524207
大庆市（31 镇，27 乡）	**230600000**
萨尔图区（0 街道）	**230602000**
龙凤区（1 镇）	**230603000**
龙凤镇	230603100
让胡路区（1 镇）	**230604000**
喇嘛甸镇	230604101
红岗区（1 镇）	**230605000**
杏树岗镇	230605100
大同区（4 镇，4 乡）	**230606000**
大同镇	230606100
高台子镇	230606101
太阳升镇	230606102
林源镇	230606103
祝三乡	230606200
老山头乡	230606203
八井子乡	230606205
双榆树乡	230606206
肇州县（6 镇，6 乡）	**230621000**
肇州镇	230621100
永乐镇	230621101
丰乐镇	230621102
朝阳沟镇	230621103
兴城镇	230621104
二井镇	230621105
双发乡	230621202
托古乡	230621203
朝阳乡	230621205
永胜乡	230621206
榆树乡	230621208
新福乡	230621211
肇源县（8 镇，8 乡）	**230622000**
肇源镇	230622100
三站镇	230622101
二站镇	230622102
茂兴镇	230622103
古龙镇	230622104
新站镇	230622105
头台镇	230622106
古恰镇	230622107
福兴乡	230622200
薄荷台乡	230622201
和平乡	230622203
超等蒙古族乡	230622207
民意乡	230622208
义顺蒙古族乡	230622210
浩德蒙古族乡	230622211
大兴乡	230622212
林甸县（5 镇，3 乡）	**230623000**
林甸镇	230623100
红旗镇	230623101
花园镇	230623102
四季青镇	230623103
鹤鸣湖镇	230623104
东兴乡	230623200
宏伟乡	230623202
四合乡	230623206
杜尔伯特蒙古族自治县（5 镇，6 乡）	**230624000**
泰康镇	230624100
胡吉吐莫镇	230624101
烟筒屯镇	230624102
他拉哈镇	230624103
连环湖镇	230624104
一心乡	230624200
克尔台乡	230624201
敖林西伯乡	230624203
巴彦查干乡	230624204
腰新乡	230624205
江湾乡	230624206
伊春市（11 镇，9 乡）	**230700000**
伊春区（1 镇）	**230702000**
东升镇	230702101
南岔区（2 镇，1 乡）	**230703000**
晨明镇	230703101
浩良河镇	230703102
迎春乡	230703200
友好区（0 街道）	**230704000**
西林区（0 街道）	**230705000**
翠峦区（0 街道）	**230706000**
新青区（0 街道）	**230707000**
美溪区（0 街道）	**230708000**
金山屯区（0 街道）	**230709000**
五营区（0 街道）	**230710000**
乌马河区（0 街道）	**230711000**
汤旺河区（0 街道）	**230712000**
带岭区（0 街道）	**230713000**
乌伊岭区（0 街道）	**230714000**
红星区（0 街道）	**230715000**
上甘岭区（0 街道）	**230716000**
嘉荫县（4 镇，5 乡）	**230722000**
朝阳镇	230722100
乌云镇	230722101
乌拉嘎镇	230722102
保兴镇	230722103
常胜乡	230722200
向阳乡	230722201
沪嘉乡	230722202
红光乡	230722203
青山乡	230722205
铁力市（4 镇，3 乡）	**230781000**
铁力镇	230781100
双丰镇	230781101
桃山镇	230781102
朗乡镇	230781104
年丰朝鲜族乡	230781200
工农乡	230781201
王杨乡	230781202
佳木斯市（3 街道，43 镇，29 乡）	**230800000**
向阳区（0 街道）	**230803000**
前进区（0 街道）	**230804000**
东风区（1 街道，1 镇，1 乡）	**230805000**
松江街道	230805006
建国镇	230805101
松江乡	230805200
郊区（6 镇，5 乡）	**230811000**
大来镇	230811101

续表 5

行政区划名称	行政区划代码	行政区划名称	行政区划代码	行政区划名称	行政区划代码
敖其镇	230811102	城西街道	230882003	新兴街道	231003003
望江镇	230811103	富锦镇	230882101	桦林橡胶厂街道	231003004
长发镇	230811104	长安镇	230882103	铁岭镇	231003100
莲江口镇	230811105	砚山镇	230882106	桦林镇	231003101
西格木镇	230811106	头林镇	230882107	磨刀石镇	231003102
长青乡	230811200	兴隆岗镇	230882108	五林镇	231003103
沿江乡	230811201	宏胜镇	230882109	**爱民区（8 街道，1 镇）**	**231004000**
平安乡	230811208	向阳川镇	230882110	向阳街道	231004001
四丰乡	230811210	二龙山镇	230882111	黄花街道	231004002
群胜乡	230811211	锦山镇	230882113	铁北街道	231004003
桦南县（6 镇，4 乡）	**230822000**	大榆树镇	230882114	新华街道	231004004
驼腰子镇	230822103	上街基镇	230882119	大庆街道	231004005
石头河子镇	230822104	**抚远市（4 镇，5 乡）**	**230883000**	兴平街道	231004006
桦南镇	230822106	抚远镇	230883100	北山街道	231004007
土龙山镇	230822107	寒葱沟镇	230883101	北安街道	231004008
孟家岗镇	230822108	浓桥镇	230883102	三道关镇	231004100
闫家镇	230822109	乌苏镇	230883103	**西安区（7 街道，1 镇，1 乡）**	**231005000**
金沙乡	230822205	通江乡	230883200		
梨树乡	230822213	浓江乡	230883201	先锋街道	231005001
明义乡	230822214	海青乡	230883202	火炬街道	231005002
大八浪乡	230822215	别拉洪乡	230883203	立新街道	231005003
桦川县（5 镇，4 乡）	**230826000**	鸭南乡	230883204	牡丹街道	231005004
横头山镇	230826101	**七台河市（9 镇，8 乡）**	**230900000**	江滨街道	231005005
苏家店镇	230826103	**新兴区（1 镇，1 乡）**	**230902000**	沿江街道	231005006
悦来镇	230826104	红旗镇	230902100	水泥街道	231005007
新城镇	230826105	长兴乡	230902200	温春镇	231005100
四马架镇	230826108	**桃山区（1 镇）**	**230903000**	海南朝鲜族乡	231005200
东河乡	230826201	万宝河镇	230903100	**林口县（10 镇，1 乡）**	**231025000**
梨丰乡	230826202	**茄子河区（2 镇，2 乡）**	**230904000**	林口镇	231025100
创业乡	230826205	茄子河镇	230904100	古城镇	231025101
星火朝鲜族乡	230826207	宏伟镇	230904101	刁翎镇	231025102
汤原县（4 镇，6 乡）	**230828000**	铁山乡	230904200	朱家镇	231025104
香兰镇	230828101	中心河乡	230904201	柳树镇	231025105
鹤立镇	230828102	**勃利县（5 镇，5 乡）**	**230921000**	三道通镇	231025106
竹帘镇	230828103	勃利镇	230921100	龙爪镇	231025107
汤原镇	230828104	小五站镇	230921101	莲花镇	231025108
汤旺朝鲜族乡	230828201	大四站镇	230921102	青山镇	231025110
胜利乡	230828203	双河镇	230921103	建堂镇	231025111
吉祥乡	230828208	倭肯镇	230921104	奎山乡	231025200
振兴乡	230828209	青山乡	230921200	**绥芬河市（2 镇）**	**231081000**
太平川乡	230828210	永恒乡	230921202	绥芬河镇	231081100
永发乡	230828211	抢垦乡	230921203	阜宁镇	231081101
同江市（6 镇，4 乡）	**230881000**	杏树朝鲜族乡	230921204	**海林市（8 镇）**	**231083000**
同江镇	230881100	吉兴朝鲜族满族乡	230921205	海林镇	231083100
乐业镇	230881101	**牡丹江市（23 街道，47 镇，8 乡）**	**231000000**	长汀镇	231083101
三村镇	230881102			横道镇	231083102
临江镇	230881103	**东安区（4 街道，1 镇）**	**231002000**	山市镇	231083103
向阳镇	230881104	新安街道	231002001	柴河镇	231083104
青河镇	230881105	长安街道	231002002	二道镇	231083105
街津口赫哲族乡	230881204	七星街道	231002003	新安朝鲜族镇	231083106
八岔赫哲族乡	230881205	五星街道	231002004	三道镇	231083107
金川乡	230881206	兴隆镇	231002100	**宁安市（8 镇，4 乡）**	**231084000**
银川乡	230881207	**阳明区（4 街道，4 镇）**	**231003000**	宁安镇	231084100
富锦市（2 街道，11 镇）	**230882000**	阳明街道	231003001	东京城镇	231084101
城东街道	230882002	前进街道	231003002	渤海镇	231084102

续表 6

行政区划名称	行政区划代码	行政区划名称	行政区划代码	行政区划名称	行政区划代码
石岩镇	231084103	白云乡	231121207	朝阳乡	231182210
沙兰镇	231084104	塔溪乡	231121208	**绥化市（6 街道，99 镇，61 乡）**	**231200000**
海浪镇	231084105	长江乡	231121211		
兰岗镇	231084106	**逊克县（3 镇，6 乡）**	**231123000**	**北林区（6 街道，14 镇，6 乡）**	**231202000**
镜泊镇	231084107	逊河镇	231123101	紫来街道	231202001
江南朝鲜族满族乡	231084202	奇克镇	231123102	爱路街道	231202002
卧龙朝鲜族乡	231084206	克林镇	231123103	大有街道	231202003
马河乡	231084208	干岔子乡	231123201	吉泰街道	231202004
三陵乡	231084211	松树沟乡	231123202	东兴街道	231202005
穆棱市（6 镇，2 乡）	**231085000**	车陆乡	231123203	北林街道	231202006
八面通镇	231085100	新鄂鄂伦春族乡	231123204	宝山镇	231202101
穆棱镇	231085101	新兴鄂伦春族乡	231123205	绥胜镇	231202102
下城子镇	231085102	宝山乡	231123207	西长发镇	231202103
马桥河镇	231085103	**孙吴县（2 镇，9 乡）**	**231124000**	永安镇	231202104
兴源镇	231085104	孙吴镇	231124100	太平川镇	231202105
河西镇	231085105	辰清镇	231124101	秦家镇	231202106
福禄朝鲜族满族乡	231085200	西兴乡	231124201	双河镇	231202107
共和乡	231085202	沿江满族达斡尔族乡	231124202	三河镇	231202108
东宁市（6 镇）	**231086000**	腰屯乡	231124203	四方台镇	231202109
东宁镇	231086100	卧牛河乡	231124204	津河镇	231202110
三岔口镇	231086101	群山乡	231124205	张维镇	231202111
大肚川镇	231086102	奋斗乡	231124206	东津镇	231202113
老黑山镇	231086103	红旗乡	231124207	东富镇	231202114
道河镇	231086104	正阳山乡	231124208	兴福镇	231202115
绥阳镇	231086105	清溪乡	231124210	红旗满族乡	231202201
黑河市（11 街道，28 镇，37 乡）	**231100000**	**北安市（6 街道，5 镇，4 乡）**	**231181000**	连岗乡	231202202
				新华乡	231202203
爱辉区（4 街道，3 镇，8 乡）	**231102000**	兆麟街道	231181001	三井乡	231202209
花园街道	231102001	和平街道	231181002	五营乡	231202212
兴安街道	231102002	北岗街道	231181003	兴和朝鲜族乡	231202213
海兰街道	231102003	庆华街道	231181004	**望奎县（10 镇，5 乡）**	**231221000**
西兴街道	231102004	铁西街道	231181005	望奎镇	231221100
西岗子镇	231102101	铁南街道	231181006	通江镇	231221101
瑷珲镇	231102102	通北镇	231181101	卫星镇	231221102
罕达汽镇	231102103	赵光镇	231181102	海丰镇	231221103
幸福乡	231102200	海星镇	231181103	莲花镇	231221104
四嘉子满族乡	231102201	石泉镇	231181104	惠七满族镇	231221105
坤河达斡尔族满族乡	231102202	二井镇	231181105	先锋镇	231221106
上马厂乡	231102203	城郊乡	231181200	火箭镇	231221107
张地营子乡	231102204	东胜乡	231181201	东郊镇	231221108
西峰山乡	231102205	杨家乡	231181203	灯塔镇	231221109
新生鄂伦春族乡	231102206	主星朝鲜族乡	231181207	灵山满族乡	231221202
二站乡	231102207	**五大连池市（1 街道，6 镇，5 乡）**	**231182000**	后三乡	231221203
嫩江县（9 镇，5 乡）	**231121000**			东升乡	231221209
嫩江镇	231121100	青山街道	231182001	恭六乡	231221210
伊拉哈镇	231121101	龙镇	231182101	厢白满族乡	231221211
双山镇	231121102	和平镇	231182102	**兰西县（8 镇，7 乡）**	**231222000**
多宝山镇	231121103	五大连池镇	231182103	兰西镇	231222100
海江镇	231121104	双泉镇	231182104	榆林镇	231222101
前进镇	231121105	新发镇	231182105	临江镇	231222102
长福镇	231121106	团结镇	231182106	平山镇	231222103
科洛镇	231121107	兴隆乡	231182202	远大镇	231222104
霍龙门镇	231121108	建设乡	231182203	红光镇	231222105
临江乡	231121202	太平乡	231182205	康荣镇	231222106
联兴乡	231121206	兴安乡	231182208	燎原镇	231222107

续表 7

行政区划名称	行政区划代码
北安乡	231222202
长江乡	231222203
兰河乡	231222204
红星乡	231222205
长岗乡	231222207
星火乡	231222210
奋斗乡	231222211
青冈县（11 镇，4 乡）	**231223000**
青冈镇	231223100
中和镇	231223101
祯祥镇	231223102
兴华镇	231223103
永丰镇	231223104
芦河镇	231223105
柞岗镇	231223106
民政镇	231223107
劳动镇	231223108
迎春镇	231223109
德胜镇	231223110
建设乡	231223202
新村乡	231223203
昌盛乡	231223206
连丰乡	231223212
庆安县（8 镇，6 乡）	**231224000**
民乐镇	231224101
大罗镇	231224102
平安镇	231224103
勤劳镇	231224104
久胜镇	231224105
庆安镇	231224106
同乐镇	231224107
柳河镇	231224108
建民乡	231224201
巨宝山乡	231224202
丰收乡	231224206
发展乡	231224208
致富乡	231224210
欢胜乡	231224211
明水县（6 镇，6 乡）	**231225000**
明水镇	231225100
兴仁镇	231225101
永兴镇	231225102
崇德镇	231225103
通达镇	231225104
双兴镇	231225105
永久乡	231225203
树人乡	231225204
光荣乡	231225205
繁荣乡	231225206
通泉乡	231225207
育林乡	231225208
绥棱县（6 镇，5 乡）	**231226000**
绥棱镇	231226100
上集镇	231226101
四海店镇	231226102
双岔河镇	231226103
阁山镇	231226104
长山镇	231226105
靠山乡	231226200
后头乡	231226201
克音河乡	231226205
绥中乡	231226206
泥尔河乡	231226207
安达市（11 镇，3 乡）	**231281000**
安达镇	231281100
任民镇	231281101
吉兴岗镇	231281102
万宝山镇	231281103
昌德镇	231281104
升平镇	231281105
羊草镇	231281106
老虎岗镇	231281107
中本镇	231281108
太平庄镇	231281109
卧里屯镇	231281110
火石山乡	231281202
青肯泡乡	231281205
先源乡	231281209
肇东市（11 镇，10 乡）	**231282000**
肇东镇	231282100
昌五镇	231282101
宋站镇	231282102
五站镇	231282103
尚家镇	231282104
姜家镇	231282105
里木店镇	231282106
四站镇	231282107
涝洲镇	231282108
五里明镇	231282109
西八里镇	231282110
太平乡	231282201
海城乡	231282203
向阳乡	231282204
洪河乡	231282205
跃进乡	231282206
黎明乡	231282210
德昌乡	231282212
宣化乡	231282213
安民乡	231282214
明久乡	231282215
海伦市（14 镇，9 乡）	**231283000**
海伦镇	231283100
海北镇	231283101
伦河镇	231283102
共合镇	231283103
海兴镇	231283104
祥富镇	231283105
东风镇	231283106
百祥镇	231283107
向荣镇	231283108
长发镇	231283109
永富镇	231283110
前进镇	231283111
联发镇	231283112
共荣镇	231283113
东林乡	231283205
海南乡	231283208
乐业乡	231283210
福民乡	231283211
丰山乡	231283212
永和乡	231283217
爱民乡	231283218
扎音河乡	231283220
双录乡	231283221
大兴安岭地区（6 街道，26 镇，11 乡）	**232700000**
东山街道 *	232700001
卫东街道 *	232700002
红旗街道 *	232700003
长虹街道 *	232700004
曙光街道 *	232700005
光明街道 *	232700006
小扬气镇 *	232700100
劲松镇 *	232700101
古源镇 *	232700102
新林镇 *	232700103
翠岗镇 *	232700104
塔源镇 *	232700105
大乌苏镇 *	232700106
塔尔根镇 *	232700107
碧洲镇 *	232700108
宏图镇 *	232700109
呼中镇 *	232700110
碧水镇 *	232700111
呼源镇 *	232700112
宏伟镇 *	232700113
加北乡 *	232700200
白桦乡 *	232700201
呼玛县（2 镇，6 乡）	**232721000**
呼玛镇	232721100
韩家园镇	232721101
三卡乡	232721200
金山乡	232721201
兴华乡	232721202
鸥浦乡	232721203
白银纳鄂伦春族民族乡	232721204
北疆乡	232721205
塔河县（4 镇，3 乡）	**232722000**
塔河镇	232722100
瓦拉干镇	232722101
盘古镇	232722102
古驿镇	232722103
十八站鄂伦春族民族乡	232722200
依西肯乡	232722201
开库康乡	232722202
漠河县（6 镇）	**232723000**
西林吉镇	232723100
图强镇	232723101
阿木尔镇	232723102
兴安镇	232723103
北极镇	232723104
古莲镇	232723105

上海市

上海市（沪）

行政区划名称	行政区划代码
上海市（105 街道，107 镇，2 乡）	**310000000**
黄浦区（10 街道）	**310101000**
南京东路街道	310101002
外滩街道	310101013
半淞园路街道	310101015
小东门街道	310101017
豫园街道	310101018
老西门街道	310101019
五里桥街道	310101020
打浦桥街道	310101021
淮海中路街道	310101022
瑞金二路街道	310101023
徐汇区（12 街道，1 镇）	**310104000**
天平路街道	310104003
湖南路街道	310104004
斜土路街道	310104007
枫林路街道	310104008
长桥街道	310104010
田林街道	310104011
虹梅路街道	310104012
康健新村街道	310104013
徐家汇街道	310104014
凌云路街道	310104015
龙华街道	310104016
漕河泾街道	310104017
华泾镇	310104103
长宁区（9 街道，1 镇）	**310105000**
华阳路街道	310105001
江苏路街道	310105002
新华路街道	310105004
周家桥街道	310105005
天山路街道	310105006
仙霞新村街道	310105008
虹桥街道	310105009
程家桥街道	310105010
北新泾街道	310105011
新泾镇	310105102
静安区（13 街道，1 镇）	**310106000**
江宁路街道	310106006
石门二路街道	310106011
南京西路街道	310106012
静安寺街道	310106013
曹家渡街道	310106014
天目西路街道	310106015
北站街道	310106016
宝山路街道	310106017
共和新路街道	310106018
大宁路街道	310106019
彭浦新村街道	310106020
临汾路街道	310106021
芷江西路街道	310106022
彭浦镇	310106100
普陀区（8 街道，2 镇）	**310107000**
曹杨新村街道	310107005
长风新村街道	310107014
长寿路街道	310107015
甘泉路街道	310107016
石泉路街道	310107017
宜川路街道	310107020
真如镇街道	310107021
万里街道	310107022
长征镇	310107102
桃浦镇	310107103
虹口区（8 街道）	**310109000**
欧阳路街道	310109009
曲阳路街道	310109010
广中路街道	310109011
嘉兴路街道	310109014
凉城新村街道	310109016
四川北路街道	310109017
提篮桥街道	310109018
江湾镇街道	310109019
杨浦区（11 街道，1 镇）	**310110000**
定海路街道	310110001
平凉路街道	310110006
江浦路街道	310110008
四平路街道	310110009
控江路街道	310110012
长白新村街道	310110013
延吉新村街道	310110015
殷行街道	310110016
大桥街道	310110018
五角场街道	310110019
新江湾城街道	310110020
五角场镇	310110101
闵行区（4 街道，9 镇）	**310112000**
江川路街道	310112001
古美街道	310112006
新虹街道	310112008
浦锦街道	310112009
莘庄镇	310112101
七宝镇	310112102
颛桥镇	310112103
华漕镇	310112106
虹桥镇	310112107
梅陇镇	310112108
吴泾镇	310112110
马桥镇	310112112
浦江镇	310112114
宝山区（3 街道，9 镇）	**310113000**
友谊路街道	310113003
吴淞街道	310113007
张庙街道	310113008
罗店镇	310113101
大场镇	310113102
杨行镇	310113103
月浦镇	310113104
罗泾镇	310113106
顾村镇	310113109
高境镇	310113111
庙行镇	310113112
淞南镇	310113113

续表

行政区划名称	行政区划代码	行政区划名称	行政区划代码	行政区划名称	行政区划代码
嘉定区（3 街道，7 镇）	**310114000**	航头镇	310115137	香花桥街道	310118003
新成路街道	310114001	祝桥镇	310115139	朱家角镇	310118102
真新街道	310114002	泥城镇	310115140	练塘镇	310118103
嘉定镇街道	310114004	宣桥镇	310115141	金泽镇	310118104
南翔镇	310114102	书院镇	310115142	赵巷镇	310118105
安亭镇	310114103	万祥镇	310115143	徐泾镇	310118106
马陆镇	310114106	老港镇	310115144	华新镇	310118107
徐行镇	310114109	南汇新城镇	310115145	重固镇	310118109
华亭镇	310114111	**金山区（1 街道，9 镇）**	**310116000**	白鹤镇	310118110
外冈镇	310114114	石化街道	310116001	**奉贤区（2 街道，8 镇）**	**310120000**
江桥镇	310114118	朱泾镇	310116101	西渡街道	310120001
浦东新区（12 街道，24 镇）	**310115000**	枫泾镇	310116102	奉浦街道	310120002
潍坊新村街道	310115004	张堰镇	310116103	南桥镇	310120101
陆家嘴街道	310115005	亭林镇	310116104	奉城镇	310120102
周家渡街道	310115007	吕巷镇	310116105	庄行镇	310120104
塘桥街道	310115008	廊下镇	310116107	金汇镇	310120106
上钢新村街道	310115009	金山卫镇	310116109	青村镇	310120111
南码头路街道	310115010	漕泾镇	310116112	柘林镇	310120118
沪东新村街道	310115011	山阳镇	310116113	海湾镇	310120123
金杨新村街道	310115012	**松江区（6 街道，11 镇）**	**310117000**	四团镇	310120124
洋泾街道	310115013	岳阳街道	310117001	**崇明区（16 镇，2 乡）**	**310151000**
浦兴路街道	310115014	永丰街道	310117002	城桥镇	310151100
东明路街道	310115015	方松街道	310117003	堡镇	310151101
花木街道	310115016	中山街道	310117004	新河镇	310151102
川沙新镇	310115103	广富林街道	310117005	庙镇	310151103
高桥镇	310115104	九里亭街道	310117006	竖新镇	310151104
北蔡镇	310115105	泗泾镇	310117102	向化镇	310151105
合庆镇	310115110	佘山镇	310117103	三星镇	310151106
唐镇	310115114	车墩镇	310117104	港沿镇	310151107
曹路镇	310115117	新桥镇	310117105	中兴镇	310151108
金桥镇	310115120	洞泾镇	310117106	陈家镇	310151109
高行镇	310115121	九亭镇	310117107	绿华镇	310151110
高东镇	310115123	泖港镇	310117109	港西镇	310151111
张江镇	310115125	石湖荡镇	310117116	建设镇	310151112
三林镇	310115130	新浜镇	310117117	新海镇	310151113
惠南镇	310115131	叶榭镇	310117120	东平镇	310151114
周浦镇	310115132	小昆山镇	310117121	长兴镇	310151115
新场镇	310115133	**青浦区（3 街道，8 镇）**	**310118000**	新村乡	310151200
大团镇	310115134	夏阳街道	310118001	横沙乡	310151201
康桥镇	310115136	盈浦街道	310118002		

江苏省

江苏省（苏）

行政区划名称	行政区划代码
江苏省（458 街道，758 镇，68 乡）	**320000000**
南京市（87 街道，13 镇）	**320100000**
玄武区（7 街道）	**320102000**
梅园新村街道	320102002
新街口街道	320102003
玄武门街道	320102005
锁金村街道	320102007
红山街道	320102008
孝陵卫街道	320102009
玄武湖街道	320102010
秦淮区（12 街道）	**320104000**
秦虹街道	320104001
夫子庙街道	320104002
双塘街道	320104004
中华门街道	320104006
红花街道	320104007
洪武路街道	320104008
五老村街道	320104009
大光路街道	320104010
瑞金路街道	320104011
月牙湖街道	320104012
光华路街道	320104013
朝天宫街道	320104014
建邺区（6 街道）	**320105000**
兴隆街道	320105006
南苑街道	320105007
双闸街道	320105008
沙洲街道	320105009
江心洲街道	320105010
莫愁湖街道	320105011
鼓楼区（13 街道）	**320106000**
宁海路街道	320106001
华侨路街道	320106002
湖南路街道	320106003
中央门街道	320106004
挹江门街道	320106005
江东街道	320106006
凤凰街道	320106007
阅江楼街道	320106008
热河南路街道	320106009
幕府山街道	320106010
建宁路街道	320106011
宝塔桥街道	320106012
小市街道	320106013
浦口区（9 街道）	**320111000**
泰山街道	320111001
顶山街道	320111002
沿江街道	320111003
江浦街道	320111004
桥林街道	320111005
汤泉街道	320111006
盘城街道	320111007
星甸街道	320111008
永宁街道	320111009
栖霞区（9 街道）	**320113000**
尧化街道	320113001
马群街道	320113002
迈皋桥街道	320113003
燕子矶街道	320113004
仙林街道	320113005
龙潭街道	320113007
栖霞街道	320113008
八卦洲街道	320113009
西岗街道	320113010
雨花台区（6 街道）	**320114000**
赛虹桥街道	320114002
雨花街道	320114003
西善桥街道	320114004
板桥街道	320114005
铁心桥街道	320114006
梅山街道	320114008
江宁区（10 街道）	**320115000**
东山街道	320115001
禄口街道	320115004
淳化街道	320115005
麒麟街道	320115006
横溪街道	320115007
江宁街道	320115008
谷里街道	320115009
汤山街道	320115010
秣陵街道	320115011
湖熟街道	320115012
六合区（11 街道，1 镇）	**320116000**
龙池街道	320116001
雄州街道	320116002
横梁街道	320116003
金牛湖街道	320116004
程桥街道	320116005
马鞍街道	320116006
龙袍街道	320116007
冶山街道 *	320116008
大厂街道 *	320116010
葛塘街道	320116011
长芦街道	320116012
竹镇镇	320116110
溧水区（2 街道，6 镇）	**320117000**
永阳街道	320117001
柘塘街道	320117002
白马镇	320117101
东屏镇	320117102
石湫镇	320117104
洪蓝镇	320117105
晶桥镇	320117106
和凤镇	320117107
高淳区（2 街道，6 镇）	**320118000**
淳溪街道	320118001
古柏街道	320118002
阳江镇	320118101
砖墙镇	320118102
漆桥镇	320118104
固城镇	320118105
东坝镇	320118106
桠溪镇	320118107
无锡市（53 街道，30 镇）	**320200000**
锡山区（5 街道，4 镇）	**320205000**
东亭街道	320205001
安镇街道	320205002
东北塘街道	320205003
云林街道	320205004
厚桥街道	320205005
羊尖镇	320205102
鹅湖镇	320205104
锡北镇	320205106
东港镇	320205107
惠山区（5 街道，2 镇）	**320206000**
堰桥街道	320206001
长安街道	320206002
钱桥街道	320206003
前洲街道	320206004
玉祁街道	320206005
洛社镇	320206103
阳山镇	320206105
滨湖区（8 街道，1 镇）	**320211000**
河埒街道	320211001
荣巷街道	320211002
蠡湖街道	320211003
蠡园街道	320211004
华庄街道	320211006
太湖街道	320211007
雪浪街道	320211008
马山街道	320211009
胡埭镇	320211104
梁溪区（17 街道）	**320213000**
崇安寺街道	320213001
通江街道	320213002
广瑞路街道	320213003
上马墩街道	320213004
江海街道	320213005
广益街道	320213006
迎龙桥街道	320213007
南禅寺街道	320213008
清名桥街道	320213009
金星街道	320213010
金匮街道	320213011
扬名街道	320213012
北大街街道	320213013
惠山街道	320213014
山北街道	320213015
黄巷街道	320213016
五河街道	320213017
新吴区（6 街道）	**320214000**
新安街道	320214001
旺庄街道	320214002
硕放街道	320214003

续表 1

行政区划名称	行政区划代码
江溪街道	320214004
梅村街道	320214005
鸿山街道	320214006
江阴市（7 街道，10 镇）	**320281000**
澄江街道	320281001
南闸街道	320281004
云亭街道	320281005
城东街道	320281006
夏港街道	320281008
申港街道	320281009
利港街道	320281010
璜土镇	320281101
月城镇	320281106
青阳镇	320281107
徐霞客镇	320281108
华士镇	320281113
周庄镇	320281114
新桥镇	320281115
长泾镇	320281116
顾山镇	320281117
祝塘镇	320281119
宜兴市（5 街道，13 镇）	**320282000**
新庄街道	320282001
宜城街道	320282002
屺亭街道	320282003
新街街道	320282005
芳桥街道	320282006
张渚镇	320282101
西渚镇	320282102
太华镇	320282103
徐舍镇	320282105
官林镇	320282108
杨巷镇	320282109
新建镇	320282111
和桥镇	320282114
高塍镇	320282115
万石镇	320282118
周铁镇	320282119
丁蜀镇	320282123
湖㳇镇	320282125
徐州市（66 街道，97 镇）	**320300000**
鼓楼区（9 街道）	**320302000**
丰财街道	320302001
环城街道	320302002
黄楼街道	320302003
牌楼街道	320302004
琵琶街道	320302008
铜沛街道	320302011
九里街道	320302012
金山桥街道 *	320302013
东环街道 *	320302014
云龙区（8 街道）	**320303000**
彭城街道	320303001
子房街道	320303005
黄山街道	320303007
骆驼山街道	320303008
大郭庄街道	320303010
翠屏山街道	320303011
潘塘街道	320303012
大龙湖街道	320303013
贾汪区（6 街道，5 镇）	**320305000**
大泉街道	320305003
老矿街道	320305004
大吴街道	320305005
潘安湖街道	320305006
大庙街道 *	320305007
大黄山街道 *	320305008
青山泉镇	320305102
紫庄镇	320305104
塔山镇	320305105
汴塘镇	320305106
江庄镇	320305107
泉山区（14 街道）	**320311000**
王陵街道	320311001
永安街道	320311003
湖滨街道	320311004
段庄街道	320311005
翟山街道	320311006
奎山街道	320311007
和平街道	320311008
泰山街道	320311011
金山街道	320311012
七里沟街道	320311014
火花街道	320311015
苏山街道	320311016
庞庄街道	320311017
桃园街道	320311018
铜山区（11 街道，18 镇）	**320312000**
义安街道	320312001
利国街道	320312002
张集街道	320312003
垞城街道	320312004
电厂街道	320312005
张双楼街道	320312006
三河尖街道	320312007
拾屯街道	320312008
铜山街道	320312009
三堡街道	320312010
新区街道	320312011
何桥镇	320312102
黄集镇	320312103
马坡镇	320312104
郑集镇	320312105
柳新镇	320312106
刘集镇	320312107
大彭镇	320312108
汉王镇	320312109
棠张镇	320312111
张集镇	320312112
房村镇	320312113
伊庄镇	320312114
单集镇	320312115
徐庄镇	320312117
大许镇	320312118
茅村镇	320312119
柳泉镇	320312120
利国镇	320312121
丰县（3 街道，12 镇）	**320321000**
中阳里街道	320321001
凤城街道	320321002
孙楼街道	320321003
首羡镇	320321102
顺河镇	320321103
常店镇	320321104
欢口镇	320321105
师寨镇	320321106
华山镇	320321107
梁寨镇	320321108
范楼镇	320321109
宋楼镇	320321111
大沙河镇	320321112
王沟镇	320321113
赵庄镇	320321114
沛县（4 街道，13 镇）	**320322000**
沛城街道	320322001
大屯街道	320322002
汉兴街道	320322003
汉源街道	320322004
龙固镇	320322102
杨屯镇	320322103
胡寨镇	320322105
魏庙镇	320322106
五段镇	320322107
张庄镇	320322108
张寨镇	320322109
敬安镇	320322110
河口镇	320322111
栖山镇	320322112
鹿楼镇	320322113
朱寨镇	320322114
安国镇	320322115
睢宁县（3 街道，15 镇）	**320324000**
睢城街道	320324001
睢河街道	320324002
金城街道	320324003
王集镇	320324102
双沟镇	320324103
岚山镇	320324104
李集镇	320324105
桃园镇	320324106
官山镇	320324107
高作镇	320324108
沙集镇	320324109
凌城镇	320324110
邱集镇	320324111
古邳镇	320324112
姚集镇	320324113
魏集镇	320324114
梁集镇	320324115
庆安镇	320324116
新沂市（4 街道，13 镇）	**320381000**
新安街道	320381001
北沟街道	320381002
唐店街道	320381003

续表 2

行政区划名称	行政区划代码	行政区划名称	行政区划代码	行政区划名称	行政区划代码
墨河街道	320381004	**新北区（3 街道，7 镇）**	**320411000**	浒墅关镇	320505102
草桥镇	320381102	河海街道	320411001	通安镇	320505105
港头镇	320381103	三井街道	320411002	**吴中区（8 街道，7 镇）**	**320506000**
合沟镇	320381104	龙虎塘街道	320411003	长桥街道	320506003
窑湾镇	320381105	春江镇	320411101	郭巷街道	320506004
棋盘镇	320381106	孟河镇	320411102	横泾街道	320506005
马陵山镇	320381107	新桥镇	320411103	越溪街道	320506006
邵店镇	320381108	薛家镇	320411104	城南街道	320506007
高流镇	320381109	罗溪镇	320411105	香山街道	320506008
阿湖镇	320381110	西夏墅镇	320411106	唯亭街道 *	320506009
时集镇	320381112	奔牛镇	320411107	胜浦街道 *	320506010
瓦窑镇	320381113	**武进区（5 街道，11 镇）**	**320412000**	甪直镇	320506101
双塘镇	320381114	南夏墅街道	320412001	光福镇	320506104
新店镇	320381116	西湖街道	320412002	木渎镇	320506108
邳州市（4 街道，21 镇）	**320382000**	丁堰街道	320412003	胥口镇	320506109
运河街道	320382001	戚墅堰街道	320412004	临湖镇	320506111
炮车街道	320382002	潞城街道	320412005	东山镇	320506113
戴圩街道	320382003	湖塘镇	320412100	金庭镇	320506114
东湖街道	320382004	牛塘镇	320412102	**相城区（7 街道，4 镇）**	**320507000**
邳城镇	320382102	洛阳镇	320412103	元和街道	320507001
官湖镇	320382103	遥观镇	320412104	黄桥街道	320507002
四户镇	320382104	横林镇	320412105	北桥街道	320507004
宿羊山镇	320382105	横山桥镇	320412106	太平街道	320507007
八义集镇	320382106	雪堰镇	320412110	北河泾街道 *	320507008
土山镇	320382107	前黄镇	320412113	漕湖街道 *	320507009
碾庄镇	320382108	礼嘉镇	320412114	澄阳街道	320507010
港上镇	320382109	嘉泽镇	320412119	望亭镇	320507100
邹庄镇	320382110	湟里镇	320412120	黄埭镇	320507103
占城镇	320382111	**金坛区（3 街道，6 镇）**	**320413000**	渭塘镇	320507107
新河镇	320382112	西城街道	320413001	阳澄湖镇	320507111
八路镇	320382113	尧塘街道	320413002	**姑苏区（8 街道）**	**320508000**
铁富镇	320382115	东城街道	320413003	沧浪街道	320508002
岔河镇	320382116	金城镇	320413100	吴门桥街道	320508003
陈楼镇	320382118	儒林镇	320413101	双塔街道	320508005
邢楼镇	320382119	直溪镇	320413102	平江街道	320508008
戴庄镇	320382120	朱林镇	320413103	苏锦街道	320508009
车辐山镇	320382121	薛埠镇	320413104	金阊街道	320508015
燕子埠镇	320382122	指前镇	320413105	白洋湾街道	320508016
赵墩镇	320382123	**溧阳市（1 街道，10 镇）**	**320481000**	虎丘街道	320508017
议堂镇	320382124	昆仑街道	320481001	**吴江区（1 街道，8 镇）**	**320509000**
常州市（25 街道，36 镇）	**320400000**	溧城镇	320481100	滨湖街道	320509001
天宁区（6 街道，1 镇）	**320402000**	埭头镇	320481101	松陵镇	320509100
天宁街道	320402001	上黄镇	320481102	同里镇	320509101
兰陵街道	320402006	戴埠镇	320481103	平望镇	320509102
茶山街道	320402007	天目湖镇	320481106	盛泽镇	320509103
雕庄街道	320402008	别桥镇	320481107	七都镇	320509104
红梅街道	320402009	上兴镇	320481109	震泽镇	320509105
青龙街道	320402010	竹箦镇	320481111	桃源镇	320509106
郑陆镇	320402100	南渡镇	320481114	黎里镇	320509107
钟楼区（7 街道，1 镇）	**320404000**	社渚镇	320481116	**常熟市（6 街道，8 镇）**	**320581000**
五星街道	320404001	**苏州市（37 街道，53 镇）**	**320500000**	碧溪街道	320581001
永红街道	320404002	**虎丘区（6 街道，2 镇）**	**320505000**	东南街道	320581003
北港街道	320404003	狮山街道	320505002	虞山街道	320581004
西林街道	320404004	横塘街道	320505003	琴川街道	320581005
南大街街道	320404005	枫桥街道	320505004	莫城街道	320581006
荷花池街道	320404006	东渚街道	320505005	常福街道	320581007
新闸街道	320404010	斜塘街道 *	320505006	梅李镇	320581101
邹区镇	320404100	娄葑街道 *	320505007	海虞镇	320581102

续表 3

行政区划名称	行政区划代码
古里镇	320581107
沙家浜镇	320581108
支塘镇	320581109
董浜镇	320581111
尚湖镇	320581117
辛庄镇	320581120
张家港市 (8 镇)	**320582000**
塘桥镇	320582100
凤凰镇	320582103
乐余镇	320582105
锦丰镇	320582107
南丰镇	320582108
杨舍镇	320582110
大新镇	320582116
金港镇	320582118
昆山市 (10 镇)	**320583000**
玉山镇	320583100
巴城镇	320583102
周市镇	320583105
陆家镇	320583107
花桥镇	320583108
淀山湖镇	320583110
张浦镇	320583111
周庄镇	320583112
千灯镇	320583113
锦溪镇	320583114
太仓市 (1 街道，6 镇)	**320585000**
娄东街道	320585001
城厢镇	320585100
浮桥镇	320585103
璜泾镇	320585105
双凤镇	320585109
沙溪镇	320585110
浏河镇	320585111
南通市 (37 街道，65 镇)	**320600000**
崇川区 (14 街道)	**320602000**
城东街道	320602001
和平桥街道	320602002
任港街道	320602003
新城桥街道	320602004
虹桥街道	320602005
学田街道	320602006
钟秀街道	320602007
文峰街道	320602008
观音山街道	320602009
狼山镇街道	320602010
新开街道 *	320602011
中兴街道 *	320602012
小海街道 *	320602013
竹行街道 *	320602014
港闸区 (6 街道)	**320611000**
永兴街道	320611001
唐闸镇街道	320611002
天生港镇街道	320611003
秦灶街道	320611004
陈桥街道	320611005
幸福街道	320611006
通州区 (4 街道，12 镇)	**320612000**
金沙街道	320612001
先锋街道	320612002
兴东街道	320612003
金新街道	320612004
西亭镇	320612101
二甲镇	320612102
东社镇	320612103
三余镇	320612104
十总镇	320612107
石港镇	320612110
刘桥镇	320612112
平潮镇	320612114
五接镇	320612116
兴仁镇	320612117
张芝山镇	320612119
川姜镇	320612120
海安县 (4 街道，9 镇)	**320621000**
中城街道	320621001
南城街道	320621002
西城街道	320621003
北城街道	320621004
曲塘镇	320621101
李堡镇	320621102
角斜镇	320621103
大公镇	320621106
城东镇	320621107
雅周镇	320621112
南莫镇	320621113
白甸镇	320621114
墩头镇	320621116
如东县 (3 街道，12 镇)	**320623000**
苴镇街道	320623001
城中街道	320623002
掘港街道	320623003
拼茶镇	320623100
洋口镇	320623101
长沙镇	320623104
马塘镇	320623109
丰利镇	320623110
曹埠镇	320623111
岔河镇	320623112
双甸镇	320623113
新店镇	320623114
河口镇	320623115
袁庄镇	320623117
大豫镇	320623121
启东市 (12 镇)	**320681000**
汇龙镇	320681100
南阳镇	320681102
北新镇	320681105
王鲍镇	320681107
合作镇	320681108
吕四港镇	320681110
海复镇	320681113
近海镇	320681117
寅阳镇	320681118
惠萍镇	320681120
东海镇	320681122
启隆镇	320681124
如皋市 (3 街道，11 镇)	**320682000**
如城街道	320682001
城北街道	320682002
城南街道	320682003
东陈镇	320682103
丁堰镇	320682104
白蒲镇	320682105
下原镇	320682107
九华镇	320682108
石庄镇	320682110
长江镇	320682111
吴窑镇	320682112
江安镇	320682113
搬经镇	320682116
磨头镇	320682117
海门市 (3 街道，9 镇)	**320684000**
海门街道	320684001
滨江街道	320684002
三厂街道	320684003
三星镇	320684101
海永镇	320684102
常乐镇	320684106
悦来镇	320684108
四甲镇	320684111
余东镇	320684113
正余镇	320684114
包场镇	320684115
临江镇	320684118
连云港市 (30 街道，50 镇，10 乡)	**320700000**
连云区 (12 街道，1 乡)	**320703000**
墟沟街道	320703001
连云街道	320703002
连岛街道	320703003
板桥街道	320703004
云山街道	320703005
海州湾街道	320703006
宿城街道	320703007
高公岛街道	320703008
中云街道 *	320703009
猴嘴街道 *	320703010
朝阳街道 *	320703011
徐圩街道 *	320703012
前三岛乡	320703200
海州区 (15 街道，4 镇)	**320706000**
海州街道	320706001
幸福路街道	320706002
朐阳街道	320706003
洪门街道	320706004
云台街道 *	320706005
新浦街道	320706006
浦西街道	320706007
新东街道	320706008
新南街道	320706009
路南街道	320706010
新海街道	320706011
花果山街道	320706012
南城街道	320706013
宁海街道	320706014
郁洲街道 *	320706015

续表 4

行政区划名称	行政区划代码
新坝镇	320706100
锦屏镇	320706101
板浦镇	320706102
浦南镇	320706103
赣榆区（15镇）	**320707000**
青口镇	320707100
柘汪镇	320707101
石桥镇	320707102
金山镇	320707103
黑林镇	320707104
厉庄镇	320707105
海头镇	320707106
塔山镇	320707107
赣马镇	320707108
班庄镇	320707109
城头镇	320707110
城西镇	320707111
宋庄镇	320707112
沙河镇	320707113
墩尚镇	320707114
东海县（2街道，11镇，6乡）	**320722000**
牛山街道	320722001
石榴街道	320722002
白塔埠镇	320722101
黄川镇	320722103
石梁河镇	320722104
青湖镇	320722105
温泉镇	320722107
双店镇	320722108
桃林镇	320722109
洪庄镇	320722110
安峰镇	320722111
房山镇	320722112
平明镇	320722113
驼峰乡	320722200
李埝乡	320722203
山左口乡	320722204
石湖乡	320722205
曲阳乡	320722206
张湾乡	320722207
灌云县（1街道，10镇，2乡）	**320723000**
侍庄街道	320723001
伊山镇	320723100
杨集镇	320723102
燕尾港镇	320723103
同兴镇	320723104
四队镇	320723105
圩丰镇	320723106
龙苴镇	320723107
下车镇	320723108
东王集镇	320723109
图河镇	320723110
小伊乡	320723209
南岗乡	320723212
灌南县（10镇，1乡）	**320724000**
新安镇	320724100
堆沟港镇	320724101
北陈集镇	320724103
张店镇	320724104
汤沟镇	320724105
百禄镇	320724106
孟兴庄镇	320724107
三口镇	320724108
田楼镇	320724109
新集镇	320724110
李集乡	320724203
淮安市（21街道，84镇，20乡）	**320800000**
淮安区（3街道，20镇，4乡）	**320803000**
淮城街道	320803001
河下街道	320803002
城东街道	320803003
平桥镇	320803101
上河镇	320803102
朱桥镇	320803103
溪河镇	320803104
施河镇	320803105
车桥镇	320803106
泾口镇	320803107
流均镇	320803108
苏嘴镇	320803109
钦工镇	320803110
顺河镇	320803111
林集镇	320803112
博里镇	320803113
马甸镇	320803114
席桥镇	320803115
复兴镇	320803116
季桥镇	320803117
仇桥镇	320803118
南闸镇	320803119
范集镇	320803120
建淮乡	320803200
茭陵乡	320803201
宋集乡	320803202
三堡乡	320803206
淮阴区（14镇，7乡）	**320804000**
王营镇	320804100
赵集镇	320804101
吴城镇	320804102
南陈集镇	320804103
码头镇	320804104
王兴镇	320804105
棉花庄镇	320804106
丁集镇	320804107
五里镇	320804108
徐溜镇	320804109
渔沟镇	320804110
吴集镇	320804111
西宋集镇	320804112
三树镇	320804114
韩桥乡	320804200
新渡乡	320804201
老张集乡	320804202
凌桥乡	320804203
袁集乡	320804204
刘老庄乡	320804205
古寨乡	320804206
清江浦区（12街道，3镇，4乡）	**320812000**
府前街道	320812001
长西街道	320812002
淮海街道	320812003
长东街道	320812004
柳树湾街道	320812005
水渡口街道	320812006
清河街道	320812007
清江街道	320812008
浦楼街道	320812009
闸口街道	320812010
清浦街道	320812011
城南街道	320812012
和平镇	320812100
武墩镇	320812101
盐河镇	320812102
城南乡	320812201
黄码乡	320812202
钵池乡	320812203
徐杨乡	320812204
洪泽区（3街道，6镇）	**320813000**
高良涧街道	320813001
朱坝街道	320813002
黄集街道	320813003
蒋坝镇	320813101
岔河镇	320813103
西顺河镇	320813104
老子山镇	320813105
三河镇	320813106
东双沟镇	320813110
涟水县（17镇，2乡）	**320826000**
涟城镇	320826100
高沟镇	320826101
唐集镇	320826102
保滩镇	320826103
大东镇	320826104
五港镇	320826105
梁岔镇	320826106
石湖镇	320826107
朱码镇	320826108
岔庙镇	320826109
东胡集镇	320826110
南集镇	320826111
义兴镇	320826112
成集镇	320826113
红窑镇	320826114
陈师镇	320826115
前进镇	320826116
徐集乡	320826200
黄营乡	320826201
盱眙县（3街道，14镇，3乡）	**320830000**
盱城街道	320830001
太和街道	320830002
古桑街道	320830003
马坝镇	320830101
官滩镇	320830102
旧铺镇	320830103
桂五镇	320830104

续表 5

行政区划名称	行政区划代码	行政区划名称	行政区划代码	行政区划名称	行政区划代码
管镇镇	320830105	草堰镇	320904101	海通镇	320924108
河桥镇	320830106	白驹镇	320904102	兴桥镇	320924109
鲍集镇	320830107	刘庄镇	320904103	新坍镇	320924110
黄花塘镇	320830108	小海镇	320904106	长荡镇	320924111
明祖陵镇	320830109	西团镇	320904107	盘湾镇	320924112
铁佛镇	320830110	新丰镇	320904108	特庸镇	320924113
淮河镇	320830111	大桥镇	320904110	洋马镇	320924114
仇集镇	320830112	草庙镇	320904111	黄沙港镇	320924117
观音寺镇	320830113	万盈镇	320904112	**建湖县（3 街道，11 镇）**	**320925000**
天泉湖镇	320830114	南阳镇	320904114	近湖街道	320925001
维桥乡	320830200	三龙镇	320904116	钟庄街道	320925002
穆店乡	320830201	**响水县（8 镇）**	**320921000**	塘河街道	320925003
兴隆乡	320830204	响水镇	320921100	建阳镇	320925101
金湖县（10 镇）	**320831000**	陈家港镇	320921101	九龙口镇	320925102
黎城镇	320831100	小尖镇	320921102	恒济镇	320925103
金南镇	320831101	黄圩镇	320921103	颜单镇	320925104
闵桥镇	320831102	大有镇	320921104	沿河镇	320925105
塔集镇	320831103	双港镇	320921105	芦沟镇	320925106
前锋镇	320831106	南河镇	320921106	庆丰镇	320925107
吕良镇	320831107	运河镇	320921107	上冈镇	320925108
陈桥镇	320831108	**滨海县（3 街道，11 镇）**	**320922000**	冈西镇	320925111
金北镇	320831109	东坎街道	320922001	宝塔镇	320925113
戴楼镇	320831110	坎南街道	320922002	高作镇	320925114
银涂镇	320831111	坎北街道	320922003	**东台市（14 镇）**	**320981000**
盐城市（26 街道，96 镇）	**320900000**	五汛镇	320922101	溱东镇	320981100
亭湖区（10 街道，6 镇）	**320902000**	蔡桥镇	320922102	时堰镇	320981101
五星街道	320902001	正红镇	320922103	五烈镇	320981106
文峰街道	320902002	通榆镇	320922104	梁垛镇	320981107
先锋街道	320902003	界牌镇	320922105	安丰镇	320981108
伍佑街道 *	320902004	八巨镇	320922106	南沈灶镇	320981109
新城街道	320902005	八滩镇	320922107	富安镇	320981110
大洋街道	320902006	滨海港镇	320922108	唐洋镇	320981112
黄海街道 *	320902007	滨淮镇	320922109	新街镇	320981113
新洋街道	320902008	天场镇	320922110	许河镇	320981114
毓龙街道	320902009	陈涛镇	320922112	三仓镇	320981115
新河街道	320902010	**阜宁县（4 街道，13 镇）**	**320923000**	头灶镇	320981118
新兴镇	320902102	阜城街道	320923001	弶港镇	320981121
南洋镇	320902104	金沙湖街道	320923002	东台镇	320981122
便仓镇	320902106	花园街道	320923003	**扬州市（14 街道，62 镇，5 乡）**	**321000000**
步凤镇 *	320902108	吴滩街道	320923004		
黄尖镇	320902115	沟墩镇	320923101	**广陵区（4 街道，6 镇，1 乡）**	**321002000**
盐东镇	320902116	陈良镇	320923104	东关街道	321002001
盐都区（6 街道，8 镇）	**320903000**	三灶镇	320923106	汶河街道	321002002
张庄街道	320903001	郭墅镇	320923107	文峰街道	321002003
潘黄街道	320903002	新沟镇	320923108	曲江街道	321002004
新都街道 *	320903003	陈集镇	320923109	湾头镇	321002100
盐龙街道	320903004	羊寨镇	320923110	杭集镇	321002101
盐渎街道	320903005	芦蒲镇	320923111	李典镇	321002102
科城街道	320903006	板湖镇	320923113	沙头镇	321002103
学富镇	320903103	东沟镇	320923114	头桥镇	321002104
龙冈镇	320903109	益林镇	320923115	泰安镇	321002105
郭猛镇	320903111	古河镇	320923118	汤汪乡	321002200
大冈镇	320903112	罗桥镇	320923119	**邗江区（8 街道，9 镇，3 乡）**	**321003000**
大纵湖镇	320903113	**射阳县（13 镇）**	**320924000**	邗上街道	321003001
楼王镇	320903114	合德镇	320924100	新盛街道	321003002
尚庄镇	320903115	临海镇	320924101	蒋王街道	321003003
秦南镇	320903116	千秋镇	320924102	汊河街道	321003004
大丰区（12 镇）	**320904000**	四明镇	320924104	梅岭街道	321003005
大中镇	320904100	海河镇	320924106	扬子津街道	321003006

续表 6

行政区划名称	行政区划代码	行政区划名称	行政区划代码	行政区划名称	行政区划代码
瘦西湖街道 *	321003007	汤庄镇	321084106	西来桥镇	321182105
甘泉街道	321003008	卸甲镇	321084107	**句容市（3 街道，8 镇）**	**321183000**
公道镇	321003102	三垛镇	321084108	华阳街道	321183001
方巷镇	321003104	甘垛镇	321084109	崇明街道	321183002
槐泗镇	321003106	界首镇	321084112	黄梅街道	321183003
瓜洲镇	321003109	周山镇	321084113	下蜀镇	321183102
杨寿镇	321003118	临泽镇	321084115	白兔镇	321183103
杨庙镇	321003120	送桥镇	321084116	茅山镇	321183105
西湖镇	321003121	菱塘回族乡	321084200	后白镇	321183106
八里镇 *	321003122	**镇江市（25 街道，31 镇）**	**321100000**	郭庄镇	321183107
施桥镇 *	321003123	**京口区（8 街道，3 镇）**	**321102000**	天王镇	321183109
平山乡	321003200	正东路街道	321102001	宝华镇	321183112
城北乡	321003201	健康路街道	321102002	边城镇	321183117
双桥乡	321003202	大市口街道	321102003	**泰州市（20 街道，71 镇，5 乡）**	**321200000**
江都区（13 镇）	**321012000**	四牌楼街道	321102004	**海陵区（10 街道，3 镇）**	**321202000**
仙女镇	321012100	谏壁街道	321102005	城东街道	321202001
小纪镇	321012101	象山街道	321102006	城西街道	321202002
武坚镇	321012102	丁卯街道 *	321102007	城南街道	321202003
樊川镇	321012103	大港街道 *	321102008	城中街道	321202004
真武镇	321012104	丁岗镇 *	321102100	城北街道	321202005
宜陵镇	321012105	大路镇 *	321102101	京泰路街道	321202007
丁沟镇	321012106	姚桥镇 *	321102102	凤凰路街道 *	321202008
郭村镇	321012107	**润州区（8 街道）**	**321111000**	寺巷街道 *	321202009
邵伯镇	321012108	宝塔路街道	321111001	明珠街道 *	321202010
丁伙镇	321012109	和平路街道	321111002	红旗街道 *	321202011
大桥镇	321012110	官塘桥街道	321111003	九龙镇	321202100
吴桥镇	321012111	蒋乔街道	321111004	罡杨镇	321202102
浦头镇	321012112	金山街道	321111005	苏陈镇	321202103
宝应县（14 镇）	**321023000**	韦岗街道	321111006	**高港区（4 街道，5 镇）**	**321203000**
安宜镇	321023100	七里甸街道	321111007	口岸街道	321203001
范水镇	321023101	南山街道	321111008	刁铺街道	321203002
夏集镇	321023102	**丹徒区（2 街道，6 镇）**	**321112000**	许庄街道	321203003
柳堡镇	321023103	高资街道	321112001	沿江街道 *	321203004
射阳湖镇	321023104	宜城街道	321112002	永安洲镇	321203102
广洋湖镇	321023105	高桥镇	321112103	白马镇	321203103
鲁垛镇	321023106	辛丰镇	321112105	大泗镇	321203105
小官庄镇	321023107	谷阳镇	321112107	胡庄镇	321203106
望直港镇	321023108	上党镇	321112108	野徐镇 *	321203107
曹甸镇	321023109	宝堰镇	321112110	**姜堰区（2 街道，14 镇）**	**321204000**
西安丰镇	321023110	世业镇	321112113	罗塘街道	321204001
山阳镇	321023111	**丹阳市（2 街道，10 镇）**	**321181000**	三水街道	321204002
黄塍镇	321023112	云阳街道	321181001	蒋垛镇	321204100
泾河镇	321023113	曲阿街道	321181002	娄庄镇	321204101
仪征市（10 镇）	**321081000**	司徒镇	321181101	白米镇	321204102
真州镇	321081100	延陵镇	321181105	俞垛镇	321204103
青山镇	321081101	珥陵镇	321181106	兴泰镇	321204104
新集镇	321081103	导墅镇	321181109	大　镇	321204105
新城镇	321081104	皇塘镇	321181110	华港镇	321204106
马集镇	321081105	吕城镇	321181112	顾高镇	321204107
刘集镇	321081106	陵口镇	321181114	桥头镇	321204108
陈集镇	321081107	访仙镇	321181117	张甸镇	321204109
大仪镇	321081108	界牌镇	321181118	沈高镇	321204110
月塘镇	321081109	丹北镇	321181122	溱潼镇	321204111
朴席镇 *	321081110	**扬中市（2 街道，4 镇）**	**321182000**	梁徐镇	321204112
高邮市（2 街道，10 镇，1 乡）	**321084000**	三茅街道	321182001	淤溪镇	321204113
高邮街道	321084001	兴隆街道	321182002	**兴化市（2 街道，27 镇，4 乡）**	**321281000**
马棚街道	321084002	新坝镇	321182101	昭阳街道	321281001
龙虬镇	321084101	油坊镇	321182103	临城街道	321281002
车逻镇	321084103	八桥镇	321182104	戴窑镇	321281100

续表 7

行政区划名称	行政区划代码
合陈镇	321281101
永丰镇	321281102
新垛镇	321281103
安丰镇	321281104
海南镇	321281105
钓鱼镇	321281106
大邹镇	321281107
沙沟镇	321281108
中堡镇	321281109
李中镇	321281110
西郊镇	321281111
垛田镇	321281113
竹泓镇	321281114
沈坨镇	321281115
大垛镇	321281116
荻垛镇	321281117
陶庄镇	321281118
昌荣镇	321281119
茅山镇	321281120
周庄镇	321281121
陈堡镇	321281122
戴南镇	321281123
张郭镇	321281124
大营镇	321281126
下圩镇	321281127
兴东镇	321281129
老圩乡	321281201
周奋乡	321281203
缸顾乡	321281204
林湖乡	321281207
靖江市（1 街道，8 镇）	**321282000**
靖城街道	321282001
新桥镇	321282101
东兴镇	321282102
斜桥镇	321282104
西来镇	321282105
季市镇	321282106
孤山镇	321282107
生祠镇	321282109
马桥镇	321282110
泰兴市（1 街道，14 镇，1 乡）	**321283000**
济川街道	321283001
黄桥镇	321283101
珊瑚镇	321283102
广陵镇	321283103
古溪镇	321283106
元竹镇	321283107
张桥镇	321283108
曲霞镇	321283109
河失镇	321283110
新街镇	321283113
姚王镇	321283114
宣堡镇	321283115
分界镇	321283122
滨江镇	321283123
虹桥镇	321283124
根思乡	321283201
宿迁市（17 街道，70 镇，28 乡）	**321300000**
宿城区（8 街道，7 镇，3 乡）	**321302000**
幸福街道	321302001
项里街道	321302002
河滨街道	321302003
古城街道	321302004
支口街道	321302005
双庄街道	321302006
三棵树街道	321302007
黄河街道	321302008
耿车镇	321302101
埠子镇	321302102
龙河镇	321302103
洋北镇	321302104
中杨镇	321302107
陈集镇	321302109
洋河镇 *	321302110
罗圩乡	321302201
南蔡乡 *	321302202
屠园乡	321302203
宿豫区（3 街道，13 镇，3 乡）	**321311000**
顺河街道	321311001
豫新街道	321311002
下相街道	321311003
蔡集镇	321311102
王官集镇	321311103
仰化镇	321311105
大兴镇	321311106
丁嘴镇	321311107
来龙镇	321311108
黄墩镇 *	321311109
陆集镇	321311110
关庙镇	321311111
侍岭镇	321311112
新庄镇	321311113
晓店镇 *	321311114
皂河镇 *	321311115
曹集乡	321311201
保安乡	321311202
井头乡 *	321311203
沭阳县（6 街道，25 镇，8 乡）	**321322000**
沭城街道	321322001
南湖街道	321322002
梦溪街道	321322003
十字街道	321322004
章集街道	321322005
七雄街道	321322006
陇集镇	321322101
胡集镇	321322102
钱集镇	321322103
塘沟镇	321322104
马厂镇	321322105
沂涛镇	321322106
庙头镇	321322107
韩山镇	321322108
华冲镇	321322109
桑墟镇	321322110
悦来镇	321322111
刘集镇	321322112
李恒镇	321322114
扎下镇	321322115
颜集镇	321322116
潼阳镇	321322117
龙庙镇	321322118
高墟镇	321322119
耿圩镇	321322120
汤涧镇	321322122
新河镇	321322124
贤官镇	321322125
吴集镇	321322126
湖东镇	321322127
青伊湖镇	321322128
北丁集乡	321322200
周集乡	321322201
东小店乡	321322202
张圩乡	321322203
茆圩乡	321322204
西圩乡	321322205
万匹乡	321322206
官墩乡	321322207
泗阳县（11 镇，5 乡）	**321323000**
众兴镇	321323100
爱园镇	321323101
王集镇	321323102
裴圩镇	321323103
新袁镇	321323104
李口镇	321323105
临河镇	321323107
穿城镇	321323108
张家圩镇	321323109
高渡镇	321323110
卢集镇	321323111
庄圩乡	321323200
里仁乡	321323201
三庄乡	321323202
南刘集乡	321323203
八集乡	321323204
泗洪县（14 镇，9 乡）	**321324000**
青阳镇	321324100
双沟镇	321324101
上塘镇	321324102
魏营镇	321324103
临淮镇	321324104
半城镇	321324105
孙园镇	321324106
梅花镇	321324107
归仁镇	321324108
金锁镇	321324109
朱湖镇	321324110
界集镇	321324111
太平镇	321324112
龙集镇	321324113
四河乡	321324200
峰山乡	321324201
天岗湖乡	321324202
车门乡	321324203
瑶沟乡	321324204
石集乡	321324205
城头乡	321324206
陈圩乡	321324207
曹庙乡	321324210

浙江省

浙江省（浙）

行政区划名称	行政区划代码
浙江省（463 街道，641 镇，274 乡）	**330000000**
杭州市（92 街道，75 镇，23 乡）	**330100000**
上城区（6 街道）	**330102000**
清波街道	330102001
湖滨街道	330102003
小营街道	330102004
南星街道	330102008
紫阳街道	330102009
望江街道	330102010
下城区（8 街道）	**330103000**
长庆街道	330103001
武林街道	330103002
天水街道	330103003
潮鸣街道	330103005
朝晖街道	330103006
文晖街道	330103007
东新街道	330103008
石桥街道	330103009
江干区（10 街道）	**330104000**
凯旋街道	330104005
采荷街道	330104006
闸弄口街道	330104007
四季青街道	330104008
白杨街道	330104009
下沙街道	330104010
彭埠街道	330104011
笕桥街道	330104012
丁兰街道	330104013
九堡街道	330104014
拱墅区（10 街道）	**330105000**
米市巷街道	330105001
湖墅街道	330105002
小河街道	330105003
和睦街道	330105004
拱宸桥街道	330105005
大关街道	330105007
上塘街道	330105008
祥符街道	330105009
康桥街道	330105010
半山街道	330105011
西湖区（10 街道，2 镇）	**330106000**
北山街道	330106002
灵隐街道	330106003
西溪街道	330106004
翠苑街道	330106005
文新街道	330106006
转塘街道	330106011
蒋村街道	330106012
留下街道	330106013
古荡街道	330106014
西湖街道	330106015
三墩镇	330106109
双浦镇	330106110
滨江区（3 街道）	**330108000**
西兴街道	330108001
浦沿街道	330108002
长河街道	330108003
萧山区（14 街道，12 镇）	**330109000**
城厢街道	330109001
北干街道	330109002
蜀山街道	330109003
新塘街道	330109004
靖江街道	330109005
南阳街道	330109006
义蓬街道	330109007
新湾街道	330109008
河庄街道	330109009
前进街道	330109010
临江街道	330109011
新街街道	330109012
闻堰街道	330109013
宁围街道	330109014
楼塔镇	330109100
河上镇	330109101
戴村镇	330109102
浦阳镇	330109103
进化镇	330109104
临浦镇	330109105
义桥镇	330109106
所前镇	330109107
衙前镇	330109108
瓜沥镇	330109113
益农镇	330109115
党湾镇	330109120
余杭区（14 街道，6 镇）	**330110000**
临平街道	330110001
南苑街道	330110002
东湖街道	330110003
星桥街道	330110004
五常街道	330110005
乔司街道	330110006
运河街道	330110007
崇贤街道	330110008
仁和街道	330110009
闲林街道	330110010
中泰街道	330110011
余杭街道	330110012
良渚街道	330110013
仓前街道	330110014
塘栖镇	330110102
径山镇	330110109
瓶窑镇	330110110
鸬鸟镇	330110111
百丈镇	330110112
黄湖镇	330110113
富阳区（5 街道，13 镇，6 乡）	**330111000**
富春街道	330111001
春江街道	330111002
东洲街道	330111003
鹿山街道	330111004
银湖街道	330111005
万市镇	330111100
洞桥镇	330111101
新登镇	330111102
渌渚镇	330111103
胥口镇	330111104
永昌镇	330111105
大源镇	330111106
灵桥镇	330111107
里山镇	330111108
常绿镇	330111109
场口镇	330111110
常安镇	330111111
龙门镇	330111112
新桐乡	330111200
上官乡	330111201
渔山乡	330111202
环山乡	330111203
湖源乡	330111204
春建乡	330111205
临安区（5 街道，13 镇）	**330112000**
锦城街道	330112001
玲珑街道	330112002
青山湖街道	330112003
锦南街道	330112004
锦北街道	330112005
高虹镇	330112100
太湖源镇	330112101
於潜镇	330112102
天目山镇	330112103
太阳镇	330112104
潜川镇	330112105
昌化镇	330112106
河桥镇	330112107
龙岗镇	330112108
湍口镇	330112109
清凉峰镇	330112110
岛石镇	330112111
板桥镇	330112112
桐庐县（4 街道，6 镇，4 乡）	**330122000**
桐君街道	330122001
旧县街道	330122002
城南街道	330122003
凤川街道	330122004

续表 1

行政区划名称	行政区划代码
富春江镇	330122101
横村镇	330122102
江南镇	330122105
分水镇	330122109
瑶琳镇	330122110
百江镇	330122112
莪山畲族乡	330122201
钟山乡	330122202
新合乡	330122204
合村乡	330122210
淳安县（11 镇，12 乡）	**330127000**
文昌镇	330127101
石林镇	330127102
临岐镇	330127103
威坪镇	330127104
姜家镇	330127106
梓桐镇	330127107
汾口镇	330127108
中洲镇	330127109
大墅镇	330127110
枫树岭镇	330127111
千岛湖镇	330127112
里商乡	330127200
金峰乡	330127201
富文乡	330127202
左口乡	330127203
屏门乡	330127205
瑶山乡	330127206
王阜乡	330127208
宋村乡	330127210
鸠坑乡	330127211
浪川乡	330127212
界首乡	330127214
安阳乡	330127216
建德市（3 街道，12 镇，1 乡）	**330182000**
新安江街道	330182001
洋溪街道	330182002
更楼街道	330182003
莲花镇	330182101
乾潭镇	330182102
梅城镇	330182104
杨村桥镇	330182105
下涯镇	330182106
大洋镇	330182107
三都镇	330182108
寿昌镇	330182109
航头镇	330182110
大慈岩镇	330182111
大同镇	330182112
李家镇	330182113
钦堂乡	330182202
宁波市（69 街道，75 镇，10 乡）	**330200000**
海曙区（9 街道，7 镇，1 乡）	**330203000**
南门街道	330203001
江厦街道	330203002
西门街道	330203003
月湖街道	330203004
鼓楼街道	330203005
白云街道	330203006
段塘街道	330203007
望春街道	330203008
石碶街道	330203009
高桥镇	330203100
横街镇	330203101
集士港镇	330203102
古林镇	330203103
洞桥镇	330203104
鄞江镇	330203105
章水镇	330203106
龙观乡	330203200
江北区（7 街道，1 镇）	**330205000**
中马街道	330205001
白沙街道	330205002
孔浦街道	330205003
文教街道	330205004
庄桥街道	330205005
甬江街道	330205006
洪塘街道	330205007
慈城镇	330205103
北仑区（11 街道）	**330206000**
新碶街道	330206001
小港街道	330206002
大碶街道	330206003
霞浦街道	330206004
柴桥街道	330206005
戚家山街道	330206006
大榭街道	330206007
梅山街道	330206008
春晓街道	330206009
白峰街道	330206010
郭巨街道	330206011
镇海区（5 街道，2 镇）	**330211000**
招宝山街道	330211001
蛟川街道	330211002
骆驼街道	330211003
庄市街道	330211004
贵驷街道	330211005
澥浦镇	330211100
九龙湖镇	330211101
鄞州区（14 街道，10 镇，）	**330212000**
下应街道	330212003
钟公庙街道	330212004
首南街道	330212006
中河街道	330212007
梅墟街道	330212008
潘火街道	330212009
百丈街道	330212010
东胜街道	330212011
明楼街道	330212012
白鹤街道	330212013
东柳街道	330212014
东郊街道	330212015
福明街道	330212016
新明街道	330212017
瞻岐镇	330212100
咸祥镇	330212101
塘溪镇	330212102
东吴镇	330212104
五乡镇	330212105
邱隘镇	330212106
云龙镇	330212108
横溪镇	330212109
姜山镇	330212121
东钱湖镇	330212123
奉化区（5 街道，6 镇）	**330213000**
锦屏街道	330213001
岳林街道	330213002
江口街道	330213003
西坞街道	330213004
萧王庙街道	330213005
溪口镇	330213100
尚田镇	330213101
莼湖镇	330213102
裘村镇	330213103
大堰镇	330213104
松岙镇	330213105
象山县（3 街道，10 镇，5 乡）	**330225000**
丹东街道	330225001
丹西街道	330225002
爵溪街道	330225003
石浦镇	330225101
西周镇	330225102
鹤浦镇	330225103
贤庠镇	330225104
墙头镇	330225105
泗洲头镇	330225106
定塘镇	330225107
涂茨镇	330225108
大徐镇	330225109
新桥镇	330225110
东陈乡	330225200
晓塘乡	330225201
黄避岙乡	330225202
茅洋乡	330225203
高塘岛乡	330225204
宁海县（4 街道，11 镇，3 乡）	**330226000**
跃龙街道	330226001
桃源街道	330226002
梅林街道	330226003
桥头胡街道	330226004
长街镇	330226101
力洋镇	330226102
一市镇	330226104
岔路镇	330226105
前童镇	330226106
桑洲镇	330226107
黄坛镇	330226108

续表 2

行政区划名称	行政区划代码
大佳何镇	330226109
强蛟镇	330226110
西店镇	330226111
深甽镇	330226112
胡陈乡	330226200
茶院乡	330226201
越溪乡	330226202
余姚市 (6 街道，14 镇，1 乡)	**330281000**
梨洲街道	330281001
凤山街道	330281002
兰江街道	330281003
阳明街道	330281004
低塘街道	330281005
朗霞街道	330281006
临山镇	330281100
黄家埠镇	330281101
小曹娥镇	330281102
泗门镇	330281103
马渚镇	330281106
牟山镇	330281108
丈亭镇	330281109
三七市镇	330281110
河姆渡镇	330281111
大隐镇	330281112
陆埠镇	330281113
梁弄镇	330281114
大岚镇	330281115
四明山镇	330281116
鹿亭乡	330281201
慈溪市 (5 街道，14 镇)	**330282000**
浒山街道	330282001
宗汉街道	330282002
坎墩街道	330282003
白沙路街道	330282004
古塘街道	330282005
龙山镇	330282101
掌起镇	330282104
观海卫镇	330282107
附海镇	330282108
桥头镇	330282109
匡堰镇	330282110
逍林镇	330282111
新浦镇	330282112
胜山镇	330282113
横河镇	330282114
崇寿镇	330282116
庵东镇	330282118
长河镇	330282120
周巷镇	330282121
温州市 (66 街道，93 镇，26 乡)	**330300000**
鹿城区 (12 街道，2 镇)	**330302000**
滨江街道	330302002
松台街道	330302014
五马街道	330302018
南汇街道	330302021
双屿街道	330302022
仰义街道	330302023
七都街道	330302024
蒲鞋市街道	330302025
广化街道	330302026
大南街道	330302027
南郊街道	330302028
丰门街道	330302029
藤桥镇	330302100
山福镇	330302101
龙湾区 (10 街道)	**330303000**
永中街道	330303001
蒲州街道	330303002
海滨街道	330303003
永兴街道	330303004
海城街道	330303005
状元街道	330303006
瑶溪街道	330303007
沙城街道	330303008
天河街道	330303009
星海街道	330303010
瓯海区 (12 街道，1 镇)	**330304000**
景山街道	330304001
梧田街道	330304002
茶山街道	330304003
南白象街道	330304004
新桥街道	330304005
娄桥街道	330304006
三垟街道	330304007
瞿溪街道	330304008
潘桥街道	330304010
丽岙街道	330304011
仙岩街道	330304012
郭溪街道	330304013
泽雅镇	330304108
洞头区 (5 街道，1 镇，1 乡)	**330305000**
北岙街道	330305001
东屏街道	330305002
元觉街道	330305003
霓屿街道	330305004
灵昆街道	330305011
大门镇	330305100
鹿西乡	330305200
永嘉县 (7 街道，11 镇，4 乡)	**330324000**
乌牛街道	330324001
东城街道	330324002
北城街道	330324003
南城街道	330324004
三江街道	330324007
黄田街道	330324008
瓯北街道	330324009
桥头镇	330324102
大若岩镇	330324105
枫林镇	330324109
桥下镇	330324112
碧莲镇	330324113
巽宅镇	330324114
岩头镇	330324115
岩坦镇	330324116
沙头镇	330324117
鹤盛镇	330324118
金溪镇	330324119
茗岙乡	330324200
云岭乡	330324201
溪下乡	330324202
界坑乡	330324203
平阳县 (14 镇，2 乡)	**330326000**
昆阳镇	330326100
鳌江镇	330326101
水头镇	330326102
萧江镇	330326103
海西镇	330326104
腾蛟镇	330326105
南麂镇	330326106
山门镇	330326107
顺溪镇	330326108
南雁镇	330326109
麻步镇	330326110
凤卧镇	330326111
万全镇	330326112
怀溪镇	330326113
青街畲族乡	330326214
闹村乡	330326215
苍南县 (17 镇，2 乡)	**330327000**
宜山镇	330327103
大渔镇	330327104
炎亭镇	330327105
望里镇	330327106
莒溪镇	330327107
南宋镇	330327108
霞关镇	330327109
沿浦镇	330327110
藻溪镇	330327112
灵溪镇	330327122
龙港镇	330327123
金乡镇	330327124
钱库镇	330327125
马站镇	330327126
矾山镇	330327127
桥墩镇	330327128
赤溪镇	330327129
凤阳畲族乡	330327216
岱岭畲族乡	330327218
文成县 (12 镇，5 乡)	**330328000**
百丈漈镇	330328101
二源镇	330328102
巨屿镇	330328106
大峃镇	330328108
珊溪镇	330328109
玉壶镇	330328110
南田镇	330328111
黄坦镇	330328112

续表 3

行政区划名称	行政区划代码	行政区划名称	行政区划代码	行政区划名称	行政区划代码
西坑畲族镇	330328113	盐盆街道	330382003	天凝镇	330421111
峃口镇	330328114	翁垟街道	330382004	姚庄镇	330421112
周壤镇	330328115	白石街道	330382005	**海盐县 (4 街道，5 镇)**	**330424000**
铜铃山镇	330328116	石帆街道	330382006	武原街道	330424001
桂山乡	330328210	天成街道	330382007	秦山街道	330424002
双桂乡	330328211	乐成街道	330382008	元通街道	330424003
平和乡	330328212	雁荡镇	330382104	西塘桥街道	330424004
公阳乡	330328213	柳市镇	330382121	沈荡镇	330424101
周山畲族乡	330328217	北白象镇	330382122	百步镇	330424102
泰顺县 (12 镇，7 乡)	**330329000**	虹桥镇	330382123	于城镇	330424103
百丈镇	330329102	淡溪镇	330382124	澉浦镇	330424105
罗阳镇	330329111	清江镇	330382125	通元镇	330424106
司前畲族镇	330329112	芙蓉镇	330382126	**海宁市 (4 街道，8 镇)**	**330481000**
筱村镇	330329113	大荆镇	330382127	马桥街道	330481001
泗溪镇	330329114	仙溪镇	330382128	海昌街道	330481002
彭溪镇	330329115	磐石镇	330382129	海洲街道	330481003
雅阳镇	330329116	蒲岐镇	330382130	硖石街道	330481004
仕阳镇	330329117	南岳镇	330382131	许村镇	330481101
三魁镇	330329118	南塘镇	330382132	长安镇	330481103
南浦溪镇	330329120	湖雾镇	330382133	周王庙镇	330481105
龟湖镇	330329121	岭底乡	330382200	丁桥镇	330481106
西旸镇	330329122	智仁乡	330382201	斜桥镇	330481107
东溪乡	330329201	龙西乡	330382202	黄湾镇	330481108
凤垟乡	330329202	**嘉兴市 (30 街道，42 镇)**	**330400000**	盐官镇	330481110
柳峰乡	330329203	**南湖区 (9 街道，4 镇)**	**330402000**	袁花镇	330481112
竹里畲族乡	330329204	建设街道	330402007	**平湖市 (3 街道，6 镇)**	**330482000**
雪溪乡	330329206	解放街道	330402008	当湖街道	330482001
大安乡	330329208	新嘉街道	330402009	曹桥街道	330482002
包垟乡	330329210	南湖街道	330402010	钟埭街道	330482003
瑞安市 (12 街道，9 镇，2 乡)	**330381000**	新兴街道	330402011	乍浦镇	330482101
安阳街道	330381001	七星街道	330402012	新埭镇	330482102
上望街道	330381002	东栅街道	330402013	新仓镇	330482103
东山街道	330381003	城南街道 *	330402014	广陈镇	330482106
玉海街道	330381004	长水街道 *	330402015	林埭镇	330482107
锦湖街道	330381005	凤桥镇	330402100	独山港镇	330482108
莘塍街道	330381006	余新镇	330402101	**桐乡市 (3 街道，8 镇)**	**330483000**
汀田街道	330381007	新丰镇	330402103	梧桐街道	330483001
南滨街道	330381008	大桥镇	330402105	凤鸣街道	330483003
飞云街道	330381009	**秀洲区 (4 街道，5 镇)**	**330411000**	高桥街道	330483008
仙降街道	330381010	新城街道	330411002	乌镇镇	330483100
潘岱街道	330381011	高照街道	330411003	濮院镇	330483101
云周街道	330381012	嘉北街道 *	330411004	屠甸镇	330483102
塘下镇	330381101	塘汇街道 *	330411005	石门镇	330483103
陶山镇	330381125	王江泾镇	330411101	河山镇	330483104
湖岭镇	330381126	油车港镇	330411103	洲泉镇	330483105
马屿镇	330381127	新塍镇	330411104	大麻镇	330483106
高楼镇	330381128	王店镇	330411105	崇福镇	330483107
桐浦镇	330381129	洪合镇	330411106	**湖州市 (24 街道，39 镇，6 乡)**	**330500000**
曹村镇	330381130	**嘉善县 (3 街道，6 镇)**	**330421000**		
林川镇	330381131	罗星街道	330421001	**吴兴区 (12 街道，5 镇，1 乡)**	**330502000**
平阳坑镇	330381132	魏塘街道	330421002	月河街道	330502001
北麂乡	330381201	惠民街道	330421003	朝阳街道	330502002
芳庄乡	330381202	大云镇	330421102	爱山街道	330502003
乐清市 (8 街道，14 镇，3 乡)	**330382000**	西塘镇	330421103	飞英街道	330502004
城东街道	330382001	干窑镇	330421105	龙泉街道	330502005
城南街道	330382002	陶庄镇	330421107	凤凰街道	330502006

续表 4

行政区划名称	行政区划代码	行政区划名称	行政区划代码	行政区划名称	行政区划代码
仁皇山街道	330502008	梅溪镇	330523101	上浦镇	330604102
滨湖街道	330502009	鄣吴镇	330523103	汤浦镇	330604103
康山街道	330502010	杭垓镇	330523104	章镇镇	330604104
环渚街道	330502011	孝丰镇	330523105	下管镇	330604105
龙溪街道	330502012	报福镇	330523106	丰惠镇	330604106
杨家埠街道	330502013	章村镇	330523107	永和镇	330604107
织里镇	330502100	天荒坪镇	330523108	驿亭镇	330604109
八里店镇	330502101	天子湖镇	330523111	谢塘镇	330604111
妙西镇	330502102	溪龙乡	330523201	盖北镇	330604112
东林镇	330502103	上墅乡	330523205	崧厦镇	330604113
埭溪镇	330502104	山川乡	330523206	沥海镇	330604114
道场乡	330502200	**绍兴市 (36 街道，67 镇，15 乡)**	**330600000**	岭南乡	330604200
南浔区 (9 镇)	**330503000**			陈溪乡	330604201
南浔镇	330503100	**越城区 (12 街道，5 镇)**	**330602000**	丁宅乡	330604202
练市镇	330503101	塔山街道	330602001	**新昌县 (3 街道，8 镇，5 乡)**	**330624000**
双林镇	330503102	府山街道	330602002	南明街道	330624001
菱湖镇	330503103	蕺山街道	330602003	羽林街道	330624002
和孚镇	330503104	北海街道	330602004	七星街道	330624003
善琏镇	330503105	城南街道	330602005	澄潭镇	330624101
旧馆镇	330503106	稽山街道	330602006	梅渚镇	330624102
千金镇	330503107	迪荡街道	330602007	回山镇	330624104
石淙镇	330503108	东湖街道	330602008	大市聚镇	330624106
德清县 (4 街道，8 镇)	**330521000**	灵芝街道	330602009	小将镇	330624107
下渚湖街道	330521001	东浦街道	330602010	沙溪镇	330624108
武康街道	330521002	鉴湖街道	330602011	镜岭镇	330624109
舞阳街道	330521003	斗门街道	330602012	儒岙镇	330624110
阜溪街道	330521004	皋埠镇	330602104	城南乡	330624200
乾元镇	330521101	马山镇	330602105	东茗乡	330624201
洛舍镇	330521103	孙端镇	330602107	双彩乡	330624203
雷甸镇	330521110	陶堰镇	330602108	新林乡	330624205
钟管镇	330521113	富盛镇	330602109	巧英乡	330624206
新市镇	330521114	**柯桥区 (8 街道，8 镇)**	**330603000**	**诸暨市 (3 街道，23 镇，1 乡)**	**330681000**
新安镇	330521115	柯桥街道	330603001	暨阳街道	330681001
禹越镇	330521116	柯岩街道	330603002	浣东街道	330681002
莫干山镇	330521117	华舍街道	330603003	陶朱街道	330681003
长兴县 (4 街道，9 镇，2 乡)	**330522000**	湖塘街道	330603004	大唐镇	330681101
雉城街道	330522001	齐贤街道	330603005	应店街镇	330681102
画溪街道	330522002	安昌街道	330603006	次坞镇	330681103
太湖街道	330522003	兰亭街道	330603007	店口镇	330681104
龙山街道	330522004	福全街道	330603008	阮市镇	330681105
洪桥镇	330522101	钱清镇	330603101	直埠镇	330681106
李家巷镇	330522102	马鞍镇	330603103	江藻镇	330681107
夹浦镇	330522103	平水镇	330603104	山下湖镇	330681108
林城镇	330522104	王坛镇	330603106	枫桥镇	330681109
泗安镇	330522105	稽东镇	330603108	赵家镇	330681110
虹星桥镇	330522106	杨汛桥镇	330603109	马剑镇	330681111
和平镇	330522107	漓渚镇	330603110	五泄镇	330681112
小浦镇	330522108	夏履镇	330603111	草塔镇	330681113
煤山镇	330522109	**上虞区 (6 街道，12 镇，3 乡)**	**330604000**	王家井镇	330681114
水口乡	330522200	百官街道	330604001	牌头镇	330681115
吕山乡	330522202	曹娥街道	330604002	同山镇	330681116
安吉县 (4 街道，8 镇，3 乡)	**330523000**	东关街道	330604003	安华镇	330681117
递铺街道	330523001	道墟街道	330604004	街亭镇	330681118
昌硕街道	330523002	梁湖街道	330604005	璜山镇	330681119
灵峰街道	330523003	小越街道	330604006	陈宅镇	330681120
孝源街道	330523004	长塘镇	330604101	岭北镇	330681121

续表 5

行政区划名称	行政区划代码	行政区划名称	行政区划代码	行政区划名称	行政区划代码
浬浦镇	330681122	**金东区（2 街道，8 镇，1 乡）**	**330703000**	尚湖镇	330727107
东白湖镇	330681123	多湖街道	330703001	冷水镇	330727108
东和乡	330681201	东孝街道	330703002	深泽乡	330727200
嵊州市（4 街道，11 镇，6 乡）	**330683000**	孝顺镇	330703101	双峰乡	330727201
剡湖街道	330683001	傅村镇	330703102	双溪乡	330727203
三江街道	330683002	曹宅镇	330703103	窈川乡	330727205
鹿山街道	330683003	澧浦镇	330703104	盘峰乡	330727206
浦口街道	330683004	岭下镇	330703105	高二乡	330727207
甘霖镇	330683100	江东镇	330703106	维新乡	330727208
长乐镇	330683101	塘雅镇	330703107	胡宅乡	330727209
崇仁镇	330683102	赤松镇	330703108	万苍乡	330727210
黄泽镇	330683103	源东乡	330703200	九和乡	330727211
三界镇	330683104	**武义县（3 街道，8 镇，7 乡）**	**330723000**	**兰溪市（6 街道，7 镇，3 乡）**	**330781000**
石璜镇	330683105	白洋街道	330723001	兰江街道	330781001
谷来镇	330683106	壶山街道	330723002	云山街道	330781002
仙岩镇	330683107	熟溪街道	330723003	上华街道	330781003
金庭镇	330683108	柳城畲族镇	330723100	永昌街道	330781004
北漳镇	330683109	履坦镇	330723101	赤溪街道	330781005
下王镇	330683110	桐琴镇	330723102	女埠街道	330781006
贵门乡	330683200	泉溪镇	330723103	游埠镇	330781101
里南乡	330683201	新宅镇	330723104	诸葛镇	330781102
竹溪乡	330683202	王宅镇	330723105	黄店镇	330781103
雅璜乡	330683203	桃溪镇	330723106	香溪镇	330781104
王院乡	330683204	茭道镇	330723107	梅江镇	330781106
通源乡	330683205	大田乡	330723200	马涧镇	330781109
金华市（40 街道，76 镇，36 乡）	**330700000**	白姆乡	330723201	横溪镇	330781110
		俞源乡	330723202	灵洞乡	330781200
婺城区（9 街道，9 镇，9 乡）	**330702000**	坦洪乡	330723203	柏社乡	330781201
城东街道	330702001	西联乡	330723204	水亭畲族乡	330781202
城中街道	330702002	三港乡	330723205	**义乌市（8 街道，6 镇）**	**330782000**
城西街道	330702003	大溪口乡	330723206	稠城街道	330782001
城北街道	330702004	**浦江县（3 街道，7 镇，5 乡）**	**330726000**	江东街道	330782002
江南街道	330702005	浦南街道	330726001	稠江街道	330782003
三江口街道	330702006	仙华街道	330726002	北苑街道	330782004
西关街道	330702007	浦阳街道	330726003	后宅街道	330782005
秋滨街道	330702008	黄宅镇	330726101	城西街道	330782006
新狮街道	330702009	白马镇	330726102	廿三里街道	330782007
罗店镇	330702100	郑家坞镇	330726103	福田街道	330782008
雅畈镇	330702101	郑宅镇	330726104	佛堂镇	330782100
安地镇	330702102	岩头镇	330726105	赤岸镇	330782101
白龙桥镇	330702103	檀溪镇	330726106	义亭镇	330782102
琅琊镇	330702104	杭坪镇	330726107	上溪镇	330782104
蒋堂镇	330702105	大畈乡	330726200	苏溪镇	330782105
汤溪镇	330702106	中余乡	330726201	大陈镇	330782106
罗埠镇	330702107	前吴乡	330726202	**东阳市（6 街道，11 镇，1 乡）**	**330783000**
洋埠镇	330702108	花桥乡	330726203	吴宁街道	330783001
乾西乡	330702201	虞宅乡	330726204	南市街道	330783002
竹马乡	330702202	**磐安县（9 镇，10 乡）**	**330727000**	白云街道	330783003
长山乡	330702203	安文镇	330727100	江北街道	330783004
箬阳乡	330702204	新渥镇	330727101	城东街道	330783005
沙畈乡	330702205	尖山镇	330727102	六石街道	330783006
塔石乡	330702206	仁川镇	330727103	歌山镇	330783128
岭上乡	330702207	大盘镇	330727104	巍山镇	330783129
莘畈乡	330702208	方前镇	330727105	虎鹿镇	330783130
苏孟乡	330702209	玉山镇	330727106	佐村镇	330783131

续表 6

行政区划名称	行政区划代码
东阳江镇	330783133
湖溪镇	330783134
横店镇	330783135
马宅镇	330783136
千祥镇	330783137
南马镇	330783138
画水镇	330783139
三单乡	330783200
永康市（3 街道，11 镇）	**330784000**
东城街道	330784001
西城街道	330784002
江南街道	330784003
石柱镇	330784100
古山镇	330784101
象珠镇	330784102
龙山镇	330784103
花街镇	330784104
方岩镇	330784105
舟山镇	330784106
前仓镇	330784107
唐先镇	330784108
西溪镇	330784109
芝英镇	330784110
衢州市（18 街道，43 镇，39 乡）	**330800000**
柯城区（8 街道，2 镇，8 乡）	**330802000**
府山街道	330802001
荷花街道	330802004
新新街道	330802005
双港街道	330802007
信安街道	330802008
花园街道	330802009
白云街道	330802010
衢化街道	330802011
石梁镇	330802100
航埠镇	330802101
姜家山乡	330802200
万田乡	330802201
石室乡	330802202
黄家乡	330802205
七里乡	330802209
九华乡	330802210
沟溪乡	330802211
华墅乡	330802212
衢江区（2 街道，10 镇，8 乡）	**330803000**
樟潭街道	330803001
浮石街道	330803002
上方镇	330803100
峡川镇	330803101
杜泽镇	330803102
莲花镇	330803103
高家镇	330803105
全旺镇	330803109
大洲镇	330803110
后溪镇	330803111
廿里镇	330803112
湖南镇	330803113
灰坪乡	330803200
太真乡	330803202
双桥乡	330803203
周家乡	330803206
云溪乡	330803207
黄坛口乡	330803212
举村乡	330803213
岭洋乡	330803214
常山县（3 街道，6 镇，5 乡）	**330822000**
天马街道	330822001
紫港街道	330822002
金川街道	330822003
辉埠镇	330822101
芳村镇	330822102
球川镇	330822103
白石镇	330822104
招贤镇	330822105
青石镇	330822106
何家乡	330822200
新昌乡	330822208
同弓乡	330822211
大桥头乡	330822213
东案乡	330822214
开化县（8 镇，6 乡）	**330824000**
华埠镇	330824101
马金镇	330824102
村头镇	330824103
池淮镇	330824104
桐村镇	330824106
杨林镇	330824107
苏庄镇	330824108
齐溪镇	330824109
林山乡	330824200
音坑乡	330824201
中村乡	330824202
长虹乡	330824205
何田乡	330824208
大溪边乡	330824210
龙游县（2 街道，6 镇，7 乡）	**330825000**
东华街道	330825001
龙洲街道	330825002
湖镇镇	330825101
小南海镇	330825102
溪口镇	330825103
横山镇	330825104
塔石镇	330825105
詹家镇	330825106
罗家乡	330825201
庙下乡	330825203
沐尘畲族乡	330825204
模环乡	330825206
石佛乡	330825207
社阳乡	330825209
大街乡	330825211
江山市（3 街道，11 镇，5 乡）	**330881000**
双塔街道	330881001
虎山街道	330881002
清湖街道	330881003
上余镇	330881102
贺村镇	330881103
坛石镇	330881105
大桥镇	330881106
四都镇	330881107
新塘边镇	330881109
凤林镇	330881110
峡口镇	330881111
廿八都镇	330881112
长台镇	330881113
石门镇	330881114
大陈乡	330881200
碗窑乡	330881201
保安乡	330881202
张村乡	330881204
塘源口乡	330881205
舟山市（14 街道，17 镇，5 乡）	**330900000**
定海区（10 街道，3 镇）	**330902000**
昌国街道	330902002
环南街道	330902003
城东街道	330902004
盐仓街道	330902005
临城街道	330902006
小沙街道	330902007
岑港街道	330902008
马岙街道	330902009
双桥街道	330902010
千岛街道	330902011
金塘镇	330902100
白泉镇	330902104
干　镇	330902105
普陀区（4 街道，5 镇）	**330903000**
沈家门街道	330903001
东港街道	330903003
展茅街道	330903004
朱家尖街道	330903005
虾峙镇	330903102
桃花镇	330903104
东极镇	330903105
六横镇	330903106
普陀山镇	330903107
岱山县（6 镇，1 乡）	**330921000**
高亭镇	330921100
东沙镇	330921101
岱东镇	330921102
岱西镇	330921103
长涂镇	330921105
衢山镇	330921106

续表 7

行政区划名称	行政区划代码	行政区划名称	行政区划代码	行政区划名称	行政区划代码
秀山乡	330921200	珠岙镇	331022102	滨海镇	331081106
嵊泗县（3 镇，4 乡）	**330922000**	亭旁镇	331022103	温峤镇	331081107
菜园镇	330922100	健跳镇	331022105	城南镇	331081108
嵊山镇	330922101	横渡镇	331022106	石桥头镇	331081109
洋山镇	330922102	花桥镇	331022108	坞根镇	331081110
五龙乡	330922200	浦坝港镇	331022110	**临海市（5 街道，14 镇）**	**331082000**
黄龙乡	330922201	蛇蟠乡	331022205	古城街道	331082001
枸杞乡	330922202	**天台县（3 街道，7 镇，5 乡）**	**331023000**	大洋街道	331082002
花鸟乡	330922203	赤城街道	331023001	江南街道	331082003
台州市（44 街道，61 镇，24 乡）	**331000000**	福溪街道	331023002	大田街道	331082004
		始丰街道	331023003	邵家渡街道	331082005
椒江区（8 街道，1 镇）	**331002000**	白鹤镇	331023101	汛桥镇	331082100
海门街道	331002001	石梁镇	331023102	东塍镇	331082101
白云街道	331002002	街头镇	331023104	汇溪镇	331082103
葭沚街道	331002003	平桥镇	331023105	小芝镇	331082104
洪家街道	331002004	坦头镇	331023106	河头镇	331082105
三甲街道	331002005	三合镇	331023107	白水洋镇	331082106
下陈街道	331002006	洪畴镇	331023108	括苍镇	331082107
前所街道	331002007	三州乡	331023200	永丰镇	331082108
章安街道	331002008	龙溪乡	331023203	尤溪镇	331082109
大陈镇	331002101	雷峰乡	331023204	涌泉镇	331082110
黄岩区（8 街道，5 镇，6 乡）	**331003000**	南屏乡	331023207	沿江镇	331082111
东城街道	331003001	泳溪乡	331023209	杜桥镇	331082112
南城街道	331003002	**仙居县（3 街道，7 镇，10 乡）**	**331024000**	上盘镇	331082113
西城街道	331003003	福应街道	331024001	桃渚镇	331082114
北城街道	331003004	南峰街道	331024002	**玉环市（3 街道，6 镇，2 乡）**	**331083000**
新前街道	331003005	安洲街道	331024003	玉城街道	331083001
澄江街道	331003006	横溪镇	331024101	坎门街道	331083002
江口街道	331003007	埠头镇	331024102	大麦屿街道	331083003
高桥街道	331003008	白塔镇	331024103	清港镇	331083100
宁溪镇	331003101	田市镇	331024104	楚门镇	331083101
北洋镇	331003102	官路镇	331024105	干江镇	331083102
头陀镇	331003103	下各镇	331024106	沙门镇	331083103
院桥镇	331003107	朱溪镇	331024107	芦浦镇	331083104
沙埠镇	331003108	安岭乡	331024200	龙溪镇	331083105
屿头乡	331003200	溪港乡	331024201	鸡山乡	331083200
上郑乡	331003201	湫山乡	331024202	海山乡	331083201
富山乡	331003202	淡竹乡	331024203	**丽水市（30 街道，53 镇，90 乡）**	**331100000**
茅畲乡	331003203	皤滩乡	331024204		
上垟乡	331003204	上张乡	331024205	**莲都区（6 街道，4 镇，5 乡）**	**331102000**
平田乡	331003205	步路乡	331024206	紫金街道	331102001
路桥区（6 街道，4 镇）	**331004000**	广度乡	331024207	岩泉街道	331102002
路南街道	331004001	大战乡	331024209	万象街道	331102003
路桥街道	331004002	双庙乡	331024210	白云街道	331102004
路北街道	331004003	**温岭市（5 街道，11 镇）**	**331081000**	联城街道	331102005
螺洋街道	331004004	太平街道	331081001	南明山街道 *	331102006
桐屿街道	331004005	城东街道	331081002	碧湖镇	331102100
峰江街道	331004006	城西街道	331081003	大港头镇	331102102
新桥镇	331004103	城北街道	331081004	老竹畲族镇	331102103
横街镇	331004104	横峰街道	331081005	雅溪镇	331102104
金清镇	331004106	泽国镇	331081100	太平乡	331102200
蓬街镇	331004107	大溪镇	331081101	仙渡乡	331102202
三门县（3 街道，6 镇，1 乡）	**331022000**	松门镇	331081102	峰源乡	331102204
海游街道	331022001	箬横镇	331081103	丽新畲族乡	331102207
海润街道	331022002	新河镇	331081104	黄村乡	331102211
沙柳街道	331022003	石塘镇	331081105		

续表 8

行政区划名称	行政区划代码
青田县(3 街道，9 镇，20 乡)	**331121000**
鹤城街道	331121001
瓯南街道	331121002
油竹街道	331121003
温溪镇	331121101
东源镇	331121102
高湖镇	331121103
船寮镇	331121104
海口镇	331121105
腊口镇	331121106
北山镇	331121107
山口镇	331121108
仁庄镇	331121109
万山乡	331121200
黄垟乡	331121201
季宅乡	331121202
高市乡	331121203
海溪乡	331121204
章村乡	331121205
祯旺乡	331121206
祯埠乡	331121207
舒桥乡	331121208
巨浦乡	331121209
万阜乡	331121211
方山乡	331121212
汤垟乡	331121213
贵岙乡	331121214
小舟山乡	331121215
吴坑乡	331121216
仁宫乡	331121217
章旦乡	331121218
阜山乡	331121219
石溪乡	331121220
缙云县(3 街道，7 镇，8 乡)	**331122000**
五云街道	331122001
仙都街道	331122002
新碧街道	331122003
壶镇镇	331122101
新建镇	331122102
舒洪镇	331122103
大洋镇	331122105
东渡镇	331122106
东方镇	331122107
大源镇	331122108
七里乡	331122203
前路乡	331122206
三溪乡	331122207
溶江乡	331122208
双溪口乡	331122209
胡源乡	331122210
方溪乡	331122211
石笕乡	331122212
遂昌县(2 街道，7 镇，11 乡)	**331123000**
妙高街道	331123001
云峰街道	331123002
新路湾镇	331123102
北界镇	331123103
金竹镇	331123104
大柘镇	331123105
石练镇	331123106
王村口镇	331123107
黄沙腰镇	331123108
三仁畲族乡	331123200
濂竹乡	331123201
应村乡	331123202
高坪乡	331123203
湖山乡	331123204
蔡源乡	331123205
焦滩乡	331123206
龙洋乡	331123207
柘岱口乡	331123208
西畈乡	331123209
垵口乡	331123210
松阳县(3 街道，5 镇，11 乡)	**331124000**
西屏街道	331124001
水南街道	331124002
望松街道	331124003
古市镇	331124101
玉岩镇	331124102
象溪镇	331124103
大东坝镇	331124104
新兴镇	331124105
叶村乡	331124201
斋坛乡	331124202
三都乡	331124203
竹源乡	331124204
四都乡	331124205
赤寿乡	331124206
樟溪乡	331124208
枫坪乡	331124211
板桥畲族乡	331124212
裕溪乡	331124213
安民乡	331124214
云和县(4 街道，3 镇，3 乡)	**331125000**
元和街道	331125001
凤凰山街道	331125002
白龙山街道	331125003
浮云街道	331125004
石塘镇	331125101
紧水滩镇	331125102
崇头镇	331125103
雾溪畲族乡	331125201
安溪畲族乡	331125202
赤石乡	331125206
庆元县(3 街道，6 镇，10 乡)	**331126000**
濛洲街道	331126001
屏都街道	331126002
松源街道	331126003
黄田镇	331126101
竹口镇	331126102
荷地镇	331126104
左溪镇	331126105
贤良镇	331126106
百山祖镇	331126107
岭头乡	331126200
五大堡乡	331126201
淤上乡	331126202
安南乡	331126203
张村乡	331126204
隆宫乡	331126205
举水乡	331126206
江根乡	331126207
龙溪乡	331126209
官塘乡	331126211
景宁畲族自治县(2 街道，4 镇，15 乡)	**331127000**
鹤溪街道	331127001
红星街道	331127002
渤海镇	331127101
东坑镇	331127102
英川镇	331127103
沙湾镇	331127104
大均乡	331127201
澄照乡	331127202
梅岐乡	331127203
郑坑乡	331127205
九龙乡	331127206
大漈乡	331127208
景南乡	331127209
雁溪乡	331127210
鸬鹚乡	331127212
梧桐乡	331127213
标溪乡	331127214
毛垟乡	331127215
秋炉乡	331127216
大地乡	331127217
家地乡	331127218
龙泉市(4 街道，8 镇，7 乡)	**331181000**
龙渊街道	331181001
西街街道	331181002
剑池街道	331181003
跶石街道	331181004
八都镇	331181100
上垟镇	331181101
小梅镇	331181102
查田镇	331181103
安仁镇	331181104
锦溪镇	331181105
住龙镇	331181106
屏南镇	331181107
兰巨乡	331181200
宝溪乡	331181202
竹垟畲族乡	331181203
道太乡	331181204
岩樟乡	331181205
城北乡	331181206
龙南乡	331181207

安徽省

安徽省(皖)

行政区划名称	行政区划代码
安徽省(246街道，965镇，275乡)	**340000000**
合肥市(45街道，65镇，17乡)	**340100000**
瑶海区(14街道，1镇)	**340102000**
明光路街道	340102001
胜利路街道	340102003
三里街街道	340102004
铜陵路街道	340102005
七里站街道	340102006
红光街道	340102007
和平路街道	340102008
城东街道	340102010
长淮街道	340102011
方庙街道	340102012
七里塘街道*	340102013
三十头街道*	340102014
磨店街道*	340102015
嘉山路街道	340102016
大兴镇	340102101
庐阳区(9街道，1镇，1乡)	**340103000**
逍遥津街道	340103003
亳州路街道	340103009
双岗街道	340103010
杏花村街道	340103011
海棠街道	340103012
杏林街道	340103013
三孝口街道	340103014
四里河街道	340103015
林店街道	340103016
大杨镇	340103101
三十岗乡	340103200
蜀山区(8街道，4镇)	**340104000**
三里庵街道	340104001
南七里站街道	340104002
稻香村街道	340104003
琥珀街道	340104004
西园街道	340104005
五里墩街道	340104006
荷叶地街道	340104008
笔架山街道	340104009
井岗镇	340104100
南岗镇	340104110
高刘镇*	340104111
小庙镇	340104112
包河区(8街道，2镇)	**340111000**
包公街道	340111002
芜湖路街道	340111003
常青街道	340111004
望湖街道	340111006
义城街道	340111007
烟墩街道	340111008
骆岗街道	340111009
万年埠街道	340111010
大圩镇	340111101
淝河镇	340111106
长丰县(9镇，5乡)	**340121000**
水湖镇	340121100
庄墓镇	340121103
杨庙镇	340121104
吴山镇	340121105
岗集镇	340121106
双墩镇	340121107
下塘镇	340121108
朱巷镇	340121109
陶楼镇	340121110
罗塘乡	340121203
义井乡	340121208
造甲乡	340121216
杜集乡	340121217
左店乡	340121219
肥东县(12镇，6乡)	**340122000**
店埠镇	340122100
撮镇镇	340122101
梁园镇	340122102
桥头集镇	340122103
长临河镇	340122104
八斗镇	340122105
白龙镇	340122106
古城镇	340122107
石塘镇	340122108
元疃镇	340122109
包公镇	340122110
陈集镇	340122112
牌坊回族满族乡	340122200
响导乡	340122201
杨店乡	340122202
众兴乡	340122203
张集乡	340122204
马湖乡	340122205
肥西县(8镇，4乡)	**340123000**
上派镇	340123100
三河镇	340123101
桃花镇	340123102
花岗镇	340123103
官亭镇	340123105
山南镇	340123107
丰乐镇	340123108
紫蓬镇	340123110
高店乡	340123201
铭传乡	340123203
柿树岗乡	340123207
严店乡	340123210
庐江县(17镇)	**340124000**
庐城镇	340124100
冶父山镇	340124101
万山镇	340124102
汤池镇	340124103
郭河镇	340124104
金牛镇	340124105
石头镇	340124106
白山镇	340124107
盛桥镇	340124108
白湖镇	340124109
龙桥镇	340124110
矾山镇	340124111
罗河镇	340124112
泥河镇	340124113
乐桥镇	340124114
柯坦镇	340124115
同大镇	340124116
巢湖市(6街道，11镇，1乡)	**340181000**
卧牛山街道	340181005
亚父街道	340181006
天河街道	340181007
凤凰山街道	340181008
半汤街道	340181009
中庙街道	340181010
柘皋镇	340181100
烔炀镇	340181101
槐林镇	340181102
夏阁镇	340181104
苏湾镇	340181105
黄麓镇	340181107
银屏镇	340181108
散兵镇	340181109
坝镇	340181110
中垾镇	340181112
栏杆集镇	340181113
庙岗乡	340181200
芜湖市(18街道，44镇)	**340200000**
镜湖区(1街道)	**340202000**
方村街道	340202012
弋江区(6街道)	**340203000**
弋江桥街道	340203001
中南街道	340203003
马塘街道	340203005
澛港街道	340203006
火龙街道	340203007
白马街道	340203008
鸠江区(7街道，4镇)	**340207000**
四褐山街道	340207001
裕溪口街道	340207002

续表 1

行政区划名称	行政区划代码	行政区划名称	行政区划代码	行政区划名称	行政区划代码
官陡街道	340207003	十里墩镇	340225126	浍南镇	340321114
湾里街道	340207004	昆山镇	340225127	陈集镇	340321115
清水街道	340207005	洪巷镇	340225128	浍河乡	340321201
龙山街道 *	340207006	**蚌埠市 (19 街道，43 镇，12 乡)**	**340300000**	徐圩乡	340321205
万春街道 *	340207007			兰桥乡	340321206
沈巷镇	340207100	**龙子湖区 (7 街道，1 镇，1 乡)**	**340302000**	**五河县 (12 镇，2 乡)**	**340322000**
二坝镇	340207101			城关镇	340322100
汤沟镇	340207102	解放街道	340302001	新集镇	340322101
白茆镇	340207103	东风街道	340302002	小溪镇	340322103
三山区 (4 街道，1 镇)	**340208000**	治淮街道	340302003	双忠庙镇	340322104
三山街道	340208001	东升街道	340302004	小圩镇	340322105
保定街道	340208002	曹山街道	340302006	东刘集镇	340322106
龙湖街道	340208003	延安街道	340302008	头铺镇	340322107
高安街道	340208004	龙湖新村街道 *	340302009	大新镇	340322108
峨桥镇	340208100	长淮卫镇 *	340302100	武桥镇	340322109
芜湖县 (5 镇)	**340221000**	李楼乡	340302200	朱顶镇	340322110
湾沚镇	340221100	**蚌山区 (6 街道，2 乡)**	**340303000**	浍南镇	340322111
陶辛镇	340221107	天桥街道	340303001	申集镇	340322112
六郎镇	340221110	青年街道	340303002	沱湖乡	340322200
花桥镇	340221113	纬二路街道	340303003	临北回族乡	340322201
红杨镇	340221115	黄庄街道	340303004	**固镇县 (8 镇，3 乡)**	**340323000**
繁昌县 (6 镇)	**340222000**	宏业村街道	340303005	城关镇	340323100
繁阳镇	340222100	胜利街道 *	340303006	王庄镇	340323101
荻港镇	340222101	雪华乡	340303201	新马桥镇	340323103
新港镇	340222102	燕山乡	340303202	刘集镇	340323104
孙村镇	340222105	**禹会区 (5 街道，2 镇，1 乡)**	**340304000**	湖沟镇	340323105
平铺镇	340222108	朝阳街道	340304001	任桥镇	340323106
峨山镇	340222109	纬四街道	340304002	濠城镇	340323107
南陵县 (8 镇)	**340223000**	大庆街道	340304003	连城镇	340323108
籍山镇	340223100	张公山街道	340304004	石湖乡	340323201
弋江镇	340223101	钓鱼台街道	340304005	仲兴乡	340323204
许镇镇	340223102	秦集镇 *	340304100	杨庙乡	340323207
三里镇	340223103	马城镇	340304101	**淮南市 (19 街道，59 镇，12 乡)**	**340400000**
工山镇	340223105	长青乡	340304200		
家发镇	340223108	**淮上区 (1 街道，5 镇)**	**340311000**	**大通区 (1 街道，3 镇，1 乡)**	**340402000**
烟墩镇	340223110	淮滨街道	340311001	大通街道	340402001
何湾镇	340223112	吴小街镇	340311100	上窑镇	340402100
无为县 (20 镇)	**340225000**	小蚌埠镇	340311101	洛河镇	340402101
无城镇	340225100	曹老集镇	340311102	九龙岗镇	340402102
襄安镇	340225101	梅桥镇	340311103	孔店乡	340402200
陡沟镇	340225104	沫河口镇	340311104	**田家庵区 (9 街道，4 镇，1 乡)**	**340403000**
石涧镇	340225105	**怀远县 (15 镇，3 乡)**	**340321000**		
严桥镇	340225106	荆山镇	340321100	田东街道	340403001
开城镇	340225107	鲍集镇	340321101	新淮街道	340403002
蜀山镇	340225108	龙亢镇	340321102	淮滨街道	340403003
牛埠镇	340225110	河溜镇	340321103	公园街道	340403004
刘渡镇	340225111	常坟镇	340321104	国庆街道	340403005
姚沟镇	340225112	双桥集镇	340321106	泉山街道	340403006
泥汊镇	340225113	魏庄镇	340321107	洞山街道	340403007
福渡镇	340225117	唐集镇	340321108	龙泉街道	340403008
泉塘镇	340225118	万福镇	340321109	朝阳街道	340403009
赫店镇	340225120	白莲坡镇	340321110	舜耕镇	340403100
高沟镇	340225123	古城镇	340321111	安成镇	340403101
红庙镇	340225124	褚集镇	340321112	曹庵镇	340403102
鹤毛镇	340225125	榴城镇	340321113	三和镇	340403103

续表 2

行政区划名称	行政区划代码
史院乡	340403201
谢家集区（5 街道，4 镇，2 乡）	**340404000**
谢家集街道	340404001
蔡家岗街道	340404002
立新街道	340404003
谢三村街道	340404004
平山街道	340404005
望峰岗镇	340404100
李郢孜镇	340404101
唐山镇	340404102
杨公镇	340404103
孤堆回族乡	340404200
孙庙乡	340404201
八公山区（3 街道，2 镇）	**340405000**
新庄孜街道	340405001
土坝孜街道	340405002
毕家岗街道	340405003
山王镇	340405100
八公山镇	340405101
潘集区（1 街道，9 镇，1 乡）	**340406000**
田集街道	340406002
泥河镇	340406100
芦集镇	340406101
潘集镇	340406102
平圩镇	340406103
高皇镇	340406104
架河镇	340406105
祁集镇	340406106
夹沟镇	340406107
贺疃镇	340406108
古沟回族乡	340406205
凤台县（15 镇，4 乡）	**340421000**
城关镇	340421100
新集镇	340421102
朱马店镇	340421103
岳张集镇	340421104
顾桥镇	340421106
桂集镇	340421107
凤凰镇	340421108
杨村镇	340421109
全集镇 *	340421110
刘集镇	340421111
大兴镇	340421112
尚塘镇	340421113
毛集镇 *	340421114
夏集镇 *	340421115
焦岗集镇 *	340421116
古店乡	340421205
钱庙乡	340421206
关店乡	340421210
李冲回族乡	340421212
寿县（22 镇，3 乡）	**340422000**
寿春镇	340422100
双桥镇	340422101
涧沟镇	340422102
丰庄镇	340422103
正阳关镇	340422104
迎河镇	340422105
板桥镇	340422106
安丰塘镇	340422107
堰口镇	340422108
保义镇	340422109
隐贤镇	340422110
安丰镇	340422111
瓦埠镇	340422112
众兴镇	340422113
茶庵镇	340422114
三觉镇	340422115
炎刘镇	340422116
刘岗镇	340422117
双庙集镇	340422118
小甸镇	340422119
大顺镇	340422120
窑口镇	340422121
八公山乡	340422200
陶店回族乡	340422202
张李乡	340422203
马鞍山市（13 街道，33 镇，2 乡）	**340500000**
花山区（9 街道，1 镇）	**340503000**
沙塘路街道	340503001
解放路街道	340503002
湖东路街道	340503003
桃源路街道	340503004
霍里街道	340503005
金家庄街道	340503006
江东街道	340503007
塘西街道	340503008
慈湖街道	340503009
濮塘镇	340503100
雨山区（4 街道，2 镇，1 乡）	**340504000**
平湖街道	340504001
雨山街道	340504002
安民街道	340504003
采石街道	340504004
向山镇	340504100
银塘镇	340504101
佳山乡	340504200
博望区（3 镇）	**340506000**
博望镇	340506100
丹阳镇	340506101
新市镇	340506102
当涂县（10 镇，1 乡）	**340521000**
姑孰镇	340521100
黄池镇	340521101
乌溪镇	340521102
石桥镇	340521103
塘南镇	340521104
护河镇	340521105
太白镇	340521109
年陡镇	340521110
湖阳镇	340521111
大陇镇	340521112
江心乡	340521203
含山县（8 镇）	**340522000**
环峰镇	340522100
运漕镇	340522101
铜闸镇	340522103
陶厂镇	340522104
林头镇	340522105
清溪镇	340522106
仙踪镇	340522107
昭关镇	340522109
和县（9 镇）	**340523000**
历阳镇	340523100
白桥镇	340523105
姥桥镇	340523106
西埠镇	340523107
香泉镇	340523108
乌江镇	340523109
善厚镇	340523110
石杨镇	340523111
功桥镇	340523112
淮北市（15 街道，18 镇）	**340600000**
杜集区（2 街道，3 镇）	**340602000**
高岳街道	340602001
矿山集街道	340602002
朔里镇	340602102
石台镇	340602103
段园镇	340602104
相山区（8 街道，1 镇）	**340603000**
相南街道	340603001
相山东街道	340603002
相山西街道	340603003
三堤口街道	340603004
东山街道	340603005
曲阳街道	340603008
南黎街道	340603009
任圩街道	340603010
渠沟镇	340603100
烈山区（5 街道，3 镇）	**340604000**
杨庄街道	340604001
任楼街道	340604002
临海童街道	340604003
百善街道	340604005
前岭街道	340604006
烈山镇	340604100
宋疃镇	340604101
古饶镇	340604102
濉溪县（11 镇）	**340621000**
濉溪镇	340621100
韩村镇	340621102
临涣镇	340621104
南坪镇	340621105

续表 3

行政区划名称	行政区划代码	行政区划名称	行政区划代码	行政区划名称	行政区划代码
孙疃镇	340621108	新河路街道	340802002	黄泥镇	340824105
刘桥镇	340621109	华中路街道	340802003	槎水镇	340824106
百善镇	340621110	人民路街道	340802004	官庄镇	340824107
双堆集镇	340621112	孝肃路街道	340802005	水吼镇	340824108
五沟镇	340621113	建设路街道	340802006	黄柏镇	340824109
铁佛镇	340621114	老峰镇 *	340802100	黄铺镇	340824110
四铺镇	340621115	龙狮桥乡	340802200	天柱山镇	340824111
铜陵市（3 街道，27 镇，7 乡）	**340700000**	长风乡	340802201	油坝乡	340824200
		新洲乡	340802203	痘姆乡	340824202
铜官区（1 街道，1 镇）	**340705000**	**大观区（7 街道，1 镇，2 乡）**	**340803000**	塔畈乡	340824204
东郊街道	340705007	德宽路街道	340803001	五庙乡	340824209
西湖镇	340705100	玉琳路街道	340803002	龙潭乡	340824215
义安区（6 镇，2 乡）	**340706000**	龙山路街道	340803003	**太湖县（10 镇，5 乡）**	**340825000**
五松镇	340706100	菱湖街道	340803004	晋熙镇	340825100
钟鸣镇	340706101	集贤路街道	340803005	徐桥镇	340825101
天门镇	340706102	石化路街道	340803006	新仓镇	340825102
顺安镇	340706103	花亭路街道	340803007	小池镇	340825103
西联镇	340706104	海口镇	340803100	寺前镇	340825104
东联镇	340706105	山口乡	340803200	天华镇	340825105
胥坝乡	340706201	十里铺乡	340803201	牛镇镇	340825106
老洲乡	340706203	**宜秀区（2 街道，3 镇，2 乡）**	**340811000**	弥陀镇	340825107
郊区（2 街道，2 镇，1 乡）	**340711000**	大桥街道	340811055	北中镇	340825108
安铜街道	340711001	菱北街道 *	340811056	百里镇	340825109
桥南街道	340711002	杨桥镇	340811100	大石乡	340825200
铜山镇	340711100	大龙山镇	340811101	城西乡	340825201
大通镇	340711101	罗岭镇	340811102	江塘乡	340825202
灰河乡	340711200	白泽湖乡	340811200	汤泉乡	340825203
枞阳县（18 镇，4 乡）	**340722000**	五横乡	340811201	刘畈乡	340825204
枞阳镇	340722100	**怀宁县（15 镇，5 乡）**	**340822000**	**宿松县（9 镇，13 乡）**	**340826000**
项山镇	340722101	石牌镇	340822100	孚玉镇	340826100
汤沟镇	340722102	高河镇	340822101	复兴镇	340826101
老洲镇	340722103	月山镇	340822102	汇口镇	340826102
陈瑶湖镇	340722104	腊树镇	340822103	许岭镇	340826103
周潭镇	340722105	黄龙镇	340822104	下仓镇	340826104
横埠镇	340722106	三桥镇	340822105	二郎镇	340826105
项铺镇	340722107	小市镇	340822106	破凉镇	340826106
钱桥镇	340722108	黄墩镇	340822107	凉亭镇	340826107
麒麟镇	340722109	公岭镇	340822108	长铺镇	340826108
义津镇	340722110	马庙镇	340822109	高岭乡	340826200
浮山镇	340722111	金拱镇	340822110	程岭乡	340826201
官埠桥镇	340722112	茶岭镇	340822111	九姑乡	340826202
会宫镇	340722113	洪铺镇	340822113	千岭乡	340826203
白柳镇	340722114	江镇镇	340822114	洲头乡	340826204
钱铺镇	340722115	平山镇	340822116	佐坝乡	340826205
金社镇	340722116	雷埠乡	340822201	北浴乡	340826206
雨坛镇	340722117	清河乡	340822203	陈汉乡	340826207
铁铜乡	340722200	秀山乡	340822204	隘口乡	340826208
凤仪乡	340722201	凉亭乡	340822206	柳坪乡	340826209
长沙乡	340722202	石镜乡	340822208	趾凤乡	340826210
白梅乡	340722205	**潜山县（11 镇，5 乡）**	**340824000**	河塌乡	340826211
安庆市（18 街道，84 镇，47 乡）	**340800000**	梅城镇	340824100	五里乡	340826212
		王河镇	340824101	**望江县（8 镇，2 乡）**	**340827000**
迎江区（6 街道，1 镇，3 乡）	**340802000**	源潭镇	340824102	华阳镇	340827101
宜城路街道	340802001	余井镇	340824103	杨湾镇	340827102

续表 4

行政区划名称	行政区划代码
漳湖镇	340827103
赛口镇	340827104
高士镇	340827105
鸦滩镇	340827106
长岭镇	340827107
太慈镇	340827108
雷池乡	340827200
凉泉乡	340827210
岳西县（14 镇，10 乡）	**340828000**
天堂镇	340828100
店前镇	340828101
来榜镇	340828102
菖蒲镇	340828103
头陀镇	340828104
白帽镇	340828105
温泉镇	340828106
响肠镇	340828107
河图镇	340828108
五河镇	340828109
主簿镇	340828110
冶溪镇	340828111
黄尾镇	340828112
中关镇	340828113
毛尖山乡	340828200
莲云乡	340828201
青天乡	340828202
包家乡	340828203
古坊乡	340828204
田头乡	340828205
中关乡	340828206
姚河乡	340828208
和平乡	340828209
巍岭乡	340828214
桐城市（3 街道，12 镇）	**340881000**
文昌街道	340881002
龙眠街道	340881003
龙腾街道	340881004
双港镇	340881100
新渡镇	340881101
金神镇	340881102
孔城镇	340881103
范岗镇	340881104
青草镇	340881105
吕亭镇	340881108
大关镇	340881114
唐湾镇	340881115
鲟鱼镇	340881116
嬉子湖镇	340881118
黄甲镇	340881120
黄山市（4 街道，58 镇，43 乡）	**341000000**
屯溪区（4 街道，5 镇）	**341002000**
昱东街道	341002001
昱中街道	341002002
昱西街道	341002003
老街街道	341002004
屯光镇	341002100
阳湖镇	341002101
黎阳镇	341002102
新潭镇	341002103
奕棋镇	341002104
黄山区（9 镇，5 乡）	**341003000**
甘棠镇	341003100
仙源镇	341003101
汤口镇	341003102
谭家桥镇	341003103
太平湖镇	341003104
焦村镇	341003105
耿城镇	341003106
三口镇	341003107
乌石镇	341003108
新明乡	341003201
龙门乡	341003202
新华乡	341003208
新丰乡	341003209
永丰乡	341003210
徽州区（4 镇，3 乡）	**341004000**
岩寺镇	341004100
西溪南镇	341004101
潜口镇	341004102
呈坎镇	341004103
洽舍乡	341004200
杨村乡	341004201
富溪乡	341004202
歙县（15 镇，13 乡）	**341021000**
徽城镇	341021100
深渡镇	341021101
桂林镇	341021102
富堨镇	341021103
郑村镇	341021104
北岸镇	341021105
许村镇	341021106
溪头镇	341021107
杞梓里镇	341021108
霞坑镇	341021109
岔口镇	341021110
街口镇	341021111
王村镇	341021112
雄村镇	341021113
三阳镇	341021114
坑口乡	341021201
上丰乡	341021203
昌溪乡	341021207
武阳乡	341021209
金川乡	341021214
小川乡	341021216
新溪口乡	341021218
璜田乡	341021219
长陔乡	341021222
森村乡	341021223
绍濂乡	341021224
石门乡	341021226
狮石乡	341021227
休宁县（10 镇，11 乡）	**341022000**
海阳镇	341022100
齐云山镇	341022101
万安镇	341022102
五城镇	341022103
东临溪镇	341022104
兰田镇	341022105
溪口镇	341022106
流口镇	341022107
汪村镇	341022108
商山镇	341022109
山斗乡	341022204
岭南乡	341022205
渭桥乡	341022207
板桥乡	341022211
陈霞乡	341022213
鹤城乡	341022215
源芳乡	341022218
榆村乡	341022219
龙田乡	341022221
璜尖乡	341022222
白际乡	341022223
黟县（5 镇，3 乡）	**341023000**
碧阳镇	341023100
宏村镇	341023101
渔亭镇	341023102
西递镇	341023103
柯村镇	341023104
美溪乡	341023201
宏潭乡	341023202
洪星乡	341023203
祁门县（10 镇，8 乡）	**341024000**
祁山镇	341024100
小路口镇	341024101
金字牌镇	341024102
平里镇	341024103
历口镇	341024104
闪里镇	341024105
安凌镇	341024106
凫峰镇	341024107
塔坊镇	341024108
新安镇	341024109
大坦乡	341024200
柏溪乡	341024206
祁红乡	341024208
溶口乡	341024209
芦溪乡	341024210
渚口乡	341024211
古溪乡	341024213

续表 5

行政区划名称	行政区划代码
箬坑乡	341024215
滁州市(16街道,82镇,12乡)	**341100000**
琅琊区(9街道)	**341102000**
琅琊街道	341102001
东门街道	341102002
西门街道	341102003
南门街道	341102004
北门街道	341102005
清流街道	341102006
扬子街道	341102007
西涧街道	341102008
凤凰街道 *	341102009
南谯区(2街道，8镇)	**341103000**
龙蟠街道	341103001
大王街道	341103002
乌衣镇	341103100
沙河镇	341103101
章广镇	341103102
黄泥岗镇	341103103
珠龙镇	341103104
大柳镇	341103105
腰铺镇	341103106
施集镇	341103108
来安县(8镇，4乡)	**341122000**
新安镇	341122100
半塔镇	341122101
水口镇	341122102
汊河镇	341122104
大英镇	341122105
雷官镇	341122106
施官镇	341122107
舜山镇	341122108
三城乡	341122200
独山乡	341122202
杨郢乡	341122207
张山乡	341122208
全椒县(10镇)	**341124000**
襄河镇	341124100
古河镇	341124101
大墅镇	341124102
二郎口镇	341124103
武岗镇	341124104
马厂镇	341124105
石沛镇	341124106
西王镇	341124108
六镇镇	341124109
十字镇	341124111
定远县(16镇，6乡)	**341125000**
定城镇	341125100
炉桥镇	341125101
永康镇	341125102
吴圩镇	341125103
朱湾镇	341125104
张桥镇	341125105
藕塘镇	341125106
池河镇	341125107
连江镇	341125108
界牌集镇	341125109
仓镇	341125110
三和集镇	341125111
西卅店镇	341125112
桑涧镇	341125114
蒋集镇	341125115
大桥镇	341125116
严桥乡	341125203
拂晓乡	341125204
能仁乡	341125210
七里塘乡	341125214
二龙回族乡	341125215
范岗乡	341125219
凤阳县(14镇，1乡)	**341126000**
府城镇	341126100
临淮关镇	341126101
武店镇	341126103
西泉镇	341126104
刘府镇	341126105
大庙镇	341126106
殷涧镇	341126107
总铺镇	341126109
红心镇	341126110
板桥镇	341126111
大溪河镇	341126112
小溪河镇	341126114
枣巷镇	341126118
官塘镇	341126119
黄湾乡	341126207
天长市(1街道，14镇)	**341181000**
天长街道	341181001
铜城镇	341181100
汊涧镇	341181101
秦栏镇	341181102
大通镇	341181103
杨村镇	341181104
石梁镇	341181105
金集镇	341181106
仁和集镇	341181108
冶山镇	341181109
郑集镇	341181110
张铺镇	341181111
永丰镇	341181112
新街镇	341181113
万寿镇	341181114
明光市(4街道，12镇，1乡)	**341182000**
明西街道	341182001
明光街道	341182002
明南街道	341182003
明东街道	341182004
张八岭镇	341182101
三界镇	341182102
管店镇	341182103
自来桥镇	341182104
涧溪镇	341182105
石坝镇	341182106
苏巷镇	341182108
桥头镇	341182109
女山湖镇	341182110
古沛镇	341182111
潘村镇	341182112
柳巷镇	341182113
泊岗乡	341182212
阜阳市(18街道，125镇，24乡)	**341200000**
颍州区(5街道，8镇，1乡)	**341202000**
鼓楼街道	341202001
文峰街道	341202002
清河街道	341202003
颍西街道	341202004
京九街道 *	341202005
王店镇	341202100
程集镇	341202101
三合镇	341202102
西湖镇	341202103
九龙镇	341202104
三十里铺镇	341202105
袁集镇	341202106
三塔集镇	341202107
马寨乡	341202200
颍东区(3街道，8镇，1乡)	**341203000**
河东街道	341203001
新华街道	341203002
向阳街道	341203003
口孜镇	341203100
插花镇	341203101
袁寨镇	341203102
枣庄镇	341203103
老庙镇	341203104
正午镇	341203105
杨楼孜镇	341203106
新乌江镇	341203107
冉庙乡	341203200
颍泉区(2街道，4镇)	**341204000**
中市街道	341204001
周棚街道	341204004
伍明镇	341204100
宁老庄镇	341204101
闻集镇	341204102
行流镇	341204103
临泉县(5街道,21镇,2乡)	**341221000**
城关街道	341221001
刑塘街道	341221002
田桥街道	341221003
城东街道	341221004
城南街道	341221005
杨桥镇	341221101
鲖城镇	341221102
谭棚镇	341221105
老集镇	341221106

续表 6

行政区划名称	行政区划代码	行政区划名称	行政区划代码	行政区划名称	行政区划代码
滑集镇	341221107	柴集镇	341225103	黄坝乡	341226209
吕寨镇	341221108	新村镇	341225104	**界首市（3 街道，12 镇，3 乡）**	**341282000**
单桥镇	341221109	朱寨镇	341225106	东城街道	341282001
长官镇	341221110	赵集镇	341225108	西城街道	341282002
宋集镇	341221111	田集镇	341225109	颍南街道	341282003
张新镇	341221112	苗集镇	341225110	光武镇	341282100
艾亭镇	341221113	黄岗镇	341225111	泉阳镇	341282101
陈集镇	341221114	焦陂镇	341225112	芦村镇	341282102
韦寨镇	341221115	张寨镇	341225113	新马集镇	341282103
迎仙镇	341221116	王堰镇	341225114	大黄镇	341282104
瓦店镇	341221117	洪河桥镇	341225115	田营镇	341282105
姜寨镇	341221118	地城镇	341225116	陶庙镇	341282106
庙岔镇	341221119	王家坝镇	341225117	王集镇	341282107
黄岭镇	341221120	王化镇	341225118	砖集镇	341282108
白庙镇	341221121	曹集镇	341225119	顾集镇	341282109
关庙镇	341221122	柳沟镇	341225120	戴桥镇	341282110
高塘镇	341221124	会龙镇	341225121	舒庄镇	341282111
土陂乡	341221203	王店孜乡	341225200	邴集乡	341282200
陶老乡	341221206	许堂乡	341225201	靳寨乡	341282201
太和县（30 镇，1 乡）	**341222000**	段郢乡	341225204	任寨乡	341282202
城关镇	341222100	公桥乡	341225205	**宿州市（12 街道，71 镇，23 乡）**	**341300000**
旧县镇	341222101	龙王乡	341225206	**埇桥区（12 街道，15 镇，9 乡）**	**341302000**
税镇镇	341222102	于集乡	341225207	埇桥街道	341302001
皮条孙镇	341222103	老观乡	341225208	沱河街道	341302002
原墙镇	341222104	郜台乡	341225209	道东街道	341302003
倪邱镇	341222105	**颍上县（22 镇，8 乡）**	**341226000**	东关街道	341302004
李兴镇	341222106	谢桥镇	341226101	三里湾街道	341302005
大新镇	341222107	南照镇	341226102	南关街道	341302006
肖口镇	341222108	杨湖镇	341226103	西关街道	341302007
关集镇	341222109	江口镇	341226104	北关街道	341302008
三塔镇	341222110	润河镇	341226105	城东街道	341302009
双浮镇	341222111	新集镇	341226106	三八街道	341302010
蔡庙镇	341222112	六十铺镇	341226107	汴河街道	341302011
三堂镇	341222113	耿棚镇	341226108	金海街道	341302012
苗老集镇	341222114	半岗镇	341226109	符离镇	341302100
赵庙镇	341222115	王岗镇	341226110	芦岭镇	341302101
宫集镇	341222116	夏桥镇	341226111	朱仙庄镇	341302102
坟台镇	341222117	江店孜镇	341226112	褚兰镇	341302103
洪山镇	341222118	陈桥镇	341226113	曹村镇	341302104
清浅镇	341222119	黄桥镇	341226114	夹沟镇	341302105
五星镇	341222120	八里河镇	341226115	栏杆镇	341302106
高庙镇	341222121	迪沟镇	341226116	时村镇	341302107
桑营镇	341222122	西三十铺镇	341226117	永安镇	341302108
大庙集镇	341222123	红星镇	341226118	灰古镇	341302109
阮桥镇	341222124	十八里铺镇	341226119	大店镇	341302110
双庙镇	341222125	鲁口镇	341226120	大泽乡镇	341302111
胡总镇	341222126	慎城镇	341226121	桃园镇	341302112
马集镇	341222127	古城镇	341226123	蕲县镇	341302113
郭庙镇	341222128	建颍乡	341226201	大营镇	341302114
二郎镇	341222129	五十铺乡	341226203	杨庄乡	341302200
赵集乡	341222201	盛堂乡	341226204	支河乡	341302201
阜南县（20 镇，8 乡）	**341225000**	关屯乡	341226205	解集乡	341302202
鹿城镇	341225100	垂岗乡	341226206	桃沟乡	341302203
方集镇	341225101	赛涧回族乡	341226207		
中岗镇	341225102	新刘集乡	341226208		

续表 7

行政区划名称	行政区划代码	行政区划名称	行政区划代码	行政区划名称	行政区划代码
顺河乡	341302204	渔沟镇	341323110	苏埠镇	341503100
蒿沟乡	341302205	高楼镇	341323111	韩摆渡镇	341503101
苗庵乡	341302206	冯庙镇	341323112	新安镇	341503102
永镇乡	341302207	向阳乡	341323200	顺河镇	341503103
西二铺乡	341302208	朱集乡	341323202	独山镇	341503104
砀山县 (13 镇)	**341321000**	大路乡	341323203	石婆店镇	341503105
李庄镇	341321102	大庙乡	341323204	城南镇	341503106
唐寨镇	341321103	禅堂乡	341323205	丁集镇	341503107
葛集镇	341321104	虞姬乡	341323206	固镇镇	341503108
官庄坝镇	341321107	**泗县 (12 镇，3 乡)**	**341324000**	徐集镇	341503109
曹庄镇	341321108	泗城镇	341324100	分路口镇	341503110
朱楼镇	341321110	墩集镇	341324101	江家店镇	341503111
程庄镇	341321112	丁湖镇	341324102	单王乡	341503200
良梨镇	341321113	草沟镇	341324103	青山乡	341503201
砀城镇	341321114	长沟镇	341324104	石板冲乡	341503202
玄庙镇	341321115	黄圩镇	341324105	西河口乡	341503203
周寨镇	341321116	大庄镇	341324106	平桥乡	341503204
关帝庙镇	341321117	山头镇	341324107	罗集乡	341503205
赵屯镇	341321118	刘圩镇	341324108	狮子岗乡	341503206
萧县 (18 镇，5 乡)	**341322000**	黑塔镇	341324109	**叶集区 (2 街道，3 镇，1 乡)**	**341504000**
龙城镇	341322100	草庙镇	341324110	史河街道	341504001
黄口镇	341322101	屏山镇	341324111	平岗街道	341504002
杨楼镇	341322102	大路口乡	341324200	三元镇	341504100
闫集镇	341322103	大杨乡	341324202	洪集镇	341504102
新庄镇	341322104	瓦坊乡	341324203	姚李镇	341504103
刘套镇	341322105	**六安市 (10 街道，87 镇，43 乡)**	**341500000**	孙岗乡	341504200
马井镇	341322106			**霍邱县 (21 镇，9 乡)**	**341522000**
大屯镇	341322107	**金安区 (5 街道，11 镇，6 乡)**	**341502000**	城关镇	341522100
赵庄镇	341322108	中市街道	341502001	河口镇	341522101
杜楼镇	341322109	东市街道	341502002	周集镇	341522102
丁里镇	341322110	三里桥街道	341502003	临水镇	341522103
王寨镇	341322111	清水河街道	341502004	新店镇	341522104
祖楼镇	341322112	望城街道	341502005	石店镇	341522105
青龙集镇	341322113	木厂镇	341502100	马店镇	341522106
张庄寨镇	341322114	马头镇	341502101	孟集镇	341522107
永堌镇	341322115	东桥镇	341502102	花园镇	341522108
白土镇	341322116	张店镇	341502103	扈胡镇	341522109
官桥镇	341322117	毛坦厂镇	341502104	长集镇	341522110
圣泉乡	341322200	东河口镇	341502105	乌龙镇	341522113
酒店乡	341322201	双河镇	341502106	高塘镇	341522114
孙圩子乡	341322202	施桥镇	341502107	龙潭镇	341522115
庄里乡	341322203	孙岗镇	341502108	岔路镇	341522116
石林乡	341322204	三十铺镇	341502109	冯井镇	341522117
灵璧县 (13 镇，6 乡)	**341323000**	椿树镇	341502110	众兴集镇	341522118
灵城镇	341323100	城北乡	341502200	夏店镇	341522119
韦集镇	341323101	翁墩乡	341502201	曹庙镇	341522120
黄湾镇	341323102	淠东乡	341502202	潘集镇	341522122
娄庄镇	341323103	中店乡	341502203	范桥镇	341522123
杨疃镇	341323104	横塘岗乡	341502204	王截流乡	341522201
尹集镇	341323105	先生店乡	341502205	临淮岗乡	341522203
浍沟镇	341323106	**裕安区 (3 街道，12 镇，7 乡)**	**341503000**	城西湖乡	341522204
游集镇	341323107	鼓楼街道	341503001	宋店乡	341522205
下楼镇	341323108	西市街道	341503003	三流乡	341522206
朝阳镇	341323109	小华山街道	341503005	邵岗乡	341522207

续表 8

行政区划名称	行政区划代码
白莲乡	341522208
冯瓴乡	341522210
彭塔乡	341522211
舒城县（15 镇，6 乡）	**341523000**
城关镇	341523100
晓天镇	341523101
桃溪镇	341523102
万佛湖镇	341523103
千人桥镇	341523104
百神庙镇	341523105
杭埠镇	341523106
舒茶镇	341523107
南港镇	341523108
干汊河镇	341523109
张母桥镇	341523110
五显镇	341523111
山七镇	341523112
河棚镇	341523113
汤池镇	341523114
春秋乡	341523200
柏林乡	341523201
棠树乡	341523202
阙店乡	341523203
高峰乡	341523204
庐镇乡	341523205
金寨县（12 镇，11 乡）	**341524000**
梅山镇	341524100
南溪镇	341524101
汤家汇镇	341524103
斑竹园镇	341524104
天堂寨镇	341524105
古碑镇	341524106
吴家店镇	341524107
燕子河镇	341524108
青山镇	341524109
麻埠镇	341524110
双河镇	341524111
白塔畈镇	341524112
张冲乡	341524201
油坊店乡	341524202
长岭乡	341524203
槐树湾乡	341524204
花石乡	341524205
沙河乡	341524206
桃岭乡	341524207
果子园乡	341524208
关庙乡	341524209
铁冲乡	341524211
全军乡	341524212
霍山县（13 镇，3 乡）	**341525000**
衡山镇	341525100
下符桥镇	341525101
但家庙镇	341525102
与儿街镇	341525103
磨子潭镇	341525104
上土市镇	341525105
漫水河镇	341525106
大化坪镇	341525107
落儿岭镇	341525108
诸佛庵镇	341525109
黑石渡镇	341525110
佛子岭镇	341525111
单龙寺镇	341525112
东西溪乡	341525201
太阳乡	341525202
太平畈乡	341525203
亳州市（10 街道，72 镇，7 乡）	**341600000**
谯城区（3 街道，20 镇，2 乡）	**341602000**
花戏楼街道	341602001
薛阁街道	341602002
汤陵街道	341602003
古井镇	341602100
芦庙镇	341602102
华佗镇	341602103
魏岗镇	341602104
牛集镇	341602105
颜集镇	341602107
五马镇	341602108
十八里镇	341602109
谯东镇	341602111
十九里镇	341602112
沙土镇	341602113
观堂镇	341602114
大杨镇	341602115
城父镇	341602116
十河镇	341602117
双沟镇	341602119
淝河镇	341602120
古城镇	341602121
龙扬镇	341602122
立德镇	341602123
张店乡	341602200
赵桥乡	341602201
涡阳县（4 街道，20 镇）	**341621000**
城关街道	341621001
城西街道	341621002
城东街道	341621003
涡北街道	341621004
西阳镇	341621103
涡南镇	341621104
楚店镇	341621105
高公镇	341621106
高炉镇	341621108
曹市镇	341621109
青町镇	341621110
石弓镇	341621111
龙山镇	341621112
义门镇	341621113
新兴镇	341621114
临湖镇	341621115
丹城镇	341621116
马店集镇	341621117
花沟镇	341621118
店集镇	341621119
陈大镇	341621120
牌坊镇	341621121
公吉寺镇	341621122
标里镇	341621123
蒙城县（3 街道，12 镇，2 乡）	**341622000**
漆园街道	341622001
庄周街道	341622002
城关街道	341622003
双涧镇	341622101
小涧镇	341622102
坛城镇	341622104
许疃镇	341622106
板桥集镇	341622107
马集镇	341622108
岳坊镇	341622110
立仓镇	341622112
楚村镇	341622114
乐土镇	341622115
三义镇	341622116
篱笆镇	341622117
王集乡	341622200
小辛集乡	341622202
利辛县（20 镇，3 乡）	**341623000**
城关镇	341623100
阚疃镇	341623101
张村镇	341623102
江集镇	341623103
旧城镇	341623104
西潘楼镇	341623105
孙集镇	341623106
汝集镇	341623107
巩店镇	341623108
王人镇	341623109
王市镇	341623110
永兴镇	341623111
马店孜镇	341623112
大李集镇	341623113
胡集镇	341623114
展沟镇	341623115
程家集镇	341623116
中疃镇	341623117
望疃镇	341623118
城北镇	341623119
纪王场乡	341623203
孙庙乡	341623204

续表 9

行政区划名称	行政区划代码	行政区划名称	行政区划代码	行政区划名称	行政区划代码
新张集乡	341623205	杨田镇	341723109	桃花潭镇	341823101
池州市（11 街道，37 镇，8 乡）	**341700000**	九华镇	341723110	茂林镇	341823102
		陵阳镇	341723111	榔桥镇	341823103
贵池区（11 街道，9 镇）	**341702000**	酉华镇	341723112	丁家桥镇	341823105
秋江街道	341702006	乔木乡	341723202	蔡村镇	341823106
马衙街道	341702007	杜村乡	341723204	琴溪镇	341823108
梅龙街道	341702008	九华乡	341723205	云岭镇	341823109
墩上街道	341702009	**宣城市（15 街道，60 镇，18 乡）**	**341800000**	黄村镇	341823110
池阳街道	341702022			汀溪乡	341823204
秋浦街道	341702023	**宣州区（9 街道，12 镇，3 乡）**	**341802000**	昌桥乡	341823207
江口街道	341702024	西林街道	341802001	**绩溪县（8 镇，3 乡）**	**341824000**
里山街道	341702025	澄江街道	341802002	华阳镇	341824100
杏花村街道	341702026	鳌峰街道	341802003	临溪镇	341824101
清风街道	341702027	济川街道	341802004	长安镇	341824102
清溪街道	341702028	敬亭山街道	341802005	上庄镇	341824103
殷汇镇	341702101	飞彩街道	341802006	扬溪镇	341824104
牌楼镇	341702102	双桥街道	341802007	伏岭镇	341824105
涓桥镇	341702107	金坝街道	341802008	金沙镇	341824106
唐田镇	341702110	向阳街道	341802009	瀛洲镇	341824107
乌沙镇	341702113	古泉镇	341802101	板桥头乡	341824201
牛头山镇	341702114	文昌镇	341802103	家朋乡	341824202
梅街镇	341702115	杨柳镇	341802104	荆州乡	341824203
梅村镇	341702116	溪口镇	341802105	**旌德县（10 镇）**	**341825000**
棠溪镇	341702117	新田镇	341802106	旌阳镇	341825100
东至县（12 镇，3 乡）	**341721000**	洪林镇	341802108	蔡家桥镇	341825101
尧渡镇	341721100	沈村镇	341802109	三溪镇	341825102
东流镇	341721101	水阳镇	341802111	庙首镇	341825103
大渡口镇	341721102	水东镇	341802112	白地镇	341825104
胜利镇	341721103	孙埠镇	341802113	俞村镇	341825105
张溪镇	341721104	周王镇	341802114	兴隆镇	341825106
洋湖镇	341721105	狸桥镇	341802115	孙村镇	341825107
葛公镇	341721106	黄渡乡	341802204	版书镇	341825108
香隅镇	341721107	五星乡	341802209	云乐镇	341825109
官港镇	341721108	养贤乡	341802211	**宁国市（6 街道，8 镇，5 乡）**	**341881000**
昭潭镇	341721109	**郎溪县（7 镇，2 乡）**	**341821000**	西津街道	341881001
龙泉镇	341721110	建平镇	341821100	南山街道	341881002
泥溪镇	341721111	梅渚镇	341821102	河沥溪街道	341881003
花园乡	341721209	涛城镇	341821103	汪溪街道	341881004
木塔乡	341721212	十字镇	341821104	竹峰街道	341881005
青山乡	341721216	毕桥镇	341821107	天湖街道	341881006
石台县（6 镇，2 乡）	**341722000**	新发镇	341821108	港口镇	341881100
七都镇	341722101	飞鲤镇	341821109	梅林镇	341881101
丁香镇	341722103	凌笪乡	341821201	中溪镇	341881102
小河镇	341722104	姚村乡	341821203	仙霞镇	341881103
横渡镇	341722105	**广德县（6 镇，3 乡）**	**341822000**	宁墩镇	341881104
仁里镇	341722106	桃州镇	341822100	甲路镇	341881105
仙寓镇	341722107	柏垫镇	341822101	霞西镇	341881106
大演乡	341722203	誓节镇	341822102	胡乐镇	341881107
矶滩乡	341722205	邱村镇	341822103	云梯畲族乡	341881200
青阳县（10 镇，3 乡）	**341723000**	新杭镇	341822104	南极乡	341881201
蓉城镇	341723100	杨滩镇	341822105	万家乡	341881202
木镇镇	341723101	卢村乡	341822200	方塘乡	341881204
庙前镇	341723102	东亭乡	341822201	青龙乡	341881205
新河镇	341723104	四合乡	341822203		
丁桥镇	341723105	**泾县（9 镇，2 乡）**	**341823000**		
朱备镇	341723107	泾川镇	341823100		

福建省

福建省（闽）

行政区划名称	行政区划代码
福建省（179 街道，642 镇，284 乡）	**350000000**
福州市（43 街道，99 镇，47 乡）	**350100000**
鼓楼区（9 街道，1 镇）	**350102000**
鼓东街道	350102001
鼓西街道	350102002
温泉街道	350102003
东街街道	350102004
南街街道	350102005
安泰街道	350102006
华大街道	350102007
水部街道	350102008
五凤街道	350102009
洪山镇	350102100
台江区（10 街道）	**350103000**
瀛洲街道	350103001
后洲街道	350103002
义洲街道	350103003
新港街道	350103004
上海街道	350103005
苍霞街道	350103007
茶亭街道	350103009
洋中街道	350103010
鳌峰街道	350103011
宁化街道	350103012
仓山区（8 街道，5 镇）	**350104000**
仓前街道	350104001
东升街道	350104002
对湖街道	350104003
临江街道	350104004
三叉街街道	350104005
上渡街道	350104006
下渡街道	350104007
金山街道	350104008
仓山镇	350104100
城门镇	350104101
盖山镇	350104102
建新镇	350104103
螺洲镇	350104104
马尾区（1 街道，3 镇）	**350105000**
罗星街道	350105001
马尾镇	350105100
亭江镇	350105101
琅岐镇	350105102
晋安区（3 街道，4 镇，2 乡）	**350111000**
茶园街道	350111001
王庄街道	350111002
象园街道	350111003
鼓山镇	350111100
新店镇	350111101
岳峰镇	350111102
宦溪镇	350111103
寿山乡	350111201
日溪乡	350111202
长乐区（4 街道，12 镇，2 乡）	**350112000**
营前街道	350112001
漳港街道	350112002
航城街道	350112003
吴航街道	350112004
首占镇	350112100
玉田镇	350112101
松下镇	350112102
江田镇	350112103
古槐镇	350112104
文武砂镇	350112105
鹤上镇	350112106
湖南镇	350112107
金峰镇	350112108
文岭镇	350112109
梅花镇	350112110
潭头镇	350112111
罗联乡	350112200
猴屿乡	350112201
闽侯县（1 街道，8 镇，6 乡）	**350121000**
甘蔗街道	350121001
白沙镇	350121101
南屿镇	350121102
尚干镇	350121103
祥谦镇	350121104
青口镇	350121105
南通镇	350121106
上街镇	350121107
荆溪镇	350121108
竹岐乡	350121200
鸿尾乡	350121201
洋里乡	350121202
大湖乡	350121203
廷坪乡	350121204
小箬乡	350121206
连江县（16 镇，7 乡）	**350122000**
凤城镇	350122100
敖江镇	350122101
东岱镇	350122102
琯头镇	350122103
晓澳镇	350122104
东湖镇	350122105
丹阳镇	350122106
长龙镇	350122107
透堡镇	350122108
马鼻镇	350122109
官坂镇	350122110
筱埕镇	350122111
黄岐镇	350122112
苔菉镇	350122113
浦口镇	350122114
坑园镇	350122115
潘渡乡	350122200
江南乡	350122201
蓼沿乡	350122202
安凯乡	350122203
下宫乡	350122204
小沧畲族乡	350122205
马祖乡	350122206
罗源县（6 镇，5 乡）	**350123000**
凤山镇	350123100
松山镇	350123101
起步镇	350123102
中房镇	350123103
飞竹镇	350123104
鉴江镇	350123105
白塔乡	350123200
洪洋乡	350123201
西兰乡	350123202
霍口畲族乡	350123203
碧里乡	350123204
闽清县（11 镇，5 乡）	**350124000**
梅城镇	350124100
梅溪镇	350124101
白樟镇	350124102
金沙镇	350124103
白中镇	350124104
池园镇	350124105
坂东镇	350124106
塔庄镇	350124107
省璜镇	350124108
雄江镇	350124109
东桥镇	350124110
云龙乡	350124200
上莲乡	350124201
三溪乡	350124204
桔林乡	350124205
下祝乡	350124206
永泰县（9 镇，12 乡）	**350125000**
樟城镇	350125100
嵩口镇	350125101
梧桐镇	350125102
葛岭镇	350125103
城峰镇	350125104
清凉镇	350125105
长庆镇	350125106
同安镇	350125107
大洋镇	350125108
塘前乡	350125200
富泉乡	350125201
岭路乡	350125202
赤锡乡	350125203
洑口乡	350125204
盖洋乡	350125205
东洋乡	350125206
霞拔乡	350125207
盘谷乡	350125208
红星乡	350125209
白云乡	350125210
丹云乡	350125211

续表 1

行政区划名称	行政区划代码
平潭县（7 镇，8 乡）	**350128000**
潭城镇	350128100
苏澳镇	350128101
流水镇	350128102
澳前镇	350128103
北厝镇	350128104
平原镇	350128105
敖东镇	350128106
白青乡	350128200
屿头乡	350128201
大练乡	350128202
芦洋乡	350128203
中楼乡	350128204
东庠乡	350128205
岚城乡	350128206
南海乡	350128207
福清市（7 街道，17 镇）	**350181000**
玉屏街道	350181001
音西街道	350181002
宏路街道	350181003
阳下街道	350181004
龙山街道	350181005
龙江街道	350181006
石竹街道	350181007
海口镇	350181103
城头镇	350181104
南岭镇	350181105
龙田镇	350181106
江镜镇	350181107
港头镇	350181108
高山镇	350181109
沙埔镇	350181110
三山镇	350181111
东瀚镇	350181112
渔溪镇	350181113
上迳镇	350181114
新厝镇	350181115
江阴镇	350181116
东张镇	350181117
镜洋镇	350181118
一都镇	350181119
厦门市（26 街道，12 镇）	**350200000**
思明区（10 街道）	**350203000**
厦港街道	350203001
中华街道	350203003
滨海街道	350203005
鹭江街道	350203006
开元街道	350203007
梧村街道	350203008
筼筜街道	350203009
莲前街道	350203010
嘉莲街道	350203011
鼓浪屿街道	350203012
海沧区（4 街道）	**350205000**
海沧街道	350205001
新阳街道	350205002
嵩屿街道	350205003
东孚街道	350205004
湖里区（5 街道）	**350206000**
湖里街道	350206001
殿前街道	350206002
禾山街道	350206003
江头街道	350206004
金山街道	350206005
集美区（4 街道，2 镇）	**350211000**
集美街道	350211001
侨英街道	350211002
杏林街道	350211003
杏滨街道	350211004
灌口镇	350211102
后溪镇	350211103
同安区（2 街道，6 镇）	**350212000**
大同街道	350212001
祥平街道	350212002
莲花镇	350212105
新民镇	350212106
洪塘镇	350212107
西柯镇	350212108
汀溪镇	350212109
五显镇	350212110
翔安区（1 街道，4 镇）	**350213000**
大嶝街道	350213001
马巷镇	350213102
新圩镇	350213103
新店镇	350213104
内厝镇	350213111
莆田市（8 街道，40 镇，6 乡）	**350300000**
城厢区（3 街道，4 镇）	**350302000**
龙桥街道	350302001
凤凰山街道	350302002
霞林街道	350302003
常太镇	350302100
华亭镇	350302101
灵川镇	350302102
东海镇	350302103
涵江区（2 街道，9 镇，1 乡）	**350303000**
涵东街道	350303001
涵西街道	350303002
三江口镇	350303100
白塘镇	350303101
国欢镇	350303102
梧塘镇	350303103
江口镇	350303104
萩芦镇	350303105
白沙镇	350303106
庄边镇	350303107
新县镇	350303108
大洋乡	350303200
荔城区（2 街道，4 镇）	**350304000**
镇海街道	350304001
拱辰街道	350304002
西天尾镇	350304100
黄石镇	350304101
新度镇	350304102
北高镇	350304103
秀屿区（11 镇）	**350305000**
笏石镇	350305100
东庄镇	350305101
东峤镇	350305104
埭头镇	350305105
平海镇	350305106
南日镇	350305107
湄洲镇 *	350305108
忠门镇 *	350305109
东埔镇 *	350305110
山亭镇 *	350305111
湄洲镇	350305112
仙游县（1 街道，12 镇，5 乡）	**350322000**
鲤城街道	350322001
枫亭镇	350322101
榜头镇	350322102
郊尾镇	350322103
度尾镇	350322104
赖店镇	350322106
盖尾镇	350322107
园庄镇	350322108
大济镇	350322109
龙华镇	350322110
钟山镇	350322111
游洋镇	350322112
鲤南镇	350322113
西苑乡	350322200
石苍乡	350322202
社硎乡	350322203
书峰乡	350322204
菜溪乡	350322205
三明市（13 街道，69 镇，60 乡）	**350400000**
梅列区（3 街道，2 镇）	**350402000**
列东街道	350402001
列西街道	350402002
徐碧街道	350402003
陈大镇	350402100
洋溪镇	350402101
三元区（4 街道，2 镇，2 乡）	**350403000**
城关街道	350403001
白沙街道	350403002
富兴堡街道	350403003
荆西街道	350403004
莘口镇	350403100
岩前镇	350403101
城东乡	350403200
中村乡	350403201
明溪县（4 镇，5 乡）	**350421000**
雪峰镇	350421100
盖洋镇	350421101
胡坊镇	350421102
瀚仙镇	350421103
城关乡	350421200
沙溪乡	350421201
夏阳乡	350421202

续表 2

行政区划名称	行政区划代码
枫溪乡	350421203
夏坊乡	350421204
清流县 (6 镇，7 乡)	**350423000**
龙津镇	350423100
嵩溪镇	350423101
嵩口镇	350423102
灵地镇	350423103
长校镇	350423104
赖坊镇	350423105
温郊乡	350423201
林畲乡	350423202
田源乡	350423203
沙芜乡	350423204
余朋乡	350423206
李家乡	350423208
里田乡	350423209
宁化县 (9 镇，7 乡)	**350424000**
翠江镇	350424100
泉上镇	350424101
湖村镇	350424102
石壁镇	350424103
曹坊镇	350424104
安远镇	350424105
淮土镇	350424106
安乐镇	350424107
水茜镇	350424108
城郊乡	350424200
城南乡	350424201
济村乡	350424202
方田乡	350424204
治平畲族乡	350424207
中沙乡	350424208
河龙乡	350424209
大田县 (10 镇，8 乡)	**350425000**
均溪镇	350425100
石牌镇	350425101
上京镇	350425102
广平镇	350425103
桃源镇	350425104
太华镇	350425105
建设镇	350425106
奇韬镇	350425107
吴山镇	350425108
华兴镇	350425109
屏山乡	350425201
济阳乡	350425203
武陵乡	350425204
谢洋乡	350425205
文江乡	350425206
梅山乡	350425207
湖美乡	350425208
前坪乡	350425209
尤溪县 (10 镇，5 乡)	**350426000**
城关镇	350426100
梅仙镇	350426101
西滨镇	350426102
洋中镇	350426103
新阳镇	350426104
管前镇	350426105
西城镇	350426106
尤溪口镇	350426107
坂面镇	350426108
联合镇	350426109
汤川乡	350426201
溪尾乡	350426202
中仙乡	350426203
台溪乡	350426204
八字桥乡	350426206
沙县 (2 街道，6 镇，4 乡)	**350427000**
凤岗街道	350427001
虬江街道	350427002
青州镇	350427101
夏茂镇	350427102
高砂镇	350427104
高桥镇	350427105
富口镇	350427106
大洛镇	350427107
南霞乡	350427201
南阳乡	350427203
郑湖乡	350427204
湖源乡	350427205
将乐县 (6 镇，7 乡)	**350428000**
古镛镇	350428100
万安镇	350428101
高唐镇	350428102
白莲镇	350428103
黄潭镇	350428104
水南镇	350428105
光明乡	350428200
漠源乡	350428201
南口乡	350428202
万全乡	350428203
安仁乡	350428204
大源乡	350428205
余坊乡	350428206
泰宁县 (2 镇，7 乡)	**350429000**
杉城镇	350429100
朱口镇	350429101
新桥乡	350429200
上青乡	350429201
大田乡	350429202
梅口乡	350429203
下渠乡	350429204
开善乡	350429205
大龙乡	350429206
建宁县 (4 镇，5 乡)	**350430000**
濉溪镇	350430100
里心镇	350430101
溪口镇	350430102
均口镇	350430103
伊家乡	350430201
黄坊乡	350430202
溪源乡	350430203
客坊乡	350430204
黄埠乡	350430205
永安市 (4 街道，8 镇，3 乡)	**350481000**
燕东街道	350481001
燕西街道	350481002
燕南街道	350481003
燕北街道	350481004
西洋镇	350481100
贡川镇	350481101
安砂镇	350481102
小陶镇	350481103
大湖镇	350481104
曹远镇	350481105
洪田镇	350481106
槐南镇	350481107
上坪乡	350481202
罗坊乡	350481203
青水畲族乡	350481204
泉州市 (30 街道，108 镇，25 乡)	**350500000**
鲤城区 (8 街道)	**350502000**
海滨街道	350502001
临江街道	350502002
鲤中街道	350502003
开元街道	350502004
浮桥街道	350502005
江南街道	350502006
金龙街道	350502007
常泰街道	350502008
丰泽区 (8 街道)	**350503000**
东湖街道	350503001
丰泽街道	350503002
泉秀街道	350503003
清源街道	350503004
华大街道	350503005
城东街道	350503006
东海街道	350503007
北峰街道	350503008
洛江区 (2 街道，3 镇，1 乡)	**350504000**
万安街道	350504001
双阳街道	350504002
罗溪镇	350504100
马甲镇	350504101
河市镇	350504102
虹山乡	350504200
泉港区 (1 街道，6 镇)	**350505000**
山腰街道	350505001
南埔镇	350505100
界山镇	350505101
后龙镇	350505102
峰尾镇	350505103
前黄镇	350505105
涂岭镇	350505106
惠安县 (15 镇，1 乡)	**350521000**
螺城镇	350521100
螺阳镇	350521101
黄塘镇	350521102
紫山镇	350521103

续表 3

行政区划名称	行政区划代码
洛阳镇	350521104
东园镇	350521105
张坂镇	350521106
崇武镇	350521107
山霞镇	350521108
涂寨镇	350521109
东岭镇	350521110
东桥镇	350521111
净峰镇	350521112
小岞镇	350521113
辋川镇	350521114
百崎回族乡	350521200
安溪县 (13 镇，11 乡)	**350524000**
凤城镇	350524100
蓬莱镇	350524101
湖头镇	350524102
官桥镇	350524103
剑斗镇	350524104
城厢镇	350524105
金谷镇	350524106
龙门镇	350524107
虎邱镇	350524108
芦田镇	350524109
感德镇	350524110
魁斗镇	350524111
西坪镇	350524112
参内乡	350524200
白濑乡	350524201
湖上乡	350524202
尚卿乡	350524203
大坪乡	350524204
龙涓乡	350524205
长坑乡	350524206
蓝田乡	350524207
祥华乡	350524208
桃舟乡	350524209
福田乡	350524210
永春县 (18 镇，4 乡)	**350525000**
桃城镇	350525100
五里街镇	350525101
一都镇	350525102
下洋镇	350525103
蓬壶镇	350525104
达埔镇	350525105
吾峰镇	350525106
石鼓镇	350525107
岵山镇	350525108
东平镇	350525109
湖洋镇	350525110
坑仔口镇	350525111
玉斗镇	350525112
锦斗镇	350525113
东关镇	350525114
桂洋镇	350525115
苏坑镇	350525116
仙夹镇	350525117
横口乡	350525200
呈祥乡	350525201
介福乡	350525202
外山乡	350525204
德化县 (12 镇，6 乡)	**350526000**
浔中镇	350526100
龙浔镇	350526101
三班镇	350526102
龙门滩镇	350526103
雷峰镇	350526104
南埕镇	350526105
水口镇	350526106
赤水镇	350526107
上涌镇	350526108
葛坑镇	350526109
盖德镇	350526110
美湖镇 *	350526111
杨梅乡	350526200
汤头乡	350526202
桂阳乡	350526204
国宝乡	350526206
大铭乡	350526208
春美乡	350526209
金门县 (0 镇，0 乡)	**350527000**
石狮市 (2 街道，7 镇)	**350581000**
湖滨街道	350581001
凤里街道	350581002
灵秀镇	350581100
宝盖镇	350581101
蚶江镇	350581102
祥芝镇	350581103
鸿山镇	350581104
锦尚镇	350581105
永宁镇	350581106
晋江市 (6 街道，13 镇)	**350582000**
青阳街道	350582001
梅岭街道	350582002
西园街道	350582003
罗山街道	350582004
灵源街道	350582005
新塘街道	350582006
陈埭镇	350582101
池店镇	350582102
安海镇	350582103
磁灶镇	350582104
内坑镇	350582105
紫帽镇	350582106
东石镇	350582107
永和镇	350582108
英林镇	350582109
金井镇	350582110
龙湖镇	350582111
深沪镇	350582112
西滨镇	350582113
南安市 (3 街道，21 镇，2 乡)	**350583000**
溪美街道	350583001
柳城街道	350583002
美林街道	350583003
省新镇	350583100
仑苍镇	350583101
东田镇	350583102
英都镇	350583103
翔云镇	350583104
金淘镇	350583105
诗山镇	350583106
蓬华镇	350583107
码头镇	350583108
九都镇	350583109
乐峰镇	350583110
罗东镇	350583111
梅山镇	350583112
洪濑镇	350583113
洪梅镇	350583114
康美镇	350583115
丰州镇	350583116
霞美镇	350583117
官桥镇	350583118
水头镇	350583119
石井镇	350583120
眉山乡	350583200
向阳乡	350583201
漳州市 (9 街道，89 镇，23 乡)	**350600000**
芗城区 (6 街道，4 镇)	**350602000**
东铺头街道	350602001
西桥街道	350602002
新桥街道	350602003
巷口街道	350602004
南坑街道	350602005
通北街道	350602006
浦南镇	350602100
天宝镇	350602101
芝山镇	350602102
石亭镇	350602103
龙文区 (2 街道，3 镇)	**350603000**
东岳街道	350603001
步文街道	350603002
蓝田镇	350603100
朝阳镇	350603102
郭坑镇	350603103
云霄县 (6 镇，3 乡)	**350622000**
云陵镇	350622100
陈岱镇	350622101
东厦镇	350622102
莆美镇	350622103
列屿镇	350622104
火田镇	350622105
下河乡	350622200
马铺乡	350622201
和平乡	350622202
漳浦县 (17 镇，4 乡)	**350623000**
绥安镇	350623100
旧镇镇	350623101
佛昙镇	350623102
赤湖镇	350623103
杜浔镇	350623104
霞美镇	350623105
官浔镇	350623106
石榴镇	350623107
盘陀镇	350623108
长桥镇	350623109

续表 4

行政区划名称	行政区划代码	行政区划名称	行政区划代码	行政区划名称	行政区划代码
前亭镇	350623110	安厚镇	350628105	**建阳区 (2 街道，8 镇，3 乡)**	**350703000**
马坪镇	350623111	大溪镇	350628106	潭城街道	350703001
深土镇	350623112	霞寨镇	350628107	童游街道	350703002
六鳌镇	350623113	九峰镇	350628108	将口镇	350703100
沙西镇	350623114	芦溪镇	350628109	徐市镇	350703101
古雷镇	350623115	五寨乡	350628200	莒口镇	350703102
大南坂镇	350623116	国强乡	350628201	麻沙镇	350703103
南浦乡	350623200	崎岭乡	350628202	黄坑镇	350703104
赤岭畲族乡	350623201	长乐乡	350628203	水吉镇	350703105
湖西畲族乡	350623202	秀峰乡	350628204	漳墩镇	350703106
赤土乡	350623203	**华安县 (6 镇，3 乡)**	**350629000**	小湖镇	350703107
诏安县 (10 镇，5 乡)	**350624000**	华丰镇	350629100	崇雒乡	350703200
南诏镇	350624100	丰山镇	350629101	书坊乡	350703201
四都镇	350624101	沙建镇	350629102	回龙乡	350703202
梅岭镇	350624102	新圩镇	350629103	**顺昌县 (1 街道，8 镇，3 乡)**	**350721000**
桥东镇	350624103	高安镇	350629104	双溪街道	350721001
深桥镇	350624104	仙都镇	350629105	建西镇	350721101
太平镇	350624105	高车乡	350629200	洋口镇	350721102
霞葛镇	350624106	马坑乡	350629201	元坑镇	350721103
官陂镇	350624107	湖林乡	350629203	埔上镇	350721105
秀篆镇	350624108	**龙海市 (1 街道，11 镇，2 乡)**	**350681000**	大历镇	350721106
西潭镇	350624109	石码街道	350681001	大干镇	350721107
金星乡	350624200	海澄镇	350681101	仁寿镇	350721108
白洋乡	350624202	角美镇	350681102	郑坊镇	350721109
建设乡	350624203	白水镇	350681103	洋墩乡	350721200
红星乡	350624204	浮宫镇	350681104	岚下乡	350721203
梅洲乡	350624205	程溪镇	350681105	高阳乡	350721204
长泰县 (4 镇，1 乡)	**350625000**	港尾镇	350681106	**浦城县 (2 街道，9 镇，8 乡)**	**350722000**
武安镇	350625100	九湖镇	350681107	南浦街道	350722001
岩溪镇	350625101	颜厝镇	350681108	河滨街道	350722002
陈巷镇	350625102	榜山镇	350681109	富岭镇	350722101
枋洋镇	350625103	紫泥镇	350681110	石陂镇	350722102
坂里乡	350625200	东园镇	350681111	临江镇	350722103
东山县 (7 镇)	**350626000**	东泗乡	350681200	仙阳镇	350722104
西埔镇	350626100	隆教畲族乡	350681201	水北街镇	350722105
樟塘镇	350626101	**南平市 (24 街道，72 镇，**	**350700000**	永兴镇	350722106
康美镇	350626102	**43 乡)**		忠信镇	350722107
杏陈镇	350626103	**延平区 (6 街道，13 镇，2 乡)**	**350702000**	莲塘镇	350722108
陈城镇	350626104	梅山街道	350702001	九牧镇	350722109
前楼镇	350626105	黄墩街道	350702002	万安乡	350722200
铜陵镇	350626106	紫云街道	350702003	古楼乡	350722201
南靖县 (11 镇)	**350627000**	四鹤街道	350702004	山下乡	350722202
山城镇	350627100	水南街道	350702005	枫溪乡	350722203
丰田镇	350627101	水东街道	350702006	濠村乡	350722204
靖城镇	350627102	来舟镇	350702100	管厝乡	350722205
龙山镇	350627103	樟湖镇	350702101	盘亭乡	350722206
金山镇	350627104	夏道镇	350702102	官路乡	350722207
和溪镇	350627105	西芹镇	350702103	**光泽县 (3 镇，5 乡)**	**350723000**
奎洋镇	350627106	峡阳镇	350702104	杭川镇	350723100
梅林镇	350627107	南山镇	350702105	寨里镇	350723101
书洋镇	350627108	大横镇	350702106	止马镇	350723102
船场镇	350627109	王台镇	350702107	鸾凤乡	350723200
南坑镇	350627110	太平镇	350702108	崇仁乡	350723201
平和县 (10 镇，5 乡)	**350628000**	塔前镇	350702109	李坊乡	350723202
小溪镇	350628100	洋后镇	350702111	华桥乡	350723203
山格镇	350628101	炉下镇	350702112	司前乡	350723204
文峰镇	350628102	茫荡镇	350702113	**松溪县 (1 街道，2 镇，6 乡)**	**350724000**
南胜镇	350628103	巨口乡	350702200	松源街道	350724001
坂仔镇	350628104	赤门乡	350702202	郑墩镇	350724101

续表 5

行政区划名称	行政区划代码	行政区划名称	行政区划代码	行政区划名称	行政区划代码
渭田镇	350724102	迪口镇	350783104	**长汀县（13 镇，5 乡）**	**350821000**
河东乡	350724200	小桥镇	350783105	汀州镇	350821100
茶平乡	350724201	玉山镇	350783106	大同镇	350821101
旧县乡	350724202	东游镇	350783107	古城镇	350821102
溪东乡	350724203	东峰镇	350783108	新桥镇	350821103
花桥乡	350724204	小松镇	350783109	馆前镇	350821104
祖墩乡	350724205	顺阳乡	350783200	童坊镇	350821105
政和县（1 街道，4 镇，5 乡）	**350725000**	水源乡	350783201	河田镇	350821106
熊山街道	350725001	川石乡	350783202	南山镇	350821107
东平镇	350725101	龙村乡	350783203	濯田镇	350821108
石屯镇	350725102	**龙岩市（13 街道，85 镇，36 乡）**	**350800000**	四都镇	350821109
铁山镇	350725103			涂坊镇	350821110
镇前镇	350725104	**新罗区（10 街道，10 镇）**	**350802000**	策武镇	350821111
星溪乡	350725200	东城街道	350802001	三洲镇	350821112
外屯乡	350725201	南城街道	350802002	铁长乡	350821201
杨源乡	350725202	西城街道	350802003	庵杰乡	350821202
澄源乡	350725203	中城街道	350802004	宣成乡	350821204
岭腰乡	350725204	西陂街道	350802005	红山乡	350821205
邵武市（4 街道，12 镇，3 乡）	**350781000**	曹溪街道	350802006	羊牯乡	350821206
昭阳街道	350781001	东肖街道	350802007	**上杭县（17 镇，5 乡）**	**350823000**
通泰街道	350781002	龙门街道	350802008	临江镇	350823100
水北街道	350781003	铁山街道	350802009	临城镇	350823101
晒口街道	350781004	北城街道	350802010	中都镇	350823102
城郊镇	350781100	红坊镇	350802100	蓝溪镇	350823103
水北镇	350781101	适中镇	350802101	稔田镇	350823104
下沙镇	350781102	雁石镇	350802102	白砂镇	350823105
卫闽镇	350781103	白沙镇	350802103	古田镇	350823106
沿山镇	350781104	万安镇	350802104	才溪镇	350823107
拿口镇	350781105	大池镇	350802105	南阳镇	350823108
洪墩镇	350781106	小池镇	350802106	蛟洋镇	350823109
大埠岗镇	350781107	江山镇	350802107	旧县镇	350823110
和平镇	350781108	苏坂镇	350802108	溪口镇	350823111
肖家坊镇	350781109	岩山镇	350802109	湖洋镇	350823112
大竹镇	350781110	**永定区（1 街道，12 镇，11 乡）**	**350803000**	太拔镇	350823113
吴家塘镇	350781111	凤城街道	350803001	通贤镇	350823114
桂林乡	350781200	坎市镇	350803101	下都镇	350823115
张厝乡	350781201	下洋镇	350803102	茶地镇	350823116
金坑乡	350781202	湖雷镇	350803103	庐丰畲族乡	350823202
武夷山市（3 街道，3 镇，4 乡）	**350782000**	高陂镇	350803104	泮境乡	350823206
崇安街道	350782001	抚市镇	350803105	步云乡	350823208
新丰街道	350782002	湖坑镇	350803106	官庄畲族乡	350823211
武夷街道	350782003	培丰镇	350803107	珊瑚乡	350823212
星村镇	350782101	龙潭镇	350803108	**武平县（12 镇，5 乡）**	**350824000**
兴田镇	350782102	峰市镇	350803109	平川镇	350824100
五夫镇	350782103	城郊镇	350803110	中山镇	350824101
上梅乡	350782201	仙师镇	350803111	岩前镇	350824102
吴屯乡	350782202	虎岗镇	350803112	十方镇	350824103
岚谷乡	350782203	西溪乡	350803201	中堡镇	350824104
洋庄乡	350782204	金砂乡	350803202	桃溪镇	350824105
建瓯市（4 街道，10 镇，4 乡）	**350783000**	洪山乡	350803204	城厢镇	350824106
建安街道	350783001	湖山乡	350803205	东留镇	350824107
通济街道	350783002	岐岭乡	350803206	武东镇	350824108
瓯宁街道	350783003	古竹乡	350803207	永平镇 *	350824109
芝山街道	350783004	堂堡乡	350803208	万安镇 *	350824110
徐墩镇	350783100	合溪乡	350803209	象洞镇	350824111
吉阳镇	350783101	大溪乡	350803211	民主乡	350824203
房道镇	350783102	陈东乡	350803212	下坝乡	350824204
南雅镇	350783103	高头乡	350803213	中赤乡	350824205

续表 6

行政区划名称	行政区划代码	行政区划名称	行政区划代码	行政区划名称	行政区划代码
湘店乡	350824209	松城街道	350921002	浦源镇	350925102
大禾乡	350824210	长春镇	350921101	七步镇	350925103
连城县（10 镇，7 乡）	**350825000**	牙城镇	350921102	李墩镇	350925104
莲峰镇	350825100	溪南镇	350921103	纯池镇	350925105
北团镇	350825101	沙江镇	350921104	泗桥乡	350925200
姑田镇	350825102	下浒镇	350921105	礼门乡	350925201
朋口镇	350825103	三沙镇	350921106	玛坑乡	350925202
莒溪镇	350825104	盐田畲族乡	350921200	**柘荣县（2 镇，7 乡）**	**350926000**
新泉镇	350825105	水门畲族乡	350921201	双城镇	350926100
庙前镇	350825106	崇儒畲族乡	350921202	富溪镇	350926101
文亨镇	350825107	柏洋乡	350921203	城郊乡	350926200
四堡镇	350825108	北壁乡	350921204	乍洋乡	350926201
林坊镇	350825109	海岛乡	350921205	东源乡	350926202
揭乐乡	350825200	**古田县（2 街道，8 镇，4 乡）**	**350922000**	黄柏乡	350926203
塘前乡	350825201	城西街道	350922001	宅中乡	350926204
隔川乡	350825202	城东街道	350922002	楮坪乡	350926205
罗坊乡	350825204	平湖镇	350922101	英山乡	350926206
曲溪乡	350825208	大桥镇	350922102	**福安市（4 街道，13 镇，5 乡）**	**350981000**
赖源乡	350825209	黄田镇	350922103	城南街道	350981001
宣和乡	350825210	鹤塘镇	350922104	城北街道	350981002
漳平市（2 街道，11 镇，3 乡）	**350881000**	杉洋镇	350922105	阳头街道	350981003
菁城街道	350881001	凤都镇	350922106	罗江街道	350981004
桂林街道	350881002	水口镇	350922107	赛岐镇	350981100
新桥镇	350881100	大甲镇	350922108	穆阳镇	350981101
双洋镇	350881101	吉巷乡	350922201	上白石镇	350981102
永福镇	350881102	泮洋乡	350922203	潭头镇	350981103
溪南镇	350881103	凤埔乡	350922204	社口镇	350981104
和平镇	350881104	卓洋乡	350922205	晓阳镇	350981105
拱桥镇	350881105	**屏南县（4 镇，7 乡）**	**350923000**	溪潭镇	350981106
象湖镇	350881106	古峰镇	350923100	甘棠镇	350981107
赤水镇	350881107	双溪镇	350923101	下白石镇	350981108
西园镇	350881108	黛溪镇	350923102	溪尾镇	350981109
南洋镇	350881109	长桥镇	350923103	溪柄镇	350981110
芦芝镇	350881110	屏城乡	350923200	湾坞镇	350981111
官田乡	350881203	棠口乡	350923201	城阳镇	350981112
吾祠乡	350881204	甘棠乡	350923202	坂中畲族乡	350981201
灵地乡	350881205	熙岭乡	350923203	范坑乡	350981202
宁德市（13 街道，68 镇，44 乡）	**350900000**	路下乡	350923204	穆云畲族乡	350981203
		寿山乡	350923205	康厝畲族乡	350981204
蕉城区（2 街道，11 镇，3 乡）	**350902000**	岭下乡	350923206	松罗乡	350981206
蕉南街道	350902001	**寿宁县（8 镇，6 乡）**	**350924000**	**福鼎市（3 街道，10 镇，3 乡）**	**350982000**
蕉北街道	350902002	鳌阳镇	350924100	桐山街道	350982001
城南镇	350902100	斜滩镇	350924101	桐城街道	350982002
漳湾镇	350902101	南阳镇	350924102	山前街道	350982003
七都镇	350902102	武曲镇	350924103	贯岭镇	350982100
八都镇	350902103	犀溪镇	350924104	前岐镇	350982101
九都镇	350902104	平溪镇	350924105	沙埕镇	350982102
霍童镇	350902105	凤阳镇	350924106	店下镇	350982103
赤溪镇	350902106	清源镇	350924107	太姥山镇	350982104
洋中镇	350902107	大安乡	350924200	磻溪镇	350982105
飞鸾镇	350902108	坑底乡	350924201	白琳镇	350982106
三都镇	350902109	竹管垅乡	350924203	点头镇	350982107
虎　镇	350902110	芹洋乡	350924205	管阳镇	350982108
金涵畲族乡	350902200	托溪乡	350924206	嵛山镇	350982109
洪口乡	350902201	下党乡	350924209	硖门畲族乡	350982200
石后乡	350902202	**周宁县（6 镇，3 乡）**	**350925000**	叠石乡	350982201
霞浦县（2 街道，6 镇，6 乡）	**350921000**	狮城镇	350925100	佳阳畲族乡	350982202
松港街道	350921001	咸村镇	350925101		

江西省

江西省（赣）

行政区划名称	行政区划代码
江西省（157 街道，825 镇，579 乡）	**360000000**
南昌市（34 街道，52 镇，28 乡）	**360100000**
东湖区（11 街道，1 镇）	**360102000**
董家窑街道	360102014
滕王阁街道	360102015
百花洲街道	360102016
墩子塘街道	360102017
公园街道	360102018
八一桥街道	360102019
大院街道	360102020
豫章街道	360102022
彭家桥街道	360102023
沙井街道 *	360102024
卫东街道	360102025
扬子洲镇	360102100
西湖区（11 街道，1 镇）	**360103000**
南浦街道	360103014
系马桩街道	360103015
绳金塔街道	360103016
南站街道	360103018
朝阳洲街道	360103019
西湖街道	360103020
广润门街道	360103021
十字街街道	360103022
丁公路街道	360103023
桃源街道	360103024
朝农街道	360103025
桃花镇	360103100
青云谱区（5 街道，1 镇）	**360104000**
三家店街道	360104006
洪都街道	360104007
岱山街道	360104008
徐家坊街道	360104009
京山街道	360104010
青云谱镇	360104100
湾里区（2 街道，4 镇）	**360105000**
站前街道	360105001
幸福街道	360105002
梅岭镇	360105100
太平镇	360105101
罗亭镇	360105102
招贤镇	360105103
青山湖区（4 街道，5 镇）	**360111000**
青山路街道	360111001
上海路街道	360111002
南钢街道	360111003
站东街道	360111004
罗家镇	360111101
湖坊镇	360111103
塘山镇	360111104
京东镇	360111106
蛟桥镇 *	360111107
新建区（13 镇，6 乡）	**360112000**
长凌镇	360112100
石岗镇	360112102
松湖镇	360112104
望城镇	360112105
樵舍镇	360112106
象山镇	360112107
乐化镇	360112108
西山镇	360112109
溪霞镇	360112110
联圩镇	360112111
石埠镇	360112112
流湖镇	360112113
生米镇	360112114
昌邑乡	360112200
南矶乡	360112202
厚田乡	360112203
金桥乡	360112205
大塘坪乡	360112207
铁河乡	360112210
南昌县（1 街道，11 镇，7 乡）	**360121000**
八月湖街道	360121001
莲塘镇	360121100
向塘镇	360121101
三江镇	360121102
广福镇	360121103
塘南镇	360121104
幽兰镇	360121105
蒋巷镇	360121106
武阳镇	360121107
冈上镇	360121108
昌东镇 *	360121109
麻丘镇 *	360121110
黄马乡	360121200
富山乡	360121201
泾口乡	360121202
东新乡	360121203
南新乡	360121204
八一乡	360121205
塔城乡	360121206
安义县（7 镇，3 乡）	**360123000**
龙津镇	360123100
万埠镇	360123101
石鼻镇	360123102
鼎湖镇	360123103
长埠镇	360123104
东阳镇	360123105
黄洲镇	360123106
乔乐乡	360123201
长均乡	360123202
新民乡	360123204
进贤县（9 镇，12 乡）	**360124000**
温圳镇	360124101
李渡镇	360124102
张公镇	360124104
梅庄镇	360124105
架桥镇	360124106
罗溪镇	360124107
前坊镇	360124109
民和镇	360124110
文港镇	360124111
白圩乡	360124201
下埠集乡	360124202
衙前乡	360124203
长山晏乡	360124204
泉岭乡	360124205
池溪乡	360124206
南台乡	360124207
钟陵乡	360124208
二塘乡	360124209
三里乡	360124210
七里乡	360124211
三阳集乡	360124213
景德镇市（13 街道，28 镇，11 乡）	**360200000**
昌江区（2 街道，2 镇，2 乡）	**360202000**
新枫街道	360202001
西郊街道	360202002
鲇鱼山镇	360202101
丽阳镇	360202103
吕蒙乡	360202200
荷塘乡	360202201
珠山区（9 街道，1 镇）	**360203000**
珠山街道	360203001
里村街道	360203003
新村街道	360203004
石狮埠街道	360203005
新厂街道	360203006
昌江街道	360203007
周路口街道	360203008
昌河街道	360203009
太白园街道	360203010
竟成镇	360203100
浮梁县（10 镇，8 乡）	**360222000**
浮梁镇	360222100
鹅湖镇	360222101
经公桥镇	360222102
蛟潭镇	360222103
湘湖镇	360222104
瑶里镇	360222105
洪源镇	360222106
寿安镇	360222107
三龙镇	360222108
峙滩镇	360222109

续表 1

行政区划名称	行政区划代码
王港乡	360222202
庄湾乡	360222203
黄坛乡	360222208
兴田乡	360222210
江村乡	360222212
勒功乡	360222214
西湖乡	360222215
罗家桥乡	360222216
乐平市 (2 街道，15 镇，1 乡)	**360281000**
塔山街道	360281001
洎阳街道	360281002
镇桥镇	360281101
乐港镇	360281102
涌山镇	360281103
众埠镇	360281104
接渡镇	360281105
礼林镇	360281107
后港镇	360281108
塔前镇	360281109
双田镇	360281110
临港镇	360281111
高家镇	360281112
名口镇	360281113
浯口镇	360281114
洪岩镇	360281115
十里岗镇	360281116
鸬鹚乡	360281205
萍乡市 (7 街道，28 镇，19 乡)	**360300000**
安源区 (6 街道，4 镇)	**360302000**
八一街道	360302001
凤凰街道	360302002
丹江街道	360302003
后埠街道	360302004
东大街道	360302005
白源街道	360302006
高坑镇	360302101
安源镇	360302102
青山镇	360302103
五陂镇	360302105
湘东区 (1 街道，8 镇，2 乡)	**360313000**
峡山口街道	360313001
湘东镇	360313100
荷尧镇	360313101
老关镇	360313102
下埠镇	360313103
排上镇	360313104
东桥镇	360313105
麻山镇	360313106
腊市镇	360313107
白竺乡	360313201
广寒寨乡	360313203
莲花县 (5 镇，8 乡)	**360321000**
琴亭镇	360321100
坊楼镇	360321101
升坊镇	360321102
良坊镇	360321104
路口镇	360321105
神泉乡	360321204
三板桥乡	360321205
南岭乡	360321206
荷塘乡	360321207
高洲乡	360321209
六市乡	360321210
湖上乡	360321213
闪石乡	360321215
上栗县 (6 镇，4 乡)	**360322000**
上栗镇	360322100
桐木镇	360322101
福田镇	360322102
金山镇	360322103
彭高镇	360322104
赤山镇	360322105
长平乡	360322200
东源乡	360322201
鸡冠山乡	360322203
杨岐乡	360322204
芦溪县 (5 镇，5 乡)	**360323000**
芦溪镇	360323100
宣风镇	360323101
上埠镇	360323102
银河镇	360323103
南坑镇	360323104
长丰乡	360323200
新泉乡	360323201
万龙山乡	360323203
张佳坊乡	360323204
源南乡	360323206
九江市 (14 街道，102 镇，80 乡)	**360400000**
濂溪区 (3 街道，7 镇，2 乡)	**360402000**
十里街道	360402001
五里街道	360402002
七里湖街道 *	360402003
威家镇	360402101
新港镇	360402102
莲花镇	360402103
海会镇	360402104
赛阳镇	360402105
姑塘镇	360402106
牯岭镇 *	360402107
虞家河乡	360402202
高垅乡	360402203
浔阳区 (7 街道)	**360403000**
甘棠街道	360403001
湓浦街道	360403002
人民路街道	360403004
白水湖街道	360403005
金鸡坡街道	360403006
滨兴街道 *	360403008
西二路街道 *	360403009
柴桑区 (7 镇，5 乡)	**360404000**
沙河街镇	360404100
马回岭镇	360404101
江洲镇	360404102
城子镇	360404103
港口街镇	360404104
新合镇	360404105
狮子镇	360404106
涌泉乡	360404202
新塘乡	360404203
城门乡	360404205
岷山乡	360404208
永安乡 *	360404209
武宁县 (1 街道，8 镇，11 乡)	**360423000**
豫宁街道	360423001
新宁镇	360423100
罗坪镇	360423101
泉口镇	360423102
鲁溪镇	360423103
澧溪镇	360423104
船滩镇	360423105
石门楼镇	360423106
宋溪镇	360423108
大洞乡	360423200
横路乡	360423201
官莲乡	360423202
巾口乡	360423203
甫田乡	360423206
石渡乡	360423207
清江乡	360423208
上汤乡	360423209
东林乡	360423211
罗溪乡	360423212
杨洲乡	360423214
修水县 (19 镇，17 乡)	**360424000**
义宁镇	360424100
太阳升镇	360424101
全丰镇	360424102
白岭镇	360424103
古市镇	360424104
大桥镇	360424105
渣津镇	360424106
杭口镇	360424107
马坳镇	360424108
溪口镇	360424109
港口镇	360424110
上奉镇	360424111
何市镇	360424112
黄港镇	360424113
黄沙镇	360424114
山口镇	360424115
四都镇	360424116
西港镇	360424117
宁州镇	360424118
路口乡	360424200
黄龙乡	360424201
上杉乡	360424202
余塅乡	360424203
水源乡	360424204
石坳乡	360424205

续表 2

行政区划名称	行政区划代码
东港乡	360424206
上杭乡	360424207
新湾乡	360424210
布甲乡	360424211
大椿乡	360424212
庙岭乡	360424213
竹坪乡	360424214
征村乡	360424215
漫江乡	360424216
复原乡	360424217
黄坳乡	360424218
永修县 (11 镇，4 乡)	**360425000**
涂埠镇	360425100
吴城镇	360425101
柘林镇	360425102
虬津镇	360425103
艾城镇	360425104
滩溪镇	360425105
白槎镇	360425106
梅棠镇	360425107
三溪桥镇	360425108
燕坊镇	360425109
马口镇	360425110
三角乡	360425200
九合乡	360425201
立新乡	360425203
江上乡	360425205
德安县 (5 镇，8 乡)	**360426000**
蒲亭镇	360426100
聂桥镇	360426101
车桥镇	360426102
丰林镇	360426103
吴山镇	360426104
宝塔乡	360426201
河东乡	360426202
高塘乡	360426204
林泉乡	360426205
磨溪乡	360426208
爱民乡	360426209
邹桥乡	360426211
塘山乡	360426212
都昌县 (12 镇，12 乡)	**360428000**
都昌镇	360428100
周溪镇	360428101
三汊港镇	360428102
中馆镇	360428103
大沙镇	360428104
万户镇	360428105
南峰镇	360428106
土塘镇	360428107
大港镇	360428108
蔡岭镇	360428109
徐埠镇	360428110
左里镇	360428111
和合乡	360428200
阳峰乡	360428201
西源乡	360428202
芗溪乡	360428203
狮山乡	360428204
鸣山乡	360428207
春桥乡	360428210
苏山乡	360428211
多宝乡	360428212
汪墩乡	360428213
北山乡	360428215
大树乡	360428216
湖口县 (6 镇，6 乡)	**360429000**
双钟镇	360429100
流泗镇	360429101
马影镇	360429102
武山镇	360429103
城山镇	360429104
均桥镇	360429105
大垅乡	360429200
凰村乡	360429201
张青乡	360429202
傅垅乡	360429205
舜德乡	360429208
流芳乡	360429210
彭泽县 (10 镇，3 乡)	**360430000**
龙城镇	360430100
棉船镇	360430101
马垱镇	360430102
芙蓉墩镇	360430104
定山镇	360430105
天红镇	360430106
杨梓镇	360430107
东升镇	360430108
瀼溪镇	360430109
黄花镇	360430110
太平关乡	360430201
浩山乡	360430203
黄岭乡	360430206
瑞昌市 (2 街道，8 镇，8 乡)	**360481000**
湓城街道	360481001
桂林街道	360481002
码头镇	360481101
白杨镇	360481102
南义镇	360481103
横港镇	360481104
范镇	360481105
肇陈镇	360481106
高丰镇	360481107
夏畈镇	360481108
乐园乡	360481205
洪一乡	360481206
花园乡	360481207
洪下乡	360481208
武蛟乡	360481209
黄金乡	360481211
南阳乡	360481212
横立山乡	360481213
共青城市 (1 街道，2 镇，3 乡)	**360482000**
茶山街道	360482001
甘露镇	360482100
江益镇	360482101
金湖乡	360482202
泽泉乡	360482203
苏家当乡	360482204
庐山市 (7 镇，1 乡)	**360483000**
南康镇	360483100
蛟塘镇	360483102
白鹿镇	360483103
蓼花镇	360483104
温泉镇	360483105
华林镇	360483106
横塘镇	360483107
蓼南乡	360483205
新余市 (5 街道，17 镇，9 乡)	**360500000**
渝水区 (4 街道，10 镇，6 乡)	**360502000**
城南街道	360502001
城北街道	360502002
袁河街道	360502003
新钢街道	360502004
罗坊镇	360502101
水北镇	360502102
良山镇	360502103
姚圩镇	360502105
下村镇	360502106
珠珊镇	360502107
观巢镇	360502109
欧里镇	360502110
河下镇 *	360502111
水西镇 *	360502112
南安乡	360502202
人和乡	360502204
鹄山乡	360502205
新溪乡	360502206
界水乡	360502211
九龙山乡 *	360502212
分宜县 (1 街道，7 镇，3 乡)	**360521000**
钤东街道	360521001
分宜镇	360521100
杨桥镇	360521101
湖泽镇	360521102
双林镇	360521104
钤山镇	360521105
洋江镇	360521107
凤阳镇	360521108
洞村乡	360521204
高岚乡	360521205
操场乡	360521206
鹰潭市 (9 街道，24 镇，10 乡)	**360600000**
月湖区 (6 街道，1 镇，1 乡)	**360602000**
江边街道	360602001
交通街道	360602002
东湖街道	360602003
梅园街道	360602004
白露街道	360602005
四青街道	360602006

续表 3

行政区划名称	行政区划代码
童家镇	360602101
夏埠乡	360602200
余江县（7 镇，5 乡）	**360622000**
邓埠镇	360622100
锦江镇	360622101
画桥镇	360622102
潢溪镇	360622103
中童镇	360622104
马荃镇	360622105
春涛镇	360622106
黄庄乡	360622200
平定乡	360622203
杨溪乡	360622205
洪湖乡	360622206
刘家站乡	360622207
贵溪市（3 街道，16 镇，4 乡）	**360681000**
雄石街道	360681001
东门街道	360681002
花园街道	360681003
塘湾镇	360681103
泗沥镇	360681104
河潭镇	360681105
志光镇	360681106
鸿塘镇	360681107
冷水镇	360681108
文坊镇	360681109
金屯镇	360681110
流口镇	360681111
罗河镇	360681112
周坊镇	360681113
滨江镇	360681114
天禄镇	360681115
雷溪镇	360681116
上清镇	360681117
龙虎山镇	360681118
白田乡	360681201
耳口乡	360681206
樟坪畲族乡	360681208
彭湾乡	360681210
赣州市（7 街道，143 镇，141 乡）	**360700000**
章贡区（5 街道，9 镇）	**360702000**
赣江街道	360702001
解放街道	360702002
南外街道	360702003
东外街道	360702004
黄金岭街道 *	360702005
沙石镇	360702101
水东镇	360702102
水南镇	360702103
沙河镇	360702105
水西镇	360702106
蟠龙镇 *	360702107
湖边镇 *	360702108
潭东镇 *	360702109
潭口镇 *	360702110
南康区（2 街道，6 镇，12 乡）	**360703000**
蓉江街道	360703001
东山街道	360703002
唐江镇	360703100
凤岗镇	360703101
横市镇	360703102
龙岭镇	360703103
龙回镇	360703104
镜坝镇	360703105
浮石乡	360703200
横寨乡	360703201
朱坊乡	360703202
太窝乡	360703203
三江乡	360703204
龙华乡	360703205
十八塘乡	360703206
麻双乡	360703207
大坪乡	360703208
坪市乡	360703209
隆木乡	360703210
赤土畲族乡	360703211
赣县区（12 镇，7 乡）	**360704000**
梅林镇	360704100
王母渡镇	360704101
沙地镇	360704102
江口镇	360704103
田村镇	360704104
南塘镇	360704105
茅店镇	360704106
吉埠镇	360704107
五云镇	360704108
湖江镇	360704109
储潭镇	360704110
韩坊镇	360704111
阳埠乡	360704200
大埠乡	360704202
长洛乡	360704203
大田乡	360704204
石芫乡	360704207
三溪乡	360704208
白鹭乡	360704209
信丰县（13 镇，3 乡）	**360722000**
嘉定镇	360722100
大塘埠镇	360722101
古陂镇	360722102
大桥镇	360722103
新田镇	360722104
安西镇	360722105
小江镇	360722106
铁石口镇	360722107
大阿镇	360722108
油山镇	360722109
小河镇	360722110
西牛镇	360722111
正平镇	360722112
虎山乡	360722200
崇仙乡	360722201
万隆乡	360722202
大余县（8 镇，3 乡）	**360723000**
南安镇	360723100
新城镇	360723101
池江镇	360723102
青龙镇	360723103
樟斗镇	360723104
黄龙镇	360723105
吉村镇	360723106
左拔镇	360723107
浮江乡	360723200
内良乡	360723201
河洞乡	360723202
上犹县（6 镇，8 乡）	**360724000**
东山镇	360724100
陡水镇	360724101
社溪镇	360724102
营前镇	360724103
黄埠镇	360724104
寺下镇	360724105
梅水乡	360724200
油石乡	360724201
安和乡	360724202
双溪乡	360724204
水岩乡	360724205
平富乡	360724206
五指峰乡	360724207
紫阳乡	360724208
崇义县（6 镇，10 乡）	**360725000**
横水镇	360725100
扬眉镇	360725102
过埠镇	360725103
铅厂镇	360725104
长龙镇	360725105
关田镇	360725106
龙勾乡	360725200
杰坝乡	360725202
金坑乡	360725203
思顺乡	360725204
麟潭乡	360725205
上堡乡	360725206
聂都乡	360725207
文英乡	360725208
乐洞乡	360725209
丰州乡	360725210
安远县（8 镇，10 乡）	**360726000**
欣山镇	360726100
孔田镇	360726101
版石镇	360726102
天心镇	360726103
龙布镇	360726104
鹤子镇	360726105
三百山镇	360726106
车头镇	360726107
镇岗乡	360726200
凤山乡	360726201
新龙乡	360726202
蔡坊乡	360726203
重石乡	360726204
长沙乡	360726205
浮槎乡	360726206

续表 4

行政区划名称	行政区划代码	行政区划名称	行政区划代码	行政区划名称	行政区划代码
双芫乡	360726207	大沽乡	360730209	麻州镇	360733104
塘村乡	360726208	肖田乡	360730210	庄口镇	360733105
高云山乡	360726209	钓峰乡	360730211	清溪乡	360733201
龙南县（9 镇，5 乡）	**360727000**	**于都县（9 镇，14 乡）**	**360731000**	右水乡	360733202
龙南镇	360727100	贡江镇	360731100	高排乡	360733203
武当镇	360727101	铁山垄镇	360731101	晓龙乡	360733204
杨村镇	360727102	盘古山镇	360731102	珠兰乡	360733205
汶龙镇	360727103	祁禄山镇	360731103	洞头乡	360733206
程龙镇	360727104	银坑镇	360731104	中村乡	360733207
关西镇	360727105	罗坳镇	360731105	站塘乡	360733208
里仁镇	360727106	禾丰镇	360731106	永隆乡	360733209
渡江镇	360727108	岭背镇	360731107	富城乡	360733210
九连山镇	360727109	梓山镇	360731108	小密乡	360733211
桃江乡	360727200	罗江乡	360731200	庄埠乡	360733213
东江乡	360727202	小溪乡	360731201	白鹅乡	360733214
临塘乡	360727203	利村乡	360731202	**寻乌县（7 镇，8 乡）**	**360734000**
南亨乡	360727204	新陂乡	360731203	长宁镇	360734100
夹湖乡	360727205	靖石乡	360731204	晨光镇	360734101
定南县（7 镇）	**360728000**	黄麟乡	360731205	留车镇	360734102
历市镇	360728100	沙心乡	360731206	南桥镇	360734103
岿美山镇	360728101	宽田乡	360731207	吉潭镇	360734104
老城镇	360728102	葛坳乡	360731208	澄江镇	360734105
天九镇	360728103	桥头乡	360731209	桂竹帽镇	360734106
龙塘镇	360728104	马安乡	360731210	文峰乡	360734200
岭北镇	360728105	仙下乡	360731211	三标乡	360734201
鹅公镇	360728106	车溪乡	360731212	菖蒲乡	360734202
全南县（6 镇，3 乡）	**360729000**	段屋乡	360731213	龙廷乡	360734203
城厢镇	360729100	**兴国县（7 镇，18 乡）**	**360732000**	丹溪乡	360734204
大吉山镇	360729101	潋江镇	360732100	项山乡	360734205
陂头镇	360729102	江背镇	360732101	水源乡	360734206
金龙镇	360729103	古龙冈镇	360732102	罗珊乡	360734207
南迳镇	360729104	梅窖镇	360732103	**石城县（5 镇，5 乡）**	**360735000**
龙源坝镇	360729105	高兴镇	360732104	琴江镇	360735100
中寨乡	360729200	良村镇	360732105	小松镇	360735101
社迳乡	360729201	龙口镇	360732106	屏山镇	360735102
龙下乡	360729202	兴江乡	360732200	横江镇	360735103
宁都县（12 镇，12 乡）	**360730000**	樟木乡	360732201	高田镇	360735104
梅江镇	360730100	东村乡	360732202	木兰乡	360735200
青塘镇	360730101	兴莲乡	360732203	丰山乡	360735201
长胜镇	360730102	杰村乡	360732204	大由乡	360735202
黄陂镇	360730103	社富乡	360732205	龙岗乡	360735203
赖村镇	360730104	埠头乡	360732206	珠坑乡	360735204
固村镇	360730105	永丰乡	360732207	**瑞金市（7 镇，10 乡）**	**360781000**
石上镇	360730106	隆坪乡	360732208	象湖镇	360781100
东山坝镇	360730107	均村乡	360732209	壬田镇	360781101
洛口镇	360730108	茶园乡	360732210	谢坊镇	360781102
小布镇	360730109	崇贤乡	360732211	沙洲坝镇	360781103
黄石镇	360730110	枫边乡	360732212	瑞林镇	360781104
田头镇	360730111	南坑乡	360732213	九堡镇	360781105
竹笮乡	360730200	城岗乡	360732214	武阳镇	360781106
对坊乡	360730201	方太乡	360732215	叶坪乡	360781200
固厚乡	360730202	鼎龙乡	360732216	日东乡	360781201
田埠乡	360730203	长冈乡	360732217	黄柏乡	360781202
会同乡	360730204	**会昌县（6 镇，13 乡）**	**360733000**	大柏地乡	360781203
湛田乡	360730205	文武坝镇	360733100	丁陂乡	360781204
安福乡	360730206	筠门岭镇	360733101	冈面乡	360781205
东韶乡	360730207	西江镇	360733102	万田乡	360781206
蔡江乡	360730208	周田镇	360733103	云石山乡	360781207

续表 5

行政区划名称	行政区划代码	行政区划名称	行政区划代码	行政区划名称	行政区划代码
泽覃乡	360781208	盘谷镇	360822108	君埠乡	360825216
拨英乡	360781209	双村镇	360822109	龙冈畲族乡	360825217
吉安市（13 街道，120 镇，94 乡）	**360800000**	醪桥镇	360822110	**泰和县（16 镇，6 乡）**	**360826000**
		乌江镇	360822111	碧溪镇	360826100
吉州区（7 街道，4 镇）	**360802000**	丁江镇	360822112	桥头镇	360826101
古南街道	360802001	黄桥镇	360822113	禾市镇	360826102
永叔街道	360802002	螺田镇	360822114	螺溪镇	360826103
文山街道	360802003	尚贤乡	360822200	苏溪镇	360826105
习溪桥街道	360802004	水田乡	360822203	马市镇	360826106
北门街道	360802005	冠山乡	360822207	塘洲镇	360826107
白塘街道	360802006	**峡江县（6 镇，5 乡）**	**360823000**	冠朝镇	360826108
禾埠街道	360802007	水边镇	360823100	沙村镇	360826109
兴桥镇	360802101	马埠镇	360823101	小龙镇	360826110
樟山镇	360802102	巴邱镇	360823102	苑前镇	360826111
长塘镇	360802103	仁和镇	360823103	万合镇	360826112
曲濑镇	360802104	砚溪镇	360823104	澄江镇	360826114
青原区（2 街道，6 镇，1 乡）	**360803000**	罗田镇	360823105	老营盘镇	360826115
河东街道	360803001	桐林乡	360823200	灌溪镇	360826116
滨江街道	360803002	福民乡	360823201	沿溪镇	360826117
天玉镇	360803101	戈坪乡	360823203	石山乡	360826200
值夏镇	360803102	金江乡	360823204	南溪乡	360826201
新圩镇	360803103	金坪民族乡	360823205	上模乡	360826203
文陂镇	360803104	**新干县（1 街道，7 镇，6 乡）**	**360824000**	水槎乡	360826204
富滩镇	360803105	洋峰街道	360824001	上圯乡	360826205
富田镇	360803108	金川镇	360824100	中龙乡	360826207
东固畲族乡	360803203	三湖镇	360824101	**遂川县（12 镇，11 乡）**	**360827000**
吉安县（2 街道，13 镇，6 乡）	**360821000**	大洋洲镇	360824102	泉江镇	360827100
高新街道	360821001	七琴镇	360824103	雩田镇	360827101
金鸡湖街道	360821002	麦　镇	360824105	碧洲镇	360827102
敦厚镇	360821100	界埠镇	360824106	草林镇	360827103
永阳镇	360821101	溧江镇	360824107	堆子前镇	360827104
天河镇	360821102	桃溪乡	360824201	左安镇	360827105
横江镇	360821103	城上乡	360824202	高坪镇	360827106
固江镇	360821104	潭丘乡	360824203	大汾镇	360827107
万福镇	360821105	神政桥乡	360824204	衙前镇	360827108
永和镇	360821106	沂江乡	360824205	禾源镇	360827109
桐坪镇	360821107	荷浦乡	360824207	汤湖镇	360827110
梅塘镇	360821108	**永丰县（8 镇，13 乡）**	**360825000**	枚江镇	360827111
油田镇	360821113	恩江镇	360825100	珠田乡	360827200
敖城镇	360821114	藤田镇	360825101	巾石乡	360827201
凤凰镇	360821115	石马镇	360825102	大坑乡	360827204
浬田镇	360821116	沙溪镇	360825103	双桥乡	360827208
北源乡	360821200	坑田镇	360825104	新江乡	360827209
大冲乡	360821201	沿陂镇	360825105	五斗江乡	360827210
登龙乡	360821207	古县镇	360825106	西溪乡	360827212
安塘乡	360821208	瑶田镇	360825107	南江乡	360827213
官田乡	360821209	佐龙乡	360825200	黄坑乡	360827214
指阳乡	360821211	八江乡	360825202	戴家埔乡	360827219
吉水县（15 镇，3 乡）	**360822000**	潭城乡	360825204	营盘圩乡	360827220
文峰镇	360822100	鹿冈乡	360825205	**万安县（9 镇，7 乡）**	**360828000**
阜田镇	360822101	七都乡	360825206	芙蓉镇	360828100
八都镇	360822102	陶塘乡	360825208	五丰镇	360828101
水南镇	360822103	中村乡	360825210	枧头镇	360828102
枫江镇	360822104	上溪乡	360825211	窑头镇	360828103
金滩镇	360822105	潭头乡	360825213	百嘉镇	360828104
白沙镇	360822106	三坊乡	360825214	高陂镇	360828105
白水镇	360822107	上固乡	360825215	潞田镇	360828106

续表 6

行政区划名称	行政区划代码
沙坪镇	360828107
夏造镇	360828108
韶口乡	360828201
罗塘乡	360828202
弹前乡	360828205
武术乡	360828206
宝山乡	360828207
涧田乡	360828208
顺峰乡	360828209
安福县（7 镇，12 乡）	**360829000**
平都镇	360829100
浒坑镇	360829101
洲湖镇	360829102
横龙镇	360829103
枫田镇	360829104
洋溪镇	360829105
严田镇	360829106
竹江乡	360829201
瓜畲乡	360829202
钱山乡	360829203
赤谷乡	360829204
山庄乡	360829206
洋门乡	360829207
金田乡	360829209
彭坊乡	360829210
泰山乡	360829213
寮塘乡	360829214
甘洛乡	360829215
章庄乡	360829216
永新县（10 镇，13 乡）	**360830000**
禾川镇	360830100
石桥镇	360830102
澧田镇	360830104
龙门镇	360830105
沙市镇	360830106
文竹镇	360830107
埠前镇	360830108
怀忠镇	360830109
高桥楼镇	360830110
龙源口镇	360830111
坳南乡	360830201
才丰乡	360830204
烟阁乡	360830205
在中乡	360830207
三湾乡	360830208
台岭乡	360830210
龙田乡	360830211
高溪乡	360830212
莲洲乡	360830213
高市乡	360830214
象形乡	360830216
芦溪乡	360830217
曲白乡	360830218
井冈山市（1 街道，7 镇，11 乡）	**360881000**
红星街道	360881002
厦坪镇	360881100

行政区划名称	行政区划代码
龙市镇	360881101
古城镇	360881102
新城镇	360881103
大陇镇	360881104
茨坪镇	360881105
拿山镇	360881106
黄坳乡	360881201
下七乡	360881202
长坪乡	360881203
坳里乡	360881204
鹅岭乡	360881205
柏露乡	360881206
茅坪乡	360881207
葛田乡	360881208
荷花乡	360881209
睦村乡	360881210
东上乡	360881211
宜春市（24 街道，115 镇，44 乡）	**360900000**
袁州区（10 街道，19 镇，3 乡）	**360902000**
灵泉街道	360902001
金园街道	360902002
秀江街道	360902003
湛郎街道	360902004
珠泉街道	360902005
化成街道	360902006
凤凰街道	360902007
官园街道	360902008
下浦街道	360902009
新康府街道	360902010
彬江镇	360902100
西村镇	360902101
金瑞镇	360902102
温汤镇	360902103
三阳镇	360902104
慈化镇	360902105
天台镇	360902106
洪塘镇	360902107
渥江镇	360902108
新坊镇	360902109
寨下镇	360902114
芦村镇	360902115
湖田镇	360902116
新田镇	360902117
南庙镇	360902118
竹亭镇	360902119
辽市镇	360902120
水江镇	360902121
洪江镇	360902122
楠木乡	360902209
柏木乡	360902216
飞剑潭乡	360902219
奉新县（10 镇，3 乡）	**360921000**
冯川镇	360921100
上富镇	360921101
干洲镇	360921102

行政区划名称	行政区划代码
罗市镇	360921103
赤田镇	360921104
宋埠镇	360921105
澡下镇	360921106
甘坊镇	360921107
会埠镇	360921108
赤岸镇	360921109
仰山乡	360921206
澡溪乡	360921207
柳溪乡	360921210
万载县（1 街道，9 镇，7 乡）	**360922000**
康乐街道	360922001
株潭镇	360922101
黄茅镇	360922102
潭埠镇	360922103
双桥镇	360922104
高村镇	360922105
罗城镇	360922106
三兴镇	360922107
高城镇	360922108
白良镇	360922109
鹅峰乡	360922200
马步乡	360922201
赤兴乡	360922204
岭东乡	360922205
白水乡	360922206
仙源乡	360922207
茭湖乡	360922214
上高县（1 街道，9 镇，5 乡）	**360923000**
敖阳街道	360923001
田心镇	360923101
徐家渡镇	360923102
锦江镇	360923103
泗溪镇	360923104
南港镇	360923105
翰堂镇	360923107
敖山镇	360923108
新界埠镇	360923109
蒙山镇	360923110
芦洲乡	360923201
塔下乡	360923202
镇渡乡	360923206
野市乡	360923207
墨山乡	360923208
宜丰县（8 镇，4 乡）	**360924000**
新昌镇	360924100
潭山镇	360924101
棠浦镇	360924102
新庄镇	360924103
芳溪镇	360924104
石市镇	360924105
澄塘镇	360924106
黄岗镇	360924107
花桥乡	360924202
同安乡	360924203
天宝乡	360924204
桥西乡	360924208

续表 7

行政区划名称	行政区划代码	行政区划名称	行政区划代码	行政区划名称	行政区划代码
靖安县 (5 镇，6 乡)	**360925000**	**樟树市 (5 街道，10 镇，4 乡)**	**360982000**	唱凯镇	361002103
双溪镇	360925100	淦阳街道	360982001	温泉镇	361002104
宝峰镇	360925101	鹿江街道	360982002	高坪镇	361002105
高湖镇	360925102	福城街道	360982003	腾桥镇	361002106
璪都镇	360925103	张家山街道	360982005	龙溪镇	361002107
仁首镇	360925104	大桥街道	360982006	孝桥镇	361002108
香田乡	360925200	临江镇	360982101	崇岗镇	361002109
水口乡	360925202	永泰镇	360982102	罗针镇	361002110
中源乡	360925205	黄土岗镇	360982103	云山镇	361002111
雷公尖乡	360925207	经楼镇	360982104	罗湖镇	361002112
三爪仑乡	360925208	昌傅镇	360982105	大岗镇	361002113
罗湾乡	360925210	店下镇	360982106	青泥镇	361002114
铜鼓县 (6 镇，3 乡)	**360926000**	阁山镇	360982108	太阳镇	361002115
永宁镇	360926100	刘公庙镇	360982109	秋溪镇	361002116
温泉镇	360926101	观上镇	360982110	东馆镇	361002117
棋坪镇	360926102	义城镇	360982111	荣山镇	361002118
排埠镇	360926103	中洲乡	360982200	河埠乡	361002200
三都镇	360926104	洲上乡	360982204	茅排乡	361002201
大塅镇	360926105	洋湖乡	360982207	湖南乡	361002203
高桥乡	360926200	吴城乡	360982209	七里岗乡	361002205
港口乡	360926201	**高安市 (2 街道，19 镇，2 乡)**	**360983000**	鹏田乡	361002206
带溪乡	360926202	筠阳街道	360983001	连城乡	361002209
丰城市 (5 街道，20 镇，7 乡)	**360981000**	瑞州街道	360983002	嵩湖乡	361002210
剑光街道	360981001	荷岭镇	360983100	展坪乡	361002211
剑南街道	360981002	八景镇	360983101	桐源乡	361002212
河洲街道	360981003	新街镇	360983102	**东乡区 (9 镇，4 乡)**	**361003000**
尚庄街道	360981006	灰埠镇	360983103	孝岗镇	361003100
孙渡街道	360981007	建山镇	360983104	小璜镇	361003101
曲江镇	360981101	独城镇	360983105	圩上桥镇	361003102
泉港镇	360981103	石脑镇	360983106	马圩镇	361003103
上塘镇	360981104	黄沙岗镇	360983107	詹圩镇	361003104
小港镇	360981106	杨圩镇	360983108	岗上积镇	361003105
拖船镇	360981107	大城镇	360983109	杨桥殿镇	361003106
荣塘镇	360981108	相城镇	360983110	王桥镇	361003107
秀市镇	360981109	蓝坊镇	360983111	黎圩镇	361003108
张巷镇	360981110	太阳镇	360983112	珀玕乡	361003200
石滩镇	360981111	田南镇	360983113	邓家乡	361003201
白土镇	360981112	祥符镇	360983114	虎圩乡	361003202
袁渡镇	360981113	伍桥镇	360983115	瑶圩乡	361003203
丽村镇	360981114	龙潭镇	360983116	**南城县 (10 镇，2 乡)**	**361021000**
铁路镇	360981115	村前镇	360983117	建昌镇	361021100
淘沙镇	360981116	华林山镇	360983118	上唐镇	361021101
梅林镇	360981117	汪家圩乡	360983213	洪门镇	361021102
隍城镇	360981118	上湖乡	360983216	株良镇	361021103
董家镇	360981119	**抚州市 (7 街道，94 镇，59 乡)**	**361000000**	里塔镇	361021104
杜市镇	360981120	**临川区 (7 街道，18 镇，9 乡)**	**361002000**	龙湖镇	361021105
桥东镇	360981121	青云街道	361002001	沙洲镇	361021106
洛市镇	360981123	六水桥街道	361002002	新丰街镇	361021107
荷湖乡	360981203	文昌街道	361002003	万坊镇	361021108
蕉坑乡	360981205	荆公路街道	361002004	徐家镇	361021109
筱塘乡	360981210	西大街街道	361002005	天井源乡	361021201
段潭乡	360981211	城西街道	361002006	浔溪乡	361021203
同田乡	360981212	钟岭街道	361002007	**黎川县 (7 镇，8 乡)**	**361022000**
湖塘乡	360981214	抚北镇	361002101	日峰镇	361022100
石江乡	360981217	上顿渡镇	361002102	宏村镇	361022101

续表 8

行政区划名称	行政区划代码
洶口镇	361022102
熊村镇	361022103
德胜镇	361022104
龙安镇	361022105
华山镇	361022106
潭溪乡	361022200
荷源乡	361022201
厚村乡	361022202
湖坊乡	361022204
中田乡	361022205
樟溪乡	361022206
西城乡	361022207
社苹乡	361022208
南丰县(7镇，5乡)	**361023000**
琴城镇	361023100
太和镇	361023101
白舍镇	361023102
洽湾镇	361023103
桑田镇	361023104
市山镇	361023105
紫霄镇	361023106
三溪乡	361023203
东坪乡	361023205
莱溪乡	361023206
太源乡	361023208
傅坊乡	361023209
崇仁县(7镇，8乡)	**361024000**
巴山镇	361024100
相山镇	361024101
航埠镇	361024102
孙坊镇	361024103
河上镇	361024104
礼陂镇	361024105
马鞍镇	361024106
石庄乡	361024200
六家桥乡	361024201
白路乡	361024202
三山乡	361024203
白陂乡	361024204
桃源乡	361024205
许坊乡	361024206
郭圩乡	361024207
乐安县(9镇，7乡)	**361025000**
鳌溪镇	361025100
公溪镇	361025101
戴坊镇	361025102
牛田镇	361025103
招携镇	361025104
龚坊镇	361025105
山砀镇	361025106
增田镇	361025107
万崇镇	361025108
湖溪乡	361025200
罗陂乡	361025201
湖坪乡	361025202
金竹畲族乡	361025203
南村乡	361025204
谷岗乡	361025205
大马头乡	361025206
宜黄县(8镇，4乡)	**361026000**
凤冈镇	361026100
棠阴镇	361026101
黄陂镇	361026102
东陂镇	361026103
梨溪镇	361026104
二都镇	361026105
中港镇	361026106
桃陂镇	361026107
新丰乡	361026200
神冈乡	361026201
圳口乡	361026202
南源乡	361026203
金溪县(8镇，5乡)	**361027000**
秀谷镇	361027100
浒湾镇	361027101
双塘镇	361027102
何源镇	361027104
合市镇	361027105
琅琚镇	361027106
左坊镇	361027107
对桥镇	361027108
黄通乡	361027200
陆坊乡	361027202
陈坊积乡	361027203
琉璃乡	361027204
石门乡	361027205
资溪县(5镇，2乡)	**361028000**
鹤城镇	361028100
马头山镇	361028101
高阜镇	361028102
嵩市镇	361028103
乌石镇	361028104
高田乡	361028200
石峡乡	361028201
广昌县(6镇，5乡)	**361030000**
旴江镇	361030100
头陂镇	361030101
赤水镇	361030103
驿前镇	361030104
甘竹镇	361030105
塘坊镇	361030106
千善乡	361030200
水南圩乡	361030201
长桥乡	361030202
杨溪乡	361030204
尖峰乡	361030205
上饶市(24街道，102镇，84乡)	**361100000**
信州区(6街道，3镇)	**361102000**
东市街道	361102001
西市街道	361102002
水南街道	361102003
灵溪街道	361102004
北门街道	361102005
茅家岭街道	361102006
沙溪镇	361102101
朝阳镇	361102102
秦峰镇	361102103
广丰区(5街道，15镇，3乡)	**361103000**
芦林街道	361103001
永丰街道	361103002
丰溪街道	361103003
大石街道	361103004
下溪街道	361103005
五都镇	361103101
洋口镇	361103102
横山镇	361103103
桐畈镇	361103104
湖丰镇	361103105
大南镇	361103106
排山镇	361103107
毛村镇	361103108
枧底镇	361103109
泉波镇	361103110
壶峤镇	361103111
霞峰镇	361103113
吴村镇	361103115
沙田镇	361103116
铜钹山镇	361103117
东阳乡	361103210
嵩峰乡	361103213
少阳乡	361103218
上饶县(3街道，11镇，10乡)	**361121000**
罗桥街道	361121001
旭日街道	361121002
兴园街道	361121003
田墩镇	361121101
上泸镇	361121102
华坛山镇	361121103
茶亭镇	361121104
皂头镇	361121105
四十八镇	361121106
枫岭头镇	361121107
煌固镇	361121108
花厅镇	361121109
五府山镇	361121110
郑坊镇	361121111
望仙乡	361121200
石人乡	361121201
清水乡	361121203
石狮乡	361121204
湖村乡	361121206
董团乡	361121208
尊桥乡	361121209

续表 9

行政区划名称	行政区划代码	行政区划名称	行政区划代码	行政区划名称	行政区划代码
应家乡	361121211	樟树墩镇	361126104	游城乡	361128215
黄沙岭乡	361121212	圭峰镇	361126105	珠湖乡	361128216
铁山乡	361121213	叠山镇	361126106	白沙洲乡	361128218
玉山县(2 街道，9 镇，6 乡)	**361123000**	南岩镇	361126107	团林乡	361128219
冰溪街道	361123001	朱坑镇	361126108	昌洲乡	361128222
文成街道	361123002	三县岭镇	361126109	芦田乡	361128228
仙岩镇	361123101	湾里乡	361126201	三庙前乡	361128230
下镇镇	361123102	葛溪乡	361126202	莲湖乡	361128231
岩瑞镇	361123103	清湖乡	361126203	**万年县(6 镇，6 乡)**	**361129000**
临湖镇	361123105	中畈乡	361126207	陈营镇	361129100
双明镇	361123106	旭光乡	361126211	青云镇	361129102
樟村镇	361123107	**余干县(9 镇，11 乡)**	**361127000**	梓埠镇	361129103
横街镇	361123108	玉亭镇	361127100	大源镇	361129104
紫湖镇	361123110	瑞洪镇	361127101	裴梅镇	361129105
必姆镇	361123111	黄金埠镇	361127102	石镇镇	361129106
下塘乡	361123200	石口镇	361127103	湖云乡	361129200
四股桥乡	361123201	古埠镇	361127104	齐埠乡	361129201
南山乡	361123203	九龙镇	361127105	汪家乡	361129203
怀玉乡	361123205	乌泥镇	361127106	上坊乡	361129205
六都乡	361123207	杨埠镇	361127107	苏桥乡	361129206
三清乡	361123209	社赓镇	361127108	珠田乡	361129212
铅山县(7 镇，10 乡)	**361124000**	康山乡	361127200	**婺源县(1 街道，10 镇，6 乡)**	**361130000**
河口镇	361124100	东塘乡	361127202	蚺城街道	361130001
永平镇	361124101	大塘乡	361127204	紫阳镇	361130100
石塘镇	361124102	鹭鸶港乡	361127207	清华镇	361130101
湖坊镇	361124103	三塘乡	361127208	秋口镇	361130102
鹅湖镇	361124104	洪家嘴乡	361127211	江湾镇	361130103
武夷山镇	361124107	白马桥乡	361127212	思口镇	361130105
汪二镇	361124108	江埠乡	361127213	中云镇	361130106
陈坊乡	361124200	枫港乡	361127215	赋春镇	361130107
虹桥乡	361124205	大溪乡	361127216	镇头镇	361130108
新滩乡	361124206	梅港乡	361127220	许村镇	361130109
葛仙山乡	361124211	**鄱阳县(1 街道，14 镇，15 乡)**	**361128000**	太白镇	361130110
稼轩乡	361124214			溪头乡	361130201
英将乡	361124215	饶州街道	361128001	段莘乡	361130202
紫溪乡	361124216	鄱阳镇	361128100	浙源乡	361130207
太源畲族乡	361124217	石门街镇	361128101	沱川乡	361130208
天柱山乡	361124218	田畈街镇	361128102	大鄣山乡	361130209
篁碧畲族乡	361124219	谢家滩镇	361128103	珍珠山乡	361130211
横峰县(1 街道，2 镇，6 乡)	**361125000**	四十里街镇	361128104	**德兴市(3 街道，6 镇，6 乡)**	**361181000**
兴安街道	361125001	双港镇	361128105	银城街道	361181001
岑阳镇	361125100	古县渡镇	361128106	新营街道	361181002
葛源镇	361125101	饶埠镇	361128107	香屯街道	361181003
姚家乡	361125200	油墩街镇	361128108	泗洲镇	361181101
莲荷乡	361125202	乐丰镇	361128109	花桥镇	361181102
司铺乡	361125203	饶丰镇	361128110	绕二镇	361181103
港边乡	361125204	金盘岭镇	361128111	海口镇	361181105
龙门畈乡	361125205	高家岭镇	361128112	新岗山镇	361181106
青板乡	361125206	凰岗镇	361128113	大茅山镇	361181107
弋阳县(2 街道，10 镇，5 乡)	**361126000**	侯家岗乡	361128202	黄柏乡	361181200
桃源街道	361126001	莲花山乡	361128203	万村乡	361181201
花亭街道	361126002	银宝湖乡	361128204	张村乡	361181202
弋江镇	361126100	响水滩乡	361128207	昄大乡	361181205
漆工镇	361126101	鸦鹊湖乡	361128208	李宅乡	361181206
港口镇	361126102	柘港乡	361128210	龙头山乡	361181207
曹溪镇	361126103	枧田街乡	361128212		

山东省

山东省（鲁）

行政区划名称	行政区划代码
山东省（660 街道，1094 镇，70 乡）	**370000000**
济南市（112 街道，29 镇）	**370100000**
历下区（14 街道）	**370102000**
解放路街道	370102001
千佛山街道	370102002
趵突泉街道	370102003
泉城路街道	370102004
大明湖街道	370102005
东关街道	370102006
文化东路街道	370102007
建筑新村街道	370102008
甸柳新村街道	370102009
燕山街道	370102011
姚家街道	370102013
智远街道	370102014
龙洞街道	370102015
舜华路街道 *	370102016
市中区（17 街道）	**370103000**
大观园街道	370103002
杆石桥街道	370103003
四里村街道	370103004
魏家庄街道	370103006
二七新村街道	370103008
七里山街道	370103009
六里山街道	370103010
舜玉路街道	370103012
泺源街道	370103014
王官庄街道	370103015
舜耕街道	370103016
白马山街道	370103017
七贤街道	370103018
十六里河街道	370103019
兴隆街道	370103020
党家街道	370103021
陡沟街道	370103022
槐荫区（16 街道）	**370104000**
振兴街道	370104001
中大槐树街道	370104002
道德街街道	370104003
西市场街道	370104004
五里沟街道	370104005
营市街街道	370104006
青年公园街道	370104007
南辛庄街道	370104008
段店北路街道	370104009
张庄路街道	370104010
匡山街道	370104011
美里湖街道	370104012
兴福街道	370104013
玉清湖街道	370104014
腊山街道	370104015
吴家堡街道	370104016
天桥区（15 街道）	**370105000**
无影山街道	370105001
天桥东街街道	370105003
工人新村北村街道	370105004
工人新村南村街道	370105005
堤口路街道	370105006
北坦街道	370105007
制锦市街道	370105009
宝华街街道	370105010
官扎营街道	370105011
纬北路街道	370105012
药山街道	370105013
北园街道	370105014
泺口街道	370105015
桑梓店街道	370105016
大桥街道	370105017
历城区（19 街道，2 镇）	**370112000**
山大路街道	370112001
洪家楼街道	370112002
东风街道	370112003
全福街道	370112004
荷花路街道	370112005
鲍山街道	370112006
唐冶街道	370112007
临港街道 *	370112008
华山街道	370112009
王舍人街道	370112010
郭店街道	370112011
港沟街道	370112012
仲宫街道	370112016
彩石街道	370112017
董家街道	370112018
柳埠街道	370112019
遥墙街道 *	370112013
巨野河街道 *	370112014
孙村街道 *	370112015
唐王镇	370112107
西营镇	370112111
长清区（7 街道，3 镇）	**370113000**
文昌街道	370113001
崮云湖街道	370113002
平安街道	370113003
五峰山街道	370113004
归德街道	370113005
张夏街道	370113006
万德街道	370113007
孝里镇	370113102
马山镇	370113107
双泉镇	370113108
章丘区（15 街道，3 镇）	**370114000**
明水街道	370114001
双山街道	370114002
枣园街道	370114003
龙山街道	370114004
埠村街道	370114005
圣井街道	370114006
普集街道	370114007
绣惠街道	370114008
相公庄街道	370114009
文祖街道	370114010
官庄街道	370114011
曹范街道	370114012
宁家埠街道	370114013
高官寨街道	370114014
白云湖街道	370114015
垛庄镇	370114105
刁镇	370114110
黄河镇	370114118
平阴县（2 街道，6 镇）	**370124000**
榆山街道	370124001
锦水街道	370124002
东阿镇	370124102
孝直镇	370124103
孔村镇	370124104
洪范池镇	370124105
玫瑰镇	370124106
安城镇	370124107
济阳县（6 街道，4 镇）	**370125000**
济阳街道	370125001
济北街道	370125002
孙耿街道	370125003
回河街道	370125004
崔寨街道	370125005
太平街道	370125006
垛石镇	370125101
曲堤镇	370125103
仁风镇	370125104
新市镇	370125109
商河县（1 街道，11 镇）	**370126000**
许商街道	370126001
殷巷镇	370126101
怀仁镇	370126102
玉皇庙镇	370126103
龙桑寺镇	370126104
郑路镇	370126105
贾庄镇	370126106
白桥镇	370126108
孙集镇	370126109
韩庙镇	370126110
沙河镇	370126111
张坊镇	370126112
青岛市（102 街道，43 镇）	**370200000**
市南区（14 街道）	**370202000**
中山路街道	370202001
台西街道	370202003
云南路街道	370202004

续表 1

行政区划名称	行政区划代码	行政区划名称	行政区划代码	行政区划名称	行政区划代码
江苏路街道	370202006	琅琊镇	370211100	中云街道	370281002
金口路街道	370202009	泊里镇	370211101	三里河街道	370281004
观海路街道	370202011	大场镇	370211102	胶东街道	370281007
湛山街道	370202012	大村镇	370211103	胶北街道	370281008
八大峡街道	370202015	六汪镇	370211104	九龙街道	370281009
八大关街道	370202016	王台镇	370211105	李哥庄镇	370281102
香港中路街道	370202017	张家楼镇	370211106	铺集镇	370281105
八大湖街道	370202018	海青镇	370211107	里岔镇	370281108
金湖路街道	370202019	宝山镇	370211108	胶西镇	370281110
金门路街道	370202020	藏南镇	370211109	洋河镇	370281111
珠海路街道	370202021	**崂山区 (5 街道)**	**370212000**	胶莱镇	370281113
市北区 (30 街道)	**370203000**	中韩街道	370212001	**平度市 (5 街道，12 镇)**	**370283000**
辽宁路街道	370203005	沙子口街道	370212002	李园街道	370283002
华阳路街道	370203010	王哥庄街道	370212003	同和街道	370283004
登州路街道	370203011	北宅街道	370212004	凤台街道	370283005
宁夏路街道	370203013	金家岭街道	370212005	白沙河街道	370283006
敦化路街道	370203014	**李沧区 (11 街道)**	**370213000**	东阁街道	370283007
辽源路街道	370203015	振华路街道	370213001	古岘镇	370283102
合肥路街道	370203016	沧口街道	370213003	仁兆镇	370283103
即墨路街道	370203017	兴华路街道	370213004	南村镇	370283105
镇江路街道	370203018	兴城路街道	370213005	蓼兰镇	370283107
台东街道	370203019	李村街道	370213006	崔家集镇	370283109
延安路街道	370203020	虎山路街道	370213007	明村镇	370283110
大港街道	370203021	浮山路街道	370213008	田庄镇	370283112
小港街道	370203022	湘潭路街道	370213010	新河镇	370283113
浮山新区街道	370203023	楼山街道	370213011	大泽山镇	370283116
同安路街道	370203024	世园街道	370213012	旧店镇	370283117
洪山坡街道	370203025	九水街道	370213013	云山镇	370283125
湖岛街道	370203026	**城阳区 (8 街道)**	**370214000**	店子镇	370283126
兴隆路街道	370203027	城阳街道	370214001	**莱西市 (3 街道，8 镇)**	**370285000**
平安路街道	370203028	流亭街道	370214002	水集街道	370285001
杭州路街道	370203029	夏庄街道	370214003	望城街道	370285002
瑞昌路街道	370203030	惜福镇街道	370214004	沽河街道	370285006
四方街道	370203031	棘洪滩街道	370214005	姜山镇	370285101
阜新路街道	370203032	上马街道	370214006	夏格庄镇	370285102
水清沟街道	370203034	河套街道	370214007	院上镇	370285104
洛阳路街道	370203035	红岛街道	370214008	日庄镇	370285105
开平路街道	370203036	**即墨区 (8 街道，7 镇)**	**370215000**	南墅镇	370285106
郑州路街道	370203037	环秀街道	370215001	河头店镇	370285107
河西街道	370203038	潮海街道	370215002	店埠镇	370285108
海伦路街道	370203039	通济街道	370215003	马连庄镇	370285116
双山街道	370203040	北安街道	370215004	**淄博市 (30 街道，58 镇)**	**370300000**
黄岛区 (12 街道，10 镇)	**370211000**	龙山街道	370215005	**淄川区 (4 街道，9 镇)**	**370302000**
黄岛街道	370211001	龙泉街道	370215006	般阳路街道	370302001
辛安街道	370211002	鳌山卫街道	370215007	松龄路街道	370302002
薛家岛街道	370211003	温泉街道	370215008	钟楼街道	370302004
长江路街道	370211004	蓝村镇	370215105	将军路街道	370302007
灵珠山街道	370211005	灵山镇	370215107	昆仑镇	370302101
红石崖街道	370211006	段泊岚镇	370215115	洪山镇	370302102
胶南街道	370211007	移风店镇	370215117	罗村镇	370302103
珠海街道	370211008	大信镇	370215119	龙泉镇	370302104
隐珠街道	370211009	田横镇	370215121	寨里镇	370302105
滨海街道	370211010	金口镇	370215122	岭子镇	370302106
灵山卫街道	370211011	**胶州市 (6 街道，6 镇)**	**370281000**	西河镇	370302108
铁山街道	370211012	阜安街道	370281001	双杨镇	370302116

续表 2

行政区划名称	行政区划代码
太河镇	370302117
张店区 (7 街道，6 镇)	**370303000**
车站街道	370303001
公园街道	370303002
和平街道	370303004
科苑街道	370303005
体育场街道	370303006
湖田街道	370303007
四宝山街道	370303008
马尚镇	370303100
南定镇	370303101
沣水镇	370303102
傅家镇	370303104
中埠镇	370303105
房镇镇	370303107
博山区 (3 街道，7 镇)	**370304000**
城西街道	370304002
城东街道	370304003
山头街道	370304004
域城镇	370304102
白塔镇	370304103
八陡镇	370304106
石马镇	370304108
池上镇	370304112
博山镇	370304113
源泉镇	370304114
临淄区 (5 街道，7 镇)	**370305000**
闻韶街道	370305001
雪宫街道	370305002
辛店街道	370305003
稷下街道	370305004
齐陵街道	370305005
齐都镇	370305100
皇城镇	370305102
敬仲镇	370305103
朱台镇	370305104
凤凰镇	370305105
金岭回族镇	370305107
金山镇	370305108
周村区 (5 街道，5 镇)	**370306000**
丝绸路街道	370306001
大街街道	370306002
青年路街道	370306003
永安街道	370306004
城北路街道	370306005
北郊镇	370306100
南郊镇	370306101
王村镇	370306102
萌水镇 *	370306103
商家镇 *	370306104
桓台县 (2 街道，7 镇)	**370321000**
索镇街道	370321001
少海街道	370321002
起凤镇	370321101
田庄镇	370321103
荆家镇	370321104
马桥镇	370321105
新城镇	370321107
唐山镇	370321109
果里镇	370321110
高青县 (2 街道，7 镇)	**370322000**
田镇街道	370322001
芦湖街道	370322002
青城镇	370322101
高城镇	370322102
黑里寨镇	370322103
唐坊镇	370322104
常家镇	370322105
花沟镇	370322106
木李镇	370322108
沂源县 (2 街道，10 镇)	**370323000**
历山街道	370323001
南麻街道	370323002
东里镇	370323103
悦庄镇	370323104
西里镇	370323105
大张庄镇	370323106
中庄镇	370323107
张家坡镇	370323108
鲁村镇	370323109
南鲁山镇	370323110
燕崖镇	370323111
石桥镇	370323112
枣庄市 (18 街道，46 镇)	**370400000**
市中区 (6 街道，5 镇)	**370402000**
中心街道	370402001
各塔埠街道	370402002
矿区街道	370402003
文化路街道	370402004
龙山路街道	370402005
光明路街道	370402006
税郭镇	370402101
孟庄镇	370402102
齐村镇	370402103
永安镇	370402104
西王庄镇	370402105
薛城区 (4 街道，5 镇)	**370403000**
临城街道	370403001
兴仁街道 *	370403002
兴城街道 *	370403003
张范街道 *	370403004
沙沟镇	370403101
周营镇	370403102
邹坞镇	370403103
陶庄镇	370403104
常庄镇	370403106
峄城区 (2 街道，5 镇)	**370404000**
坛山街道	370404001
吴林街道	370404002
古邵镇	370404100
阴平镇	370404101
底阁镇	370404102
榴园镇	370404103
峨山镇	370404104
台儿庄区 (1 街道，5 镇)	**370405000**
运河街道	370405001
涧头集镇	370405101
邳庄镇	370405102
泥沟镇	370405103
张山子镇	370405104
马兰屯镇	370405105
山亭区 (1 街道，9 镇)	**370406000**
山城街道	370406001
店子镇	370406101
西集镇	370406102
桑村镇	370406103
北庄镇	370406104
城头镇	370406105
徐庄镇	370406106
水泉镇	370406107
冯卯镇	370406108
凫城镇	370406109
滕州市 (4 街道，17 镇)	**370481000**
荆河街道	370481001
龙泉街道	370481002
北辛街道	370481003
善南街道	370481004
东沙河镇	370481100
洪绪镇	370481101
南沙河镇	370481102
大坞镇	370481103
滨湖镇	370481104
级索镇	370481105
西岗镇	370481106
姜屯镇	370481107
鲍沟镇	370481108
张汪镇	370481109
官桥镇	370481110
柴胡店镇	370481111
羊庄镇	370481112
木石镇	370481113
界河镇	370481114
龙阳镇	370481115
东郭镇	370481116
东营市 (15 街道，23 镇，2 乡)	**370500000**
东营区 (6 街道，4 镇)	**370502000**
文汇街道	370502001
黄河路街道	370502002
东城街道	370502003
辛店街道	370502004
胜利街道	370502005
胜园街道	370502006
牛庄镇	370502102
六户镇	370502103

续表 3

行政区划名称	行政区划代码
史口镇	370502104
龙居镇	370502105
河口区 (2 街道，4 镇)	**370503000**
河口街道	370503001
六合街道	370503002
义和镇	370503100
仙河镇	370503101
孤岛镇	370503102
新户镇	370503103
垦利区 (2 街道，5 镇)	**370505000**
垦利街道	370505001
兴隆街道	370505002
胜坨镇	370505100
郝家镇	370505101
永安镇	370505102
黄河口镇	370505103
董集镇	370505104
利津县 (2 街道，4 镇，2 乡)	**370522000**
利津街道	370522001
凤凰城街道	370522002
北宋镇	370522101
陈庄镇	370522103
汀罗镇	370522104
盐窝镇	370522105
明集乡	370522201
刁口乡	370522206
广饶县 (3 街道，6 镇)	**370523000**
广饶街道	370523001
乐安街道	370523002
丁庄街道	370523003
大王镇	370523101
李鹊镇	370523106
稻庄镇	370523107
大码头镇	370523108
花官镇	370523109
陈官镇	370523110
烟台市 (66 街道，82 镇，6 乡)	**370600000**
芝罘区 (12 街道)	**370602000**
向阳街道	370602001
东山街道	370602002
毓璜顶街道	370602003
通伸街道	370602004
凤凰台街道	370602005
奇山街道	370602006
白石街道	370602007
芝罘岛街道	370602008
黄务街道	370602009
只楚街道	370602010
世回尧街道	370602011
幸福街道	370602012
福山区 (8 街道，3 镇)	**370611000**
清洋街道	370611001
福新街道	370611002
门楼街道	370611003
东厅街道	370611004
福莱山街道 *	370611005
古现街道 *	370611006
八角街道 *	370611007
大季家街道 *	370611008
高疃镇	370611102
张格庄镇	370611103
回里镇	370611104
牟平区 (5 街道，8 镇)	**370612000**
宁海街道	370612001
文化街道	370612002
姜格庄街道	370612004
大窑街道	370612005
武宁街道	370612006
观水镇	370612101
龙泉镇	370612105
玉林店镇	370612106
水道镇	370612107
高陵镇	370612109
王格庄镇	370612110
莒格庄镇	370612111
昆嵛镇	370612112
莱山区 (7 街道)	**370613000**
黄海路街道	370613001
初家街道	370613002
滨海路街道	370613003
院格庄街道	370613004
解甲庄街道	370613005
莱山街道	370613006
马山街道 *	370613007
长岛县 (1 街道，1 镇，6 乡)	**370634000**
南长山街道	370634001
砣矶镇	370634101
北长山乡	370634201
黑山乡	370634202
大钦岛乡	370634203
小钦岛乡	370634204
南隍城乡	370634205
北隍城乡	370634206
龙口市 (5 街道，8 镇)	**370681000**
东莱街道	370681001
龙港街道	370681002
新嘉街道	370681003
徐福街道	370681004
东江街道	370681005
黄山馆镇	370681102
北马镇	370681103
芦头镇	370681104
下丁家镇	370681106
七甲镇	370681107
石良镇	370681108
兰高镇	370681109
诸由观镇	370681110
莱阳市 (5 街道，13 镇)	**370682000**
城厢街道	370682001
古柳街道	370682002
龙旺庄街道	370682003
冯格庄街道	370682004
柏林庄街道	370682005
沐浴店镇	370682101
团旺镇	370682102
穴坊镇	370682103
羊郡镇	370682104
姜疃镇	370682105
万第镇	370682106
照旺庄镇	370682107
谭格庄镇	370682108
河洛镇	370682110
吕格庄镇	370682111
高格庄镇	370682112
大夼镇	370682113
山前店镇	370682114
莱州市 (6 街道，11 镇)	**370683000**
文昌路街道	370683001
永安路街道	370683002
三山岛街道	370683003
城港路街道	370683004
文峰路街道	370683005
金仓街道	370683006
沙河镇	370683101
朱桥镇	370683102
郭家店镇	370683103
金城镇	370683104
平里店镇	370683105
驿道镇	370683106
程郭镇	370683107
虎头崖镇	370683108
柞村镇	370683109
夏邱镇	370683110
土山镇	370683111
蓬莱市 (5 街道，7 镇)	**370684000**
登州街道	370684001
紫荆山街道	370684002
新港街道	370684003
蓬莱阁街道	370684004
南王街道	370684005
刘家沟镇	370684102
潮水镇	370684103
大柳行镇	370684105
小门家镇	370684106
大辛店镇	370684107
村里集镇	370684108
北沟镇	370684109
招远市 (5 街道，9 镇)	**370685000**
罗峰街道	370685001
泉山街道	370685002
梦芝街道	370685003
温泉街道	370685004
大秦家街道	370685005
辛庄镇	370685101
蚕庄镇	370685102

续表 4

行政区划名称	行政区划代码
金岭镇	370685103
毕郭镇	370685104
玲珑镇	370685105
张星镇	370685106
夏甸镇	370685108
阜山镇	370685109
齐山镇	370685110
栖霞市 (3 街道，12 镇)	**370686000**
翠屏街道	370686001
庄园街道	370686002
松山街道	370686003
观里镇	370686101
蛇窝泊镇	370686102
唐家泊镇	370686103
桃村镇	370686104
亭口镇	370686105
臧家庄镇	370686106
寺口镇	370686107
苏家店镇	370686108
杨础镇	370686109
西城镇	370686110
官道镇	370686111
庙后镇	370686113
海阳市 (4 街道，10 镇)	**370687000**
方圆街道	370687001
东村街道	370687002
凤城街道	370687003
龙山街道	370687004
留格庄镇	370687102
盘石店镇	370687103
郭城镇	370687104
徐家店镇	370687105
发城镇	370687106
小纪镇	370687107
行村镇	370687108
辛安镇	370687109
二十里店镇	370687110
朱吴镇	370687112
潍坊市 (56 街道，62 镇)	**370700000**
潍城区 (6 街道)	**370702000**
城关街道	370702001
南关街道	370702002
西关街道	370702003
北关街道	370702004
于河街道	370702005
望留街道	370702006
寒亭区 (7 街道)	**370703000**
寒亭街道	370703001
开元街道	370703002
固堤街道	370703003
高里街道	370703004
朱里街道	370703005
大家洼街道 *	370703006
央子街道 *	370703007
坊子区 (7 街道)	**370704000**
坊城街道	370704001
凤凰街道	370704003
坊安街道	370704004
九龙街道	370704005
黄旗堡街道	370704006
王家庄街道 *	370704007
太保庄街道 *	370704008
奎文区 (10 街道)	**370705000**
东关街道	370705001
大虞街道	370705002
梨园街道	370705003
廿里堡街道	370705004
潍州路街道	370705005
北苑街道	370705006
广文街道	370705007
北海路街道	370705008
新城街道 *	370705009
清池街道 *	370705010
临朐县 (2 街道，8 镇)	**370724000**
城关街道	370724001
东城街道	370724002
五井镇	370724101
冶源镇	370724103
寺头镇	370724104
九山镇	370724105
辛寨镇	370724107
蒋峪镇	370724109
山旺镇	370724112
柳山镇	370724113
昌乐县 (4 街道，4 镇)	**370725000**
宝城街道	370725016
宝都街道	370725017
朱刘街道	370725018
五图街道	370725020
乔官镇	370725107
鄌郚镇	370725108
红河镇	370725110
营丘镇	370725112
青州市 (4 街道，8 镇)	**370781000**
王府街道	370781001
益都街道	370781002
云门山街道	370781006
黄楼街道	370781008
弥河镇	370781100
王坟镇	370781101
庙子镇	370781103
邵庄镇	370781105
高柳镇	370781109
何官镇	370781111
东夏镇	370781113
谭坊镇	370781115
诸城市 (3 街道，10 镇)	**370782000**
密州街道	370782001
龙都街道	370782002
舜王街道	370782003
枳沟镇	370782101
贾悦镇	370782102
石桥子镇	370782105
相州镇	370782108
昌城镇	370782110
百尺河镇	370782111
辛兴镇	370782112
林家村镇	370782114
皇华镇	370782117
桃林镇	370782118
寿光市 (5 街道，9 镇)	**370783000**
圣城街道	370783001
文家街道	370783003
孙家集街道	370783004
洛城街道	370783005
古城街道	370783006
化龙镇	370783100
营里镇	370783103
台头镇	370783104
田柳镇	370783106
上口镇	370783108
侯镇	370783109
纪台镇	370783111
稻田镇	370783112
羊口镇	370783115
安丘市 (2 街道，10 镇)	**370784000**
兴安街道	370784001
新安街道	370784002
凌河镇	370784103
官庄镇	370784104
大盛镇	370784107
石埠子镇	370784111
石堆镇	370784112
柘山镇	370784118
辉渠镇	370784119
郚山镇	370784120
金冢子镇	370784121
景芝镇	370784122
高密市 (3 街道，7 镇)	**370785000**
朝阳街道	370785001
醴泉街道	370785002
密水街道	370785003
柏城镇	370785100
夏庄镇	370785103
姜庄镇	370785104
大牟家镇	370785106
阚家镇	370785109
井沟镇	370785111
柴沟镇	370785114
昌邑市 (3 街道，6 镇)	**370786000**
奎聚街道	370786001
都昌街道	370786002
围子街道	370786003
柳疃镇	370786101

续表 5

行政区划名称	行政区划代码
龙池镇	370786102
卜庄镇	370786104
饮马镇	370786108
北孟镇	370786109
下营镇	370786110
济宁市 (48 街道，104 镇，4 乡)	**370800000**
任城区 (17 街道，3 镇)	**370811000**
金城街道	370811002
仙营街道	370811003
南张街道	370811004
李营街道	370811005
廿里铺街道	370811006
接庄街道 *	370811007
古槐街道	370811008
济阳街道	370811009
阜桥街道	370811010
越河街道	370811011
观音阁街道	370811012
南苑街道	370811013
安居街道	370811014
唐口街道	370811015
柳行街道 *	370811016
洸河街道 *	370811017
许庄街道 *	370811018
长沟镇	370811102
石桥镇 *	370811109
喻屯镇	370811110
兖州区 (6 街道，6 镇)	**370812000**
鼓楼街道	370812001
酒仙桥街道	370812002
龙桥街道	370812003
兴隆庄街道 *	370812004
王因街道 *	370812005
黄屯街道	370812006
大安镇	370812100
新驿镇	370812101
颜店镇	370812102
新兖镇	370812103
漕河镇	370812104
小孟镇	370812106
微山县 (3 街道，11 镇，1 乡)	**370826000**
夏镇街道	370826001
昭阳街道	370826002
傅村街道	370826003
韩庄镇	370826101
欢城镇	370826102
南阳镇	370826103
鲁桥镇	370826104
留庄镇	370826106
两城镇	370826107
马坡镇	370826108
赵庙镇	370826109
张楼镇	370826110
微山岛镇	370826111
西平镇	370826112
高楼乡	370826206
鱼台县 (2 街道，9 镇)	**370827000**
谷亭街道	370827001
滨湖街道	370827002
清河镇	370827101
鱼城镇	370827102
王鲁镇	370827103
张黄镇	370827104
王庙镇	370827105
李阁镇	370827106
唐马镇	370827107
老砦镇	370827108
罗屯镇	370827109
金乡县 (4 街道，9 镇)	**370828000**
金乡街道	370828001
高河街道	370828002
王丕街道	370828003
鱼山街道	370828004
羊山镇	370828101
胡集镇	370828102
霄云镇	370828103
鸡黍镇	370828104
司马镇	370828107
马庙镇	370828109
化雨镇	370828110
卜集镇	370828112
兴隆镇	370828113
嘉祥县 (3 街道，12 镇)	**370829000**
嘉祥街道	370829001
卧龙山街道	370829002
万张街道	370829003
纸坊镇	370829101
梁宝寺镇	370829102
疃里镇	370829104
马村镇	370829105
金屯镇	370829106
大张楼镇	370829107
马集镇	370829108
孟姑集镇	370829110
老僧堂镇	370829111
仲山镇	370829112
满硐镇	370829113
黄垓镇	370829114
汶上县 (2 街道，12 镇，1 乡)	**370830000**
中都街道	370830001
汶上街道	370830002
南站镇	370830101
南旺镇	370830102
次邱镇	370830103
寅寺镇	370830104
郭楼镇	370830105
康驿镇	370830106
苑庄镇	370830107
义桥镇	370830108
白石镇	370830109
郭仓镇	370830110
杨店镇	370830111
刘楼镇	370830112
军屯乡	370830205
泗水县 (2 街道，11 镇)	**370831000**
泗河街道	370831001
济河街道	370831002
泉林镇	370831101
星村镇	370831102
柘沟镇	370831103
金庄镇	370831104
苗馆镇	370831105
中册镇	370831106
杨柳镇	370831107
泗张镇	370831108
圣水峪镇	370831109
高峪镇	370831110
华村镇	370831111
梁山县 (2 街道，10 镇，2 乡)	**370832000**
梁山街道	370832001
水泊街道	370832002
小路口镇	370832101
韩岗镇	370832102
黑虎庙镇	370832103
拳铺镇	370832104
杨营镇	370832105
韩垓镇	370832106
馆驿镇	370832107
小安山镇	370832108
寿张集镇	370832109
马营镇	370832110
赵堌堆乡	370832215
大路口乡	370832217
曲阜市 (4 街道，8 镇)	**370881000**
鲁城街道	370881001
书院街道	370881002
小雪街道	370881003
时庄街道	370881004
吴村镇	370881101
姚村镇	370881102
陵城镇	370881103
尼山镇	370881105
王庄镇	370881106
息陬镇	370881107
石门山镇	370881108
防山镇	370881109
邹城市 (3 街道，13 镇)	**370883000**
钢山街道	370883001
千泉街道	370883002
凫山街道	370883003
香城镇	370883101
城前镇	370883102
大束镇	370883103
北宿镇	370883104

续表 6

行政区划名称	行政区划代码
中心店镇	370883105
唐村镇	370883106
太平镇	370883107
石墙镇	370883109
峄山镇	370883110
看庄镇	370883111
张庄镇	370883112
田黄镇	370883113
郭里镇	370883114
泰安市 (20 街道，62 镇，6 乡)	**370900000**
泰山区 (5 街道，2 镇，1 乡)	**370902000**
岱庙街道	370902001
财源街道	370902002
泰前街道	370902003
上高街道	370902004
徐家楼街道	370902005
省庄镇	370902100
邱家店镇	370902101
大津口乡 *	370902202
岱岳区 (3 街道，14 镇，1 乡)	**370911000**
粥店街道	370911001
天平街道	370911002
北集坡街道 *	370911003
山口镇	370911100
祝阳镇	370911101
范镇	370911102
角峪镇	370911103
徂徕镇	370911104
满庄镇	370911105
夏张镇	370911106
道朗镇	370911107
黄前镇	370911108
大汶口镇	370911109
马庄镇	370911110
房村镇	370911111
良庄镇	370911112
下港镇	370911113
化马湾乡	370911201
宁阳县 (2 街道，10 镇，1 乡)	**370921000**
文庙街道	370921001
八仙桥街道	370921002
泗店镇	370921101
东疏镇	370921102
伏山镇	370921103
堽城镇	370921105
蒋集镇	370921107
磁窑镇	370921109
华丰镇	370921110
葛石镇	370921111
东庄镇	370921112
鹤山镇	370921113
乡饮乡	370921206
东平县 (3 街道，9 镇，2 乡)	**370923000**
州城街道	370923001
东平街道	370923002
彭集街道	370923003
沙河站镇	370923101
老湖镇	370923106
银山镇	370923107
斑鸠店镇	370923108
接山镇	370923109
大羊镇	370923110
梯门镇	370923111
戴庙镇	370923112
新湖镇	370923113
商老庄乡	370923206
旧县乡	370923208
新泰市 (3 街道，17 镇，1 乡)	**370982000**
青云街道	370982001
新汶街道	370982002
新甫街道	370982003
东都镇	370982101
小协镇	370982102
翟镇	370982103
泉沟镇	370982104
羊流镇	370982105
果都镇	370982106
西张庄镇	370982107
天宝镇	370982108
楼德镇	370982110
禹村镇	370982111
宫里镇	370982112
谷里镇	370982113
石莱镇	370982114
放城镇	370982115
刘杜镇	370982116
汶南镇	370982117
龙廷镇	370982119
岳家庄乡	370982203
肥城市 (4 街道，10 镇)	**370983000**
新城街道	370983001
老城街道	370983002
王瓜店街道	370983003
仪阳街道	370983004
潮泉镇	370983101
桃园镇	370983103
王庄镇	370983104
湖屯镇	370983105
石横镇	370983106
安临站镇	370983107
孙伯镇	370983108
安驾庄镇	370983109
边院镇	370983112
汶阳镇	370983113
威海市 (23 街道，48 镇)	**371000000**
环翠区 (9 街道，10 镇)	**371002000**
环翠楼街道	371002001
鲸园街道	371002002
竹岛街道	371002003
孙家疃街道	371002004
皇冠街道 *	371002005
凤林街道 *	371002006
西苑街道 *	371002007
怡园街道 *	371002008
田和街道 *	371002009
张村镇	371002100
羊亭镇	371002101
温泉镇	371002102
桥头镇 *	371002106
嵩山镇 *	371002107
泊于镇 *	371002108
初村镇 *	371002109
草庙子镇 *	371002110
汪疃镇 *	371002111
苘山镇 *	371002112
文登区 (3 街道，12 镇)	**371003000**
龙山街道	371003001
天福街道	371003002
环山街道	371003003
文登营镇	371003100
大水泊镇	371003101
张家产镇	371003102
高村镇	371003103
泽库镇	371003104
侯家镇	371003105
宋村镇	371003106
泽头镇	371003107
小观镇	371003108
葛家镇	371003109
米山镇	371003110
界石镇	371003111
荣成市 (10 街道，12 镇)	**371082000**
港湾街道	371082001
斥山街道	371082002
东山街道	371082003
王连街道	371082004
桃园街道	371082005
宁津街道	371082006
崖头街道	371082007
崂山街道	371082008
寻山街道	371082009
城西街道	371082010
俚岛镇	371082101
成山镇	371082102
埠柳镇	371082103
港西镇	371082104
夏庄镇	371082105
崖西镇	371082106
荫子镇	371082107
滕家镇	371082108
大疃镇	371082109
上庄镇	371082110
虎山镇	371082111
人和镇	371082112

续表 7

行政区划名称	行政区划代码
乳山市（1 街道，14 镇）	**371083000**
城区街道	371083001
夏村镇	371083100
乳山口镇	371083101
海阳所镇	371083102
白沙滩镇	371083103
大孤山镇	371083104
南黄镇	371083105
冯家镇	371083106
下初镇	371083107
午极镇	371083108
育黎镇	371083109
崖子镇	371083110
诸往镇	371083111
乳山寨镇	371083112
徐家镇	371083113
日照市（14 街道，37 镇，4 乡）	**371100000**
东港区（7 街道，7 镇）	**371102000**
日照街道	371102001
石臼街道	371102002
秦楼街道	371102004
卧龙山街道	371102005
两城街道	371102006
奎山街道 *	371102007
北京路街道 *	371102008
河山镇	371102101
涛雒镇	371102103
西湖镇	371102107
陈疃镇	371102108
南湖镇	371102109
三庄镇	371102110
后村镇	371102111
岚山区（2 街道，6 镇，1 乡）	**371103000**
岚山头街道	371103005
安东卫街道	371103006
高兴镇	371103104
巨峰镇	371103105
黄墩镇	371103111
虎山镇	371103112
碑廓镇	371103113
中楼镇	371103114
前三岛乡	371103201
五莲县（1 街道，9 镇，2 乡）	**371121000**
洪凝街道	371121001
街头镇	371121102
潮河镇	371121103
许孟镇	371121104
于里镇	371121105
汪湖镇	371121106
叩官镇	371121107
中至镇	371121108
高泽镇	371121109
松柏镇	371121110
石场乡	371121201
户部乡	371121202
莒县（4 街道，15 镇，1 乡）	**371122000**
城阳街道	371122001
店子集街道	371122002
陵阳街道	371122003
浮来山街道	371122004
招贤镇	371122102
阎庄镇	371122103
夏庄镇	371122104
刘官庄镇	371122105
峤山镇	371122106
小店镇	371122107
龙山镇	371122109
东莞镇	371122110
长岭镇	371122114
安庄镇	371122115
洛河镇	371122116
棋山镇	371122117
寨里河镇	371122118
桑园镇	371122119
果庄镇	371122120
库山乡	371122206
莱芜市（7 街道，13 镇）	**371200000**
莱城区（4 街道，11 镇）	**371202000**
凤城街道	371202001
张家洼街道	371202002
高庄街道	371202003
鹏泉街道 *	371202004
口镇	371202100
羊里镇	371202101
方下镇	371202102
牛泉镇	371202103
苗山镇	371202105
雪野镇	371202106
大王庄镇	371202107
寨里镇	371202108
杨庄镇	371202109
茶业口镇	371202110
和庄镇	371202111
钢城区（3 街道，2 镇）	**371203000**
艾山街道	371203001
里辛街道	371203002
汶源街道	371203003
颜庄镇	371203100
辛庄镇	371203103
临沂市（29 街道，118 镇，9 乡）	**371300000**
兰山区（4 街道，8 镇）	**371302000**
兰山街道	371302001
银雀山街道	371302002
金雀山街道	371302003
柳青街道	371302004
白沙埠镇	371302101
枣沟头镇	371302102
半程镇	371302103
义堂镇	371302105
李官镇	371302107
汪沟镇	371302109
方城镇	371302110
马厂湖镇 *	371302111
罗庄区（6 街道，3 镇）	**371311000**
罗庄街道	371311001
傅庄街道	371311002
盛庄街道	371311003
册山街道	371311006
高都街道	371311007
罗西街道 *	371311008
沂堂镇	371311101
褚墩镇	371311102
黄山镇	371311103
河东区（8 街道，3 镇）	**371312000**
九曲街道	371312001
相公街道	371312002
太平街道	371312003
汤头街道	371312004
凤凰岭街道	371312005
芝麻墩街道 *	371312006
梅埠街道 *	371312007
朝阳街道 *	371312008
汤河镇	371312104
八湖镇	371312107
郑旺镇	371312108
沂南县（1 街道，13 镇，1 乡）	**371321000**
界湖街道	371321001
岸堤镇	371321101
孙祖镇	371321102
双堠镇	371321103
青驼镇	371321104
张庄镇	371321105
砖埠镇	371321106
大庄镇	371321109
辛集镇	371321110
蒲汪镇	371321111
湖头镇	371321112
苏村镇	371321113
铜井镇	371321114
依汶镇	371321115
马牧池乡	371321201
郯城县（1 街道，9 镇，3 乡）	**371322000**
郯城街道	371322001
马头镇	371322101
重坊镇	371322102
李庄镇	371322103
杨集镇	371322105
港上镇	371322107
高峰头镇	371322108
庙山镇	371322109
胜利镇	371322111
红花镇	371322112
花园乡	371322202

续表 8

行政区划名称	行政区划代码
归昌乡	371322203
泉源乡	371322205
沂水县（2 街道，15 镇，1 乡）	**371323000**
沂城街道	371323001
龙家圈街道	371323002
马站镇	371323101
高桥镇	371323102
许家湖镇	371323103
黄山铺镇	371323104
诸葛镇	371323106
崔家峪镇	371323107
四十里堡镇	371323108
杨庄镇	371323109
夏蔚镇	371323110
沙沟镇	371323111
高庄镇	371323112
道托镇	371323113
泉庄镇	371323115
富官庄镇	371323116
院东头镇	371323117
圈里乡	371323201
兰陵县（1 街道，15 镇，1 乡）	**371324000**
卞庄街道	371324001
大仲村镇	371324101
兰陵镇	371324102
长城镇	371324103
磨山镇	371324104
神山镇	371324105
车辋镇	371324106
尚岩镇	371324107
向城镇	371324108
新兴镇	371324109
南桥镇	371324110
庄坞镇	371324112
矿坑镇	371324113
鲁城镇	371324114
芦柞镇	371324115
金岭镇	371324116
下村乡	371324202
费县（1 街道，9 镇，2 乡）	**371325000**
费城街道	371325001
上冶镇	371325101
薛庄镇	371325102
探沂镇	371325105
朱田镇	371325106
梁邱镇	371325107
新庄镇	371325108
马庄镇	371325109
胡阳镇	371325112
石井镇	371325113
大田庄乡	371325200
南张庄乡	371325201
平邑县（1 街道，13 镇）	**371326000**
平邑街道	371326001
仲村镇	371326101
武台镇	371326102
保太镇	371326103
卞桥镇	371326105
地方镇	371326106
铜石镇	371326107
温水镇	371326108
流峪镇	371326109
郑城镇	371326110
白彦镇	371326111
临涧镇	371326112
丰阳镇	371326113
柏林镇 *	371326114
莒南县（1 街道，15 镇）	**371327000**
十字路街道	371327001
大店镇	371327102
坊前镇	371327103
板泉镇	371327106
洙边镇	371327107
文疃镇	371327108
石莲子镇	371327111
岭泉镇	371327112
筵宾镇	371327113
涝坡镇	371327114
道口镇	371327115
相沟镇	371327116
团林镇 *	371327117
坪上镇 *	371327118
壮岗镇 *	371327119
朱芦镇 *	371327120
蒙阴县（1 街道，8 镇，1 乡）	**371328000**
蒙阴街道	371328001
常路镇	371328101
岱崮镇	371328102
坦埠镇	371328103
垛庄镇	371328104
高都镇	371328105
野店镇	371328106
桃墟镇	371328107
联城镇	371328109
旧寨乡	371328201
临沭县（2 街道，7 镇）	**371329000**
临沭街道	371329001
郑山街道	371329002
蛟龙镇	371329101
大兴镇	371329102
石门镇	371329103
曹庄镇	371329104
青云镇	371329108
玉山镇	371329109
店头镇	371329110
德州市（27 街道，91 镇，16 乡）	**371400000**
德城区（7 街道，5 镇）	**371402000**
新湖街道	371402001
新华街道	371402003
天衢街道	371402004
广川街道	371402005
运河街道 *	371402006
长河街道 *	371402007
宋官屯街道 *	371402008
黄河涯镇	371402101
二屯镇	371402102
赵虎镇 *	371402103
抬头寺镇 *	371402104
袁桥镇 *	371402105
陵城区（2 街道，10 镇，1 乡）	**371403000**
安德街道	371403001
临齐街道	371403002
郑家寨镇	371403100
糜镇	371403101
宋家镇	371403102
徽王庄镇	371403103
神头镇	371403104
滋镇	371403105
前孙镇	371403106
边临镇	371403107
义渡口镇	371403108
丁庄镇	371403109
于集乡	371403200
宁津县（2 街道，9 镇，1 乡）	**371422000**
宁城街道	371422001
津城街道	371422002
柴胡店镇	371422101
长官镇	371422102
杜集镇	371422103
保店镇	371422104
大柳镇	371422105
大曹镇	371422106
相衙镇	371422107
时集镇	371422108
张大庄镇	371422109
刘营伍乡	371422201
庆云县（1 街道，5 镇，3 乡）	**371423000**
渤海路街道	371423001
庆云镇	371423100
常家镇	371423101
尚堂镇	371423102
崔口镇	371423103
东辛店镇	371423104
严务乡	371423200
中丁乡	371423202
徐园子乡	371423203
临邑县（3 街道，8 镇，1 乡）	**371424000**
临盘街道	371424001
邢侗街道	371424002
恒源街道	371424003
临邑镇	371424100
临南镇	371424102
德平镇	371424103
林子镇	371424104

续表 9

行政区划名称	行政区划代码
兴隆镇	371424105
孟寺镇	371424106
翟家镇	371424107
理合务镇	371424108
宿安乡	371424200
齐河县 (2 街道，11 镇，2 乡)	**371425000**
晏城街道	371425001
晏北街道	371425002
表白寺镇	371425101
焦庙镇	371425102
赵官镇	371425103
祝阿镇	371425104
仁里集镇	371425105
潘店镇	371425106
胡官屯镇	371425107
宣章屯镇	371425108
马集镇	371425109
华店镇	371425110
刘桥镇	371425111
安头乡	371425201
大黄乡	371425204
平原县 (2 街道，8 镇，2 乡)	**371426000**
龙门街道	371426001
桃园街道	371426002
王凤楼镇	371426101
前曹镇	371426102
恩城镇	371426103
王庙镇	371426104
王杲铺镇	371426105
张华镇	371426106
腰站镇	371426107
王打卦镇	371426108
坊子乡	371426200
三唐乡	371426202
夏津县 (2 街道，10 镇，2 乡)	**371427000**
银城街道	371427001
北城街道	371427002
南城镇	371427100
苏留庄镇	371427101
新盛店镇	371427102
雷集镇	371427103
郑保屯镇	371427104
白马湖镇	371427105
东李官屯镇	371427106
宋楼镇	371427107
香赵庄镇	371427108
双庙镇	371427109
渡口驿乡	371427200
田庄乡	371427204
武城县 (1 街道，7 镇)	**371428000**
广运街道	371428001
武城镇	371428100
老城镇	371428101
郝王庄镇	371428104
鲁权屯镇	371428105
四女寺镇	371428106
甲马营镇	371428107
李家户镇	371428108
乐陵市 (4 街道，9 镇，3 乡)	**371481000**
市中街道	371481001
胡家街道	371481002
云红街道	371481003
郭家街道	371481004
杨安镇	371481100
朱集镇	371481101
黄夹镇	371481102
丁坞镇	371481103
花园镇	371481104
郑店镇	371481105
化楼镇	371481106
孔镇镇	371481107
铁营镇	371481108
西段乡	371481200
大孙乡	371481201
寨头堡乡	371481203
禹城市 (1 街道，9 镇，1 乡)	**371482000**
市中街道	371482001
伦镇	371482100
房寺镇	371482101
张庄镇	371482102
辛店镇	371482103
安仁镇	371482104
辛寨镇	371482105
梁家镇	371482106
十里望回族镇	371482107
莒镇	371482108
李屯乡	371482200
聊城市 (32 街道，94 镇，9 乡)	**371500000**
东昌府区 (10 街道，11 镇，2 乡)	**371502000**
古楼街道	371502001
新区街道	371502002
柳园街道	371502003
湖西街道	371502004
凤凰街道	371502005
闫寺街道	371502006
道口铺街道	371502008
东城街道 *	371502009
蒋官屯街道 *	371502010
北城街道 *	371502011
沙镇镇	371502102
侯营镇	371502103
堂邑镇	371502104
梁水镇	371502105
斗虎屯镇	371502106
张炉集镇	371502108
于集镇	371502109
郑家镇	371502110
朱老庄镇	371502112
许营镇 *	371502113
顾官屯镇 *	371502114
韩集乡 *	371502200
广平乡 *	371502201
阳谷县 (3 街道，14 镇，1 乡)	**371521000**
博济桥街道	371521001
狮子楼街道	371521002
侨润街道	371521003
阿城镇	371521101
七级镇	371521102
安乐镇	371521103
寿张镇	371521104
张秋镇	371521105
阎楼镇	371521106
石佛镇	371521108
李台镇	371521109
十五里园镇	371521111
定水镇	371521112
西湖镇	371521113
郭屯镇	371521114
高庙王镇	371521115
金斗营镇	371521116
大布乡	371521203
莘县 (4 街道，20 镇)	**371522000**
莘州街道	371522001
莘亭街道	371522002
东鲁街道	371522003
燕塔街道	371522004
张鲁回族镇	371522101
朝城镇	371522102
观城镇	371522103
古城镇	371522104
大张家镇	371522105
古云镇	371522106
十八里铺镇	371522107
燕店镇	371522109
董杜庄镇	371522110
王奉镇	371522111
樱桃园镇	371522112
河店镇	371522113
妹冢镇	371522114
魏庄镇	371522115
张寨镇	371522116
大王寨镇	371522117
徐庄镇	371522118
王庄集镇	371522119
柿子园镇	371522120
俎店镇	371522121
茌平县 (3 街道，10 镇，1 乡)	**371523000**
振兴街道	371523001
信发街道	371523002
温陈街道	371523003
乐平铺镇	371523101
冯官屯镇	371523102
菜屯镇	371523103
博平镇	371523104
杜郎口镇	371523105
韩屯镇	371523106
胡屯镇	371523107
肖家庄镇	371523108
贾寨镇	371523109
洪官屯镇	371523110
杨官屯乡	371523208

续表 10

行政区划名称	行政区划代码
东阿县 (2 街道，7 镇，1 乡)	**371524000**
铜城街道	371524001
新城街道	371524002
刘集镇	371524101
牛角店镇	371524102
大桥镇	371524103
高集镇	371524104
姜楼镇	371524105
姚寨镇	371524107
鱼山镇	371524108
陈集乡	371524205
冠县 (3 街道，11 镇，4 乡)	**371525000**
清泉街道	371525001
崇文街道	371525002
烟庄街道	371525003
贾镇	371525101
桑阿镇	371525102
柳林镇	371525103
清水镇	371525104
东古城镇	371525105
北馆陶镇	371525106
店子镇	371525107
定远寨镇	371525108
辛集镇	371525109
梁堂镇	371525110
范寨镇	371525111
斜店乡	371525200
甘官屯乡	371525205
兰沃乡	371525206
万善乡	371525209
高唐县 (3 街道，9 镇)	**371526000**
鱼邱湖街道	371526001
人和街道	371526002
汇鑫街道	371526003
梁村镇	371526101
尹集镇	371526102
清平镇	371526103
固河镇	371526104
三十里铺镇	371526105
琉璃寺镇	371526106
赵寨子镇	371526107
姜店镇	371526108
杨屯镇	371526109
临清市 (4 街道，12 镇)	**371581000**
青年路街道	371581001
新华路街道	371581002
先锋路街道	371581003
大辛庄街道	371581004
松林镇	371581101
老赵庄镇	371581102
康庄镇	371581103
魏湾镇	371581104
刘垓子镇	371581105
八岔路镇	371581107
潘庄镇	371581108
烟店镇	371581109
唐园镇	371581110
金郝庄镇	371581111

行政区划名称	行政区划代码
戴湾镇	371581112
尚店镇	371581113
滨州市 (29 街道，58 镇，4 乡)	**371600000**
滨城区 (12 街道，2 镇，1 乡)	**371602000**
市中街道	371602001
市西街道	371602002
北镇街道	371602003
市东街道	371602004
彭李街道	371602005
滨北街道	371602007
梁才街道	371602009
青田街道 *	371602010
小营街道 *	371602011
杜店街道 *	371602012
沙河街道 *	371602013
里则街道 *	371602014
杨柳雪镇	371602101
三河湖镇	371602105
秦皇台乡	371602203
沾化区 (2 街道，7 镇，2 乡)	**371603000**
富国街道	371603001
富源街道	371603002
下洼镇	371603100
古城镇	371603101
冯家镇	371603102
泊头镇	371603103
大高镇	371603104
黄升镇	371603105
滨海镇	371603106
下河乡	371603200
利国乡	371603201
惠民县 (3 街道，12 镇)	**371621000**
孙武街道	371621001
武定府街道	371621002
何坊街道	371621003
石庙镇	371621101
桑落墅镇	371621102
淄角镇	371621103
胡集镇	371621104
李庄镇	371621105
麻店镇	371621107
魏集镇	371621108
清河镇	371621109
姜楼镇	371621111
辛店镇	371621113
大年陈镇	371621114
皂户李镇	371621115
阳信县 (2 街道，7 镇，1 乡)	**371622000**
信城街道	371622001
金阳街道	371622002
商店镇	371622101
温店镇	371622102
河流镇	371622103
翟王镇	371622104
流坡坞镇	371622105
水落坡镇	371622106
劳店镇	371622107

行政区划名称	行政区划代码
洋湖乡	371622204
无棣县 (2 街道，10 镇)	**371623000**
海丰街道	371623001
棣丰街道	371623002
水湾镇	371623101
碣石山镇	371623102
小泊头镇	371623103
埕口镇	371623104
车王镇	371623106
柳堡镇	371623107
佘家镇	371623108
信阳镇	371623109
西小王镇	371623110
马山子镇 *	371623111
博兴县 (3 街道，9 镇)	**371625000**
博昌街道	371625001
城东街道	371625002
锦秋街道	371625003
曹王镇	371625101
兴福镇	371625102
陈户镇	371625103
湖滨镇	371625104
店子镇	371625106
吕艺镇	371625107
纯化镇	371625108
庞家镇	371625109
乔庄镇	371625110
邹平县 (5 街道，11 镇)	**371626000**
黛溪街道	371626001
黄山街道	371626002
高新街道	371626003
好生街道	371626004
西董街道	371626005
长山镇	371626101
魏桥镇	371626102
临池镇	371626105
焦桥镇	371626108
韩店镇	371626109
孙镇	371626110
九户镇	371626111
青阳镇	371626112
明集镇	371626113
台子镇	371626114
码头镇	371626115
菏泽市 (32 街道，126 镇，10 乡)	**371700000**
牡丹区 (11 街道，13 镇)	**371702000**
东城街道	371702001
西城街道	371702002
南城街道	371702003
北城街道	371702004
牡丹街道	371702005
万福街道 *	371702009
何楼街道	371702010
丹阳街道 *	371702011
岳程街道 *	371702012
佃户屯街道 *	371702013
皇镇街道	371702014

续表 11

行政区划名称	行政区划代码
沙土镇	371702100
吴店镇	371702101
王浩屯镇	371702102
黄堽镇	371702103
都司镇	371702104
高庄镇	371702105
小留镇	371702106
李村镇	371702107
马岭岗镇	371702108
安兴镇	371702109
大黄集镇	371702110
吕陵镇 *	371702111
胡集镇	371702112
定陶区（2 街道，10 镇）	**371703000**
天中街道	371703001
滨河街道	371703002
陈集镇	371703101
冉堌镇	371703102
张湾镇	371703103
黄店镇	371703104
孟海镇	371703105
马集镇	371703106
半堤镇	371703107
仿山镇	371703108
杜堂镇	371703109
南王店镇	371703110
曹县（5 街道，20 镇，2 乡）	**371721000**
青菏街道	371721001
曹城街道	371721002
磐石街道	371721003
郑庄街道	371721004
倪集街道	371721005
庄寨镇	371721101
普连集镇	371721102
青堌集镇	371721103
桃源集镇	371721104
韩集镇	371721105
砖庙镇	371721106
古营集镇	371721107
魏湾镇	371721108
侯集回族镇	371721109
苏集镇	371721110
孙老家镇	371721111
阎店楼镇	371721112
梁堤头镇	371721113
安蔡楼镇	371721114
邵庄镇	371721115
王集镇	371721116
青岗集镇	371721118
常乐集镇	371721120
大集镇	371721121
仵楼镇	371721122
楼庄乡	371721203
朱洪庙乡	371721207
单县（4 街道，16 镇，2 乡）	**371722000**
南城街道	371722001
北城街道	371722002
园艺街道	371722003
东城街道	371722004
郭村镇	371722101
黄岗镇	371722102
终兴镇	371722103
高韦庄镇	371722105
徐寨镇	371722106
蔡堂镇	371722107
朱集镇	371722108
李新庄镇	371722109
浮岗镇	371722110
莱河镇	371722111
时楼镇	371722112
杨楼镇	371722113
张集镇	371722114
龙王庙镇	371722115
谢集镇	371722116
李田楼镇	371722117
高老家乡	371722201
曹庄乡	371722202
成武县（2 街道，11 镇）	**371723000**
文亭街道	371723001
永昌街道	371723002
大田集镇	371723101
天宫庙镇	371723102
汶上集镇	371723103
南鲁集镇	371723104
伯乐集镇	371723105
苟村集镇	371723106
白浮图镇	371723107
孙寺镇	371723108
九女集镇	371723109
党集镇	371723110
张楼镇	371723111
巨野县（2 街道，15 镇）	**371724000**
永丰街道	371724001
凤凰街道	371724002
龙固镇	371724101
大义镇	371724102
柳林镇	371724103
章缝镇	371724104
大谢集镇	371724105
独山镇	371724106
麒麟镇	371724107
核桃园镇	371724108
田庄镇	371724109
太平镇	371724110
万丰镇	371724111
陶庙镇	371724112
董官屯镇	371724113
田桥镇	371724114
营里镇	371724115
郓城县（2 街道，18 镇，2 乡）	**371725000**
郓州街道	371725001
唐塔街道	371725002
黄安镇	371725101
杨庄集镇	371725102
侯咽集镇	371725103
武安镇	371725104
郭屯镇	371725105
丁里长镇	371725106
玉皇庙镇	371725107
程屯镇	371725108
随官屯镇	371725109
张营镇	371725110
潘渡镇	371725111
双桥镇	371725112
南赵楼镇	371725113
黄堆集镇	371725114
唐庙镇	371725115
李集镇	371725116
黄集镇	371725117
张鲁集镇	371725118
水堡乡	371725208
陈坡乡	371725209
鄄城县（2 街道，13 镇，2 乡）	**371726000**
陈王街道	371726001
古泉街道	371726002
什集镇	371726101
红船镇	371726102
旧城镇	371726103
阎什镇	371726104
箕山镇	371726105
李进士堂镇	371726106
董口镇	371726107
临濮镇	371726108
彭楼镇	371726109
凤凰镇	371726110
郑营镇	371726111
大埝镇	371726112
引马镇	371726113
左营乡	371726200
富春乡	371726207
东明县（2 街道，10 镇，2 乡）	**371728000**
城关街道	371728001
渔沃街道	371728002
东明集镇	371728101
刘楼镇	371728102
陆圈镇	371728103
马头镇	371728104
三春集镇	371728105
大屯镇	371728106
武胜桥镇	371728107
菜园集镇	371728108
沙窝镇	371728109
小井镇	371728110
长兴集乡	371728204
焦园乡	371728205

河南省

河南省（豫）

行政区划名称	行政区划代码
河南省 (650 街道，1151 镇，640 乡)	**410000000**
郑州市 (89 街道，73 镇，13 乡)	**410100000**
中原区 (12 街道，1 镇，1 乡)	**410102000**
林山寨街道	410102001
建设路街道	410102002
棉纺路街道	410102003
秦岭路街道	410102004
桐柏路街道	410102005
三官庙街道	410102006
绿东村街道	410102007
汝河路街道	410102008
航海西路街道	410102009
中原西路街道	410102010
须水街道	410102011
西流湖街道	410102012
石佛镇	410102100
沟赵乡	410102200
二七区 (15 街道，1 镇)	**410103000**
淮河路街道	410103001
解放路街道	410103002
铭功路街道	410103003
一马路街道	410103004
蜜蜂张街道	410103005
五里堡街道	410103006
大学路街道	410103007
建中街街道	410103008
福华街街道	410103009
德化街街道	410103010
嵩山路街道	410103011
长江路街道	410103012
京广路街道	410103013
人和路街道	410103014
侯寨街道	410103015
马寨镇	410103100
管城回族区 (12 街道，1 乡)	**410104000**
北下街街道	410104001
西大街街道	410104002
南关街道	410104003
城东路街道	410104004
东大街街道	410104005
二里岗街道	410104006
陇海马路街道	410104007
紫荆山南路街道	410104008
航海东路街道	410104009
十八里河街道	410104010
南曹街道	410104011
金岱街道	410104012
圃田乡	410104202
金水区 (19 街道)	**410105000**
经八路街道	410105001
花园路街道	410105002
人民路街道	410105003
杜岭街道	410105004
大石桥街道	410105005
南阳路街道	410105006
南阳新村街道	410105007
文化路街道	410105008
丰产路街道	410105009
东风路街道	410105010
北林路街道	410105011
未来路街道	410105012
凤凰台街道	410105015
兴达路街道	410105016
国基路街道	410105017
杨金路街道	410105018
丰庆路街道	410105019
祭城路街道	410105020
龙子湖街道	410105021
上街区 (5 街道，1 镇)	**410106000**
济源路街道	410106001
中心路街道	410106002
新安路街道	410106003
工业路街道	410106004
矿山街道	410106005
峡窝镇	410106100
惠济区 (6 街道，2 镇)	**410108000**
新城街道	410108011
刘寨街道	410108012
老鸦陈街道	410108013
长兴路街道	410108014
迎宾路街道	410108015
大河路街道	410108016
古荥镇	410108105
花园口镇	410108106
中牟县 (4 街道，14 镇，1 乡)	**410122000**
青年路街道	410122001
东风路街道	410122002
广惠街街道	410122003
大孟街道	410122004
韩寺镇	410122101
官渡镇	410122102
狼城岗镇	410122103
万滩镇	410122104
白沙镇	410122105
郑庵镇	410122106
九龙镇	410122107
张庄镇	410122108
黄店镇	410122109
刘集镇	410122111
八岗镇	410122112
雁鸣湖镇	410122113
三官庙镇	410122114
姚家镇	410122115
刁家乡	410122208
巩义市 (5 街道，15 镇)	**410181000**
新华路街道	410181001
杜甫路街道	410181002
永安路街道	410181003
紫荆路街道	410181004
孝义街道	410181005
米河镇	410181100
新中镇	410181101
小关镇	410181102
竹林镇	410181103
大峪沟镇	410181104
河洛镇	410181105
站街镇	410181106
康店镇	410181108
北山口镇	410181110
西村镇	410181111
芝田镇	410181112
回郭镇	410181113
鲁庄镇	410181114
夹津口镇	410181115
涉村镇	410181116
荥阳市 (2 街道，9 镇，3 乡)	**410182000**
索河街道	410182001
京城路街道	410182002
乔楼镇	410182101
豫龙镇	410182102
广武镇	410182103
王村镇	410182104
汜水镇	410182105
高山镇	410182106
刘河镇	410182108
崔庙镇	410182109
贾峪镇	410182110
城关乡	410182200
高村乡	410182201
金寨回族乡	410182204
新密市 (3 街道，12 镇，1 乡)	**410183000**
青屏街街道	410183001
新华路街道	410183002
西大街街道	410183003
城关镇	410183100
米村镇	410183101
牛店镇	410183102
平陌镇	410183103
超化镇	410183104
苟堂镇	410183105
大隗镇	410183106
刘寨镇	410183107
白寨镇	410183108
岳村镇	410183109
来集镇	410183110
曲梁镇	410183111
袁庄乡	410183200
新郑市 (3 街道，9 镇，3 乡)	**410184000**
新建路街道	410184001
新华路街道	410184002
新烟街街道	410184003
新村镇	410184101
辛店镇	410184102

续表 1

行政区划名称	行政区划代码
观音寺镇	410184103
梨河镇	410184104
和庄镇	410184105
薛店镇	410184106
孟庄镇	410184107
郭店镇	410184108
龙湖镇	410184109
城关乡	410184200
八千乡	410184202
龙王乡	410184203
登封市（3 街道，9 镇，3 乡）	**410185000**
嵩阳街道	410185001
少林街道	410185002
中岳街道	410185003
大金店镇	410185100
颍阳镇	410185101
卢店镇	410185102
告成镇	410185103
大冶镇	410185105
宣化镇	410185106
徐庄镇	410185107
东华镇	410185108
唐庄镇	410185109
白坪乡	410185202
君召乡	410185203
石道乡	410185204
开封市（37 街道，31 镇，48 乡）	**410200000**
龙亭区（9 街道，3 乡）	**410202000**
北书店街道	410202001
午朝门街道	410202002
大兴街道	410202003
北道门街道	410202005
城西街道	410202006
梁苑街道	410202007
杏花营街道	410202008
金耀街道	410202009
金明池街道	410202010
北郊乡	410202200
柳园口乡	410202201
水稻乡	410202202
顺河回族区（8 街道）	**410203000**
清平街道	410203001
铁塔街道	410203002
曹门街道	410203003
宋门街道	410203004
工业街道	410203005
苹果园街道	410203006
东苑街道	410203007
土柏岗街道	410203008
鼓楼区（8 街道）	**410204000**
相国寺街道	410204001
新华街道	410204002
卧龙街道	410204003
州桥街道	410204004
西司门街道	410204005
五一街道	410204006
南苑街道	410204007
仙人庄街道	410204008
禹王台区（5 街道，2 乡）	**410205000**
三里堡街道	410205001
新门关街道	410205002
繁塔街道	410205003
官坊街道	410205004
菜市街道	410205005
南郊乡	410205201
汪屯乡	410205202
祥符区（1 街道，5 镇，9 乡）	**410212000**
城东街道	410212001
陈留镇	410212101
仇楼镇	410212102
八里湾镇	410212103
曲兴镇	410212104
朱仙镇	410212105
半坡店乡	410212200
罗王乡	410212201
刘店乡	410212202
袁坊乡	410212203
杜良乡	410212204
兴隆乡	410212205
西姜寨乡	410212206
万隆乡	410212207
范村乡	410212208
杞县（1 街道，7 镇，13 乡）	**410221000**
金城街道	410221001
五里河镇	410221101
傅集镇	410221102
圉镇镇	410221103
高阳镇	410221104
葛岗镇	410221105
阳堌镇	410221106
邢口镇	410221107
裴村店乡	410221200
宗店乡	410221202
板木乡	410221203
竹林乡	410221204
官庄乡	410221205
湖岗乡	410221206
苏木乡	410221207
沙沃乡	410221208
平城乡	410221209
泥沟乡	410221210
柿园乡	410221211
西寨乡	410221212
城郊乡	410221213
通许县（1 街道，5 镇，6 乡）	**410222000**
咸平街道	410222001
竖岗镇	410222101
玉皇庙镇	410222102
四所楼镇	410222103
朱砂镇	410222104
长智镇	410222105
冯庄乡	410222200
孙营乡	410222201
大岗李乡	410222202
邸阁乡	410222203
练城乡	410222204
厉庄乡	410222205
尉氏县（1 街道，9 镇，7 乡）	**410223000**
两湖街道	410223001
洧川镇	410223101
朱曲镇	410223102
蔡庄镇	410223103
永兴镇	410223104
张市镇	410223105
十八里镇	410223106
水坡镇	410223107
大营镇	410223108
庄头镇	410223109
邢庄乡	410223200
大马乡	410223203
岗李乡	410223204
门楼任乡	410223205
大桥乡	410223206
南曹乡	410223207
小陈乡	410223208
兰考县（3 街道，5 镇，8 乡）	**410225000**
兰阳街道	410225001
桐乡街道	410225002
惠安街道	410225003
堌阳镇	410225101
南彰镇	410225102
考城镇	410225103
红庙镇	410225104
谷营镇	410225105
三义寨乡	410225201
东坝头乡	410225202
小宋乡	410225205
孟寨乡	410225206
许河乡	410225207
葡萄架乡	410225208
阎楼乡	410225209
仪封乡	410225210
洛阳市（58 街道，106 镇，24 乡）	**410300000**
老城区（8 街道）	**410302000**
西关街道	410302001
西南隅街道	410302002
西北隅街道	410302003
东南隅街道	410302004
东北隅街道	410302005
南关街道	410302006
洛浦街道	410302007
邙山街道	410302008
西工区（10 街道）	**410303000**
王城路街道	410303001
金谷园街道	410303002
西工街道	410303003
邙岭路街道	410303004
道北路街道	410303005
唐宫路街道	410303006
汉屯路街道	410303007
凯旋东路街道	410303008
红山街道	410303009
洛北街道	410303010
瀍河回族区（7 街道，1 乡）	**410304000**
东关街道	410304001

续表 2

行政区划名称	行政区划代码	行政区划名称	行政区划代码	行政区划名称	行政区划代码
瀍西街道	410304002	石寺镇	410323101	韩城镇	410327103
五股路街道	410304003	五头镇	410323102	白杨镇	410327104
北窑街道	410304004	磁涧镇	410323103	香鹿山镇	410327105
塔湾街道	410304005	铁门镇	410323104	锦屏镇	410327106
杨文街道	410304006	北冶镇	410323105	三乡镇	410327107
华林街道	410304007	南李村镇	410323106	张坞镇	410327108
瀍河回族乡	410304200	仓头镇	410323107	莲庄镇	410327109
涧西区（13 街道）	**410305000**	石井镇	410323108	赵保镇	410327111
湖北路街道	410305001	正村镇	410323109	樊村镇	410327112
天津路街道	410305002	青要山镇	410323110	高村镇	410327113
长春路街道	410305003	**栾川县（12 镇，2 乡）**	**410324000**	盐镇乡	410327203
南昌路街道	410305004	城关镇	410324100	花果山乡	410327208
长安路街道	410305005	赤土店镇	410324101	上观乡	410327209
重庆路街道	410305006	合峪镇	410324102	董王庄乡	410327212
郑州路街道	410305007	潭头镇	410324103	**洛宁县（12 镇，6 乡）**	**410328000**
武汉路街道	410305008	三川镇	410324104	城关镇	410328100
徐家营街道	410305009	冷水镇	410324105	王范回族镇	410328101
珠江路街道	410305010	陶湾镇	410324106	上戈镇	410328102
周山路街道	410305011	石庙镇	410324107	下峪镇	410328103
工农街道	410305012	庙子镇	410324108	河底镇	410328104
瀛洲街道	410305013	狮子庙镇	410324109	兴华镇	410328105
吉利区（4 街道）	**410306000**	白土镇	410324110	东宋镇	410328106
西霞院街道	410306004	叫河镇	410324111	马店镇	410328107
康乐街道	410306005	栾川乡	410324200	故县镇	410328108
吉利街道	410306006	秋扒乡	410324203	赵村镇	410328109
河阳街道	410306007	**嵩县（11 镇，5 乡）**	**410325000**	长水镇	410328110
洛龙区（10 街道，9 镇）	**410311000**	城关镇	410325100	景阳镇	410328111
安乐路街道	410311001	田湖镇	410325101	城郊乡	410328200
开元路街道	410311002	旧县镇	410325102	小界乡	410328205
关林街道	410311003	车村镇	410325103	罗岭乡	410328209
太康东路街道	410311004	闫庄镇	410325104	底张乡	410328213
古城街道	410311005	德亭镇	410325107	陈吴乡	410328216
科技园街道	410311006	大章镇	410325108	涧口乡	410328217
龙门街道	410311007	白河镇	410325109	**伊川县（2 街道，12 镇，1 乡）**	**410329000**
龙门石窟街道	410311008	纸房镇	410325110	城关街道	410329001
翠云路街道	410311009	饭坡镇	410325111	河滨街道	410329002
辛店街道	410311010	九皋镇	410325112	鸣皋镇	410329101
安乐镇	410311102	大坪乡	410325201	水寨镇	410329102
白马寺镇	410311103	库区乡	410325202	彭婆镇	410329103
李楼镇	410311105	何村乡	410325203	白沙镇	410329104
丰李镇	410311106	黄庄乡	410325209	江左镇	410329105
寇店镇	410311107	木植街乡	410325210	高山镇	410329106
李村镇	410311108	**汝阳县（8 镇，5 乡）**	**410326000**	吕店镇	410329107
诸葛镇	410311109	城关镇	410326100	半坡镇	410329108
庞村镇	410311110	上店镇	410326101	酒后镇	410329109
佃庄镇	410311111	付店镇	410326102	白元镇	410329110
孟津县（10 镇）	**410322000**	小店镇	410326103	葛寨镇	410329111
城关镇	410322100	刘店镇	410326104	鸦岭镇	410329112
会盟镇	410322101	内埠镇	410326105	平等乡	410329203
平乐镇	410322102	三屯镇	410326106	**偃师市（4 街道，9 镇）**	**410381000**
送庄镇	410322103	陶营镇	410326107	首阳山街道	410381004
白鹤镇	410322104	柏树乡	410326200	商城街道	410381005
朝阳镇	410322105	十八盘乡	410326202	槐新街道	410381006
麻屯镇	410322106	靳村乡	410326203	伊洛街道	410381007
马屯镇	410322107	王坪乡	410326204	翟镇镇	410381103
横水镇	410322108	蔡店乡	410326209	岳滩镇	410381104
常袋镇	410322109	**宜阳县（12 镇，4 乡）**	**410327000**	顾县镇	410381105
新安县（11 镇）	**410323000**	城关镇	410327100	缑氏镇	410381106
城关镇	410323100	柳泉镇	410327102	府店镇	410381107

续表 3

行政区划名称	行政区划代码
高龙镇	410381108
山化镇	410381109
大口镇	410381110
邙岭镇	410381111
平顶山市（57 街道，53 镇，33 乡）	**410400000**
新华区（10 街道，2 镇）	**410402000**
曙光街道	410402001
光明路街道	410402002
中兴路街道	410402003
矿工路街道	410402004
西市场街道	410402005
新新街道	410402006
青石山街道	410402007
湛河北路街道	410402008
湖滨路街道	410402009
西高皇街道	410402010
焦店镇	410402100
滍阳镇	410402101
卫东区（13 街道）	**410403000**
东安路街道	410403001
优越路街道	410403002
五一路街道	410403003
建设路街道	410403004
东环路街道	410403005
东工人镇街道	410403006
光华路街道	410403007
鸿鹰街道	410403008
皇台街道	410403009
北环路街道	410403010
东高皇街道	410403011
蒲城街道	410403012
申楼街道	410403013
石龙区（4 街道）	**410404000**
高庄街道	410404001
龙兴街道	410404002
人民路街道	410404003
龙河街道	410404004
湛河区（9 街道，1 乡）	**410411000**
马庄街道	410411001
南环路街道	410411002
姚孟街道	410411003
九里山街道	410411004
轻工路街道	410411005
高阳路街道	410411006
北渡街道	410411007
荆山街道	410411008
河滨街道	410411009
曹镇乡	410411200
宝丰县（9 镇，3 乡）	**410421000**
城关镇	410421100
周庄镇	410421101
闹店镇	410421102
石桥镇	410421103
商酒务镇	410421104
大营镇	410421105
张八桥镇	410421106
杨庄镇	410421107
赵庄镇	410421108
肖旗乡	410421200
前营乡	410421202
李庄乡	410421204
叶县（3 街道，10 镇，6 乡）	**410422000**
昆阳街道	410422001
九龙街道	410422002
盐都街道	410422003
任店镇	410422101
保安镇	410422102
仙台镇	410422103
遵化店镇	410422104
叶邑镇	410422105
廉村镇	410422106
常村镇	410422107
辛店镇	410422108
洪庄杨镇	410422109
龚店镇	410422110
夏李乡	410422201
马庄回族乡	410422203
田庄乡	410422204
龙泉乡	410422207
水寨乡	410422208
邓李乡	410422210
鲁山县（4 街道，7 镇，13 乡）	**410423000**
露峰街道	410423001
琴台街道	410423002
鲁阳街道	410423003
汇源街道	410423004
下汤镇	410423101
梁洼镇	410423102
张官营镇	410423103
张良镇	410423104
尧山镇	410423105
赵村镇	410423106
瓦屋镇	410423107
四棵树乡	410423201
团城乡	410423202
熊背乡	410423203
瀼河乡	410423204
观音寺乡	410423206
背孜乡	410423208
仓头乡	410423209
董周乡	410423210
张店乡	410423211
辛集乡	410423212
磙子营乡	410423213
马楼乡	410423214
昭平台库区乡	410423215
郏县（2 街道，8 镇，5 乡）	**410425000**
龙山街道	410425001
东城街道	410425002
冢头镇	410425101
安良镇	410425102
堂街镇	410425103
薛店镇	410425104
长桥镇	410425105
茨芭镇	410425106
黄道镇	410425107
李口镇	410425108
王集乡	410425200
姚庄回族乡	410425202
白庙乡	410425203
广阔天地乡	410425204
渣园乡	410425205
舞钢市（6 街道，4 镇，3 乡）	**410481000**
垭口街道	410481001
寺坡街道	410481002
朱兰街道	410481003
院岭街道	410481004
矿建街道	410481005
铁山街道	410481006
尚店镇	410481100
八台镇	410481101
尹集镇	410481102
枣林镇	410481103
庙街乡	410481202
武功乡	410481204
杨庄乡	410481205
汝州市（6 街道，13 镇，2 乡）	**410482000**
钟楼街道	410482001
风穴路街道	410482002
煤山街道	410482003
洗耳河街道	410482004
汝南街道	410482005
紫云路街道	410482006
寄料镇	410482101
温泉镇	410482102
临汝镇	410482103
小屯镇	410482104
杨楼镇	410482105
蟒川镇	410482106
庙下镇	410482107
陵头镇	410482108
米庙镇	410482109
纸坊镇	410482110
大峪镇	410482111
夏店镇	410482112
焦村镇	410482113
王寨乡	410482202
骑岭乡	410482207
安阳市（46 街道，63 镇，26 乡）	**410500000**
文峰区（15 街道，1 镇）	**410502000**
东大街街道	410502001
头二三道街街道	410502002
甜水井街道	410502003
东关街道	410502004
南关街道	410502005
西大街街道	410502006
西关街道	410502007
北大街街道	410502008
紫薇大道街道	410502009
光华路街道	410502010
中华路街道	410502011
永明路街道	410502012

续表 4

行政区划名称	行政区划代码
峨嵋大街街道	410502013
银杏大街街道	410502014
商颂大街街道	410502015
宝莲寺镇	410502100
北关区（9 街道，1 镇）	**410503000**
红旗路街道	410503001
解放路街道	410503003
灯塔路街道	410503004
豆腐营街道	410503005
洹北街道	410503006
曙光路街道	410503011
民航路街道	410503012
彰东街道	410503013
彰北街道	410503014
柏庄镇	410503100
殷都区（9 街道，1 乡）	**410505000**
梅园庄街道	410505001
李珍街道	410505002
水冶街道	410505003
铁西路街道	410505005
电厂路街道	410505006
清风街道	410505008
纱厂路街道	410505009
北蒙街道	410505010
相台街道	410505011
西郊乡	410505200
龙安区（6 街道，3 镇，2 乡）	**410506000**
文昌大道街道	410506001
田村街道	410506002
彰武街道	410506003
文明大道街道	410506004
太行小区街道	410506005
中州路街道	410506006
龙泉镇	410506100
马投涧镇	410506101
善应镇	410506102
东风乡	410506203
马家乡	410506204
安阳县（12 镇，6 乡）	**410522000**
水冶镇	410522101
铜冶镇	410522102
白壁镇	410522106
曲沟镇	410522107
吕村镇	410522108
伦掌镇	410522109
崔家桥镇	410522110
辛村镇	410522111
韩陵镇	410522113
永和镇	410522114
都里镇	410522115
高庄镇 *	410522116
磊口乡	410522203
许家沟乡	410522204
安丰乡	410522210
洪河屯乡	410522211
瓦店乡	410522214
北郭乡	410522216

行政区划名称	行政区划代码
汤阴县（9 镇，1 乡）	**410523000**
城关镇	410523100
菜园镇	410523101
任固镇	410523102
五陵镇	410523103
宜沟镇	410523104
白营镇	410523105
伏道镇	410523106
古贤镇	410523107
韩庄镇	410523108
瓦岗乡	410523203
滑县（3 街道，11 镇，9 乡）	**410526000**
道口镇街道	410526001
城关街道	410526002
锦和街道	410526003
白道口镇	410526102
留固镇	410526103
上官镇	410526104
牛屯镇	410526105
万古镇	410526106
高平镇	410526107
王庄镇	410526108
老店镇	410526109
慈周寨镇	410526110
焦虎镇	410526111
四间房镇	410526112
枣村乡	410526200
八里营乡	410526202
赵营乡	410526203
大寨乡	410526204
桑村乡	410526205
老爷庙乡	410526206
瓦岗寨乡	410526209
半坡店乡	410526211
小铺乡	410526212
内黄县（10 镇，7 乡）	**410527000**
城关镇	410527100
东庄镇	410527101
井店镇	410527102
梁庄镇	410527103
后河镇	410527104
楚旺镇	410527105
田氏镇	410527106
二安镇	410527107
亳城镇	410527108
豆公镇	410527109
张龙乡	410527200
马上乡	410527201
高堤乡	410527202
六村乡	410527205
中召乡	410527206
宋村乡	410527207
石盘屯乡	410527209
林州市（4 街道，16 镇）	**410581000**
振林街道	410581001
桂园街道	410581002
开元街道	410581003
龙山街道	410581004

行政区划名称	行政区划代码
合涧镇	410581101
临淇镇	410581102
东姚镇	410581103
横水镇	410581104
河顺镇	410581105
任村镇	410581106
姚村镇	410581107
陵阳镇	410581108
原康镇	410581109
五龙镇	410581110
采桑镇	410581111
东岗镇	410581112
桂林镇	410581113
茶店镇	410581114
石板岩镇	410581115
黄华镇	410581116
鹤壁市（23 街道，14 镇，5 乡）	**410600000**
鹤山区（5 街道，1 镇，1 乡）	**410602000**
中山北路街道	410602001
中山路街道	410602002
新华街道	410602003
鹤山街道	410602004
九矿广场街道	410602005
鹤壁集镇	410602100
姬家山乡	410602201
山城区（7 街道，1 镇）	**410603000**
红旗街道	410603001
长风中路街道	410603002
山城路街道	410603003
汤河桥街道	410603004
鹿楼街道	410603005
宝山街道	410603006
大胡街道	410603007
石林镇	410603100
淇滨区（3 街道，2 镇，2 乡）	**410611000**
金山街道	410611003
九州路街道	410611004
黎阳路街道	410611006
大赉店镇	410611100
钜桥镇	410611101
上峪乡	410611200
大河涧乡	410611201
浚县（4 街道，6 镇，1 乡）	**410621000**
黎阳街道	410621001
卫溪街道	410621003
浚州街道	410621004
伾山街道	410621005
善堂镇	410621101
屯子镇	410621102
王庄镇	410621103
新镇镇	410621104
小河镇	410621105
卫贤镇	410621107
白寺乡	410621201
淇县（4 街道，4 镇，1 乡）	**410622000**
朝歌街道	410622001
桥盟街道	410622002
卫都街道	410622003

续表 5

行政区划名称	行政区划代码
灵山街道	410622004
高村镇	410622101
北阳镇	410622102
西岗镇	410622103
庙口镇	410622104
黄洞乡	410622202
新乡市 (36 街道，75 镇，43 乡)	**410700000**
红旗区 (7 街道，2 镇，1 乡)	**410702000**
西街街道	410702001
东街街道	410702002
渠东街道	410702003
文化街街道	410702007
向阳街道	410702009
振中街道 *	410702010
纬七路街道 *	410702011
洪门镇	410702100
小店镇	410702101
关堤乡 *	410702200
卫滨区 (7 街道，1 镇)	**410703000**
胜利路街道	410703001
解放路街道	410703002
中同街街道	410703003
健康路街道	410703004
自由路街道	410703007
南桥街道	410703008
铁西街道	410703009
平原镇	410703100
凤泉区 (2 街道，2 镇，1 乡)	**410704000**
宝山西路街道	410704001
宝山东路街道	410704002
大块镇	410704100
耿黄镇	410704101
潞王坟乡	410704200
牧野区 (7 街道，2 镇)	**410711000**
卫北街道	410711001
新辉路街道	410711002
荣校路街道	410711003
北干道街道	410711004
花园街道	410711005
东干道街道	410711006
和平路街道	410711007
王村镇	410711100
牧野镇	410711101
新乡县 (6 镇，1 乡)	**410721000**
翟坡镇	410721101
小冀镇	410721102
七里营镇	410721103
朗公庙镇	410721104
古固寨镇	410721105
大召营镇	410721107
合河乡	410721200
获嘉县 (9 镇，2 乡)	**410724000**
城关镇	410724100
照境镇	410724101
黄堤镇	410724102
中和镇	410724103
徐营镇	410724104
冯庄镇	410724105
亢村镇	410724106
史庄镇	410724107
太山镇	410724108
位庄乡	410724200
大新庄乡	410724203
原阳县 (3 街道，6 镇，10 乡)	**410725000**
龙源街道 *	410725001
原兴街道	410725002
阳和街道	410725003
师寨镇 *	410725102
齐街镇	410725103
太平镇	410725104
福宁集镇	410725105
韩董庄镇	410725106
原武镇 *	410725107
葛埠口乡	410725200
蒋庄乡	410725206
官厂乡	410725207
大宾乡	410725209
陡门乡	410725211
路寨乡	410725215
阳阿乡	410725216
靳堂乡	410725218
祝楼乡 *	410725219
桥北乡 *	410725220
延津县 (3 街道，4 镇，6 乡)	**410726000**
万寿街道	410726002
潭龙街道	410726003
塔铺街道	410726004
丰庄镇	410726102
东屯镇	410726103
石婆固镇	410726104
王楼镇	410726105
僧固乡	410726200
魏邱乡	410726203
司寨乡	410726204
马庄乡	410726207
胙城乡	410726209
榆林乡	410726210
封丘县 (13 镇，6 乡)	**410727000**
城关镇	410727100
黄陵镇	410727101
黄德镇	410727102
应举镇	410727103
陈桥镇	410727104
赵岗镇	410727105
留光镇	410727106
潘店镇	410727107
鲁岗镇	410727108
陈固镇	410727109
李庄镇	410727110
居厢镇	410727111
尹岗镇	410727112
城关乡	410727200
荆乡回族乡	410727201
王村乡	410727202
荆隆宫乡	410727209
曹岗乡	410727215
冯村乡	410727219
长垣县 (5 街道，11 镇，2 乡)	**410728000**
蒲东街道	410728001
蒲北街道	410728002
南蒲街道	410728003
蒲西街道	410728004
魏庄街道	410728005
丁栾镇	410728101
樊相镇	410728102
恼里镇	410728104
赵堤镇	410728188
常村镇	410728189
孟岗镇	410728190
满村镇	410728191
苗寨镇	410728192
张三寨镇	410728193
方里镇	410728194
佘家镇	410728195
芦岗乡	410728202
武邱乡	410728206
卫辉市 (7 镇，6 乡)	**410781000**
汲水镇	410781100
太公镇	410781101
孙杏村镇	410781102
后河镇	410781103
李源屯镇	410781104
唐庄镇	410781105
上乐村镇	410781106
狮豹头乡	410781201
安都乡	410781203
顿坊店乡	410781204
柳庄乡	410781205
庞寨乡	410781206
城郊乡	410781208
辉县市 (2 街道，12 镇，8 乡)	**410782000**
胡桥街道	410782001
城关街道	410782002
薄壁镇	410782101
峪河镇	410782102
百泉镇	410782103
孟庄镇	410782104
常村镇	410782105
吴村镇	410782106
南村镇	410782107
南寨镇	410782108
上八里镇	410782109
北云门镇	410782110
占城镇	410782111
冀屯镇	410782112
黄水乡	410782200
拍石头乡	410782201
高庄乡	410782202
张村乡	410782203
洪洲乡	410782207
赵固乡	410782209
西平罗乡	410782210
沙窑乡	410782212
焦作市 (56 街道，34 镇，18 乡)	**410800000**
解放区 (9 街道)	**410802000**
民生街道	410802001
民主街道	410802002
新华街道	410802003

续表 6

行政区划名称	行政区划代码
焦西街道	410802004
焦南街道	410802005
焦北街道	410802006
七百间街道	410802007
上白作街道	410802008
王褚街道	410802009
中站区（10 街道）	**410803000**
李封街道	410803001
王封街道	410803002
朱村街道	410803003
冯封街道	410803004
龙洞街道	410803005
月山街道	410803006
丹河街道	410803007
府城街道	410803008
许衡街道	410803009
龙翔街道	410803010
马村区（7 街道）	**410804000**
马村街道	410804001
北山街道	410804002
冯营街道	410804003
九里山街道	410804004
待王街道	410804005
安阳城街道	410804006
演马街道	410804007
山阳区（12 街道，2 镇，1 乡）	**410811000**
东方红街道	410811001
焦东街道	410811002
百间房街道	410811003
太行街道	410811004
艺新街道	410811005
光亚街道	410811006
定和街道	410811007
新城街道	410811008
中星街道	410811009
李万街道	410811010
文苑街道	410811011
文昌街道	410811012
阳庙镇	410811100
宁郭镇	410811101
苏家作乡	410811200
修武县（5 镇，3 乡）	**410821000**
城关镇	410821100
七贤镇	410821101
郇封镇	410821102
周庄镇	410821103
云台山镇	410821104
王屯乡	410821202
五里源乡	410821204
西村乡	410821206
博爱县（2 街道，5 镇，2 乡）	**410822000**
清化镇街道	410822001
鸿昌街道	410822002
柏山镇	410822101
月山镇	410822102
许良镇	410822103
磨头镇	410822105
孝敬镇	410822106
寨豁乡	410822200
金城乡	410822203

行政区划名称	行政区划代码
武陟县（4 街道，5 镇，6 乡）	**410823000**
木城街道	410823001
龙源街道	410823002
龙泉街道	410823003
木栾街道	410823004
詹店镇	410823101
西陶镇	410823102
谢旗营镇	410823103
大封镇	410823104
乔庙镇	410823105
嘉应观乡	410823200
圪当店乡	410823202
三阳乡	410823203
小董乡	410823204
大虹桥乡	410823205
北郭乡	410823206
温县（4 街道，5 镇，2 乡）	**410825000**
温泉街道	410825001
岳村街道	410825002
张羌街道	410825003
黄河街道	410825004
祥云镇	410825101
番田镇	410825102
黄庄镇	410825104
赵堡镇	410825106
武德镇	410825108
招贤乡	410825201
北冷乡	410825203
沁阳市（4 街道，6 镇，3 乡）	**410882000**
覃怀街道	410882001
怀庆街道	410882002
太行街道	410882003
沁园街道	410882004
崇义镇	410882100
西向镇	410882101
西万镇	410882102
柏香镇	410882103
山王庄镇	410882104
紫陵镇	410882105
常平乡	410882200
王召乡	410882201
王曲乡	410882205
孟州市（4 街道，6 镇，1 乡）	**410883000**
大定街道	410883001
会昌街道	410883002
河雍街道	410883003
河阳街道	410883004
化工镇	410883101
南庄镇	410883102
城伯镇	410883104
谷旦镇	410883105
西虢镇	410883107
赵和镇	410883108
槐树乡	410883201
濮阳市（13 街道，40 镇，35 乡）	**410900000**
华龙区（13 街道，2 镇，2 乡）	**410902000**
中原路街道	410902001
胜利路街道	410902002
建设路街道	410902003

行政区划名称	行政区划代码
人民路街道	410902004
大庆路街道	410902005
黄河路街道	410902006
任丘路街道	410902007
濮东街道	410902008
昆吾街道	410902009
长庆路街道	410902010
皇甫街道	410902011
开州街道	410902012
濮上街道	410902013
王助镇	410902100
岳村镇	410902101
孟轲乡	410902203
胡村乡	410902204
清丰县（6 镇，11 乡）	**410922000**
城关镇	410922100
马庄桥镇	410922101
瓦屋头镇	410922102
柳格镇	410922103
仙庄镇	410922104
韩村镇	410922105
六塔乡	410922200
巩营乡	410922202
马村乡	410922203
高堡乡	410922204
古城乡	410922205
大流乡	410922206
大屯乡	410922208
固城乡	410922209
双庙乡	410922212
纸房乡	410922213
阳邵乡	410922214
南乐县（6 镇，6 乡）	**410923000**
城关镇	410923100
韩张镇	410923101
元村镇	410923102
福堪镇	410923103
张果屯镇	410923104
千口镇	410923105
杨村乡	410923200
谷金楼乡	410923204
西邵乡	410923205
寺庄乡	410923206
梁村乡	410923207
近德固乡	410923208
范县（7 镇，5 乡）	**410926000**
城关镇	410926100
濮城镇	410926101
龙王庄镇	410926102
高码头镇	410926103
王楼镇	410926104
辛庄镇	410926105
陈庄镇	410926106
杨集乡	410926201
白衣阁乡	410926203
颜村铺乡	410926205
陆集乡	410926208
张庄乡	410926209
台前县（6 镇，3 乡）	**410927000**
城关镇	410927100

续表 7

行政区划名称	行政区划代码
侯庙镇	410927101
孙口镇	410927102
打渔陈镇	410927103
吴坝镇	410927104
马楼镇	410927105
后方乡	410927200
清水河乡	410927201
夹河乡	410927205
濮阳县（13 镇，8 乡）	**410928000**
城关镇	410928100
柳屯镇	410928101
文留镇	410928102
庆祖镇	410928103
八公桥镇	410928104
户部寨镇	410928105
徐镇镇	410928106
鲁河镇	410928107
子岸镇	410928108
胡状镇	410928109
王称堌镇	410928110
新习镇	410928111
梁庄镇	410928112
清河头乡	410928202
白堽乡	410928206
梨园乡	410928207
五星乡	410928208
郎中乡	410928211
海通乡	410928212
渠村乡	410928213
习城乡	410928214
许昌市（27 街道，60 镇，16 乡）	**411000000**
魏都区（15 街道）	**411002000**
西大街街道	411002001
东大街街道	411002002
西关街道	411002003
南关街道	411002004
北大街街道	411002005
五一路街道	411002006
丁庄街道	411002007
灞陵街道	411002008
七里店街道	411002009
高桥营街道	411002010
文峰街道	411002011
新兴街道	411002012
魏北街道	411002013
半截河街道 *	411002014
天宝路街道 *	411002015
建安区（4 街道，7 镇，7 乡）	**411003000**
新元街道	411003001
许由街道	411003002
邓庄街道 *	411003003
长村张街道 *	411003004
将官池镇	411003100
五女店镇	411003101
尚集镇 *	411003102
苏桥镇	411003103
蒋李集镇	411003104
张潘镇	411003105
灵井镇	411003106
陈曹乡	411003200
小召乡	411003202
河街乡	411003203
桂村乡	411003204
椹涧乡	411003205
榆林乡	411003206
艾庄回族乡	411003208
鄢陵县（12 镇）	**411024000**
安陵镇	411024100
马栏镇	411024101
柏梁镇	411024102
陈化店镇	411024103
望田镇	411024104
张桥镇	411024105
陶城镇	411024106
大马镇	411024107
只乐镇	411024108
彭店镇	411024109
南坞镇	411024110
马坊镇	411024111
襄城县（10 镇，6 乡）	**411025000**
城关镇	411025100
颍桥回族镇	411025101
麦岭镇	411025102
颍阳镇	411025103
王洛镇	411025104
紫云镇	411025105
库庄镇	411025106
十里铺镇	411025107
山头店镇	411025108
汾陈镇	411025109
湛北乡	411025200
茨沟乡	411025202
丁营乡	411025203
姜庄乡	411025204
范湖乡	411025205
双庙乡	411025206
禹州市（4 街道，19 镇，3 乡）	**411081000**
颍川街道	411081001
夏都街道	411081002
韩城街道	411081003
钧台街道	411081004
火龙镇	411081100
顺店镇	411081101
方山镇	411081102
神垕镇	411081103
鸿畅镇	411081104
梁北镇	411081105
古城镇	411081106
无梁镇	411081107
文殊镇	411081108
鸠山镇	411081109
褚河镇	411081110
郭连镇	411081111
范坡镇	411081112
朱阁镇	411081113
浅井镇	411081114
方岗镇	411081115
花石镇	411081116
张得镇	411081117
苌庄镇	411081118
磨街乡	411081204
小吕乡	411081206
山货回族乡	411081210
长葛市（4 街道，12 镇）	**411082000**
建设路街道	411082001
长兴路街道	411082002
长社路街道	411082003
金桥路街道	411082004
和尚桥镇	411082100
坡胡镇	411082101
后河镇	411082102
石固镇	411082103
老城镇	411082104
南席镇	411082105
大周镇	411082106
董村镇	411082107
石象镇	411082108
古桥镇	411082109
增福镇	411082110
佛耳湖镇	411082111
漯河市（6 街道，37 镇，9 乡）	**411100000**
源汇区（3 镇，1 乡）	**411102000**
大刘镇	411102101
阴阳赵镇	411102102
空冢郭镇	411102103
问十乡	411102201
郾城区（2 街道，7 镇）	**411103000**
沙北街道	411103001
城关街道	411103002
孟庙镇	411103101
商桥镇	411103102
龙城镇	411103103
新店镇	411103104
裴城镇	411103105
李集镇	411103106
黑龙潭镇	411103107
召陵区（2 街道，7 镇）	**411104000**
天桥街道	411104001
翟庄街道	411104002
老窝镇	411104101
召陵镇	411104102
万金镇	411104103
邓襄镇	411104104
姬石镇	411104105
青年镇	411104106
后谢镇	411104107
舞阳县（10 镇，4 乡）	**411121000**
舞泉镇	411121100
吴城镇	411121101
北舞渡镇	411121102
莲花镇	411121103
辛安镇	411121104
孟寨镇	411121105
太尉镇	411121106
侯集镇	411121107

续表 8

行政区划名称	行政区划代码
九街镇	411121108
章化镇	411121109
文峰乡	411121200
保和乡	411121201
马村乡	411121202
姜店乡	411121204
临颍县（2 街道，10 镇，4 乡）	**411122000**
城关街道	411122101
新城街道	411122002
繁城回族镇	411122101
杜曲镇	411122102
王岗镇	411122103
台陈镇	411122104
巨陵镇	411122105
瓦店镇	411122106
三家店镇	411122107
窝城镇	411122108
王孟镇	411122109
大郭镇	411122110
皇帝庙乡	411122201
固厢乡	411122202
石桥乡	411122203
陈庄乡	411122204
三门峡市（12 街道，29 镇，33 乡）	**411200000**
湖滨区（5 街道，3 乡）	**411202000**
湖滨街道	411202001
前进街道	411202002
车站街道	411202003
涧河街道	411202004
大安街道	411202005
交口乡	411202201
磁钟乡	411202202
高庙乡	411202203
陕州区（4 镇，9 乡）	**411203000**
大营镇	411203100
原店镇	411203101
西张村镇	411203102
观音堂镇	411203103
张汴乡	411203200
张湾乡	411203201
菜园乡	411203203
张茅乡	411203205
王家后乡	411203206
硖石乡	411203207
西李村乡	411203210
宫前乡	411203211
店子乡	411203212
渑池县（6 镇，6 乡）	**411221000**
城关镇	411221100
英豪镇	411221101
张村镇	411221102
洪阳镇	411221103
天池镇	411221104
仰韶镇	411221105
仁村乡	411221203
果园乡	411221206
陈村乡	411221207
坡头乡	411221208
段村乡	411221209
南村乡	411221210
卢氏县（9 镇，10 乡）	**411224000**
城关镇	411224100
杜关镇	411224101
五里川镇	411224102
官道口镇	411224103
朱阳关镇	411224104
官坡镇	411224105
范里镇	411224106
东明镇	411224107
双龙湾镇	411224108
文峪乡	411224200
横涧乡	411224201
双槐树乡	411224203
汤河乡	411224204
瓦窑沟乡	411224205
狮子坪乡	411224206
沙河乡	411224207
徐家湾乡	411224208
潘河乡	411224209
木桐乡	411224210
义马市（7 街道）	**411281000**
千秋路街道	411281001
朝阳路街道	411281002
新义街道	411281003
常村路街道	411281004
泰山路街道	411281005
新区街道	411281006
东区街道	411281007
灵宝市（10 镇，5 乡）	**411282000**
城关镇	411282100
尹庄镇	411282101
朱阳镇	411282102
阳平镇	411282103
故县镇	411282104
豫灵镇	411282105
大王镇	411282106
阳店镇	411282107
函谷关镇	411282108
焦村镇	411282109
川口乡	411282200
寺河乡	411282201
苏村乡	411282202
五亩乡	411282203
西阎乡	411282204
南阳市（39 街道，154 镇，50 乡）	**411300000**
宛城区（9 街道，6 镇，4 乡）	**411302000**
东关街道	411302001
新华街道	411302002
汉冶街道	411302003
仲景街道	411302004
白河街道	411302005
枣林街道	411302006
赤虎街道	411302007
五里堡街道	411302008
姜营街道	411302009
官庄镇	411302102
瓦店镇	411302103
红泥湾镇	411302104
黄台岗镇	411302105
金华镇	411302106
高庙镇	411302107
溧河乡	411302201
汉冢乡	411302202
茶庵乡	411302204
新店乡	411302206
卧龙区（9 街道，9 镇，2 乡）	**411303000**
七一街道	411303002
卧龙岗街道	411303003
武侯街道	411303004
梅溪街道	411303005
车站街道	411303006
光武街道	411303007
靳岗街道	411303008
张衡街道	411303009
百里奚街道	411303010
石桥镇	411303101
潦河镇	411303102
安皋镇	411303103
蒲山镇	411303104
陆营镇	411303105
青华镇	411303106
英庄镇	411303107
潦河坡镇	411303108
谢庄镇	411303109
七里园乡	411303200
王村乡	411303206
南召县（8 镇，8 乡）	**411321000**
城关镇	411321100
留山镇	411321101
云阳镇	411321102
皇路店镇	411321103
南河店镇	411321104
板山坪镇	411321105
乔端镇	411321106
白土岗镇	411321107
城郊乡	411321200
小店乡	411321201
皇后乡	411321202
太山庙乡	411321203
石门乡	411321204
四棵树乡	411321205
马市坪乡	411321208
崔庄乡	411321210
方城县（2 街道，11 镇，4 乡）	**411322000**
凤瑞街道	411322001
释之街道	411322002
独树镇	411322101
博望镇	411322102
拐河镇	411322103
小史店镇	411322104
赵河镇	411322105
广阳镇	411322106
二郎庙镇	411322107
杨楼镇	411322108
券桥镇	411322109

续表 9

行政区划名称	行政区划代码
清河镇	411322110
四里店镇	411322111
杨集乡	411322201
古庄店乡	411322203
柳河乡	411322209
袁店回族乡	411322211
西峡县(3街道，14镇，2乡)	**411323000**
白羽街道	411323001
紫金街道	411323002
莲花街道	411323003
丹水镇	411323101
西坪镇	411323102
双龙镇	411323103
回车镇	411323104
丁河镇	411323105
桑坪镇	411323106
米坪镇	411323107
五里桥镇	411323108
重阳镇	411323109
太平镇	411323110
二郎坪镇	411323111
阳城镇	411323112
军马河镇	411323113
石界河镇	411323114
田关乡	411323200
寨根乡	411323207
镇平县(3街道，15镇，4乡)	**411324000**
涅阳街道	411324001
雪枫街道	411324002
玉都街道	411324003
石佛寺镇	411324101
晁陂镇	411324102
贾宋镇	411324103
侯集镇	411324104
老庄镇	411324105
卢医镇	411324106
遮山镇	411324107
高丘镇	411324108
曲屯镇	411324109
枣园镇	411324110
杨营镇	411324111
柳泉铺镇	411324112
安字营镇	411324113
张林镇	411324114
彭营镇	411324115
二龙乡	411324203
王岗乡	411324206
马庄乡	411324209
郭庄回族乡	411324215
内乡县(12镇，4乡)	**411325000**
城关镇	411325100
夏馆镇	411325101
师岗镇	411325102
马山口镇	411325103
湍东镇	411325104
赤眉镇	411325105
瓦亭镇	411325106
王店镇	411325107
灌涨镇	411325108
桃溪镇	411325109
岞岖镇	411325110
余关镇	411325111
板场乡	411325200
大桥乡	411325201
赵店乡	411325202
七里坪乡	411325206
淅川县(2街道，11镇，4乡)	**411326000**
龙城街道	411326001
商圣街道	411326002
荆紫关镇	411326101
老城镇	411326102
香花镇	411326103
厚坡镇	411326104
丹阳镇	411326105
盛湾镇	411326106
金河镇	411326107
寺湾镇	411326108
仓房镇	411326109
上集镇	411326110
马蹬镇	411326111
西簧乡	411326201
毛堂乡	411326202
大石桥乡	411326203
滔河乡	411326204
社旗县(2街道，13镇，1乡)	**411327000**
赵河街道	411327001
潘河街道	411327002
赊店镇	411327100
桥头镇	411327101
饶良镇	411327103
兴隆镇	411327104
晋庄镇	411327105
李店镇	411327106
苗店镇	411327107
郝寨镇	411327108
朱集镇	411327109
下洼镇	411327111
大冯营镇	411327112
太和镇	411327113
陌陂镇	411327114
唐庄乡	411327213
唐河县(4街道，14镇，5乡)	**411328000**
滨河街道	411328001
文峰街道	411328002
东兴街道	411328003
兴唐街道	411328004
源潭镇	411328101
张店镇	411328102
郭滩镇	411328103
湖阳镇	411328104
黑龙镇	411328105
大河屯镇	411328106
龙潭镇	411328107
桐寨铺镇	411328108
苍台镇	411328109
上屯镇	411328110
毕店镇	411328111
少拜寺镇	411328112
祁仪镇	411328113
马振抚镇	411328114
城郊乡	411328200
桐河乡	411328201
昝岗乡	411328206
古城乡	411328209
东王集乡	411328211
新野县(2街道，8镇，5乡)	**411329000**
汉城街道	411329001
汉华街道	411329002
王庄镇	411329101
沙堰镇	411329102
新甸铺镇	411329103
施庵镇	411329104
歪子镇	411329105
五星镇	411329106
溧河铺镇	411329107
王集镇	411329108
城郊乡	411329200
前高庙乡	411329203
樊集乡	411329205
上庄乡	411329207
上港乡	411329209
桐柏县(13镇，3乡)	**411330000**
城关镇	411330100
月河镇	411330101
吴城镇	411330102
固县镇	411330103
毛集镇	411330104
大河镇	411330105
埠江镇	411330106
平氏镇	411330107
淮源镇	411330108
黄岗镇	411330109
安棚镇	411330110
程湾镇	411330111
朱庄镇	411330112
城郊乡	411330200
回龙乡	411330201
新集乡	411330206
邓州市(3街道，20镇，4乡)	**411381000**
古城街道	411381001
花洲街道	411381002
湍河街道	411381003
罗庄镇	411381102
汲滩镇	411381103
穰东镇	411381104
孟楼镇	411381105
林扒镇	411381106
构林镇	411381107
十林镇	411381108
张村镇	411381109
都司镇	411381110
赵集镇	411381111
刘集镇	411381112
桑庄镇	411381113
彭桥镇	411381114
九龙镇	411381115
白牛镇	411381116

续表 10

行政区划名称	行政区划代码
腰店镇	411381117
文渠镇	411381118
高集镇	411381119
陶营镇	411381120
夏集镇	411381121
张楼乡	411381200
裴营乡	411381203
小杨营乡	411381207
龙堰乡	411381209
商丘市（29 街道，95 镇，72 乡）	**411400000**
梁园区（11 街道，4 镇，6 乡）	**411402000**
前进街道	411402001
长征街道	411402002
八八街道	411402003
东风街道	411402004
中州街道	411402005
白云街道	411402006
平原街道	411402007
建设街道	411402008
解放街道	411402009
平安街道	411402010
平台街道	411402011
双八镇	411402101
张阁镇	411402102
谢集镇	411402103
观堂镇	411402104
周集乡	411402200
水池铺乡	411402201
王楼乡	411402203
李庄乡	411402204
孙福集乡	411402205
刘口乡	411402206
睢阳区（6 街道，9 镇，4 乡）	**411403000**
古城街道	411403001
文化街道	411403002
东方街道	411403003
新城街道	411403004
古宋街道	411403005
宋城街道	411403008
宋集镇	411403100
郭村镇	411403101
李口镇	411403102
高辛镇	411403103
坞墙镇	411403104
冯桥镇	411403106
路河镇	411403107
闫集镇	411403108
毛堌堆镇	411403109
包公庙乡	411403204
娄店乡	411403205
勒马乡	411403208
临河店乡	411403209
民权县（2 街道，11 镇，6 乡）	**411421000**
绿洲街道	411421001
南华街道	411421002
人和镇	411421101
龙塘镇	411421102
北关镇	411421103
程庄镇	411421104
孙六镇	411421105
王庄寨镇	411421106
白云寺镇	411421107
庄子镇	411421108
王桥镇	411421109
双塔镇	411421110
野岗镇	411421111
伯党回族乡	411421200
花园乡	411421201
林七乡	411421206
胡集回族乡	411421207
褚庙乡	411421208
老颜集乡	411421210
睢县（8 镇，12 乡）	**411422000**
长岗镇	411422100
平岗镇	411422101
周堂镇	411422102
蓼堤镇	411422103
西陵寺镇	411422104
城关回族镇	411422105
潮庄镇	411422106
尚屯镇	411422107
后台乡	411422200
河集乡	411422202
孙聚寨乡	411422203
白楼乡	411422204
河堤乡	411422205
白庙乡	411422206
胡堂乡	411422207
尤吉屯乡	411422208
董店乡	411422210
涧岗乡	411422211
匡城乡	411422213
城郊乡	411422214
宁陵县（7 镇，7 乡）	**411423000**
城关回族镇	411423100
张弓镇	411423101
柳河镇	411423102
逻岗镇	411423103
石桥镇	411423104
黄岗镇	411423105
华堡镇	411423106
刘楼乡	411423203
程楼乡	411423204
乔楼乡	411423205
城郊乡	411423206
阳驿乡	411423207
孔集乡	411423209
赵村乡	411423210
柘城县（4 街道，9 镇，9 乡）	**411424000**
浦东街道	411424001
长江新城街道	411424002
城关街道	411424003
邵园街道	411424004
陈青集镇	411424101
起台镇	411424102
胡襄镇	411424103
慈圣镇	411424104
安平镇	411424105
远襄镇	411424106
岗王镇	411424107
伯岗镇	411424108
张桥镇	411424109
洪恩乡	411424203
老王集乡	411424204
大仵乡	411424205
马集乡	411424206
牛城乡	411424207
惠济乡	411424208
申桥乡	411424212
李原乡	411424213
皇集乡	411424214
虞城县（11 镇，15 乡）	**411425000**
城关镇	411425100
界沟镇	411425101
木兰镇	411425102
杜集镇	411425103
谷熟镇	411425104
大杨集镇	411425105
贾寨镇	411425106
利民镇	411425107
张集镇	411425108
站集镇	411425109
稍岗镇	411425110
黄冢乡	411425200
沙集乡	411425201
店集乡	411425202
闻集乡	411425204
芒种桥乡	411425205
刘店乡	411425207
大侯乡	411425208
城郊乡	411425210
郑集乡	411425211
李老家乡	411425212
镇里堌乡	411425214
古王集乡	411425215
刘集乡	411425219
乔集乡	411425220
田庙乡	411425221
夏邑县（13 镇，11 乡）	**411426000**
城关镇	411426100
会亭镇	411426101
马头镇	411426102
济阳镇	411426103
李集镇	411426104
车站镇	411426105
杨集镇	411426106
韩道口镇	411426107
罗庄镇	411426108
太平镇	411426109
火店镇	411426110
北岭镇	411426111
郭店镇	411426112
曹集乡	411426200
胡桥乡	411426201
歧河乡	411426202

续表 11

行政区划名称	行政区划代码
业庙乡	411426204
中峰乡	411426205
桑堌乡	411426207
何营乡	411426208
王集乡	411426210
刘店集乡	411426211
骆集乡	411426212
孔庄乡	411426214
永城市(6街道,23镇,2乡)	**411481000**
演集街道	411481001
崇法寺街道	411481002
侯岭街道	411481003
沱滨街道	411481004
日月湖街道	411481005
雪枫街道	411481006
芒山镇	411481102
高庄镇	411481103
酂城镇	411481104
裴桥镇	411481105
马桥镇	411481106
薛湖镇	411481107
太丘镇	411481111
十八里镇	411481112
陈集镇	411481113
蒋口镇	411481114
苗桥镇	411481115
茴村镇	411481116
顺和镇	411481117
李寨镇	411481118
龙岗镇	411481119
酂阳镇	411481120
马牧镇	411481121
大王集镇	411481122
刘河镇	411481123
双桥镇	411481124
卧龙镇	411481125
黄口镇	411481126
新桥镇	411481127
条河乡	411481217
陈官庄乡	411481219
信阳市(40街道,83镇,86乡)	**411500000**
浉河区(9街道,5镇,4乡)	**411502000**
老城街道	411502001
民权街道	411502002
车站街道	411502003
五里墩街道	411502004
五星街道	411502005
金牛山街道	411502006
南湾街道	411502007
湖东街道	411502008
双井街道	411502009
吴家店镇	411502101
东双河镇	411502102
李家寨镇	411502103
董家河镇	411502104
师河港镇	411502105
游河乡	411502203
谭家河乡	411502206
柳林乡	411502207
十三里桥乡	411502208
平桥区(9街道,6镇,8乡)	**411503000**
甘岸街道	411503001
平桥街道	411503002
前进街道	411503003
羊山街道	411503004
南京路街道	411503005
五里店街道	411503006
平西街道	411503007
平东街道	411503008
震雷山街道	411503009
明港镇	411503101
邢集镇	411503103
平昌关镇	411503105
五里店镇	411503106
洋河镇	411503107
肖王镇	411503108
龙井乡	411503202
胡店乡	411503203
彭家湾乡	411503205
长台关乡	411503206
肖店乡	411503207
王岗乡	411503209
高粱店乡	411503210
查山乡	411503211
罗山县(3街道,11镇,6乡)	**411521000**
宝城街道	411521001
龙山街道	411521002
丽水街道	411521003
周党镇	411521101
竹竿镇	411521102
灵山镇	411521103
子路镇	411521104
楠杆镇	411521105
青山镇	411521106
潘新镇	411521107
彭新镇	411521108
莽张镇	411521109
东铺镇	411521110
铁铺镇	411521111
庙仙乡	411521202
定远乡	411521204
山店乡	411521205
朱堂乡	411521207
尤店乡	411521208
高店乡	411521209
光山县(2街道,7镇,10乡)	**411522000**
弦山街道	411522001
紫水街道	411522002
十里店镇	411522101
寨河镇	411522102
孙铁铺镇	411522103
马畈镇	411522104
泼陂河镇	411522105
白雀园镇	411522106
砖桥镇	411522107
仙居乡	411522201
北向店乡	411522203
罗陈乡	411522204
殷棚乡	411522206
南向店乡	411522207
晏河乡	411522208
凉亭乡	411522210
斛山乡	411522212
槐店乡	411522213
文殊乡	411522215
新县(1街道,5镇,10乡)	**411523000**
金兰山街道	411523001
新集镇	411523100
沙窝镇	411523101
吴陈河镇	411523103
苏河镇	411523104
八里畈镇	411523105
周河乡	411523201
陡山河乡	411523202
浒湾乡	411523203
千斤乡	411523204
卡房乡	411523205
郭家河乡	411523206
陈店乡	411523207
箭厂河乡	411523208
泗店乡	411523209
田铺乡	411523210
商城县(2街道,10镇,7乡)	**411524000**
赤城街道	411524001
鲇鱼山街道	411524002
上石桥镇	411524101
鄢岗镇	411524102
双椿铺镇	411524103
汪桥镇	411524104
余集镇	411524105
达权店镇	411524106
丰集镇	411524107
观庙镇	411524108
汪岗镇	411524109
金刚台镇	411524110
河凤桥乡	411524203
李集乡	411524204
苏仙石乡	411524207
伏山乡	411524209
吴河乡	411524212
冯店乡	411524213
长竹园乡	411524215
固始县(3街道,19镇,11乡)	**411525000**
蓼城街道	411525001
番城街道	411525002
秀水街道	411525003
陈淋子镇	411525101
黎集镇	411525102
蒋集镇	411525103
往流镇	411525104
郭陆滩镇	411525105
胡族铺镇	411525106
方集镇	411525107

续表 12

行政区划名称	行政区划代码
三河尖镇	411525108
段集镇	411525109
张广庙镇	411525110
汪棚镇	411525111
分水亭镇	411525112
石佛店镇	411525113
陈集镇	411525114
武庙集镇	411525115
泉河铺镇	411525116
祖师庙镇	411525117
李店镇	411525118
沙河铺镇	411525119
洪埠乡	411525201
杨集乡	411525202
马堽集乡	411525203
草庙集乡	411525204
南大桥乡	411525206
赵岗乡	411525208
张老埠乡	411525211
徐集乡	411525218
丰港乡	411525222
柳树店乡	411525223
观堂乡	411525224
潢川县 (4 街道，9 镇，8 乡)	**411526000**
弋阳街道	411526001
春申街道	411526002
定城街道	411526003
老城街道	411526004
双柳树镇	411526101
伞陂镇	411526102
卜塔集镇	411526103
仁和镇	411526105
傅店镇	411526106
踅孜镇	411526107
桃林铺镇	411526108
黄寺岗镇	411526109
江家集镇	411526110
传流店乡	411526201
魏岗乡	411526202
张集乡	411526203
来龙乡	411526204
隆古乡	411526205
谈店乡	411526206
上油岗乡	411526207
白店乡	411526209
淮滨县 (4 街道，5 镇，10 乡)	**411527000**
顺河街道	411527001
滨湖街道	411527002
栏杆街道	411527003
桂花街道	411527004
马集镇	411527101
防胡镇	411527103
新里镇	411527104
期思镇	411527105
赵集镇	411527106
台头乡	411527200
王家岗乡	411527201
固城乡	411527202
三空桥乡	411527203
张里乡	411527204
邓湾乡	411527206
张庄乡	411527207
王店乡	411527208
谷堆乡	411527209
芦集乡	411527212
息县 (3 街道，6 镇，12 乡)	**411528000**
谯楼街道	411528001
龙湖街道	411528002
淮河街道	411528003
包信镇	411528101
夏庄镇	411528102
东岳镇	411528103
项店镇	411528104
小茴店镇	411528105
曹黄林镇	411528106
孙庙乡	411528201
路口乡	411528202
彭店乡	411528203
杨店乡	411528204
张陶乡	411528205
白土店乡	411528206
岗李店乡	411528207
长陵乡	411528208
陈棚乡	411528209
临河乡	411528210
关店乡	411528211
八里岔乡	411528214
周口市 (35 街道，98 镇，70 乡)	**411600000**
川汇区 (10 街道，2 乡)	**411602000**
陈州街街道	411602001
七一路街道	411602002
荷花路街道	411602003
人和街道	411602004
小桥街道	411602005
城南街道	411602010
城北街道	411602011
文昌街道	411602012
搬口街道	411602013
华耀街道	411602014
李埠口乡	411602204
许湾乡	411602205
扶沟县 (2 街道，8 镇，6 乡)	**411621000**
桐丘街道	411621001
扶亭街道	411621002
崔桥镇	411621101
江村镇	411621102
白潭镇	411621103
韭园镇	411621104
练寺镇	411621105
大新镇	411621106
包屯镇	411621107
汴岗镇	411621108
曹里乡	411621200
柴岗乡	411621201
固城乡	411621202
吕潭乡	411621203
大李庄乡	411621204
城郊乡	411621205
西华县 (4 街道，8 镇，9 乡)	**411622000**
娲城街道	411622001
箕子台街道	411622002
昆山街道	411622003
皮营街道	411622004
西夏亭镇	411622101
逍遥镇	411622102
奉母镇	411622103
红花集镇	411622104
聂堆镇	411622105
东夏亭镇	411622106
西华营镇	411622107
址坊镇	411622108
田口乡	411622200
清河驿乡	411622201
东王营乡	411622203
大王庄乡	411622204
李大庄乡	411622205
叶埠口乡	411622206
迟营乡	411622207
黄桥乡	411622208
艾岗乡	411622209
商水县 (3 街道，11 镇，9 乡)	**411623000**
东城街道	411623001
新城街道	411623002
老城街道	411623003
黄寨镇	411623101
练集镇	411623102
魏集镇	411623103
固墙镇	411623104
白寺镇	411623105
巴村镇	411623106
谭庄镇	411623107
邓城镇	411623108
胡吉镇	411623109
姚集镇	411623110
郝岗镇	411623111
城关乡	411623200
平店乡	411623202
袁老乡	411623203
化河乡	411623204
舒庄乡	411623206
大武乡	411623207
张明乡	411623208
张庄乡	411623210
汤庄乡	411623211
沈丘县 (2 街道，15 镇，5 乡)	**411624000**
东城街道	411624001
北城街道	411624002
槐店回族镇	411624100
刘庄店镇	411624101
留福镇	411624102
老城镇	411624103
赵德营镇	411624104
付井镇	411624105

续表 13

行政区划名称	行政区划代码	行政区划名称	行政区划代码	行政区划名称	行政区划代码
纸店镇	411624106	常营镇	411627101	新桥镇	411681106
新安集镇	411624107	逊母口镇	411627102	付集镇	411681107
白集镇	411624108	老冢镇	411627103	官会镇	411681108
刘湾镇	411624109	朱口镇	411627104	丁集镇	411681109
连池镇	411624110	马头镇	411627105	郑郭镇	411681110
洪山镇	411624111	龙曲镇	411627106	秣陵镇	411681111
周营镇	411624112	板桥镇	411627107	王明口镇	411681112
邢庄镇	411624113	符草楼镇	411627108	范集镇	411681113
北杨集镇	411624114	马厂镇	411627109	永丰镇	411681114
石槽集乡	411624201	毛庄镇	411627110	三店镇	411681115
范营乡	411624202	张集镇	411627111	**驻马店市（42 街道，95 镇，59 乡）**	**411700000**
李老庄乡	411624203	清集镇	411627112		
冯营乡	411624205	城郊乡	411627200	**驿城区（12 街道，5 镇，4 乡）**	**411702000**
卞路口乡	411624209	杨庙乡	411627201	人民街街道	411702001
郸城县（3 街道，8 镇，11 乡）	**411625000**	王集乡	411627202	东风街街道	411702002
洺南街道	411625001	高贤乡	411627203	西园街街道	411702003
洺北街道	411625002	芝麻洼乡	411627204	新华街街道	411702004
新城街道	411625003	独塘乡	411627206	南海街道	411702005
吴台镇	411625101	大许寨乡	411627207	雪松街道	411702006
南丰镇	411625102	五里口乡	411627208	顺河街道	411702007
白马镇	411625103	高朗乡	411627210	老街街道	411702008
宁平镇	411625104	转楼乡	411627211	橡林街道	411702009
宜路镇	411625105	**鹿邑县（4 街道，13 镇，7 乡）**	**411628000**	刘阁街道	411702010
钱店镇	411625106	卫真街道	411628001	香山街道	411702012
汲冢镇	411625107	鸣鹿街道	411628002	古城街道	411702013
石槽镇	411625108	谷阳街道	411628003	水屯镇	411702100
城郊乡	411625200	真源街道	411628004	蚁蜂镇	411702101
虎岗乡	411625201	玄武镇	411628101	沙河店镇	411702102
汲水乡	411625202	宋河镇	411628102	板桥镇	411702103
张完集乡	411625203	太清宫镇	411628103	诸市镇	411702104
丁村乡	411625204	王皮溜镇	411628104	朱古洞乡	411702207
双楼乡	411625205	试量镇	411628105	胡庙乡	411702208
秋渠乡	411625206	辛集镇	411628106	老河乡	411702211
东风乡	411625207	马铺镇	411628107	关王庙乡	411702212
巴集乡	411625208	涡北镇	411628108	**西平县（3 街道，8 镇，8 乡）**	**411721000**
李楼乡	411625209	杨湖口镇	411628109	柏城街道	411721001
胡集乡	411625210	贾滩镇	411628110	柏亭街道	411721002
淮阳县（1 街道，7 镇，11 乡）	**411626000**	张店镇	411628111	柏苑街道	411721003
柳湖街道	411626001	观堂镇	411628112	五沟营镇	411721101
城关回族镇	411626100	生铁冢镇	411628114	权寨镇	411721102
新站镇	411626101	郑家集乡	411628201	师灵镇	411721103
鲁台镇	411626102	赵村乡	411628205	出山镇	411721104
四通镇	411626103	任集乡	411628206	盆尧镇	411721105
临蔡镇	411626104	唐集乡	411628207	嫘祖镇	411721106
安岭镇	411626105	高集乡	411628208	宋集镇	411721107
白楼镇	411626106	邱集乡	411628209	二郎镇	411721108
朱集乡	411626200	穆店乡	411628210	重渠乡	411721201
豆门乡	411626201	**项城市（6 街道，15 镇）**	**411681000**	人和乡	411721203
冯塘乡	411626202	花园街道	411681001	谭店乡	411721205
刘振屯乡	411626203	水寨街道	411681002	芦庙乡	411721208
王店乡	411626204	东方街道	411681003	杨庄乡	411721209
大连乡	411626205	莲花街道	411681004	专探乡	411721210
葛店乡	411626206	千佛阁街道	411681005	蔡寨回族乡	411721212
黄集乡	411626207	光武街道	411681006	焦庄乡	411721213
齐老乡	411626209	南顿镇	411681101	**上蔡县（4 街道，12 镇，10 乡）**	**411722000**
郑集乡	411626210	孙店镇	411681102		
曹河乡	411626211	李寨镇	411681103	蔡都街道	411722001
太康县（13 镇，10 乡）	**411627000**	贾岭镇	411681104	芦岗街道	411722002
城关回族镇	411627100	高寺镇	411681105	卧龙街道	411722003

续表 14

行政区划名称	行政区划代码	行政区划名称	行政区划代码	行政区划名称	行政区划代码
重阳街道	411722004	王勿桥乡	411724208	南余店乡	411727204
黄埠镇	411722101	闾河乡	411724210	板店乡	411727212
杨集镇	411722102	皮店乡	411724212	**遂平县(5 街道，8 镇，2 乡)**	**411728000**
洙湖镇	411722103	彭桥乡	411724213	莲花湖街道	411728001
党店镇	411722104	兰青乡	411724214	灈阳街道	411728002
朱里镇	411722105	**确山县(3 街道，10 镇)**	**411725000**	车站街道	411728003
华陂镇	411722106	盘龙街道	411725001	褚堂街道	411728004
塔桥镇	411722107	三里河街道	411725002	吴房街道	411728005
东洪镇	411722108	朗陵街道	411725003	玉山镇	411728102
邵店镇	411722109	竹沟镇	411725101	嵖岈山镇	411728103
和店镇	411722110	任店镇	411725102	石寨铺镇	411728104
五龙镇	411722111	新安店镇	411725103	和兴镇	411728105
韩寨镇	411722112	留庄镇	411725104	沈寨镇	411728106
大路李乡	411722201	刘店镇	411725105	阳丰镇	411728107
无量寺乡	411722202	瓦岗镇	411725107	常庄镇	411728108
杨屯乡	411722205	双河镇	411725108	花庄镇	411728109
蔡沟乡	411722207	石滚河镇	411725109	槐树乡	411728204
齐海乡	411722209	李新店镇	411725110	文城乡	411728209
崇礼乡	411722210	普会寺镇	411725111	**新蔡县(3 街道，11 镇，9 乡)**	**411729000**
东岸乡	411722212	**泌阳县(3 街道，10 镇，9 乡)**	**411726000**	古吕街道	411729001
小岳寺乡	411722215	泌水街道	411726001	今是街道	411729002
西洪乡	411722216	花园街道	411726002	月亮湾街道	411729003
百尺乡	411722217	古城街道	411726003	砖店镇	411729101
平舆县(3 街道，11 镇，5 乡)	**411723000**	羊册镇	411726102	陈店镇	411729102
古槐街道	411723001	马谷田镇	411726103	佛阁寺镇	411729103
清河街道	411723002	春水镇	411726105	练村镇	411729104
东皇街道	411723003	赊湾镇	411726106	棠村镇	411729105
杨埠镇	411723101	官庄镇	411726107	韩集镇	411729106
东和店镇	411723102	郭集镇	411726108	龙口镇	411729107
庙湾镇	411723103	泰山庙镇	411726109	李桥回族镇	411729108
射桥镇	411723104	王店镇	411726110	黄楼镇	411729109
西洋店镇	411723105	杨家集镇	411726111	孙召镇	411729110
阳城镇	411723106	高店镇	411726112	余店镇	411729111
郭楼镇	411723107	盘古乡	411726201	河坞乡	411729204
李屯镇	411723108	高邑乡	411726202	关津乡	411729205
万金店镇	411723109	铜山乡	411726204	宋岗乡	411729206
高杨店镇	411723110	下碑寺乡	411726206	顿岗乡	411729207
万冢镇	411723111	象河乡	411726207	涧头乡	411729208
十字路乡	411723202	付庄乡	411726208	杨庄户乡	411729209
玉皇庙乡	411723205	贾楼乡	411726209	化庄乡	411729210
老王岗乡	411723208	黄山口乡	411726210	栎城乡	411729211
辛店乡	411723209	双庙街乡	411726215	弥陀寺乡	411729213
双庙乡	411723211	**汝南县(4 街道，12 镇，2 乡)**	**411727000**	**济源市(5 街道，11 镇)**	**419001000**
正阳县(2 街道，8 镇，10 乡)	**411724000**	汝宁街道	411727001	沁园街道	419001001
真阳街道	411724001	古塔街道	411727002	济水街道	419001002
清源街道	411724002	三门闸街道	411727003	北海街道	419001003
寒冻镇	411724101	宿鸭湖街道	411727004	天坛街道	419001004
汝南埠镇	411724102	王岗镇	411727101	玉泉街道	419001005
铜钟镇	411724103	梁祝镇	411727102	克井镇	419001100
陡沟镇	411724104	和孝镇	411727103	五龙口镇	419001101
熊寨镇	411724105	老君庙镇	411727104	轵城镇	419001102
大林镇	411724106	留盆镇	411727105	承留镇	419001103
永兴镇	411724107	金铺镇	411727106	邵原镇	419001104
袁寨镇	411724108	东官庄镇	411727107	坡头镇	419001105
慎水乡	411724200	罗店镇	411727108	梨林镇	419001106
傅寨乡	411724201	常兴镇	411727109	大峪镇	419001107
新阮店乡	411724203	韩庄镇	411727110	思礼镇	419001108
油坊店乡	411724204	三桥镇	411727111	王屋镇	419001109
雷寨乡	411724207	张楼镇	411727112	下冶镇	419001110

湖北省

湖北省（鄂）

行政区划名称	行政区划代码
湖北省（308 街道，761 镇，165 乡）	**420000000**
武汉市（156 街道，1 镇，3 乡）	**420100000**
江岸区（16 街道）	**420102000**
大智街道	420102002
一元街道	420102003
车站街道	420102004
四唯街道	420102005
永清街道	420102006
西马街道	420102007
球场街道	420102008
劳动街道	420102009
二七街道	420102010
新村街道	420102011
丹水池街道	420102012
台北街道	420102014
花桥街道	420102015
谌家矶街道	420102016
后湖街道	420102017
塔子湖街道	420102018
江汉区（13 街道）	**420103000**
民族街道	420103001
花楼街道	420103002
水塔街道	420103003
民权街道	420103004
满春街道	420103005
民意街道	420103006
新华街道	420103007
万松街道	420103008
唐家墩街道	420103009
北湖街道	420103010
前进街道	420103011
常青街道	420103012
汉兴街道	420103013
硚口区（11 街道）	**420104000**
古田街道	420104001
韩家墩街道	420104002
宗关街道	420104003
汉水桥街道	420104004
宝丰街道	420104005
荣华街道	420104006
汉中街道	420104008
汉正街道	420104009
六角亭街道	420104010
长丰街道	420104011
易家街道	420104012
汉阳区（11 街道）	**420105000**
建桥街道	420105002
晴川街道	420105004
鹦鹉街道	420105005
洲头街道	420105006
五里墩街道	420105007
琴断口街道	420105008
二桥街道	420105009
永丰街道	420105010
江堤街道	420105011
四新街道	420105012
龙阳街道	420105013
武昌区（14 街道）	**420106000**
积玉桥街道	420106001
杨园街道	420106002
徐家棚街道	420106003
粮道街道	420106005
中华路街道	420106006
黄鹤楼街道	420106007
紫阳街道	420106008
白沙洲街道	420106009
首义路街道	420106010
中南路街道	420106011
水果湖街道	420106012
珞珈山街道	420106013
石洞街道	420106014
南湖街道	420106015
青山区（10 街道）	**420107000**
红卫路街道	420107001
冶金街道	420107002
新沟桥街道	420107003
红钢城街道	420107004
工人村街道	420107005
青山镇街道	420107006
厂前街道	420107007
武东街道	420107008
白玉山街道	420107009
钢花村街道	420107010
洪山区（13 街道，1 乡）	**420111000**
珞南街道	420111001
关山街道	420111002
狮子山街道	420111003
张家湾街道	420111004
梨园街道	420111005
卓刀泉街道	420111006
洪山街道	420111007
和平街道	420111008
青菱街道	420111011
九峰街道 *	420111012
左岭街道 *	420111013
花山街道 *	420111014
八吉府街道 *	420111015
天兴乡	420111205
东西湖区（11 街道）	**420112000**
吴家山街道	420112001
柏泉街道	420112002
将军路街道	420112004
慈惠街道	420112005
走马岭街道	420112006
径河街道	420112007
长青街道	420112008
新沟镇街道	420112009
辛安渡街道	420112011
东山街道	420112012
金银湖街道	420112014
汉南区（4 街道）	**420113000**
纱帽街道	420113001
东荆街道	420113002
湘口街道	420113003
邓南街道	420113004
蔡甸区（11 街道，1 乡）	**420114000**
蔡甸街道	420114001
奓山街道	420114002
永安街道	420114003
侏儒山街道	420114004
大集街道	420114005
张湾街道	420114006
索河街道	420114007
沌口街道 *	420114008
军山街道 *	420114009
沌阳街道 *	420114010
玉贤街道	420114011
消泗乡	420114200
江夏区（15 街道）	**420115000**
纸坊街道	420115001
金口街道	420115002
乌龙泉街道	420115003
郑店街道	420115005
五里界街道	420115010
安山街道	420115011
山坡街道	420115013
法泗街道	420115017
湖泗街道	420115018
舒安街道	420115019
关东街道 *	420115020
佛祖岭街道 *	420115021
豹澥街道 *	420115022
流芳街道 *	420115023
滨湖街道 *	420115024
黄陂区（15 街道，1 乡）	**420116000**
前川街道	420116001
祁家湾街道	420116002
横店街道	420116003
罗汉寺街道	420116004
滠口街道	420116005
六指街道	420116006
天河街道	420116007
武湖街道	420116008
王家河街道	420116009
长轩岭街道	420116010
李家集街道	420116011
姚家集街道	420116012
蔡家榨街道	420116013
三里桥街道	420116014
蔡店街道	420116015

续表 1

行政区划名称	行政区划代码	行政区划名称	行政区划代码	行政区划名称	行政区划代码
木兰乡	420116201	**十堰市(13 街道，72 镇，34 乡)**	**420300000**	溢水镇	420323101
新洲区(12 街道，1 镇)	**420117000**			麻家渡镇	420323102
邾城街道	420117001	**茅箭区(4 街道，1 镇，2 乡)**	**420302000**	宝丰镇	420323103
阳逻街道	420117002	武当路街道	420302001	擂鼓镇	420323104
仓埠街道	420117003	二堰街道	420302002	秦古镇	420323105
汪集街道	420117004	五堰街道	420302003	得胜镇	420323106
李集街道	420117005	白浪街道	420302005	上庸镇	420323107
三店街道	420117006	大川镇	420302100	官渡镇	420323108
潘塘街道	420117007	茅塔乡	420302200	潘口乡	420323200
旧街街道	420117008	鸳鸯乡	420302201	竹坪乡	420323201
双柳街道	420117009	**张湾区(4 街道，2 镇，2 乡)**	**420303000**	大庙乡	420323202
涨渡湖街道	420117010	花果街道	420303001	双台乡	420323203
辛冲街道	420117012	红卫街道	420303002	楼台乡	420323204
徐古街道	420117013	车城街道	420303003	文峰乡	420323205
凤凰镇	420117102	汉江街道	420303004	深河乡	420323206
黄石市(8 街道，27 镇，1 乡)	**420200000**	黄龙镇	420303100	柳林乡	420323207
黄石港区(1 街道)	**420202000**	柏林镇	420303101	**竹溪县(11 镇，4 乡)**	**420324000**
花湖街道	420202005	方滩乡	420303200	城关镇	420324100
西塞山区(1 街道，1 镇)	**420203000**	西沟乡	420303201	蒋家堰镇	420324101
章山街道 *	420203007	**郧阳区(16 镇，3 乡)**	**420304000**	中峰镇	420324102
河口镇	420203100	城关镇	420304100	水坪镇	420324103
下陆区(1 街道)	**420204000**	安阳镇	420304101	县河镇	420324104
团城山街道	420204004	杨溪铺镇	420304102	泉溪镇	420324105
铁山区(0 街道)	**420205000**	青曲镇	420304103	丰溪镇	420324106
阳新县(16 镇)	**420222000**	白桑关镇	420304104	龙坝镇	420324107
兴国镇	420222100	南化塘镇	420304105	兵营镇	420324108
富池镇	420222101	白浪镇	420304106	汇湾镇	420324109
黄颡口镇	420222102	刘洞镇	420304107	新洲镇	420324110
韦源口镇	420222103	谭山镇	420304108	鄂坪乡	420324201
太子镇 *	420222104	梅铺镇	420304109	天宝乡	420324203
大王镇 *	420222105	青山镇	420304110	桃源乡	420324206
陶港镇	420222106	茶店镇	420304111	向坝乡	420324207
白沙镇	420222107	柳陂镇	420304112	**房县(12 镇，8 乡)**	**420325000**
浮屠镇	420222108	鲍峡镇	420304113	城关镇	420325100
三溪镇	420222109	胡家营镇	420304114	军店镇	420325101
龙港镇	420222110	谭家湾镇	420304115	化龙堰镇	420325102
洋港镇	420222111	大柳乡	420304200	土城镇	420325103
排市镇	420222112	五峰乡	420304201	大木厂镇	420325104
木港镇	420222113	叶大乡	420304202	青峰镇	420325105
枫林镇	420222114	**郧西县(9 镇，7 乡)**	**420322000**	门古寺镇	420325106
王英镇	420222115	城关镇	420322100	白鹤镇	420325107
大冶市(5 街道，10 镇，1 乡)	**420281000**	土门镇	420322101	野人谷镇	420325108
东岳路街道	420281001	上津镇	420322102	红塔镇	420325109
东风路街道	420281002	店子镇	420322103	窑淮镇	420325110
金湖街道	420281003	夹河镇	420322104	尹吉甫镇	420325111
罗家桥街道	420281004	羊尾镇	420322105	姚坪乡	420325203
金山街道 *	420281005	观音镇	420322106	沙河乡	420325205
金牛镇	420281100	马安镇	420322107	万峪河乡	420325206
保安镇	420281101	河夹镇	420322108	上龛乡	420325208
灵乡镇	420281102	香口乡	420322200	中坝乡	420325209
金山店镇	420281103	关防乡	420322201	九道乡	420325210
还地桥镇	420281106	湖北口回族乡	420322202	回龙乡	420325211
殷祖镇	420281107	景阳乡	420322203	五台乡	420325212
刘仁八镇	420281109	六郎乡	420322204	**丹江口市(5 街道，12 镇)**	**420381000**
陈贵镇	420281110	涧池乡	420322205	均州路街道	420381001
大箕铺镇	420281111	安家乡	420322206	大坝街道	420381002
汪仁镇 *	420281112	**竹山县(9 镇，8 乡)**	**420323000**	丹赵路街道	420381003
茗山乡	420281202	城关镇	420323100	武当山街道	420381004

续表 2

行政区划名称	行政区划代码
三官殿街道	420381005
土关垭镇	420381100
浪河镇	420381101
丁家营镇	420381102
六里坪镇	420381103
盐池河镇	420381104
均县镇	420381105
习家店镇	420381106
蒿坪镇	420381107
石鼓镇	420381108
凉水河镇	420381109
官山镇	420381110
龙山镇	420381111
宜昌市 (24 街道，67 镇，19 乡)	**420500000**
西陵区 (10 街道)	**420502000**
西陵街道	420502001
学院街道	420502002
云集街道	420502003
西坝街道	420502005
葛洲坝街道	420502006
夜明珠街道	420502007
东苑街道 *	420502008
南苑街道 *	420502009
北苑街道 *	420502010
窑湾街道	420502011
伍家岗区 (4 街道，1 乡)	**420503000**
大公桥街道	420503001
万寿桥街道	420503002
宝塔河街道	420503003
伍家岗街道	420503004
伍家乡	420503201
点军区 (1 街道，2 镇，2 乡)	**420504000**
点军街道	420504001
艾家镇	420504101
桥边镇	420504102
联棚乡	420504202
土城乡	420504203
猇亭区 (3 街道)	**420505000**
古老背街道	420505001
虎牙街道	420505002
云池街道	420505003
夷陵区 (1 街道，9 镇，2 乡)	**420506000**
小溪塔街道	420506001
樟村坪镇	420506101
雾渡河镇	420506102
太平溪镇	420506103
三斗坪镇	420506104
乐天溪镇	420506105
分乡镇	420506106
龙泉镇	420506107
鸦鹊岭镇	420506108
黄花镇	420506109
下堡坪乡	420506201
邓村乡	420506203
远安县 (6 镇，1 乡)	**420525000**
鸣凤镇	420525101
花林寺镇	420525102
旧县镇	420525103
洋坪镇	420525104
茅坪场镇	420525105
嫘祖镇	420525106
河口乡	420525201
兴山县 (6 镇，2 乡)	**420526000**
昭君镇	420526101
峡口镇	420526102
南阳镇	420526103
古夫镇	420526104
黄粮镇	420526105
水月寺镇	420526106
高桥乡	420526201
榛子乡	420526202
秭归县 (8 镇，4 乡)	**420527000**
茅坪镇	420527101
归州镇	420527102
屈原镇	420527103
沙镇溪镇	420527104
两河口镇	420527105
郭家坝镇	420527106
杨林桥镇	420527107
九畹溪镇	420527108
水田坝乡	420527201
泄滩乡	420527202
梅家河乡	420527203
磨坪乡	420527204
长阳土家族自治县 (8 镇，3 乡)	**420528000**
龙舟坪镇	420528101
高家堰镇	420528102
磨市镇	420528103
都镇湾镇	420528104
资丘镇	420528105
渔峡口镇	420528106
榔坪镇	420528107
贺家坪镇	420528108
大堰乡	420528201
鸭子口乡	420528202
火烧坪乡	420528203
五峰土家族自治县 (5 镇，3 乡)	**420529000**
五峰镇	420529101
长乐坪镇	420529102
渔洋关镇	420529103
仁和坪镇	420529104
湾潭镇	420529105
傅家堰乡	420529201
牛庄乡	420529202
采花乡	420529203
宜都市 (1 街道，8 镇，1 乡)	**420581000**
陆城街道	420581001
红花套镇	420581101
高坝洲镇	420581102
聂家河镇	420581103
松木坪镇	420581104
枝城镇	420581105
姚家店镇	420581106
五眼泉镇	420581107
王家畈镇	420581108
潘家湾土家族乡	420581203
当阳市 (3 街道，7 镇)	**420582000**
玉阳街道	420582001
坝陵街道	420582002
玉泉街道	420582003
两河镇	420582101
河溶镇	420582102
育溪镇	420582103
庙前镇	420582104
王店镇	420582105
半月镇	420582106
草埠湖镇	420582107
枝江市 (1 街道，8 镇)	**420583000**
马家店街道	420583001
安福寺镇	420583101
白洋镇	420583102
顾家店镇	420583103
董市镇	420583104
仙女镇	420583105
问安镇	420583106
七星台镇	420583107
百里洲镇	420583108
襄阳市 (27 街道，74 镇，4 乡)	**420600000**
襄城区 (6 街道，2 镇，1 乡)	**420602000**
古城街道	420602001
真武山街道	420602002
庞公街道	420602003
檀溪街道	420602004
隆中街道	420602005
余家湖街道	420602006
欧庙镇	420602100
卧龙镇	420602101
尹集乡	420602200
樊城区 (10 街道，3 镇)	**420606000**
汉江街道	420606001
王寨街道	420606002
中原街道	420606003
定中门街道	420606004
清河口街道	420606005
屏襄门街道	420606006
米公街道	420606007
柿铺街道	420606008
七里河街道	420606009
紫贞街道	420606010
牛首镇	420606100
太平店镇	420606101
团山镇	420606102
襄州区 (4 街道，13 镇)	**420607000**
张湾街道	420607001
刘集街道	420607002
肖湾街道	420607003
六两河街道	420607004
龙王镇	420607101
石桥镇	420607102
黄集镇	420607103

续表 3

行政区划名称	行政区划代码	行政区划名称	行政区划代码	行政区划名称	行政区划代码
伙牌镇	420607104	南城街道	420683002	栗溪镇	420802100
古驿镇	420607105	环城街道	420683003	子陵铺镇	420802101
朱集镇	420607106	琚湾镇	420683100	漳河镇	420802102
程河镇	420607107	七方镇	420683101	马河镇	420802103
双沟镇	420607108	杨垱镇	420683102	石桥驿镇	420802104
张家集镇	420607109	太平镇	420683103	牌楼镇	420802105
黄龙镇	420607110	新市镇	420683104	仙居乡	420802200
峪山镇	420607111	鹿头镇	420683105	**掇刀区（4 街道，2 镇）**	**420804000**
东津镇	420607112	刘升镇	420683106	掇刀石街道	420804001
米庄镇	420607113	兴隆镇	420683107	白庙街道	420804002
南漳县（10 镇）	**420624000**	王城镇	420683108	兴隆街道	420804003
城关镇	420624100	吴店镇	420683109	双喜街道	420804004
武安镇	420624101	熊集镇	420683110	团林铺镇	420804100
九集镇	420624102	平林镇	420683111	麻城镇	420804101
李庙镇	420624103	**宜城市（2 街道，8 镇）**	**420684000**	**京山县（14 镇）**	**420821000**
长坪镇	420624104	鄢城街道	420684001	新市镇	420821100
薛坪镇	420624105	南营街道	420684002	永兴镇	420821101
板桥镇	420624106	郑集镇	420684100	曹武镇	420821102
巡检镇	420624107	小河镇	420684101	罗店镇	420821103
东巩镇	420624108	刘猴镇	420684102	宋河镇	420821105
肖堰镇	420624109	孔湾镇	420684103	坪坝镇	420821106
谷城县（9 镇，1 乡）	**420625000**	流水镇	420684104	三阳镇	420821107
城关镇	420625100	板桥店镇	420684105	绿林镇	420821108
石花镇	420625101	王集镇	420684106	杨集镇	420821109
盛康镇	420625102	雷河镇	420684107	孙桥镇	420821110
庙滩镇	420625103	**鄂州市（4 街道，18 镇，3 乡）**	**420700000**	石龙镇	420821111
茨河镇	420625104	**梁子湖区（5 镇）**	**420702000**	永漋镇	420821112
南河镇	420625105	太和镇	420702100	雁门口镇	420821114
紫金镇	420625106	东沟镇	420702101	钱场镇	420821115
冷集镇	420625107	梁子镇	420702102	**沙洋县（13 镇）**	**420822000**
五山镇	420625108	涂家垴镇	420702103	沙洋镇	420822100
赵湾乡	420625200	沼山镇	420702104	五里铺镇	420822101
保康县（10 镇，1 乡）	**420626000**	**华容区（4 镇，2 乡）**	**420703000**	十里铺镇	420822102
城关镇	420626100	华容镇	420703100	纪山镇	420822103
黄堡镇	420626101	葛店镇	420703101	拾回桥镇	420822104
后坪镇	420626102	庙岭镇	420703102	后港镇	420822105
龙坪镇	420626103	段店镇	420703103	毛李镇	420822107
店垭镇	420626104	临江乡	420703200	官垱镇	420822108
马良镇	420626105	蒲团乡	420703201	李市镇	420822109
歇马镇	420626106	**鄂城区（4 街道，9 镇，1 乡）**	**420704000**	马良镇	420822110
马桥镇	420626107	凤凰街道	420704001	高阳镇	420822111
寺坪镇	420626108	古楼街道	420704002	沈集镇	420822112
过渡湾镇	420626109	西山街道	420704003	曾集镇	420822113
两峪乡	420626200	樊口街道	420704004	**钟祥市（1 街道，15 镇，1 乡）**	**420881000**
老河口市（2 街道，7 镇，1 乡）	**420682000**	泽林镇	420704100	郢中街道	420881001
光化街道	420682001	杜山镇	420704101	洋梓镇	420881100
酂阳街道	420682002	新庙镇	420704102	长寿镇	420881101
孟楼镇	420682100	碧石渡镇	420704103	丰乐镇	420881102
竹林桥镇	420682101	汀祖镇	420704104	胡集镇	420881103
薛集镇	420682102	燕矶镇	420704105	双河镇	420881104
张集镇	420682103	杨叶镇	420704106	磷矿镇	420881105
仙人渡镇	420682104	花湖镇	420704107	文集镇	420881106
洪山嘴镇	420682105	长港镇	420704108	冷水镇	420881107
李楼镇	420682106	沙窝乡	420704200	石牌镇	420881108
袁冲乡	420682200	**荆门市（7 街道，50 镇，2 乡）**	**420800000**	旧口镇	420881109
枣阳市（3 街道，12 镇）	**420683000**	**东宝区（2 街道，6 镇，1 乡）**	**420802000**	柴湖镇	420881110
北城街道	420683001	龙泉街道	420802001	长滩镇	420881111
		泉口街道	420802002	东桥镇	420881112

续表 4

行政区划名称	行政区划代码
客店镇	420881113
张集镇	420881114
九里回族乡	420881200
孝感市 (13 街道，72 镇，23 乡)	**420900000**
孝南区 (4 街道，8 镇，3 乡)	**420902000**
书院街道	420902001
新华街道	420902002
广场街道	420902003
车站街道	420902004
新铺镇	420902100
西河镇	420902101
杨店镇	420902102
陡岗镇	420902103
肖港镇	420902104
毛陈镇	420902105
三汊镇	420902106
祝站镇	420902107
朋兴乡	420902200
卧龙乡	420902201
闵集乡	420902202
孝昌县 (8 镇，4 乡)	**420921000**
花园镇	420921100
丰山镇	420921101
周巷镇	420921102
小河镇	420921103
王店镇	420921104
卫店镇	420921105
白沙镇	420921106
邹岗镇	420921107
小悟乡	420921200
季店乡	420921201
花西乡	420921202
陡山乡	420921203
大悟县 (14 镇，3 乡)	**420922000**
城关镇	420922100
阳平镇	420922101
芳畈镇	420922102
新城镇	420922103
夏店镇	420922104
刘集镇	420922105
河口镇	420922106
四姑镇	420922107
吕王镇	420922108
黄站镇	420922109
宣化店镇	420922110
丰店镇	420922111
大新镇	420922112
三里镇	420922113
高店乡	420922201
彭店乡	420922202
东新乡	420922203
云梦县 (9 镇，3 乡)	**420923000**
城关镇	420923100
义堂镇	420923101
曾店镇	420923102
吴铺镇	420923103
伍洛镇	420923104
下辛店镇	420923105
道桥镇	420923106
隔蒲潭镇	420923107
胡金店镇	420923108
倒店乡	420923200
沙河乡	420923201
清明河乡	420923202
应城市 (5 街道，10 镇)	**420981000**
城中街道	420981001
城北街道	420981002
四里棚街道	420981003
东马坊街道	420981004
长江埠街道	420981005
田店镇	420981100
杨河镇	420981101
三合镇	420981102
郎君镇	420981103
天鹅镇	420981105
义和镇	420981106
陈河镇	420981107
杨岭镇	420981108
汤池镇	420981109
黄滩镇	420981110
安陆市 (2 街道，9 镇，4 乡)	**420982000**
府城街道	420982001
南城街道	420982002
赵棚镇	420982100
李店镇	420982101
巡店镇	420982102
棠棣镇	420982103
雷公镇	420982104
王义贞镇	420982105
孛畈镇	420982106
烟店镇	420982107
洑水镇	420982108
陈店乡	420982200
辛榨乡	420982201
木梓乡	420982202
接官乡	420982203
汉川市 (2 街道，14 镇，6 乡)	**420984000**
仙女山街道	420984001
汈东街道	420984002
马口镇	420984101
脉旺镇	420984102
城隍镇	420984103
分水镇	420984104
沉湖镇	420984105
田二河镇	420984106
回龙镇	420984107
新堰镇	420984108
垌塚镇	420984109
麻河镇	420984110
刘家隔镇	420984111
新河镇	420984112
庙头镇	420984113
杨林沟镇	420984114
西江乡	420984200
湾潭乡	420984201
南河乡	420984202
马鞍乡	420984203
里潭乡	420984204
韩集乡	420984205
荆州市 (13 街道，89 镇，13 乡)	**421000000**
沙市区 (6 街道，4 镇，2 乡)	**421002000**
中山路街道	421002001
崇文街道	421002002
解放路街道	421002003
胜利街道	421002004
朝阳路街道	421002005
西湖街道	421002006
锣场镇	421002100
岑河镇	421002101
观音垱镇	421002102
关沮镇	421002103
立新乡	421002200
联合乡	421002202
荆州区 (3 街道，7 镇)	**421003000**
西城街道	421003001
东城街道	421003002
城南街道	421003003
纪南镇	421003100
川店镇	421003101
马山镇	421003102
八岭山镇	421003103
李埠镇	421003104
弥市镇	421003105
郢城镇	421003106
公安县 (14 镇，2 乡)	**421022000**
埠河镇	421022100
斗湖堤镇	421022101
夹竹园镇	421022102
闸口镇	421022103
杨家厂镇	421022104
麻豪口镇	421022105
藕池镇	421022106
黄山头镇	421022107
孟家溪镇	421022108
南平镇	421022109
章庄铺镇	421022110
狮子口镇	421022111
斑竹垱镇	421022112
毛家港镇	421022113
甘家厂乡	421022200
章田寺乡	421022201
监利县 (18 镇，3 乡)	**421023000**
容城镇	421023100
朱河镇	421023101
新沟镇	421023102
龚场镇	421023103
周老嘴镇	421023104
黄歇口镇	421023105
汪桥镇	421023106
程集镇	421023107
分盐镇	421023108
毛市镇	421023109

续表 5

行政区划名称	行政区划代码
福田寺镇	421023110
上车湾镇	421023111
汴河镇	421023112
尺八镇	421023113
白螺镇	421023114
网市镇	421023115
三洲镇	421023116
桥市镇	421023117
红城乡	421023200
棋盘乡	421023201
柘木乡	421023202
江陵县（7 镇，2 乡）	**421024000**
资市镇	421024100
滩桥镇	421024101
熊河镇	421024102
白马寺镇	421024103
沙岗镇	421024104
普济镇	421024105
郝穴镇	421024106
马家寨乡	421024200
秦市乡	421024201
石首市（2 街道，11 镇，1 乡）	**421081000**
绣林街道	421081001
笔架山街道	421081002
新厂镇	421081100
横沟市镇	421081101
小河口镇	421081102
桃花山镇	421081103
调关镇	421081104
东升镇	421081105
高基庙镇	421081106
南口镇	421081107
高陵镇	421081108
团山寺镇	421081109
大垸镇	421081120
久合垸乡	421081202
洪湖市（2 街道，14 镇，1 乡）	**421083000**
新堤街道	421083001
滨湖街道	421083004
螺山镇	421083100
乌林镇	421083101
龙口镇	421083102
燕窝镇	421083103
新滩镇	421083104
峰口镇	421083105
曹市镇	421083106
府场镇	421083107
戴家场镇	421083108
瞿家湾镇	421083109
沙口镇	421083110
万全镇	421083111
汊河镇	421083112
黄家口镇	421083113
老湾回族乡	421083200
松滋市（14 镇，2 乡）	**421087000**
新江口镇	421087100
南海镇	421087101
八宝镇	421087102
涴市镇	421087103
老城镇	421087104
陈店镇	421087105
王家桥镇	421087106
斯家场镇	421087107
杨林市镇	421087108
纸厂河镇	421087109
街河市镇	421087110
洈水镇	421087111
刘家场镇	421087112
沙道观镇	421087113
万家乡	421087200
卸甲坪土家族乡	421087201
黄冈市（11 街道，99 镇，16 乡）	**421100000**
黄州区（4 街道，3 镇，1 乡）	**421102000**
赤壁街道	421102001
东湖街道	421102002
禹王街道	421102003
南湖街道	421102004
路口镇	421102101
堵城镇	421102102
陈策楼镇	421102103
陶店乡	421102200
团风县（8 镇，2 乡）	**421121000**
团风镇	421121100
淋山河镇	421121101
方高坪镇	421121102
回龙山镇	421121103
马曹庙镇	421121104
上巴河镇	421121105
总路咀镇	421121106
但店镇	421121107
贾庙乡	421121200
杜皮乡	421121201
红安县（10 镇，1 乡）	**421122000**
城关镇	421122100
七里坪镇	421122101
华家河镇	421122102
二程镇	421122103
上新集镇	421122104
高桥镇	421122105
觅儿寺镇	421122106
八里湾镇	421122107
太平桥镇	421122108
永佳河镇	421122109
杏花乡	421122200
罗田县（10 镇，2 乡）	**421123000**
凤山镇	421123100
骆驼坳镇	421123101
大河岸镇	421123103
九资河镇	421123104
胜利镇	421123105
河铺镇	421123106
三里畈镇	421123107
匡河镇	421123108
白庙河镇	421123109
大崎镇	421123110
白莲河乡	421123201
平湖乡	421123209
英山县（8 镇，3 乡）	**421124000**
温泉镇	421124100
南河镇	421124101
红山镇	421124102
金家铺镇	421124103
石头咀镇	421124104
草盘地镇	421124105
雷家店镇	421124106
杨柳湾镇	421124107
方家咀乡	421124200
孔家坊乡	421124201
陶家河乡	421124202
浠水县（12 镇，1 乡）	**421125000**
清泉镇	421125100
巴河镇	421125101
竹瓦镇	421125102
汪岗镇	421125103
团陂镇	421125104
关口镇	421125105
白莲镇	421125106
蔡河镇	421125107
洗马镇	421125108
丁司垱镇	421125109
散花镇	421125110
兰溪镇	421125111
绿杨乡	421125200
蕲春县（13 镇，1 乡）	**421126000**
漕河镇	421126100
赤东镇	421126101
蕲州镇	421126102
管窑镇	421126103
彭思镇	421126104
横车镇	421126105
株林镇	421126106
刘河镇	421126107
狮子镇	421126108
青石镇	421126109
张榜镇	421126110
大同镇	421126111
檀林镇	421126112
向桥乡	421126200
黄梅县（12 镇，4 乡）	**421127000**
黄梅镇	421127100
孔垄镇	421127101
小池镇	421127102
下新镇	421127103
大河镇	421127104
停前镇	421127105
五祖镇	421127106
濯港镇	421127107

续表 6

行政区划名称	行政区划代码	行政区划名称	行政区划代码	行政区划名称	行政区划代码
蔡山镇	421127108	大幕乡	421202200	官塘驿镇	421281104
新开镇	421127109	**嘉鱼县（8 镇）**	**421221000**	神山镇	421281105
独山镇	421127110	陆溪镇	421221100	车埠镇	421281106
分路镇	421127111	高铁岭镇	421221101	周郎嘴回族镇	421281107
柳林乡	421127200	官桥镇	421221102	柳山湖镇	421281108
杉木乡	421127201	鱼岳镇	421221103	黄盖湖镇	421281109
苦竹乡	421127202	新街镇	421221104	余家桥乡	421281200
刘佐乡	421127203	渡普镇	421221105	**随州市（8 街道，37 镇）**	**421300000**
麻城市（3 街道，15 镇，1 乡）	**421181000**	潘家湾镇	421221106	**曾都区（4 街道，5 镇）**	**421303000**
鼓楼街道	421181002	簰洲湾镇	421221107	西城街道	421303001
南湖街道	421181003	**通城县（9 镇，2 乡）**	**421222000**	东城街道	421303002
龙池桥街道	421181004	隽水镇	421222100	南郊街道	421303003
中馆驿镇	421181100	麦市镇	421222101	北郊街道	421303004
宋埠镇	421181101	塘湖镇	421222102	淅河镇	421303100
歧亭镇	421181102	关刀镇	421222103	万店镇	421303101
白果镇	421181103	沙堆镇	421222104	何店镇	421303122
夫子河镇	421181104	五里镇	421222105	洛阳镇	421303123
阎家河镇	421181105	石南镇	421222106	府河镇	421303124
张家畈镇	421181106	北港镇	421222107	**随县（19 镇）**	**421321000**
木子店镇	421181107	马港镇	421222108	高城镇	421321100
盐田河镇	421181108	四庄乡	421222200	殷店镇	421321101
三河口镇	421181109	大坪乡	421222201	草店镇	421321102
黄土岗镇	421181110	**崇阳县（8 镇，4 乡）**	**421223000**	小林镇	421321103
福田河镇	421181111	天城镇	421223100	淮河镇	421321104
乘马岗镇	421181112	沙坪镇	421223101	万和镇	421321105
顺河集镇	421181113	石城镇	421223102	尚市镇	421321106
龟山镇	421181114	桂花泉镇	421223103	厉山镇	421321107
铁门岗乡	421181200	白霓镇	421223104	唐县镇	421321108
武穴市（4 街道，8 镇）	**421182000**	路口镇	421223105	吴山镇	421321109
武穴街道	421182001	金塘镇	421223106	安居镇	421321110
刊江街道	421182002	青山镇	421223107	新街镇	421321111
田家镇街道	421182003	肖岭乡	421223200	澴潭镇	421321112
万丈湖街道	421182004	铜钟乡	421223201	洪山镇	421321113
梅川镇	421182100	港口乡	421223202	长岗镇	421321114
余川镇	421182101	高枧乡	421223203	三里岗镇	421321115
花桥镇	421182102	**通山县（8 镇，4 乡）**	**421224000**	柳林镇	421321116
大金镇	421182103	通羊镇	421224100	均川镇	421321117
石佛寺镇	421182104	南林桥镇	421224101	万福镇	421321118
四望镇	421182105	厦铺镇	421224102	**广水市（4 街道，13 镇）**	**421381000**
大法寺镇	421182106	闯王镇	421224103	应山街道	421381001
龙坪镇	421182107	九宫山镇	421224104	十里街道	421381002
咸宁市（6 街道，52 镇，12 乡）	**421200000**	洪港镇	421224105	广水街道	421381003
		大畈镇	421224106	城郊街道	421381004
咸安区（3 街道，9 镇，1 乡）	**421202000**	黄沙铺镇	421224108	武胜关镇	421381100
温泉街道	421202001	大路乡	421224200	杨寨镇	421381101
浮山街道	421202002	杨芳林乡	421224201	陈巷镇	421381102
永安街道	421202003	燕厦乡	421224202	长岭镇	421381104
汀泗桥镇	421202100	慈口乡	421224203	马坪镇	421381105
向阳湖镇	421202101	**赤壁市（3 街道，10 镇，1 乡）**	**421281000**	关庙镇	421381106
官埠桥镇	421202102	蒲圻街道	421281001	余店镇	421381107
横沟桥镇	421202103	陆水湖街道	421281002	吴店镇	421381108
贺胜桥镇	421202104	赤马港街道	421281003	郝店镇	421381109
双溪桥镇	421202105	新店镇	421281100	蔡河镇	421381110
马桥镇	421202106	赵李桥镇	421281101	太平镇	421381111
桂花镇	421202107	茶庵岭镇	421281102	李店镇	421381112
高桥镇	421202108	中伙铺镇	421281103	骆店镇	421381113

续表 7

行政区划名称	行政区划代码
恩施土家族苗族自治州 (5 街道，51 镇，32 乡)	**422800000**
恩施市 (3 街道，5 镇，8 乡)	**422801000**
舞阳坝街道	422801001
六角亭街道	422801002
小渡船街道	422801003
龙凤镇	422801100
崔家坝镇	422801101
板桥镇	422801102
白杨坪镇	422801103
三岔镇	422801104
新塘乡	422801201
红土乡	422801202
沙地乡	422801203
太阳河乡	422801205
屯堡乡	422801206
白果乡	422801207
芭蕉侗族乡	422801208
盛家坝乡	422801209
利川市 (2 街道，7 镇，5 乡)	**422802000**
都亭街道	422802001
东城街道	422802002
柏杨坝镇	422802101
汪营镇	422802102
建南镇	422802103
忠路镇	422802104
团堡镇	422802105
谋道镇	422802106
毛坝镇	422802107
凉雾乡	422802200
元堡乡	422802201
南坪乡	422802202
文斗乡	422802203
沙溪乡	422802205
建始县 (7 镇，3 乡)	**422822000**
业州镇	422822100
高坪镇	422822101
红岩寺镇	422822102
景阳镇	422822103
官店镇	422822104
花坪镇	422822105
长梁镇	422822106
茅田乡	422822201
龙坪乡	422822202
三里乡	422822203
巴东县 (10 镇，2 乡)	**422823000**
信陵镇	422823100
东壤口镇	422823101
沿渡河镇	422823102
官渡口镇	422823103
茶店子镇	422823104
绿葱坡镇	422823105
大支坪镇	422823106
野三关镇	422823107
水布垭镇	422823108
清太坪镇	422823109
溪丘湾乡	422823200
金果坪乡	422823201
宣恩县 (5 镇，4 乡)	**422825000**
珠山镇	422825100
椒园镇	422825101
沙道沟镇	422825102
李家河镇	422825103
高罗镇	422825104
万寨乡	422825200
长潭河侗族乡	422825201
晓关侗族乡	422825203
椿木营乡	422825205
咸丰县 (6 镇，4 乡)	**422826000**
高乐山镇	422826100
朝阳寺镇	422826101
坪坝营镇	422826102
忠堡镇	422826103
清坪镇	422826104
唐崖镇	422826105
丁寨乡	422826200
活龙坪乡	422826202
小村乡	422826203
黄金洞乡	422826204
来凤县 (6 镇，2 乡)	**422827000**
翔凤镇	422827100
百福司镇	422827101
大河镇	422827102
绿水镇	422827103
旧司镇	422827104
革勒车镇	422827105
漫水乡	422827201
三胡乡	422827203
鹤峰县 (5 镇，4 乡)	**422828000**
容美镇	422828100
走马镇	422828101
太平镇	422828102
燕子镇	422828103
中营镇	422828104
铁炉白族乡	422828201
五里乡	422828202
下坪乡	422828204
邬阳乡	422828205
仙桃市 (3 街道，15 镇)	**429004000**
沙嘴街道	429004001
干河街道	429004002
龙华山街道	429004003
郑场镇	429004101
毛嘴镇	429004102
剅河镇	429004103
三伏潭镇	429004104
胡场镇	429004105
长埫口镇	429004106
西流河镇	429004107
沙湖镇	429004108
杨林尾镇	429004109
彭场镇	429004110
张沟镇	429004111
郭河镇	429004112
沔城回族镇	429004113
通海口镇	429004114
陈场镇	429004115
潜江市 (7 街道，10 镇)	**429005000**
园林街道	429005001
泽口街道	429005002
广华街道	429005003
周矶街道	429005004
杨市街道	429005005
泰丰街道	429005006
高场街道	429005007
竹根滩镇	429005100
渔洋镇	429005101
老新镇	429005102
熊口镇	429005103
王场镇	429005104
高石碑镇	429005105
积玉口镇	429005106
浩口镇	429005107
张金镇	429005108
龙湾镇	429005109
天门市 (3 街道，21 镇，1 乡)	**429006000**
竟陵街道	429006001
侨乡街道	429006002
杨林街道	429006003
多宝镇	429006100
拖市镇	429006101
张港镇	429006102
蒋场镇	429006103
汪场镇	429006104
渔薪镇	429006105
黄潭镇	429006106
岳口镇	429006107
横林镇	429006108
彭市镇	429006109
麻洋镇	429006110
多祥镇	429006111
干驿镇	429006112
马湾镇	429006113
卢市镇	429006114
小板镇	429006115
九真镇	429006116
皂市镇	429006118
胡市镇	429006119
石家河镇	429006120
佛子山镇	429006121
净潭乡	429006201
神农架林区 (6 镇，2 乡)	**429021000**
松柏镇	429021100
阳日镇	429021101
木鱼镇	429021102
红坪镇	429021103
新华镇	429021104
大九湖镇	429021105
宋洛乡	429021201
下谷坪土家族乡	429021203

湖南省

湖南省（湘）

行政区划名称	行政区划代码
湖南省（395 街道，1134 镇，398 乡）	**430000000**
长沙市（94 街道，68 镇，6 乡）	**430100000**
芙蓉区（13 街道）	**430102000**
文艺路街道	430102001
朝阳街街道	430102002
韭菜园街道	430102003
五里牌街道	430102008
火星街道	430102009
马王堆街道	430102010
东屯渡街道	430102011
湘湖街道	430102012
东岸街道	430102013
荷花园街道	430102014
马坡岭街道	430102015
东湖街道	430102016
定王台街道	430102017
天心区（14 街道）	**430103000**
坡子街街道	430103002
城南路街道	430103004
裕南街街道	430103005
金盆岭街道	430103006
新开铺街道	430103007
青园街道	430103008
桂花坪街道	430103009
先锋街道	430103010
赤岭路街道	430103011
文源街道	430103012
黑石铺街道	430103013
大托铺街道	430103014
暮云街道	430103015
南托街道	430103016
岳麓区（16 街道，2 镇）	**430104000**
望月湖街道	430104001
岳麓街道	430104002
桔子洲街道	430104003
银盆岭街道	430104004
观沙岭街道	430104005
望城坡街道	430104006
西湖街道	430104007
咸嘉湖街道	430104008
望岳街道	430104009
梅溪湖街道	430104010
麓谷街道	430104011
坪塘街道	430104012
含浦街道	430104013
天顶街道	430104014
洋湖街道	430104015
学士街道	430104016
莲花镇	430104101
雨敞坪镇	430104104
开福区（16 街道）	**430105000**
芙蓉北路街道	430105001
东风路街道	430105002
清水塘街道	430105003
望麓园街道	430105004
湘雅路街道	430105005
伍家岭街道	430105006
新河街道	430105009
通泰街街道	430105010
四方坪街道	430105012
洪山街道	430105013
捞刀河街道	430105015
浏阳河街道	430105016
月湖街道	430105017
沙坪街道	430105018
秀峰街道	430105019
青竹湖街道	430105020
雨花区（12 街道，1 镇）	**430111000**
侯家塘街道	430111001
左家塘街道	430111002
圭塘街道	430111003
砂子塘街道	430111004
东塘街道	430111005
雨花亭街道	430111006
高桥街道	430111007
井湾子街道	430111008
洞井街道	430111009
黎托街道	430111010
同升街道	430111011
东山街道	430111012
跳马镇	430111100
望城区（10 街道，5 镇）	**430112000**
高塘岭街道	430112001
白沙洲街道	430112006
大泽湖街道	430112007
月亮岛街道	430112008
丁字湾街道	430112009
金山桥街道	430112011
黄金园街道	430112012
铜官街道	430112014
乌山街道	430112015
雷锋街道	430112016
桥驿镇	430112101
茶亭镇	430112103
靖港镇	430112106
乔口镇	430112107
白箬铺镇	430112115
长沙县（5 街道，13 镇）	**430121000**
星沙街道	430121001
湘龙街道	430121002
泉塘街道	430121003
㮾梨街道	430121004
长龙街道	430121005
黄兴镇	430121102
江背镇	430121104
黄花镇	430121105
春华镇	430121106
果园镇	430121107
路口镇	430121108
高桥镇	430121109
金井镇	430121110
福临镇	430121111
青山铺镇	430121112
安沙镇	430121113
北山镇	430121114
开慧镇	430121117
浏阳市（4 街道，26 镇，2 乡）	**430181000**
淮川街道	430181001
集里街道	430181002
荷花街道	430181003
关口街道	430181004
沙市镇	430181100
淳口镇	430181101
社港镇	430181102
大围山镇	430181103
官渡镇	430181104
张坊镇	430181105
达浒镇	430181106
沿溪镇	430181107
古港镇	430181108
永和镇	430181109
大瑶镇	430181110
金刚镇	430181111
文家市镇	430181112
枨冲镇	430181114
镇头镇	430181115
普迹镇	430181116
永安镇	430181117
北盛镇	430181118
龙伏镇	430181120
澄潭江镇	430181121
中和镇	430181122
柏加镇	430181123
洞阳镇	430181124
高坪镇	430181125
官桥镇	430181127
葛家镇	430181128
小河乡	430181201
蕉溪乡	430181211
宁乡市（4 街道，21 镇，4 乡）	**430182000**
玉潭街道	430182001
城郊街道	430182002
白马桥街道	430182003
历经铺街道	430182004
道林镇	430182101
花明楼镇	430182102
东湖塘镇	430182103
夏铎铺镇	430182104
双江口镇	430182105
煤炭坝镇	430182106

续表 1

行政区划名称	行政区划代码	行政区划名称	行政区划代码	行政区划名称	行政区划代码
坝塘镇	430182107	龙潭镇	430221108	泗汾镇	430281107
灰汤镇	430182109	龙船镇	430221109	沈潭镇	430281108
双凫铺镇	430182110	龙门镇	430221110	船湾镇	430281109
老粮仓镇	430182111	**攸县（4 街道，13 镇）**	**430223000**	均楚镇	430281116
流沙河镇	430182112	春联街道	430223003	石亭镇	430281117
巷子口镇	430182113	谭桥街道	430223004	李畋镇	430281120
龙田镇	430182114	联星街道	430223005	明月镇	430281121
黄材镇	430182115	江桥街道	430223006	茶山镇	430281122
横市镇	430182116	酒埠江镇	430223102	左权镇	430281123
回龙铺镇	430182117	桃水镇	430223103	枫林镇	430281124
大成桥镇	430182118	鸾山镇	430223104	沩山镇	430281125
青山桥镇	430182119	丫江桥镇	430223108	孙家湾镇	430281126
金洲镇	430182120	渌田镇	430223109	嘉树镇	430281127
大屯营镇	430182121	石羊塘镇	430223115	板杉镇	430281128
资福镇	430182122	皇图岭镇	430223119	官庄镇	430281129
菁华铺乡	430182203	菜花坪镇	430223120	**湘潭市（24 街道，35 镇，**	**430300000**
喻家坳乡	430182209	莲塘坳镇	430223121	**10 乡）**	
沩山乡	430182211	黄丰桥镇	430223122	**雨湖区（9 街道，3 镇，2 乡）**	**430302000**
沙田乡	430182213	新市镇	430223123	雨湖路街道	430302001
株洲市（33 街道，61 镇，	**430200000**	宁家坪镇	430223124	城正街街道	430302002
7 乡）		网岭镇	430223125	云塘街道	430302004
荷塘区（5 街道，1 镇）	**430202000**	**茶陵县（4 街道，10 镇，2 乡）**	**430224000**	广场街道	430302005
月塘街道	430202001	云阳街道	430224001	窑湾街道	430302007
茨菇塘街道	430202002	思聪街道	430224002	昭潭街道	430302009
宋家桥街道	430202003	洣江街道	430224003	先锋街道	430302010
金山街道	430202004	下东街道	430224004	万楼街道 *	430302011
桂花街道	430202005	界首镇	430224101	和平街道	430302012
仙庾镇	430202100	严塘镇	430224102	鹤岭镇	430302100
芦淞区（7 街道，1 镇）	**430203000**	湖口镇	430224103	楠竹山镇	430302101
贺家土街道	430203001	马江镇	430224105	姜畲镇	430302102
建设街道	430203002	高陇镇	430224106	长城乡	430302202
建宁街道	430203003	虎踞镇	430224109	响水乡	430302205
董家塅街道	430203004	枣市镇	430224111	**岳塘区（11 街道，1 镇）**	**430304000**
庆云街道	430203005	火田镇	430224112	岳塘街道	430304001
龙泉街道	430203006	秩堂镇	430224113	东坪街道	430304002
枫溪街道	430203007	腰潞镇	430224114	书院路街道	430304004
白关镇	430203100	桃坑乡	430224201	下摄司街道	430304005
石峰区（6 街道，1 镇）	**430204000**	舲舫乡	430224203	建设路街道	430304006
田心街道	430204001	**炎陵县（5 镇，5 乡）**	**430225000**	五里堆街道	430304008
响石岭街道	430204002	霞阳镇	430225100	宝塔街道	430304010
清水塘街道	430204003	沔渡镇	430225101	霞城街道	430304012
铜塘湾街道	430204004	十都镇	430225102	荷塘街道	430304013
井龙街道	430204005	水口镇	430225103	板塘街道	430304014
学林街道	430204006	鹿原镇	430225105	双马街道	430304015
云田镇	430204101	垄溪乡	430225200	昭山镇	430304101
天元区（3 街道，3 镇）	**430211000**	策源乡	430225202	**湘潭县（14 镇，3 乡）**	**430321000**
嵩山路街道	430211001	下村乡	430225203	易俗河镇	430321100
泰山路街道	430211002	船形乡	430225207	谭家山镇	430321102
栗雨街道	430211003	中村瑶族乡	430225208	中路铺镇	430321103
群丰镇	430211101	**醴陵市（4 街道，19 镇）**	**430281000**	茶恩寺镇	430321104
雷打石镇	430211102	阳三石街道	430281002	河口镇	430321105
三门镇	430211103	来龙门街道	430281006	射埠镇	430321106
株洲县（8 镇）	**430221000**	仙岳山街道	430281008	花石镇	430321107
渌口镇	430221100	国瓷街道	430281009	青山桥镇	430321108
朱亭镇	430221101	白兔潭镇	430281102	石鼓镇	430321109
淦田镇	430221102	浦口镇	430281103	云湖桥镇	430321111
古岳峰镇	430221106	王仙镇	430281105	石潭镇	430321112
南洲镇	430221107	东富镇	430281106	杨嘉桥镇	430321113

续表 2

行政区划名称	行政区划代码	行政区划名称	行政区划代码	行政区划名称	行政区划代码
乌石镇	430321114	五一街道	430407004	咸塘镇	430422121
白石镇	430321115	合江街道	430407005	松江镇	430422122
分水乡	430321202	黄沙湾街道	430407006	云集镇	430422123
排头乡	430321203	金源街道	430407007	三塘镇	430422124
锦石乡	430321205	角山乡	430407201	花桥镇	430422125
湘乡市(4街道,15镇,3乡)	**430381000**	**蒸湘区(4街道,2镇)**	**430408000**	鸡笼镇	430422126
望春门街道	430381001	红湘街道	430408002	相市乡	430422200
新湘路街道	430381002	华兴街道	430408003	**衡山县(7镇,5乡)**	**430423000**
昆仑桥街道	430381003	联合街道	430408004	长江镇	430423104
东山街道	430381004	蒸湘街道	430408005	新桥镇	430423105
山枣镇	430381100	呆鹰岭镇	430408100	店门镇	430423107
栗山镇	430381101	雨母山镇	430408101	东湖镇	430423108
中沙镇	430381102	**南岳区(1街道,1镇,1乡)**	**430412000**	白果镇	430423109
虞唐镇	430381103	祝融街道	430412001	萱洲镇	430423110
潭市镇	430381104	南岳镇	430412100	开云镇	430423111
棋梓镇	430381105	寿岳乡	430412203	永和乡	430423201
壶天镇	430381106	**衡阳县(17镇,8乡)**	**430421000**	福田铺乡	430423203
翻江镇	430381107	西渡镇	430421100	贯塘乡	430423207
金石镇	430381108	集兵镇	430421101	江东乡	430423208
白田镇	430381109	杉桥镇	430421103	岭坡乡	430423209
月山镇	430381110	井头镇	430421104	**衡东县(15镇,2乡)**	**430424000**
泉塘镇	430381111	演陂镇	430421105	石湾镇	430424101
梅桥镇	430381112	金兰镇	430421106	新塘镇	430424102
毛田镇	430381113	洪市镇	430421107	大浦镇	430424103
龙洞镇	430381114	曲兰镇	430421108	吴集镇	430424104
东郊乡	430381200	金溪镇	430421109	甘溪镇	430424105
金薮乡	430381202	界牌镇	430421110	杨林镇	430424106
育塅乡	430381203	渣江镇	430421111	草市镇	430424107
韶山市(2镇,2乡)	**430382000**	三湖镇	430421112	杨桥镇	430424108
清溪镇	430382100	台源镇	430421113	霞流镇	430424109
银田镇	430382101	关市镇	430421114	荣桓镇	430424110
韶山乡	430382200	库宗桥镇	430421115	高湖镇	430424111
杨林乡	430382203	岘山镇	430421116	白莲镇	430424112
衡阳市(38街道,115镇,	**430400000**	石市镇	430421117	蓬源镇	430424114
32乡)		樟木乡	430421200	洣水镇	430424115
珠晖区(7街道,1镇,2乡)	**430405000**	岣嵝乡	430421201	三樟镇	430424117
广东路街道	430405001	栏垅乡	430421205	南湾乡	430424204
东风街道	430405002	大安乡	430421207	石滩乡	430424211
冶金街道	430405003	溪江乡	430421208	**祁东县(4街道,17镇,3乡)**	**430426000**
苗圃街道	430405004	长安乡	430421210	洪桥街道	430426001
粤汉街道	430405005	板市乡	430421211	玉合街道	430426002
衡州路街道	430405007	樟树乡	430421212	永昌街道	430426003
东阳渡街道	430405008	**衡南县(21镇,1乡)**	**430422000**	白鹤街道	430426004
茶山坳镇	430405100	廖田镇	430422102	金桥镇	430426102
和平乡	430405200	茶市镇	430422103	鸟江镇	430426103
酃湖乡	430405201	冠市镇	430422104	粮市镇	430426104
雁峰区(6街道,1镇)	**430406000**	江口镇	430422105	河洲镇	430426105
先锋街道	430406001	宝盖镇	430422106	归阳镇	430426106
雁峰街道	430406002	铁丝塘镇	430422108	过水坪镇	430426107
天马山街道	430406003	泉溪镇	430422109	双桥镇	430426108
黄茶岭街道	430406004	洪山镇	430422110	灵官镇	430426109
白沙洲街道	430406005	谭子山镇	430422112	风石堰镇	430426110
金龙坪街道	430406006	泉湖镇	430422114	白地市镇	430426111
岳屏镇	430406100	柞市镇	430422115	黄土铺镇	430426112
石鼓区(7街道,1乡)	**430407000**	茅市镇	430422116	石亭子镇	430426113
人民路街道	430407001	硫市镇	430422117	官家嘴镇	430426114
青山街道	430407002	栗江镇	430422118	步云桥镇	430426115
潇湘街道	430407003	近尾洲镇	430422119	砖塘镇	430426116

续表 3

行政区划名称	行政区划代码
蒋家桥镇	430426117
太和堂镇	430426118
马杜桥乡	430426200
凤歧坪乡	430426201
城连墟乡	430426202
耒阳市（6 街道，19 镇，5 乡）	**430481000**
蔡子池街道	430481001
灶市街街道	430481002
水东江街道	430481003
五里牌街道	430481004
三架街道	430481006
余庆街道	430481007
黄市镇	430481100
小水镇	430481101
公平圩镇	430481102
三都镇	430481104
南阳镇	430481105
夏塘镇	430481107
龙塘镇	430481108
哲桥镇	430481109
永济镇	430481110
遥田镇	430481111
新市镇	430481112
淝田镇	430481113
仁义镇	430481114
南京镇	430481115
大市镇	430481116
导子镇	430481117
马水镇	430481118
大义镇	430481119
东湖圩镇	430481120
亮源乡	430481201
太平圩乡	430481203
长坪乡	430481213
大和圩乡	430481214
坛下乡	430481215
常宁市（3 街道，14 镇，4 乡）	**430482000**
泉峰街道	430482001
培元街道	430482002
宜阳街道	430482003
柏坊镇	430482101
烟洲镇	430482103
荫田镇	430482104
白沙镇	430482105
西岭镇	430482106
三角塘镇	430482108
洋泉镇	430482109
庙前镇	430482110
罗桥镇	430482111
板桥镇	430482112
胜桥镇	430482113
官岭镇	430482114
新河镇	430482115
水口山镇	430482116
蓬塘乡	430482201
兰江乡	430482202
大堡乡	430482203
塔山瑶族乡	430482206
邵阳市（34 街道，110 镇，57 乡）	**430500000**
双清区（9 街道，2 镇，1 乡）	**430502000**
兴隆街道	430502001
龙须塘街道	430502002
汽车站街道	430502003
小江湖街道	430502004
东风路街道	430502005
桥头街道	430502006
滨江街道	430502007
石桥街道	430502008
爱莲街道	430502009
高崇山镇	430502100
渡头桥镇	430502101
火车站乡	430502202
大祥区（11 街道，1 镇，2 乡）	**430503000**
中心路街道	430503001
红旗路街道	430503002
城北路街道	430503003
城西街道	430503004
翠园街道	430503005
百春园街道	430503006
城南街道	430503007
火车南站街道	430503008
学院路街道	430503009
雨溪街道	430503010
檀江街道	430503011
罗市镇	430503101
蔡锷乡	430503203
板桥乡	430503204
北塔区（4 街道，1 乡）	**430511000**
新滩镇街道	430511001
状元洲街道	430511002
茶元头街道	430511003
田江街道	430511004
陈家桥乡	430511203
邵东县（3 街道，18 镇，4 乡）	**430521000**
两市塘街道	430521001
宋家塘街道	430521002
大禾塘街道	430521004
九龙岭镇	430521103
仙槎桥镇	430521104
火厂坪镇	430521105
佘田桥镇	430521106
团山镇	430521108
砂石镇	430521109
廉桥镇	430521110
流光岭镇	430521111
流泽镇	430521112
魏家桥镇	430521113
野鸡坪镇	430521114
杨桥镇	430521115
水东江镇	430521116
黑田铺镇	430521117
简家陇镇	430521118
界岭镇	430521119
牛马司镇	430521120
灵官殿镇	430521121
双凤乡	430521203
周官桥乡	430521204
堡面前乡	430521209
斫曹乡	430521212
新邵县（13 镇，2 乡）	**430522000**
酿溪镇	430522100
严塘镇	430522101
雀塘镇	430522102
陈家坊镇	430522103
潭溪镇	430522104
寸石镇	430522105
坪上镇	430522106
龙溪铺镇	430522107
巨口铺镇	430522108
新田铺镇	430522109
小塘镇	430522110
太芝庙镇	430522111
大新镇	430522112
潭府乡	430522200
迎光乡	430522203
邵阳县（12 镇，8 乡）	**430523000**
塘渡口镇	430523100
白仓镇	430523101
金称市镇	430523102
塘田市镇	430523103
黄亭市镇	430523104
长阳铺镇	430523105
岩口铺镇	430523106
九公桥镇	430523107
下花桥镇	430523108
谷洲镇	430523109
郦家坪镇	430523110
五峰铺镇	430523111
小溪市乡	430523201
长乐乡	430523203
蔡桥乡	430523204
河伯乡	430523205
黄荆乡	430523206
诸甲亭乡	430523207
罗城乡	430523208
金江乡	430523209
隆回县（19 镇，5 乡）	**430524000**
桃洪镇	430524100
小沙江镇	430524101
金石桥镇	430524102
司门前镇	430524103
高平镇	430524104
六都寨镇	430524105
荷香桥镇	430524106
横板桥镇	430524107
周旺镇	430524108
滩头镇	430524109
鸭田镇	430524110
西洋江镇	430524111
岩口镇	430524113
北山镇	430524114
三阁司镇	430524115
七江镇	430524116

续表 4

行政区划名称	行政区划代码
南岳庙镇	430524117
罗洪镇	430524118
羊古坳镇	430524119
麻塘山乡	430524200
虎形山瑶族乡	430524201
大水田乡	430524203
荷田乡	430524207
山界回族乡	430524212
洞口县（3 街道，12 镇，8 乡）	**430525000**
文昌街道	430525001
雪峰街道	430525002
花古街道	430525003
江口镇	430525101
毓兰镇	430525102
高沙镇	430525103
竹市镇	430525104
石江镇	430525105
黄桥镇	430525106
山门镇	430525107
醪田镇	430525108
花园镇	430525109
岩山镇	430525110
水东镇	430525111
杨林镇	430525112
古楼乡	430525201
长塘瑶族乡	430525202
𦰡溪瑶族乡	430525203
月溪乡	430525204
渣坪乡	430525205
石柱乡	430525210
桐山乡	430525211
大屋瑶族乡	430525212
绥宁县（8 镇，9 乡）	**430527000**
长铺镇	430527100
武阳镇	430527101
李熙桥镇	430527102
红岩镇	430527103
唐家坊镇	430527104
金屋塘镇	430527105
瓦屋塘镇	430527106
黄土矿镇	430527107
东山侗族乡	430527200
鹅公岭侗族苗族乡	430527201
寨市苗族侗族乡	430527203
乐安铺苗族侗族乡	430527204
关峡苗族乡	430527206
长铺子苗族侗族乡	430527207
麻塘苗族瑶族乡	430527210
河口苗族乡	430527212
水口乡	430527217
新宁县（8 镇，8 乡）	**430528000**
水庙镇	430528101
崀山镇	430528102
黄龙镇	430528104
高桥镇	430528105
回龙寺镇	430528106
一渡水镇	430528107
马头桥镇	430528108
金石镇	430528109
黄金瑶族乡	430528200
麻林瑶族乡	430528201
万塘乡	430528203
清江桥乡	430528204
安山乡	430528205
丰田乡	430528206
巡田乡	430528208
靖位乡	430528209
城步苗族自治县（6 镇，6 乡）	**430529000**
儒林镇	430529100
茅坪镇	430529101
西岩镇	430529102
丹口镇	430529103
五团镇	430529104
长安营镇	430529106
威溪乡	430529200
白毛坪乡	430529202
兰蓉乡	430529203
汀坪乡	430529204
蒋坊乡	430529205
金紫乡	430529206
武冈市（4 街道，11 镇，3 乡）	**430581000**
辕门口街道	430581001
迎春亭街道	430581002
法相岩街道	430581003
水西门街道	430581004
邓元泰镇	430581100
湾头桥镇	430581101
文坪镇	430581102
荆竹铺镇	430581103
稠树塘镇	430581104
邓家铺镇	430581105
龙溪镇	430581106
司马冲镇	430581107
秦桥镇	430581108
大甸镇	430581109
双牌镇	430581110
马坪乡	430581204
晏田乡	430581205
水浸坪乡	430581207
岳阳市（24 街道，89 镇，14 乡）	**430600000**
岳阳楼区（17 街道，1 镇，2 乡）	**430602000**
岳阳楼街道	430602001
三眼桥街道	430602002
吕仙亭街道	430602003
金鹗山街道	430602004
东茅岭街道	430602005
五里牌街道	430602006
望岳路街道	430602007
城陵矶街道	430602008
枫桥湖街道	430602009
奇家岭街道	430602010
洞庭街道	430602011
洛王街道	430602012
站前路街道	430602014
王家河街道	430602015
湖滨街道	430602016
南湖街道	430602017
求索街道	430602018
西塘镇	430602100
郭镇乡	430602201
康王乡	430602202
云溪区（2 街道，2 镇）	**430603000**
长岭街道	430603001
云溪街道	430603002
陆城镇	430603101
路口镇	430603102
君山区（1 街道，4 镇）	**430611000**
柳林洲街道	430611002
广兴洲镇	430611101
许市镇	430611102
钱粮湖镇	430611103
良心堡镇	430611104
岳阳县（12 镇，2 乡）	**430621000**
荣家湾镇	430621100
黄沙街镇	430621104
新墙镇	430621105
柏祥镇	430621106
筻口镇	430621107
公田镇	430621108
毛田镇	430621109
月田镇	430621110
张谷英镇	430621111
新开镇	430621112
步仙镇	430621113
杨林街镇	430621114
中洲乡	430621202
长湖乡	430621203
华容县（12 镇，2 乡）	**430623000**
三封寺镇	430623101
治河渡镇	430623102
北景港镇	430623103
鲇鱼须镇	430623104
万庾镇	430623106
梅田湖镇	430623109
插旗镇	430623110
注滋口镇	430623111
操军镇	430623112
东山镇	430623113
章华镇	430623114
禹山镇	430623115
新河乡	430623201
团洲乡	430623207
湘阴县（12 镇，2 乡）	**430624000**
文星镇	430624100
东塘镇	430624101
金龙镇	430624103
樟树镇	430624104
鹤龙湖镇	430624105
新泉镇	430624107
南湖洲镇	430624111
岭北镇	430624114
湘滨镇	430624115

续表 5

行政区划名称	行政区划代码
三塘镇	430624117
玉华镇	430624119
静河镇	430624120
六塘乡	430624201
杨林寨乡	430624217
平江县（19 镇，5 乡）	**430626000**
汉昌镇	430626100
安定镇	430626101
三市镇	430626102
加义镇	430626103
长寿镇	430626104
龙门镇	430626105
虹桥镇	430626106
南江镇	430626107
梅仙镇	430626108
浯口镇	430626109
瓮江镇	430626110
伍市镇	430626111
向家镇	430626112
童市镇	430626113
岑川镇	430626114
福寿山镇	430626115
上塔市镇	430626116
石牛寨镇	430626117
余坪镇	430626118
三阳乡	430626200
木金乡	430626205
板江乡	430626208
大洲乡	430626209
三墩乡	430626211
汨罗市（1 街道，17 镇，1 乡）	**430681000**
天问街道	430681001
汨罗镇	430681101
新市镇	430681102
古培镇	430681103
白水镇	430681104
川山坪镇	430681105
弼时镇	430681107
大荆镇	430681111
桃林寺镇	430681112
三江镇	430681113
屈子祠镇	430681118
白塘镇	430681119
河市镇	430681120
营田镇	430681121
罗江镇	430681124
归义镇	430681125
神鼎山镇	430681126
长乐镇	430681127
凤凰乡	430681215
临湘市（3 街道，10 镇）	**430682000**
长安街道	430682001
桃矿街道	430682003
五里牌街道	430682004
忠防镇	430682101
聂市镇	430682103
江南镇	430682105
羊楼司镇	430682106
桃林镇	430682107
长塘镇	430682108
白羊田镇	430682109
詹桥镇	430682110
黄盖镇	430682113
坦渡镇	430682114
常德市（42 街道，107 镇，20 乡）	**430700000**
武陵区（15 街道，2 镇，2 乡）	**430702000**
启明街道	430702001
府坪街道	430702002
穿紫河街道	430702003
丹阳街道	430702004
白马湖街道	430702005
长庚街道	430702006
南坪街道	430702007
东江街道	430702008
永安街道	430702009
芙蓉街道	430702010
芷兰街道	430702011
德山街道	430702012
柳叶湖街道	430702013
七里桥街道	430702014
樟木桥街道	430702015
河洑镇	430702100
白鹤镇	430702104
芦荻山乡	430702200
丹洲乡	430702204
鼎城区（6 街道，19 镇，1 乡）	**430703000**
玉霞街道	430703001
红云街道	430703002
郭家铺街道	430703003
斗姆湖街道	430703004
金凤街道	430703005
龙泉街道	430703006
蒿子港镇	430703101
中河口镇	430703102
十美堂镇	430703103
牛鼻滩镇	430703104
韩公渡镇	430703105
石公桥镇	430703106
镇德桥镇	430703107
周家店镇	430703108
双桥坪镇	430703110
灌溪镇	430703111
蔡家岗镇	430703112
草坪镇	430703114
谢家铺镇	430703116
黄土店镇	430703117
尧天坪镇	430703118
花岩溪镇	430703119
石板滩镇	430703121
石门桥镇	430703122
祝丰镇	430703123
许家桥回族维吾尔族乡	430703204
安乡县（8 镇，4 乡）	**430721000**
深柳镇	430721100
黄山头镇	430721102
下渔口镇	430721105
大鲸港镇	430721108
官垱镇	430721109
陈家嘴镇	430721110
三岔河镇	430721111
大湖口镇	430721112
安障乡	430721201
安全乡	430721205
安丰乡	430721208
安康乡	430721210
汉寿县（4 街道，16 镇，3 乡）	**430722000**
辰阳街道	430722001
龙阳街道	430722002
沧浪街道	430722003
株木山街道	430722004
蒋家嘴镇	430722101
岩汪湖镇	430722102
坡头镇	430722103
西港镇	430722104
洲口镇	430722105
罐头嘴镇	430722106
沧港镇	430722107
朱家铺镇	430722108
太子庙镇	430722109
崔家桥镇	430722111
军山铺镇	430722112
百禄桥镇	430722113
西湖镇	430722114
洋淘湖镇	430722115
丰家铺镇	430722116
龙潭桥镇	430722117
聂家桥乡	430722205
毛家滩回族维吾尔族乡	430722206
西洲乡	430722217
澧县（4 街道，15 镇）	**430723000**
澧西街道	430723001
澧阳街道	430723002
澧浦街道	430723003
澧澹街道	430723004
城头山镇	430723101
小渡口镇	430723102
梦溪镇	430723103
复兴镇	430723104
盐井镇	430723105
大堰垱镇	430723107
王家厂镇	430723108
金罗镇	430723109
码头铺镇	430723110
甘溪滩镇	430723112
火连坡镇	430723113
澧南镇	430723114
如东镇	430723115
涔南镇	430723116
官垸镇	430723117
临澧县（2 街道，7 镇，2 乡）	**430724000**
安福街道	430724001
望城街道	430724002
合口镇	430724101

续表 6

行政区划名称	行政区划代码
新安镇	430724102
佘市桥镇	430724103
太浮镇	430724104
四新岗镇	430724105
停弦渡镇	430724106
修梅镇	430724107
烽火乡	430724204
刻木山乡	430724209
桃源县 (2 街道，23 镇，4 乡)	**430725000**
漳江街道	430725001
浔阳街道	430725002
陬市镇	430725101
盘塘镇	430725102
热市镇	430725103
黄石镇	430725104
漆河镇	430725105
理公港镇	430725106
观音寺镇	430725107
龙潭镇	430725108
三阳港镇	430725109
剪市镇	430725110
茶庵铺镇	430725111
西安镇	430725112
沙坪镇	430725113
桃花源镇	430725114
架桥镇	430725115
马鬃岭镇	430725116
夷望溪镇	430725117
杨溪桥镇	430725118
郑家驿镇	430725119
双溪口镇	430725120
牛车河镇	430725121
九溪镇	430725122
木塘垸镇	430725123
青林回族维吾尔族乡	430725200
枫树维吾尔族回族乡	430725202
佘家坪乡	430725212
泥窝潭乡	430725216
石门县 (4 街道，13 镇，4 乡)	**430726000**
楚江街道	430726001
永兴街道	430726002
宝峰街道	430726003
二都街道	430726004
蒙泉镇	430726101
夹山镇	430726102
易家渡镇	430726103
新关镇	430726104
皂市镇	430726105
维新镇	430726106
太平镇	430726107
磨市镇	430726108
壶瓶山镇	430726109
南北镇	430726110
白云镇	430726111
子良镇	430726112
新铺镇	430726113
三圣乡	430726203
所街乡	430726205
雁池乡	430726206
罗坪乡	430726207
津市市 (5 街道，4 镇)	**430781000**
三洲驿街道	430781001
汪家桥街道	430781002
襄阳街道	430781003
金鱼岭街道	430781004
嘉山街道	430781005
新洲镇	430781100
药山镇	430781101
毛里湖镇	430781102
白衣镇	430781103
张家界市 (8 街道，34 镇，30 乡)	**430800000**
永定区 (6 街道，7 镇，7 乡)	**430802000**
永定街道	430802001
大庸桥街道	430802002
西溪坪街道	430802003
官黎坪街道	430802004
崇文街道	430802005
南庄坪街道	430802006
新桥镇	430802100
茅岩河镇	430802101
教字垭镇	430802102
天门山镇	430802103
沅古坪镇	430802104
尹家溪镇	430802105
王家坪镇	430802108
三家馆乡	430802201
合作桥乡	430802204
谢家垭乡	430802206
罗塔坪乡	430802208
罗水乡	430802209
桥头乡	430802210
四都坪乡	430802212
武陵源区 (2 街道，2 乡)	**430811000**
军地坪街道	430811004
锣鼓塔街道	430811005
协合乡	430811201
中湖乡	430811202
慈利县 (15 镇，10 乡)	**430821000**
零阳镇	430821100
岩泊渡镇	430821101
溪口镇	430821102
东岳观镇	430821103
通津铺镇	430821104
杉木桥镇	430821105
象市镇	430821106
江垭镇	430821107
苗市镇	430821108
高桥镇	430821110
广福桥镇	430821112
零溪镇	430821113
二坊坪镇	430821114
三合镇	430821115
龙潭河镇	430821116
南山坪乡	430821200
洞溪乡	430821202
杨柳铺乡	430821209
三官寺土家族乡	430821211
高峰土家族乡	430821212
许家坊土家族乡	430821213
金岩土家族乡	430821214
赵家岗土家族乡	430821215
阳和土家族乡	430821217
甘堰土家族乡	430821218
桑植县 (12 镇，11 乡)	**430822000**
澧源镇	430822100
瑞塔铺镇	430822101
官地坪镇	430822102
凉水口镇	430822103
龙潭坪镇	430822104
五道水镇	430822105
陈家河镇	430822106
廖家村镇	430822107
利福塔镇	430822108
人潮溪镇	430822109
八大公山镇	430822110
桥自弯镇	430822111
空壳树乡	430822200
竹叶坪乡	430822202
走马坪白族乡	430822203
刘家坪白族乡	430822207
芙蓉桥白族乡	430822208
马合口白族乡	430822210
洪家关白族乡	430822213
沙塔坪乡	430822216
河口乡	430822224
上河溪乡	430822225
上洞街乡	430822228
益阳市 (11 街道，70 镇，11 乡)	**430900000**
资阳区 (2 街道，5 镇，1 乡)	**430902000**
大码头街道	430902001
汽车路街道	430902003
长春镇	430902100
新桥河镇	430902101
迎风桥镇	430902102
沙头镇	430902104
茈湖口镇	430902105
张家塞乡	430902203
赫山区 (7 街道，10 镇，1 乡)	**430903000**
赫山街道	430903001
桃花仑街道	430903002
金银山街道	430903003
会龙山街道	430903004
鱼形山街道	430903005
龙光桥街道	430903006
朝阳街道	430903007
兰溪镇	430903100
八字哨镇	430903101
泉交河镇	430903103
欧江岔镇	430903104
沧水铺镇	430903105
衡龙桥镇	430903106
岳家桥镇	430903107

续表 7

行政区划名称	行政区划代码	行政区划名称	行政区划代码	行政区划名称	行政区划代码
泥江口镇	430903108	南金乡	430923211	莲塘镇	431021108
新市渡镇	430903110	古楼乡	430923212	荷叶镇	431021110
谢林港镇	430903111	**沅江市（2 街道，11 镇）**	**430981000**	方元镇	431021111
笔架山乡	430903203	琼湖街道	430981006	樟市镇	431021112
南县（14 镇，1 乡）	**430921000**	胭脂湖街道	430981007	敖泉镇	431021113
南洲镇	430921100	南大膳镇	430981100	正和镇	431021114
华阁镇	430921101	黄茅洲镇	430981101	春陵江镇	431021116
明山头镇	430921102	四季红镇	430981102	雷坪镇	431021122
青树嘴镇	430921103	阳罗洲镇	430981103	四里镇	431021123
三仙湖镇	430921104	草尾镇	430981104	欧阳海镇	431021124
茅草街镇	430921105	泗湖山镇	430981105	浩塘镇	431021125
厂窖镇	430921106	共华镇	430981106	桥市乡	431021209
武圣宫镇	430921107	南嘴镇	430981107	白水瑶族乡	431021226
麻河口镇	430921108	新湾镇	430981108	**宜章县（14 镇，5 乡）**	**431022000**
浪拔湖镇	430921125	茶盘洲镇	430981110	白石渡镇	431022101
中鱼口镇	430921126	千山红镇	430981111	梅田镇	431022104
金盆镇	430921127	**郴州市（21 街道，100 镇，**	**431000000**	黄沙镇	431022106
北洲子镇	430921128	**37 乡）**		迎春镇	431022107
河坝镇	430921129	**北湖区（10 街道，2 镇，2 乡）**	**431002000**	一六镇	431022108
乌嘴乡	430921201	人民路街道	431002001	栗源镇	431022109
桃江县（12 镇，3 乡）	**430922000**	北湖街道	431002002	岩泉镇	431022110
桃花江镇	430922100	燕泉街道	431002003	玉溪镇	431022111
修山镇	430922101	下湄桥街道	431002004	瑶岗仙镇	431022112
三堂街镇	430922102	郴江街道	431002005	杨梅山镇	431022113
鸬鹚渡镇	430922103	骆仙街道	431002006	笆篱镇	431022114
大栗港镇	430922104	增福街道	431002007	五岭镇	431022115
武潭镇	430922105	涌泉街道	431002008	里田镇	431022116
马迹塘镇	430922106	石盖塘街道	431002009	天塘镇	431022117
石牛江镇	430922107	安和街道	431002010	浆水乡	431022201
牛田镇	430922108	华塘镇	431002101	长村乡	431022202
松木塘镇	430922109	鲁塘镇	431002102	莽山瑶族乡	431022205
灰山港镇	430922111	仰天湖瑶族乡	431002209	关溪乡	431022208
沾溪镇	430922112	保和瑶族乡	431002210	赤石乡	431022212
浮邱山乡	430922202	**苏仙区（6 街道，8 镇）**	**431003000**	**永兴县（11 镇，4 乡）**	**431023000**
高桥乡	430922203	苏仙岭街道	431003001	马田镇	431023101
鲊埠回族乡	430922208	南塔街道	431003002	金龟镇	431023104
安化县（18 镇，5 乡）	**430923000**	白鹿洞街道	431003003	柏林镇	431023105
东坪镇	430923100	王仙岭街道	431003004	鲤鱼塘镇	431023106
清塘铺镇	430923101	卜里坪街道	431003005	悦来镇	431023108
梅城镇	430923102	观山洞街道	431003006	黄泥镇	431023111
仙溪镇	430923103	白露塘镇	431003101	樟树镇	431023112
大福镇	430923104	良田镇	431003102	太和镇	431023113
长塘镇	430923105	栖凤渡镇	431003103	便江镇	431023114
小淹镇	430923106	坳上镇	431003104	油麻镇	431023115
江南镇	430923107	五盖山镇	431003108	高亭司镇	431023116
羊角塘镇	430923108	五里牌镇	431003110	洋塘乡	431023203
冷市镇	430923109	许家洞镇	431003111	大布江乡	431023214
马路镇	430923110	飞天山镇	431003112	龙形市乡	431023215
奎溪镇	430923111	**桂阳县（3 街道，17 镇，2 乡）**	**431021000**	七甲乡	431023216
烟溪镇	430923112	龙潭街道	431021001	**嘉禾县（9 镇，1 乡）**	**431024000**
渠江镇	430923113	鹿峰街道	431021002	塘村镇	431024102
平口镇	430923114	黄沙坪街道	431021003	袁家镇	431024103
柘溪镇	430923115	仁义镇	431021102	行廊镇	431024104
乐安镇	430923116	太和镇	431021103	龙潭镇	431024106
滔溪镇	430923117	洋市镇	431021104	石桥镇	431024107
高明乡	430923200	和平镇	431021105	珠泉镇	431024108
龙塘乡	430923206	流峰镇	431021106	坦坪镇	431024110
田庄乡	430923209	塘市镇	431021107	广发镇	431024111

续表 8

行政区划名称	行政区划代码
晋屏镇	431024120
普满乡	431024201
临武县（9镇，4乡）	**431025000**
金江镇	431025101
南强镇	431025105
麦市镇	431025109
楚江镇	431025110
香花镇	431025111
舜峰镇	431025112
汾市镇	431025113
水东镇	431025114
武水镇	431025115
花塘乡	431025208
万水乡	431025211
镇南乡	431025214
西山瑶族乡	431025217
汝城县（9镇，5乡）	**431026000**
热水镇	431026102
泉水镇	431026104
大坪镇	431026106
三江口镇	431026107
卢阳镇	431026108
马桥镇	431026110
暖水镇	431026111
土桥镇	431026112
井坡镇	431026113
南洞乡	431026207
濠头乡	431026209
集益乡	431026215
延寿瑶族乡	431026216
文明瑶族乡	431026217
桂东县（7镇，4乡）	**431027000**
沙田镇	431027101
清泉镇	431027102
大塘镇	431027103
四都镇	431027104
沤江镇	431027105
寨前镇	431027106
普乐镇	431027107
桥头乡	431027200
新坊乡	431027208
东洛乡	431027210
青山乡	431027213
安仁县（5镇，8乡）	**431028000**
安平镇	431028101
龙海镇	431028102
灵官镇	431028105
永乐江镇	431028106
金紫仙镇	431028107
龙市乡	431028201
渡口乡	431028204
华王乡	431028205
牌楼乡	431028206
平背乡	431028207
承坪乡	431028209
竹山乡	431028210
洋际乡	431028214
资兴市（2街道，9镇，2乡）	**431081000**
唐洞街道	431081001
东江街道	431081002
滁口镇	431081100
三都镇	431081102
蓼江镇	431081103
兴宁镇	431081105
州门司镇	431081106
黄草镇	431081108
汤溪镇	431081110
白廊镇	431081112
清江镇	431081113
回龙山瑶族乡	431081219
八面山瑶族乡	431081220
永州市（30街道，111镇，40乡）	**431100000**
零陵区（6街道，7镇，3乡）	**431102000**
朝阳街道	431102001
南津渡街道	431102002
七里店街道	431102003
徐家井街道	431102004
接履桥街道	431102005
石山脚街道	431102006
水口山镇	431102101
珠山镇	431102102
黄田铺镇	431102103
富家桥镇	431102104
菱角塘镇	431102105
邮亭圩镇	431102106
石岩头镇	431102108
大庆坪乡	431102200
梳子铺乡	431102201
凼底乡	431102203
冷水滩区（10街道，8镇，1乡）	**431103000**
梅湾街道	431103001
菱角山街道	431103002
肖家园街道	431103003
杨家桥街道	431103004
凤凰街道	431103005
梧桐街道	431103006
珊瑚街道	431103007
曲河街道	431103008
岚角山街道	431103009
仁湾街道	431103010
花桥街镇	431103101
普利桥镇	431103102
牛角坝镇	431103103
高溪市镇	431103104
黄阳司镇	431103105
上岭桥镇	431103106
伊塘镇	431103108
蔡市镇	431103110
杨村甸乡	431103201
祁阳县（3街道，20镇，3乡）	**431121000**
龙山街道	431121001
长虹街道	431121002
浯溪街道	431121003
观音滩镇	431121101
茅竹镇	431121102
大忠桥镇	431121103
三口塘镇	431121104
八宝镇	431121106
白水镇	431121107
黄泥塘镇	431121108
进宝塘镇	431121109
潘市镇	431121110
梅溪镇	431121111
羊角塘镇	431121112
下马渡镇	431121113
七里桥镇	431121114
大村甸镇	431121115
黎家坪镇	431121116
文富市镇	431121117
文明铺镇	431121118
龚家坪镇	431121119
金洞镇	431121120
肖家镇	431121121
晒北滩瑶族乡	431121201
凤凰乡	431121202
石鼓源乡	431121204
东安县（13镇，2乡）	**431122000**
白牙市镇	431122100
大庙口镇	431122101
紫溪市镇	431122102
横塘镇	431122103
石期市镇	431122104
井头圩镇	431122105
端桥铺镇	431122106
鹿马桥镇	431122107
芦洪市镇	431122108
新圩江镇	431122109
花桥镇	431122110
大盛镇	431122111
南桥镇	431122112
川岩乡	431122201
水岭乡	431122202
双牌县（6镇，5乡）	**431123000**
泷泊镇	431123100
江村镇	431123101
五里牌镇	431123102
茶林镇	431123103
何家洞镇	431123104
麻江镇	431123105
塘底乡	431123206
上梧江瑶族乡	431123207
理家坪乡	431123208
五星岭乡	431123209
打鼓坪乡	431123210
道县（7街道，11镇，4乡）	**431124000**
濂溪街道	431124001
西洲街道	431124002
上关街道	431124003
营江街道	431124004
东门街道	431124005
富塘街道	431124006

续表 9

行政区划名称	行政区划代码	行政区划名称	行政区划代码	行政区划名称	行政区划代码
万家庄街道	431124007	浆洞瑶族乡	431127202	蒿吉坪瑶族乡	431221214
梅花镇	431124101	大桥瑶族乡	431127204	**沅陵县（8 镇，13 乡）**	**431222000**
寿雁镇	431124102	荆竹瑶族乡	431127205	明溪口镇	431222101
仙子脚镇	431124103	湘江源瑶族乡	431127209	麻溪铺镇	431222102
清塘镇	431124104	**新田县（11 镇，1 乡）**	**431128000**	凉水井镇	431222103
祥霖铺镇	431124105	龙泉镇	431128100	官庄镇	431222104
蚣坝镇	431124106	金陵镇	431128101	五强溪镇	431222105
四马桥镇	431124107	骥村镇	431128102	筲箕湾镇	431222107
白马渡镇	431124108	枧头镇	431128103	七甲坪镇	431222108
柑子园镇	431124109	新圩镇	431128104	沅陵镇	431222109
白芒铺镇	431124111	石羊镇	431128105	盘古乡	431222204
桥头镇	431124112	新隆镇	431128106	二酉苗族乡	431222207
乐福堂乡	431124201	大坪塘镇	431128108	荔溪乡	431222215
审章塘瑶族乡	431124210	陶岭镇	431128109	杜家坪乡	431222223
横岭瑶族乡	431124212	金盆镇	431128110	楠木铺乡	431222224
洪塘营瑶族乡	431124213	三井镇	431128111	马底驿乡	431222225
江永县（6 镇，4 乡）	**431125000**	门楼下瑶族乡	431128202	北溶乡	431222228
潇浦镇	431125100	**江华瑶族自治县（9 镇，7 乡）**	**431129000**	肖家桥乡	431222230
上江圩镇	431125101	沱江镇	431129100	大合坪乡	431222232
夏层铺镇	431125103	大路铺镇	431129103	火场土家族乡	431222234
桃川镇	431125104	白芒营镇	431129104	借母溪乡	431222235
粗石江镇	431125105	涛圩镇	431129105	陈家滩乡	431222238
回龙圩镇	431125106	河路口镇	431129106	清浪乡	431222239
松柏瑶族乡	431125200	大圩镇	431129108	**辰溪县（9 镇，14 乡）**	**431223000**
千家峒瑶族乡	431125202	水口镇	431129109	辰阳镇	431223100
兰溪瑶族乡	431125203	码市镇	431129110	孝坪镇	431223101
源口瑶族乡	431125204	涔天河镇	431129111	田湾镇	431223102
宁远县（4 街道，12 镇，4 乡）	**431126000**	界牌乡	431129200	火马冲镇	431223103
文庙街道	431126001	桥市乡	431129201	黄溪口镇	431223104
舜陵街道	431126002	大石桥乡	431129202	潭湾镇	431223105
桐山街道	431126003	湘江乡	431129207	安坪镇	431223106
东溪街道	431126004	蔚竹口乡	431129209	锦滨镇	431223107
天堂镇	431126101	大锡乡	431129210	修溪镇	431223108
水市镇	431126102	小圩壮族乡	431129211	船溪乡	431223200
湾井镇	431126103	**怀化市（11 街道，103 镇，90 乡）**	**431200000**	长田湾乡	431223204
冷水镇	431126104			小龙门乡	431223205
太平镇	431126105	**鹤城区（7 街道，1 镇，2 乡）**	**431202000**	后塘瑶族乡	431223206
禾亭镇	431126106	城中街道	431202001	苏木溪瑶族乡	431223207
仁和镇	431126107	城北街道	431202002	罗子山瑶族乡	431223208
中和镇	431126108	红星街道	431202003	上蒲溪瑶族乡	431223209
柏家坪镇	431126109	迎丰街道	431202004	仙人湾瑶族乡	431223210
清水桥镇	431126110	河西街道	431202006	龙头庵乡	431223211
鲤溪镇	431126111	城南街道	431202008	大水田乡	431223215
保安镇	431126112	坨院街道	431202009	桥头溪乡	431223216
九疑瑶族乡	431126200	黄金坳镇	431202102	龙泉岩乡	431223218
五龙山瑶族乡	431126202	盈口乡	431202201	柿溪乡	431223221
棉花坪瑶族乡	431126203	凉亭坳乡	431202206	谭家场乡	431223222
桐木漯瑶族乡	431126204	**中方县（11 镇，1 乡）**	**431221000**	**溆浦县（18 镇，7 乡）**	**431224000**
蓝山县（8 镇，6 乡）	**431127000**	桐木镇	431221105	卢峰镇	431224100
塔峰镇	431127100	新建镇	431221107	大江口镇	431224101
毛俊镇	431127102	接龙镇	431221108	低庄镇	431224102
楠市镇	431127103	铜鼎镇	431221109	桥江镇	431224103
所城镇	431127104	中方镇	431221111	龙潭镇	431224104
新圩镇	431127105	泸阳镇	431221112	均坪镇	431224105
土市镇	431127106	花桥镇	431221113	观音阁镇	431224106
太平圩镇	431127107	铜湾镇	431221114	双井镇	431224107
祠堂圩镇	431127108	铁坡镇	431221115	水东镇	431224108
汇源瑶族乡	431127200	新路河镇	431221116	两丫坪镇	431224109
犁头瑶族乡	431127201	袁家镇	431221117	黄茅园镇	431224110

续表 10

行政区划名称	行政区划代码
祖师殿镇	431224111
葛竹坪镇	431224112
深子湖镇	431224114
三江镇	431224115
北斗溪镇	431224116
思蒙镇	431224117
统溪河镇	431224118
舒溶溪乡	431224204
油洋乡	431224213
小横垅乡	431224219
淘金坪乡	431224222
中都乡	431224223
沿溪乡	431224224
龙庄湾乡	431224230
会同县（8 镇，10 乡）	**431225000**
林城镇	431225100
坪村镇	431225101
堡子镇	431225102
团河镇	431225103
若水镇	431225104
广坪镇	431225106
马鞍镇	431225107
金竹镇	431225110
沙溪乡	431225200
金子岩侗族苗族乡	431225201
高椅乡	431225204
宝田侗族苗族乡	431225209
漠滨侗族苗族乡	431225210
蒲稳侗族苗族乡	431225211
青朗侗族苗族乡	431225212
炮团侗族苗族乡	431225213
地灵乡	431225214
连山乡	431225215
麻阳苗族自治县（8 镇，10 乡）	**431226000**
高村镇	431226100
锦和镇	431226101
江口墟镇	431226102
岩门镇	431226103
兰里镇	431226104
吕家坪镇	431226105
尧市镇	431226106
郭公坪镇	431226107
文昌阁乡	431226204
大桥江乡	431226205
舒家村乡	431226206
隆家堡乡	431226207
谭家寨乡	431226208
石羊哨乡	431226209
板栗树乡	431226210
兰村乡	431226213
和平溪乡	431226216
黄桑乡	431226217
新晃侗族自治县（9 镇，2 乡）	**431227000**
波洲镇	431227101
鱼市镇	431227103
中寨镇	431227106
晃州镇	431227107
凉伞镇	431227108
林冲镇	431227109
禾滩镇	431227110
贡溪镇	431227111
扶罗镇	431227112
步头降苗族乡	431227200
米贝苗族乡	431227215
芷江侗族自治县（9 镇，9 乡）	**431228000**
罗旧镇	431228101
公坪镇	431228104
新店坪镇	431228105
碧涌镇	431228106
土桥镇	431228107
三道坑镇	431228108
岩桥镇	431228109
楠木坪镇	431228110
芷江镇	431228111
牛牯坪乡	431228201
水宽乡	431228204
大树坳乡	431228212
梨溪口乡	431228215
洞下场乡	431228216
禾梨坳乡	431228220
冷水溪乡	431228221
晓坪乡	431228223
罗卜田乡	431228224
靖州苗族侗族自治县（6 镇，5 乡）	**431229000**
渠阳镇	431229100
甘棠镇	431229101
大堡子镇	431229102
坳上镇	431229103
新厂镇	431229104
平茶镇	431229105
太阳坪乡	431229200
三锹乡	431229201
文溪乡	431229202
寨牙乡	431229203
藕团乡	431229206
通道侗族自治县（9 镇，2 乡）	**431230000**
播阳镇	431230102
牙屯堡镇	431230104
菁芜洲镇	431230105
双江镇	431230108
陇城镇	431230109
万佛山镇	431230110
溪口镇	431230111
县溪镇	431230112
独坡镇	431230113
大高坪苗族乡	431230203
坪坦乡	431230220
洪江市（4 街道，7 镇，15 乡）	**431281000**
河滨路街道	431281001
沅江路街道	431281002
新街街道	431281003
高坡街街道	431281004
黔城镇	431281101
安江镇	431281102
托口镇	431281103
雪峰镇	431281104
江市镇	431281106
沅河镇	431281107
塘湾镇	431281108
岔头乡	431281202
茅渡乡	431281203
大崇乡	431281204
熟坪乡	431281205
铁山乡	431281206
群峰乡	431281207
湾溪乡	431281208
洗马乡	431281209
沙湾乡	431281211
深渡苗族乡	431281212
龙船塘瑶族乡	431281213
太平乡	431281214
岩垅乡	431281217
横岩乡	431281218
桂花园乡	431281220
娄底市（15 街道，56 镇，14 乡）	**431300000**
娄星区（7 街道，5 镇，1 乡）	**431302000**
乐坪街道	431302001
花山街道	431302002
黄泥塘街道	431302003
长青街道	431302004
大科街道	431302005
大埠桥街道	431302006
涟滨街道	431302007
杉山镇	431302100
万宝镇	431302101
石井镇	431302104
蛇形山镇	431321105
水洞底镇	431321106
双江乡	431302204
双峰县（12 镇，3 乡）	**431321000**
永丰镇	431321100
荷叶镇	431321101
井字镇	431321102
梓门桥镇	431321103
杏子铺镇	431321104
走马街镇	431321105
洪山殿镇	431321107
甘棠镇	431321108
三塘铺镇	431321109
青树坪镇	431321110
花门镇	431321111
锁石镇	431321112
石牛乡	431321200
沙塘乡	431321201
印塘乡	431321202
新化县（3 街道，18 镇，7 乡）	**431322000**
上梅街道	431322001
上渡街道	431322002
枫林街道	431322003
石冲口镇	431322101
洋溪镇	431322102
槎溪镇	431322103
水车镇	431322104
文田镇	431322105

续表 11

行政区划名称	行政区划代码	行政区划名称	行政区划代码	行政区划名称	行政区划代码
奉家镇	431322106	石家冲街道	433101009	复兴镇	433125108
炉观镇	431322107	双塘街道	433101010	碗米坡镇	433125109
游家镇	431322108	矮寨镇	433101100	吕洞山镇	433125110
西河镇	431322109	马颈坳镇	433101101	阳朝乡	433125201
孟公镇	431322110	河溪镇	433101102	长潭河乡	433125216
琅塘镇	431322111	丹青镇	433101104	**古丈县（7 镇）**	**433126000**
白溪镇	431322112	太平镇	433101105	默戎镇	433126101
圳上镇	431322113	已略乡	433101203	红石林镇	433126103
吉庆镇	431322114	**泸溪县（7 镇，4 乡）**	**433122000**	断龙山镇	433126105
温塘镇	431322115	浦市镇	433122101	古阳镇	433126106
田坪镇	431322116	达岚镇	433122102	岩头寨镇	433126107
桑梓镇	431322117	合水镇	433122103	高峰镇	433126108
曹家镇	431322118	兴隆场镇	433122104	坪坝镇	433126109
科头乡	431322200	潭溪镇	433122105	**永顺县（12 镇，11 乡）**	**433127000**
维山乡	431322201	洗溪镇	433122106	首车镇	433127101
天门乡	431322202	武溪镇	433122107	泽家镇	433127102
荣华乡	431322203	石榴坪乡	433122203	永茂镇	433127104
金凤乡	431322204	解放岩乡	433122206	石堤镇	433127105
油溪乡	431322205	小章乡	433122207	塔卧镇	433127106
坐石乡	431322206	白羊溪乡	433122208	万坪镇	433127107
冷水江市（4 街道，5 镇，1 乡）	**431381000**	**凤凰县（13 镇，4 乡）**	**433123000**	青坪镇	433127109
		沱江镇	433123100	砂坝镇	433127110
布溪街道	431381004	廖家桥镇	433123101	松柏镇	433127111
锡矿山街道	431381005	木江坪镇	433123102	灵溪镇	433127112
沙塘湾街道	431381006	阿拉营镇	433123103	小溪镇	433127113
冷水江街道	431381007	茶田镇	433123104	芙蓉镇	433127114
三尖镇	431381105	吉信镇	433123105	两岔乡	433127200
金竹山镇	431381106	山江镇	433123106	西歧乡	433127202
铎山镇	431381107	腊尔山镇	433123107	对山乡	433127203
渣渡镇	431381108	禾库镇	433123108	高坪乡	433127210
禾青镇	431381109	新场镇	433123109	朗溪乡	433127216
中连乡	431381205	竿子坪镇	433123110	润雅乡	433127220
涟源市（1 街道，16 镇，2 乡）	**431382000**	千工坪镇	433123111	车坪乡	433127222
蓝田街道	431382001	落潮井镇	433123112	毛坝乡	433127228
六亩塘镇	431382100	水打田乡	433123204	万民乡	433127229
石马山镇	431382101	林峰乡	433123205	盐井乡	433127230
安平镇	431382102	麻冲乡	433123216	颗砂乡	433127236
湄江镇	431382103	两林乡	433123220	**龙山县（4 街道，12 镇，5 乡）**	**433130000**
伏口镇	431382104	**花垣县（9 镇，3 乡）**	**433124000**	民安街道	433130001
桥头河镇	431382105	花垣镇	433124100	华塘街道	433130002
七星街镇	431382106	边城镇	433124101	石羔街道	433130004
杨市镇	431382107	龙潭镇	433124102	兴隆街道	433130005
枫坪镇	431382108	民乐镇	433124103	茨岩塘镇	433130102
斗笠山镇	431382109	吉卫镇	433124105	红岩溪镇	433130103
白马镇	431382111	麻栗场镇	433124106	洗车河镇	433130104
茅塘镇	431382112	雅酉镇	433124107	苗儿滩镇	433130105
荷塘镇	431382113	双龙镇	433124108	里耶镇	433130107
金石镇	431382114	石栏镇	433124109	召市镇	433130108
龙塘镇	431382115	长乐乡	433124200	桂塘镇	433130109
渡头塘镇	431382116	猫儿乡	433124206	石牌镇	433130110
三甲乡	431382200	补抽乡	433124208	靛房镇	433130111
古塘乡	431382202	**保靖县（10 镇，2 乡）**	**433125000**	洗洛镇	433130112
湘西土家族苗族自治州（10 街道，75 镇，30 乡）	**433100000**	迁陵镇	433125100	水田坝镇	433130113
		水田河镇	433125101	农车镇	433130114
吉首市（6 街道，5 镇，1 乡）	**433101000**	葫芦镇	433125102	洛塔乡	433130200
镇溪街道	433101005	毛沟镇	433125103	大安乡	433130210
峒河街道	433101006	普戎镇	433125104	茅坪乡	433130215
乾州街道	433101007	比耳镇	433125105	内溪乡	433130222
吉凤街道	433101008	清水坪镇	433125106	咱果乡	433130236

广东省

广东省（粤）

行政区划名称	行政区划代码
广东省（466 街道，1124 镇，11 乡）	**440000000**
广州市（136 街道，34 镇）	**440100000**
荔湾区（22 街道）	**440103000**
沙面街道	440103001
岭南街道	440103002
华林街道	440103003
多宝街道	440103004
昌华街道	440103005
逢源街道	440103006
龙津街道	440103007
金花街道	440103008
彩虹街道	440103009
南源街道	440103010
西村街道	440103011
站前街道	440103012
桥中街道	440103013
白鹤洞街道	440103014
冲口街道	440103015
花地街道	440103016
石围塘街道	440103017
茶滘街道	440103018
东漖街道	440103019
海龙街道	440103020
东沙街道	440103021
中南街道	440103022
越秀区（18 街道）	**440104000**
洪桥街道	440104001
北京街道	440104003
六榕街道	440104004
流花街道	440104005
光塔街道	440104007
人民街道	440104010
东山街道	440104011
农林街道	440104012
梅花村街道	440104013
黄花岗街道	440104014
华乐街道	440104015
大塘街道	440104017
珠光街道	440104018
大东街道	440104019
白云街道	440104020
登峰街道	440104021
矿泉街道	440104022
建设街道	440104024
海珠区（18 街道）	**440105000**
赤岗街道	440105001
新港街道	440105002
昌岗街道	440105003
江南中街道	440105004
滨江街道	440105005
素社街道	440105006
海幢街道	440105007
南华西街道	440105008
龙凤街道	440105009
沙园街道	440105010
南石头街道	440105011
凤阳街道	440105012
瑞宝街道	440105013
江海街道	440105014
琶洲街道	440105015
南洲街道	440105016
华洲街道	440105017
官洲街道	440105018
天河区（21 街道）	**440106000**
五山街道	440106001
员村街道	440106002
车陂街道	440106003
沙河街道	440106004
石牌街道	440106006
沙东街道	440106007
天河南街道	440106008
林和街道	440106009
兴华街道	440106010
棠下街道	440106011
天园街道	440106012
猎德街道	440106013
冼村街道	440106014
元岗街道	440106015
黄村街道	440106016
凤凰街道	440106017
龙洞街道	440106018
长兴街道	440106019
前进街道	440106020
珠吉街道	440106021
新塘街道	440106022
白云区（18 街道，4 镇）	**440111000**
三元里街道	440111002
松洲街道	440111003
景泰街道	440111004
同德街道	440111005
黄石街道	440111006
棠景街道	440111007
新市街道	440111008
同和街道	440111009
京溪街道	440111010
永平街道	440111011
嘉禾街道	440111012
均禾街道	440111013
石井街道	440111014
金沙街道	440111015
云城街道	440111016
鹤龙街道	440111017
白云湖街道	440111018
石门街道	440111019
人和镇	440111103
太和镇	440111107
钟落潭镇	440111108
江高镇	440111113
黄埔区（14 街道，1 镇）	**440112000**
黄埔街道	440112001
红山街道	440112002
鱼珠街道	440112003
大沙街道	440112005
文冲街道	440112006
穗东街道	440112007
南岗街道	440112008
荔联街道	440112009
长洲街道	440112010
夏港街道	440112011
萝岗街道	440112012
东区街道	440112013
联和街道	440112014
永和街道	440112015
九龙镇	440112100
番禺区（11 街道，5 镇）	**440113000**
沙湾街道	440113002
钟村街道	440113003
大石街道	440113004
市桥街道	440113005
沙头街道	440113006
东环街道	440113007
桥南街道	440113008
小谷围街道	440113009
洛浦街道	440113010
石壁街道	440113011
大龙街道	440113012
石碁镇	440113102
南村镇	440113103
新造镇	440113104
化龙镇	440113105
石楼镇	440113106
花都区（4 街道，6 镇）	**440114000**
新华街道	440114001
新雅街道	440114002
花城街道	440114003
秀全街道	440114004
梯面镇	440114103
花山镇	440114104
花东镇	440114105
炭步镇	440114107
赤坭镇	440114108
狮岭镇	440114109
南沙区（3 街道，6 镇）	**440115000**
南沙街道	440115001
珠江街道	440115002
龙穴街道	440115003
横沥镇	440115101
万顷沙镇	440115102
黄阁镇	440115103
东涌镇	440115104
大岗镇	440115105
榄核镇	440115106
从化区（3 街道，5 镇）	**440117000**
街口街道	440117001
城郊街道	440117002
江埔街道	440117003
温泉镇	440117100

续表 1

行政区划名称	行政区划代码
良口镇	440117101
吕田镇	440117102
太平镇	440117103
鳌头镇	440117104
增城区 (4 街道，7 镇)	**440118000**
荔城街道	440118001
增江街道	440118002
朱村街道	440118003
永宁街道	440118004
正果镇	440118100
石滩镇	440118101
新塘镇	440118102
中新镇	440118103
派潭镇	440118104
小楼镇	440118105
仙村镇	440118106
韶关市 (10 街道，93 镇，1 乡)	**440200000**
武江区 (2 街道，5 镇)	**440203000**
新华街道	440203001
惠民街道	440203002
西联镇	440203100
西河镇	440203101
重阳镇	440203102
龙归镇	440203103
江湾镇	440203104
浈江区 (3 街道，5 镇)	**440204000**
东河街道	440204001
车站街道	440204002
风采街道	440204006
新韶镇	440204100
乐园镇	440204101
花坪镇	440204102
犁市镇	440204103
十里亭镇	440204104
曲江区 (1 街道，9 镇)	**440205000**
松山街道	440205001
马坝镇	440205100
大塘镇	440205103
枫湾镇	440205104
小坑镇	440205105
沙溪镇	440205106
乌石镇	440205108
樟市镇	440205109
白土镇	440205110
罗坑镇	440205119
始兴县 (9 镇，1 乡)	**440222000**
太平镇	440222100
马市镇	440222101
澄江镇	440222102
顿岗镇	440222103
罗坝镇	440222104
司前镇	440222105
隘子镇	440222106
城南镇	440222107
沈所镇	440222108
深渡水瑶族乡	440222203
仁化县 (1 街道，10 镇)	**440224000**
丹霞街道	440224001
闻韶镇	440224102
扶溪镇	440224103
长江镇	440224104
城口镇	440224105
红山镇	440224106
石塘镇	440224107
董塘镇	440224108
黄坑镇	440224109
周田镇	440224110
大桥镇	440224111
翁源县 (7 镇)	**440229000**
龙仙镇	440229100
坝仔镇	440229104
江尾镇	440229106
官渡镇	440229109
周陂镇	440229111
翁城镇	440229113
新江镇	440229114
乳源瑶族自治县 (9 镇)	**440232000**
乳城镇	440232100
一六镇	440232103
桂头镇	440232104
洛阳镇	440232106
大布镇	440232108
大桥镇	440232109
东坪镇	440232111
游溪镇	440232112
必背镇	440232113
新丰县 (1 街道，6 镇)	**440233000**
丰城街道	440233001
黄礤镇	440233101
马头镇	440233102
梅坑镇	440233103
沙田镇	440233104
遥田镇	440233105
回龙镇	440233106
乐昌市 (1 街道，16 镇)	**440281000**
乐城街道	440281001
北乡镇	440281102
九峰镇	440281103
廊田镇	440281104
长来镇	440281105
梅花镇	440281106
三溪镇	440281107
坪石镇	440281108
黄圃镇	440281110
五山镇	440281111
两江镇	440281112
沙坪镇	440281113
云岩镇	440281114
秀水镇	440281115
大源镇	440281117
庆云镇	440281118
白石镇	440281119
南雄市 (1 街道，17 镇)	**440282000**
雄州街道	440282001
乌迳镇	440282100
界址镇	440282103
坪田镇	440282104
黄坑镇	440282105
邓坊镇	440282106
油山镇	440282107
南亩镇	440282109
水口镇	440282110
江头镇	440282111
湖口镇	440282112
珠玑镇	440282113
主田镇	440282115
古市镇	440282116
全安镇	440282118
百顺镇	440282120
澜河镇	440282121
帽子峰镇	440282122
深圳市 (74 街道)	**440300000**
罗湖区 (10 街道)	**440303000**
桂园街道	440303001
黄贝街道	440303002
东门街道	440303003
翠竹街道	440303004
南湖街道	440303005
笋岗街道	440303006
东湖街道	440303007
莲塘街道	440303008
东晓街道	440303009
清水河街道	440303010
福田区 (10 街道)	**440304000**
南园街道	440304001
园岭街道	440304002
福田街道	440304004
沙头街道	440304005
香蜜湖街道	440304006
梅林街道	440304007
莲花街道	440304008
华富街道	440304009
华强北街道	440304010
福保街道	440304011
南山区 (8 街道)	**440305000**
南头街道	440305001
南山街道	440305002
沙河街道	440305003
蛇口街道	440305005
招商街道	440305006
粤海街道	440305007
桃源街道	440305008
西丽街道	440305009
宝安区 (16 街道)	**440306000**
新安街道	440306001
光明街道 *	440306002
西乡街道	440306003
福永街道	440306004
沙井街道	440306005
松岗街道	440306006
公明街道 *	440306007
石岩街道	440306008
航城街道	440306016
福海街道	440306017
新桥街道	440306018
燕罗街道	440306019
新湖街道 *	440306020

续表 2

行政区划名称	行政区划代码
凤凰街道 *	440306021
玉塘街道 *	440306022
马田街道 *	440306023
龙岗区（14 街道）	**440307000**
横岗街道	440307003
布吉街道	440307004
葵涌街道 *	440307005
大鹏街道 *	440307006
南澳街道 *	440307007
平湖街道	440307008
坪地街道	440307009
龙岗街道	440307011
龙城街道	440307012
坂田街道	440307013
南湾街道	440307014
吉华街道	440307015
园山街道	440307016
宝龙街道	440307017
盐田区（4 街道）	**440308000**
梅沙街道	440308001
盐田街道	440308002
沙头角街道	440308003
海山街道	440308004
龙华区（6 街道）	**440309000**
龙华街道	440309001
大浪街道	440309002
民治街道	440309003
观澜街道	440309004
观湖街道	440309005
福城街道	440309006
坪山区（6 街道）	**440310000**
坪山街道	440310001
坑梓街道	440310002
马峦街道	440310003
碧岭街道	440310004
石井街道	440310005
龙田街道	440310006
珠海市（9 街道，15 镇）	**440400000**
香洲区（8 街道，6 镇）	**440402000**
翠香街道	440402001
梅华街道	440402002
前山街道	440402003
吉大街道	440402004
拱北街道	440402005
香湾街道	440402006
狮山街道	440402007
湾仔街道	440402008
唐家湾镇	440402100
南屏镇	440402102
横琴镇	440402104
桂山镇	440402105
担杆镇	440402106
万山镇	440402107
斗门区（1 街道，5 镇）	**440403000**
白藤街道	440403001
莲洲镇	440403102
斗门镇	440403103
乾务镇	440403105
白蕉镇	440403106
井岸镇	440403107
金湾区（4 镇）	**440404000**
三灶镇	440404100
南水镇	440404101
红旗镇	440404103
平沙镇	440404104
汕头市（37 街道，32 镇）	**440500000**
龙湖区（5 街道，2 镇）	**440507000**
金霞街道	440507001
龙祥街道	440507002
鸥汀街道	440507003
新津街道	440507004
珠池街道	440507005
外砂镇	440507100
新溪镇	440507101
金平区（17 街道）	**440511000**
光华街道	440511001
同益街道	440511002
海安街道	440511003
新福街道	440511004
永祥街道	440511005
鮀莲街道	440511006
鮀江街道	440511007
乌桥街道	440511008
大华街道	440511009
石炮台街道	440511010
东方街道	440511011
金厦街道	440511012
金砂街道	440511013
东墩街道	440511014
广厦街道	440511015
岐山街道	440511016
月浦街道	440511017
濠江区（7 街道）	**440512000**
礐石街道	440512001
达濠街道	440512002
马滘街道	440512003
广澳街道	440512004
河浦街道	440512005
玉新街道	440512006
滨海街道	440512007
潮阳区（4 街道，9 镇）	**440513000**
文光街道	440513001
城南街道	440513002
棉北街道	440513003
金浦街道	440513004
海门镇	440513101
和平镇	440513102
贵屿镇	440513103
铜盂镇	440513104
谷饶镇	440513105
河溪镇	440513106
西胪镇	440513107
关埠镇	440513108
金灶镇	440513110
潮南区（1 街道，10 镇）	**440514000**
峡山街道	440514001
井都镇	440514101
陇田镇	440514102
成田镇	440514104
胪岗镇	440514105
两英镇	440514107
司马浦镇	440514108
陈店镇	440514109
仙城镇	440514111
红场镇	440514112
雷岭镇	440514113
澄海区（3 街道，8 镇）	**440515000**
凤翔街道	440515001
澄华街道	440515002
广益街道	440515003
东里镇	440515101
盐鸿镇	440515102
莲华镇	440515103
溪南镇	440515104
隆都镇	440515105
莲上镇	440515106
莲下镇	440515107
上华镇	440515108
南澳县（3 镇）	**440523000**
后宅镇	440523101
云澳镇	440523102
深澳镇	440523103
佛山市（11 街道，21 镇）	**440600000**
禅城区（3 街道，1 镇）	**440604000**
祖庙街道	440604001
石湾镇街道	440604002
张槎街道	440604003
南庄镇	440604100
南海区（1 街道，6 镇）	**440605000**
桂城街道	440605001
里水镇	440605100
九江镇	440605101
丹灶镇	440605102
西樵镇	440605104
大沥镇	440605105
狮山镇	440605106
顺德区（4 街道，6 镇）	**440606000**
容桂街道	440606001
伦教街道	440606002
勒流街道	440606003
大良街道	440606004
陈村镇	440606100
北滘镇	440606101
乐从镇	440606102
龙江镇	440606103
杏坛镇	440606104
均安镇	440606105
三水区（2 街道，5 镇）	**440607000**
西南街道	440607001
云东海街道	440607004
大塘镇	440607101
乐平镇	440607103
白坭镇	440607104
芦苞镇	440607105
南山镇	440607106
高明区（1 街道，3 镇）	**440608000**
荷城街道	440608001

续表 3

行政区划名称	行政区划代码	行政区划名称	行政区划代码	行政区划名称	行政区划代码
明城镇	440608103	金鸡镇	440783112	民安街道	440811003
杨和镇	440608107	赤水镇	440783113	麻章镇	440811100
更合镇	440608108	**鹤山市（1 街道，9 镇）**	**440784000**	太平镇	440811101
江门市（12 街道，61 镇）	**440700000**	沙坪街道	440784001	湖光镇	440811102
蓬江区（3 街道，3 镇）	**440703000**	龙口镇	440784101	硇洲镇	440811106
白沙街道	440703002	雅瑶镇	440784102	**遂溪县（15 镇）**	**440823000**
潮连街道	440703005	古劳镇	440784103	遂城镇	440823100
环市街道	440703006	桃源镇	440784104	黄略镇	440823101
荷塘镇	440703101	鹤城镇	440784105	洋青镇	440823102
杜阮镇	440703102	共和镇	440784106	界炮镇	440823104
棠下镇	440703103	址山镇	440784107	杨柑镇	440823106
江海区（3 街道）	**440704000**	宅梧镇	440784108	城月镇	440823107
江南街道	440704001	双合镇	440784110	乌塘镇	440823108
外海街道	440704004	**恩平市（1 街道，10 镇）**	**440785000**	建新镇	440823109
礼乐街道	440704005	恩城街道	440785001	岭北镇	440823110
新会区（1 街道，10 镇）	**440705000**	横陂镇	440785100	北坡镇	440823111
会城街道	440705001	圣堂镇	440785101	港门镇	440823112
大泽镇	440705101	良西镇	440785102	草潭镇	440823113
司前镇	440705103	沙湖镇	440785103	河头镇	440823115
沙堆镇	440705110	牛江镇	440785104	乐民镇	440823116
古井镇	440705111	君堂镇	440785105	江洪镇	440823117
三江镇	440705112	大田镇	440785106	**徐闻县（1 街道，12 镇，2 乡）**	**440825000**
睦洲镇	440705113	那吉镇	440785107	徐城街道	440825001
大鳌镇	440705114	大槐镇	440785108	迈陈镇	440825102
罗坑镇	440705119	东成镇	440785109	海安镇	440825103
双水镇	440705120	**湛江市（37 街道，82 镇，2 乡）**	**440800000**	曲界镇	440825104
崖门镇	440705121	**赤坎区（8 街道）**	**440802000**	前山镇	440825105
台山市（1 街道，16 镇）	**440781000**	中华街道	440802001	西连镇	440825106
台城街道	440781001	寸金街道	440802002	下桥镇	440825107
大江镇	440781101	民主街道	440802003	龙塘镇	440825108
水步镇	440781102	中山街道	440802004	下洋镇	440825109
四九镇	440781103	调顺街道	440802005	锦和镇	440825110
白沙镇	440781105	沙湾街道	440802006	和安镇	440825111
三合镇	440781106	南桥街道	440802007	新寮镇	440825112
冲蒌镇	440781107	北桥街道	440802008	南山镇	440825113
斗山镇	440781108	**霞山区（12 街道）**	**440803000**	城北乡	440825201
都斛镇	440781109	解放街道	440803001	角尾乡	440825204
赤溪镇	440781110	爱国街道	440803002	**廉江市（3 街道，18 镇）**	**440881000**
端芬镇	440781111	工农街道	440803003	罗州街道	440881001
广海镇	440781112	友谊街道	440803004	城北街道	440881002
海宴镇	440781113	新兴街道	440803005	城南街道	440881003
汶村镇	440781114	海滨街道	440803006	石城镇	440881101
深井镇	440781115	建设街道	440803009	新民镇	440881102
北陡镇	440781117	东新街道	440803010	吉水镇	440881103
川岛镇	440781120	新园街道	440803011	河唇镇	440881104
开平市（2 街道，13 镇）	**440783000**	海头街道	440803012	石角镇	440881105
三埠街道	440783001	乐华街道	440803013	良垌镇	440881106
长沙街道	440783002	泉庄街道	440803014	横山镇	440881109
月山镇	440783101	**坡头区（2 街道，5 镇）**	**440804000**	安铺镇	440881110
水口镇	440783102	南调街道	440804001	营仔镇	440881111
沙塘镇	440783103	麻斜街道	440804002	青平镇	440881112
苍城镇	440783104	南三镇	440804100	车板镇	440881113
龙胜镇	440783105	坡头镇	440804101	高桥镇	440881114
大沙镇	440783106	乾塘镇	440804102	石岭镇	440881115
马冈镇	440783107	龙头镇	440804103	雅塘镇	440881117
塘口镇	440783108	官渡镇	440804104	石颈镇	440881118
赤坎镇	440783109	**麻章区（3 街道，4 镇）**	**440811000**	长山镇	440881119
百合镇	440783110	东山街道	440811001	塘蓬镇	440881120
蚬冈镇	440783111	东简街道	440811002	和寮镇	440881121

续表 4

行政区划名称	行政区划代码
雷州市 (3 街道，18 镇)	**440882000**
雷城街道	440882001
新城街道	440882002
西湖街道	440882003
附城镇	440882101
白沙镇	440882102
沈塘镇	440882103
客路镇	440882104
杨家镇	440882105
唐家镇	440882106
纪家镇	440882107
企水镇	440882108
南兴镇	440882109
松竹镇	440882110
调风镇	440882111
雷高镇	440882112
东里镇	440882113
龙门镇	440882114
英利镇	440882115
北和镇	440882116
覃斗镇	440882118
乌石镇	440882119
吴川市 (5 街道，10 镇)	**440883000**
梅菉街道	440883001
塘尾街道	440883002
大山江街道	440883003
博铺街道	440883004
海滨街道	440883005
浅水镇	440883100
长岐镇	440883101
覃巴镇	440883102
王村港镇	440883103
振文镇	440883104
樟铺镇	440883105
吴阳镇	440883106
塘㙍镇	440883107
黄坡镇	440883109
兰石镇	440883111
茂名市 (22 街道，87 镇)	**440900000**
茂南区 (8 街道，9 镇)	**440902000**
红旗街道	440902001
河西街道	440902002
河东街道	440902003
露天矿街道	440902004
新华街道	440902005
官渡街道	440902006
站前街道	440902007
城南街道	440902008
金塘镇	440902100
公馆镇	440902101
新坡镇	440902102
镇盛镇	440902103
鳌头镇	440902104
袂花镇	440902105
高山镇	440902106
山阁镇	440902107
羊角镇	440902108
电白区 (2 街道，20 镇)	**440904000**
南海街道	440904001
高地街道	440904002
坡心镇	440904101
小良镇	440904102
沙院镇	440904103
马踏镇	440904104
岭门镇	440904105
树仔镇	440904106
麻岗镇	440904107
旦场镇	440904108
林头镇	440904109
霞洞镇	440904110
观珠镇	440904111
沙琅镇	440904112
黄岭镇	440904113
望夫镇	440904114
罗坑镇	440904115
那霍镇	440904116
水东镇	440904117
电城镇	440904118
博贺镇	440904119
七迳镇	440904120
高州市 (5 街道，23 镇)	**440981000**
石仔岭街道	440981002
山美街道	440981003
金山街道	440981006
宝光街道	440981007
潘州街道	440981008
谢鸡镇	440981100
新垌镇	440981101
云潭镇	440981102
分界镇	440981103
根子镇	440981104
泗水镇	440981105
石鼓镇	440981106
镇江镇	440981107
沙田镇	440981109
南塘镇	440981110
荷花镇	440981111
石板镇	440981112
东岸镇	440981113
大井镇	440981115
潭头镇	440981116
长坡镇	440981117
大坡镇	440981119
平山镇	440981120
深镇镇	440981121
马贵镇	440981122
古丁镇	440981123
曹江镇	440981124
荷塘镇	440981126
化州市 (6 街道，17 镇)	440982000
河西街道	440982001
东山街道	440982002
下郭街道	440982003
南盛街道	440982004
石湾街道	440982005
鉴江街道	440982006
长岐镇	440982100
同庆镇	440982101
杨梅镇	440982102
良光镇	440982103
笪桥镇	440982104
丽岗镇	440982106
新安镇	440982107
官桥镇	440982108
林尘镇	440982110
中垌镇	440982111
合江镇	440982112
那务镇	440982113
播扬镇	440982114
宝圩镇	440982115
平定镇	440982116
文楼镇	440982117
江湖镇	440982118
信宜市 (1 街道，18 镇)	**440983000**
东镇街道	440983001
镇隆镇	440983101
水口镇	440983102
北界镇	440983103
丁堡镇	440983105
池洞镇	440983106
金垌镇	440983107
朱砂镇	440983109
贵子镇	440983112
怀乡镇	440983113
茶山镇	440983114
洪冠镇	440983115
白石镇	440983116
大成镇	440983117
钱排镇	440983118
合水镇	440983119
新宝镇	440983120
平塘镇	440983121
思贺镇	440983122
肇庆市 (12 街道，91 镇，1 乡)	**441200000**
端州区 (4 街道)	**441202000**
城东街道	441202001
城西街道	441202003
黄岗街道	441202005
睦岗街道	441202006
鼎湖区 (3 街道，4 镇)	**441203000**
坑口街道	441203001
桂城街道	441203002
广利街道	441203003
永安镇	441203101
沙浦镇	441203102
凤凰镇	441203103
莲花镇	441203104
高要区 (1 街道，16 镇)	**441204000**
南岸街道	441204001
河台镇	441204100
乐城镇	441204101
水南镇	441204102
禄步镇	441204103
小湘镇	441204105
大湾镇	441204106
新桥镇	441204107

续表 5

行政区划名称	行政区划代码	行政区划名称	行政区划代码	行政区划名称	行政区划代码
白诸镇	441204108	大玉口镇	441225112	霞涌街道	441303006
莲塘镇	441204109	都平镇	441225113	沙田镇	441303101
活道镇	441204110	金装镇	441225114	新圩镇	441303103
蛟塘镇	441204111	长安镇	441225115	镇隆镇	441303104
回龙镇	441204112	**德庆县（1 街道，12 镇）**	**441226000**	永湖镇	441303108
白土镇	441204113	德城街道	441226001	良井镇	441303109
金渡镇	441204114	新圩镇	441226101	平潭镇	441303110
金利镇	441204115	回龙镇	441226102	**博罗县（2 街道，15 镇）**	**441322000**
蚬岗镇	441204116	官圩镇	441226103	罗阳街道	441322001
广宁县（15 镇）	**441223000**	马圩镇	441226105	龙溪街道	441322002
排沙镇	441223100	高良镇	441226106	石坝镇	441322100
潭布镇	441223102	莫村镇	441226107	麻陂镇	441322102
江屯镇	441223103	永丰镇	441226109	观音阁镇	441322103
螺岗镇	441223105	武垄镇	441226110	公庄镇	441322104
北市镇	441223106	播植镇	441226111	杨村镇	441322105
坑口镇	441223107	凤村镇	441226112	柏塘镇	441322106
赤坑镇	441223108	悦城镇	441226113	泰美镇	441322108
南街镇	441223109	九市镇	441226114	湖镇镇	441322113
宾亨镇	441223110	**四会市（3 街道，10 镇）**	**441284000**	长宁镇	441322115
五和镇	441223111	城中街道	441284001	福田镇	441322116
横山镇	441223112	东城街道	441284002	龙华镇	441322117
木格镇	441223113	贞山街道	441284003	园洲镇	441322119
石咀镇	441223114	龙甫镇	441284100	石湾镇	441322121
古水镇	441223115	地豆镇	441284101	杨侨镇	441322122
洲仔镇	441223116	威整镇	441284102	横河镇	441322123
怀集县（18 镇，1 乡）	**441224000**	罗源镇	441284103	**惠东县（2 街道，12 镇）**	**441323000**
怀城镇	441224100	迳口镇	441284104	平山街道	441323001
闸岗镇	441224101	大沙镇	441284105	大岭街道	441323002
坳仔镇	441224102	石狗镇	441284107	白花镇	441323102
汶朗镇	441224103	黄田镇	441284108	梁化镇	441323103
甘洒镇	441224104	江谷镇	441284110	稔山镇	441323104
凤岗镇	441224105	下茆镇	441284113	铁涌镇	441323105
洽水镇	441224106	**惠州市（22 街道，48 镇，1 乡）**	**441300000**	平海镇	441323106
梁村镇	441224107	**惠城区（10 街道，8 镇）**	**441302000**	吉隆镇	441323109
大岗镇	441224108	桥东街道	441302001	多祝镇	441323113
岗坪镇	441224109	桥西街道	441302002	安墩镇	441323115
冷坑镇	441224110	江南街道	441302003	高潭镇	441323118
马宁镇	441224111	江北街道	441302004	宝口镇	441323120
蓝钟镇	441224112	龙丰街道	441302005	白盆珠镇	441323121
永固镇	441224113	小金口街道	441302006	黄埠镇	441323124
诗洞镇	441224114	惠环街道	441302007	**龙门县（2 街道，7 镇，1 乡）**	**441324000**
桥头镇	441224115	河南岸街道	441302008	龙城街道	441324001
中洲镇	441224116	陈江街道	441302009	平陵街道	441324002
连麦镇	441224118	水口街道	441302010	麻榨镇	441324100
下帅壮族瑶族乡	441224200	汝湖镇	441302100	永汉镇	441324101
封开县（16 镇）	**441225000**	三栋镇	441302103	龙华镇	441324103
江口镇	441225100	沥林镇	441302106	龙江镇	441324105
江川镇	441225101	潼湖镇	441302107	龙田镇	441324107
白垢镇	441225102	马安镇	441302108	龙潭镇	441324109
大洲镇	441225103	横沥镇	441302110	地派镇	441324110
渔涝镇	441225104	芦洲镇	441302113	蓝田瑶族乡	441324200
河儿口镇	441225105	潼侨镇	441302114	**梅州市（6 街道，104 镇）**	**441400000**
莲都镇	441225106	**惠阳区（6 街道，6 镇）**	**441303000**	**梅江区（3 街道，4 镇）**	**441402000**
杏花镇	441225107	淡水街道	441303001	江南街道	441402004
罗董镇	441225108	秋长街道	441303002	金山街道	441402006
长岗镇	441225109	三和街道	441303003	西郊街道	441402007
平凤镇	441225110	西区街道	441303004	三角镇	441402102
南丰镇	441225111	澳头街道	441303005	长沙镇	441402103

续表 6

行政区划名称	行政区划代码
城北镇	441402105
西阳镇	441402106
梅县区 (17 镇)	**441403000**
松口镇	441403100
城东镇	441403101
石扇镇	441403102
梅西镇	441403103
大坪镇	441403104
石坑镇	441403105
南口镇	441403106
畲江镇	441403107
水车镇	441403108
梅南镇	441403109
丙村镇	441403110
雁洋镇	441403111
白渡镇	441403112
松源镇	441403113
隆文镇	441403114
桃尧镇	441403115
程江镇	441403116
大埔县 (14 镇)	**441422000**
湖寮镇	441422100
茶阳镇	441422101
高陂镇	441422102
青溪镇	441422103
三河镇	441422105
大麻镇	441422107
银江镇	441422108
洲瑞镇	441422109
光德镇	441422112
桃源镇	441422113
枫朗镇	441422114
百侯镇	441422116
大东镇	441422117
西河镇	441422118
丰顺县 (16 镇)	**441423000**
汤坑镇	441423100
北斗镇	441423103
汤西镇	441423104
汤南镇	441423105
埔寨镇	441423106
八乡山镇	441423108
丰良镇	441423109
建桥镇	441423110
龙岗镇	441423111
潘田镇	441423112
黄金镇	441423114
留隍镇	441423115
大龙华镇	441423118
潭江镇	441423120
小胜镇	441423122
砂田镇	441423123
五华县 (16 镇)	**441424000**
水寨镇	441424100
河东镇	441424101
转水镇	441424103
华城镇	441424104
岐岭镇	441424106
潭下镇	441424108
长布镇	441424109
周江镇	441424111
横陂镇	441424113
郭田镇	441424117
双华镇	441424118
安流镇	441424120
棉洋镇	441424123
梅林镇	441424125
华阳镇	441424126
龙村镇	441424127
平远县 (12 镇)	**441426000**
大柘镇	441426100
石正镇	441426101
东石镇	441426102
仁居镇	441426103
八尺镇	441426104
差干镇	441426105
河头镇	441426107
中行镇	441426108
上举镇	441426109
泗水镇	441426110
长田镇	441426114
热柘镇	441426115
蕉岭县 (8 镇)	**441427000**
蕉城镇	441427100
长潭镇	441427102
三圳镇	441427103
新铺镇	441427104
文福镇	441427106
广福镇	441427107
蓝坊镇	441427108
南礤镇	441427110
兴宁市 (3 街道，17 镇)	**441481000**
福兴街道	441481001
兴田街道	441481002
宁新街道	441481003
宁中镇	441481102
新陂镇	441481104
刁坊镇	441481105
永和镇	441481107
径南镇	441481108
坭陂镇	441481110
新圩镇	441481111
水口镇	441481112
罗浮镇	441481115
罗岗镇	441481116
黄槐镇	441481117
黄陂镇	441481118
合水镇	441481122
龙田镇	441481123
石马镇	441481124
大坪镇	441481125
叶塘镇	441481126
汕尾市 (10 街道，44 镇)	**441500000**
城区 (7 街道，3 镇)	**441502000**
新港街道	441502001
香洲街道	441502002
凤山街道	441502003
田墘街道	441502004
东洲街道	441502005
遮浪街道	441502006
马宫街道	441502007
红草镇	441502100
东涌镇	441502102
捷胜镇	441502103
海丰县 (16 镇)	**441521000**
海城镇	441521100
梅陇镇	441521101
小漠镇	441521102
鹅埠镇	441521103
赤石镇	441521104
鲘门镇	441521105
联安镇	441521106
陶河镇	441521107
赤坑镇	441521108
大湖镇	441521109
可塘镇	441521110
公平镇	441521111
黄羌镇	441521112
平东镇	441521113
附城镇	441521114
城东镇	441521115
陆河县 (8 镇)	**441523000**
河田镇	441523100
水唇镇	441523101
河口镇	441523102
新田镇	441523103
上护镇	441523104
螺溪镇	441523105
东坑镇	441523106
南万镇	441523107
陆丰市 (3 街道，17 镇)	**441581000**
东海街道	441581001
城东街道	441581002
河西街道	441581003
甲子镇	441581101
碣石镇	441581102
湖东镇	441581103
大安镇	441581104
博美镇	441581105
内湖镇	441581106
南塘镇	441581107
陂洋镇	441581108
八万镇	441581109
金厢镇	441581110
潭西镇	441581111
甲东镇	441581112
河东镇	441581115
上英镇	441581116
桥冲镇	441581117
甲西镇	441581118
西南镇	441581119
河源市 (6 街道，94 镇，1 乡)	**441600000**
源城区 (6 街道，2 镇)	**441602000**
上城街道	441602001

续表 7

行政区划名称	行政区划代码
新江街道	441602002
东埔街道	441602003
源西街道	441602004
高埔岗街道	441602005
城东街道	441602006
源南镇	441602100
埔前镇	441602101
紫金县(18镇)	**441621000**
紫城镇	441621100
龙窝镇	441621102
九和镇	441621103
上义镇	441621104
蓝塘镇	441621105
凤安镇	441621106
义容镇	441621107
古竹镇	441621108
临江镇	441621109
柏埔镇	441621110
黄塘镇	441621111
敬梓镇	441621112
水墩镇	441621114
南岭镇	441621116
苏区镇	441621117
瓦溪镇	441621119
好义镇	441621120
中坝镇	441621122
龙川县(24镇)	**441622000**
老隆镇	441622100
义都镇	441622102
佗城镇	441622103
鹤市镇	441622104
黄布镇	441622105
紫市镇	441622106
通衢镇	441622107
登云镇	441622109
丰稔镇	441622110
四都镇	441622111
铁场镇	441622112
龙母镇	441622114
田心镇	441622115
黎咀镇	441622116
黄石镇	441622117
赤光镇	441622118
廻龙镇	441622119
新田镇	441622120
车田镇	441622121
岩镇镇	441622123
麻布岗镇	441622124
贝岭镇	441622125
细坳镇	441622126
上坪镇	441622127
连平县(13镇)	**441623000**
元善镇	441623100
上坪镇	441623101
内莞镇	441623102
陂头镇	441623104
溪山镇	441623105
隆街镇	441623107
田源镇	441623108
油溪镇	441623109
忠信镇	441623110
高莞镇	441623111
大湖镇	441623113
三角镇	441623114
绣缎镇	441623115
和平县(17镇)	**441624000**
阳明镇	441624100
大坝镇	441624102
长塘镇	441624103
下车镇	441624104
上陵镇	441624105
优胜镇	441624106
贝墩镇	441624107
古寨镇	441624108
彭寨镇	441624110
合水镇	441624112
公白镇	441624113
青州镇	441624114
浰源镇	441624115
热水镇	441624116
东水镇	441624117
礼士镇	441624118
林寨镇	441624119
东源县(20镇，1乡)	**441625000**
仙塘镇	441625100
灯塔镇	441625101
骆湖镇	441625102
船塘镇	441625103
顺天镇	441625104
上莞镇	441625105
曾田镇	441625106
柳城镇	441625107
义合镇	441625108
蓝口镇	441625109
黄田镇	441625110
叶潭镇	441625111
黄村镇	441625112
康禾镇	441625113
锡场镇	441625114
新港镇	441625115
双江镇	441625116
涧头镇	441625117
新回龙镇	441625121
半江镇	441625122
漳溪畲族乡	441625200
阳江市(10街道，38镇)	**441700000**
江城区(8街道，4镇)	**441702000**
南恩街道	441702001
城南街道	441702002
中洲街道	441702005
城东街道	441702006
城北街道	441702007
白沙街道	441702008
岗列街道	441702009
城西街道	441702010
埠场镇	441702102
平冈镇	441702103
闸坡镇	441702105
双捷镇	441702106
阳东区(11镇)	**441704000**
东城镇	441704100
北惯镇	441704101
那龙镇	441704102
东平镇	441704103
雅韶镇	441704104
大沟镇	441704105
新洲镇	441704106
合山镇	441704107
塘坪镇	441704108
大八镇	441704109
红丰镇	441704110
阳西县(8镇)	**441721000**
织篢镇	441721100
程村镇	441721101
塘口镇	441721102
上洋镇	441721103
溪头镇	441721104
儒洞镇	441721106
新圩镇	441721107
沙扒镇	441721108
阳春市(2街道，15镇)	**441781000**
春城街道	441781001
河西街道	441781002
河塱镇	441781101
松柏镇	441781102
石望镇	441781103
春湾镇	441781105
合水镇	441781106
陂面镇	441781107
圭岗镇	441781108
永宁镇	441781109
马水镇	441781110
岗美镇	441781111
河口镇	441781112
潭水镇	441781113
三甲镇	441781114
双窖镇	441781116
八甲镇	441781117
清远市(5街道，77镇，3乡)	**441800000**
清城区(4街道，4镇)	**441802000**
凤城街道	441802001
东城街道	441802002
洲心街道	441802003
横荷街道	441802004
源潭镇	441802100
龙塘镇	441802101
石角镇	441802102
飞来峡镇	441802103
清新区(8镇)	**441803000**
太和镇	441803102
太平镇	441803104
山塘镇	441803105
三坑镇	441803106
龙颈镇	441803112
禾云镇	441803113
浸潭镇	441803117
石潭镇	441803118

续表 8

行政区划名称	行政区划代码
佛冈县（6镇）	**441821000**
石角镇	441821100
水头镇	441821101
汤塘镇	441821102
龙山镇	441821103
高岗镇	441821104
迳头镇	441821107
阳山县（12镇，1乡）	**441823000**
青莲镇	441823100
江英镇	441823101
杜步镇	441823104
七拱镇	441823105
太平镇	441823107
杨梅镇	441823108
大崀镇	441823110
小江镇	441823111
岭背镇	441823113
黄坌镇	441823115
黎埠镇	441823116
阳城镇	441823119
秤架瑶族乡	441823201
连山壮族瑶族自治县（7镇）	**441825000**
永和镇	441825100
吉田镇	441825104
太保镇	441825105
禾洞镇	441825106
福堂镇	441825108
小三江镇	441825109
上帅镇	441825111
连南瑶族自治县（7镇）	**441826000**
三江镇	441826100
大麦山镇	441826101
寨岗镇	441826102
三排镇	441826105
涡水镇	441826106
大坪镇	441826108
香坪镇	441826109
英德市（1街道，23镇）	**441881000**
英城街道	441881001
沙口镇	441881101
望埠镇	441881102
横石水镇	441881103
东华镇	441881104
桥头镇	441881105
青塘镇	441881106
白沙镇	441881108
大站镇	441881109
西牛镇	441881110
九龙镇	441881111
浛洸镇	441881112
大湾镇	441881114
石灰铺镇	441881115
石牯塘镇	441881116
下砝镇	441881120
黄花镇	441881121
波罗镇	441881124
横石塘镇	441881125
大洞镇	441881126
连江口镇	441881129
黎溪镇	441881130
水边镇	441881131
英红镇	441881132
连州市（10镇，2乡）	**441882000**
连州镇	441882100
星子镇	441882101
大路边镇	441882102
龙坪镇	441882103
西岸镇	441882104
保安镇	441882105
丰阳镇	441882106
东陂镇	441882107
九陂镇	441882109
西江镇	441882118
瑶安瑶族乡	441882200
三水瑶族乡	441882201
东莞市（4街道，28镇）	**441900000**
东城街道	441900003
南城街道	441900004
万江街道	441900005
莞城街道	441900006
石碣镇	441900101
石龙镇	441900102
茶山镇	441900103
石排镇	441900104
企石镇	441900105
横沥镇	441900106
桥头镇	441900107
谢岗镇	441900108
东坑镇	441900109
常平镇	441900110
寮步镇	441900111
樟木头镇	441900112
大朗镇	441900113
黄江镇	441900114
清溪镇	441900115
塘厦镇	441900116
凤岗镇	441900117
大岭山镇	441900118
长安镇	441900119
虎门镇	441900121
厚街镇	441900122
沙田镇	441900123
道滘镇	441900124
洪梅镇	441900125
麻涌镇	441900126
望牛墩镇	441900127
中堂镇	441900128
高埗镇	441900129
中山市（6街道，18镇）	**442000000**
石岐街道	442000001
东区街道	442000002
中山港街道	442000003
西区街道	442000004
南区街道	442000005
五桂山街道	442000006
小榄镇	442000100
黄圃镇	442000101
民众镇	442000102
东凤镇	442000103
东升镇	442000104
古镇镇	442000105
沙溪镇	442000106
坦洲镇	442000107
港口镇	442000108
三角镇	442000109
横栏镇	442000110
南头镇	442000111
阜沙镇	442000112
南朗镇	442000113
三乡镇	442000114
板芙镇	442000115
大涌镇	442000116
神湾镇	442000117
潮州市（9街道，41镇）	**445100000**
湘桥区（9街道，4镇）	**445102000**
湘桥街道	445102001
西湖街道	445102002
金山街道	445102003
太平街道	445102004
南春街道	445102005
西新街道	445102006
桥东街道	445102007
城西街道	445102008
凤新街道	445102009
意溪镇	445102100
磷溪镇	445102101
官塘镇	445102102
铁铺镇	445102103
潮安区（16镇）	**445103000**
古巷镇	445103100
登塘镇	445103101
凤塘镇	445103102
浮洋镇	445103103
龙湖镇	445103104
金石镇	445103105
沙溪镇	445103106
彩塘镇	445103107
东凤镇	445103108
庵埠镇	445103109
江东镇	445103110
归湖镇	445103111
文祠镇	445103112
凤凰镇	445103113
赤凤镇	445103114
枫溪镇	445103115
饶平县（21镇）	**445122000**
黄冈镇	445122100
上饶镇	445122102
饶洋镇	445122103
新丰镇	445122104
建饶镇	445122106
三饶镇	445122107
新塘镇	445122108
汤溪镇	445122109
浮滨镇	445122110
浮山镇	445122112
东山镇	445122113

续表 9

行政区划名称	行政区划代码
新圩镇	445122114
樟溪镇	445122116
钱东镇	445122117
高堂镇	445122118
联饶镇	445122119
所城镇	445122120
大埕镇	445122121
柘林镇	445122122
汫洲镇	445122123
海山镇	445122124
揭阳市(20 街道，61 镇，2 乡)	**445200000**
榕城区(10 街道，5 镇)	**445202000**
榕华街道	445202001
新兴街道	445202002
中山街道	445202003
西马街道	445202004
榕东街道	445202006
东阳街道	445202008
东升街道	445202009
东兴街道	445202010
仙桥街道	445202011
梅云街道	445202012
渔湖镇	445202101
地都镇	445202102
炮台镇	445202103
登岗镇	445202104
玉窖镇	445200105
揭东区(2 街道，10 镇)	**445203000**
曲溪街道	445203001
磐东街道	445203002
云路镇	445203100
霖磐镇	445203102
月城镇	445203103
白塔镇	445203104
龙尾镇	445203105
桂岭镇	445203106
锡场镇	445203107
新亨镇	445203108
玉湖镇	445203109
埔田镇	445203110
揭西县(1 街道，15 镇，1 乡)	**445222000**
河婆街道	445222001
龙潭镇	445222102
南山镇	445222103
五经富镇	445222104
京溪园镇	445222105
灰寨镇	445222106
塔头镇	445222107
东园镇	445222108
凤江镇	445222109
棉湖镇	445222110
金和镇	445222111
大溪镇	445222112
钱坑镇	445222113
坪上镇	445222114
五云镇	445222115
上砂镇	445222116
良田乡	445222201
惠来县(14 镇)	**445224000**
惠城镇	445224100
靖海镇	445224101
神泉镇	445224102
仙庵镇	445224103
周田镇	445224104
华湖镇	445224105
前詹镇	445224106
葵潭镇	445224107
隆江镇	445224108
溪西镇	445224109
鳌江镇	445224110
东港镇	445224111
东陇镇	445224112
岐石镇	445224113
普宁市(7 街道，17 镇，1 乡)	**445281000**
池尾街道	445281001
流沙北街道	445281002
流沙西街道	445281003
流沙东街道	445281004
流沙南街道	445281005
燎原街道	445281006
大南山街道	445281007
赤岗镇	445281102
大坝镇	445281103
洪阳镇	445281104
南溪镇	445281105
广太镇	445281106
麒麟镇	445281107
南径镇	445281108
占陇镇	445281109
军埠镇	445281110
下架山镇	445281111
高埔镇	445281113
云落镇	445281114
大坪镇	445281115
船埔镇	445281116
梅林镇	445281117
里湖镇	445281119
梅塘镇	445281121
鲘溪乡	445281201
云浮市(8 街道，55 镇)	**445300000**
云城区(4 街道，4 镇)	**445302000**
云城街道	445302001
高峰街道	445302002
河口街道	445302003
安塘街道	445302004
腰古镇	445302102
思劳镇	445302103
前锋镇	445302105
南盛镇	445302106
云安区(7 镇)	**445303000**
六都镇	445303100
高村镇	445303101
白石镇	445303102
镇安镇	445303103
富林镇	445303104
石城镇	445303107
都杨镇	445303108
新兴县(12 镇)	**445321000**
新城镇	445321100
车岗镇	445321101
水台镇	445321103
稔村镇	445321104
东成镇	445321105
太平镇	445321107
里洞镇	445321108
大江镇	445321110
天堂镇	445321112
河头镇	445321113
簕竹镇	445321114
六祖镇	445321115
郁南县(15 镇)	**445322000**
都城镇	445322100
平台镇	445322101
桂圩镇	445322102
通门镇	445322104
建城镇	445322105
宝珠镇	445322106
大方镇	445322108
千官镇	445322110
大湾镇	445322111
河口镇	445322112
宋桂镇	445322113
东坝镇	445322114
连滩镇	445322115
历洞镇	445322116
南江口镇	445322117
罗定市(4 街道，17 镇)	**445381000**
罗城街道	445381001
素龙街道	445381002
附城街道	445381003
双东街道	445381004
罗镜镇	445381100
太平镇	445381101
分界镇	445381102
罗平镇	445381104
船步镇	445381105
满塘镇	445381106
苹塘镇	445381107
金鸡镇	445381108
围底镇	445381109
华石镇	445381110
榃滨镇	445381111
黎少镇	445381113
生江镇	445381114
连州镇	445381115
泗纶镇	445381116
加益镇	445381118
龙湾镇	445381119

广西壮族自治区

广西壮族自治区（桂）

行政区划名称	行政区划代码
广西壮族自治区（133 街道，799 镇，319 乡）	**450000000**
南宁市（25 街道，86 镇，16 乡）	**450100000**
兴宁区（3 街道，3 镇）	**450102000**
民生街道	450102001
朝阳街道	450102002
兴东街道	450102003
三塘镇	450102101
五塘镇	450102107
昆仑镇	450102109
青秀区（5 街道，4 镇）	**450103000**
新竹街道	450103001
中山街道	450103002
建政街道	450103003
南湖街道	450103004
津头街道	450103005
刘圩镇	450103100
南阳镇	450103101
伶俐镇	450103102
长塘镇	450103103
江南区（5 街道，4 镇）	**450105000**
福建园街道	450105001
江南街道	450105002
沙井街道	450105003
那洪街道 *	450105004
金凯街道 *	450105005
吴圩镇 *	450105102
苏圩镇	450105103
延安镇	450105104
江西镇	450105105
西乡塘区（10 街道，3 镇）	**450107000**
衡阳街道	450107001
北湖街道	450107002
西乡塘街道	450107003
安吉街道	450107004
华强街道	450107005
新阳街道	450107006
上尧街道	450107007
安宁街道 *	450107008
石埠街道	450107009
心圩街道 *	450107010
金陵镇	450107100
双定镇	450107101
坛洛镇	450107105
良庆区（2 街道，5 镇）	**450108000**
大沙田街道	450108001
玉洞街道	450108002
良庆镇	450108100
那马镇	450108101
那陈镇	450108102
大塘镇	450108103
南晓镇	450108104
邕宁区（4 镇，1 乡）	**450109000**
蒲庙镇	450109100
那楼镇	450109101
新江镇	450109102
百济镇	450109103
中和乡	450109202
武鸣区（13 镇）	**450110000**
城厢镇	450110100
太平镇	450110102
双桥镇	450110103
宁武镇	450110104
锣圩镇	450110105
仙湖镇	450110106
府城镇	450110107
陆斡镇	450110108
两江镇	450110109
罗波镇	450110110
灵马镇	450110111
甘圩镇	450110112
马头镇	450110113
隆安县（6 镇，4 乡）	**450123000**
城厢镇	450123100
南圩镇	450123101
雁江镇	450123102
那桐镇	450123103
乔建镇	450123104
丁当镇	450123105
古潭乡	450123201
都结乡	450123203
布泉乡	450123204
屏山乡	450123205
马山县（7 镇，4 乡）	**450124000**
白山镇	450124100
百龙滩镇	450124101
林圩镇	450124102
古零镇	450124103
金钗镇	450124104
周鹿镇	450124105
永州镇	450124106
乔利乡	450124200
加方乡	450124201
古寨瑶族乡	450124202
里当瑶族乡	450124203
上林县（7 镇，4 乡）	**450125000**
大丰镇	450125100
明亮镇	450125101
巷贤镇	450125102
白圩镇	450125103
三里镇	450125104
乔贤镇	450125105
西燕镇	450125106
澄泰乡	450125200
木山乡	450125202
塘红乡	450125203
镇圩瑶族乡	450125205
宾阳县（16 镇）	**450126000**
宾州镇	450126100
黎塘镇	450126101
甘棠镇	450126102
思陇镇	450126103
新桥镇	450126104
新圩镇	450126105
邹圩镇	450126106
大桥镇	450126107
武陵镇	450126108
中华镇	450126109
古辣镇	450126110
露圩镇	450126111
王灵镇	450126112
和吉镇	450126113
洋桥镇	450126114
陈平镇	450126115
横县（14 镇，3 乡）	**450127000**
横州镇	450127100
百合镇	450127101
那阳镇	450127102
南乡镇	450127103
新福镇	450127104
莲塘镇	450127105
平马镇	450127106
峦城镇	450127107
六景镇	450127108
石塘镇	450127110
陶圩镇	450127112
校椅镇	450127113
云表镇	450127114
马岭镇	450127115
马山乡	450127200
平朗乡	450127203
镇龙乡	450127204
柳州市（31 街道，53 镇，33 乡）	**450200000**
城中区（7 街道）	**450202000**
城中街道	450202001
公园街道	450202002
中南街道	450202003
水上街道	450202004
潭中街道	450202005
河东街道	450202006
静兰街道	450202007
鱼峰区（8 街道，2 镇）	**450203000**
天马街道	450203001
驾鹤街道	450203002
箭盘山街道	450203003
五里亭街道	450203004
荣军街道	450203005
白莲街道	450203007
麒麟街道	450203008
阳和街道 *	450203009
洛埠镇 *	450203100
雒容镇 *	450203101
柳南区（8 街道，1 镇）	**450204000**
河西街道	450204001
柳南街道	450204002
柳石街道	450204003

续表 1

行政区划名称	行政区划代码
南站街道	450204004
鹅山街道	450204005
银山街道	450204006
潭西街道	450204007
南环街道	450204008
太阳村镇	450204100
柳北区 (8 街道，3 镇)	**450205000**
解放街道	450205001
雅儒街道	450205002
胜利街道	450205003
雀儿山街道	450205004
钢城街道	450205005
柳长街道	450205006
锦绣街道	450205007
白露街道	450205008
石碑坪镇	450205100
沙塘镇	450205101
长塘镇	450205102
柳江区 (12 镇)	**450206000**
拉堡镇	450206100
里雍镇	450206101
百朋镇	450206102
成团镇	450206103
洛满镇	450206104
流山镇	450206105
三都镇	450206106
里高镇	450206107
进德镇	450206108
穿山镇	450206109
土博镇	450206110
白沙镇	450206111
柳城县 (10 镇，2 乡)	**450222000**
大埔镇	450222100
龙头镇	450222101
太平镇	450222102
沙埔镇	450222103
东泉镇	450222104
凤山镇	450222105
六塘镇	450222106
冲脉镇	450222107
寨隆镇	450222108
马山镇	450222109
社冲乡	450222201
古砦仫佬族乡	450222202
鹿寨县 (6 镇，3 乡)	**450223000**
鹿寨镇	450223100
中渡镇	450223102
寨沙镇	450223103
平山镇	450223104
黄冕镇	450223105
四排镇	450223106
江口乡	450223202
导江乡	450223203
拉沟乡	450223205
融安县 (6 镇，6 乡)	**450224000**
长安镇	450224100
浮石镇	450224101
泗顶镇	450224102
板榄镇	450224103
大将镇	450224104
大良镇	450224105
雅瑶乡	450224202
大坡乡	450224203
东起乡	450224204
沙子乡	450224205
桥板乡	450224206
潭头乡	450224207
融水苗族自治县 (7 镇，13 乡)	**450225000**
融水镇	450225100
和睦镇	450225101
三防镇	450225102
怀宝镇	450225103
洞头镇	450225104
大浪镇	450225105
永乐镇	450225106
四荣乡	450225202
香粉乡	450225203
安太乡	450225204
汪洞乡	450225206
同练瑶族乡	450225207
滚贝侗族乡	450225208
杆洞乡	450225209
安陲乡	450225210
白云乡	450225212
红水乡	450225213
拱洞乡	450225214
良寨乡	450225215
大年乡	450225216
三江侗族自治县 (6 镇，9 乡)	**450226000**
古宜镇	450226100
丹洲镇	450226101
斗江镇	450226102
林溪镇	450226103
八江镇	450226104
独峒镇	450226105
程村乡	450226201
和平乡	450226202
老堡乡	450226203
高基瑶族乡	450226204
良口乡	450226205
洋溪乡	450226206
富禄苗族乡	450226207
梅林乡	450226208
同乐苗族乡	450226212
桂林市 (13 街道，86 镇，48 乡)	**450300000**
秀峰区 (3 街道)	**450302000**
秀峰街道	450302001
丽君街道	450302002
甲山街道	450302003
叠彩区 (2 街道，1 乡)	**450303000**
叠彩街道	450303001
北门街道	450303002
大河乡	450303200
象山区 (3 街道，1 乡)	**450304000**
南门街道	450304001
象山街道	450304002
平山街道	450304003
二塘乡	450304200
七星区 (4 街道，1 乡)	**450305000**
七星街道	450305001
东江街道	450305002
穿山街道	450305003
漓东街道	450305004
朝阳乡	450305201
雁山区 (1 街道，2 镇，2 乡)	**450311000**
良丰街道	450311001
雁山镇	450311100
柘木镇	450311101
大埠乡	450311200
草坪回族乡	450311201
临桂区 (9 镇，2 乡)	**450312000**
临桂镇	450312100
六塘镇	450312101
会仙镇	450312102
两江镇	450312103
五通镇	450312104
四塘镇	450312105
南边山镇	450312106
中庸镇	450312107
茶洞镇	450312108
宛田瑶族乡	450312203
黄沙瑶族乡	450312204
阳朔县 (6 镇，3 乡)	**450321000**
阳朔镇	450321100
白沙镇	450321101
福利镇	450321102
兴坪镇	450321103
葡萄镇	450321104
高田镇	450321105
金宝乡	450321200
普益乡	450321201
杨堤乡	450321202
灵川县 (7 镇，5 乡)	**450323000**
灵川镇	450323100
大圩镇	450323101
定江镇	450323102
三街镇	450323103
潭下镇	450323104
九屋镇	450323106
灵田镇	450323107
潮田乡	450323200
大境瑶族乡	450323201
海洋乡	450323202
兰田瑶族乡	450323206
公平乡	450323207
全州县 (15 镇，3 乡)	**450324000**
全州镇	450324100
黄沙河镇	450324101
庙头镇	450324102
文桥镇	450324103
大西江镇	450324104
龙水镇	450324105
才湾镇	450324106
绍水镇	450324107
石塘镇	450324108

续表 2

行政区划名称	行政区划代码
安和镇	450324109
两河镇	450324110
凤凰镇	450324111
咸水镇	450324112
枧塘镇	450324113
永岁镇	450324114
蕉江瑶族乡	450324204
白宝乡	450324208
东山瑶族乡	450324209
兴安县（6 镇，4 乡）	**450325000**
兴安镇	450325100
湘漓镇	450325101
界首镇	450325102
高尚镇	450325103
严关镇	450325104
溶江镇	450325105
漠川乡	450325200
白石乡	450325201
崔家乡	450325202
华江瑶族乡	450325203
永福县（6 镇，3 乡）	**450326000**
永福镇	450326100
罗锦镇	450326101
百寿镇	450326102
苏桥镇	450326103
三皇镇	450326104
堡里镇	450326105
广福乡	450326202
永安乡	450326204
龙江乡	450326205
灌阳县（6 镇，3 乡）	**450327000**
灌阳镇	450327100
黄关镇	450327101
文市镇	450327102
新街镇	450327103
新圩镇	450327104
水车镇	450327105
洞井瑶族乡	450327200
观音阁乡	450327201
西山瑶族乡	450327202
龙胜各族自治县（5 镇，5 乡）	**450328000**
龙胜镇	450328100
瓢里镇	450328101
三门镇	450328102
平等镇	450328103
龙脊镇	450328104
泗水乡	450328201
江底乡	450328202
马堤乡	450328203
伟江乡	450328204
乐江乡	450328206
资源县（3 镇，4 乡）	**450329000**
资源镇	450329101
梅溪镇	450329102
中峰镇	450329103
瓜里乡	450329203
车田苗族乡	450329204
两水苗族乡	450329205
河口瑶族乡	450329206
平乐县（6 镇，4 乡）	**450330000**
平乐镇	450330100
二塘镇	450330101
沙子镇	450330102
同安镇	450330103
张家镇	450330104
源头镇	450330105
阳安乡	450330201
青龙乡	450330202
桥亭乡	450330203
大发瑶族乡	450330205
荔浦县（10 镇，3 乡）	**450331000**
荔城镇	450331100
东昌镇	450331101
新坪镇	450331102
杜莫镇	450331103
青山镇	450331104
修仁镇	450331105
大塘镇	450331106
花篢镇	450331107
双江镇	450331108
马岭镇	450331109
龙怀乡	450331200
茶城乡	450331201
蒲芦瑶族乡	450331202
恭城瑶族自治县（5 镇，4 乡）	**450332000**
恭城镇	450332100
栗木镇	450332101
莲花镇	450332102
嘉会镇	450332103
西岭镇	450332104
平安乡	450332200
三江乡	450332201
观音乡	450332204
龙虎乡	450332205
梧州市（9 街道，53 镇，5 乡）	**450400000**
万秀区（7 街道，3 镇）	**450403000**
城东街道	450403001
城南街道	450403002
城中街道	450403003
城北街道	450403004
角嘴街道	450403005
东兴街道	450403006
富民街道	450403007
城东镇	450403105
龙湖镇	450403107
夏郢镇	450403108
长洲区（2 街道，2 镇）	**450405000**
大塘街道	450405001
兴龙街道	450405002
长洲镇	450405101
倒水镇	450405102
龙圩区（4 镇）	**450406000**
龙圩镇	450406100
新地镇	450406101
广平镇	450406102
大坡镇	450406103
苍梧县（9 镇）	**450421000**
岭脚镇	450421105
京南镇	450421108
狮寨镇	450421109
六堡镇	450421112
梨埠镇	450421113
木双镇	450421114
石桥镇	450421115
沙头镇	450421116
旺甫镇	450421117
藤县（15 镇，2 乡）	**450422000**
藤州镇	450422100
塘步镇	450422103
埌南镇	450422104
同心镇	450422105
金鸡镇	450422106
新庆镇	450422107
象棋镇	450422108
岭景镇	450422109
天平镇	450422110
濛江镇	450422111
和平镇	450422112
太平镇	450422113
古龙镇	450422114
东荣镇	450422115
大黎镇	450422116
平福乡	450422200
宁康乡	450422201
蒙山县（6 镇，3 乡）	**450423000**
蒙山镇	450423100
西河镇	450423101
新圩镇	450423102
文圩镇	450423103
黄村镇	450423104
陈塘镇	450423105
汉豪乡	450423200
长坪瑶族乡	450423201
夏宜瑶族乡	450423202
岑溪市（14 镇）	**450481000**
岑城镇	450481100
马路镇	450481102
南渡镇	450481103
水汶镇	450481105
大隆镇	450481106
梨木镇	450481107
大业镇	450481108
筋竹镇	450481109
诚谏镇	450481110
归义镇	450481111
糯垌镇	450481112
安平镇	450481113
三堡镇	450481114
波塘镇	450481115
北海市（7 街道，22 镇，1 乡）	**450500000**
海城区（7 街道，1 镇）	**450502000**
中街街道	450502001
东街街道	450502002
西街街道	450502003
海角街道	450502004
地角街道	450502005
高德街道	450502006

续表 3

行政区划名称	行政区划代码
驿马街道	450502007
涠洲镇	450502100
银海区(4镇)	**450503000**
福成镇	450503100
银滩镇	450503101
平阳镇	450503102
侨港镇	450503103
铁山港区(3镇)	**450512000**
南康镇	450512100
营盘镇	450512101
兴港镇	450512102
合浦县(14镇，1乡)	**450521000**
廉州镇	450521100
党江镇	450521101
西场镇	450521102
沙岗镇	450521103
乌家镇	450521104
闸口镇	450521105
公馆镇	450521106
白沙镇	450521107
山口镇	450521108
沙田镇	450521109
石湾镇	450521110
石康镇	450521111
常乐镇	450521112
星岛湖镇	450521113
曲樟乡	450521200
防城港市(7街道，17镇，6乡)	**450600000**
港口区(4街道，2镇)	**450602000**
渔洲坪街道	450602001
白沙沥街道	450602002
沙潭江街道	450602003
王府街道	450602004
企沙镇	450602100
光坡镇	450602101
防城区(3街道，8镇，2乡)	**450603000**
水营街道	450603001
珠河街道	450603002
文昌街道	450603003
大菉镇	450603101
华石镇	450603102
那梭镇	450603103
那良镇	450603104
峒中镇	450603105
茅岭镇	450603106
江山镇	450603107
扶隆镇	450603108
滩营乡	450603204
十万山瑶族乡	450603209
上思县(4镇，4乡)	**450621000**
思阳镇	450621100
在妙镇	450621101
华兰镇	450621102
叫安镇	450621103
南屏瑶族乡	450621203
平福乡	450621204
那琴乡	450621206
公正乡	450621208
东兴市(3镇)	**450681000**
东兴镇	450681100
江平镇	450681101
马路镇	450681102
钦州市(12街道，54镇)	**450700000**
钦南区(5街道，11镇)	**450702000**
向阳街道	450702001
水东街道	450702002
文峰街道	450702003
南珠街道	450702004
尖山街道	450702005
沙埠镇	450702100
康熙岭镇	450702101
黄屋屯镇	450702102
大番坡镇	450702104
龙门港镇	450702105
犀牛脚镇	450702106
久隆镇	450702107
东场镇	450702108
那丽镇	450702109
那彭镇	450702110
那思镇	450702111
钦北区(3街道，11镇)	**450703000**
长田街道	450703001
鸿亭街道	450703002
子材街道	450703003
大垌镇	450703100
平吉镇	450703101
青塘镇	450703102
小董镇	450703103
板城镇	450703104
那蒙镇	450703106
长滩镇	450703107
新棠镇	450703108
大直镇	450703109
大寺镇	450703110
贵台镇	450703111
灵山县(2街道，17镇)	**450721000**
三海街道	450721001
灵城街道	450721002
新圩镇	450721102
丰塘镇	450721103
平山镇	450721104
石塘镇	450721105
佛子镇	450721106
平南镇	450721107
烟墩镇	450721108
檀圩镇	450721109
那隆镇	450721110
三隆镇	450721111
陆屋镇	450721112
旧州镇	450721113
太平镇	450721114
沙坪镇	450721115
武利镇	450721116
文利镇	450721117
伯劳镇	450721118
浦北县(2街道，15镇)	**450722000**
小江街道	450722001
江城街道	450722002
泉水镇	450722101
石埇镇	450722102
安石镇	450722103
张黄镇	450722104
大成镇	450722105
白石水镇	450722106
北通镇	450722107
三合镇	450722108
龙门镇	450722109
福旺镇	450722111
寨圩镇	450722112
乐民镇	450722113
六硍镇	450722114
平睦镇	450722115
官垌镇	450722116
贵港市(7街道，55镇，12乡)	**450800000**
港北区(2街道，4镇，2乡)	**450802000**
贵城街道	450802001
港城街道	450802002
大圩镇	450802101
庆丰镇	450802102
根竹镇	450802103
武乐镇	450802104
奇石乡	450802200
中里乡	450802201
港南区(2街道，7镇)	**450803000**
江南街道	450803001
八塘街道	450803002
桥圩镇	450803100
木格镇	450803101
木梓镇	450803102
湛江镇	450803103
东津镇	450803104
新塘镇	450803106
瓦塘镇	450803107
覃塘区(1街道，7镇，2乡)	**450804000**
覃塘街道	450804001
东龙镇	450804101
三里镇	450804102
黄练镇	450804103
石卡镇	450804104
五里镇	450804105
樟木镇	450804106
蒙公镇	450804107
山北乡	450804200
大岭乡	450804203
平南县(2街道，16镇，3乡)	**450821000**
平南街道	450821001
上渡街道	450821002
平山镇	450821101
寺面镇	450821102
六陈镇	450821103
大新镇	450821104
大安镇	450821105
武林镇	450821106
大坡镇	450821107
大洲镇	450821108

续表 4

行政区划名称	行政区划代码
镇隆镇	450821109
安怀镇	450821112
丹竹镇	450821113
官成镇	450821114
思旺镇	450821115
大鹏镇	450821116
同和镇	450821117
东华镇	450821118
思界乡	450821202
国安瑶族乡	450821203
马练瑶族乡	450821204
桂平市（21 镇，5 乡）	**450881000**
西山镇	450881100
木乐镇	450881101
木圭镇	450881102
石咀镇	450881103
油麻镇	450881104
社坡镇	450881105
罗秀镇	450881106
麻垌镇	450881107
社步镇	450881108
下湾镇	450881109
木根镇	450881110
中沙镇	450881111
大洋镇	450881113
大湾镇	450881114
白沙镇	450881115
石龙镇	450881116
蒙圩镇	450881117
紫荆镇	450881118
南木镇	450881119
江口镇	450881120
金田镇	450881121
马皮乡	450881200
垌心乡	450881201
寻旺乡	450881202
罗播乡	450881203
厚禄乡	450881204
玉林市（8 街道，102 镇）	**450900000**
玉州区（5 街道，4 镇）	**450902000**
玉城街道	450902001
南江街道	450902002
城西街道	450902003
城北街道	450902004
名山街道	450902005
茂林镇	450902101
仁东镇	450902102
仁厚镇	450902103
大塘镇	450902104
福绵区（6 镇）	**450903000**
福绵镇	450903100
成均镇	450903101
樟木镇	450903102
新桥镇	450903103
沙田镇	450903104
石和镇	450903105
容县（15 镇）	**450921000**
容州镇	450921100
杨梅镇	450921102
灵山镇	450921103
六王镇	450921104
黎村镇	450921105
杨村镇	450921106
县底镇	450921107
自良镇	450921108
松山镇	450921109
罗江镇	450921110
石头镇	450921111
石寨镇	450921112
十里镇	450921113
容西镇	450921114
浪水镇	450921115
陆川县（14 镇）	**450922000**
温泉镇	450922101
米场镇	450922102
马坡镇	450922103
珊罗镇	450922104
平乐镇	450922105
沙坡镇	450922106
大桥镇	450922107
乌石镇	450922108
良田镇	450922109
清湖镇	450922110
古城镇	450922111
横山镇	450922112
滩面镇	450922113
沙湖镇	450922114
博白县（28 镇）	**450923000**
博白镇	450923100
径口镇	450923101
双凤镇	450923102
顿谷镇	450923105
水鸣镇	450923106
那林镇	450923107
江宁镇	450923108
三滩镇	450923109
黄凌镇	450923110
亚山镇	450923111
旺茂镇	450923112
东平镇	450923114
沙河镇	450923115
菱角镇	450923116
新田镇	450923117
凤山镇	450923118
宁潭镇	450923119
文地镇	450923120
英桥镇	450923121
那卜镇	450923122
大垌镇	450923123
沙陂镇	450923124
双旺镇	450923125
松旺镇	450923126
龙潭镇	450923127
大坝镇	450923128
永安镇	450923129
浪平镇	450923130
兴业县（13 镇）	**450924000**
石南镇	450924100
大平山镇	450924101
葵阳镇	450924102
城隍镇	450924103
山心镇	450924104
沙塘镇	450924105
蒲塘镇	450924106
北市镇	450924107
龙安镇	450924108
高峰镇	450924109
小平山镇	450924110
卖酒镇	450924111
洛阳镇	450924124
北流市（3 街道，22 镇）	**450981000**
陵城街道	450981001
城南街道	450981002
城北街道	450981003
北流镇	450981100
新荣镇	450981101
民安镇	450981102
山围镇	450981103
民乐镇	450981104
西埌镇	450981105
新圩镇	450981106
大里镇	450981107
塘岸镇	450981108
清水口镇	450981109
隆盛镇	450981110
大坡外镇	450981111
六麻镇	450981112
新丰镇	450981113
沙垌镇	450981114
平政镇	450981115
白马镇	450981116
大伦镇	450981117
扶新镇	450981118
六靖镇	450981119
石窝镇	450981120
清湾镇	450981122
百色市（2 街道，75 镇，58 乡）	**451000000**
右江区（2 街道，4 镇，3 乡）	**451002000**
百城街道	451002001
龙景街道	451002002
阳圩镇	451002101
四塘镇	451002102
龙川镇	451002103
永乐镇	451002104
汪甸瑶族乡	451002202
大楞乡	451002204
泮水乡	451002206
田阳县（9 镇，1 乡）	**451021000**
田州镇	451021100
那坡镇	451021101
坡洪镇	451021102
那满镇	451021103
百育镇	451021104
玉凤镇	451021105
头塘镇	451021106
五村镇	451021107

续表5

行政区划名称	行政区划代码	行政区划名称	行政区划代码	行政区划名称	行政区划代码
洞靖镇	451021108	魁圩乡	451081215	平班镇	451031103
巴别乡	451021204	**那坡县(3镇，6乡)**	**451026000**	德峨镇	451031104
田东县(9镇，1乡)	**451022000**	城厢镇	451026100	隆或镇	451031105
平马镇	451022100	平孟镇	451026101	沙梨乡	451031200
祥周镇	451022101	龙合镇	451026102	者保乡	451031203
林逢镇	451022103	坡荷乡	451026200	者浪乡	451031204
思林镇	451022105	德隆乡	451026203	革步乡	451031205
印茶镇	451022106	百合乡	451026204	金钟山乡	451031206
江城镇	451022107	百南乡	451026205	猪场乡	451031208
朔良镇	451022108	百省乡	451026207	蛇场乡	451031210
义圩镇	451022109	百都乡	451026208	克长乡	451031211
那拔镇	451022110	**凌云县(4镇，4乡)**	**451027000**	岩茶乡	451031213
作登瑶族乡	451022201	泗城镇	451027100	介廷乡	451031215
平果县(9镇，3乡)	**451023000**	逻楼镇	451027101	**贺州市(4街道，47镇，10乡)**	**451100000**
马头镇	451023100	加尤镇	451027102		
新安镇	451023101	下甲镇	451027103	**八步区(3街道，12镇，1乡)**	**451102000**
果化镇	451023102	伶站瑶族乡	451027201	八步街道	451102001
太平镇	451023103	朝里瑶族乡	451027202	城东街道	451102002
坡造镇	451023104	沙里瑶族乡	451027203	江南街道	451102003
四塘镇	451023105	玉洪瑶族乡	451027205	贺街镇	451102101
旧城镇	451023106	**乐业县(4镇，4乡)**	**451028000**	步头镇	451102102
榜圩镇	451023107	同乐镇	451028100	莲塘镇	451102103
凤梧镇	451023108	甘田镇	451028101	大宁镇	451102104
海城乡	451023202	新化镇	451028102	南乡镇	451102105
黎明乡	451023205	花坪镇	451028103	桂岭镇	451102106
同老乡	451023206	逻沙乡	451028201	开山镇	451102107
德保县(7镇，5乡)	**451024000**	逻西乡	451028203	里松镇	451102109
城关镇	451024100	幼平乡	451028204	信都镇	451102114
隆桑镇	451024101	雅长乡	451028205	灵峰镇	451102115
敬德镇	451024102	**田林县(5镇，9乡)**	**451029000**	仁义镇	451102116
足荣镇	451024103	乐里镇	451029100	铺门镇	451102117
马隘镇	451024122	旧州镇	451029101	黄洞瑶族乡	451102200
东凌镇	451024123	定安镇	451029102	**平桂区(1街道，7镇，1乡)**	**451103000**
那甲镇	451024124	六隆镇	451029103	西湾街道	451103001
都安乡	451024201	浪平镇	451029104	黄田镇	451103100
荣华乡	451024205	潞城瑶族乡	451029200	鹅塘镇	451103101
燕峒乡	451024207	利周瑶族乡	451029202	沙田镇	451103102
龙光乡	451024208	平塘乡	451029203	公会镇	451103103
巴头乡	451024210	八桂瑶族乡	451029206	水口镇	451103104
靖西市(11镇，8乡)	**451081000**	八渡瑶族乡	451029208	望高镇	451103105
新靖镇	451081100	那比乡	451029210	羊头镇	451103106
化峒镇	451081101	高龙乡	451029211	大平瑶族乡	451103200
湖润镇	451081102	百乐乡	451029213	**昭平县(9镇，3乡)**	**451121000**
安德镇	451081103	者苗乡	451029215	昭平镇	451121100
龙临镇	451081104	**西林县(4镇，4乡)**	**451030000**	文竹镇	451121101
渠洋镇	451081105	八达镇	451030100	黄姚镇	451121102
岳圩镇	451081106	古障镇	451030101	富罗镇	451121103
龙邦镇	451081107	那劳镇	451030102	北陀镇	451121104
武平镇	451081108	马蚌镇	451030103	马江镇	451121105
禄峒镇	451081109	普合苗族乡	451030203	五将镇	451121107
地州镇	451081110	西平乡	451030204	走马镇	451121108
同德乡	451081200	那佐苗族乡	451030206	樟木林镇	451121109
壬庄乡	451081201	足别瑶族苗族乡	451030208	仙回瑶族乡	451121201
安宁乡	451081202	**隆林各族自治县(6镇，10乡)**	**451031000**	凤凰乡	451121206
南坡乡	451081206			木格乡	451121208
吞盘乡	451081207	新州镇	451031100	**钟山县(10镇，2乡)**	**451122000**
果乐乡	451081209	桠杈镇	451031101	钟山镇	451122100
新甲乡	451081210	天生桥镇	451031102	回龙镇	451122105

续表 6

行政区划名称	行政区划代码
石龙镇	451122106
凤翔镇	451122107
珊瑚镇	451122108
同古镇	451122109
公安镇	451122110
清塘镇	451122112
燕塘镇	451122113
红花镇	451122114
花山瑶族乡	451122200
两安瑶族乡	451122201
富川瑶族自治县(9镇,3乡)	**451123000**
富阳镇	451123100
白沙镇	451123101
莲山镇	451123102
古城镇	451123103
福利镇	451123104
麦岭镇	451123105
葛坡镇	451123106
城北镇	451123107
朝东镇	451123108
新华乡	451123200
石家乡	451123201
柳家乡	451123203
河池市(1街道，65镇，73乡)	**451200000**
金城江区(1街道，7镇，4乡)	**451202000**
金城江街道	451202001
东江镇	451202101
六圩镇	451202102
六甲镇	451202103
河池镇	451202104
拔贡镇	451202105
九圩镇	451202106
五圩镇	451202107
白土乡	451202200
侧岭乡	451202203
保平乡	451202204
长老乡	451202205
宜州区(9镇，7乡)	**451203000**
庆远镇	451203100
三岔镇	451203101
洛西镇	451203102
怀远镇	451203103
德胜镇	451203104
石别镇	451203105
北山镇	451203106
洛东镇	451203107
刘三姐镇	451203108
祥贝乡	451203200
屏南乡	451203203
福龙瑶族乡	451203207
北牙瑶族乡	451203208
同德乡	451203210
安马乡	451203211
龙头乡	451203213
南丹县(8镇，3乡)	**451221000**
城关镇	451221100
大厂镇	451221101
车河镇	451221102
芒场镇	451221103
六寨镇	451221104
月里镇	451221105
吾隘镇	451221106
罗富镇	451221107
中堡苗族乡	451221202
八圩瑶族乡	451221203
里湖瑶族乡	451221204
天峨县(2镇，7乡)	**451222000**
六排镇	451222100
向阳镇	451222101
岜暮乡	451222200
八腊瑶族乡	451222201
纳直乡	451222203
更新乡	451222204
下老乡	451222206
坡结乡	451222207
三堡乡	451222208
凤山县(3镇，6乡)	**451223000**
凤城镇	451223100
长洲镇	451223101
三门海镇	451223102
砦牙乡	451223201
乔音乡	451223203
金牙瑶族乡	451223205
中亭乡	451223207
平乐瑶族乡	451223208
江洲瑶族乡	451223209
东兰县(6镇，8乡)	**451224000**
东兰镇	451224100
隘洞镇	451224101
长乐镇	451224102
三石镇	451224103
武篆镇	451224104
长江镇	451224105
泗孟乡	451224200
兰木乡	451224201
巴畴乡	451224203
金谷乡	451224204
三弄瑶族乡	451224205
大同乡	451224206
花香乡	451224207
切学乡	451224208
罗城仫佬族自治县(7镇，4乡)	**451225000**
东门镇	451225100
龙岸镇	451225101
黄金镇	451225102
小长安镇	451225103
四把镇	451225105
天河镇	451225106
怀群镇	451225107
宝坛乡	451225200
乔善乡	451225202
纳翁乡	451225203
兼爱乡	451225204
环江毛南族自治县(6镇，6乡)	**451226000**
思恩镇	451226100
水源镇	451226101
洛阳镇	451226102
川山镇	451226103
明伦镇	451226104
东兴镇	451226105
大才乡	451226200
下南乡	451226202
大安乡	451226204
长美乡	451226205
龙岩乡	451226206
驯乐苗族乡	451226207
巴马瑶族自治县(3镇,7乡)	**451227000**
巴马镇	451227100
甲篆镇	451227101
燕洞镇	451227102
那社乡	451227202
所略乡	451227203
西山乡	451227205
东山乡	451227207
凤凰乡	451227208
百林乡	451227209
那桃乡	451227210
都安瑶族自治县(10镇，9乡)	**451228000**
安阳镇	451228100
高岭镇	451228101
地苏镇	451228102
下坳镇	451228103
拉烈镇	451228104
百旺镇	451228105
澄江镇	451228106
大兴镇	451228107
拉仁镇	451228108
永安镇	451228109
东庙乡	451228204
隆福乡	451228208
保安乡	451228209
板岭乡	451228210
三只羊乡	451228212
龙湾乡	451228213
菁盛乡	451228214
加贵乡	451228217
九渡乡	451228219
大化瑶族自治县(4镇，12乡)	**451229000**
大化镇	451229100
都阳镇	451229101
岩滩镇	451229102
北景镇	451229103
共和乡	451229200
贡川乡	451229201
百马乡	451229202
古河乡	451229203
古文乡	451229204
江南乡	451229205

续表 7

行政区划名称	行政区划代码	行政区划名称	行政区划代码	行政区划名称	行政区划代码
羌圩乡	451229206	水晶乡	451322203	海渊镇	451422103
乙圩乡	451229207	**武宣县 (9 镇，1 乡)**	**451323000**	那堪镇	451422104
板升乡	451229210	武宣镇	451323100	桐棉镇	451422105
七百弄乡	451229211	桐岭镇	451323101	亭亮镇	451422106
雅龙乡	451229213	通挽镇	451323102	寨安乡	451422202
六也乡	451229214	东乡镇	451323103	峙浪乡	451422203
来宾市 (4 街道，43 镇，23 乡)	**451300000**	三里镇	451323104	东安乡	451422204
		二塘镇	451323105	板棍乡	451422205
兴宾区 (4 街道，14 镇，6 乡)	**451302000**	黄茆镇	451323106	北江乡	451422206
城北街道	451302001	禄新镇	451323107	那楠乡	451422209
城东街道	451302002	思灵镇	451323108	**龙州县 (5 镇，7 乡)**	**451423000**
河西街道	451302003	金鸡乡	451323205	龙州镇	451423100
来华街道	451302004	**金秀瑶族自治县 (3 镇，7 乡)**	**451324000**	下冻镇	451423101
凤凰镇	451302101	金秀镇	451324100	水口镇	451423102
良江镇	451302102	桐木镇	451324101	金龙镇	451423103
小平阳镇	451302103	头排镇	451324102	响水镇	451423104
迁江镇	451302104	三角乡	451324200	八角乡	451423201
石陵镇	451302105	忠良乡	451324201	上降乡	451423202
平阳镇	451302106	罗香乡	451324202	彬桥乡	451423203
蒙村镇	451302107	长垌乡	451324203	上龙乡	451423204
大湾镇	451302108	大樟乡	451324204	武德乡	451423205
桥巩镇	451302109	六巷乡	451324205	逐卜乡	451423206
寺山镇	451302110	三江乡	451324207	上金乡	451423207
城厢镇	451302111	**合山市 (3 镇)**	**451381000**	**大新县 (5 镇，9 乡)**	**451424000**
三五镇	451302112	岭南镇	451381100	桃城镇	451424100
陶邓镇	451302113	北泗镇	451381101	全茗镇	451424101
石牙镇	451302114	河里镇	451381102	雷平镇	451424102
五山乡	451302202	**崇左市 (3 街道，41 镇，34 乡)**	**451400000**	硕龙镇	451424103
良塘乡	451302205			下雷镇	451424104
七洞乡	451302206	**江州区 (3 街道，6 镇，2 乡)**	**451402000**	五山乡	451424200
南泗乡	451302213	太平街道	451402001	龙门乡	451424201
高安乡	451302214	江南街道	451402002	昌明乡	451424202
正龙乡	451302216	石景林街道	451402003	福隆乡	451424203
忻城县 (6 镇，6 乡)	**451321000**	新和镇	451402101	那岭乡	451424204
城关镇	451321100	濑湍镇	451402102	恩城乡	451424205
大塘镇	451321101	江州镇	451402103	榄圩乡	451424206
思练镇	451321102	左州镇	451402104	宝圩乡	451424207
红渡镇	451321103	那隆镇	451402105	堪圩乡	451424208
古蓬镇	451321104	驮卢镇	451402106	**天等县 (6 镇，7 乡)**	**451425000**
果遂镇	451321105	罗白乡	451402201	天等镇	451425100
马泗乡	451321201	板利乡	451402202	龙茗镇	451425101
欧洞乡	451321202	**扶绥县 (8 镇，3 乡)**	**451421000**	进结镇	451425102
安东乡	451321203	新宁镇	451421100	向都镇	451425103
新圩乡	451321205	渠黎镇	451421101	东平镇	451425104
遂意乡	451321206	渠旧镇	451421102	福新镇	451425105
北更乡	451321207	柳桥镇	451421103	都康乡	451425200
象州县 (8 镇，3 乡)	**451322000**	东门镇	451421104	宁干乡	451425201
象州镇	451322100	山圩镇	451421105	驮堪乡	451425202
石龙镇	451322101	中东镇	451421106	进远乡	451425205
运江镇	451322102	东罗镇	451421107	上映乡	451425206
寺村镇	451322103	龙头乡	451421201	把荷乡	451425207
中平镇	451322104	岜盆乡	451421202	小山乡	451425208
罗秀镇	451322105	昌平乡	451421203	**凭祥市 (4 镇)**	**451481000**
大乐镇	451322106	**宁明县 (7 镇，6 乡)**	**451422000**	凭祥镇	451481100
马坪镇	451322107	城中镇	451422100	友谊镇	451481101
妙皇乡	451322201	爱店镇	451422101	上石镇	451481102
百丈乡	451322202	明江镇	451422102	夏石镇	451481103

海南省

海南省（琼）

行政区划名称	行政区划代码
海南省（22 街道，175 镇，21 乡）	**460000000**
海口市（21 街道，22 镇）	**460100000**
秀英区（2 街道，6 镇）	**460105000**
秀英街道	460105001
海秀街道	460105002
长流镇	460105100
西秀镇	460105101
海秀镇	460105102
石山镇	460105103
永兴镇	460105104
东山镇	460105105
龙华区（6 街道，5 镇）	**460106000**
中山街道	460106001
滨海街道	460106002
金贸街道	460106003
大同街道	460106004
海垦街道	460106005
金宇街道	460106006
城西镇	460106100
龙桥镇	460106101
新坡镇	460106102
遵谭镇	460106103
龙泉镇	460106104
琼山区（4 街道，7 镇）	**460107000**
国兴街道	460107001
府城街道	460107002
滨江街道	460107003
凤翔街道	460107004
龙塘镇	460107101
云龙镇	460107102
红旗镇	460107103
三门坡镇	460107104
大坡镇	460107105
甲子镇	460107106
旧州镇	460107107
美兰区（9 街道，4 镇）	**460108000**
海府街道	460108001
蓝天街道	460108002
博爱街道	460108003
海甸街道	460108004
人民路街道	460108005
白龙街道	460108006
和平南街道	460108007
白沙街道	460108008
新埠街道	460108009
灵山镇	460108101
演丰镇	460108102
三江镇	460108103
大致坡镇	460108104
三亚市（0 街道）	**460200000**
海棠区（0 街道）	**460202000**
吉阳区（0 街道）	**460203000**
天涯区（0 街道）	**460204000**
崖州区（0 街道）	**460205000**
三沙市（0 街道）	**460300000**
儋州市（1 街道，16 镇）	**460400000**
三都街道	460400001
那大镇	460400100
和庆镇	460400101
南丰镇	460400102
大成镇	460400103
雅星镇	460400104
兰洋镇	460400105
光村镇	460400106
木棠镇	460400107
海头镇	460400108
峨蔓镇	460400109
王五镇	460400111
白马井镇	460400112
中和镇	460400113
排浦镇	460400114
东成镇	460400115
新州镇	460400116
五指山市（4 镇，3 乡）	**469001000**
通什镇	469001100
南圣镇	469001101
毛阳镇	469001102
番阳镇	469001103
畅好乡	469001200
毛道乡	469001201
水满乡	469001202
琼海市（12 镇）	**469002000**
嘉积镇	469002100
万泉镇	469002101
石壁镇	469002102
中原镇	469002103
博鳌镇	469002104
阳江镇	469002105
龙江镇	469002106
潭门镇	469002107
塔洋镇	469002108
长坡镇	469002109
大路镇	469002110
会山镇	469002111
文昌市（17 镇）	**469005000**
文城镇	469005100
重兴镇	469005101
蓬莱镇	469005102
会文镇	469005103
东路镇	469005104
潭牛镇	469005105
东阁镇	469005106
文教镇	469005107
东郊镇	469005108
龙楼镇	469005109
昌洒镇	469005110
翁田镇	469005111
抱罗镇	469005112
冯坡镇	469005113
锦山镇	469005114
铺前镇	469005115
公坡镇	469005116
万宁市（12 镇）	**469006000**
万城镇	469006100
龙滚镇	469006101
和乐镇	469006102
后安镇	469006103
大茂镇	469006104
东澳镇	469006105

续表

行政区划名称	行政区划代码	行政区划名称	行政区划代码	行政区划名称	行政区划代码
礼纪镇	469006106	文儒镇	469023105	志仲镇	469027103
长丰镇	469006107	中兴镇	469023106	千家镇	469027104
山根镇	469006108	仁兴镇	469023107	九所镇	469027105
北大镇	469006109	福山镇	469023108	利国镇	469027106
南桥镇	469006110	桥头镇	469023109	黄流镇	469027107
三更罗镇	469006111	大丰镇	469023110	佛罗镇	469027108
东方市（8 镇，2 乡）	**469007000**	**临高县（11 镇）**	**469024000**	尖峰镇	469027109
八所镇	469007100	临城镇	469024100	莺歌海镇	469027110
东河镇	469007101	波莲镇	469024101	**陵水黎族自治县（9 镇，2 乡）**	**469028000**
大田镇	469007102	东英镇	469024102	椰林镇	469028100
感城镇	469007103	博厚镇	469024103	光坡镇	469028101
板桥镇	469007104	皇桐镇	469024104	三才镇	469028102
三家镇	469007105	多文镇	469024105	英州镇	469028103
四更镇	469007106	和舍镇	469024106	隆广镇	469028104
新龙镇	469007107	南宝镇	469024107	文罗镇	469028105
天安乡	469007200	新盈镇	469024108	本号镇	469028106
江边乡	469007201	调楼镇	469024109	新村镇	469028107
定安县（10 镇）	**469021000**	加来镇	469024110	黎安镇	469028108
定城镇	469021100	**白沙黎族自治县（4 镇，7 乡）**	**469025000**	提蒙乡	469028200
新竹镇	469021101	牙叉镇	469025100	群英乡	469028201
龙湖镇	469021102	七坊镇	469025101	**保亭黎族苗族自治县（6 镇，3 乡）**	**469029000**
黄竹镇	469021103	邦溪镇	469025102		
雷鸣镇	469021104	打安镇	469025103	保城镇	469029100
龙门镇	469021105	细水乡	469025200	什玲镇	469029101
龙河镇	469021106	元门乡	469025201	加茂镇	469029102
岭口镇	469021107	南开乡	469025202	响水镇	469029103
翰林镇	469021108	阜龙乡	469025203	新政镇	469029104
富文镇	469021109	青松乡	469025204	三道镇	469029105
屯昌县（8 镇）	**469022000**	金波乡	469025205	六弓乡	469029200
屯城镇	469022100	荣邦乡	469025206	南林乡	469029201
新兴镇	469022101	**昌江黎族自治县（7 镇，1 乡）**	**469026000**	毛感乡	469029202
枫木镇	469022102	石碌镇	469026100	**琼中黎族苗族自治县（7 镇，3 乡）**	**469030000**
乌坡镇	469022103	叉河镇	469026101		
南吕镇	469022104	十月田镇	469026102	营根镇	469030100
南坤镇	469022105	乌烈镇	469026103	湾岭镇	469030101
坡心镇	469022106	昌化镇	469026104	黎母山镇	469030102
西昌镇	469022107	海尾镇	469026105	和平镇	469030103
澄迈县（11 镇）	**469023000**	七叉镇	469026106	长征镇	469030104
金江镇	469023100	王下乡	469026200	红毛镇	469030105
老城镇	469023101	**乐东黎族自治县（11 镇）**	**469027000**	中平镇	469030106
瑞溪镇	469023102	抱由镇	469027100	吊罗山乡	469030200
永发镇	469023103	万冲镇	469027101	上安乡	469030201
加乐镇	469023104	大安镇	469027102	什运乡	469030202

重庆市

重庆市（渝）

行政区划名称	行政区划代码
重庆市（222 街道，626 镇，182 乡）	**500000000**
万州区（11 街道，29 镇，12 乡）	**500101000**
高笋塘街道	500101001
太白街道	500101002
牌楼街道	500101003
双河口街道	500101004
龙都街道	500101005
周家坝街道	500101006
沙河街道	500101007
钟鼓楼街道	500101008
百安坝街道	500101009
五桥街道	500101010
陈家坝街道	500101011
高峰镇	500101101
龙沙镇	500101102
响水镇	500101103
武陵镇	500101104
瀼渡镇	500101105
甘宁镇	500101106
天城镇	500101107
熊家镇	500101108
小周镇	500101109
大周镇	500101110
高梁镇	500101111
李河镇	500101112
分水镇	500101113
孙家镇	500101114
余家镇	500101115
后山镇	500101116
弹子镇	500101117
长岭镇	500101118
新田镇	500101119
新乡镇	500101120
走马镇	500101121
罗田镇	500101122
龙驹镇	500101123
白土镇	500101124
长滩镇	500101125
太安镇	500101126
白羊镇	500101127
太龙镇	500101128
郭村镇	500101129
九池乡	500101200
柱山乡	500101201
铁峰乡	500101203
茨竹乡	500101204
溪口乡	500101205
长坪乡	500101206
燕山乡	500101207
梨树乡	500101208
恒合土家族乡	500101209
普子乡	500101210
地宝土家族乡	500101211
黄柏乡	500101212
涪陵区（9 街道，12 镇，6 乡）	**500102000**
敦仁街道	500102001
崇义街道	500102002
荔枝街道	500102003
江北街道	500102004
江东街道	500102005
李渡街道	500102006
龙桥街道	500102007
白涛街道	500102008
马鞍街道	500102009
百胜镇	500102100
珍溪镇	500102101
清溪镇	500102102
南沱镇	500102103
焦石镇	500102104
马武镇	500102106
青羊镇	500102107
龙潭镇	500102108
蔺市镇	500102111
新妙镇	500102112
石沱镇	500102113
义和镇	500102115
罗云乡	500102204
大木乡	500102206
武陵山乡	500102208
同乐乡	500102213
大顺乡	500102216
增福乡	500102217
渝中区（11 街道）	**500103000**
七星岗街道	500103001
解放碑街道	500103003
两路口街道	500103004
上清寺街道	500103005
菜园坝街道	500103007
南纪门街道	500103008
朝天门街道	500103010
大溪沟街道	500103011
大坪街道	500103012
化龙桥街道	500103013
石油路街道	500103014
大渡口区（5 街道，3 镇）	**500104000**
新山村街道	500104001
跃进村街道	500104002
九宫庙街道	500104003
茄子溪街道	500104004
春晖路街道	500104005
八桥镇	500104101
建胜镇	500104102
跳磴镇	500104103
江北区（9 街道，3 镇）	**500105000**
华新街街道	500105004
寸滩街道	500105005
观音桥街道	500105006
五里店街道	500105007
郭家沱街道	500105008
铁山坪街道	500105009
江北城街道	500105010
石马河街道	500105011
大石坝街道	500105012
鱼嘴镇	500105100
复盛镇	500105101
五宝镇	500105102
沙坪坝区（20 街道，8 镇）	**500106000**
小龙坎街道	500106001
沙坪坝街道	500106002
渝碚路街道	500106003
磁器口街道	500106004
童家桥街道	500106005
石井坡街道	500106006
双碑街道	500106007
井口街道	500106008
歌乐山街道	500106009
山洞街道	500106010
新桥街道	500106011
天星桥街道	500106012
土湾街道	500106013
覃家岗街道	500106014
陈家桥街道	500106015
虎溪街道	500106016
西永街道	500106017
联芳街道	500106018
丰文街道	500106019
香炉山街道	500106020
井口镇	500106102
歌乐山镇	500106103
青木关镇	500106104
凤凰镇	500106105
回龙坝镇	500106106
曾家镇	500106108
土主镇	500106111
中梁镇	500106112

续表 1

行政区划名称	行政区划代码
九龙坡区（8 街道，11 镇）	**500107000**
杨家坪街道	500107001
黄桷坪街道	500107002
谢家湾街道	500107003
石坪桥街道	500107004
中梁山街道	500107006
渝州路街道	500107007
石桥铺街道	500107008
二郎街道	500107009
九龙镇	500107100
华岩镇	500107102
含谷镇	500107103
金凤镇	500107104
白市驿镇	500107105
走马镇	500107106
石板镇	500107107
巴福镇	500107108
陶家镇	500107109
西彭镇	500107110
铜罐驿镇	500107111
南岸区（8 街道，7 镇）	**500108000**
铜元局街道	500108001
花园路街道	500108002
南坪街道	500108003
海棠溪街道	500108004
龙门浩街道	500108005
弹子石街道	500108006
南山街道	500108007
天文街道	500108008
南坪镇	500108101
涂山镇	500108102
鸡冠石镇	500108103
峡口镇	500108105
长生桥镇	500108106
迎龙镇	500108107
广阳镇	500108108
北碚区（6 街道，11 镇）	**500109000**
天生街道	500109001
朝阳街道	500109002
龙凤桥街道	500109003
北温泉街道	500109004
东阳街道	500109005
蔡家岗街道	500109006
歇马镇	500109101
澄江镇	500109102
童家溪镇	500109104
天府镇	500109105
施家梁镇	500109106
水土镇	500109107
静观镇	500109108
柳荫镇	500109109
复兴镇	500109110
三圣镇	500109111
金刀峡镇	500109112
綦江区（5 街道，25 镇）	**500110000**
万盛街道	500110001
东林街道	500110002
古南街道	500110003
文龙街道	500110004
三江街道	500110005
万东镇	500110100
南桐镇	500110101
青年镇	500110102
关坝镇	500110103
丛林镇	500110104
石林镇	500110105
金桥镇	500110106
黑山镇	500110107
石角镇	500110108
东溪镇	500110109
赶水镇	500110110
打通镇	500110111
石壕镇	500110112
永新镇	500110113
三角镇	500110114
隆盛镇	500110115
郭扶镇	500110116
篆塘镇	500110117
丁山镇	500110118
安稳镇	500110119
扶欢镇	500110120
永城镇	500110121
新盛镇	500110122
中峰镇	500110123
横山镇	500110124
大足区（6 街道，21 镇）	**500111000**
龙滩子街道	500111001
龙岗街道	500111002
棠香街道	500111003
双路街道	500111004
通桥街道	500111005
智凤街道	500111006
龙水镇	500111102
宝顶镇	500111104
中敖镇	500111105
三驱镇	500111106
宝兴镇	500111107
玉龙镇	500111108
石马镇	500111109
拾万镇	500111110
回龙镇	500111111
金山镇	500111112
万古镇	500111113
国梁镇	500111114
雍溪镇	500111115
珠溪镇	500111116
龙石镇	500111117
邮亭镇	500111118
铁山镇	500111119
高升镇	500111120
季家镇	500111121
古龙镇	500111122
高坪镇	500111123
渝北区（19 街道，11 镇）	**500112000**
双凤桥街道	500112001
双龙湖街道	500112002
龙溪街道	500112003
回兴街道	500112004
龙山街道	500112005
龙塔街道	500112006
悦来街道	500112007
两路街道	500112008
王家街道	500112009
宝圣湖街道	500112010
仙桃街道	500112011
大竹林街道	500112012
天宫殿街道	500112013
鸳鸯街道	500112014
翠云街道	500112015
礼嘉街道	500112016
金山街道	500112017
康美街道	500112018
人和街道	500112019
木耳镇	500112111
兴隆镇	500112113
茨竹镇	500112115
大湾镇	500112117
龙兴镇	500112119
石船镇	500112120
统景镇	500112121
大盛镇	500112123
洛碛镇	500112125
古路镇	500112126
玉峰山镇	500112130
巴南区（8 街道，14 镇）	**500113000**
鱼洞街道	500113001
李家沱街道	500113002
龙洲湾街道	500113003
花溪街道	500113004
南泉街道	500113005
南彭街道	500113006
一品街道	500113007
惠民街道	500113008
界石镇	500113103
安澜镇	500113107
圣灯山镇	500113108

续表 2

行政区划名称	行政区划代码	行政区划名称	行政区划代码	行政区划名称	行政区划代码
木洞镇	500113109	但渡镇	500115102	官渡镇	500117103
双河口镇	500113110	云集镇	500115103	涞滩镇	500117104
麻柳嘴镇	500113111	长寿湖镇	500115104	龙市镇	500117105
丰盛镇	500113112	双龙镇	500115105	肖家镇	500117106
二圣镇	500113113	龙河镇	500115106	古楼镇	500117108
东温泉镇	500113114	石堰镇	500115107	三庙镇	500117109
姜家镇	500113115	云台镇	500115108	燕窝镇	500117110
天星寺镇	500113116	海棠镇	500115109	二郎镇	500117111
接龙镇	500113117	葛兰镇	500115110	龙凤镇	500117112
石滩镇	500113118	洪湖镇	500115113	太和镇	500117113
石龙镇	500113119	万顺镇	500115114	隆兴镇	500117114
黔江区 (6 街道，12 镇，	**500114000**	**江津区 (5 街道，25 镇）**	**500116000**	铜溪镇	500117115
12 乡）		几江街道	500116001	渭沱镇	500117116
城东街道	500114001	德感街道	500116002	双凤镇	500117119
城南街道	500114002	双福街道	500116004	狮滩镇	500117120
城西街道	500114003	鼎山街道	500116005	清平镇	500117121
正阳街道	500114004	圣泉街道	500116006	土场镇	500117122
舟白街道	500114005	油溪镇	500116100	小沔镇	500117123
冯家街道	500114006	吴滩镇	500116101	双槐镇	500117124
小南海镇	500114102	石门镇	500116102	三汇镇	500117125
邻鄂镇	500114104	朱杨镇	500116103	香龙镇	500117126
阿蓬江镇	500114105	石蟆镇	500116104	**永川区 (7 街道，16 镇）**	**500118000**
石会镇	500114106	永兴镇	500116105	中山路街道	500118001
黑溪镇	500114107	塘河镇	500116106	胜利路街道	500118002
黄溪镇	500114108	白沙镇	500116107	南大街街道	500118003
黎水镇	500114109	龙华镇	500116108	茶山竹海街道	500118004
金溪镇	500114110	李市镇	500116109	卫星湖街道	500118005
马喇镇	500114111	慈云镇	500116110	大安街道	500118006
濯水镇	500114112	蔡家镇	500116111	陈食街道	500118007
石家镇	500114113	中山镇	500116112	临江镇	500118102
鹅池镇	500114114	嘉平镇	500116113	何埂镇	500118104
中塘乡	500114200	柏林镇	500116114	松溉镇	500118105
蓬东乡	500114201	先锋镇	500116115	朱沱镇	500118106
沙坝乡	500114202	珞璜镇	500116116	仙龙镇	500118107
白石乡	500114203	贾嗣镇	500116117	五间镇	500118108
杉岭乡	500114204	夏坝镇	500116118	来苏镇	500118109
太极乡	500114205	西湖镇	500116119	宝峰镇	500118110
水田乡	500114206	杜市镇	500116120	红炉镇	500118111
白土乡	500114207	广兴镇	500116121	永荣镇	500118112
金洞乡	500114208	四面山镇	500116122	双石镇	500118113
五里乡	500114209	支坪镇	500116123	三教镇	500118114
水市乡	500114210	四屏镇	500116124	板桥镇	500118115
新华乡	500114211	**合川区 (7 街道，23 镇）**	**500117000**	青峰镇	500118116
长寿区 (7 街道，12 镇）	**500115000**	合阳城街道	500117001	金龙镇	500118117
凤城街道	500115001	钓鱼城街道	500117002	吉安镇	500118118
晏家街道	500115002	南津街街道	500117003	**南川区 (3 街道，29 镇，2 乡）**	**500119000**
江南街道	500115003	云门街道	500117004	东城街道	500119001
渡舟街道	500115004	大石街道	500117005	南城街道	500119002
八颗街道	500115005	盐井街道	500117006	西城街道	500119003
新市街道	500115006	草街街道	500117007	三泉镇	500119100
菩提街道	500115007	钱塘镇	500117101	南平镇	500119101
邻封镇	500115101	沙鱼镇	500117102	神童镇	500119102

续表 3

行政区划名称	行政区划代码	行政区划名称	行政区划代码	行政区划名称	行政区划代码
鸣玉镇	500119103	水口镇	500151103	万灵镇	500153101
大观镇	500119104	安居镇	500151104	清江镇	500153102
兴隆镇	500119105	白羊镇	500151105	仁义镇	500153103
太平场镇	500119106	平滩镇	500151106	河包镇	500153104
白沙镇	500119107	虎峰镇	500151107	古昌镇	500153105
水江镇	500119108	石鱼镇	500151108	吴家镇	500153106
石墙镇	500119109	福果镇	500151109	观胜镇	500153107
金山镇	500119110	少云镇	500151110	铜鼓镇	500153108
头渡镇	500119111	维新镇	500151111	清流镇	500153109
大有镇	500119112	高楼镇	500151112	盘龙镇	500153110
合溪镇	500119113	大庙镇	500151113	远觉镇	500153111
黎香湖镇	500119114	围龙镇	500151114	清升镇	500153112
山王坪镇	500119115	华兴镇	500151115	荣隆镇	500153113
木凉镇	500119116	永嘉镇	500151117	龙集镇	500153114
楠竹山镇	500119117	安溪镇	500151118	**开州区 (7 街道，26 镇，7 乡)**	**500154000**
石溪镇	500119118	西河镇	500151119	汉丰街道	500154001
民主镇	500119119	侣俸镇	500151120	丰乐街道	500154002
德隆镇	500119120	太平镇	500151121	镇东街道	500154003
福寿镇	500119121	小林镇	500151122	白鹤街道	500154004
河图镇	500119122	双山镇	500151123	文峰街道	500154005
古花镇	500119123	庆隆镇	500151124	云枫街道	500154006
庆元镇	500119124	**潼南区 (2 街道，20 镇)**	**500152000**	赵家街道	500154007
乾丰镇	500119125	梓潼街道	500152001	大进镇	500154100
石莲镇	500119126	桂林街道	500152002	厚坝镇	500154101
冷水关镇	500119127	上和镇	500152100	长沙镇	500154102
骑龙镇	500119128	龙形镇	500152101	郭家镇	500154103
中桥乡	500119207	古溪镇	500152102	临江镇	500154104
峰岩乡	500119212	宝龙镇	500152103	天和镇	500154105
璧山区 (6 街道，9 镇)	**500120000**	玉溪镇	500152104	温泉镇	500154106
璧城街道	500120001	米心镇	500152105	铁桥镇	500154107
青杠街道	500120002	群力镇	500152106	义和镇	500154108
璧泉街道	500120003	双江镇	500152107	中和镇	500154109
来凤街道	500120004	花岩镇	500152108	岳溪镇	500154110
丁家街道	500120005	柏梓镇	500152109	南门镇	500154111
大路街道	500120006	崇龛镇	500152110	南雅镇	500154112
河边镇	500120100	塘坝镇	500152111	河堰镇	500154113
福禄镇	500120101	新胜镇	500152112	和谦镇	500154114
大兴镇	500120102	太安镇	500152113	九龙山镇	500154115
广普镇	500120103	小渡镇	500152114	镇安镇	500154116
三合镇	500120104	卧佛镇	500152115	敦好镇	500154117
正兴镇	500120105	五桂镇	500152116	竹溪镇	500154118
八塘镇	500120106	田家镇	500152117	渠口镇	500154119
七塘镇	500120107	别口镇	500152118	高桥镇	500154120
健龙镇	500120108	寿桥镇	500152119	金峰镇	500154121
铜梁区 (5 街道，23 镇)	**500151000**	**荣昌区 (6 街道，15 镇)**	**500153000**	大德镇	500154122
东城街道	500151001	昌元街道	500153001	白桥镇	500154123
南城街道	500151002	广顺街道	500153002	巫山镇	500154124
巴川街道	500151003	昌州街道	500153003	谭家镇	500154125
蒲吕街道	500151004	峰高街道	500153004	三汇口乡	500154200
旧县街道	500151005	安富街道	500153005	五通乡	500154201
土桥镇	500151100	双河街道	500153006	白泉乡	500154202
二坪镇	500151102	直升镇	500153100	关面乡	500154203

续表 4

行政区划名称	行政区划代码
满月乡	500154204
麻柳乡	500154205
紫水乡	500154206
梁平区（2 街道，29 镇，2 乡）	**500155000**
梁山街道	500155001
双桂街道	500155002
仁贤镇	500155101
礼让镇	500155102
云龙镇	500155103
屏锦镇	500155104
袁驿镇	500155106
新盛镇	500155107
福禄镇	500155108
金带镇	500155109
聚奎镇	500155110
明达镇	500155111
荫平镇	500155112
和林镇	500155113
回龙镇	500155114
碧山镇	500155115
虎城镇	500155116
七星镇	500155117
龙门镇	500155118
文化镇	500155119
合兴镇	500155120
石安镇	500155121
柏家镇	500155122
大观镇	500155123
竹山镇	500155124
蟠龙镇	500155125
星桥镇	500155126
曲水镇	500155127
安胜镇	500155128
复平镇	500155129
紫照镇	500155130
铁门乡	500155201
龙胜乡	500155202
武隆区（2 街道，12 镇，13 乡）	**500156000**
凤山街道	500156001
芙蓉街道	500156002
桐梓镇	500156101
火炉镇	500156102
江口镇	500156103
羊角镇	500156104
土坎镇	500156105
长坝镇	500156106
白马镇	500156107
鸭江镇	500156108
平桥镇	500156109
仙女山镇	500156110
和顺镇	500156111
双河镇	500156112
黄莺乡	500156201
后坪苗族土家族乡	500156207
接龙乡	500156209
土地乡	500156210
沧沟乡	500156213
石桥苗族土家族乡	500156216
浩口苗族仡佬族乡	500156218
文复苗族土家族乡	500156219
赵家乡	500156225
白云乡	500156226
大洞河乡	500156227
庙垭乡	500156231
凤来乡	500156234
城口县（2 街道，10 镇，13 乡）	**500229000**
葛城街道	500229001
复兴街道	500229002
巴山镇	500229102
坪坝镇	500229104
庙坝镇	500229105
明通镇	500229106
修齐镇	500229107
高观镇	500229108
高燕镇	500229109
东安镇	500229110
咸宜镇	500229111
高楠镇	500229112
龙田乡	500229201
北屏乡	500229202
左岚乡	500229205
沿河乡	500229208
双河乡	500229210
蓼子乡	500229211
鸡鸣乡	500229212
周溪乡	500229214
明中乡	500229216
治平乡	500229217
岚天乡	500229219
厚坪乡	500229220
河鱼乡	500229221
丰都县（2 街道，23 镇，5 乡）	**500230000**
三合街道	500230001
名山街道	500230002
虎威镇	500230101
社坛镇	500230102
三元镇	500230103
许明寺镇	500230104
董家镇	500230105
树人镇	500230106
十直镇	500230107
高家镇	500230109
兴义镇	500230110
双路镇	500230111
江池镇	500230112
龙河镇	500230113
武平镇	500230114
包鸾镇	500230115
湛普镇	500230116
保合镇	500230118
南天湖镇	500230119
仁沙镇	500230120
兴龙镇	500230121
龙孔镇	500230122
暨龙镇	500230123
双龙镇	500230124
仙女湖镇	500230125
青龙乡	500230202
太平坝乡	500230206
都督乡	500230207
栗子乡	500230209
三建乡	500230210
垫江县（2 街道，22 镇，2 乡）	**500231000**
桂溪街道	500231001
桂阳街道	500231002
新民镇	500231101
沙坪镇	500231102
周嘉镇	500231103
普顺镇	500231104
永安镇	500231105
高安镇	500231106
高峰镇	500231107
五洞镇	500231108
太平镇	500231109
澄溪镇	500231110
砚台镇	500231111
鹤游镇	500231112
坪山镇	500231113
曹回镇	500231114
杠家镇	500231115
包家镇	500231116
白家镇	500231117
裴兴镇	500231118
三溪镇	500231119
永平镇	500231120
黄沙镇	500231121
长龙镇	500231122
沙河乡	500231202
大石乡	500231204
忠县（4 街道，19 镇，6 乡）	**500233000**
忠州街道	500233001
白公街道	500233002
新生街道	500233003
乌杨街道	500233004
任家镇	500233102

续表 5

行政区划名称	行政区划代码	行政区划名称	行政区划代码	行政区划名称	行政区划代码
洋渡镇	500233104	蕖草镇	500235131	龙门街道	500237002
东溪镇	500233105	泥溪镇	500235132	巫峡镇	500237100
复兴镇	500233106	养鹿镇	500235133	庙宇镇	500237101
石宝镇	500233107	后叶镇	500235134	大昌镇	500237102
汝溪镇	500233108	龙洞镇	500235135	福田镇	500237103
野鹤镇	500233109	堰坪镇	500235136	龙溪镇	500237104
官坝镇	500233110	大阳镇	500235137	双龙镇	500237105
石黄镇	500233111	耀灵镇	500235138	官阳镇	500237106
马灌镇	500233112	外郎乡	500235208	骡坪镇	500237107
金鸡镇	500233113	新津乡	500235215	抱龙镇	500237108
新立镇	500233114	普安乡	500235216	官渡镇	500237109
双桂镇	500233115	洞鹿乡	500235218	铜鼓镇	500237110
拔山镇	500233116	石门乡	500235219	红椿土家族乡	500237200
花桥镇	500233117	上坝乡	500235239	两坪乡	500237207
永丰镇	500233118	清水土家族乡	500235241	曲尺乡	500237208
三汇镇	500233119	**奉节县（3 街道，18 镇，**	**500236000**	建平乡	500237210
白石镇	500233120	**11 乡）**		大溪乡	500237211
黄金镇	500233122	夔门街道	500236001	金坪乡	500237214
善广乡	500233201	鱼复街道	500236002	平河乡	500237216
石子乡	500233203	永安街道	500236003	当阳乡	500237219
磨子土家族乡	500233204	白帝镇	500236101	竹贤乡	500237222
涂井乡	500233206	草堂镇	500236102	三溪乡	500237225
金声乡	500233208	汾河镇	500236103	培石乡	500237227
兴峰乡	500233210	康乐镇	500236104	笃坪乡	500237229
云阳县（4 街道，31 镇，7 乡）	**500235000**	大树镇	500236105	邓家土家族乡	500237231
青龙街道	500235001	竹园镇	500236106	**巫溪县（2 街道，19 镇，**	**500238000**
双江街道	500235002	公平镇	500236107	**11 乡）**	
人和街道	500235003	朱衣镇	500236108	宁河街道	500238001
盘龙街道	500235004	甲高镇	500236109	柏杨街道	500238002
云阳镇	500235100	羊市镇	500236110	城厢镇	500238100
云安镇	500235101	吐祥镇	500236111	凤凰镇	500238101
凤鸣镇	500235103	青龙镇	500236112	宁厂镇	500238102
龙角镇	500235105	兴隆镇	500236113	上磺镇	500238103
宝坪镇	500235106	新民镇	500236114	古路镇	500238104
故陵镇	500235107	永乐镇	500236115	文峰镇	500238105
红狮镇	500235108	青莲镇	500236116	徐家镇	500238106
南溪镇	500235109	五马镇	500236117	白鹿镇	500238107
双土镇	500235111	安坪镇	500236118	尖山镇	500238108
桑坪镇	500235112	红土乡	500236200	下堡镇	500238109
江口镇	500235113	平安乡	500236201	峰灵镇	500238110
路阳镇	500235115	岩湾乡	500236203	塘坊镇	500238111
农坝镇	500235116	石岗乡	500236204	朝阳镇	500238112
高阳镇	500235117	康坪乡	500236205	田坝镇	500238113
渠马镇	500235118	云雾土家族乡	500236207	通城镇	500238114
黄石镇	500235121	太和土家族乡	500236208	土城镇	500238115
巴阳镇	500235122	龙桥土家族乡	500236209	菱角镇	500238116
鱼泉镇	500235124	长安土家族乡	500236210	蒲莲镇	500238117
平安镇	500235126	冯坪乡	500236211	红池坝镇	500238118
沙市镇	500235127	鹤峰乡	500236213	胜利乡	500238200
双龙镇	500235128	**巫山县（2 街道，11 镇，**	**500237000**	大河乡	500238202
栖霞镇	500235129	**13 乡）**		天星乡	500238203
水口镇	500235130	高唐街道	500237001	长桂乡	500238204

续表 6

行政区划名称	行政区划代码
鱼鳞乡	500238209
乌龙乡	500238210
花台乡	500238214
兰英乡	500238215
双阳乡	500238216
中梁乡	500238217
天元乡	500238218
石柱土家族自治县(3街道，17镇，13乡)	**500240000**
南宾街道	500240001
万安街道	500240002
下路街道	500240003
西沱镇	500240101
悦崃镇	500240103
临溪镇	500240104
黄水镇	500240105
马武镇	500240106
沙子镇	500240107
王场镇	500240108
沿溪镇	500240109
龙沙镇	500240110
鱼池镇	500240111
大歇镇	500240112
三河镇	500240113
万朝镇	500240114
桥头镇	500240115
冷水镇	500240116
黄鹤镇	500240117
枫木镇	500240118
黎场乡	500240203
三星乡	500240204
六塘乡	500240205
三益乡	500240207
王家乡	500240208
河嘴乡	500240209
石家乡	500240210
中益乡	500240213
洗新乡	500240214
龙潭乡	500240216
新乐乡	500240217
金铃乡	500240218
金竹乡	500240219
秀山土家族苗族自治县(3街道，18镇，6乡)	**500241000**
乌杨街道	500241001
中和街道	500241002
平凯街道	500241003
清溪场镇	500241102
隘口镇	500241103
溶溪镇	500241104
官庄镇	500241105
龙池镇	500241106
石堤镇	500241107
峨溶镇	500241108
洪安镇	500241109
雅江镇	500241110
石耶镇	500241111
梅江镇	500241112
兰桥镇	500241113
膏田镇	500241114
溪口镇	500241115
妙泉镇	500241116
宋农镇	500241117
钟灵镇	500241118
里仁镇	500241119
孝溪乡	500241201
海洋乡	500241207
大溪乡	500241208
涌洞乡	500241211
中平乡	500241214
岑溪乡	500241215
酉阳土家族苗族自治县(2街道，14镇，23乡)	**500242000**
钟多街道	500242001
桃花源街道	500242002
龙潭镇	500242101
麻旺镇	500242102
酉酬镇	500242103
大溪镇	500242104
兴隆镇	500242105
黑水镇	500242106
丁市镇	500242107
龚滩镇	500242108
李溪镇	500242109
泔溪镇	500242110
酉水河镇	500242111
苍岭镇	500242112
小河镇	500242113
板溪镇	500242114
涂市乡	500242200
铜鼓乡	500242202
可大乡	500242204
偏柏乡	500242205
五福乡	500242206
木叶乡	500242207
毛坝乡	500242208
花田乡	500242209
后坪乡	500242210
天馆乡	500242211
宜居乡	500242212
万木乡	500242213
两罾乡	500242214
板桥乡	500242215
官清乡	500242216
南腰界乡	500242217
车田乡	500242218
腴地乡	500242219
清泉乡	500242220
庙溪乡	500242221
浪坪乡	500242222
双泉乡	500242223
楠木乡	500242224
彭水苗族土家族自治县(3街道，18镇，18乡)	**500243000**
汉葭街道	500243001
绍庆街道	500243002
靛水街道	500243003
保家镇	500243101
郁山镇	500243102
高谷镇	500243103
桑柘镇	500243104
鹿角镇	500243105
黄家镇	500243106
普子镇	500243107
龙射镇	500243108
连湖镇	500243109
万足镇	500243110
新田镇	500243111
鞍子镇	500243112
平安镇	500243113
长生镇	500243114
梅子垭镇	500243115
太原镇	500243116
龙溪镇	500243117
大同镇	500243118
岩东乡	500243201
鹿鸣乡	500243202
棣棠乡	500243204
三义乡	500243206
联合乡	500243207
石柳乡	500243208
走马乡	500243210
芦塘乡	500243211
乔梓乡	500243213
诸佛乡	500243217
桐楼乡	500243219
善感乡	500243222
双龙乡	500243223
石盘乡	500243224
大垭乡	500243225
润溪乡	500243226
朗溪乡	500243227
龙塘乡	500243228

四川省

四川省（川）

行政区划名称	行政区划代码
四川省（350 街道，2196 镇，2064 乡）	**510000000**
成都市（117 街道，206 镇，52 乡）	**510100000**
锦江区（16 街道）	**510104000**
督院街街道	510104001
盐市口街道	510104002
春熙路街道	510104003
书院街街道	510104004
合江亭街道	510104005
水井坊街道	510104006
牛市口街道	510104007
龙舟路街道	510104008
双桂路街道	510104009
莲新街道	510104010
沙河街道	510104011
东光街道	510104012
狮子山街道	510104013
成龙路街道	510104014
柳江街道	510104015
三圣街道	510104016
青羊区（14 街道）	**510105000**
太升路街道	510105001
草市街街道	510105002
西御河街道	510105003
汪家拐街道	510105004
新华西路街道	510105006
草堂街道	510105007
府南街道	510105008
光华街道	510105009
东坡街道	510105010
黄田坝街道	510105012
文家街道	510105014
少城街道	510105015
苏坡街道	510105016
金沙街道	510105017
金牛区（15 街道）	**510106000**
荷花池街道	510106002
人民北路街道	510106004
黄忠街道	510106005
驷马桥街道	510106007
茶店子街道	510106009
营门口街道	510106010
九里堤街道	510106012
西安路街道	510106013
抚琴街道	510106014
五块石街道	510106015
金泉街道	510106016
沙河源街道	510106017
天回镇街道	510106018
西华街道	510106019
凤凰山街道	510106020
武侯区（17 街道）	**510107000**
浆洗街街道	510107001
红牌楼街道	510107002
簇桥街道	510107003
望江路街道	510107004
玉林街道	510107005
跳伞塔街道	510107006
火车南站街道	510107007
双楠街道	510107008
晋阳街道	510107011
机投桥街道	510107012
金花桥街道	510107013
华兴街道	510107016
簇锦街道	510107017
肖家河街道 *	510107018
芳草街道 *	510107019
石羊街道 *	510107020
桂溪街道 *	510107021
成华区（14 街道）	**510108000**
府青路街道	510108001
桃蹊路街道	510108002
双水碾街道	510108003
建设路街道	510108004
万年场街道	510108005
双桥子街道	510108006
猛追湾街道	510108007
跳蹬河街道	510108008
二仙桥街道	510108009
圣灯街道	510108011
保和街道	510108012
青龙街道	510108013
龙潭街道	510108014
白莲池街道	510108015
龙泉驿区（4 街道，7 镇，1 乡）	**510112000**
龙泉街道	510112001
大面街道	510112002
同安街道	510112003
十陵街道	510112004
洛带镇	510112102
柏合镇	510112103
西河镇	510112104
洪安镇	510112108
茶店镇	510112110
黄土镇	510112111
山泉镇	510112115
万兴乡	510112200
青白江区（2 街道，8 镇，1 乡）	**510113000**
红阳街道	510113001
大弯街道	510113002
龙王镇	510113101
弥牟镇	510113102
大同镇	510113103
城厢镇	510113104
祥福镇	510113105
姚渡镇	510113106
清泉镇	510113107
福洪镇	510113108
人和乡	510113201
新都区（3 街道，10 镇）	**510114000**
三河街道	510114001
大丰街道	510114002
新都街道	510114003
石板滩镇	510114102
新繁镇	510114103
新民镇	510114104
泰兴镇	510114106
斑竹园镇	510114108
清流镇	510114109
马家镇	510114111
龙桥镇	510114112
木兰镇	510114114
军屯镇	510114116
温江区（4 街道，6 镇）	**510115000**
柳城街道	510115001
公平街道	510115002
天府街道	510115003
涌泉街道	510115004
和盛镇	510115101
永盛镇	510115102
金马镇	510115104
万春镇	510115106
永宁镇	510115108
寿安镇	510115110
双流区（8 街道，18 镇）	**510116000**
东升街道	510116001
西航港街道	510116002
中和街道	510116003
华阳街道	510116004
九江街道	510116005
黄甲街道	510116006
公兴街道	510116007
协和街道	510116008
太平镇	510116101
永兴镇	510116102
籍田镇	510116106
正兴镇	510116107
彭镇	510116108
大林镇	510116109
煎茶镇	510116110
黄龙溪镇	510116111
永安镇	510116112
黄水镇	510116115
金桥镇	510116116
胜利镇	510116119
新兴镇	510116120
兴隆镇	510116121
万安镇	510116122
白沙镇	510116123

续表 1

行政区划名称	行政区划代码
三星镇	510116124
合江镇	510116125
郫都区 (3 街道，13 镇)	**510117000**
郫筒街道	510117001
合作街道 *	510117002
西园街道 *	510117003
团结镇	510117101
犀浦镇	510117102
花园镇	510117103
唐昌镇	510117104
安德镇	510117105
三道堰镇	510117106
安靖镇	510117107
红光镇	510117108
新民场镇	510117110
德源镇	510117112
友爱镇	510117115
古城镇	510117117
唐元镇	510117118
金堂县 (1 街道，18 镇，2 乡)	**510121000**
赵镇街道	510121001
三星镇	510121101
清江镇	510121102
官仓镇	510121103
淮口镇	510121104
白果镇	510121105
五凤镇	510121106
高板镇	510121108
三溪镇	510121109
福兴镇	510121110
金龙镇	510121111
赵家镇	510121112
竹篙镇	510121113
广兴镇	510121114
隆盛镇	510121115
转龙镇	510121116
土桥镇	510121117
云合镇	510121118
又新镇	510121119
栖贤乡	510121200
平桥乡	510121203
大邑县 (1 街道，16 镇，3 乡)	**510129000**
晋原街道	510129001
王泗镇	510129101
新场镇	510129103
悦来镇	510129104
安仁镇	510129105
出江镇	510129106
西岭镇	510129108
斜源镇	510129109
董场镇	510129110
韩场镇	510129111
三岔镇	510129112
上安镇	510129113
苏家镇	510129114
青霞镇	510129115
沙渠镇	510129116
蔡场镇	510129117
花水湾镇	510129118
雾山乡	510129202
金星乡	510129203
鹤鸣乡	510129205
蒲江县 (1 街道，7 镇，4 乡)	**510131000**
鹤山街道	510131001
寿安镇	510131102
西来镇	510131104
大塘镇	510131105
甘溪镇	510131106
大兴镇	510131107
成佳镇	510131108
朝阳湖镇	510131109
长秋乡	510131201
复兴乡	510131204
光明乡	510131207
白云乡	510131208
新津县 (1 街道，10 镇，1 乡)	**510132000**
五津街道	510132001
花桥镇	510132101
花源镇	510132102
金华镇	510132103
普兴镇	510132104
兴义镇	510132105
新平镇	510132106
方兴镇	510132107
安西镇	510132108
永商镇	510132109
邓双镇	510132110
文井乡	510132202
都江堰市 (5 街道，13 镇，1 乡)	**510181000**
灌口街道	510181001
幸福街道	510181002
银杏街道	510181003
永丰街道	510181004
奎光塔街道	510181005
蒲阳镇	510181102
聚源镇	510181103
崇义镇	510181104
天马镇	510181105
石羊镇	510181106
柳街镇	510181107
玉堂镇	510181108
中兴镇	510181109
青城山镇	510181110
龙池镇	510181111
胥家镇	510181112
安龙镇	510181113
大观镇	510181114
向峨乡	510181202
彭州市 (1 街道，19 镇)	**510182000**
天彭街道	510182001
龙门山镇	510182101
新兴镇	510182102
丽春镇	510182103
九尺镇	510182104
濛阳镇	510182105
通济镇	510182106
丹景山镇	510182107
隆丰镇	510182108
敖平镇	510182109
磁峰镇	510182110
桂花镇	510182111
军乐镇	510182113
三界镇	510182114
小渔洞镇	510182116
红岩镇	510182118
升平镇	510182120
白鹿镇	510182121
葛仙山镇	510182122
致和镇	510182123
邛崃市 (2 街道，18 镇，4 乡)	**510183000**
临邛街道	510183001
文君街道	510183002
羊安镇	510183101
牟礼镇	510183102
桑园镇	510183103
平乐镇	510183104
夹关镇	510183105
火井镇	510183106
水口镇	510183107
固驿镇	510183108
冉义镇	510183109
回龙镇	510183110
高埂镇	510183111
前进镇	510183112
高何镇	510183113
临济镇	510183115
卧龙镇	510183116
天台山镇	510183118
宝林镇	510183119
南宝山镇	510183120
茶园乡	510183201
道佐乡	510183206
大同乡	510183212
孔明乡	510183214
崇州市 (1 街道，18 镇，6 乡)	**510184000**
崇阳街道	510184001
三江镇	510184101
江源镇	510184102
羊马镇	510184103
廖家镇	510184104
元通镇	510184105
观胜镇	510184106
怀远镇	510184107
三郎镇	510184108
街子镇	510184109
王场镇	510184111
白头镇	510184112
道明镇	510184113
隆兴镇	510184114
大划镇	510184116
崇平镇	510184117
梓潼镇	510184118
桤泉镇	510184119

续表 2

行政区划名称	行政区划代码
文井江镇	510184120
锦江乡	510184205
公议乡	510184206
鸡冠山乡	510184211
济协乡	510184212
燎原乡	510184213
集贤乡	510184216
简阳市(4 街道,25 镇,29 乡)	**510185000**
简城街道	510185001
射洪坝街道	510185002
十里坝街道	510185003
杨柳街道	510185004
石桥镇	510185100
新市镇	510185101
石盘镇	510185102
东溪镇	510185103
平泉镇	510185104
禾丰镇	510185105
云龙镇	510185106
三星镇	510185107
养马镇	510185108
贾家镇	510185109
石板凳镇	510185110
三岔镇	510185111
镇金镇	510185112
石钟镇	510185113
施家镇	510185114
三合镇	510185115
平武镇	510185116
金马镇	510185117
踏水镇	510185118
江源镇	510185119
涌泉镇	510185120
芦葭镇	510185121
草池镇	510185122
太平桥镇	510185123
青龙镇	510185124
老君井乡	510185200
福田乡	510185201
宏缘乡	510185202
周家乡	510185203
平窝乡	510185204
武庙乡	510185205
高明乡	510185206
王成乡	510185207
丹景乡	510185208
望水乡	510185209
清风乡	510185210
董家埂乡	510185211
五星乡	510185212
飞龙乡	510185213
灵仙乡	510185214
五指乡	510185215
新民乡	510185216
新星乡	510185217
同合乡	510185218
老龙乡	510185219
壮溪乡	510185220
海螺乡	510185221
坛罐乡	510185222
雷家乡	510185223
安乐乡	510185224
普安乡	510185225
平息乡	510185226
五合乡	510185227
永宁乡	510185228
自贡市（12 街道，75 镇，21 乡）	**510300000**
自流井区（6 街道，3 镇，4 乡）	**510302000**
五星街道	510302001
东兴寺街道	510302002
新街街道	510302003
郭家坳街道	510302004
丹桂街道 *	510302005
学苑街道 *	510302006
仲权镇	510302101
舒坪镇	510302102
荣边镇	510302103
农团乡	510302202
漆树乡	510302203
高峰乡	510302204
红旗乡 *	510302205
贡井区（2 街道，9 镇，2 乡）	**510303000**
筱溪街道	510303001
贡井街道	510303002
艾叶镇	510303100
建设镇	510303101
长土镇	510303102
成佳镇	510303103
白庙镇	510303104
龙潭镇	510303105
五宝镇	510303106
桥头镇	510303107
莲花镇	510303108
章佳乡	510303200
牛尾乡	510303201
大安区（4 街道，9 镇，3 乡）	**510304000**
大安街道	510304001
龙井街道	510304002
马冲口街道	510304003
凉高山街道	510304004
大山铺镇	510304100
新民镇	510304101
团结镇	510304102
三多寨镇	510304103
何市镇	510304104
新店镇	510304105
牛佛镇	510304106
庙坝镇	510304107
回龙镇	510304108
凤凰乡	510304200
永嘉乡	510304201
和平乡	510304202
沿滩区（11 镇，2 乡）	**510311000**
沿滩镇	510311100
卫坪镇	510311101
兴隆镇	510311102
富全镇	510311105
永安镇	510311106
联络镇	510311107
邓关镇	510311108
王井镇	510311109
黄市镇	510311110
瓦市镇	510311111
仙市镇	510311112
刘山乡	510311203
九洪乡	510311204
荣县（21 镇，6 乡）	**510321000**
旭阳镇	510321100
双石镇	510321102
望佳镇	510321103
鼎新镇	510321107
乐德镇	510321110
过水镇	510321111
古文镇	510321112
河口镇	510321113
新桥镇	510321114
正紫镇	510321115
度佳镇	510321116
东佳镇	510321117
长山镇	510321118
保华镇	510321119
留佳镇	510321120
来牟镇	510321121
双古镇	510321122
观山镇	510321123
高山镇	510321124
东兴镇	510321125
铁厂镇	510321126
金花乡	510321202
雷音乡	510321203
古佳乡	510321204
于佳乡	510321205
复兴乡	510321206
墨林乡	510321207
富顺县（22 镇，4 乡）	**510322000**
富世镇	510322100
东湖镇	510322101
琵琶镇	510322102
狮市镇	510322103
骑龙镇	510322104
互助镇	510322107
代寺镇	510322111
中石镇	510322112
童寺镇	510322113
古佛镇	510322114
永年镇	510322115
彭庙镇	510322116
兜山镇	510322117
板桥镇	510322118
福善镇	510322119
李桥镇	510322120
赵化镇	510322121

续表 3

行政区划名称	行政区划代码	行政区划名称	行政区划代码	行政区划名称	行政区划代码
安溪镇	510322122	白坡彝族乡	510421221	莲花池街道	510504004
万寿镇	510322123	**盐边县（4 镇，12 乡）**	**510422000**	罗汉街道	510504005
飞龙镇	510322124	桐子林镇	510422100	鱼塘街道	510504006
怀德镇	510322125	红格镇	510422101	安宁街道	510504007
长滩镇	510322126	渔门镇	510422102	石洞街道	510504008
龙万乡	510322200	永兴镇	510422103	胡市镇	510504103
宝庆乡	510322201	益民乡	510422200	特兴镇	510504104
富和乡	510322202	新九乡	510422202	双加镇	510504106
石道乡	510322203	和爱彝族乡	510422203	金龙镇	510504107
攀枝花市（16 街道，21 镇，	**510400000**	红果彝族乡	510422205	长安镇	510504108
23 乡）		鳡鱼彝族乡	510422209	**泸县（1 街道，19 镇）**	**510521000**
东区（9 街道，1 镇）	**510402000**	共和乡	510422212	玉蟾街道	510521001
大渡口街道	510402001	国胜乡	510422215	福集镇	510521100
炳草岗街道	510402002	红宝苗族彝族乡	510422216	嘉明镇	510521101
南山街道	510402003	惠民乡	510422219	喻寺镇	510521102
向阳村街道	510402004	箐河傈僳族乡	510422222	得胜镇	510521103
弄弄坪街道	510402005	温泉彝族乡	510422224	牛滩镇	510521105
枣子坪街道	510402006	格萨拉彝族乡	510422226	兆雅镇	510521106
长寿路街道	510402007	**泸州市（22 街道，110 镇，**	**510500000**	玄滩镇	510521107
密地街道	510402008	**12 乡）**		太伏镇	510521108
瓜子坪街道	510402009	**江阳区（10 街道，8 镇）**	**510502000**	云龙镇	510521109
银江镇	510402100	南城街道	510502001	石桥镇	510521110
西区（6 街道，1 镇）	**510403000**	北城街道	510502002	毗卢镇	510521111
清香坪街道	510403001	大山坪街道	510502003	奇峰镇	510521112
玉泉街道	510403002	邻玉街道	510502004	潮河镇	510521113
河门口街道	510403003	蓝田街道	510502005	云锦镇	510521114
陶家渡街道	510403004	茜草街道	510502006	立石镇	510521115
摩梭河街道	510403005	华阳街道	510502007	百和镇	510521116
大宝鼎街道	510403006	张坝街道	510502008	天兴镇	510521117
格里坪镇	510403100	泰安街道	510502009	方洞镇	510521118
仁和区（1 街道，8 镇，	**510411000**	况场街道	510502010	海潮镇	510521119
6 乡）		黄舣镇	510502103	**合江县（26 镇，1 乡）**	**510522000**
大河中路街道	510411001	弥陀镇	510502104	合江镇	510522100
仁和镇	510411100	通滩镇	510502106	望龙镇	510522101
平地镇	510411101	江北镇	510502107	白沙镇	510522102
大田镇	510411102	方山镇	510502108	佛荫镇	510522103
福田镇	510411103	分水岭镇	510502109	先市镇	510522104
同德镇	510411104	石寨镇	510502110	尧坝镇	510522105
金江镇	510411105	丹林镇	510502111	九支镇	510522106
布德镇	510411106	**纳溪区（3 街道，12 镇）**	**510503000**	五通镇	510522107
前进镇	510411107	安富街道	510503001	凤鸣镇	510522108
大龙潭彝族乡	510411200	永宁街道	510503002	榕山镇	510522109
啊喇彝族乡	510411201	东升街道	510503003	白鹿镇	510522110
总发乡	510411202	大渡口镇	510503100	甘雨镇	510522111
太平乡	510411203	护国镇	510503101	福宝镇	510522112
务本乡	510411204	打古镇	510503102	先滩镇	510522113
中坝乡	510411205	上马镇	510503103	自怀镇	510522114
米易县（7 镇，5 乡）	**510421000**	合面镇	510503104	大桥镇	510522115
攀莲镇	510421100	棉花坡镇	510503105	车辋镇	510522116
丙谷镇	510421101	丰乐镇	510503106	白米镇	510522117
得石镇	510421102	白节镇	510503107	虎头镇	510522118
撒莲镇	510421103	天仙镇	510503108	法王寺镇	510522119
垭口镇	510421104	新乐镇	510503109	参宝镇	510522120
普威镇	510421106	渠坝镇	510503110	神臂城镇	510522121
白马镇	510421112	龙车镇	510503111	南滩镇	510522122
草场乡	510421201	**龙马潭区（8 街道，5 镇）**	**510504000**	实录镇	510522123
麻陇彝族乡	510421213	小市街道	510504001	石龙镇	510522124
新山傈僳族乡	510421219	高坝街道	510504002	真龙镇	510522125
湾丘彝族乡	510421220	红星街道	510504003	榕右乡	510522210

续表 4

行政区划名称	行政区划代码	行政区划名称	行政区划代码	行政区划名称	行政区划代码
叙永县（20 镇，5 乡）	**510524000**	旌东街道	510603004	瓦店乡	510623203
叙永镇	510524100	工农街道	510603005	石泉乡	510623204
江门镇	510524101	八角井街道	510603006	柏树乡	510623206
马岭镇	510524102	黄河街道	510603007	白果乡	510623207
天池镇	510524103	天虹街道	510603008	清河乡	510623208
水尾镇	510524104	黄许镇	510603100	高店乡	510623209
两河镇	510524105	孝泉镇	510603101	石笋乡	510623210
落卜镇	510524106	柏隆镇	510603103	太平乡	510623211
后山镇	510524107	孝感镇	510603104	民主乡	510623212
分水镇	510524108	天元镇	510603105	永丰乡	510623214
摩尼镇	510524109	扬嘉镇	510603107	元兴乡	510623216
赤水镇	510524110	德新镇	510603108	通山乡	510623218
观兴镇	510524111	双东镇	510603110	石龙乡	510623219
正东镇	510524112	新中镇	510603111	合兴乡	510623221
龙凤镇	510524113	和新镇	510603117	**广汉市（16 镇，2 乡）**	**510681000**
营山镇	510524114	东湖乡	510603201	雒城镇	510681100
麻城镇	510524115	**罗江区（10 镇）**	**510604000**	三水镇	510681101
向林镇	510524116	万安镇	510604100	连山镇	510681102
兴隆镇	510524117	鄢家镇	510604101	高坪镇	510681103
大石镇	510524118	金山镇	510604102	南兴镇	510681104
黄坭镇	510524119	略坪镇	510604103	向阳镇	510681105
合乐苗族乡	510524210	御营镇	510604104	小汉镇	510681106
白腊苗族乡	510524211	慧觉镇	510604105	金轮镇	510681107
枧槽苗族乡	510524212	调元镇	510604106	新丰镇	510681108
水潦彝族乡	510524213	新盛镇	510604107	兴隆镇	510681109
石厢子彝族乡	510524214	蟠龙镇	510604108	和兴镇	510681112
古蔺县（20 镇，6 乡）	**510525000**	白马关镇	510604113	松林镇	510681113
古蔺镇	510525100	**中江县（29 镇，16 乡）**	**510623000**	金鱼镇	510681114
龙山镇	510525101	凯江镇	510623100	新平镇	510681115
永乐镇	510525102	南华镇	510623101	南丰镇	510681116
太平镇	510525103	回龙镇	510623102	西高镇	510681119
二郎镇	510525104	通济镇	510623103	北外乡	510681200
大村镇	510525105	永太镇	510623104	西外乡	510681202
石宝镇	510525106	黄鹿镇	510623105	**什邡市（2 街道，14 镇）**	**510682000**
丹桂镇	510525107	集凤镇	510623106	方亭街道	510682001
水口镇	510525108	富兴镇	510623107	皂角街道	510682002
观文镇	510525109	辑庆镇	510623108	元石镇	510682101
双沙镇	510525110	兴隆镇	510623109	回澜镇	510682103
德耀镇	510525111	龙台镇	510623110	洛水镇	510682105
石屏镇	510525112	永安镇	510623111	禾丰镇	510682106
皇华镇	510525113	双龙镇	510623112	双盛镇	510682107
护家镇	510525114	玉兴镇	510623113	马祖镇	510682108
土城镇	510525115	永兴镇	510623114	隐峰镇	510682109
鱼化镇	510525116	悦来镇	510623115	马井镇	510682110
东新镇	510525117	继光镇	510623116	蓥华镇	510682111
马蹄镇	510525118	仓山镇	510623117	南泉镇	510682113
椒园镇	510525119	广福镇	510623118	师古镇	510682114
白泥乡	510525207	会龙镇	510623119	湔氐镇	510682116
马嘶苗族乡	510525209	万福镇	510623120	红白镇	510682118
箭竹苗族乡	510525212	普兴镇	510623121	冰川镇	510682119
大寨苗族乡	510525214	联合镇	510623122	**绵竹市（20 镇，1 乡）**	**510683000**
桂花乡	510525215	冯店镇	510623123	剑南镇	510683100
黄荆乡	510525216	积金镇	510623124	东北镇	510683101
德阳市（10 街道，99 镇，	**510600000**	太安镇	510623125	西南镇	510683102
20 乡）		杰兴镇	510623127	兴隆镇	510683103
旌阳区（8 街道，10 镇，1 乡）	**510603000**	南山镇	510623130	九龙镇	510683104
旌阳街道	510603001	东北镇	510623131	遵道镇	510683105
城南街道	510603002	古店乡	510623200	汉旺镇	510683106
城北街道	510603003	青市乡	510623201	拱星镇	510683108

续表 5

行政区划名称	行政区划代码	行政区划名称	行政区划代码	行政区划名称	行政区划代码
土门镇	510683109	刘家镇	510704110	八洞镇	510722124
广济镇	510683110	玉河镇	510704111	乐安镇	510722126
金花镇	510683111	松垭镇	510704112	建平镇	510722127
玉泉镇	510683112	太平镇	510704113	前锋镇	510722128
板桥镇	510683113	观太镇	510704114	建设镇	510722129
新市镇	510683115	白蝉镇	510704115	光辉镇	510722130
孝德镇	510683116	街子镇	510704116	中太镇	510722131
富新镇	510683119	云凤镇	510704117	金石镇	510722132
齐天镇	510683121	东林镇	510704118	新鲁镇	510722133
什地镇	510683122	梓棉镇	510704119	黎曙镇	510722134
绵远镇	510683123	东宣镇	510704120	刘营镇	510722135
清平镇	510683124	建华乡	510704202	灵兴镇	510722136
天池乡	510683201	朝真乡	510704207	芦溪镇	510722137
绵阳市（23 街道，172 镇，97 乡）	**510700000**	凤凰乡	510704210	立新镇	510722138
		安州区（15 镇，3 乡）	**510705000**	花园镇	510722139
涪城区（11 街道，13 镇，1 乡）	**510703000**	花荄镇	510705100	永明镇	510722140
		桑枣镇	510705102	建中镇	510722141
城厢街道	510703001	黄土镇	510705103	争胜镇	510722142
城北街道	510703002	塔水镇	510705104	玉林镇	510722143
工区街道	510703003	秀水镇	510705105	幸福镇	510722144
南山街道	510703004	河清镇	510705106	老马镇	510722145
朝阳街道	510703005	界牌镇	510705108	跃进镇	510722146
金家林街道	510703006	永河镇	510705109	双胜镇	510722147
高新区街道	510703007	雎水镇	510705110	里程镇	510722148
城南街道	510703008	清泉镇	510705111	金鼓镇	510722149
创业园街道	510703009	宝林镇	510705112	菊河镇	510722150
城郊街道	510703010	沸水镇	510705113	高堰乡	510722200
石塘街道	510703011	晓坝镇	510705114	忠孝乡	510722201
丰谷镇	510703100	乐兴镇	510705115	断石乡	510722204
关帝镇	510703101	千佛镇	510705116	乐加乡	510722206
塘汛镇	510703102	兴仁乡	510705202	曙光乡	510722207
青义镇	510703103	高川乡	510705204	宝泉乡	510722209
龙门镇	510703104	迎新乡	510705205	广利乡	510722210
吴家镇	510703106	**三台县（1 街道，49 镇，13 乡）**	**510722000**	协和乡	510722211
杨家镇	510703107	北坝街道	510722001	双乐乡	510722212
金峰镇	510703108	潼川镇	510722101	下新乡	510722215
玉皇镇	510703109	东塔镇	510722102	进都乡	510722216
新皂镇	510703110	百顷镇	510722103	上新乡	510722217
河边镇	510703111	塔山镇	510722104	云同乡	510722221
磨家镇	510703112	柳池镇	510722105	**盐亭县（2 街道，14 镇，19 乡）**	**510723000**
永兴镇	510703113	龙树镇	510722106		
石洞乡	510703201	石安镇	510722107	麻秧街道	510723001
游仙区（6 街道，20 镇，3 乡）	**510704000**	富顺镇	510722108	凤灵街道	510723002
涪江街道	510704001	三元镇	510722109	云溪镇	510723100
富乐街道	510704003	秋林镇	510722110	玉龙镇	510723101
春雷街道	510704006	永新镇	510722111	富驿镇	510723102
松林街道	510704007	新德镇	510722112	金孔镇	510723103
华丰街道	510704008	新生镇	510722113	两河镇	510723104
游仙街道	510704009	鲁班镇	510722114	黄甸镇	510723105
石马镇	510704101	景福镇	510722115	柏梓镇	510723106
新桥镇	510704102	紫河镇	510722116	八角镇	510723107
小枧沟镇	510704103	安居镇	510722117	黑坪镇	510723108
魏城镇	510704104	观桥镇	510722118	高灯镇	510723109
沉抗镇	510704105	郪江镇	510722119	金鸡镇	510723110
忠兴镇	510704106	中新镇	510722120	安家镇	510723111
柏林镇	510704107	古井镇	510722121	林农镇	510723112
徐家镇	510704108	万安镇	510722122	巨龙镇	510723113
石板镇	510704109	西平镇	510722123	龙泉乡	510723200

续表 6

行政区划名称	行政区划代码	行政区划名称	行政区划代码	行政区划名称	行政区划代码
折弓乡	510723201	永昌镇	510726105	战旗镇	510781110
三元乡	510723203	禹里镇	510726106	双河镇	510781111
五龙乡	510723204	桂溪镇	510726107	永胜镇	510781112
茶亭乡	510723205	小坝镇	510726108	小溪坝镇	510781113
金安乡	510723206	陈家坝镇	510726109	河口镇	510781114
洗泽乡	510723207	香泉乡	510726200	重华镇	510781115
毛公乡	510723208	贯岭乡	510726203	厚坝镇	510781116
冯河乡	510723209	都坝乡	510726204	二郎庙镇	510781117
石牛庙乡	510723210	漩坪乡	510726206	马角镇	510781118
大兴回族乡	510723211	白坭乡	510726207	雁门镇	510781119
宗海乡	510723212	桃龙藏族乡	510726209	九岭镇	510781120
剑河乡	510723214	片口乡	510726210	文胜镇	510781121
来龙乡	510723215	开坪乡	510726211	大堰镇	510781122
永泰乡	510723216	坝底乡	510726212	贯山镇	510781123
黄溪乡	510723217	墩上乡	510726213	西屏镇	510781124
榉溪乡	510723218	马槽乡	510726214	方水镇	510781125
双碑乡	510723219	白什乡	510726215	香水镇	510781126
林山乡	510723220	青片乡	510726216	八一镇	510781127
梓潼县（13 镇，19 乡）	**510725000**	**平武县（9 镇，16 乡）**	**510727000**	义新镇	510781128
文昌镇	510725100	龙安镇	510727100	东兴镇	510781129
长卿镇	510725101	古城镇	510727101	新兴乡	510781209
许州镇	510725102	南坝镇	510727102	新春乡	510781210
黎雅镇	510725103	响岩镇	510727103	东安乡	510781211
白云镇	510725104	平通镇	510727104	铜星乡	510781212
卧龙镇	510725105	豆叩镇	510727105	重兴乡	510781214
观义镇	510725106	大印镇	510727106	云集乡	510781215
玛瑙镇	510725107	大桥镇	510727107	石元乡	510781216
石牛镇	510725108	水晶镇	510727108	敬元乡	510781217
自强镇	510725109	高村乡	510727200	六合乡	510781218
仁和镇	510725110	水田羌族乡	510727201	枫顺乡	510781219
双板镇	510725111	坝子乡	510727202	**广元市（9 街道，103 镇，127 乡）**	**510800000**
金龙镇	510725112	水观乡	510727203		
东石乡	510725200	平南羌族乡	510727204	**利州区（8 街道，7 镇，3 乡）**	**510802000**
三泉乡	510725201	徐塘羌族乡	510727205	东坝街道	510802001
宏仁乡	510725202	锁江羌族乡	510727206	嘉陵街道	510802002
小垭乡	510725203	土城藏族乡	510727207	雪峰街道	510802004
演武乡	510725204	旧堡羌族乡	510727208	回龙河街道	510802005
仙峰乡	510725205	阔达藏族乡	510727209	杨家岩街道	510802006
豢龙乡	510725207	黄羊关藏族乡	510727210	河西街道	510802007
双峰乡	510725208	虎牙藏族乡	510727211	上西街道	510802009
交泰乡	510725209	泗耳藏族乡	510727212	南河街道	510802010
石台乡	510725211	白马藏族乡	510727213	荣山镇	510802100
仙鹅乡	510725212	木座藏族乡	510727214	大石镇	510802101
马鸣乡	510725213	木皮藏族乡	510727215	盘龙镇＊	510802102
马迎乡	510725214	**江油市（3 街道，29 镇，10 乡）**	**510781000**	宝轮镇	510802103
二洞乡	510725215			赤化镇	510802104
建兴乡	510725216	华坪街道	510781004	三堆镇	510802105
宝石乡	510725217	长城街道	510781005	工农镇	510802106
定远乡	510725218	中坝街道	510781006	白朝乡	510802200
大新乡	510725219	太平镇	510781101	金洞乡	510802201
文兴乡	510725220	三合镇	510781102	龙潭乡	510802202
北川羌族自治县（10 镇，13 乡）	**510726000**	含增镇	510781103	**昭化区（1 街道，11 镇，17 乡）**	**510811000**
		青莲镇	510781104		
曲山镇	510726100	彰明镇	510781105	拣银岩街道	510811001
擂鼓镇	510726101	龙凤镇	510781106	元坝镇	510811100
通口镇	510726102	武都镇	510781107	卫子镇	510811101
安昌镇	510726103	大康镇	510781108	王家镇	510811102
永安镇	510726104	新安镇	510781109	磨滩镇	510811103

续表 7

行政区划名称	行政区划代码	行政区划名称	行政区划代码	行政区划名称	行政区划代码
柏林沟镇	510811104	普济镇	510821107	七佛乡	510822220
太公镇	510811105	三江镇	510821108	建峰乡	510822221
虎跳镇	510811106	金溪镇	510821109	白家乡	510822222
红岩镇	510811107	五权镇	510821110	板桥乡	510822223
昭化镇	510811108	高阳镇	510821111	骑马乡	510822224
明觉镇	510811109	双汇镇	510821112	观音店乡	510822225
石井铺镇	510811110	英萃镇	510821113	营盘乡	510822226
晋贤乡	510811200	国华镇	510821114	**剑阁县 (23 镇，34 乡)**	**510823000**
文村乡	510811201	九龙镇	510821115	普安镇	510823100
清水乡	510811202	龙凤镇	510821116	龙源镇	510823101
张家乡	510811203	米仓山镇	510821117	城北镇	510823102
香溪乡	510811204	大河乡	510821201	盐店镇	510823103
青牛乡	510811205	万家乡	510821203	柳沟镇	510823104
陈江乡	510811206	燕子乡	510821204	武连镇	510823105
丁家乡	510811207	水磨乡	510821205	东宝镇	510823106
黄龙乡	510811208	檬子乡	510821207	开封镇	510823107
白果乡	510811210	福庆乡	510821208	元山镇	510823108
梅树乡	510811211	枣林乡	510821209	演圣镇	510823109
射箭乡	510811213	麻英乡	510821210	王河镇	510823110
朝阳乡	510811214	柳溪乡	510821211	公兴镇	510823111
大朝乡	510811215	农建乡	510821212	金仙镇	510823112
沙坝乡	510811216	化龙乡	510821213	香沉镇	510823113
柳桥乡	510811217	大两乡	510821214	白龙镇	510823114
紫云乡	510811218	万山乡	510821215	鹤龄镇	510823115
朝天区 (9 镇，16 乡)	**510812000**	正源乡	510821216	杨村镇	510823116
朝天镇	510812100	天星乡	510821217	羊岭镇	510823117
大滩镇	510812101	盐河乡	510821218	江口镇	510823118
羊木镇	510812102	大德乡	510821219	木马镇	510823119
曾家镇	510812103	**青川县 (11 镇，25 乡)**	**510822000**	剑门关镇	510823120
中子镇	510812104	乔庄镇	510822100	汉阳镇	510823121
沙河镇	510812105	青溪镇	510822101	下寺镇	510823122
转斗镇	510812106	房石镇	510822102	江石乡	510823200
东溪河镇	510812107	关庄镇	510822103	田家乡	510823201
宣河镇	510812108	凉水镇	510822104	闻溪乡	510823202
陈家乡	510812200	竹园镇	510822105	姚家乡	510823203
小安乡	510812201	木鱼镇	510822106	北庙乡	510823204
鱼洞乡	510812202	沙州镇	510822107	西庙乡	510823205
花石乡	510812204	姚渡镇	510822108	义兴乡	510823206
蒲家乡	510812205	三锅镇	510822109	毛坝乡	510823207
西北乡	510812206	马鹿镇	510822110	凉山乡	510823208
青林乡	510812209	黄坪乡	510822200	垂泉乡	510823209
平溪乡	510812210	瓦砾乡	510822201	秀钟乡	510823210
两河口乡	510812211	孔溪乡	510822202	正兴乡	510823211
李家乡	510812212	茶坝乡	510822203	马灯乡	510823212
汪家乡	510812213	大坝乡	510822204	高池乡	510823213
麻柳乡	510812214	桥楼乡	510822205	碗泉乡	510823214
临溪乡	510812215	蒿溪回族乡	510822207	迎水乡	510823215
文安乡	510812216	乐安寺乡	510822208	国光乡	510823216
马家坝乡	510812217	前进乡	510822209	柘坝乡	510823217
柏杨乡	510812218	曲河乡	510822210	公店乡	510823218
旺苍县 (18 镇，17 乡)	**510821000**	马公乡	510822211	吼狮乡	510823219
东河镇	510821100	石坝乡	510822212	长岭乡	510823220
嘉川镇	510821101	红光乡	510822213	涂山乡	510823221
木门镇	510821102	苏河乡	510822214	圈龙乡	510823222
白水镇	510821103	茅坝乡	510822215	碑垭乡	510823223
尚武镇	510821104	大院回族乡	510822216	广坪乡	510823224
张华镇	510821105	楼子乡	510822217	禾丰乡	510823225
黄洋镇	510821106	金子山乡	510822218	店子乡	510823226

续表 8

行政区划名称	行政区划代码
摇铃乡	510823227
樵店乡	510823228
锦屏乡	510823229
柏垭乡	510823230
高观乡	510823231
张王乡	510823232
上寺乡	510823233
苍溪县 (24 镇，15 乡)	**510824000**
陵江镇	510824100
云峰镇	510824102
东青镇	510824104
白桥镇	510824105
八庙镇	510824106
五龙镇	510824107
永宁镇	510824108
鸳溪镇	510824109
三川镇	510824110
龙王镇	510824111
元坝镇	510824112
唤马镇	510824113
歧坪镇	510824114
白驿镇	510824115
漓江镇	510824116
文昌镇	510824117
岳东镇	510824118
石马镇	510824119
运山镇	510824120
东溪镇	510824121
高坡镇	510824122
龙山镇	510824123
中土镇	510824124
亭子镇	510824125
禅林乡	510824202
白鹤乡	510824208
浙水乡	510824209
雍河乡	510824210
新观乡	510824212
石门乡	510824216
月山乡	510824223
白山乡	510824226
彭店乡	510824228
桥溪乡	510824229
龙洞乡	510824232
黄猫乡	510824233
石灶乡	510824234
河地乡	510824238
双河乡	510824240
遂宁市 (18 街道，74 镇，38 乡)	**510900000**
船山区 (14 街道，7 镇，5 乡)	**510903000**
凯旋路街道	510903001
南津路街道	510903002
高升街街道	510903003
镇江寺街道	510903004
育才路街道	510903005
介福路街道	510903006
嘉禾街道	510903007
广德街道	510903008
九莲街道	510903009
龙坪街道	510903010
富源路街道	510903011
灵泉街道	510903012
慈音街道	510903013
南强街道	510903014
仁里镇	510903101
复桥镇	510903102
河沙镇	510903103
新桥镇	510903104
桂花镇	510903105
龙凤镇	510903110
永兴镇	510903111
老池乡	510903200
保升乡	510903201
唐家乡	510903202
西宁乡	510903203
北固乡	510903204
安居区 (2 街道，17 镇，4 乡)	**510904000**
柔刚街道	510904001
凤凰街道	510904002
安居镇	510904101
白马镇	510904102
中兴镇	510904103
横山镇	510904104
会龙镇	510904105
东禅镇	510904106
分水镇	510904107
石洞镇	510904108
拦江镇	510904109
保石镇	510904110
三家镇	510904111
玉丰镇	510904112
西眉镇	510904113
磨溪镇	510904114
聚贤镇	510904115
常理镇	510904116
观音镇	510904117
莲花乡	510904217
大安乡	510904218
马家乡	510904219
步云乡	510904221
蓬溪县 (18 镇，13 乡)	**510921000**
赤城镇	510921100
新会镇	510921101
文井镇	510921102
明月镇	510921103
常乐镇	510921104
天福镇	510921105
红江镇	510921106
宝梵镇	510921107
大石镇	510921108
吉祥镇	510921109
鸣凤镇	510921110
任隆镇	510921111
三凤镇	510921112
高坪镇	510921113
蓬南镇	510921114
群利镇	510921115
吉星镇	510921116
金桥镇	510921117
下东乡	510921200
新星乡	510921201
罗戈乡	510921202
板桥乡	510921203
槐花乡	510921204
黄泥乡	510921206
荷叶乡	510921207
金龙乡	510921208
农兴乡	510921209
新胜乡	510921210
回水乡	510921211
群力乡	510921212
高升乡	510921213
射洪县 (2 街道，20 镇，10 乡)	**510922000**
平安街道	510922001
子昂街道	510922002
太和镇	510922100
大榆镇	510922101
广兴镇	510922102
金华镇	510922103
沱牌镇	510922104
太乙镇	510922105
金家镇	510922106
复兴镇	510922107
天仙镇	510922108
仁和镇	510922109
青岗镇	510922110
洋溪镇	510922111
香山镇	510922112
明星镇	510922113
涪西镇	510922114
陈古镇	510922115
凤来镇	510922116
潼射镇	510922117
曹碑镇	510922118
官升镇	510922119
瞿河乡	510922200
伏河乡	510922201
青堤乡	510922202
双溪乡	510922203
文升乡	510922204
万林乡	510922205
太兴乡	510922206
东岳乡	510922207
金鹤乡	510922208
玉太乡	510922209
大英县 (12 镇，6 乡)	**510923000**
隆盛镇	510923101
回马镇	510923102
天保镇	510923103
河边镇	510923104
卓筒井镇	510923105
玉峰镇	510923106
象山镇	510923107

续表 9

行政区划名称	行政区划代码
蓬莱镇	510923108
民主镇	510923109
郪口镇	510923110
石门镇	510923111
金元镇	510923112
通仙乡	510923200
智水乡	510923202
五方乡	510923204
福禄乡	510923205
寸塘口乡	510923206
星花乡	510923207
内江市（14 街道，103 镇，4 乡）	**511000000**
市中区（7 街道，13 镇）	**511002000**
城东街道	511002001
城南街道	511002002
城西街道	511002003
玉溪街道	511002004
牌楼街道	511002005
壕子口街道	511002006
乐贤街道	511002007
白马镇	511002100
史家镇	511002101
凌家镇	511002102
朝阳镇	511002103
永安镇	511002104
全安镇	511002105
靖民镇	511002106
龚家镇	511002108
四合镇	511002109
交通镇	511002110
凤鸣镇	511002111
伏龙镇	511002112
龙门镇	511002113
东兴区（5 街道，20 镇，4 乡）	**511011000**
东兴街道	511011001
西林街道	511011002
新江街道	511011003
胜利街道	511011004
高桥街道	511011005
田家镇	511011100
郭北镇	511011101
高梁镇	511011102
白合镇	511011103
顺河镇	511011104
双才镇	511011107
小河口镇	511011108
杨家镇	511011109
椑木镇	511011110
石子镇	511011111
椑南镇	511011112
永兴镇	511011113
平坦镇	511011114
中山镇	511011115
柳桥镇	511011116
双桥镇	511011117
富溪镇	511011118
同福镇	511011119
永福镇	511011120
三烈镇	511011121
太安乡	511011200
苏家乡	511011201
新店乡	511011207
大治乡	511011211
威远县（20 镇）	**511024000**
严陵镇	511024100
铺子湾镇	511024101
新店镇	511024102
向义镇	511024103
界牌镇	511024104
龙会镇	511024105
高石镇	511024106
东联镇	511024107
靖和镇	511024108
镇西镇	511024109
庆卫镇	511024110
山王镇	511024111
黄荆沟镇	511024112
观英滩镇	511024113
新场镇	511024114
连界镇	511024115
越溪镇	511024116
两河镇	511024117
碗厂镇	511024118
小河镇	511024119
资中县（33 镇）	**511025000**
重龙镇	511025100
甘露镇	511025101
归德镇	511025102
鱼溪镇	511025103
金李井镇	511025104
铁佛镇	511025105
球溪镇	511025106
顺河场镇	511025107
龙结镇	511025108
罗泉镇	511025109
发轮镇	511025110
兴隆街镇	511025111
银山镇	511025112
宋家镇	511025113
太平镇	511025114
骝马镇	511025115
水南镇	511025116
苏家湾镇	511025117
新桥镇	511025118
明心寺镇	511025119
双河镇	511025120
公民镇	511025121
龙江镇	511025122
双龙镇	511025123
高楼镇	511025124
陈家镇	511025125
配龙镇	511025126
走马镇	511025127
孟塘镇	511025128
马鞍镇	511025129
狮子镇	511025130
板栗桠镇	511025131
龙山镇	511025132
隆昌市（2 街道，17 镇）	**511083000**
古湖街道	511083001
金鹅街道	511083002
山川镇	511083101
响石镇	511083102
圣灯镇	511083103
黄家镇	511083104
双凤镇	511083105
龙市镇	511083106
迎祥镇	511083107
界市镇	511083108
石碾镇	511083109
周兴镇	511083110
渔箭镇	511083111
石燕桥镇	511083112
李市镇	511083113
胡家镇	511083114
云顶镇	511083115
普润镇	511083116
桂花井镇	511083117
乐山市（7 街道，102 镇，109 乡）	**511100000**
市中区（7 街道，15 镇，10 乡）	**511102000**
张公桥街道	511102001
泊水街街道	511102002
上河街街道	511102003
大佛街道	511102004
柏杨街道	511102005
肖坝街道	511102006
通江街道	511102007
牟子镇	511102101
土主镇	511102102
白马镇	511102103
茅桥镇	511102104
青平镇	511102105
苏稽镇	511102106
水口镇	511102107
安谷镇	511102108
棉竹镇	511102109
全福镇	511102110
童家镇	511102111
九峰镇	511102112
罗汉镇	511102113
临江镇	511102114
车子镇	511102115
悦来乡	511102200
关庙乡	511102201
石龙乡	511102202
剑峰乡	511102203
凌云乡	511102204
迎阳乡	511102205
九龙乡	511102206
普仁乡	511102207

续表 10

行政区划名称	行政区划代码	行政区划名称	行政区划代码	行政区划名称	行政区划代码
平兴乡	511102208	寿保乡	511123209	歇马乡	511126209
杨湾乡	511102209	舞雩乡	511123210	麻柳乡	511126210
沙湾区（8 镇，5 乡）	**511111000**	下渡乡	511123211	**沐川县（7 镇，12 乡）**	**511129000**
沙湾镇	511111100	玉屏乡	511123212	沐溪镇	511129100
嘉农镇	511111101	岷东乡	511123213	永福镇	511129101
太平镇	511111102	塘坝乡	511123214	大楠镇	511129102
福禄镇	511111103	马庙乡	511123215	箭板镇	511129103
牛石镇	511111104	公平乡	511123216	舟坝镇	511129104
龚嘴镇	511111105	伏龙乡	511123217	黄丹镇	511129105
葫芦镇	511111106	**井研县（10 镇，17 乡）**	**511124000**	利店镇	511129106
踏水镇	511111107	研城镇	511124100	建和乡	511129200
谭坝乡	511111200	马踏镇	511124101	幸福乡	511129201
轸溪乡	511111201	竹园镇	511124102	新凡乡	511129202
范店乡	511111202	研经镇	511124103	富和乡	511129203
铜茨乡	511111203	周坡镇	511124104	炭库乡	511129204
碧山乡	511111204	千佛镇	511124105	底堡乡	511129205
五通桥区（11 镇，1 乡）	**511112000**	王村镇	511124106	杨村乡	511129206
竹根镇	511112100	三江镇	511124107	高笋乡	511129207
牛华镇	511112101	东林镇	511124108	茨竹乡	511129208
杨柳镇	511112102	磨池镇	511124109	海云乡	511129209
桥沟镇	511112103	集益乡	511124200	武圣乡	511129210
金粟镇	511112104	纯复乡	511124201	凤村乡	511129211
金山镇	511112105	三教乡	511124202	**峨边彝族自治县（6 镇，13 乡）**	**511132000**
辉山镇	511112106	高滩乡	511124203		
西坝镇	511112107	宝五乡	511124204	沙坪镇	511132100
冠英镇	511112108	四合乡	511124205	大堡镇	511132101
蔡金镇	511112109	黄钵乡	511124206	毛坪镇	511132102
石麟镇	511112110	胜泉乡	511124207	五渡镇	511132103
新云乡	511112200	门坎乡	511124208	新林镇	511132104
金口河区（2 镇，4 乡）	**511113000**	石牛乡	511124209	黑竹沟镇	511132105
永和镇	511113100	高凤乡	511124210	红花乡	511132200
金河镇	511113101	金峰乡	511124211	宜坪乡	511132201
和平彝族乡	511113200	分全乡	511124212	杨村乡	511132202
共安彝族乡	511113201	镇阳乡	511124213	白杨乡	511132203
吉星乡	511113202	天云乡	511124214	觉莫乡	511132204
永胜乡	511113203	乌抛乡	511124215	万坪乡	511132205
犍为县（12 镇，18 乡）	**511123000**	大佛乡	511124216	杨河乡	511132206
玉津镇	511123100	**夹江县（11 镇，11 乡）**	**511126000**	共和乡	511132207
孝姑镇	511123101	焉城镇	511126100	新场乡	511132208
石溪镇	511123102	黄土镇	511126101	平等乡	511132209
清溪镇	511123103	甘江镇	511126102	哈曲乡	511132210
新民镇	511123104	界牌镇	511126103	金岩乡	511132211
罗城镇	511123105	中兴镇	511126104	勒乌乡	511132212
芭沟镇	511123106	三洞镇	511126105	**马边彝族自治县（5 镇，15 乡）**	**511133000**
龙孔镇	511123107	吴场镇	511126106		
定文镇	511123108	木城镇	511126107	民建镇	511133100
敖家镇	511123109	华头镇	511126108	荣丁镇	511133101
金石井镇	511123110	甘霖镇	511126109	烟峰镇	511133102
泉水镇	511123111	新场镇	511126110	苏坝镇	511133103
双溪乡	511123200	顺河乡	511126200	下溪镇	511133104
九井乡	511123201	马村乡	511126201	劳动乡	511133200
同兴乡	511123202	土门乡	511126202	建设乡	511133201
榨鼓乡	511123203	青州乡	511126203	石梁乡	511133203
铁炉乡	511123204	梧凤乡	511126204	莜坝乡	511133204
大兴乡	511123205	永青乡	511126205	民主乡	511133206
南阳乡	511123206	迎江乡	511126206	老河坝乡	511133207
纪家乡	511123207	龙沱乡	511126207	雪口山乡	511133209
新盛乡	511123208	南安乡	511126208	镇江庙乡	511133210

续表 11

行政区划名称	行政区划代码
大竹堡乡	511133211
袁家溪乡	511133215
沙腔乡	511133216
三河口乡	511133217
梅子坝乡	511133221
高卓营乡	511133223
永红乡	511133226
峨眉山市（15 镇，3 乡）	**511181000**
绥山镇	511181100
高桥镇	511181101
罗目镇	511181102
九里镇	511181103
龙池镇	511181104
乐都镇	511181105
符溪镇	511181106
峨山镇	511181107
双福镇	511181108
桂花桥镇	511181109
大为镇	511181110
胜利镇	511181111
黄湾镇	511181112
川主镇	511181113
新平镇	511181114
龙门乡	511181200
沙溪乡	511181202
普兴乡	511181204
南充市（31 街道，180 镇，213 乡）	**511300000**
顺庆区（11 街道，9 镇，9 乡）	**511302000**
中城街道	511302001
北城街道	511302002
西城街道	511302003
东南街道	511302004
和平路街道	511302005
舞凤街道	511302006
新建街道	511302007
华凤街道	511302008
潆溪街道	511302009
荆溪街道	511302010
西山街道	511302011
共兴镇	511302104
金台镇	511302105
芦溪镇	511302106
李家镇	511302107
双桥镇	511302108
搬罾镇	511302110
大林镇	511302111
辉景镇	511302112
永丰镇	511302113
新复乡	511302200
同仁乡	511302201
梵殿乡	511302205
顺河乡	511302206
灯台乡	511302207
龙桂乡	511302209
桂花乡	511302211
凤山乡	511302212
渔溪乡	511302213
高坪区（7 街道，12 镇，13 乡）	**511303000**
白塔街道	511303001
清溪街道	511303002
青松街道	511303003
小龙街道	511303004
青莲街道	511303005
龙门街道	511303006
都京街道	511303007
江陵镇	511303103
擦耳镇	511303104
老君镇	511303105
东观镇	511303106
长乐镇	511303107
胜观镇	511303108
永安镇	511303109
阙家镇	511303110
石圭镇	511303111
青居镇	511303112
会龙镇	511303115
螺溪镇	511303116
走马乡	511303201
喻家乡	511303202
马家乡	511303203
黄溪乡	511303204
万家乡	511303205
御史乡	511303207
隆兴乡	511303208
斑竹乡	511303209
鄢家乡	511303210
佛门乡	511303211
溪头乡	511303212
凤凰乡	511303215
嘉江乡	511303218
嘉陵区（6 街道，22 镇，18 乡）	**511304000**
火花街道	511304001
文峰街道	511304002
凤垭街道	511304003
都尉街道	511304004
西兴街道	511304005
南湖街道	511304006
曲水镇	511304101
李渡镇	511304102
吉安镇	511304103
龙岭镇	511304104
金凤镇	511304105
安福镇	511304106
安平镇	511304107
世阳镇	511304108
大通镇	511304109
一立镇	511304110
龙蟠镇	511304111
里坝镇	511304112
集凤镇	511304113
金宝镇	511304114
三会镇	511304115
双桂镇	511304117
七宝寺镇	511304119
龙泉镇	511304120
花园镇	511304121
河西镇	511304122
木老镇	511304123
华兴镇	511304124
移山乡	511304202
新场乡	511304205
土门乡	511304207
临江乡	511304208
双店乡	511304209
白家乡	511304211
大同乡	511304213
盐溪乡	511304215
桥龙乡	511304216
天星乡	511304218
大观乡	511304219
大兴乡	511304220
新庙乡	511304221
桃园乡	511304222
太和乡	511304223
积善乡	511304226
石楼乡	511304228
礼乐乡	511304229
南部县（2 街道，32 镇，39 乡）	**511321000**
滨江街道	511321001
蜀北街道	511321002
南隆镇	511321100
河东镇	511321101
老鸦镇	511321102
永定镇	511321103
碑院镇	511321104
谢河镇	511321105
盘龙镇	511321106
铁佛塘镇	511321107
石河镇	511321108
王家镇	511321110
富利镇	511321111
楠木镇	511321112
长坪镇	511321113
东坝镇	511321114
河坝镇	511321115
定水镇	511321116
大王镇	511321117
黄金镇	511321118
流马镇	511321119
建兴镇	511321120
三官镇	511321121
伏虎镇	511321122
双佛镇	511321123
花罐镇	511321124
大桥镇	511321125
大河镇	511321126
万年镇	511321127
升钟镇	511321128
升水镇	511321129
大坪镇	511321130

续表 12

行政区划名称	行政区划代码
神坝镇	511321131
八尔湖镇	511321132
碾盘乡	511321200
火峰乡	511321201
群龙乡	511321202
大富乡	511321204
碧龙乡	511321206
三清乡	511321209
中心乡	511321210
五灵乡	511321211
平桥乡	511321212
梅家乡	511321213
龙庙乡	511321214
马王乡	511321215
窑场乡	511321217
太华乡	511321218
兴盛乡	511321219
寒坡乡	511321221
肖家乡	511321223
四龙乡	511321226
碾垭乡	511321227
千秋乡	511321228
玉镇乡	511321229
小元乡	511321230
柳驿乡	511321231
石泉乡	511321232
雄狮乡	511321233
宏观乡	511321234
永庆乡	511321235
永红乡	511321236
柳树乡	511321237
保城乡	511321238
双峰乡	511321239
皂角乡	511321240
丘垭乡	511321241
光中乡	511321242
铁鞭乡	511321243
太霞乡	511321244
店垭乡	511321245
桐坪乡	511321246
西河乡	511321247
营山县（1 街道，20 镇，33 乡）	**511322000**
绥安街道	511322001
朗池镇	511322100
渌井镇	511322101
东升镇	511322102
骆市镇	511322103
黄渡镇	511322104
小桥镇	511322105
灵鹫镇	511322106
老林镇	511322107
木垭镇	511322108
消水镇	511322109
双流镇	511322110
绿水镇	511322111
三兴镇	511322112
蓼叶镇	511322113
新店镇	511322114
回龙镇	511322115
星火镇	511322116
西桥镇	511322117
城南镇	511322118
济川镇	511322119
茶盘乡	511322202
双溪乡	511322203
带河乡	511322204
四喜乡	511322205
玲珑乡	511322206
涌泉乡	511322207
木顶乡	511322208
清源乡	511322209
龙伏乡	511322210
双林乡	511322211
明德乡	511322212
普岭乡	511322213
三元乡	511322214
太蓬乡	511322215
柏林乡	511322216
孔雀乡	511322217
合兴乡	511322218
六合乡	511322219
悦中乡	511322220
高码乡	511322221
安固乡	511322222
大庙乡	511322223
通天乡	511322224
安化乡	511322225
法堂乡	511322226
增产乡	511322227
丰产乡	511322228
清水乡	511322229
青山乡	511322230
福源乡	511322231
柏坪乡	511322232
七涧乡	511322233
凉风乡	511322234
蓬安县（15 镇，24 乡）	**511323000**
锦屏镇	511323101
巨龙镇	511323102
正源镇	511323103
龙云镇	511323104
河舒镇	511323107
利溪镇	511323108
龙蚕镇	511323109
杨家镇	511323110
福德镇	511323112
银汉镇	511323113
兴旺镇	511323114
相如镇	511323115
金溪镇	511323116
罗家镇	511323117
徐家镇	511323118
高庙乡	511323201
群乐乡	511323202
两路乡	511323204
睦坝乡	511323205
石梁乡	511323207
平头乡	511323208
鲜店乡	511323209
茶亭乡	511323211
诸家乡	511323212
骑龙乡	511323214
新园乡	511323217
三坝乡	511323218
碧溪乡	511323220
柳滩乡	511323221
石孔乡	511323222
开元乡	511323223
新河乡	511323225
南燕乡	511323226
天成乡	511323227
海田乡	511323228
济渡乡	511323229
凤石乡	511323230
长梁乡	511323231
金甲乡	511323232
仪陇县（29 镇，28 乡）	**511324000**
金城镇	511324100
新政镇	511324101
马鞍镇	511324102
永乐镇	511324103
日兴镇	511324104
土门镇	511324105
复兴镇	511324106
观紫镇	511324107
先锋镇	511324108
三蛟镇	511324109
回春镇	511324110
柳垭镇	511324111
义路镇	511324112
立山镇	511324113
三河镇	511324114
瓦子镇	511324115
大寅镇	511324116
二道镇	511324117
赛金镇	511324118
丁字桥镇	511324119
大仪镇	511324120
张公镇	511324121
五福镇	511324122
周河镇	511324123
杨桥镇	511324124
保平镇	511324125
文星镇	511324126
双胜镇	511324127
度门镇	511324128
老木乡	511324200
檬垭乡	511324201
铜鼓乡	511324202
中坝乡	511324205
双盘乡	511324206
凤仪乡	511324207
双庆乡	511324208

续表 13

行政区划名称	行政区划代码	行政区划名称	行政区划代码	行政区划名称	行政区划代码
大风乡	511324209	东岱乡	511325224	西山乡	511381223
福临乡	511324210	同德乡	511325225	解元乡	511381224
来仪乡	511324212	祥龙乡	511325226	**眉山市（5 街道，85 镇，41 乡）**	**511400000**
碧泉乡	511324213	车龙乡	511325227		
乐兴乡	511324214	扶君乡	511325228	**东坡区（3 街道，16 镇，7 乡）**	**511402000**
石佛乡	511324216	东太乡	511325229	通惠街道	511402001
思德乡	511324217	永清乡	511325230	大石桥街道	511402002
秋垭乡	511324218	金山乡	511325231	苏祠街道	511402003
大罗乡	511324219	**阆中市（4 街道，25 镇，21 乡）**	**511381000**	象耳镇	511402101
义门乡	511324220			太和镇	511402102
合作乡	511324221	保宁街道	511381001	悦兴镇	511402103
龙桥乡	511324225	七里街道	511381002	尚义镇	511402104
板桥乡	511324226	沙溪街道	511381003	多悦镇	511402105
永光乡	511324227	江南街道	511381004	秦家镇	511402106
炬光乡	511324228	裕华镇	511381101	崇仁镇	511402108
九龙乡	511324229	双龙镇	511381102	修文镇	511402110
芭蕉乡	511324230	彭城镇	511381103	松江镇	511402112
灯塔乡	511324231	玉台镇	511381104	崇礼镇	511402113
武棚乡	511324232	柏垭镇	511381105	富牛镇	511402114
柴井乡	511324241	飞凤镇	511381106	永寿镇	511402115
光华乡	511324243	思依镇	511381107	白马镇	511402117
西充县（16 镇，28 乡）	**511325000**	文成镇	511381108	万胜镇	511402118
晋城镇	511325100	二龙镇	511381109	思蒙镇	511402119
太平镇	511325101	石滩镇	511381110	三苏镇	511402120
大全镇	511325102	老观镇	511381111	广济乡	511402206
仙林镇	511325103	龙泉镇	511381112	盘鳌乡	511402207
古楼镇	511325104	千佛镇	511381113	土地乡	511402211
义兴镇	511325105	望垭镇	511381114	复盛乡	511402212
关文镇	511325106	河溪镇	511381115	复兴乡	511402213
凤鸣镇	511325107	妙高镇	511381116	金花乡	511402214
青狮镇	511325108	洪山镇	511381117	柳圣乡	511402215
槐树镇	511325109	石龙镇	511381118	**彭山区（2 街道，8 镇，3 乡）**	**511403000**
鸣龙镇	511325110	宝马镇	511381119	凤鸣街道	511403001
双凤镇	511325111	水观镇	511381120	彭溪街道	511403002
高院镇	511325112	金垭镇	511381121	青龙镇	511403101
仁和镇	511325113	东兴镇	511381122	江口镇	511403102
多扶镇	511325114	凉水镇	511381123	公义镇	511403103
莲池镇	511325115	五马镇	511381124	谢家镇	511403104
常林乡	511325202	木兰镇	511381125	观音镇	511403105
占山乡	511325203	福星乡	511381200	黄丰镇	511403107
宏桥乡	511325205	垭口乡	511381201	牧马镇	511403108
金泉乡	511325207	治平乡	511381202	武阳镇	511403109
华光乡	511325208	宝台乡	511381203	保胜乡	511403200
金源乡	511325209	朱镇乡	511381204	义和乡	511403201
岱林乡	511325210	金城乡	511381206	锦江乡	511403202
李桥乡	511325211	鹤丰乡	511381207	**仁寿县（37 镇，23 乡）**	**511421000**
中岭乡	511325212	天宫乡	511381208	文林镇	511421100
西碾乡	511325213	天林乡	511381209	大化镇	511421101
紫岩乡	511325214	枣碧乡	511381210	文宫镇	511421102
复安乡	511325215	北门乡	511381211	高家镇	511421103
观凤乡	511325216	桥楼乡	511381212	富加镇	511421104
青龙乡	511325217	河楼乡	511381213	汪洋镇	511421105
双洛乡	511325218	峰占乡	511381214	钟祥镇	511421106
义和乡	511325219	清泉乡	511381217	始建镇	511421107
罐垭乡	511325220	三庙乡	511381218	彰加镇	511421108
中南乡	511325221	博树回族乡	511381219	慈航镇	511421109
双江乡	511325222	金子乡	511381220	龙正镇	511421110
凤和乡	511325223	方山乡	511381222	北斗镇	511421111

续表 14

行政区划名称	行政区划代码
禾加镇	511421112
中农镇	511421113
禄加镇	511421114
宝飞镇	511421115
龙马镇	511421116
方家镇	511421117
清水镇	511421118
满井镇	511421120
黑龙滩镇	511421121
视高镇	511421122
兴盛镇	511421123
观寺镇	511421124
宝马镇	511421125
珠嘉镇	511421126
四公镇	511421127
天峨镇	511421128
曹家镇	511421129
中岗镇	511421134
向家镇	511421135
识经镇	511421136
曲江镇	511421137
玉龙镇	511421138
元通镇	511421139
里仁镇	511421140
农旺镇	511421141
青岗乡	511421202
虞丞乡	511421206
古佛乡	511421209
板燕乡	511421210
鳌陵乡	511421214
石咀乡	511421218
藕塘乡	511421219
城堰乡	511421224
鸭池乡	511421225
谢安乡	511421227
双堡乡	511421230
新店乡	511421232
河口乡	511421234
板桥乡	511421235
凤陵乡	511421238
景贤乡	511421246
涂家乡	511421248
松峰乡	511421252
合兴乡	511421259
促进乡	511421263
洪峰乡	511421269
龙桥乡	511421280
兆嘉乡	511421287
洪雅县 (12 镇，3 乡)	**511423000**
洪川镇	511423100
止戈镇	511423101
三宝镇	511423102
余坪镇	511423103
槽渔滩镇	511423105
中保镇	511423106
东岳镇	511423107
花溪镇	511423108
柳江镇	511423109
高庙镇	511423110
瓦屋山镇	511423111
七里坪镇	511423112
中山乡	511423200
将军乡	511423201
汉王乡	511423205
丹棱县 (5 镇，2 乡)	**511424000**
丹棱镇	511424100
杨场镇	511424101
仁美镇	511424102
双桥镇	511424103
张场镇	511424104
石桥乡	511424200
顺龙乡	511424204
青神县 (7 镇，3 乡)	**511425000**
瑞峰镇	511425101
汉阳镇	511425102
黑龙镇	511425103
西龙镇	511425104
河坝子镇	511425105
南城镇	511425106
青城镇	511425107
白果乡	511425202
高台乡	511425205
罗波乡	511425208
宜宾市 (13 街道，123 镇，49 乡)	**511500000**
翠屏区 (11 街道，13 镇　)	**511502000**
北城街道	511502001
东城街道	511502002
南城街道	511502003
西城街道	511502004
南岸街道	511502005
西郊街道	511502006
安阜街道	511502007
白沙湾街道	511502008
象鼻街道	511502009
赵场街道	511502010
沙坪街道	511502011
南广镇	511502100
李庄镇	511502101
菜坝镇	511502102
金坪镇	511502104
高店镇	511502106
牟坪镇	511502108
李端镇	511502109
宗场镇	511502110
邱场镇	511502111
宋家镇	511502112
思坡镇	511502113
明威镇	511502114
凉姜镇	511502115
南溪区 (2 街道，8 镇，5 乡)	**511503000**
南溪街道	511503001
罗龙街道	511503002
刘家镇	511503102
江南镇	511503103
大观镇	511503104
汪家镇	511503105
黄沙镇	511503106
仙临镇	511503107
长兴镇	511503108
裴石镇	511503109
马家乡	511503201
大坪乡	511503202
石鼓乡	511503203
林丰乡	511503204
留宾乡	511503205
宜宾县 (23 镇，3 乡)	**511521000**
柏溪镇	511521100
喜捷镇	511521101
观音镇	511521102
横江镇	511521103
永兴镇	511521104
白花镇	511521105
柳嘉镇	511521106
泥溪镇	511521107
蕨溪镇	511521108
商州镇	511521109
高场镇	511521110
安边镇	511521111
双龙镇	511521112
李场镇	511521113
合什镇	511521114
古罗镇	511521115
孔滩镇	511521116
复龙镇	511521117
普安镇	511521118
双谊镇	511521119
王场镇	511521120
泥南镇	511521121
古柏镇	511521122
隆兴乡	511521203
龙池乡	511521205
凤仪乡	511521206
江安县 (15 镇，3 乡)	**511523000**
江安镇	511523100
红桥镇	511523101
桐梓镇	511523102
井口镇	511523103
怡乐镇	511523104
留耕镇	511523105
底蓬镇	511523106
五矿镇	511523108
迎安镇	511523109
夕佳山镇	511523110
水清镇	511523111
铁清镇	511523113
四面山镇	511523114
大井镇	511523115
阳春镇	511523116
大妙乡	511523200
仁和乡	511523205
蟠龙乡	511523207
长宁县 (13 镇，5 乡)	**511524000**
长宁镇	511524100

续表 15

行政区划名称	行政区划代码
梅硐镇	511524101
双河镇	511524102
硐底镇	511524103
花滩镇	511524104
竹海镇	511524105
老翁镇	511524106
古河镇	511524107
下长镇	511524108
龙头镇	511524110
开佛镇	511524111
井江镇	511524112
铜鼓镇	511524113
铜锣乡	511524200
桃坪乡	511524201
三元乡	511524205
富兴乡	511524207
梅白乡	511524208
高县 (12 镇，7 乡)	**511525000**
文江镇	511525100
庆符镇	511525101
沙河镇	511525102
嘉乐镇	511525103
大窝镇	511525104
罗场镇	511525105
蕉村镇	511525106
可久镇	511525107
来复镇	511525108
月江镇	511525109
胜天镇	511525110
复兴镇	511525111
趱滩乡	511525203
羊田乡	511525204
落润乡	511525205
潆溪乡	511525206
庆岭乡	511525207
双河乡	511525208
四烈乡	511525210
珙县 (11 镇，6 乡)	**511526000**
珙泉镇	511526100
巡场镇	511526101
孝儿镇	511526102
底洞镇	511526103
上罗镇	511526104
洛表镇	511526105
洛亥镇	511526106
王家镇	511526107
下罗镇	511526108
沐滩镇	511526109
曹营镇	511526110
恒丰乡	511526200
仁义乡	511526203
玉和苗族乡	511526205
罗渡苗族乡	511526209
石碑乡	511526211
观斗苗族乡	511526212
筠连县 (9 镇，9 乡)	**511527000**
筠连镇	511527100
腾达镇	511527101
巡司镇	511527102
双腾镇	511527103
沐爱镇	511527104
维新镇	511527105
大雪山镇	511527106
镇舟镇	511527107
蒿坝镇	511527108
武德乡	511527200
塘坝乡	511527202
龙镇乡	511527203
孔雀乡	511527204
乐义乡	511527205
高坎乡	511527206
团林苗族乡	511527208
联合苗族乡	511527209
高坪苗族乡	511527210
兴文县 (10 镇，5 乡)	**511528000**
古宋镇	511528100
僰王山镇	511528101
共乐镇	511528103
莲花镇	511528105
九丝城镇	511528107
石海镇	511528108
太平镇	511528109
周家镇	511528110
五星镇	511528111
玉屏镇	511528112
毓秀苗族乡	511528201
大坝苗族乡	511528203
大河苗族乡	511528205
麒麟苗族乡	511528206
仙峰苗族乡	511528207
屏山县 (9 镇，6 乡)	**511529000**
锦屏镇	511529100
新市镇	511529101
中都镇	511529102
龙华镇	511529103
大乘镇	511529104
富荣镇	511529106
新安镇	511529107
书楼镇	511529108
屏山镇	511529109
鸭池乡	511529203
龙溪乡	511529204
太平乡	511529205
夏溪乡	511529208
屏边彝族乡	511529210
清平彝族乡	511529211
广安市 (12 街道，91 镇，79 乡)	**511600000**
广安区 (5 街道，14 镇，17 乡)	**511602000**
浓洄街道	511602001
北辰街道	511602002
广福街道	511602004
万盛街道	511602005
中桥街道	511602006
枣山镇	511602100
官盛镇	511602101
协兴镇	511602102
浓溪镇	511602103
悦来镇	511602104
兴平镇	511602105
井河镇	511602106
花桥镇	511602107
龙台镇	511602108
肖溪镇	511602109
恒升镇	511602110
石笋镇	511602111
白市镇	511602112
大安镇	511602113
穿石乡	511602200
广门乡	511602201
广罗乡	511602202
方坪乡	511602203
化龙乡	511602204
大龙乡	511602205
崇望乡	511602206
龙安乡	511602207
彭家乡	511602208
杨坪乡	511602209
郑山乡	511602210
蒲莲乡	511602211
大有乡	511602212
消河乡	511602213
东岳乡	511602214
苏溪乡	511602215
白马乡	511602216
前锋区 (4 街道，8 镇，2 乡)	**511603000**
奎阁街道	511603001
大佛寺街道	511603002
龙塘街道	511603003
新桥街道	511603004
代市镇	511603101
观塘镇	511603102
护安镇	511603103
广兴镇	511603104
观阁镇	511603105
桂兴镇	511603106
虎城镇	511603107
龙滩镇	511603108
光辉乡	511603200
小井乡	511603202
岳池县 (22 镇，21 乡)	**511621000**
九龙镇	511621100
花园镇	511621101
坪滩镇	511621102
龙孔镇	511621103
镇裕镇	511621104
白庙镇	511621105
酉溪镇	511621106
同兴镇	511621107
兴隆镇	511621108
秦溪镇	511621109
顾县镇	511621110
苟角镇	511621111

续表 16

行政区划名称	行政区划代码	行政区划名称	行政区划代码	行政区划名称	行政区划代码
天平镇	511621112	永胜乡	511622210	明月镇	511681104
石垭镇	511621113	新学乡	511622211	阳和镇	511681105
乔家镇	511621114	金光乡	511622213	高兴镇	511681106
罗渡镇	511621115	八一乡	511622214	观音溪镇	511681107
裕民镇	511621116	高石乡	511622215	溪口镇	511681108
中和镇	511621117	**邻水县（21 镇，24 乡）**	**511623000**	庆华镇	511681109
新场镇	511621118	鼎屏镇	511623100	红岩乡	511681200
普安镇	511621119	城北镇	511623101	**达州市（8 街道，163 镇，**	**511700000**
赛龙镇	511621120	城南镇	511623102	**144 乡）**	
临溪镇	511621121	柑子镇	511623103	**通川区（3 街道，14 镇，5 乡）**	**511702000**
朝阳乡	511621200	龙安镇	511623104	东城街道	511702001
北城乡	511621201	观音桥镇	511623105	西城街道	511702002
镇龙乡	511621202	牟家镇	511623106	朝阳街道	511702003
粽粑乡	511621203	合流镇	511623107	西外镇	511702100
排楼乡	511621205	坛同镇	511623108	北外镇	511702101
西板乡	511621206	高滩镇	511623109	罗江镇	511702102
嘉陵乡	511621207	九龙镇	511623110	蒲家镇	511702103
石鼓乡	511621208	御临镇	511623111	复兴镇	511702104
平安乡	511621209	袁市镇	511623112	双龙镇	511702105
恐龙乡	511621210	丰禾镇	511623113	魏兴镇	511702106
团结乡	511621211	八耳镇	511623114	碑庙镇	511702107
黄龙乡	511621212	石永镇	511623115	江陵镇	511702108
双鄢乡	511621213	兴仁镇	511623116	东岳镇	511702109
东板乡	511621214	王家镇	511623117	磐石镇	511702110
长田乡	511621215	石滓镇	511623118	北山镇	511702111
鱼峰乡	511621216	三古镇	511623119	金石镇	511702112
大石乡	511621218	两河镇	511623120	梓桐镇	511702113
花板乡	511621219	太和乡	511623200	新村乡	511702203
大佛乡	511621220	新镇乡	511623201	安云乡	511702205
齐福乡	511621222	冷家乡	511623202	青宁乡	511702208
伏龙乡	511621223	长安乡	511623203	龙滩乡	511702209
武胜县（17 镇，14 乡）	**511622000**	西天乡	511623204	檬双乡	511702210
沿口镇	511622100	梁板乡	511623205	**达川区（2 街道，29 镇，**	**511703000**
中心镇	511622101	甘坝乡	511623206	**25 乡）**	
烈面镇	511622102	四海乡	511623207	三里坪街道	511703001
飞龙镇	511622103	九峰乡	511623208	翠屏街道	511703002
乐善镇	511622104	椿木乡	511623209	亭子镇	511703100
万善镇	511622105	华蓥乡	511623210	麻柳镇	511703101
龙女镇	511622106	子中乡	511623211	檀木镇	511703102
三溪镇	511622107	风垭乡	511623212	大树镇	511703103
赛马镇	511622108	黎家乡	511623213	南岳镇	511703104
胜利镇	511622109	龙桥乡	511623214	景市镇	511703105
金牛镇	511622110	关河乡	511623215	赵家镇	511703106
清平镇	511622111	长滩乡	511623217	河市镇	511703107
街子镇	511622112	凉山乡	511623218	石板镇	511703108
万隆镇	511622113	复盛乡	511623219	渡市镇	511703109
礼安镇	511622114	古路乡	511623220	管村镇	511703110
华封镇	511622115	荆坪乡	511623221	石梯镇	511703111
宝箴塞镇	511622116	柳塘乡	511623222	石桥镇	511703112
鸣钟乡	511622200	护邻乡	511623224	堡子镇	511703113
真静乡	511622201	同石乡	511623225	福善镇	511703114
猛山乡	511622202	**华蓥市（3 街道，9 镇，1 乡）**	**511681000**	万家镇	511703115
双星乡	511622203	双河街道	511681001	百节镇	511703116
龙庭乡	511622204	华龙街道	511681002	金垭镇	511703117
石盘乡	511622205	古桥街道	511681003	马家镇	511703118
旧县乡	511622207	天池镇	511681101	双庙镇	511703119
鼓匠乡	511622208	禄市镇	511681102	桥湾镇	511703120
白坪乡	511622209	永兴镇	511681103	赵固镇	511703121

续表 17

行政区划名称	行政区划代码	行政区划名称	行政区划代码	行政区划名称	行政区划代码
金檀镇	511703122	柳池镇	511722125	柏林镇	511724105
平滩镇	511703123	红峰镇	511722127	石河镇	511724106
木子镇	511703124	七里镇	511722128	双拱镇	511724107
大堰镇	511703125	白马镇	511722129	石桥铺镇	511724108
五四镇	511703126	桃花镇	511722130	观音镇	511724109
罐子镇	511703127	马渡关镇	511722126	周家镇	511724110
九岭镇	511703128	明月乡	511722200	石子镇	511724111
大风乡	511703200	三河乡	511722203	文星镇	511724112
江阳乡	511703201	老君乡	511722204	妈妈镇	511724113
东兴乡	511703202	黄石乡	511722205	高穴镇	511724114
安仁乡	511703203	庙安乡	511722207	欧家镇	511724115
葫芦乡	511703204	天宝乡	511722208	庙坝镇	511724116
大滩乡	511703205	东林乡	511722209	清水镇	511724117
花红乡	511703206	凉风乡	511722211	月华镇	511724118
黄庭乡	511703207	上峡乡	511722212	高明镇	511724119
黄都乡	511703208	天台乡	511722215	童家镇	511724120
碑高乡	511703210	观山乡	511722216	天城镇	511724121
斌郎乡	511703214	南坪乡	511722217	人和镇	511724122
幺塘乡	511703215	凤林乡	511722218	二郎镇	511724123
陈家乡	511703216	漆碑乡	511722221	张家镇	511724124
龙会乡	511703217	三墩土家族乡	511722222	四合镇	511724125
申家乡	511703219	漆树土家族乡	511722223	永胜镇	511724126
草兴乡	511703220	龙泉土家族乡	511722224	白坝镇	511724127
木头乡	511703221	渡口土家族乡	511722225	城西乡	511724201
银铁乡	511703228	石铁乡	511722226	竹北乡	511724202
沿河乡	511703229	凤鸣乡	511722229	朝阳乡	511724204
香隆乡	511703230	花池乡	511722230	中华乡	511724207
永进乡	511703231	庆云乡	511722232	黄家乡	511724208
洛车乡	511703232	隘口乡	511722234	柏家乡	511724209
道让乡	511703233	**开江县（13 镇，7 乡）**	**511723000**	李家乡	511724210
虎让乡	511703234	新宁镇	511723100	蒲包乡	511724215
米城乡	511703235	普安镇	511723101	新生乡	511724217
宣汉县（31 镇，23 乡）	**511722000**	回龙镇	511723102	安吉乡	511724218
东乡镇	511722100	天师镇	511723103	双溪乡	511724220
君塘镇	511722101	永兴镇	511723104	八渡乡	511724224
清溪镇	511722102	讲治镇	511723105	中和乡	511724226
普光镇	511722103	甘棠镇	511723106	杨通乡	511724228
天生镇	511722104	任市镇	511723107	神合乡	511724234
柏树镇	511722105	广福镇	511723108	金鸡乡	511724235
芭蕉镇	511722106	长岭镇	511723109	黄滩乡	511724237
南坝镇	511722107	八庙镇	511723110	牌坊乡	511724238
五宝镇	511722108	宝石镇	511723111	姚市乡	511724240
峰城镇	511722109	灵岩镇	511723112	莲印乡	511724243
土黄镇	511722110	长田乡	511723203	川主乡	511724244
华景镇	511722111	骑龙乡	511723204	**渠县（30 镇，30 乡）**	**511725000**
樊哙镇	511722112	新太乡	511723205	渠江镇	511725100
新华镇	511722113	梅家乡	511723207	天星镇	511725101
黄金镇	511722114	沙坝场乡	511723208	临巴镇	511725102
胡家镇	511722115	靖安乡	511723212	三汇镇	511725103
毛坝镇	511722116	新街乡	511723213	涌兴镇	511725104
双河镇	511722117	**大竹县（3 街道，27 镇，21 乡）**	**511724000**	有庆镇	511725105
大成镇	511722118	竹阳街道	511724001	土溪镇	511725106
土主镇	511722119	白塔街道	511724002	文崇镇	511725107
下八镇	511722120	东柳街道	511724003	贵福镇	511725108
红岭镇	511722121	乌木镇	511724101	岩峰镇	511725109
塔河镇	511722122	团坝镇	511724102	静边镇	511725110
茶河镇	511722123	杨家镇	511724103	清溪场镇	511725111
厂溪镇	511722124	清河镇	511724104	宝城镇	511725112

续表 18

行政区划名称	行政区划代码	行政区划名称	行政区划代码	行政区划名称	行政区划代码
𬇙渡镇	511725113	白沙镇	511781110	晏场镇	511802109
琅琊镇	511725114	沙滩镇	511781111	多营镇	511802110
李渡镇	511725115	石塘镇	511781112	碧峰峡镇	511802111
中滩镇	511725116	八台镇	511781113	南郊乡	511802201
龙潭镇	511725117	石窝镇	511781114	八步乡	511802203
三板镇	511725118	铁矿镇	511781115	观化乡	511802204
丰乐镇	511725119	大沙镇	511781116	孔坪乡	511802205
李馥镇	511725120	魏家镇	511781117	凤鸣乡	511802211
鹤林镇	511725121	白果镇	511781118	望鱼乡	511802212
流溪镇	511725122	茶垭乡	511781201	**名山区（9 镇，11 乡）**	**511803000**
青龙镇	511725123	长石乡	511781203	蒙阳镇	511803100
水口镇	511725124	白羊乡	511781204	百丈镇	511803101
卷硐镇	511725125	固军乡	511781206	车岭镇	511803102
望溪镇	511725126	井溪乡	511781207	永兴镇	511803103
板桥镇	511725127	蜂桶乡	511781208	马岭镇	511803104
龙凤镇	511725128	堰塘乡	511781209	新店镇	511803105
新市镇	511725129	花楼乡	511781210	蒙顶山镇	511803106
渠南乡	511725200	长坝乡	511781211	黑竹镇	511803107
渠北乡	511725202	曾家乡	511781212	红星镇	511803108
锡溪乡	511725205	秦河乡	511781214	城东乡	511803200
河东乡	511725208	庙垭乡	511781215	前进乡	511803201
青神乡	511725213	鹰背乡	511781216	中峰乡	511803202
东安乡	511725216	玉带乡	511781218	联江乡	511803203
汇东乡	511725217	柳黄乡	511781220	廖场乡	511803204
汇南乡	511725219	新店乡	511781221	万古乡	511803205
汇北乡	511725220	溪口乡	511781222	红岩乡	511803206
报恩乡	511725227	永宁乡	511781223	双河乡	511803207
安北乡	511725228	虹桥乡	511781224	建山乡	511803208
平安乡	511725230	康乐乡	511781225	解放乡	511803209
千佛乡	511725235	庙坡乡	511781226	茅河乡	511803210
柏水乡	511725236	紫溪乡	511781227	**荥经县（4 镇，17 乡）**	**511822000**
义和乡	511725237	庙子乡	511781229	严道镇	511822100
大义乡	511725238	钟停乡	511781230	花滩镇	511822101
巨光乡	511725245	梨树乡	511781232	龙苍沟镇	511822102
蔡和乡	511725246	皮窝乡	511781233	牛背山镇	511822103
青丝乡	511725250	中坪乡	511781235	六合乡	511822200
万寿乡	511725251	丝罗乡	511781236	烈太乡	511822201
白兔乡	511725252	罐坝乡	511781237	安靖乡	511822203
射洪乡	511725254	石人乡	511781238	民建彝族乡	511822205
望江乡	511725255	赵塘乡	511781239	烈士乡	511822206
和乐乡	511725256	曹家乡	511781243	荥河乡	511822207
宋家乡	511725262	花萼乡	511781244	新建乡	511822208
拱市乡	511725263	**雅安市（6 街道，47 镇，**	**511800000**	泗坪乡	511822209
屏西乡	511725265	**90 乡）**		新庙乡	511822210
定远乡	511725267	**雨城区（4 街道，12 镇，6 乡）**	**511802000**	大田坝乡	511822212
嘉禾乡	511725268	东城街道	511802001	天凤乡	511822215
双土乡	511725278	西城街道	511802002	宝峰彝族乡	511822216
万源市（19 镇，33 乡）	**511781000**	河北街道	511802003	新添乡	511822217
太平镇	511781100	青江街道	511802004	附城乡	511822218
青花镇	511781101	北郊镇	511802100	五宪乡	511822219
旧院镇	511781102	草坝镇	511802101	烟竹乡	511822220
罗文镇	511781103	合江镇	511802102	青龙乡	511822221
河口镇	511781104	大兴镇	511802103	**汉源县（10 镇，20 乡）**	**511823000**
草坝镇	511781105	对岩镇	511802104	富林镇	511823100
竹峪镇	511781106	沙坪镇	511802105	九襄镇	511823101
大竹镇	511781107	中里镇	511802106	乌斯河镇	511823102
官渡镇	511781108	上里镇	511802107	宜东镇	511823103
黄钟镇	511781109	严桥镇	511802108	富庄镇	511823104

续表 19

行政区划名称	行政区划代码
清溪镇	511823105
大树镇	511823106
皇木镇	511823107
富泉镇	511823108
唐家镇	511823109
大田乡	511823200
河西乡	511823203
前域乡	511823205
后域乡	511823206
富乡乡	511823209
梨园乡	511823210
三交乡	511823211
双溪乡	511823212
西溪乡	511823213
安乐乡	511823218
万里乡	511823219
马烈乡	511823220
河南乡	511823224
晒经乡	511823225
料林乡	511823226
小堡藏族彝族乡	511823227
片马彝族乡	511823228
坭美彝族乡	511823229
永利彝族乡	511823230
顺河彝族乡	511823231
石棉县 (1 街道，1 镇，15 乡)	**511824000**
棉城街道	511824001
新棉镇	511824100
安顺彝族乡	511824200
先锋藏族乡	511824201
蟹螺藏族乡	511824202
永和乡	511824203
回隆彝族乡	511824205
擦罗彝族乡	511824206
栗子坪彝族乡	511824207
美罗乡	511824208
迎政乡	511824209
宰羊乡	511824210
丰乐乡	511824211
新民藏族彝族乡	511824212
挖角彝族藏族乡	511824213
田湾彝族乡	511824214
草科藏族乡	511824215
天全县 (2 镇，13 乡)	**511825000**
城厢镇	511825100
始阳镇	511825101
小河乡	511825202
思经乡	511825203
鱼泉乡	511825204
紫石乡	511825206
两路乡	511825207
大坪乡	511825208
乐英乡	511825210
多功乡	511825211
仁义乡	511825212
老场乡	511825213
新华乡	511825216
新场乡	511825217
兴业乡	511825219
芦山县 (1 街道，6 镇，2 乡)	**511826000**
芦阳街道	511826001
飞仙关镇	511826101
双石镇	511826102
太平镇	511826103
大川镇	511826104
龙门镇	511826105
思延镇	511826106
宝盛乡	511826208
清仁乡	511826209
宝兴县 (3 镇，6 乡)	**511827000**
穆坪镇	511827100
灵关镇	511827101
陇东镇	511827102
硗碛藏族乡	511827202
永富乡	511827203
明礼乡	511827204
五龙乡	511827205
大溪乡	511827207
蜂桶寨乡	511827208
巴中市 (13 街道，108 镇，79 乡)	**511900000**
巴州区 (9 街道，15 镇，8 乡)	**511902000**
东城街道	511902001
西城街道	511902002
回风街道	511902003
宕梁街道	511902004
玉堂街道	511902005
江北街道	511902006
兴文街道	511902007
奇章街道	511902008
时新街道	511902009
大茅坪镇	511902100
清江镇	511902101
水宁寺镇	511902103
曾口镇	511902105
梁永镇	511902106
鼎山镇	511902110
大罗镇	511902111
化成镇	511902118
三江镇	511902121
枣林镇	511902122
平梁镇	511902123
寺岭镇	511902124
光辉镇	511902125
梓橦庙镇	511902126
凤溪镇	511902127
花溪乡	511902202
大和乡	511902203
白庙乡	511902205
关渡乡	511902206
金碑乡	511902210
羊凤乡	511902215
龙背乡	511902217
凌云乡	511902246
恩阳区 (3 街道，17 镇，7 乡)	**511903000**
登科街道	511903001
文治街道	511903002
司城街道	511903003
玉山镇	511903101
茶坝镇	511903102
观音井镇	511903103
花丛镇	511903104
柳林镇	511903105
下八庙镇	511903106
渔溪镇	511903107
青木镇	511903108
三河场镇	511903109
三汇镇	511903110
上八庙镇	511903111
明阳镇	511903112
兴隆场镇	511903113
群乐镇	511903114
双胜镇	511903115
关公镇	511903116
义兴镇	511903117
石城乡	511903200
三星乡	511903203
舞凤乡	511903204
万安乡	511903207
尹家乡	511903208
九镇乡	511903209
玉井乡	511903210
通江县 (24 镇，25 乡)	**511921000**
诺江镇	511921100
民胜镇	511921101
火炬镇	511921102
广纳镇	511921103
铁佛镇	511921104
麻石镇	511921105
至诚镇	511921106
洪口镇	511921107
沙溪镇	511921108
瓦室镇	511921109
永安镇	511921110
铁溪镇	511921111
涪阳镇	511921112
诺水河镇	511921113
毛浴镇	511921114
两河口镇	511921115
泥溪镇	511921116
板桥口镇	511921117
新场镇	511921118
龙凤场镇	511921119
空山镇	511921120
三溪镇	511921121
春在镇	511921122
杨柏镇	511921123
大兴乡	511921201
东山乡	511921202
双泉乡	511921204
文峰乡	511921205
三合乡	511921207
云昙乡	511921208
唱歌乡	511921209

续表 20

行政区划名称	行政区划代码	行政区划名称	行政区划代码	行政区划名称	行政区划代码
芝苞乡	511921210	关田乡	511922241	三贤祠街道	512002002
董溪乡	511921212	红岩乡	511922242	资溪街道	512002003
澌波乡	511921213	贵民乡	511922246	狮子山街道	512002004
松溪乡	511921214	沙坝乡	511922247	雁江镇	512002100
九层乡	511921215	柳湾乡	511922249	松涛镇	512002101
胜利乡	511921216	汇滩乡	511922252	宝台镇	512002102
板凳乡	511921217	上两乡	511922253	临江镇	512002103
文胜乡	511921218	寨坡乡	511922255	保和镇	512002104
泥溪乡	511921221	流坝乡	511922259	老君镇	512002105
烟溪乡	511921222	**平昌县（1 街道，29 镇，14 乡）**	**511923000**	中和镇	512002106
沙坪乡	511921223			丹山镇	512002107
朱元乡	511921224	同州街道	511923001	小院镇	512002108
长坪乡	511921225	江口镇	511923100	堪嘉镇	512002109
青浴乡	511921228	响滩镇	511923101	伍隍镇	512002110
铁厂乡	511921230	西兴镇	511923102	石岭镇	512002111
陈河乡	511921232	佛楼镇	511923103	东峰镇	512002112
草池乡	511921233	白衣镇	511923104	南津镇	512002113
回林乡	511921234	涵水镇	511923105	忠义镇	512002114
南江县（23 镇，25 乡）	**511922000**	岳家镇	511923106	碑记镇	512002115
南江镇	511922100	兰草镇	511923107	丰裕镇	512002116
沙河镇	511922101	驷马镇	511923108	迎接镇	512002117
乐坝镇	511922102	坦溪镇	511923109	祥符镇	512002118
长赤镇	511922103	元山镇	511923110	清水镇	512002119
正直镇	511922104	云台镇	511923111	新场乡	512002200
大河镇	511922105	邱家镇	511923112	回龙乡	512002201
光雾山镇	511922106	笔山镇	511923113	**安岳县（32 镇，37 乡）**	**512021000**
东榆镇	511922107	镇龙镇	511923114	岳阳镇	512021100
下两镇	511922108	得胜镇	511923115	鸳大镇	512021101
赶场镇	511922109	鹿鸣镇	511923116	石桥铺镇	512021102
杨坝镇	511922110	青凤镇	511923117	通贤镇	512021103
关坝镇	511922111	灵山镇	511923118	龙台镇	512021104
天池镇	511922112	望京镇	511923119	姚市镇	512021105
红光镇	511922113	土兴镇	511923120	林凤镇	512021106
元潭镇	511922114	五木镇	511923121	毛家镇	512021107
八庙镇	511922115	泥龙镇	511923122	永清镇	512021108
赤溪镇	511922116	板庙镇	511923123	永顺镇	512021109
双流镇	511922117	龙岗镇	511923124	石羊镇	512021110
坪河镇	511922118	青云镇	511923125	两板桥镇	512021111
仁和镇	511922119	大寨镇	511923126	护龙镇	512021112
和平镇	511922120	土垭镇	511923127	李家镇	512021113
侯家镇	511922121	澌岸镇	511923128	元坝镇	512021114
桥亭镇	511922122	元石乡	511923201	兴隆镇	512021115
燕山乡	511922205	六门乡	511923202	天林镇	512021116
高塔乡	511922208	岩口乡	511923208	镇子镇	512021117
团结乡	511922209	喜神乡	511923210	文化镇	512021118
傅家乡	511922211	黑水乡	511923211	周礼镇	512021119
红四乡	511922213	南风乡	511923212	驯龙镇	512021120
双桂乡	511922219	福申乡	511923213	华严镇	512021121
凤仪乡	511922220	高峰乡	511923215	长河源镇	512021122
朱公乡	511922221	粉壁乡	511923217	护建镇	512021123
黑潭乡	511922223	澌滩乡	511923219	忠义镇	512021124
高桥乡	511922230	石垭乡	511923220	卧佛镇	512021125
平岗乡	511922231	马鞍乡	511923222	南薰镇	512021126
石滩乡	511922234	界牌乡	511923223	思贤镇	512021127
关门乡	511922235	双鹿乡	511923225	人和镇	512021128
兴马乡	511922236	**资阳市（4 街道，69 镇，47 乡）**	**512000000**	协和镇	512021129
北极乡	511922239	**雁江区（4 街道，20 镇，2 乡）**	**512002000**	清流镇	512021130
关路乡	511922240	莲花街道	512002001	朝阳镇	512021131

续表 21

行政区划名称	行政区划代码	行政区划名称	行政区划代码	行政区划名称	行政区划代码
城北乡	512021200	龙门乡	512022203	太平镇	513223108
城西乡	512021201	双河场乡	512022204	渭门乡	513223201
石鼓乡	512021203	放生乡	512022205	永和乡	513223202
来凤乡	512021205	盛池乡	512022206	沟口乡	513223203
天马乡	512021206	凉水乡	512022207	黑虎乡	513223208
团结乡	512021209	**阿坝藏族羌族自治州**	**513200000**	飞虹乡	513223209
悦来乡	512021210	**（59 镇，160 乡）**		回龙乡	513223210
白水乡	512021211	**马尔康市（4 镇，10 乡）**	**513201000**	三龙乡	513223211
云峰乡	512021212	马尔康镇	513201100	白溪乡	513223212
岳新乡	512021213	卓克基镇	513201101	洼底乡	513223213
偏岩乡	512021214	松岗镇	513201102	石大关乡	513223214
东胜乡	512021215	沙尔宗镇	513201103	松坪沟乡	513223216
坪河乡	512021216	梭磨乡	513201201	曲谷乡	513223217
乾龙乡	512021217	白湾乡	513201203	**松潘县（4 镇，21 乡）**	**513224000**
高升乡	512021218	党坝乡	513201204	进安镇	513224100
横庙乡	512021219	木尔宗乡	513201205	川主寺镇	513224101
瑞云乡	512021220	脚木足乡	513201206	青云镇	513224102
白塔寺乡	512021221	龙尔甲乡	513201208	毛儿盖镇	513224103
双龙街乡	512021222	大藏乡	513201209	进安回族乡	513224200
顶新乡	512021223	康山乡	513201210	十里回族乡	513224201
和平乡	512021224	草登乡	513201211	安宏乡	513224203
高屋乡	512021225	日部乡	513201212	大寨乡	513224204
合义乡	512021227	**汶川县（8 镇，4 乡）**	**513221000**	牟尼乡	513224205
努力乡	512021228	威州镇	513221100	镇江关乡	513224206
共和乡	512021231	绵虒镇	513221101	镇坪乡	513224207
天宝乡	512021232	映秀镇	513221102	岷江乡	513224208
鱼龙乡	512021234	卧龙镇	513221103	大姓乡	513224209
建华乡	512021235	漩口镇	513221104	白羊乡	513224210
大平乡	512021236	水磨镇	513221105	红土乡	513224211
九龙乡	512021237	三江镇	513221106	红扎乡	513224212
岳源乡	512021238	耿达镇	513221107	小姓乡	513224213
龙桥乡	512021239	龙溪乡	513221200	燕云乡	513224214
千佛乡	512021240	克枯乡	513221201	山巴乡	513224215
拱桥乡	512021241	雁门乡	513221202	水晶乡	513224216
宝华乡	512021242	银杏乡	513221204	小河乡	513224217
自治乡	512021244	**理县（5 镇，8 乡）**	**513222000**	施家堡乡	513224218
大埝乡	512021245	杂谷脑镇	513222100	黄龙乡	513224219
乐至县（17 镇，8 乡）	**512022000**	米亚罗镇	513222101	下八寨乡	513224221
天池镇	512022100	古尔沟镇	513222102	草原乡	513224222
石佛镇	512022101	薛城镇	513222103	**九寨沟县（3 镇，12 乡）**	**513225000**
回澜镇	512022102	桃坪镇	513222104	漳扎镇	513225101
石湍镇	512022103	夹壁乡	513222200	双河镇	513225102
童家镇	512022104	朴头乡	513222201	南坪镇	513225103
宝林镇	512022105	甘堡乡	513222202	永和乡	513225201
大佛镇	512022106	蒲溪乡	513222203	白河乡	513225203
良安镇	512022107	上孟乡	513222204	保华乡	513225205
金顺镇	512022108	下孟乡	513222205	罗依乡	513225206
中和场镇	512022109	木卡乡	513222206	勿角乡	513225207
劳动镇	512022110	通化乡	513222207	马家乡	513225208
中天镇	512022111	**茂县（9 镇，12 乡）**	**513223000**	郭元乡	513225209
佛星镇	512022112	凤仪镇	513223100	草地乡	513225210
蟠龙镇	512022113	南新镇	513223101	陵江乡	513225211
东山镇	512022114	叠溪镇	513223102	黑河乡	513225212
通旅镇	512022115	光明镇	513223103	玉瓦乡	513225213
高寺镇	512022116	雅都镇	513223104	大录乡	513225214
龙溪乡	512022200	富顺镇	513223105	**金川县（3 镇，19 乡）**	**513226000**
全胜乡	512022201	东兴镇	513223106	观音桥镇	513226101
孔雀乡	512022202	土门镇	513223107	安宁镇	513226102

续表 22

行政区划名称	行政区划代码
勒乌镇	513226103
沙耳乡	513226200
庆宁乡	513226201
咯尔乡	513226202
万林乡	513226204
河东乡	513226205
河西乡	513226206
集沐乡	513226207
撒瓦脚乡	513226208
卡拉脚乡	513226209
俄热乡	513226210
太阳河乡	513226211
二嘎里乡	513226212
阿科里乡	513226213
卡撒乡	513226215
曾达乡	513226216
独松乡	513226217
马尔邦乡	513226218
马奈乡	513226219
毛日乡	513226220
小金县（5镇，16乡）	**513227000**
美兴镇	513227100
四姑娘山镇	513227101
两河口镇	513227103
达维镇	513227104
沃日镇	513227105
老营乡	513227200
崇德乡	513227201
新桥乡	513227202
美沃乡	513227203
沙龙乡	513227204
宅垄乡	513227205
新格乡	513227206
日尔乡	513227208
结斯乡	513227209
木坡乡	513227211
抚边乡	513227213
八角乡	513227214
双柏乡	513227215
窝底乡	513227216
汗牛乡	513227217
潘安乡	513227218
黑水县（3镇，14乡）	**513228000**
芦花镇	513228100
卡龙镇	513228101
色尔古镇	513228102
沙石多乡	513228200
红岩乡	513228201
麻窝乡	513228202
双溜索乡	513228203
瓦钵梁子乡	513228204
石碉楼乡	513228206
龙坝乡	513228207
洛多乡	513228208
木苏乡	513228209
维古乡	513228210
知木林乡	513228211
扎窝乡	513228212
晴朗乡	513228213
慈坝乡	513228214
壤塘县（3镇，9乡）	**513230000**
壤柯镇	513230100
南木达镇	513230101
中壤塘镇	513230102
蒲西乡	513230200
宗科乡	513230201
石里乡	513230202
吾依乡	513230203
岗木达乡	513230204
上杜柯乡	513230205
茸木达乡	513230206
尕多乡	513230208
上壤塘乡	513230210
阿坝县（3镇，16乡）	**513231000**
阿坝镇	513231100
贾洛镇	513231101
麦尔玛镇	513231102
哇尔玛乡	513231200
麦昆乡	513231201
河支乡	513231202
龙藏乡	513231203
求吉玛乡	513231204
甲尔多乡	513231205
各莫乡	513231206
德格乡	513231207
四洼乡	513231208
安斗乡	513231209
柯河乡	513231210
垮沙乡	513231211
安羌乡	513231212
查理乡	513231213
茸安乡	513231214
洛尔达乡	513231215
若尔盖县（4镇，13乡）	**513232000**
达扎寺镇	513232100
唐克镇	513232102
红星镇	513232103
辖曼镇	513232104
班佑乡	513232200
阿西乡	513232201
麦溪乡	513232205
嫩哇乡	513232206
降扎乡	513232207
占哇乡	513232208
崇尔乡	513232209
冻列乡	513232210
热尔乡	513232211
巴西乡	513232212
阿西茸乡	513232213
求吉乡	513232214
包座乡	513232215
红原县（5镇，6乡）	**513233000**
邛溪镇	513233100
刷经寺镇	513233101
瓦切镇	513233102
安曲镇	513233103
色地镇	513233104
龙日乡	513233201
江茸乡	513233202
阿木乡	513233204
壤口乡	513233205
麦洼乡	513233206
查尔玛乡	513233208
甘孜藏族自治州（2街道，68镇，255乡）	**513300000**
康定市（2街道，5镇，14乡）	**513301000**
榆林街道	513301001
炉城街道	513301002
姑咱镇	513301101
新都桥镇	513301102
塔公镇	513301103
沙德镇	513301104
金汤镇	513301105
雅拉乡	513301201
时济乡	513301202
鱼通乡	513301203
麦崩乡	513301205
三合乡	513301206
捧塔乡	513301208
贡嘎山乡	513301210
普沙绒乡	513301211
吉居乡	513301212
瓦泽乡	513301213
呷巴乡	513301214
甲根坝乡	513301215
朋布西乡	513301216
孔玉乡	513301218
泸定县（7镇，5乡）	**513322000**
泸桥镇	513322100
冷碛镇	513322101
兴隆镇	513322102
磨西镇 *	513322103
得妥镇	513322104
磨西镇	513391103
燕子沟镇	513391104
岚安乡	513322200
田坝乡	513322202
杵坭乡	513322203
加郡乡	513322204
德威乡	513322205
丹巴县（3镇，12乡）	**513323000**
章谷镇	513323100
巴底镇	513323101
革什扎镇	513323102
巴旺乡	513323201
聂呷乡	513323202
边耳乡	513323204
丹东乡	513323205
东谷乡	513323206
水子乡	513323207
格宗乡	513323208
梭坡乡	513323209
中路乡	513323210

续表 23

行政区划名称	行政区划代码
岳扎乡	513323211
半扇门乡	513323212
太平桥乡	513323213
九龙县 (2 镇，16 乡)	**513324000**
呷尔镇	513324100
烟袋镇	513324101
汤古乡	513324200
斜卡乡	513324201
三岩龙乡	513324202
上团乡	513324203
八窝龙乡	513324204
乃渠乡	513324205
乌拉溪乡	513324206
魁多乡	513324208
子耳彝族乡	513324209
三垭彝族乡	513324210
俄尔彝族乡	513324211
小金彝族乡	513324212
朵洛彝族乡	513324213
踏卡彝族乡	513324214
湾坝彝族乡	513324215
洪坝乡	513324216
雅江县 (4 镇，13 乡)	**513325000**
河口镇	513325100
呷拉镇	513325101
西俄洛镇	513325102
红龙镇	513325103
八角楼乡	513325201
普巴绒乡	513325202
祝桑乡	513325203
米龙乡	513325204
八衣绒乡	513325205
波斯河乡	513325206
恶古乡	513325207
牙衣河乡	513325208
麻郎错乡	513325210
德差乡	513325211
柯拉乡	513325213
瓦多乡	513325214
木绒乡	513325215
道孚县 (4 镇，18 乡)	**513326000**
鲜水镇	513326100
八美镇	513326101
亚卓镇	513326102
甲宗镇	513326103
格西乡	513326200
麻孜乡	513326201
孔色乡	513326202
葛卡乡	513326203
仲尼乡	513326205
红顶乡	513326206
扎拖乡	513326207
下拖乡	513326208
瓦日乡	513326209
木茹乡	513326210
甲斯孔乡	513326211
七美乡	513326213
银恩乡	513326214
维它乡	513326215
龙灯乡	513326216
协德乡	513326217
色卡乡	513326218
沙冲乡	513326219
炉霍县 (3 镇，13 乡)	**513327000**
新都镇	513327100
朱倭镇	513327101
斯木镇	513327102
泥巴乡	513327200
雅德乡	513327201
洛秋乡	513327202
宜木乡	513327204
仁达乡	513327205
旦都乡	513327207
充古乡	513327208
更知乡	513327209
卡娘乡	513327210
宗塔乡	513327211
宗麦乡	513327212
上罗柯马乡	513327213
下罗柯马乡	513327214
甘孜县 (3 镇，19 乡)	**513328000**
甘孜镇	513328100
查龙镇	513328101
来马镇	513328102
呷拉乡	513328200
色西底乡	513328201
南多乡	513328202
生康乡	513328203
贡隆乡	513328204
扎科乡	513328205
昔色乡	513328207
卡攻乡	513328208
仁果乡	513328209
拖坝乡	513328210
斯俄乡	513328211
庭卡乡	513328212
下雄乡	513328213
四通达乡	513328214
夺多乡	513328215
泥柯乡	513328216
茶扎乡	513328217
大德乡	513328218
卡龙乡	513328219
新龙县 (3 镇，16 乡)	**513329000**
茹龙镇	513329100
拉日马镇	513329101
大盖镇	513329102
沙堆乡	513329200
乐安乡	513329201
绕鲁乡	513329203
色威乡	513329204
甲拉西乡	513329205
博美乡	513329207
尤拉西乡	513329208
子拖西乡	513329209
和平乡	513329210
洛古乡	513329211
雄龙西乡	513329212
麻日乡	513329213
通宵乡	513329214
友谊乡	513329215
皮擦乡	513329216
银多乡	513329217
德格县 (6 镇，20 乡)	**513330000**
更庆镇	513330100
马尼干戈镇	513330101
竹庆镇	513330102
阿须镇	513330103
达马镇	513330104
错阿镇	513330105
普马乡	513330201
岳巴乡	513330202
八帮乡	513330203
龚垭乡	513330204
白垭乡	513330205
汪布顶乡	513330206
柯洛洞乡	513330207
卡松渡乡	513330208
俄南乡	513330209
俄支乡	513330211
玉隆乡	513330213
中扎科乡	513330215
然姑乡	513330216
窝公乡	513330217
温拖乡	513330218
年古乡	513330219
浪多乡	513330220
打滚乡	513330222
亚丁乡	513330223
所巴乡	513330224
白玉县 (2 镇，15 乡)	**513331000**
建设镇	513331100
阿察镇	513331101
绒盖乡	513331201
章都乡	513331202
麻绒乡	513331203
河坡乡	513331204
热加乡	513331205
登龙乡	513331206
赠科乡	513331207
辽西乡	513331210
纳塔乡	513331211
麻邛乡	513331212
盖玉乡	513331213
沙马乡	513331214
安孜乡	513331215
金沙乡	513331216
山岩乡	513331217
石渠县 (7 镇，15 乡)	**513332000**
尼呷镇	513332100
洛须镇	513332101

续表 24

行政区划名称	行政区划代码
色须镇	513332102
虾扎镇	513332103
温波镇	513332104
蒙宜镇	513332105
阿日扎镇	513332106
真达乡	513332200
奔达乡	513332201
正科乡	513332202
麻呷乡	513332203
德荣马乡	513332204
长沙贡马乡	513332206
呷衣乡	513332207
格孟乡	513332208
新荣乡	513332210
宜牛乡	513332211
起坞乡	513332213
长须贡马乡	513332215
长沙干马乡	513332216
长须干马乡	513332217
瓦须乡	513332219
色达县（4镇，13乡）	**513333000**
色柯镇	513333100
翁达镇	513333101
洛若镇	513333102
泥朵镇	513333103
克戈乡	513333201
然充乡	513333202
康勒乡	513333203
大章乡	513333204
大则乡	513333205
亚龙乡	513333206
塔子乡	513333207
年龙乡	513333208
霍西乡	513333210
旭日乡	513333211
杨各乡	513333212
甲学乡	513333213
歌乐沱乡	513333214
理塘县（2镇，22乡）	**513334000**
高城镇	513334100
甲洼镇	513334101
君坝乡	513334200
哈依乡	513334201
觉吾乡	513334202
莫坝乡	513334203
亚火乡	513334204
绒坝乡	513334205
呷柯乡	513334206
奔戈乡	513334207
村戈乡	513334208
禾尼乡	513334209
曲登乡	513334210
喇嘛垭乡	513334211
章纳乡	513334212
上木拉乡	513334213
下木拉乡	513334214
中木拉乡	513334215
雄坝乡	513334216
藏坝乡	513334218
格木乡	513334219
拉波乡	513334220
麦洼乡	513334221
德巫乡	513334222
巴塘县（3镇，16乡）	**513335000**
夏邛镇	513335100
中咱镇	513335101
措拉镇	513335102
拉哇乡	513335200
党巴乡	513335201
竹巴龙乡	513335202
中心绒乡	513335203
苏哇龙乡	513335204
昌波乡	513335205
地巫乡	513335206
亚日贡乡	513335208
波密乡	513335209
莫多乡	513335210
松多乡	513335211
波戈溪乡	513335212
甲英乡	513335213
茶洛乡	513335215
列衣乡	513335216
德达乡	513335217
乡城县（3镇，9乡）	**513336000**
香巴拉镇	513336100
青德镇	513336101
尼斯镇	513336102
沙贡乡	513336201
水洼乡	513336202
青麦乡	513336204
然乌乡	513336205
洞松乡	513336206
热打乡	513336207
定波乡	513336208
正斗乡	513336209
白依乡	513336210
稻城县（4镇，10乡）	**513337000**
金珠镇	513337100
香格里拉镇	513337101
桑堆镇	513337102
吉呷镇	513337103
省母乡	513337201
傍河乡	513337202
色拉乡	513337203
巨龙乡	513337204
邓波乡	513337205
木拉乡	513337206
赤土乡	513337207
蒙自乡	513337209
各卡乡	513337210
俄牙同乡	513337212
得荣县（3镇，9乡）	**513338000**
松麦镇	513338100
瓦卡镇	513338101
白松镇	513338102
斯闸乡	513338200
徐龙乡	513338201
日龙乡	513338202
曲雅贡乡	513338203
奔都乡	513338204
八日乡	513338205
古学乡	513338206
贡波乡	513338208
茨巫乡	513338210
凉山彝族自治州（8街道，138镇，404乡）	**513400000**
西昌市（6街道，8镇，29乡）	**513401000**
西城街道	513401001
东城街道	513401002
北城街道	513401003
长安街道	513401004
新村街道	513401005
长宁街道	513401006
马道镇	513401100
礼州镇	513401101
安宁镇	513401102
川兴镇	513401103
黄联关镇	513401104
佑君镇	513401105
太和镇	513401106
安哈镇	513401107
西郊乡	513401200
高枧乡	513401201
小庙乡	513401202
四合乡	513401203
月华乡	513401204
兴胜乡	513401205
琅环乡	513401206
民胜乡	513401207
西乡乡	513401208
樟木箐乡	513401209
响水乡	513401210
开元乡	513401211
大兴乡	513401212
海南乡	513401213
大箐乡	513401214
经久乡	513401215
西溪乡	513401216
黄水乡	513401217
洛古波乡	513401218
裕隆回族乡	513401219
高草回族乡	513401220
中坝乡	513401221
阿七乡	513401222
荞地乡	513401223
磨盘乡	513401224
巴汝乡	513401225
银厂乡	513401226
白马乡	513401227
马鞍山乡	513401228

续表 25

行政区划名称	行政区划代码	行政区划名称	行政区划代码	行政区划名称	行政区划代码
木里藏族自治县 (4 镇，25 乡)	**513422000**	沃底乡	513423221	铁柳镇	513426106
乔瓦镇	513422100	大坡蒙古族乡	513423222	嘎吉镇	513426107
瓦厂镇	513422101	洼里乡	513423223	松坪镇	513426108
茶布朗镇	513422102	巫木乡	513423225	新街镇	513426109
雅砻江镇	513422103	**德昌县 (16 镇，3 乡)**	**513424000**	满银沟镇	513426110
博科乡	513422201	德州镇	513424100	大崇镇	513426111
宁朗乡	513422202	永郎镇	513424101	鲁吉镇	513426112
依吉乡	513422203	乐跃镇	513424102	鲹鱼河镇	513426113
俄亚纳西族乡	513422204	麻栗镇	513424103	小坝乡	513426209
水洛乡	513422205	茨达镇	513424104	溜姑乡	513426235
牦牛坪乡	513422206	小高镇	513424105	野牛坪乡	513426239
屋脚蒙古族乡	513422207	六所镇	513424106	野租乡	513426246
项脚蒙古族乡	513422208	阿月镇	513424107	拉马乡	513426247
李子坪乡	513422209	王所镇	513424108	老君滩乡	513426251
列瓦乡	513422210	巴洞镇	513424109	江西街乡	513426252
芽祖乡	513422211	宽裕镇	513424110	**宁南县 (16 镇，9 乡)**	**513427000**
下麦地乡	513422212	老碾镇	513424111	披砂镇	513427100
西秋乡	513422213	锦川镇	513424112	松新镇	513427101
克尔乡	513422214	铁炉镇	513424113	竹寿镇	513427102
白碉苗族乡	513422215	黑龙潭镇	513424114	华弹镇	513427103
三桷垭乡	513422216	热河镇	513424115	白鹤滩镇	513427104
倮波乡	513422217	大六槽乡	513424215	葫芦口镇	513427105
卡拉乡	513422218	南山傈僳族乡	513424217	西瑶镇	513427106
后所乡	513422219	金沙傈僳族乡	513424218	景星镇	513427107
沙湾乡	513422220	**会理县 (2 街道，14 镇，11 乡)**	**513425000**	大同镇	513427108
固增苗族乡	513422222	城北街道	513425001	骑骡沟镇	513427109
麦日乡	513422223	城南街道	513425002	跑马镇	513427110
东朗乡	513422224	鹿厂镇	513425101	幸福镇	513427111
唐央乡	513422225	黎溪镇	513425102	石梨镇	513427112
博窝乡	513422226	通安镇	513425103	六铁镇	513427113
盐源县 (10 镇，20 乡)	**513423000**	太平镇	513425104	松林镇	513427114
盐井镇	513423100	益门镇	513425105	新华镇	513427115
卫城镇	513423101	绿水镇	513425106	俱乐乡	513427201
梅雨镇	513423102	云甸镇	513425107	新村乡	513427202
白乌镇	513423103	新发镇	513425108	海子乡	513427204
树河镇	513423104	关河镇	513425109	新建乡	513427206
黄草镇	513423105	富乐镇	513425110	稻谷乡	513427207
平川镇	513423106	彰冠镇	513425111	杉树乡	513427211
泸沽湖镇	513423107	木古镇	513425112	梁子乡	513427212
官地镇	513423108	六华镇	513425113	红星乡	513427215
梅子坪镇	513423109	小黑箐镇	513425114	倮格乡	513427217
双河乡	513423200	内东乡	513425202	**普格县 (3 镇，31 乡)**	**513428000**
下海乡	513423202	外北乡	513425204	普基镇	513428100
棉桠乡	513423203	爱民乡	513425206	荞窝镇	513428101
甘塘乡	513423204	黎洪乡	513425217	螺髻山镇	513428102
藤桥乡	513423206	树堡乡	513425219	永安乡	513428200
田湾乡	513423207	新安傣族乡	513425221	向阳乡	513428201
大河乡	513423209	竹箐乡	513425223	文坪乡	513428202
盐塘乡	513423210	杨家坝乡	513425225	黎安乡	513428203
大草乡	513423211	槽元乡	513425234	花山乡	513428204
博大乡	513423212	白果湾乡	513425238	东山乡	513428205
金河乡	513423213	下村乡	513425239	大坪乡	513428206
右所乡	513423214	**会东县 (13 镇，7 乡)**	**513426000**	辉隆乡	513428207
长柏乡	513423217	铅锌镇	513426101	洛乌沟乡	513428208
桃子乡	513423218	乌东德镇	513426102	雨水乡	513428209
盖租乡	513423219	姜州镇	513426103	甘天地乡	513428210
前所乡	513423220	堵格镇	513426104	洛乌乡	513428211
		淌塘镇	513426105	孟甘乡	513428212

续表 26

行政区划名称	行政区划代码	行政区划名称	行政区划代码	行政区划名称	行政区划代码
特兹乡	513428213	尔觉西乡	513430204	色底乡	513431230
吉乐乡	513428214	热柯觉乡	513430205	补约乡	513431231
特口乡	513428215	甲依乡	513430206	比尔乡	513431232
耶底乡	513428216	木府乡	513430207	库依乡	513431233
夹铁乡	513428217	寨子乡	513430208	金曲乡	513431234
瓦洛乡	513428218	则祖乡	513430209	宜牧地乡	513431235
哈力洛乡	513428219	基觉乡	513430210	波洛乡	513431236
菜子乡	513428220	小银木乡	513430211	央摩租乡	513431237
祝联乡	513428221	春江乡	513430212	则普乡	513431238
刘家坪乡	513428222	红联乡	513430213	永洛乡	513431239
月吾乡	513428223	青松乡	513430214	且莫乡	513431240
特补乡	513428224	放马坪乡	513430215	甘多洛古乡	513431241
五道箐乡	513428225	梗堡乡	513430216	支尔莫乡	513431242
特尔果乡	513428226	山江乡	513430217	龙沟乡	513431243
大槽乡	513428227	洛觉乡	513430218	日哈乡	513431244
马洪乡	513428228	向岭乡	513430219	哈甘乡	513431245
洛甘乡	513428229	谷德乡	513430220	**喜德县 (7 镇，17 乡)**	**513432000**
红莫依达乡	513428230	高峰乡	513430221	光明镇	513432100
布拖县 (3 镇，27 乡)	**513429000**	老寨子乡	513430222	冕山镇	513432101
特木里镇	513429100	德溪乡	513430223	红莫镇	513432102
龙潭镇	513429101	南瓦乡	513430224	两河口镇	513432103
拖觉镇	513429102	依莫合乡	513430225	米市镇	513432104
木尔乡	513429200	土沟乡	513430226	洛哈镇	513432105
九都乡	513429201	丙底乡	513430227	尼波镇	513432106
拉达乡	513429202	依达乡	513430228	拉克乡	513432200
乌科乡	513429203	丝窝乡	513430229	则约乡	513432201
沙洛乡	513429204	**昭觉县 (1 镇，46 乡)**	**513431000**	贺波洛乡	513432202
洛古乡	513429205	新城镇	513431100	鲁基乡	513432203
补尔乡	513429206	城北乡	513431200	李子乡	513432204
觉撒乡	513429207	树坪乡	513431201	北山乡	513432205
美撒乡	513429208	谷曲乡	513431202	西河乡	513432206
拉果乡	513429209	达洛乡	513431203	东河乡	513432207
乌依乡	513429210	龙恩乡	513431204	且拖乡	513432208
浪珠乡	513429211	美甘乡	513431205	博洛拉达乡	513432209
包谷坪乡	513429212	四开乡	513431206	沙马拉达乡	513432210
合井乡	513429213	大坝乡	513431207	巴久乡	513432211
罗家坪乡	513429214	地莫乡	513431208	洛莫乡	513432212
牛角湾乡	513429215	柳且乡	513431209	依洛乡	513432213
补洛乡	513429216	博洛乡	513431210	热柯依达乡	513432214
火烈乡	513429217	库莫乡	513431211	额尼乡	513432215
乐安乡	513429218	解放乡	513431212	乐武乡	513432216
四棵乡	513429219	三岗乡	513431213	**冕宁县 (16 镇，22 乡)**	**513433000**
地洛乡	513429220	洒拉地坡乡	513431214	城厢镇	513433100
俄里坪乡	513429221	三岔河乡	513431215	漫水湾镇	513433101
瓦都乡	513429222	尼地乡	513431216	大桥镇	513433102
采哈乡	513429223	碗厂乡	513431217	复兴镇	513433103
委只洛乡	513429224	普诗乡	513431218	泸沽镇	513433104
联补乡	513429225	玛增依乌乡	513431219	沙坝镇	513433105
基只乡	513429226	塘且乡	513431220	彝海镇	513433106
金阳县 (4 镇，30 乡)	**513430000**	久特洛古乡	513431221	石龙镇	513433107
天地坝镇	513430100	齿可波西乡	513431222	回龙镇	513433108
派来镇	513430101	特口甲谷乡	513431223	河边镇	513433109
芦稿镇	513430102	竹核乡	513431224	锦屏镇	513433110
对坪镇	513430103	阿并洛古乡	513431225	后山镇	513433111
桃坪乡	513430200	革吾乡	513431226	里庄镇	513433112
热水河乡	513430201	特布洛乡	513431227	惠安镇	513433113
马依足乡	513430202	庆恒乡	513431228	宏模镇	513433114
红峰乡	513430203	拉一木乡	513431229	泽远镇	513433115

续表 27

行政区划名称	行政区划代码	行政区划名称	行政区划代码	行政区划名称	行政区划代码
回坪乡	513433200	申普乡	513434232	炳途乡	513436226
哈哈乡	513433202	拉吉乡	513434235	拖木乡	513436227
森荣乡	513433203	**甘洛县 (7 镇，21 乡)**	**513435000**	尼哈乡	513436228
林里乡	513433204	新市坝镇	513435100	龙门乡	513436229
铁厂乡	513433206	田坝镇	513435101	依果觉乡	513436230
河里乡	513433208	海棠镇	513435102	洒库乡	513436231
冶勒乡	513433209	吉米镇	513435103	瓦西乡	513436232
拖乌乡	513433210	斯觉镇	513435104	树窝乡	513436233
曹古乡	513433212	普昌镇	513435105	龙窝乡	513436234
先锋乡	513433216	玉田镇	513435106	**雷波县 (5 镇，43 乡)**	**513437000**
金林乡	513433219	前进乡	513435200	锦城镇	513437100
腊窝乡	513433220	胜利乡	513435201	西宁镇	513437101
联合乡	513433221	新茶乡	513435202	汶水镇	513437102
麦地沟乡	513433222	两河乡	513435203	黄琅镇	513437103
南河乡	513433224	里克乡	513435204	金沙镇	513437104
青纳乡	513433225	尼尔觉乡	513435205	海湾乡	513437201
和爱藏族乡	513433226	拉莫乡	513435206	杉树堡乡	513437202
棉沙湾乡	513433227	波波乡	513435207	箐口乡	513437203
马头乡	513433228	阿嘎乡	513435208	帕哈乡	513437204
窝堡乡	513433229	阿尔乡	513435209	永盛乡	513437205
新兴乡	513433230	石海乡	513435210	溪洛米乡	513437206
健美乡	513433231	团结乡	513435211	顺河乡	513437208
越西县 (10 镇，28 乡)	**513434000**	嘎日乡	513435212	渡口乡	513437209
越城镇	513434100	则拉乡	513435213	回龙场乡	513437210
中所镇	513434101	坪坝乡	513435214	马湖乡	513437211
新民镇	513434102	蓼坪乡	513435215	中田乡	513437212
乃托镇	513434103	阿兹觉乡	513435216	谷米乡	513437213
普雄镇	513434104	乌史大桥乡	513435217	柑子乡	513437214
大瑞镇	513434105	黑马乡	513435218	双河口乡	513437215
竹阿觉镇	513434106	沙岱乡	513435219	罗山溪乡	513437216
书古镇	513434107	苏雄乡	513435220	桂花乡	513437217
依洛地坝镇	513434108	**美姑县 (1 镇，35 乡)**	**513436000**	烂坝子乡	513437218
南箐镇	513434109	巴普镇	513436100	沙沱乡	513437219
新乡乡	513434200	觉洛乡	513436200	山棱岗乡	513437220
马拖乡	513434201	井叶特西乡	513436201	长河乡	513437221
丁山乡	513434204	合姑洛乡	513436202	谷堆乡	513437222
大花乡	513434205	巴古乡	513436203	八寨乡	513437223
河东乡	513434206	农作乡	513436204	拉咪乡	513437224
西山乡	513434207	佐戈依达乡	513436205	松树乡	513437225
板桥乡	513434208	子威乡	513436206	曲依乡	513437226
瓦岩乡	513434209	依洛拉达乡	513436207	千万贯乡	513437227
大屯乡	513434210	典补乡	513436208	五官乡	513437228
保安藏族乡	513434211	哈洛乡	513436209	上田坝乡	513437229
白果乡	513434212	牛牛坝乡	513436210	大坪子乡	513437230
梅花乡	513434213	尔合乡	513436211	簸箕梁子乡	513437231
拉普乡	513434214	竹库乡	513436212	小沟乡	513437232
铁西乡	513434215	候古莫乡	513436213	莫红乡	513437233
尔觉乡	513434216	候播乃拖乡	513436214	克觉乡	513437234
四甘普乡	513434217	采红乡	513436215	坪头乡	513437235
贡莫乡	513434218	苏洛乡	513436216	雷池乡	513437236
拉白乡	513434219	九口乡	513436217	巴姑乡	513437237
乐青地乡	513434220	洛俄依甘乡	513436218	咪姑乡	513437238
德吉乡	513434221	拉木阿觉乡	513436219	一车乡	513437239
尔赛乡	513434223	洛莫依达乡	513436220	斯古溪乡	513437240
保石乡	513434226	柳洪乡	513436221	卡哈洛乡	513437241
五里箐乡	513434227	乐约乡	513436222	元宝山乡	513437242
瓦普莫乡	513434229	尔其乡	513436223	大岩洞乡	513437243
申果乡	513434230	瓦古乡	513436224	岩脚乡	513437244
瓦曲觉乡	513434231	峨曲古乡	513436225		

贵州省

贵州省（黔）

行政区划名称	行政区划代码
贵州省（223 街道，839 镇，317 乡）	**520000000**
贵阳市（50 镇，27 乡）	**520100000**
南明区（4 乡）	**520102000**
后巢乡	520102200
云关乡	520102201
永乐乡	520102202
小碧布依族苗族乡	520102203
云岩区（1 镇）	**520103000**
黔灵镇	520103100
花溪区（5 镇，6 乡）	**520111000**
青岩镇	520111101
石板镇	520111102
党武镇 *	520111103
麦坪镇	520111104
燕楼镇	520111105
孟关苗族布依族乡	520111201
湖潮苗族布依族乡 *	520111204
久安乡	520111205
高坡苗族乡	520111207
黔陶布依族苗族乡	520111208
马铃布依族苗族乡	520111209
乌当区（6 镇，2 乡）	**520112000**
东风镇	520112101
水田镇	520112102
羊昌镇	520112103
新场镇	520112104
下坝镇	520112105
百宜镇	520112106
新堡布依族乡	520112203
偏坡布依族乡	520112206
白云区（3 镇，2 乡）	**520113000**
麦架镇	520113101
沙文镇	520113102
艳山红镇	520113103
都拉布依族乡	520113202
牛场布依族乡	520113204
观山湖区（3 镇）	**520115000**
金华镇	520115100
朱昌镇	520115101
百花湖镇	520115102
开阳县（8 镇，8 乡）	**520121000**
城关镇	520121100
双流镇	520121101
金中镇	520121102
冯三镇	520121103
楠木渡镇	520121104
龙岗镇	520121105
花梨镇	520121106
永温镇	520121107
南龙乡	520121200
宅吉乡	520121202
龙水乡	520121204
米坪乡	520121205
禾丰布依族苗族乡	520121206
南江布依族苗族乡	520121207
高寨苗族布依族乡	520121208
毛云乡	520121209
息烽县（9 镇，1 乡）	**520122000**
永靖镇	520122100
温泉镇	520122101
九庄镇	520122102
小寨坝镇	520122103
养龙司镇	520122104
石硐镇	520122105
西山镇	520122106
鹿窝镇	520122107
流长镇	520122108
青山苗族乡	520122200
修文县（9 镇，1 乡）	**520123000**
龙场镇	520123100
扎佐镇	520123101
久长镇	520123102
六广镇	520123103
六桶镇	520123104
洒坪镇	520123105
六屯镇	520123106
谷堡镇	520123107
小箐镇	520123108
大石布依族乡	520123204
清镇市（6 镇，3 乡）	**520181000**
红枫湖镇	520181100
站街镇	520181101
卫城镇	520181102
新店镇	520181103
犁倭镇	520181104
暗流镇	520181105
麦格苗族布依族乡	520181201
王庄布依族苗族乡	520181203
流长苗族乡	520181204
六盘水市（22 街道，39 镇，26 乡）	**520200000**
钟山区（9 街道，3 镇）	**520201000**
黄土坡街道	520201001
荷城街道	520201002
凤凰街道	520201003
德坞街道	520201004
荷泉街道	520201005
红岩街道	520201006
杨柳街道	520201007
月照街道	520201008
双戛街道	520201009
大河镇	520201101
汪家寨镇	520201102
大湾镇	520201103
六枝特区（3 街道，9 镇，6 乡）	**520203000**
九龙街道	520203001
银壶街道	520203002
塔山街道	520203003
岩脚镇	520203102
木岗镇	520203103
大用镇	520203104
关寨镇	520203105
牂牁镇	520203106
新华镇	520203107
龙河镇	520203108
新窑镇	520203109
郎岱镇	520203110
梭戛苗族彝族回族乡	520203203
牛场苗族彝族乡	520203204
新场乡	520203205
中寨苗族彝族布依族乡	520203208
落别布依族彝族乡	520203213
月亮河彝族布依族苗族乡	520203214
水城县（4 街道，13 镇，13 乡）	**520221000**
尖山街道	520221001
双水街道	520221002
老鹰山街道	520221003
董地街道	520221004
蟠龙镇	520221103
发耳镇	520221105
都格镇	520221106
鸡场镇	520221107
勺米镇	520221108
化乐镇	520221109
木果镇	520221110
比德镇	520221111
保华镇	520221114
阿戛镇	520221115
玉舍镇	520221116
陡箐镇	520221117
米箩镇	520221118
南开苗族彝族乡	520221204
青林苗族彝族乡	520221206
金盆苗族彝族乡	520221207
坪寨彝族乡	520221214
龙场苗族白族彝族乡	520221218
营盘苗族彝族白族乡	520221219
顺场苗族彝族布依族乡	520221220
花戛苗族布依族彝族乡	520221221
杨梅彝族苗族回族乡	520221222
新街彝族苗族布依族乡	520221223
野钟苗族彝族布依族乡	520221224
果布戛彝族苗族布依族乡	520221225

续表 1

行政区划名称	行政区划代码
猴场苗族布依族乡	520221230
盘州市(6街道，14镇，7乡)	**520281000**
亦资街道	520281001
翰林街道	520281002
两河街道	520281003
刘官街道	520281004
胜境街道	520281005
红果街道	520281006
响水镇	520281111
民主镇	520281118
新民镇	520281121
柏果镇	520281123
盘关镇	520281124
石桥镇	520281125
竹海镇	520281126
保田镇	520281127
英武镇	520281128
大山镇	520281129
鸡场坪镇	520281130
双凤镇	520281131
丹霞镇	520281132
乌蒙镇	520281133
坪地彝族乡	520281201
羊场布依族白族苗族乡	520281206
旧营白族彝族苗族乡	520281207
保基苗族彝族乡	520281208
淤泥彝族乡	520281209
普古彝族苗族乡	520281210
普田回族乡	520281214
遵义市(50街道，181镇，21乡)	**520300000**
红花岗区(13街道，9镇)	**520302000**
舟水桥街道	520302001
老城街道	520302002
万里路街道	520302003
延安路街道	520302005
中山路街道	520302006
南门关街道	520302007
中华路街道	520302008
长征街道	520302009
南关街道	520302010
忠庄街道	520302011
新蒲街道	520302013
新中街道	520302014
礼仪街道	520302015
巷口镇	520302103
海龙镇	520302105
深溪镇	520302107
金鼎山镇	520302108
新舟镇	520302109
永乐镇	520302110
喇叭镇	520302111
虾子镇	520302112
三渡镇	520302113
汇川区(7街道，8镇)	**520303000**
上海路街道	520303001
洗马路街道	520303002
大连路街道	520303003
北京路街道	520303004
董公寺街道	520303005
高坪街道	520303006
高桥街道	520303007
团泽镇	520303102
板桥镇	520303104
泗渡镇	520303105
沙湾镇	520303106
松林镇	520303107
毛石镇	520303108
山盆镇	520303109
芝麻镇	520303110
播州区(5街道，17镇，2乡)	**520304000**
南白街道	520304001
播南街道	520304002
影山湖街道	520304003
桂花桥街道	520304004
龙坑街道	520304005
三岔镇	520304102
苟江镇	520304103
三合镇	520304104
乌江镇	520304105
龙坪镇	520304106
团溪镇	520304107
铁厂镇	520304108
西坪镇	520304109
尚嵇镇	520304110
茅栗镇	520304111
新民镇	520304112
鸭溪镇	520304113
石板镇	520304114
乐山镇	520304115
枫香镇	520304116
泮水镇	520304117
马蹄镇	520304118
平正仡佬族乡	520304200
洪关苗族乡	520304201
桐梓县(2街道，20镇，3乡)	**520322000**
娄山关街道	520322001
海校街道	520322002
楚米镇	520322101
新站镇	520322102
松坎镇	520322103
高桥镇	520322104
水坝塘镇	520322105
官仓镇	520322106
花秋镇	520322107
羊磴镇	520322108
九坝镇	520322109
大河镇	520322110
夜郎镇	520322111
木瓜镇	520322112
坡渡镇	520322113
燎原镇	520322114
狮溪镇	520322115
茅石镇	520322116
尧龙山镇	520322117
风水镇	520322118
容光镇	520322119
芭蕉镇	520322120
小水乡	520322203
黄莲乡	520322205
马鬃苗族乡	520322207
绥阳县(13镇，2乡)	**520323000**
洋川镇	520323100
郑场镇	520323101
旺草镇	520323102
蒲场镇	520323103
风华镇	520323104
茅垭镇	520323105
枧坝镇	520323106
宽阔镇	520323107
黄杨镇	520323108
青杠塘镇	520323109
太白镇	520323110
温泉镇	520323111
坪乐镇	520323112
大路槽乡	520323200
小关乡	520323201
正安县(1街道，16镇，2乡)	**520324000**
凤仪街道	520324001
瑞溪镇	520324101
和溪镇	520324102
安场镇	520324103
土坪镇	520324104
流渡镇	520324105
格林镇	520324106
新洲镇	520324107
庙塘镇	520324108
小雅镇	520324109
中观镇	520324110
班竹镇	520324111
芙蓉江镇	520324112
碧峰镇	520324113
乐俭镇	520324114
杨兴镇	520324115
桴㯳镇	520324116
谢坝仡佬族苗族乡	520324202
市坪苗族仡佬族乡	520324203
道真仡佬族苗族自治县(1街道，11镇，3乡)	**520325000**
尹珍街道	520325001
玉溪镇	520325100
三江镇	520325101
隆兴镇	520325102
旧城镇	520325103
忠信镇	520325104
洛龙镇	520325105
阳溪镇	520325106
三桥镇	520325107

续表 2

行政区划名称	行政区划代码
大矸镇	520325108
平模镇	520325109
河口镇	520325110
上坝土家族乡	520325200
棕坪乡	520325201
桃源乡	520325202
务川仡佬族苗族自治县（3 街道，11 镇，2 乡）	**520326000**
都濡街道	520326001
丹砂街道	520326002
大坪街道	520326003
丰乐镇	520326101
黄都镇	520326102
涪洋镇	520326103
镇南镇	520326104
砚山镇	520326105
浞水镇	520326106
茅天镇	520326107
柏村镇	520326108
蕉坝镇	520326110
分水镇	520326111
泥高镇	520326112
红丝乡	520326203
石朝乡	520326204
凤冈县（2 街道，11 镇）	**520327000**
龙泉街道	520327001
何坝街道	520327002
进化镇	520327101
琊川镇	520327102
蜂岩镇	520327103
永和镇	520327104
花坪镇	520327105
绥阳镇	520327106
土溪镇	520327107
永安镇	520327108
天桥镇	520327109
新建镇	520327111
王寨镇	520327112
湄潭县（3 街道，12 镇）	**520328000**
湄江街道	520328004
黄家坝街道	520328005
鱼泉街道	520328006
永兴镇	520328101
复兴镇	520328102
马山镇	520328103
高台镇	520328106
茅坪镇	520328107
兴隆镇	520328108
新南镇	520328109
石莲镇	520328110
抄乐镇	520328111
洗马镇	520328112
西河镇	520328113
天城镇	520328114
余庆县（1 街道，8 镇，1 乡）	**520329000**
子营街道	520329001
龙溪镇	520329102
构皮滩镇	520329103
大乌江镇	520329104
敖溪镇	520329105
龙家镇	520329106
松烟镇	520329107
关兴镇	520329108
白泥镇	520329109
花山苗族乡	520329200
习水县（4 街道，20 镇，2 乡）	**520330000**
东皇街道	520330001
杉王街道	520330002
九龙街道	520330003
马临街道	520330004
土城镇	520330101
同民镇	520330102
醒民镇	520330103
隆兴镇	520330104
习酒镇	520330105
回龙镇	520330106
桑木镇	520330107
永安镇	520330108
良村镇	520330109
温水镇	520330110
仙源镇	520330111
官店镇	520330112
寨坝镇	520330113
民化镇	520330114
二郎镇	520330115
二里镇	520330116
三岔河镇	520330117
大坡镇	520330118
桃林镇	520330120
程寨镇	520330122
双龙乡	520330205
坭坝乡	520330207
赤水市（3 街道，11 镇，3 乡）	**520381000**
市中街道	520381001
文华街道	520381002
金华街道	520381003
天台镇	520381100
复兴镇	520381101
大同镇	520381102
旺隆镇	520381103
葫市镇	520381104
元厚镇	520381105
官渡镇	520381106
长期镇	520381107
长沙镇	520381108
丙安镇	520381109
两河口镇	520381110
宝源乡	520381202
石堡乡	520381203
白云乡	520381204
仁怀市（5 街道，14 镇，1 乡）	**520382000**
中枢街道	520382001
盐津街道	520382002
苍龙街道	520382003
坛厂街道	520382004
鲁班街道	520382005
长岗镇	520382103
五马镇	520382105
茅坝镇	520382106
九仓镇	520382107
喜头镇	520382108
大坝镇	520382109
三合镇	520382110
合马镇	520382111
火石镇	520382113
学孔镇	520382114
龙井镇	520382115
美酒河镇	520382116
高大坪镇	520382117
茅台镇	520382118
后山苗族布依族乡	520382201
安顺市（21 街道，48 镇，18 乡）	**520400000**
西秀区（7 街道，10 镇，7 乡）	**520402000**
南街道	520402001
东街道	520402002
西街道	520402003
北街道	520402004
东关街道	520402005
华西街道	520402006
西航街道	520402007
宋旗镇	520402100
幺铺镇	520402101
宁谷镇	520402102
龙宫镇	520402103
双堡镇	520402104
大西桥镇	520402105
七眼桥镇	520402106
蔡官镇	520402107
轿子山镇	520402108
旧州镇	520402109
新场布依族苗族乡	520402200
岩腊苗族布依族乡	520402201
鸡场布依族苗族乡	520402202
杨武布依族苗族乡	520402203
东屯乡	520402204
黄腊布依族苗族乡	520402205
刘官乡	520402206
平坝区（2 街道，7 镇，2 乡）	**520403000**
鼓楼街道	520403001
安平街道	520403002
白云镇	520403100
天龙镇	520403101
夏云镇	520403102
乐平镇	520403103
齐伯镇	520403104
高峰镇 *	520403105
马场镇 *	520403106

续表 3

行政区划名称	行政区划代码	行政区划名称	行政区划代码	行政区划名称	行政区划代码
十字回族苗族乡	520403200	大营镇	520425105	**大方县（3 街道，10 镇，**	**520521000**
羊昌布依族苗族乡	520403201	宗地镇	520425106	**24 乡）**	
普定县（3 街道，6 镇，	**520422000**	坝羊镇	520425107	慕俄格古城街道	520521001
3 乡）		火花镇	520425108	顺德街道	520521002
定南街道	520422001	白石岩乡	520425200	红旗街道	520521003
黄桶街道	520422002	四大寨乡	520425203	双山镇	520521101
穿洞街道	520422003	**毕节市（37 街道，135 镇，**	**520500000**	猫场镇	520521102
马官镇	520422101	**91 乡）**		马场镇	520521103
化处镇	520422102	**七星关区（11 街道，27 镇，**	**520502000**	羊场镇	520521104
马场镇	520422103	**8 乡）**		黄泥塘镇	520521105
白岩镇	520422104	市西街道	520502001	六龙镇	520521106
坪上镇	520422105	市东街道	520502002	达溪镇	520521107
鸡场坡镇	520422106	三板桥街道	520502003	瓢井镇	520521108
补郎苗族乡	520422203	大新桥街道	520502005	长石镇	520521109
猴场苗族仡佬族乡	520422204	观音桥街道	520502006	对江镇	520521110
猫洞苗族仡佬族乡	520422205	洪山街道	520502007	东关乡	520521200
镇宁布依族苗族自治县	**520423000**	麻园街道	520502008	竹园彝族苗族乡	520521201
（4 街道，8 镇，3 乡）		碧海街道	520502009	响水白族彝族仡佬族乡	520521202
白马湖街道	520423001	碧阳街道	520502010	文阁乡	520521203
环翠街道	520423002	德溪街道	520502011	绿塘乡	520521204
双龙山街道	520423003	青龙街道	520502012	鼎新彝族苗族乡	520521205
丁旗街道	520423004	鸭池镇	520502100	牛场苗族彝族乡	520521206
黄果树镇	520423102	梨树镇	520502101	小屯乡	520521208
马厂镇	520423104	岔河镇	520502102	理化苗族彝族乡	520521209
良田镇	520423107	朱昌镇	520502103	凤山彝族蒙古族乡	520521211
扁担山镇	520423108	田坝镇	520502104	安乐彝族仡佬族乡	520521212
募役镇	520423109	长春堡镇	520502105	核桃彝族白族乡	520521213
本寨镇	520423110	撒拉溪镇	520502106	八堡彝族苗族乡	520521214
江龙镇	520423111	杨家湾镇	520502107	兴隆苗族乡	520521215
六马镇	520423112	放珠镇	520502108	果瓦乡	520521216
沙子乡	520423204	青场镇	520502109	大山苗族彝族乡	520521217
革利乡	520423206	水箐镇	520502110	雨冲乡	520521218
简嘎乡	520423210	何官屯镇	520502111	黄泥彝族苗族满族乡	520521219
关岭布依族苗族自治县	**520424000**	对坡镇	520502112	大水彝族苗族布依族乡	520521220
（3 街道，9 镇，1 乡）		大银镇	520502113	沙厂彝族乡	520521221
顶云街道	520424002	林口镇	520502114	普底彝族苗族白族乡	520521222
关索街道	520424003	生机镇	520502115	百纳彝族乡	520521223
龙潭街道	520424004	清水铺镇	520502116	三元彝族苗族白族乡	520521224
永宁镇	520424102	亮岩镇	520502117	星宿苗族彝族仡佬族乡	520521225
白水镇	520424103	燕子口镇	520502118	**黔西县（4 街道，15 镇，**	**520522000**
坡贡镇	520424104	八寨镇	520502119	**12 乡）**	
上关镇	520424105	田坝桥镇	520502120	水西街道	520522001
岗乌镇	520424106	海子街镇	520502121	莲城街道	520522002
沙营镇	520424108	小坝镇	520502122	文峰街道	520522003
新铺镇	520424109	层台镇	520502123	杜鹃街道	520522004
断桥镇	520424110	小吉场镇	520502124	金碧镇	520522101
花江镇	520424111	普宜镇	520502125	雨朵镇	520522102
普利乡	520424204	龙场营镇	520502126	大关镇	520522103
紫云苗族布依族自治县	**520425000**	千溪彝族苗族白族乡	520502200	谷里镇	520522104
（2 街道，8 镇，2 乡）		阴底彝族苗族白族乡	520502201	素朴镇	520522105
松山街道	520425001	野角乡	520502202	中坪镇	520522106
五峰街道	520425002	大河乡	520502203	重新镇	520522107
格凸河镇	520425101	团结彝族苗族乡	520502204	林泉镇	520522108
猴场镇	520425102	阿市苗族彝族乡	520502205	金兰镇	520522109
猫营镇	520425103	大屯彝族乡	520502206	锦星镇	520522110
板当镇	520425104	田坎彝族乡	520502207	洪水镇	520522111

续表 4

行政区划名称	行政区划代码
甘棠镇	520522112
钟山镇	520522113
协和镇	520522114
观音洞镇	520522115
五里布依族苗族乡	520522200
绿化白族彝族乡	520522203
新仁苗族乡	520522204
铁石苗族彝族乡	520522206
太来彝族苗族乡	520522208
永燊彝族苗族乡	520522210
中建苗族彝族乡	520522211
花溪彝族苗族乡	520522212
定新彝族苗族乡	520522213
金坡苗族彝族满族乡	520522215
仁和彝族苗族乡	520522216
红林彝族苗族乡	520522217
金沙县（4 街道，14 镇，7 乡）	**520523000**
鼓场街道	520523001
岩孔街道	520523002
西洛街道	520523003
五龙街道	520523004
安底镇	520523101
沙土镇	520523102
禹谟镇	520523104
岚头镇	520523105
清池镇	520523106
柳塘镇	520523107
平坝镇	520523108
源村镇	520523109
木孔镇	520523111
长坝镇	520523112
茶园镇	520523113
后山镇	520523114
高坪镇	520523115
化觉镇	520523116
石场苗族彝族乡	520523202
桂花乡	520523203
太平彝族苗族乡	520523204
安洛苗族彝族满族乡	520523215
新化苗族彝族满族乡	520523216
大田彝族苗族布依族乡	520523217
马路彝族苗族乡	520523218
织金县（6 街道，16 镇，10 乡）	**520524000**
金凤街道	520524001
双堰街道	520524002
文腾街道	520524003
八步街道	520524004
绮陌街道	520524005
三甲街道	520524006
桂果镇	520524101
牛场镇	520524102
猫场镇	520524103
化起镇	520524104
龙场镇	520524105
以那镇	520524107
三塘镇	520524108
阿弓镇	520524109
珠藏镇	520524110
马场镇	520524111
少普镇	520524112
熊家场镇	520524113
白泥镇	520524114
黑土镇	520524115
板桥镇	520524116
中寨镇	520524117
自强苗族乡	520524201
大平苗族彝族乡	520524202
官寨苗族乡	520524203
茶店布依族苗族彝族乡	520524204
金龙苗族彝族布依族乡	520524205
后寨苗族乡	520524206
鸡场苗族彝族布依族乡	520524207
实兴乡	520524211
上坪寨乡	520524213
纳雍乡	520524215
纳雍县（3 街道，13 镇，10 乡）	**520525000**
雍熙街道	520525001
文昌街道	520525002
居仁街道	520525003
鬃岭镇	520525101
阳长镇	520525102
维新镇	520525103
龙场镇	520525104
乐治镇	520525105
百兴镇	520525107
张家湾镇	520525108
玉龙坝镇	520525109
曙光镇	520525110
水东镇	520525111
沙包镇	520525112
寨乐镇	520525113
勺窝镇	520525114
新房彝族苗族乡	520525201
厍东关彝族苗族白族乡	520525202
董地苗族彝族乡	520525203
化作苗族彝族乡	520525205
姑开苗族彝族乡	520525210
羊场苗族彝族乡	520525211
锅圈岩苗族彝族乡	520525212
昆寨苗族彝族白族乡	520525213
左鸠嘎彝族苗族乡	520525214
猪场苗族彝族乡	520525215
威宁彝族回族苗族自治县（4 街道，30 镇，5 乡）	**520526000**
五里岗街道	520526001
六桥街道	520526002
海边街道	520526003
陕桥街道	520526004
草海镇	520526100
么站镇	520526101
金钟镇	520526102
炉山镇	520526103
龙场镇	520526104
黑石头镇	520526105
哲觉镇	520526106
观风海镇	520526107
牛棚镇	520526108
迤那镇	520526109
中水镇	520526110
龙街镇	520526111
雪山镇	520526112
羊街镇	520526113
小海镇	520526114
盐仓镇	520526115
东风镇	520526116
二塘镇	520526117
猴场镇	520526118
秀水镇	520526119
双龙镇	520526120
麻乍镇	520526121
玉龙镇	520526122
兔街镇	520526123
海拉镇	520526124
岔河镇	520526125
黑土河镇	520526126
金斗镇	520526127
哈喇河镇	520526128
斗古镇	520526129
新发布依族乡	520526201
石门乡	520526210
云贵乡	520526211
板底乡	520526214
大街乡	520526215
赫章县（2 街道，10 镇，15 乡）	**520527000**
双河街道	520527001
白果街道	520527002
妈姑镇	520527102
财神镇	520527103
六曲河镇	520527104
野马川镇	520527105
德卓镇	520527106
平山镇	520527107
哲庄镇	520527108
古基镇	520527109
朱明镇	520527110
罗州镇	520527111
达依乡	520527200
水塘堡彝族苗族乡	520527201
兴发苗族彝族回族乡	520527202
松林坡白族彝族苗族乡	520527203
雉街彝族苗族乡	520527204
珠市彝族乡	520527205
双坪彝族苗族乡	520527207
铁匠苗族乡	520527208
辅处彝族苗族乡	520527209
可乐彝族苗族乡	520527210

续表 5

行政区划名称	行政区划代码
河镇彝族苗族乡	520527211
安乐溪乡	520527213
结构彝族苗族乡	520527215
古达苗族彝族乡	520527219
威奢乡	520527220
铜仁市（31 街道，95 镇，49 乡）	**520600000**
碧江区（5 街道，3 镇，5 乡）	**520602000**
市中街道	520602001
环北街道	520602002
河西街道	520602003
灯塔街道	520602005
川硐街道	520602006
坝黄镇	520602101
云场坪镇	520602102
漾头镇	520602103
桐木坪侗族乡	520602200
滑石侗族苗族土家族乡	520602201
和平土家族侗族乡	520602202
瓦屋侗族乡	520602203
六龙山侗族土家族乡	520602204
万山区（3 街道，1 镇，6 乡）	**520603000**
谢桥街道	520603001
茶店街道	520603002
仁山街道	520603003
万山镇	520603100
高楼坪侗族乡	520603200
黄道侗族乡	520603201
敖寨侗族乡	520603202
下溪侗族乡	520603203
大坪侗族土家族乡	520603205
鱼塘侗族苗族乡	520603206
江口县（2 街道，6 镇，2 乡）	**520621000**
双江街道	520621001
凯德街道	520621002
闵孝镇	520621101
桃映镇	520621102
民和镇	520621103
怒溪镇	520621104
太平镇	520621105
坝盘镇	520621106
德旺土家族苗族乡	520621200
官和侗族土家族苗族乡	520621201
玉屏侗族自治县（2 街道，4 镇，1 乡）	**520622000**
平溪街道	520622001
皂角坪街道	520622002
大龙镇	520622101
朱家场镇	520622102
田坪镇	520622103
新店镇	520622104
亚鱼乡	520622201
石阡县（3 街道，6 镇，10 乡）	**520623000**
汤山街道	520623001
泉都街道	520623002
中坝街道	520623003
本庄镇	520623101
白沙镇	520623102
龙塘镇	520623103
花桥镇	520623104
五德镇	520623105
河坝场镇	520623106
国荣乡	520623201
聚凤仡佬族侗族乡	520623202
龙井仡佬族侗族乡	520623203
大沙坝仡佬族侗族乡	520623204
枫香仡佬族侗族乡	520623205
青阳苗族仡佬族侗族乡	520623206
石固仡佬族侗族乡	520623207
坪地场仡佬族侗族乡	520623208
甘溪仡佬族侗族乡	520623209
坪山仡佬族侗族乡	520623210
思南县（3 街道，17 镇，8 乡）	**520624000**
思唐街道	520624001
关中坝街道	520624002
双塘街道	520624003
凉水井镇	520624101
鹦鹉溪镇	520624102
张家寨镇	520624103
许家坝镇	520624104
合朋溪镇	520624105
塘头镇	520624106
大坝场镇	520624107
孙家坝镇	520624108
邵家桥镇	520624109
文家店镇	520624110
瓮溪镇	520624111
青杠坡镇	520624112
长坝镇	520624113
板桥镇	520624114
大河坝镇	520624115
香坝镇	520624116
亭子坝镇	520624117
思林土家族苗族乡	520624201
胡家湾苗族土家族乡	520624203
宽坪苗族土家族乡	520624204
枫芸土家族苗族乡	520624206
天桥土家族苗族乡	520624210
兴隆土家族苗族乡	520624211
杨家坳苗族土家族乡	520624212
三道水土家族苗族乡	520624213
印江土家族苗族自治县（3 街道，13 镇，1 乡）	**520625000**
峨岭街道	520625001
龙津街道	520625002
中兴街道	520625003
板溪镇	520625101
沙子坡镇	520625102
天堂镇	520625103
合水镇	520625105
朗溪镇	520625106
缠溪镇	520625107
洋溪镇	520625108
新寨镇	520625109
杉树镇	520625110
紫薇镇	520625111
刀坝镇	520625112
杨柳镇	520625113
木黄镇	520625114
罗场乡	520625206
德江县（2 街道，11 镇，8 乡）	**520626000**
青龙街道	520626001
玉水街道	520626002
煎茶镇	520626101
潮砥镇	520626102
稳坪镇	520626103
枫香溪镇	520626104
复兴镇	520626105
合兴镇	520626106
高山镇	520626107
泉口镇	520626108
长堡镇	520626109
共和镇	520626110
平原镇	520626111
堰塘土家族乡	520626200
沙溪土家族乡	520626203
钱家土家族乡	520626204
龙泉土家族乡	520626205
楠杆土家族乡	520626209
桶井土家族乡	520626210
荆角土家族乡	520626211
长丰土家族乡	520626212
沿河土家族自治县（3 街道，17 镇，2 乡）	**520627000**
和平街道	520627001
团结街道	520627002
沙子街道	520627003
谯家镇	520627102
夹石镇	520627103
淇滩镇	520627104
官舟镇	520627105
土地坳镇	520627106
思渠镇	520627107
客田镇	520627108
洪渡镇	520627109
黑水镇	520627110
甘溪镇	520627111
中界镇	520627112
泉坝镇	520627113
中寨镇	520627114
黄土镇	520627115
新景镇	520627116
板场镇	520627117
塘坝镇	520627118
晓景乡	520627203
后坪乡	520627211
松桃苗族自治县（5 街道，17 镇，6 乡）	**520628000**
大兴街道	520628001
蓼皋街道	520628002
世昌街道	520628003

续表 6

行政区划名称	行政区划代码
太平营街道	520628004
九江街道	520628005
盘石镇	520628101
盘信镇	520628102
大坪场镇	520628103
普觉镇	520628104
寨英镇	520628105
孟溪镇	520628106
乌罗镇	520628107
甘龙镇	520628108
长兴堡镇	520628109
迓驾镇	520628110
牛郎镇	520628112
大路镇	520628114
木树镇	520628115
冷水溪镇	520628116
黄板镇	520628117
正大镇	520628118
平头镇	520628119
长坪乡	520628203
妙隘乡	520628207
石梁乡	520628209
瓦溪乡	520628210
永安乡	520628211
沙坝河乡	520628214
黔西南布依族苗族自治州（26 街道，83 镇，17 乡）	**522300000**
兴义市（8 街道，17 镇，5 乡）	**522301000**
黄草街道	522301001
桔山街道	522301002
坪东街道	522301003
下五屯街道	522301004
兴泰街道	522301005
丰都街道	522301006
木贾街道	522301007
万峰林街道	522301008
敬南镇	522301104
泥凼镇	522301105
南盘江镇	522301106
捧乍镇	522301107
鲁布格镇	522301108
三江口镇	522301109
乌沙镇	522301110
白碗窑镇	522301111
马岭镇	522301112
威舍镇	522301113
清水河镇	522301114
郑屯镇 *	522301116
万屯镇 *	522301117
鲁屯镇 *	522301118
仓更镇	522301119
七舍镇	522301120
顶效镇 *	522301121
则戎乡	522301200
沧江乡	522301201
洛万乡	522301202
猪场坪乡	522301203
雄武乡	522301204
兴仁县（4 街道，11 镇，1 乡）	**522322000**
城北街道	522322001
真武山街道	522322003
城南街道	522322005
东湖街道	522322006
屯脚镇	522322101
百德镇	522322103
雨樟镇 *	522322104
潘家庄镇	522322105
下山镇	522322107
新龙场镇	522322108
大山镇	522322109
波阳镇	522322110
马马崖镇	522322111
巴铃镇	522322112
回龙镇	522322113
鲁础营回族乡	522322205
普安县（2 街道，8 镇，2 乡）	**522323000**
盘水街道	522323001
南湖街道	522323002
龙吟镇	522323101
江西坡镇	522323103
地瓜镇	522323105
楼下镇	522323107
罗汉镇	522323108
新店镇	522323109
兴中镇	522323110
青山镇	522323111
白沙乡	522323200
高棉乡	522323201
晴隆县（2 街道，8 镇，4 乡）	**522324000**
莲城街道	522324001
东观街道	522324002
沙子镇	522324101
碧痕镇	522324102
大厂镇	522324103
鸡场镇	522324104
花贡镇	522324105
中营镇	522324106
光照镇	522324107
茶马镇	522324108
长流乡	522324200
紫马乡	522324204
安谷乡	522324205
三宝彝族乡	522324206
贞丰县（2 街道，9 镇，3 乡）	**522325000**
永丰街道	522325001
珉谷街道	522325002
龙场镇	522325101
者相镇	522325102
北盘江镇	522325103
白层镇	522325104
鲁贡镇	522325105
小屯镇	522325106
长田镇	522325107
沙坪镇	522325108
挽澜镇	522325109
连环乡	522325200
平街乡	522325204
鲁容乡	522325205
望谟县（3 街道，11 镇，1 乡）	**522326000**
王母街道	522326001
平洞街道	522326002
新屯街道	522326003
乐元镇	522326101
打易镇	522326102
乐旺镇	522326103
桑郎镇	522326104
郊纳镇	522326108
蔗香镇	522326109
大观镇	522326110
石屯镇	522326112
麻山镇	522326113
边饶镇	522326114
昂武镇	522326115
油迈瑶族乡	522326206
册亨县（2 街道，9 镇，1 乡）	**522327000**
者楼街道	522327001
纳福街道	522327002
丫他镇	522327103
巧马镇	522327104
秧坝镇	522327105
岩架镇	522327107
八渡镇	522327108
双江镇	522327109
坡妹镇	522327110
冗渡镇	522327111
弼佑镇	522327112
百口乡	522327204
安龙县（3 街道，10 镇）	**522328000**
钱相街道	522328003
招堤街道	522328004
栖凤街道	522328005
龙广镇 *	522328101
德卧镇 *	522328102
万峰湖镇	522328103
海子镇 *	522328104
洒雨镇	522328105
龙山镇	522328107
笃山镇 *	522328110
普坪镇	522328111
木咱镇	522328112
新桥镇	522328113
黔东南苗族侗族自治州（17 街道，129 镇，60 乡）	**522600000**
凯里市（7 街道，11 镇）	**522601000**
城西街道	522601001
大十字街道	522601002
西门街道	522601003
洗马河街道	522601004
湾溪街道	522601005
鸭塘街道	522601006
开怀街道	522601007

续表 7

行政区划名称	行政区划代码	行政区划名称	行政区划代码	行政区划名称	行政区划代码
三棵树镇	522601100	**岑巩县 (9 镇，2 乡)**	**522626000**	南寨镇	522629109
舟溪镇	522601101	思旸镇	522626100	观么镇	522629110
旁海镇	522601103	水尾镇	522626101	敏洞乡	522629205
湾水镇	522601104	天马镇	522626102	**台江县 (2 街道，4 镇，3 乡)**	**522630000**
炉山镇	522601105	龙田镇	522626103	台拱街道	522630001
万潮镇	522601106	注溪镇	522626104	萃文街道	522630002
龙场镇	522601107	大有镇	522626105	施洞镇	522630101
下司镇	522601108	凯本镇	522626106	南宫镇	522630102
碧波镇	522601109	客楼镇	522626107	革一镇	522630103
凯棠镇	522601110	平庄镇	522626108	方召镇	522630104
大风洞镇	522601111	天星乡	522626202	排羊乡	522630201
黄平县 (8 镇，3 乡)	**522622000**	羊桥土家族乡	522626203	台盘乡	522630202
新州镇	522622100	**天柱县 (3 街道，11 镇，2 乡)**	**522627000**	老屯乡	522630204
旧州镇	522622101	凤城街道	522627001	**黎平县 (2 街道，14 镇，9 乡)**	**522631000**
重安镇	522622102	邦洞街道	522627002	德凤街道	522631001
谷陇镇	522622103	社学街道	522627003	高屯街道	522631002
平溪镇	522622104	坪地镇	522627102	中潮镇	522631102
野洞河镇	522622105	蓝田镇	522627103	孟彦镇	522631103
上塘镇	522622106	瓮洞镇	522627104	敖市镇	522631104
浪洞镇	522622107	高酿镇	522627105	九潮镇	522631105
一碗水乡	522622203	石洞镇	522627106	岩洞镇	522631106
纸房乡	522622204	远口镇	522627107	水口镇	522631107
翁坪乡	522622206	坌处镇	522627108	洪州镇	522631108
施秉县 (5 镇，3 乡)	**522623000**	白市镇	522627109	尚重镇	522631109
城关镇	522623100	渡马镇	522627110	肇兴镇	522631110
杨柳塘镇	522623101	竹林镇	522627111	龙额镇	522631111
双井镇	522623102	江东镇	522627112	双江镇	522631112
牛大场镇	522623103	注溪乡	522627202	永从镇	522631113
马号镇	522623104	地湖乡	522627203	茅贡镇	522631114
白垛乡	522623200	**锦屏县 (7 镇，8 乡)**	**522628000**	地坪镇	522631115
甘溪乡	522623201	三江镇	522628100	顺化瑶族乡	522631200
马溪乡	522623203	茅坪镇	522628101	雷洞瑶族水族乡	522631201
三穗县 (7 镇，2 乡)	**522624000**	敦寨镇	522628102	罗里乡	522631203
八弓镇	522624100	启蒙镇	522628103	坝寨乡	522631205
台烈镇	522624101	平秋镇	522628104	口江乡	522631206
瓦寨镇	522624102	铜鼓镇	522628105	德顺乡	522631211
桐林镇	522624103	平略镇	522628106	大稼乡	522631212
雪洞镇	522624104	大同乡	522628200	平寨乡	522631213
长吉镇	522624105	新化乡	522628201	德化乡	522631214
良上镇	522624106	隆里乡	522628202	**榕江县 (9 镇，10 乡)**	**522632000**
滚马乡	522624200	钟灵乡	522628203	古州镇	522632100
款场乡	522624202	偶里乡	522628204	忠诚镇	522632101
镇远县 (8 镇，4 乡)	**522625000**	固本乡	522628205	寨蒿镇	522632102
㵲阳镇	522625100	河口乡	522628206	平永镇	522632103
蕉溪镇	522625101	彦洞乡	522628207	乐里镇	522632104
青溪镇	522625102	**剑河县 (1 街道，11 镇，1 乡)**	**522629000**	朗洞镇	522632105
羊坪镇	522625103	仰阿莎街道办事处	522629001	栽麻镇	522632106
羊场镇	522625104	柳川镇	522629100	平江镇	522632107
都坪镇	522625105	岑松镇	522629101	八开镇	522632108
江古镇	522625106	南加镇	522629102	崇义乡	522632202
金堡镇	522625107	南明镇	522629103	三江水族乡	522632204
涌溪乡	522625201	革东镇	522629104	仁里水族乡	522632205
报京乡	522625203	磻溪镇	522629105	塔石瑶族水族乡	522632206
大地乡	522625204	太拥镇	522629106	定威水族乡	522632208
尚寨土家族乡	522625205	久仰镇	522629107	兴华水族乡	522632209
		南哨镇	522629108	计划乡	522632210

续表 8

行政区划名称	行政区划代码
水尾水族乡	522632211
平阳乡	522632212
两汪乡	522632213
从江县 (12 镇，7 乡)	**522633000**
贯洞镇	522633101
洛香镇	522633102
下江镇	522633103
宰便镇	522633104
西山镇	522633105
停洞镇	522633106
往洞镇	522633107
加鸠镇	522633108
斗里镇	522633109
庆云镇	522633110
东朗镇	522633111
丙妹镇	522633112
高增乡	522633200
谷坪乡	522633201
刚边壮族乡	522633204
加榜乡	522633205
秀塘壮族乡	522633206
翠里瑶族壮族乡	522633208
加勉乡	522633212
雷山县 (5 镇，3 乡)	**522634000**
丹江镇	522634100
西江镇	522634101
永乐镇	522634102
郎德镇	522634103
大塘镇	522634104
望丰乡	522634200
达地水族乡	522634203
方祥乡	522634204
麻江县 (2 街道，4 镇，1 乡)	**522635000**
杏山街道	522635001
金竹街道	522635002
谷硐镇	522635101
宣威镇	522635103
龙山镇	522635105
贤昌镇	522635106
坝芒布依族乡	522635203
丹寨县 (4 镇，2 乡)	**522636000**
龙泉镇	522636100
兴仁镇	522636101
排调镇	522636102
扬武镇	522636103
雅灰乡	522636202
南皋乡	522636203
黔南布依族苗族自治州 (19 街道，79 镇，8 乡)	**522700000**
都匀市 (5 街道，4 镇，1 乡)	**522701000**
文峰街道	522701006
广惠街道	522701007
小围寨街道	522701008
沙包堡街道	522701009
绿茵湖街道	522701010
墨冲镇	522701108
平浪镇	522701109
毛尖镇	522701112
匀东镇	522701113
归兰水族乡	522701208
福泉市 (2 街道，5 镇，1 乡)	**522702000**
金山街道	522702001
马场坪街道	522702002
凤山镇	522702102
陆坪镇	522702103
龙昌镇	522702105
牛场镇	522702106
道坪镇	522702107
仙桥乡	522702203
荔波县 (1 街道，5 镇，2 乡)	**522722000**
玉屏街道	522722001
朝阳镇	522722101
茂兰镇	522722102
甲良镇	522722104
佳荣镇	522722105
小七孔镇	522722106
瑶山瑶族乡	522722203
黎明关水族乡	522722211
贵定县 (2 街道，6 镇)	**522723000**
宝山街道	522723001
金南街道	522723002
德新镇	522723101
新巴镇	522723102
盘江镇	522723103
沿山镇	522723104
昌明镇	522723106
云雾镇	522723107
瓮安县 (2 街道，10 镇，1 乡)	**522725000**
瓮水街道	522725001
雍阳街道	522725002
平定营镇	522725101
猴场镇	522725102
中坪镇	522725103
建中镇	522725104
永和镇	522725105
珠藏镇	522725106
玉山镇	522725107
天文镇	522725108
江界河镇	522725109
银盏镇	522725110
岚关乡	522725205
独山县 (8 镇)	**522726000**
麻万镇	522726102
基长镇	522726103
上司镇	522726104
下司镇	522726105
麻尾镇	522726107
百泉镇	522726108
影山镇	522726109
玉水镇	522726110
平塘县 (1 街道，9 镇，1 乡)	**522727000**
金盆街道	522727001
平舟镇	522727100
牙舟镇	522727101
通州镇	522727102
大塘镇	522727103
克度镇	522727104
塘边镇	522727105
甲茶镇	522727106
者密镇	522727107
掌布镇	522727108
卡蒲毛南族乡	522727200
罗甸县 (1 街道，8 镇，1 乡)	**522728000**
斛兴街道	522728001
龙坪镇	522728100
边阳镇	522728101
逢亭镇	522728102
沫阳镇	522728103
茂井镇	522728104
罗悃镇	522728105
红水河镇	522728106
木引镇	522728107
凤亭乡	522728212
长顺县 (1 街道，5 镇，1 乡)	**522729000**
长寨街道	522729001
广顺镇	522729101
摆所镇	522729103
代化镇	522729104
白云山镇	522729105
鼓扬镇	522729106
敦操乡	522729209
龙里县 (1 街道，5 镇)	**522730000**
冠山街道	522730001
龙山镇	522730100
醒狮镇	522730102
谷脚镇	522730103
洗马镇	522730105
湾滩河镇	522730106
惠水县 (2 街道，8 镇)	**522731000**
涟江街道	522731001
濛江街道	522731002
摆金镇	522731103
雅水镇	522731104
断杉镇	522731105
芦山镇	522731106
王佑镇	522731107
好花红镇	522731108
羡塘镇	522731109
岗度镇	522731110
三都水族自治县 (1 街道，6 镇)	**522732000**
三合街道	522732001
大河镇	522732101
普安镇	522732102
都江镇	522732103
中和镇	522732104
周覃镇	522732105
九阡镇	522732106

云南省

云南省（滇）

行政区划名称	行政区划代码
云南省（173 街道，682 镇，543 乡）	**530000000**
昆明市（76 街道，43 镇，16 乡）	**530100000**
五华区（10 街道）	**530102000**
护国街道	530102001
大观街道	530102002
华山街道	530102003
龙翔街道	530102004
莲华街道	530102005
丰宁街道	530102006
红云街道	530102007
黑林铺街道	530102008
普吉街道	530102009
西翥街道	530102010
盘龙区（12 街道）	**530103000**
拓东街道	530103001
鼓楼街道	530103002
东华街道	530103003
联盟街道	530103004
金辰街道	530103005
青云街道	530103006
龙泉街道	530103007
茨坝街道	530103008
双龙街道	530103009
松华街道	530103010
滇源街道	530103012
阿子营街道	530103013
官渡区（10 街道）	**530111000**
吴井街道	530111001
关上街道	530111002
金马街道	530111003
太和街道	530111004
官渡街道	530111005
小板桥街道	530111006
大板桥街道	530111007
矣六街道	530111008
六甲街道	530111009
阿拉街道 *	530111010
西山区（10 街道）	**530112000**
金碧街道	530112001
永昌街道	530112002
前卫街道	530112003
福海街道	530112004
棕树营街道	530112005
马街街道	530112006
西苑街道	530112007
海口街道	530112008
碧鸡街道	530112009
团结街道	530112010
东川区（1 街道，6 镇，1 乡）	**530113000**
铜都街道	530113001
汤丹镇	530113102
因民镇	530113103
阿旺镇	530113104
乌龙镇	530113106
拖布卡镇	530113107
红土地镇 *	530113108
舍块乡 *	530113200
呈贡区（10 街道）	**530114000**
龙城街道	530114001
斗南街道	530114003
吴家营街道	530114005
乌龙街道	530114008
洛龙街道	530114009
雨花街道	530114010
马金铺街道 *	530114011
洛羊街道 *	530114012
大渔街道 *	530114013
七甸街道 *	530114014
晋宁区（2 街道，4 镇，2 乡）	**530115000**
昆阳街道	530115001
宝丰街道	530115002
晋城镇	530115102
二街镇	530115103
上蒜镇	530115105
六街镇	530115106
双河彝族乡	530115203
夕阳彝族乡	530115204
富民县（2 街道，5 镇）	**530124000**
永定街道	530124001
大营街道	530124002
罗免镇	530124102
赤鹫镇	530124103
东村镇	530124104
款庄镇	530124105
散旦镇	530124106
宜良县（2 街道，4 镇，2 乡）	**530125000**
匡远街道	530125001
汤池街道 *	530125002
北古城镇	530125101
狗街镇	530125103
马街镇	530125105
竹山镇	530125106
耿家营彝族苗族乡	530125204
九乡彝族回族乡	530125205
石林彝族自治县（3 街道，3 镇，1 乡）	**530126000**
鹿阜街道	530126001
石林街道	530126002
板桥街道	530126003
西街口镇	530126104
长湖镇	530126105
圭山镇	530126106
大可乡	530126202
嵩明县（1 街道，3 镇）	**530127000**
嵩阳街道	530127001
小街镇	530127101
杨林镇	530127102
牛栏江镇	530127103
禄劝彝族苗族自治县（1 街道，9 镇，6 乡）	**530128000**
屏山街道	530128001
撒营盘镇	530128101
茂山镇	530128103
翠华镇	530128104
团街镇	530128105
中屏镇	530128106
皎平渡镇	530128107
乌东德镇	530128108
九龙镇	530128109
转龙镇 *	530128110
云龙乡	530128204
汤郎乡	530128208
马鹿塘乡	530128209
则黑乡	530128212
乌蒙乡 *	530128213
雪山乡 *	530128214
寻甸回族彝族自治县（3 街道，9 镇，4 乡）	**530129000**
仁德街道	530129001
塘子街道	530129002
金所街道	530129003
羊街镇	530129102
柯渡镇	530129103
功山镇	530129105
七星镇	530129106
河口镇	530129107
先锋镇	530129108
鸡街镇	530129109
倘甸镇 *	530129110
凤合镇 *	530129111
六哨乡	530129205
甸沙乡	530129210
联合乡 *	530129211
金源乡 *	530129212
安宁市（9 街道）	**530181000**
连然街道	530181001
金方街道	530181002
八街街道	530181003

续表 1

行政区划名称	行政区划代码
县街街道	530181004
太平新城街道	530181005
温泉街道	530181006
草铺街道	530181007
青龙街道	530181008
禄脿街道	530181009
曲靖市（43 街道，51 镇，40 乡）	**530300000**
麒麟区（13 街道，3 镇）	**530302000**
南宁街道	530302001
建宁街道	530302002
白石江街道	530302003
寥廓街道	530302004
西城街道	530302005
珠街街道	530302006
沿江街道	530302007
三宝街道	530302008
太和街道	530302009
文华街道	530302010
潇湘街道	530302011
益宁街道	530302012
翠峰街道	530302013
越州镇	530302101
东山镇	530302102
茨营镇	530302103
沾益区（4 街道，2 镇，5 乡）	**530303000**
龙华街道	530303001
金龙街道	530303002
西平街道	530303003
花山街道	530303004
白水镇	530303100
盘江镇	530303101
炎方乡	530303200
播乐乡	530303201
大坡乡	530303202
菱角乡	530303203
德泽乡	530303204
马龙县（5 街道，2 镇，3 乡）	**530321000**
通泉街道	530321001
鸡头村街道	530321002
王家庄街道	530321003
张安屯街道	530321004
旧县街道	530321005
马过河镇	530321102
纳章镇	530321105
马鸣乡	530321200
大庄乡	530321202
月望乡	530321203
陆良县（2 街道，7 镇，2 乡）	**530322000**
中枢街道	530322001
同乐街道	530322002
板桥镇	530322101
三岔河镇	530322102
马街镇	530322103
召夸镇	530322104
大莫古镇	530322105
芳华镇	530322106
小百户镇	530322107
活水乡	530322200
龙海乡	530322202
师宗县（3 街道，4 镇，3 乡）	**530323000**
丹凤街道	530323001
漾月街道	530323002
大同街道	530323003
雄壁镇	530323101
葵山镇	530323103
彩云镇	530323104
竹基镇	530323105
龙庆彝族壮族乡	530323201
五龙壮族乡	530323202
高良壮族苗族瑶族乡	530323203
罗平县（3 街道，4 镇，6 乡）	**530324000**
罗雄街道	530324001
腊山街道	530324002
九龙街道	530324003
板桥镇	530324101
马街镇	530324102
富乐镇	530324103
阿岗镇	530324105
大水井乡	530324201
鲁布革布依族苗族乡	530324202
旧屋基彝族乡	530324203
钟山乡	530324204
长底布依族乡	530324205
老厂乡	530324208
富源县（2 街道，9 镇，1 乡）	**530325000**
中安街道	530325001
胜境街道	530325002
营上镇	530325101
黄泥河镇	530325102
竹园镇	530325103
后所镇	530325104
大河镇	530325105
墨红镇	530325106
富村镇	530325107
老厂镇	530325109
十八连山镇	530325110
古敢水族乡	530325203
会泽县（3 街道，7 镇，13 乡）	**530326000**
金钟街道	530326001
古城街道	530326002
宝云街道	530326003
娜姑镇	530326101
迤车镇	530326102
矿山镇	530326104
者海镇	530326105
待补镇	530326106
乐业镇	530326107
大井镇	530326108
纸厂乡	530326200
马路乡	530326202
火红乡	530326203
新街回族乡	530326206
雨碌乡	530326208
大海乡	530326209
鲁纳乡	530326210
老厂乡	530326211
上村乡	530326212
五星乡	530326213
驾车乡	530326214
大桥乡	530326215
田坝乡	530326216
宣威市（8 街道，13 镇，7 乡）	**530381000**
宛水街道	530381001
西宁街道	530381002
双龙街道	530381003
虹桥街道	530381004
来宾街道	530381005
板桥街道	530381006
凤凰街道	530381007
丰华街道	530381008
格宜镇	530381102
田坝镇	530381103
羊场镇	530381104
倘塘镇	530381106
落水镇	530381107
务德镇	530381108
海岱镇	530381109
龙场镇	530381110
龙潭镇	530381111
宝山镇	530381112
东山镇	530381113
热水镇	530381114
杨柳镇	530381115
普立乡	530381201
西泽乡	530381204
得禄乡	530381205
双河乡	530381207
乐丰乡	530381208
文兴乡	530381209
阿都乡	530381210
玉溪市（24 街道，25 镇，26 乡）	**530400000**
红塔区（9 街道，2 乡）	**530402000**
玉兴路街道	530402001
凤凰路街道	530402002
玉带路街道	530402003
北城街道	530402004
春和街道	530402005

续表 2

行政区划名称	行政区划代码	行政区划名称	行政区划代码	行政区划名称	行政区划代码
李棋街道	530402006	大龙潭乡	530426201	由旺镇	530521101
大营街街道	530402007	富良棚乡	530426202	姚关镇	530521102
研和街道	530402008	**新平彝族傣族自治县**	530427000	太平镇	530521103
高仓街道	530402009	**(2 街道，4 镇，6 乡)**		仁和镇	530521104
小石桥彝族乡	530402200	桂山街道	530427001	万兴乡	530521202
洛河彝族乡	530402201	古城街道	530427002	摆榔彝族布朗族乡	530521203
江川区 (1 街道，4 镇，2 乡)	**530403000**	扬武镇	530427101	酒房乡	530521204
大街街道	530403001	漠沙镇	530427102	旧城乡	530521205
江城镇	530403101	戛洒镇	530427103	木老元布朗族彝族乡	530521206
前卫镇	530403102	水塘镇	530427104	老麦乡	530521207
九溪镇	530403103	平甸乡	530427200	何元乡	530521208
路居镇	530403104	新化乡	530427201	水长乡	530521209
安化彝族乡	530403200	建兴乡	530427202	**龙陵县 (5 镇，5 乡)**	**530523000**
雄关乡	530403201	老厂乡	530427203	镇安镇	530523101
澄江县 (2 街道，4 镇)	**530422000**	者竜乡	530427204	勐糯镇	530523102
凤麓街道	530422001	平掌乡	530427205	龙山镇	530523103
龙街街道	530422002	**元江哈尼族彝族傣族自治县**	**530428000**	腊勐镇	530523104
阳宗镇	530422102	**(3 街道，2 镇，5 乡)**		象达镇	530523105
右所镇	530422103	澧江街道	530428001	龙江乡	530523201
海口镇	530422104	红河街道	530428002	碧寨乡	530523204
九村镇	530422105	甘庄街道	530428003	龙新乡	530523205
通海县 (2 街道，4 镇，3 乡)	**530423000**	因远镇	530428101	平达乡	530523207
秀山街道	530423001	曼来镇	530428102	木城彝族傈僳族乡	530523208
九龙街道	530423002	羊街乡	530428201	**昌宁县 (9 镇，4 乡)**	**530524000**
杨广镇	530423101	那诺乡	530428202	漭水镇	530524102
河西镇	530423103	洼垤乡	530428203	柯街镇	530524103
四街镇	530423104	咪哩乡	530428204	卡斯镇	530524104
纳古镇	530423105	龙潭乡	530428205	勐统镇	530524105
里山彝族乡	530423200	**保山市 (6 街道，35 镇，34 乡)**	**530500000**	田园镇	530524106
高大傣族彝族乡	530423201	**隆阳区 (6 街道，5 镇，10 乡)**	**530502000**	温泉镇	530524107
兴蒙蒙古族乡	530423202	兰城街道	530502001	鸡飞镇	530524108
华宁县 (1 街道，3 镇，1 乡)	**530424000**	永昌街道	530502002	大田坝镇	530524109
宁州街道	530424001	河图街道	530502003	翁堵镇	530524110
盘溪镇	530424101	永盛街道	530502004	湾甸傣族乡	530524204
华溪镇	530424102	九隆街道	530502005	更戛乡	530524205
青龙镇	530424103	青华街道	530502006	珠街彝族乡	530524206
通红甸彝族苗族乡	530424200	板桥镇	530502101	耈街彝族苗族乡	530524207
易门县 (2 街道，1 镇，4 乡)	**530425000**	蒲缥镇	530502103	**腾冲市 (11 镇，7 乡)**	**530581000**
龙泉街道	530425001	汉庄镇	530502104	腾越镇	530581100
六街街道	530425002	潞江镇	530502105	固东镇	530581101
绿汁镇	530425102	瓦窑镇	530502106	滇滩镇	530581103
浦贝彝族乡	530425200	金鸡乡	530502200	猴桥镇	530581104
十街彝族乡	530425201	辛街乡	530502201	和顺镇	530581105
铜厂彝族乡	530425202	西邑乡	530502202	界头镇	530581106
小街乡	530425203	丙麻乡	530502203	曲石镇	530581107
峨山彝族自治县 (2 街道，	**530426000**	瓦渡乡	530502204	明光镇	530581108
3 镇，3 乡)		水寨乡	530502205	中和镇	530581109
双江街道	530426001	瓦马彝族白族乡	530502208	芒棒镇	530581110
小街街道	530426002	瓦房彝族苗族乡	530502210	荷花镇	530581111
甸中镇	530426102	杨柳白族彝族乡	530502211	马站乡	530581203
化念镇	530426103	芒宽彝族傣族乡	530502214	北海乡	530581204
塔甸镇	530426104	**施甸县 (5 镇，8 乡)**	**530521000**	清水乡	530581206
岔河乡	530426200	甸阳镇	530521100	五合乡	530581210

续表 3

行政区划名称	行政区划代码	行政区划名称	行政区划代码	行政区划名称	行政区划代码
新华乡	530581211	包谷垴乡	530622209	大湾镇	530627105
蒲川乡	530581212	中寨乡	530622212	以勒镇	530627106
团田乡	530581213	炉房乡	530622216	赤水源镇	530627107
昭通市（7 街道，99 镇，40 乡）	**530600000**	**盐津县（6 镇，4 乡）**	530623000	芒部镇	530627108
		盐井镇	530623100	雨河镇	530627109
昭阳区（3 街道，10 镇，7 乡）	**530602000**	普洱镇	530623101	罗坎镇	530627110
		豆沙镇	530623102	牛场镇	530627111
龙泉街道	530602001	中和镇	530623103	五德镇	530627112
凤凰街道	530602002	庙坝镇	530623104	塘房镇	530627113
太平街道	530602003	柿子镇	530623105	场坝镇	530627114
旧圃镇	530602101	兴隆乡	530623202	以古镇	530627115
永丰镇	530602102	落雁乡	530623204	木卓镇	530627116
北闸镇	530602103	滩头乡	530623205	坪上镇	530627117
大山包镇	530602104	牛寨乡	530623206	碗厂镇	530627118
靖安镇	530602105	**大关县（8 镇，1 乡）**	**530624000**	盐源镇	530627119
苏家院镇	530602106	翠华镇	530624100	中屯镇	530627120
洒渔镇	530602107	玉碗镇	530624101	鱼洞乡	530627202
乐居镇	530602108	吉利镇	530624102	花朗乡	530627205
盘河镇	530602109	天星镇	530624103	尖山乡	530627207
炎山镇	530602110	木杆镇	530624104	杉树乡	530627213
布嘎回族乡	530602202	悦乐镇	530624105	花山乡	530627214
守望回族乡	530602203	高桥镇	530624106	果珠彝族乡	530627219
小龙洞回族彝族乡	530602205	寿山镇	530624107	林口彝族苗族乡	530627221
青岗岭回族彝族乡	530602208	上高桥回族彝族苗族乡	530624200	**彝良县（10 镇，5 乡）**	**530628000**
苏甲乡	530602212	**永善县（8 镇，7 乡）**	**530625000**	角奎镇	530628100
大寨子乡	530602214	溪落渡镇	530625100	洛泽河镇	530628101
田坝乡	530602216	桧溪镇	530625102	牛街镇	530628102
鲁甸县（10 镇，2 乡）	**530621000**	黄华镇	530625103	小草坝镇	530628103
文屏镇	530621100	茂林镇	530625104	龙安镇	530628104
龙头山镇	530621101	大兴镇	530625105	龙海镇	530628105
水磨镇	530621102	莲峰镇	530625106	荞山镇	530628106
小寨镇	530621103	码口镇	530625107	钟鸣镇	530628107
江底镇	530621104	务基镇	530625108	海子镇	530628108
龙树镇	530621105	团结乡	530625201	两河镇	530628109
新街镇	530621106	细沙乡	530625203	龙街苗族彝族乡	530628202
火德红镇	530621107	青胜乡	530625204	奎香苗族彝族乡	530628203
乐红镇	530621108	马楠苗族彝族乡	530625208	树林彝族苗族乡	530628204
梭山镇	530621109	水竹乡	530625209	柳溪苗族乡	530628213
桃源回族乡	530621200	墨翰乡	530625212	洛旺苗族乡	530628214
茨院回族乡	530621201	伍寨彝族苗族乡	530625214	**威信县（7 镇，3 乡）**	**530629000**
巧家县（12 镇，4 乡）	**530622000**	**绥江县（5 镇）**	**530626000**	扎西镇	530629100
白鹤滩镇	530622100	中城镇	530626100	旧城镇	530629101
马树镇	530622101	南岸镇	530626101	罗布镇	530629102
药山镇	530622102	新滩镇	530626103	麟凤镇	530629103
小河镇	530622103	会仪镇	530626104	庙沟镇	530629104
大寨镇	530622104	板栗镇	530626105	水田镇	530629105
老店镇	530622105	**镇雄县（3 街道，20 镇，7 乡）**	**530627000**	长安镇	530629106
蒙姑镇	530622106	乌峰街道	530627001	双河苗族彝族乡	530629201
金塘镇	530622107	南台街道	530627002	高田乡	530629202
新店镇	530622108	旧府街道	530627003	三桃乡	530629207
茂租镇	530622109	泼机镇	530627101	**水富县（1 街道，3 镇）**	**530630000**
崇溪镇	530622110	黑树镇	530627102	云富街道	530630001
东坪镇	530622111	母享镇	530627103	向家坝镇	530630100
红山乡	530622202	坡头镇	530627104	太平镇	530630101

续表 4

行政区划名称	行政区划代码
两碗镇	530630102
丽江市（7 街道，23 镇，35 乡）	**530700000**
古城区（7 街道，2 镇，2 乡）	**530702000**
大研街道	530702001
西安街道	530702002
祥和街道	530702003
束河街道	530702004
金山街道	530702005
开南街道	530702006
文化街道	530702007
金安镇	530702100
七河镇	530702101
金江白族乡	530702207
大东乡	530702215
玉龙纳西族自治县（7 镇，9 乡）	**530721000**
石鼓镇	530721101
巨甸镇	530721102
黄山镇	530721103
鸣音镇	530721104
奉科镇	530721105
白沙镇	530721106
拉市镇	530721107
太安乡	530721205
石头白族乡	530721208
黎明傈僳族乡	530721211
鲁甸乡	530721212
塔城乡	530721213
大具乡	530721216
宝山乡	530721217
九河白族乡	530721219
龙蟠乡	530721220
永胜县（9 镇，6 乡）	**530722000**
永北镇	530722100
仁和镇	530722101
期纳镇	530722102
三川镇	530722103
程海镇	530722105
涛源镇	530722106
片角镇	530722107
顺州镇	530722108
鲁地拉镇	530722109
羊坪彝族乡	530722200
六德傈僳族彝族乡	530722201
东山傈僳族彝族乡	530722202
光华傈僳族彝族乡	530722207
松坪傈僳族彝族乡	530722208
大安彝族纳西族乡	530722209
华坪县（4 镇，4 乡）	**530723000**
中心镇	530723100
荣将镇	530723101
兴泉镇	530723102
石龙坝镇	530723103
新庄傈僳族傣族乡	530723205
通达傈僳族乡	530723206
永兴傈僳族乡	530723207
船房傈僳族傣族乡	530723208
宁蒗彝族自治县（1 镇，14 乡）	**530724000**
大兴镇	530724100
拉伯乡	530724200
永宁乡	530724201
翠玉傈僳族普米族乡	530724202
红桥乡	530724203
宁利乡	530724205
金棉乡	530724206
西川乡	530724207
西布河乡	530724208
战河乡	530724209
永宁坪乡	530724210
跑马坪乡	530724211
蝉战河乡	530724212
新营盘乡	530724213
烂泥箐乡	530724214
普洱市（66 镇，37 乡）	**530800000**
思茅区（5 镇，2 乡）	**530802000**
思茅镇	530802100
南屏镇	530802101
倚象镇	530802102
思茅港镇	530802103
六顺镇	530802104
龙潭彝族傣族乡	530802200
云仙彝族乡	530802201
宁洱哈尼族彝族自治县（6 镇，3 乡）	**530821000**
宁洱镇	530821100
磨黑镇	530821101
勐先镇	530821102
德化镇	530821103
同心镇	530821104
梅子镇	530821105
普义乡	530821204
黎明乡	530821205
德安乡	530821207
墨江哈尼族自治县（12 镇，3 乡）	**530822000**
联珠镇	530822100
通关镇	530822101
鱼塘镇	530822102
雅邑镇	530822103
泗南江镇	530822104
坝溜镇	530822105
文武镇	530822106
景星镇	530822107
新抚镇	530822108
新安镇	530822109
团田镇	530822110
龙坝镇	530822111
孟弄彝族乡	530822202
龙潭乡	530822207
那哈乡	530822211
景东彝族自治县（10 镇，3 乡）	**530823000**
锦屏镇	530823100
文井镇	530823101
漫湾镇	530823102
大朝山东镇	530823103
花山镇	530823104
大街镇	530823105
安定镇	530823106
太忠镇	530823107
文龙镇	530823108
景福镇	530823109
龙街乡	530823204
林街乡	530823207
曼等乡	530823209
景谷傣族彝族自治县（6 镇，4 乡）	**530824000**
威远镇	530824100
永平镇	530824101
正兴镇	530824102
民乐镇	530824103
景谷镇	530824104
凤山镇	530824105
半坡乡	530824205
勐班乡	530824206
碧安乡	530824207
益智乡	530824208
镇沅彝族哈尼族拉祜族自治县（8 镇，1 乡）	**530825000**
恩乐镇	530825100
按板镇	530825101
勐大镇	530825102
者东镇	530825103
九甲镇	530825104
振太镇	530825105
古城镇	530825106
和平镇	530825107
田坝乡	530825200
江城哈尼族彝族自治县（5 镇，2 乡）	**530826000**
勐烈镇	530826100
整董镇	530826101
康平镇	530826102
宝藏镇	530826103
曲水镇	530826104
国庆乡	530826201
嘉禾乡	530826202
孟连傣族拉祜族佤族自治县（4 镇，2 乡）	530827000
娜允镇	530827100

续表 5

行政区划名称	行政区划代码	行政区划名称	行政区划代码	行政区划名称	行政区划代码
勐马镇	530827101	小湾镇	530921102	**耿马傣族佤族自治县（4 镇，5 乡）**	**530926000**
芒信镇	530827102	营盘镇	530921103	耿马镇	530926100
富岩镇	530827103	勐佑镇	530921104	勐永镇	530926101
景信乡	530827200	洛党镇	530921107	勐撒镇	530926102
公信乡	530827203	雪山镇	530921108	孟定镇	530926103
澜沧拉祜族自治县（5 镇，15 乡）	**530828000**	三岔河镇	530921109	大兴乡	530926200
勐朗镇	530828100	诗礼乡	530921200	芒洪拉祜族布朗族乡	530926201
上允镇	530828101	新华彝族苗族乡	530921201	四排山乡	530926202
糯扎渡镇	530828102	大寺乡	530921203	贺派乡	530926203
东回镇	530828103	腰街彝族乡	530921206	勐简乡	530926204
惠民镇	530828104	郭大寨彝族白族乡	530921210	**沧源佤族自治县（4 镇，6 乡）**	**530927000**
谦六彝族乡	530828201	**云县（7 镇，5 乡）**	**530922000**	勐董镇	530927100
东河乡	530828203	爱华镇	530922100	岩帅镇	530927101
大山乡	530828204	漫湾镇	530922101	勐省镇	530927102
南岭乡	530828205	大朝山西镇	530922102	芒卡镇	530927103
酒井哈尼族乡	530828208	茂兰镇	530922103	单甲乡	530927201
拉巴乡	530828211	大寨镇	530922104	糯良乡	530927202
竹塘乡	530828212	涌宝镇	530922105	勐来乡	530927203
富邦乡	530828213	幸福镇	530922106	勐角傣族彝族拉祜族乡	530927204
安康佤族乡	530828214	忙怀彝族布朗族乡	530922201	班洪乡	530927205
文东佤族乡	530828215	晓街乡	530922202	班老乡	530927207
富东乡	530828216	茶房乡	530922203	**楚雄彝族自治州（65 镇，38 乡）**	**532300000**
雪林佤族乡	530828217	栗树彝族傣族乡	530922206	**楚雄市（12 镇，3 乡）**	**532301000**
木戛乡	530828218	后箐彝族乡	530922207	鹿城镇	532301100
发展河哈尼族乡	530828219	**永德县（3 镇，7 乡）**	**530923000**	东瓜镇	532301102
糯福乡	530828220	德党镇	530923100	吕合镇	532301103
西盟佤族自治县（5 镇，2 乡）	**530829000**	小勐统镇	530923101	东华镇	532301104
勐梭镇	530829100	永康镇	530923102	子午镇	532301105
勐卡镇	530829101	勐板乡	530923202	苍岭镇	532301108
翁嘎科镇	530829102	亚练乡	530923203	三街镇	532301109
新厂镇	530829103	乌木龙彝族乡	530923204	中山镇	532301110
中课镇	530829104	大雪山彝族拉祜族傣族乡	530923205	八角镇	532301111
力所拉祜族乡	530829201	班卡乡	530923206	紫溪镇	532301112
岳宋乡	530829202	崇岗乡	530923207	新村镇	532301113
临沧市（2 街道，32 镇，43 乡）	**530900000**	大山乡	530923208	西舍路镇	532301114
临翔区（2 街道，1 镇，7 乡）	**530902000**	**镇康县（3 镇，4 乡）**	**530924000**	树苴乡	532301201
凤翔街道	530902001	凤尾镇	530924100	大过口乡	532301203
忙畔街道	530902002	勐捧镇	530924101	大地基乡	532301205
博尚镇	530902101	南伞镇	530924102	**双柏县（5 镇，3 乡）**	**532322000**
南美拉祜族乡	530902201	忙丙乡	530924200	妥甸镇	532322100
蚂蚁堆乡	530902202	勐堆乡	530924201	大庄镇	532322101
章驮乡	530902203	木场乡	530924203	法脿镇	532322102
圈内乡	530902205	军赛佤族拉祜族傈僳族德昂族乡	530924204	碍嘉镇	532322103
马台乡	530902206	**双江拉祜族佤族布朗族傣族自治县（2 镇，4 乡）**	**530925000**	大麦地镇	532322104
邦东乡	530902207	勐勐镇	530925100	安龙堡乡	532322204
平村彝族傣族乡	530902208	勐库镇	530925101	爱尼山乡	532322206
凤庆县（8 镇，5 乡）	**530921000**	沙河乡	530925200	独田乡	532322207
凤山镇	530921100	大文乡	530925201	**牟定县（4 镇，3 乡）**	**532323000**
鲁史镇	530921101	忙糯乡	530925202	共和镇	532323100
		邦丙乡	530925204	新桥镇	532323101
				江坡镇	532323102

续表 6

行政区划名称	行政区划代码
凤屯镇	532323103
蟠猫乡	532323201
戌街乡	532323202
安乐乡	532323203
南华县 (6 镇，4 乡)	**532324000**
龙川镇	532324100
红土坡镇	532324103
沙桥镇	532324105
五街镇	532324106
马街镇	532324107
兔街镇	532324108
雨露白族乡	532324201
一街乡	532324204
罗武庄乡	532324205
五顶山乡	532324207
姚安县 (6 镇，3 乡)	**532325000**
栋川镇	532325100
光禄镇	532325101
前场镇	532325102
官屯镇	532325103
弥兴镇	532325106
太平镇	532325108
适中乡	532325204
左门乡	532325205
大河口乡	532325208
大姚县 (8 镇，4 乡)	**532326000**
金碧镇	532326100
石羊镇	532326101
六苴镇	532326102
龙街镇	532326103
赵家店镇	532326104
新街镇	532326105
桂花镇	532326106
三岔河镇	532326107
昙华乡	532326205
湾碧傣族傈僳族乡	532326207
铁锁乡	532326208
三台乡	532326209
永仁县 (3 镇，4 乡)	**532327000**
永定镇	532327100
宜就镇	532327101
中和镇	532327103
莲池乡	532327200
维的乡	532327201
猛虎乡	532327202
永兴傣族乡	532327205
元谋县 (3 镇，7 乡)	**532328000**
元马镇	532328100
黄瓜园镇	532328102
羊街镇	532328103
老城乡	532328201
物茂乡	532328202
平田乡	532328203
江边乡	532328204
新华乡	532328205
姜驿乡	532328206
凉山乡	532328209
武定县 (7 镇，4 乡)	**532329000**
高桥镇	532329101
猫街镇	532329102
狮山镇	532329103
插甸镇	532329104
白路镇	532329105
己衣镇	532329106
万德镇	532329107
田心乡	532329202
发窝乡	532329203
环州乡	532329208
东坡傣族乡	532329209
禄丰县 (11 镇，3 乡)	**532331000**
金山镇	532331100
仁兴镇	532331101
碧城镇	532331102
勤丰镇	532331103
一平浪镇	532331104
和平镇	532331105
广通镇	532331106
黑井镇	532331107
土官镇	532331108
彩云镇	532331109
恐龙山镇	532331110
中村乡	532331200
高峰乡	532331205
妥安乡	532331206
红河哈尼族彝族自治州 (3 街道，67 镇，60 乡)	**532500000**
个旧市 (1 街道，7 镇，2 乡)	**532501000**
城区街道	532501001
锡城镇	532501100
鸡街镇	532501101
大屯镇	532501102
老厂镇	532501104
卡房镇	532501105
沙甸镇	532501106
蔓耗镇	532501107
贾沙乡	532501201
保和乡	532501202
开远市 (2 街道，2 镇，3 乡)	**532502000**
灵泉街道	532502002
乐白道街道	532502003
小龙潭镇	532502101
中和营镇	532502103
大庄回族乡	532502200
羊街乡	532502201
碑格乡	532502204
蒙自市 (7 镇，4 乡)	**532503000**
文澜镇	532503100
草坝镇	532503101
雨过铺镇	532503102
新安所镇	532503103
芷村镇	532503104
鸣鹫镇	532503106
冷泉镇	532503109
期路白苗族乡	532503200
老寨苗族乡	532503201
水田乡	532503202
西北勒乡	532503203
弥勒市 (9 镇，2 乡)	**532504000**
弥阳镇	532504100
新哨镇	532504101
虹溪镇	532504102
竹园镇	532504103
巡检司镇	532504105
西一镇	532504107
西二镇	532504108
西三镇	532504109
东山镇	532504110
五山乡	532504201
江边乡	532504202
屏边苗族自治县 (4 镇，3 乡)	**532523000**
玉屏镇	532523100
新现镇	532523101
和平镇	532523102
白河镇	532523103
白云乡	532523204
新华乡	532523205
湾塘乡	532523206
建水县 (8 镇，4 乡)	**532524000**
临安镇	532524100
官厅镇	532524101
西庄镇	532524102
青龙镇	532524103
南庄镇	532524104
岔科镇	532524105
曲江镇	532524106
面甸镇	532524107
普雄乡	532524200
坡头乡	532524202
盘江乡	532524203
甸尾乡	532524205
石屏县 (7 镇，2 乡)	**532525000**
异龙镇	532525100
宝秀镇	532525101
坝心镇	532525102
龙朋镇	532525103
龙武镇	532525106
哨冲镇	532525107
牛街镇	532525108

续表 7

行政区划名称	行政区划代码
新城乡	532525200
大桥乡	532525202
泸西县 (5 镇，3 乡)	**532527000**
中枢镇	532527100
金马镇	532527101
旧城镇	532527103
午街铺镇	532527105
白水镇	532527106
向阳乡	532527200
三塘乡	532527201
永宁乡	532527202
元阳县 (3 镇，11 乡)	**532528000**
南沙镇	532528100
新街镇	532528101
牛角寨镇	532528102
沙拉托乡	532528202
嘎娘乡	532528203
上新城乡	532528204
小新街乡	532528205
逢春岭乡	532528206
大坪乡	532528207
攀枝花乡	532528208
黄茅岭乡	532528209
黄草岭乡	532528210
俄扎乡	532528211
马街乡	532528212
红河县 (5 镇，8 乡)	**532529000**
迤萨镇	532529100
甲寅镇	532529101
宝华镇	532529102
乐育镇	532529103
浪堤镇	532529104
洛恩乡	532529203
石头寨乡	532529204
阿扎河乡	532529205
大羊街乡	532529208
车古乡	532529209
架车乡	532529210
垤玛乡	532529211
三村乡	532529212
金平苗族瑶族傣族自治县 (4 镇，9 乡)	**532530000**
金河镇	532530100
金水河镇	532530101
勐拉镇	532530102
老勐镇	532530103
铜厂乡	532530201
老集寨乡	532530203
者米拉祜族乡	532530204
阿得博乡	532530205
沙依坡乡	532530206
大寨乡	532530207
马鞍底乡	532530208
勐桥乡	532530209
营盘乡	532530210
绿春县 (4 镇，5 乡)	**532531000**
大兴镇	532531100
牛孔镇	532531101
大黑山镇	532531102
平河镇	532531103
戈奎乡	532531200
大水沟乡	532531202
半坡乡	532531204
骑马坝乡	532531205
三猛乡	532531206
河口瑶族自治县 (2 镇，4 乡)	**532532000**
河口镇	532532100
南溪镇	532532101
老范寨乡	532532200
桥头苗族壮族乡	532532201
瑶山乡	532532202
莲花滩乡	532532203
文山壮族苗族自治州 (3 街道，42 镇，59 乡)	**532600000**
文山市 (3 街道，7 镇，7 乡)	**532601000**
开化街道	532601001
卧龙街道	532601002
新平街道	532601003
古木镇	532601102
平坝镇	532601103
马塘镇	532601104
德厚镇	532601105
小街镇	532601106
薄竹镇	532601107
追栗街镇	532601108
东山彝族乡	532601200
柳井彝族乡	532601201
新街乡	532601202
喜古乡	532601203
坝心彝族乡	532601204
秉烈彝族乡	532601205
红甸回族乡	532601206
砚山县 (4 镇，7 乡)	**532622000**
江那镇	532622100
平远镇	532622101
稼依镇	532622102
阿猛镇	532622103
阿舍彝族乡	532622200
维摩彝族乡	532622201
盘龙彝族乡	532622202
八嘎乡	532622203
者腊乡	532622204
蚌峨乡	532622205
干河彝族乡	532622207
西畴县 (2 镇，7 乡)	**532623000**
西洒镇	532623100
兴街镇	532623101
蚌谷乡	532623200
莲花塘乡	532623201
新马街乡	532623202
柏林乡	532623203
法斗乡	532623204
董马乡	532623205
鸡街乡	532623206
麻栗坡县 (4 镇，7 乡)	**532624000**
麻栗镇	532624100
大坪镇	532624101
董干镇	532624102
天保镇	532624103
猛硐瑶族乡	532624201
下金厂乡	532624202
八布乡	532624203
六河乡	532624204
杨万乡	532624205
铁厂乡	532624206
马街乡	532624207
马关县 (9 镇，4 乡)	**532625000**
马白镇	532625100
八寨镇	532625101
仁和镇	532625102
木厂镇	532625103
夹寒箐镇	532625104
小坝子镇	532625105
都龙镇	532625106
金厂镇	532625107
坡脚镇	532625108
南捞乡	532625200
大栗树乡	532625201
篾厂乡	532625202
古林箐乡	532625203
丘北县 (3 镇，9 乡)	**532626000**
锦屏镇	532626100
曰者镇	532626101
双龙营镇	532626102
八道哨彝族乡	532626200
天星乡	532626201
平寨乡	532626202
树皮彝族乡	532626203
腻脚彝族乡	532626204
新店彝族乡	532626205
舍得彝族乡	532626206
官寨乡	532626207
温浏乡	532626209
广南县 (7 镇，11 乡)	**532627000**
莲城镇	532627100
八宝镇	532627101
南屏镇	532627102
珠街镇	532627103
那洒镇	532627104

续表 8

行政区划名称	行政区划代码
珠琳镇	532627105
坝美镇	532627106
董堡乡	532627201
旧莫乡	532627202
杨柳井乡	532627203
板蚌乡	532627204
曙光乡	532627205
黑支果乡	532627206
篆角乡	532627207
五珠乡	532627208
者兔乡	532627209
者太乡	532627210
底圩乡	532627211
富宁县（6 镇，7 乡）	**532628000**
新华镇	532628100
归朝镇	532628101
剥隘镇	532628102
里达镇	532628103
田蓬镇	532628104
木央镇	532628105
板仑乡	532628200
谷拉乡	532628201
者桑乡	532628202
那能乡	532628203
洞波瑶族乡	532628204
阿用乡	532628205
花甲乡	532628206
西双版纳傣族自治州（1 街道，19 镇，12 乡）	**532800000**
景洪市（1 街道，5 镇，5 乡）	**532801000**
允景洪街道	532801001
嘎洒镇	532801101
勐龙镇	532801102
勐罕镇	532801103
勐养镇	532801104
普文镇	532801105
景哈哈尼族乡	532801202
景讷乡	532801203
大渡岗乡	532801204
勐旺乡	532801205
基诺山基诺族乡	532801206
勐海县（6 镇，5 乡）	**532822000**
勐海镇	532822100
打洛镇	532822101
勐遮镇	532822103
勐混镇	532822104
勐满镇	532822105
勐阿镇	532822106
勐宋乡	532822201
勐往乡	532822203
格朗和哈尼族乡	532822205
布朗山布朗族乡	532822206
西定哈尼族布朗族乡	532822209
勐腊县（8 镇，2 乡）	**532823000**
勐腊镇	532823100
勐捧镇	532823101
勐满镇	532823102
勐仑镇	532823103
磨憨镇	532823104
勐伴镇	532823105
关累镇	532823106
易武镇	532823107
象明彝族乡	532823204
瑶区瑶族乡	532823205
大理白族自治州（70 镇，40 乡）	**532900000**
大理市（10 镇，1 乡）	**532901000**
下关镇	532901100
大理镇	532901101
凤仪镇	532901102
喜洲镇	532901103
海东镇	532901104
挖色镇	532901105
湾桥镇	532901106
银桥镇	532901107
双廊镇	532901109
上关镇	532901110
太邑彝族乡	532901200
漾濞彝族自治县（4 镇，5 乡）	**532922000**
苍山西镇	532922101
漾江镇	532922102
平坡镇	532922104
顺濞镇	532922105
富恒乡	532922201
太平乡	532922202
瓦厂乡	532922204
龙潭乡	532922205
鸡街乡	532922206
祥云县（8 镇，2 乡）	**532923000**
祥城镇	532923100
云南驿镇	532923101
下庄镇	532923102
刘厂镇	532923103
禾甸镇	532923104
沙龙镇	532923105
米甸镇	532923106
普淜镇	532923107
鹿鸣乡	532923203
东山彝族乡	532923204
宾川县（8 镇，2 乡）	**532924000**
金牛镇	532924100
宾居镇	532924101
州城镇	532924102
鸡足山镇	532924104
力角镇	532924105
乔甸镇	532924107
大营镇	532924108
平川镇	532924109
钟英傈僳族彝族乡	532924200
拉乌彝族乡	532924202
弥渡县（6 镇，2 乡）	**532925000**
弥城镇	532925100
红岩镇	532925101
新街镇	532925102
寅街镇	532925103
苴力镇	532925104
密祉镇	532925105
德苴乡	532925203
牛街彝族乡	532925204
南涧彝族自治县（5 镇，3 乡）	**532926000**
南涧镇	532926100
小湾东镇	532926101
宝华镇	532926103
公郎镇	532926104
无量山镇	532926105
拥翠乡	532926201
乐秋乡	532926202
碧溪乡	532926203
巍山彝族回族自治县（4 镇，6 乡）	**532927000**
南诏镇	532927100
庙街镇	532927101
大仓镇	532927102
永建镇	532927103
巍宝山乡	532927200
马鞍山乡	532927201
紫金乡	532927202
五印乡	532927203
牛街乡	532927204
青华乡	532927206
永平县（3 镇，4 乡）	**532928000**
博南镇	532928100
杉阳镇	532928102
龙街镇	532928103
龙门乡	532928200
厂街彝族乡	532928202
水泄彝族乡	532928203
北斗彝族乡	532928204
云龙县（4 镇，7 乡）	**532929000**
诺邓镇	532929100
功果桥镇	532929101
漕涧镇	532929102
白石镇	532929103
宝丰乡	532929201
关坪乡	532929202
团结彝族乡	532929203
长新乡	532929204
检槽乡	532929205
苗尾傈僳族乡	532929206

续表 9

行政区划名称	行政区划代码	行政区划名称	行政区划代码	行政区划名称	行政区划代码
民建乡	532929207	芒东镇	533122101	**贡山独龙族怒族自治县（2 镇，3 乡）**	**533324000**
洱源县（6 镇，3 乡）	**532930000**	勐养镇	533122102	茨开镇	533324100
茈碧湖镇	532930100	平山乡	533122200	丙中洛镇	533324101
邓川镇	532930103	小厂乡	533122201	捧当乡	533324201
右所镇	532930104	大厂乡	533122202	普拉底乡	533324202
三营镇	532930105	九保阿昌族乡	533122204	独龙江乡	533324203
凤羽镇	532930106	囊宋阿昌族乡	533122205	**兰坪白族普米族自治县（4 镇，4 乡）**	**533325000**
乔后镇	532930107	河西乡	533122206	金顶镇	533325100
牛街乡	532930201	**盈江县（8 镇，7 乡）**	**533123000**	拉井镇	533325101
炼铁乡	532930202	平原镇	533123100	营盘镇	533325102
西山乡	532930203	旧城镇	533123101	通甸镇	533325103
剑川县（5 镇，3 乡）	**532931000**	那邦镇	533123102	河西乡	533325201
金华镇	532931100	太平镇	533123103	中排乡	533325202
甸南镇	532931102	弄璋镇	533123104	石登乡	533325203
马登镇	532931103	盏西镇	533123105	兔峨乡	533325204
沙溪镇	532931104	卡场镇	533123106	**迪庆藏族自治州（9 镇，20 乡）**	**533400000**
老君山镇	532931105	昔马镇	533123107	**香格里拉市（4 镇，7 乡）**	**533401000**
羊岑乡	532931200	新城乡	533123205	建塘镇	533401100
弥沙乡	532931202	油松岭乡	533123206	虎跳峡镇	533401101
象图乡	532931203	芒章乡	533123207	金江镇	533401102
鹤庆县（7 镇，2 乡）	**532932000**	支那乡	533123209	小中甸镇	533401103
云鹤镇	532932100	苏典傈僳族乡	533123210	上江乡	533401200
辛屯镇	532932101	勐弄乡	533123211	三坝纳西族乡	533401202
松桂镇	532932102	铜壁关乡	533123214	洛吉乡	533401203
黄坪镇	532932103	**陇川县（4 镇，5 乡）**	**533124000**	尼西乡	533401205
草海镇	532932104	章凤镇	533124100	格咱乡	533401206
西邑镇	532932105	陇把镇	533124101	东旺乡	533401207
龙开口镇	532932106	景罕镇	533124102	五境乡	533401208
金墩乡	532932200	城子镇	533124103	**德钦县（2 镇，6 乡）**	**533422000**
六合彝族乡	532932202	户撒阿昌族乡	533124200	升平镇	533422100
德宏傣族景颇族自治州（1 街道，23 镇，27 乡）	**533100000**	护国乡	533124201	奔子栏镇	533422101
瑞丽市（3 镇，3 乡）	**533102000**	清平乡	533124202	佛山乡	533422200
勐卯镇	533102100	王子树乡	533124204	云岭乡	533422201
畹町镇	533102101	勐约乡	533124207	燕门乡	533422202
弄岛镇	533102102	**怒江傈僳族自治州（13 镇，16 乡）**	**533300000**	拖顶傈僳族乡	533422203
姐相乡	533102201	**泸水市（6 镇，3 乡）**	**533301000**	霞若傈僳族乡	533422204
户育乡	533102202	鲁掌镇	533301100	羊拉乡	533422206
勐秀乡	533102203	六库镇	533301101	**维西傈僳族自治县（3 镇，7 乡）**	**533423000**
芒市（1 街道，5 镇，6 乡）	**533103000**	片马镇	533301102	保和镇	533423100
勐焕街道	533103001	上江镇	533301103	塔城镇	533423101
芒市镇	533103107	老窝镇	533301104	叶枝镇	533423102
风平镇	533103108	大兴地镇	533301105	永春乡	533423200
勐戛镇	533103109	称杆乡	533301200	攀天阁乡	533423201
芒海镇	533103110	古登乡	533301201	白济汛乡	533423202
遮放镇	533103111	洛本卓白族乡	533301202	康普乡	533423203
三台山德昂族乡	533103208	**福贡县（1 镇，6 乡）**	**533323000**	巴迪乡	533423205
江东乡	533103210	上帕镇	533323100	中路乡	533423207
轩岗乡	533103211	匹河怒族乡	533323200	维登乡	533423208
中山乡	533103212	子里甲乡	533323201		
西山乡	533103213	架科底乡	533323202		
五岔路乡	533103214	鹿马登乡	533323203		
梁河县（3 镇，6 乡）	**533122000**	石月亮乡	533323204		
遮岛镇	533122100	马吉乡	533323205		

西藏自治区

西藏自治区（藏）

行政区划名称	行政区划代码
西藏自治区（12 街道，140 镇，545 乡）	**540000000**
拉萨市（8 街道，9 镇，48 乡）	**540100000**
城关区（8 街道，4 乡）	**540102000**
八廓街道	540102002
吉日街道	540102003
吉崩岗街道	540102004
扎细街道	540102005
公德林街道	540102006
嘎玛贡桑街道	540102007
两岛街道	540102008
金珠西路街道	540102009
蔡公堂乡	540102200
夺底乡	540102201
娘热乡	540102202
纳金乡	540102203
堆龙德庆区（2 镇，5 乡）	**540103000**
东嘎镇	540103100
乃琼镇	540103101
羊达乡	540103200
古荣乡	540103201
柳梧乡	540103202
马乡	540103203
德庆乡	540103204
达孜区（1 镇，5 乡）	**540104000**
德庆镇	540104100
塔杰乡	540104200
章多乡	540104201
唐嘎乡	540104202
雪乡	540104203
帮堆乡	540104204
林周县（1 镇，9 乡）	**540121000**
甘丹曲果镇	540121100
春堆乡	540121200
松盘乡	540121201
强嘎乡	540121202
边交林乡	540121203
江热夏乡	540121204
卡孜乡	540121205
旁多乡	540121206
唐古乡	540121207
阿朗乡	540121208
当雄县（2 镇，6 乡）	**540122000**
当曲卡镇	540122100
羊八井镇	540122101
格达乡	540122200
宁中乡	540122201
公塘乡	540122202
龙仁乡	540122203
乌玛塘乡	540122204
纳木湖乡	540122205
尼木县（1 镇，7 乡）	**540123000**
塔荣镇	540123100
麻江乡	540123200
普松乡	540123201
卡如乡	540123202
尼木乡	540123203
续迈乡	540123204
帕古乡	540123205
吞巴乡	540123206
曲水县（1 镇，5 乡）	**540124000**
曲水镇	540124100
达嘎乡	540124200
才纳乡	540124201
南木乡	540124202
聂当乡	540124203
茶巴拉乡	540124204
墨竹工卡县（1 镇，7 乡）	**540127000**
工卡镇	540127100
唐加乡	540127200
甲玛乡	540127201
尼玛江热乡	540127202
日多乡	540127203
扎西岗乡	540127204
门巴乡	540127205
扎雪乡	540127206
日喀则市（2 街道，27 镇，175 乡）	**540200000**
桑珠孜区（2 街道，10 乡）	**540202000**
城南街道	540202001
城北街道	540202002
曲布雄乡	540202200
曲美乡	540202201
聂日雄乡	540202202
甲措雄乡	540202203
纳尔乡	540202204
东嘎乡	540202205
边雄乡	540202206
江当乡	540202207
年木乡	540202208
联乡	540202209
南木林县（1 镇，16 乡）	**540221000**
南木林镇	540221100
达那乡	540221200
卡孜乡	540221201
多角乡	540221202
秋木乡	540221203
艾玛乡	540221204
土布加乡	540221205
查尔乡	540221206
索金乡	540221207
达孜乡	540221208
奴玛乡	540221209
热当乡	540221210
拉布普乡	540221211
普当乡	540221212
仁堆乡	540221213
芒热乡	540221214
甲措乡	540221215
江孜县（1 镇，18 乡）	**540222000**
江孜镇	540222100
纳如乡	540222200
卡麦乡	540222201
卡堆乡	540222202
藏改乡	540222203
日朗乡	540222204
达孜乡	540222205
热索乡	540222206
重孜乡	540222207
龙马乡	540222208
加克西乡	540222209
紫金乡	540222210
江热乡	540222211
年堆乡	540222212
康卓乡	540222213
金嘎乡	540222214
日星乡	540222215
车仁乡	540222216
热龙乡	540222217
定日县（2 镇，11 乡）	**540223000**
协格尔镇	540223100
岗嘎镇	540223101
扎西宗乡	540223200
绒辖乡	540223201
曲当乡	540223202
措果乡	540223203
曲洛乡	540223204
长所乡	540223205
尼辖乡	540223206
扎果乡	540223207
克玛乡	540223208
盆吉乡	540223209
加措乡	540223210
萨迦县（2 镇，9 乡）	**540224000**
萨迦镇	540224100
吉定镇	540224101
雄麦乡	540224200

续表 1

行政区划名称	行政区划代码
麻布加乡	540224201
雄玛乡	540224202
扎西岗乡	540224203
扯休乡	540224204
赛乡	540224205
拉洛乡	540224206
查荣乡	540224207
木拉乡	540224208
拉孜县(2 镇，9 乡)	**540225000**
曲下镇	540225100
拉孜镇	540225101
扎西宗乡	540225200
曲玛乡	540225201
彭措林乡	540225202
扎西岗乡	540225203
柳乡	540225204
热萨乡	540225205
锡钦乡	540225206
芒普乡	540225207
查务乡	540225208
昂仁县(2 镇，15 乡)	**540226000**
卡嘎镇	540226100
桑桑镇	540226101
达若乡	540226200
贡久布乡	540226201
措迈乡	540226202
雄巴乡	540226203
查孜乡	540226204
阿木雄乡	540226205
如萨乡	540226206
孔隆乡	540226207
尼果乡	540226208
日吾其乡	540226209
多白乡	540226210
切热乡	540226211
秋窝乡	540226212
达居乡	540226213
亚木乡	540226214
谢通门县(1 镇，18 乡)	**540227000**
卡嘎镇	540227100
达木夏乡	540227200
查布乡	540227201
春哲乡	540227202
则许乡	540227203
娘热乡	540227204
措布西乡	540227205
纳当乡	540227206
青都乡	540227207
切琼乡	540227208
美巴切勤乡	540227209
列巴乡	540227210
塔丁乡	540227211
荣玛乡	540227212
通门乡	540227213
达那普乡	540227214
达那答乡	540227215
南木切乡	540227216
仁钦则乡	540227217
白朗县(2 镇，9 乡)	**540228000**
洛江镇	540228100
嘎东镇	540228101
巴扎乡	540228200
玛乡	540228201
旺丹乡	540228202
曲奴乡	540228203
杜琼乡	540228204
强堆乡	540228205
嘎普乡	540228206
者下乡	540228207
东喜乡	540228208
仁布县(1 镇，8 乡)	**540229000**
德吉林镇	540229100
康雄乡	540229200
普松乡	540229201
帕当乡	540229202
然巴乡	540229203
查巴乡	540229204
切娃乡	540229205
姆乡	540229206
仁布乡	540229207
康马县(1 镇，8 乡)	**540230000**
康马镇	540230100
南尼乡	540230200
少岗乡	540230201
康如乡	540230202
萨玛达乡	540230203
嘎拉乡	540230204
涅如堆乡	540230205
涅如麦乡	540230206
雄章乡	540230207
定结县(3 镇，7 乡)	**540231000**
江嘎镇	540231100
陈塘镇	540231101
日屋镇	540231102
确布乡	540231201
定结乡	540231202
多布扎乡	540231203
扎西岗乡	540231204
琼孜乡	540231205
萨尔乡	540231206
郭加乡	540231207
仲巴县(1 镇，12 乡)	**540232000**
帕羊镇	540232100
拉让乡	540232200
琼果乡	540232201
亚热乡	540232202
布多乡	540232203
偏吉乡	540232204
纳久乡	540232205
吉拉乡	540232206
霍尔巴乡	540232207
隆格尔乡	540232208
吉玛乡	540232209
仁多乡	540232210
帕江乡	540232211
亚东县(2 镇，5 乡)	**540233000**
下司马镇	540233100
帕里镇	540233101
下亚东乡	540233200
上亚东乡	540233201
康布乡	540233202
堆纳乡	540233203
吉汝乡	540233204
吉隆县(2 镇，4 乡)	**540234000**
宗嘎镇	540234100
吉隆镇	540234101
差那乡	540234200
折巴乡	540234201
贡当乡	540234202
萨勒乡	540234203
聂拉木县(2 镇，5 乡)	**540235000**
聂拉木镇	540235100
樟木镇	540235101
亚来乡	540235200
琐作乡	540235201
乃龙乡	540235202
门布乡	540235203
波绒乡	540235204
萨嘎县(1 镇，7 乡)	**540236000**
加加镇	540236100
昌果乡	540236200
雄如乡	540236201
拉藏乡	540236202
如角乡	540236203
达吉岭乡	540236204
旦嘎乡	540236205
夏如乡	540236206
岗巴县(1 镇，4 乡)	**540237000**
岗巴镇	540237100
昌龙乡	540237200
直克乡	540237201
孔玛乡	540237202
龙中乡	540237203
昌都市(28 镇，110 乡)	**540300000**
卡若区(3 镇，12 乡)	**540302000**
城关镇	540302100
俄洛镇	540302101
卡若镇	540302102
芒达乡	540302200

续表 2

行政区划名称	行政区划代码
约巴乡	540302201
妥坝乡	540302202
拉多乡	540302203
面达乡	540302204
嘎玛乡	540302205
柴维乡	540302206
日通乡	540302207
如意乡	540302208
埃西乡	540302209
若巴乡	540302210
沙贡乡	540302211
江达县（2 镇，11 乡）	**540321000**
江达镇	540321100
岗托镇	540321101
卡贡乡	540321200
岩比乡	540321201
邓柯乡	540321202
生达乡	540321203
娘西乡	540321204
字呷乡	540321205
青泥洞乡	540321206
汪布顶乡	540321207
德登乡	540321208
同普乡	540321209
波罗乡	540321210
贡觉县（1 镇，11 乡）	**540322000**
莫洛镇	540322100
相皮乡	540322200
哈加乡	540322201
雄松乡	540322202
拉妥乡	540322203
阿旺乡	540322204
木协乡	540322205
罗麦乡	540322206
沙东乡	540322207
克日乡	540322208
则巴乡	540322209
敏都乡	540322210
类乌齐县（2 镇，8 乡）	**540323000**
类乌齐镇	540323100
桑多镇	540323101
加桑卡乡	540323200
长毛岭乡	540323201
岗色乡	540323202
吉多乡	540323203
滨达乡	540323204
卡玛多乡	540323205
尚卡乡	540323206
伊日乡	540323207
丁青县（2 镇，11 乡）	**540324000**
丁青镇	540324100
尺犊镇	540324101
觉恩乡	540324200
沙贡乡	540324201
当堆乡	540324202
桑多乡	540324203
木塔乡	540324204
布塔乡	540324205
巴达乡	540324206
甘岩乡	540324207
嘎塔乡	540324208
色扎乡	540324209
协雄乡	540324210
察雅县（3 镇，10 乡）	**540325000**
烟多镇	540325100
香堆镇	540325101
吉塘镇	540325102
宗沙乡	540325200
卡贡乡	540325201
荣周乡	540325202
巴日乡	540325203
阿孜乡	540325204
王卡乡	540325205
新卡乡	540325206
肯通乡	540325207
扩达乡	540325208
察拉乡	540325209
八宿县（4 镇，10 乡）	**540326000**
白玛镇	540326100
帮达镇	540326101
然乌镇	540326102
同卡镇	540326103
郭庆乡	540326202
拉根乡	540326203
益庆乡	540326204
吉中乡	540326205
卡瓦白庆乡	540326206
吉达乡	540326207
夏里乡	540326208
拥巴乡	540326209
瓦乡	540326210
林卡乡	540326211
左贡县（3 镇，7 乡）	**540327000**
旺达镇	540327100
田妥镇	540327101
扎玉镇	540327102
东坝乡	540327203
仁果乡	540327204
绕金乡	540327207
碧土乡	540327208
美玉乡	540327210
中林卡乡	540327211
下林卡乡	540327212
芒康县（2 镇，14 乡）	**540328000**
嘎托镇	540328100
如美镇	540328101
索多西乡	540328200
莽岭乡	540328201
宗西乡	540328202
昂多乡	540328203
措瓦乡	540328204
洛尼乡	540328205
戈波乡	540328206
帮达乡	540328207
徐中乡	540328208
曲登乡	540328209
木许乡	540328210
纳西民族乡	540328211
朱巴龙乡	540328212
曲孜卡乡	540328213
洛隆县（4 镇，7 乡）	**540329000**
孜托镇	540329100
硕督镇	540329101
康沙镇	540329111
马利镇	540329112
达龙乡	540329200
新荣乡	540329201
白达乡	540329202
玉西乡	540329203
腊久乡	540329204
俄西乡	540329205
中亦乡	540329206
边坝县（2 镇，9 乡）	**540330000**
边坝镇	540330100
草卡镇	540330101
沙丁乡	540330201
金岭乡	540330202
加贡乡	540330203
马武乡	540330204
热玉乡	540330205
尼木乡	540330206
马秀乡	540330207
拉孜乡	540330208
都瓦乡	540330209
林芝市（2 街道，20 镇，34 乡）	**540400000**
巴宜区（2 街道，4 镇，3 乡）	**540402000**
白玛岗街道	540402001
觉木街道	540402002
林芝镇	540402100
百巴镇	540402101
八一镇	540402102
鲁朗镇	540402103
更章门巴民族乡	540402200
布久乡	540402202
米瑞乡	540402203
工布江达县（3 镇，6 乡）	**540421000**
工布江达镇	540421100
金达镇	540421101

续表 3

行政区划名称	行政区划代码
巴河镇	540421102
朱拉乡	540421200
错高乡	540421201
仲萨乡	540421202
江达乡	540421203
娘蒲乡	540421204
加兴乡	540421205
米林县 (3 镇，5 乡)	**540422000**
米林镇	540422100
派镇	540422101
卧龙镇	540422102
丹娘乡	540422200
南伊珞巴民族乡	540422201
扎西绕登乡	540422202
里龙乡	540422203
羌纳乡	540422204
墨脱县 (1 镇，7 乡)	**540423000**
墨脱镇	540423100
加热萨乡	540423200
甘登乡	540423201
达木珞巴民族乡	540423202
帮辛乡	540423203
格当乡	540423204
德兴乡	540423205
背崩乡	540423206
波密县 (3 镇，7 乡)	**540424000**
扎木镇	540424100
倾多镇	540424101
松宗镇	540424102
易贡乡	540424200
玉普乡	540424201
康玉乡	540424202
多吉乡	540424203
玉许乡	540424204
八盖乡	540424205
古乡	540424207
察隅县 (3 镇，3 乡)	**540425000**
竹瓦根镇	540425100
上察隅镇	540425101
下察隅镇	540425102
察瓦龙乡	540425200
古拉乡	540425201
古玉乡	540425202
朗县 (3 镇，3 乡)	**540426000**
朗镇	540426100
仲达镇	540426101
洞嘎镇	540426102
拉多乡	540426200
金东乡	540426201
登木乡	540426202
山南市 (24 镇，59 乡)	**540500000**
乃东区 (2 镇，5 乡)	**540502000**
泽当镇	540502100
昌珠镇	540502101
亚堆乡	540502200
索珠乡	540502201
多颇章乡	540502202
结巴乡	540502203
颇章乡	540502204
扎囊县 (2 镇，3 乡)	**540521000**
扎塘镇	540521100
桑耶镇	540521101
扎其乡	540521200
阿扎乡	540521201
吉汝乡	540521202
贡嘎县 (5 镇，4 乡)	**540522000**
吉雄镇	540522100
甲竹林镇	540522101
杰德秀镇	540522102
岗堆镇	540522103
江塘镇	540522104
朗杰学乡	540522200
昌果乡	540522201
东拉乡	540522205
克西乡	540522206
桑日县 (1 镇，3 乡)	**540523000**
桑日镇	540523100
增期乡	540523200
白堆乡	540523201
绒乡	540523202
琼结县 (1 镇，3 乡)	**540524000**
琼结镇	540524100
加麻乡	540524200
下水乡	540524201
拉玉乡	540524202
曲松县 (2 镇，3 乡)	**540525000**
曲松镇	540525100
罗布萨镇	540525101
下江乡	540525200
邱多江乡	540525201
堆随乡	540525202
措美县 (2 镇，2 乡)	**540526000**
措美镇	540526100
哲古镇	540526101
乃西乡	540526200
古堆乡	540526201
洛扎县 (2 镇，5 乡)	**540527000**
洛扎镇	540527100
拉康镇	540527101
扎日乡	540527201
色乡	540527202
生格乡	540527203
边巴乡	540527204
拉郊乡	540527205
加查县 (2 镇，5 乡)	**540528000**
加查镇	540528100
安绕镇	540528101
拉绥乡	540528200
崔久乡	540528201
坝乡	540528202
冷达乡	540528203
洛林乡	540528204
隆子县 (2 镇，9 乡)	**540529000**
隆子镇	540529100
日当镇	540529101
列麦乡	540529200
热荣乡	540529201
三安曲林乡	540529202
准巴乡	540529203
雪萨乡	540529204
扎日乡	540529205
玉麦乡	540529206
加玉乡	540529207
斗玉珞巴民族乡	540529208
错那县 (1 镇，9 乡)	**540530000**
错那镇	540530100
卡达乡	540530200
觉拉乡	540530201
浪坡乡	540530202
曲卓木乡	540530203
库局乡	540530204
麻麻门巴民族乡	540530205
贡日门巴民族乡	540530206
吉巴门巴民族乡	540530207
勒门巴民族乡	540530208
浪卡子县 (2 镇，8 乡)	**540531000**
浪卡子镇	540531100
打隆镇	540531101
张达乡	540531200
伦布雪乡	540531201
多却乡	540531202
普玛江塘乡	540531203
阿扎乡	540531204
卡龙乡	540531205
白地乡	540531206
卡热乡	540531207
那曲市 (25 镇，89 乡)	**540600000**
色尼区 (3 镇，9 乡)	**540602000**
那曲镇	540602100
罗玛镇	540602101
古露镇	540602102
达萨乡	540602200
油恰乡	540602202
香茂乡	540602203
那玛切乡	540602205
达前乡	540602209
洛麦乡	540602210
孔玛乡	540602211
尼玛乡	540602213

续表 4

行政区划名称	行政区划代码
色雄乡	540602217
嘉黎县（2镇，8乡）	**540621000**
阿扎镇	540621100
嘉黎镇	540621101
忠玉乡	540621201
藏比乡	540621202
措多乡	540621203
夏玛乡	540621204
林提乡	540621206
措拉乡	540621207
绒多乡	540621209
鸽群乡	540621210
比如县（2镇，8乡）	**540622000**
比如镇	540622100
夏曲镇	540622101
白嘎乡	540622201
达塘乡	540622202
恰则乡	540622203
扎拉乡	540622204
羊秀乡	540622207
香曲乡	540622208
良曲乡	540622209
茶曲乡	540622210
聂荣县（1镇，9乡）	**540623000**
聂荣镇	540623100
尼玛乡	540623201
色庆乡	540623203
桑荣乡	540623205
下曲乡	540623206
白雄乡	540623207
索雄乡	540623208
当木江乡	540623210
查当乡	540623211
永曲乡	540623212
安多县（4镇，9乡）	**540624000**
帕那镇	540624100
强玛镇	540624101
扎仁镇	540624102
雁石坪镇	540624103
多玛乡	540624201
玛曲乡	540624202
滩堆乡	540624205
帮麦乡	540624207
玛荣乡	540624209
扎曲乡	540624210
色务乡	540624211
措玛乡	540624212
岗尼乡	540624213
申扎县（2镇，6乡）	**540625000**
申扎镇	540625100
雄梅镇	540625101
下过乡	540625201
恰乡	540625202
巴扎乡	540625203
塔尔玛乡	540625204
买巴乡	540625206
马跃乡	540625207
索县（2镇，8乡）	**540626000**
亚拉镇	540626100
荣布镇	540626101
若达乡	540626201
加勤乡	540626202
赤多乡	540626203
色昌乡	540626205
江达乡	540626206
热瓦乡	540626208
嘎美乡	540626209
嘎木乡	540626210
班戈县（4镇，6乡）	**540627000**
普保镇	540627100
北拉镇	540627101
德庆镇	540627102
佳琼镇	540627103
尼玛乡	540627205
保吉乡	540627207
青龙乡	540627209
马前乡	540627211
门当乡	540627215
新吉乡	540627216
巴青县（3镇，7乡）	**540628000**
拉西镇	540628100
杂色镇	540628101
雅安镇	540628102
江绵乡	540628201
玛如乡	540628202
阿秀乡	540628204
贡日乡	540628205
岗切乡	540628206
巴青乡	540628210
本塔乡	540628211
尼玛县（1镇，13乡）	**540629000**
尼玛镇	540629100
卓尼乡	540629201
达果乡	540629202
阿索乡	540629203
荣玛乡	540629204
中仓乡	540629205
来多乡	540629206
申亚乡	540629207
卓瓦乡	540629208
俄久乡	540629209
文布乡	540629210
甲谷乡	540629211
军仓乡	540629212
吉瓦乡	540629213
双湖县（1镇，6乡）	**540630000**
措折罗玛镇	540630101
协德乡	540630200
雅曲乡	540630201
嘎措乡	540630202
措折强玛乡	540630203
多玛乡	540630204
巴岭乡	540630205
阿里地区（7镇，30乡）	**542500000**
普兰县（1镇，2乡）	**542521000**
普兰镇	542521100
巴嘎乡	542521200
霍尔乡	542521201
札达县（1镇，6乡）	**542522000**
托林镇	542522100
萨让乡	542522200
达巴乡	542522201
底雅乡	542522202
香孜乡	542522203
曲松乡	542522204
楚鲁松杰乡	542522205
噶尔县（1镇，4乡）	**542523000**
狮泉河镇	542523100
昆莎乡	542523200
左左乡	542523201
门士乡	542523202
扎西岗乡	542523203
日土县（1镇，4乡）	**542524000**
日土镇	542524100
多玛乡	542524200
东汝乡	542524201
热帮乡	542524202
日松乡	542524203
革吉县（1镇，4乡）	**542525000**
革吉镇	542525100
雄巴乡	542525200
亚热乡	542525201
擦咔乡	542525202
文布当桑乡	542525203
改则县（1镇，6乡）	**542526000**
改则镇	542526100
物玛乡	542526200
先遣乡	542526201
麻米乡	542526202
洞措乡	542526203
古姆乡	542526204
察布乡	542526205
措勤县（1镇，4乡）	**542527000**
措勤镇	542527100
磁石乡	542527200
曲洛乡	542527201
江让乡	542527202
达雄乡	542527203

陕西省

陕西省（陕）

行政区划名称	行政区划代码
陕西省（289 街道，983 镇，23 乡）	**610000000**
西安市（120 街道，52 镇）	**610100000**
新城区（9 街道）	**610102000**
西一路街道	610102001
长乐中路街道	610102002
中山门街道	610102003
韩森寨街道	610102004
解放门街道	610102005
自强路街道	610102006
太华路街道	610102007
长乐西路街道	610102008
胡家庙街道	610102009
碑林区（8 街道）	**610103000**
南院门街道	610103001
柏树林街道	610103002
长乐坊街道	610103003
东关南街街道	610103004
太乙路街道	610103005
文艺路街道	610103006
长安路街道	610103007
张家村街道	610103008
莲湖区（9 街道）	**610104000**
青年路街道	610104001
北院门街道	610104002
北关街道	610104003
红庙坡街道	610104004
环城西路街道	610104005
西关街道	610104006
土门街道	610104007
桃园路街道	610104008
枣园街道	610104009
灞桥区（9 街道）	**610111000**
纺织城街道	610111001
十里铺街道	610111002
红旗街道	610111003
席王街道	610111004
洪庆街道	610111005
狄寨街道	610111006
灞桥街道	610111007
新筑街道 *	610111008
新合街道 *	610111009
未央区（12 街道）	**610112000**
张家堡街道	610112001
三桥街道 *	610112002
辛家庙街道	610112003
徐家湾街道	610112004
大明宫街道	610112005
谭家街道	610112006
草滩街道	610112007
六村堡街道	610112008
未央宫街道	610112009
汉城街道	610112010
建章路街道 *	610112011
未央湖街道	610112012
雁塔区（10 街道）	**610113000**
小寨路街道	610113001
大雁塔街道	610113002
长延堡街道	610113003
电子城街道	610113004
等驾坡街道	610113005
鱼化寨街道	610113006
丈八街道	610113007
曲江街道	610113008
杜城街道	610113009
漳浒寨街道	610113010
阎良区（5 街道，2 镇）	**610114000**
凤凰路街道	610114001
新华路街道	610114002
振兴街道	610114003
新兴街道	610114004
北屯街道	610114005
武屯镇	610114100
关山镇	610114101
临潼区（23 街道）	**610115000**
骊山街道	610115001
秦陵街道	610115002
新丰街道	610115003
代王街道	610115004
斜口街道	610115005
行者街道	610115006
马额街道	610115007
零口街道	610115008
雨金街道	610115009
栎阳街道	610115010
相桥街道	610115011
徐杨街道	610115012
西泉街道	610115013
新市街道	610115014
交口街道	610115015
北田街道	610115016
油槐街道	610115017
何寨街道	610115018
铁炉街道	610115019
任留街道	610115020
穆寨街道	610115021
小金街道	610115022
仁宗街道	610115023
长安区（25 街道）	**610116000**
韦曲街道	610116001
郭杜街道	610116002
马王街道 *	610116003
滦镇街道	610116004
子午街道	610116005
太乙宫街道	610116006
引镇街道	610116007
斗门街道 *	610116008
王寺街道 *	610116009
东大街道	610116010
王曲街道	610116011
杜曲街道	610116012
鸣犊街道	610116013
细柳街道	610116014
黄良街道	610116015
兴隆街道	610116016
大兆街道	610116017
高桥街道 *	610116018
五台街道	610116019
王莽街道	610116020
灵沼街道	610116021
五星街道	610116022
杨庄街道	610116023
炮里街道	610116024
魏寨街道	610116025
高陵区（7 街道）	**610117000**
鹿苑街道	610117001
泾渭街道	610117002
崇皇街道	610117003
姬家街道	610117004
通远街道	610117005
耿镇街道	610117006
张卜街道	610117007
鄠邑区（1 街道，13 镇）	**610118000**
甘亭街道	610118001
余下镇	610118101
祖庵镇	610118102
秦渡镇	610118103
大王镇 *	610118104
草堂镇	610118105
蒋村镇	610118106
庞光镇	610118107
涝店镇	610118108
甘河镇	610118109
石井镇	610118110
五竹镇	610118111
玉蝉镇	610118112
渭丰镇	610118114

续表 1

行政区划名称	行政区划代码
蓝田县（1 街道，18 镇）	**610122000**
蓝关街道	610122001
洩湖镇	610122101
华胥镇	610122102
前卫镇	610122103
汤峪镇	610122104
焦岱镇	610122105
玉山镇	610122106
三里镇	610122107
普化镇	610122108
葛牌镇	610122109
蓝桥镇	610122111
玉川镇	610122112
灞源镇	610122113
孟村镇	610122114
安村镇	610122115
小寨镇	610122117
三官庙镇	610122118
九间房镇	610122120
厚镇	610122121
周至县（1 街道，19 镇）	**610124000**
二曲街道	610124001
哑柏镇	610124101
终南镇	610124102
马召镇	610124103
集贤镇	610124104
楼观镇	610124105
尚村镇	610124106
广济镇	610124107
厚畛子镇	610124108
四屯镇	610124109
竹峪镇	610124111
青化镇	610124112
翠峰镇	610124113
九峰镇	610124114
富仁镇	610124115
司竹镇	610124116
骆峪镇	610124118
陈河镇	610124119
板房子镇	610124120
王家河镇	610124121
铜川市（17 街道，20 镇，1 乡）	**610200000**
王益区（6 街道，1 镇）	**610202000**
七一路街道	610202001
红旗街街道	610202002
桃园街道	610202003
青年路街道	610202004
王家河街道	610202005
王益街道	610202006
黄堡镇	610202100
印台区（4 街道，5 镇）	**610203000**
城关街道	610203001
三里洞街道	610203002
王石凹街道	610203003
印台街道	610203004
陈炉镇	610203100
红土镇	610203101
广阳镇	610203102
金锁关镇	610203104
阿庄镇	610203106
耀州区（6 街道，8 镇）	**610204000**
天宝路街道	610204001
永安路街道	610204002
咸丰路街道	610204003
正阳路街道	610204004
锦阳路街道	610204005
坡头街道	610204006
董家河镇	610204101
庙湾镇	610204102
瑶曲镇	610204103
照金镇	610204104
小丘镇	610204107
孙塬镇	610204108
关庄镇	610204109
石柱镇	610204113
宜君县（1 街道，6 镇，1 乡）	**610222000**
宜阳街道	610222001
彭镇	610222101
五里镇	610222102
太安镇	610222103
棋盘镇	610222104
尧生镇	610222105
哭泉镇	610222106
云梦乡	610222201
宝鸡市（17 街道，99 镇）	**610300000**
渭滨区（5 街道，5 镇）	**610302000**
金陵街道	610302001
经二路街道	610302002
清姜街道	610302003
姜谭街道	610302004
桥南街道	610302005
马营镇	610302100
石鼓镇	610302101
神农镇	610302102
高家镇	610302103
八鱼镇	610302105
金台区（7 街道，4 镇）	**610303000**
中山东路街道	610303001
西关街道	610303002
中山西路街道	610303003
群众路街道	610303004
东风路街道	610303006
十里铺街道	610303007
卧龙寺街道	610303008
陈仓镇	610303100
蟠龙镇	610303101
金河镇	610303102
硖石镇	610303103
陈仓区（3 街道，15 镇）	**610304000**
虢镇街道	610304001
东关街道	610304002
千渭街道	610304003
阳平镇	610304100
千河镇	610304101
磻溪镇	610304102
天王镇	610304103
慕仪镇	610304104
周原镇	610304105
贾村镇	610304106
县功镇	610304108
新街镇	610304109
坪头镇	610304110
香泉镇	610304111
赤沙镇	610304112
拓石镇	610304113
凤阁岭镇	610304114
钓渭镇	610304115
凤翔县（12 镇）	**610322000**
城关镇	610322100
虢王镇	610322101
彪角镇	610322102
横水镇	610322103
田家庄镇	610322104
糜杆桥镇	610322105
南指挥镇	610322107
陈村镇	610322108
长青镇	610322109
柳林镇	610322110
姚家沟镇	610322111
范家寨镇	610322112
岐山县（9 镇）	**610323000**
益店镇	610323103
蒲村镇	610323104
青化镇	610323106
枣林镇	610323107
雍川镇	610323108
凤鸣镇	610323111
蔡家坡镇	610323112
京当镇	610323113
故郡镇	610323114
扶风县（1 街道，7 镇）	**610324000**
城关街道	610324001
天度镇	610324101
午井镇	610324102
绛帐镇	610324103
段家镇	610324104
杏林镇	610324105
召公镇	610324106

续表 2

行政区划名称	行政区划代码	行政区划名称	行政区划代码	行政区划名称	行政区划代码
法门镇	610324107	王家崚镇	610331106	太平镇 *	610423111
眉县（1 街道，7 镇）	**610326000**	黄柏塬镇	610331107	崇文镇 *	610423112
首善街道	610326001	**咸阳市（40 街道，101 镇）**	**610400000**	安吴镇	610423114
横渠镇	610326101	**秦都区（12 街道）**	**610402000**	中张镇	610423115
槐芽镇	610326102	人民路街道	610402001	兴隆镇	610423116
汤峪镇	610326103	西兰路街道	610402002	**乾县（1 街道，15 镇）**	**610424000**
常兴镇	610326104	吴家堡街道	610402003	城关街道	610424001
金渠镇	610326105	渭阳西路街道	610402004	薛录镇	610424101
营头镇	610326106	陈杨寨街道	610402005	梁村镇	610424102
齐镇	610326107	古渡街道	610402006	临平镇	610424103
陇县（10 镇）	**610327000**	沣东街道 *	610402007	姜村镇	610424104
城关镇	610327100	钓台街道 *	610402008	王村镇	610424105
东风镇	610327101	马泉街道	610402009	马连镇	610424106
八渡镇	610327102	渭滨街道	610402010	阳峪镇	610424107
温水镇	610327106	双照街道 *	610402011	峰阳镇	610424108
天成镇	610327107	马庄街道	610402012	注泔镇	610424109
曹家湾镇	610327108	**杨陵区（3 街道，2 镇）**	**610403000**	灵源镇	610424110
固关镇	610327109	杨陵街道	610403001	阳洪镇	610424111
东南镇	610327111	李台街道	610403002	梁山镇	610424112
河北镇	610327112	大寨街道	610403003	周城镇	610424113
新集川镇	610327114	五泉镇	610403100	新阳镇	610424114
千阳县（7 镇）	**610328000**	揉谷镇	610403102	大杨镇	610424115
城关镇	610328100	**渭城区（10 街道）**	**610404000**	**礼泉县（1 街道，11 镇）**	**610425000**
崔家头镇	610328101	中山街道	610404001	城关街道	610425001
南寨镇	610328102	文汇路街道	610404002	史德镇	610425101
张家塬镇	610328103	新兴街道	610404003	西张堡镇	610425102
水沟镇	610328104	渭阳街道	610404004	阡东镇	610425103
草碧镇	610328105	渭城街道 *	610404005	烽火镇	610425104
高崖镇	610328107	窑店街道 *	610404006	烟霞镇	610425105
麟游县（7 镇）	**610329000**	正阳街道 *	610404007	赵镇	610425106
九成宫镇	610329100	周陵街道 *	610404008	昭陵镇	610425107
崔木镇	610329101	底张街道 *	610404009	叱干镇	610425108
招贤镇	610329102	北杜街道 *	610404010	南坊镇	610425109
两亭镇	610329103	**三原县（1 街道，9 镇）**	**610422000**	石潭镇	610425110
常丰镇	610329104	城关街道	610422001	骏马镇	610425111
丈八镇	610329105	陂西镇	610422102	**永寿县（1 街道，6 镇）**	**610426000**
酒房镇	610329106	独李镇	610422103	监军街道	610426001
凤县（9 镇）	**610330000**	大程镇	610422104	店头镇	610426101
双石铺镇	610330100	西阳镇	610422105	常宁镇	610426102
凤州镇	610330101	鲁桥镇	610422106	甘井镇	610426104
黄牛铺镇	610330102	陵前镇	610422107	马坊镇	610426105
红花铺镇	610330103	新兴镇	610422109	渠子镇	610426107
河口镇	610330104	嵯峨镇	610422110	永平镇	610426110
唐藏镇	610330105	渠岸镇	610422111	**彬县（1 街道，8 镇）**	**610427000**
平木镇	610330106	**泾阳县（1 街道，12 镇）**	**610423000**	城关街道	610427001
坪坎镇	610330107	泾干街道 *	610423001	北极镇	610427101
留凤关镇	610330111	永乐镇 *	610423101	新民镇	610427102
太白县（7 镇）	**610331000**	云阳镇	610423102	龙高镇	610427103
嘴头镇	610331100	桥底镇	610423103	永乐镇	610427105
桃川镇	610331101	王桥镇	610423104	义门镇	610427106
靖口镇	610331103	口镇	610423105	水口镇	610427107
太白河镇	610331104	三渠镇	610423107	韩家镇	610427111
鹦鸽镇	610331105	高庄镇 *	610423108	太峪镇	610427112

续表 3

行政区划名称	行政区划代码	行政区划名称	行政区划代码	行政区划名称	行政区划代码
长武县（1 街道，7 镇）	**610428000**	**渭南市（22 街道，108 镇）**	**610500000**	下寨镇	610523116
昭仁街道	610428001	**临渭区（10 街道，14 镇）**	**610502000**	安仁镇	610523117
相公镇	610428101	杜桥街道	610502001	许庄镇	610523118
巨家镇	610428102	人民街道	610502002	朝邑镇	610523119
丁家镇	610428103	解放街道	610502003	埝桥镇	610523120
洪家镇	610428104	向阳街道	610502004	段家镇	610523121
亭口镇	610428105	站南街道	610502005	苏村镇	610523122
彭公镇	610428106	双王街道	610502006	赵渡镇	610523125
枣元镇	610428108	崇业路街道	610502007	**合阳县（1 街道，11 镇）**	**610524000**
旬邑县（1 街道，9 镇）	**610429000**	良田街道	610502008	城关街道	610524001
城关街道	610429001	辛市街道	610502009	甘井镇	610524101
土桥镇	610429101	龙背街道	610502010	坊镇	610524102
职田镇	610429102	桥南镇	610502100	洽川镇	610524103
张洪镇	610429103	阳郭镇	610502101	新池镇	610524104
太村镇	610429104	故市镇	610502102	黑池镇	610524105
郑家镇	610429105	下邽镇	610502103	路井镇	610524106
湫坡头镇	610429106	三张镇	610502104	和家庄镇	610524107
底庙镇	610429107	交斜镇	610502105	王村镇	610524108
马栏镇	610429109	崇凝镇	610502107	同家庄镇	610524110
清塬镇	610429110	孝义镇	610502108	百良镇	610524111
淳化县（1 街道，7 镇）	**610430000**	蔺店镇	610502109	金峪镇	610524112
城关街道	610430001	官底镇	610502111	**澄城县（1 街道，9 镇）**	**610525000**
官庄镇	610430101	官路镇	610502112	城关街道	610525001
方里镇	610430103	丰原镇	610502113	冯原镇	610525101
润镇	610430104	阎村镇	610502114	王庄镇	610525102
车坞镇	610430105	官道镇	610502116	尧头镇	610525103
铁王镇	610430106	**华州区（1 街道，9 镇）**	**610503000**	赵庄镇	610525104
石桥镇	610430107	华州街道	610503001	交道镇	610525105
十里塬镇	610430109	杏林镇	610503101	寺前镇	610525106
武功县（1 街道，7 镇）	**610431000**	赤水镇	610503102	韦庄镇	610525107
普集街道	610431001	高塘镇	610503103	安里镇	610525108
苏坊镇	610431101	大明镇	610503104	庄头镇	610525109
武功镇	610431102	瓜坡镇	610503105	**蒲城县（1 街道，15 镇）**	**610526000**
游风镇	610431103	莲花寺镇	610503106	城关街道	610526001
贞元镇	610431104	柳枝镇	610503107	罕井镇	610526101
长宁镇	610431105	下庙镇	610503108	孙镇	610526102
小村镇	610431106	金堆镇	610503109	兴镇	610526103
大庄镇	610431107	**潼关县（1 街道，4 镇）**	**610522000**	党睦镇	610526104
兴平市（5 街道，8 镇）	**610481000**	城关街道	610522001	高阳镇	610526105
东城街道	610481001	桐峪镇	610522100	永丰镇	610526106
西城街道	610481002	太要镇	610522101	荆姚镇	610526107
店张街道	610481003	秦东镇	610522103	苏坊镇	610526108
马嵬街道	610481004	代字营镇	610522104	龙阳镇	610526109
西吴街道	610481005	**大荔县（1 街道，15 镇）**	**610523000**	洛滨镇	610526112
赵村镇	610481101	城关街道	610523001	陈庄镇	610526113
桑镇	610481102	两宜镇	610523104	龙池镇	610526116
南市镇	610481104	冯村镇	610523107	椿林镇	610526117
庄头镇	610481105	双泉镇	610523108	桥陵镇	610526118
南位镇 *	610481106	范家镇	610523112	尧山镇	610526119
汤坊镇	610481107	官池镇	610523113	**白水县（1 街道，7 镇）**	**610527000**
丰仪镇	610481108	韦林镇	610523114	城关街道	610527001
阜寨镇	610481109	羌白镇	610523115	尧禾镇	610527102

续表 4

行政区划名称	行政区划代码
杜康镇	610527103
西固镇	610527104
林皋镇	610527106
史官镇	610527107
北塬镇	610527108
雷牙镇	610527110
富平县（1 街道，14 镇）	**610528000**
城关街道	610528001
庄里镇	610528101
张桥镇	610528102
美原镇	610528103
淡村镇	610528105
留古镇	610528107
老庙镇	610528108
薛镇	610528109
曹村镇	610528111
宫里镇	610528112
梅家坪镇	610528113
刘集镇	610528114
齐村镇	610528115
到贤镇	610528118
流曲镇	610528119
韩城市（2 街道，6 镇）	**610581000**
新城街道	610581001
金城街道	610581002
龙门镇	610581100
桑树坪镇	610581101
芝川镇	610581103
西庄镇	610581104
芝阳镇	610581106
板桥镇	610581108
华阴市（2 街道，4 镇）	**610582000**
太华路街道	610582001
岳庙街道	610582002
孟塬镇	610582100
华西镇	610582103
华山镇	610582104
罗敷镇	610582105
延安市（18 街道，84 镇，12 乡）	**610600000**
宝塔区（5 街道，9 镇，4 乡）	**610602000**
宝塔山街道	610602001
南市街道	610602002
凤凰山街道	610602003
桥沟街道	610602004
枣园街道	610602005
河庄坪镇	610602102
李渠镇	610602103
青化砭镇	610602105
柳林镇	610602107
甘谷驿镇	610602110
临镇	610602111
蟠龙镇	610602112
姚店镇	610602113
南泥湾镇	610602114
川口乡	610602200
冯庄乡	610602202
麻洞川乡	610602205
万花山乡	610602208
安塞区（3 街道，8 镇）	**610603000**
真武洞街道	610603001
金明街道	610603002
白坪街道	610603003
砖窑湾镇	610603101
沿河湾镇	610603102
化子坪镇	610603104
建华镇	610603106
招安镇	610603107
高桥镇	610603108
坪桥镇	610603109
镰刀湾镇	610603110
延长县（1 街道，7 镇）	**610621000**
七里村街道	610621001
黑家堡镇	610621101
郑庄镇	610621102
张家滩镇	610621103
交口镇	610621104
罗子山镇	610621106
雷赤镇	610621107
安沟镇	610621108
延川县（1 街道，7 镇）	**610622000**
大禹街道	610622001
永坪镇	610622101
延水关镇	610622102
文安驿镇	610622103
杨家圪台镇	610622104
贾家坪镇	610622105
关庄镇	610622107
乾坤湾镇	610622108
子长县（1 街道，8 镇）	**610623000**
瓦窑堡街道	610623001
玉家湾镇	610623102
安定镇	610623103
马家砭镇	610623104
南沟岔镇	610623105
涧峪岔镇	610623106
李家岔镇	610623107
杨家园则镇	610623108
余家坪镇	610623109
志丹县（1 街道，7 镇）	**610625000**
保安街道	610625001
旦八镇	610625103
金鼎镇	610625104
永宁镇	610625105
杏河镇	610625106
顺宁镇	610625107
义正镇	610625108
双河镇	610625109
吴起县（1 街道，8 镇）	**610626000**
吴起街道	610626001
周湾镇	610626102
白豹镇	610626103
长官庙镇	610626104
长城镇	610626105
铁边城镇	610626108
吴仓堡镇	610626109
庙沟镇	610626110
五谷城镇	610626111
甘泉县（1 街道，3 镇，2 乡）	**610627000**
美水街道	610627001
下寺湾镇	610627101
道镇	610627102
石门镇	610627103
桥镇乡	610627200
劳山乡	610627203
富县（1 街道，6 镇，1 乡）	**610628000**
茶坊街道	610628001
张村驿镇	610628102
张家湾镇	610628103
直罗镇	610628104
牛武镇	610628106
寺仙镇	610628110
羊泉镇	610628111
北道德乡	610628204
洛川县（1 街道，7 镇，1 乡）	**610629000**
凤栖街道	610629001
旧县镇	610629101
交口河镇	610629102
老庙镇	610629103
土基镇	610629104
石头镇	610629105
槐柏镇	610629106
永乡镇	610629107
菩堤乡	610629200
宜川县（1 街道，4 镇，2 乡）	**610630000**
丹州街道	610630001
秋林镇	610630101
集义镇	610630104
云岩镇	610630105
壶口镇	610630106
英旺乡	610630200
交里乡	610630201
黄龙县（5 镇，2 乡）	**610631000**
石堡镇	610631100
白马滩镇	610631101

续表 5

行政区划名称	行政区划代码	行政区划名称	行政区划代码	行政区划名称	行政区划代码
瓦子街镇	610631102	龙头镇	610722101	武侯镇	610725101
界头庙镇	610631104	沙河营镇	610722102	周家山镇	610725102
三岔镇	610631105	文川镇	610722103	同沟寺镇	610725103
圪台乡	610631205	柳林镇	610722104	新街子镇	610725105
崾崄乡	610631206	老庄镇	610722105	老道寺镇	610725106
黄陵县（1 街道，5 镇）	**610632000**	桔园镇	610722107	褒城镇	610725107
桥山街道	610632001	原公镇	610722108	金泉镇	610725109
店头镇	610632101	上元观镇	610722109	定军山镇	610725110
隆坊镇	610632102	天明镇	610722110	温泉镇	610725111
田庄镇	610632103	二里镇	610722111	元墩镇	610725112
阿党镇	610632104	五堵镇	610722112	阜川镇	610725113
双龙镇	610632105	双溪镇	610722114	新铺镇	610725114
汉中市（24 街道，152 镇）	**610700000**	小河镇	610722116	茶店镇	610725116
汉台区（8 街道，7 镇）	**610702000**	三合镇	610722118	镇川镇	610725117
北关街道	610702001	董家营镇	610722119	长沟河镇	610725118
东大街街道	610702002	**洋县（3 街道，15 镇）**	**610723000**	张家河镇	610725119
汉中路街道	610702003	洋州街道	610723001	漆树坝镇	610725120
中山街街道	610702004	戚氏街道	610723002	**宁强县（2 街道，16 镇）**	**610726000**
东关街道	610702005	纸坊街道	610723003	高寨子街道	610726001
龙江街道	610702006	龙亭镇	610723103	汉源街道	610726002
鑫源街道 *	610702007	谢村镇	610723104	大安镇	610726102
七里街道	610702008	马畅镇	610723105	代家坝镇	610726103
铺镇	610702100	溢水镇	610723107	阳平关镇	610726104
武乡镇	610702101	磨子桥镇	610723108	燕子砭镇	610726105
河东店镇	610702102	黄家营镇	610723109	广坪镇	610726106
宗营镇	610702104	黄安镇	610723110	青木川镇	610726107
老君镇	610702105	黄金峡镇	610723111	毛坝河镇	610726108
汉王镇	610702106	槐树关镇	610723112	铁锁关镇	610726109
徐望镇	610702107	金水镇	610723113	胡家坝镇	610726110
南郑区（1 街道，20 镇）	**610703000**	华阳镇	610723114	巴山镇	610726111
汉山街道	610703001	茅坪镇	610723115	巨亭镇	610726112
圣水镇	610703101	关帝镇	610723119	舒家坝镇	610726113
大河坎镇	610703102	桑溪镇	610723120	太阳岭镇	610726116
协税镇	610703103	八里关镇	610723121	安乐河镇	610726118
梁山镇	610703104	**西乡县（2 街道，15 镇）**	**610724000**	禅家岩镇	610726119
阳春镇	610703105	城北街道	610724001	二郎坝镇	610726120
高台镇	610703106	城南街道	610724002	**略阳县（2 街道，15 镇）**	**610727000**
新集镇	610703107	杨河镇	610724101	兴州街道	610727001
濂水镇	610703108	柳树镇	610724102	横现河街道	610727002
黄官镇	610703109	沙河镇	610724103	接官亭镇	610727101
青树镇	610703110	私渡镇	610724104	两河口镇	610727103
红庙镇	610703111	桑园镇	610724105	金家河镇	610727104
牟家坝镇	610703112	白龙塘镇	610724106	徐家坪镇	610727105
法镇	610703113	峡口镇	610724108	白水江镇	610727106
湘水镇	610703114	堰口镇	610724109	硖口驿镇	610727107
小南海镇	610703115	茶镇	610724110	乐素河镇	610727109
碑坝镇	610703116	高川镇	610724111	郭镇	610727110
黎坪镇	610703117	两河口镇	610724112	黑河镇	610727111
福成镇	610703118	大河镇	610724114	白雀寺镇	610727112
两河镇	610703119	骆家坝镇	610724116	西淮坝镇	610727113
胡家营镇	610703120	子午镇	610724117	五龙洞镇	610727114
城固县（2 街道，15 镇）	**610722000**	白勉峡镇	610724118	观音寺镇	610727115
莲花街道	610722001	**勉县（1 街道，17 镇）**	**610725000**	马蹄湾镇	610727116
博望街道	610722002	勉阳街道	610725001	仙台坝镇	610727117

续表 6

行政区划名称	行政区划代码	行政区划名称	行政区划代码	行政区划名称	行政区划代码
镇巴县（1 街道，19 镇）	**610728000**	金鸡滩镇	610802107	杨米涧镇	610824109
泾洋街道	610728001	马合镇	610802108	天赐湾镇	610824110
渔渡镇	610728101	巴拉素镇	610802109	龙洲镇	610824111
盐场镇	610728102	鱼河峁镇	610802111	海则滩镇	610824112
观音镇	610728103	大河塔镇	610802112	黄蒿界镇	610824113
巴庙镇	610728104	古塔镇	610802113	席麻湾镇	610824114
兴隆镇	610728105	青云镇	610802114	小河镇	610824115
长岭镇	610728106	小纪汗镇	610802118	镇靖镇	610824116
三元镇	610728107	芹河镇	610802119	**定边县（1 街道，14 镇，4 乡）**	**610825000**
简池镇	610728108	孟家湾乡	610802205	定边街道	610825001
碾子镇	610728109	小壕兔乡	610802206	贺圈镇	610825101
小洋镇	610728110	岔河则乡	610802207	红柳沟镇	610825102
青水镇	610728111	补浪河乡	610802208	砖井镇	610825103
永乐镇	610728112	红石桥乡	610802209	白泥井镇	610825104
杨家河镇	610728114	**横山区（1 街道，13 镇）**	**610803000**	安边镇	610825105
赤南镇	610728115	横山街道	610803001	堆子梁镇	610825106
巴山镇	610728116	石湾镇	610803101	白湾子镇	610825107
大池镇	610728117	高镇	610803102	姬塬镇	610825108
平安镇	610728118	武镇	610803103	杨井镇	610825109
仁村镇	610728119	党岔镇	610803104	新安边镇	610825110
黎坝镇	610728120	响水镇	610803105	张崾崄镇	610825111
留坝县（1 街道，7 镇）	**610729000**	波罗镇	610803106	樊学镇	610825112
紫柏街道	610729001	殿市镇	610803107	盐场堡镇	610825113
马道镇	610729101	塔湾镇	610803108	郝滩镇	610825114
武关驿镇	610729102	赵石畔镇	610803109	石洞沟乡	610825202
留侯镇	610729103	韩岔镇	610803110	油房庄乡	610825204
江口镇	610729104	魏家楼镇	610803111	冯地坑乡	610825207
青桥驿镇	610729105	雷龙湾镇	610803112	学庄乡	610825210
火烧店镇	610729106	白界镇	610803113	**绥德县（15 镇）**	**610826000**
玉皇庙镇	610729107	**府谷县（14 镇）**	**610822000**	薛家峁镇	610826101
佛坪县（1 街道，6 镇）	**610730000**	府谷镇	610822100	崔家湾镇	610826102
袁家庄街道	610730001	黄甫镇	610822101	定仙墕镇	610826103
陈家坝镇	610730101	哈镇	610822103	枣林坪镇	610826104
大河坝镇	610730102	庙沟门镇	610822104	义合镇	610826105
西岔河镇	610730103	新民镇	610822105	吉镇	610826106
长角坝镇	610730104	孤山镇	610822106	薛家河镇	610826107
石墩河镇	610730106	清水镇	610822108	石家湾镇	610826109
岳坝镇	610730107	古城镇	610822109	田庄镇	610826110
榆林市（15 街道，146 镇，10 乡）	**610800000**	三道沟镇	610822110	中角镇	610826112
		大昌汗镇	610822112	四十铺镇	610826113
榆阳区（8 街道，14 镇，5 乡）	**610802000**	老高川镇	610822113	名州镇	610826114
鼓楼街道	610802001	武家庄镇	610822114	张家砭镇	610826115
青山路街道	610802002	木瓜镇	610822115	白家硷镇	610826116
上郡路街道	610802003	田家寨镇	610822116	满堂川镇	610826117
新明楼街道	610802004	**靖边县（1 街道，16 镇）**	**610824000**	**米脂县（1 街道，8 镇）**	**610827000**
航宇路街道	610802005	张家畔街道	610824001	银州街道	610827001
崇文路街道	610802006	东坑镇	610824101	桃镇	610827101
驼峰路街道	610802007	青阳岔镇	610824102	龙镇	610827102
长城路街道	610802008	宁条梁镇	610824103	杨家沟镇	610827103
鱼河镇	610802100	周河镇	610824104	杜家石沟镇	610827104
上盐湾镇	610802101	红墩界镇	610824105	沙家店镇	610827105
镇川镇	610802102	杨桥畔镇	610824106	印斗镇	610827106
麻黄梁镇	610802105	王渠则镇	610824107	郭兴庄镇	610827107
牛家梁镇	610802106	中山涧镇	610824108	城郊镇	610827108

续表 7

行政区划名称	行政区划代码	行政区划名称	行政区划代码	行政区划名称	行政区划代码
佳县（1 街道，12 镇）	**610828000**	贺家川镇	610881107	迎丰镇	610922103
佳州街道	610828001	尔林兔镇	610881108	池河镇	610922104
坑镇	610828101	万镇	610881109	后柳镇	610922105
店镇	610828102	大保当镇	610881110	喜河镇	610922106
乌镇	610828103	马镇	610881111	熨斗镇	610922107
金明寺镇	610828104	栏杆堡镇	610881112	云雾山镇	610922108
通镇	610828105	沙峁镇	610881113	曾溪镇	610922109
王家砭镇	610828106	锦界镇	610881114	中池镇	610922110
方塌镇	610828107	**安康市（4 街道，135 镇）**	**610900000**	**宁陕县（11 镇）**	**610923000**
朱官寨镇	610828108	**汉滨区（4 街道，24 镇）**	**610902000**	城关镇	610923100
朱家坬镇	610828109	老城街道	610902001	四亩地镇	610923101
螅镇	610828110	新城街道	610902002	江口回族镇	610923102
刘国具镇	610828111	江北街道	610902003	广货街镇	610923104
木头峪镇	610828112	建民街道	610902004	龙王镇	610923105
吴堡县（1 街道，5 镇）	**610829000**	关庙镇	610902100	筒车湾镇	610923106
宋家川街道	610829001	张滩镇	610902101	金川镇	610923108
辛家沟镇	610829101	瀛湖镇	610902102	皇冠镇	610923109
郭家沟镇	610829102	五里镇	610902104	梅子镇	610923111
寇家塬镇	610829103	恒口镇	610902107	新场镇	610923112
岔上镇	610829104	吉河镇	610902109	太山庙镇	610923113
张家山镇	610829105	流水镇	610902110	**紫阳县（17 镇）**	**610924000**
清涧县（9 镇）	**610830000**	大竹园镇	610902111	城关镇	610924100
宽洲镇	610830100	洪山镇	610902112	蒿坪镇	610924101
石咀驿镇	610830101	茨沟镇	610902114	汉王镇	610924102
折家坪镇	610830102	大河镇	610902115	焕古镇	610924103
玉家河镇	610830103	沈坝镇	610902116	向阳镇	610924104
高杰村镇	610830104	双龙镇	610902117	洞河镇	610924105
李家塔镇	610830105	叶坪镇	610902118	洄水镇	610924106
店则沟镇	610830106	中原镇	610902119	双桥镇	610924108
解家沟镇	610830107	早阳镇	610902120	高桥镇	610924109
下廿里铺镇	610830108	石梯镇	610902122	红椿镇	610924110
子洲县（1 街道，11 镇，1 乡）	**610831000**	关家镇	610902123	高滩镇	610924111
双湖峪街道	610831001	县河镇	610902124	毛坝镇	610924112
何家集镇	610831101	晏坝镇	610902126	瓦庙镇	610924113
老君殿镇	610831102	谭坝镇	610902128	麻柳镇	610924114
裴家湾镇	610831103	坝河镇	610902129	双安镇	610924115
苗家坪镇	610831104	牛蹄镇	610902131	东木镇	610924116
三川口镇	610831105	紫荆镇	610902132	界岭镇	610924122
马蹄沟镇	610831106	**汉阴县（10 镇）**	**610921000**	**岚皋县（12 镇）**	**610925000**
周家硷镇	610831107	城关镇	610921100	城关镇	610925100
电市镇	610831108	涧池镇	610921101	佐龙镇	610925101
砖庙镇	610831109	蒲溪镇	610921102	滔河镇	610925103
淮宁湾镇	610831110	平梁镇	610921103	官元镇	610925104
马岔镇	610831111	双乳镇	610921104	石门镇	610925105
驼耳巷乡	610831200	铁佛寺镇	610921105	民主镇	610925106
神木市（15 镇）	**610881000**	漩涡镇	610921107	大道河镇	610925107
神木镇	610881100	汉阳镇	610921108	蔺河镇	610925108
高家堡镇	610881101	双河口镇	610921110	四季镇	610925110
店塔镇	610881102	观音河镇	610921112	孟石岭镇	610925111
孙家岔镇	610881103	**石泉县（11 镇）**	**610922000**	堰门镇	610925113
大柳塔镇	610881104	城关镇	610922100	南宫山镇	610925115
花石崖镇	610881105	饶峰镇	610922101	**平利县（11 镇）**	**610926000**
中鸡镇	610881106	两河镇	610922102	城关镇	610926100

续表 8

行政区划名称	行政区划代码	行政区划名称	行政区划代码	行政区划名称	行政区划代码
兴隆镇	610926101	**商洛市（12 街道，86 镇）**	**611000000**	湘河镇	611023102
老县镇	610926102	**商州区（4 街道，14 镇）**	**611002000**	赵川镇	611023104
大贵镇	610926103	城关街道	611002001	金丝峡镇	611023106
三阳镇	610926104	大赵峪街道	611002002	过风楼镇	611023107
洛河镇	610926105	陈塬街道	611002003	试马镇	611023108
广佛镇	610926106	刘湾街道	611002004	清油河镇	611023109
八仙镇	610926107	夜村镇	611002101	十里坪镇	611023110
长安镇	610926108	沙河子镇	611002104	青山镇	611023111
西河镇	610926109	杨峪河镇	611002105	**山阳县（2 街道，16 镇）**	**611024000**
正阳镇	610926110	金陵寺镇	611002106	城关街道	611024001
镇坪县（7 镇）	**610927000**	黑山镇	611002107	十里铺街道	611024002
城关镇	610927100	杨斜镇	611002108	高坝店镇	611024101
曾家镇	610927101	麻街镇	611002109	天竺山镇	611024102
牛头店镇	610927102	牧护关镇	611002111	中村镇	611024103
钟宝镇	610927103	大荆镇	611002112	银花镇	611024104
上竹镇	610927105	腰市镇	611002113	西照川镇	611024105
曙坪镇	610927106	板桥镇	611002114	漫川关镇	611024106
华坪镇	610927108	北宽坪镇	611002115	南宽坪镇	611024107
旬阳县（21 镇）	**610928000**	三岔河镇	611002119	户家塬镇	611024108
城关镇	610928100	阎村镇	611002121	杨地镇	611024109
棕溪镇	610928101	**洛南县（2 街道，14 镇）**	**611021000**	小河口镇	611024111
关口镇	610928102	城关街道	611021001	色河铺镇	611024112
蜀河镇	610928103	四皓街道	611021002	板岩镇	611024113
双河镇	610928104	景村镇	611021101	延坪镇	611024116
小河镇	610928105	古城镇	611021102	两岭镇	611024118
赵湾镇	610928106	三要镇	611021103	王阎镇	611024119
麻坪镇	610928107	灵口镇	611021104	法官镇	611024122
甘溪镇	610928108	寺耳镇	611021106	**镇安县（1 街道，14 镇）**	**611025000**
白柳镇	610928109	巡检镇	611021107	永乐街道	611025001
吕河镇	610928110	石坡镇	611021108	回龙镇	611025101
神河镇	610928111	石门镇	611021109	铁厂镇	611025102
赤岩镇	610928112	麻坪镇	611021110	大坪镇	611025103
段家河镇	610928113	洛源镇	611021111	米粮镇	611025104
金寨镇	610928114	保安镇	611021112	茅坪回族镇	611025105
桐木镇	610928115	永丰镇	611021114	西口回族镇	611025106
仙河镇	610928116	高耀镇	611021115	高峰镇	611025107
构元镇	610928117	柏峪寺镇	611021116	青铜关镇	611025108
石门镇	610928118	**丹凤县（1 街道，11 镇）**	**611022000**	柴坪镇	611025109
红军镇	610928119	龙驹寨街道	611022001	达仁镇	611025110
仁河口镇	610928120	庾岭镇	611022101	木王镇	611025111
白河县（11 镇）	**610929000**	蔡川镇	611022102	云盖寺镇	611025113
城关镇	610929100	峦庄镇	611022103	庙沟镇	611025114
中厂镇	610929101	铁峪铺镇	611022104	月河镇	611025117
构扒镇	610929102	武关镇	611022105	**柞水县（1 街道，8 镇）**	**611026000**
卡子镇	610929103	竹林关镇	611022106	乾佑街道	611026001
茅坪镇	610929104	土门镇	611022107	营盘镇	611026101
宋家镇	610929105	寺坪镇	611022108	下梁镇	611026102
西营镇	610929106	商镇	611022109	小岭镇	611026104
仓上镇	610929107	棣花镇	611022110	凤凰镇	611026105
双丰镇	610929109	花瓶子镇	611022114	红岩寺镇	611026106
麻虎镇	610929111	**商南县（1 街道，9 镇）**	**611023000**	曹坪镇	611026107
冷水镇	610929112	城关街道	611023001	杏坪镇	611026109
		富水镇	611023101	瓦房口镇	611026110

甘肃省

甘肃省（陇）

行政区划名称	行政区划代码
甘肃省（126 街道，816 镇，413 乡）	**620000000**
兰州市（54 街道，47 镇，14 乡）	**620100000**
城关区（26 街道）	**620102000**
酒泉路街道	620102001
张掖路街道	620102002
雁南街道	620102003
临夏路街道	620102004
雁北街道	620102005
五泉街道	620102006
白银路街道	620102007
皋兰路街道	620102008
广武门街道	620102009
伏龙坪街道	620102010
靖远路街道	620102011
草场街街道	620102012
火车站街道	620102013
拱星墩街道	620102014
东岗街道	620102015
团结新村街道	620102016
东岗西路街道	620102017
铁路东村街道	620102018
铁路西村街道	620102019
渭源路街道	620102020
盐场路街道	620102021
嘉峪关路街道	620102022
焦家湾街道	620102023
青白石街道	620102024
高新区街道	620102025
雁园街道	620102026
七里河区（9 街道，5 镇，1 乡）	**620103000**
秀川街道	620103001
西园街道	620103002
西湖街道	620103003
建兰路街道	620103004
敦煌路街道	620103005
西站街道	620103006
晏家坪街道	620103007
龚家湾街道	620103008
土门墩街道	620103009
阿干镇	620103100
八里镇	620103101
彭家坪镇	620103102
西果园镇	620103103
黄峪镇	620103104
魏岭乡	620103201
西固区（7 街道，5 镇，1 乡）	**620104000**
陈坪街道	620104001
先锋路街道	620104002
福利路街道	620104003
西固城街道	620104004
临洮街街道	620104005
西柳沟街道	620104006
四季青街道	620104007
新城镇	620104100
东川镇	620104101
河口镇	620104102
达川镇	620104103
柳泉镇	620104104
金沟乡	620104203
安宁区（8 街道）	**620105000**
培黎街道	620105001
安宁西路街道	620105002
沙井驿街道	620105003
十里店街道	620105004
孔家崖街道	620105005
银滩路街道	620105006
刘家堡街道	620105007
安宁堡街道	620105008
红古区（4 街道，4 镇）	**620111000**
窑街街道	620111001
下窑街道	620111002
矿区街道	620111003
华龙街道	620111004
海石湾镇	620111100
花庄镇	620111101
平安镇	620111102
红古镇	620111103
永登县（15 镇，3 乡）	**620121000**
城关镇	620121100
红城镇	620121101
中堡镇	620121102
武胜驿镇	620121103
河桥镇	620121104
连城镇	620121105
苦水镇	620121106
中川镇	620121107
秦川镇	620121108
大同镇	620121109
龙泉寺镇	620121110
树屏镇	620121111
上川镇	620121112
柳树镇	620121113
通远镇	620121114
坪城乡	620121203
民乐乡	620121205
七山乡	620121208
皋兰县（7 镇）	**620122000**
西岔镇	620122101
忠和镇	620122102
什川镇	620122103
石洞镇	620122104
九合镇	620122105
水阜镇	620122106
黑石镇	620122107
榆中县（11 镇，9 乡）	**620123000**
城关镇	620123100
夏官营镇	620123101
高崖镇	620123102
金崖镇	620123103
和平镇	620123104
甘草店镇	620123105
青城镇	620123106
定远镇	620123107
连搭镇	620123108
新营镇	620123109
贡井镇	620123110
小康营乡	620123200
马坡乡	620123202
清水驿乡	620123204
龙泉乡	620123205
韦营乡	620123206
中连川乡	620123207
园子岔乡	620123209
上花岔乡	620123210
哈岘乡	620123211
嘉峪关市（1 街道，3 镇）	**620200000**
第一街道 *	620200001
峪泉镇 *	620200100
新城镇 *	620200101
文殊镇 *	620200102
金昌市（6 街道，11 镇，1 乡）	**620300000**
金川区（6 街道，2 镇）	**620302000**
滨河路街道	620302001
桂林路街道	620302002
北京路街道	620302003
金川路街道	620302004
新华路街道	620302005
广州路街道	620302006
宁远堡镇	620302100
双湾镇	620302101
永昌县（9 镇，1 乡）	**620321000**
城关镇	620321100
河西堡镇	620321101
新城子镇	620321102
朱王堡镇	620321103
东寨镇	620321104
水源镇	620321105
红山窑镇	620321106
焦家庄镇	620321107
六坝镇	620321108

续表 1

行政区划名称	行政区划代码
南坝乡	620321203
白银市（9 街道，53 镇，16 乡）	**620400000**
白银区（5 街道，3 镇，2 乡）	**620402000**
人民路街道	620402001
公园路街道	620402002
四龙路街道	620402003
工农路街道	620402004
纺织路街道	620402005
水川镇	620402100
四龙镇	620402101
王岘镇	620402102
强湾乡	620402201
武川乡	620402202
平川区（4 街道，5 镇，2 乡）	**620403000**
长征街道	620403001
电力路街道	620403002
红会路街道	620403003
兴平路街道	620403004
王家山镇	620403100
水泉镇	620403101
共和镇	620403102
宝积镇	620403103
黄峤镇	620403104
种田乡	620403204
复兴乡	620403205
靖远县（13 镇，5 乡）	**620421000**
乌兰镇	620421100
北湾镇	620421101
东湾镇	620421102
刘川镇	620421103
北滩镇	620421104
平堡镇	620421105
糜滩镇	620421106
三滩镇	620421107
大芦镇	620421108
双龙镇	620421109
东升镇	620421110
高湾镇	620421111
五合镇	620421112
兴隆乡	620421206
石门乡	620421208
靖安乡	620421211
永新乡	620421215
若笠乡	620421216
会宁县（24 镇，4 乡）	**620422000**
会师镇	620422100
郭城驿镇	620422101
河畔镇	620422102
头寨子镇	620422103
太平店镇	620422104
甘沟驿镇	620422105
柴家门镇	620422106
侯家川镇	620422107
中川镇	620422108
汉家岔镇	620422109
刘家寨子镇	620422110
白草塬镇	620422111
大沟镇	620422112
四房吴镇	620422113
老君坡镇	620422114
平头川镇	620422115
杨崖集镇	620422116
丁家沟镇	620422117
翟家所镇	620422118
韩家集镇	620422119
土门岘镇	620422120
新塬镇	620422121
草滩镇	620422122
新庄镇	620422123
新添堡回族乡	620422202
党家岘乡	620422204
八里湾乡	620422213
土高山乡	620422225
景泰县（8 镇，3 乡）	**620423000**
一条山镇	620423100
芦阳镇	620423101
上沙沃镇	620423102
喜泉镇	620423103
草窝滩镇	620423104
红水镇	620423105
正路镇	620423106
中泉镇	620423107
寺滩乡	620423203
五佛乡	620423205
漫水滩乡	620423207
天水市（10 街道，101 镇，12 乡）	**620500000**
秦州区（7 街道，16 镇）	**620502000**
大城街道	620502001
七里墩街道	620502002
东关街道	620502003
中城街道	620502004
西关街道	620502005
石马坪街道	620502006
天水郡街道	620502007
玉泉镇	620502100
皂郊镇	620502101
太京镇	620502102
藉口镇	620502103
关子镇	620502104
牡丹镇	620502105
天水镇	620502106
平南镇	620502107
娘娘坝镇	620502108
汪川镇	620502109
中梁镇	620502110
大门镇	620502111
杨家寺镇	620502112
齐寿镇	620502113
秦岭镇	620502114
华歧镇	620502115
麦积区（3 街道，17 镇）	**620503000**
道北街道	620503001
道南街道	620503002
桥南街道	620503003
社棠镇	620503100
马跑泉镇	620503101
花牛镇	620503102
渭南镇	620503103
中滩镇	620503104
新阳镇	620503105
元龙镇	620503106
伯阳镇	620503107
甘泉镇	620503108
麦积镇	620503109
东岔镇	620503110
石佛镇	620503111
三岔镇	620503112
利桥镇	620503113
琥珀镇	620503114
五龙镇	620503115
党川镇	620503116
清水县（15 镇，3 乡）	**620521000**
永清镇	620521100
红堡镇	620521101
白驼镇	620521102
金集镇	620521103
秦亭镇	620521104
山门镇	620521105
白沙镇	620521106
王河镇	620521107
郭川镇	620521108
黄门镇	620521109
松树镇	620521110
远门镇	620521111
土门镇	620521112
草川铺镇	620521113
陇东镇	620521114
贾川乡	620521206
丰望乡	620521207
新城乡	620521211
秦安县（17 镇）	**620522000**
兴国镇	620522100
陇城镇	620522101
莲花镇	620522102
郭嘉镇	620522103
西川镇	620522104
五营镇	620522105
叶堡镇	620522106
魏店镇	620522107
千户镇	620522108
兴丰镇	620522109

续表 2

行政区划名称	行政区划代码
安伏镇	620522110
王尹镇	620522111
刘坪镇	620522112
王窑镇	620522113
中山镇	620522114
王铺镇	620522115
云山镇	620522116
甘谷县（13 镇，2 乡）	**620523000**
大像山镇	620523100
新兴镇	620523101
磐安镇	620523102
六峰镇	620523103
安远镇	620523104
金山镇	620523105
大石镇	620523106
礼辛镇	620523107
武家河镇	620523108
大庄镇	620523109
古坡镇	620523110
八里湾镇	620523111
西坪镇	620523112
谢家湾乡	620523200
白家湾乡	620523207
武山县（13 镇，2 乡）	**620524000**
城关镇	620524100
鸳鸯镇	620524101
洛门镇	620524102
马力镇	620524103
滩歌镇	620524104
四门镇	620524105
山丹镇	620524106
温泉镇	620524107
龙台镇	620524108
桦林镇	620524109
榆盘镇	620524110
高楼镇	620524111
杨河镇	620524112
咀头乡	620524206
沿安乡	620524208
张家川回族自治县（10 镇，5 乡）	**620525000**
张家川镇	620525100
龙山镇	620525101
恭门镇	620525102
马鹿镇	620525103
马关镇	620525104
梁山镇	620525105
刘堡镇	620525106
胡川镇	620525107
大阳镇	620525108
川王镇	620525109
张棉驿乡	620525202
木河乡	620525204
阎家乡	620525205
连五乡	620525209
平安乡	620525211
武威市（9 街道，72 镇，21 乡）	**620600000**
凉州区（9 街道，29 镇，8 乡）	**620602000**
东大街街道	620602001
西大街街道	620602002
东关街街道	620602003
西关街街道	620602004
火车站街街道	620602005
地质新村街道	620602006
荣华街道	620602007
黄羊河街道	620602008
宣武街街道	620602009
黄羊镇	620602100
武南镇	620602101
清源镇	620602102
永昌镇	620602103
双城镇	620602104
丰乐镇	620602105
高坝镇	620602106
金羊镇	620602107
和平镇	620602108
羊下坝镇	620602109
中坝镇	620602110
永丰镇	620602111
古城镇	620602112
张义镇	620602113
发放镇	620602114
西营镇	620602115
四坝镇	620602116
洪祥镇	620602117
谢河镇	620602118
金沙镇	620602119
怀安镇	620602120
河东镇	620602121
松树镇	620602122
清水镇	620602123
下双镇	620602124
五和镇	620602125
长城镇	620602126
吴家井镇	620602127
金河镇	620602128
韩佐乡	620602205
大柳乡	620602209
金塔乡	620602214
九墩乡	620602216
金山乡	620602220
新华乡	620602223
柏树乡	620602231
康宁乡	620602237
民勤县（18 镇）	**620621000**
东坝镇	620621101
泉山镇	620621102
西渠镇	620621103
东湖镇	620621104
三雷镇	620621105
红砂岗镇	620621106
昌宁镇	620621107
重兴镇	620621108
薛百镇	620621109
大坝镇	620621110
苏武镇	620621111
大滩镇	620621112
双茨科镇	620621113
红沙梁镇	620621114
蔡旗镇	620621115
收成镇	620621116
夹河镇	620621117
南湖镇	620621118
古浪县（14 镇，5 乡）	**620622000**
古浪镇	620622100
泗水镇	620622101
土门镇	620622102
大靖镇	620622103
裴家营镇	620622104
海子滩镇	620622105
定宁镇	620622106
黄羊川镇	620622107
黑松驿镇	620622108
永丰滩镇	620622109
黄花滩镇	620622110
西靖镇	620622111
民权镇	620622112
直滩镇	620622113
新堡乡	620622210
干城乡	620622211
横梁乡	620622212
十八里堡乡	620622215
古丰乡	620622217
天祝藏族自治县（11 镇，8 乡）	**620623000**
华藏寺镇	620623100
打柴沟镇	620623101
安远镇	620623102
炭山岭镇	620623103
哈溪镇	620623104
松山镇	620623105
赛什斯镇	620623106
石门镇	620623107
天堂镇	620623108
朵什镇	620623109
西大滩镇	620623110
东坪乡	620623203
赛拉隆乡	620623205
东大滩乡	620623206
抓喜秀龙乡	620623207
大红沟乡	620623210
祁连乡	620623212

续表 3

行政区划名称	行政区划代码
旦马乡	620623213
毛藏乡	620623214
张掖市(5街道,48镇,12乡)	**620700000**
甘州区(5街道,13镇,5乡)	**620702000**
东街街道	620702001
南街街道	620702002
西街街道	620702003
北街街道	620702004
火车站街道	620702005
梁家墩镇	620702100
上秦镇	620702101
大满镇	620702102
沙井镇	620702103
乌江镇	620702104
甘浚镇	620702105
新墩镇	620702106
党寨镇	620702107
碱滩镇	620702108
三闸镇	620702109
小满镇	620702110
长安镇	620702111
明永镇	620702112
平山湖蒙古族乡	620702201
龙渠乡	620702202
安阳乡	620702203
花寨乡	620702204
靖安乡	620702207
肃南裕固族自治县(3镇,5乡)	**620721000**
红湾寺镇	620721100
皇城镇	620721101
康乐镇	620721102
马蹄藏族乡	620721200
白银蒙古族乡	620721202
大河乡	620721203
明花乡	620721204
祁丰藏族乡	620721205
民乐县(10镇)	**620722000**
洪水镇	620722101
六坝镇	620722102
新天镇	620722103
南古镇	620722104
永固镇	620722105
三堡镇	620722106
南丰镇	620722107
民联镇	620722108
顺化镇	620722109
丰乐镇	620722110
临泽县(7镇)	**620723000**
沙河镇	620723101
新华镇	620723102
蓼泉镇	620723103
平川镇	620723104
板桥镇	620723105
鸭暖镇	620723106
倪家营镇	620723107
高台县(9镇)	**620724000**
城关镇	620724100
宣化镇	620724101
南华镇	620724102
巷道镇	620724103
新坝镇	620724104
骆驼城镇	620724105
合黎镇	620724106
黑泉镇	620724107
罗城镇	620724108
山丹县(6镇，2乡)	**620725000**
清泉镇	620725101
位奇镇	620725102
霍城镇	620725103
陈户镇	620725104
大马营镇	620725105
东乐镇	620725106
老军乡	620725203
李桥乡	620725204
平凉市(3街道，60镇，42乡)	**620800000**
崆峒区(3街道,6镇,11乡)	**620802000**
东关街道	620802001
中街街道	620802002
西郊街道	620802003
四十里铺镇	620802100
崆峒镇	620802101
草峰镇	620802102
白水镇	620802103
安国镇	620802104
柳湖镇	620802105
花所乡	620802204
索罗乡	620802206
西阳回族乡	620802208
大秦回族乡	620802209
白庙回族乡	620802210
寨河回族乡	620802211
香莲乡	620802212
麻武乡	620802214
峡门回族乡	620802216
上扬回族乡	620802217
大寨回族乡	620802219
泾川县(11镇，3乡)	**620821000**
城关镇	620821100
玉都镇	620821101
高平镇	620821102
荔堡镇	620821103
王村镇	620821104
窑店镇	620821105
党原镇	620821106
丰台镇	620821107
飞云镇	620821108
汭丰镇	620821109
太平镇	620821110
罗汉洞乡	620821204
泾明乡	620821205
红河乡	620821206
灵台县(9镇，4乡)	**620822000**
中台镇	620822100
什字镇	620822101
朝那镇	620822102
邵寨镇	620822103
独店镇	620822104
西屯镇	620822105
上良镇	620822106
百里镇	620822107
蒲窝镇	620822108
新开乡	620822206
梁原乡	620822207
龙门乡	620822208
星火乡	620822210
崇信县(4镇，2乡)	**620823000**
锦屏镇	620823100
新窑镇	620823101
柏树镇	620823102
黄寨镇	620823103
黄花乡	620823205
木林乡	620823207
华亭县(7镇，3乡)	**620824000**
东华镇	620824100
安口镇	620824101
西华镇	620824102
马峡镇	620824103
策底镇	620824104
上关镇	620824105
河西镇	620824106
神峪回族乡	620824201
山寨回族乡	620824202
砚峡乡	620824204
庄浪县(10镇，8乡)	**620825000**
水洛镇	620825100
南湖镇	620825101
朱店镇	620825102
万泉镇	620825103
韩店镇	620825104
卧龙镇	620825105
阳川镇	620825106
盘安镇	620825107
通化镇	620825108
大庄镇	620825109
岳堡乡	620825200
杨河乡	620825201
赵墩乡	620825202
柳梁乡	620825203
良邑乡	620825211
永宁乡	620825214
郑河乡	620825215
南坪乡	620825217
静宁县(13镇，11乡)	**620826000**
城关镇	620826100
威戎镇	620826101
界石铺镇	620826102

续表 4

行政区划名称	行政区划代码
李店镇	620826103
八里镇	620826104
甘沟镇	620826105
古城镇	620826106
仁大镇	620826107
城川镇	620826108
曹务镇	620826109
雷大镇	620826110
四河镇	620826111
细巷镇	620826112
司桥乡	620826202
双岘乡	620826206
余湾乡	620826209
贾河乡	620826212
深沟乡	620826214
治平乡	620826215
新店乡	620826216
红寺乡	620826221
三合乡	620826224
原安乡	620826225
灵芝乡	620826226
酒泉市(8街道，48镇，20乡)	**620900000**
肃州区(7街道，14镇，1乡)	**620902000**
东北街道	620902001
东南街道	620902002
工业园街道	620902003
西北街道	620902004
西南街道	620902005
新城街道	620902006
玉门油田生活基地街道	620902007
西洞镇	620902100
总寨镇	620902102
金佛寺镇	620902103
三墩镇	620902105
上坝镇	620902106
清水镇	620902107
银达镇	620902108
泉湖镇	620902109
果园镇	620902110
西峰镇	620902111
铧尖镇	620902112
东洞镇	620902113
丰乐镇	620902114
下河清镇	620902115
黄泥堡裕固族乡	620902207
金塔县(5镇，4乡)	**620921000**
中东镇	620921100
鼎新镇	620921101
金塔镇	620921102
东坝镇	620921103
航天镇	620921105
大庄子乡	620921203
古城乡	620921204
西坝乡	620921205
羊井子湾乡	620921209
瓜州县(10镇，5乡)	**620922000**
渊泉镇	620922100
柳园镇	620922101
三道沟镇	620922102
南岔镇	620922103
锁阳城镇	620922104
西湖镇	620922105
河东镇	620922106
腰站子东乡族镇	620922107
双塔镇	620922108
瓜州镇	620922109
布隆吉乡	620922201
七墩回族东乡族乡	620922206
广至藏族乡	620922207
梁湖乡	620922208
沙河回族乡	620922209
肃北蒙古族自治县(2镇，2乡)	**620923000**
马鬃山镇	620923101
党城湾镇	620923102
石包城乡	620923202
盐池湾乡	620923203
阿克塞哈萨克族自治县(1镇，3乡)	**620924000**
红柳湾镇	620924100
阿克旗乡	620924205
阿勒腾乡	620924206
阿伊纳乡	620924207
玉门市(1街道，7镇，5乡)	**620981000**
新市区街道	620981001
玉门镇	620981101
赤金镇	620981102
花海镇	620981103
老君庙镇	620981104
柳河镇	620981105
黄闸湾镇	620981106
下西号镇	620981107
小金湾东乡族乡	620981206
柳湖乡	620981207
独山子东乡族乡	620981208
六墩乡	620981209
昌马乡	620981210
敦煌市(9镇)	**620982000**
沙州镇	620982100
七里镇	620982101
肃州镇	620982102
莫高镇	620982103
转渠口镇	620982104
阳关镇	620982105
月牙泉镇	620982106
郭家堡镇	620982107
黄渠镇	620982108
庆阳市(3街道,63镇,53乡)	**621000000**
西峰区(3街道,5镇,2乡)	**621002000**
北街道	621002001
南街街道	621002002
西街街道	621002003
肖金镇	621002100
董志镇	621002101
后官寨镇	621002102
温泉镇	621002103
彭原镇	621002104
什社乡	621002205
显胜乡	621002207
庆城县(7镇，8乡)	**621021000**
驿马镇	621021100
三十里铺镇	621021101
马岭镇	621021102
庆城镇	621021103
玄马镇	621021104
白马铺镇	621021105
桐川镇	621021106
赤城乡	621021201
太白梁乡	621021205
土桥乡	621021207
蔡口集乡	621021208
高楼乡	621021209
南庄乡	621021210
翟家河乡	621021212
蔡家庙乡	621021213
环县(9镇，11乡)	**621022000**
环城镇	621022100
曲子镇	621022101
甜水镇	621022102
木钵镇	621022103
洪德镇	621022104
合道镇	621022105
樊家川镇	621022106
虎洞镇	621022107
毛井镇	621022108
天池乡	621022200
演武乡	621022202
八珠乡	621022208
耿湾乡	621022211
秦团庄乡	621022213
山城乡	621022214
南湫乡	621022215
罗山川乡	621022216
小南沟乡	621022218
车道乡	621022219
芦家湾乡	621022221
华池县(6镇，9乡)	**621023000**
悦乐镇	621023100
柔远镇	621023101
元城镇	621023102
南梁镇	621023103
城壕镇	621023104
五蛟镇	621023105
上里塬乡	621023205
王咀子乡	621023206
白马乡	621023208

续表 5

行政区划名称	行政区划代码	行政区划名称	行政区划代码	行政区划名称	行政区划代码
怀安乡	621023209	开边镇	621027106	**陇西县（12 镇，5 乡）**	**621122000**
乔川乡	621023210	临泾镇	621027107	巩昌镇	621122100
乔河乡	621023211	新城镇	621027108	文峰镇	621122101
山庄乡	621023213	南川乡	621027201	首阳镇	621122103
林镇乡	621023215	上肖乡	621027203	菜子镇	621122104
紫坊畔乡	621023216	新集乡	621027207	云田镇	621122105
合水县（5 镇，7 乡）	**621024000**	方山乡	621027208	通安驿镇	621122106
西华池镇	621024100	殷家城乡	621027209	碧岩镇	621122109
老城镇	621024101	马渠乡	621027210	福星镇	621122110
太白镇	621024102	庙渠乡	621027211	马河镇	621122112
板桥镇	621024103	武沟乡	621027213	柯寨镇	621122113
何家畔镇	621024104	郭塬乡	621027214	双泉镇	621122114
吉岘乡	621024200	中塬乡	621027216	权家湾镇	621122115
肖咀乡	621024201	**定西市（3 街道，87 镇，32 乡）**	**621100000**	永吉乡	621122201
段家集乡	621024202	**安定区（3 街道，12 镇，7 乡）**	**621102000**	和平乡	621122202
固城乡	621024203	永定路街道	621102001	渭阳乡	621122203
太莪乡	621024204	中华路街道	621102002	宏伟乡	621122205
店子乡	621024205	福台路街道	621102003	德兴乡	621122207
蒿咀铺乡	621024211	凤翔镇	621102101	**渭源县（12 镇，4 乡）**	**621123000**
正宁县（8 镇，2 乡）	**621025000**	内官营镇	621102102	清源镇	621123100
山河镇	621025100	馋口镇	621102103	莲峰镇	621123101
榆林子镇	621025101	称钩驿镇	621102104	会川镇	621123102
宫河镇	621025102	鲁家沟镇	621102105	五竹镇	621123103
永和镇	621025103	西巩驿镇	621102106	路园镇	621123104
永正镇	621025104	宁远镇	621102107	北寨镇	621123105
周家镇	621025105	李家堡镇	621102108	麻家集镇	621123106
湫头镇	621025106	团结镇	621102109	新寨镇	621123107
西坡镇	621025107	葛家岔镇	621102110	庆坪镇	621123108
五顷塬回族乡	621025207	符家川镇	621102111	祁家庙镇	621123109
三嘉乡	621025208	香泉镇	621102112	上湾镇	621123110
宁县（14 镇，4 乡）	**621026000**	白碌乡	621102201	锹峪镇	621123111
新宁镇	621026100	石峡湾乡	621102202	大安乡	621123203
平子镇	621026101	新集乡	621102203	秦祁乡	621123204
早胜镇	621026102	青岚山乡	621102204	峡城乡	621123210
长庆桥镇	621026103	高峰乡	621102205	田家河乡	621123211
和盛镇	621026104	石泉乡	621102206	**临洮县（12 镇，6 乡）**	**621124000**
湘乐镇	621026105	杏园乡	621102207	洮阳镇	621124101
新庄镇	621026107	**通渭县（14 镇，4 乡）**	**621121000**	八里铺镇	621124102
盘克镇	621026108	平襄镇	621121101	新添镇	621124103
焦村镇	621026109	马营镇	621121102	辛店镇	621124104
中村镇	621026110	鸡川镇	621121103	太石镇	621124105
米桥镇	621026111	榜罗镇	621121104	中铺镇	621124106
良平镇	621026112	常家河镇	621121105	峡口镇	621124107
太昌镇	621026113	义岗川镇	621121106	龙门镇	621124108
春荣镇	621026114	华家岭镇	621121115	窑店镇	621124109
南义乡	621026208	陇山镇	621121116	玉井镇	621124110
瓦斜乡	621026210	陇川镇	621121117	衙下集镇	621124111
金村乡	621026213	碧玉镇	621121118	南屏镇	621124112
九岘乡	621026214	陇阳镇	621121119	红旗乡	621124201
镇原县（9 镇，10 乡）	**621027000**	襄南镇	621121120	上营乡	621124202
城关镇	621027100	北城铺镇	621121121	康家集乡	621124203
屯字镇	621027101	什川镇	621121122	站滩乡	621124204
孟坝镇	621027102	新景乡	621121203	连儿湾乡	621124205
三岔镇	621027103	李家店乡	621121207	漫洼乡	621124206
平泉镇	621027104	寺子川乡	621121209	**漳县（10 镇，3 乡）**	**621125000**
太平镇	621027105	第三铺乡	621121212	武阳镇	621125101

续表 6

行政区划名称	行政区划代码
三岔镇	621125102
新寺镇	621125103
金钟镇	621125104
盐井镇	621125105
殪虎桥镇	621125106
大草滩镇	621125107
四族镇	621125108
石川镇	621125109
贵清山镇	621125110
马泉乡	621125204
武当乡	621125208
东泉乡	621125209
岷县（15镇，3乡）	**621126000**
岷阳镇	621126101
西寨镇	621126102
梅川镇	621126103
西江镇	621126104
闾井镇	621126105
十里镇	621126106
茶埠镇	621126107
中寨镇	621126108
蒲麻镇	621126109
马坞镇	621126110
清水镇	621126111
寺沟镇	621126112
麻子川镇	621126113
禾驮镇	621126114
维新镇	621126115
秦许乡	621126204
申都乡	621126207
锁龙乡	621126208
陇南市（4街道，120镇，75乡）	**621200000**
武都区（4街道，21镇，15乡）	**621202000**
钟楼街道	621202001
吉石坝街道	621202002
江北街道	621202003
江南街道	621202004
城关镇	621202100
安化镇	621202101
东江镇	621202102
两水镇	621202103
汉王镇	621202104
洛塘镇	621202105
三河镇	621202106
角弓镇	621202107
马街镇	621202108
鱼龙镇	621202109
甘泉镇	621202110
琵琶镇	621202111
外纳镇	621202112
马营镇	621202113
柏林镇	621202114
姚寨镇	621202115
佛崖镇	621202116
石门镇	621202117
五马镇	621202118
裕河镇	621202119
汉林镇	621202120
坪垭藏族乡	621202201
蒲池乡	621202203
池坝乡	621202211
黄坪乡	621202215
隆兴乡	621202217
龙坝乡	621202218
龙凤乡	621202219
桔柑乡	621202220
磨坝藏族乡	621202221
玉皇乡	621202225
郭河乡	621202226
枫相乡	621202229
三仓乡	621202230
五库乡	621202231
月照乡	621202233
成县（14镇，3乡）	**621221000**
城关镇	621221100
黄渚镇	621221101
红川镇	621221102
小川镇	621221103
纸坊镇	621221104
抛沙镇	621221105
黄陈镇	621221106
陈院镇	621221107
鸡峰镇	621221108
王磨镇	621221109
店村镇	621221110
沙坝镇	621221111
索池镇	621221112
苏元镇	621221113
宋坪乡	621221203
二郎乡	621221206
镡河乡	621221213
文县（14镇，6乡）	**621222000**
城关镇	621222100
碧口镇	621222101
尚德镇	621222102
中寨镇	621222103
桥头镇	621222104
临江镇	621222105
梨坪镇	621222106
天池镇	621222107
堡子坝镇	621222108
石坊镇	621222109
石鸡坝镇	621222110
丹堡镇	621222111
中庙镇	621222112
范坝镇	621222113
铁楼藏族乡	621222200
刘家坪乡	621222205
玉垒乡	621222206
口头坝乡	621222211
尖山乡	621222212
舍书乡	621222215
宕昌县（11镇，14乡）	**621223000**
城关镇	621223100
哈达铺镇	621223101
理川镇	621223102
南阳镇	621223103
官亭镇	621223104
沙湾镇	621223105
阿坞镇	621223106
南河镇	621223107
八力镇	621223108
临江铺镇	621223109
两河口镇	621223110
木耳乡	621223206
庞家乡	621223207
何家堡乡	621223209
贾河乡	621223211
将台乡	621223212
车拉乡	621223213
新城子藏族乡	621223214
好梯乡	621223216
韩院乡	621223217
竹院乡	621223218
兴化乡	621223219
甘江头乡	621223220
新寨乡	621223223
狮子乡	621223224
康县（14镇，7乡）	**621224000**
城关镇	621224100
平洛镇	621224101
大堡镇	621224102
岸门口镇	621224103
两河镇	621224104
长坝镇	621224105
云台镇	621224106
阳坝镇	621224107
周家坝镇	621224108
望关镇	621224109
王坝镇	621224110
大南峪镇	621224111
碾坝镇	621224112
豆坝镇	621224113
寺台乡	621224202
迷坝乡	621224204
店子乡	621224209
白杨乡	621224212
太石乡	621224214
铜钱乡	621224215
三河坝乡	621224218
西和县（12镇，8乡）	**621225000**
汉源镇	621225100
长道镇	621225101
姜席镇	621225102
石峡镇	621225103
何坝镇	621225104
洛峪镇	621225105

续表 7

行政区划名称	行政区划代码	行政区划名称	行政区划代码	行政区划名称	行政区划代码
马元镇	621225106	麻沿河镇	621227110	红台乡	622921220
大桥镇	621225107	大河店镇	621227211	路盘乡	622921223
西峪镇	621225108	高桥镇	621227112	民主乡	622921224
十里镇	621225109	榆树乡	621227208	**康乐县（5 镇，10 乡）**	**622922000**
石堡镇	621225110	虞关乡	621227211	附城镇	622922100
兴隆镇	621225111	**两当县（6 镇，6 乡）**	**621228000**	苏集镇	622922101
卢河乡	621225202	城关镇	621228100	胭脂镇	622922108
稍峪乡	621225204	站儿巷镇	621228101	景古镇	622922112
晒经乡	621225206	西坡镇	621228102	莲麓镇	622922113
西高山乡	621225207	杨店镇	621228103	康丰乡	622922200
六巷乡	621225208	显龙镇	621228104	虎关乡	622922201
太石河乡	621225209	云屏镇	621228105	流川乡	622922202
蒿林乡	621225210	左家乡	621228201	白王乡	622922203
苏合乡	621225213	鱼池乡	621228203	八松乡	622922204
礼县（15 镇，14 乡）	**621226000**	兴化乡	621228204	鸣鹿乡	622922205
城关镇	621226100	张家乡	621228205	八丹乡	622922206
盐官镇	621226101	泰山乡	621228207	上湾乡	622922207
石桥镇	621226102	金洞乡	621228208	草滩乡	622922210
白河镇	621226103	**临夏回族自治州（7 街道，**	**622900000**	五户乡	622922211
红河镇	621226104	**58 镇，65 乡）**		**永靖县（10 镇，7 乡）**	**622923000**
宽川镇	621226105	**临夏市（7 街道，4 镇）**	**622901000**	刘家峡镇	622923100
祁山镇	621226106	城南街道	622901001	盐锅峡镇	622923101
永兴镇	621226107	城北街道	622901002	太极镇	622923102
永坪镇	621226108	东关街道	622901003	西河镇	622923103
中坝镇	621226109	西关街道	622901004	三塬镇	622923104
雷坝镇	621226110	八坊街道	622901005	岘塬镇	622923105
罗坝镇	621226111	红园街道	622901006	陈井镇	622923106
崖城镇	621226112	东区街道	622901007	川城镇	622923107
洮坪镇	621226113	城郊镇	622901100	王台镇	622923108
龙林镇	621226114	枹罕镇	622901101	红泉镇	622923109
马河乡	621226203	南龙镇	622901102	关山乡	622923200
固城乡	621226209	折桥镇	622901103	徐顶乡	622923201
湫山乡	621226212	**临夏县（9 镇，16 乡）**	**622921000**	三条岘乡	622923202
上坪乡	621226215	韩集镇	622921100	坪沟乡	622923203
江口乡	621226218	土桥镇	622921101	新寺乡	622923206
雷王乡	621226219	马集镇	622921103	小岭乡	622923207
白关乡	621226222	尹集镇	622921106	杨塔乡	622923208
沙金乡	621226224	莲花镇	622921119	**广河县（6 镇，3 乡）**	**622924000**
桥头乡	621226227	新集镇	622921121	城关镇	622924100
草坪乡	621226228	黄泥湾镇	622921122	三甲集镇	622924101
王坝乡	621226230	刁祁镇	622921123	祁家集镇	622924102
肖良乡	621226231	北塬镇	622921124	庄禾集镇	622924103
三峪乡	621226232	营滩乡	622921200	买家巷镇	622924104
滩坪乡	621226233	掌子沟乡	622921201	齐家镇	622924105
徽县（13 镇，2 乡）	**621227000**	麻尼寺沟乡	622921202	水泉乡	622924202
城关镇	621227100	漠泥沟乡	622921204	官坊乡	622924203
伏家镇	621227101	漫路乡	622921208	阿力麻土东乡族乡	622924204
江洛镇	621227102	榆林乡	622921209	**和政县（9 镇，4 乡）**	**622925000**
泥阳镇	621227103	井沟东乡族乡	622921210	城关镇	622925100
柳林镇	621227104	坡头乡	622921213	三合镇	622925101
嘉陵镇	621227105	桥寺乡	622921214	三十里铺镇	622925102
永宁镇	621227106	先锋乡	622921215	马家堡镇	622925103
银杏树镇	621227107	河西乡	622921216	买家集镇	622925105
水阳镇	621227108	安家坡东乡族乡	622921217	松鸣镇	622925106
栗川镇	621227109	南塬乡	622921218	陈家集镇	622925107

续表 8

行政区划名称	行政区划代码
新营镇	622925108
罗家集镇	622925109
梁家寺东乡族乡	622925200
卜家庄乡	622925203
新庄乡	622925207
达浪乡	622925209
东乡族自治县 (8 镇，15 乡)	**622926000**
锁南坝镇	622926100
达板镇	622926101
河滩镇	622926103
那勒寺镇	622926107
唐汪镇	622926118
果园镇	622926119
汪集镇	622926120
龙泉镇	622926121
春台乡	622926200
柳树乡	622926201
东塬乡	622926202
坪庄乡	622926204
百和乡	622926205
关卜乡	622926206
赵家乡	622926208
五家乡	622926209
沿岭乡	622926212
风山乡	622926214
车家湾乡	622926215
大树乡	622926219
北岭乡	622926220
考勒乡	622926222
董岭乡	622926223
积石山保安族东乡族撒拉族自治县 (7 镇，10 乡)	**622927000**
吹麻滩镇	622927100
大河家镇	622927101
居集镇	622927108
癿藏镇	622927113
石塬镇	622927114
安集镇	622927115
银川镇	622927116
刘集乡	622927201
柳沟乡	622927203
关家川乡	622927204
胡林家乡	622927205
寨子沟乡	622927207
郭干乡	622927209
徐扈家乡	622927210
中咀岭乡	622927211
小关乡	622927212
铺川乡	622927214
甘南藏族自治州 (4 街道，45 镇，50 乡)	**623000000**
合作市 (4 街道，3 镇，3 乡)	**623001000**
当周街道	623001001
伊合昂街道	623001002
坚木克尔街道	623001003
通钦街道	623001004
佐盖曼玛镇	623001100
那吾镇	623001101
勒秀镇	623001102
卡加曼乡	623001200
卡加道乡	623001201
佐盖多玛乡	623001202
临潭县 (8 镇，8 乡)	**623021000**
城关镇	623021101
新城镇	623021102
冶力关镇	623021103
羊永镇	623021104
王旗镇	623021105
古战镇	623021106
洮滨镇	623021107
八角镇	623021108
初布乡	623021201
卓洛回族乡	623021203
长川回族乡	623021204
流顺乡	623021206
店子乡	623021207
三岔乡	623021209
石门乡	623021211
羊沙乡	623021212
卓尼县 (5 镇，10 乡)	**623022000**
柳林镇	623022100
木耳镇	623022101
扎古录镇	623022102
喀尔钦镇	623022103
藏巴哇镇	623022104
纳浪乡	623022201
尼巴乡	623022203
刀告乡	623022204
完冒乡	623022205
阿子滩乡	623022206
申藏乡	623022207
恰盖乡	623022208
康多乡	623022209
勺哇土族乡	623022210
洮砚乡	623022211
舟曲县 (7 镇，12 乡)	**623023000**
城关镇	623023100
大川镇	623023101
峰迭镇	623023102
立节镇	623023103
东山镇	623023104
曲告纳镇	623023105
博峪镇	623023106
曲瓦乡	623023200
巴藏乡	623023201
大峪乡	623023202
憨班乡	623023204
坪定乡	623023206
江盘乡	623023207
南峪乡	623023209
果耶乡	623023210
八楞乡	623023211
武坪乡	623023212
插岗乡	623023213
拱坝乡	623023214
迭部县 (5 镇，6 乡)	**623024000**
电尕镇	623024101
益哇镇	623024102
旺藏镇	623024103
腊子口镇	623024104
洛大镇	623024105
卡坝乡	623024201
达拉乡	623024202
桑坝乡	623024203
尼傲乡	623024204
阿夏乡	623024206
多儿乡	623024207
玛曲县 (4 镇，4 乡)	**623025000**
尼玛镇	623025101
阿万仓镇	623025102
齐哈玛镇	623025103
曼日玛镇	623025104
欧拉乡	623025201
欧拉秀玛乡	623025202
木西合乡	623025204
采日玛乡	623025206
碌曲县 (5 镇，2 乡)	**623026000**
郎木寺镇	623026101
玛艾镇	623026102
尕海镇	623026103
西仓镇	623026104
双岔镇	623026105
拉仁关乡	623026203
阿拉乡	623026205
夏河县 (8 镇，5 乡)	**623027000**
拉卜楞镇	623027100
王格尔塘镇	623027101
阿木去乎镇	623027102
桑科镇	623027103
甘加镇	623027104
麻当镇	623027105
博拉镇	623027106
科才镇	623027107
达麦乡	623027203
曲奥乡	623027205
唐尕昂乡	623027206
扎油乡	623027207
吉仓乡	623027208

青海省

青海省（青）

行政区划名称	行政区划代码
青海省（34 街道，143 镇，223 乡）	**630000000**
西宁市（22 街道，27 镇，23 乡）	**630100000**
城东区（7 街道，2 镇）	**630102000**
东关街道	630102001
清真巷街道	630102002
大众街街道	630102003
周家泉街道	630102004
火车站街道	630102005
八一路街道	630102006
林家崖街道	630102007
乐家湾镇	630102100
韵家口镇	630102101
城中区（7 街道，1 镇）	**630103000**
人民街街道	630103001
南滩街道	630103002
仓门街街道	630103003
礼让街街道	630103004
饮马街街道	630103005
南川东路街道	630103006
南川西路街道	630103007
总寨镇	630103100
城西区（5 街道，1 镇）	**630104000**
西关大街街道	630104001
古城台街道	630104002
虎台街道	630104003
胜利路街道	630104004
兴海路街道	630104005
彭家寨镇	630104100
城北区（3 街道，2 镇）	**630105000**
朝阳街道	630105001
小桥大街街道	630105002
马坊街道	630105003
大堡子镇	630105100
廿里铺镇	630105101
大通回族土族自治县（9 镇，11 乡）	**630121000**
桥头镇	630121100
城关镇	630121101
塔尔镇	630121102
东峡镇	630121103
黄家寨镇	630121104
长宁镇	630121105
景阳镇	630121106
多林镇	630121107
新庄镇	630121108
青林乡	630121200
青山乡	630121201
逊让乡	630121202
极乐乡	630121203
宝库乡	630121205
斜沟乡	630121206
良教乡	630121207
向化藏族乡	630121208
桦林乡	630121209
朔北藏族乡	630121210
石山乡	630121212
湟中县（10 镇，5 乡）	**630122000**
田家寨镇	630122100
上新庄镇	630122102
鲁沙尔镇	630122103
甘河滩镇	630122104
共和镇	630122105
多巴镇	630122106
拦隆口镇	630122107
上五庄镇	630122108
李家山镇	630122109
西堡镇	630122110
群加藏族乡	630122201
土门关乡	630122202
汉东回族乡	630122205
大才回族乡	630122206
海子沟乡	630122207
湟源县（2 镇，7 乡）	**630123000**
城关镇	630123100
大华镇	630123101
东峡乡	630123201
日月藏族乡	630123202
和平乡	630123203
波航乡	630123204
申中乡	630123205
巴燕乡	630123207
寺寨乡	630123208
海东市（35 镇，59 乡）	**630200000**
乐都区（7 镇，12 乡）	**630202000**
碾伯镇	630202100
高庙镇	630202101
瞿昙镇	630202102
洪水镇	630202103
雨润镇	630202104
高店镇	630202105
寿乐镇	630202106
下营藏族乡	630202200
城台乡	630202201
峰堆乡	630202202
达拉土族乡	630202203
共和乡	630202204
中岭乡	630202205
李家乡	630202206
芦化乡	630202207
马营乡	630202208
马厂乡	630202209
中坝藏族乡	630202210
蒲台乡	630202211
平安区（3 镇，5 乡）	**630203000**
平安镇	630203100
小峡镇	630203101
三合镇	630203102
洪水泉回族乡	630203200
石灰窑回族乡	630203201
古城回族乡	630203202
沙沟回族乡	630203203
巴藏沟回族乡	630203204
民和回族土族自治县（8 镇，14 乡）	**630222000**
川口镇	630222100
古鄯镇	630222101
马营镇	630222102
官亭镇	630222103
巴州镇	630222104
满坪镇	630222105
李二堡镇	630222106
峡门镇	630222107
马场垣乡	630222200
北山乡	630222201
西沟乡	630222202
总堡乡	630222203
隆治乡	630222204
大庄乡	630222205
转导乡	630222206
前河乡	630222207
甘沟乡	630222208
中川乡	630222209
杏儿藏族乡	630222210
核桃庄乡	630222211
新民乡	630222212
松树乡	630222213
互助土族自治县（8 镇，11 乡）	**630223000**
威远镇	630223100
丹麻镇	630223101
高寨镇	630223102
南门峡镇	630223103
加定镇	630223104
塘川镇	630223105
五十镇	630223106

续表 1

行政区划名称	行政区划代码
五峰镇	630223107
红崖子沟乡	630223200
哈拉直沟乡	630223201
松多藏族乡	630223202
东山乡	630223203
东和乡	630223204
东沟乡	630223205
林川乡	630223206
台子乡	630223207
西山乡	630223208
蔡家堡乡	630223209
巴扎藏族乡	630223210
化隆回族自治县（6 镇，11 乡）	**630224000**
巴燕镇	630224100
群科镇	630224101
牙什尕镇	630224102
甘都镇	630224103
扎巴镇	630224104
昂思多镇	630224105
雄先藏族乡	630224200
查甫藏族乡	630224201
二塘乡	630224202
谢家滩乡	630224203
德恒隆乡	630224204
沙连堡乡	630224205
阿什奴乡	630224206
石大仓乡	630224207
初麻乡	630224208
金源藏族乡	630224209
塔加藏族乡	630224210
循化撒拉族自治县（3 镇，6 乡）	**630225000**
积石镇	630225100
白庄镇	630225101
街子镇	630225102
道帏藏族乡	630225200
清水乡	630225201
查汗都斯乡	630225202
文都藏族乡	630225203
尕楞藏族乡	630225204
岗察藏族乡	630225205
海北藏族自治州（11 镇，19 乡）	**632200000**
门源回族自治县（4 镇，8 乡）	**632221000**
浩门镇	632221100
青石咀镇	632221101
泉口镇	632221102
东川镇	632221103
皇城蒙古族乡	632221200
苏吉滩乡	632221201
北山乡	632221202
西滩乡	632221203
麻莲乡	632221204
阴田乡	632221205
仙米乡	632221206
珠固乡	632221207
祁连县（3 镇，4 乡）	**632222000**
八宝镇	632222100
峨堡镇	632222101
默勒镇	632222102
扎麻什乡	632222200
阿柔乡	632222201
野牛沟乡	632222202
央隆乡	632222203
海晏县（2 镇，4 乡）	**632223000**
三角城镇	632223100
西海镇	632223101
金滩乡	632223200
哈勒景蒙古族乡	632223201
青海湖乡	632223202
甘子河乡	632223203
刚察县（2 镇，3 乡）	**632224000**
沙柳河镇	632224100
哈尔盖镇	632224101
伊克乌兰乡	632224201
泉吉乡	632224202
吉尔孟乡	632224203
黄南藏族自治州（11 镇，22 乡）	**632300000**
同仁县（3 镇，8 乡）	**632321000**
隆务镇	632321100
保安镇	632321101
多哇镇	632321102
兰采乡	632321200
双朋西乡	632321201
扎毛乡	632321202
黄乃亥乡	632321203
曲库乎乡	632321204
年都乎乡	632321206
瓜什则乡	632321208
加吾乡	632321209
尖扎县（3 镇，6 乡）	**632322000**
马克唐镇	632322100
康扬镇	632322101
坎布拉镇	632322102
贾加乡	632322200
措周乡	632322201
昂拉乡	632322202
能科乡	632322203
当顺乡	632322204
尖扎滩乡	632322205
泽库县（3 镇，4 乡）	**632323000**
泽曲镇	632323100
和日镇	632323102
麦秀镇	632323105
宁秀乡	632323201
王家乡	632323203
西卜沙乡	632323206
多禾茂乡	632323207
河南蒙古族自治县（2 镇，4 乡）	**632324000**
优干宁镇	632324100
宁木特镇	632324101
赛尔龙乡	632324202
柯生乡	632324203
多松乡	632324204
托叶玛乡	632324205
海南藏族自治州（19 镇，17 乡）	**632500000**
共和县（7 镇，4 乡）	**632521000**
恰卜恰镇	632521100
塘格木镇	632521101
倒淌河镇	632521102
龙羊峡镇	632521103
江西沟镇	632521104
黑马河镇	632521105
石乃亥镇	632521106
廿地乡	632521201
沙珠玉乡	632521202
铁盖乡	632521204
切吉乡	632521211
同德县（2 镇，3 乡）	**632522000**
尕巴松多镇	632522100
唐谷镇	632522101
巴沟乡	632522200
秀麻乡	632522203
河北乡	632522204
贵德县（4 镇，3 乡）	**632523000**
河阴镇	632523101
河西镇	632523102
拉西瓦镇	632523103
常牧镇	632523104
河东乡	632523201
尕让乡	632523203
新街回族乡	632523204
兴海县（3 镇，4 乡）	**632524000**
子科滩镇	632524100
河卡镇	632524101
曲什安镇	632524102
唐乃亥乡	632524200
中铁乡	632524202
龙藏乡	632524204
温泉乡	632524205
贵南县（3 镇，3 乡）	**632525000**
芒曲镇	632525100
过马营镇	632525101
森多镇	632525102
沙沟乡	632525200
茫拉乡	632525202
塔秀乡	632525203

续表 2

行政区划名称	行政区划代码	行政区划名称	行政区划代码	行政区划名称	行政区划代码
果洛藏族自治州（8 镇，36 乡）	**632600000**	**玉树市（4 街道，2 镇，5 乡）**	**632701000**	**海西蒙古族藏族自治州（8 街道，21 镇，14 乡）**	**632800000**
玛沁县（2 镇，6 乡）	**632621000**	结古街道	632701001	**格尔木市（5 街道，2 镇，2 乡）**	**632801000**
大武镇	632621100	西杭街道	632701002	昆仑路街道	632801001
拉加镇	632621101	扎西科街道	632701003	金峰路街道	632801002
大武乡	632621200	新寨街道	632701004	河西街道	632801003
东倾沟乡	632621201	隆宝镇	632701101	黄河路街道	632801004
雪山乡	632621202	下拉秀镇	632701102	西藏路街道	632801005
下大武乡	632621203	仲达乡	632701200	郭勒木德镇	632801100
当洛乡	632621204	巴塘乡	632701201	唐古拉山镇	632801101
优云乡	632621205	小苏莽乡	632701202	大格勒乡	632801200
班玛县（1 镇，8 乡）	**632622000**	上拉秀乡	632701203	乌图美仁乡	632801201
赛来塘镇	632622100	安冲乡	632701204	**德令哈市（3 街道，3 镇，1 乡）**	**632802000**
多贡麻乡	632622200	**杂多县（1 镇，7 乡）**	**632722000**	火车站街道	632802001
玛柯河乡	632622201	萨呼腾镇	632722100	河东街道	632802002
吉卡乡	632622202	查旦乡	632722200	河西街道	632802003
达卡乡	632622203	昂赛乡	632722201	尕海镇	632802100
知钦乡	632622204	结多乡	632722202	怀头他拉镇	632802101
江日堂乡	632622205	阿多乡	632722203	柯鲁柯镇	632802102
亚尔堂乡	632622206	苏鲁乡	632722204	蓄集乡	632802200
灯塔乡	632622207	莫云乡	632722206	**乌兰县（4 镇）**	**632821000**
甘德县（1 镇，6 乡）	**632623000**	扎青乡	632722207	希里沟镇	632821100
柯曲镇	632623100	**称多县（5 镇，2 乡）**	**632723000**	茶卡镇	632821101
上贡麻乡	632623200	称文镇	632723100	柯柯镇	632821102
下贡麻乡	632623201	歇武镇	632723101	铜普镇	632821103
岗龙乡	632623202	扎朵镇	632723102	**都兰县（4 镇，4 乡）**	**632822000**
江千乡	632623203	清水河镇	632723103	察汗乌苏镇	632822100
青珍乡	632623204	珍秦镇	632723104	香日德镇	632822101
下藏科乡	632623205	尕朵乡	632723200	夏日哈镇	632822102
达日县（1 镇，9 乡）	**632624000**	拉布乡	632723201	宗加镇	632822103
吉迈镇	632624100	**治多县（1 镇，5 乡）**	**632724000**	热水乡	632822200
下红科乡	632624200	加吉博洛镇	632724100	香加乡	632822201
上红科乡	632624201	索加乡	632724200	沟里乡	632822202
莫坝乡	632624202	扎河乡	632724201	巴隆乡	632822203
桑日麻乡	632624203	多彩乡	632724202	**天峻县（8 镇，7 乡）**	**632823000**
特合土乡	632624204	治渠乡	632724203	新源镇	632823100
建设乡	632624205	立新乡	632724205	江河镇	632823101
窝赛乡	632624206	**囊谦县（1 镇，9 乡）**	**632725000**	木里镇	632823102
德昂乡	632624207	香达镇	632725100	茫崖镇 *	632823103
满掌乡	632624208	白扎乡	632725201	花土沟镇 *	632823104
久治县（1 镇，5 乡）	**632625000**	娘拉乡	632725202	大柴旦镇 *	632823105
智青松多镇	632625100	毛庄乡	632725203	锡铁山镇 *	632823106
白玉乡	632625200	觉拉乡	632725204	冷湖镇 *	632823107
哇尔依乡	632625201	东坝乡	632725205	阳康乡	632823200
哇赛乡	632625202	吉曲乡	632725206	织合玛乡	632823201
索乎日麻乡	632625203	尕羊乡	632725207	龙门乡	632823202
门堂乡	632625204	吉尼赛乡	632725208	快尔玛乡	632823203
玛多县（2 镇，2 乡）	**632626000**	着晓乡	632725209	苏里乡	632823204
玛查理镇	632626100	**曲麻莱县（1 镇，5 乡）**	**632726000**	生格乡	632823205
花石峡镇	632626101	约改镇	632726100	舟群乡	632823206
黄河乡	632626200	巴干乡	632726200		
扎陵湖乡	632626201	秋智乡	632726202		
玉树藏族自治州（4 街道，11 镇，33 乡）	**632700000**	叶格乡	632726203		
		麻多乡	632726204		
		曲麻河乡	632726205		

宁夏回族自治区

宁夏回族自治区（宁）

行政区划名称	行政区划代码
宁夏回族自治区（47 街道，103 镇，90 乡）	**640000000**
银川市（25 街道，21 镇，6 乡）	**640100000**
兴庆区（11 街道，2 镇，2 乡）	**640104000**
凤凰北街街道	640104001
解放西街街道	640104002
文化街街道	640104003
富宁街街道	640104004
新华街街道	640104005
玉皇阁北街街道	640104006
前进街街道	640104007
中山南街街道	640104008
银古路街道	640104009
胜利街街道	640104010
丽景街街道	640104011
掌政镇	640104100
大新镇	640104101
通贵乡	640104200
月牙湖乡	640104201
西夏区（7 街道，2 镇）	**640105000**
西花园路街道	640105001
北京西路街道	640105002
文昌路街道	640105003
朔方路街道	640105004
宁华路街道	640105005
贺兰山西路街道	640105006
怀远路街道	640105007
兴泾镇	640105100
镇北堡镇	640105101
金凤区（5 街道，2 镇）	**640106000**
满城北街街道	640106001
黄河东路街道	640106002
长城中路街道	640106003
北京中路街道	640106004
上海西路街道	640106005
良田镇	640106100
丰登镇	640106101
永宁县（1 街道，5 镇，1 乡）	**640121000**
团结西路街道	640121001
杨和镇	640121100
李俊镇	640121101
望远镇	640121102
望洪镇	640121103
闽宁镇	640121104
胜利乡	640121200
贺兰县（4 镇，1 乡）	**640122000**
习岗镇	640122100
金贵镇	640122101
立岗镇	640122102
洪广镇	640122103
常信乡	640122200
灵武市（1 街道，6 镇，2 乡）	**640181000**
城区街道	640181001
东塔镇	640181100
郝家桥镇	640181101
崇兴镇	640181102
宁东镇	640181103
马家滩镇	640181104
临河镇	640181105
梧桐树乡	640181200
白土岗乡	640181201
石嘴山市（16 街道，11 镇，9 乡）	**640200000**
大武口区（10 街道，1 镇）	**640202000**
长胜街道	640202001
朝阳街道	640202002
人民路街道	640202003
长城街道	640202004
青山街道	640202005
石炭井街道	640202006
白芨沟街道	640202007
沟口街道	640202008
长兴街道	640202010
锦林街道	640202011
星海镇	640202100
惠农区（6 街道，3 镇，3 乡）	**640205000**
育才路街道	640205001
南街街道	640205002
中街街道	640205003
北街街道	640205004
河滨街街道	640205005
火车站街道	640205006
红果子镇	640205100
尾闸镇	640205101
园艺镇	640205102
庙台乡	640205200
礼和乡	640205201
燕子墩乡	640205202
平罗县（7 镇，6 乡）	**640221000**
城关镇	640221100
黄渠桥镇	640221101
宝丰镇	640221102
头闸镇	640221103
姚伏镇	640221104
崇岗镇	640221105
陶乐镇	640221106
高庄乡	640221200
灵沙乡	640221201
渠口乡	640221202
通伏乡	640221203
高仁乡	640221204
红崖子乡	640221205
吴忠市（3 街道，29 镇，15 乡）	**640300000**
利通区（8 镇，4 乡）	**640302000**
金积镇	640302100
金银滩镇	640302101
高闸镇	640302102
扁担沟镇	640302103
上桥镇	640302104
古城镇	640302105
金星镇	640302106
胜利镇	640302107
东塔寺乡	640302200
板桥乡	640302201
马莲渠乡	640302202
郭家桥乡	640302203
红寺堡区（1 街道，2 镇，3 乡）	**640303000**
新民街道	640303001
红寺堡镇	640303100
太阳山镇	640303101
大河乡	640303200
新庄集乡	640303201
柳泉乡	640303202
盐池县（1 街道，4 镇，4 乡）	**640323000**
盐州路街道	640323001
花马池镇	640323100
大水坑镇	640323101
惠安堡镇	640323102
高沙窝镇	640323103
王乐井乡	640323200

续表

行政区划名称	行政区划代码
冯记沟乡	640323201
青山乡	640323202
麻黄山乡	640323203
同心县 (7 镇，4 乡)	**640324000**
豫海镇	640324100
河西镇	640324101
韦州镇	640324102
下马关镇	640324103
予旺镇	640324104
王团镇	640324105
丁塘镇	640324106
田老庄乡	640324201
马高庄乡	640324202
张家垣乡	640324203
兴隆乡	640324204
青铜峡市 (1 街道，8 镇)	**640381000**
裕民街道	640381001
小坝镇	640381100
大坝镇	640381101
青铜峡镇	640381102
叶盛镇	640381103
瞿靖镇	640381104
峡口镇	640381105
邵岗镇	640381106
陈袁滩镇	640381107
固原市 (3 街道，21 镇，41 乡)	**640400000**
原州区 (3 街道，7 镇，4 乡)	**640402000**
南关街道	640402001
新区街道	640402002
北塬街道	640402003
三营镇	640402100
官厅镇	640402103
开城镇	640402104
张易镇	640402105
彭堡镇	640402106
头营镇	640402107
黄铎堡镇	640402108
中河乡	640402200
河川乡	640402201
炭山乡	640402204
寨科乡	640402205
西吉县 (4 镇，15 乡)	**640422000**
吉强镇	640422100
兴隆镇	640422101
平峰镇	640422102
将台堡镇	640422103
新营乡	640422200
红耀乡	640422201
田坪乡	640422202
马建乡	640422203
震湖乡	640422204
兴坪乡	640422205
西滩乡	640422206
王民乡	640422207
什字乡	640422208
马莲乡	640422209
硝河乡	640422211
偏城乡	640422212
沙沟乡	640422213
白崖乡	640422214
火石寨乡	640422215
隆德县 (3 镇，10 乡)	**640423000**
城关镇	640423100
沙塘镇	640423101
联财镇	640423102
陈靳乡	640423200
好水乡	640423201
观庄乡	640423202
杨河乡	640423203
神林乡	640423204
张程乡	640423205
凤岭乡	640423206
山河乡	640423207
温堡乡	640423208
奠安乡	640423209
泾源县 (3 镇，4 乡)	**640424000**
香水镇	640424100
泾河源镇	640424101
六盘山镇	640424102
新民乡	640424200
兴盛乡	640424201
黄花乡	640424202
大湾乡	640424203
彭阳县 (4 镇，8 乡)	**640425000**
白阳镇	640425100
王洼镇	640425101
古城镇	640425102
红河镇	640425103
新集乡	640425200
城阳乡	640425201
冯庄乡	640425203
小岔乡	640425204
孟塬乡	640425205
罗洼乡	640425206
交岔乡	640425207
草庙乡	640425208
中卫市 (21 镇，19 乡)	**640500000**
沙坡头区 (10 镇，1 乡)	**640502000**
滨河镇	640502100
文昌镇	640502101
东园镇	640502102
柔远镇	640502103
镇罗镇	640502104
宣和镇	640502105
永康镇	640502106
常乐镇	640502107
迎水桥镇	640502108
兴仁镇	640502109
香山乡	640502200
中宁县 (6 镇，6 乡)	**640521000**
宁安镇	640521100
鸣沙镇	640521101
石空镇	640521102
新堡镇	640521103
恩和镇	640521104
大战场镇	640521105
舟塔乡	640521200
白马乡	640521201
余丁乡	640521202
喊叫水乡	640521204
徐套乡	640521205
太阳梁乡	640521206
海原县 (5 镇，12 乡)	**640522000**
海城镇	640522100
李旺镇	640522101
西安镇	640522103
三河镇	640522104
七营镇	640522105
史店乡	640522200
树台乡	640522201
关桥乡	640522202
高崖乡	640522206
郑旗乡	640522207
贾塘乡	640522208
曹洼乡	640522209
九彩乡	640522210
李俊乡	640522211
红羊乡	640522212
关庄乡	640522213
甘城乡	640522214

「新疆维吾尔自治区」

新疆维吾尔自治区（新）

行政区划名称	行政区划代码
新疆维吾尔自治区（193街道，349镇，523乡，1区公所）	**650000000**
乌鲁木齐市（82街道，10镇，12乡）	**650100000**
天山区（16街道）	**650102000**
燕儿窝街道	650102002
胜利路街道	650102003
团结路街道	650102004
解放南路街道	650102005
新华南路街道	650102006
和平路街道	650102007
解放北路街道	650102008
幸福路街道	650102009
东门街道	650102010
新华北路街道	650102011
青年路街道	650102012
碱泉街街道	650102013
延安路街道	650102014
红雁街道	650102015
南草滩街道	650102016
东泉路街道	650102017
沙依巴克区（16街道）	**650103000**
长江路街道	650103001
和田街街道	650103002
扬子江路街道	650103003
友好南路街道	650103004
友好北路街道	650103005
八一街道	650103006
炉院街街道	650103007
西山街道	650103008
雅玛里克山街道	650103009
红庙子街道	650103010
平顶山街道	650103012
长胜东街道	650103013
长胜西街道	650103014
长胜南街道	650103015
骑马山街道	650103016
环卫路街道	650103017
新市区（21街道，1镇，4乡）	**650104000**
北京路街道	650104001
二工街道	650104002
三工街道	650104003
石油新村街道	650104004
迎宾路街道	650104005
喀什东路街道	650104006
北站东路街道	650104007
南纬路街道	650104009
杭州路街道	650104010
天津路街道	650104011
银川路街道	650104012
高新街街道	650104013
长春中路街道	650104014
中亚南路街道	650104015
中亚北路街道	650104016
友谊路街道	650104017
嵩山街街道	650104018
百园路街道	650104019
机场街道	650104020
正扬路街道	650104021
鲤鱼山街道	650104022
安宁渠镇	650104100
二工乡	650104200
地窝堡乡	650104201
六十户乡	650104202
青格达湖乡	650104203
水磨沟区（14街道）	**650105000**
水磨沟街道	650105001
六道湾街道	650105002
苇湖梁街道	650105003
八道湾街道	650105004
新民路街道	650105005
南湖南路街道	650105006
南湖北路街道	650105007
七道湾街道	650105008
榆树沟街道	650105009
石人子沟街道	650105010
振安街街道	650105011
华光街街道	650105012
水塔山街道	650105013
龙盛街街道	650105014
头屯河区（5街道）	**650106000**
头屯河街道	650106001
火车西站街道	650106002
王家沟街道	650106003
乌昌路街道	650106004
北站西路街道	650106005
达坂城区（3街道，1镇，3乡）	**650107000**
乌拉泊街道	650107001
艾维尔沟街道	650107002
盐湖街道	650107003
达坂城镇	650107100
东沟乡	650107200
西沟乡	650107201
阿克苏乡	650107202
米东区（7街道，5镇，2乡）	**650109000**
石化街道	650109001
地磅街道	650109002
卡子湾街道	650109003
古牧地东路街道	650109004
古牧地西路街道	650109005
米东南路街道	650109006
永祥街街道	650109007
古牧地镇	650109100
铁厂沟镇	650109101
长山子镇	650109102
羊毛工镇	650109103
三道坝镇	650109104
芦草沟乡	650109200
柏杨河哈萨克族乡	650109300
乌鲁木齐县（3镇，3乡）	**650121000**
水西沟镇	650121100
永丰镇	650121101
板房沟镇	650121102
萨尔达坂乡	650121207
甘沟乡	650121208
托里乡	650121213
克拉玛依市（13街道，1镇，1乡）	**650200000**
独山子区（3街道）	**650202000**
金山路街道	650202001
西宁路街道	650202002
新北区街道	650202003
克拉玛依区（7街道，1乡）	**650203000**
天山路街道	650203001
胜利路街道	650203002
昆仑路街道	650203003
银河路街道	650203004
金龙镇街道	650203005
五五新镇街道	650203006
迎宾路街道	650203007
小拐乡	650203200
白碱滩区（2街道）	**650204000**
中兴路街道	650204001
三平路街道	650204002
乌尔禾区（1街道，1镇）	**650205000**
柳树街街道	650205001
乌尔禾镇	650205100
吐鲁番地区（3街道，15镇，12乡）	**650400000**
高昌区（3街道，5镇，4乡）	**650402000**
老城路街道	650402001
高昌路街道	650402002
葡萄沟街道	650402003
七泉湖镇	650402100
大河沿镇	650402101
亚尔镇	650402102
葡萄镇	650402103
艾丁湖镇	650402104
恰特喀勒乡	650402202
二堡乡	650402203
三堡乡	650402204
胜金乡	650402205
鄯善县（5镇，5乡）	**650421000**
鄯善镇	650421100
七克台镇	650421101
鄯善火车站镇	650421102
连木沁镇	650421103
鲁克沁镇	650421104
辟展乡	650421200
东巴扎回族乡	650421201
吐峪沟乡	650421202

续表 1

行政区划名称	行政区划代码
达朗坎乡	650421203
迪坎乡	650421204
托克逊县（5 镇，3 乡）	**650422000**
托克逊镇	650422100
库米什镇	650422101
克尔碱镇	650422102
阿乐惠镇	650422103
伊拉湖镇	650422104
夏乡	650422200
郭勒布依乡	650422201
博斯坦乡	650422203
哈密市（5 街道，14 镇，23 乡）	**650500000**
伊州区（5 街道，6 镇，12 乡）	**650502000**
东河区街道	650502001
西河区街道	650502002
新市区街道	650502003
丽园区街道	650502004
石油新城街道	650502005
雅满苏镇	650502100
七角井镇	650502101
星星峡镇	650502102
二堡镇	650502103
五堡镇	650502104
陶家宫镇	650502105
沁城乡	650502200
乌拉台哈萨克族乡	650502201
双井子乡	650502202
大泉湾乡	650502203
回城乡	650502205
花园乡	650502206
南湖乡	650502207
德外里都如克哈萨克族乡	650502209
西山乡	650502210
天山乡	650502211
白石头乡	650502212
柳树沟乡	650502214
巴里坤哈萨克自治县（5 镇，7 乡）	**650521000**
巴里坤镇	650521100
博尔羌吉镇	650521101
大河镇	650521102
奎苏镇	650521103
三塘湖镇	650521104
萨尔乔克乡	650521200
海子沿乡	650521201
下涝坝乡	650521202
石人子乡	650521205
花园乡	650521206
大红柳峡乡	650521208
八墙子乡	650521209
伊吾县（3 镇，4 乡）	**650522000**
伊吾镇	650522100
淖毛湖镇	650522101
盐池镇	650522102
苇子峡乡	650522201
下马崖乡	650522202
吐葫芦乡	650522204

行政区划名称	行政区划代码
前山哈萨克族乡	650522205
昌吉回族自治州（9 街道，44 镇，26 乡）	**652300000**
昌吉市（6 街道，8 镇，2 乡）	**652301000**
宁边路街道	652301001
延安北路街道	652301002
北京南路街道	652301003
绿洲路街道	652301004
中山路街道	652301005
建国路街道	652301016
硫磺沟镇	652301101
三工镇	652301102
榆树沟镇	652301103
六工镇	652301104
二六工镇	652301105
大西渠镇	652301106
滨湖镇	652301107
佃坝镇	652301108
庙尔沟乡	652301204
阿什里哈萨克族乡	652301205
阜康市（3 街道，4 镇，3 乡）	**652302000**
博峰街道	652302001
阜新街道	652302002
准东街道	652302004
甘河子镇	652302100
城关镇	652302101
九运街镇	652302102
滋泥泉子镇	652302103
三工河哈萨克族乡	652302200
上户沟哈萨克族乡	652302201
水磨沟乡	652302202
呼图壁县（6 镇，1 乡）	**652323000**
呼图壁镇	652323100
大丰镇	652323101
雀尔沟镇	652323102
二十里店镇	652323103
园户村镇	652323104
五工台镇	652323105
石梯子哈萨克族乡	652323201
玛纳斯县（7 镇，4 乡）	**652324000**
玛纳斯镇	652324100
乐土驿镇	652324101
包家店镇	652324102
凉州户镇	652324103
北五岔镇	652324104
六户地镇	652324105
兰州湾镇	652324106
广东地乡	652324201
清水河哈萨克族乡	652324202
塔西河哈萨克族乡	652324203
旱卡子滩哈萨克族乡	652324204
奇台县（9 镇，6 乡）	**652325000**
奇台镇	652325100
老奇台镇	652325101
半截沟镇	652325102
吉布库镇	652325103
东湾镇	652325104
西地镇	652325105

行政区划名称	行政区划代码
碧流河镇	652325106
三个庄子镇	652325107
西北湾镇	652325108
坎尔孜乡	652325202
五马场哈萨克族乡	652325203
古城乡	652325204
乔仁哈萨克族乡	652325205
七户乡	652325206
大泉塔塔尔族乡	652325208
吉木萨尔县（6 镇，3 乡）	**652327000**
吉木萨尔镇	652327100
三台镇	652327101
泉子街镇	652327102
北庭镇	652327103
二工镇	652327104
大有镇	652327105
庆阳湖乡	652327202
老台乡	652327203
新地乡	652327205
木垒哈萨克自治县（4 镇，7 乡）	**652328000**
木垒镇	652328100
西吉尔镇	652328103
东城镇	652328104
新户镇	652328105
英格堡乡	652328200
照壁山乡	652328205
大南沟乌孜别克族乡	652328209
雀仁乡	652328210
白杨河乡	652328211
大石头乡	652328212
博斯塘乡	652328213
博尔塔拉蒙古自治州（6 街道，12 镇，5 乡）	**652700000**
博乐市（5 街道，4 镇，1 乡）	**652701000**
青得里街道	652701001
顾里木图街道	652701002
南城区街道	652701005
克尔根卓街道	652701006
青达拉街道	652701007
小营盘镇	652701100
达勒特镇	652701101
乌图布拉格镇	652701102
青得里镇	652701103
贝林哈日莫墩乡	652701201
阿拉山口市（1 街道，1 镇）	**652702000**
阿拉套街道	652702002
艾比湖镇	652702100
精河县（4 镇，1 乡）	**652722000**
精河镇	652722100
大河沿子镇	652722101
托里镇	652722102
托托镇	652722103
茫丁乡	652722200
温泉县（3 镇，3 乡）	**652723000**
博格达尔镇	652723100
哈日布呼镇	652723101
安格里格镇	652723102

续表 2

行政区划名称	行政区划代码
查干屯格乡	652723201
扎勒木特乡	652723202
塔秀乡	652723203
巴音郭楞蒙古自治州（5 街道，36 镇，50 乡）	**652800000**
库尔勒市（5 街道，3 镇，9 乡）	**652801000**
团结街道	652801001
萨依巴格街道	652801002
天山街道	652801003
新城街道	652801004
建设街道	652801005
塔什店镇	652801100
上户镇	652801101
西尼尔镇	652801102
铁克其乡	652801200
恰尔巴格乡	652801201
英下乡	652801202
兰干乡	652801203
和什力克乡	652801204
哈拉玉宫乡	652801205
阿瓦提乡	652801206
托布力其乡	652801207
普惠乡	652801208
轮台县（4 镇，7 乡）	**652822000**
轮台镇	652822100
轮南镇	652822101
群巴克镇	652822102
阳霞镇	652822103
哈尔巴克乡	652822201
野云沟乡	652822202
阿克萨来乡	652822203
塔尔拉克乡	652822204
草湖乡	652822205
铁热克巴扎乡	652822206
策大雅乡	652822207
尉犁县（2 镇，6 乡）	**652823000**
尉犁镇	652823100
团结镇	652823101
塔里木乡	652823200
兴平乡	652823201
墩阔坦乡	652823203
喀尔曲尕乡	652823204
阿克苏甫乡	652823205
古勒巴格乡	652823206
若羌县（5 镇，3 乡）	**652824000**
若羌镇	652824100
依吞布拉克镇	652824101
罗布泊镇	652824102
瓦石峡镇	652824103
铁干里克镇	652824104
吾塔木乡	652824201
铁木里克乡	652824203
祁曼塔格乡	652824204
且末县（5 镇，8 乡）	**652825000**
且末镇	652825100
奥依亚依拉克镇	652825101
塔提让镇	652825102
塔中镇	652825103
阿羌镇	652825104
阿热勒乡	652825200
琼库勒乡	652825201
托格拉克勒克乡	652825202
巴格艾日克乡	652825203
英吾斯塘乡	652825204
阿克提坎墩乡	652825205
阔什萨特玛乡	652825206
库拉木勒克乡	652825209
焉耆回族自治县（4 镇，4 乡）	**652826000**
焉耆镇	652826100
七个星镇	652826101
永宁镇	652826102
四十里城子镇	652826103
北大渠乡	652826200
五号渠乡	652826201
查汗采开乡	652826203
包尔海乡	652826204
和静县（8 镇，4 乡）	**652827000**
和静镇	652827100
巴仑台镇	652827101
巴润哈尔莫墩镇	652827102
哈尔莫墩镇	652827103
巴音布鲁克镇	652827104
巩乃斯镇	652827105
乃门莫墩镇	652827106
协比乃尔布呼镇	652827107
克尔古提乡	652827203
阿拉沟乡	652827204
额勒再特乌鲁乡	652827205
巴音郭楞乡	652827206
和硕县（3 镇，4 乡）	**652828000**
特吾里克镇	652828100
塔哈其镇	652828101
曲惠镇	652828102
乌什塔拉回族乡	652828200
苏哈特乡	652828203
乃仁克尔乡	652828204
新塔热乡	652828205
博湖县（2 镇，5 乡）	**652829000**
博湖镇	652829100
本布图镇	652829101
塔温觉肯乡	652829200
乌兰再格森乡	652829202
才坎诺尔乡	652829203
查干诺尔乡	652829204
博斯腾湖乡	652829205
阿克苏地区（11 街道，38 镇，47 乡）	**652900000**
阿克苏市（7 街道，2 镇，4 乡）	**652901000**
兰干街道	652901001
英巴扎街道	652901002
红桥街道	652901003
新城街道	652901004
南城街道	652901005
柯柯牙街道	652901006
多浪街道	652901007
喀拉塔勒镇	652901100
阿依库勒镇	652901101
依干其乡	652901200
拜什吐格曼乡	652901201
托普鲁克乡	652901202
库木巴什乡	652901203
温宿县（5 镇，5 乡）	**652922000**
温宿镇	652922100
吐木秀克镇	652922101
克孜勒镇	652922102
阿热勒镇	652922103
佳木镇	652922104
托乎拉乡	652922200
恰格拉克乡	652922202
依希来木其乡	652922204
古勒阿瓦提乡	652922206
博孜墩柯尔克孜族乡	652922207
库车县（4 街道，8 镇，6 乡）	**652923000**
热斯坦街道	652923001
萨克萨克街道	652923002
新城街道	652923003
东城街道	652923004
乌恰镇	652923101
阿拉哈格镇	652923102
齐满镇	652923103
墩阔坦镇	652923104
牙哈镇	652923105
乌尊镇	652923106
伊西哈拉镇	652923107
雅克拉镇	652923108
玉奇吾斯塘乡	652923201
比西巴格乡	652923202
哈尼喀塔木乡	652923203
阿克吾斯塘乡	652923204
阿格乡	652923205
塔里木乡	652923206
沙雅县（7 镇，4 乡）	**652924000**
沙雅镇	652924100
托依堡勒迪镇	652924101
红旗镇	652924102
英买力镇	652924103
哈德墩镇	652924104
古勒巴格镇	652924105
海楼镇	652924106
努尔巴格乡	652924205
塔里木乡	652924206
盖孜库木乡	652924207
央塔克协海尔乡	652924208
新和县（3 镇，5 乡）	**652925000**
新和镇	652925100
尤鲁都斯巴格镇	652925101
依其艾日克镇	652925102
排先拜巴扎乡	652925201
塔什艾日克乡	652925202
渭干乡	652925203
玉奇喀特乡	652925204
塔木托格拉克乡	652925205

续表 3

行政区划名称	行政区划代码
拜城县 (4 镇，10 乡)	**652926000**
拜城镇	652926100
铁热克镇	652926101
察尔齐镇	652926102
赛里木镇	652926103
黑英山乡	652926200
克孜尔乡	652926201
托克逊乡	652926203
亚吐尔乡	652926204
康其乡	652926205
布隆乡	652926206
米吉克乡	652926207
温巴什乡	652926208
大桥乡	652926209
老虎台乡	652926210
乌什县 (3 镇，6 乡)	**652927000**
乌什镇	652927100
阿合雅镇	652927101
依麻木镇	652927102
阿克托海乡	652927200
亚科瑞克乡	652927201
阿恰塔格乡	652927202
英阿瓦提乡	652927205
亚曼苏柯尔克孜族乡	652927206
奥特贝希乡	652927207
阿瓦提县 (3 镇，5 乡)	**652928000**
阿瓦提镇	652928100
乌鲁却勒镇	652928101
拜什艾日克镇	652928102
阿依巴格乡	652928200
塔木托格拉克乡	652928201
英艾日克乡	652928202
多浪乡	652928203
巴格托格拉克乡	652928204
柯坪县 (3 镇，2 乡)	**652929000**
柯坪镇	652929100
盖孜力克镇	652929101
阿恰勒镇	652929102
玉尔其乡	652929201
启浪乡	652929203
克孜勒苏柯尔克孜自治州 (2 街道，6 镇，31 乡)	**653000000**
阿图什市 (2 街道，1 镇，6 乡)	**653001000**
幸福路街道	653001001
光明路街道	653001002
上阿图什镇	653001100
松他克乡	653001200
阿扎克乡	653001201
阿湖乡	653001202
格达良乡	653001204
哈拉峻乡	653001205
吐古买提乡	653001206
阿克陶县 (2 镇，11 乡)	**653022000**
阿克陶镇	653022100
奥依塔克镇	653022101
玉麦乡	653022200
皮拉勒乡	653022201
巴仁乡	653022202
喀热开其克乡	653022203
加马铁热克乡	653022204
木吉乡	653022205
布伦口乡	653022206
克孜勒陶乡	653022207
恰尔隆乡	653022208
库斯拉甫乡	653022209
塔尔塔吉克族乡	653022210
阿合奇县 (1 镇，5 乡)	**653023000**
阿合奇镇	653023100
库兰萨日克乡	653023200
色帕巴依乡	653023201
苏木塔什乡	653023202
哈拉奇乡	653023203
哈拉布拉克乡	653023204
乌恰县 (2 镇，9 乡)	**653024000**
乌恰镇	653024100
康苏镇	653024101
乌鲁克恰提乡	653024200
吾合沙鲁乡	653024201
膘尔托阔依乡	653024202
黑孜苇乡	653024203
托云乡	653024204
铁列克乡	653024205
巴音库鲁提乡	653024206
波斯坦铁列克乡	653024207
吉根乡	653024208
喀什地区 (9 街道，40 镇，128 乡，1 区公所)	**653100000**
喀什市 (8 街道，2 镇，9 乡)	**653101000**
恰萨街道	653101001
亚瓦格街道	653101002
吾斯塘博依街道	653101003
库木代尔瓦扎街道	653101005
东湖街道	653101006
西域大道街道	653101007
西公园街道	653101008
迎宾大道街道	653101009
夏马勒巴格镇	653101100
乃则尔巴格镇	653101101
多来特巴格乡	653101202
浩罕乡	653101203
色满乡	653101204
荒地乡	653101205
帕哈太克里乡	653101206
伯什克然木乡	653101207
阿瓦提乡	653101208
英吾斯坦乡	653101209
阿克喀什乡	653101210
疏附县 (4 镇，6 乡)	**653121000**
托克扎克镇	653121100
兰干镇	653121101
吾库萨克镇	653121102
乌帕尔镇	653121103
塔什米里克乡	653121201
铁日木乡	653121202
布拉克苏乡	653121203
萨依巴格乡	653121204
站敏乡	653121205
木什乡	653121211
疏勒县 (3 镇，12 乡)	**653122000**
疏勒镇	653122100
罕南力克镇	653122101
牙甫泉镇	653122102
巴仁乡	653122200
洋大曼乡	653122201
亚曼牙乡	653122202
巴合齐乡	653122203
塔孜洪乡	653122204
英尔力克乡	653122205
库木西力克乡	653122206
塔尕尔其乡	653122207
艾尔木东乡	653122208
阿拉力乡	653122209
阿拉甫乡	653122210
英阿瓦提乡	653122211
英吉沙县 (2 镇，12 乡)	**653123000**
英吉沙镇	653123100
乌恰镇	653123101
城关乡	653123200
乔勒潘乡	653123201
龙甫乡	653123202
芒辛乡	653123203
色提力乡	653123204
萨罕乡	653123205
英也尔乡	653123206
克孜勒乡	653123207
托普鲁克乡	653123208
苏盖提乡	653123209
艾古斯乡	653123211
依格孜也尔乡	653123212
泽普县 (2 镇，10 乡，1 区公所)	**653124000**
泽普镇	653124100
奎依巴格镇	653124101
波斯喀木乡	653124200
依玛乡	653124201
古勒巴格乡	653124202
赛力乡	653124203
依克苏乡	653124204
图呼其乡	653124205
奎依巴格乡	653124206
阿克塔木乡	653124207
阿依库勒乡	653124208
布依鲁克塔吉克族乡	653124209
奎依巴格区公所	
莎车县 (1 街道，9 镇，20 乡)	**653125000**
叶尔羌街道	653125001
莎车镇	653125100
恰热克镇	653125101
艾力西湖镇	653125102
荒地镇	653125103
阿瓦提镇	653125104
白什坎特镇	653125105
依盖尔其镇	653125106

续表 4

行政区划名称	行政区划代码
古勒巴格镇	653125107
米夏镇	653125108
阿热勒乡	653125201
恰尔巴格乡	653125202
托木吾斯塘乡	653125203
英吾斯塘乡	653125204
乌达力克乡	653125205
阿尔斯兰巴格乡	653125206
孜热甫夏提塔吉克族乡	653125207
亚喀艾日克乡	653125208
喀群乡	653125209
霍什拉甫乡	653125210
达木斯乡	653125211
伊什库力乡	653125213
拍克其乡	653125214
塔尕尔其乡	653125215
阔什艾日克乡	653125216
墩巴格乡	653125217
阿拉买提乡	653125218
阿扎特巴格乡	653125219
巴格阿瓦提乡	653125220
喀拉苏乡	653125221
叶城县（3 镇，17 乡）	**653126000**
喀格勒克镇	653126100
恰尔巴格镇	653126101
乌夏克巴什镇	653126102
洛克乡	653126200
伯西热克乡	653126201
铁提乡	653126202
恰萨美其特乡	653126203
吐古其乡	653126204
江格勒斯乡	653126205
加依提勒克乡	653126206
巴仁乡	653126207
乌吉热克乡	653126208
夏合甫乡	653126209
依力克其乡	653126210
依提木孔乡	653126211
宗朗乡	653126212
柯克亚乡	653126213
西合休乡	653126214
棋盘乡	653126215
萨依巴格乡	653126216
麦盖提县（1 镇，9 乡）	**653127000**
麦盖提镇	653127100
巴扎结米乡	653127200
希依提敦乡	653127201
央塔克乡	653127202
吐曼塔勒乡	653127203
尕孜库勒乡	653127204
克孜勒阿瓦提乡	653127205
库木库萨尔乡	653127206
昂格特勒克乡	653127207
库尔玛乡	653127208
岳普湖县（4 镇，5 乡）	**653128000**
岳普湖镇	653128100
艾西买镇	653128101
铁热木镇	653128102
也克先拜巴扎镇	653128103
岳普湖乡	653128200
阿其克乡	653128203
色也克乡	653128204
巴依阿瓦提乡	653128206
阿洪鲁库木乡	653128207
伽师县（4 镇，9 乡）	**653129000**
巴仁镇	653129100
西克尔库勒镇	653129101
夏普吐勒镇	653129102
卧里托格拉克镇	653129103
铁日木乡	653129200
英买里乡	653129201
江巴孜乡	653129202
克孜勒博依乡	653129204
米夏乡	653129205
和夏阿瓦提乡	653129207
克孜勒苏乡	653129208
古勒鲁克乡	653129209
玉代克力克乡	653129210
巴楚县（4 镇，8 乡）	**653130000**
巴楚镇	653130100
色力布亚镇	653130101
阿瓦提镇	653130102
三岔口镇	653130103
恰尔巴格乡	653130200
多来提巴格乡	653130201
阿纳库勒乡	653130202
夏玛勒乡	653130203
阿克萨克马热勒乡	653130204
阿拉格尔乡	653130205
琼库尔恰克乡	653130206
英吾斯塘乡	653130207
塔什库尔干塔吉克自治县（2 镇，11 乡）	**653131000**
塔什库尔干镇	653131100
塔吉克阿巴提镇	653131101
塔什库尔干乡	653131200
塔合曼乡	653131201
科克亚尔柯尔克孜族乡	653131202
提孜那甫乡	653131203
达布达尔乡	653131204
马尔洋乡	653131205
瓦恰乡	653131206
班迪尔乡	653131207
库科西鲁格乡	653131208
大同乡	653131210
布伦木沙乡	653131212
和田地区（4 街道，22 镇，69 乡）	**653200000**
和田市（4 街道，2 镇，6 乡）	**653201000**
奴尔巴格街道	653201001
古江巴格街道	653201002
古勒巴格街道	653201003
纳尔巴格街道	653201004
拉斯奎镇	653201100
玉龙喀什镇	653201101
肖尔巴格乡	653201200
依里其乡	653201201
古江巴格乡	653201202
吐沙拉乡	653201203
吉亚乡	653201204
阿克恰勒乡	653201205
和田县（2 镇，10 乡）	**653221000**
巴格其镇	653221100
罕艾日克镇	653221101
英阿瓦提乡	653221202
英艾日克乡	653221203
布扎克乡	653221204
拉依喀乡	653221205
朗如乡	653221206
塔瓦库勒乡	653221207
依斯拉木阿瓦提乡	653221208
色格孜库勒乡	653221209
喀什塔什乡	653221210
吾宗肖乡	653221211
墨玉县（4 镇，12 乡）	**653222000**
喀拉喀什镇	653222100
扎瓦镇	653222101
奎牙镇	653222102
喀尔赛镇	653222103
阿克萨拉依乡	653222203
乌尔其乡	653222204
托胡拉乡	653222205
萨依巴格乡	653222206
加汗巴格乡	653222207
普恰克其乡	653222208
芒来乡	653222209
阔依其乡	653222210
雅瓦乡	653222211
吐外特乡	653222212
英也尔乡	653222213
喀瓦克乡	653222214
皮山县（6 镇，10 乡）	**653223000**
固玛镇	653223100
杜瓦镇	653223101
赛图拉镇	653223102
木吉镇	653223103
阔什塔格镇	653223104
桑株镇	653223105
克里阳乡	653223201
科克铁热克乡	653223202
乔达乡	653223205
木奎拉乡	653223206
藏桂乡	653223207
皮亚勒玛乡	653223208
皮西那乡	653223209
巴什兰干乡	653223210
垴阿巴提塔吉克族乡	653223211
康克尔柯尔克孜族乡	653223212
洛浦县（3 镇，6 乡）	**653224000**
洛浦镇	653224100
山普鲁镇	653224101
杭桂镇	653224102
布亚乡	653224201
杭桂乡	653224204

续表 5

行政区划名称	行政区划代码
多鲁乡	653224205
纳瓦乡	653224206
拜什托格拉克乡	653224207
阿其克乡	653224208
策勒县（2 镇，6 乡）	**653225000**
策勒镇	653225100
固拉合玛镇	653225101
策勒乡	653225200
达玛沟乡	653225202
恰哈乡	653225203
乌鲁克萨依乡	653225204
奴尔乡	653225205
博斯坦乡	653225206
于田县（2 镇，13 乡）	**653226000**
木尕拉镇	653226100
先拜巴扎镇	653226101
加依乡	653226200
科克亚乡	653226201
阿热勒乡	653226202
阿日希乡	653226203
兰干乡	653226204
斯也克乡	653226205
托格日尕孜乡	653226206
喀拉克尔乡	653226207
奥依托格拉克乡	653226208
阿羌乡	653226209
英巴格乡	653226210
希吾勒乡	653226211
达里雅布依乡	653226212
民丰县（1 镇，6 乡）	**653227000**
尼雅镇	653227100
尼雅乡	653227200
若克雅乡	653227201
萨勒吾则克乡	653227202
叶亦克乡	653227203
安迪尔乡	653227204
亚瓦通古孜乡	653227205
伊犁哈萨克自治州（17 街道，40 镇，57 乡）	**654000000**
伊宁市（8 街道，2 镇，7 乡）	**654002000**
萨依布依街道	654002001
墩买里街道	654002002
伊犁河路街道	654002003
喀赞其街道	654002004
都来提巴格街道	654002005
琼科瑞克街道	654002006
艾兰木巴格街道	654002007
解放路街道	654002008
巴彦岱镇	654002100
潘津镇	654002101
英也尔乡	654002200
汉宾乡	654002201
塔什库勒克乡	654002202
喀尔墩乡	654002203
托格拉克乡	654002204
克伯克于孜乡	654002205
达达木图乡	654002207
奎屯市（5 街道，1 乡）	**654003000**
团结路街道	654003001
乌鲁木齐东路街道	654003002
北京路街道	654003003
乌鲁木齐西路街道	654003004
火车站街道	654003005
开干齐乡	654003200
霍尔果斯市（4 街道）	**654004000**
卡拉苏街道	654004001
亚欧西路街道	654004002
亚欧东路街道	654004003
工业园区街道	654004004
伊宁县（6 镇，12 乡）	**654021000**
吉里于孜镇	654021100
墩麻扎镇	654021101
英塔木镇	654021102
胡地亚于孜镇	654021103
巴依托海镇	654021104
阿热吾斯塘镇	654021105
吐鲁番于孜乡	654021201
喀拉亚尕奇乡	654021202
愉群翁回族乡	654021205
维吾尔玉其温乡	654021209
萨木于孜乡	654021210
喀什乡	654021211
麻扎乡	654021212
温亚尔乡	654021213
阿乌利亚乡	654021214
曲鲁海乡	654021215
武功乡	654021216
萨地克于孜乡	654021217
察布查尔锡伯自治县（3 镇，10 乡）	**654022000**
察布查尔镇	654022100
爱新色里镇	654022101
孙扎齐牛录镇	654022102
堆齐牛录乡	654022200
绰霍尔乡	654022202
纳达齐牛录乡	654022203
扎库齐牛录乡	654022204
米粮泉回族乡	654022205
坎乡	654022206
阔洪奇乡	654022207
海努克乡	654022208
加尕斯台乡	654022209
琼博拉乡	654022210
霍城县（5 镇，5 乡）	**654023000**
水定镇	654023100
清水河镇	654023101
芦草沟镇	654023102
惠远镇	654023103
萨尔布拉克镇	654023104
兰干乡	654023200
三道河乡	654023201
伊车嘎善锡伯族乡	654023203
三宫回族乡	654023204
大西沟乡	654023205
巩留县（6 镇，2 乡）	**654024000**
巩留镇	654024100
阿克吐别克镇	654024101
库尔德宁镇	654024102
阿尕尔森镇	654024103
东买里镇	654024104
提克阿热克镇	654024105
吉尔格郎乡	654024201
塔斯托别乡	654024204
新源县（8 镇，1 乡）	**654025000**
新源镇	654025100
阿热勒托别镇	654025102
塔勒德镇	654025103
那拉提镇	654025104
肖尔布拉克镇	654025105
喀拉布拉镇	654025106
阿勒玛勒镇	654025107
坎苏镇	654025108
吐尔根乡	654025204
昭苏县（4 镇，6 乡）	**654026000**
昭苏镇	654026100
喀夏加尔镇	654026101
阿克达拉镇	654026102
喀拉苏镇	654026103
洪纳海乡	654026200
乌尊布拉克乡	654026201
萨尔阔布乡	654026203
察汗乌苏蒙古族乡	654026206
夏特柯尔克孜族乡	654026207
胡松图喀尔逊蒙古族乡	654026208
特克斯县（5 镇，3 乡）	654027000
特克斯镇	654027100
乔拉克铁热克镇	654027101
喀拉达拉镇	654027102
齐勒乌泽克镇	654027103
喀拉托海镇	654027104
呼吉尔特蒙古族乡	654027200
科克苏乡	654027201
阔克铁热克柯尔克孜族乡	654027203
尼勒克县（1 镇，10 乡）	**654028000**
尼勒克镇	654028100
苏布台乡	654028200
喀拉苏乡	654028201
加哈乌拉斯台乡	654028202
尼勒克乌赞乡	654028203
科克浩特浩尔蒙古族乡	654028204
乌拉斯台乡	654028205
克令乡	654028206
喀拉托别乡	654028207
胡吉尔台乡	654028208
木斯乡	654028209
塔城地区（8 街道，34 镇，33 乡）	**654200000**
塔城市（3 街道，2 镇，4 乡）	**654201000**
和平街道	654201001
杜别克街道	654201002
新城街道	654201003
二工镇	654201100
恰夏镇	654201101
喀拉哈巴克乡	654201200
阿西尔达斡尔族乡	654201202
阿不都拉乡	654201203
也门勒乡	654201204
乌苏市（5 街道，10 镇，7 乡）	**654202000**
新市区街道	654202001
南苑街道	654202002

续表 6

行政区划名称	行政区划代码
西城区街道	654202003
虹桥街道	654202004
奎河街道	654202005
白杨沟镇	654202100
哈图布呼镇	654202101
皇宫镇	654202102
车排子镇	654202103
甘河子镇	654202104
百泉镇	654202105
四棵树镇	654202106
古尔图镇	654202107
西湖镇	654202108
西大沟镇	654202109
八十四户乡	654202200
夹河子乡	654202201
九间楼乡	654202202
石桥乡	654202203
头台乡	654202204
吉尔格勒特郭楞蒙古族乡	654202205
塔布勒合特蒙古族乡	654202206
额敏县（6 镇，5 乡）	**654221000**
额敏镇	654221100
玉什喀拉苏镇	654221101
杰勒阿尕什镇	654221102
上户镇	654221103
玛热勒苏镇	654221104
喀拉也木勒镇	654221105
郊区乡	654221200
额玛勒郭楞蒙古族乡	654221202
喇嘛昭乡	654221207
霍吉尔特蒙古族乡	654221208
二道桥乡	654221209
沙湾县（9 镇，3 乡）	**654223000**
四道河子镇	654223101
老沙湾镇	654223102
乌兰乌苏镇	654223103
安集海镇	654223104
东湾镇	654223105
西戈壁镇	654223106
柳毛湾镇	654223107
金沟河镇	654223108
三道河子镇	654223109
商户地乡	654223200
大泉乡	654223201
博尔通古乡	654223202
托里县（3 镇，4 乡）	**654224000**
托里镇	654224100
铁厂沟镇	654224101
庙尔沟镇	654224102
多拉特乡	654224201
乌雪特乡	654224202
库普乡	654224203
阿克别里斗乡	654224204
裕民县（2 镇，4 乡）	**654225000**
哈拉布拉镇	654225100
吉也克镇	654225101
哈拉布拉乡	654225200
新地乡	654225201
阿勒腾也木勒乡	654225202
江克斯乡	654225204
和布克赛尔蒙古自治县（2 镇，6 乡）	**654226000**
和布克赛尔镇	654226100
和什托洛盖镇	654226101
夏孜盖乡	654226200
铁布肯乌散乡	654226201
查干库勒乡	654226202
巴音敖包乡	654226203
莫特格乡	654226204
查和特乡	654226205
阿勒泰地区（4 街道，27 镇，28 乡）	**654300000**
阿勒泰市（4 街道，5 镇，6 乡）	**654301000**
金山路街道	654301001
解放路街道	654301002
团结路街道	654301003
恰秀路街道	654301004
北屯镇	654301100
阿苇滩镇	654301101
红墩镇	654301102
切木尔切克镇	654301103
阿拉哈克镇	654301104
汗德尕特蒙古族乡	654301202
拉斯特乡	654301203
喀拉希力克乡	654301204
萨尔胡松乡	654301205
巴里巴盖乡	654301206
切尔克齐乡	654301207
布尔津县（4 镇，3 乡）	**654321000**
布尔津镇	654321100
冲乎尔镇	654321101
窝依莫克镇	654321102
阔斯特克镇	654321103
杜来提乡	654321201
也格孜托别乡	654321204
禾木喀纳斯蒙古族乡	654321205
富蕴县（5 镇，5 乡）	**654322000**
库额尔齐斯镇	654322100
可可托海镇	654322101
恰库尔图镇	654322102
喀拉通克镇	654322103
杜热镇	654322104
吐尔洪乡	654322200
库尔特乡	654322202
克孜勒希力克乡	654322203
铁买克乡	654322204
喀拉布勒根乡	654322205
福海县（3 镇，3 乡）	**654323000**
福海镇	654323100
喀拉玛盖镇	654323101
解特阿热勒镇	654323102
阔克阿尕什乡	654323201
齐干吉迭乡	654323202
阿尔达乡	654323204
哈巴河县（3 镇，4 乡）	**654324000**
阿克齐镇	654324100
萨尔布拉克镇	654324101
齐巴尔镇	654324102
萨尔塔木乡	654324200
加依勒玛乡	654324201
库勒拜乡	654324202
铁热克提乡	654324204
青河县（3 镇，4 乡）	**654325000**
青河镇	654325100
塔克什肯镇	654325101
阿热勒托别镇	654325102
阿热勒乡	654325200
萨尔托海乡	654325202
查干郭勒乡	654325203
阿尕什敖包乡	654325204
吉木乃县（4 镇，3 乡）	**654326000**
托普铁热克镇	654326100
吉木乃镇	654326101
喀尔交镇	654326102
乌拉斯特镇	654326103
托斯特乡	654326201
恰勒什海乡	654326202
别斯铁热克乡	654326204
石河子市（5 街道，2 镇）	**659001000**
新城街道	659001001
向阳街道	659001002
红山街道	659001003
老街街道	659001004
东城街道	659001005
北泉镇	659001100
石河子镇	659001101
阿拉尔市（4 街道，3 镇，1 乡）	**659002000**
幸福路街道	659002001
金银川路街道	659002002
青松路街道	659002003
南口街道	659002004
金银川镇	659002100
双城镇	659002101
沙河镇	659002102
托喀依乡	659002201
图木舒克市（3 街道，1 镇）	**659003000**
齐干却勒街道	659003001
前海街道	659003002
永安坝街道	659003003
草湖镇	659003100
五家渠市（3 街道，2 镇）	**659004000**
军垦路街道	659004001
青湖路街道	659004002
人民路街道	659004003
梧桐镇	659004100
蔡家湖镇	659004101
北屯市（0 街道）	**659005000**
铁门关市（2 镇）	**659006000**
博古其镇	659006100
双丰镇	659006101
双河市（0 街道）	**659007000**
可克达拉市（0 街道）	**659008000**
昆玉市（0 街道）	**659009000**

第三部分

2017 年中华人民共和国行政区划变更名录

2017 年中华人民共和国县及县以上行政区划变更名录

河北省

河北省行政区划代码变更对照表（民函【2017】69 号）

原 GB 2260–2007 的行政区划名称和代码				变更的行政区划名称和拟定的新代码		
承德市						
	平泉县	130823	撤销	设立	平泉市	130881

浙江省

浙江省行政区划代码变更对照表（民函【2017】70 号）

原 GB 2260–2007 的行政区划名称和代码				变更的行政区划名称和拟定的新代码		
台州市						
	玉环县	331021	撤销	设立	玉环市	331083

陕西省

陕西省行政区划代码变更对照表（民函【2017】71 号）

原 GB 2260–2007 的行政区划名称和代码				变更的行政区划名称和拟定的新代码		
榆林市						
	神木县	610821	撤销	设立	神木市	610881

四川省

四川省行政区划代码变更对照表（民函【2017】72 号）

原 GB 2260–2007 的行政区划名称和代码				变更的行政区划名称和拟定的新代码		
内江市						
	隆昌县	511028	撤销	设立	隆昌市	511083

湖南省

湖南省行政区划代码变更对照表（民函【2017】73 号）

原 GB 2260–2007 的行政区划名称和代码				变更的行政区划名称和拟定的新代码		
长沙市						
	宁乡县	430124	撤销	设立	宁乡市	430182

贵州省

贵州省行政区划代码变更对照表（民函【2017】74 号）

原 GB 2260–2007 的行政区划名称和代码			变更的行政区划名称和拟定的新代码		
六盘水市					
盘县	520222	撤销	设立	盘州市	520281

浙江省

浙江省行政区划代码变更对照表（国函【2017】102 号）

原 GB 2260–2007 的行政区划名称和代码			变更的行政区划名称和拟定的新代码		
杭州市					
临安市	330185	撤销	设立	临安区	330112

福建省

福建省行政区划代码变更对照表（国函【2017】103 号）

原 GB 2260–2007 的行政区划名称和代码			变更的行政区划名称和拟定的新代码		
福州市					
长乐市	350182	撤销	设立	长乐区	350112

江西省

江西省行政区划代码变更对照表（国函【2017】104 号）

原 GB 2260–2007 的行政区划名称和代码			变更的行政区划名称和拟定的新代码		
九江市					
九江县	360421	撤销	设立	柴桑区	360404

山东省

山东省行政区划代码变更对照表（国函【2017】105 号）

原 GB 2260–2007 的行政区划名称和代码			变更的行政区划名称和拟定的新代码		
青岛市					
即墨市	370282	撤销	设立	即墨区	370215

四川省

四川省行政区划代码变更对照表（国函【2017】106 号）

原 GB 2260-2007 的行政区划名称和代码			变更的行政区划名称和拟定的新代码		
德阳市					
罗江县	510626	撤销	设立	罗江区	510604

西藏自治区

西藏自治区行政区划代码变更对照表（国函【2017】107 号）

原 GB 2260-2007 的行政区划名称和代码			变更的行政区划名称和拟定的新代码		
拉萨市					
达孜县	540126	撤销	设立	达孜区	540104

陕西省

陕西省行政区划代码变更对照表（国函【2017】108 号）

原 GB 2260-2007 的行政区划名称和代码			变更的行政区划名称和拟定的新代码		
汉中市					
南郑县	610721	撤销	设立	南郑区	610703

西藏自治区

西藏自治区行政区划代码变更对照表（国函【2017】109 号）

原 GB 2260-2007 的行政区划名称和代码			变更的行政区划名称和拟定的新代码		
那曲地区	542400	撤销	设立	那曲市	540600
那曲县	542421			色尼区	540602
嘉黎县	542422	变更	变更	嘉黎县	540621
比如县	542423			比如县	540622
聂荣县	542424			聂荣县	540623
安多县	542425			安多县	540624
申扎县	542426			申扎县	540625
索　县	542427			索　县	540626
班戈县	542428			班戈县	540627
巴青县	542429			巴青县	540628
尼玛县	542430			尼玛县	540629
双湖县	542431			双湖县	540630

2017 年中华人民共和国县以下行政区划变更名录

序号	省份	原区划代码	原名称	变更原因	现区划代码	现名称	批准文件
1	天津			新设街道	120103014	太湖路街道	津民复【2017】6 号
2					120116039	新港街道	津民复【2017】3 号
3					120116040	新村街道	
4	河北	130828223	城子乡	撤乡设镇	130828111	城子镇	冀民复【2017】12 号
5		130821203	新杖子乡		130821112	新杖子镇	冀民函【2017】13 号
6		130821209	石灰窑乡		130821111	石灰窑镇	冀民函【2017】14 号
7		130822207	大杖子乡		130822111	大杖子镇	冀民函【2017】19 号
8		130822209	三道河乡		130822112	三道河镇	冀民函【2017】20 号
9		130823204	平房满族蒙古族乡		130881114	平北镇	平政办【2017】58 号
10		130628100	高阳镇	撤镇设街道	130628001	锦华街道	冀民函【2017】9 号
11		130683100	祁州镇		130683002	祁州路街道	冀民函【2017】8 号
12		130683001	祁州药市街道	变更名称	130683001	药都街道	
13		130705108	大仓盖镇	区划代码变更	130702101	大仓盖镇	张字【2017】13 号
14		130705207	东望山乡		130702200	东望山乡	
15		130105101	赵陵铺镇	撤镇设街道	130105013	赵陵铺路街道	冀民函【2017】157 号
16				新设街道	130105014	赵佗路街道	
17		130105100	大郭镇	撤镇设街道	130105015	大郭街道	
18		130105201	西三庄乡	撤乡设街道	130105016	西三庄街道	
19		130105010	五七街道	撤销设街道	130105017	杜北街道	
20		130105202	杜北乡				
21		130407205	东漳堡乡	撤乡设镇	130407104	东漳堡镇	冀民函【2017】168 号
22		130408209	东杨庄乡		130408107	东杨庄镇	冀民函【2017】169 号
23		130408205	讲武乡		130408108	讲武镇	冀民函【2017】170 号
24		130408200	西苏乡		130408109	西苏镇	冀民函【2017】171 号
25		130423203	香菜营乡		130423105	邺城镇	冀民函【2017】172 号
26		130423205	章里集乡		130423106	章里集镇	冀民函【2017】173 号
27		130424203	北乡义乡		130424104	北乡义镇	冀民函【2017】174 号
28		130425202	铺上乡		130425108	铺上镇	冀民函【2017】175 号
29		130425207	孙甘店乡		130425109	孙甘店镇	冀民函【2017】176 号
30		130430203	古城营乡		130430104	古城营镇	冀民函【2017】177 号
31		130434207	南双庙乡		130434110	南双庙镇	冀民函【2017】178 号
32		130434201	棘针寨乡		130434111	棘针寨镇	冀民函【2017】179 号
33		130524202	龙华乡		130524103	龙华镇	冀民函【2017】166 号
34		130525201	东良乡		130525106	东良镇	冀民函【2017】167 号
35		130533210	赵村乡		130533109	赵村镇	冀民函【2017】164 号
36		130533204	贺钊乡		130533110	贺钊镇	冀民函【2017】165 号
37		130824214	大屯满族乡		130824108	大屯镇	冀民函【2017】16 号

续表 1

序号	省份	原区划代码	原名称	变更原因	现区划代码	现名称	批准文件
38	河北	130827200	化皮溜子乡	撤乡设镇	130827108	化皮溜子镇	冀民函【2017】17 号
39		130827206	东大地乡		130827109	松岭镇	冀民函【2017】18 号
40	内蒙古			新设镇	150722122	登特科镇	内政字【2017】146 号
41				新增乡	150722205	额尔和乡	
42				新设街道	150781005	敖尔金街道	内政字【2017】26 号
43					150785004	好里堡街道	内政字【2017】151 号
44		150925208	厂汉营乡	撤乡设镇	150925105	鸿茅镇	内政字【2017】105 号
45				新设街道	152923001	东风街道	内政字【2017】112 号
46					152923002	航空街道	
47	辽宁	210214200	墨盘乡	撤乡设街道	210214018	墨盘街道	大政【2017】129 号
48		210214202	同益乡		210214019	同益街道	
49		210224201	小长山乡	撤乡设镇	210224103	小长山岛镇	辽政【2017】154 号
50		210224203	海洋乡		210224104	海洋岛镇	
51		211122102	高升镇	撤镇设街道	211122002	高升街道	辽政【2017】58 号
52		211122109	太平镇		211122001	太平街道	
53		210214104	星台镇		210214016	星台街道	辽政【2017】2 号
54		210214201	乐甲满族乡	撤乡设街道	210214017	乐甲街道	
55		210922203	西六家子蒙古族满族乡	撤乡设镇	210922120	西六家子镇	辽政【2017】33 号
56		210922210	大德乡		210922121	大德镇	
57		210115105	茨榆坨镇	撤镇设街道	210115003	茨榆坨街道	辽政【2017】50 号
58		210115114	城郊镇		210115004	城郊街道	
59		210124100	法库镇		210124001	吉祥街道	辽政【2017】96 号
60		210124122	五台子镇		210124002	龙山街道	
61		210181204	金五台子乡	撤乡设镇	210181119	金五台子镇	辽政【2017】51 号
62		210181210	新农村乡		210181120	新农村镇	
63		211122113	得胜镇	撤镇设街道	211122003	得胜街道	辽政【2017】13 号
64		211103005	于楼街道	区划代码变更	211104006	于楼街道	辽政【2017】128 号
65		211104004	向海街道	名称变更	211104004	王家街道	盘政【2017】105 号
66		211104005	前进街道	撤销街道			
67		210423204	北三家乡	撤乡设镇	210423102	北三家镇	辽政【2017】144 号
68	吉林			新设街道	220102016	会展街道	吉民行批【2017】2 号
69					220105009	世纪街道	
70					222424001	大川街道	吉民行批【2017】1 号
71					222424002	新民街道	
72					222424003	长荣街道	
73		220322110	孟家岭镇	区划代码变更	220302102	孟家岭镇	吉民行批【2017】3 号
74				新设街道	220113013	兴港街道	吉民行批【2017】5 号

续表 2

序号	省份	原区划代码	原名称	变更原因	现区划代码	现名称	批准文件
75	吉林	220113101	城子街镇	撤镇设街道	220113014	城子街街道	吉民行批【2017】6 号
76		220113100	沐石河镇		220113015	沐石河街道	
77				新设街道	220322001	富强街道	吉民行批【2017】7 号
78					220322002	康平街道	
79					220322003	霍家店街道	
80	黑龙江	230128201	三站乡	撤乡设镇	230128107	三站镇	黑民区【2017】172 号
81		230702008	东升街道	撤销街道设镇	230702101	东升镇	黑民区【2017】170 号
82		230811202	西格木乡	撤乡设镇	230811106	西格木镇	黑民区【2017】169 号
83		230882001	城关街道	撤销街道设镇	230882101	富锦镇	黑民区【2017】168 号
84		231121210	霍龙门乡	撤乡设镇	231121108	霍龙门镇	黑民区【2017】171 号
85		231222201	燎原乡		231222107	燎原镇	黑民区【2017】167 号
86		231283209	共荣乡		231283113	共荣镇	黑民区【2017】166 号
87		230112103	蜚克图镇	撤镇设街道	230112013	蜚克图街道	黑民区【2017】95 号
88		230112111	杨树镇		230112014	杨树街道	黑民区【2017】98 号
89		230112112	料甸镇		230112015	料甸街道	黑民区【2017】94 号
90		230113200	朝阳乡	撤乡设镇	230113114	胜丰镇	黑民区【2017】97 号
91		230128202	富林乡		230128106	富林镇	黑民区【2017】96 号
92		231084210	镜泊乡		231084107	镜泊镇	黑民区【2017】103 号
93		231222200	康荣乡		231222106	康荣镇	黑民区【2017】99 号
94		231224204	新胜乡		231224108	柳河镇	黑民区【2017】100 号
95		231283202	前进乡		231283111	前进镇	黑民区【2017】102 号
96		231283216	联发乡		231283112	联发镇	黑民区【2017】101 号
97		230811005	莲江口街道	撤销街道			佳政函【2016】194 号
98		230811006	长青街道				
99		230811021	四丰街道				
100		230811029	沿江街道				
101		230811030	江口街道				
102	上海	310120109	四团镇	区划代码变更	310120124	四团镇	奉委办【2017】1 号
103	江苏	320508001	胥江街道	撤销街道			苏府复【2017】19 号
104		320508004	葑门街道				
105		320508006	友新街道				
106		320508007	观前街道				
107		320508010	娄门街道				
108		320508011	桃花坞街道				
109		320508012	城北街道				
110		320508013	石路街道				
111		320508014	留园街道				
112		320281007	临港街道	撤销街道			锡政复【2017】49 号

续表 3

序号	省份	原区划代码	原名称	变更原因	现区划代码	现名称	批准文件
113	江苏			新设街道	320281008	夏港街道	锡政复【2017】49 号
114					320281009	申港街道	
115					320281010	利港街道	
116		320581100	虞山镇	撤镇设街道	320581004	虞山街道	苏府复【2017】62 号
117				新设街道	320581005	琴川街道	
118					320581006	莫城街道	
119					320581007	常福街道	
120		320505104	东渚镇	撤镇设街道	320505005	东渚街道	镇政复【2017】25 号
121		321193001	蒋乔街道	区划代码变更	321111004	蒋乔街道	
122		321302100	双庄镇	撤镇设街道	321302005	支口街道	苏政府【2017】116 号
123					321302006	双庄街道	
124		321302204	三棵树乡	撤乡设街道	321302008	黄河街道	
125					321302007	三棵树街道	
126		321302105	仓集镇	合并镇	321302110	洋河镇	
127		321302108	郑楼镇				
128		321302110	洋河镇				
129	浙江	330483002	龙翔街道	撤销街道			浙政函【2017】90 号
130		330483108	高桥镇	撤镇设街道	330483008	高桥街道	
131		330881104	清湖镇		330881003	清湖街道	江政发【2017】35 号
132		330602100	东湖镇	撤镇设街道	330602008	东湖街道	绍政函【2017】37 号
133		330602101	灵芝镇		330602009	灵芝街道	
134		330602102	东浦镇		330602010	东浦街道	
135		330602103	鉴湖镇		330602011	鉴湖街道	
136		330602106	斗门镇		330602012	斗门街道	
137		330603100	齐贤镇		330603005	齐贤街道	绍政函【2017】38 号
138		330603102	福全镇		330603006	安昌街道	
139		330603105	安昌镇		330603007	兰亭街道	
140		330603107	兰亭镇		330603008	福全街道	
141		330604100	道墟镇		330604004	道墟街道	绍政函【2017】39 号
142		330604108	梁湖镇		330604005	梁湖街道	
143		330604110	小越镇		330604006	小越街道	
144				新设街道	330902011	千岛街道	舟政函【2017】40 号
145	安徽	340203002	中山南路街道	合并街道	340203003	中南街道	芜政秘【2017】54 号
146		340203003	利民路街道				
147		341003001	新城街道	撤销街道			黄发【2012】46 号
148		341004001	徽州街道				黄政秘【2013】38 号
149		340225207	昆山乡	撤乡设镇	340225127	昆山镇	皖民函地【2017】239 号
150		340225208	洪巷乡		340225128	洪巷镇	皖民函地【2017】238 号

续表 4

序号	省份	原区划代码	原名称	变更原因	现区划代码	现名称	批准文件
151	安徽	340321200	浉南乡	撤乡设镇	340321114	浉南镇	皖民函地【2017】284 号
152		340321203	陈集乡		340321115	陈集镇	皖民函地【2017】283 号
153		340521200	大陇乡		340521112	大陇镇	皖民函地【2017】235 号
154		340706200	西联乡		340706104	西联镇	皖民函地【2017】281 号
155		340706202	东联乡		340706105	东联镇	皖民函地【2017】280 号
156		340722203	钱铺乡		340722115	钱铺镇	皖民函地【2017】236 号
157		340722204	金社乡		340722116	金社镇	皖民函地【2017】282 号
158		340722206	白湖乡	撤销乡			皖民函地【2017】237 号
159		341825206	云乐乡	撤乡设镇	341825109	云乐镇	皖民地函【2017】588 号
160				新设街道	340111010	万年埠街道	合政秘【2017】2 号
161		340102102	三十头镇	撤镇设街道	340102014	三十头街道	合政秘【2017】113 号
162		340102220	磨店乡	撤乡设街道	340102015	磨店街道	合政秘【2017】112 号
163		340421208	尚塘乡	撤乡设镇	340421113	尚塘镇	皖民地函【2017】558 号
164		340722207	雨坛乡		340722117	雨坛镇	皖民地函【2017】645 号
165		340603006	人民路街道	撤销街道			淮政秘【2017】118 号
166		340603007	刘桥街道				
167	福建	350425202	吴山乡	撤乡设镇	350425108	吴山镇	闽政文【2017】316 号
168		350425200	华兴乡		350425109	华兴镇	
169		350426200	联合乡		350426109	联合镇	闽政文【2017】317 号
170		350924202	清源乡		350924107	清源镇	闽政文【2017】318 号
171	江西			新设街道	360103025	朝农街道	赣民政【2017】83 号
172					360111004	站东街道	赣民政【2017】35 号
173					360121001	八月湖街道	赣民政【2017】25 号
174					360102025	卫东街道	赣民政【2017】86 号
175					361126002	花亭街道	赣民政【2017】38 号
176				新设镇	361181107	大茅山镇	赣民政【2017】75 号
177	山东	370203033	鞍山路街道	撤销街道			青政字【2016】47 号
178				新设街道	370212005	金家岭街道	青政字【2016】66 号
179		370211007	珠山街道	名称变更	370211007	胶南街道	青黄发【2015】7 号
180		371122113	店子集镇	撤镇设街道	371122002	店子集街道	鲁政函民字【2017】7 号
181		371122112	陵阳镇		371122003	陵阳街道	
182		371122111	浮来山镇		371122004	浮来山街道	
183		371323114	龙家圈镇		371323002	龙家圈街道	鲁政函民字【2017】8 号
184		371702202	皇镇乡	撤乡设街道	371702014	皇镇街道	鲁政函民字【2017】9 号
185		370114103	曹范镇	撤镇设街道	370114012	曹范街道	鲁政函民字【2017】6 号
186		370114104	白云湖镇		370114015	白云湖街道	
187		370114105	高官寨镇		370114014	高官寨街道	
188		370114106	宁家埠镇		370114013	宁家埠街道	

续表 5

序号	省份	原区划代码	原名称	变更原因	现区划代码	现名称	批准文件
189	山东	370114107	辛寨镇	撤销镇			鲁政函民字【2017】6号
190		370125102	孙耿镇	撤镇设街道	370125003	孙耿街道	济阳政字【2017】35号
191		370125106	回河镇		370125004	回河街道	
192		370125107	崔寨镇		370125005	崔寨街道	
193		370125108	太平镇		370125006	太平街道	
194		371725205	黄集乡	撤乡设镇	371725117	黄集镇	鲁政函民字【2017】10号
195		371725207	张鲁集乡		371725118	张鲁集镇	
196		370114101	水寨镇	撤销镇			鲁政函民字【2017】6号
197	河南	410103201	侯寨乡	撤乡设街道	410103015	侯寨街道	豫民行批【2017】10号
198		410122110	大孟镇	撤镇设街道	410122004	大孟街道	
199		410104201	南曹乡	撤乡设街道	410104011	南曹街道	豫民行批【2017】43号
200					410104012	金岱街道	豫民行批【2017】43号
201				新设街道	410702011	纬七路街道	豫民行批【2017】18号
202					410482006	紫云路街道	豫民行批【2017】40号
203		410323205	曹村乡	撤乡设镇	410323110	青要山镇	豫民行批【2017】9号
204		410327204	高村乡		410327113	高村镇	
205		410329200	鸦岭乡		410329112	鸦岭镇	
206		410325208	九店乡		410325112	九皋镇	豫民行批【2017】28号
207		410328214	西山底乡		410328111	景阳镇	
208		410329205	葛寨乡		410329111	葛寨镇	
209		410522103	善应镇	区划代码变更	410506102	善应镇	豫民行批【2017】16号
210		410522205	马家乡		410506204	马家乡	
211		410522105	柏庄镇		410503100	柏庄镇	豫民行批【2016】33号
212		410526100	道口镇	撤镇设街道	410526001	道口镇街道	豫民行批【2017】42号
213		410526101	城关镇		410526002	城关街道	
214					410526003	锦和街道	
215		410526201	四间房乡	撤乡设镇	410526112	四间房镇	豫民行批【2017】21号
216		410581200	城郊乡		410581116	黄华镇	豫民行批【2017】24号
217		410527210	豆公乡		410527109	豆公镇	
218		410527203	亳城乡		410527108	亳城镇	豫民行批【2017】3号
219		410823201	乔庙乡		410823105	乔庙镇	豫民行批【2017】2号
220		410922207	韩村乡		410922105	韩村镇	豫民行批【2017】25号
221		410928204	梁庄乡		410928112	梁庄镇	
222		411024206	马坊乡		411024111	马坊镇	豫民行批【2017】26号
223		411025207	汾陈乡		411025109	汾陈镇	
224		411081201	苌庄乡		411081118	苌庄镇	
225		411003210	长村张乡	撤乡设街道	411003004	长村张街道	豫民行批【2017】32号
226		411103100	城关镇	撤镇设街道	411103002	城关街道	豫民行批【2017】31号

续表 6

序号	省份	原区划代码	原名称	变更原因	现区划代码	现名称	批准文件
227	河南	411121206	章化乡	撤镇设街道	411121109	章化镇	豫民行批【2017】5 号
228	河南	411302205	高庙乡	撤镇设街道	411302107	高庙镇	豫民行批【2017】1 号
229	河南	411322210	四里店乡	撤镇设街道	411322111	四里店镇	豫民行批【2017】1 号
230	河南	411328207	祁仪乡	撤镇设街道	411328113	祁仪镇	豫民行批【2017】1 号
231	河南	411328208	马振抚乡	撤镇设街道	411328114	马振抚镇	豫民行批【2017】29 号
232	河南	411381206	陶营乡	撤镇设街道	411381120	陶营镇	豫民行批【2017】8 号
233	河南	411381202	夏集乡	撤镇设街道	411381121	夏集镇	豫民行批【2017】8 号
234	河南	411402202	观堂乡	撤镇设街道	411402104	观堂镇	豫民行批【2017】27 号
235	河南	411424100	城关镇	撤镇设街道	411424003	城关街道	豫民行批【2017】30 号
236	河南	411424200	邵园乡	撤镇设街道	411424004	邵园街道	豫民行批【2017】30 号
237	河南	411481202	黄口乡	撤镇设街道	411481126	黄口镇	豫民行批【2017】7 号
238	河南	411481203	新桥乡	撤镇设街道	411481127	新桥镇	豫民行批【2017】22 号
239	河南	411525216	沙河铺乡	撤镇设街道	411525119	沙河铺镇	豫民行批【2017】20 号
240	河南	411624204	大邢庄乡	撤镇设街道	411624113	邢庄镇	豫民行批【2017】23 号
241	河南	411623205	姚集乡	撤镇设街道	411623110	姚集镇	豫民行批【2017】23 号
242	河南	411623209	郝岗乡	撤镇设街道	411623111	郝岗镇	豫民行批【2017】4 号
243	河南	411624206	周营乡	撤镇设街道	411624112	周营镇	豫民行批【2017】4 号
244	河南	411624208	北杨集乡	撤镇设街道	411624114	北杨集镇	豫民行批【2017】4 号
245	河南	411721204	宋集乡	撤镇设街道	411721107	宋集镇	豫民行批【2017】6 号
246	河南	411724202	袁寨乡	撤镇设街道	411724108	袁寨镇	豫民行批【2017】6 号
247	河南	411721211	二郎乡	撤镇设街道	411721108	二郎镇	豫民行批【2017】19 号
248	河南	411722211	韩寨乡	撤镇设街道	411722112	韩寨镇	豫民行批【2017】19 号
249	河南	411726200	高店乡	撤镇设街道	411726112	高店镇	豫民行批【2017】19 号
250	河南	411728211	褚堂乡	撤乡设街道	411728004	褚堂街道	豫民行批【2017】44 号
251	河南	411728211	褚堂乡	撤乡设街道	411728005	吴房街道	豫民行批【2017】44 号
252	湖北	420502201	窑湾乡	撤乡设街道	420502011	窑湾街道	鄂民政函【2017】758 号
253	湖北	422801200	三岔乡	撤乡设镇	422801104	三岔镇	鄂民政函【2017】34 号
254	湖北	422822200	长梁乡	撤乡设镇	422822106	长梁镇	鄂民政函【2017】671 号
255	湖南	430302003	平政路街道	撤销街道			潭政函【2017】43 号
256	湖南	430302006	中山路街道	撤销街道			潭政函【2017】43 号
257	湖南	430302008	羊牯塘街道	撤销街道			潭政函【2017】43 号
258	湖南	430304003	中洲路街道	撤销街道			潭政函【2017】42 号
259	湖南	430304009	社建村街道	撤销街道			潭政函【2017】42 号
260	湖南	430304011	红旗街道	撤销街道			潭政函【2017】42 号
261	湖南	431321106	蛇形山镇	区划代码变更	431302105	蛇形山镇	湘民行发【2017】2 号
262	湖南	431382110	水洞底镇	区划代码变更	431302106	水洞底镇	湘民行发【2017】2 号
263	湖南	431322100	上梅镇	撤镇设街道	431322001	上梅街道	湘民行发【2017】10 号
264	湖南	431322100	上梅镇	撤镇设街道	431322002	上渡街道	湘民行发【2017】10 号
265	湖南	431322100	上梅镇	撤镇设街道	431322003	枫林街道	湘民行发【2017】10 号

续表 7

序号	省份	原区划代码	原名称	变更原因	现区划代码	现名称	批准文件
266	湖南	430921203	中鱼口乡	撤乡设镇	430921126	中鱼口镇	湘民行发【2017】9 号
267	湖南	430603100	云溪镇	撤镇设街道	430603002	云溪街道	湘民行发【2017】15 号
268	湖南	430621206	杨林乡	撤乡设镇	430621114	杨林街镇	湘民行发【2017】11 号
269	湖南	430724100	安福镇	撤镇设街道	430724001	安福街道	湘民行发【2017】14 号
270	湖南	430724100	安福镇	撤镇设街道	430724002	望城街道	湘民行发【2017】14 号
271	湖南	430725100	漳江镇	撤镇设街道	430725001	漳江街道	湘民行发【2017】13 号
272	湖南	430725100	漳江镇	撤镇设街道	430725002	浔阳街道	湘民行发【2017】13 号
273	湖南	430725203	木塘垸乡	撤乡设镇	430725123	木塘垸镇	常政函【2017】154 号
274	广东	440904100	羊角镇	区划代码变更	440902108	羊角镇	粤民函【2017】2115 号
275	广东	441322110	罗阳镇	撤镇设街道	441322001	罗阳街道	粤民函【2017】2294 号
276	广东	441322118	龙溪镇	撤镇设街道	441322002	龙溪街道	粤民函【2017】2294 号
277	广东	441323101	大岭镇	撤镇设街道	441323002	大岭街道	粤民函【2017】2295 号
278	广东	441324106	平陵镇	撤镇设街道	441324002	平陵街道	粤民函【2017】2293 号
279	广东	441324106	平陵镇	撤镇设街道	441602006	城东街道	粤民函【2017】2116 号
280	广东	445203101	玉窖镇	区划代码变更	445202105	玉窖镇	粤民函【2016】968 号
281	广西	450222205	马山乡	撤乡设镇	450222109	马山镇	桂政函【2017】105 号
282	广西	450312201	茶洞乡	撤乡设镇	450312108	茶洞镇	桂政函【2017】106 号
283	广西	450324200	永岁乡	撤乡设镇	450324114	永岁镇	桂政函【2017】106 号
284	广西	450327205	水车乡	撤乡设镇	450327105	水车镇	桂政函【2017】106 号
285	广西	450804202	蒙公乡	撤乡设镇	450804107	蒙公镇	桂政函【2017】107 号
286	广西	451026201	龙合乡	撤乡设镇	451026102	龙合镇	桂政函【2017】108 号
287	广西	451029204	浪平乡	撤乡设镇	451029104	浪平镇	桂政函【2017】108 号
288	广西	451228211	永安乡	撤乡设镇	451228109	永安镇	桂政函【2017】109 号
289	广西	451302203	陶邓乡	撤乡设镇	451302113	陶邓镇	桂政函【2017】110 号
290	广西	451302212	石牙乡	撤乡设镇	451302114	石牙镇	桂政函【2017】110 号
291	广西	451323202	思灵乡	撤乡设镇	451323108	思灵镇	桂政函【2017】110 号
292	广西			新设街道	450802002	港城街道	贵政函【2017】291 号
293	广西			新设街道	450803002	八塘街道	贵政函【2017】167 号
294	广西			新设街道	450804001	覃塘街道	贵政函【2017】292 号
295	广西			新设街道	450821001	平南街道	贵政函【2017】293 号
296	广西			新设街道	450821002	上渡街道	贵政函【2017】293 号
297	重庆	500119204	乾丰乡	撤乡设镇	500119125	乾丰镇	渝府【2017】11 号
298	重庆	500119200	石莲乡	撤乡设镇	500119126	石莲镇	渝府【2017】11 号
299	重庆	500119214	冷水关乡	撤乡设镇	500119127	冷水关镇	渝府【2017】11 号
300	重庆	500119205	骑龙乡	撤乡设镇	500119128	骑龙镇	渝府【2017】11 号
301	重庆	500109103	蔡家岗镇	撤镇设街道	500109006	蔡家岗街道	渝府【2017】16 号
302	重庆	500155200	安胜乡	撤乡设街道	500155128	安胜镇	渝府【2017】17 号
303	重庆	500155203	复平乡	撤乡设街道	500155129	复平镇	渝府【2017】17 号
304	重庆	500155205	紫照乡	撤乡设街道	500155130	紫照镇	渝府【2017】17 号

续表 8

序号	省份	原区划代码	原名称	变更原因	现区划代码	现名称	批准文件
305	重庆			新设街道	500116006	圣泉街道	渝府【2017】35 号
306		500233101	新生镇	撤镇设街道	500233003	新生街道	渝府【2017】31 号
307		500233103	乌杨镇		500233004	乌杨街道	
308		500156100	巷口镇		500156001	凤山街道	渝府【2017】49 号
309					500156002	芙蓉街道	
310		500238212	中岗乡	撤乡设镇	500238118	红池坝镇	渝府【2017】50 号
311	四川	510821206	鼓城乡	撤乡设镇	510821117	米仓山镇	川府民政【2017】16 号
312		511181205	黄湾乡		511181112	黄湾镇	川府民政【2017】22 号
313		511181201	川主乡		511181113	川主镇	
314		511181203	新平乡		511181114	新平镇	
315		511321216	大埝乡		511321132	八尔湖镇	川府民政【2017】24 号
316		511423213	桃源乡		511423112	七里坪镇	川府民政【2017】26 号
317		511725279	卷硐乡		511725125	卷硐镇	川府民政【2017】23 号
318		511725275	望溪乡		511725126	望溪镇	
319		511725204	板桥乡		511725127	板桥镇	
320		511725258	龙凤乡		511725128	龙凤镇	
321		511725261	新市乡		511725129	新市镇	
322		511826100	芦阳镇	撤镇设街道	511826001	芦阳街道	川府民政【2017】25 号
323		511826203	龙门乡	撤乡设镇	511826105	龙门镇	
324		511826204	思延乡		511826106	思延镇	
325		513223206	土门乡		513223107	土门镇	川府民政【2017】20 号
326		513223215	太平乡		513223108	太平镇	
327		513224202	青云乡		513224102	青云镇	
328		513224220	上八寨乡		513224103	毛儿盖镇	
329		513231216	麦尔玛乡		513231102	麦尔玛镇	
330		513332214	阿日扎乡		513332106	阿日扎镇	川府民政【2017】21 号
331		513337211	吉呷乡		513337103	吉呷镇	
332		513423224	梅子坪乡		513423109	梅子坪镇	川府民政【2017】27 号
333		511421276	元通乡		511421139	元通镇	川府民政【2017】4 号
334		511421283	里仁乡		511421140	里仁镇	
335		511421221	农旺乡		511421141	农旺镇	
336		510504102	石洞镇	撤镇设街道	510504008	石洞街道	川府民政【2017】9 号
337		510524214	石坝彝族乡	名称变更	510524214	石厢子彝族乡	
338		510524201	大石乡	撤乡设镇	510524118	大石镇	
339		510524206	黄坭乡		510524119	黄坭镇	
340		511402204	三苏乡		511402120	三苏镇	川府民政【2017】4 号
341		511822211	三合乡		511822103	牛背山镇	川府民政【2017】3 号
342		510522200	密溪乡		510522125	真龙镇	川府民政【2017】7 号

续表 9

序号	省份	原区划代码	原名称	变更原因	现区划代码	现名称	批准文件
343	四川	511722228	红峰乡	撤乡设镇	511722127	红峰镇	川府民政【2017】8 号
344		511722206	七里乡		511722128	七里镇	
345		511722220	白马乡		511722129	白马镇	
346		511722219	桃花乡		511722130	桃花镇	
347		512021202	思贤乡		512021127	思贤镇	川府民政【2017】5 号
348		512021207	人和乡		512021128	人和镇	
349		512021233	协和乡		512021129	协和镇	
350		512021230	清流乡		512021130	清流镇	
351		512021246	朝阳乡		512021131	朝阳镇	
352		511304203	木老乡		511304123	木老镇	川府民政【2017】2 号
353		511304212	华兴乡		511304124	华兴镇	
354		511502201	明威乡		511502114	明威镇	川府民政【2017】6 号
355		511502202	凉姜乡		511502115	凉姜镇	
356		511502204	思坡乡		511502113	思坡镇	
357		511603203	新桥乡	撤乡设街道	511603004	新桥街道	川府民政【2017】58 号
358		510502008	张坝景区街道	名称变更	510502008	张坝街道	泸市府函【2016】356 号
359		511703212	木子乡	撤乡设镇	511703124	木子镇	川府民政【2017】13 号
360		511703223	大堰乡		511703125	大堰镇	
361		511703227	五四乡		511703126	五四镇	
362		511703218	罐子乡		511703127	罐子镇	
363		511703225	九岭乡		511703128	九岭镇	
364		511781205	铁矿乡		511781115	铁矿镇	
365		511781213	大沙乡		511781116	大沙镇	
366		511781219	魏家乡		511781117	魏家镇	
367		511781231	白果乡		511781118	白果镇	
368		513424208	锦川乡		513424112	锦川镇	川府民政【2017】1 号
369		513424209	老碾乡		513424111	老碾镇	
370		513424212	铁炉乡		513424113	铁炉镇	
371		513424210	大湾乡		513424114	黑龙潭镇	
372		513424211	马安乡				
373		513424214	大山乡		513424115	热河镇	
374		513424216	热河乡				
375		513434224	古二乡		513434106	竹阿觉镇	
376		513434225	竹阿觉乡				
377		513434228	书古乡		513434107	书古镇	
378		513434222	依洛地坝乡		513434108	依洛地坝镇	
379		513434203	南箐乡		513434109	南箐镇	
380		513434234	瓦里觉乡	撤销乡			
381		513434236	瓦曲乃乌乡				

续表 10

序号	省份	原区划代码	原名称	变更原因	现区划代码	现名称	批准文件
382	四川	513427200	景星乡	撤乡设镇	513427107	景星镇	川府民政【2017】1号
383		513427213	大同乡		513427108	大同镇	
384		513427216	骑骡沟乡		513427109	骑骡沟镇	
385		513427218	跑马乡		513427110	跑马镇	
386		513427203	幸福乡		513427111	幸福镇	
387		510722125	凯河镇	名称、区划代码变更	510722146	跃进镇	川府民政【2017】11号
388		510722208	建中乡	撤乡设镇	510722141	建中镇	
389		510722220	争胜乡		510722142	争胜镇	
390		510722205	玉林乡		510722143	玉林镇	
391		510722214	幸福乡		510722144	幸福镇	
392		510722218	老马乡		510722145	老马镇	
393		513425211	小黑箐乡		513425114	小黑箐镇	川府民政【2017】14号
394		513425209	白鸡乡				
395		513425210	矮郎乡				
396		513425207	爱国乡	撤销乡			
397		513425208	凤营乡				
398		513425212	河口乡				
399		513425213	中厂乡				
400		513425215	鱼乍乡				
401		513425218	金雨乡				
402		513425220	江竹乡				
403		513425222	普隆乡				
404		513425226	江普乡				
405		513425229	海潮乡				
406		513425230	芭蕉乡				
407		513425232	马宗乡				
408		513425233	法坪乡				
409		513425235	黄柏乡				
410		513425240	龙泉乡				
411		513425243	六民乡				
412		513427209	石梨乡	撤乡设镇	513427112	石梨镇	川府民政【2017】14号
413		513427205	六铁乡		513427113	六铁镇	
414		513427210	松林乡		513427114	松林镇	
415		513427208	新华乡		513427115	新华镇	
416		510812207	宣河乡		510812108	宣河镇	川府民政【2017】12号
417		510812208	转斗乡		510812106	转斗镇	
418		510812203	东溪河乡		510812107	东溪河镇	
419		510722100	北坝镇	撤镇设街道	510722001	北坝街道	川府民政【2017】15号

续表 11

序号	省份	原区划代码	原名称	变更原因	现区划代码	现名称	批准文件
420	四川	510722202	双胜乡	撤乡设镇	510722147	双胜镇	川府民政【2017】15号
421		510722219	里程乡		510722148	里程镇	
422		510722203	金鼓乡		510722149	金鼓镇	
423		510722213	菊河乡		510722150	菊河镇	
424		511724216	永胜乡		511724126	永胜镇	川府民政【2017】18号
425		511724219	白坝乡		511724127	白坝镇	
426		511921211	龙凤场乡		511921119	龙凤场镇	川府民政【2017】19号
427		511921227	空山乡		511921120	空山镇	
428		511921203	三溪乡		511921121	三溪镇	
429		511921206	春在乡		511921122	春在镇	
430		511921200	杨柏乡		511921123	杨柏镇	
431		511922233	仁和乡		511922119	仁和镇	
432		511922224	和平乡		511922120	和平镇	
433		511922217	侯家乡		511922121	侯家镇	
434		511922244	桥亭乡		511922122	桥亭镇	
435	贵州	520115200	百花湖乡	撤乡设街道	520115102	百花湖镇	黔府函【2017】143号
436		520123200	谷堡乡		520123107	谷堡镇	黔府函【2017】144号
437		520123202	小箐乡		520123108	小箐镇	
438		520527100	城关镇	撤镇设街道	520527001	双河街道	黔府函【2017】230号
439		520527101	白果镇		520527002	白果街道	
440		520527212	德卓乡	撤乡设镇	520527106	德卓镇	
441		520527218	平山乡		520527107	平山镇	
442		520527217	哲庄乡		520527108	哲庄镇	
443		520527216	古基乡		520527109	古基镇	
444		520527214	朱明乡		520527110	朱明镇	
445		520527206	罗州乡		520527111	罗州镇	
446	云南	530127003	阿子营街道	区划代码变更	530103013	阿子营街道	云政复【2017】65号
447				新设街道	530502005	九隆街道	保政复【2016】27号
448					530502006	青华街道	
449		530381206	杨柳乡	撤乡设镇	530381115	杨柳镇	云政复【2017】25号
450		532528201	牛角寨乡		532528102	牛角寨镇	
451		530502102	河图镇	撤镇设街道	530502003	河图街道	云政复【2017】3号
452				新设街道	530502004	永盛街道	
453					530115002	宝丰街道	昆政复【2017】15号
454					530124002	大营街道	昆政复【2017】14号
455					530126002	石林街道	昆政复【2016】72号
456					530126003	板桥街道	
457					530129002	塘子街道	昆政复【2016】71号
458					530129003	金所街道	

续表 12

序号	省份	原区划代码	原名称	变更原因	现区划代码	现名称	批准文件
459	陕西	610117100	通远镇	撤镇设街道	610117005	通远街道	市政函【2017】14 号
460		610117101	耿镇		610117006	耿镇街道	
461		610117104	张卜镇		610117007	张卜街道	
462		610902106	大同镇	撤镇			陕民函【2016】248 号
463		610502106	辛市镇	撤镇设街道	610502009	辛市街道	陕民函【2017】302 号
464		610502115	龙背镇		610502010	龙背街道	
465	甘肃			新设街道	620102026	雁园街道	兰政函【2017】61 号
466		620621106	红沙岗镇	名称变更	620621106	红砂岗镇	民政发【2017】30 号
467				新设街道	621102003	福台路街道	甘民复【2016】156 号
468		623001203	佐盖曼玛乡	撤乡设镇	623001100	佐盖曼玛镇	甘民复【2017】46 号
469		623001204	那吾乡		623001101	那吾镇	
470		623001205	勒秀乡		623001102	勒秀镇	
471		623021202	古战回族乡		623021106	古战镇	
472		623021208	洮滨乡		623021107	洮滨镇	
473		623021213	八角乡		623021108	八角镇	
474		623022202	喀尔钦乡		623022103	喀尔钦镇	
475		623022212	藏巴哇乡		623022104	藏巴哇镇	
476		623023208	东山乡		623023104	东山镇	
477		623023215	曲告纳乡		623023105	曲告纳镇	
478		623023216	博峪乡		623023106	博峪镇	
479		623024200	益哇乡		623024102	益哇镇	
480		623024205	旺藏乡		623024103	旺藏镇	
481		623024208	腊子口乡		623024104	腊子口镇	
482		623024209	洛大乡		623024105	洛大镇	
483		623025203	阿万仓乡		623025102	阿万仓镇	
484		623025205	齐哈玛乡		623025103	齐哈玛镇	
485		623025207	曼尔玛乡		623025104	曼日玛镇	
486		623026201	尕海乡		623026103	尕海镇	
487		623026202	西仓乡		623026104	西仓镇	
488		623026204	双岔乡		623026105	双岔镇	
489		623027201	桑科乡		623027103	桑科镇	
490		623027202	甘加乡		623027104	甘加镇	
491		623027204	麻当乡		623027105	麻当镇	
492		623027209	博拉乡		623027106	博拉镇	
493		623027210	科才乡		623027107	科才镇	
494		620902208	铧尖乡	撤乡设镇	620902112	铧尖镇	甘民复【2017】112 号

续表 13

序号	省份	原区划代码	原名称	变更原因	现区划代码	现名称	批准文件
495	甘肃	620902209	东洞乡	撤乡设镇	620902113	东洞镇	甘民复【2017】112 号
496		620902212	丰乐乡		620902114	丰乐镇	
497		620902214	下河清乡		620902115	下河清镇	
498		620922200	河东乡		620922106	河东镇	
499		620922202	西湖乡		620922105	西湖镇	
500		620922203	瓜州乡		620922109	瓜州镇	
501		620922204	腰站子东乡族乡		620922107	腰站子东乡族镇	
502		620922205	双塔乡		620922108	双塔镇	
503		621121201	陇山乡		621121116	陇山镇	甘民复【2017】110 号
504		621121202	陇川乡		621121117	陇川镇	
505		621121204	碧玉乡		621121118	碧玉镇	
506		621121205	陇阳乡		621121119	陇阳镇	
507		621121206	襄南乡		621121120	襄南镇	
508		621121208	北城铺乡		621121121	北城铺镇	
509		621121210	华家岭乡		621121115	华家岭镇	
510		621121211	什川乡		621121122	什川镇	
511		621122204	权家湾乡		621122115	权家湾镇	
512		621122209	双泉乡		621122114	双泉镇	
513		621123200	锹峪乡		621123111	锹峪镇	
514		621123207	庆坪乡		621123108	庆坪镇	
515		621123208	祁家庙乡		621123109	祁家庙镇	
516		621123209	上湾乡		621123110	上湾镇	
517		621126201	清水乡		621126111	清水镇	
518		621126202	寺沟乡		621126112	寺沟镇	
519		621126203	麻子川乡		621126113	麻子川镇	
520		621126205	禾驮乡		621126114	禾驮镇	
521		621126206	维新乡		621126115	维新镇	
522		621126209	马坞乡		621126110	马坞镇	
523		622921205	刁祁乡		622921123	刁祁镇	甘民复【2017】111 号
524		622921211	北塬乡		622921124	北塬镇	
525		622921222	黄泥湾乡		622921122	黄泥湾镇	
526		622925201	陈家集乡		622925107	陈家集镇	
527		622925202	罗家集乡		622925109	罗家集镇	
528		622925205	新营乡		622925108	新营镇	
529		622926210	果园乡		622926119	果园镇	
530		622926213	汪集乡		622926120	汪集镇	

续表 14

序号	省份	原区划代码	原名称	变更原因	现区划代码	现名称	批准文件
531	甘肃	622926221	龙泉乡	撤乡设镇	622926121	龙泉镇	甘民复【2017】111 号
532	甘肃	622927202	石塬乡	撤乡设镇	622927114	石塬镇	甘民复【2017】111 号
533	甘肃	622927206	安集乡	撤乡设镇	622927115	安集镇	甘民复【2017】111 号
534	甘肃	622927215	银川乡	撤乡设镇	622927116	银川镇	甘民复【2017】111 号
535	甘肃			新增乡	620924207	阿伊纳乡	甘政函【2017】106 号
536	甘肃	620722200	南丰乡	撤乡设镇	620722107	南丰镇	甘民复【2017】121 号
537	甘肃	620722202	民联乡	撤乡设镇	620722108	民联镇	甘民复【2017】121 号
538	甘肃	620722205	顺化乡	撤乡设镇	620722109	顺化镇	甘民复【2017】121 号
539	甘肃	620722206	丰乐乡	撤乡设镇	620722110	丰乐镇	甘民复【2017】121 号
540	甘肃	620121207	通远乡	撤乡设镇	620121114	通远镇	甘民复【2017】139 号
541	甘肃	620321200	红山窑乡	撤乡设镇	620321106	红山窑镇	甘民复【2017】139 号
542	甘肃	620321201	焦家庄乡	撤乡设镇	620321107	焦家庄镇	甘民复【2017】139 号
543	甘肃	620321202	六坝乡	撤乡设镇	620321108	六坝镇	甘民复【2017】139 号
544	青海			新增乡	632324205	托叶玛乡	青政函【2017】126 号
545	青海	632521208	江西沟乡	撤乡设镇	632521104	江西沟镇	青政函【2017】125 号
546	青海	632521209	黑马河乡	撤乡设镇	632521105	黑马河镇	青政函【2017】125 号
547	青海	632521210	石乃亥乡	撤乡设镇	632521106	石乃亥镇	青政函【2017】125 号
548	宁夏			新设街道	640323001	盐州路街道	宁政函【2017】66 号
549	宁夏			新增乡	640521206	太阳梁乡	宁政函【2017】18 号
550	宁夏	640422210	将台乡	撤乡设镇	640422103	将台堡镇	宁政函【2017】19 号
551	宁夏			新设街道	640121001	团结西路街道	宁政函【2017】152 号
552	新疆			新设街道	652701006	克尔根卓街道	博州政函【2017】64 号
553	新疆			新设街道	652701007	青达拉街道	博州政函【2017】64 号
554	新疆			新设街道	650104021	正扬路街道	乌政函【2016】15 号
555	新疆			新设街道	650104022	鲤鱼山街道	乌政函【2016】15 号
556	新疆			新设街道	650109007	永祥街街道	乌政办函【2015】101 号
557	新疆			新设街道	650203007	迎宾路街道	新克政函【2017】71 号
558	新疆			新设街道	650105013	水塔山街道	乌政函【2016】40 号
559	新疆			新设街道	650105014	龙盛街街道	乌政函【2016】40 号
560	新疆			新设街道	654301004	恰秀路街道	伊州政函【2015】17 号
561	新疆	650103011	水泥厂街街道	撤销街道			乌政办【2016】56 号
562	新疆			新设街道	650102017	东泉路街道	乌政办函【2016】59 号
563	新疆			新设街道	650104019	百园路街道	乌政函【2016】15 号
564	新疆			新设街道	650104020	机场街道	乌政函【2016】15 号

第四部分

中华人民共和国行政区划名称造字与电脑替代字

中华人民共和国行政区划名称造字与电脑替代字

序号	省份	造字	实际字	五笔编码	法定名称	电脑代替字	代码
1	山西	宋胋乡	胋	EDG	宋胋乡	宋古乡	140781201
2		圪𡑞乡	𡑞		圪𡑞乡	圪塅乡	140925207
3	湖南	𣗋梨街道	𣗋		𣗋梨街道	榔梨街道	430121004
4		䒍溪瑶族乡	䒍		䒍溪瑶族乡	罗溪瑶族乡	430525203
5	广东	𨞺隍镇	𨞺		𨞺隍镇	留隍镇	441423115
6		下𥐰镇	𥐰		下𥐰镇	下太镇	441881120
7		𬜯塘镇	𬜯		𬜯塘镇	两塘镇	445381106
8	广西	白沙𬇙街道	𬇙		白沙𬇙街道	白沙万街道	450602002
9	四川	𬇹渡镇	𬇹		𬇹渡镇	鲜渡镇	511725113
10	贵州	桴𬃊镇	𬃊	SGHO	桴𬃊镇	桴焉镇	520324116
11		左𫛚嘎彝族苗族乡	𫛚		左𫛚嘎彝族苗族乡	左鸮嘎彝族苗族乡	520525214
12	云南	𬒔嘉镇	𬒔	DKKN	𬒔嘉镇	粤嘉镇	532322103

第五部分

《中华人民共和国乡镇行政区划简册·2017》勘误

《中华人民共和国乡镇行政区划简册·2017》勘误

1. 山东省济南市章丘市（370114000），实际应为章丘区（370114000）。

第六部分

中华人民共和国行政区划地名索引（按笔画顺序）

中华人民共和国行政区划地名索引（按笔画顺序）

一画

一马路街道……〔豫〕二七区 249
一元街道……〔鄂〕江岸区 267
一车乡……〔川〕雷波县 354
一六镇……〔湘〕宜章县 284
一六镇……〔粤〕乳源瑶族自治县 292
一斗泉乡……〔晋〕广灵县 124
一心乡…〔黑〕杜尔伯特蒙古族自治县 169
一平垣乡……〔晋〕尧都区 130
一平浪镇……〔滇〕禄丰县 375
一市镇……〔浙〕宁海县 190
一立镇……〔川〕嘉陵区 338
一条山镇……〔陇〕景泰县 402
一拉溪镇……〔吉〕永吉县 158
一肯中乡……〔蒙〕宁城县 137
一面坡镇……〔黑〕尚志市 166
一品街道……〔渝〕巴南区 318
一都镇……〔闽〕福清市 214
一都镇……〔闽〕永春县 216
一座营镇……〔吉〕梅河口市 160
一街乡……〔滇〕南华县 375
一渡水镇……〔湘〕新宁县 281
一渡镇……〔冀〕涞水县 114
一碗水乡……〔黔〕黄平县 364
乙圩乡……〔桂〕大化瑶族自治县 310

二画

二十里店镇……〔鲁〕海阳市 239
二十里店镇……〔新〕呼图壁县 424
二十里堡街道……〔辽〕金州区 146
二十家子满族镇……〔吉〕公主岭市 159
二十家子镇……〔辽〕朝阳县 153
二七区……〔豫〕郑州市 249
二七街道……〔鄂〕江岸区 267
二七新村街道……〔鲁〕济南市 235
二人班乡……〔黑〕密山市 168
二八镇……〔黑〕呼兰区 165
二工乡……〔新〕新市区 423
二工街道……〔新〕新市区 423
二工镇……〔新〕吉木萨尔县 424
二工镇……〔新〕塔城市 428
二马路街道……〔黑〕尖山区 168
二井镇……〔黑〕肇州县 169
二井镇……〔黑〕北安市 171
二屯镇……〔鲁〕德城区 243
二牛所口镇……〔辽〕康平县 146
二六七二街道……〔冀〕复兴区 111
二六工镇……〔新〕昌吉市 424
二龙山乡……〔吉〕东丰县 159
二龙山镇……〔黑〕富锦市 170
二龙乡……〔吉〕洮南市 162
二龙乡……〔豫〕镇平县 258
二龙回族乡……〔皖〕定远县 206
二龙镇……〔川〕阆中市 340
二甲镇……〔苏〕通州区 182
二号卜乡……〔冀〕康保县 116
二号桥街道……〔津〕河东区 103
二仙桥街道……〔川〕成华区 327
二圣镇……〔渝〕巴南区 319
二台子街道……〔辽〕大东区 145
二台乡……〔辽〕盖州市 150
二台镇……〔冀〕张北县 116
二曲街道……〔陕〕周至县 390
二份子乡……〔蒙〕武川县 135
二安镇……〔豫〕内黄县 253
二坝镇……〔皖〕鸠江区 202
二坊坪镇……〔湘〕慈利县 283
二克浅镇……〔黑〕讷河市 167
二酉苗族乡……〔湘〕沅陵县 286
二连浩特市……〔蒙〕锡林郭勒盟 141
二里岗街道……〔豫〕管城回族区 249
二里镇……〔黔〕习水县 359
二里镇……〔陕〕城固县 394
二坪镇……〔渝〕铜梁区 320
二河乡……〔黑〕五常市 166
二郎口镇……〔皖〕全椒县 206
二郎乡……〔陇〕成县 407
二郎坝镇……〔陕〕宁强县 394
二郎坪镇……〔豫〕西峡县 258
二郎庙镇……〔豫〕方城县 257
二郎庙镇……〔川〕江油市 333
二郎街道……〔渝〕九龙坡区 318
二郎镇……〔皖〕宿松县 204
二郎镇……〔皖〕太和县 207
二郎镇……〔豫〕西平县 262
二郎镇……〔渝〕合川区 319
二郎镇……〔川〕古蔺县 331
二郎镇……〔川〕大竹县 344
二郎镇……〔黔〕习水县 359
二界沟街道……〔辽〕大洼区 152
二泉井乡……〔冀〕张北县 116
二洞乡……〔川〕梓潼县 333
二都街道……〔湘〕石门县 283
二都镇……〔赣〕宜黄县 231
二桥街道……〔鄂〕汉阳区 267
二站乡……〔黑〕爱辉区 171
二站镇……〔黑〕肇源县 169
二密镇……〔吉〕通化县 160
二堰街道……〔鄂〕茅箭区 268
二棚甸子镇……〔辽〕桓仁满族自治县 149
二程镇……〔鄂〕红安县 272
二堡乡……〔新〕高昌区 423
二堡镇……〔新〕伊州区 424
二街镇……〔滇〕晋宁区 369
二道区……〔吉〕长春市 157
二道白河镇……〔吉〕安图县 162
二道江乡……〔吉〕二道江区 160
二道江区……〔吉〕通化市 160
二道甸子镇……〔吉〕桦甸市 158
二道河子街道……〔黑〕恒山区 168
二道河子蒙古族乡……〔辽〕彰武县 151
二道桥乡……〔新〕额敏县 429
二道桥镇……〔蒙〕杭锦后旗 139
二道渠乡……〔冀〕沽源县 116
二道湾子蒙古族乡……〔辽〕建昌县 154
二道湾镇……〔黑〕富裕县 167
二道镇……〔吉〕伊通满族自治县 159
二道镇……〔黑〕海林市 170
二道镇……〔川〕仪陇县 339
二塘乡……〔赣〕进贤县 223
二塘乡……〔桂〕象山区 304
二塘乡……〔青〕化隆回族自治县 414
二塘镇……〔桂〕资源县 305
二塘镇……〔桂〕武宣县 310
二塘镇…〔黔〕威宁彝族回族苗族自治县 361
二源镇……〔浙〕文成县 191
二嘎里乡……〔川〕金川县 349
丁山乡……〔川〕越西县 354
丁山镇……〔渝〕綦江区 318
丁公路街道……〔赣〕西湖区 223
丁卯街道……〔苏〕京口区 185
丁市镇…〔渝〕酉阳土家族苗族自治县 323
丁兰街道……〔浙〕江干区 189
丁司垱镇……〔鄂〕浠水县 272
丁当镇……〔桂〕隆安县 303
丁伙镇……〔苏〕江都区 185
丁庄街道……〔鲁〕广饶县 238
丁庄街道……〔豫〕魏都区 256
丁庄镇……〔鲁〕陵城区 243
丁江镇……〔赣〕吉水县 228
丁宅乡……〔浙〕上虞区 193
丁字沽街道……〔津〕红桥区 103
丁字桥镇……〔川〕仪陇县 339
丁字湾街道……〔湘〕望城区 277
丁坞镇……〔鲁〕乐陵市 244
丁村乡……〔豫〕郸城县 262
丁里长镇……〔鲁〕郓城县 246
丁里镇……〔皖〕萧县 208
丁岗镇……〔苏〕京口区 185
丁沟镇……〔苏〕江都区 185
丁陂乡……〔赣〕瑞金市 227
丁青县……〔藏〕昌都市 383
丁青镇……〔藏〕丁青县 383
丁河镇……〔豫〕西峡县 258
丁香镇……〔皖〕石台县 210
丁桥镇……〔浙〕海宁市 192
丁桥镇……〔皖〕青阳县 210
丁栾镇……〔豫〕长垣县 254
丁家乡……〔川〕昭化区 334
丁家沟镇……〔陇〕会宁县 402
丁家房镇……〔辽〕法库县 146
丁家桥镇……〔皖〕泾县 210
丁家营镇……〔鄂〕丹江口市 269
丁家窑乡……〔晋〕右玉县 126
丁家街道……〔渝〕璧山区 320
丁家镇……〔陕〕长武县 392
丁营乡……〔豫〕襄城县 256
丁堰街道……〔苏〕武进区 181
丁堰镇……〔苏〕如皋市 182
丁堡镇……〔粤〕信宜市 295
丁集镇……〔苏〕淮阴区 183
丁集镇……〔皖〕裕安区 208
丁集镇……〔豫〕项城市 262
丁湖镇……〔皖〕泗县 208
丁塘镇……〔宁〕同心县 420
丁蜀镇……〔苏〕宜兴市 180
丁旗街道…〔黔〕镇宁布依族苗族自治县 360
丁寨乡……〔鄂〕咸丰县 274
丁嘴镇……〔苏〕宿豫区 186
十二吐乡……〔蒙〕林西县 136
十二连城乡……〔蒙〕准格尔旗 138
十二道沟镇…〔吉〕长白朝鲜族自治县 161
十二德堡镇……
……〔辽〕喀喇沁左翼蒙古族自治县 153
十八台镇……〔蒙〕卓资县 140
十八连山镇……〔滇〕富源县 370
十八里店（地区）乡……〔京〕朝阳区 99
十八里河街道……〔豫〕管城回族区 249
十八里铺镇……〔皖〕颍上县 207
十八里铺镇……〔鲁〕莘县 244
十八里堡乡……〔陇〕古浪县 403
十八里镇……〔皖〕谯城区 209
十八里镇……〔豫〕尉氏县 250
十八里镇……〔豫〕永城市 260
十八顷镇……〔蒙〕商都县 140
十八站鄂伦春族民族乡…〔黑〕塔河县 172
十八家子镇……〔辽〕昌图县 152
十八盘乡……〔豫〕汝阳县 251
十八塘乡……〔赣〕南康区 226
十九里镇……〔皖〕谯城区 209
十三里桥乡……〔豫〕浉河区 260
十三敖包镇……〔蒙〕巴林左旗 136
十三陵镇……〔京〕昌平区 100
十万山瑶族乡……〔桂〕防城区 306
十五级乡……〔冀〕献县 119
十五里园镇……〔鲁〕阳谷县 244
十月田镇……〔琼〕昌江黎族自治县 314
十六里河街道……〔鲁〕市中区 235
十方镇……〔闽〕武平县 218
十四道沟镇…〔吉〕长白朝鲜族自治县 161
十字回族苗族乡……〔黔〕平坝区 360
十字街道……〔赣〕西湖区 223
十字街道……〔苏〕沭阳县 186

（二画）十厂七卜人八

十字街镇……〔辽〕东港市 149
十字路乡……〔豫〕平舆县 263
十字路街道……〔鲁〕莒南县 243
十字镇……〔皖〕全椒县 206
十字镇……〔皖〕郎溪县 210
十花道乡……〔吉〕通榆县 162
十里乡……〔晋〕沁水县 126
十里回族乡……〔川〕松潘县 348
十里坝街道……〔川〕简阳市 329
十里岗镇……〔赣〕乐平市 224
十里坪镇……〔陕〕商南县 397
十里店街道……〔陇〕安宁区 401
十里店镇……〔豫〕光山县 260
十里河街道……〔辽〕苏家屯区 145
十里亭镇……〔冀〕沙河市 113
十里亭镇……〔粤〕濠江区 292
十里望回族镇……〔鲁〕禹城市 244
十里铺乡……〔皖〕大观区 204
十里铺乡……〔冀〕昌黎县 110
十里铺乡……〔冀〕广平县 111
十里铺街道……〔陕〕灞桥区 389
十里铺街道……〔陕〕金台区 390
十里铺街道……〔陕〕山阳县 397
十里铺镇……〔豫〕襄城县 256
十里铺镇……〔鄂〕沙洋县 270
十里堡镇……〔京〕密云区 100
十里街道……〔赣〕濂溪区 224
十里街道……〔鄂〕广水市 273
十里塬镇……〔陕〕淳化县 392
十里墩镇……〔皖〕无为县 202
十里镇……〔桂〕容县 307
十里镇……〔陇〕岷县 407
十里镇……〔陇〕西和县 408
十间房镇……〔辽〕法库县 146
十直镇……〔渝〕丰都县 321
十林镇……〔豫〕邓州市 258
十河镇……〔皖〕谯城区 209
十美堂镇……〔湘〕鼎城区 282
十总镇……〔苏〕通州区 182
十屋镇……〔吉〕公主岭市 159
十都镇……〔湘〕炎陵县 278
十家子镇……〔辽〕阜新蒙古族自治县 151
十家堡镇……〔吉〕铁西区 159
十家满族乡……〔蒙〕喀喇沁旗 137
十陵街道……〔川〕龙泉驿区 327
十堰市……〔鄂〕 268
十街彝族乡……〔滇〕易门县 371
十渡镇……〔京〕房山区 99
厂前街道……〔鄂〕青山区 267
厂街彝族乡……〔滇〕永平县 377
厂窖镇……〔湘〕南县 284
厂溪镇……〔川〕宣汉县 344
七一街道……〔豫〕卧龙区 257
七一路街道……〔豫〕川汇区 261
七一路街道……〔陕〕王益区 390
七山乡……〔陇〕永登县 401
七个星镇……〔新〕焉耆回族自治县 425
七叉镇……〔琼〕昌江黎族自治县 314
七马路街道……〔吉〕铁东区 159
七方镇……〔鄂〕枣阳市 270
七户乡……〔新〕奇台县 424
七甲乡……〔冀〕尚义县 116
七甲乡……〔湘〕永兴县 284
七甲坪镇……〔湘〕沅陵县 286
七甲镇……〔鲁〕龙口市 238
七号镇……〔蒙〕化德县 140
七台河市……〔黑〕 170
七台镇……〔蒙〕商都县 140
七百弄乡……〔桂〕大化瑶族自治县 310
七百间街道……〔豫〕解放区 255
七江镇……〔湘〕隆回县 280
七汲镇……〔冀〕无极县 108
七级镇……〔冀〕威县 113
七级镇……〔晋〕临猗县 127
七级镇……〔鲁〕阳谷县 244
七坊镇……〔琼〕白沙黎族自治县 314
七克台镇……〔新〕鄯善县 423
七步镇……〔闽〕周宁县 219
七里山街道……〔鲁〕市中区 235
七里乡……〔吉〕舒兰市 158
七里乡……〔浙〕柯城区 195
七里乡……〔浙〕缙云县 197
七里乡……〔赣〕进贤县 223
七里村街道……〔陕〕延长县 393
七里园乡……〔豫〕卧龙区 257
七里岗乡……〔赣〕临川区 230
七里甸街道……〔苏〕润州区 185
七里沟街道……〔苏〕泉山区 180
七里坪乡……〔豫〕内乡县 258
七里坪镇……〔鄂〕红安县 272
七里坪镇……〔川〕洪雅县 341
七里店街道……〔豫〕魏都区 256
七里店街道……〔湘〕零陵区 285
七里河区……〔陇〕兰州市 401
七里河街道……〔鄂〕樊城区 269
七里河镇……〔辽〕义县 150
七里桥街道……〔湘〕武陵区 282
七里桥镇……〔湘〕祁阳县 285
七里站街道……〔皖〕瑶海区 201
七里海镇……〔津〕宁河区 104
七里营镇……〔豫〕新乡县 254
七里街道……〔川〕阆中市 340
七里街道……〔陕〕汉台区 394
七里湖街道……〔赣〕濂溪区 224
七里塘乡……〔皖〕定远县 206
七里塘街道……〔皖〕瑶海区 201
七里墩街道……〔陇〕秦州区 402
七里镇……〔川〕宣汉县 344
七里镇……〔陇〕敦煌市 405
七佛乡……〔川〕青川县 334
七甸街道……〔滇〕呈贡区 369
七角井镇……〔新〕伊州区 424
七间房乡……〔冀〕任丘市 119
七沟镇……〔冀〕平泉市 118
七顶山街道……〔辽〕金州区 146
七贤岭街道……〔辽〕甘井子区 146
七贤街道……〔鲁〕济南市 235
七贤镇……〔豫〕修武县 255
七舍镇……〔黔〕兴义市 363
七河镇……〔滇〕古城区 373
七宝寺镇……〔川〕嘉陵区 338
七宝镇……〔沪〕闵行区 175
七迳镇……〔粤〕电白区 295
七拱镇……〔粤〕阳山县 299
七政街道……〔黑〕南岗区 165
七树庄镇……〔冀〕丰润区 109
七星区……〔桂〕桂林市 304
七星台镇……〔鄂〕枝江市 269
七星关区……〔黔〕毕节市 360
七星岗街道……〔渝〕渝中区 317
七星河乡……〔黑〕宝清县 169
七星泡镇……〔黑〕宝清县 169
七星街道……〔黑〕宝山区 169
七星街道……〔黑〕东安区 170
七星街道……〔浙〕南湖区 192
七星街道……〔浙〕新昌县 193
七星街道……〔桂〕七星区 304
七星街镇……〔湘〕涟源市 288
七星镇……〔黑〕宝山区 169
七星镇……〔渝〕梁平区 321
七星镇……〔滇〕寻甸回族彝族自治县 369
七泉湖镇……〔新〕高昌区 423
七美乡……〔川〕道孚县 350
七洞乡……〔桂〕兴宾区 310
七都乡……〔赣〕永丰县 228
七都街道……〔浙〕鹿城区 191
七都镇……〔苏〕吴江区 181
七都镇……〔皖〕石台县 210
七都镇……〔闽〕蕉城区 219
七峪乡……〔冀〕易县 114
七涧乡……〔川〕营山县 339
七家子镇……〔辽〕阜新蒙古族自治县 151
七家子镇……〔辽〕昌图县 152
七家岱满族乡……〔冀〕平泉市 118
七家镇……〔冀〕隆化县 117
七营镇……〔宁〕海原县 420
七眼桥镇……〔黔〕西秀区 359
七琴镇……〔赣〕新干县 228
七棵树镇……〔黑〕龙江县 167
七雄街道……〔苏〕沭阳县 186
七道江镇……〔吉〕浑江区 160
七道岭镇……〔辽〕朝阳县 153
七道河乡……〔冀〕青龙满族自治县 110
七道泉子镇……〔辽〕龙城区 153
七道街道……〔辽〕元宝区 149
七道湾街道……〔新〕水磨沟区 423
七塘镇……〔渝〕璧山区 320
七路街道……〔辽〕铁西区 145
七墩回族东乡族乡……〔陇〕瓜州县 405
卜尔汉图镇……〔蒙〕昆都仑区 135
卜庄镇……〔鲁〕昌邑市 240
卜里坪街道……〔湘〕苏仙区 284
卜宜乡……〔晋〕平遥县 127
卜奎街道……〔黑〕建华区 167
卜家庄乡……〔陇〕和政县 409
卜塔集镇……〔豫〕潢川县 261
卜集镇……〔鲁〕金乡县 240
人民广场街道……〔辽〕西岗区 146
人民北路街道……〔川〕金牛区 327
人民街道……〔豫〕驿城区 262
人民街道……〔青〕城中区 413
人民街道……〔粤〕越秀区 291
人民街道……〔陕〕临渭区 392
人民路街道……〔冀〕丛台区 111
人民路街道……〔蒙〕赛罕区 135
人民路街道……〔辽〕中山区 146
人民路街道……〔皖〕迎江区 204
人民路街道……〔赣〕浔阳区 224
人民路街道……〔豫〕金水区 249
人民路街道……〔豫〕石龙区 252
人民路街道……〔豫〕华龙区 255
人民路街道……〔湘〕石鼓区 279
人民路街道……〔湘〕北湖区 284
人民路街道……〔琼〕美兰区 313
人民路街道……〔陕〕秦都区 391
人民路街道……〔陇〕白银区 402
人民路街道……〔宁〕大武口区 419
人民路街道……〔新〕五家渠市 429
人和乡……〔赣〕渝水区 225
人和乡……〔豫〕西平县 262
人和乡……〔川〕青白江区 327
人和街道……〔鲁〕高唐县 245
人和街道……〔豫〕川汇区 261
人和街道……〔渝〕渝北区 318
人和街道……〔渝〕云阳县 322
人和路街道……〔豫〕二七区 249
人和镇……〔鲁〕荣成市 241
人和镇……〔豫〕民权县 259
人和镇……〔粤〕白云区 291
人和镇……〔川〕大竹县 344
人和镇……〔川〕安岳县 347
人潮溪镇……〔湘〕桑植县 283
八一乡……〔蒙〕临河区 139
八一乡……〔赣〕南昌县 223
八一乡……〔川〕武胜县 343
八一桥街道……〔赣〕东湖区 223
八一街道……〔辽〕苏家屯区 145
八一街道……〔赣〕安源区 224
八一街道……〔新〕沙依巴克区 423
八一路街道……〔辽〕西岗区 146
八一路街道……〔青〕城东区 413
八一镇……〔川〕江油市 333
八一镇……〔藏〕巴宜区 383
八十八乡……〔吉〕长岭县 161
八十四户乡……〔新〕乌苏市 429
八八街道……〔豫〕梁园区 259
八力镇……〔陇〕宕昌县 407
八于乡……〔冀〕容城县 114
八大公山镇……〔湘〕桑植县 283
八大关街道……〔鲁〕市南区 236
八大峡街道……〔鲁〕市南区 236
八大湖街道……〔鲁〕市南区 236
八万镇……〔粤〕陆丰市 297
八千乡……〔豫〕新郑市 250
八千街道……〔辽〕凌海市 150
八门城镇……〔津〕宝坻区 104
八义集镇……〔苏〕邳州市 181
八义镇……〔晋〕长治县 125
八弓镇……〔黔〕三穗县 364
八马路街道……〔黑〕尖山区 168

（二画）八九

八乡山镇……〔粤〕丰顺县 297
八井子乡……〔黑〕大同区 169
八开镇……〔黔〕榕江县 364
八巨镇……〔苏〕滨海县 184
八日乡……〔川〕稻城县 351
八公山乡……〔皖〕寿县 203
八公山区……〔皖〕淮南市 203
八公山镇……〔皖〕八公山区 203
八公桥镇……〔豫〕濮阳县 256
八月湖街道……〔赣〕南昌县 223
八丹乡……〔陇〕康乐县 408
八斗镇……〔皖〕肥东县 201
八尺镇……〔粤〕平远县 297
八布乡……〔滇〕麻栗坡县 376
八甲镇……〔粤〕阳春市 298
八号镇……〔吉〕榆树市 157
八田地街道……〔辽〕站前区 150
八仙桥街道……〔鲁〕宁阳县 241
八仙筒镇……〔蒙〕奈曼旗 137
八仙镇……〔陕〕平利县 397
八尔湖镇……〔川〕南部县 339
八台镇……〔豫〕舞钢市 252
八台镇……〔川〕万源市 345
八圩瑶族乡……〔桂〕南丹县 309
八吉府街道……〔鄂〕洪山区 267
八耳镇……〔川〕邻水县 343
八达岭镇……〔京〕延庆区 100
八达营蒙古族乡……〔冀〕隆化县 117
八达镇……〔桂〕西林县 308
八会镇……〔辽〕辽阳县 151
八衣绒乡……〔川〕雅江县 350
八江乡……〔赣〕永丰县 228
八江镇……〔桂〕三江侗族自治县 304
八字桥乡……〔闽〕尤溪县 215
八字哨镇……〔湘〕赫山区 283
八坊街道……〔陇〕临夏市 408
八步乡……〔川〕雨城区 345
八步区……〔桂〕贺州市 308
八步街道……〔桂〕八步区 308
八步街道……〔黔〕织金县 361
八里台镇……〔津〕津南区 103
八里庄街道……〔京〕海淀区 99
八里庄街道……〔京〕朝阳区 99
八里关镇……〔陕〕洋县 394
八里岔乡……〔豫〕息县 261
八里甸子镇……〔辽〕桓仁满族自治县 149
八里罕镇……〔蒙〕宁城县 137
八里店镇……〔浙〕吴兴区 193
八里河镇……〔皖〕颍上县 207
八里畈镇……〔豫〕新县 260
八里营乡……〔豫〕滑县 253
八里铺镇……〔陇〕临洮县 406
八里堡街道……〔吉〕二道区 157
八里湾乡……〔陇〕会宁县 402
八里湾镇……〔豫〕祥符区 250
八里湾镇……〔鄂〕红安县 272
八里湾镇……〔陇〕甘谷县 403
八里镇……〔辽〕海城市 148
八里镇……〔苏〕邗江区 185
八里镇……〔陇〕七里河区 401
八里镇……〔陇〕静宁县 405
八岗镇……〔豫〕中牟县 249
八岔路镇……〔鲁〕临清市 245
八岔赫哲族乡……〔黑〕同江市 170
八角乡……〔桂〕龙州县 310
八角乡……〔川〕小金县 349
八角井街道……〔川〕旌阳区 331
八角台街道……〔辽〕台安县 147
八角街道……〔京〕石景山区 99
八角街道……〔鲁〕福山区 238
八角楼乡……〔川〕雅江县 350
八角镇……〔晋〕神池县 129
八角镇……〔川〕盐亭县 332
八角镇……〔滇〕楚雄市 374
八角镇……〔陇〕临潭县 409
八卦岭满族乡……〔冀〕兴隆县 117
八卦城街道……〔辽〕桓仁满族自治县 149
八卦洲街道……〔苏〕栖霞区 179
八松乡……〔陇〕康乐县 408
八岭山镇……〔鄂〕荆州区 271
八所镇……〔琼〕东方市 314
八鱼镇……〔陕〕渭滨区 390
八庙镇……〔川〕苍溪县 335
八庙镇……〔川〕开江县 344
八庙镇……〔川〕南江县 347
八河川镇……〔辽〕宽甸满族自治县 149
八宝山街道……〔京〕石景山区 99
八宝镇……〔辽〕开原市 152
八宝镇……〔鄂〕松滋市 272
八宝镇……〔湘〕祁阳县 285
八宝镇……〔滇〕广南县 376
八宝镇……〔青〕祁连县 414
八郎镇…〔吉〕前郭尔罗斯蒙古族自治县 161
八经街道……〔辽〕和平区 145
八帮乡……〔川〕德格县 350
八面山瑶族乡……〔湘〕资兴市 285
八面乡……〔吉〕通榆县 162
八面城镇……〔辽〕昌图县 152
八面通镇……〔黑〕穆棱市 171
八美镇……〔川〕道孚县 350
八洞镇……〔川〕三台县 332
八屋镇……〔吉〕公主岭市 159
八陡镇……〔鲁〕博山区 237
八珠乡……〔陇〕环县 405
八都镇……〔浙〕龙泉市 197
八都镇……〔闽〕蕉城区 219
八都镇……〔赣〕吉水县 228
八桂瑶族乡……〔桂〕田林县 308
八桥镇……〔苏〕扬中市 185
八桥镇……〔渝〕大渡口区 317
八家子乡……〔黑〕五常市 166
八家子街道……〔辽〕铁西区 147
八家子镇……〔辽〕阜新蒙古族自治县 151
八家子镇……〔辽〕建昌县 154
八家子镇……〔吉〕和龙市 162
八家乡……〔冀〕承德县 117
八盖乡……〔藏〕波密县 384
八宿县……〔藏〕昌都市 383
八棵树镇……〔辽〕开原市 152
八景镇……〔赣〕高安市 230
八堡彝族苗族乡……〔黔〕大方县 360
八集乡……〔苏〕泗阳县 186
八街街道……〔滇〕安宁市 369
八腊瑶族乡……〔桂〕天峨县 309
八道沟镇……〔冀〕尚义县 116
八道沟镇……〔吉〕长白朝鲜族自治县 161
八道河子镇……〔吉〕桦甸市 158
八道河镇……〔冀〕青龙满族自治县 110
八道哨彝族乡……〔滇〕丘北县 376
八道街道……〔辽〕元宝区 149
八道湾街道……〔新〕水磨沟区 423
八道壕镇……〔辽〕黑山县 150
八湖镇……〔鲁〕河东区 242
八渡乡……〔川〕大竹县 344
八渡瑶族乡……〔桂〕田林县 308
八渡镇……〔黔〕册亨县 363
八渡镇……〔陕〕陇县 391
八窝龙乡……〔川〕九龙县 350
八塘街道……〔桂〕港南区 306
八塘镇……〔渝〕璧山区 320
八楞乡……〔陇〕舟曲县 409
八路镇……〔苏〕邳州市 181
八廓街道……〔藏〕城关区 381
八滩镇……〔苏〕滨海县 184
八墙子乡…〔新〕巴里坤哈萨克自治县 424
八颗街道……〔渝〕长寿区 319
八嘎乡……〔滇〕砚山县 376
八寨乡……〔川〕雷波县 354
八寨镇……〔黔〕七星关区 360
八寨镇……〔滇〕马关县 376
九口子乡……〔冀〕行唐县 107
九口乡……〔川〕美姑县 354
九山镇……〔鲁〕临朐县 239
九门回族乡……〔冀〕藁城区 107
九女集镇……〔鲁〕成武县 246
九乡彝族回族乡……〔滇〕宜良县 369
九井乡……〔川〕犍为县 337
九井镇……〔黑〕讷河市 168
九支镇……〔川〕合江县 330
九水街道……〔鲁〕李沧区 236
九公桥镇……〔湘〕邵阳县 280
九仓镇……〔黔〕仁怀市 359
九户镇……〔鲁〕邹平县 245
九尺镇……〔川〕彭州市 328
九龙口镇……〔苏〕建湖县 184
九龙山乡……〔赣〕渝水区 225
九龙山镇……〔渝〕开州区 320
九龙乡……〔蒙〕突泉县 141
九龙乡……〔浙〕景宁畲族自治县 197
九龙乡……〔川〕市中区 336
九龙乡……〔川〕仪陇县 340
九龙乡……〔川〕安岳县 348
九龙县……〔川〕甘孜藏族自治州 350
九龙岗镇……〔皖〕大通区 202
九龙坡区……〔渝〕 318
九龙岭镇……〔湘〕邵东县 280
九龙街道……〔辽〕瓦房店市 147
九龙街道……〔辽〕南票区 154
九龙街道……〔鲁〕胶州市 236
九龙街道……〔鲁〕坊子区 239
九龙街道……〔豫〕叶县 252
九龙街道……〔黔〕六枝特区 357
九龙街道……〔黔〕习水县 359
九龙街道……〔滇〕罗平县 370
九龙街道……〔滇〕通海县 371
九龙湖镇……〔浙〕镇海区 190
九龙镇……〔冀〕涞水县 114
九龙镇……〔苏〕海陵区 185
九龙镇……〔皖〕颍州区 206
九龙镇……〔赣〕余干县 232
九龙镇……〔豫〕中牟县 249
九龙镇……〔豫〕邓州市 258
九龙镇……〔粤〕黄埔区 291
九龙镇……〔粤〕英德市 299
九龙镇……〔渝〕九龙坡区 318
九龙镇……〔川〕绵竹市 331
九龙镇……〔川〕旺苍县 334
九龙镇……〔川〕岳池县 342
九龙镇……〔川〕邻水县 343
九龙镇……〔滇〕禄劝彝族苗族自治县 369
九甲镇…〔滇〕镇沅彝族哈尼族拉祜族 373
九市镇……〔粤〕德庆县 296
九阡镇……〔黔〕三都水族自治县 365
九台区……〔吉〕长春市 157
九台街道……〔吉〕九台区 157
九丝城镇……〔川〕兴文县 342
九圩镇……〔桂〕金城江区 309
九百户镇……〔冀〕滦县 109
九成宫镇……〔陕〕麟游县 391
九曲街道……〔鲁〕河东区 242
九华乡……〔浙〕柯城区 195
九华乡……〔皖〕青阳县 210
九华镇……〔苏〕如皋市 182
九华镇……〔皖〕青阳县 210
九合乡……〔赣〕永修县 225
九合镇……〔陇〕皋兰县 401
九庄镇……〔黔〕息烽县 357
九州路街道……〔豫〕淇滨区 253
九州镇……〔冀〕广阳区 119
九江市……〔赣〕 224
九江街道……〔川〕双流区 327
九江街道……〔黔〕松桃苗族自治县 363
九江镇……〔粤〕南海区 293
九池乡……〔渝〕万州区 317
九运街镇……〔新〕阜康市 424
九坝镇……〔黔〕桐梓县 358
九村镇……〔滇〕澄江县 371
九连山镇……〔赣〕龙南县 227
九连城镇……〔冀〕沽源县 116
九连城镇……〔辽〕振安区 149
九里山街道……〔豫〕湛河区 252
九里山街道……〔豫〕马村区 255
九里回族乡……〔鄂〕钟祥市 271
九里亭街道……〔沪〕松江区 176
九里堤街道……〔川〕金牛区 327
九里街道……〔苏〕鼓楼区 180
九里镇……〔川〕峨眉山市 338
九岘乡……〔陇〕宁县 406
九间房镇……〔陕〕蓝田县 390
九间楼乡……〔新〕乌苏市 429

九层乡……〔川〕通江县 347
九陂镇……〔粤〕连州市 299
九垅地街道……〔辽〕盖州市 150
九矿广场街道……〔豫〕鹤山区 253
九岭镇……〔川〕江油市 333
九岭镇……〔川〕达川区 344
九牧镇……〔闽〕浦城县 217
九和乡……〔浙〕磐安县 194
九和镇……〔粤〕紫金县 298
九所镇……〔琼〕乐东黎族自治县 314
九郊街道……〔吉〕九台区 157
九河白族乡…〔滇〕玉龙纳西族自治县 373
九姑乡……〔皖〕宿松县 204
九保阿昌族乡……〔滇〕梁河县 378
九亭镇……〔沪〕松江区 176
九洪乡……〔川〕沿滩区 329
九宫山镇……〔鄂〕通山县 273
九宫庙街道……〔渝〕大渡口区 317
九屋镇……〔桂〕灵川县 304
九都乡……〔川〕布拖县 353
九都镇……〔闽〕南安市 216
九都镇……〔闽〕蕉城区 219
九莲街道……〔川〕船山区 335
九真镇……〔鄂〕天门市 274
九原区……〔蒙〕包头市 135
九峰乡……〔川〕邻水县 343
九峰街道……〔鄂〕洪山区 267
九峰镇……〔闽〕平和县 217
九峰镇……〔粤〕乐昌市 292
九峰镇……〔川〕市中区 336
九峰镇……〔陕〕周至县 390
九皋镇……〔豫〕嵩县 251
九资河镇……〔鄂〕罗田县 272
九站街道……〔吉〕昌邑区 158
九彩乡……〔宁〕海原县 420
九隆街道……〔滇〕隆阳区 371
九堡街道……〔浙〕江干区 189
九堡镇……〔赣〕瑞金市 227
九集镇……〔鄂〕南漳县 270
九街镇……〔豫〕舞阳县 257
九道乡……〔鄂〕房县 268
九道岭镇……〔辽〕义县 150
九道街道……〔辽〕元宝区 149
九湖镇……〔闽〕龙海市 217
九渡乡……〔桂〕都安瑶族自治县 309
九渡河镇……〔京〕怀柔区 100
九畹溪镇……〔鄂〕秭归县 269
九溪镇……〔湘〕桃源县 283
九溪镇……〔滇〕江川区 371
九疑瑶族乡……〔湘〕宁远县 286
九寨沟县…〔川〕阿坝藏族羌族自治州 348
九寨镇……〔辽〕盖州市 150
九墩乡……〔陇〕凉州区 403
九镇乡……〔川〕恩阳区 346
九潮镇……〔黔〕黎平县 364
九襄镇……〔川〕汉源县 345
几江街道……〔渝〕江津区 319
刁口乡……〔鲁〕利津县 238
刁祁镇……〔陇〕临夏县 408
刁坊镇……〔粤〕兴宁市 297
刁家乡……〔豫〕中牟县 249
刁翎镇……〔黑〕林口县 170
刁铺街道……〔苏〕高港区 185
刁窝镇……〔冀〕涿州市 115
刁镇……〔鲁〕章丘区 235
乃门莫墩镇……〔新〕和静县 425
乃仁克尔乡……〔新〕和硕县 425
乃龙乡……〔藏〕聂拉木县 382
乃东区……〔藏〕山南市 384
乃托镇……〔川〕越西县 354
乃西乡……〔藏〕措美县 384
乃则尔巴格镇……〔新〕喀什市 426
乃林镇……〔蒙〕喀喇沁旗 137
乃渠乡……〔川〕九龙县 350
乃琼镇……〔藏〕堆龙德庆区 381
刀尔登镇……〔辽〕凌源市 154
刀坝镇…〔黔〕印江土家族苗族自治县 362
刀告乡……〔陇〕卓尼县 409
力角镇……〔滇〕宾川县 377
力所拉祜族乡…〔滇〕西盟佤族自治县 374
力洋镇……〔浙〕宁海县 190
又新镇……〔川〕金堂县 328

三画

三十号乡……〔吉〕长岭县 161
三十头街道……〔皖〕瑶海区 201
三十里铺乡……〔晋〕天镇县 124
三十里铺镇……〔皖〕颍州区 206
三十里铺镇……〔鲁〕高唐县 245
三十里铺镇……〔陇〕庆城县 405
三十里铺镇……〔陇〕和政县 408
三十里堡街道……〔辽〕金州区 146
三十岗乡……〔皖〕庐阳区 201
三十家子镇……〔辽〕凌源市 154
三十铺镇……〔皖〕金安区 208
三厂街道……〔苏〕海门市 182
三七市镇……〔浙〕余姚市 191
三八街道……〔皖〕埇桥区 207
三工地镇……〔冀〕尚义县 116
三工河哈萨克族乡……〔新〕阜康市 424
三工街道……〔新〕新市区 423
三工镇……〔新〕昌吉市 424
三才镇……〔琼〕陵水黎族自治县 314
三大顷乡……〔蒙〕商都县 140
三口塘镇……〔湘〕祁阳县 285
三口镇……〔苏〕灌南县 183
三口镇……〔皖〕黄山区 205
三山乡……〔蒙〕巴林左旗 136
三山乡……〔赣〕崇仁县 231
三山区……〔皖〕芜湖市 202
三山岛街道……〔鲁〕莱州市 238
三山街道……〔皖〕三山区 202
三山镇……〔闽〕福清市 214
三川口镇……〔陕〕子洲县 396
三川镇……〔豫〕栾川县 251
三川镇……〔川〕苍溪县 335
三川镇……〔滇〕永胜县 373
三个庄子镇……〔新〕奇台县 424
三门县……〔浙〕台州市 196
三门坡镇……〔琼〕琼山区 313
三门闸街道……〔豫〕汝南县 263
三门峡市……〔豫〕 257
三门海镇……〔桂〕凤山县 309
三门镇……〔晋〕平陆县 128
三门镇……〔湘〕天元区 278
三门镇……〔桂〕龙胜各族自治县 305
三义乡…〔渝〕彭水苗族土家族自治县 323
三义永乡…〔冀〕围场满族蒙古族自治县 118
三义泉镇……〔蒙〕丰镇市 140
三义寨乡……〔豫〕兰考县 250
三义镇……〔皖〕蒙城县 209
三叉街道……〔闽〕仓山区 213
三马坊乡……〔冀〕阳原县 116
三乡镇……〔豫〕宜阳县 251
三乡镇……〔粤〕英德市 299
三井子镇……〔吉〕扶余市 161
三井乡……〔黑〕北林区 171
三井街道……〔苏〕新北区 181
三井镇……〔晋〕岢岚县 129
三井镇……〔湘〕新田县 286
三元乡……〔川〕盐亭县 333
三元乡……〔川〕营山县 339
三元乡……〔川〕长宁县 342
三元区……〔闽〕三明市 214
三元里街道……〔粤〕白云区 291
三元镇……〔皖〕叶集区 208
三元镇……〔渝〕丰都县 321
三元镇……〔川〕三台县 332
三元镇……〔陕〕镇巴县 395
三元彝族苗族白族乡……〔黔〕大方县 360
三五镇……〔桂〕兴宾区 310
三屯乡……〔晋〕左云县 124
三屯营镇……〔冀〕迁西县 109
三屯镇……〔豫〕汝阳县 251
三中街街道……〔蒙〕红山区 136
三水区……〔粤〕佛山市 293
三水街道……〔苏〕姜堰区 185
三水瑶族乡……〔粤〕连州市 299
三水镇……〔川〕广汉市 331
三仁畲族乡……〔浙〕遂昌县 197
三爪仑乡……〔赣〕靖安县 230
三仓乡……〔陇〕武都区 407
三仓镇……〔苏〕东台市 184
三凤镇……〔川〕蓬溪县 335
三斗坪镇……〔鄂〕夷陵区 269
三古镇……〔川〕邻水县 343
三石镇……〔桂〕东兰县 309
三龙乡……〔川〕茂县 348
三龙镇……〔苏〕大丰区 184
三龙镇……〔赣〕浮梁县 223
三平路街道……〔新〕白碱滩区 423
三卡乡……〔黑〕呼玛县 172
三甲乡……〔湘〕涟源市 288
三甲集镇……〔陇〕广河县 408
三甲街道……〔浙〕椒江区 196
三甲街道……〔黔〕织金县 361
三甲镇……〔晋〕高平市 126
三甲镇……〔粤〕阳春市 298
三号乡……〔冀〕张北县 116
三电街道……〔黑〕松北区 165
三只羊乡……〔桂〕都安瑶族自治县 309
三仙湖镇……〔湘〕南县 284
三市镇……〔湘〕平江县 282
三汇口乡……〔渝〕开州区 320
三汇镇……〔渝〕合川区 319
三汇镇……〔渝〕忠县 322
三汇镇……〔川〕渠县 344
三汇镇……〔川〕恩阳区 346
三圣口乡……〔冀〕永清县 119
三圣乡……〔湘〕石门县 283
三圣院乡……〔冀〕灵寿县 108
三圣街道……〔川〕锦江区 327
三圣镇……〔渝〕北碚区 318
三台山德昂族乡……〔滇〕芒市 378
三台子街道……〔辽〕皇姑区 145
三台子镇……〔辽〕凌海市 150
三台乡……〔滇〕大姚县 375
三台县……〔川〕绵阳市 332
三台满族乡……〔辽〕瓦房店市 147
三台镇……〔冀〕安新县 114
三台镇……〔新〕吉木萨尔县 424
三圳镇……〔粤〕蕉岭县 297
三亚市……〔琼〕 313
三百山镇……〔赣〕安远县 226
三尖镇……〔湘〕冷水江市 288
三团乡……〔吉〕长岭县 161
三伏潭镇……〔鄂〕仙桃市 274
三会镇……〔川〕嘉陵区 338
三合乡……〔吉〕洮北区 161
三合乡……〔川〕通江县 346
三合乡……〔川〕康定市 349
三合乡……〔陇〕静宁县 405
三合街道……〔渝〕丰都县 321
三合街道……〔黔〕三都水族自治县 365
三合满族朝鲜族乡……〔吉〕东丰县 159
三合镇……〔吉〕龙井市 162
三合镇……〔浙〕天台县 196
三合镇……〔皖〕颍州区 206
三合镇……〔鄂〕应城市 271
三合镇……〔湘〕慈利县 283
三合镇……〔粤〕台山市 294
三合镇……〔桂〕浦北县 306
三合镇……〔渝〕璧山区 320
三合镇……〔川〕简阳市 329
三合镇……〔川〕江油市 333
三合镇……〔黔〕播州区 358
三合镇……〔黔〕仁怀市 359
三合镇……〔陕〕城固县 394
三合镇……〔陇〕和政县 408
三合镇……〔青〕平安区 413
三多乡……〔晋〕大宁县 130
三多寨镇……〔川〕大安区 329
三庄乡……〔苏〕泗阳县 186
三庄镇……〔鲁〕东港区 242
三交乡……〔川〕汉源县 346
三交镇……〔晋〕忻府区 128
三交镇……〔晋〕临县 131
三州乡……〔浙〕天台县 196
三江口街道……〔浙〕婺城区 194

（三画）三

三江口镇……〔辽〕昌图县 152
三江口镇……〔闽〕涵江区 214
三江口镇……〔湘〕汝城县 285
三江口镇……〔黔〕兴义市 363
三江乡……〔赣〕南康区 226
三江乡……〔桂〕恭城瑶族自治县 305
三江乡……〔桂〕金秀瑶族自治县 310
三江水族乡……〔黔〕榕江县 364
三江侗族自治县……〔桂〕柳州市 304
三江街道……〔浙〕永嘉县 191
三江街道……〔浙〕嵊州市 194
三江街道……〔渝〕綦江区 318
三江镇……〔赣〕南昌县 223
三江镇……〔湘〕汨罗市 282
三江镇……〔湘〕溆浦县 287
三江镇……〔粤〕新会区 294
三江镇……〔粤〕连南瑶族自治县 299
三江镇……〔琼〕美兰区 313
三江镇……〔川〕崇州市 328
三江镇……〔川〕旺苍县 334
三江镇……〔川〕井研县 337
三江镇……〔川〕巴州区 346
三江镇……〔川〕汶川县 348
三江镇…〔黔〕道真仡佬族苗族自治县 358
三江镇……〔黔〕锦屏县 364
三汊港镇……〔赣〕都昌县 225
三汊镇……〔鄂〕孝南区 271
三兴镇……〔黑〕依安县 167
三兴镇……〔赣〕万载县 229
三兴镇……〔川〕营山县 339
三安曲林乡……〔藏〕隆子县 384
三阳乡……〔豫〕武陟县 255
三阳乡……〔湘〕平江县 282
三阳集乡……〔赣〕进贤县 223
三阳港镇……〔湘〕桃源县 283
三阳镇……〔皖〕歙县 205
三阳镇……〔赣〕袁州区 229
三阳镇……〔鄂〕京山县 270
三阳镇……〔陕〕平利县 397
三防镇……〔桂〕融水苗族自治县 304
三弄瑶族乡……〔桂〕东兰县 309
三坝乡……〔川〕蓬安县 339
三坝纳西族乡……〔滇〕香格里拉市 378
三孝口街道……〔皖〕庐阳区 201
三坑镇……〔粤〕清新区 298
三坊乡……〔赣〕永丰县 228
三苏镇……〔川〕东坡区 340
三村乡……〔滇〕红河县 376
三村镇……〔黑〕同江市 170
三更罗镇……〔琼〕万宁市 314
三县岭镇……〔赣〕弋阳县 232
三县堡乡……〔吉〕长岭县 161
三里乡……〔赣〕进贤县 223
三里乡……〔鄂〕建始县 274
三里屯街道……〔京〕朝阳区 99
三里屯街道……〔冀〕正定县 107
三里岗镇……〔鄂〕随县 273
三里坪街道……〔川〕达川区 343
三里河街道……〔鲁〕胶州市 236
三里河街道……〔豫〕确山县 263
三里畈镇……〔鄂〕罗田县 272
三里洞街道……〔陕〕印台区 390
三里桥街道……〔皖〕金安区 208
三里桥街道……〔鄂〕黄陂区 267
三里庵街道……〔皖〕蜀山区 201
三里堡街道……〔豫〕禹王台区 250
三里街街道……〔皖〕瑶海区 201
三里湾街道……〔皖〕埇桥区 207
三里镇……〔皖〕繁昌县 202
三里镇……〔鄂〕大悟县 271
三里镇……〔桂〕上林县 303
三里镇……〔桂〕覃塘区 306
三里镇……〔桂〕武宣县 310
三里镇……〔陕〕蓝田县 390
三岗乡……〔川〕昭觉县 353
三岗镇……〔吉〕农安县 157
三余镇……〔苏〕通州区 182
三岔口乡……〔蒙〕察哈尔右翼前旗 140
三岔口镇……〔黑〕东宁市 171
三岔口镇……〔新〕巴楚县 427
三岔乡……〔陇〕临潭县 409
三岔河乡……〔川〕昭觉县 353
三岔河镇……〔蒙〕阿荣旗 138
三岔河镇……〔吉〕扶余市 161
三岔河镇……〔湘〕安乡县 282
三岔河镇……〔黔〕习水县 359
三岔河镇……〔滇〕陆良县 370
三岔河镇……〔滇〕凤庆县 374
三岔河镇……〔滇〕大姚县 375
三岔河镇……〔陕〕商州区 397
三岔镇……〔晋〕五寨县 129
三岔镇……〔鄂〕恩施市 274
三岔镇……〔桂〕宜州区 309
三岔镇……〔川〕大邑县 328
三岔镇……〔川〕简阳市 329
三岔镇……〔黔〕播州区 358
三岔镇……〔陕〕黄龙县 394
三岔镇……〔陇〕麦积区 402
三岔镇……〔陇〕镇原县 406
三岔镇……〔陇〕漳县 407
三角乡……〔赣〕永修县 225
三角乡……〔桂〕金秀瑶族自治县 310
三角城镇……〔青〕海晏县 414
三角塘镇……〔湘〕常宁市 280
三角镇……〔粤〕梅江区 296
三角镇……〔粤〕连平县 298
三角镇……〔粤〕英德市 299
三角镇……〔渝〕綦江区 318
三条石街道……〔津〕红桥区 103
三条岘乡……〔陇〕永靖县 408
三间房（地区）乡……〔京〕朝阳区 99
三灶镇……〔苏〕阜宁县 184
三灶镇……〔粤〕金湾区 293
三沙市……〔琼〕 313
三沙镇……〔闽〕霞浦县 219
三沟镇……〔冀〕承德县 117
三张镇……〔陕〕临渭区 392
三驱镇……〔渝〕大足区 318
三青山镇……〔吉〕长岭县 161
三坡镇……〔冀〕涞水县 114
三拨子乡……〔冀〕青龙满族自治县 110
三茅街道……〔苏〕扬中市 185
三林镇……〔沪〕浦东新区 176
三板桥乡……〔赣〕莲花县 224
三板桥街道……〔黔〕七星关区 360
三板镇……〔川〕渠县 345
三贤祠街道……〔川〕雁江区 347
三明市……〔闽〕 214
三岩龙乡……〔川〕九龙县 350
三和集镇……〔皖〕定远县 206
三和街道……〔粤〕惠阳区 296
三和镇……〔皖〕田家庵区 202
三佳乡……〔晋〕介休市 127
三店街道……〔鄂〕新洲区 268
三店镇……〔豫〕项城市 262
三庙乡……〔川〕阆中市 340
三庙前乡……〔赣〕鄱阳县 232
三庙镇……〔渝〕合川区 319
三闸镇……〔陇〕甘州区 404
三单乡……〔浙〕东阳市 195
三河口乡……〔川〕马边彝族自治县 338
三河口镇……〔鄂〕麻城市 273
三河乡……〔川〕宣汉县 344
三河市……〔冀〕廊坊市 120
三河场镇……〔川〕恩阳区 346
三河尖街道……〔苏〕铜山区 180
三河尖镇……〔豫〕固始县 261
三河回族乡……〔蒙〕额尔古纳市 139
三河坝乡……〔陇〕康县 407
三河街道……〔川〕新都区 327
三河湖镇……〔鲁〕滨城区 245
三河镇……〔黑〕北林区 171
三河镇……〔苏〕洪泽区 183
三河镇……〔皖〕肥西县 201
三河镇……〔粤〕大埔县 297
三河镇……〔渝〕石柱土家族自治县 323
三河镇……〔川〕仪陇县 339
三河镇……〔陇〕武都区 407
三河镇……〔宁〕海原县 420
三宝乡……〔辽〕北票市 153
三宝乡……〔黑〕宾县 166
三宝营乡……〔辽〕北票市 153
三宝街道……〔辽〕北票市 153
三宝街道……〔滇〕麒麟区 370
三宝镇……〔川〕洪雅县 341
三宝彝族乡……〔黔〕晴隆县 363
三官寺土家族乡……〔湘〕慈利县 283
三官庙街道……〔豫〕中原区 249
三官庙镇……〔豫〕中牟县 249
三官庙镇……〔陕〕蓝田县 390
三官殿街道……〔鄂〕丹江口市 269
三官镇……〔川〕南部县 338
三空桥乡……〔豫〕淮滨县 261
三郎镇……〔川〕崇州市 328
三建乡……〔渝〕丰都县 321
三春集镇……〔鲁〕东明县 246
三封寺镇……〔湘〕华容县 281
三垭彝族乡……〔川〕九龙县 350
三城乡……〔皖〕来安县 206
三垛镇……〔苏〕高邮市 185
三垟街道……〔浙〕瓯海区 191
三胡乡……〔鄂〕来凤县 274
三标乡……〔赣〕寻乌县 227
三栋镇……〔粤〕惠城区 296
三树镇……〔苏〕淮阴区 183
三要镇……〔陕〕洛南县 397
三面船镇……〔辽〕法库县 146
三星口乡……〔冀〕青龙满族自治县 110
三星乡……〔渝〕石柱土家族自治县 323
三星乡……〔川〕恩阳区 346
三星镇……〔沪〕崇明区 176
三星镇……〔苏〕海门市 182
三星镇……〔川〕双流区 328
三星镇……〔川〕金堂县 328
三星镇……〔川〕简阳市 329
三界镇……〔浙〕嵊州市 194
三界镇……〔皖〕明光市 206
三界镇……〔川〕彭州市 328
三思乡……〔冀〕南和县 112
三皇镇……〔桂〕永福县 305
三泉乡……〔川〕梓潼县 333
三泉镇……〔晋〕新绛县 128
三泉镇……〔晋〕汾阳市 131
三泉镇……〔渝〕南川区 319
三饶镇……〔粤〕饶平县 299
三阁司镇……〔湘〕隆回县 280
三洞桥街道……〔辽〕皇姑区 145
三洞镇……〔川〕夹江县 337
三洲驿街道……〔湘〕津市市 283
三洲镇……〔闽〕长汀县 218
三洲镇……〔鄂〕监利县 272
三觉镇……〔皖〕寿县 203
三宫回族乡……〔新〕霍城县 428
三架街道……〔湘〕耒阳市 280
三班镇……〔闽〕德化县 216
三都乡……〔晋〕昔阳县 127
三都乡……〔浙〕松阳县 197
三都水族自治县……
……〔黔〕黔南布依族苗族自治州 365
三都街道……〔琼〕儋州市 313
三都镇……〔浙〕建德市 190
三都镇……〔闽〕蕉城区 219
三都镇……〔赣〕铜鼓县 230
三都镇……〔湘〕耒阳市 280
三都镇……〔湘〕资兴市 285
三都镇……〔桂〕柳江区 304
三桥街道……〔晋〕杏花岭区 123
三桥街道……〔陕〕未央区 389
三桥镇……〔皖〕怀宁县 204
三桥镇……〔豫〕汝南县 263
三桥镇…〔黔〕道真仡佬族苗族自治县 358
三桃乡……〔滇〕威信县 372
三原县……〔陕〕咸阳市 391
三烈镇……〔川〕东兴区 336
三峪乡……〔陇〕礼县 408
三座店镇……〔蒙〕宁城县 137
三唐乡……〔鲁〕平原县 244
三站镇……〔黑〕通河县 166
三站镇……〔黑〕肇源县 169
三益乡……〔渝〕石柱土家族自治县 323

（三画）三于干土士工

三海街道……〔桂〕灵山县 306
三流乡……〔皖〕霍邱县 208
三涧堡街道……〔辽〕旅顺口区 146
三家子街道……〔辽〕南票区 154
三家子蒙古族乡……〔辽〕凌源市 154
三家子满族乡……〔吉〕珲春市 162
三家子镇……〔辽〕岫岩满族自治县 147
三家店街道……〔赣〕青云谱区 223
三家店镇……〔豫〕临颍县 257
三家馆乡……〔湘〕永定区 283
三家蒙古族乡……〔辽〕建平县 153
三家镇……〔冀〕承德县 117
三家镇……〔琼〕东方市 314
三家镇……〔川〕安居区 335
三朗乡……〔冀〕故城县 120
三陵乡……〔冀〕丛台区 111
三陵乡……〔黑〕宁安市 171
三骏满族蒙古族锡伯族乡……〔吉〕扶余市 161
三排镇……〔粤〕连南瑶族自治县 299
三堆镇……〔川〕利州区 333
三埠街道……〔粤〕开平市 294
三教乡……〔晋〕霍州市 130
三教乡……〔川〕井研县 337
三教镇……〔渝〕永川区 319
三营镇……〔滇〕洱源县 378
三营镇……〔宁〕原州区 420
三桷垭乡……〔川〕木里藏族自治县 352
三盛玉镇……〔吉〕农安县 157
三堂街镇……〔湘〕桃江县 284
三堂镇……〔皖〕太和县 207
三眼桥街道……〔湘〕岳阳楼区 281
三猛乡……〔滇〕绿春县 376
三清乡……〔赣〕玉山县 232
三清乡……〔川〕南部县 339
三渠镇……〔陕〕泾阳县 391
三隆镇……〔桂〕灵山县 306
三塔集镇……〔皖〕颍州区 206
三塔镇……〔皖〕太和县 207
三堤口街道……〔皖〕相山区 203
三棵树大街街道……〔黑〕道外区 165
三棵树街道……〔苏〕宿城区 186
三棵树镇……〔黔〕凯里市 364
三棵榆树镇……〔吉〕通化县 160
三蛟镇……〔川〕仪陇县 339
三锅镇……〔川〕青川县 334
三堡乡……〔苏〕淮安区 183
三堡乡……〔桂〕天峨县 309
三堡乡……〔新〕高昌区 423
三堡街道……〔苏〕铜山区 180
三堡镇……〔桂〕岑溪市 305
三堡镇……〔陇〕民乐县 404
三街街道……〔黑〕东山区 168
三街镇……〔桂〕灵川县 304
三街镇……〔滇〕楚雄市 374
三道川乡……〔冀〕赤城县 117
三道乡……〔吉〕伊通满族自治县 159
三道水土家族苗族乡……〔黔〕思南县 362
三道关镇……〔黑〕爱民区 170
三道坝镇……〔新〕米东区 423
三道坎街道……〔蒙〕乌达区 136
三道坑镇……〔湘〕芷江侗族自治县 287
三道岗子镇……〔辽〕新民市 146
三道岗镇……〔黑〕依兰县 166
三道沟满族乡……〔辽〕兴城市 154
三道沟镇……〔吉〕浑江区 160
三道沟镇……〔陕〕府谷县 395
三道沟镇……〔陇〕瓜州县 405
三道河子镇……〔辽〕凌源市 154
三道河子镇……〔新〕沙湾县 429
三道河乡……〔新〕霍城县 428
三道河镇……〔冀〕兴隆县 117
三道桥镇……〔蒙〕杭锦后旗 139
三道通镇……〔黑〕林口县 170
三道堰镇……〔川〕郫都区 328
三道湖镇……〔吉〕靖宇县 160
三道湾镇……〔吉〕延吉市 162
三道镇……〔黑〕拜泉县 167
三道镇……〔黑〕海林市 170
三道镇……〔琼〕保亭黎族苗族自治县 314
三港乡……〔浙〕武义县 194
三湖镇……〔赣〕新干县 228
三湖镇……〔湘〕衡阳县 279
三湾乡……〔赣〕永新县 229
三渡镇……〔黔〕红花岗区 358
三塬镇……〔陇〕永靖县 408
三塘乡……〔赣〕余干县 232
三塘乡……〔滇〕泸西县 376
三塘铺镇……〔湘〕双峰县 287
三塘湖镇……〔新〕巴里坤哈萨克自治县 424
三塘镇……〔湘〕衡南县 279
三塘镇……〔湘〕湘阴县 282
三塘镇……〔桂〕兴宁区 303
三塘镇……〔黔〕织金县 361
三雷镇……〔陇〕民勤县 403
三路里镇……〔晋〕盐湖区 127
三魁镇……〔浙〕泰顺县 192
三源浦朝鲜族镇……〔吉〕柳河县 160
三溪乡……〔浙〕缙云县 197
三溪乡……〔闽〕闽清县 213
三溪乡……〔赣〕赣县区 226
三溪乡……〔赣〕南丰县 231
三溪乡……〔渝〕巫山县 322
三溪桥镇……〔赣〕永修县 225
三溪镇……〔皖〕旌德县 210
三溪镇……〔鄂〕阳新县 268
三溪镇……〔粤〕乐昌市 292
三溪镇……〔渝〕垫江县 321
三溪镇……〔川〕金堂县 328
三溪镇……〔川〕武胜县 343
三溪镇……〔川〕通江县 346
三滩镇……〔桂〕博白县 307
三滩镇……〔陇〕靖远县 402
三嘉乡……〔陇〕正宁县 406
三锹乡……〔湘〕靖州苗族侗族自治县 287
三管镇……〔晋〕临猗县 127
三墩土家族乡……〔川〕宣汉县 344
三墩乡……〔湘〕平江县 282
三墩镇……〔浙〕西湖区 189
三墩镇……〔陇〕肃州区 405
三樟镇……〔湘〕衡东县 279
三穗县……〔黔〕黔东南苗族侗族自治州 364
于田县……〔新〕和田地区 428
于寺镇……〔辽〕阜新蒙古族自治县 151
于村乡……〔冀〕任丘市 119
于里镇……〔鲁〕五莲县 242
于佳乡……〔川〕荣县 329
于河街道……〔鲁〕潍城区 239
于城镇……〔浙〕海盐县 192
于洪区……〔辽〕沈阳市 145
于洪街道……〔辽〕于洪区 145
于都县……〔赣〕赣州市 227
于桥乡……〔冀〕东光县 118
于家乡……〔冀〕井陉县 107
于家务回族乡……〔京〕通州区 100
于家庄乡……〔冀〕满城区 113
于家房镇……〔辽〕辽中区 145
于家窝堡乡……〔辽〕新民市 146
于家镇……〔吉〕榆树市 157
于集乡……〔皖〕阜南县 207
于集乡……〔鲁〕陵城区 243
于集镇……〔冀〕吴桥县 119
于集镇……〔鲁〕东昌府区 244
于楼街道……〔辽〕大洼区 152
干　镇……〔浙〕定海区 195
干召庙镇……〔蒙〕临河区 139
干江镇……〔浙〕玉环市 196
干汊河镇……〔皖〕舒城县 209
干岔子乡……〔黑〕逊克县 171
干沟乡……〔冀〕青龙满族自治县 110
干河街道……〔鄂〕仙桃市 274
干河彝族乡……〔滇〕砚山县 376
干驿镇……〔鄂〕天门市 274
干城乡……〔陇〕古浪县 403
干洲镇……〔赣〕奉新县 229
干窑镇……〔浙〕嘉善县 192
土口子乡……〔辽〕清原满族自治县 148
土山镇……〔苏〕邳州市 181
土山镇……〔鲁〕莱州市 238
土门子镇……〔冀〕青龙满族自治县 110
土门乡……〔冀〕赞皇县 108
土门乡……〔川〕夹江县 337
土门乡……〔川〕嘉陵区 338
土门关乡……〔青〕湟中县 413
土门岘镇……〔陇〕会宁县 402
土门街道……〔陕〕莲湖区 389
土门墩街道……〔陇〕七里河区 401
土门镇……〔晋〕尧都区 129
土门镇……〔鄂〕郧西县 268
土门镇……〔川〕绵竹市 332
土门镇……〔川〕仪陇县 339
土门镇……〔川〕茂县 348
土门镇……〔陕〕丹凤县 397
土门镇……〔陇〕清水县 402
土门镇……〔陇〕古浪县 403
土木镇……〔冀〕怀来县 116
土布加乡……〔藏〕南木林县 381
土龙山镇……〔黑〕桦南县 170
土们岭街道……〔吉〕九台区 157
土主镇……〔渝〕沙坪坝区 317
土主镇……〔川〕市中区 336
土主镇……〔川〕宣汉县 344
土市镇……〔湘〕蓝山县 286
土地乡……〔渝〕武隆区 321
土地乡……〔川〕东坡区 340
土地坳镇……〔黔〕沿河土家族自治县 362
土场镇……〔渝〕合川区 319
土关垭镇……〔鄂〕丹江口市 269
土兴镇……〔川〕平昌县 347
土坝孜街道……〔皖〕八公山区 203
土坎镇……〔渝〕武隆区 321
土沃乡……〔晋〕沁水县 126
土沟乡……〔晋〕河曲县 129
土沟乡……〔川〕金阳县 353
土陂乡……〔皖〕临泉县 207
土坪镇……〔黔〕正安县 358
土牧尔台镇……〔蒙〕察哈尔右翼后旗 140
土官镇……〔滇〕禄丰县 375
土垭镇……〔川〕平昌县 347
土城子乡……〔蒙〕奈曼旗 137
土城子乡……〔蒙〕察哈尔右翼中旗 140
土城子满族朝鲜族乡……〔吉〕昌邑区 158
土城子镇……〔冀〕康保县 116
土城子镇……〔蒙〕克什克腾旗 136
土城乡……〔辽〕瓦房店市 147
土城乡……〔鄂〕点军区 269
土城镇……〔冀〕丰宁满族自治县 117
土城镇……〔鄂〕房县 268
土城镇……〔渝〕巫溪县 322
土城镇……〔川〕古蔺县 331
土城镇……〔黔〕习水县 359
土城藏族乡……〔川〕平武县 333
土柏岗街道……〔豫〕顺河回族区 250
土贵乌拉镇……〔蒙〕察哈尔右翼前旗 140
土桥乡……〔陇〕庆城县 405
土桥镇……〔吉〕榆树市 157
土桥镇……〔湘〕汝城县 285
土桥镇……〔湘〕芷江侗族自治县 287
土桥镇……〔渝〕铜梁区 320
土桥镇……〔川〕金堂县 328
土桥镇……〔陕〕旬邑县 392
土桥镇……〔陇〕临夏县 408
土峪乡……〔晋〕岚县 131
土高山乡……〔陇〕会宁县 402
土基镇……〔陕〕洛川县 393
土黄镇……〔川〕宣汉县 344
土崖塔乡……〔晋〕保德县 129
土博镇……〔桂〕柳江区 304
土湾街道……〔渝〕沙坪坝区 317
土塘镇……〔赣〕都昌县 225
土溪镇……〔川〕渠县 344
土溪镇……〔黔〕凤冈县 359
土默特左旗……〔蒙〕呼和浩特市 135
土默特右旗……〔蒙〕包头市 136
士英街道……〔辽〕古塔区 149
士英街道……〔吉〕扶余市 161
工人村街道……〔辽〕铁西区 145
工人村街道……〔辽〕海州区 151
工人村街道……〔黑〕东山区 168
工人村街道……〔鄂〕青山区 267

（三画）工才下寸丈大

工人街道……〔辽〕平山区 148
工人街道……〔宁〕银州区 152
工人新村北村街道……〔鲁〕天桥区 235
工人新村南村街道……〔鲁〕天桥区 235
工人新村街道……〔冀〕桥西区 115
工山镇……〔皖〕繁昌县 202
工区街道……〔川〕涪城区 332
工布江达县……〔藏〕林芝市 383
工布江达镇……〔藏〕工布江达县 383
工卡镇……〔藏〕墨竹工卡县 381
工业区街道……〔蒙〕丰镇市 140
工业园区街道……〔新〕霍尔果斯市 428
工业园街道……〔陇〕肃州区 405
工业街街道……〔冀〕宣化区 115
工业街道……〔蒙〕达拉特旗 138
工业街道……〔豫〕顺河回族区 250
工业路街道……〔冀〕桥东区 115
工业路街道……〔豫〕上街区 249
工农乡……〔吉〕龙山区 159
工农乡……〔黑〕铁力市 169
工农区……〔黑〕鹤岗市 168
工农街道……〔辽〕田屯街道 148
工农街道……〔辽〕宏伟区 151
工农街道……〔吉〕宁江区 161
工农街道……〔黑〕安图县 165
工农街道……〔豫〕涧西区 251
工农街道……〔粤〕霞山区 294
工农街道……〔川〕旌阳区 331
工农路街道……〔陇〕白银区 402
工农镇……〔川〕利州区 333
工程街道……〔黑〕安图县 165
才丰乡……〔赣〕永新县 229
才坎诺尔乡……〔新〕博湖县 425
才纳乡……〔藏〕曲水县 381
才湾镇……〔桂〕全州县 304
才溪镇……〔闽〕上杭县 218
下二台镇……〔辽〕昌图县 152
下丁家镇……〔鲁〕龙口市 238
下七乡……〔赣〕井冈山市 229
下八庙镇……〔川〕恩阳区 346
下八寨乡……〔川〕松潘县 348
下八镇……〔川〕宣汉县 344
下三交镇……〔晋〕柳林县 131
下大武乡……〔青〕玛沁县 415
下口镇……〔冀〕平山县 108
下山镇……〔黔〕兴仁县 363
下马关镇……〔宁〕同心县 420
下马峪乡……〔晋〕应县 126
下马崖乡……〔新〕伊吾县 424
下马圈乡……〔冀〕尚义县 116
下马渡镇……〔湘〕祁阳县 285
下马塘街道……〔辽〕南芬区 148
下王镇……〔浙〕嵊州市 194
下元街道……〔晋〕万柏林区 123
下廿里铺镇……〔陕〕清涧县 396
下木角乡……〔晋〕平鲁区 126
下木拉乡……〔川〕理塘县 351
下五屯街道……〔黔〕兴义市 363
下车镇……〔苏〕灌云县 183
下车镇……〔粤〕和平县 298
下瓦房街道……〔津〕河西区 103
下水乡……〔藏〕琼结县 384
下水头乡……〔晋〕平鲁区 126
下长镇……〔川〕长宁县 342
下化乡……〔晋〕河津市 128
下仓镇……〔津〕蓟州区 104
下仓镇……〔皖〕宿松县 204
下双镇……〔陇〕凉州区 403
下东乡……〔川〕蓬溪县 335
下东街道……〔湘〕茶陵县 278
下帅壮族瑶族乡……〔粤〕怀集县 296
下甲镇……〔桂〕凌云县 308
下白石镇……〔闽〕福安市 219
下司马镇……〔藏〕亚东县 382
下司镇……〔黔〕凯里市 364
下司镇……〔黔〕独山县 365
下圩镇……〔苏〕兴化市 186
下寺湾镇……〔陕〕甘泉县 393
下寺镇……〔川〕剑阁县 334
下老乡……〔桂〕天峨县 309
下亚东乡……〔藏〕亚东县 382
下过乡……〔藏〕申扎县 385
下西号镇……〔陇〕玉门市 405
下达河乡……〔辽〕辽阳县 151
下夹河乡……〔辽〕新宾满族自治县 148
下曲乡……〔藏〕聂荣县 385
下曲镇……〔晋〕文水县 131
下团堡乡……〔晋〕朔城区 126
下朱庄街道……〔津〕武清区 103
下伍旗镇……〔津〕武清区 104
下伙房乡…〔冀〕围场满族蒙古族自治县 118
下各镇……〔浙〕仙居县 196
下庄乡……〔冀〕阜平县 114
下庄镇……〔滇〕祥云县 377
下关乡……〔晋〕灵丘县 124
下关镇……〔滇〕大理市 377
下江乡……〔藏〕曲松县 384
下江镇……〔黔〕从江县 365
下汤镇……〔豫〕鲁山县 252
下红科乡……〔青〕达日县 415
下麦地乡……〔川〕木里藏族自治县 352
下坝乡……〔闽〕武平县 218
下坝镇……〔黔〕乌当区 357
下贡麻乡……〔青〕甘德县 415
下花园区……〔冀〕张家口市 115
下花桥镇……〔湘〕邵阳县 280
下村乡……〔鲁〕兰陵县 243
下村乡……〔湘〕炎陵县 278
下村乡……〔川〕会理县 352
下村镇……〔晋〕泽州县 126
下村镇……〔赣〕渝水区 225
下李乡……〔晋〕隰县 130
下两镇……〔川〕南江县 347
下谷坪土家族乡……〔鄂〕神农架林区 274
下冻镇……〔桂〕龙州县 310
下应街道……〔浙〕鄞州区 190
下辛店镇……〔鄂〕云梦县 271
下冶镇……〔豫〕济源市 263
下沙街道……〔浙〕江干区 189
下沙镇……〔闽〕邵武市 218
下良镇……〔晋〕襄垣县 125
下初镇……〔鲁〕乳山市 242
下社乡……〔晋〕盂县 124
下社镇……〔晋〕应县 126
下陆区……〔鄂〕黄石市 268
下陈街道……〔浙〕椒江区 196
下邽镇……〔陕〕临渭区 392
下坪乡……〔鄂〕鹤峰县 274
下拖乡……〔川〕道孚县 350
下拉秀镇……〔青〕玉树市 415
下坳镇……〔桂〕都安瑶族自治县 309
下茆镇……〔粤〕四会市 296
下林卡乡……〔藏〕左贡县 383
下板城镇……〔冀〕承德县 117
下枣林乡……〔晋〕中阳县 131
下罗柯马乡……〔川〕炉霍县 350
下罗镇……〔川〕珙县 342
下金厂乡……〔滇〕麻栗坡县 376
下肥镇……〔辽〕开原市 153
下庙镇……〔陕〕华州区 392
下河乡……〔冀〕曲阳县 115
下河乡……〔闽〕云霄县 216
下河乡……〔鲁〕沾化区 245
下河清镇……〔陇〕肃州区 405
下孟乡……〔川〕理县 348
下城子镇……〔黑〕穆棱市 171
下城区……〔浙〕杭州市 189
下茹越乡……〔晋〕繁峙县 129
下南乡……〔桂〕环江毛南族自治县 309
下相街道……〔苏〕宿豫区 186
下栅乡……〔晋〕孝义市 131
下面高乡……〔晋〕平鲁区 126
下亮子乡……〔黑〕鸡东县 168
下洼镇……〔蒙〕敖汉旗 137
下洼镇……〔鲁〕沾化区 245
下洼镇……〔豫〕社旗县 258
下洋镇……〔闽〕永春县 216
下洋镇……〔闽〕永定区 218
下洋镇……〔粤〕徐闻县 294
下浒镇……〔闽〕霞浦县 219
下宫乡……〔闽〕连江县 213
下宫村乡……〔冀〕蔚县 116
下祝乡……〔闽〕闽清县 213
下架山镇……〔粤〕普宁市 300
下都镇……〔闽〕上杭县 218
下桥镇……〔粤〕徐闻县 294
下原镇……〔苏〕如皋市 182
下党乡……〔闽〕寿宁县 219
下峪镇……〔豫〕洛宁县 251
下郭街道……〔粤〕化州市 295
下站街道……〔晋〕城区 124
下涝坝乡…〔新〕巴里坤哈萨克自治县 424
下浦街道……〔赣〕袁州区 229
下海乡……〔川〕盐源县 352
下埠集乡……〔赣〕进贤县 223
下埠镇……〔赣〕湘东区 224
下营镇……〔津〕蓟州区 104
下营镇……〔鲁〕昌邑市 240
下营藏族乡……〔青〕乐都区 413
下符桥镇……〔皖〕霍山县 209
下渚湖街道……〔浙〕德清县 193
下涯镇……〔浙〕建德市 190
下渠乡……〔闽〕泰宁县 215
下渔口镇……〔湘〕安乡县 282
下深井乡……〔晋〕阳高县 124
下梁镇……〔陕〕柞水县 397
下窑街道……〔陇〕红古区 401
下韩村乡……〔晋〕浑源县 124
下雄乡……〔川〕甘孜县 350
下喇叭乡……〔晋〕山阴县 126
下堡寺镇……〔冀〕临西县 113
下堡坪乡……〔鄂〕夷陵区 269
下堡镇……〔晋〕孝义市 131
下堡镇……〔渝〕巫溪县 322
下港镇……〔鲁〕岱岳区 241
下湿壕镇……〔蒙〕固阳县 136
下湾镇……〔桂〕桂平市 307
下渡乡……〔川〕犍为县 337
下渡街道……〔闽〕仓山区 213
下湄桥街道……〔湘〕北湖区 284
下窝头镇……〔津〕蓟州区 104
下摄司街道……〔湘〕岳塘区 278
下塘乡……〔赣〕玉山县 232
下塘镇……〔皖〕长丰县 201
下槐镇……〔冀〕平山县 108
下楼镇……〔皖〕灵璧县 208
下碑寺乡……〔豫〕泌阳县 263
下雷镇……〔桂〕大新县 310
下路街道……〔渝〕石柱土家族自治县 323
下蜀镇……〔苏〕句容市 185
下新乡……〔川〕三台县 332
下新镇……〔鄂〕黄梅县 272
下溪侗族乡……〔黔〕万山区 362
下溪街道……〔赣〕广丰区 231
下溪镇……〔川〕马边彝族自治县 337
下管镇……〔浙〕上虞区 193
下寨乡……〔冀〕卢龙县 110
下寨镇……〔陕〕大荔县 392
下察隅镇……〔藏〕察隅县 384
下䃼镇……〔粤〕英德市 299
下镇镇……〔赣〕玉山县 232
下藏科乡……〔青〕甘德县 415
下露河朝鲜族乡…〔辽〕宽甸满族自治县 149
寸石镇……〔湘〕新邵县 280
寸金街道……〔粤〕赤坎区 294
寸塘口乡……〔川〕大英县 336
寸滩街道……〔渝〕江北区 317
丈八街道……〔陕〕雁塔区 389
丈八镇……〔陕〕麟游县 391
丈亭镇……〔浙〕余姚市 191
大　镇……〔苏〕姜堰区 185
大二号回族乡……〔冀〕沽源县 116
大十字街道……〔黔〕凯里市 363
大厂乡……〔滇〕梁河县 378
大厂回族自治县……〔冀〕廊坊市 120
大厂街道……〔苏〕六合区 179
大厂镇……〔冀〕大厂回族自治县 120
大厂镇……〔桂〕南丹县 309
大厂镇……〔黔〕晴隆县 363
大八浪乡……〔黑〕桦南县 170

（三画）大

大八镇……〔粤〕阳东区 298
大九湖镇……〔鄂〕神农架林区 274
大三家镇……〔辽〕北票市 153
大干镇……〔闽〕顺昌县 217
大才乡……〔桂〕环江毛南族自治县 309
大才回族乡……〔青〕湟中县 413
大口屯镇……〔津〕宝坻区 104
大口钦满族镇……〔吉〕龙潭区 158
大口镇……〔豫〕偃师市 252
大山乡……〔滇〕永德县 374
大山乡……〔滇〕澜沧拉祜族自治县 374
大山包镇……〔滇〕昭阳区 372
大山江街道……〔粤〕吴川市 295
大山坪街道……〔川〕江阳区 330
大山苗族彝族乡……〔黔〕大方县 360
大山铺镇……〔川〕大安区 329
大山镇……〔黔〕盘州市 358
大山镇……〔黔〕兴仁县 363
大川头镇……〔辽〕宽甸满族自治县 149
大川街道……〔吉〕汪清县 162
大川镇……〔鄂〕茅箭区 268
大川镇……〔川〕芦山县 346
大川镇……〔陇〕舟曲县 409
大门镇……〔浙〕洞头区 191
大门镇……〔陇〕秦州区 402
大义乡……〔川〕渠县 345
大义镇……〔鲁〕巨野县 246
大义镇……〔湘〕耒阳市 280
大子文镇……〔冀〕安平县 120
大马乡……〔豫〕尉氏县 250
大马头乡……〔赣〕乐安县 231
大马坊乡……〔冀〕竞秀区 113
大马村乡……〔冀〕魏县 112
大马营镇……〔陇〕山丹县 404
大马镇……〔豫〕鄢陵县 256
大丰区……〔苏〕盐城市 184
大丰堆镇……〔津〕静海区 104
大丰街道……〔川〕新都区 327
大丰镇……〔桂〕上林县 303
大丰镇……〔琼〕屯昌县 314
大丰镇……〔新〕呼图壁县 424
大王古庄镇……〔津〕武清区 104
大王庄乡……〔豫〕西华县 261
大王庄街道……〔津〕河东区 103
大王庄镇……〔鲁〕莱城区 242
大王杖子乡……〔辽〕凌源市 154
大王店镇……〔冀〕徐水区 114
大王庙镇……〔辽〕绥中县 154
大王集镇……〔豫〕永城市 260
大王街道……〔皖〕南谯区 206
大王寨镇……〔鲁〕莘县 244
大王镇……〔冀〕安新县 114
大王镇……〔晋〕芮城县 128
大王镇……〔鲁〕广饶县 238
大王镇……〔豫〕灵宝市 257
大王镇……〔鄂〕阳新县 268
大王镇……〔川〕南部县 338
大王镇……〔陕〕鄠邑区 389
大井镇……〔蒙〕林西县 136
大井镇……〔粤〕高州市 295
大井镇……〔川〕江安县 341
大井镇……〔滇〕会泽县 370
大夫营子乡……〔蒙〕松山区 136
大云镇……〔浙〕嘉善县 192
大木厂镇……〔鄂〕房县 268
大木乡……〔渝〕涪陵区 317
大五女镇……〔冀〕安国市 115
大五里乡……〔冀〕迁安市 110
大五家子镇…〔辽〕阜新蒙古族自治县 151
大支坪镇……〔鄂〕巴东县 274
大历镇……〔闽〕顺昌县 217
大屯乡……〔冀〕任县 112
大屯乡……〔冀〕南宫市 113
大屯乡……〔辽〕北镇市 150
大屯乡……〔豫〕清丰县 255
大屯乡……〔川〕越西县 354
大屯营镇……〔湘〕宁乡市 278
大屯街道……〔京〕朝阳区 99
大屯街道……〔苏〕沛县 180
大屯镇……〔冀〕滦平县 117
大屯镇……〔冀〕深州市 120
大屯镇……〔辽〕千山区 147
大屯镇……〔辽〕建昌县 154
大屯镇……〔吉〕镇赉县 161
大屯镇……〔皖〕萧县 208
大屯镇……〔鲁〕东明县 246
大屯镇……〔滇〕个旧市 375
大屯彝族乡……〔黔〕七星关区 360
大中镇……〔苏〕大丰区 184
大冈镇……〔苏〕盐都区 184
大水井乡……〔滇〕罗平县 370
大水田乡……〔湘〕隆回县 281
大水田乡……〔湘〕辰溪县 286
大水坑镇……〔宁〕盐池县 419
大水沟乡……〔滇〕绿春县 376
大水泊镇……〔鲁〕文登区 241
大水泉乡……〔冀〕兴隆县 117
大水彝族苗族布依族乡…〔黔〕大方县 360
大牛店镇……〔晋〕原平市 129
大长山岛镇……〔辽〕长海县 147
大仁庄乡……〔晋〕浑源县 124
大化坪镇……〔皖〕霍山县 209
大化瑶族自治县……〔桂〕河池市 309
大化镇……〔桂〕大化瑶族自治县 309
大化镇……〔川〕仁寿县 340
大公桥街道……〔鄂〕伍家岗区 269
大公镇……〔苏〕海安县 182
大仓盖镇……〔冀〕桥东区 115
大仓镇……〔滇〕巍山彝族回族自治县 377
大风乡……〔川〕仪陇县 340
大风乡……〔川〕达川区 344
大风洞镇……〔黔〕凯里市 364
大乌江镇……〔黔〕余庆县 359
大乌苏镇……〔黑〕海伦市 172
大六号镇……〔蒙〕察哈尔右翼后旗 140
大六槽乡……〔川〕德昌县 352
大文乡……
〔滇〕双江拉祜族佤族布朗族傣族自治县 374
大方县……〔黔〕毕节市 360
大方镇……〔粤〕郁南县 300
大为镇……〔川〕峨眉山市 338
大斗沟街道……〔晋〕矿区 123
大尹村镇……〔冀〕饶阳县 120
大巴镇……〔辽〕阜新蒙古族自治县 151
大邓乡……〔晋〕襄汾县 130
大双庙镇……〔蒙〕宁城县 137
大玉口镇……〔粤〕封开县 296
大可乡……〔滇〕石林彝族自治县 369
大石人镇……〔吉〕江源区 160
大石乡……〔皖〕太湖县 204
大石乡……〔渝〕垫江县 321
大石乡……〔川〕岳池县 343
大石布依族乡……〔黔〕修文县 357
大石头乡……〔新〕木垒哈萨克自治县 424
大石头镇……〔吉〕敦化市 162
大石坝街道……〔渝〕江北区 317
大石岭乡……〔冀〕青龙满族自治县 110
大石庙镇……〔冀〕双桥区 117
大石柱子乡……〔冀〕宽城满族自治县 118
大石桥乡……〔豫〕淅川县 258
大石桥乡……〔湘〕江华瑶族自治县 286
大石桥市……〔辽〕营口市 150
大石桥街道……〔豫〕金水区 249
大石桥街道……〔川〕东坡区 340
大石街道……〔赣〕广丰区 231
大石街道……〔粤〕番禺区 291
大石街道……〔渝〕合川区 319
大石窝镇……〔京〕房山区 99
大石寨镇……〔蒙〕科尔沁右翼前旗 140
大石镇……〔川〕叙永县 331
大石镇……〔川〕利州区 333
大石镇……〔川〕蓬溪县 335
大石镇……〔陇〕甘谷县 403
大布乡……〔鲁〕阳谷县 244
大布江乡……〔湘〕永兴县 284
大布苏镇……〔吉〕乾安县 161
大布镇……〔粤〕乳源瑶族自治县 292
大龙山镇……〔皖〕宜秀区 204
大龙乡……〔闽〕泰宁县 215
大龙乡……〔川〕广安区 342
大龙华乡……〔冀〕易县 114
大龙华镇……〔粤〕丰顺县 297
大龙街道……〔粤〕番禺区 291
大龙湖街道……〔苏〕云龙区 180
大龙镇……〔黔〕玉屏侗族自治县 362
大龙潭乡……〔滇〕峨山彝族自治县 371
大龙潭彝族乡……〔川〕仁和区 330
大平山镇……〔桂〕兴业县 307
大平乡……〔川〕安岳县 348
大平台乡……〔冀〕广宗县 113
大平苗族彝族乡……〔黔〕织金县 361
大平房镇……〔辽〕龙城区 153
大平瑶族乡……〔桂〕平桂区 308
大东乡……〔滇〕古城区 373
大东区……〔辽〕沈阳市 145
大东关街道……〔晋〕杏花岭区 123
大东坝镇……〔浙〕松阳县 197
大东沟镇……〔晋〕泽州县 126
大东街道……〔辽〕东港市 149
大东街道……〔吉〕船营区 158
大东街道……〔粤〕越秀区 291
大东镇……〔苏〕涟水县 183
大东镇……〔粤〕大埔县 297
大北汪镇……〔冀〕永年区 111
大北沟镇……〔蒙〕多伦县 141
大北涧沽镇……〔津〕宁河区 104
大北街街道……〔冀〕宣化区 115
大北街道……〔辽〕大东区 145
大业镇……〔辽〕凌海市 150
大业镇……〔桂〕岑溪市 305
大甲镇……〔闽〕古田县 219
大田乡……〔浙〕武义县 194
大田乡……〔闽〕泰宁县 215
大田乡……〔赣〕赣县区 226
大田乡……〔川〕汉源县 346
大田庄乡……〔鲁〕费县 243
大田坝乡……〔川〕荥经县 345
大田坝镇……〔滇〕昌宁县 371
大田县……〔闽〕三明市 215
大田洼乡……〔冀〕阳原县 116
大田集镇……〔鲁〕成武县 246
大田街道……〔浙〕临海市 196
大田镇……〔粤〕恩平市 294
大田镇……〔琼〕东方市 314
大田镇……〔川〕仁和区 330
大田彝族苗族布依族乡…〔黔〕金沙县 361
大由乡……〔赣〕石城县 227
大四平镇……〔辽〕新宾满族自治县 148
大四站镇……〔黑〕勃利县 170
大四家子镇……〔辽〕彰武县 151
大四家子镇……〔辽〕昌图县 152
大禾乡……〔闽〕武平县 219
大禾塘街道……〔湘〕邵东县 280
大仪镇……〔苏〕仪征市 185
大仪镇……〔川〕仪陇县 339
大白乡……〔冀〕阜城县 120
大白街道……〔津〕宝坻区 104
大白登镇……〔晋〕阳高县 124
大用镇……〔黑〕呼兰区 165
大用镇……〔黔〕六枝特区 357
大印镇……〔川〕平武县 333
大乐镇……〔桂〕象州县 310
大册营镇……〔冀〕满城区 113
大市口街道……〔苏〕京口区 185
大市聚镇……〔浙〕新昌县 193
大市镇……〔辽〕北镇市 150
大市镇……〔湘〕耒阳市 280
大冯营乡……〔冀〕深州市 120
大冯营镇……〔豫〕社旗县 258
大头山乡…〔冀〕围场满族蒙古族自治县 118
大宁县……〔晋〕临汾市 130
大宁街道……〔辽〕岫岩满族自治县 147
大宁路街道……〔沪〕静安区 175
大宁镇……〔桂〕八步区 308
大民屯镇……〔辽〕新民市 146
大民街道……〔黑〕龙沙区 167
大召营镇……〔豫〕新乡县 254
大发街道……〔蒙〕石拐区 135
大发瑶族乡……〔桂〕资源县 305
大台乡……〔冀〕阜平县 114

（三画）大

大台街道……〔京〕门头沟区 99
大圩镇……〔皖〕包河区 201
大圩镇……〔湘〕江华瑶族自治县 286
大圩镇……〔桂〕灵川县 304
大圩镇……〔桂〕港北区 306
大寺上镇……〔冀〕肥乡区 111
大寺乡……〔滇〕凤庆县 374
大寺镇……〔津〕西青区 103
大寺镇……〔桂〕钦北区 306
大吉山镇……〔赣〕全南县 227
大托铺街道……〔湘〕天心区 277
大地乡……〔浙〕景宁畲族自治县 197
大地乡……〔黔〕镇远县 364
大地基乡……〔滇〕楚雄市 374
大场镇……〔沪〕宝山区 175
大场镇……〔鲁〕黄岛区 236
大过口乡……〔滇〕楚雄市 374
大西江镇……〔桂〕全州县 304
大西岔镇……〔辽〕宽甸满族自治县 149
大西沟乡……〔新〕霍城县 428
大西桥镇……〔黔〕西秀区 359
大西渠镇……〔新〕昌吉市 424
大西街道……〔辽〕沈河区 145
大西湾乡……〔冀〕张北县 116
大有乡……〔晋〕武乡县 125
大有乡……〔川〕广安区 342
大有坊街道……〔黑〕道外区 165
大有街道……〔辽〕凌海市 150
大有街道……〔黑〕北林区 171
大有镇……〔苏〕响水县 184
大有镇……〔渝〕南川区 320
大有镇……〔黔〕岑巩县 364
大有镇……〔新〕吉木萨尔县 424
大百尺镇……〔冀〕蠡县 115
大夼镇……〔鲁〕莱阳市 238
大成桥镇……〔湘〕宁乡市 278
大成街道……〔黑〕南岗区 165
大成镇……〔粤〕信宜市 295
大成镇……〔桂〕浦北县 306
大成镇……〔琼〕儋州市 313
大成镇……〔川〕宣汉县 344
大划镇……〔川〕崇州市 328
大光路街道……〔苏〕秦淮区 179
大曲堤镇……〔冀〕蠡县 115
大团镇……〔沪〕浦东新区 176
大同乡……〔桂〕东兰县 309
大同乡……〔川〕邛崃市 328
大同乡……〔川〕嘉陵区 338
大同乡……〔黔〕锦屏县 364
大同乡…〔新〕塔什库尔干塔吉克自治县 427
大同区……〔黑〕大庆市 169
大同天乡……〔蒙〕兴和县 140
大同市……〔晋〕 123
大同县……〔晋〕大同市 124
大同街道……〔闽〕同安区 214
大同街道……〔琼〕龙华区 313
大同街道……〔滇〕师宗县 370
大同镇……〔冀〕武安市 112
大同镇……〔黑〕大同区 169
大同镇……〔浙〕建德市 190
大同镇……〔闽〕长汀县 218
大同镇……〔鄂〕蕲春县 272
大同镇…〔渝〕彭水苗族土家族自治县 323
大同镇……〔川〕青白江区 327
大同镇……〔川〕宁南县 352
大同镇……〔黔〕赤水市 359
大同镇……〔陇〕永登县 401
大因镇……〔冀〕徐水区 114
大则乡……〔川〕色达县 351
大年乡……〔桂〕融水苗族自治县 304
大年陈镇……〔鲁〕惠民县 245
大竹县……〔川〕达州市 344
大竹园镇……〔陕〕汉滨区 396
大竹林街道……〔渝〕渝北区 318
大竹堡乡……〔川〕马边彝族自治县 338
大竹镇……〔闽〕邵武市 218
大竹镇……〔川〕万源市 345
大仲村镇……〔鲁〕兰陵县 243
大仵乡……〔豫〕柘城县 259
大伦镇……〔桂〕北流市 307
大华山镇……〔京〕平谷区 100
大华街道……〔粤〕金平区 293
大华镇……〔青〕湟源县 413
大全镇……〔川〕西充县 340
大合坪乡……〔湘〕沅陵县 286
大兆街道……〔陕〕长安区 389
大众乡……〔黑〕拜泉县 167
大众街道……〔青〕城东区 413
大名县……〔冀〕邯郸市 111
大名镇……〔冀〕大名县 111
大冲乡……〔赣〕吉安县 228
大庄子乡……〔陇〕金塔县 405
大庄乡……〔滇〕马龙县 370
大庄乡……〔青〕民和回族土族自治县 413
大庄回族乡……〔滇〕开远市 375
大庄坨乡……〔冀〕古冶区 109
大庄科乡……〔京〕延庆区 100
大庄镇……〔冀〕清苑区 113
大庄镇……〔皖〕泗县 208
大庄镇……〔鲁〕沂南县 242
大庄镇……〔滇〕双柏县 374
大庄镇……〔陕〕武功县 392
大庄镇……〔陇〕甘谷县 403
大庄镇……〔陇〕庄浪县 404
大庆市……〔黑〕 169
大庆坪乡……〔湘〕零陵区 285
大庆街道……〔黑〕爱民区 170
大庆街道……〔皖〕禹会区 202
大庆路街道……〔晋〕城区 123
大庆路街道……〔黑〕香坊区 165
大庆路街道……〔豫〕华龙区 255
大刘庄乡……〔冀〕临西县 113
大刘家街道……〔辽〕普兰店区 146
大刘镇……〔豫〕源汇区 256
大齐各庄镇……〔冀〕丰南区 109
大交镇……〔晋〕绛县 128
大羊街乡……〔滇〕红河县 376
大羊镇……〔鲁〕东平县 241
大关县……〔滇〕昭通市 372
大关街道……〔浙〕拱墅区 189
大关镇……〔皖〕桐城市 205
大关镇……〔黔〕黔西县 360
大江口镇……〔湘〕溆浦县 286
大江镇……〔粤〕台山市 294
大江镇……〔粤〕新兴县 300
大池镇……〔闽〕新罗区 218
大池镇……〔陕〕镇巴县 395
大兴乡……〔辽〕黑山县 150
大兴乡……〔辽〕南票区 154
大兴乡……〔黑〕肇源县 169
大兴乡……〔川〕犍为县 337
大兴乡……〔川〕嘉陵区 338
大兴乡……〔川〕通江县 346
大兴乡……〔川〕西昌市 351
大兴乡……
〔滇〕双江拉祜族佤族布朗族傣族自治县 374
大兴区……〔京〕 100
大兴地镇……〔滇〕泸水市 378
大兴回族乡……〔川〕盐亭县 333
大兴庄镇……〔京〕平谷区 100
大兴安岭地区……〔黑〕 172
大兴沟镇……〔吉〕汪清县 162
大兴街道……〔辽〕于洪区 145
大兴街道……〔黑〕道外区 165
大兴街道……〔豫〕龙亭区 250
大兴街道……〔黔〕松桃苗族自治县 362
大兴镇……〔辽〕凤城市 149
大兴镇……〔辽〕昌图县 152
大兴镇……〔吉〕东丰县 159
大兴镇……〔吉〕长岭县 161
大兴镇……〔黑〕泰来县 167
大兴镇……〔苏〕宿豫区 186
大兴镇……〔皖〕瑶海区 201
大兴镇……〔皖〕凤台县 203
大兴镇……〔鲁〕临沭县 243
大兴镇……〔桂〕都安瑶族自治县 309
大兴镇……〔渝〕璧山区 320
大兴镇……〔川〕蒲江县 328
大兴镇……〔川〕雨城区 345
大兴镇……〔滇〕永善县 372
大兴镇……〔滇〕宁蒗彝族自治县 373
大兴镇……〔滇〕绿春县 376
大字沟门乡……〔冀〕宽城满族自治县 118
大安山乡……〔京〕房山区 100
大安乡……〔浙〕泰顺县 192
大安乡……〔闽〕寿宁县 219
大安乡……〔湘〕衡阳县 279
大安乡……〔湘〕龙山县 288
大安乡……〔桂〕环江毛南族自治县 309
大安乡……〔川〕安居区 335
大安乡……〔陇〕渭源县 406
大安区……〔川〕自贡市 329
大安市……〔吉〕白城市 162
大安街道……〔豫〕湖滨区 257
大安街道……〔渝〕永川区 319
大安街道……〔川〕大安区 329
大安镇……〔吉〕通化县 160
大安镇……〔鲁〕兖州区 240
大安镇……〔粤〕陆丰市 297
大安镇……〔桂〕平南县 306
大安镇……〔琼〕乐东黎族自治县 314
大安镇……〔川〕广安区 342
大安镇……〔陕〕宁强县 394
大安镇镇……〔冀〕玉田县 109
大安彝族纳西族乡……〔滇〕永胜县 373
大许寨乡……〔豫〕太康县 262
大许镇……〔苏〕铜山区 180
大孙乡……〔鲁〕乐陵市 244
大孙各庄镇……〔京〕顺义区 100
大阳岔镇……〔吉〕江源区 160
大阳镇……〔晋〕泽州县 126
大阳镇……〔晋〕尧都区 129
大阳镇……〔吉〕东丰县 159
大阳镇……〔渝〕云阳县 322
大阳镇……〔陇〕张家川回族自治县 403
大观乡……〔川〕嘉陵区 338
大观区……〔皖〕安庆市 204
大观园街道……〔鲁〕市中区 235
大观街道……〔滇〕五华区 369
大观镇……〔渝〕南川区 320
大观镇……〔渝〕梁平区 321
大观镇……〔川〕都江堰市 328
大观镇……〔川〕南溪区 341
大观镇……〔黔〕望谟县 363
大牟家镇……〔鲁〕高密市 239
大红门街道……〔京〕丰台区 99
大红沟乡……〔陇〕天祝藏族自治县 403
大红城乡……〔蒙〕和林格尔县 135
大红柳峡乡…〔新〕巴里坤哈萨克自治县 424
大红旗镇……〔辽〕新民市 146
大麦山镇……〔粤〕连南瑶族自治县 299
大麦地镇……〔滇〕双柏县 374
大麦屿街道……〔浙〕玉环市 196
大进镇……〔渝〕开州区 320
大坝乡……〔川〕青川县 334
大坝乡……〔川〕昭觉县 353
大坝场镇……〔黔〕思南县 362
大坝苗族乡……〔川〕兴文县 342
大坝街道……〔鄂〕丹江口市 268
大坝镇……〔粤〕和平县 298
大坝镇……〔粤〕普宁市 300
大坝镇……〔桂〕博白县 307
大坝镇……〔黔〕仁怀市 359
大坝镇……〔陇〕民勤县 403
大坝镇……〔宁〕青铜峡市 420
大孝堡乡……〔晋〕孝义市 131
大均乡……〔浙〕景宁畲族自治县 197
大坞镇……〔鲁〕滕州市 237
大坑乡……〔赣〕遂川县 228
大块镇……〔豫〕凤泉区 254
大花乡……〔川〕越西县 354
大严备乡……〔晋〕神池县 129
大芦镇……〔陇〕靖远县 402
大苏计乡……〔冀〕尚义县 116
大苏河乡……〔辽〕清原满族自治县 148
大村乡……〔冀〕南宫市 113
大村甸镇……〔湘〕祁阳县 285
大村镇……〔鲁〕黄岛区 236
大村镇……〔川〕古蔺县 331
大杖子镇……〔冀〕兴隆县 117

（三画）大

大巫岚镇……〔冀〕青龙满族自治县 110
大李庄乡……〔豫〕扶沟县 261
大李家街道……〔辽〕金州区 146
大李集镇……〔皖〕利辛县 209
大杨乡……〔皖〕泗县 208
大杨树镇……〔蒙〕鄂伦春自治旗 138
大杨集镇……〔豫〕虞城县 259
大杨镇……〔皖〕庐阳区 201
大杨镇……〔皖〕谯城区 209
大杨镇……〔陕〕乾县 391
大束镇……〔鲁〕邹城市 240
大两乡……〔川〕旺苍县 334
大来镇……〔黑〕郊区 169
大连乡……〔豫〕淮阳县 262
大连市……〔辽〕 146
大连湾街道……〔辽〕甘井子区 146
大连路街道……〔黔〕汇川区 358
大吴街道……〔苏〕贾汪区 180
大里街道……〔冀〕路北区 108
大里镇……〔桂〕北流市 307
大围山镇……〔湘〕浏阳市 277
大围河回族满族乡……〔冀〕文安县 120
大足区……〔渝〕 318
大邑县……〔川〕成都市 328
大岗子镇……〔吉〕大安市 162
大岗李乡……〔豫〕通许县 250
大岗镇……〔赣〕临川区 230
大岗镇……〔粤〕南沙区 291
大岗镇……〔粤〕怀集县 296
大岚镇……〔浙〕余姚市 191
大囫囵镇……〔冀〕张北县 116
大邱庄镇……〔津〕静海区 104
大何庄乡……〔冀〕安平县 120
大佛乡……〔川〕井研县 337
大佛乡……〔川〕岳池县 343
大佛寺街道……〔川〕前锋区 342
大佛街道……〔川〕市中区 336
大佛镇……〔川〕乐至县 348
大佘太镇……〔蒙〕乌拉特前旗 139
大余县……〔赣〕赣州市 226
大肚川镇……〔黑〕东宁市 171
大甸子镇……〔辽〕铁岭县 152
大甸镇……〔湘〕武冈市 281
大邹镇……〔苏〕兴化市 186
大库伦乡……〔蒙〕商都县 140
大库联乡……〔蒙〕兴和县 140
大冷镇……〔辽〕彰武县 151
大辛庄乡……〔冀〕魏县 112
大辛庄街道……〔鲁〕临清市 245
大辛庄镇……〔冀〕定州市 115
大辛庄镇……〔晋〕郊区 125
大辛店镇……〔鲁〕蓬莱市 238
大冶市……〔鄂〕黄石市 268
大冶镇……〔豫〕登封市 250
大沥镇……〔粤〕南海区 293
大沙田街道……〔桂〕良庆区 303
大沙坝仡佬族侗族乡……〔黔〕石阡县 362
大沙河镇……〔苏〕丰县 180
大沙街道……〔粤〕黄埔区 291
大沙镇……〔赣〕都昌县 225
大沙镇……〔粤〕开平市 294
大沙镇……〔粤〕四会市 296
大沙镇……〔川〕万源市 345
大汾镇……〔赣〕遂川县 228
大沟街道……〔辽〕苏家屯区 145
大沟镇……〔粤〕阳东区 298
大沟镇……〔陇〕会宁县 402
大汶口镇……〔鲁〕岱岳区 241
大沁他拉镇……〔蒙〕奈曼旗 137
大良街道……〔粤〕顺德区 293
大良镇……〔津〕武清区 104
大良镇……〔桂〕融安县 304
大社镇……〔冀〕峰峰矿区 111
大张庄乡……〔冀〕隆尧县 112
大张庄镇……〔津〕北辰区 103
大张庄镇……〔鲁〕沂源县 237
大张家镇……〔鲁〕莘县 244
大张楼镇……〔鲁〕嘉祥县 240
大张镇……〔晋〕霍州市 130
大陆村镇……〔冀〕宁晋县 112
大陆街道……〔辽〕铁西区 147
大陆街道……〔黑〕南山区 168
大阿镇……〔赣〕信丰县 226
大陇镇……〔皖〕当涂县 203
大陇镇……〔赣〕井冈山市 229
大陈乡……〔浙〕江山市 195
大陈镇……〔冀〕无极县 108
大陈镇……〔浙〕义乌市 194
大陈镇……〔浙〕椒江区 196
大妙乡……〔川〕江安县 341
大纵湖镇……〔苏〕盐都区 184
大武口区……〔宁〕石嘴山市 419
大武乡……〔豫〕商水县 261
大武乡……〔青〕玛沁县 415
大武镇……〔晋〕方山县 131
大武镇……〔青〕玛沁县 415
大青山乡……〔蒙〕武川县 135
大青中朝友谊街道……〔辽〕铁西区 145
大青沟镇……〔冀〕尚义县 116
大青嘴镇……〔吉〕德惠市 158
大盂镇……〔晋〕阳曲县 123
大垅乡……〔赣〕湖口县 225
大坪子乡……〔川〕雷波县 354
大坪乡……〔闽〕安溪县 216
大坪乡……〔赣〕南康区 226
大坪乡……〔豫〕嵩县 251
大坪乡……〔鄂〕通城县 273
大坪乡……〔川〕南溪区 341
大坪乡……〔川〕天全县 346
大坪乡……〔川〕普格县 352
大坪乡……〔滇〕元阳县 376
大坪场镇……〔黔〕松桃苗族自治县 363
大坪侗族土家族乡……〔黔〕万山区 362
大坪街道……〔渝〕渝中区 317
大坪街道…〔黔〕务川仡佬族苗族自治县 359
大坪塘镇……〔湘〕新田县 286
大坪镇……〔湘〕汝城县 285
大坪镇……〔粤〕兴宁市 297
大坪镇……〔粤〕梅县区 297
大坪镇……〔粤〕连南瑶族自治县 299
大坪镇……〔粤〕普宁市 300
大坪镇……〔川〕南部县 338
大坪镇……〔滇〕麻栗坡县 376
大坪镇……〔陕〕镇安县 397
大坦乡……〔皖〕祁门县 205
大坡乡……〔桂〕融安县 304
大坡乡……〔滇〕沾益区 370
大坡外镇……〔桂〕北流市 307
大坡蒙古族乡……〔川〕盐源县 352
大坡镇……〔吉〕榆树市 157
大坡镇……〔粤〕高州市 295
大坡镇……〔桂〕龙圩区 305
大坡镇……〔桂〕平南县 306
大坡镇……〔琼〕琼山区 313
大坡镇……〔黔〕习水县 359
大若岩镇……〔浙〕永嘉县 191
大茂镇……〔琼〕万宁市 313
大英县……〔川〕遂宁市 335
大英镇……〔皖〕来安县 206
大直沽街道……〔津〕河东区 103
大直镇……〔桂〕钦北区 306
大茅山镇……〔赣〕德兴市 232
大茅坪镇……〔川〕巴州区 346
大林子镇……〔吉〕扶余市 161
大林乡……〔晋〕原平市 129
大林镇……〔蒙〕科尔沁区 137
大林镇……〔豫〕正阳县 263
大林镇……〔川〕双流区 327
大林镇……〔川〕顺庆区 338
大板桥街道……〔滇〕官渡区 369
大板镇……〔蒙〕巴林右旗 136
大板镇……〔辽〕阜新蒙古族自治县 151
大板镇……〔辽〕北票市 153
大矸镇…〔黔〕道真仡佬族苗族自治县 359
大码头街道……〔湘〕资阳区 283
大码头镇……〔鲁〕广饶县 238
大虎山街道……〔辽〕黑山县 150
大尚屯镇……〔冀〕大城县 119
大具乡……〔滇〕玉龙纳西族自治县 373
大昌汗镇……〔陕〕府谷县 395
大昌镇……〔渝〕巫山县 322
大明宫街道……〔陕〕未央区 389
大明湖街道……〔鲁〕历下区 235
大明镇……〔蒙〕宁城县 137
大明镇……〔辽〕调兵山市 152
大明镇……〔陕〕华州区 392
大固本镇……〔辽〕阜新蒙古族自治县 151
大忠桥镇……〔湘〕祁阳县 285
大岩洞乡……〔川〕雷波县 354
大罗乡……〔川〕仪陇县 340
大罗密镇……〔黑〕方正县 166
大罗镇……〔黑〕庆安县 172
大罗镇……〔川〕巴州区 346
大岭山镇……〔粤〕东莞市 299
大岭乡……〔桂〕覃塘区 306
大岭街道……〔粤〕惠东县 296
大岭镇……〔吉〕榆树市 157
大岭镇……〔吉〕公主岭市 159
大和乡……〔川〕巴州区 346
大和圩乡……〔湘〕耒阳市 280
大季家街道……〔鲁〕福山区 238
大佳何镇……〔浙〕宁海县 191
大佳河乡……〔黑〕饶河县 169
大金店镇……〔豫〕登封市 250
大金镇……〔鄂〕武穴市 273
大周镇……〔豫〕长葛市 256
大周镇……〔渝〕万州区 317
大店镇……〔皖〕埇桥区 207
大店镇……〔鲁〕莒南县 243
大庙口镇……〔湘〕东安县 285
大庙乡……〔皖〕灵璧县 208
大庙乡……〔鄂〕溢水镇 268
大庙乡……〔川〕营山县 339
大庙集镇……〔皖〕太和县 207
大庙街道……〔苏〕贾汪区 180
大庙镇……〔冀〕双滦区 117
大庙镇……〔蒙〕松山区 136
大庙镇……〔辽〕朝阳县 153
大庙镇……〔皖〕凤阳县 206
大庙镇……〔渝〕铜梁区 320
大郑镇……〔辽〕庄河市 147
大单镇……〔冀〕东光县 118
大法寺镇……〔鄂〕武穴市 273
大沽乡……〔赣〕宁都县 227
大沽街道……〔津〕滨海新区 104
大河口乡……〔蒙〕多伦县 141
大河口乡……〔滇〕姚安县 375
大河乡……〔桂〕叠彩区 304
大河乡……〔渝〕巫溪县 322
大河乡……〔川〕旺苍县 334
大河乡……〔川〕盐源县 352
大河乡……〔黔〕七星关区 360
大河乡……〔陇〕肃南裕固族自治县 404
大河乡……〔宁〕红寺堡区 419
大河屯镇……〔豫〕唐河县 258
大河中路街道……〔川〕仁和区 330
大河北镇……〔辽〕凌源市 154
大河坝镇……〔黔〕思南县 362
大河坎镇……〔陕〕南郑区 394
大河坝镇……〔陕〕佛坪县 395
大河苗族乡……〔川〕兴文县 342
大河岸镇……〔鄂〕罗田县 272
大河店镇……〔陇〕徽县 408
大河沿子镇……〔新〕精河县 424
大河沿镇……〔新〕高昌区 423
大河南镇……〔冀〕涿鹿县 116
大河南镇……〔辽〕灯塔市 152
大河涧乡……〔豫〕淇滨区 253
大河家镇……
〔陇〕积石山保安族东乡族撒拉族自治县 409
大河塔镇……〔陕〕榆阳区 395
大河道乡……〔冀〕曲周县 112
大河湾镇……〔蒙〕扎兰屯市 139
大河路街道……〔豫〕惠济区 249
大河镇……〔冀〕鹿泉区 107
大河镇……〔冀〕容城县 114
大河镇……〔冀〕张北县 116
大河镇……〔豫〕桐柏县 258
大河镇……〔鄂〕黄梅县 272
大河镇……〔鄂〕来凤县 274

（三画）大

大河镇……〔川〕南部县 338
大河镇……〔川〕南江县 347
大河镇……〔黔〕钟山区 357
大河镇……〔黔〕桐梓县 358
大河镇……〔黔〕三都水族自治县 365
大河镇……〔滇〕富源县 370
大河镇……〔陕〕西乡县 394
大河镇……〔陕〕汉滨区 396
大河镇……〔新〕巴里坤哈萨克自治县 424
大泗镇……〔苏〕高港区 185
大泽山镇……〔鲁〕平度市 236
大泽乡镇……〔皖〕埇桥区 207
大泽湖街道……〔湘〕望城区 277
大泽镇……〔粤〕新会区 294
大治乡……〔川〕东兴区 336
大岙镇……〔浙〕文成县 191
大学东路街道……〔蒙〕赛罕区 135
大学西路街道……〔蒙〕赛罕区 135
大学路街道……〔豫〕二七区 249
大宝鼎街道……〔川〕西区 330
大定堡满族乡……〔辽〕义县 150
大定街道……〔豫〕孟州市 255
大官厅乡……〔冀〕沧县 118
大官亭镇……〔冀〕饶阳县 120
大房身镇……〔辽〕岫岩满族自治县 148
大房身镇……〔吉〕德惠市 158
大录乡……〔川〕九寨沟县 348
大孟庄镇……〔津〕武清区 104
大孟村镇……〔冀〕内丘县 112
大孟街道……〔豫〕中牟县 249
大孤山街道……〔辽〕金州区 146
大孤山街道……〔辽〕铁东区 147
大孤山镇……〔吉〕伊通满族自治县 159
大孤山镇……〔鲁〕乳山市 242
大孤家子镇……〔辽〕法库县 146
大孤家镇……〔辽〕清原满族自治县 148
大姓乡……〔川〕松潘县 348
大练乡……〔闽〕平潭县 214
大封镇……〔豫〕武陟县 255
大垭乡…〔渝〕彭水苗族土家族自治县 323
大城子街道
……〔辽〕喀喇沁左翼蒙古族自治县 153
大城子镇……〔京〕密云区 100
大城子镇……〔蒙〕宁城县 137
大城县……〔冀〕廊坊市 119
大城街道……〔陇〕秦州区 402
大城镇……〔赣〕高安市 230
大赵峪街道……〔陕〕商州区 397
大垌镇……〔桂〕钦北区 306
大垌镇……〔桂〕博白县 307
大垛镇……〔苏〕兴化市 186
大荆镇……〔浙〕乐清市 192
大荆镇……〔湘〕汨罗市 282
大荆镇……〔陕〕商州区 397
大草乡……〔川〕盐源县 352
大草滩镇……〔陇〕漳县 407
大胡同街道……〔津〕红桥区 103
大胡街道……〔豫〕山城区 253
大荔县……〔陕〕渭南市 392
大南山街道……〔粤〕普宁市 300
大南坂镇……〔闽〕漳浦县 217
大南沟乌孜别克族乡
……〔新〕木垒哈萨克自治县 424
大南峪镇……〔陇〕康县 407
大南街街道……〔蒙〕玉泉区 135
大南街道……〔辽〕沈河区 145
大南街道……〔浙〕鹿城区 191
大南镇……〔赣〕广丰区 231
大柘镇……〔浙〕遂昌县 197
大柘镇……〔粤〕平远县 297
大相各庄乡……〔冀〕乐亭县 109
大柏地乡……〔赣〕瑞金市 227
大栅栏街道……〔京〕西城区 99
大柳乡……〔鄂〕郧阳区 268
大柳乡……〔陇〕凉州区 403
大柳屯镇……〔辽〕新民市 146
大柳行镇……〔鲁〕蓬莱市 238
大柳河镇……〔冀〕文安县 120
大柳塔镇……〔陕〕神木市 396
大柳镇……〔皖〕南谯区 206
大柳镇……〔鲁〕宁津县 243
大树乡……〔赣〕都昌县 225
大树乡……〔陇〕东乡族自治县 409
大树坳乡……〔湘〕芷江侗族自治县 287
大树镇……〔渝〕奉节县 322
大树镇……〔川〕达川区 343
大树镇……〔川〕汉源县 346
大研街道……〔滇〕古城区 373
大面街道……〔川〕龙泉驿区 327
大战乡……〔浙〕仙居县 196
大战场镇……〔宁〕中宁县 420
大临河乡……〔晋〕应县 126
大贵镇……〔黑〕木兰县 166
大贵镇……〔陕〕平利县 397
大畈乡……〔浙〕浦江县 194
大畈镇……〔鄂〕通山县 273
大虹桥乡……〔豫〕武陟县 255
大钟庄镇……〔津〕宝坻区 104
大钦岛乡……〔鲁〕长岛县 238
大科街道……〔湘〕娄星区 287
大顺乡……〔渝〕涪陵区 317
大顺镇……〔皖〕寿县 203
大保当镇……〔陕〕神木市 396
大信镇……〔鲁〕即墨区 236
大泉乡……〔新〕沙湾县 429
大泉塔塔尔族乡……〔新〕奇台县 424
大泉街道……〔苏〕贾汪区 180
大泉湾乡……〔新〕伊州区 424
大泉源满族朝鲜族乡……〔吉〕通化县 160
大禹乡……〔晋〕临县 131
大禹街道……〔陕〕延川县 393
大侯乡……〔豫〕虞城县 259
大弯街道……〔川〕青白江区 327
大将镇……〔桂〕融安县 304
大阁镇……〔冀〕丰宁满族自治县 117
大洼区……〔辽〕盘锦市 152
大洼街道……〔辽〕大洼区 152
大洼镇……〔辽〕昌图县 152
大洼镇……〔吉〕宁江区 161
大洞乡……〔赣〕武宁县 224
大洞河乡……〔渝〕武隆区 321
大洞镇……〔粤〕英德市 299
大洛镇……〔闽〕沙县 215
大济镇……〔闽〕仙游县 214
大洋乡……〔冀〕唐县 114
大洋乡……〔闽〕涵江区 214
大洋洲镇……〔赣〕新干县 228
大洋街道……〔苏〕亭湖区 184
大洋街道……〔浙〕临海市 196
大洋镇……〔浙〕建德市 190
大洋镇……〔浙〕缙云县 197
大洋镇……〔闽〕永泰县 213
大洋镇……〔桂〕桂平市 307
大洲乡……〔湘〕平江县 282
大洲镇……〔浙〕衢江区 195
大洲镇……〔粤〕封开县 296
大洲镇……〔桂〕平南县 306
大津口乡……〔鲁〕泰山区 241
大恒山街道……〔黑〕恒山区 168
大屋瑶族乡……〔湘〕洞口县 281
大院回族乡……〔川〕青川县 334
大院街道……〔赣〕东湖区 223
大姚县……〔滇〕楚雄彝族自治州 375
大秦回族乡……〔陇〕崆峒区 404
大秦家街道……〔鲁〕招远市 238
大埔县……〔粤〕梅州市 297
大埔镇……〔桂〕柳城县 304
大埕镇……〔粤〕饶平县 300
大垸镇……〔鄂〕石首市 272
大莫古镇……〔滇〕陆良县 370
大桥乡……〔吉〕敦化市 162
大桥乡……〔豫〕尉氏县 250
大桥乡……〔豫〕内乡县 258
大桥乡……〔滇〕会泽县 370
大桥乡……〔滇〕石屏县 376
大桥乡……〔新〕拜城县 426
大桥头乡……〔浙〕常山县 195
大桥江乡……〔湘〕麻阳苗族自治县 287
大桥街道……〔沪〕杨浦区 175
大桥街道……〔皖〕宜秀区 204
大桥街道……〔赣〕樟树市 230
大桥街道……〔鲁〕天桥区 235
大桥瑶族乡……〔湘〕蓝山县 286
大桥镇……〔苏〕大丰区 184
大桥镇……〔苏〕江都区 185
大桥镇……〔浙〕南湖区 192
大桥镇……〔浙〕江山市 195
大桥镇……〔皖〕定远县 206
大桥镇……〔闽〕古田县 219
大桥镇……〔赣〕修水县 224
大桥镇……〔赣〕信丰县 226
大桥镇……〔鲁〕东阿县 245
大桥镇……〔粤〕仁化县 292
大桥镇……〔粤〕乳源瑶族自治县 292
大桥镇……〔桂〕宾阳县 303
大桥镇……〔桂〕陆川县 307
大桥镇……〔川〕合江县 330
大桥镇……〔川〕平武县 333
大桥镇……〔川〕南部县 338
大桥镇……〔川〕冕宁县 353
大桥镇……〔陇〕西和县 408
大格勒乡……〔青〕格尔木市 415
大栗子街道……〔吉〕临江市 161
大栗树乡……〔滇〕马关县 376
大栗港镇……〔湘〕桃江县 284
大致坡镇……〔琼〕美兰区 313
大柴旦镇……〔青〕天峻县 415
大唤起乡……〔冀〕围场满族蒙古族自治县 118
大峪乡……〔陇〕舟曲县 409
大峪沟镇……〔豫〕巩义市 249
大峪街道……〔京〕门头沟区 99
大峪镇……〔冀〕峰峰矿区 111
大峪镇……〔豫〕汝州市 252
大峪镇……〔豫〕济源市 263
大崀镇……〔粤〕阳山县 299
大乘镇……〔川〕屏山县 342
大徐镇……〔浙〕象山县 190
大留镇镇……〔冀〕文安县 120
大凌河街道……〔辽〕凌海市 150
大高村镇……〔冀〕南宫市 113
大高坪苗族乡……〔湘〕通道侗族自治县 287
大高镇……〔鲁〕沾化区 245
大郭庄街道……〔苏〕云龙区 180
大郭街道……〔冀〕新华区 107
大郭镇……〔豫〕临颍县 257
大唐庄镇……〔津〕宝坻区 104
大唐镇……〔浙〕诸暨市 193
大站镇……〔粤〕英德市 299
大浦镇……〔湘〕衡东县 279
大海乡……〔滇〕会泽县 370
大海陀乡……〔冀〕赤城县 117
大流乡……〔豫〕清丰县 255
大涧乡……〔晋〕岢岚县 129
大浪淀乡……〔冀〕南皮县 118
大浪街道……〔粤〕龙华区 293
大浪镇……〔桂〕融水苗族自治县 304
大涌镇……〔粤〕英德市 299
大悟县……〔鄂〕孝感市 271
大家洼街道……〔鲁〕寒亭区 239
大宾乡……〔豫〕原阳县 254
大朗镇……〔粤〕东莞市 299
大祥区……〔湘〕邵阳市 280
大通乡……〔吉〕洮南市 162
大通区……〔皖〕淮南市 202
大通回族土族自治县……〔青〕西宁市 413
大通沟街道……〔黑〕滴道区 168
大通河乡……〔黑〕饶河县 169
大通街道……〔皖〕大通区 202
大通镇……〔皖〕郊区 204
大通镇……〔皖〕天长市 206
大通镇……〔川〕嘉陵区 338
大绥河镇……〔吉〕船营区 158
大理白族自治州……〔滇〕 377
大理市……〔滇〕大理白族自治州 377
大理镇……〔滇〕大理市 377
大埠乡……〔赣〕赣县区 226
大埠乡……〔桂〕雁山区 304
大埠岗镇……〔闽〕邵武市 218
大埠桥街道……〔湘〕娄星区 287
大埝乡……〔川〕安岳县 348

(三画)大

大埝镇……〔鲁〕鄄城县 246
大黄山街道……〔苏〕贾汪区 180
大黄乡……〔鲁〕齐河县 244
大黄庄镇……〔冀〕怀来县 116
大黄堡镇……〔津〕武清区 104
大黄集镇……〔鲁〕牡丹区 246
大黄镇……〔皖〕界首市 207
大黄巍乡……〔晋〕应县 126
大营门街道……〔津〕河西区 103
大营子乡……〔冀〕承德县 117
大营子乡……〔蒙〕林西县 136
大营子乡……〔辽〕喀喇沁左翼蒙古族自治县 153
大营子镇……〔辽〕岫岩满族自治县 147
大营盘乡……〔冀〕尚义县 116
大营街道……〔滇〕红塔区 371
大营街道……〔滇〕富民县 369
大营镇……〔冀〕高邑县 108
大营镇……〔冀〕雄县 115
大营镇……〔冀〕枣强县 120
大营镇……〔晋〕繁峙县 129
大营镇……〔辽〕庄河市 147
大营镇……〔苏〕兴化市 186
大营镇……〔皖〕埇桥区 207
大营镇……〔豫〕尉氏县 250
大营镇……〔豫〕宝丰县 252
大营镇……〔豫〕陕州区 257
大营镇……〔黔〕紫云苗族布依族自治县 360
大营镇……〔滇〕宾川县 377
大菉镇……〔桂〕防城区 306
大曹庄乡……〔冀〕宁晋县 113
大曹镇……〔鲁〕宁津县 243
大盛镇……〔鲁〕安丘市 239
大盛镇……〔湘〕东安县 285
大盛镇……〔渝〕渝北区 318
大赉乡……〔吉〕大安市 162
大赉店镇……〔豫〕淇滨区 253
大雪山镇……〔川〕筠连县 342
大雪山彝族拉祜族傣族乡……〔滇〕永德县 374
大蛇头乡……〔晋〕岚县 131
大崎镇……〔鄂〕罗田县 272
大崔庄镇……〔冀〕迁安市 110
大崇乡……〔湘〕洪江市 287
大崇镇……〔川〕会东县 352
大铭乡……〔闽〕德化县 216
大银镇……〔黔〕七星关区 360
大盘镇……〔浙〕磐安县 194
大麻森乡……〔冀〕桃城区 120
大麻镇……〔浙〕桐乡市 192
大麻镇……〔粤〕大埔县 297
大康镇……〔川〕江油市 333
大庸桥街道……〔湘〕永定区 283
大鹿庄乡……〔冀〕定州市 115
大章乡……〔川〕色达县 351
大章镇……〔豫〕嵩县 251
大盖镇……〔川〕新龙县 350
大渠街道……〔晋〕盐湖区 127
大渔街道……〔滇〕呈贡区 369
大渔镇……〔浙〕苍南县 191
大梁庄乡……〔冀〕桥东区 112
大寅镇……〔川〕仪陇县 339
大窑街道……〔鲁〕牟平区 238
大窑湾街道……〔辽〕金州区 146
大隗镇……〔豫〕新密市 249
大隆镇……〔桂〕岑溪市 305
大隐镇……〔浙〕余姚市 191
大堰乡……〔鄂〕长阳土家族自治县 269
大堰垱镇……〔湘〕澧县 282
大堰镇……〔浙〕奉化区 190
大堰镇……〔川〕江油市 333
大堰镇……〔川〕达川区 344
大堤镇……〔冀〕深州市 120
大彭镇……〔苏〕铜山区 180
大塅镇……〔赣〕铜鼓县 230
大朝山东镇……〔滇〕景东彝族自治县 373
大朝山西镇……〔滇〕云县 374
大朝乡……〔川〕昭化区 334
大雁塔街道……〔陕〕雁塔区 389
大雁镇……〔蒙〕鄂温克族自治旗 138
大悲乡……〔冀〕顺平县 115
大紫塔乡……〔冀〕武邑县 120
大黑山镇……〔滇〕绿春县 376
大黑岗子镇……〔辽〕辽中区 146
大黑沙土镇……〔蒙〕商都县 140
大黑河乡……〔蒙〕四子王旗 140
大智街道……〔鄂〕江岸区 267
大程镇……〔陕〕三原县 391
大堡子镇……〔湘〕靖州苗族侗族自治县 287
大堡子镇……〔青〕城北区 413
大堡乡……〔湘〕常宁市 280
大堡头镇……〔晋〕长子县 125
大堡蒙古族乡……〔辽〕凤城市 149
大堡镇……〔冀〕涿鹿县 116
大堡镇……〔川〕峨边彝族自治县 337
大堡镇……〔陇〕康县 407
大集街道……〔鄂〕蔡甸区 267
大集镇……〔鲁〕曹县 246
大街乡……〔浙〕龙游县 195
大街乡……〔黔〕威宁彝族回族苗族自治县 361
大街街道……〔鲁〕周村区 237
大街街道……〔滇〕江川区 371
大街镇……〔冀〕大名县 111
大街镇……〔滇〕景东彝族自治县 373
大番坡镇……〔桂〕钦南区 306
大道河镇……〔陕〕岚皋县 396
大港头镇……〔浙〕莲都区 196
大港街道……〔津〕滨海新区 104
大港街道……〔苏〕京口区 185
大港街道……〔鲁〕市北区 236
大港镇……〔赣〕都昌县 225
大湖口镇……〔湘〕安乡县 282
大湖乡……〔闽〕闽侯县 213
大湖街道……〔吉〕临江市 161
大湖镇……〔闽〕永安市 215
大湖镇……〔粤〕海丰县 297
大湖镇……〔粤〕连平县 298
大湾乡……〔宁〕泾源县 420
大湾镇……〔粤〕高要区 295
大湾镇……〔粤〕英德市 299
大湾镇……〔粤〕郁南县 300
大湾镇……〔桂〕桂平市 307
大湾镇……〔桂〕兴宾区 310
大湾镇……〔渝〕渝北区 318
大湾镇……〔黔〕钟山区 357
大湾镇……〔滇〕镇雄县 372
大渡口区……〔渝〕 317
大渡口街道……〔川〕东区 330
大渡口镇……〔皖〕东至县 210
大渡口镇……〔川〕纳溪区 330
大渡岗乡……〔滇〕景洪市 377
大富乡……〔川〕南部县 339
大窝镇……〔川〕高县 342
大谢集镇……〔鲁〕巨野县 246
大瑞镇……〔川〕越西县 354
大塘乡……〔赣〕余干县 232
大塘坪乡……〔赣〕新建区 223
大塘埠镇……〔赣〕信丰县 226
大塘街道……〔粤〕越秀区 291
大塘街道……〔桂〕长洲区 305
大塘镇……〔湘〕桂东县 285
大塘镇……〔粤〕曲江区 292
大塘镇……〔粤〕三水区 293
大塘镇……〔桂〕良庆区 303
大塘镇……〔桂〕荔浦县 305
大塘镇……〔桂〕玉州区 307
大塘镇……〔桂〕忻城县 310
大塘镇……〔川〕蒲江县 328
大塘镇……〔黔〕平塘县 365
大塘镇……〔黔〕雷山县 365
大幕乡……〔鄂〕咸安区 273
大蒲河镇……〔冀〕昌黎县 110
大蒲柴河镇……〔吉〕敦化市 162
大椿乡……〔赣〕修水县 225
大楠镇……〔川〕沐川县 337
大楞乡……〔桂〕右江区 307
大槐树镇……〔晋〕洪洞县 130
大槐镇……〔粤〕恩平市 294
大榆树乡……〔蒙〕卓资县 140
大榆树堡镇……〔辽〕义县 150
大榆树镇……〔京〕延庆区 100
大榆树镇……〔蒙〕开鲁县 137
大榆树镇……〔吉〕公主岭市 159
大榆树镇……〔黑〕富锦市 170
大榆镇……〔川〕射洪县 335
大虞街道……〔鲁〕奎文区 239
大歇镇……〔渝〕石柱土家族自治县 323
大路口乡……〔皖〕泗县 208
大路口乡……〔鲁〕梁山县 240
大路乡……〔皖〕灵璧县 208
大路乡……〔鄂〕通山县 273
大路边镇……〔粤〕连州市 299
大路李乡……〔豫〕上蔡县 263
大路铺镇……〔湘〕江华瑶族自治县 286
大路街道……〔渝〕璧山区 320
大路槽乡……〔黔〕绥阳县 358
大路镇……〔蒙〕准格尔旗 138
大路镇……〔吉〕集安市 160
大路镇……〔苏〕京口区 185
大路镇……〔琼〕琼海市 313
大路镇……〔黔〕松桃苗族自治县 363
大锡乡……〔湘〕江华瑶族自治县 286
大像山镇……〔陇〕甘谷县 403
大鹏街道……〔粤〕龙岗区 293
大鹏镇……〔桂〕平南县 307
大靖镇……〔陇〕古浪县 403
大新乡……〔川〕梓潼县 333
大新庄乡……〔豫〕获嘉县 254
大新庄镇……〔冀〕丰南区 109
大新县……〔桂〕崇左市 310
大新桥街道……〔黔〕七星关区 360
大新寨镇……〔冀〕抚宁区 110
大新镇……〔苏〕张家港市 182
大新镇……〔皖〕五河县 202
大新镇……〔皖〕太和县 207
大新镇……〔豫〕扶沟县 261
大新镇……〔鄂〕大悟县 271
大新镇……〔湘〕新邵县 280
大新镇……〔桂〕平南县 306
大新镇……〔宁〕兴庆区 419
大鄣山乡……〔赣〕婺源县 232
大慈岩镇……〔浙〕建德市 190
大满镇……〔陇〕甘州区 404
大源乡……〔闽〕将乐县 215
大源镇……〔浙〕富阳区 189
大源镇……〔浙〕缙云县 197
大源镇……〔赣〕万年县 232
大源镇……〔粤〕乐昌市 292
大溪口乡……〔浙〕武义县 194
大溪乡……〔闽〕永定区 218
大溪乡……〔赣〕余干县 232
大溪乡……〔渝〕巫山县 322
大溪乡……〔渝〕秀山土家族苗族自治县 323
大溪乡……〔川〕宝兴县 346
大溪边乡……〔浙〕开化县 195
大溪沟街道……〔渝〕渝中区 317
大溪河镇……〔皖〕凤阳县 206
大溪镇……〔浙〕温岭市 196
大溪镇……〔闽〕平和县 217
大溪镇……〔粤〕揭西县 300
大溪镇……〔渝〕酉阳土家族苗族自治县 323
大滩乡……〔蒙〕察哈尔右翼中旗 140
大滩乡……〔川〕达川区 344
大滩镇……〔冀〕丰宁满族自治县 117
大滩镇……〔川〕朝天区 334
大滩镇……〔陇〕民勤县 403
大褚村回族乡……〔冀〕沧县 118
大福镇……〔湘〕安化县 284
大瑶镇……〔湘〕浏阳市 277
大境门街道……〔冀〕桥西区 115
大境瑶族乡……〔桂〕灵川县 304
大榭街道……〔浙〕北仑区 190
大碶街道……〔浙〕北仑区 190
大碱厂镇……〔津〕武清区 104
大磁窑镇……〔晋〕浑源县 124
大磁街道……〔蒙〕石拐区 135
大墅镇……〔浙〕淳安县 190
大墅镇……〔皖〕全椒县 206
大箐乡……〔川〕西昌市 351
大箕铺镇……〔鄂〕大冶市 268

（三画）大兀与万弋上

大箕镇……〔晋〕泽州县 126
大漈乡……〔浙〕景宁畲族自治县 197
大演乡……〔皖〕石台县 210
大寨子乡……〔滇〕昭阳区 372
大寨乡……〔豫〕滑县 253
大寨乡……〔川〕松潘县 348
大寨乡…〔滇〕金平苗族瑶族傣族自治县 376
大寨回族乡……〔陇〕崆峒区 404
大寨苗族乡……〔川〕古蔺县 331
大寨街道……〔陕〕杨陵区 391
大寨满族乡……〔辽〕兴城市 154
大寨镇……〔晋〕昔阳县 127
大寨镇……〔川〕平昌县 347
大寨镇……〔滇〕巧家县 372
大寨镇……〔滇〕云县 374
大谭街道……〔辽〕普兰店区 147
大横镇……〔闽〕延平区 217
大槽乡……〔川〕普格县 353
大樟乡……〔桂〕金秀瑶族自治县 310
大嶝街道……〔闽〕翔安区 214
大黎镇……〔桂〕藤县 305
大稼乡……〔黔〕黎平县 364
大德乡……〔川〕旺苍县 334
大德乡……〔川〕甘孜县 350
大德恒街道……〔蒙〕石拐区 135
大德镇……〔辽〕彰武县 151
大德镇……〔渝〕开州区 320
大潘街道……〔辽〕铁西区 145
大豫镇……〔苏〕如东县 182
大薛街道……〔辽〕太和区 149
大鲸港镇……〔湘〕安乡县 282
大藏乡……〔川〕马尔康市 348
大疃镇……〔鲁〕荣成市 241
大魏家街道……〔辽〕金州区 146
大鳌镇……〔粤〕新会区 294
兀术街道……〔辽〕调兵山市 152
与儿街镇……〔皖〕霍山县 209
万丈湖街道……〔鄂〕武穴市 273
万山乡……〔浙〕青田县 197
万山乡……〔川〕旺苍县 334
万山区……〔黔〕铜仁市 362
万山镇……〔皖〕庐江县 201
万山镇……〔粤〕香洲区 293
万山镇……〔黔〕万山区 362
万丰镇……〔鲁〕巨野县 246
万元店镇……〔辽〕凌源市 154
万木乡…〔渝〕酉阳土家族苗族自治县 323
万匹乡……〔苏〕沭阳县 186
万屯镇……〔黔〕兴义市 363
万水乡……〔湘〕临武县 285
万水泉镇……〔蒙〕九原区 136
万户镇……〔赣〕都昌县 225
万古乡……〔川〕名山区 345
万石镇……〔苏〕宜兴市 180
万古镇……〔豫〕滑县 253
万古镇……〔渝〕大足区 318
万龙山乡……〔赣〕芦溪县 224
万东镇……〔渝〕綦江区 318
万田乡……〔浙〕柯城区 195
万田乡……〔赣〕瑞金市 227
万市镇……〔浙〕富阳区 189
万宁市……〔琼〕儋州市 313
万民乡……〔湘〕永顺县 288
万发镇……〔吉〕梨树县 159
万发镇……〔黑〕巴彦县 166
万年场街道……〔川〕成华区 327
万年县……〔赣〕上饶市 232
万年埠街道……〔皖〕包河区 201
万年镇……〔川〕南部县 338
万全乡……〔闽〕将乐县 215
万全区……〔冀〕张家口市 116
万全镇……〔冀〕万全区 116
万全镇……〔浙〕平阳县 191
万全镇……〔鄂〕洪湖市 272
万合永镇……〔蒙〕克什克腾旗 136
万合镇……〔赣〕泰和县 228
万冲镇……〔琼〕乐东黎族自治县 314
万庄镇……〔冀〕广阳区 119
万州区……〔渝〕 317
万江街道……〔粤〕东莞市 299
万兴乡……〔川〕龙泉驿区 327
万兴乡……〔滇〕施甸县 371
万兴街道……〔津〕南开区 103
万安乡……〔闽〕浦城县 217
万安乡……〔川〕恩阳区 346
万安县……〔赣〕吉安市 228
万安街道……〔闽〕洛江区 215
万安街道……〔渝〕石柱土家族自治县 323
万安镇……〔冀〕蠡县 115
万安镇……〔晋〕新绛县 128
万安镇……〔晋〕洪洞县 130
万安镇……〔皖〕休宁县 205
万安镇……〔闽〕将乐县 215
万安镇……〔闽〕新罗区 218
万安镇……〔闽〕武平县 218
万安镇……〔川〕双流区 327
万安镇……〔川〕罗江区 331
万安镇……〔川〕三台县 332
万寿乡……〔川〕渠县 345
万寿桥街道……〔鄂〕伍家岗区 269
万寿街道……〔辽〕建平县 153
万寿街道……〔豫〕延津县 254
万寿路街道……〔京〕海淀区 99
万寿镇……〔皖〕天长市 206
万寿镇……〔川〕富顺县 330
万坊镇……〔赣〕南城县 230
万花山乡……〔陕〕宝塔区 393
万苍乡……〔浙〕磐安县 194
万村乡……〔赣〕德兴市 232
万里乡……〔川〕汉源县 346
万里街道……〔沪〕普陀区 175
万里路街道……〔黔〕红花岗区 358
万里镇……〔冀〕肃宁县 118
万足镇…〔渝〕彭水苗族土家族自治县 323
万秀区……〔桂〕梧州市 305
万佛山镇……〔湘〕通道侗族自治县 287
万佛湖镇……〔皖〕舒城县 209
万良镇……〔吉〕抚松县 160
万灵镇……〔渝〕荣昌区 320
万张街道……〔鲁〕嘉祥县 240
万青路街道……〔蒙〕青山区 135
万坪乡……〔川〕峨边彝族自治县 337
万坪镇……〔湘〕永顺县 288
万林乡……〔川〕射洪县 335
万林乡……〔川〕金川县 349
万松街道……〔鄂〕江汉区 267
万顷沙镇……〔粤〕南沙区 291
万昌镇……〔吉〕永吉县 158
万和镇……〔鄂〕随县 273
万阜乡……〔浙〕青田县 197
万金山乡……〔黑〕宝清县 169
万金店镇……〔豫〕平舆县 263
万金塔乡……〔吉〕农安县 157
万金镇……〔豫〕召陵区 256
万店镇……〔鄂〕曾都区 273
万宝山镇……〔黑〕安达市 172
万宝乡……〔吉〕洮南市 162
万宝河镇……〔黑〕桃山区 170
万宝桥街道……〔辽〕灯塔市 151
万宝镇……〔吉〕宽城区 157
万宝镇……〔吉〕安图县 162
万宝镇……〔吉〕洮南市 162
万宝镇……〔黑〕松北区 165
万宝镇……〔湘〕娄星区 287
万春街道……〔皖〕鸠江区 202
万春镇……〔川〕温江区 327
万城镇……〔冀〕高邑县 108
万城镇……〔琼〕万宁市 313
万荣县……〔晋〕运城市 127
万柏林区……〔晋〕太原市 123
万柏林街道……〔晋〕万柏林区 123
万顺乡……〔吉〕农安县 157
万顺镇……〔渝〕长寿区 319
万泉乡……〔晋〕万荣县 128
万泉街道……〔辽〕大东区 145
万泉镇……〔琼〕琼海市 313
万泉镇……〔陇〕庄浪县 404
万胜永乡……〔冀〕丰宁满族自治县 117
万胜镇……〔川〕东坡区 340
万盈镇……〔苏〕大丰区 184
万载县……〔赣〕宜春市 229
万莲街道……〔辽〕沈河区 145
万峪河乡……〔鄂〕房县 268
万峰林街道……〔黔〕兴义市 363
万峰湖镇……〔黔〕安龙县 363
万家乡……〔皖〕宁国市 210
万家乡……〔鄂〕松滋市 272
万家乡……〔川〕旺苍县 334
万家乡……〔川〕高坪区 338
万家庄街道……〔湘〕道县 286
万家岭镇……〔辽〕瓦房店市 147
万家寨镇……〔晋〕偏关县 129
万家镇……〔辽〕绥中县 154
万家镇……〔川〕达川区 343
万冢镇……〔豫〕平舆县 263
万祥镇……〔沪〕浦东新区 176
万埠镇……〔赣〕安义县 223
万盛街道……〔渝〕綦江区 318
万盛街道……〔川〕广安区 342
万崇镇……〔赣〕乐安县 231
万第镇……〔鲁〕莱阳市 238
万象街道……〔浙〕莲都区 196
万庾镇……〔湘〕华容县 281
万隆乡……〔黑〕双城区 166
万隆乡……〔赣〕信丰县 226
万隆乡……〔豫〕祥符区 250
万隆镇……〔川〕武胜县 343
万堤镇……〔冀〕大名县 111
万朝镇……〔渝〕石柱土家族自治县 323
万善乡……〔鲁〕冠县 245
万善镇……〔川〕武胜县 343
万塘乡……〔湘〕新宁县 281
万楼街道……〔湘〕雨湖区 278
万新街道……〔津〕东丽区 103
万新街道……〔辽〕东洲区 148
万源市……〔川〕达州市 345
万滩镇……〔豫〕中牟县 249
万福街道……〔鲁〕牡丹区 245
万福镇……〔辽〕盖州市 150
万福镇……〔皖〕怀远县 202
万福镇……〔赣〕吉安县 228
万福镇……〔鄂〕随县 273
万福镇……〔川〕中江县 331
万寨乡……〔鄂〕宣恩县 274
万镇……〔陕〕神木市 396
万德街道……〔鲁〕长清区 235
万德镇……〔滇〕武定县 375
万潮镇……〔黔〕凯里市 364
弋江区……〔皖〕芜湖市 201
弋江桥街道……〔皖〕弋江区 201
弋江镇……〔皖〕繁昌县 202
弋江镇……〔赣〕弋阳县 232
弋阳县……〔赣〕上饶市 232
弋阳街道……〔豫〕潢川县 261
上八里镇……〔豫〕辉县市 254
上八庙镇……〔川〕恩阳区 346
上三汲乡……〔冀〕平山县 108
上土市镇……〔皖〕霍山县 209
上口镇……〔鲁〕寿光市 239
上川镇……〔陇〕永登县 401
上义镇……〔粤〕紫金县 298
上马厂乡……〔黑〕爱辉区 171
上马乡……〔晋〕襄垣县 125
上马台镇……〔津〕武清区 104
上马街道……〔晋〕侯马市 130
上马街道……〔鲁〕城阳区 236
上马墩街道……〔苏〕梁溪区 179
上马镇……〔辽〕抚顺县 148
上马镇……〔川〕纳溪区 330
上丰乡……〔皖〕歙县 205
上王乡……〔晋〕盐湖区 127
上元观镇……〔陕〕城固县 394
上木拉乡……〔川〕理塘县 351
上五庄镇……〔青〕湟中县 413
上车湾镇……〔鄂〕监利县 272
上屯镇……〔豫〕唐河县 258
上戈镇……〔豫〕洛宁县 251
上冈镇……〔苏〕建湖县 184
上升乡……〔黑〕拜泉县 167
上仓镇……〔津〕蓟州区 104

(三画)上小

上方乡……〔冀〕行唐县 107
上方镇……〔浙〕衢江区 195
上户沟哈萨克族乡……〔新〕阜康市 424
上户镇……〔新〕库尔勒市 425
上户镇……〔新〕额敏县 429
上巴河镇……〔鄂〕团风县 272
上允镇……〔滇〕澜沧拉祜族自治县 374
上甘岭区……〔黑〕伊春市 169
上石洞乡……〔冀〕兴隆县 117
上石桥镇……〔豫〕商城县 260
上石镇……〔桂〕凭祥市 310
上龙乡……〔桂〕龙州县 310
上帅镇……〔粤〕连山壮族瑶族自治县 299
上田坝乡……〔川〕雷波县 354
上白石镇……〔闽〕福安市 219
上白作街道……〔豫〕解放区 255
上乐村镇……〔豫〕卫辉市 254
上兰街道……〔晋〕尖草坪区 123
上司乡……〔晋〕武乡县 125
上司镇……〔黔〕独山县 365
上寺乡……〔川〕剑阁县 335
上圯乡……〔赣〕泰和县 228
上地街道……〔京〕海淀区 99
上扬回族乡……〔陇〕崆峒区 404
上亚东乡……〔藏〕亚东县 382
上西街道……〔川〕利州区 333
上夹河镇……〔辽〕新宾满族自治县 148
上尧街道……〔桂〕西乡塘区 303
上团乡……〔川〕九龙县 350
上团城乡……〔冀〕武安市 112
上竹镇……〔陕〕镇坪县 397
上伍乡……〔冀〕青县 118
上华街道……〔浙〕兰溪市 194
上华镇……〔粤〕澄海区 293
上庄(地区)镇……〔京〕海淀区 99
上庄乡……〔冀〕涞源县 114
上庄乡……〔豫〕新野县 258
上庄镇……〔冀〕鹿泉区 107
上庄镇……〔皖〕绩溪县 210
上庄镇……〔鲁〕荣成市 241
上关街道……〔湘〕道县 285
上关镇……〔滇〕大理市 377
上关镇……〔陇〕华亭县 404
上关镇……〔黔〕关岭布依族苗族自治县 360
上江乡……〔滇〕香格里拉市 378
上江圩镇……〔湘〕江永县 286
上江镇……〔滇〕泸水市 378
上汤乡……〔赣〕武宁县 224
上兴镇……〔苏〕溧阳市 181
上安乡……〔琼〕保亭黎族苗族自治县 314
上安镇……〔冀〕井陉县 107
上安镇……〔川〕大邑县 328
上观乡……〔豫〕宜阳县 251
上观音堂乡……〔冀〕平山县 108
上红科乡……〔青〕达日县 415
上坝土家族乡……〔黔〕道真仡佬族苗族自治县 359
上坝乡……〔渝〕云阳县 322
上坝镇……〔陇〕肃州区 405
上贡麻乡……〔青〕甘德县 415
上坊乡……〔赣〕万年县 232
上护镇……〔粤〕陆河县 297
上花岔乡……〔陇〕榆中县 401
上杜柯乡……〔川〕壤塘县 349
上村乡……〔滇〕会泽县 370
上村镇……〔晋〕屯留县 125
上杉乡……〔赣〕修水县 224
上两乡……〔川〕南江县 347
上肖乡……〔陇〕镇原县 406
上里塬乡……〔陇〕华池县 405
上里镇……〔川〕雨城区 345
上园街道……〔辽〕大东区 145
上园镇……〔辽〕北票市 153
上秃亥乡……〔蒙〕武川县 135
上余镇……〔浙〕江山市 195
上谷镇……〔冀〕承德县 117
上犹县……〔赣〕赣州市 226
上库力街道……〔蒙〕额尔古纳市 139
上冶镇……〔鲁〕费县 243
上沙沃镇……〔陇〕景泰县 402
上良镇……〔陇〕灵台县 404
上社镇……〔晋〕盂县 124
上张乡……〔浙〕仙居县 196
上阿图什镇……〔新〕阿图什市 426
上奉镇……〔赣〕修水县 224
上青乡……〔闽〕泰宁县 215
上坪乡……〔闽〕永安市 215
上坪乡……〔陇〕礼县 408
上坪寨乡……〔黔〕织金县 361
上坪镇……〔粤〕龙川县 298
上坪镇……〔粤〕连平县 298
上拉秀乡……〔青〕玉树市 415
上英镇……〔粤〕陆丰市 297
上林县……〔桂〕南宁市 303
上板城镇……〔冀〕双桥区 117
上杭乡……〔赣〕修水县 225
上杭县……〔闽〕龙岩市 218
上杭路街道……〔津〕河东区 103
上明乡……〔晋〕岚县 131
上固乡……〔赣〕永丰县 228
上罗柯马乡……〔川〕炉霍县 350
上罗镇……〔川〕珙县 342
上帕镇……〔滇〕福贡县 378
上岭桥镇……〔湘〕冷水滩区 285
上和镇……〔渝〕潼南区 320
上金乡……〔桂〕龙州县 310
上肥镇……〔辽〕开原市 153
上京镇……〔闽〕大田县 215
上店镇……〔豫〕汝阳县 251
上郑乡……〔浙〕黄岩区 196
上河街街道……〔川〕市中区 336
上河湾镇……〔吉〕九台区 157
上河溪乡……〔湘〕桑植县 283
上河镇……〔苏〕淮安区 183
上泸镇……〔赣〕上饶县 231
上油岗乡……〔豫〕潢川县 261
上官乡……〔浙〕富阳区 189
上官地镇……〔蒙〕松山区 136
上官镇……〔豫〕滑县 253
上孟乡……〔川〕理县 348
上降乡……〔桂〕龙州县 310
上迳镇……〔闽〕福清市 214
上城区……〔浙〕杭州市 189
上城街道……〔粤〕源城区 297
上垟乡……〔浙〕黄岩区 196
上垟镇……〔浙〕龙泉市 197
上砂镇……〔粤〕揭西县 300
上映乡……〔桂〕天等县 310
上思县……〔桂〕防城港市 306
上峡乡……〔川〕宣汉县 344
上钢新村街道……〔沪〕浦东新区 176
上饶市……〔赣〕 231
上饶县……〔赣〕上饶市 231
上饶镇……〔粤〕饶平县 299
上洞街乡……〔湘〕桑植县 283
上派镇……〔皖〕肥西县 201
上洋镇……〔粤〕阳西县 298
上津镇……〔鄂〕郧西县 268
上举镇……〔粤〕平远县 297
上郡路街道……〔陕〕榆阳区 395
上秦镇……〔陇〕甘州区 404
上盐湾镇……〔陕〕榆阳区 395
上都镇……〔蒙〕正蓝旗 141
上莲乡……〔闽〕闽清县 213
上莞镇……〔粤〕东源县 298
上桥镇……〔宁〕利通区 419
上栗县……〔赣〕萍乡市 224
上栗镇……〔赣〕上栗县 224
上顿渡镇……〔赣〕临川区 230
上党镇……〔苏〕丹徒区 185
上峪乡……〔豫〕淇滨区 253
上射雁庄乡……〔冀〕迁安市 110
上高县……〔赣〕宜春市 229
上高桥回族彝族苗族乡……〔滇〕大关县 372
上高街道……〔鲁〕泰山区 241
上郭乡……〔晋〕盐湖区 127
上唐镇……〔赣〕南城县 230
上站街道……〔晋〕城区 124
上浦镇……〔浙〕上虞区 193
上海市……〔沪〕175
上海西路街道……〔宁〕金凤区 419
上海庙镇……〔蒙〕鄂托克前旗 138
上海街道……〔闽〕台江区 213
上海路街道……〔赣〕青山湖区 223
上海路街道……〔黔〕汇川区 358
上涌镇……〔闽〕德化县 216
上陵镇……〔粤〕和平县 298
上埠镇……〔赣〕芦溪县 224
上黄镇……〔苏〕溧阳市 181
上营乡……〔冀〕迁西县 109
上营乡……〔陇〕临洮县 406
上营镇……〔吉〕舒兰市 158
上梧江瑶族乡……〔湘〕双牌县 285
上梅乡……〔闽〕武夷山市 218
上梅街道……〔湘〕新化县 287
上盘镇……〔浙〕临海市 196
上龛乡……〔鄂〕房县 268
上馆镇……〔晋〕代县 128
上庸镇……〔鄂〕溢水镇 268
上望街道……〔浙〕瑞安市 192
上阎庄乡……〔冀〕行唐县 107
上清寺街道……〔渝〕渝中区 317
上清镇……〔赣〕贵溪市 226
上深涧乡……〔晋〕新荣区 124
上窑镇……〔皖〕大通区 202
上塔市镇……〔湘〕平江县 282
上堡乡……〔赣〕崇义县 226
上集镇……〔黑〕绥棱县 172
上集镇……〔豫〕淅川县 258
上街区……〔豫〕郑州市 249
上街基镇……〔黑〕富锦市 170
上街镇……〔闽〕闽侯县 213
上港乡……〔豫〕新野县 258
上湖乡……〔晋〕寿阳县 127
上湖乡……〔赣〕高安市 230
上湾乡……〔陇〕康乐县 408
上湾镇……〔陇〕渭源县 406
上渡街道……〔闽〕仓山区 213
上渡街道……〔湘〕新化县 287
上渡街道……〔桂〕平南县 306
上游乡……〔黑〕依安县 167
上富镇……〔赣〕奉新县 229
上塘街道……〔浙〕拱墅区 189
上塘镇……〔苏〕泗洪县 186
上塘镇……〔赣〕丰城市 230
上塘镇……〔黔〕黄平县 364
上蒜镇……〔滇〕晋宁区 369
上蒲溪瑶族乡……〔湘〕辰溪县 286
上碑镇……〔冀〕行唐县 107
上虞区……〔浙〕绍兴市 193
上遥镇……〔晋〕黎城县 125
上新乡……〔川〕三台县 332
上新庄镇……〔青〕湟中县 413
上新城乡……〔滇〕元阳县 376
上新集镇……〔鄂〕红安县 272
上溪乡……〔赣〕永丰县 228
上溪镇……〔浙〕义乌市 194
上蔡县……〔豫〕驻马店市 262
上模乡……〔赣〕泰和县 228
上墅乡……〔浙〕安吉县 193
上寨乡……〔冀〕鹿泉区 107
上寨镇……〔晋〕灵丘县 124
上察隅镇……〔藏〕察隅县 384
上磺镇……〔渝〕巫溪县 322
上磨坊乡……〔晋〕代县 129
上壤塘乡……〔川〕壤塘县 349
小二台镇……〔冀〕张北县 116
小厂乡……〔冀〕遵化市 110
小厂乡……〔滇〕梁河县 378
小厂镇……〔冀〕沽源县 116
小七孔镇……〔黔〕荔波县 365
小三江镇……〔粤〕连山壮族瑶族自治县 299
小山子镇……〔黑〕五常市 166
小山乡……〔冀〕海兴县 118
小山乡……〔桂〕天等县 310
小山街道……〔冀〕路南区 108
小川乡……〔皖〕歙县 205
小川镇……〔陇〕成县 407
小门家镇……〔鲁〕蓬莱市 238
小马庄镇……〔冀〕滦县 109

（三画）小

小王庄镇……〔津〕滨海新区 104
小王庄镇……〔冀〕运河区 118
小王果庄乡……〔冀〕高阳县 114
小井乡……〔川〕前锋区 342
小井峪街道……〔晋〕万柏林区 123
小井镇……〔鲁〕东明县 246
小元乡……〔川〕南部县 339
小五站镇……〔黑〕勃利县 170
小五家乡……〔蒙〕元宝山区 136
小屯乡……〔黔〕大方县 360
小屯镇……〔辽〕文圣区 151
小屯镇……〔豫〕汝州市 252
小屯镇……〔黔〕贞丰县 363
小中甸镇……〔滇〕香格里拉市 378
小水乡……〔黔〕桐梓县 358
小水镇……〔湘〕耒阳市 280
小牛群镇……〔蒙〕喀喇沁旗 137
小长山岛镇……〔辽〕长海县 147
小长安镇……〔桂〕罗城仫佬族自治县 309
小文公乡…〔蒙〕达尔罕茂明安联合旗 136
小石桥彝族乡……〔滇〕红塔区 371
小石棚乡……〔辽〕盖州市 150
小布镇……〔赣〕宁都县 227
小龙门乡……〔湘〕辰溪县 286
小龙马乡……〔冀〕永年区 111
小龙坎街道……〔渝〕沙坪坝区 317
小龙洞回族彝族乡……〔滇〕昭阳区 372
小龙街道……〔川〕高坪区 338
小龙镇……〔赣〕泰和县 228
小龙潭镇……〔滇〕开远市 375
小平山镇……〔桂〕兴业县 307
小平王乡……〔冀〕献县 119
小平阳镇……〔桂〕兴宾区 310
小平易乡……〔晋〕朔城区 126
小东门街道……〔沪〕黄浦区 175
小东街道……〔辽〕大东区 145
小东镇……〔辽〕黑山县 150
小北河镇……〔辽〕辽阳县 151
小史店镇……〔豫〕方城县 257
小四平镇……〔吉〕东丰县 159
小丘镇……〔陕〕耀州区 390
小白山乡……〔吉〕丰满区 158
小白乡……〔晋〕太谷县 127
小白楼街道……〔津〕和平区 103
小市街道……〔苏〕鼓楼区 179
小市街道……〔川〕龙马潭区 330
小市镇……〔辽〕本溪满族自治县 149
小市镇……〔皖〕怀宁县 204
小汉镇……〔川〕广汉市 331
小召乡……〔豫〕建安区 256
小召前街街道……〔蒙〕玉泉区 135
小圩壮族乡……〔湘〕江华瑶族自治县 286
小圩镇……〔皖〕五河县 202
小寺沟镇……〔冀〕平泉市 118
小吉场镇……〔黔〕七星关区 360
小扬气镇……〔黑〕海伦市 172
小芝镇……〔浙〕临海市 196
小协镇……〔鲁〕新泰市 241
小西堡乡……〔冀〕丛台区 111
小百户镇……〔滇〕陆良县 370
小尖镇……〔苏〕响水县 184
小吕乡……〔豫〕禹州市 256
小吕寨镇……〔冀〕巨鹿县 113
小朱庄镇……〔冀〕定兴县 114
小华山街道……〔皖〕裕安区 208
小伊乡……〔苏〕灌云县 183
小舟山乡……〔浙〕青田县 197
小庄子镇……〔辽〕绥中县 154
小庄乡……〔冀〕盐山县 118
小关乡……〔黔〕绥阳县 358
小关乡……〔陇〕积石山保安族东乡族撒拉族自治县 409
小关街道……〔京〕朝阳区 99
小关镇……〔豫〕巩义市 249
小江街道……〔桂〕浦北县 306
小江湖街道……〔湘〕双清区 280
小江镇……〔赣〕信丰县 226
小江镇……〔粤〕阳山县 299
小池镇……〔皖〕太湖县 204
小池镇……〔闽〕新罗区 218
小池镇……〔鄂〕黄梅县 272
小汤山镇……〔京〕昌平区 100
小安山镇……〔鲁〕梁山县 240
小安乡……〔川〕朝天区 334
小观镇……〔鲁〕文登区 241
小红门（地区）乡……〔京〕朝阳区 99
小纪汗镇……〔陕〕榆阳区 395
小纪镇……〔苏〕江都区 185
小纪镇……〔鲁〕海阳市 239
小坝子乡……〔冀〕丰宁满族自治县 117
小坝子镇……〔滇〕马关县 376
小坝乡……〔川〕会东县 352
小坝镇……〔川〕北川羌族自治县 333
小坝镇……〔黔〕七星关区 360
小坝镇……〔宁〕青铜峡市 420
小坑镇……〔粤〕曲江区 292
小苏莽乡……〔青〕玉树市 415
小村乡……〔鄂〕咸丰县 274
小村镇……〔陕〕武功县 392
小杨营乡……〔豫〕邓州市 259
小杨满族朝鲜族乡……〔吉〕梅河口市 160
小里镇……〔冀〕容城县 114
小围寨街道……〔黔〕都匀市 365
小作镇……〔冀〕井陉县 107
小返乡……〔晋〕杏花岭区 123
小佘太镇……〔蒙〕乌拉特前旗 139
小谷围街道……〔粤〕番禺区 291
小岔乡……〔宁〕彭阳县 420
小甸子镇……〔辽〕东港市 149
小甸镇……〔皖〕寿县 203
小辛庄乡……〔冀〕辛集市 108
小辛集乡……〔皖〕蒙城县 209
小沔镇……〔渝〕合川区 319
小沙江镇……〔湘〕隆回县 280
小沙街道……〔浙〕定海区 195
小沧畲族乡……〔闽〕连江县 213
小沟乡……〔川〕雷波县 354
小宋乡……〔豫〕兰考县 250
小良镇……〔粤〕电白区 295
小张各庄镇……〔冀〕丰润区 109
小陈乡……〔冀〕蠡县 115
小陈乡……〔豫〕尉氏县 250
小拐乡……〔新〕克拉玛依区 423
小林镇……〔鄂〕随县 273
小林镇……〔渝〕铜梁区 320
小枧沟镇……〔川〕游仙区 332
小板桥街道……〔滇〕官渡区 369
小板镇……〔鄂〕天门市 274
小松镇……〔闽〕建瓯市 218
小松镇……〔赣〕石城县 227
小昆山镇……〔沪〕松江区 176
小岞镇……〔闽〕惠安县 216
小岭乡……〔陇〕永靖县 408
小岭街道……〔黑〕阿城区 166
小岭镇……〔陕〕柞水县 397
小佳河镇……〔黑〕饶河县 169
小岳寺乡……〔豫〕上蔡县 263
小金口街道……〔粤〕惠城区 296
小金县……〔川〕阿坝藏族羌族自治州 349
小金街道……〔陕〕临潼区 389
小金湾东乡族乡……〔陇〕玉门市 405
小金彝族乡……〔川〕九龙县 350
小周镇……〔渝〕万州区 317
小京庄乡……〔晋〕左云县 124
小店乡……〔豫〕南召县 257
小店区……〔晋〕太原市 123
小店街道……〔晋〕小店区 123
小店镇……〔冀〕博野县 115
小店镇……〔鲁〕莒县 242
小店镇……〔豫〕汝阳县 251
小店镇……〔豫〕红旗区 254
小庙乡……〔川〕西昌市 351
小庙镇……〔皖〕蜀山区 201
小河口镇……〔鄂〕石首市 272
小河口镇……〔川〕东兴区 336
小河口镇……〔陕〕山阳县 397
小河子乡……〔冀〕沽源县 116
小河乡……〔湘〕浏阳市 277
小河乡……〔川〕天全县 346
小河乡……〔川〕松潘县 348
小河头镇……〔晋〕五寨县 129
小河街道……〔浙〕拱墅区 189
小河镇……〔皖〕石台县 210
小河镇……〔赣〕信丰县 226
小河镇……〔豫〕浚县 253
小河镇……〔鄂〕宜城市 270
小河镇……〔鄂〕孝昌县 271
小河镇…〔渝〕酉阳土家族苗族自治县 323
小河镇……〔川〕威远县 336
小河镇……〔滇〕巧家县 372
小河镇……〔陕〕城固县 394
小河镇……〔陕〕靖边县 395
小河镇……〔陕〕旬阳县 397
小泊头镇……〔鲁〕无棣县 245
小官庄镇……〔苏〕宝应县 185
小孟镇……〔鲁〕兖州区 240
小孤山镇……〔吉〕伊通满族自治县 159
小姓乡……〔川〕松潘县 348
小垭乡……〔川〕梓潼县 333
小城子乡……〔吉〕农安县 157
小城子镇……〔蒙〕宁城县 137
小城子镇……〔辽〕康平县 146
小城子镇……〔辽〕凌源市 154
小城子镇……〔吉〕梨树县 159
小城子镇……〔黑〕宝清县 169
小城镇……〔吉〕舒兰市 158
小赵庄乡……〔冀〕新华区 118
小草坝镇……〔滇〕彝良县 372
小茴店镇……〔豫〕息县 261
小南辛堡镇……〔冀〕怀来县 116
小南沟乡……〔陇〕环县 405
小南海镇……〔浙〕龙游县 195
小南海镇……〔渝〕黔江区 319
小南海镇……〔陕〕南郑区 394
小界乡……〔豫〕洛宁县 251
小峡镇……〔青〕平安区 413
小钦岛乡……〔鲁〕长岛县 238
小胜镇……〔粤〕丰顺县 297
小将镇……〔浙〕新昌县 193
小洋镇……〔陕〕镇巴县 395
小恒山街道……〔黑〕恒山区 168
小觉镇……〔冀〕平山县 108
小院镇……〔川〕雁江区 347
小桥大街街道……〔青〕城北区 413
小桥街道……〔豫〕川汇区 261
小桥镇……〔闽〕建瓯市 218
小桥镇……〔川〕营山县 339
小蚌埠镇……〔皖〕淮上区 202
小留镇……〔鲁〕牡丹区 246
小凌河街道……〔辽〕南票区 154
小高镇……〔川〕德昌县 352
小站镇……〔津〕津南区 103
小浦镇……〔浙〕长兴县 193
小海子镇……〔蒙〕商都县 140
小海街道……〔苏〕崇川区 182
小海镇……〔苏〕大丰区 184
小海镇…〔黔〕威宁彝族回族苗族自治县 361
小洞镇……〔皖〕蒙城县 209
小悟乡……〔鄂〕孝昌县 271
小宽镇……〔吉〕梨树县 159
小勐统镇……〔滇〕永德县 374
小陶镇……〔闽〕永安市 215
小营乡……〔冀〕盐山县 118
小营盘镇……〔新〕博乐市 424
小营街道……〔浙〕上城区 189
小营街道……〔鲁〕滨城区 245
小营满族乡……〔冀〕滦平县 117
小营镇……〔吉〕延吉市 162
小梅镇……〔浙〕龙泉市 197
小曹娥镇……〔浙〕余姚市 191
小雪街道……〔鲁〕曲阜市 240
小银木乡……〔川〕金阳县 353
小康营乡……〔陇〕榆中县 401
小章乡……〔湘〕泸溪县 288
小淹镇……〔湘〕安化县 284
小渔洞镇……〔川〕彭州市 328
小淀镇……〔津〕北辰区 103
小梁乡……〔晋〕河津市 128
小密乡……〔赣〕会昌县 227
小塔子乡……〔辽〕北票市 153

（三画）小口山巾千川亿个

小越街道……〔浙〕上虞区 193
小董乡……〔豫〕武陟县 255
小董镇……〔桂〕钦北区 306
小雅镇……〔黔〕正安县 358
小黑河镇……〔蒙〕玉泉区 135
小黑箐镇……〔川〕会理县 352
小铺乡……〔豫〕滑县 253
小堡藏族彝族乡……〔川〕汉源县 346
小集镇……〔冀〕丰南区 109
小街乡……〔滇〕易门县 371
小街基镇……〔蒙〕开鲁县 137
小街街道……〔滇〕峨山彝族自治县 371
小街镇……〔滇〕嵩明县 369
小街镇……〔滇〕文山市 376
小港街道……〔浙〕北仑区 190
小港街道……〔鲁〕市北区 236
小港镇……〔赣〕丰城市 230
小湖镇……〔闽〕建阳区 217
小湘镇……〔粤〕高要区 295
小湾东镇……〔滇〕南涧彝族自治县 377
小湾镇……〔滇〕凤庆县 374
小渡口镇……〔湘〕澧县 282
小渡船街道……〔鄂〕恩施市 274
小渡镇……〔渝〕潼南区 320
小塘镇……〔辽〕建平县 153
小塘镇……〔湘〕新邵县 280
小蒜沟镇……〔冀〕尚义县 116
小蒜镇……〔晋〕石楼县 131
小榄镇……〔粤〕中山市 299
小楼镇……〔粤〕增城区 292
小路口镇……〔皖〕祁门县 205
小路口镇……〔鲁〕梁山县 240
小新街乡……〔滇〕元阳县 376
小满镇……〔陇〕甘州区 404
小漠镇……〔粤〕海丰县 297
小溪乡……〔赣〕于都县 227
小溪市乡……〔湘〕邵阳县 280
小溪坝镇……〔川〕江油市 333
小溪河镇……〔皖〕凤阳县 206
小溪塔街道……〔鄂〕夷陵区 269
小溪镇……〔闽〕平和县 217
小溪镇……〔皖〕五河县 202
小溪镇……〔湘〕永顺县 288
小碧布依族苗族乡……〔黔〕南明区 357
小箐镇……〔黔〕修文县 357
小箬乡……〔闽〕闽侯县 213
小寨乡……〔冀〕冀州区 120
小寨坝镇……〔黔〕息烽县 357
小寨路街道……〔陕〕雁塔区 389
小寨镇……〔冀〕鸡泽县 111
小寨镇……〔滇〕鲁甸县 372
小寨镇……〔陕〕蓝田县 390
小璜镇……〔赣〕东乡区 230
小横垅乡……〔湘〕溆浦县 287
小德营子乡……〔辽〕建昌县 154
小樵镇……〔冀〕晋州市 108
小冀镇……〔豫〕新乡县 254
小壕兔乡……〔陕〕榆阳区 395
口东街道……〔津〕宝坻区 104
口头坝乡……〔陇〕文县 407
口头镇……〔冀〕行唐县 107
口江乡……〔黔〕黎平县 364
口孜镇……〔皖〕颍东区 206
口岸街道……〔苏〕高港区 185
口泉乡……〔晋〕南郊区 124
口泉街道……〔晋〕矿区 123
口前镇……〔吉〕永吉县 158
口镇……〔鲁〕莱城区 242
口镇……〔陕〕泾阳县 391
山七镇……〔皖〕舒城县 209
山下乡……〔闽〕浦城县 217
山下湖镇……〔浙〕诸暨市 193
山大路街道……〔鲁〕历城区 235
山口乡……〔皖〕大观区 204
山口镇……〔冀〕隆尧县 112
山口镇……〔浙〕青田县 197
山口镇……〔赣〕修水县 224
山口镇……〔鲁〕岱岳区 241
山口镇……〔桂〕合浦县 306
山川乡……〔浙〕安吉县 193
山川镇……〔川〕隆昌市 336
山门镇……〔吉〕铁东区 159
山门镇……〔浙〕平阳县 191
山门镇……〔湘〕洞口县 281
山门镇……〔陇〕清水县 402
山王庄镇……〔豫〕沁阳市 255
山王坪镇……〔渝〕南川区 320
山王镇……〔皖〕八公山区 203
山王镇……〔川〕威远县 336
山中乡……〔晋〕蒲县 130
山水街道……〔蒙〕乌兰浩特市 140
山化镇……〔豫〕偃师市 252
山丹县……〔陇〕张掖市 404
山丹镇……〔陇〕武山县 403
山斗乡……〔皖〕休宁县 205
山心镇……〔桂〕兴业县 307
山尹村镇……〔冀〕鹿泉区 107
山巴乡……〔川〕松潘县 348
山左口乡……〔苏〕东海县 183
山东庄镇……〔京〕平谷区 100
山东庙街道……〔辽〕沈河区 145
山北乡……〔桂〕覃塘区 306
山北街道……〔苏〕梁溪区 179
山市镇……〔黑〕海林市 170
山头乡……〔晋〕洪洞县 130
山头店镇……〔豫〕襄城县 256
山头街道……〔鲁〕博山区 237
山头镇……〔皖〕泗县 208
山圩镇……〔桂〕扶绥县 310
山后乡……〔黑〕巴彦县 166
山庄乡……〔赣〕安福县 229
山江乡……〔川〕金阳县 353
山庄乡……〔陇〕华池县 406
山江镇……〔湘〕凤凰县 288
山阳区……〔豫〕焦作市 255
山阳县……〔陕〕商洛市 397
山阳镇……〔沪〕金山区 176
山阳镇……〔苏〕宝应县 185
山阴县……〔晋〕朔州市 126
山里乡……〔黑〕饶河县 169
山围镇……〔桂〕北流市 307
山坡街道……〔鄂〕江夏区 267
山枣镇……〔湘〕湘乡市 279
山砀镇……〔赣〕乐安县 231
山旺镇……〔鲁〕临朐县 239
山岩乡……〔川〕白玉县 350
山货回族乡……〔豫〕禹州市 256
山店乡……〔豫〕罗山县 260
山河乡……〔宁〕隆德县 420
山河街道……〔吉〕双阳区 157
山河镇……〔晋〕泽州县 126
山河镇……〔黑〕五常市 166
山河镇……〔陇〕正宁县 406
山城乡……〔陇〕环县 405
山城区……〔豫〕鹤壁市 253
山城街道……〔鲁〕山亭区 237
山城路街道……〔豫〕山城区 253
山城镇……〔吉〕梅河口市 160
山城镇……〔闽〕南靖县 217
山南市……〔藏〕 384
山南街道……〔辽〕铁东区 147
山南镇……〔皖〕肥西县 201
山界回族乡……〔湘〕隆回县 281
山泉镇……〔黑〕龙江县 167
山泉镇……〔川〕龙泉驿区 327
山盆镇……〔黔〕汇川区 358
山亭区……〔鲁〕枣庄市 237
山亭镇……〔闽〕秀屿区 214
山阁镇……〔粤〕茂南区 295
山美街道……〔粤〕高州市 295
山前店镇……〔鲁〕莱阳市 238
山前街道……〔吉〕龙潭区 158
山前街道……〔闽〕福鼎市 219
山洞街道……〔渝〕沙坪坝区 317
山神庙子乡……〔辽〕连山区 154
山格镇……〔闽〕平和县 217
山根镇……〔琼〕万宁市 314
山海关区……〔冀〕秦皇岛市 110
山棱岗乡……〔川〕雷波县 354
山普鲁镇……〔新〕洛浦县 427
山湾子乡…〔冀〕围场满族蒙古族自治县 118
山湾乡……〔冀〕隆化县 117
山塘镇……〔粤〕清新区 298
山腰街道……〔闽〕泉港区 215
山福镇……〔浙〕鹿城区 191
山寨回族乡……〔陇〕华亭县 404
山镇……〔皖〕枞阳县 204
山嘴子镇……
……〔辽〕喀喇沁左翼蒙古族自治县 153
山霞镇……〔闽〕惠安县 216
巾口乡……〔赣〕武宁县 224
巾石乡……〔赣〕遂川县 228
千人桥镇……〔皖〕舒城县 209
千工坪镇……〔湘〕凤凰县 288
千万贯乡……〔川〕雷波县 354
千口镇……〔豫〕南乐县 255
千山区……〔辽〕鞍山市 147
千山红镇……〔湘〕沅江市 284
千山街道……〔辽〕立山区 147
千斤乡……〔豫〕新县 260
千斤沟镇……〔蒙〕太仆寺旗 141
千户营乡……〔冀〕隆尧县 112
千户镇……〔陇〕秦安县 402
千灯镇……〔苏〕昆山市 182
千阳县……〔陕〕宝鸡市 391
千里山镇……〔蒙〕海勃湾区 136
千佛山街道……〔鲁〕历下区 235
千佛乡……〔川〕渠县 345
千佛乡……〔川〕安岳县 348
千佛岭乡……〔晋〕浑源县 124
千佛阁街道……〔豫〕项城市 262
千佛镇……〔川〕安州区 332
千佛镇……〔川〕井研县 337
千佛镇……〔川〕阆中市 340
千岛街道……〔浙〕定海区 195
千岛湖镇……〔浙〕淳安县 190
千岭乡……〔皖〕宿松县 204
千金乡……〔辽〕新抚区 148
千金街道……〔辽〕平山区 148
千金街道……〔辽〕新抚区 148
千金镇……〔浙〕南浔区 193
千河镇……〔陕〕陈仓区 390
千官镇……〔粤〕郁南县 300
千秋乡……〔川〕南部县 339
千秋路街道……〔豫〕义马市 257
千秋镇……〔苏〕射阳县 184
千泉街道……〔鲁〕邹城市 240
千峰街道……〔晋〕万柏林区 123
千家店镇……〔京〕延庆区 100
千家峒瑶族乡……〔湘〕江永县 286
千家镇……〔琼〕乐东黎族自治县 314
千祥镇……〔浙〕东阳市 195
千童镇……〔冀〕盐山县 118
千善乡……〔赣〕广昌县 231
千渭街道……〔陕〕陈仓区 390
千溪彝族苗族白族乡…〔黔〕七星关区 360
川口乡……〔豫〕灵宝市 257
川口乡……〔陕〕宝塔区 393
川口镇……〔青〕民和回族土族自治县 413
川山坪镇……〔湘〕汨罗市 282
川山镇……〔桂〕环江毛南族自治县 309
川王镇……〔陇〕张家川回族自治县 403
川井苏木……〔蒙〕乌拉特中旗 139
川石乡……〔闽〕建瓯市 218
川主乡……〔川〕大竹县 344
川主寺镇……〔川〕松潘县 348
川主镇……〔川〕峨眉山市 338
川汇区……〔豫〕周口市 261
川兴镇……〔川〕西昌市 351
川里镇……〔冀〕唐县 114
川岛镇……〔粤〕台山市 294
川沙新镇……〔沪〕浦东新区 176
川岩乡……〔湘〕东安县 285
川店镇……〔鄂〕荆州区 271
川底乡……〔晋〕泽州县 126
川城镇……〔陇〕永靖县 408
川姜镇……〔苏〕通州区 182
川硐街道……〔黔〕碧江区 362
亿合公镇……〔蒙〕翁牛特旗 137
个旧市…〔滇〕红河哈尼族彝族自治州 375

（三画）久么凡勺夕广门丫义己弓卫子

久长镇……〔黔〕修文县 357
久仰镇……〔黔〕剑河县 364
久合垸乡……〔鄂〕石首市 272
久安乡……〔黔〕花溪区 357
久治县……〔青〕果洛藏族自治州 415
久胜镇……〔黑〕庆安县 172
久特洛古乡……〔川〕昭觉县 353
久隆镇……〔桂〕钦南区 306
么站镇…〔黔〕威宁彝族回族苗族自治县 361
凡河镇……〔辽〕铁岭县 152
勺米镇……〔黔〕水城县 357
勺哇土族乡……〔陇〕卓尼县 409
勺窝镇……〔黔〕纳雍县 361
夕阳彝族乡……〔滇〕晋宁区 369
夕佳山镇……〔川〕江安县 341
广川街道……〔鲁〕德城区 243
广川镇……〔冀〕景县 120
广门乡……〔川〕广安区 342
广丰区……〔赣〕上饶市 231
广开街道……〔津〕南开区 103
广元市……〔川〕 333
广太镇……〔粤〕普宁市 300
广中路街道……〔沪〕虹口区 175
广水市……〔鄂〕随州市 273
广水街道……〔鄂〕广水市 273
广化街道……〔浙〕鹿城区 191
广文街道……〔鲁〕奎文区 239
广平乡……〔鲁〕东昌府区 244
广平县……〔冀〕邯郸市 111
广平镇……〔冀〕广平县 111
广平镇……〔闽〕大田县 215
广平镇……〔桂〕龙圩区 305
广东地乡……〔新〕玛纳斯县 424
广东路街道……〔湘〕珠晖区 279
广汉市……〔川〕德阳市 331
广宁县……〔粤〕肇庆市 296
广宁街道……〔京〕石景山区 99
广宁街道……〔辽〕北镇市 150
广发永乡…〔冀〕围场满族蒙古族自治县 118
广发镇……〔湘〕嘉禾县 284
广场街道……〔冀〕路南区 108
广场街道……〔鄂〕孝南区 271
广场街道……〔湘〕雨湖区 278
广至藏族乡……〔陇〕瓜州县 405
广华街道……〔鄂〕潜江市 274
广州市……〔粤〕 291
广州路街道……〔陇〕金川区 401
广兴洲镇……〔湘〕君山区 281
广兴镇……〔渝〕江津区 319
广兴镇……〔川〕金堂县 328
广兴镇……〔川〕射洪县 335
广兴镇……〔川〕前锋区 342
广安门内街道……〔京〕西城区 99
广安门外街道……〔京〕西城区 99
广安区……〔川〕广安市 342
广安市……〔川〕 342
广安街道……〔冀〕长安区 107
广安镇……〔冀〕大城县 119
广阳区……〔冀〕廊坊市 119
广阳镇……〔豫〕方城县 257
广阳镇……〔渝〕南岸区 318
广阳镇……〔陕〕印台区 390
广运街道……〔鲁〕武城县 244
广利乡……〔川〕三台县 332
广利街道……〔粤〕鼎湖区 295
广佛镇……〔陕〕平利县 397
广灵县……〔晋〕大同市 124
广陈镇……〔浙〕平湖市 192
广纳镇……〔川〕通江县 346
广武门街道……〔陇〕城关区 401
广武镇……〔豫〕荥阳市 249
广坪乡……〔川〕剑阁县 334
广坪镇……〔湘〕会同县 287
广坪镇……〔陕〕宁强县 394
广昌县……〔赣〕抚州市 231
广罗乡……〔川〕广安区 342
广货街镇……〔陕〕宁陕县 396
广府镇……〔冀〕永年区 111
广河县……〔陇〕临夏回族自治州 408
广宗县……〔冀〕邢台市 113
广宗镇……〔冀〕广宗县 113
广南县……〔滇〕文山壮族苗族自治州 376
广厚乡……〔黑〕龙江县 167
广顺街道……〔渝〕荣昌区 320
广顺镇……〔黔〕长顺县 365
广胜寺镇……〔晋〕洪洞县 130
广饶县……〔鲁〕东营市 238
广饶街道……〔鲁〕广饶县 238
广度乡……〔浙〕仙居县 196
广济乡……〔川〕东坡区 340
广济街道……〔辽〕元宝区 149
广济镇……〔川〕绵竹市 332
广济镇……〔陕〕周至县 390
广洋湖镇……〔苏〕宝应县 185
广益隆镇……〔蒙〕察哈尔右翼中旗 140
广益街道……〔苏〕梁溪区 179
广益街道……〔粤〕澄海区 293
广海镇……〔粤〕台山市 294
广润门街道……〔赣〕西湖区 223
广陵区……〔苏〕扬州市 184
广陵镇……〔苏〕泰兴市 186
广通镇……〔滇〕禄丰县 375
广鹿岛镇……〔辽〕长海县 147
广惠街街道……〔豫〕中牟县 249
广惠街道……〔黔〕都匀市 365
广厦街道……〔粤〕金平区 293
广阔天地乡……〔豫〕郏县 252
广普镇……〔渝〕璧山区 320
广寒寨乡……〔赣〕湘东区 224
广富林街道……〔沪〕松江区 176
广瑞路街道……〔苏〕梁溪区 179
广源街道……〔津〕北辰区 103
广福乡……〔桂〕永福县 305
广福桥镇……〔湘〕慈利县 283
广福街道……〔川〕广安区 342
广福镇……〔赣〕南昌县 223
广福镇……〔粤〕蕉岭县 297
广福镇……〔川〕中江县 331
广福镇……〔川〕开江县 344
广德公镇……〔蒙〕翁牛特旗 137
广德县……〔皖〕宣城市 210
广德街道……〔川〕船山区 335
广澳街道……〔粤〕濠江区 293
门士乡……〔藏〕噶尔县 385
门巴乡……〔藏〕墨竹工卡县 381
门古寺镇……〔鄂〕房县 268
门布乡……〔藏〕聂拉木县 382
门头沟区……〔京〕 99
门达镇……〔蒙〕科尔沁左翼中旗 137
门当乡……〔藏〕班戈县 385
门坎乡……〔川〕井研县 337
门限石乡……〔晋〕五台县 128
门家庄乡……〔冀〕冀州区 120
门堂乡……〔青〕久治县 415
门楼下瑶族乡……〔湘〕新田县 286
门楼庄乡……〔豫〕尉氏县 250
门楼街道……〔鲁〕福山区 238
门源回族自治县…〔青〕海北藏族自治州 414
丫他镇……〔黔〕册亨县 363
丫江桥镇……〔湘〕攸县 278
义门乡……〔川〕仪陇县 340
义门镇……〔晋〕保德县 129
义门镇……〔皖〕涡阳县 209
义门镇……〔陕〕彬县 391
义马市……〔豫〕三门峡市 257
义井乡……〔晋〕应县 126
义井乡……〔皖〕长丰县 201
义井街道……〔晋〕晋源区 123
义井街道……〔晋〕城区 124
义井镇……〔冀〕峰峰矿区 111
义井镇……〔晋〕郊区 124
义井镇……〔晋〕神池县 129
义乌市……〔浙〕金华市 194
义正镇……〔陕〕志丹县 393
义宁镇……〔赣〕修水县 224
义圩镇……〔桂〕田东县 308
义成功乡……〔辽〕建平县 153
义合镇……〔粤〕东源县 298
义合镇……〔陕〕绥德县 395
义州街道……〔辽〕义县 150
义兴乡……〔川〕剑阁县 334
义兴镇……〔晋〕和顺县 127
义兴镇……〔苏〕涟水县 183
义兴镇……〔川〕西充县 340
义兴镇……〔川〕恩阳区 346
义安区……〔皖〕铜陵市 204
义安街道……〔苏〕铜山区 180
义安镇……〔冀〕涞水县 114
义安镇……〔晋〕介休市 127
义县……〔辽〕锦州市 150
义岗川镇……〔陇〕通渭县 406
义和乡……〔川〕西充县 340
义和乡……〔川〕彭山区 340
义和乡……〔川〕渠县 345
义和庄镇……〔冀〕涿州市 115
义和塔拉镇……〔蒙〕开鲁县 137
义和镇……〔鲁〕河口区 238
义和镇……〔鄂〕应城市 271
义和镇……〔渝〕涪陵区 317
义和镇……〔渝〕开州区 320
义城街道……〔皖〕包河区 201
义城镇……〔赣〕樟树市 230
义顺蒙古族乡……〔黑〕肇源县 169
义亭镇……〔浙〕义乌市 194
义洲街道……〔闽〕台江区 213
义津镇……〔皖〕枞阳县 204
义都镇……〔粤〕龙川县 298
义桥镇……〔浙〕萧山区 189
义桥镇……〔鲁〕汶上县 240
义容镇……〔粤〕紫金县 298
义勒力特镇……〔蒙〕乌兰浩特市 140
义堂镇……〔鲁〕兰山区 242
义堂镇……〔鄂〕云梦县 271
义隆永镇……〔蒙〕奈曼旗 137
义联庄乡……〔冀〕徐水区 114
义棠镇……〔晋〕介休市 127
义渡口镇……〔鲁〕陵城区 243
义蓬街道……〔浙〕萧山区 189
义路镇……〔川〕仪陇县 339
义牒镇……〔晋〕石楼县 131
义新镇……〔川〕江油市 333
己衣镇……〔滇〕武定县 375
己略乡……〔湘〕吉首市 288
弓长岭区……〔辽〕辽阳市 151
弓棚子镇……〔吉〕扶余市 161
弓棚镇……〔吉〕榆树市 157
卫子镇……〔川〕昭化区 333
卫东区……〔豫〕平顶山市 252
卫东街道……〔黑〕海伦市 172
卫东街道……〔赣〕东湖区 223
卫北街道……〔豫〕牧野区 254
卫庄镇……〔晋〕绛县 128
卫坪镇……〔川〕沿滩区 329
卫贤镇……〔豫〕浚县 253
卫国乡……〔黑〕五常市 166
卫国路街道……〔辽〕白塔区 151
卫店镇……〔鄂〕孝昌县 271
卫城镇……〔川〕盐源县 352
卫城镇……〔黔〕清镇市 357
卫星湖街道……〔渝〕永川区 319
卫星镇……〔黑〕望奎县 171
卫闽镇……〔闽〕邵武市 218
卫都街道……〔豫〕淇县 253
卫真街道……〔豫〕鹿邑县 262
卫辉市……〔豫〕新乡市 254
卫溪街道……〔豫〕浚县 253
卫滨区……〔豫〕新乡市 254
子干乡……〔晋〕原平市 129
子牙镇……〔津〕静海区 104
子中乡……〔川〕邻水县 343
子午街道……〔陕〕长安区 389
子午镇……〔滇〕楚雄市 374
子午镇……〔陕〕西乡县 394
子长县……〔陕〕延安市 393
子耳彝族乡……〔川〕九龙县 350
子材街道……〔桂〕钦北区 306
子里甲乡……〔滇〕福贡县 378
子位镇……〔冀〕定州市 115
子良镇……〔湘〕石门县 283
子拖西乡……〔川〕新龙县 350

（三画）子也女飞习叉马

子昂街道……〔川〕射洪县 335
子岸镇……〔豫〕濮阳县 256
子房街道……〔苏〕云龙区 180
子威乡……〔川〕美姑县 354
子科滩镇……〔青〕兴海县 414
子洲县……〔陕〕榆林市 396
子陵铺镇……〔鄂〕东宝区 270
子营街道……〔黔〕余庆县 359
子路镇……〔豫〕罗山县 260
也门勒乡……〔新〕塔城市 428
也克先拜巴扎镇……〔新〕岳普湖县 427
也格孜托别乡……〔新〕布尔津县 429
女儿河街道……〔辽〕太和区 149
女山湖镇……〔皖〕明光市 206
女织寨乡……〔冀〕路南区 108
女埠街道……〔浙〕兰溪市 194
飞天山镇……〔湘〕苏仙区 284
飞云街道……〔浙〕瑞安市 192
飞云镇……〔陇〕泾川县 404
飞凤镇……〔川〕阆中市 340
飞龙乡……〔川〕简阳市 329
飞龙镇……〔川〕富顺县 330
飞龙镇……〔川〕武胜县 343
飞仙关镇……〔川〕芦山县 346
飞竹镇……〔闽〕罗源县 213
飞来峡镇……〔粤〕清城区 298
飞英街道……〔浙〕吴兴区 192
飞虹乡……〔川〕茂县 348
飞剑潭乡……〔赣〕袁州区 229
飞彩街道……〔皖〕宣州区 210
飞鸾镇……〔闽〕蕉城区 219
飞鲤镇……〔皖〕郎溪县 210
习水县……〔黔〕遵义市 359
习文乡……〔冀〕临漳县 111
习岗镇……〔宁〕贺兰县 419
习城乡……〔豫〕濮阳县 256
习酒镇……〔黔〕习水县 359
习家店镇……〔鄂〕丹江口市 269
习家套乡……〔冀〕古冶区 109
习溪桥街道……〔赣〕吉州区 228
叉干镇……〔吉〕大安市 162
叉河镇……〔琼〕昌江黎族自治县 314
马厂乡……〔青〕乐都区 413
马厂湖镇……〔鲁〕兰山区 242
马厂镇……〔冀〕青县 118
马厂镇……〔晋〕郊区 125
马厂镇……〔苏〕沭阳县 186
马厂镇……〔皖〕全椒县 206
马厂镇……〔豫〕太康县 262
马厂镇…〔黔〕镇宁布依族苗族自治县 360
马力镇……〔陇〕武山县 403
马三家街道……〔辽〕于洪区 145
马于镇……〔冀〕晋州市 108
马上乡……〔豫〕内黄县 253
马口街道……〔晋〕矿区 123
马口镇……〔赣〕永修县 225
马口镇……〔鄂〕汉川市 271
马山口镇……〔豫〕内乡县 258
马山子镇……〔鲁〕无棣县 245
马山乡……〔桂〕横县 303
马山县……〔桂〕南宁市 303
马山街道……〔辽〕龙城区 153
马山街道……〔苏〕滨湖区 179
马山街道……〔鲁〕莱山区 238
马山镇……〔浙〕越城区 193
马山镇……〔鲁〕长清区 235
马山镇……〔鄂〕荆州区 271
马山镇……〔桂〕柳城县 304
马山镇……〔黔〕湄潭县 359
马川子乡……〔吉〕珲春市 162
马马崖镇……〔黔〕兴仁县 363
马乡……〔藏〕堆龙德庆区 381
马王乡……〔川〕南部县 339
马王堆街道……〔湘〕芙蓉区 277
马王街道……〔陕〕长安区 389
马井镇……〔皖〕萧县 208
马井镇……〔川〕什邡市 331
马元镇……〔陇〕西和县 408
马友营蒙古族乡……〔辽〕北票市 153
马屯镇……〔冀〕枣强县 120
马屯镇……〔豫〕孟津县 251
马冈镇……〔粤〕开平市 294
马水镇……〔湘〕耒阳市 280
马水镇……〔粤〕阳春市 298
马公乡……〔川〕青川县 334
马风镇……〔辽〕海城市 148
马龙县……〔滇〕曲靖市 370
马甲镇……〔闽〕洛江区 215
马号镇……〔黔〕施秉县 364
马田街道……〔粤〕宝安区 293
马田镇……〔湘〕永兴县 284
马白镇……〔滇〕马关县 376
马尔邦乡……〔川〕金川县 349
马尔洋乡……
……〔新〕塔什库尔干塔吉克自治县 427
马尔康市…〔川〕阿坝藏族羌族自治州 348
马尔康镇……〔川〕马尔康市 348
马市坪乡……〔豫〕南召县 257
马市镇……〔赣〕泰和县 228
马市镇……〔粤〕始兴县 292
马兰屯镇……〔鲁〕台儿庄区 237
马兰庄镇……〔冀〕迁安市 110
马兰峪镇……〔冀〕遵化市 109
马兰镇……〔晋〕古交市 123
马头山镇……〔赣〕资溪县 231
马头乡……〔川〕冕宁县 354
马头水乡……〔晋〕尖草坪区 123
马头桥镇……〔湘〕新宁县 281
马头营镇……〔冀〕乐亭县 109
马头铺镇……〔冀〕新乐市 108
马头镇……〔冀〕邯山区 110
马头镇……〔皖〕金安区 208
马头镇……〔鲁〕郯城县 242
马头镇……〔鲁〕东明县 246
马头镇……〔豫〕夏邑县 259
马头镇……〔豫〕太康县 262
马头镇……〔粤〕新丰县 292
马头镇……〔桂〕武鸣区 303
马头镇……〔桂〕平果县 308
马宁镇……〔粤〕怀集县 296
马尼干戈镇……〔川〕德格县 350
马召镇……〔陕〕周至县 390
马皮乡……〔桂〕桂平市 307
马边彝族自治县……〔川〕乐山市 337
马台乡……〔滇〕临翔区 374
马圩镇……〔赣〕东乡区 230
马圩镇……〔粤〕德庆县 296
马吉乡……〔滇〕福贡县 378
马圪当乡……〔晋〕陵川县 126
马场坪街道……〔黔〕福泉市 365
马场垣乡…〔青〕民和回族土族自治县 413
马场街道……〔津〕河西区 103
马场镇……〔辽〕建平县 153
马场镇……〔黔〕大方县 360
马场镇……〔黔〕普定县 360
马场镇……〔黔〕平坝区 359
马场镇……〔黔〕织金县 361
马过河镇……〔滇〕马龙县 370
马西乡……〔晋〕文水县 131
马屿镇……〔浙〕瑞安市 192
马回岭镇……〔赣〕柴桑区 224
马刚街道……〔辽〕沈北新区 145
马延乡……〔黑〕尚志市 166
马仲河镇……〔辽〕昌图县 152
马合口白族乡……〔湘〕桑植县 283
马合镇……〔陕〕榆阳区 395
马冲口街道……〔川〕大安区 329
马庄乡……〔冀〕辛集市 108
马庄乡……〔豫〕延津县 254
马庄乡……〔豫〕镇平县 258
马庄回族乡……〔豫〕叶县 252
马庄桥镇……〔豫〕清丰县 255
马庄街道……〔豫〕湛河区 252
马庄街道……〔陕〕秦都区 391
马庄镇……〔冀〕固安县 119
马庄镇……〔鲁〕岱岳区 241
马庄镇……〔鲁〕费县 243
马关县……〔滇〕文山壮族苗族自治州 376
马关镇……〔陇〕张家川回族自治县 403
马灯乡……〔川〕剑阁县 334
马江镇……〔湘〕茶陵县 278
马江镇……〔桂〕昭平县 308
马池口（地区）镇……〔京〕昌平区 100
马宅镇……〔浙〕东阳市 195
马安乡……〔赣〕于都县 227
马安镇……〔鄂〕郧西县 268
马安镇……〔粤〕惠城区 296
马军营乡……〔晋〕南郊区 124
马坝镇……〔苏〕盱眙县 183
马坝镇……〔粤〕曲江区 292
马坞镇……〔陇〕岷县 407
马投涧镇……〔豫〕龙安区 253
马坑乡……〔闽〕华安县 217
马坊（地区）镇……〔京〕平谷区 100
马坊乡……〔晋〕和顺县 127
马坊街道……〔青〕城北区 413
马坊镇……〔晋〕方山县 131
马坊镇……〔豫〕鄢陵县 256
马坊镇……〔陕〕永寿县 391
马克唐镇……〔青〕尖扎县 414
马杜桥乡……〔湘〕祁东县 280
马村乡……〔豫〕清丰县 255
马村乡……〔豫〕舞阳县 257
马村乡……〔川〕夹江县 337
马村区……〔豫〕焦作市 255
马村街道……〔豫〕马村区 255
马村镇……〔冀〕元氏县 108
马村镇……〔晋〕高平市 126
马村镇……〔鲁〕嘉祥县 240
马连庄镇……〔鲁〕莱西市 236
马连洼街道……〔京〕海淀区 99
马连镇……〔陕〕乾县 391
马步乡……〔赣〕万载县 229
马利镇……〔藏〕洛隆县 383
马秀乡……〔藏〕边坝县 383
马岙街道……〔浙〕定海区 195
马伸桥镇……〔津〕蓟州区 104
马谷田镇……〔豫〕泌阳县 263
马岔镇……〔陕〕子洲县 396
马甸镇……〔苏〕淮安区 183
马角镇……〔川〕江油市 333
马迎乡……〔川〕梓潼县 333
马辛庄乡……〔晋〕怀仁县 126
马良镇……〔鄂〕沙洋县 270
马良镇……〔鄂〕保康县 270
马尾区……〔闽〕福州市 213
马尾镇……〔闽〕马尾区 213
马陆镇……〔沪〕嘉定区 176
马武乡……〔藏〕边坝县 383
马武镇……〔渝〕石柱土家族自治县 323
马武镇……〔渝〕涪陵区 317
马坪乡……〔湘〕武冈市 281
马坪镇……〔闽〕漳浦县 217
马坪镇……〔鄂〕广水市 273
马坪镇……〔桂〕象州县 310
马拖乡……〔川〕越西县 354
马坨店乡……〔冀〕昌黎县 110
马坡（地区）镇……〔京〕顺义区 100
马坡乡……〔陇〕榆中县 401
马坡岭街道……〔湘〕芙蓉区 277
马坡镇……〔苏〕铜山区 180
马坡镇……〔鲁〕微山县 240
马坡镇……〔桂〕陆川县 307
马坳镇……〔赣〕修水县 224
马林街道……〔蒙〕元宝山区 136
马奈乡……〔川〕金川县 349
马尚镇……〔鲁〕张店区 237
马昌营镇……〔京〕平谷区 100
马畅镇……〔陕〕洋县 394
马鸣乡……〔川〕梓潼县 333
马鸣乡……〔滇〕马龙县 370
马岭岗镇……〔鲁〕牡丹区 246
马岭镇……〔桂〕横县 303
马岭镇……〔桂〕荔浦县 305
马岭镇……〔川〕叙永县 331
马岭镇……〔川〕名山区 345
马岭镇……〔黔〕兴义市 363
马岭镇……〔陇〕庆城县 405
马牧池乡……〔鲁〕沂南县 242
马牧镇……〔豫〕永城市 260

马和乡……〔晋〕灵石县 127
马依足乡……〔川〕金阳县 353
马金铺街道……〔滇〕呈贡区 369
马金镇……〔浙〕开化县 195
马店孜镇……〔皖〕利辛县 209
马店集镇……〔皖〕涡阳县 209
马店镇……〔冀〕安平县 120
马店镇……〔皖〕霍邱县 208
马店镇……〔豫〕洛宁县 251
马庙乡……〔川〕犍为县 337
马庙镇……〔皖〕怀宁县 204
马庙镇……〔鲁〕金乡县 240
马底驿乡……〔湘〕沅陵县 286
马河乡……〔黑〕宁安市 171
马河乡……〔陇〕礼县 408
马河镇……〔鄂〕东宝区 270
马河镇……〔陇〕陇西县 406
马泗乡……〔桂〕忻城县 310
马官桥街道……〔辽〕沈河区 145
马官镇……〔黔〕普定县 360
马建乡……〔宁〕西吉县 420
马练瑶族乡……〔桂〕平南县 307
马驹桥镇……〔京〕通州区 100
马城镇……〔冀〕滦南县 109
马城镇……〔皖〕禹会区 202
马垱镇……〔赣〕彭泽县 225
马巷镇……〔闽〕翔安区 214
马茎镇……〔赣〕余江县 226
马栏街道……〔辽〕沙河口区 146
马栏镇……〔豫〕鄢陵县 256
马栏镇……〔陕〕旬邑县 392
马树镇……〔滇〕巧家县 372
马临街道……〔黔〕习水县 359
马贵镇……〔粤〕高州市 295
马畈镇……〔豫〕光山县 260
马峡镇……〔陇〕华亭县 404
马泉乡……〔陇〕漳县 407
马泉街道……〔陕〕秦都区 391
马剑镇……〔浙〕诸暨市 193
马峦街道……〔粤〕坪山区 293
马迹塘镇……〔湘〕桃江县 284
马前乡……〔藏〕班戈县 385
马首乡……〔晋〕寿阳县 127
马洪乡……〔川〕普格县 353
马宫街道……〔粤〕城区 297
马祖乡……〔闽〕连江县 213
马祖镇……〔川〕什邡市 331
马振抚镇……〔豫〕唐河县 258
马莲乡……〔宁〕西吉县 420
马莲渠乡……〔宁〕利通区 419
马莲渠乡……〔蒙〕集宁区 140
马桥子街道……〔辽〕金州区 146
马桥河镇……〔黑〕穆棱市 171
马桥街道……〔浙〕海宁市 192
马桥镇……〔沪〕闵行区 175
马桥镇……〔苏〕靖江市 186
马桥镇……〔鲁〕桓台县 237
马桥镇……〔豫〕永城市 260
马桥镇……〔鄂〕保康县 270
马桥镇……〔鄂〕咸安区 273
马桥镇……〔湘〕汝城县 285
马烈乡……〔川〕汉源县 346
马蚌镇……〔桂〕西林县 308
马峪乡……〔晋〕清徐县 123
马铃布依族苗族乡……〔黔〕花溪区 357
马高庄乡……〔宁〕同心县 420
马脊梁街道……〔晋〕矿区 123
马站乡……〔滇〕腾冲市 371
马站镇……〔浙〕苍南县 191
马站镇……〔鲁〕沂水县 243
马涧镇……〔浙〕兰溪市 194
马家乡……〔豫〕龙安区 253
马家乡……〔川〕安居区 335
马家乡……〔川〕高坪区 338
马家乡……〔川〕南溪区 341
马家乡……〔川〕九寨沟县 348
马家庄乡……〔冀〕武安市 112
马家庄乡……〔晋〕娄烦县 123
马家坝乡……〔川〕朝天区 334
马家皂乡……〔晋〕阳高县 124
马家沟街道……〔冀〕开平区 109
马家店街道……〔鄂〕枝江市 269
马家店镇……〔辽〕东港市 149
马家砭镇……〔陕〕子长县 393
马家堡街道……〔京〕丰台区 99
马家堡镇……〔陇〕和政县 408
马家街道……〔辽〕凌河区 149
马家滩镇……〔宁〕灵武市 419
马家寨乡……〔鄂〕江陵县 272
马家寨镇……〔辽〕开原市 153
马家镇……〔川〕新都区 327
马家镇……〔川〕达川区 343
马陵山镇……〔苏〕新沂市 181
马埠镇……〔赣〕峡江县 228
马营子满族乡……〔冀〕滦平县 117
马营乡……〔冀〕赤城县 117
马营乡……〔晋〕山阴县 126
马营乡……〔青〕乐都区 413
马营庄乡……〔晋〕山阴县 126
马营镇……〔鲁〕梁山县 240
马营镇……〔陕〕渭滨区 390
马营镇……〔陇〕通渭县 406
马营镇……〔陇〕武都区 407
马营镇……〔青〕民和回族土族自治县 413
马曹庙镇……〔鄂〕团风县 272
马跃乡……〔藏〕申扎县 385
马圈子乡……〔辽〕抚顺县 148
马圈子镇……〔冀〕青龙满族自治县 110
马圈堡乡……〔冀〕阳原县 116
马鹿沟镇……〔吉〕长白朝鲜族自治县 161
马鹿塘乡……〔滇〕禄劝彝族苗族自治县 369
马鹿镇……〔川〕青川县 334
马鹿镇……〔陇〕张家川回族自治县 403
马渚镇……〔浙〕余姚市 191
马渠乡……〔陇〕镇原县 406
马颈坳镇……〔湘〕吉首市 288
马堤乡……〔桂〕龙胜各族自治县 305
马棚街道……〔苏〕高邮市 185
马喇镇……〔渝〕黔江区 319
马跑泉镇……〔陇〕麦积区 402
马嵬街道……〔陕〕兴平市 392
马铺乡……〔闽〕云霄县 216
马铺镇……〔豫〕鹿邑县 262
马集乡……〔豫〕柘城县 259
马集镇……〔苏〕仪征市 185
马集镇……〔皖〕太和县 207
马集镇……〔皖〕蒙城县 209
马集镇……〔鲁〕嘉祥县 240
马集镇……〔鲁〕齐河县 244
马集镇……〔鲁〕定陶区 246
马集镇……〔豫〕淮滨县 261
马集镇……〔陇〕临夏县 408
马街乡……〔滇〕元阳县 376
马街乡……〔滇〕麻栗坡县 376
马街街道……〔滇〕西山区 369
马街镇……〔滇〕宜良县 369
马街镇……〔滇〕陆良县 370
马街镇……〔滇〕罗平县 370
马街镇……〔滇〕南华县 375
马街镇……〔陇〕武都区 407
马道头乡……〔晋〕左云县 124
马道镇……〔川〕西昌市 351
马道镇……〔陕〕留坝县 395
马港镇……〔鄂〕通城县 273
马湖乡……〔皖〕肥东县 201
马湖乡……〔川〕雷波县 354
马湾镇……〔鄂〕天门市 274
马渡关镇……〔川〕宣汉县 344
马隘镇……〔桂〕德保县 308
马登镇……〔滇〕剑川县 378
马堽集乡……〔豫〕固始县 261
马塘街道……〔皖〕弋江区 201
马塘镇……〔苏〕如东县 182
马塘镇……〔滇〕文山市 376
马楠苗族彝族乡……〔滇〕永善县 372
马楼乡……〔豫〕鲁山县 252
马楼镇……〔豫〕台前县 256
马路乡……〔滇〕会泽县 370
马路东街道……〔冀〕桥东区 115
马路湾街道……〔辽〕和平区 145
马路镇……〔湘〕安化县 284
马路镇……〔桂〕岑溪市 305
马路镇……〔桂〕东兴市 306
马路彝族苗族乡……〔黔〕金沙县 361
马衙街道……〔皖〕贵池区 210
马溪乡……〔黔〕施秉县 364
马滘街道……〔粤〕濠江区 293
马群街道……〔苏〕栖霞区 179
马鼻镇……〔闽〕连江县 213
马寨乡……〔皖〕颍州区 206
马寨镇……〔豫〕二七区 249
马鞍山乡……〔川〕西昌市 351
马鞍山乡……〔滇〕巍山彝族回族自治县 377
马鞍山市……〔皖〕 203
马鞍山镇……〔吉〕伊通满族自治县 159
马鞍乡……〔鄂〕汉川市 271
马鞍乡……〔川〕平昌县 347
马鞍底乡……〔滇〕金平苗族瑶族傣族自治县 376
马鞍街道……〔苏〕六合区 179
马鞍街道……〔渝〕涪陵区 317
马鞍镇……〔浙〕柯桥区 193
马鞍镇……〔赣〕崇仁县 231
马鞍镇……〔湘〕会同县 287
马鞍镇……〔川〕资中县 336
马鞍镇……〔川〕仪陇县 339
马槽乡……〔川〕北川羌族自治县 333
马嘶苗族乡……〔川〕古蔺县 331
马影镇……〔赣〕湖口县 225
马踏镇……〔粤〕电白区 295
马踏镇……〔川〕井研县 337
马镇……〔陕〕神木市 396
马额街道……〔陕〕临潼区 389
马蹄沟镇……〔陕〕子洲县 396
马蹄湾镇……〔陕〕略阳县 394
马蹄镇……〔川〕古蔺县 331
马蹄镇……〔黔〕播州区 358
马蹄藏族乡……〔陇〕肃南裕固族自治县 404
马壁乡……〔晋〕安泽县 130
马鬃山苏木……〔蒙〕额济纳旗 141
马鬃山镇……〔陇〕肃北蒙古族自治县 405
马鬃苗族乡……〔黔〕桐梓县 358
马鬃岭镇……〔湘〕桃源县 283
马蹬镇……〔豫〕淅川县 258
马灌镇……〔渝〕忠县 322
乡宁县……〔晋〕临汾市 130
乡饮乡……〔鲁〕宁阳县 241
乡贤街道……〔晋〕尧都区 129
乡城县……〔川〕甘孜藏族自治州 351
幺铺镇……〔黔〕西秀区 359
幺塘乡……〔川〕达川区 344

四画

丰山乡……〔黑〕海伦市 172
丰山乡……〔赣〕石城县 227
丰山镇……〔闽〕华安县 217
丰山镇……〔鄂〕孝昌县 271
丰门街道……〔浙〕鹿城区 191
丰文街道……〔渝〕沙坪坝区 317
丰田乡……〔辽〕彰武县 151
丰田乡……〔湘〕新宁县 281
丰田镇……〔蒙〕科尔沁区 137
丰田镇……〔闽〕南靖县 217
丰禾镇……〔川〕邻水县 343
丰仪镇……〔陕〕兴平市 392
丰乐乡……〔黑〕巴彦县 166
丰乐乡……〔川〕石棉县 346
丰乐街道……〔辽〕沈河区 145
丰乐街道……〔渝〕开州区 320
丰乐镇……〔黑〕集贤县 169
丰乐镇……〔黑〕肇州县 169
丰乐镇……〔皖〕肥西县 201
丰乐镇……〔鄂〕钟祥市 270
丰乐镇……〔川〕纳溪区 330
丰乐镇……〔川〕渠县 345
丰乐镇……〔黔〕务川仡佬族苗族自治县 359
丰乐镇……〔陇〕凉州区 403
丰乐镇……〔陇〕民乐县 404
丰乐镇……〔陇〕肃州区 405

（四画）丰王

丰宁街道……〔滇〕五华区 369
丰宁满族自治县……〔冀〕承德市 117
丰台区……〔京〕99
丰台街道……〔京〕丰台区 99
丰台镇……〔津〕宁河区 104
丰台镇……〔陇〕泾川县 404
丰年村街道……〔津〕东丽区 103
丰华街道……〔滇〕宣威市 370
丰庄镇……〔皖〕寿县 203
丰庄镇……〔豫〕延津县 254
丰庆路街道……〔豫〕金水区 249
丰产乡……〔黑〕拜泉县 167
丰产乡……〔川〕营山县 339
丰产路街道……〔豫〕金水区 249
丰州乡……〔赣〕崇义县 226
丰州镇……〔晋〕武乡县 125
丰州镇……〔闽〕南安市 216
丰阳镇……〔鲁〕平邑县 243
丰阳镇……〔粤〕连州市 299
丰收乡……〔蒙〕敖汉旗 137
丰收乡……〔黑〕庆安县 172
丰收镇……〔吉〕大安市 162
丰李镇……〔豫〕洛龙区 251
丰县……〔苏〕徐州市 180
丰财街道……〔苏〕鼓楼区 180
丰利镇……〔苏〕如东县 182
丰谷镇……〔川〕涪城区 332
丰良镇……〔粤〕丰顺县 297
丰林镇……〔赣〕德安县 225
丰店镇……〔鄂〕大悟县 271
丰泽区……〔闽〕泉州市 215
丰泽街道……〔闽〕丰泽区 215
丰宜镇……〔晋〕屯留县 125
丰城市……〔赣〕宜春市 230
丰城街道……〔粤〕新丰县 292
丰荣街道……〔辽〕普兰店区 146
丰南区……〔冀〕唐山市 109
丰南镇……〔冀〕丰南区 109
丰顺县……〔粤〕梅州市 297
丰都县……〔渝〕321
丰都街道……〔黔〕兴义市 363
丰原镇……〔陕〕临渭区 392
丰润区……〔冀〕唐山市 109
丰润镇……〔冀〕丰润区 109
丰润镇……〔晋〕静乐县 129
丰家铺镇……〔湘〕汉寿县 282
丰盛镇……〔渝〕巴南区 319
丰望乡……〔陇〕清水县 402
丰惠镇……〔浙〕上虞区 193
丰集镇……〔豫〕商城县 260
丰港乡……〔豫〕固始县 261
丰裕镇……〔川〕雁江区 347
丰登坞镇……〔冀〕丰润区 109
丰登镇……〔宁〕金凤区 419
丰塘镇……〔桂〕灵山县 306
丰稔镇……〔粤〕龙川县 298
丰满区……〔吉〕吉林市 158
丰满街道……〔吉〕丰满区 158
丰源店乡……〔冀〕沽源县 116
丰溪街道……〔赣〕广丰区 231
丰溪镇……〔鄂〕竹溪县 268
丰镇市……〔蒙〕乌兰察布市 140
王卜庄镇……〔津〕宝坻区 104
王人镇……〔皖〕利辛县 209
王土房乡……〔冀〕平泉市 118
王下乡……〔琼〕昌江黎族自治县 314
王口镇……〔津〕静海区 104
王口镇……〔冀〕辛集市 108
王义贞镇……〔鄂〕安陆市 271
王子树乡……〔滇〕陇川县 378
王井镇……〔川〕沿滩区 329
王五镇……〔琼〕儋州市 313
王屯乡……〔豫〕修武县 255
王化镇……〔皖〕阜南县 207
王勿桥乡……〔豫〕正阳县 263
王凤楼镇……〔鲁〕平原县 244
王尹镇……〔陇〕秦安县 403
王打卦镇……〔鲁〕平原县 244
王丕街道……〔鲁〕金乡县 240
王石凹街道……〔陕〕印台区 390
王石镇……〔辽〕海城市 148
王平（地区）镇……〔京〕门头沟区 99
王卡乡……〔藏〕察雅县 383
王四营（地区）乡……〔京〕朝阳区 99
王仙岭街道……〔湘〕苏仙区 284
王仙镇……〔湘〕醴陵市 278
王瓜店街道……〔鲁〕肥城市 241
王乐井乡……〔宁〕盐池县 419
王市镇……〔皖〕利辛县 209
王兰庄镇……〔冀〕丰南区 109
王民乡……〔宁〕西吉县 420
王召乡……〔豫〕沁阳市 255
王皮溜镇……〔豫〕鹿邑县 262
王台镇……〔闽〕延平区 217
王台镇……〔鲁〕黄岛区 236
王台镇……〔陇〕永靖县 408
王母街道……〔黔〕望谟县 363
王母渡镇……〔赣〕赣县区 226
王寺街道……〔陕〕长安区 389
王寺镇……〔冀〕南皮县 118
王场镇……〔鄂〕潜江市 274
王场镇……〔渝〕石柱土家族自治县 323
王场镇……〔川〕崇州市 328
王场镇……〔川〕宜宾县 341
王西章乡……〔冀〕赵县 108
王曲乡……〔豫〕沁阳市 255
王曲街道……〔陕〕长安区 389
王团镇……〔宁〕同心县 420
王同岳乡……〔冀〕饶阳县 120
王因街道……〔鲁〕兖州区 240
王兆街道……〔黑〕香坊区 165
王爷府镇……〔蒙〕喀喇沁旗 137
王庄子乡……〔冀〕霸州市 120
王庄乡……〔晋〕翼城县 130
王庄布依族苗族乡……〔黔〕清镇市 357
王庄堡镇……〔晋〕浑源县 124
王庄集镇……〔鲁〕莘县 244
王庄街道……〔闽〕晋安区 213
王庄寨镇……〔豫〕民权县 259
王庄镇……〔皖〕固镇县 202
王庄镇……〔鲁〕曲阜市 240
王庄镇……〔鲁〕肥城市 241
王庄镇……〔豫〕浚县 253
王庄镇……〔豫〕滑县 253
王庄镇……〔豫〕新野县 258
王庄镇……〔陕〕澄城县 392
王庆坨镇……〔津〕武清区 104
王江泾镇……〔浙〕秀洲区 192
王兴镇……〔苏〕淮阴区 183
王宅镇……〔浙〕武义县 194
王安镇镇……〔冀〕涞源县 114
王坛镇……〔浙〕柯桥区 193
王坝乡……〔陇〕礼县 408
王坝镇……〔陇〕康县 407
王均乡……〔冀〕枣强县 120
王坟镇……〔鲁〕青州市 239
王村口镇……〔浙〕遂昌县 197
王村乡……〔冀〕大名县 111
王村乡……〔晋〕静乐县 129
王村乡……〔豫〕封丘县 254
王村乡……〔豫〕卧龙区 257
王村街道……〔晋〕矿区 123
王村港镇……〔粤〕吴川市 295
王村镇……〔冀〕涞水县 114
王村镇……〔晋〕襄垣县 125
王村镇……〔皖〕歙县 205
王村镇……〔鲁〕周村区 237
王村镇……〔豫〕荥阳市 249
王村镇……〔豫〕牧野区 254
王村镇……〔川〕井研县 337
王村镇……〔陕〕乾县 391
王村镇……〔陕〕合阳县 392
王村镇……〔陇〕泾川县 404
王杨乡……〔黑〕铁力市 169
王连街道……〔鲁〕荣成市 241
王助镇……〔豫〕华龙区 255
王串场街道……〔津〕河北区 103
王岗乡……〔豫〕镇平县 258
王岗乡……〔豫〕平桥区 260
王岗镇……〔黑〕南岗区 165
王岗镇……〔皖〕颍上县 207
王岗镇……〔豫〕临颍县 257
王岗镇……〔豫〕汝南县 263
王岘镇……〔陇〕白银区 402
王佐镇……〔京〕丰台区 99
王佑镇……〔黔〕惠水县 365
王辛庄镇……〔京〕平谷区 100
王沟镇……〔苏〕丰县 180
王灵镇……〔桂〕宾阳县 303
王纲街道……〔辽〕苏家屯区 145
王奉镇……〔鲁〕莘县 244
王武庄乡……〔冀〕泊头市 119
王坪乡……〔豫〕汝阳县 251
王顶堤街道……〔津〕南开区 103
王英镇……〔鄂〕阳新县 268
王范乡……〔晋〕盐湖区 127
王范回族镇……〔豫〕洛宁县 251
王茅镇……〔晋〕垣曲县 128
王林口镇……〔冀〕阜平县 114
王奔镇……〔吉〕双辽市 159
王虎屯乡……〔冀〕怀安县 116
王虎寨镇……〔冀〕巨鹿县 113
王杲铺镇……〔鲁〕平原县 244
王明口镇……〔豫〕项城市 262
王咀子乡……〔陇〕华池县 405
王和镇……〔晋〕沁源县 125
王阜乡……〔浙〕淳安县 190
王所镇……〔川〕德昌县 352
王舍人街道……〔鲁〕历城区 235
王京镇……〔冀〕唐县 114
王店子镇……〔冀〕滦县 109
王店乡……〔豫〕淮滨县 261
王店乡……〔豫〕淮阳县 262
王店孜乡……〔皖〕阜南县 207
王店镇……〔浙〕秀洲区 192
王店镇……〔皖〕颍州区 206
王店镇……〔豫〕内乡县 258
王店镇……〔豫〕泌阳县 263
王店镇……〔鄂〕当阳市 269
王店镇……〔鄂〕孝昌县 271
王庙镇……〔鲁〕鱼台县 240
王庙镇……〔鲁〕平原县 244
王府站镇……
……〔吉〕前郭尔罗斯蒙古族自治县 161
王府街道……〔鲁〕青州市 239
王府街道……〔桂〕港口区 306
王府镇……〔蒙〕松山区 136
王府镇……〔辽〕阜新蒙古族自治县 151
王河镇……〔皖〕潜山县 204
王河镇……〔川〕剑阁县 334
王河镇……〔陇〕清水县 402
王泗镇……〔川〕大邑县 328
王宝营子乡……〔辽〕建昌县 154
王宝镇……〔辽〕绥中县 154
王官屯镇……〔晋〕阳高县 124
王官庄街道……〔鲁〕市中区 235
王官庄镇……〔冀〕清河县 113
王官营镇……〔冀〕丰润区 109
王官集镇……〔苏〕宿豫区 186
王孟镇……〔豫〕临颍县 257
王封乡……〔晋〕万柏林区 123
王封街道……〔豫〕中站区 255
王城路街道……〔豫〕西工区 250
王城镇……〔鄂〕枣阳市 270
王显乡……〔晋〕万荣县 128
王禹乡……〔晋〕灵石县 127
王狮乡……〔晋〕岚县 131
王洼镇……〔宁〕彭阳县 420
王洛镇……〔豫〕襄城县 256
王屋镇……〔豫〕济源市 263
王院乡……〔浙〕嵊州市 194
王莽街道……〔陕〕长安区 389
王桥乡……〔冀〕馆陶县 112
王桥镇……〔晋〕襄垣县 125
王桥镇……〔赣〕东乡区 230
王桥镇……〔豫〕民权县 259
王桥镇……〔陕〕泾阳县 391
王格尔塘镇……〔陇〕夏河县 409
王格庄镇……〔鲁〕牟平区 238
王哥庄街道……〔鲁〕崂山区 236

（四画）王井开天

王称堌镇……〔豫〕濮阳县 256
王爱召镇……〔蒙〕达拉特旗 138
王益区……〔陕〕铜川市 390
王益街道……〔陕〕王益区 390
王浩屯镇……〔鲁〕牡丹区 246
王家厂镇……〔湘〕澧县 282
王家山镇……〔陇〕白银区 402
王家乡……〔渝〕石柱土家族自治县 323
王家乡……〔青〕泽库县 414
王家井镇……〔冀〕深州市 120
王家井镇……〔浙〕诸暨市 193
王家后乡……〔豫〕陕州区 257
王家庄乡……〔冀〕柏乡县 112
王家庄乡……〔晋〕原平市 129
王家庄街道……〔鲁〕坊子区 239
王家庄街道……〔滇〕马龙县 370
王家坝镇……〔皖〕阜南县 207
王家岗乡……〔豫〕淮滨县 261
王家岔乡……〔晋〕岢岚县 129
王家沟街道……〔新〕头屯河区 423
王家坪镇……〔湘〕永定区 283
王家河街道……〔鄂〕黄陂区 267
王家河街道……〔湘〕岳阳楼区 281
王家河街道……〔陕〕王益区 390
王家河镇……〔陕〕周至县 390
王家砭镇……〔陕〕佳县 396
王家畈镇……〔鄂〕宜昌市 269
王家桥镇……〔鄂〕松滋市 272
王家堎镇……〔陕〕太白县 391
王家街道……〔辽〕太和区 149
王家街道……〔辽〕大洼区 152
王家街道……〔渝〕渝北区 318
王家湾乡……〔冀〕宣化区 115
王家楼回族乡……〔冀〕怀来县 116
王家镇……〔辽〕庄河市 147
王家镇……〔辽〕太子河区 151
王家镇……〔川〕昭化区 333
王家镇……〔川〕南部县 338
王家镇……〔川〕珙县 342
王家镇……〔川〕邻水县 343
王陵街道……〔苏〕泉山区 180
王陶乡……〔晋〕沁源县 125
王营子乡……〔辽〕朝阳县 153
王营乡……〔冀〕丰宁满族自治县 117
王营镇……〔苏〕淮阴区 183
王常乡……〔冀〕枣强县 120
王阎镇……〔陕〕山阳县 397
王渠则镇……〔陕〕靖边县 395
王窑镇……〔陇〕秦安县 403
王辇庄乡……〔冀〕古冶区 109
王堰镇……〔皖〕阜南县 207
王铺镇……〔陇〕秦安县 403
王答乡……〔晋〕清徐县 123
王集乡……〔冀〕阜城县 120
王集乡……〔皖〕蒙城县 209
王集乡……〔豫〕郏县 252
王集乡……〔豫〕夏邑县 260
王集乡……〔豫〕太康县 262
王集镇……〔苏〕睢宁县 180
王集镇……〔苏〕泗阳县 186
王集镇……〔皖〕界首市 207
王集镇……〔鲁〕曹县 246
王集镇……〔豫〕新野县 258
王集镇……〔鄂〕宜城市 270
王鲁镇……〔鲁〕鱼台县 240
王道寨乡……〔冀〕南宫市 113
王港乡……〔赣〕浮梁县 224
王谦寺镇……〔冀〕景县 120
王楼乡……〔豫〕梁园区 259
王楼镇……〔豫〕延津县 254
王楼镇……〔豫〕范县 255
王鲍镇……〔苏〕启东市 182
王滨街道……〔辽〕浑南区 145
王滩镇……〔冀〕乐亭县 109
王褚街道……〔豫〕解放区 255
王截流乡……〔皖〕霍邱县 208
王稳庄镇……〔津〕西青区 103
王旗镇……〔陇〕临潭县 409
王寨乡……〔豫〕汝州市 252
王寨街道……〔鄂〕樊城区 269
王寨镇……〔皖〕萧县 208
王寨镇……〔黔〕凤冈县 359
王磨镇……〔陇〕成县 407
王瞳镇……〔冀〕景县 120
井儿沟乡……〔冀〕阳原县 116
井口街道……〔渝〕沙坪坝区 317
井口镇……〔渝〕沙坪坝区 317
井口镇……〔川〕江安县 341
井冈山市……〔赣〕吉安市 229
井龙街道……〔湘〕石峰区 278
井叶特西乡……〔川〕美姑县 354
井头乡……〔苏〕宿豫区 186
井头圩镇……〔湘〕东安县 285
井头镇……〔湘〕衡阳县 279
井庄镇……〔京〕延庆区 100
井江镇……〔川〕长宁县 342
井字镇……〔湘〕双峰县 287
井岗镇……〔皖〕蜀山区 201
井沟东乡族乡……〔陇〕临夏县 408
井沟镇……〔鲁〕高密市 239
井陉县……〔冀〕石家庄市 107
井陉矿区……〔冀〕石家庄市 107
井坪镇……〔晋〕平鲁区 126
井坡镇……〔湘〕汝城县 285
井岸镇……〔粤〕斗门区 293
井店镇……〔冀〕涉县 111
井店镇……〔豫〕内黄县 253
井河镇……〔川〕广安区 342
井研县……〔川〕乐山市 337
井都镇……〔粤〕潮南区 293
井湾子街道……〔湘〕雨花区 277
井溪乡……〔川〕万源市 345
开干齐乡……〔新〕奎屯市 428
开山屯镇……〔吉〕龙井市 162
开山镇……〔桂〕八步区 308
开元乡……〔川〕蓬安县 339
开元乡……〔川〕西昌市 351
开元街道……〔晋〕霍州市 130
开元街道……〔闽〕思明区 214
开元街道……〔闽〕鲤城区 215
开元街道……〔鲁〕寒亭区 239
开元街道……〔豫〕林州市 253
开元路街道……〔豫〕洛龙区 251
开元镇……〔冀〕定州市 115
开云镇……〔湘〕衡山县 279
开化县……〔浙〕衢州市 195
开化街道……〔滇〕文山市 376
开平区……〔冀〕唐山市 109
开平市……〔粤〕江门市 294
开平街道……〔冀〕开平区 109
开平路街道……〔鲁〕市北区 236
开平镇……〔冀〕开平区 109
开边镇……〔陇〕镇原县 406
开州区……〔渝〕 320
开州街道……〔豫〕华龙区 255
开江县……〔川〕达州市 344
开安镇……〔吉〕农安县 157
开阳县……〔黔〕贵阳市 357
开远市……〔滇〕红河哈尼族彝族自治州 375
开佛镇……〔川〕长宁县 342
开库康乡……〔黑〕塔河县 172
开怀街道……〔黔〕凯里市 363
开张镇……〔晋〕永济市 128
开坪乡……〔川〕北川羌族自治县 333
开封市……〔豫〕 250
开封镇……〔川〕剑阁县 334
开城镇……〔皖〕无为县 202
开城镇……〔宁〕原州区 420
开南街道……〔滇〕古城区 373
开栅镇……〔晋〕文水县 131
开原市……〔辽〕铁岭市 152
开原镇……〔吉〕舒兰市 158
开通镇……〔吉〕通榆县 162
开鲁县……〔蒙〕通辽市 137
开鲁镇……〔蒙〕开鲁县 137
开善乡……〔闽〕泰宁县 215
开福区……〔湘〕长沙市 277
开慧镇……〔湘〕长沙县 277
天九镇……〔赣〕定南县 227
天口镇……〔冀〕任县 112
天山口镇……〔蒙〕阿鲁科尔沁旗 136
天山乡……〔新〕伊州区 424
天山区……〔新〕乌鲁木齐市 423
天山街道……〔新〕库尔勒市 425
天山路街道……〔沪〕长宁区 175
天山路街道……〔新〕克拉玛依区 423
天山镇……〔蒙〕阿鲁科尔沁旗 136
天门山镇……〔湘〕永定区 283
天门乡……〔黑〕方正县 166
天门乡……〔湘〕新化县 288
天门市……〔鄂〕恩施土家族苗族自治州 274
天门镇……〔皖〕义安区 204
天义镇……〔蒙〕宁城县 137
天子湖镇……〔浙〕安吉县 193
天马山街道……〔湘〕雁峰区 279
天马乡……〔川〕安岳县 348
天马街道……〔浙〕常山县 195
天马街道……〔桂〕鱼峰区 303
天马镇……〔川〕都江堰市 328
天马镇……〔黔〕岑巩县 364
天王镇……〔苏〕句容市 185
天王镇……〔陕〕陈仓区 390
天井源乡……〔赣〕南城县 230
天元乡……〔渝〕巫溪县 323
天元区……〔湘〕株洲市 278
天元镇……〔川〕旌阳区 331
天云乡……〔川〕井研县 337
天中街道……〔鲁〕定陶区 246
天水市……〔陇〕 402
天水郡街道……〔陇〕秦州区 402
天水街道……〔浙〕下城区 189
天水镇……〔陇〕秦州区 402
天长市……〔皖〕滁州市 206
天长街道……〔皖〕天长市 206
天长镇……〔冀〕井陉县 107
天凤乡……〔川〕荥经县 345
天文街道……〔渝〕南岸区 318
天文镇……〔黔〕瓮安县 365
天心区……〔湘〕长沙市 277
天心镇……〔赣〕安远县 226
天玉镇……〔赣〕青原区 228
天龙镇……〔黔〕平坝区 359
天平街道……〔鲁〕岱岳区 241
天平路街道……〔沪〕徐汇区 175
天平镇……〔桂〕藤县 305
天平镇……〔川〕岳池县 343
天北镇……〔吉〕蛟河市 158
天目山镇……〔浙〕临安区 189
天目西路街道……〔沪〕静安区 175
天目湖镇……〔苏〕溧阳市 181
天生桥镇……〔冀〕阜平县 114
天生桥镇……〔桂〕隆林各族自治县 308
天生街道……〔渝〕北碚区 318
天生港镇街道……〔苏〕港闸区 182
天生镇……〔川〕宣汉县 344
天仙镇……〔川〕纳溪区 330
天仙镇……〔川〕射洪县 335
天宁区……〔苏〕常州市 181
天宁街道……〔苏〕天宁区 181
天宁镇……〔晋〕交城县 131
天台山镇……〔冀〕肥乡区 111
天台山镇……〔川〕邛崃市 328
天台乡……〔川〕宣汉县 344
天台县……〔浙〕台州市 196
天台镇……〔吉〕德惠市 158
天台镇……〔赣〕袁州区 229
天台镇……〔黔〕赤水市 359
天吉泰镇……〔蒙〕五原县 139
天地坝镇……〔川〕金阳县 353
天场镇……〔苏〕滨海县 184
天成乡……〔蒙〕凉城县 140
天成乡……〔川〕蓬安县 339
天成街道……〔浙〕乐清市 192
天成镇……〔陕〕陇县 391
天师镇……〔川〕开江县 344
天回镇街道……〔川〕金牛区 327
天华镇……〔皖〕太湖县 204
天全县……〔川〕雅安市 346
天问街道……〔湘〕汨罗市 282
天池乡……〔川〕绵竹市 332

(四画)天元无韦专云

天池乡……〔陇〕环县 405
天池店乡……〔晋〕娄烦县 123
天池镇……〔蒙〕阿尔山市 140
天池镇……〔豫〕渑池县 257
天池镇……〔川〕叙永县 331
天池镇……〔川〕华蓥市 343
天池镇……〔川〕南江县 347
天池镇……〔川〕乐至县 348
天池镇……〔陇〕文县 407
天兴乡……〔鄂〕洪山区 267
天兴镇……〔川〕泸县 330
天安乡……〔琼〕东方市 314
天安街道……〔辽〕古塔区 149
天红镇……〔赣〕彭泽县 225
天坛街道……〔京〕东城区 99
天坛街道……〔豫〕济源市 263
天坛镇……〔晋〕浮山县 130
天园街道……〔粤〕天河区 291
天岗湖乡……〔苏〕泗洪县 186
天岗镇……〔吉〕蛟河市 158
天顶街道……〔湘〕岳麓区 277
天苑街道……〔冀〕新华区 107
天林乡……〔川〕阆中市 340
天林镇……〔川〕安岳县 347
天明镇……〔陕〕城固县 394
天和镇……〔渝〕开州区 320
天竺(地区)镇……〔京〕顺义区 100
天竺山镇……〔陕〕山阳县 397
天府街道……〔川〕温江区 327
天府镇……〔渝〕北碚区 318
天河区……〔粤〕广州市 291
天河南街道……〔粤〕天河区 291
天河街道……〔浙〕龙湾区 191
天河街道……〔皖〕巢湖市 201
天河街道……〔鄂〕黄陂区 267
天河镇……〔赣〕吉安县 228
天河镇……〔桂〕罗城仫佬族自治县 309
天宝乡……〔赣〕宜丰县 229
天宝乡……〔鄂〕竹溪县 268
天宝乡……〔川〕宣汉县 344
天宝乡……〔川〕安岳县 348
天宝路街道……〔豫〕魏都区 256
天宝路街道……〔陕〕耀州区 390
天宝镇……〔闽〕芗城区 216
天宝镇……〔鲁〕新泰市 241
天城镇……〔鄂〕崇阳县 273
天城镇……〔渝〕万州区 317
天城镇……〔川〕大竹县 344
天城镇……〔黔〕湄潭县 359
天荒坪镇……〔浙〕安吉县 193
天柱山乡……〔赣〕铅山县 232
天柱山镇……〔皖〕潜山县 204
天柱县……〔黔〕黔东南苗族侗族自治州 364
天星乡……〔渝〕巫溪县 322
天星乡……〔川〕旺苍县 334
天星乡……〔川〕嘉陵区 338
天星乡……〔黔〕岑巩县 364
天星乡……〔滇〕丘北县 376
天星寺镇……〔渝〕巴南区 319
天星桥街道……〔渝〕沙坪坝区 317
天星镇……〔川〕渠县 344
天星镇……〔滇〕大关县 372
天虹街道……〔川〕旌阳区 331
天保镇……〔川〕大英县 335
天保镇……〔滇〕麻栗坡县 376
天泉湖镇……〔苏〕盱眙县 184
天度镇……〔陕〕扶风县 390
天津铁厂街道……〔津〕河东区 103
天津路街道……〔豫〕涧西区 251
天津路街道……〔新〕新市区 423
天宫乡……〔川〕阆中市 340
天宫寺镇……〔冀〕定兴县 114
天宫庙镇……〔鲁〕成武县 246
天宫院街道……〔京〕大兴区 100
天宫营乡……〔冀〕辛集市 108
天宫殿街道……〔渝〕渝北区 318
天祝藏族自治县……〔陇〕武威市 403
天骄街道……〔蒙〕东河区 135
天骄街道……〔蒙〕东胜区 138
天骄街道……〔蒙〕乌兰浩特市 140
天泰寺街街道……〔冀〕宣化区 115
天桥土家族苗族乡……〔黔〕思南县 362
天桥区……〔鲁〕济南市 235
天桥东街街道……〔鲁〕天桥区 235
天桥岭镇……〔吉〕汪清县 162
天桥街道……〔京〕西城区 99
天桥街道……〔辽〕太和区 149
天桥街道……〔皖〕蚌山区 202
天桥街道……〔豫〕召陵区 256
天桥镇……〔冀〕丰宁满族自治县 117
天桥镇……〔黔〕凤冈县 359
天峨县……〔桂〕河池市 309
天峨镇……〔川〕仁寿县 341
天峰坪镇……〔晋〕偏关县 129
天峻县……〔青〕海西蒙古族藏族自治州 415
天通苑北街道……〔京〕昌平区 100
天通苑南街道……〔京〕昌平区 100
天堂寨镇……〔皖〕金寨县 209
天堂镇……〔皖〕岳西县 205
天堂镇……〔湘〕宁远县 286
天堂镇……〔粤〕新兴县 300
天堂镇……〔黔〕印江土家族苗族自治县 362
天堂镇……〔陇〕天祝藏族自治县 403
天馆乡……〔渝〕酉阳土家族苗族自治县 323
天涯区……〔琼〕三亚市 313
天塔街道……〔津〕河西区 103
天彭街道……〔川〕彭州市 328
天赐湾镇……〔陕〕靖边县 395
天鹅镇……〔鄂〕应城市 271
天等县……〔桂〕崇左市 310
天等镇……〔桂〕天等县 310
天湖街道……〔皖〕宁国市 210
天禄镇……〔赣〕贵溪市 226
天塘镇……〔湘〕宜章县 284
天福街道……〔鲁〕文登区 241
天福镇……〔川〕蓬溪县 335
天增镇……〔黑〕巴彦县 166
天镇县……〔晋〕大同市 124
天德乡……〔吉〕舒兰市 158
天德镇……〔辽〕西丰县 152
天穆镇……〔津〕北辰区 103
天凝镇……〔浙〕嘉善县 192
天衢街道……〔鲁〕德城区 243
夫子庙街道……〔苏〕秦淮区 179
夫子河镇……〔鄂〕麻城市 273
元山子乡……〔蒙〕丰镇市 140
元山镇……〔川〕剑阁县 334
元山镇……〔川〕平昌县 347
元门乡……〔琼〕白沙黎族自治县 314
元马镇……〔滇〕元谋县 375
元氏县……〔冀〕石家庄市 108
元石乡……〔川〕平昌县 347
元石镇……〔川〕什邡市 331
元龙镇……〔陇〕麦积区 402
元台子满族乡……〔辽〕兴城市 154
元台镇……〔辽〕瓦房店市 147
元竹镇……〔苏〕泰兴市 186
元江哈尼族彝族傣族自治县
……〔滇〕玉溪市 371
元兴乡……〔川〕中江县 331
元阳县……〔滇〕红河哈尼族彝族自治州 376
元坝镇……〔川〕昭化区 333
元坝镇……〔川〕苍溪县 335
元坝镇……〔川〕安岳县 347
元坑镇……〔闽〕顺昌县 217
元村镇……〔豫〕南乐县 255
元岗街道……〔粤〕天河区 291
元固乡……〔冀〕肥乡区 111
元和街道……〔苏〕相城区 181
元和街道……〔浙〕云和县 197
元宝山乡……〔川〕雷波县 354
元宝山区……〔蒙〕赤峰市 136
元宝山街道……〔冀〕双滦区 117
元宝山镇……〔蒙〕元宝山区 136
元宝区……〔辽〕丹东市 149
元宝镇……〔黑〕尚志市 166
元城镇……〔陇〕华池县 405
元厚镇……〔黔〕赤水市 359
元觉街道……〔浙〕洞头区 191
元通街道……〔浙〕海盐县 192
元通镇……〔川〕崇州市 328
元通镇……〔川〕仁寿县 341
元谋县……〔滇〕楚雄彝族自治州 375
元堡子镇……〔晋〕右玉县 126
元堡乡……〔鄂〕利川市 274
元善镇……〔粤〕连平县 298
元墩镇……〔陕〕勉县 394
元潭镇……〔川〕南江县 347
元疃镇……〔皖〕肥东县 201
无为县……〔皖〕芜湖市 202
无极县……〔冀〕石家庄市 108
无极镇……〔冀〕无极县 108
无定河镇……〔蒙〕乌审旗 138
无终街道……〔冀〕玉田县 109
无城镇……〔皖〕无为县 202
无梁殿镇……〔辽〕黑山县 150
无梁镇……〔豫〕禹州市 256
无棣县……〔鲁〕滨州市 245
无量山镇……〔滇〕南涧彝族自治县 377
无量寺乡……〔豫〕上蔡县 263
无瑕街道……〔津〕东丽区 103
无锡市……〔苏〕179
无影山街道……〔鲁〕天桥区 235
韦曲街道……〔陕〕长安区 389
韦庄镇……〔陕〕澄城县 392
韦州镇……〔宁〕同心县 420
韦岗街道……〔苏〕润州区 185
韦林镇……〔陕〕大荔县 392
韦营乡……〔陇〕榆中县 401
韦集镇……〔皖〕灵璧县 208
韦源口镇……〔鄂〕阳新县 268
韦寨镇……〔皖〕临泉县 207
专探乡……〔豫〕西平县 262
云山街道……〔吉〕双阳区 157
云山街道……〔苏〕连云区 182
云山街道……〔浙〕兰溪市 194
云山镇……〔黑〕萝北县 168
云山镇……〔赣〕临川区 230
云山镇……〔鲁〕平度市 236
云山镇……〔陇〕秦安县 403
云门山街道……〔鲁〕青州市 239
云门街道……〔渝〕合川区 319
云中镇……〔晋〕怀仁县 126
云冈镇……〔晋〕南郊区 124
云凤镇……〔川〕游仙区 332
云石山乡……〔赣〕瑞金市 227
云龙乡……〔闽〕闽清县 213
云龙乡……〔滇〕禄劝彝族苗族自治县 369
云龙区……〔苏〕徐州市 180
云龙县……〔滇〕大理白族自治州 377
云龙镇……〔浙〕鄞州区 190
云龙镇……〔琼〕琼山区 313
云龙镇……〔渝〕梁平区 321
云龙镇……〔川〕简阳市 329
云龙镇……〔川〕泸县 330
云东海街道……〔粤〕三水区 293
云田镇……〔湘〕石峰区 278
云田镇……〔陇〕陇西县 406
云仙彝族乡……〔滇〕思茅区 373
云乐镇……〔皖〕旌德县 210
云台山镇……〔豫〕修武县 255
云台街道……〔苏〕海州区 182
云台镇……〔渝〕长寿区 319
云台镇……〔川〕平昌县 347
云台镇……〔陇〕康县 407
云场坪镇……〔黔〕碧江区 362
云同乡……〔川〕三台县 332
云合镇……〔川〕金堂县 328
云州乡……〔冀〕赤城县 117
云关乡……〔黔〕南明区 357
云池街道……〔鄂〕猇亭区 269
云兴镇……〔晋〕左云县 124
云安区……〔粤〕云浮市 300
云安镇……〔渝〕云阳县 322
云阳县……〔渝〕322
云阳街道……〔苏〕丹阳市 185
云阳街道……〔湘〕茶陵县 278
云阳镇……〔豫〕南召县 257
云阳镇……〔渝〕云阳县 322
云阳镇……〔陕〕泾阳县 391

云红街道……〔鲁〕乐陵市 244
云杉路街道……〔蒙〕元宝山区 136
云县……〔滇〕临沧市 374
云岗街道……〔京〕丰台区 99
云甸镇……〔川〕会理县 352
云表镇……〔桂〕横县 303
云顶镇……〔吉〕东辽县 160
云顶镇……〔川〕隆昌市 336
云林街道……〔苏〕锡山区 179
云枫街道……〔渝〕开州区 320
云昙乡……〔川〕通江县 346
云岩区……〔黔〕贵阳市 357
云岩镇……〔粤〕乐昌市 292
云岩镇……〔陕〕宜川县 393
云岭乡……〔浙〕永嘉县 191
云岭乡……〔滇〕德钦县 378
云岭镇……〔皖〕泾县 210
云和县……〔浙〕丽水市 197
云周街道……〔浙〕瑞安市 192
云城区……〔粤〕云浮市 300
云城街道……〔粤〕白云区 291
云城街道……〔粤〕云城区 300
云南驿镇……〔滇〕祥云县 377
云南路街道……〔鲁〕市南区 235
云贵乡…〔黔〕威宁彝族回族苗族自治县 361
云亭街道……〔苏〕江阴市 180
云屏镇……〔陇〕两当县 408
云峰乡……〔川〕安岳县 348
云峰街道……〔浙〕遂昌县 197
云峰镇……〔川〕苍溪县 335
云浮市……〔粤〕 300
云陵镇……〔闽〕云霄县 216
云梦乡……〔陕〕宜君县 390
云梦县……〔鄂〕孝感市 271
云梯畲族乡……〔皖〕宁国市 210
云盖寺镇……〔陕〕镇安县 397
云落镇……〔粤〕普宁市 300
云集乡……〔川〕江油市 333
云集街道……〔鄂〕西陵区 269
云集镇……〔湘〕衡南县 279
云集镇……〔渝〕长寿区 319
云湖桥镇……〔湘〕湘潭县 278
云富街道……〔滇〕水富县 372
云塘街道……〔湘〕雨湖区 278
云雾土家族乡……〔渝〕奉节县 322
云雾山镇……〔陕〕石泉县 396
云雾镇……〔黔〕贵定县 365
云路镇……〔粤〕揭东区 300
云锦镇……〔川〕泸县 330
云鹏道街道……〔冀〕广阳区 119
云溪乡……〔浙〕衢江区 195
云溪区……〔湘〕岳阳市 281
云溪街道……〔湘〕云溪区 281
云溪镇……〔川〕盐亭县 332
云霄县……〔闽〕漳州市 216
云潭镇……〔粤〕高州市 295
云澳镇……〔粤〕南澳县 293
云鹤镇……〔滇〕鹤庆县 378
云簇镇……〔晋〕榆社县 127
扎下镇……〔苏〕沭阳县 186
扎木镇……〔藏〕波密县 384
扎瓦镇……〔新〕墨玉县 427
扎日乡……〔藏〕洛扎县 384
扎日乡……〔藏〕隆子县 384
扎毛乡……〔青〕同仁县 414
扎仁镇……〔藏〕安多县 385
扎巴镇……〔青〕化隆回族自治县 414
扎玉镇……〔藏〕左贡县 383
扎古录镇……〔陇〕卓尼县 409
扎龙镇……〔黑〕铁锋区 167
扎兰屯市……〔蒙〕呼伦贝尔市 139
扎兰营子镇…〔辽〕阜新蒙古族自治县 151
扎西岗乡……〔藏〕墨竹工卡县 381
扎西岗乡……〔藏〕拉孜县 382
扎西岗乡……〔藏〕定结县 382
扎西岗乡……〔藏〕萨迦县 382
扎西岗乡……〔藏〕噶尔县 385
扎西宗乡……〔藏〕定日县 381
扎西宗乡……〔藏〕拉孜县 382
扎西科街道……〔青〕玉树市 415
扎西绕登乡……〔藏〕米林县 384
扎西镇……〔滇〕威信县 372
扎曲乡……〔藏〕安多县 385
扎朵镇……〔青〕称多县 415
扎佐镇……〔黔〕修文县 357
扎库齐牛录乡……
……〔新〕察布查尔锡伯自治县 428
扎青乡……〔青〕杂多县 415
扎拖乡……〔川〕道孚县 350
扎拉乡……〔藏〕比如县 385
扎其乡……〔藏〕扎囊县 384
扎果乡……〔藏〕定日县 381
扎河乡……〔青〕治多县 415
扎油乡……〔陇〕夏河县 409
扎细街道……〔藏〕城关区 381
扎科乡……〔川〕甘孜县 350
扎音河乡……〔黑〕海伦市 172
扎格斯台苏木……〔蒙〕正蓝旗 141
扎陵湖乡……〔青〕玛多县 415
扎勒木特乡……〔新〕温泉县 425
扎赉特旗……〔蒙〕兴安盟 141
扎赉诺尔区……〔蒙〕呼伦贝尔市 138
扎雪乡……〔藏〕墨竹工卡县 381
扎麻什乡……〔青〕祁连县 414
扎鲁特旗……〔蒙〕通辽市 137
扎窝乡……〔川〕黑水县 349
扎塘镇……〔藏〕扎囊县 384
扎嘎斯台镇……〔蒙〕阿鲁科尔沁旗 136
扎囊县……〔藏〕山南市 384
廿八都镇……〔浙〕江山市 195
廿三里街道……〔浙〕义乌市 194
廿地乡……〔青〕共和县 414
廿里铺街道……〔鲁〕任城区 240
廿里铺镇……〔青〕城北区 413
廿里堡街道……〔鲁〕奎文区 239
廿里镇……〔浙〕衢江区 195
艺新街道……〔豫〕山阳区 255
木厂口镇……〔冀〕迁安市 110
木厂镇……〔皖〕金安区 208
木厂镇……〔滇〕马关县 376
木山乡……〔桂〕上林县 303
木门店镇……〔冀〕青县 118
木门镇……〔川〕旺苍县 334
木子店镇……〔鄂〕麻城市 273
木子镇……〔川〕达川区 344
木马镇……〔川〕剑阁县 334
木王镇……〔陕〕镇安县 397
木井乡……〔冀〕涉县 111
木井镇……〔冀〕卢龙县 110
木什乡……〔新〕疏附县 426
木引镇……〔黔〕罗甸县 365
木孔镇……〔黔〕金沙县 361
木双镇……〔桂〕苍梧县 305
木古镇……〔川〕会理县 352
木石镇……〔鲁〕滕州市 237
木卡乡……〔川〕理县 348
木叶乡…〔渝〕酉阳土家族苗族自治县 323
木央镇……〔滇〕富宁县 377
木瓜坪乡……〔晋〕临县 131
木乐镇……〔桂〕桂平市 307
木瓜镇……〔黔〕桐梓县 358
木瓜镇……〔陕〕府谷县 395
木尔乡……〔川〕布拖县 353
木尔宗乡……〔川〕马尔康市 348
木兰乡……〔赣〕石城县 227
木兰乡……〔鄂〕黄陂区 268
木兰县……〔黑〕哈尔滨市 166
木兰镇……〔黑〕木兰县 166
木兰镇……〔豫〕虞城县 259
木兰镇……〔川〕新都区 327
木兰镇……〔川〕阆中市 340
木头乡……〔川〕达川区 344
木头城子镇……〔辽〕朝阳县 153
木头峪镇……〔陕〕佳县 396
木头营子乡……〔蒙〕敖汉旗 137
木头凳镇……〔冀〕青龙满族自治县 110
木尕拉镇……〔新〕于田县 428
木皮藏族乡……〔川〕平武县 333
木圭镇……〔桂〕桂平市 307
木吉乡……〔新〕阿克陶县 426
木吉镇……〔新〕皮山县 427
木老元布朗族彝族乡……〔滇〕施甸县 371
木老镇……〔川〕嘉陵区 338
木场乡……〔滇〕镇康县 374
木耳乡……〔陇〕宕昌县 407
木耳镇……〔渝〕渝北区 318
木耳镇……〔陇〕卓尼县 409
木协乡……〔藏〕贡觉县 383
木西合乡……〔陇〕玛曲县 409
木江坪镇……〔湘〕凤凰县 288
木许乡……〔藏〕芒康县 383
木苏乡……〔川〕黑水县 349
木杆镇……〔滇〕大关县 372
木村乡……〔冀〕新乐市 108
木李镇……〔鲁〕高青县 237
木里图镇……〔蒙〕科尔沁区 137
木里镇……〔青〕天峻县 415
木里藏族自治县……
……〔川〕凉山彝族自治州 352
木岗镇……〔黔〕六枝特区 357
木顶乡……〔川〕营山县 339
木拉乡……〔川〕稻城县 351
木拉乡……〔藏〕萨迦县 382
木坡乡……〔川〕小金县 349
木林乡……〔陇〕崇信县 404
木林镇……〔京〕顺义区 100
木奇镇……〔辽〕新宾满族自治县 148
木卓镇……〔滇〕镇雄县 372
木果镇……〔黔〕水城县 357
木凯淖尔镇……〔蒙〕鄂托克旗 138
木金乡……〔湘〕平江县 282
木鱼镇……〔鄂〕神农架林区 274
木鱼镇……〔川〕青川县 334
木府乡……〔川〕金阳县 353
木河乡……〔陇〕张家川回族自治县 403
木垭镇……〔川〕营山县 339
木城街道……〔豫〕武陟县 255
木城镇……〔川〕夹江县 337
木城彝族傈僳族乡……〔滇〕龙陵县 371
木茹乡……〔川〕道孚县 350
木树镇……〔黔〕松桃苗族自治县 363
木奎拉乡……〔新〕皮山县 427
木咱镇……〔黔〕安龙县 363
木洞镇……〔渝〕巴南区 319
木垒哈萨克自治县……
……〔新〕昌吉回族自治州 424
木垒镇……〔新〕木垒哈萨克自治县 424
木绒乡……〔川〕雅江县 350
木桐乡……〔豫〕卢氏县 257
木格乡……〔桂〕昭平县 308
木格镇……〔粤〕广宁县 296
木格镇……〔桂〕港南区 306
木根镇……〔桂〕桂平市 307
木贾街道……〔黔〕兴义市 363
木钵镇……〔陇〕环县 405
木栾街道……〔豫〕武陟县 255
木座藏族乡……〔川〕平武县 333
木凉镇……〔渝〕南川区 320
木黄镇…〔黔〕印江土家族苗族自治县 362
木梓乡……〔鄂〕安陆市 271
木梓镇……〔桂〕港南区 306
木戛乡……〔滇〕澜沧拉祜族自治县 374
木渎镇……〔苏〕吴中区 181
木塔乡……〔皖〕东至县 210
木塔乡……〔藏〕丁青县 383
木斯乡……〔新〕尼勒克县 428
木植街乡……〔豫〕嵩县 251
木棠镇……〔琼〕儋州市 313
木港镇……〔鄂〕阳新县 268
木塘垸镇……〔湘〕桃源县 283
木镇镇……〔皖〕青阳县 210
五一街道……〔蒙〕乌兰浩特市 140
五一街道……〔豫〕鼓楼区 250
五一街道……〔湘〕石鼓区 279
五一路街道……〔冀〕桥东区 115
五一路街道……〔豫〕卫东区 252
五一路街道……〔豫〕魏都区 256
五十家子镇……〔蒙〕林西县 136
五十铺乡……〔皖〕颍上县 207
五十镇……〔青〕互助土族自治县 413

（四画）五

五三街道……〔辽〕浑南区 145
五工台镇……〔新〕呼图壁县 424
五大连池市……〔黑〕黑河市 171
五大连池镇……〔黑〕五大连池市 171
五大堡乡……〔浙〕庆元县 197
五大道街道……〔津〕和平区 103
五山乡……〔桂〕大新县 310
五山乡……〔桂〕兴宾区 310
五山乡……〔滇〕弥勒市 375
五山街道……〔粤〕天河区 291
五山镇……〔鄂〕谷城县 270
五山镇……〔粤〕乐昌市 292
五女店镇……〔豫〕建安区 256
五马场哈萨克族乡……〔新〕奇台县 424
五马街道……〔晋〕城区 125
五马街道……〔浙〕鹿城区 191
五马镇……〔皖〕谯城区 209
五马镇……〔渝〕奉节县 322
五马镇……〔川〕阆中市 340
五马镇……〔黔〕仁怀市 359
五马镇……〔陇〕武都区 407
五乡镇……〔浙〕鄞州区 190
五丰镇……〔赣〕万安县 228
五井镇……〔鲁〕临朐县 239
五夫镇……〔闽〕武夷山市 218
五云街道……〔浙〕缙云县 197
五云镇……〔赣〕赣县区 226
五云镇……〔粤〕揭西县 300
五木镇……〔川〕平昌县 347
五五新镇街道……〔新〕克拉玛依区 423
五化镇……〔蒙〕宁城县 137
五分地镇……〔蒙〕翁牛特旗 137
五公镇……〔冀〕饶阳县 120
五凤街道……〔闽〕鼓楼区 213
五凤镇……〔川〕金堂县 328
五方乡……〔川〕大英县 336
五斗江乡……〔赣〕遂川县 228
五户乡……〔陇〕康乐县 408
五龙口镇……〔豫〕济源市 263
五龙山乡……〔晋〕壶关县 125
五龙山瑶族乡……〔湘〕宁远县 286
五龙乡……〔浙〕嵊泗县 196
五龙乡……〔川〕盐亭县 333
五龙乡……〔川〕宝兴县 346
五龙壮族乡……〔滇〕师宗县 370
五龙背镇……〔辽〕振安区 149
五龙洞镇……〔陕〕略阳县 394
五龙街道……〔辽〕海州区 151
五龙街道……〔黑〕龙沙区 166
五龙街道……〔黔〕金沙县 361
五龙镇……〔豫〕林州市 253
五龙镇……〔豫〕上蔡县 263
五龙镇……〔川〕苍溪县 335
五龙镇……〔陇〕麦积区 402
五申镇……〔蒙〕托克托县 135
五号渠乡……〔新〕焉耆回族自治县 425
五四路街道……〔冀〕莲池区 113
五四镇……〔川〕达川区 344
五印乡……〔滇〕巍山彝族回族自治县 377
五头镇……〔豫〕新安县 251
五台子街道……〔辽〕西市区 150
五台乡……〔吉〕德惠市 158
五台乡……〔鄂〕房县 268
五台县……〔晋〕忻州市 128
五台街道……〔陕〕长安区 389
五圩镇……〔桂〕金城江区 309
五老屯街道……〔辽〕田屯街道 148
五老村街道……〔苏〕秦淮区 179
五权镇……〔川〕旺苍县 334
五百户镇……〔津〕蓟州区 104
五百户镇……〔冀〕香河县 119
五尧乡……〔冀〕莲池区 113
五当召镇……〔蒙〕石拐区 135
五当沟街道……〔蒙〕石拐区 135
五团镇……〔湘〕城步苗族自治县 281
五竹镇……〔陇〕渭源县 406
五竹镇……〔陕〕鄠邑区 389
五华区……〔滇〕昆明市 369
五华县……〔粤〕梅州市 297
五合乡……〔川〕简阳市 329
五合乡……〔滇〕腾冲市 371
五合镇……〔陇〕靖远县 402
五汛镇……〔苏〕滨海县 184
五块石街道……〔川〕金牛区 327
五村镇……〔桂〕田阳县 307
五里口乡……〔豫〕太康县 262
五里川镇……〔豫〕卢氏县 257
五里乡……〔皖〕宿松县 204
五里乡……〔鄂〕鹤峰县 274
五里乡……〔渝〕黔江区 319
五里布依族苗族乡……〔黔〕黔西县 361
五里岗街道……〔黔〕威宁彝族回族苗族自治县 361
五里甸子镇……〔辽〕桓仁满族自治县 149
五里沟街道……〔鲁〕槐荫区 235
五里坨街道……〔京〕石景山区 99
五里明镇……〔黑〕肇东市 172
五里店街道……〔豫〕平桥区 260
五里店街道……〔渝〕江北区 317
五里店镇……〔豫〕平桥区 260
五里河街道……〔辽〕沈河区 145
五里河镇……〔豫〕杞县 250
五里界街道……〔鄂〕江夏区 267
五里亭街道……〔桂〕鱼峰区 303
五里桥街道……〔沪〕黄浦区 175
五里桥镇……〔豫〕西峡县 258
五里堆街道……〔湘〕岳塘区 278
五里铺镇……〔鄂〕沙洋县 270
五里牌街道……〔湘〕芙蓉区 277
五里牌街道……〔湘〕耒阳市 280
五里牌街道……〔湘〕岳阳楼区 281
五里牌街道……〔湘〕临湘市 282
五里牌镇……〔湘〕苏仙区 284
五里牌镇……〔湘〕双牌县 285
五里堡街道……〔豫〕二七区 249
五里堡街道……〔豫〕宛城区 257
五里街道……〔赣〕濂溪区 224
五里街镇……〔闽〕永春县 216
五里源乡……〔豫〕修武县 255
五里箐乡……〔川〕越西县 354
五里墩街道……〔鄂〕汉阳区 267
五里墩街道……〔皖〕蜀山区 201
五里墩街道……〔豫〕浉河区 260
五里镇……〔苏〕淮阴区 183
五里镇……〔鄂〕通城县 273
五里镇……〔桂〕覃塘区 306
五里镇……〔陕〕宜君县 390
五里镇……〔陕〕汉滨区 396
五佛乡……〔陇〕景泰县 402
五谷城镇……〔陕〕吴起县 393
五岔沟镇……〔蒙〕阿尔山市 140
五岔路乡……〔滇〕芒市 378
五角场街道……〔沪〕杨浦区 175
五角场镇……〔沪〕杨浦区 175
五亩乡……〔豫〕灵宝市 257
五库乡……〔陇〕武都区 407
五间房镇……〔辽〕北票市 153
五间镇……〔渝〕永川区 319
五沟营镇……〔豫〕西平县 262
五沟镇……〔皖〕濉溪县 204
五良太乡……〔蒙〕清水河县 135
五灵乡……〔川〕南部县 339
五陂镇……〔赣〕安源区 224
五顶山乡……〔滇〕南华县 375
五林洞镇……〔黑〕饶河县 169
五林镇……〔黑〕阳明区 170
五松镇……〔皖〕义安区 204
五矿镇……〔川〕江安县 341
五顷塬回族乡……〔陇〕正宁县 406
五虎山街道……〔蒙〕乌达区 136
五岭镇……〔湘〕宜章县 284
五图街道……〔鲁〕昌乐县 239
五和镇……〔粤〕广宁县 296
五和镇……〔陇〕凉州区 403
五股泉乡……〔蒙〕兴和县 140
五股路街道……〔豫〕瀍河回族区 251
五庙乡……〔皖〕潜山县 204
五府山镇……〔赣〕上饶县 231
五泄镇……〔浙〕诸暨市 193
五河县……〔皖〕蚌埠市 202
五河街道……〔苏〕梁溪区 179
五河镇……〔皖〕岳西县 205
五宝镇……〔渝〕江北区 317
五宝镇……〔川〕贡井区 329
五宝镇……〔川〕宣汉县 344
五官乡……〔川〕雷波县 354
五经富镇……〔粤〕揭西县 300
五城镇……〔皖〕休宁县 205
五指山市……〔琼〕儋州市 313
五指乡……〔川〕简阳市 329
五指峰乡……〔赣〕上犹县 226
五显镇……〔皖〕舒城县 209
五显镇……〔闽〕同安区 214
五星乡……〔皖〕宣州区 210
五星乡……〔豫〕濮阳县 256
五星乡……〔川〕简阳市 329
五星乡……〔滇〕会泽县 370
五星岭乡……〔湘〕双牌县 285
五星街街道……〔川〕自流井区 329
五星街道……〔黑〕东安区 170
五星街道……〔苏〕钟楼区 181
五星街道……〔苏〕亭湖区 184
五星街道……〔豫〕浉河区 260
五星街道……〔陕〕长安区 389
五星镇……〔辽〕灯塔市 152
五星镇……〔皖〕太和县 207
五星镇……〔豫〕新野县 258
五星镇……〔川〕兴文县 342
五重安乡……〔冀〕迁安市 110
五段镇……〔苏〕沛县 180
五泉街道……〔陇〕城关区 401
五泉镇……〔陕〕杨陵区 391
五将镇……〔桂〕昭平县 308
五洞镇……〔渝〕垫江县 321
五津街道……〔川〕新津县 328
五宪乡……〔川〕荥经县 345
五祖镇……〔鄂〕黄梅县 272
五珠乡……〔滇〕广南县 377
五都镇……〔赣〕广丰区 231
五莲县……〔鲁〕日照市 242
五桂山街道……〔粤〕中山市 299
五桂镇……〔渝〕潼南区 320
五桥街道……〔渝〕万州区 317
五原县……〔蒙〕巴彦淖尔市 139
五烈镇……〔苏〕东台市 184
五峰土家族自治县……〔鄂〕宜昌市 269
五峰山街道……〔鲁〕长清区 235
五峰乡……〔鄂〕郧阳区 268
五峰铺镇……〔湘〕邵阳县 280
五峰街道……〔黔〕紫云苗族布依族自治县 360
五峰镇……〔辽〕彰武县 151
五峰镇……〔鄂〕五峰土家族自治县 269
五峰镇……〔青〕互助土族自治县 414
五郭店乡……〔冀〕内丘县 112
五站镇……〔黑〕肇东市 172
五家乡……〔陇〕东乡族自治县 409
五家站镇……〔吉〕扶余市 161
五家渠市……〔新〕阿勒泰地区 429
五家街道……〔黑〕双城区 166
五家镇……〔蒙〕元宝山区 136
五陵镇……〔豫〕汤阴县 253
五通乡……〔渝〕开州区 320
五通桥区……〔川〕乐山市 337
五通镇……〔桂〕临桂区 304
五通镇……〔川〕合江县 330
五堵镇……〔陕〕城固县 394
五接镇……〔苏〕通州区 182
五营乡……〔黑〕北林区 171
五营区……〔黑〕伊春市 169
五营镇……〔陇〕秦安县 402
五常市……〔黑〕哈尔滨市 166
五常街道……〔浙〕余杭区 189
五常镇……〔黑〕五常市 166
五眼泉镇……〔鄂〕宜昌市 269
五盖山镇……〔湘〕苏仙区 284
五堰街道……〔鄂〕茅箭区 268
五棵树镇……〔吉〕榆树市 157
五棵树镇……〔吉〕镇赉县 161
五蛟镇……〔陇〕华池县 405

（四画）五支不太

五堡镇……〔冀〕涿鹿县 116
五堡镇……〔新〕伊州区 424
五街镇……〔滇〕南华县 375
五道水镇……〔湘〕桑植县 283
五道江镇……〔吉〕二道江区 160
五道沟镇……〔吉〕柳河县 160
五道河乡……〔冀〕承德县 117
五道营子满族乡……〔冀〕滦平县 117
五道营乡……〔冀〕丰宁满族自治县 117
五道箐乡……〔川〕普格县 353
五港镇……〔苏〕涟水县 183
五渡镇……〔川〕峨边彝族自治县 337
五强溪镇……〔湘〕沅陵县 286
五塘镇……〔桂〕兴宁区 303
五福乡…〔渝〕酉阳土家族苗族自治县 323
五福镇……〔川〕仪陇县 339
五境乡……〔滇〕香格里拉市 378
五寨乡……〔闽〕平和县 217
五寨县……〔晋〕忻州市 129
五横乡……〔皖〕宜秀区 204
五德镇……〔黔〕石阡县 362
五德镇……〔滇〕镇雄县 372
支口街道……〔苏〕宿城区 186
支尔莫乡……〔川〕昭觉县 353
支那乡……〔滇〕盈江县 378
支坪镇……〔渝〕江津区 319
支河乡……〔皖〕埇桥区 207
支塘镇……〔苏〕常熟市 182
不老屯镇……〔京〕密云区 100
太乙宫街道……〔陕〕长安区 389
太乙路街道……〔陕〕碑林区 389
太乙镇……〔川〕射洪县 335
太山庙乡……〔豫〕南召县 257
太山庙镇……〔陕〕宁陕县 396
太山镇……〔吉〕大安市 162
太山镇……〔豫〕获嘉县 254
太子井乡……〔冀〕邢台县 112
太子庙镇……〔湘〕汉寿县 282
太子河区……〔辽〕辽阳市 151
太子镇……〔鄂〕阳新县 268
太王镇……〔吉〕集安市 160
太升路街道……〔川〕青羊区 327
太仆寺旗……〔蒙〕锡林郭勒盟 141
太公镇……〔豫〕卫辉市 254
太公镇……〔川〕昭化区 334
太仓市……〔苏〕苏州市 182
太古乡……〔晋〕大宁县 130
太古街道……〔黑〕道外区 165
太本站镇……〔蒙〕乌兰浩特市 140
太石乡……〔陇〕康县 407
太石河乡……〔陇〕西和县 408
太石镇……〔陇〕临洮县 406
太龙镇……〔渝〕万州区 317
太平大街街道……〔黑〕道外区 165
太平山镇……〔吉〕长岭县 161
太平川乡……〔黑〕汤原县 170
太平川镇……〔吉〕长岭县 161
太平川镇……〔黑〕北林区 171
太平乡……〔蒙〕突泉县 141
太平乡……〔黑〕密山市 168
太平乡……〔黑〕五大连池市 171
太平乡……〔黑〕肇东市 172
太平乡……〔浙〕莲都区 196
太平乡……〔湘〕洪江市 287
太平乡……〔川〕仁和区 330
太平乡……〔川〕中江县 331
太平乡……〔川〕屏山县 342
太平乡……〔滇〕漾濞彝族自治县 377
太平区……〔辽〕阜新市 151
太平圩乡……〔湘〕耒阳市 280
太平圩镇……〔湘〕蓝山县 286
太平地镇……〔蒙〕松山区 136
太平场镇……〔渝〕南川区 320
太平庄乡……〔冀〕迁安市 110
太平庄乡……〔冀〕怀安县 116
太平庄乡……〔晋〕神池县 129
太平庄满族乡……〔冀〕隆化县 117
太平庄镇……〔辽〕建平县 153
太平庄镇……〔黑〕安达市 172
太平关乡……〔赣〕彭泽县 225
太平坝乡……〔渝〕丰都县 321
太平沟乡……〔黑〕萝北县 168
太平岭满族乡……〔辽〕庄河市 147
太平店镇……〔鄂〕樊城区 269
太平店镇……〔陇〕会宁县 402
太平畈乡……〔皖〕霍山县 209
太平桥乡……〔川〕丹巴县 350
太平桥街道……〔京〕丰台区 99
太平桥镇……〔鄂〕红安县 272
太平桥镇……〔川〕简阳市 329
太平哨镇……〔辽〕宽甸满族自治县 149
太平营街道……〔黔〕松桃苗族自治县 363
太平街道……〔辽〕普兰店区 146
太平街道……〔辽〕盘山县 152
太平街道……〔苏〕相城区 181
太平街道……〔浙〕温岭市 196
太平街道……〔鲁〕济阳县 235
太平街道……〔鲁〕河东区 242
太平街道……〔粤〕湘桥区 299
太平街道……〔桂〕江州区 310
太平街道……〔滇〕昭阳区 372
太平湖镇……〔皖〕黄山区 205
太平湾街道……〔辽〕振安区 149
太平路街道……〔冀〕丰润区 109
太平新城街道……〔滇〕安宁市 370
太平溪镇……〔鄂〕夷陵区 269
太平寨镇……〔冀〕迁西县 109
太平镇……〔津〕滨海新区 104
太平镇……〔辽〕阜新蒙古族自治县 151
太平镇……〔辽〕昌图县 152
太平镇……〔吉〕双阳区 157
太平镇……〔黑〕安图县 165
太平镇……〔黑〕集贤县 169
太平镇……〔苏〕泗洪县 186
太平镇……〔闽〕延平区 217
太平镇……〔闽〕诏安县 217
太平镇……〔赣〕湾里区 223
太平镇……〔鲁〕邹城市 241
太平镇……〔鲁〕巨野县 246
太平镇……〔豫〕原阳县 254
太平镇……〔豫〕西峡县 258
太平镇……〔豫〕夏邑县 259
太平镇……〔鄂〕枣阳市 270
太平镇……〔鄂〕广水市 273
太平镇……〔鄂〕鹤峰县 274
太平镇……〔湘〕石门县 283
太平镇……〔湘〕宁远县 286
太平镇……〔湘〕吉首市 288
太平镇……〔粤〕从化区 292
太平镇……〔粤〕始兴县 292
太平镇……〔粤〕麻章区 294
太平镇……〔粤〕清新区 298
太平镇……〔粤〕阳山县 299
太平镇……〔粤〕罗定市 300
太平镇……〔粤〕新兴县 300
太平镇……〔桂〕武鸣区 303
太平镇……〔桂〕柳城县 304
太平镇……〔桂〕藤县 305
太平镇……〔桂〕灵山县 306
太平镇……〔桂〕平果县 308
太平镇……〔渝〕铜梁区 320
太平镇……〔渝〕垫江县 321
太平镇……〔川〕双流区 327
太平镇……〔川〕古蔺县 331
太平镇……〔川〕游仙区 332
太平镇……〔川〕江油市 333
太平镇……〔川〕资中县 336
太平镇……〔川〕沙湾区 337
太平镇……〔川〕西充县 340
太平镇……〔川〕兴文县 342
太平镇……〔川〕万源市 345
太平镇……〔川〕芦山县 346
太平镇……〔川〕茂县 348
太平镇……〔川〕会理县 352
太平镇……〔黔〕江口县 362
太平镇……〔滇〕施甸县 371
太平镇……〔滇〕水富县 372
太平镇……〔滇〕姚安县 375
太平镇……〔滇〕盈江县 378
太平镇……〔陕〕泾阳县 391
太平镇……〔陇〕泾川县 404
太平镇……〔陇〕镇原县 406
太平彝族苗族乡……〔黔〕金沙县 361
太东乡……〔黑〕依安县 167
太丘镇……〔豫〕永城市 260
太白县……〔陕〕宝鸡市 391
太白园街道……〔赣〕珠山区 223
太白河镇……〔陕〕太白县 391
太白梁乡……〔陇〕庆城县 405
太白街道……〔渝〕万州区 317
太白镇……〔皖〕当涂县 203
太白镇……〔赣〕婺源县 232
太白镇……〔黔〕绥阳县 358
太白镇……〔陇〕合水县 406
太芝庙镇……〔湘〕新邵县 280
太师屯镇……〔京〕密云区 100
太伏镇……〔川〕泸县 330
太华乡……〔川〕南部县 339
太华路街道……〔陕〕新城区 389
太华路街道……〔陕〕华阴市 393
太华镇……〔苏〕宜兴市 180
太华镇……〔闽〕大田县 215
太行小区街道……〔豫〕龙安区 253
太行东街街道……〔晋〕城区 124
太行西街街道……〔晋〕城区 124
太行街道……〔冀〕裕华区 107
太行街道……〔豫〕山阳区 255
太行街道……〔豫〕沁阳市 255
太安乡……〔吉〕榆树市 158
太兴乡……〔川〕射洪县 335
太安乡……〔川〕东兴区 336
太安乡……〔滇〕玉龙纳西族自治县 373
太安街道……〔吉〕西安区 159
太安镇……〔渝〕万州区 317
太安镇……〔渝〕潼南区 320
太安镇……〔川〕中江县 331
太安镇……〔陕〕宜君县 390
太阳山镇……〔宁〕红寺堡区 419
太阳乡……〔晋〕稷山县 128
太阳乡……〔皖〕霍山县 209
太阳升街道……〔辽〕盖州市 150
太阳升镇……〔黑〕大同区 169
太阳升镇……〔赣〕修水县 224
太阳村镇……〔桂〕柳南区 304
太阳岛街道……〔黑〕松北区 165
太阳坪乡…〔湘〕靖州苗族侗族自治县 287
太阳岭镇……〔陕〕宁强县 394
太阳河乡……〔鄂〕恩施市 274
太阳河乡……〔川〕金川县 349
太阳宫（地区）乡……〔京〕朝阳区 99
太阳梁乡……〔宁〕中宁县 420
太阳街道……〔辽〕瓦房店市 147
太阳镇……〔浙〕临安区 189
太阳镇……〔赣〕临川区 230
太阳镇……〔赣〕高安市 230
太村镇……〔陕〕旬邑县 392
太极乡……〔渝〕黔江区 319
太极镇……〔陇〕永靖县 408
太来彝族苗族乡……〔黔〕黔西县 361
太邑彝族乡……〔滇〕大理市 377
太谷县……〔晋〕晋中市 127
太拔镇……〔闽〕上杭县 218
太拥镇……〔黔〕剑河县 364
太林乡……〔晋〕蒲县 130
太昌镇……〔陇〕宁县 406
太忠镇……〔滇〕景东彝族自治县 373
太和土家族乡……〔渝〕奉节县 322
太和乡……〔川〕嘉陵区 338
太和乡……〔川〕邻水县 343
太和区……〔辽〕锦州市 149
太和县……〔皖〕阜阳市 207
太和桥街道……〔晋〕汾阳市 131
太和堂镇……〔湘〕祁东县 280
太和街道……〔辽〕太和区 149
太和街道……〔苏〕盱眙县 183
太和街道……〔滇〕官渡区 369
太和街道……〔滇〕麒麟区 370
太和镇……〔辽〕黑山县 150
太和镇……〔赣〕南丰县 231
太和镇……〔豫〕社旗县 258

（四画）太历友尤匹车巨牙屯戈比互切瓦

太和镇……〔鄂〕梁子湖区 270
太和镇……〔湘〕永兴县 284
太和镇……〔湘〕桂阳县 284
太和镇……〔粤〕白云区 291
太和镇……〔粤〕清新区 298
太和镇……〔渝〕合川区 319
太和镇……〔川〕射洪县 335
太和镇……〔川〕东坡区 340
太和镇……〔川〕西昌市 351
太京镇……〔陇〕秦州区 402
太河镇……〔鲁〕淄川区 237
太要镇……〔陕〕潼关县 392
太保庄街道……〔鲁〕坊子区 239
太保镇……〔黑〕四方台区 169
太保镇……〔粤〕连山壮族瑶族自治县 299
太姥山镇……〔闽〕福鼎市 219
太莪乡……〔陇〕合水县 406
太真乡……〔浙〕衢江区 195
太原市……〔晋〕 123
太原街道……〔辽〕和平区 145
太原镇……〔渝〕彭水苗族土家族自治县 323
太峪镇……〔陕〕彬县 391
太浮镇……〔湘〕临澧县 283
太康东路街道……〔豫〕洛龙区 251
太康县……〔豫〕周口市 262
太清宫镇……〔豫〕鹿邑县 262
太尉镇……〔豫〕舞阳县 256
太湖县……〔皖〕安庆市 204
太湖街道……〔苏〕滨湖区 179
太湖街道……〔浙〕长兴县 193
太湖路街道……〔津〕河西区 103
太湖源镇……〔浙〕临安区 189
太窝乡……〔赣〕南康区 226
太蓬乡……〔川〕营山县 339
太慈镇……〔皖〕望江县 205
太源乡……〔赣〕南丰县 231
太源畲族乡……〔赣〕铅山县 232
太德乡……〔晋〕大宁县 130
太霞乡……〔川〕南部县 339
历下区……〔鲁〕济南市 235
历口镇……〔皖〕祁门县 205
历山街道……〔鲁〕沂源县 237
历山镇……〔晋〕垣曲县 128
历市镇……〔赣〕定南县 227
历阳镇……〔皖〕和县 203
历经铺街道……〔湘〕宁乡市 277
历城区……〔鲁〕济南市 235
历洞镇……〔粤〕郁南县 300
友协街道……〔黑〕平房区 165
友好区……〔黑〕伊春市 169
友好北路街道……〔新〕沙依巴克区 423
友好南路街道……〔新〕沙依巴克区 423
友好街道……〔辽〕立山区 147
友邻乡……〔黑〕友谊县 169
友爱镇……〔川〕郫都区 328
友宰镇……〔晋〕阳高县 124
友谊大街街道……〔蒙〕昆都仑区 135
友谊乡……〔川〕新龙县 350
友谊达斡尔族满族柯尔克孜族乡……〔黑〕富裕县 167
友谊县……〔黑〕双鸭山市 169
友谊街道……〔冀〕桥西区 107
友谊街道……〔冀〕路南区 108
友谊街道……〔蒙〕准格尔旗 138
友谊街道……〔辽〕金州区 146
友谊街道……〔辽〕兴隆台区 152
友谊街道……〔粤〕霞山区 294
友谊路街道……〔津〕河西区 103
友谊路街道……〔冀〕滦南县 109
友谊路街道……〔沪〕宝山区 175
友谊路街道……〔新〕新市区 423
友谊镇……〔黑〕友谊县 169
友谊镇……〔桂〕凭祥市 310
尤古庄镇……〔津〕蓟州区 104
尤吉屯乡……〔豫〕睢县 259
尤杖子乡……〔辽〕喀喇沁左翼蒙古族自治县 153
尤拉西乡……〔川〕新龙县 350
尤店乡……〔豫〕罗山县 260
尤鲁都斯巴格镇……〔新〕新和县 425
尤溪口镇……〔闽〕尤溪县 215
尤溪县……〔闽〕三明市 215
尤溪镇……〔浙〕临海市 196
匹河怒族乡……〔滇〕福贡县 378
车门乡……〔苏〕泗洪县 186
车子镇……〔川〕市中区 336
车王镇……〔鲁〕无棣县 245
车仁乡……〔藏〕江孜县 381
车古乡……〔滇〕红河县 376
车龙乡……〔川〕西充县 340
车田乡……〔渝〕酉阳土家族苗族自治县 323
车田苗族乡……〔桂〕资源县 305
车田镇……〔粤〕龙川县 298
车头镇……〔赣〕安远县 226
车坞镇……〔陕〕淳化县 392
车村镇……〔豫〕嵩县 251
车岗镇……〔粤〕新兴县 300
车陆乡……〔黑〕逊克县 171
车陂街道……〔粤〕天河区 291
车坪乡……〔湘〕永顺县 288
车拉乡……〔陇〕宕昌县 407
车板镇……〔粤〕廉江市 294
车鸣峪乡……〔晋〕中阳县 131
车岭镇……〔川〕名山区 345
车往镇……〔冀〕魏县 112
车河镇……〔桂〕南丹县 309
车城乡……〔晋〕吉县 130
车城街道……〔鄂〕张湾区 268
车赶乡……〔晋〕临县 131
车桥镇……〔苏〕淮安区 183
车桥镇……〔赣〕德安县 225
车站街道……〔冀〕新华区 118
车站街道……〔晋〕尧都区 129
车站街道……〔蒙〕临河区 139
车站街道……〔鲁〕张店区 237
车站街道……〔豫〕卧龙区 257
车站街道……〔豫〕湖滨区 257
车站街道……〔豫〕浉河区 260
车站街道……〔豫〕遂平县 263
车站街道……〔鄂〕江岸区 267
车站街道……〔鄂〕孝南区 271
车站街道……〔粤〕浈江区 292
车站镇……〔豫〕夏邑县 259
车家湾乡……〔陇〕东乡族自治县 409
车排子镇……〔新〕乌苏市 429
车埠镇……〔鄂〕赤壁市 273
车逻镇……〔苏〕高邮市 185
车辋镇……〔鲁〕兰陵县 243
车辋镇……〔川〕合江县 330
车道乡……〔陇〕环县 405
车辐山镇……〔苏〕邳州市 181
车溪乡……〔赣〕于都县 227
车墩镇……〔沪〕松江区 176
巨口乡……〔闽〕延平区 217
巨口铺镇……〔湘〕新邵县 280
巨日河镇……〔蒙〕扎鲁特旗 137
巨龙乡……〔川〕稻城县 351
巨龙镇……〔川〕盐亭县 332
巨龙镇……〔川〕蓬安县 339
巨光乡……〔川〕渠县 345
巨屿镇……〔浙〕文成县 191
巨各庄镇……〔京〕密云区 100
巨甸镇……〔滇〕玉龙纳西族自治县 373
巨轮街道……〔晋〕杏花岭区 123
巨宝山乡……〔黑〕庆安县 172
巨宝山镇……〔吉〕长岭县 161
巨宝庄镇……〔蒙〕丰镇市 140
巨宝镇……〔黑〕甘南县 167
巨城镇……〔晋〕平定县 124
巨亭镇……〔陕〕宁强县 394
巨峰镇……〔鲁〕岚山区 242
巨浦乡……〔浙〕青田县 197
巨家镇……〔陕〕长武县 392
巨陵镇……〔豫〕临颍县 257
巨野县……〔鲁〕菏泽市 246
巨野河街道……〔鲁〕历城区 235
巨鹿县……〔冀〕邢台市 113
巨鹿镇……〔冀〕巨鹿县 113
巨源镇……〔黑〕道外区 165
牙叉镇……〔琼〕白沙黎族自治县 314
牙屯堡镇……〔湘〕通道侗族自治县 287
牙什尕镇……〔青〕化隆回族自治县 414
牙舟镇……〔黔〕平塘县 365
牙衣河乡……〔川〕雅江县 350
牙克石市……〔蒙〕呼伦贝尔市 139
牙甫泉镇……〔新〕疏勒县 426
牙里镇……〔冀〕魏县 112
牙城镇……〔闽〕霞浦县 219
牙哈镇……〔新〕库车县 425
屯子镇……〔豫〕浚县 253
屯兰街道……〔晋〕古交市 123
屯光镇……〔皖〕屯溪区 205
屯庄营乡……〔冀〕肥乡区 111
屯字镇……〔陇〕镇原县 406
屯里镇……〔晋〕尧都区 129
屯里镇……〔晋〕吉县 130
屯昌县……〔琼〕儋州市 314
屯城镇……〔琼〕屯昌县 314
屯垦队镇……〔蒙〕商都县 140
屯垦镇……〔冀〕康保县 116
屯留县……〔晋〕长治市 125
屯脚镇……〔黔〕兴仁县 363
屯堡乡……〔鄂〕恩施市 274
屯溪区……〔皖〕黄山市 205
戈坪乡……〔赣〕峡江县 228
戈波乡……〔藏〕芒康县 383
戈奎乡……〔滇〕绿春县 376
比尔乡……〔川〕昭觉县 353
比耳镇……〔湘〕保靖县 288
比西巴格乡……〔新〕库车县 425
比如县……〔藏〕那曲市 385
比如镇……〔藏〕比如县 385
比德镇……〔黔〕水城县 357
互助土族自治县……〔青〕海东市 413
互助镇……〔川〕富顺县 329
切木尔切克镇……〔新〕阿勒泰市 429
切尔克齐乡……〔新〕阿勒泰市 429
切吉乡……〔青〕共和县 414
切学乡……〔桂〕东兰县 309
切娃乡……〔藏〕仁布县 382
切热乡……〔藏〕昂仁县 382
切琼乡……〔藏〕谢通门县 382
瓦厂乡……〔滇〕漾濞彝族自治县 377
瓦厂镇……〔川〕木里藏族自治县 352
瓦子峪镇……〔辽〕义县 150
瓦子街镇……〔陕〕黄龙县 394
瓦子镇……〔川〕仪陇县 339
瓦马彝族白族乡……〔滇〕隆阳区 371
瓦乡……〔藏〕八宿县 383
瓦切镇……〔川〕红原县 349
瓦日乡……〔川〕道孚县 350
瓦古乡……〔川〕美姑县 354
瓦石峡镇……〔新〕若羌县 425
瓦卡镇……〔川〕稻城县 351
瓦市镇……〔川〕沿滩区 329
瓦西乡……〔川〕美姑县 354
瓦曲觉乡……〔川〕越西县 354
瓦多乡……〔川〕雅江县 350
瓦坊乡……〔皖〕泗县 208
瓦岗乡……〔豫〕汤阴县 253
瓦岗寨乡……〔豫〕滑县 253
瓦岗镇……〔豫〕确山县 263
瓦拉干镇……〔黑〕塔河县 172
瓦岩乡……〔川〕越西县 354
瓦店乡……〔豫〕安阳县 253
瓦店乡……〔川〕中江县 331
瓦店镇……〔皖〕临泉县 207
瓦店镇……〔豫〕宛城区 257
瓦店镇……〔豫〕临颍县 257
瓦庙镇……〔陕〕紫阳县 396
瓦泽乡……〔川〕康定市 349
瓦房口镇……〔陕〕柞水县 397
瓦房子镇……〔辽〕朝阳县 153
瓦房店市……〔辽〕大连市 147
瓦房店镇……〔辽〕凌源市 154
瓦房镇……〔吉〕洮南市 162
瓦房彝族苗族乡……〔滇〕隆阳区 371
瓦须乡……〔川〕石渠县 351
瓦亭镇……〔豫〕内乡县 258
瓦洛乡……〔川〕普格县 353

（四画）瓦止少日曰中

瓦恰乡……〔新〕塔什库尔干塔吉克自治县 427
瓦室镇……〔川〕通江县 346
瓦屋山镇……〔川〕洪雅县 341
瓦屋头镇……〔豫〕清丰县 255
瓦屋侗族乡……〔黔〕碧江区 362
瓦屋塘镇……〔湘〕绥宁县 281
瓦屋镇……〔豫〕鲁山县 252
瓦都乡……〔川〕布拖县 353
瓦砾乡……〔川〕青川县 334
瓦钵梁子乡……〔川〕黑水县 349
瓦埠镇……〔皖〕寿县 203
瓦斜乡……〔陇〕宁县 406
瓦窑沟乡……〔豫〕卢氏县 257
瓦窑堡街道……〔陕〕子长县 393
瓦窑镇……〔苏〕新沂市 181
瓦窑镇……〔滇〕隆阳区 371
瓦普莫乡……〔川〕越西县 354
瓦渡乡……〔滇〕隆阳区 371
瓦窝镇……〔辽〕瓦房店市 147
瓦塘镇……〔晋〕兴县 131
瓦塘镇……〔桂〕港南区 306
瓦溪乡……〔黔〕松桃苗族自治县 363
瓦溪镇……〔粤〕紫金县 298
瓦寨镇……〔黔〕三穗县 364
止马镇……〔闽〕光泽县 217
止戈镇……〔川〕洪雅县 341
少云镇……〔渝〕铜梁区 320
少先路街道……〔蒙〕昆都仑区 135
少阳乡……〔赣〕广丰区 231
少岗乡……〔藏〕康马县 382
少林街道……〔豫〕登封市 250
少城街道……〔川〕青羊区 327
少拜寺镇……〔豫〕唐河县 258
少海街道……〔鲁〕桓台县 237
少普镇……〔黔〕织金县 361
日土县……〔藏〕阿里地区 385
日土镇……〔藏〕日土县 385
日月岛街道……〔辽〕溪湖区 148
日月湖街道……〔豫〕永城市 260
日月藏族乡……〔青〕湟源县 413
日龙乡……〔川〕稻城县 351
日东乡……〔赣〕瑞金市 227
日尔乡……〔川〕小金县 349
日当镇……〔藏〕隆子县 384
日多乡……〔藏〕墨竹工卡县 381
日庄镇……〔鲁〕莱西市 236
日兴镇……〔川〕仪陇县 339
日吾其乡……〔藏〕昂仁县 382
日松乡……〔藏〕日土县 385
日星乡……〔藏〕江孜县 381
日哈乡……〔川〕昭觉县 353
日屋镇……〔藏〕定结县 382
日峰镇……〔赣〕黎川县 230
日部乡……〔川〕马尔康市 348
日朗乡……〔藏〕江孜县 381
日通乡……〔藏〕卡若区 383
日喀则市……〔藏〕 381
日照市……〔鲁〕 242
日照街道……〔鲁〕东港区 242
日新街道……〔辽〕西岗区 146
日溪乡……〔闽〕晋安区 213
曰者镇……〔滇〕丘北县 376
中丁乡……〔鲁〕庆云县 243
中厂镇……〔陕〕白河县 397
中三家镇……〔辽〕喀喇沁左翼蒙古族自治县 153
中土镇……〔川〕苍溪县 335
中大槐树街道……〔鲁〕槐荫区 235
中小镇……〔辽〕海城市 148
中山门街道……〔津〕河东区 103
中山门街道……〔陕〕新城区 389
中山乡……〔川〕洪雅县 341
中山乡……〔滇〕芒市 378
中山区……〔辽〕大连市 146
中山公园街道……〔辽〕沙河口区 146
中山东路街道……〔冀〕长安区 107
中山东路街道……〔蒙〕新城区 135
中山东路街道……〔陕〕金台区 390
中山北路街道……〔豫〕鹤山区 253
中山市……〔粤〕清远市 299
中山西路街道……〔蒙〕回民区 135
中山西路街道……〔陕〕金台区 390
中山南街街道……〔宁〕兴庆区 419
中山涧镇……〔陕〕靖边县 395
中山街街道……〔陕〕汉台区 394
中山街道……〔冀〕桥西区 107
中山街道……〔黑〕岭东区 168
中山街道……〔沪〕松江区 176
中山街道……〔粤〕赤坎区 294
中山街道……〔粤〕榕城区 300
中山街道……〔桂〕青秀区 303
中山街道……〔琼〕龙华区 313
中山街道……〔陕〕渭城区 391
中山港街道……〔粤〕中山市 299
中山路街道……〔冀〕曹妃甸区 109
中山路街道……〔鲁〕市南区 235
中山路街道……〔豫〕鹤山区 253
中山路街道……〔鄂〕沙市区 271
中山路街道……〔渝〕永川区 319
中山路街道……〔黔〕红花岗区 358
中山路街道……〔新〕昌吉市 424
中山镇……〔闽〕武平县 218
中山镇……〔渝〕江津区 319
中山镇……〔川〕东兴区 336
中山镇……〔滇〕楚雄市 374
中山镇……〔陇〕秦安县 403
中川乡……〔青〕民和回族土族自治县 413
中川镇……〔陇〕永登县 401
中川镇……〔陇〕会宁县 402
中卫乡……〔晋〕翼城县 130
中卫市……〔宁〕 420
中子镇……〔川〕朝天区 334
中马街道……〔浙〕江北区 190
中天镇……〔川〕乐至县 348
中专路街道……〔蒙〕赛罕区 135
中云街道……〔苏〕连云区 182
中云街道……〔鲁〕胶州市 236
中云镇……〔赣〕婺源县 232
中扎科乡……〔川〕德格县 350
中木拉乡……〔川〕理塘县 351
中五井乡……〔晋〕平顺县 125
中太镇……〔川〕三台县 332
中屯镇……〔滇〕镇雄县 372
中水镇……〔黔〕威宁彝族回族苗族自治县 361
中长街道……〔辽〕金州区 146
中仓乡……〔藏〕尼玛县 385
中仓街道……〔京〕通州区 100
中方县……〔湘〕怀化市 286
中方镇……〔湘〕中方县 286
中心乡……〔川〕南部县 339
中心店镇……〔鲁〕邹城市 241
中心河乡……〔黑〕茄子河区 170
中心绒乡……〔川〕理塘县 351
中心站街道……〔黑〕尖山区 168
中心街街道……〔鲁〕市中区 237
中心街道……〔黑〕岭东区 168
中心街道……〔黑〕城子河区 168
中心路街道……〔豫〕上街区 249
中心路街道……〔湘〕大祥区 280
中心镇……〔黑〕依安县 167
中心镇……〔川〕武胜县 343
中心镇……〔滇〕华坪县 373
中本镇……〔黑〕安达市 172
中石镇……〔川〕富顺县 329
中龙乡……〔赣〕泰和县 228
中平乡…〔渝〕秀山土家族苗族自治县 323
中平镇……〔桂〕象州县 310
中平镇……〔琼〕保亭黎族苗族自治县 314
中东镇……〔桂〕扶绥县 310
中东镇……〔陇〕金塔县 405
中北镇……〔津〕西青区 103
中田乡……〔赣〕黎川县 231
中田乡……〔川〕雷波县 354
中央门街道……〔苏〕鼓楼区 179
中仙乡……〔闽〕尤溪县 215
中册镇……〔鲁〕泗水县 240
中市街道……〔皖〕颍泉区 206
中市街道……〔皖〕金安区 208
中宁县……〔宁〕中卫市 420
中召乡……〔豫〕内黄县 253
中台镇……〔陇〕灵台县 404
中亚北路街道……〔新〕新市区 423
中亚南路街道……〔新〕新市区 423
中至镇……〔鲁〕五莲县 242
中同街街道……〔豫〕卫滨区 254
中华大街街道……〔冀〕桥西区 112
中华大街街道……〔冀〕桃城区 120
中华门街道……〔苏〕秦淮区 179
中华乡……〔川〕大竹县 344
中华街道……〔冀〕丛台区 111
中华街道……〔黑〕建华区 167
中华街道……〔闽〕思明区 214
中华街道……〔粤〕赤坎区 294
中华路街道……〔冀〕平乡县 113
中华路街道……〔冀〕莲池区 113
中华路街道……〔冀〕双桥区 117
中华路街道……〔冀〕任丘市 119
中华路街道……〔辽〕甘井子区 146
中华路街道……〔豫〕文峰区 252
中华路街道……〔鄂〕武昌区 267
中华路街道……〔黔〕红花岗区 358
中华路街道……〔陇〕安定区 406
中华镇……〔桂〕宾阳县 303
中伙铺镇……〔鄂〕赤壁市 273
中行镇……〔粤〕平远县 297
中庄乡……〔晋〕静乐县 129
中庄镇……〔鲁〕沂源县 237
中亦乡……〔藏〕洛隆县 383
中关乡……〔皖〕岳西县 205
中关村街道……〔京〕海淀区 99
中关镇……〔冀〕隆化县 117
中关镇……〔皖〕岳西县 205
中州街道……〔豫〕梁园区 259
中州路街道……〔豫〕龙安区 253
中江县……〔川〕德阳市 331
中池镇……〔陕〕石泉县 396
中兴乡……〔黑〕甘南县 167
中兴街道……〔辽〕苏家屯区 145
中兴街道……〔辽〕新邱区 151
中兴街道……〔苏〕崇川区 182
中兴街道…〔黔〕印江土家族苗族自治县 362
中兴路街道……〔冀〕桥西区 112
中兴路街道……〔冀〕滦平县 117
中兴路街道……〔豫〕新华区 252
中兴路街道……〔新〕白碱滩区 423
中兴镇……〔沪〕崇明区 176
中兴镇……〔琼〕屯昌县 314
中兴镇……〔川〕都江堰市 328
中兴镇……〔川〕安居区 335
中兴镇……〔川〕夹江县 337
中安街道……〔滇〕富源县 370
中安镇……〔辽〕北镇市 150
中农镇……〔川〕仁寿县 341
中阳乡……〔晋〕原平市 129
中阳县……〔晋〕吕梁市 131
中阳里街道……〔苏〕丰县 180
中阳楼街道……〔晋〕孝义市 131
中观镇……〔黔〕正安县 358
中牟县……〔豫〕郑州市 249
中坝乡……〔鄂〕房县 268
中坝乡……〔川〕仁和区 330
中坝乡……〔川〕仪陇县 339
中坝乡……〔川〕西昌市 351
中坝街道……〔川〕江油市 333
中坝街道……〔黔〕石阡县 362
中坝镇……〔粤〕紫金县 298
中坝镇……〔陇〕凉州区 403
中坝镇……〔陇〕礼县 408
中坝藏族乡……〔青〕乐都区 413
中赤乡……〔闽〕武平县 218
中村乡……〔浙〕开化县 195
中村乡……〔闽〕三元区 214
中村乡……〔赣〕会昌县 227
中村乡……〔赣〕永丰县 228
中村乡……〔滇〕禄丰县 375
中村瑶族乡……〔湘〕炎陵县 278
中村镇……〔晋〕沁水县 125
中村镇……〔陕〕山阳县 397

（四画）中内冈水

中村镇……〔陇〕宁县 406
中杨镇……〔苏〕宿城区 186
中连川乡……〔陇〕榆中县 401
中连乡……〔湘〕冷水江市 288
中里乡……〔桂〕港北区 306
中里厢乡……〔冀〕辛集市 108
中里镇……〔川〕雨城区 345
中岗镇……〔皖〕阜南县 207
中岗镇……〔川〕仁寿县 341
中余乡……〔浙〕浦江县 194
中角镇……〔陕〕绥德县 395
中沙乡……〔闽〕宁化县 215
中沙镇……〔湘〕湘乡市 279
中沙镇……〔桂〕桂平市 307
中张镇……〔陕〕泾阳县 391
中鸡镇……〔陕〕神木市 396
中坪乡……〔川〕万源市 345
中坪镇……〔黔〕黔西县 360
中坪镇……〔黔〕瓮安县 365
中苑街道……〔辽〕细河区 151
中林卡乡……〔藏〕左贡县 383
中枢街道……〔黔〕仁怀市 359
中枢街道……〔滇〕陆良县 370
中枢镇……〔滇〕泸西县 376
中旺镇……〔津〕静海区 104
中固镇……〔辽〕开原市 152
中咀岭乡……〔陇〕积石山保安族东乡族撒拉族自治县 409
中岭乡……〔川〕西充县 340
中岭乡……〔青〕乐都区 413
中和乡……〔桂〕邕宁区 303
中和乡……〔川〕大竹县 344
中和场镇……〔川〕乐至县 348
中和西镇……〔蒙〕达拉特旗 138
中和营镇……〔滇〕开远市 375
中和街道…〔渝〕秀山土家族苗族自治县 323
中和街道……〔川〕双流区 327
中和镇……〔蒙〕扎兰屯市 139
中和镇……〔吉〕梅河口市 160
中和镇……〔黑〕延寿县 166
中和镇……〔黑〕青冈县 172
中和镇……〔豫〕获嘉县 254
中和镇……〔湘〕浏阳市 277
中和镇……〔湘〕宁远县 286
中和镇……〔琼〕儋州市 313
中和镇……〔渝〕开州区 320
中和镇……〔川〕岳池县 343
中和镇……〔川〕雁江区 347
中和镇……〔黔〕三都水族自治县 365
中和镇……〔滇〕腾冲市 371
中和镇……〔滇〕盐津县 372
中和镇……〔滇〕永仁县 375
中岳街道……〔豫〕登封市 250
中所镇……〔川〕越西县 354
中鱼口镇……〔湘〕南县 284
中店乡……〔皖〕金安区 208
中庙街道……〔皖〕巢湖市 201
中庙镇……〔陇〕文县 407
中河口镇……〔湘〕鼎城区 282
中河乡……〔宁〕原州区 420
中河街道……〔浙〕鄞州区 190
中房镇……〔闽〕罗源县 213
中建苗族彝族乡……〔黔〕黔西县 361
中城街道……〔晋〕盐湖区 127
中城街道……〔苏〕海安县 182
中城街道……〔闽〕新罗区 218
中城街道……〔川〕顺庆区 338
中城街道……〔陇〕秦州区 402
中城镇……〔滇〕绥江县 372
中垌镇……〔粤〕化州市 295
中垛乡……〔晋〕吉县 130
中南乡……〔川〕西充县 340
中南街道……〔皖〕弋江区 201
中南街道……〔粤〕荔湾区 291
中南街道……〔桂〕城中区 303
中南路街道……〔鄂〕武昌区 267
中星街道……〔豫〕山阳区 255
中畈乡……〔赣〕弋阳县 232
中界镇……〔黔〕沿河土家族自治县 362
中咱镇……〔川〕理塘县 351
中保镇……〔川〕洪雅县 341
中泉镇……〔陇〕景泰县 402
中亭乡……〔桂〕凤山县 309
中洲乡……〔赣〕樟树市 230
中洲乡……〔湘〕岳阳县 281
中洲街道……〔粤〕江城区 298
中洲镇……〔浙〕淳安县 190
中洲镇……〔粤〕怀集县 296
中屏镇……〔滇〕禄劝彝族苗族自治县 369
中泰街道……〔浙〕余杭区 189
中敖镇……〔渝〕大足区 318
中垾镇……〔皖〕巢湖市 201
中都乡……〔晋〕平遥县 127
中都乡……〔湘〕溆浦县 287
中都街道……〔鲁〕汶上县 240
中都镇……〔闽〕上杭县 218
中都镇……〔川〕屏山县 342
中桥乡……〔渝〕南川区 320
中桥街道……〔川〕广安区 342
中原区……〔豫〕郑州市 249
中原西路街道……〔豫〕中原区 249
中原街道……〔鄂〕樊城区 269
中原路街道……〔豫〕华龙区 255
中原镇……〔琼〕琼海市 313
中原镇……〔陕〕汉滨区 396
中峪乡……〔晋〕沁源县 125
中峰乡……〔豫〕夏邑县 260
中峰乡……〔川〕名山区 345
中峰镇……〔鄂〕竹溪县 268
中峰镇……〔桂〕资源县 305
中峰镇……〔渝〕綦江区 318
中铁乡……〔青〕兴海县 414
中站区……〔豫〕焦作市 255
中益乡……〔渝〕石柱土家族自治县 323
中涧河乡……〔晋〕杏花岭区 123
中课镇……〔滇〕西盟佤族自治县 374
中排乡…〔滇〕兰坪白族普米族自治县 378
中埠镇……〔鲁〕张店区 237
中营镇……〔鄂〕鹤峰县 274
中营镇……〔黔〕晴隆县 363
中堂镇……〔粤〕东莞市 299
中馆驿镇……〔鄂〕麻城市 273
中馆镇……〔赣〕都昌县 225
中庸镇……〔桂〕临桂区 304
中梁山街道……〔渝〕九龙坡区 318
中梁乡……〔渝〕巫溪县 323
中梁镇……〔渝〕沙坪坝区 317
中梁镇……〔陇〕秦州区 402
中韩乡……〔冀〕高邑县 108
中韩庄镇……〔冀〕望都县 114
中韩街道……〔鲁〕崂山区 236
中铺镇……〔陇〕临洮县 406
中堡苗族乡……〔桂〕南丹县 309
中堡镇……〔冀〕乐亭县 109
中堡镇……〔苏〕兴化市 186
中堡镇……〔闽〕武平县 218
中堡镇……〔陇〕永登县 401
中街街道……〔桂〕海城区 305
中街街道……〔陇〕崆峒区 404
中街街道……〔宁〕惠农区 419
中童镇……〔赣〕余江县 226
中港镇……〔赣〕宜黄县 231
中湖乡……〔湘〕武陵源区 283
中渡镇……〔桂〕鹿寨县 304
中塬乡……〔陇〕镇原县 406
中塘乡……〔渝〕黔江区 319
中塘镇……〔津〕滨海新区 104
中楼乡……〔闽〕平潭县 214
中楼镇……〔鲁〕岚山区 242
中路乡……〔川〕丹巴县 349
中路乡……〔滇〕维西傈僳族自治县 378
中路铺镇……〔湘〕湘潭县 278
中新镇……〔粤〕增城区 292
中新镇……〔川〕三台县 332
中源乡……〔赣〕靖安县 230
中溪镇……〔皖〕宁国市 210
中滩镇……〔川〕渠县 345
中滩镇……〔陇〕麦积区 402
中寨乡……〔赣〕全南县 227
中寨乡……〔滇〕巧家县 372
中寨苗族彝族布依族乡……〔黔〕六枝特区 357
中寨镇……〔湘〕新晃侗族自治县 287
中寨镇……〔黔〕织金县 361
中寨镇……〔黔〕沿河土家族自治县 362
中寨镇……〔陇〕文县 407
中寨镇……〔陇〕岷县 407
中潮镇……〔黔〕黎平县 364
中疃镇……〔皖〕利辛县 209
中壤塘镇……〔川〕壤塘县 349
内乡县……〔豫〕南阳市 258
内东乡……〔川〕会理县 352
内丘县……〔冀〕邢台市 112
内丘镇……〔冀〕内丘县 112
内江市……〔川〕 336
内坑镇……〔闽〕晋江市 216
内步乡……〔冀〕柏乡县 112
内良乡……〔赣〕大余县 226
内官营镇……〔陇〕安定区 406
内莞镇……〔粤〕连平县 298
内厝镇……〔闽〕翔安区 214
内埠镇……〔豫〕汝阳县 251
内黄县……〔豫〕安阳市 253
内湖镇……〔粤〕陆丰市 297
内溪乡……〔湘〕龙山县 288
冈上镇……〔赣〕南昌县 223
冈西镇……〔苏〕建湖县 184
冈面乡……〔赣〕瑞金市 227
水土镇……〔渝〕北碚区 318
水上公园街道……〔津〕南开区 103
水上街道……〔桂〕城中区 303
水口山镇……〔湘〕常宁市 280
水口山镇……〔湘〕零陵区 285
水口乡……〔浙〕长兴县 193
水口乡……〔赣〕靖安县 230
水口乡……〔湘〕绥宁县 281
水口街道……〔粤〕惠城区 296
水口镇……〔皖〕来安县 206
水口镇……〔闽〕德化县 216
水口镇……〔闽〕古田县 219
水口镇……〔湘〕炎陵县 278
水口镇……〔湘〕江华瑶族自治县 286
水口镇……〔粤〕南雄市 292
水口镇……〔粤〕开平市 294
水口镇……〔粤〕信宜市 295
水口镇……〔粤〕兴宁市 297
水口镇……〔桂〕平桂区 308
水口镇……〔桂〕龙州县 310
水口镇……〔渝〕铜梁区 320
水口镇……〔渝〕云阳县 322
水口镇……〔川〕邛崃市 328
水口镇……〔川〕古蔺县 331
水口镇……〔川〕市中区 336
水口镇……〔川〕渠县 345
水口镇……〔黔〕黎平县 364
水口镇……〔陕〕彬县 391
水川镇……〔陇〕白银区 402
水门畲族乡……〔闽〕霞浦县 219
水子乡……〔川〕丹巴县 349
水井坊街道……〔川〕锦江区 327
水车镇……〔湘〕新化县 287
水车镇……〔粤〕梅县区 297
水车镇……〔桂〕灌阳县 305
水屯镇……〔豫〕驿城区 262
水长乡……〔滇〕施甸县 371
水月寺街街道……〔冀〕运河区 118
水月寺镇……〔鄂〕兴山县 269
水打田乡……〔湘〕凤凰县 288
水布垭镇……〔鄂〕巴东县 274
水东江街道……〔湘〕耒阳市 280
水东江镇……〔湘〕邵东县 280
水东街道……〔闽〕延平区 217
水东街道……〔桂〕钦南区 306
水东镇……〔皖〕宣州区 210
水东镇……〔赣〕章贡区 226
水东镇……〔湘〕洞口县 281
水东镇……〔湘〕临武县 285
水东镇……〔湘〕溆浦县 286
水东镇……〔粤〕电白区 295
水东镇……〔黔〕纳雍县 361

（四画）水贝午牛毛

水北街道……〔闽〕邵武市 218
水北街镇……〔闽〕浦城县 217
水北镇……〔闽〕邵武市 218
水北镇……〔赣〕渝水区 225
水田乡……〔赣〕吉水县 228
水田乡……〔渝〕黔江区 319
水田乡……〔滇〕蒙自市 375
水田坝乡……〔鄂〕秭归县 269
水田坝镇……〔湘〕龙山县 288
水田羌族乡……〔川〕平武县 333
水田河镇……〔湘〕保靖县 288
水田镇……〔黔〕乌当区 357
水田镇……〔滇〕威信县 372
水市乡……〔渝〕黔江区 319
水市镇……〔湘〕宁远县 286
水头镇……〔晋〕夏县 128
水头镇……〔晋〕交口县 131
水头镇……〔浙〕平阳县 191
水头镇……〔闽〕南安市 216
水头镇……〔粤〕佛冈县 299
水宁寺镇……〔川〕巴州区 346
水边镇……〔赣〕峡江县 228
水边镇……〔粤〕英德市 299
水台镇……〔粤〕新兴县 300
水吉镇……〔闽〕建阳区 217
水西门街道……〔湘〕武冈市 281
水西沟镇……〔新〕乌鲁木齐县 423
水西街道……〔黔〕黔西县 360
水西镇……〔赣〕渝水区 225
水西镇……〔赣〕章贡区 226
水师营街道……〔辽〕旅顺口区 146
水师营满族镇……〔黑〕昂昂溪区 167
水曲柳镇……〔吉〕舒兰市 158
水竹乡……〔滇〕永善县 372
水江镇……〔赣〕袁州区 229
水江镇……〔渝〕南川区 320
水池铺乡……〔豫〕梁园区 259
水字镇……〔吉〕乾安县 161
水阳镇……〔皖〕宣州区 210
水阳镇……〔陇〕徽县 408
水观乡……〔川〕平武县 333
水观镇……〔川〕阆中市 340
水坝塘镇……〔黔〕桐梓县 358
水步镇……〔粤〕台山市 294
水吼镇……〔皖〕潜山县 204
水秀乡……〔晋〕太谷县 127
水冶街道……〔豫〕殷都区 253
水冶镇……〔豫〕安阳县 253
水沟镇……〔陕〕千阳县 391
水汶镇……〔桂〕岑溪市 305
水尾水族乡……〔黔〕榕江县 365
水尾镇……〔川〕叙永县 331
水尾镇……〔黔〕岑巩县 364
水坪镇……〔鄂〕竹溪县 268
水坡镇……〔豫〕尉氏县 250
水果湖街道……〔鄂〕武昌区 267
水鸣镇……〔桂〕博白县 307
水岩乡……〔赣〕上犹县 226
水岭乡……〔湘〕东安县 285
水阜镇……〔陇〕皋兰县 401
水庙镇……〔湘〕新宁县 281
水泄彝族乡……〔滇〕永平县 377
水泊寺乡……〔晋〕南郊区 124
水泊街道……〔鲁〕梁山县 240
水泥街道……〔辽〕连山区 154
水泥街道……〔黑〕西安区 170
水泥路街道……〔黑〕道外区 165
水定镇……〔新〕霍城县 428
水城县……〔黔〕六盘水市 357
水茜镇……〔闽〕宁化县 215
水南圩乡……〔赣〕广昌县 231
水南街道……〔浙〕松阳县 197
水南街道……〔闽〕延平区 217
水南街道……〔赣〕信州区 231
水南镇……〔闽〕将乐县 215
水南镇……〔赣〕章贡区 226
水南镇……〔赣〕吉水县 228
水南镇……〔粤〕高要区 295
水南镇……〔川〕资中县 336
水泉乡……〔晋〕偏关县 129
水泉乡……〔蒙〕库伦旗 137
水泉乡……〔黑〕双城区 166
水泉乡……〔陇〕广河县 408
水泉沟镇……〔冀〕双桥区 117
水泉镇……〔蒙〕突泉县 141
水泉镇……〔辽〕太平区 151
水泉镇…〔辽〕喀喇沁左翼蒙古族自治县 153
水泉镇……〔鲁〕山亭区 237
水泉镇……〔陇〕白银区 402
水亭畲族乡……〔浙〕兰溪市 194
水洼乡……〔川〕理塘县 351
水洞底镇……〔湘〕娄星区 287
水洛乡……〔川〕木里藏族自治县 352
水洛镇……〔陇〕庄浪县 404
水唇镇……〔粤〕陆河县 297
水峪贯乡……〔晋〕岢岚县 129
水峪贯镇……〔晋〕交城县 131
水部街道……〔闽〕鼓楼区 213
水浸坪乡……〔湘〕武冈市 281
水宽乡……〔湘〕芷江侗族自治县 287
水营街道……〔桂〕防城区 306
水清沟街道……〔鲁〕市北区 236
水清镇……〔川〕江安县 341
水窑乡……〔晋〕左云县 124
水塔山街道……〔新〕水磨沟区 423
水塔街道……〔晋〕尧都区 129
水塔街道……〔鄂〕江汉区 267
水落坡镇……〔鲁〕阳信县 245
水晶乡……〔桂〕象州县 310
水晶乡……〔川〕松潘县 348
水晶镇……〔川〕平武县 333
水堡乡……〔鲁〕郓城县 246
水堡镇……〔冀〕涞源县 114
水集街道……〔鲁〕莱西市 236
水道镇……〔吉〕梅河口市 160
水道镇……〔鲁〕牟平区 238
水湖镇……〔皖〕长丰县 201
水湾镇……〔鲁〕无棣县 245
水渡口街道……〔苏〕清江浦区 183
水富县……〔滇〕昭通市 372
水塘堡彝族苗族乡……〔黔〕赫章县 361
水塘镇……〔滇〕新平彝族傣族自治县 371
水槎乡……〔赣〕泰和县 228
水满乡……〔琼〕五指山市 313
水源乡……〔闽〕建瓯市 218
水源乡……〔赣〕修水县 224
水源乡……〔赣〕寻乌县 227
水源镇……〔辽〕大石桥市 150
水源镇……〔桂〕环江毛南族自治县 309
水源镇……〔陇〕永昌县 401
水箐镇……〔黔〕七星关区 360
水寨乡……〔豫〕叶县 252
水寨乡……〔滇〕隆阳区 371
水寨街道……〔豫〕项城市 262
水寨镇……〔豫〕伊川县 251
水寨镇……〔粤〕五华县 297
水墩镇……〔粤〕紫金县 298
水稻乡……〔豫〕龙亭区 250
水潦彝族乡……〔川〕叙永县 331
水磨乡……〔川〕旺苍县 334
水磨沟乡……〔新〕阜康市 424
水磨沟区……〔新〕乌鲁木齐市 423
水磨沟街道……〔新〕水磨沟区 423
水磨镇……〔川〕汶川县 348
水磨镇……〔滇〕鲁甸县 372
贝子府镇……〔蒙〕敖汉旗 137
贝尔苏木……〔蒙〕新巴尔虎右旗 139
贝林哈日莫墩乡……〔新〕博乐市 424
贝岭镇……〔粤〕龙川县 298
贝墩镇……〔粤〕和平县 298
午井镇……〔陕〕扶风县 390
午汲镇……〔冀〕武安市 112
午极镇……〔鲁〕乳山市 242
午城镇……〔晋〕隰县 130
午朝门街道……〔豫〕龙亭区 250
午街铺镇……〔滇〕泸西县 376
牛大场镇……〔黔〕施秉县 364
牛山街道……〔苏〕东海县 183
牛川乡……〔晋〕和顺县 127
牛马司镇……〔湘〕邵东县 280
牛车河镇……〔湘〕桃源县 283
牛屯镇……〔豫〕滑县 253
牛牛坝乡……〔川〕美姑县 354
牛毛坞镇……〔辽〕宽甸满族自治县 149
牛心台街道……〔辽〕明山区 148
牛心顶镇……〔吉〕梅河口市 160
牛心坨镇……〔辽〕辽中区 146
牛心堡乡……〔晋〕右玉县 126
牛心镇……〔吉〕磐石市 159
牛孔镇……〔滇〕绿春县 376
牛古吐乡……〔蒙〕敖汉旗 137
牛石镇……〔川〕沙湾区 337
牛田镇……〔赣〕乐安县 231
牛田镇……〔湘〕桃江县 284
牛市口街道……〔川〕锦江区 327
牛头山镇……〔皖〕贵池区 210
牛头店镇……〔陕〕镇坪县 397
牛头崖镇……〔冀〕北戴河区 110
牛寺乡……〔晋〕沁县 125
牛场布依族乡……〔黔〕白云区 357
牛场苗族彝族乡……〔黔〕六枝特区 357
牛场苗族彝族乡……〔黔〕大方县 360
牛场镇……〔黔〕织金县 361
牛场镇……〔黔〕福泉市 365
牛场镇……〔滇〕镇雄县 372
牛华镇……〔川〕五通桥区 337
牛庄乡……〔鄂〕五峰土家族自治县 269
牛庄镇……〔辽〕海城市 148
牛庄镇……〔鲁〕东营区 237
牛江镇……〔粤〕恩平市 294
牛进庄乡……〔冀〕孟村回族自治县 119
牛杜镇……〔晋〕临猗县 127
牛村镇……〔晋〕盂县 124
牛岗乡……〔冀〕易县 114
牛佛镇……〔川〕大安区 329
牛角坝镇……〔湘〕冷水滩区 285
牛角店镇……〔鲁〕东阿县 245
牛角湾乡……〔川〕布拖县 353
牛角寨镇……〔滇〕元阳县 376
牛尾乡……〔川〕贡井区 329
牛武镇……〔陕〕富县 393
牛店镇……〔豫〕新密市 249
牛郎镇……〔黔〕松桃苗族自治县 363
牛驼镇……〔冀〕固安县 119
牛城乡……〔冀〕灵寿县 108
牛城乡……〔豫〕柘城县 259
牛栏山（地区）镇……〔京〕顺义区 100
牛栏江镇……〔滇〕嵩明县 369
牛背山镇……〔川〕荥经县 345
牛牯坪乡……〔湘〕芷江侗族自治县 287
牛泉镇……〔鲁〕莱城区 242
牛首镇……〔鄂〕樊城区 269
牛家桥乡……〔冀〕隆尧县 112
牛家营子镇……〔蒙〕喀喇沁旗 137
牛家梁镇……〔陕〕榆阳区 395
牛家牌镇……〔津〕宝坻区 104
牛家满族镇……〔黑〕五常市 166
牛埠镇……〔皖〕无为县 202
牛营子镇……〔辽〕凌源市 154
牛圈子沟镇……〔冀〕双桥区 117
牛棚镇…〔黔〕威宁彝族回族苗族自治县 361
牛集镇……〔皖〕谯城区 209
牛街乡……〔滇〕巍山彝族回族自治县 377
牛街乡……〔滇〕洱源县 378
牛街街道……〔京〕西城区 99
牛街镇……〔滇〕彝良县 372
牛街镇……〔滇〕石屏县 375
牛街彝族乡……〔滇〕弥渡县 377
牛道口镇……〔津〕宝坻区 104
牛塘镇……〔苏〕武进区 181
牛滩镇……〔川〕泸县 330
牛鼻滩镇……〔湘〕鼎城区 282
牛寨乡……〔滇〕盐津县 372
牛镇镇……〔皖〕太湖县 204
牛蹄镇……〔陕〕汉滨区 396
毛儿盖镇……〔川〕松潘县 348
毛山东乡……〔蒙〕翁牛特旗 137
毛井镇……〔陇〕环县 405
毛云乡……〔黔〕开阳县 357
毛日乡……〔川〕金川县 349

（四画）毛壬升长

毛公乡……〔川〕盐亭县 333
毛石镇……〔黔〕汇川区 358
毛田镇……〔湘〕湘乡市 279
毛田镇……〔湘〕岳阳县 281
毛市镇……〔鄂〕监利县 271
毛尖山乡……〔皖〕岳西县 205
毛尖镇……〔黔〕都匀市 365
毛庄乡……〔青〕囊谦县 415
毛庄镇……〔冀〕乐亭县 109
毛庄镇……〔豫〕太康县 262
毛祁屯街道……〔辽〕连山区 154
毛祁镇……〔辽〕海城市 148
毛阳镇……〔琼〕五指山市 313
毛坝乡……〔湘〕永顺县 288
毛坝乡……〔渝〕酉阳土家族苗族自治县 323
毛坝乡……〔川〕剑阁县 334
毛坝河镇……〔陕〕宁强县 394
毛坝镇……〔鄂〕利川市 274
毛坝镇……〔川〕宣汉县 344
毛坝镇……〔陕〕紫阳县 396
毛村镇……〔赣〕广丰区 231
毛李镇……〔鄂〕沙洋县 270
毛里湖镇……〔湘〕津市市 283
毛甸子镇……〔辽〕宽甸满族自治县 149
毛沟镇……〔湘〕保靖县 288
毛陈镇……〔鄂〕孝南区 271
毛坪镇……〔川〕峨边彝族自治县 337
毛坦厂镇……〔皖〕金安区 208
毛城子镇……〔吉〕公主岭市 159
毛垟乡……〔浙〕景宁畲族自治县 197
毛俊镇……〔湘〕蓝山县 286
毛都站镇……〔吉〕宁江区 161
毛浴镇……〔川〕通江县 346
毛家皂镇……〔晋〕怀仁县 126
毛家店镇……〔辽〕昌图县 152
毛家港镇……〔鄂〕公安县 271
毛家湾镇……〔晋〕垣曲县 128
毛家滩回族维吾尔族乡……〔湘〕汉寿县 282
毛家镇……〔川〕安岳县 347
毛堌堆镇……〔豫〕睢阳区 259
毛堂乡……〔豫〕淅川县 258
毛集镇……〔皖〕凤台县 203
毛集镇……〔豫〕桐柏县 258
毛道乡……〔琼〕五指山市 313
毛感乡……〔琼〕保亭黎族苗族自治县 314
毛演堡乡……〔冀〕肥乡区 111
毛嘴镇……〔鄂〕仙桃市 274
毛藏乡……〔陇〕天祝藏族自治县 404
壬田镇……〔赣〕瑞金市 227
壬庄乡……〔桂〕靖西市 308
升水镇……〔川〕南部县 338
升平镇……〔黑〕安达市 172
升平镇……〔川〕彭州市 328
升平镇……〔滇〕德钦县 378
升坊镇……〔赣〕莲花县 224
升昌镇……〔黑〕集贤县 169
升钟镇……〔川〕南部县 338
长土镇……〔川〕贡井区 329
长山子镇……〔新〕米东区 423
长山乡……〔黑〕五常市 166
长山乡……〔黑〕甘南县 167
长山乡……〔浙〕婺城区 194
长山晏乡……〔赣〕进贤县 223
长山峪镇……〔冀〕滦平县 117
长山镇……〔辽〕东港市 149
长山镇……〔吉〕前郭尔罗斯蒙古族自治县 161
长山镇……〔黑〕绥棱县 172
长山镇……〔鲁〕邹平县 245
长山镇……〔粤〕廉江市 294
长山镇……〔川〕荣县 329
长川回族乡……〔陇〕临潭县 409
长子县……〔晋〕长治市 125
长子营镇……〔京〕大兴区 100
长丰土家族乡……〔黔〕德江县 362
长丰乡……〔赣〕芦溪县 224
长丰县……〔皖〕合肥市 201
长丰街道……〔冀〕长安区 107
长丰街道……〔鄂〕硚口区 267
长丰镇……〔冀〕任丘市 119
长丰镇……〔琼〕万宁市 314
长冈乡……〔赣〕兴国县 227
长水街道……〔浙〕南湖区 192
长水镇……〔豫〕洛宁县 251
长毛岭乡……〔藏〕类乌齐县 383
长风乡……〔皖〕迎江区 204
长风中路街道……〔豫〕山城区 253
长风西街街道……〔晋〕万柏林区 123
长风新村街道……〔沪〕普陀区 175
长古城镇……〔冀〕唐县 114
长石乡……〔川〕万源市 345
长石镇……〔黔〕大方县 360
长布镇……〔粤〕五华县 297
长龙乡……〔吉〕前郭尔罗斯蒙古族自治县 161
长龙街道……〔湘〕长沙县 277
长龙镇……〔闽〕连江县 213
长龙镇……〔赣〕崇义县 226
长龙镇……〔渝〕垫江县 321
长平乡……〔赣〕上栗县 224
长东街道……〔苏〕清江浦区 183
长北街道……〔晋〕郊区 125
长田乡……〔川〕岳池县 343
长田乡……〔川〕开江县 344
长田街道……〔桂〕钦北区 306
长田湾乡……〔湘〕辰溪县 286
长田镇……〔粤〕平远县 297
长田镇……〔黔〕贞丰县 363
长生桥镇……〔渝〕南岸区 318
长生镇……〔渝〕彭水苗族土家族自治县 323
长白朝鲜族自治县……〔吉〕白山市 161
长白街道……〔辽〕和平区 145
长白新村街道……〔沪〕杨浦区 175
长白镇……〔吉〕长白朝鲜族自治县 161
长乐乡……〔闽〕平和县 217
长乐乡……〔湘〕邵阳县 280
长乐乡……〔湘〕花垣县 288
长乐区……〔闽〕福州市 213
长乐中路街道……〔陕〕新城区 389
长乐西路街道……〔陕〕新城区 389
长乐坊街道……〔陕〕碑林区 389
长乐坪镇……〔鄂〕五峰土家族自治县 269
长乐镇……〔浙〕嵊州市 194
长乐镇……〔湘〕汨罗市 282
长乐镇……〔桂〕东兰县 309
长乐镇……〔川〕高坪区 338
长汀县……〔闽〕龙岩市 218
长汀镇……〔黑〕海林市 170
长宁区……〔沪〕 175
长宁县……〔川〕宜宾市 341
长宁街道……〔吉〕宁江区 161
长宁街道……〔川〕西昌市 351
长宁镇……〔赣〕寻乌县 227
长宁镇……〔粤〕博罗县 296
长宁镇……〔川〕长宁县 341
长宁镇……〔陕〕武功县 392
长宁镇……〔青〕大通回族土族自治县 413
长发镇……〔辽〕昌图县 152
长发镇……〔黑〕讷河市 167
长发镇……〔黑〕郊区 170
长发镇……〔黑〕海伦市 172
长台关乡……〔豫〕平桥区 260
长台镇……〔浙〕江山市 195
长吉镇……〔黔〕三穗县 364
长老乡……〔桂〕金城江区 309
长西街道……〔苏〕清江浦区 183
长竹园乡……〔豫〕商城县 260
长延堡街道……〔陕〕雁塔区 389
长庆桥镇……〔陇〕宁县 406
长庆街道……〔吉〕洮北区 161
长庆街道……〔浙〕下城区 189
长庆路街道……〔豫〕华龙区 255
长庆镇……〔闽〕永泰县 213
长江乡……〔黑〕嫩江县 171
长江乡……〔黑〕兰西县 172
长江埠街道……〔鄂〕应城市 271
长江街道……〔冀〕裕华区 107
长江路街道……〔鲁〕黄岛区 236
长江路街道……〔豫〕二七区 249
长江路街道……〔新〕沙依巴克区 423
长江新城街道……〔豫〕柘城县 259
长江镇……〔苏〕如皋市 182
长江镇……〔湘〕衡山县 279
长江镇……〔粤〕仁化县 292
长江镇……〔桂〕东兰县 309
长兴乡……〔黑〕新兴区 170
长兴县……〔浙〕湖州市 193
长兴岛街道……〔辽〕瓦房店市 147
长兴堡镇……〔黔〕松桃苗族自治县 363
长兴集乡……〔鲁〕东明县 246
长兴街道……〔冀〕桥西区 107
长兴街道……〔粤〕天河区 291
长兴街道……〔宁〕大武口区 419
长兴路街道……〔豫〕惠济区 249
长兴路街道……〔豫〕长葛市 256
长兴镇……〔沪〕崇明区 176
长兴镇……〔川〕南溪区 341
长安土家族乡……〔渝〕奉节县 322
长安乡……〔湘〕衡阳县 279
长安乡……〔川〕邻水县 343
长安区……〔冀〕石家庄市 107
长安区……〔陕〕西安市 389
长安营镇……〔湘〕城步苗族自治县 281
长安街道……〔辽〕大东区 145
长安街道……〔吉〕蛟河市 158
长安街道……〔黑〕尖山区 168
长安街道……〔黑〕东安区 170
长安街道……〔苏〕惠山区 179
长安街道……〔湘〕临湘市 282
长安街道……〔川〕西昌市 351
长安路街道……〔冀〕定州市 115
长安路街道……〔豫〕涧西区 251
长安路街道……〔陕〕碑林区 389
长安镇……〔辽〕东港市 149
长安镇……〔吉〕图们市 162
长安镇……〔黑〕富锦市 170
长安镇……〔浙〕海宁市 192
长安镇……〔皖〕绩溪县 210
长安镇……〔粤〕封开县 296
长安镇……〔粤〕东莞市 299
长安镇……〔桂〕融安县 304
长安镇……〔川〕龙马潭区 330
长安镇……〔滇〕威信县 372
长安镇……〔陕〕平利县 397
长安镇……〔陇〕甘州区 404
长阳土家族自治县……〔鄂〕宜昌市 269
长阳铺镇……〔湘〕邵阳县 280
长阳镇……〔京〕房山区 99
长寿乡……〔黑〕尚志市 166
长寿区……〔渝〕 319
长寿街道……〔冀〕新乐市 108
长寿湖镇……〔渝〕长寿区 319
长寿路街道……〔沪〕普陀区 175
长寿路街道……〔川〕东区 330
长寿镇……〔鄂〕钟祥市 270
长寿镇……〔湘〕平江县 282
长坝乡……〔川〕万源市 345
长坝镇……〔渝〕武隆区 321
长坝镇……〔黔〕金沙县 361
长坝镇……〔黔〕思南县 362
长坝镇……〔陇〕康县 407
长赤镇……〔川〕南江县 347
长均乡……〔赣〕安义县 223
长坑乡……〔闽〕安溪县 216
长芦街道……〔苏〕六合区 179
长村乡……〔湘〕宜章县 284
长村张街道……〔豫〕建安区 256
长来镇……〔粤〕乐昌市 292
长轩岭街道……〔鄂〕黄陂区 267
长岐镇……〔粤〕化州市 295
长岐镇……〔粤〕吴川市 295
长岗乡……〔黑〕兰西县 172
长岗镇……〔豫〕睢县 259
长岗镇……〔鄂〕随县 273
长岗镇……〔粤〕封开县 296
长岗镇……〔黔〕仁怀市 359
长甸街道……〔辽〕铁东区 147
长甸镇……〔辽〕宽甸满族自治县 149
长角坝镇……〔陕〕佛坪县 395
长岛县……〔鲁〕烟台市 238
长辛店街道……〔京〕丰台区 99
长辛店镇……〔京〕丰台区 99

（四画）长仁

长沙干马乡……〔川〕石渠县 351
长沙乡……〔皖〕枞阳县 204
长沙乡……〔赣〕安远县 226
长沙市……〔湘〕 277
长沙贡马乡……〔川〕石渠县 351
长沙县……〔湘〕长沙市 277
长沙街道……〔粤〕开平市 294
长沙镇……〔苏〕如东县 182
长沙镇……〔粤〕梅江区 296
长沙镇……〔渝〕开州区 320
长沙镇……〔黔〕赤水市 359
长沟河镇……〔陕〕勉县 394
长沟镇……〔京〕房山区 99
长沟镇……〔皖〕泗县 208
长沟镇……〔鲁〕任城区 240
长社路街道……〔豫〕长葛市 256
长武县……〔陕〕咸阳市 392
长青乡……〔黑〕富拉尔基区 167
长青乡……〔黑〕城子河区 168
长青乡……〔黑〕郊区 170
长青乡……〔皖〕禹会区 202
长青街道……〔蒙〕红山区 136
长青街道……〔吉〕二道区 157
长青街道……〔鄂〕东西湖区 267
长青街道……〔湘〕娄星区 287
长青镇……〔陕〕凤翔县 390
长坪乡……〔赣〕井冈山市 229
长坪乡……〔湘〕耒阳市 280
长坪乡……〔渝〕万州区 317
长坪乡……〔川〕通江县 347
长坪乡……〔黔〕松桃苗族自治县 363
长坪瑶族乡……〔桂〕蒙山县 305
长坪镇……〔鄂〕南漳县 270
长坪镇……〔川〕南部县 338
长坡镇……〔粤〕高州市 295
长坡镇……〔琼〕琼海市 313
长直乡……〔晋〕垣曲县 128
长岭乡……〔皖〕金寨县 209
长岭乡……〔川〕剑阁县 334
长岭县……〔吉〕松原市 161
长岭街道……〔黑〕呼兰区 165
长岭街道……〔湘〕云溪区 281
长岭镇……〔辽〕庄河市 147
长岭镇……〔吉〕长岭县 161
长岭镇……〔皖〕望江县 205
长岭镇……〔鲁〕莒县 242
长岭镇……〔鄂〕广水市 273
长岭镇……〔渝〕万州区 317
长岭镇……〔川〕开江县 344
长岭镇……〔陕〕镇巴县 395
长和廊街道……〔蒙〕玉泉区 135
长征街道……〔晋〕忻府区 128
长征街道……〔辽〕宏伟区 151
长征街道……〔豫〕梁园区 259
长征街道……〔黔〕红花岗区 358
长征街道……〔陇〕白银区 402
长征镇……〔沪〕普陀区 175
长征镇……〔琼〕保亭黎族苗族自治县 314
长所乡……〔藏〕定日县 381
长底布依族乡……〔滇〕罗平县 370
长庚街道……〔湘〕武陵区 282
长河乡……〔川〕雷波县 354
长河街道……〔浙〕滨江区 189
长河街道……〔鲁〕德城区 243
长河源镇……〔川〕安岳县 347
长河镇……〔浙〕慈溪市 191
长泾镇……〔苏〕江阴市 180
长治市……〔晋〕 124
长治县……〔晋〕长治市 125
长宝营子乡……〔辽〕双塔区 153
长官庙镇……〔陕〕吴起县 393
长官镇……〔皖〕临泉县 207
长官镇……〔鲁〕宁津县 243
长陔乡……〔皖〕歙县 205
长春中路街道……〔新〕新市区 423
长春市……〔吉〕 157
长春岭镇……〔吉〕扶余市 161
长春堡镇……〔黔〕七星关区 360
长春街道……〔辽〕顺城区 148
长春路街道……〔吉〕船营区 158
长春路街道……〔豫〕涧西区 251
长春镇……〔黑〕拜泉县 167
长春镇……〔闽〕霞浦县 219
长春镇……〔湘〕资阳区 283
长垣县……〔豫〕新乡市 254
长城乡……〔晋〕阳高县 124
长城乡……〔湘〕雨湖区 278
长城中路街道……〔宁〕金凤区 419
长城街道……〔辽〕旅顺口区 146
长城街道……〔川〕江油市 333
长城街道……〔宁〕大武口区 419
长城路街道……〔陕〕榆阳区 395
长城镇……〔鲁〕兰陵县 243
长城镇……〔陕〕吴起县 393
长城镇……〔陇〕凉州区 403
长垌乡……〔桂〕金秀瑶族自治县 310
长巷乡……〔冀〕成安县 111
长荡镇……〔苏〕射阳县 184
长荣街道……〔吉〕汪清县 162
长柏乡……〔川〕盐源县 352
长临河镇……〔皖〕肥东县 201
长虹乡……〔浙〕开化县 195
长虹街道……〔津〕南开区 103
长虹街道……〔吉〕大安市 162
长虹街道……〔黑〕海伦市 172
长虹街道……〔湘〕祁阳县 285
长秋乡……〔川〕蒲江县 328
长顺县……〔黔〕黔南布依族苗族自治州 365
长顺镇……〔蒙〕化德县 140
长须干马乡……〔川〕石渠县 351
长须贡马乡……〔川〕石渠县 351
长胜乡……〔黑〕岭东区 168
长胜东街道……〔新〕沙依巴克区 423
长胜西街道……〔新〕沙依巴克区 423
长胜南街道……〔新〕沙依巴克区 423
长胜街道……〔宁〕大武口区 419
长胜镇……〔蒙〕敖汉旗 137
长胜镇……〔赣〕宁都县 227
长美乡……〔桂〕环江毛南族自治县 309
长洛乡……〔赣〕赣县区 226
长洲区……〔桂〕梧州市 305
长洲街道……〔粤〕黄埔区 291
长洲镇……〔桂〕长洲区 305
长洲镇……〔桂〕凤山县 309
长泰县……〔闽〕漳州市 217
长桂乡……〔渝〕巫溪县 322
长桥乡……〔赣〕广昌县 231
长桥街道……〔沪〕徐汇区 175
长桥街道……〔苏〕吴中区 181
长桥镇……〔闽〕漳浦县 216
长桥镇……〔闽〕屏南县 219
长桥镇……〔豫〕郏县 252
长校镇……〔闽〕清流县 215
长畛乡……〔晋〕神池县 129
长哨营满族乡……〔京〕怀柔区 100
长皋乡……〔辽〕北票市 153
长卿镇……〔川〕梓潼县 333
长凌镇……〔赣〕新建区 223
长海县……〔辽〕大连市 147
长涂镇……〔浙〕岱山县 195
长流乡……〔黔〕晴隆县 363
长流镇……〔琼〕秀英区 313
长陵乡……〔豫〕息县 261
长通街道……〔吉〕南关区 157
长埫口镇……〔鄂〕仙桃市 274
长埠镇……〔赣〕安义县 223
长营子镇……〔辽〕新邱区 151
长清区……〔鲁〕济南市 235
长淮卫镇……〔皖〕龙子湖区 202
长淮街道……〔皖〕瑶海区 201
长梁乡……〔冀〕沽源县 116
长梁乡……〔川〕蓬安县 339
长梁沟镇……〔晋〕原平市 129
长梁镇……〔鄂〕建始县 274
长期镇……〔黔〕赤水市 359
长葛市……〔豫〕许昌市 256
长铺子苗族侗族乡……〔湘〕绥宁县 281
长铺镇……〔皖〕宿松县 204
长铺镇……〔湘〕绥宁县 281
长智镇……〔豫〕通许县 250
长堡镇……〔黔〕德江县 362
长集镇……〔皖〕霍邱县 208
长街镇……〔浙〕宁海县 190
长道镇……〔陇〕西和县 407
长港镇……〔鄂〕鄂城区 270
长湖乡……〔湘〕岳阳县 281
长湖镇……〔滇〕石林彝族自治县 369
长塘瑶族乡……〔湘〕洞口县 281
长塘镇……〔浙〕上虞区 193
长塘镇……〔赣〕吉州区 228
长塘镇……〔湘〕临湘市 282
长塘镇……〔湘〕安化县 284
长塘镇……〔粤〕和平县 298
长塘镇……〔桂〕青秀区 303
长塘镇……〔桂〕柳北区 304
长新乡……〔滇〕云龙县 377
长滩乡……〔川〕邻水县 343
长滩镇……〔辽〕辽中区 146
长滩镇……〔鄂〕钟祥市 270
长滩镇……〔桂〕钦北区 306
长滩镇……〔渝〕万州区 317
长滩镇……〔川〕富顺县 330
长福镇……〔黑〕嫩江县 171
长寨街道……〔黔〕长顺县 365
长德街道……〔吉〕宽城区 157
长潭河乡……〔湘〕保靖县 288
长潭河侗族乡……〔鄂〕宣恩县 274
长潭镇……〔粤〕蕉岭县 297
长凝镇……〔冀〕滦南县 109
长凝镇……〔晋〕榆次区 126
仁大镇……〔陇〕静宁县 405
仁山街道……〔黔〕万山区 362
仁川镇……〔浙〕磐安县 194
仁义乡……〔川〕珙县 342
仁义乡……〔川〕天全县 346
仁义镇……〔湘〕耒阳市 280
仁义镇……〔湘〕桂阳县 284
仁义镇……〔桂〕八步区 308
仁义镇……〔渝〕荣昌区 320
仁化县……〔粤〕韶关市 292
仁风镇……〔鲁〕济阳县 235
仁布乡……〔藏〕仁布县 382
仁布县……〔藏〕日喀则市 382
仁东镇……〔桂〕玉州区 307
仁让里乡……〔冀〕新河县 113
仁达乡……〔川〕炉霍县 350
仁兆镇……〔鲁〕平度市 236
仁多乡……〔藏〕仲巴县 382
仁庄镇……〔浙〕青田县 197
仁兴街道……〔吉〕铁西区 159
仁兴镇……〔琼〕屯昌县 314
仁兴镇……〔滇〕禄丰县 375
仁寿县……〔川〕眉山市 340
仁寿镇……〔闽〕顺昌县 217
仁村乡……〔豫〕渑池县 257
仁村镇……〔陕〕镇巴县 395
仁里水族乡……〔黔〕榕江县 364
仁里集镇……〔鲁〕齐河县 244
仁里街道……〔黑〕道外区 165
仁里镇……〔皖〕石台县 210
仁里镇……〔川〕船山区 335
仁沙镇……〔渝〕丰都县 321
仁怀市……〔黔〕遵义市 359
仁贤镇……〔渝〕梁平区 321
仁果乡……〔川〕甘孜县 350
仁果乡……〔藏〕左贡县 383
仁和（地区）镇……〔京〕顺义区 100
仁和乡……〔川〕江安县 341
仁和区……〔川〕攀枝花市 330
仁和坪镇……〔鄂〕五峰土家族自治县 269
仁和集镇……〔皖〕天长市 206
仁和街道……〔浙〕余杭区 189
仁和镇……〔赣〕峡江县 228
仁和镇……〔豫〕潢川县 261
仁和镇……〔湘〕宁远县 286
仁和镇……〔川〕仁和区 330
仁和镇……〔川〕梓潼县 333
仁和镇……〔川〕射洪县 335
仁和镇……〔川〕西充县 340
仁和镇……〔川〕南江县 347

（四画）仁什片仇化介从仑今分公仓月勿风丹

仁和镇……〔滇〕施甸县 371
仁和镇……〔滇〕永胜县 373
仁和镇……〔滇〕马关县 376
仁和彝族苗族乡……〔黔〕黔西县 361
仁河口镇……〔陕〕旬阳县 397
仁宗街道……〔陕〕临潼区 389
仁居镇……〔粤〕平远县 297
仁厚镇……〔冀〕唐县 114
仁厚镇……〔桂〕玉州区 307
仁钦则乡……〔藏〕谢通门县 382
仁皇山街道……〔浙〕吴兴区 193
仁美镇……〔川〕丹棱县 341
仁首镇……〔赣〕靖安县 230
仁宫乡……〔浙〕青田县 197
仁堆乡……〔藏〕南木林县 381
仁湾街道……〔湘〕冷水滩区 285
仁德街道…〔滇〕寻甸回族彝族自治县 369
什川镇……〔陇〕皋兰县 401
什川镇……〔陇〕通渭县 406
什地镇……〔川〕绵竹市 332
什邡市……〔川〕德阳市 331
什字乡……〔宁〕西吉县 420
什字街镇……〔辽〕盖州市 150
什字镇……〔陇〕灵台县 404
什运乡……〔琼〕保亭黎族苗族自治县 314
什社乡……〔陇〕西峰区 405
什刹海街道……〔京〕西城区 99
什玲镇……〔琼〕保亭黎族苗族自治县 314
什贴镇……〔晋〕榆次区 126
什集镇……〔鲁〕鄄城县 246
片口乡……〔川〕北川羌族自治县 333
片马镇……〔滇〕泸水市 378
片马彝族乡……〔川〕汉源县 346
片角镇……〔滇〕永胜县 373
仇庄乡……〔冀〕安次区 119
仇桥镇……〔苏〕淮安区 183
仇集镇……〔苏〕盱眙县 184
仇楼镇……〔豫〕祥符区 250
化工街道……〔辽〕连山区 154
化工街道……〔黑〕道外区 165
化工镇……〔豫〕孟州市 255
化子坪镇……〔陕〕安塞区 393
化马湾乡……〔鲁〕岱岳区 241
化石戈镇……〔辽〕阜新蒙古族自治县 151
化龙乡……〔川〕旺苍县 334
化龙乡……〔川〕广安区 342
化龙桥街道……〔渝〕渝中区 317
化龙堰镇……〔鄂〕房县 268
化龙镇……〔鲁〕寿光市 239
化龙镇……〔粤〕番禺区 291
化北屯乡……〔晋〕宁武县 129
化乐镇……〔黔〕水城县 357
化处镇……〔黔〕普定县 360
化皮溜子镇……〔冀〕宽城满族自治县 118
化皮镇……〔冀〕新乐市 108
化机街道……〔辽〕连山区 154
化成街道……〔赣〕袁州区 229
化成镇……〔川〕巴州区 346
化庄乡……〔豫〕新蔡县 263
化州市……〔粤〕茂名市 295
化作苗族彝族乡……〔黔〕纳雍县 361
化林路街道……〔冀〕复兴区 111
化雨镇……〔鲁〕金乡县 240
化念镇……〔滇〕峨山彝族自治县 371
化河乡……〔豫〕商水县 261
化峒镇……〔桂〕靖西市 308
化觉镇……〔黔〕金沙县 361
化客头街道……〔晋〕万柏林区 123
化起镇……〔黔〕织金县 361
化峪镇……〔晋〕稷山县 128
化隆回族自治县……〔青〕海东市 414
化稍营镇……〔冀〕阳原县 116
化楼镇……〔鲁〕乐陵市 244
化德县……〔蒙〕乌兰察布市 140
介廷乡……〔桂〕隆林各族自治县 308
介休市……〔晋〕晋中市 127
介福乡……〔闽〕永春县 216
介福路街道……〔川〕船山区 335
从化区……〔粤〕广州市 291
从江县…〔黔〕黔东南苗族侗族自治州 365
仑苍镇……〔闽〕南安市 216
今是街道……〔豫〕新蔡县 263
分乡镇……〔鄂〕夷陵区 269
分水乡……〔湘〕湘潭县 279
分水岭乡……〔晋〕武乡县 125
分水岭镇……〔川〕江阳区 330
分水亭镇……〔豫〕固始县 261
分水镇……〔浙〕桐庐县 190
分水镇……〔鄂〕汉川市 271
分水镇……〔渝〕万州区 317
分水镇……〔川〕叙永县 331
分水镇……〔川〕安居区 335
分水镇…〔黔〕务川仡佬族苗族自治县 359
分全乡……〔川〕井研县 337
分宜县……〔赣〕新余市 225
分宜镇……〔赣〕分宜县 225
分界镇……〔苏〕泰兴市 186
分界镇……〔粤〕高州市 295
分界镇……〔粤〕罗定市 300
分盐镇……〔鄂〕监利县 271
分路口镇……〔皖〕裕安区 208
分路镇……〔鄂〕黄梅县 273
公义镇……〔川〕彭山区 340
公乌素镇……〔蒙〕海南区 136
公正乡……〔桂〕上思县 306
公正街道……〔黑〕双城区 166
公平乡……〔桂〕灵川县 304
公平乡……〔川〕犍为县 337
公平圩镇……〔湘〕耒阳市 280
公平街道……〔川〕温江区 327
公平镇……〔粤〕海丰县 297
公平镇……〔渝〕奉节县 322
公田镇……〔湘〕岳阳县 281
公白镇……〔粤〕和平县 298
公主屯镇……〔辽〕新民市 146
公主岭市……〔吉〕四平市 159
公议乡……〔川〕崇州市 329
公民镇……〔川〕资中县 336
公吉乡……〔吉〕桦甸市 158
公吉寺镇……〔皖〕涡阳县 209
公会镇……〔冀〕张北县 116
公会镇……〔桂〕平桂区 308
公庄镇……〔粤〕博罗县 296
公兴街道……〔川〕双流区 327
公兴镇……〔川〕剑阁县 334
公安县……〔鄂〕荆州市 271
公安镇……〔桂〕钟山县 309
公阳乡……〔浙〕文成县 192
公园街道……〔冀〕运河区 118
公园街道……〔蒙〕东胜区 138
公园街道……〔吉〕延吉市 162
公园街道……〔皖〕田家庵区 202
公园街道……〔赣〕东湖区 223
公园街道……〔鲁〕张店区 237
公园街道……〔桂〕城中区 303
公园路街道……〔黑〕呼兰区 165
公园路街道……〔陇〕白银区 402
公坪镇……〔湘〕芷江侗族自治县 287
公坡镇……〔琼〕文昌市 313
公明街道……〔粤〕宝安区 292
公岭镇……〔皖〕怀宁县 204
公店乡……〔川〕剑阁县 334
公郎镇……〔滇〕南涧彝族自治县 377
公信乡……
……〔滇〕孟连傣族拉祜族佤族自治县 374
公桥乡……〔皖〕阜南县 207
公营子镇……
……〔辽〕喀喇沁左翼蒙古族自治县 153
公馆镇……〔粤〕茂南区 295
公馆镇……〔桂〕合浦县 306
公腊胡洞乡……〔蒙〕化德县 140
公道镇……〔苏〕邗江区 185
公塘乡……〔藏〕当雄县 381
公溪镇……〔赣〕乐安县 231
公德林街道……〔藏〕城关区 381
仓上镇……〔陕〕白河县 397
仓山区……〔闽〕福州市 213
仓山镇……〔闽〕仓山区 213
仓山镇……〔川〕中江县 331
仓门街道……〔青〕城中区 413
仓子乡……〔冀〕承德县 117
仓头乡……〔豫〕鲁山县 252
仓头镇……〔豫〕新安县 251
仓更镇……〔黔〕兴义市 363
仓房镇……〔豫〕淅川县 258
仓前街道……〔浙〕余杭区 189
仓前街道……〔闽〕仓山区 213
仓埠街道……〔鄂〕新洲区 268
仓镇……〔皖〕定远县 206
月山乡……〔川〕苍溪县 335
月山街道……〔豫〕中站区 255
月山镇……〔皖〕怀宁县 204
月山镇……〔豫〕博爱县 255
月山镇……〔湘〕湘乡市 279
月山镇……〔粤〕开平市 294
月牙河街道……〔津〕河北区 103
月牙泉镇……〔陇〕敦煌市 405
月牙湖乡……〔宁〕兴庆区 419
月牙湖街道……〔苏〕秦淮区 179
月田镇……〔湘〕岳阳县 281
月华乡……〔川〕西昌市 351
月华镇……〔川〕大竹县 344
月江镇……〔川〕高县 342
月坛街道……〔京〕西城区 99
月吾乡……〔川〕普格县 353
月里镇……〔桂〕南丹县 309
月河街道……〔浙〕吴兴区 192
月河镇……〔豫〕桐柏县 258
月河镇……〔陕〕镇安县 397
月城镇……〔苏〕江阴市 180
月城镇……〔粤〕揭东区 300
月亮岛街道……〔湘〕望城区 277
月亮河彝族布依族苗族乡……
……〔黔〕六枝特区 357
月亮泡镇……〔吉〕大安市 162
月亮湾街道……〔豫〕新蔡县 263
月宫街道……〔吉〕图们市 162
月浦街道……〔粤〕金平区 293
月浦镇……〔沪〕宝山区 175
月望乡……〔滇〕马龙县 370
月晴镇……〔吉〕图们市 162
月湖区……〔赣〕鹰潭市 225
月湖街道……〔浙〕海曙区 190
月湖街道……〔湘〕开福区 277
月塘街道……〔湘〕荷塘区 278
月塘镇……〔苏〕仪征市 185
月照乡……〔陇〕武都区 407
月照街道……〔黔〕钟山区 357
月溪乡……〔湘〕洞口县 281
勿角乡……〔川〕九寨沟县 348
风山乡……〔陇〕东乡族自治县 409
风水沟镇……〔蒙〕元宝山区 136
风水梁镇……〔蒙〕达拉特旗 138
风水镇……〔黔〕桐梓县 358
风化店乡……〔冀〕沧县 118
风正乡……〔冀〕鸡泽县 111
风石堰镇……〔湘〕祁东县 279
风平镇……〔滇〕芒市 378
风穴路街道……〔豫〕汝州市 252
风华镇……〔黔〕绥阳县 358
风岗镇……〔黑〕友谊县 169
风雨坛街道……〔辽〕沈河区 145
风采街道……〔粤〕浈江区 292
风垭乡……〔川〕邻水县 343
风陵渡镇……〔晋〕芮城县 128
丹口镇……〔湘〕城步苗族自治县 281
丹山镇……〔川〕雁江区 347
丹云乡……〔闽〕永泰县 213
丹水池街道……〔鄂〕江岸区 267
丹水镇……〔豫〕西峡县 258
丹凤县……〔陕〕商洛市 397
丹凤街道……〔滇〕师宗县 370
丹巴县……〔川〕甘孜藏族自治州 349
丹东乡……〔川〕丹巴县 349
丹东市……〔辽〕 149
丹东街道……〔浙〕象山县 190
丹北镇……〔苏〕丹阳市 185
丹西街道……〔浙〕象山县 190
丹朱镇……〔晋〕长子县 125
丹竹镇……〔桂〕平南县 307

（四画）丹匀乌凤

丹州街道……〔陕〕宜川县 393
丹江口市……〔鄂〕十堰市 268
丹江街道……〔吉〕敦化市 162
丹江街道……〔赣〕安源区 224
丹江镇……〔黔〕雷山县 365
丹阳市……〔苏〕镇江市 185
丹阳街道……〔鲁〕牡丹区 245
丹阳街道……〔湘〕武陵区 282
丹阳镇……〔皖〕博望区 203
丹阳镇……〔闽〕连江县 213
丹阳镇……〔豫〕淅川县 258
丹灶镇……〔粤〕南海区 293
丹青镇……〔湘〕吉首市 288
丹林镇……〔川〕江阳区 330
丹河街道……〔豫〕中站区 255
丹城镇……〔皖〕涡阳县 209
丹赵路街道……〔鄂〕丹江口市 268
丹砂街道…〔黔〕务川仡佬族苗族自治县 359
丹洲乡……〔湘〕武陵区 282
丹洲镇……〔桂〕三江侗族自治县 304
丹桂街道……〔川〕自流井区 329
丹桂镇……〔川〕古蔺县 331
丹徒区……〔苏〕镇江市 185
丹娘乡……〔藏〕米林县 384
丹麻镇……〔青〕互助土族自治县 413
丹清河乡……〔冀〕康保县 116
丹棱县……〔川〕眉山市 341
丹棱镇……〔川〕丹棱县 341
丹景山镇……〔川〕彭州市 328
丹景乡……〔川〕简阳市 329
丹堡镇……〔陇〕文县 407
丹溪乡……〔赣〕寻乌县 227
丹寨……〔黔〕黔东南苗族侗族自治州 365
丹霞街道……〔粤〕仁化县 292
丹霞镇……〔黔〕盘州市 358
匀东镇……〔黔〕都匀市 365
乌力吉木仁苏木……〔蒙〕扎鲁特旗 138
乌力吉苏木……〔蒙〕阿拉善左旗 141
乌山街道……〔湘〕望城区 277
乌马河区……〔黑〕伊春市 169
乌马营镇……〔冀〕南皮县 118
乌云镇……〔黑〕嘉荫县 169
乌木龙彝族乡……〔滇〕永德县 374
乌木镇……〔川〕大竹县 344
乌日根塔拉镇……〔蒙〕苏尼特右旗 141
乌牛街道……〔浙〕永嘉县 191
乌什县……〔新〕阿克苏地区 426
乌什塔拉回族乡……〔新〕和硕县 425
乌什镇……〔新〕乌什县 426
乌丹镇……〔蒙〕翁牛特旗 137
乌石镇……〔皖〕黄山区 205
乌石镇……〔赣〕资溪县 231
乌石镇……〔湘〕湘潭县 279
乌石镇……〔粤〕曲江区 292
乌石镇……〔粤〕雷州市 295
乌石镇……〔桂〕陆川县 307
乌布尔宝力格苏木……
……〔蒙〕新巴尔虎左旗 139
乌龙乡……〔渝〕巫溪县 323
乌龙坝镇……〔辽〕清河门区 151
乌龙沟乡……〔冀〕涞源县 114
乌龙泉街道……〔鄂〕江夏区 267
乌龙街道……〔滇〕呈贡区 369
乌龙镇……〔皖〕霍邱县 208
乌龙镇……〔滇〕东川区 369
乌东德镇……〔川〕会东县 352
乌东德镇…〔滇〕禄劝彝族苗族自治县 369
乌史大桥乡……〔川〕甘洛县 354
乌尔禾区……〔新〕克拉玛依市 423
乌尔禾镇……〔新〕乌尔禾区 423
乌尔其乡……〔新〕墨玉县 427
乌尔其汉镇……〔蒙〕牙克石市 139
乌兰木伦镇……〔蒙〕伊金霍洛旗 138
乌兰毛都苏木…〔蒙〕科尔沁右翼前旗 140
乌兰乌苏镇……〔新〕沙湾县 429
乌兰布统苏木……〔蒙〕克什克腾旗 137
乌兰白镇……〔辽〕凌源市 154
乌兰再格森乡……〔新〕博湖县 425
乌兰达坝苏木……〔蒙〕巴林左旗 136
乌兰花镇……〔吉〕通榆县 162
乌兰花镇……〔蒙〕四子王旗 140
乌兰县…〔青〕海西蒙古族藏族自治州 415
乌兰图克镇……〔蒙〕临河区 139
乌兰图嘎镇……
……〔吉〕前郭尔罗斯蒙古族自治县 161
乌兰河硕蒙古族乡……〔辽〕朝阳县 153
乌兰查布苏木……〔蒙〕正镶白旗 141
乌兰哈页苏木…〔蒙〕察哈尔右翼中旗 140
乌兰哈达乡……〔蒙〕阿鲁科尔沁旗 136
乌兰哈达苏木……〔蒙〕扎鲁特旗 138
乌兰哈达苏木…〔蒙〕察哈尔右翼后旗 140
乌兰哈达镇……〔蒙〕乌兰浩特市 140
乌兰哈拉嘎苏木…〔蒙〕西乌珠穆沁旗 141
乌兰敖都乡……
……〔吉〕前郭尔罗斯蒙古族自治县 161
乌兰浩特市……〔蒙〕兴安盟 140
乌兰陶勒盖镇……〔蒙〕乌审旗 138
乌兰淖尔镇……〔蒙〕乌达区 136
乌兰塔拉乡……
……〔吉〕前郭尔罗斯蒙古族自治县 161
乌兰街道……〔蒙〕二连浩特市 141
乌兰察布东路街道……〔蒙〕赛罕区 135
乌兰察布市……〔蒙〕 140
乌兰镇……〔蒙〕鄂托克旗 138
乌兰镇……〔陇〕靖远县 402
乌奴耳镇……〔蒙〕牙克石市 139
乌加河镇……〔蒙〕乌拉特中旗 139
乌吉热克乡……〔新〕叶城县 427
乌吉密乡……〔黑〕尚志市 166
乌达力克乡……〔新〕莎车县 427
乌达区……〔蒙〕乌海市 136
乌当区……〔黔〕贵阳市 357
乌伊岭区……〔黑〕伊春市 169
乌衣镇……〔皖〕南谯区 206
乌江镇……〔皖〕和县 203
乌江镇……〔赣〕吉水县 228
乌江镇……〔黔〕播州区 358
乌江镇……〔陇〕甘州区 404
乌玛塘乡……〔藏〕当雄县 381
乌抛乡……〔川〕井研县 337
乌克忽洞镇……
……〔蒙〕达尔罕茂明安联合旗 136
乌苏市……〔新〕塔城地区 428
乌苏镇……〔黑〕抚远市 170
乌杨街道……〔渝〕忠县 321
乌杨街道…〔渝〕秀山土家族苗族自治县 323
乌里雅斯太镇……〔蒙〕东乌珠穆沁旗 141
乌沙镇……〔皖〕贵池区 210
乌沙镇……〔黔〕兴义市 363
乌拉山镇……〔蒙〕乌拉特前旗 139
乌拉台哈萨克族乡……〔新〕伊州区 424
乌拉泊街道……〔新〕达坂城区 423
乌拉哈乡……〔蒙〕察哈尔右翼前旗 140
乌拉特中旗……〔蒙〕巴彦淖尔市 139
乌拉特后旗……〔蒙〕巴彦淖尔市 139
乌拉特前旗……〔蒙〕巴彦淖尔市 139
乌拉斯台乡……〔新〕尼勒克县 428
乌拉斯特镇……〔新〕吉木乃县 429
乌拉街满族镇……〔吉〕龙潭区 158
乌拉溪乡……〔川〕九龙县 350
乌拉嘎镇……〔黑〕嘉荫县 169
乌坡镇……〔琼〕屯昌县 314
乌林朝鲜族乡……〔吉〕蛟河市 158
乌林镇……〔鄂〕洪湖市 272
乌昌路街道……〔新〕头屯河区 423
乌罗镇……〔黔〕松桃苗族自治县 363
乌帕尔镇……〔新〕疏附县 426
乌图布拉格镇……〔新〕博乐市 424
乌图美仁乡……〔青〕格尔木市 415
乌依乡……〔川〕布拖县 353
乌金山镇……〔晋〕榆次区 126
乌泥镇……〔赣〕余干县 232
乌审召镇……〔蒙〕乌审旗 138
乌审旗……〔蒙〕鄂尔多斯市 138
乌迳镇……〔粤〕南雄市 292
乌鸦泡镇……〔黑〕通河县 166
乌科乡……〔川〕布拖县 353
乌恰县…〔新〕克孜勒苏柯尔克孜自治州 426
乌恰镇……〔新〕库车县 425
乌恰镇……〔新〕乌恰县 426
乌恰镇……〔新〕英吉沙县 426
乌素图街道……〔蒙〕青山区 135
乌素图镇……〔蒙〕察哈尔右翼中旗 140
乌桥街道……〔粤〕金平区 293
乌夏克巴什镇……〔新〕叶城县 427
乌烈镇……〔琼〕昌江黎族自治县 314
乌峰街道……〔滇〕镇雄县 372
乌海市……〔蒙〕 136
乌家镇……〔桂〕合浦县 306
乌雪特乡……〔新〕托里县 429
乌盖苏木……〔蒙〕乌拉特后旗 139
乌斯太镇……〔蒙〕阿拉善左旗 141
乌斯河镇……〔川〕汉源县 345
乌鲁木齐东路街道……〔新〕奎屯市 428
乌鲁木齐市……〔新〕 423
乌鲁木齐西路街道……〔新〕奎屯市 428
乌鲁木齐县……〔新〕乌鲁木齐市 423
乌鲁布铁镇……〔蒙〕鄂伦春自治旗 138
乌鲁却勒镇……〔新〕阿瓦提县 426
乌鲁克恰提乡……〔新〕乌恰县 426
乌鲁克萨依乡……〔新〕策勒县 428
乌敦套海镇……〔蒙〕翁牛特旗 137
乌尊布拉克乡……〔新〕昭苏县 428
乌尊镇……〔新〕库车县 425
乌塘镇……〔粤〕遂溪县 294
乌蒙乡……〔滇〕禄劝彝族苗族自治县 369
乌蒙镇……〔黔〕盘州市 358
乌溪镇……〔皖〕当涂县 203
乌镇……〔陕〕佳县 396
乌镇镇……〔浙〕桐乡市 192
乌额格其苏木……〔蒙〕扎鲁特旗 138
乌嘴乡……〔湘〕南县 284
凤山乡……〔赣〕安远县 226
凤山乡……〔川〕顺庆区 338
凤山县……〔桂〕河池市 309
凤山街道……〔晋〕离石区 130
凤山街道……〔辽〕凤城市 149
凤山街道……〔浙〕余姚市 191
凤山街道……〔粤〕城区 297
凤山街道……〔渝〕武隆区 321
凤山镇……〔冀〕井陉矿区 107
凤山镇……〔冀〕丰宁满族自治县 117
凤山镇……〔黑〕通河县 166
凤山镇……〔闽〕罗源县 213
凤山镇……〔鄂〕罗田县 272
凤山镇……〔桂〕柳城县 304
凤山镇……〔桂〕博白县 307
凤山镇……〔黔〕福泉市 365
凤山镇……〔滇〕景谷傣族彝族自治县 373
凤山镇……〔滇〕凤庆县 374
凤山彝族蒙古族乡……〔黔〕大方县 360
凤川街道……〔浙〕桐庐县 189
凤屯镇……〔滇〕牟定县 375
凤冈县……〔黔〕遵义市 359
凤冈镇……〔赣〕宜黄县 231
凤石乡……〔川〕蓬安县 339
凤仪乡……〔皖〕枞阳县 204
凤仪乡……〔川〕仪陇县 339
凤仪乡……〔川〕宜宾县 341
凤仪乡……〔川〕南江县 347
凤仪街道……〔黔〕正安县 358
凤仪镇……〔川〕茂县 348
凤仪镇……〔滇〕大理市 377
凤台县……〔皖〕淮南市 203
凤台街道……〔鲁〕平度市 236
凤合镇……〔滇〕寻甸回族彝族自治县 369
凤庆县……〔滇〕临沧市 374
凤州镇……〔陕〕凤县 391
凤江镇……〔粤〕揭西县 300
凤安镇……〔粤〕紫金县 298
凤阳县……〔皖〕滁州市 206
凤阳街道……〔粤〕海珠区 291
凤阳畲族乡……〔浙〕苍南县 191
凤阳镇……〔闽〕寿宁县 219
凤阳镇……〔赣〕分宜县 225
凤羽镇……〔滇〕洱源县 378
凤村乡……〔川〕沐川县 337
凤村镇……〔粤〕德庆县 296
凤来乡……〔渝〕武隆区 321
凤来镇……〔川〕射洪县 335

（四画）凤卞六文

凤县……〔陕〕宝鸡市 391
凤里街道……〔闽〕石狮市 216
凤岗街道……〔冀〕南宫市 113
凤岗街道……〔闽〕沙县 215
凤岗镇……〔赣〕南康区 226
凤岗镇……〔粤〕怀集县 296
凤岗镇……〔粤〕东莞市 299
凤灵街道……〔川〕盐亭县 332
凤尾镇……〔滇〕镇康县 374
凤林乡……〔川〕宣汉县 344
凤林街道……〔鲁〕环翠区 241
凤林镇……〔浙〕江山市 195
凤卧镇……〔浙〕平阳县 191
凤歧坪乡……〔湘〕祁东县 280
凤鸣乡……〔川〕宣汉县 344
凤鸣乡……〔川〕雨城区 345
凤鸣街道……〔浙〕桐乡市 192
凤鸣街道……〔川〕彭山区 340
凤鸣镇……〔渝〕云阳县 322
凤鸣镇……〔川〕合江县 330
凤鸣镇……〔川〕市中区 336
凤鸣镇……〔川〕西充县 340
凤鸣镇……〔陕〕岐山县 390
凤岭乡……〔宁〕隆德县 420
凤和乡……〔川〕西充县 340
凤垭街道……〔川〕嘉陵区 338
凤城乡……〔晋〕侯马市 130
凤城市……〔辽〕丹东市 149
凤城街道……〔苏〕丰县 180
凤城街道……〔闽〕永定区 218
凤城街道……〔鲁〕海阳市 239
凤城街道……〔鲁〕莱城区 242
凤城街道……〔粤〕清城区 298
凤城街道……〔渝〕长寿区 319
凤城街道……〔黔〕天柱县 364
凤城镇……〔晋〕阳城县 126
凤城镇……〔晋〕文水县 131
凤城镇……〔闽〕连江县 213
凤城镇……〔闽〕安溪县 216
凤城镇……〔桂〕凤山县 309
凤垟乡……〔浙〕泰顺县 192
凤泉区……〔豫〕新乡市 254
凤亭乡……〔黔〕罗甸县 365
凤阁岭镇……〔陕〕陈仓区 390
凤埔乡……〔闽〕古田县 219
凤都镇……〔闽〕古田县 219
凤栖街道……〔陕〕洛川县 393
凤桥镇……〔浙〕南湖区 192
凤陵乡……〔川〕仁寿县 341
凤梧镇……〔桂〕平果县 308
凤凰山乡……〔冀〕青龙满族自治县 110
凤凰山街道……〔浙〕云和县 197
凤凰山街道……〔皖〕巢湖市 201
凤凰山街道……〔闽〕城厢区 214
凤凰山街道……〔川〕金牛区 327
凤凰山街道……〔陕〕宝塔区 393
凤凰乡……〔湘〕汨罗市 282
凤凰乡……〔湘〕祁阳县 285
凤凰乡……〔桂〕昭平县 308
凤凰乡……〔桂〕巴马瑶族自治县 309
凤凰乡……〔川〕大安区 329
凤凰乡……〔川〕游仙区 332
凤凰乡……〔川〕高坪区 338
凤凰北街街道……〔宁〕兴庆区 419
凤凰台街道……〔鲁〕芝罘区 238
凤凰台街道……〔豫〕金水区 249
凤凰县…〔湘〕湘西土家族苗族自治州 288
凤凰岭街道……〔蒙〕海勃湾区 136
凤凰岭街道……〔鲁〕河东区 242
凤凰城街道……〔辽〕凤城市 149
凤凰城街道……〔鲁〕利津县 238
凤凰城镇……〔晋〕平鲁区 126
凤凰街道……〔苏〕鼓楼区 179
凤凰街道……〔浙〕吴兴区 192
凤凰街道……〔皖〕琅琊区 206
凤凰街道……〔赣〕安源区 224
凤凰街道……〔赣〕袁州区 229
凤凰街道……〔鲁〕坊子区 239
凤凰街道……〔鲁〕东昌府区 244
凤凰街道……〔鲁〕巨野县 246
凤凰街道……〔鄂〕鄂城区 270
凤凰街道……〔湘〕冷水滩区 285
凤凰街道……〔粤〕天河区 291
凤凰街道……〔粤〕宝安区 293
凤凰街道……〔川〕安居区 335
凤凰街道……〔黔〕钟山区 357
凤凰街道……〔滇〕宣威市 370
凤凰街道……〔滇〕昭阳区 372
凤凰路街道……〔苏〕海陵区 185
凤凰路街道……〔滇〕红塔区 370
凤凰路街道……〔陕〕阎良区 389
凤凰镇……〔冀〕宁晋县 112
凤凰镇……〔晋〕宁武县 129
凤凰镇……〔苏〕张家港市 182
凤凰镇……〔皖〕凤台县 203
凤凰镇……〔赣〕吉安县 228
凤凰镇……〔鲁〕临淄区 237
凤凰镇……〔鲁〕鄄城县 246
凤凰镇……〔鄂〕新洲区 268
凤凰镇……〔粤〕鼎湖区 295
凤凰镇……〔粤〕潮安区 299
凤凰镇……〔桂〕全州县 305
凤凰镇……〔桂〕兴宾区 310
凤凰镇……〔渝〕沙坪坝区 317
凤凰镇……〔渝〕巫溪县 322
凤凰镇……〔陕〕柞水县 397
凤翔县……〔陕〕宝鸡市 390
凤翔街道……〔粤〕澄海区 293
凤翔街道……〔琼〕琼山区 313
凤翔街道……〔滇〕临翔区 374
凤翔镇……〔黑〕萝北县 168
凤翔镇……〔桂〕钟山县 309
凤翔镇……〔陇〕安定区 406
凤瑞镇……〔豫〕方城县 257
凤塘镇……〔粤〕潮安区 299
凤新街道……〔粤〕湘桥区 299
凤溪镇……〔川〕巴州区 346
凤麓街道……〔滇〕澄江县 371
卞庄街道……〔鲁〕兰陵县 243
卞桥镇……〔鲁〕平邑县 243
卞路口乡……〔豫〕沈丘县 262
六十户乡……〔新〕新市区 423
六十铺镇……〔皖〕颍上县 207
六工镇……〔新〕昌吉市 424
六广镇……〔黔〕修文县 357
六门乡……〔川〕平昌县 347
六弓乡……〔琼〕保亭黎族苗族自治县 314
六也乡……〔桂〕大化瑶族自治县 310
六马镇…〔黔〕镇宁布依族苗族自治县 360
六王镇……〔桂〕容县 307
六屯镇……〔黔〕修文县 357
六水桥街道……〔赣〕临川区 230
六户地镇……〔新〕玛纳斯县 424
六户镇……〔蒙〕突泉县 141
六户镇……〔鲁〕东营区 237
六石街道……〔浙〕东阳市 194
六龙山侗族土家族乡……〔黔〕碧江区 362
六龙镇……〔黔〕大方县 360
六甲街道……〔滇〕官渡区 369
六甲镇……〔桂〕金城江区 309
六号街道……〔黑〕南山区 168
六市乡……〔赣〕莲花县 224
六台街道……〔辽〕清河门区 151
六圩镇……〔桂〕金城江区 309
六曲河镇……〔黔〕赫章县 361
六团镇……〔黑〕延寿县 166
六华镇……〔川〕会理县 352
六合乡……〔川〕江油市 333
六合乡……〔川〕营山县 339
六合乡……〔川〕荥经县 345
六合区……〔苏〕南京市 179
六合街道……〔鲁〕河口区 238
六合镇……〔蒙〕阿荣旗 138
六合镇……〔黑〕讷河市 167
六合彝族乡……〔滇〕鹤庆县 378
六安市……〔皖〕 208
六坝镇……〔陇〕永昌县 401
六坝镇……〔陇〕民乐县 404
六苏木镇……〔蒙〕凉城县 140
六村乡……〔豫〕内黄县 253
六村堡街道……〔陕〕未央区 389
六两河街道……〔鄂〕襄州区 269
六里山街道……〔鲁〕市中区 235
六里屯街道……〔京〕朝阳区 99
六里坪镇……〔鄂〕丹江口市 269
六角亭街道……〔鄂〕硚口区 267
六角亭街道……〔鄂〕恩施市 274
六亩塘镇……〔湘〕涟源市 288
六库镇……〔滇〕泸水市 378
六间房镇……〔辽〕辽中区 145
六汪镇……〔鲁〕黄岛区 236
六沟镇……〔冀〕承德县 117
六陈镇……〔桂〕平南县 306
六苴镇……〔滇〕大姚县 375
六枝特区……〔黔〕六盘水市 357
六所镇……〔川〕德昌县 352
六河乡……〔滇〕麻栗坡县 376
六官营子镇……〔辽〕喀喇沁左翼蒙古族自治县 153
六郎乡……〔鄂〕郧西县 268
六郎镇……〔皖〕芜湖县 202
六指街道……〔鄂〕黄陂区 267
六巷乡……〔桂〕金秀瑶族自治县 310
六巷乡……〔陇〕西和县 408
六顺街道……〔黑〕香坊区 165
六顺镇……〔滇〕思茅区 373
六泉乡……〔晋〕陵川县 126
六祖镇……〔粤〕新兴县 300
六都乡……〔赣〕玉山县 232
六都寨镇……〔湘〕隆回县 280
六都镇……〔粤〕云安区 300
六桥街道……〔黔〕威宁彝族回族苗族自治县 361
六哨乡……〔滇〕寻甸回族彝族自治县 369
六峰镇……〔陇〕甘谷县 403
六铁镇……〔川〕宁南县 352
六家子镇……〔蒙〕库伦旗 137
六家子镇……〔辽〕朝阳县 153
六家桥乡……〔赣〕崇仁县 231
六排镇……〔桂〕天峨县 309
六桶镇……〔黔〕修文县 357
六硍镇……〔桂〕浦北县 306
六盘山镇……〔宁〕泾源县 420
六盘水市……〔黔〕 357
六麻镇……〔桂〕北流市 307
六隆镇……〔桂〕田林县 308
六塔乡……〔豫〕清丰县 255
六景镇……〔桂〕横县 303
六堡镇……〔桂〕苍梧县 305
六街街道……〔滇〕易门县 371
六街镇……〔滇〕晋宁区 369
六道口街道……〔辽〕元宝区 149
六道江镇……〔吉〕浑江区 160
六道沟街道……〔辽〕振兴区 149
六道沟镇……〔吉〕临江市 161
六道河镇……〔冀〕兴隆县 117
六道湾街道……〔新〕水磨沟区 423
六塘乡……〔湘〕湘阴县 282
六塘乡……〔渝〕石柱土家族自治县 323
六塘镇……〔桂〕柳城县 304
六塘镇……〔桂〕临桂区 304
六靖镇……〔桂〕北流市 307
六榕街道……〔粤〕越秀区 291
六寨镇……〔桂〕南丹县 309
六墩乡……〔陇〕玉门市 405
六横镇……〔浙〕普陀区 195
六镇镇……〔皖〕全椒县 206
六德傈僳族彝族乡……〔滇〕永胜县 373
六鳌镇……〔闽〕漳浦县 217
文山市……〔滇〕文山壮族苗族自治州 376
文山壮族苗族自治州……〔滇〕 376
文山街道……〔赣〕吉州区 228
文川镇……〔陕〕城固县 394
文井乡……〔川〕新津县 328
文井江镇……〔川〕崇州市 329
文井镇……〔川〕蓬溪县 335
文井镇……〔滇〕景东彝族自治县 373
文艺路街道……〔湘〕芙蓉区 277
文艺路街道……〔陕〕碑林区 389
文水县……〔晋〕吕梁市 131

（四画）文亢方火

文升乡……〔川〕射洪县 335
文化东路街道……〔鲁〕历下区 235
文化北后街街道……〔冀〕路南区 108
文化街道……〔豫〕红旗区 254
文化街道……〔宁〕兴庆区 419
文化街道……〔吉〕宁江区 161
文化街道……〔吉〕和龙市 162
文化街道……〔黑〕南岗区 165
文化街道……〔黑〕建华区 167
文化街道……〔鲁〕牟平区 238
文化街道……〔豫〕睢阳区 259
文化街道……〔滇〕古城区 373
文化路街道……〔冀〕路北区 108
文化路街道……〔冀〕海港区 110
文化路街道……〔冀〕遵化市 109
文化路街道……〔鲁〕市中区 237
文化路街道……〔豫〕金水区 249
文化镇……〔渝〕梁平区 321
文化镇……〔川〕安岳县 347
文斗乡……〔鄂〕利川市 274
文布乡……〔藏〕尼玛县 385
文布当桑乡……〔藏〕革吉县 385
文龙街道……〔渝〕綦江区 318
文龙镇……〔滇〕景东彝族自治县 373
文东佤族乡…〔滇〕澜沧拉祜族自治县 374
文田镇……〔湘〕新化县 287
文市镇……〔桂〕灌阳县 305
文兰街道……〔辽〕瓦房店市 147
文汇街道……〔鲁〕东营区 237
文汇路街道……〔陕〕渭城区 391
文圣区……〔辽〕辽阳市 151
文圣街道……〔辽〕白塔区 151
文圩镇……〔桂〕蒙山县 305
文地镇……〔桂〕博白县 307
文成县……〔浙〕温州市 191
文成街道……〔赣〕玉山县 232
文成镇……〔川〕阆中市 340
文光街道……〔粤〕潮阳区 293
文竹镇……〔赣〕永新县 229
文竹镇……〔桂〕昭平县 308
文华街道……〔黔〕赤水市 359
文华街道……〔滇〕麒麟区 370
文冲街道……〔粤〕黄埔区 291
文江乡……〔闽〕大田县 215
文江镇……〔川〕高县 342
文兴乡……〔川〕梓潼县 333
文兴乡……〔滇〕宣威市 370
文安乡……〔川〕朝天区 334
文安县……〔冀〕廊坊市 119
文安驿镇……〔陕〕延川县 393
文安镇……〔冀〕文安县 119
文坊镇……〔赣〕贵溪市 226
文村乡……〔川〕昭化区 334
文县……〔陇〕陇南市 407
文利镇……〔桂〕灵山县 306
文亨镇……〔闽〕连城县 219
文君街道……〔川〕邛崃市 328
文陂镇……〔赣〕青原区 228
文武坝镇……〔赣〕会昌县 227
文武砂镇……〔闽〕长乐区 213
文武镇……〔滇〕墨江哈尼族自治县 373
文坪乡……〔川〕普格县 352
文坪镇……〔湘〕武冈市 281
文英乡……〔赣〕崇义县 226
文苑街道……〔豫〕山阳区 255
文林镇……〔川〕仁寿县 340
文昌大道街道……〔豫〕龙安区 253
文昌市……〔琼〕儋州市 313
文昌阁乡……〔湘〕麻阳苗族自治县 287
文昌街道……〔津〕蓟州区 104
文昌街道……〔皖〕桐城市 205
文昌街道……〔赣〕临川区 230
文昌街道……〔鲁〕长清区 235
文昌街道……〔豫〕山阳区 255
文昌街道……〔豫〕川汇区 261
文昌街道……〔湘〕洞口县 281
文昌街道……〔桂〕防城区 306
文昌街道……〔黔〕纳雍县 361
文昌路街道……〔鲁〕莱州市 238
文昌路街道……〔宁〕西夏区 419
文昌镇……〔浙〕淳安县 190
文昌镇……〔皖〕宣州区 210
文昌镇……〔川〕梓潼县 333
文昌镇……〔川〕苍溪县 335
文昌镇……〔宁〕沙坡头区 420
文明大道街道……〔豫〕龙安区 253
文明铺镇……〔湘〕祁阳县 285
文明瑶族乡……〔湘〕汝城县 285
文罗镇……〔琼〕陵水黎族自治县 314
文岭镇……〔闽〕长乐区 213
文庙街道……〔晋〕迎泽区 123
文庙街道……〔吉〕昌邑区 158
文庙街道……〔鲁〕宁阳县 241
文庙街道……〔湘〕宁远县 286
文庙镇……〔冀〕泊头市 119
文治街道……〔川〕恩阳区 346
文官街道……〔辽〕大东区 145
文城乡……〔晋〕吉县 130
文城乡……〔豫〕遂平县 263
文城镇……〔琼〕文昌市 313
文政街道……〔黑〕香坊区 165
文星镇……〔湘〕湘阴县 281
文星镇……〔川〕仪陇县 339
文星镇……〔川〕大竹县 344
文钟镇……〔蒙〕红山区 136
文复苗族土家族乡……〔渝〕武隆区 321
文胜乡……〔川〕通江县 347
文胜镇……〔川〕江油市 333
文亭街道……〔鲁〕成武县 246
文阁乡……〔黔〕大方县 360
文宫镇……〔川〕仁寿县 340
文祖街道……〔鲁〕章丘区 235
文祠镇……〔粤〕潮安区 299
文屏镇……〔滇〕鲁甸县 372
文都藏族乡…〔青〕循化撒拉族自治县 414
文桥镇……〔桂〕全州县 304
文殊乡……〔豫〕光山县 260
文殊镇……〔豫〕禹州市 256
文殊镇……〔陇〕嘉峪关市 401
文晖街道……〔浙〕下城区 189
文峪乡……〔豫〕卢氏县 257
文峰乡……〔赣〕寻乌县 227
文峰乡……〔豫〕舞阳县 257
文峰乡……〔鄂〕溢水镇 268
文峰乡……〔川〕通江县 346
文峰区……〔豫〕安阳市 252
文峰街道……〔晋〕汾阳市 131
文峰街道……〔苏〕崇川区 182
文峰街道……〔苏〕广陵区 184
文峰街道……〔苏〕亭湖区 184
文峰街道……〔皖〕颍州区 206
文峰街道……〔豫〕魏都区 256
文峰街道……〔豫〕唐河县 258
文峰街道……〔桂〕钦南区 306
文峰街道……〔渝〕开州区 320
文峰街道……〔川〕嘉陵区 338
文峰街道……〔黔〕黔西县 360
文峰街道……〔黔〕都匀市 365
文峰路街道……〔鲁〕莱州市 238
文峰镇……〔闽〕平和县 217
文峰镇……〔赣〕吉水县 228
文峰镇……〔渝〕巫溪县 322
文峰镇……〔陇〕陇西县 406
文笔镇……〔晋〕河曲县 129
文留镇……〔豫〕濮阳县 256
文家市镇……〔湘〕浏阳市 277
文家店镇……〔黔〕思南县 362
文家街道……〔鲁〕寿光市 239
文家街道……〔川〕青羊区 327
文教街道……〔浙〕江北区 190
文教镇……〔琼〕文昌市 313
文崇镇……〔川〕渠县 344
文渠镇……〔豫〕邓州市 259
文集镇……〔鄂〕钟祥市 270
文港镇……〔赣〕进贤县 223
文富市镇……〔湘〕祁阳县 285
文登区……〔鲁〕威海市 241
文登营镇……〔鲁〕文登区 241
文楼镇……〔粤〕化州市 295
文腾街道……〔黔〕织金县 361
文新街道……〔浙〕西湖区 189
文源街道……〔湘〕天心区 277
文溪乡……〔湘〕靖州苗族侗族自治县 287
文福镇……〔粤〕蕉岭县 297
文德镇……〔冀〕曲阳县 114
文澜镇……〔滇〕蒙自市 375
文儒镇……〔琼〕屯昌县 314
文疃镇……〔鲁〕莒南县 243
亢村镇……〔豫〕获嘉县 254
方下镇……〔鲁〕莱城区 242
方山乡……〔浙〕青田县 197
方山乡……〔川〕阆中市 340
方山乡……〔陇〕镇原县 406
方山县……〔晋〕吕梁市 131
方山镇……〔豫〕禹州市 256
方山镇……〔川〕江阳区 330
方元镇……〔湘〕桂阳县 284
方太乡……〔赣〕兴国县 227
方水镇……〔川〕江油市 333
方正县……〔黑〕哈尔滨市 166
方正镇……〔黑〕方正县 166
方田乡……〔闽〕宁化县 215
方召镇……〔黔〕台江县 364
方台镇……〔黑〕呼兰区 165
方各庄镇……〔冀〕滦南县 109
方庄（地区）街道……〔京〕丰台区 99
方兴镇……〔川〕新津县 328
方村街道……〔皖〕镜湖区 201
方村镇……〔冀〕裕华区 107
方里镇……〔豫〕长垣县 254
方里镇……〔陕〕淳化县 392
方岗镇……〔豫〕禹州市 256
方坪乡……〔川〕广安区 342
方松街道……〔沪〕松江区 176
方岩镇……〔浙〕永康市 195
方庙街道……〔皖〕瑶海区 201
方官镇……〔冀〕高碑店市 115
方城县……〔豫〕南阳市 257
方城镇……〔鲁〕兰山区 242
方巷镇……〔苏〕邗江区 185
方顺桥镇……〔冀〕满城区 113
方亭街道……〔川〕什邡市 331
方前镇……〔浙〕磐安县 194
方洞镇……〔川〕泸县 330
方圆街道……〔鲁〕海阳市 239
方高坪镇……〔鄂〕团风县 272
方家屯镇……〔辽〕康平县 146
方家庄镇……〔津〕宝坻区 104
方家咀乡……〔鄂〕英山县 272
方家营镇……〔冀〕威县 113
方家镇……〔川〕仁寿县 341
方祥乡……〔黔〕雷山县 365
方集镇……〔皖〕阜南县 207
方集镇……〔豫〕固始县 260
方塌镇……〔陕〕佳县 396
方塘乡……〔皖〕宁国市 210
方溪乡……〔浙〕缙云县 197
方滩乡……〔鄂〕张湾区 268
火厂坪镇……〔湘〕邵东县 280
火马冲镇……〔湘〕辰溪县 286
火井镇……〔川〕邛崃市 328
火车头街道……〔黑〕道外区 165
火车西站街道……〔新〕头屯河区 423
火车南站街道……〔湘〕大祥区 280
火车南站街道……〔川〕武侯区 327
火车站乡……〔湘〕双清区 280
火车站街街道……〔陇〕凉州区 403
火车站街道……〔陇〕城关区 401
火车站街道……〔陇〕甘州区 404
火车站街道……〔青〕城东区 413
火车站街道……〔青〕德令哈市 415
火车站街道……〔宁〕惠农区 419
火车站街道……〔新〕奎屯市 428
火斗山乡……〔冀〕滦平县 117
火石山乡……〔黑〕安达市 172
火石营镇……〔冀〕丰润区 109
火石寨乡……〔宁〕西吉县 420
火石镇……〔黔〕仁怀市 359
火龙街道……〔皖〕弋江区 201
火龙镇……〔豫〕禹州市 256

火田镇……〔闽〕云霄县 216
火田镇……〔湘〕茶陵县 278
火场土家族乡……〔湘〕沅陵县 286
火红乡……〔滇〕会泽县 370
火花街道……〔苏〕泉山区 180
火花街道……〔川〕嘉陵区 338
火花镇…〔黔〕紫云苗族布依族自治县 360
火连坡镇……〔湘〕澧县 282
火连寨街道……〔辽〕溪湖区 148
火店镇……〔豫〕夏邑县 259
火炬街道……〔冀〕桥东区 112
火炬街道……〔黑〕西安区 170
火炬镇……〔川〕通江县 346
火炉镇……〔渝〕武隆区 321
火星街道……〔湘〕芙蓉区 277
火烈乡……〔川〕布拖县 353
火峰乡……〔川〕南部县 339
火烧坪乡……〔鄂〕长阳土家族自治县 269
火烧店镇……〔陕〕留坝县 395
火箭镇……〔黑〕望奎县 171
火德红镇……〔滇〕鲁甸县 372
火磨街道……〔冀〕邯山区 110
斗山镇……〔粤〕台山市 294
斗门区……〔粤〕珠海市 293
斗门街道……〔浙〕越城区 193
斗门街道……〔陕〕长安区 389
斗门镇……〔粤〕斗门区 293
斗玉珞巴民族乡……〔藏〕隆子县 384
斗古镇…〔黔〕威宁彝族回族苗族自治县 361
斗江镇……〔桂〕三江侗族自治县 304
斗里镇……〔黔〕从江县 365
斗虎屯镇……〔鲁〕东昌府区 244
斗姆湖街道……〔湘〕鼎城区 282
斗南街道……〔滇〕呈贡区 369
斗笠山镇……〔湘〕涟源市 288
斗湖堤镇……〔鄂〕公安县 271
计划乡……〔黔〕榕江县 364
户木乡……〔冀〕徐水区 114
户村镇……〔冀〕复兴区 111
户育乡……〔滇〕瑞丽市 378
户部乡……〔鲁〕五莲县 242
户部寨镇……〔豫〕濮阳县 256
户家塬镇……〔陕〕山阳县 397
户撒阿昌族乡……〔滇〕陇川县 378
冗渡镇……〔黔〕册亨县 363
心圩街道……〔桂〕西乡塘区 303
尹吉甫镇……〔鄂〕房县 268
尹庄乡……〔冀〕迁西县 109
尹庄镇……〔豫〕灵宝市 257
尹村镇……〔冀〕隆尧县 112
尹岗镇……〔豫〕封丘县 254
尹灵芝镇……〔晋〕寿阳县 127
尹珍街道…〔黔〕道真仡佬族苗族自治县 358
尹家乡……〔川〕恩阳区 346
尹家营满族乡……〔冀〕隆化县 117
尹家街道……〔辽〕沈北新区 145
尹家溪镇……〔湘〕永定区 283
尹集乡……〔鄂〕襄城区 269
尹集镇……〔皖〕灵璧县 208
尹集镇……〔鲁〕高唐县 245
尹集镇……〔豫〕舞钢市 252
尹集镇……〔陇〕临夏县 408
尺八镇……〔鄂〕监利县 272
尺牍镇……〔藏〕丁青县 383
引马镇……〔鲁〕鄄城县 246
引镇街道……〔陕〕长安区 389
孔氏乡……〔晋〕昔阳县 127
孔玉乡……〔川〕康定市 349
孔田镇……〔赣〕安远县 226
孔色乡……〔川〕道孚县 350
孔庄乡……〔豫〕夏邑县 260
孔玛乡……〔藏〕岗巴县 382
孔玛乡……〔藏〕色尼区 384
孔村镇……〔鲁〕平阴县 235
孔坪乡……〔川〕雨城区 345
孔垄镇……〔鄂〕黄梅县 272
孔国乡……〔黑〕讷河市 168
孔明乡……〔川〕邛崃市 328
孔店乡……〔皖〕大通区 202
孔城镇……〔皖〕桐城市 205
孔浦街道……〔浙〕江北区 190
孔家庄镇……〔冀〕万全区 116
孔家坊乡……〔鄂〕英山县 272
孔家崖街道……〔陇〕安宁区 401
孔雀乡……〔川〕营山县 339
孔雀乡……〔川〕筠连县 342
孔雀乡……〔川〕乐至县 348
孔隆乡……〔藏〕昂仁县 382
孔集乡……〔豫〕宁陵县 259
孔湾镇……〔鄂〕宜城市 270
孔溪乡……〔川〕青川县 334
孔滩镇……〔川〕宜宾县 341
孔镇镇……〔鲁〕乐陵市 244
巴干乡……〔青〕曲麻莱县 415
巴山镇……〔赣〕崇仁县 231
巴山镇……〔渝〕城口县 321
巴山镇……〔陕〕宁强县 394
巴山镇……〔陕〕镇巴县 395
巴川街道……〔渝〕铜梁区 320
巴久乡……〔川〕喜德县 353
巴马瑶族自治县……〔桂〕河池市 309
巴马镇……〔桂〕巴马瑶族自治县 309
巴扎乡……〔藏〕白朗县 382
巴扎乡……〔藏〕申扎县 385
巴扎结米乡……〔新〕麦盖提县 427
巴扎藏族乡……〔青〕互助土族自治县 414
巴日乡……〔藏〕察雅县 383
巴中市……〔川〕 346
巴仁乡……〔新〕阿克陶县 426
巴仁乡……〔新〕疏勒县 426
巴仁乡……〔新〕叶城县 427
巴仁哲里木镇…〔蒙〕科尔沁右翼中旗 141
巴仁镇……〔新〕伽师县 427
巴什兰干乡……〔新〕皮山县 427
巴什罕乡……〔辽〕建昌县 154
巴仑台镇……〔新〕和静县 425
巴公镇……〔晋〕泽州县 126
巴丹吉林镇……〔蒙〕阿拉善右旗 141
巴古乡……〔川〕美姑县 354
巴东县…〔鄂〕恩施土家族苗族自治州 274
巴头乡……〔桂〕德保县 308
巴吉垒镇……〔吉〕农安县 157
巴西乡……〔川〕若尔盖县 349
巴达乡……〔藏〕丁青县 383
巴达尔胡镇……〔蒙〕扎赉特旗 141
巴合齐乡……〔新〕疏勒县 426
巴州区……〔川〕巴中市 346
巴州镇……〔青〕民和回族土族自治县 413
巴汝乡……〔川〕西昌市 351
巴阳镇……〔渝〕云阳县 322
巴克什营镇……〔冀〕滦平县 117
巴村镇……〔豫〕商水县 261
巴里巴盖乡……〔新〕阿勒泰市 429
巴里坤哈萨克自治县……〔新〕哈密市 424
巴里坤…〔新〕巴里坤哈萨克自治县 424
巴别乡……〔桂〕田阳县 308
巴邱镇……〔赣〕峡江县 228
巴沟乡……〔青〕同德县 414
巴青乡……〔藏〕巴青县 385
巴青县……〔藏〕那曲市 385
巴拉贡镇……〔蒙〕杭锦旗 138
巴拉奇如德苏木…〔蒙〕阿鲁科尔沁旗 136
巴拉素镇……〔陕〕榆阳区 395
巴拉格歹乡……〔蒙〕科尔沁右翼前旗 140
巴拉嘎尔高勒镇…〔蒙〕西乌珠穆沁旗 141
巴林左旗……〔蒙〕赤峰市 136
巴林右旗……〔蒙〕赤峰市 136
巴旺乡……〔川〕丹巴县 349
巴迪乡……〔滇〕维西傈僳族自治县 378
巴岭乡……〔藏〕双湖县 385
巴图营乡……〔辽〕北票市 153
巴依托海镇……〔新〕伊宁县 428
巴依阿瓦提乡……〔新〕岳普湖县 427
巴庙镇……〔陕〕镇巴县 395
巴底镇……〔川〕丹巴县 349
巴河镇……〔鄂〕浠水县 272
巴河镇……〔藏〕工布江达县 384
巴宜区……〔藏〕林芝市 383
巴姑乡……〔川〕雷波县 354
巴城镇……〔苏〕昆山市 182
巴胡塔苏木……〔蒙〕科尔沁左翼后旗 137
巴南区……〔渝〕 318
巴音门克街道……〔蒙〕东胜区 138
巴音乌兰苏木……〔蒙〕乌拉特中旗 139
巴音布鲁克镇……〔新〕和静县 425
巴音花镇…〔蒙〕达尔罕茂明安联合旗 136
巴音库鲁提乡……〔新〕乌恰县 426
巴音宝力格镇……〔蒙〕乌拉特后旗 139
巴音前达门苏木……〔蒙〕乌拉特后旗 139
巴音敖包乡
……〔新〕和布克赛尔蒙古自治县 429
巴音敖包苏木
……〔蒙〕达尔罕茂明安联合旗 136
巴音敖包苏木……〔蒙〕四子王旗 140
巴音郭愣乡……〔新〕和静县 425
巴音郭楞蒙古自治州……〔新〕 425
巴音陶亥镇……〔蒙〕海南区 136
巴音塔拉镇……〔蒙〕察哈尔右翼前旗 140
巴音锡勒镇……〔蒙〕卓资县 140
巴音赛街道……〔蒙〕乌达区 136
巴彦乡……〔蒙〕察哈尔右翼中旗 140
巴彦扎拉嘎乡……〔蒙〕扎赉特旗 141
巴彦木仁苏木……〔蒙〕阿拉善左旗 141
巴彦毛都苏木…〔蒙〕科尔沁左翼后旗 137
巴彦乌兰苏木……〔蒙〕扎赉特旗 141
巴彦乌拉苏木……〔蒙〕苏尼特左旗 141
巴彦托海镇……〔蒙〕鄂温克族自治旗 138
巴彦花镇……〔蒙〕阿鲁科尔沁旗 136
巴彦花镇……〔蒙〕西乌珠穆沁旗 141
巴彦县……〔黑〕哈尔滨市 166
巴彦库仁镇……〔蒙〕陈巴尔虎旗 139
巴彦呼舒镇……〔蒙〕科尔沁右翼中旗 140
巴彦图嘎苏木……〔蒙〕阿巴嘎旗 141
巴彦岱镇……〔新〕伊宁市 428
巴彦宝拉格苏木……〔蒙〕锡林浩特市 141
巴彦茫哈苏木…〔蒙〕科尔沁右翼中旗 141
巴彦胡硕苏木……〔蒙〕西乌珠穆沁旗 141
巴彦胡硕镇……〔蒙〕东乌珠穆沁旗 141
巴彦查干乡
……〔黑〕杜尔伯特蒙古族自治县 169
巴彦查干苏木……〔蒙〕克什克腾旗 136
巴彦查干街道……〔蒙〕锡林浩特市 141
巴彦哈达苏木……〔蒙〕陈巴尔虎旗 139
巴彦套海镇……〔蒙〕五原县 139
巴彦高勒苏木……〔蒙〕阿拉善右旗 141
巴彦高勒镇……〔蒙〕磴口县 139
巴彦高勒镇……〔蒙〕扎赉特旗 141
巴彦浩特镇……〔蒙〕阿拉善左旗 141
巴彦诺日公苏木……〔蒙〕阿拉善左旗 141
巴彦陶来苏木……〔蒙〕额济纳旗 141
巴彦鄂温克民族乡
……〔蒙〕莫力达瓦达斡尔族自治旗 138
巴彦淖尔市……〔蒙〕 139
巴彦淖尔苏木…〔蒙〕科尔沁右翼中旗 141
巴彦淖尔镇……〔蒙〕苏尼特左旗 141
巴彦琥硕镇……〔蒙〕巴林右旗 136
巴彦塔拉达斡尔民族乡
……〔蒙〕鄂温克族自治旗 138
巴彦塔拉苏木……〔蒙〕巴林右旗 136
巴彦塔拉苏木……〔蒙〕扎鲁特旗 138
巴彦塔拉镇……〔蒙〕科尔沁左翼中旗 137
巴彦塔拉镇……〔蒙〕镶黄旗 141
巴彦嵯岗苏木…〔蒙〕鄂温克族自治旗 139
巴彦街道……〔蒙〕赛罕区 135
巴彦港镇……〔黑〕巴彦县 166
巴彦温都苏木……〔蒙〕阿鲁科尔沁旗 136
巴彦锡勒街道……〔蒙〕锡林浩特市 141
巴彦镇……〔黑〕巴彦县 166
巴洞镇……〔川〕德昌县 352
巴格艾日克乡……〔新〕且末县 425
巴格托格拉克乡……〔新〕阿瓦提县 426
巴格阿瓦提乡……〔新〕莎车县 427
巴格其镇……〔新〕和田县 427
巴铃镇……〔黔〕兴仁县 363
巴润别立镇……〔蒙〕阿拉善左旗 141
巴润哈尔莫墩镇……〔新〕和静县 425
巴隆乡……〔青〕都兰县 415
巴雅尔吐胡硕镇……〔蒙〕扎鲁特旗 137
巴畴乡……〔桂〕东兰县 309
巴集乡……〔豫〕郸城县 262

（四画）巴以允予邓劝双

巴普镇……〔川〕美姑县 354
巴塘乡……〔青〕玉树市 415
巴塘县……〔川〕甘孜藏族自治州 351
巴楚县……〔新〕喀什地区 427
巴楚镇……〔新〕巴楚县 427
巴福镇……〔渝〕九龙坡区 318
巴嘎乡……〔藏〕普兰县 385
巴燕乡……〔青〕湟源县 413
巴燕镇……〔青〕化隆回族自治县 414
巴藏乡……〔陇〕舟曲县 409
巴藏沟回族乡……〔青〕平安区 413
以古镇……〔滇〕镇雄县 372
以那镇……〔黔〕织金县 361
以勒镇……〔滇〕镇雄县 372
允景洪街道……〔滇〕景洪市 377
予旺镇……〔宁〕同心县 420
邓厂满族乡……〔冀〕滦平县 117
邓川镇……〔滇〕洱源县 378
邓元泰镇……〔湘〕武冈市 281
邓双镇……〔川〕新津县 328
邓庄街道……〔豫〕建安区 256
邓庄镇……〔冀〕桃城区 120
邓庄镇……〔晋〕襄汾县 130
邓关镇……〔川〕沿滩区 329
邓州市……〔豫〕南阳市 258
邓坊镇……〔粤〕南雄市 292
邓村乡……〔鄂〕夷陵区 269
邓李乡……〔豫〕叶县 252
邓油坊镇……〔冀〕康保县 116
邓波乡……〔川〕稻城县 351
邓城镇……〔豫〕商水县 261
邓南街道……〔鄂〕汉南区 267
邓柯乡……〔藏〕江达县 383
邓家土家族乡……〔渝〕巫山县 322
邓家乡……〔赣〕东乡区 230
邓家铺镇……〔湘〕武冈市 281
邓埠镇……〔赣〕余江县 226
邓湾乡……〔豫〕淮滨县 261
邓襄镇……〔豫〕召陵区 256
劝业场街道……〔津〕和平区 103
劝农山镇……〔吉〕二道区 157
双八镇……〔豫〕梁园区 259
双土乡……〔川〕渠县 345
双土镇……〔渝〕云阳县 322
双才镇……〔川〕东兴区 336
双口镇……〔津〕北辰区 103
双山子镇……〔冀〕青龙满族自治县 110
双山子镇……〔辽〕宽甸满族自治县 149
双山街道……〔辽〕立山区 147
双山街道……〔鲁〕章丘区 235
双山街道……〔鲁〕市北区 236
双山镇……〔吉〕双辽市 159
双山镇……〔黑〕嫩江县 171
双山镇……〔渝〕铜梁区 320
双山镇……〔黔〕大方县 360
双马街道……〔湘〕岳塘区 278
双丰街道……〔京〕顺义区 100
双丰街道……〔黑〕阿城区 166
双丰镇……〔黑〕铁力市 169
双丰镇……〔陕〕白河县 397
双丰镇……〔新〕铁门关市 429
双王街道……〔陕〕临渭区 392
双井子乡……〔新〕伊州区 424
双井子镇……〔辽〕铁岭县 152
双井街道……〔京〕朝阳区 99
双井街道……〔黑〕呼兰区 165
双井街道……〔豫〕浉河区 260
双井镇……〔冀〕曹妃甸区 109
双井镇……〔冀〕魏县 112
双井镇……〔湘〕溆浦县 286
双井镇……〔黔〕施秉县 364
双水街道……〔黔〕水城县 357
双水碾街道……〔川〕成华区 327
双水镇……〔粤〕新会区 294
双凤乡……〔湘〕邵东县 280
双凤桥街道……〔渝〕渝北区 318
双凤镇……〔苏〕太仓市 182
双凤镇……〔桂〕博白县 307
双凤镇……〔渝〕合川区 319
双凤镇……〔川〕隆昌市 336
双凤镇……〔川〕西充县 340
双凤镇……〔黔〕盘州市 358
双古镇……〔川〕荣县 329
双石铺镇……〔陕〕凤县 391
双石镇……〔渝〕永川区 319
双石镇……〔川〕荣县 329
双石镇……〔川〕芦山县 346
双龙山街道……〔黔〕镇宁布依族苗族自治县 360
双龙乡…〔渝〕彭水苗族土家族自治县 323
双龙乡……〔黔〕习水县 359
双龙营镇……〔滇〕丘北县 376
双龙街乡……〔川〕安岳县 348
双龙街道……〔辽〕龙港区 154
双龙街道……〔滇〕盘龙区 369
双龙街道……〔滇〕宣威市 370
双龙湖街道……〔渝〕渝北区 318
双龙湾镇……〔豫〕卢氏县 257
双龙镇……〔蒙〕土默特右旗 136
双龙镇……〔吉〕公主岭市 159
双龙镇……〔豫〕西峡县 258
双龙镇……〔湘〕花垣县 288
双龙镇……〔渝〕长寿区 319
双龙镇……〔渝〕丰都县 321
双龙镇……〔渝〕云阳县 322
双龙镇……〔渝〕巫山县 322
双龙镇……〔川〕中江县 331
双龙镇……〔川〕资中县 336
双龙镇……〔川〕阆中市 340
双龙镇……〔川〕宜宾县 341
双龙镇……〔川〕通川区 343
双龙镇…〔黔〕威宁彝族回族苗族自治县 361
双龙镇……〔陕〕黄陵县 394
双龙镇……〔陕〕汉滨区 396
双龙镇……〔陇〕靖远县 402
双东街道……〔粤〕罗定市 300
双东镇……〔川〕旌阳区 331
双田镇……〔赣〕乐平市 224
双乐乡……〔川〕三台县 332
双汇镇……〔川〕旺苍县 334
双辽市……〔吉〕四平市 159
双加镇……〔川〕龙马潭区 330
双发乡……〔黑〕肇州县 169
双台子乡……〔辽〕法库县 146
双台子区……〔辽〕盘锦市 152
双台乡……〔鄂〕溢水镇 268
双台镇……〔辽〕盖州市 150
双吉街道……〔吉〕昌邑区 158
双屿街道……〔浙〕鹿城区 191
双华镇……〔粤〕五华县 297
双合镇……〔粤〕鹤山市 294
双凫铺镇……〔湘〕宁乡市 278
双庄街道……〔苏〕宿城区 186
双庆乡……〔川〕仪陇县 339
双羊镇……〔辽〕凌海市 150
双江口镇……〔湘〕宁乡市 277
双江乡……〔湘〕娄星区 287
双江乡……〔川〕西充县 340
双江拉祜族佤族布朗族傣族自治县……〔滇〕临沧市 374
双江街道……〔渝〕云阳县 322
双江街道……〔黔〕江口县 362
双江街道……〔滇〕峨山彝族自治县 371
双江镇……〔湘〕通道侗族自治县 287
双江镇……〔粤〕东源县 298
双江镇……〔桂〕荔浦县 305
双江镇……〔渝〕潼南区 320
双江镇……〔黔〕册亨县 363
双江镇……〔黔〕黎平县 364
双池镇……〔晋〕交口县 131
双兴镇……〔吉〕梅河口市 160
双兴镇……〔黑〕明水县 172
双安镇……〔陕〕紫阳县 396
双阳乡……〔渝〕巫溪县 323
双阳区……〔吉〕长春市 157
双阳街道……〔黑〕宝山区 169
双阳街道……〔闽〕洛江区 215
双阳镇……〔黑〕依安县 167
双芫乡……〔赣〕安远县 227
双村镇……〔赣〕吉水县 228
双杨镇……〔鲁〕淄川区 236
双岗街道……〔皖〕庐阳区 201
双岗镇……〔吉〕通榆县 162
双岘乡……〔陇〕静宁县 405
双佛镇……〔川〕南部县 338
双岔河镇……〔黑〕绥棱县 172
双岔镇……〔陇〕碌曲县 409
双甸镇……〔苏〕如东县 182
双岛湾街道……〔辽〕旅顺口区 146
双沙镇……〔川〕古蔺县 331
双沟镇……〔苏〕睢宁县 180
双沟镇……〔苏〕泗洪县 186
双沟镇……〔皖〕谯城区 209
双沟镇……〔鄂〕襄州区 270
双环村街道……〔津〕红桥区 103
双坪彝族苗族乡……〔黔〕赫章县 361
双林乡……〔川〕营山县 339
双林街道……〔津〕津南区 103
双林镇……〔浙〕南浔区 193
双林镇……〔赣〕分宜县 225
双板镇……〔川〕梓潼县 333
双旺镇……〔桂〕博白县 307
双明镇……〔赣〕玉山县 232
双忠庙镇……〔皖〕五河县 202
双乳镇……〔陕〕汉阴县 396
双朋西乡……〔青〕同仁县 414
双店乡……〔川〕嘉陵区 338
双店镇……〔苏〕东海县 183
双庙子镇……〔辽〕昌图县 152
双庙乡……〔浙〕仙居县 196
双庙乡……〔豫〕清丰县 255
双庙乡……〔豫〕襄城县 256
双庙乡……〔豫〕平舆县 263
双庙集镇……〔皖〕寿县 203
双庙街乡……〔豫〕泌阳县 263
双庙镇……〔蒙〕杭锦后旗 139
双庙镇……〔辽〕彰武县 151
双庙镇……〔皖〕太和县 207
双庙镇……〔鲁〕夏津县 244
双庙镇……〔川〕达川区 343
双闸街道……〔苏〕建邺区 179
双河口乡……〔川〕雷波县 354
双河口街道……〔渝〕万州区 317
双河口镇……〔渝〕巴南区 319
双河口镇……〔陕〕汉阴县 396
双河乡……〔吉〕梨树县 159
双河乡……〔渝〕城口县 321
双河乡……〔川〕苍溪县 335
双河乡……〔川〕高县 342
双河乡……〔川〕名山区 345
双河乡……〔川〕盐源县 352
双河乡……〔滇〕宣威市 370
双河市……〔新〕阿勒泰地区 429
双河场乡……〔川〕乐至县 348
双河苗族彝族乡……〔滇〕威信县 372
双河街道……〔辽〕北票市 153
双河街道……〔渝〕荣昌区 320
双河街道……〔川〕华蓥市 343
双河街道……〔黔〕赫章县 361
双河镇……〔蒙〕托克托县 135
双河镇……〔蒙〕临河区 139
双河镇……〔吉〕永吉县 158
双河镇……〔黑〕克山县 167
双河镇……〔黑〕勃利县 170
双河镇……〔黑〕北林区 171
双河镇……〔皖〕金安区 208
双河镇……〔皖〕金寨县 209
双河镇……〔豫〕确山县 263
双河镇……〔鄂〕钟祥市 270
双河镇……〔渝〕武隆区 321
双河镇……〔川〕江油市 333
双河镇……〔川〕资中县 336
双河镇……〔川〕长宁县 342
双河镇……〔川〕宣汉县 344
双河镇……〔川〕九寨沟县 348
双河镇……〔陕〕志丹县 393
双河镇……〔陕〕旬阳县 397
双河彝族乡……〔滇〕晋宁区 369
双定镇……〔桂〕西乡塘区 303
双录乡……〔黑〕海伦市 172

双拱镇……〔川〕大竹县 344
双城区……〔黑〕哈尔滨市 166
双城堡镇……〔吉〕公主岭市 159
双城镇……〔闽〕柘荣县 219
双城镇……〔陇〕凉州区 403
双城镇……〔新〕阿拉尔市 429
双茨科镇……〔陇〕民勤县 403
双柏乡……〔川〕小金县 349
双柏县……〔滇〕楚雄彝族自治州 374
双柳树镇……〔豫〕潢川县 261
双柳街道……〔鄂〕新洲区 268
双树乡……〔辽〕龙港区 154
双星乡……〔川〕武胜县 343
双钟镇……〔赣〕湖口县 225
双泉乡…〔渝〕酉阳土家族苗族自治县 323
双泉乡……〔川〕通江县 346
双泉镇……〔黑〕五大连池市 171
双泉镇……〔鲁〕长清区 235
双泉镇……〔陕〕大荔县 392
双泉镇……〔陇〕陇西县 406
双胜镇……〔蒙〕阿鲁科尔沁旗 136
双胜镇……〔蒙〕科尔沁左翼后旗 137
双胜镇……〔川〕三台县 332
双胜镇……〔川〕仪陇县 339
双胜镇……〔川〕恩阳区 346
双洛乡……〔川〕西充县 340
双洋镇……〔闽〕漳平市 219
双桂乡……〔浙〕文成县 192
双桂乡……〔川〕南江县 347
双桂街道……〔渝〕梁平区 321
双桂路街道……〔川〕锦江区 327
双桂镇……〔渝〕忠县 322
双桂镇……〔川〕嘉陵区 338
双桥子街道……〔川〕成华区 327
双桥乡……〔苏〕邗江区 185
双桥乡……〔浙〕衢江区 195
双桥乡……〔赣〕遂川县 228
双桥区……〔冀〕承德市 117
双桥坪镇……〔湘〕鼎城区 282
双桥河镇……〔津〕津南区 103
双桥集镇……〔皖〕怀远县 202
双桥街道……〔浙〕定海区 195
双桥街道……〔皖〕宣州区 210
双桥镇……〔冀〕开平区 109
双桥镇……〔皖〕寿县 203
双桥镇……〔赣〕万载县 229
双桥镇……〔鲁〕郓城县 246
双桥镇……〔豫〕永城市 260
双桥镇……〔湘〕祁东县 279
双桥镇……〔桂〕武鸣区 303
双桥镇……〔川〕东兴区 336
双桥镇……〔川〕顺庆区 338
双桥镇……〔川〕丹棱县 341
双桥镇……〔陕〕紫阳县 396
双鸭山市……〔黑〕 168
双峰乡……〔浙〕磐安县 194
双峰乡……〔川〕梓潼县 333
双峰乡……〔川〕南部县 339
双峰寺镇……〔冀〕双桥区 117
双峰县……〔湘〕娄底市 287
双浦镇……〔浙〕西湖区 189
双浮镇……〔皖〕太和县 207
双流区……〔川〕成都市 327
双流镇……〔川〕营山县 339
双流镇……〔川〕南江县 347
双流镇……〔黔〕开阳县 357
双涧镇……〔皖〕蒙城县 209
双谊镇……〔川〕宜宾县 341
双捷镇……〔粤〕江城区 298
双堆集镇……〔皖〕濉溪县 204
双营子回族乡……〔吉〕双阳区 157
双戛街道……〔黔〕钟山区 357
双盛街道……〔辽〕双台子区 152
双盛镇……〔川〕什邡市 331
双堂乡……〔冀〕雄县 115
双盘乡……〔川〕仪陇县 339
双彩乡……〔浙〕新昌县 193
双廊镇……〔滇〕大理市 377
双鹿乡……〔川〕平昌县 347
双望镇……〔冀〕卢龙县 110
双清区……〔湘〕邵阳市 280
双塔山镇……〔冀〕双滦区 117
双塔区……〔辽〕朝阳市 153
双塔街道……〔冀〕涿州市 115
双塔街道……〔苏〕姑苏区 181
双塔街道……〔浙〕江山市 195
双塔镇……〔冀〕鸡泽县 111
双塔镇……〔辽〕普兰店区 147
双塔镇……〔豫〕民权县 259
双塔镇……〔陇〕瓜州县 405
双堰街道……〔黔〕织金县 361
双喜街道……〔鄂〕掇刀区 270
双堠镇……〔鲁〕沂南县 242
双牌县……〔湘〕永州市 285
双牌镇……〔湘〕武冈市 281
双堡乡……〔川〕仁寿县 341
双堡镇……〔黔〕西秀区 359
双街镇……〔津〕北辰区 103
双港街道……〔浙〕柯城区 195
双港镇……〔津〕津南区 103
双港镇……〔苏〕响水县 184
双港镇……〔皖〕桐城市 205
双港镇……〔赣〕鄱阳县 232
双湖县……〔藏〕那曲市 385
双湖峪街道……〔陕〕子洲县 396
双湾镇……〔陇〕金川区 401
双窖镇……〔粤〕阳春市 298
双鄢乡……〔川〕岳池县 343
双塘街道……〔苏〕秦淮区 179
双塘街道……〔湘〕吉首市 288
双塘街道……〔黔〕思南县 362
双塘镇……〔津〕静海区 104
双塘镇……〔苏〕新沂市 181
双塘镇……〔赣〕金溪县 231
双椿铺镇……〔豫〕商城县 260
双楠街道……〔川〕武侯区 327
双槐树乡……〔豫〕卢氏县 257
双槐镇……〔渝〕合川区 319
双榆树乡……〔黑〕大同区 169
双楼乡……〔豫〕郸城县 262
双碑乡……〔冀〕隆尧县 112
双碑乡……〔川〕盐亭县 333
双碑街道……〔渝〕沙坪坝区 317
双照街道……〔陕〕秦都区 391
双路乡……〔晋〕静乐县 129
双路街道……〔渝〕大足区 318
双路镇……〔渝〕丰都县 321
双腾镇……〔川〕筠连县 342
双新街道……〔津〕津南区 103
双溪口乡……〔浙〕缙云县 197
双溪口镇……〔湘〕桃源县 283
双溪乡……〔浙〕磐安县 194
双溪乡……〔赣〕上犹县 226
双溪乡……〔川〕射洪县 335
双溪乡……〔川〕犍为县 337
双溪乡……〔川〕营山县 339
双溪乡……〔川〕大竹县 344
双溪乡……〔川〕汉源县 346
双溪桥镇……〔鄂〕咸安区 273
双溪街道……〔闽〕顺昌县 217
双溪镇……〔闽〕屏南县 219
双溪镇……〔赣〕靖安县 230
双溪镇……〔陕〕城固县 394
双溜索乡……〔川〕黑水县 349
双滦区……〔冀〕承德市 117
双福街道……〔渝〕江津区 319
双福镇……〔川〕峨眉山市 338
双墩镇……〔皖〕长丰县 201
双碾乡……〔晋〕平鲁区 126
双德乡……〔吉〕朝阳区 157
双鹤乡……〔晋〕乡宁县 130
书古镇……〔川〕越西县 354
书坊乡……〔闽〕建阳区 217
书洋镇……〔闽〕南靖县 217
书院街街道……〔川〕锦江区 327
书院街道……〔鲁〕曲阜市 240
书院街道……〔鄂〕孝南区 271
书院路街道……〔湘〕岳塘区 278
书院镇……〔沪〕浦东新区 176
书峰乡……〔闽〕仙游县 214
书楼镇……〔川〕屏山县 342

五画

玉山县……〔赣〕上饶市 232
玉山镇……〔苏〕昆山市 182
玉山镇……〔浙〕磐安县 194
玉山镇……〔闽〕建瓯市 218
玉山镇……〔鲁〕临沭县 243
玉山镇……〔豫〕遂平县 263
玉山镇……〔川〕恩阳区 346
玉山镇……〔黔〕瓮安县 365
玉山镇……〔陕〕蓝田县 390
玉川镇……〔陕〕蓝田县 390
玉门市……〔陇〕酒泉市 405
玉门油田生活基地街道…〔陇〕肃州区 405
玉门镇……〔陇〕玉门市 405
玉丰镇……〔川〕安居区 335
玉井乡……〔川〕恩阳区 346
玉井镇……〔晋〕山阴县 126
玉井镇……〔陇〕临洮县 406
玉太乡……〔川〕射洪县 335
玉瓦乡……〔川〕九寨沟县 348
玉水街道……〔黔〕德江县 362
玉水镇……〔黔〕独山县 365
玉什喀拉苏镇……〔新〕额敏县 429
玉凤镇……〔桂〕田阳县 307
玉斗镇……〔闽〕永春县 216
玉龙坝镇……〔黔〕纳雍县 361
玉龙纳西族自治县……〔滇〕丽江市 373
玉龙喀什镇……〔新〕和田市 427
玉龙镇……〔渝〕大足区 318
玉龙镇……〔川〕盐亭县 332
玉龙镇……〔川〕仁寿县 341
玉龙镇…〔黔〕威宁彝族回族苗族自治县 361
玉田县……〔冀〕唐山市 109
玉田镇……〔冀〕玉田县 109
玉田镇……〔闽〕长乐区 213
玉田镇……〔川〕甘洛县 354
玉代克力克乡……〔新〕伽师县 427
玉尔其乡……〔新〕柯坪县 426
玉台镇……〔川〕阆中市 340
玉西乡……〔藏〕洛隆县 383
玉成乡……〔川〕简阳市 329
玉华镇……〔湘〕湘阴县 282
玉合街道……〔湘〕祁东县 279
玉州区……〔桂〕玉林市 307
玉兴路街道……〔滇〕红塔区 370
玉兴镇……〔川〕中江县 331
玉祁街道……〔苏〕惠山区 179
玉许乡……〔藏〕波密县 384
玉阳街道……〔鄂〕当阳市 269
玉麦乡……〔藏〕隆子县 384
玉麦乡……〔新〕阿克陶县 426
玉岗镇……〔黑〕克东县 167
玉环市……〔浙〕台州市 196
玉坪乡……〔晋〕临县 131
玉林市……〔桂〕 307
玉林店镇……〔鲁〕牟平区 238
玉林街道……〔川〕武侯区 327
玉林镇……〔川〕三台县 332
玉奇吾斯塘乡……〔新〕库车县 425
玉奇喀特乡……〔新〕新和县 425
玉贤街道……〔鄂〕蔡甸区 267
玉岩镇……〔浙〕松阳县 197
玉和苗族乡……〔川〕珙县 342
玉舍镇……〔黔〕水城县 357
玉河乡……〔黑〕延寿县 166
玉河镇……〔川〕游仙区 332
玉城街道……〔浙〕玉环市 196
玉城街道……〔桂〕玉州区 307
玉带乡……〔川〕万源市 345
玉带路街道……〔滇〕红塔区 370
玉树市……〔青〕玉树藏族自治州 415
玉树藏族自治州……〔青〕 415
玉皇乡……〔陇〕武都区 407
玉皇庙乡……〔豫〕平舆县 263
玉皇庙镇……〔鲁〕商河县 235
玉皇庙镇……〔鲁〕郓城县 246
玉皇庙镇……〔豫〕通许县 250

（五画）玉刊未邗打巧正扒邛功甘世艾

玉皇庙镇……〔陕〕留坝县 395
玉皇阁北街街道……〔宁〕兴庆区 419
玉皇街道……〔辽〕龙港区 154
玉皇镇……〔川〕涪城区 332
玉泉区……〔蒙〕呼和浩特市 135
玉泉街道……〔黑〕阿城区 165
玉泉街道……〔豫〕济源市 263
玉泉街道……〔鄂〕当阳市 269
玉泉街道……〔川〕西区 330
玉泉镇……〔晋〕天镇县 124
玉泉镇……〔川〕绵竹市 332
玉泉镇……〔陇〕秦州区 402
玉亭乡……〔冀〕行唐县 107
玉亭镇……〔赣〕余干县 232
玉洪瑶族乡……〔桂〕凌云县 308
玉洞街道……〔桂〕良庆区 303
玉津镇……〔川〕犍为县 337
玉屏乡……〔川〕犍为县 337
玉屏侗族自治县……〔黔〕铜仁市 362
玉屏街道……〔闽〕福清市 214
玉屏街道……〔黔〕荔波县 365
玉屏镇……〔川〕兴文县 342
玉屏镇……〔滇〕屏边苗族自治县 375
玉垒乡……〔陇〕文县 407
玉都街道……〔豫〕镇平县 258
玉都镇……〔陇〕泾川县 404
玉壶镇……〔浙〕文成县 191
玉桥街道……〔京〕通州区 100
玉峰山镇……〔渝〕渝北区 318
玉峰镇……〔川〕大英县 335
玉海街道……〔浙〕瑞安市 192
玉家河镇……〔陕〕清涧县 396
玉家湾镇……〔陕〕子长县 393
玉堂街道……〔川〕巴州区 346
玉堂镇……〔川〕都江堰市 328
玉清湖街道……〔鲁〕槐荫区 235
玉隆乡……〔川〕德格县 350
玉琳路街道……〔皖〕大观区 204
玉普乡……〔藏〕波密县 384
玉湖镇……〔粤〕揭东区 300
玉塘街道……〔粤〕宝安区 293
玉碗镇……〔滇〕大关县 372
玉新街道……〔粤〕濠江区 293
玉溪市……〔滇〕 370
玉溪街道……〔川〕市中区 336
玉溪镇……〔湘〕宜章县 284
玉溪镇……〔渝〕潼南区 320
玉溪镇…〔黔〕道真仡佬族苗族自治县 358
玉窖镇……〔粤〕榕城区 300
玉蝉镇……〔陕〕鄠邑区 389
玉谭镇……〔吉〕南关区 157
玉镇乡……〔川〕南部县 339
玉潭街道……〔湘〕宁乡市 277
玉霞街道……〔湘〕鼎城区 282
玉蟾街道……〔川〕泸县 330
刊江街道……〔鄂〕武穴市 273
未央区……〔陕〕西安市 389
未央宫街道……〔陕〕未央区 389
未央湖街道……〔陕〕未央区 389
未来路街道……〔豫〕金水区 249
邗上街道……〔苏〕邗江区 184
邗江区……〔苏〕扬州市 184
打古镇……〔川〕纳溪区 330
打石腰乡……〔晋〕永和县 130
打安镇……〔琼〕白沙黎族自治县 314
打易镇……〔黔〕望谟县 363
打洛镇……〔滇〕勐海县 377
打柴沟镇……〔陇〕天祝藏族自治县 403
打浦桥街道……〔沪〕黄浦区 175
打通镇……〔渝〕綦江区 318
打渔陈镇……〔豫〕台前县 256
打隆镇……〔藏〕浪卡子县 384
打鼓坪乡……〔湘〕双牌县 285
打滚乡……〔川〕德格县 350
巧马镇……〔黔〕册亨县 363
巧什营镇……〔蒙〕和林格尔县 135
巧英乡……〔浙〕新昌县 193
巧家县……〔滇〕昭通市 372
正大街道……〔辽〕凌河区 149
正大镇……〔黔〕松桃苗族自治县 363
正午镇……〔皖〕颍东区 206
正斗乡……〔川〕理塘县 351
正龙乡……〔桂〕兴宾区 310
正平镇……〔赣〕信丰县 226
正东路街道……〔苏〕京口区 185
正东镇……〔川〕叙永县 331
正宁县……〔陇〕庆阳市 406
正扬路街道……〔新〕新市区 423
正西乡……〔冀〕永年区 111
正兴乡……〔川〕剑阁县 334
正兴镇……〔渝〕璧山区 320
正兴镇……〔川〕双流区 327
正兴镇……〔滇〕景谷傣族彝族自治县 373
正安县……〔黔〕遵义市 358
正安镇……〔辽〕北镇市 150
正阳山乡……〔黑〕孙吴县 171
正阳关镇……〔皖〕寿县 203
正阳县……〔豫〕驻马店市 263
正阳河街道……〔黑〕安图县 165
正阳街道……〔蒙〕海拉尔区 138
正阳街道……〔蒙〕扎兰屯市 139
正阳街道……〔吉〕绿园区 157
正阳街道……〔吉〕榆树市 157
正阳街道……〔黑〕龙沙区 167
正阳街道……〔黑〕城子河区 168
正阳街道……〔渝〕黔江区 319
正阳街道……〔陕〕渭城区 391
正阳路街道……〔陕〕耀州区 390
正阳镇……〔陕〕平利县 397
正红镇……〔苏〕滨海县 184
正村镇……〔冀〕徐水区 114
正村镇……〔豫〕新安县 251
正余镇……〔苏〕海门市 182
正岔街道……〔吉〕江源区 160
正直镇……〔川〕南江县 347
正果镇……〔粤〕增城区 292
正和镇……〔湘〕桂阳县 284
正定县……〔冀〕石家庄市 107
正定镇……〔冀〕正定县 107
正科乡……〔川〕石渠县 351
正莫镇……〔冀〕新乐市 108
正紫镇……〔川〕荣县 329
正蓝旗……〔蒙〕锡林郭勒盟 141
正路镇……〔陇〕景泰县 402
正源乡……〔川〕旺苍县 334
正源镇……〔川〕蓬安县 339
正镶白旗……〔蒙〕锡林郭勒盟 141
扒齿港镇……〔冀〕滦南县 109
邛崃市……〔川〕成都市 328
邛溪镇……〔川〕红原县 349
功山镇……〔滇〕寻甸回族彝族自治县 369
功果桥镇……〔滇〕云龙县 377
功桥镇……〔皖〕和县 203
甘子河乡……〔青〕海晏县 414
甘井子区……〔辽〕大连市 146
甘井子街道……〔辽〕甘井子区 146
甘井镇……〔陕〕永寿县 391
甘井镇……〔陕〕合阳县 392
甘天地乡……〔川〕普格县 352
甘丹曲果镇……〔藏〕林周县 381
甘龙镇……〔黔〕松桃苗族自治县 363
甘田镇……〔桂〕乐业县 308
甘宁镇……〔渝〕万州区 317
甘加镇……〔陇〕夏河县 409
甘圩镇……〔桂〕武鸣区 303
甘竹镇……〔赣〕广昌县 231
甘多洛古乡……〔川〕昭觉县 353
甘庄街道……〔滇〕元江哈尼族彝族傣族自治县 371
甘州区……〔陇〕张掖市 404
甘江头乡……〔陇〕宕昌县 407
甘江镇……〔川〕夹江县 337
甘坝乡……〔川〕邻水县 343
甘坊镇……〔赣〕奉新县 229
甘谷县……〔陇〕天水市 403
甘谷驿镇……〔陕〕宝塔区 393
甘沟乡……〔青〕民和回族土族自治县 413
甘沟乡……〔新〕乌鲁木齐县 423
甘沟驿镇……〔陇〕会宁县 402
甘沟镇……〔陇〕静宁县 405
甘孜县……〔川〕甘孜藏族自治州 350
甘孜镇……〔川〕甘孜县 350
甘孜藏族自治州……〔川〕 349
甘招镇……〔辽〕喀喇沁左翼蒙古族自治县 153
甘其毛都镇……〔蒙〕乌拉特中旗 139
甘雨镇……〔川〕合江县 330
甘岸街道……〔豫〕平桥区 260
甘岩乡……〔藏〕丁青县 383
甘河子镇……〔新〕阜康市 424
甘河子镇……〔新〕乌苏市 429
甘河净乡……〔冀〕易县 114
甘河滩镇……〔青〕湟中县 413
甘河镇……〔蒙〕鄂伦春自治旗 138
甘河镇……〔陕〕鄠邑区 389
甘官屯乡……〔鲁〕冠县 245
甘城乡……〔宁〕海原县 420
甘垛镇……〔苏〕高邮市 185
甘草店镇……〔陇〕榆中县 401
甘南县……〔黑〕齐齐哈尔市 167
甘南镇……〔黑〕甘南县 167
甘南藏族自治州……〔陇〕 409
甘泉县……〔陕〕延安市 393
甘泉街道……〔苏〕邗江区 185
甘泉路街道……〔沪〕普陀区 175
甘泉镇……〔辽〕千山区 147
甘泉镇……〔陇〕麦积区 402
甘泉镇……〔陇〕武都区 407
甘亭街道……〔陕〕鄠邑区 389
甘亭镇……〔晋〕洪洞县 130
甘洒镇……〔粤〕怀集县 296
甘洛乡……〔赣〕安福县 229
甘洛县……〔川〕凉山彝族自治州 354
甘珠尔苏木……〔蒙〕新巴尔虎左旗 139
甘都镇……〔青〕化隆回族自治县 414
甘浚镇……〔陇〕甘州区 404
甘家厂乡……〔鄂〕公安县 271
甘家口街道……〔京〕海淀区 99
甘堰土家族乡……〔湘〕慈利县 283
甘棠乡……〔闽〕屏南县 219
甘棠街道……〔赣〕浔阳区 224
甘棠镇……〔皖〕黄山区 205
甘棠镇……〔闽〕福安市 219
甘棠镇……〔湘〕双峰县 287
甘棠镇……〔湘〕靖州苗族侗族自治县 287
甘棠镇……〔桂〕宾阳县 303
甘棠镇……〔川〕开江县 344
甘棠镇……〔黔〕黔西县 361
甘堡乡……〔川〕理县 348
甘登乡……〔藏〕墨脱县 384
甘塘乡……〔川〕盐源县 352
甘溪乡……〔黔〕施秉县 364
甘溪仡佬族侗族乡……〔黔〕石阡县 362
甘溪滩镇……〔湘〕澧县 282
甘溪镇……〔湘〕衡东县 279
甘溪镇……〔川〕蒲江县 328
甘溪镇……〔黔〕沿河土家族自治县 362
甘溪镇……〔陕〕旬阳县 397
甘蔗街道……〔闽〕闽侯县 213
甘旗卡镇……〔蒙〕科尔沁左翼后旗 137
甘德县……〔青〕果洛藏族自治州 415
甘霖镇……〔浙〕嵊州市 194
甘霖镇……〔川〕夹江县 337
甘露镇……〔赣〕共青城市 225
甘露镇……〔川〕资中县 336
世业镇……〔苏〕丹徒区 185
世回尧街道……〔鲁〕芝罘区 238
世阳镇……〔川〕嘉陵区 338
世纪街道……〔吉〕二道区 157
世园街道……〔鲁〕李沧区 236
世昌街道……〔黔〕松桃苗族自治县 362
艾丁湖镇……〔新〕高昌区 423
艾力西湖镇……〔新〕莎车县 426
艾山街道……〔鲁〕钢城区 242
艾友街道……〔辽〕清河门区 151
艾比湖镇……〔新〕阿拉山口市 424
艾古斯乡……〔新〕英吉沙县 426
艾叶镇……〔川〕贡井区 329
艾尔木东乡……〔新〕疏勒县 426
艾兰木巴格街道……〔新〕伊宁市 428

（五画）艾古

艾西买镇……〔新〕岳普湖县 427
艾庄回族乡……〔豫〕建安区 256
艾玛乡……〔藏〕南木林县 381
艾岗乡……〔豫〕西华县 261
艾城镇……〔赣〕永修县 225
艾亭镇……〔皖〕临泉县 207
艾家镇……〔鄂〕点军区 269
艾维尔沟街道……〔新〕达坂城区 423
古丁镇……〔粤〕高州市 295
古丈县…〔湘〕湘西土家族苗族自治州 288
古山子镇……〔辽〕朝阳县 153
古山镇……〔浙〕永康市 195
古马镇……〔冀〕滦县 109
古乡……〔藏〕波密县 384
古丰乡……〔陇〕古浪县 403
古王集乡……〔豫〕虞城县 259
古井镇……〔皖〕谯城区 209
古井镇……〔粤〕新会区 294
古井镇……〔川〕三台县 332
古夫镇……〔鄂〕兴山县 269
古云镇……〔鲁〕莘县 244
古木镇……〔滇〕文山市 376
古水镇……〔粤〕广宁县 296
古月镇……〔冀〕平山县 108
古文乡……〔桂〕大化瑶族自治县 309
古文镇……〔川〕荣县 329
古玉乡……〔藏〕察隅县 384
古龙冈镇……〔赣〕兴国县 227
古龙镇……〔黑〕肇源县 169
古龙镇……〔桂〕藤县 305
古龙镇……〔渝〕大足区 318
古北口镇……〔京〕密云区 100
古北乡……〔黑〕克山县 167
古田县……〔闽〕宁德市 219
古田街道……〔鄂〕硚口区 267
古田镇……〔闽〕上杭县 218
古尔沟镇……〔川〕理县 348
古尔图镇……〔新〕乌苏市 429
古市镇……〔浙〕松阳县 197
古市镇……〔赣〕修水县 224
古市镇……〔粤〕南雄市 292
古老背街道……〔鄂〕猇亭区 269
古达苗族彝族乡……〔黔〕赫章县 362
古吕街道……〔豫〕新蔡县 263
古竹乡……〔闽〕永定区 218
古竹镇……〔粤〕紫金县 298
古庄店乡……〔豫〕方城县 258
古交市……〔晋〕太原市 123
古交镇……〔晋〕新绛县 128
古州镇……〔黔〕榕江县 364
古江巴格乡……〔新〕和田市 427
古江巴格街道……〔新〕和田市 427
古阳镇……〔晋〕古县 130
古阳镇……〔湘〕古丈县 288
古坊乡……〔皖〕岳西县 205
古花镇……〔渝〕南川区 320
古劳镇……〔粤〕鹤山市 294
古邳镇……〔苏〕睢宁县 180
古县……〔晋〕临汾市 130
古县乡……〔晋〕蒲县 130
古县渡镇……〔赣〕鄱阳县 232
古县镇……〔晋〕祁县 127
古县镇……〔赣〕永丰县 228
古里乡……〔蒙〕鄂伦春自治旗 138
古里镇……〔苏〕常熟市 182
古岘镇……〔鲁〕平度市 236
古佛乡……〔川〕仁寿县 341
古佛镇……〔川〕富顺县 329
古冶区……〔冀〕唐山市 108
古冶街道……〔冀〕古冶区 108
古沛镇……〔皖〕明光市 206
古沟回族乡……〔皖〕潘集区 203
古宋街道……〔豫〕睢阳区 259
古宋镇……〔川〕兴文县 342
古陂镇……〔赣〕信丰县 226
古邵镇……〔鲁〕峄城区 237
古现街道……〔鲁〕福山区 238
古拉乡……〔藏〕察隅县 384
古坡镇……〔陇〕甘谷县 403
古林街道……〔津〕滨海新区 104
古林箐乡……〔滇〕马关县 376
古林镇……〔浙〕海曙区 190
古贤镇……〔豫〕汤阴县 253
古昌镇……〔渝〕荣昌区 320
古固寨镇……〔豫〕新乡县 254
古罗镇……〔川〕宜宾县 341
古牧地东路街道……〔新〕米东区 423
古牧地西路街道……〔新〕米东区 423
古牧地镇……〔新〕米东区 423
古佳乡……〔川〕荣县 329
古岳峰镇……〔湘〕株洲县 278
古店乡……〔皖〕凤台县 203
古店乡……〔川〕中江县 331
古店镇……〔晋〕南郊区 124
古郊乡……〔晋〕陵川县 126
古河乡……〔冀〕乐亭县 109
古河乡……〔桂〕大化瑶族自治县 309
古河镇……〔苏〕阜宁县 184
古河镇……〔皖〕全椒县 206
古河镇……〔川〕长宁县 342
古学乡……〔川〕稻城县 351
古宜镇……〔桂〕三江侗族自治县 304
古姆乡……〔藏〕改则县 385
古驿镇……〔黑〕塔河县 172
古驿镇……〔鄂〕襄州区 270
古城子街道……〔辽〕田屯街道 148
古城子镇……〔辽〕盘山县 152
古城乡……〔豫〕清丰县 255
古城乡……〔豫〕唐河县 258
古城乡……〔陇〕金塔县 405
古城乡……〔新〕奇台县 424
古城区……〔滇〕丽江市 373
古城台街道……〔青〕城西区 413
古城回族乡……〔青〕平安区 413
古城营镇……〔冀〕邱县 111
古城街道……〔京〕石景山区 99
古城街道……〔冀〕滦县 109
古城街道……〔冀〕山海关区 110
古城街道……〔晋〕尖草坪区 123
古城街道……〔晋〕平遥县 127
古城街道……〔辽〕灯塔市 151
古城街道……〔辽〕兴城市 154
古城街道……〔苏〕宿城区 186
古城街道……〔浙〕临海市 196
古城街道……〔鲁〕寿光市 239
古城街道……〔豫〕洛龙区 251
古城街道……〔豫〕邓州市 258
古城街道……〔豫〕睢阳区 259
古城街道……〔豫〕驿城区 262
古城街道……〔豫〕泌阳县 263
古城街道……〔鄂〕襄城区 269
古城街道……〔滇〕会泽县 370
古城街道…〔滇〕新平彝族傣族自治县 371
古城镇……〔冀〕阜城县 120
古城镇……〔晋〕阳高县 124
古城镇……〔晋〕山阴县 126
古城镇……〔晋〕垣曲县 128
古城镇……〔晋〕襄汾县 130
古城镇……〔蒙〕托克托县 135
古城镇……〔辽〕桓仁满族自治县 149
古城镇……〔黑〕克山县 167
古城镇……〔黑〕林口县 170
古城镇……〔皖〕肥东县 201
古城镇……〔皖〕怀远县 202
古城镇……〔皖〕颍上县 207
古城镇……〔皖〕谯城区 209
古城镇……〔闽〕长汀县 218
古城镇……〔赣〕井冈山市 229
古城镇……〔鲁〕莘县 244
古城镇……〔鲁〕沾化区 245
古城镇……〔豫〕禹州市 256
古城镇……〔桂〕陆川县 307
古城镇……〔桂〕富川瑶族自治县 309
古城镇……〔川〕郫都区 328
古城镇……〔川〕平武县 333
古城镇…〔滇〕镇沅彝族哈尼族拉祜族 373
古城镇……〔陕〕府谷县 395
古城镇……〔陕〕洛南县 397
古城镇……〔陇〕凉州区 403
古城镇……〔陇〕静宁县 405
古城镇……〔宁〕利通区 419
古城镇……〔宁〕彭阳县 420
古巷镇……〔粤〕潮安区 299
古荡街道……〔浙〕西湖区 189
古荣乡……〔藏〕堆龙德庆区 381
古荥镇……〔豫〕惠济区 249
古南街道……〔赣〕吉州区 228
古南街道……〔渝〕綦江区 318
古柏街道……〔苏〕高淳区 179
古柏镇……〔川〕宜宾县 341
古柳街道……〔鲁〕莱阳市 238
古战镇……〔陇〕临潭县 409
古泉街道……〔鲁〕鄄城县 246
古泉镇……〔皖〕宣州区 210
古饶镇……〔皖〕烈山区 203
古美街道……〔沪〕闵行区 175
古恰镇……〔黑〕肇源县 169
古绛镇……〔晋〕绛县 128
古莲镇……〔黑〕漠河县 172
古桥街道……〔川〕华蓥市 343
古桥镇……〔豫〕长葛市 256
古峰镇……〔闽〕屏南县 219
古浪县……〔陇〕武威市 403
古浪镇……〔陇〕古浪县 403
古陶镇……〔晋〕平遥县 127
古桑街道……〔苏〕盱眙县 183
古堆乡……〔藏〕措美县 384
古埠镇……〔赣〕余干县 232
古培镇……〔湘〕汨罗市 282
古基镇……〔黔〕赫章县 361
古勒巴格乡……〔新〕尉犁县 425
古勒巴格乡……〔新〕泽普县 426
古勒巴格街道……〔新〕和田市 427
古勒巴格镇……〔新〕沙雅县 425
古勒巴格镇……〔新〕莎车县 427
古勒阿瓦提乡……〔新〕温宿县 425
古勒鲁克乡……〔新〕伽师县 427
古营集镇……〔鲁〕曹县 246
古砦仫佬族乡……〔桂〕柳城县 304
古敢水族乡……〔滇〕富源县 370
古塔区……〔辽〕锦州市 149
古塔街道……〔豫〕汝南县 263
古塔镇……〔陕〕榆阳区 395
古韩镇……〔晋〕襄垣县 125
古鲁板蒿乡……〔蒙〕敖汉旗 137
古港镇……〔湘〕浏阳市 277
古湖街道……〔川〕隆昌市 336
古渡街道……〔陕〕秦都区 391
古登乡……〔滇〕泸水市 378
古塘乡……〔湘〕涟源市 288
古塘街道……〔浙〕慈溪市 191
古蓬镇……〔桂〕忻城县 310
古槐街道……〔鲁〕任城区 240
古槐街道……〔豫〕平舆县 263
古槐镇……〔闽〕长乐区 213
古榆树镇……〔辽〕昌图县 152
古楼子乡……〔辽〕宽甸满族自治县 149
古楼乡……〔闽〕浦城县 217
古楼乡……〔湘〕洞口县 281
古楼乡……〔湘〕安化县 284
古楼街道……〔鲁〕东昌府区 244
古楼街道……〔鄂〕鄂城区 270
古楼镇……〔渝〕合川区 319
古楼镇……〔川〕西充县 340
古碑镇……〔皖〕金寨县 209
古雷镇……〔闽〕漳浦县 217
古零镇……〔桂〕马山县 303
古路乡……〔川〕邻水县 343
古路镇……〔渝〕渝北区 318
古路镇……〔渝〕巫溪县 322
古源镇……〔黑〕海伦市 172
古溪乡……〔皖〕祁门县 205
古溪镇……〔苏〕泰兴市 186
古溪镇……〔渝〕潼南区 320
古障镇……〔桂〕西林县 308
古蔺县……〔川〕泸州市 331
古蔺镇……〔川〕古蔺县 331
古辣镇……〔桂〕宾阳县 303
古鄯镇……〔青〕民和回族土族自治县 413
古寨乡……〔苏〕淮阴区 183

（五画）古节本札可丙左厉右石

古寨瑶族乡……〔桂〕马山县 303
古寨镇……〔粤〕和平县 298
古镇镇……〔粤〕英德市 299
古潭乡……〔桂〕隆安县 303
古镛镇……〔闽〕将乐县 215
古魏镇……〔晋〕芮城县 128
古露镇……〔藏〕色尼区 384
节固乡……〔冀〕平乡县 113
本布图镇……〔新〕博湖县 425
本号镇……〔琼〕陵水黎族自治县 314
本庄镇……〔黔〕石阡县 362
本斋回族乡……〔冀〕献县 119
本塔乡……〔藏〕巴青县 385
本溪市……〔辽〕 148
本溪满族自治县……〔辽〕本溪市 149
本寨镇…〔黔〕镇宁布依族苗族自治县 360
札达县……〔藏〕阿里地区 385
札萨克镇……〔蒙〕伊金霍洛旗 138
可大乡…〔渝〕酉阳土家族苗族自治县 323
可久镇……〔川〕高县 342
可可以力更镇……〔蒙〕武川县 135
可可托海镇……〔新〕富蕴县 429
可乐彝族苗族乡……〔黔〕赫章县 361
可克达拉市……〔新〕阿勒泰地区 429
可塘镇……〔粤〕海丰县 297
丙中洛镇…〔滇〕贡山独龙族怒族自治县 378
丙安镇……〔黔〕赤水市 359
丙村镇……〔粤〕梅县区 297
丙谷镇……〔川〕米易县 330
丙底乡……〔川〕金阳县 353
丙妹镇……〔黔〕从江县 365
丙麻乡……〔滇〕隆阳区 371
左口乡……〔浙〕淳安县 190
左门乡……〔滇〕姚安县 375
左卫镇……〔冀〕怀安县 116
左云县……〔晋〕大同市 124
左木乡……〔晋〕洪洞县 130
左左乡……〔藏〕噶尔县 385
左权县……〔晋〕晋中市 127
左权镇……〔湘〕醴陵市 278
左各庄镇……〔冀〕文安县 120
左州镇……〔桂〕江州区 310
左安镇……〔赣〕遂川县 228
左贡县……〔藏〕昌都市 383
左坊镇……〔赣〕金溪县 231
左里镇……〔赣〕都昌县 225
左岚乡……〔渝〕城口县 321
左拔镇……〔赣〕大余县 226
左岭街道……〔鄂〕洪山区 267
左店乡……〔皖〕长丰县 201
左家乡……〔陇〕两当县 408
左家庄街道……〔京〕朝阳区 99
左家坞镇……〔冀〕丰润区 109
左家塘街道……〔湘〕雨花区 277
左家镇……〔吉〕昌邑区 158
左营乡……〔鲁〕鄄城县 246
左溪镇……〔浙〕庆元县 197
左鸠嘎彝族苗族乡……〔黔〕纳雍县 361
厉山镇……〔鄂〕随县 273
厉庄乡……〔豫〕通许县 250
厉庄镇……〔苏〕赣榆区 183
右卫镇……〔晋〕右玉县 126
右卫镇……〔辽〕凌海市 150
右水乡……〔赣〕会昌县 227
右玉县……〔晋〕朔州市 126
右江区……〔桂〕百色市 307
右安门街道……〔京〕丰台区 99
右所乡……〔川〕盐源县 352
右所镇……〔滇〕澄江县 371
右所镇……〔滇〕洱源县 378
石人子乡…〔新〕巴里坤哈萨克自治县 424
石人子沟街道……〔新〕水磨沟区 423
石人乡……〔赣〕上饶县 231
石人乡……〔川〕万源市 345
石人沟乡……〔冀〕丰宁满族自治县 117
石人镇……〔吉〕江源区 160
石人镇……〔黑〕呼兰区 165
石乃亥镇……〔青〕共和县 414
石大仓乡……〔青〕化隆回族自治县 414
石大关乡……〔川〕茂县 348
石上镇……〔赣〕宁都县 227
石口乡……〔晋〕交口县 131
石口镇……〔赣〕余干县 232
石山乡……〔赣〕泰和县 228
石山乡……〔青〕大通回族土族自治县 413
石山脚街道……〔湘〕零陵区 285
石山镇……〔辽〕凌海市 150
石山镇……〔琼〕秀英区 313
石川镇……〔陇〕漳县 407
石门二路街道……〔沪〕静安区 175
石门口乡……〔晋〕平定县 124
石门山镇……〔鲁〕曲阜市 240
石门乡……〔冀〕唐县 114
石门乡……〔晋〕闻喜县 128
石门乡……〔皖〕歙县 205
石门乡……〔赣〕金溪县 231
石门乡……〔豫〕南召县 257
石门乡……〔渝〕云阳县 322
石门乡……〔川〕苍溪县 335
石门乡…〔黔〕威宁彝族回族苗族自治县 361
石门乡……〔陇〕靖远县 402
石门乡……〔陇〕临潭县 409
石门县……〔湘〕常德市 283
石门桥镇……〔冀〕任丘市 119
石门桥镇……〔湘〕鼎城区 282
石门街镇……〔赣〕鄱阳县 232
石门街道……〔粤〕白云区 291
石门楼镇……〔赣〕武宁县 224
石门寨镇……〔冀〕海港区 110
石门镇……〔冀〕卢龙县 110
石门镇……〔冀〕遵化市 110
石门镇……〔吉〕安图县 162
石门镇……〔浙〕桐乡市 192
石门镇……〔浙〕江山市 195
石门镇……〔鲁〕临沭县 243
石门镇……〔渝〕江津区 319
石门镇……〔川〕大英县 336
石门镇……〔陕〕甘泉县 393
石门镇……〔陕〕岚皋县 396
石门镇……〔陕〕旬阳县 397
石门镇……〔陕〕洛南县 397
石门镇……〔陇〕天祝藏族自治县 403
石门镇……〔陇〕武都区 407
石弓镇……〔皖〕涡阳县 209
石子乡……〔渝〕忠县 322
石子镇……〔川〕东兴区 336
石子镇……〔川〕大竹县 344
石马山镇……〔湘〕涟源市 288
石马坪街道……〔陇〕秦州区 402
石马河街道……〔渝〕江北区 317
石马镇……〔赣〕永丰县 228
石马镇……〔鲁〕博山区 237
石马镇……〔粤〕兴宁市 297
石马镇……〔渝〕大足区 318
石马镇……〔川〕游仙区 332
石马镇……〔川〕苍溪县 335
石井乡……〔冀〕鹿泉区 107
石井乡……〔冀〕满城区 113
石井乡……〔冀〕尚义县 116
石井坡街道……〔渝〕沙坪坝区 317
石井铺镇……〔川〕昭化区 334
石井街道……〔吉〕丰满区 158
石井街道……〔粤〕白云区 291
石井街道……〔粤〕坪山区 293
石井镇……〔闽〕南安市 216
石井镇……〔鲁〕费县 243
石井镇……〔豫〕新安县 251
石井镇……〔湘〕娄星区 287
石井镇……〔陕〕鄠邑区 389
石元乡……〔川〕江油市 333
石牙镇……〔桂〕兴宾区 310
石屯镇……〔闽〕政和县 218
石屯镇……〔黔〕望谟县 363
石牛乡……〔湘〕双峰县 287
石牛乡……〔川〕井研县 337
石牛江镇……〔湘〕桃江县 284
石牛庙乡……〔川〕盐亭县 333
石牛寨镇……〔湘〕平江县 282
石牛镇……〔川〕梓潼县 333
石化街道……〔冀〕复兴区 111
石化街道……〔吉〕宁江区 161
石化街道……〔沪〕金山区 176
石化街道……〔新〕米东区 423
石化路街道……〔皖〕大观区 204
石公桥镇……〔湘〕鼎城区 282
石月亮乡……〔滇〕福贡县 378
石文镇……〔辽〕抚顺县 148
石孔乡……〔川〕蓬安县 339
石末乡……〔晋〕高平市 126
石正镇……〔粤〕平远县 297
石龙乡……〔川〕中江县 331
石龙乡……〔川〕市中区 336
石龙区……〔豫〕平顶山市 252
石龙坝镇……〔滇〕华坪县 373
石龙镇……〔鄂〕京山县 270
石龙镇……〔粤〕东莞市 299
石龙镇……〔桂〕桂平市 307
石龙镇……〔桂〕钟山县 309
石龙镇……〔桂〕象州县 310
石龙镇……〔渝〕巴南区 319
石龙镇……〔川〕合江县 330
石龙镇……〔川〕阆中市 340
石龙镇……〔川〕冕宁县 353
石东路街道……〔蒙〕玉泉区 135
石卡镇……〔桂〕覃塘区 306
石北乡……〔晋〕武乡县 125
石白头乡……〔晋〕临县 131
石仔岭街道……〔粤〕高州市 295
石包城乡……〔陇〕肃北蒙古族自治县 405
石市镇……〔赣〕宜丰县 229
石市镇……〔湘〕衡阳县 279
石头白族乡…〔滇〕玉龙纳西族自治县 373
石头咀镇……〔鄂〕英山县 272
石头河子镇……〔黑〕尚志市 166
石头河子镇……〔黑〕桦南县 170
石头寨乡……〔滇〕红河县 376
石头镇……〔皖〕庐江县 201
石头镇……〔桂〕容县 307
石头镇……〔陕〕洛川县 393
石永镇……〔川〕邻水县 343
石阡县……〔黔〕铜仁市 362
石台乡……〔川〕梓潼县 333
石台县……〔皖〕池州市 210
石台镇……〔皖〕杜集区 203
石圭镇……〔川〕高坪区 338
石寺镇……〔豫〕新安县 251
石场乡……〔鲁〕五莲县 242
石场苗族彝族乡……〔黔〕金沙县 361
石西乡……〔晋〕柳林县 131
石灰窑回族乡……〔青〕平安区 413
石灰窑镇……〔冀〕承德县 117
石灰窑镇……〔辽〕岫岩满族自治县 148
石灰铺镇……〔粤〕英德市 299
石帆街道……〔浙〕乐清市 192
石竹街道……〔闽〕福清市 214
石臼街道……〔鲁〕东港区 242
石臼窝镇……〔冀〕玉田县 109
石后乡……〔闽〕蕉城区 219
石会镇……〔渝〕黔江区 319
石各庄镇……〔津〕武清区 104
石各庄镇……〔冀〕丰润区 109
石冲口镇……〔湘〕新化县 287
石庄乡……〔赣〕崇仁县 231
石庄镇……〔晋〕汾阳市 131
石庄镇……〔苏〕如皋市 182
石羊哨乡……〔湘〕麻阳苗族自治县 287
石羊街道……〔川〕武侯区 327
石羊塘镇……〔湘〕攸县 278
石羊镇……〔湘〕新田县 286
石羊镇……〔川〕都江堰市 328
石羊镇……〔川〕安岳县 347
石羊镇……〔滇〕大姚县 375
石江乡……〔赣〕丰城市 230
石江镇……〔湘〕洞口县 281
石安镇……〔渝〕梁平区 321
石安镇……〔川〕三台县 332
石坝乡……〔川〕青川县 334
石坝镇……〔皖〕明光市 206
石坝镇……〔粤〕博罗县 296
石坑镇……〔粤〕梅县区 297

(五画)石

石坊镇……〔陇〕文县 407
石茺乡……〔赣〕赣县区 226
石花镇……〔鄂〕谷城县 270
石苍乡……〔闽〕仙游县 214
石杨镇……〔皖〕和县 203
石匣乡……〔晋〕左权县 127
石里乡……〔川〕壤塘县 349
石园街道……〔京〕顺义区 100
石围塘街道……〔粤〕荔湾区 291
石别镇……〔桂〕宜州区 309
石岐街道……〔粤〕中山市 299
石岗乡……〔渝〕奉节县 322
石岗街道……〔冀〕新华区 107
石岗镇……〔赣〕新建区 223
石岘镇……〔吉〕图们市 162
石佛乡……〔辽〕建昌县 154
石佛乡……〔浙〕龙游县 195
石佛乡……〔川〕仪陇县 340
石佛寺街道……〔辽〕沈北新区 145
石佛寺镇……〔豫〕镇平县 258
石佛寺镇……〔鄂〕武穴市 273
石佛店镇……〔豫〕固始县 261
石佛镇……〔冀〕安国市 115
石佛镇……〔辽〕大石桥市 150
石佛镇……〔鲁〕阳谷县 244
石佛镇……〔豫〕中原区 249
石佛镇……〔川〕乐至县 348
石佛镇……〔陇〕麦积区 402
石角镇……〔粤〕廉江市 294
石角镇……〔粤〕清城区 298
石角镇……〔粤〕佛冈县 299
石角镇……〔渝〕綦江区 318
石灶乡……〔川〕苍溪县 335
石沛镇……〔皖〕全椒县 206
石良镇……〔鲁〕龙口市 238
石陂镇……〔闽〕浦城县 217
石鸡坝镇……〔陇〕文县 407
石坪桥街道……〔渝〕九龙坡区 318
石拐区……〔蒙〕包头市 135
石拐街道……〔蒙〕石拐区 135
石坡乡……〔晋〕壶关县 125
石坡镇……〔陕〕洛南县 397
石坳乡……〔赣〕修水县 224
石耶镇…〔渝〕秀山土家族苗族自治县 323
石林乡……〔皖〕萧县 208
石林街道……〔滇〕石林彝族自治县 369
石林镇……〔浙〕淳安县 190
石林镇……〔豫〕山城区 253
石林镇……〔渝〕綦江区 318
石林彝族自治县……〔滇〕昆明市 369
石板冲乡……〔皖〕裕安区 208
石板岩镇……〔豫〕林州市 253
石板滩镇……〔湘〕鼎城区 282
石板滩镇……〔川〕新都区 327
石板凳镇……〔川〕简阳市 329
石板镇……〔粤〕高州市 295
石板镇……〔渝〕九龙坡区 318
石板镇……〔川〕游仙区 332
石板镇……〔川〕达川区 343
石板镇……〔黔〕花溪区 357
石板镇……〔黔〕播州区 358
石码街道……〔闽〕龙海市 217
石固仡佬族侗族乡……〔黔〕石阡县 362
石固镇……〔豫〕长葛市 256
石咀乡……〔晋〕五台县 128
石咀乡……〔川〕仁寿县 341
石咀驿镇……〔陕〕清涧县 396
石咀镇……〔粤〕广宁县 296
石咀镇……〔桂〕桂平市 307
石岩头镇……〔湘〕零陵区 285
石岩街道……〔粤〕宝安区 292
石岩镇……〔黑〕宁安市 171
石岭子镇……〔吉〕铁东区 159
石岭镇……〔粤〕廉江市 294
石岭镇……〔川〕雁江区 347
石和镇……〔桂〕福绵区 307
石鱼镇……〔渝〕铜梁区 320
石狗镇……〔粤〕四会市 296
石店镇……〔皖〕霍邱县 208
石庙子镇……〔辽〕岫岩满族自治县 147
石庙镇……〔鲁〕惠民县 245
石庙镇……〔豫〕栾川县 251
石河子市……〔新〕阿勒泰地区 429
石河子镇……〔新〕石河子市 429
石河街道……〔辽〕金州区 146
石河镇……〔冀〕山海关区 110
石河镇……〔川〕南部县 338
石河镇……〔川〕大竹县 344
石油街道……〔辽〕古塔区 149
石油街道……〔辽〕连山区 154
石油路街道……〔渝〕渝中区 317
石油新村街道……〔新〕新市区 423
石油新城街道……〔新〕伊州区 424
石沱镇……〔渝〕涪陵区 317
石宝镇……〔蒙〕达尔罕茂明安联合旗 136
石宝镇……〔渝〕忠县 322
石宝镇……〔川〕古蔺县 331
石空镇……〔宁〕中宁县 420
石练镇……〔浙〕遂昌县 197
石垭乡……〔川〕平昌县 347
石垭镇……〔川〕岳池县 343
石城乡……〔冀〕临城县 112
石城乡……〔辽〕庄河市 147
石城乡……〔川〕恩阳区 346
石城县……〔赣〕赣州市 227
石城镇……〔京〕密云区 100
石城镇……〔晋〕平顺县 125
石城镇……〔辽〕凤城市 149
石城镇……〔鄂〕崇阳县 273
石城镇……〔粤〕廉江市 294
石城镇……〔粤〕云安区 300
石南镇……〔鄂〕通城县 273
石南镇……〔桂〕兴业县 307
石柳乡…〔渝〕彭水苗族土家族自治县 323
石柱土家族自治县……〔渝〕 323
石柱乡……〔湘〕洞口县 281
石柱镇……〔浙〕永康市 195
石柱镇……〔陕〕耀州区 390
石栏镇……〔湘〕花垣县 288
石界河镇……〔豫〕西峡县 258
石哈河镇……〔蒙〕乌拉特中旗 139
石炭井街道……〔宁〕大武口区 419
石峡乡……〔赣〕资溪县 231
石峡湾乡……〔陇〕安定区 406
石峡镇……〔陇〕西和县 407
石钟镇……〔川〕简阳市 329
石牯塘镇……〔粤〕英德市 299
石泉乡……〔川〕中江县 331
石泉乡……〔川〕南部县 339
石泉乡……〔陇〕安定区 406
石泉县……〔陕〕安康市 396
石泉路街道……〔沪〕普陀区 175
石泉镇……〔黑〕北安市 171
石狮乡……〔赣〕上饶县 231
石狮市……〔闽〕泉州市 216
石狮埠街道……〔赣〕珠山区 223
石亭子镇……〔湘〕祁东县 279
石亭镇……〔冀〕涞水县 114
石亭镇……〔闽〕芗城区 216
石亭镇……〔湘〕醴陵市 278
石首市……〔鄂〕荆州市 272
石炮台街道……〔粤〕金平区 293
石洞子沟街道……〔冀〕双桥区 117
石洞乡……〔冀〕武安市 112
石洞乡……〔川〕涪城区 332
石洞沟乡……〔陕〕定边县 395
石洞街道……〔鄂〕武昌区 267
石洞街道……〔川〕龙马潭区 330
石洞镇……〔川〕安居区 335
石洞镇……〔黔〕天柱县 364
石洞镇……〔陇〕皋兰县 401
石室乡……〔浙〕柯城区 195
石屏县…〔滇〕红河哈尼族彝族自治州 375
石屏镇……〔川〕古蔺县 331
石哲镇……〔晋〕长子县 125
石埇镇……〔桂〕浦北县 306
石莱镇……〔鲁〕新泰市 241
石莲子镇……〔鲁〕莒南县 243
石莲镇……〔渝〕南川区 320
石莲镇……〔黔〕湄潭县 359
石桥子街道……〔辽〕溪湖区 148
石桥子街道……〔辽〕凌河区 149
石桥子镇……〔鲁〕诸城市 239
石桥乡……〔冀〕清苑区 113
石桥乡……〔豫〕临颍县 257
石桥乡……〔川〕丹棱县 341
石桥乡……〔新〕乌苏市 429
石桥头镇……〔浙〕温岭市 196
石桥苗族土家族乡……〔渝〕武隆区 321
石桥驿镇……〔鄂〕东宝区 270
石桥铺街道……〔渝〕九龙坡区 318
石桥铺镇……〔川〕大竹县 344
石桥铺镇……〔川〕安岳县 347
石桥街道……〔辽〕大石桥市 150
石桥街道……〔浙〕下城区 189
石桥街道……〔湘〕双清区 280
石桥镇……〔苏〕赣榆区 183
石桥镇……〔皖〕当涂县 203
石桥镇……〔赣〕永新县 229
石桥镇……〔鲁〕沂源县 237
石桥镇……〔鲁〕任城区 240
石桥镇……〔豫〕宝丰县 252
石桥镇……〔豫〕卧龙区 257
石桥镇……〔豫〕宁陵县 259
石桥镇……〔鄂〕襄州区 269
石桥镇……〔湘〕嘉禾县 284
石桥镇……〔桂〕苍梧县 305
石桥镇……〔川〕简阳市 329
石桥镇……〔川〕泸县 330
石桥镇……〔川〕达川区 343
石桥镇……〔黔〕盘州市 358
石桥镇……〔陕〕淳化县 392
石桥镇……〔陇〕礼县 408
石桌子乡…〔冀〕围场满族蒙古族自治县 118
石峰区……〔湘〕株洲市 278
石铁乡……〔川〕宣汉县 344
石笕乡……〔浙〕缙云县 197
石笋乡……〔川〕中江县 331
石笋镇……〔川〕广安区 342
石脑镇……〔赣〕高安市 230
石羔街道……〔湘〕龙山县 288
石浦镇……〔浙〕象山县 190
石海乡……〔川〕甘洛县 354
石海镇……〔川〕兴文县 342
石涧镇……〔皖〕无为县 202
石家乡……〔桂〕富川瑶族自治县 309
石家乡……〔渝〕石柱土家族自治县 323
石家田乡……〔晋〕灵丘县 124
石家冲街道……〔湘〕吉首市 288
石家庄市……〔冀〕 107
石家庄镇……〔晋〕宁武县 129
石家河镇……〔鄂〕天门市 274
石家湾镇……〔陕〕绥德县 395
石家镇……〔渝〕黔江区 319
石扇镇……〔粤〕梅县区 297
石陵镇……〔桂〕兴宾区 310
石排镇……〔粤〕东莞市 299
石堆镇……〔鲁〕安丘市 239
石埠子镇……〔鲁〕安丘市 239
石埠街道……〔桂〕西乡塘区 303
石埠镇……〔赣〕新建区 223
石黄镇……〔渝〕忠县 322
石梯子哈萨克族乡……〔新〕呼图壁县 424
石梯镇……〔川〕达川区 343
石梯镇……〔陕〕汉滨区 396
石厢子彝族乡……〔川〕叙永县 331
石硐镇……〔黔〕息烽县 357
石梨镇……〔川〕宁南县 352
石盘乡…〔渝〕彭水苗族土家族自治县 323
石盘乡……〔川〕武胜县 343
石盘屯乡……〔豫〕内黄县 253
石盘镇……〔川〕简阳市 329
石船镇……〔渝〕渝北区 318
石象镇……〔豫〕长葛市 256
石康镇……〔桂〕合浦县 306
石望镇……〔粤〕阳春市 298
石盖塘街道……〔湘〕北湖区 284
石渠县……〔川〕甘孜藏族自治州 350
石淙镇……〔浙〕南浔区 193
石婆固镇……〔豫〕延津县 254

（五画）石布龙

石婆店镇……〔皖〕裕安区 208
石梁乡……〔川〕马边彝族自治县 337
石梁乡……〔川〕蓬安县 339
石梁乡……〔黔〕松桃苗族自治县 363
石梁河镇……〔苏〕东海县 183
石梁镇……〔浙〕柯城区 195
石梁镇……〔浙〕天台县 196
石梁镇……〔皖〕天长市 206
石窑子乡……〔冀〕崇礼区 116
石颈镇……〔粤〕廉江市 294
石堰镇……〔渝〕长寿区 319
石堤镇……〔湘〕永顺县 288
石堤镇…〔渝〕秀山土家族苗族自治县 323
石期市镇……〔湘〕东安县 285
石朝乡…〔黔〕务川仡佬族苗族自治县 359
石棉县……〔川〕雅安市 346
石景山区……〔京〕 99
石景林街道……〔桂〕江州区 310
石牌街道……〔粤〕天河区 291
石牌镇……〔皖〕怀宁县 204
石牌镇……〔闽〕大田县 215
石牌镇……〔鄂〕钟祥市 270
石牌镇……〔湘〕龙山县 288
石堡乡……〔黔〕赤水市 359
石堡镇……〔陕〕黄龙县 393
石堡镇……〔陇〕西和县 408
石集乡……〔苏〕泗洪县 186
石道乡……〔豫〕登封市 250
石道乡……〔川〕富顺县 330
石道河镇……〔吉〕辉南县 160
石港镇……〔苏〕通州区 182
石湖乡……〔苏〕东海县 183
石湖乡……〔皖〕固镇县 202
石湖沟乡……〔辽〕宽甸满族自治县 149
石湖荡镇……〔沪〕松江区 176
石湖镇……〔吉〕通化县 160
石湖镇……〔苏〕涟水县 183
石湍镇……〔川〕乐至县 348
石湫镇……〔苏〕溧水区 179
石湾街道……〔粤〕化州市 295
石湾镇……〔湘〕衡东县 279
石湾镇……〔粤〕博罗县 296
石湾镇……〔桂〕合浦县 306
石湾镇……〔陕〕横山区 395
石湾镇街道……〔粤〕禅城区 293
石渡乡……〔赣〕武宁县 224
石窝镇……〔桂〕北流市 307
石窝镇……〔川〕万源市 345
石登乡…〔滇〕兰坪白族普米族自治县 378
石塬镇……
〔陇〕积石山保安族东乡族撒拉族自治县 409
石鼓乡……〔川〕南溪区 341
石鼓乡……〔川〕岳池县 343
石鼓乡……〔川〕安岳县 348
石鼓区……〔湘〕衡阳市 279
石鼓源乡……〔湘〕祁阳县 285
石鼓镇……〔闽〕永春县 216
石鼓镇……〔鄂〕丹江口市 269
石鼓镇……〔湘〕湘潭县 278
石鼓镇……〔粤〕高州市 295
石鼓镇……〔滇〕玉龙纳西族自治县 373
石鼓镇……〔陕〕渭滨区 390
石塘街道……〔川〕涪城区 332
石塘镇……〔浙〕温岭市 196
石塘镇……〔浙〕云和县 197
石塘镇……〔皖〕肥东县 201
石塘镇……〔赣〕铅山县 232
石塘镇……〔粤〕仁化县 292
石塘镇……〔桂〕横县 303
石塘镇……〔桂〕全州县 304
石塘镇……〔桂〕灵山县 306
石塘镇……〔川〕万源市 345
石碁镇……〔粤〕番禺区 291
石楼乡……〔川〕嘉陵区 338
石楼县……〔晋〕吕梁市 131
石楼镇……〔京〕房山区 99
石楼镇……〔粤〕番禺区 291
石碑乡……〔川〕珙县 342
石碑坪镇……〔桂〕柳北区 304
石碉楼乡……〔川〕黑水县 349
石碌镇……〔琼〕昌江黎族自治县 314
石新镇……〔辽〕盘山县 152
石溪乡……〔浙〕青田县 197
石溪镇……〔渝〕南川区 320
石溪镇……〔川〕犍为县 337
石滚河镇……〔豫〕确山县 263
石滓镇……〔川〕邻水县 343
石滩乡……〔湘〕衡东县 279
石滩乡……〔川〕南江县 347
石滩镇……〔赣〕丰城市 230
石滩镇……〔粤〕增城区 292
石滩镇……〔渝〕巴南区 319
石滩镇……〔川〕阆中市 340
石墙镇……〔鲁〕邹城市 241
石墙镇……〔渝〕南川区 320
石榴坪乡……〔湘〕泸溪县 288
石榴街道……〔苏〕东海县 183
石榴镇……〔闽〕漳浦县 216
石碶街道……〔浙〕海曙区 190
石碣镇……〔粤〕东莞市 299
石鼻镇……〔赣〕安义县 223
石寨铺镇……〔豫〕遂平县 263
石寨镇……〔桂〕容县 307
石寨镇……〔川〕江阳区 330
石璜镇……〔浙〕嵊州市 194
石墩河镇……〔陕〕佛坪县 395
石横镇……〔鲁〕肥城市 241
石槽集乡……〔豫〕沈丘县 262
石槽镇……〔豫〕郸城县 262
石碾镇……〔川〕隆昌市 336
石镇镇……〔赣〕万年县 232
石潭镇……〔湘〕湘潭县 278
石潭镇……〔粤〕清新区 298
石潭镇……〔陕〕礼泉县 391
石燕桥镇……〔川〕隆昌市 336
石嘴山市……〔宁〕 419
石嘴子乡……〔冀〕崇礼区 116
石嘴镇……〔吉〕磐石市 159
石蟆镇……〔渝〕江津区 319
石镜乡……〔皖〕怀宁县 204
石壁乡……〔晋〕古县 130
石壁街道……〔粤〕番禺区 291
石壁镇……〔闽〕宁化县 215
石壁镇……〔琼〕琼海市 313
石壕镇……〔渝〕綦江区 318
石磷街道……〔黑〕梨树区 168
石麟镇……〔川〕五通桥区 337
布久乡……〔藏〕巴宜区 383
布扎克乡……〔新〕和田县 427
布甲乡……〔赣〕修水县 225
布尔津县……〔新〕阿勒泰地区 429
布尔津镇……〔新〕布尔津县 429
布尔陶亥苏木……〔蒙〕准格尔旗 138
布吉街道……〔粤〕龙岗区 293
布亚乡……〔新〕洛浦县 427
布伦口乡……〔新〕阿克陶县 426
布伦木沙乡……
……〔新〕塔什库尔干塔吉克自治县 427
布多乡……〔藏〕仲巴县 382
布拖县……〔川〕凉山彝族自治州 353
布拉克苏乡……〔新〕疏附县 426
布依鲁克塔吉克族乡……〔新〕泽普县 426
布泉乡……〔桂〕隆安县 303
布海镇……〔吉〕德惠市 158
布朗山布朗族乡……〔滇〕勐海县 377
布隆乡……〔新〕拜城县 426
布隆吉乡……〔陇〕瓜州县 405
布塔乡……〔藏〕丁青县 383
布溪街道……〔湘〕冷水江市 288
布嘎回族乡……〔滇〕昭阳区 372
布德镇……〔川〕仁和区 330
龙下乡……〔赣〕全南县 227
龙万乡……〔川〕富顺县 330
龙口市……〔鲁〕烟台市 238
龙口镇……〔蒙〕准格尔旗 138
龙口镇……〔赣〕兴国县 227
龙口镇……〔豫〕新蔡县 263
龙口镇……〔鄂〕洪湖市 272
龙口镇……〔粤〕鹤山市 294
龙山乡……〔辽〕银州区 152
龙山区……〔吉〕辽源市 159
龙山县…〔湘〕湘西土家族苗族自治州 288
龙山街道……〔京〕怀柔区 100
龙山街道……〔辽〕法库县 146
龙山街道……〔辽〕双塔区 153
龙山街道……〔浙〕长兴县 193
龙山街道……〔皖〕鸠江区 202
龙山街道……〔闽〕福清市 214
龙山街道……〔鲁〕章丘区 235
龙山街道……〔鲁〕即墨区 236
龙山街道……〔鲁〕海阳市 239
龙山街道……〔鲁〕文登区 241
龙山街道……〔豫〕郏县 252
龙山街道……〔豫〕林州市 253
龙山街道……〔豫〕罗山县 260
龙山街道……〔湘〕祁阳县 285
龙山街道……〔渝〕渝北区 318
龙山路街道……〔皖〕大观区 204
龙山路街道……〔鲁〕市中区 237
龙山满族乡……〔吉〕公主岭市 159
龙山镇……〔黑〕友谊县 169
龙山镇……〔浙〕慈溪市 191
龙山镇……〔浙〕永康市 195
龙山镇……〔皖〕涡阳县 209
龙山镇……〔闽〕南靖县 217
龙山镇……〔鲁〕莒县 242
龙山镇……〔鄂〕丹江口市 269
龙山镇……〔粤〕佛冈县 299
龙山镇……〔川〕古蔺县 331
龙山镇……〔川〕苍溪县 335
龙山镇……〔川〕资中县 336
龙山镇……〔黔〕安龙县 363
龙山镇……〔黔〕龙里县 365
龙山镇……〔黔〕麻江县 365
龙山镇……〔滇〕龙陵县 371
龙山镇……〔陇〕张家川回族自治县 403
龙川县……〔粤〕河源市 298
龙川镇……〔桂〕右江区 307
龙川镇……〔滇〕南华县 375
龙广镇……〔黔〕安龙县 363
龙门口乡……〔冀〕涞水县 114
龙门山镇……〔川〕彭州市 328
龙门乡……〔皖〕黄山区 205
龙门乡……〔桂〕大新县 310
龙门乡……〔川〕峨眉山市 338
龙门乡……〔川〕乐至县 348
龙门乡……〔川〕美姑县 354
龙门乡……〔滇〕永平县 377
龙门乡……〔陇〕灵台县 404
龙门乡……〔青〕天峻县 415
龙门石窟街道……〔豫〕洛龙区 251
龙门县……〔粤〕惠州市 296
龙门所镇……〔冀〕赤城县 117
龙门畈乡……〔赣〕横峰县 232
龙门浩街道……〔渝〕南岸区 318
龙门街道……〔吉〕龙井市 162
龙门街道……〔闽〕新罗区 218
龙门街道……〔鲁〕平原县 244
龙门街道……〔豫〕洛龙区 251
龙门街道……〔渝〕巫山县 322
龙门街道……〔川〕高坪区 338
龙门港镇……〔桂〕钦南区 306
龙门滩镇……〔闽〕德化县 216
龙门镇……〔浙〕富阳区 189
龙门镇……〔闽〕安溪县 216
龙门镇……〔赣〕永新县 229
龙门镇……〔湘〕株洲县 278
龙门镇……〔湘〕平江县 282
龙门镇……〔粤〕雷州市 295
龙门镇……〔桂〕浦北县 306
龙门镇……〔琼〕定安县 314
龙门镇……〔渝〕梁平区 321
龙门镇……〔川〕涪城区 332
龙门镇……〔川〕市中区 336
龙门镇……〔川〕芦山县 346
龙门镇……〔陕〕韩城市 393
龙门镇……〔陇〕临洮县 406
龙子湖区……〔皖〕蚌埠市 202
龙子湖街道……〔豫〕金水区 249
龙女镇……〔川〕武胜县 343

（五画）龙

龙飞街道……〔辽〕南票区 154
龙马乡……〔晋〕洪洞县 130
龙马乡……〔藏〕江孜县 381
龙马镇……〔川〕仁寿县 341
龙马潭区……〔川〕泸州市 330
龙丰街道……〔粤〕惠城区 296
龙王乡……〔吉〕农安县 157
龙王乡……〔皖〕阜南县 207
龙王乡……〔豫〕新郑市 250
龙王庄镇……〔豫〕范县 255
龙王李镇……〔冀〕东光县 118
龙王庙乡……〔冀〕青龙满族自治县 110
龙王庙镇……〔冀〕大名县 111
龙王庙镇……〔辽〕东港市 149
龙王庙镇……〔鲁〕单县 246
龙王塘街道……〔辽〕旅顺口区 146
龙王镇……〔鄂〕襄州区 269
龙王镇……〔川〕青白江区 327
龙王镇……〔川〕苍溪县 335
龙王镇……〔陕〕宁陕县 396
龙井乡……〔豫〕平桥区 260
龙井仡佬族侗族乡……〔黔〕石阡县 362
龙井市人……〔吉〕延边朝鲜族自治州 162
龙井街道……〔川〕大安区 329
龙井镇……〔黔〕仁怀市 359
龙开口镇……〔滇〕鹤庆县 378
龙云镇……〔川〕蓬安县 339
龙车镇……〔川〕纳溪区 330
龙日乡……〔川〕红原县 349
龙中乡……〔藏〕岗巴县 382
龙冈畲族乡……〔赣〕永丰县 228
龙冈镇……〔苏〕盐都区 184
龙水乡……〔黔〕开阳县 357
龙水镇……〔桂〕全州县 304
龙水镇……〔渝〕大足区 318
龙仁乡……〔藏〕当雄县 381
龙化乡……〔冀〕高阳县 114
龙爪镇……〔黑〕林口县 170
龙凤山镇……〔黑〕五常市 166
龙凤乡……〔陇〕武都区 407
龙凤区……〔黑〕大庆市 169
龙凤场镇……〔川〕通江县 346
龙凤桥街道……〔渝〕北碚区 318
龙凤街道……〔辽〕东洲区 148
龙凤街道……〔粤〕海珠区 291
龙凤镇……〔晋〕介休市 127
龙凤镇……〔黑〕龙凤区 169
龙凤镇……〔鄂〕恩施市 274
龙凤镇……〔渝〕合川区 319
龙凤镇……〔川〕叙永县 331
龙凤镇……〔川〕江油市 333
龙凤镇……〔川〕旺苍县 334
龙凤镇……〔川〕船山区 335
龙凤镇……〔川〕渠县 345
龙勾乡……〔赣〕崇义县 226
龙文区……〔闽〕漳州市 216
龙亢镇……〔皖〕怀远县 202
龙孔镇……〔渝〕丰都县 321
龙孔镇……〔川〕犍为县 337
龙孔镇……〔川〕岳池县 342
龙正镇……〔川〕仁寿县 340
龙石镇……〔渝〕大足区 318
龙布镇……〔赣〕安远县 226
龙东街道……〔冀〕路北区 108
龙归镇……〔粤〕武江区 292
龙田乡……〔皖〕休宁县 205
龙田乡……〔赣〕永新县 229
龙田乡……〔渝〕城口县 321
龙田街道……〔粤〕坪山区 293
龙田镇……〔闽〕福清市 214
龙田镇……〔湘〕宁乡市 278
龙田镇……〔粤〕龙门县 296
龙田镇……〔粤〕兴宁市 297
龙田镇……〔黔〕岑巩县 364
龙仙镇……〔粤〕翁源县 292
龙尔甲乡……〔川〕马尔康市 348
龙市乡……〔湘〕安仁县 285
龙市镇……〔赣〕井冈山市 229
龙市镇……〔渝〕合川区 319
龙市镇……〔川〕隆昌市 336
龙头山乡……〔赣〕德兴市 232
龙头山镇……〔冀〕围场满族蒙古族自治县 118
龙头山镇……〔滇〕鲁甸县 372
龙头乡……〔桂〕宜州区 309
龙头乡……〔桂〕扶绥县 310
龙头庵乡……〔湘〕辰溪县 286
龙头街道……〔辽〕旅顺口区 146
龙头镇……〔黑〕宝清县 169
龙头镇……〔粤〕坡头区 294
龙头镇……〔桂〕柳城县 304
龙头镇……〔川〕长宁县 342
龙头镇……〔陕〕城固县 394
龙穴街道……〔粤〕南沙区 291
龙台镇……〔川〕中江县 331
龙台镇……〔川〕广安区 342
龙台镇……〔川〕安岳县 347
龙台镇……〔陇〕武山县 403
龙母镇……〔粤〕龙川县 298
龙邦镇……〔桂〕靖西市 308
龙圩区……〔桂〕梧州市 305
龙圩镇……〔桂〕龙圩区 305
龙场苗族白族彝族乡……〔黔〕水城县 357
龙场营镇……〔黔〕七星关区 360
龙扬镇……〔皖〕谯城区 209
龙场镇……〔黔〕修文县 357
龙场镇……〔黔〕纳雍县 361
龙场镇……〔黔〕织金县 361
龙场镇……〔黔〕威宁彝族回族苗族自治县 361
龙场镇……〔黔〕贞丰县 363
龙场镇……〔黔〕凯里市 364
龙场镇……〔滇〕宣威市 370
龙西乡……〔浙〕乐清市 192
龙光乡……〔桂〕德保县 308
龙光桥街道……〔湘〕赫山区 283
龙曲镇……〔豫〕太康县 262
龙回镇……〔赣〕南康区 226
龙廷乡……〔赣〕寻乌县 227
龙廷镇……〔鲁〕新泰市 241
龙伏乡……〔川〕营山县 339
龙伏镇……〔湘〕浏阳市 277
龙华山街道……〔鄂〕仙桃市 274
龙华乡……〔赣〕南康区 226
龙华区……〔粤〕深圳市 293
龙华区……〔琼〕海口市 313
龙华店乡……〔冀〕河间市 119
龙华街道……〔吉〕龙潭区 158
龙华街道……〔黑〕铁锋区 167
龙华街道……〔沪〕徐汇区 175
龙华街道……〔粤〕龙华区 293
龙华街道……〔滇〕沾益区 370
龙华镇……〔冀〕柏乡县 112
龙华镇……〔冀〕景县 120
龙华镇……〔闽〕仙游县 214
龙华镇……〔粤〕龙门县 296
龙华镇……〔粤〕博罗县 296
龙华镇……〔渝〕江津区 319
龙华镇……〔川〕屏山县 342
龙舟坪镇……〔鄂〕长阳土家族自治县 269
龙舟路街道……〔川〕锦江区 327
龙会乡……〔川〕达川区 344
龙会镇……〔川〕威远县 336
龙合镇……〔桂〕那坡县 308
龙庄湾乡……〔湘〕溆浦县 287
龙庆彝族壮族乡……〔滇〕师宗县 370
龙交乡……〔晋〕石楼县 131
龙羊峡镇……〔青〕共和县 414
龙关镇……〔冀〕赤城县 117
龙灯乡……〔川〕道孚县 350
龙州县……〔桂〕来宾市 310
龙州镇……〔冀〕行唐县 107
龙州镇……〔桂〕龙州县 310
龙江乡……〔桂〕永福县 305
龙江乡……〔滇〕龙陵县 371
龙江县……〔黑〕齐齐哈尔市 167
龙江街道……〔辽〕凌河区 149
龙江街道……〔闽〕福清市 214
龙江街道……〔陕〕汉台区 394
龙江镇……〔黑〕龙江县 167
龙江镇……〔粤〕顺德区 293
龙江镇……〔粤〕龙门县 296
龙江镇……〔琼〕琼海市 313
龙江镇……〔川〕资中县 336
龙池乡……〔川〕宜宾县 341
龙池桥街道……〔鄂〕麻城市 273
龙池街道……〔苏〕六合区 179
龙池镇……〔鲁〕昌邑市 240
龙池镇……〔渝〕秀山土家族苗族自治县 323
龙池镇……〔川〕都江堰市 328
龙池镇……〔川〕峨眉山市 338
龙池镇……〔陕〕蒲城县 392
龙兴街道……〔豫〕石龙区 252
龙兴镇……〔晋〕新绛县 128
龙兴镇……〔黑〕龙江县 167
龙兴镇……〔渝〕渝北区 318
龙安乡……〔川〕广安区 342
龙安区……〔豫〕安阳市 253
龙安桥镇……〔黑〕富裕县 167
龙安镇……〔赣〕黎川县 231
龙安镇……〔桂〕兴业县 307
龙安镇……〔川〕平武县 333
龙安镇……〔川〕邻水县 343
龙安镇……〔滇〕彝良县 372
龙阳街道……〔鄂〕汉阳区 267
龙阳街道……〔湘〕汉寿县 282
龙阳镇……〔鲁〕滕州市 237
龙阳镇……〔陕〕蒲城县 392
龙观乡……〔浙〕海曙区 190
龙形市乡……〔湘〕永兴县 284
龙形镇……〔渝〕潼南区 320
龙坝乡……〔川〕黑水县 349
龙坝乡……〔陇〕武都区 407
龙坝镇……〔鄂〕竹溪县 268
龙坝镇……〔滇〕墨江哈尼族自治县 373
龙坑街道……〔黔〕播州区 358
龙苍沟镇……〔川〕荥经县 345
龙村乡……〔闽〕建瓯市 218
龙村镇……〔粤〕五华县 297
龙甫乡……〔新〕英吉沙县 426
龙甫镇……〔粤〕四会市 296
龙里县……〔黔〕黔南布依族苗族自治州 365
龙虬镇……〔苏〕高邮市 185
龙吟镇……〔黔〕普安县 363
龙岗乡……〔赣〕石城县 227
龙岗区……〔粤〕深圳市 293
龙岗街道……〔粤〕龙岗区 293
龙岗街道……〔渝〕大足区 318
龙岗镇……〔浙〕临安区 189
龙岗镇……〔豫〕永城市 260
龙岗镇……〔粤〕丰顺县 297
龙岗镇……〔川〕平昌县 347
龙岗镇……〔黔〕开阳县 357
龙角镇……〔渝〕云阳县 322
龙沙区……〔黑〕齐齐哈尔市 166
龙沙镇……〔渝〕万州区 317
龙沙镇……〔渝〕石柱土家族自治县 323
龙沟乡……〔川〕昭觉县 353
龙怀乡……〔桂〕荔浦县 305
龙尾镇……〔粤〕揭东区 300
龙武镇……〔滇〕石屏县 375
龙坪乡……〔鄂〕建始县 274
龙坪街道……〔川〕船山区 335
龙坪镇……〔鄂〕保康县 270
龙坪镇……〔鄂〕武穴市 273
龙坪镇……〔粤〕连州市 299
龙坪镇……〔黔〕播州区 358
龙坪镇……〔黔〕罗甸县 365
龙苴镇……〔苏〕灌云县 183
龙林镇……〔陇〕礼县 408
龙虎山镇……〔赣〕贵溪市 226
龙虎乡……〔冀〕涉县 111
龙虎乡……〔桂〕恭城瑶族自治县 305
龙虎庄乡……〔冀〕永清县 119
龙虎塘街道……〔苏〕新北区 181
龙旺庄街道……〔鲁〕莱阳市 238
龙昌镇……〔黔〕福泉市 365
龙固镇……〔苏〕沛县 180
龙固镇……〔鲁〕巨野县 246
龙岸镇……〔桂〕罗城仫佬族自治县 309
龙岩乡……〔桂〕环江毛南族自治县 309
龙岩市……〔闽〕 218

（五画）龙

龙岭镇……〔赣〕南康区 226
龙岭镇……〔川〕嘉陵区 338
龙朋镇……〔滇〕石屏县 375
龙店乡……〔冀〕武邑县 120
龙庙乡……〔川〕南部县 339
龙庙镇……〔黑〕巴彦县 166
龙庙镇……〔苏〕沭阳县 186
龙河街道……〔豫〕石龙区 252
龙河镇……〔黑〕讷河市 167
龙河镇……〔苏〕宿城区 186
龙河镇……〔琼〕定安县 314
龙河镇……〔渝〕长寿区 319
龙河镇……〔渝〕丰都县 321
龙河镇……〔黔〕六枝特区 357
龙沱乡……〔川〕夹江县 337
龙沼镇……〔吉〕大安市 162
龙泽园街道……〔京〕昌平区 100
龙居镇……〔晋〕盐湖区 127
龙居镇……〔鲁〕东营区 238
龙驹寨街道……〔陕〕丹凤县 397
龙驹镇……〔渝〕万州区 317
龙城区……〔辽〕朝阳市 153
龙城街道……〔晋〕小店区 123
龙城街道……〔豫〕淅川县 258
龙城街道……〔粤〕龙岗区 293
龙城街道……〔粤〕龙门县 296
龙城街道……〔滇〕呈贡区 369
龙城镇……〔吉〕和龙市 162
龙城镇……〔皖〕萧县 208
龙城镇……〔赣〕彭泽县 225
龙城镇……〔豫〕郾城区 256
龙茗镇……〔桂〕天等县 310
龙南乡……〔浙〕龙泉市 197
龙南县……〔赣〕赣州市 227
龙南镇……〔赣〕龙南县 227
龙树镇……〔滇〕鲁甸县 372
龙树镇……〔川〕三台县 332
龙背乡……〔川〕巴州区 346
龙背街道……〔陕〕临渭区 392
龙临镇……〔桂〕靖西市 308
龙泉（地区）镇……〔京〕门头沟区 99
龙泉土家族乡……〔川〕宣汉县 344
龙泉土家族乡……〔黔〕德江县 362
龙泉乡……〔晋〕左权县 127
龙泉乡……〔豫〕叶县 252
龙泉乡……〔川〕盐亭县 332
龙泉乡……〔陇〕榆中县 401
龙泉市……〔浙〕丽水市 197
龙泉寺乡……〔冀〕邢台县 112
龙泉寺镇……〔陇〕永登县 401
龙泉关镇……〔冀〕阜平县 114
龙泉岩乡……〔湘〕辰溪县 286
龙泉驿区……〔川〕成都市 327
龙泉街道……〔辽〕龙城区 153
龙泉街道……〔吉〕东昌区 160
龙泉街道……〔浙〕吴兴区 192
龙泉街道……〔皖〕田家庵区 202
龙泉街道……〔鲁〕即墨区 236
龙泉街道……〔鲁〕滕州市 237
龙泉街道……〔豫〕武陟县 255
龙泉街道……〔鄂〕东宝区 270
龙泉街道……〔湘〕芦淞区 278
龙泉街道……〔湘〕鼎城区 282
龙泉街道……〔川〕龙泉驿区 327
龙泉街道……〔黔〕凤冈县 359
龙泉街道……〔滇〕盘龙区 369
龙泉街道……〔滇〕易门县 371
龙泉街道……〔滇〕昭阳区 372
龙泉镇……〔晋〕阳高县 124
龙泉镇……〔晋〕壶关县 125
龙泉镇……〔晋〕神池县 129
龙泉镇……〔晋〕隰县 130
龙泉镇……〔吉〕靖宇县 160
龙泉镇……〔黑〕巴彦县 166
龙泉镇……〔黑〕拜泉县 167
龙泉镇……〔皖〕东至县 210
龙泉镇……〔鲁〕淄川区 236
龙泉镇……〔鲁〕牟平区 238
龙泉镇……〔豫〕龙安区 253
龙泉镇……〔鄂〕夷陵区 269
龙泉镇……〔湘〕新田县 286
龙泉镇……〔琼〕龙华区 313
龙泉镇……〔川〕嘉陵区 338
龙泉镇……〔川〕阆中市 340
龙泉镇……〔黔〕丹寨县 365
龙泉镇……〔陇〕东乡族自治县 409
龙须门镇……〔冀〕宽城满族自治县 118
龙须塘街道……〔湘〕双清区 280
龙胜乡……〔渝〕梁平区 321
龙胜各族自治县……〔桂〕桂林市 305
龙胜镇……〔粤〕开平市 294
龙胜镇……〔桂〕龙胜各族自治县 305
龙狮桥乡……〔皖〕迎江区 204
龙亭区……〔豫〕开封市 250
龙亭镇……〔陕〕洋县 394
龙庭乡……〔川〕武胜县 343
龙洞乡……〔川〕苍溪县 335
龙洞街道……〔鲁〕历下区 235
龙洞街道……〔豫〕中站区 255
龙洞街道……〔粤〕天河区 291
龙洞镇……〔湘〕湘乡市 279
龙洞镇……〔渝〕云阳县 322
龙洋乡……〔浙〕遂昌县 197
龙洲街道……〔浙〕龙游县 195
龙洲湾街道……〔渝〕巴南区 318
龙洲镇……〔陕〕靖边县 395
龙津街道……〔粤〕荔湾区 291
龙津街道……〔黔〕印江土家族苗族自治县 362
龙津镇……〔闽〕清流县 215
龙津镇……〔赣〕安义县 223
龙浔镇……〔闽〕德化县 216
龙宫镇……〔黔〕西秀区 359
龙结镇……〔川〕资中县 336
龙蚕镇……〔川〕蓬安县 339
龙都街道……〔鲁〕诸城市 239
龙都街道……〔渝〕万州区 317
龙桂乡……〔川〕顺庆区 338
龙栖湾街道……〔辽〕太和区 149
龙桥土家族乡……〔渝〕奉节县 322
龙桥乡……〔川〕仪陇县 340
龙桥乡……〔川〕仁寿县 341
龙桥乡……〔川〕邻水县 343
龙桥乡……〔川〕安岳县 348
龙桥街道……〔闽〕城厢区 214
龙桥街道……〔鲁〕兖州区 240
龙桥街道……〔渝〕涪陵区 317
龙桥镇……〔皖〕庐江县 201
龙桥镇……〔琼〕龙华区 313
龙桥镇……〔川〕新都区 327
龙眠街道……〔皖〕桐城市 205
龙恩乡……〔川〕昭觉县 353
龙射镇……〔渝〕彭水苗族土家族自治县 323
龙高镇……〔陕〕彬县 391
龙脊镇……〔桂〕龙胜各族自治县 305
龙涓乡……〔闽〕安溪县 216
龙海乡……〔滇〕陆良县 370
龙海市……〔闽〕漳州市 217
龙海镇……〔湘〕安仁县 285
龙海镇……〔滇〕彝良县 372
龙家店镇……〔冀〕昌黎县 110
龙家圈街道……〔鲁〕沂水县 243
龙家镇……〔黔〕余庆县 359
龙袍街道……〔苏〕六合区 179
龙祥街道……〔辽〕南票区 154
龙祥街道……〔粤〕龙湖区 293
龙陵县……〔滇〕保山市 371
龙桑寺镇……〔鲁〕商河县 235
龙盛街道……〔新〕水磨沟区 423
龙船塘瑶族乡……〔湘〕洪江市 287
龙船镇……〔湘〕株洲县 278
龙渠乡……〔陇〕甘州区 404
龙渊街道……〔浙〕龙泉市 197
龙颈镇……〔粤〕清新区 298
龙塔街道……〔渝〕渝北区 318
龙堰乡……〔豫〕邓州市 259
龙景街道……〔桂〕右江区 307
龙集镇……〔苏〕泗洪县 186
龙集镇……〔渝〕荣昌区 320
龙街乡……〔滇〕景东彝族自治县 373
龙街苗族彝族乡……〔滇〕彝良县 372
龙街街道……〔滇〕澄江县 371
龙街镇……〔黔〕威宁彝族回族苗族自治县 361
龙街镇……〔滇〕大姚县 375
龙街镇……〔滇〕永平县 377
龙翔街道……〔豫〕中站区 255
龙翔街道……〔滇〕五华区 369
龙港区……〔辽〕葫芦岛市 154
龙港街道……〔鲁〕龙口市 238
龙港镇……〔晋〕沁水县 125
龙港镇……〔浙〕苍南县 191
龙港镇……〔鄂〕阳新县 268
龙湖区……〔粤〕汕头市 293
龙湖街道……〔皖〕三山区 202
龙湖街道……〔豫〕息县 261
龙湖新村街道……〔皖〕龙子湖区 202
龙湖镇……〔闽〕晋江市 216
龙湖镇……〔赣〕南城县 230
龙湖镇……〔豫〕新郑市 250
龙湖镇……〔粤〕潮安区 299
龙湖镇……〔桂〕万秀区 305
龙湖镇……〔琼〕定安县 314
龙湾乡……〔桂〕都安瑶族自治县 309
龙湾区……〔浙〕温州市 191
龙湾屯镇……〔京〕顺义区 100
龙湾街道……〔辽〕龙港区 154
龙湾镇……〔冀〕雄县 115
龙湾镇……〔鄂〕潜江市 274
龙湾镇……〔粤〕罗定市 300
龙游县……〔浙〕衢州市 195
龙窝乡……〔川〕美姑县 354
龙窝镇……〔粤〕紫金县 298
龙塘乡……〔湘〕安化县 284
龙塘乡……〔渝〕彭水苗族土家族自治县 323
龙塘街道……〔川〕前锋区 342
龙塘镇……〔赣〕定南县 227
龙塘镇……〔豫〕民权县 259
龙塘镇……〔湘〕耒阳市 280
龙塘镇……〔湘〕涟源市 288
龙塘镇……〔粤〕徐闻县 294
龙塘镇……〔粤〕清城区 298
龙塘镇……〔琼〕琼山区 313
龙塘镇……〔黔〕石阡县 362
龙楼镇……〔琼〕文昌市 313
龙腾街道……〔辽〕南票区 154
龙腾街道……〔皖〕桐城市 205
龙新乡……〔滇〕龙陵县 371
龙源口镇……〔赣〕永新县 229
龙源坝镇……〔赣〕全南县 227
龙源街道……〔豫〕原阳县 254
龙源街道……〔豫〕武陟县 255
龙源镇……〔川〕剑阁县 334
龙溪乡……〔浙〕天台县 196
龙溪乡……〔浙〕庆元县 197
龙溪乡……〔川〕屏山县 342
龙溪乡……〔川〕乐至县 348
龙溪乡……〔川〕汶川县 348
龙溪铺镇……〔湘〕新邵县 280
龙溪街道……〔浙〕吴兴区 193
龙溪街道……〔粤〕博罗县 296
龙溪街道……〔渝〕渝北区 318
龙溪镇……〔晋〕平顺县 125
龙溪镇……〔浙〕玉环市 196
龙溪镇……〔赣〕临川区 230
龙溪镇……〔湘〕武冈市 281
龙溪镇……〔渝〕巫山县 322
龙溪镇……〔渝〕彭水苗族土家族自治县 323
龙溪镇……〔黔〕余庆县 359
龙滚镇……〔琼〕万宁市 313
龙滩子街道……〔渝〕大足区 318
龙滩乡……〔川〕通川区 343
龙滩镇……〔川〕前锋区 342
龙嘉街道……〔吉〕九台区 157
龙镇……〔黑〕五大连池市 171
龙镇……〔陕〕米脂县 395
龙镇乡……〔川〕筠连县 342
龙潭乡……〔皖〕潜山县 204
龙潭乡……〔渝〕石柱土家族自治县 323
龙潭乡……〔川〕利州区 333
龙潭乡……〔滇〕元江哈尼族彝族傣族自治县 371

（五画）龙平

龙潭乡………〔滇〕墨江哈尼族自治县 373
龙潭乡…………〔滇〕漾濞彝族自治县 377
龙潭区……………………〔吉〕吉林市 158
龙潭坪镇…………………〔湘〕桑植县 283
龙潭河镇…………………〔湘〕慈利县 283
龙潭桥镇…………………〔湘〕汉寿县 282
龙潭街道…………………〔京〕东城区 99
龙潭街道…………………〔吉〕龙潭区 158
龙潭街道…………………〔苏〕栖霞区 179
龙潭街道…………………〔湘〕桂阳县 284
龙潭街道…………………〔川〕成华区 327
龙潭街道…〔黔〕关岭布依族苗族自治县 360
龙潭镇…………〔辽〕岫岩满族自治县 148
龙潭镇……………………〔辽〕北票市 153
龙潭镇……………………〔皖〕霍邱县 208
龙潭镇……………………〔闽〕永定区 218
龙潭镇……………………〔赣〕高安市 230
龙潭镇……………………〔豫〕唐河县 258
龙潭镇……………………〔湘〕株洲县 278
龙潭镇……………………〔湘〕桃源县 283
龙潭镇……………………〔湘〕嘉禾县 284
龙潭镇……………………〔湘〕溆浦县 286
龙潭镇……………………〔湘〕花垣县 288
龙潭镇……………………〔粤〕龙门县 296
龙潭镇……………………〔粤〕揭西县 300
龙潭镇……………………〔桂〕博白县 307
龙潭镇……………………〔渝〕涪陵区 317
龙潭镇…〔渝〕酉阳土家族苗族自治县 323
龙潭镇……………………〔川〕贡井区 329
龙潭镇……………………〔川〕渠县 345
龙潭镇……………………〔川〕布拖县 353
龙潭镇……………………〔滇〕宣威市 370
龙潭彝族傣族乡…………〔滇〕思茅区 373
龙额镇……………………〔黔〕黎平县 364
龙藏乡……………………〔川〕阿坝县 349
龙藏乡……………………〔青〕兴海县 414
龙蟠乡……〔滇〕玉龙纳西族自治县 373
龙蟠街道…………………〔皖〕南谯区 206
龙蟠镇……………………〔川〕嘉陵区 338
平口镇……………………〔湘〕安化县 284
平山乡……………………〔苏〕邗江区 185
平山乡……………………〔滇〕梁河县 378
平山区……………………〔辽〕本溪市 148
平山县…………………〔冀〕石家庄市 108
平山街道…………………〔辽〕平山区 148
平山街道…………………〔辽〕东洲区 148
平山街道………………〔皖〕谢家集区 203
平山街道…………………〔粤〕惠东县 296
平山街道…………………〔桂〕象山区 304
平山湖蒙古族乡…………〔陇〕甘州区 404
平山镇……………………〔冀〕平山县 108
平山镇……………………〔黑〕阿城区 166
平山镇……………………〔黑〕兰西县 171
平山镇……………………〔皖〕怀宁县 204
平山镇……………………〔粤〕高州市 295
平山镇……………………〔桂〕鹿寨县 304
平山镇……………………〔桂〕平南县 306
平山镇……………………〔桂〕灵山县 306
平山镇……………………〔黔〕赫章县 361
平川区……………………〔陇〕白银市 402
平川镇……………………〔闽〕武平县 218
平川镇……………………〔川〕盐源县 352
平川镇……………………〔滇〕宾川县 377
平川镇……………………〔陇〕临泽县 404
平子镇……………………〔陇〕宁县 406
平马镇……………………〔桂〕横县 303
平马镇……………………〔桂〕田东县 308
平乡县……………………〔冀〕邢台市 113
平乡镇……………………〔冀〕平乡县 113
平王乡……………………〔冀〕容城县 114
平木镇……………………〔陕〕凤县 391
平冈镇……………………〔粤〕江城区 298
平水镇……………………〔浙〕柯桥区 193
平氏镇……………………〔豫〕桐柏县 258
平凤乡…〔吉〕前郭尔罗斯蒙古族自治县 161
平凤镇……………………〔粤〕封开县 296
平方子乡………〔冀〕青龙满族自治县 110
平正仡佬族乡……………〔黔〕播州区 358
平东街道…………………〔吉〕铁东区 159
平东街道…………………〔豫〕平桥区 260
平东镇……………………〔粤〕海丰县 297
平北镇……………………〔冀〕平泉市 118
平田乡……………………〔浙〕黄岩区 196
平田乡……………………〔滇〕元谋县 375
平乐县……………………〔桂〕桂林市 305
平乐瑶族乡………………〔桂〕凤山县 309
平乐镇……………………〔豫〕孟津县 251
平乐镇……………………〔桂〕资源县 305
平乐镇……………………〔桂〕陆川县 307
平乐镇……………………〔川〕邛崃市 328
平头川镇…………………〔陇〕会宁县 402
平头乡……………………〔川〕蓬安县 339
平头镇……………………〔晋〕寿阳县 127
平头镇…………〔黔〕松桃苗族自治县 363
平永镇……………………〔黔〕榕江县 364
平台街道…………………〔豫〕梁园区 259
平台镇……………………〔吉〕洮北区 161
平台镇……………………〔粤〕郁南县 300
平圩镇……………………〔皖〕潘集区 203
平吉镇……………………〔桂〕钦北区 306
平地泉镇………〔蒙〕察哈尔右翼前旗 140
平地镇……………………〔川〕仁和区 330
平西乡……………………〔吉〕铁西区 159
平西街道…………………〔豫〕平桥区 260
平达乡……………………〔滇〕龙陵县 371
平舟镇……………………〔黔〕平塘县 365
平庄东城街道…………〔蒙〕元宝山区 136
平庄西城街道…………〔蒙〕元宝山区 136
平庄城区街道…………〔蒙〕元宝山区 136
平庄镇…………………〔蒙〕元宝山区 136
平庄镇……………………〔黔〕岑巩县 364
平江县……………………〔湘〕岳阳市 282
平江街道…………………〔苏〕姑苏区 181
平江镇……………………〔黔〕榕江县 364
平兴乡……………………〔川〕市中区 337
平安乡……………………〔黑〕郊区 170
平安乡………〔桂〕恭城瑶族自治县 305
平安乡……………………〔渝〕奉节县 322
平安乡……………………〔川〕岳池县 343
平安乡……………………〔川〕渠县 345
平安乡………〔陇〕张家川回族自治县 403
平安区……………………〔青〕海东市 413
平安地镇……〔辽〕阜新蒙古族自治县 151
平安西部街道……………〔辽〕海州区 151
平安城镇…………………〔冀〕遵化市 109
平安堡镇…………………〔冀〕兴隆县 117
平安堡镇…………………〔辽〕昌图县 152
平安街道…………………〔冀〕涉县 111
平安街道………………〔辽〕兴隆台区 152
平安街道…………………〔鲁〕长清区 235
平安街道…………………〔豫〕梁园区 259
平安街道…………………〔川〕射洪县 335
平安路街道………………〔鲁〕市北区 236
平安镇……………………〔辽〕彰武县 151
平安镇……………………〔辽〕大洼区 152
平安镇……………………〔吉〕舒兰市 158
平安镇……………………〔吉〕洮北区 161
平安镇……………………〔黑〕庆安县 172
平安镇……………………〔渝〕云阳县 322
平安镇…〔渝〕彭水苗族土家族自治县 323
平安镇……………………〔陕〕镇巴县 395
平安镇……………………〔陇〕红古区 401
平安镇……………………〔青〕平安区 413
平阳乡……………………〔黔〕榕江县 365
平阳坑镇…………………〔浙〕瑞安市 192
平阳县……………………〔浙〕温州市 191
平阳路街道………………〔晋〕小店区 123
平阳镇……………………〔冀〕阜平县 114
平阳镇……………………〔黑〕甘南县 167
平阳镇……………………〔黑〕鸡东县 168
平阳镇……………………〔桂〕银海区 306
平阳镇……………………〔桂〕兴宾区 310
平阴县……………………〔鲁〕济南市 235
平远县……………………〔粤〕梅州市 297
平远镇……………………〔滇〕砚山县 376
平坝区……………………〔黔〕安顺市 359
平坝镇……………………〔黔〕金沙县 361
平坝镇……………………〔滇〕文山市 376
平坊满族乡………………〔冀〕滦平县 117
平坊镇……………………〔黑〕宾县 166
平村彝族傣族乡…………〔滇〕临翔区 374
平里店镇…………………〔鲁〕莱州市 238
平里镇……………………〔皖〕祁门县 205
平邑县……………………〔鲁〕临沂市 243
平邑街道…………………〔鲁〕平邑县 243
平岗乡……………………〔川〕南江县 347
平岗街道…………………〔黑〕梨树区 168
平岗街道…………………〔皖〕叶集区 208
平岗镇……………………〔辽〕西丰县 152
平岗镇……………………〔吉〕东辽县 160
平岗镇……………………〔豫〕睢县 259
平利县……………………〔陕〕安康市 396
平谷（渔阳地区）镇……〔京〕平谷区 100
平谷区……………………………〔京〕100
平甸乡……〔滇〕新平彝族傣族自治县 371
平沙镇……………………〔粤〕金湾区 293
平陆县……………………〔晋〕运城市 128
平武县……………………〔川〕绵阳市 333
平武镇……………………〔川〕简阳市 329
平坦镇……………………〔晋〕郊区 124
平坦镇……………………〔川〕东兴区 336
平顶山市……………………………〔豫〕252
平顶山街道…………〔新〕沙依巴克区 423
平顶山镇………〔辽〕新宾满族自治县 148
平顶堡镇…………………〔辽〕铁岭县 152
平坡镇…………〔滇〕漾濞彝族自治县 377
平林镇……………………〔鄂〕枣阳市 270
平松乡……………………〔晋〕和顺县 127
平旺乡……………………〔晋〕南郊区 124
平果县……………………〔桂〕百色市 308
平昌关镇…………………〔豫〕平桥区 260
平昌县……………………〔川〕巴中市 347
平明镇……………………〔苏〕东海县 183
平固店镇…………………〔冀〕广平县 111
平罗县…………………〔宁〕石嘴山市 419
平罗街道…………………〔辽〕于洪区 145
平凯街道…〔渝〕秀山土家族苗族自治县 323
平和乡……………………〔浙〕文成县 192
平和县……………………〔闽〕漳州市 217
平店乡……………………〔豫〕商水县 261
平河乡……………………〔渝〕巫山县 322
平河镇……………………〔滇〕绿春县 376
平定乡……………………〔赣〕余江县 226
平定县……………………〔晋〕阳泉市 124
平定营镇…………………〔黔〕瓮安县 365
平定堡镇…………………〔冀〕沽源县 116
平定镇……………………〔粤〕化州市 295
平房（地区）乡…………〔京〕朝阳区 99
平房子镇……………………………………
………〔辽〕喀喇沁左翼蒙古族自治县 153
平房区…………………〔黑〕哈尔滨市 165
平房镇……………………〔黑〕平房区 165
平孟镇……………………〔桂〕那坡县 308
平陌镇……………………〔豫〕新密市 249
平城乡……………………〔豫〕杞县 250
平城镇……………………〔晋〕陵川县 126
平政镇……………………〔桂〕北流市 307
平茶镇……〔湘〕靖州苗族侗族自治县 287
平南县……………………〔桂〕贵港市 306
平南羌族乡………………〔川〕平武县 333
平南街道…………………〔吉〕铁东区 159
平南街道…………………〔桂〕平南县 306
平南镇……………………〔桂〕灵山县 306
平南镇……………………〔陇〕秦州区 402
平背乡……………………〔湘〕安仁县 285
平秋镇……………………〔黔〕锦屏县 364
平顺县……………………〔晋〕长治市 125
平泉市……………………〔冀〕承德市 118
平泉路街道………………〔晋〕矿区 123
平泉镇……………………〔冀〕平泉市 118
平泉镇……………………〔川〕简阳市 329
平泉镇……………………〔陇〕镇原县 406
平度市……………………〔鲁〕青岛市 236
平洞街道…………………〔黔〕望谟县 363
平洛镇……………………〔陇〕康县 407
平洋镇……………………〔黑〕泰来县 167
平班镇…………〔桂〕隆林各族自治县 308
平都镇……………………〔赣〕安福县 229
平桂区……………………〔桂〕贺州市 308
平桥乡……………………〔皖〕裕安区 208

（五画）平东

平桥乡……〔川〕金堂县 328
平桥乡……〔川〕南部县 339
平桥区……〔豫〕信阳市 260
平桥街道……〔豫〕平桥区 260
平桥镇……〔苏〕淮安区 183
平桥镇……〔浙〕天台县 196
平桥镇……〔渝〕武隆区 321
平原县……〔鲁〕德州市 244
平原街道……〔蒙〕达拉特旗 138
平原街道……〔豫〕梁园区 259
平原镇……〔闽〕平潭县 214
平原镇……〔豫〕卫滨区 254
平原镇……〔黔〕德江县 362
平原镇……〔滇〕盈江县 378
平峰镇……〔宁〕西吉县 420
平息乡……〔川〕简阳市 329
平凉市……〔陇〕 404
平凉路街道……〔沪〕杨浦区 175
平海镇……〔闽〕秀屿区 214
平海镇……〔粤〕惠东县 296
平浪镇……〔黔〕都匀市 365
平朗乡……〔桂〕横县 303
平陵街道……〔粤〕龙门县 296
平通镇……〔川〕平武县 333
平盛街道……〔黑〕平房区 165
平略镇……〔黔〕锦屏县 364
平望镇……〔苏〕吴江区 181
平梁镇……〔川〕巴州区 346
平梁镇……〔陕〕汉阴县 396
平掌乡……〔滇〕新平彝族傣族自治县 371
平铺镇……〔皖〕繁昌县 202
平等乡……〔豫〕伊川县 251
平等乡……〔川〕峨边彝族自治县 337
平等镇……〔桂〕龙胜各族自治县 305
平堡镇……〔陇〕靖远县 402
平街乡……〔黔〕贞丰县 363
平舒乡……〔晋〕寿阳县 127
平舒镇……〔冀〕大城县 119
平鲁区……〔晋〕朔州市 126
平湖乡……〔鄂〕罗田县 272
平湖市……〔浙〕嘉兴市 192
平湖街道……〔吉〕双阳区 157
平湖街道……〔皖〕雨山区 203
平湖街道……〔粤〕龙岗区 293
平湖镇……〔闽〕古田县 219
平富乡……〔赣〕上犹县 226
平窝乡……〔川〕简阳市 329
平塘乡……〔桂〕田林县 308
平塘县……〔黔〕黔南布依族苗族自治州 365
平塘镇……〔粤〕信宜市 295
平睦镇……〔桂〕浦北县 306
平遥县……〔晋〕晋中市 127
平新街道……〔黑〕平房区 165
平溪乡……〔川〕朝天区 334
平溪街道……〔黔〕玉屏侗族自治县 362
平溪镇……〔闽〕寿宁县 219
平溪镇……〔黔〕黄平县 364
平滩镇……〔渝〕铜梁区 320
平滩镇……〔川〕达川区 344
平福乡……〔桂〕藤县 305
平福乡……〔桂〕上思县 306
平模镇……〔黔〕道真仡佬族苗族自治县 359
平舆县……〔豫〕驻马店市 263
平寨乡……〔黔〕黎平县 364
平寨乡……〔滇〕丘北县 376
平潮镇……〔苏〕通州区 182
平潭县……〔闽〕福州市 214
平潭街街道……〔晋〕矿区 124
平潭镇……〔粤〕惠阳区 296
平襄镇……〔陇〕通渭县 406
东二营镇……〔津〕蓟州区 104
东八号乡……〔蒙〕四子王旗 140
东八里乡……〔冀〕怀来县 116
东三召乡……〔冀〕南和县 112
东三家子乡……〔吉〕前郭尔罗斯蒙古族自治县 161
东三街道……〔吉〕公主岭市 159
东于镇……〔晋〕清徐县 123
东干道街道……〔豫〕牧野区 254
东工人镇街道……〔豫〕卫东区 252
东大屯乡……〔辽〕朝阳县 153
东大街街道……〔豫〕管城回族区 249
东大街街道……〔豫〕文峰区 252
东大街街道……〔豫〕魏都区 256
东大街街道……〔陕〕汉台区 394
东大街街道……〔陇〕凉州区 403
东大街道……〔赣〕安源区 224
东大街道……〔陕〕长安区 389
东大道乡……〔辽〕朝阳县 153
东大滩乡……〔陇〕天祝藏族自治县 403
东万口乡……〔冀〕赤城县 117
东上乡……〔赣〕井冈山市 229
东小口（地区）镇……〔京〕昌平区 100
东小白旗乡……〔冀〕承德县 117
东小庄镇……〔冀〕涿鹿县 116
东小村镇……〔晋〕阳高县 124
东小店乡……〔苏〕沭阳县 186
东山乡……〔晋〕繁峙县 129
东山乡……〔桂〕巴马瑶族自治县 309
东山乡……〔川〕通江县 346
东山乡……〔川〕普格县 352
东山乡……〔青〕互助土族自治县 414
东山区……〔黑〕鹤岗市 168
东山坝镇……〔赣〕宁都县 227
东山县……〔闽〕漳州市 217
东山侗族乡……〔湘〕绥宁县 281
东山傈僳族彝族乡……〔滇〕永胜县 373
东山街道……〔冀〕北戴河区 110
东山街道……〔蒙〕满洲里市 139
东山街道……〔吉〕西安区 159
东山街道……〔黑〕东山区 168
东山街道……〔黑〕岭东区 168
东山街道……〔黑〕海伦市 172
东山街道……〔苏〕江宁区 179
东山街道……〔浙〕瑞安市 192
东山街道……〔皖〕相山区 203
东山街道……〔赣〕南康区 226
东山街道……〔鲁〕芝罘区 238
东山街道……〔鲁〕荣成市 241
东山街道……〔鄂〕东西湖区 267
东山街道……〔湘〕雨花区 277
东山街道……〔湘〕湘乡市 279
东山街道……〔粤〕越秀区 291
东山街道……〔粤〕麻章区 294
东山街道……〔粤〕化州市 295
东山瑶族乡……〔桂〕全州县 305
东山镇……〔苏〕吴中区 181
东山镇……〔赣〕上犹县 226
东山镇……〔湘〕华容县 281
东山镇……〔粤〕饶平县 299
东山镇……〔琼〕秀英区 313
东山镇……〔川〕乐至县 348
东山镇……〔滇〕宣威市 370
东山镇……〔滇〕麒麟区 370
东山镇……〔滇〕弥勒市 375
东山镇……〔陇〕舟曲县 409
东山彝族乡……〔滇〕文山市 376
东山彝族乡……〔滇〕祥云县 377
东川区……〔滇〕昆明市 369
东川镇……〔陇〕西固区 401
东川镇……〔青〕门源回族自治县 414
东广街道……〔吉〕宽城区 157
东门街道……〔皖〕琅琊区 206
东门街道……〔赣〕贵溪市 226
东门街道……〔湘〕道县 285
东门街道……〔粤〕罗湖区 292
东门街道……〔新〕天山区 423
东门镇……〔桂〕罗城仫佬族自治县 309
东门镇……〔桂〕扶绥县 310
东马坊乡……〔晋〕宁武县 129
东马坊街道……〔鄂〕应城市 271
东马营镇……〔冀〕高碑店市 115
东马圈镇……〔津〕武清区 104
东乡区……〔赣〕抚州市 230
东乡族自治县……〔陇〕临夏回族自治州 409
东乡镇……〔桂〕武宣县 310
东乡镇……〔川〕宣汉县 344
东丰县……〔吉〕辽源市 159
东丰镇……〔吉〕东丰县 159
东王坡乡……〔冀〕平山县 108
东王营乡……〔豫〕西华县 261
东王集乡……〔豫〕唐河县 258
东王集镇……〔苏〕灌云县 183
东王镇……〔冀〕新乐市 108
东井岭乡……〔晋〕壶关县 125
东井集镇……〔冀〕阳原县 116
东木镇……〔陕〕紫阳县 396
东厅街道……〔鲁〕福山区 238
东太乡……〔川〕西充县 340
东区……〔川〕攀枝花市 330
东区街道……〔豫〕义马市 257
东区街道……〔粤〕黄埔区 291
东区街道……〔粤〕中山市 299
东区街道……〔陇〕临夏市 408
东屯乡……〔黔〕西秀区 359
东屯渡街道……〔湘〕芙蓉区 277
东屯镇……〔豫〕延津县 254
东水镇……〔粤〕和平县 298
东升（地区）镇……〔京〕海淀区 99
东升乡……〔吉〕洮南市 162
东升乡……〔黑〕望奎县 171
东升街道……〔皖〕龙子湖区 202
东升街道……〔闽〕仓山区 213
东升街道……〔粤〕榕城区 300
东升街道……〔川〕双流区 327
东升街道……〔川〕纳溪区 330
东升满族蒙古族乡……〔辽〕康平县 146
东升镇……〔黑〕伊春区 169
东升镇……〔赣〕彭泽县 225
东升镇……〔鄂〕石首市 272
东升镇……〔粤〕英德市 299
东升镇……〔川〕营山县 339
东升镇……〔陇〕靖远县 402
东长甸街道……〔辽〕铁东区 147
东公园街道……〔辽〕新抚区 148
东风（地区）乡……〔京〕朝阳区 99
东风乡……〔吉〕洮北区 161
东风乡……〔豫〕龙安区 253
东风乡……〔豫〕郸城县 262
东风区……〔黑〕佳木斯市 169
东风街道……〔豫〕驿城区 262
东风街道……〔京〕房山区 99
东风街道……〔冀〕桥西区 107
东风街道……〔蒙〕额济纳旗 141
东风街道……〔辽〕溪湖区 148
东风街道……〔辽〕站前区 150
东风街道……〔吉〕绿园区 157
东风街道……〔黑〕鸡冠区 168
东风街道……〔皖〕龙子湖区 202
东风街道……〔鲁〕历城区 235
东风街道……〔豫〕梁园区 259
东风街道……〔湘〕珠晖区 279
东风路街道……〔冀〕竞秀区 113
东风路街道……〔蒙〕新城区 135
东风路街道……〔豫〕中牟县 249
东风路街道……〔豫〕金水区 249
东风路街道……〔鄂〕大冶市 268
东风路街道……〔湘〕开福区 277
东风路街道……〔湘〕双清区 280
东风路街道……〔陕〕金台区 390
东风镇……〔蒙〕开鲁县 137
东风镇……〔蒙〕额济纳旗 141
东风镇……〔辽〕大洼区 152
东风镇……〔黑〕海伦市 172
东风镇……〔黔〕乌当区 357
东风镇……〔黔〕威宁彝族回族苗族自治县 361
东风镇……〔陕〕陇县 391
东乌珠尔苏木……〔蒙〕陈巴尔虎旗 139
东乌珠穆沁旗……〔蒙〕锡林郭勒盟 141
东凤镇……〔粤〕英德市 299
东凤镇……〔粤〕潮安区 299
东六家子镇……〔辽〕彰武县 151
东文山乡……〔冀〕涞水县 114
东方广场街道……〔吉〕二道区 157
东方市……〔琼〕儋州市 314
东方红乡……〔黑〕东山区 168
东方红街道……〔豫〕山阳区 255
东方红镇……〔黑〕虎林市 168
东方街道……〔豫〕睢阳区 259

（五画）东

东方街道……〔豫〕项城市 262
东方街道……〔粤〕金平区 293
东方镇……〔浙〕缙云县 197
东巴扎回族乡……〔新〕鄯善县 423
东双沟镇……〔苏〕洪泽区 183
东双河镇……〔豫〕浉河区 260
东古城镇……〔鲁〕冠县 245
东石乡……〔川〕梓潼县 333
东石镇……〔闽〕晋江市 216
东石镇……〔粤〕平远县 297
东龙镇……〔桂〕覃塘区 306
东平县……〔鲁〕泰安市 241
东平街道……〔鲁〕东平县 241
东平镇……〔沪〕崇明区 176
东平镇……〔闽〕永春县 216
东平镇……〔闽〕政和县 218
东平镇……〔粤〕阳东区 298
东平镇……〔桂〕博白县 307
东平镇……〔桂〕天等县 310
东北隅街道……〔豫〕老城区 250
东北街道……〔陇〕肃州区 405
东北塘街道……〔苏〕锡山区 179
东北镇……〔川〕中江县 331
东北镇……〔川〕绵竹市 331
东旧寨镇……〔冀〕遵化市 109
东田庄乡……〔冀〕丰南区 109
东田镇……〔闽〕南安市 216
东史端镇……〔冀〕徐水区 114
东四街道……〔京〕东城区 99
东四街道……〔辽〕海城市 148
东代固镇……〔冀〕魏县 112
东仙坡镇……〔冀〕涿州市 115
东白湖镇……〔浙〕诸暨市 194
东瓜镇……〔滇〕楚雄市 374
东乐镇……〔陇〕山丹县 404
东卯镇……〔冀〕赤城县 117
东外街道……〔赣〕章贡区 226
东市街道……〔皖〕金安区 208
东市街道……〔赣〕信州区 231
东兰县……〔桂〕河池市 309
东兰镇……〔桂〕东兰县 309
东宁卫乡……〔辽〕太子河区 151
东宁市……〔黑〕牡丹江市 171
东宁街道……〔吉〕磐石市 158
东宁镇……〔黑〕东宁市 171
东辽县……〔吉〕辽源市 159
东召乡……〔冀〕广宗县 113
东台市……〔苏〕盐城市 184
东台镇……〔苏〕东台市 184
东寺头乡……〔晋〕平顺县 125
东吉街道……〔吉〕龙山区 159
东巩镇……〔鄂〕南漳县 270
东场镇……〔桂〕钦南区 306
东西湖区……〔鄂〕武汉市 267
东西溪乡……〔皖〕霍山县 209
东成镇……〔粤〕恩平市 294
东成镇……〔粤〕新兴县 300
东成镇……〔琼〕儋州市 313
东至县……〔皖〕池州市 210
东光县……〔冀〕沧州市 118
东光街道……〔川〕锦江区 327
东光镇……〔冀〕东光县 118
东光镇……〔吉〕汪清县 162
东曲街道……〔晋〕古交市 123
东团堡乡……〔冀〕涞源县 114
东回舍镇……〔冀〕平山县 108
东回镇……〔晋〕平定县 124
东回镇……〔滇〕澜沧拉祜族自治县 374
东华门街道……〔京〕东城区 99
东华街道……〔冀〕桥西区 107
东华街道……〔浙〕龙游县 195
东华街道……〔滇〕盘龙区 369
东华镇……〔豫〕登封市 250
东华镇……〔粤〕英德市 299
东华镇……〔桂〕平南县 307
东华镇……〔滇〕楚雄市 374
东华镇……〔陇〕华亭县 404
东会乡……〔晋〕兴县 131
东庄镇……〔闽〕秀屿区 214
东庄镇……〔鲁〕宁阳县 241
东庄镇……〔豫〕内黄县 253
东刘集镇……〔皖〕五河县 202
东关乡……〔黔〕大方县 360
东关南街街道……〔陕〕碑林区 389
东关街街道……〔陇〕凉州区 403
东关街道……〔冀〕莲池区 113
东关街道……〔辽〕康平县 146
东关街道……〔苏〕广陵区 184
东关街道……〔浙〕上虞区 193
东关街道……〔皖〕埇桥区 207
东关街道……〔鲁〕历下区 235
东关街道……〔鲁〕奎文区 239
东关街道……〔豫〕瀍河回族区 250
东关街道……〔豫〕文峰区 252
东关街道……〔豫〕宛城区 257
东关街道……〔黔〕西秀区 359
东关街道……〔陕〕陈仓区 390
东关街道……〔陕〕汉台区 394
东关街道……〔陇〕秦州区 402
东关街道……〔陇〕崆峒区 404
东关街道……〔陇〕临夏市 408
东关街道……〔青〕城东区 413
东关镇……〔晋〕保德县 129
东关镇……〔闽〕永春县 216
东江乡……〔赣〕龙南县 227
东江街道……〔鲁〕龙口市 238
东江街道……〔湘〕武陵区 282
东江街道……〔湘〕资兴市 285
东江街道……〔桂〕七星区 304
东江镇……〔桂〕金城江区 309
东江镇……〔陇〕武都区 407
东汝乡……〔藏〕日土县 385
东汤镇……〔辽〕凤城市 149
东兴乡……〔黑〕林甸县 169
东兴乡……〔川〕达川区 344
东兴区……〔川〕内江市 336
东兴市……〔桂〕防城港市 306
东兴寺街道……〔川〕自流井区 329
东兴街道……〔蒙〕东河区 135
东兴街道……〔辽〕明山区 148
东兴街道……〔辽〕白塔区 151
东兴街道……〔吉〕浑江区 160
东兴街道……〔黑〕滴道区 168
东兴街道……〔黑〕北林区 171
东兴街道……〔豫〕唐河县 258
东兴街道……〔粤〕榕城区 300
东兴街道……〔桂〕万秀区 305
东兴街道……〔川〕东兴区 336
东兴镇……〔黑〕木兰县 166
东兴镇……〔苏〕靖江市 186
东兴镇……〔桂〕东兴市 306
东兴镇……〔桂〕环江毛南族自治县 309
东兴镇……〔川〕荣县 329
东兴镇……〔川〕江油市 333
东兴镇……〔川〕阆中市 340
东兴镇……〔川〕茂县 348
东安乡……〔桂〕宁明县 310
东安乡……〔川〕江油市 333
东安乡……〔川〕渠县 345
东安区……〔黑〕牡丹江市 170
东安各庄镇……〔冀〕滦县 109
东安庄乡……〔冀〕深州市 120
东安县……〔湘〕永州市 285
东安街道……〔黑〕碾子山区 167
东安路街道……〔豫〕卫东区 252
东安镇……〔渝〕城口县 321
东阳乡……〔赣〕广丰区 231
东阳市……〔浙〕金华市 194
东阳关镇……〔晋〕黎城县 125
东阳江镇……〔浙〕东阳市 195
东阳街道……〔粤〕榕城区 300
东阳街道……〔渝〕北碚区 318
东阳渡街道……〔湘〕珠晖区 279
东阳镇……〔晋〕榆次区 126
东阳镇……〔黑〕甘南县 167
东阳镇……〔赣〕安义县 223
东观街道……〔黔〕晴隆县 363
东观镇……〔晋〕祁县 127
东观镇……〔川〕高坪区 338
东买里镇……〔新〕巩留县 428
东坝（地区）乡……〔京〕朝阳区 99
东坝乡……〔藏〕左贡县 383
东坝乡……〔青〕囊谦县 415
东坝头乡……〔豫〕兰考县 250
东坝街道……〔川〕利州区 333
东坝镇……〔苏〕高淳区 179
东坝镇……〔粤〕郁南县 300
东坝镇……〔川〕南部县 338
东坝镇……〔陇〕民勤县 403
东坝镇……〔陇〕金塔县 405
东孝街道……〔浙〕金东区 194
东坎街道……〔苏〕滨海县 184
东坑镇……〔浙〕景宁畲族自治县 197
东坑镇……〔粤〕陆河县 297
东坑镇……〔粤〕东莞市 299
东坑镇……〔陕〕靖边县 395
东坊城乡……〔晋〕浑源县 124
东坊城堡乡……〔冀〕阳原县 116
东花市街道……〔京〕东城区 99
东花园镇……〔冀〕怀来县 116
东杜尔基镇……〔蒙〕突泉县 141
东村乡……〔赣〕兴国县 227
东村街道……〔鲁〕海阳市 239
东村镇……〔晋〕岚县 131
东村镇……〔滇〕富民县 369
东极镇……〔浙〕普陀区 195
东李官屯镇……〔鲁〕夏津县 244
东杨庄乡……〔冀〕霸州市 120
东杨庄镇……〔冀〕永年区 111
东丽区……〔津〕 103
东丽湖街道……〔津〕东丽区 103
东来乡……〔吉〕通化县 160
东来镇……〔蒙〕开鲁县 137
东肖街道……〔闽〕新罗区 218
东吴镇……〔浙〕鄞州区 190
东里庄镇……〔冀〕晋州市 108
东里街道……〔冀〕桥西区 107
东里满乡……〔冀〕饶阳县 120
东里镇……〔鲁〕沂源县 237
东里镇……〔粤〕澄海区 293
东里镇……〔粤〕雷州市 295
东园镇……〔闽〕惠安县 216
东园镇……〔闽〕龙海市 217
东园镇……〔粤〕揭西县 300
东园镇……〔宁〕沙坡头区 420
东岗西路街道……〔陇〕城关区 401
东岗街道……〔陇〕城关区 401
东岗镇……〔吉〕抚松县 160
东岗镇……〔豫〕林州市 253
东秀庄乡……〔晋〕五寨县 129
东谷乡……〔川〕丹巴县 349
东孚街道……〔闽〕海沧区 214
东岔镇……〔陇〕麦积区 402
东辛庄镇……〔辽〕兴城市 154
东辛店镇……〔鲁〕庆云县 243
东辛房街道……〔京〕门头沟区 99
东冶镇……〔晋〕阳城县 126
东冶镇……〔晋〕五台县 128
东汪镇……〔冀〕宁晋县 112
东汪镇……〔冀〕邢台县 112
东沙河镇……〔鲁〕滕州市 237
东沙街道……〔粤〕荔湾区 291
东沙镇……〔浙〕岱山县 195
东沟乡……〔青〕互助土族自治县 414
东沟乡……〔新〕达坂城区 423
东沟镇……〔苏〕阜宁县 184
东沟镇……〔鄂〕梁子湖区 270
东宋镇……〔豫〕洛宁县 251
东良镇……〔冀〕隆尧县 112
东社街道……〔晋〕万柏林区 123
东社镇……〔晋〕原平市 129
东社镇……〔苏〕通州区 182
东局子街道……〔吉〕昌邑区 158
东张乡……〔冀〕元氏县 108
东张乡……〔晋〕浮山县 130
东张孟乡……〔冀〕广平县 111
东张镇……〔晋〕临猗县 127
东张镇……〔闽〕福清市 214
东阿县……〔鲁〕聊城市 245
东阿镇……〔鲁〕平阴县 235

（五画）东

东陇镇……………………〔粤〕惠来县 300
东陈乡……………………〔浙〕象山县 190
东陈镇……………………〔苏〕如皋市 182
东陂镇……………………〔粤〕连州市 299
东陂镇……………………〔赣〕宜黄县 231
东邵渠镇…………………〔京〕密云区 100
东环中街街道……………〔冀〕新华区 118
东环街道…………………〔蒙〕临河区 139
东环街道…………………〔苏〕鼓楼区 180
东环街道…………………〔粤〕番禺区 291
东环路街道………………〔冀〕海港区 110
东环路街道………………〔豫〕卫东区 252
东青镇……………………〔川〕苍溪县 335
东坪乡……………………〔赣〕南丰县 231
东坪乡…………〔陇〕天祝藏族自治县 403
东坪街道…………………〔湘〕岳塘区 278
东坪镇……………………〔湘〕安化县 284
东坪镇…………〔粤〕乳源瑶族自治县 292
东坪镇……………………〔滇〕巧家县 372
东垆乡……………………〔晋〕芮城县 128
东拉乡……………………〔藏〕贡嘎县 384
东坡区……………………〔川〕眉山市 340
东坡底乡…………………〔晋〕交城县 131
东坡傣族乡………………〔滇〕武定县 375
东坡街道…………………〔川〕青羊区 327
东英镇……………………〔琼〕临高县 314
东苑街道…………………〔冀〕裕华区 107
东苑街道…………………〔辽〕细河区 151
东苑街道……………〔豫〕顺河回族区 250
东苑街道…………………〔鄂〕西陵区 269
东直门街道………………〔京〕东城区 99
东茅岭街道………………〔湘〕岳阳楼区 281
东林乡……………………〔黑〕海伦市 172
东林乡……………………〔赣〕武宁县 224
东林乡……………………〔川〕宣汉县 344
东林街道…………………〔渝〕綦江区 318
东林镇……………………〔浙〕吴兴区 193
东林镇……………………〔川〕游仙区 332
东林镇……………………〔川〕井研县 337
东板乡……………………〔川〕岳池县 343
东枣园乡…………………〔冀〕临西县 113
东卓宿镇…………………〔冀〕晋州市 108
东旺乡……………………〔冀〕曲阳县 115
东旺乡……………………〔滇〕香格里拉市 378
东旺镇……………………〔冀〕定州市 115
东昌区……………………〔吉〕通化市 160
东昌府区…………………〔鲁〕聊城市 244
东昌街道…………………〔吉〕东昌区 160
东昌镇……………………〔桂〕荔浦县 305
东明县……………………〔鲁〕菏泽市 246
东明朝鲜族乡……………〔黑〕萝北县 168
东明集镇…………………〔鲁〕东明县 246
东明街道…………………〔辽〕平山区 148
东明路街道………………〔沪〕浦东新区 176
东明镇……………………〔蒙〕奈曼旗 137
东明镇……………………〔吉〕双辽市 159
东明镇……………………〔豫〕卢氏县 257
东固畲族乡………………〔赣〕青原区 228
东岸乡……………………〔豫〕上蔡县 263
东岸街道…………………〔湘〕芙蓉区 277
东岸镇……………………〔粤〕高州市 295
东罗镇……………………〔桂〕扶绥县 310
东岭乡……………………〔吉〕长岭县 161
东岭镇……………………〔闽〕惠安县 216
东和乡……………………〔晋〕长治县 125
东和乡……………………〔浙〕诸暨市 194
东和乡…………〔青〕互助土族自治县 414
东和店镇…………………〔豫〕平舆县 263
东佳镇……………………〔川〕荣县 329
东岳乡……………………〔川〕射洪县 335
东岳乡……………………〔川〕广安区 342
东岳观镇…………………〔湘〕慈利县 283
东岳街道…………………〔闽〕龙文区 216
东岳路街道………………〔鄂〕大冶市 268
东岳镇……………………〔豫〕息县 261
东岳镇……………………〔川〕洪雅县 341
东岳镇……………………〔川〕通川区 343
东岱乡……………………〔川〕西充县 340
东岱镇……………………〔闽〕连江县 213
东金庄乡…………………〔冀〕莲池区 113
东京城镇…………………〔黑〕宁安市 170
东京陵街道………………〔辽〕文圣区 151
东庙乡…………〔桂〕都安瑶族自治县 309
东郊乡……………………〔湘〕湘乡市 279
东郊街道…………………〔蒙〕科尔沁区 137
东郊街道…………………〔浙〕鄞州区 190
东郊街道…………………〔皖〕铜官区 204
东郊镇……………………〔黑〕望奎县 171
东郊镇……………………〔琼〕文昌市 313
东沽港镇…………………〔冀〕安次区 119
东河口镇…………………〔皖〕金安区 208
东河乡……………………〔黑〕桦川县 170
东河乡……………………〔川〕喜德县 353
东河乡………〔滇〕澜沧拉祜族自治县 374
东河区……………………〔蒙〕包头市 135
东河区街道………………〔新〕伊州区 424
东河南镇…………………〔晋〕灵丘县 124
东河街道…………………〔粤〕浈江区 292
东河镇……………………〔吉〕梨树县 159
东河镇……………………〔琼〕东方市 314
东河镇……………………〔川〕旺苍县 334
东泗乡……………………〔闽〕龙海市 217
东宝区……………………〔鄂〕荆门市 270
东宝镇……………………〔川〕剑阁县 334
东官庄镇…………………〔豫〕汝南县 263
东官营镇…………………〔辽〕北票市 153
东官镇……………………〔黑〕双城区 166
东诚镇……………………〔黑〕虎林市 168
东建乡……………………〔黑〕友谊县 169
东城乡……………………〔晋〕吉县 130
东城区……………………〔京〕 99
东城坊镇…………………〔冀〕涿州市 115
东城街道…………………〔晋〕高平市 126
东城街道…………………〔晋〕盐湖区 127
东城街道…………………〔蒙〕红山区 136
东城街道…………………〔蒙〕二连浩特市 141
东城街道…………………〔辽〕新民市 146
东城街道…………………〔辽〕盖州市 150
东城街道…………………〔辽〕建平县 153
东城街道…………………〔辽〕凌源市 153
东城街道…………………〔吉〕龙潭区 158
东城街道…………………〔苏〕金坛区 181
东城街道…………………〔浙〕永嘉县 191
东城街道…………………〔浙〕永康市 195
东城街道…………………〔浙〕黄岩区 196
东城街道…………………〔皖〕界首市 207
东城街道…………………〔闽〕新罗区 218
东城街道…………………〔鲁〕东营区 237
东城街道…………………〔鲁〕临朐县 239
东城街道…………………〔鲁〕东昌府区 244
东城街道…………………〔鲁〕牡丹区 245
东城街道…………………〔鲁〕单县 246
东城街道…………………〔豫〕郏县 252
东城街道…………………〔豫〕沈丘县 261
东城街道…………………〔豫〕商水县 261
东城街道…………………〔鄂〕荆州区 271
东城街道…………………〔鄂〕曾都区 273
东城街道…………………〔鄂〕利川市 274
东城街道…………………〔粤〕四会市 296
东城街道…………………〔粤〕清城区 298
东城街道…………………〔粤〕东莞市 299
东城街道…………………〔渝〕南川区 319
东城街道…………………〔渝〕铜梁区 320
东城街道…………………〔川〕翠屏区 341
东城街道…………………〔川〕通川区 343
东城街道…………………〔川〕雨城区 345
东城街道…………………〔川〕巴州区 346
东城街道…………………〔川〕西昌市 351
东城街道…………………〔陕〕兴平市 392
东城街道…………………〔新〕库车县 425
东城街道…………………〔新〕石河子市 429
东城镇……………………〔冀〕阳原县 116
东城镇……………………〔吉〕和龙市 162
东城镇……………………〔粤〕阳东区 298
东城镇………〔新〕木垒哈萨克自治县 424
东赵乡……………………〔晋〕榆次区 127
东赵各庄镇………………〔津〕蓟州区 104
东荆街道…………………〔鄂〕汉南区 267
东茗乡……………………〔浙〕新昌县 193
东荒峪镇…………………〔冀〕迁西县 109
东荣街道…………………〔黑〕四方台区 169
东荣镇……………………〔桂〕藤县 305
东胡集镇…………………〔苏〕涟水县 183
东南隅街道………………〔豫〕老城区 250
东南街道…………………〔晋〕介休市 127
东南街道…………………〔苏〕常熟市 181
东南街道…………………〔川〕顺庆区 338
东南街道…………………〔陇〕肃州区 405
东南镇……………………〔陕〕陇县 391
东栅街道…………………〔浙〕南湖区 192
东柳街道…………………〔浙〕鄞州区 190
东柳街道…………………〔川〕大竹县 344
东临溪镇…………………〔皖〕休宁县 205
东峡乡……………………〔青〕湟源县 413
东峡镇……〔青〕大通回族土族自治县 413
东峤镇……………………〔闽〕秀屿区 214
东段乡……………………〔冀〕霸州市 120
东保卫街道………………〔黑〕宝山区 169
东皇街道…………………〔豫〕平舆县 263
东皇街道…………………〔黔〕习水县 359
东泉乡……………………〔陇〕漳县 407
东泉路街道………………〔新〕天山区 423
东泉镇……………………〔晋〕平遥县 127
东泉镇……………………〔桂〕柳城县 304
东侯坊乡…………………〔冀〕无极县 108
东胜乡……………………〔吉〕洮北区 161
东胜乡……………………〔黑〕北安市 171
东胜乡……………………〔川〕安岳县 348
东胜区……………………〔蒙〕鄂尔多斯市 138
东胜街道…………………〔浙〕鄞州区 190
东亭乡……………………〔皖〕广德县 210
东亭街道…………………〔苏〕锡山区 179
东亭镇……………………〔冀〕定州市 115
东庠乡……………………〔闽〕平潭县 214
东施古镇…………………〔津〕蓟州区 104
东闾乡……………………〔冀〕清苑区 113
东阁街道…………………〔鲁〕平度市 236
东阁镇……………………〔琼〕文昌市 313
东洪镇……………………〔豫〕上蔡县 263
东洞镇……………………〔陇〕肃州区 405
东洛乡……………………〔湘〕桂东县 285
东洋乡……………………〔闽〕永泰县 213
东洲区……………………〔辽〕抚顺市 148
东洲街道…………………〔辽〕东洲区 148
东洲街道…………………〔浙〕富阳区 189
东洲街道…………………〔粤〕城区 297
东津镇……………………〔黑〕北林区 171
东津镇……………………〔鄂〕襄州区 270
东津镇……………………〔桂〕港南区 306
东宣镇……………………〔川〕游仙区 332
东屏街道…………………〔浙〕洞头区 191
东屏镇……………………〔吉〕镇赉县 161
东屏镇……………………〔苏〕溧水区 179
东姚镇……………………〔豫〕林州市 253
东埔街道…………………〔粤〕源城区 298
东埔镇……………………〔闽〕秀屿区 214
东起乡……………………〔桂〕融安县 304
东都镇……………………〔鲁〕新泰市 241
东莱街道…………………〔黑〕道外区 165
东莱街道…………………〔鲁〕龙口市 238
东莲花院乡………………〔冀〕迁西县 109
东莞市……………………〔粤〕清远市 299
东莞镇……………………〔鲁〕莒县 242
东桥镇……………………〔皖〕金安区 208
东桥镇……………………〔闽〕闽清县 213
东桥镇……………………〔闽〕惠安县 216
东桥镇……………………〔赣〕湘东区 224
东桥镇……………………〔鄂〕钟祥市 270
东夏亭镇…………………〔豫〕西华县 261
东夏镇……………………〔鲁〕青州市 239
东原街道…………………〔黑〕道外区 165
东晓街道…………………〔粤〕罗湖区 292
东哨镇……………………
………〔辽〕喀喇沁左翼蒙古族自治县 153
东峰镇……………………〔闽〕建瓯市 218
东峰镇……………………〔川〕雁江区 347
东钱湖镇…………………〔浙〕鄞州区 190
东铁匠营街道……………〔京〕丰台区 99
东倾沟乡…………………〔青〕玛沁县 415
东釜山乡…………………〔冀〕徐水区 114

（五画）东卡北

东留春乡……〔冀〕定州市 115
东留镇……〔闽〕武平县 218
东凌镇……〔桂〕德保县 308
东高地街道……〔京〕丰台区 99
东高村镇……〔京〕平谷区 100
东高皇街道……〔豫〕卫东区 252
东郭村镇……〔冀〕桥东区 112
东郭街道……〔辽〕兴隆台区 152
东郭镇……〔晋〕盐湖区 127
东郭镇……〔鲁〕滕州市 237
东站街道……〔蒙〕东河区 135
东站街道……〔辽〕大东区 145
东站街道……〔吉〕二道区 157
东浦街道……〔浙〕越城区 193
东海县……〔苏〕连云港市 183
东海街道……〔津〕河西区 103
东海街道……〔黑〕城子河区 168
东海街道……〔闽〕丰泽区 215
东海街道……〔粤〕陆丰市 297
东海镇……〔苏〕启东市 182
东海镇……〔黑〕鸡东县 168
东海镇……〔闽〕城厢区 214
东流镇……〔皖〕东至县 210
东涌镇……〔粤〕南沙区 291
东涌镇……〔粤〕城区 297
东案乡……〔浙〕常山县 195
东朗乡……〔川〕木里藏族自治县 352
东朗镇……〔黔〕从江县 365
东陵街道……〔辽〕沈河区 145
东陵满族乡……〔冀〕遵化市 110
东通化街道……〔吉〕二道江区 160
东黄水镇……〔晋〕阳曲县 123
东黄花川乡……〔冀〕宽城满族自治县 118
东黄坨镇……〔冀〕滦南县 109
东黄城镇……〔冀〕安平县 120
东营区……〔鲁〕东营市 237
东营市……〔鲁〕 237
东营坊乡……〔辽〕本溪满族自治县 149
东盛涌镇……〔吉〕龙井市 162
东盛街道……〔冀〕高碑店市 115
东盛街道……〔吉〕二道区 157
东蛇山子镇……〔辽〕新民市 146
东馆镇……〔赣〕临川区 230
东望山乡……〔冀〕桥东区 115
东渚街道……〔苏〕虎丘区 181
东梁乡……〔晋〕盂县 124
东梁街道……〔辽〕海州区 151
东梁镇……〔辽〕阜新蒙古族自治县 151
东窑子镇……〔冀〕桥西区 115
东塔寺乡……〔宁〕利通区 419
东塔街道……〔辽〕大东区 145
东塔镇……〔川〕三台县 332
东塔镇……〔宁〕灵武市 419
东喜乡……〔藏〕白朗县 382
东联镇……〔皖〕义安区 204
东联镇……〔川〕威远县 336
东落堡乡……〔冀〕定兴县 114
东棘坨镇……〔津〕宁河区 104
东厦镇……〔闽〕云霄县 216
东铺头街道……〔闽〕芗城区 216
东铺镇……〔豫〕罗山县 260
东焦街道……〔冀〕新华区 107
东街街道……〔晋〕城区 123
东街街道……〔晋〕城区 124
东街街道……〔晋〕城区 125
东街街道……〔蒙〕新城区 135
东街街道……〔闽〕鼓楼区 213
东街街道……〔豫〕红旗区 254
东街街道……〔桂〕海城区 305
东街街道……〔黔〕西秀区 359
东街街道……〔陇〕甘州区 404
东街道……〔辽〕龙港区 154
东鲁街道……〔鲁〕莘县 244
东港乡……〔赣〕修水县 225
东港区……〔鲁〕日照市 242
东港市……〔辽〕丹东市 149
东港街道……〔辽〕中山区 146
东港街道……〔浙〕普陀区 195
东港镇……〔冀〕海港区 110
东港镇……〔苏〕锡山区 179
东港镇……〔粤〕惠来县 300
东湖乡……〔晋〕神池县 129
东湖乡……〔川〕旌阳区 331
东湖区……〔赣〕南昌市 223
东湖圩镇……〔湘〕耒阳市 280
东湖街道……〔京〕朝阳区 99
东湖街道……〔辽〕浑南区 145
东湖街道……〔吉〕九台区 157
东湖街道……〔黑〕铁锋区 167
东湖街道……〔苏〕邳州市 181
东湖街道……〔浙〕余杭区 189
东湖街道……〔浙〕越城区 193
东湖街道……〔闽〕丰泽区 215
东湖街道……〔赣〕月湖区 225
东湖街道……〔鄂〕黄州区 272
东湖街道……〔湘〕芙蓉区 277
东湖街道……〔粤〕罗湖区 292
东湖街道……〔黔〕兴仁县 363
东湖街道……〔新〕喀什市 426
东湖塘镇……〔湘〕宁乡市 277
东湖镇……〔闽〕连江县 213
东湖镇……〔湘〕衡山县 279
东湖镇……〔川〕富顺县 329
东湖镇……〔陇〕民勤县 403
东温泉镇……〔渝〕巴南区 319
东湾乡……〔冀〕固安县 119
东湾镇……〔陇〕靖远县 402
东湾镇……〔新〕奇台县 424
东湾镇……〔新〕沙湾县 429
东渡镇……〔浙〕缙云县 197
东游镇……〔闽〕建瓯市 218
东富镇……〔黑〕北林区 171
东富镇……〔湘〕醴陵市 278
东禅镇……〔川〕安居区 335
东疏镇……〔鲁〕宁阳县 241
东塬乡……〔陇〕东乡族自治县 409
东塘乡……〔赣〕余干县 232
东塘街道……〔湘〕雨花区 277
东塘镇……〔湘〕湘阴县 281
东蒲洼街道……〔津〕武清区 104
东榆镇……〔川〕南江县 347
东楼乡……〔晋〕忻府区 128
东雷乡……〔晋〕五台县 128
东路镇……〔琼〕文昌市 313
东简街道……〔粤〕麻章区 294
东塍镇……〔浙〕临海市 196
东新乡……〔赣〕南昌县 223
东新乡……〔鄂〕大悟县 271
东新庄镇……〔冀〕遵化市 109
东新村街道……〔冀〕路北区 108
东新街道……〔津〕河东区 103
东新街道……〔浙〕下城区 189
东新街道……〔粤〕霞山区 294
东新镇……〔川〕古蔺县 331
东源乡……〔闽〕柘荣县 219
东源乡……〔赣〕上栗县 224
东源县……〔粤〕河源市 298
东源镇……〔浙〕青田县 197
东溪乡……〔浙〕泰顺县 192
东溪河镇……〔川〕朝天区 334
东溪街道……〔湘〕宁远县 286
东溪镇……〔渝〕綦江区 318
东溪镇……〔渝〕忠县 322
东溪镇……〔川〕简阳市 329
东溪镇……〔川〕苍溪县 335
东墟镇……〔冀〕博野县 115
东嘎乡……〔藏〕桑珠孜区 381
东嘎镇……〔辽〕昌图县 152
东嘎镇……〔藏〕堆龙德庆区 381
东韶乡……〔赣〕宁都县 227
东漖街道……〔粤〕荔湾区 291
东漳堡镇……〔冀〕肥乡区 111
东寨镇……〔晋〕宁武县 129
东寨镇……〔陇〕永昌县 401
东墩街道……〔粤〕金平区 293
东鞍山街道……〔辽〕千山区 147
东镇街道……〔粤〕信宜市 295
东镇镇……〔冀〕临城县 112
东镇镇……〔晋〕闻喜县 128
东澳镇……〔琼〕万宁市 313
东瀚镇……〔闽〕福清市 214
东瀼口镇……〔鄂〕巴东县 274
卡子湾街道……〔新〕米东区 423
卡子镇……〔陕〕白河县 397
卡瓦白庆乡……〔藏〕八宿县 383
卡布其街道……〔蒙〕海勃湾区 136
卡龙乡……〔川〕甘孜县 350
卡龙乡……〔藏〕浪卡子县 384
卡龙镇……〔川〕黑水县 349
卡加曼乡……〔陇〕合作市 409
卡加道乡……〔陇〕合作市 409
卡场镇……〔滇〕盈江县 378
卡达乡……〔藏〕错那县 384
卡伦湖街道……〔吉〕九台区 157
卡如乡……〔藏〕尼木县 381
卡麦乡……〔藏〕江孜县 381
卡玛多乡……〔藏〕类乌齐县 383
卡坝乡……〔陇〕迭部县 409
卡贡乡……〔藏〕江达县 383
卡贡乡……〔藏〕察雅县 383
卡攻乡……〔川〕甘孜县 350
卡孜乡……〔藏〕林周县 381
卡孜乡……〔藏〕南木林县 381
卡拉乡……〔川〕木里藏族自治县 352
卡拉苏街道……〔新〕霍尔果斯市 428
卡拉脚乡……〔川〕金川县 349
卡若区……〔藏〕昌都市 382
卡若镇……〔藏〕卡若区 382
卡松渡乡……〔川〕德格县 350
卡房乡……〔豫〕新县 260
卡房镇……〔滇〕个旧市 375
卡哈洛乡……〔川〕雷波县 354
卡热乡……〔藏〕浪卡子县 384
卡娘乡……〔川〕炉霍县 350
卡堆乡……〔藏〕江孜县 381
卡斯镇……〔滇〕昌宁县 371
卡蒲毛南族乡……〔黔〕平塘县 365
卡嘎镇……〔藏〕昂仁县 382
卡嘎镇……〔藏〕谢通门县 382
卡撒乡……〔川〕金川县 349
北二十家子镇……〔辽〕建平县 153
北丁集乡……〔苏〕沭阳县 186
北七家镇……〔京〕昌平区 100
北三家子街道……〔辽〕康平县 146
北三家镇……〔辽〕清原满族自治县 148
北干街道……〔浙〕萧山区 189
北干道街道……〔豫〕牧野区 254
北下庄乡……〔晋〕盂县 124
北下关街道……〔京〕海淀区 99
北下街街道……〔豫〕管城回族区 249
北大渠乡……〔新〕焉耆回族自治县 425
北大街街道……〔冀〕桥东区 112
北大街街道……〔晋〕城区 124
北大街街道……〔苏〕梁溪区 179
北大街街道……〔豫〕文峰区 252
北大街街道……〔豫〕魏都区 256
北大湖镇……〔吉〕永吉县 158
北大镇……〔琼〕万宁市 314
北小庄乡……〔冀〕邢台县 112
北小店乡……〔晋〕阳曲县 123
北小营镇……〔京〕顺义区 100
北山口镇……〔豫〕巩义市 249
北山乡……〔黑〕绥滨县 168
北山乡……〔赣〕都昌县 225
北山乡……〔川〕喜德县 353
北山乡……〔青〕民和回族土族自治县 413
北山乡……〔青〕门源回族自治县 414
北山街道……〔吉〕船营区 158
北山街道……〔吉〕延吉市 162
北山街道……〔黑〕向阳区 168
北山街道……〔黑〕岭东区 168
北山街道……〔黑〕爱民区 170
北山街道……〔浙〕西湖区 189
北山街道……〔豫〕马村区 255
北山镇……〔浙〕青田县 197
北山镇……〔湘〕长沙县 277
北山镇……〔湘〕隆回县 280
北山镇……〔桂〕宜州区 309
北山镇……〔川〕通川区 343
北川羌族自治县……〔川〕绵阳市 333

（五画）北

北门乡……〔川〕阆中市 340
北门街道……〔吉〕铁东区 159
北门街道……〔皖〕琅琊区 206
北门街道……〔赣〕吉州区 228
北门街道……〔赣〕信州区 231
北门街道……〔桂〕叠彩区 304
北文井乡……〔晋〕忻府区 128
北义城镇……〔晋〕泽州县 126
北马圈子镇……〔冀〕鹰手营子矿区 117
北马镇……〔鲁〕龙口市 238
北乡义镇……〔冀〕成安县 111
北乡镇……〔粤〕乐昌市 292
北王力乡……〔冀〕清苑区 113
北王乡……〔晋〕浮山县 130
北王里镇……〔冀〕赵县 108
北井子镇……〔辽〕东港市 149
北云门镇……〔豫〕辉县市 254
北五十家子镇……〔冀〕平泉市 118
北五岔镇……〔新〕玛纳斯县 424
北太平庄街道……〔京〕海淀区 99
北牙瑶族乡……〔桂〕宜州区 309
北屯市……〔新〕阿勒泰地区 429
北屯街道……〔陕〕阎良区 389
北屯镇……〔新〕阿勒泰市 429
北中镇……〔皖〕太湖县 204
北水泉镇……〔冀〕蔚县 116
北长山乡……〔鲁〕长岛县 238
北什轴乡……〔蒙〕土默特左旗 135
北仑区……〔浙〕宁波市 190
北仓镇……〔津〕北辰区 103
北斗溪镇……〔湘〕溆浦县 287
北斗镇……〔粤〕丰顺县 297
北斗镇……〔川〕仁寿县 340
北斗彝族乡……〔滇〕永平县 377
北书店街道……〔豫〕龙亭区 250
北正乡……〔冀〕井陉县 107
北正乡……〔冀〕元氏县 108
北正镇……〔吉〕长岭县 161
北古城镇……〔滇〕宜良县 369
北石佛乡……〔冀〕涞源县 114
北石店镇……〔晋〕城区 125
北石槽乡……〔冀〕河间市 119
北石槽镇……〔京〕顺义区 100
北平镇……〔晋〕古县 130
北田乡……〔冀〕定兴县 114
北田街道……〔陕〕临潼区 389
北田镇……〔晋〕榆次区 126
北史家务乡……〔冀〕安次区 119
北四平乡……〔辽〕新宾满族自治县 148
北四家子乡……〔辽〕康平县 146
北四家子乡……〔辽〕朝阳县 153
北四家乡……〔辽〕北票市 153
北代乡……〔冀〕武强县 120
北白象镇……〔浙〕乐清市 192
北外乡……〔川〕广汉市 331
北外镇……〔川〕通川区 343
北务镇……〔京〕顺义区 100
北市场街道……〔辽〕和平区 145
北市场街道……〔吉〕铁东区 159
北市镇……〔粤〕广宁县 296
北市镇……〔桂〕兴业县 307
北头营乡……〔冀〕丰宁满族自治县 117
北汉乡……〔冀〕任丘市 119
北台乡……〔冀〕曲阳县 115
北台头乡……〔冀〕魏县 112
北台街道……〔辽〕平山区 148
北地街道……〔辽〕明山区 148
北旱现乡……〔冀〕正定县 107
北团镇……〔闽〕连城县 219
北向店乡……〔豫〕光山县 260
北庄镇……〔京〕密云区 100
北庄镇……〔鲁〕山亭区 237
北关区……〔豫〕安阳市 253
北关街道……〔晋〕城区 123
北关街道……〔晋〕榆次区 126
北关街道……〔晋〕介休市 127
北关街道……〔皖〕埇桥区 207
北关街道……〔鲁〕潍城区 239
北关街道……〔陕〕莲湖区 389
北关街道……〔陕〕汉台区 394
北关镇……〔豫〕民权县 259
北江乡……〔桂〕宁明县 310
北兴街道……〔黑〕富拉尔基区 167
北兴镇……〔黑〕克山县 167
北宅街道……〔鲁〕崂山区 236
北安乡……〔黑〕兰西县 172
北安乐乡……〔冀〕武安市 112
北安市……〔黑〕黑河市 171
北安庄乡……〔冀〕武安市 112
北安街道……〔黑〕爱民区 170
北安街道……〔鲁〕即墨区 236
北阳镇……〔豫〕淇县 254
北寿街道……〔吉〕龙山区 159
北坛街道……〔晋〕介休市 127
北坝街道……〔川〕三台县 332
北苏镇……〔冀〕无极县 108
北杜街道……〔陕〕渭城区 391
北极乡……〔川〕南江县 347
北极街道……〔吉〕船营区 158
北极镇……〔黑〕漠河县 172
北极镇……〔陕〕彬县 391
北杨村镇……〔冀〕博野县 115
北杨集镇……〔豫〕沈丘县 262
北更乡……〔桂〕忻城县 310
北辰区……〔津〕 103
北辰街道……〔冀〕大厂回族自治县 120
北辰街道……〔川〕广安区 342
北呈乡……〔晋〕长治县 125
北园街道……〔鲁〕天桥区 235
北岗乡……〔黑〕绥滨县 168
北岗街道……〔黑〕北安市 171
北岗镇……〔吉〕抚松县 160
北岙街道……〔浙〕洞头区 191
北甸子乡……〔辽〕桓仁满族自治县 149
北冷乡……〔豫〕温县 255
北辛乡……〔晋〕临猗县 127
北辛庄乡……〔冀〕任丘市 119
北辛堡镇……〔冀〕怀来县 116
北辛街道……〔鲁〕滕州市 237
北冶乡……〔冀〕平山县 108
北冶镇……〔豫〕新安县 251
北沙口乡……〔冀〕雄县 115
北沙城乡……〔冀〕万全区 116
北沟门子乡……〔辽〕朝阳县 153
北沟街道……〔吉〕铁西区 159
北沟街道……〔苏〕新沂市 180
北沟镇……〔鲁〕蓬莱市 238
北宋镇……〔鲁〕利津县 238
北社乡……〔晋〕平顺县 125
北局宅街道……〔黑〕铁锋区 167
北张乡……〔晋〕文水县 131
北张庄镇……〔冀〕邯山区 110
北张镇……〔晋〕新绛县 128
北陈集镇……〔苏〕灌南县 183
北陀镇……〔桂〕昭平县 308
北环街道……〔蒙〕临河区 139
北环路街道……〔冀〕海港区 110
北环路街道……〔晋〕霍州市 130
北环路街道……〔豫〕卫东区 252
北武当镇……〔晋〕方山县 131
北坦街道……〔鲁〕天桥区 235
北拉镇……〔藏〕班戈县 385
北坡镇……〔粤〕遂溪县 294
北苑街道……〔京〕通州区 100
北苑街道……〔冀〕新华区 107
北苑街道……〔辽〕细河区 151
北苑街道……〔浙〕义乌市 194
北苑街道……〔鲁〕奎文区 239
北苑街道……〔鄂〕西陵区 269
北林区……〔黑〕绥化市 171
北林街道……〔黑〕北林区 171
北林路街道……〔豫〕金水区 249
北旺乡……〔冀〕广阳区 119
北旺庄街道……〔晋〕朔城区 126
北果元乡……〔冀〕阜平县 114
北固乡……〔川〕船山区 335
北岸镇……〔皖〕歙县 205
北罗镇……〔冀〕唐县 114
北岭乡……〔陇〕东乡族自治县 409
北岭镇……〔豫〕夏邑县 259
北和镇……〔粤〕雷州市 295
北周庄镇……〔晋〕山阴县 126
北鱼乡……〔冀〕宁晋县 113
北京中路街道……〔宁〕金凤区 419
北京西路街道……〔宁〕西夏区 419
北京南路街道……〔新〕昌吉市 424
北京街道……〔辽〕西岗区 146
北京街道……〔粤〕越秀区 291
北京路街道……〔鲁〕东港区 242
北京路街道……〔黔〕汇川区 358
北京路街道……〔陇〕金川区 401
北京路街道……〔新〕新市区 423
北京路街道……〔新〕奎屯市 428
北店乡……〔冀〕清苑区 113
北店头乡……〔冀〕唐县 114
北庙乡……〔川〕剑阁县 334
北底乡……〔晋〕襄垣县 125
北郊乡……〔豫〕龙亭区 250
北郊街道……〔鄂〕曾都区 273
北郊镇……〔鲁〕周村区 237
北郊镇……〔川〕雨城区 345
北闸口镇……〔津〕津南区 103
北闸镇……〔滇〕昭阳区 372
北炉乡……〔辽〕凌源市 154
北河乡……〔冀〕行唐县 107
北河庄镇……〔冀〕宁晋县 112
北河泾街道……〔苏〕相城区 181
北河镇……〔冀〕定兴县 114
北泗镇……〔桂〕合山市 310
北诗镇……〔晋〕高平市 126
北房镇……〔京〕怀柔区 100
北孟镇……〔鲁〕昌邑市 240
北城乡……〔川〕岳池县 343
北城区街道……〔冀〕定州市 115
北城区街道……〔蒙〕丰镇市 140
北城铺镇……〔陇〕通渭县 406
北城街道……〔冀〕高碑店市 115
北城街道……〔晋〕高平市 126
北城街道……〔晋〕朔城区 126
北城街道……〔晋〕盐湖区 127
北城街道……〔晋〕原平市 129
北城街道……〔吉〕舒兰市 158
北城街道……〔苏〕海安县 182
北城街道……〔浙〕永嘉县 191
北城街道……〔浙〕黄岩区 196
北城街道……〔闽〕新罗区 218
北城街道……〔鲁〕夏津县 244
北城街道……〔鲁〕东昌府区 244
北城街道……〔鲁〕牡丹区 245
北城街道……〔鲁〕单县 246
北城街道……〔豫〕沈丘县 261
北城街道……〔鄂〕枣阳市 270
北城街道……〔川〕江阳区 330
北城街道……〔川〕顺庆区 338
北城街道……〔川〕翠屏区 341
北城街道……〔川〕西昌市 351
北城街道……〔滇〕红塔区 370
北胡街道……〔冀〕南宫市 113
北南蔡乡……〔冀〕定兴县 114
北相镇……〔晋〕盐湖区 127
北界镇……〔浙〕遂昌县 197
北界镇……〔粤〕信宜市 295
北段村乡……〔冀〕安国市 115
北泉镇……〔新〕石河子市 429
北庭镇……〔新〕吉木萨尔县 424
北洼乡……〔冀〕灵寿县 108
北洸乡……〔晋〕太谷县 127
北洋镇……〔浙〕黄岩区 196
北洲子镇……〔湘〕南县 284
北屏乡……〔渝〕城口县 321
北陡镇……〔粤〕台山市 294
北院门街道……〔陕〕莲湖区 389
北耽车乡……〔晋〕平顺县 125
北桥街道……〔苏〕相城区 181
北桥街道……〔粤〕赤坎区 294
北格镇……〔晋〕小店区 123
北贾壁乡……〔冀〕磁县 111
北厝镇……〔闽〕平潭县 214
北峰乡……〔冀〕大名县 111
北峰街道……〔闽〕丰泽区 215

（五画）北占卢业旧归且旦叮叶甲

北皋镇……〔冀〕魏县 112
北徐屯乡……〔晋〕阳高县 124
北留智镇……〔冀〕景县 120
北留镇……〔晋〕阳城县 126
北高镇……〔闽〕荔城区 214
北郭乡……〔豫〕安阳县 253
北郭乡……〔豫〕武陟县 255
北郭丹镇……〔冀〕蠡县 115
北站东路街道……〔新〕新市区 423
北站西路街道……〔新〕头屯河区 423
北站街道……〔沪〕静安区 175
北海乡……〔滇〕腾冲市 371
北海市……〔桂〕 305
北海街道……〔辽〕大东区 145
北海街道……〔辽〕旅顺口区 146
北海街道……〔浙〕越城区 193
北海街道……〔豫〕济源市 263
北海路街道……〔鲁〕奎文区 239
北浴乡……〔皖〕宿松县 204
北流市……〔桂〕玉林市 307
北流镇……〔桂〕北流市 307
北宽坪镇……〔陕〕商州区 397
北陵街道……〔辽〕于洪区 145
北陶官街道……〔辽〕铁西区 147
北通镇……〔桂〕浦北县 306
北埝头乡……〔冀〕蠡县 115
北营房镇……〔冀〕兴隆县 117
北营街道……〔晋〕小店区 123
北票市……〔辽〕朝阳市 153
北盛镇……〔湘〕浏阳市 277
北盘江镇……〔黔〕贞丰县 363
北馆陶镇……〔鲁〕冠县 245
北淮淀镇……〔津〕宁河区 104
北惯镇……〔粤〕阳东区 298
北宿镇……〔鲁〕邹城市 240
北窑街道……〔豫〕瀍河回族区 251
北隍城乡……〔鲁〕长岛县 238
北塔区……〔湘〕邵阳市 280
北塔街道……〔辽〕皇姑区 145
北塔街道……〔辽〕双塔区 153
北塔镇……〔辽〕北票市 153
北联镇……〔黑〕克山县 167
北董乡……〔晋〕曲沃县 130
北韩乡……〔晋〕浮山县 130
北景乡……〔晋〕临猗县 127
北景港镇……〔湘〕华容县 281
北景镇……〔桂〕大化瑶族自治县 309
北堡乡……〔蒙〕清水河县 135
北集坡街道……〔鲁〕岱岳区 241
北街街道……〔晋〕城区 123
北街街道……〔晋〕城区 125
北街街道……〔辽〕古塔区 149
北街街道……〔辽〕凌源市 153
北街街道……〔黔〕西秀区 359
北街街道……〔陇〕甘州区 404
北街街道……〔陇〕西峰区 405
北街街道……〔宁〕惠农区 419
北道门街道……〔豫〕龙亭区 250
北道德乡……〔陕〕富县 393
北港街道……〔苏〕钟楼区 181
北港街道……〔辽〕龙港区 154
北港镇……〔冀〕海港区 110
北港镇……〔鄂〕通城县 273
北湖区……〔湘〕郴州市 284
北湖街道……〔吉〕宽城区 157
北湖街道……〔鄂〕江汉区 267
北湖街道……〔湘〕北湖区 284
北湖街道……〔桂〕西乡塘区 303
北温泉街道……〔渝〕北碚区 318
北湾镇……〔陇〕靖远县 402
北渡街道……〔豫〕湛河区 252
北塬街道……〔宁〕原州区 420
北塬镇……〔陕〕白水县 393
北塬镇……〔陇〕临夏县 408
北塘街道……〔津〕滨海新区 104
北塘疃镇……〔冀〕广宗县 113
北蒙街道……〔豫〕殷都区 253
北楼乡……〔冀〕隆尧县 112
北碚区……〔渝〕 318
北鹿乡……〔浙〕瑞安市 192
北新屯乡……〔冀〕万全区 116
北新泾街道……〔沪〕长宁区 175
北新桥街道……〔京〕东城区 99
北新镇……〔苏〕启东市 182
北源乡……〔赣〕吉安县 228
北溪村乡……〔冀〕深州市 120
北溶乡……〔湘〕沅陵县 286
北滘镇……〔粤〕顺德区 293
北滩镇……〔陇〕靖远县 402
北褚镇……〔冀〕元氏县 108
北蔡镇……〔沪〕浦东新区 176
北臧村镇……〔京〕大兴区 100
北舞渡镇……〔豫〕舞阳县 256
北漳淮乡……〔冀〕冀州区 120
北漳镇……〔浙〕嵊州市 194
北寨乡……〔晋〕榆社县 127
北寨镇……〔陇〕渭源县 406
北谭庄乡……〔冀〕灵寿县 108
北镇市……〔辽〕锦州市 150
北镇街道……〔辽〕北镇市 150
北镇街道……〔鲁〕滨城区 245
北壁乡……〔闽〕霞浦县 219
北戴河区……〔冀〕秦皇岛市 110
北魏乡……〔冀〕大城县 119
北疆乡……〔黑〕呼玛县 172
占山乡……〔川〕西充县 340
占陇镇……〔粤〕普宁市 300
占城镇……〔苏〕邳州市 181
占城镇……〔豫〕辉县市 254
占哇乡……〔川〕若尔盖县 349
卢氏县……〔豫〕三门峡市 257
卢龙县……〔冀〕秦皇岛市 110
卢龙镇……〔冀〕卢龙县 110
卢市镇……〔鄂〕天门市 274
卢阳镇……〔湘〕汝城县 285
卢村乡……〔皖〕广德县 210
卢医镇……〔豫〕镇平县 258
卢沟桥（地区）乡……〔京〕丰台区 99
卢沟桥街道……〔京〕丰台区 99
卢店镇……〔豫〕登封市 250
卢河乡……〔陇〕西和县 408
卢峰镇……〔湘〕溆浦县 286
卢家屯乡……〔辽〕新民市 146
卢集镇……〔苏〕泗阳县 186
业民镇……〔辽〕开原市 152
业州镇……〔鄂〕建始县 274
业庙乡……〔豫〕夏邑县 260
旧口镇……〔鄂〕钟祥市 270
旧门满族乡……〔辽〕兴城市 154
旧屯满族乡……〔冀〕隆化县 117
旧司镇……〔鄂〕来凤县 274
旧州镇……〔冀〕沧县 118
旧州镇……〔桂〕灵山县 306
旧州镇……〔桂〕田林县 308
旧州镇……〔琼〕琼山区 313
旧州镇……〔黔〕西秀区 359
旧州镇……〔黔〕黄平县 364
旧县乡……〔晋〕河曲县 129
旧县乡……〔闽〕松溪县 218
旧县乡……〔鲁〕东平县 241
旧县乡……〔川〕武胜县 343
旧县街道……〔浙〕桐庐县 189
旧县街道……〔渝〕铜梁区 320
旧县街道……〔滇〕马龙县 370
旧县镇……〔京〕延庆区 100
旧县镇……〔晋〕古县 130
旧县镇……〔皖〕太和县 207
旧县镇……〔闽〕上杭县 218
旧县镇……〔豫〕嵩县 251
旧县镇……〔鄂〕远安县 269
旧县镇……〔陕〕洛川县 393
旧店乡……〔冀〕肥乡区 111
旧店镇……〔鲁〕平度市 236
旧庙镇……〔辽〕阜新蒙古族自治县 151
旧府街道……〔滇〕镇雄县 372
旧治乡……〔冀〕大名县 111
旧城乡……〔冀〕迁西县 109
旧城乡……〔滇〕施甸县 371
旧城区街道……〔蒙〕丰镇市 140
旧城镇……〔冀〕辛集市 108
旧城镇……〔冀〕黄骅市 119
旧城镇……〔皖〕利辛县 209
旧城镇……〔鲁〕鄄城县 246
旧城镇……〔桂〕平果县 308
旧城镇……〔黔〕道真仡佬族苗族自治县 358
旧城镇……〔滇〕威信县 372
旧城镇……〔滇〕泸西县 376
旧城镇……〔滇〕盈江县 378
旧宫（地区）镇……〔京〕大兴区 100
旧屋基彝族乡……〔滇〕罗平县 370
旧院镇……〔川〕万源市 345
旧莫乡……〔滇〕广南县 377
旧圃镇……〔滇〕昭阳区 372
旧营白族彝族苗族乡……〔黔〕盘州市 358
旧馆镇……〔浙〕南浔区 193
旧铺镇……〔苏〕盱眙县 183
旧堡乡……〔冀〕万全区 116
旧堡羌族乡……〔川〕平武县 333
旧堡街道……〔辽〕铁东区 147
旧街乡……〔晋〕郊区 124
旧街街道……〔鄂〕新洲区 268
旧寨乡……〔鲁〕蒙阴县 243
旧镇镇……〔闽〕漳浦县 216
归义镇……〔湘〕汨罗市 282
归义镇……〔桂〕岑溪市 305
归仁镇……〔苏〕泗洪县 186
归兰水族乡……〔黔〕都匀市 365
归州街道……〔辽〕盖州市 150
归州镇……〔鄂〕秭归县 269
归阳镇……〔湘〕祁东县 279
归昌乡……〔鲁〕郯城县 243
归流河镇……〔蒙〕科尔沁右翼前旗 140
归朝镇……〔滇〕富宁县 377
归湖镇……〔粤〕潮安区 299
归德街道……〔鲁〕长清区 235
归德镇……〔川〕资中县 336
且末县……〔新〕巴音郭楞蒙古自治州 425
且末镇……〔新〕且末县 425
且拖乡……〔川〕喜德县 353
且莫乡……〔川〕昭觉县 353
旦八镇……〔陕〕志丹县 393
旦马乡……〔陇〕天祝藏族自治县 404
旦场镇……〔粤〕电白区 295
旦都乡……〔川〕炉霍县 350
旦嘎乡……〔藏〕萨嘎县 382
叮咛店镇……〔冀〕定州市 115
叶大乡……〔鄂〕郧阳区 268
叶尔羌街道……〔新〕莎车县 426
叶亦克乡……〔新〕民丰县 428
叶村乡……〔浙〕松阳县 197
叶县……〔豫〕平顶山市 252
叶邑镇……〔豫〕叶县 252
叶坪乡……〔赣〕瑞金市 227
叶坪镇……〔陕〕汉滨区 396
叶茂台镇……〔辽〕法库县 146
叶枝镇……〔滇〕维西傈僳族自治县 378
叶城县……〔新〕喀什地区 427
叶柏寿街道……〔辽〕建平县 153
叶格乡……〔青〕曲麻莱县 415
叶埠口乡……〔豫〕西华县 261
叶盛镇……〔宁〕青铜峡市 420
叶堡镇……〔陇〕秦安县 402
叶集区……〔皖〕六安市 208
叶塘镇……〔粤〕兴宁市 297
叶赫满族镇……〔吉〕铁东区 159
叶榭镇……〔沪〕松江区 176
叶潭镇……〔粤〕东源县 298
甲山乡……〔吉〕东辽县 160
甲山街道……〔桂〕秀峰区 304
甲山镇……〔冀〕承德县 117
甲子镇……〔粤〕陆丰市 297
甲子镇……〔琼〕琼山区 313
甲马营镇……〔鲁〕武城县 244
甲石河乡……〔冀〕尚义县 116
甲东镇……〔粤〕陆丰市 297
甲尔多乡……〔川〕阿坝县 349
甲西镇……〔粤〕陆丰市 297
甲竹林镇……〔藏〕贡嘎县 384
甲玛乡……〔藏〕墨竹工卡县 381
甲谷乡……〔藏〕尼玛县 385

（五画）甲申号电田由只史央叱叫冉四

甲良镇……〔黔〕荔波县 365
甲拉西乡……〔川〕新龙县 350
甲英乡……〔川〕理塘县 351
甲依乡……〔川〕金阳县 353
甲学乡……〔川〕色达县 351
甲宗镇……〔川〕道孚县 350
甲茶镇……〔黔〕平塘县 365
甲洼镇……〔川〕理塘县 351
甲根坝乡……〔川〕康定市 349
甲高镇……〔渝〕奉节县 322
甲措乡……〔藏〕南木林县 381
甲措雄乡……〔藏〕桑珠孜区 381
甲寅镇……〔滇〕红河县 376
甲斯孔乡……〔川〕道孚县 350
甲路镇……〔皖〕宁国市 210
甲篆镇……〔桂〕巴马瑶族自治县 309
申扎县……〔藏〕那曲市 385
申扎镇……〔藏〕申扎县 385
申中乡……〔青〕湟源县 413
申亚乡……〔藏〕尼玛县 385
申果乡……〔川〕越西县 354
申都乡……〔陇〕岷县 407
申桥乡……〔豫〕柘城县 259
申家乡……〔川〕达川区 344
申集镇……〔皖〕五河县 202
申普乡……〔川〕越西县 354
申港街道……〔苏〕江阴市 180
申楼街道……〔豫〕卫东区 252
申藏乡……〔陇〕卓尼县 409
号头庄回族乡……〔冀〕定州市 115
电厂街道……〔蒙〕科尔沁区 137
电厂街道……〔黑〕宝山区 169
电厂街道……〔苏〕铜山区 180
电厂路街道……〔豫〕殷都区 253
电力街道……〔黑〕富拉尔基区 167
电力路街道……〔陇〕白银区 402
电子城街道……〔陕〕雁塔区 389
电白区……〔粤〕茂名市 295
电市镇……〔陕〕子洲县 396
电尕镇……〔陇〕迭部县 409
电城镇……〔粤〕电白区 295
田二河镇……〔鄂〕汉川市 271
田口乡……〔豫〕西华县 261
田屯街道……〔辽〕田屯街道 148
田氏镇……〔豫〕内黄县 253
田心乡……〔滇〕武定县 375
田心街道……〔湘〕石峰区 278
田心镇……〔赣〕上高县 229
田心镇……〔粤〕龙川县 298
田东县……〔桂〕百色市 308
田东街道……〔皖〕田家庵区 202
田付村乡……〔冀〕平乡县 113
田市镇……〔浙〕仙居县 196
田头乡……〔皖〕岳西县 205
田头镇……〔赣〕宁都县 227
田老庄乡……〔宁〕同心县 420
田师傅镇……〔辽〕本溪满族自治县 149
田庄乡……〔鲁〕夏津县 244
田庄乡……〔豫〕叶县 252
田庄乡……〔湘〕安化县 284
田庄台镇……〔辽〕大洼区 152
田庄镇……〔鲁〕平度市 236
田庄镇……〔鲁〕桓台县 237
田庄镇……〔鲁〕巨野县 246
田庄镇……〔陕〕黄陵县 394
田庄镇……〔陕〕绥德县 395
田关乡……〔豫〕西峡县 258
田州镇……〔桂〕田阳县 307
田江街道……〔湘〕北塔区 280
田阳县……〔桂〕百色市 307
田坝乡……〔川〕泸定县 349
田坝乡……〔滇〕会泽县 370
田坝乡……〔滇〕昭阳区 372
田坝乡…〔滇〕镇沅彝族哈尼族拉祜族 373
田坝桥镇……〔黔〕七星关区 360
田坝镇……〔渝〕巫溪县 322
田坝镇……〔川〕甘洛县 354
田坝镇……〔黔〕七星关区 360
田坝镇……〔滇〕宣威市 370
田坎彝族乡……〔黔〕七星关区 360
田村街道……〔豫〕龙安区 253
田村路街道……〔京〕海淀区 99
田村镇……〔赣〕赣县区 226
田园镇……〔滇〕昌宁县 371
田妥镇……〔藏〕左贡县 383
田坪乡……〔宁〕西吉县 420
田坪镇……〔湘〕新化县 288
田坪镇……〔黔〕玉屏侗族自治县 362
田林县……〔桂〕靖西市 308
田林街道……〔沪〕徐汇区 175
田和街道……〔鲁〕环翠区 241
田店镇……〔鄂〕应城市 271
田庙乡……〔豫〕虞城县 259
田南镇……〔赣〕高安市 230
田柳镇……〔鲁〕寿光市 239
田畈街镇……〔赣〕鄱阳县 232
田桥街道……〔皖〕临泉县 206
田桥镇……〔鲁〕巨野县 246
田家乡……〔川〕剑阁县 334
田家会街道……〔晋〕离石区 131
田家庄乡……〔冀〕辛集市 108
田家庄镇……〔陕〕凤翔县 390
田家河乡……〔陇〕渭源县 406
田家庵区……〔皖〕淮南市 202
田家窑镇……〔冀〕赤城县 117
田家街道……〔辽〕大洼区 152
田家寨镇……〔陕〕府谷县 395
田家寨镇……〔青〕湟中县 413
田家镇……〔渝〕潼南区 320
田家镇……〔川〕东兴区 336
田家镇街道……〔鄂〕武穴市 273
田埠乡……〔赣〕宁都县 227
田黄镇……〔鲁〕邹城市 241
田营镇……〔皖〕界首市 207
田铺乡……〔豫〕新县 260
田集街道……〔皖〕潘集区 203
田集镇……〔皖〕阜南县 207
田湖镇……〔豫〕嵩县 251
田湾乡……〔川〕盐源县 352
田湾镇……〔湘〕辰溪县 286
田湾彝族乡……〔川〕石棉县 346
田蓬镇……〔滇〕富宁县 377
田楼镇……〔苏〕灌南县 183
田源乡……〔闽〕清流县 215
田源镇……〔粤〕连平县 298
田墘街道……〔粤〕城区 297
田墩镇……〔赣〕上饶县 231
田横镇……〔鲁〕即墨区 236
田镇街道……〔鲁〕高青县 237
由旺镇……〔滇〕施甸县 371
只乐镇……〔豫〕鄢陵县 256
只里乡……〔冀〕行唐县 107
只楚街道……〔鲁〕芝罘区 238
史口镇……〔鲁〕东营区 238
史召乡……〔冀〕南和县 112
史各庄街道……〔京〕昌平区 100
史各庄镇……〔津〕宝坻区 104
史各庄镇……〔冀〕文安县 120
史庄乡……〔晋〕灵丘县 124
史庄镇……〔豫〕获嘉县 254
史村镇……〔晋〕曲沃县 130
史店乡……〔宁〕海原县 420
史河街道……〔皖〕叶集区 208
史官镇……〔陕〕白水县 393
史迴乡……〔晋〕潞城市 125
史院乡……〔皖〕田家庵区 203
史家营乡……〔京〕房山区 100
史家寨乡……〔冀〕阜平县 114
史家镇……〔川〕市中区 336
史德镇……〔陕〕礼泉县 391
央子街道……〔鲁〕寒亭区 239
央隆乡……〔青〕祁连县 414
央塔克乡……〔新〕麦盖提县 427
央塔克协海尔乡……〔新〕沙雅县 425
央摩租乡……〔川〕昭觉县 353
叱干镇……〔陕〕礼泉县 391
叩官镇……〔鲁〕五莲县 242
叫安镇……〔桂〕上思县 306
叫河镇……〔豫〕栾川县 251
冉义镇……〔川〕邛崃市 328
冉庄镇……〔冀〕清苑区 113
冉庙乡……〔皖〕颍东区 206
冉堌镇……〔鲁〕定陶区 246
四十八镇……〔赣〕上饶县 231
四十里城子镇…〔新〕焉耆回族自治县 425
四十里铺镇……〔陇〕崆峒区 404
四十里堡镇……〔鲁〕沂水县 243
四十里街镇……〔赣〕鄱阳县 232
四十铺镇……〔陕〕绥德县 395
四九镇……〔粤〕台山市 294
四大寨乡…〔黔〕紫云苗族布依族自治县 360
四川北路街道……〔沪〕虹口区 175
四门子镇……〔辽〕凤城市 149
四门镇……〔陇〕武山县 403
四子王旗……〔蒙〕乌兰察布市 140
四女寺镇……〔鲁〕武城县 244
四马架镇……〔黑〕桦川县 170
四马桥镇……〔湘〕道县 286
四马路街道……〔吉〕铁东区 159
四丰乡……〔黑〕郊区 170
四开乡……〔川〕昭觉县 353
四屯镇……〔陕〕周至县 390
四公镇……〔川〕仁寿县 341
四方台区……〔黑〕双鸭山市 169
四方台镇……〔辽〕辽中区 146
四方台镇……〔黑〕北林区 171
四方坪街道……〔湘〕开福区 277
四方街道……〔鲁〕市北区 236
四户镇……〔苏〕邳州市 181
四队镇……〔苏〕灌云县 183
四甘普乡……〔川〕越西县 354
四龙乡……〔川〕南部县 339
四龙路街道……〔陇〕白银区 402
四龙镇……〔陇〕白银区 402
四平市……〔吉〕159
四平路街道……〔沪〕杨浦区 175
四平镇……〔辽〕普兰店区 147
四甲镇……〔苏〕海门市 182
四台沟街道……〔晋〕矿区 123
四台嘴乡……〔冀〕崇礼区 116
四老沟街道……〔晋〕矿区 123
四芝兰镇……〔冀〕宁晋县 112
四团镇……〔沪〕奉贤区 176
四会市……〔粤〕肇庆市 296
四合乡……〔黑〕林甸县 169
四合乡……〔皖〕广德县 210
四合乡……〔川〕井研县 337
四合乡……〔川〕西昌市 351
四合永镇…〔冀〕围场满族蒙古族自治县 118
四合当镇……〔辽〕凌源市 154
四合城镇……〔辽〕彰武县 151
四合镇……〔辽〕细河区 151
四合镇……〔辽〕昌图县 152
四合镇……〔川〕市中区 336
四合镇……〔川〕大竹县 344
四庄乡……〔鄂〕通城县 273
四坝镇……〔陇〕凉州区 403
四把镇……〔桂〕罗城仫佬族自治县 309
四更镇……〔琼〕东方市 314
四里村街道……〔鲁〕市中区 235
四里店镇……〔豫〕方城县 258
四里河街道……〔皖〕庐阳区 201
四里棚街道……〔鄂〕应城市 271
四里镇……〔湘〕桂阳县 284
四岔口乡……〔冀〕丰宁满族自治县 117
四亩地镇……〔陕〕宁陕县 396
四间房镇……〔豫〕滑县 253
四青街道……〔赣〕月湖区 225
四明山镇……〔浙〕余姚市 191
四明镇……〔苏〕射阳县 184
四季红镇……〔湘〕沅江市 284
四季青（地区）镇……〔京〕海淀区 99
四季青镇……〔黑〕林甸县 169
四季青街道……〔冀〕丛台区 111
四季青街道……〔浙〕江干区 189
四季青街道……〔陇〕西固区 401
四季镇……〔陕〕岚皋县 396
四所楼镇……〔豫〕通许县 250
四股桥乡……〔赣〕玉山县 232
四河乡……〔苏〕泗洪县 186

（五画）四生乍禾丘仕付代仙仪白

四河镇……〔陇〕静宁县 405
四宝山街道……〔鲁〕张店区 237
四官营子镇……〔辽〕凌源市 154
四房吴镇……〔陇〕会宁县 402
四姑娘山镇……〔川〕小金县 349
四姑镇……〔鄂〕大悟县 271
四荣乡……〔桂〕融水苗族自治县 304
四面山镇……〔渝〕江津区 319
四面山镇……〔川〕江安县 341
四面城镇……〔辽〕昌图县 152
四洼乡……〔川〕阿坝县 349
四屏镇……〔渝〕江津区 319
四都乡……〔浙〕松阳县 197
四都坪乡……〔湘〕永定区 283
四都镇……〔浙〕江山市 195
四都镇……〔闽〕诏安县 217
四都镇……〔闽〕长汀县 218
四都镇……〔赣〕修水县 224
四都镇……〔湘〕桂东县 285
四都镇……〔粤〕龙川县 298
四烈乡……〔川〕高县 342
四站镇……〔黑〕肇东市 172
四海乡……〔川〕邻水县 343
四海店镇……〔黑〕绥棱县 172
四海镇……〔京〕延庆区 100
四家子蒙古族乡……〔辽〕法库县 146
四家子镇……〔蒙〕敖汉旗 137
四家子镇……〔辽〕黑山县 150
四家乡……〔吉〕二道区 157
四家屯街道……〔辽〕兴城市 154
四通达乡……〔川〕甘孜县 350
四通镇……〔豫〕淮阳县 262
四排山乡……
〔滇〕双江拉祜族佤族布朗族傣族自治县 374
四排赫哲族乡……〔黑〕饶河县 169
四排镇……〔桂〕鹿寨县 304
四营乡……〔冀〕泊头市 119
四唯街道……〔鄂〕江岸区 267
四族镇……〔陇〕漳县 407
四望镇……〔鄂〕武穴市 273
四喜乡……〔川〕营山县 339
四棵乡……〔川〕布拖县 353
四棵树乡……〔吉〕梨树县 159
四棵树乡……〔吉〕大安市 162
四棵树乡……〔豫〕鲁山县 252
四棵树乡……〔豫〕南召县 257
四棵树镇……〔新〕乌苏市 429
四棚乡……〔吉〕通化县 160
四铺镇……〔皖〕濉溪县 204
四牌楼街道……〔苏〕京口区 185
四堡子镇……〔辽〕彰武县 151
四堡镇……〔闽〕连城县 219
四皓街道……〔陕〕洛南县 397
四街镇……〔滇〕通海县 371
四道沟乡…〔冀〕围场满族蒙古族自治县 118
四道沟镇……〔吉〕临江市 161
四道河子镇……〔新〕沙湾县 429
四道湾子镇……〔蒙〕敖汉旗 137
四塘镇……〔桂〕临桂区 304
四塘镇……〔桂〕右江区 307
四塘镇……〔桂〕平果县 308
四微街道……〔冀〕井陉矿区 107
四新岗镇……〔湘〕临澧县 283
四新街道……〔鄂〕汉阳区 267
四嘉子满族乡……〔黑〕爱辉区 171
四褐山街道……〔皖〕鸠江区 201
四鹤街道……〔闽〕延平区 217
生机镇……〔黔〕七星关区 360
生达乡……〔藏〕江达县 383
生米镇……〔赣〕新建区 223
生江镇……〔粤〕罗定市 300
生祠镇……〔苏〕靖江市 186
生格乡……〔藏〕洛扎县 384
生格乡……〔青〕天峻县 415
生铁冢镇……〔豫〕鹿邑县 262
生康乡……〔川〕甘孜县 350
乍洋乡……〔闽〕柘荣县 219
乍浦镇……〔浙〕平湖市 192
禾山街道……〔闽〕湖里区 214
禾川镇……〔赣〕永新县 229
禾丰乡……〔川〕剑阁县 334
禾丰布依族苗族乡……〔黔〕开阳县 357
禾丰镇……〔赣〕于都县 227
禾丰镇……〔川〕简阳市 329
禾丰镇……〔川〕什邡市 331
禾云镇……〔粤〕清新区 298
禾木哈纳斯蒙古族乡…〔新〕布尔津县 429
禾市镇……〔赣〕泰和县 228
禾尼乡……〔川〕理塘县 351
禾加镇……〔川〕仁寿县 341
禾驮镇……〔陇〕岷县 407
禾甸镇……〔滇〕祥云县 377
禾库镇……〔湘〕凤凰县 288
禾青镇……〔湘〕冷水江市 288
禾亭镇……〔湘〕宁远县 286
禾洞镇……〔粤〕连山壮族瑶族自治县 299
禾埠街道……〔赣〕吉州区 228
禾梨坳乡……〔湘〕芷江侗族自治县 287
禾源镇……〔赣〕遂川县 228
禾滩镇……〔湘〕新晃侗族自治县 287
丘北县……〔滇〕文山壮族苗族自治州 376
丘垭乡……〔川〕南部县 339
仕阳镇……〔浙〕泰顺县 192
仕望集乡……〔冀〕魏县 112
付井镇……〔豫〕沈丘县 261
付庄乡……〔豫〕泌阳县 263
付店镇……〔豫〕汝阳县 251
付家佐乡……〔冀〕肃宁县 118
付家店满族乡……〔冀〕滦平县 117
付营子镇……〔冀〕滦平县 117
付集镇……〔豫〕项城市 262
代力吉镇……〔蒙〕科尔沁左翼中旗 137
代王城镇……〔冀〕蔚县 116
代王街道……〔陕〕临潼区 389
代化镇……〔黔〕长顺县 365
代市镇……〔川〕前锋区 342
代召乡……〔冀〕邯山区 110
代寺镇……〔川〕富顺县 329
代字营镇……〔陕〕潼关县 392
代县……〔晋〕忻州市 128
代钦塔拉苏木…〔蒙〕科尔沁右翼中旗 141
代家坝镇……〔陕〕宁强县 394
仙人乡……〔晋〕盂县 124
仙人庄街道……〔豫〕鼓楼区 250
仙人咀街道……〔辽〕岫岩满族自治县 147
仙人洞镇……〔辽〕庄河市 147
仙人桥镇……〔吉〕抚松县 160
仙人湾瑶族乡……〔湘〕辰溪县 286
仙人渡镇……〔鄂〕老河口市 270
仙下乡……〔赣〕于都县 227
仙子脚镇……〔湘〕道县 286
仙女山街道……〔鄂〕汉川市 271
仙女山镇……〔渝〕武隆区 321
仙女湖镇……〔渝〕丰都县 321
仙女镇……〔苏〕江都区 185
仙女镇……〔鄂〕枝江市 269
仙龙镇……〔渝〕永川区 319
仙市镇……〔川〕沿滩区 329
仙台坝镇……〔陕〕略阳县 394
仙台镇……〔豫〕叶县 252
仙夹镇……〔闽〕永春县 216
仙师镇……〔闽〕永定区 218
仙回瑶族乡……〔桂〕昭平县 308
仙华街道……〔浙〕浦江县 194
仙庄镇……〔豫〕清丰县 255
仙米乡……〔青〕门源回族自治县 414
仙阳镇……〔闽〕浦城县 217
仙村镇……〔粤〕增城区 292
仙林街道……〔苏〕栖霞区 179
仙林镇……〔川〕西充县 340
仙岩街道……〔浙〕瓯海区 191
仙岩镇……〔浙〕嵊州市 194
仙岩镇……〔赣〕玉山县 232
仙岳山街道……〔湘〕醴陵市 278
仙河镇……〔鲁〕河口区 238
仙河镇……〔陕〕旬阳县 397
仙居乡……〔豫〕光山县 260
仙居乡……〔鄂〕东宝区 270
仙居县……〔浙〕台州市 196
仙降街道……〔浙〕瑞安市 192
仙城街道……〔吉〕西安区 159
仙城镇……〔粤〕潮南区 293
仙临镇……〔川〕南溪区 341
仙都街道……〔浙〕缙云县 197
仙都镇……〔闽〕华安县 217
仙桥乡……〔黔〕福泉市 365
仙桥街道……〔粤〕榕城区 300
仙桃市…〔鄂〕恩施土家族苗族自治州 274
仙桃街道……〔渝〕渝北区 318
仙峰乡……〔川〕梓潼县 333
仙峰苗族乡……〔川〕兴文县 342
仙浴湾镇……〔辽〕瓦房店市 147
仙营街道……〔鲁〕任城区 240
仙庵镇……〔粤〕惠来县 300
仙庾镇……〔湘〕荷塘区 278
仙鹅乡……〔川〕梓潼县 333
仙湖镇……〔桂〕武鸣区 303
仙渡乡……〔浙〕莲都区 196
仙游县……〔闽〕莆田市 214
仙寓镇……〔皖〕石台县 210
仙塘镇……〔粤〕东源县 298
仙槎桥镇……〔湘〕邵东县 280
仙源乡……〔赣〕万载县 229
仙源镇……〔皖〕黄山区 205
仙源镇……〔黔〕习水县 359
仙溪镇……〔浙〕乐清市 192
仙溪镇……〔湘〕安化县 284
仙踪镇……〔皖〕含山县 203
仙霞新村街道……〔沪〕长宁区 175
仙霞镇……〔皖〕宁国市 210
仪阳街道……〔鲁〕肥城市 241
仪陇县……〔川〕南充市 339
仪征市……〔苏〕扬州市 185
仪封乡……〔豫〕兰考县 250
白厂门镇……〔辽〕黑山县 150
白土乡……〔桂〕金城江区 309
白土乡……〔渝〕黔江区 319
白土岗乡……〔宁〕灵武市 419
白土岗镇……〔豫〕南召县 257
白土店乡……〔豫〕息县 261
白土窑乡……〔冀〕沽源县 116
白土镇……〔冀〕磁县 111
白土镇……〔皖〕萧县 208
白土镇……〔赣〕丰城市 230
白土镇……〔豫〕栾川县 251
白土镇……〔粤〕曲江区 292
白土镇……〔粤〕高要区 296
白土镇……〔渝〕万州区 317
白山乡……〔辽〕建平县 153
白山乡……〔吉〕梨树县 159
白山乡……〔川〕苍溪县 335
白山市……〔吉〕 160
白山路街道……〔辽〕沙河口区 146
白山镇……〔黑〕龙江县 167
白山镇……〔皖〕庐江县 201
白山镇……〔桂〕马山县 303
白马山街道……〔鲁〕市中区 235
白马乡……〔冀〕易县 114
白马乡……〔川〕广安区 342
白马乡……〔川〕西昌市 351
白马乡……〔陇〕华池县 405
白马乡……〔宁〕中宁县 420
白马井镇……〔琼〕儋州市 313
白马石乡……〔晋〕应县 126
白马石乡……〔辽〕连山区 154
白马寺镇……〔豫〕洛龙区 251
白马寺镇……〔鄂〕江陵县 272
白马关镇……〔川〕罗江区 331
白马桥乡……〔赣〕余干县 232
白马桥街道……〔湘〕宁乡市 277
白马铺镇……〔陇〕庆城县 405
白马街道……〔皖〕弋江区 201
白马湖街道……〔湘〕武陵区 282
白马湖街道……
……〔黔〕镇宁布依族苗族自治县 360
白马湖镇……〔鲁〕夏津县 244
白马渡镇……〔湘〕道县 286
白马滩镇……〔陕〕黄龙县 393
白马镇……〔苏〕溧水区 179
白马镇……〔苏〕高港区 185

（五画）白

白马镇……〔浙〕浦江县 194
白马镇……〔豫〕郸城县 262
白马镇……〔湘〕涟源市 288
白马镇……〔桂〕北流市 307
白马镇……〔渝〕武隆区 321
白马镇……〔川〕米易县 330
白马镇……〔川〕安居区 335
白马镇……〔川〕市中区 336
白马镇……〔川〕市中区 336
白马镇……〔川〕东坡区 340
白马镇……〔川〕宣汉县 344
白马藏族乡……〔川〕平武县 333
白王乡……〔陇〕康乐县 408
白元镇……〔豫〕伊川县 251
白云山镇……〔黔〕长顺县 365
白云乡……〔冀〕顺平县 115
白云乡……〔黑〕嫩江县 171
白云乡……〔闽〕永泰县 213
白云乡……〔桂〕融水苗族自治县 304
白云乡……〔渝〕武隆区 321
白云乡……〔川〕蒲江县 328
白云乡……〔黔〕赤水市 359
白云乡……〔滇〕屏边苗族自治县 375
白云区……〔粤〕广州市 291
白云区……〔黔〕贵阳市 357
白云寺镇……〔豫〕民权县 259
白云鄂博矿区……〔蒙〕包头市 135
白云街道……〔辽〕西岗区 146
白云街道……〔浙〕海曙区 190
白云街道……〔浙〕东阳市 194
白云街道……〔浙〕柯城区 195
白云街道……〔浙〕莲都区 196
白云街道……〔浙〕椒江区 196
白云街道……〔豫〕梁园区 259
白云街道……〔粤〕越秀区 291
白云湖街道……〔鲁〕章丘区 235
白云湖街道……〔粤〕白云区 291
白云路街道……〔蒙〕昆都仑区 135
白云镇……〔湘〕石门县 283
白云镇……〔川〕梓潼县 333
白云镇……〔黔〕平坝区 359
白扎乡……〔青〕囊谦县 415
白牙市镇……〔湘〕东安县 285
白中镇……〔闽〕闽清县 213
白水乡……〔赣〕万载县 229
白水乡……〔川〕安岳县 348
白水江镇……〔陕〕略阳县 394
白水县……〔陕〕渭南市 392
白水洋镇……〔浙〕临海市 196
白水湖街道……〔赣〕浔阳区 224
白水瑶族乡……〔湘〕桂阳县 284
白水镇……〔闽〕龙海市 217
白水镇……〔赣〕吉水县 228
白水镇……〔湘〕汨罗市 282
白水镇……〔湘〕祁阳县 285
白水镇……〔川〕旺苍县 334
白水镇…〔黔〕关岭布依族苗族自治县 360
白水镇……〔滇〕沾益区 370
白水镇……〔滇〕泸西县 376
白水镇……〔陇〕崆峒区 404
白牛镇……〔豫〕邓州市 258
白毛坪乡……〔湘〕城步苗族自治县 281
白什乡……〔川〕北川羌族自治县 333
白什坎特镇……〔新〕莎车县 426
白公街道……〔渝〕忠县 321
白仓镇……〔湘〕邵阳县 280
白乌镇……〔川〕盐源县 352
白文镇……〔晋〕临县 131
白玉山街道……〔鄂〕青山区 267
白玉乡……〔青〕久治县 415
白玉县……〔川〕甘孜藏族自治州 350
白古屯镇……〔津〕武清区 104
白节镇……〔川〕纳溪区 330
白石山镇……〔冀〕涞源县 114
白石山镇……〔吉〕蛟河市 158
白石乡……〔桂〕兴安县 305
白石乡……〔渝〕黔江区 319
白石水镇……〔桂〕浦北县 306
白石头乡……〔新〕伊州区 424
白石江街道……〔滇〕麒麟区 370
白石岩乡…〔黔〕紫云苗族布依族自治县 360
白石街道……〔浙〕乐清市 192
白石街道……〔鲁〕芝罘区 238
白石渡镇……〔湘〕宜章县 284
白石镇……〔浙〕常山县 195
白石镇……〔鲁〕汶上县 240
白石镇……〔湘〕湘潭县 279
白石镇……〔粤〕乐昌市 292
白石镇……〔粤〕信宜市 295
白石镇……〔粤〕云安区 300
白石镇……〔渝〕忠县 322
白石镇……〔滇〕云龙县 377
白龙山街道……〔浙〕云和县 197
白龙乡……〔冀〕满城区 113
白龙桥镇……〔浙〕婺城区 194
白龙街道……〔琼〕美兰区 313
白龙塘镇……〔陕〕西乡县 394
白龙镇……〔晋〕霍州市 130
白龙镇……〔皖〕肥东县 201
白龙镇……〔川〕剑阁县 334
白田乡……〔赣〕贵溪市 226
白田镇……〔湘〕湘乡市 279
白乐镇……〔冀〕蔚县 116
白市驿镇……〔渝〕九龙坡区 318
白市镇……〔川〕广安区 342
白市镇……〔黔〕天柱县 364
白头里乡……〔晋〕右玉县 126
白头镇……〔川〕崇州市 328
白台子镇……〔辽〕凌海市 150
白圩乡……〔赣〕进贤县 223
白圩镇……〔桂〕上林县 303
白寺乡……〔豫〕浚县 253
白寺镇……〔豫〕商水县 261
白地乡……〔藏〕浪卡子县 384
白地市镇……〔湘〕祁东县 279
白地镇……〔皖〕旌德县 210
白芨沟街道……〔宁〕大武口区 419
白芒营镇……〔湘〕江华瑶族自治县 286
白芒铺镇……〔湘〕道县 286
白达乡……〔藏〕洛隆县 383
白团乡……〔冀〕清苑区 113
白合镇……〔冀〕唐县 114
白合镇……〔川〕东兴区 336
白庄乡……〔冀〕深泽县 108
白庄镇……〔青〕循化撒拉族自治县 414
白衣阁乡……〔豫〕范县 255
白衣镇……〔湘〕津市市 283
白衣镇……〔川〕平昌县 347
白羊乡……〔川〕万源市 345
白羊乡……〔川〕松潘县 348
白羊田镇……〔湘〕临湘市 282
白羊溪乡……〔湘〕泸溪县 288
白羊镇……〔渝〕万州区 317
白羊镇……〔渝〕铜梁区 320
白关乡……〔陇〕礼县 408
白关镇……〔湘〕芦淞区 278
白米镇……〔苏〕姜堰区 185
白米镇……〔川〕合江县 330
白兴吐苏木……〔蒙〕科尔沁左翼中旗 137
白阳镇……〔宁〕彭阳县 420
白羽街道……〔豫〕西峡县 258
白玛岗街道……〔藏〕巴宜区 383
白玛镇……〔藏〕八宿县 383
白坝镇……〔川〕大竹县 344
白花镇……〔粤〕惠东县 296
白花镇……〔川〕宜宾县 341
白杨乡……〔川〕峨边彝族自治县 337
白杨乡……〔陇〕康县 407
白杨沟镇……〔新〕乌苏市 429
白杨坪镇……〔鄂〕恩施市 274
白杨河乡……〔新〕木垒哈萨克自治县 424
白杨街道……〔浙〕江干区 189
白杨镇……〔赣〕瑞昌市 225
白杨镇……〔豫〕宜阳县 251
白甸镇……〔苏〕海安县 182
白沙乡……〔黔〕普安县 363
白沙河街道……〔鲁〕平度市 236
白沙洲乡……〔赣〕鄱阳县 232
白沙洲街道……〔鄂〕武昌区 267
白沙洲街道……〔湘〕望城区 277
白沙洲街道……〔湘〕雁峰区 279
白沙埠镇……〔鲁〕兰山区 242
白沙街道……〔浙〕江北区 190
白沙街道……〔闽〕三元区 214
白沙街道……〔粤〕蓬江区 294
白沙街道……〔粤〕江城区 298
白沙街道……〔琼〕美兰区 313
白沙沥街道　〔桂〕港口区 306
白沙湾街道……〔川〕翠屏区 341
白沙路街道……〔浙〕慈溪市 191
白沙滩镇……〔鲁〕乳山市 242
白沙镇……〔闽〕闽侯县 213
白沙镇……〔闽〕涵江区 214
白沙镇……〔闽〕新罗区 218
白沙镇……〔赣〕吉水县 228
白沙镇……〔豫〕中牟县 249
白沙镇……〔豫〕伊川县 251
白沙镇……〔鄂〕阳新县 268
白沙镇……〔鄂〕孝昌县 271
白沙镇……〔湘〕常宁市 280
白沙镇……〔粤〕台山市 294
白沙镇……〔粤〕雷州市 295
白沙镇……〔粤〕英德市 299
白沙镇……〔桂〕阳朔县 304
白沙镇……〔桂〕柳江区 304
白沙镇……〔桂〕合浦县 306
白沙镇……〔桂〕桂平市 307
白沙镇……〔桂〕富川瑶族自治县 309
白沙镇……〔渝〕江津区 319
白沙镇……〔渝〕南川区 320
白沙镇……〔川〕双流区 327
白沙镇……〔川〕合江县 330
白沙镇……〔川〕万源市 345
白沙镇……〔黔〕石阡县 362
白沙镇……〔滇〕玉龙纳西族自治县 373
白沙镇……〔陇〕清水县 402
白沙黎族自治县……〔琼〕儋州市 314
白沟镇……〔冀〕高碑店市 115
白良镇……〔赣〕万载县 229
白层镇……〔黔〕贞丰县 363
白际乡……〔皖〕休宁县 205
白陂乡……〔赣〕崇仁县 231
白纸坊街道……〔京〕西城区 99
白青乡……〔闽〕平潭县 214
白坪乡……〔豫〕登封市 250
白坪乡……〔川〕武胜县 343
白坪街道……〔陕〕安塞区 393
白坭乡……〔川〕北川羌族自治县 333
白坭镇……〔粤〕三水区 293
白坡彝族乡……〔川〕米易县 330
白茆镇……〔皖〕鸠江区 202
白松镇……〔川〕稻城县 351
白虎沟满族蒙古族乡……〔冀〕隆化县 117
白果乡……〔鄂〕恩施市 274
白果乡……〔川〕中江县 331
白果乡……〔川〕昭化区 334
白果乡……〔川〕青神县 341
白果乡……〔川〕越西县 354
白果街道……〔黔〕赫章县 361
白果湾乡……〔川〕会理县 352
白果镇……〔鄂〕麻城市 273
白果镇……〔湘〕衡山县 279
白果镇……〔川〕金堂县 328
白果镇……〔川〕万源市 345
白岸乡……〔冀〕邢台县 112
白岩镇……〔黔〕普定县 360
白岭镇……〔赣〕修水县 224
白竺乡……〔赣〕湘东区 224
白依乡……〔川〕理塘县 351
白依拉嘎乡……〔吉〕前郭尔罗斯蒙古族自治县 161
白舍镇……〔赣〕南丰县 231
白金乡……〔吉〕龙井市 162
白鱼湾镇……〔黑〕密山市 168
白兔乡……〔川〕渠县 345
白兔镇……〔苏〕句容市 185
白兔潭镇……〔湘〕醴陵市 278
白狐沟街道……〔蒙〕石拐区 135
白店乡……〔豫〕潢川县 261
白庙子乡……〔冀〕迁西县 109

（五画）白他斥瓜丛印乐

白庙子乡……〔辽〕义县 150
白庙子镇……〔蒙〕土默特左旗 135
白庙乡……〔豫〕郏县 252
白庙乡……〔豫〕睢县 259
白庙乡……〔川〕巴州区 346
白庙回族乡……〔陇〕崆峒区 404
白庙河镇……〔鄂〕罗田县 272
白庙街道……〔鄂〕掇刀区 270
白庙滩乡……〔冀〕张北县 116
白庙镇……〔皖〕临泉县 207
白庙镇……〔川〕贡井区 329
白庙镇……〔川〕岳池县 342
白河乡……〔川〕九寨沟县 348
白河县……〔陕〕安康市 397
白河街道……〔豫〕宛城区 257
白河镇……〔豫〕嵩县 251
白河镇……〔滇〕屏边苗族自治县 375
白河镇……〔陇〕礼县 408
白泥乡……〔川〕古蔺县 331
白泥井镇……〔蒙〕达拉特旗 138
白泥井镇……〔陕〕定边县 395
白泥镇……〔黔〕余庆县 359
白泥镇……〔黔〕织金县 361
白泽湖乡……〔皖〕宜秀区 204
白宝乡……〔桂〕全州县 305
白官屯镇……〔冀〕丰润区 109
白姆乡……〔浙〕武义县 194
白驹镇……〔苏〕大丰区 184
白驼镇……〔陇〕清水县 402
白驿镇……〔川〕苍溪县 335
白垭乡……〔川〕德格县 350
白城市……〔吉〕 161
白垢镇……〔粤〕封开县 296
白垛乡……〔黔〕施秉县 364
白草村乡……〔冀〕蔚县 116
白草塬镇……〔陇〕会宁县 402
白草镇……〔冀〕赤城县 117
白柳镇……〔皖〕枞阳县 204
白柳镇……〔陕〕旬阳县 397
白砂镇……〔闽〕上杭县 218
白奎镇……〔黑〕呼兰区 165
白界镇……〔陕〕横山区 395
白泉乡……〔渝〕开州区 320
白泉镇……〔吉〕东辽县 159
白泉镇……〔浙〕定海区 195
白盆珠镇……〔粤〕惠东县 296
白勉峡镇……〔陕〕西乡县 394
白音勿拉镇……〔蒙〕巴林左旗 136
白音他拉苏木……〔蒙〕奈曼旗 137
白音花镇……〔蒙〕库伦旗 137
白音套海苏木……〔蒙〕翁牛特旗 137
白音特拉乡……〔蒙〕化德县 140
白音席勒街道……〔蒙〕九原区 135
白音朝克图镇……〔蒙〕四子王旗 140
白音察干镇……〔蒙〕察哈尔右翼后旗 140
白彦花镇……〔蒙〕乌拉特前旗 139
白彦镇……〔鲁〕平邑县 243
白帝镇……〔渝〕奉节县 322
白洞街道……〔晋〕矿区 123
白济汛乡……〔滇〕维西傈僳族自治县 378
白洋乡……〔闽〕诏安县 217
白洋街道……〔浙〕武义县 194
白洋湾街道……〔苏〕姑苏区 181
白洋镇……〔鄂〕枝江市 269
白神首乡……〔冀〕新河县 113
白莲乡……〔皖〕霍邱县 209
白莲池街道……〔川〕成华区 327
白莲坡镇……〔皖〕怀远县 202
白莲河乡……〔鄂〕罗田县 272
白莲街道……〔桂〕鱼峰区 303
白莲镇……〔闽〕将乐县 215
白莲镇……〔鄂〕浠水县 272
白莲镇……〔湘〕衡东县 279
白桥镇……〔皖〕和县 203
白桥镇……〔鲁〕商河县 235
白桥镇……〔渝〕开州区 320
白桥镇……〔川〕苍溪县 335
白桦乡……〔黑〕海伦市 172
白峰街道……〔浙〕北仑区 190
白豹镇……〔陕〕吴起县 393
白脑包镇……〔蒙〕临河区 139
白狼镇……〔蒙〕阿尔山市 140
白涛街道……〔渝〕涪陵区 317
白海子镇……〔蒙〕集宁区 140
白浮图镇……〔鲁〕成武县 246
白涧镇……〔津〕蓟州区 104
白浪街道……〔鄂〕茅箭区 268
白浪镇……〔鄂〕郧阳区 268
白家乡……〔川〕青川县 334
白家乡……〔川〕嘉陵区 338
白家庄街道……〔晋〕万柏林区 123
白家庄镇……〔晋〕五台县 128
白家砭镇……〔陕〕绥德县 395
白家湾乡……〔陇〕甘谷县 403
白家镇……〔渝〕垫江县 321
白朗县……〔藏〕日喀则市 382
白诸镇……〔粤〕高要区 296
白桑乡……〔晋〕阳城县 126
白桑关镇……〔鄂〕郧阳区 268
白堆乡……〔藏〕桑日县 384
白营镇……〔豫〕汤阴县 253
白梅乡……〔皖〕枞阳县 204
白雀寺镇……〔陕〕略阳县 394
白雀园镇……〔豫〕光山县 260
白堂乡……〔晋〕平鲁区 126
白崖乡……〔宁〕西吉县 420
白崖台乡……〔晋〕灵丘县 124
白银区……〔陇〕白银市 402
白银市……〔陇〕 402
白银纳鄂伦春族民族乡……〔黑〕呼玛县 172
白银蒙古族乡……〔陇〕肃南裕固族自治县 404
白银路街道……〔陇〕城关区 401
白廊镇……〔湘〕资兴市 285
白鹿泉乡……〔冀〕鹿泉区 107
白鹿洞街道……〔湘〕苏仙区 284
白鹿镇……〔赣〕庐山市 225
白鹿镇……〔渝〕巫溪县 322
白鹿镇……〔川〕彭州市 328
白鹿镇……〔川〕合江县 330
白清街道……〔辽〕苏家屯区 145
白琳镇……〔闽〕福鼎市 219
白塔子镇……〔辽〕喀喇沁左翼蒙古族自治县 153
白塔乡……〔闽〕罗源县 213
白塔区……〔辽〕辽阳市 151
白塔寺乡……〔川〕安岳县 348
白塔岭街道……〔冀〕海港区 110
白塔畈镇……〔皖〕金寨县 209
白塔埠镇……〔苏〕东海县 183
白塔街道……〔蒙〕达拉特旗 138
白塔街道……〔辽〕浑南区 145
白塔街道……〔川〕高坪区 338
白塔街道……〔川〕大竹县 344
白塔满族乡……〔辽〕兴城市 154
白塔镇……〔冀〕沙河市 113
白塔镇……〔浙〕仙居县 196
白塔镇……〔鲁〕博山区 237
白塔镇……〔粤〕揭东区 300
白朝乡……〔川〕利州区 333
白雄乡……〔藏〕聂荣县 385
白帽镇……〔皖〕岳西县 205
白鹅乡……〔赣〕会昌县 227
白集镇……〔豫〕沈丘县 262
白腊苗族乡……〔川〕叙永县 331
白道口镇……〔豫〕滑县 253
白湖镇……〔皖〕庐江县 201
白湾子镇……〔陕〕定边县 395
白湾乡……〔川〕马尔康市 348
白渡镇……〔粤〕梅县区 297
白堽乡……〔豫〕濮阳县 256
白塘街道……〔赣〕吉州区 228
白塘镇……〔闽〕涵江区 214
白塘镇……〔湘〕汨罗市 282
白蒲镇……〔苏〕如皋市 182
白槎镇……〔赣〕永修县 225
白楼乡……〔豫〕睢县 259
白楼镇……〔豫〕淮阳县 262
白碉苗族乡……〔川〕木里藏族自治县 352
白碗窑镇……〔黔〕兴义市 363
白碌乡……〔陇〕安定区 406
白路乡……〔赣〕崇仁县 231
白路镇……〔滇〕武定县 375
白源街道……〔赣〕安源区 224
白溪乡……〔川〕茂县 348
白溪镇……〔湘〕新化县 288
白碱滩区……〔新〕克拉玛依市 423
白嘎乡……〔藏〕比如县 385
白蝉镇……〔川〕游仙区 332
白箬铺镇……〔湘〕望城区 277
白旗乡……〔冀〕崇礼区 116
白旗寨满族乡……〔辽〕铁岭县 152
白旗镇……〔辽〕凤城市 149
白旗镇……〔吉〕舒兰市 158
白寨镇……〔冀〕曲周县 112
白寨镇……〔豫〕新密市 249
白蕉镇……〔粤〕斗门区 293
白樟镇……〔闽〕闽清县 213
白潭镇……〔豫〕扶沟县 261
白鹤乡……〔川〕苍溪县 335
白鹤洞街道……〔粤〕荔湾区 291
白鹤街道……〔浙〕鄞州区 190
白鹤街道……〔湘〕祁东县 279
白鹤街道……〔渝〕开州区 320
白鹤滩镇……〔川〕宁南县 352
白鹤滩镇……〔滇〕巧家县 372
白鹤镇……〔沪〕青浦区 176
白鹤镇……〔浙〕天台县 196
白鹤镇……〔豫〕孟津县 251
白鹤镇……〔鄂〕房县 268
白鹤镇……〔湘〕武陵区 282
白霓镇……〔鄂〕崇阳县 273
白濑乡……〔闽〕安溪县 216
白壁镇……〔豫〕安阳县 253
白螺镇……〔鄂〕监利县 272
白藤街道……〔粤〕斗门区 293
白鹭乡……〔赣〕赣县区 226
白露街道……〔赣〕月湖区 225
白露街道……〔桂〕柳北区 304
白露塘镇……〔湘〕苏仙区 284
他拉哈镇……〔黑〕杜尔伯特蒙古族自治县 169
他拉皋镇……〔辽〕双塔区 153
斥山街道……〔鲁〕荣成市 241
瓜子坪街道……〔川〕东区 330
瓜什则乡……〔青〕同仁县 414
瓜州县……〔陇〕酒泉市 405
瓜州镇……〔陇〕瓜州县 405
瓜里乡……〔桂〕资源县 305
瓜园乡……〔晋〕大同县 124
瓜沥镇……〔浙〕萧山区 189
瓜坡镇……〔陕〕华州区 392
瓜洲镇……〔苏〕邗江区 185
瓜畲乡……〔赣〕安福县 229
丛台区……〔冀〕邯郸市 110
丛台西街道……〔冀〕丛台区 110
丛台东街道……〔冀〕丛台区 111
丛林镇……〔渝〕綦江区 318
丛罗峪镇……〔晋〕临县 131
印斗镇……〔陕〕米脂县 395
印台区……〔陕〕铜川市 390
印台街道……〔陕〕印台区 390
印庄乡……〔冀〕卢龙县 110
印江土家族苗族自治县……〔黔〕铜仁市 362
印茶镇……〔桂〕田东县 308
印塘乡……〔湘〕双峰县 287
乐土驿镇……〔新〕玛纳斯县 424
乐土镇……〔皖〕蒙城县 209
乐山市……〔川〕 336
乐山镇……〔吉〕朝阳区 157
乐山镇……〔黔〕播州区 358
乐义乡……〔川〕筠连县 342
乐丰乡……〔滇〕宣威市 370
乐丰镇……〔赣〕鄱阳县 232
乐天溪镇……〔鄂〕夷陵区 269
乐元镇……〔黔〕望谟县 363
乐化镇……〔赣〕新建区 223
乐从镇……〔粤〕顺德区 293
乐平市……〔赣〕景德镇市 224
乐平铺镇……〔鲁〕茌平县 244
乐平镇……〔晋〕昔阳县 127

（五画）乐尔句册卯处外鸟务包主市立冯邙玄闪兰

乐平镇……〔粤〕三水区 293
乐平镇……〔黔〕平坝区 359
乐东黎族自治县……〔琼〕儋州市 314
乐业乡……〔黑〕海伦市 172
乐业县……〔桂〕靖西市 308
乐业镇……〔黑〕松北区 165
乐业镇……〔黑〕同江市 170
乐业镇……〔滇〕会泽县 370
乐甲街道……〔辽〕普兰店区 147
乐白道街道……〔滇〕开远市 375
乐民镇……〔粤〕遂溪县 294
乐民镇……〔桂〕浦北县 306
乐加乡……〔川〕三台县 332
乐成街道……〔浙〕乐清市 192
乐至县……〔川〕资阳市 348
乐华街道……〔粤〕霞山区 294
乐江乡……〔桂〕龙胜各族自治县 305
乐兴乡……〔川〕仪陇县 340
乐兴镇……〔川〕安州区 332
乐安乡……〔川〕新龙县 350
乐安乡……〔川〕布拖县 353
乐安寺乡……〔川〕青川县 334
乐安县……〔赣〕抚州市 231
乐安铺苗族侗族乡……〔湘〕绥宁县 281
乐安街道……〔冀〕乐亭县 109
乐安街道……〔鲁〕广饶县 238
乐安镇……〔湘〕安化县 284
乐安镇……〔川〕三台县 332
乐红镇……〔滇〕鲁甸县 372
乐约乡……〔川〕美姑县 354
乐寿镇……〔冀〕献县 119
乐坝镇……〔川〕南江县 347
乐里镇……〔桂〕田林县 308
乐里镇……〔黔〕榕江县 364
乐园乡……〔赣〕瑞昌市 225
乐园镇……〔粤〕浈江区 292
乐余镇……〔苏〕张家港市 182
乐武乡……〔川〕喜德县 353
乐青地乡……〔川〕越西县 354
乐坪街道……〔湘〕娄星区 287
乐英乡……〔川〕天全县 346
乐贤街道……〔川〕市中区 336
乐旺镇……〔黔〕望谟县 363
乐昌市……〔粤〕韶关市 292
乐昌镇……〔晋〕曲沃县 130
乐育镇……〔滇〕红河县 376
乐治镇……〔黔〕纳雍县 361
乐居镇……〔滇〕昭阳区 372
乐城街道……〔粤〕乐昌市 292
乐城镇……〔粤〕高要区 295
乐秋乡……〔滇〕南涧彝族自治县 377
乐俭镇……〔黔〕正安县 358
乐胜乡……〔吉〕大安市 162
乐亭县……〔冀〕唐山市 109
乐亭镇……〔冀〕乐亭县 109
乐洞乡……〔赣〕崇义县 226
乐素河镇……〔陕〕略阳县 394
乐都区……〔青〕海东市 413
乐都镇……〔川〕峨眉山市 338
乐桥镇……〔皖〕庐江县 201
乐峰镇……〔闽〕南安市 216
乐家湾镇……〔青〕城东区 413
乐陵市……〔鲁〕德州市 244
乐跃镇……〔川〕德昌县 352
乐清市……〔浙〕宁波市 192
乐善镇……〔川〕武胜县 343
乐港镇……〔赣〕乐平市 224
乐福堂乡……〔湘〕道县 286
乐群满族乡……〔黑〕双城区 166
乐德镇……〔川〕荣县 329
尔王庄镇……〔津〕宝坻区 104
尔合乡……〔川〕美姑县 354
尔其乡……〔川〕美姑县 354
尔林兔镇……〔陕〕神木市 396
尔觉乡……〔川〕越西县 354
尔觉西乡……〔川〕金阳县 353
尔赛乡……〔川〕越西县 354
句容市……〔苏〕镇江市 185
册山街道……〔鲁〕兰山区 242
册井乡……〔冀〕沙河市 113
册村镇……〔晋〕沁县 125
册亨县……〔黔〕黔西南布依族苗族自治州 363
卯酉乡……〔蒙〕商都县 140
处长地乡……〔冀〕康保县 116
外山乡……〔闽〕永春县 216
外屯乡……〔闽〕政和县 218
外冈镇……〔沪〕嘉定区 176
外北乡……〔川〕会理县 352
外沟门乡……〔冀〕丰宁满族自治县 117
外纳镇……〔陇〕武都区 407
外郎乡……〔渝〕云阳县 322
外砂镇……〔粤〕龙湖区 293
外海街道……〔粤〕江海区 294
外滩街道……〔沪〕黄浦区 175
鸟江镇……〔湘〕祁东县 279
鸟河乡……〔黑〕宾县 166
务川仡佬族苗族自治县……〔黔〕遵义市 359
务本乡……〔川〕仁和区 330
务欢池镇……〔辽〕阜新蒙古族自治县 151
务基镇……〔滇〕永善县 372
务德镇……〔滇〕宣威市 370
包屯镇……〔豫〕扶沟县 261
包公庙乡……〔豫〕睢阳区 259
包公街道……〔皖〕包河区 201
包公镇……〔皖〕肥东县 201
包尔海乡……〔新〕焉耆回族自治县 425
包头市……〔蒙〕 135
包场镇……〔苏〕海门市 182
包谷坪乡……〔川〕布拖县 353
包谷垴乡……〔滇〕巧家县 372
包拉温都蒙古族乡……〔吉〕通榆县 162
包河区……〔皖〕合肥市 201
包垟乡……〔浙〕泰顺县 192
包信镇……〔豫〕息县 261
包座乡……〔川〕若尔盖县 349
包家乡……〔皖〕岳西县 205
包家屯镇……〔辽〕法库县 146
包家店镇……〔新〕玛纳斯县 424
包家镇……〔渝〕垫江县 321
包鸾镇……〔渝〕丰都县 321
主田镇……〔粤〕南雄市 292
主星朝鲜族乡……〔黑〕北安市 171
主簿镇……〔皖〕岳西县 205
市山镇……〔赣〕南丰县 231
市中区……〔鲁〕济南市 235
市中区……〔鲁〕枣庄市 237
市中区……〔川〕内江市 336
市中区……〔川〕乐山市 336
市中街道……〔鲁〕乐陵市 244
市中街道……〔鲁〕禹城市 244
市中街道……〔鲁〕滨城区 245
市中街道……〔黔〕赤水市 359
市中街道……〔黔〕碧江区 362
市东街道……〔鲁〕滨城区 245
市东街道……〔黔〕七星关区 360
市北区……〔鲁〕青岛市 236
市场街道……〔冀〕运河区 118
市场街道……〔辽〕旅顺口区 146
市西街道……〔鲁〕滨城区 245
市西街道……〔黔〕七星关区 360
市同乡……〔冀〕行唐县 107
市坪苗族仡佬族乡……〔黔〕正安县 358
市府东路街道……〔蒙〕昆都仑区 135
市南区……〔鲁〕青岛市 235
市桥街道……〔粤〕番禺区 291
立山区……〔辽〕鞍山市 147
立山街道……〔辽〕立山区 147
立山镇……〔川〕仪陇县 339
立仓镇……〔皖〕蒙城县 209
立节镇……〔陇〕舟曲县 409
立石镇……〔川〕泸县 330
立岗镇……〔宁〕贺兰县 419
立新乡……〔赣〕永修县 225
立新乡……〔鄂〕沙市区 271
立新乡……〔青〕治多县 415
立新街道……〔黑〕鸡冠区 168
立新街道……〔黑〕西安区 170
立新街道……〔皖〕谢家集区 203
立新镇……〔川〕三台县 332
立德镇……〔皖〕谯城区 209
冯三镇……〔黔〕开阳县 357
冯川镇……〔赣〕奉新县 229
冯井镇……〔皖〕霍邱县 208
冯贝堡镇……〔辽〕法库县 146
冯卯镇……〔鲁〕山亭区 237
冯记沟乡……〔宁〕盐池县 420
冯地坑乡……〔陕〕定边县 395
冯庄乡……〔豫〕通许县 250
冯庄乡……〔陕〕宝塔区 393
冯庄乡……〔宁〕彭阳县 420
冯庄镇……〔豫〕获嘉县 254
冯村乡……〔晋〕盐湖区 127
冯村乡……〔豫〕封丘县 254
冯村镇……〔陕〕大荔县 392
冯坪乡……〔渝〕奉节县 322
冯坡镇……〔琼〕文昌市 313
冯店乡……〔豫〕商城县 260
冯店镇……〔川〕中江县 331
冯庙镇……〔皖〕灵璧县 208
冯河乡……〔川〕盐亭县 333
冯官屯镇……〔鲁〕茌平县 244
冯封街道……〔豫〕中站区 255
冯瓴乡……〔皖〕霍邱县 209
冯桥镇……〔豫〕睢阳区 259
冯格庄街道……〔鲁〕莱阳市 238
冯原镇……〔陕〕澄城县 392
冯家口镇……〔冀〕南皮县 118
冯家川乡……〔晋〕保德县 129
冯家峪镇……〔京〕密云区 100
冯家街道……〔渝〕黔江区 319
冯家寨镇……〔冀〕广宗县 113
冯家镇……〔辽〕彰武县 151
冯家镇……〔鲁〕乳山市 242
冯家镇……〔鲁〕沾化区 245
冯营子镇……〔冀〕双桥区 117
冯营乡……〔豫〕沈丘县 262
冯营街道……〔豫〕马村区 255
冯塘乡……〔豫〕淮阳县 262
邙山街道……〔豫〕老城区 250
邙岭路街道……〔豫〕西工区 250
邙岭镇……〔豫〕偃师市 252
玄马镇……〔陇〕庆城县 405
玄武门街道……〔苏〕玄武区 179
玄武区……〔苏〕南京市 179
玄武湖街道……〔苏〕玄武区 179
玄武镇……〔豫〕鹿邑县 262
玄庙镇……〔皖〕砀山县 208
玄滩镇……〔川〕泸县 330
闪石乡……〔赣〕莲花县 224
闪电河乡……〔冀〕沽源县 116
闪里镇……〔皖〕祁门县 205
兰干乡……〔新〕库尔勒市 425
兰干乡……〔新〕于田县 428
兰干乡……〔新〕霍城县 428
兰干街道……〔新〕阿克苏市 425
兰干镇……〔新〕疏附县 426
兰山乡……〔辽〕东洲区 148
兰山区……〔鲁〕临沂市 242
兰山街道……〔鲁〕兰山区 242
兰木乡……〔桂〕东兰县 309
兰巨乡……〔浙〕龙泉市 197
兰石镇……〔粤〕吴川市 295
兰田瑶族乡……〔桂〕灵川县 304
兰田镇……〔皖〕休宁县 205
兰考县……〔豫〕开封市 250
兰西县……〔黑〕绥化市 171
兰西镇……〔黑〕兰西县 171
兰州市……〔陇〕 401
兰州湾镇……〔新〕玛纳斯县 424
兰江乡……〔湘〕常宁市 280
兰江街道……〔浙〕余姚市 191
兰江街道……〔浙〕兰溪市 194
兰阳街道……〔豫〕兰考县 250
兰村乡……〔晋〕忻府区 128
兰村乡……〔湘〕麻阳苗族自治县 287
兰里镇……〔湘〕麻阳苗族自治县 287
兰岗镇……〔黑〕宁安市 171
兰沃乡……〔鲁〕冠县 245
兰青乡……〔豫〕正阳县 263

（五画）兰半汀汇头汈汉宁穴让礼

兰坪白族普米族自治县……〔滇〕怒江傈僳族自治州 378
兰英乡……〔渝〕巫溪县 323
兰岭乡……〔黑〕滴道区 168
兰采乡……〔青〕同仁县 414
兰店乡……〔辽〕庄河市 147
兰河乡……〔黑〕兰西县 172
兰河街道……〔黑〕呼兰区 165
兰城街道……〔滇〕隆阳区 371
兰草镇……〔川〕平昌县 347
兰亭街道……〔浙〕柯桥区 193
兰洋镇……〔琼〕儋州市 313
兰桥乡……〔皖〕怀远县 202
兰桥镇…〔渝〕秀山土家族苗族自治县 323
兰高镇……〔鲁〕龙口市 238
兰家镇……〔辽〕宏伟区 151
兰家镇……〔吉〕宽城区 157
兰陵县……〔鲁〕临沂市 243
兰陵街道……〔苏〕天宁区 181
兰陵镇……〔鲁〕兰陵县 243
兰棱街道……〔黑〕双城区 166
兰蓉乡……〔湘〕城步苗族自治县 281
兰溪市……〔浙〕金华市 194
兰溪瑶族乡……〔湘〕江永县 286
兰溪镇……〔鄂〕浠水县 272
兰溪镇……〔湘〕赫山区 283
半山街道……〔浙〕拱墅区 189
半月镇……〔鄂〕当阳市 269
半江镇……〔粤〕东源县 298
半汤街道……〔皖〕巢湖市 201
半岗镇……〔皖〕颍上县 207
半拉门镇……〔辽〕黑山县 150
半坡乡……〔滇〕景谷傣族彝族自治县 373
半坡乡……〔滇〕绿春县 376
半坡店乡……〔豫〕祥符区 250
半坡店乡……〔豫〕滑县 253
半坡镇……〔豫〕伊川县 251
半城镇……〔苏〕泗洪县 186
半扇门乡……〔川〕丹巴县 350
半淞园路街道……〔沪〕黄浦区 175
半塔镇……〔皖〕来安县 206
半堤镇……〔鲁〕定陶区 246
半程镇……〔鲁〕兰山区 242
半截沟镇……〔新〕奇台县 424
半截河街道……〔豫〕魏都区 256
半截塔镇…〔冀〕围场满族蒙古族自治县 118
半壁山镇……〔冀〕兴隆县 117
汀田街道……〔浙〕瑞安市 192
汀州镇……〔闽〕长汀县 218
汀坪乡……〔湘〕城步苗族自治县 281
汀罗镇……〔鲁〕利津县 238
汀泗桥镇……〔鄂〕咸安区 273
汀祖镇……〔鄂〕鄂城区 270
汀流河镇……〔冀〕乐亭县 109
汀溪乡……〔皖〕泾县 210
汀溪镇……〔闽〕同安区 214
汇口镇……〔皖〕宿松县 204
汇川区……〔黔〕遵义市 358
汇丰街道……〔晋〕尖草坪区 123
汇龙镇……〔苏〕启东市 182
汇东乡……〔川〕渠县 345
汇北乡……〔川〕渠县 345
汇南乡……〔川〕渠县 345
汇通街道……〔冀〕桥西区 107
汇湾镇……〔鄂〕竹溪县 268
汇源街道……〔豫〕鲁山县 252
汇源瑶族乡……〔湘〕蓝山县 286
汇溪镇……〔浙〕临海市 196
汇滩乡……〔川〕南江县 347
汇鑫街道……〔鲁〕高唐县 245
头二三道街街道……〔豫〕文峰区 252
头屯河区……〔新〕乌鲁木齐市 423
头屯河街道……〔新〕头屯河区 423
头台乡……〔新〕乌苏市 429
头台镇……〔辽〕义县 150
头台镇……〔黑〕肇源县 169
头百户镇……〔冀〕怀安县 116
头灶镇……〔苏〕东台市 184
头沟镇……〔冀〕承德县 117
头陀镇……〔浙〕黄岩区 196
头陀镇……〔皖〕岳西县 205
头陂镇……〔赣〕广昌县 231
头林镇……〔黑〕富锦市 170
头闸镇……〔宁〕平罗县 419
头桥镇……〔苏〕广陵区 184
头站镇……〔黑〕龙江县 167
头排镇……〔桂〕金秀瑶族自治县 310
头营镇……〔宁〕原州区 420
头铺镇……〔皖〕五河县 202
头道河镇……〔辽〕义县 150
头道桥镇……〔蒙〕杭锦后旗 139
头道营子乡……〔辽〕建昌县 154
头道牌楼街道……〔冀〕双桥区 117
头道街道……〔辽〕振兴区 149
头道镇……〔辽〕昌图县 152
头道镇……〔吉〕集安市 160
头道镇……〔吉〕和龙市 162
头渡镇……〔渝〕南川区 320
头塘镇……〔桂〕田阳县 307
头寨子镇……〔陇〕会宁县 402
汈东街道……〔鄂〕汉川市 271
汉儿庄乡……〔冀〕迁西县 109
汉山街道……〔陕〕南郑区 394
汉川市……〔鄂〕孝感市 271
汉丰街道……〔渝〕开州区 320
汉丰镇……〔冀〕丰南区 109
汉王乡……〔川〕洪雅县 341
汉王镇……〔苏〕铜山区 180
汉王镇……〔陕〕汉台区 394
汉王镇……〔陕〕紫阳县 396
汉王镇……〔陇〕武都区 407
汉屯路街道……〔豫〕西工区 250
汉中市……〔陕〕 394
汉中街道……〔鄂〕硚口区 267
汉中路街道……〔陕〕汉台区 394
汉水桥街道……〔鄂〕硚口区 267
汉正街道……〔鄂〕硚口区 267
汉古尔河镇……〔蒙〕莫力达瓦达斡尔族自治旗 138
汉东回族乡……〔青〕湟中县 413
汉台区……〔陕〕汉中市 394
汉华街道……〔豫〕新野县 258
汉庄镇……〔滇〕隆阳区 371
汉江街道……〔鄂〕张湾区 268
汉江街道……〔鄂〕樊城区 269
汉兴街道……〔苏〕沛县 180
汉兴街道……〔鄂〕江汉区 267
汉阳区……〔鄂〕武汉市 267
汉阳镇……〔川〕剑阁县 334
汉阳镇……〔川〕青神县 341
汉阳镇……〔陕〕汉阴县 396
汉阴县……〔陕〕安康市 396
汉寿县……〔湘〕常德市 282
汉冶街道……〔豫〕宛城区 257
汉林镇……〔陇〕武都区 407
汉旺镇……〔川〕绵竹市 331
汉昌镇……〔湘〕平江县 282
汉沽街道……〔津〕滨海新区 104
汉城街道……〔豫〕新野县 258
汉城街道……〔陕〕未央区 389
汉南区……〔鄂〕武汉市 267
汉家岔镇……〔陇〕会宁县 402
汉宾乡……〔新〕伊宁市 428
汉冢乡……〔豫〕宛城区 257
汉葭街道…〔渝〕彭水苗族土家族自治县 323
汉源县……〔川〕雅安市 345
汉源街道……〔苏〕沛县 180
汉源街道……〔陕〕宁强县 394
汉源镇……〔陇〕西和县 407
汉滨区……〔陕〕安康市 396
汉豪乡……〔桂〕蒙山县 305
汉薛镇……〔晋〕万荣县 127
宁厂镇……〔渝〕巫溪县 322
宁干乡……〔桂〕天等县 310
宁乡市……〔湘〕长沙市 277
宁乡镇……〔晋〕中阳县 131
宁木特镇……〔青〕河南蒙古族自治县 414
宁中乡……〔藏〕当雄县 381
宁中镇……〔粤〕兴宁市 297
宁化县……〔闽〕三明市 215
宁化街道……〔闽〕台江区 213
宁平镇……〔豫〕郸城县 262
宁东镇……〔宁〕灵武市 419
宁北街道……〔冀〕宁晋县 112
宁边路街道……〔新〕昌吉市 424
宁老庄镇……〔皖〕颍泉区 206
宁华路街道……〔宁〕西夏区 419
宁州街道……〔滇〕华宁县 371
宁州镇……〔赣〕修水县 224
宁江区……〔吉〕松原市 161
宁安市……〔黑〕牡丹江市 170
宁安街道……〔冀〕新华区 107
宁安镇……〔黑〕宁安市 170
宁安镇……〔宁〕中宁县 420
宁阳县……〔鲁〕泰安市 241
宁远县……〔湘〕永州市 286
宁远堡镇……〔陇〕金川区 401
宁远街道……〔辽〕铁西区 147
宁远街道……〔辽〕兴城市 154
宁远镇……〔黑〕宾县 166
宁远镇……〔陇〕安定区 406
宁县……〔陇〕庆阳市 406
宁园街道……〔津〕河北区 103
宁围街道……〔浙〕萧山区 189
宁利乡……〔滇〕宁蒗彝族自治县 373
宁秀乡……〔青〕泽库县 414
宁谷镇……〔黔〕西秀区 359
宁条梁镇……〔陕〕靖边县 395
宁武县……〔晋〕忻州市 129
宁武镇……〔桂〕武鸣区 303
宁国市……〔皖〕宣城市 210
宁明县……〔桂〕崇左市 310
宁固镇……〔晋〕平遥县 127
宁河区……〔津〕 104
宁河街道……〔渝〕巫溪县 322
宁河镇……〔津〕宁河区 104
宁波市……〔浙〕 190
宁陕县……〔陕〕安康市 396
宁城县……〔蒙〕赤峰市 137
宁城街道……〔鲁〕宁津县 243
宁南县……〔川〕凉山彝族自治州 352
宁姜蒙古族乡……〔黑〕泰来县 167
宁洱哈尼族彝族自治县…〔滇〕普洱市 373
宁洱镇…〔滇〕宁洱哈尼族彝族自治县 373
宁津县……〔鲁〕德州市 243
宁津街道……〔鲁〕荣成市 241
宁都县……〔赣〕赣州市 227
宁晋县……〔冀〕邢台市 112
宁夏路街道……〔鲁〕市北区 236
宁郭镇……〔豫〕山阳区 255
宁海县……〔浙〕宁波市 190
宁海街道……〔苏〕海州区 182
宁海街道……〔鲁〕牟平区 238
宁海路街道……〔苏〕鼓楼区 179
宁家坪镇……〔湘〕攸县 278
宁家埠街道……〔鲁〕章丘区 235
宁朗乡……〔川〕木里藏族自治县 352
宁陵县……〔豫〕商丘市 259
宁康乡……〔桂〕藤县 305
宁强县……〔陕〕汉中市 394
宁蒗彝族自治县……〔滇〕丽江市 373
宁新街道……〔粤〕兴宁市 297
宁溪镇……〔浙〕黄岩区 196
宁墩镇……〔皖〕宁国市 210
宁德市……〔闽〕 219
宁潭镇……〔桂〕博白县 307
穴坊镇……〔鲁〕莱阳市 238
让字镇……〔吉〕乾安县 161
让胡路区……〔黑〕大庆市 169
礼士镇……〔粤〕和平县 298
礼门乡……〔闽〕周宁县 219
礼义镇……〔晋〕陵川县 126
礼元镇……〔晋〕闻喜县 128
礼仪街道……〔黔〕红花岗区 358
礼乐乡……〔川〕嘉陵区 338
礼乐街道……〔粤〕江海区 294
礼让店乡……〔冀〕固安县 119
礼让街道……〔青〕城中区 413
礼让镇……〔渝〕梁平区 321
礼州镇……〔川〕西昌市 351

（五画）礼必议永

礼安镇……〔川〕武胜县 343
礼纪镇……〔琼〕万宁市 314
礼县……〔陇〕陇南市 408
礼辛镇……〔陇〕甘谷县 403
礼陂镇……〔赣〕崇仁县 231
礼林镇……〔赣〕乐平市 224
礼贤镇……〔京〕大兴区 100
礼明庄镇……〔津〕蓟州区 104
礼和乡……〔宁〕惠农区 419
礼泉县……〔陕〕咸阳市 391
礼嘉街道……〔渝〕渝北区 318
礼嘉镇……〔苏〕武进区 181
必姆镇……〔赣〕玉山县 232
必背镇……〔粤〕乳源瑶族自治县 292
必斯营子镇……〔蒙〕宁城县 137
议论堡乡……〔冀〕任丘市 119
议堂镇……〔苏〕邳州市 181
永川区……〔渝〕 319
永久乡……〔黑〕明水县 172
永久镇……〔吉〕长岭县 161
永乡镇……〔陕〕洛川县 393
永丰乡……〔皖〕黄山区 205
永丰乡……〔赣〕兴国县 227
永丰乡……〔川〕中江县 331
永丰县……〔赣〕吉安市 228
永丰朝鲜族乡……〔黑〕城子河区 168
永丰街道……〔沪〕松江区 176
永丰街道……〔赣〕广丰区 231
永丰街道……〔鲁〕巨野县 246
永丰街道……〔鄂〕汉阳区 267
永丰街道……〔川〕都江堰市 328
永丰街道……〔黔〕贞丰县 363
永丰路街道……〔冀〕任丘市 119
永丰滩镇……〔陇〕古浪县 403
永丰镇……〔蒙〕太仆寺旗 141
永丰镇……〔黑〕青冈县 172
永丰镇……〔苏〕兴化市 186
永丰镇……〔浙〕临海市 196
永丰镇……〔皖〕天长市 206
永丰镇……〔豫〕项城市 262
永丰镇……〔湘〕双峰县 287
永丰镇……〔粤〕德庆县 296
永丰镇……〔渝〕忠县 322
永丰镇……〔川〕顺庆区 338
永丰镇……〔滇〕昭阳区 372
永丰镇……〔陕〕蒲城县 392
永丰镇……〔陕〕洛南县 397
永丰镇……〔陇〕凉州区 403
永丰镇……〔新〕乌鲁木齐县 423
永太镇……〔川〕中江县 331
永巨街道……〔蒙〕红山区 136
永中街道……〔浙〕龙湾区 191
永仁县……〔滇〕楚雄彝族自治州 375
永从镇……〔黔〕黎平县 364
永正镇……〔陇〕正宁县 406
永平乡……〔吉〕扶余市 161
永平县……〔滇〕大理白族自治州 377
永平街道……〔粤〕白云区 291
永平镇……〔闽〕武平县 218
永平镇……〔赣〕铅山县 232
永平镇……〔渝〕垫江县 321
永平镇……〔滇〕景谷傣族彝族自治县 373
永平镇……〔陕〕永寿县 391
永北镇……〔滇〕永胜县 373
永乐乡……〔晋〕古县 130
永乐乡……〔黔〕南明区 357
永乐江镇……〔湘〕安仁县 285
永乐店镇……〔京〕通州区 100
永乐街道……〔辽〕苏家屯区 145
永乐街道……〔辽〕铁西区 147
永乐街道……〔陕〕镇安县 397
永乐镇……〔晋〕芮城县 128
永乐镇……〔黑〕肇州县 169
永乐镇……〔桂〕融水苗族自治县 304
永乐镇……〔桂〕右江区 307
永乐镇……〔渝〕奉节县 322
永乐镇……〔川〕古蔺县 331
永乐镇……〔川〕仪陇县 339
永乐镇……〔黔〕红花岗区 358
永乐镇……〔黔〕雷山县 365
永乐镇……〔陕〕彬县 391
永乐镇……〔陕〕泾阳县 391
永乐镇……〔陕〕镇巴县 395
永汉镇……〔粤〕龙门县 296
永宁乡……〔川〕简阳市 329
永宁乡……〔川〕万源市 345
永宁乡……〔滇〕宁蒗彝族自治县 373
永宁乡……〔滇〕泸西县 376
永宁乡……〔陇〕庄浪县 404
永宁县……〔宁〕银川市 419
永宁坪乡……〔滇〕宁蒗彝族自治县 373
永宁街道……〔吉〕伊通满族自治县 159
永宁街道……〔苏〕浦口区 179
永宁街道……〔粤〕增城区 292
永宁街道……〔川〕纳溪区 330
永宁镇……〔京〕延庆区 100
永宁镇……〔辽〕瓦房店市 147
永宁镇……〔闽〕石狮市 216
永宁镇……〔赣〕铜鼓县 230
永宁镇……〔粤〕阳春市 298
永宁镇……〔川〕温江区 327
永宁镇……〔川〕苍溪县 335
永宁镇……〔黔〕关岭布依族苗族自治县 360
永宁镇……〔陕〕志丹县 393
永宁镇……〔陇〕徽县 408
永宁镇……〔新〕焉耆回族自治县 425
永加乡……〔吉〕双辽市 159
永发乡……〔吉〕公主岭市 159
永发乡……〔黑〕汤原县 170
永发街道……〔辽〕铁西区 147
永发镇……〔琼〕屯昌县 314
永吉乡……〔陇〕陇西县 406
永吉县……〔吉〕吉林市 158
永吉街道……〔吉〕南关区 157
永吉街道……〔吉〕桦甸市 158
永光乡……〔川〕仪陇县 340
永曲乡……〔藏〕聂荣县 385
永岁镇……〔桂〕全州县 305
永年区……〔冀〕邯郸市 111
永年镇……〔川〕富顺县 329
永华街道……〔冀〕莲池区 113
永华道街道……〔冀〕安次区 119
永合会镇……〔冀〕永年区 111
永庆乡……〔吉〕安图县 162
永庆乡……〔川〕南部县 339
永州市……〔湘〕 285
永州镇……〔桂〕马山县 303
永兴县……〔湘〕郴州市 284
永兴傣族乡……〔滇〕永仁县 375
永兴傈僳族乡……〔滇〕华坪县 373
永兴街道……〔蒙〕牙克石市 139
永兴街道……〔吉〕南关区 157
永兴街道……〔苏〕港闸区 182
永兴街道……〔浙〕龙湾区 191
永兴街道……〔湘〕石门县 283
永兴镇……〔蒙〕凉城县 140
永兴镇……〔黑〕明水县 172
永兴镇……〔皖〕利辛县 209
永兴镇……〔闽〕浦城县 217
永兴镇……〔豫〕尉氏县 250
永兴镇……〔豫〕正阳县 263
永兴镇……〔鄂〕京山县 270
永兴镇……〔琼〕秀英区 313
永兴镇……〔渝〕江津区 319
永兴镇……〔川〕双流区 327
永兴镇……〔川〕盐边县 330
永兴镇……〔川〕中江县 331
永兴镇……〔川〕涪城区 332
永兴镇……〔川〕船山区 335
永兴镇……〔川〕东兴区 336
永兴镇……〔川〕宜宾县 341
永兴镇……〔川〕华蓥市 343
永兴镇……〔川〕开江县 344
永兴镇……〔川〕名山区 345
永兴镇……〔黔〕湄潭县 359
永兴镇……〔陇〕礼县 408
永安乡……〔吉〕农安县 157
永安乡……〔黑〕集贤县 169
永安乡……〔赣〕柴桑区 224
永安乡……〔桂〕永福县 305
永安乡……〔川〕普格县 352
永安乡……〔黔〕松桃苗族自治县 363
永安市……〔闽〕三明市 215
永安台街道……〔辽〕新抚区 148
永安坝街道……〔新〕图木舒克市 429
永安洲镇……〔苏〕高港区 185
永安堡乡……〔辽〕绥中县 154
永安街道……〔苏〕泉山区 180
永安街道……〔鲁〕周村区 237
永安街道……〔鄂〕蔡甸区 267
永安街道……〔鄂〕咸安区 273
永安街道……〔湘〕武陵区 282
永安街道……〔渝〕奉节县 322
永安路街道……〔鲁〕莱州市 238
永安路街道……〔豫〕巩义市 249
永安路街道……〔陕〕耀州区 390
永安镇……〔晋〕浑源县 124
永安镇……〔晋〕汾西县 130
永安镇……〔蒙〕突泉县 141
永安镇……〔辽〕大石桥市 150
永安镇……〔黑〕鸡东县 168
永安镇……〔黑〕北林区 171
永安镇……〔皖〕埇桥区 207
永安镇……〔鲁〕市中区 237
永安镇……〔鲁〕垦利区 238
永安镇……〔湘〕浏阳市 277
永安镇……〔粤〕鼎湖区 295
永安镇……〔桂〕博白县 307
永安镇……〔桂〕都安瑶族自治县 309
永安镇……〔渝〕垫江县 321
永安镇……〔川〕双流区 327
永安镇……〔川〕沿滩区 329
永安镇……〔川〕中江县 331
永安镇……〔川〕北川羌族自治县 333
永安镇……〔川〕市中区 336
永安镇……〔川〕高坪区 338
永安镇……〔川〕通江县 346
永安镇……〔黔〕习水县 359
永安镇……〔黔〕凤冈县 359
永阳街道……〔苏〕溧水区 179
永阳镇……〔冀〕涞水县 114
永阳镇……〔赣〕吉安县 228
永红乡……〔川〕马边彝族自治县 338
永红乡……〔川〕南部县 339
永红桥街道……〔冀〕路南区 108
永红街道……〔苏〕钟楼区 181
永寿县……〔陕〕咸阳市 391
永寿镇……〔川〕东坡区 340
永进乡……〔川〕达川区 344
永利彝族乡……〔川〕汉源县 346
永甸镇……〔辽〕宽甸满族自治县 149
永青乡……〔川〕夹江县 337
永坪镇……〔陕〕延川县 393
永坪镇……〔陇〕礼县 408
永茂乡……〔吉〕洮南市 162
永茂镇……〔湘〕永顺县 288
永叔街道……〔赣〕吉州区 228
永昌县……〔陇〕金昌市 401
永昌街道……〔辽〕振兴区 149
永昌街道……〔吉〕朝阳区 157
永昌街道……〔浙〕兰溪市 194
永昌街道……〔鲁〕成武县 246
永昌街道……〔湘〕祁东县 279
永昌街道……〔滇〕西山区 369
永昌街道……〔滇〕隆阳区 371
永昌镇……〔浙〕富阳区 189
永昌镇……〔川〕北川羌族自治县 333
永昌镇……〔陇〕凉州区 403
永明路街道……〔豫〕文峰区 252
永明镇……〔川〕三台县 332
永固乡……〔晋〕襄汾县 130
永固镇……〔粤〕怀集县 296
永固镇……〔陇〕民乐县 404
永和乡……〔黑〕宾县 166
永和乡……〔黑〕海伦市 172
永和乡……〔湘〕衡山县 279
永和乡……〔川〕石棉县 346
永和乡……〔川〕九寨沟县 348
永和乡……〔川〕茂县 348
永和县……〔晋〕临汾市 130

（五画）永司尼民出阡辽奶奴尕

永和街道……〔黑〕双城区 166
永和街道……〔粤〕黄埔区 291
永和镇……〔黑〕鸡东县 168
永和镇……〔浙〕上虞区 193
永和镇……〔闽〕晋江市 216
永和镇……〔赣〕吉安县 228
永和镇……〔豫〕安阳县 253
永和镇……〔湘〕浏阳市 277
永和镇……〔粤〕兴宁市 297
永和镇……〔粤〕连山壮族瑶族自治县 299
永和镇……〔川〕金口河区 337
永和镇……〔黔〕凤冈县 359
永和镇……〔黔〕瓮安县 365
永和镇……〔陇〕正宁县 406
永佳河镇……〔鄂〕红安县 272
永河镇……〔川〕安州区 332
永治街道……〔黑〕双城区 166
永定（地区）镇……〔京〕门头沟区 99
永定门外街道……〔京〕东城区 99
永定区……〔闽〕龙岩市 218
永定区……〔湘〕张家界市 283
永定庄街道……〔晋〕矿区 123
永定街道……〔湘〕永定区 283
永定街道……〔滇〕富民县 369
永定路街道……〔京〕海淀区 99
永定路街道……〔陇〕安定区 406
永定镇……〔川〕南部县 338
永定镇……〔滇〕永仁县 375
永郎镇……〔川〕德昌县 352
永建镇……〔滇〕巍山彝族回族自治县 377
永春乡……〔滇〕维西傈僳族自治县 378
永春县……〔闽〕泉州市 216
永春镇……〔吉〕朝阳区 157
永城市……〔豫〕商丘市 260
永城镇……〔渝〕綦江区 318
永荣镇……〔渝〕永川区 319
永顺（地区）镇……〔京〕通州区 100
永顺县……〔湘〕湘西土家族苗族自治州 288
永顺街道……〔冀〕迁安市 110
永顺镇……〔川〕安岳县 347
永修县……〔赣〕九江市 225
永胜乡……〔黑〕肇州县 169
永胜乡……〔川〕金口河区 337
永胜乡……〔川〕武胜县 343
永胜县……〔滇〕丽江市 373
永胜镇……〔黑〕双城区 166
永胜镇……〔川〕江油市 333
永胜镇……〔川〕大竹县 344
永洛乡……〔川〕昭觉县 353
永济市……〔晋〕运城市 128
永济镇……〔湘〕耒阳市 280
永恒乡……〔黑〕勃利县 170
永泰乡……〔川〕盐亭县 333
永泰县……〔闽〕福州市 213
永泰镇……〔赣〕樟树市 230
永祥街道……〔新〕米东区 423
永祥街道……〔粤〕金平区 293
永陵镇……〔辽〕新宾满族自治县 148
永堌镇……〔皖〕萧县 208
永盛乡……〔川〕雷波县 354
永盛街道……〔吉〕伊通满族自治县 159
永盛街道……〔滇〕隆阳区 371
永盛镇……〔川〕温江区 327
永康市……〔浙〕金华市 195
永康街道……〔吉〕洮南市 162
永康镇……〔皖〕定远县 206
永康镇……〔滇〕永德县 374
永康镇……〔宁〕沙坡头区 420
永商镇……〔川〕新津县 328
永清乡……〔川〕西充县 340
永清县……〔冀〕廊坊市 119
永清街道……〔蒙〕科尔沁区 137
永清街道……〔鄂〕江岸区 267
永清镇……〔冀〕永清县 119
永清镇……〔川〕安岳县 347
永清镇……〔陇〕清水县 402
永隆乡……〔赣〕会昌县 227
永善县……〔滇〕昭通市 372
永湖镇……〔粤〕惠阳区 296
永温镇……〔黔〕开阳县 357
永富乡……〔川〕宝兴县 346
永富镇……〔黑〕海伦市 172
永禄乡……〔晋〕高平市 126
永登县……〔陇〕兰州市 401
永勤乡……〔黑〕拜泉县 167
永靖县……〔陇〕临夏回族自治州 408
永靖镇……〔黔〕息烽县 357
永新乡……〔陇〕靖远县 402
永新县……〔赣〕吉安市 229
永新镇……〔渝〕綦江区 318
永新镇……〔川〕三台县 332
永源镇……〔黑〕道外区 165
永福庄乡……〔冀〕任县 112
永福县……〔桂〕桂林市 305
永福镇……〔闽〕漳平市 219
永福镇……〔桂〕永福县 305
永福镇……〔川〕东兴区 336
永福镇……〔川〕沐川县 337
永嘉乡……〔川〕大安区 329
永嘉县……〔浙〕温州市 191
永嘉镇……〔渝〕铜梁区 320
永漋镇……〔鄂〕京山县 270
永镇乡……〔皖〕埇桥区 208
永德县……〔滇〕临沧市 374
永桑彝族苗族乡……〔黔〕黔西县 361
司门前镇……〔湘〕隆回县 280
司马冲镇……〔湘〕武冈市 281
司马浦镇……〔粤〕潮南区 293
司马镇……〔鲁〕金乡县 240
司竹镇……〔陕〕周至县 390
司各庄镇……〔冀〕滦南县 109
司城街道……〔川〕恩阳区 346
司前乡……〔闽〕光泽县 217
司前畲族镇……〔浙〕泰顺县 192
司前镇……〔粤〕始兴县 292
司前镇……〔粤〕新会区 294
司桥乡……〔陇〕静宁县 405
司徒镇……〔苏〕丹阳市 185
司铺乡……〔赣〕横峰县 232
司寨乡……〔豫〕延津县 254
尼山镇……〔鲁〕曲阜市 240
尼木乡……〔藏〕尼木县 381
尼木乡……〔藏〕边坝县 383
尼木县……〔藏〕拉萨市 381
尼巴乡……〔陇〕卓尼县 409
尼尔觉乡……〔川〕甘洛县 354
尼尔基镇……
……〔蒙〕莫力达瓦达斡尔族自治旗 138
尼地乡……〔川〕昭觉县 353
尼西乡……〔滇〕香格里拉市 378
尼玛乡……〔藏〕色尼区 384
尼玛乡……〔藏〕班戈县 385
尼玛乡……〔藏〕聂荣县 385
尼玛江热乡……〔藏〕墨竹工卡县 381
尼玛县……〔藏〕那曲市 385
尼玛镇……〔藏〕尼玛县 385
尼玛镇……〔陇〕玛曲县 409
尼果乡……〔藏〕昂仁县 382
尼呷镇……〔川〕石渠县 350
尼波镇……〔川〕喜德县 353
尼哈乡……〔川〕美姑县 354
尼勒克乌赞乡……〔新〕尼勒克县 428
尼勒克县……〔新〕伊犁哈萨克自治州 428
尼勒克镇……〔新〕尼勒克县 428
尼斯镇……〔川〕理塘县 351
尼雅乡……〔新〕民丰县 428
尼雅镇……〔新〕民丰县 428
尼傲乡……〔陇〕迭部县 409
尼辖乡……〔藏〕定日县 381
民丰县……〔新〕和田地区 428
民化镇……〔黔〕习水县 359
民生街道……〔豫〕解放区 254
民生街道……〔桂〕兴宁区 303
民生路街道……〔黑〕香坊区 165
民乐乡……〔陇〕永登县 401
民乐县……〔陇〕张掖市 404
民乐朝鲜族乡……〔黑〕五常市 166
民乐镇……〔黑〕庆安县 172
民乐镇……〔湘〕花垣县 288
民乐镇……〔桂〕北流市 307
民乐镇……〔滇〕景谷傣族彝族自治县 373
民主乡……〔闽〕武平县 218
民主乡……〔川〕中江县 331
民主乡……〔川〕马边彝族自治县 337
民主乡……〔陇〕临夏县 408
民主街道……〔辽〕苏家屯区 145
民主街道……〔吉〕昌邑区 158
民主街道……〔吉〕蛟河市 158
民主街道……〔吉〕东昌区 160
民主街道……〔吉〕宁江区 161
民主街道……〔吉〕敦化市 162
民主街道……〔豫〕解放区 254
民主街道……〔粤〕赤坎区 294
民主镇……〔黑〕道外区 165
民主镇……〔渝〕南川区 320
民主镇……〔川〕大英县 336
民主镇……〔黔〕盘州市 358
民主镇……〔陕〕岚皋县 396
民权县……〔豫〕商丘市 259
民权街道……〔豫〕浉河区 260
民权街道……〔鄂〕江汉区 267
民权镇……〔陇〕古浪县 403
民众镇……〔粤〕中山市 299
民安街道……〔湘〕龙山县 288
民安街道……〔粤〕麻章区 294
民安镇……〔桂〕北流市 307
民和乡……〔黑〕宾县 166
民和回族土族自治县……〔青〕海东市 413
民和镇……〔赣〕进贤县 223
民和镇……〔黔〕江口县 362
民治街道……〔粤〕龙华区 293
民建乡……〔滇〕云龙县 378
民建镇……〔川〕马边彝族自治县 337
民建彝族乡……〔川〕荥经县 345
民政镇……〔黑〕青冈县 172
民胜乡……〔川〕西昌市 351
民胜街道……〔晋〕矿区 123
民胜镇……〔川〕通江县 346
民航路街道……〔豫〕北关区 253
民康街道……〔吉〕南关区 157
民族团结乡……〔蒙〕兴和县 140
民族街道……〔蒙〕东胜区 138
民族街道……〔鄂〕江汉区 267
民联镇……〔陇〕民乐县 404
民惠街道……〔吉〕和龙市 162
民强街道……〔黑〕道外区 165
民勤县……〔陇〕武威市 403
民意乡……〔黑〕五常市 166
民意乡……〔黑〕肇源县 169
民意街道……〔鄂〕江汉区 267
出山镇……〔豫〕西平县 262
出头岭镇……〔津〕蓟州区 104
出岸镇……〔冀〕任丘市 119
阡东镇……〔陕〕礼泉县 391
辽中区……〔辽〕沈阳市 145
辽东街道……〔吉〕双辽市 159
辽北街道……〔吉〕双辽市 159
辽市镇……〔赣〕袁州区 229
辽宁路街道……〔鲁〕市北区 236
辽西乡……〔川〕白玉县 350
辽西街道……〔吉〕双辽市 159
辽阳市……〔辽〕 151
辽阳县……〔辽〕辽阳市 151
辽阳镇……〔晋〕左权县 127
辽河街道……〔辽〕皇姑区 145
辽河街道……〔辽〕双台子区 152
辽河源镇……〔吉〕东辽县 159
辽河镇……〔蒙〕科尔沁区 137
辽城乡……〔冀〕涉县 111
辽南街道……〔吉〕双辽市 159
辽海街道……〔辽〕银州区 152
辽源市……〔吉〕 159
辽源路街道……〔鲁〕市北区 236
辽滨街道……〔辽〕新民市 146
奶子山街道……〔吉〕蛟河市 158
奴尔乡……〔新〕策勒县 428
奴尔巴格街道……〔新〕和田市 427
奴玛乡……〔藏〕南木林县 381
尕巴松多镇……〔青〕同德县 414
尕让乡……〔青〕贵德县 414

氽朵乡……〔青〕称多县 415
氽多乡……〔川〕壤塘县 349
氽羊乡……〔青〕囊谦县 415
氽孜库勒乡……〔新〕麦盖提县 427
氽海镇……〔陇〕碌曲县 409
氽海镇……〔青〕德令哈市 415
氽楞藏族乡…〔青〕循化撒拉族自治县 414
加义镇……〔湘〕平江县 282
加马铁热克乡……〔新〕阿克陶县 426
加尤镇……〔桂〕凌云县 308
加方乡……〔桂〕马山县 303
加斗乡……〔晋〕广灵县 124
加玉乡……〔藏〕隆子县 384
加北乡……〔黑〕海伦市 172
加乐镇……〔琼〕屯昌县 314
加氽斯台乡……
……〔新〕察布查尔锡伯自治县 428
加加镇……〔藏〕萨嘎县 382
加吉博洛镇……〔青〕治多县 415
加汗巴格乡……〔新〕墨玉县 427
加兴乡……〔藏〕工布江达县 384
加贡乡……〔藏〕边坝县 383
加克西乡……〔藏〕江孜县 381
加吾乡……〔青〕同仁县 414
加来镇……〔琼〕临高县 314
加鸠镇……〔黔〕从江县 365
加茂镇……〔琼〕保亭黎族苗族自治县 314
加依乡……〔新〕于田县 428
加依勒玛乡……〔新〕哈巴河县 429
加依提勒克乡……〔新〕叶城县 427
加定镇……〔青〕互助土族自治县 413
加查县……〔藏〕山南市 384
加查镇……〔藏〕加查县 384
加贵乡……〔桂〕都安瑶族自治县 309
加哈乌拉斯台乡……〔新〕尼勒克县 428
加信镇……〔黑〕延寿县 166
加勉乡……〔黔〕从江县 365
加郡乡……〔川〕泸定县 349
加热萨乡……〔藏〕墨脱县 384
加益镇……〔粤〕罗定市 300
加桑卡乡……〔藏〕类乌齐县 383
加措乡……〔藏〕定日县 381
加麻乡……〔藏〕琼结县 384
加勤乡……〔藏〕索县 385
加碑岩乡……〔辽〕绥中县 154
加榜乡……〔黔〕从江县 365
召公镇……〔陕〕扶风县 390
召市镇……〔湘〕龙山县 288
召夸镇……〔滇〕陆良县 370
召都巴镇……〔辽〕龙城区 153
召陵区……〔豫〕漯河市 256
召陵镇……〔豫〕召陵区 256
皮口街道……〔辽〕普兰店区 147
皮山县……〔新〕和田地区 427
皮亚勒玛乡……〔新〕皮山县 427
皮西那乡……〔新〕皮山县 427
皮条孙镇……〔皖〕太和县 207
皮拉勒乡……〔新〕阿克陶县 426
皮店乡……〔豫〕正阳县 263
皮营街道……〔豫〕西华县 261
皮窝乡……〔川〕万源市 345
皮擦乡……〔川〕新龙县 350
边门镇……〔辽〕凤城市 149
边马乡……〔冀〕魏县 112
边巴乡……〔藏〕洛扎县 384
边务乡……〔冀〕盐山县 118
边耳乡……〔川〕丹巴县 349
边交林乡……〔藏〕林周县 381
边阳镇……〔黔〕罗甸县 365
边坝县……〔藏〕昌都市 383
边坝镇……〔藏〕边坝县 383
边杖子镇……〔辽〕龙城区 153
边岗乡……〔吉〕德惠市 158
边城镇……〔辽〕老边区 150
边城镇……〔苏〕句容市 185
边城镇……〔湘〕花垣县 288
边临镇……〔鲁〕陵城区 243
边昭镇……〔吉〕通榆县 162
边饶镇……〔黔〕望谟县 363
边院镇……〔鲁〕肥城市 241
边雄乡……〔藏〕桑珠孜区 381
发耳镇……〔黔〕水城县 357
发轮镇……〔川〕资中县 336
发放镇……〔陇〕凉州区 403
发城镇……〔鲁〕海阳市 239
发展乡……〔黑〕克山县 167
发展乡……〔黑〕庆安县 172
发展河哈尼族乡……
……〔滇〕澜沧拉祜族自治县 374
发窝乡……〔滇〕武定县 375
圣人涧镇……〔晋〕平陆县 128
圣井街道……〔鲁〕章丘区 235
圣水河子镇……〔吉〕柳河县 160
圣水峪镇……〔鲁〕泗水县 240
圣水镇……〔陕〕南郑区 394
圣灯山镇……〔渝〕巴南区 318
圣灯街道……〔川〕成华区 327
圣灯镇……〔川〕隆昌市 336
圣佛镇……〔冀〕盐山县 118
圣城街道……〔鲁〕寿光市 239
圣泉乡……〔皖〕萧县 208
圣泉街道……〔渝〕江津区 319
圣堂镇……〔粤〕恩平市 294
对山乡……〔湘〕永顺县 288
对竹镇……〔晋〕汾西县 130
对江镇……〔黔〕大方县 360
对坊乡……〔赣〕宁都县 227
对青山镇……〔黑〕松北区 165
对坪镇……〔川〕金阳县 353
对坡镇……〔黔〕七星关区 360
对岩镇……〔川〕雨城区 345
对炉街道……〔辽〕铁东区 147
对桥镇……〔赣〕金溪县 231
对桩石街道……〔辽〕千山区 147
对湖街道……〔闽〕仓山区 213
台儿庄区……〔鲁〕枣庄市 237
台上镇……〔吉〕集安市 160
台山市……〔粤〕江门市 294
台子乡……〔青〕互助土族自治县 414
台子镇……〔辽〕朝阳县 153
台子镇……〔鲁〕邹平县 245
台东街道……〔辽〕台安县 147
台东街道……〔鲁〕市北区 236
台北街道……〔辽〕台安县 147
台北街道……〔鄂〕江岸区 267
台头山乡……〔冀〕平泉市 118
台头乡……〔豫〕淮滨县 261
台头镇……〔津〕静海区 104
台头镇……〔晋〕乡宁县 130
台头镇……〔鲁〕寿光市 239
台吉营乡……〔辽〕北票市 153
台吉街道……〔辽〕北票市 153
台吉镇……〔辽〕北票市 153
台西街道……〔鲁〕市南区 235
台州市……〔浙〕 196
台江区……〔闽〕福州市 213
台江县…〔黔〕黔东南苗族侗族自治州 364
台安县……〔辽〕鞍山市 147
台怀镇……〔晋〕五台县 128
台陈镇……〔豫〕临颍县 257
台岭乡……〔赣〕永新县 229
台鱼乡……〔冀〕顺平县 115
台拱街道……〔黔〕台江县 364
台城乡……〔冀〕磁县 111
台城街道……〔粤〕台山市 294
台城镇……〔晋〕五台县 128
台南街道……〔辽〕台安县 147
台阁牧镇……〔蒙〕土默特左旗 135
台前县……〔豫〕濮阳市 255
台烈镇……〔黔〕三穗县 364
台峪乡……〔冀〕阜平县 114
台营镇……〔冀〕抚宁区 110
台盘乡……〔黔〕台江县 364
台集屯镇……〔辽〕南票区 154
台湖镇……〔京〕通州区 100
台路沟乡……〔冀〕张北县 116
台源镇……〔湘〕衡阳县 279
台溪乡……〔闽〕尤溪县 215
母享镇……〔滇〕镇雄县 372
幼平乡……〔桂〕乐业县 308
丝罗乡……〔川〕万源市 345
丝绸路街道……〔豫〕周村区 237
丝窝乡……〔川〕金阳县 353

六画

匡山街道……〔鲁〕槐荫区 235
匡远街道……〔滇〕宜良县 369
匡河镇……〔鄂〕罗田县 272
匡城乡……〔豫〕睢县 259
匡堰镇……〔浙〕慈溪市 191
耒阳市……〔湘〕衡阳市 280
邦丙乡……
〔滇〕双江拉祜族佤族布朗族傣族自治县 374
邦东乡……〔滇〕临翔区 374
邦均镇……〔津〕蓟州区 104
邦洞街道……〔黔〕天柱县 364
邦溪镇……〔琼〕白沙黎族自治县 314
刑塘街道……〔皖〕临泉县 206
邢口镇……〔豫〕杞县 250
邢台市……〔冀〕 112
邢台县……〔冀〕邢台市 112
邢庄乡……〔豫〕尉氏县 250
邢庄镇……〔豫〕沈丘县 262
邢邑镇……〔冀〕定州市 115
邢侗街道……〔鲁〕临邑县 243
邢家社乡……〔晋〕古交市 123
邢家南镇……〔冀〕高阳县 114
邢家要乡……〔晋〕汾西县 130
邢家湾镇……〔冀〕任县 112
邢集镇……〔豫〕平桥区 260
邢楼镇……〔苏〕邳州市 181
圩上桥镇……〔赣〕东乡区 230
圩丰镇……〔苏〕灌云县 183
圭山镇……〔滇〕石林彝族自治县 369
圭岗镇……〔粤〕阳春市 298
圭峰镇……〔赣〕弋阳县 232
圭塘街道……〔湘〕雨花区 277
寺儿堡镇……〔辽〕连山区 154
寺下镇……〔赣〕上犹县 226
寺口镇……〔鲁〕栖霞市 239
寺山镇……〔桂〕兴宾区 310
寺门村镇……〔冀〕泊头市 119
寺子川乡……〔陇〕通渭县 406
寺仙镇……〔陕〕富县 393
寺头乡……〔晋〕阳城县 126
寺头镇……〔鲁〕临朐县 239
寺台乡……〔陇〕康县 407
寺耳镇……〔陕〕洛南县 397
寺庄乡……〔冀〕望都县 114
寺庄乡……〔豫〕南乐县 255
寺庄镇……〔晋〕高平市 126
寺村镇……〔桂〕象州县 310
寺沟镇……〔陇〕岷县 407
寺坪镇……〔鄂〕保康县 270
寺坪镇……〔陕〕丹凤县 397
寺坡街道……〔豫〕舞钢市 252
寺岭镇……〔川〕巴州区 346
寺河乡……〔豫〕灵宝市 257
寺巷街道……〔苏〕海陵区 185
寺面镇……〔桂〕平南县 306
寺前镇……〔皖〕太湖县 204
寺前镇……〔陕〕澄城县 392
寺家庄镇……〔冀〕鹿泉区 107
寺湾镇……〔豫〕淅川县 258
寺滩乡……〔陇〕景泰县 402
寺寨乡……〔青〕湟源县 413
吉大街道……〔粤〕香洲区 293
吉卫镇……〔湘〕花垣县 288
吉也克镇……〔新〕裕民县 429
吉木乃县……〔新〕阿勒泰地区 429
吉木乃镇……〔新〕吉木乃县 429
吉木萨尔县……〔新〕昌吉回族自治州 424
吉木萨尔镇……〔新〕吉木萨尔县 424
吉瓦乡……〔藏〕尼玛县 385
吉日街道……〔藏〕城关区 381
吉日嘎郎吐镇……〔蒙〕开鲁县 137
吉日嘎朗图镇……〔蒙〕杭锦旗 138
吉中乡……〔藏〕八宿县 383
吉水县……〔赣〕吉安市 228

（六画）吉扣圪托考圳老

吉水镇……………………〔粤〕廉江市 294
吉仁高勒镇………〔蒙〕西乌珠穆沁旗 141
吉仓乡……………………〔陇〕夏河县 409
吉凤街道…………………〔湘〕吉首市 288
吉文镇…………〔蒙〕鄂伦春自治旗 138
吉巴门巴民族乡…………〔藏〕错那县 384
吉石坝街道………………〔陇〕武都区 407
吉布库镇…………………〔新〕奇台县 424
吉布胡郎图苏木…〔蒙〕新巴尔虎左旗 139
吉卡乡……………………〔青〕班玛县 415
吉田镇……〔粤〕连山壮族瑶族自治县 299
吉生太镇…………………〔蒙〕四子王旗 140
吉乐乡……………………〔吉〕梅河口市 160
吉乐乡……………………〔川〕普格县 353
吉尔孟乡…………………〔青〕刚察县 414
吉尔格郎乡………………〔新〕巩留县 428
吉尔格勒特郭楞蒙古族乡……………………
……………………〔新〕乌苏市 429
吉尔嘎郎图苏木………〔蒙〕阿巴嘎旗 141
吉尔嘎朗镇……〔蒙〕科尔沁左翼后旗 137
吉兰泰镇……………〔蒙〕阿拉善左旗 141
吉尼赛乡…………………〔青〕囊谦县 415
吉亚乡……………………〔新〕和田市 427
吉达乡……………………〔藏〕八宿县 383
吉迈镇……………………〔青〕达日县 415
吉曲乡……………………〔青〕囊谦县 415
吉华街道…………………〔粤〕龙岗区 293
吉多乡……………………〔藏〕类乌齐县 383
吉庆镇……………………〔湘〕新化县 288
吉米镇……………………〔川〕甘洛县 354
吉州区……………………〔赣〕吉安市 228
吉汝乡……………………〔藏〕亚东县 382
吉汝乡……………………〔藏〕扎囊县 384
吉兴乡……………………〔黑〕木兰县 166
吉兴岗镇…………………〔黑〕安达市 172
吉兴朝鲜族满族乡………〔黑〕勃利县 170
吉安市………………………………〔赣〕 228
吉安县……………………〔赣〕吉安市 228
吉安镇……………………〔渝〕永川区 319
吉安镇……………………〔川〕嘉陵区 338
吉阳区……………………〔琼〕三亚市 313
吉阳镇……………………〔闽〕建瓯市 218
吉玛乡……………………〔藏〕仲巴县 382
吉村镇……………………〔赣〕大余县 226
吉县………………………〔晋〕临汾市 130
吉里于孜镇………………〔新〕伊宁县 428
吉岘乡……………………〔陇〕合水县 406
吉利区……………………〔豫〕洛阳市 251
吉利街道…………………〔豫〕吉利区 251
吉利镇……………………〔滇〕大关县 372
吉拉乡……………………〔藏〕仲巴县 382
吉拉吐乡……………………………………
………〔吉〕前郭尔罗斯蒙古族自治县 161
吉林市……………………………〔吉〕 158
吉林街道…………………〔吉〕二道区 157
吉昌镇……………………〔晋〕吉县 130
吉昌镇……………………〔吉〕磐石市 159
吉呷镇……………………〔川〕稻城县 351
吉忽伦图苏木……………〔蒙〕石拐区 135
吉河镇……………………〔陕〕汉滨区 396
吉定镇……………………〔藏〕萨迦县 381
吉居乡……………………〔川〕康定市 349
吉巷乡……………………〔闽〕古田县 219
吉星乡……………………〔川〕金口河区 337
吉星镇……………………〔川〕蓬溪县 335
吉信镇……………………〔湘〕凤凰县 288
吉首市…〔湘〕湘西土家族苗族自治州 288
吉洞峪满族乡……………〔辽〕辽阳县 151
吉泰街道…………………〔黑〕北林区 171
吉格斯太镇………………〔蒙〕达拉特旗 138
吉根乡……………………〔新〕乌恰县 426
吉家庄乡…………………〔晋〕大同县 124
吉家庄镇…………………〔冀〕蔚县 116
吉祥乡……………………〔黑〕汤原县 170
吉祥街道…………………〔辽〕法库县 146
吉祥镇……………………〔川〕蓬溪县 335
吉埠镇……………………〔赣〕赣县区 226
吉崩岗街道………………〔藏〕城关区 381
吉隆县……………………〔藏〕日喀则市 382
吉隆镇……………………〔粤〕惠东县 296
吉隆镇……………………〔藏〕吉隆县 382
吉雄镇……………………〔藏〕贡嘎县 384
吉舒街道…………………〔吉〕舒兰市 158
吉强镇……………………〔宁〕西吉县 420
吉塘镇……………………〔藏〕察雅县 383
吉镇………………………〔陕〕绥德县 395
吉潭镇……………………〔赣〕寻乌县 227
扣庄乡……………………〔冀〕迁安市 110
扣河子镇…………………〔蒙〕库伦旗 137
圪台乡……………………〔陕〕黄龙县 394
圪当店乡…………………〔豫〕武陟县 255
圪垯上乡…………………〔晋〕兴县 131
圪洞镇……………………〔晋〕方山县 131
圪塝乡……………………〔晋〕宁武县 129
托口镇……………………〔湘〕洪江市 287
托云乡……………………〔新〕乌恰县 426
托扎敏乡…………〔蒙〕鄂伦春自治旗 138
托木吾斯塘乡……………〔新〕莎车县 427
托古乡……………………〔黑〕肇州县 169
托布力其乡………………〔新〕库尔勒市 425
托叶玛乡……〔青〕河南蒙古族自治县 414
托乎拉乡…………………〔新〕温宿县 425
托托镇……………………〔新〕精河县 424
托克扎克镇………………〔新〕疏附县 426
托克托县…………………〔蒙〕呼和浩特市 135
托克逊乡…………………〔新〕拜城县 426
托克逊县…………………〔新〕吐鲁番地区 424
托克逊镇…………………〔新〕托克逊县 424
托里乡……………………〔新〕乌鲁木齐县 423
托里县……………………〔新〕塔城地区 429
托里镇……………………〔新〕精河县 424
托里镇……………………〔新〕托里县 429
托林镇……………………〔藏〕札达县 385
托依堡勒迪镇……………〔新〕沙雅县 425
托胡拉乡…………………〔新〕墨玉县 427
托格日尕孜乡……………〔新〕于田县 428
托格拉克乡………………〔新〕伊宁市 428
托格拉克勒克乡…………〔新〕且末县 425
托斯特乡…………………〔新〕吉木乃县 429
托喀依乡…………………〔新〕阿拉尔市 429
托普铁热克镇……………〔新〕吉木乃县 429
托普鲁克乡………………〔新〕阿克苏市 425
托普鲁克乡………………〔新〕英吉沙县 426
托溪乡……………………〔闽〕寿宁县 219
考城镇……………………〔豫〕兰考县 250
考勒乡……………〔陇〕东乡族自治县 409
圳上镇……………………〔湘〕新化县 288
圳口乡……………………〔赣〕宜黄县 231
老厂乡……………………〔滇〕会泽县 370
老厂乡……………………〔滇〕罗平县 370
老厂乡……〔滇〕新平彝族傣族自治县 371
老厂镇……………………〔滇〕富源县 370
老厂镇……………………〔滇〕个旧市 375
老大杖子乡………………〔辽〕建昌县 154
老大房镇…………………〔辽〕辽中区 146
老山头乡…………………〔黑〕大同区 169
老山街道…………………〔京〕石景山区 99
老子山镇…………………〔苏〕洪泽区 183
老马镇……………………〔川〕三台县 332
老王岗乡…………………〔豫〕平舆县 263
老王集乡…………………〔豫〕柘城县 259
老木乡……………………〔川〕仪陇县 339
老屯乡……………………〔黔〕台江县 364
老牛湾镇…………………〔蒙〕清水河县 135
老龙乡……………………〔川〕简阳市 329
老平旺街道………………〔晋〕城区 123
老四平镇…………………〔辽〕昌图县 152
老头沟镇…………………〔吉〕龙井市 162
老边区……………………〔辽〕营口市 150
老边街道…………………〔辽〕老边区 150
老台乡……………………〔新〕吉木萨尔县 424
老圩乡……………………〔苏〕兴化市 186
老场乡……………………〔川〕天全县 346
老西门街道………………〔沪〕黄浦区 175
老竹畲族镇………………〔浙〕莲都区 196
老爷庙乡…………………〔豫〕滑县 253
老爷庙镇……………………………………
………〔辽〕喀喇沁左翼蒙古族自治县 153
老庄子镇…………………〔冀〕丰润区 109
老庄镇……………………〔豫〕镇平县 258
老庄镇……………………〔陕〕城固县 394
老关镇……………………〔赣〕湘东区 224
老池乡……………………〔川〕船山区 335
老军乡……………………〔陇〕山丹县 404
老军营街道………………〔晋〕迎泽区 123
老观乡……………………〔皖〕阜南县 207
老观镇……………………〔川〕阆中市 340
老麦乡……………………〔滇〕施甸县 371
老县镇……………………〔陕〕平利县 397
老沙湾镇…………………〔新〕沙湾县 429
老君山镇…………………〔滇〕剑川县 378
老君乡……………………〔川〕宣汉县 344
老君井乡…………………〔川〕简阳市 329
老君坡镇…………………〔陇〕会宁县 402
老君庙镇…………………〔豫〕汝南县 263
老君庙镇…………………〔陇〕玉门市 405
老君滩乡…………………〔川〕会东县 352
老君殿镇…………………〔陕〕子洲县 396
老君镇……………………〔川〕高坪区 338
老君镇……………………〔川〕雁江区 347
老君镇……………………〔陕〕汉台区 394
老张集乡…………………〔苏〕淮阴区 183
老顶山镇…………………〔晋〕郊区 125
老范寨乡………〔滇〕河口瑶族自治县 376
老林镇……………………〔川〕营山县 339
老矿街道…………………〔苏〕贾汪区 180
老奇台镇…………………〔新〕奇台县 424
老虎屯镇…………………〔辽〕瓦房店市 147
老虎台乡…………………〔新〕拜城县 426
老虎台街道………………〔辽〕东洲区 148
老虎岗镇…………………〔黑〕安达市 172
老虎滩街道………………〔辽〕中山区 146
老店镇……………………〔豫〕滑县 253
老店镇……………………〔滇〕巧家县 372
老庙镇……………………〔皖〕颍东区 206
老庙镇……………………〔陕〕洛川县 393
老庙镇……………………〔陕〕富平县 393
老府镇……………………〔蒙〕松山区 136
老河土镇……〔辽〕阜新蒙古族自治县 151
老河口市…………………〔鄂〕襄阳市 270
老河乡……………………〔豫〕驿城区 262
老河头镇…………………〔冀〕安新县 114
老河坝乡……………〔川〕马边彝族自治县 337
老官地镇…………………〔辽〕建平县 153
老官寨镇…………………〔冀〕临西县 113
老城乡……………………〔滇〕元谋县 375
老城区……………………〔豫〕洛阳市 250
老城街道…………………〔辽〕开原市 152
老城街道…………………〔鲁〕肥城市 241
老城街道…………………〔豫〕浉河区 260
老城街道…………………〔豫〕商水县 261
老城街道…………………〔豫〕潢川县 261
老城街道…………………〔黔〕红花岗区 358
老城街道…………………〔陕〕汉滨区 396
老城路街道………………〔新〕高昌区 423
老城镇……………………〔辽〕昌图县 152
老城镇……………………〔赣〕定南县 227
老城镇……………………〔鲁〕武城县 244
老城镇……………………〔豫〕长葛市 256
老城镇……………………〔豫〕淅川县 258
老城镇……………………〔豫〕沈丘县 261
老城镇……………………〔鄂〕松滋市 272
老城镇……………………〔琼〕屯昌县 314
老城镇……………………〔陇〕合水县 406
老赵庄镇…………………〔鲁〕临清市 245
老鸦庄镇…………………〔冀〕桥东区 115
老鸦陈街道………………〔豫〕惠济区 249
老鸦镇……………………〔川〕南部县 338
老洲乡……………………〔皖〕义安区 204
老洲镇……………………〔皖〕枞阳县 204
老莱镇……………………〔黑〕讷河市 168
老峰镇……………………〔皖〕迎江区 204
老翁镇……………………〔川〕长宁县 342
老高川镇…………………〔陕〕府谷县 395
老站街道…………………〔吉〕东昌区 160
老冢镇……………………〔豫〕太康县 262
老勐镇……………………………………
……………〔滇〕金平苗族瑶族傣族自治县 376
老营乡……………………〔川〕小金县 349
老营盘镇…………………〔赣〕泰和县 228

（六画）老巩扩地场扬耳共芒亚芝芗朴过协西

老营镇……〔晋〕偏关县 129
老砦镇……〔鲁〕鱼台县 240
老隆镇……〔粤〕龙川县 298
老圈沟乡……〔蒙〕察哈尔右翼前旗 140
老黑山镇……〔黑〕东宁市 171
老堡乡……〔桂〕三江侗族自治县 304
老集寨乡……〔滇〕金平苗族瑶族傣族自治县 376
老集镇……〔皖〕临泉县 206
老街基乡……〔黑〕尚志市 166
老街街道……〔皖〕屯溪区 205
老街街道……〔豫〕驿城区 262
老街街道……〔新〕石河子市 429
老道寺镇……〔陕〕勉县 394
老港镇……〔沪〕浦东新区 176
老湖镇……〔鲁〕东平县 241
老湾回族乡……〔鄂〕洪湖市 272
老窝铺乡……〔冀〕围场满族蒙古族自治县 118
老窝镇……〔豫〕召陵区 256
老窝镇……〔滇〕泸水市 378
老新镇……〔鄂〕潜江市 274
老粮仓镇……〔湘〕宁乡市 278
老僧堂镇……〔鲁〕嘉祥县 240
老寨子乡……〔川〕金阳县 353
老寨苗族乡……〔滇〕蒙自市 375
老碾镇……〔川〕德昌县 352
老颜集乡……〔豫〕民权县 259
老鹰山街道……〔黔〕水城县 357
巩乃斯镇……〔新〕和静县 425
巩义市……〔豫〕郑州市 249
巩昌镇……〔陇〕陇西县 406
巩店镇……〔皖〕利辛县 209
巩留县……〔新〕伊犁哈萨克自治州 428
巩留镇……〔新〕巩留县 428
巩营乡……〔豫〕清丰县 255
扩达乡……〔藏〕察雅县 383
地方镇……〔鲁〕平邑县 243
地北头镇……〔冀〕遵化市 109
地瓜镇……〔黔〕普安县 363
地州镇……〔桂〕靖西市 308
地苏镇……〔桂〕都安瑶族自治县 309
地巫乡……〔川〕理塘县 351
地豆镇……〔粤〕四会市 296
地角街道……〔桂〕海城区 305
地灵乡……〔湘〕会同县 287
地坪镇……〔黔〕黎平县 364
地直街道……〔吉〕铁西区 159
地质新村街道……〔陇〕凉州区 403
地宝土家族乡……〔渝〕万州区 317
地城镇……〔皖〕阜南县 207
地派镇……〔粤〕龙门县 296
地洛乡……〔川〕布拖县 353
地都镇……〔粤〕榕城区 300
地莫乡……〔川〕昭觉县 353
地湖乡……〔黔〕天柱县 364
地窝堡乡……〔新〕新市区 423
地磅街道……〔新〕米东区 423
地藏寺满族乡……〔辽〕义县 150
场口镇……〔浙〕富阳区 189
场坝镇……〔滇〕镇雄县 372
扬子江路街道……〔新〕沙依巴克区 423
扬子洲镇……〔赣〕东湖区 223
扬子津街道……〔苏〕邗江区 184
扬子街道……〔皖〕琅琊区 206
扬中市……〔苏〕镇江市 185
扬名街道……〔苏〕梁溪区 179
扬州市……〔苏〕 184
扬芬港镇……〔冀〕霸州市 120
扬武镇……〔黔〕丹寨县 365
扬武镇……〔滇〕新平彝族傣族自治县 371
扬眉镇……〔赣〕崇义县 226
扬溪镇……〔皖〕绩溪县 210
扬嘉镇……〔川〕旌阳区 331
耳口乡……〔赣〕贵溪市 226
共乐街道……〔黑〕安图县 165
共华镇……〔湘〕沅江市 284
共乐镇……〔川〕兴文县 342
共合镇……〔黑〕海伦市 172
共兴镇……〔川〕顺庆区 338
共安彝族乡……〔川〕金口河区 337
共青城市……〔赣〕九江市 225
共和乡……〔黑〕穆棱市 171
共和乡……〔桂〕大化瑶族自治县 309
共和乡……〔川〕盐边县 330
共和乡……〔川〕峨边彝族自治县 337
共和乡……〔川〕安岳县 348
共和乡……〔青〕乐都区 413
共和县……〔青〕海南藏族自治州 414
共和街道……〔辽〕铁西区 147
共和新路街道……〔沪〕静安区 175
共和镇……〔黑〕梅里斯达斡尔族区 167
共和镇……〔粤〕鹤山市 294
共和镇……〔黔〕德江县 362
共和镇……〔滇〕牟定县 374
共和镇……〔陇〕白银区 402
共和镇……〔青〕湟中县 413
共荣镇……〔黑〕海伦市 172
共济街道……〔辽〕瓦房店市 147
芒山镇……〔豫〕永城市 260
芒东镇……〔滇〕梁河县 378
芒卡镇……〔滇〕沧源佤族自治县 374
芒市……〔滇〕德宏傣族景颇族自治州 378
芒市镇……〔滇〕芒市 378
芒场镇……〔桂〕南丹县 309
芒达乡……〔藏〕卡若区 382
芒曲镇……〔青〕贵南县 414
芒来乡……〔新〕墨玉县 427
芒辛乡……〔新〕英吉沙县 426
芒种桥乡……〔豫〕虞城县 259
芒信镇……〔滇〕孟连傣族拉祜族佤族自治县 374
芒洪拉祜族布朗族乡……〔滇〕双江拉祜族佤族布朗族傣族自治县 374
芒热乡……〔藏〕南木林县 381
芒部镇……〔滇〕镇雄县 372
芒海镇……〔滇〕芒市 378
芒宽彝族傣族乡……〔滇〕隆阳区 371
芒康县……〔藏〕昌都市 383
芒章乡……〔滇〕盈江县 378
芒棒镇……〔滇〕腾冲市 371
芒普乡……〔藏〕拉孜县 382
亚丁乡……〔川〕德格县 350
亚山镇……〔桂〕博白县 307
亚木乡……〔藏〕昂仁县 382
亚瓦格街道……〔新〕喀什市 426
亚瓦通古孜乡……〔新〕民丰县 428
亚日贡乡……〔川〕理塘县 351
亚父街道……〔皖〕巢湖市 201
亚火乡……〔川〕理塘县 351
亚布力镇……〔黑〕尚志市 166
亚龙乡……〔川〕色达县 351
亚东县……〔藏〕日喀则市 382
亚东镇……〔蒙〕阿荣旗 138
亚尔堂乡……〔青〕班玛县 415
亚尔镇……〔新〕高昌区 423
亚吐尔乡……〔新〕拜城县 426
亚运村街道……〔京〕朝阳区 99
亚来乡……〔藏〕聂拉木县 382
亚沟街道……〔黑〕阿城区 166
亚拉镇……〔藏〕索县 385
亚欧东路街道……〔新〕霍尔果斯市 428
亚欧西路街道……〔新〕霍尔果斯市 428
亚卓镇……〔川〕道孚县 350
亚鱼乡……〔黔〕玉屏侗族自治县 362
亚练乡……〔滇〕永德县 374
亚科瑞克乡……〔新〕乌什县 426
亚热乡……〔藏〕仲巴县 382
亚热乡……〔藏〕革吉县 385
亚堆乡……〔藏〕乃东区 384
亚曼牙乡……〔新〕疏勒县 426
亚曼苏柯尔克孜族乡……〔新〕乌什县 426
亚喀艾日克乡……〔新〕莎车县 427
芝山街道……〔闽〕建瓯市 218
芝山镇……〔闽〕芗城区 216
芝川镇……〔陕〕韩城市 393
芝田镇……〔豫〕巩义市 249
芝阳镇……〔陕〕韩城市 393
芝英镇……〔浙〕永康市 195
芝苞乡……〔川〕通江县 347
芝河镇……〔晋〕永和县 130
芝罘区……〔鲁〕烟台市 238
芝罘岛街道……〔鲁〕芝罘区 238
芝麻洼乡……〔豫〕太康县 262
芝麻墩街道……〔鲁〕河东区 242
芝麻镇……〔黔〕汇川区 358
芝瑞镇……〔蒙〕克什克腾旗 136
芗城区……〔闽〕漳州市 216
芗溪乡……〔赣〕都昌县 225
朴屯街道……〔辽〕田屯街道 148
朴头乡……〔川〕理县 348
朴席镇……〔苏〕仪征市 185
机场街道……〔辽〕甘井子区 146
机场街道……〔新〕新市区 423
机场路街道……〔冀〕路北区 108
机投桥街道……〔川〕武侯区 327
权村镇……〔冀〕大城县 119
权家湾镇……〔陇〕陇西县 406
权寨镇……〔豫〕西平县 262
过马营镇……〔青〕贵南县 414
过水坪镇……〔湘〕祁东县 279
过水镇……〔川〕荣县 329
过风楼镇……〔陕〕商南县 397
过埠镇……〔赣〕崇义县 226
过渡湾镇……〔鄂〕保康县 270
协比乃尔布呼镇……〔新〕和静县 425
协代苏木……〔蒙〕科尔沁左翼中旗 137
协合乡……〔湘〕武陵源区 283
协兴镇……〔川〕广安区 342
协和乡……〔川〕三台县 332
协和街道……〔川〕双流区 327
协和镇……〔川〕安岳县 347
协和镇……〔黔〕黔西县 361
协神乡……〔冀〕新乐市 108
协格尔镇……〔藏〕定日县 381
协雄乡……〔藏〕丁青县 383
协税镇……〔陕〕南郑区 394
协德乡……〔川〕道孚县 350
协德乡……〔藏〕双湖县 385
西一路街道……〔陕〕新城区 389
西一镇……〔滇〕弥勒市 375
西二铺乡……〔皖〕埇桥区 208
西二路街道……〔赣〕浔阳区 224
西二镇……〔滇〕弥勒市 375
西丁街道……〔冀〕南宫市 113
西卜沙乡……〔青〕泽库县 414
西八里镇……〔冀〕怀来县 116
西八里镇……〔黑〕肇东市 172
西九吉乡……〔冀〕河间市 119
西三十铺镇……〔皖〕颍上县 207
西三庄街道……〔冀〕新华区 107
西三里乡……〔冀〕遵化市 110
西三环街道……〔辽〕铁西区 145
西三旗街道……〔京〕海淀区 99
西三镇……〔滇〕弥勒市 375
西于庄街道……〔津〕红桥区 103
西干沟乡……〔蒙〕多伦县 141
西土山乡……〔冀〕武安市 112
西工区……〔豫〕洛阳市 250
西工街道……〔豫〕西工区 250
西下营满族乡……〔冀〕遵化市 110
西大吾乡……〔冀〕平山县 108
西大沟镇……〔新〕乌苏市 429
西大桥街道……〔黑〕建华区 167
西大营子镇……〔辽〕龙城区 153
西大窑镇……〔辽〕灯塔市 151
西大街街道……〔冀〕桥东区 112
西大街街道……〔冀〕双桥区 117
西大街街道……〔赣〕临川区 230
西大街街道……〔豫〕新密市 249
西大街街道……〔豫〕管城回族区 249
西大街街道……〔豫〕文峰区 252
西大街街道……〔豫〕魏都区 256
西大街街道……〔陇〕凉州区 403
西大滩镇……〔陇〕天祝藏族自治县 403
西万镇……〔豫〕沁阳市 255
西上庄街道……〔晋〕城区 125
西小王镇……〔鲁〕无棣县 245
西小召镇……〔蒙〕乌拉特前旗 139
西口回族镇……〔陕〕镇安县 397
西山乡……〔桂〕巴马瑶族自治县 309

（六画）西

西山乡……〔川〕阆中市 340
西山乡……〔川〕越西县 354
西山乡……〔滇〕芒市 378
西山乡……〔滇〕洱源县 378
西山乡……〔青〕互助土族自治县 414
西山乡……〔新〕伊州区 424
西山区……〔滇〕昆明市 369
西山北乡……〔冀〕易县 114
西山街道……〔冀〕北戴河区 110
西山街道……〔辽〕海州区 151
西山街道……〔黑〕鸡冠区 168
西山街道……〔黑〕岭东区 168
西山街道……〔鄂〕鄂城区 270
西山街道……〔川〕顺庆区 338
西山街道……〔新〕沙依巴克区 423
西山瑶族乡……〔桂〕灌阳县 305
西山瑶族乡……〔湘〕临武县 285
西山镇……〔赣〕新建区 223
西山镇……〔桂〕桂平市 307
西山镇……〔黔〕息烽县 357
西山镇……〔黔〕从江县 365
西川乡……〔滇〕宁蒗彝族自治县 373
西川镇……〔陇〕秦安县 402
西门里街道……〔冀〕桥东区 112
西门街道……〔蒙〕科尔沁区 137
西门街道……〔浙〕海曙区 190
西门街道……〔皖〕琅琊区 206
西门街道……〔黔〕凯里市 363
西马乡……〔晋〕榆社县 127
西马坊乡……〔晋〕宁武县 129
西马峰镇……〔辽〕灯塔市 151
西马街道……〔鄂〕江岸区 267
西马街道……〔粤〕榕城区 300
西乡乡……〔川〕西昌市 351
西乡县……〔陕〕汉中市 394
西乡街道……〔粤〕宝安区 292
西乡塘区……〔桂〕南宁市 303
西乡塘街道……〔桂〕西乡塘区 303
西丰县……〔辽〕铁岭市 152
西丰镇……〔辽〕西丰县 152
西丰镇……〔黑〕饶河县 169
西王庄镇……〔冀〕冀州区 120
西王庄镇……〔鲁〕市中区 237
西王家沟乡……〔晋〕柳林县 131
西王镇……〔皖〕全椒县 206
西井子镇……〔蒙〕商都县 140
西井镇……〔晋〕黎城县 125
西天乡……〔川〕邻水县 343
西天尾镇……〔闽〕荔城区 214
西五家子乡……〔辽〕朝阳县 153
西卅店镇……〔皖〕定远县 206
西区……〔川〕攀枝花市 330
西区街道……〔粤〕惠阳区 296
西区街道……〔粤〕中山市 299
西屯街道……〔蒙〕红山区 136
西屯镇……〔陇〕灵台县 404
西戈壁镇……〔新〕沙湾县 429
西瓦尔图镇……〔蒙〕莫力达瓦达斡尔族自治旗 138
西水界乡……〔晋〕平鲁区 126
西牛镇……〔赣〕信丰县 226
西牛镇……〔粤〕英德市 299
西长发镇……〔黑〕北林区 171
西长安街街道……〔京〕西城区 99
西公园街道……〔新〕喀什市 426
西仓镇……〔陇〕碌曲县 409
西乌兰不浪镇……〔蒙〕武川县 135
西乌珠尔苏木……〔蒙〕陈巴尔虎旗 139
西乌珠穆沁旗……〔蒙〕锡林郭勒盟 141
西六支乡……〔晋〕祁县 127
西六家子镇……〔辽〕彰武县 151
西火镇……〔晋〕长治县 125
西斗铺镇……〔蒙〕固阳县 136
西双版纳傣族自治州……〔滇〕 377
西未庄乡……〔冀〕大名县 111
西布河乡……〔滇〕宁蒗彝族自治县 373
西龙门乡……〔冀〕赞皇县 108
西龙头乡…〔冀〕围场满族蒙古族自治县 118
西龙虎峪镇……〔津〕蓟州区 104
西龙镇……〔川〕青神县 341
西平乡……〔桂〕西林县 308
西平乐乡……〔冀〕正定县 107
西平县……〔豫〕驻马店市 262
西平坡满族乡……〔辽〕绥中县 154
西平罗乡……〔豫〕辉县市 254
西平街道……〔滇〕沾益区 370
西平镇……〔鲁〕微山县 240
西平镇……〔川〕三台县 332
西北乡……〔川〕朝天区 334
西北旺（地区）镇……〔京〕海淀区 99
西北勒乡……〔滇〕蒙自市 375
西北隅街道……〔豫〕老城区 250
西北街道……〔陇〕肃州区 405
西北湾镇……〔新〕奇台县 424
西田各庄镇……〔京〕密云区 100
西四镇……〔辽〕海城市 148
西付集乡……〔冀〕大名县 111
西白兔乡……〔晋〕郊区 125
西外乡……〔川〕广汉市 331
西外镇……〔川〕通川区 343
西市区……〔辽〕营口市 150
西市场街道……〔鲁〕槐荫区 235
西市场街道……〔豫〕新华区 252
西市街道……〔皖〕裕安区 208
西市街道……〔赣〕信州区 231
西兰乡……〔闽〕罗源县 213
西兰路街道……〔陕〕秦都区 391
西半屯镇……〔冀〕故城县 120
西宁乡……〔川〕船山区 335
西宁市……〔青〕 413
西宁街道……〔吉〕龙山区 159
西宁街道……〔滇〕宣威市 370
西宁路街道……〔新〕独山子区 423
西宁镇……〔川〕雷波县 354
西永街道……〔渝〕沙坪坝区 317
西司门街道……〔豫〕鼓楼区 250
西尼尔镇……〔新〕库尔勒市 425
西圩乡……〔苏〕沭阳县 186
西寺庄乡……〔冀〕武安市 112
西吉尔镇……〔新〕木垒哈萨克自治县 424
西吉县……〔宁〕固原市 420
西巩驿镇……〔陇〕安定区 406
西地满族乡……〔冀〕双滦区 117
西地镇……〔新〕奇台县 424
西场镇……〔桂〕合浦县 306
西戌镇……〔冀〕涉县 111
西达镇……〔冀〕涉县 111
西曲街道……〔晋〕古交市 123
西团镇……〔苏〕大丰区 184
西伏落镇……〔冀〕安国市 115
西仵乡……〔晋〕黎城县 125
西华池镇……〔陇〕合水县 406
西华县……〔豫〕周口市 261
西华营镇……〔豫〕西华县 261
西华街道……〔川〕金牛区 327
西华镇……〔陇〕华亭县 404
西向镇……〔豫〕沁阳市 255
西合休乡……〔新〕叶城县 427
西合营镇……〔冀〕蔚县 116
西兆通镇……〔冀〕长安区 107
西庄镇……〔滇〕建水县 375
西庄镇……〔陕〕韩城市 393
西交口乡……〔晋〕乡宁县 130
西充县……〔川〕南充市 340
西羊羔乡……〔冀〕临漳县 111
西关大街街道……〔青〕城西区 413
西关屯蒙古族满族乡……〔辽〕康平县 146
西关街街道……〔陇〕凉州区 403
西关街道……〔冀〕山海关区 110
西关街道……〔冀〕莲池区 113
西关街道……〔晋〕介休市 127
西关街道……〔浙〕婺城区 194
西关街道……〔皖〕埇桥区 207
西关街道……〔鲁〕潍城区 239
西关街道……〔豫〕老城区 250
西关街道……〔豫〕文峰区 252
西关街道……〔豫〕魏都区 256
西关街道……〔陕〕莲湖区 389
西关街道……〔陕〕金台区 390
西关街道……〔陇〕秦州区 402
西关街道……〔陇〕临夏市 408
西关镇……〔冀〕藁城区 107
西江乡……〔鄂〕汉川市 271
西江镇……〔吉〕通化县 160
西江镇……〔赣〕会昌县 227
西江镇……〔粤〕连州市 299
西江镇……〔黔〕雷山县 365
西江镇……〔陇〕岷县 407
西池乡……〔晋〕长治县 125
西兴乡……〔黑〕孙吴县 171
西兴街道……〔黑〕爱辉区 171
西兴街道……〔浙〕滨江区 189
西兴街道……〔川〕嘉陵区 338
西兴镇……〔川〕平昌县 347
西安丰镇……〔苏〕宝应县 185
西安区……〔吉〕辽源市 159
西安区……〔黑〕牡丹江市 170
西安市……〔陕〕 389
西安街道……〔滇〕古城区 373
西安路街道……〔川〕金牛区 327
西安镇……〔辽〕大洼区 152
西安镇……〔湘〕桃源县 283
西安镇……〔宁〕海原县 420
西阳回族乡……〔陇〕崆峒区 404
西阳泽乡……〔冀〕赞皇县 108
西阳城乡……〔冀〕永年区 111
西阳镇……〔吉〕永吉县 158
西阳镇……〔皖〕涡阳县 209
西阳镇……〔粤〕梅江区 297
西阳镇……〔陕〕三原县 391
西红门（地区）镇……〔京〕大兴区 100
西坝乡……〔陇〕金塔县 405
西坝街道……〔鄂〕西陵区 269
西坝镇……〔川〕五通桥区 337
西坞街道……〔浙〕奉化区 190
西坑畲族镇……〔浙〕文成县 192
西坊城镇……〔晋〕浑源县 124
西苇镇……〔吉〕伊通满族自治县 159
西花园街道……〔晋〕城区 123
西花园路街道……〔宁〕西夏区 419
西芹镇……〔闽〕延平区 217
西克尔库勒镇……〔新〕伽师县 427
西苏镇……〔冀〕永年区 111
西村乡……〔晋〕新荣区 124
西村乡……〔晋〕万荣县 128
西村乡……〔豫〕修武县 255
西村街道……〔粤〕荔湾区 291
西村镇……〔赣〕袁州区 229
西村镇……〔豫〕巩义市 249
西李村乡……〔豫〕陕州区 257
西杨乡……〔辽〕瓦房店市 147
西两洼乡……〔冀〕安平县 120
西丽街道……〔粤〕南山区 292
西来桥镇……〔苏〕扬中市 185
西来镇……〔苏〕靖江市 186
西来镇……〔川〕蒲江县 328
西连镇……〔粤〕徐闻县 294
西吴街道……〔陕〕兴平市 392
西里街道……〔冀〕桥西区 107
西里镇……〔鲁〕沂源县 237
西园街街道……〔豫〕驿城区 262
西园街道……〔蒙〕达拉特旗 138
西园街道……〔皖〕蜀山区 201
西园街道……〔闽〕晋江市 216
西园街道……〔川〕郫都区 328
西园街道……〔陇〕七里河区 401
西园镇……〔闽〕漳平市 219
西旸镇……〔浙〕泰顺县 192
西邑乡……〔滇〕隆阳区 371
西邑镇……〔滇〕鹤庆县 378
西岗子镇……〔黑〕爱辉区 171
西岗区……〔辽〕大连市 146
西岗街道……〔苏〕栖霞区 179
西岗镇……〔豫〕淇县 254
西岗镇……〔鲁〕滕州市 237
西秀区……〔黔〕安顺市 359
西秀镇……〔琼〕秀英区 313
西佛镇……〔辽〕台安县 147
西谷乡……〔晋〕清徐县 123
西岔河镇……〔陕〕佛坪县 395

（六画）西

西岔镇……〔陇〕皋兰县 401
西甸子镇……〔辽〕绥中县 154
西辛庄镇……〔晋〕孝义市 131
西辛店乡……〔冀〕泊头市 119
西辛营乡……〔冀〕沽源县 116
西汪镇……〔冀〕柏乡县 112
西沙城乡……〔冀〕怀安县 116
西沟乡……〔晋〕平顺县 125
西沟乡……〔鄂〕张湾区 268
西沟乡……〔青〕民和回族土族自治县 413
西沟乡……〔新〕达坂城区 423
西沟满族乡……〔冀〕滦平县 117
西宋集镇……〔苏〕淮阴区 183
西社镇……〔晋〕交城县 131
西社镇……〔晋〕稷山县 128
西张乡……〔晋〕忻府区 128
西张庄镇……〔鲁〕新泰市 241
西张村镇……〔豫〕陕州区 257
西张堡镇……〔陕〕礼泉县 391
西阿超满族蒙古族乡……〔冀〕隆化县 117
西陂街道……〔闽〕新罗区 218
西邵乡……〔豫〕南乐县 255
西鸡西街道……〔黑〕鸡冠区 168
西环中街街道……〔冀〕运河区 118
西环街道……〔蒙〕临河区 139
西环路街道……〔冀〕任丘市 119
西青区……〔津〕 103
西坪镇……〔晋〕大同县 124
西坪镇……〔闽〕安溪县 216
西坪镇……〔豫〕西峡县 258
西坪镇……〔黔〕播州区 358
西坪镇……〔陇〕甘谷县 403
西拉沐沦苏木……〔蒙〕巴林右旗 136
西坡镇……〔晋〕乡宁县 130
西坡镇……〔陇〕正宁县 406
西坡镇……〔陇〕两当县 408
西苑乡……〔闽〕仙游县 214
西苑街道……〔冀〕新华区 107
西苑街道……〔辽〕细河区 151
西苑街道……〔鲁〕环翠区 241
西苑街道……〔滇〕西山区 369
西林子乡……〔黑〕饶河县 169
西林区……〔黑〕伊春市 169
西林吉镇……〔黑〕漠河县 172
西林县……〔桂〕靖西市 308
西林街道……〔苏〕钟楼区 181
西林街道……〔皖〕宣州区 210
西林街道……〔川〕东兴区 336
西板乡……〔川〕岳池县 343
西杭街道……〔青〕玉树市 415
西歧乡……〔湘〕永顺县 288
西卓子山街道……〔蒙〕海南区 136
西果园镇……〔陇〕七里河区 401
西昌市……〔川〕凉山彝族自治州 351
西昌镇……〔琼〕屯昌县 314
西固义乡……〔冀〕磁县 111
西固区……〔陇〕兰州市 401
西固城乡……〔冀〕任县 112
西固城街道……〔陇〕西固区 401
西固镇……〔陕〕白水县 393
西岸镇……〔粤〕连州市 299
西岩镇……〔湘〕城步苗族自治县 281
西罗园街道……〔京〕丰台区 99
西岭镇……〔湘〕常宁市 280
西岭镇……〔桂〕恭城瑶族自治县 305
西岭镇……〔川〕大邑县 328
西和县……〔陇〕陇南市 407
西阜新街道……〔辽〕海州区 151
西舍路镇……〔滇〕楚雄市 374
西周镇……〔浙〕象山县 190
西店镇……〔浙〕宁海县 191
西庙乡……〔川〕剑阁县 334
西郊乡……〔黑〕鸡冠区 168
西郊乡……〔豫〕殷都区 253
西郊乡……〔川〕西昌市 351
西郊街道……〔吉〕洮北区 161
西郊街道……〔赣〕昌江区 223
西郊街道……〔粤〕梅江区 296
西郊街道……〔川〕翠屏区 341
西郊街道……〔陇〕崆峒区 404
西郊镇……〔苏〕兴化市 186
西沽街道……〔津〕红桥区 103
西河口乡……〔皖〕裕安区 208
西河乡……〔晋〕阳城县 126
西河乡……〔晋〕汾阳市 131
西河乡……〔蒙〕达尔罕茂明安联合旗 136
西河乡……〔川〕南部县 339
西河乡……〔川〕喜德县 353
西河区街道……〔新〕伊州区 424
西河庄乡……〔冀〕永年区 111
西河底镇……〔晋〕陵川县 126
西河镇……〔黑〕克山县 167
西河镇……〔鲁〕淄川区 236
西河镇……〔鄂〕孝南区 271
西河镇……〔湘〕新化县 288
西河镇……〔粤〕武江区 292
西河镇……〔粤〕大埔县 297
西河镇……〔桂〕蒙山县 305
西河镇……〔渝〕铜梁区 320
西河镇……〔川〕龙泉驿区 327
西河镇……〔黔〕湄潭县 359
西河镇……〔陕〕平利县 397
西河镇……〔陇〕永靖县 408
西沱镇……〔渝〕石柱土家族自治县 323
西泽乡……〔滇〕宣威市 370
西定哈尼族布朗族乡……〔滇〕勐海县 377
西官营乡……〔冀〕丰宁满族自治县 117
西官营镇……〔辽〕北票市 153
西官镇……〔黑〕双城区 166
西建乡……〔黑〕克山县 167
西陌镇……〔晋〕芮城县 128
西城乡……〔冀〕定州市 115
西城乡……〔冀〕献县 119
西城乡……〔晋〕文水县 131
西城乡……〔赣〕黎川县 231
西城区……〔京〕 99
西城区街道……〔冀〕定州市 115
西城区街道……〔新〕乌苏市 429
西城街道……〔晋〕盐湖区 127
西城街道……〔蒙〕红山区 136
西城街道……〔辽〕新民市 146
西城街道……〔辽〕振兴区 149
西城街道……〔辽〕盖州市 150
西城街道……〔苏〕金坛区 181
西城街道……〔苏〕海安县 182
西城街道……〔浙〕永康市 195
西城街道……〔浙〕黄岩区 196
西城街道……〔皖〕界首市 207
西城街道……〔闽〕新罗区 218
西城街道……〔鲁〕牡丹区 245
西城街道……〔鄂〕荆州区 271
西城街道……〔鄂〕曾都区 273
西城街道……〔渝〕南川区 319
西城街道……〔川〕顺庆区 338
西城街道……〔川〕翠屏区 341
西城街道……〔川〕通川区 343
西城街道……〔川〕雨城区 345
西城街道……〔川〕巴州区 346
西城街道……〔川〕西昌市 351
西城街道……〔滇〕麒麟区 370
西城街道……〔陕〕兴平市 392
西城镇……〔冀〕安国市 115
西城镇……〔冀〕阳原县 116
西城镇……〔吉〕和龙市 162
西城镇……〔黑〕克山县 167
西城镇……〔闽〕尤溪县 215
西城镇……〔鲁〕栖霞市 239
西南异乡……〔晋〕郊区 124
西南隅街道……〔豫〕老城区 250
西南街道……〔晋〕榆次区 126
西南街道……〔晋〕介休市 127
西南街道……〔粤〕三水区 293
西南街道……〔陇〕肃州区 405
西南镇……〔粤〕陆丰市 297
西南镇……〔川〕绵竹市 331
西柯镇……〔闽〕同安区 214
西柏坡镇……〔冀〕平山县 108
西柳沟街道……〔陇〕西固区 401
西柳镇……〔辽〕海城市 148
西竖镇……〔冀〕临城县 112
西畈乡……〔浙〕遂昌县 197
西峡县……〔豫〕南阳市 258
西秋乡……〔川〕木里藏族自治县 352
西段乡……〔鲁〕乐陵市 244
西顺河镇……〔苏〕洪泽区 183
西俄洛镇……〔川〕雅江县 350
西泉街道……〔陕〕临潼区 389
西泉镇……〔皖〕凤阳县 206
西胪镇……〔粤〕潮阳区 293
西亭镇……〔苏〕通州区 182
西姜寨乡……〔豫〕祥符区 250
西洪乡……〔豫〕上蔡县 263
西洒镇……〔滇〕西畴县 376
西洞镇……〔陇〕肃州区 405
西洛街道……〔黔〕金沙县 361
西洛镇……〔晋〕寿阳县 127
西洋江镇……〔湘〕隆回县 280
西洋店镇……〔豫〕平舆县 263
西洋镇……〔闽〕永安市 215
西洲乡……〔湘〕汉寿县 282
西洲街道……〔湘〕道县 285
西津街道……〔皖〕宁国市 210
西屏街道……〔浙〕松阳县 197
西屏镇……〔川〕江油市 333
西眉镇……〔川〕安居区 335
西埔镇……〔闽〕东山县 217
西埌镇……〔桂〕北流市 307
西桥街道……〔闽〕芗城区 216
西桥镇……〔蒙〕喀喇沁旗 137
西桥镇……〔川〕营山县 339
西格木镇……〔黑〕郊区 170
西贾乡……〔晋〕屯留县 125
西贾乡……〔晋〕襄汾县 130
西夏区……〔宁〕银川市 419
西夏亭镇……〔豫〕西华县 261
西夏墅镇……〔苏〕新北区 181
西峪镇……〔陇〕西和县 408
西峰山乡……〔黑〕爱辉区 171
西峰区……〔陇〕庆阳市 405
西峰镇……〔陇〕肃州区 405
西航街道……〔黔〕西秀区 359
西航港街道……〔川〕双流区 327
西豹峪乡……〔晋〕岢岚县 129
西脑包街道……〔蒙〕东河区 135
西留村乡……〔冀〕遵化市 110
西留村乡……〔晋〕浑源县 124
西凌井乡……〔晋〕阳曲县 123
西高山乡……〔陇〕西和县 408
西高皇街道……〔豫〕新华区 252
西高镇……〔川〕广汉市 331
西郭城镇……〔冀〕巨鹿县 113
西站街道……〔陇〕七里河区 401
西烟镇……〔晋〕盂县 124
西递镇……〔皖〕黟县 205
西海街道……〔辽〕盖州市 150
西海镇……〔青〕海晏县 414
西流乡……〔冀〕新河县 113
西流河镇……〔鄂〕仙桃市 274
西流湖街道……〔豫〕中原区 249
西涧街道……〔皖〕琅琊区 206
西陵区……〔鄂〕宜昌市 269
西陵寺镇……〔豫〕睢县 259
西陵街道……〔鄂〕西陵区 269
西陵镇……〔冀〕易县 114
西陶镇……〔豫〕武陟县 255
西域大道街道……〔新〕喀什市 426
西埠镇……〔皖〕和县 203
西黄村镇……〔冀〕邢台县 112
西菜园街道……〔蒙〕玉泉区 135
西营门街道……〔津〕西青区 103
西营子乡……〔辽〕朝阳县 153
西营乡……〔冀〕栾城区 107
西营城街道……〔吉〕九台区 157
西营镇……〔晋〕襄垣县 125
西营镇……〔晋〕交城县 131
西营镇……〔鲁〕历城区 235
西营镇……〔陕〕白河县 397
西营镇……〔陇〕凉州区 403
西铭街道……〔晋〕万柏林区 123
西阎乡……〔豫〕灵宝市 257

（六画）西库戌在有百存夺灰达

西阎镇……〔晋〕翼城县 130
西渚镇……〔苏〕宜兴市 180
西渠镇……〔陇〕民勤县 403
西淮坝镇……〔陕〕略阳县 394
西塔街道……〔辽〕和平区 145
西堤头镇……〔津〕北辰区 103
西彭镇……〔渝〕九龙坡区 318
西联乡……〔黑〕克山县 167
西联乡……〔浙〕武义县 194
西联镇……〔皖〕义安区 204
西联镇……〔粤〕武江区 292
西葛镇……〔冀〕丰南区 109
西董街道……〔鲁〕邹平县 245
西韩岭乡……〔晋〕南郊区 124
西畴县……〔滇〕文山壮族苗族自治州 376
西堡镇……〔青〕湟中县 413
西集镇……〔京〕通州区 100
西集镇……〔黑〕巴彦县 166
西集镇……〔鲁〕山亭区 237
西街口镇……〔滇〕石林彝族自治县 369
西街街道……〔晋〕城区 123
西街街道……〔晋〕城区 124
西街街道……〔晋〕城区 125
西街街道……〔蒙〕新城区 135
西街街道……〔浙〕龙泉市 197
西街街道……〔豫〕红旗区 254
西街街道……〔桂〕海城区 305
西街街道……〔黔〕西秀区 359
西街街道……〔陇〕甘州区 404
西街街道……〔陇〕西峰区 405
西街道……〔辽〕龙港区 154
西御河街道……〔川〕青羊区 327
西善桥街道……〔苏〕雨花台区 179
西港路街道……〔冀〕海港区 110
西港镇……〔冀〕海港区 110
西港镇……〔赣〕修水县 224
西湖乡……〔赣〕浮梁县 224
西湖区……〔浙〕杭州市 189
西湖区……〔赣〕南昌市 223
西湖街道……〔苏〕武进区 181
西湖街道……〔浙〕西湖区 189
西湖街道……〔赣〕西湖区 223
西湖街道……〔鄂〕沙市区 271
西湖街道……〔湘〕岳麓区 277
西湖街道……〔粤〕雷州市 295
西湖街道……〔粤〕湘桥区 299
西湖街道……〔陇〕七里河区 401
西湖镇……〔苏〕邗江区 185
西湖镇……〔皖〕铜官区 204
西湖镇……〔皖〕颍州区 206
西湖镇……〔鲁〕东港区 242
西湖镇……〔鲁〕阳谷县 244
西湖镇……〔湘〕汉寿县 282
西湖镇……〔渝〕江津区 319
西湖镇……〔陇〕瓜州县 405
西湖镇……〔新〕乌苏市 429
西温庄乡……〔晋〕小店区 123
西湾子镇……〔冀〕崇礼区 116
西湾堡乡……〔冀〕怀安县 116
西湾街道……〔桂〕平桂区 308
西渡街道……〔沪〕奉贤区 176
西渡镇……〔湘〕衡阳县 279
西属巴街道……〔晋〕离石区 131
西塘桥街道……〔浙〕海盐县 192
西塘镇……〔浙〕嘉善县 192
西塘镇……〔湘〕岳阳楼区 281
西盟佤族自治县……〔滇〕普洱市 374
西照川镇……〔陕〕山阳县 397
西靖镇……〔陇〕古浪县 403
西新街道……〔粤〕湘桥区 299
西新镇……〔吉〕绿园区 157
西源乡……〔赣〕都昌县 225
西溪乡……〔闽〕永定区 218
西溪乡……〔赣〕遂川县 228
西溪乡……〔川〕汉源县 346
西溪乡……〔川〕西昌市 351
西溪坪街道……〔湘〕永定区 283
西溪南镇……〔皖〕徽州区 205
西溪街道……〔浙〕西湖区 189
西溪镇……〔浙〕永康市 195
西滨镇……〔闽〕尤溪县 215
西滨镇……〔闽〕晋江市 216
西滩乡……〔青〕门源回族自治县 414
西滩乡……〔宁〕西吉县 420
西塞山区……〔鄂〕黄石市 268
西瑶镇……〔川〕宁南县 352
西墕乡……〔晋〕尖草坪区 123
西翥街道……〔滇〕五华区 369
西碱厂乡……〔辽〕建昌县 154
西演镇……〔冀〕高阳县 114
西寨乡……〔晋〕昔阳县 127
西寨乡……〔豫〕杞县 250
西寨镇……〔陇〕岷县 407
西翟庄镇……〔津〕静海区 104
西槽头乡……〔晋〕文水县 131
西碾乡……〔川〕西充县 340
西镇乡……〔晋〕原平市 129
西虢镇……〔豫〕孟州市 255
西潭镇……〔闽〕诏安县 217
西潘乡……〔晋〕盂县 124
西潘楼镇……〔皖〕利辛县 209
西燕镇……〔桂〕上林县 303
西樵镇……〔粤〕南海区 293
西潞街道……〔京〕房山区 99
西藏自治区……〔藏〕 381
西藏路街道……〔青〕格尔木市 415
西霞院街道……〔豫〕吉利区 251
西簧乡……〔豫〕淅川县 258
西露天街道……〔蒙〕元宝山区 136
库东关彝族苗族白族乡……〔黔〕纳雍县 361
戌街乡……〔滇〕牟定县 375
在中乡……〔赣〕永新县 229
在妙镇……〔桂〕上思县 306
有庆镇……〔川〕渠县 344
百丈乡……〔桂〕象州县 310
百丈街道……〔浙〕鄞州区 190
百丈漈镇……〔浙〕文成县 191
百丈镇……〔浙〕余杭区 189
百丈镇……〔浙〕泰顺县 192
百丈镇……〔川〕名山区 345
百口乡……〔黔〕册亨县 363
百山祖镇……〔浙〕庆元县 197
百马乡……〔桂〕大化瑶族自治县 309
百尺乡……〔豫〕上蔡县 263
百尺河镇……〔鲁〕诸城市 239
百尺竿镇……〔冀〕涿州市 115
百尺镇……〔晋〕壶关县 125
百巴镇……〔藏〕巴宜区 383
百节镇……〔川〕达川区 343
百龙滩镇……〔桂〕马山县 303
百乐乡……〔桂〕田林县 308
百合乡……〔桂〕那坡县 308
百合镇……〔粤〕开平市 294
百合镇……〔桂〕横县 303
百色市……〔桂〕 307
百江镇……〔浙〕桐庐县 190
百兴镇……〔黔〕纳雍县 361
百安坝街道……〔渝〕万州区 317
百寿镇……〔桂〕永福县 305
百花洲街道……〔赣〕东湖区 223
百花湖镇……〔黔〕观山湖区 357
百步镇……〔浙〕海盐县 192
百里洲镇……〔鄂〕枝江市 269
百里奚街道……〔豫〕卧龙区 257
百里镇……〔皖〕太湖县 204
百里镇……〔陇〕灵台县 404
百园路街道……〔新〕新市区 423
百间房街道……〔豫〕山阳区 255
百良镇……〔陕〕合阳县 392
百灵庙镇…〔蒙〕达尔罕茂明安联合旗 136
百纳彝族乡……〔黔〕大方县 360
百林乡……〔桂〕巴马瑶族自治县 309
百顷镇……〔川〕三台县 332
百旺镇……〔桂〕都安瑶族自治县 309
百和乡……〔陇〕东乡族自治县 409
百和镇……〔川〕泸县 330
百朋镇……〔桂〕柳江区 304
百育镇……〔桂〕田阳县 307
百宜镇……〔黔〕乌当区 357
百官街道……〔浙〕上虞区 193
百春园街道……〔湘〕大祥区 280
百城街道……〔桂〕右江区 307
百草沟镇……〔吉〕汪清县 162
百南乡……〔桂〕那坡县 308
百省乡……〔桂〕那坡县 308
百顺镇……〔粤〕南雄市 292
百泉街道……〔京〕延庆区 100
百泉镇……〔豫〕辉县市 254
百泉镇……〔黔〕独山县 365
百泉镇……〔新〕乌苏市 429
百侯镇……〔粤〕大埔县 297
百胜镇……〔渝〕涪陵区 317
百济镇……〔桂〕邕宁区 303
百神庙镇……〔皖〕舒城县 209
百都乡……〔桂〕那坡县 308
百家村街道……〔冀〕复兴区 111
百祥镇……〔黑〕海伦市 172
百崎回族乡……〔闽〕惠安县 216
百善街道……〔皖〕烈山区 203
百善镇……〔京〕昌平区 100
百善镇……〔皖〕濉溪县 204
百禄桥镇……〔湘〕汉寿县 282
百楼乡……〔冀〕莲池区 113
百碌镇……〔苏〕灌南县 183
百福司镇……〔鄂〕来凤县 274
百嘉镇……〔赣〕万安县 228
百德镇……〔黔〕兴仁县 363
存金沟乡……〔蒙〕宁城县 137
存瑞镇……〔冀〕怀来县 116
夺火乡……〔晋〕陵川县 126
夺多乡……〔川〕甘孜县 350
夺底乡……〔藏〕城关区 381
灰山港镇……〔湘〕桃江县 284
灰古镇……〔皖〕埇桥区 207
灰汤镇……〔湘〕宁乡市 278
灰坪乡……〔浙〕衢江区 195
灰河乡……〔皖〕郊区 204
灰埠镇……〔赣〕高安市 230
灰寨镇……〔粤〕揭西县 300
达川区……〔川〕达州市 343
达川镇……〔陇〕西固区 401
达马镇……〔川〕德格县 350
达扎寺镇……〔川〕若尔盖县 349
达木珞巴民族乡……〔藏〕墨脱县 384
达木夏乡……〔藏〕谢通门县 382
达木斯乡……〔新〕莎车县 427
达日县……〔青〕果洛藏族自治州 415
达日罕乌拉苏木……〔蒙〕克什克腾旗 136
达牛镇……〔辽〕台安县 147
达仁镇……〔陕〕镇安县 397
达巴乡……〔藏〕札达县 385
达布达尔乡……
……〔新〕塔什库尔干塔吉克自治县 427
达龙乡……〔藏〕洛隆县 383
达卡乡……〔青〕班玛县 415
达尔汗苏木……
……〔蒙〕达尔罕茂明安联合旗 136
达尔罕茂明安联合旗……〔蒙〕包头市 136
达吉岭乡……〔藏〕萨嘎县 382
达地水族乡……〔黔〕雷山县 365
达权店镇……〔豫〕商城县 260
达达木图乡……〔新〕伊宁市 428
达州市……〔川〕 343
达那乡……〔藏〕南木林县 381
达那答乡……〔藏〕谢通门县 382
达那普乡……〔藏〕谢通门县 382
达麦乡……〔陇〕夏河县 409
达玛沟乡……〔新〕策勒县 428
达坂城区……〔新〕乌鲁木齐市 423
达坂城镇……〔新〕达坂城区 423
达来苏木……〔蒙〕苏尼特左旗 141
达来呼布镇……〔蒙〕额济纳旗 141
达来胡硕苏木……〔蒙〕霍林郭勒市 138
达来诺日镇……〔蒙〕克什克腾旗 136
达连河镇……〔黑〕依兰县 166
达里巴乡……
……〔吉〕前郭尔罗斯蒙古族自治县 161
达里雅布依乡……〔新〕于田县 428
达岚镇……〔湘〕泸溪县 288
达孜乡……〔藏〕江孜县 381

（六画）达列成夹夷尧迈毕至贞师尖光当旱吐曲

达孜乡……〔藏〕南木林县 381
达孜区……〔藏〕拉萨市 381
达拉土族乡……〔青〕乐都区 413
达拉乡……〔陇〕迭部县 409
达拉特旗……〔蒙〕鄂尔多斯市 138
达若乡……〔藏〕昂仁县 382
达板镇……〔陇〕东乡族自治县 409
达果乡……〔藏〕尼玛县 385
达呼店镇……〔黑〕梅里斯达斡尔族区 167
达依乡……〔黔〕赫章县 361
达居乡……〔藏〕昂仁县 382
达前乡……〔藏〕色尼区 384
达活泉街道……〔冀〕桥西区 112
达洛乡……〔川〕昭觉县 353
达浒镇……〔湘〕浏阳市 277
达埔镇……〔闽〕永春县 216
达浪乡……〔陇〕和政县 409
达家沟镇……〔吉〕德惠市 158
达朗坎乡……〔新〕鄯善县 424
达勒特镇……〔新〕博乐市 424
达萨乡……〔藏〕色尼区 384
达赉苏木……〔蒙〕新巴尔虎右旗 139
达维镇……〔川〕小金县 349
达雄乡……〔藏〕措勤县 385
达道湾街道……〔辽〕铁西区 147
达塘乡……〔藏〕比如县 385
达溪镇……〔黔〕大方县 360
达斡尔民族乡……〔蒙〕扎兰屯市 139
达嘎乡……〔藏〕曲水县 381
达濠街道……〔粤〕濠江区 293
列瓦乡……〔川〕木里藏族自治县 352
列巴乡……〔藏〕谢通门县 382
列东街道……〔闽〕梅列区 214
列西街道……〔闽〕梅列区 214
列屿镇……〔闽〕云霄县 216
列衣乡……〔川〕理塘县 351
列麦乡……〔藏〕隆子县 384
成山镇……〔鲁〕荣成市 241
成龙路街道……〔川〕锦江区 327
成平满族乡……〔辽〕西丰县 152
成田镇……〔粤〕潮南区 293
成吉思汗大街街道……〔蒙〕新城区 135
成吉思汗镇……〔蒙〕扎兰屯市 139
成团镇……〔桂〕柳江区 304
成华区……〔川〕成都市 327
成安县……〔冀〕邯郸市 111
成安镇……〔冀〕成安县 111
成均镇……〔桂〕福绵区 307
成县……〔陇〕陇南市 407
成武县……〔鲁〕菏泽市 246
成佳镇……〔川〕蒲江县 328
成佳镇……〔川〕贡井区 329
成都市……〔川〕 327
成高子镇……〔黑〕香坊区 165
成家川街道……〔晋〕潞城市 125
成家庄镇……〔晋〕柳林县 131
成集镇……〔苏〕涟水县 183
成富朝鲜族满族乡……〔黑〕友谊县 169
夹山镇……〔湘〕石门县 283
夹石镇……〔黔〕沿河土家族自治县 362
夹皮沟镇……〔吉〕桦甸市 158
夹竹园镇……〔鄂〕公安县 271
夹关镇……〔川〕邛崃市 328
夹江县……〔川〕乐山市 337
夹沟镇……〔皖〕潘集区 203
夹沟镇……〔皖〕埇桥区 207
夹河子乡……〔新〕乌苏市 429
夹河乡……〔豫〕台前县 256
夹河镇……〔鄂〕郧西县 268
夹河镇……〔陇〕民勤县 403
夹信子镇……〔黑〕宝清县 169
夹津口镇……〔豫〕巩义市 249
夹铁乡……〔川〕普格县 353
夹浦镇……〔浙〕长兴县 193
夹湖乡……〔赣〕龙南县 227
夹寒箐镇……〔滇〕马关县 376
夹壁乡……〔川〕理县 348
夷陵区……〔鄂〕宜昌市 269
夷望溪镇……〔湘〕桃源县 283
尧山镇……〔豫〕鲁山县 252
尧山镇……〔陕〕蒲城县 392
尧天坪镇……〔湘〕鼎城区 282
尧化街道……〔苏〕栖霞区 179
尧龙山镇……〔黔〕桐梓县 358
尧生镇……〔陕〕宜君县 390
尧禾镇……〔陕〕白水县 392
尧市镇……〔湘〕麻阳苗族自治县 287
尧头镇……〔陕〕澄城县 392
尧坝镇……〔川〕合江县 330
尧庙镇……〔晋〕尧都区 130
尧都区……〔晋〕临汾市 129
尧渡镇……〔皖〕东至县 210
尧塘街道……〔苏〕金坛区 181
迈陈镇……〔粤〕徐闻县 294
迈皋桥街道……〔苏〕栖霞区 179
毕节市……〔黔〕 360
毕克齐镇……〔蒙〕土默特左旗 135
毕店镇……〔豫〕唐河县 258
毕桥镇……〔皖〕郎溪县 210
毕郭镇……〔鲁〕招远市 239
毕家岗街道……〔皖〕八公山区 203
至诚镇……〔川〕通江县 346
贞山街道……〔粤〕四会市 296
贞丰县…〔黔〕黔西南布依族苗族自治州 363
贞元镇……〔陕〕武功县 392
师古镇……〔川〕什邡市 331
师庄乡……〔晋〕霍州市 130
师岗镇……〔豫〕内乡县 258
师灵镇……〔豫〕西平县 262
师河港镇……〔豫〕浉河区 260
师宗县……〔滇〕曲靖市 370
师素镇……〔冀〕肃宁县 118
师寨镇……〔苏〕丰县 180
师寨镇……〔豫〕原阳县 254
尖山子乡……〔黑〕宝清县 169
尖山乡……〔滇〕镇雄县 372
尖山乡……〔陇〕文县 407
尖山区……〔黑〕双鸭山市 168
尖山街道……〔津〕河西区 103
尖山街道……〔桂〕钦南区 306
尖山街道……〔黔〕水城县 357
尖山镇……〔浙〕磐安县 194
尖山镇……〔渝〕巫溪县 322
尖扎县……〔青〕黄南藏族自治州 414
尖扎滩乡……〔青〕尖扎县 414
尖字沽乡……〔冀〕丰南区 109
尖草坪区……〔晋〕太原市 123
尖草坪街道……〔晋〕尖草坪区 123
尖峰乡……〔赣〕广昌县 231
尖峰镇……〔琼〕乐东黎族自治县 314
尖冢镇……〔冀〕临西县 113
光山县……〔豫〕信阳市 260
光中乡……〔川〕南部县 339
光化街道……〔鄂〕老河口市 270
光亚街道……〔豫〕山阳区 255
光华乡……〔晋〕万荣县 128
光华乡……〔川〕仪陇县 340
光华傈僳族彝族乡……〔滇〕永胜县 373
光华街道……〔辽〕宏伟区 151
光华街道……〔粤〕金平区 293
光华街道……〔川〕青羊区 327
光华路街道……〔苏〕秦淮区 179
光华路街道……〔豫〕卫东区 252
光华路街道……〔豫〕文峰区 252
光华镇……〔晋〕乡宁县 130
光华镇……〔吉〕通化县 160
光宇街道……〔黑〕兴安区 168
光村镇……〔琼〕儋州市 313
光社街道……〔晋〕尖草坪区 123
光武街道……〔豫〕卧龙区 257
光武街道……〔豫〕项城市 262
光武镇……〔皖〕界首市 207
光坡镇……〔桂〕港口区 306
光坡镇……〔琼〕陵水黎族自治县 314
光明山镇……〔辽〕庄河市 147
光明乡……〔吉〕长岭县 161
光明乡……〔闽〕将乐县 215
光明乡……〔川〕蒲江县 328
光明西道街道……〔冀〕安次区 119
光明桥街道……〔冀〕丛台区 111
光明街道……〔京〕顺义区 100
光明街道……〔冀〕路北区 108
光明街道……〔辽〕金州区 146
光明街道……〔辽〕田屯街道 148
光明街道……〔辽〕双塔区 153
光明街道……〔吉〕东昌区 160
光明街道……〔吉〕梅河口市 160
光明街道……〔吉〕和龙市 162
光明街道……〔吉〕洮南市 162
光明街道……〔黑〕向阳区 168
光明街道……〔黑〕海伦市 172
光明街道……〔粤〕宝安区 292
光明路街道……〔冀〕邯山区 110
光明路街道……〔蒙〕回民区 135
光明路街道……〔鲁〕市中区 237
光明路街道……〔豫〕新华区 252
光明路街道……〔新〕阿图什市 426
光明镇……〔川〕茂县 348
光明镇……〔川〕喜德县 353
光泽县……〔闽〕南平市 217
光荣乡……〔黑〕明水县 172
光荣街道……〔辽〕旅顺口区 146
光荣街道……〔黑〕铁锋区 167
光复道街道……〔津〕河北区 103
光塔街道……〔粤〕越秀区 291
光辉乡……〔川〕前锋区 342
光辉街道……〔辽〕于洪区 145
光辉镇……〔川〕三台县 332
光辉镇……〔川〕巴州区 346
光裕堡乡……〔晋〕繁峙县 129
光禄镇……〔冀〕邯山区 110
光禄镇……〔滇〕姚安县 375
光雾山镇……〔川〕南江县 347
光照镇……〔黔〕晴隆县 363
光福镇……〔苏〕吴中区 181
光德镇……〔粤〕大埔县 297
当木江乡……〔藏〕聂荣县 385
当曲卡镇……〔藏〕当雄县 381
当阳乡……〔渝〕巫山县 322
当阳市……〔鄂〕宜昌市 269
当周街道……〔陇〕合作市 409
当郎忽洞苏木…〔蒙〕察哈尔右翼后旗 140
当顺乡……〔青〕尖扎县 414
当洛乡……〔青〕玛沁县 415
当涂县……〔皖〕马鞍山市 203
当堆乡……〔藏〕丁青县 383
当雄县……〔藏〕拉萨市 381
当铺地满族乡……〔蒙〕松山区 136
当湖街道……〔浙〕平湖市 192
当壁镇……〔黑〕密山市 168
旱阳镇……〔陕〕汉滨区 396
旱胜镇……〔陇〕宁县 406
吐木秀克镇……〔新〕温宿县 425
吐古买提乡……〔新〕阿图什市 426
吐古其乡……〔新〕叶城县 427
吐尔洪乡……〔新〕富蕴县 429
吐尔根乡……〔新〕新源县 428
吐外特乡……〔新〕墨玉县 427
吐列毛都镇……〔蒙〕科尔沁右翼中旗 141
吐沙拉乡……〔新〕和田市 427
吐峪沟乡……〔新〕鄯善县 423
吐祥镇……〔渝〕奉节县 322
吐曼塔勒乡……〔新〕麦盖提县 427
吐葫芦乡……〔新〕伊吾县 424
吐鲁番于孜乡……〔新〕伊宁县 428
吐鲁番地区……〔新〕 423
曲下镇……〔藏〕拉孜县 382
曲山镇……〔川〕北川羌族自治县 333
曲子镇……〔陇〕环县 405
曲屯镇……〔豫〕镇平县 258
曲瓦乡……〔陇〕舟曲县 409
曲水县……〔藏〕拉萨市 381
曲水镇……〔渝〕梁平区 321
曲水镇……〔川〕嘉陵区 338
曲水镇…〔滇〕江城哈尼族彝族自治县 373
曲水镇……〔藏〕曲水县 381
曲什安镇……〔青〕兴海县 414
曲尺乡……〔渝〕巫山县 322
曲石镇……〔滇〕腾冲市 371
曲布雄乡……〔藏〕桑珠孜区 381

（六画）曲团同吕吊因屿回

曲白乡……〔赣〕永新县 229
曲兰镇……〔湘〕衡阳县 279
曲奴乡……〔藏〕白朗县 382
曲当乡……〔藏〕定日县 381
曲江区……〔粤〕韶关市 292
曲江街道……〔苏〕广陵区 184
曲江街道……〔陕〕雁塔区 389
曲江镇……〔赣〕丰城市 230
曲江镇……〔川〕仁寿县 341
曲江镇……〔滇〕建水县 375
曲兴镇……〔豫〕祥符区 250
曲阳乡……〔苏〕东海县 183
曲阳县……〔冀〕保定市 114
曲阳桥乡……〔冀〕正定县 107
曲阳街道……〔皖〕相山区 203
曲阳路街道……〔沪〕虹口区 175
曲玛乡……〔藏〕拉孜县 382
曲村镇……〔晋〕曲沃县 130
曲告纳镇……〔陇〕舟曲县 409
曲谷乡……〔川〕茂县 348
曲库乎乡……〔青〕同仁县 414
曲沃县……〔晋〕临汾市 130
曲沟镇……〔豫〕安阳县 253
曲阿街道……〔苏〕丹阳市 185
曲孜卡乡……〔藏〕芒康县 383
曲松乡……〔藏〕札达县 385
曲松县……〔藏〕山南市 384
曲松镇……〔藏〕曲松县 384
曲卓木乡……〔藏〕错那县 384
曲依乡……〔川〕雷波县 354
曲阜市……〔鲁〕济宁市 240
曲周县……〔冀〕邯郸市 112
曲周镇……〔冀〕曲周县 112
曲河乡……〔川〕青川县 334
曲河街道……〔湘〕冷水滩区 285
曲陌乡……〔冀〕永年区 111
曲线街道……〔黑〕南岗区 165
曲界镇……〔粤〕徐闻县 294
曲亭镇……〔晋〕洪洞县 130
曲美乡……〔藏〕桑珠孜区 381
曲洛乡……〔藏〕定日县 381
曲洛乡……〔藏〕措勤县 385
曲峨镇……〔晋〕大宁县 130
曲峪镇……〔晋〕临县 131
曲家店镇……〔辽〕昌图县 152
曲麻河乡……〔青〕曲麻莱县 415
曲麻莱县……〔青〕玉树藏族自治州 415
曲梁镇……〔豫〕新密市 249
曲堤镇……〔鲁〕济阳县 235
曲惠镇……〔新〕和硕县 425
曲雅贡乡……〔川〕稻城县 351
曲奥乡……〔陇〕夏河县 409
曲鲁海乡……〔新〕伊宁县 428
曲登乡……〔川〕理塘县 351
曲登乡……〔藏〕芒康县 383
曲塘镇……〔苏〕海安县 182
曲靖市……〔滇〕 370
曲溪乡……〔闽〕连城县 219
曲溪街道……〔粤〕揭东区 300
曲樟乡……〔桂〕合浦县 306
曲濑镇……〔赣〕吉州区 228
曲霞镇……〔苏〕泰兴市 186
团山子乡……〔黑〕依兰县 166
团山寺镇……〔鄂〕石首市 272
团山街道……〔辽〕盖州市 150
团山街道……〔辽〕弓长岭区 151
团山街道……〔吉〕宽城区 157
团山镇……〔鄂〕樊城区 269
团山镇……〔湘〕邵东县 280
团风县……〔鄂〕黄冈市 272
团风镇……〔鄂〕团风县 272
团田乡……〔滇〕腾冲市 372
团田镇……〔滇〕墨江哈尼族自治县 373
团坝镇……〔川〕大竹县 344
团甸镇……〔辽〕盖州市 150
团陂镇……〔鄂〕浠水县 272
团林乡……〔冀〕昌黎县 110
团林乡……〔赣〕鄱阳县 232
团林苗族乡……〔川〕筠连县 342
团林铺镇……〔鄂〕掇刀区 270
团林镇……〔吉〕辉南县 160
团林镇……〔鲁〕莒南县 243
团旺镇……〔鲁〕莱阳市 238
团河镇……〔湘〕会同县 287
团泊镇……〔津〕静海区 104
团泽镇……〔黔〕汇川区 358
团城山街道……〔鄂〕下陆区 268
团城乡……〔豫〕鲁山县 252
团柏乡……〔晋〕汾西县 130
团洲乡……〔湘〕华容县 281
团结大街街道……〔蒙〕昆都仑区 135
团结乡……〔吉〕通榆县 162
团结乡……〔川〕岳池县 343
团结乡……〔川〕南江县 347
团结乡……〔川〕安岳县 348
团结乡……〔川〕甘洛县 354
团结乡……〔滇〕永善县 372
团结西路街道……〔宁〕永宁县 419
团结街道……〔蒙〕临河区 139
团结街道……〔吉〕东昌区 160
团结街道……〔吉〕集安市 160
团结街道……〔吉〕宁江区 161
团结街道……〔吉〕洮南市 162
团结街道……〔黑〕工农区 168
团结街道……〔黔〕沿河土家族自治县 362
团结街道……〔滇〕西山区 369
团结街道……〔新〕库尔勒市 425
团结湖街道……〔京〕朝阳区 99
团结路街道……〔冀〕桥西区 112
团结路街道……〔新〕天山区 423
团结路街道……〔新〕奎屯市 428
团结路街道……〔新〕阿勒泰市 429
团结新村街道……〔陇〕城关区 401
团结镇……〔蒙〕杭锦后旗 139
团结镇……〔黑〕道外区 165
团结镇……〔黑〕萝北县 168
团结镇……〔黑〕五大连池市 171
团结镇……〔川〕郫都区 328
团结镇……〔川〕大安区 329
团结镇……〔陇〕安定区 406
团结镇……〔新〕尉犁县 425
团结彝族乡……〔滇〕云龙县 377
团结彝族苗族乡……〔黔〕七星关区 360
团堡镇……〔鄂〕利川市 274
团街镇……〔滇〕禄劝彝族苗族自治县 369
团溪镇……〔黔〕播州区 358
团瓢庄乡……〔冀〕遵化市 110
同大镇……〔皖〕庐江县 201
同口镇……〔冀〕安新县 114
同山镇……〔浙〕诸暨市 193
同义镇……〔黑〕讷河市 167
同弓乡……〔浙〕常山县 195
同太乡……〔吉〕德惠市 158
同升街道……〔湘〕雨花区 277
同仁乡……〔川〕顺庆区 338
同仁县……〔青〕黄南藏族自治州 414
同心乡……〔黑〕讷河市 168
同心县……〔宁〕吴忠市 420
同心街道……〔吉〕绿园区 157
同心满族乡……〔黑〕双城区 166
同心镇……〔桂〕藤县 305
同心镇……〔滇〕宁洱哈尼族彝族自治县 373
同古镇……〔桂〕钟山县 309
同石乡……〔川〕邻水县 343
同卡镇……〔藏〕八宿县 383
同田乡……〔赣〕丰城市 230
同乐乡……〔渝〕涪陵区 317
同乐苗族乡……〔桂〕三江侗族自治县 304
同乐街道……〔滇〕陆良县 370
同乐镇……〔黑〕庆安县 172
同乐镇……〔桂〕乐业县 308
同民镇……〔黔〕习水县 359
同老乡……〔桂〕平果县 308
同合乡……〔川〕简阳市 329
同庆镇……〔粤〕化州市 295
同州街道……〔川〕平昌县 347
同江市……〔黑〕佳木斯市 170
同江镇……〔黑〕同江市 170
同兴乡……〔川〕犍为县 337
同兴镇……〔蒙〕克什克腾旗 136
同兴镇……〔辽〕振安区 149
同兴镇……〔苏〕灌云县 183
同兴镇……〔川〕岳池县 342
同安乡……〔赣〕宜丰县 229
同安区……〔闽〕厦门市 214
同安街道……〔川〕龙泉驿区 327
同安路街道……〔鲁〕市北区 236
同安镇……〔闽〕永泰县 213
同安镇……〔桂〕资源县 305
同里镇……〔苏〕吴江区 181
同沟寺镇……〔陕〕勉县 394
同和街道……〔鲁〕平度市 236
同和街道……〔粤〕白云区 291
同和镇……〔桂〕平南县 307
同练瑶族乡……〔桂〕融水苗族自治县 304
同益街道……〔辽〕普兰店区 147
同益街道……〔粤〕金平区 293
同家庄镇……〔陕〕合阳县 392
同家梁街道……〔晋〕矿区 123
同普乡……〔藏〕江达县 383
同福镇……〔川〕东兴区 336
同德乡……〔桂〕靖西市 308
同德乡……〔桂〕宜州区 309
同德乡……〔川〕西充县 340
同德县……〔青〕海南藏族自治州 414
同德街道……〔粤〕白云区 291
同德镇……〔川〕仁和区 330
吕山乡……〔浙〕长兴县 193
吕王镇……〔鄂〕大悟县 271
吕艺镇……〔鲁〕博兴县 245
吕公堡镇……〔冀〕任丘市 119
吕田镇……〔粤〕从化区 292
吕四港镇……〔苏〕启东市 182
吕仙亭街道……〔湘〕岳阳楼区 281
吕合镇……〔滇〕楚雄市 374
吕村镇……〔豫〕安阳县 253
吕良镇……〔苏〕金湖县 184
吕店镇……〔豫〕伊川县 251
吕河镇……〔陕〕旬阳县 397
吕城镇……〔苏〕丹阳市 185
吕巷镇……〔沪〕金山区 176
吕亭镇……〔皖〕桐城市 205
吕洞山镇……〔湘〕保靖县 288
吕桥镇……〔冀〕黄骅市 119
吕格庄镇……〔鲁〕莱阳市 238
吕家坪镇……〔湘〕麻阳苗族自治县 287
吕陵镇……〔鲁〕牡丹区 246
吕梁市……〔晋〕 130
吕蒙乡……〔赣〕昌江区 223
吕寨镇……〔冀〕临西县 113
吕寨镇……〔皖〕临泉县 207
吕潭乡……〔豫〕扶沟县 261
吊罗山乡…〔琼〕保亭黎族苗族自治县 314
因民镇……〔滇〕东川区 369
因远镇……〔滇〕元江哈尼族彝族傣族自治县 371
屿头乡……〔浙〕黄岩区 196
屿头乡……〔闽〕平潭县 214
回山镇……〔浙〕新昌县 193
回马镇……〔川〕大英县 335
回车镇……〔豫〕西峡县 258
回水乡……〔川〕蓬溪县 335
回风街道……〔川〕巴州区 346
回龙山瑶族乡……〔湘〕资兴市 285
回龙山镇……〔鄂〕团风县 272
回龙乡……〔晋〕交口县 131
回龙乡……〔闽〕建阳区 217
回龙乡……〔豫〕桐柏县 258
回龙乡……〔鄂〕房县 268
回龙乡……〔川〕雁江区 347
回龙乡……〔川〕茂县 348
回龙圩镇……〔湘〕江永县 286
回龙寺镇……〔湘〕新宁县 281
回龙场乡……〔川〕雷波县 354
回龙观街道……〔京〕昌平区 100
回龙坝镇……〔渝〕沙坪坝区 317
回龙河街道……〔川〕利州区 333
回龙铺镇……〔湘〕宁乡市 278
回龙镇……〔鄂〕汉川市 271
回龙镇……〔粤〕新丰县 292

（六画）回屺则刚网卤年朱先廷竹迁乔

回龙镇……〔粤〕高要区 296
回龙镇……〔粤〕德庆县 296
回龙镇……〔桂〕钟山县 308
回龙镇……〔渝〕大足区 318
回龙镇……〔渝〕梁平区 321
回龙镇……〔川〕邛崃市 328
回龙镇……〔川〕大安区 329
回龙镇……〔川〕中江县 331
回龙镇……〔川〕营山县 339
回龙镇……〔川〕开江县 344
回龙镇……〔川〕冕宁县 353
回龙镇……〔黔〕习水县 359
回龙镇……〔黔〕兴仁县 363
回龙镇……〔陕〕镇安县 397
回民区……〔蒙〕呼和浩特市 135
回民街道……〔蒙〕东河区 135
回兴街道……〔渝〕渝北区 318
回里镇……〔鲁〕福山区 238
回坪乡……〔川〕冕宁县 354
回林乡……〔川〕通江县 347
回河街道……〔鲁〕济阳县 235
回春镇……〔川〕仪陇县 339
回城乡……〔新〕伊州区 424
回郭镇……〔豫〕巩义市 249
回隆镇……〔冀〕魏县 112
回隆彝族乡……〔川〕石棉县 346
回澜镇……〔川〕什邡市 331
回澜镇……〔川〕乐至县 348
屺亭街道……〔苏〕宜兴市 180
则巴乡……〔藏〕贡觉县 383
则戎乡……〔黔〕兴义市 363
则许乡……〔藏〕谢通门县 382
则约乡……〔川〕喜德县 353
则拉乡……〔川〕甘洛县 354
则祖乡……〔川〕金阳县 353
则黑乡……〔滇〕禄劝彝族苗族自治县 369
则普乡……〔川〕昭觉县 353
刚边壮族乡……〔黔〕从江县 365
刚察县……〔青〕海北藏族自治州 414
网户满族乡……〔辽〕绥中县 154
网市镇……〔鄂〕监利县 272
网岭镇……〔湘〕攸县 278
卤底乡……〔湘〕零陵区 285
年丰朝鲜族乡……〔黑〕铁力市 169
年木乡……〔藏〕桑珠孜区 381
年古乡……〔川〕德格县 350
年龙乡……〔川〕色达县 351
年陡镇……〔皖〕当涂县 203
年都乎乡……〔青〕同仁县 414
年堆乡……〔藏〕江孜县 381
朱口镇……〔闽〕泰宁县 215
朱口镇……〔豫〕太康县 262
朱马店镇……〔皖〕凤台县 203
朱王堡镇……〔陇〕永昌县 401
朱元乡……〔川〕通江县 347
朱日和镇……〔蒙〕苏尼特右旗 141
朱公乡……〔川〕南江县 347
朱巴龙乡……〔藏〕芒康县 383
朱古洞乡……〔豫〕驿城区 262
朱田镇……〔鲁〕费县 243
朱仙庄镇……〔皖〕埇桥区 207
朱仙镇……〔豫〕祥符区 250
朱兰街道……〔豫〕舞钢市 252
朱台镇……〔鲁〕临淄区 237
朱老庄镇……〔鲁〕东昌府区 244
朱曲镇……〔豫〕尉氏县 250
朱各庄镇……〔冀〕昌黎县 110
朱各庄镇……〔冀〕雄县 115
朱庄镇……〔豫〕桐柏县 258
朱刘街道……〔鲁〕昌乐县 239
朱衣镇……〔渝〕奉节县 322
朱阳关镇……〔豫〕卢氏县 257
朱阳镇……〔豫〕灵宝市 257
朱坝街道……〔苏〕洪泽区 183
朱坑乡……〔晋〕平遥县 127
朱坑镇……〔赣〕弋阳县 232
朱坊乡……〔赣〕南康区 226
朱芦镇……〔鲁〕莒南县 243
朱村街道……〔豫〕中站区 255
朱村街道……〔粤〕增城区 292
朱杖子乡……〔冀〕青龙满族自治县 110
朱杨镇……〔渝〕江津区 319
朱吴镇……〔鲁〕海阳市 239
朱里街道……〔鲁〕寒亭区 239
朱里镇……〔豫〕上蔡县 263
朱顶镇……〔皖〕五河县 202
朱拉乡……〔藏〕工布江达县 384
朱林镇……〔苏〕金坛区 181
朱码镇……〔苏〕涟水县 183
朱昌镇……〔黔〕观山湖区 357
朱昌镇……〔黔〕七星关区 360
朱明镇……〔黔〕赫章县 361
朱备镇……〔皖〕青阳县 210
朱店镇……〔陇〕庄浪县 404
朱河镇……〔鄂〕监利县 271
朱沱镇……〔渝〕永川区 319
朱泾镇……〔沪〕金山区 176
朱官寨镇……〔陕〕佳县 396
朱城子镇……〔吉〕德惠市 158
朱巷镇……〔皖〕长丰县 201
朱砂镇……〔豫〕通许县 250
朱砂镇……〔粤〕信宜市 295
朱亭镇……〔湘〕株洲县 278
朱阁镇……〔豫〕禹州市 256
朱洪庙乡……〔鲁〕曹县 246
朱桥镇……〔苏〕淮安区 183
朱桥镇……〔鲁〕莱州市 238
朱倭镇……〔川〕炉霍县 350
朱家场镇……〔黔〕玉屏侗族自治县 362
朱家尖街道……〔浙〕普陀区 195
朱家角镇……〔沪〕青浦区 176
朱家坬镇……〔陕〕佳县 396
朱家房镇……〔辽〕辽中区 145
朱家铺镇……〔湘〕汉寿县 282
朱家镇……〔黑〕林口县 170
朱堂乡……〔豫〕罗山县 260
朱剪炉街道……〔辽〕沈河区 145
朱集乡……〔皖〕灵璧县 208
朱集乡……〔豫〕淮阳县 262
朱集镇……〔鲁〕乐陵市 244
朱集镇……〔鲁〕单县 246
朱集镇……〔豫〕社旗县 258
朱集镇……〔鄂〕襄州区 270
朱湖镇……〔苏〕泗洪县 186
朱湾镇……〔皖〕定远县 206
朱楼镇……〔皖〕砀山县 208
朱碌科镇……〔辽〕建平县 153
朱溪镇……〔浙〕仙居县 196
朱寨镇……〔苏〕沛县 180
朱寨镇……〔皖〕阜南县 207
朱镇乡……〔川〕阆中市 340
先生店乡……〔皖〕金安区 208
先市镇……〔川〕合江县 330
先进苏木……〔蒙〕库伦旗 137
先进街道……〔辽〕金州区 146
先拜巴扎镇……〔新〕于田县 428
先峰乡……〔吉〕榆树市 158
先锋乡……〔蒙〕阿鲁科尔沁旗 136
先锋乡……〔黑〕依安县 167
先锋乡……〔川〕冕宁县 354
先锋乡……〔陇〕临夏县 408
先锋街道……〔冀〕竞秀区 113
先锋街道……〔蒙〕临河区 139
先锋街道……〔吉〕西安区 159
先锋街道……〔黑〕西安区 170
先锋街道……〔苏〕通州区 182
先锋街道……〔苏〕亭湖区 184
先锋街道……〔湘〕天心区 277
先锋街道……〔湘〕雨湖区 278
先锋街道……〔湘〕雁峰区 279
先锋道街道……〔蒙〕青山区 135
先锋路街道……〔黑〕南岗区 165
先锋路街道……〔鲁〕临清市 245
先锋路街道……〔陇〕西固区 401
先锋镇……〔蒙〕乌拉特前旗 139
先锋镇……〔黑〕望奎县 171
先锋镇……〔渝〕江津区 319
先锋镇……〔川〕仪陇县 339
先锋镇……〔滇〕寻甸回族彝族自治县 369
先锋藏族乡……〔川〕石棉县 346
先遣乡……〔藏〕改则县 385
先源乡……〔黑〕安达市 172
先滩镇……〔川〕合江县 330
廷坪乡……〔闽〕闽侯县 213
竹口镇……〔浙〕庆元县 197
竹山乡……〔湘〕安仁县 285
竹山县……〔鄂〕十堰市 268
竹山镇……〔渝〕梁平区 321
竹山镇……〔滇〕宜良县 369
竹马乡……〔浙〕婺城区 194
竹瓦根镇……〔藏〕察隅县 384
竹瓦镇……〔鄂〕浠水县 272
竹巴龙乡……〔川〕理塘县 351
竹北乡……〔川〕大竹县 344
竹叶坪乡……〔湘〕桑植县 283
竹市镇……〔湘〕洞口县 281
竹行街道……〔苏〕崇川区 182
竹庆镇……〔川〕德格县 350
竹江乡……〔赣〕安福县 229
竹阳街道……〔川〕大竹县 344
竹寿镇……〔川〕宁南县 352
竹里畲族乡……〔浙〕泰顺县 192
竹园镇……〔渝〕奉节县 322
竹园镇……〔川〕青川县 334
竹园镇……〔川〕井研县 337
竹园镇……〔滇〕富源县 370
竹园镇……〔滇〕弥勒市 375
竹园彝族苗族乡……〔黔〕大方县 360
竹岐乡……〔闽〕闽侯县 213
竹岛街道……〔鲁〕环翠区 241
竹库乡……〔川〕美姑县 354
竹沟镇……〔豫〕确山县 263
竹阿觉镇……〔川〕越西县 354
竹坪乡……〔赣〕修水县 225
竹坪乡……〔鄂〕溢水镇 268
竹林乡……〔豫〕杞县 250
竹林关镇……〔陕〕丹凤县 397
竹林桥镇……〔鄂〕老河口市 270
竹林镇……〔豫〕巩义市 249
竹林镇……〔黔〕天柱县 364
竹贤乡……〔渝〕巫山县 322
竹泓镇……〔苏〕兴化市 186
竹帘镇……〔黑〕汤原县 170
竹垟畲族乡……〔浙〕龙泉市 197
竹竿镇……〔豫〕罗山县 260
竹亭镇……〔赣〕袁州区 229
竹院乡……〔陇〕宕昌县 407
竹核乡……〔川〕昭觉县 353
竹根滩镇……〔鄂〕潜江市 274
竹根镇……〔川〕五通桥区 337
竹峪镇……〔川〕万源市 345
竹峪镇……〔陕〕周至县 390
竹峰街道……〔皖〕宁国市 210
竹海镇……〔川〕长宁县 342
竹海镇……〔黔〕盘州市 358
竹基镇……〔滇〕师宗县 370
竹笮乡……〔赣〕宁都县 227
竹塘乡……〔滇〕澜沧拉祜族自治县 374
竹源乡……〔浙〕松阳县 197
竹溪乡……〔浙〕嵊州市 194
竹溪县……〔鄂〕十堰市 268
竹溪镇……〔渝〕开州区 320
竹箐乡……〔川〕会理县 352
竹箦镇……〔苏〕溧阳市 181
竹管垅乡……〔闽〕寿宁县 219
竹镇镇……〔苏〕六合区 179
竹篙镇……〔川〕金堂县 328
迁西县……〔冀〕唐山市 109
迁江镇……〔桂〕兴宾区 310
迁安市……〔冀〕唐山市 110
迁陵镇……〔湘〕保靖县 288
乔口镇……〔湘〕望城区 277
乔川乡……〔陇〕华池县 406
乔木乡……〔皖〕青阳县 210
乔屯街道……〔冀〕路北区 108
乔瓦镇……〔川〕木里藏族自治县 352
乔仁哈萨克族乡……〔新〕奇台县 424
乔乐乡……〔赣〕安义县 223
乔司街道……〔浙〕余杭区 189
乔达乡……〔新〕皮山县 427

（六画）乔伟传休伍伏优延仲件任伦华

乔后镇……〔滇〕洱源县 378
乔庄镇……〔鲁〕博兴县 245
乔庄镇……〔川〕青川县 334
乔李镇……〔晋〕尧都区 129
乔利乡……〔桂〕马山县 303
乔甸镇……〔滇〕宾川县 377
乔拉克铁热克镇……〔新〕特克斯县 428
乔贤镇……〔桂〕上林县 303
乔庙镇……〔豫〕武陟县 255
乔河乡……〔陇〕华池县 406
乔官镇……〔鲁〕昌乐县 239
乔建镇……〔桂〕隆安县 303
乔音乡……〔桂〕凤山县 309
乔家屯乡……〔冀〕深州市 120
乔家湾乡……〔晋〕蒲县 130
乔家镇……〔川〕岳池县 343
乔勒潘乡……〔新〕英吉沙县 426
乔梓乡…〔渝〕彭水苗族土家族自治县 323
乔集乡……〔豫〕虞城县 259
乔善乡……〔桂〕罗城仫佬族自治县 309
乔楼乡……〔豫〕宁陵县 259
乔楼镇……〔豫〕荥阳市 249
乔端镇……〔豫〕南召县 257
伟光乡……〔黑〕虎林市 168
伟江乡……〔桂〕龙胜各族自治县 305
传流店乡……〔豫〕潢川县 261
休门街道……〔冀〕桥西区 107
休宁县……〔皖〕黄山市 205
伍仁桥镇……〔冀〕安国市 115
伍什家镇……〔蒙〕托克托县 135
伍市镇……〔湘〕平江县 282
伍佑街道……〔苏〕亭湖区 184
伍明镇……〔皖〕颍泉区 206
伍洛镇……〔鄂〕云梦县 271
伍桥镇……〔赣〕高安市 230
伍家乡……〔鄂〕伍家岗区 269
伍家岗区……〔鄂〕宜昌市 269
伍家岗街道……〔鄂〕伍家岗区 269
伍家岭街道……〔湘〕开福区 277
伍隍镇……〔川〕雁江区 347
伍寨彝族苗族乡……〔滇〕永善县 372
伏口镇……〔湘〕涟源市 288
伏山乡……〔豫〕商城县 260
伏山镇……〔鲁〕宁阳县 241
伏龙乡……〔川〕岳池县 343
伏龙乡……〔川〕犍为县 337
伏龙坪街道……〔陇〕城关区 401
伏龙泉镇……〔吉〕农安县 157
伏龙镇……〔川〕市中区 336
伏虎镇……〔川〕南部县 338
伏岭镇……〔皖〕绩溪县 210
伏河乡……〔川〕射洪县 335
伏家镇……〔陇〕徽县 408
伏道镇……〔豫〕汤阴县 253
优干宁镇……〔青〕河南蒙古族自治县 414
优云乡……〔青〕玛沁县 415
优胜镇……〔粤〕和平县 298
优越路街道……〔豫〕卫东区 252
延川县……〔陕〕延安市 393
延水关镇……〔陕〕延川县 393
延长县……〔陕〕延安市 393
延平区……〔闽〕南平市 217
延边朝鲜族自治州……〔吉〕 162
延吉市……〔吉〕延边朝鲜族自治州 162
延吉新村街道……〔沪〕杨浦区 175
延庆区……〔京〕 100
延庆镇……〔京〕延庆区 100
延江街道……〔吉〕昌邑区 158
延安北路街道……〔新〕昌吉市 424
延安市……〔陕〕 393
延安南路街道……〔晋〕城区 125
延安街道……〔吉〕昌邑区 158
延安街道……〔皖〕龙子湖区 202
延安路街道……〔鲁〕市北区 236
延安路街道……〔黔〕红花岗区 358
延安路街道……〔新〕天山区 423
延安镇……〔桂〕江南区 303
延寿县……〔黑〕哈尔滨市 166
延寿瑶族乡……〔湘〕汝城县 285
延寿镇……〔京〕昌平区 100
延寿镇……〔黑〕延寿县 166
延坪镇……〔陕〕山阳县 397
延和朝鲜族乡……〔吉〕榆树市 158
延河镇……〔黑〕延寿县 166
延津县……〔豫〕新乡市 254
延陵镇……〔苏〕丹阳市 185
仲山镇……〔鲁〕嘉祥县 240
仲巴县……〔藏〕日喀则市 382
仲尼乡……〔川〕道孚县 350
仲权镇……〔川〕自流井区 329
仲达乡……〔青〕玉树市 415
仲达镇……〔藏〕朗县 384
仲兴乡……〔皖〕固镇县 202
仲村镇……〔鲁〕平邑县 243
仲宫街道……〔鲁〕历城区 235
仲萨乡……〔藏〕工布江达县 384
仲景街道……〔豫〕宛城区 257
仵龙堂乡……〔冀〕沧县 118
仵楼镇……〔鲁〕曹县 246
件只乡……〔冀〕广宗县 113
任丘市……〔冀〕沧州市 119
任丘路街道……〔豫〕华龙区 255
任市镇……〔川〕开江县 344
任民镇……〔黑〕安达市 172
任圩街道……〔皖〕相山区 203
任各庄镇……〔冀〕丰润区 109
任村乡……〔晋〕太谷县 127
任村镇……〔豫〕林州市 253
任县……〔冀〕邢台市 112
任固镇……〔豫〕汤阴县 253
任店镇……〔豫〕叶县 252
任店镇……〔豫〕确山县 263
任城区……〔鲁〕济宁市 240
任城镇……〔冀〕任县 112
任桥镇……〔皖〕固镇县 202
任留街道……〔陕〕临潼区 389
任家镇……〔渝〕忠县 321
任隆镇……〔川〕蓬溪县 335
任集乡……〔豫〕鹿邑县 262
任港街道……〔苏〕崇川区 182
任楼街道……〔皖〕烈山区 203
任寨乡……〔皖〕界首市 207
伦布雪乡……〔藏〕浪卡子县 384
伦河镇……〔黑〕海伦市 172
伦教街道……〔粤〕顺德区 293
伦掌镇……〔豫〕安阳县 253
伦镇……〔鲁〕禹城市 244
华士镇……〔苏〕江阴市 180
华大街道……〔闽〕鼓楼区 213
华大街道……〔闽〕丰泽区 215
华山乡……〔黑〕巴彦县 166
华山街道……〔辽〕皇姑区 145
华山街道……〔辽〕兴城市 154
华山街道……〔鲁〕历城区 235
华山街道……〔滇〕五华区 369
华山镇……〔苏〕丰县 180
华山镇……〔赣〕黎川县 231
华山镇……〔陕〕华阴市 393
华丰街道……〔川〕游仙区 332
华丰镇……〔闽〕华安县 217
华丰镇……〔鲁〕宁阳县 241
华王乡……〔湘〕安仁县 285
华中路街道……〔皖〕迎江区 204
华凤街道……〔川〕顺庆区 338
华石镇……〔粤〕罗定市 300
华石镇……〔桂〕防城区 306
华龙区……〔豫〕濮阳市 255
华龙街道……〔川〕华蓥市 343
华龙街道……〔陇〕红古区 401
华东街道……〔辽〕细河区 151
华乐街道……〔粤〕越秀区 291
华兰镇……〔桂〕上思县 306
华头镇……〔川〕夹江县 337
华宁县……〔滇〕玉溪市 371
华民乡……〔黑〕龙江县 167
华西街道……〔黔〕西秀区 359
华西镇……〔陕〕华阴市 393
华光乡……〔川〕西充县 340
华光街道……〔新〕水磨沟区 423
华冲镇……〔苏〕沭阳县 186
华庄街道……〔苏〕滨湖区 179
华州区……〔陕〕渭南市 392
华州街道……〔陕〕华州区 392
华江瑶族乡……〔桂〕兴安县 305
华池县……〔陇〕庆阳市 405
华兴街道……〔湘〕蒸湘区 279
华兴街道……〔川〕武侯区 327
华兴镇……〔闽〕大田县 215
华兴镇……〔渝〕铜梁区 320
华兴镇……〔川〕嘉陵区 338
华安县……〔闽〕漳州市 217
华阳街道……〔苏〕句容市 185
华阳街道……〔川〕双流区 327
华阳街道……〔川〕江阳区 330
华阳路街道……〔沪〕长宁区 175
华阳路街道……〔鲁〕市北区 236
华阳镇……〔皖〕望江县 204
华阳镇……〔皖〕绩溪县 210
华阳镇……〔粤〕五华县 297
华阳镇……〔陕〕洋县 394
华阴市……〔陕〕渭南市 393
华坛山镇……〔赣〕上饶县 231
华严镇……〔川〕安岳县 347
华村镇……〔鲁〕泗水县 240
华来镇……〔辽〕桓仁满族自治县 149
华佗镇……〔皖〕谯城区 209
华陂镇……〔豫〕上蔡县 263
华坪县……〔滇〕丽江市 373
华坪街道……〔川〕江油市 333
华坪镇……〔陕〕镇坪县 397
华苑街道……〔津〕南开区 103
华林山镇……〔赣〕高安市 230
华林街道……〔豫〕瀍河回族区 251
华林街道……〔粤〕荔湾区 291
华林镇……〔赣〕庐山市 225
华歧镇……〔陇〕秦州区 402
华昌街道……〔吉〕榆树市 157
华明街道……〔津〕东丽区 103
华明路街道……〔冀〕遵化市 109
华岩镇……〔渝〕九龙坡区 318
华侨路街道……〔苏〕鼓楼区 179
华舍街道……〔浙〕柯桥区 193
华店镇……〔鲁〕齐河县 244
华泾镇……〔沪〕徐汇区 175
华封镇……〔川〕武胜县 343
华城镇……〔粤〕五华县 297
华亭县……〔陇〕平凉市 404
华亭镇……〔沪〕嘉定区 176
华亭镇……〔闽〕城厢区 214
华阁镇……〔湘〕南县 284
华洲街道……〔粤〕海珠区 291
华胥镇……〔陕〕蓝田县 390
华桥乡……〔闽〕光泽县 217
华峰乡……〔晋〕垣曲县 128
华家岭镇……〔陇〕通渭县 406
华家河镇……〔鄂〕红安县 272
华家街道……〔辽〕金州区 146
华家镇……〔吉〕农安县 157
华容区……〔鄂〕鄂州市 270
华容县……〔湘〕岳阳市 281
华容镇……〔鄂〕华容区 270
华埠镇……〔浙〕开化县 195
华弹镇……〔川〕宁南县 352
华景镇……〔川〕宣汉县 344
华堡镇……〔豫〕宁陵县 259
华港镇……〔苏〕姜堰区 185
华湖镇……〔粤〕惠来县 300
华富街道……〔粤〕福田区 292
华强北街道……〔粤〕福田区 292
华强街道……〔桂〕西乡塘区 303
华塘街道……〔湘〕龙山县 288
华塘镇……〔湘〕北湖区 284
华蓥乡……〔川〕邻水县 343
华蓥市……〔川〕广安市 343
华新街道……〔渝〕江北区 317
华新街道……〔津〕东丽区 103
华新镇……〔沪〕青浦区 176
华溪镇……〔滇〕华宁县 371
华墅乡……〔浙〕柯城区 195
华漕镇……〔沪〕闵行区 175

（六画）华仰仿伙自伊乩向后行甪舟全会合

华藏寺镇……〔陇〕天祝藏族自治县 403
华耀街道……〔豫〕川汇区 261
仰山乡……〔赣〕奉新县 229
仰义街道……〔浙〕鹿城区 191
仰天湖瑶族乡……〔湘〕北湖区 284
仰化镇……〔苏〕宿豫区 186
仰阿莎街道办事处……〔黔〕剑河县 364
仰韶镇……〔豫〕渑池县 257
仿山镇……〔鲁〕定陶区 246
伙牌镇……〔鄂〕襄州区 270
自由路街道……〔蒙〕青山区 135
自由路街道……〔豫〕卫滨区 254
自贡市……〔川〕 329
自来桥镇……〔皖〕明光市 206
自怀镇……〔川〕合江县 330
自良镇……〔桂〕容县 307
自治乡……〔川〕安岳县 348
自流井区……〔川〕自贡市 329
自强苗族乡……〔黔〕织金县 361
自强街道……〔吉〕南关区 157
自强路街道……〔陕〕新城区 389
自强镇……〔川〕梓潼县 333
伊山镇……〔苏〕灌云县 183
伊川县……〔豫〕洛阳市 251
伊车嘎善锡伯族乡……〔新〕霍城县 428
伊日乡……〔藏〕类乌齐县 383
伊什库力乡……〔新〕莎车县 427
伊丹镇……〔吉〕伊通满族自治县 159
伊尔施街道……〔蒙〕阿尔山市 140
伊宁市……〔新〕伊犁哈萨克自治州 428
伊宁县……〔新〕伊犁哈萨克自治州 428
伊西哈拉镇……〔新〕库车县 425
伊吗图镇……〔辽〕阜新蒙古族自治县 151
伊合昂街道……〔陇〕合作市 409
伊庄镇……〔苏〕铜山区 180
伊州区……〔新〕哈密市 424
伊克乌兰乡……〔青〕刚察县 414
伊吾县……〔新〕哈密市 424
伊吾镇……〔新〕伊吾县 424
伊拉哈镇……〔黑〕嫩江县 171
伊拉湖镇……〔新〕托克逊县 424
伊图里河镇……〔蒙〕牙克石市 139
伊和乌素苏木……〔蒙〕杭锦旗 138
伊和高勒苏木……〔蒙〕阿巴嘎旗 141
伊和淖尔苏木……〔蒙〕正镶白旗 141
伊金霍洛旗……〔蒙〕鄂尔多斯市 138
伊金霍洛镇……〔蒙〕伊金霍洛旗 138
伊春区……〔黑〕伊春市 169
伊春市……〔黑〕 169
伊洛街道……〔豫〕偃师市 251
伊家乡……〔闽〕建宁县 215
伊通满族自治县……〔吉〕四平市 159
伊通镇……〔吉〕伊通满族自治县 159
伊犁河路街道……〔新〕伊宁市 428
伊犁哈萨克自治州……〔新〕 428
伊敏苏木……〔蒙〕鄂温克族自治旗 138
伊敏河镇……〔蒙〕鄂温克族自治旗 138
伊塘镇……〔湘〕冷水滩区 285
乩藏镇……
〔陇〕积石山保安族东乡族撒拉族自治县 409
向上街道……〔吉〕图们市 162
向山镇……〔皖〕雨山区 203
向义镇……〔川〕威远县 336
向化镇……〔沪〕崇明区 176
向化藏族乡……
……〔青〕大通回族土族自治县 413
向华乡……〔黑〕克山县 167
向阳川镇……〔黑〕富锦市 170
向阳乡……〔辽〕桓仁满族自治县 149
向阳乡……〔黑〕嘉荫县 169
向阳乡……〔黑〕肇东市 172
向阳乡……〔皖〕灵璧县 208
向阳乡……〔闽〕南安市 216
向阳乡……〔川〕普格县 352
向阳乡……〔滇〕泸西县 376
向阳区……〔黑〕鹤岗市 168
向阳区……〔黑〕佳木斯市 169
向阳村街道……〔川〕东区 330
向阳里街道……〔晋〕城区 123
向阳峪镇……〔蒙〕阿荣旗 138
向阳堡乡……〔晋〕平鲁区 126
向阳街道……〔京〕房山区 99
向阳街道……〔蒙〕松山区 136
向阳街道……〔蒙〕扎兰屯市 139
向阳街道……〔辽〕清河区 152
向阳街道……〔辽〕龙城区 153
向阳街道……〔吉〕船营区 158
向阳街道……〔吉〕龙山区 159
向阳街道……〔吉〕洮南市 162
向阳街道……〔黑〕鸡冠区 168
向阳街道……〔黑〕爱民区 170
向阳街道……〔皖〕颍东区 206
向阳街道……〔皖〕宣州区 210
向阳街道……〔鲁〕芝罘区 238
向阳街道……〔豫〕红旗区 254
向阳街道……〔桂〕钦南区 306
向阳街道……〔陕〕临渭区 392
向阳街道……〔新〕石河子市 429
向阳湖镇……〔鄂〕咸安区 273
向阳楼街道……〔津〕河东区 103
向阳路街道……〔津〕南开区 103
向阳镇……〔晋〕尖草坪区 123
向阳镇……〔吉〕柳河县 160
向阳镇……〔黑〕香坊区 165
向阳镇……〔黑〕五常市 166
向阳镇……〔黑〕鸡东县 168
向阳镇……〔黑〕同江市 170
向阳镇……〔桂〕天峨县 309
向阳镇……〔川〕广汉市 331
向阳镇……〔陕〕紫阳县 396
向坝乡……〔鄂〕竹溪县 268
向应街道……〔辽〕金州区 146
向林镇……〔川〕叙永县 331
向岭乡……〔川〕金阳县 353
向城镇……〔鲁〕兰陵县 243
向荣镇……〔黑〕海伦市 172
向都镇……〔桂〕天等县 310
向桥乡……〔鄂〕蕲春县 272
向峨乡……〔川〕都江堰市 328
向海蒙古族乡……〔吉〕通榆县 162
向家坝镇……〔滇〕水富县 372
向家镇……〔湘〕平江县 282
向家镇……〔川〕仁寿县 341
向塘镇……〔赣〕南昌县 223
后三乡……〔黑〕望奎县 171
后山苗族布依族乡……〔黔〕仁怀市 359
后山镇……〔渝〕万州区 317
后山镇……〔川〕叙永县 331
后山镇……〔川〕冕宁县 353
后山镇……〔黔〕金沙县 361
后方乡……〔豫〕台前县 256
后龙镇……〔闽〕泉港区 215
后叶镇……〔渝〕云阳县 322
后白镇……〔苏〕句容市 185
后头乡……〔黑〕绥棱县 172
后台乡……〔豫〕睢县 259
后宅街道……〔浙〕义乌市 194
后宅镇……〔粤〕南澳县 293
后安镇……〔辽〕抚顺县 148
后安镇……〔琼〕万宁市 313
后村镇……〔鲁〕东港区 242
后沙峪（地区）镇……〔京〕顺义区 100
后坪乡…〔渝〕酉阳土家族苗族自治县 323
后坪乡……〔黔〕沿河土家族自治县 362
后坪苗族土家族乡……〔渝〕武隆区 321
后坪镇……〔鄂〕保康县 270
后所乡……〔晋〕山阴县 126
后所乡……〔川〕木里藏族自治县 352
后所镇……〔滇〕富源县 370
后河镇……〔豫〕内黄县 253
后河镇……〔豫〕卫辉市 254
后河镇……〔豫〕长葛市 256
后官寨镇……〔陇〕西峰区 405
后城镇……〔冀〕赤城县 117
后柳镇……〔陕〕石泉县 396
后弈镇……〔冀〕永清县 119
后洲街道……〔闽〕台江区 213
后宫乡……〔晋〕闻喜县 128
后留名府乡……〔冀〕景县 120
后域乡……〔川〕汉源县 346
后埠街道……〔赣〕安源区 224
后窑镇……〔辽〕昌图县 152
后巢乡……〔黔〕南明区 357
后港镇……〔赣〕乐平市 224
后港镇……〔鄂〕沙洋县 270
后湖街道……〔鄂〕江岸区 267
后谢镇……〔豫〕召陵区 256
后塘瑶族乡……〔湘〕辰溪县 286
后新秋镇……〔辽〕彰武县 151
后溪镇……〔浙〕衢江区 195
后溪镇……〔闽〕集美区 214
后箐彝族乡……〔滇〕云县 374
后寨苗族乡……〔黔〕织金县 361
行村镇……〔鲁〕海阳市 239
行别营乡……〔冀〕河间市 119
行者街道……〔陕〕临潼区 389
行宫东大街街道……〔冀〕三河市 120
行唐县……〔冀〕石家庄市 107
行流镇……〔皖〕颍泉区 206
行廊镇……〔湘〕嘉禾县 284
甪直镇……〔苏〕吴中区 181
舟山市……〔浙〕 195
舟山镇……〔浙〕永康市 195
舟水桥街道……〔黔〕红花岗区 358
舟白街道……〔渝〕黔江区 319
舟曲县……〔陇〕甘南藏族自治州 409
舟坝镇……〔川〕沐川县 337
舟塔乡……〔宁〕中宁县 420
舟溪镇……〔黔〕凯里市 364
舟群乡……〔青〕天峻县 415
全丰镇……〔赣〕修水县 224
全州县……〔桂〕桂林市 304
全州镇……〔桂〕全州县 304
全安街道……〔吉〕南关区 157
全安镇……〔粤〕南雄市 292
全安镇……〔川〕市中区 336
全军乡……〔皖〕金寨县 209
全旺镇……〔浙〕衢江区 195
全茗镇……〔桂〕大新县 310
全南县……〔赣〕赣州市 227
全胜乡……〔川〕乐至县 348
全椒县……〔皖〕滁州市 206
全集镇……〔皖〕凤台县 203
全福街道……〔鲁〕历城区 235
全福镇……〔川〕市中区 336
会山镇……〔琼〕琼海市 313
会川镇……〔陇〕渭源县 406
会元乡……〔辽〕顺城区 148
会文镇……〔琼〕文昌市 313
会龙山街道……〔湘〕赫山区 283
会龙镇……〔皖〕阜南县 207
会龙镇……〔川〕中江县 331
会龙镇……〔川〕安居区 335
会龙镇……〔川〕高坪区 338
会东县……〔川〕凉山彝族自治州 352
会仙镇……〔桂〕临桂区 304
会仪镇……〔滇〕绥江县 372
会立乡……〔晋〕交城县 131
会宁县……〔陇〕白银市 402
会宁镇……〔冀〕邢台县 112
会发镇……〔黑〕方正县 166
会师镇……〔陇〕会宁县 402
会同乡……〔赣〕宁都县 227
会同县……〔湘〕怀化市 287
会昌县……〔赣〕赣州市 227
会昌街道……〔豫〕孟州市 255
会泽县……〔滇〕曲靖市 370
会城街道……〔粤〕新会区 294
会战道街道……〔冀〕任丘市 119
会亭镇……〔豫〕夏邑县 259
会宫镇……〔皖〕枞阳县 204
会展街道……〔吉〕南关区 157
会理县……〔川〕凉山彝族自治州 352
会埠镇……〔赣〕奉新县 229
会盟镇……〔豫〕孟津县 251
合口镇……〔湘〕临澧县 282
合山市……〔桂〕来宾市 310
合山镇……〔粤〕阳东区 298
合川区……〔渝〕 319
合义乡……〔川〕安岳县 348

（六画）合兆企众伞创朵杂旬旭各名多凫争邬色壮冲冰庄庆亦刘

合马镇……〔黔〕仁怀市 359
合井乡……〔川〕布拖县 353
合水县……〔陇〕庆阳市 406
合水镇……〔湘〕泸溪县 288
合水镇……〔粤〕信宜市 295
合水镇……〔粤〕兴宁市 297
合水镇……〔粤〕阳春市 298
合水镇……〔粤〕和平县 298
合水镇…〔黔〕印江土家族苗族自治县 362
合什镇……〔川〕宜宾县 341
合心镇……〔吉〕绿园区 157
合乐苗族乡……〔川〕叙永县 331
合市镇……〔赣〕金溪县 231
合庆镇……〔沪〕浦东新区 176
合江县……〔川〕泸州市 330
合江亭街道……〔川〕锦江区 327
合江街道……〔湘〕石鼓区 279
合江镇……〔粤〕化州市 295
合江镇……〔川〕双流区 328
合江镇……〔川〕合江县 330
合江镇……〔川〕雨城区 345
合兴乡……〔川〕中江县 331
合兴乡……〔川〕营山县 339
合兴乡……〔川〕仁寿县 341
合兴镇……〔渝〕梁平区 321
合兴镇……〔黔〕德江县 362
合阳县……〔陕〕渭南市 392
合阳城街道……〔渝〕合川区 319
合村乡……〔浙〕桐庐县 190
合作乡……〔川〕仪陇县 340
合作市……〔陇〕甘南藏族自治州 409
合作桥乡……〔湘〕永定区 283
合作街道……〔川〕郫都区 328
合作路街道……〔冀〕新华区 107
合作镇……〔苏〕启东市 182
合沟镇……〔苏〕新沂市 181
合陈镇……〔苏〕兴化市 186
合朋溪镇……〔黔〕思南县 362
合肥市……〔皖〕 201
合肥路街道……〔鲁〕市北区 236
合河口乡……〔冀〕平山县 108
合河乡……〔豫〕新乡县 254
合姑洛乡……〔川〕美姑县 354
合面镇……〔川〕纳溪区 330
合室乡……〔晋〕潞城市 125
合索乡……〔晋〕忻府区 128
合峪镇……〔豫〕栾川县 251
合浦县……〔桂〕北海市 306
合流镇……〔川〕邻水县 343
合涧镇……〔豫〕林州市 253
合盛堡乡……〔晋〕山阴县 126
合隆满族乡……〔辽〕东港市 149
合隆镇……〔吉〕宽城区 157
合道镇……〔陇〕环县 405
合溪乡……〔闽〕永定区 218
合溪镇……〔渝〕南川区 320
合漳乡……〔冀〕涉县 111
合黎镇……〔陇〕高台县 404
合德镇……〔苏〕射阳县 184
兆雅镇……〔川〕泸县 330
兆嘉乡……〔川〕仁寿县 341
兆麟街道……〔黑〕安图县 165
兆麟街道……〔黑〕北安市 171
企水镇……〔粤〕雷州市 295
企石镇……〔粤〕东莞市 299
企沙镇……〔桂〕港口区 306
众兴乡……〔皖〕肥东县 201
众兴集镇……〔皖〕霍邱县 208
众兴镇……〔苏〕泗阳县 186
众兴镇……〔皖〕寿县 203
众埠镇……〔赣〕乐平市 224
伞陂镇……〔豫〕潢川县 261
创业乡……〔黑〕桦川县 170
创业园街道……〔川〕涪城区 332
创新街道……〔辽〕兴隆台区 152
朵什镇……〔陇〕天祝藏族自治县 403
朵洛彝族乡……〔川〕九龙县 350
杂多县……〔青〕玉树藏族自治州 415
杂色镇……〔藏〕巴青县 385
杂谷脑镇……〔川〕理县 348
旬阳县……〔陕〕安康市 397
旬邑县……〔陕〕咸阳市 392
旭日乡……〔川〕色达县 351
旭日街道……〔赣〕上饶县 231
旭光乡……〔赣〕弋阳县 232
旭阳镇……〔川〕荣县 329
各卡乡……〔川〕稻城县 351
各莫乡……〔川〕阿坝县 349
各塔埠街道……〔鲁〕市中区 237
名口镇……〔赣〕乐平市 224
名山区……〔川〕雅安市 345
名山街道……〔桂〕玉州区 307
名山街道……〔渝〕丰都县 321
名山镇……〔黑〕萝北县 168
名州镇……〔陕〕绥德县 395
多儿乡……〔陇〕迭部县 409
多文镇……〔琼〕临高县 314
多巴镇……〔青〕湟中县 413
多功乡……〔川〕天全县 346
多布扎乡……〔藏〕定结县 382
多禾茂乡……〔青〕泽库县 414
多白乡……〔藏〕昂仁县 382
多吉乡……〔藏〕波密县 384
多伦县……〔蒙〕锡林郭勒盟 141
多伦淖尔镇……〔蒙〕多伦县 141
多玛乡……〔藏〕日土县 385
多玛乡……〔藏〕双湖县 385
多玛乡……〔藏〕安多县 385
多扶镇……〔川〕西充县 340
多贡麻乡……〔青〕班玛县 415
多却乡……〔藏〕浪卡子县 384
多来特巴格乡……〔新〕喀什市 426
多来提巴格乡……〔新〕巴楚县 427
多角乡……〔藏〕南木林县 381
多拉特乡……〔新〕托里县 429
多林镇……〔青〕大通回族土族自治县 413
多松乡……〔青〕河南蒙古族自治县 414
多宝山镇……〔黑〕嫩江县 171
多宝乡……〔赣〕都昌县 225
多宝街道……〔粤〕荔湾区 291
多宝镇……〔鄂〕天门市 274
多哇镇……〔青〕同仁县 414
多祝镇……〔粤〕惠东县 296
多浪乡……〔新〕阿瓦提县 426
多浪街道……〔新〕阿克苏市 425
多悦镇……〔川〕东坡区 340
多祥镇……〔鄂〕天门市 274
多营镇……〔川〕雨城区 345
多彩乡……〔青〕治多县 415
多颇章乡……〔藏〕乃东区 384
多鲁乡……〔新〕洛浦县 428
多湖街道……〔浙〕金东区 194
凫山街道……〔鲁〕邹城市 240
凫城镇……〔鲁〕山亭区 237
凫峰镇……〔皖〕祁门县 205
争胜镇……〔川〕三台县 332
邬阳乡……〔鄂〕鹤峰县 274
色力布亚镇……〔新〕巴楚县 427
色也克乡……〔新〕岳普湖县 427
色乡……〔藏〕洛扎县 384
色扎乡……〔藏〕丁青县 383
色卡乡……〔川〕道孚县 350
色尔古镇……〔川〕黑水县 349
色务乡……〔藏〕安多县 385
色头镇……〔晋〕长子县 125
色尼区……〔藏〕那曲市 384
色地镇……〔川〕红原县 349
色西底乡……〔川〕甘孜县 350
色达县……〔川〕甘孜藏族自治州 351
色庆乡……〔藏〕聂荣县 385
色拉乡……〔川〕稻城县 351
色昌乡……〔藏〕索县 385
色帕巴依乡……〔新〕阿合奇县 426
色底乡……〔川〕昭觉县 353
色河铺镇……〔陕〕山阳县 397
色柯镇……〔川〕色达县 351
色威乡……〔川〕新龙县 350
色须镇……〔川〕石渠县 351
色格孜库勒乡……〔新〕和田县 427
色提力乡……〔新〕英吉沙县 426
色雄乡……〔藏〕色尼区 385
色满乡……〔新〕喀什市 426
壮岗镇……〔鲁〕莒南县 243
壮溪乡……〔川〕简阳市 329
冲口街道……〔粤〕荔湾区 291
冲乎尔镇……〔新〕布尔津县 429
冲河镇……〔黑〕五常市 166
冲脉镇……〔桂〕柳城县 304
冲蒌镇……〔粤〕台山市 294
冰川镇……〔川〕什邡市 331
冰溪街道……〔赣〕玉山县 232
庄上镇……〔晋〕柳林县 131
庄口镇……〔赣〕会昌县 227
庄子乡……〔晋〕榆次区 127
庄子镇……〔豫〕民权县 259
庄禾集镇……〔陇〕广河县 408
庄市街道……〔浙〕镇海区 190
庄头镇……〔豫〕尉氏县 250
庄头镇……〔陕〕兴平市 392
庄头镇……〔陕〕澄城县 392
庄边镇……〔闽〕涵江区 214
庄圩乡……〔苏〕泗阳县 186
庄行镇……〔沪〕奉贤区 176
庄坞镇……〔鲁〕兰陵县 243
庄里乡……〔皖〕萧县 208
庄里镇……〔陕〕富平县 393
庄园街道……〔鲁〕栖霞市 239
庄周街道……〔皖〕蒙城县 209
庄河市……〔辽〕大连市 147
庄桥街道……〔浙〕江北区 190
庄浪县……〔陇〕平凉市 404
庄埠乡……〔赣〕会昌县 227
庄湾乡……〔赣〕浮梁县 224
庄墓镇……〔皖〕长丰县 201
庄窠乡……〔冀〕曲阳县 115
庄寨镇……〔鲁〕曹县 246
庄磨镇……〔晋〕忻府区 128
庆卫镇……〔川〕威远县 336
庆丰乡……〔黑〕友谊县 169
庆丰镇……〔苏〕建湖县 184
庆丰镇……〔桂〕港北区 306
庆元县……〔浙〕丽水市 197
庆元镇……〔渝〕南川区 320
庆云乡……〔川〕宣汉县 344
庆云县……〔鲁〕德州市 243
庆云堡镇……〔辽〕开原市 152
庆云街道……〔湘〕芦淞区 278
庆云镇……〔冀〕盐山县 118
庆云镇……〔鲁〕庆云县 243
庆云镇……〔粤〕乐昌市 292
庆云镇……〔黔〕从江县 365
庆宁乡……〔川〕金川县 349
庆华街道……〔黑〕北安市 171
庆华镇……〔川〕华蓥市 343
庆安县……〔黑〕绥化市 172
庆安镇……〔黑〕庆安县 172
庆安镇……〔苏〕睢宁县 180
庆阳市……〔陇〕 405
庆阳街道……〔辽〕文圣区 151
庆阳湖乡……〔新〕吉木萨尔县 424
庆阳镇……〔吉〕辉南县 160
庆阳镇……〔黑〕尚志市 166
庆远镇……〔桂〕宜州区 309
庆坪镇……〔陇〕渭源县 406
庆岭乡……〔川〕高县 342
庆岭镇……〔吉〕蛟河市 158
庆和镇……〔蒙〕科尔沁区 137
庆城县……〔陇〕庆阳市 405
庆城镇……〔陇〕庆城县 405
庆恒乡……〔川〕昭觉县 353
庆祖镇……〔豫〕濮阳县 256
庆符镇……〔川〕高县 342
庆隆镇……〔渝〕铜梁区 320
亦庄（地区）镇……〔京〕大兴区 100
亦资街道……〔黔〕盘州市 358
刘二堡镇……〔辽〕辽中区 145
刘二堡镇……〔辽〕辽阳县 151
刘厂镇……〔滇〕祥云县 377
刘八里乡……〔冀〕南皮县 118
刘三姐镇……〔桂〕宜州区 309

（六画）刘齐交次产充闫问闯羊

刘口乡……〔豫〕梁园区 259
刘山乡……〔川〕沿滩区 329
刘山街道……〔辽〕新抚区 148
刘川镇……〔陇〕靖远县 402
刘升镇……〔鄂〕枣阳市 270
刘仁八镇……〔鄂〕大冶市 268
刘公庙镇……〔赣〕樟树市 230
刘石岗乡……〔冀〕沙河市 113
刘龙台镇……〔辽〕义县 150
刘田各庄镇……〔冀〕卢龙县 110
刘汉乡……〔冀〕永年区 111
刘台子满族乡……〔辽〕兴城市 154
刘台庄镇……〔冀〕昌黎县 110
刘圩镇……〔皖〕泗县 208
刘圩镇……〔桂〕青秀区 303
刘老庄乡……〔苏〕淮阴区 183
刘庄店镇……〔豫〕沈丘县 261
刘庄镇……〔苏〕大丰区 184
刘杜镇……〔鲁〕新泰市 241
刘村镇……〔晋〕尧都区 129
刘杖子乡……〔冀〕承德县 117
刘杖子乡……〔辽〕凌源市 154
刘李庄镇……〔冀〕安新县 114
刘岗镇……〔皖〕寿县 203
刘佐乡……〔鄂〕黄梅县 273
刘宋镇……〔冀〕香河县 119
刘坪镇……〔陇〕秦安县 403
刘国具镇……〔陕〕佳县 396
刘备寨乡……〔冀〕遵化市 110
刘店乡……〔豫〕祥符区 250
刘店乡……〔豫〕虞城县 259
刘店集乡……〔豫〕夏邑县 260
刘店镇……〔豫〕汝阳县 251
刘店镇……〔豫〕确山县 263
刘府镇……〔皖〕凤阳县 206
刘河镇……〔豫〕荥阳市 249
刘河镇……〔豫〕永城市 260
刘河镇……〔鄂〕蕲春县 272
刘官乡……〔黔〕西秀区 359
刘官庄镇……〔鲁〕莒县 242
刘官街道……〔黔〕盘州市 358
刘房子街道……〔吉〕公主岭市 159
刘垓子镇……〔鲁〕临清市 245
刘胡兰镇……〔晋〕文水县 131
刘畈乡……〔皖〕太湖县 204
刘阁街道……〔豫〕驿城区 262
刘洞镇……〔鄂〕郧阳区 268
刘振屯乡……〔豫〕淮阳区 262
刘桥镇……〔苏〕通州区 182
刘桥镇……〔皖〕濉溪县 204
刘桥镇……〔鲁〕齐河县 244
刘套镇……〔皖〕萧县 208
刘家台乡……〔冀〕满城区 113
刘家场镇……〔鄂〕松滋市 272
刘家会镇……〔晋〕临县 131
刘家沟镇……〔鲁〕蓬莱市 238
刘家坪乡……〔川〕普格县 353
刘家坪乡……〔陇〕文县 407
刘家坪白族乡……〔湘〕桑植县 283
刘家店镇……〔京〕平谷区 100
刘家庙乡……〔冀〕沧县 118
刘家河镇……〔辽〕凤城市 149
刘家垣镇……〔晋〕洪洞县 130
刘家峡镇……〔陇〕永靖县 408
刘家站乡……〔赣〕余江县 226
刘家营乡……〔冀〕丰润区 109
刘家营乡……〔冀〕卢龙县 110
刘家馆子镇……〔吉〕梨树县 159
刘家塔镇……〔晋〕河曲县 129
刘家堡乡……〔晋〕小店区 123
刘家堡街道……〔陇〕安宁区 401
刘家隔镇……〔鄂〕汉川市 271
刘家寨子镇……〔陇〕会宁县 402
刘家镇……〔吉〕榆树市 157
刘家镇……〔川〕游仙区 332
刘家镇……〔川〕南溪区 341
刘营伍乡……〔鲁〕宁津县 243
刘营镇……〔冀〕永年区 111
刘营镇……〔川〕三台县 332
刘堡镇……〔陇〕张家川回族自治县 403
刘集乡……〔冀〕景县 120
刘集乡……〔豫〕虞城县 259
刘集乡……
〔陇〕积石山保安族东乡族撒拉族自治县 409
刘集街道……〔鄂〕襄州区 269
刘集镇……〔苏〕铜山区 180
刘集镇……〔苏〕仪征市 185
刘集镇……〔苏〕沭阳县 186
刘集镇……〔皖〕固镇县 202
刘集镇……〔皖〕凤台县 203
刘集镇……〔鲁〕东阿县 245
刘集镇……〔豫〕中牟县 249
刘集镇……〔豫〕邓州市 258
刘集镇……〔鄂〕大悟县 271
刘集镇……〔陕〕富平县 393
刘街乡……〔冀〕永清县 119
刘猴镇……〔鄂〕宜城市 270
刘斌堡乡……〔京〕延庆区 100
刘湾街道……〔陕〕商州区 397
刘湾镇……〔豫〕沈丘县 262
刘渡镇……〔皖〕无为县 202
刘楼乡……〔豫〕宁陵县 259
刘楼镇……〔鲁〕汶上县 240
刘楼镇……〔鲁〕东明县 246
刘寨街道……〔豫〕惠济区 249
刘寨镇……〔豫〕新密市 249
齐干吉迭乡……〔新〕福海县 429
齐干却勒街道……〔新〕图木舒克市 429
齐大山街道……〔辽〕立山区 147
齐山镇……〔鲁〕招远市 239
齐天镇……〔川〕绵竹市 332
齐云山镇……〔皖〕休宁县 205
齐心庄镇……〔冀〕三河市 120
齐巴尔镇……〔新〕哈巴河县 429
齐老乡……〔豫〕淮阳县 262
齐齐哈尔市……〔黑〕 166
齐寿镇……〔陇〕秦州区 402
齐村镇……〔冀〕曲阳县 114
齐村镇……〔鲁〕市中区 237
齐村镇……〔陕〕富平县 393
齐伯镇……〔黔〕平坝区 359
齐贤街道……〔浙〕柯桥区 193
齐河县……〔鲁〕德州市 244
齐哈玛镇……〔陇〕玛曲县 409
齐都镇……〔鲁〕临淄区 237
齐桥镇……〔冀〕泊头市 119
齐海乡……〔豫〕上蔡县 263
齐家务乡……〔冀〕黄骅市 119
齐家佐乡……〔冀〕唐县 114
齐家镇……〔吉〕双阳区 157
齐家镇……〔陇〕广河县 408
齐陵街道……〔鲁〕临淄区 237
齐埠乡……〔赣〕万年县 232
齐勒乌泽克镇……〔新〕特克斯县 428
齐街镇……〔豫〕原阳县 254
齐满镇……〔新〕库车县 425
齐溪镇……〔浙〕开化县 195
齐福乡……〔川〕岳池县 343
齐镇……〔陕〕眉县 391
交口乡……〔晋〕沁源县 125
交口乡……〔晋〕灵石县 127
交口乡……〔晋〕永和县 130
交口乡……〔豫〕湖滨区 257
交口县……〔晋〕吕梁市 131
交口河镇……〔陕〕洛川县 393
交口街道……〔晋〕离石区 131
交口街道……〔陕〕临潼区 389
交口镇……〔陕〕延长县 393
交里乡……〔陕〕宜川县 393
交岔乡……〔宁〕彭阳县 420
交河镇……〔冀〕泊头市 119
交城县……〔晋〕吕梁市 131
交界街道……〔黑〕阿城区 166
交泰乡……〔川〕梓潼县 333
交流岛街道……〔辽〕瓦房店市 147
交通街道……〔蒙〕东胜区 138
交通街道……〔赣〕月湖区 225
交通镇……〔川〕市中区 336
交斜镇……〔陕〕临渭区 392
交道口街道……〔京〕东城区 99
交道镇……〔陕〕澄城县 392
交楼申乡……〔晋〕兴县 131
次坞镇……〔浙〕诸暨市 193
次村乡……〔晋〕沁县 125
次邱镇……〔鲁〕汶上县 240
次营镇……〔晋〕阳城县 126
产德乡……〔冀〕曲阳县 115
充古乡……〔川〕炉霍县 350
闫寺街道……〔鲁〕东昌府区 244
闫各庄镇……〔冀〕乐亭县 109
闫庄镇……〔豫〕嵩县 251
闫家镇……〔黑〕桦南县 170
闫集镇……〔皖〕萧县 208
闫集镇……〔豫〕睢阳区 259
问十乡……〔豫〕源汇区 256
问安镇……〔鄂〕枝江市 269
闯王镇……〔鄂〕通山县 273
羊二庄回族乡……〔冀〕黄骅市 119
羊八井镇……〔藏〕当雄县 381
羊三木回族乡……〔冀〕黄骅市 119
羊下坝镇……〔陇〕凉州区 403
羊口镇……〔鲁〕寿光市 239
羊山街道……〔豫〕平桥区 260
羊山镇……〔辽〕朝阳县 153
羊山镇……〔鲁〕金乡县 240
羊马镇……〔川〕崇州市 328
羊井子湾乡……〔陇〕金塔县 405
羊木镇……〔川〕朝天区 334
羊毛工镇……〔新〕米东区 423
羊凤乡……〔川〕巴州区 346
羊古坳镇……〔湘〕隆回县 281
羊平镇……〔冀〕曲阳县 114
羊田乡……〔川〕高县 342
羊册镇……〔豫〕泌阳县 263
羊市镇……〔渝〕奉节县 322
羊头崖乡……〔晋〕寿阳县 127
羊头镇……〔桂〕平桂区 308
羊永镇……〔陇〕临潭县 409
羊场布依族白族苗族乡……〔黔〕盘州市 358
羊场苗族彝族乡……〔黔〕纳雍县 361
羊场镇……〔黔〕大方县 360
羊场镇……〔黔〕镇远县 364
羊场镇……〔滇〕宣威市 370
羊达乡……〔藏〕堆龙德庆区 381
羊尖镇……〔苏〕锡山区 179
羊庄镇……〔鲁〕滕州市 237
羊安满族乡……〔辽〕兴城市 154
羊安镇……〔川〕邛崃市 328
羊坊店街道……〔京〕海淀区 99
羊里镇……〔鲁〕莱城区 242
羊岑乡……〔滇〕剑川县 378
羊秀乡……〔藏〕比如县 385
羊角乡……〔冀〕唐县 114
羊角乡……〔晋〕左权县 127
羊角沟镇……
……〔辽〕喀喇沁左翼蒙古族自治县 153
羊角塘镇……〔湘〕安化县 284
羊角塘镇……〔湘〕祁阳县 285
羊角镇……〔粤〕茂南区 295
羊角镇……〔渝〕武隆区 321
羊沙乡……〔陇〕临潭县 409
羊尾镇……〔鄂〕郧西县 268
羊坪镇……〔黔〕镇远县 364
羊坪彝族乡……〔滇〕永胜县 373
羊拉乡……〔滇〕德钦县 378
羊范镇……〔冀〕邢台县 112
羊昌布依族苗族乡……〔黔〕平坝区 360
羊昌镇……〔黔〕乌当区 357
羊岭镇……〔川〕剑阁县 334
羊草镇……〔黑〕安达市 172
羊牯乡……〔闽〕长汀县 218
羊泉镇……〔陕〕富县 393
羊亭镇……〔鲁〕环翠区 241
羊郡镇……〔鲁〕莱阳市 238
羊桥土家族乡……〔黔〕岑巩县 364
羊流镇……〔鲁〕新泰市 241
羊圈子镇……〔辽〕盘山县 152
羊街乡……
……〔滇〕元江哈尼族彝族傣族自治县 371
羊街乡……〔滇〕开远市 375

（六画）羊关米灯州汗江

羊街镇…〔黔〕威宁彝族回族苗族自治县 361
羊街镇……〔滇〕寻甸回族彝族自治县 369
羊街镇……〔滇〕元谋县 375
羊楼司镇……〔湘〕临湘市 282
羊群沟乡……〔蒙〕和林格尔县 135
羊寨镇……〔苏〕阜宁县 184
羊磴镇……〔黔〕桐梓县 358
关卜乡……〔陇〕东乡族自治县 409
关刀镇……〔鄂〕通城县 273
关上街道……〔滇〕官渡区 369
关口街道……〔湘〕浏阳市 277
关口镇……〔鄂〕浠水县 272
关口镇……〔陕〕旬阳县 397
关山乡……〔陇〕永靖县 408
关山街道……〔鄂〕洪山区 267
关山镇……〔陕〕阎良区 389
关门乡……〔川〕南江县 347
关子镇……〔陇〕秦州区 402
关王庙乡……〔晋〕乡宁县 130
关王庙乡……〔豫〕驿城区 262
关屯乡……〔皖〕颍上县 207
关中坝街道……〔黔〕思南县 362
关公镇……〔川〕恩阳区 346
关文镇……〔川〕西充县 340
关东街道……〔鄂〕江夏区 267
关田乡……〔川〕南江县 347
关田镇……〔赣〕崇义县 226
关市镇……〔湘〕衡阳县 279
关西镇……〔赣〕龙南县 227
关庄乡……〔宁〕海原县 420
关庄镇……〔川〕青川县 334
关庄镇……〔陕〕耀州区 390
关庄镇……〔陕〕延川县 393
关兴镇……〔黔〕余庆县 359
关防乡……〔冀〕涉县 111
关防乡……〔鄂〕郧西县 268
关坝镇……〔渝〕綦江区 318
关坝镇……〔川〕南江县 347
关坪乡……〔滇〕云龙县 377
关林街道……〔豫〕洛龙区 251
关岭布依族苗族自治县…〔黔〕安顺市 360
关店乡……〔皖〕凤台县 203
关店乡……〔豫〕息县 261
关庙乡……〔皖〕金寨县 209
关庙乡……〔川〕市中区 336
关庙镇……〔苏〕宿豫区 186
关庙镇……〔皖〕临泉县 207
关庙镇……〔鄂〕广水市 273
关庙镇……〔陕〕汉滨区 396
关河乡……〔川〕邻水县 343
关河镇……〔川〕会理县 352
关沮镇……〔鄂〕沙市区 271
关面乡……〔渝〕开州区 320
关峡苗族乡……〔湘〕绥宁县 281
关帝庙镇……〔皖〕砀山县 208
关帝镇……〔川〕涪城区 332
关帝镇……〔陕〕洋县 394
关津乡……〔豫〕新蔡县 263
关桥乡……〔宁〕海原县 420
关索街道…〔黔〕关岭布依族苗族自治县 360
关家川乡……
〔陇〕积石山保安族东乡族撒拉族自治县 409
关家镇……〔陕〕汉滨区 396
关埠镇……〔粤〕潮阳区 293
关累镇……〔滇〕勐腊县 377
关堤乡……〔豫〕红旗区 254
关集镇……〔皖〕太和县 207
关渡乡……〔川〕巴州区 346
关路乡……〔川〕南江县 347
关溪乡……〔湘〕宜章县 284
关寨镇……〔黔〕六枝特区 357
米山镇……〔晋〕高平市 126
米山镇……〔鲁〕文登区 241
米贝苗族乡……〔湘〕新晃侗族自治县 287
米公街道……〔鄂〕樊城区 269
米仓山镇……〔川〕旺苍县 334
米心镇……〔渝〕潼南区 320
米龙乡……〔川〕雅江县 350
米东区……〔新〕乌鲁木齐市 423
米东南路街道……〔新〕米东区 423
米市巷街道……〔浙〕拱墅区 189
米市镇……〔川〕喜德县 353
米吉克乡……〔新〕拜城县 426
米场镇……〔桂〕陆川县 307
米亚罗镇……〔川〕理县 348
米各庄镇……〔冀〕河间市 119
米庄镇……〔鄂〕襄州区 270
米村镇……〔豫〕新密市 249
米甸镇……〔滇〕祥云县 377
米沙子镇……〔吉〕宽城区 157
米坪乡……〔黔〕开阳县 357
米坪镇……〔豫〕西峡县 258
米林县……〔藏〕林芝市 384
米林镇……〔藏〕米林县 384
米易县……〔川〕攀枝花市 330
米庙镇……〔豫〕汝州市 252
米河镇……〔豫〕巩义市 249
米城乡……〔川〕达川区 344
米桥镇……〔陇〕宁县 406
米夏乡……〔新〕伽师县 427
米夏镇……〔新〕莎车县 427
米峪镇乡……〔晋〕娄烦县 123
米脂县……〔陕〕榆林市 395
米家务镇……〔冀〕雄县 115
米家垣乡……〔晋〕浮山县 130
米瑞乡……〔藏〕巴宜区 383
米粮泉回族乡……
……〔新〕察布查尔锡伯自治县 428
米粮镇……〔陕〕镇安县 397
米箩镇……〔黔〕水城县 357
米薪关镇……〔晋〕天镇县 124
灯台乡……〔川〕顺庆区 338
灯明寺镇……〔冀〕东光县 118
灯塔乡……〔川〕仪陇县 340
灯塔乡……〔青〕班玛县 415
灯塔市……〔辽〕辽阳市 151
灯塔街道……〔黔〕碧江区 362
灯塔路街道……〔豫〕北关区 253
灯塔镇……〔吉〕西安区 159
灯塔镇……〔黑〕望奎县 171
灯塔镇……〔粤〕东源县 298
州门司镇……〔湘〕资兴市 285
州城街道……〔鲁〕东平县 241
州城镇……〔滇〕宾川县 377
州桥街道……〔豫〕鼓楼区 250
汗牛乡……〔川〕小金县 349
汗德尕特蒙古族乡……〔新〕阿勒泰市 429
江干区……〔浙〕杭州市 189
江上乡……〔赣〕永修县 225
江口乡……〔桂〕鹿寨县 304
江口乡……〔陇〕礼县 408
江口回族镇……〔陕〕宁陕县 396
江口县……〔黔〕铜仁市 362
江口街道……〔浙〕奉化区 190
江口街道……〔浙〕黄岩区 196
江口街道……〔皖〕贵池区 210
江口墟镇……〔湘〕麻阳苗族自治县 287
江口镇……〔皖〕颍上县 207
江口镇……〔闽〕涵江区 214
江口镇……〔赣〕赣县区 226
江口镇……〔湘〕衡南县 279
江口镇……〔湘〕洞口县 281
江口镇……〔粤〕封开县 296
江口镇……〔桂〕桂平市 307
江口镇……〔渝〕武隆区 321
江口镇……〔渝〕云阳县 322
江口镇……〔川〕剑阁县 334
江口镇……〔川〕彭山区 340
江口镇……〔川〕平昌县 347
江口镇……〔陕〕留坝县 395
江山市……〔浙〕衢州市 195
江山镇……〔闽〕新罗区 218
江山镇……〔桂〕防城区 306
江千乡……〔青〕甘德县 415
江川区……〔滇〕玉溪市 371
江川路街道……〔沪〕闵行区 175
江川镇……〔粤〕封开县 296
江门市……〔粤〕 294
江门镇……〔川〕叙永县 331
江屯镇……〔粤〕广宁县 296
江日堂乡……〔青〕班玛县 415
江心乡……〔皖〕当涂县 203
江心洲街道……〔苏〕建邺区 179
江巴孜乡……〔新〕伽师县 427
江古镇……〔黔〕镇远县 364
江左镇……〔豫〕伊川县 251
江石乡……〔川〕剑阁县 334
江龙镇…〔黔〕镇宁布依族苗族自治县 360
江平镇……〔桂〕东兴市 306
江东乡……〔吉〕东昌区 160
江东乡……〔湘〕衡山县 279
江东乡……〔滇〕芒市 378
江东街道……〔苏〕鼓楼区 179
江东街道……〔浙〕义乌市 194
江东街道……〔皖〕花山区 203
江东街道……〔渝〕涪陵区 317
江东镇……〔浙〕金东区 194
江东镇……〔粤〕潮安区 299
江东镇……〔黔〕天柱县 364
江北乡……〔吉〕龙潭区 158
江北区……〔浙〕宁波市 190
江北区……〔渝〕 317
江北城街道……〔渝〕江北区 317
江北街道……〔吉〕浑江区 160
江北街道……〔浙〕东阳市 194
江北街道……〔粤〕惠城区 296
江北街道……〔渝〕涪陵区 317
江北街道……〔川〕巴州区 346
江北街道……〔陕〕汉滨区 396
江北街道……〔陇〕武都区 407
江北镇……〔川〕江阳区 330
江田镇……〔闽〕长乐区 213
江市镇……〔湘〕洪江市 287
江头街道……〔闽〕湖里区 214
江头镇……〔粤〕南雄市 292
江汉区……〔鄂〕武汉市 267
江宁区……〔苏〕南京市 179
江宁街道……〔苏〕江宁区 179
江宁路街道……〔沪〕静安区 175
江宁镇……〔桂〕博白县 307
江让乡……〔藏〕措勤县 385
江永县……〔湘〕永州市 286
江边乡……〔琼〕东方市 314
江边乡……〔滇〕元谋县 375
江边乡……〔滇〕弥勒市 375
江边街道……〔赣〕月湖区 225
江西沟镇……〔青〕共和县 414
江西坡镇……〔黔〕普安县 363
江西街乡……〔川〕会东县 352
江西街道……〔辽〕旅顺口区 146
江西镇……〔桂〕江南区 303
江达乡……〔藏〕工布江达县 384
江达乡……〔藏〕索县 385
江达县……〔藏〕昌都市 383
江达镇……〔藏〕江达县 383
江当乡……〔藏〕桑珠孜区 381
江华瑶族自治县……〔湘〕永州市 286
江庄镇……〔苏〕贾汪区 180
江州区……〔桂〕崇左市 310
江州镇……〔桂〕江州区 310
江池镇……〔渝〕丰都县 321
江安县……〔川〕宜宾市 341
江安街道……〔黑〕龙沙区 167
江安镇……〔苏〕如皋市 182
江安镇……〔川〕江安县 341
江那镇……〔滇〕砚山县 376
江阳乡……〔川〕达川区 344
江阳区……〔川〕泸州市 330
江阴市……〔苏〕无锡市 180
江阴镇……〔闽〕福清市 214
江克斯乡……〔新〕裕民县 429
江苏路街道……〔沪〕长宁区 175
江苏路街道……〔鲁〕市南区 236
江村乡……〔赣〕浮梁县 224
江村镇……〔豫〕扶沟县 261
江村镇……〔湘〕双牌县 285
江谷镇……〔粤〕四会市 296
江尾镇……〔粤〕翁源县 292
江孜县……〔藏〕日喀则市 381
江孜镇……〔藏〕江孜县 381

（六画）江汕汐汲汛汜池汝汤汉忙兴

江坡镇……〔滇〕牟定县 374
江英镇……〔粤〕阳山县 299
江岸区……〔鄂〕武汉市 267
江岸苏木……〔蒙〕四子王旗 140
江店孜镇……〔皖〕颍上县 207
江底乡……〔桂〕龙胜各族自治县 305
江底镇……〔滇〕鲁甸县 372
江河镇……〔青〕天峻县 415
江油市……〔川〕 333
江垭镇……〔湘〕慈利县 283
江城乡……〔冀〕竞秀区 113
江城区……〔粤〕阳江市 298
江城哈尼族彝族自治县…〔滇〕普洱市 373
江城街道……〔桂〕浦北县 306
江城镇……〔滇〕江川区 371
江城镇……〔桂〕田东县 308
江茸乡……〔川〕红原县 349
江南乡……〔吉〕丰满区 158
江南乡……〔闽〕连江县 213
江南乡……〔桂〕大化瑶族自治县 309
江南区……〔桂〕南宁市 303
江南中街道……〔粤〕海珠区 291
江南朝鲜族满族乡……〔黑〕宁安市 171
江南街道……〔吉〕丰满区 158
江南街道……〔浙〕婺城区 194
江南街道……〔浙〕永康市 195
江南街道……〔浙〕临海市 196
江南街道……〔闽〕鲤城区 215
江南街道……〔粤〕江海区 294
江南街道……〔粤〕梅江区 296
江南街道……〔粤〕惠城区 296
江南街道……〔桂〕江南区 303
江南街道……〔桂〕港南区 306
江南街道……〔桂〕八步区 308
江南街道……〔桂〕江州区 310
江南街道……〔渝〕长寿区 319
江南街道……〔川〕阆中市 340
江南街道……〔陇〕武都区 407
江南镇……〔吉〕敦化市 162
江南镇……〔浙〕桐庐县 190
江南镇……〔湘〕临湘市 282
江南镇……〔湘〕安化县 284
江南镇……〔川〕南溪区 341
江背镇……〔赣〕兴国县 227
江背镇……〔湘〕长沙县 277
江界河镇……〔黔〕瓮安县 365
江洪镇……〔粤〕遂溪县 294
江洛镇……〔陇〕徽县 408
江洲瑶族乡……〔桂〕凤山县 309
江洲镇……〔赣〕柴桑区 224
江津区……〔渝〕 319
江埔街道……〔粤〕从化区 291
江都区……〔苏〕扬州市 185
江都路街道……〔津〕河北区 103
江热乡……〔藏〕江孜县 381
江热夏乡……〔藏〕林周县 381
江桥街道……〔湘〕攸县 278
江桥镇……〔黑〕泰来县 167
江桥镇……〔沪〕嘉定区 176
江格勒斯乡……〔新〕叶城县 427
江根乡……〔浙〕庆元县 197
江夏区……〔鄂〕武汉市 267
江高镇……〔粤〕白云区 291
江益镇……〔赣〕共青城市 225
江浦街道……〔苏〕浦口区 179
江浦路街道……〔沪〕杨浦区 175
江海区……〔粤〕江门市 294
江海街道……〔辽〕振兴区 149
江海街道……〔苏〕梁溪区 179
江海街道……〔粤〕海珠区 291
江家屯乡……〔冀〕宣化区 115
江家店镇……〔皖〕裕安区 208
江家集镇……〔豫〕潢川县 261
江陵县……〔鄂〕荆州市 272
江陵镇……〔川〕高坪区 338
江陵镇……〔川〕通川区 343
江埠乡……〔赣〕余干县 232
江盘乡……〔陇〕舟曲县 409
江密峰镇……〔吉〕龙潭区 158
江绵乡……〔藏〕巴青县 385
江堤街道……〔鄂〕汉阳区 267
江厦街道……〔浙〕海曙区 190
江集镇……〔皖〕利辛县 209
江湖镇……〔粤〕化州市 295
江湾乡…〔黑〕杜尔伯特蒙古族自治县 169
江湾镇……〔黑〕依兰县 166
江湾镇……〔赣〕婺源县 232
江湾镇……〔粤〕武江区 292
江湾镇街道……〔沪〕虹口区 175
江塘乡……〔皖〕太湖县 204
江塘镇……〔藏〕贡嘎县 384
江源区……〔吉〕白山市 160
江源街道……〔吉〕江源区 160
江源镇……〔吉〕敦化市 162
江源镇……〔川〕崇州市 328
江源镇……〔川〕简阳市 329
江溪街道……〔苏〕新吴区 180
江滨街道……〔黑〕西安区 170
江嘎镇……〔藏〕定结县 382
江镇镇……〔皖〕怀宁县 204
江镜镇……〔闽〕福清市 214
江藻镇……〔浙〕诸暨市 193
汕头市……〔粤〕 293
汕尾市……〔粤〕 297
汐子镇……〔蒙〕宁城县 137
汲水乡……〔豫〕郸城县 262
汲水镇……〔豫〕卫辉市 254
汲冢镇……〔豫〕郸城县 262
汛桥镇……〔浙〕临海市 196
汜水镇……〔豫〕荥阳市 249
池上镇……〔鲁〕博山区 237
池州市……〔皖〕 210
池江镇……〔赣〕大余县 226
池阳街道……〔皖〕贵池区 210
池坝乡……〔陇〕武都区 407
池园镇……〔闽〕闽清县 213
池尾街道……〔粤〕普宁市 300
池店镇……〔闽〕晋江市 216
池河镇……〔皖〕定远县 206
池河镇……〔陕〕石泉县 396
池洞镇……〔粤〕信宜市 295
池淮镇……〔浙〕开化县 195
池溪乡……〔赣〕进贤县 223
汝宁街道……〔豫〕汝南县 263
汝州市……〔豫〕平顶山市 252
汝阳县……〔豫〕洛阳市 251
汝河路街道……〔豫〕中原区 249
汝城县……〔湘〕郴州市 285
汝南县……〔豫〕驻马店市 263
汝南埠镇……〔豫〕正阳县 263
汝南街道……〔豫〕汝州市 252
汝集镇……〔皖〕利辛县 209
汝湖镇……〔粤〕惠城区 296
汝溪镇……〔渝〕忠县 322
汤口镇……〔皖〕黄山区 205
汤山城镇……〔辽〕振安区 149
汤山街道……〔苏〕江宁区 179
汤山街道……〔黔〕石阡县 362
汤川乡……〔闽〕尤溪县 215
汤丹镇……〔滇〕东川区 369
汤古乡……〔川〕九龙县 350
汤头乡……〔闽〕德化县 216
汤头沟镇……〔冀〕隆化县 117
汤头街道……〔鲁〕河东区 242
汤西镇……〔粤〕丰顺县 297
汤庄乡……〔豫〕商水县 261
汤庄镇……〔苏〕高邮市 185
汤池街道……〔滇〕宜良县 369
汤池镇……〔辽〕东港市 149
汤池镇……〔辽〕大石桥市 150
汤池镇……〔黑〕泰来县 167
汤池镇……〔皖〕庐江县 201
汤池镇……〔皖〕舒城县 209
汤池镇……〔鄂〕应城市 271
汤阴县……〔豫〕安阳市 253
汤坑镇……〔粤〕丰顺县 297
汤坊镇……〔陕〕兴平市 392
汤岗子街道……〔辽〕千山区 147
汤汪乡……〔苏〕广陵区 184
汤沟镇……〔苏〕灌南县 183
汤沟镇……〔皖〕鸠江区 202
汤沟镇……〔皖〕枞阳县 204
汤旺河区……〔黑〕伊春市 169
汤旺朝鲜族乡……〔黑〕汤原县 170
汤图满族乡……〔辽〕抚顺县 148
汤河口镇……〔京〕怀柔区 100
汤河子街道……〔辽〕太和区 149
汤河乡……〔冀〕丰宁满族自治县 117
汤河乡……〔豫〕卢氏县 257
汤河桥街道……〔豫〕山城区 253
汤河镇……〔辽〕弓长岭区 151
汤河镇……〔鲁〕河东区 242
汤郎乡……〔滇〕禄劝彝族苗族自治县 369
汤垟乡……〔浙〕青田县 197
汤南镇……〔粤〕丰顺县 297
汤泉乡……〔皖〕太湖县 204
汤泉街道……〔苏〕浦口区 179
汤泉满族乡……〔冀〕遵化市 110
汤神庙镇……〔辽〕建昌县 154
汤原县……〔黑〕佳木斯市 170
汤原镇……〔黑〕汤原县 170
汤峪镇……〔陕〕眉县 391
汤峪镇……〔陕〕蓝田县 390
汤浦镇……〔浙〕上虞区 193
汤涧镇……〔苏〕沭阳县 186
汤家汇镇……〔皖〕金寨县 209
汤家河镇……〔冀〕乐亭县 109
汤陵街道……〔皖〕谯城区 209
汤道河镇……〔冀〕宽城满族自治县 118
汤湖镇……〔赣〕遂川县 228
汤塘镇……〔粤〕佛冈县 299
汤溪镇……〔浙〕婺城区 194
汤溪镇……〔湘〕资兴市 285
汤溪镇……〔粤〕饶平县 299
汉沽港镇……〔津〕武清区 104
汉河街道……〔苏〕邗江区 184
汉河镇……〔皖〕来安县 206
汉河镇……〔鄂〕洪湖市 272
汉涧镇……〔皖〕天长市 206
忙丙乡……〔滇〕镇康县 374
忙农镇……〔蒙〕宁城县 137
忙怀彝族布朗族乡　〔滇〕云县 374
忙畔街道……〔滇〕临翔区 374
忙糯乡……
〔滇〕双江拉祜族佤族布朗族傣族自治县 374
兴十四镇……〔黑〕甘南县 167
兴工街道……〔辽〕铁西区 145
兴工街道……〔辽〕沙河口区 146
兴工街道……〔辽〕连山区 154
兴山区……〔黑〕鹤岗市 168
兴山县……〔鄂〕宜昌市 269
兴义市…〔黔〕黔西南布依族苗族自治州 363
兴义镇……〔渝〕丰都县 321
兴义镇……〔川〕新津县 328
兴马乡……〔川〕南江县 347
兴丰街道……〔京〕大兴区 100
兴丰镇……〔陇〕秦安县 402
兴开街道……〔辽〕开原市 152
兴中镇……〔黔〕普安县 363
兴长街道……〔黑〕兴安区 168
兴仁乡……〔川〕安州区 332
兴仁县…〔黔〕黔西南布依族苗族自治州 363
兴仁街道……〔鲁〕薛城区 237
兴仁镇……〔黑〕明水县 172
兴仁镇……〔苏〕通州区 182
兴仁镇……〔川〕邻水县 343
兴仁镇……〔黔〕丹寨县 365
兴仁镇……〔宁〕沙坡头区 420
兴化乡……〔陇〕宕昌县 407
兴化乡……〔陇〕两当县 408
兴化市……〔苏〕泰州市 185
兴文县……〔川〕宜宾市 342
兴文街道……〔川〕巴州区 346
兴龙街道……〔桂〕长洲区 305
兴龙镇……〔渝〕丰都县 321
兴平乡……〔新〕尉犁县 425
兴平市……〔陕〕咸阳市 392
兴平街道……〔黑〕爱民区 170
兴平路街道……〔陇〕白银区 402
兴平镇……〔川〕广安区 342

（六画）兴宇守宅字安

兴东街道……〔辽〕元宝区 149
兴东街道……〔苏〕通州区 182
兴东街道……〔桂〕兴宁区 303
兴东镇……〔苏〕兴化市 186
兴业乡……〔川〕天全县 346
兴业县……〔桂〕玉林市 307
兴业街道……〔吉〕宽城区 157
兴田乡……〔赣〕浮梁县 224
兴田街道……〔粤〕兴宁市 297
兴田镇……〔闽〕武夷山市 218
兴宁区……〔桂〕南宁市 303
兴宁市……〔粤〕梅州市 297
兴宁镇……〔湘〕资兴市 285
兴发苗族彝族回族乡……〔黔〕赫章县 361
兴达街道……〔辽〕庄河市 147
兴达路街道……〔豫〕金水区 249
兴华乡……〔黑〕拜泉县 167
兴华乡……〔黑〕呼玛县 172
兴华水族乡……〔黔〕榕江县 364
兴华街道……〔冀〕高碑店市 115
兴华街道……〔晋〕万柏林区 123
兴华街道……〔蒙〕扎兰屯市 139
兴华街道……〔蒙〕满洲里市 139
兴华街道……〔辽〕铁西区 145
兴华街道……〔辽〕甘井子区 146
兴华街道……〔吉〕昌邑区 158
兴华街道……〔粤〕天河区 291
兴华路街道……〔鲁〕李沧区 236
兴华镇……〔吉〕梅河口市 160
兴华镇……〔黑〕青冈县 172
兴华镇……〔豫〕洛宁县 251
兴庆区……〔宁〕银川市 419
兴州街道……〔陕〕略阳县 394
兴江乡……〔赣〕兴国县 227
兴安乡……〔黑〕集贤县 169
兴安乡……〔黑〕五大连池市 171
兴安区……〔黑〕鹤岗市 168
兴安县……〔桂〕桂林市 305
兴安街道……〔冀〕迁安市 110
兴安街道……〔蒙〕乌兰浩特市 140
兴安街道……〔黑〕兴安区 168
兴安街道……〔黑〕爱辉区 171
兴安街道……〔赣〕横峰县 232
兴安街道……〔鲁〕安丘市 239
兴安盟……〔蒙〕 140
兴安镇……〔冀〕藁城区 107
兴安镇……〔蒙〕阿荣旗 138
兴安镇……〔黑〕漠河县 172
兴安镇……〔桂〕兴安县 305
兴农街道……〔吉〕农安县 157
兴农镇……〔黑〕拜泉县 167
兴农镇……〔黑〕鸡东县 168
兴寿镇……〔京〕昌平区 100
兴村乡……〔冀〕河间市 119
兴县……〔晋〕吕梁市 131
兴园街道……〔赣〕上饶县 231
兴谷街道……〔京〕平谷区 100
兴坪乡……〔宁〕西吉县 420
兴坪镇……〔桂〕阳朔县 304
兴林镇……〔吉〕通化县 160
兴旺鄂温克族乡……〔黑〕讷河市 168
兴旺寨乡……〔冀〕遵化市 110
兴旺镇……〔川〕蓬安县 339
兴国乡……〔黑〕拜泉县 167
兴国县……〔赣〕赣州市 227
兴国镇……〔鄂〕阳新县 268
兴国镇……〔陇〕秦安县 402
兴凯湖乡……〔黑〕密山市 168
兴凯镇……〔黑〕密山市 168
兴和县……〔蒙〕乌兰察布市 140
兴和朝鲜族乡……〔黑〕北林区 171
兴泾镇……〔宁〕西夏区 419
兴建街道……〔黑〕平房区 165
兴建街道……〔黑〕兴安区 168
兴参镇……〔吉〕抚松县 160
兴城市……〔辽〕葫芦岛市 154
兴城街道……〔鲁〕薛城区 237
兴城路街道……〔鲁〕李沧区 236
兴城镇……〔冀〕迁西县 109
兴城镇……〔黑〕肇州县 169
兴南街道……〔津〕南开区 103
兴顺西镇……〔蒙〕固阳县 136
兴顺街道……〔辽〕铁西区 145
兴泉镇……〔滇〕华坪县 373
兴胜乡……〔川〕西昌市 351
兴胜路街道……〔蒙〕东胜区 138
兴胜镇……〔蒙〕青山区 135
兴济镇……〔冀〕沧县 118
兴泰街道……〔黔〕兴义市 363
兴泰镇……〔苏〕姜堰区 185
兴莲乡……〔赣〕兴国县 227
兴桥镇……〔苏〕射阳县 184
兴桥镇……〔赣〕吉州区 228
兴原乡……〔吉〕宁江区 161
兴峰乡……〔渝〕忠县 322
兴唐寺乡……〔晋〕洪洞县 130
兴唐街道……〔豫〕唐河县 258
兴海县……〔青〕海南藏族自治州 414
兴海街道……〔辽〕海城市 148
兴海街道……〔辽〕兴隆台区 152
兴海路街道……〔青〕城西区 413
兴宾区……〔桂〕来宾市 310
兴盛乡……〔黑〕五常市 166
兴盛乡……〔黑〕友谊县 169
兴盛乡……〔川〕南部县 339
兴盛乡……〔宁〕泾源县 420
兴盛街道……〔辽〕铁西区 147
兴盛街道……〔辽〕兴隆台区 152
兴盛镇……〔川〕仁寿县 341
兴隆土家族苗族乡……〔黔〕思南县 362
兴隆山镇……〔辽〕彰武县 151
兴隆山镇……〔吉〕宽城区 157
兴隆山镇……〔吉〕通榆县 162
兴隆乡……〔吉〕抚松县 160
兴隆乡……〔黑〕五常市 166
兴隆乡……〔黑〕甘南县 167
兴隆乡……〔黑〕五大连池市 171
兴隆乡……〔苏〕盱眙县 184
兴隆乡……〔豫〕祥符区 250
兴隆乡……〔滇〕盐津县 372
兴隆乡……〔陇〕靖远县 402
兴隆乡……〔宁〕同心县 420
兴隆台区……〔辽〕盘锦市 152
兴隆台街道……〔辽〕沈北新区 145
兴隆场镇……〔湘〕泸溪县 288
兴隆场镇……〔川〕恩阳区 346
兴隆庄街道……〔鲁〕兖州区 240
兴隆庄镇……
……〔辽〕喀喇沁左翼蒙古族自治县 153
兴隆县……〔冀〕承德市 117
兴隆岗镇……〔黑〕富锦市 170
兴隆苗族乡……〔黔〕大方县 360
兴隆巷街道……〔蒙〕玉泉区 135
兴隆洼镇……〔蒙〕敖汉旗 137
兴隆宫镇……〔冀〕文安县 120
兴隆堡镇……〔辽〕新民市 146
兴隆堡镇……〔辽〕彰武县 151
兴隆街道……〔蒙〕准格尔旗 138
兴隆街道……〔辽〕岫岩满族自治县 147
兴隆街道……〔辽〕太和区 149
兴隆街道……〔辽〕新邱区 151
兴隆街道……〔辽〕兴隆台区 152
兴隆街道……〔吉〕九台区 157
兴隆街道……〔吉〕临江市 161
兴隆街道……〔吉〕洮南市 162
兴隆街道……〔苏〕建邺区 179
兴隆街道……〔苏〕扬中市 185
兴隆街道……〔鲁〕市中区 235
兴隆街道……〔鲁〕垦利区 238
兴隆街道……〔鄂〕掇刀区 270
兴隆街道……〔湘〕双清区 280
兴隆街道……〔湘〕龙山县 288
兴隆街道……〔川〕资中县 336
兴隆街道……〔陕〕长安区 389
兴隆路街道……〔鲁〕市北区 236
兴隆镇……〔冀〕兴隆县 117
兴隆镇……〔辽〕新民市 146
兴隆镇……〔辽〕辽阳县 151
兴隆镇……〔吉〕双辽市 159
兴隆镇……〔黑〕巴彦县 166
兴隆镇……〔黑〕友谊县 169
兴隆镇……〔黑〕东安区 170
兴隆镇……〔皖〕旌德县 210
兴隆镇……〔鲁〕金乡县 240
兴隆镇……〔鲁〕临邑县 244
兴隆镇……〔豫〕社旗县 258
兴隆镇……〔鄂〕枣阳市 270
兴隆镇……〔渝〕渝北区 318
兴隆镇……〔渝〕南川区 320
兴隆镇……〔渝〕奉节县 322
兴隆镇…〔渝〕酉阳土家族苗族自治县 323
兴隆镇……〔川〕双流区 327
兴隆镇……〔川〕沿滩区 329
兴隆镇……〔川〕广汉市 331
兴隆镇……〔川〕中江县 331
兴隆镇……〔川〕叙永县 331
兴隆镇……〔川〕绵竹市 331
兴隆镇……〔川〕岳池县 342
兴隆镇……〔川〕安岳县 347
兴隆镇……〔川〕泸定县 349
兴隆镇……〔黔〕湄潭县 359
兴隆镇……〔陕〕泾阳县 391
兴隆镇……〔陕〕镇巴县 395
兴隆镇……〔陕〕平利县 397
兴隆镇……〔陇〕西和县 408
兴隆镇……〔宁〕西吉县 420
兴街镇……〔滇〕西畴县 376
兴港街道……〔吉〕九台区 157
兴港镇……〔桂〕铁山港区 306
兴蒙蒙古族乡……〔滇〕通海县 371
兴源街道……〔辽〕凌源市 154
兴源镇……〔黑〕穆棱市 171
兴福街道……〔鲁〕槐荫区 235
兴福镇……〔黑〕北林区 171
兴福镇……〔鲁〕博兴县 245
兴镇……〔陕〕蒲城县 392
宇宙地镇……〔蒙〕克什克腾旗 136
宇宙营乡……〔冀〕张北县 116
守望回族乡……〔滇〕昭阳区 372
宅中乡……〔闽〕柘荣县 219
宅北乡……〔冀〕平山县 108
宅吉乡……〔黔〕开阳县 357
宅垄乡……〔川〕小金县 349
宅梧镇……〔粤〕鹤山市 294
字呷乡……〔藏〕江达县 383
安口镇……〔吉〕柳河县 160
安口镇……〔陇〕华亭县 404
安山乡……〔黑〕延寿县 166
安山乡……〔湘〕新宁县 281
安山街道……〔鄂〕江夏区 267
安山镇……〔冀〕昌黎县 110
安广镇……〔吉〕大安市 162
安义县……〔赣〕南昌市 223
安子岭乡……〔冀〕青龙满族自治县 110
安子岭乡……〔冀〕兴隆县 117
安马乡……〔桂〕宜州区 309
安乡县……〔湘〕常德市 282
安丰乡……〔豫〕安阳县 253
安丰乡……〔湘〕安乡县 282
安丰塘镇……〔皖〕寿县 203
安丰镇……〔苏〕东台市 184
安丰镇……〔苏〕兴化市 186
安丰镇……〔皖〕寿县 203
安云乡……〔川〕通川区 343
安太乡……〔桂〕融水苗族自治县 304
安屯镇……〔辽〕凌海市 150
安仁乡……〔闽〕将乐县 215
安仁乡……〔川〕达川区 344
安仁县……〔湘〕郴州市 285
安仁镇……〔浙〕龙泉市 197
安仁镇……〔鲁〕禹城市 244
安仁镇……〔川〕大邑县 328
安仁镇……〔陕〕大荔县 392
安化乡……〔川〕营山县 339
安化县……〔湘〕益阳市 284
安化镇……〔陇〕武都区 407
安化彝族乡……〔滇〕江川区 371
安文镇……〔浙〕磐安县 194
安斗乡……〔川〕阿坝县 349
安石镇……〔吉〕东辽县 159

（六画）安讲军

安石镇……〔桂〕浦北县 306
安龙县…〔黔〕黔西南布依族苗族自治州 363
安龙堡乡……〔滇〕双柏县 374
安龙镇……〔川〕都江堰市 328
安平乡……〔辽〕弓长岭区 151
安平县……〔冀〕衡水市 120
安平街道……〔辽〕弓长岭区 151
安平街道……〔黔〕平坝区 359
安平镇……〔冀〕香河县 119
安平镇……〔冀〕安平县 120
安平镇……〔豫〕柘城县 259
安平镇……〔湘〕安仁县 285
安平镇……〔湘〕涟源市 288
安平镇……〔桂〕岑溪市 305
安平镇……〔川〕嘉陵区 338
安东卫街道……〔鲁〕岚山区 242
安东乡……〔桂〕忻城县 310
安北乡……〔川〕渠县 345
安北街道……〔吉〕大安市 162
安业乡……〔晋〕临县 131
安丘市……〔鲁〕潍坊市 239
安乐乡……〔川〕简阳市 329
安乐乡……〔川〕汉源县 346
安乐乡……〔滇〕牟定县 375
安乐河镇……〔陕〕宁强县 394
安乐街道……〔黑〕香坊区 165
安乐路街道……〔豫〕洛龙区 251
安乐溪乡……〔黔〕赫章县 362
安乐镇……〔闽〕宁化县 215
安乐镇……〔鲁〕阳谷县 244
安乐镇……〔豫〕洛龙区 251
安乐彝族仡佬族乡……〔黔〕大方县 360
安头乡……〔鲁〕齐河县 244
安头屯镇……〔冀〕香河县 119
安宁乡……〔桂〕靖西市 308
安宁区……〔陇〕兰州市 401
安宁市……〔滇〕昆明市 369
安宁西路街道……〔陇〕安宁区 401
安宁渠镇……〔新〕新市区 423
安宁堡街道……〔陇〕安宁区 401
安宁街道……〔晋〕榆次区 126
安宁街道……〔桂〕西乡塘区 303
安宁街道……〔川〕龙马潭区 330
安宁镇……〔川〕金川县 348
安宁镇……〔川〕西昌市 351
安民乡……〔黑〕肇东市 172
安民乡……〔浙〕松阳县 197
安民街道……〔吉〕龙井市 162
安民街道……〔皖〕雨山区 203
安民镇……〔辽〕振兴区 149
安民镇……〔辽〕西丰县 152
安边镇……〔川〕宜宾县 341
安边镇……〔陕〕定边县 395
安邦乡……〔黑〕尖山区 168
安吉乡……〔川〕大竹县 344
安吉县……〔浙〕湖州市 193
安吉街道……〔桂〕西乡塘区 303
安地镇……〔浙〕婺城区 194
安场镇……〔黔〕正安县 358
安西镇……〔赣〕信丰县 226
安西镇……〔川〕新津县 328
安达市……〔黑〕绥化市 172
安达镇……〔黑〕安达市 172
安成镇……〔皖〕田家庵区 202
安贞街道……〔京〕朝阳区 99
安曲镇……〔川〕红原县 349
安伏镇……〔陇〕秦安县 403
安华镇……〔浙〕诸暨市 193
安全乡……〔湘〕安乡县 282
安各庄镇……〔冀〕滦南县 109
安多县……〔藏〕那曲市 385
安冲乡……〔青〕玉树市 415
安庄镇……〔鲁〕莒县 242
安庆市……〔皖〕 204
安庆镇……〔蒙〕松山区 136
安次区……〔冀〕廊坊市 119
安州区……〔川〕绵阳市 332
安州街道……〔冀〕隆化县 117
安州镇……〔冀〕安新县 114
安江镇……〔湘〕洪江市 287
安兴镇……〔鲁〕牡丹区 246
安字营镇……〔豫〕镇平县 258
安字镇……〔吉〕乾安县 161
安阳乡……〔冀〕顺平县 115
安阳乡……〔浙〕淳安县 190
安阳乡……〔陇〕甘州区 404
安阳市……〔豫〕 252
安阳县……〔豫〕安阳市 253
安阳城街道……〔豫〕马村区 255
安阳街道……〔浙〕瑞安市 192
安阳镇……〔鄂〕郧阳区 268
安阳镇……〔桂〕都安瑶族自治县 309
安远县……〔赣〕赣州市 226
安远镇……〔闽〕宁化县 215
安远镇……〔陇〕天祝藏族自治县 403
安远镇……〔陇〕甘谷县 403
安村镇……〔陕〕蓝田县 390
安吴镇……〔陕〕泾阳县 391
安里镇……〔陕〕澄城县 392
安邑街道……〔晋〕盐湖区 127
安谷乡……〔黔〕晴隆县 363
安谷镇……〔川〕市中区 336
安羌乡……〔川〕阿坝县 349
安沙镇……〔湘〕长沙县 277
安沟镇……〔陕〕延长县 393
安怀镇……〔桂〕平南县 307
安宏乡……〔川〕松潘县 348
安良镇……〔豫〕郏县 252
安陆市……〔鄂〕孝感市 271
安孜乡……〔川〕白玉县 350
安纯沟门满族乡……〔冀〕滦平县 117
安坪镇……〔湘〕辰溪县 286
安坪镇……〔渝〕奉节县 322
安国市……〔冀〕保定市 115
安国镇……〔苏〕沛县 180
安国镇……〔陇〕崆峒区 404
安昌街道……〔浙〕柯桥区 193
安昌镇……〔川〕北川羌族自治县 333
安迪尔乡……〔新〕民丰县 428
安固乡……〔川〕营山县 339
安岭乡……〔浙〕仙居县 196
安岭镇……〔豫〕淮阳县 262
安凯乡……〔闽〕连江县 213
安图县……〔吉〕延边朝鲜族自治州 162
安和乡……〔赣〕上犹县 226
安和街道……〔黑〕安图县 165
安和街道……〔湘〕北湖区 284
安和镇……〔桂〕全州县 305
安岳县……〔川〕资阳市 347
安阜街道……〔川〕翠屏区 341
安底镇……〔黔〕金沙县 361
安波街道……〔辽〕普兰店区 147
安泽县……〔晋〕临汾市 130
安定门街道……〔京〕东城区 99
安定区……〔陇〕定西市 406
安定镇……〔京〕大兴区 100
安定镇……〔吉〕洮南市 162
安定镇……〔湘〕平江县 282
安定镇……〔滇〕景东彝族自治县 373
安定镇……〔陕〕子长县 393
安宜镇……〔苏〕宝应县 185
安肃镇……〔冀〕徐水区 113
安居区……〔川〕遂宁市 335
安居街道……〔鲁〕任城区 240
安居镇……〔鄂〕随县 273
安居镇……〔渝〕铜梁区 320
安居镇……〔川〕三台县 332
安居镇……〔川〕安居区 335
安驾庄镇……〔鲁〕肥城市 241
安城镇……〔鲁〕平阴县 235
安荣乡……〔晋〕山阴县 126
安南乡……〔浙〕庆元县 197
安厚镇……〔闽〕平和县 217
安砂镇……〔闽〕永安市 215
安临站镇……〔鲁〕肥城市 241
安哈镇……〔川〕西昌市 351
安香乡……〔冀〕行唐县 107
安顺市……〔黔〕 359
安顺彝族乡……〔川〕石棉县 346
安胜镇……〔渝〕梁平区 321
安亭镇……〔沪〕嘉定区 176
安洛苗族彝族满族乡……〔黔〕金沙县 361
安洲街道……〔浙〕仙居县 196
安绕镇……〔藏〕加查县 384
安泰街道……〔闽〕鼓楼区 213
安都乡……〔豫〕卫辉市 254
安格庄乡……〔冀〕易县 114
安格里格镇……〔新〕温泉县 424
安峪镇……〔晋〕绛县 128
安峰镇……〔苏〕东海县 183
安皋镇……〔豫〕卧龙区 257
安凌镇……〔皖〕祁门县 205
安海镇……〔闽〕晋江市 216
安流镇……〔粤〕五华县 297
安家乡……〔鄂〕郧西县 268
安家庄乡……〔晋〕临县 131
安家坡东乡族乡……〔陇〕临夏县 408
安家堡乡……〔冀〕万全区 116
安家街道……〔吉〕西安区 159
安家镇……〔黑〕五常市 166
安家镇……〔川〕盐亭县 332
安陵镇……〔冀〕吴桥县 119
安陵镇……〔冀〕景县 120
安陵镇……〔豫〕鄢陵县 256
安陲乡……〔桂〕融水苗族自治县 304
安恕镇……〔吉〕东辽县 160
安埠街道……〔黑〕香坊区 165
安铜街道……〔皖〕郊区 204
安康乡……〔湘〕安乡县 282
安康市……〔陕〕 396
安康佤族乡…〔滇〕澜沧拉祜族自治县 374
安棚镇……〔豫〕桐柏县 258
安铺镇……〔粤〕廉江市 294
安集海镇……〔新〕沙湾县 429
安集镇……
〔陇〕积石山保安族东乡族撒拉族自治县 409
安富街道……〔渝〕荣昌区 320
安富街道……〔川〕纳溪区 330
安塘乡……〔赣〕吉安县 228
安塘街道……〔粤〕云城区 300
安靖乡……〔川〕荥经县 345
安靖镇……〔川〕郫都区 328
安新县……〔冀〕保定市 114
安新镇……〔冀〕安新县 114
安源区……〔赣〕萍乡市 224
安源镇……〔赣〕安源区 224
安溪县……〔闽〕泉州市 216
安溪畲族乡……〔浙〕云和县 197
安溪镇……〔渝〕铜梁区 320
安溪镇……〔川〕富顺县 330
安塞区……〔陕〕延安市 393
安福乡……〔赣〕宁都县 227
安福寺镇……〔鄂〕枝江市 269
安福县……〔赣〕吉安市 229
安福街道……〔湘〕临澧县 282
安福镇……〔川〕嘉陵区 338
安障乡……〔湘〕安乡县 282
安静街道……〔黑〕安图县 165
安蔡楼镇……〔鲁〕曹县 246
安稳镇……〔渝〕綦江区 318
安寨镇……〔冀〕曲周县 112
安墩镇……〔粤〕惠东县 296
安镇街道……〔苏〕锡山区 179
安德街道……〔鲁〕陵城区 243
安德镇……〔桂〕靖西市 308
安德镇……〔川〕郫都区 328
安澜镇……〔渝〕巴南区 318
讲武城镇……〔冀〕磁县 111
讲武镇……〔冀〕永年区 111
讲治镇……〔川〕开江县 344
讲堂乡……〔晋〕榆社县 127
军山铺镇……〔湘〕汉寿县 282
军山街道……〔鄂〕蔡甸区 267
军马河镇……〔豫〕西峡县 258
军屯乡……〔鲁〕汶上县 240
军屯镇……〔冀〕故城县 120
军屯镇……〔川〕新都区 327
军仓乡……〔藏〕尼玛县 385
军乐镇……〔川〕彭州市 328
军地坪街道……〔湘〕武陵源区 283

（六画）军祁讷许农访寻那导异阮孙阳

军庄镇……〔京〕门头沟区 99
军店镇……〔鄂〕房县 268
军城街道……〔冀〕高碑店市 115
军城镇……〔冀〕唐县 114
军垦路街道……〔新〕五家渠市 429
军埠镇……〔粤〕普宁市 300
军粮城街道……〔津〕东丽区 103
军赛佤族拉祜族傈僳族德昂族乡……〔滇〕镇康县 374
祁山镇……〔皖〕祁门县 205
祁山镇……〔陇〕礼县 408
祁门县……〔皖〕黄山市 205
祁丰藏族乡……〔陇〕肃南裕固族自治县 404
祁东县……〔湘〕衡阳市 279
祁仪镇……〔豫〕唐河县 258
祁各庄镇……〔冀〕大厂回族自治县 120
祁州路街道……〔冀〕安国市 115
祁阳县……〔湘〕永州市 285
祁红乡……〔皖〕祁门县 205
祁连乡……〔陇〕天祝藏族自治县 403
祁连县……〔青〕海北藏族自治州 414
祁县……〔晋〕晋中市 127
祁家庙镇……〔陇〕渭源县 406
祁家河乡……〔晋〕夏县 128
祁家集镇……〔陇〕广河县 408
祁家湾街道……〔鄂〕黄陂区 267
祁家镇……〔辽〕太子河区 151
祁曼塔格乡……〔新〕若羌县 425
祁集镇……〔皖〕潘集区 203
祁禄山镇……〔赣〕于都县 227
讷河市……〔黑〕齐齐哈尔市 167
讷南镇……〔黑〕讷河市 167
许屯镇……〔辽〕瓦房店市 147
许由街道……〔豫〕建安区 256
许市镇……〔湘〕君山区 281
许庄街道……〔苏〕高港区 185
许庄街道……〔鲁〕任城区 240
许庄镇……〔陕〕大荔县 392
许州镇……〔川〕梓潼县 333
许坊乡……〔赣〕崇仁县 231
许村镇……〔浙〕海宁市 192
许村镇……〔皖〕歙县 205
许村镇……〔赣〕婺源县 232
许良镇……〔豫〕博爱县 255
许昌市……〔豫〕 256
许明寺镇……〔渝〕丰都县 321
许岭镇……〔皖〕宿松县 204
许河乡……〔豫〕兰考县 250
许河镇……〔苏〕东台市 184
许孟镇……〔鲁〕五莲县 242
许亭乡……〔冀〕赞皇县 108
许家台镇……〔津〕蓟州区 104
许家坝镇……〔黔〕思南县 362
许家坊土家族乡……〔湘〕慈利县 283
许家沟乡……〔豫〕安阳县 253
许家洞镇……〔湘〕苏仙区 284
许家桥回族维吾尔族乡……〔湘〕鼎城区 282
许家湖镇……〔鲁〕沂水县 243
许营镇……〔鲁〕东昌府区 244
许堂乡……〔皖〕阜南县 207
许商街道……〔鲁〕商河县 235
许堡乡……〔晋〕大同县 124
许堡乡……〔黑〕呼兰区 165
许湾乡……〔豫〕川汇区 261
许镇镇……〔皖〕繁昌县 202
许衡街道……〔豫〕中站区 255
许疃镇……〔皖〕蒙城县 209
农丰满族锡伯族镇……〔黑〕双城区 166
农车镇……〔湘〕龙山县 288
农团乡……〔川〕自流井区 329
农兴乡……〔川〕蓬溪县 335
农安县……〔吉〕长春市 157
农安镇……〔吉〕农安县 157
农坝镇……〔渝〕云阳县 322
农作乡……〔川〕美姑县 354
农林街道……〔粤〕越秀区 291
农林路街道……〔冀〕邯山区 110
农旺镇……〔川〕仁寿县 341
农建乡……〔川〕旺苍县 334
访仙镇……〔苏〕丹阳市 185
寻山街道……〔鲁〕荣成市 241
寻乌县……〔赣〕赣州市 227
寻召乡……〔冀〕平乡县 113
寻甸回族彝族自治县……〔滇〕昆明市 369
寻旺乡……〔桂〕桂平市 307
寻寨镇……〔冀〕新河县 113
那卜镇……〔桂〕博白县 307
那大镇……〔琼〕儋州市 313
那马镇……〔桂〕良庆区 303
那木斯蒙古族乡……〔吉〕双辽市 159
那比乡……〔桂〕田林县 308
那日图苏木……〔蒙〕正蓝旗 141
那仁宝拉格苏木……〔蒙〕阿巴嘎旗 141
那丹伯镇……〔吉〕东丰县 159
那龙镇……〔粤〕阳东区 298
那甲镇……〔桂〕德保县 308
那尔轰镇……〔吉〕靖宇县 160
那务镇……〔粤〕化州市 295
那邦镇……〔滇〕盈江县 378
那吉镇……〔蒙〕阿荣旗 138
那吉镇……〔粤〕恩平市 294
那曲市……〔藏〕 384
那曲镇……〔藏〕色尼区 384
那阳镇……〔桂〕横县 303
那玛切乡……〔藏〕色尼区 384
那劳镇……〔桂〕西林县 308
那吾镇……〔陇〕合作市 409
那丽镇……〔桂〕钦南区 306
那佐苗族乡……〔桂〕西林县 308
那良镇……〔桂〕防城区 306
那社乡……〔桂〕巴马瑶族自治县 309
那陈镇……〔桂〕良庆区 303
那拔镇……〔桂〕田东县 308
那拉提镇……〔新〕新源县 428
那坡县……〔桂〕靖西市 308
那坡镇……〔桂〕田阳县 307
那林镇……〔桂〕博白县 307
那岭乡……〔桂〕大新县 310
那金镇……〔吉〕洮南市 162
那思镇……〔桂〕钦南区 306
那哈乡……〔滇〕墨江哈尼族自治县 373
那洪街道……〔桂〕江南区 303
那洒镇……〔滇〕广南县 376
那桐镇……〔桂〕隆安县 303
那桃乡……〔桂〕巴马瑶族自治县 309
那诺乡……〔滇〕元江哈尼族彝族傣族自治县 371
那能乡……〔滇〕富宁县 377
那勒寺镇……〔陇〕东乡族自治县 409
那梭镇……〔桂〕防城区 306
那隆镇……〔桂〕灵山县 306
那隆镇……〔桂〕江州区 310
那琴乡……〔桂〕上思县 306
那堪镇……〔桂〕宁明县 310
那彭镇……〔桂〕钦南区 306
那蒙镇……〔桂〕钦北区 306
那楠乡……〔桂〕宁明县 310
那楼镇……〔桂〕邕宁区 303
那满镇……〔桂〕田阳县 307
那霍镇……〔粤〕电白区 295
导子镇……〔湘〕耒阳市 280
导江乡……〔桂〕鹿寨县 304
导墅镇……〔苏〕丹阳市 185
异龙镇……〔滇〕石屏县 375
阮市镇……〔浙〕诸暨市 193
阮桥镇……〔皖〕太和县 207
孙口镇……〔豫〕台前县 256
孙扎齐牛录镇……〔新〕察布查尔锡伯自治县 428
孙氏镇……〔冀〕文安县 120
孙六镇……〔豫〕民权县 259
孙甘店镇……〔冀〕大名县 111
孙召镇……〔豫〕新蔡县 263
孙圩子乡……〔皖〕萧县 208
孙寺镇……〔鲁〕成武县 246
孙吉镇……〔晋〕临猗县 127
孙老家镇……〔鲁〕曹县 246
孙各庄满族乡……〔津〕蓟州区 104
孙庄子乡……〔冀〕怀来县 116
孙庄乡……〔冀〕井陉县 107
孙庄乡……〔冀〕武强县 120
孙坊镇……〔赣〕崇仁县 231
孙村乡……〔冀〕清苑区 113
孙村镇……〔皖〕繁昌县 202
孙村镇……〔皖〕旌德县 210
孙杏村镇……〔豫〕卫辉市 254
孙吴县……〔黑〕黑河市 171
孙吴镇……〔黑〕孙吴县 171
孙园镇……〔苏〕泗洪县 186
孙岗乡……〔皖〕叶集区 208
孙岗镇……〔皖〕金安区 208
孙伯镇……〔鲁〕肥城市 241
孙武街道……〔鲁〕惠民县 245
孙店镇……〔豫〕项城市 262
孙庙乡……〔皖〕谢家集区 203
孙庙乡……〔皖〕利辛县 209
孙庙乡……〔豫〕息县 261
孙河（地区）乡……〔京〕朝阳区 99
孙树街道……〔鲁〕历城区 235
孙祖镇……〔鲁〕沂南县 242
孙耿街道……〔鲁〕济阳县 235
孙桥镇……〔鄂〕京山县 270
孙铁铺镇……〔豫〕光山县 260
孙家庄乡……〔冀〕涿州市 115
孙家庄镇……〔晋〕盂县 124
孙家坝镇……〔黔〕思南县 362
孙家岔镇……〔陕〕神木市 396
孙家沟乡……〔晋〕保德县 129
孙家坪乡……〔晋〕五寨县 129
孙家堡子街道……〔吉〕江源区 160
孙家集街道……〔鲁〕寿光市 239
孙家湾街道……〔辽〕太平区 151
孙家湾镇……〔辽〕双塔区 153
孙家湾镇……〔湘〕醴陵市 278
孙家镇……〔渝〕万州区 317
孙家疃街道……〔鲁〕环翠区 241
孙陶集镇……〔冀〕临漳县 111
孙埠镇……〔皖〕宣州区 210
孙营乡……〔豫〕通许县 250
孙集镇……〔皖〕利辛县 209
孙集镇……〔鲁〕商河县 235
孙渡街道……〔赣〕丰城市 230
孙塬镇……〔陕〕耀州区 390
孙塘庄镇……〔冀〕曹妃甸区 109
孙楼街道……〔苏〕丰县 180
孙福集乡……〔豫〕梁园区 259
孙聚寨乡……〔豫〕睢县 259
孙端镇……〔浙〕越城区 193
孙镇……〔鲁〕邹平县 245
孙镇……〔陕〕蒲城县 392
孙疃镇……〔皖〕濉溪县 204
阳三石街道……〔湘〕醴陵市 278
阳下街道……〔闽〕福清市 214
阳山县……〔粤〕清远市 299
阳山镇……〔苏〕惠山区 179
阳川镇……〔陇〕庄浪县 404
阳丰镇……〔豫〕遂平县 263
阳王镇……〔晋〕新绛县 128
阳日镇……〔鄂〕神农架林区 274
阳长镇……〔黔〕纳雍县 361
阳方口镇……〔晋〕宁武县 129
阳平关镇……〔陕〕宁强县 394
阳平镇……〔豫〕灵宝市 257
阳平镇……〔鄂〕大悟县 271
阳平镇……〔陕〕陈仓区 390
阳东区……〔粤〕阳江市 298
阳白乡……〔晋〕五台县 128
阳头升乡……〔晋〕隰县 130
阳头街道……〔闽〕福安市 219
阳圩镇……〔桂〕右江区 307
阳西县……〔粤〕阳江市 298
阳光占乡……〔晋〕和顺县 127
阳曲县……〔晋〕太原市 123
阳曲镇……〔晋〕尖草坪区 123
阳关镇……〔陇〕敦煌市 405
阳江市……〔粤〕 298
阳江镇……〔苏〕高淳区 179
阳江镇……〔琼〕琼海市 313
阳安乡……〔桂〕资源县 305

（六画）阳收阴防如好妈羽观牟欢买红

阳坝镇……〔陇〕康县 407
阳坊镇……〔京〕昌平区 100
阳村乡……〔晋〕河津市 128
阳邑乡……〔晋〕太谷县 127
阳邑镇……〔冀〕武安市 112
阳谷县……〔鲁〕聊城市 244
阳阿乡……〔豫〕原阳县 254
阳邵乡……〔豫〕清丰县 255
阳坪乡……〔晋〕岢岚县 129
阳坡乡……〔晋〕忻府区 128
阳明区……〔黑〕牡丹江市 170
阳明堡镇……〔晋〕代县 128
阳明街道……〔黑〕阳明区 170
阳明街道……〔浙〕余姚市 191
阳明镇……〔粤〕和平县 298
阳罗洲镇……〔湘〕沅江市 284
阳和土家族乡……〔湘〕慈利县 283
阳和街道……〔豫〕原阳县 254
阳和街道……〔桂〕鱼峰区 303
阳和镇……〔川〕华蓥市 343
阳店镇……〔豫〕灵宝市 257
阳庙镇……〔豫〕山阳区 255
阳宗镇……〔滇〕澄江县 371
阳驿乡……〔豫〕宁陵县 259
阳春乡……〔黑〕依安县 167
阳春市……〔粤〕阳江市 298
阳春镇……〔川〕江安县 341
阳春镇……〔陕〕南郑区 394
阳城乡……〔晋〕汾阳市 131
阳城县……〔晋〕晋城市 126
阳城镇……〔冀〕清苑区 113
阳城镇……〔晋〕芮城县 128
阳城镇……〔豫〕西峡县 258
阳城镇……〔豫〕平舆县 263
阳城镇……〔粤〕阳山县 299
阳信县……〔鲁〕滨州市 245
阳泉市……〔晋〕124
阳泉曲镇……〔晋〕孝义市 131
阳洪镇……〔陕〕乾县 391
阳原县……〔冀〕张家口市 116
阳峪镇……〔陕〕乾县 391
阳峰乡……〔赣〕都昌县 225
阳高乡……〔晋〕平顺县 125
阳高县……〔晋〕大同市 124
阳郭镇……〔陕〕临渭区 392
阳朔县……〔桂〕桂林市 304
阳朔镇……〔桂〕阳朔县 304
阳堌镇……〔豫〕杞县 250
阳埠乡……〔赣〕赣县区 226
阳逻街道……〔鄂〕新洲区 268
阳康乡……〔青〕天峻县 415
阳眷镇……〔冀〕蔚县 116
阳隅乡……〔晋〕闻喜县 128
阳朝乡……〔湘〕保靖县 288
阳湖镇……〔皖〕屯溪区 205
阳新县……〔鄂〕黄石市 268
阳溪镇…〔黔〕道真仡佬族苗族自治县 358
阳澄湖镇……〔苏〕相城区 181
阳霞镇……〔新〕轮台县 425
收成镇……〔陇〕民勤县 403
阴平镇……〔鲁〕峄城区 237
阴田乡……〔青〕门源回族自治县 414
阴阳赵镇……〔豫〕源汇区 256
阴底彝族苗族白族乡…〔黔〕七星关区 360
防山镇……〔鲁〕曲阜市 240
防城区……〔桂〕防城港市 306
防城港市……〔桂〕306
防胡镇……〔豫〕淮滨县 261
如东县……〔苏〕南通市 182
如东镇……〔湘〕澧县 282
如角乡……〔藏〕萨嘎县 382
如城街道……〔苏〕如皋市 182
如美镇……〔藏〕芒康县 383
如皋市……〔苏〕南通市 182
如萨乡……〔藏〕昂仁县 382
如意乡……〔藏〕卡若区 383
好力保镇……〔蒙〕扎赉特旗 141
好义镇……〔粤〕紫金县 298
好水乡……〔宁〕隆德县 420
好生街道……〔鲁〕邹平县 245
好花红镇……〔黔〕惠水县 365
好里堡街道……〔蒙〕根河市 139
好梯乡……〔陇〕宕昌县 407
好腰苏木镇……〔蒙〕科尔沁右翼中旗 141
妈妈镇……〔川〕大竹县 344
妈姑镇……〔黔〕赫章县 361
羽林街道……〔浙〕新昌县 193
观上镇……〔赣〕樟树市 230
观山乡……〔川〕宣汉县 344
观山洞街道……〔湘〕苏仙区 284
观山湖区……〔黔〕贵阳市 357
观山镇……〔川〕荣县 329
观么镇……〔黔〕剑河县 364
观义镇……〔川〕梓潼县 333
观太镇……〔川〕游仙区 332
观水镇……〔鲁〕牟平区 238
观化乡……〔川〕雨城区 345
观风海镇……〔黔〕威宁彝族回族苗族自治县 361
观凤乡……〔川〕西充县 340
观文镇……〔川〕古蔺县 331
观斗苗族乡……〔川〕珙县 342
观台镇……〔冀〕磁县 111
观寺镇……〔川〕仁寿县 341
观庄乡……〔宁〕隆德县 420
观兴镇……〔川〕叙永县 331
观里镇……〔鲁〕栖霞市 239
观沙岭街道……〔湘〕岳麓区 277
观英滩镇……〔川〕威远县 336
观庙镇……〔豫〕商城县 260
观城镇……〔鲁〕莘县 244
观胜镇……〔渝〕荣昌区 320
观胜镇……〔川〕崇州市 328
观音山街道……〔苏〕崇川区 182
观音乡……〔桂〕恭城瑶族自治县 305
观音井镇……〔川〕恩阳区 346
观音寺乡……〔豫〕鲁山县 252
观音寺街道……〔京〕大兴区 100
观音寺镇……〔苏〕盱眙县 184
观音寺镇……〔豫〕新郑市 250
观音寺镇……〔湘〕桃源县 283
观音寺镇……〔陕〕略阳县 394
观音店乡……〔川〕青川县 334
观音河镇……〔陕〕汉阴县 396
观音垱镇……〔鄂〕沙市区 271
观音阁乡……〔桂〕灌阳县 305
观音阁街道……〔辽〕本溪满族自治县 149
观音阁街道……〔鲁〕任城区 240
观音阁镇……〔湘〕溆浦县 286
观音阁镇……〔粤〕博罗县 296
观音洞镇……〔黔〕黔西县 361
观音桥街道……〔渝〕江北区 317
观音桥街道……〔黔〕七星关区 360
观音桥镇……〔川〕邻水县 343
观音桥镇……〔川〕金川县 348
观音堂镇……〔豫〕陕州区 257
观音溪镇……〔川〕华蓥市 343
观音滩镇……〔湘〕祁阳县 285
观音镇……〔鄂〕郧西县 268
观音镇……〔川〕安居区 335
观音镇……〔川〕彭山区 340
观音镇……〔川〕宜宾县 341
观音镇……〔川〕大竹县 344
观音镇……〔陕〕镇巴县 395
观阁镇……〔川〕前锋区 342
观珠镇……〔粤〕电白区 295
观桥镇……〔川〕三台县 332
观海卫镇……〔浙〕慈溪市 191
观海路街道……〔鲁〕市南区 236
观堂乡……〔豫〕固始县 261
观堂镇……〔皖〕谯城区 209
观堂镇……〔豫〕梁园区 259
观堂镇……〔豫〕鹿邑县 262
观巢镇……〔赣〕渝水区 225
观紫镇……〔川〕仪陇县 339
观湖街道……〔粤〕龙华区 293
观塘镇……〔川〕前锋区 342
观寨乡……〔冀〕巨鹿县 113
观澜街道……〔粤〕龙华区 293
牟山镇……〔浙〕余姚市 191
牟子镇……〔川〕市中区 336
牟平区……〔鲁〕烟台市 238
牟礼镇……〔川〕邛崃市 328
牟尼乡……〔川〕松潘县 348
牟坪镇……〔川〕翠屏区 341
牟定县……〔滇〕楚雄彝族自治州 374
牟家坝镇……〔陕〕南郑区 394
牟家镇……〔川〕邻水县 343
欢口镇……〔苏〕丰县 180
欢城镇……〔鲁〕微山县 240
欢胜乡……〔黑〕庆安县 172
欢喜乡……〔吉〕船营区 158
欢喜庄乡……〔冀〕丰润区 109
欢喜街道……〔辽〕兴隆台区 152
买巴乡……〔藏〕申扎县 385
买家巷镇……〔陇〕广河县 408
买家集镇……〔陇〕和政县 408
红土乡……〔鄂〕恩施市 274
红土乡……〔渝〕奉节县 322
红土乡……〔川〕松潘县 348
红土地镇……〔滇〕东川区 369
红土坡镇……〔滇〕南华县 375
红土崖镇……〔吉〕浑江区 160
红土梁镇……〔冀〕尚义县 116
红土镇……〔陕〕印台区 390
红山子乡……〔蒙〕克什克腾旗 136
红山乡……〔闽〕长汀县 218
红山乡……〔滇〕巧家县 372
红山区……〔蒙〕赤峰市 136
红山窑镇……〔陇〕永昌县 401
红山街道……〔辽〕建平县 153
红山街道……〔辽〕凌源市 153
红山街道……〔苏〕玄武区 179
红山街道……〔豫〕西工区 250
红山街道……〔粤〕黄埔区 291
红山街道……〔新〕石河子市 429
红山镇……〔鄂〕英山县 272
红山镇……〔粤〕仁化县 292
红川镇……〔陇〕成县 407
红卫街道……〔鄂〕张湾区 268
红卫路街道……〔鄂〕青山区 267
红丰镇……〔粤〕阳东区 298
红云街道……〔湘〕鼎城区 282
红云街道……〔滇〕五华区 369
红扎乡……〔川〕松潘县 348
红水乡……〔桂〕融水苗族自治县 304
红水河镇……〔黔〕罗甸县 365
红水镇……〔陇〕景泰县 402
红毛镇……〔琼〕保亭黎族苗族自治县 314
红升乡……〔辽〕新宾满族自治县 148
红心镇……〔皖〕凤阳县 206
红古区……〔陇〕兰州市 401
红古镇……〔陇〕红古区 401
红石乡……〔吉〕敦化市 162
红石林镇……〔湘〕古丈县 288
红石桥乡……〔陕〕榆阳区 395
红石砬子镇……〔吉〕桦甸市 158
红石崖街道……〔鲁〕黄岛区 236
红石塄乡……〔晋〕灵丘县 124
红石镇……〔辽〕宽甸满族自治县 149
红石镇……〔吉〕柳河县 160
红龙镇……〔川〕雅江县 350
红四乡……〔川〕南江县 347
红白镇……〔川〕什邡市 331
红召乡……〔蒙〕卓资县 140
红台乡……〔陇〕临夏县 408
红丝乡…〔黔〕务川仡佬族苗族自治县 359
红寺乡……〔陇〕静宁县 405
红寺堡区……〔宁〕吴忠市 419
红寺堡镇……〔宁〕红寺堡区 419
红场镇……〔粤〕潮南区 293
红光乡……〔黑〕巴彦县 166
红光乡……〔黑〕嘉荫县 169
红光乡……〔川〕青川县 334
红光街道……〔皖〕瑶海区 201
红光镇……〔黑〕兰西县 171
红光镇……〔川〕郫都区 328
红光镇……〔川〕南江县 347
红会路街道……〔陇〕白银区 402
红庆河镇……〔蒙〕伊金霍洛旗 138

红羊乡……〔宁〕海原县 420
红江镇……〔川〕蓬溪县 335
红池坝镇……〔渝〕巫溪县 322
红安县……〔鄂〕黄冈市 272
红军街道……〔黑〕向阳区 168
红军路街道……〔黑〕鸡冠区 168
红军镇……〔陕〕旬阳县 397
红阳街道……〔川〕青白江区 327
红坊镇……〔闽〕新罗区 218
红花乡……〔川〕峨边彝族自治县 337
红花尔基镇……〔蒙〕鄂温克族自治旗 138
红花岗区……〔黔〕遵义市 358
红花套镇……〔鄂〕宜昌市 269
红花铺镇……〔陕〕凤县 391
红花集镇……〔豫〕西华县 261
红花街道……〔苏〕秦淮区 179
红花镇……〔鲁〕郯城县 242
红花镇……〔桂〕钟山县 309
红杨镇……〔皖〕芜湖县 202
红园街道……〔陇〕临夏市 408
红岗子乡……〔吉〕大安市 162
红岗区……〔黑〕大庆市 169
红甸回族乡……〔滇〕文山市 376
红岛街道……〔鲁〕城阳区 236
红沙梁镇……〔陇〕民勤县 403
红坪镇……〔鄂〕神农架林区 274
红顶乡……〔川〕道孚县 350
红林彝族苗族乡……〔黔〕黔西县 361
红枫湖镇……〔黔〕清镇市 357
红果子镇……〔宁〕惠农区 419
红果街道……〔黔〕盘州市 358
红果彝族乡……〔川〕盐边县 330
红岸街道……〔黑〕富拉尔基区 167
红岩乡……〔川〕华蓥市 343
红岩乡……〔川〕名山区 345
红岩乡……〔川〕南江县 347
红岩乡……〔川〕黑水县 349
红岩寺镇……〔鄂〕建始县 274
红岩寺镇……〔陕〕柞水县 397
红岩街道……〔黔〕钟山区 357
红岩溪镇……〔湘〕龙山县 288
红岩镇……〔湘〕绥宁县 281
红岩镇……〔川〕彭州市 328
红岩镇……〔川〕昭化区 334
红岩镇……〔滇〕弥渡县 377
红岭街道……〔辽〕立山区 147
红岭镇……〔川〕宣汉县 344
红庙子乡……〔辽〕新宾满族自治县 148
红庙子街道……〔新〕沙依巴克区 423
红庙子镇……〔蒙〕红山区 136
红庙乡……〔冀〕大名县 111
红庙坡街道……〔陕〕莲湖区 389
红庙镇……〔皖〕无为县 202
红庙镇……〔豫〕兰考县 250
红庙镇……〔陕〕南郑区 394
红炉镇……〔渝〕永川区 319
红河乡……〔陇〕泾川县 404
红河县…〔滇〕红河哈尼族彝族自治州 376
红河哈尼族彝族自治州……〔滇〕 375
红河街道……
……〔滇〕元江哈尼族彝族傣族自治县 371
红河镇……〔鲁〕昌乐县 239
红河镇……〔陇〕礼县 408
红河镇……〔宁〕彭阳县 420
红沿河镇……〔辽〕瓦房店市 147
红泥湾镇……〔豫〕宛城区 257
红宝石街道……〔黑〕富拉尔基区 167
红宝苗族彝族乡……〔川〕盐边县 330
红城乡……〔鄂〕监利县 272
红城镇……〔陇〕永登县 401
红草镇……〔粤〕城区 297
红柳沟镇……〔陕〕定边县 395
红柳湾镇…〔陇〕阿克塞哈萨克族自治县 405
红树街道……〔辽〕太平区 151
红砂坝镇……〔蒙〕丰镇市 140
红砂岗镇……〔陇〕民勤县 403
红星乡……〔吉〕榆树市 158
红星乡……〔黑〕依安县 167
红星乡……〔黑〕鸡冠区 168
红星乡……〔黑〕兰西县 172
红星乡……〔闽〕永泰县 213
红星乡……〔闽〕诏安县 217
红星乡……〔川〕宁南县 352
红星区……〔黑〕伊春市 169
红星街道……〔冀〕莲池区 113
红星街道……〔蒙〕科尔沁区 137
红星街道……〔浙〕景宁畲族自治县 197
红星街道……〔赣〕井冈山市 229
红星街道……〔湘〕鹤城区 286
红星街道……〔川〕龙马潭区 330
红星镇……〔黑〕阿城区 166
红星镇……〔皖〕颍上县 207
红星镇……〔川〕名山区 345
红星镇……〔川〕若尔盖县 349
红钢城街道……〔鄂〕青山区 267
红泉镇……〔陇〕永靖县 408
红狮镇……〔渝〕云阳县 322
红彦镇……
……〔蒙〕莫力达瓦达斡尔族自治旗 138
红莫依达乡……〔川〕普格县 353
红莫镇……〔川〕喜德县 353
红桥乡……〔滇〕宁蒗彝族自治县 373
红桥区……〔津〕 103
红桥街道……〔新〕阿克苏市 425
红桥镇……〔川〕江安县 341
红格尔苏木……〔蒙〕四子王旗 140
红格尔图镇……〔蒙〕察哈尔右翼后旗 140
红格镇……〔川〕盐边县 330
红原县……〔川〕阿坝藏族羌族自治州 349
红峰乡……〔川〕金阳县 353
红峰镇……〔川〕宣汉县 344
红透山镇……〔辽〕清原满族自治县 148
红海街道……〔辽〕鲅鱼圈区 150
红菱街道……〔辽〕苏家屯区 145
红梅街道……〔苏〕天宁区 181
红梅镇……〔吉〕梅河口市 160
红眼川乡……〔晋〕离石区 131
红崖子乡……〔宁〕平罗县 419
红崖子沟乡……〔青〕互助土族自治县 414
红崖子镇……〔辽〕兴城市 154
红船镇……〔鲁〕鄄城县 246
红窑镇……〔苏〕涟水县 183
红塔区……〔滇〕玉溪市 370
红塔镇……〔鄂〕房县 268
红联乡……〔川〕金阳县 353
红雁街道……〔新〕天山区 423
红帽子镇……〔辽〕阜新蒙古族自治县 151
红牌楼街道……〔川〕武侯区 327
红堡镇……〔陇〕清水县 402
红道乡……〔晋〕蒲县 130
红湘街道……〔湘〕蒸湘区 279
红湾寺镇……〔陇〕肃南裕固族自治县 404
红渡镇……〔桂〕忻城县 310
红椿土家族乡……〔渝〕巫山县 322
红椿镇……〔陕〕紫阳县 396
红旗乡……〔辽〕新民市 146
红旗乡……〔黑〕恒山区 168
红旗乡……〔黑〕孙吴县 171
红旗乡……〔川〕自流井区 329
红旗乡……〔陇〕临洮县 406
红旗区……〔豫〕新乡市 254
红旗岭镇……〔吉〕磐石市 159
红旗营子乡……〔辽〕岫岩满族自治县 148
红旗营乡……〔冀〕崇礼区 116
红旗街街道……〔陕〕王益区 390
红旗街道……〔冀〕桥西区 107
红旗街道……〔蒙〕牙克石市 139
红旗街道……〔辽〕甘井子区 146
红旗街道……〔辽〕双台子区 152
红旗街道……〔辽〕银州区 152
红旗街道……〔辽〕清河区 152
红旗街道……〔辽〕双塔区 153
红旗街道……〔吉〕朝阳区 157
红旗街道……〔吉〕丰满区 158
红旗街道……〔吉〕双辽市 159
红旗街道……〔吉〕浑江区 160
红旗街道……〔黑〕香坊区 165
红旗街道……〔黑〕工农区 168
红旗街道……〔黑〕宝山区 169
红旗街道……〔黑〕海伦市 172
红旗街道……〔苏〕海陵区 185
红旗街道……〔豫〕山城区 253
红旗街道……〔粤〕茂南区 295
红旗街道……〔黔〕大方县 360
红旗街道……〔陕〕灞桥区 389
红旗楼街道……〔冀〕桥东区 115
红旗路街道……〔豫〕北关区 253
红旗路街道……〔湘〕大祥区 280
红旗满族乡……〔黑〕南岗区 165
红旗满族乡……〔黑〕五常市 166
红旗满族乡……〔黑〕北林区 171
红旗镇……〔冀〕滦平县 117
红旗镇……〔蒙〕太仆寺旗 141
红旗镇……〔辽〕凤城市 149
红旗镇……〔辽〕鲅鱼圈区 150
红旗镇……〔黑〕兴安区 168
红旗镇……〔黑〕林甸县 169
红旗镇……〔黑〕新兴区 170
红旗镇……〔粤〕金湾区 293
红旗镇……〔琼〕琼山区 313
红旗镇……〔新〕沙雅县 425
红墩界镇……〔陕〕靖边县 395
红墩镇……〔新〕阿勒泰市 429
红耀乡……〔宁〕西吉县 420
驮卢镇……〔桂〕江州区 310
驮堪乡……〔桂〕天等县 310
纤维街道……〔辽〕振兴区 149
驯龙镇……〔川〕安岳县 347
驯乐苗族乡…〔桂〕环江毛南族自治县 309
约巴乡……〔藏〕卡若区 383
约改镇……〔青〕曲麻莱县 415
级索镇……〔鲁〕滕州市 237
纪山镇……〔鄂〕沙洋县 270
纪王场乡……〔皖〕利辛县 209
纪台镇……〔鲁〕寿光市 239
纪昌庄乡……〔冀〕宁晋县 113
纪南镇……〔鄂〕荆州区 271
纪家乡……〔川〕犍为县 337
纪家街道……〔吉〕九台区 157
纪家镇……〔粤〕雷州市 295
巡田乡……〔湘〕新宁县 281
巡司镇……〔川〕筠连县 342
巡场镇……〔川〕珙县 342
巡店镇……〔鄂〕安陆市 271
巡检司镇……〔滇〕弥勒市 375
巡检镇……〔鄂〕南漳县 270
巡检镇……〔陕〕洛南县 397
巡镇镇……〔晋〕河曲县 129

七画

寿山乡……〔黑〕延寿县 166
寿山乡……〔闽〕晋安区 213
寿山乡……〔闽〕屏南县 219
寿山寺乡……〔冀〕馆陶县 112
寿山镇……〔吉〕龙山区 159
寿山镇……〔滇〕大关县 372
寿王坟镇……〔冀〕鹰手营子矿区 117
寿乐镇……〔青〕乐都区 413
寿宁县……〔闽〕宁德市 219
寿光市……〔鲁〕潍坊市 239
寿安镇……〔赣〕浮梁县 223
寿安镇……〔川〕温江区 327
寿安镇……〔川〕蒲江县 328
寿阳县……〔晋〕晋中市 127
寿县……〔皖〕淮南市 203
寿张集镇……〔鲁〕梁山县 240
寿张镇……〔鲁〕阳谷县 244
寿昌镇……〔浙〕建德市 190
寿岳乡……〔湘〕南岳区 279
寿春镇……〔皖〕寿县 203
寿保乡……〔川〕犍为县 337
寿泉街道……〔辽〕皇姑区 145
寿桥镇……〔渝〕潼南区 320
寿雁镇……〔湘〕道县 286
弄弄坪街道……〔川〕东区 330
弄岛镇……〔滇〕瑞丽市 378
弄璋镇……〔滇〕盈江县 378
麦镇……〔赣〕新干县 228
麦子店街道……〔京〕朝阳区 99

（七画）麦玛进吞远运扶坛找址扯走抄坝贡赤折抓坂

麦日乡……〔川〕木里藏族自治县 352
麦尔玛镇……〔川〕阿坝县 349
麦市镇……〔鄂〕通城县 273
麦市镇……〔湘〕临武县 285
麦地沟乡……〔川〕冕宁县 354
麦秀镇……〔青〕泽库县 414
麦坪镇……〔黔〕花溪区 357
麦昆乡……〔川〕阿坝县 349
麦岭镇……〔豫〕襄城县 256
麦岭镇……〔桂〕富川瑶族自治县 309
麦胡图镇……〔蒙〕凉城县 140
麦洼乡……〔川〕红原县 349
麦洼乡……〔川〕理塘县 351
麦架镇……〔黔〕白云区 357
麦格苗族布依族乡……〔黔〕清镇市 357
麦积区……〔陇〕天水市 402
麦积镇……〔陇〕麦积区 402
麦崩乡……〔川〕康定市 349
麦盖提县……〔新〕喀什地区 427
麦盖提镇……〔新〕麦盖提县 427
麦新镇……〔蒙〕开鲁县 137
麦溪乡……〔川〕若尔盖县 349
玛乡……〔藏〕白朗县 382
玛艾镇……〔陇〕碌曲县 409
玛尼罕乡……〔蒙〕敖汉旗 137
玛曲乡……〔藏〕安多县 385
玛曲县……〔陇〕甘南藏族自治州 409
玛多县……〔青〕果洛藏族自治州 415
玛如乡……〔藏〕巴青县 385
玛坑乡……〔闽〕周宁县 219
玛沁县……〔青〕果洛藏族自治州 415
玛纳斯县……〔新〕昌吉回族自治州 424
玛纳斯镇……〔新〕玛纳斯县 424
玛荣乡……〔藏〕安多县 385
玛柯河乡……〔青〕班玛县 415
玛查理镇……〔青〕玛多县 415
玛热勒苏镇……〔新〕额敏县 429
玛瑙镇……〔川〕梓潼县 333
玛增依乌乡……〔川〕昭觉县 353
进乡街道……〔黑〕香坊区 165
进化镇……〔吉〕梅河口市 160
进化镇……〔浙〕萧山区 189
进化镇……〔黔〕凤冈县 359
进安回族乡……〔川〕松潘县 348
进安镇……〔川〕松潘县 348
进远乡……〔桂〕天等县 310
进贤县……〔赣〕南昌市 223
进学街道……〔吉〕延吉市 162
进宝塘镇……〔湘〕祁阳县 285
进结镇……〔桂〕天等县 310
进都乡……〔川〕三台县 332
进德镇……〔桂〕柳江区 304
吞巴乡……〔藏〕尼木县 381
吞盘乡……〔桂〕靖西市 308
远大镇……〔黑〕兰西县 171
远口镇……〔黔〕天柱县 364
远门镇……〔陇〕清水县 402
远达街道……〔吉〕二道区 157
远安县……〔鄂〕宜昌市 269
远觉镇……〔渝〕荣昌区 320
远襄镇……〔豫〕柘城县 259
运山镇……〔川〕苍溪县 335
运江镇……〔桂〕象州县 310
运河区……〔冀〕沧州市 118
运河西街道……〔津〕武清区 104
运河街道……〔苏〕邳州市 181
运河街道……〔浙〕余杭区 189
运河街道……〔鲁〕台儿庄区 237
运河街道……〔鲁〕德城区 243
运河镇……〔苏〕响水县 184
运城市……〔晋〕晋中市 127
运漕镇……〔皖〕含山县 203
扶风县……〔陕〕宝鸡市 390
扶欢镇……〔渝〕綦江区 318
扶余市……〔吉〕松原市 161
扶沟县……〔豫〕周口市 261
扶君乡……〔川〕西充县 340
扶罗镇……〔湘〕新晃侗族自治县 287
扶亭街道……〔豫〕扶沟县 261
扶绥县……〔桂〕崇左市 310
扶隆镇……〔桂〕防城区 306
扶新镇……〔桂〕北流市 307
扶溪镇……〔粤〕仁化县 292
抚北镇……〔赣〕临川区 230
抚市镇……〔闽〕永定区 218
抚宁区……〔冀〕秦皇岛市 110
抚宁镇……〔冀〕抚宁区 110
抚民镇……〔吉〕辉南县 160
抚边乡……〔川〕小金县 349
抚州市……〔赣〕 230
抚远市……〔黑〕佳木斯市 170
抚远镇……〔黑〕抚远市 170
抚松县……〔吉〕白山市 160
抚松镇……〔吉〕抚松县 160
抚顺市……〔辽〕 148
抚顺县……〔辽〕抚顺市 148
抚顺城街道……〔辽〕顺城区 148
抚顺街道……〔黑〕安图县 165
抚琴街道……〔川〕金牛区 327
坛厂街道……〔黔〕仁怀市 359
坛下乡……〔湘〕耒阳市 280
坛山街道……〔鲁〕峄城区 237
坛石镇……〔浙〕江山市 195
坛同镇……〔川〕邻水县 343
坛城镇……〔皖〕蒙城县 209
坛洛镇……〔桂〕西乡塘区 303
坛镇乡……〔晋〕灵石县 127
坛罐乡……〔川〕简阳市 329
找王镇……〔冀〕东光县 118
址山镇……〔粤〕鹤山市 294
址坊镇……〔豫〕西华县 261
扯休乡……〔藏〕萨迦县 382
走马乡…〔渝〕彭水苗族土家族自治县 323
走马乡……〔川〕高坪区 338
走马坪白族乡……〔湘〕桑植县 283
走马岭街道……〔鄂〕东西湖区 267
走马驿镇……〔冀〕涞源县 114
走马街镇……〔湘〕双峰县 287
走马镇……〔鄂〕鹤峰县 274
走马镇……〔桂〕昭平县 308
走马镇……〔渝〕万州区 317
走马镇……〔渝〕九龙坡区 318
走马镇……〔川〕资中县 336
抄乐镇……〔黔〕湄潭县 359
坝子乡……〔川〕平武县 333
坝乡……〔藏〕加查县 384
坝心镇……〔滇〕石屏县 375
坝心彝族乡……〔滇〕文山市 376
坝仔镇……〔粤〕翁源县 292
坝芒布依族乡……〔黔〕麻江县 365
坝羊镇…〔黔〕紫云苗族布依族自治县 360
坝底乡……〔川〕北川羌族自治县 333
坝河镇……〔陕〕汉滨区 396
坝美镇……〔滇〕广南县 377
坝陵桥街道……〔晋〕杏花岭区 123
坝陵街道……〔鄂〕当阳市 269
坝黄镇……〔黔〕碧江区 362
坝营镇……〔冀〕清河县 113
坝盘镇……〔黔〕江口县 362
坝塘镇……〔湘〕宁乡市 278
坝溜镇……〔滇〕墨江哈尼族自治县 373
坝墙子镇……〔辽〕盘山县 152
坝寨乡……〔黔〕黎平县 364
坝镇……〔皖〕巢湖市 201
贡山独龙族怒族自治县……
……〔滇〕怒江傈僳族自治州 378
贡川乡……〔桂〕大化瑶族自治县 309
贡川镇……〔闽〕永安市 215
贡久布乡……〔藏〕昂仁县 382
贡井区……〔川〕自贡市 329
贡井街道……〔川〕贡井区 329
贡井镇……〔陇〕榆中县 401
贡日门巴民族乡……〔藏〕错那县 384
贡日乡……〔藏〕巴青县 385
贡当乡……〔藏〕吉隆县 382
贡江镇……〔赣〕于都县 227
贡波乡……〔川〕稻城县 351
贡宝拉格苏木……〔蒙〕太仆寺旗 141
贡觉县……〔藏〕昌都市 383
贡莫乡……〔川〕越西县 354
贡隆乡……〔川〕甘孜县 350
贡溪镇……〔湘〕新晃侗族自治县 287
贡嘎山乡……〔川〕康定市 349
贡嘎县……〔藏〕山南市 384
赤土乡……〔闽〕漳浦县 217
赤土乡……〔川〕稻城县 351
赤土店镇……〔豫〕栾川县 251
赤土畲族乡……〔赣〕南康区 226
赤山镇……〔赣〕上栗县 224
赤门乡……〔闽〕延平区 217
赤马港街道……〔鄂〕赤壁市 273
赤水市……〔黔〕遵义市 359
赤水源镇……〔滇〕镇雄县 372
赤水镇……〔闽〕德化县 216
赤水镇……〔闽〕漳平市 219
赤水镇……〔赣〕广昌县 231
赤水镇……〔粤〕开平市 294
赤水镇……〔川〕叙永县 331
赤水镇……〔陕〕华州区 392
赤化镇……〔川〕利州区 333
赤凤镇……〔粤〕潮安区 299
赤石乡……〔浙〕云和县 197
赤石乡……〔湘〕宜章县 284
赤石桥乡……〔晋〕沁源县 125
赤石镇……〔粤〕海丰县 297
赤龙北街道……〔津〕西青区 103
赤龙南街道……〔津〕西青区 103
赤东镇……〔鄂〕蕲春县 272
赤田镇……〔赣〕奉新县 229
赤光镇……〔粤〕龙川县 298
赤多乡……〔藏〕索县 385
赤兴乡……〔赣〕万载县 229
赤寿乡……〔浙〕松阳县 197
赤坎区……〔粤〕湛江市 294
赤坎镇……〔粤〕开平市 294
赤坑镇……〔粤〕广宁县 296
赤坑镇……〔粤〕海丰县 297
赤岗街道……〔粤〕海珠区 291
赤岗镇……〔粤〕普宁市 300
赤谷乡……〔赣〕安福县 229
赤沙镇……〔陕〕陈仓区 390
赤坭镇……〔粤〕花都区 291
赤松镇……〔吉〕靖宇县 160
赤松镇……〔浙〕金东区 194
赤虎街道……〔豫〕宛城区 257
赤岸镇……〔浙〕义乌市 194
赤岸镇……〔赣〕奉新县 229
赤岩镇……〔陕〕旬阳县 397
赤岭畲族乡……〔闽〕漳浦县 217
赤岭路街道……〔湘〕天心区 277
赤金镇……〔陇〕玉门市 405
赤泥窊乡……〔晋〕静乐县 129
赤城乡……〔陇〕庆城县 405
赤城县……〔冀〕张家口市 117
赤城街道……〔浙〕天台县 196
赤城街道……〔豫〕商城县 260
赤城镇……〔冀〕赤城县 117
赤城镇……〔川〕蓬溪县 335
赤南镇……〔陕〕镇巴县 395
赤眉镇……〔豫〕内乡县 258
赤峰市……〔蒙〕 136
赤湖镇……〔闽〕漳浦县 216
赤锡乡……〔闽〕永泰县 213
赤溪街道……〔浙〕兰溪市 194
赤溪镇……〔浙〕苍南县 191
赤溪镇……〔闽〕蕉城区 219
赤溪镇……〔粤〕台山市 294
赤溪镇……〔川〕南江县 347
赤壁市……〔鄂〕咸宁市 273
赤壁街道……〔鄂〕黄州区 272
赤鹫镇……〔滇〕富民县 369
折弓乡……〔川〕盐亭县 333
折巴乡……〔藏〕吉隆县 382
折桥镇……〔陇〕临夏市 408
折家坪镇……〔陕〕清涧县 396
抓喜秀龙乡……〔陇〕天祝藏族自治县 403
坂中畲族乡……〔闽〕福安市 219
坂东镇……〔闽〕闽清县 213
坂田街道……〔粤〕龙岗区 293
坂仔镇……〔闽〕平和县 217

（七画）坂抢孝坎均坞抛坟坑坊护志把报芙芜苇邯芽芷芮苌花

坂里乡……〔闽〕长泰县 217
坂面镇……〔闽〕尤溪县 215
抢垦乡……〔黑〕勃利县 170
孝儿镇……〔川〕珙县 342
孝义市……〔晋〕吕梁市 131
孝义街道……〔豫〕巩义市 249
孝义镇……〔晋〕文水县 131
孝义镇……〔陕〕临渭区 392
孝丰镇……〔浙〕安吉县 193
孝里镇……〔鲁〕长清区 235
孝岗镇……〔赣〕东乡区 230
孝坪镇……〔湘〕辰溪县 286
孝直镇……〔鲁〕平阴县 235
孝昌县……〔鄂〕孝感市 271
孝肃路街道……〔皖〕迎江区 204
孝姑镇……〔川〕犍为县 337
孝南区……〔鄂〕孝感市 271
孝顺镇……〔浙〕金东区 194
孝泉镇……〔川〕旌阳区 331
孝桥镇……〔赣〕临川区 230
孝陵卫街道……〔苏〕玄武区 179
孝敬镇……〔豫〕博爱县 255
孝墓乡……〔冀〕曲阳县 115
孝感市……〔鄂〕 271
孝感镇……〔川〕旌阳区 331
孝源街道……〔浙〕安吉县 193
孝溪乡…〔渝〕秀山土家族苗族自治县 323
孝德镇……〔川〕绵竹市 332
坎门街道……〔浙〕玉环市 196
坎乡……〔新〕察布查尔锡伯自治县 428
坎布拉镇……〔青〕尖扎县 414
坎北街道……〔苏〕滨海县 184
坎尔孜乡……〔新〕奇台县 424
坎市镇……〔闽〕永定区 218
坎苏镇……〔新〕新源县 428
坎南街道……〔苏〕滨海县 184
坎墩街道……〔浙〕慈溪市 191
均口镇……〔闽〕建宁县 215
均川镇……〔鄂〕随县 273
均禾街道……〔粤〕白云区 291
均州路街道……〔鄂〕丹江口市 268
均安镇……〔粤〕顺德区 293
均村乡……〔赣〕兴国县 227
均县镇……〔鄂〕丹江口市 269
均坪镇……〔湘〕溆浦县 286
均桥镇……〔赣〕湖口县 225
均楚镇……〔湘〕醴陵市 278
均溪镇……〔闽〕大田县 215
坞城街道……〔晋〕小店区 123
坞根镇……〔浙〕温岭市 196
坞墙镇……〔豫〕睢阳区 259
抛沙镇……〔陇〕成县 407
坟台镇……〔皖〕太和县 207
坑口乡……〔皖〕歙县 205
坑口街道……〔粤〕鼎湖区 295
坑口镇……〔粤〕广宁县 296
坑田镇……〔赣〕永丰县 228
坑仔口镇……〔闽〕永春县 216
坑园镇……〔闽〕连江县 213
坑底乡……〔闽〕寿宁县 219
坑梓街道……〔粤〕坪山区 293
坑镇……〔陕〕佳县 396
坊子乡……〔鲁〕平原县 244
坊子区……〔鲁〕潍坊市 239
坊安街道……〔鲁〕坊子区 239
坊城街道……〔鲁〕坊子区 239
坊前镇……〔鲁〕莒南县 243
坊楼镇……〔赣〕莲花县 224
坊镇……〔陕〕合阳县 392
护龙镇……〔川〕安岳县 347
护安镇……〔川〕前锋区 342
护邻乡……〔川〕邻水县 343
护国乡……〔滇〕陇川县 378
护国街道……〔滇〕五华区 369
护国镇……〔川〕纳溪区 330
护河镇……〔皖〕当涂县 203
护建镇……〔川〕安岳县 347
护驾迟镇……〔冀〕深州市 120
护家镇……〔川〕古蔺县 331
志广乡……〔黑〕五常市 166
志丹县……〔陕〕延安市 393
志光镇……〔赣〕贵溪市 226
志仲镇……〔琼〕乐东黎族自治县 314
把荷乡……〔桂〕天等县 310
报京乡……〔黔〕镇远县 364
报恩乡……〔川〕渠县 345
报福镇……〔浙〕安吉县 193
芙蓉区……〔湘〕长沙市 277
芙蓉北路街道……〔湘〕开福区 277
芙蓉江镇……〔黔〕正安县 358
芙蓉桥白族乡……〔湘〕桑植县 283
芙蓉街道……〔湘〕武陵区 282
芙蓉街道……〔渝〕武隆区 321
芙蓉墩镇……〔赣〕彭泽县 225
芙蓉镇……〔浙〕乐清市 192
芙蓉镇……〔赣〕万安县 228
芙蓉镇……〔湘〕永顺县 288
芜湖市……〔皖〕 201
芜湖县……〔皖〕芜湖市 202
芜湖路街道……〔皖〕包河区 201
苇子沟乡……〔冀〕宽城满族自治县 118
苇子沟街道……〔辽〕南票区 154
苇子沟街道……〔吉〕九台区 157
苇子沟街道……〔吉〕公主岭市 159
苇子沟镇……〔辽〕彰武县 151
苇子峡乡……〔新〕伊吾县 424
苇子峪镇……〔辽〕新宾满族自治县 148
苇沙河镇……〔吉〕临江市 161
苇河镇……〔黑〕尚志市 166
苇莲苏乡……〔蒙〕奈曼旗 137
苇湖梁街道……〔新〕水磨沟区 423
邯山区……〔冀〕邯郸市 110
邯郸镇……〔冀〕新乐市 108
邯郸市……〔冀〕 110
芽祖乡……〔川〕木里藏族自治县 352
芷兰街道……〔湘〕武陵区 282
芷江西路街道……〔沪〕静安区 175
芷江侗族自治县……〔湘〕怀化市 287
芷江镇……〔湘〕芷江侗族自治县 287
芷村镇……〔滇〕蒙自市 375
芮城县……〔晋〕运城市 128
苌庄镇……〔豫〕禹州市 256
苌池镇……〔晋〕盂县 124
花土沟镇……〔青〕天峻县 415
花山乡……〔川〕普格县 352
花山乡……〔滇〕镇雄县 372
花山区……〔皖〕马鞍山市 203
花山苗族乡……〔黔〕余庆县 359
花山街道……〔鄂〕洪山区 267
花山街道……〔湘〕娄星区 287
花山街道……〔滇〕沾益区 370
花山瑶族乡……〔桂〕钟山县 309
花山镇……〔吉〕临江市 161
花山镇……〔粤〕花都区 291
花山镇……〔滇〕景东彝族自治县 373
花门镇……〔湘〕双峰县 287
花马池镇……〔宁〕盐池县 419
花乡（地区）乡……〔京〕丰台区 99
花木街道……〔沪〕浦东新区 176
花厅镇……〔赣〕上饶县 231
花水湾镇……〔川〕大邑县 328
花牛镇……〔陇〕麦积区 402
花古街道……〔湘〕洞口县 281
花石乡……〔皖〕金寨县 209
花石乡……〔川〕朝天区 334
花石峡镇……〔青〕玛多县 415
花石崖镇……〔陕〕神木市 396
花石镇……〔豫〕禹州市 256
花石镇……〔湘〕湘潭县 278
花东镇……〔粤〕花都区 291
花甲乡……〔滇〕富宁县 377
花田乡…〔渝〕酉阳土家族苗族自治县 323
花丛镇……〔川〕恩阳区 346
花鸟乡……〔浙〕嵊泗县 196
花加拉嘎乡……〔蒙〕巴林左旗 136
花台乡……〔渝〕巫溪县 323
花地街道……〔粤〕荔湾区 291
花西乡……〔鄂〕孝昌县 271
花吐古拉镇……〔蒙〕科尔沁左翼中旗 137
花庄镇……〔豫〕遂平县 263
花庄镇……〔陇〕红古区 401
花江镇…〔黔〕关岭布依族苗族自治县 360
花池乡……〔川〕宣汉县 344
花戏楼街道……〔皖〕谯城区 209
花红乡……〔川〕达川区 344
花贡镇……〔黔〕晴隆县 363
花园口镇……〔吉〕靖宇县 160
花园口镇……〔豫〕惠济区 249
花园乡……〔冀〕下花园区 115
花园乡……〔皖〕东至县 210
花园乡……〔赣〕瑞昌市 225
花园乡……〔鲁〕郯城县 242
花园乡……〔豫〕民权县 259
花园乡……〔新〕巴里坤哈萨克自治县 424
花园乡……〔新〕伊州区 424
花园屯乡……〔晋〕新荣区 124
花园街道……〔冀〕桥东区 115
花园街道……〔辽〕振兴区 149
花园街道……〔黑〕南岗区 165
花园街道……〔黑〕爱辉区 171
花园街道……〔苏〕阜宁县 184
花园街道……〔浙〕柯城区 195
花园街道……〔赣〕贵溪市 226
花园街道……〔豫〕牧野区 254
花园街道……〔豫〕项城市 262
花园街道……〔豫〕泌阳县 263
花园路街道……〔京〕海淀区 99
花园路街道……〔豫〕金水区 249
花园路街道……〔渝〕南岸区 318
花园镇……〔黑〕林甸县 169
花园镇……〔皖〕霍邱县 208
花园镇……〔鲁〕乐陵市 244
花园镇……〔鄂〕孝昌县 271
花园镇……〔湘〕洞口县 281
花园镇……〔川〕郫都区 328
花园镇……〔川〕三台县 332
花园镇……〔川〕嘉陵区 338
花园镇……〔川〕岳池县 342
花岗镇……〔皖〕肥西县 201
花甸镇……〔吉〕集安市 160
花沟镇……〔皖〕涡阳县 209
花沟镇……〔鲁〕高青县 237
花坪镇……〔鄂〕建始县 274
花坪镇……〔粤〕浈江区 292
花坪镇……〔桂〕乐业县 308
花坪镇……〔黔〕凤冈县 359
花林寺镇……〔鄂〕远安县 269
花板乡……〔川〕岳池县 343
花果山乡……〔豫〕宜阳县 251
花果山街道……〔苏〕海州区 182
花果街道……〔鄂〕张湾区 268
花明楼镇……〔湘〕宁乡市 277
花岩溪镇……〔湘〕鼎城区 282
花岩镇……〔渝〕潼南区 320
花所乡……〔陇〕崆峒区 404
花官营乡……〔冀〕邯山区 110
花官镇……〔鲁〕广饶县 238
花垣县…〔湘〕湘西土家族苗族自治州 288
花垣镇……〔湘〕花垣县 288
花城街道……〔粤〕花都区 291
花荄镇……〔川〕安州区 332
花胡硕苏木……〔蒙〕科尔沁左翼中旗 137
花香乡……〔桂〕东兰县 309
花秋镇……〔黔〕桐梓县 358
花亭街道……〔赣〕弋阳县 232
花亭路街道……〔皖〕大观区 204
花洲街道……〔豫〕邓州市 258
花都区……〔粤〕广州市 291
花桥乡……〔浙〕浦江县 194
花桥乡……〔闽〕松溪县 218
花桥乡……〔赣〕宜丰县 229
花桥街道……〔鄂〕江岸区 267
花桥街镇……〔湘〕冷水滩区 285
花桥镇……〔苏〕昆山市 182
花桥镇……〔浙〕三门县 196
花桥镇……〔皖〕芜湖县 202
花桥镇……〔赣〕德兴市 232
花桥镇……〔鄂〕武穴市 273
花桥镇……〔湘〕衡南县 279
花桥镇……〔湘〕东安县 285

（七画）花芹芥苍芳严芦劳克芭苏

花桥镇……〔湘〕中方县 286
花桥镇……〔渝〕忠县 322
花桥镇……〔川〕新津县 328
花桥镇……〔川〕广安区 342
花桥镇……〔黔〕石阡县 362
花瓶子镇……〔陕〕丹凤县 397
花海镇……〔陇〕玉门市 405
花朗乡……〔滇〕镇雄县 372
花戛苗族布依族彝族乡…〔黔〕水城县 357
花梨镇……〔黔〕开阳县 357
花萼乡……〔川〕万源市 345
花街镇……〔浙〕永康市 195
花湖街道……〔鄂〕黄石港区 268
花湖镇……〔鄂〕鄂城区 270
花塘乡……〔湘〕临武县 285
花楼乡……〔川〕万源市 345
花楼街道……〔鄂〕江汉区 267
花源镇……〔川〕新津县 328
花溪乡……〔川〕巴州区 346
花溪区……〔黔〕贵阳市 357
花溪街道……〔渝〕巴南区 318
花溪镇……〔川〕洪雅县 341
花溪彝族苗族乡……〔黔〕黔西县 361
花滩镇……〔川〕长宁县 342
花滩镇……〔川〕荥经县 345
花寨乡……〔陇〕甘州区 404
花篢镇……〔桂〕荔浦县 305
花罐镇……〔川〕南部县 338
芹池镇……〔晋〕阳城县 126
芹河镇……〔陕〕榆阳区 395
芹泉镇……〔晋〕左权县 127
芹洋乡……〔闽〕寿宁县 219
芥园道街道……〔津〕红桥区 103
苍土乡……〔辽〕阜新蒙古族自治县 151
苍山西镇……〔滇〕漾濞彝族自治县 377
苍龙街道……〔黔〕仁怀市 359
苍台镇……〔豫〕唐河县 258
苍岩山镇……〔冀〕井陉县 107
苍岭镇…〔渝〕酉阳土家族苗族自治县 323
苍岭镇……〔滇〕楚雄市 374
苍城镇……〔粤〕开平市 294
苍南县……〔浙〕温州市 191
苍梧县……〔桂〕梧州市 305
苍溪县……〔川〕广元市 335
苍霞街道……〔闽〕台江区 213
芳山镇……〔辽〕黑山县 150
芳华镇……〔滇〕陆良县 370
芳庄乡……〔浙〕瑞安市 192
芳村镇……〔浙〕常山县 195
芳草街道……〔川〕武侯区 327
芳畈镇……〔鄂〕大悟县 271
芳桥街道……〔苏〕宜兴市 180
芳溪镇……〔赣〕宜丰县 229
严田镇……〔赣〕安福县 229
严务乡……〔鲁〕庆云县 243
严关镇……〔桂〕兴安县 305
严字乡……〔吉〕乾安县 161
严店乡……〔皖〕肥西县 201
严桥乡……〔皖〕定远县 206
严桥镇……〔皖〕无为县 202
严桥镇……〔川〕雨城区 345
严陵镇……〔川〕威远县 336
严道镇……〔川〕荥经县 345
严塘镇……〔湘〕茶陵县 278
严塘镇……〔湘〕新邵县 280
芦山县……〔川〕雅安市 346
芦山镇……〔黔〕惠水县 365
芦屯镇……〔辽〕鲅鱼圈区 150
芦化乡……〔青〕乐都区 413
芦田乡……〔赣〕鄱阳县 232
芦田镇……〔闽〕安溪县 216
芦头镇……〔鲁〕龙口市 238
芦台镇……〔津〕宁河区 104
芦芝镇……〔闽〕漳平市 219
芦庄乡……〔冀〕安新县 114
芦阳街道……〔川〕芦山县 346
芦阳镇……〔陇〕景泰县 402
芦花镇……〔川〕黑水县 349
芦村镇……〔皖〕界首市 207
芦村镇……〔赣〕袁州区 229
芦岗乡……〔豫〕长垣县 254
芦岗街道……〔豫〕上蔡县 262
芦沟镇……〔苏〕建湖县 184
芦苞镇……〔粤〕三水区 293
芦林街道……〔赣〕广丰区 231
芦岭镇……〔皖〕埇桥区 207
芦庙乡……〔豫〕西平县 262
芦庙镇……〔皖〕谯城区 209
芦河镇……〔黑〕青冈县 172
芦草沟乡……〔新〕米东区 423
芦草沟镇……〔新〕霍城县 428
芦柞镇……〔鲁〕兰陵县 243
芦洪市镇……〔湘〕东安县 285
芦洋乡……〔闽〕平潭县 214
芦洲乡……〔赣〕上高县 229
芦洲镇……〔粤〕惠城区 296
芦荻山乡……〔湘〕武陵区 282
芦浦镇……〔浙〕玉环市 196
芦家营乡……〔冀〕康保县 116
芦家街道……〔黑〕南岗区 165
芦家湾乡……〔陇〕环县 405
芦淞区……〔湘〕株洲市 278
芦葭镇……〔川〕简阳市 329
芦集乡……〔豫〕淮滨县 261
芦集镇……〔皖〕潘集区 203
芦湖街道……〔鲁〕高青县 237
芦塘乡…〔渝〕彭水苗族土家族自治县 323
芦蒲镇……〔苏〕阜宁县 184
芦溪乡……〔皖〕祁门县 205
芦溪乡……〔赣〕永新县 229
芦溪县……〔赣〕萍乡市 224
芦溪镇……〔闽〕平和县 217
芦溪镇……〔赣〕芦溪县 224
芦溪镇……〔川〕三台县 332
芦溪镇……〔川〕顺庆区 338
芦稿镇……〔川〕金阳县 353
劳山乡……〔陕〕甘泉县 393
劳动乡……〔川〕马边彝族自治县 337
劳动街道……〔鄂〕江岸区 267
劳动镇……〔黑〕青冈县 172
劳动镇……〔川〕乐至县 348
劳店镇……〔鲁〕阳信县 245
克一河镇……〔蒙〕鄂伦春自治旗 138
克山县……〔黑〕齐齐哈尔市 167
克山镇……〔黑〕克山县 167
克井镇……〔豫〕济源市 263
克戈乡……〔川〕色达县 351
克日乡……〔藏〕贡觉县 383
克长乡……〔桂〕隆林各族自治县 308
克什克腾旗……〔蒙〕赤峰市 136
克东县……〔黑〕齐齐哈尔市 167
克东镇……〔黑〕克东县 167
克令乡……〔新〕尼勒克县 428
克尔乡……〔川〕木里藏族自治县 352
克尔古提乡……〔新〕和静县 425
克尔台乡…〔黑〕杜尔伯特蒙古族自治县 169
克尔伦苏木……〔蒙〕新巴尔虎右旗 139
克尔根卓街道……〔新〕博乐市 424
克尔碱镇……〔新〕托克逊县 424
克西乡……〔藏〕贡嘎县 384
克玛乡……〔藏〕定日县 381
克里阳乡……〔新〕皮山县 427
克利镇……〔黑〕泰来县 167
克伯克于孜乡……〔新〕伊宁市 428
克孜尔乡……〔新〕拜城县 426
克孜勒乡……〔新〕英吉沙县 426
克孜勒苏乡……〔新〕伽师县 427
克孜勒苏柯尔克孜自治州……〔新〕 426
克孜勒希力克乡……〔新〕富蕴县 429
克孜勒阿瓦提乡……〔新〕麦盖提县 427
克孜勒陶乡……〔新〕阿克陶县 426
克孜勒博依乡……〔新〕伽师县 427
克孜勒镇……〔新〕温宿县 425
克拉玛依区……〔新〕克拉玛依市 423
克拉玛依市……〔新〕 423
克林镇……〔黑〕逊克县 171
克虎寨镇……〔晋〕临县 131
克城镇……〔晋〕蒲县 130
克枯乡……〔川〕汶川县 348
克度镇……〔黔〕平塘县 365
克音河乡……〔黑〕绥棱县 172
克觉乡……〔川〕雷波县 354
克勒沟镇…〔冀〕围场满族蒙古族自治县 118
芭沟镇……〔川〕犍为县 337
芭蕉乡……〔川〕仪陇县 340
芭蕉侗族乡……〔鄂〕恩施市 274
芭蕉镇……〔川〕宣汉县 344
芭蕉镇……〔黔〕桐梓县 358
苏力德苏木……〔蒙〕乌审旗 138
苏山乡……〔赣〕都昌县 225
苏山街道……〔苏〕泉山区 180
苏子沟镇……〔辽〕岫岩满族自治县 147
苏元镇……〔陇〕成县 407
苏木乡……〔豫〕杞县 250
苏木塔什乡……〔新〕阿合奇县 426
苏木溪瑶族乡……〔湘〕辰溪县 286
苏区镇……〔粤〕紫金县 298
苏公坨乡……〔吉〕通榆县 162
苏布尔嘎镇……〔蒙〕伊金霍洛旗 138
苏布台乡……〔新〕尼勒克县 428
苏龙口镇……〔晋〕原平市 129
苏甲乡……〔滇〕昭阳区 372
苏仙区……〔湘〕郴州市 284
苏仙石乡……〔豫〕商城县 260
苏仙岭街道……〔湘〕苏仙区 284
苏尼特左旗……〔蒙〕锡林郭勒盟 141
苏尼特右旗……〔蒙〕锡林郭勒盟 141
苏圩镇……〔桂〕江南区 303
苏吉滩乡……〔青〕门源回族自治县 414
苏合乡……〔陇〕西和县 408
苏庄乡……〔晋〕沁水县 126
苏庄镇……〔浙〕开化县 195
苏米图苏木……〔蒙〕鄂托克旗 138
苏州市……〔苏〕 181
苏阳乡……〔冀〕元氏县 108
苏坝镇……〔川〕马边彝族自治县 337
苏坂镇……〔闽〕新罗区 218
苏坑镇……〔闽〕永春县 216
苏坊镇……〔陕〕武功县 392
苏坊镇……〔陕〕蒲城县 392
苏村乡……〔冀〕元氏县 108
苏村乡……〔豫〕灵宝市 257
苏村镇……〔冀〕南宫市 113
苏村镇……〔鲁〕沂南县 242
苏村镇……〔陕〕大荔县 392
苏里乡……〔青〕天峻县 415
苏陈镇……〔苏〕海陵区 185
苏武镇……〔陇〕民勤县 403
苏坡街道……〔川〕青羊区 327
苏典傈僳族乡……〔滇〕盈江县 378
苏店镇……〔晋〕长治县 125
苏河乡……〔川〕青川县 334
苏河镇……〔豫〕新县 260
苏泊淖尔苏木……〔蒙〕额济纳旗 141
苏波盖乡……〔蒙〕土默特右旗 136
苏孟乡……〔浙〕婺城区 194
苏巷镇……〔皖〕明光市 206
苏哇龙乡……〔川〕理塘县 351
苏哈特乡……〔新〕和硕县 425
苏独仑镇……〔蒙〕乌拉特前旗 139
苏洛乡……〔川〕美姑县 354
苏祠街道……〔川〕东坡区 340
苏桥乡……〔赣〕万年县 232
苏桥镇……〔冀〕文安县 120
苏桥镇……〔豫〕建安区 256
苏桥镇……〔桂〕永福县 305
苏留庄镇……〔鲁〕夏津县 244
苏海图街道……〔蒙〕乌达区 136
苏家乡……〔川〕东兴区 336
苏家屯区……〔辽〕沈阳市 145
苏家当乡……〔赣〕共青城市 225
苏家庄乡……〔冀〕平山县 108
苏家庄镇……〔冀〕宁晋县 112
苏家作乡……〔豫〕山阳区 255
苏家坨（地区）镇……〔京〕海淀区 99
苏家店乡……〔冀〕丰宁满族自治县 117
苏家店镇……〔黑〕桦川县 170
苏家店镇……〔鲁〕栖霞市 239
苏家洼镇……〔冀〕遵化市 110
苏家院镇……〔滇〕昭阳区 372

（七画）苏杆杜杠村杏杉巫极杞李

苏家营镇……〔冀〕巨鹿县 113
苏家街道……〔辽〕弓长岭区 151
苏家湾镇……〔川〕资中县 336
苏家镇……〔川〕大邑县 328
苏埠镇……〔皖〕裕安区 208
苏基镇……〔冀〕海兴县 118
苏曹乡……〔冀〕丛台区 111
苏盖提乡……〔新〕英吉沙县 426
苏雄乡……〔川〕甘洛县 354
苏堡镇……〔晋〕洪洞县 130
苏集镇……〔鲁〕曹县 246
苏集镇……〔陇〕康乐县 408
苏鲁乡……〔青〕杂多县 415
苏湾镇……〔皖〕巢湖市 201
苏锦街道……〔苏〕姑苏区 181
苏溪乡……〔川〕广安区 342
苏溪镇……〔浙〕义乌市 194
苏溪镇……〔赣〕泰和县 228
苏稽镇……〔川〕市中区 336
苏澳镇……〔闽〕平潭县 214
苏嘴镇……〔苏〕淮安区 183
杆石桥街道……〔鲁〕市中区 235
杆洞乡……〔桂〕融水苗族自治县 304
杜儿坪街道……〔晋〕万柏林区 123
杜山镇……〔鄂〕鄂城区 270
杜马乡……〔晋〕平陆县 128
杜瓦镇……〔新〕皮山县 427
杜北街道……〔冀〕新华区 107
杜生镇……〔冀〕沧县 118
杜尔门沁达斡尔族乡……
……〔黑〕富拉尔基区 167
杜尔伯特蒙古族自治县……〔黑〕大庆市 169
杜尔基镇……〔蒙〕科尔沁右翼中旗 141
杜市镇……〔赣〕丰城市 230
杜市镇……〔渝〕江津区 319
杜皮乡……〔鄂〕团风县 272
杜曲街道……〔陕〕长安区 389
杜曲镇……〔豫〕临颍县 257
杜庄乡……〔晋〕大同县 124
杜庄镇……〔冀〕海港区 110
杜交曲镇……〔晋〕娄烦县 123
杜关镇……〔豫〕卢氏县 257
杜阮镇……〔粤〕蓬江区 294
杜村乡……〔晋〕安泽县 130
杜村乡……〔晋〕孝义市 131
杜村乡……〔皖〕青阳县 210
杜村集乡……〔冀〕临漳县 111
杜甫路街道……〔豫〕巩义市 249
杜来提乡……〔新〕布尔津县 429
杜步镇……〔粤〕阳山县 299
杜别克街道……〔新〕塔城市 428
杜良乡……〔豫〕祥符区 250
杜拉尔鄂温克民族乡……
……〔蒙〕莫力达瓦达斡尔族自治旗 138
杜林回族乡……〔冀〕沧县 118
杜固镇……〔冀〕新乐市 108
杜岭街道……〔豫〕金水区 249
杜店街道……〔鲁〕滨城区 245
杜泽镇……〔浙〕衢江区 195
杜郎口镇……〔鲁〕茌平县 244
杜城街道……〔陕〕雁塔区 389
杜浔镇……〔闽〕漳浦县 216
杜热镇……〔新〕富蕴县 429
杜莫镇……〔桂〕荔浦县 305
杜桥街道……〔陕〕临渭区 392
杜桥镇……〔冀〕景县 120
杜桥镇……〔浙〕临海市 196
杜家石沟镇……〔陕〕米脂县 395
杜家庄乡……〔晋〕平遥县 127
杜家村镇……〔晋〕静乐县 129
杜家坪乡……〔湘〕沅陵县 286
杜家镇……〔黑〕五常市 166
杜堂镇……〔鲁〕定陶区 246
杜康镇……〔陕〕白水县 393
杜琼乡……〔藏〕白朗县 382
杜鹃街道……〔黔〕黔西县 360
杜集乡……〔皖〕长丰县 201
杜集区……〔皖〕淮北市 203
杜集镇……〔鲁〕宁津县 243
杜集镇……〔豫〕虞城县 259
杜楼镇……〔皖〕萧县 208
杠家镇……〔渝〕垫江县 321
村戈乡……〔川〕理塘县 351
村头镇……〔浙〕开化县 195
村里集镇……〔鲁〕蓬莱市 238
村前镇……〔赣〕高安市 230
杏儿沟街道……〔晋〕矿区 123
杏儿藏族乡…〔青〕民和回族土族自治县 413
杏山街道……〔辽〕太和区 149
杏山街道……〔黔〕麻江县 365
杏山镇……〔黑〕双城区 166
杏山镇……〔黑〕龙江县 167
杏子铺镇……〔湘〕双峰县 287
杏坛镇……〔粤〕顺德区 293
杏花乡……〔鄂〕红安县 272
杏花村街道……〔皖〕庐阳区 201
杏花村街道……〔皖〕贵池区 210
杏花村镇……〔晋〕汾阳市 131
杏花岭区……〔晋〕太原市 123
杏花岭街道……〔晋〕杏花岭区 123
杏花营街道……〔豫〕龙亭区 250
杏花街道……〔黑〕城子河区 168
杏花镇……〔粤〕封开县 296
杏园乡……〔晋〕繁峙县 129
杏园乡……〔陇〕安定区 406
杏陈镇……〔闽〕东山县 217
杏坪镇……〔陕〕柞水县 397
杏林街道……〔皖〕庐阳区 201
杏林街道……〔闽〕集美区 214
杏林镇……〔陕〕扶风县 390
杏林镇……〔陕〕华州区 392
杏岭子乡……〔晋〕五寨县 129
杏岭镇……〔吉〕梅河口市 160
杏河镇……〔陕〕志丹县 393
杏城镇……〔晋〕平顺县 125
杏树岗镇……〔黑〕红岗区 169
杏树朝鲜族乡……〔黑〕勃利县 170
杏树街道……〔辽〕金州区 146
杏滨街道……〔闽〕集美区 214
杏寨乡……〔晋〕应县 126
杉山镇……〔湘〕娄星区 287
杉王街道……〔黔〕习水县 359
杉木乡……〔鄂〕黄梅县 273
杉木桥镇……〔湘〕慈利县 283
杉阳镇……〔滇〕永平县 377
杉松岗镇……〔吉〕辉南县 160
杉岭乡……〔渝〕黔江区 319
杉城镇……〔闽〕泰宁县 215
杉树乡……〔川〕宁南县 352
杉树乡……〔滇〕镇雄县 372
杉树堡乡……〔川〕雷波县 354
杉树镇…〔黔〕印江土家族苗族自治县 362
杉洋镇……〔闽〕古田县 219
杉桥镇……〔湘〕衡阳县 279
巫山县……〔渝〕 322
巫山镇……〔渝〕开州区 320
巫木乡……〔川〕盐源县 352
巫峡镇……〔渝〕巫山县 322
巫溪县……〔渝〕 322
极乐乡……〔青〕大通回族土族自治县 413
杞县……〔豫〕开封市 250
杞梓里镇……〔皖〕歙县 205
李二堡镇…〔青〕民和回族土族自治县 413
李七庄街道……〔津〕西青区 103
李大庄乡……〔豫〕西华县 261
李万街道……〔豫〕山阳区 255
李口镇……〔苏〕泗阳县 186
李口镇……〔豫〕郏县 252
李口镇……〔豫〕睢阳区 259
李千户镇……〔辽〕铁岭县 152
李子乡……〔川〕喜德县 353
李子坪乡……〔川〕木里藏族自治县 352
李天木回族乡……〔冀〕沧县 118
李元镇……〔晋〕沁源县 125
李屯乡……〔鲁〕禹城市 244
李屯镇……〔豫〕平舆县 263
李中镇……〔苏〕兴化市 186
李石街道……〔辽〕田屯街道 148
李田楼镇……〔鲁〕单县 246
李市镇……〔鄂〕沙洋县 270
李市镇……〔渝〕江津区 319
李市镇……〔川〕隆昌市 336
李台街道……〔陕〕杨陵区 391
李台镇……〔鲁〕阳谷县 244
李老庄乡……〔豫〕沈丘县 262
李老家乡……〔豫〕虞城县 259
李场镇……〔川〕宜宾县 341
李达窑乡……〔晋〕右玉县 126
李冲回族乡……〔皖〕凤台县 203
李庄乡……〔冀〕清苑区 113
李庄乡……〔豫〕宝丰县 252
李庄乡……〔豫〕梁园区 259
李庄镇……〔皖〕砀山县 208
李庄镇……〔鲁〕郯城县 242
李庄镇……〔鲁〕惠民县 245
李庄镇……〔豫〕封丘县 254
李庄镇……〔川〕翠屏区 341
李兴镇……〔皖〕太和县 207
李宅乡……〔赣〕德兴市 232
李阳镇……〔晋〕和顺县 127
李进士堂镇……〔鲁〕鄄城县 246
李坊乡……〔闽〕光泽县 217
李村街道……〔鲁〕李沧区 236
李村镇……〔冀〕鹿泉区 107
李村镇……〔冀〕桥西区 112
李村镇……〔鲁〕牡丹区 246
李村镇……〔豫〕洛龙区 251
李园街道……〔鲁〕平度市 236
李钊庄镇……〔冀〕丰润区 109
李沧区……〔鲁〕青岛市 236
李郁庄乡……〔冀〕定兴县 114
李旺镇……〔宁〕海原县 420
李典镇……〔苏〕广陵区 184
李店镇……〔豫〕社旗县 258
李店镇……〔豫〕固始县 261
李店镇……〔鄂〕安陆市 271
李店镇……〔鄂〕广水市 273
李店镇……〔陇〕静宁县 405
李庙镇……〔鄂〕南漳县 270
李炉乡……〔吉〕梅河口市 160
李河镇……〔渝〕万州区 317
李官镇……〔辽〕瓦房店市 147
李官镇……〔鲁〕兰山区 242
李珍街道……〔豫〕殷都区 253
李封街道……〔豫〕中站区 255
李相街道……〔辽〕浑南区 145
李郢孜镇……〔皖〕谢家集区 203
李畋镇……〔湘〕醴陵市 278
李俊乡……〔宁〕海原县 420
李俊镇……〔宁〕永宁县 419
李亲顾镇……〔冀〕定州市 115
李阁镇……〔鲁〕鱼台县 240
李恒镇……〔苏〕沭阳县 186
李桥乡……〔川〕西充县 340
李桥乡……〔陇〕山丹县 404
李桥回族镇……〔豫〕新蔡县 263
李桥镇……〔京〕顺义区 100
李桥镇……〔川〕富顺县 329
李哥庄镇……〔鲁〕胶州市 236
李原乡……〔豫〕柘城县 259
李高乡……〔晋〕屯留县 125
李家山镇……〔青〕湟中县 413
李家乡……〔闽〕清流县 215
李家乡……〔川〕朝天区 334
李家乡……〔川〕大竹县 344
李家乡……〔青〕乐都区 413
李家户镇……〔鲁〕武城县 244
李家台镇……〔辽〕开原市 153
李家地镇……〔冀〕康保县 116
李家庄乡……〔晋〕郊区 124
李家庄乡……〔晋〕昔阳县 127
李家岔镇……〔陕〕子长县 393
李家沟乡……〔晋〕岢岚县 129
李家坪乡……〔晋〕五寨县 129
李家店乡……〔陇〕通渭县 406
李家河镇……〔鄂〕宣恩县 274
李家沱街道……〔渝〕巴南区 318
李家巷镇……〔浙〕长兴县 193
李家营镇……〔冀〕兴隆县 117
李家塔镇……〔陕〕清涧县 396

（七画）李杨

李家堡乡……〔冀〕宣化区 115
李家堡乡……〔辽〕绥中县 154
李家堡镇……〔陇〕安定区 406
李家集街道……〔鄂〕黄陂区 267
李家街道……〔辽〕沙河口区 146
李家湾乡……〔晋〕柳林县 131
李家寨镇……〔豫〕浉河区 260
李家镇……〔浙〕建德市 190
李家镇……〔川〕顺庆区 338
李家镇……〔川〕安岳县 347
李家疃镇……〔冀〕成安县 111
李埠口乡……〔豫〕川汇区 261
李埠镇……〔鄂〕荆州区 271
李埝乡……〔苏〕东海县 183
李营街道……〔鲁〕任城区 240
李曹镇……〔晋〕霍州市 130
李渠镇……〔陕〕宝塔区 393
李棋街道……〔滇〕红塔区 371
李堡镇……〔苏〕海安县 182
李集乡……〔苏〕灌南县 183
李集乡……〔豫〕商城县 260
李集街道……〔鄂〕新洲区 268
李集镇……〔苏〕睢宁县 180
李集镇……〔鲁〕郓城县 246
李集镇……〔豫〕郾城区 256
李集镇……〔豫〕夏邑县 259
李遂镇……〔京〕顺义区 100
李渡街道……〔渝〕涪陵区 317
李渡镇……〔赣〕进贤县 223
李渡镇……〔川〕嘉陵区 338
李渡镇……〔川〕渠县 345
李鹊镇……〔鲁〕广饶县 238
李楼乡……〔皖〕龙子湖区 202
李楼乡……〔豫〕郸城县 262
李楼镇……〔豫〕洛龙区 251
李楼镇……〔鄂〕老河口市 270
李新庄镇……〔鲁〕单县 246
李新店镇……〔豫〕确山县 263
李源屯镇……〔豫〕卫辉市 254
李溪镇…〔渝〕酉阳土家族苗族自治县 323
李熙桥镇……〔湘〕绥宁县 281
李端镇……〔川〕翠屏区 341
李旗庄镇……〔冀〕三河市 120
李寨乡……〔晋〕泽州县 126
李寨镇……〔豫〕永城市 260
李寨镇……〔豫〕项城市 262
李墩镇……〔闽〕周宁县 219
李馥镇……〔川〕渠县 345
杨士岗镇……〔辽〕辽中区 145
杨大城子镇……〔吉〕公主岭市 159
杨万乡……〔滇〕麻栗坡县 376
杨千河乡……〔晋〕右玉县 126
杨广镇……〔滇〕通海县 371
杨井镇……〔陕〕定边县 395
杨木川镇……〔辽〕宽甸满族自治县 149
杨木乡……〔黑〕密山市 168
杨木林子镇……〔辽〕清河区 152
杨木林镇……〔吉〕东丰县 159
杨木栅子乡……〔冀〕丰宁满族自治县 117
杨屯乡……〔豫〕上蔡县 263
杨屯镇……〔苏〕沛县 180
杨屯镇……〔鲁〕高唐县 245
杨公镇……〔皖〕谢家集区 203
杨文街道……〔豫〕瀍河回族区 251
杨叶镇……〔鄂〕鄂城区 270
杨田镇……〔皖〕青阳县 210
杨市街道……〔鄂〕潜江市 274
杨市镇……〔湘〕涟源市 288
杨圩镇……〔赣〕高安市 230
杨圪塄街道……〔蒙〕东河区 135
杨地镇……〔陕〕山阳县 397
杨场镇……〔川〕丹棱县 341
杨成庄乡……〔津〕静海区 104
杨行镇……〔沪〕宝山区 175
杨各乡……〔川〕色达县 351
杨各庄镇……〔冀〕迁安市 110
杨庄乡……〔冀〕莲池区 113
杨庄乡……〔皖〕埇桥区 207
杨庄乡……〔豫〕舞钢市 252
杨庄乡……〔豫〕西平县 262
杨庄户乡……〔豫〕新蔡县 263
杨庄集镇……〔鲁〕郓城县 246
杨庄街道……〔皖〕烈山区 203
杨庄街道……〔陕〕长安区 389
杨庄窠乡……〔冀〕蔚县 116
杨庄镇……〔冀〕三河市 120
杨庄镇……〔鲁〕莱城区 242
杨庄镇……〔鲁〕沂水县 243
杨庄镇……〔豫〕宝丰县 252
杨米涧镇……〔陕〕靖边县 395
杨汛桥镇……〔浙〕柯桥区 193
杨兴乡……〔晋〕阳曲县 123
杨兴镇……〔黔〕正安县 358
杨安乡……〔晋〕沁县 125
杨安镇……〔鲁〕乐陵市 244
杨寿镇……〔苏〕邗江区 185
杨运镇……〔辽〕盖州市 150
杨坝镇……〔川〕南江县 347
杨芳乡……〔晋〕定襄县 128
杨芳林乡……〔鄂〕通山县 273
杨村乡……〔冀〕定兴县 114
杨村乡……〔皖〕徽州区 205
杨村乡……〔豫〕南乐县 255
杨村乡……〔川〕沐川县 337
杨村乡……〔川〕峨边彝族自治县 337
杨村甸乡……〔湘〕冷水滩区 285
杨村桥镇……〔浙〕建德市 190
杨村街道……〔津〕武清区 103
杨村镇……〔晋〕陵川县 126
杨村镇……〔皖〕凤台县 203
杨村镇……〔皖〕天长市 206
杨村镇……〔赣〕龙南县 227
杨村镇……〔粤〕博罗县 296
杨村镇……〔桂〕容县 307
杨村镇……〔川〕剑阁县 334
杨杖子镇……〔辽〕凌源市 154
杨园街道……〔鄂〕武昌区 267
杨岐乡……〔赣〕上栗县 224
杨岗镇……〔黑〕虎林市 168
杨宋镇……〔京〕怀柔区 100
杨武布依族苗族乡……〔黔〕西秀区 359
杨坪乡……〔川〕广安区 342
杨林乡……〔黑〕呼兰区 165
杨林乡……〔湘〕韶山市 279
杨林市镇……〔鄂〕松滋市 272
杨林沟镇……〔鄂〕汉川市 271
杨林尾镇……〔鄂〕仙桃市 274
杨林桥镇……〔鄂〕秭归县 269
杨林街道……〔鄂〕天门市 274
杨林街镇……〔湘〕岳阳县 281
杨林寨乡……〔湘〕湘阴县 282
杨林镇……〔浙〕开化县 195
杨林镇……〔湘〕衡东县 279
杨林镇……〔湘〕洞口县 281
杨林镇……〔滇〕嵩明县 369
杨岭镇……〔鄂〕应城市 271
杨和镇……〔粤〕高明区 294
杨和镇……〔宁〕永宁县 419
杨侨镇……〔粤〕博罗县 296
杨舍镇……〔苏〕张家港市 182
杨金路街道……〔豫〕金水区 249
杨店子街道……〔冀〕迁安市 110
杨店乡……〔皖〕肥东县 201
杨店乡……〔豫〕息县 261
杨店镇……〔鲁〕汶上县 240
杨店镇……〔鄂〕孝南区 271
杨店镇……〔陇〕两当县 408
杨庙乡……〔皖〕固镇县 202
杨庙乡……〔豫〕太康县 262
杨庙镇……〔苏〕邗江区 185
杨庙镇……〔皖〕长丰县 201
杨郊乡……〔辽〕连山区 154
杨河乡……〔川〕峨边彝族自治县 337
杨河乡……〔陇〕庄浪县 404
杨河乡……〔宁〕隆德县 420
杨河镇……〔鄂〕应城市 271
杨河镇……〔陕〕西乡县 394
杨河镇……〔陇〕武山县 403
杨泡满族乡……〔吉〕珲春市 162
杨官屯乡……〔鲁〕茌平县 244
杨官林镇……〔冀〕丰润区 109
杨垱镇……〔鄂〕枣阳市 270
杨巷镇……〔苏〕宜兴市 180
杨柑镇……〔粤〕遂溪县 294
杨柏镇……〔川〕通江县 346
杨柳井乡……〔滇〕广南县 377
杨柳白族彝族乡……〔滇〕隆阳区 371
杨柳庄镇……〔冀〕滦县 109
杨柳青镇……〔津〕西青区 103
杨柳雪镇……〔鲁〕滨城区 245
杨柳铺乡……〔湘〕慈利县 283
杨柳街道……〔川〕简阳市 329
杨柳街道……〔黔〕钟山区 357
杨柳湾镇……〔鄂〕英山县 272
杨柳塘镇……〔黔〕施秉县 364
杨柳镇……〔皖〕宣州区 210
杨柳镇……〔鲁〕泗水县 240
杨柳镇……〔川〕五通桥区 337
杨柳镇…〔黔〕印江土家族苗族自治县 362
杨柳镇……〔滇〕宣威市 370
杨树林乡……〔吉〕农安县 157
杨树岭乡……〔辽〕建平县 153
杨树岭镇……〔冀〕平泉市 118
杨树房街道……〔辽〕普兰店区 146
杨树街道……〔黑〕阿城区 166
杨树湾子乡……〔辽〕建昌县 154
杨树湾镇……〔辽〕朝阳县 153
杨郢乡……〔皖〕来安县 206
杨洲乡……〔赣〕武宁县 224
杨津庄镇……〔津〕蓟州区 104
杨桥畔镇……〔陕〕靖边县 395
杨桥殿镇……〔赣〕东乡区 230
杨桥镇……〔冀〕大名县 111
杨桥镇……〔皖〕宜秀区 204
杨桥镇……〔皖〕临泉县 206
杨桥镇……〔赣〕分宜县 225
杨桥镇……〔湘〕衡东县 279
杨桥镇……〔湘〕邵东县 280
杨桥镇……〔川〕仪陇县 339
杨础镇……〔鲁〕栖霞市 239
杨峪河镇……〔陕〕商州区 397
杨浦区……〔沪〕 175
杨家厂镇……〔鄂〕公安县 271
杨家乡……〔黑〕北安市 171
杨家寺乡……〔冀〕吴桥县 119
杨家寺镇……〔陇〕秦州区 402
杨家圪台镇……〔陕〕延川县 393
杨家庄乡……〔冀〕定州市 115
杨家庄乡……〔晋〕郊区 124
杨家庄镇……〔冀〕涞源县 114
杨家庄镇……〔晋〕汾阳市 131
杨家坝乡……〔川〕会理县 352
杨家杖子街道……〔辽〕连山区 154
杨家园则镇……〔陕〕子长县 393
杨家沟镇……〔陕〕米脂县 395
杨家坪街道……〔渝〕九龙坡区 318
杨家坳苗族土家族乡……〔黔〕思南县 362
杨家板桥镇……〔冀〕玉田县 109
杨家岩街道……〔川〕利州区 333
杨家河镇……〔陕〕镇巴县 395
杨家泊镇……〔津〕滨海新区 104
杨家桥乡……〔冀〕平山县 108
杨家桥街道……〔湘〕冷水滩区 285
杨家套镇……〔冀〕玉田县 109
杨家峪街道……〔晋〕杏花岭区 123
杨家埠街道……〔浙〕吴兴区 193
杨家堡镇……〔辽〕岫岩满族自治县 147
杨家集镇……〔豫〕泌阳县 263
杨家湾乡…〔冀〕围场满族蒙古族自治县 118
杨家湾镇……〔晋〕保德县 129
杨家湾镇……〔黔〕七星关区 360
杨家满族乡……〔辽〕瓦房店市 147
杨家镇……〔粤〕雷州市 295
杨家镇……〔川〕涪城区 332
杨家镇……〔川〕东兴区 336
杨家镇……〔川〕蓬安县 339
杨家镇……〔川〕大竹县 344
杨谈乡……〔晋〕曲沃县 130
杨陵区……〔陕〕咸阳市 391
杨陵街道……〔陕〕杨陵区 391

（七画）杨求孛甫更束吾豆两鄚酉丽辰励邳还矶来连

杨通乡……〔川〕大竹县 344
杨埠镇……〔赣〕余干县 232
杨埠镇……〔豫〕平舆县 263
杨营镇……〔鲁〕梁山县 240
杨营镇……〔豫〕镇平县 258
杨梅山镇……〔湘〕宜章县 284
杨梅乡……〔闽〕德化县 216
杨梅镇……〔粤〕化州市 295
杨梅镇……〔粤〕阳山县 299
杨梅镇……〔桂〕容县 307
杨梅彝族苗族回族乡……〔黔〕水城县 357
杨梓镇……〔赣〕彭泽县 225
杨崖集镇……〔陇〕会宁县 402
杨斜镇……〔陕〕商州区 397
杨塔乡……〔陇〕永靖县 408
杨堤乡……〔桂〕阳朔县 304
杨税务乡……〔冀〕安次区 119
杨集乡……〔冀〕盐山县 118
杨集乡……〔豫〕范县 255
杨集乡……〔豫〕方城县 258
杨集乡……〔豫〕固始县 261
杨集镇……〔苏〕灌云县 183
杨集镇……〔鲁〕郓城县 242
杨集镇……〔豫〕夏邑县 259
杨集镇……〔豫〕上蔡县 263
杨集镇……〔鄂〕京山县 270
杨湖口镇……〔豫〕鹿邑县 262
杨湖镇……〔皖〕颍上县 207
杨湾乡……〔川〕市中区 337
杨湾镇……〔皖〕望江县 204
杨楼孜镇……〔皖〕颍东区 206
杨楼镇……〔皖〕萧县 208
杨楼镇……〔鲁〕单县 246
杨楼镇……〔豫〕汝州市 252
杨楼镇……〔豫〕方城县 257
杨源乡……〔闽〕政和县 218
杨溪乡……〔赣〕余江县 226
杨溪乡……〔赣〕广昌县 231
杨溪桥镇……〔湘〕桃源县 283
杨溪铺镇……〔鄂〕郧阳区 268
杨滩镇……〔皖〕广德县 210
杨嘉桥镇……〔湘〕湘潭县 278
杨寨镇……〔鄂〕广水市 273
杨镇（地区）镇……〔京〕顺义区 100
杨疃镇……〔皖〕灵璧县 208
求吉乡……〔川〕若尔盖县 349
求吉玛乡……〔川〕阿坝县 349
求索街道……〔湘〕岳阳楼区 281
孛畈镇……〔鄂〕安陆市 271
甫田乡……〔赣〕武宁县 224
更乐镇……〔冀〕涉县 111
更合镇……〔粤〕高明区 294
更庆镇……〔川〕德格县 350
更知乡……〔川〕炉霍县 350
更刻镇……〔辽〕西丰县 152
更戛乡……〔滇〕昌宁县 371
更章门巴民族乡……〔藏〕巴宜区 383
更楼街道……〔浙〕建德市 190
更新乡……〔吉〕扶余市 161
更新乡……〔桂〕天峨县 309
束河街道……〔滇〕古城区 373
束城镇……〔冀〕河间市 119
束馆镇……〔冀〕大名县 111
吾元镇……〔晋〕屯留县 125
吾合沙鲁乡……〔新〕乌恰县 426
吾库萨克镇……〔新〕疏附县 426
吾依乡……〔川〕壤塘县 349
吾宗肖乡……〔新〕和田县 427
吾祠乡……〔闽〕漳平市 219
吾峰镇……〔闽〕永春县 216
吾塔木乡……〔新〕若羌县 425
吾斯塘博依街道……〔新〕喀什市 426
吾隘镇……〔桂〕南丹县 309
豆门乡……〔豫〕淮阳县 262
豆公镇……〔豫〕内黄县 253
豆叩镇……〔川〕平武县 333
豆各庄（地区）乡……〔京〕朝阳区 99
豆庄镇……〔冀〕涿州市 115
豆坝镇……〔陇〕康县 407
豆村乡……〔冀〕武强县 120
豆村镇……〔晋〕五台县 128
豆沙镇……〔滇〕盐津县 372
豆张庄镇……〔津〕武清区 104
豆罗镇……〔晋〕忻府区 128
豆腐营街道……〔豫〕北关区 253
两山乡……〔冀〕昌黎县 110
两丫坪镇……〔湘〕溆浦县 286
两水苗族乡……〔桂〕资源县 305
两水镇……〔陇〕武都区 407
两市塘街道……〔湘〕邵东县 280
两当县……〔陇〕陇南市 408
两江镇……〔吉〕安图县 162
两江镇……〔粤〕乐昌市 292
两江镇……〔桂〕武鸣区 303
两江镇……〔桂〕临桂区 304
两安瑶族乡……〔桂〕钟山县 309
两岔乡……〔湘〕永顺县 288
两岛街道……〔藏〕城关区 381
两间房乡……〔冀〕滦平县 117
两汪乡……〔黔〕榕江县 365
两坪乡……〔渝〕巫山县 322
两英镇……〔粤〕潮南区 293
两林乡……〔湘〕凤凰县 288
两板桥镇……〔川〕安岳县 347
两岭镇……〔陕〕山阳县 397
两河口乡……〔川〕朝天区 334
两河口镇……〔鄂〕秭归县 269
两河口镇……〔川〕通江县 346
两河口镇……〔川〕小金县 349
两河口镇……〔川〕喜德县 353
两河口镇……〔黔〕赤水市 359
两河口镇……〔陕〕西乡县 394
两河口镇……〔陕〕略阳县 394
两河口镇……〔陇〕宕昌县 407
两河乡……〔冀〕平山县 108
两河乡……〔川〕甘洛县 354
两河街道……〔黔〕盘州市 358
两河镇……〔鄂〕当阳市 269
两河镇……〔桂〕全州县 305
两河镇……〔川〕叙永县 331
两河镇……〔川〕盐亭县 332
两河镇……〔川〕威远县 336
两河镇……〔川〕邻水县 343
两河镇……〔滇〕彝良县 372
两河镇……〔陕〕南郑区 394
两河镇……〔陕〕石泉县 396
两河镇……〔陇〕康县 407
两宜镇……〔陕〕大荔县 392
两城街道……〔鲁〕东港区 242
两城镇……〔鲁〕微山县 240
两面井乡……〔冀〕张北县 116
两亭镇……〔陕〕麟游县 391
两峪乡……〔鄂〕保康县 270
两家子乡……〔辽〕康平县 146
两家子满族乡……〔吉〕昌邑区 158
两家子镇……〔辽〕彰武县 151
两家子镇……〔吉〕大安市 162
两家满族乡……〔冀〕承德县 117
两湖街道……〔豫〕尉氏县 250
两渡镇……〔晋〕灵石县 127
两碗镇……〔滇〕水富县 373
两路口街道……〔渝〕渝中区 317
两路乡……〔川〕蓬安县 339
两路乡……〔川〕天全县 346
两路街道……〔渝〕渝北区 318
两罾乡……〔渝〕酉阳土家族苗族自治县 323
鄚集乡……〔皖〕界首市 207
酉水河镇……〔渝〕酉阳土家族苗族自治县 323
酉华镇……〔皖〕青阳县 210
酉阳土家族苗族自治县……〔渝〕 323
酉港镇……〔湘〕汉寿县 282
酉酬镇……〔渝〕酉阳土家族苗族自治县 323
酉溪镇……〔川〕岳池县 342
丽水市……〔浙〕 196
丽水街道……〔豫〕罗山县 260
丽江市……〔滇〕 373
丽阳镇……〔赣〕昌江区 223
丽村镇……〔赣〕丰城市 230
丽园区街道……〔新〕伊州区 424
丽岗镇……〔粤〕化州市 295
丽岙街道……〔浙〕瓯海区 191
丽君街道……〔桂〕秀峰区 304
丽春镇……〔川〕彭州市 328
丽景街道……〔宁〕兴庆区 419
丽新畲族乡……〔浙〕莲都区 196
辰阳街道……〔湘〕汉寿县 282
辰阳镇……〔湘〕辰溪县 286
辰时镇……〔冀〕深州市 120
辰清镇……〔黑〕孙吴县 171
辰溪县……〔湘〕怀化市 286
励家镇……〔辽〕黑山县 150
邳庄镇……〔鲁〕台儿庄区 237
邳州市……〔苏〕徐州市 181
邳城镇……〔苏〕邳州市 181
还地桥镇……〔鄂〕大冶市 268
矶滩乡……〔皖〕石台县 210
来广营（地区）乡……〔京〕朝阳区 99
来马镇……〔川〕甘孜县 350
来凤乡……〔川〕安岳县 348
来凤县……〔鄂〕恩施土家族苗族自治州 274
来凤街道……〔渝〕璧山区 320
来龙门街道……〔湘〕醴陵市 278
来龙乡……〔豫〕潢川县 261
来龙乡……〔川〕盐亭县 333
来龙镇……〔苏〕宿豫区 186
来仪乡……〔川〕仪陇县 340
来华街道……〔桂〕兴宾区 310
来舟镇……〔闽〕延平区 217
来多乡……〔藏〕尼玛县 385
来安县……〔皖〕滁州市 206
来牟镇……〔川〕荣县 329
来远镇……〔晋〕祁县 127
来苏镇……〔渝〕永川区 319
来复镇……〔川〕高县 342
来宾市……〔桂〕 310
来宾街道……〔滇〕宣威市 370
来集镇……〔豫〕新密市 249
来榜镇……〔皖〕岳西县 205
连儿湾乡……〔陇〕临洮县 406
连山乡……〔湘〕会同县 287
连山区……〔辽〕葫芦岛市 154
连山壮族瑶族自治县……〔粤〕清远市 299
连山关镇……〔辽〕本溪满族自治县 149
连山街道……〔辽〕连山区 154
连山镇……〔川〕广汉市 331
连丰乡……〔黑〕青冈县 172
连云区……〔苏〕连云港市 182
连云街道……〔苏〕连云区 182
连云港市……〔苏〕 182
连木沁镇……〔新〕鄯善县 423
连五乡……〔陇〕张家川回族自治县 403
连平县……〔粤〕河源市 298
连生乡……〔黑〕绥滨县 168
连庄镇……〔冀〕清河县 113
连州市……〔粤〕清远市 299
连州镇……〔粤〕连州市 299
连州镇……〔粤〕罗定市 300
连江口镇……〔粤〕英德市 299
连江县……〔闽〕福州市 213
连江镇……〔皖〕定远县 206
连池镇……〔豫〕沈丘县 262
连麦镇……〔粤〕怀集县 296
连岗乡……〔黑〕北林区 171
连岛街道……〔苏〕连云区 182
连环乡……〔黔〕贞丰县 363
连环湖镇……〔黑〕杜尔伯特蒙古族自治县 169
连城乡……〔赣〕临川区 230
连城县……〔闽〕龙岩市 219
连城镇……〔皖〕固镇县 202
连城镇……〔陇〕永登县 401
连南瑶族自治县……〔粤〕清远市 299
连界镇……〔川〕威远县 336
连珠山镇……〔黑〕密山市 168
连搭镇……〔陇〕榆中县 401
连然街道……〔滇〕安宁市 369
连湖镇……〔渝〕彭水苗族土家族自治县 323
连湾街道……〔辽〕龙港区 154
连滩镇……〔粤〕郁南县 300
连福镇……〔晋〕介休市 127
连镇乡……〔冀〕景县 120

（七画）连轩迓步郸坚肖旱呈时吴县里呆园围町足虬邮员吹鸣吼邑别岐岗

连镇镇……〔冀〕东光县 118
轩岗乡……〔滇〕芒市 378
轩岗镇……〔晋〕原平市 129
轩煤矿街道……〔晋〕原平市 129
迓驾镇……〔黔〕松桃苗族自治县 363
步云山乡……〔辽〕庄河市 147
步云乡……〔闽〕上杭县 218
步云乡……〔川〕安居区 335
步云桥镇……〔湘〕祁东县 279
步凤镇……〔苏〕亭湖区 184
步文街道……〔闽〕龙文区 216
步古沟镇……〔冀〕隆化县 117
步仙镇……〔湘〕岳阳县 281
步头降苗族乡……〔湘〕新晃侗族自治县 287
步头镇……〔桂〕八步区 308
步达远镇……〔辽〕宽甸满族自治县 149
步路乡……〔浙〕仙居县 196
郸城镇……〔冀〕临漳县 111
坚木克尔街道……〔陇〕合作市 409
肖口镇……〔皖〕太和县 207
肖王镇……〔豫〕平桥区 260
肖田乡……〔赣〕宁都县 227
肖尔巴格乡……〔新〕和田市 427
肖尔布拉克镇……〔新〕新源县 428
肖坝街道……〔川〕市中区 336
肖村乡……〔冀〕定兴县 114
肖良乡……〔陇〕礼县 408
肖张镇……〔冀〕枣强县 120
肖咀乡……〔陇〕合水县 406
肖岭乡……〔鄂〕崇阳县 273
肖金镇……〔陇〕西峰区 405
肖店乡……〔豫〕平桥区 260
肖官营镇……〔冀〕高碑店市 115
肖桥头镇……〔冀〕武邑县 120
肖家乡……〔吉〕扶余市 161
肖家乡……〔川〕南部县 339
肖家庄镇……〔晋〕汾阳市 131
肖家庄镇……〔鲁〕茌平县 244
肖家坊镇……〔闽〕邵武市 218
肖家园街道……〔湘〕冷水滩区 285
肖家河街道……〔川〕武侯区 327
肖家桥乡……〔湘〕沅陵县 286
肖家镇……〔湘〕祁阳县 285
肖家镇……〔渝〕合川区 319
肖营子镇……〔冀〕青龙满族自治县 110
肖堰镇……〔鄂〕南漳县 270
肖港镇……〔鄂〕孝南区 271
肖湾街道……〔鄂〕襄州区 269
肖溪镇……〔川〕广安区 342
肖旗乡……〔豫〕宝丰县 252
肖寨门镇……〔辽〕辽中区 145
旱卡子滩哈萨克族乡……〔新〕玛纳斯县 424
呈贡区……〔滇〕昆明市 369
呈坎镇……〔皖〕徽州区 205
呈祥乡……〔闽〕永春县 216
时中乡……〔黑〕拜泉县 167
时庄街道……〔鲁〕曲阜市 240
时村乡……〔冀〕河间市 119
时村营乡……〔冀〕磁县 111
时村镇……〔皖〕埇桥区 207
时济乡……〔川〕康定市 349
时家店乡……〔吉〕柳河县 160
时堰镇……〔苏〕东台市 184
时集镇……〔苏〕新沂市 181
时集镇……〔鲁〕宁津县 243
时楼镇……〔鲁〕单县 246
时新街道……〔川〕巴州区 346
吴小街镇……〔皖〕淮上区 202
吴山镇……〔皖〕长丰县 201
吴山镇……〔闽〕大田县 215
吴山镇……〔赣〕德安县 225
吴山镇……〔鄂〕随县 273
吴川市……〔粤〕湛江市 295
吴门桥街道……〔苏〕姑苏区 181
吴马营乡……〔晋〕山阴县 126
吴王口乡……〔冀〕阜平县 114
吴井街道……〔滇〕官渡区 369
吴屯乡……〔闽〕武夷山市 218
吴中区……〔苏〕苏州市 181
吴仓堡镇……〔陕〕吴起县 393
吴宁街道……〔浙〕东阳市 194
吴台镇……〔豫〕郸城县 262
吴圩镇……〔皖〕定远县 206
吴圩镇……〔桂〕江南区 303
吴场镇……〔川〕夹江县 337
吴江区……〔苏〕苏州市 181
吴兴区……〔浙〕湖州市 192
吴阳镇……〔粤〕吴川市 295
吴坝镇……〔豫〕台前县 256
吴坑乡……〔浙〕青田县 197
吴村镇……〔晋〕尧都区 129
吴村镇……〔赣〕广丰区 231
吴村镇……〔鲁〕曲阜市 240
吴村镇……〔豫〕辉县市 254
吴陈河镇……〔豫〕新县 260
吴林街道……〔鲁〕峄城区 237
吴忠市……〔宁〕419
吴店镇……〔鲁〕牡丹区 246
吴店镇……〔鄂〕枣阳市 270
吴店镇……〔鄂〕广水市 273
吴炉镇……〔辽〕庄河市 147
吴河乡……〔豫〕商城县 260
吴泾镇……〔沪〕闵行区 175
吴官营乡……〔冀〕鸡泽县 111
吴房街道……〔豫〕遂平县 263
吴城乡……〔晋〕浑源县 124
吴城乡……〔赣〕樟树市 230
吴城镇……〔晋〕离石区 131
吴城镇……〔苏〕淮阴区 183
吴城镇……〔赣〕永修县 225
吴城镇……〔豫〕舞阳县 256
吴城镇……〔豫〕桐柏县 258
吴起县……〔陕〕延安市 393
吴起街道……〔陕〕吴起县 393
吴桥县……〔冀〕沧州市 118
吴桥镇……〔苏〕江都区 185
吴航街道……〔闽〕长乐区 213
吴家山街道……〔鄂〕东西湖区 267
吴家井镇……〔陇〕凉州区 403
吴家店镇……〔皖〕金寨县 209
吴家店镇……〔豫〕浉河区 260
吴家营街道……〔滇〕呈贡区 369
吴家窑乡……〔冀〕井陉县 107
吴家窑镇……〔晋〕怀仁县 126
吴家堡街道……〔鲁〕槐荫区 235
吴家堡街道……〔陕〕秦都区 391
吴家塘镇……〔闽〕邵武市 218
吴家镇……〔辽〕北镇市 150
吴家镇……〔辽〕盘山县 152
吴家镇……〔渝〕荣昌区 320
吴家镇……〔川〕涪城区 332
吴淞街道……〔沪〕宝山区 175
吴窑镇……〔苏〕如皋市 182
吴铺镇……〔鄂〕云梦县 271
吴堡县……〔陕〕榆林市 396
吴集镇……〔苏〕淮阴区 183
吴集镇……〔苏〕沭阳县 186
吴集镇……〔湘〕衡东县 279
吴滩街道……〔苏〕阜宁县 184
吴滩镇……〔渝〕江津区 319
县功镇……〔陕〕陈仓区 390
县底镇……〔晋〕尧都区 129
县底镇……〔桂〕容县 307
县河镇……〔鄂〕竹溪县 268
县河镇……〔陕〕汉滨区 396
县街街道……〔滇〕安宁市 370
县溪镇……〔湘〕通道侗族自治县 287
里山街道……〔皖〕贵池区 210
里山镇……〔浙〕富阳区 189
里山彝族乡……〔滇〕通海县 371
里木店镇……〔黑〕肇东市 172
里水镇……〔粤〕南海区 293
里仁乡……〔苏〕泗阳县 186
里仁镇……〔赣〕龙南县 227
里仁镇……〔渝〕秀山土家族苗族自治县 323
里仁镇……〔川〕仁寿县 341
里心镇……〔闽〕建宁县 215
里龙乡……〔藏〕米林县 384
里田乡……〔闽〕清流县 215
里田镇……〔湘〕宜章县 284
里老乡……〔冀〕故城县 120
里达镇……〔滇〕富宁县 377
里当瑶族乡……〔桂〕马山县 303
里则街道……〔鲁〕滨城区 245
里庄镇……〔川〕冕宁县 353
里坝镇……〔川〕嘉陵区 338
里克乡……〔川〕甘洛县 354
里村街道……〔赣〕珠山区 223
里村镇……〔晋〕曲沃县 130
里岔镇……〔鲁〕胶州市 236
里辛街道……〔鲁〕钢城区 242
里坦镇……〔冀〕大城县 119
里耶镇……〔湘〕龙山县 288
里松镇……〔桂〕八步区 308
里城道乡……〔冀〕无极县 108
里南乡……〔浙〕嵊州市 194
里洞镇……〔粤〕新兴县 300
里高镇……〔桂〕柳江区 304
里砦镇……〔晋〕翼城县 130
里商乡……〔浙〕淳安县 190
里望乡……〔晋〕万荣县 128
里塔镇……〔赣〕南城县 230
里程镇……〔川〕三台县 332
里湖瑶族乡……〔桂〕南丹县 309
里湖镇……〔粤〕普宁市 300
里雍镇……〔桂〕柳江区 304
里潭乡……〔鄂〕汉川市 271
里澜城镇……〔冀〕永清县 119
呆鹰岭镇……〔湘〕蒸湘区 279
园山街道……〔粤〕龙岗区 293
园子岔乡……〔陇〕榆中县 401
园艺街道……〔鲁〕单县 246
园艺镇……〔宁〕惠农区 419
园户村镇……〔新〕呼图壁县 424
园庄镇……〔闽〕仙游县 214
园林街道……〔辽〕铁东区 147
园林街道……〔鄂〕潜江市 274
园岭街道……〔粤〕福田区 292
园洲镇……〔粤〕博罗县 296
围子街道……〔鲁〕昌邑市 239
围龙镇……〔渝〕铜梁区 320
围场满族蒙古族自治县……〔冀〕承德市 118
围场镇……〔冀〕围场满族蒙古族自治县 118
围底镇……〔粤〕罗定市 300
围屏满族乡……〔辽〕兴城市 154
町店镇……〔晋〕阳城县 126
足民乡……〔吉〕东辽县 160
足别瑶族苗族乡……〔桂〕西林县 308
足荣镇……〔桂〕德保县 308
虬江街道……〔闽〕沙县 215
虬津镇……〔赣〕永修县 225
邮亭圩镇……〔湘〕零陵区 285
邮亭镇……〔渝〕大足区 318
员村街道……〔粤〕天河区 291
吹麻滩镇……〔陇〕积石山保安族东乡族撒拉族自治县 409
鸣山乡……〔赣〕都昌县 225
吼狮乡……〔川〕剑阁县 334
邑城镇……〔冀〕武安市 112
别力古台镇……〔蒙〕阿巴嘎旗 141
别口镇……〔渝〕潼南区 320
别山镇……〔津〕蓟州区 104
别古庄镇……〔冀〕永清县 119
别拉洪乡……〔黑〕抚远市 170
别桥镇……〔苏〕溧阳市 181
别斯铁热克乡……〔新〕吉木乃县 429
岐山县……〔陕〕宝鸡市 390
岐山街道……〔粤〕金平区 293
岐石镇……〔粤〕惠来县 300
岐岭乡……〔闽〕永定区 218
岐岭镇……〔粤〕五华县 297
岗上积镇……〔赣〕东乡区 230
岗上镇……〔冀〕藁城区 107
岗子乡……〔蒙〕松山区 136
岗子满族乡……〔冀〕承德县 117
岗王镇……〔豫〕柘城县 259
岗木达乡……〔川〕壤塘县 349
岗切乡……〔藏〕巴青县 385
岗乌镇……〔黔〕关岭布依族苗族自治县 360
岗巴县……〔藏〕日喀则市 382

(七画)岗岘岑岚岜财牡告牤利秀私兵邱体何佐伾佑攸但佃作伯伶低佟住位佗皂佛伽近佘余

岗巴镇……〔藏〕岗巴县 382
岗龙乡……〔青〕甘德县 415
岗尼乡……〔藏〕安多县 385
岗托镇……〔藏〕江达县 383
岗列街道……〔粤〕江城区 298
岗色乡……〔藏〕类乌齐县 383
岗李乡……〔豫〕尉氏县 250
岗李店乡……〔豫〕息县 261
岗坪镇……〔粤〕怀集县 296
岗店街道……〔辽〕瓦房店市 147
岗南镇……〔冀〕平山县 108
岗度镇……〔黔〕惠水县 365
岗美镇……〔粤〕阳春市 298
岗堆镇……〔藏〕贡嘎县 384
岗集镇……〔皖〕长丰县 201
岗嘎镇……〔藏〕定日县 381
岗察藏族乡…〔青〕循化撒拉族自治县 414
岘山镇……〔湘〕衡阳县 279
岘塬镇……〔陇〕永靖县 408
岑川镇……〔湘〕平江县 282
岑巩县…〔黔〕黔东南苗族侗族自治州 364
岑阳镇……〔赣〕横峰县 232
岑松镇……〔黔〕剑河县 364
岑河镇……〔鄂〕沙市区 271
岑城镇……〔桂〕岑溪市 305
岑港街道……〔浙〕定海区 195
岑溪乡…〔渝〕秀山土家族苗族自治县 323
岑溪市……〔桂〕梧州市 305
岚下乡……〔闽〕顺昌县 217
岚山区……〔鲁〕日照市 242
岚山头街道……〔鲁〕岚山区 242
岚山镇……〔苏〕睢宁县 180
岚天乡……〔渝〕城口县 321
岚水乡……〔晋〕长子县 125
岚头镇……〔黔〕金沙县 361
岚关乡……〔黔〕瓮安县 365
岚安乡……〔川〕泸定县 349
岚县……〔晋〕吕梁市 131
岚谷乡……〔闽〕武夷山市 218
岚角山街道……〔湘〕冷水滩区 285
岚城乡……〔闽〕平潭县 214
岚城镇……〔晋〕岚县 131
岚峪乡……〔晋〕榆社县 127
岚皋县……〔陕〕安康市 396
岚漪镇……〔晋〕岢岚县 129
岜盆乡……〔桂〕扶绥县 310
岜暮乡……〔桂〕天峨县 309
财神庙街道……〔蒙〕东河区 135
财神镇……〔黔〕赫章县 361
财落街道……〔辽〕沈北新区 145
财源街道……〔鲁〕泰山区 241
财源镇……〔吉〕集安市 160
牡丹区……〔鲁〕菏泽市 245
牡丹江市……〔黑〕 170
牡丹街道……〔黑〕西安区 170
牡丹街道……〔鲁〕牡丹区 245
牡丹镇……〔陇〕秦州区 402
告成镇……〔豫〕登封市 250
牤牛营子乡……〔辽〕建昌县 154
利川市…〔鄂〕恩施土家族苗族自治州 274
利东镇……〔黑〕木兰县 166
利业镇……〔黑〕呼兰区 165
利民街道……〔黑〕呼兰区 165
利民镇……〔晋〕朔城区 126
利民镇……〔豫〕虞城县 259
利发盛镇……〔吉〕长岭县 161
利州区……〔川〕广元市 333
利州街道……
………〔辽〕喀喇沁左翼蒙古族自治县 153
利村乡……〔赣〕于都县 227
利辛县……〔皖〕亳州市 209
利国乡……〔鲁〕沾化区 245
利国街道……〔苏〕铜山区 180
利国镇……〔苏〕铜山区 180
利国镇……〔琼〕乐东黎族自治县 314
利周瑶族乡……〔桂〕田林县 308
利店镇……〔川〕沐川县 337
利津县……〔鲁〕东营市 238
利津街道……〔鲁〕利津县 238
利桥镇……〔陇〕麦积区 402
利通区……〔宁〕吴忠市 419
利港街道……〔苏〕江阴市 180
利溪镇……〔川〕蓬安县 339
利福塔镇……〔湘〕桑植县 283
秀山土家族苗族自治县……〔渝〕 323
秀山乡……〔浙〕岱山县 196
秀山乡……〔皖〕怀宁县 204
秀山街道……〔滇〕通海县 371
秀川街道……〔陇〕七里河区 401
秀水河子镇……〔辽〕法库县 146
秀水街道……〔冀〕双滦区 117
秀水街道……〔豫〕固始县 260
秀水镇……〔晋〕盂县 124
秀水镇……〔吉〕榆树市 157
秀水镇……〔粤〕乐昌市 292
秀水镇……〔川〕安州区 332
秀水镇…〔黔〕威宁彝族回族苗族自治县 361
秀市镇……〔赣〕丰城市 230
秀屿区……〔闽〕莆田市 214
秀全街道……〔粤〕花都区 291
秀江街道……〔赣〕袁州区 229
秀谷镇……〔赣〕金溪县 231
秀英区……〔琼〕海口市 313
秀英街道……〔琼〕秀英区 313
秀林镇……〔冀〕井陉县 107
秀钟乡……〔川〕剑阁县 334
秀洲区……〔浙〕嘉兴市 192
秀峰乡……〔闽〕平和县 217
秀峰区……〔桂〕桂林市 304
秀峰街道……〔湘〕开福区 277
秀峰街道……〔桂〕秀峰区 304
秀容街道……〔晋〕忻府区 128
秀麻乡……〔青〕同德县 414
秀塘壮族乡……〔黔〕从江县 365
秀篆镇……〔闽〕诏安县 217
私渡镇……〔陕〕西乡县 394
兵营镇……〔鄂〕竹溪县 268
兵曹乡……〔冀〕深州市 120
邱头镇……〔冀〕藁城区 107
邱皮沟街道……〔辽〕南票区 154
邱场镇……〔川〕翠屏区 341
邱多江乡……〔藏〕曲松县 384
邱村镇……〔皖〕广德县 210
邱县……〔冀〕邯郸市 111
邱城镇……〔冀〕邱县 111
邱家店镇……〔鲁〕泰山区 241
邱家镇……〔川〕平昌县 347
邱集乡……〔豫〕鹿邑县 262
邱集镇……〔苏〕睢宁县 180
邱隘镇……〔浙〕鄞州区 190
体育中心街道……〔津〕南开区 103
体育场街道……〔鲁〕张店区 237
体育馆路街道……〔京〕东城区 99
何元乡……〔滇〕施甸县 371
何田乡……〔浙〕开化县 195
何市镇……〔赣〕修水县 224
何市镇……〔川〕大安区 329
何庄乡……〔冀〕吴桥县 119
何坝街道……〔黔〕凤冈县 359
何坝镇……〔陇〕西和县 407
何坊街道……〔鲁〕惠民县 245
何村乡……〔豫〕嵩县 251
何店镇……〔鄂〕曾都区 273
何官屯镇……〔黔〕七星关区 360
何官镇……〔鲁〕青州市 239
何埂镇……〔渝〕永川区 319
何桥乡……〔冀〕清苑区 113
何桥镇……〔苏〕铜山区 180
何家乡……〔浙〕常山县 195
何家庄乡……〔冀〕桃城区 120
何家洞镇……〔湘〕双牌县 285
何家畔镇……〔陇〕合水县 406
何家堡乡……〔晋〕怀仁县 126
何家堡乡……〔陇〕宕昌县 407
何家集镇……〔陕〕子洲县 396
何营乡……〔豫〕夏邑县 260
何湾镇……〔皖〕繁昌县 202
何楼街道……〔鲁〕牡丹区 245
何源镇……〔赣〕金溪县 231
何寨街道……〔陕〕临潼区 389
佐戈依达乡……〔川〕美姑县 354
佐龙乡……〔赣〕永丰县 228
佐龙镇……〔陕〕岚皋县 396
佐坝乡……〔皖〕宿松县 204
佐村镇……〔浙〕东阳市 194
佐盖多玛乡……〔陇〕合作市 409
佐盖曼玛镇……〔陇〕合作市 409
伾山街道……〔豫〕浚县 253
佑君镇……〔川〕西昌市 351
攸县……〔湘〕株洲市 278
攸攸板镇……〔蒙〕回民区 135
但店镇……〔鄂〕团风县 272
但家庙镇……〔皖〕霍山县 209
但渡镇……〔渝〕长寿区 319
佃户屯街道……〔鲁〕牡丹区 245
佃庄镇……〔豫〕洛龙区 251
佃坝镇……〔新〕昌吉市 424
佃坪乡……〔晋〕汾西县 130
作登瑶族乡……〔桂〕田东县 308
作疃乡……〔晋〕广灵县 124
伯什克然木乡……〔新〕喀什市 426
伯乐集镇……〔鲁〕成武县 246
伯西热克乡……〔新〕叶城县 427
伯延镇……〔冀〕武安市 112
伯阳镇……〔陇〕麦积区 402
伯劳镇……〔桂〕灵山县 306
伯岗镇……〔豫〕柘城县 259
伯都乡……〔吉〕宁江区 161
伯都讷街道……〔吉〕宁江区 161
伯党回族乡……〔豫〕民权县 259
伶俐镇……〔桂〕青秀区 303
伶站瑶族乡……〔桂〕凌云县 308
低庄镇……〔湘〕溆浦县 286
低塘街道……〔浙〕余姚市 191
佟二堡镇……〔辽〕灯塔市 151
佟沟街道……〔辽〕苏家屯区 145
住龙镇……〔浙〕龙泉市 197
位庄乡……〔豫〕获嘉县 254
位伯镇……〔冀〕辛集市 108
位奇镇……〔陇〕山丹县 404
佗城镇……〔粤〕龙川县 298
皂户李镇……〔鲁〕惠民县 245
皂市镇……〔鄂〕天门市 274
皂市镇……〔湘〕石门县 283
皂头镇……〔赣〕上饶县 231
皂角乡……〔川〕南部县 339
皂角坪街道……〔黔〕玉屏侗族自治县 362
皂角街道……〔川〕什邡市 331
皂郊镇……〔陇〕秦州区 402
皂河镇……〔苏〕宿豫区 186
佛山乡……〔滇〕德钦县 378
佛山市……〔粤〕 293
佛门乡……〔川〕高坪区 338
佛子山镇……〔鄂〕天门市 274
佛子庄乡……〔京〕房山区 100
佛子岭镇……〔皖〕霍山县 209
佛子镇……〔桂〕灵山县 306
佛冈县……〔粤〕清远市 299
佛寺镇……〔辽〕阜新蒙古族自治县 151
佛耳湖镇……〔豫〕长葛市 256
佛爷洞乡……〔辽〕凌源市 154
佛坪县……〔陕〕汉中市 395
佛昙镇……〔闽〕漳浦县 216
佛罗镇……〔琼〕乐东黎族自治县 314
佛荫镇……〔川〕合江县 330
佛星镇……〔川〕乐至县 348
佛阁寺镇……〔豫〕新蔡县 263
佛祖岭街道……〔鄂〕江夏区 267
佛堂镇……〔浙〕义乌市 194
佛崖镇……〔陇〕武都区 407
佛楼镇……〔川〕平昌县 347
伽师县……〔新〕喀什地区 427
近尾洲镇……〔湘〕衡南县 279
近海街道……〔吉〕珲春市 162
近海镇……〔苏〕启东市 182
近湖街道……〔苏〕建湖县 184
近德固乡……〔豫〕南乐县 255
佘山镇……〔沪〕松江区 176
佘田桥镇……〔湘〕邵东县 280
佘市桥镇……〔湘〕临澧县 283

（七画）余希坐谷孚妥含邻坌邸龟甸免狄角鸠条岛邹迎饭饮系冻状况亨库应冷

余家坪乡……〔湘〕桃源县 283
余家镇……〔鲁〕无棣县 245
余家镇……〔豫〕长垣县 254
余丁乡……〔宁〕中宁县 420
余干县……〔赣〕上饶市 232
余下镇……〔陕〕鄠邑区 389
余川镇……〔鄂〕武穴市 273
余井镇……〔皖〕潜山县 204
余东镇……〔苏〕海门市 182
余庆县……〔黔〕遵义市 359
余庆街道……〔湘〕耒阳市 280
余关镇……〔豫〕内乡县 258
余江县……〔赣〕鹰潭市 226
余字乡……〔吉〕乾安县 161
余坊乡……〔闽〕将乐县 215
余吾镇……〔晋〕屯留县 125
余坪镇……〔湘〕平江县 282
余坪镇……〔川〕洪雅县 341
余杭区……〔浙〕杭州市 189
余杭街道……〔浙〕余杭区 189
余朋乡……〔闽〕清流县 215
余店镇……〔豫〕新蔡县 263
余店镇……〔鄂〕广水市 273
余姚市……〔浙〕宁波市 191
余积镇……〔辽〕凌海市 150
余家坪镇……〔陕〕子长县 393
余家桥乡……〔鄂〕赤壁市 273
余家湖街道……〔鄂〕襄城区 269
余家镇……〔渝〕万州区 317
余墩乡……〔赣〕修水县 224
余集镇……〔豫〕商城县 260
余湾乡……〔陇〕静宁县 405
余新镇……〔浙〕南湖区 192
余粮堡镇……〔蒙〕科尔沁区 137
希日塔拉街道……〔蒙〕锡林浩特市 141
希吾勒乡……〔新〕于田县 428
希里沟镇……〔青〕乌兰县 415
希伯花镇……〔蒙〕科尔沁左翼中旗 137
希拉穆仁镇…〔蒙〕达尔罕茂明安联合旗 136
希依提敦乡……〔新〕麦盖提县 427
希望路街道……〔冀〕曹妃甸区 109
希勤满族乡……〔黑〕双城区 166
坐石乡……〔湘〕新化县 288
谷旦镇……〔豫〕孟州市 255
谷曲乡……〔川〕昭觉县 353
谷米乡……〔川〕雷波县 354
谷阳街道……〔豫〕鹿邑县 262
谷阳镇……〔苏〕丹徒区 185
谷杖子乡……〔辽〕建昌县 154
谷来镇……〔浙〕嵊州市 194
谷里街道……〔苏〕江宁区 179
谷里镇……〔鲁〕新泰市 241
谷里镇……〔黔〕黔西县 360
谷岗乡……〔赣〕乐安县 231
谷陇镇……〔黔〕黄平县 364
谷坪乡……〔黔〕从江县 365
谷拉乡……〔滇〕富宁县 377
谷金楼乡……〔豫〕南乐县 255
谷城县……〔鄂〕襄阳市 270
谷饶镇……〔粤〕潮阳区 293
谷亭街道……〔鲁〕鱼台县 240
谷前堡镇……〔晋〕天镇县 124
谷洲镇……〔湘〕邵阳县 280
谷堆乡……〔豫〕淮滨县 261
谷堆乡……〔川〕雷波县 354
谷营镇……〔豫〕兰考县 250
谷硐镇……〔黔〕麻江县 365
谷脚镇……〔黔〕龙里县 365
谷堡镇……〔黔〕修文县 357
谷德乡……〔川〕金阳县 353
谷熟镇……〔豫〕虞城县 259
孚玉镇……〔皖〕宿松县 204
妥安乡……〔滇〕禄丰县 375
妥坝乡……〔藏〕卡若区 383
妥甸镇……〔滇〕双柏县 374
含山县……〔皖〕马鞍山市 203
含谷镇……〔渝〕九龙坡区 318
含浦街道……〔湘〕岳麓区 277
含增镇……〔川〕江油市 333
邻水县……〔川〕广安市 343
邻玉街道……〔川〕江阳区 330
邻封镇……〔渝〕长寿区 319
邻鄂镇……〔渝〕黔江区 319
坌处镇……〔黔〕天柱县 364
岔上镇……〔陕〕吴堡县 396
岔口乡……〔晋〕古交市 123
岔口乡……〔晋〕平定县 124
岔口镇……〔皖〕歙县 205
岔头乡……〔湘〕洪江市 287
岔头镇……〔冀〕灵寿县 107
岔沟乡……〔冀〕承德县 117
岔沟镇……〔辽〕海城市 148
岔庙镇……〔苏〕涟水县 183
岔河乡……〔滇〕峨山彝族自治县 371
岔河则乡……〔陕〕榆阳区 395
岔河集乡……〔冀〕霸州市 120
岔河镇……〔冀〕丰润区 109
岔河镇……〔苏〕邳州市 181
岔河镇……〔苏〕如东县 182
岔河镇……〔苏〕洪泽区 183
岔河镇……〔黔〕七星关区 360
岔河镇…〔黔〕威宁彝族回族苗族自治县 361
岔科镇……〔滇〕建水县 375
岔路口镇……〔吉〕德惠市 158
岔路河镇……〔吉〕永吉县 158
岔路镇……〔浙〕宁海县 190
岔路镇……〔皖〕霍邱县 208
邸村镇……〔冀〕曲阳县 114
邸阁乡……〔豫〕通许县 250
龟山镇……〔鄂〕麻城市 273
龟湖镇……〔浙〕泰顺县 192
甸子镇……〔蒙〕宁城县 137
甸中镇……〔滇〕峨山彝族自治县 371
甸阳镇……〔滇〕施甸县 371
甸沙乡……〔滇〕寻甸回族彝族自治县 369
甸尾乡……〔滇〕建水县 375
甸南镇……〔滇〕剑川县 378
甸柳新村街道……〔鲁〕历下区 235
免渡河镇……〔蒙〕牙克石市 139
狄邱乡……〔冀〕临漳县 111
狄寨街道……〔陕〕灞桥区 389
角山乡……〔湘〕石鼓区 279
角弓镇……〔陇〕武都区 407
角尾乡……〔粤〕徐闻县 294
角杯乡……〔晋〕临猗县 127
角奎镇……〔滇〕彝良县 372
角美镇……〔闽〕龙海市 217
角峪镇……〔鲁〕岱岳区 241
角斜镇……〔苏〕海安县 182
角嘴街道……〔桂〕万秀区 305
鸠山镇……〔豫〕禹州市 256
鸠江区……〔皖〕芜湖市 201
鸠坑乡……〔浙〕淳安县 190
条河乡……〔豫〕永城市 260
岛石镇……〔浙〕临安区 189
邹区镇……〔苏〕钟楼区 181
邹平县……〔鲁〕滨州市 245
邹圩镇……〔桂〕宾阳县 303
邹庄镇……〔苏〕邳州市 181
邹坞镇……〔鲁〕薛城区 237
邹岗镇……〔鄂〕孝昌县 271
邹城市……〔鲁〕济宁市 240
邹桥乡……〔赣〕德安县 225
迎丰街道……〔湘〕鹤城区 286
迎丰镇……〔陕〕石泉县 396
迎水乡……〔川〕剑阁县 334
迎水桥镇……〔宁〕沙坡头区 420
迎风桥镇……〔湘〕资阳区 283
迎风街道……〔京〕房山区 99
迎龙桥街道……〔苏〕梁溪区 179
迎龙镇……〔渝〕南岸区 318
迎仙镇……〔皖〕临泉县 207
迎兰朝鲜族乡……〔黑〕依兰县 166
迎光乡……〔湘〕新邵县 280
迎江乡……〔川〕夹江县 337
迎江区……〔皖〕安庆市 204
迎安镇……〔川〕江安县 341
迎阳乡……〔川〕市中区 336
迎河镇……〔皖〕寿县 203
迎泽区……〔晋〕太原市 123
迎泽街道……〔晋〕迎泽区 123
迎泽街道……〔蒙〕准格尔旗 138
迎春乡……〔黑〕南岔区 169
迎春亭街道……〔湘〕武冈市 281
迎春镇……〔黑〕虎林市 168
迎春镇……〔黑〕青冈县 172
迎春镇……〔湘〕宜章县 284
迎政乡……〔川〕石棉县 346
迎宾大道街道……〔新〕喀什市 426
迎宾北路街道……〔冀〕三河市 120
迎宾路街道……〔辽〕于洪区 145
迎宾路街道……〔豫〕惠济区 249
迎宾路街道……〔新〕克拉玛依区 423
迎宾路街道……〔新〕新市区 423
迎祥镇……〔川〕隆昌市 336
迎接镇……〔川〕雁江区 347
迎新乡……〔川〕安州区 332
迎新街道……〔晋〕尖草坪区 123
迎新路街道……〔蒙〕新城区 135
饭坡镇……〔豫〕嵩县 251
饮马街街道……〔青〕城中区 413
饮马镇……〔鲁〕昌邑市 240
系马桩街道……〔赣〕西湖区 223
冻列乡……〔川〕若尔盖县 349
状元洲街道……〔湘〕北塔区 280
状元街道……〔浙〕龙湾区 191
况场街道……〔川〕江阳区 330
亨通镇……〔吉〕柳河县 160
库山乡……〔鲁〕莒县 242
库木巴什乡……〔新〕阿克苏市 425
库木代尔瓦扎街道……〔新〕喀什市 426
库木西力克乡……〔新〕疏勒县 426
库木库萨尔乡……〔新〕麦盖提县 427
库区乡……〔豫〕嵩县 251
库车县……〔新〕阿克苏地区 425
库尔玛乡……〔新〕麦盖提县 427
库尔特乡……〔新〕富蕴县 429
库尔勒市…〔新〕巴音郭楞蒙古自治州 425
库尔德宁镇……〔新〕巩留县 428
库兰萨日克乡……〔新〕阿合奇县 426
库伦苏木……〔蒙〕察哈尔右翼中旗 140
库伦图镇……〔蒙〕四子王旗 140
库伦旗……〔蒙〕通辽市 137
库伦镇……〔蒙〕库伦旗 137
库庄镇……〔豫〕襄城县 256
库米什镇……〔新〕托克逊县 424
库如奇乡……〔蒙〕莫力达瓦达斡尔族自治旗 138
库局乡……〔藏〕错那县 384
库拉木勒克乡……〔新〕且末县 425
库依乡……〔川〕昭觉县 353
库宗桥镇……〔湘〕衡阳县 279
库科西鲁格乡……〔新〕塔什库尔干塔吉克自治县 427
库都尔镇……〔蒙〕牙克石市 139
库莫乡……〔川〕昭觉县 353
库勒拜乡……〔新〕哈巴河县 429
库斯拉甫乡……〔新〕阿克陶县 426
库普乡……〔新〕托里县 429
库额尔齐斯镇……〔新〕富蕴县 429
应山街道……〔鄂〕广水市 273
应村乡……〔浙〕遂昌县 197
应县……〔晋〕朔州市 126
应店街镇……〔浙〕诸暨市 193
应城市……〔鄂〕孝感市 271
应举镇……〔豫〕封丘县 254
应家乡……〔赣〕上饶县 232
冷口乡……〔晋〕绛县 128
冷子堡镇……〔辽〕辽中区 145
冷水关镇……〔渝〕南川区 320
冷水江市……〔湘〕娄底市 288
冷水江街道……〔湘〕冷水江市 288
冷水溪乡……〔湘〕芷江侗族自治县 287
冷水溪镇……〔黔〕松桃苗族自治县 363
冷水滩区……〔湘〕永州市 285
冷水镇……〔浙〕磐安县 194
冷水镇……〔赣〕贵溪市 226
冷水镇……〔豫〕栾川县 251
冷水镇……〔鄂〕钟祥市 270
冷水镇……〔湘〕宁远县 286

（七画）冷庐辛冶闲闵羌兑灶弟沣汪汫沅沐沛沔沤沥沌沙

冷水镇……〔渝〕石柱土家族自治县 323
冷水镇……〔陕〕白河县 397
冷市镇……〔湘〕安化县 284
冷达乡……〔藏〕加查县 384
冷坑镇……〔粤〕怀集县 296
冷泉镇……〔滇〕蒙自市 375
冷家乡……〔川〕邻水县 343
冷集镇……〔鄂〕谷城县 270
冷湖镇……〔青〕天峻县 415
冷碛镇……〔川〕泸定县 349
庐山市……〔赣〕九江市 225
庐丰畲族乡……〔闽〕上杭县 218
庐江县……〔皖〕合肥市 201
庐阳区……〔皖〕合肥市 201
庐城镇……〔皖〕庐江县 201
庐镇乡……〔皖〕舒城县 209
辛口镇……〔津〕西青区 103
辛义乡……〔冀〕成安县 111
辛丰镇……〔苏〕丹徒区 185
辛屯镇……〔滇〕鹤庆县 378
辛中驿镇……〔冀〕任丘市 119
辛市街道……〔陕〕临渭区 392
辛立庄镇……〔冀〕高碑店市 115
辛寺街道……〔晋〕尧都区 129
辛冲街道……〔鄂〕新洲区 268
辛庄子乡……〔冀〕下花园区 115
辛庄乡……〔冀〕井陉县 107
辛庄乡……〔冀〕故城县 120
辛庄营乡……〔冀〕邯山区 110
辛庄堡乡……〔冀〕永年区 111
辛庄镇……〔津〕津南区 103
辛庄镇……〔苏〕常熟市 182
辛庄镇……〔鲁〕招远市 238
辛庄镇……〔鲁〕钢城区 242
辛庄镇……〔豫〕范县 255
辛兴镇……〔冀〕蠡县 115
辛兴镇……〔鲁〕诸城市 239
辛安泉镇……〔晋〕潞城市 125
辛安街道……〔鲁〕黄岛区 236
辛安渡街道……〔鄂〕东西湖区 267
辛安镇……〔鲁〕海阳市 239
辛安镇……〔豫〕舞阳县 256
辛安镇镇……〔冀〕肥乡区 111
辛村乡……〔晋〕静乐县 129
辛村乡……〔晋〕洪洞县 130
辛村镇……〔豫〕安阳县 253
辛店乡……〔豫〕平舆县 263
辛店街道……〔鲁〕东营区 237
辛店街道……〔鲁〕临淄区 237
辛店街道……〔豫〕洛龙区 251
辛店镇……〔冀〕任县 112
辛店镇……〔冀〕孟村回族自治县 119
辛店镇……〔鲁〕禹城市 244
辛店镇……〔鲁〕惠民县 245
辛店镇……〔豫〕新郑市 249
辛店镇……〔豫〕叶县 252
辛店镇……〔陇〕临洮县 406
辛桥镇……〔冀〕高碑店市 115
辛家沟镇……〔陕〕吴堡县 396
辛家庙街道……〔陕〕未央区 389
辛堡乡……〔冀〕阳原县 116
辛集乡……〔豫〕鲁山县 252
辛集市……〔冀〕石家庄市 108
辛集镇……〔冀〕辛集市 108
辛集镇……〔冀〕海兴县 118
辛集镇……〔鲁〕沂南县 242
辛集镇……〔鲁〕冠县 245
辛集镇……〔豫〕鹿邑县 262
辛街乡……〔滇〕隆阳区 371
辛置镇……〔晋〕霍州市 130
辛榨乡……〔鄂〕安陆市 271
辛寨子街道……〔辽〕甘井子区 146
辛寨镇……〔鲁〕临朐县 239
辛寨镇……〔鲁〕禹城市 244
冶力关镇……〔陇〕临潭县 409
冶山街道……〔苏〕六合区 179
冶山镇……〔皖〕天长市 206
冶父山镇……〔皖〕庐江县 201
冶头镇……〔晋〕昔阳县 127
冶西镇……〔晋〕平定县 124
冶金街道……〔鄂〕青山区 267
冶金街道……〔湘〕珠晖区 279
冶河镇……〔冀〕栾城区 107
冶陶镇……〔冀〕武安市 112
冶勒乡……〔川〕冕宁县 354
冶源镇……〔鲁〕临朐县 239
冶溪镇……〔皖〕岳西县 205
闲林街道……〔浙〕余杭区 189
闵行区……〔沪〕 175
闵孝镇……〔黔〕江口县 362
闵桥镇……〔苏〕金湖县 184
闵家镇……〔吉〕榆树市 157
闵集乡……〔鄂〕孝南区 271
羌白镇……〔陕〕大荔县 392
羌圩乡……〔桂〕大化瑶族自治县 310
羌纳乡……〔藏〕米林县 384
兑镇镇……〔晋〕孝义市 131
灶市街道……〔湘〕耒阳市 280
弟兄山镇……〔辽〕凤城市 149
沣水镇……〔鲁〕张店区 237
沣东街道……〔陕〕秦都区 391
汪二镇……〔赣〕铅山县 232
汪川镇……〔陇〕秦州区 402
汪屯乡……〔豫〕禹王台区 250
汪仁镇……〔鄂〕大冶市 268
汪布顶乡……〔川〕德格县 350
汪布顶乡……〔藏〕江达县 383
汪场镇……〔鄂〕天门市 274
汪村镇……〔皖〕休宁县 205
汪岗镇……〔豫〕商城县 260
汪岗镇……〔鄂〕浠水县 272
汪甸瑶族乡……〔桂〕右江区 307
汪沟镇……〔鲁〕兰山区 242
汪洞乡……〔桂〕融水苗族自治县 304
汪洋镇……〔川〕仁寿县 340
汪桥镇……〔豫〕商城县 260
汪桥镇……〔鄂〕监利县 271
汪峪街道……〔辽〕立山区 147
汪家乡……〔赣〕万年县 232
汪家乡……〔川〕朝天区 334
汪家圩乡……〔赣〕高安市 230
汪家庄镇……〔冀〕鹰手营子矿区 117
汪家拐街道……〔川〕青羊区 327
汪家桥街道……〔湘〕津市市 283
汪家铺乡……〔冀〕沧县 118
汪家街道……〔辽〕浑南区 145
汪家寨镇……〔黔〕钟山区 357
汪家镇……〔川〕南溪区 341
汪营镇……〔鄂〕利川市 274
汪清县……〔吉〕延边朝鲜族自治州 162
汪清镇……〔吉〕汪清县 162
汪棚镇……〔豫〕固始县 261
汪集街道……〔鄂〕新洲区 268
汪集镇……〔陇〕东乡族自治县 409
汪湖镇……〔鲁〕五莲县 242
汪溪街道……〔皖〕宁国市 210
汪墩乡……〔赣〕都昌县 225
汪疃镇……〔鲁〕环翠区 241
汫洲镇……〔粤〕饶平县 300
沅古坪镇……〔湘〕永定区 283
沅江市……〔湘〕益阳市 284
沅江路街道……〔湘〕洪江市 287
沅河镇……〔湘〕洪江市 287
沅陵县……〔湘〕怀化市 286
沅陵镇……〔湘〕沅陵县 286
沐川县……〔川〕乐山市 337
沐石河街道……〔吉〕九台区 157
沐尘畲族乡……〔浙〕龙游县 195
沐爱镇……〔川〕筠连县 342
沐浴店镇……〔鲁〕莱阳市 238
沐溪镇……〔川〕沐川县 337
沐滩镇……〔川〕珙县 342
沛县……〔苏〕徐州市 180
沛城街道……〔苏〕沛县 180
沔城回族镇……〔鄂〕仙桃市 274
沔渡镇……〔湘〕炎陵县 278
沤江镇……〔湘〕桂东县 285
沥林镇……〔粤〕惠城区 296
沥海镇……〔浙〕上虞区 193
沌口街道……〔鄂〕蔡甸区 267
沌阳街道……〔鄂〕蔡甸区 267
沙丁乡……〔藏〕边坝县 383
沙厂彝族乡……〔黔〕大方县 360
沙土镇……〔皖〕谯城区 209
沙土镇……〔鲁〕牡丹区 246
沙土镇……〔黔〕金沙县 361
沙口集乡……〔冀〕魏县 112
沙口镇……〔鄂〕洪湖市 272
沙口镇……〔粤〕英德市 299
沙门镇……〔浙〕玉环市 196
沙子口街道……〔鲁〕崂山区 236
沙子乡……〔桂〕融安县 304
沙子乡……〔黔〕镇宁布依族苗族自治县 360
沙子坡镇……〔黔〕印江土家族苗族自治县 362
沙子街道……〔黔〕沿河土家族自治县 362
沙子镇……〔桂〕资源县 305
沙子镇……〔渝〕石柱土家族自治县 323
沙子镇……〔黔〕晴隆县 363
沙马乡……〔川〕白玉县 350
沙马拉达乡……〔川〕喜德县 353
沙井驿街道……〔陇〕安宁区 401
沙井街道……〔赣〕东湖区 223
沙井街道……〔粤〕宝安区 292
沙井街道……〔桂〕江南区 303
沙井镇……〔陇〕甘州区 404
沙日浩来镇……〔蒙〕奈曼旗 137
沙文镇……〔黔〕白云区 357
沙心乡……〔赣〕于都县 227
沙扒镇……〔粤〕阳西县 298
沙石多乡……〔川〕黑水县 349
沙石镇……〔赣〕章贡区 226
沙龙乡……〔川〕小金县 349
沙龙镇……〔滇〕祥云县 377
沙东乡……〔藏〕贡觉县 383
沙东街道……〔粤〕天河区 291
沙北街道……〔豫〕郾城区 256
沙田乡……〔湘〕宁乡市 278
沙田镇……〔赣〕广丰区 231
沙田镇……〔湘〕桂东县 285
沙田镇……〔粤〕新丰县 292
沙田镇……〔粤〕高州市 295
沙田镇……〔粤〕惠阳区 296
沙田镇……〔粤〕东莞市 299
沙田镇……〔桂〕合浦县 306
沙田镇……〔桂〕福绵区 307
沙田镇……〔桂〕平桂区 308
沙尔沁镇……〔蒙〕土默特左旗 135
沙尔沁镇……〔蒙〕东河区 135
沙尔呼热街道……〔蒙〕霍林郭勒市 138
沙尔宗镇……〔川〕马尔康市 348
沙包堡街道……〔黔〕都匀市 365
沙包街道……〔辽〕普兰店区 147
沙包镇……〔黔〕纳雍县 361
沙市区……〔鄂〕荆州市 271
沙市镇……〔赣〕永新县 229
沙市镇……〔湘〕浏阳市 277
沙市镇……〔渝〕云阳县 322
沙兰镇……〔黑〕宁安市 171
沙头角街道……〔粤〕盐田区 293
沙头街道……〔粤〕番禺区 291
沙头街道……〔粤〕福田区 292
沙头镇……〔苏〕广陵区 184
沙头镇……〔浙〕永嘉县 191
沙头镇……〔湘〕资阳区 283
沙头镇……〔桂〕苍梧县 305
沙圪坨镇……〔晋〕浑源县 124
沙圪堵镇……〔蒙〕准格尔旗 138
沙圪塔镇……〔冀〕大名县 111
沙地乡……〔鄂〕恩施市 274
沙地镇……〔赣〕赣县区 226
沙耳乡……〔川〕金川县 349
沙西镇……〔闽〕漳浦县 217
沙尖子镇……〔辽〕桓仁满族自治县 149
沙后所镇……〔辽〕兴城市 154
沙冲乡……〔川〕道孚县 350
沙州镇……〔川〕青川县 334
沙州镇……〔陇〕敦煌市 405
沙江镇……〔闽〕霞浦县 219
沙坝乡……〔渝〕黔江区 319
沙坝乡……〔川〕昭化区 334

（七画）沙汩汭汽沃沂汾沧沟

沙坝乡……〔川〕南江县 347
沙坝场乡……〔川〕开江县 344
沙坝河乡……〔黔〕松桃苗族自治县 363
沙坝镇……〔川〕冕宁县 353
沙坝镇……〔陇〕成县 407
沙贡乡……〔川〕理塘县 351
沙贡乡……〔藏〕丁青县 383
沙贡乡……〔藏〕卡若区 383
沙芜乡……〔闽〕清流县 215
沙村镇……〔赣〕泰和县 228
沙连堡乡……〔青〕化隆回族自治县 414
沙县……〔闽〕三明市 215
沙里瑶族乡……〔桂〕凌云县 308
沙里寨镇……〔辽〕凤城市 149
沙园街道……〔粤〕海珠区 291
沙岗镇……〔辽〕盖州市 150
沙岗镇……〔鄂〕江陵县 272
沙岗镇……〔桂〕合浦县 306
沙甸镇……〔滇〕个旧市 375
沙沃乡……〔豫〕杞县 250
沙沟乡……〔青〕贵南县 414
沙沟乡……〔宁〕西吉县 420
沙沟回族乡……〔青〕平安区 413
沙沟镇……〔冀〕张北县 116
沙沟镇……〔苏〕兴化市 186
沙沟镇……〔鲁〕薛城区 237
沙沟镇……〔鲁〕沂水县 243
沙陂镇……〔桂〕博白县 307
沙坪乡……〔晋〕河曲县 129
沙坪乡……〔川〕通江县 347
沙坪坝区……〔渝〕 317
沙坪坝街道……〔渝〕沙坪坝区 317
沙坪街道……〔晋〕矿区 124
沙坪街道……〔湘〕开福区 277
沙坪街道……〔粤〕鹤山市 294
沙坪街道……〔川〕翠屏区 341
沙坪镇……〔赣〕万安县 229
沙坪镇……〔鄂〕崇阳县 273
沙坪镇……〔湘〕桃源县 283
沙坪镇……〔粤〕乐昌市 292
沙坪镇……〔桂〕灵山县 306
沙坪镇……〔渝〕垫江县 321
沙坪镇……〔川〕峨边彝族自治县 337
沙坪镇……〔川〕雨城区 345
沙坪镇……〔黔〕贞丰县 363
沙拉托乡……〔滇〕元阳县 376
沙拉镇……〔辽〕阜新蒙古族自治县 151
沙坡头区……〔宁〕中卫市 420
沙坡镇……〔桂〕陆川县 307
沙岭子镇……〔冀〕宣化区 115
沙岭街道……〔辽〕于洪区 145
沙岭镇……〔辽〕太子河区 151
沙岭镇……〔辽〕盘山县 152
沙峁镇……〔陕〕神木市 396
沙岱乡……〔川〕甘洛县 354
沙依巴克区……〔新〕乌鲁木齐市 423
沙依坡乡……〔滇〕金平苗族瑶族傣族自治县 376
沙金乡……〔陇〕礼县 408
沙金台蒙古族满族乡……〔辽〕康平县 146
沙金套海苏木……〔蒙〕磴口县 139
沙鱼镇……〔渝〕合川区 319
沙河（地区）镇……〔京〕昌平区 100
沙河口区……〔辽〕大连市 146
沙河子街道……〔辽〕北镇市 150
沙河子镇……〔黑〕五常市 166
沙河子镇……〔陕〕商州区 397
沙河乡……〔皖〕金寨县 209
沙河乡……〔豫〕卢氏县 257
沙河乡……〔鄂〕房县 268
沙河乡……〔鄂〕云梦县 271
沙河乡……〔渝〕垫江县 321
沙河乡……〔滇〕双江拉祜族佤族布朗族傣族自治县 374
沙河市……〔冀〕邢台市 113
沙河回族乡……〔陇〕瓜州县 405
沙河店镇……〔冀〕赵县 108
沙河店镇……〔豫〕驿城区 262
沙河沿镇……〔吉〕敦化市 162
沙河驿镇……〔冀〕迁安市 110
沙河城镇……〔冀〕沙河市 113
沙河桥镇……〔冀〕河间市 119
沙河站镇……〔鲁〕东平县 241
沙河营乡……〔辽〕连山区 154
沙河营镇……〔陕〕城固县 394
沙河铺镇……〔豫〕固始县 261
沙河街道……〔蒙〕九原区 135
沙河街道……〔辽〕苏家屯区 145
沙河街道……〔辽〕立山区 147
沙河街道……〔赣〕柴桑区 224
沙河街道……〔鲁〕滨城区 245
沙河街道……〔粤〕天河区 291
沙河街道……〔粤〕南山区 292
沙河街道……〔渝〕万州区 317
沙河街道……〔川〕锦江区 327
沙河源街道……〔川〕金牛区 327
沙河镇……〔辽〕绥中县 154
沙河镇……〔吉〕东丰县 159
沙河镇……〔苏〕赣榆区 183
沙河镇……〔皖〕南谯区 206
沙河镇……〔赣〕章贡区 226
沙河镇……〔鲁〕商河县 235
沙河镇……〔鲁〕莱州市 238
沙河镇……〔桂〕博白县 307
沙河镇……〔川〕朝天区 334
沙河镇……〔川〕高县 342
沙河镇……〔川〕南江县 347
沙河镇……〔陕〕西乡县 394
沙河镇……〔陇〕临泽县 404
沙河镇……〔新〕阿拉尔市 429
沙沱乡……〔川〕雷波县 354
沙建镇……〔闽〕华安县 217
沙城街道……〔浙〕龙湾区 191
沙城镇……〔冀〕怀来县 116
沙垌镇……〔桂〕北流市 307
沙柳河镇……〔青〕刚察县 414
沙柳街道……〔浙〕三门县 196
沙面街道……〔粤〕荔湾区 291
沙畈乡……〔浙〕婺城区 194
沙泉乡……〔晋〕河曲县 129
沙洼乡……〔冀〕河间市 119
沙洛乡……〔川〕布拖县 353
沙洋县……〔鄂〕荆门市 270
沙洋镇……〔鄂〕沙洋县 270
沙洲坝镇……〔赣〕瑞金市 227
沙洲街道……〔苏〕建邺区 179
沙洲镇……〔赣〕南城县 230
沙院镇……〔粤〕电白区 295
沙珠玉乡……〔青〕共和县 414
沙埔镇……〔闽〕福清市 214
沙埔镇……〔桂〕柳城县 304
沙埕镇……〔闽〕福鼎市 219
沙桥镇……〔滇〕南华县 375
沙浦镇……〔粤〕鼎湖区 295
沙海镇……〔蒙〕杭锦后旗 140
沙海镇……〔辽〕建平县 153
沙流河镇……〔冀〕丰润区 109
沙家店镇……〔陕〕米脂县 395
沙家浜镇……〔苏〕常熟市 182
沙琅镇……〔粤〕电白区 295
沙堆乡……〔川〕新龙县 350
沙堆镇……〔鄂〕通城县 273
沙堆镇……〔粤〕新会区 294
沙埠镇……〔浙〕黄岩区 196
沙埠镇……〔桂〕钦南区 306
沙营镇……〔黔〕关岭布依族苗族自治县 360
沙梨乡……〔桂〕隆林各族自治县 308
沙渠镇……〔川〕大邑县 328
沙窑乡……〔豫〕辉县市 254
沙塔坪乡……〔湘〕桑植县 283
沙堰镇……〔豫〕新野县 258
沙塄河乡……〔晋〕朔城区 126
沙雅县……〔新〕阿克苏地区 425
沙雅镇……〔新〕沙雅县 425
沙锅屯乡……〔辽〕南票区 154
沙锅屯街道……〔辽〕南票区 154
沙集乡……〔豫〕虞城县 259
沙集镇……〔苏〕睢宁县 180
沙腔乡……〔川〕马边彝族自治县 338
沙道观镇……〔鄂〕松滋市 272
沙道沟镇……〔鄂〕宣恩县 274
沙湖镇……〔鄂〕仙桃市 274
沙湖镇……〔粤〕恩平市 294
沙湖镇……〔桂〕陆川县 307
沙湾乡……〔湘〕洪江市 287
沙湾乡……〔川〕木里藏族自治县 352
沙湾区……〔川〕乐山市 337
沙湾县……〔新〕塔城地区 429
沙湾街道……〔粤〕番禺区 291
沙湾街道……〔粤〕赤坎区 294
沙湾镇……〔浙〕景宁畲族自治县 197
沙湾镇……〔川〕沙湾区 337
沙湾镇……〔黔〕汇川区 358
沙湾镇……〔陇〕宕昌县 407
沙窝乡……〔鄂〕鄂城区 270
沙窝镇……〔鲁〕东明县 246
沙窝镇……〔豫〕新县 260
沙塘乡……〔湘〕双峰县 287
沙塘湾街道……〔湘〕冷水江市 288
沙塘路街道……〔皖〕花山区 203
沙塘镇……〔粤〕开平市 294
沙塘镇……〔桂〕柳北区 304
沙塘镇……〔桂〕兴业县 307
沙塘镇……〔宁〕隆德县 420
沙溪土家族乡……〔黔〕德江县 362
沙溪乡……〔闽〕明溪县 214
沙溪乡……〔鄂〕利川市 274
沙溪乡……〔湘〕会同县 287
沙溪乡……〔川〕峨眉山市 338
沙溪街道……〔川〕阆中市 340
沙溪镇……〔苏〕太仓市 182
沙溪镇……〔浙〕新昌县 193
沙溪镇……〔赣〕永丰县 228
沙溪镇……〔赣〕信州区 231
沙溪镇……〔粤〕曲江区 292
沙溪镇……〔粤〕英德市 299
沙溪镇……〔粤〕潮安区 299
沙溪镇……〔川〕通江县 346
沙溪镇……〔滇〕剑川县 378
沙滩镇……〔川〕万源市 345
沙镇溪镇……〔鄂〕秭归县 269
沙镇镇……〔鲁〕东昌府区 244
沙德格苏木……〔蒙〕乌拉特前旗 139
沙德镇……〔川〕康定市 349
沙潭江街道……〔桂〕港口区 306
沙嘴街道……〔鄂〕仙桃市 274
汨罗市……〔湘〕岳阳市 282
汨罗镇……〔湘〕汨罗市 282
汭丰镇……〔陇〕泾川县 404
汽车站街道……〔湘〕双清区 280
汽车路街道……〔湘〕资阳区 283
沃日镇……〔川〕小金县 349
沃底乡……〔川〕盐源县 352
沂水县……〔鲁〕临沂市 243
沂江乡……〔赣〕新干县 228
沂城街道……〔鲁〕沂水县 243
沂南县……〔鲁〕临沂市 242
沂涛镇……〔苏〕沭阳县 186
沂堂镇……〔鲁〕兰山区 242
沂源县……〔鲁〕淄博市 237
汾口镇……〔浙〕淳安县 190
汾市镇……〔湘〕临武县 285
汾西县……〔晋〕临汾市 130
汾阳市……〔晋〕吕梁市 131
汾陈镇……〔豫〕襄城县 256
汾河街道……〔晋〕尧都区 129
汾河镇……〔渝〕奉节县 322
汾城镇……〔晋〕襄汾县 130
沧口街道……〔鲁〕李沧区 236
沧水铺镇……〔湘〕赫山区 283
沧州市……〔冀〕 118
沧江乡……〔黔〕兴义市 363
沧县……〔冀〕沧州市 118
沧沟乡……〔渝〕武隆区 321
沧浪街道……〔苏〕姑苏区 181
沧浪街道……〔湘〕汉寿县 282
沧港镇……〔湘〕汉寿县 282
沧源佤族自治县……〔滇〕临沧市 374
沟口乡……〔川〕茂县 348
沟口街道……〔宁〕大武口区 419

（七画）沟汴汶沩沪沈沉沁怀忻快完宋宏良诃启补初社

沟门子镇……〔辽〕凌源市 154
沟门镇……〔蒙〕土默特右旗 136
沟北街道……〔黑〕兴山区 168
沟里乡……〔青〕都兰县 415
沟店铺乡……〔冀〕吴桥县 119
沟沿镇……〔辽〕大石桥市 150
沟帮子街道……〔辽〕北镇市 150
沟赵乡……〔豫〕中原区 249
沟南乡……〔晋〕五台县 128
沟南街道……〔黑〕兴山区 168
沟溪乡……〔浙〕柯城区 195
沟墩镇……〔苏〕阜宁县 184
汴岗镇……〔豫〕扶沟县 261
汴河街道……〔皖〕埇桥区 207
汴河镇……〔鄂〕监利县 272
汴塘镇……〔苏〕贾汪区 180
汶上县……〔鲁〕济宁市 240
汶上集镇……〔鲁〕成武县 246
汶上街道……〔鲁〕汶上县 240
汶川县……〔川〕阿坝藏族羌族自治州 348
汶水镇……〔川〕雷波县 354
汶龙镇……〔赣〕龙南县 227
汶阳镇……〔鲁〕肥城市 241
汶村镇……〔粤〕台山市 294
汶河街道……〔苏〕广陵区 184
汶南镇……〔鲁〕新泰市 241
汶朗镇……〔粤〕怀集县 296
汶源街道……〔鲁〕钢城区 242
沩山乡……〔湘〕宁乡市 278
沩山镇……〔湘〕醴陵市 278
沪东新村街道……〔沪〕浦东新区 176
沪嘉乡……〔黑〕嘉荫县 169
沈坨镇……〔苏〕兴化市 186
沈水湾街道……〔辽〕和平区 145
沈北街道……〔辽〕沈北新区 145
沈北新区……〔辽〕沈阳市 145
沈旦堡镇……〔辽〕灯塔市 151
沈丘县……〔豫〕周口市 261
沈阳市……〔辽〕 145
沈坝镇……〔陕〕汉滨区 396
沈村镇……〔皖〕宣州区 210
沈所镇……〔粤〕始兴县 292
沈采街道……〔辽〕兴隆台区 152
沈河区……〔辽〕沈阳市 145
沈巷镇……〔皖〕鸠江区 202
沈荡镇……〔浙〕海盐县 192
沈洋镇……〔吉〕梨树县 159
沈高镇……〔苏〕姜堰区 185
沈家门街道……〔浙〕普陀区 195
沈家屯镇……〔冀〕桥西区 115
沈家台镇……〔辽〕凌海市 150
沈家营镇……〔京〕延庆区 100
沈家街道……〔黑〕呼兰区 165
沈集镇……〔鄂〕沙洋县 270
沈塘镇……〔粤〕雷州市 295
沈寨镇……〔豫〕遂平县 263
沈潭镇……〔湘〕醴陵市 278
沉抗镇……〔川〕游仙区 332
沉湖镇……〔鄂〕汉川市 271
沁水县……〔晋〕晋城市 125
沁阳市……〔豫〕焦作市 255
沁县……〔晋〕长治市 125
沁园街道……〔豫〕沁阳市 255
沁园街道……〔豫〕济源市 263
沁河镇……〔晋〕沁源县 125
沁城乡……〔新〕伊州区 424
沁源县……〔晋〕长治市 125
怀乡镇……〔粤〕信宜市 295
怀仁县……〔晋〕朔州市 126
怀仁镇……〔鲁〕商河县 235
怀化市……〔湘〕 286
怀玉乡……〔赣〕玉山县 232
怀北镇……〔京〕怀柔区 100
怀头他拉镇……〔青〕德令哈市 415
怀宁县……〔皖〕安庆市 204
怀庆街道……〔豫〕沁阳市 255
怀安乡……〔陇〕华池县 406
怀安县……〔冀〕张家口市 116
怀安城镇……〔冀〕怀安县 116
怀安镇……〔陇〕凉州区 403
怀远县……〔皖〕蚌埠市 202
怀远路街道办事处……〔宁〕西夏区 419
怀远镇……〔桂〕宜州区 309
怀远镇……〔川〕崇州市 328
怀来县……〔冀〕张家口市 116
怀忠镇……〔赣〕永新县 229
怀宝镇……〔桂〕融水苗族自治县 304
怀城镇……〔粤〕怀集县 296
怀柔（地区）镇……〔京〕怀柔区 100
怀柔区……〔京〕 100
怀朔镇……〔蒙〕固阳县 136
怀集县……〔粤〕肇庆市 296
怀道乡……〔晋〕宁武县 129
怀溪镇……〔浙〕平阳县 191
怀群镇……〔桂〕罗城仫佬族自治县 309
怀德镇……〔吉〕公主岭市 159
怀德镇……〔川〕富顺县 330
忻州市……〔晋〕 128
忻州窑街道……〔晋〕矿区 123
忻府区……〔晋〕忻州市 128
忻城县……〔桂〕来宾市 310
快大茂镇……〔吉〕通化县 160
快尔玛乡……〔青〕天峻县 415
完冒乡……〔陇〕卓尼县 409
宋门乡……〔冀〕吴桥县 119
宋门街道……〔豫〕顺河回族区 250
宋庄子乡……〔冀〕孟村回族自治县 119
宋庄镇……〔京〕通州区 100
宋庄镇……〔苏〕赣榆区 183
宋农镇……〔渝〕秀山土家族苗族自治县 323
宋村乡……〔晋〕长子县 125
宋村乡……〔浙〕淳安县 190
宋村乡……〔豫〕内黄县 253
宋村镇……〔鲁〕文登区 241
宋杖子镇……〔辽〕凌源市 154
宋岗乡……〔豫〕新蔡县 263
宋坪乡……〔陇〕成县 407
宋店乡……〔皖〕霍邱县 208
宋河镇……〔豫〕鹿邑县 262
宋河镇……〔鄂〕京山县 270
宋官屯街道……〔鲁〕德城区 243
宋城街道……〔豫〕睢阳区 259
宋洛乡……〔鄂〕神农架林区 274
宋古乡……〔晋〕介休市 127
宋桂镇……〔粤〕郁南县 300
宋站镇……〔黑〕肇东市 172
宋家川街道……〔陕〕吴堡县 396
宋家乡……〔川〕渠县 345
宋家庄镇……〔冀〕邢台县 112
宋家庄镇……〔冀〕蔚县 116
宋家沟乡……〔晋〕岢岚县 129
宋家桥街道……〔湘〕荷塘区 278
宋家塘街道……〔湘〕邵东县 280
宋家镇……〔鲁〕陵城区 243
宋家镇……〔川〕资中县 336
宋家镇……〔川〕翠屏区 341
宋家镇……〔陕〕白河县 397
宋埠镇……〔赣〕奉新县 229
宋埠镇……〔鄂〕麻城市 273
宋营镇……〔冀〕裕华区 107
宋曹镇……〔冀〕元氏县 108
宋集乡……〔苏〕淮安区 183
宋集镇……〔皖〕临泉县 207
宋集镇……〔豫〕睢阳区 259
宋集镇……〔豫〕西平县 262
宋道口镇……〔冀〕滦南县 109
宋楼镇……〔苏〕丰县 180
宋楼镇……〔鲁〕夏津县 244
宋溪镇……〔赣〕武宁县 224
宋旗镇……〔黔〕西秀区 359
宋疃镇……〔皖〕烈山区 203
宏仁乡……〔川〕梓潼县 333
宏业村街道……〔皖〕蚌山区 202
宏伟乡……〔黑〕林甸县 169
宏伟乡……〔陇〕陇西县 406
宏伟区……〔辽〕辽阳市 151
宏伟镇……〔黑〕茄子河区 170
宏伟镇……〔黑〕海伦市 172
宏观乡……〔川〕南部县 339
宏克力镇……〔黑〕依兰县 166
宏村镇……〔皖〕黟县 205
宏村镇……〔赣〕黎川县 230
宏图镇……〔黑〕海伦市 172
宏河镇……〔蒙〕清水河县 135
宏胜镇……〔黑〕富锦市 170
宏桥乡……〔川〕西充县 340
宏盘乡……〔蒙〕察哈尔右翼中旗 140
宏道镇……〔晋〕定襄县 128
宏缘乡……〔川〕简阳市 329
宏路街道……〔闽〕福清市 214
宏模镇……〔川〕冕宁县 353
宏潭乡……〔皖〕黟县 205
良上镇……〔黔〕三穗县 364
良口乡……〔桂〕三江侗族自治县 304
良口镇……〔粤〕从化区 292
良山镇……〔赣〕渝水区 225
良马乡……〔晋〕安泽县 130
良乡（地区）镇……〔京〕房山区 99
良丰街道……〔桂〕雁山区 304
良王庄乡……〔津〕静海区 104
良井镇……〔粤〕惠阳区 296
良心堡镇……〔湘〕君山区 281
良平镇……〔陇〕宁县 406
良田乡……〔粤〕揭西县 300
良田街道……〔陕〕临渭区 392
良田镇……〔湘〕苏仙区 284
良田镇……〔桂〕陆川县 307
良田镇……〔黔〕镇宁布依族苗族自治县 360
良田镇……〔宁〕金凤区 419
良西镇……〔粤〕恩平市 294
良光镇……〔粤〕化州市 295
良曲乡……〔藏〕比如县 385
良庄镇……〔鲁〕岱岳区 241
良庆区……〔桂〕南宁市 303
良庆镇……〔桂〕良庆区 303
良江镇……〔桂〕兴宾区 310
良安镇……〔川〕乐至县 348
良坊镇……〔赣〕莲花县 224
良村镇……〔赣〕兴国县 227
良村镇……〔黔〕习水县 359
良邑乡……〔陇〕庄浪县 404
良岗镇……〔冀〕易县 114
良垌镇……〔粤〕廉江市 294
良教乡……〔青〕大通回族土族自治县 413
良梨镇……〔皖〕砀山县 208
良渚街道……〔浙〕余杭区 189
良塘乡……〔桂〕兴宾区 310
良寨乡……〔桂〕融水苗族自治县 304
诃额伦街道……〔蒙〕东胜区 138
启工街道……〔辽〕铁西区 145
启东市……〔苏〕南通市 182
启明街道……〔辽〕铁西区 147
启明街道……〔湘〕武陵区 282
启浪乡……〔新〕柯坪县 426
启隆镇……〔苏〕启东市 182
启蒙镇……〔黔〕锦屏县 364
启新街道……〔吉〕桦甸市 158
补尔乡……〔川〕布拖县 353
补约乡……〔川〕昭觉县 353
补抽乡……〔湘〕花垣县 288
补郎苗族乡……〔黔〕普定县 360
补洛乡……〔川〕布拖县 353
补浪河乡……〔陕〕榆阳区 395
补隆淖镇……〔蒙〕磴口县 139
初布乡……〔陇〕临潭县 409
初头朗镇……〔蒙〕松山区 136
初村镇……〔鲁〕环翠区 241
初家街道……〔鲁〕莱山区 238
初麻乡……〔青〕化隆回族自治县 414
社口镇……〔闽〕福安市 219
社冲乡……〔桂〕柳城县 304
社阳乡……〔浙〕龙游县 195
社坛镇……〔渝〕丰都县 321
社步镇……〔桂〕桂平市 307
社坡镇……〔桂〕桂平市 307
社苹乡……〔赣〕黎川县 231
社学街道……〔黔〕天柱县 364
社迳乡……〔赣〕全南县 227
社城镇……〔晋〕榆社县 127
社科乡……〔晋〕岚县 131

（七画）社识罕诏君灵即层尾迟改张

社硎乡……〔闽〕仙游县 214
社渚镇……〔苏〕溧阳市 181
社梁乡……〔晋〕河曲县 129
社棠镇……〔陇〕麦积区 402
社赓镇……〔赣〕余干县 232
社港镇……〔湘〕浏阳市 277
社富乡……〔赣〕兴国县 227
社溪镇……〔赣〕上犹县 226
社旗县……〔豫〕南阳市 258
识经镇……〔川〕仁寿县 341
罕井镇……〔陕〕蒲城县 392
罕艾日克镇……〔新〕和田县 427
罕台镇……〔蒙〕东胜区 138
罕达汽镇……〔黑〕爱辉区 171
罕达盖苏木……〔蒙〕新巴尔虎左旗 139
罕苏木苏木……〔蒙〕阿鲁科尔沁旗 136
罕南力克镇……〔新〕疏勒县 426
诏安县……〔闽〕漳州市 217
君山区……〔湘〕岳阳市 281
君召乡……〔豫〕登封市 250
君坝乡……〔川〕理塘县 351
君埠乡……〔赣〕永丰县 228
君堂镇……〔粤〕恩平市 294
君塘镇……〔川〕宣汉县 344
灵口镇……〔陕〕洛南县 397
灵山卫街道……〔鲁〕黄岛区 236
灵山县……〔桂〕钦州市 306
灵山街道……〔辽〕立山区 147
灵山街道……〔豫〕淇县 254
灵山满族乡……〔黑〕望奎县 171
灵山镇……〔冀〕曲阳县 114
灵山镇……〔鲁〕即墨区 236
灵山镇……〔豫〕罗山县 260
灵山镇……〔桂〕容县 307
灵山镇……〔琼〕美兰区 313
灵山镇……〔川〕平昌县 347
灵川县……〔桂〕桂林市 304
灵川镇……〔闽〕城厢区 214
灵川镇……〔桂〕灵川县 304
灵马镇……〔桂〕武鸣区 303
灵乡镇……〔鄂〕大冶市 268
灵井镇……〔豫〕建安区 256
灵石县……〔晋〕晋中市 127
灵田镇……〔桂〕灵川县 304
灵丘县……〔晋〕大同市 124
灵仙乡……〔川〕简阳市 329
灵台县……〔陇〕平凉市 404
灵地乡……〔闽〕漳平市 219
灵地镇……〔闽〕清流县 215
灵芝乡……〔陇〕静宁县 405
灵芝街道……〔浙〕越城区 193
灵关镇……〔川〕宝兴县 346
灵兴镇……〔川〕三台县 332
灵寿县……〔冀〕石家庄市 107
灵寿镇……〔冀〕灵寿县 107
灵秀镇……〔闽〕石狮市 216
灵沙乡……〔宁〕平罗县 419
灵武市……〔宁〕银川市 419
灵昆街道……〔浙〕洞头区 191
灵岩镇……〔川〕开江县 344
灵沼街道……〔陕〕长安区 389
灵宝市……〔豫〕三门峡市 257
灵官殿镇……〔湘〕邵东县 280
灵官镇……〔湘〕祁东县 279
灵官镇……〔湘〕安仁县 285
灵空山镇……〔晋〕沁源县 125
灵城街道……〔桂〕灵山县 306
灵城镇……〔皖〕灵璧县 208
灵泉街道……〔赣〕袁州区 229
灵泉街道……〔川〕船山区 335
灵泉街道……〔滇〕开远市 375
灵泉镇……〔晋〕石楼县 131
灵泉镇……〔蒙〕扎赉诺尔区 138
灵洞乡……〔浙〕兰溪市 194
灵珠山街道……〔鲁〕黄岛区 236
灵桥镇……〔浙〕富阳区 189
灵峰街道……〔浙〕安吉县 193
灵峰镇……〔桂〕八步区 308
灵隐街道……〔浙〕西湖区 189
灵源街道……〔闽〕晋江市 216
灵源镇……〔陕〕乾县 391
灵溪街道……〔赣〕信州区 231
灵溪镇……〔浙〕苍南县 191
灵溪镇……〔湘〕永顺县 288
灵境乡……〔晋〕五台县 128
灵鹫镇……〔川〕营山县 339
灵璧县……〔皖〕宿州市 208
即墨区……〔鲁〕青岛市 236
即墨路街道……〔鲁〕市北区 236
层台镇……〔黔〕七星关区 360
尾闸镇……〔宁〕惠农区 419
迟营乡……〔豫〕西华县 261
改则县……〔藏〕阿里地区 385
改则镇……〔藏〕改则县 385
张二庄镇……〔冀〕魏县 112
张卜街道……〔陕〕高陵区 389
张八岭镇……〔皖〕明光市 206
张八桥镇……〔豫〕宝丰县 252
张三营镇……〔冀〕隆化县 117
张三寨镇……〔豫〕长垣县 254
张大庄镇……〔鲁〕宁津县 243
张山子镇……〔鲁〕台儿庄区 237
张山乡……〔皖〕来安县 206
张山营镇……〔京〕延庆区 100
张广庙镇……〔豫〕固始县 261
张义镇……〔陇〕凉州区 403
张弓镇……〔豫〕宁陵县 259
张王乡……〔川〕剑阁县 335
张王疃乡……〔冀〕巨鹿县 113
张公山街道……〔皖〕禹会区 202
张公桥街道……〔川〕市中区 336
张公镇……〔赣〕进贤县 223
张公镇……〔川〕仪陇县 339
张六庄镇……〔冀〕高碑店市 115
张双楼街道……〔苏〕铜山区 180
张古庄镇……〔冀〕辛集市 108
张龙乡……〔豫〕内黄县 253
张北县……〔冀〕张家口市 116
张北镇……〔冀〕张北县 116
张市镇……〔豫〕尉氏县 250
张兰镇……〔晋〕介休市 127
张台子镇……〔辽〕灯塔市 151
张母桥镇……〔皖〕舒城县 209
张圩乡……〔苏〕沭阳县 186
张老埠乡……〔豫〕固始县 261
张地营子乡……〔黑〕爱辉区 171
张场镇……〔川〕丹棱县 341
张芝山镇……〔苏〕通州区 182
张西河乡……〔晋〕天镇县 124
张西堡镇……〔冀〕永年区 111
张百湾镇……〔冀〕滦平县 117
张达乡……〔藏〕浪卡子县 384
张华镇……〔鲁〕平原县 244
张华镇……〔川〕旺苍县 334
张会亭乡……〔冀〕海兴县 118
张冲乡……〔皖〕金寨县 209
张庄乡……〔晋〕浮山县 130
张庄乡……〔豫〕范县 255
张庄乡……〔豫〕商水县 261
张庄乡……〔豫〕淮滨县 261
张庄街道……〔苏〕盐都区 184
张庄路街道……〔鲁〕槐荫区 235
张庄寨镇……〔皖〕萧县 208
张庄镇……〔晋〕平定县 124
张庄镇……〔苏〕沛县 180
张庄镇……〔鲁〕邹城市 241
张庄镇……〔鲁〕沂南县 242
张庄镇……〔鲁〕禹城市 244
张庄镇……〔豫〕中牟县 249
张庆乡……〔晋〕榆次区 127
张江镇……〔沪〕浦东新区 176
张安屯街道……〔滇〕马龙县 370
张纪镇……〔冀〕康保县 116
张坝街道……〔川〕江阳区 330
张坂镇……〔闽〕惠安县 216
张坞镇……〔豫〕宜阳县 251
张坊镇……〔京〕房山区 99
张坊镇……〔鲁〕商河县 235
张坊镇……〔湘〕浏阳市 277
张村乡……〔冀〕献县 119
张村乡……〔晋〕沁水县 126
张村乡……〔浙〕江山市 195
张村乡……〔浙〕庆元县 197
张村乡……〔赣〕德兴市 232
张村乡……〔豫〕辉县市 254
张村驿镇……〔陕〕富县 393
张村集乡……〔冀〕临漳县 111
张村街道……〔晋〕侯马市 130
张村镇……〔晋〕平陆县 128
张村镇……〔皖〕利辛县 209
张村镇……〔鲁〕环翠区 241
张村镇……〔豫〕渑池县 257
张村镇……〔豫〕邓州市 258
张李乡……〔皖〕寿县 203
张里乡……〔豫〕淮滨县 261
张岗乡……〔冀〕雄县 115
张秀屯镇……〔冀〕枣强县 120
张谷英镇……〔湘〕岳阳县 281
张甸街道……〔辽〕东洲区 148
张甸镇……〔苏〕姜堰区 185
张羌街道……〔豫〕温县 255
张汪镇……〔鲁〕滕州市 237
张沟镇……〔鄂〕仙桃市 274
张汴乡……〔豫〕陕州区 257
张完集乡……〔豫〕郸城县 262
张良镇……〔豫〕鲁山县 252
张青乡……〔赣〕湖口县 225
张其寨街道……〔辽〕溪湖区 148
张范街道……〔鲁〕薛城区 237
张茅乡……〔豫〕陕州区 257
张林镇……〔豫〕镇平县 258
张果屯镇……〔豫〕南乐县 255
张明乡……〔豫〕商水县 261
张易镇……〔宁〕原州区 420
张佳坊乡……〔赣〕芦溪县 224
张金镇……〔鄂〕潜江市 274
张店乡……〔皖〕谯城区 209
张店乡……〔豫〕鲁山县 252
张店区……〔鲁〕淄博市 237
张店镇……〔晋〕屯留县 125
张店镇……〔晋〕平陆县 128
张店镇……〔苏〕灌南县 183
张店镇……〔皖〕金安区 208
张店镇……〔豫〕唐河县 258
张店镇……〔豫〕鹿邑县 262
张庙街道……〔沪〕宝山区 175
张炉集镇……〔鲁〕东昌府区 244
张官屯乡……〔冀〕沧县 118
张官营镇……〔豫〕鲁山县 252
张巷镇……〔赣〕丰城市 230
张相公屯乡……〔辽〕南票区 154
张相镇……〔辽〕清河区 152
张星镇……〔鲁〕招远市 239
张贵庄街道……〔津〕东丽区 103
张秋镇……〔鲁〕阳谷县 244
张段固镇……〔冀〕无极县 108
张阁镇……〔豫〕梁园区 259
张洪镇……〔陕〕旬邑县 392
张桥镇……〔苏〕泰兴市 186
张桥镇……〔皖〕定远县 206
张桥镇……〔豫〕鄢陵县 256
张桥镇……〔豫〕柘城县 259
张桥镇……〔陕〕富平县 393
张格庄镇……〔鲁〕福山区 238
张厝乡……〔闽〕邵武市 218
张夏街道……〔鲁〕长清区 235
张铁集乡……〔冀〕大名县 111
张皋镇……〔蒙〕兴和县 140
张郭镇……〔苏〕兴化市 186
张浦镇……〔苏〕昆山市 182
张宽街道……〔冀〕桥西区 112
张家口市……〔冀〕 115
张家山街道……〔赣〕樟树市 230
张家山镇……〔陕〕吴堡县 396
张家川回族自治县……〔陇〕天水市 403
张家川镇……〔陇〕张家川回族自治县 403
张家乡……〔川〕昭化区 334
张家乡……〔陇〕两当县 408
张家屯镇……〔辽〕新民市 146
张家圩镇……〔苏〕泗阳县 186

张家场乡……〔晋〕左云县 124
张家庄乡……〔冀〕定兴县 114
张家庄乡……〔晋〕山阴县 126
张家庄镇……〔冀〕藁城区 107
张家产镇……〔鲁〕文登区 241
张家村街道……〔陕〕碑林区 389
张家坡镇……〔鲁〕沂源县 237
张家河镇……〔陕〕勉县 394
张家垣乡……〔宁〕同心县 420
张家砭镇……〔陕〕绥德县 395
张家畈镇……〔鄂〕麻城市 273
张家界市……〔湘〕 283
张家洼街道……〔鲁〕莱城区 242
张家畔街道……〔陕〕靖边县 395
张家营子镇……〔辽〕建平县 153
张家营乡……〔冀〕威县 113
张家堡街道……〔陕〕未央区 389
张家堡镇……〔冀〕涿鹿县 116
张家堡镇……〔辽〕义县 150
张家集镇……〔鄂〕襄州区 270
张家港市……〔苏〕苏州市 182
张家湾乡…〔冀〕围场满族蒙古族自治县 118
张家湾街道……〔鄂〕洪山区 267
张家湾镇……〔京〕通州区 100
张家湾镇……〔黔〕纳雍县 361
张家湾镇……〔陕〕富县 393
张家窝镇……〔津〕西青区 103
张家塬镇……〔陕〕千阳县 391
张家楼镇……〔鲁〕黄岛区 236
张家滩镇……〔陕〕延长县 393
张家塞乡……〔湘〕资阳区 283
张家寨镇……〔黔〕思南县 362
张家镇……〔桂〕资源县 305
张家镇……〔川〕大竹县 344
张陶乡……〔豫〕息县 261
张掖市……〔陇〕 404
张掖路街道……〔陇〕城关区 401
张黄镇……〔桂〕浦北县 306
张黄镇……〔鲁〕鱼台县 240
张营镇……〔晋〕永济市 128
张营镇……〔鲁〕郓城县 246
张得镇……〔豫〕禹州市 256
张渚镇……〔苏〕宜兴市 180
张维镇……〔黑〕北林区 171
张堰镇……〔沪〕金山区 176
张棉驿乡……〔陇〕张家川回族自治县 403
张崾崄镇……〔陕〕定边县 395
张铺镇……〔皖〕天长市 206
张程乡……〔宁〕隆德县 420
张集乡……〔皖〕肥东县 201
张集乡……〔豫〕潢川县 261
张集街道……〔苏〕铜山区 180
张集镇……〔苏〕铜山区 180
张集镇……〔鲁〕单县 246
张集镇……〔豫〕虞城县 259
张集镇……〔豫〕太康县 262
张集镇……〔鄂〕老河口市 270
张集镇……〔鄂〕钟祥市 271
张鲁回族镇……〔鲁〕莘县 244
张鲁集镇……〔鲁〕郓城县 246
张港镇……〔鄂〕天门市 274
张湾乡……〔苏〕东海县 183
张湾乡……〔豫〕陕州区 257
张湾区……〔鄂〕十堰市 268
张湾街道……〔鄂〕蔡甸区 267
张湾街道……〔鄂〕襄州区 269
张湾镇……〔鲁〕定陶区 246
张强镇……〔辽〕康平县 146
张登镇……〔冀〕清苑区 113
张楞乡……〔冀〕赞皇县 108
张槎街道……〔粤〕禅城区 293
张楼乡……〔豫〕邓州市 259
张楼镇……〔鲁〕微山县 240
张楼镇……〔鲁〕成武县 246
张楼镇……〔豫〕汝南县 263
张新街道……〔黑〕恒山区 168
张新镇……〔皖〕临泉县 207
张溪镇……〔皖〕东至县 210
张滩镇……〔陕〕汉滨区 396
张蔡庄乡……〔晋〕朔城区 126
张榜镇……〔鄂〕蕲春县 272
张寨镇……〔苏〕沛县 180
张寨镇……〔皖〕阜南县 207
张寨镇……〔鲁〕莘县 244
张镇……〔京〕顺义区 100
张潘镇……〔豫〕建安区 256
张衙街道……〔豫〕卧龙区 257
陆川县……〔桂〕玉林市 307
陆丰市……〔粤〕汕尾市 297
陆水湖街道……〔鄂〕赤壁市 273
陆坊乡……〔赣〕金溪县 231
陆良县……〔滇〕曲靖市 370
陆坪镇……〔黔〕福泉市 365
陆河县……〔粤〕汕尾市 297
陆城街道……〔鄂〕宜昌市 269
陆城镇……〔湘〕云溪区 281
陆屋镇……〔桂〕灵山县 306
陆家镇……〔辽〕双台子区 152
陆家镇……〔苏〕昆山市 182
陆家嘴街道……〔沪〕浦东新区 176
陆埠镇……〔浙〕余姚市 191
陆营镇……〔豫〕卧龙区 257
陆圈镇……〔鲁〕东明县 246
陆集乡……〔豫〕范县 255
陆集镇……〔苏〕宿豫区 186
陆港街道……〔吉〕东昌区 160
陆溪镇……〔鄂〕嘉鱼县 273
陆斡镇……〔桂〕武鸣区 303
阿七乡……〔川〕西昌市 351
阿力得尔苏木…〔蒙〕科尔沁右翼前旗 140
阿力麻土东乡族乡……〔陇〕广河县 408
阿干镇……〔陇〕七里河区 401
阿万仓镇……〔陇〕玛曲县 409
阿弓镇……〔黔〕织金县 361
阿子营街道……〔滇〕盘龙区 369
阿子滩乡……〔陇〕卓尼县 409
阿扎乡……〔藏〕扎囊县 384
阿扎乡……〔藏〕浪卡子县 384
阿扎克乡……〔新〕阿图什市 426
阿扎河乡……〔滇〕红河县 376
阿扎特巴格乡……〔新〕莎车县 427
阿扎镇……〔藏〕嘉黎县 385
阿木乡……〔川〕红原县 349
阿木去乎镇……〔陇〕夏河县 409
阿木古郎镇……〔蒙〕新巴尔虎左旗 139
阿木尔镇……〔黑〕漠河县 172
阿木雄乡……〔藏〕昂仁县 382
阿不都拉乡……〔新〕塔城市 428
阿瓦提乡……〔新〕库尔勒市 425
阿瓦提乡……〔新〕喀什市 426
阿瓦提县……〔新〕阿克苏地区 426
阿瓦提镇……〔新〕阿瓦提县 426
阿瓦提镇……〔新〕莎车县 426
阿瓦提镇……〔新〕巴楚县 427
阿日扎镇……〔川〕石渠县 351
阿日希乡……〔新〕于田县 428
阿日昆都楞镇……〔蒙〕扎鲁特旗 138
阿日哈沙特镇……〔蒙〕新巴尔虎右旗 139
阿什努乡……〔青〕化隆回族自治县 414
阿什里哈萨克族乡……〔新〕昌吉市 424
阿什罕苏木……〔蒙〕翁牛特旗 137
阿什河街道……〔黑〕阿城区 165
阿月镇……〔川〕德昌县 352
阿乌利亚乡……〔新〕伊宁县 428
阿巴嘎旗……〔蒙〕锡林郭勒盟 141
阿古拉镇……〔蒙〕科尔沁左翼后旗 137
阿龙山镇……〔蒙〕根河市 139
阿北乡……〔黑〕虎林市 168
阿用乡……〔滇〕富宁县 377
阿乐惠镇……〔新〕托克逊县 424
阿尔丁大街街道……〔蒙〕昆都仑区 135
阿尔山市……〔蒙〕兴安盟 140
阿尔乡……〔川〕甘洛县 354
阿尔乡镇……〔辽〕彰武县 151
阿尔巴斯苏木……〔蒙〕鄂托克旗 138
阿尔本格勒镇……〔蒙〕扎赉特旗 141
阿尔达乡……〔新〕福海县 429
阿尔拉镇……
……〔蒙〕莫力达瓦达斡尔族自治旗 138
阿尔斯兰巴格乡……〔新〕莎车县 427
阿尔善宝拉格镇……〔蒙〕锡林浩特市 141
阿市苗族彝族乡……〔黔〕七星关区 360
阿尕什敖包乡……〔新〕青河县 429
阿尕尔森镇……〔新〕巩留县 428
阿吉镇……〔辽〕铁岭县 152
阿西乡……〔川〕若尔盖县 349
阿西尔达斡尔族乡……〔新〕塔城市 428
阿西茸乡……〔川〕若尔盖县 349
阿伊纳乡……
……〔陇〕阿克塞哈萨克族自治县 405
阿合奇县……
……〔新〕克孜勒苏柯尔克孜自治州 426
阿合奇镇……〔新〕阿合奇县 426
阿合雅镇……〔新〕乌什县 426
阿多乡……〔青〕杂多县 415
阿庄镇……〔陕〕印台区 390
阿并洛古乡……〔川〕昭觉县 353
阿坝县……〔川〕阿坝藏族羌族自治州 349
阿坝镇……〔川〕阿坝县 349
阿坝藏族羌族自治州……〔川〕 348
阿坞镇……〔陇〕宕昌县 407
阿苇滩镇……〔新〕阿勒泰市 429
阿克托海乡……〔新〕乌什县 426
阿克达拉镇……〔新〕昭苏县 428
阿克吐别克镇……〔新〕巩留县 428
阿克齐镇……〔新〕哈巴河县 429
阿克苏乡……〔新〕达坂城区 423
阿克苏市……〔新〕阿克苏地区 425
阿克苏地区……〔新〕 425
阿克苏甫乡……〔新〕尉犁县 425
阿克吾斯塘乡……〔新〕库车县 425
阿克别里斗乡……〔新〕托里县 429
阿克恰勒乡……〔新〕和田市 427
阿克陶县……
……〔新〕克孜勒苏柯尔克孜自治州 426
阿克陶镇……〔新〕阿克陶县 426
阿克萨克马热勒乡……〔新〕巴楚县 427
阿克萨来乡……〔新〕轮台县 425
阿克萨拉依乡……〔新〕墨玉县 427
阿克塔木乡……〔新〕泽普县 426
阿克提坎墩乡……〔新〕且末县 425
阿克喀什乡……〔新〕喀什市 426
阿克塞哈萨克族自治县…〔陇〕酒泉市 405
阿克旗乡…〔陇〕阿克塞哈萨克族自治县 405
阿里地区……〔藏〕 385
阿里河镇……〔蒙〕鄂伦春自治旗 138
阿岗镇……〔滇〕罗平县 370
阿秀乡……〔藏〕巴青县 385
阿羌乡……〔新〕于田县 428
阿羌镇……〔新〕且末县 425
阿孜乡……〔藏〕察雅县 383
阿纳库勒乡……〔新〕巴楚县 427
阿拉力乡……〔新〕疏勒县 426
阿拉山口市…〔新〕博尔塔拉蒙古自治州 424
阿拉乡……〔陇〕碌曲县 409
阿拉尔市……〔新〕阿勒泰地区 429
阿拉达尔吐苏木……〔蒙〕扎赉特旗 141
阿拉买提乡……〔新〕莎车县 427
阿拉甫乡……〔新〕疏勒县 426
阿拉沟乡……〔新〕和静县 425
阿拉坦合力苏木…〔蒙〕东乌珠穆沁旗 141
阿拉坦额莫勒镇…〔蒙〕新巴尔虎右旗 139
阿拉哈克镇……〔新〕阿勒泰市 429
阿拉哈格镇……〔新〕库车县 425
阿拉格尔乡……〔新〕巴楚县 427
阿拉套街道……〔新〕阿拉山口市 424
阿拉营镇……〔湘〕凤凰县 288
阿拉街道……〔滇〕官渡区 369
阿拉善左旗……〔蒙〕阿拉善盟 141
阿拉善右旗……〔蒙〕阿拉善盟 141
阿拉善盟……〔蒙〕 141
阿拉腾敖包镇……〔蒙〕阿拉善右旗 141
阿拉腾朝格苏木……〔蒙〕阿拉善左旗 141
阿其克乡……〔新〕岳普湖县 427
阿其克乡……〔新〕洛浦县 428
阿其图乌拉苏木……〔蒙〕苏尼特右旗 141
阿旺乡……〔藏〕贡觉县 383
阿旺镇……〔滇〕东川区 369
阿图什市……
……〔新〕克孜勒苏柯尔克孜自治州 426

（七画）阿孜陇陈阻附陂妙努邵劲甬矣鸡

阿依巴格乡……〔新〕阿瓦提县 426
阿依库勒乡……〔新〕泽普县 426
阿依库勒镇……〔新〕阿克苏市 425
阿舍彝族乡……〔滇〕砚山县 376
阿城区……〔黑〕哈尔滨市 165
阿城镇……〔鲁〕阳谷县 244
阿荣旗……〔蒙〕呼伦贝尔市 138
阿科里乡……〔川〕金川县 349
阿须镇……〔川〕德格县 350
阿兹觉乡……〔川〕甘洛县 354
阿洪鲁库木乡……〔新〕岳普湖县 427
阿恰勒镇……〔新〕柯坪县 426
阿恰塔格乡……〔新〕乌什县 426
阿柔乡……〔青〕祁连县 414
阿都乡……〔滇〕宣威市 370
阿都沁苏木……〔蒙〕科尔沁左翼后旗 137
阿热吾斯塘镇……〔新〕伊宁县 428
阿热勒乡……〔新〕且末县 425
阿热勒乡……〔新〕莎车县 427
阿热勒乡……〔新〕于田县 428
阿热勒乡……〔新〕青河县 429
阿热勒托别镇……〔新〕新源县 428
阿热勒托别镇……〔新〕青河县 429
阿热勒镇……〔新〕温宿县 425
阿格乡……〔新〕库车县 425
阿索乡……〔藏〕尼玛县 385
阿夏乡……〔陇〕迭部县 409
阿党镇……〔陕〕黄陵县 394
阿朗乡……〔藏〕林周县 381
阿勒玛勒镇……〔新〕新源县 428
阿勒泰市……〔新〕阿勒泰地区 429
阿勒泰地区……〔新〕 429
阿勒腾也木勒乡……〔新〕裕民县 429
阿勒腾乡…〔陇〕阿克塞哈萨克族自治县 405
阿勒腾席热镇……〔蒙〕伊金霍洛旗 138
阿戛镇……〔黔〕水城县 357
阿得博乡……〔滇〕金平苗族瑶族傣族自治县 376
阿猛镇……〔滇〕砚山县 376
阿鲁科尔沁旗……〔蒙〕赤峰市 136
阿湖乡……〔新〕阿图什市 426
阿湖镇……〔苏〕新沂市 181
阿蓬江镇……〔渝〕黔江区 319
阿嘎乡……〔川〕甘洛县 354
阿嘎如泰苏木……〔蒙〕九原区 136
阿察镇……〔川〕白玉县 350
孜托镇……〔藏〕洛隆县 383
孜热甫夏提塔吉克族乡……〔新〕莎车县 427
陇山镇……〔陇〕通渭县 406
陇川县…〔滇〕德宏傣族景颇族自治州 378
陇川镇……〔陇〕通渭县 406
陇东镇……〔川〕宝兴县 346
陇东镇……〔陇〕清水县 402
陇田镇……〔粤〕潮南区 293
陇西县……〔陇〕定西市 406
陇阳镇……〔陇〕通渭县 406
陇把镇……〔滇〕陇川县 378
陇县……〔陕〕宝鸡市 391
陇城镇……〔湘〕通道侗族自治县 287
陇城镇……〔陇〕秦安县 402
陇南市……〔陇〕 407
陇海马路街道……〔豫〕管城回族区 249
陇集镇……〔苏〕沭阳县 186
陈大镇……〔皖〕涡阳县 209
陈大镇……〔闽〕梅列区 214
陈王街道……〔鲁〕鄄城县 246
陈井镇……〔陇〕永靖县 408
陈区镇……〔晋〕高平市 126
陈屯镇……〔辽〕盖州市 150
陈化店镇……〔豫〕鄢陵县 256
陈仓区……〔陕〕宝鸡市 390
陈仓镇……〔陕〕金台区 390
陈户镇……〔鲁〕博兴县 245
陈户镇……〔陇〕山丹县 404
陈巴尔虎旗……〔蒙〕呼伦贝尔市 139
陈古镇……〔川〕射洪县 335
陈平镇……〔桂〕宾阳县 303
陈东乡……〔闽〕永定区 218
陈汉乡……〔皖〕宿松县 204
陈圩乡……〔苏〕泗洪县 186
陈场镇……〔鄂〕仙桃市 274
陈师镇……〔苏〕涟水县 183
陈庄乡……〔豫〕临颍县 257
陈庄镇……〔冀〕灵寿县 107
陈庄镇……〔冀〕献县 119
陈庄镇……〔鲁〕利津县 238
陈庄镇……〔豫〕范县 255
陈庄镇……〔陕〕蒲城县 392
陈州街街道……〔豫〕川汇区 261
陈江乡……〔川〕昭化区 334
陈江街道……〔粤〕惠城区 296
陈宅镇……〔浙〕诸暨市 193
陈坊乡……〔赣〕铅山县 232
陈坊积乡……〔赣〕金溪县 231
陈村乡……〔豫〕渑池县 257
陈村回族乡……〔冀〕邱县 111
陈村镇……〔晋〕绛县 128
陈村镇……〔粤〕顺德区 293
陈村镇……〔陕〕凤翔县 390
陈杨寨街道……〔陕〕秦都区 391
陈吴乡……〔豫〕洛宁县 251
陈良镇……〔苏〕阜宁县 184
陈青集镇……〔豫〕柘城县 259
陈坪街道……〔陇〕西固区 401
陈坡乡……〔鲁〕郓城县 246
陈固镇……〔豫〕封丘县 254
陈咀镇……〔津〕武清区 104
陈岱镇……〔闽〕云霄县 216
陈店乡……〔豫〕新县 260
陈店乡……〔鄂〕安陆市 271
陈店镇……〔豫〕新蔡县 263
陈店镇……〔鄂〕松滋市 272
陈店镇……〔粤〕潮南区 293
陈府镇……〔冀〕大厂回族自治县 120
陈炉镇……〔陕〕印台区 390
陈河乡……〔川〕通江县 347
陈河镇……〔鄂〕应城市 271
陈河镇……〔陕〕周至县 390
陈官屯镇……〔津〕静海区 104
陈官屯镇……〔冀〕卢龙县 110
陈官庄乡……〔豫〕永城市 260
陈官镇……〔鲁〕广饶县 238
陈城镇……〔闽〕东山县 217
陈巷镇……〔闽〕长泰县 217
陈巷镇……〔鄂〕广水市 273
陈相街道……〔辽〕苏家屯区 145
陈栅子乡……〔冀〕双滦区 117
陈贵镇……〔鄂〕大冶市 268
陈食街道……〔渝〕永川区 319
陈院镇……〔陇〕成县 407
陈袁滩镇……〔宁〕青铜峡市 420
陈桥街道……〔苏〕港闸区 182
陈桥镇……〔苏〕金湖县 184
陈桥镇……〔皖〕颍上县 207
陈桥镇……〔豫〕封丘县 254
陈留镇……〔豫〕祥符区 250
陈涛镇……〔苏〕滨海县 184
陈家乡……〔川〕朝天区 334
陈家乡……〔川〕达川区 344
陈家庄乡……〔晋〕五台县 128
陈家坝街道……〔渝〕万州区 317
陈家坝镇……〔川〕北川羌族自治县 333
陈家坝镇……〔陕〕佛坪县 395
陈家坊镇……〔湘〕新邵县 280
陈家河镇……〔湘〕桑植县 283
陈家洼乡……〔冀〕蔚县 116
陈家桥乡……〔湘〕北塔区 280
陈家桥街道……〔渝〕沙坪坝区 317
陈家营乡……〔晋〕偏关县 129
陈家铺乡……〔冀〕玉田县 109
陈家集镇……〔陇〕和政县 408
陈家港镇……〔苏〕响水县 184
陈家湾乡……〔晋〕柳林县 131
陈家滩乡……〔湘〕沅陵县 286
陈家镇……〔辽〕盘山县 152
陈家镇……〔沪〕崇明区 176
陈家镇……〔川〕资中县 336
陈家嘴镇……〔湘〕安乡县 282
陈埭镇……〔闽〕晋江市 216
陈营镇……〔赣〕万年县 232
陈曹乡……〔豫〕建安区 256
陈淋子镇……〔豫〕固始县 260
陈棚乡……〔豫〕息县 261
陈策楼镇……〔鄂〕黄州区 272
陈堡镇……〔苏〕兴化市 186
陈集乡……〔鲁〕东阿县 245
陈集镇……〔苏〕阜宁县 184
陈集镇……〔苏〕仪征市 185
陈集镇……〔苏〕宿城区 186
陈集镇……〔皖〕肥东县 201
陈集镇……〔皖〕怀远县 202
陈集镇……〔皖〕临泉县 207
陈集镇……〔鲁〕定陶区 246
陈集镇……〔豫〕永城市 260
陈集镇……〔豫〕固始县 261
陈塬街道……〔陕〕商州区 397
陈塘庄街道……〔津〕河西区 103
陈塘镇……〔桂〕蒙山县 305
陈塘镇……〔藏〕定结县 382
陈靳乡……〔宁〕隆德县 420
陈楼镇……〔苏〕邳州市 181
陈溪乡……〔浙〕上虞区 193
陈瑶湖镇……〔皖〕枞阳县 204
陈嘴乡……〔冀〕青县 118
陈霞乡……〔皖〕休宁县 205
陈疃镇……〔鲁〕东港区 242
阻虎乡……〔晋〕平鲁区 126
附城乡……〔川〕荥经县 345
附城街道……〔粤〕罗定市 300
附城镇……〔晋〕陵川县 126
附城镇……〔粤〕雷州市 295
附城镇……〔粤〕海丰县 297
附城镇……〔陇〕康乐县 408
附海镇……〔浙〕慈溪市 191
陂头镇……〔赣〕全南县 227
陂头镇……〔粤〕连平县 298
陂西镇……〔陕〕三原县 391
陂面镇……〔粤〕阳春市 298
陂洋镇……〔粤〕陆丰市 297
妙西镇……〔浙〕吴兴区 193
妙皇乡……〔桂〕象州县 310
妙泉镇…〔渝〕秀山土家族苗族自治县 323
妙峰山镇……〔京〕门头沟区 99
妙高街道……〔浙〕遂昌县 197
妙高镇……〔川〕阆中市 340
妙隘乡……〔黔〕松桃苗族自治县 363
努力乡……〔川〕安岳县 348
努日木镇……〔蒙〕科尔沁左翼中旗 137
努文木仁乡……〔蒙〕扎赉特旗 141
努古斯台镇……〔蒙〕科尔沁左翼后旗 137
努尔巴格乡……〔新〕沙雅县 425
邵公庄街道……〔津〕红桥区 103
邵东县……〔湘〕邵阳市 280
邵庄乡……〔冀〕肃宁县 118
邵庄镇……〔鲁〕青州市 239
邵庄镇……〔鲁〕曹县 246
邵阳市……〔湘〕 280
邵阳县……〔湘〕邵阳市 280
邵园街道……〔豫〕柘城县 259
邵岗乡……〔皖〕霍邱县 208
邵岗镇……〔宁〕青铜峡市 420
邵伯镇……〔苏〕江都区 185
邵武市……〔闽〕南平市 218
邵店镇……〔苏〕新沂市 181
邵店镇……〔豫〕上蔡县 263
邵府镇……〔冀〕大厂回族自治县 120
邵原镇……〔豫〕济源市 263
邵家桥镇……〔黔〕思南县 362
邵家渡街道……〔浙〕临海市 196
邵寨镇……〔陇〕灵台县 404
劲松街道……〔京〕朝阳区 99
劲松镇……〔黑〕海伦市 172
甬江街道……〔浙〕江北区 190
矣六街道……〔滇〕官渡区 369
鸡山乡……〔浙〕玉环市 196
鸡川镇……〔陇〕通渭县 406
鸡飞镇……〔滇〕昌宁县 371
鸡东县……〔黑〕鸡西市 168
鸡东镇……〔黑〕鸡东县 168
鸡头村街道……〔滇〕马龙县 370

鸡场布依族苗族乡……〔黔〕西秀区 359
鸡场坪镇……〔黔〕盘州市 358
鸡场坡镇……〔黔〕普定县 360
鸡场苗族彝族布依族乡…〔黔〕织金县 361
鸡场镇……〔黔〕水城县 357
鸡场镇……〔黔〕晴隆县 363
鸡西市……〔黑〕 168
鸡足山镇……〔滇〕宾川县 377
鸡林朝鲜族乡……〔黑〕鸡东县 168
鸡鸣乡……〔渝〕城口县 321
鸡鸣驿乡……〔冀〕怀来县 116
鸡泽县……〔冀〕邯郸市 111
鸡泽镇……〔冀〕鸡泽县 111
鸡冠山乡……〔辽〕灯塔市 152
鸡冠山乡……〔辽〕铁岭县 152
鸡冠山乡……〔赣〕上栗县 224
鸡冠山乡……〔川〕崇州市 329
鸡冠山镇……〔辽〕凤城市 149
鸡冠乡……〔吉〕汪清县 162
鸡冠区……〔黑〕鸡西市 168
鸡冠石镇……〔渝〕南岸区 318
鸡峰镇……〔陇〕成县 407
鸡笼镇……〔湘〕衡南县 279
鸡黍镇……〔鲁〕金乡县 240
鸡街乡……〔滇〕西畴县 376
鸡街乡……〔滇〕漾濞彝族自治县 377
鸡街镇……〔滇〕寻甸回族彝族自治县 369
鸡街镇……〔滇〕个旧市 375
纬二路街道……〔皖〕蚌山区 202
纬七路街道……〔豫〕红旗区 254
纬北路街道……〔鲁〕天桥区 235
纬四街道……〔皖〕禹会区 202
纯化镇……〔鲁〕博兴县 245
纯池镇……〔闽〕周宁县 219
纯复乡……〔川〕井研县 337
纱厂路街道……〔豫〕殷都区 253
纱帽街道……〔鄂〕汉南区 267
纳久乡……〔藏〕仲巴县 382
纳木湖乡……〔藏〕当雄县 381
纳瓦乡……〔新〕洛浦县 428
纳日松镇……〔蒙〕准格尔旗 138
纳古镇……〔滇〕通海县 371
纳尔乡……〔藏〕桑珠孜区 381
纳尔巴格街道……〔新〕和田市 427
纳西民族乡……〔藏〕芒康县 383
纳达齐牛录乡……
……〔新〕察布查尔锡伯自治县 428
纳当乡……〔藏〕谢通门县 382
纳如乡……〔藏〕江孜县 381
纳直乡……〔桂〕天峨县 309
纳林陶亥镇……〔蒙〕伊金霍洛旗 138
纳金乡……〔藏〕城关区 381
纳翁乡……〔桂〕罗城仫佬族自治县 309
纳浪乡……〔陇〕卓尼县 409
纳章镇……〔滇〕马龙县 370
纳塔乡……〔川〕白玉县 350
纳雍乡……〔黔〕织金县 361
纳雍县……〔黔〕毕节市 361
纳溪区……〔川〕泸州市 330
纳福街道……〔黔〕册亨县 363
纸厂乡……〔滇〕会泽县 370
纸厂河镇……〔鄂〕松滋市 272
纸坊街道……〔鄂〕江夏区 267
纸坊街道……〔陕〕洋县 394
纸坊镇……〔鲁〕嘉祥县 240
纸坊镇……〔豫〕汝州市 252
纸坊镇……〔陇〕成县 407
纸店镇……〔豫〕沈丘县 262
纸房乡……〔豫〕清丰县 255
纸房乡……〔黔〕黄平县 364
纸房头乡……〔冀〕沧县 118
纸房镇……〔豫〕嵩县 251
纺织城街道……〔陕〕灞桥区 389
纺织街道……〔蒙〕东胜区 138
纺织路街道……〔陇〕白银区 402
䢺江镇……〔川〕大邑县 328

八画

奉化区……〔浙〕宁波市 190
奉节县……〔渝〕 322
奉母镇……〔豫〕西华县 261
奉贤区……〔沪〕 176
奉城镇……〔沪〕奉贤区 176
奉科镇……〔滇〕玉龙纳西族自治县 373
奉浦街道……〔沪〕奉贤区 176
奉家镇……〔湘〕新化县 288
奉新县……〔赣〕宜春市 229
环山乡……〔浙〕富阳区 189
环山街道……〔鲁〕文登区 241
环卫路街道……〔新〕沙依巴克区 423
环北街道……〔黔〕碧江区 362
环市街道……〔粤〕蓬江区 294
环州乡……〔滇〕武定县 375
环江毛南族自治县……〔桂〕河池市 309
环县……〔陇〕庆阳市 405
环秀街道……〔鲁〕即墨区 236
环岭街道……〔吉〕公主岭市 159
环河路街道……〔蒙〕回民区 135
环城乡……〔吉〕榆树市 158
环城西路街道……〔陕〕莲湖区 389
环城街道……〔吉〕舒兰市 158
环城街道……〔苏〕鼓楼区 180
环城街道……〔鄂〕枣阳市 270
环城镇……〔陇〕环县 405
环南街道……〔浙〕定海区 195
环峰镇……〔皖〕含山县 203
环通乡……〔吉〕东昌区 160
环渚街道……〔浙〕吴兴区 193
环翠区……〔鲁〕威海市 241
环翠街道…〔黔〕镇宁布依族苗族自治县 360
环翠楼街道……〔鲁〕环翠区 241
武山县……〔陇〕天水市 403
武山镇……〔赣〕湖口县 225
武川乡……〔陇〕白银区 402
武川县……〔蒙〕呼和浩特市 135
武义县……〔浙〕金华市 194
武乡县……〔晋〕长治市 125
武乡镇……〔陕〕汉台区 394
武屯镇……〔陕〕阎良区 389
武冈市……〔湘〕邵阳市 281
武水镇……〔湘〕临武县 285
武功乡……〔豫〕舞钢市 252
武功乡……〔新〕伊宁县 428
武功县……〔陕〕咸阳市 392
武功镇……〔陕〕武功县 392
武术乡……〔赣〕万安县 229
武平县……〔闽〕龙岩市 218
武平镇……〔桂〕靖西市 308
武平镇……〔渝〕丰都县 321
武东街道……〔鄂〕青山区 267
武东镇……〔闽〕武平县 218
武乐镇……〔桂〕港北区 306
武汉市……〔鄂〕 267
武汉路街道……〔豫〕涧西区 251
武宁县……〔赣〕九江市 224
武宁街道……〔鲁〕牟平区 238
武穴市……〔鄂〕黄冈市 273
武穴街道……〔鄂〕武穴市 273
武圣乡……〔川〕沐川县 337
武圣宫镇……〔湘〕南县 284
武圣街道……〔辽〕白塔区 151
武台镇……〔鲁〕平邑县 243
武夷山市……〔闽〕南平市 218
武夷山镇……〔赣〕铅山县 232
武夷街道……〔闽〕武夷山市 218
武当山街道……〔鄂〕丹江口市 268
武当乡……〔陇〕漳县 407
武当路街道……〔鄂〕茅箭区 268
武当镇……〔赣〕龙南县 227
武曲镇……〔闽〕寿宁县 219
武关驿镇……〔陕〕留坝县 395
武关镇……〔陕〕丹凤县 397
武江区……〔粤〕韶关市 292
武安市……〔冀〕邯郸市 112
武安镇……〔冀〕武安市 112
武安镇……〔闽〕长泰县 217
武安镇……〔鲁〕郓城县 246
武安镇……〔鄂〕南漳县 270
武阳乡……〔皖〕歙县 205
武阳镇……〔赣〕南昌县 223
武阳镇……〔赣〕瑞金市 227
武阳镇……〔湘〕绥宁县 281
武阳镇……〔川〕彭山区 340
武阳镇……〔陇〕漳县 406
武进区……〔苏〕常州市 181
武连镇……〔川〕剑阁县 334
武坚镇……〔苏〕江都区 185
武邑县……〔冀〕衡水市 120
武邑镇……〔冀〕武邑县 120
武岗镇……〔皖〕全椒县 206
武利镇……〔桂〕灵山县 306
武邱乡……〔豫〕长垣县 254
武沟乡……〔陇〕镇原县 406
武灵镇……〔晋〕灵丘县 124
武坪乡……〔陇〕舟曲县 409
武林街道……〔浙〕下城区 189
武林镇……〔桂〕平南县 306
武垄镇……〔粤〕德庆县 296
武昌区……〔鄂〕武汉市 267
武鸣区……〔桂〕南宁市 303
武店镇……〔皖〕凤阳县 206
武庙乡……〔川〕简阳市 329
武庙集镇……〔豫〕固始县 261
武定县……〔滇〕楚雄彝族自治州 375
武定府街道……〔鲁〕惠民县 245
武官寨镇……〔冀〕故城县 120
武城县……〔鲁〕德州市 244
武城镇……〔鲁〕武城县 244
武南镇……〔陇〕凉州区 403
武威市……〔陇〕 403
武侯区……〔川〕成都市 327
武侯街道……〔豫〕卧龙区 257
武侯镇……〔陕〕勉县 394
武胜关镇……〔鄂〕广水市 273
武胜县……〔川〕广安市 343
武胜驿镇……〔陇〕永登县 401
武胜桥镇……〔鲁〕东明县 246
武宣县……〔桂〕来宾市 310
武宣镇……〔桂〕武宣县 310
武陟县……〔豫〕焦作市 255
武都区……〔陇〕陇南市 407
武都镇……〔川〕江油市 333
武桥镇……〔皖〕五河县 202
武原街道……〔浙〕海盐县 192
武家庄镇……〔晋〕中阳县 131
武家庄镇……〔陕〕府谷县 395
武家沟镇……〔冀〕涿鹿县 116
武家河镇……〔陇〕甘谷县 403
武陵山乡……〔渝〕涪陵区 317
武陵乡……〔闽〕大田县 215
武陵区……〔湘〕常德市 282
武陵源区……〔湘〕张家界市 283
武陵镇……〔桂〕宾阳县 303
武陵镇……〔渝〕万州区 317
武康街道……〔浙〕德清县 193
武清区……〔津〕 103
武隆区……〔渝〕 321
武棚乡……〔川〕仪陇县 340
武蛟乡……〔赣〕瑞昌市 225
武湖街道……〔鄂〕黄陂区 267
武强县……〔冀〕衡水市 120
武强镇……〔冀〕武强县 120
武溪镇……〔湘〕泸溪县 288
武墩镇……〔苏〕清江浦区 183
武镇……〔陕〕横山区 395
武篆镇……〔桂〕东兰县 309
武德乡……〔桂〕龙州县 310
武德乡……〔川〕筠连县 342
武德镇……〔豫〕温县 255
武潭镇……〔湘〕桃江县 284
青口镇……〔苏〕赣榆区 183
青口镇……〔闽〕闽侯县 213
青山口乡……〔吉〕农安县 157
青山乡……〔吉〕榆树市 158
青山乡……〔黑〕嘉荫县 169
青山乡……〔黑〕勃利县 170
青山乡……〔皖〕裕安区 208
青山乡……〔皖〕东至县 210

（八画）青

青山乡……〔湘〕桂东县 285
青山乡……〔川〕营山县 339
青山乡……〔青〕大通回族土族自治县 413
青山乡……〔宁〕盐池县 420
青山区……〔蒙〕包头市 135
青山区……〔鄂〕武汉市 267
青山沟镇……〔辽〕宽甸满族自治县 149
青山苗族乡……〔黔〕息烽县 357
青山泉镇……〔苏〕贾汪区 180
青山桥镇……〔湘〕宁乡市 278
青山桥镇……〔湘〕湘潭县 278
青山铺镇……〔湘〕长沙县 277
青山街道……〔黑〕五大连池市 171
青山街道……〔湘〕石鼓区 279
青山街道……〔宁〕大武口区 419
青山湖区……〔赣〕南昌市 223
青山湖街道……〔浙〕临安区 189
青山路街道……〔蒙〕青山区 135
青山路街道……〔赣〕青山湖区 223
青山路街道……〔陕〕榆阳区 395
青山镇……〔吉〕洮北区 161
青山镇……〔黑〕林口县 170
青山镇……〔苏〕仪征市 185
青山镇……〔皖〕金寨县 209
青山镇……〔赣〕安源区 224
青山镇……〔豫〕罗山县 260
青山镇……〔鄂〕郧阳区 268
青山镇……〔鄂〕崇阳县 273
青山镇……〔桂〕荔浦县 305
青山镇……〔黔〕普安县 363
青山镇……〔陕〕商南县 397
青山镇街道……〔鄂〕青山区 267
青川乡……〔黑〕延寿县 166
青川县……〔川〕广元市 334
青义镇……〔川〕涪城区 332
青天乡……〔皖〕岳西县 205
青云店镇……〔京〕大兴区 100
青云街道……〔赣〕临川区 230
青云街道……〔鲁〕新泰市 241
青云街道……〔滇〕盘龙区 369
青云谱区……〔赣〕南昌市 223
青云谱镇……〔赣〕青云谱区 223
青云镇……〔赣〕万年县 232
青云镇……〔鲁〕临沭县 243
青云镇……〔川〕平昌县 347
青云镇……〔川〕松潘县 348
青云镇……〔陕〕榆阳区 395
青木川镇……〔陕〕宁强县 394
青木关镇……〔渝〕沙坪坝区 317
青木镇……〔川〕恩阳区 346
青冈县……〔黑〕绥化市 172
青冈镇……〔黑〕青冈县 172
青水畲族乡……〔闽〕永安市 215
青水镇……〔陕〕镇巴县 395
青牛乡……〔川〕昭化区 334
青片乡……〔川〕北川羌族自治县 333
青化砭镇……〔陕〕宝塔区 393
青化镇……〔陕〕岐山县 390
青化镇……〔陕〕周至县 390
青凤镇……〔川〕平昌县 347
青石山街道……〔豫〕新华区 252
青石咀镇……〔青〕门源回族自治县 414
青石岭镇……〔辽〕盖州市 150
青石镇……〔吉〕集安市 160
青石镇……〔浙〕常山县 195
青石镇……〔鄂〕蕲春县 272
青龙山镇……〔蒙〕奈曼旗 137
青龙乡……〔皖〕宁国市 210
青龙乡……〔桂〕资源县 305
青龙乡……〔渝〕丰都县 321
青龙乡……〔川〕西充县 340
青龙乡……〔川〕荥经县 345
青龙乡……〔藏〕班戈县 385
青龙桥街道……〔京〕海淀区 99
青龙集镇……〔皖〕萧县 208
青龙街道……〔苏〕天宁区 181
青龙街道……〔渝〕云阳县 322
青龙街道……〔川〕成华区 327
青龙街道……〔黔〕七星关区 360
青龙街道……〔黔〕德江县 362
青龙街道……〔滇〕安宁市 370
青龙湖镇……〔京〕房山区 99
青龙满族自治县……〔冀〕秦皇岛市 110
青龙镇……〔冀〕青龙满族自治县 110
青龙镇……〔赣〕大余县 226
青龙镇……〔渝〕奉节县 322
青龙镇……〔川〕简阳市 329
青龙镇……〔川〕彭山区 340
青龙镇……〔川〕渠县 345
青龙镇……〔滇〕华宁县 371
青龙镇……〔滇〕建水县 375
青平镇……〔粤〕廉江市 294
青平镇……〔川〕市中区 336
青田县……〔浙〕丽水市 197
青田街道……〔鲁〕滨城区 245
青白石街道……〔陇〕城关区 401
青白江区……〔川〕成都市 327
青市乡……〔川〕中江县 331
青兰乡……〔冀〕景县 120
青宁乡……〔川〕通川区 343
青丝乡……〔川〕渠县 345
青场镇……〔黔〕七星关区 360
青达拉街道……〔新〕博乐市 424
青光镇……〔津〕北辰区 103
青曲镇……〔鄂〕郧阳区 268
青同镇……〔冀〕灵寿县 107
青年公园街道……〔鲁〕槐荫区 235
青年街道……〔皖〕蚌山区 202
青年路街道……〔吉〕绿园区 157
青年路街道……〔鲁〕周村区 237
青年路街道……〔鲁〕临清市 245
青年路街道……〔豫〕中牟县 249
青年路街道……〔陕〕莲湖区 389
青年路街道……〔陕〕王益区 390
青年路街道……〔新〕天山区 423
青年镇……〔豫〕召陵区 256
青年镇……〔渝〕綦江区 318
青竹湖街道……〔湘〕开福区 277
青华乡……〔滇〕巍山彝族回族自治县 377
青华街道……〔滇〕隆阳区 371
青华镇……〔豫〕卧龙区 257
青伊湖镇……〔苏〕沭阳县 186
青羊区……〔川〕成都市 327
青羊镇……〔晋〕平顺县 125
青羊镇……〔渝〕涪陵区 317
青州乡……〔川〕夹江县 337
青州市……〔鲁〕潍坊市 239
青州镇……〔闽〕沙县 215
青州镇……〔粤〕和平县 298
青江街道……〔川〕雨城区 345
青阳县……〔皖〕池州市 210
青阳岔镇……〔陕〕靖边县 395
青阳苗族仡佬族侗族乡……〔黔〕石阡县 362
青阳街道……〔闽〕晋江市 216
青阳镇……〔苏〕江阴市 180
青阳镇……〔苏〕泗洪县 186
青阳镇……〔鲁〕邹平县 245
青麦乡……〔川〕理塘县 351
青花街道……〔辽〕大石桥市 150
青花镇……〔川〕万源市 345
青杠坡镇……〔黔〕思南县 362
青杠街道……〔渝〕璧山区 320
青杠塘镇……〔黔〕绥阳县 358
青村镇……〔沪〕奉贤区 176
青县……〔冀〕沧州市 118
青园街道……〔冀〕长安区 107
青园街道……〔湘〕天心区 277
青町镇……〔皖〕涡阳县 209
青岗乡……〔川〕仁寿县 341
青岗岭回族彝族乡……〔滇〕昭阳区 372
青岗集镇……〔鲁〕曹县 246
青岗镇……〔川〕射洪县 335
青岚山乡……〔陇〕安定区 406
青秀区……〔桂〕南宁市 303
青岛市……〔鲁〕 235
青岛街道……〔吉〕船营区 158
青沟子乡……〔吉〕敦化市 162
青罕镇……〔冀〕故城县 120
青纳乡……〔川〕冕宁县 354
青坪镇……〔湘〕永顺县 288
青坨营镇……〔冀〕滦南县 109
青林乡……〔川〕朝天区 334
青林乡……〔青〕大通回族土族自治县 413
青林回族维吾尔族乡……〔湘〕桃源县 283
青林苗族彝族乡……〔黔〕水城县 357
青板乡……〔赣〕横峰县 232
青松乡……〔琼〕白沙黎族自治县 314
青松乡……〔川〕金阳县 353
青松岭乡……〔辽〕建平县 153
青松岭镇……〔冀〕兴隆县 117
青松街道……〔川〕高坪区 338
青松路街道……〔新〕阿拉尔市 429
青肯泡乡……〔黑〕安达市 172
青岩镇……〔黔〕花溪区 357
青岭满族乡……〔黑〕双城区 166
青河县……〔新〕阿勒泰地区 429
青河镇……〔黑〕同江市 170
青河镇……〔新〕青河县 429
青泥洼桥街道……〔辽〕中山区 146
青泥洞乡……〔藏〕江达县 383
青泥镇……〔赣〕临川区 230
青居镇……〔川〕高坪区 338
青驼镇……〔鲁〕沂南县 242
青春山街道……〔蒙〕康巴什区 138
青珍乡……〔青〕甘德县 415
青城山镇……〔川〕都江堰市 328
青城子镇……〔辽〕凤城市 149
青城镇……〔晋〕和顺县 127
青城镇……〔鲁〕高青县 237
青城镇……〔川〕青神县 341
青城镇……〔陇〕榆中县 401
青草镇……〔皖〕桐城市 205
青树坪镇……〔湘〕双峰县 287
青树镇……〔陕〕南郑区 394
青树嘴镇……〔湘〕南县 284
青要山镇……〔豫〕新安县 251
青胜乡……〔滇〕永善县 372
青狮镇……〔川〕西充县 340
青神乡……〔川〕渠县 345
青神县……〔川〕眉山市 341
青屏街道……〔豫〕新密市 249
青都乡……〔藏〕谢通门县 382
青莲街道……〔川〕高坪区 338
青莲镇……〔粤〕阳山县 299
青莲镇……〔渝〕奉节县 322
青莲镇……〔川〕江油市 333
青桥驿镇……〔陕〕留坝县 395
青格达湖乡……〔新〕新市区 423
青原区……〔赣〕吉安市 228
青原镇……〔黑〕宝清县 169
青峰山镇……〔辽〕建平县 153
青峰镇……〔鄂〕房县 268
青峰镇……〔渝〕永川区 319
青凉寺乡……〔晋〕临县 131
青浦区……〔沪〕 176
青海湖乡……〔青〕海晏县 414
青浴乡……〔川〕通江县 347
青朗侗族苗族乡……〔湘〕会同县 287
青堌集镇……〔鲁〕曹县 246
青堆子镇……〔辽〕北镇市 150
青堆镇……〔辽〕庄河市 147
青菱街道……〔鄂〕洪山区 267
青菏街道……〔鲁〕曹县 246
青铜关镇……〔陕〕镇安县 397
青铜峡市……〔宁〕吴忠市 420
青铜峡镇……〔宁〕青铜峡市 420
青得里街道……〔新〕博乐市 424
青得里镇……〔新〕博乐市 424
青塔乡……〔冀〕任丘市 119
青堤乡……〔川〕射洪县 335
青椅山镇……〔辽〕宽甸满族自治县 149
青街畲族乡……〔浙〕平阳县 191
青湖路街道……〔新〕五家渠市 429
青湖镇……〔苏〕东海县 183
青塘镇……〔赣〕宁都县 227
青塘镇……〔粤〕英德市 299
青塘镇……〔桂〕钦北区 306
青源街道……〔津〕北辰区 103
青溪镇……〔粤〕大埔县 297
青溪镇……〔川〕青川县 334

（八画）青玫表盂拓拔坪拣坦坤抽拐拖拍者顶拥抱拉拦幸坨坭拂招坡披抬坳

青溪镇……〔黔〕镇远县 364
青福镇……〔蒙〕青山区 135
青磁窑乡……〔晋〕浑源县 124
青磁窑街道……〔晋〕矿区 123
青德镇……〔川〕理塘县 351
青霞镇……〔川〕大邑县 328
玫瑰营镇……〔蒙〕察哈尔右翼前旗 140
玫瑰镇……〔鲁〕平阴县 235
表白寺镇……〔鲁〕齐河县 244
盂县……〔晋〕阳泉市 124
拓石镇……〔陕〕陈仓区 390
拓东街道……〔滇〕盘龙区 369
拔山镇……〔渝〕忠县 322
拔贡镇……〔桂〕金城江区 309
坪上镇……〔鲁〕莒南县 243
坪上镇……〔湘〕新邵县 280
坪上镇……〔粤〕揭西县 300
坪上镇……〔黔〕普定县 360
坪上镇……〔滇〕镇雄县 372
坪山区……〔粤〕深圳市 293
坪山仡佬族侗族乡……〔黔〕石阡县 362
坪山街道……〔粤〕坪山区 293
坪山镇……〔渝〕垫江县 321
坪石镇……〔粤〕乐昌市 292
坪东街道……〔黔〕兴义市 363
坪田镇……〔粤〕南雄市 292
坪乐镇……〔黔〕绥阳县 358
坪市乡……〔赣〕南康区 226
坪头乡……〔晋〕离石区 131
坪头乡……〔川〕雷波县 354
坪头镇……〔陕〕陈仓区 390
坪地场仡佬族侗族乡……〔黔〕石阡县 362
坪地街道……〔粤〕龙岗区 293
坪地镇……〔黔〕天柱县 364
坪地彝族乡……〔黔〕盘州市 358
坪庄乡……〔陇〕东乡族自治县 409
坪坝乡……〔川〕甘洛县 354
坪坝营镇……〔鄂〕咸丰县 274
坪坝镇……〔鄂〕京山县 270
坪坝镇……〔湘〕古丈县 288
坪坝镇……〔渝〕城口县 321
坪坎镇……〔陕〕凤县 391
坪村镇……〔湘〕会同县 287
坪沟乡……〔陇〕永靖县 408
坪坦乡……〔湘〕通道侗族自治县 287
坪河乡……〔川〕安岳县 348
坪河镇……〔川〕南江县 347
坪定乡……〔陇〕舟曲县 409
坪垭藏族乡……〔陇〕武都区 407
坪城乡……〔陇〕永登县 401
坪桥镇……〔陕〕安塞区 393
坪塘街道……〔湘〕岳麓区 277
坪滩镇……〔川〕岳池县 342
坪寨彝族乡……〔黔〕水城县 357
拣银岩街道……〔川〕昭化区 333
坦头镇……〔浙〕天台县 196
坦坪镇……〔湘〕嘉禾县 284
坦洪乡……〔浙〕武义县 194
坦洲镇……〔粤〕英德市 299
坦途镇……〔吉〕镇赉县 161
坦埠镇……〔鲁〕蒙阴县 243
坦渡镇……〔湘〕临湘市 282
坦溪镇……〔川〕平昌县 347
担杆镇……〔粤〕香洲区 293
坤河达斡尔族满族乡……〔黑〕爱辉区 171
坤都营子乡……
……〔辽〕喀喇沁左翼蒙古族自治县 153
坤都镇……〔蒙〕阿鲁科尔沁旗 136
抽水乡……〔吉〕抚松县 160
拐儿镇……〔晋〕左权县 127
拐河镇……〔豫〕方城县 257
拖木乡……〔川〕美姑县 354
拖乌乡……〔川〕冕宁县 354
拖布卡镇……〔滇〕东川区 369
拖市镇……〔鄂〕天门市 274
拖坝乡……〔川〕甘孜县 350
拖顶傈僳族乡……〔滇〕德钦县 378
拖觉镇……〔川〕布拖县 353
拖船镇……〔赣〕丰城市 230
拍石头乡……〔豫〕辉县市 254
拍克其乡……〔新〕莎车县 427
者下乡……〔藏〕白朗县 382
者太乡……〔滇〕广南县 377
者东镇…〔滇〕镇沅彝族哈尼族拉祜族 373
者米拉祜族乡……
……〔滇〕金平苗族瑶族傣族自治县 376
者苗乡……〔桂〕田林县 308
者兔乡……〔滇〕广南县 377
者相镇……〔黔〕贞丰县 363
者保乡……〔桂〕隆林各族自治县 308
者竜乡……〔滇〕新平彝族傣族自治县 371
者海镇……〔滇〕会泽县 370
者浪乡……〔桂〕隆林各族自治县 308
者桑乡……〔滇〕富宁县 377
者密镇……〔黔〕平塘县 365
者腊乡……〔滇〕砚山县 376
者楼街道……〔黔〕册亨县 363
顶山街道……〔苏〕浦口区 179
顶云街道…〔黔〕关岭布依族苗族自治县 360
顶效镇……〔黔〕兴义市 363
顶新乡……〔川〕安岳县 348
拥巴乡……〔藏〕八宿县 383
拥政街道……〔辽〕金州区 146
拥翠乡……〔滇〕南涧彝族自治县 377
抱龙镇……〔渝〕巫山县 322
抱由镇……〔琼〕乐东黎族自治县 314
抱罗镇……〔琼〕文昌市 313
拉一木乡……〔川〕昭觉县 353
拉卜楞镇……〔陇〕夏河县 409
拉马乡……〔川〕会东县 352
拉井镇…〔滇〕兰坪白族普米族自治县 378
拉木阿觉乡……〔川〕美姑县 354
拉日马镇……〔川〕新龙县 350
拉仁关乡……〔陇〕碌曲县 409
拉仁镇……〔桂〕都安瑶族自治县 309
拉乌彝族乡……〔滇〕宾川县 377
拉巴乡……〔滇〕澜沧拉祜族自治县 374
拉玉乡……〔藏〕琼结县 384
拉古满族乡……〔辽〕田屯街道 148
拉布大林街道……〔蒙〕额尔古纳市 139
拉布乡……〔青〕称多县 415
拉布普乡……〔藏〕南木林县 381
拉白乡……〔川〕越西县 354
拉市镇……〔滇〕玉龙纳西族自治县 373
拉让乡……〔藏〕仲巴县 382
拉加镇……〔青〕玛沁县 415
拉吉乡……〔川〕越西县 354
拉西瓦镇……〔青〕贵德县 414
拉西镇……〔藏〕巴青县 385
拉达乡……〔川〕布拖县 353
拉多乡……〔藏〕卡若区 383
拉多乡……〔藏〕朗县 384
拉克乡……〔川〕喜德县 353
拉伯乡……〔滇〕宁蒗彝族自治县 373
拉妥乡……〔藏〕贡觉县 383
拉沟乡……〔桂〕鹿寨县 304
拉孜乡……〔藏〕边坝县 383
拉孜县……〔藏〕日喀则市 382
拉孜镇……〔藏〕拉孜县 382
拉拉河镇……〔吉〕东丰县 159
拉林满族镇……〔黑〕五常市 166
拉果乡……〔川〕布拖县 353
拉依喀乡……〔新〕和田县 427
拉郊乡……〔藏〕洛扎县 384
拉法街道……〔吉〕蛟河市 158
拉波乡……〔川〕理塘县 351
拉哇乡……〔川〕理塘县 351
拉哈镇……〔黑〕讷河市 167
拉咪乡……〔川〕雷波县 354
拉洛乡……〔藏〕萨迦县 382
拉莫乡……〔川〕甘洛县 354
拉根乡……〔藏〕八宿县 383
拉烈镇……〔桂〕都安瑶族自治县 309
拉绥乡……〔藏〕加查县 384
拉萨市……〔藏〕 381
拉康镇……〔藏〕洛扎县 384
拉斯奎镇……〔新〕和田市 427
拉斯特乡……〔新〕阿勒泰市 429
拉堡镇……〔桂〕柳江区 304
拉普乡……〔川〕越西县 354
拉僧仲街道……〔蒙〕海南区 136
拉僧庙镇……〔蒙〕海南区 136
拉藏乡……〔藏〕萨嘎县 382
拦江镇……〔川〕安居区 335
拦隆口镇……〔青〕湟中县 413
幸福之路苏木……〔蒙〕巴林右旗 136
幸福乡……〔蒙〕太仆寺旗 141
幸福乡……〔吉〕南关区 157
幸福乡……〔黑〕爱辉区 171
幸福乡……〔川〕沐川县 337
幸福街道……〔蒙〕东胜区 138
幸福街道……〔吉〕洮北区 161
幸福街道……〔黑〕双城区 166
幸福街道……〔黑〕富拉尔基区 167
幸福街道……〔苏〕港闸区 182
幸福街道……〔苏〕宿城区 186
幸福街道……〔赣〕湾里区 223
幸福街道……〔鲁〕芝罘区 238
幸福街道……〔川〕都江堰市 328
幸福路街道……〔蒙〕青山区 135
幸福路街道……〔苏〕海州区 182
幸福路街道……〔新〕天山区 423
幸福路街道……〔新〕阿图什市 426
幸福路街道……〔新〕阿拉尔市 429
幸福镇……〔黑〕香坊区 165
幸福镇……〔川〕三台县 332
幸福镇……〔川〕宁南县 352
幸福镇……〔滇〕云县 374
坨里镇……〔冀〕滦南县 109
坨南乡……〔冀〕满城区 113
坨院街道……〔湘〕鹤城区 286
坭坝乡……〔黔〕习水县 359
坭陂镇……〔粤〕兴宁市 297
坭美彝族乡……〔川〕汉源县 346
拂晓乡……〔皖〕定远县 206
招安镇……〔陕〕安塞区 393
招远市……〔鲁〕烟台市 238
招束沟镇……〔辽〕阜新蒙古族自治县 151
招贤乡……〔豫〕温县 255
招贤镇……〔晋〕临县 131
招贤镇……〔浙〕常山县 195
招贤镇……〔赣〕湾里区 223
招贤镇……〔鲁〕莒县 242
招贤镇……〔陕〕麟游县 391
招宝山街道……〔浙〕镇海区 190
招商街道……〔粤〕南山区 292
招提街道……〔黔〕安龙县 363
招携镇……〔赣〕乐安县 231
坡子街街道……〔湘〕天心区 277
坡仓乡……〔冀〕易县 114
坡心镇……〔粤〕电白区 295
坡心镇……〔琼〕屯昌县 314
坡头乡……〔晋〕永和县 130
坡头乡……〔豫〕渑池县 257
坡头乡……〔滇〕建水县 375
坡头乡……〔陇〕临夏县 408
坡头区……〔粤〕湛江市 294
坡头街道……〔陕〕耀州区 390
坡头镇……〔豫〕济源市 263
坡头镇……〔湘〕汉寿县 282
坡头镇……〔粤〕坡头区 294
坡头镇……〔滇〕镇雄县 372
坡贡镇…〔黔〕关岭布依族苗族自治县 360
坡底乡……〔晋〕平陆县 128
坡底街道……〔晋〕城区 124
坡妹镇……〔黔〕册亨县 363
坡胡镇……〔豫〕长葛市 256
坡洪镇……〔桂〕田阳县 307
坡结乡……〔桂〕天峨县 309
坡荷乡……〔桂〕那坡县 308
坡造镇……〔桂〕平果县 308
坡脚镇……〔滇〕马关县 376
坡渡镇……〔黔〕桐梓县 358
披砂镇……〔川〕宁南县 352
拨英乡……〔赣〕瑞金市 228
抬头寺镇……〔鲁〕德城区 243
坳上镇……〔湘〕苏仙区 284
坳上镇……〔湘〕靖州苗族侗族自治县 287
坳仔镇……〔粤〕怀集县 296
坳里乡……〔赣〕井冈山市 229

（八画）坳其耶取苦昔若茂苹苴苗英苘茌苟茆苑范直茄苔茅林

坳南乡……〔赣〕永新县 229
其中口乡……〔冀〕涞水县 114
其塔木镇……〔吉〕九台区 157
耶底乡……〔川〕普格县 353
取柴河镇……〔吉〕磐石市 159
苦水镇……〔陇〕永登县 401
苦竹乡……〔鄂〕黄梅县 273
昔马镇……〔滇〕盈江县 378
昔色乡……〔川〕甘孜县 350
昔阳县……〔晋〕晋中市 127
若水镇……〔湘〕会同县 287
若巴乡……〔藏〕卡若区 383
若尔盖县…〔川〕阿坝藏族羌族自治州 349
若达乡……〔藏〕索县 385
若克雅乡……〔新〕民丰县 428
若羌县……〔新〕巴音郭楞蒙古自治州 425
若羌镇……〔新〕若羌县 425
若笠乡……〔陇〕靖远县 402
茂山镇……〔滇〕禄劝彝族苗族自治县 369
茂井镇……〔黔〕罗甸县 365
茂兰镇……〔黔〕荔波县 365
茂兰镇……〔滇〕云县 374
茂名市……〔粤〕 295
茂兴镇……〔黑〕肇源县 169
茂县……〔川〕阿坝藏族羌族自治州 348
茂林镇……〔吉〕双辽市 159
茂林镇……〔皖〕泾县 210
茂林镇……〔桂〕玉州区 307
茂林镇……〔滇〕永善县 372
茂南区……〔粤〕茂名市 295
茂租镇……〔滇〕巧家县 372
茂道吐苏木……〔蒙〕科尔沁左翼后旗 137
苹果园街道……〔京〕石景山区 99
苹果园街道……〔豫〕顺河回族区 250
苹塘镇……〔粤〕罗定市 300
苴力镇……〔滇〕弥渡县 377
苴镇街道……〔苏〕如东县 182
苗儿滩镇……〔湘〕龙山县 288
苗山镇……〔鲁〕莱城区 242
苗市镇……〔湘〕慈利县 283
苗老集镇……〔皖〕太和县 207
苗庄镇……〔津〕宁河区 104
苗庄镇……〔晋〕平顺县 125
苗尾傈僳族乡……〔滇〕云龙县 377
苗店镇……〔豫〕社旗县 258
苗桥镇……〔豫〕永城市 260
苗圃街道……〔湘〕珠晖区 279
苗家坪镇……〔陕〕子洲县 396
苗馆镇……〔鲁〕泗水县 240
苗庵乡……〔皖〕埇桥区 208
苗集镇……〔皖〕阜南县 207
苗寨镇……〔豫〕长垣县 254
英下乡……〔新〕库尔勒市 425
英山乡……〔闽〕柘荣县 219
英山县……〔鄂〕黄冈市 272
英川镇……〔浙〕景宁畲族自治县 197
英也尔乡……〔新〕英吉沙县 426
英也尔乡……〔新〕墨玉县 427
英也尔乡……〔新〕伊宁市 428
英巴扎街道……〔新〕阿克苏市 425
英巴格乡……〔新〕于田县 428
英艾日克乡……〔新〕阿瓦提县 426
英艾日克乡……〔新〕和田县 427
英尔力克乡……〔新〕疏勒县 426
英吉沙县……〔新〕喀什地区 426
英吉沙镇……〔新〕英吉沙县 426
英达街道……〔辽〕浑南区 145
英庄镇……〔豫〕卧龙区 257
英州镇……〔琼〕陵水黎族自治县 314
英安镇……〔吉〕珲春市 162
英买力镇……〔新〕沙雅县 425
英买里乡……〔新〕伽师县 427
英红镇……〔粤〕英德市 299
英吾斯坦乡……〔新〕喀什市 426
英吾斯塘乡……〔新〕且末县 425
英吾斯塘乡……〔新〕巴楚县 427
英吾斯塘乡……〔新〕莎车县 427
英利镇……〔粤〕雷州市 295
英言乡……〔晋〕垣曲县 128
英阿瓦提乡……〔新〕乌什县 426
英阿瓦提乡……〔新〕疏勒县 426
英阿瓦提乡……〔新〕和田县 427
英武乡……〔晋〕灵石县 127
英武镇……〔黔〕盘州市 358
英林镇……〔闽〕晋江市 216
英旺乡……〔陕〕宜川县 393
英城子乡……〔辽〕黑山县 150
英城街道……〔粤〕英德市 299
英俊镇……〔吉〕二道区 157
英将乡……〔赣〕铅山县 232
英都镇……〔闽〕南安市 216
英桥镇……〔桂〕博白县 307
英格堡乡……〔新〕木垒哈萨克自治县 424
英萃镇……〔川〕旺苍县 334
英塔木镇……〔新〕伊宁县 428
英落镇……〔辽〕海城市 148
英雄中路街道……〔晋〕城区 124
英雄南路街道……〔晋〕城区 124
英雄街道……〔吉〕铁西区 159
英豪镇……〔豫〕渑池县 257
英德市……〔粤〕清远市 299
英额门镇……〔辽〕清原满族自治县 148
英额布镇……〔吉〕通化县 160
苘山镇……〔鲁〕环翠区 241
茌平县……〔鲁〕聊城市 244
苟各庄镇……〔冀〕任丘市 119
苟江镇……〔黔〕播州区 358
苟村集镇……〔鲁〕成武县 246
苟角镇……〔川〕岳池县 342
苟堂镇……〔豫〕新密市 249
茆圩乡……〔苏〕沭阳县 186
苑东街道……〔冀〕桥西区 107
苑庄镇……〔鲁〕汶上县 240
苑前镇……〔赣〕泰和县 228
范水镇……〔苏〕宝应县 185
范各庄镇……〔冀〕古冶区 108
范庄镇……〔冀〕赵县 108
范坝镇……〔陇〕文县 407
范坑乡……〔闽〕福安市 219
范村乡……〔豫〕祥符区 250
范村镇……〔晋〕太谷县 127
范县……〔豫〕濮阳市 255
范里镇……〔豫〕卢氏县 257
范岗乡……〔皖〕定远县 206
范岗镇……〔皖〕桐城市 205
范坡镇……〔豫〕禹州市 256
范店乡……〔川〕沙湾区 337
范桥镇……〔皖〕霍邱县 208
范家屯镇……〔吉〕公主岭市 159
范家庄乡……〔冀〕曲阳县 115
范家满族乡……〔辽〕绥中县 154
范家寨镇……〔陕〕凤翔县 390
范家镇……〔陕〕大荔县 392
范营乡……〔豫〕沈丘县 262
范集镇……〔苏〕淮安区 183
范集镇……〔豫〕项城市 262
范湖乡……〔豫〕襄城县 256
范楼镇……〔苏〕丰县 180
范寨镇……〔鲁〕冠县 245
范镇……〔赣〕瑞昌市 225
范镇……〔鲁〕岱岳区 241
直升镇……〔渝〕荣昌区 320
直克乡……〔藏〕岗巴县 382
直罗镇……〔陕〕富县 393
直埠镇……〔浙〕诸暨市 193
直溪镇……〔苏〕金坛区 181
直滩镇……〔陇〕古浪县 403
茄子河区……〔黑〕七台河市 170
茄子河镇……〔黑〕茄子河区 170
茄子溪街道……〔渝〕大渡口区 317
苔菉镇……〔闽〕连江县 213
茅山镇……〔苏〕句容市 185
茅山镇……〔苏〕兴化市 186
茅天镇…〔黔〕务川仡佬族苗族自治县 359
茅石镇……〔黔〕桐梓县 358
茅田乡……〔鄂〕建始县 274
茅市镇……〔湘〕衡南县 279
茅兰沟满族蒙古族乡……〔冀〕平泉市 118
茅台镇……〔黔〕仁怀市 359
茅竹镇……〔湘〕祁阳县 285
茅坝乡……〔川〕青川县 334
茅坝镇……〔黔〕仁怀市 359
茅贡镇……〔黔〕黎平县 364
茅村镇……〔苏〕铜山区 180
茅坪乡……〔赣〕井冈山市 229
茅坪乡……〔湘〕龙山县 288
茅坪场镇……〔鄂〕远安县 269
茅坪回族镇……〔陕〕镇安县 397
茅坪镇……〔鄂〕秭归县 269
茅坪镇……〔湘〕城步苗族自治县 281
茅坪镇……〔黔〕湄潭县 359
茅坪镇……〔黔〕锦屏县 364
茅坪镇……〔陕〕洋县 394
茅坪镇……〔陕〕白河县 397
茅岩河镇……〔湘〕永定区 283
茅岭镇……〔桂〕防城区 306
茅店镇……〔赣〕赣县区 226
茅河乡……〔川〕名山区 345
茅垭镇……〔黔〕绥阳县 358
茅荆坝乡……〔冀〕隆化县 117
茅草街镇……〔湘〕南县 284
茅洋乡……〔浙〕象山县 190
茅桥镇……〔川〕市中区 336
茅栗镇……〔黔〕播州区 358
茅家岭街道……〔赣〕信州区 231
茅排乡……〔赣〕临川区 230
茅塔乡……〔鄂〕茅箭区 268
茅畲乡……〔浙〕黄岩区 196
茅渡乡……〔湘〕洪江市 287
茅塘镇……〔湘〕涟源市 288
茅箭区……〔鄂〕十堰市 268
林七乡……〔豫〕民权县 259
林口县……〔黑〕牡丹江市 170
林口镇……〔黑〕林口县 170
林口镇……〔黔〕七星关区 360
林口彝族苗族乡……〔滇〕镇雄县 372
林山乡……〔浙〕开化县 195
林山乡……〔川〕盐亭县 333
林山寨街道……〔豫〕中原区 249
林川乡……〔青〕互助土族自治县 414
林川镇……〔浙〕瑞安市 192
林子镇……〔鲁〕临邑县 243
林丰乡……〔川〕南溪区 341
林丰满族乡……〔辽〕开原市 153
林凤镇……〔川〕安岳县 347
林扒镇……〔豫〕邓州市 258
林东镇……〔蒙〕巴林左旗 136
林卡乡……〔藏〕八宿县 383
林头屯乡……〔冀〕玉田县 109
林头镇……〔皖〕含山县 203
林头镇……〔粤〕电白区 295
林圩镇……〔桂〕马山县 303
林芝市……〔藏〕 383
林芝镇……〔藏〕巴宜区 383
林机街道……〔黑〕昂昂溪区 167
林西县……〔蒙〕赤峰市 136
林西街道……〔冀〕古冶区 108
林西镇……〔冀〕玉田县 109
林西镇……〔蒙〕林西县 136
林尘镇……〔粤〕化州市 295
林冲镇……〔湘〕新晃侗族自治县 287
林州市……〔豫〕安阳市 253
林农镇……〔川〕盐亭县 332
林坛镇……〔冀〕复兴区 111
林坊镇……〔闽〕连城县 219
林里乡……〔川〕冕宁县 354
林园街道……〔吉〕绿园区 157
林甸县……〔黑〕大庆市 169
林甸镇……〔黑〕林甸县 169
林和街道……〔粤〕天河区 291
林周县……〔藏〕拉萨市 381
林店街道……〔皖〕庐阳区 201
林城镇……〔浙〕长兴县 193
林城镇……〔湘〕会同县 287
林荫街道……〔蒙〕东胜区 138
林荫路街道……〔蒙〕昆都仑区 135
林南仓镇……〔冀〕玉田县 109
林泉乡……〔赣〕德安县 225
林泉镇……〔黔〕黔西县 360
林亭口镇……〔津〕宝坻区 104

（八画）林枝枧杵枨析板枞松枫

林校路街道……〔京〕大兴区 100
林峰乡……〔湘〕凤凰县 288
林皋镇……〔陕〕白水县 393
林逢镇……〔桂〕田东县 308
林海街道……〔蒙〕阿尔山市 140
林海镇……〔吉〕梨树县 159
林海镇……〔吉〕洮北区 161
林家屯镇……〔冀〕涿州市 115
林家村镇……〔鲁〕诸城市 239
林家坪镇……〔晋〕临县 131
林家崖街道……〔青〕城东区 413
林埭镇……〔浙〕平湖市 192
林盛街道……〔辽〕苏家屯区 145
林提乡……〔藏〕嘉黎县 385
林堡乡……〔冀〕蠡县 115
林集镇……〔苏〕淮安区 183
林街乡……〔滇〕景东彝族自治县 373
林畲乡……〔闽〕清流县 215
林湖乡……〔苏〕兴化市 186
林源镇……〔黑〕大同区 169
林溪镇……〔桂〕三江侗族自治县 304
林遮峪乡……〔晋〕保德县 129
林寨镇……〔粤〕和平县 298
林镇乡……〔陇〕华池县 406
枝江市……〔鄂〕宜昌市 269
枝城镇……〔鄂〕宜昌市 269
枝柯镇……〔晋〕中阳县 131
枧田街乡……〔赣〕鄱阳县 232
枧头镇……〔赣〕万安县 228
枧头镇……〔湘〕新田县 286
枧坝镇……〔黔〕绥阳县 358
枧底镇……〔赣〕广丰区 231
枧塘镇……〔桂〕全州县 305
枧槽苗族乡……〔川〕叙永县 331
杵坭乡……〔川〕泸定县 349
枨江镇……〔赣〕遂川县 228
枨冲镇……〔湘〕浏阳市 277
析木镇……〔辽〕海城市 148
板山坪镇……〔豫〕南召县 257
板木乡……〔豫〕杞县 250
板升乡……〔桂〕大化瑶族自治县 310
板仑乡……〔滇〕富宁县 377
板石沟乡……〔辽〕凌海市 150
板石街道……〔吉〕浑江区 160
板石镇……〔吉〕珲春市 162
板市乡……〔湘〕衡阳县 279
板场乡……〔豫〕内乡县 258
板场镇……〔黔〕沿河土家族自治县 362
板当镇…〔黔〕紫云苗族布依族自治县 360
板江乡……〔湘〕平江县 282
板芙镇……〔粤〕英德市 299
板杉镇……〔湘〕醴陵市 278
板利乡……〔桂〕江州区 310
板岩镇……〔陕〕山阳县 397
板岭乡……〔桂〕都安瑶族自治县 309
板店乡……〔豫〕汝南县 263
板庙镇……〔川〕平昌县 347
板底乡…〔黔〕威宁彝族回族苗族自治县 361
板房子镇……〔陕〕周至县 390
板房沟镇……〔新〕乌鲁木齐县 423
板城镇……〔冀〕宽城满族自治县 118
板城镇……〔桂〕钦北区 306
板泉镇……〔鲁〕莒南县 243
板桥口镇……〔川〕通江县 346
板桥乡……〔皖〕休宁县 205
板桥乡……〔湘〕大祥区 280
板桥乡…〔渝〕酉阳土家族苗族自治县 323
板桥乡……〔川〕青川县 334
板桥乡……〔川〕蓬溪县 335
板桥乡……〔川〕仪陇县 340
板桥乡……〔川〕仁寿县 341
板桥乡……〔川〕越西县 354
板桥乡……〔宁〕利通区 419
板桥头乡……〔皖〕绩溪县 210
板桥店镇……〔鄂〕宜城市 270
板桥集镇……〔皖〕蒙城县 209
板桥街道……〔苏〕雨花台区 179
板桥街道……〔苏〕连云区 182
板桥街道……〔滇〕石林彝族自治县 369
板桥街道……〔滇〕宣威市 370
板桥畲族乡……〔浙〕松阳县 197
板桥镇……〔津〕宁河区 104
板桥镇……〔浙〕临安区 189
板桥镇……〔皖〕寿县 203
板桥镇……〔皖〕凤阳县 206
板桥镇……〔豫〕太康县 262
板桥镇……〔豫〕驿城区 262
板桥镇……〔鄂〕南漳县 270
板桥镇……〔鄂〕恩施市 274
板桥镇……〔湘〕常宁市 280
板桥镇……〔琼〕东方市 314
板桥镇……〔渝〕永川区 319
板桥镇……〔川〕富顺县 329
板桥镇……〔川〕绵竹市 332
板桥镇……〔川〕渠县 345
板桥镇……〔黔〕汇川区 358
板桥镇……〔黔〕织金县 361
板桥镇……〔黔〕思南县 362
板桥镇……〔滇〕陆良县 370
板桥镇……〔滇〕罗平县 370
板桥镇……〔滇〕隆阳区 371
板桥镇……〔陕〕韩城市 393
板桥镇……〔陕〕商州区 397
板桥镇……〔陇〕临泽县 404
板桥镇……〔陇〕合水县 406
板栗树乡……〔湘〕麻阳苗族自治县 287
板栗桠镇……〔川〕资中县 336
板栗镇……〔滇〕绥江县 372
板蚌乡……〔滇〕广南县 377
板浦镇……〔苏〕海州区 183
板棍乡……〔桂〕宁明县 310
板湖镇……〔苏〕阜宁县 184
板塘街道……〔湘〕岳塘区 278
板榄镇……〔桂〕融安县 304
板溪镇…〔渝〕酉阳土家族苗族自治县 323
板溪镇…〔黔〕印江土家族苗族自治县 362
板凳乡……〔川〕通江县 347
板燕乡……〔川〕仁寿县 341
枞阳县……〔皖〕铜陵市 204
枞阳镇……〔皖〕枞阳县 204
松下镇……〔闽〕长乐区 213
松口镇……〔粤〕梅县区 297
松山区……〔蒙〕赤峰市 136
松山街道……〔辽〕太和区 149
松山街道……〔鲁〕栖霞市 239
松山街道……〔粤〕曲江区 292
松山街道…〔黔〕紫云苗族布依族自治县 360
松山镇……〔辽〕开原市 153
松山镇……〔吉〕磐石市 159
松山镇……〔闽〕罗源县 213
松山镇……〔桂〕容县 307
松山镇……〔陇〕天祝藏族自治县 403
松门镇……〔浙〕温岭市 196
松木坪镇……〔鄂〕宜昌市 269
松木塘镇……〔湘〕桃江县 284
松北区……〔黑〕哈尔滨市 165
松北镇……〔黑〕松北区 165
松他克乡……〔新〕阿图什市 426
松台街道……〔浙〕鹿城区 191
松竹镇……〔粤〕雷州市 295
松华街道……〔滇〕盘龙区 369
松多乡……〔川〕理塘县 351
松多藏族乡……〔青〕互助土族自治县 414
松州街道……〔蒙〕松山区 136
松江乡……〔黑〕东风区 169
松江区……〔沪〕 176
松江河镇……〔吉〕抚松县 160
松江街道……〔黑〕东风区 169
松江镇……〔吉〕蛟河市 158
松江镇……〔吉〕安图县 162
松江镇……〔湘〕衡南县 279
松江镇……〔川〕东坡区 340
松安街道……〔黑〕松北区 165
松阳县……〔浙〕丽水市 197
松麦镇……〔川〕稻城县 351
松坎镇……〔黔〕桐梓县 358
松花江乡……〔黑〕巴彦县 166
松花江街道……〔黑〕南岗区 165
松花江镇……〔吉〕德惠市 158
松村乡……〔晋〕沁县 125
松岗街道……〔粤〕宝安区 292
松岗镇……〔川〕马尔康市 348
松岙镇……〔浙〕奉化区 190
松坪沟乡……〔川〕茂县 348
松坪傈僳族彝族乡……〔滇〕永胜县 373
松坪镇……〔川〕会东县 352
松林坡白族彝族苗族乡…〔黔〕赫章县 361
松林店镇……〔冀〕涿州市 115
松林街道……〔川〕游仙区 332
松林镇……〔鲁〕临清市 245
松林镇……〔川〕广汉市 331
松林镇……〔川〕宁南县 352
松林镇……〔黔〕汇川区 358
松旺镇……〔桂〕博白县 307
松鸣镇……〔陇〕和政县 408
松罗乡……〔闽〕福安市 219
松岭门蒙古族乡……〔辽〕朝阳县 153
松岭子镇……〔辽〕凌源市 154
松岭镇……〔冀〕宽城满族自治县 118
松宗镇……〔藏〕波密县 384
松垭镇……〔川〕游仙区 332
松城街道……〔闽〕霞浦县 219
松南乡……〔黑〕方正县 166
松柏瑶族乡……〔湘〕江永县 286
松柏镇……〔鲁〕五莲县 242
松柏镇……〔鄂〕神农架林区 274
松柏镇……〔湘〕永顺县 288
松柏镇……〔粤〕阳春市 298
松树乡……〔川〕雷波县 354
松树乡……〔青〕民和回族土族自治县 413
松树台乡……〔冀〕平泉市 118
松树沟乡……〔黑〕逊克县 171
松树镇……〔辽〕瓦房店市 147
松树镇……〔吉〕江源区 160
松树镇……〔陇〕清水县 402
松树镇……〔陇〕凉州区 403
松洲街道……〔粤〕白云区 291
松桂镇……〔滇〕鹤庆县 378
松桃苗族自治县……〔黔〕铜仁市 362
松原市……〔吉〕 161
松峰山镇……〔黑〕阿城区 166
松峰乡……〔川〕仁寿县 341
松烟镇……〔晋〕和顺县 127
松烟镇……〔黔〕余庆县 359
松涛镇……〔川〕雁江区 347
松浦镇……〔黑〕松北区 165
松祥街道……〔黑〕松北区 165
松陵镇……〔苏〕吴江区 181
松盘乡……〔藏〕林周县 381
松塔镇……〔晋〕寿阳县 127
松港街道……〔闽〕霞浦县 219
松湖镇……〔赣〕新建区 223
松滋市……〔鄂〕荆州市 272
松溉镇……〔渝〕永川区 319
松龄路街道……〔鲁〕淄川区 236
松新镇……〔川〕宁南县 352
松源街道……〔浙〕庆元县 197
松源街道……〔闽〕松溪县 217
松源镇……〔粤〕梅县区 297
松溪乡……〔川〕通江县 347
松溪县……〔闽〕南平市 217
松潘县……〔川〕阿坝藏族羌族自治州 348
枫木镇……〔琼〕屯昌县 314
枫木镇……〔渝〕石柱土家族自治县 323
枫田镇……〔赣〕安福县 229
枫边乡……〔赣〕兴国县 227
枫江镇……〔赣〕吉水县 228
枫芸土家族苗族乡……〔黔〕思南县 362
枫坪乡……〔浙〕松阳县 197
枫坪镇……〔湘〕涟源市 288
枫林街道……〔湘〕新化县 287
枫林路街道……〔沪〕徐汇区 175
枫林镇……〔浙〕永嘉县 191
枫林镇……〔鄂〕阳新县 268
枫林镇……〔湘〕醴陵市 278
枫岭头镇……〔赣〕上饶县 231
枫泾镇……〔沪〕金山区 176
枫相乡……〔陇〕武都区 407
枫树岭镇……〔浙〕淳安县 190
枫树维吾尔族回族乡……〔湘〕桃源县 283

（八画）枫构杭枋杰枕画卧枣雨卖郁矾矿砀码奈奔奇奋瓯欧垄郑转轮到歧肯齿卓虎

枫香仡佬族侗族乡……〔黔〕石阡县 362
枫香溪镇……〔黔〕德江县 362
枫香镇……〔黔〕播州区 358
枫顺乡……〔川〕江油市 333
枫亭镇……〔闽〕仙游县 214
枫桥街道……〔苏〕虎丘区 181
枫桥湖街道……〔湘〕岳阳楼区 281
枫桥镇……〔浙〕诸暨市 193
枫朗镇……〔粤〕大埔县 297
枫港乡……〔赣〕余干县 232
枫湾镇……〔粤〕曲江区 292
枫溪乡……〔闽〕明溪县 215
枫溪乡……〔闽〕浦城县 217
枫溪街道……〔湘〕芦淞区 278
枫溪镇……〔粤〕潮安区 299
构元镇……〔陕〕旬阳县 397
构扒镇……〔陕〕白河县 397
构皮滩镇……〔黔〕余庆县 359
构林镇……〔豫〕邓州市 258
杭口镇……〔赣〕修水县 224
杭川镇……〔闽〕光泽县 217
杭州市……〔浙〕189
杭州道街道……〔津〕滨海新区 104
杭州路街道……〔鲁〕市北区 236
杭州路街道……〔新〕新市区 423
杭坪镇……〔浙〕浦江县 194
杭垓镇……〔浙〕安吉县 193
杭桂乡……〔新〕洛浦县 427
杭桂镇……〔新〕洛浦县 427
杭埠镇……〔皖〕舒城县 209
杭盖街道……〔蒙〕锡林浩特市 141
杭集镇……〔苏〕广陵区 184
杭锦后旗……〔蒙〕巴彦淖尔市 139
杭锦旗……〔蒙〕鄂尔多斯市 138
枋洋镇……〔闽〕长泰县 217
杰兴镇……〔川〕中江县 331
杰坝乡……〔赣〕崇义县 226
杰村乡……〔赣〕兴国县 227
杰勒阿尕什镇……〔新〕额敏县 429
杰德秀镇……〔藏〕贡嘎县 384
枕头乡……〔晋〕尧都区 130
画水镇……〔浙〕东阳市 195
画桥镇……〔赣〕余江县 226
画溪街道……〔浙〕长兴县 193
卧牛山街道……〔皖〕巢湖市 201
卧牛石乡……〔辽〕法库县 146
卧牛吐镇……〔黑〕梅里斯达斡尔族区 167
卧牛河乡……〔黑〕孙吴县 171
卧牛河镇……〔蒙〕扎兰屯市 139
卧凤沟乡……〔辽〕阜新蒙古族自治县 151
卧龙山街道……〔鲁〕嘉祥县 240
卧龙山街道……〔鲁〕东港区 242
卧龙乡……〔鄂〕孝南区 271
卧龙区……〔豫〕南阳市 257
卧龙寺街道……〔陕〕金台区 390
卧龙岗街道……〔豫〕卧龙区 257
卧龙泉镇……〔辽〕盖州市 150
卧龙朝鲜族乡……〔黑〕宁安市 171
卧龙街道……〔辽〕明山区 148
卧龙街道……〔豫〕鼓楼区 250
卧龙街道……〔豫〕上蔡县 262
卧龙街道……〔滇〕文山市 376
卧龙镇……〔冀〕平泉市 118
卧龙镇……〔豫〕永城市 260
卧龙镇……〔鄂〕襄城区 269
卧龙镇……〔川〕邛崃市 328
卧龙镇……〔川〕梓潼县 333
卧龙镇……〔川〕汶川县 348
卧龙镇……〔藏〕米林县 384
卧龙镇……〔陇〕庄浪县 404
卧里屯镇……〔黑〕安达市 172
卧里托格拉克镇……〔新〕伽师县 427
卧佛寺乡……〔冀〕涿鹿县 116
卧佛堂镇……〔冀〕河间市 119
卧佛镇……〔渝〕潼南区 320
卧佛镇……〔川〕安岳县 347
卧虎沟乡……〔辽〕喀喇沁左翼蒙古族自治县 153
卧虎镇……〔吉〕双辽市 159
枣山镇……〔川〕广安区 342
枣子坪街道……〔川〕东区 330
枣元镇……〔陕〕长武县 392
枣市镇……〔湘〕茶陵县 278
枣庄市……〔鲁〕237
枣庄镇……〔皖〕颍东区 206
枣阳市……〔鄂〕襄阳市 270
枣村乡……〔豫〕滑县 253
枣园乡……〔冀〕威县 113
枣园街道……〔鲁〕章丘区 235
枣园街道……〔陕〕莲湖区 389
枣园街道……〔陕〕宝塔区 393
枣园镇……〔豫〕镇平县 258
枣沟头镇……〔鲁〕兰山区 242
枣林乡……〔晋〕离石区 131
枣林乡……〔川〕旺苍县 334
枣林坪镇……〔陕〕绥德县 395
枣林街道……〔豫〕宛城区 257
枣林镇……〔晋〕代县 129
枣林镇……〔豫〕舞钢市 252
枣林镇……〔川〕巴州区 346
枣林镇……〔陕〕岐山县 390
枣岭乡……〔晋〕乡宁县 130
枣巷镇……〔皖〕凤阳县 206
枣强县……〔冀〕衡水市 120
枣强镇……〔冀〕枣强县 120
枣碧乡……〔川〕阆中市 340
雨山区……〔皖〕马鞍山市 203
雨山街道……〔皖〕雨山区 203
雨水乡……〔川〕普格县 352
雨母山镇……〔湘〕蒸湘区 279
雨过铺镇……〔滇〕蒙自市 375
雨朵镇……〔黔〕黔西县 360
雨冲乡……〔黔〕大方县 360
雨坛镇……〔皖〕枞阳县 204
雨花区……〔湘〕长沙市 277
雨花台区……〔苏〕南京市 179
雨花亭街道……〔湘〕雨花区 277
雨花街道……〔苏〕雨花台区 179
雨花街道……〔滇〕呈贡区 369
雨金街道……〔陕〕临潼区 389
雨河镇……〔滇〕镇雄县 372
雨城区……〔川〕雅安市 345
雨亭街道……〔黑〕讷河市 167
雨润镇……〔青〕乐都区 413
雨敞坪镇……〔湘〕岳麓区 277
雨湖区……〔湘〕湘潭市 278
雨湖路街道……〔湘〕雨湖区 278
雨碌乡……〔滇〕会泽县 370
雨溪街道……〔湘〕大祥区 280
雨樟镇……〔黔〕兴仁县 363
雨露白族乡……〔滇〕南华县 375
卖酒镇……〔桂〕兴业县 307
郁山镇……〔渝〕彭水苗族土家族自治县 323
郁南县……〔粤〕云浮市 300
郁洲街道……〔苏〕海州区 182
矾山镇……〔冀〕涿鹿县 116
矾山镇……〔浙〕苍南县 191
矾山镇……〔皖〕庐江县 201
矿工路街道……〔豫〕新华区 252
矿山集街道……〔皖〕杜集区 203
矿山街道……〔豫〕上街区 249
矿山路街道……〔蒙〕白云鄂博矿区 135
矿山镇……〔冀〕武安市 112
矿山镇……〔滇〕会泽县 370
矿区……〔晋〕大同市 123
矿区……〔晋〕阳泉市 124
矿区街道……〔晋〕城区 125
矿区街道……〔鲁〕市中区 237
矿区街道……〔陇〕红古区 401
矿市街道……〔冀〕井陉矿区 107
矿坑镇……〔鲁〕兰陵县 243
矿里街道……〔黑〕滴道区 168
矿建街道……〔豫〕舞钢市 252
矿泉街道……〔粤〕越秀区 291
矿洞沟镇……〔辽〕盖州市 150
砀山县……〔皖〕宿州市 208
砀城镇……〔皖〕砀山县 208
码口镇……〔滇〕永善县 372
码市镇……〔湘〕江华瑶族自治县 286
码头李镇……〔冀〕冀州区 120
码头铺镇……〔湘〕澧县 282
码头镇……〔冀〕涿州市 115
码头镇……〔冀〕安次区 119
码头镇……〔冀〕阜城县 120
码头镇……〔苏〕淮阴区 183
码头镇……〔闽〕南安市 216
码头镇……〔赣〕瑞昌市 225
码头镇……〔鲁〕邹平县 245
奈曼旗……〔蒙〕通辽市 137
奔子栏镇……〔滇〕德钦县 378
奔戈乡……〔川〕理塘县 351
奔牛镇……〔苏〕新北区 181
奔达乡……〔川〕石渠县 351
奔都乡……〔川〕稻城县 351
奇山街道……〔鲁〕芝罘区 238
奇石乡……〔桂〕港北区 306
奇台县……〔新〕昌吉回族自治州 424
奇台镇……〔新〕奇台县 424
奇克镇……〔黑〕逊克县 171
奇村镇……〔晋〕忻府区 128
奇峰镇……〔川〕泸县 330
奇家岭街道……〔湘〕岳阳楼区 281
奇乾乡……〔蒙〕额尔古纳市 139
奇章街道……〔川〕巴州区 346
奇韬镇……〔闽〕大田县 215
奋斗乡……〔黑〕孙吴县 171
奋斗乡……〔黑〕兰西县 172
奋斗街道……〔黑〕恒山区 168
奋斗路街道……〔黑〕南岗区 165
奋斗镇……〔蒙〕海拉尔区 138
奋进乡……〔吉〕宽城区 157
瓯北街道……〔浙〕永嘉县 191
瓯宁街道……〔闽〕建瓯市 218
瓯南街道……〔浙〕青田县 197
瓯海区……〔浙〕温州市 191
欧江岔镇……〔湘〕赫山区 283
欧阳海镇……〔湘〕桂阳县 284
欧阳路街道……〔沪〕虹口区 175
欧里镇……〔赣〕渝水区 225
欧拉乡……〔陇〕玛曲县 409
欧拉秀玛乡……〔陇〕玛曲县 409
欧庙镇……〔鄂〕襄城区 269
欧洞乡……〔桂〕忻城县 310
欧家镇……〔川〕大竹县 344
垄溪乡……〔湘〕炎陵县 278
郏县……〔豫〕平顶山市 252
转水镇……〔粤〕五华县 297
转斗镇……〔川〕朝天区 334
转龙镇……〔川〕金堂县 328
转龙镇……〔滇〕禄劝彝族苗族自治县 369
转导乡……〔青〕民和回族土族自治县 413
转渠口镇……〔陇〕敦煌市 405
转塘街道……〔浙〕西湖区 189
转楼乡……〔豫〕太康县 262
轮台县……〔新〕巴音郭楞蒙古自治州 425
轮台镇……〔新〕轮台县 425
轮南镇……〔新〕轮台县 425
到贤镇……〔陕〕富平县 393
到保镇……〔吉〕洮北区 161
歧坪镇……〔川〕苍溪县 335
歧河乡……〔豫〕夏邑县 259
歧亭镇……〔鄂〕麻城市 273
肯通乡……〔藏〕察雅县 383
齿可波西乡……〔川〕昭觉县 353
卓刀泉街道……〔鄂〕洪山区 267
卓瓦乡……〔藏〕尼玛县 385
卓尼乡……〔藏〕尼玛县 385
卓尼县……〔陇〕甘南藏族自治州 409
卓克基镇……〔川〕马尔康市 348
卓洛回族乡……〔陇〕临潭县 409
卓洋乡……〔闽〕古田县 219
卓资山镇……〔蒙〕卓资县 140
卓资县……〔蒙〕乌兰察布市 140
卓筒井镇……〔川〕大英县 335
虎镇……〔闽〕蕉城区 219
虎山乡……〔赣〕信丰县 226
虎山街道……〔蒙〕集宁区 140
虎山街道……〔浙〕江山市 195
虎山路街道……〔鲁〕李沧区 236
虎山镇……〔辽〕宽甸满族自治县 149

（八画）虎贤尚盱旺昙果昆国昌畅昕昄明

虎山镇……〔鲁〕荣成市 241
虎山镇……〔鲁〕岚山区 242
虎门镇……〔粤〕东莞市 299
虎牙街道……〔鄂〕猇亭区 269
虎牙藏族乡……〔川〕平武县 333
虎什哈镇……〔冀〕滦平县 117
虎石台街道……〔辽〕沈北新区 145
虎北乡……〔晋〕神池县 129
虎丘区……〔苏〕苏州市 181
虎丘街道……〔苏〕姑苏区 181
虎头崖镇……〔鲁〕莱州市 238
虎头镇……〔黑〕虎林市 168
虎头镇……〔川〕合江县 330
虎让乡……〔川〕达川区 344
虎台街道……〔青〕城西区 413
虎圩乡……〔赣〕东乡区 230
虎庄镇……〔辽〕大石桥市 150
虎关乡……〔陇〕康乐县 408
虎形山瑶族乡……〔湘〕隆回县 281
虎岗乡……〔豫〕郸城县 262
虎岗镇……〔闽〕永定区 218
虎邱镇……〔闽〕安溪县 216
虎林市……〔黑〕鸡西市 168
虎林镇……〔黑〕虎林市 168
虎城镇……〔渝〕梁平区 321
虎城镇……〔川〕前锋区 342
虎威镇……〔渝〕丰都县 321
虎洞镇……〔陇〕环县 405
虎峰镇……〔渝〕铜梁区 320
虎鹿镇……〔浙〕东阳市 194
虎跳峡镇……〔滇〕香格里拉市 378
虎跳镇……〔川〕昭化区 334
虎溪街道……〔渝〕沙坪坝区 317
虎踞镇……〔湘〕茶陵县 278
贤台乡……〔冀〕满城区 113
贤良镇……〔浙〕庆元县 197
贤昌镇……〔黔〕麻江县 365
贤官镇……〔苏〕沭阳县 186
贤庠镇……〔浙〕象山县 190
贤寓镇……〔冀〕定兴县 114
贤儒镇……〔吉〕敦化市 162
尚干镇……〔闽〕闽侯县 213
尚义县……〔冀〕张家口市 116
尚义镇……〔川〕东坡区 340
尚屯镇……〔豫〕睢县 259
尚卡乡……〔藏〕类乌齐县 383
尚田镇……〔浙〕奉化区 190
尚市镇……〔鄂〕随县 273
尚庄街道……〔赣〕丰城市 230
尚庄镇……〔苏〕盐都区 184
尚志乡……〔辽〕朝阳县 153
尚志市……〔黑〕哈尔滨市 166
尚志街道……〔黑〕安图县 165
尚志镇……〔黑〕尚志市 166
尚村镇……〔冀〕肃宁县 118
尚村镇……〔陕〕周至县 390
尚武镇……〔川〕旺苍县 334
尚贤乡……〔赣〕吉水县 228
尚岩镇……〔鲁〕兰陵县 243
尚店镇……〔鲁〕临清市 245
尚店镇……〔豫〕舞钢市 252
尚重镇……〔黔〕黎平县 364
尚峪乡……〔晋〕偏关县 129
尚卿乡……〔闽〕安溪县 216
尚家镇……〔黑〕肇东市 172
尚堂镇……〔鲁〕庆云县 243
尚嵇镇……〔黔〕播州区 358
尚集镇……〔豫〕建安区 256
尚湖镇……〔苏〕常熟市 182
尚湖镇……〔浙〕磐安县 194
尚塘镇……〔皖〕凤台县 203
尚寨土家族乡……〔黔〕镇远县 364
尚德镇……〔陇〕文县 407
尚壁镇……〔冀〕丛台区 111
盱江镇……〔赣〕广昌县 231
盱城街道……〔苏〕盱眙县 183
盱眙县……〔苏〕淮安市 183
旺丹乡……〔藏〕白朗县 382
旺达镇……〔藏〕左贡县 383
旺庄街道……〔苏〕新吴区 179
旺苍县……〔川〕广元市 334
旺村镇……〔冀〕大城县 119
旺甫镇……〔桂〕苍梧县 305
旺茂镇……〔桂〕博白县 307
旺草镇……〔黔〕绥阳县 358
旺泉街道……〔京〕顺义区 100
旺起镇……〔吉〕丰满区 158
旺清门镇……〔辽〕新宾满族自治县 148
旺隆镇……〔黔〕赤水市 359
旺藏镇……〔陇〕迭部县 409
昙华乡……〔滇〕大姚县 375
果子园乡……〔皖〕金寨县 209
果子洼回族乡……〔冀〕河间市 119
果瓦乡……〔黔〕大方县 360
果化镇……〔桂〕平果县 308
果布戛彝族苗族布依族乡……〔黔〕水城县 357
果乐乡……〔桂〕靖西市 308
果庄镇……〔鲁〕莒县 242
果里镇……〔鲁〕桓台县 237
果园乡……〔冀〕路北区 108
果园乡……〔辽〕盖州市 150
果园乡……〔豫〕渑池县 257
果园街道……〔京〕密云区 100
果园新村街道……〔津〕北辰区 103
果园镇……〔湘〕长沙县 277
果园镇……〔陇〕肃州区 405
果园镇……〔陇〕东乡族自治县 409
果耶乡……〔陇〕舟曲县 409
果松镇……〔吉〕通化县 160
果洛藏族自治州……〔青〕415
果珠彝族乡……〔滇〕镇雄县 372
果都镇……〔鲁〕新泰市 241
果遂镇……〔桂〕忻城县 310
昆工路街道……〔蒙〕昆都仑区 135
昆山市……〔苏〕苏州市 182
昆山街道……〔豫〕西华县 261
昆山镇……〔皖〕无为县 202
昆仑桥街道……〔湘〕湘乡市 279
昆仑街道……〔苏〕溧阳市 181
昆仑路街道……〔青〕格尔木市 415
昆仑路街道……〔新〕克拉玛依区 423
昆仑镇……〔鲁〕淄川区 236
昆仑镇……〔桂〕兴宁区 303
昆玉市……〔新〕阿勒泰地区 429
昆北街道……〔蒙〕昆都仑区 135
昆阳街道……〔豫〕叶县 252
昆阳街道……〔滇〕晋宁区 369
昆阳镇……〔浙〕平阳县 191
昆吾街道……〔豫〕华龙区 255
昆明市……〔滇〕369
昆明街道……〔辽〕中山区 146
昆明湖街道……〔辽〕铁西区 145
昆河镇……〔蒙〕昆都仑区 135
昆都仑区……〔蒙〕包头市 135
昆莎乡……〔藏〕噶尔县 385
昆嵛镇……〔鲁〕牟平区 238
昆寨苗族彝族白族乡……〔黔〕纳雍县 361
国华乡……〔辽〕阜新蒙古族自治县 151
国光乡……〔川〕剑阁县 334
国华镇……〔川〕旺苍县 334
国庆乡……〔滇〕江城哈尼族彝族自治县 373
国庆街道……〔皖〕田家庵区 202
国兴街道……〔琼〕琼山区 313
国安瑶族乡……〔桂〕平南县 307
国欢镇……〔闽〕涵江区 214
国宝乡……〔闽〕德化县 216
国荣乡……〔黔〕石阡县 362
国胜乡……〔川〕盐边县 330
国瓷街道……〔湘〕醴陵市 278
国基路街道……〔豫〕金水区 249
国梁镇……〔渝〕大足区 318
国富镇……〔黑〕拜泉县 167
国强乡……〔闽〕平和县 217
昌马乡……〔陇〕玉门市 405
昌元街道……〔渝〕荣昌区 320
昌五镇……〔黑〕肇东市 172
昌化镇……〔浙〕临安区 189
昌化镇……〔琼〕昌江黎族自治县 314
昌龙乡……〔藏〕岗巴县 382
昌平乡……〔桂〕扶绥县 310
昌平区……〔京〕100
昌东镇……〔赣〕南昌县 223
昌乐县……〔鲁〕潍坊市 239
昌宁县……〔滇〕保山市 371
昌宁镇……〔晋〕乡宁县 130
昌宁镇……〔陇〕民勤县 403
昌吉市……〔新〕昌吉回族自治州 424
昌吉回族自治州……〔新〕424
昌华街道……〔粤〕荔湾区 291
昌州街道……〔渝〕荣昌区 320
昌江区……〔赣〕景德镇市 223
昌江街道……〔赣〕珠山区 223
昌江黎族自治县……〔琼〕儋州市 314
昌邑乡……〔赣〕新建区 223
昌邑区……〔吉〕吉林市 158
昌邑市……〔鲁〕潍坊市 239
昌岗街道……〔粤〕海珠区 291
昌果乡……〔藏〕萨嘎县 382
昌果乡……〔藏〕贡嘎县 384
昌国街道……〔浙〕定海区 195
昌明乡……〔桂〕大新县 310
昌明镇……〔黔〕贵定县 365
昌图县……〔辽〕铁岭市 152
昌图镇……〔辽〕昌图县 152
昌河街道……〔赣〕珠山区 223
昌波乡……〔川〕理塘县 351
昌城镇……〔鲁〕诸城市 239
昌荣镇……〔苏〕兴化市 186
昌洒镇……〔琼〕文昌市 313
昌洲乡……〔赣〕鄱阳县 232
昌珠镇……〔藏〕乃东区 384
昌都市……〔藏〕382
昌桥乡……〔皖〕泾县 210
昌硕街道……〔浙〕安吉县 193
昌盛乡……〔黑〕克东县 167
昌盛乡……〔黑〕青冈县 172
昌盛街道……〔辽〕庄河市 147
昌隆镇……〔辽〕建平县 153
昌傅镇……〔赣〕樟树市 230
昌溪乡……〔皖〕歙县 205
昌黎县……〔冀〕秦皇岛市 110
昌黎镇……〔冀〕昌黎县 110
昌德镇……〔黑〕安达市 172
畅好乡……〔琼〕五指山市 313
昕水镇……〔晋〕大宁县 130
昄大乡……〔赣〕德兴市 232
明山区……〔辽〕本溪市 148
明山头镇……〔湘〕南县 284
明山街道……〔辽〕明山区 148
明久乡……〔黑〕肇东市 172
明义乡……〔黑〕桦南县 170
明义镇……〔冀〕涞水县 114
明中乡……〔渝〕城口县 321
明水县……〔黑〕绥化市 172
明水河镇……〔蒙〕阿尔山市 140
明水街道……〔鲁〕章丘区 235
明水满族乡……〔辽〕绥中县 154
明水镇……〔黑〕明水县 172
明仁苏木……〔蒙〕奈曼旗 137
明仁街道……〔蒙〕科尔沁区 137
明仁街道……〔吉〕洮北区 161
明化镇……〔冀〕南宫市 113
明月乡……〔川〕宣汉县 344
明月店镇……〔冀〕定州市 115
明月镇……〔吉〕安图县 162
明月镇……〔湘〕醴陵市 278
明月镇……〔川〕蓬溪县 335
明月镇……〔川〕华蓥市 343
明心寺镇……〔川〕资中县 336
明东街道……〔皖〕明光市 206
明礼乡……〔川〕宝兴县 346
明永镇……〔陇〕甘州区 404
明西街道……〔皖〕明光市 206
明达镇……〔渝〕梁平区 321
明光市……〔皖〕滁州市 206
明光街道……〔皖〕明光市 206
明光路街道……〔皖〕瑶海区 201
明光镇……〔滇〕腾冲市 371
明伦镇……〔桂〕环江毛南族自治县 309

（八画）明易昂迪典固忠咀呷呼鸣岵岢岸岩罗

明江镇……〔桂〕宁明县 310
明安图镇……〔蒙〕正镶白旗 141
明安镇……〔蒙〕达尔罕茂明安联合旗 136
明安镇……〔蒙〕乌拉特前旗 139
明阳街道……〔辽〕庄河市 147
明阳镇……〔川〕恩阳区 346
明花乡……〔陇〕肃南裕固族自治县 404
明村镇……〔鲁〕平度市 236
明沙淖乡……〔蒙〕土默特右旗 136
明官店乡……〔冀〕安国市 115
明城镇……〔吉〕磐石市 159
明城镇……〔粤〕高明区 294
明南街道……〔皖〕明光市 206
明威镇……〔川〕翠屏区 341
明星镇……〔晋〕太谷县 127
明星镇……〔川〕射洪县 335
明亮镇……〔桂〕上林县 303
明姜镇……〔晋〕洪洞县 130
明觉镇……〔川〕昭化区 334
明祖陵镇……〔苏〕盱眙县 184
明珠街道……〔吉〕南关区 157
明珠街道……〔苏〕海陵区 185
明桦街道……〔吉〕桦甸市 158
明通镇……〔渝〕城口县 321
明集乡……〔鲁〕利津县 238
明集镇……〔鲁〕邹平县 245
明港镇……〔豫〕平桥区 260
明楼街道……〔浙〕鄞州区 190
明廉街道……〔辽〕皇姑区 145
明溪口镇……〔湘〕沅陵县 286
明溪县……〔闽〕三明市 214
明德乡……〔川〕营山县 339
明德北街道……〔冀〕桥西区 115
明德南街街道……〔冀〕桥西区 115
明德朝鲜族乡……〔黑〕鸡东县 168
明德满族乡……〔辽〕西丰县 152
易门县……〔滇〕玉溪市 371
易州镇……〔冀〕易县 114
易贡乡……〔藏〕波密县 384
易县……〔冀〕保定市 114
易武镇……〔滇〕勐腊县 377
易俗河镇……〔湘〕湘潭县 278
易家街道……〔鄂〕硚口区 267
易家渡镇……〔湘〕石门县 283
昂仁县……〔藏〕日喀则市 382
昂多乡……〔藏〕芒康县 383
昂武镇……〔黔〕望谟县 363
昂拉乡……〔青〕尖扎县 414
昂昂溪区……〔黑〕齐齐哈尔市 167
昂思多镇……〔青〕化隆回族自治县 414
昂素镇……〔蒙〕鄂托克前旗 138
昂格特勒克乡……〔新〕麦盖提县 427
昂赛乡……〔青〕杂多县 415
迪口镇……〔闽〕建瓯市 218
迪庆藏族自治州……〔滇〕 378
迪坎乡……〔新〕鄯善县 424
迪沟镇……〔皖〕颍上县 207
迪荡街道……〔浙〕越城区 193
典补乡……〔川〕美姑县 354
固日班花苏木……〔蒙〕奈曼旗 137
固本乡……〔黔〕锦屏县 364
固东镇……〔滇〕腾冲市 371
固关镇……〔陕〕陇县 391
固江镇……〔赣〕吉安县 228
固安县……〔冀〕廊坊市 119
固安镇……〔冀〕固安县 119
固军乡……〔川〕万源市 345
固阳县……〔蒙〕土默特右旗 136
固玛镇……〔新〕皮山县 427
固村镇……〔赣〕宁都县 227
固县乡……〔晋〕沁水县 126
固县镇……〔豫〕桐柏县 258
固拉合玛镇……〔新〕策勒县 428
固贤乡……〔晋〕兴县 131
固店镇……〔冀〕望都县 114
固河镇……〔鲁〕高唐县 245
固始县……〔豫〕信阳市 260
固驿镇……〔川〕邛崃市 328
固城乡……〔豫〕清丰县 255
固城乡……〔豫〕扶沟县 261
固城乡……〔豫〕淮滨县 261
固城乡……〔陇〕合水县 406
固城乡……〔陇〕礼县 408
固城店镇……〔冀〕柏乡县 112
固城镇……〔冀〕隆尧县 112
固城镇……〔冀〕定兴县 114
固城镇……〔苏〕高淳区 179
固厚乡……〔赣〕宁都县 227
固原市……〔宁〕 420
固厢乡……〔豫〕临颍县 257
固隆乡……〔晋〕阳城县 126
固堤街道……〔鲁〕寒亭区 239
固献乡……〔冀〕威县 113
固新镇……〔冀〕涉县 111
固墙镇……〔豫〕商水县 261
固增苗族乡……〔川〕木里藏族自治县 352
固镇县……〔皖〕蚌埠市 202
固镇镇……〔皖〕裕安区 208
忠门镇……〔闽〕秀屿区 214
忠义乡……〔冀〕康保县 116
忠义镇……〔川〕安岳县 347
忠义镇……〔川〕雁江区 347
忠仁镇……〔黑〕绥滨县 168
忠玉乡……〔藏〕嘉黎县 385
忠庄街道……〔黔〕红花岗区 358
忠州街道……〔渝〕忠县 321
忠兴镇……〔川〕游仙区 332
忠防镇……〔湘〕临湘市 282
忠孝乡……〔川〕三台县 332
忠县……〔渝〕 321
忠良乡……〔桂〕金秀瑶族自治县 310
忠和镇……〔陇〕皋兰县 401
忠诚镇……〔黔〕榕江县 364
忠厚乡……〔黑〕富裕县 167
忠信镇……〔闽〕浦城县 217
忠信镇……〔粤〕连平县 298
忠信镇……〔黔〕道真仡佬族苗族自治县 358
忠堡镇……〔鄂〕咸丰县 274
忠路镇……〔鄂〕利川市 274
咀头乡……〔陇〕武山县 403
呷巴乡……〔川〕康定市 349
呷尔镇……〔川〕九龙县 350
呷衣乡……〔川〕石渠县 351
呷拉乡……〔川〕甘孜县 350
呷拉镇……〔川〕雅江县 350
呷柯乡……〔川〕理塘县 351
呼中镇……〔黑〕海伦市 172
呼兰区……〔黑〕哈尔滨市 165
呼兰街道……〔黑〕呼兰区 165
呼兰镇……〔吉〕磐石市 159
呼吉尔特蒙古族乡……〔新〕特克斯县 428
呼伦贝尔市……〔蒙〕 138
呼伦街道……〔蒙〕海拉尔区 138
呼伦镇……〔蒙〕新巴尔虎右旗 139
呼玛县……〔黑〕大兴安岭地区 172
呼玛镇……〔黑〕呼玛县 172
呼图壁县……〔新〕昌吉回族自治州 424
呼图壁镇……〔新〕呼图壁县 424
呼和木都镇……〔蒙〕杭锦旗 138
呼和车力蒙古族乡……〔吉〕洮南市 162
呼和浩特市……〔蒙〕 135
呼和诺尔镇……〔蒙〕陈巴尔虎旗 139
呼和温都尔镇……〔蒙〕乌拉特后旗 139
呼热图淖尔苏木…〔蒙〕东乌珠穆沁旗 141
呼家楼街道……〔京〕朝阳区 99
呼勒斯太苏木……〔蒙〕乌拉特中旗 139
呼源镇……〔黑〕海伦市 172
鸣凤镇……〔鄂〕远安县 269
鸣凤镇……〔川〕蓬溪县 335
鸣玉镇……〔渝〕南川区 320
鸣龙镇……〔川〕西充县 340
鸣沙镇……〔宁〕中宁县 420
鸣钟乡……〔川〕武胜县 343
鸣音镇……〔滇〕玉龙纳西族自治县 373
鸣皋镇……〔豫〕伊川县 251
鸣鹿乡……〔陇〕康乐县 408
鸣鹿街道……〔豫〕鹿邑县 262
鸣犊街道……〔陕〕长安区 389
鸣鹭镇……〔滇〕蒙自市 375
岵山镇……〔闽〕永春县 216
岢岚县……〔晋〕忻州市 129
岸门口镇……〔陇〕康县 407
岸堤镇……〔鲁〕沂南县 242
岩口乡……〔川〕平昌县 347
岩口铺镇……〔湘〕邵阳县 280
岩口镇……〔湘〕隆回县 280
岩山镇……〔闽〕新罗区 218
岩山镇……〔湘〕洞口县 281
岩门镇……〔湘〕麻阳苗族自治县 287
岩比乡……〔藏〕江达县 383
岩孔街道……〔黔〕金沙县 361
岩东乡…〔渝〕彭水苗族土家族自治县 323
岩帅镇……〔滇〕沧源佤族自治县 374
岩头乡……〔晋〕繁峙县 129
岩头寨镇……〔湘〕古丈县 288
岩头镇……〔浙〕永嘉县 191
岩头镇……〔浙〕浦江县 194
岩寺镇……〔皖〕徽州区 205
岩汪湖镇……〔湘〕汉寿县 282
岩垅乡……〔湘〕洪江市 287
岩坦镇……〔浙〕永嘉县 191
岩泊渡镇……〔湘〕慈利县 283
岩茶乡……〔桂〕隆林各族自治县 308
岩泉街道……〔浙〕莲都区 196
岩泉镇……〔湘〕宜章县 284
岩前镇……〔闽〕三元区 214
岩前镇……〔闽〕武平县 218
岩洞镇……〔黔〕黎平县 364
岩架镇……〔黔〕册亨县 363
岩桥镇……〔湘〕芷江侗族自治县 287
岩峰镇……〔川〕渠县 344
岩脚乡……〔川〕雷波县 354
岩脚镇……〔黔〕六枝特区 357
岩腊苗族布依族乡……〔黔〕西秀区 359
岩湾乡……〔渝〕奉节县 322
岩瑞镇……〔赣〕玉山县 232
岩溪镇……〔闽〕长泰县 217
岩滩镇……〔桂〕大化瑶族自治县 309
岩樟乡……〔浙〕龙泉市 197
岩镇镇……〔粤〕龙川县 298
罗卜田乡……〔湘〕芷江侗族自治县 287
罗大台镇……〔辽〕文圣区 151
罗山川乡……〔陇〕环县 405
罗山县……〔豫〕信阳市 260
罗山街道……〔闽〕晋江市 216
罗山溪乡……〔川〕雷波县 354
罗子山瑶族乡……〔湘〕辰溪县 286
罗子山镇……〔陕〕延长县 393
罗子沟镇……〔吉〕汪清县 162
罗王乡……〔豫〕祥符区 250
罗云乡……〔渝〕涪陵区 317
罗屯镇……〔鲁〕鱼台县 240
罗戈乡……〔川〕蓬溪县 335
罗水乡……〔湘〕永定区 283
罗文皂镇……〔晋〕阳高县 124
罗文镇……〔川〕万源市 345
罗布泊镇……〔新〕若羌县 425
罗布萨镇……〔藏〕曲松县 384
罗布镇……〔滇〕威信县 372
罗龙街道……〔川〕南溪区 341
罗平县……〔滇〕曲靖市 370
罗平镇……〔粤〕罗定市 300
罗东镇……〔闽〕南安市 216
罗旧镇……〔湘〕芷江侗族自治县 287
罗目镇……〔川〕峨眉山市 338
罗田县……〔鄂〕黄冈市 272
罗田镇……〔赣〕峡江县 228
罗田镇……〔渝〕万州区 317
罗白乡……〔桂〕江州区 310
罗市镇……〔赣〕奉新县 229
罗市镇……〔湘〕大祥区 280
罗汉寺街道……〔鄂〕黄陂区 267
罗汉洞乡……〔陇〕泾川县 404
罗汉街道……〔川〕龙马潭区 330
罗汉镇……〔川〕市中区 336
罗汉镇……〔黔〕普安县 363
罗圩乡……〔苏〕宿城区 186
罗场乡…〔黔〕印江土家族苗族自治县 362
罗场镇……〔川〕高县 342
罗西街道……〔鲁〕兰山区 242

（八画）罗岿岫岞帕岭岣岷凯峄图钓邾制知迭垂牦牧物和

罗庄子镇……〔津〕蓟州区 104
罗庄区……〔鲁〕临沂市 242
罗庄街道……〔鲁〕兰山区 242
罗庄镇……〔冀〕唐县 114
罗庄镇……〔豫〕邓州市 258
罗庄镇……〔豫〕夏邑县 259
罗州街道……〔粤〕廉江市 294
罗州镇……〔黔〕赫章县 361
罗江乡……〔赣〕于都县 227
罗江区……〔川〕德阳市 331
罗江街道……〔闽〕福安市 219
罗江镇……〔湘〕汨罗市 282
罗江镇……〔桂〕容县 307
罗江镇……〔川〕通川区 343
罗阳街道……〔粤〕博罗县 296
罗阳镇……〔浙〕泰顺县 192
罗麦乡……〔藏〕贡觉县 383
罗玛镇……〔藏〕色尼区 384
罗坝镇……〔粤〕始兴县 292
罗坝镇……〔陇〕礼县 408
罗坎镇……〔滇〕镇雄县 372
罗坑镇……〔粤〕曲江区 292
罗坑镇……〔粤〕新会区 294
罗坑镇……〔粤〕电白区 295
罗坊乡……〔闽〕永安市 215
罗坊乡……〔闽〕连城县 219
罗坊镇……〔赣〕渝水区 225
罗村镇……〔晋〕石楼县 131
罗村镇……〔鲁〕淄川区 236
罗里乡……〔黔〕黎平县 364
罗岗镇……〔粤〕兴宁市 297
罗针镇……〔赣〕临川区 230
罗秀镇……〔桂〕桂平市 307
罗秀镇……〔桂〕象州县 310
罗甸县…〔黔〕黔南布依族苗族自治州 365
罗免镇……〔滇〕富民县 369
罗陈乡……〔豫〕光山县 260
罗陂乡……〔赣〕乐安县 231
罗武庄乡……〔滇〕南华县 375
罗坪乡……〔湘〕石门县 283
罗坪镇……〔赣〕武宁县 224
罗坳镇……〔赣〕于都县 227
罗罗堡镇……〔辽〕北镇市 150
罗岭乡……〔豫〕洛宁县 251
罗岭镇……〔皖〕宜秀区 204
罗依乡……〔川〕九寨沟县 348
罗店镇……〔沪〕宝山区 175
罗店镇……〔浙〕婺城区 194
罗店镇……〔豫〕汝南县 263
罗店镇……〔鄂〕京山县 270
罗河镇……〔皖〕庐江县 201
罗河镇……〔赣〕贵溪市 226
罗波乡……〔川〕青神县 341
罗波镇……〔桂〕武鸣区 303
罗泾镇……〔沪〕宝山区 175
罗定市……〔粤〕云浮市 300
罗珊乡……〔赣〕寻乌县 227
罗城乡……〔湘〕邵阳县 280
罗城仫佬族自治县……〔桂〕河池市 309
罗城头街道……〔冀〕邯山区 110
罗城街道……〔晋〕晋源区 123
罗城街道……〔粤〕罗定市 300
罗城镇……〔赣〕万载县 229
罗城镇……〔川〕犍为县 337
罗城镇……〔陇〕高台县 404
罗星街道……〔浙〕嘉善县 192
罗星街道……〔闽〕马尾区 213
罗香乡……〔桂〕金秀瑶族自治县 310
罗泉镇……〔川〕资中县 336
罗亭镇……〔赣〕湾里区 223
罗洼乡……〔宁〕彭阳县 420
罗洪镇……〔湘〕隆回县 281
罗桥街道……〔赣〕上饶县 231
罗桥镇……〔苏〕阜宁县 184
罗桥镇……〔湘〕常宁市 280
罗峪口镇……〔晋〕兴县 131
罗峰街道……〔鲁〕招远市 238
罗浮镇……〔粤〕兴宁市 297
罗悃镇……〔黔〕罗甸县 365
罗家乡……〔浙〕龙游县 195
罗家屯镇……〔冀〕迁西县 109
罗家坪乡……〔川〕布拖县 353
罗家房镇……〔辽〕新民市 146
罗家桥乡……〔赣〕浮梁县 224
罗家桥街道……〔鄂〕大冶市 268
罗家集镇……〔陇〕和政县 409
罗家镇……〔赣〕青山湖区 223
罗家镇……〔川〕蓬安县 339
罗通山镇……〔吉〕柳河县 160
罗埠镇……〔浙〕婺城区 194
罗塔坪乡……〔湘〕永定区 283
罗联乡……〔闽〕长乐区 213
罗董镇……〔粤〕封开县 296
罗雄街道……〔滇〕罗平县 370
罗集乡……〔皖〕裕安区 208
罗湖区……〔粤〕深圳市 292
罗湖镇……〔赣〕临川区 230
罗湾乡……〔赣〕靖安县 230
罗渡苗族乡……〔川〕珙县 342
罗渡镇……〔川〕岳池县 343
罗富镇……〔桂〕南丹县 309
罗塘乡……〔皖〕长丰县 201
罗塘乡……〔赣〕万安县 229
罗塘街道……〔苏〕姜堰区 185
罗锦镇……〔桂〕永福县 305
罗源县……〔闽〕福州市 213
罗源镇……〔粤〕四会市 296
罗溪乡……〔赣〕武宁县 224
罗溪镇……〔苏〕新北区 181
罗溪镇……〔闽〕洛江区 215
罗溪镇……〔赣〕进贤县 223
罗福沟乡……〔辽〕建平县 153
罗播乡……〔桂〕桂平市 307
罗敷镇……〔陕〕华阴市 393
罗镜镇……〔粤〕罗定市 300
岿美山镇……〔赣〕定南县 227
岫岩满族自治县……〔辽〕鞍山市 147
岞岖镇……〔豫〕内乡县 258
帕古乡……〔藏〕尼木县 381
帕当乡……〔藏〕仁布县 382
帕羊镇……〔藏〕仲巴县 382
帕江乡……〔藏〕仲巴县 382
帕那镇……〔藏〕安多县 385
帕里镇……〔藏〕亚东县 382
帕哈乡……〔川〕雷波县 354
帕哈太克里乡……〔新〕喀什市 426
岭下乡……〔闽〕屏南县 219
岭下镇……〔吉〕洮北区 161
岭下镇……〔浙〕金东区 194
岭上乡……〔浙〕婺城区 194
岭口镇……〔琼〕定安县 314
岭门镇……〔粤〕电白区 295
岭子镇……〔鲁〕淄川区 236
岭东乡……〔赣〕万载县 229
岭东区……〔黑〕双鸭山市 168
岭东街道……〔辽〕瓦房店市 147
岭东街道……〔辽〕银州区 152
岭东街道……〔吉〕公主岭市 159
岭北街道……〔黑〕兴山区 168
岭北镇……〔浙〕诸暨市 193
岭北镇……〔赣〕定南县 227
岭北镇……〔湘〕湘阴县 281
岭北镇……〔粤〕遂溪县 294
岭头乡……〔浙〕庆元县 197
岭西街道……〔吉〕公主岭市 159
岭沟乡……〔辽〕岫岩满族自治县 148
岭坡乡……〔湘〕衡山县 279
岭底乡……〔晋〕交城县 131
岭底乡……〔浙〕乐清市 192
岭南乡……〔浙〕上虞区 193
岭南乡……〔皖〕休宁县 205
岭南街道……〔黑〕兴山区 168
岭南街道……〔粤〕荔湾区 291
岭南镇……〔桂〕合山市 310
岭背镇……〔赣〕于都县 227
岭背镇……〔粤〕阳山县 299
岭泉镇……〔鲁〕莒南县 243
岭洋乡……〔浙〕衢江区 195
岭脚镇……〔桂〕苍梧县 305
岭景镇……〔桂〕藤县 305
岭路乡……〔闽〕永泰县 213
岭腰乡……〔闽〕政和县 218
岣嵝乡……〔湘〕衡阳县 279
岷山乡……〔赣〕柴桑区 224
岷东乡……〔川〕犍为县 337
岷江乡……〔川〕松潘县 348
岷阳镇……〔陇〕岷县 407
岷县……〔陇〕定西市 407
凯本镇……〔黔〕岑巩县 364
凯江镇……〔川〕中江县 331
凯里市…〔黔〕黔东南苗族侗族自治州 363
凯旋东路街道……〔豫〕西工区 250
凯旋街道……〔吉〕宽城区 157
凯旋街道……〔浙〕江干区 189
凯旋路街道……〔川〕船山区 335
凯棠镇……〔黔〕凯里市 364
凯德街道……〔黔〕江口县 362
峄山镇……〔鲁〕邹城市 241
峄城区……〔鲁〕枣庄市 237
图木舒克市……〔新〕阿勒泰地区 429
图布信苏木……〔蒙〕科尔沁左翼中旗 137
图们市……〔吉〕延边朝鲜族自治州 162
图克镇……〔蒙〕乌审旗 138
图里河镇……〔蒙〕牙克石市 139
图呼其乡……〔新〕泽普县 426
图牧吉镇……〔蒙〕扎赉特旗 141
图河镇……〔苏〕灌云县 183
图强镇……〔黑〕漠河县 172
钓台街道……〔陕〕秦都区 391
钓鱼台街道……〔冀〕路北区 108
钓鱼台街道……〔辽〕兴城市 154
钓鱼台街道……〔皖〕禹会区 202
钓鱼城街道……〔渝〕合川区 319
钓鱼镇……〔辽〕西丰县 152
钓鱼镇……〔苏〕兴化市 186
钓峰乡……〔赣〕宁都县 227
钓渭镇……〔陕〕陈仓区 390
邾城街道……〔鄂〕新洲区 268
制锦市街道……〔鲁〕天桥区 235
知一镇……〔黑〕密山市 168
知木林乡……〔川〕黑水县 349
知钦乡……〔青〕班玛县 415
迭台寺乡……〔晋〕宁武县 129
迭部县……〔陇〕甘南藏族自治州 409
垂杨镇……〔冀〕南宫市 113
垂岗乡……〔皖〕颍上县 207
垂泉乡……〔川〕剑阁县 334
牦牛坪乡……〔川〕木里藏族自治县 352
牧马镇……〔川〕彭山区 340
牧牛镇……〔辽〕岫岩满族自治县 148
牧护关镇……〔陕〕商州区 397
牧原镇……〔蒙〕牙克石市 139
牧野区……〔豫〕新乡市 254
牧野镇……〔豫〕牧野区 254
物玛乡……〔藏〕改则县 385
物茂乡……〔滇〕元谋县 375
和川镇……〔晋〕安泽县 130
和义街道……〔京〕丰台区 99
和日镇……〔青〕泽库县 414
和什力克乡……〔新〕库尔勒市 425
和什托洛盖镇……〔新〕和布克赛尔蒙古自治县 429
和凤镇……〔苏〕溧水区 179
和布克赛尔蒙古自治县……〔新〕塔城地区 429
和布克赛尔镇……〔新〕和布克赛尔蒙古自治县 429
和龙市……〔吉〕延边朝鲜族自治州 162
和平土家族侗族乡……〔黔〕碧江区 362
和平乡……〔辽〕法库县 146
和平乡……〔黑〕肇源县 169
和平乡……〔皖〕岳西县 205
和平乡……〔闽〕云霄县 216
和平乡……〔湘〕珠晖区 279
和平乡……〔桂〕三江侗族自治县 304
和平乡……〔川〕大安区 329
和平乡……〔川〕安岳县 348
和平乡……〔川〕新龙县 350
和平乡……〔陇〕陇西县 406
和平乡……〔青〕湟源县 413

（八画）和季委秉迤佳侍岳供版岱侣侧侏凭侨依卑阜

和平区……〔津〕103
和平区……〔辽〕沈阳市 145
和平县……〔粤〕河源市 298
和平里街道……〔京〕东城区 99
和平里街道……〔冀〕莲池区 113
和平南街道……〔琼〕美兰区 313
和平桥街道……〔苏〕崇川区 182
和平朝鲜族乡……〔黑〕密山市 168
和平街街道……〔京〕朝阳区 99
和平街道……〔冀〕丛台区 111
和平街道……〔冀〕高碑店市 115
和平街道……〔晋〕万柏林区 123
和平街道……〔蒙〕乌兰浩特市 140
和平街道……〔辽〕铁东区 147
和平街道……〔辽〕田屯街道 148
和平街道……〔辽〕海州区 150
和平街道……〔吉〕梅河口市 160
和平街道……〔吉〕宁江区 161
和平街道……〔黑〕富拉尔基区 167
和平街道……〔黑〕北安市 171
和平街道……〔苏〕泉山区 180
和平街道……〔鲁〕张店区 237
和平街道……〔鄂〕洪山区 267
和平街道……〔湘〕雨湖区 278
和平街道……〔黔〕沿河土家族自治县 362
和平街道……〔新〕塔城市 428
和平路街道……〔蒙〕东河区 135
和平路街道……〔黑〕香坊区 165
和平路街道……〔苏〕润州区 185
和平路街道……〔皖〕瑶海区 201
和平路街道……〔豫〕牧野区 254
和平路街道……〔川〕顺庆区 338
和平路街道……〔新〕天山区 423
和平溪乡……〔湘〕麻阳苗族自治县 287
和平镇……〔晋〕汾西县 130
和平镇……〔黑〕泰来县 167
和平镇……〔黑〕五大连池市 171
和平镇……〔苏〕清江浦区 183
和平镇……〔浙〕长兴县 193
和平镇……〔闽〕邵武市 218
和平镇……〔闽〕漳平市 219
和平镇……〔湘〕桂阳县 284
和平镇……〔粤〕潮阳区 293
和平镇……〔桂〕藤县 305
和平镇……〔琼〕保亭黎族苗族自治县 314
和平镇……〔川〕南江县 347
和平镇…〔滇〕镇沅彝族哈尼族拉祜族 373
和平镇……〔滇〕屏边苗族自治县 375
和平镇……〔滇〕禄丰县 375
和平镇……〔陇〕榆中县 401
和平镇……〔陇〕凉州区 403
和平彝族乡……〔川〕金口河区 337
和田市……〔新〕和田地区 427
和田地区……〔新〕427
和田县……〔新〕和田地区 427
和田街道……〔新〕沙依巴克区 423
和乐乡……〔川〕渠县 345
和乐镇……〔琼〕万宁市 313
和吉镇……〔桂〕宾阳县 303
和合乡……〔晋〕石楼县 131
和合乡……〔赣〕都昌县 225
和庄镇……〔鲁〕莱城区 242
和庄镇……〔豫〕新郑市 250
和庆镇……〔琼〕儋州市 313
和兴街道……〔吉〕扶余市 161
和兴路街道……〔黑〕南岗区 165
和兴镇……〔豫〕遂平县 263
和兴镇……〔川〕广汉市 331
和安镇……〔粤〕徐闻县 294
和阳镇……〔冀〕南和县 112
和孝镇……〔豫〕汝南县 263
和村镇……〔冀〕峰峰矿区 111
和县……〔皖〕马鞍山市 203
和孚镇……〔浙〕南浔区 193
和苑街道……〔津〕红桥区 103
和林格尔县……〔蒙〕呼和浩特市 135
和林镇……〔渝〕梁平区 321
和尚房子乡……〔辽〕建昌县 154
和尚桥镇……〔豫〕长葛市 256
和舍镇……〔琼〕临高县 314
和店镇……〔豫〕上蔡县 263
和政县……〔陇〕临夏回族自治州 408
和顺县……〔晋〕晋中市 127
和顺街道……〔晋〕矿区 124
和顺镇……〔渝〕武隆区 321
和顺镇……〔滇〕腾冲市 371
和胜乡……〔蒙〕五原县 139
和桥镇……〔苏〕宜兴市 180
和夏阿瓦提乡……〔新〕伽师县 427
和爱彝族乡……〔川〕盐边县 330
和爱藏族乡……〔川〕冕宁县 354
和家庄镇……〔陕〕合阳县 392
和硕县……〔新〕巴音郭楞蒙古自治州 425
和盛乡……〔黑〕讷河市 168
和盛镇……〔川〕温江区 327
和盛镇……〔陇〕宁县 406
和谐街道……〔吉〕农安县 157
和隆满族乡……〔辽〕西丰县 152
和谦镇……〔渝〕开州区 320
和瑞街道……〔晋〕矿区 124
和睦井乡……〔冀〕辛集市 108
和睦街道……〔浙〕拱墅区 189
和睦镇……〔桂〕融水苗族自治县 304
和新镇……〔川〕旌阳区 331
和溪镇……〔闽〕南靖县 217
和溪镇……〔黔〕正安县 358
和静县……〔新〕巴音郭楞蒙古自治州 425
和静镇……〔新〕和静县 425
和寮镇……〔粤〕廉江市 294
季市镇……〔苏〕靖江市 186
季庄乡……〔晋〕定襄县 128
季宅乡……〔浙〕青田县 197
季店乡……〔鄂〕孝昌县 271
季桥镇……〔苏〕淮安区 183
季家镇……〔渝〕大足区 318
委只洛乡……〔川〕布拖县 353
秉烈彝族乡……〔滇〕文山市 376
迤车镇……〔滇〕会泽县 370
迤那镇…〔黔〕威宁彝族回族苗族自治县 361
迤萨镇……〔滇〕红河县 376
佳山乡……〔皖〕雨山区 203
佳木斯市……〔黑〕169
佳木镇……〔新〕温宿县 425
佳州街道……〔陕〕佳县 396
佳阳畲族乡……〔闽〕福鼎市 219
佳县……〔陕〕榆林市 396
佳荣里街道……〔津〕北辰区 103
佳荣镇……〔黔〕荔波县 365
佳琼镇……〔藏〕班戈县 385
侍庄街道……〔苏〕灌云县 183
侍岭镇……〔苏〕宿豫区 186
岳口镇……〔鄂〕天门市 274
岳扎乡……〔川〕丹巴县 350
岳巴乡……〔川〕德格县 350
岳龙镇……〔津〕宁河区 104
岳东镇……〔川〕苍溪县 335
岳圩镇……〔桂〕靖西市 308
岳西县……〔皖〕安庆市 205
岳池县……〔川〕广安市 342
岳阳市……〔湘〕281
岳阳县……〔湘〕岳阳市 281
岳阳街道……〔沪〕松江区 176
岳阳楼区……〔湘〕岳阳市 281
岳阳楼街道……〔湘〕岳阳楼区 281
岳阳镇……〔晋〕古县 130
岳阳镇……〔川〕安岳县 347
岳坝镇……〔陕〕佛坪县 395
岳坊镇……〔皖〕蒙城县 209
岳村街道……〔豫〕温县 255
岳村镇……〔豫〕新密市 249
岳村镇……〔豫〕华龙区 255
岳宋乡……〔滇〕西盟佤族自治县 374
岳张集镇……〔皖〕凤台县 203
岳林街道……〔浙〕奉化区 190
岳庙街道……〔陕〕华阴市 393
岳城镇……〔冀〕磁县 111
岳屏镇……〔湘〕雁峰区 279
岳峰镇……〔闽〕晋安区 213
岳家庄乡……〔鲁〕新泰市 241
岳家桥镇……〔湘〕赫山区 283
岳家镇……〔川〕平昌县 347
岳程街道……〔鲁〕牡丹区 245
岳堡乡……〔陇〕庄浪县 404
岳普湖乡……〔新〕岳普湖县 427
岳普湖县……〔新〕喀什地区 427
岳普湖镇……〔新〕岳普湖县 427
岳塘区……〔湘〕湘潭市 278
岳塘街道……〔湘〕岳塘区 278
岳新乡……〔川〕安岳县 348
岳源乡……〔川〕安岳县 348
岳溪镇……〔渝〕开州区 320
岳滩镇……〔豫〕偃师市 251
岳壁乡……〔晋〕平遥县 127
岳麓区……〔湘〕长沙市 277
岳麓街道……〔湘〕岳麓区 277
供济堂镇……〔蒙〕四子王旗 140
版书镇……〔皖〕旌德县 210
版石镇……〔赣〕安远县 226
岱山县……〔浙〕舟山市 195
岱山街道……〔赣〕青云谱区 223
岱东镇……〔浙〕岱山县 195
岱西镇……〔浙〕岱山县 195
岱林乡……〔川〕西充县 340
岱岭畲族乡……〔浙〕苍南县 191
岱岳区……〔鲁〕泰安市 241
岱岳镇……〔晋〕山阴县 126
岱庙街道……〔鲁〕泰山区 241
岱海镇……〔蒙〕凉城县 140
岱崮镇……〔鲁〕蒙阴县 243
侣俸镇……〔渝〕铜梁区 320
侧岭乡……〔桂〕金城江区 309
侏儒山街道……〔鄂〕蔡甸区 267
凭祥市……〔桂〕崇左市 310
凭祥镇……〔桂〕凭祥市 310
侨乡街道……〔鄂〕天门市 274
侨英街道……〔闽〕集美区 214
侨润街道……〔鲁〕阳谷县 244
侨港镇……〔桂〕银海区 306
依力克其乡……〔新〕叶城县 427
依干其乡……〔新〕阿克苏市 425
依牛堡子镇……〔辽〕法库县 146
依龙镇……〔黑〕依安县 167
依兰县……〔黑〕哈尔滨市 166
依兰镇……〔吉〕延吉市 162
依兰镇……〔黑〕依兰县 166
依吉乡……〔川〕木里藏族自治县 352
依西肯乡……〔黑〕塔河县 172
依达乡……〔川〕金阳县 353
依庄乡……〔冀〕曲周县 112
依安县……〔黑〕齐齐哈尔市 167
依安镇……〔黑〕依安县 167
依玛乡……〔新〕泽普县 426
依吞布拉克镇……〔新〕若羌县 425
依克苏乡……〔新〕泽普县 426
依里其乡……〔新〕和田市 427
依希来木其乡……〔新〕温宿县 425
依汶镇……〔鲁〕沂南县 242
依其艾日克镇……〔新〕新和县 425
依果觉乡……〔川〕美姑县 354
依洛乡……〔川〕喜德县 353
依洛地坝镇……〔川〕越西县 354
依洛拉达乡……〔川〕美姑县 354
依莫合乡……〔川〕金阳县 353
依格孜也尔乡……〔新〕英吉沙县 426
依麻木镇……〔新〕乌什县 426
依盖尔其镇……〔新〕莎车县 426
依提木孔乡……〔新〕叶城县 427
依斯拉木阿瓦提乡……〔新〕和田县 427
卑家店镇……〔冀〕古冶区 108
阜山乡……〔浙〕青田县 197
阜山镇……〔鲁〕招远市 239
阜川镇……〔陕〕勉县 394
阜龙乡……〔琼〕白沙黎族自治县 314
阜平县……〔冀〕保定市 114
阜平镇……〔冀〕阜平县 114
阜田镇……〔赣〕吉水县 228
阜宁县……〔苏〕盐城市 184
阜宁镇……〔黑〕绥芬河市 170
阜安街道……〔鲁〕胶州市 236
阜阳市……〔皖〕滁州市 206

（八画）阜欣征徂往径所舍金

阜沙镇……〔粤〕英德市 299
阜昌街道……〔辽〕岫岩满族自治县 147
阜城县……〔冀〕衡水市 120
阜城街道……〔苏〕阜宁县 184
阜城镇……〔冀〕阜城县 120
阜南县……〔皖〕阜阳市 207
阜桥街道……〔鲁〕任城区 240
阜康市……〔新〕昌吉回族自治州 424
阜康街道……〔冀〕长安区 107
阜康街道……〔吉〕磐石市 158
阜新市……〔辽〕 150
阜新街道……〔新〕阜康市 424
阜新蒙古族自治县……〔辽〕阜新市 151
阜新路街道……〔鲁〕市北区 236
阜新镇……〔辽〕阜新蒙古族自治县 151
阜溪街道……〔浙〕德清县 193
阜寨镇……〔陕〕兴平市 392
欣山镇……〔赣〕安远县 226
欣园街道……〔吉〕宽城区 157
征村乡……〔赣〕修水县 225
徂徕镇……〔鲁〕岱岳区 241
往洞镇……〔黔〕从江县 365
往流镇……〔豫〕固始县 260
径口镇……〔桂〕博白县 307
径山镇……〔浙〕余杭区 189
径河街道……〔鄂〕东西湖区 267
径南镇……〔粤〕兴宁市 297
所巴乡……〔川〕德格县 350
所字镇……〔吉〕乾安县 161
所城镇……〔湘〕蓝山县 286
所城镇……〔粤〕饶平县 300
所前镇……〔浙〕萧山区 189
所略乡……〔桂〕巴马瑶族自治县 309
所街乡……〔湘〕石门县 283
舍力镇……〔吉〕大安市 162
舍书乡……〔陇〕文县 407
舍必崖乡……〔蒙〕和林格尔县 135
舍块乡……〔滇〕东川区 369
舍利塔街道……〔辽〕皇姑区 145
舍利街道……〔黑〕阿城区 166
舍伯吐镇……〔蒙〕科尔沁左翼中旗 137
舍得彝族乡……〔滇〕丘北县 376
金厂沟梁镇……〔蒙〕敖汉旗 137
金厂峪镇……〔冀〕迁西县 109
金厂镇……〔吉〕东昌区 160
金厂镇……〔滇〕马关县 376
金刀峡镇……〔渝〕北碚区 318
金口河区……〔川〕乐山市 337
金口街道……〔鄂〕江夏区 267
金口路街道……〔鲁〕市南区 236
金口镇……〔鲁〕即墨区 236
金山卫镇……〔沪〕金山区 176
金山乡……〔吉〕梨树县 159
金山乡……〔黑〕呼玛县 172
金山乡……〔川〕西充县 340
金山乡……〔陇〕凉州区 403
金山区……〔沪〕 176
金山屯区……〔黑〕伊春市 169
金山店镇……〔鄂〕大冶市 268
金山桥街道……〔苏〕鼓楼区 180
金山桥街道……〔湘〕望城区 277
金山铺乡……〔晋〕繁峙县 129
金山街道……〔辽〕明山区 148
金山街道……〔苏〕泉山区 180
金山街道……〔苏〕润州区 185
金山街道……〔闽〕仓山区 213
金山街道……〔闽〕湖里区 214
金山街道……〔豫〕淇滨区 253
金山街道……〔鄂〕大冶市 268
金山街道……〔湘〕荷塘区 278
金山街道……〔粤〕高州市 295
金山街道……〔粤〕梅江区 296
金山街道……〔粤〕湘桥区 299
金山街道……〔渝〕渝北区 318
金山街道……〔黔〕福泉市 365
金山街道……〔滇〕古城区 373
金山路街道……〔新〕独山子区 423
金山路街道……〔新〕阿勒泰市 429
金山镇……〔蒙〕固阳县 136
金山镇……〔辽〕元宝区 149
金山镇……〔苏〕赣榆区 183
金山镇……〔闽〕南靖县 217
金山镇……〔赣〕上栗县 224
金山镇……〔鲁〕临淄区 237
金山镇……〔渝〕大足区 318
金山镇……〔渝〕南川区 320
金山镇……〔川〕罗江区 331
金山镇……〔川〕五通桥区 337
金山镇……〔滇〕禄丰县 375
金山镇……〔陇〕甘谷县 403
金川乡……〔黑〕同江市 170
金川乡……〔皖〕歙县 205
金川区……〔陇〕金昌市 401
金川县……〔川〕阿坝藏族羌族自治州 348
金川街道……〔浙〕常山县 195
金川路街道……〔陇〕金川区 401
金川镇……〔吉〕辉南县 160
金川镇……〔赣〕新干县 228
金川镇……〔陕〕宁陕县 396
金门县……〔闽〕泉州市 216
金门路街道……〔鲁〕市南区 236
金子山乡……〔川〕青川县 334
金子乡……〔川〕阆中市 340
金子岩侗族苗族乡……〔湘〕会同县 287
金马街道……〔滇〕官渡区 369
金马镇……〔吉〕舒兰市 158
金马镇……〔川〕温江区 327
金马镇……〔川〕简阳市 329
金马镇……〔滇〕泸西县 376
金乡县……〔鲁〕济宁市 240
金乡街道……〔鲁〕金乡县 240
金乡镇……〔浙〕苍南县 191
金井乡……〔晋〕盐湖区 127
金井镇……〔闽〕晋江市 216
金井镇……〔湘〕长沙县 277
金元镇……〔川〕大英县 336
金五台子镇……〔辽〕新民市 146
金牙瑶族乡……〔桂〕凤山县 309
金屯镇……〔赣〕贵溪市 226
金屯镇……〔鲁〕嘉祥县 240
金中镇……〔黔〕开阳县 357
金水区……〔豫〕郑州市 249
金水河镇……〔滇〕金平苗族瑶族傣族自治县 376
金水镇……〔陕〕洋县 394
金牛山街道……〔豫〕浉河区 260
金牛区……〔川〕成都市 327
金牛湖街道……〔苏〕六合区 179
金牛镇……〔冀〕青县 118
金牛镇……〔皖〕庐江县 201
金牛镇……〔鄂〕大冶市 268
金牛镇……〔川〕武胜县 343
金牛镇……〔滇〕宾川县 377
金仓街道……〔鲁〕莱州市 238
金凤乡……〔湘〕新化县 288
金凤区……〔宁〕银川市 419
金凤街道……〔湘〕鼎城区 282
金凤街道……〔黔〕织金县 361
金凤镇……〔渝〕九龙坡区 318
金凤镇……〔川〕嘉陵区 338
金方街道……〔滇〕安宁市 369
金斗营镇……〔鲁〕阳谷县 244
金斗朝鲜族满族乡……〔吉〕通化县 160
金斗镇……〔黔〕威宁彝族回族苗族自治县 361
金孔镇……〔川〕盐亭县 332
金石井镇……〔川〕犍为县 337
金石桥镇……〔湘〕隆回县 280
金石滩街道……〔辽〕金州区 146
金石镇……〔湘〕湘乡市 279
金石镇……〔湘〕新宁县 281
金石镇……〔湘〕涟源市 288
金石镇……〔粤〕潮安区 299
金石镇……〔川〕三台县 332
金石镇……〔川〕通川区 343
金龙山镇……〔黑〕阿城区 166
金龙乡……〔川〕蓬溪县 335
金龙坪街道……〔湘〕雁峰区 279
金龙苗族彝族布依族乡……〔黔〕织金县 361
金龙街道……〔闽〕鲤城区 215
金龙街道……〔滇〕沾益区 370
金龙镇……〔赣〕全南县 227
金龙镇……〔湘〕湘阴县 281
金龙镇……〔桂〕龙州县 310
金龙镇……〔渝〕永川区 319
金龙镇……〔川〕金堂县 328
金龙镇……〔川〕龙马潭区 330
金龙镇……〔川〕梓潼县 333
金龙镇街道……〔新〕克拉玛依区 423
金平区……〔粤〕汕头市 293
金平苗族瑶族傣族自治县……〔滇〕红河哈尼族彝族自治州 376
金东乡……〔藏〕朗县 384
金东区……〔浙〕金华市 194
金北镇……〔苏〕金湖县 184
金甲乡……〔川〕蓬安县 339
金田乡……〔赣〕安福县 229
金田镇……〔桂〕桂平市 307
金仙镇……〔川〕剑阁县 334
金兰山街道……〔豫〕新县 260
金兰镇……〔湘〕衡阳县 279
金兰镇……〔黔〕黔西县 360
金汇镇……〔沪〕奉贤区 176
金台区……〔陕〕宝鸡市 390
金台镇……〔川〕顺庆区 338
金丝峡镇……〔陕〕商南县 397
金达镇……〔藏〕工布江达县 383
金光乡……〔川〕武胜县 343
金曲乡……〔川〕昭觉县 353
金刚台镇……〔豫〕商城县 260
金刚镇……〔湘〕浏阳市 277
金竹山镇……〔湘〕冷水江市 288
金竹乡……〔渝〕石柱土家族自治县 323
金竹街道……〔黔〕麻江县 365
金竹畲族乡……〔赣〕乐安县 231
金竹镇……〔浙〕遂昌县 197
金竹镇……〔湘〕会同县 287
金华乡……〔吉〕长白朝鲜族自治县 161
金华市……〔浙〕 194
金华街道……〔黔〕赤水市 359
金华镇……〔豫〕宛城区 257
金华镇……〔川〕新津县 328
金华镇……〔川〕射洪县 335
金华镇……〔黔〕观山湖区 357
金华镇……〔滇〕剑川县 378
金庄镇……〔鲁〕泗水县 240
金羊镇……〔陇〕凉州区 403
金州乡……〔吉〕东辽县 160
金州区……〔辽〕大连市 146
金江乡……〔赣〕峡江县 228
金江乡……〔湘〕邵阳县 280
金江白族乡……〔滇〕古城区 373
金江镇……〔湘〕临武县 285
金江镇……〔琼〕屯昌县 314
金江镇……〔川〕仁和区 330
金江镇……〔滇〕香格里拉市 378
金汤镇……〔川〕康定市 349
金宇街道……〔琼〕龙华区 313
金字牌镇……〔皖〕祁门县 205
金安乡……〔川〕盐亭县 333
金安区……〔皖〕六安市 208
金安镇……〔滇〕古城区 373
金阳县……〔川〕凉山彝族自治州 353
金阳街道……〔鲁〕阳信县 245
金坛区……〔苏〕常州市 181
金坝街道……〔皖〕宣州区 210
金坑乡……〔闽〕邵武市 218
金坑乡……〔赣〕崇义县 226
金声乡……〔渝〕忠县 322
金花乡……〔川〕荣县 329
金花乡……〔川〕东坡区 340
金花桥街道……〔川〕武侯区 327
金花街道……〔粤〕荔湾区 291
金花镇……〔川〕绵竹市 332
金村乡……〔陇〕宁县 406
金村镇……〔晋〕泽州县 126
金李井镇……〔川〕资中县 336
金杨新村街道……〔沪〕浦东新区 176
金辰街道……〔滇〕盘龙区 369
金园街道……〔赣〕袁州区 229
金岗库乡……〔晋〕五台县 128

（八画）金

金利镇……〔粤〕高要区 296
金秀瑶族自治县……〔桂〕来宾市 310
金秀镇……〔桂〕金秀瑶族自治县 310
金佛寺镇……〔陇〕肃州区 405
金谷乡……〔桂〕东兰县 309
金谷园街道……〔豫〕西工区 250
金谷镇……〔闽〕安溪县 216
金龟镇……〔湘〕永兴县 284
金灶镇……〔粤〕潮阳区 293
金沙乡……〔黑〕桦南县 170
金沙乡……〔川〕白玉县 350
金沙县……〔黔〕毕节市 361
金沙傈僳族乡……〔川〕德昌县 352
金沙街道……〔苏〕通州区 182
金沙街道……〔粤〕白云区 291
金沙街道……〔川〕青羊区 327
金沙湖街道……〔苏〕阜宁县 184
金沙滩镇……〔晋〕怀仁县 126
金沙镇……〔吉〕桦甸市 158
金沙镇……〔皖〕绩溪县 210
金沙镇……〔闽〕闽清县 213
金沙镇……〔川〕雷波县 354
金沙镇……〔陇〕凉州区 403
金沟子镇……〔辽〕开原市 152
金沟乡……〔陇〕西固区 401
金沟屯镇……〔冀〕滦平县 117
金沟河镇……〔新〕沙湾县 429
金社镇……〔皖〕枞阳县 204
金鸡乡……〔桂〕武宣县 310
金鸡乡……〔川〕大竹县 344
金鸡乡……〔滇〕隆阳区 371
金鸡坡街道……〔赣〕浔阳区 224
金鸡湖街道……〔赣〕吉安县 228
金鸡滩镇……〔陕〕榆阳区 395
金鸡镇……〔粤〕开平市 294
金鸡镇……〔粤〕罗定市 300
金鸡镇……〔桂〕藤县 305
金鸡镇……〔渝〕忠县 322
金鸡镇……〔川〕盐亭县 332
金坪乡……〔渝〕巫山县 322
金坪民族乡……〔赣〕峡江县 228
金坪镇……〔川〕翠屏区 341
金顶街街道……〔京〕石景山区 99
金顶镇…〔滇〕兰坪白族普米族自治县 378
金坡苗族彝族满族乡……〔黔〕黔西县 361
金林乡……〔川〕冕宁县 354
金矿街道……〔辽〕振安区 149
金轮镇……〔川〕广汉市 331
金果坪乡……〔鄂〕巴东县 274
金昌市……〔陇〕 401
金明寺镇……〔陕〕佳县 396
金明池街道……〔豫〕龙亭区 250
金明街道……〔陕〕安塞区 393
金岩土家族乡……〔湘〕慈利县 283
金岩乡……〔川〕峨边彝族自治县 337
金罗镇……〔晋〕中阳县 131
金罗镇……〔湘〕澧县 282
金岭乡……〔藏〕边坝县 383
金岭回族镇……〔鲁〕临淄区 237
金岭镇……〔鲁〕招远市 239
金岭镇……〔鲁〕兰陵县 243
金凯街道……〔桂〕江南区 303
金钗镇……〔桂〕马山县 303
金和镇……〔粤〕揭西县 300
金岱街道……〔豫〕管城回族区 249
金所街道…〔滇〕寻甸回族彝族自治县 369
金鱼岭街道……〔湘〕津市市 283
金鱼镇……〔川〕广汉市 331
金店镇……〔冀〕内丘县 112
金河乡……〔川〕盐源县 352
金河镇……〔蒙〕赛罕区 135
金河镇……〔蒙〕根河市 139
金河镇……〔豫〕淅川县 258
金河镇……〔川〕金口河区 337
金河镇…〔滇〕金平苗族瑶族傣族自治县 376
金河镇……〔陕〕金台区 390
金河镇……〔陇〕凉州区 403
金波乡……〔琼〕白沙黎族自治县 314
金泽镇……〔沪〕青浦区 176
金宝乡……〔桂〕阳朔县 304
金宝屯镇……〔蒙〕科尔沁左翼后旗 137
金宝镇……〔川〕嘉陵区 338
金拱镇……〔皖〕怀宁县 204
金垭镇……〔川〕阆中市 340
金垭镇……〔川〕达川区 343
金城乡……〔黑〕双城区 166
金城乡……〔豫〕博爱县 255
金城乡……〔川〕阆中市 340
金城江区……〔桂〕河池市 309
金城江街道……〔桂〕金城江区 309
金城街道……〔辽〕凌海市 150
金城街道……〔黑〕阿城区 165
金城街道……〔苏〕睢宁县 180
金城街道……〔鲁〕任城区 240
金城街道……〔豫〕杞县 250
金城街道……〔陕〕韩城市 393
金城镇……〔晋〕应县 126
金城镇……〔苏〕金坛区 181
金城镇……〔鲁〕莱州市 238
金城镇……〔川〕仪陇县 339
金垌镇……〔粤〕信宜市 295
金郝庄镇……〔鲁〕临清市 245
金带镇……〔渝〕梁平区 321
金南街道……〔黔〕贵定县 365
金南镇……〔苏〕金湖县 184
金砂乡……〔闽〕永定区 218
金砂街道……〔粤〕金平区 293
金星乡……〔闽〕诏安县 217
金星乡……〔川〕大邑县 328
金星街道……〔苏〕梁溪区 179
金星满族乡……〔辽〕西丰县 152
金星镇……〔辽〕南票区 154
金星镇……〔宁〕利通区 419
金贵镇……〔宁〕贺兰县 419
金钟山乡……〔桂〕隆林各族自治县 308
金钟街道……〔津〕东丽区 103
金钟街道……〔滇〕会泽县 370
金钟镇…〔黔〕威宁彝族回族苗族自治县 361
金钟镇……〔陇〕漳县 407
金顺镇……〔川〕乐至县 348
金泉乡……〔川〕西充县 340
金泉街道……〔川〕金牛区 327
金泉镇……〔陕〕勉县 394
金盆苗族彝族乡……〔黔〕水城县 357
金盆岭街道……〔湘〕天心区 277
金盆街道……〔黔〕平塘县 365
金盆镇……〔湘〕南县 284
金盆镇……〔湘〕新田县 286
金胜镇……〔晋〕晋源区 123
金贸街道……〔琼〕龙华区 313
金庭镇……〔苏〕吴中区 181
金庭镇……〔浙〕嵊州市 194
金洞乡……〔渝〕黔江区 319
金洞乡……〔川〕利州区 333
金洞乡……〔陇〕两当县 408
金洞镇……〔湘〕祁阳县 285
金洲镇……〔湘〕宁乡市 278
金神镇……〔皖〕桐城市 205
金屋塘镇……〔湘〕绥宁县 281
金珠西路街道……〔藏〕城关区 381
金珠镇……〔吉〕龙潭区 158
金珠镇……〔川〕稻城县 351
金盏（地区）乡……〔京〕朝阳区 99
金都街道……〔黑〕阿城区 165
金桥乡……〔赣〕新建区 223
金桥街道……〔津〕东丽区 103
金桥街道……〔辽〕大石桥市 150
金桥路街道……〔豫〕长葛市 256
金桥镇……〔沪〕浦东新区 176
金桥镇……〔湘〕祁东县 279
金桥镇……〔渝〕綦江区 318
金桥镇……〔川〕双流区 327
金桥镇……〔川〕蓬溪县 335
金峪镇……〔陕〕合阳县 392
金峰乡……〔浙〕淳安县 190
金峰乡……〔川〕井研县 337
金峰路街道……〔青〕格尔木市 415
金峰镇……〔闽〕长乐区 213
金峰镇……〔渝〕开州区 320
金峰镇……〔川〕涪城区 332
金铃乡……〔渝〕石柱土家族自治县 323
金积镇……〔宁〕利通区 419
金称市镇……〔湘〕邵阳县 280
金浦街道……〔粤〕潮阳区 293
金海街道……〔皖〕埇桥区 207
金海湖（地区）镇……〔京〕平谷区 100
金家井乡……〔冀〕涞源县 114
金家庄乡……〔晋〕柳林县 131
金家庄街道……〔皖〕花山区 203
金家林街道……〔川〕涪城区 332
金家岭街道……〔鲁〕崂山区 236
金家河镇……〔陕〕略阳县 394
金家铺镇……〔鄂〕英山县 272
金家满族乡……〔吉〕永吉县 158
金家镇……〔辽〕昌图县 152
金家镇……〔川〕射洪县 335
金冢子镇……〔鲁〕安丘市 239
金祥乡……〔吉〕洮北区 161
金陵寺镇……〔陕〕商州区 397
金陵街道……〔陕〕渭滨区 390
金陵镇……〔湘〕新田县 286
金陵镇……〔桂〕西乡塘区 303
金堆镇……〔陕〕华州区 392
金匮街道……〔苏〕梁溪区 179
金厢镇……〔粤〕陆丰市 297
金雀山街道……〔鲁〕兰山区 242
金堂县……〔川〕成都市 328
金崖镇……〔陇〕榆中县 401
金银山街道……〔湘〕赫山区 283
金银川路街道……〔新〕阿拉尔市 429
金银川镇……〔新〕阿拉尔市 429
金银湖街道……〔鄂〕东西湖区 267
金银滩镇……〔宁〕利通区 419
金盘岭镇……〔赣〕鄱阳县 232
金阊街道……〔苏〕姑苏区 181
金清镇……〔浙〕路桥区 196
金渠镇……〔陕〕眉县 391
金淘镇……〔闽〕南安市 216
金涵畲族乡……〔闽〕蕉城区 219
金塔乡……〔陇〕凉州区 403
金塔县……〔陇〕酒泉市 405
金塔镇……〔陇〕金塔县 405
金棉乡……〔滇〕宁蒗彝族自治县 373
金粟镇……〔川〕五通桥区 337
金厦街道……〔粤〕金平区 293
金紫乡……〔湘〕城步苗族自治县 281
金紫仙镇……〔湘〕安仁县 285
金鼎山镇……〔黔〕红花岗区 358
金鼎镇……〔陕〕志丹县 393
金铺镇……〔豫〕汝南县 263
金锁关镇……〔陕〕印台区 390
金锁镇……〔苏〕泗洪县 186
金鹅街道……〔川〕隆昌市 336
金堡镇……〔黔〕镇远县 364
金集镇……〔皖〕天长市 206
金集镇……〔陇〕清水县 402
金装镇……〔粤〕封开县 296
金港镇……〔苏〕张家港市 182
金湖乡……〔赣〕共青城市 225
金湖县……〔苏〕淮安市 184
金湖街道……〔鄂〕大冶市 268
金湖路街道……〔鲁〕市南区 236
金湾区……〔粤〕珠海市 293
金渡镇……〔粤〕高要区 296
金瑞镇……〔赣〕袁州区 229
金鼓镇……〔川〕三台县 332
金塘镇……〔浙〕定海区 195
金塘镇……〔鄂〕崇阳县 273
金塘镇……〔粤〕茂南区 295
金塘镇……〔滇〕巧家县 372
金碑乡……〔川〕巴州区 346
金新街道……〔苏〕通州区 182
金源乡……〔川〕西充县 340
金源乡…〔滇〕寻甸回族彝族自治县 369
金源街道……〔湘〕石鼓区 279
金源藏族乡……〔青〕化隆回族自治县 414
金溪县……〔赣〕抚州市 231
金溪镇……〔浙〕永嘉县 191
金溪镇……〔湘〕衡阳县 279
金溪镇……〔渝〕黔江区 319

（八画）金郄采觅受乳瓮朋肥服周郇鱼兔忽狗京冼庞店

金溪镇……〔川〕旺苍县 334
金溪镇……〔川〕蓬安县 339
金滩乡……〔青〕海晏县 414
金滩镇……〔冀〕大名县 111
金滩镇……〔赣〕吉水县 228
金殿镇……〔晋〕尧都区 129
金碧街道……〔滇〕西山区 369
金碧镇……〔黔〕黔西县 360
金碧镇……〔滇〕大姚县 375
金嘎乡……〔藏〕江孜县 381
金鹗山街道……〔湘〕岳阳楼区 281
金寨回族乡……〔豫〕荥阳市 249
金寨县……〔皖〕六安市 209
金寨镇……〔陕〕旬阳县 397
金墩乡……〔滇〕鹤庆县 378
金鹤乡……〔川〕射洪县 335
金薮乡……〔湘〕湘乡市 279
金融街街道……〔京〕西城区 99
金檀镇……〔川〕达川区 344
金霞街道……〔粤〕龙湖区 293
金耀街道……〔豫〕龙亭区 250
郄马镇……〔冀〕栾城区 107
采日玛乡……〔陇〕玛曲县 409
采石街道……〔皖〕雨山区 203
采红乡……〔川〕美姑县 354
采花乡……〔鄂〕五峰土家族自治县 269
采育镇……〔京〕大兴区 100
采哈乡……〔川〕布拖县 353
采荷街道……〔浙〕江干区 189
采桑镇……〔豫〕林州市 253
觅儿寺镇……〔鄂〕红安县 272
受禄乡……〔晋〕定襄县 128
乳山口镇……〔鲁〕乳山市 242
乳山市……〔鲁〕济宁市 242
乳山寨镇……〔鲁〕乳山市 242
乳城镇……〔粤〕乳源瑶族自治县 292
乳源瑶族自治县……〔粤〕韶关市 292
瓮水街道……〔黔〕瓮安县 365
瓮江镇……〔湘〕平江县 282
瓮安县…〔黔〕黔南布依族苗族自治州 365
瓮洞镇……〔黔〕天柱县 364
瓮溪镇……〔黔〕思南县 362
朋口镇……〔闽〕连城县 219
朋布西乡……〔川〕康定市 349
朋兴乡……〔鄂〕孝南区 271
肥乡区……〔冀〕邯郸市 111
肥乡镇……〔冀〕肥乡区 111
肥东县……〔皖〕合肥市 201
肥西县……〔皖〕合肥市 201
肥城市……〔鲁〕泰安市 241
服先镇……〔吉〕双辽市 159
周士庄镇……〔晋〕大同县 124
周口市……〔豫〕 261
周口店（地区）镇……〔京〕房山区 100
周山畲族乡……〔浙〕文成县 192
周山路街道……〔豫〕涧西区 251
周山镇……〔苏〕高邮市 185
周王庙镇……〔浙〕海宁市 192
周王镇……〔皖〕宣州区 210
周水子街道……〔辽〕甘井子区 146
周田镇……〔赣〕会昌县 227
周田镇……〔粤〕仁化县 292
周田镇……〔粤〕惠来县 300
周市镇……〔苏〕昆山市 182
周宁县……〔闽〕宁德市 219
周礼镇……〔川〕安岳县 347
周老嘴镇……〔鄂〕监利县 271
周至县……〔陕〕西安市 390
周庄街道……〔冀〕沙河市 113
周庄镇……〔苏〕江阴市 180
周庄镇……〔苏〕昆山市 182
周庄镇……〔苏〕兴化市 186
周庄镇……〔豫〕宝丰县 252
周庄镇……〔豫〕修武县 255
周江镇……〔粤〕五华县 297
周兴镇……〔川〕隆昌市 336
周坊镇……〔赣〕贵溪市 226
周村区……〔鲁〕淄博市 237
周村镇……〔冀〕定州市 115
周村镇……〔晋〕泽州县 126
周村镇……〔冀〕冀州区 120
周矶街道……〔鄂〕潜江市 274
周良街道……〔津〕宝坻区 104
周陂镇……〔粤〕翁源县 292
周坨子镇……〔辽〕新民市 146
周坡镇……〔川〕井研县 337
周奋乡……〔苏〕兴化市 186
周旺镇……〔湘〕隆回县 280
周河乡……〔豫〕新县 260
周河镇……〔川〕仪陇县 339
周河镇……〔陕〕靖边县 395
周官桥乡……〔湘〕邵东县 280
周郎嘴回族镇……〔鄂〕赤壁市 273
周城镇……〔陕〕乾县 391
周巷镇……〔浙〕慈溪市 191
周巷镇……〔鄂〕孝昌县 271
周原镇……〔陕〕陈仓区 390
周党镇……〔豫〕罗山县 260
周铁镇……〔苏〕宜兴市 180
周浦镇……〔沪〕浦东新区 176
周家山镇……〔陕〕勉县 394
周家乡……〔浙〕衢江区 195
周家乡……〔川〕简阳市 329
周家庄乡……〔冀〕晋州市 108
周家坝街道……〔渝〕万州区 317
周家坝镇……〔陇〕康县 407
周家店镇……〔湘〕鼎城区 282
周家泉街道……〔青〕城东区 413
周家桥街道……〔沪〕长宁区 175
周家硷镇……〔陕〕子洲县 396
周家街道……〔黑〕双城区 166
周家渡街道……〔沪〕浦东新区 176
周家窝镇……〔冀〕武强县 120
周家镇……〔辽〕大石桥市 150
周家镇……〔川〕兴文县 342
周家镇……〔川〕大竹县 344
周家镇……〔陇〕正宁县 406
周陵街道……〔陕〕渭城区 391
周营镇……〔鲁〕薛城区 237
周营镇……〔豫〕沈丘县 262
周堂镇……〔豫〕睢县 259
周鹿镇……〔桂〕马山县 303
周棚街道……〔皖〕颍泉区 206
周覃镇……〔黔〕三都水族自治县 365
周集乡……〔苏〕沭阳县 186
周集乡……〔豫〕梁园区 259
周集镇……〔皖〕霍邱县 208
周湾镇……〔陕〕吴起县 393
周路口街道……〔赣〕珠山区 223
周溪乡……〔渝〕城口县 321
周溪镇……〔赣〕都昌县 225
周嘉镇……〔渝〕垫江县 321
周寨镇……〔皖〕砀山县 208
周潭镇……〔皖〕枞阳县 204
周壤镇……〔浙〕文成县 192
郇封镇……〔豫〕修武县 255
鱼儿山镇……〔冀〕丰宁满族自治县 117
鱼山街道……〔鲁〕金乡县 240
鱼山镇……〔鲁〕东阿县 245
鱼化寨街道……〔陕〕雁塔区 389
鱼化镇……〔川〕古蔺县 331
鱼龙乡……〔川〕安岳县 348
鱼龙镇……〔陇〕武都区 407
鱼市镇……〔湘〕新晃侗族自治县 287
鱼台县……〔鲁〕济宁市 240
鱼池乡……〔陇〕两当县 408
鱼池朝鲜族乡……〔黑〕尚志市 166
鱼池镇……〔渝〕石柱土家族自治县 323
鱼形山街道……〔湘〕赫山区 283
鱼邱湖街道……〔鲁〕高唐县 245
鱼岳镇……〔鄂〕嘉鱼县 273
鱼河峁镇……〔陕〕榆阳区 395
鱼河镇……〔陕〕榆阳区 395
鱼城镇……〔鲁〕鱼台县 240
鱼复街道……〔渝〕奉节县 322
鱼泉乡……〔川〕天全县 346
鱼泉街道……〔黔〕湄潭县 359
鱼泉镇……〔渝〕云阳县 322
鱼洞乡……〔川〕朝天区 334
鱼洞乡……〔滇〕镇雄县 372
鱼洞街道……〔渝〕巴南区 318
鱼珠街道……〔粤〕黄埔区 291
鱼峰乡……〔川〕岳池县 343
鱼峰区……〔桂〕柳州市 303
鱼通乡……〔川〕康定市 349
鱼塘侗族苗族乡……〔黔〕万山区 362
鱼塘街道……〔川〕龙马潭区 330
鱼塘镇……〔滇〕墨江哈尼族自治县 373
鱼溪镇……〔川〕资中县 336
鱼嘴镇……〔渝〕江北区 317
鱼鳞乡……〔渝〕巫溪县 323
兔坂镇……〔晋〕临县 131
兔峨乡…〔滇〕兰坪白族普米族自治县 378
兔街镇……〔滇〕南华县 375
兔街镇…〔黔〕威宁彝族回族苗族自治县 361
忽鸡图乡……〔蒙〕四子王旗 140
狗台乡……〔冀〕灵寿县 108
狗街镇……〔滇〕宜良县 369
京九街道……〔皖〕颍州区 206
京口区……〔苏〕镇江市 185
京山县……〔鄂〕荆门市 270
京山街道……〔赣〕青云谱区 223
京广路街道……〔豫〕二七区 249
京东镇……〔赣〕青山湖区 223
京当镇……〔陕〕岐山县 390
京华街道……〔冀〕古冶区 108
京城路街道……〔豫〕荥阳市 249
京南镇……〔桂〕苍梧县 305
京泰路街道……〔苏〕海陵区 185
京溪园镇……〔粤〕揭西县 300
京溪街道……〔粤〕白云区 291
冼村街道……〔粤〕天河区 291
庞口镇……〔冀〕高阳县 114
庞公街道……〔鄂〕襄城区 269
庞光镇……〔陕〕鄠邑区 389
庞各庄乡……〔冀〕乐亭县 109
庞各庄镇……〔京〕大兴区 100
庞庄街道……〔苏〕泉山区 180
庞村街道……〔冀〕复兴区 111
庞村镇……〔冀〕定州市 115
庞村镇……〔豫〕洛龙区 251
庞泉沟镇……〔晋〕交城县 131
庞家乡……〔陇〕宕昌县 407
庞家佐乡……〔冀〕高阳县 114
庞家堡镇……〔冀〕宣化区 115
庞家镇……〔鲁〕博兴县 245
庞寨乡……〔豫〕卫辉市 254
店下镇……〔闽〕福鼎市 219
店下镇……〔赣〕樟树市 230
店上镇……〔晋〕壶关县 125
店上镇……〔晋〕潞城市 125
店口镇……〔浙〕诸暨市 193
店门镇……〔湘〕衡山县 279
店子乡……〔豫〕陕州区 257
店子乡……〔川〕剑阁县 334
店子乡……〔陇〕合水县 406
店子乡……〔陇〕康县 407
店子乡……〔陇〕临潭县 409
店子集街道……〔鲁〕莒县 242
店子镇……〔蒙〕兴和县 140
店子镇……〔鲁〕平度市 236
店子镇……〔鲁〕山亭区 237
店子镇……〔鲁〕冠县 245
店子镇……〔鲁〕博兴县 245
店子镇……〔鄂〕郧西县 268
店头镇……〔鲁〕临沭县 243
店头镇……〔陕〕永寿县 391
店头镇……〔陕〕黄陵县 394
店则沟镇……〔陕〕清涧县 396
店村镇……〔陇〕成县 407
店张街道……〔陕〕兴平市 392
店垭乡……〔川〕南部县 339
店垭镇……〔鄂〕保康县 270
店前镇……〔皖〕岳西县 205
店埠镇……〔皖〕肥东县 201
店埠镇……〔鲁〕莱西市 236
店塔镇……〔陕〕神木市 396
店集乡……〔豫〕虞城县 259
店集镇……〔皖〕涡阳县 209
店湾镇……〔晋〕左云县 124

（八画）店夜庙府底郊兖净放刻於育闸闹郑券卷单炬炎炉沫浅法泔泄沽沭河

店镇……〔陕〕佳县 396
夜村镇……〔陕〕商州区 397
夜明珠街道……〔鄂〕西陵区 269
夜郎镇……〔黔〕桐梓县 358
庙下乡……〔浙〕龙游县 195
庙下镇……〔豫〕汝州市 252
庙上乡……〔晋〕临猗县 127
庙口镇……〔豫〕淇县 254
庙山镇……〔鲁〕郯城县 242
庙子乡……〔川〕万源市 345
庙子沟蒙古族满族乡……〔冀〕隆化县 117
庙子镇……〔鲁〕青州市 239
庙子镇……〔豫〕栾川县 251
庙仙乡……〔豫〕罗山县 260
庙尔沟乡……〔新〕昌吉市 424
庙尔沟镇……〔新〕托里县 429
庙头镇……〔苏〕沭阳县 186
庙头镇……〔鄂〕汉川市 271
庙头镇……〔桂〕全州县 304
庙台乡……〔宁〕惠农区 419
庙后镇……〔鲁〕栖霞市 239
庙行镇……〔沪〕宝山区 175
庙宇镇……〔渝〕巫山县 322
庙安乡……〔川〕宣汉县 344
庙坝镇……〔渝〕城口县 321
庙坝镇……〔川〕大安区 329
庙坝镇……〔川〕大竹县 344
庙坝镇……〔滇〕盐津县 372
庙岗乡……〔皖〕巢湖市 201
庙岔镇……〔皖〕临泉县 207
庙沟门镇……〔陕〕府谷县 395
庙沟镇……〔滇〕威信县 372
庙沟镇……〔陕〕吴起县 393
庙沟镇……〔陕〕镇安县 397
庙坡乡……〔川〕万源市 345
庙岭乡……〔赣〕修水县 225
庙岭镇……〔鄂〕华容区 270
庙垭乡……〔渝〕武隆区 321
庙垭乡……〔川〕万源市 345
庙城（地区）镇……〔京〕怀柔区 100
庙前街道……〔晋〕迎泽区 123
庙前镇……〔晋〕夏县 128
庙前镇……〔皖〕青阳县 210
庙前镇……〔闽〕连城县 219
庙前镇……〔鄂〕当阳市 269
庙前镇……〔湘〕常宁市 280
庙首镇……〔皖〕旌德县 210
庙渠乡……〔陇〕镇原县 406
庙街乡……〔豫〕舞钢市 252
庙街镇……〔滇〕巍山彝族回族自治县 377
庙湾乡……〔晋〕娄烦县 123
庙湾镇……〔豫〕平舆县 263
庙湾镇……〔陕〕耀州区 390
庙塘镇……〔黔〕正安县 358
庙溪乡…〔渝〕酉阳土家族苗族自治县 323
庙滩镇……〔鄂〕谷城县 270
庙镇……〔沪〕崇明区 176
府山街道……〔浙〕越城区 193
府山街道……〔浙〕柯城区 195
府场镇……〔鄂〕洪湖市 272
府谷县……〔陕〕榆林市 395
府谷镇……〔陕〕府谷县 395
府青路街道……〔川〕成华区 327
府坪街道……〔湘〕武陵区 282
府店镇……〔豫〕偃师市 251
府河镇……〔鄂〕曾都区 273
府城街道……〔豫〕中站区 255
府城街道……〔鄂〕安陆市 271
府城街道……〔琼〕琼山区 313
府城镇……〔晋〕安泽县 130
府城镇……〔皖〕凤阳县 206
府城镇……〔桂〕武鸣区 303
府南街道……〔川〕青羊区 327
府前街道……〔苏〕清江浦区 183
底圩乡……〔滇〕广南县 377
底张乡……〔豫〕洛宁县 251
底张街道……〔陕〕渭城区 391
底庙镇……〔陕〕旬邑县 392
底阁镇……〔鲁〕峄城区 237
底洞镇……〔川〕珙县 342
底雅乡……〔藏〕札达县 385
底堡乡……〔川〕沐川县 337
底蓬镇……〔川〕江安县 341
郊区……〔晋〕阳泉市 124
郊区……〔晋〕长治市 125
郊区……〔黑〕佳木斯市 169
郊区……〔皖〕铜陵市 204
郊区乡……〔新〕额敏县 429
郊尾镇……〔闽〕仙游县 214
郊纳镇……〔黔〕望谟县 363
兖州区……〔鲁〕济宁市 240
净月街道……〔吉〕南关区 157
净峰镇……〔闽〕惠安县 216
净潭乡……〔鄂〕天门市 274
放马坪乡……〔川〕金阳县 353
放生乡……〔川〕乐至县 348
放城镇……〔鲁〕新泰市 241
放珠镇……〔黔〕七星关区 360
刻木山乡……〔湘〕临澧县 283
於潜镇……〔浙〕临安区 189
育才街道……〔冀〕长安区 107
育才街道……〔吉〕扶余市 161
育才街道……〔黑〕工农区 168
育才路街道……〔川〕船山区 335
育才路街道……〔宁〕惠农区 419
育太和乡…〔冀〕围场满族蒙古族自治县 118
育民乡……〔吉〕榆树市 158
育林乡……〔黑〕明水县 172
育塅乡……〔湘〕湘乡市 279
育新镇……〔蒙〕科尔沁区 137
育溪镇……〔鄂〕当阳市 269
育黎镇……〔鲁〕乳山市 242
闸口街道……〔苏〕清江浦区 183
闸口镇……〔鄂〕公安县 271
闸口镇……〔桂〕合浦县 306
闸弄口街道……〔浙〕江干区 189
闸岗镇……〔粤〕怀集县 296
闸坡镇……〔粤〕江城区 298
闹村乡……〔浙〕平阳县 191
闹枝镇……〔吉〕临江市 161
闹店镇……〔豫〕宝丰县 252
郑口镇……〔冀〕故城县 120
郑山乡……〔川〕广安区 342
郑山街道……〔鲁〕临沭县 243
郑屯镇……〔黔〕兴义市 363
郑场镇……〔鄂〕仙桃市 274
郑场镇……〔黔〕绥阳县 358
郑庄子镇……〔冀〕开平区 109
郑庄街道……〔鲁〕曹县 246
郑庄镇……〔晋〕沁水县 125
郑庄镇……〔陕〕延长县 393
郑州市……〔豫〕 249
郑州路街道……〔鲁〕市北区 236
郑州路街道……〔豫〕涧西区 251
郑宅镇……〔浙〕浦江县 194
郑坑乡……〔浙〕景宁畲族自治县 197
郑坊镇……〔闽〕顺昌县 217
郑坊镇……〔赣〕上饶县 231
郑村镇……〔晋〕沁水县 125
郑村镇……〔皖〕歙县 205
郑陆镇……〔苏〕天宁区 181
郑旺镇……〔鲁〕河东区 242
郑店街道……〔鄂〕江夏区 267
郑店镇……〔鲁〕乐陵市 244
郑河乡……〔陇〕庄浪县 404
郑城镇……〔鲁〕平邑县 243
郑保屯镇……〔鲁〕夏津县 244
郑郭镇……〔豫〕项城市 262
郑家屯街道……〔吉〕双辽市 159
郑家坞镇……〔浙〕浦江县 194
郑家河沿镇……〔冀〕桃城区 120
郑家驿镇……〔湘〕桃源县 283
郑家集乡……〔豫〕鹿邑县 262
郑家寨镇……〔鲁〕陵城区 243
郑家镇……〔鲁〕东昌府区 244
郑家镇……〔陕〕旬邑县 392
郑营镇……〔鲁〕鄄城县 246
郑庵镇……〔豫〕中牟县 249
郑章镇……〔冀〕安国市 115
郑集乡……〔豫〕虞城县 259
郑集乡……〔豫〕淮阳县 262
郑集镇……〔苏〕铜山区 180
郑集镇……〔皖〕天长市 206
郑集镇……〔鄂〕宜城市 270
郑湖乡……〔闽〕沙县 215
郑路镇……〔鲁〕商河县 235
郑旗乡……〔宁〕海原县 420
郑墩镇……〔闽〕松溪县 217
券桥镇……〔豫〕方城县 257
卷硐镇……〔川〕渠县 345
单王乡……〔皖〕裕安区 208
单龙寺镇……〔皖〕霍山县 209
单甲乡……〔滇〕沧源佤族自治县 374
单县……〔鲁〕菏泽市 246
单城镇……〔黑〕双城区 166
单桥镇……〔皖〕临泉县 207
单晶河乡……〔冀〕张北县 116
单集镇……〔苏〕铜山区 180
单寨乡……〔晋〕河曲县 129
炬光乡……〔川〕仪陇县 340
炎山镇……〔滇〕昭阳区 372
炎方乡……〔滇〕沾益区 370
炎刘镇……〔皖〕寿县 203
炎亭镇……〔浙〕苍南县 191
炎陵县……〔湘〕株洲市 278
炉下镇……〔闽〕延平区 217
炉山镇…〔黔〕威宁彝族回族苗族自治县 361
炉山镇……〔黔〕凯里市 364
炉观镇……〔湘〕新化县 288
炉房乡……〔滇〕巧家县 372
炉城街道……〔川〕康定市 349
炉院街街道……〔新〕沙依巴克区 423
炉桥镇……〔皖〕定远县 206
炉霍县……〔川〕甘孜藏族自治州 350
沫阳镇……〔黔〕罗甸县 365
沫河口镇……〔皖〕淮上区 202
浅井镇……〔豫〕禹州市 256
浅水镇……〔粤〕吴川市 295
法门镇……〔陕〕扶风县 391
法王寺镇……〔川〕合江县 330
法中乡……〔晋〕沁源县 125
法斗乡……〔滇〕西畴县 376
法库县……〔辽〕沈阳市 146
法泗街道……〔鄂〕江夏区 267
法官镇……〔陕〕山阳县 397
法相岩街道……〔湘〕武冈市 281
法哈牛镇……〔辽〕新民市 146
法特镇……〔吉〕舒兰市 158
法堂乡……〔川〕营山县 339
法脿镇……〔滇〕双柏县 374
法镇……〔陕〕南郑区 394
泔溪镇…〔渝〕酉阳土家族苗族自治县 323
泄滩乡……〔鄂〕秭归县 269
沽河街道……〔鲁〕莱西市 236
沽源县……〔冀〕张家口市 116
沭阳县……〔苏〕宿迁市 186
沭城街道……〔苏〕沭阳县 186
河儿口镇……〔粤〕封开县 296
河下街道……〔苏〕淮安区 183
河下镇……〔赣〕渝水区 225
河上镇……〔浙〕萧山区 189
河上镇……〔赣〕崇仁县 231
河口乡……〔冀〕顺平县 115
河口乡……〔晋〕岚县 131
河口乡……〔鄂〕远安县 269
河口乡……〔湘〕桑植县 283
河口乡……〔川〕仁寿县 341
河口乡……〔黔〕锦屏县 364
河口区……〔鲁〕东营市 238
河口苗族乡……〔湘〕绥宁县 281
河口街道……〔吉〕浑江区 160
河口街道……〔鲁〕河口区 238
河口街道……〔粤〕云城区 300
河口瑶族乡……〔桂〕资源县 305
河口瑶族自治县……
……〔滇〕红河哈尼族彝族自治州 376
河口镇……〔晋〕古交市 123
河口镇……〔苏〕沛县 180
河口镇……〔苏〕如东县 182
河口镇……〔皖〕霍邱县 208

（八画）河泷沾泸

河口镇……〔赣〕铅山县 232
河口镇……〔鄂〕西塞山区 268
河口镇……〔鄂〕大悟县 271
河口镇……〔湘〕湘潭县 278
河口镇……〔粤〕陆河县 297
河口镇……〔粤〕阳春市 298
河口镇……〔粤〕郁南县 300
河口镇……〔川〕荣县 329
河口镇……〔川〕江油市 333
河口镇……〔川〕万源市 345
河口镇……〔川〕雅江县 350
河口镇…〔黔〕道真仡佬族苗族自治县 359
河口镇……〔滇〕寻甸回族彝族自治县 369
河口镇……〔滇〕河口瑶族自治县 376
河口镇……〔陕〕凤县 391
河口镇……〔陇〕西固区 401
河山镇……〔浙〕桐乡市 192
河山镇……〔鲁〕东港区 242
河川乡……〔宁〕原州区 420
河门口街道……〔川〕西区 330
河子西乡……〔冀〕宣化区 115
河支乡……〔川〕阿坝县 349
河凤桥乡……〔豫〕商城县 260
河古庙镇……〔冀〕平乡县 113
河龙乡……〔闽〕宁化县 215
河东乡……〔闽〕松溪县 218
河东乡……〔赣〕德安县 225
河东乡……〔川〕渠县 345
河东乡……〔川〕金川县 349
河东乡……〔川〕越西县 354
河东乡……〔青〕贵德县 414
河东区……〔津〕 103
河东区……〔鲁〕临沂市 242
河东店镇……〔陕〕汉台区 394
河东朝鲜族乡……〔黑〕尚志市 166
河东街道……〔冀〕长安区 107
河东街道……〔冀〕海港区 110
河东街道……〔冀〕泊头市 119
河东街道……〔冀〕桃城区 120
河东街道……〔蒙〕东河区 135
河东街道……〔蒙〕根河市 139
河东街道……〔辽〕顺城区 148
河东街道……〔辽〕溪湖区 148
河东街道……〔黑〕阿城区 165
河东街道……〔黑〕兴安区 168
河东街道……〔皖〕颍东区 206
河东街道……〔赣〕青原区 228
河东街道……〔粤〕茂南区 295
河东街道……〔桂〕城中区 303
河东街道……〔青〕德令哈市 415
河东镇……〔冀〕涿鹿县 116
河东镇……〔蒙〕东河区 135
河东镇……〔粤〕五华县 297
河东镇……〔粤〕陆丰市 297
河东镇……〔川〕南部县 338
河东镇……〔陇〕凉州区 403
河东镇……〔陇〕瓜州县 405
河卡镇……〔青〕兴海县 414
河北乡……〔辽〕顺城区 148
河北乡……〔黑〕克山县 167
河北乡……〔青〕同德县 414
河北区……〔津〕 103
河北屯镇……〔津〕武清区 104
河北留善寺乡……〔冀〕肃宁县 118
河北街道……〔辽〕西市区 150
河北街道……〔辽〕海州区 151
河北街道……〔吉〕蛟河市 158
河北街道……〔吉〕公主岭市 159
河北街道……〔川〕雨城区 345
河北路街道……〔冀〕路北区 108
河北镇……〔京〕房山区 99
河北镇……〔晋〕阳城县 126
河北镇……〔陕〕陇县 391
河田镇……〔闽〕长汀县 218
河田镇……〔粤〕陆河县 297
河失镇……〔苏〕泰兴市 186
河包镇……〔渝〕荣昌区 320
河市镇……〔闽〕洛江区 215
河市镇……〔湘〕汨罗市 282
河市镇……〔川〕达川区 343
河头乡……〔晋〕怀仁县 126
河头店镇……〔鲁〕莱西市 236
河头镇……〔浙〕临海市 196
河头镇……〔粤〕遂溪县 294
河头镇……〔粤〕平远县 297
河头镇……〔粤〕新兴县 300
河边镇……〔晋〕定襄县 128
河边镇……〔渝〕璧山区 320
河边镇……〔川〕涪城区 332
河边镇……〔川〕大英县 335
河边镇……〔川〕冕宁县 353
河台镇……〔粤〕高要区 295
河地乡……〔川〕苍溪县 335
河西乡……〔川〕汉源县 346
河西乡……〔川〕金川县 349
河西乡…〔滇〕兰坪白族普米族自治县 378
河西乡……〔滇〕梁河县 378
河西乡……〔陇〕临夏县 408
河西区……〔津〕 103
河西务镇……〔津〕武清区 104
河西堡镇……〔陇〕永昌县 401
河西街道……〔冀〕桃城区 120
河西街道……〔蒙〕科尔沁区 137
河西街道……〔蒙〕扎兰屯市 139
河西街道……〔蒙〕根河市 139
河西街道……〔辽〕溪湖区 148
河西街道……〔鲁〕市北区 236
河西街道……〔湘〕鹤城区 286
河西街道……〔粤〕化州市 295
河西街道……〔粤〕茂南区 295
河西街道……〔粤〕陆丰市 297
河西街道……〔粤〕阳春市 298
河西街道……〔桂〕柳南区 303
河西街道……〔桂〕兴宾区 310
河西街道……〔川〕利州区 333
河西街道……〔黔〕碧江区 362
河西街道……〔青〕格尔木市 415
河西街道……〔青〕德令哈市 415
河西镇……〔冀〕临西县 113
河西镇……〔晋〕高平市 126
河西镇……〔辽〕清河门区 151
河西镇……〔黑〕穆棱市 171
河西镇……〔川〕嘉陵区 338
河西镇……〔滇〕通海县 371
河西镇……〔陇〕华亭县 404
河西镇……〔青〕贵德县 414
河西镇……〔宁〕同心县 420
河夹镇……〔鄂〕郧西县 268
河曲县……〔晋〕忻州市 129
河庄坪镇……〔陕〕宝塔区 393
河庄街道……〔浙〕萧山区 189
河池市……〔桂〕 309
河池镇……〔桂〕金城江区 309
河阳街道……〔豫〕吉利区 251
河阳街道……〔豫〕孟州市 255
河阴镇……〔青〕贵德县 414
河坝子镇……〔川〕青神县 341
河坝场镇……〔黔〕石阡县 362
河坝镇……〔湘〕南县 284
河坝镇……〔川〕南部县 338
河坎子乡……〔辽〕凌源市 154
河坞乡……〔豫〕新蔡县 263
河里乡……〔川〕冕宁县 354
河里镇……〔桂〕合山市 310
河伯乡……〔湘〕邵阳县 280
河间市……〔冀〕沧州市 119
河沥溪街道……〔皖〕宁国市 210
河沙镇……〔川〕船山区 335
河沙镇镇……〔冀〕邯山区 110
河坡乡……〔川〕白玉县 350
河图街道……〔滇〕隆阳区 371
河图镇……〔皖〕岳西县 205
河图镇……〔渝〕南川区 320
河鱼乡……〔渝〕城口县 321
河店镇……〔鲁〕莘县 244
河底乡……〔晋〕尧都区 130
河底镇……〔晋〕郊区 124
河底镇……〔晋〕闻喜县 128
河底镇……〔豫〕洛宁县 251
河姆渡镇……〔浙〕余姚市 191
河城街镇……〔冀〕献县 119
河南乡……〔黑〕克山县 167
河南乡……〔川〕汉源县 346
河南岸街道……〔粤〕惠城区 296
河南店镇……〔冀〕涉县 111
河南街道……〔吉〕蛟河市 158
河南街道……〔吉〕磐石市 158
河南街道……〔吉〕公主岭市 159
河南街道……〔吉〕延吉市 162
河南街道……〔吉〕珲春市 162
河南蒙古族自治县……
……〔青〕黄南藏族自治州 414
河南寨镇……〔京〕密云区 100
河南疃镇……〔冀〕曲周县 112
河栏镇……〔辽〕辽阳县 151
河顺镇……〔豫〕林州市 253
河洞乡……〔赣〕大余县 226
河洑镇……〔湘〕武陵区 282
河洛镇……〔鲁〕莱阳市 238
河洛镇……〔豫〕巩义市 249
河洲街道……〔赣〕丰城市 230
河洲镇……〔湘〕祁东县 279
河津市……〔晋〕运城市 128
河神庙乡……〔晋〕屯留县 125
河埒街道……〔苏〕滨湖区 179
河桥镇……〔苏〕盱眙县 184
河桥镇……〔浙〕临安区 189
河桥镇……〔陇〕永登县 401
河唇镇……〔粤〕廉江市 294
河套街道……〔鲁〕城阳区 236
河畔镇……〔陇〕会宁县 402
河峪乡……〔晋〕榆社县 127
河郭乡……〔冀〕南和县 112
河浦街道……〔粤〕濠江区 293
河海街道……〔苏〕新北区 181
河流镇……〔鲁〕阳信县 245
河埠乡……〔赣〕临川区 230
河清镇……〔川〕安州区 332
河渠镇……〔冀〕宁晋县 112
河婆街道……〔粤〕揭西县 300
河堰镇……〔渝〕开州区 320
河堤乡……〔豫〕睢县 259
河棚镇……〔皖〕舒城县 209
河铺镇……〔鄂〕罗田县 272
河集乡……〔豫〕睢县 259
河街乡……〔豫〕建安区 256
河舒镇……〔川〕蓬安县 339
河塌乡……〔皖〕宿松县 204
河楼乡……〔川〕阆中市 340
河路口镇……〔湘〕江华瑶族自治县 286
河雍街道……〔豫〕孟州市 255
河源市……〔粤〕 297
河源镇……〔吉〕伊通满族自治县 159
河溪镇……〔湘〕吉首市 288
河溪镇……〔粤〕潮阳区 293
河溪镇……〔川〕阆中市 340
河溜镇……〔皖〕怀远县 202
河滨街街道……〔宁〕惠农区 419
河滨街道……〔苏〕宿城区 186
河滨街道……〔闽〕浦城县 217
河滨街道……〔豫〕伊川县 251
河滨街道……〔豫〕湛河区 252
河滨路街道……〔湘〕洪江市 287
河溶镇……〔鄂〕当阳市 269
河滩镇……〔陇〕东乡族自治县 409
河塱镇……〔粤〕阳春市 298
河镇彝族苗族乡……〔黔〕赫章县 362
河潭镇……〔赣〕贵溪市 226
河嘴乡……〔渝〕石柱土家族自治县 323
泷泊镇……〔湘〕双牌县 285
沾化区……〔鲁〕滨州市 245
沾尚镇……〔晋〕昔阳县 127
沾益区……〔滇〕曲靖市 370
沾溪镇……〔湘〕桃江县 284
泸水市……〔滇〕怒江傈僳族自治州 378
泸西县…〔滇〕红河哈尼族彝族自治州 376
泸州市……〔川〕 330
泸阳镇……〔湘〕中方县 286
泸县……〔川〕泸州市 330
泸沽湖镇……〔川〕盐源县 352

（八画）泸油泗泊泺沿泃泖泡注泮沱泌泳泥沸泓沼波泽泾治怡峃学

泸沽镇……〔川〕冕宁县 353
泸定县……〔川〕甘孜藏族自治州 349
泸桥镇……〔川〕泸定县 349
泸溪县…〔湘〕湘西土家族苗族自治州 288
油山镇……〔赣〕信丰县 226
油山镇……〔粤〕南雄市 292
油车港镇……〔浙〕秀洲区 192
油石乡……〔赣〕上犹县 226
油田镇……〔赣〕吉安县 228
油召乡……〔冀〕平乡县 113
油迈瑶族乡……〔黔〕望谟县 363
油竹街道……〔浙〕青田县 197
油坝乡……〔皖〕潜山县 204
油坊店乡……〔皖〕金寨县 209
油坊店乡……〔豫〕正阳县 263
油坊镇……〔冀〕清河县 113
油坊镇……〔苏〕扬中市 185
油松岭乡……〔滇〕盈江县 378
油房庄乡……〔陕〕定边县 395
油建路街道……〔冀〕任丘市 119
油洋乡……〔湘〕溆浦县 287
油恰乡……〔藏〕色尼区 384
油麻镇……〔湘〕永兴县 284
油麻镇……〔桂〕桂平市 307
油槐街道……〔陕〕临潼区 389
油溪乡……〔湘〕新化县 288
油溪镇……〔粤〕连平县 298
油溪镇……〔渝〕江津区 319
油榨镇……〔冀〕滦县 109
油墩街镇……〔赣〕鄱阳县 232
油篓沟镇……〔冀〕张北县 116
泗门镇……〔浙〕余姚市 191
泗水乡……〔桂〕龙胜各族自治县 305
泗水县……〔鲁〕济宁市 240
泗水镇……〔粤〕高州市 295
泗水镇……〔粤〕平远县 297
泗水镇……〔陇〕古浪县 403
泗耳藏族乡……〔川〕平武县 333
泗庄镇……〔冀〕高碑店市 115
泗交镇……〔晋〕夏县 128
泗安镇……〔浙〕长兴县 193
泗阳县……〔苏〕宿迁市 186
泗村店镇……〔津〕武清区 104
泗县……〔皖〕宿州市 208
泗沥镇……〔赣〕贵溪市 226
泗汾镇……〔湘〕醴陵市 278
泗张镇……〔鲁〕泗水县 240
泗纶镇……〔粤〕罗定市 300
泗坪乡……〔川〕荥经县 345
泗顶镇……〔桂〕融安县 304
泗店乡……〔豫〕新县 260
泗店镇……〔鲁〕宁阳县 241
泗河街道……〔鲁〕泗水县 240
泗河镇……〔吉〕榆树市 157
泗泾镇……〔沪〕松江区 176
泗孟乡……〔桂〕东兰县 309
泗城镇……〔皖〕泗县 208
泗城镇……〔桂〕凌云县 308
泗南江镇……〔滇〕墨江哈尼族自治县 373
泗洪县……〔苏〕宿迁市 186
泗洲头镇……〔浙〕象山县 190
泗洲镇……〔赣〕德兴市 232
泗桥乡……〔闽〕周宁县 219
泗湖山镇……〔湘〕沅江市 284
泗渡镇……〔黔〕汇川区 358
泗溪镇……〔浙〕泰顺县 192
泗溪镇……〔赣〕上高县 229
泊于镇……〔鲁〕环翠区 241
泊口乡……〔冀〕魏县 112
泊水街街道……〔川〕市中区 336
泊尔江海子镇……〔蒙〕东胜区 138
泊头市……〔冀〕沧州市 119
泊头镇……〔鲁〕沾化区 245
泊里镇……〔鲁〕黄岛区 236
泊岗乡……〔皖〕明光市 206
泊镇镇……〔冀〕泊头市 119
泺口街道……〔鲁〕天桥区 235
泺源街道……〔鲁〕济南市 235
沿口镇……〔川〕武胜县 343
沿山镇……〔闽〕邵武市 218
沿山镇……〔黔〕贵定县 365
沿丰街道……〔吉〕丰满区 158
沿庄镇……〔津〕静海区 104
沿江乡……〔吉〕抚松县 160
沿江乡……〔黑〕郊区 170
沿江街道……〔吉〕宁江区 161
沿江街道……〔黑〕富拉尔基区 167
沿江街道……〔黑〕西安区 170
沿江街道……〔苏〕浦口区 179
沿江街道……〔苏〕高港区 185
沿江街道……〔滇〕麒麟区 370
沿江满族达斡尔族乡……〔黑〕孙吴县 171
沿江镇……〔吉〕镇赉县 161
沿江镇……〔浙〕临海市 196
沿安乡……〔陇〕武山县 403
沿沟乡……〔晋〕原平市 129
沿陂镇……〔赣〕永丰县 228
沿岭乡……〔陇〕东乡族自治县 409
沿河土家族自治县……〔黔〕铜仁市 362
沿河乡……〔渝〕城口县 321
沿河乡……〔川〕达川区 344
沿河湾镇……〔陕〕安塞区 393
沿河镇……〔苏〕建湖县 184
沿浦镇……〔浙〕苍南县 191
沿海街道……〔辽〕西市区 150
沿渡河镇……〔鄂〕巴东县 274
沿溪乡……〔湘〕溆浦县 287
沿溪镇……〔赣〕泰和县 228
沿溪镇……〔湘〕浏阳市 277
沿溪镇……〔渝〕石柱土家族自治县 323
沿滩区……〔川〕自贡市 329
沿滩镇……〔川〕沿滩区 329
泃阳西大街街道……〔冀〕三河市 120
泃阳镇……〔冀〕三河市 120
泖港镇……〔沪〕松江区 176
泡子沿街道……〔吉〕龙潭区 158
泡子镇……〔辽〕阜新蒙古族自治县 151
泡崖乡……〔辽〕瓦房店市 147
泡崖街道……〔辽〕甘井子区 146
注泔镇……〔陕〕乾县 391
注滋口镇……〔湘〕华容县 281
注溪乡……〔黔〕天柱县 364
注溪镇……〔黔〕岑巩县 364
泮水乡……〔桂〕右江区 307
泮水镇……〔黔〕播州区 358
泮洋乡……〔闽〕古田县 219
泮境乡……〔闽〕上杭县 218
沱川乡……〔赣〕婺源县 232
沱江镇……〔湘〕江华瑶族自治县 286
沱江镇……〔湘〕凤凰县 288
沱河街道……〔皖〕埇桥区 207
沱牌镇……〔川〕射洪县 335
沱湖乡……〔皖〕五河县 202
沱滨街道……〔豫〕永城市 260
泌水街道……〔豫〕泌阳县 263
泌阳县……〔豫〕驻马店市 263
泳溪乡……〔浙〕天台县 196
泥井镇……〔冀〕昌黎县 110
泥屯镇……〔晋〕阳曲县 123
泥巴乡……〔川〕炉霍县 350
泥龙镇……〔川〕平昌县 347
泥尔河乡……〔黑〕绥棱县 172
泥凼镇……〔黔〕兴义市 363
泥朵镇……〔川〕色达县 351
泥江口镇……〔湘〕赫山区 284
泥汊镇……〔皖〕无为县 202
泥阳镇……〔陇〕徽县 408
泥沟乡……〔豫〕杞县 250
泥沟镇……〔鲁〕台儿庄区 237
泥河镇……〔皖〕庐江县 201
泥河镇……〔皖〕潘集区 203
泥城镇……〔沪〕浦东新区 176
泥南镇……〔川〕宜宾县 341
泥柯乡……〔川〕甘孜县 350
泥高镇…〔黔〕务川仡佬族苗族自治县 359
泥窝潭乡……〔湘〕桃源县 283
泥溪乡……〔川〕通江县 347
泥溪镇……〔皖〕东至县 210
泥溪镇……〔渝〕云阳县 322
泥溪镇……〔川〕宜宾县 341
泥溪镇……〔川〕通江县 346
沸水镇……〔川〕安州区 332
泓芝驿镇……〔晋〕盐湖区 127
沼山镇……〔鄂〕梁子湖区 270
沼潭街道……〔蒙〕昆都仑区 135
波戈溪乡……〔川〕理塘县 351
波阳镇……〔黔〕兴仁县 363
波罗乡……〔藏〕江达县 383
波罗赤镇……〔辽〕朝阳县 153
波罗诺镇……〔冀〕丰宁满族自治县 117
波罗镇……〔粤〕英德市 299
波罗镇……〔陕〕横山区 395
波泥河街道……〔吉〕九台区 157
波波乡……〔川〕甘洛县 354
波洛乡……〔川〕昭觉县 353
波洲镇……〔湘〕新晃侗族自治县 287
波绒乡……〔藏〕聂拉木县 382
波莲镇……〔琼〕临高县 314
波航乡……〔青〕湟源县 413
波密乡……〔川〕理塘县 351
波密县……〔藏〕林芝市 384
波斯坦铁列克乡……〔新〕乌恰县 426
波斯河乡……〔川〕雅江县 350
波斯喀木乡……〔新〕泽普县 426
波塘镇……〔桂〕岑溪市 305
泼机镇……〔滇〕镇雄县 372
泼陂河镇……〔豫〕光山县 260
泽口街道……〔鄂〕潜江市 274
泽头镇……〔鲁〕文登区 241
泽当镇……〔藏〕乃东区 384
泽曲镇……〔青〕泽库县 414
泽州县……〔晋〕晋城市 126
泽远镇……〔川〕冕宁县 353
泽库县……〔青〕黄南藏族自治州 414
泽库镇……〔鲁〕文登区 241
泽林镇……〔鄂〕鄂城区 270
泽国镇……〔浙〕温岭市 196
泽泉乡……〔赣〕共青城市 225
泽家镇……〔湘〕永顺县 288
泽覃乡……〔赣〕瑞金市 228
泽雅镇……〔浙〕瓯海区 191
泽掌镇……〔晋〕新绛县 128
泽普县……〔新〕喀什地区 426
泽普镇……〔新〕泽普县 426
泾干街道……〔陕〕泾阳县 391
泾口乡……〔赣〕南昌县 223
泾口镇……〔苏〕淮安区 183
泾川县……〔陇〕平凉市 404
泾川镇……〔皖〕泾县 210
泾阳县……〔陕〕咸阳市 391
泾县……〔皖〕宣城市 210
泾明乡……〔陇〕泾川县 404
泾河源镇……〔宁〕泾源县 420
泾河镇……〔苏〕宝应县 185
泾洋街道……〔陕〕镇巴县 395
泾渭街道……〔陕〕高陵区 389
泾源县……〔宁〕固原市 420
治平乡……〔渝〕城口县 321
治平乡……〔川〕阆中市 340
治平乡……〔陇〕静宁县 405
治平畲族乡……〔闽〕宁化县 215
治多县……〔青〕玉树藏族自治州 415
治安镇……〔蒙〕奈曼旗 137
治河渡镇……〔湘〕华容县 281
治渠乡……〔青〕治多县 415
治淮街道……〔皖〕龙子湖区 202
怡乐镇……〔川〕江安县 341
怡园街道……〔鲁〕环翠区 241
峃口镇……〔浙〕文成县 192
学士街道……〔湘〕岳麓区 277
学孔镇……〔黔〕仁怀市 359
学田乡……〔蒙〕突泉县 141
学田街道……〔苏〕崇川区 182
学田镇……〔黑〕讷河市 167
学庄乡……〔陕〕定边县 395
学张乡……〔晋〕芮城县 128
学苑街道……〔辽〕细河区 151
学苑街道……〔川〕自流井区 329
学林街道……〔湘〕石峰区 278
学府街道……〔津〕南开区 103

（八画）学宝宗定宕宜审官

学院南路街道……〔冀〕路南区 108
学院街道……〔鄂〕西陵区 269
学院路街道……〔京〕海淀区 99
学院路街道……〔黑〕呼兰区 165
学院路街道……〔湘〕大祥区 280
学富镇……〔苏〕盐都区 184
宝力根花苏木……〔蒙〕扎赉特旗 141
宝力根苏木……〔蒙〕锡林浩特市 141
宝力根街道……〔蒙〕锡林浩特市 141
宝力镇……〔辽〕昌图县 152
宝口镇……〔粤〕惠东县 296
宝山乡……〔吉〕磐石市 159
宝山乡……〔黑〕甘南县 167
宝山乡……〔黑〕逊克县 171
宝山乡……〔赣〕万安县 229
宝山乡……〔滇〕玉龙纳西族自治县 373
宝山区……〔黑〕双鸭山市 169
宝山区……〔沪〕 175
宝山东路街道……〔豫〕凤泉区 254
宝山西路街道……〔豫〕凤泉区 254
宝山街道……〔豫〕山城区 253
宝山街道……〔黔〕贵定县 365
宝山路街道……〔沪〕静安区 175
宝山镇……〔京〕怀柔区 100
宝山镇……〔蒙〕莫力达瓦达斡尔族自治旗 138
宝山镇……〔辽〕凤城市 149
宝山镇……〔黑〕北林区 171
宝山镇……〔鲁〕黄岛区 236
宝山镇……〔滇〕宣威市 370
宝飞镇……〔川〕仁寿县 341
宝马镇……〔川〕阆中市 340
宝马镇……〔川〕仁寿县 341
宝丰乡……〔滇〕云龙县 377
宝丰县……〔豫〕平顶山市 252
宝丰街道……〔鄂〕硚口区 267
宝丰街道……〔滇〕晋宁区 369
宝丰镇……〔鄂〕溢水镇 268
宝丰镇……〔宁〕平罗县 419
宝元栈乡……〔冀〕围场满族蒙古族自治县 118
宝云街道……〔滇〕会泽县 370
宝五乡……〔川〕井研县 337
宝日勿苏镇……〔蒙〕巴林右旗 136
宝日希勒镇……〔蒙〕陈巴尔虎旗 139
宝日呼吉尔街道……〔蒙〕霍林郭勒市 138
宝石乡……〔川〕梓潼县 333
宝石镇……〔蒙〕突泉县 141
宝石镇……〔川〕开江县 344
宝龙山镇……〔蒙〕科尔沁左翼中旗 137
宝龙街道……〔粤〕龙岗区 293
宝龙镇……〔渝〕潼南区 320
宝平街道……〔津〕宝坻区 104
宝东镇……〔黑〕虎林市 168
宝田侗族苗族乡……〔湘〕会同县 287
宝圣湖街道……〔渝〕渝北区 318
宝台乡……〔川〕阆中市 340
宝台镇……〔川〕雁江区 347
宝圩乡……〔桂〕大新县 310
宝圩镇……〔粤〕化州市 295
宝光街道……〔粤〕高州市 295
宝华乡……〔川〕安岳县 348
宝华街街道……〔鲁〕天桥区 235
宝华镇……〔苏〕句容市 185
宝华镇……〔滇〕红河县 376
宝华镇……〔滇〕南涧彝族自治县 377
宝庆乡……〔川〕富顺县 330
宝兴乡……〔黑〕方正县 166
宝兴县……〔川〕雅安市 346
宝兴镇……〔渝〕大足区 318
宝安区……〔粤〕深圳市 292
宝坛乡……〔桂〕罗城仫佬族自治县 309
宝秀镇……〔滇〕石屏县 375
宝甸乡……〔吉〕前郭尔罗斯蒙古族自治县 161
宝库乡……〔青〕大通回族土族自治县 413
宝应县……〔苏〕扬州市 185
宝鸡市……〔陕〕 390
宝坪镇……〔渝〕云阳县 322
宝顶镇……〔渝〕大足区 318
宝坻区……〔津〕 104
宝拉根陶海苏木……〔蒙〕正镶白旗 141
宝林镇……〔川〕邛崃市 328
宝林镇……〔川〕安州区 332
宝林镇……〔川〕乐至县 348
宝轮镇……〔川〕利州区 333
宝国老镇……〔辽〕北票市 153
宝昌镇……〔蒙〕太仆寺旗 141
宝绍代苏木……〔蒙〕正蓝旗 141
宝城街道……〔鲁〕昌乐县 239
宝城街道……〔豫〕罗山县 260
宝城镇……〔川〕渠县 344
宝泉山镇……〔吉〕长白朝鲜族自治县 161
宝泉乡……〔川〕三台县 332
宝泉镇……〔黑〕克东县 167
宝珠镇……〔粤〕郁南县 300
宝都街道……〔鲁〕昌乐县 239
宝莲寺镇……〔豫〕文峰区 253
宝格达音高勒苏木……〔蒙〕镶黄旗 141
宝格德乌拉苏木……〔蒙〕新巴尔虎右旗 139
宝峰街道……〔湘〕石门县 283
宝峰镇……〔赣〕靖安县 230
宝峰镇……〔渝〕永川区 319
宝峰彝族乡……〔川〕荥经县 345
宝积镇……〔陇〕白银区 402
宝梵镇……〔川〕蓬溪县 335
宝盛乡……〔川〕芦山县 346
宝盖镇……〔闽〕石狮市 216
宝盖镇……〔湘〕衡南县 279
宝清县……〔黑〕双鸭山市 169
宝清镇……〔黑〕宝清县 169
宝塔山街道……〔陕〕宝塔区 393
宝塔乡……〔赣〕德安县 225
宝塔区……〔陕〕延安市 393
宝塔河街道……〔鄂〕伍家岗区 269
宝塔桥街道……〔苏〕鼓楼区 179
宝塔街道……〔吉〕农安县 157
宝塔街道……〔湘〕岳塘区 278
宝塔路街道……〔苏〕润州区 185
宝塔镇……〔苏〕建湖县 184
宝堰镇……〔苏〕丹徒区 185
宝源乡……〔黔〕赤水市 359
宝溪乡……〔浙〕龙泉市 197
宝箴塞镇……〔川〕武胜县 343
宝藏镇……〔滇〕江城哈尼族彝族自治县 373
宗艾镇……〔晋〕寿阳县 127
宗汉街道……〔浙〕慈溪市 191
宗加镇……〔青〕都兰县 415
宗地镇……〔黔〕紫云苗族布依族自治县 360
宗场镇……〔川〕翠屏区 341
宗西乡……〔藏〕芒康县 383
宗关街道……〔鄂〕硚口区 267
宗麦乡……〔川〕炉霍县 350
宗别立镇……〔蒙〕阿拉善左旗 141
宗沙乡……〔藏〕察雅县 383
宗店乡……〔豫〕杞县 250
宗科乡……〔川〕壤塘县 349
宗海乡……〔川〕盐亭县 333
宗朗乡……〔新〕叶城县 427
宗营镇……〔陕〕汉台区 394
宗塔乡……〔川〕炉霍县 350
宗嘎镇……〔藏〕吉隆县 382
定山镇……〔赣〕彭泽县 225
定王台街道……〔湘〕芙蓉区 277
定日县……〔藏〕日喀则市 381
定中门街道……〔鄂〕樊城区 269
定水镇……〔鲁〕阳谷县 244
定水镇……〔川〕南部县 338
定文镇……〔川〕犍为县 337
定方水乡……〔冀〕下花园区 115
定仙墕镇……〔陕〕绥德县 395
定宁镇……〔陇〕古浪县 403
定边县……〔陕〕榆林市 395
定边街道……〔陕〕定边县 395
定西市……〔陇〕 406
定州市……〔冀〕保定市 115
定江镇……〔桂〕灵川县 304
定兴县……〔冀〕保定市 114
定兴镇……〔冀〕定兴县 114
定安县……〔琼〕儋州市 314
定安镇……〔桂〕田林县 308
定军山镇……〔陕〕勉县 394
定远乡……〔豫〕罗山县 260
定远乡……〔川〕梓潼县 333
定远乡……〔川〕渠县 345
定远县……〔皖〕滁州市 206
定远寨镇……〔鲁〕冠县 245
定远镇……〔陇〕榆中县 401
定昌镇……〔晋〕沁县 125
定和街道……〔豫〕山阳区 255
定波乡……〔川〕理塘县 351
定城街道……〔豫〕潢川县 261
定城镇……〔皖〕定远县 206
定城镇……〔琼〕定安县 314
定南县……〔赣〕赣州市 227
定南街道……〔黔〕普定县 360
定威水族乡……〔黔〕榕江县 364
定结乡……〔藏〕定结县 382
定结县……〔藏〕日喀则市 382
定海区……〔浙〕舟山市 195
定海路街道……〔沪〕杨浦区 175
定陶区……〔鲁〕菏泽市 246
定塘镇……〔浙〕象山县 190
定新彝族苗族乡……〔黔〕黔西县 361
定襄县……〔晋〕忻州市 128
宕昌县……〔陇〕陇南市 407
宕梁街道……〔川〕巴州区 346
宜山镇……〔浙〕苍南县 191
宜川县……〔陕〕延安市 393
宜川路街道……〔沪〕普陀区 175
宜丰县……〔赣〕宜春市 229
宜木乡……〔川〕炉霍县 350
宜牛乡……〔川〕石渠县 351
宜东镇……〔川〕汉源县 345
宜州区……〔桂〕河池市 309
宜兴乡……〔晋〕广灵县 124
宜兴市……〔苏〕无锡市 180
宜兴埠镇……〔津〕北辰区 103
宜安镇……〔冀〕鹿泉区 107
宜阳县……〔豫〕洛阳市 251
宜阳街道……〔湘〕常宁市 280
宜阳街道……〔陕〕宜君县 390
宜里镇……〔蒙〕鄂伦春自治旗 138
宜秀区……〔皖〕安庆市 204
宜沟镇……〔豫〕汤阴县 253
宜良县……〔滇〕昆明市 369
宜君县……〔陕〕铜川市 390
宜坪乡……〔川〕峨边彝族自治县 337
宜昌市……〔鄂〕 269
宜牧地乡……〔川〕昭觉县 353
宜居乡……〔渝〕酉阳土家族苗族自治县 323
宜春市……〔赣〕 229
宜城市……〔鄂〕襄阳市 270
宜城街道……〔苏〕宜兴市 180
宜城街道……〔苏〕丹徒区 185
宜城路街道……〔皖〕迎江区 204
宜都市……〔鄂〕宜昌市 269
宜宾市……〔川〕 341
宜宾县……〔川〕宜宾市 341
宜陵镇……〔苏〕江都区 185
宜黄县……〔赣〕抚州市 231
宜章县……〔湘〕郴州市 284
宜就镇……〔滇〕永仁县 375
宜路镇……〔豫〕郸城县 262
审坡镇……〔冀〕武邑县 120
审章塘瑶族乡……〔湘〕道县 286
官厂乡……〔豫〕原阳县 254
官儿乡……〔晋〕浑源县 124
官山镇……〔苏〕睢宁县 180
官山镇……〔鄂〕丹江口市 269
官元镇……〔陕〕岚皋县 396
官扎营街道……〔鲁〕天桥区 235
官厅镇……〔冀〕怀来县 116
官厅镇……〔滇〕建水县 375
官厅镇……〔宁〕原州区 420
官屯堡乡……〔蒙〕丰镇市 140
官屯镇……〔辽〕大石桥市 150
官屯镇……〔滇〕姚安县 375
官升镇……〔川〕射洪县 335
官仓镇……〔川〕金堂县 328
官仓镇……〔黔〕桐梓县 358
官田乡……〔闽〕漳平市 219

（八画）官空宛实试郎诗房诚郓视建

官田乡……〔赣〕吉安县 228
官圩镇……〔粤〕德庆县 296
官地坪镇……〔湘〕桑植县 283
官地镇……〔蒙〕林西县 136
官地镇……〔吉〕敦化市 162
官地镇……〔川〕盐源县 352
官场乡……〔冀〕青龙满族自治县 110
官成镇……〔桂〕平南县 307
官舟镇……〔黔〕沿河土家族自治县 362
官会镇……〔豫〕项城市 262
官庄乡……〔冀〕黄骅市 119
官庄乡……〔豫〕杞县 250
官庄坝镇……〔皖〕砀山县 208
官庄街道……〔鲁〕章丘区 235
官庄畲族乡……〔闽〕上杭县 218
官庄镇……〔津〕蓟州区 104
官庄镇……〔冀〕内丘县 112
官庄镇……〔皖〕潜山县 204
官庄镇……〔鲁〕安丘市 239
官庄镇……〔豫〕宛城区 257
官庄镇……〔豫〕泌阳县 263
官庄镇……〔湘〕醴陵市 278
官庄镇……〔湘〕沅陵县 286
官庄镇…〔渝〕秀山土家族苗族自治县 323
官庄镇……〔陕〕淳化县 392
官池镇……〔陕〕大荔县 392
官阳镇……〔渝〕巫山县 322
官坝镇……〔渝〕忠县 322
官坂镇……〔闽〕连江县 213
官坊乡……〔陇〕广河县 408
官坊街道……〔豫〕禹王台区 250
官园街道……〔赣〕袁州区 229
官陂镇……〔闽〕诏安县 217
官坡镇……〔豫〕卢氏县 257
官林镇……〔苏〕宜兴市 180
官岭镇……〔湘〕常宁市 280
官和侗族土家族苗族乡…〔黔〕江口县 362
官店镇……〔鄂〕建始县 274
官店镇……〔黔〕习水县 359
官底镇……〔陕〕临渭区 392
官垱镇……〔鄂〕沙洋县 270
官垱镇……〔湘〕安乡县 282
官垌镇……〔桂〕浦北县 306
官亭镇……〔冀〕巨鹿县 113
官亭镇……〔皖〕肥西县 201
官亭镇……〔陇〕宕昌县 407
官亭镇……〔青〕民和回族土族自治县 413
官洲街道……〔粤〕海珠区 291
官浔镇……〔闽〕漳浦县 216
官陡街道……〔皖〕鸠江区 202
官垸镇……〔湘〕澧县 282
官莲乡……〔赣〕武宁县 224
官桥镇……〔皖〕萧县 208
官桥镇……〔闽〕安溪县 216
官桥镇……〔闽〕南安市 216
官桥镇……〔鲁〕滕州市 237
官桥镇……〔鄂〕嘉鱼县 273
官桥镇……〔湘〕浏阳市 277
官桥镇……〔粤〕化州市 295
官家嘴镇……〔湘〕祁东县 279
官埠桥镇……〔皖〕枞阳县 204
官埠桥镇……〔鄂〕咸安区 273
官盛镇……〔川〕广安区 342
官清乡…〔渝〕酉阳土家族苗族自治县 323
官道口镇……〔豫〕卢氏县 257
官道李镇……〔冀〕冀州区 120
官道镇……〔鲁〕栖霞市 239
官道镇……〔陕〕临渭区 392
官港镇……〔皖〕东至县 210
官湖镇……〔苏〕邳州市 181
官渡口镇……〔鄂〕巴东县 274
官渡区……〔滇〕昆明市 369
官渡街道……〔粤〕茂南区 295
官渡街道……〔滇〕官渡区 369
官渡镇……〔豫〕中牟县 249
官渡镇……〔鄂〕溢水镇 268
官渡镇……〔湘〕浏阳市 277
官渡镇……〔粤〕翁源县 292
官渡镇……〔粤〕坡头区 294
官渡镇……〔渝〕合川区 319
官渡镇……〔渝〕巫山县 322
官渡镇……〔川〕万源市 345
官渡镇……〔黔〕赤水市 359
官塘乡……〔浙〕庆元县 197
官塘驿镇……〔鄂〕赤壁市 273
官塘桥街道……〔苏〕润州区 185
官塘镇……〔皖〕凤阳县 206
官塘镇……〔粤〕湘桥区 299
官路乡……〔闽〕浦城县 217
官路镇……〔浙〕仙居县 196
官路镇……〔陕〕临渭区 392
官滩乡……〔晋〕沁源县 125
官滩镇……〔苏〕盱眙县 183
官寨乡……〔滇〕丘北县 376
官寨苗族乡……〔黔〕织金县 361
官墩乡……〔苏〕沭阳县 186
官黎坪街道……〔湘〕永定区 283
空山镇……〔川〕通江县 346
空壳树乡……〔湘〕桑植县 283
空冢郭镇……〔豫〕源汇区 256
空港街道……〔京〕顺义区 100
宛水街道……〔滇〕宣威市 370
宛平城（地区）街道……〔京〕丰台区 99
宛田瑶族乡……〔桂〕临桂区 304
宛城区……〔豫〕南阳市 257
实兴乡……〔黔〕织金县 361
实录镇……〔川〕合江县 330
试马镇……〔陕〕商南县 397
试量镇……〔豫〕鹿邑县 262
郎木寺镇……〔陇〕碌曲县 409
郎中乡……〔豫〕濮阳县 256
郎君镇……〔鄂〕应城市 271
郎岱镇……〔黔〕六枝特区 357
郎家庄乡……〔冀〕曲阳县 115
郎溪县……〔皖〕宣城市 210
郎德镇……〔黔〕雷山县 365
诗山镇……〔闽〕南安市 216
诗礼乡……〔滇〕凤庆县 374
诗经村镇……〔冀〕河间市 119
诗洞镇……〔粤〕怀集县 296
房山区……〔京〕99
房山镇……〔苏〕东海县 183
房木镇……〔辽〕西丰县 152
房石镇……〔川〕青川县 334
房寺镇……〔鲁〕禹城市 244
房庄乡……〔冀〕故城县 120
房村镇……〔苏〕铜山区 180
房村镇……〔鲁〕岱岳区 241
房县……〔鄂〕十堰市 268
房道镇……〔闽〕建瓯市 218
房寨镇……〔冀〕馆陶县 111
房镇镇……〔鲁〕张店区 237
诚谏镇……〔桂〕岑溪市 305
郓州街道……〔鲁〕郓城县 246
郓城县……〔鲁〕菏泽市 246
视高镇……〔川〕仁寿县 341
建一镇……〔辽〕大石桥市 150
建工街道……〔吉〕延吉市 162
建山乡……〔川〕名山区 345
建山镇……〔赣〕高安市 230
建丰街道……〔辽〕站前区 150
建中街街道……〔豫〕二七区 249
建中镇……〔川〕三台县 332
建中镇……〔黔〕瓮安县 365
建水县…〔滇〕红河哈尼族彝族自治州 375
建平乡……〔吉〕镇赉县 162
建平乡……〔渝〕巫山县 322
建平县……〔辽〕朝阳市 153
建平镇……〔辽〕建平县 153
建平镇……〔皖〕郎溪县 210
建平镇……〔川〕三台县 332
建北街道……〔冀〕长安区 107
建业镇……〔辽〕凌海市 150
建外街道……〔京〕朝阳区 99
建兰路街道……〔陇〕七里河区 401
建宁乡……〔晋〕高平市 126
建宁县……〔闽〕三明市 215
建宁街道……〔湘〕芦淞区 278
建宁街道……〔滇〕麒麟区 370
建宁路街道……〔苏〕鼓楼区 179
建民乡……〔黑〕庆安县 172
建民街道……〔陕〕汉滨区 396
建西镇……〔闽〕顺昌县 217
建华乡……〔川〕游仙区 332
建华乡……〔川〕安岳县 348
建华区……〔黑〕齐齐哈尔市 167
建华南街道……〔冀〕裕华区 107
建华镇……〔蒙〕开鲁县 137
建华镇……〔陕〕安塞区 393
建兴乡……〔川〕梓潼县 333
建兴乡……〔滇〕新平彝族傣族自治县 371
建兴镇……〔川〕南部县 338
建安乡……〔晋〕五台县 128
建安区……〔豫〕许昌市 256
建安街道……〔冀〕长安区 107
建安街道……〔黑〕平房区 165
建安街道……〔闽〕建瓯市 218
建安镇……〔吉〕东辽县 160
建设大街街道……〔冀〕海港区 110
建设乡……〔黑〕友谊县 169
建设乡……〔黑〕五大连池市 171
建设乡……〔黑〕青冈县 172
建设乡……〔闽〕诏安县 217
建设乡……〔川〕马边彝族自治县 337
建设乡……〔青〕达日县 415
建设北街街道……〔冀〕新华区 118
建设街道……〔蒙〕东胜区 138
建设街道……〔蒙〕海拉尔区 138
建设街道……〔蒙〕牙克石市 139
建设街道……〔辽〕田屯街道 148
建设街道……〔辽〕站前区 150
建设街道……〔辽〕双台子区 152
建设街道……〔吉〕德惠市 158
建设街道……〔吉〕宁江区 161
建设街道……〔黑〕建华区 167
建设街道……〔浙〕南湖区 192
建设街道……〔豫〕梁园区 259
建设街道……〔湘〕芦淞区 278
建设街道……〔粤〕越秀区 291
建设街道……〔粤〕霞山区 294
建设街道……〔新〕库尔勒市 425
建设路街道……〔黑〕呼兰区 165
建设路街道……〔皖〕迎江区 204
建设路街道……〔豫〕中原区 249
建设路街道……〔豫〕卫东区 252
建设路街道……〔豫〕华龙区 255
建设路街道……〔豫〕长葛市 256
建设路街道……〔湘〕岳塘区 278
建设路街道……〔川〕成华区 327
建设镇……〔辽〕阜新蒙古族自治县 151
建设镇……〔沪〕崇明区 176
建设镇……〔闽〕大田县 215
建设镇……〔川〕贡井区 329
建设镇……〔川〕三台县 332
建设镇……〔川〕白玉县 350
建阳区……〔闽〕南平市 217
建阳镇……〔苏〕建湖县 184
建邺区……〔苏〕南京市 179
建瓯市……〔闽〕南平市 218
建国门街道……〔京〕东城区 99
建国乡……〔黑〕木兰县 166
建国街街道……〔冀〕宣化区 115
建国街道……〔蒙〕科尔沁区 137
建国街道……〔吉〕临江市 161
建国街道……〔黑〕安图县 165
建国路街道……〔新〕昌吉市 424
建国镇……〔冀〕故城县 120
建国镇……〔黑〕东风区 169
建昌县……〔辽〕葫芦岛市 154
建昌营镇……〔冀〕迁安市 110
建昌道街道……〔津〕河北区 103
建昌镇……〔辽〕建昌县 154
建昌镇……〔赣〕南城县 230
建明镇……〔冀〕遵化市 110
建和乡……〔川〕沐川县 337
建始县…〔鄂〕恩施土家族苗族自治州 274
建城镇……〔粤〕郁南县 300
建政街道……〔桂〕青秀区 303
建南街道……〔冀〕竞秀区 113
建南镇……〔鄂〕利川市 274

建胜镇……〔渝〕大渡口区 317
建饶镇……〔粤〕饶平县 299
建桥乡……〔冀〕阜城县 120
建桥街道……〔鄂〕汉阳区 267
建桥镇……〔粤〕丰顺县 297
建峰乡……〔川〕青川县 334
建通街道……〔冀〕裕华区 107
建堂镇……〔黑〕林口县 170
建章路街道……〔陕〕未央区 389
建淮乡……〔苏〕淮安区 183
建筑街道……〔黑〕香坊区 165
建筑新村街道……〔鲁〕历下区 235
建颍乡……〔皖〕颍上县 207
建湖县……〔苏〕盐城市 184
建塘镇……〔滇〕香格里拉市 378
建新镇……〔闽〕仓山区 213
建新镇……〔粤〕遂溪县 294
建德市……〔浙〕杭州市 190
肃北蒙古族自治县……〔陇〕酒泉市 405
肃宁县……〔冀〕沧州市 118
肃宁镇……〔冀〕肃宁县 118
肃州区……〔陇〕酒泉市 405
肃州镇……〔陇〕敦煌市 405
肃南裕固族自治县……〔陇〕张掖市 404
居力很镇……〔蒙〕科尔沁右翼前旗 140
居仁街道……〔黔〕纳雍县 361
居仁镇……〔黑〕宾县 166
居厢镇……〔豫〕封丘县 254
居集镇……
〔陇〕积石山保安族东乡族撒拉族自治县 409
刷经寺镇……〔川〕红原县 349
屈子祠镇……〔湘〕汨罗市 282
屈原镇……〔鄂〕秭归县 269
弥市镇……〔鄂〕荆州区 271
弥兴镇……〔滇〕姚安县 375
弥阳镇……〔滇〕弥勒市 375
弥牟镇……〔川〕青白江区 327
弥沙乡……〔滇〕剑川县 378
弥陀寺乡……〔豫〕新蔡县 263
弥陀镇……〔皖〕太湖县 204
弥陀镇……〔川〕江阳区 330
弥河镇……〔鲁〕青州市 239
弥城镇……〔滇〕弥渡县 377
弥勒市…〔滇〕红河哈尼族彝族自治州 375
弥渡县……〔滇〕大理白族自治州 377
弦山街道……〔豫〕光山县 260
承旭街道……〔黑〕双城区 166
承安镇……〔冀〕新乐市 108
承坪乡……〔湘〕安仁县 285
承恩街道……〔黑〕双城区 166
承留镇……〔豫〕济源市 263
承紫河乡……〔黑〕密山市 168
承德市……〔冀〕 117
承德县……〔冀〕承德市 117
承德街道……〔吉〕龙潭区 158
孟山乡……〔晋〕平遥县 127
孟门镇……〔晋〕柳林县 131
孟子岭乡……〔冀〕宽城满族自治县 118
孟公镇……〔湘〕新化县 288
孟甘乡……〔川〕普格县 352
孟石岭镇……〔陕〕岚皋县 396
孟寺镇……〔鲁〕临邑县 244
孟庄镇……〔鲁〕市中区 237
孟庄镇……〔豫〕新郑市 250
孟庄镇……〔豫〕辉县市 254
孟关苗族布依族乡……〔黔〕花溪区 357
孟州市……〔豫〕焦作市 255
孟兴庄镇……〔苏〕灌南县 183
孟弄彝族乡…〔滇〕墨江哈尼族自治县 373
孟坝镇……〔陇〕镇原县 406
孟村回族自治县……〔冀〕沧州市 119
孟村镇……〔冀〕孟村回族自治县 119
孟村镇……〔陕〕蓝田县 390
孟连傣族拉祜族佤族自治县……
……〔滇〕普洱市 373
孟岗镇……〔豫〕长垣县 254
孟店乡……〔冀〕盐山县 118
孟庙镇……〔豫〕郾城区 256
孟河镇……〔苏〕新北区 181
孟定镇……
〔滇〕双江拉祜族佤族布朗族傣族自治县 374
孟姑集镇……〔鲁〕嘉祥县 240
孟封镇……〔晋〕清徐县 123
孟轲乡……〔豫〕华龙区 255
孟彦镇……〔黔〕黎平县 364
孟姜镇……〔冀〕山海关区 110
孟津县……〔豫〕洛阳市 251
孟海镇……〔鲁〕定陶区 246
孟家乡……〔黑〕呼兰区 165
孟家庄镇……〔冀〕平山县 108
孟家岗镇……〔黑〕桦南县 170
孟家坪乡……〔晋〕兴县 131
孟家岭镇……〔吉〕铁西区 159
孟家院乡……〔冀〕承德县 117
孟家湾乡……〔陕〕榆阳区 395
孟家溪镇……〔鄂〕公安县 271
孟家镇……〔辽〕法库县 146
孟集镇……〔皖〕霍邱县 208
孟塬乡……〔宁〕彭阳县 420
孟塬镇……〔陕〕华阴市 393
孟塘镇……〔川〕资中县 336
孟楼镇……〔豫〕邓州市 258
孟楼镇……〔鄂〕老河口市 270
孟溪镇……〔黔〕松桃苗族自治县 363
孟寨乡……〔豫〕兰考县 250
孟寨镇……〔豫〕舞阳县 256
陌陂镇……〔豫〕社旗县 258
陌南镇……〔冀〕献县 119
陌南镇……〔晋〕芮城县 128
孤山子镇……〔冀〕兴隆县 117
孤山子镇……〔吉〕柳河县 160
孤山镇……〔辽〕海城市 148
孤山镇……〔辽〕东港市 149
孤山镇……〔苏〕靖江市 186
孤山镇……〔陕〕府谷县 395
孤竹营子乡……〔辽〕连山区 154
孤岛镇……〔鲁〕河口区 238
孤店子镇……〔吉〕昌邑区 158
孤树镇……〔冀〕玉田县 109
孤家子镇……〔吉〕梨树县 159
孤堆回族乡……〔皖〕谢家集区 203
陕州区……〔豫〕三门峡市 257
陕坝镇……〔蒙〕杭锦后旗 139
陕桥街道……
……〔黔〕威宁彝族回族苗族自治县 361
降扎乡……〔川〕若尔盖县 349
函谷关镇……〔豫〕灵宝市 257
姝冢镇……〔鲁〕莘县 244
姑开苗族彝族乡……〔黔〕纳雍县 361
姑田镇……〔闽〕连城县 219
姑苏区……〔苏〕苏州市 181
姑咱镇……〔川〕康定市 349
姑孰镇……〔皖〕当涂县 203
姑塘镇……〔赣〕濂溪区 224
姐相乡……〔滇〕瑞丽市 378
始丰街道……〔浙〕天台县 196
始兴县……〔粤〕韶关市 292
始阳镇……〔川〕天全县 346
始建镇……〔川〕仁寿县 340
姆乡……〔藏〕仁布县 382
驾车乡……〔滇〕会泽县 370
驾岭乡……〔晋〕阳城县 126
驾鹤街道……〔桂〕鱼峰区 303
迳口镇……〔粤〕四会市 296
迳头镇……〔粤〕佛冈县 299
参内乡……〔闽〕安溪县 216
参宝镇……〔川〕合江县 330
练市镇……〔浙〕南浔区 193
练寺镇……〔豫〕扶沟县 261
练村镇……〔豫〕新蔡县 263
练城乡……〔豫〕通许县 250
练集镇……〔豫〕商水县 261
练塘镇……〔沪〕青浦区 176
细水乡……〔琼〕白沙黎族自治县 314
细沙乡……〔滇〕永善县 372
细坳镇……〔粤〕龙川县 298
细河区……〔辽〕阜新市 151
细巷镇……〔陇〕静宁县 405
细柳街道……〔陕〕长安区 389
织合玛乡……〔青〕天峻县 415
织里镇……〔浙〕吴兴区 193
织金县……〔黔〕毕节市 361
织篢镇……〔粤〕阳西县 298
驷马桥街道……〔川〕金牛区 327
驷马镇……〔川〕平昌县 347
终兴镇……〔鲁〕单县 246
终南镇……〔陕〕周至县 390
驻马店市……〔豫〕 262
驻操营镇……〔冀〕海港区 110
驼山乡……〔辽〕瓦房店市 147
驼耳巷乡……〔陕〕子洲县 396
驼峰乡……〔晋〕浑源县 124
驼峰乡……〔苏〕东海县 183
驼峰路街道……〔陕〕榆阳区 395
驼腰子镇……〔黑〕桦南县 170
驼腰岭镇……〔吉〕柳河县 160
绍水镇……〔桂〕全州县 304
绍文乡……〔黑〕富裕县 167
绍庆街道…〔渝〕彭水苗族土家族自治县 323
绍兴市……〔浙〕 193
绍根镇……〔蒙〕阿鲁科尔沁旗 136
绍濂乡……〔皖〕歙县 205
驿马乡……〔晋〕孝义市 131
驿马图乡……〔冀〕崇礼区 116
驿马街道……〔桂〕海城区 306
驿马镇……〔吉〕磐石市 159
驿马镇……〔陇〕庆城县 405
驿城区……〔豫〕驻马店市 262
驿亭镇……〔浙〕上虞区 193
驿前镇……〔赣〕广昌县 231
驿道镇……〔鲁〕莱州市 238
经二路街道……〔陕〕渭滨区 390
经八路街道……〔豫〕金水区 249
经久乡……〔川〕西昌市 351
经公桥镇……〔赣〕浮梁县 223
经纬街道……〔晋〕榆次区 126
经纬街道……〔黑〕安图县 165
经建乡……〔黑〕宾县 166
经棚镇……〔蒙〕克什克腾旗 136
经楼镇……〔赣〕樟树市 230
贯山镇……〔川〕江油市 333
贯岭乡……〔川〕北川羌族自治县 333
贯岭镇……〔闽〕福鼎市 219
贯洞镇……〔黔〕从江县 365
贯塘乡……〔湘〕衡山县 279

九画

春水镇……〔豫〕泌阳县 263
春化镇……〔吉〕珲春市 162
春申街道……〔豫〕潢川县 261
春台乡……〔陇〕东乡族自治县 409
春在镇……〔川〕通江县 346
春光乡……〔冀〕宣化区 115
春华街道……〔津〕河东区 103
春华镇……〔湘〕长沙县 277
春江乡……〔川〕金阳县 353
春江街道……〔浙〕富阳区 189
春江镇……〔苏〕新北区 181
春阳镇……〔吉〕汪清县 162
春和街道……〔滇〕红塔区 370
春建乡……〔浙〕富阳区 189
春城街道……〔吉〕绿园区 157
春城街道……〔粤〕阳春市 298
春荣镇……〔陇〕宁县 406
春柳街道……〔辽〕沙河口区 146
春秋乡……〔皖〕舒城县 209
春美乡……〔闽〕德化县 216
春哲乡……〔藏〕谢通门县 382
春桥乡……〔赣〕都昌县 225
春晓街道……〔浙〕北仑区 190
春晖路街道……〔渝〕大渡口区 317
春涛镇……〔赣〕余江县 226
春堆乡……〔藏〕林周县 381
春联街道……〔湘〕攸县 278
春湾镇……〔粤〕阳春市 298
春雷街道……〔川〕游仙区 332
春熙路街道……〔川〕锦江区 327
帮达乡……〔藏〕芒康县 383
帮达镇……〔藏〕八宿县 383

（九画）帮珀珍玲珊珉玻挂封拱垭垣项垮城

帮麦乡……〔藏〕安多县 385
帮辛乡……〔藏〕墨脱县 384
帮堆乡……〔藏〕达孜区 381
珀玕乡……〔赣〕东乡区 230
珍宝岛乡……〔黑〕虎林市 168
珍秦镇……〔青〕称多县 415
珍珠山乡……〔黑〕尚志市 166
珍珠山乡……〔赣〕婺源县 232
珍珠泉乡……〔京〕延庆区 100
珍珠街道……〔辽〕振安区 149
珍溪镇……〔渝〕涪陵区 317
玲珑乡……〔川〕营山县 339
玲珑塔镇……〔辽〕建昌县 154
玲珑街道……〔浙〕临安区 189
玲珑镇……〔鲁〕招远市 239
珊罗镇……〔桂〕陆川县 307
珊瑚乡……〔闽〕上杭县 218
珊瑚街道……〔湘〕冷水滩区 285
珊瑚镇……〔苏〕泰兴市 186
珊瑚镇……〔桂〕钟山县 309
珊溪镇……〔浙〕文成县 191
珉谷街道……〔黔〕贞丰县 363
玻璃山镇……〔吉〕双辽市 159
玻璃忽镜乡……〔蒙〕商都县 140
玻璃城子镇……〔吉〕公主岭市 159
挂甲寺街道……〔津〕河西区 103
挂兰峪镇……〔冀〕兴隆县 117
封开县……〔粤〕肇庆市 296
封丘县……〔豫〕新乡市 254
拱北街道……〔粤〕香洲区 293
拱市乡……〔川〕渠县 345
拱坝乡……〔陇〕舟曲县 409
拱辰街道……〔京〕房山区 99
拱辰街道……〔闽〕荔城区 214
拱星墩街道……〔陇〕城关区 401
拱星镇……〔川〕绵竹市 331
拱洞乡……〔桂〕融水苗族自治县 304
拱桥乡……〔川〕安岳县 348
拱桥镇……〔闽〕漳平市 219
拱宸桥街道……〔浙〕拱墅区 189
拱墅区……〔浙〕杭州市 189
垭口乡……〔川〕阆中市 340
垭口街道……〔豫〕舞钢市 252
垭口镇……〔川〕米易县 330
垣曲县……〔晋〕运城市 128
项山乡……〔赣〕寻乌县 227
项里街道……〔苏〕宿城区 186
项店镇……〔豫〕息县 261
项城市……〔豫〕周口市 262
项脚蒙古族乡……〔川〕木里藏族自治县 352
项铺镇……〔皖〕枞阳县 204
垮沙乡……〔川〕阿坝县 349
城上乡……〔赣〕新干县 228
城口县……〔渝〕 321
城口镇……〔粤〕仁化县 292
城山镇……〔辽〕庄河市 147
城山镇……〔赣〕湖口县 225
城川镇……〔蒙〕鄂托克前旗 138
城川镇……〔陇〕静宁县 405
城门乡……〔赣〕柴桑区 224
城门镇……〔闽〕仓山区 213
城子乡……〔蒙〕松山区 136
城子坦街道……〔辽〕普兰店区 147
城子河区……〔黑〕鸡西市 168
城子街街道……〔吉〕九台区 157
城子街道……〔京〕门头沟区 99
城子镇…〔冀〕围场满族蒙古族自治县 118
城子镇……〔赣〕柴桑区 224
城子镇……〔滇〕陇川县 378
城乡路街道……〔黑〕安图县 165
城区……〔晋〕大同市 123
城区……〔晋〕长治市 124
城区……〔晋〕阳泉市 124
城区……〔晋〕晋城市 125
城区……〔粤〕汕尾市 297
城区街道……〔晋〕河津市 128
城区街道……〔辽〕阜新蒙古族自治县 151
城区街道……〔鲁〕乳山市 242
城区街道……〔滇〕个旧市 375
城区街道……〔宁〕灵武市 419
城中区……〔桂〕柳州市 303
城中区……〔青〕西宁市 413
城中街道……〔苏〕如东县 182
城中街道……〔苏〕海陵区 185
城中街道……〔浙〕婺城区 194
城中街道……〔鄂〕应城市 271
城中街道……〔湘〕鹤城区 286
城中街道……〔粤〕四会市 296
城中街道……〔桂〕城中区 303
城中街道……〔桂〕万秀区 305
城中镇……〔桂〕宁明县 310
城父镇……〔皖〕谯城区 209
城月镇……〔粤〕遂溪县 294
城计头乡……〔冀〕邢台县 112
城正街街道……〔湘〕雨湖区 278
城东乡……〔吉〕铁东区 159
城东乡……〔闽〕三元区 214
城东乡……〔川〕名山区 345
城东区……〔青〕西宁市 413
城东街道……〔晋〕平遥县 127
城东街道……〔晋〕永济市 128
城东街道……〔辽〕老边区 150
城东街道……〔辽〕兴城市 154
城东街道……〔吉〕集安市 160
城东街道……〔黑〕富锦市 170
城东街道……〔苏〕江阴市 180
城东街道……〔苏〕崇川区 182
城东街道……〔苏〕淮安区 183
城东街道……〔苏〕海陵区 185
城东街道……〔浙〕乐清市 192
城东街道……〔浙〕东阳市 194
城东街道……〔浙〕婺城区 194
城东街道……〔浙〕定海区 195
城东街道……〔浙〕温岭市 196
城东街道……〔皖〕瑶海区 201
城东街道……〔皖〕临泉县 206
城东街道……〔皖〕埇桥区 207
城东街道……〔皖〕涡阳县 209
城东街道……〔闽〕丰泽区 215
城东街道……〔闽〕古田县 219
城东街道……〔鲁〕博山区 237
城东街道……〔鲁〕博兴县 245
城东街道……〔豫〕祥符区 250
城东街道……〔粤〕端州区 295
城东街道……〔粤〕陆丰市 297
城东街道……〔粤〕江城区 298
城东街道……〔粤〕源城区 298
城东街道……〔桂〕万秀区 305
城东街道……〔桂〕八步区 308
城东街道……〔桂〕兴宾区 310
城东街道……〔渝〕黔江区 319
城东街道……〔川〕市中区 336
城东湖街道……〔辽〕于洪区 145
城东路街道……〔豫〕管城回族区 249
城东镇……〔冀〕博野县 115
城东镇……〔辽〕开原市 153
城东镇……〔苏〕海安县 182
城东镇……〔粤〕海丰县 297
城东镇……〔粤〕梅县区 297
城东镇……〔桂〕万秀区 305
城北乡……〔苏〕邗江区 185
城北乡……〔浙〕龙泉市 197
城北乡……〔皖〕金安区 208
城北乡……〔粤〕徐闻县 294
城北乡……〔川〕安岳县 348
城北乡……〔川〕昭觉县 353
城北区……〔青〕西宁市 413
城北街道……〔京〕昌平区 100
城北街道……〔晋〕永济市 128
城北街道……〔晋〕离石区 130
城北街道……〔苏〕如皋市 182
城北街道……〔苏〕海陵区 185
城北街道……〔浙〕婺城区 194
城北街道……〔浙〕温岭市 196
城北街道……〔闽〕福安市 219
城北街道……〔赣〕渝水区 225
城北街道……〔豫〕川汇区 261
城北街道……〔鄂〕应城市 271
城北街道……〔湘〕鹤城区 286
城北街道……〔粤〕廉江市 294
城北街道……〔粤〕江城区 298
城北街道……〔桂〕万秀区 305
城北街道……〔桂〕玉州区 307
城北街道……〔桂〕北流市 307
城北街道……〔桂〕兴宾区 310
城北街道……〔川〕旌阳区 331
城北街道……〔川〕涪城区 332
城北街道……〔川〕会理县 352
城北街道……〔黔〕兴仁县 363
城北街道……〔藏〕桑珠孜区 381
城北街道……〔陕〕西乡县 394
城北街道……〔陇〕临夏市 408
城北路街道……〔鲁〕周村区 237
城北路街道……〔湘〕大祥区 280
城北镇……〔皖〕利辛县 209
城北镇……〔粤〕梅江区 297
城北镇……〔桂〕富川瑶族自治县 309
城北镇……〔川〕剑阁县 334
城北镇……〔川〕邻水县 343
城头山镇……〔湘〕澧县 282
城头乡……〔苏〕泗洪县 186
城头镇……〔苏〕赣榆区 183
城头镇……〔闽〕福清市 214
城头镇……〔鲁〕山亭区 237
城发乡……〔吉〕榆树市 158
城台乡……〔青〕乐都区 413
城西乡……〔皖〕太湖县 204
城西乡……〔川〕大竹县 344
城西乡……〔川〕安岳县 348
城西区……〔青〕西宁市 413
城西街道……〔晋〕平遥县 127
城西街道……〔晋〕永济市 128
城西街道……〔黑〕城子河区 168
城西街道……〔黑〕富锦市 170
城西街道……〔苏〕海陵区 185
城西街道……〔浙〕义乌市 194
城西街道……〔浙〕婺城区 194
城西街道……〔浙〕温岭市 196
城西街道……〔皖〕涡阳县 209
城西街道……〔闽〕古田县 219
城西街道……〔赣〕临川区 230
城西街道……〔鲁〕博山区 237
城西街道……〔鲁〕荣成市 241
城西街道……〔豫〕龙亭区 250
城西街道……〔湘〕大祥区 280
城西街道……〔粤〕端州区 295
城西街道……〔粤〕江城区 298
城西街道……〔粤〕湘桥区 299
城西街道……〔桂〕玉州区 307
城西街道……〔渝〕黔江区 319
城西街道……〔川〕市中区 336
城西街道……〔黔〕凯里市 363
城西湖乡……〔皖〕霍邱县 208
城西镇……〔吉〕绿园区 157
城西镇……〔苏〕赣榆区 183
城西镇……〔琼〕龙华区 313
城庄镇……〔晋〕临县 131
城关乡……〔晋〕介休市 127
城关乡……〔闽〕明溪县 214
城关乡……〔豫〕荥阳市 249
城关乡……〔豫〕新郑市 250
城关乡……〔豫〕封丘县 254
城关乡……〔豫〕商水县 261
城关乡……〔新〕英吉沙县 426
城关区……〔藏〕拉萨市 381
城关区……〔陇〕兰州市 401
城关回族镇……〔豫〕宁陵县 259
城关回族镇……〔豫〕睢县 259
城关回族镇……〔豫〕太康县 262
城关回族镇……〔豫〕淮阳县 262
城关街道……〔京〕房山区 99
城关街道……〔辽〕庄河市 147
城关街道……〔辽〕义县 150
城关街道……〔辽〕北票市 153
城关街道……〔辽〕凌源市 154
城关街道……〔皖〕临泉县 206
城关街道……〔皖〕涡阳县 209
城关街道……〔皖〕蒙城县 209
城关街道……〔闽〕三元区 214
城关街道……〔鲁〕临朐县 239

（九画）城垤政赵

城关街道……〔鲁〕潍城区 239
城关街道……〔鲁〕东明县 246
城关街道……〔豫〕伊川县 251
城关街道……〔豫〕滑县 253
城关街道……〔豫〕辉县市 254
城关街道……〔豫〕郾城区 256
城关街道……〔豫〕临颍县 257
城关街道……〔豫〕柘城县 259
城关街道……〔陕〕印台区 390
城关街道……〔陕〕扶风县 390
城关街道……〔陕〕三原县 391
城关街道……〔陕〕礼泉县 391
城关街道……〔陕〕乾县 391
城关街道……〔陕〕彬县 391
城关街道……〔陕〕大荔县 392
城关街道……〔陕〕白水县 392
城关街道……〔陕〕合阳县 392
城关街道……〔陕〕旬邑县 392
城关街道……〔陕〕淳化县 392
城关街道……〔陕〕蒲城县 392
城关街道……〔陕〕潼关县 392
城关街道……〔陕〕澄城县 392
城关街道……〔陕〕富平县 393
城关街道……〔陕〕山阳县 397
城关街道……〔陕〕洛南县 397
城关街道……〔陕〕商州区 397
城关街道……〔陕〕商南县 397
城关镇……〔津〕武清区 104
城关镇……〔蒙〕和林格尔县 135
城关镇……〔蒙〕清水河县 135
城关镇……〔蒙〕临河区 139
城关镇……〔蒙〕兴和县 140
城关镇……〔皖〕五河县 202
城关镇……〔皖〕固镇县 202
城关镇……〔皖〕凤台县 203
城关镇……〔皖〕太和县 207
城关镇……〔皖〕霍邱县 208
城关镇……〔皖〕利辛县 209
城关镇……〔皖〕舒城县 209
城关镇……〔闽〕尤溪县 215
城关镇……〔豫〕新密市 249
城关镇……〔豫〕汝阳县 251
城关镇……〔豫〕宜阳县 251
城关镇……〔豫〕孟津县 251
城关镇……〔豫〕洛宁县 251
城关镇……〔豫〕栾川县 251
城关镇……〔豫〕嵩县 251
城关镇……〔豫〕新安县 251
城关镇……〔豫〕宝丰县 252
城关镇……〔豫〕内黄县 253
城关镇……〔豫〕汤阴县 253
城关镇……〔豫〕封丘县 254
城关镇……〔豫〕获嘉县 254
城关镇……〔豫〕台前县 255
城关镇……〔豫〕范县 255
城关镇……〔豫〕南乐县 255
城关镇……〔豫〕修武县 255
城关镇……〔豫〕清丰县 255
城关镇……〔豫〕襄城县 256
城关镇……〔豫〕濮阳县 256
城关镇……〔豫〕卢氏县 257
城关镇……〔豫〕灵宝市 257
城关镇……〔豫〕南召县 257
城关镇……〔豫〕渑池县 257
城关镇……〔豫〕内乡县 258
城关镇……〔豫〕桐柏县 258
城关镇……〔豫〕夏邑县 259
城关镇……〔豫〕虞城县 259
城关镇……〔鄂〕竹山县 268
城关镇……〔鄂〕竹溪县 268
城关镇……〔鄂〕房县 268
城关镇……〔鄂〕郧西县 268
城关镇……〔鄂〕郧阳区 268
城关镇……〔鄂〕谷城县 270
城关镇……〔鄂〕南漳县 270
城关镇……〔鄂〕保康县 270
城关镇……〔鄂〕大悟县 271
城关镇……〔鄂〕云梦县 271
城关镇……〔鄂〕红安县 272
城关镇……〔桂〕德保县 308
城关镇……〔桂〕南丹县 309
城关镇……〔桂〕忻城县 310
城关镇……〔黔〕开阳县 357
城关镇……〔黔〕施秉县 364
城关镇……〔藏〕卡若区 382
城关镇……〔陕〕凤翔县 390
城关镇……〔陕〕千阳县 391
城关镇……〔陕〕陇县 391
城关镇……〔陕〕石泉县 396
城关镇……〔陕〕平利县 396
城关镇……〔陕〕汉阴县 396
城关镇……〔陕〕宁陕县 396
城关镇……〔陕〕岚皋县 396
城关镇……〔陕〕紫阳县 396
城关镇……〔陕〕白河县 397
城关镇……〔陕〕旬阳县 397
城关镇……〔陕〕镇坪县 397
城关镇……〔陇〕永昌县 401
城关镇……〔陇〕永登县 401
城关镇……〔陇〕榆中县 401
城关镇……〔陇〕武山县 403
城关镇……〔陇〕泾川县 404
城关镇……〔陇〕高台县 404
城关镇……〔陇〕静宁县 404
城关镇……〔陇〕镇原县 406
城关镇……〔陇〕文县 407
城关镇……〔陇〕成县 407
城关镇……〔陇〕武都区 407
城关镇……〔陇〕宕昌县 407
城关镇……〔陇〕康县 407
城关镇……〔陇〕广河县 408
城关镇……〔陇〕礼县 408
城关镇……〔陇〕两当县 408
城关镇……〔陇〕和政县 408
城关镇……〔陇〕徽县 408
城关镇……〔陇〕舟曲县 409
城关镇……〔陇〕临潭县 409
城关镇……〔青〕大通回族土族自治县 413
城关镇……〔青〕湟源县 413
城关镇……〔宁〕平罗县 419
城关镇……〔宁〕隆德县 420
城关镇……〔新〕阜康市 424
城阳乡……〔宁〕彭阳县 420
城阳区……〔鲁〕青岛市 236
城阳街道……〔鲁〕城阳区 236
城阳街道……〔鲁〕莒县 242
城阳镇……〔闽〕福安市 219
城连墟乡……〔湘〕祁东县 280
城步苗族自治县……〔湘〕邵阳市 281
城岗乡……〔赣〕兴国县 227
城伯镇……〔豫〕孟州市 255
城固县……〔陕〕汉中市 394
城郊乡……〔辽〕绥中县 154
城郊乡……〔黑〕北安市 171
城郊乡……〔闽〕宁化县 215
城郊乡……〔闽〕柘荣县 219
城郊乡……〔豫〕杞县 250
城郊乡……〔豫〕洛宁县 251
城郊乡……〔豫〕卫辉市 254
城郊乡……〔豫〕南召县 257
城郊乡……〔豫〕桐柏县 258
城郊乡……〔豫〕唐河县 258
城郊乡……〔豫〕新野县 258
城郊乡……〔豫〕宁陵县 259
城郊乡……〔豫〕虞城县 259
城郊乡……〔豫〕睢县 259
城郊乡……〔豫〕扶沟县 261
城郊乡……〔豫〕太康县 262
城郊乡……〔豫〕郸城县 262
城郊街道……〔蒙〕乌兰浩特市 140
城郊街道……〔辽〕辽中区 145
城郊街道……〔吉〕榆树市 157
城郊街道……〔鄂〕广水市 273
城郊街道……〔湘〕宁乡市 277
城郊街道……〔粤〕从化区 291
城郊街道……〔川〕涪城区 332
城郊镇……〔闽〕永定区 218
城郊镇……〔闽〕邵武市 218
城郊镇……〔陕〕米脂县 395
城郊镇……〔陇〕临夏市 408
城垣西路街道……〔冀〕河间市 119
城赵镇……〔晋〕祁县 127
城南乡……〔晋〕隰县 130
城南乡……〔苏〕清江浦区 183
城南乡……〔浙〕新昌县 193
城南乡……〔闽〕宁化县 215
城南庄镇……〔冀〕阜平县 114
城南街道……〔京〕昌平区 100
城南街道……〔辽〕太平区 151
城南街道……〔吉〕浑江区 160
城南街道……〔吉〕洮北区 161
城南街道……〔苏〕吴中区 181
城南街道……〔苏〕如皋市 182
城南街道……〔苏〕清江浦区 183
城南街道……〔苏〕海陵区 185
城南街道……〔浙〕桐庐县 189
城南街道……〔浙〕乐清市 192
城南街道……〔浙〕南湖区 192
城南街道……〔浙〕越城区 193
城南街道……〔皖〕临泉县 206
城南街道……〔闽〕福安市 219
城南街道……〔赣〕渝水区 225
城南街道……〔豫〕川汇区 261
城南街道……〔鄂〕荆州区 271
城南街道……〔湘〕大祥区 280
城南街道……〔湘〕鹤城区 286
城南街道……〔粤〕潮阳区 293
城南街道……〔粤〕廉江市 294
城南街道……〔粤〕茂南区 295
城南街道……〔粤〕江城区 298
城南街道……〔桂〕万秀区 305
城南街道……〔桂〕北流市 307
城南街道……〔渝〕黔江区 319
城南街道……〔川〕旌阳区 331
城南街道……〔川〕涪城区 332
城南街道……〔川〕市中区 336
城南街道……〔川〕会理县 352
城南街道……〔黔〕兴仁县 363
城南街道……〔藏〕桑珠孜区 381
城南街道……〔陕〕西乡县 394
城南街道……〔陇〕临夏市 408
城南路街道……〔湘〕天心区 277
城南镇……〔浙〕温岭市 196
城南镇……〔皖〕裕安区 208
城南镇……〔闽〕蕉城区 219
城南镇……〔粤〕始兴县 292
城南镇……〔川〕营山县 339
城南镇……〔川〕邻水县 343
城前镇……〔鲁〕邹城市 240
城桥镇……〔沪〕崇明区 176
城峰镇……〔闽〕永泰县 213
城陵矶街道……〔湘〕岳阳楼区 281
城厢区……〔闽〕莆田市 214
城厢街道……〔浙〕萧山区 189
城厢街道……〔鲁〕莱阳市 238
城厢街道……〔川〕涪城区 332
城厢镇……〔苏〕太仓市 182
城厢镇……〔闽〕安溪县 216
城厢镇……〔闽〕武平县 218
城厢镇……〔赣〕全南县 227
城厢镇……〔桂〕武鸣区 303
城厢镇……〔桂〕隆安县 303
城厢镇……〔桂〕那坡县 308
城厢镇……〔桂〕兴宾区 310
城厢镇……〔渝〕巫溪县 322
城厢镇……〔川〕青白江区 327
城厢镇……〔川〕天全县 346
城厢镇……〔川〕冕宁县 353
城隍镇……〔鄂〕汉川市 271
城隍镇……〔桂〕兴业县 307
城堰乡……〔川〕仁寿县 341
城港路街道……〔鲁〕莱州市 238
城墙街道……〔吉〕江源区 160
城寨乡……〔冀〕行唐县 107
城镇街道……〔冀〕下花园区 115
城壕镇……〔陇〕华池县 405
垤玛乡……〔滇〕红河县 376
政和县……〔闽〕南平市 218
赵八镇……〔冀〕深泽县 108
赵川镇……〔冀〕宣化区 115

（九画）赵贲垌括郝拾垛指垫堉拼垞挖垵荆茸革茜巷茈带草莒

赵川镇……〔陕〕商南县 397
赵屯乡……〔辽〕瓦房店市 147
赵屯镇……〔辽〕北镇市 150
赵屯镇……〔皖〕砀山县 208
赵毛陶乡……〔冀〕海兴县 118
赵化镇……〔川〕富顺县 329
赵石畔镇……〔陕〕横山区 395
赵北口镇……〔冀〕安新县 114
赵北乡……〔晋〕灵丘县 124
赵场街道……〔川〕翠屏区 341
赵光镇……〔黑〕北安市 171
赵同乡……〔冀〕元氏县 108
赵全营镇……〔京〕顺义区 100
赵各庄街道……〔冀〕古冶区 108
赵各庄镇……〔冀〕涞水县 114
赵各庄镇……〔冀〕文安县 120
赵庄乡……〔冀〕临城县 112
赵庄乡……〔冀〕望都县 114
赵庄镇……〔苏〕丰县 180
赵庄镇……〔皖〕萧县 208
赵庄镇……〔豫〕宝丰县 252
赵庄镇……〔陕〕澄城县 392
赵州镇……〔冀〕赵县 108
赵村乡……〔豫〕宁陵县 259
赵村乡……〔豫〕鹿邑县 262
赵村镇……〔冀〕威县 113
赵村镇……〔豫〕洛宁县 251
赵村镇……〔豫〕鲁山县 252
赵村镇……〔陕〕兴平市 392
赵李桥镇……〔鄂〕赤壁市 273
赵县……〔冀〕石家庄市 108
赵岗乡……〔豫〕固始县 261
赵岗镇……〔豫〕封丘县 254
赵佗路街道……〔冀〕新华区 107
赵虎镇……〔鲁〕德城区 243
赵固乡……〔豫〕辉县市 254
赵固镇……〔川〕达川区 343
赵和镇……〔豫〕孟州市 255
赵店子镇……〔冀〕迁安市 110
赵店乡……〔豫〕内乡县 258
赵庙镇……〔皖〕太和县 207
赵庙镇……〔鲁〕微山县 240
赵河街道……〔豫〕社旗县 258
赵河镇……〔豫〕方城县 257
赵官镇……〔鲁〕齐河县 244
赵城镇……〔晋〕洪洞县 130
赵巷镇……〔沪〕青浦区 176
赵保镇……〔豫〕宜阳县 251
赵桥乡……〔皖〕谯城区 209
赵桥镇……〔冀〕武邑县 120
赵家乡……〔渝〕武隆区 321
赵家乡……〔陇〕东乡族自治县 409
赵家屯街道……〔辽〕南票区 154
赵家庄乡……〔晋〕河津市 128
赵家岗土家族乡……〔湘〕慈利县 283
赵家沟乡……〔晋〕天镇县 124
赵家沟乡……〔晋〕河曲县 129
赵家坪乡……〔晋〕兴县 131
赵家店镇……〔滇〕大姚县 375
赵家圈镇……〔冀〕桃城区 120
赵家街道……〔渝〕开州区 320
赵家蓬区公所……〔冀〕涿鹿县 117
赵家镇……〔浙〕诸暨市 193
赵家镇……〔川〕金堂县 328
赵家镇……〔川〕达川区 343
赵陵铺路街道……〔冀〕新华区 107
赵堌堆乡……〔鲁〕梁山县 240
赵营乡……〔豫〕滑县 253
赵圈河镇……〔辽〕大洼区 152
赵康镇……〔晋〕襄汾县 130
赵堤镇……〔豫〕长垣县 254
赵棚镇……〔鄂〕安陆市 271
赵堡镇……〔豫〕温县 255
赵集乡……〔皖〕太和县 207
赵集镇……〔苏〕淮阴区 183
赵集镇……〔皖〕阜南县 207
赵集镇……〔豫〕邓州市 258
赵集镇……〔豫〕淮滨县 261
赵湾乡……〔鄂〕谷城县 270
赵湾镇……〔陕〕旬阳县 397
赵渡镇……〔陕〕大荔县 392
赵塘乡……〔川〕万源市 345
赵寨子镇……〔鲁〕高唐县 245
赵墩乡……〔陇〕庄浪县 404
赵墩镇……〔苏〕邳州市 181
赵镇……〔陕〕礼泉县 391
赵镇街道……〔川〕金堂县 328
赵德营镇……〔豫〕沈丘县 261
赵壁乡……〔晋〕昔阳县 127
贲红镇……〔蒙〕察哈尔右翼后旗 140
垌心乡……〔桂〕桂平市 307
垌塚镇……〔鄂〕汉川市 271
括苍镇……〔浙〕临海市 196
郝王庄镇……〔鲁〕武城县 244
郝北镇……〔晋〕榆社县 127
郝穴镇……〔鄂〕江陵县 272
郝各庄镇……〔津〕宝坻区 104
郝庄乡……〔冀〕无极县 108
郝庄乡……〔晋〕绛县 128
郝庄镇……〔冀〕临城县 112
郝庄镇……〔晋〕迎泽区 123
郝村镇……〔冀〕泊头市 119
郝岗镇……〔豫〕商水县 261
郝店镇……〔鄂〕广水市 273
郝官屯镇……〔辽〕康平县 146
郝桥镇……〔冀〕南和县 112
郝家庄乡……〔晋〕长治县 125
郝家桥镇……〔宁〕灵武市 419
郝家营乡……〔冀〕张北县 116
郝家镇……〔鲁〕垦利区 238
郝滩镇……〔陕〕定边县 395
郝寨镇……〔豫〕社旗县 258
拾万镇……〔渝〕大足区 318
拾屯街道……〔苏〕铜山区 180
拾回桥镇……〔鄂〕沙洋县 270
垛石镇……〔鲁〕济阳县 235
垛田镇……〔苏〕兴化市 186
垛庄镇……〔鲁〕章丘区 235
垛庄镇……〔鲁〕蒙阴县 243
指阳乡……〔赣〕吉安县 228
指前镇……〔苏〕金坛区 181
垫江县……〔渝〕 321
墕阿巴提塔吉克族乡……〔新〕皮山县 427
拼茶镇……〔苏〕如东县 182
垞城街道……〔苏〕铜山区 180
挖色镇……〔滇〕大理市 377
挖角彝族藏族乡……〔川〕石棉县 346
挖金湾街道……〔晋〕矿区 123
垵口乡……〔浙〕遂昌县 197
按板镇……〔滇〕镇沅彝族哈尼族拉祜族 373
荆山街道……〔豫〕湛河区 252
荆山镇……〔皖〕怀远县 202
荆门市……〔鄂〕 270
荆乡回族乡……〔豫〕封丘县 254
荆公路街道……〔赣〕临川区 230
荆西街道……〔闽〕三元区 214
荆竹铺镇……〔湘〕武冈市 281
荆竹瑶族乡……〔湘〕蓝山县 286
荆各庄街道……〔冀〕开平区 109
荆州乡……〔皖〕绩溪县 210
荆州区……〔鄂〕荆州市 271
荆州市……〔鄂〕 271
荆角土家族乡……〔黔〕德江县 362
荆坪乡……〔川〕邻水县 343
荆河街道……〔鲁〕滕州市 237
荆姚镇……〔陕〕蒲城县 392
荆家庄乡……〔冀〕新河县 113
荆家镇……〔鲁〕桓台县 237
荆隆宫乡……〔豫〕封丘县 254
荆紫关镇……〔豫〕淅川县 258
荆溪街道……〔川〕顺庆区 338
荆溪镇……〔闽〕闽侯县 213
茸木达乡……〔川〕壤塘县 349
茸安乡……〔川〕阿坝县 349
革一镇……〔黔〕台江县 364
革什扎镇……〔川〕丹巴县 349
革东镇……〔黔〕剑河县 364
革吉县……〔藏〕阿里地区 385
革吉镇……〔藏〕革吉县 385
革吾乡……〔川〕昭觉县 353
革步乡……〔桂〕隆林各族自治县 308
革利乡……〔黔〕镇宁布依族苗族自治县 360
革勒车镇……〔鄂〕来凤县 274
革新街街道……〔冀〕新华区 107
革新街道……〔黑〕南岗区 165
革镇堡街道……〔辽〕甘井子区 146
茜草街道……〔川〕江阳区 330
巷口街道……〔闽〕芗城区 216
巷口镇……〔黔〕红花岗区 358
巷子口镇……〔湘〕宁乡市 278
巷贤镇……〔桂〕上林县 303
巷道镇……〔陇〕高台县 404
茈湖口镇……〔湘〕资阳区 283
茈碧湖镇……〔滇〕洱源县 378
带岭区……〔黑〕伊春市 169
带河乡……〔川〕营山县 339
带溪乡……〔赣〕铜鼓县 230
草川铺镇……〔陇〕清水县 402
草卡镇……〔藏〕边坝县 383
草市街街道……〔川〕青羊区 327
草市镇……〔辽〕清原满族自治县 148
草市镇……〔湘〕衡东县 279
草地乡……〔川〕九寨沟县 348
草场乡……〔辽〕喀喇沁左翼蒙古族自治县 153
草场乡……〔川〕米易县 330
草场街街道……〔陇〕城关区 401
草池乡……〔川〕通江县 347
草池镇……〔川〕简阳市 329
草兴乡……〔川〕达川区 344
草坝镇……〔川〕万源市 345
草坝镇……〔川〕雨城区 345
草坝镇……〔滇〕蒙自市 375
草沟堡乡……〔冀〕蔚县 116
草沟镇……〔皖〕泗县 208
草尾镇……〔湘〕沅江市 284
草坪乡……〔陇〕礼县 408
草坪回族乡……〔桂〕雁山区 304
草坪镇……〔湘〕鼎城区 282
草林镇……〔赣〕遂川县 228
草店镇……〔鄂〕随县 273
草庙子镇……〔鲁〕环翠区 241
草庙乡……〔宁〕彭阳县 420
草庙集乡……〔豫〕固始县 261
草庙镇……〔苏〕大丰区 184
草庙镇……〔皖〕泗县 208
草河口镇……〔辽〕本溪满族自治县 149
草河城镇……〔辽〕本溪满族自治县 149
草河掌镇……〔辽〕本溪满族自治县 149
草河街道……〔辽〕凤城市 149
草科藏族乡……〔川〕石棉县 346
草桥镇……〔苏〕新沂市 181
草原乡……〔冀〕丰宁满族自治县 117
草原乡……〔川〕松潘县 348
草峰镇……〔陇〕崆峒区 404
草海镇……〔滇〕鹤庆县 378
草海镇……〔黔〕威宁彝族回族苗族自治县 361
草埠湖镇……〔鄂〕当阳市 269
草堂街道……〔川〕青羊区 327
草堂镇……〔渝〕奉节县 322
草堂镇……〔陕〕鄠邑区 389
草盘地镇……〔鄂〕英山县 272
草塔镇……〔浙〕诸暨市 193
草堰镇……〔苏〕大丰区 184
草铺街道……〔滇〕安宁市 370
草街街道……〔渝〕合川区 319
草湖乡……〔新〕轮台县 425
草湖镇……〔新〕图木舒克市 429
草窝滩镇……〔陇〕景泰县 402
草登乡……〔川〕马尔康市 348
草滩乡……〔陇〕康乐县 408
草滩街道……〔陕〕未央区 389
草滩镇……〔陇〕会宁县 402
草碧镇……〔陕〕千阳县 391
草碾乡……〔冀〕青龙满族自治县 110
草潭镇……〔粤〕遂溪县 294
莒口镇……〔闽〕建阳区 217
莒县……〔鲁〕日照市 242
莒南县……〔鲁〕临沂市 243
莒格庄镇……〔鲁〕牟平区 238
莒溪镇……〔浙〕苍南县 191

（九画）莒茴荞茶茗茭茨荒茫荣荥故胡莜荫茹荔南

莒溪镇……〔闽〕连城县 219
莒镇……〔鲁〕禹城市 244
茴村镇……〔豫〕永城市 260
荞山镇……〔滇〕彝良县 372
荞地乡……〔川〕西昌市 351
荞窝镇……〔川〕普格县 352
茶山竹海街道……〔渝〕永川区 319
茶山坳镇……〔湘〕珠晖区 279
茶山街道……〔苏〕天宁区 181
茶山街道……〔浙〕瓯海区 191
茶山街道……〔赣〕共青城市 225
茶山镇……〔湘〕醴陵市 278
茶山镇……〔粤〕信宜市 295
茶山镇……〔粤〕东莞市 299
茶马镇……〔黔〕晴隆县 363
茶元头街道……〔湘〕北塔区 280
茶扎乡……〔川〕甘孜县 350
茶巴拉乡……〔藏〕曲水县 381
茶布朗镇……〔川〕木里藏族自治县 352
茶平乡……〔闽〕松溪县 218
茶卡镇……〔青〕乌兰县 415
茶业口镇……〔鲁〕莱城区 242
茶田镇……〔湘〕凤凰县 288
茶市镇……〔湘〕衡南县 279
茶地镇……〔闽〕上杭县 218
茶曲乡……〔藏〕比如县 385
茶阳镇……〔粤〕大埔县 297
茶坝乡……〔川〕青川县 334
茶坝镇……〔川〕恩阳区 346
茶坊街道……〔陕〕富县 393
茶园乡……〔赣〕兴国县 227
茶园乡……〔川〕邛崃市 328
茶园街道……〔闽〕晋安区 213
茶园镇……〔黔〕金沙县 361
茶林镇……〔湘〕双牌县 285
茶岭镇……〔皖〕怀宁县 204
茶店子街道……〔川〕金牛区 327
茶店子镇……〔鄂〕巴东县 274
茶店布依族苗族彝族乡…〔黔〕织金县 361
茶店街道……〔黔〕万山区 362
茶店镇……〔豫〕林州市 253
茶店镇……〔鄂〕郧阳区 268
茶店镇……〔川〕龙泉驿区 327
茶店镇……〔陕〕勉县 394
茶河镇……〔川〕宣汉县 344
茶房乡……〔滇〕云县 374
茶垭乡……〔川〕万源市 345
茶城乡……〔桂〕荔浦县 305
茶亭乡……〔川〕盐亭县 333
茶亭乡……〔川〕蓬安县 339
茶亭街道……〔闽〕台江区 213
茶亭镇……〔赣〕上饶县 231
茶亭镇……〔湘〕望城区 277
茶洞镇……〔桂〕临桂区 304
茶洛乡……〔川〕理塘县 351
茶院乡……〔浙〕宁海县 191
茶恩寺镇……〔湘〕湘潭县 278
茶陵县……〔湘〕株洲市 278
茶埠镇……〔陇〕岷县 407
茶盘乡……〔川〕营山县 339
茶盘洲镇……〔湘〕沅江市 284
茶庵乡……〔豫〕宛城区 257
茶庵岭镇……〔鄂〕赤壁市 273
茶庵铺镇……〔湘〕桃源县 283
茶庵镇……〔皖〕寿县 203
茶淀街道……〔津〕滨海新区 104
茶棚乡……〔冀〕抚宁区 110
茶滘街道……〔粤〕荔湾区 291
茶镇……〔陕〕西乡县 394
茗山乡……〔鄂〕大冶市 268
茗岙乡……〔浙〕永嘉县 191
茭陵乡……〔苏〕淮安区 183
茭道镇……〔浙〕武义县 194
茭湖乡……〔赣〕万载县 229
茨开镇…〔滇〕贡山独龙族怒族自治县 378
茨达镇……〔川〕德昌县 352
茨竹乡……〔渝〕万州区 317
茨竹乡……〔川〕沐川县 337
茨竹镇……〔渝〕渝北区 318
茨坝街道……〔滇〕盘龙区 369
茨芭镇……〔豫〕郏县 252
茨巫乡……〔川〕稻城县 351
茨沟乡……〔豫〕襄城县 256
茨沟镇……〔陕〕汉滨区 396
茨坪镇……〔赣〕井冈山市 229
茨岩塘镇……〔湘〕龙山县 288
茨采街道……〔辽〕兴隆台区 152
茨河镇……〔鄂〕谷城县 270
茨院回族乡……〔滇〕鲁甸县 372
茨营子乡……〔冀〕赤城县 117
茨营镇……〔滇〕麒麟区 370
茨菇塘街道……〔湘〕荷塘区 278
茨榆山乡……〔冀〕青龙满族自治县 110
茨榆坨街道……〔辽〕辽中区 145
茨榆坨镇……〔冀〕滦县 109
荒地乡……〔冀〕隆化县 117
荒地乡……〔新〕喀什市 426
荒地镇……〔辽〕绥中县 154
荒地镇……〔新〕莎车县 426
荒佃庄镇……〔冀〕昌黎县 110
茫丁乡……〔新〕精河县 424
茫汗苏木……〔蒙〕库伦旗 137
茫拉乡……〔青〕贵南县 414
茫荡镇……〔闽〕延平区 217
茫崖镇……〔青〕天峻县 415
荣丁镇……〔川〕马边彝族自治县 337
荣山镇……〔赣〕临川区 230
荣山镇……〔川〕利州区 333
荣布镇……〔藏〕索县 385
荣市街道……〔黑〕南岗区 165
荣边镇……〔川〕自流井区 329
荣邦乡……〔琼〕白沙黎族自治县 314
荣成市……〔鲁〕威海市 241
荣光街道……〔吉〕二道区 157
荣华乡……〔湘〕新化县 288
荣华乡……〔桂〕德保县 308
荣华街道……〔京〕大兴区 100
荣华街道……〔鄂〕硚口区 267
荣华街道……〔陇〕凉州区 403
荣兴街道……〔辽〕大洼区 152
荣军街道……〔桂〕鱼峰区 303
荣玛乡……〔藏〕谢通门县 382
荣玛乡……〔藏〕尼玛县 385
荣县……〔川〕自贡市 329
荣昌区……〔渝〕 320
荣周乡……〔藏〕察雅县 383
荣河镇……〔晋〕万荣县 127
荣巷街道……〔苏〕滨湖区 179
荣将镇……〔滇〕华坪县 373
荣桓镇……〔湘〕衡东县 279
荣校路街道……〔豫〕牧野区 254
荣家湾镇……〔湘〕岳阳县 281
荣隆镇……〔渝〕荣昌区 320
荣塘镇……〔赣〕丰城市 230
荣滨街道……〔辽〕大洼区 152
荥阳市……〔豫〕郑州市 249
荥河乡……〔川〕荥经县 345
荥经县……〔川〕雅安市 345
故仙乡……〔冀〕河间市 119
故市镇……〔陕〕临渭区 392
故县乡……〔晋〕武乡县 125
故县街道……〔晋〕郊区 125
故县镇……〔晋〕沁县 125
故县镇……〔豫〕洛宁县 251
故县镇……〔豫〕灵宝市 257
故城县……〔冀〕衡水市 120
故城镇……〔冀〕故城县 120
故城镇……〔晋〕武乡县 125
故郡镇……〔陕〕岐山县 390
故陵镇……〔渝〕云阳县 322
胡力吐蒙古族乡……〔吉〕洮南市 162
胡川镇……〔陇〕张家川回族自治县 403
胡屯镇……〔鲁〕茌平县 244
胡乐镇……〔皖〕宁国市 210
胡尔勒镇……〔蒙〕扎赉特旗 141
胡市镇……〔鄂〕天门市 274
胡市镇……〔川〕龙马潭区 330
胡台镇……〔辽〕新民市 146
胡吉尔台乡……〔新〕尼勒克县 428
胡吉吐莫镇……
……〔黑〕杜尔伯特蒙古族自治县 169
胡吉镇……〔豫〕商水县 261
胡地亚于孜镇……〔新〕伊宁县 428
胡场镇……〔鄂〕仙桃市 274
胡会乡……〔晋〕五寨县 129
胡各庄镇……〔冀〕滦南县 109
胡庄镇……〔苏〕高港区 185
胡宅乡……〔浙〕磐安县 194
胡阳镇……〔鲁〕费县 243
胡坊镇……〔闽〕明溪县 214
胡村乡……〔豫〕华龙区 255
胡村镇……〔晋〕太谷县 127
胡状镇……〔豫〕濮阳县 256
胡张乡……〔晋〕夏县 128
胡陈乡……〔浙〕宁海县 191
胡林家乡……
〔陇〕积石山保安族东乡族撒拉族自治县 409
胡松图喀尔逊蒙古族乡…〔新〕昭苏县 428
胡金店镇……〔鄂〕云梦县 271
胡店乡……〔豫〕平桥区 260
胡庙乡……〔豫〕驿城区 262
胡底乡……〔晋〕沁水县 126
胡官屯镇……〔鲁〕齐河县 244
胡总镇……〔皖〕太和县 207
胡桥乡……〔豫〕夏邑县 259
胡桥街道……〔豫〕辉县市 254
胡峪乡……〔晋〕代县 129
胡家回族乡……〔吉〕九台区 157
胡家庄乡……〔冀〕涞水县 114
胡家坝镇……〔陕〕宁强县 394
胡家园街道……〔津〕滨海新区 104
胡家坨镇……〔冀〕乐亭县 109
胡家庙街道……〔陕〕新城区 389
胡家营镇……〔鄂〕郧阳区 268
胡家营镇……〔陕〕南郑区 394
胡家街道……〔鲁〕乐陵市 244
胡家湾苗族土家族乡……〔黔〕思南县 362
胡家镇……〔辽〕黑山县 150
胡家镇……〔辽〕盘山县 152
胡家镇……〔川〕隆昌市 336
胡家镇……〔川〕宣汉县 344
胡埭镇……〔苏〕滨湖区 179
胡堂乡……〔豫〕睢县 259
胡麻营镇……〔冀〕丰宁满族自治县 117
胡族铺镇……〔豫〕固始县 260
胡集乡……〔豫〕郸城县 262
胡集回族乡……〔豫〕民权县 259
胡集镇……〔苏〕沭阳县 186
胡集镇……〔皖〕利辛县 209
胡集镇……〔鲁〕金乡县 240
胡集镇……〔鲁〕惠民县 245
胡集镇……〔鲁〕牡丹区 246
胡集镇……〔鄂〕钟祥市 270
胡源乡……〔浙〕缙云县 197
胡寨镇……〔苏〕沛县 180
胡襄镇……〔豫〕柘城县 259
莜坝乡……〔川〕马边彝族自治县 337
荫子镇……〔鲁〕荣成市 241
荫平镇……〔渝〕梁平区 321
荫田镇……〔湘〕常宁市 280
荫城镇……〔晋〕长治县 125
荫营镇……〔晋〕郊区 124
茹龙镇……〔川〕新龙县 350
茹村乡……〔晋〕五台县 128
茹荷镇……〔冀〕昌黎县 110
荔枝街道……〔渝〕涪陵区 317
荔波县……〔黔〕黔南布依族苗族自治州 365
荔城区……〔闽〕莆田市 214
荔城街道……〔粤〕增城区 292
荔城镇……〔桂〕荔浦县 305
荔浦县……〔桂〕桂林市 305
荔联街道……〔粤〕黄埔区 291
荔堡镇……〔陇〕泾川县 404
荔湾区……〔粤〕广州市 291
荔溪乡……〔湘〕沅陵县 286
南七里站街道……〔皖〕蜀山区 201
南八家子乡……〔辽〕北票市 153
南三镇……〔粤〕坡头区 294
南大山满族乡……〔辽〕兴城市 154
南大里乡……〔晋〕夏县 128

（九画）南

南大园乡……〔冀〕莲池区 113
南大岳镇……〔冀〕新乐市 108
南大桥乡……〔豫〕固始县 261
南大郭镇……〔冀〕桥西区 112
南大街街道……〔冀〕宣化区 115
南大街街道……〔冀〕新华区 118
南大街街道……〔苏〕钟楼区 181
南大街街道……〔渝〕永川区 319
南大膳镇……〔湘〕沅江市 284
南万镇……〔粤〕陆河县 297
南小王乡……〔冀〕博野县 115
南口（地区）镇……〔京〕昌平区 100
南口乡……〔闽〕将乐县 215
南口前镇……〔辽〕清原满族自治县 148
南口街道……〔新〕阿拉尔市 429
南口镇……〔鄂〕石首市 272
南口镇……〔粤〕梅县区 297
南山乡……〔赣〕玉山县 232
南山区……〔黑〕鹤岗市 168
南山区……〔粤〕深圳市 292
南山坪乡……〔湘〕慈利县 283
南山城镇……〔辽〕清原满族自治县 148
南山傈僳族乡……〔川〕德昌县 352
南山街道……〔辽〕普兰店区 146
南山街道……〔辽〕北票市 153
南山街道……〔黑〕鸡冠区 168
南山街道……〔黑〕岭东区 168
南山街道……〔苏〕润州区 185
南山街道……〔皖〕宁国市 210
南山街道……〔粤〕南山区 292
南山街道……〔渝〕南岸区 318
南山街道……〔川〕东区 330
南山街道……〔川〕涪城区 332
南山路街道……〔晋〕城区 124
南山镇……〔闽〕延平区 217
南山镇……〔闽〕长汀县 218
南山镇……〔粤〕三水区 293
南山镇……〔粤〕徐闻县 294
南山镇……〔粤〕揭西县 300
南山镇……〔川〕中江县 331
南山嘴乡……〔冀〕围场满族蒙古族自治县 118
南川乡……〔陇〕镇原县 406
南川区……〔渝〕 319
南川东路街道……〔青〕城中区 413
南川西路街道……〔青〕城中区 413
南广街道……〔吉〕宽城区 157
南广镇……〔川〕翠屏区 341
南门外街道……〔蒙〕东河区 135
南门关街道……〔黔〕红花岗区 358
南门峡镇……〔青〕互助土族自治县 413
南门街道……〔辽〕白塔区 151
南门街道……〔浙〕海曙区 190
南门街道……〔皖〕琅琊区 206
南门街道……〔桂〕象山区 304
南门镇……〔渝〕开州区 320
南义乡……〔陇〕宁县 406
南义镇……〔赣〕瑞昌市 225
南马庄乡……〔冀〕涞源县 114
南马街道……〔黑〕道外区 165
南马镇……〔浙〕东阳市 195
南乡镇……〔桂〕横县 303
南乡镇……〔桂〕八步区 308
南丰县……〔赣〕抚州市 231
南丰镇……〔苏〕张家港市 182
南丰镇……〔豫〕郸城县 262
南丰镇……〔粤〕封开县 296
南丰镇……〔琼〕儋州市 313
南丰镇……〔川〕广汉市 331
南丰镇……〔陇〕民乐县 404
南王乡……〔晋〕定襄县 128
南王庄乡……〔冀〕井陉县 107
南王庄镇……〔冀〕安平县 120
南王店镇……〔鲁〕定陶区 246
南王街道……〔鲁〕蓬莱市 238
南开乡……〔琼〕白沙黎族自治县 314
南开区……〔津〕 103
南开苗族彝族乡……〔黔〕水城县 357
南天门满族乡……〔冀〕兴隆县 117
南天湖镇……〔渝〕丰都县 321
南木乡……〔藏〕曲水县 381
南木切乡……〔藏〕谢通门县 382
南木达镇……〔川〕壤塘县 349
南木林县……〔藏〕日喀则市 381
南木林镇……〔藏〕南木林县 381
南木镇……〔桂〕桂平市 307
南五十家子镇……〔冀〕平泉市 118
南区街道……〔粤〕中山市 299
南屯基镇……〔吉〕东丰县 159
南屯镇……〔冀〕涞源县 114
南瓦乡……〔川〕金阳县 353
南日镇……〔闽〕秀屿区 214
南水镇……〔粤〕金湾区 293
南午村镇……〔冀〕冀州区 120
南牛乡……〔冀〕正定县 107
南长山街道……〔鲁〕长岛县 238
南长街街道……〔冀〕桥东区 112
南长街道……〔冀〕桥西区 107
南化塘镇……〔鄂〕郧阳区 268
南公营子镇……〔辽〕喀喇沁左翼蒙古族自治县 153
南风乡……〔川〕平昌县 347
南丹县……〔桂〕河池市 309
南双庙镇……〔冀〕魏县 112
南双庙镇……〔辽〕朝阳县 153
南古镇……〔陇〕民乐县 404
南石门镇……〔冀〕邢台县 112
南石头街道……〔粤〕海珠区 291
南龙乡……〔黔〕开阳县 357
南龙镇……〔陇〕临夏市 408
南平市……〔闽〕 217
南平镇……〔鄂〕公安县 271
南平镇……〔渝〕南川区 319
南东坊镇……〔冀〕临漳县 111
南北镇……〔湘〕石门县 283
南田镇……〔浙〕文成县 191
南白乡……〔晋〕原平市 129
南白象街道……〔浙〕瓯海区 191
南白街道……〔黔〕播州区 358
南乐县……〔豫〕濮阳市 255
南外街道……〔赣〕章贡区 226
南市场街道……〔辽〕和平区 145
南市街道……〔津〕和平区 103
南市街道……〔黑〕道外区 165
南市街道……〔浙〕东阳市 194
南市街道……〔陕〕宝塔区 393
南市镇……〔陕〕兴平市 392
南汇街道……〔浙〕鹿城区 191
南汇新城镇……〔沪〕浦东新区 176
南头街道……〔粤〕南山区 292
南头镇……〔粤〕英德市 299
南宁街道……〔滇〕麒麟区 370
南尼乡……〔藏〕康马县 382
南加镇……〔黔〕剑河县 364
南召县……〔豫〕南阳市 257
南皮县……〔冀〕沧州市 118
南皮镇……〔冀〕南皮县 118
南边山镇……〔桂〕临桂区 304
南圣镇……〔琼〕五指山市 313
南台子乡……〔蒙〕喀喇沁旗 137
南台乡……〔赣〕进贤县 223
南台街道……〔滇〕镇雄县 372
南台镇……〔辽〕海城市 148
南邢郭镇……〔冀〕赞皇县 108
南圩镇……〔桂〕隆安县 303
南圪洞街道……〔蒙〕东河区 135
南托街道……〔湘〕天心区 277
南地街道……〔辽〕平山区 148
南尖塔镇……〔冀〕广阳区 119
南吕固乡……〔冀〕丛台区 111
南吕镇……〔琼〕屯昌县 314
南因镇……〔冀〕元氏县 108
南屿镇……〔闽〕闽侯县 213
南华西街道……〔粤〕海珠区 291
南华县……〔滇〕楚雄彝族自治州 375
南华街道……〔辽〕铁西区 147
南华街道……〔豫〕民权县 259
南华镇……〔川〕中江县 331
南华镇……〔陇〕高台县 404
南伊珞巴民族乡……〔藏〕米林县 384
南向店乡……〔豫〕光山县 260
南伞镇……〔滇〕镇康县 374
南杂木镇……〔辽〕新宾满族自治县 148
南多乡……〔川〕甘孜县 350
南庄乡……〔晋〕永和县 130
南庄乡……〔陇〕庆城县 405
南庄坪街道……〔湘〕永定区 283
南庄镇……〔冀〕蠡县 115
南庄镇……〔晋〕文水县 131
南庄镇……〔豫〕孟州市 255
南庄镇……〔粤〕禅城区 293
南庄镇……〔滇〕建水县 375
南刘集乡……〔苏〕泗阳县 186
南充市……〔川〕 338
南关区……〔吉〕长春市 157
南关岭街道……〔辽〕甘井子区 146
南关街道……〔冀〕山海关区 110
南关街道……〔冀〕莲池区 113
南关街道……〔冀〕宣化区 115
南关街道……〔晋〕城区 123
南关街道……〔皖〕埇桥区 207
南关街道……〔鲁〕潍城区 239
南关街道……〔豫〕管城回族区 249
南关街道……〔豫〕老城区 250
南关街道……〔豫〕文峰区 252
南关街道……〔豫〕魏都区 256
南关街道……〔黔〕红花岗区 358
南关街道……〔宁〕原州区 420
南关蒙古族乡……〔冀〕丰宁满族自治县 117
南关镇……〔晋〕灵石县 127
南江口镇……〔粤〕郁南县 300
南江乡……〔赣〕遂川县 228
南江乡……〔川〕高坪区 338
南江布依族苗族乡……〔黔〕开阳县 357
南江县……〔川〕巴中市 347
南江街道……〔桂〕玉州区 307
南江镇……〔湘〕平江县 282
南江镇……〔川〕南江县 347
南兴镇……〔粤〕雷州市 295
南兴镇……〔川〕广汉市 331
南安乡……〔赣〕渝水区 225
南安乡……〔川〕夹江县 337
南安市……〔闽〕泉州市 216
南安镇……〔晋〕文水县 131
南安镇……〔赣〕大余县 226
南孙庄乡……〔冀〕丰南区 109
南阳乡……〔晋〕孝义市 131
南阳乡……〔闽〕沙县 215
南阳乡……〔赣〕瑞昌市 225
南阳乡……〔川〕犍为县 337
南阳市……〔豫〕 257
南阳堡镇……〔冀〕广平县 111
南阳街道……〔辽〕新抚区 148
南阳街道……〔浙〕萧山区 189
南阳湖街道……〔辽〕于洪区 145
南阳路街道……〔豫〕金水区 249
南阳新村街道……〔豫〕金水区 249
南阳镇……〔苏〕启东市 182
南阳镇……〔苏〕大丰区 184
南阳镇……〔闽〕上杭县 218
南阳镇……〔闽〕寿宁县 219
南阳镇……〔鲁〕微山县 240
南阳镇……〔鄂〕兴山县 269
南阳镇……〔湘〕耒阳市 280
南阳镇……〔桂〕青秀区 303
南阳镇……〔陇〕宕昌县 407
南纪门街道……〔渝〕渝中区 317
南坝乡……〔陇〕永昌县 402
南坝镇……〔川〕平武县 333
南坝镇……〔川〕宣汉县 344
南坞镇……〔豫〕鄢陵县 256
南坑乡……〔赣〕兴国县 227
南坑街道……〔闽〕芗城区 216
南坑镇……〔闽〕南靖县 217
南坑镇……〔赣〕芦溪县 224
南坊镇……〔陕〕礼泉县 391
南花园街道……〔辽〕新抚区 148
南芬区……〔辽〕本溪市 148
南芬街道……〔辽〕南芬区 148
南杜街道……〔冀〕南宫市 113

（九画）南

南村乡……〔赣〕乐安县 231
南村乡……〔豫〕渑池县 257
南村镇……〔冀〕长安区 107
南村镇……〔晋〕广灵县 124
南村镇……〔晋〕泽州县 126
南村镇……〔鲁〕平度市 236
南村镇……〔豫〕辉县市 254
南村镇……〔粤〕番禺区 291
南极乡……〔皖〕宁国市 210
南李村镇……〔豫〕新安县 251
南杨庄乡……〔冀〕蔚县 116
南矶乡……〔赣〕新建区 223
南县……〔湘〕益阳市 284
南里乡……〔晋〕沁县 125
南里岳乡……〔冀〕曲周县 112
南园街道……〔粤〕福田区 292
南岗乡……〔苏〕灌云县 183
南岗区……〔黑〕哈尔滨市 165
南岗街道……〔粤〕黄埔区 291
南岗镇……〔皖〕蜀山区 201
南佐镇……〔冀〕元氏县 108
南位镇……〔陕〕兴平市 392
南余店乡……〔豫〕汝南县 263
南岔区……〔黑〕伊春市 169
南岔镇……〔陇〕瓜州县 405
南甸子镇……〔辽〕本溪满族自治县 149
南甸镇……〔冀〕平山县 108
南亩镇……〔粤〕南雄市 292
南亨乡……〔赣〕龙南县 227
南辛庄街道……〔鲁〕槐荫区 235
南辛店乡……〔冀〕邱县 111
南辛店乡……〔晋〕襄汾县 130
南沙区……〔粤〕广州市 291
南沙河口街道……〔辽〕沙河口区 146
南沙河镇……〔鲁〕滕州市 237
南沙街道……〔粤〕南沙区 291
南沙镇……〔滇〕元阳县 376
南沟岔镇……〔陕〕子长县 393
南沈灶镇……〔苏〕东台市 184
南宋乡……〔晋〕长治县 125
南宋镇……〔浙〕苍南县 191
南诏镇……〔闽〕诏安县 217
南诏镇……〔滇〕巍山彝族回族自治县 377
南张乡……〔晋〕万荣县 128
南张庄乡……〔鲁〕费县 243
南张街道……〔鲁〕任城区 240
南张镇……〔冀〕容城县 114
南陈乡……〔晋〕长子县 125
南陈屯乡……〔冀〕运河区 118
南陈集镇……〔苏〕淮阴区 183
南陉乡……〔冀〕井陉县 107
南邵镇……〔京〕昌平区 100
南纬路街道……〔新〕新市区 423
南环中路街道……〔冀〕运河区 118
南环街道……〔桂〕柳南区 304
南环路街道……〔晋〕霍州市 130
南环路街道……〔豫〕湛河区 252
南武乡……〔晋〕文水县 131
南坪乡……〔鄂〕利川市 274
南坪乡……〔川〕宣汉县 344
南坪乡……〔陇〕庄浪县 404
南坪街道……〔湘〕武陵区 282
南坪街道……〔渝〕南岸区 318
南坪镇……〔吉〕和龙市 162
南坪镇……〔皖〕濉溪县 203
南坪镇……〔渝〕南岸区 318
南坪镇……〔川〕九寨沟县 348
南坤镇……〔琼〕屯昌县 314
南坡乡……〔桂〕靖西市 308
南苑（地区）乡……〔京〕丰台区 99
南苑街道……〔京〕丰台区 99
南苑街道……〔苏〕建邺区 179
南苑街道……〔浙〕余杭区 189
南苑街道……〔鲁〕任城区 240
南苑街道……〔豫〕鼓楼区 250
南苑街道……〔鄂〕西陵区 269
南苑街道……〔新〕乌苏市 428
南直路街道……〔黑〕道外区 165
南林乡……〔琼〕保亭黎族苗族自治县 314
南林桥镇……〔鄂〕通山县 273
南码头路街道……〔沪〕浦东新区 176
南奇乡……〔冀〕竞秀区 113
南旺镇……〔鲁〕汶上县 240
南昌市……〔赣〕 223
南昌县……〔赣〕南昌市 223
南昌路街道……〔豫〕涧西区 251
南明山街道……〔浙〕莲都区 196
南明区……〔黔〕贵阳市 357
南明街道……〔浙〕新昌县 193
南明镇……〔黔〕剑河县 364
南岸区……〔渝〕 318
南岸街道……〔粤〕高要区 295
南岸街道……〔川〕翠屏区 341
南岸镇……〔滇〕绥江县 372
南岩镇……〔赣〕弋阳县 232
南岭乡……〔晋〕泽州县 126
南岭乡……〔赣〕莲花县 224
南岭乡……〔滇〕澜沧拉祜族自治县 374
南岭庄乡……〔冀〕蔚县 116
南岭街道……〔吉〕南关区 157
南岭镇……〔闽〕福清市 214
南岭镇……〔粤〕紫金县 298
南和县……〔冀〕邢台市 112
南岳区……〔湘〕衡阳市 279
南岳庙镇……〔湘〕隆回县 281
南岳镇……〔浙〕乐清市 192
南岳镇……〔湘〕南岳区 279
南岳镇……〔川〕达川区 343
南径镇……〔粤〕普宁市 300
南金乡……〔湘〕安化县 284
南京东路街道……〔沪〕黄浦区 175
南京市……〔苏〕 179
南京西路街道……〔沪〕静安区 175
南京街道……〔吉〕船营区 158
南京路街道……〔黑〕呼兰区 165
南京路街道……〔豫〕平桥区 260
南京镇……〔湘〕耒阳市 280
南店头乡……〔冀〕唐县 114
南庙镇……〔赣〕袁州区 229
南郊乡……〔豫〕禹王台区 250
南郊乡……〔川〕雨城区 345
南郊区……〔晋〕大同市 124
南郊街道……〔蒙〕锡林浩特市 141
南郊街道……〔浙〕鹿城区 191
南郊街道……〔鄂〕曾都区 273
南郊镇……〔鲁〕周村区 237
南闸街道……〔苏〕江阴市 180
南闸镇……〔苏〕淮安区 183
南郑区……〔陕〕汉中市 394
南法信（地区）镇……〔京〕顺义区 100
南河乡……〔鄂〕汉川市 271
南河乡……〔川〕冕宁县 354
南河头乡……〔冀〕献县 119
南河沟乡……〔晋〕保德县 129
南河店镇……〔豫〕南召县 257
南河种镇……〔晋〕应县 126
南河堡乡……〔晋〕天镇县 124
南河街道……〔川〕利州区 333
南河镇……〔苏〕响水县 184
南河镇……〔鄂〕谷城县 270
南河镇……〔鄂〕英山县 272
南河镇……〔陇〕宕昌县 407
南泗乡……〔桂〕兴宾区 310
南沿村镇……〔冀〕丛台区 111
南沱镇……〔渝〕涪陵区 317
南泥湾镇……〔陕〕宝塔区 393
南宝山镇……〔川〕邛崃市 328
南宝镇……〔琼〕临高县 314
南定镇……〔鲁〕张店区 237
南孟镇……〔冀〕藁城区 107
南孟镇……〔冀〕霸州市 120
南迳镇……〔赣〕全南县 227
南春街道……〔粤〕湘桥区 299
南垣乡……〔晋〕古县 130
南城乡……〔冀〕复兴区 111
南城区街道……〔冀〕定州市 115
南城区街道……〔蒙〕丰镇市 140
南城区街道……〔新〕博乐市 424
南城司乡……〔冀〕易县 114
南城县……〔赣〕抚州市 230
南城街道……〔晋〕高平市 126
南城街道……〔晋〕朔城区 126
南城街道……〔晋〕盐湖区 127
南城街道……〔晋〕原平市 129
南城街道……〔吉〕舒兰市 158
南城街道……〔苏〕海州区 182
南城街道……〔苏〕海安县 182
南城街道……〔浙〕永嘉县 191
南城街道……〔浙〕黄岩区 196
南城街道……〔闽〕新罗区 218
南城街道……〔鲁〕牡丹区 245
南城街道……〔鲁〕单县 246
南城街道……〔鄂〕枣阳市 270
南城街道……〔鄂〕安陆市 271
南城街道……〔粤〕东莞市 299
南城街道……〔渝〕南川区 319
南城街道……〔渝〕铜梁区 320
南城街道……〔川〕江阳区 330
南城街道……〔川〕翠屏区 341
南城街道……〔新〕阿克苏市 425
南城镇……〔鲁〕夏津县 244
南城镇……〔川〕青神县 341
南政乡……〔晋〕平遥县 127
南赵扶镇……〔冀〕大城县 119
南赵楼镇……〔鲁〕郓城县 246
南指挥镇……〔陕〕凤翔县 390
南草滩街道……〔新〕天山区 423
南柏舍镇……〔冀〕赵县 108
南星街道……〔浙〕上城区 189
南钢街道……〔赣〕青山湖区 223
南便村乡……〔冀〕南宫市 113
南泉乡……〔晋〕沁县 125
南泉乡……〔晋〕应县 126
南泉街道……〔渝〕巴南区 318
南泉镇……〔川〕什邡市 331
南胜镇……〔闽〕平和县 217
南独乐河镇……〔京〕平谷区 100
南美拉祜族乡……〔滇〕临翔区 374
南娄底乡……〔冀〕安国市 115
南娄镇……〔晋〕盂县 124
南洞乡……〔湘〕汝城县 285
南洋镇……〔苏〕亭湖区 184
南洋镇……〔闽〕漳平市 219
南洲街道……〔粤〕海珠区 291
南洲镇……〔湘〕株洲县 278
南洲镇……〔湘〕南县 284
南津街道……〔渝〕合川区 319
南津渡街道……〔湘〕零陵区 285
南津路街道……〔川〕船山区 335
南津镇……〔川〕雁江区 347
南浔区……〔浙〕湖州市 193
南浔镇……〔浙〕南浔区 193
南宫山镇……〔陕〕岚皋县 396
南宫市……〔冀〕邢台市 113
南宫镇……〔黔〕台江县 364
南屏乡……〔浙〕天台县 196
南屏瑶族乡……〔桂〕上思县 306
南屏镇……〔粤〕香洲区 293
南屏镇……〔滇〕思茅区 373
南屏镇……〔滇〕广南县 376
南屏镇……〔陇〕临洮县 406
南院门街道……〔陕〕碑林区 389
南珠街道……〔桂〕钦南区 306
南捞乡……〔滇〕马关县 376
南埔镇……〔闽〕泉港区 215
南埕镇……〔闽〕德化县 216
南莫镇……〔苏〕海安县 182
南桐镇……〔渝〕綦江区 318
南桥街道……〔豫〕卫滨区 254
南桥街道……〔粤〕赤坎区 294
南桥镇……〔冀〕行唐县 107
南桥镇……〔沪〕奉贤区 176
南桥镇……〔赣〕寻乌县 227
南桥镇……〔鲁〕兰陵县 243
南桥镇……〔湘〕东安县 285
南桥镇……〔琼〕万宁市 314
南贾镇……〔晋〕襄汾县 130
南夏墅街道……〔苏〕武进区 181
南顿镇……〔豫〕项城市 262
南晓镇……〔桂〕良庆区 303

（九画）南药标柑柯柘

南哨街道……〔辽〕喀喇沁左翼蒙古族自治县 153
南哨镇……〔黔〕剑河县 364
南恩街道……〔粤〕江城区 298
南峪乡……〔陇〕舟曲县 409
南峪镇……〔冀〕井陉县 107
南峰街道……〔浙〕仙居县 196
南峰镇……〔赣〕都昌县 225
南皋乡……〔黔〕丹寨县 365
南徐村乡……〔冀〕馆陶县 112
南航街道……〔黑〕龙沙区 167
南留庄镇……〔冀〕蔚县 116
南高乡……〔冀〕栾城区 107
南高崖乡……〔晋〕天镇县 124
南席镇……〔豫〕长葛市 256
南唐乡……〔晋〕翼城县 130
南站街道……〔冀〕桥东区 115
南站街道……〔吉〕朝阳区 157
南站街道……〔赣〕西湖区 223
南站街道……〔桂〕柳南区 304
南站镇……〔鲁〕汶上县 240
南部县……〔川〕南充市 338
南浦乡……〔闽〕漳浦县 217
南浦街道……〔黑〕铁锋区 167
南浦街道……〔闽〕浦城县 217
南浦街道……〔赣〕西湖区 223
南浦溪镇……〔浙〕泰顺县 192
南海乡……〔闽〕平潭县 214
南海区……〔粤〕佛山市 293
南海街道……〔豫〕驿城区 262
南海街道……〔粤〕电白区 295
南海镇……〔鄂〕松滋市 272
南流乡……〔冀〕无极县 108
南涧镇……〔滇〕南涧彝族自治县 377
南涧彝族自治县……〔滇〕大理白族自治州 377
南宽坪镇……〔陕〕山阳县 397
南宾街道……〔渝〕石柱土家族自治县 323
南朗镇……〔粤〕英德市 299
南调街道……〔粤〕坡头区 294
南陵县……〔皖〕芜湖市 202
南通市……〔苏〕 182
南通镇……〔闽〕闽侯县 213
南排河镇……〔冀〕黄骅市 119
南黄镇……〔鲁〕乳山市 242
南营门街道……〔津〕和平区 103
南营乡……〔冀〕灵寿县 108
南营坊街道……〔冀〕桥西区 115
南营街道……〔鄂〕宜城市 270
南营镇……〔冀〕藁城区 107
南曹乡……〔豫〕尉氏县 250
南曹街道……〔豫〕管城回族区 249
南票区……〔辽〕葫芦岛市 154
南盛街道……〔粤〕化州市 295
南盛镇……〔粤〕云城区 300
南盘江镇……〔黔〕兴义市 363
南彩镇……〔京〕顺义区 100
南麻街道……〔鲁〕沂源县 237
南康区……〔赣〕赣州市 226
南康街道……〔吉〕龙山区 159
南康镇……〔赣〕庐山市 225
南康镇……〔桂〕铁山港区 306
南清河乡……〔冀〕赞皇县 108
南梁镇……〔晋〕翼城县 130
南梁镇……〔陇〕华池县 405
南隍城乡……〔鲁〕长岛县 238
南隆镇……〔川〕南部县 338
南塔街道……〔辽〕沈河区 145
南塔街道……〔辽〕双塔区 153
南塔街道……〔湘〕苏仙区 284
南彭街道……〔渝〕巴南区 318
南董镇……〔冀〕藁城区 107
南韩村乡……〔冀〕广平县 111
南韩村镇……〔冀〕满城区 113
南雁镇……〔浙〕平阳县 191
南雄市……〔粤〕韶关市 292
南雅镇……〔闽〕建瓯市 218
南雅镇……〔渝〕开州区 320
南崴子街道……〔吉〕公主岭市 159
南智丘镇……〔冀〕辛集市 108
南堡子乡……〔晋〕偏关县 129
南堡乡……〔冀〕邯山区 110
南堡镇……〔冀〕滦南县 109
南集镇……〔苏〕涟水县 183
南街街道……〔晋〕城区 123
南街街道……〔晋〕城区 125
南街街道……〔晋〕尧都区 129
南街街道……〔辽〕古塔区 149
南街街道……〔辽〕凌源市 153
南街街道……〔闽〕鼓楼区 213
南街街道……〔黔〕西秀区 359
南街街道……〔陇〕甘州区 404
南街街道……〔陇〕西峰区 405
南街街道……〔宁〕惠农区 419
南街镇……〔粤〕广宁县 296
南鲁山镇……〔鲁〕沂源县 237
南鲁集镇……〔鲁〕成武县 246
南翔镇……〔沪〕嘉定区 176
南港镇……〔皖〕舒城县 209
南港镇……〔赣〕上高县 229
南湖乡……〔新〕伊州区 424
南湖区……〔浙〕嘉兴市 192
南湖北路街道……〔新〕水磨沟区 423
南湖南路街道……〔新〕水磨沟区 423
南湖洲镇……〔湘〕湘阴县 281
南湖街道……〔冀〕运河区 118
南湖街道……〔辽〕和平区 145
南湖街道……〔吉〕朝阳区 157
南湖街道……〔苏〕沭阳县 186
南湖街道……〔浙〕南湖区 192
南湖街道……〔鄂〕武昌区 267
南湖街道……〔鄂〕黄州区 272
南湖街道……〔鄂〕麻城市 273
南湖街道……〔湘〕岳阳楼区 281
南湖街道……〔粤〕罗湖区 292
南湖街道……〔桂〕青秀区 303
南湖街道……〔川〕嘉陵区 338
南湖街道……〔黔〕普安县 363
南湖镇……〔鲁〕东港区 242
南湖镇……〔陇〕民勤县 403
南湖镇……〔陇〕庄浪县 404
南湫乡……〔陇〕环县 405
南湾乡……〔湘〕衡东县 279
南湾街道……〔豫〕浉河区 260
南湾街道……〔粤〕龙岗区 293
南渡镇……〔苏〕溧阳市 181
南渡镇……〔桂〕岑溪市 305
南寒街道……〔晋〕万柏林区 123
南窖乡……〔京〕房山区 100
南禅寺街道……〔苏〕梁溪区 179
南强街道……〔川〕船山区 335
南强镇……〔湘〕临武县 285
南塬乡……〔陇〕临夏县 408
南塘镇……〔浙〕乐清市 192
南塘镇……〔赣〕赣县区 226
南塘镇……〔粤〕高州市 295
南塘镇……〔粤〕陆丰市 297
南蒲街道……〔豫〕长垣县 254
南榆林乡……〔晋〕浑源县 124
南榆林乡……〔晋〕朔城区 126
南楼乡……〔冀〕正定县 107
南楼街道……〔辽〕大石桥市 150
南照镇……〔皖〕颍上县 207
南腰界乡……〔渝〕酉阳土家族苗族自治县 323
南麂镇……〔浙〕平阳县 191
南靖县……〔闽〕漳州市 217
南新乡……〔赣〕南昌县 223
南新街街道……〔蒙〕红山区 136
南新镇……〔川〕茂县 348
南源乡……〔赣〕宜黄县 231
南源街道……〔粤〕荔湾区 291
南溪乡……〔赣〕泰和县 228
南溪区……〔川〕宜宾市 341
南溪街道……〔川〕南溪区 341
南溪镇……〔皖〕金寨县 209
南溪镇……〔粤〕普宁市 300
南溪镇……〔渝〕云阳县 322
南溪镇……〔滇〕河口瑶族自治县 376
南滨街道……〔浙〕瑞安市 192
南滩街道……〔青〕城中区 413
南滩镇……〔川〕合江县 330
南障城镇……〔冀〕井陉县 107
南蔡乡……〔苏〕宿城区 186
南蔡村镇……〔津〕武清区 104
南墅镇……〔鲁〕莱西市 236
南箐镇……〔川〕越西县 354
南彰镇……〔豫〕兰考县 250
南漳县……〔鄂〕襄阳市 270
南漳镇……〔晋〕长子县 125
南寨乡……〔冀〕灵寿县 108
南寨街道……〔晋〕尖草坪区 123
南寨镇……〔豫〕辉县市 254
南寨镇……〔黔〕剑河县 364
南寨镇……〔陕〕千阳县 391
南赛乡……〔冀〕内丘县 112
南谯区……〔皖〕滁州市 206
南樊镇……〔晋〕绛县 128
南礅乡……〔晋〕芮城县 128
南黎街道……〔皖〕相山区 203
南澳县……〔粤〕汕头市 293
南澳街道……〔粤〕龙岗区 293
南燕川乡……〔冀〕灵寿县 108
南燕乡……〔川〕蓬安县 339
南燕竹镇……〔晋〕寿阳县 127
南嘴镇……〔湘〕沅江市 284
南磨房（地区）乡……〔京〕朝阳区 99
南戴河街道……〔冀〕抚宁区 110
南壕堑镇……〔冀〕尚义县 116
南薰镇……〔川〕安岳县 347
南霞口镇……〔冀〕东光县 118
南霞乡……〔闽〕沙县 215
南翼街道……〔黑〕向阳区 168
南礤镇……〔粤〕蕉岭县 297
药山街道……〔鲁〕天桥区 235
药山镇……〔辽〕岫岩满族自治县 148
药山镇……〔湘〕津市市 283
药山镇……〔滇〕巧家县 372
药王庙镇……〔辽〕建昌县 154
药王满族乡……〔辽〕兴城市 154
药都街道……〔冀〕安国市 115
标里镇……〔皖〕涡阳县 209
标溪乡……〔浙〕景宁畲族自治县 197
柑子乡……〔川〕雷波县 354
柑子园镇……〔湘〕道县 286
柑子镇……〔川〕邻水县 343
柯生乡……〔青〕河南蒙古族自治县 414
柯曲镇……〔青〕甘德县 415
柯克亚乡……〔新〕叶城县 427
柯村镇……〔皖〕黟县 205
柯坪县……〔新〕阿克苏地区 426
柯坪镇……〔新〕柯坪县 426
柯坦镇……〔皖〕庐江县 201
柯拉乡……〔川〕雅江县 350
柯岩街道……〔浙〕柯桥区 193
柯河乡……〔川〕阿坝县 349
柯城区……〔浙〕衢州市 195
柯柯牙街道……〔新〕阿克苏市 425
柯柯镇……〔青〕乌兰县 415
柯洛洞乡……〔川〕德格县 350
柯桥区……〔浙〕绍兴市 193
柯桥街道……〔浙〕柯桥区 193
柯街镇……〔滇〕昌宁县 371
柯鲁柯镇……〔青〕德令哈市 415
柯渡镇……〔滇〕寻甸回族彝族自治县 369
柯寨镇……〔陇〕陇西县 406
柘山镇……〔鲁〕安丘市 239
柘木乡……〔鄂〕监利县 272
柘木镇……〔桂〕雁山区 304
柘坝乡……〔川〕剑阁县 334
柘汪镇……〔苏〕赣榆区 183
柘沟镇……〔鲁〕泗水县 240
柘林镇……〔沪〕奉贤区 176
柘林镇……〔赣〕永修县 225
柘林镇……〔粤〕饶平县 300
柘岱口乡……〔浙〕遂昌县 197
柘城县……〔豫〕商丘市 259
柘荣县……〔闽〕宁德市 219
柘皋镇……〔皖〕巢湖市 201
柘港乡……〔赣〕鄱阳县 232

（九画）柘栋查相枳柞柏栎枸柳

柘塘街道……〔苏〕溧水区 179
柘溪镇……〔湘〕安化县 284
栋川镇……〔滇〕姚安县 375
查干屯格乡……〔新〕温泉县 425
查干花镇……
……〔吉〕前郭尔罗斯蒙古族自治县 161
查干库勒乡……
……〔新〕和布克赛尔蒙古自治县 429
查干沐沦苏木……〔蒙〕巴林右旗 136
查干补力格苏木……〔蒙〕四子王旗 140
查干哈达苏木……〔蒙〕巴林左旗 136
查干哈达苏木……
……〔蒙〕达尔罕茂明安联合旗 136
查干敖包镇……〔蒙〕苏尼特左旗 141
查干郭勒乡……〔新〕青河县 429
查干诺尔乡……〔新〕博湖县 425
查干诺尔镇……〔蒙〕巴林右旗 136
查干淖尔镇……〔蒙〕阿巴嘎旗 141
查干湖镇……
……〔吉〕前郭尔罗斯蒙古族自治县 161
查山乡……〔豫〕平桥区 260
查日苏镇……〔蒙〕科尔沁左翼后旗 137
查巴乡……〔藏〕仁布县 382
查巴奇鄂温克民族乡……〔蒙〕阿荣旗 138
查布乡……〔藏〕谢通门县 382
查布嘎图苏木……〔蒙〕扎鲁特旗 138
查龙镇……〔川〕甘孜县 350
查旦乡……〔青〕杂多县 415
查田镇……〔浙〕龙泉市 197
查尔乡……〔藏〕南木林县 381
查尔玛乡……〔川〕红原县 349
查务乡……〔藏〕拉孜县 382
查当乡……〔藏〕聂荣县 385
查汗采开乡……〔新〕焉耆回族自治县 425
查汗都斯乡…〔青〕循化撒拉族自治县 414
查甫藏族乡……〔青〕化隆回族自治县 414
查孜乡……〔藏〕昂仁县 382
查和特乡…〔新〕和布克赛尔蒙古自治县 429
查荣乡……〔藏〕萨迦县 382
查哈阳乡……〔黑〕甘南县 167
查理乡……〔川〕阿坝县 349
相山区……〔皖〕淮北市 203
相山东街道……〔皖〕相山区 203
相山西街道……〔皖〕相山区 203
相山镇……〔赣〕崇仁县 231
相公庄街道……〔鲁〕章丘区 235
相公街道……〔鲁〕河东区 242
相公镇……〔陕〕长武县 392
相市乡……〔湘〕衡南县 279
相皮乡……〔藏〕贡觉县 383
相台街道……〔豫〕殷都区 253
相州镇……〔鲁〕诸城市 239
相如镇……〔川〕蓬安县 339
相沟镇……〔鲁〕莒南县 243
相国寺街道……〔豫〕鼓楼区 250
相城区……〔苏〕苏州市 181
相城镇……〔赣〕高安市 230
相南街道……〔皖〕相山区 203
相桥街道……〔陕〕临潼区 389
相衙镇……〔鲁〕宁津县 243
枳沟镇……〔鲁〕诸城市 239
柞水县……〔陕〕商洛市 397
柞市镇……〔湘〕衡南县 279
柞村镇……〔鲁〕莱州市 238
柞岗镇……〔黑〕青冈县 172
柏山寺乡……〔晋〕吉县 130
柏山镇……〔豫〕博爱县 255
柏乡县……〔冀〕邢台市 112
柏乡镇……〔冀〕柏乡县 112
柏井镇……〔晋〕平定县 124
柏木乡……〔赣〕袁州区 229
柏水乡……〔川〕渠县 345
柏加镇……〔湘〕浏阳市 277
柏寺营乡……〔冀〕成安县 111
柏合镇……〔川〕龙泉驿区 327
柏各庄镇……〔冀〕滦南县 109
柏庄镇……〔豫〕北关区 253
柏坊镇……〔湘〕常宁市 280
柏村镇…〔黔〕务川仡佬族苗族自治县 359
柏杨乡……〔川〕朝天区 334
柏杨坝镇……〔鄂〕利川市 274
柏杨河哈萨克族乡……〔新〕米东区 423
柏杨街道……〔渝〕巫溪县 322
柏杨街道……〔川〕市中区 336
柏社乡……〔浙〕兰溪市 194
柏坪乡……〔川〕营山县 339
柏苑街道……〔豫〕西平县 262
柏林乡……〔皖〕舒城县 209
柏林乡……〔川〕营山县 339
柏林乡……〔滇〕西畴县 376
柏林庄街道……〔鲁〕莱阳市 238
柏林沟镇……〔川〕昭化区 334
柏林镇……〔鲁〕平邑县 243
柏林镇……〔鄂〕张湾区 268
柏林镇……〔湘〕永兴县 284
柏林镇……〔渝〕江津区 319
柏林镇……〔川〕游仙区 332
柏林镇……〔川〕大竹县 344
柏林镇……〔陇〕武都区 407
柏板乡……〔晋〕尖草坪区 123
柏果镇……〔黔〕盘州市 358
柏垭乡……〔川〕剑阁县 335
柏垭镇……〔川〕阆中市 340
柏城街道……〔豫〕西平县 262
柏城镇……〔鲁〕高密市 239
柏垫镇……〔皖〕广德县 210
柏树乡……〔冀〕蔚县 116
柏树乡……〔豫〕汝阳县 251
柏树乡……〔川〕中江县 331
柏树乡……〔陇〕凉州区 403
柏树林街道……〔陕〕碑林区 389
柏树镇……〔川〕宣汉县 344
柏树镇……〔陇〕崇信县 404
柏香镇……〔豫〕沁阳市 255
柏泉街道……〔鄂〕东西湖区 267
柏亭街道……〔豫〕西平县 262
柏洋乡……〔闽〕霞浦县 219
柏埔镇……〔粤〕紫金县 298
柏峪寺镇……〔陕〕洛南县 397
柏家乡……〔川〕大竹县 344
柏家庄乡……〔晋〕繁峙县 129
柏家沟镇……〔辽〕法库县 146
柏家坪镇……〔湘〕宁远县 286
柏家镇……〔渝〕梁平区 321
柏祥镇……〔湘〕岳阳县 281
柏梓镇……〔渝〕潼南区 320
柏梓镇……〔川〕盐亭县 332
柏梁镇……〔豫〕鄢陵县 256
柏隆镇……〔川〕旌阳区 331
柏塘镇……〔粤〕博罗县 296
柏榆镇……〔辽〕西丰县 152
柏溪乡……〔皖〕祁门县 205
柏溪镇……〔川〕宜宾县 341
柏鹤集乡……〔冀〕临漳县 111
柏露乡……〔赣〕井冈山市 229
栎阳街道……〔陕〕临潼区 389
栎城乡……〔豫〕新蔡县 263
枸乃甸乡……〔辽〕清原满族自治县 148
枸杞乡……〔浙〕嵊泗县 196
柳山湖镇……〔鄂〕赤壁市 273
柳山镇……〔鲁〕临朐县 239
柳川镇……〔黔〕剑河县 364
柳乡……〔藏〕拉孜县 382
柳井彝族乡……〔滇〕文山市 376
柳屯镇……〔豫〕濮阳县 256
柳毛乡……〔黑〕恒山区 168
柳毛乡……〔黑〕密山市 168
柳毛街道……〔黑〕恒山区 168
柳毛湾镇……〔新〕沙湾县 429
柳长街道……〔桂〕柳北区 304
柳石街道……〔桂〕柳南区 303
柳北区……〔桂〕柳州市 304
柳且乡……〔川〕昭觉县 353
柳叶湖街道……〔湘〕武陵区 282
柳市镇……〔浙〕乐清市 192
柳圣乡……〔川〕东坡区 340
柳行街道……〔鲁〕任城区 240
柳庄乡……〔豫〕卫辉市 254
柳州市……〔桂〕 303
柳江区……〔桂〕柳州市 304
柳江街道……〔川〕锦江区 327
柳江镇……〔川〕洪雅县 341
柳池镇……〔川〕三台县 332
柳池镇……〔川〕宣汉县 344
柳杜乡……〔晋〕清徐县 123
柳园口乡……〔豫〕龙亭区 250
柳园街道……〔鲁〕东昌府区 244
柳园镇……〔冀〕临漳县 111
柳园镇……〔陇〕瓜州县 405
柳条乡……〔吉〕双辽市 159
柳条寨镇……〔辽〕灯塔市 152
柳沟乡……
〔陇〕积石山保安族东乡族撒拉族自治县 409
柳沟镇……〔皖〕阜南县 207
柳沟镇……〔川〕剑阁县 334
柳陂镇……〔鄂〕郧阳区 268
柳青街道……〔鲁〕兰山区 242
柳坪乡……〔皖〕宿松县 204
柳林乡……〔豫〕浉河区 260
柳林乡……〔鄂〕溢水镇 268
柳林乡……〔鄂〕黄梅县 273
柳林屯乡……〔冀〕栾城区 107
柳林县……〔晋〕吕梁市 131
柳林洲街道……〔湘〕君山区 281
柳林桥街道……〔冀〕丛台区 111
柳林街道……〔津〕河西区 103
柳林镇……〔冀〕内丘县 112
柳林镇……〔晋〕柳林县 131
柳林镇……〔鲁〕冠县 245
柳林镇……〔鲁〕巨野县 246
柳林镇……〔鄂〕随县 273
柳林镇……〔川〕恩阳区 346
柳林镇……〔陕〕凤翔县 390
柳林镇……〔陕〕宝塔区 393
柳林镇……〔陕〕城固县 394
柳林镇……〔陇〕徽县 408
柳林镇……〔陇〕卓尼县 409
柳枝镇……〔陕〕华州区 392
柳卓乡……〔冀〕定兴县 114
柳河子镇……〔辽〕灯塔市 152
柳河乡……〔豫〕方城县 258
柳河县……〔吉〕通化市 160
柳河沟镇……〔辽〕新民市 146
柳河镇……〔吉〕柳河县 160
柳河镇……〔黑〕木兰县 166
柳河镇……〔黑〕庆安县 172
柳河镇……〔豫〕宁陵县 259
柳河镇……〔陇〕玉门市 405
柳驿乡……〔川〕南部县 339
柳垭镇……〔川〕仪陇县 339
柳城县……〔桂〕柳州市 304
柳城街道……〔辽〕朝阳县 153
柳城街道……〔闽〕南安市 216
柳城街道……〔川〕温江区 327
柳城畲族镇……〔浙〕武义县 194
柳城镇……〔粤〕东源县 298
柳巷街道……〔晋〕迎泽区 123
柳巷镇……〔皖〕明光市 206
柳荫镇……〔渝〕北碚区 318
柳南乡……〔吉〕柳河县 160
柳南区……〔桂〕柳州市 303
柳南街道……〔桂〕柳南区 303
柳树酄镇……〔冀〕丰南区 109
柳树口镇……〔晋〕泽州县 126
柳树乡……〔川〕南部县 339
柳树乡……〔陇〕东乡族自治县 409
柳树屯蒙古族满族乡……〔辽〕康平县 146
柳树沟乡……〔新〕伊州区 424
柳树店乡……〔豫〕固始县 261
柳树街道……〔新〕乌尔禾区 423
柳树湾街道……〔苏〕清江浦区 183
柳树镇……〔辽〕老边区 150
柳树镇……〔黑〕林口县 170
柳树镇……〔陕〕西乡县 394
柳树镇……〔陇〕永登县 401
柳科乡……〔晋〕灵丘县 124
柳泉乡……〔宁〕红寺堡区 419
柳泉铺镇……〔豫〕镇平县 258
柳泉镇……〔冀〕固安县 119
柳泉镇……〔苏〕铜山区 180

（九画）柳枹柱柿栏树勃郜剅要郦咸歪研砖厚砂砚斫面奎奓鸥轵轸轻鸦韭背战点临

柳泉镇……〔豫〕宜阳县 251
柳泉镇……〔陇〕西固区 401
柳洪乡……〔川〕美姑县 354
柳桥乡……〔川〕昭化区 334
柳桥镇……〔桂〕扶绥县 310
柳桥镇……〔川〕东兴区 336
柳格镇……〔豫〕清丰县 255
柳峰乡……〔浙〕泰顺县 192
柳家乡……〔辽〕北镇市 150
柳家乡……〔桂〕富川瑶族自治县 309
柳埠街道……〔鲁〕历城区 235
柳黄乡……〔川〕万源市 345
柳梧乡……〔藏〕堆龙德庆区 381
柳梁乡……〔陇〕庄浪县 404
柳堡镇……〔苏〕宝应县 185
柳堡镇……〔鲁〕无棣县 245
柳街镇……〔川〕都江堰市 328
柳湖乡……〔陇〕玉门市 405
柳湖街道……〔豫〕淮阳县 262
柳湖镇……〔陇〕崆峒区 404
柳湾乡……〔川〕南江县 347
柳塘乡……〔川〕邻水县 343
柳塘镇……〔黔〕金沙县 361
柳新镇……〔苏〕铜山区 180
柳溪乡……〔赣〕奉新县 229
柳溪乡……〔川〕旺苍县 334
柳溪苗族乡……〔滇〕彝良县 372
柳溪镇……〔冀〕平泉市 118
柳滩乡……〔川〕蓬安县 339
柳嘉镇……〔川〕宜宾县 341
柳影街道……〔吉〕宽城区 157
柳赞镇……〔冀〕曹妃甸区 109
柳壕镇……〔辽〕辽阳县 151
柳疃镇……〔鲁〕昌邑市 239
枹罕镇……〔陇〕临夏市 408
柱山乡……〔渝〕万州区 317
柱濮镇……〔晋〕孝义市 131
柿子园镇……〔鲁〕莘县 244
柿子镇……〔滇〕盐津县 372
柿庄镇……〔晋〕沁水县 125
柿园乡……〔豫〕杞县 250
柿树岗乡……〔皖〕肥西县 201
柿铺街道……〔鄂〕樊城区 269
柿溪乡……〔湘〕辰溪县 286
栏杆堡镇……〔陕〕神木市 396
栏杆集镇……〔皖〕巢湖市 201
栏杆街道……〔豫〕淮滨县 261
栏杆镇……〔皖〕埇桥区 207
栏垅乡……〔湘〕衡阳县 279
树人乡……〔黑〕明水县 172
树人镇……〔渝〕丰都县 321
树仔镇……〔粤〕电白区 295
树皮彝族乡……〔滇〕丘北县 376
树台乡……〔宁〕海原县 420
树坪乡……〔川〕昭觉县 353
树苴乡……〔滇〕楚雄市 374
树林召镇……〔蒙〕达拉特旗 138
树林彝族苗族乡……〔滇〕彝良县 372
树河镇……〔川〕盐源县 352
树屏镇……〔陇〕永登县 401
树掌镇……〔晋〕壶关县 125
树堡乡……〔川〕会理县 352
树窝乡……〔川〕美姑县 354
勃利县……〔黑〕七台河市 170
勃利镇……〔黑〕勃利县 170
郜山镇……〔鲁〕安丘市 239
剅河镇……〔鄂〕仙桃市 274
要庄乡……〔冀〕满城区 113
要家庄乡……〔冀〕阳原县 116
要路沟乡……〔辽〕建昌县 154
郦家坪镇……〔湘〕邵阳县 280
咸丰县…〔鄂〕恩施土家族苗族自治州 274
咸丰路街道……〔陕〕耀州区 390
咸水沽镇……〔津〕津南区 103
咸水镇……〔桂〕全州县 305
咸平街道……〔豫〕通许县 250
咸宁市……〔鄂〕 273
咸安区……〔鄂〕咸宁市 273
咸阳北路街道……〔津〕红桥区 103
咸阳市……〔陕〕 391
咸村镇……〔闽〕周宁县 219
咸宜镇……〔渝〕城口县 321
咸祥镇……〔浙〕鄞州区 190
咸塘镇……〔湘〕衡南县 279
咸嘉湖街道……〔湘〕岳麓区 277
威宁彝族回族苗族自治县……
……〔黔〕毕节市 361
威戎镇……〔陇〕静宁县 404
威州镇……〔冀〕井陉县 107
威州镇……〔川〕汶川县 348
威远县……〔川〕内江市 336
威远堡镇……〔辽〕开原市 152
威远镇……〔晋〕右玉县 126
威远镇……〔滇〕景谷傣族彝族自治县 373
威远镇……〔青〕互助土族自治县 413
威县……〔冀〕邢台市 113
威坪镇……〔浙〕淳安县 190
威舍镇……〔黔〕兴义市 363
威信县……〔滇〕昭通市 372
威海市……〔鲁〕 241
威家镇……〔赣〕濂溪区 224
威奢乡……〔黔〕赫章县 362
威溪乡……〔湘〕城步苗族自治县 281
威整镇……〔粤〕四会市 296
歪子镇……〔豫〕新野县 258
研和街道……〔滇〕红塔区 371
研经镇……〔川〕井研县 337
研城镇……〔川〕井研县 337
砖井镇……〔陕〕定边县 395
砖店镇……〔豫〕新蔡县 263
砖庙镇……〔鲁〕曹县 246
砖庙镇……〔陕〕子洲县 396
砖桥镇……〔豫〕光山县 260
砖埠镇……〔鲁〕沂南县 242
砖窑湾镇……〔陕〕安塞区 393
砖集镇……〔皖〕界首市 207
砖塘镇……〔湘〕祁东县 279
砖路镇……〔冀〕定州市 115
砖墙镇……〔苏〕高淳区 179
砖寨营乡……〔冀〕临漳县 111
厚田乡……〔赣〕新建区 223
厚坝镇……〔渝〕开州区 320
厚坝镇……〔川〕江油市 333
厚村乡……〔赣〕黎川县 231
厚坪乡……〔渝〕城口县 321
厚坡镇……〔豫〕淅川县 258
厚桥街道……〔苏〕锡山区 179
厚畛子镇……〔陕〕周至县 390
厚街镇……〔粤〕东莞市 299
厚禄乡……〔桂〕桂平市 307
厚镇……〔陕〕蓝田县 390
砂子塘街道……〔湘〕雨花区 277
砂石镇……〔湘〕邵东县 280
砂田镇……〔粤〕丰顺县 297
砂坝镇……〔湘〕永顺县 288
砂河镇……〔晋〕繁峙县 129
砂窝乡……〔冀〕阜平县 114
砚山县……〔滇〕文山壮族苗族自治州 376
砚山镇……〔黑〕富锦市 170
砚山镇…〔黔〕务川仡佬族苗族自治县 359
砚台镇……〔渝〕垫江县 321
砚城镇……〔晋〕五寨县 129
砚峡乡……〔陇〕华亭县 404
砚溪镇……〔赣〕峡江县 228
斫乡……〔湘〕邵东县 280
面达乡……〔藏〕卡若区 383
面甸镇……〔滇〕建水县 375
奎山乡……〔黑〕林口县 170
奎山街道……〔苏〕泉山区 180
奎山街道……〔鲁〕东港区 242
奎牙镇……〔新〕墨玉县 427
奎屯市……〔新〕伊犁哈萨克自治州 428
奎文区……〔鲁〕潍坊市 239
奎光塔街道……〔川〕都江堰市 328
奎苏镇……〔新〕巴里坤哈萨克自治县 424
奎依巴格乡……〔新〕泽普县 426
奎依巴格区公所……〔新〕泽普县 426
奎依巴格镇……〔新〕泽普县 426
奎河街道……〔新〕乌苏市 429
奎香苗族彝族乡……〔滇〕彝良县 372
奎阁街道……〔川〕前锋区 342
奎洋镇……〔闽〕南靖县 217
奎勒河镇……
……〔蒙〕莫力达瓦达斡尔族自治旗 138
奎溪镇……〔湘〕安化县 284
奎聚街道……〔鲁〕昌邑市 239
奎德素镇……〔辽〕建平县 153
奓山街道……〔鄂〕蔡甸区 267
鸥汀街道……〔粤〕龙湖区 293
鸥浦乡……〔黑〕呼玛县 172
轵城镇……〔豫〕济源市 263
轸溪乡……〔川〕沙湾区 337
轻工路街道……〔豫〕湛河区 252
鸦儿崖乡……〔晋〕南郊区 124
鸦岭镇……〔豫〕伊川县 251
鸦鸿桥镇……〔冀〕玉田县 109
鸦鹊岭镇……〔鄂〕夷陵区 269
鸦鹊湖乡……〔赣〕鄱阳县 232
鸦滩镇……〔皖〕望江县 205
韭园镇……〔豫〕扶沟县 261
韭菜台镇……〔辽〕台安县 147
韭菜庄乡……〔蒙〕清水河县 135
韭菜园街道……〔湘〕芙蓉区 277
背孜乡……〔豫〕鲁山县 252
背荫河镇……〔黑〕五常市 166
背崩乡……〔藏〕墨脱县 384
战河乡……〔滇〕宁蒗彝族自治县 373
战海乡……〔冀〕张北县 116
战旗镇……〔川〕江油市 333
点头镇……〔闽〕福鼎市 219
点军区……〔鄂〕宜昌市 269
点军街道……〔鄂〕点军区 269
临山镇……〔浙〕余姚市 191
临川区……〔赣〕抚州市 230
临水镇……〔冀〕峰峰矿区 111
临水镇……〔皖〕霍邱县 208
临巴镇……〔川〕渠县 344
临邛街道……〔川〕邛崃市 328
临平街道……〔浙〕余杭区 189
临平镇……〔陕〕乾县 391
临北回族乡……〔皖〕五河县 202
临西县……〔冀〕邢台市 113
临西镇……〔冀〕临西县 113
临齐街道……〔鲁〕陵城区 243
临江乡……〔黑〕双城区 166
临江乡……〔黑〕嫩江县 171
临江乡……〔鄂〕华容区 270
临江乡……〔川〕嘉陵区 338
临江市……〔吉〕白山市 161
临江铺镇……〔陇〕宕昌县 407
临江街道……〔辽〕振兴区 149
临江街道……〔吉〕船营区 158
临江街道……〔吉〕宁江区 161
临江街道……〔吉〕大安市 162
临江街道……〔浙〕萧山区 189
临江街道……〔闽〕仓山区 213
临江街道……〔闽〕鲤城区 215
临江镇……〔黑〕同江市 170
临江镇……〔黑〕兰西县 171
临江镇……〔苏〕海门市 182
临江镇……〔闽〕浦城县 217
临江镇……〔闽〕上杭县 218
临江镇……〔赣〕樟树市 230
临江镇……〔粤〕紫金县 298
临江镇……〔渝〕永川区 319
临江镇……〔渝〕开州区 320
临江镇……〔川〕市中区 336
临江镇……〔川〕雁江区 347
临江镇……〔陇〕文县 407
临池镇……〔鲁〕邹平县 245
临汝镇……〔豫〕汝州市 252
临安区……〔浙〕杭州市 189
临安镇……〔滇〕建水县 375
临县……〔晋〕吕梁市 131
临邑县……〔鲁〕德州市 243
临邑镇……〔鲁〕临邑县 243
临岐镇……〔浙〕淳安县 190
临沂市……〔鲁〕 242
临汾市……〔晋〕 129
临汾路街道……〔沪〕静安区 175

（九画）临竖省郢哇哑显映星昱昭毗贵界虹虾蚁思

临沧市〔滇〕374
临武县〔湘〕郴州市 285
临沭县〔鲁〕临沂市 243
临沭街道〔鲁〕临沭县 243
临河乡〔冀〕献县 119
临河乡〔豫〕息县 261
临河区〔蒙〕巴彦淖尔市 139
临河店乡〔豫〕睢阳区 259
临河街道〔吉〕南关区 157
临河镇〔苏〕泗阳县 186
临河镇〔宁〕灵武市 419
临泽县〔陇〕张掖市 404
临泽镇〔苏〕高邮市 185
临泾镇〔陇〕镇原县 406
临城县〔冀〕邢台市 112
临城街道〔苏〕兴化市 185
临城街道〔浙〕定海区 195
临城街道〔鲁〕薛城区 237
临城镇〔冀〕临城县 112
临城镇〔闽〕上杭县 218
临城镇〔琼〕临高县 314
临南镇〔鲁〕临邑县 243
临泉县〔皖〕阜阳市 206
临泉镇〔晋〕临县 131
临朐县〔鲁〕潍坊市 239
临洮县〔陇〕定西市 406
临洮街道〔陇〕西固区 401
临洺关镇〔冀〕永年区 111
临济镇〔川〕邛崃市 328
临晋镇〔晋〕临猗县 127
临桂区〔桂〕桂林市 304
临桂镇〔桂〕临桂区 304
临夏市〔陇〕临夏回族自治州 408
临夏回族自治州〔陇〕408
临夏县〔陇〕临夏回族自治州 408
临夏路街道〔陇〕城关区 401
临高县〔琼〕儋州市 314
临浦镇〔浙〕萧山区 189
临海市〔浙〕台州市 196
临海街道〔辽〕兴城市 154
临海童街道〔皖〕烈山区 203
临海镇〔苏〕射阳县 184
临涣镇〔皖〕濉溪县 203
临涧镇〔鲁〕平邑县 243
临盘街道〔鲁〕临邑县 243
临猗县〔晋〕运城市 127
临清市〔鲁〕聊城市 245
临淇镇〔豫〕林州市 253
临淮关镇〔皖〕凤阳县 206
临淮岗乡〔皖〕霍邱县 208
临淮镇〔苏〕泗洪县 186
临淄区〔鲁〕淄博市 237
临颍县〔豫〕漯河市 257
临翔区〔滇〕临沧市 374
临港街道〔鲁〕历城区 235
临港镇〔赣〕乐平市 224
临湖街道〔辽〕苏家屯区 145
临湖镇〔苏〕吴中区 181
临湖镇〔皖〕涡阳县 209
临湖镇〔赣〕玉山县 232
临湘市〔湘〕岳阳市 282
临渭区〔陕〕渭南市 392
临塘乡〔赣〕龙南县 227
临溪乡〔川〕朝天区 334
临溪镇〔皖〕绩溪县 210
临溪镇〔渝〕石柱土家族自治县 323
临溪镇〔川〕岳池县 343
临蔡镇〔豫〕淮阳县 262
临漳县〔冀〕邯郸市 111
临漳镇〔冀〕临漳县 111
临镇〔陕〕宝塔区 393
临潭县〔陇〕甘南藏族自治州 409
临潼区〔陕〕西安市 389
临澧县〔湘〕常德市 282
临濮镇〔鲁〕鄄城县 246
竖井街道〔辽〕溪湖区 148
竖岗镇〔豫〕通许县 250
竖新镇〔沪〕崇明区 176
省母乡〔川〕稻城县 351
省庄镇〔鲁〕泰山区 241
省新镇〔闽〕南安市 216
省璜镇〔闽〕闽清县 213
郢中街道〔鄂〕钟祥市 270
郢城镇〔鄂〕荆州区 271
哇尔玛乡〔川〕阿坝县 349
哇尔依乡〔青〕久治县 415
哇赛乡〔青〕久治县 415
哑柏镇〔陕〕周至县 390
显龙镇〔陇〕两当县 408
显胜乡〔陇〕西峰区 405
映秀镇〔川〕汶川县 348
星子镇〔粤〕连州市 299
星火乡〔黑〕兰西县 172
星火乡〔陇〕灵台县 404
星火朝鲜族乡〔黑〕桦川县 170
星火街道〔辽〕白塔区 151
星火镇〔川〕营山县 339
星台街道〔辽〕普兰店区 147
星花乡〔川〕大英县 336
星村镇〔闽〕武夷山市 218
星村镇〔鲁〕泗水县 240
星甸街道〔苏〕浦口区 179
星岛湖镇〔桂〕合浦县 306
星沙街道〔湘〕长沙县 277
星城街道〔京〕房山区 99
星星峡镇〔新〕伊州区 424
星桥街道〔浙〕余杭区 189
星桥镇〔渝〕梁平区 321
星海街道〔浙〕龙湾区 191
星海湾街道〔辽〕沙河口区 146
星海镇〔宁〕大武口区 419
星宿苗族彝族仡佬族乡〔黔〕大方县 360
星溪乡〔闽〕政和县 218
星耀镇〔蒙〕正镶白旗 141
昱中街道〔皖〕屯溪区 205
昱东街道〔皖〕屯溪区 205
昱西街道〔皖〕屯溪区 205
昭山镇〔湘〕岳塘区 278
昭仁街道〔陕〕长武县 392
昭化区〔川〕广元市 333
昭化镇〔川〕昭化区 334
昭乌达路街道〔蒙〕赛罕区 135
昭平台库区乡〔豫〕鲁山县 252
昭平县〔桂〕贺州市 308
昭平镇〔桂〕昭平县 308
昭关镇〔皖〕含山县 203
昭阳区〔滇〕昭通市 372
昭阳街道〔苏〕兴化市 185
昭阳街道〔闽〕邵武市 218
昭阳街道〔鲁〕微山县 240
昭苏县〔新〕伊犁哈萨克自治州 428
昭苏镇〔新〕昭苏县 428
昭余镇〔晋〕祁县 127
昭君街道〔蒙〕达拉特旗 138
昭君路街道〔蒙〕玉泉区 135
昭君镇〔蒙〕达拉特旗 138
昭君镇〔鄂〕兴山县 269
昭觉县〔川〕凉山彝族自治州 353
昭陵镇〔陕〕礼泉县 391
昭通市〔滇〕372
昭潭街道〔湘〕雨湖区 278
昭潭镇〔皖〕东至县 210
毗卢镇〔川〕泸县 330
贵门乡〔浙〕嵊州市 194
贵子镇〔粤〕信宜市 295
贵石沟街道〔晋〕矿区 124
贵民乡〔川〕南江县 347
贵台镇〔桂〕钦北区 306
贵屿镇〔粤〕潮阳区 293
贵池区〔皖〕池州市 210
贵阳市〔黔〕357
贵岙乡〔浙〕青田县 197
贵和街道〔辽〕铁西区 145
贵定县〔黔〕黔南布依族苗族自治州 365
贵驷街道〔浙〕镇海区 190
贵城街道〔桂〕港北区 306
贵南县〔青〕海南藏族自治州 414
贵清山镇〔陇〕漳县 407
贵港市〔桂〕306
贵溪市〔赣〕鹰潭市 226
贵福镇〔川〕渠县 344
贵德县〔青〕海南藏族自治州 414
界山镇〔闽〕泉港区 215
界水乡〔赣〕渝水区 225
界石铺镇〔陇〕静宁县 404
界石镇〔鲁〕文登区 241
界石镇〔渝〕巴南区 318
界市镇〔川〕隆昌市 336
界头庙镇〔陕〕黄龙县 394
界头镇〔滇〕腾冲市 371
界址镇〔粤〕南雄市 292
界坑乡〔浙〕永嘉县 191
界沟镇〔豫〕虞城县 259
界岭镇〔陕〕紫阳县 396
界岭镇〔湘〕邵东县 280
界河口镇〔晋〕岚县 131
界河店乡〔冀〕永年区 111
界河镇〔鲁〕滕州市 237
界城镇〔冀〕峰峰矿区 111
界首乡〔浙〕淳安县 190
界首市〔皖〕阜阳市 207
界首镇〔苏〕高邮市 185
界首镇〔湘〕茶陵县 278
界首镇〔桂〕兴安县 305
界炮镇〔粤〕遂溪县 294
界都乡〔晋〕昔阳县 127
界埠镇〔赣〕新干县 228
界牌乡〔湘〕江华瑶族自治县 286
界牌乡〔川〕平昌县 347
界牌集镇〔皖〕定远县 206
界牌镇〔苏〕滨海县 184
界牌镇〔苏〕丹阳市 185
界牌镇〔湘〕衡阳县 279
界牌镇〔川〕安州区 332
界牌镇〔川〕威远县 336
界牌镇〔川〕夹江县 337
界集镇〔苏〕泗洪县 186
界湖街道〔鲁〕沂南县 242
虹口区〔沪〕175
虹山乡〔闽〕洛江区 215
虹星桥镇〔浙〕长兴县 193
虹桥乡〔赣〕铅山县 232
虹桥乡〔川〕万源市 345
虹桥街道〔沪〕长宁区 175
虹桥街道〔苏〕崇川区 182
虹桥街道〔滇〕宣威市 370
虹桥街道〔新〕乌苏市 429
虹桥镇〔冀〕玉田县 109
虹桥镇〔沪〕闵行区 175
虹桥镇〔苏〕泰兴市 186
虹桥镇〔浙〕乐清市 192
虹桥镇〔湘〕平江县 282
虹梅路街道〔沪〕徐汇区 175
虹梯关乡〔晋〕平顺县 125
虹溪镇〔滇〕弥勒市 375
虹螺岘镇〔辽〕南票区 154
虾子镇〔黔〕红花岗区 358
虾扎镇〔川〕石渠县 351
虾峙镇〔浙〕普陀区 195
蚁蜂镇〔豫〕驿城区 262
思口镇〔赣〕婺源县 232
思山岭街道〔辽〕南芬区 148
思礼镇〔豫〕济源市 263
思延镇〔川〕芦山县 346
思阳镇〔桂〕上思县 306
思劳镇〔粤〕云城区 300
思旸镇〔黔〕岑巩县 364
思灵镇〔桂〕武宣县 310
思陇镇〔桂〕宾阳县 303
思坡镇〔川〕翠屏区 341
思茅区〔滇〕普洱市 373
思茅港镇〔滇〕思茅区 373
思茅镇〔滇〕思茅区 373
思林土家族苗族乡〔黔〕思南县 362
思林镇〔桂〕田东县 308
思贤镇〔川〕安岳县 347
思旺镇〔桂〕平南县 307
思明区〔闽〕厦门市 214
思依镇〔川〕阆中市 340
思练镇〔桂〕忻城县 310

（九画）思蚂郧咱响哈咯咪峙炭峡峒峤幽钜钟钢钤钦钧卸缸拜看牯部选适香

思经乡……〔川〕天全县 346
思南县……〔黔〕铜仁市 362
思界乡……〔桂〕平南县 307
思顺乡……〔赣〕崇义县 226
思贺镇……〔粤〕信宜市 295
思恩镇……〔桂〕环江毛南族自治县 309
思唐街道……〔黔〕思南县 362
思渠镇……〔黔〕沿河土家族自治县 362
思蒙镇……〔湘〕溆浦县 287
思蒙镇……〔川〕东坡区 340
思聪街道……〔湘〕茶陵县 278
思德乡……〔川〕仪陇县 340
蚂蚁河乡……〔吉〕临江市 161
蚂蚁堆乡……〔滇〕临翔区 374
郧西县……〔鄂〕十堰市 268
郧阳区……〔鄂〕十堰市 268
咱果乡……〔湘〕龙山县 288
响水乡……〔湘〕雨湖区 278
响水乡……〔川〕西昌市 351
响水白族彝族仡佬族乡…〔黔〕大方县 360
响水县……〔苏〕盐城市 184
响水河子乡……〔辽〕新宾满族自治县 148
响水河镇……〔晋〕浮山县 130
响水滩乡……〔赣〕鄱阳县 232
响水镇……〔吉〕公主岭市 159
响水镇……〔苏〕响水县 184
响水镇……〔桂〕龙州县 310
响水镇……〔琼〕保亭黎族苗族自治县 314
响水镇……〔渝〕万州区 317
响水镇……〔黔〕盘州市 358
响水镇……〔陕〕横山区 395
响石岭街道……〔湘〕石峰区 278
响石镇……〔川〕隆昌市 336
响导乡……〔皖〕肥东县 201
响肠镇……〔皖〕岳西县 205
响岩镇……〔川〕平武县 333
响堂街道……〔辽〕海城市 148
响滩镇……〔川〕平昌县 347
响嘡街道……〔冀〕滦县 109
哈力洛乡……〔川〕普格县 353
哈日布日格德音乌拉镇……
……〔蒙〕额济纳旗 141
哈日布呼镇……〔新〕温泉县 424
哈日诺尔苏木…〔蒙〕科尔沁右翼中旗 141
哈巴河县……〔新〕阿勒泰地区 429
哈巴格希街道……〔蒙〕康巴什区 138
哈甘乡……〔川〕昭觉县 353
哈平路街道……〔黑〕香坊区 165
哈业胡同镇……〔蒙〕九原区 135
哈乐镇……〔蒙〕武川县 135
哈尔巴克乡……〔新〕轮台县 425
哈尔莫墩镇……〔新〕和静县 425
哈尔套镇……〔辽〕彰武县 151
哈尔脑乡……〔辽〕北票市 153
哈尔盖镇……〔青〕刚察县 414
哈尔滨市……〔黑〕 165
哈尼喀塔木乡……〔新〕库车县 425
哈加乡……〔藏〕贡觉县 383
哈西街道……〔黑〕南岗区 165
哈达山镇……〔吉〕宁江区 161
哈达门乡……〔吉〕珲春市 162
哈达户稍镇…〔辽〕阜新蒙古族自治县 151
哈达阳镇……
……〔蒙〕莫力达瓦达斡尔族自治旗 138
哈达铺镇……〔陇〕宕昌县 407
哈达街道……〔蒙〕红山区 136
哈达街道……〔吉〕昌邑区 158
哈达碑镇……〔辽〕岫岩满族自治县 147
哈达镇……〔辽〕东洲区 148
哈达镇……〔黑〕鸡东县 168
哈毕日嘎镇……〔蒙〕正蓝旗 141
哈吐气蒙古族乡……〔吉〕镇赉县 161
哈曲乡……〔川〕峨边彝族自治县 337
哈多河镇……〔蒙〕扎兰屯市 139
哈克镇……〔蒙〕海拉尔区 138
哈里哈乡…〔冀〕围场满族蒙古族自治县 118
哈岘乡……〔陇〕榆中县 401
哈拉毛都镇……
……〔吉〕前郭尔罗斯蒙古族自治县 161
哈拉玉宫乡……〔新〕库尔勒市 425
哈拉布拉乡……〔新〕裕民县 429
哈拉布拉克乡……〔新〕阿合奇县 426
哈拉布拉镇……〔新〕裕民县 429
哈拉合少乡……〔蒙〕武川县 135
哈拉直沟乡……〔青〕互助土族自治县 414
哈拉奇乡……〔新〕阿合奇县 426
哈拉哈达镇……〔蒙〕巴林左旗 136
哈拉峻乡……〔新〕阿图什市 426
哈拉海乡……〔黑〕龙江县 167
哈拉海镇……〔吉〕农安县 157
哈拉道口镇……〔蒙〕松山区 136
哈拉道口镇……〔辽〕建平县 153
哈林格尔镇……〔蒙〕九原区 135
哈咇嘎乡……〔冀〕康保县 116
哈图布呼镇……〔新〕乌苏市 429
哈依乡……〔川〕理塘县 351
哈哈乡……〔川〕冕宁县 354
哈洛乡……〔川〕美姑县 354
哈勒景蒙古族乡……〔青〕海晏县 414
哈密市……〔新〕 424
哈喇河镇……
……〔黔〕威宁彝族回族苗族自治县 361
哈溪镇……〔陇〕天祝藏族自治县 403
哈镇……〔陕〕府谷县 395
哈德墩镇……〔新〕沙雅县 425
咯尔乡……〔川〕金川县 349
咪姑乡……〔川〕雷波县 354
咪哩乡……
……〔滇〕元江哈尼族彝族傣族自治县 371
峙浪乡……〔桂〕宁明县 310
峙滩镇……〔赣〕浮梁县 223
炭山乡……〔宁〕原州区 420
炭山岭镇……〔陇〕天祝藏族自治县 403
炭步镇……〔粤〕花都区 291
炭库乡……〔川〕沐川县 337
峡口镇……〔浙〕江山市 195
峡口镇……〔鄂〕兴山县 269
峡口镇……〔渝〕南岸区 318
峡口镇……〔陕〕西乡县 394
峡口镇……〔陇〕临洮县 406
峡口镇……〔宁〕青铜峡市 420
峡山口街道……〔赣〕湘东区 224
峡山街道……〔粤〕潮南区 293
峡川镇……〔浙〕衢江区 195
峡门回族乡……〔陇〕崆峒区 404
峡江县……〔赣〕吉安市 228
峡阳镇……〔闽〕延平区 217
峡河乡……〔辽〕抚顺县 148
峡城乡……〔陇〕渭源县 406
峡窝镇……〔豫〕上街区 249
峒中镇……〔桂〕防城区 306
峒河街道……〔湘〕吉首市 288
峤山镇……〔鲁〕莒县 242
幽兰镇……〔赣〕南昌县 223
钜桥镇……〔豫〕淇滨区 253
钟山乡……〔浙〕桐庐县 190
钟山乡……〔滇〕罗平县 370
钟山区……〔黔〕六盘水市 357
钟山县……〔桂〕贺州市 308
钟山镇……〔闽〕仙游县 214
钟山镇……〔桂〕钟山县 308
钟山镇……〔黔〕黔西县 361
钟屯街道……〔辽〕古塔区 149
钟公庙街道……〔浙〕鄞州区 190
钟多街道…〔渝〕酉阳土家族苗族自治县 323
钟庄街道……〔苏〕建湖县 184
钟村街道……〔粤〕番禺区 291
钟秀街道……〔苏〕崇川区 182
钟灵乡……〔黔〕锦屏县 364
钟灵镇…〔渝〕秀山土家族苗族自治县 323
钟英傈僳族彝族乡……〔滇〕宾川县 377
钟鸣镇……〔皖〕义安区 204
钟鸣镇……〔滇〕彝良县 372
钟岭街道……〔赣〕临川区 230
钟宝镇……〔陕〕镇坪县 397
钟家庄街道……〔晋〕城区 125
钟祥市……〔鄂〕荆门市 270
钟祥镇……〔川〕仁寿县 340
钟陵乡……〔赣〕进贤县 223
钟埭街道……〔浙〕平湖市 192
钟停乡……〔川〕万源市 345
钟落潭镇……〔粤〕白云区 291
钟鼓楼街道……〔渝〕万州区 317
钟楼区……〔苏〕常州市 181
钟楼街道……〔鲁〕淄川区 236
钟楼街道……〔豫〕汝州市 252
钟楼街道……〔陇〕武都区 407
钟管镇……〔浙〕德清县 193
钢山街道……〔鲁〕邹城市 240
钢屯镇……〔辽〕连山区 154
钢花村街道……〔鄂〕青山区 267
钢城区……〔鲁〕莱芜市 242
钢城街道……〔冀〕双滦区 117
钢城街道……〔辽〕铁东区 147
钢城街道……〔桂〕柳北区 304
钢都街道……〔辽〕大石桥市 150
钢铁路街道……〔冀〕桥西区 112
钢铁路街道……〔蒙〕回民区 135
钤山镇……〔赣〕分宜县 225
钤东街道……〔赣〕分宜县 225
钦工镇……〔苏〕淮安区 183
钦北区……〔桂〕钦州市 306
钦州市……〔桂〕 306
钦南区……〔桂〕钦州市 306
钦堂乡……〔浙〕建德市 190
钧台街道……〔豫〕禹州市 256
卸甲坪土家族乡……〔鄂〕松滋市 272
卸甲镇……〔苏〕高邮市 185
缸顾乡……〔苏〕兴化市 186
缸窑岭镇……〔辽〕南票区 154
缸窑街道……〔冀〕路北区 108
缸窑镇……〔吉〕龙潭区 158
拜什艾日克镇……〔新〕阿瓦提县 426
拜什托格拉克乡……〔新〕洛浦县 428
拜什吐格曼乡……〔新〕阿克苏市 425
拜城县……〔新〕阿克苏地区 426
拜城镇……〔新〕拜城县 426
拜泉县……〔黑〕齐齐哈尔市 167
拜泉镇……〔黑〕拜泉县 167
看庄镇……〔鲁〕邹城市 241
牯岭镇……〔赣〕濂溪区 224
部台乡……〔皖〕阜南县 207
部家店镇……〔辽〕西丰县 152
选将营乡……〔冀〕丰宁满族自治县 117
适中乡……〔滇〕姚安县 375
适中镇……〔闽〕新罗区 218
香口乡……〔鄂〕郧西县 268
香山乡……〔宁〕沙坡头区 420
香山街道……〔京〕海淀区 99
香山街道……〔苏〕吴中区 181
香山街道……〔豫〕驿城区 262
香山镇……〔蒙〕扎鲁特旗 137
香山镇……〔川〕射洪县 335
香屯街道……〔赣〕德兴市 232
香日德镇……〔青〕都兰县 415
香水园街道……〔京〕延庆区 100
香水镇……〔川〕江油市 333
香水镇……〔宁〕泾源县 420
香巴拉镇……〔川〕理塘县 351
香龙镇……〔渝〕合川区 319
香田乡……〔赣〕靖安县 230
香乐乡……〔晋〕平遥县 127
香兰镇……〔黑〕汤原县 170
香加乡……〔青〕都兰县 415
香达镇……〔青〕囊谦县 415
香曲乡……〔藏〕比如县 385
香坝镇……〔黔〕思南县 362
香坊大街街道……〔黑〕香坊区 165
香坊乡……〔冀〕海兴县 118
香坊区……〔黑〕哈尔滨市 165
香花桥街道……〔沪〕青浦区 176
香花镇……〔豫〕淅川县 258
香花镇……〔湘〕临武县 285
香沉镇……〔川〕剑阁县 334
香孜乡……〔藏〕札达县 385
香坪镇……〔粤〕连南瑶族自治县 299
香茂乡……〔藏〕色尼区 384
香炉山街道……〔渝〕沙坪坝区 317
香炉礁街道……〔辽〕西岗区 146
香河县……〔冀〕廊坊市 119

（九画）香种秭秋科重复竿笃段便垡顺修俚保

香河园街道……〔京〕朝阳区 99
香城固镇……〔冀〕邱县 111
香城镇……〔鲁〕邹城市 240
香赵庄镇……〔鲁〕夏津县 244
香泉乡……〔川〕北川羌族自治县 333
香泉镇……〔皖〕和县 203
香泉镇……〔陕〕陈仓区 390
香泉镇……〔陇〕安定区 406
香洲区……〔粤〕珠海市 293
香洲街道……〔粤〕城区 297
香莲乡……〔陇〕崆峒区 404
香格里拉市……〔滇〕迪庆藏族自治州 378
香格里拉镇……〔川〕稻城县 351
香粉乡……〔桂〕融水苗族自治县 304
香堆镇……〔藏〕察雅县 383
香营乡……〔京〕延庆区 100
香鹿山镇……〔豫〕宜阳县 251
香隅镇……〔皖〕东至县 210
香隆乡……〔川〕达川区 344
香港中路街道……〔鲁〕市南区 236
香湾街道……〔粤〕香洲区 293
香溪乡……〔川〕昭化区 334
香溪镇……〔浙〕兰溪市 194
香蜜湖街道……〔粤〕福田区 292
种田乡……〔陇〕白银区 402
秭归县……〔鄂〕宜昌市 269
秋口镇……〔赣〕婺源县 232
秋子沟乡……〔辽〕绥中县 154
秋木乡……〔藏〕南木林县 381
秋长街道……〔粤〕惠阳区 296
秋扒乡……〔豫〕栾川县 251
秋江街道……〔皖〕贵池区 210
秋林镇……〔川〕三台县 332
秋林镇……〔陕〕宜川县 393
秋炉乡……〔浙〕景宁畲族自治县 197
秋垭乡……〔川〕仪陇县 340
秋浦街道……〔皖〕贵池区 210
秋梨沟镇……〔吉〕敦化市 162
秋渠乡……〔豫〕郸城县 262
秋智乡……〔青〕曲麻莱县 415
秋窝乡……〔藏〕昂仁县 382
秋溪镇……〔赣〕临川区 230
秋滨街道……〔浙〕婺城区 194
科才镇……〔陇〕夏河县 409
科布尔镇……〔蒙〕察哈尔右翼中旗 140
科尔沁区……〔蒙〕通辽市 137
科尔沁左翼中旗……〔蒙〕通辽市 137
科尔沁左翼后旗……〔蒙〕通辽市 137
科尔沁右翼中旗……〔蒙〕兴安盟 140
科尔沁右翼前旗……〔蒙〕兴安盟 140
科尔沁街道……〔蒙〕科尔沁区 137
科尔沁镇……〔蒙〕科尔沁右翼前旗 140
科头乡……〔湘〕新化县 288
科技园街道……〔豫〕洛龙区 251
科技路街道……〔冀〕三河市 120
科克亚乡……〔新〕于田县 428
科克亚尔柯尔克孜族乡……〔新〕塔什库尔干塔吉克自治县 427
科克苏乡……〔新〕特克斯县 428
科克铁热克乡……〔新〕皮山县 427
科克浩特浩尔蒙古族乡……〔新〕尼勒克县 428
科苑街道……〔鲁〕张店区 237
科学路街道……〔蒙〕青山区 135
科城街道……〔苏〕盐都区 184
科洛镇……〔黑〕嫩江县 171
重工街道……〔辽〕铁西区 145
重石乡……〔赣〕安远县 226
重龙镇……〔川〕资中县 336
重华镇……〔川〕江油市 333
重庆市……〔渝〕317
重庆街道……〔吉〕朝阳区 157
重庆路街道……〔豫〕涧西区 251
重兴乡……〔川〕江油市 333
重兴镇……〔琼〕文昌市 313
重兴镇……〔陇〕民勤县 403
重安镇……〔黔〕黄平县 364
重阳街道……〔豫〕上蔡县 263
重阳镇……〔豫〕西峡县 258
重阳镇……〔粤〕武江区 292
重坊镇……〔鲁〕郯城县 242
重孜乡……〔藏〕江孜县 381
重固镇……〔沪〕青浦区 176
重渠乡……〔豫〕西平县 262
重新镇……〔黔〕黔西县 360
复龙镇……〔川〕宜宾县 341
复平镇……〔渝〕梁平区 321
复州城镇……〔辽〕瓦房店市 147
复州湾街道……〔辽〕金州区 146
复兴乡……〔蒙〕卓资县 140
复兴乡……〔川〕蒲江县 328
复兴乡……〔川〕荣县 329
复兴乡……〔川〕东坡区 340
复兴乡……〔陇〕白银区 402
复兴区……〔冀〕邯郸市 111
复兴街道……〔渝〕城口县 321
复兴镇……〔蒙〕阿荣旗 138
复兴镇……〔蒙〕五原县 139
复兴镇……〔吉〕汪清县 162
复兴镇……〔苏〕淮安区 183
复兴镇……〔皖〕宿松县 204
复兴镇……〔湘〕澧县 282
复兴镇……〔湘〕保靖县 288
复兴镇……〔渝〕北碚区 318
复兴镇……〔渝〕忠县 322
复兴镇……〔川〕射洪县 335
复兴镇……〔川〕仪陇县 339
复兴镇……〔川〕高县 342
复兴镇……〔川〕通川区 343
复兴镇……〔川〕冕宁县 353
复兴镇……〔黔〕赤水市 359
复兴镇……〔黔〕湄潭县 359
复兴镇……〔黔〕德江县 362
复安乡……〔川〕西充县 340
复桥镇……〔川〕船山区 335
复原乡……〔赣〕修水县 225
复盛乡……〔川〕东坡区 340
复盛乡……〔川〕邻水县 343
复盛镇……〔渝〕江北区 317
竿子坪镇……〔湘〕凤凰县 288
笃工街道……〔辽〕铁西区 145
笃山镇……〔黔〕安龙县 363
笃坪乡……〔渝〕巫山县 322
段甲岭镇……〔冀〕三河市 120
段庄街道……〔苏〕泉山区 180
段芦头镇……〔冀〕南宫市 113
段村乡……〔冀〕献县 119
段村乡……〔豫〕渑池县 257
段村镇……〔晋〕平遥县 127
段园镇……〔皖〕杜集区 203
段纯镇……〔晋〕灵石县 127
段店乡……〔晋〕尧都区 130
段店北路街道……〔鲁〕槐荫区 235
段店镇……〔鄂〕华容区 270
段泊岚镇……〔鲁〕即墨区 236
段柳乡……〔晋〕沁县 125
段郢乡……〔皖〕阜南县 207
段屋乡……〔赣〕于都县 227
段莘乡……〔赣〕婺源县 232
段家乡……〔辽〕黑山县 150
段家河镇……〔陕〕旬阳县 397
段家堡乡……〔冀〕下花园区 115
段家堡乡……〔晋〕原平市 129
段家集乡……〔陇〕合水县 406
段家寨乡……〔晋〕静乐县 129
段家镇……〔陕〕扶风县 390
段家镇……〔陕〕大荔县 392
段集镇……〔豫〕固始县 261
段塘街道……〔浙〕海曙区 190
段潭乡……〔赣〕丰城市 230
便仓镇……〔苏〕亭湖区 184
便江镇……〔湘〕永兴县 284
垡头街道……〔京〕朝阳区 99
顺义区……〔京〕100
顺天镇……〔粤〕东源县 298
顺化瑶族乡……〔黔〕黎平县 364
顺化镇……〔陇〕民乐县 404
顺龙乡……〔川〕丹棱县 341
顺平县……〔冀〕保定市 115
顺宁镇……〔陕〕志丹县 393
顺场苗族彝族布依族乡……〔黔〕水城县 357
顺会乡……〔晋〕岚县 131
顺庆区……〔川〕南充市 338
顺州镇……〔滇〕永胜县 373
顺安镇……〔皖〕义安区 204
顺阳乡……〔闽〕建瓯市 218
顺昌县……〔闽〕南平市 217
顺和镇……〔豫〕永城市 260
顺店镇……〔豫〕禹州市 256
顺河乡……〔皖〕埇桥区 208
顺河乡……〔川〕夹江县 337
顺河乡……〔川〕顺庆区 338
顺河乡……〔川〕雷波县 354
顺河场镇……〔川〕资中县 336
顺河回族区……〔豫〕开封市 250
顺河集镇……〔鄂〕麻城市 273
顺河街道……〔苏〕宿豫区 186
顺河街道……〔豫〕淮滨县 261
顺河街道……〔豫〕驿城区 262
顺河镇……〔苏〕丰县 180
顺河镇……〔苏〕淮安区 183
顺河镇……〔皖〕裕安区 208
顺河镇……〔川〕东兴区 336
顺河彝族乡……〔川〕汉源县 346
顺城区……〔辽〕抚顺市 148
顺峰乡……〔赣〕万安县 229
顺溪镇……〔浙〕平阳县 191
顺德区……〔粤〕佛山市 293
顺德街道……〔黔〕大方县 360
顺濞镇……〔滇〕漾濞彝族自治县 377
修山镇……〔湘〕桃江县 284
修水县……〔赣〕九江市 224
修仁镇……〔桂〕荔浦县 305
修文县……〔黔〕贵阳市 357
修文镇……〔晋〕榆次区 126
修文镇……〔川〕东坡区 340
修齐镇……〔渝〕城口县 321
修武县……〔豫〕焦作市 255
修梅镇……〔湘〕临澧县 283
修溪镇……〔湘〕辰溪县 286
俚岛镇……〔鲁〕荣成市 241
保工街道……〔辽〕铁西区 145
保山市……〔滇〕371
保义镇……〔皖〕寿县 203
保太镇……〔鲁〕平邑县 243
保升乡……〔川〕船山区 335
保石乡……〔川〕越西县 354
保石镇……〔川〕安居区 335
保平乡……〔桂〕金城江区 309
保平街道……〔吉〕洮北区 161
保平镇……〔川〕仪陇县 339
保田镇……〔黔〕盘州市 358
保宁街道……〔川〕阆中市 340
保吉乡……〔藏〕班戈县 385
保华乡……〔川〕九寨沟县 348
保华镇……〔川〕荣县 329
保华镇……〔黔〕水城县 357
保合少镇……〔蒙〕新城区 135
保合镇……〔渝〕丰都县 321
保兴镇……〔黑〕嘉荫县 169
保安乡……〔苏〕宿豫区 186
保安乡……〔浙〕江山市 195
保安乡……〔桂〕都安瑶族自治县 309
保安街道……〔辽〕古塔区 149
保安街道……〔陕〕志丹县 393
保安镇……〔豫〕叶县 252
保安镇……〔鄂〕大冶市 268
保安镇……〔湘〕宁远县 286
保安镇……〔粤〕连州市 299
保安镇……〔陕〕洛南县 397
保安镇……〔青〕同仁县 414
保安藏族乡……〔川〕越西县 354
保寿镇……〔吉〕榆树市 158
保国街道……〔黑〕平房区 165
保和乡……〔豫〕舞阳县 257
保和乡……〔滇〕个旧市 375
保和街道……〔川〕成华区 327
保和瑶族乡……〔湘〕北湖区 284
保和镇……〔川〕雁江区 347
保和镇……〔滇〕维西傈僳族自治县 378

（九画）保促俄信皇泉禹侯追待须叙俞剑俎盆胪胜

保岱镇……〔冀〕涿鹿县 116
保店镇……〔鲁〕宁津县 243
保定市……〔冀〕 113
保定街道……〔皖〕三山区 202
保城乡……〔川〕南部县 339
保城镇……〔琼〕保亭黎族苗族自治县 314
保胜乡……〔川〕彭山区 340
保亭黎族苗族自治县……〔琼〕儋州市 314
保健路街道……〔黑〕南岗区 165
保家镇…〔渝〕彭水苗族土家族自治县 323
保基苗族彝族乡……〔黔〕盘州市 358
保康县……〔鄂〕襄阳市 270
保康镇……〔蒙〕科尔沁左翼中旗 137
保靖县…〔湘〕湘西土家族苗族自治州 288
保滩镇……〔苏〕涟水县 183
保德县……〔晋〕忻州市 129
促进乡……〔川〕仁寿县 341
俄久乡……〔藏〕尼玛县 385
俄扎乡……〔滇〕元阳县 376
俄支乡……〔川〕德格县 350
俄牙同乡……〔川〕稻城县 351
俄尔彝族乡……〔川〕九龙县 350
俄亚纳西族乡…〔川〕木里藏族自治县 352
俄西乡……〔藏〕洛隆县 383
俄里坪乡……〔川〕布拖县 353
俄体镇……〔蒙〕科尔沁右翼前旗 140
俄南乡……〔川〕德格县 350
俄洛镇……〔藏〕卡若区 382
俄热乡……〔川〕金川县 349
信义镇……〔晋〕离石区 131
信丰县……〔赣〕赣州市 226
信发街道……〔鲁〕茌平县 244
信州区……〔赣〕上饶市 231
信安街道……〔浙〕柯城区 195
信安镇……〔冀〕霸州市 120
信阳市……〔豫〕 260
信阳镇……〔鲁〕无棣县 245
信宜市……〔粤〕茂名市 295
信城街道……〔鲁〕阳信县 245
信都镇……〔桂〕八步区 308
信陵镇……〔鄂〕巴东县 274
皇木镇……〔川〕汉源县 346
皇台街道……〔豫〕卫东区 252
皇寺镇……〔冀〕邢台县 112
皇华镇……〔鲁〕诸城市 239
皇华镇……〔川〕古蔺县 331
皇后乡……〔豫〕南召县 257
皇庄镇……〔冀〕三河市 120
皇甫乡……〔晋〕万荣县 128
皇甫街道……〔豫〕华龙区 255
皇图岭镇……〔湘〕攸县 278
皇姑区……〔辽〕沈阳市 145
皇城街道……〔冀〕宣化区 115
皇城街道……〔辽〕沈河区 145
皇城蒙古族乡…〔青〕门源回族自治县 414
皇城镇……〔鲁〕临淄区 237
皇城镇……〔陇〕肃南裕固族自治县 404
皇帝庙乡……〔豫〕临颍县 257
皇宫镇……〔新〕乌苏市 429
皇冠街道……〔鲁〕环翠区 241
皇冠镇……〔陕〕宁陕县 396
皇桐镇……〔琼〕临高县 314
皇集乡……〔豫〕柘城县 259
皇塘镇……〔苏〕丹阳市 185
皇路店镇……〔豫〕南召县 257
皇镇街道……〔鲁〕牡丹区 245
泉上镇……〔闽〕宁化县 215
泉口街道……〔鄂〕东宝区 270
泉口镇……〔赣〕武宁县 224
泉口镇……〔黔〕德江县 362
泉口镇……〔青〕门源回族自治县 414
泉山区……〔苏〕徐州市 180
泉山街道……〔蒙〕集宁区 140
泉山街道……〔皖〕田家庵区 202
泉山街道……〔鲁〕招远市 238
泉山镇……〔陇〕民勤县 403
泉子街镇……〔新〕吉木萨尔县 424
泉太镇……〔吉〕东辽县 160
泉巨永乡……〔辽〕北票市 153
泉水街道……〔辽〕甘井子区 146
泉水镇……〔湘〕汝城县 285
泉水镇……〔桂〕浦北县 306
泉水镇……〔川〕犍为县 337
泉东街道……〔冀〕桥东区 112
泉头镇……〔辽〕昌图县 152
泉吉乡……〔青〕刚察县 414
泉西街道……〔冀〕桥西区 112
泉庄街道……〔粤〕霞山区 294
泉庄镇……〔鲁〕沂水县 243
泉交河镇……〔湘〕赫山区 283
泉州市……〔闽〕 215
泉江镇……〔赣〕遂川县 228
泉阳镇……〔吉〕抚松县 160
泉阳镇……〔皖〕界首市 207
泉坝镇……〔黔〕沿河土家族自治县 362
泉园街道……〔辽〕沈河区 145
泉秀街道……〔闽〕丰泽区 215
泉沟镇……〔鲁〕新泰市 241
泉林镇……〔鲁〕泗水县 240
泉岭乡……〔赣〕进贤县 223
泉河头镇……〔冀〕丰润区 109
泉河铺镇……〔豫〕固始县 261
泉河街道……〔京〕怀柔区 100
泉波镇……〔赣〕广丰区 231
泉城路街道……〔鲁〕历下区 235
泉都街道……〔黔〕石阡县 362
泉峰街道……〔湘〕常宁市 280
泉眼岭乡……〔吉〕梨树县 159
泉眼镇……〔吉〕二道区 157
泉掌镇……〔晋〕新绛县 128
泉港区……〔闽〕泉州市 215
泉港镇……〔赣〕丰城市 230
泉湖镇……〔湘〕衡南县 279
泉湖镇……〔陇〕肃州区 405
泉塘街道……〔湘〕长沙县 277
泉塘镇……〔皖〕无为县 202
泉塘镇……〔湘〕湘乡市 279
泉源乡……〔鲁〕郯城县 243
泉溪镇……〔浙〕武义县 194
泉溪镇……〔鄂〕竹溪县 268
泉溪镇……〔湘〕衡南县 279
禹山镇……〔湘〕华容县 281
禹王乡……〔晋〕夏县 128
禹王台区……〔豫〕开封市 250
禹王街道……〔鄂〕黄州区 272
禹会区……〔皖〕蚌埠市 202
禹州市……〔豫〕许昌市 256
禹村镇……〔鲁〕新泰市 241
禹里镇……〔川〕北川羌族自治县 333
禹城市……〔鲁〕德州市 244
禹越镇……〔浙〕德清县 193
禹谟镇……〔黔〕金沙县 361
侯口乡……〔冀〕宁晋县 113
侯马市……〔晋〕临汾市 130
侯村乡……〔晋〕阳曲县 123
侯村乡……〔晋〕闻喜县 128
侯村镇……〔冀〕曲周县 112
侯岭街道……〔豫〕永城市 260
侯庙镇……〔豫〕台前县 256
侯贯镇……〔冀〕威县 113
侯城乡……〔晋〕太谷县 127
侯咽集镇……〔鲁〕郓城县 246
侯家川镇……〔陇〕会宁县 402
侯家庄乡……〔冀〕内丘县 112
侯家岗乡……〔赣〕鄱阳县 232
侯家庙乡……〔冀〕宣化区 115
侯家营镇……〔津〕蓟州区 104
侯家塘街道……〔湘〕雨花区 277
侯家镇……〔鲁〕文登区 241
侯家镇……〔川〕南江县 347
侯营镇……〔鲁〕东昌府区 244
侯堡镇……〔晋〕襄垣县 125
侯集回族镇……〔鲁〕曹县 246
侯集镇……〔豫〕舞阳县 256
侯集镇……〔豫〕镇平县 258
侯寨街道……〔豫〕二七区 249
侯镇……〔鲁〕寿光市 239
追栗街镇……〔滇〕文山市 376
待王街道……〔豫〕马村区 255
待补镇……〔滇〕会泽县 370
须水街道……〔豫〕中原区 249
叙永县……〔川〕泸州市 331
叙永镇……〔川〕叙永县 331
俞村镇……〔皖〕旌德县 210
俞垛镇……〔苏〕姜堰区 185
俞源乡……〔浙〕武义县 194
剑川县……〔滇〕大理白族自治州 378
剑门关镇……〔川〕剑阁县 334
剑斗镇……〔闽〕安溪县 216
剑光街道……〔赣〕丰城市 230
剑池街道……〔浙〕龙泉市 197
剑河乡……〔川〕盐亭县 333
剑河县…〔黔〕黔东南苗族侗族自治州 364
剑南街道……〔赣〕丰城市 230
剑南镇……〔川〕绵竹市 331
剑阁县……〔川〕广元市 334
剑峰乡……〔川〕市中区 336
俎店镇……〔鲁〕莘县 244
盆吉乡……〔藏〕定日县 381
盆尧镇……〔豫〕西平县 262
胪岗镇……〔粤〕潮南区 293
胜山镇……〔浙〕慈溪市 191
胜丰镇……〔蒙〕五原县 139
胜丰镇……〔黑〕双城区 166
胜天镇……〔川〕高县 342
胜北街道……〔冀〕长安区 107
胜观镇……〔川〕高坪区 338
胜芳镇……〔冀〕霸州市 120
胜园街道……〔鲁〕东营区 237
胜利乡……〔蒙〕科尔沁左翼中旗 137
胜利乡……〔吉〕梨树县 159
胜利乡……〔黑〕汤原县 170
胜利乡……〔渝〕巫溪县 322
胜利乡……〔川〕通江县 347
胜利乡……〔川〕甘洛县 354
胜利乡……〔宁〕永宁县 419
胜利北路街道……〔冀〕桥东区 115
胜利桥街道……〔冀〕复兴区 111
胜利街街道……〔宁〕兴庆区 419
胜利街道……〔京〕顺义区 100
胜利街道……〔蒙〕海拉尔区 138
胜利街道……〔蒙〕牙克石市 139
胜利街道……〔蒙〕乌兰浩特市 140
胜利街道……〔辽〕康平县 146
胜利街道……〔辽〕铁东区 147
胜利街道……〔辽〕西市区 150
胜利街道……〔辽〕白塔区 151
胜利街道……〔辽〕双台子区 152
胜利街道……〔吉〕桦甸市 158
胜利街道……〔吉〕德惠市 158
胜利街道……〔吉〕敦化市 162
胜利街道……〔黑〕道外区 165
胜利街道……〔黑〕向阳区 168
胜利街道……〔皖〕蚌山区 202
胜利街道……〔鲁〕东营区 237
胜利街道……〔鄂〕沙市区 271
胜利街道……〔桂〕柳北区 304
胜利街道……〔川〕东兴区 336
胜利蒙古族乡……〔黑〕泰来县 167
胜利路街道……〔皖〕瑶海区 201
胜利路街道……〔豫〕卫滨区 254
胜利路街道……〔豫〕华龙区 255
胜利路街道……〔渝〕永川区 319
胜利路街道……〔青〕城西区 413
胜利路街道……〔新〕天山区 423
胜利路街道……〔新〕克拉玛依区 423
胜利镇……〔辽〕朝阳县 153
胜利镇……〔黑〕宾县 166
胜利镇……〔皖〕东至县 210
胜利镇……〔鲁〕郯城县 242
胜利镇……〔鄂〕罗田县 272
胜利镇……〔川〕双流区 327
胜利镇……〔川〕峨眉山市 338
胜利镇……〔川〕武胜县 343
胜利镇……〔宁〕利通区 419
胜坨镇……〔鲁〕垦利区 238
胜金乡……〔新〕高昌区 423
胜泉乡……〔川〕井研县 337
胜桥镇……〔湘〕常宁市 280
胜浦街道……〔苏〕吴中区 181

（九画）胜胙朐脉勉狮独昝贸饶峦将亭亮度奕庭亲音彦施闻闽闾阁差养美姜送类迷娄前

胜营镇……〔冀〕广平县 111
胜境街道……〔黔〕盘州市 358
胜境街道……〔滇〕富源县 370
胙城乡……〔豫〕延津县 254
朐阳街道……〔苏〕海州区 182
脉旺镇……〔鄂〕汉川市 271
勉阳街道……〔陕〕勉县 394
勉县……〔陕〕汉中市 394
狮山乡……〔赣〕都昌县 225
狮山街道……〔苏〕虎丘区 181
狮山街道……〔粤〕香洲区 293
狮山镇……〔粤〕南海区 293
狮山镇……〔滇〕武定县 375
狮子口镇……〔鄂〕公安县 271
狮子山街道……〔鄂〕洪山区 267
狮子山街道……〔川〕锦江区 327
狮子山街道……〔川〕雁江区 347
狮子乡……〔陇〕宕昌县 407
狮子屯乡……〔晋〕阳高县 124
狮子岗乡……〔皖〕裕安区 208
狮子沟乡……〔冀〕崇礼区 116
狮子沟镇……〔冀〕双桥区 117
狮子坪乡……〔豫〕卢氏县 257
狮子庙镇……〔豫〕栾川县 251
狮子楼街道……〔鲁〕阳谷县 244
狮子镇……〔赣〕柴桑区 224
狮子镇……〔鄂〕蕲春县 272
狮子镇……〔川〕资中县 336
狮石乡……〔皖〕歙县 205
狮市镇……〔川〕富顺县 329
狮岭镇……〔粤〕花都区 291
狮城镇……〔闽〕周宁县 219
狮泉河镇……〔藏〕噶尔县 385
狮豹头乡……〔豫〕卫辉市 254
狮溪镇……〔黔〕桐梓县 358
狮滩镇……〔渝〕合川区 319
狮寨镇……〔桂〕苍梧县 305
独山子区……〔新〕克拉玛依市 423
独山子东乡族乡……〔陇〕玉门市 405
独山乡……〔皖〕来安县 206
独山县…〔黔〕黔南布依族苗族自治州 365
独山港镇……〔浙〕平湖市 192
独山镇……〔皖〕裕安区 208
独山镇……〔鲁〕巨野县 246
独山镇……〔鄂〕黄梅县 273
独石口镇……〔冀〕赤城县 117
独石沟乡……〔冀〕宽城满族自治县 118
独龙江乡……
……〔滇〕贡山独龙族怒族自治县 378
独田乡……〔滇〕双柏县 374
独乐乡……〔冀〕易县 114
独羊岗乡……〔冀〕行唐县 107
独李镇……〔陕〕三原县 391
独坡镇……〔湘〕通道侗族自治县 287
独松乡……〔川〕金川县 349
独店镇……〔陇〕灵台县 404
独城镇……〔赣〕高安市 230
独树镇……〔豫〕方城县 257
独贵塔拉镇……〔蒙〕杭锦旗 138
独峒镇……〔桂〕三江侗族自治县 304
独峪乡……〔晋〕灵丘县 124
独流镇……〔津〕静海区 104
独塘乡……〔豫〕太康县 262
昝岗乡……〔豫〕唐河县 258
昝岗镇……〔冀〕雄县 115
贸东街道……〔冀〕邯山区 110
贸西街道……〔冀〕邯山区 110
饶丰镇……〔赣〕鄱阳县 232
饶平县……〔粤〕潮州市 299
饶州街道……〔赣〕鄱阳县 232
饶阳县……〔冀〕衡水市 120
饶阳店镇……〔冀〕故城县 120
饶阳镇……〔冀〕饶阳县 120
饶良镇……〔豫〕社旗县 258
饶河县……〔黑〕双鸭山市 169
饶河镇……〔黑〕饶河县 169
饶洋镇……〔粤〕饶平县 299
饶峰镇……〔陕〕石泉县 396
饶埠镇……〔赣〕鄱阳县 232
峦庄镇……〔陕〕丹凤县 397
峦城镇……〔桂〕横县 303
将口镇……〔闽〕建阳区 217
将乐县……〔闽〕三明市 215
将台（地区）乡……〔京〕朝阳区 99
将台乡……〔陇〕宕昌县 407
将台堡镇……〔宁〕西吉县 420
将军乡……〔川〕洪雅县 341
将军尧镇……〔蒙〕土默特右旗 136
将军堡街道……〔辽〕顺城区 148
将军墓镇……〔冀〕邢台县 112
将军路街道……〔鲁〕淄川区 236
将军路街道……〔鄂〕东西湖区 267
将官池镇……〔豫〕建安区 256
亭口镇……〔鲁〕栖霞市 239
亭口镇……〔陕〕长武县 392
亭子坝镇……〔黔〕思南县 362
亭子镇……〔川〕苍溪县 335
亭子镇……〔川〕达川区 343
亭江镇……〔闽〕马尾区 213
亭林镇……〔沪〕金山区 176
亭亮镇……〔桂〕宁明县 310
亭旁镇……〔浙〕三门县 196
亭湖区……〔苏〕盐城市 184
亮中桥镇……〔辽〕昌图县 152
亮甲山乡……〔吉〕舒兰市 158
亮甲台镇……〔冀〕宽城满族自治县 118
亮甲店街道……〔辽〕金州区 146
亮甲店镇……〔冀〕玉田县 109
亮兵镇……〔吉〕安图县 162
亮岩镇……〔黔〕七星关区 360
亮河镇……〔黑〕尚志市 166
亮源乡……〔湘〕耒阳市 280
度门镇……〔川〕仪陇县 339
度尾镇……〔闽〕仙游县 214
度佳镇……〔川〕荣县 329
奕棋镇……〔皖〕屯溪区 205
庭卡乡……〔川〕甘孜县 350
亲和乡……〔晋〕怀仁县 126
音西街道……〔闽〕福清市 214
音坑乡……〔浙〕开化县 195
音河达斡尔鄂温克民族乡……
……〔蒙〕阿荣旗 138
音德尔镇……〔蒙〕扎赉特旗 141
彦洞乡……〔黔〕锦屏县 364
施介街道……〔蒙〕科尔沁区 137
施甸县……〔滇〕保山市 371
施秉县…〔黔〕黔东南苗族侗族自治州 364
施河镇……〔苏〕淮安区 183
施官镇……〔皖〕来安县 206
施洞镇……〔黔〕台江县 364
施桥镇……〔苏〕邗江区 185
施桥镇……〔皖〕金安区 208
施家梁镇……〔渝〕北碚区 318
施家堡乡……〔川〕松潘县 348
施家镇……〔川〕简阳市 329
施庵镇……〔豫〕新野县 258
施集镇……〔皖〕南谯区 206
闻堰街道……〔浙〕萧山区 189
闻喜县……〔晋〕运城市 128
闻集乡……〔豫〕虞城县 259
闻集镇……〔皖〕颍泉区 206
闻溪乡……〔川〕剑阁县 334
闻韶街道……〔鲁〕临淄区 237
闻韶镇……〔粤〕仁化县 292
闽宁镇……〔宁〕永宁县 419
闽侯县……〔闽〕福州市 213
闽清县……〔闽〕福州市 213
闾井镇……〔陇〕岷县 407
闾阳镇……〔辽〕北镇市 150
闾河乡……〔豫〕正阳县 263
阁上乡……〔晋〕古交市 123
阁山镇……〔黑〕绥棱县 172
阁山镇……〔赣〕樟树市 230
阁底乡……〔晋〕永和县 130
差干镇……〔粤〕平远县 297
差那乡……〔藏〕吉隆县 382
养士堡镇……〔辽〕辽中区 145
养马甸子乡……〔辽〕建昌县 154
养马镇……〔川〕简阳市 329
养龙司镇……〔黔〕息烽县 357
养贤乡……〔皖〕宣州区 210
养鹿镇……〔渝〕云阳县 322
美水街道……〔陕〕甘泉县 393
美巴切勒乡……〔藏〕谢通门县 382
美玉乡……〔藏〕左贡县 383
美甘乡……〔川〕昭觉县 353
美兰区……〔琼〕海口市 313
美兴镇……〔川〕小金县 349
美丽河镇……〔蒙〕元宝山区 136
美里湖街道……〔鲁〕槐荫区 235
美沃乡……〔川〕小金县 349
美林街道……〔闽〕南安市 216
美林镇……〔蒙〕喀喇沁旗 137
美罗乡……〔川〕石棉县 346
美岱召镇……〔蒙〕土默特右旗 136
美姑县……〔川〕凉山彝族自治州 354
美原镇……〔陕〕富平县 393
美酒河镇……〔黔〕仁怀市 359
美湖镇……〔闽〕德化县 216
美溪乡……〔皖〕黟县 205
美溪区……〔黑〕伊春市 169
美撒乡……〔川〕布拖县 353
姜山镇……〔浙〕鄞州区 190
姜山镇……〔鲁〕莱西市 236
姜屯镇……〔辽〕黑山县 150
姜屯镇……〔鲁〕滕州市 237
姜各庄镇……〔冀〕乐亭县 109
姜庄乡……〔豫〕襄城县 256
姜庄镇……〔鲁〕高密市 239
姜州镇……〔川〕会东县 352
姜村镇……〔陕〕乾县 391
姜店乡……〔豫〕舞阳县 257
姜店镇……〔鲁〕高唐县 245
姜驿乡……〔滇〕元谋县 375
姜格庄街道……〔鲁〕牟平区 238
姜席镇……〔陇〕西和县 407
姜家山乡……〔浙〕柯城区 195
姜家店乡……
……〔冀〕围场满族蒙古族自治县 118
姜家店朝鲜族乡……〔吉〕柳河县 160
姜家营乡……〔冀〕丰润区 109
姜家湾街道……〔晋〕矿区 123
姜家镇……〔黑〕肇东市 172
姜家镇……〔浙〕淳安县 190
姜家镇……〔渝〕巴南区 319
姜营街道……〔豫〕宛城区 257
姜堰区……〔苏〕泰州市 185
姜畲镇……〔湘〕雨湖区 278
姜楼镇……〔鲁〕东阿县 245
姜楼镇……〔鲁〕惠民县 245
姜寨镇……〔皖〕临泉县 207
姜谭街道……〔陕〕渭滨区 390
姜疃镇……〔鲁〕莱阳市 238
送庄镇……〔豫〕孟津县 251
送桥镇……〔苏〕高邮市 185
类乌齐县……〔藏〕昌都市 383
类乌齐镇……〔藏〕类乌齐县 383
迷坝乡……〔陇〕康县 407
迷城乡……〔冀〕唐县 114
娄山关街道……〔黔〕桐梓县 358
娄东街道……〔苏〕太仓市 182
娄庄镇……〔苏〕姜堰区 185
娄庄镇……〔皖〕灵璧县 208
娄村镇……〔冀〕涞水县 114
娄杖子镇……〔冀〕青龙满族自治县 110
娄店乡……〔豫〕睢阳区 259
娄底市……〔湘〕 287
娄星区……〔湘〕娄底市 287
娄桥街道……〔浙〕瓯海区 191
娄烦县……〔晋〕太原市 123
娄烦镇……〔晋〕娄烦县 123
娄家店乡……〔辽〕北票市 153
娄葑街道……〔苏〕虎丘区 181
前二道乡……〔吉〕丰满区 158
前七号镇……〔吉〕长岭县 161
前三岛乡……〔苏〕连云区 182
前三岛乡……〔鲁〕岚山区 242
前大章乡……〔冀〕赵县 108
前大磨乡……〔冀〕魏县 112
前山乡……〔晋〕石楼县 131

（九画）前首总炳炼炮烂洼洱洪洹洒洧浇浈浉洸洩洞

前山哈萨克族乡……〔新〕伊吾县 424
前山街道……〔粤〕香洲区 293
前山镇……〔粤〕徐闻县 294
前川乡……〔晋〕河曲县 129
前川街道……〔鄂〕黄陂区 267
前门街道……〔京〕东城区 99
前卫街道……〔滇〕西山区 369
前卫镇……〔辽〕绥中县 154
前卫镇……〔滇〕江川区 371
前卫镇……〔陕〕蓝田县 390
前仓镇……〔浙〕永康市 195
前双井镇……〔辽〕昌图县 152
前仙乡……〔冀〕元氏县 108
前场镇……〔滇〕姚安县 375
前当堡镇……〔辽〕新民市 146
前孙镇……〔鲁〕陵城区 243
前阳镇……〔辽〕东港市 149
前进乡……〔辽〕凌源市 154
前进乡……〔吉〕蛟河市 158
前进乡……〔吉〕长岭县 161
前进乡……〔川〕青川县 334
前进乡……〔川〕名山区 345
前进乡……〔川〕甘洛县 354
前进区……〔黑〕佳木斯市 169
前进街街道……〔宁〕兴庆区 419
前进街道……〔辽〕大东区 145
前进街道……〔辽〕双塔区 153
前进街道……〔吉〕宁江区 161
前进街道……〔黑〕阳明区 170
前进街道……〔浙〕萧山区 189
前进街道……〔豫〕湖滨区 257
前进街道……〔豫〕梁园区 259
前进街道……〔豫〕平桥区 260
前进街道……〔鄂〕江汉区 267
前进街道……〔粤〕天河区 291
前进道街道……〔蒙〕昆都仑区 135
前进路街道……〔蒙〕集宁区 140
前进镇……〔黑〕嫩江县 171
前进镇……〔黑〕海伦市 172
前进镇……〔苏〕涟水县 183
前进镇……〔川〕邛崃市 328
前进镇……〔川〕仁和区 330
前坊镇……〔赣〕进贤县 223
前杨镇……〔辽〕义县 150
前吴乡……〔浙〕浦江县 194
前岐镇……〔闽〕福鼎市 219
前岗乡……〔吉〕农安县 157
前甸镇……〔辽〕顺城区 148
前坪乡……〔闽〕大田县 215
前岭街道……〔皖〕烈山区 203
前所乡……〔晋〕五寨县 129
前所乡……〔川〕盐源县 352
前所街道……〔浙〕椒江区 196
前所镇……〔辽〕绥中县 154
前河乡……〔青〕民和回族土族自治县 413
前亭镇……〔闽〕漳浦县 217
前洲街道……〔苏〕惠山区 179
前高庙乡……〔豫〕新野县 258
前郭尔罗斯蒙古族自治县……〔吉〕松原市 161
前郭尔罗斯镇……〔吉〕前郭尔罗斯蒙古族自治县 161
前海街道……〔新〕图木舒克市 429
前域乡……〔川〕汉源县 346
前黄镇……〔苏〕武进区 181
前黄镇……〔闽〕泉港区 215
前营乡……〔冀〕辛集市 108
前营乡……〔豫〕宝丰县 252
前营镇……〔辽〕岫岩满族自治县 148
前曹镇……〔鲁〕平原县 244
前锋区……〔川〕广安市 342
前锋镇……〔苏〕金湖县 184
前锋镇……〔粤〕云城区 300
前锋镇……〔川〕三台县 332
前童镇……〔浙〕宁海县 190
前楼镇……〔闽〕东山县 217
前路乡……〔浙〕缙云县 197
前詹镇……〔粤〕惠来县 300
前福兴地镇……〔辽〕彰武县 151
前德门苏木……〔蒙〕扎鲁特旗 138
前磨头镇……〔冀〕深州市 120
首山镇……〔辽〕辽阳县 151
首义路街道……〔鄂〕武昌区 267
首车镇……〔湘〕永顺县 288
首占镇……〔闽〕长乐区 213
首阳山街道……〔豫〕偃师市 251
首阳镇……〔陇〕陇西县 406
首南街道……〔浙〕鄞州区 190
首都机场街道……〔京〕朝阳区 99
首善街道……〔陕〕眉县 391
首羡镇……〔苏〕丰县 180
总十庄镇……〔冀〕晋州市 108
总发乡……〔川〕仁和区 330
总铺镇……〔皖〕凤阳县 206
总堡乡……〔青〕民和回族土族自治县 413
总路咀镇……〔鄂〕团风县 272
总寨镇……〔陇〕肃州区 405
总寨镇……〔青〕城中区 413
炳草岗街道……〔川〕东区 330
炳途乡……〔川〕美姑县 354
炼铁乡……〔滇〕洱源县 378
炮车街道……〔苏〕邳州市 181
炮台街道……〔辽〕金州区 146
炮台镇……〔粤〕榕城区 300
炮团侗族苗族乡……〔湘〕会同县 287
炮里街道……〔陕〕长安区 389
炮梁乡……〔冀〕赤城县 117
烂坝子乡……〔川〕雷波县 354
烂泥箐乡……〔滇〕宁蒗彝族自治县 373
洼兴镇……〔黑〕巴彦县 166
洼里乡……〔川〕盐源县 352
洼里王镇……〔冀〕泊头市 119
洼里镇……〔冀〕开平区 109
洼底乡……〔川〕茂县 348
洼垤乡……〔滇〕元江哈尼族彝族傣族自治县 371
洼提乡……〔蒙〕扎兰屯市 139
洱源县……〔滇〕大理白族自治州 378
洪一乡……〔赣〕瑞昌市 225
洪下乡……〔赣〕瑞昌市 225
洪口乡……〔闽〕蕉城区 219
洪口镇……〔川〕通江县 346
洪山乡……〔闽〕永定区 218
洪山区……〔鄂〕武汉市 267
洪山坡街道……〔鲁〕市北区 236
洪山街道……〔鄂〕洪山区 267
洪山街道……〔湘〕开福区 277
洪山街道……〔黔〕七星关区 360
洪山殿镇……〔湘〕双峰县 287
洪山镇……〔晋〕介休市 127
洪山镇……〔皖〕太和县 207
洪山镇……〔闽〕鼓楼区 213
洪山镇……〔鲁〕淄川区 236
洪山镇……〔豫〕沈丘县 262
洪山镇……〔鄂〕随县 273
洪山镇……〔湘〕衡南县 279
洪山镇……〔川〕阆中市 340
洪山镇……〔陕〕汉滨区 396
洪山嘴镇……〔鄂〕老河口市 270
洪川镇……〔川〕洪雅县 341
洪广镇……〔宁〕贺兰县 419
洪门街道……〔苏〕海州区 182
洪门镇……〔赣〕南城县 230
洪门镇……〔豫〕红旗区 254
洪井乡……〔晋〕黎城县 125
洪水泉回族乡……〔青〕平安区 413
洪水镇……〔晋〕武乡县 125
洪水镇……〔黔〕黔西县 360
洪水镇……〔陇〕民乐县 404
洪水镇……〔青〕乐都区 413
洪田镇……〔闽〕永安市 215
洪市镇……〔湘〕衡阳县 279
洪合镇……〔浙〕秀洲区 192
洪庄杨镇……〔豫〕叶县 252
洪庄镇……〔苏〕东海县 183
洪庆街道……〔陕〕灞桥区 389
洪关苗族乡……〔黔〕播州区 358
洪州镇……〔黔〕黎平县 364
洪江市……〔湘〕怀化市 287
洪江镇……〔赣〕袁州区 229
洪池乡……〔晋〕平陆县 128
洪安镇……〔渝〕秀山土家族苗族自治县 323
洪安镇……〔川〕龙泉驿区 327
洪阳镇……〔豫〕渑池县 257
洪阳镇……〔粤〕普宁市 300
洪坝乡……〔川〕九龙县 350
洪纳海乡……〔新〕昭苏县 428
洪武路街道……〔苏〕秦淮区 179
洪范池镇……〔鲁〕平阴县 235
洪林镇……〔皖〕宣州区 210
洪岩镇……〔赣〕乐平市 224
洪河乡……〔黑〕肇东市 172
洪河屯乡……〔豫〕安阳县 253
洪河桥镇……〔皖〕阜南县 207
洪泽区……〔苏〕淮安市 183
洪官屯镇……〔鲁〕茌平县 244
洪巷镇……〔皖〕无为县 202
洪相乡……〔晋〕交城县 131
洪星乡……〔皖〕黟县 205
洪泉乡……〔吉〕前郭尔罗斯蒙古族自治县 161
洪洞县……〔晋〕临汾市 130
洪洋乡……〔闽〕罗源县 213
洪洲乡……〔豫〕辉县市 254
洪冠镇……〔粤〕信宜市 295
洪都街道……〔赣〕青云谱区 223
洪桥街道……〔湘〕祁东县 279
洪桥街道……〔粤〕越秀区 291
洪桥镇……〔浙〕长兴县 193
洪格尔苏木……〔蒙〕苏尼特左旗 141
洪格尔高勒镇……〔蒙〕阿巴嘎旗 141
洪恩乡……〔豫〕柘城县 259
洪峰乡……〔川〕仁寿县 341
洪家关白族乡……〔湘〕桑植县 283
洪家街道……〔浙〕椒江区 196
洪家楼街道……〔鲁〕历城区 235
洪家镇……〔陕〕长武县 392
洪家嘴乡……〔赣〕余干县 232
洪祥镇……〔陇〕凉州区 403
洪埠乡……〔豫〕固始县 261
洪梅镇……〔闽〕南安市 216
洪梅镇……〔粤〕东莞市 299
洪绪镇……〔鲁〕滕州市 237
洪雅县……〔川〕眉山市 341
洪畴镇……〔浙〕天台县 196
洪铺镇……〔皖〕怀宁县 204
洪集镇……〔皖〕叶集区 208
洪善镇……〔晋〕平遥县 127
洪港镇……〔鄂〕通山县 273
洪湖乡……〔赣〕余江县 226
洪湖市……〔鄂〕荆州市 272
洪湖镇……〔渝〕长寿区 319
洪渡镇……〔黔〕沿河土家族自治县 362
洪塘营瑶族乡……〔湘〕道县 286
洪塘街道……〔浙〕江北区 190
洪塘镇……〔闽〕同安区 214
洪塘镇……〔赣〕袁州区 229
洪蓝镇……〔苏〕溧水区 179
洪源镇……〔赣〕浮梁县 223
洪墩镇……〔闽〕邵武市 218
洪德镇……〔陇〕环县 405
洪凝街道……〔鲁〕五莲县 242
洪濑镇……〔闽〕南安市 216
洹北街道……〔豫〕北关区 253
洒库乡……〔川〕美姑县 354
洒坪镇……〔黔〕修文县 357
洒拉地坡乡……〔川〕昭觉县 353
洒雨镇……〔黔〕安龙县 363
洒河桥镇……〔冀〕迁西县 109
洒渔镇……〔滇〕昭阳区 372
洧川镇……〔豫〕尉氏县 250
浇底乡……〔晋〕翼城县 130
浈江区……〔粤〕韶关市 292
浉河区……〔豫〕信阳市 260
洸河街道……〔鲁〕任城区 240
洩湖镇……〔陕〕蓝田县 390
洞下场乡……〔湘〕芷江侗族自治县 287
洞口县……〔湘〕邵阳市 281
洞山街道……〔皖〕田家庵区 202
洞井街道……〔湘〕雨花区 277
洞井瑶族乡……〔桂〕灌阳县 305

（九画）洞泅洄测洙洗活洑洎派浍洽洮浛洵浲洛洺浏济洋洣洲浑浒

洞头乡……〔赣〕会昌县 227
洞头区……〔浙〕温州市 191
洞头镇……〔桂〕融水苗族自治县 304
洞阳镇……〔湘〕浏阳市 277
洞村乡……〔赣〕分宜县 225
洞松乡……〔川〕理塘县 351
洞河镇……〔陕〕紫阳县 396
洞波瑶族乡……〔滇〕富宁县 377
洞泾镇……〔沪〕松江区 176
洞庭街道……〔湘〕岳阳楼区 281
洞桥镇……〔浙〕富阳区 189
洞桥镇……〔浙〕海曙区 190
洞措乡……〔藏〕改则县 385
洞鹿乡……〔渝〕云阳县 322
洞靖镇……〔桂〕田阳县 308
洞溪乡……〔湘〕慈利县 283
洞嘎镇……〔藏〕朗县 384
泅溜镇……〔津〕蓟州区 104
洄水镇……〔陕〕紫阳县 396
测鱼镇……〔冀〕井陉县 107
洙边镇……〔鲁〕莒南县 243
洙湖镇……〔豫〕上蔡县 263
洗马乡……〔湘〕洪江市 287
洗马林镇……〔冀〕万全区 116
洗马河街道……〔黔〕凯里市 363
洗马路街道……〔黔〕汇川区 358
洗马镇……〔鄂〕浠水县 272
洗马镇……〔黔〕湄潭县 359
洗马镇……〔黔〕龙里县 365
洗车河镇……〔湘〕龙山县 288
洗耳河街道……〔豫〕汝州市 252
洗泽乡……〔川〕盐亭县 333
洗洛镇……〔湘〕龙山县 288
洗新乡……〔渝〕石柱土家族自治县 323
洗煤街道……〔黑〕滴道区 168
洗溪镇……〔湘〕泸溪县 288
活水乡……〔冀〕武安市 112
活水乡……〔滇〕陆良县 370
活龙坪乡……〔鄂〕咸丰县 274
活道镇……〔粤〕高要区 296
洑口乡……〔闽〕永泰县 213
洑水镇……〔鄂〕安陆市 271
洎阳街道……〔赣〕乐平市 224
派来镇……〔川〕金阳县 353
派镇……〔藏〕米林县 384
派潭镇……〔粤〕增城区 292
浍沟镇……〔皖〕灵璧县 208
浍南镇……〔皖〕五河县 202
浍滨街道……〔晋〕侯马市 130
洽川镇……〔陕〕合阳县 392
洽水镇……〔粤〕怀集县 296
洽舍乡……〔皖〕徽州区 205
洽湾镇……〔赣〕南丰县 231
洮北区……〔吉〕白城市 161
洮阳镇……〔陇〕临洮县 406
洮坪镇……〔陇〕礼县 408
洮昌街道……〔辽〕大东区 145
洮府街道……〔吉〕洮南市 162
洮河镇……〔吉〕洮北区 161
洮南市……〔吉〕白城市 162
洮砚乡……〔陇〕卓尼县 409
洮滨镇……〔陇〕临潭县 409
浛水镇……〔鄂〕松滋市 272
洵口镇……〔赣〕黎川县 231
浲河流镇……〔冀〕景县 120
洛大镇……〔陇〕迭部县 409
洛万乡……〔黔〕兴义市 363
洛口镇……〔赣〕宁都县 227
洛川县……〔陕〕延安市 393
洛门镇……〔陇〕武山县 403
洛王街道……〔湘〕岳阳楼区 281
洛扎县……〔藏〕山南市 384
洛扎镇……〔藏〕洛扎县 384
洛车乡……〔川〕达川区 344
洛水镇……〔川〕什邡市 331
洛乌乡……〔川〕普格县 352
洛乌沟乡……〔川〕普格县 352
洛甘乡……〔川〕普格县 353
洛古乡……〔川〕新龙县 350
洛古乡……〔川〕布拖县 353
洛古波乡……〔川〕西昌市 351
洛本卓白族乡……〔滇〕泸水市 378
洛龙区……〔豫〕洛阳市 251
洛龙街道……〔滇〕呈贡区 369
洛龙镇…〔黔〕道真仡佬族苗族自治县 358
洛东镇……〔桂〕宜州区 309
洛北街道……〔豫〕西工区 250
洛尔达乡……〔川〕阿坝县 349
洛市镇……〔赣〕丰城市 230
洛宁县……〔豫〕洛阳市 251
洛尼乡……〔藏〕芒康县 383
洛吉乡……〔滇〕香格里拉市 378
洛西镇……〔桂〕宜州区 309
洛多乡……〔川〕黑水县 349
洛亥镇……〔川〕珙县 342
洛羊街道……〔滇〕呈贡区 369
洛江区……〔闽〕泉州市 215
洛江镇……〔藏〕白朗县 382
洛阳市……〔豫〕 250
洛阳路街道……〔鲁〕市北区 236
洛阳镇……〔苏〕武进区 181
洛阳镇……〔闽〕惠安县 216
洛阳镇……〔鄂〕曾都区 273
洛阳镇……〔粤〕乳源瑶族自治县 292
洛阳镇……〔桂〕兴业县 307
洛阳镇……〔桂〕环江毛南族自治县 309
洛龙乡……〔藏〕色尼区 384
洛麦乡……〔新〕叶城县 427
洛克乡……〔苏〕惠山区 179
洛社镇……〔苏〕惠山区 179
洛表镇……〔川〕珙县 342
洛若镇……〔川〕色达县 351
洛林乡……〔藏〕加查县 384
洛旺苗族乡……〔滇〕彝良县 372
洛舍镇……〔浙〕德清县 193
洛河镇……〔皖〕大通区 202
洛河镇……〔鲁〕莒县 242
洛河镇……〔陕〕平利县 397
洛河彝族乡……〔滇〕红塔区 371
洛泽河镇……〔滇〕彝良县 372
洛城街道……〔鲁〕寿光市 239
洛带镇……〔川〕龙泉驿区 327
洛南县……〔陕〕商洛市 397
洛哈镇……〔川〕喜德县 353
洛香镇……〔黔〕从江县 365
洛秋乡……〔川〕炉霍县 350
洛俄依甘乡……〔川〕美姑县 354
洛须镇……〔川〕石渠县 350
洛觉乡……〔川〕金阳县 353
洛莫乡……〔川〕喜德县 353
洛莫依达乡……〔川〕美姑县 354
洛党镇……〔滇〕凤庆县 374
洛恩乡……〔滇〕红河县 376
洛峪镇……〔陇〕西和县 407
洛浦县……〔新〕和田地区 427
洛浦街道……〔豫〕老城区 250
洛浦街道……〔粤〕番禺区 291
洛浦镇……〔新〕洛浦县 427
洛埠镇……〔桂〕鱼峰区 303
洛隆县……〔藏〕昌都市 383
洛塔乡……〔湘〕龙山县 288
洛塘镇……〔陇〕武都区 407
洛碛镇……〔渝〕渝北区 318
洛满镇……〔桂〕柳江区 304
洛源镇……〔陕〕洛南县 397
洛滨镇……〔陕〕蒲城县 392
洺北街道……〔豫〕郸城县 262
洺州镇……〔冀〕威县 113
洺南街道……〔豫〕郸城县 262
浏阳市……〔湘〕长沙市 277
浏阳河街道……〔湘〕开福区 277
浏河镇……〔苏〕太仓市 182
济川街道……〔苏〕泰兴市 186
济川街道……〔皖〕宣州区 210
济川镇……〔川〕营山县 339
济水街道……〔豫〕济源市 263
济北街道……〔鲁〕济阳县 235
济宁市……〔鲁〕 240
济协乡……〔川〕崇州市 329
济阳乡……〔闽〕大田县 215
济阳县……〔鲁〕济南市 235
济阳街道……〔鲁〕济阳县 235
济阳街道……〔鲁〕任城区 240
济阳镇……〔豫〕夏邑县 259
济村乡……〔闽〕宁化县 215
济沁河乡……〔黑〕龙江县 167
济河街道……〔鲁〕泗水县 240
济南市……〔鲁〕 235
济渡乡……〔川〕蓬安县 339
济源市……〔豫〕驻马店市 263
济源路街道……〔豫〕上街区 249
洋大曼乡……〔新〕疏勒县 426
洋口镇……〔苏〕如东县 182
洋口镇……〔闽〕顺昌县 217
洋口镇……〔赣〕广丰区 231
洋山镇……〔浙〕嵊泗县 196
洋川镇……〔黔〕绥阳县 358
洋门乡……〔赣〕安福县 229
洋马镇……〔苏〕射阳县 184
洋中街道……〔闽〕台江区 213
洋中镇……〔闽〕尤溪县 215
洋中镇……〔闽〕蕉城区 219
洋北镇……〔苏〕宿城区 186
洋市镇……〔湘〕桂阳县 284
洋后镇……〔闽〕延平区 217
洋庄乡……〔闽〕武夷山市 218
洋州街道……〔陕〕洋县 394
洋江镇……〔赣〕分宜县 225
洋县……〔陕〕汉中市 394
洋里乡……〔闽〕闽侯县 213
洋际乡……〔湘〕安仁县 285
洋青镇……〔粤〕遂溪县 294
洋坪镇……〔鄂〕远安县 269
洋河南镇……〔冀〕宣化区 115
洋河镇……〔辽〕岫岩满族自治县 147
洋河镇……〔苏〕宿城区 186
洋河镇……〔鲁〕胶州市 236
洋河镇……〔豫〕平桥区 260
洋泾街道……〔沪〕浦东新区 176
洋泉镇……〔湘〕常宁市 280
洋桥镇……〔桂〕宾阳县 303
洋峰街道……〔赣〕新干县 228
洋埠镇……〔浙〕婺城区 194
洋梓镇……〔鄂〕钟祥市 270
洋海湖镇……〔湘〕汉寿县 282
洋港镇……〔鄂〕阳新县 268
洋湖乡……〔赣〕樟树市 230
洋湖乡……〔鲁〕阳信县 245
洋湖街道……〔湘〕岳麓区 277
洋湖镇……〔皖〕东至县 210
洋渡镇……〔渝〕忠县 322
洋塘乡……〔湘〕永兴县 284
洋溪乡……〔桂〕三江侗族自治县 304
洋溪街道……〔浙〕建德市 190
洋溪镇……〔闽〕梅列区 214
洋溪镇……〔赣〕安福县 229
洋溪镇……〔湘〕新化县 287
洋溪镇……〔川〕射洪县 335
洋溪镇…〔黔〕印江土家族苗族自治县 362
洋墩乡……〔闽〕顺昌县 217
洣水镇……〔湘〕衡东县 279
洣江街道……〔湘〕茶陵县 278
洲上乡……〔赣〕樟树市 230
洲口镇……〔湘〕汉寿县 282
洲心街道……〔粤〕清城区 298
洲仔镇……〔粤〕广宁县 296
洲头乡……〔皖〕宿松县 204
洲头街道……〔鄂〕汉阳区 267
洲泉镇……〔浙〕桐乡市 192
洲湖镇……〔赣〕安福县 229
洲瑞镇……〔粤〕大埔县 297
浑江区……〔吉〕白山市 160
浑河站东街道……〔辽〕浑南区 145
浑河站西街道……〔辽〕和平区 145
浑河湾街道……〔辽〕和平区 145
浑南区……〔辽〕沈阳市 145
浑源县……〔晋〕大同市 124
浑源窑乡……〔蒙〕丰镇市 140
浒山街道……〔浙〕慈溪市 191
浒坑镇……〔赣〕安福县 229
浒湾乡……〔豫〕新县 260

（九画）浒浓津浔恒恰恼举觉宣宦宫突穿客冠扁袂祖神祝祠垦退屋屏费陡逊眉胥院姥姚

浒湾镇……〔赣〕金溪县 231
浒墅关镇……〔苏〕虎丘区 181
浓江乡……〔黑〕抚远市 170
浓河镇……〔黑〕通河县 166
浓洄街道……〔川〕广安区 342
浓桥镇……〔黑〕抚远市 170
浓溪镇……〔川〕广安区 342
津市市……〔湘〕常德市 283
津头街道……〔桂〕青秀区 303
津河镇……〔黑〕北林区 171
津城街道……〔鲁〕宁津县 243
津南区……〔津〕 103
津桥街道……〔辽〕大东区 145
浔中镇……〔闽〕德化县 216
浔阳区……〔赣〕九江市 224
浔阳街道……〔湘〕桃源县 283
浔溪乡……〔赣〕南城县 230
恒口镇……〔陕〕汉滨区 396
恒山区……〔黑〕鸡西市 168
恒丰乡……〔川〕珙县 342
恒升镇……〔川〕广安区 342
恒合土家族乡……〔渝〕万州区 317
恒州镇……〔冀〕曲阳县 114
恒济镇……〔苏〕建湖县 184
恒源街道……〔鲁〕临邑县 243
恰卜恰镇……〔青〕共和县 414
恰乡……〔藏〕申扎县 385
恰尔巴格乡……〔新〕库尔勒市 425
恰尔巴格乡……〔新〕巴楚县 427
恰尔巴格乡……〔新〕莎车县 427
恰尔巴格镇……〔新〕叶城县 427
恰尔隆乡……〔新〕阿克陶县 426
恰则乡……〔藏〕比如县 385
恰秀路街道……〔新〕阿勒泰市 429
恰库尔图镇……〔新〕富蕴县 429
恰哈乡……〔新〕策勒县 428
恰热克镇……〔新〕莎车县 426
恰格拉克乡……〔新〕温宿县 425
恰夏镇……〔新〕塔城市 428
恰特喀勒乡……〔新〕高昌区 423
恰勒什海乡……〔新〕吉木乃县 429
恰萨美其特乡……〔新〕叶城县 427
恰萨街道……〔新〕喀什市 426
恰盖乡……〔陇〕卓尼县 409
恼里镇……〔豫〕长垣县 254
举水乡……〔浙〕庆元县 197
举村乡……〔浙〕衢江区 195
觉木街道……〔藏〕巴宜区 383
觉吾乡……〔川〕理塘县 351
觉拉乡……〔藏〕错那县 384
觉拉乡……〔青〕囊谦县 415
觉洛乡……〔川〕美姑县 354
觉莫乡……〔川〕峨边彝族自治县 337
觉恩乡……〔藏〕丁青县 383
觉撒乡……〔川〕布拖县 353
宣化乡……〔黑〕肇东市 172
宣化区……〔冀〕张家口市 115
宣化店镇……〔鄂〕大悟县 271
宣化镇……〔豫〕登封市 250
宣化镇……〔陇〕高台县 404
宣风镇……〔赣〕芦溪县 224
宣平堡乡……〔冀〕万全区 116
宣汉县……〔川〕达州市 344
宣成乡……〔闽〕长汀县 218
宣州区……〔皖〕宣城市 210
宣武街街道……〔陇〕凉州区 403
宣和乡……〔闽〕连城县 219
宣和镇……〔宁〕沙坡头区 420
宣河镇……〔川〕朝天区 334
宣城市……〔皖〕 210
宣威市……〔滇〕曲靖市 370
宣威镇……〔黔〕麻江县 365
宣桥镇……〔沪〕浦东新区 176
宣恩县…〔鄂〕恩施土家族苗族自治州 274
宣章屯镇……〔鲁〕齐河县 244
宣堡镇……〔苏〕泰兴市 186
宦溪镇……〔闽〕晋安区 213
宫村镇……〔冀〕固安县 119
宫里镇……〔鲁〕新泰市 241
宫里镇……〔陕〕富平县 393
宫河镇……〔陇〕正宁县 406
宫前乡……〔豫〕陕州区 257
宫集镇……〔皖〕太和县 207
突泉县……〔蒙〕兴安盟 141
突泉镇……〔蒙〕突泉县 141
穿山街道……〔桂〕七星区 304
穿山镇……〔桂〕柳江区 304
穿石乡……〔川〕广安区 342
穿芳峪镇……〔津〕蓟州区 104
穿城镇……〔苏〕泗阳县 186
穿洞街道……〔黔〕普定县 360
穿紫河街道……〔湘〕武陵区 282
客田镇……〔黔〕沿河土家族自治县 362
客坊乡……〔闽〕建宁县 215
客店镇……〔鄂〕钟祥市 271
客楼镇……〔黔〕岑巩县 364
客路镇……〔粤〕雷州市 295
冠山乡……〔赣〕吉水县 228
冠山街道……〔辽〕北票市 153
冠山街道……〔黔〕龙里县 365
冠山镇……〔晋〕平定县 124
冠市镇……〔湘〕衡南县 279
冠县……〔鲁〕聊城市 245
冠英镇……〔川〕五通桥区 337
冠朝镇……〔赣〕泰和县 228
扁担山镇…〔黔〕镇宁布依族苗族自治县 360
扁担沟镇……〔宁〕利通区 419
袂花镇……〔粤〕茂南区 295
祖山镇……〔冀〕青龙满族自治县 110
祖师庙镇……〔豫〕固始县 261
祖师殿镇……〔湘〕溆浦县 287
祖庙街道……〔粤〕禅城区 293
祖庵镇……〔陕〕鄠邑区 389
祖楼镇……〔皖〕萧县 208
祖墩乡……〔闽〕松溪县 218
神山乡……〔晋〕定襄县 128
神山镇……〔鲁〕兰陵县 243
神山镇……〔鄂〕赤壁市 273
神木市……〔陕〕榆林市 396
神木镇……〔陕〕神木市 396
神冈乡……〔赣〕宜黄县 231
神头乡……〔冀〕涉县 111
神头街道……〔晋〕朔城区 126
神头镇……〔晋〕朔城区 126
神头镇……〔鲁〕陵城区 243
神西乡……〔晋〕五台县 128
神合乡……〔川〕大竹县 344
神池县……〔晋〕忻州市 129
神农架林区……
……〔鄂〕恩施土家族苗族自治州 274
神农镇……〔晋〕高平市 126
神农镇……〔陕〕渭滨区 390
神坝镇……〔川〕南部县 339
神林乡……〔宁〕隆德县 420
神河镇……〔陕〕旬阳县 397
神政桥乡……〔赣〕新干县 228
神南镇……〔冀〕顺平县 115
神柏乡……〔晋〕闻喜县 128
神星镇……〔冀〕满城区 113
神泉乡……〔赣〕莲花县 224
神泉镇……〔粤〕惠来县 300
神垕镇……〔豫〕禹州市 256
神峪回族乡……〔陇〕华亭县 404
神峪沟乡……〔晋〕静乐县 129
神堂沟街道……〔晋〕万柏林区 123
神堂坪乡……〔晋〕岢岚县 129
神堂堡乡……〔晋〕繁峙县 129
神鼎山镇……〔湘〕汨罗市 282
神童镇……〔渝〕南川区 319
神湾镇……〔粤〕英德市 299
神臂城镇……〔川〕合江县 330
祝三乡……〔黑〕大同区 169
祝丰镇……〔湘〕鼎城区 282
祝华街道……〔辽〕瓦房店市 147
祝阳镇……〔鲁〕岱岳区 241
祝村镇……〔冀〕邢台县 112
祝村镇……〔冀〕桥东区 112
祝阿镇……〔鲁〕齐河县 244
祝桥镇……〔沪〕浦东新区 176
祝站镇……〔鄂〕孝南区 271
祝家街道……〔辽〕浑南区 145
祝桑乡……〔川〕雅江县 350
祝联乡……〔川〕普格县 353
祝塘镇……〔苏〕江阴市 180
祝楼乡……〔豫〕原阳县 254
祝融街道……〔湘〕南岳区 279
祠堂圩镇……〔湘〕蓝山县 286
垦丰街道……〔冀〕曹妃甸区 109
垦利区……〔鲁〕东营市 238
垦利街道……〔鲁〕垦利区 238
退沙街道……〔晋〕霍州市 130
屋脚蒙古族乡…〔川〕木里藏族自治县 352
屏山乡……〔闽〕大田县 215
屏山乡……〔桂〕隆安县 303
屏山县……〔川〕宜宾市 342
屏山街道…〔滇〕禄劝彝族苗族自治县 369
屏山镇……〔皖〕泗县 208
屏山镇……〔赣〕石城县 227
屏山镇……〔川〕屏山县 342
屏门乡……〔浙〕淳安县 190
屏边苗族自治县……
……〔滇〕红河哈尼族彝族自治州 375
屏边彝族乡……〔川〕屏山县 342
屏西乡……〔川〕渠县 345
屏城乡……〔闽〕屏南县 219
屏南乡……〔桂〕宜州区 309
屏南县……〔闽〕宁德市 219
屏南镇……〔浙〕龙泉市 197
屏都街道……〔浙〕庆元县 197
屏锦镇……〔渝〕梁平区 321
屏襄门街道……〔鄂〕樊城区 269
费县……〔鲁〕临沂市 243
费城街道……〔鲁〕费县 243
陡山乡……〔鄂〕孝昌县 271
陡山河乡……〔豫〕新县 260
陡门乡……〔豫〕原阳县 254
陡子峪乡……〔冀〕兴隆县 117
陡水镇……〔赣〕上犹县 226
陡电街道……〔冀〕开平区 109
陡岗镇……〔鄂〕孝南区 271
陡沟街道……〔鲁〕市中区 235
陡沟镇……〔皖〕无为县 202
陡沟镇……〔豫〕正阳县 263
陡坡乡……〔晋〕隰县 130
陡箐镇……〔黔〕水城县 357
逊让乡……〔青〕大通回族土族自治县 413
逊母口镇……〔豫〕太康县 262
逊克县……〔黑〕黑河市 171
逊河镇……〔黑〕逊克县 171
眉山乡……〔闽〕南安市 216
眉山市……〔川〕 340
眉县……〔陕〕宝鸡市 391
胥口镇……〔苏〕吴中区 181
胥口镇……〔浙〕富阳区 189
胥各庄街道……〔冀〕丰南区 109
胥坝乡……〔皖〕义安区 204
胥家镇……〔川〕都江堰市 328
院上镇……〔鲁〕莱西市 236
院东头镇……〔鲁〕沂水县 243
院头镇……〔冀〕赞皇县 108
院岭街道……〔豫〕舞钢市 252
院桥镇……〔浙〕黄岩区 196
院格庄街道……〔鲁〕莱山区 238
院堡镇……〔冀〕魏县 112
姥桥镇……〔皖〕和县 203
姚千街道……〔辽〕苏家屯区 145
姚王庄镇……〔冀〕滦南县 109
姚王镇……〔苏〕泰兴市 186
姚市乡……〔川〕大竹县 344
姚市镇……〔川〕安岳县 347
姚圩镇……〔赣〕渝水区 225
姚伏镇……〔宁〕平罗县 419
姚庄回族乡……〔豫〕郏县 252
姚庄镇……〔浙〕嘉善县 192
姚关镇……〔滇〕施甸县 371
姚安县……〔滇〕楚雄彝族自治州 375
姚村乡……〔皖〕郎溪县 210
姚村镇……〔冀〕定兴县 114
姚村镇……〔晋〕晋源区 123
姚村镇……〔鲁〕曲阜市 240

姚村镇……〔豫〕林州市 253
姚李镇……〔皖〕叶集区 208
姚沟镇……〔皖〕无为县 202
姚坪乡……〔鄂〕房县 268
姚店镇……〔陕〕宝塔区 393
姚河乡……〔皖〕岳西县 205
姚官屯乡……〔冀〕沧县 118
姚孟街道……〔晋〕盐湖区 127
姚孟街道……〔豫〕湛河区 252
姚桥镇……〔苏〕京口区 185
姚家乡……〔赣〕横峰县 232
姚家乡……〔川〕剑阁县 334
姚家庄镇……〔冀〕桥东区 115
姚家沟镇……〔陕〕凤翔县 390
姚家店镇……〔鄂〕宜昌市 269
姚家房镇……〔冀〕宣化区 115
姚家集街道……〔鄂〕黄陂区 267
姚家街道……〔鲁〕历下区 235
姚家镇……〔豫〕中牟县 249
姚堡乡……〔辽〕新民市 146
姚集镇……〔苏〕睢宁县 180
姚集镇……〔豫〕商水县 261
姚渡镇……〔川〕青白江区 327
姚渡镇……〔川〕青川县 334
姚寨乡……〔冀〕丛台区 111
姚寨镇……〔鲁〕东阿县 245
姚寨镇……〔陇〕武都区 407
娜允镇……
……〔滇〕孟连傣族拉祜族佤族自治县 373
娜姑镇……〔滇〕会泽县 370
怒江傈僳族自治州……〔滇〕 378
怒溪镇……〔黔〕江口县 362
架车乡……〔滇〕红河县 376
架玛吐镇……〔蒙〕科尔沁左翼中旗 137
架河镇……〔皖〕潘集区 203
架科底乡……〔滇〕福贡县 378
架桥镇……〔赣〕进贤县 223
架桥镇……〔湘〕桃源县 283
贺兰山西路街道……〔宁〕西夏区 419
贺兰县……〔宁〕银川市 419
贺州市……〔桂〕 308
贺进镇……〔冀〕武安市 112
贺村镇……〔浙〕江山市 195
贺杖子乡……〔辽〕建昌县 154
贺钊镇……〔冀〕威县 113
贺波洛乡……〔川〕喜德县 353
贺胜桥镇……〔鄂〕咸安区 273
贺派乡……
〔滇〕双江拉祜族佤族布朗族傣族自治县 374
贺家土街道……〔湘〕芦淞区 278
贺家川镇……〔陕〕神木市 396
贺家会乡……〔晋〕兴县 131
贺家庄乡……〔晋〕尧都区 130
贺家坪镇……〔鄂〕长阳土家族自治县 269
贺职乡……〔晋〕神池县 129
贺营镇……〔冀〕威县 113
贺圈镇……〔陕〕定边县 395
贺街镇……〔桂〕八步区 308
贺疃镇……〔皖〕潘集区 203
盈口乡……〔湘〕鹤城区 286
盈江县…〔滇〕德宏傣族景颇族自治州 378
盈浦街道……〔沪〕青浦区 176
柔刚街道……〔川〕安居区 335
柔远镇……〔陇〕华池县 405
柔远镇……〔宁〕沙坡头区 420
垒头乡……〔冀〕献县 119
绒乡……〔藏〕桑日县 384
绒多乡……〔藏〕嘉黎县 385
绒坝乡……〔川〕理塘县 351
绒盖乡……〔川〕白玉县 350
绒辖乡……〔藏〕定日县 381
结巴乡……〔藏〕乃东区 384
结古街道……〔青〕玉树市 415
结多乡……〔青〕杂多县 415
结构彝族苗族乡……〔黔〕赫章县 362
结斯乡……〔川〕小金县 349
绕二镇……〔赣〕德兴市 232
绕阳河镇……〔辽〕黑山县 150
绕金乡……〔藏〕左贡县 383
绕鲁乡……〔川〕新龙县 350
骅中街道……〔冀〕黄骅市 119
骅东街道……〔冀〕黄骅市 119
骅西街道……〔冀〕黄骅市 119
绛县……〔晋〕运城市 128
绛帐镇……〔陕〕扶风县 390
骆仙街道……〔湘〕北湖区 284
骆市镇……〔川〕营山县 339
骆庄乡……〔冀〕任县 112
骆岗街道……〔皖〕包河区 201
骆店镇……〔鄂〕广水市 273
骆驼山街道……〔苏〕云龙区 180
骆驼山镇……〔蒙〕太仆寺旗 141
骆驼坳镇……〔鄂〕罗田县 272
骆驼城镇……〔陇〕高台县 404
骆驼街道……〔浙〕镇海区 190
骆峪镇……〔陕〕周至县 390
骆家坝镇……〔陕〕西乡县 394
骆集乡……〔豫〕夏邑县 260
骆湖镇……〔粤〕东源县 298
统一镇……〔辽〕双台子区 152
统部镇……〔蒙〕林西县 136
统景镇……〔渝〕渝北区 318
统溪河镇……〔湘〕溆浦县 287
蓒溪瑶族乡……〔湘〕洞口县 281

十画

耗赖山乡……〔蒙〕武川县 135
艳山红镇……〔黔〕白云区 357
艳粉街道……〔辽〕铁西区 145
泰山乡……〔赣〕安福县 229
泰山乡……〔陇〕两当县 408
泰山区……〔鲁〕泰安市 241
泰山庙镇……〔豫〕泌阳县 263
泰山街道……〔吉〕丰满区 158
泰山街道……〔苏〕浦口区 179
泰山街道……〔苏〕泉山区 180
泰山路街道……〔豫〕义马市 257
泰山路街道……〔湘〕天元区 278
泰丰街道……〔鄂〕潜江市 274
泰宁县……〔闽〕三明市 215
泰达街道……〔津〕滨海新区 104
泰州市……〔苏〕 185
泰兴市……〔苏〕泰州市 186
泰兴镇……〔川〕新都区 327
泰安市……〔鲁〕 241
泰安街道……〔川〕江阳区 330
泰安镇……〔苏〕广陵区 184
泰来县……〔黑〕齐齐哈尔市 167
泰来镇……〔黑〕泰来县 167
泰和县……〔赣〕吉安市 228
泰顺县……〔浙〕温州市 192
泰美镇……〔粤〕博罗县 296
泰前街道……〔鲁〕泰山区 241
泰康镇…〔黑〕杜尔伯特蒙古族自治县 169
秦山街道……〔浙〕海盐县 192
秦川镇……〔陇〕永登县 401
秦古镇……〔鄂〕溢水镇 268
秦东镇……〔陕〕潼关县 392
秦市乡……〔鄂〕江陵县 272
秦团庄乡……〔陇〕环县 405
秦州区……〔陇〕天水市 402
秦安县……〔陇〕天水市 402
秦祁乡……〔陇〕渭源县 406
秦许乡……〔陇〕岷县 407
秦村镇……〔冀〕东光县 118
秦灶街道……〔苏〕港闸区 182
秦岭路街道……〔豫〕中原区 249
秦岭镇……〔陇〕秦州区 402
秦河乡……〔川〕万源市 345
秦城乡……〔晋〕忻府区 128
秦南镇……〔苏〕盐都区 184
秦栏镇……〔皖〕天长市 206
秦虹街道……〔苏〕秦淮区 179
秦皇台乡……〔鲁〕滨城区 245
秦皇岛市……〔冀〕 110
秦亭镇……〔陇〕清水县 402
秦都区……〔陕〕咸阳市 391
秦桥镇……〔湘〕武冈市 281
秦峰镇……〔赣〕信州区 231
秦家屯镇……〔吉〕公主岭市 159
秦家庄乡……〔晋〕陵川县 126
秦家镇……〔黑〕北林区 171
秦家镇……〔川〕东坡区 340
秦陵街道……〔陕〕临潼区 389
秦淮区……〔苏〕南京市 179
秦集镇……〔皖〕禹会区 202
秦渡镇……〔陕〕鄠邑区 389
秦楼街道……〔鲁〕东港区 242
秦溪镇……〔川〕岳池县 342
珥陵镇……〔苏〕丹阳市 185
珙县……〔川〕宜宾市 342
珙泉镇……〔川〕珙县 342
琊川镇……〔黔〕凤冈县 359
珠山区……〔赣〕景德镇市 223
珠山街道……〔赣〕珠山区 223
珠山镇……〔鄂〕宣恩县 274
珠山镇……〔湘〕零陵区 285
珠龙镇……〔皖〕南谯区 206
珠田乡……〔赣〕遂川县 228
珠田乡……〔赣〕万年县 232
珠市彝族乡……〔黔〕赫章县 361
珠兰乡……〔赣〕会昌县 227
珠玑镇……〔粤〕南雄市 292
珠吉街道……〔粤〕天河区 291
珠光街道……〔粤〕越秀区 291
珠江街道……〔粤〕南沙区 291
珠江道街道……〔冀〕海港区 110
珠江路街道……〔豫〕涧西区 251
珠池街道……〔粤〕龙湖区 293
珠坑乡……〔赣〕石城县 227
珠岙镇……〔浙〕三门县 196
珠固乡……〔青〕门源回族自治县 414
珠河街道……〔桂〕防城区 306
珠珊镇……〔赣〕渝水区 225
珠泉街道……〔赣〕袁州区 229
珠泉镇……〔湘〕嘉禾县 284
珠晖区……〔湘〕衡阳市 279
珠海市……〔粤〕 293
珠海街道……〔鲁〕黄岛区 236
珠海路街道……〔鲁〕市南区 236
珠琳镇……〔滇〕广南县 377
珠斯花街道……〔蒙〕霍林郭勒市 138
珠街街道……〔滇〕麒麟区 370
珠街镇……〔滇〕广南县 376
珠街彝族乡……〔滇〕昌宁县 371
珠湖乡……〔赣〕鄱阳县 232
珠溪镇……〔渝〕大足区 318
珠嘉镇……〔川〕仁寿县 341
珠藏镇……〔黔〕织金县 361
珠藏镇……〔黔〕瓮安县 365
珞珈山街道……〔鄂〕武昌区 267
珞南街道……〔鄂〕洪山区 267
珞璜镇……〔渝〕江津区 319
班戈县……〔藏〕那曲市 385
班卡乡……〔滇〕永德县 374
班吉塔镇……〔辽〕凌海市 150
班老乡……〔滇〕沧源佤族自治县 374
班竹镇……〔黔〕正安县 358
班庄镇……〔苏〕赣榆区 183
班玛县……〔青〕果洛藏族自治州 415
班佑乡……〔川〕若尔盖县 349
班迪尔乡……
……〔新〕塔什库尔干塔吉克自治县 427
班洪乡……〔滇〕沧源佤族自治县 374
珲春市……〔吉〕延边朝鲜族自治州 162
敖力布皋镇……〔蒙〕科尔沁左翼中旗 137
敖山镇……〔赣〕上高县 229
敖平镇……〔川〕彭州市 328
敖东镇……〔闽〕平潭县 214
敖尔金街道……〔蒙〕满洲里市 139
敖包苏木……〔蒙〕科尔沁左翼中旗 137
敖市镇……〔黔〕黎平县 364
敖汉旗……〔蒙〕赤峰市 137
敖伦布拉格镇……〔蒙〕阿拉善左旗 141
敖江镇……〔闽〕连江县 213
敖阳街道……〔赣〕上高县 229
敖其镇……〔黑〕郊区 170
敖林西伯乡……
……〔黑〕杜尔伯特蒙古族自治县 169

（十画）敖素蚕盏捞栽埔振赶起盐埕袁挹都哲换挽热恐埌壶埇埃耿耽聂莆恭

敖城镇……〔赣〕吉安县 228
敖泉镇……〔湘〕桂阳县 284
敖润苏莫苏木……〔蒙〕敖汉旗 137
敖家堡乡……〔辽〕清原满族自治县 148
敖家镇……〔川〕犍为县 337
敖勒召其镇……〔蒙〕鄂托克前旗 138
敖鲁古雅鄂温克民族乡…〔蒙〕根河市 139
敖溪镇……〔黔〕余庆县 359
敖寨侗族乡……〔黔〕万山区 362
素龙街道……〔粤〕罗定市 300
素朴镇……〔黔〕黔西县 360
素社街道……〔粤〕海珠区 291
素珠营子乡……〔辽〕建昌县 154
蚕庄镇……〔鲁〕招远市 238
盏西镇……〔滇〕盈江县 378
捞刀河街道……〔湘〕开福区 277
栽麻镇……〔黔〕榕江县 364
埔上镇……〔闽〕顺昌县 217
埔田镇……〔粤〕揭东区 300
埔前镇……〔粤〕源城区 298
埔寨镇……〔粤〕丰顺县 297
振太镇……〔滇〕镇沅彝族哈尼族拉祜族 373
振中街道……〔豫〕红旗区 254
振文镇……〔粤〕吴川市 295
振头街道……〔冀〕桥西区 107
振华南街街道……〔晋〕城区 123
振华路街道……〔鲁〕李沧区 236
振江街道……〔黑〕道外区 165
振江镇……〔辽〕宽甸满族自治县 149
振兴乡……〔黑〕汤原县 170
振兴区……〔辽〕丹东市 149
振兴中路街道……〔黑〕四方台区 169
振兴东路街道……〔黑〕四方台区 169
振兴街街道……〔鲁〕槐荫区 235
振兴街道……〔冀〕丰南区 109
振兴街道……〔晋〕孝义市 131
振兴街道……〔蒙〕松山区 136
振兴街道……〔辽〕兴隆台区 152
振兴街道……〔鲁〕茌平县 244
振兴街道……〔陕〕阎良区 389
振兴镇……〔辽〕西丰县 152
振安区……〔辽〕丹东市 149
振安街街道……〔新〕水磨沟区 423
振林街道……〔豫〕林州市 253
赶水镇……〔渝〕綦江区 318
赶场镇……〔川〕南江县 347
起凤镇……〔鲁〕桓台县 237
起台镇……〔豫〕柘城县 259
起坞乡……〔川〕石渠县 351
起步镇……〔闽〕罗源县 213
盐山县……〔冀〕沧州市 118
盐山镇……〔冀〕盐山县 118
盐井乡……〔湘〕永顺县 288
盐井街道……〔渝〕合川区 319
盐井镇……〔湘〕澧县 282
盐井镇……〔川〕盐源县 352
盐井镇……〔滇〕盐津县 372
盐井镇……〔陇〕漳县 407
盐仓街道……〔浙〕定海区 195
盐仓镇……〔黔〕威宁彝族回族苗族自治县 361
盐龙街道……〔苏〕盐都区 184
盐东镇……〔苏〕亭湖区 184
盐田区……〔粤〕深圳市 293
盐田河镇……〔鄂〕麻城市 273
盐田街道……〔粤〕盐田区 293
盐田畲族乡……〔闽〕霞浦县 219
盐市口街道……〔川〕锦江区 327
盐边县……〔川〕攀枝花市 330
盐场堡镇……〔陕〕定边县 395
盐场路街道……〔陇〕城关区 401
盐场镇……〔陕〕镇巴县 395
盐州路街道……〔宁〕盐池县 419
盐池县……〔宁〕吴忠市 419
盐池河镇……〔鄂〕丹江口市 269
盐池湾乡……〔陇〕肃北蒙古族自治县 405
盐池镇……〔新〕伊吾县 424
盐店镇……〔川〕剑阁县 334
盐河乡……〔川〕旺苍县 334
盐河镇……〔苏〕清江浦区 183
盐官镇……〔浙〕海宁市 192
盐官镇……〔陇〕礼县 408
盐城市……〔苏〕 184
盐盆街道……〔浙〕乐清市 192
盐亭县……〔川〕绵阳市 332
盐津县……〔滇〕昭通市 372
盐津街道……〔黔〕仁怀市 359
盐都区……〔苏〕盐城市 184
盐都街道……〔豫〕叶县 252
盐鸿镇……〔粤〕澄海区 293
盐渎街道……〔苏〕盐都区 184
盐锅峡镇……〔陇〕永靖县 408
盐湖区……〔晋〕运城市 127
盐湖街道……〔新〕达坂城区 423
盐窝镇……〔鲁〕利津县 238
盐塘乡……〔川〕盐源县 352
盐源县……〔川〕凉山彝族自治州 352
盐源镇……〔滇〕镇雄县 372
盐溪乡……〔川〕嘉陵区 338
盐镇乡……〔豫〕宜阳县 251
埕口镇……〔鲁〕无棣县 245
袁市镇……〔川〕邻水县 343
袁老乡……〔豫〕商水县 261
袁冲乡……〔鄂〕老河口市 270
袁庄乡……〔豫〕新密市 249
袁庄镇……〔苏〕如东县 182
袁州区……〔赣〕宜春市 229
袁坊乡……〔豫〕祥符区 250
袁花镇……〔浙〕海宁市 192
袁店回族乡……〔豫〕方城县 258
袁河街道……〔赣〕渝水区 225
袁驿镇……〔渝〕梁平区 321
袁桥镇……〔鲁〕德城区 243
袁家庄街道……〔陕〕佛坪县 395
袁家溪乡……〔川〕马边彝族自治县 338
袁家镇……〔湘〕嘉禾县 284
袁家镇……〔湘〕中方县 286
袁集乡……〔苏〕淮阴区 183
袁集镇……〔皖〕颍州区 206
袁渡镇……〔赣〕丰城市 230
袁寨镇……〔皖〕颍东区 206
袁寨镇……〔豫〕正阳县 263
挹江门街道……〔苏〕鼓楼区 179
都瓦乡……〔藏〕边坝县 383
都匀市…〔黔〕黔南布依族苗族自治州 365
都龙镇……〔滇〕马关县 376
都平镇……〔粤〕封开县 296
都兰县…〔青〕海西蒙古族藏族自治州 415
都司镇……〔鲁〕牡丹区 246
都司镇……〔豫〕邓州市 258
都江堰市……〔川〕成都市 328
都江镇……〔黔〕三都水族自治县 365
都安乡……〔桂〕德保县 308
都安瑶族自治县……〔桂〕河池市 309
都阳路街道……〔冀〕青龙满族自治县 110
都阳镇……〔桂〕大化瑶族自治县 309
都坝乡……〔川〕北川羌族自治县 333
都杨镇……〔粤〕云安区 300
都来提巴格街道……〔新〕伊宁市 428
都里镇……〔豫〕安阳县 253
都坪镇……〔黔〕镇远县 364
都拉布依族乡……〔黔〕白云区 357
都林街道……〔蒙〕乌兰浩特市 140
都昌县……〔赣〕九江市 225
都昌街道……〔鲁〕昌邑市 239
都昌镇……〔赣〕都昌县 225
都京街道……〔川〕高坪区 338
都城镇……〔粤〕郁南县 300
都亭乡……〔冀〕唐县 114
都亭街道……〔鄂〕利川市 274
都结乡……〔桂〕隆安县 303
都格镇……〔黔〕水城县 357
都党乡……〔冀〕磁县 111
都斛镇……〔粤〕台山市 294
都康乡……〔桂〕天等县 310
都尉街道……〔川〕嘉陵区 338
都督乡……〔渝〕丰都县 321
都镇湾镇……〔鄂〕长阳土家族自治县 269
都濡街道…〔黔〕务川仡佬族苗族自治县 359
哲古镇……〔藏〕措美县 384
哲庄镇……〔黔〕赫章县 361
哲觉镇……〔黔〕威宁彝族回族苗族自治县 361
哲桥镇……〔湘〕耒阳市 280
换马店镇……〔冀〕宁晋县 112
挽澜镇……〔黔〕贞丰县 363
热瓦乡……〔藏〕索县 385
热水乡……〔青〕都兰县 415
热水汤街道……〔辽〕凌源市 153
热水河乡……〔川〕金阳县 353
热水镇……〔湘〕汝城县 285
热水镇……〔粤〕和平县 298
热水镇……〔滇〕宣威市 370
热玉乡……〔藏〕边坝县 383
热打乡……〔川〕理塘县 351
热龙乡……〔藏〕江孜县 381
热尔乡……〔川〕若尔盖县 349
热市镇……〔湘〕桃源县 283
热加乡……〔川〕白玉县 350
热当乡……〔藏〕南木林县 381
热河南路街道……〔苏〕鼓楼区 179
热河镇……〔川〕德昌县 352
热帮乡……〔藏〕日土县 385
热荣乡……〔藏〕隆子县 384
热柯依达乡……〔川〕喜德县 353
热柯觉乡……〔川〕金阳县 353
热柘镇……〔粤〕平远县 297
热索乡……〔藏〕江孜县 381
热萨乡……〔藏〕拉孜县 382
热斯坦街道……〔新〕库车县 425
恐龙山镇……〔滇〕禄丰县 375
恐龙乡……〔川〕岳池县 343
埌南镇……〔桂〕藤县 305
壶口镇……〔晋〕吉县 130
壶口镇……〔陕〕宜川县 393
壶山街道……〔浙〕武义县 194
壶天镇……〔湘〕湘乡市 279
壶关县……〔晋〕长治市 125
壶峤镇……〔赣〕广丰区 231
壶泉镇……〔晋〕广灵县 124
壶瓶山镇……〔湘〕石门县 283
壶镇镇……〔浙〕缙云县 197
埇桥区……〔皖〕宿州市 207
埇桥街道……〔皖〕埇桥区 207
埃西乡……〔藏〕卡若区 383
耿马傣族佤族自治县……〔滇〕临沧市 374
耿马镇……〔滇〕双江拉祜族佤族布朗族傣族自治县 374
耿车镇……〔苏〕宿城区 186
耿圩镇……〔苏〕沭阳县 186
耿达镇……〔川〕汶川县 348
耿庄桥镇……〔冀〕宁晋县 112
耿庄镇……〔辽〕海城市 148
耿城镇……〔皖〕黄山区 205
耿家营彝族苗族乡……〔滇〕宜良县 369
耿黄镇……〔豫〕凤泉区 254
耿棚镇……〔皖〕颍上县 207
耿湾乡……〔陇〕环县 405
耿镇街道……〔陕〕高陵区 389
耿镇镇……〔晋〕五台县 128
耽子镇……〔晋〕临猗县 127
聂日雄乡……〔藏〕桑珠孜区 381
聂市镇……〔湘〕临湘市 282
聂当乡……〔藏〕曲水县 381
聂拉木县……〔藏〕日喀则市 382
聂拉木镇……〔藏〕聂拉木县 382
聂呷乡……〔川〕丹巴县 349
聂荣县……〔藏〕那曲市 385
聂荣镇……〔藏〕聂荣县 385
聂都乡……〔赣〕崇义县 226
聂桥镇……〔赣〕德安县 225
聂家河镇……〔鄂〕宜昌市 269
聂家桥乡……〔湘〕汉寿县 282
聂家满族乡……〔辽〕清河区 152
聂堆镇……〔豫〕西华县 261
聂营镇……〔晋〕代县 129
莆田市……〔闽〕 214
莆美镇……〔闽〕云霄县 216
恭门镇……〔陇〕张家川回族自治县 403

（十画）恭莽莱莲莫莪荷获荻莘晋恶莎莞莺真莼桂

恭六乡……〔黑〕望奎县 171
恭城瑶族自治县……〔桂〕桂林市 305
恭城镇……〔桂〕恭城瑶族自治县 305
莽山瑶族乡……〔湘〕宜章县 284
莽卡满族乡……〔吉〕九台区 157
莽张镇……〔豫〕罗山县 260
莽岭乡……〔藏〕芒康县 383
莽格吐达斡尔族乡……〔黑〕梅里斯达斡尔族区 167
莱山区……〔鲁〕烟台市 238
莱山街道……〔鲁〕莱山区 238
莱西市……〔鲁〕青岛市 236
莱州市……〔鲁〕烟台市 238
莱阳市……〔鲁〕烟台市 238
莱芜市……〔鲁〕 242
莱河镇……〔鲁〕单县 246
莱城区……〔鲁〕莱芜市 242
莱溪乡……〔赣〕南丰县 231
莲下镇……〔粤〕澄海区 293
莲上镇……〔粤〕澄海区 293
莲山街道……〔辽〕普兰店区 147
莲山镇……〔桂〕富川瑶族自治县 309
莲子铺镇……〔冀〕隆尧县 112
莲云乡……〔皖〕岳西县 205
莲印乡……〔川〕大竹县 344
莲华街道……〔滇〕五华区 369
莲华镇……〔粤〕澄海区 293
莲庄镇……〔豫〕宜阳县 251
莲江口镇……〔黑〕郊区 170
莲池乡……〔滇〕永仁县 375
莲池区……〔冀〕保定市 113
莲池镇……〔川〕西充县 340
莲花山乡……〔赣〕鄱阳县 232
莲花乡……〔吉〕舒兰市 158
莲花乡……〔川〕安居区 335
莲花寺镇……〔陕〕华州区 392
莲花池街道……〔晋〕离石区 131
莲花池街道……〔川〕龙马潭区 330
莲花县……〔赣〕萍乡市 224
莲花街道……〔吉〕昌邑区 158
莲花街道……〔豫〕西峡县 258
莲花街道……〔豫〕项城市 262
莲花街道……〔粤〕福田区 292
莲花街道……〔川〕雁江区 347
莲花街道……〔陕〕城固县 394
莲花湖街道……〔豫〕遂平县 263
莲花塘乡……〔滇〕西畴县 376
莲花滩乡……〔冀〕沽源县 116
莲花滩乡……〔滇〕河口瑶族自治县 376
莲花镇……〔辽〕开原市 153
莲花镇……〔黑〕呼兰区 165
莲花镇……〔黑〕林口县 170
莲花镇……〔黑〕望奎县 171
莲花镇……〔浙〕建德市 190
莲花镇……〔浙〕衢江区 195
莲花镇……〔闽〕同安区 214
莲花镇……〔赣〕濂溪区 224
莲花镇……〔豫〕舞阳县 256
莲花镇……〔湘〕岳麓区 277
莲花镇……〔粤〕鼎湖区 295
莲花镇……〔桂〕恭城瑶族自治县 305
莲花镇……〔川〕贡井区 329
莲花镇……〔川〕兴文县 342
莲花镇……〔陇〕秦安县 402
莲花镇……〔陇〕临夏县 408
莲城街道……〔黔〕黔西县 360
莲城街道……〔黔〕晴隆县 363
莲城镇……〔滇〕广南县 376
莲前街道……〔闽〕思明区 214
莲洲乡……〔赣〕永新县 229
莲洲镇……〔粤〕斗门区 293
莲都区……〔浙〕丽水市 196
莲都镇……〔粤〕封开县 296
莲荷乡……〔赣〕横峰县 232
莲峰镇……〔闽〕连城县 219
莲峰镇……〔滇〕永善县 372
莲峰镇……〔陇〕渭源县 406
莲湖乡……〔赣〕鄱阳县 232
莲湖区……〔陕〕西安市 389
莲塘坳镇……〔湘〕攸县 278
莲塘街道……〔粤〕罗湖区 292
莲塘镇……〔闽〕浦城县 217
莲塘镇……〔赣〕南昌县 223
莲塘镇……〔湘〕桂阳县 284
莲塘镇……〔粤〕高要区 296
莲塘镇……〔桂〕横县 303
莲塘镇……〔桂〕八步区 308
莲新街道……〔川〕锦江区 327
莲麓镇……〔陇〕康乐县 408
莫力达瓦达斡尔族自治旗……〔蒙〕呼伦贝尔市 138
莫力庙苏木……〔蒙〕科尔沁区 137
莫干山镇……〔浙〕德清县 193
莫云乡……〔青〕杂多县 415
莫尔道嘎镇……〔蒙〕额尔古纳市 139
莫多乡……〔川〕理塘县 351
莫红乡……〔川〕雷波县 354
莫坝乡……〔川〕理塘县 351
莫坝乡……〔青〕达日县 415
莫村镇……〔粤〕德庆县 296
莫里青乡……〔吉〕伊通满族自治县 159
莫城街道……〔苏〕常熟市 181
莫洛镇……〔藏〕贡觉县 383
莫莫格蒙古族乡……〔吉〕镇赉县 161
莫特格乡……〔新〕和布克赛尔蒙古自治县 429
莫高镇……〔陇〕敦煌市 405
莫斯台街道……〔蒙〕霍林郭勒市 138
莫愁湖街道……〔苏〕建邺区 179
莪山畲族乡……〔浙〕桐庐县 190
荷叶乡……〔川〕蓬溪县 335
荷叶地街道……〔皖〕蜀山区 201
荷叶镇……〔湘〕桂阳县 284
荷叶镇……〔湘〕双峰县 287
荷田乡……〔湘〕隆回县 281
荷地镇……〔浙〕庆元县 197
荷尧镇……〔赣〕湘东区 224
荷花山镇……〔辽〕庄河市 147
荷花乡……〔赣〕井冈山市 229
荷花池街道……〔苏〕钟楼区 181
荷花池街道……〔川〕金牛区 327
荷花园街道……〔湘〕芙蓉区 277
荷花街道……〔浙〕柯城区 195
荷花街道……〔湘〕浏阳市 277
荷花路街道……〔鲁〕历城区 235
荷花路街道……〔豫〕川汇区 261
荷花镇……〔粤〕高州市 295
荷花镇……〔滇〕腾冲市 371
荷岭镇……〔赣〕高安市 230
荷城街道……〔粤〕高明区 293
荷城街道……〔黔〕钟山区 357
荷香桥镇……〔湘〕隆回县 280
荷泉街道……〔黔〕钟山区 357
荷浦乡……〔赣〕新干县 228
荷湖乡……〔赣〕丰城市 230
荷塘乡……〔赣〕昌江区 223
荷塘乡……〔赣〕莲花县 224
荷塘区……〔湘〕株洲市 278
荷塘街道……〔湘〕岳塘区 278
荷塘镇……〔湘〕涟源市 288
荷塘镇……〔粤〕蓬江区 294
荷塘镇……〔粤〕高州市 295
荷源乡……〔赣〕黎川县 231
获各琦苏木……〔蒙〕乌拉特后旗 139
获鹿镇……〔冀〕鹿泉区 107
获嘉县……〔豫〕新乡市 254
荻垛镇……〔苏〕兴化市 186
荻港镇……〔皖〕繁昌县 202
莘口镇……〔闽〕三元区 214
莘庄镇……〔沪〕闵行区 175
莘州街道……〔鲁〕莘县 244
莘县……〔鲁〕聊城市 244
莘畈乡……〔浙〕婺城区 194
莘亭街道……〔鲁〕莘县 244
莘塍街道……〔浙〕瑞安市 192
晋中市……〔晋〕 126
晋宁区……〔滇〕昆明市 369
晋华宫街道……〔晋〕矿区 123
晋华街道……〔晋〕榆次区 126
晋庄镇……〔冀〕高阳县 114
晋庄镇……〔晋〕壶关县 125
晋庄镇……〔豫〕社旗县 258
晋州市……〔冀〕石家庄市 108
晋州镇……〔冀〕晋州市 108
晋江市……〔闽〕泉州市 216
晋安区……〔闽〕福州市 213
晋阳街道……〔川〕武侯区 327
晋贤乡……〔川〕昭化区 334
晋昌镇……〔晋〕定襄县 128
晋庙铺镇……〔晋〕泽州县 126
晋城市……〔晋〕 125
晋城镇……〔川〕西充县 340
晋城镇……〔滇〕晋宁区 369
晋祠镇……〔晋〕晋源区 123
晋屏镇……〔湘〕嘉禾县 285
晋原街道……〔川〕大邑县 328
晋源区……〔晋〕太原市 123
晋源街道……〔晋〕晋源区 123
晋熙镇……〔皖〕太湖县 204
恶古乡……〔川〕雅江县 350
恶虎滩乡……〔晋〕兴县 131
莎车县……〔新〕喀什地区 426
莎车镇……〔新〕莎车县 426
莞城街道……〔粤〕东莞市 299
莺歌海镇……〔琼〕乐东黎族自治县 314
真龙镇……〔川〕合江县 330
真达乡……〔川〕石渠县 351
真州镇……〔苏〕仪征市 185
真阳街道……〔豫〕正阳县 263
真如镇街道……〔沪〕普陀区 175
真武山街道……〔鄂〕襄城区 269
真武山街道……〔黔〕兴仁县 363
真武洞街道……〔陕〕安塞区 393
真武镇……〔苏〕江都区 185
真新街道……〔沪〕嘉定区 176
真源街道……〔豫〕鹿邑县 262
真静乡……〔川〕武胜县 343
莼湖镇……〔浙〕奉化区 190
桂山乡……〔浙〕文成县 192
桂山街道……〔滇〕新平彝族傣族自治县 371
桂山镇……〔粤〕香洲区 293
桂云花满族乡……〔辽〕庄河市 147
桂五镇……〔苏〕盱眙县 183
桂平市……〔桂〕贵港市 307
桂东县……〔湘〕郴州市 285
桂头镇……〔粤〕乳源瑶族自治县 292
桂圩镇……〔粤〕郁南县 300
桂竹帽镇……〔赣〕寻乌县 227
桂兴镇……〔川〕前锋区 342
桂阳乡……〔闽〕德化县 216
桂阳县……〔湘〕郴州市 284
桂阳街道……〔渝〕垫江县 321
桂花乡……〔川〕古蔺县 331
桂花乡……〔川〕顺庆区 338
桂花乡……〔川〕雷波县 354
桂花乡……〔黔〕金沙县 361
桂花井镇……〔川〕隆昌市 336
桂花园乡……〔湘〕洪江市 287
桂花坪街道……〔湘〕天心区 277
桂花泉镇……〔鄂〕崇阳县 273
桂花桥街道……〔黔〕播州区 358
桂花桥镇……〔川〕峨眉山市 338
桂花街道……〔豫〕淮滨县 261
桂花街道……〔湘〕荷塘区 278
桂花镇……〔鄂〕咸安区 273
桂花镇……〔川〕彭州市 328
桂花镇……〔川〕船山区 335
桂花镇……〔滇〕大姚县 375
桂村乡……〔豫〕建安区 256
桂园街道……〔豫〕林州市 253
桂园街道……〔粤〕罗湖区 292
桂林乡……〔闽〕邵武市 218
桂林市……〔桂〕 304
桂林街道……〔辽〕中山区 146
桂林街道……〔吉〕朝阳区 157
桂林街道……〔闽〕漳平市 219
桂林街道……〔赣〕瑞昌市 225
桂林街道……〔渝〕潼南区 320
桂林路街道……〔陇〕金川区 401
桂林镇……〔皖〕歙县 205
桂林镇……〔豫〕林州市 253

（十画）桂桔栲桠郴桓栖桐桤株桥桦桧桃

桂果镇……〔黔〕织金县 361
桂岭镇……〔粤〕揭东区 300
桂岭镇……〔桂〕八步区 308
桂城街道……〔粤〕南海区 293
桂城街道……〔粤〕鼎湖区 295
桂洋镇……〔闽〕永春县 216
桂集镇……〔皖〕凤台县 203
桂塘镇……〔湘〕龙山县 288
桂溪街道……〔渝〕垫江县 321
桂溪街道……〔川〕武侯区 327
桂溪镇……〔川〕北川羌族自治县 333
桔山街道……〔黔〕兴义市 363
桔子洲街道……〔湘〕岳麓区 277
桔园镇……〔陕〕城固县 394
桔林乡……〔闽〕闽清县 213
桔柑乡……〔陇〕武都区 407
栲栳镇……〔晋〕永济市 128
桠杈镇……〔桂〕隆林各族自治县 308
桠溪镇……〔苏〕高淳区 179
郴州市……〔湘〕 284
郴江街道……〔湘〕北湖区 284
桓仁满族自治县……〔辽〕本溪市 149
桓仁镇……〔辽〕桓仁满族自治县 149
桓台县……〔鲁〕淄博市 237
桓洞镇……〔辽〕台安县 147
栖山镇……〔苏〕沛县 180
栖凤街道……〔黔〕安龙县 363
栖凤渡镇……〔湘〕苏仙区 284
栖贤乡……〔川〕金堂县 328
栖霞区……〔苏〕南京市 179
栖霞市……〔鲁〕烟台市 239
栖霞街道……〔苏〕栖霞区 179
栖霞镇……〔渝〕云阳县 322
桐山乡……〔湘〕洞口县 281
桐山街道……〔湘〕宁远县 286
桐山街道……〔闽〕福鼎市 219
桐川镇……〔陇〕庆城县 405
桐子林镇……〔川〕盐边县 330
桐乡市……〔浙〕嘉兴市 192
桐乡街道……〔豫〕兰考县 250
桐木坪侗族乡……〔黔〕碧江区 362
桐木漯瑶族乡……〔湘〕宁远县 286
桐木镇……〔赣〕上栗县 224
桐木镇……〔湘〕中方县 286
桐木镇……〔桂〕金秀瑶族自治县 310
桐木镇……〔陕〕旬阳县 397
桐丘街道……〔豫〕扶沟县 261
桐屿街道……〔浙〕路桥区 196
桐村镇……〔浙〕开化县 195
桐庐县……〔浙〕杭州市 189
桐君街道……〔浙〕桐庐县 189
桐坪乡……〔川〕南部县 339
桐坪镇……〔赣〕吉安县 228
桐林乡……〔赣〕峡江县 228
桐林镇……〔黔〕三穗县 364
桐岭镇……〔桂〕武宣县 310
桐河乡……〔豫〕唐河县 258
桐城市……〔皖〕安庆市 205
桐城街道……〔闽〕福鼎市 219
桐城镇……〔晋〕闻喜县 128
桐柏县……〔豫〕南阳市 258
桐柏路街道……〔豫〕中原区 249
桐畈镇……〔赣〕广丰区 231
桐峪镇……〔晋〕左权县 127
桐峪镇……〔陕〕潼关县 392
桐浦镇……〔浙〕瑞安市 192
桐梓县……〔黔〕遵义市 358
桐梓镇……〔渝〕武隆区 321
桐梓镇……〔川〕江安县 341
桐琴镇……〔浙〕武义县 194
桐棉镇……〔桂〕宁明县 310
桐楼乡…〔渝〕彭水苗族土家族自治县 323
桐源乡……〔赣〕临川区 230
桐寨铺镇……〔豫〕唐河县 258
桤泉镇……〔川〕崇州市 328
株木山街道……〔湘〕汉寿县 282
株良镇……〔赣〕南城县 230
株林镇……〔鄂〕蕲春县 272
株洲市……〔湘〕 278
株洲县……〔湘〕株洲市 278
株潭镇……〔赣〕万载县 229
桥下镇……〔浙〕永嘉县 191
桥上乡……〔晋〕壶关县 125
桥上镇……〔晋〕翼城县 130
桥山街道……〔陕〕黄陵县 394
桥中街道……〔粤〕荔湾区 291
桥龙乡……〔川〕嘉陵区 338
桥东区……〔冀〕邢台市 112
桥东区……〔冀〕张家口市 115
桥东街道……〔冀〕沙河市 113
桥东街道……〔冀〕双桥区 117
桥东街道……〔晋〕迎泽区 123
桥东街道……〔蒙〕集宁区 140
桥东街道……〔粤〕惠城区 296
桥东街道……〔粤〕湘桥区 299
桥东镇……〔闽〕诏安县 217
桥东镇……〔赣〕丰城市 230
桥北乡……〔豫〕原阳县 254
桥北街道……〔蒙〕红山区 136
桥北街道……〔辽〕北票市 153
桥市乡……〔湘〕桂阳县 284
桥市乡……〔湘〕江华瑶族自治县 286
桥市镇……〔鄂〕监利县 272
桥头乡……〔冀〕深泽县 108
桥头乡……〔冀〕易县 114
桥头乡……〔赣〕于都县 227
桥头乡……〔湘〕永定区 283
桥头乡……〔湘〕桂东县 285
桥头乡……〔陇〕礼县 408
桥头苗族壮族乡……
……〔滇〕河口瑶族自治县 376
桥头河镇……〔湘〕涟源市 288
桥头胡街道……〔浙〕宁海县 190
桥头集镇……〔皖〕肥东县 201
桥头街道……〔晋〕矿区 124
桥头街道……〔辽〕平山区 148
桥头街道……〔湘〕双清区 280
桥头溪乡……〔湘〕辰溪县 286
桥头镇……〔晋〕保德县 129
桥头镇……〔蒙〕翁牛特旗 137
桥头镇……〔苏〕姜堰区 185
桥头镇……〔浙〕永嘉县 191
桥头镇……〔浙〕慈溪市 191
桥头镇……〔皖〕明光市 206
桥头镇……〔赣〕泰和县 228
桥头镇……〔鲁〕环翠区 241
桥头镇……〔豫〕社旗县 258
桥头镇……〔湘〕道县 286
桥头镇……〔粤〕怀集县 296
桥头镇……〔粤〕东莞市 299
桥头镇……〔粤〕英德市 299
桥头镇……〔琼〕屯昌县 314
桥头镇……〔渝〕石柱土家族自治县 323
桥头镇……〔川〕贡井区 329
桥头镇……〔陇〕文县 407
桥头镇……〔青〕大通回族土族自治县 413
桥边镇……〔鄂〕点军区 269
桥圩镇……〔桂〕港南区 306
桥寺乡……〔陇〕临夏县 408
桥巩镇……〔桂〕兴宾区 310
桥西乡……〔赣〕宜丰县 229
桥西区……〔冀〕石家庄市 107
桥西区……〔冀〕邢台市 112
桥西区……〔冀〕张家口市 115
桥西街道……〔冀〕沙河市 113
桥西街道……〔蒙〕集宁区 140
桥西街道……〔粤〕惠城区 296
桥自弯镇……〔湘〕桑植县 283
桥冲镇……〔粤〕陆丰市 297
桥江镇……〔湘〕溆浦县 286
桥沟街道……〔陕〕宝塔区 393
桥沟镇……〔川〕五通桥区 337
桥林街道……〔苏〕浦口区 179
桥板乡……〔桂〕融安县 304
桥底镇……〔陕〕泾阳县 391
桥驿镇……〔湘〕望城区 277
桥南街道……〔皖〕郊区 204
桥南街道……〔粤〕番禺区 291
桥南街道……〔陕〕渭滨区 390
桥南街道……〔陇〕麦积区 402
桥南镇……〔陕〕临渭区 392
桥亭乡……〔桂〕资源县 305
桥亭镇……〔川〕南江县 347
桥家河乡……〔冀〕易县 114
桥陵镇……〔陕〕蒲城县 392
桥梓镇……〔京〕怀柔区 100
桥湾镇……〔川〕达川区 343
桥楼乡……〔川〕青川县 334
桥楼乡……〔川〕阆中市 340
桥盟街道……〔豫〕淇县 253
桥溪乡……〔川〕苍溪县 335
桥墩镇……〔浙〕苍南县 191
桥镇乡……〔陕〕甘泉县 393
桦川县……〔黑〕佳木斯市 170
桦木林街道……〔黑〕恒山区 168
桦皮厂镇……〔吉〕昌邑区 158
桦甸市……〔吉〕吉林市 158
桦林乡……〔青〕大通回族土族自治县 413
桦林橡胶厂街道……〔黑〕阳明区 170
桦林镇……〔黑〕阳明区 170
桦林镇……〔陇〕武山县 403
桦郊乡……〔吉〕桦甸市 158
桦南县……〔黑〕佳木斯市 170
桦南镇……〔黑〕桦南县 170
桦树镇……〔吉〕临江市 161
桧溪镇……〔滇〕永善县 372
桃山区……〔黑〕七台河市 170
桃山镇……〔黑〕铁力市 169
桃川镇……〔湘〕江永县 286
桃川镇……〔陕〕太白县 391
桃子乡……〔川〕盐源县 352
桃水镇……〔湘〕攸县 278
桃龙藏族乡……〔川〕北川羌族自治县 333
桃仙街道……〔辽〕浑南区 145
桃尧镇……〔粤〕梅县区 297
桃舟乡……〔闽〕安溪县 216
桃合木苏木……〔蒙〕科尔沁右翼前旗 140
桃州镇……〔皖〕广德县 210
桃江乡……〔赣〕龙南县 227
桃江县……〔湘〕益阳市 284
桃红坡镇……〔晋〕交口县 131
桃坑乡……〔湘〕茶陵县 278
桃花山镇……〔鄂〕石首市 272
桃花仑街道……〔湘〕赫山区 283
桃花吐镇……〔辽〕双塔区 153
桃花江镇……〔湘〕桃江县 284
桃花源街道……
……〔渝〕酉阳土家族苗族自治县 323
桃花源镇……〔湘〕桃源县 283
桃花镇……〔冀〕蔚县 116
桃花镇……〔浙〕普陀区 195
桃花镇……〔皖〕肥西县 201
桃花镇……〔赣〕西湖区 223
桃花镇……〔川〕宣汉县 344
桃花潭镇……〔皖〕泾县 210
桃村镇……〔鲁〕栖霞市 239
桃园乡……〔川〕嘉陵区 338
桃园街道……〔津〕河西区 103
桃园街道……〔冀〕涿州市 115
桃园街道……〔晋〕古交市 123
桃园街道……〔吉〕二道江区 160
桃园街道……〔苏〕泉山区 180
桃园街道……〔鲁〕荣成市 241
桃园街道……〔鲁〕平原县 244
桃园街道……〔陕〕王益区 390
桃园路街道……〔陕〕莲湖区 389
桃园镇……〔冀〕长安区 107
桃园镇……〔冀〕晋州市 108
桃园镇……〔苏〕睢宁县 180
桃园镇……〔皖〕埇桥区 207
桃园镇……〔鲁〕肥城市 241
桃沟乡……〔皖〕埇桥区 207
桃陂镇……〔赣〕宜黄县 231
桃坪乡……〔川〕长宁县 342
桃坪乡……〔川〕金阳县 353
桃坪镇……〔川〕理县 348
桃林寺镇……〔湘〕汨罗市 282
桃林铺镇……〔豫〕潢川县 261
桃林镇……〔苏〕东海县 183
桃林镇……〔鲁〕诸城市 239

（十画）桃格校核样根索栗贾配夏砟砣破原套逐烈顾

桃林镇……〔湘〕临湘市 282
桃林镇……〔黔〕习水县 359
桃矿街道……〔湘〕临湘市 282
桃岭乡……〔皖〕金寨县 209
桃城区……〔冀〕衡水市 120
桃城镇……〔闽〕永春县 216
桃城镇……〔桂〕大新县 310
桃映镇……〔黔〕江口县 362
桃洪镇……〔湘〕隆回县 280
桃浦镇……〔沪〕普陀区 175
桃渚镇……〔浙〕临海市 196
桃源乡……〔赣〕崇仁县 231
桃源乡……〔鄂〕竹溪县 268
桃源乡…〔黔〕道真仡佬族苗族自治县 359
桃源回族乡……〔滇〕鲁甸县 372
桃源县……〔湘〕常德市 283
桃源集镇……〔鲁〕曹县 246
桃源街道……〔辽〕中山区 146
桃源街道……〔吉〕南关区 157
桃源街道……〔浙〕宁海县 190
桃源街道……〔赣〕西湖区 223
桃源街道……〔赣〕弋阳县 232
桃源街道……〔粤〕南山区 292
桃源路街道……〔皖〕花山区 203
桃源镇……〔苏〕吴江区 181
桃源镇……〔闽〕大田县 215
桃源镇……〔粤〕鹤山市 294
桃源镇……〔粤〕大埔县 297
桃溪乡……〔赣〕新干县 228
桃溪镇……〔浙〕武义县 194
桃溪镇……〔皖〕舒城县 209
桃溪镇……〔闽〕武平县 218
桃溪镇……〔豫〕内乡县 258
桃墟镇……〔鲁〕蒙阴县 243
桃镇……〔陕〕米脂县 395
桃蹊路街道……〔川〕成华区 327
格木乡……〔川〕理塘县 351
格日勒敖都苏木……〔蒙〕二连浩特市 141
格日朝鲁苏木……〔蒙〕扎鲁特旗 138
格日僧苏木……〔蒙〕翁牛特旗 137
格凸河镇…〔黔〕紫云苗族布依族自治县 360
格尔木市…〔青〕海西蒙古族藏族自治州 415
格西乡……〔川〕道孚县 350
格达乡……〔藏〕当雄县 381
格达良乡……〔新〕阿图什市 426
格当乡……〔藏〕墨脱县 384
格里坪镇……〔川〕西区 330
格林镇……〔黔〕正安县 358
格宗乡……〔川〕丹巴县 349
格宜镇……〔滇〕宣威市 370
格孟乡……〔川〕石渠县 351
格咱乡……〔滇〕香格里拉市 378
格朗和哈尼族乡……〔滇〕勐海县 377
格萨拉彝族乡……〔川〕盐边县 330
校椅镇……〔桂〕横县 303
核桃庄乡…〔青〕民和回族土族自治县 413
核桃园镇……〔冀〕广宗县 113
核桃园镇……〔鲁〕巨野县 246
核桃彝族白族乡……〔黔〕大方县 360
样子哨镇……〔吉〕辉南县 160
样田乡……〔冀〕赤城县 117
根子镇……〔粤〕高州市 295
根竹镇……〔桂〕港北区 306
根河市……〔蒙〕呼伦贝尔市 139
根思乡……〔苏〕泰兴市 186
根德营子乡……〔辽〕朝阳县 153
索乎日麻乡……〔青〕久治县 415
索加乡……〔青〕治多县 415
索伦镇……〔蒙〕科尔沁右翼前旗 140
索多西乡……〔藏〕芒康县 383
索池镇……〔陇〕成县 407
索县……〔藏〕那曲市 385
索罗乡……〔陇〕崆峒区 404
索金乡……〔藏〕南木林县 381
索河街道……〔豫〕荥阳市 249
索河街道……〔鄂〕蔡甸区 267
索珠乡……〔藏〕乃东区 384
索博日嘎镇……〔蒙〕巴林右旗 136
索雄乡……〔藏〕聂荣县 385
索堡镇……〔冀〕涉县 111
索镇街道……〔鲁〕桓台县 237
栗山镇……〔湘〕湘乡市 279
栗川镇……〔陇〕徽县 408
栗子乡……〔渝〕丰都县 321
栗子坪彝族乡……〔川〕石棉县 346
栗子房镇……〔辽〕庄河市 147
栗乡街道……〔冀〕迁西县 109
栗木镇……〔桂〕恭城瑶族自治县 305
栗江镇……〔湘〕衡南县 279
栗园镇……〔冀〕开平区 109
栗雨街道……〔湘〕天元区 278
栗树彝族傣族乡……〔滇〕云县 374
栗家庄乡……〔晋〕汾阳市 131
栗源镇……〔湘〕宜章县 284
栗溪镇……〔鄂〕东宝区 270
贾川乡……〔陇〕清水县 402
贾令镇……〔晋〕祁县 127
贾市庄镇……〔冀〕藁城区 107
贾加乡……〔青〕尖扎县 414
贾光乡……〔冀〕容城县 114
贾庄乡……〔晋〕朔城区 126
贾庄镇……〔冀〕井陉矿区 107
贾庄镇……〔鲁〕商河县 235
贾村乡……〔晋〕万荣县 128
贾村镇……〔冀〕望都县 114
贾村镇……〔陕〕陈仓区 390
贾汪区……〔苏〕徐州市 180
贾沙乡……〔滇〕个旧市 375
贾宋镇……〔冀〕南和县 112
贾宋镇……〔豫〕镇平县 258
贾岭镇……〔豫〕项城市 262
贾庙乡……〔鄂〕团风县 272
贾河乡……〔陇〕静宁县 405
贾河乡……〔陇〕宕昌县 407
贾洛镇……〔川〕阿坝县 349
贾峪镇……〔豫〕荥阳市 249
贾悦镇……〔鲁〕诸城市 239
贾家口镇……〔冀〕宁晋县 112
贾家屯乡……〔晋〕天镇县 124
贾家庄镇……〔晋〕汾阳市 131
贾家坪镇……〔陕〕延川县 393
贾家垣乡……〔晋〕柳林县 131
贾家营镇……〔冀〕宣化区 115
贾家镇……〔川〕简阳市 329
贾埫乡……〔宁〕海原县 420
贾得乡……〔晋〕尧都区 130
贾掌镇……〔晋〕长治县 125
贾楼乡……〔豫〕泌阳县 263
贾嗣镇……〔渝〕江津区 319
贾滩镇……〔豫〕鹿邑县 262
贾寨镇……〔鲁〕茌平县 244
贾寨镇……〔豫〕虞城县 259
贾镇……〔鲁〕冠县 245
贾豁乡……〔晋〕武乡县 125
配龙镇……〔川〕资中县 336
夏门镇……〔晋〕灵石县 127
夏马勒巴格镇……〔新〕喀什市 426
夏乡……〔新〕托克逊县 424
夏云镇……〔黔〕平坝区 359
夏日哈镇……〔青〕都兰县 415
夏邛镇……〔川〕理塘县 351
夏石镇……〔桂〕凭祥市 310
夏曲镇……〔藏〕比如县 385
夏合甫乡……〔新〕叶城县 427
夏各庄镇……〔京〕平谷区 100
夏庄街道……〔鲁〕城阳区 236
夏庄镇……〔冀〕故城县 120
夏庄镇……〔鲁〕高密市 239
夏庄镇……〔鲁〕荣成市 241
夏庄镇……〔鲁〕莒县 242
夏庄镇……〔豫〕息县 261
夏阳乡……〔闽〕明溪县 214
夏阳街道……〔沪〕青浦区 176
夏如乡……〔藏〕萨嘎县 382
夏玛乡……〔藏〕嘉黎县 385
夏玛勒乡……〔新〕巴楚县 427
夏坝镇……〔渝〕江津区 319
夏坊乡……〔闽〕明溪县 215
夏村镇……〔鲁〕乳山市 242
夏李乡……〔豫〕叶县 252
夏县……〔晋〕运城市 128
夏里乡……〔藏〕八宿县 383
夏邑县……〔豫〕商丘市 259
夏邱镇……〔鲁〕莱州市 238
夏甸镇……〔鲁〕招远市 239
夏层铺镇……〔湘〕江永县 286
夏张镇……〔鲁〕岱岳区 241
夏孜盖乡…〔新〕和布克赛尔蒙古自治县 429
夏茂镇……〔闽〕沙县 215
夏店镇……〔晋〕襄垣县 125
夏店镇……〔皖〕霍邱县 208
夏店镇……〔豫〕汝州市 252
夏店镇……〔鄂〕大悟县 271
夏河县……〔陇〕甘南藏族自治州 409
夏宜瑶族乡……〔桂〕蒙山县 305
夏官营镇……〔冀〕迁安市 110
夏官营镇……〔陇〕榆中县 401
夏垫镇……〔冀〕大厂回族自治县 120
夏郢镇……〔桂〕万秀区 305
夏畈镇……〔赣〕瑞昌市 225
夏阁镇……〔皖〕巢湖市 201
夏津县……〔鲁〕德州市 244
夏都街道……〔豫〕禹州市 256
夏桥镇……〔皖〕颍上县 207
夏格庄镇……〔鲁〕莱西市 236
夏铎铺镇……〔湘〕宁乡市 277
夏特柯尔克孜族乡……〔新〕昭苏县 428
夏造镇……〔赣〕万安县 229
夏家店乡……〔蒙〕松山区 136
夏家店街道……〔吉〕德惠市 158
夏家营镇……〔晋〕交城县 131
夏家堡镇……〔辽〕清原满族自治县 148
夏埠乡……〔赣〕月湖区 226
夏馆镇……〔豫〕内乡县 258
夏集镇……〔苏〕宝应县 185
夏集镇……〔皖〕凤台县 203
夏集镇……〔豫〕邓州市 259
夏普吐勒镇……〔新〕伽师县 427
夏道镇……〔闽〕延平区 217
夏港街道……〔苏〕江阴市 180
夏港街道……〔粤〕黄埔区 291
夏塘镇……〔湘〕耒阳市 280
夏溪乡……〔川〕屏山县 342
夏蔚镇……〔鲁〕沂水县 243
夏镇街道……〔鲁〕微山县 240
夏履镇……〔浙〕柯桥区 193
砟子镇……〔吉〕江源区 160
砣矶镇……〔鲁〕长岛县 238
破凉镇……〔皖〕宿松县 204
破鲁堡乡……〔晋〕新荣区 124
原公镇……〔陕〕城固县 394
原平市……〔晋〕忻州市 129
原州区……〔宁〕固原市 420
原兴街道……〔豫〕原阳县 254
原安乡……〔陇〕静宁县 405
原阳县……〔豫〕新乡市 254
原村乡……〔晋〕高平市 126
原武镇……〔豫〕原阳县 254
原店镇……〔豫〕陕州区 257
原相乡……〔晋〕古交市 123
原康镇……〔豫〕林州市 253
原墙镇……〔皖〕太和县 207
套里庄乡……〔冀〕尚义县 116
套浩太乡……
……〔吉〕前郭尔罗斯蒙古族自治县 161
逐卜乡……〔桂〕龙州县 310
烈士乡……〔川〕荥经县 345
烈山区……〔皖〕淮北市 203
烈山镇……〔皖〕烈山区 203
烈太乡……〔川〕荥经县 345
烈面镇……〔川〕武胜县 343
烈堡乡……〔晋〕神池县 129
顾山镇……〔苏〕江阴市 180
顾村镇……〔沪〕宝山区 175
顾县镇……〔豫〕偃师市 251
顾县镇……〔川〕岳池县 342
顾里木图街道……〔新〕博乐市 424
顾官屯镇……〔鲁〕东昌府区 244
顾桥镇……〔皖〕凤台县 203
顾高镇……〔苏〕姜堰区 185

（十画）顾鄄轿顿致柴鸬监紧道党晒晓鸭晃晁晏趵瓯蚌蚬蚣哨圃哭恩唤啊崂迴罡峨峪峰崀峻钰钱钳钵铁

顾家店镇……〔鄂〕枝江市 269
顾家营镇……〔冀〕宣化区 115
顾集镇……〔皖〕界首市 207
鄄口镇……〔川〕大英县 336
鄄江镇……〔川〕三台县 332
轿子山镇……〔黔〕西秀区 359
顿坊店乡……〔豫〕卫辉市 254
顿岗乡……〔豫〕新蔡县 263
顿岗镇……〔粤〕始兴县 292
顿谷镇……〔桂〕博白县 307
致和街道……〔吉〕船营区 158
致和镇……〔川〕彭州市 328
致富乡……〔黑〕庆安县 172
柴井乡……〔川〕仪陇县 340
柴关乡……〔冀〕沙河市 113
柴村街道……〔晋〕尖草坪区 123
柴岗乡……〔豫〕扶沟县 261
柴沟堡镇……〔冀〕怀安县 116
柴沟镇……〔鲁〕高密市 239
柴坪镇……〔陕〕镇安县 397
柴河街道……〔辽〕银州区 152
柴河镇……〔蒙〕扎兰屯市 139
柴河镇……〔黑〕海林市 170
柴胡店镇……〔鲁〕滕州市 237
柴胡店镇……〔鲁〕宁津县 243
柴桥街道……〔浙〕北仑区 190
柴家门镇……〔陇〕会宁县 402
柴家乡……〔晋〕河津市 128
柴桑区……〔赣〕九江市 224
柴维乡……〔藏〕卡若区 383
柴堡镇……〔冀〕馆陶县 111
柴集镇……〔皖〕阜南县 207
柴湖镇……〔鄂〕钟祥市 270
鸬鸟镇……〔浙〕余杭区 189
鸬鹚乡……〔浙〕景宁畲族自治县 197
鸬鹚乡……〔赣〕乐平市 224
鸬鹚渡镇……〔湘〕桃江县 284
监军街道……〔陕〕永寿县 391
监利县……〔鄂〕荆州市 271
监漳镇……〔晋〕武乡县 125
紧水滩镇……〔浙〕云和县 197
道林镇……〔浙〕慈溪市 191
逍遥津街道……〔皖〕庐阳区 201
逍遥镇……〔豫〕西华县 261
党川镇……〔陇〕麦积区 402
党巴乡……〔川〕理塘县 351
党江镇……〔桂〕合浦县 306
党坝乡……〔川〕马尔康市 348
党坝镇……〔冀〕平泉市 118
党岔镇……〔陕〕横山区 395
党武镇……〔黔〕花溪区 357
党店镇……〔豫〕上蔡县 263
党城乡……〔冀〕曲阳县 115
党城湾镇……〔陇〕肃北蒙古族自治县 405
党原镇……〔陇〕泾川县 404
党峪镇……〔冀〕遵化市 109
党留庄乡……〔晋〕大同县 124
党家岘乡……〔陇〕会宁县 402
党家街道……〔鲁〕市中区 235
党集镇……〔鲁〕成武县 246
党湾镇……〔浙〕萧山区 189
党睦镇……〔陕〕蒲城县 392
党寨镇……〔陇〕甘州区 404
晒口街道……〔闽〕邵武市 218
晒北滩瑶族乡……〔湘〕祁阳县 285
晒经乡……〔川〕汉源县 346
晒经乡……〔陇〕西和县 408
晓天镇……〔皖〕舒城县 209
晓龙乡……〔赣〕会昌县 227
晓关侗族乡……〔鄂〕宣恩县 274
晓阳镇……〔闽〕福安市 219
晓坝镇……〔川〕安州区 332
晓坪乡……〔湘〕芷江侗族自治县 287
晓林镇……〔冀〕曲阳县 114
晓明镇……〔辽〕调兵山市 152
晓店镇……〔苏〕宿豫区 186
晓南镇……〔辽〕调兵山市 152
晓景乡……〔黔〕沿河土家族自治县 362
晓街乡……〔滇〕云县 374
晓塘乡……〔浙〕象山县 190
晓澳镇……〔闽〕连江县 213
鸭子口乡……〔鄂〕长阳土家族自治县 269
鸭田镇……〔湘〕隆回县 280
鸭江镇……〔渝〕武隆区 321
鸭池乡……〔川〕仁寿县 341
鸭池乡……〔川〕屏山县 342
鸭池镇……〔黔〕七星关区 360
鸭园镇……〔吉〕二道江区 160
鸭南乡……〔黑〕抚远市 170
鸭鸽营乡……〔冀〕临城县 112
鸭绿江街道……〔辽〕振安区 149
鸭塘街道……〔黔〕凯里市 363
鸭暖镇……〔陇〕临泽县 404
鸭溪镇……〔黔〕播州区 358
晃州镇……〔湘〕新晃侗族自治县 287
晁陂镇……〔豫〕镇平县 258
晏北街道……〔鲁〕齐河县 244
晏田乡……〔湘〕武冈市 281
晏场镇……〔川〕雨城区 345
晏坝镇……〔陕〕汉滨区 396
晏河乡……〔豫〕光山县 260
晏城街道……〔鲁〕齐河县 244
晏家屯镇……〔冀〕邢台县 112
晏家坪街道……〔陇〕七里河区 401
晏家街道……〔渝〕长寿区 319
趵突泉街道……〔鲁〕历下区 235
瓯底镇……〔晋〕闻喜县 128
蚌山区……〔皖〕蚌埠市 202
蚌谷乡……〔滇〕西畴县 376
蚌峨乡……〔滇〕砚山县 376
蚌埠市……〔皖〕202
蚬冈镇……〔粤〕开平市 294
蚬岗镇……〔粤〕高要区 296
蚣坝镇……〔湘〕道县 286
哨子河乡……〔辽〕岫岩满族自治县 148
哨冲镇……〔滇〕石屏县 375
圃田乡……〔豫〕管城回族区 249
哭泉镇……〔陕〕宜君县 390
恩平市……〔粤〕江门市 294
恩乐镇……〔滇〕镇沅彝族哈尼族拉祜族 373
恩江镇……〔赣〕永丰县 228
恩阳区……〔川〕巴中市 346
恩和哈达镇……〔蒙〕额尔古纳市 139
恩和俄罗斯族民族乡……〔蒙〕额尔古纳市 139
恩和镇……〔宁〕中宁县 420
恩育乡……〔吉〕榆树市 158
恩城乡……〔桂〕大新县 310
恩城街道……〔粤〕恩平市 294
恩城镇……〔鲁〕平原县 244
恩施土家族苗族自治州……〔鄂〕274
恩施市…〔鄂〕恩施土家族苗族自治州 274
恩格贝镇……〔蒙〕达拉特旗 138
恩察镇……〔冀〕枣强县 120
唤马镇……〔川〕苍溪县 335
啊喇彝族乡……〔川〕仁和区 330
崂山区……〔鲁〕青岛市 236
崂山街道……〔鲁〕荣成市 241
迴龙镇……〔粤〕龙川县 298
罡杨镇……〔苏〕海陵区 185
峨口镇……〔晋〕代县 128
峨山镇……〔皖〕繁昌县 202
峨山镇……〔鲁〕峄城区 237
峨山镇……〔川〕峨眉山市 338
峨山彝族自治县……〔滇〕玉溪市 371
峨边彝族自治县……〔川〕乐山市 337
峨曲古乡……〔川〕美姑县 354
峨岭街道…〔黔〕印江土家族苗族自治县 362
峨眉山市……〔川〕乐山市 338
峨桥镇……〔皖〕三山区 202
峨嵋大街街道……〔豫〕文峰区 253
峨堡镇……〔青〕祁连县 414
峨溶镇…〔渝〕秀山土家族苗族自治县 323
峨蔓镇……〔琼〕儋州市 313
峪口（地区）镇……〔京〕平谷区 100
峪口乡……〔晋〕祁县 127
峪口乡……〔晋〕代县 129
峪口镇……〔晋〕方山县 131
峪山镇……〔鄂〕襄州区 270
峪耳崖镇……〔冀〕宽城满族自治县 118
峪河镇……〔豫〕辉县市 254
峪泉镇……〔陇〕嘉峪关市 401
峪道河镇……〔晋〕汾阳市 131
峰口镇……〔鄂〕洪湖市 272
峰山乡……〔苏〕泗洪县 186
峰占乡……〔川〕阆中市 340
峰市镇……〔闽〕永定区 218
峰江街道……〔浙〕路桥区 196
峰阳镇……〔陕〕乾县 391
峰灵镇……〔渝〕巫溪县 322
峰尾镇……〔闽〕泉港区 215
峰岩乡……〔渝〕南川区 320
峰迭镇……〔陇〕舟曲县 409
峰城镇……〔川〕宣汉县 344
峰峪乡……〔晋〕大同县 124
峰峰矿区……〔冀〕邯郸市 111
峰峰镇……〔冀〕峰峰矿区 111
峰高街道……〔渝〕荣昌区 320
峰堆乡……〔青〕乐都区 413
峰源乡……〔浙〕莲都区 196
崀山镇……〔湘〕新宁县 281
峻德街道……〔黑〕兴安区 168
钰华街道……〔津〕宝坻区 104
钱山乡……〔赣〕安福县 229
钱东镇……〔粤〕饶平县 300
钱场镇……〔鄂〕京山县 270
钱坑镇……〔粤〕揭西县 300
钱库镇……〔浙〕苍南县 191
钱旺镇……〔冀〕香河县 119
钱店镇……〔豫〕郸城县 262
钱庙乡……〔皖〕凤台县 203
钱相街道……〔黔〕安龙县 363
钱桥街道……〔苏〕惠山区 179
钱桥镇……〔皖〕枞阳县 204
钱家土家族乡……〔黔〕德江县 362
钱家店镇……〔蒙〕科尔沁区 137
钱家营矿区街道……〔冀〕路南区 108
钱排镇……〔粤〕信宜市 295
钱营镇……〔冀〕丰南区 109
钱清镇……〔浙〕柯桥区 193
钱铺镇……〔皖〕枞阳县 204
钱集镇……〔苏〕沭阳县 186
钱塘镇……〔渝〕合川区 319
钱粮湖镇……〔湘〕君山区 281
钳屯镇……〔冀〕香河县 119
钵池乡……〔苏〕清江浦区 183
铁厂乡……〔川〕通江县 347
铁厂乡……〔川〕冕宁县 354
铁厂乡……〔滇〕麻栗坡县 376
铁厂沟镇……〔新〕米东区 423
铁厂沟镇……〔新〕托里县 429
铁厂镇……〔冀〕遵化市 110
铁厂镇……〔吉〕二道江区 160
铁厂镇……〔川〕荣县 329
铁厂镇……〔黔〕播州区 358
铁厂镇……〔陕〕镇安县 397
铁力市……〔黑〕伊春市 169
铁力镇……〔黑〕铁力市 169
铁干里克镇……〔新〕若羌县 425
铁山乡……〔黑〕茄子河区 170
铁山乡……〔赣〕上饶县 232
铁山乡……〔湘〕洪江市 287
铁山区……〔鄂〕黄石市 268
铁山坪街道……〔渝〕江北区 317
铁山垄镇……〔赣〕于都县 227
铁山街道……〔辽〕旅顺口区 146
铁山街道……〔辽〕南芬区 148
铁山街道……〔闽〕新罗区 218
铁山街道……〔鲁〕黄岛区 236
铁山街道……〔豫〕舞钢市 252
铁山港区……〔桂〕北海市 306
铁山镇……〔闽〕政和县 218
铁山镇……〔渝〕大足区 318
铁门乡……〔渝〕梁平区 321
铁门关市……〔新〕阿勒泰地区 429
铁门岗乡……〔鄂〕麻城市 273
铁门镇……〔豫〕新安县 251
铁王镇……〔陕〕淳化县 392
铁木里克乡……〔新〕若羌县 425
铁日木乡……〔新〕疏附县 426

（十画）铁铃铅铎特造乘秣秤秧积秩称透笕笔笏笋笆俵借值侪倚倾倒倘俱倮候倭倪隽倍健射皋息郫虒徐

铁日木乡……〔新〕伽师县 427
铁长乡……〔闽〕长汀县 218
铁心桥街道……〔苏〕雨花台区 179
铁石口镇……〔赣〕信丰县 226
铁石苗族彝族乡……〔黔〕黔西县 361
铁布肯乌散乡……〔新〕和布克赛尔蒙古自治县 429
铁东区……〔辽〕鞍山市 147
铁东区……〔吉〕四平市 159
铁东街道……〔蒙〕松山区 136
铁东街道……〔蒙〕扎兰屯市 139
铁东街道……〔辽〕瓦房店市 147
铁东街道……〔辽〕双台子区 152
铁东街道……〔吉〕龙潭区 158
铁东街道……〔吉〕洮北区 161
铁东街道……〔黑〕香坊区 165
铁东街道……〔黑〕南山区 168
铁东路街道……〔津〕河北区 103
铁北街道……〔吉〕公主岭市 159
铁北街道……〔黑〕富拉尔基区 167
铁北街道……〔黑〕爱民区 170
铁北路街道……〔冀〕鹰手营子矿区 117
铁边城镇……〔陕〕吴起县 393
铁丝塘镇……〔湘〕衡南县 279
铁场镇……〔粤〕龙川县 298
铁西乡……〔川〕越西县 354
铁西区……〔辽〕沈阳市 145
铁西区……〔辽〕鞍山市 147
铁西区……〔吉〕四平市 159
铁西街道……〔蒙〕东河区 135
铁西街道……〔蒙〕乌兰浩特市 140
铁西街道……〔辽〕普兰店区 146
铁西街道……〔辽〕太子河区 151
铁西街道……〔辽〕银州区 152
铁西街道……〔吉〕绿园区 157
铁西街道……〔吉〕宁江区 161
铁西街道……〔吉〕扶余市 161
铁西街道……〔黑〕尖山区 168
铁西街道……〔黑〕南山区 168
铁西街道……〔黑〕北安市 171
铁西街道……〔豫〕卫滨区 254
铁西路街道……〔豫〕殷都区 253
铁匠苗族乡……〔黔〕赫章县 361
铁列克乡……〔新〕乌恰县 426
铁冲乡……〔皖〕金寨县 209
铁买克乡……〔新〕富蕴县 429
铁克其乡……〔新〕库尔勒市 425
铁杆镇……〔冀〕深泽县 108
铁佛寺镇……〔陕〕汉阴县 396
铁佛塘镇……〔川〕南部县 338
铁佛镇……〔苏〕盱眙县 184
铁佛镇……〔皖〕濉溪县 204
铁佛镇……〔川〕资中县 336
铁佛镇……〔川〕通江县 346
铁沙盖镇……〔蒙〕察哈尔右翼中旗 140
铁坡镇……〔湘〕中方县 286
铁矿镇……〔川〕万源市 345
铁岭市……〔辽〕 152
铁岭县……〔辽〕铁岭市 152
铁岭镇……〔黑〕阳明区 170
铁炉乡……〔川〕犍为县 337
铁炉白族乡……〔鄂〕鹤峰县 274
铁炉街道……〔陕〕临潼区 389
铁炉镇……〔川〕德昌县 352
铁河乡……〔赣〕新建区 223
铁城镇……〔冀〕吴桥县 119
铁南街道……〔蒙〕红山区 136
铁南街道……〔蒙〕临河区 139
铁南街道……〔辽〕建平县 153
铁南街道……〔黑〕北安市 171
铁柳镇……〔川〕会东县 352
铁热木镇……〔新〕岳普湖县 427
铁热克巴扎乡……〔新〕轮台县 425
铁热克提乡……〔新〕哈巴河县 429
铁热克镇……〔新〕拜城县 426
铁桥镇……〔渝〕开州区 320
铁峪铺镇……〔陕〕丹凤县 397
铁峰乡……〔渝〕万州区 317
铁涌镇……〔粤〕惠东县 296
铁营镇……〔鲁〕乐陵市 244
铁铜乡……〔皖〕枞阳县 204
铁盖乡……〔青〕共和县 414
铁清镇……〔川〕江安县 341
铁塔街道……〔豫〕顺河回族区 250
铁提乡……〔新〕叶城县 427
铁铺镇……〔豫〕罗山县 260
铁铺镇……〔粤〕湘桥区 299
铁锁乡……〔滇〕大姚县 375
铁锁关镇……〔陕〕宁强县 394
铁锋区……〔黑〕齐齐哈尔市 167
铁富镇……〔苏〕邳州市 181
铁楼藏族乡……〔陇〕文县 407
铁路大院街道……〔冀〕复兴区 111
铁路东村街道……〔陇〕城关区 401
铁路西村街道……〔陇〕城关区 401
铁路街道……〔蒙〕科尔沁区 137
铁路镇……〔赣〕丰城市 230
铁新街道……〔辽〕凌河区 149
铁溪镇……〔川〕通江县 346
铁鞭乡……〔川〕南部县 339
铃铛阁街道……〔津〕红桥区 103
铅厂镇……〔赣〕崇义县 226
铅山县……〔赣〕上饶市 232
铅锌镇……〔川〕会东县 352
铎山镇……〔湘〕冷水江市 288
特口乡……〔川〕普格县 353
特口甲谷乡……〔川〕昭觉县 353
特木里镇……〔川〕布拖县 353
特布洛乡……〔川〕昭觉县 353
特尔果乡……〔川〕普格县 353
特合土乡……〔青〕达日县 415
特兴镇……〔川〕龙马潭区 330
特克斯县……〔新〕伊犁哈萨克自治州 428
特克斯镇……〔新〕特克斯县 428
特吾里克镇……〔新〕和硕县 425
特补乡……〔川〕普格县 353
特兹乡……〔川〕普格县 353
特庸镇……〔苏〕射阳县 184
造化街道……〔辽〕于洪区 145
造甲乡……〔皖〕长丰县 201
造甲城镇……〔津〕宁河区 104
乘马岗镇……〔鄂〕麻城市 273
秣陵街道……〔苏〕江宁区 179
秣陵镇……〔豫〕项城市 262
秤架瑶族乡……〔粤〕阳山县 299
秧坝镇……〔黔〕册亨县 363
积玉口镇……〔鄂〕潜江市 274
积玉桥街道……〔鄂〕武昌区 267
积石山保安族东乡族撒拉族自治县……〔陇〕临夏回族自治州 409
积石镇……〔青〕循化撒拉族自治县 414
积金镇……〔川〕中江县 331
积善乡……〔川〕嘉陵区 338
积翠乡……〔晋〕方山县 131
秩堂镇……〔湘〕茶陵县 278
称勾集镇……〔冀〕临漳县 111
称文镇……〔青〕称多县 415
称多县……〔青〕玉树藏族自治州 415
称杆乡……〔滇〕泸水市 378
称钩驿镇……〔陇〕安定区 406
透堡镇……〔闽〕连江县 213
笕桥街道……〔浙〕江干区 189
笔山镇……〔川〕平昌县 347
笔架山乡……〔湘〕赫山区 284
笔架山街道……〔皖〕蜀山区 201
笔架山街道……〔鄂〕石首市 272
笏石镇……〔闽〕秀屿区 214
笋岗街道……〔粤〕罗湖区 292
笆篱镇……〔湘〕宜章县 284
俵口镇……〔津〕宁河区 104
借母溪乡……〔湘〕沅陵县 286
值夏镇……〔赣〕青原区 228
侪城镇……〔冀〕滦南县 109
倚象镇……〔滇〕思茅区 373
倾多镇……〔藏〕波密县 384
倒马关乡……〔冀〕唐县 114
倒水镇……〔桂〕长洲区 305
倒店乡……〔鄂〕云梦县 271
倒淌河镇……〔青〕共和县 414
倘甸镇……〔滇〕寻甸回族彝族自治县 369
倘塘镇……〔滇〕宣威市 370
俱乐乡……〔川〕宁南县 352
倮波乡……〔川〕木里藏族自治县 352
倮格乡……〔川〕宁南县 352
候古莫乡……〔川〕美姑县 354
候家寨乡……〔冀〕遵化市 110
候播乃拖乡……〔川〕美姑县 354
倭肯镇……〔黑〕勃利县 170
倪邱镇……〔皖〕太和县 207
倪家营镇……〔陇〕临泽县 404
倪集街道……〔鲁〕曹县 246
隽水镇……〔鄂〕通城县 273
倍加造镇……〔晋〕大同县 124
健龙镇……〔渝〕璧山区 320
健美乡……〔川〕冕宁县 354
健康街道……〔蒙〕海拉尔区 138
健康路街道……〔黑〕香坊区 165
健康路街道……〔苏〕京口区 185
健康路街道……〔豫〕卫滨区 254
健跳镇……〔浙〕三门县 196
射阳县……〔苏〕盐城市 184
射阳湖镇……〔苏〕宝应县 185
射洪乡……〔川〕渠县 345
射洪坝街道……〔川〕简阳市 329
射洪县……〔川〕遂宁市 335
射桥镇……〔豫〕平舆县 263
射埠镇……〔湘〕湘潭县 278
射箭乡……〔川〕昭化区 334
皋兰县……〔陇〕兰州市 401
皋兰路街道……〔陇〕城关区 401
皋埠镇……〔浙〕越城区 193
皋落乡……〔晋〕垣曲县 128
皋落镇……〔晋〕昔阳县 127
息县……〔豫〕信阳市 261
息冢镇……〔冀〕定州市 115
息陬镇……〔鲁〕曲阜市 240
息烽县……〔黔〕贵阳市 357
郫都区……〔川〕成都市 328
郫筒街道……〔川〕郫都区 328
虒亭镇……〔晋〕襄垣县 125
徐大堡镇……〔辽〕兴城市 154
徐屯镇……〔辽〕盖州市 150
徐中乡……〔藏〕芒康县 383
徐水区……〔冀〕保定市 113
徐古街道……〔鄂〕新洲区 268
徐龙乡……〔川〕稻城县 351
徐市镇……〔闽〕建阳区 217
徐汇区……〔沪〕 175
徐圩乡……〔皖〕怀远县 202
徐圩街道……〔苏〕连云区 182
徐行镇……〔沪〕嘉定区 176
徐庄镇……〔苏〕铜山区 180
徐庄镇……〔鲁〕山亭区 237
徐庄镇……〔鲁〕莘县 244
徐庄镇……〔豫〕登封市 250
徐州市……〔苏〕 180
徐杨乡……〔苏〕清江浦区 183
徐杨街道……〔陕〕临潼区 389
徐园子乡……〔鲁〕庆云县 243
徐沟镇……〔晋〕清徐县 123
徐顶乡……〔陇〕永靖县 408
徐岭镇……〔辽〕庄河市 147
徐舍镇……〔苏〕宜兴市 180
徐泾镇……〔沪〕青浦区 176
徐官屯街道……〔津〕武清区 104
徐城街道……〔粤〕徐闻县 294
徐闻县……〔粤〕湛江市 294
徐桥镇……〔皖〕太湖县 204
徐套乡……〔宁〕中宁县 420
徐家井街道……〔湘〕零陵区 285
徐家汇街道……〔沪〕徐汇区 175
徐家庄乡……〔冀〕冀州区 120
徐家坊街道……〔赣〕青云谱区 223
徐家坪镇……〔陕〕略阳县 394
徐家店镇……〔鲁〕海阳市 239
徐家河乡……〔冀〕宁晋县 113
徐家垜乡……〔晋〕大宁县 130
徐家营街道……〔豫〕涧西区 251
徐家棚街道……〔鄂〕武昌区 267
徐家湾乡……〔豫〕卢氏县 257

（十画）徐殷般航拿爱豹翁胭胶脑狸狼卿逢留鸳凌栾浆勍高

徐家湾街道……〔陕〕未央区 389
徐家渡镇……〔赣〕上高县 229
徐家楼街道……〔鲁〕泰山区 241
徐家镇……〔赣〕南城县 230
徐家镇……〔鲁〕乳山市 242
徐家镇……〔渝〕巫溪县 322
徐家镇……〔川〕游仙区 332
徐家镇……〔川〕蓬安县 339
徐埠镇……〔赣〕都昌县 225
徐营镇……〔豫〕获嘉县 254
徐望镇……〔陕〕汉台区 394
徐扈家乡……〔陇〕积石山保安族东乡族撒拉族自治县 409
徐集乡……〔苏〕涟水县 183
徐集乡……〔豫〕固始县 261
徐集镇……〔皖〕裕安区 208
徐塘羌族乡……〔川〕平武县 333
徐溜镇……〔苏〕淮阴区 183
徐福街道……〔鲁〕龙口市 238
徐碧街道……〔闽〕梅列区 214
徐寨镇……〔鲁〕单县 246
徐墩镇……〔闽〕建瓯市 218
徐镇镇……〔豫〕濮阳县 256
徐霞客镇……〔苏〕江阴市 180
殷汇镇……〔皖〕贵池区 210
殷行街道……〔沪〕杨浦区 175
殷村镇……〔冀〕元氏县 108
殷店镇……〔鄂〕随县 273
殷巷镇……〔鲁〕商河县 235
殷祖镇……〔鄂〕大冶市 268
殷都区……〔豫〕安阳市 253
殷涧镇……〔皖〕凤阳县 206
殷家城乡……〔陇〕镇原县 406
殷棚乡……〔豫〕光山县 260
般阳路街道……〔鲁〕淄川区 236
航天镇……〔陇〕金塔县 405
航头镇……〔沪〕浦东新区 176
航头镇……〔浙〕建德市 190
航宇路街道……〔陕〕榆阳区 395
航空街道……〔蒙〕额济纳旗 141
航城街道……〔闽〕长乐区 213
航城街道……〔粤〕宝安区 292
航海东路街道……〔豫〕管城回族区 249
航海西路街道……〔豫〕中原区 249
航埠镇……〔浙〕柯城区 195
航埠镇……〔赣〕崇仁县 231
拿口镇……〔闽〕邵武市 218
拿山镇……〔赣〕井冈山市 229
爱山街道……〔浙〕吴兴区 192
爱尼山乡……〔滇〕双柏县 374
爱民乡……〔黑〕海伦市 172
爱民乡……〔赣〕德安县 225
爱民乡……〔川〕会理县 352
爱民区……〔黑〕牡丹江市 170
爱民东道街道……〔冀〕广阳区 119
爱华镇……〔滇〕云县 374
爱农乡……〔黑〕拜泉县 167
爱阳镇……〔辽〕凤城市 149
爱园镇……〔苏〕泗阳县 186
爱国街道……〔蒙〕乌兰浩特市 140
爱国街道……〔粤〕霞山区 294
爱店镇……〔桂〕宁明县 310
爱建街道……〔黑〕安图县 165
爱莲街道……〔湘〕双清区 280
爱辉区……〔黑〕黑河市 171
爱路街道……〔黑〕北林区 171
爱新色里镇……〔新〕察布查尔锡伯自治县 428
豹澥街道……〔鄂〕江夏区 267
翁牛特旗……〔蒙〕赤峰市 137
翁田镇……〔琼〕文昌市 313
翁达镇……〔川〕色达县 351
翁贡乌拉苏木……〔蒙〕镶黄旗 141
翁坪乡……〔黔〕黄平县 364
翁城镇……〔粤〕翁源县 292
翁垟街道……〔浙〕乐清市 192
翁堵镇……〔滇〕昌宁县 371
翁源县……〔粤〕韶关市 292
翁嘎科镇……〔滇〕西盟佤族自治县 374
翁墩乡……〔皖〕金安区 208
胭脂湖街道……〔湘〕沅江市 284
胭脂镇……〔陇〕康乐县 408
胶东街道……〔鲁〕胶州市 236
胶北街道……〔鲁〕胶州市 236
胶西镇……〔鲁〕胶州市 236
胶州市……〔鲁〕青岛市 236
胶南街道……〔鲁〕黄岛区 236
胶莱镇……〔鲁〕胶州市 236
脑木更苏木……〔蒙〕四子王旗 140
狸桥镇……〔皖〕宣州区 210
狼山乡……〔冀〕怀来县 116
狼山镇……〔蒙〕临河区 139
狼山镇街道……〔苏〕崇川区 182
狼牙山镇……〔冀〕易县 114
狼城岗镇……〔豫〕中牟县 249
卿头镇……〔晋〕永济市 128
逢春岭乡……〔滇〕元阳县 376
逢亭镇……〔黔〕罗甸县 365
逢源街道……〔粤〕荔湾区 291
留下街道……〔浙〕西湖区 189
留山镇……〔豫〕南召县 257
留车镇……〔赣〕寻乌县 227
留凤关镇……〔陕〕凤县 391
留古寺镇……〔冀〕河间市 119
留古镇……〔陕〕富平县 393
留龙沟镇……〔辽〕义县 150
留史镇……〔冀〕蠡县 115
留光镇……〔豫〕封丘县 254
留早镇……〔冀〕定州市 115
留各庄镇……〔冀〕大城县 119
留庄镇……〔鲁〕微山县 240
留庄镇……〔豫〕确山县 263
留守营镇……〔冀〕抚宁区 110
留坝县……〔陕〕汉中市 395
留村乡……〔冀〕深泽县 108
留村镇……〔冀〕沙河市 113
留村镇……〔冀〕徐水区 114
留固镇……〔豫〕滑县 253
留佳镇……〔川〕荣县 329
留侯镇……〔陕〕留坝县 395
留盆镇……〔豫〕汝南县 263
留耕镇……〔川〕江安县 341
留格庄镇……〔鲁〕海阳市 239
留家庄乡……〔冀〕涞源县 114
留宾乡……〔川〕南溪区 341
留营街道……〔冀〕桥西区 107
留智庙镇……〔冀〕景县 120
留楚乡……〔冀〕饶阳县 120
留誉镇……〔晋〕柳林县 131
留福镇……〔豫〕沈丘县 261
鸳大镇……〔川〕安岳县 347
鸳鸯乡……〔鄂〕茅箭区 268
鸳鸯街道……〔渝〕渝北区 318
鸳鸯镇……〔陇〕武山县 403
鸳溪镇……〔川〕苍溪县 335
凌井店乡……〔晋〕阳曲县 123
凌云乡……〔吉〕东辽县 160
凌云乡……〔川〕市中区 336
凌云乡……〔川〕巴州区 346
凌云册满族回族乡……〔冀〕易县 114
凌云县……〔桂〕靖西市 308
凌云路街道……〔沪〕徐汇区 175
凌水街道……〔辽〕甘井子区 146
凌凤街道……〔辽〕双塔区 153
凌北街道……〔辽〕凌源市 154
凌西街道……〔辽〕太和区 149
凌安街道……〔辽〕凌河区 149
凌河区……〔辽〕锦州市 149
凌河街道……〔辽〕双塔区 153
凌河镇……〔鲁〕安丘市 239
凌空街道……〔辽〕铁西区 145
凌城镇……〔苏〕睢宁县 180
凌南街道……〔辽〕太和区 149
凌桥乡……〔苏〕淮阴区 183
凌海市……〔辽〕锦州市 150
凌家镇……〔川〕市中区 336
凌笪乡……〔皖〕郎溪县 210
凌源市……〔辽〕朝阳市 153
栾川乡……〔豫〕栾川县 251
栾川县……〔豫〕洛阳市 251
栾庄乡……〔冀〕涿鹿县 116
栾城区……〔冀〕石家庄市 107
栾城镇……〔冀〕栾城区 107
浆水乡……〔湘〕宜章县 284
浆水镇……〔冀〕邢台县 112
浆洞瑶族乡……〔湘〕蓝山县 286
浆洗街街道……〔川〕武侯区 327
勍香镇……〔晋〕汾西县 130
高二乡……〔浙〕磐安县 194
高力板镇……〔蒙〕科尔沁右翼中旗 140
高力房镇……〔辽〕台安县 147
高于铺镇……〔冀〕顺平县 115
高士镇……〔皖〕望江县 205
高大坪镇……〔黔〕仁怀市 359
高大傣族彝族乡……〔滇〕通海县 371
高山子镇……〔辽〕北镇市 150
高山堡乡……〔冀〕沽源县 116
高山镇……〔晋〕南郊区 124
高山镇……〔闽〕福清市 214
高山镇……〔豫〕荥阳市 249
高山镇……〔豫〕伊川县 251
高山镇……〔粤〕茂南区 295
高山镇……〔川〕荣县 329
高山镇……〔黔〕德江县 362
高川乡……〔冀〕沧县 118
高川乡……〔川〕安州区 332
高川镇……〔陕〕西乡县 394
高丰镇……〔赣〕瑞昌市 225
高韦庄镇……〔鲁〕单县 246
高云山乡……〔赣〕安远县 227
高车乡……〔闽〕华安县 217
高屯街道……〔黔〕黎平县 364
高屯镇……〔辽〕盖州市 150
高日罕镇……〔蒙〕西乌珠穆沁旗 141
高升乡……〔川〕蓬溪县 335
高升乡……〔川〕安岳县 348
高升街街道……〔川〕船山区 335
高升街道……〔辽〕兴隆台区 152
高升街道……〔辽〕盘山县 152
高升镇……〔渝〕大足区 318
高仁乡……〔宁〕平罗县 419
高公庄乡……〔冀〕宁晋县 113
高公岛街道……〔苏〕连云区 182
高公镇……〔皖〕涡阳县 209
高仓街道……〔滇〕红塔区 371
高凤乡……〔川〕井研县 337
高古庄镇……〔冀〕深州市 120
高石乡……〔川〕武胜县 343
高石庄乡……〔晋〕平鲁区 126
高石碑镇……〔鄂〕潜江市 274
高石镇……〔川〕威远县 336
高龙乡……〔桂〕田林县 308
高龙镇……〔豫〕偃师市 252
高平市……〔晋〕晋城市 126
高平镇……〔豫〕滑县 253
高平镇……〔湘〕隆回县 280
高平镇……〔陇〕泾川县 404
高东镇……〔沪〕浦东新区 176
高田乡……〔赣〕资溪县 231
高田乡……〔滇〕威信县 372
高田镇……〔赣〕石城县 227
高田镇……〔桂〕阳朔县 304
高丘镇……〔豫〕镇平县 258
高乐山镇……〔鄂〕咸丰县 274
高市乡……〔浙〕青田县 197
高市乡……〔赣〕永新县 229
高头乡……〔闽〕永定区 218
高头回族乡……〔冀〕无极县 108
高穴镇……〔川〕大竹县 344
高台子街道……〔蒙〕扎兰屯市 139
高台子街道……〔辽〕明山区 148
高台子镇……〔辽〕新民市 146
高台子镇……〔辽〕义县 150
高台子镇……〔黑〕大同区 169
高台乡……〔川〕青神县 341
高台县……〔陇〕张掖市 404
高台镇……〔辽〕绥中县 154
高台镇……〔黔〕湄潭县 359
高台镇……〔陕〕南郑区 394
高寺台镇……〔冀〕承德县 117

（十画）高

高寺镇……〔豫〕项城市 262
高寺镇……〔川〕乐至县 348
高老家乡……〔鲁〕单县 246
高地街道……〔粤〕电白区 295
高场街道……〔鄂〕潜江市 274
高场镇……〔川〕宜宾县 341
高行镇……〔沪〕浦东新区 176
高庄乡……〔豫〕辉县市 254
高庄乡……〔宁〕平罗县 419
高庄街道……〔鲁〕莱城区 242
高庄街道……〔豫〕石龙区 252
高庄镇……〔鲁〕沂水县 243
高庄镇……〔鲁〕牡丹区 246
高庄镇……〔豫〕安阳县 253
高庄镇……〔豫〕永城市 260
高庄镇……〔陕〕泾阳县 391
高刘镇……〔皖〕蜀山区 201
高米店街道……〔京〕大兴区 100
高灯镇……〔川〕盐亭县 332
高州市……〔粤〕茂名市 295
高池乡……〔川〕剑阁县 334
高兴镇……〔赣〕兴国县 227
高兴镇……〔鲁〕岚山区 242
高兴镇……〔川〕华蓥市 343
高安乡……〔桂〕兴宾区 310
高安市……〔赣〕宜春市 230
高安街道……〔皖〕三山区 202
高安镇……〔闽〕华安县 217
高安镇……〔渝〕垫江县 321
高阳乡……〔闽〕顺昌县 217
高阳县……〔冀〕保定市 114
高阳路街道……〔豫〕湛河区 252
高阳镇……〔晋〕孝义市 131
高阳镇……〔豫〕杞县 250
高阳镇……〔鄂〕沙洋县 270
高阳镇……〔渝〕云阳县 322
高阳镇……〔川〕旺苍县 334
高阳镇……〔陕〕蒲城县 392
高观乡……〔川〕剑阁县 335
高观镇……〔渝〕城口县 321
高坝店镇……〔陕〕山阳县 397
高坝洲镇……〔鄂〕宜昌市 269
高坝街道……〔川〕龙马潭区 330
高坝镇……〔陇〕凉州区 403
高坎乡……〔川〕筠连县 342
高坎街道……〔辽〕浑南区 145
高坎镇……〔辽〕大石桥市 150
高坑镇……〔赣〕安源区 224
高花街道……〔辽〕铁西区 145
高村乡……〔冀〕赵县 108
高村乡……〔晋〕阳曲县 123
高村乡……〔晋〕万荣县 128
高村乡……〔晋〕侯马市 130
高村乡……〔豫〕荥阳市 249
高村乡……〔川〕平武县 333
高村镇……〔津〕武清区 104
高村镇……〔冀〕易县 114
高村镇……〔赣〕万载县 229
高村镇……〔鲁〕文登区 241
高村镇……〔豫〕宜阳县 251
高村镇……〔豫〕淇县 254
高村镇……〔湘〕麻阳苗族自治县 287
高村镇……〔粤〕云安区 300
高杨店镇……〔豫〕平舆县 263
高丽营镇……〔京〕顺义区 100
高县……〔川〕宜宾市 342
高里乡……〔冀〕定兴县 114
高里街道……〔鲁〕寒亭区 239
高邮市……〔苏〕扬州市 185
高邮街道……〔苏〕高邮市 185
高邑乡……〔豫〕泌阳县 263
高邑县……〔冀〕石家庄市 108
高邑镇……〔冀〕高邑县 108
高岗镇……〔粤〕佛冈县 299
高岚乡……〔赣〕分宜县 225
高何镇……〔川〕邛崃市 328
高作镇……〔苏〕睢宁县 180
高作镇……〔苏〕建湖县 184
高谷镇…〔渝〕彭水苗族土家族自治县 323
高甸子满族乡……〔辽〕绥中县 154
高辛镇……〔豫〕睢阳区 259
高沙窝镇……〔宁〕盐池县 419
高沙镇……〔湘〕洞口县 281
高沟镇……〔苏〕涟水县 183
高沟镇……〔皖〕无为县 202
高良壮族苗族瑶族乡……〔滇〕师宗县 370
高良涧街道……〔苏〕洪泽区 183
高良镇……〔粤〕德庆县 296
高陇镇……〔湘〕茶陵县 278
高陂镇……〔闽〕永定区 218
高陂镇……〔赣〕万安县 228
高陂镇……〔粤〕大埔县 297
高青县……〔鲁〕淄博市 237
高垅乡……〔赣〕濂溪区 224
高坪乡……〔浙〕遂昌县 197
高坪乡……〔湘〕永顺县 288
高坪区……〔川〕南充市 338
高坪苗族乡……〔川〕筠连县 342
高坪街道……〔黔〕汇川区 358
高坪镇……〔赣〕遂川县 228
高坪镇……〔赣〕临川区 230
高坪镇……〔鄂〕建始县 274
高坪镇……〔湘〕浏阳市 277
高坪镇……〔渝〕大足区 318
高坪镇……〔川〕广汉市 331
高坪镇……〔川〕蓬溪县 335
高坪镇……〔黔〕金沙县 361
高坨镇……〔辽〕海城市 148
高坡苗族乡……〔黔〕花溪区 357
高坡街街道……〔湘〕洪江市 287
高坡镇……〔川〕苍溪县 335
高林村镇……〔冀〕徐水区 114
高枧乡……〔鄂〕崇阳县 273
高枧乡……〔川〕西昌市 351
高板镇……〔川〕金堂县 328
高杰村镇……〔陕〕清涧县 396
高码乡……〔川〕营山县 339
高码头镇……〔豫〕范县 255
高卓营乡……〔川〕马边彝族自治县 338
高贤乡……〔豫〕太康县 262
高尚镇……〔桂〕兴安县 305
高昌区……〔新〕吐鲁番地区 423
高昌路街道……〔新〕高昌区 423
高昌镇……〔冀〕唐县 114
高明乡……〔湘〕安化县 284
高明乡……〔川〕简阳市 329
高明区……〔粤〕佛山市 293
高明镇……〔川〕大竹县 344
高罗镇……〔鄂〕宣恩县 274
高岭乡……〔皖〕宿松县 204
高岭乡……〔冀〕望都县 114
高岭镇……〔京〕密云区 100
高岭镇……〔辽〕绥中县 154
高岭镇……〔桂〕都安瑶族自治县 309
高岳街道……〔皖〕杜集区 203
高臾镇……〔冀〕邯山区 110
高阜镇……〔赣〕资溪县 231
高店乡……〔皖〕肥西县 201
高店乡……〔豫〕罗山县 260
高店乡……〔鄂〕大悟县 271
高店乡……〔川〕中江县 331
高店镇……〔豫〕泌阳县 263
高店镇……〔川〕翠屏区 341
高店镇……〔青〕乐都区 413
高庙乡……〔豫〕湖滨区 257
高庙乡……〔川〕蓬安县 339
高庙王镇……〔鲁〕阳谷县 244
高庙堡乡……〔冀〕万全区 116
高庙镇……〔皖〕太和县 207
高庙镇……〔豫〕宛城区 257
高庙镇……〔川〕洪雅县 341
高庙镇……〔青〕乐都区 413
高闸镇……〔宁〕利通区 419
高炉镇……〔皖〕涡阳县 209
高河街道……〔鲁〕金乡县 240
高河镇……〔皖〕怀宁县 204
高泽镇……〔鲁〕五莲县 242
高官乡……〔冀〕献县 119
高官庄镇……〔冀〕涿州市 115
高官寨街道……〔鲁〕章丘区 235
高官镇……〔辽〕本溪满族自治县 149
高陌乡……〔冀〕易县 114
高城乡……〔晋〕忻府区 128
高城镇……〔赣〕万载县 229
高城镇……〔鲁〕高青县 237
高城镇……〔鄂〕随县 273
高城镇……〔川〕理塘县 351
高草回族乡……〔川〕西昌市 351
高柳镇……〔鲁〕青州市 239
高要区……〔粤〕肇庆市 295
高砂镇……〔闽〕沙县 215
高显镇……〔晋〕曲沃县 130
高虹镇……〔浙〕临安区 189
高皇镇……〔皖〕潘集区 203
高亭司镇……〔湘〕永兴县 284
高亭镇……〔浙〕岱山县 195
高洪口乡……〔晋〕五台县 128
高洲乡……〔赣〕莲花县 224
高屋乡……〔川〕安岳县 348
高院镇……〔川〕西充县 340
高埔岗街道……〔粤〕源城区 298
高埔镇……〔粤〕普宁市 300
高埂镇……〔川〕邛崃市 328
高埗镇……〔粤〕东莞市 299
高都街道……〔鲁〕兰山区 242
高都镇……〔晋〕泽州县 126
高都镇……〔鲁〕蒙阴县 243
高莞镇……〔粤〕连平县 298
高桥乡……〔赣〕铜鼓县 230
高桥乡……〔鄂〕兴山县 269
高桥乡……〔湘〕桃江县 284
高桥乡……〔川〕南江县 347
高桥营街道……〔豫〕魏都区 256
高桥街道……〔浙〕桐乡市 192
高桥街道……〔浙〕黄岩区 196
高桥街道……〔湘〕雨花区 277
高桥街道……〔川〕东兴区 336
高桥街道……〔黔〕汇川区 358
高桥街道……〔陕〕长安区 389
高桥楼镇……〔赣〕永新县 229
高桥镇……〔辽〕南票区 154
高桥镇……〔沪〕浦东新区 176
高桥镇……〔苏〕丹徒区 185
高桥镇……〔浙〕海曙区 190
高桥镇……〔闽〕沙县 215
高桥镇……〔鲁〕沂水县 243
高桥镇……〔鄂〕红安县 272
高桥镇……〔鄂〕咸安区 273
高桥镇……〔湘〕长沙县 277
高桥镇……〔湘〕新宁县 281
高桥镇……〔湘〕慈利县 283
高桥镇……〔粤〕廉江市 294
高桥镇……〔渝〕开州区 320
高桥镇……〔川〕峨眉山市 338
高桥镇……〔黔〕桐梓县 358
高桥镇……〔滇〕大关县 372
高桥镇……〔滇〕武定县 375
高桥镇……〔陕〕安塞区 393
高桥镇……〔陕〕紫阳县 396
高桥镇……〔陇〕徽县 408
高格庄镇……〔鲁〕莱阳市 238
高峪街道……〔辽〕明山区 148
高峪镇……〔鲁〕泗水县 240
高峰土家族乡……〔湘〕慈利县 283
高峰乡……〔皖〕舒城县 209
高峰乡……〔川〕自流井区 329
高峰乡……〔川〕平昌县 347
高峰乡……〔川〕金阳县 353
高峰乡……〔滇〕禄丰县 375
高峰乡……〔陇〕安定区 406
高峰头镇……〔鲁〕郯城县 242
高峰街道……〔粤〕云城区 300
高峰镇……〔湘〕古丈县 288
高峰镇……〔桂〕兴业县 307
高峰镇……〔渝〕万州区 317
高峰镇……〔渝〕垫江县 321
高峰镇……〔黔〕平坝区 359
高峰镇……〔陕〕镇安县 397
高铁岭镇……〔鄂〕嘉鱼县 273
高笋乡……〔川〕沐川县 337

（十画）高亳郭席准斋离唐

高笋塘街道……………〔渝〕万州区 317
高唐县……………〔鲁〕聊城市 245
高唐街道……………〔渝〕巫山县 322
高唐镇……………〔闽〕将乐县 215
高资街道……………〔苏〕丹徒区 185
高流镇……………〔苏〕新沂市 181
高家会乡……………〔晋〕岢岚县 129
高家村镇……………〔晋〕兴县 131
高家沟乡……………〔晋〕柳林县 131
高家岭镇……………〔辽〕兴城市 154
高家岭镇……………〔赣〕鄱阳县 232
高家店镇……………〔吉〕农安县 157
高家营镇……………〔冀〕崇礼区 116
高家堰镇……〔鄂〕长阳土家族自治县 269
高家堡乡……………〔晋〕右玉县 126
高家堡镇……………〔陕〕神木市 396
高家镇……………〔浙〕衢江区 195
高家镇……………〔赣〕乐平市 224
高家镇……………〔渝〕丰都县 321
高家镇……………〔川〕仁寿县 340
高家镇……………〔陕〕渭滨区 390
高朗乡……………〔豫〕太康县 262
高陵区……………〔陕〕西安市 389
高陵镇……………〔鲁〕牟平区 238
高陵镇……………〔鄂〕石首市 272
高排乡……………〔赣〕会昌县 227
高基庙镇……………〔鄂〕石首市 272
高基瑶族乡……〔桂〕三江侗族自治县 304
高营镇……………〔冀〕长安区 107
高堂镇……………〔粤〕饶平县 300
高崖乡……………〔宁〕海原县 420
高崖镇……………〔陕〕千阳县 391
高崖镇……………〔陇〕榆中县 401
高崇山镇……………〔湘〕双清区 280
高淳区……………〔苏〕南京市 179
高梁镇……………〔渝〕万州区 317
高梁镇……………〔川〕东兴区 336
高密市……………〔鲁〕潍坊市 239
高塔乡……………〔川〕南江县 347
高堰乡……………〔川〕三台县 332
高堤乡……………〔豫〕内黄县 253
高椅乡……………〔湘〕会同县 287
高棉乡……………〔黔〕普安县 363
高堡乡……………〔豫〕清丰县 255
高集乡……………〔豫〕鹿邑县 262
高集镇……………〔鲁〕东阿县 245
高集镇……………〔豫〕邓州市 259
高港区……………〔苏〕泰州市 185
高湖镇……………〔浙〕青田县 197
高湖镇……………〔赣〕靖安县 230
高湖镇……………〔湘〕衡东县 279
高湾镇……………〔冀〕海兴县 118
高湾镇……………〔陇〕靖远县 402
高渡镇……………〔苏〕泗阳县 186
高塘乡……………〔赣〕德安县 225
高塘岛乡……………〔浙〕象山县 190
高塘岭街道……………〔湘〕望城区 277
高塘镇……………〔皖〕临泉县 207
高塘镇……………〔皖〕霍邱县 208
高塘镇……………〔陕〕华州区 392
高蓬镇……………〔冀〕定州市 115
高楠镇……………〔渝〕城口县 321
高楼乡……………〔鲁〕微山县 240
高楼乡……………〔陇〕庆城县 405
高楼坪侗族乡……………〔黔〕万山区 362
高楼镇……………〔冀〕三河市 120
高楼镇……………〔浙〕瑞安市 192
高楼镇……………〔皖〕灵璧县 208
高楼镇……………〔渝〕铜梁区 320
高楼镇……………〔川〕资中县 336
高楼镇……………〔陇〕武山县 403
高碑店（地区）乡…………〔京〕朝阳区 99
高碑店市……………〔冀〕保定市 115
高照街道……………〔浙〕秀洲区 192
高塍镇……………〔苏〕宜兴市 180
高新区街道……………〔冀〕路北区 108
高新区街道……………〔川〕涪城区 332
高新区街道……………〔陇〕城关区 401
高新街街道……………〔新〕新市区 423
高新街道……………〔吉〕丰满区 158
高新街道……………〔赣〕吉安县 228
高新街道……………〔鲁〕邹平县 245
高溪乡……………〔赣〕永新县 229
高溪市镇……………〔湘〕冷水滩区 285
高粱店乡……………〔豫〕平桥区 260
高滩乡……………〔川〕井研县 337
高滩镇……………〔川〕邻水县 343
高滩镇……………〔陕〕紫阳县 396
高墙乡……………〔冀〕阳原县 116
高墟镇……………〔苏〕沭阳县 186
高境镇……………〔沪〕宝山区 175
高酿镇……………〔黔〕天柱县 364
高寨子街道……………〔陕〕宁强县 394
高寨苗族布依族乡…………〔黔〕开阳县 357
高寨镇…………〔冀〕孟村回族自治县 119
高寨镇…………〔青〕互助土族自治县 413
高增乡……………〔黔〕从江县 365
高镇……………〔陕〕横山区 395
高德街道……………〔辽〕太平区 151
高德街道……………〔桂〕海城区 305
高潭镇……………〔粤〕惠东县 296
高燕镇……………〔渝〕城口县 321
高疃镇……………〔鲁〕福山区 238
高耀镇……………〔陕〕洛南县 397
亳州市……………〔皖〕209
亳州路街道……………〔皖〕庐阳区 201
亳城镇……………〔豫〕内黄县 253
郭干乡〔陇〕积石山保安族东乡族撒拉族自治县 409
郭大寨彝族白族乡…………〔滇〕凤庆县 374
郭川镇……………〔陇〕清水县 402
郭元乡……………〔川〕九寨沟县 348
郭巨街道……………〔浙〕北仑区 190
郭屯镇……………〔鲁〕阳谷县 244
郭屯镇……………〔鲁〕郓城县 246
郭公坪镇………〔湘〕麻阳苗族自治县 287
郭仓镇……………〔鲁〕汶上县 240
郭北镇……………〔川〕东兴区 336
郭田镇……………〔粤〕五华县 297
郭加乡……………〔藏〕定结县 382
郭圩乡……………〔赣〕崇仁县 231
郭庄回族乡……………〔豫〕镇平县 258
郭庄镇……………〔冀〕无极县 108
郭庄镇……………〔冀〕献县 119
郭庄镇……………〔苏〕句容市 185
郭庆乡……………〔藏〕八宿县 383
郭兴庄镇……………〔陕〕米脂县 395
郭扶镇……………〔渝〕綦江区 318
郭坑镇……………〔闽〕龙文区 216
郭杜街道……………〔陕〕长安区 389
郭村镇……………〔晋〕沁县 125
郭村镇……………〔苏〕江都区 185
郭村镇……………〔鲁〕单县 246
郭村镇……………〔豫〕睢阳区 259
郭村镇……………〔渝〕万州区 317
郭连镇……………〔豫〕禹州市 256
郭里镇……………〔鲁〕邹城市 241
郭陆滩镇……………〔豫〕固始县 260
郭店街道……………〔鲁〕历城区 235
郭店镇……………〔豫〕新郑市 250
郭店镇……………〔豫〕夏邑县 259
郭庙镇……………〔皖〕太和县 207
郭河乡……………〔陇〕武都区 407
郭河镇……………〔皖〕庐江县 201
郭河镇……………〔鄂〕仙桃市 274
郭城驿镇……………〔陇〕会宁县 402
郭城镇……………〔鲁〕海阳市 239
郭巷街道……………〔苏〕吴中区 181
郭家屯镇……………〔冀〕玉田县 109
郭家屯镇……………〔冀〕隆化县 117
郭家庄镇……………〔晋〕闻喜县 128
郭家坝镇……………〔鄂〕秭归县 269
郭家沟镇……………〔陕〕吴堡县 396
郭家坳街街道…………〔川〕自流井区 329
郭家店镇……………〔吉〕铁西区 159
郭家店镇……………〔鲁〕莱州市 238
郭家河乡……………〔豫〕新县 260
郭家沱街道……………〔渝〕江北区 317
郭家桥乡……………〔冀〕玉田县 109
郭家桥乡……………〔宁〕利通区 419
郭家窑乡……………〔晋〕新荣区 124
郭家铺街道……………〔湘〕鼎城区 282
郭家堡乡……………〔晋〕榆次区 127
郭家堡镇……………〔陇〕敦煌市 405
郭家街道……………〔辽〕南芬区 148
郭家街道……………〔鲁〕乐陵市 244
郭家湾乡…………〔冀〕围场满族蒙古族自治县 118
郭家镇……………〔辽〕兴城市 154
郭家镇……………〔吉〕德惠市 158
郭家镇……………〔渝〕开州区 320
郭勒木德镇…………〔青〕格尔木市 415
郭勒布依乡…………〔新〕托克逊县 424
郭猛镇……………〔苏〕盐都区 184
郭集镇……………〔豫〕泌阳县 263
郭道镇……………〔晋〕沁源县 125
郭塬乡……………〔陇〕镇原县 406
郭楼镇……………〔鲁〕汶上县 240
郭楼镇……………〔豫〕平舆县 263
郭溪街道……………〔浙〕瓯海区 191
郭滩镇……………〔豫〕唐河县 258
郭嘉镇……………〔陇〕秦安县 402
郭墅镇……………〔苏〕阜宁县 184
郭磊庄镇……………〔冀〕万全区 116
郭镇……………〔陕〕略阳县 394
郭镇乡……………〔湘〕岳阳楼区 281
席王街道……………〔陕〕灞桥区 389
席张乡……………〔晋〕盐湖区 127
席桥镇……………〔苏〕淮安区 183
席麻湾镇……………〔陕〕靖边县 395
准巴乡……………〔藏〕隆子县 384
准东街道……………〔新〕阜康市 424
准格尔召镇…………〔蒙〕准格尔旗 138
准格尔旗…………〔蒙〕鄂尔多斯市 138
斋坛乡……………〔浙〕松阳县 197
斋堂镇……………〔京〕门头沟区 99
离石区……………〔晋〕吕梁市 130
唐乃亥乡……………〔青〕兴海县 414
唐三营镇……………〔冀〕隆化县 117
唐口街道……………〔鲁〕任城区 240
唐山市……………〔冀〕108
唐山镇…………〔皖〕谢家集区 203
唐山镇……………〔鲁〕桓台县 237
唐马寨镇……………〔辽〕辽阳县 151
唐马镇……………〔鲁〕鱼台县 240
唐王镇……………〔鲁〕历城区 235
唐元镇……………〔川〕郫都区 328
唐古乡……………〔藏〕林周县 381
唐古拉山镇…………〔青〕格尔木市 415
唐田镇……………〔皖〕贵池区 210
唐央乡……〔川〕木里藏族自治县 352
唐尕昂乡……………〔陇〕夏河县 409
唐加乡……………〔藏〕墨竹工卡县 381
唐先镇……………〔浙〕永康市 195
唐自头镇……………〔冀〕玉田县 109
唐庄乡……………〔豫〕社旗县 258
唐庄镇……………〔豫〕登封市 250
唐庄镇……………〔豫〕卫辉市 254
唐江镇……………〔赣〕南康区 226
唐兴镇……………〔晋〕翼城县 130
唐坊镇……………〔冀〕丰南区 109
唐坊镇……………〔鲁〕高青县 237
唐克镇…………〔川〕若尔盖县 349
唐村镇……………〔鲁〕邹城市 241
唐县……………〔冀〕保定市 114
唐县镇……………〔鄂〕随县 273
唐园镇……………〔鲁〕临清市 245
唐邱镇……………〔冀〕宁晋县 112
唐谷镇……………〔青〕同德县 414
唐冶街道……………〔鲁〕历城区 235
唐汪镇…………〔陇〕东乡族自治县 409
唐奉镇……………〔冀〕深州市 120
唐林乡……………〔冀〕枣强县 120
唐昌镇……………〔川〕郫都区 328
唐店街道……………〔苏〕新沂市 180
唐庙镇……………〔鲁〕郓城县 246
唐闸镇街道……………〔苏〕港闸区 182
唐河县……………〔豫〕南阳市 258
唐官屯镇……………〔津〕静海区 104
唐城镇……………〔晋〕安泽县 130

（十画）唐资凉站竞部旁旅阅阆瓶拳粉料益兼朔郸烧烔烟剡郯递涛浙涝浦浭涪酒涞涟涉娑消涅浬涠浞涓涡

唐洞街道……〔湘〕资兴市 285
唐洋镇……〔苏〕东台市 184
唐宫路街道……〔豫〕西工区 250
唐海镇……〔冀〕曹妃甸区 109
唐家口街道……〔津〕河东区 103
唐家乡……〔川〕船山区 335
唐家庄街道……〔冀〕古冶区 108
唐家坊镇……〔湘〕绥宁县 281
唐家泊镇……〔鲁〕栖霞市 239
唐家房街道……〔辽〕普兰店区 147
唐家房镇……〔辽〕千山区 147
唐家湾镇……〔粤〕香洲区 293
唐家墩街道……〔鄂〕江汉区 267
唐家镇……〔辽〕大洼区 152
唐家镇……〔粤〕雷州市 295
唐家镇……〔川〕汉源县 346
唐崖镇……〔鄂〕咸丰县 274
唐塔街道……〔鲁〕郓城县 246
唐集乡……〔豫〕鹿邑县 262
唐集镇……〔苏〕涟水县 183
唐集镇……〔皖〕怀远县 202
唐湾镇……〔皖〕桐城市 205
唐嘎乡……〔藏〕达孜区 381
唐寨镇……〔皖〕砀山县 208
唐镇……〔沪〕浦东新区 176
唐藏镇……〔陕〕凤县 391
资中县……〔川〕内江市 336
资丘镇……〔鄂〕长阳土家族自治县 269
资市镇……〔鄂〕江陵县 272
资兴市……〔湘〕郴州市 285
资阳区……〔湘〕益阳市 283
资阳市……〔川〕 347
资源县……〔桂〕桂林市 305
资源镇……〔桂〕资源县 305
资溪县……〔赣〕抚州市 231
资溪街道……〔川〕雁江区 347
资福镇……〔湘〕宁乡市 278
凉山乡……〔川〕剑阁县 334
凉山乡……〔川〕邻水县 343
凉山乡……〔滇〕元谋县 375
凉山彝族自治州……〔川〕 351
凉水口镇……〔湘〕桑植县 283
凉水乡……〔川〕乐至县 348
凉水井镇……〔湘〕沅陵县 286
凉水井镇……〔黔〕思南县 362
凉水河子镇……〔吉〕柳河县 160
凉水河乡……〔冀〕青龙满族自治县 110
凉水河蒙古族乡……〔辽〕北票市 153
凉水河镇……〔鄂〕丹江口市 269
凉水朝鲜族乡……〔吉〕集安市 160
凉水镇……〔吉〕图们市 162
凉水镇……〔川〕青川县 334
凉水镇……〔川〕阆中市 340
凉风乡……〔川〕营山县 339
凉风乡……〔川〕宣汉县 344
凉伞镇……〔湘〕新晃侗族自治县 287
凉州区……〔陇〕武威市 403
凉州户镇……〔新〕玛纳斯县 424
凉城县……〔蒙〕乌兰察布市 140
凉城新村街道……〔沪〕虹口区 175
凉泉乡……〔皖〕望江县 205
凉泉镇……〔辽〕西丰县 152
凉亭乡……〔皖〕怀宁县 204
凉亭乡……〔豫〕光山县 260
凉亭坳乡……〔湘〕鹤城区 286
凉亭镇……〔皖〕宿松县 204
凉姜镇……〔川〕翠屏区 341
凉高山街道……〔川〕大安区 329
凉雾乡……〔鄂〕利川市 274
站儿巷镇……〔陇〕两当县 408
站东街道……〔赣〕青山湖区 223
站北街道……〔辽〕西岗区 146
站南街道……〔辽〕双塔区 153
站南街道……〔陕〕临渭区 392
站前区……〔辽〕营口市 150
站前街道……〔蒙〕红山区 136
站前街道……〔辽〕金州区 146
站前街道……〔辽〕铁东区 147
站前街道……〔辽〕平山区 148
站前街道……〔辽〕新抚区 148
站前街道……〔辽〕古塔区 149
站前街道……〔辽〕振兴区 149
站前街道……〔辽〕白塔区 151
站前街道……〔辽〕海州区 151
站前街道……〔辽〕连山区 154
站前街道……〔吉〕宽城区 157
站前街道……〔吉〕昌邑区 158
站前街道……〔吉〕龙山区 159
站前街道……〔吉〕铁西区 159
站前街道……〔黑〕铁锋区 167
站前街道……〔赣〕湾里区 223
站前街道……〔粤〕荔湾区 291
站前街道……〔粤〕茂南区 295
站前路街道……〔湘〕岳阳楼区 281
站敏乡……〔新〕疏附县 426
站集镇……〔豫〕虞城县 259
站街镇……〔豫〕巩义市 249
站街镇……〔黔〕清镇市 357
站塘乡……〔赣〕会昌县 227
站滩乡……〔陇〕临洮县 406
竞秀区……〔冀〕保定市 113
部官乡……〔晋〕平陆县 128
旁多乡……〔藏〕林周县 381
旁海镇……〔黔〕凯里市 364
旅顺口区……〔辽〕大连市 146
阅江楼街道……〔苏〕鼓楼区 179
阆中市……〔川〕南充市 340
瓶窑镇……〔浙〕余杭区 189
拳铺镇……〔鲁〕梁山县 240
粉壁乡……〔川〕平昌县 347
料甸街道……〔黑〕阿城区 166
料林乡……〔川〕汉源县 346
益门镇……〔川〕会理县 352
益宁街道……〔滇〕麒麟区 370
益民乡……〔川〕盐边县 330
益民街道……〔辽〕新邱区 151
益庆乡……〔藏〕八宿县 383
益农镇……〔浙〕萧山区 189
益阳市……〔湘〕 283
益林镇……〔苏〕阜宁县 184
益店镇……〔陕〕岐山县 390
益哇镇……〔陇〕迭部县 409
益都街道……〔鲁〕青州市 239
益智乡……〔滇〕景谷傣族彝族自治县 373
兼庄乡……〔冀〕丛台区 111
兼爱乡……〔桂〕罗城仫佬族自治县 309
朔方路街道……〔宁〕西夏区 419
朔北藏族乡……〔青〕大通回族土族自治县 413
朔州市……〔晋〕 126
朔里镇……〔皖〕杜集区 203
朔良镇……〔桂〕田东县 308
朔城区……〔晋〕朔州市 126
郸城县……〔豫〕周口市 262
烧锅营子乡……〔辽〕建平县 153
烧锅镇……〔吉〕农安县 157
烧锅镇乡……〔吉〕大安市 162
烔炀镇……〔皖〕巢湖市 201
烟台市……〔鲁〕 238
烟台街道……〔辽〕灯塔市 151
烟竹乡……〔川〕荥经县 345
烟多镇……〔藏〕察雅县 383
烟庄街道……〔鲁〕冠县 245
烟店镇……〔鲁〕临清市 245
烟店镇……〔鄂〕安陆市 271
烟阁乡……〔赣〕永新县 229
烟洲镇……〔湘〕常宁市 280
烟峰镇……〔川〕马边彝族自治县 337
烟袋镇……〔川〕九龙县 350
烟筒山镇……〔吉〕磐石市 158
烟筒屯镇……〔黑〕杜尔伯特蒙古族自治县 169
烟煤洞乡……〔冀〕涞源县 114
烟溪乡……〔川〕通江县 347
烟溪镇……〔湘〕安化县 284
烟墩街道……〔皖〕包河区 201
烟墩镇……〔皖〕繁昌县 202
烟墩镇……〔桂〕灵山县 306
烟霞镇……〔陕〕礼泉县 391
剡湖街道……〔浙〕嵊州市 194
郯城县……〔鲁〕临沂市 242
郯城街道……〔鲁〕郯城县 242
递铺街道……〔浙〕安吉县 193
涛圩镇……〔湘〕江华瑶族自治县 286
涛城镇……〔皖〕郎溪县 210
涛源镇……〔滇〕永胜县 373
涛雒镇……〔鲁〕东港区 242
浙水乡……〔川〕苍溪县 335
浙源乡……〔赣〕婺源县 232
涝坡镇……〔鲁〕莒南县 243
涝店镇……〔陕〕鄠邑区 389
涝洼乡……〔冀〕滦平县 117
涝洲镇……〔黑〕肇东市 172
浦口区……〔苏〕南京市 179
浦口街道……〔浙〕嵊州市 194
浦口镇……〔闽〕连江县 213
浦口镇……〔湘〕醴陵市 278
浦贝彝族乡……〔滇〕易门县 371
浦东街道……〔豫〕柘城县 259
浦东新区……〔沪〕 176
浦北县……〔桂〕钦州市 306
浦市镇……〔湘〕泸溪县 288
浦头镇……〔苏〕江都区 185
浦西街道……〔苏〕海州区 182
浦江县……〔浙〕金华市 194
浦江镇……〔沪〕闵行区 175
浦兴路街道……〔沪〕浦东新区 176
浦阳街道……〔浙〕浦江县 194
浦阳镇……〔浙〕萧山区 189
浦坝港镇……〔浙〕三门县 196
浦沿街道……〔浙〕滨江区 189
浦城县……〔闽〕南平市 217
浦南街道……〔浙〕浦江县 194
浦南镇……〔苏〕海州区 183
浦南镇……〔闽〕芗城区 216
浦楼街道……〔苏〕清江浦区 183
浦锦街道……〔沪〕闵行区 175
浦源镇……〔闽〕周宁县 219
浭阳街道……〔冀〕丰润区 109
涪口镇……〔赣〕乐平市 224
涪口镇……〔湘〕平江县 282
涪溪街道……〔湘〕祁阳县 285
酒井哈尼族乡……〔滇〕澜沧拉祜族自治县 374
酒仙桥街道……〔京〕朝阳区 99
酒仙桥街道……〔鲁〕兖州区 240
酒后镇……〔豫〕伊川县 251
酒店乡……〔皖〕萧县 208
酒房乡……〔滇〕施甸县 371
酒房镇……〔陕〕麟游县 391
酒泉市……〔陇〕 405
酒泉路街道……〔陇〕城关区 401
酒埠江镇……〔湘〕攸县 278
涞水县……〔冀〕保定市 114
涞水镇……〔冀〕涞水县 114
涞源县……〔冀〕保定市 114
涞源镇……〔冀〕涞源县 114
涞滩镇……〔渝〕合川区 319
涟水县……〔苏〕淮安市 183
涟江街道……〔黔〕惠水县 365
涟城镇……〔苏〕涟水县 183
涟源市……〔湘〕娄底市 288
涟滨街道……〔湘〕娄星区 287
涉村镇……〔豫〕巩义市 249
涉县……〔冀〕邯郸市 111
娑婆乡……〔晋〕静乐县 129
消水镇……〔川〕营山县 339
消河乡……〔川〕广安区 342
消泗乡……〔鄂〕蔡甸区 267
涅阳街道……〔豫〕镇平县 258
涅如麦乡……〔藏〕康马县 382
涅如堆乡……〔藏〕康马县 382
浬田镇……〔赣〕吉安县 228
浬浦镇……〔浙〕诸暨市 194
涠洲镇……〔桂〕海城区 306
浞水镇……〔黔〕务川仡佬族苗族自治县 359
涓桥镇……〔皖〕贵池区 210
涡水镇……〔粤〕连南瑶族自治县 299
涡北街道……〔皖〕涡阳县 209
涡北镇……〔豫〕鹿邑县 262

（十画）涡涝浩浰海涂浠浴浮浛流

涡阳县……〔皖〕亳州市 209
涡南镇……〔皖〕涡阳县 209
涝山乡……〔晋〕宁武县 129
涝天河镇……〔湘〕江华瑶族自治县 286
涝南镇……〔湘〕澧县 282
浩口苗族仡佬族乡……〔渝〕武隆区 321
浩口镇……〔鄂〕潜江市 274
浩山乡……〔赣〕彭泽县 225
浩门镇……〔青〕门源回族自治县 414
浩来呼热苏木……〔蒙〕克什克腾旗 136
浩良河镇……〔黑〕南岔区 169
浩罕乡……〔新〕喀什市 426
浩饶山镇……〔蒙〕扎兰屯市 139
浩特芒哈乡……〔吉〕前郭尔罗斯蒙古族自治县 161
浩勒图高勒镇……〔蒙〕西乌珠穆沁旗 141
浩塘镇……〔湘〕桂阳县 284
浩德蒙古族乡……〔黑〕肇源县 169
浰源镇……〔粤〕和平县 298
海口市……〔琼〕313
海口街道……〔滇〕西山区 369
海口镇……〔浙〕青田县 197
海口镇……〔皖〕大观区 204
海口镇……〔闽〕福清市 214
海口镇……〔赣〕德兴市 232
海口镇……〔滇〕澄江县 371
海山乡……〔浙〕玉环市 196
海山街道……〔粤〕盐田区 293
海山镇……〔粤〕饶平县 300
海门市……〔苏〕南通市 182
海门街道……〔苏〕海门市 182
海门街道……〔浙〕椒江区 196
海门镇……〔粤〕潮阳区 293
海子乡……〔蒙〕土默特右旗 136
海子乡……〔川〕宁南县 352
海子沟乡……〔青〕湟中县 413
海子沿乡……〔新〕巴里坤哈萨克自治县 424
海子街镇……〔黔〕七星关区 360
海子滩镇……〔陇〕古浪县 403
海子镇……〔黔〕安龙县 363
海子镇……〔滇〕彝良县 372
海丰县……〔粤〕汕尾市 297
海丰街道……〔鲁〕无棣县 245
海丰镇……〔黑〕望奎县 171
海云乡……〔川〕沐川县 337
海石湾镇……〔陇〕红古区 401
海龙街道……〔辽〕龙城区 153
海龙街道……〔粤〕荔湾区 291
海龙镇……〔吉〕梅河口市 160
海龙镇……〔黔〕红花岗区 358
海东市……〔青〕413
海东街道……〔辽〕鲅鱼圈区 150
海东镇……〔滇〕大理市 377
海北头乡……〔晋〕怀仁县 126
海北街道……〔蒙〕海勃湾区 136
海北镇……〔冀〕丰南区 109
海北镇……〔黑〕海伦市 172
海北藏族自治州……〔青〕414
海田乡……〔川〕蓬安县 339
海兰街道……〔黑〕爱辉区 171
海头街道……〔粤〕霞山区 294
海头镇……〔苏〕赣榆区 183
海头镇……〔琼〕儋州市 313
海宁市……〔浙〕嘉兴市 192
海永镇……〔苏〕海门市 182
海边街道……〔黔〕威宁彝族回族苗族自治县 361
海西蒙古族藏族自治州……〔青〕415
海西镇……〔浙〕平阳县 191
海则滩镇……〔陕〕靖边县 395
海伦市……〔黑〕绥化市 172
海伦路街道……〔鲁〕市北区 236
海伦镇……〔黑〕海伦市 172
海会镇……〔赣〕濂溪区 224
海州区……〔辽〕阜新市 150
海州区……〔苏〕连云港市 182
海州街道……〔辽〕海城市 148
海州街道……〔苏〕海州区 182
海州湾街道……〔苏〕连云区 182
海江镇……〔黑〕嫩江县 171
海兴县……〔冀〕沧州市 118
海兴镇……〔黑〕海伦市 172
海安县……〔苏〕南通市 182
海安街道……〔粤〕金平区 293
海安镇……〔粤〕徐闻县 294
海军广场街道……〔辽〕中山区 146
海阳市……〔鲁〕烟台市 239
海阳所镇……〔鲁〕乳山市 242
海阳镇……〔冀〕海港区 110
海阳镇……〔皖〕休宁县 205
海秀街道……〔琼〕秀英区 313
海秀镇……〔琼〕秀英区 313
海甸街道……〔琼〕美兰区 313
海角街道……〔桂〕海城区 305
海岛乡……〔闽〕霞浦县 219
海沧区……〔闽〕厦门市 214
海沧街道……〔闽〕海沧区 214
海尾镇……〔琼〕昌江黎族自治县 314
海努克乡……〔新〕察布查尔锡伯自治县 428
海青乡……〔吉〕长岭县 161
海青乡……〔黑〕抚远市 170
海青岛街道……〔辽〕金州区 146
海青镇……〔鲁〕黄岛区 236
海拉尔区……〔蒙〕呼伦贝尔市 138
海拉尔东路街道……〔蒙〕新城区 135
海拉尔西路街道……〔蒙〕回民区 135
海拉苏镇……〔蒙〕翁牛特旗 137
海拉镇……〔黔〕威宁彝族回族苗族自治县 361
海坨乡……〔吉〕大安市 162
海林市……〔黑〕牡丹江市 170
海林镇……〔黑〕海林市 170
海昌街道……〔浙〕海宁市 192
海明街道……〔吉〕洮北区 161
海岱镇……〔滇〕宣威市 370
海府街道……〔琼〕美兰区 313
海河镇……〔苏〕射阳县 184
海城乡……〔黑〕肇东市 172
海城乡……〔桂〕平果县 308
海城区……〔桂〕北海市 305
海城市……〔辽〕鞍山市 148
海城街道……〔浙〕龙湾区 191
海城镇……〔粤〕海丰县 297
海城镇……〔宁〕海原县 420
海南乡……〔黑〕海伦市 172
海南乡……〔川〕西昌市 351
海南区……〔蒙〕乌海市 136
海南朝鲜族乡……〔黑〕西安区 170
海南镇……〔苏〕兴化市 186
海南藏族自治州……〔青〕414
海勃日戈镇……〔吉〕前郭尔罗斯蒙古族自治县 161
海勃湾区……〔蒙〕乌海市 136
海星街道……〔辽〕鲅鱼圈区 150
海星镇……〔黑〕北安市 171
海复镇……〔苏〕启东市 182
海洋乡……〔桂〕灵川县 304
海洋乡……〔渝〕秀山土家族苗族自治县 323
海洋岛镇……〔辽〕长海县 147
海洲街道……〔浙〕海宁市 192
海洲窝堡乡……〔辽〕康平县 146
海垦街道……〔琼〕龙华区 313
海珠区……〔粤〕广州市 291
海盐县……〔浙〕嘉兴市 192
海校街道……〔黔〕桐梓县 358
海原县……〔宁〕中卫市 420
海晏县……〔青〕海北藏族自治州 414
海流图乡……〔冀〕张北县 116
海流图镇……〔蒙〕乌拉特中旗 139
海润街道……〔浙〕三门县 196
海浪乡……〔辽〕抚顺县 148
海浪镇……〔黑〕宁安市 171
海宴镇……〔粤〕台山市 294
海陵区……〔苏〕泰州市 185
海通乡……〔豫〕濮阳县 256
海通镇……〔苏〕射阳县 184
海渊镇……〔桂〕宁明县 310
海淀（万柳地区）镇……〔京〕海淀区 99
海淀区……〔京〕99
海淀街道……〔京〕海淀区 99
海棠区……〔琼〕三亚市 313
海棠街道……〔皖〕庐阳区 201
海棠溪街道……〔渝〕南岸区 318
海棠镇……〔渝〕长寿区 319
海棠镇……〔川〕甘洛县 354
海鲁吐镇……〔蒙〕科尔沁左翼后旗 137
海港区……〔冀〕秦皇岛市 110
海港镇……〔冀〕海港区 110
海湾乡……〔川〕雷波县 354
海湾镇……〔沪〕奉贤区 176
海游街道……〔浙〕三门县 196
海楼镇……〔新〕沙雅县 425
海虞镇……〔苏〕常熟市 181
海溪乡……〔浙〕青田县 197
海滨街道……〔津〕宝坻区 104
海滨街道……〔津〕滨海新区 104
海滨街道……〔浙〕龙湾区 191
海滨街道……〔闽〕鲤城区 215
海滨街道……〔粤〕霞山区 294
海滨街道……〔粤〕吴川市 295
海滨路街道……〔冀〕海港区 110
海滨镇……〔冀〕北戴河区 110
海幢街道……〔粤〕海珠区 291
海潮镇……〔川〕泸县 330
海澄镇……〔闽〕龙海市 217
海曙区……〔浙〕宁波市 190
海螺乡……〔川〕简阳市 329
涂山乡……〔川〕剑阁县 334
涂山镇……〔渝〕南岸区 318
涂井乡……〔渝〕忠县 322
涂市乡……〔渝〕酉阳土家族苗族自治县 323
涂坊镇……〔闽〕长汀县 218
涂岭镇……〔闽〕泉港区 215
涂茨镇……〔浙〕象山县 190
涂家乡……〔川〕仁寿县 341
涂家垴镇……〔鄂〕梁子湖区 270
涂埠镇……〔赣〕永修县 225
涂寨镇……〔闽〕惠安县 216
浠水县……〔鄂〕黄冈市 272
浴新南街道……〔冀〕邯山区 110
浮山县……〔晋〕临汾市 130
浮山街道……〔鄂〕咸安区 273
浮山路街道……〔鲁〕李沧区 236
浮山新区街道……〔鲁〕市北区 236
浮山镇……〔皖〕枞阳县 204
浮山镇……〔粤〕饶平县 299
浮云街道……〔浙〕云和县 197
浮石乡……〔赣〕南康区 226
浮石街道……〔浙〕衢江区 195
浮石镇……〔桂〕融安县 304
浮江乡……〔赣〕大余县 226
浮来山街道……〔鲁〕莒县 242
浮岗镇……〔鲁〕单县 246
浮邱山乡……〔湘〕桃江县 284
浮图讲乡……〔冀〕阳原县 116
浮图店乡……〔冀〕鸡泽县 111
浮洋镇……〔粤〕潮安区 299
浮宫镇……〔闽〕龙海市 217
浮桥街道……〔闽〕鲤城区 215
浮桥镇……〔苏〕太仓市 182
浮梁县……〔赣〕景德镇市 223
浮梁镇……〔赣〕浮梁县 223
浮屠镇……〔鄂〕阳新县 268
浮槎乡……〔赣〕安远县 226
浮滨镇……〔粤〕饶平县 299
浛洸镇……〔粤〕英德市 299
流口镇……〔皖〕休宁县 205
流口镇……〔赣〕贵溪市 226
流山镇……〔桂〕柳江区 304
流川乡……〔陇〕康乐县 408
流马镇……〔川〕南部县 338
流井乡……〔冀〕易县 114
流水镇……〔吉〕长岭县 161
流水镇……〔闽〕平潭县 214
流水镇……〔鄂〕宜城市 270
流水镇……〔陕〕汉滨区 396
流长苗族乡……〔黔〕清镇市 357
流长镇……〔黔〕息烽县 357
流光岭镇……〔湘〕邵东县 280

（十画）流润涧浣浪浸涨涌浚悦宽家宾容窈宰朗诸诺冢祯祥调谈剥展陵陬勐

流曲镇……〔陕〕富平县 393
流坝乡……〔川〕南江县 347
流均镇……〔苏〕淮安区 183
流花街道……〔粤〕越秀区 291
流芳乡……〔赣〕湖口县 225
流芳街道……〔鄂〕江夏区 267
流村镇……〔京〕昌平区 100
流沙东街道……〔粤〕普宁市 300
流沙北街道……〔粤〕普宁市 300
流沙西街道……〔粤〕普宁市 300
流沙河镇……〔湘〕宁乡市 278
流沙南街道……〔粤〕普宁市 300
流坡坞镇……〔鲁〕阳信县 245
流河镇……〔冀〕青县 118
流泗镇……〔赣〕湖口县 225
流泽镇……〔湘〕邵东县 280
流顺乡……〔陇〕临潭县 409
流亭街道……〔鲁〕城阳区 236
流峪镇……〔鲁〕平邑县 243
流峰镇……〔湘〕桂阳县 284
流湖镇……〔赣〕新建区 223
流渡镇……〔黔〕正安县 358
流溪镇……〔川〕渠县 345
润州区……〔苏〕镇江市 185
润河镇……〔皖〕颍上县 207
润城镇……〔晋〕阳城县 126
润津乡……〔黑〕克东县 167
润雅乡……〔湘〕永顺县 288
润溪乡…〔渝〕彭水苗族土家族自治县 323
润镇……〔陕〕淳化县 392
涧口乡……〔豫〕洛宁县 251
涧田乡……〔赣〕万安县 229
涧头乡……〔豫〕新蔡县 263
涧头集镇……〔鲁〕台儿庄区 237
涧头镇……〔粤〕东源县 298
涧西区……〔豫〕洛阳市 251
涧池乡……〔鄂〕郧西县 268
涧池镇……〔陕〕汉阴县 396
涧岗乡……〔豫〕睢县 259
涧沟镇……〔皖〕寿县 203
涧河街道……〔晋〕杏花岭区 123
涧河街道……〔豫〕湖滨区 257
涧峪岔镇……〔陕〕子长县 393
涧溪镇……〔皖〕明光市 206
浣东街道……〔浙〕诸暨市 193
浪川乡……〔浙〕淳安县 190
浪水镇……〔桂〕容县 307
浪平镇……〔桂〕博白县 307
浪平镇……〔桂〕田林县 308
浪卡子县……〔藏〕山南市 384
浪卡子镇……〔藏〕浪卡子县 384
浪头镇……〔辽〕振兴区 149
浪多乡……〔川〕德格县 350
浪拔湖镇……〔湘〕南县 284
浪坪乡…〔渝〕酉阳土家族苗族自治县 323
浪坡乡……〔藏〕错那县 384
浪河镇……〔鄂〕丹江口市 269
浪洞镇……〔黔〕黄平县 364
浪珠乡……〔川〕布拖县 353
浪堤镇……〔滇〕红河县 376
浸潭镇……〔粤〕清新区 298
涨渡湖街道……〔鄂〕新洲区 268
涌山镇……〔赣〕乐平市 224
涌兴镇……〔川〕渠县 344
涌宝镇……〔滇〕云县 374
涌泉乡……〔晋〕武乡县 125
涌泉乡……〔赣〕柴桑区 224
涌泉乡……〔川〕营山县 339
涌泉庄乡……〔冀〕蔚县 116
涌泉街道……〔湘〕北湖区 284
涌泉街道……〔川〕温江区 327
涌泉镇……〔浙〕临海市 196
涌泉镇……〔川〕简阳市 329
涌洞乡…〔渝〕秀山土家族苗族自治县 323
涌溪乡……〔黔〕镇远县 364
浚州街道……〔豫〕浚县 253
浚县……〔豫〕鹤壁市 253
悦中乡……〔川〕营山县 339
悦乐镇……〔滇〕大关县 372
悦乐镇……〔陇〕华池县 405
悦庄镇……〔鲁〕沂源县 237
悦兴镇……〔川〕东坡区 340
悦来乡……〔川〕市中区 336
悦来乡……〔川〕安岳县 348
悦来街道……〔渝〕渝北区 318
悦来镇……〔黑〕桦川县 170
悦来镇……〔苏〕海门市 182
悦来镇……〔苏〕沭阳县 186
悦来镇……〔湘〕永兴县 284
悦来镇……〔川〕大邑县 328
悦来镇……〔川〕中江县 331
悦来镇……〔川〕广安区 342
悦城镇……〔粤〕德庆县 296
悦崃镇……〔渝〕石柱土家族自治县 323
宽川镇……〔陇〕礼县 408
宽田乡……〔赣〕于都县 227
宽邦镇……〔辽〕绥中县 154
宽甸满族自治县……〔辽〕丹东市 149
宽甸镇……〔辽〕宽甸满族自治县 149
宽坪苗族土家族乡……〔黔〕思南县 362
宽城区……〔吉〕长春市 157
宽城满族自治县……〔冀〕承德市 118
宽城镇……〔冀〕宽城满族自治县 118
宽洲镇……〔陕〕清涧县 396
宽阔镇……〔黔〕绥阳县 358
宽裕镇……〔川〕德昌县 352
家发镇……〔皖〕繁昌县 202
家地乡……〔浙〕景宁畲族自治县 197
家朋乡……〔皖〕绩溪县 210
宾川县……〔滇〕大理白族自治州 377
宾西镇……〔黑〕宾县 166
宾州镇……〔黑〕宾县 166
宾州镇……〔桂〕宾阳县 303
宾安镇……〔黑〕宾县 166
宾阳县……〔桂〕南宁市 303
宾县……〔黑〕哈尔滨市 166
宾亨镇……〔粤〕广宁县 296
宾居镇……〔滇〕宾川县 377
容西镇……〔桂〕容县 307
容光镇……〔黔〕桐梓县 358
容州镇……〔桂〕容县 307
容县……〔桂〕玉林市 307
容城县……〔冀〕保定市 114
容城镇……〔冀〕容城县 114
容城镇……〔鄂〕监利县 271
容美镇……〔鄂〕鹤峰县 274
容桂街道……〔粤〕顺德区 293
窈川乡……〔浙〕磐安县 194
宰羊乡……〔川〕石棉县 346
宰便镇……〔黔〕从江县 365
朗乡镇……〔黑〕铁力市 169
朗公庙镇……〔豫〕新乡县 254
朗池镇……〔川〕营山县 339
朗如乡……〔新〕和田县 427
朗县……〔藏〕林芝市 384
朗杰学乡……〔藏〕贡嘎县 384
朗洞镇……〔黔〕榕江县 364
朗陵街道……〔豫〕确山县 263
朗溪乡……〔湘〕永顺县 288
朗溪乡…〔渝〕彭水苗族土家族自治县 323
朗溪镇…〔黔〕印江土家族苗族自治县 362
朗镇……〔藏〕朗县 384
朗霞街道……〔浙〕余姚市 191
诸甲亭乡……〔湘〕邵阳县 280
诸由观镇……〔鲁〕龙口市 238
诸市镇……〔豫〕驿城区 262
诸佛乡…〔渝〕彭水苗族土家族自治县 323
诸佛庵镇……〔皖〕霍山县 209
诸往镇……〔鲁〕乳山市 242
诸城市……〔鲁〕潍坊市 239
诸家乡……〔川〕蓬安县 339
诸葛镇……〔浙〕兰溪市 194
诸葛镇……〔鲁〕沂水县 243
诸葛镇……〔豫〕洛龙区 251
诸福屯街道……〔冀〕正定县 107
诸暨市……〔浙〕绍兴市 193
诺水河镇……〔川〕通江县 346
诺邓镇……〔滇〕云龙县 377
诺江镇……〔川〕通江县 346
诺敏镇……〔蒙〕鄂伦春自治旗 138
冢头镇……〔豫〕郏县 252
祯旺乡……〔浙〕青田县 197
祯祥镇……〔黑〕青冈县 172
祯埠乡……〔浙〕青田县 197
祥云县……〔滇〕大理白族自治州 377
祥云镇……〔豫〕温县 255
祥贝乡……〔桂〕宜州区 309
祥龙乡……〔川〕西充县 340
祥平街道……〔闽〕同安区 214
祥芝镇……〔闽〕石狮市 216
祥华乡……〔闽〕安溪县 216
祥和街道……〔滇〕古城区 373
祥周镇……〔桂〕田东县 308
祥城镇……〔滇〕祥云县 377
祥顺镇……〔黑〕通河县 166
祥符区……〔豫〕开封市 250
祥符街道……〔浙〕拱墅区 189
祥符镇……〔赣〕高安市 230
祥符镇……〔川〕雁江区 347
祥富镇……〔黑〕海伦市 172
祥谦镇……〔闽〕闽侯县 213
祥福镇……〔川〕青白江区 327
祥霖铺镇……〔湘〕道县 286
调元镇……〔川〕罗江区 331
调风镇……〔粤〕雷州市 295
调关镇……〔鄂〕石首市 272
调兵山市……〔辽〕铁岭市 152
调兵山街道……〔辽〕调兵山市 152
调河头乡……〔冀〕安次区 119
调顺街道……〔粤〕赤坎区 294
调楼镇……〔琼〕临高县 314
谈固街道……〔冀〕长安区 107
谈店乡……〔豫〕潢川县 261
剥隘镇……〔滇〕富宁县 377
展旦召苏木……〔蒙〕达拉特旗 138
展沟镇……〔皖〕利辛县 209
展坪乡……〔赣〕临川区 230
展茅街道……〔浙〕普陀区 195
展览路街道……〔京〕西城区 99
陵口镇……〔苏〕丹阳市 185
陵川县……〔晋〕晋城市 126
陵水黎族自治县……〔琼〕儋州市 314
陵东街道……〔辽〕皇姑区 145
陵头镇……〔豫〕汝州市 252
陵西街道……〔辽〕于洪区 145
陵江乡……〔川〕九寨沟县 348
陵江镇……〔川〕苍溪县 335
陵阳街道……〔鲁〕莒县 242
陵阳镇……〔皖〕青阳县 210
陵阳镇……〔豫〕林州市 253
陵园街道……〔冀〕邯山区 110
陵城区……〔鲁〕德州市 243
陵城街道……〔桂〕北流市 307
陵城镇……〔鲁〕曲阜市 240
陵前镇……〔陕〕三原县 391
陬市镇……〔湘〕桃源县 283
勐大镇…〔滇〕镇沅彝族哈尼族拉祜族 373
勐马镇……〔滇〕孟连傣族拉祜族佤族自治县 374
勐仑镇……〔滇〕勐腊县 377
勐龙镇……〔滇〕景洪市 377
勐卡镇……〔滇〕西盟佤族自治县 374
勐卯镇……〔滇〕瑞丽市 378
勐永镇……〔滇〕双江拉祜族佤族布朗族傣族自治县 374
勐先镇……〔滇〕宁洱哈尼族彝族自治县 373
勐约乡……〔滇〕陇川县 378
勐弄乡……〔滇〕盈江县 378
勐来乡……〔滇〕沧源佤族自治县 374
勐秀乡……〔滇〕瑞丽市 378
勐佑镇……〔滇〕凤庆县 374
勐伴镇……〔滇〕勐腊县 377
勐角傣族彝族拉祜族乡……〔滇〕沧源佤族自治县 374
勐库镇……〔滇〕双江拉祜族佤族布朗族傣族自治县 374
勐宋乡……〔滇〕勐海县 377
勐罕镇……〔滇〕景洪市 377
勐阿镇……〔滇〕勐海县 377

（十画）勐牂陶姬娲娘通能桑骊绣验绥

勐拉镇……………………〔滇〕金平苗族瑶族傣族自治县 376
勐板乡……………〔滇〕永德县 374
勐旺乡……………〔滇〕景洪市 377
勐往乡……………〔滇〕勐海县 377
勐省镇…………〔滇〕沧源佤族自治县 374
勐养镇……………〔滇〕景洪市 377
勐养镇……………〔滇〕梁河县 378
勐统镇……………〔滇〕昌宁县 371
勐班乡……〔滇〕景谷傣族彝族自治县 373
勐桥乡………〔滇〕金平苗族瑶族傣族自治县 376
勐烈镇…〔滇〕江城哈尼族彝族自治县 373
勐海县……〔滇〕西双版纳傣族自治州 377
勐海镇……………〔滇〕勐海县 377
勐朗镇………〔滇〕澜沧拉祜族自治县 374
勐勐镇……〔滇〕双江拉祜族佤族布朗族傣族自治县 374
勐捧镇……………〔滇〕镇康县 374
勐捧镇……………〔滇〕勐腊县 377
勐堆乡……………〔滇〕镇康县 374
勐梭镇…………〔滇〕西盟佤族自治县 374
勐戛镇……………〔滇〕芒市 378
勐焕街道……………〔滇〕芒市 378
勐混镇……………〔滇〕勐海县 377
勐董镇…………〔滇〕沧源佤族自治县 374
勐腊县……〔滇〕西双版纳傣族自治州 377
勐腊镇……………〔滇〕勐腊县 377
勐简乡……〔滇〕双江拉祜族佤族布朗族傣族自治县 374
勐满镇……………〔滇〕勐海县 377
勐满镇……………〔滇〕勐腊县 377
勐遮镇……………〔滇〕勐海县 377
勐撒镇……〔滇〕双江拉祜族佤族布朗族傣族自治县 374
勐糯镇……………〔滇〕龙陵县 371
牂牁镇……………〔黔〕六枝特区 357
陶厂镇……………〔皖〕含山县 203
陶山镇……………〔浙〕瑞安市 192
陶邓镇……………〔桂〕兴宾区 310
陶乐镇……………〔宁〕平罗县 419
陶圩镇……………〔桂〕横县 303
陶寺乡……………〔晋〕襄汾县 130
陶老乡……………〔皖〕临泉县 207
陶朱街道……………〔浙〕诸暨市 193
陶庄镇……………〔苏〕兴化市 186
陶庄镇……………〔浙〕嘉善县 192
陶庄镇……………〔鲁〕薛城区 237
陶村乡……………〔晋〕平鲁区 126
陶村镇……………〔晋〕盐湖区 127
陶辛镇……………〔皖〕芜湖县 202
陶岭镇……………〔湘〕新田县 286
陶店乡……………〔鄂〕黄州区 272
陶店回族乡……………〔皖〕寿县 203
陶庙镇……………〔皖〕界首市 207
陶庙镇……………〔鲁〕巨野县 246
陶河镇……………〔粤〕海丰县 297
陶城镇……………〔豫〕鄢陵县 256
陶泉乡……………〔冀〕磁县 111
陶唐峪乡……………〔晋〕霍州市 130
陶家屯镇……………〔辽〕新民市 146
陶家屯镇……………〔吉〕公主岭市 159
陶家河乡……………〔鄂〕英山县 272
陶家宫镇……………〔新〕伊州区 424
陶家渡街道……………〔川〕西区 330
陶家镇……………〔渝〕九龙坡区 318
陶营镇……………〔豫〕汝阳县 251
陶营镇……………〔豫〕邓州市 259
陶堰镇……………〔浙〕越城区 193
陶然亭街道……………〔京〕西城区 99
陶然镇……………〔辽〕西丰县 152
陶港镇……………〔鄂〕阳新县 268
陶湾镇……………〔豫〕栾川县 251
陶塘乡……………〔赣〕永丰县 228
陶楼镇……………〔皖〕长丰县 201
陶赖昭镇……………〔吉〕扶余市 161
姬石镇……………〔豫〕召陵区 256
姬村镇……………〔冀〕元氏县 108
姬家山乡……………〔豫〕鹤山区 253
姬家街道……………〔陕〕高陵区 389
姬塬镇……………〔陕〕定边县 395
娲城街道……………〔豫〕西华县 261
娘子关镇……………〔晋〕平定县 124
娘子神乡……………〔晋〕静乐县 129
娘西乡……………〔藏〕江达县 383
娘拉乡……………〔青〕囊谦县 415
娘热乡……………〔藏〕城关区 381
娘热乡……………〔藏〕谢通门县 382
娘娘庄乡……………〔冀〕遵化市 110
娘娘坝镇……………〔陇〕秦州区 402
娘娘庙乡……………〔辽〕建昌县 154
娘娘宫街道……………〔辽〕太和区 149
娘蒲乡……………〔藏〕工布江达县 384
通口镇…………〔川〕北川羌族自治县 333
通山乡……………〔川〕中江县 331
通山县……………〔鄂〕咸宁市 273
通川区……………〔川〕达州市 343
通门乡……………〔藏〕谢通门县 382
通门镇……………〔粤〕郁南县 300
通乡街道……………〔黑〕香坊区 165
通天乡……………〔川〕营山县 339
通天街道……………〔黑〕香坊区 165
通元镇……………〔浙〕海盐县 192
通什镇……………〔琼〕五指山市 313
通化乡……………〔川〕理县 348
通化市……………〔吉〕 160
通化县……………〔吉〕通化市 160
通化镇……………〔晋〕万荣县 127
通化镇……………〔陇〕庄浪县 404
通东街道……………〔黑〕铁锋区 167
通北街道……………〔闽〕芗城区 216
通北镇……………〔黑〕北安市 171
通仙乡……………〔川〕大英县 336
通辽市……………〔蒙〕 137
通达傈僳族乡……………〔滇〕华坪县 373
通达街道……………〔吉〕洮南市 162
通达街道……………〔黑〕南岗区 165
通达镇……………〔黑〕明水县 172
通伏乡……………〔宁〕平罗县 419
通羊镇……………〔鄂〕通山县 273
通关镇………〔滇〕墨江哈尼族自治县 373
通州区……………〔京〕 100
通州区……………〔苏〕南通市 182
通州镇……………〔黔〕平塘县 365
通江口镇……………〔辽〕昌图县 152
通江乡……………〔黑〕抚远市 170
通江县……………〔川〕巴中市 346
通江街道……………〔吉〕昌邑区 158
通江街道……………〔黑〕安图县 165
通江街道……………〔黑〕讷河市 167
通江街道……………〔苏〕梁溪区 179
通江街道……………〔川〕市中区 336
通江镇……………〔黑〕望奎县 171
通安驿镇……………〔陇〕陇西县 406
通安镇……………〔苏〕虎丘区 181
通安镇……………〔川〕会理县 352
通许县……………〔豫〕开封市 250
通阳道街道………〔蒙〕白云鄂博矿区 135
通红甸彝族苗族乡………〔滇〕华宁县 371
通远堡镇……………〔辽〕凤城市 149
通远街道……………〔陕〕高陵区 389
通远镇……………〔陇〕永登县 401
通伸街道……………〔鲁〕芝罘区 238
通甸镇…〔滇〕兰坪白族普米族自治县 378
通沟街道……………〔吉〕浑江区 160
通贤镇……………〔闽〕上杭县 218
通贤镇……………〔川〕安岳县 347
通河县……………〔黑〕哈尔滨市 166
通河镇……………〔黑〕通河县 166
通城县……………〔鄂〕咸宁市 273
通城街道……………〔黑〕阿城区 165
通城镇……………〔渝〕巫溪县 322
通南镇……………〔黑〕讷河市 167
通贵乡……………〔宁〕兴庆区 419
通钦街道……………〔陇〕合作市 409
通泉乡……………〔黑〕明水县 172
通泉街道……………〔滇〕马龙县 370
通胜街道……………〔吉〕集安市 160
通济街道……………〔闽〕建瓯市 218
通济街道……………〔鲁〕即墨区 236
通济镇……………〔川〕彭州市 328
通济镇……………〔川〕中江县 331
通津铺镇……………〔湘〕慈利县 283
通泰街街道……………〔湘〕开福区 277
通泰街道……………〔闽〕邵武市 218
通挽镇……………〔桂〕武宣县 310
通桥街道……………〔渝〕大足区 318
通旅镇……………〔川〕乐至县 348
通海口镇……………〔鄂〕仙桃市 274
通海县……………〔滇〕玉溪市 371
通宵乡……………〔川〕新龙县 350
通惠街道……………〔川〕东坡区 340
通道侗族自治县……………〔湘〕怀化市 287
通道街街道……………〔蒙〕回民区 135
通渭县……………〔陇〕定西市 406
通榆县……………〔吉〕白城市 162
通榆镇……………〔苏〕滨海县 184
通源乡……………〔浙〕嵊州市 194
通滩镇……………〔川〕江阳区 330
通镇……………〔陕〕佳县 396
通衢镇……………〔粤〕龙川县 298
能仁乡……………〔皖〕定远县 206
能科乡……………〔青〕尖扎县 414
桑木镇……………〔黔〕习水县 359
桑日县……………〔藏〕山南市 384
桑日麻乡……………〔青〕达日县 415
桑日镇……………〔藏〕桑日县 384
桑田镇……………〔赣〕南丰县 231
桑多乡……………〔藏〕丁青县 383
桑多镇……………〔藏〕类乌齐县 383
桑庄镇……………〔豫〕邓州市 258
桑坝乡……………〔陇〕迭部县 409
桑村乡……………〔豫〕滑县 253
桑村镇……………〔鲁〕山亭区 237
桑园镇……………〔冀〕蠡县 115
桑园镇……………〔冀〕怀来县 116
桑园镇……………〔冀〕吴桥县 118
桑园镇……………〔鲁〕莒县 242
桑园镇……………〔川〕邛崃市 328
桑园镇……………〔陕〕西乡县 394
桑阿镇……………〔鲁〕冠县 245
桑坪镇……………〔豫〕西峡县 258
桑坪镇……………〔渝〕云阳县 322
桑耶镇……………〔藏〕扎囊县 384
桑林镇……………〔辽〕台安县 147
桑枣镇……………〔川〕安州区 332
桑宝拉格苏木………〔蒙〕苏尼特右旗 141
桑郎镇……………〔黔〕望谟县 363
桑荣乡……………〔藏〕聂荣县 385
桑柘镇…〔渝〕彭水苗族土家族自治县 323
桑树台镇……………〔吉〕公主岭市 159
桑树坪镇……………〔陕〕韩城市 393
桑科镇……………〔陇〕夏河县 409
桑洲镇……………〔浙〕宁海县 190
桑珠孜区……………〔藏〕日喀则市 381
桑株镇……………〔新〕皮山县 427
桑根达来镇……………〔蒙〕正蓝旗 141
桑涧镇……………〔皖〕定远县 206
桑桑镇……………〔藏〕昂仁县 382
桑堌乡……………〔豫〕夏邑县 260
桑堆镇……………〔川〕稻城县 351
桑营镇……………〔皖〕太和县 207
桑梓店街道……………〔鲁〕天桥区 235
桑梓镇……………〔津〕蓟州区 104
桑梓镇……………〔湘〕新化县 288
桑落墅镇……………〔鲁〕惠民县 245
桑植县……………〔湘〕张家界市 283
桑溪镇……………〔陕〕洋县 394
桑墟镇……………〔苏〕沭阳县 186
桑镇……………〔陕〕兴平市 392
桑壁镇……………〔晋〕永和县 130
骊山街道……………〔陕〕临潼区 389
骊城街道……………〔冀〕抚宁区 110
绣林街道……………〔鄂〕石首市 272
绣惠街道……………〔鲁〕章丘区 235
绣缎镇……………〔粤〕连平县 298
验军街道……………〔辽〕海城市 148
绥山镇……………〔川〕峨眉山市 338
绥中乡……………〔黑〕绥棱县 172
绥中县……………〔辽〕葫芦岛市 154

绥中镇……〔辽〕绥中县 154
绥化市……〔黑〕 171
绥东镇……〔黑〕绥滨县 168
绥宁县……〔湘〕邵阳市 281
绥江县……〔滇〕昭通市 372
绥安街道……〔川〕营山县 339
绥安镇……〔闽〕漳浦县 216
绥阳县……〔黔〕遵义市 358
绥阳镇……〔黑〕东宁市 171
绥阳镇……〔黔〕凤冈县 359
绥芬河市……〔黑〕牡丹江市 170
绥芬河镇……〔黑〕绥芬河市 170
绥胜镇……〔黑〕北林区 171
绥棱县……〔黑〕绥化市 172
绥棱镇……〔黑〕绥棱县 172
绥滨县……〔黑〕鹤岗市 168
绥滨镇……〔黑〕绥滨县 168
绥德县……〔陕〕榆林市 395
继光镇……〔川〕中江县 331
骏马镇……〔陕〕礼泉县 391
邕宁区……〔桂〕南宁市 303
茜塘镇……〔粤〕罗定市 300

十一画

春陵江镇……〔湘〕桂阳县 284
球川镇……〔浙〕常山县 195
球场街道……〔鄂〕江岸区 267
球溪镇……〔川〕资中县 336
琐作乡……〔藏〕聂拉木县 382
理川镇……〔陇〕宕昌县 407
理化苗族彝族乡……〔黔〕大方县 360
理公港镇……〔湘〕桃源县 283
理合务镇……〔鲁〕临邑县 244
理县……〔川〕阿坝藏族羌族自治州 348
理家坪乡……〔湘〕双牌县 285
理塘县……〔川〕甘孜藏族自治州 351
琉璃乡……〔赣〕金溪县 231
琉璃寺镇……〔鲁〕高唐县 245
琉璃庙镇……〔京〕怀柔区 100
琉璃河（地区）镇……〔京〕房山区 100
琅岐镇……〔闽〕马尾区 213
琅环乡……〔川〕西昌市 351
琅琊区……〔皖〕滁州市 206
琅琊街道……〔皖〕琅琊区 206
琅琊镇……〔浙〕婺城区 194
琅琊镇……〔鲁〕黄岛区 236
琅琊镇……〔川〕渠县 345
琅琚镇……〔赣〕金溪县 231
琅塘镇……〔湘〕新化县 288
捧乍镇……〔黔〕兴义市 363
捧当乡…〔滇〕贡山独龙族怒族自治县 378
捧塔乡……〔川〕康定市 349
堵城镇……〔鄂〕黄州区 272
堵格镇……〔川〕会东县 352
措瓦乡……〔藏〕芒康县 383
措布西乡……〔藏〕谢通门县 382
措迈乡……〔藏〕昂仁县 382
措多乡……〔藏〕嘉黎县 385
措玛乡……〔藏〕安多县 385
措折罗玛镇……〔藏〕双湖县 385
措折强玛乡……〔藏〕双湖县 385
措拉乡……〔藏〕嘉黎县 385
措拉镇……〔川〕理塘县 351
措果乡……〔藏〕定日县 381
措周乡……〔青〕尖扎县 414
措美县……〔藏〕山南市 384
措美镇……〔藏〕措美县 384
措勤县……〔藏〕阿里地区 385
措勤镇……〔藏〕措勤县 385
域城镇……〔鲁〕博山区 237
捷地回族乡……〔冀〕沧县 118
捷胜镇……〔粤〕城区 297
排上镇……〔赣〕湘东区 224
排山镇……〔赣〕广丰区 231
排市镇……〔鄂〕阳新县 268
排头乡……〔湘〕湘潭县 279
排先拜巴扎乡……〔新〕新和县 425
排羊乡……〔黔〕台江县 364
排沙镇……〔粤〕广宁县 296
排浦镇……〔琼〕儋州市 313
排调镇……〔黔〕丹寨县 365
排埠镇……〔赣〕铜鼓县 230
排楼乡……〔川〕岳池县 343
焉城镇……〔川〕夹江县 337
焉耆回族自治县……
……〔新〕巴音郭楞蒙古自治州 425
焉耆镇……〔新〕焉耆回族自治县 425
堌阳镇……〔豫〕兰考县 250
堆子前镇……〔赣〕遂川县 228
堆子梁镇……〔陕〕定边县 395
堆龙德庆区……〔藏〕拉萨市 381
堆齐牛录乡……
……〔新〕察布查尔锡伯自治县 428
堆沟港镇……〔苏〕灌南县 183
堆纳乡……〔藏〕亚东县 382
堆随乡……〔藏〕曲松县 384
埠子镇……〔苏〕宿城区 186
埠头乡……〔赣〕兴国县 227
埠头镇……〔浙〕仙居县 196
埠场镇……〔粤〕江城区 298
埠江镇……〔豫〕桐柏县 258
埠村街道……〔鲁〕章丘区 235
埠河镇……〔鄂〕公安县 271
埠柳镇……〔鲁〕荣成市 241
埠前镇……〔赣〕永新县 229
耈街彝族苗族乡……〔滇〕昌宁县 371
埝头乡……〔冀〕大名县 111
埝桥镇……〔陕〕大荔县 392
埝掌镇……〔晋〕夏县 128
教字垭镇……〔湘〕永定区 283
培丰镇……〔闽〕永定区 218
培元街道……〔湘〕常宁市 280
培石乡……〔渝〕巫山县 322
培英街道……〔吉〕榆树市 157
培黎街道……〔陇〕安宁区 401
接山镇……〔鲁〕东平县 241
接文镇……〔辽〕海城市 148
接龙乡……〔渝〕武隆区 321
接龙镇……〔湘〕中方县 286
接龙镇……〔渝〕巴南区 319
接庄街道……〔鲁〕任城区 240
接官乡……〔鄂〕安陆市 271
接官亭镇……〔陕〕略阳县 394
接渡镇……〔赣〕乐平市 224
接履桥街道……〔湘〕零陵区 285
控江路街道……〔沪〕杨浦区 175
探沂镇……〔鲁〕费县 243
埭头镇……〔苏〕溧阳市 181
埭头镇……〔闽〕秀屿区 214
埭溪镇……〔浙〕吴兴区 193
掘港街道……〔苏〕如东县 182
掇刀区……〔鄂〕荆门市 270
掇刀石街道……〔鄂〕掇刀区 270
职工新街街道……〔晋〕杏花岭区 123
职田镇……〔陕〕旬邑县 392
基长镇……〔黔〕独山县 365
基只乡……〔川〕布拖县 353
基觉乡……〔川〕金阳县 353
基诺山基诺族乡……〔滇〕景洪市 377
聊城市……〔鲁〕 244
菁华铺乡……〔湘〕宁乡市 278
菁芜洲镇……〔湘〕通道侗族自治县 287
菁城街道……〔闽〕漳平市 219
菁盛乡……〔桂〕都安瑶族自治县 309
菱北街道……〔皖〕宜秀区 204
菱角山街道……〔湘〕冷水滩区 285
菱角乡……〔滇〕沾益区 370
菱角塘镇……〔湘〕零陵区 285
菱角镇……〔桂〕博白县 307
菱角镇……〔渝〕巫溪县 322
菱湖街道……〔皖〕大观区 204
菱湖镇……〔浙〕南浔区 193
菱塘回族乡……〔苏〕高邮市 185
勒门巴民族乡……〔藏〕错那县 384
勒马乡……〔豫〕睢阳区 259
勒乌乡……〔川〕峨边彝族自治县 337
勒乌镇……〔川〕金川县 349
勒功乡……〔赣〕浮梁县 224
勒秀镇……〔陇〕合作市 409
勒流街道……〔粤〕顺德区 293
黄乃亥乡……〔青〕同仁县 414
黄土庄镇……〔冀〕三河市 120
黄土坎乡……
……〔冀〕围场满族蒙古族自治县 118
黄土坎乡……〔辽〕南票区 154
黄土坎镇……〔辽〕东港市 149
黄土坑街道……〔吉〕铁东区 159
黄土岗镇……〔赣〕樟树市 230
黄土岗镇……〔鄂〕麻城市 273
黄土坡街道……〔黔〕钟山区 357
黄土矿镇……〔湘〕绥宁县 281
黄土岭镇……〔辽〕大石桥市 150
黄土店镇……〔湘〕鼎城区 282
黄土梁子镇……〔冀〕平泉市 118
黄土铺镇……〔湘〕祁东县 279
黄土镇……〔晋〕隰县 130
黄土镇……〔川〕龙泉驿区 327
黄土镇……〔川〕安州区 332
黄土镇……〔川〕夹江县 337
黄土镇……〔黔〕沿河土家族自治县 362
黄口镇……〔皖〕萧县 208
黄口镇……〔豫〕永城市 260
黄山口乡……〔豫〕泌阳县 263
黄山乡……〔晋〕壶关县 125
黄山区……〔皖〕黄山市 205
黄山市……〔皖〕 205
黄山头镇……〔鄂〕公安县 271
黄山头镇……〔湘〕安乡县 282
黄山馆镇……〔鲁〕龙口市 238
黄山铺镇……〔鲁〕沂水县 243
黄山街道……〔苏〕云龙区 180
黄山街道……〔鲁〕邹平县 245
黄山镇……〔鲁〕兰山区 242
黄山镇……〔滇〕玉龙纳西族自治县 373
黄川镇……〔苏〕东海县 183
黄门镇……〔陇〕清水县 402
黄马乡……〔赣〕南昌县 223
黄丰桥镇……〔湘〕攸县 278
黄丰镇……〔川〕彭山区 340
黄屯街道……〔鲁〕兖州区 240
黄冈市……〔鄂〕 272
黄冈镇……〔粤〕饶平县 299
黄水乡……〔豫〕辉县市 254
黄水乡……〔川〕西昌市 351
黄水镇……〔渝〕石柱土家族自治县 323
黄水镇……〔川〕双流区 327
黄贝街道……〔粤〕罗湖区 292
黄牛铺镇……〔陕〕凤县 391
黄牛蹄乡……〔晋〕潞城市 125
黄升镇……〔鲁〕沾化区 245
黄丹镇……〔川〕沐川县 337
黄石口乡……〔冀〕唐县 114
黄石乡……〔川〕宣汉县 344
黄石市……〔鄂〕 268
黄石街道……〔粤〕白云区 291
黄石港区……〔鄂〕黄石市 268
黄石镇……〔闽〕荔城区 214
黄石镇……〔赣〕宁都县 227
黄石镇……〔湘〕桃源县 283
黄石镇……〔粤〕龙川县 298
黄石镇……〔渝〕云阳县 322
黄布镇……〔粤〕龙川县 298
黄龙乡……〔浙〕嵊泗县 196
黄龙乡……〔赣〕修水县 224
黄龙乡……〔川〕昭化区 334
黄龙乡……〔川〕岳池县 343
黄龙乡……〔川〕松潘县 348
黄龙县……〔陕〕延安市 393
黄龙街道……〔吉〕农安县 157
黄龙溪镇……〔川〕双流区 327
黄龙镇……〔皖〕怀宁县 204
黄龙镇……〔赣〕大余县 226
黄龙镇……〔鄂〕张湾区 268
黄龙镇……〔鄂〕襄州区 270
黄龙镇……〔湘〕新宁县 281
黄平县…〔黔〕黔东南苗族侗族自治州 364
黄北坪乡……〔冀〕赞皇县 108
黄甲街道……〔川〕双流区 327
黄甲镇……〔皖〕桐城市 205

（十一画）黄

黄田坝街道……〔川〕青羊区 327
黄田铺镇……〔湘〕零陵区 285
黄田街道……〔浙〕永嘉县 191
黄田镇……〔浙〕庆元县 197
黄田镇……〔闽〕古田县 219
黄田镇……〔粤〕四会市 296
黄田镇……〔粤〕东源县 298
黄田镇……〔桂〕平桂区 308
黄瓜园镇……〔滇〕元谋县 375
黄务街道……〔鲁〕芝罘区 238
黄市镇……〔湘〕耒阳市 280
黄市镇……〔川〕沿滩区 329
黄台岗镇……〔豫〕宛城区 257
黄圩镇……〔苏〕响水县 184
黄圩镇……〔皖〕泗县 208
黄寺岗镇……〔豫〕潢川县 261
黄夹镇……〔鲁〕乐陵市 244
黄尖镇……〔苏〕亭湖区 184
黄竹镇……〔琼〕定安县 314
黄华镇……〔豫〕林州市 253
黄华镇……〔滇〕永善县 372
黄合少镇……〔蒙〕赛罕区 135
黄各庄镇……〔冀〕丰南区 109
黄庄乡……〔赣〕余江县 226
黄庄乡……〔豫〕嵩县 251
黄庄街道……〔津〕武清区 104
黄庄街道……〔皖〕蚌山区 202
黄庄镇……〔津〕宝坻区 104
黄庄镇……〔豫〕温县 255
黄羊川镇……〔陇〕古浪县 403
黄羊关藏族乡……〔川〕平武县 333
黄羊河街道……〔陇〕凉州区 403
黄羊城镇……〔蒙〕察哈尔右翼中旗 140
黄羊洼镇……〔蒙〕敖汉旗 137
黄羊镇……〔陇〕凉州区 403
黄关镇……〔桂〕灌阳县 305
黄州区……〔鄂〕黄冈市 272
黄江镇……〔粤〕东莞市 299
黄池镇……〔皖〕当涂县 203
黄兴镇……〔湘〕长沙县 277
黄宅镇……〔浙〕浦江县 194
黄安镇……〔鲁〕郓城县 246
黄安镇……〔陕〕洋县 394
黄许镇……〔川〕旌阳区 331
黄阳司镇……〔湘〕冷水滩区 285
黄坛口乡……〔浙〕衢江区 195
黄坛乡……〔赣〕浮梁县 224
黄坛镇……〔浙〕宁海县 190
黄坝乡……〔皖〕颍上县 207
黄坑乡……〔赣〕遂川县 228
黄坑镇……〔闽〕建阳区 217
黄坑镇……〔粤〕仁化县 292
黄坑镇……〔粤〕南雄市 292
黄坊乡……〔闽〕建宁县 215
黄花山镇……〔蒙〕扎鲁特旗 137
黄花乡……〔陇〕崇信县 404
黄花乡……〔宁〕泾源县 420
黄花岗街道……〔粤〕越秀区 291
黄花甸镇……〔辽〕岫岩满族自治县 147
黄花店镇……〔津〕武清区 104
黄花塔拉苏木……〔蒙〕奈曼旗 137
黄花街道……〔黑〕爱民区 170
黄花塘镇……〔苏〕盱眙县 184
黄花滩乡……〔晋〕浑源县 124
黄花滩镇……〔陇〕古浪县 403
黄花镇……〔赣〕彭泽县 225
黄花镇……〔鄂〕夷陵区 269
黄花镇……〔湘〕长沙县 277
黄花镇……〔粤〕英德市 299
黄材镇……〔湘〕宁乡市 278
黄村（地区）镇……〔京〕大兴区 100
黄村乡……〔浙〕莲都区 196
黄村街道……〔粤〕天河区 291
黄村镇……〔皖〕泾县 210
黄村镇……〔粤〕东源县 298
黄村镇……〔桂〕蒙山县 305
黄杨镇……〔黔〕绥阳县 358
黄甫镇……〔陕〕府谷县 395
黄岐镇……〔闽〕连江县 213
黄岗街道……〔粤〕端州区 295
黄岗镇……〔皖〕阜南县 207
黄岗镇……〔赣〕宜丰县 229
黄岗镇……〔鲁〕单县 246
黄岗镇……〔豫〕桐柏县 258
黄岗镇……〔豫〕宁陵县 259
黄坌镇……〔粤〕阳山县 299
黄甸镇……〔川〕盐亭县 332
黄岛区……〔鲁〕青岛市 236
黄岛街道……〔鲁〕黄岛区 236
黄羌镇……〔粤〕海丰县 297
黄沙岗镇……〔赣〕高安市 230
黄沙坪街道……〔湘〕桂阳县 284
黄沙坨镇……〔辽〕台安县 147
黄沙岭乡……〔赣〕上饶县 232
黄沙河镇……〔桂〕全州县 304
黄沙铺镇……〔鄂〕通山县 273
黄沙街镇……〔湘〕岳阳县 281
黄沙港镇……〔苏〕射阳县 184
黄沙湾街道……〔湘〕石鼓区 279
黄沙腰镇……〔浙〕遂昌县 197
黄沙瑶族乡……〔桂〕临桂区 304
黄沙镇……〔冀〕磁县 111
黄沙镇……〔赣〕修水县 224
黄沙镇……〔湘〕宜章县 284
黄沙镇……〔渝〕垫江县 321
黄沙镇……〔川〕南溪区 341
黄良街道……〔陕〕长安区 389
黄尾镇……〔皖〕岳西县 205
黄陈镇……〔陇〕成县 407
黄陂区……〔鄂〕武汉市 267
黄陂镇……〔赣〕宁都县 227
黄陂镇……〔赣〕宜黄县 231
黄陂镇……〔粤〕兴宁市 297
黄坪乡……〔川〕青川县 334
黄坪乡……〔陇〕武都区 407
黄坪镇……〔滇〕鹤庆县 378
黄坦镇……〔浙〕文成县 191
黄坭镇……〔川〕叙永县 331
黄坡镇……〔粤〕吴川市 295
黄坳乡……〔赣〕修水县 225
黄坳乡……〔赣〕井冈山市 229
黄茂营乡……〔蒙〕察哈尔右翼前旗 140
黄茆镇……〔桂〕武宣县 310
黄茅园镇……〔湘〕溆浦县 286
黄茅岭乡……〔滇〕元阳县 376
黄茅洲镇……〔湘〕沅江市 284
黄茅镇……〔赣〕万载县 229
黄板镇……〔黔〕松桃苗族自治县 363
黄松甸镇……〔吉〕蛟河市 158
黄松峪乡……〔京〕平谷区 100
黄码乡……〔苏〕清江浦区 183
黄果树镇…〔黔〕镇宁布依族苗族自治县 360
黄忠街道……〔川〕金牛区 327
黄岩区……〔浙〕台州市 196
黄岭子镇……〔吉〕伊通满族自治县 159
黄岭乡……〔赣〕彭泽县 225
黄岭镇……〔皖〕临泉县 207
黄岭镇……〔粤〕电白区 295
黄金乡……〔赣〕瑞昌市 225
黄金园街道……〔湘〕望城区 277
黄金坳镇……〔湘〕鹤城区 286
黄金岭街道……〔赣〕章贡区 226
黄金峡镇……〔陕〕洋县 394
黄金洞乡……〔鄂〕咸丰县 274
黄金埠镇……〔赣〕余干县 232
黄金堤乡……〔冀〕大名县 111
黄金瑶族乡……〔湘〕新宁县 281
黄金镇……〔粤〕丰顺县 297
黄金镇……〔桂〕罗城仫佬族自治县 309
黄金镇……〔渝〕忠县 322
黄金镇……〔川〕南部县 338
黄金镇……〔川〕宣汉县 344
黄鱼圈乡……〔吉〕农安县 157
黄店镇……〔浙〕兰溪市 194
黄店镇……〔鲁〕定陶区 246
黄店镇……〔豫〕中牟县 249
黄闸湾镇……〔陇〕玉门市 405
黄河口镇……〔鲁〕垦利区 238
黄河乡……〔青〕玛多县 415
黄河东路街道……〔宁〕金凤区 419
黄河西路街道……〔蒙〕昆都仑区 135
黄河涯镇……〔鲁〕德城区 243
黄河街道……〔辽〕皇姑区 145
黄河街道……〔苏〕宿城区 186
黄河街道……〔豫〕温县 255
黄河街道……〔川〕旌阳区 331
黄河道街道……〔冀〕海港区 110
黄河路街道……〔鲁〕东营区 237
黄河路街道……〔豫〕华龙区 255
黄河路街道……〔青〕格尔木市 415
黄河镇……〔吉〕东丰县 159
黄河镇……〔鲁〕章丘区 235
黄泥乡……〔川〕蓬溪县 335
黄泥岗镇……〔皖〕南谯区 206
黄泥河镇……〔吉〕敦化市 162
黄泥河镇……〔滇〕富源县 370
黄泥洼镇……〔辽〕辽阳县 151
黄泥堡裕固族乡……〔陇〕肃州区 405
黄泥湾镇……〔陇〕临夏县 408
黄泥塘街道……〔湘〕娄星区 287
黄泥塘镇……〔湘〕祁阳县 285
黄泥塘镇……〔黔〕大方县 360
黄泥镇……〔皖〕潜山县 204
黄泥镇……〔湘〕永兴县 284
黄泥彝族苗族满族乡……〔黔〕大方县 360
黄泽镇……〔浙〕嵊州市 194
黄官镇……〔陕〕南郑区 394
黄练镇……〔桂〕覃塘区 306
黄垓镇……〔鲁〕嘉祥县 240
黄垟乡……〔浙〕青田县 197
黄荆乡……〔湘〕邵阳县 280
黄荆乡……〔川〕古蔺县 331
黄荆沟镇……〔川〕威远县 336
黄巷街道……〔苏〕梁溪区 179
黄草岭乡……〔滇〕元阳县 376
黄草街道……〔黔〕兴义市 363
黄草镇……〔湘〕资兴市 285
黄草镇……〔川〕盐源县 352
黄茶岭街道……〔湘〕雁峰区 279
黄南藏族自治州……〔青〕414
黄柏乡……〔闽〕柘荣县 219
黄柏乡……〔赣〕瑞金市 227
黄柏乡……〔赣〕德兴市 232
黄柏乡……〔渝〕万州区 317
黄柏塬镇……〔陕〕太白县 391
黄柏镇……〔皖〕潜山县 204
黄峤镇……〔陇〕白银区 402
黄钟镇……〔川〕万源市 345
黄舣镇……〔川〕江阳区 330
黄亭市镇……〔湘〕邵阳县 280
黄庭乡……〔川〕达川区 344
黄阁镇……〔粤〕南沙区 291
黄前镇……〔鲁〕岱岳区 241
黄洞乡……〔豫〕淇县 254
黄洞瑶族乡……〔桂〕八步区 308
黄洋镇……〔川〕旺苍县 334
黄洲镇……〔赣〕安义县 223
黄屋屯镇……〔桂〕钦南区 306
黄姚镇……〔桂〕昭平县 308
黄骅市……〔冀〕沧州市 119
黄骅镇……〔冀〕黄骅市 119
黄埔区……〔粤〕广州市 291
黄埔街道……〔粤〕黄埔区 291
黄都乡……〔川〕达川区 344
黄都镇…〔黔〕务川仡佬族苗族自治县 359
黄莲乡……〔黔〕桐梓县 358
黄莺乡……〔渝〕武隆区 321
黄桥乡……〔豫〕西华县 261
黄桥街道……〔苏〕相城区 181
黄桥镇……〔苏〕泰兴市 186
黄桥镇……〔皖〕颍上县 207
黄桥镇……〔赣〕吉水县 228
黄桥镇……〔湘〕洞口县 281
黄圃镇……〔粤〕乐昌市 292
黄圃镇……〔粤〕中山市 299
黄峪镇……〔陇〕七里河区 401
黄钵乡……〔川〕井研县 337
黄铎堡镇……〔宁〕原州区 420
黄凌镇……〔桂〕博白县 307
黄站镇……〔鄂〕大悟县 271

（十一画）黄菖萌萝莱菊萃菩菏萍营乾萧萨彬梦梵梓梗梧

黄递铺乡……〔冀〕沧县 118
黄浦区……〔沪〕 175
黄海街道……〔苏〕亭湖区 184
黄海路街道……〔鲁〕莱山区 238
黄流镇……〔琼〕乐东黎族自治县 314
黄家口镇……〔鄂〕洪湖市 272
黄家乡……〔浙〕柯城区 195
黄家乡……〔川〕大竹县 344
黄家坝街道……〔黔〕湄潭县 359
黄家埠镇……〔浙〕余姚市 191
黄家营镇……〔陕〕洋县 394
黄家街道……〔辽〕沈北新区 145
黄家寨镇…〔青〕大通回族土族自治县 413
黄家镇…〔渝〕彭水苗族土家族自治县 323
黄家镇……〔川〕隆昌市 336
黄冢乡……〔豫〕虞城县 259
黄陵县……〔陕〕延安市 394
黄陵街道……〔晋〕小店区 123
黄陵镇……〔豫〕封丘县 254
黄通乡……〔赣〕金溪县 231
黄桑乡……〔湘〕麻阳苗族自治县 287
黄琅镇……〔川〕雷波县 354
黄堆集镇……〔鲁〕郓城县 246
黄埠乡……〔闽〕建宁县 215
黄埠镇……〔赣〕上犹县 226
黄埠镇……〔豫〕上蔡县 263
黄埠镇……〔粤〕惠东县 296
黄埭镇……〔苏〕相城区 181
黄营乡……〔苏〕涟水县 183
黄梅乡……〔冀〕蔚县 116
黄梅县……〔鄂〕黄冈市 272
黄梅街道……〔苏〕句容市 185
黄梅镇……〔鄂〕黄梅县 272
黄桷坪街道……〔渝〕九龙坡区 318
黄桶街道……〔黔〕普定县 360
黄冕镇……〔桂〕鹿寨县 304
黄略镇……〔粤〕遂溪县 294
黄崖洞镇……〔晋〕黎城县 125
黄猫乡……〔川〕苍溪县 335
黄鹿镇……〔川〕中江县 331
黄盖淖镇……〔冀〕沽源县 116
黄盖湖镇……〔鄂〕赤壁市 273
黄盖镇……〔湘〕临湘市 282
黄渚镇……〔陇〕成县 407
黄渠桥镇……〔宁〕平罗县 419
黄渠镇……〔陇〕敦煌市 405
黄梁梦镇……〔冀〕丛台区 111
黄堤镇……〔豫〕获嘉县 254
黄联关镇……〔川〕西昌市 351
黄铺镇……〔皖〕潜山县 204
黄堡镇……〔鄂〕保康县 270
黄堡镇……〔陕〕王益区 390
黄集乡……〔豫〕淮阳县 262
黄集街道……〔苏〕洪泽区 183
黄集镇……〔苏〕铜山区 180
黄集镇……〔鲁〕郓城县 246
黄集镇……〔鄂〕襄州区 269
黄腊布依族苗族乡……〔黔〕西秀区 359
黄道侗族乡……〔黔〕万山区 362
黄道镇……〔豫〕郏县 252
黄港镇……〔赣〕修水县 224
黄湖镇……〔浙〕余杭区 189
黄湾乡……〔皖〕凤阳县 206
黄湾镇……〔浙〕海宁市 192
黄湾镇……〔皖〕灵璧县 208
黄湾镇……〔川〕峨眉山市 338
黄渡乡……〔皖〕宣州区 210
黄渡镇……〔川〕营山县 339
黄堽镇……〔鲁〕牡丹区 246
黄塘镇……〔闽〕惠安县 215
黄塘镇……〔粤〕紫金县 298
黄蒿界镇……〔陕〕靖边县 395
黄槐镇……〔粤〕兴宁市 297
黄榆乡……〔吉〕永吉县 158
黄楼街道……〔苏〕鼓楼区 180
黄楼街道……〔鲁〕青州市 239
黄楼镇……〔豫〕新蔡县 263
黄歇口镇……〔鄂〕监利县 271
黄塍镇……〔苏〕宝应县 185
黄粮镇……〔鄂〕兴山县 269
黄溪口镇……〔湘〕辰溪县 286
黄溪乡……〔川〕盐亭县 333
黄溪乡……〔川〕高坪区 338
黄溪镇……〔渝〕黔江区 319
黄滩乡……〔川〕大竹县 344
黄滩镇……〔鄂〕应城市 271
黄旗海镇……〔蒙〕察哈尔右翼前旗 140
黄旗堡街道……〔鲁〕坊子区 239
黄旗街道……〔吉〕船营区 158
黄旗寨镇……〔辽〕开原市 153
黄旗镇……〔冀〕丰宁满族自治县 117
黄寨镇……〔晋〕阳曲县 123
黄寨镇……〔豫〕商水县 261
黄寨镇……〔陇〕崇信县 404
黄墩街道……〔闽〕延平区 217
黄墩镇……〔苏〕宿豫区 186
黄墩镇……〔皖〕怀宁县 204
黄墩镇……〔鲁〕岚山区 242
黄碾镇……〔晋〕郊区 125
黄德镇……〔豫〕封丘县 254
黄潭镇……〔闽〕将乐县 215
黄潭镇……〔鄂〕天门市 274
黄鹤楼街道……〔鄂〕武昌区 267
黄鹤镇……〔渝〕石柱土家族自治县 323
黄磜镇……〔粤〕新丰县 292
黄壁庄镇……〔冀〕鹿泉区 107
黄避岙乡……〔浙〕象山县 190
黄颡口镇……〔鄂〕阳新县 268
黄麓镇……〔皖〕巢湖市 201
黄麟乡……〔赣〕于都县 227
菖蒲乡……〔赣〕寻乌县 227
菖蒲镇……〔皖〕岳西县 205
萌水镇……〔鲁〕周村区 237
萝北县……〔黑〕鹤岗市 168
萝岗街道……〔粤〕黄埔区 291
莱子乡……〔川〕普格县 353
莱子镇……〔陇〕陇西县 406
莱屯镇……〔鲁〕茌平县 244
莱市街道……〔豫〕禹王台区 250
莱坝镇……〔川〕翠屏区 341
莱花坪镇……〔湘〕攸县 278
莱园子镇……〔吉〕德惠市 158
莱园乡……〔豫〕陕州区 257
莱园坝街道……〔渝〕渝中区 317
莱园集镇……〔鲁〕东明县 246
莱园镇……〔浙〕嵊泗县 196
莱园镇……〔豫〕汤阴县 253
莱溪乡……〔闽〕仙游县 214
菊花街道……〔辽〕兴城市 154
菊园街道……〔辽〕凌河区 149
菊河镇……〔川〕三台县 332
萃文街道……〔黔〕台江县 364
菩萨庙镇……〔辽〕东港市 149
菩提乡……〔陕〕洛川县 393
菩提街道……〔渝〕长寿区 319
菏泽市……〔鲁〕 245
萍乡市……〔赣〕 224
营厂满族乡……〔辽〕西丰县 152
营上镇……〔滇〕富源县 370
营口市……〔辽〕 150
营山县……〔川〕南充市 339
营山镇……〔川〕叙永县 331
营门口街道……〔川〕金牛区 327
营子乡……〔冀〕泊头市 119
营田镇……〔湘〕汨罗市 282
营丘镇……〔鲁〕昌乐县 239
营仔镇……〔粤〕廉江市 294
营市街道……〔鲁〕槐荫区 235
营头镇……〔陕〕眉县 391
营江街道……〔湘〕道县 285
营里乡……〔冀〕平山县 108
营里镇……〔冀〕晋州市 108
营里镇……〔鲁〕寿光市 239
营里镇……〔鲁〕巨野县 246
营城子街道……〔辽〕浑南区 145
营城子街道……〔辽〕甘井子区 146
营城子满族乡……〔黑〕五常市 166
营城子镇……〔吉〕伊通满族自治县 159
营城街道……〔吉〕九台区 157
营前街道……〔闽〕长乐区 213
营前镇……〔赣〕上犹县 226
营根镇……〔琼〕保亭黎族苗族自治县 314
营盘乡……〔川〕青川县 334
营盘乡……〔滇〕金平苗族瑶族傣族自治县 376
营盘圩乡……〔赣〕遂川县 228
营盘苗族彝族白族乡……〔黔〕水城县 357
营盘街道……〔晋〕小店区 123
营盘街道……〔辽〕太和区 149
营盘镇……〔桂〕铁山港区 306
营盘镇……〔滇〕凤庆县 374
营盘镇…〔滇〕兰坪白族普米族自治县 378
营盘镇……〔陕〕柞水县 397
营滩乡……〔陇〕临夏县 408
营镇回族乡……〔冀〕大名县 111
乾丰镇……〔黑〕克东县 167
乾丰镇……〔渝〕南川区 320
乾元镇……〔浙〕德清县 193
乾龙乡……〔川〕安岳县 348
乾务镇……〔粤〕斗门区 293
乾西乡……〔浙〕婺城区 194
乾州街道……〔湘〕吉首市 288
乾安县……〔吉〕松原市 161
乾安镇……〔吉〕乾安县 161
乾县……〔陕〕咸阳市 391
乾佑街道……〔陕〕柞水县 397
乾坤湾镇……〔陕〕延川县 393
乾塘镇……〔粤〕坡头区 294
乾潭镇……〔浙〕建德市 190
萧山区……〔浙〕杭州市 189
萧乡街道……〔黑〕呼兰区 165
萧王庙街道……〔浙〕奉化区 190
萧江镇……〔浙〕平阳县 191
萧县……〔皖〕宿州市 208
萨力巴乡……〔蒙〕敖汉旗 137
萨马街鄂温克民族乡…〔蒙〕扎兰屯市 139
萨木于孜乡……〔新〕伊宁县 428
萨尔乡……〔藏〕定结县 382
萨尔布拉克镇……〔新〕霍城县 428
萨尔布拉克镇……〔新〕哈巴河县 429
萨尔托海乡……〔新〕青河县 429
萨尔达坂乡……〔新〕乌鲁木齐县 423
萨尔乔克乡…〔新〕巴里坤哈萨克自治县 424
萨尔图区……〔黑〕大庆市 169
萨尔胡松乡……〔新〕阿勒泰市 429
萨尔塔木乡……〔新〕哈巴河县 429
萨尔阔布乡……〔新〕昭苏县 428
萨让乡……〔藏〕札达县 385
萨地克于孜乡……〔新〕伊宁县 428
萨如拉街道……〔蒙〕九原区 135
萨麦苏木……〔蒙〕东乌珠穆沁旗 141
萨玛达乡……〔藏〕康马县 382
萨克萨克街道……〔新〕库车县 425
萨罕乡……〔新〕英吉沙县 426
萨拉齐镇……〔蒙〕土默特右旗 136
萨呼腾镇……〔青〕杂多县 415
萨依巴格乡……〔新〕疏附县 426
萨依巴格乡……〔新〕叶城县 427
萨依巴格乡……〔新〕墨玉县 427
萨依巴格街道……〔新〕库尔勒市 425
萨依布依街道……〔新〕伊宁市 428
萨迦县……〔藏〕日喀则市 381
萨迦镇……〔藏〕萨迦县 381
萨勒乡……〔藏〕吉隆县 382
萨勒吾则克乡……〔新〕民丰县 428
萨嘎县……〔藏〕日喀则市 382
彬江镇……〔赣〕袁州区 229
彬县……〔陕〕咸阳市 391
彬桥乡……〔桂〕龙州县 310
梦芝街道……〔鲁〕招远市 238
梦溪街道……〔苏〕沭阳县 186
梦溪镇……〔湘〕澧县 282
梵殿乡……〔川〕顺庆区 338
梓罗台镇……〔冀〕宽城满族自治县 118
梓椤树镇……〔冀〕平泉市 118
梗堡乡……〔川〕金阳县 353
梧凤乡……〔川〕夹江县 337
梧田街道……〔浙〕瓯海区 191
梧州市……〔桂〕 305
梧村街道……〔闽〕思明区 214

（十一画）梧梅检桴梓梳梯桶梭救郾曹敕鄄厢戚戛硅硕硖硗硐硚硇奢龚盛雩

梧桐乡……〔浙〕景宁畲族自治县 197
梧桐花镇……〔蒙〕翁牛特旗 137
梧桐树乡……〔宁〕灵武市 419
梧桐街道……〔浙〕桐乡市 192
梧桐街道……〔湘〕冷水滩区 285
梧桐镇……〔晋〕孝义市 131
梧桐镇……〔闽〕永泰县 213
梧桐镇……〔新〕五家渠市 429
梧塘镇……〔闽〕涵江区 214
梅厂镇……〔津〕武清区 104
梅口乡……〔闽〕泰宁县 215
梅山乡……〔闽〕大田县 215
梅山街道……〔苏〕雨花台区 179
梅山街道……〔浙〕北仑区 190
梅山街道……〔闽〕延平区 217
梅山镇……〔皖〕金寨县 209
梅山镇……〔闽〕南安市 216
梅川镇……〔鄂〕武穴市 273
梅川镇……〔陇〕岷县 407
梅子坝乡……〔川〕马边彝族自治县 338
梅子坪镇……〔川〕盐源县 352
梅子垭镇……〔渝〕彭水苗族土家族自治县 323
梅子镇……〔滇〕宁洱哈尼族彝族自治县 373
梅子镇……〔陕〕宁陕县 396
梅云街道……〔粤〕榕城区 300
梅水乡……〔赣〕上犹县 226
梅龙街道……〔皖〕贵池区 210
梅田湖镇……〔湘〕华容县 281
梅田镇……〔湘〕宜章县 284
梅仙镇……〔闽〕尤溪县 215
梅仙镇……〔湘〕平江县 282
梅白乡……〔川〕长宁县 342
梅西镇……〔粤〕梅县区 297
梅列区……〔闽〕三明市 214
梅华街道……〔粤〕香洲区 293
梅庄镇……〔赣〕进贤县 223
梅州市……〔粤〕 296
梅江区……〔粤〕梅州市 296
梅江街道……〔津〕河西区 103
梅江镇……〔浙〕兰溪市 194
梅江镇……〔赣〕宁都县 227
梅江镇……〔渝〕秀山土家族苗族自治县 323
梅坑镇……〔粤〕新丰县 292
梅花乡……〔川〕越西县 354
梅花村街道……〔粤〕越秀区 291
梅花镇……〔冀〕藁城区 107
梅花镇……〔苏〕泗洪县 186
梅花镇……〔闽〕长乐区 213
梅花镇……〔湘〕道县 286
梅花镇……〔粤〕乐昌市 292
梅村街道……〔苏〕新吴区 180
梅村镇……〔皖〕贵池区 210
梅李镇……〔苏〕常熟市 181
梅县区……〔粤〕梅州市 297
梅里斯达斡尔族区……〔黑〕齐齐哈尔市 167
梅里斯街道……〔黑〕梅里斯达斡尔族区 167
梅里斯镇……〔黑〕梅里斯达斡尔族区 167
梅园庄街道……〔豫〕殷都区 253
梅园街道……〔赣〕月湖区 225
梅园新村街道……〔苏〕玄武区 179
梅岐乡……〔浙〕景宁畲族自治县 197
梅沙街道……〔粤〕盐田区 293
梅陇镇……〔沪〕闵行区 175
梅陇镇……〔粤〕海丰县 297
梅林乡……〔桂〕三江侗族自治县 304
梅林街道……〔浙〕宁海县 190
梅林街道……〔粤〕福田区 292
梅林镇……〔皖〕宁国市 210
梅林镇……〔闽〕南靖县 217
梅林镇……〔赣〕赣县区 226
梅林镇……〔赣〕丰城市 230
梅林镇……〔粤〕五华县 297
梅林镇……〔粤〕普宁市 300
梅雨镇……〔川〕盐源县 352
梅岭街道……〔苏〕邗江区 184
梅岭街道……〔闽〕晋江市 216
梅岭镇……〔闽〕诏安县 217
梅岭镇……〔赣〕湾里区 223
梅河口市……〔吉〕通化市 160
梅城镇……〔浙〕建德市 190
梅城镇……〔皖〕潜山县 204
梅城镇……〔闽〕闽清县 213
梅城镇……〔湘〕安化县 284
梅南镇……〔粤〕梅县区 297
梅树乡……〔川〕昭化区 334
梅洲乡……〔闽〕诏安县 217
梅桥镇……〔皖〕淮上区 202
梅桥镇……〔湘〕湘乡市 279
梅家乡……〔川〕南部县 339
梅家乡……〔川〕开江县 344
梅家坪镇……〔陕〕富平县 393
梅家河乡……〔鄂〕秭归县 269
梅埠街道……〔鲁〕河东区 242
梅菉街道……〔粤〕吴川市 295
梅硐镇……〔川〕长宁县 342
梅渚镇……〔浙〕新昌县 193
梅渚镇……〔皖〕郎溪县 210
梅棠镇……〔赣〕永修县 225
梅铺镇……〔鄂〕郧阳区 268
梅街镇……〔皖〕贵池区 210
梅港乡……〔赣〕余干县 232
梅湾街道……〔湘〕冷水滩区 285
梅窖镇……〔赣〕兴国县 227
梅塘镇……〔赣〕吉安县 228
梅塘镇……〔粤〕普宁市 300
梅溪街道……〔豫〕卧龙区 257
梅溪湖街道……〔湘〕岳麓区 277
梅溪镇……〔浙〕安吉县 193
梅溪镇……〔闽〕闽清县 213
梅溪镇……〔湘〕祁阳县 285
梅溪镇……〔桂〕资源县 305
梅墟街道……〔浙〕鄞州区 190
检槽乡……〔滇〕云龙县 377
桴焉镇……〔黔〕正安县 358
梓山镇……〔赣〕于都县 227
梓门桥镇……〔湘〕双峰县 287
梓桐镇……〔浙〕淳安县 190
梓桐镇……〔川〕通川区 343
梓埠镇……〔赣〕万年县 232
梓棉镇……〔川〕游仙区 332
梓潼县……〔川〕绵阳市 333
梓潼街道……〔渝〕潼南区 320
梓潼镇……〔川〕崇州市 328
梓橦庙镇……〔川〕巴州区 346
梳子铺乡……〔湘〕零陵区 285
梯门镇……〔鲁〕东平县 241
梯面镇……〔粤〕花都区 291
桶井土家族乡……〔黔〕德江县 362
梭山镇……〔滇〕鲁甸县 372
梭坡乡……〔川〕丹巴县 349
梭峪乡……〔晋〕古交市 123
梭戛苗族彝族回族乡……〔黔〕六枝特区 357
梭磨乡……〔川〕马尔康市 348
救兵镇……〔辽〕抚顺县 148
郾城区……〔豫〕漯河市 256
曹山街道……〔皖〕龙子湖区 202
曹川镇……〔晋〕平陆县 128
曹门街道……〔豫〕顺河回族区 250
曹子里镇……〔津〕武清区 104
曹王镇……〔鲁〕博兴县 245
曹古乡……〔川〕冕宁县 354
曹务镇……〔陇〕静宁县 405
曹市镇……〔皖〕涡阳县 209
曹市镇……〔鄂〕洪湖市 272
曹寺乡……〔冀〕青县 118
曹老集镇……〔皖〕淮上区 202
曹回镇……〔渝〕垫江县 321
曹庄乡……〔鲁〕单县 246
曹庄镇……〔冀〕鸡泽县 111
曹庄镇……〔辽〕兴城市 154
曹庄镇……〔皖〕砀山县 208
曹庄镇……〔鲁〕临沭县 243
曹江镇……〔粤〕高州市 295
曹宅镇……〔浙〕金东区 194
曹妃甸区……〔冀〕唐山市 109
曹远镇……〔闽〕永安市 215
曹坊镇……〔闽〕宁化县 215
曹村镇……〔浙〕瑞安市 192
曹村镇……〔皖〕埇桥区 207
曹村镇……〔陕〕富平县 393
曹杨新村街道……〔沪〕普陀区 175
曹县……〔鲁〕菏泽市 246
曹里乡……〔豫〕扶沟县 261
曹岗乡……〔豫〕封丘县 254
曹甸镇……〔苏〕宝应县 185
曹张乡……〔晋〕忻府区 128
曹武镇……〔鄂〕京山县 270
曹坪镇……〔陕〕柞水县 397
曹范街道……〔鲁〕章丘区 235
曹庙乡……〔苏〕泗洪县 186
曹庙镇……〔皖〕霍邱县 208
曹河乡……〔豫〕淮阳县 262
曹城街道……〔鲁〕曹县 246
曹洼乡……〔宁〕海原县 420
曹桥街道……〔浙〕平湖市 192
曹家乡……〔川〕万源市 345
曹家务乡……〔冀〕永清县 119
曹家垣乡……〔晋〕石楼县 131
曹家洼乡……〔冀〕吴桥县 119
曹家湾镇……〔陕〕陇县 391
曹家渡街道……〔沪〕静安区 175
曹家镇……〔湘〕新化县 288
曹家镇……〔川〕仁寿县 341
曹娥街道……〔浙〕上虞区 193
曹埠镇……〔苏〕如东县 182
曹黄林镇……〔豫〕息县 261
曹营镇……〔川〕珙县 342
曹庵镇……〔皖〕田家庵区 202
曹集乡……〔苏〕宿豫区 186
曹集乡……〔豫〕夏邑县 259
曹集镇……〔皖〕阜南县 207
曹碑镇……〔川〕射洪县 335
曹路镇……〔沪〕浦东新区 176
曹溪街道……〔闽〕新罗区 218
曹溪镇……〔赣〕弋阳县 232
曹碾满族乡……〔蒙〕凉城县 140
曹镇乡……〔豫〕湛河区 252
敕勒川街道……〔蒙〕赛罕区 135
敕勒川镇……〔蒙〕土默特左旗 135
鄄城县……〔鲁〕菏泽市 246
厢白满族乡……〔黑〕望奎县 171
戚氏街道……〔陕〕洋县 394
戚家山街道……〔浙〕北仑区 190
戚墅堰街道……〔苏〕武进区 181
戛洒镇……〔滇〕新平彝族傣族自治县 371
硅谷街道……〔吉〕朝阳区 157
硕龙镇……〔桂〕大新县 310
硕放街道……〔苏〕新吴区 179
硕督镇……〔藏〕洛隆县 383
硖口驿镇……〔陕〕略阳县 394
硖门畲族乡……〔闽〕福鼎市 219
硖门镇……〔青〕民和回族土族自治县 413
硖石乡……〔豫〕陕州区 257
硖石街道……〔浙〕海宁市 192
硖石镇……〔陕〕金台区 390
硗碛藏族乡……〔川〕宝兴县 346
硐底镇……〔川〕长宁县 342
硚口区……〔鄂〕武汉市 267
硇洲镇……〔粤〕麻章区 294
奢岭街道……〔吉〕双阳区 157
龚场镇……〔鄂〕监利县 271
龚坊镇……〔赣〕乐安县 231
龚店镇……〔豫〕叶县 252
龚垭乡……〔川〕德格县 350
龚家坪镇……〔湘〕祁阳县 285
龚家湾街道……〔陇〕七里河区 401
龚家镇……〔川〕市中区 336
龚滩镇……〔渝〕酉阳土家族苗族自治县 323
龚嘴镇……〔川〕沙湾区 337
盛康镇……〔鄂〕谷城县 270
盛乐镇……〔蒙〕和林格尔县 135
盛庄街道……〔鲁〕兰山区 242
盛池乡……〔川〕乐至县 348
盛和路街道……〔冀〕邯山区 110
盛泽镇……〔苏〕吴江区 181
盛桥镇……〔皖〕庐江县 201
盛家坝乡……〔鄂〕恩施市 274
盛堂乡……〔皖〕颍上县 207
盛湾镇……〔豫〕淅川县 258
雩田镇……〔赣〕遂川县 228

（十一画）雪辅砦彪雀堂常晨野曼冕趾跃略蚶蚺圉蛇鄂唱唯崧崖崎逻崮崔崞崇

雪口山乡……〔川〕马边彝族自治县 337
雪山乡……〔滇〕禄劝彝族苗族自治县 369
雪山乡……〔青〕玛沁县 415
雪山镇…〔黔〕威宁彝族回族苗族自治县 361
雪山镇……〔滇〕凤庆县 374
雪乡……〔藏〕达孜区 381
雪华乡……〔皖〕蚌山区 202
雪林佤族乡…〔滇〕澜沧拉祜族自治县 374
雪松街道……〔豫〕驿城区 262
雪枫街道……〔豫〕镇平县 258
雪枫街道……〔豫〕永城市 260
雪洞镇……〔黔〕三穗县 364
雪宫街道……〔鲁〕临淄区 237
雪峰街道……〔湘〕洞口县 281
雪峰街道……〔川〕利州区 333
雪峰镇……〔闽〕明溪县 214
雪峰镇……〔湘〕洪江市 287
雪浪街道……〔苏〕滨湖区 179
雪萨乡……〔藏〕隆子县 384
雪野镇……〔鲁〕莱城区 242
雪堰镇……〔苏〕武进区 181
雪溪乡……〔浙〕泰顺县 192
辅处彝族苗族乡……〔黔〕赫章县 361
砦牙乡……〔桂〕凤山县 309
彪角镇……〔陕〕凤翔县 390
雀儿山街道……〔桂〕柳北区 304
雀仁乡……〔新〕木垒哈萨克自治县 424
雀尔沟镇……〔新〕呼图壁县 424
雀塘镇……〔湘〕新邵县 280
堂二里镇……〔冀〕霸州市 120
堂尔上乡……〔晋〕静乐县 129
堂邑镇……〔鲁〕东昌府区 244
堂堡乡……〔闽〕永定区 218
堂街镇……〔豫〕郏县 252
常山县……〔浙〕衢州市 195
常山镇……〔吉〕桦甸市 158
常丰镇……〔陕〕麟游县 391
常太镇……〔闽〕城厢区 214
常屯乡……〔冀〕威县 113
常平乡……〔豫〕沁阳市 255
常平镇……〔粤〕东莞市 299
常乐集镇……〔鲁〕曹县 246
常乐镇……〔晋〕平陆县 128
常乐镇……〔苏〕海门市 182
常乐镇……〔桂〕合浦县 306
常乐镇……〔川〕蓬溪县 335
常乐镇……〔宁〕沙坡头区 420
常宁乡……〔冀〕蔚县 116
常宁市……〔湘〕衡阳市 280
常宁镇……〔陕〕永寿县 391
常庄乡……〔冀〕盐山县 118
常庄镇……〔冀〕丰润区 109
常庄镇……〔冀〕威县 113
常庄镇……〔鲁〕薛城区 237
常庄镇……〔豫〕遂平县 263
常州市……〔苏〕 181
常州道街道……〔津〕河东区 103
常兴店镇……〔辽〕北镇市 150
常兴镇……〔辽〕黑山县 150
常兴镇……〔豫〕汝南县 263
常兴镇……〔陕〕眉县 391
常安乡……〔晋〕古交市 123
常安镇……〔冀〕藁城区 107
常安镇……〔黑〕宾县 166
常安镇……〔浙〕富阳区 189
常坟镇……〔皖〕怀远县 202
常村路街道……〔豫〕义马市 257
常村镇……〔豫〕叶县 252
常村镇……〔豫〕长垣县 254
常村镇……〔豫〕辉县市 254
常张乡……〔晋〕长子县 125
常青街道……〔晋〕城区 125
常青街道……〔辽〕铁东区 147
常青街道……〔皖〕包河区 201
常青街道……〔鄂〕江汉区 267
常青路街道……〔蒙〕集宁区 140
常林乡……〔川〕西充县 340
常牧镇……〔青〕贵德县 414
常店镇……〔苏〕丰县 180
常河营乡……〔辽〕北票市 153
常信乡……〔宁〕贺兰县 419
常胜乡……〔黑〕嘉荫县 169
常胜镇……〔蒙〕科尔沁左翼后旗 137
常泰街道……〔闽〕鲤城区 215
常郭乡……〔冀〕黄骅市 119
常家河镇……〔陇〕通渭县 406
常家镇……〔鲁〕高青县 237
常家镇……〔鲁〕庆云县 243
常理镇……〔川〕安居区 335
常营（地区）回族乡……〔京〕朝阳区 99
常营镇……〔豫〕太康县 262
常袋镇……〔豫〕孟津县 251
常绿镇……〔浙〕富阳区 189
常堡乡……〔黑〕五常市 166
常路镇……〔鲁〕蒙阴县 243
常福街道……〔苏〕常熟市 181
常德市……〔湘〕 282
常熟市……〔苏〕苏州市 181
晨光镇……〔赣〕寻乌县 227
晨明镇……〔黑〕南岔区 169
野人谷镇……〔鄂〕房县 268
野三关镇……〔鄂〕巴东县 274
野川镇……〔晋〕高平市 126
野马川镇……〔黔〕赫章县 361
野马乡……〔吉〕洮南市 162
野云沟乡……〔新〕轮台县 425
野牛沟乡……〔青〕祁连县 414
野牛坪乡……〔川〕会东县 352
野市乡……〔赣〕上高县 229
野岗镇……〔豫〕民权县 259
野角乡……〔黔〕七星关区 360
野鸡坪镇……〔湘〕邵东县 280
野鸡坨镇……〔冀〕迁安市 110
野店镇……〔鲁〕蒙阴县 243
野胡拐乡……〔冀〕魏县 112
野钟苗族彝族布依族乡……〔黔〕水城县 357
野洞河镇……〔黔〕黄平县 364
野租乡……〔川〕会东县 352
野徐镇……〔苏〕高港区 185
野鹤镇……〔渝〕忠县 322
曼日玛镇……〔陇〕玛曲县 409
曼来镇……
……〔滇〕元江哈尼族彝族傣族自治县 371
曼等乡……〔滇〕景东彝族自治县 373
曼德拉苏木……〔蒙〕阿拉善右旗 141
冕山镇……〔川〕喜德县 353
冕宁县……〔川〕凉山彝族自治州 353
趾凤乡……〔皖〕宿松县 204
跃龙街道……〔浙〕宁海县 190
跃进乡……〔黑〕肇东市 172
跃进村街道……〔渝〕大渡口区 317
跃进街道……〔冀〕长安区 107
跃进街道……〔辽〕站前区 150
跃进街道……〔辽〕白塔区 151
跃进街道……〔黑〕南岗区 165
跃进街道……〔黑〕碾子山区 167
跃进街道……〔黑〕宝山区 169
跃进镇……〔川〕三台县 332
略阳县……〔陕〕汉中市 394
略坪镇……〔川〕罗江区 331
蚶江镇……〔闽〕石狮市 216
蚺城街道……〔赣〕婺源县 232
圉镇镇……〔豫〕杞县 250
蛇口街道……〔粤〕南山区 292
蛇场乡……〔桂〕隆林各族自治县 308
蛇形山镇……〔湘〕娄星区 287
蛇窝泊镇……〔鲁〕栖霞市 239
蛇蟠乡……〔浙〕三门县 196
鄂尔多斯市……〔蒙〕 138
鄂尔多斯路街道……〔蒙〕玉泉区 135
鄂尔栋镇……〔蒙〕兴和县 140
鄂托克前旗……〔蒙〕鄂尔多斯市 138
鄂托克旗……〔蒙〕鄂尔多斯市 138
鄂伦春民族乡……〔蒙〕扎兰屯市 139
鄂伦春自治旗……〔蒙〕呼伦贝尔市 138
鄂州市……〔鄂〕 270
鄂坪乡……〔鄂〕竹溪县 268
鄂城区……〔鄂〕鄂州市 270
鄂温克民族苏木……〔蒙〕陈巴尔虎旗 139
鄂温克族自治旗……〔蒙〕呼伦贝尔市 138
唱凯镇……〔赣〕临川区 230
唱歌乡……〔川〕通江县 346
唯亭街道……〔苏〕吴中区 181
崧厦镇……〔浙〕上虞区 193
崖门镇……〔粤〕新会区 294
崖子镇……〔鲁〕乳山市 242
崖头街道……〔鲁〕荣成市 241
崖西镇……〔鲁〕荣成市 241
崖州区……〔琼〕三亚市 313
崖城镇……〔陇〕礼县 408
崎岭乡……〔闽〕平和县 217
逻西乡……〔桂〕乐业县 308
逻岗镇……〔豫〕宁陵县 259
逻沙乡……〔桂〕乐业县 308
逻楼镇……〔桂〕凌云县 308
崮山镇……〔鲁〕环翠区 241
崮云湖街道……〔鲁〕长清区 235
崔口镇……〔鲁〕庆云县 243
崔久乡……〔藏〕加查县 384
崔木镇……〔陕〕麟游县 391
崔东街道……〔辽〕平山区 148
崔尔庄镇……〔冀〕沧县 118
崔各庄（地区）乡……〔京〕朝阳区 99
崔庄乡……〔豫〕南召县 257
崔庄镇……〔冀〕徐水区 113
崔村镇……〔京〕昌平区 100
崔庙镇……〔豫〕荥阳市 249
崔桥镇……〔豫〕扶沟县 261
崔家乡……〔桂〕兴安县 305
崔家头镇……〔陕〕千阳县 391
崔家庄乡……〔冀〕遵化市 110
崔家坝镇……〔鄂〕恩施市 274
崔家庙镇……〔冀〕阜城县 120
崔家桥镇……〔豫〕安阳县 253
崔家桥镇……〔湘〕汉寿县 282
崔家峪镇……〔鲁〕沂水县 243
崔家集镇……〔鲁〕平度市 236
崔家湾镇……〔陕〕绥德县 395
崔黄口镇……〔津〕武清区 104
崔寨街道……〔鲁〕济阳县 235
崞阳镇……〔晋〕原平市 129
崞村镇……〔冀〕宣化区 115
崇川区……〔苏〕南通市 182
崇义乡……〔黔〕榕江县 364
崇义县……〔赣〕赣州市 226
崇义街道……〔渝〕涪陵区 317
崇义镇……〔豫〕沁阳市 255
崇义镇……〔川〕都江堰市 328
崇仁乡……〔闽〕光泽县 217
崇仁县……〔赣〕抚州市 231
崇仁镇……〔浙〕嵊州市 194
崇仁镇……〔川〕东坡区 340
崇文门外街道……〔京〕东城区 99
崇文街道……〔晋〕孝义市 131
崇文街道……〔鲁〕冠县 245
崇文街道……〔鄂〕沙市区 271
崇文街道……〔湘〕永定区 283
崇文路街道……〔陕〕榆阳区 395
崇文镇……〔晋〕陵川县 126
崇文镇……〔陕〕泾阳县 391
崇左市……〔桂〕 310
崇平镇……〔川〕崇州市 328
崇业路街道……〔陕〕临渭区 392
崇仙乡……〔赣〕信丰县 226
崇尔乡……〔川〕若尔盖县 349
崇头镇……〔浙〕云和县 197
崇礼乡……〔豫〕上蔡县 263
崇礼区……〔冀〕张家口市 116
崇礼镇……〔川〕东坡区 340
崇州市……〔川〕成都市 328
崇兴镇……〔宁〕灵武市 419
崇安寺街道……〔苏〕梁溪区 179
崇安街道……〔闽〕武夷山市 218
崇阳县……〔鄂〕咸宁市 273
崇阳街道……〔川〕崇州市 328
崇寿镇……〔浙〕慈溪市 191
崇岗乡……〔滇〕永德县 374
崇岗镇……〔赣〕临川区 230
崇岗镇……〔宁〕平罗县 419
崇武镇……〔闽〕惠安县 216

（十一画）崇崆赊圈铙铜铧铭银甜梨犁移笪符第敏偃偶停偏兜皎徘得盘

崇贤乡……〔赣〕兴国县 227
崇贤街道……〔浙〕余杭区 189
崇明区……〔沪〕 176
崇明街道……〔苏〕句容市 185
崇法寺街道……〔豫〕永城市 260
崇俭街道……〔黑〕道外区 165
崇信县……〔陇〕平凉市 404
崇皇街道……〔陕〕高陵区 389
崇龛镇……〔渝〕潼南区 320
崇望乡……〔川〕广安区 342
崇善镇……〔吉〕和龙市 162
崇溪镇……〔滇〕巧家县 372
崇福镇……〔浙〕桐乡市 192
崇雒乡……〔闽〕建阳区 217
崇德乡……〔川〕小金县 349
崇德镇……〔黑〕明水县 172
崇儒畲族乡……〔闽〕霞浦县 219
崇凝镇……〔陕〕临渭区 392
崆峒区……〔陇〕平凉市 404
崆峒镇……〔陇〕崆峒区 404
赊店镇……〔豫〕社旗县 258
赊湾镇……〔豫〕泌阳县 263
圈内乡……〔滇〕临翔区 374
圈龙乡……〔川〕剑阁县 334
圈头乡……〔冀〕安新县 114
圈头乡……〔冀〕武邑县 120
圈里乡……〔鲁〕沂水县 243
铙阳街道……〔辽〕古塔区 149
铜厂乡…〔滇〕金平苗族瑶族傣族自治县 376
铜厂彝族乡……〔滇〕易门县 371
铜山乡……〔豫〕泌阳县 263
铜山区……〔苏〕徐州市 180
铜山街道……〔苏〕铜山区 180
铜山镇……〔皖〕郊区 204
铜川市……〔陕〕 390
铜川镇……〔蒙〕东胜区 138
铜井镇……〔鲁〕沂南县 242
铜元局街道……〔渝〕南岸区 318
铜仁市……〔黔〕 362
铜石镇……〔鲁〕平邑县 243
铜冶镇……〔冀〕鹿泉区 107
铜冶镇……〔豫〕安阳县 253
铜沛街道……〔苏〕鼓楼区 180
铜盂镇……〔粤〕潮阳区 293
铜闸镇……〔皖〕含山县 203
铜官区……〔皖〕铜陵市 204
铜官街道……〔湘〕望城区 277
铜城街道……〔鲁〕东阿县 245
铜城镇……〔皖〕天长市 206
铜茨乡……〔川〕沙湾区 337
铜星乡……〔川〕江油市 333
铜钟乡……〔鄂〕崇阳县 273
铜钟街道……〔辽〕银州区 152
铜钟镇……〔豫〕正阳县 263
铜都街道……〔滇〕东川区 369
铜钱乡……〔陇〕康县 407
铜钹山镇……〔赣〕广丰区 231
铜铃山镇……〔浙〕文成县 192
铜陵市……〔皖〕 204
铜陵路街道……〔皖〕瑶海区 201
铜陵镇……〔闽〕东山县 217
铜梁区……〔渝〕 320
铜鼎镇……〔湘〕中方县 286
铜普镇……〔青〕乌兰县 415
铜湾镇……〔湘〕中方县 286
铜鼓乡…〔渝〕酉阳土家族苗族自治县 323
铜鼓乡……〔川〕仪陇县 339
铜鼓县……〔赣〕宜春市 230
铜鼓镇……〔渝〕荣昌区 320
铜鼓镇……〔渝〕巫山县 322
铜鼓镇……〔川〕长宁县 342
铜鼓镇……〔黔〕锦屏县 364
铜塘湾街道……〔湘〕石峰区 278
铜锣乡……〔川〕长宁县 342
铜溪镇……〔渝〕合川区 319
铜壁关乡……〔滇〕盈江县 378
铜罐驿镇……〔渝〕九龙坡区 318
铧子镇……〔辽〕灯塔市 151
铧尖乡……〔冀〕宽城满族自治县 118
铧尖镇……〔陇〕肃州区 405
铭功路街道……〔豫〕二七区 249
铭传乡……〔皖〕肥西县 201
银厂乡……〔川〕西昌市 351
银山街道……〔桂〕柳南区 304
银山镇……〔川〕资中县 336
银山镇……〔鲁〕东平县 241
银川乡……〔黑〕同江市 170
银川市……〔宁〕 419
银川路街道……〔新〕新市区 423
银川镇……
〔陇〕积石山保安族东乡族撒拉族自治县 409
银古路街道……〔宁〕兴庆区 419
银号镇……〔蒙〕固阳县 136
银田镇……〔湘〕韶山市 279
银汉镇……〔川〕蓬安县 339
银达镇……〔陇〕肃州区 405
银多乡……〔川〕新龙县 350
银州区……〔辽〕铁岭市 152
银州街道……〔陕〕米脂县 395
银江镇……〔粤〕大埔县 297
银江镇……〔川〕东区 330
银坑镇……〔赣〕于都县 227
银坊镇……〔冀〕涞源县 114
银花镇……〔陕〕山阳县 397
银杏大街街道……〔豫〕文峰区 253
银杏乡……〔川〕汶川县 348
银杏树镇……〔陇〕徽县 408
银杏街道……〔川〕都江堰市 328
银河北路街道……〔冀〕广阳区 119
银河南路街道……〔冀〕安次区 119
银河路街道……〔新〕克拉玛依区 423
银河镇……〔赣〕芦溪县 224
银宝湖乡……〔赣〕鄱阳县 232
银定图镇……〔蒙〕五原县 139
银城铺镇……〔冀〕丰润区 109
银城街道……〔赣〕德兴市 232
银城街道……〔鲁〕夏津县 244
银盆岭街道……〔湘〕岳麓区 277
银屏镇……〔皖〕巢湖市 201
银盏镇……〔黔〕瓮安县 365
银壶街道……〔黔〕六枝特区 357
银桥镇……〔滇〕大理市 377
银根苏木……〔蒙〕阿拉善左旗 141
银恩乡……〔川〕道孚县 350
银铁乡……〔川〕达川区 344
银海区……〔桂〕北海市 306
银涂镇……〔苏〕金湖县 184
银雀山街道……〔鲁〕兰山区 242
银湖街道……〔浙〕富阳区 189
银窝沟乡…〔冀〕围场满族蒙古族自治县 118
银塘镇……〔皖〕雨山区 203
银滩路街道……〔陇〕安宁区 401
银滩镇……〔桂〕银海区 306
甜水井街道……〔豫〕文峰区 252
甜水满族乡……〔辽〕辽阳县 151
甜水镇……〔辽〕盘山县 152
甜水镇……〔陇〕环县 405
梨丰乡……〔黑〕桦川县 170
梨木镇……〔桂〕岑溪市 305
梨花镇……〔蒙〕卓资县 140
梨园（地区）镇……〔京〕通州区 100
梨园乡……〔豫〕濮阳县 256
梨园乡……〔川〕汉源县 346
梨园屯镇……〔冀〕威县 113
梨园街道……〔鲁〕奎文区 239
梨园街道……〔鄂〕洪山区 267
梨坪镇……〔陇〕文县 407
梨林镇……〔豫〕济源市 263
梨河镇……〔豫〕新郑市 250
梨树乡……〔黑〕桦南县 170
梨树乡……〔渝〕万州区 317
梨树乡……〔川〕万源市 345
梨树区……〔黑〕鸡西市 168
梨树县……〔吉〕四平市 159
梨树镇……〔吉〕梨树县 159
梨树镇……〔黔〕七星关区 360
梨洲街道……〔浙〕余姚市 191
梨埠镇……〔桂〕苍梧县 305
梨溪口乡……〔湘〕芷江侗族自治县 287
梨溪镇……〔赣〕宜黄县 231
犁川镇……〔晋〕泽州县 126
犁市镇……〔粤〕浈江区 292
犁头瑶族乡……〔湘〕蓝山县 286
犁倭镇……〔黔〕清镇市 357
移山乡……〔川〕嘉陵区 338
移风店镇……〔鲁〕即墨区 236
笪桥镇……〔粤〕化州市 295
符草楼镇……〔豫〕太康县 262
符离镇……〔皖〕埇桥区 207
符家川镇……〔陇〕安定区 406
符溪镇……〔川〕峨眉山市 338
第一关镇……〔冀〕山海关区 110
第一街道……〔蒙〕扎赉诺尔区 138
第一街道……〔陇〕嘉峪关市 401
第二街道……〔蒙〕扎赉诺尔区 138
第八堡乡……〔晋〕临县 131
第三铺乡……〔陇〕通渭县 406
第三堡乡……〔冀〕怀安县 116
第三街道……〔蒙〕扎赉诺尔区 138
第五街道……〔蒙〕扎赉诺尔区 138
第什营镇……〔冀〕威县 113
第六屯乡……〔冀〕怀安县 116
第四街道……〔蒙〕扎赉诺尔区 138
第四疃镇……〔冀〕曲周县 112
敏洞乡……〔黔〕剑河县 364
敏都乡……〔藏〕贡觉县 383
偃师市……〔豫〕洛阳市 251
偶里乡……〔黔〕锦屏县 364
停河铺乡……〔晋〕黎城县 125
停弦渡镇……〔湘〕临澧县 283
停前镇……〔鄂〕黄梅县 272
停洞镇……〔黔〕从江县 365
偏吉乡……〔藏〕仲巴县 382
偏关县……〔晋〕忻州市 129
偏坡布依族乡……〔黔〕乌当区 357
偏坡营满族乡……〔冀〕隆化县 117
偏岩乡……〔川〕安岳县 348
偏岭镇……〔辽〕岫岩满族自治县 147
偏店乡……〔冀〕涉县 111
偏城乡……〔宁〕西吉县 420
偏城镇……〔冀〕涉县 111
偏柏乡…〔渝〕酉阳土家族苗族自治县 323
偏桥子镇……〔冀〕双滦区 117
兜山镇……〔川〕富顺县 329
皎平渡镇…〔滇〕禄劝彝族苗族自治县 369
徘徊镇……〔冀〕武安市 112
得力其鄂温克民族乡……〔蒙〕阿荣旗 138
得石镇……〔川〕米易县 330
得耳布尔镇……〔蒙〕根河市 139
得利寺镇……〔辽〕瓦房店市 147
得妥镇……〔川〕泸定县 349
得荣县……〔川〕甘孜藏族自治州 351
得胜沟乡……〔蒙〕武川县 135
得胜街道……〔辽〕金州区 146
得胜街道……〔辽〕旅顺口区 146
得胜街道……〔辽〕西市区 150
得胜街道……〔辽〕盘山县 152
得胜镇……〔吉〕扶余市 161
得胜镇……〔鄂〕溢水镇 268
得胜镇……〔川〕泸县 330
得胜镇……〔川〕平昌县 347
得莫利镇……〔黑〕方正县 166
得禄乡……〔滇〕宣威市 370
盘山县……〔辽〕盘锦市 152
盘水街道……〔黔〕普安县 363
盘古山镇……〔赣〕于都县 227
盘古乡……〔豫〕泌阳县 263
盘古乡……〔湘〕沅陵县 286
盘古镇……〔冀〕青县 118
盘古镇……〔黑〕塔河县 172
盘石店镇……〔鲁〕海阳市 239
盘石镇……〔黔〕松桃苗族自治县 363
盘龙区……〔滇〕昆明市 369
盘龙街道……〔豫〕确山县 263
盘龙街道……〔渝〕云阳县 322
盘龙镇……〔渝〕荣昌区 320
盘龙镇……〔川〕利州区 333
盘龙镇……〔川〕南部县 338
盘龙彝族乡……〔滇〕砚山县 376
盘关镇……〔黔〕盘州市 358

（十一画）盘舲船斜鸽彩脚象猪猎猫猗猇凰斛猛祭馆鸾麻庵庾廊康

盘州市……〔黔〕六盘水市 358
盘江乡……〔滇〕建水县 375
盘江镇……〔黔〕贵定县 365
盘江镇……〔滇〕沾益区 370
盘安镇……〔陇〕庄浪县 404
盘克镇……〔陇〕宁县 406
盘谷乡……〔闽〕永泰县 213
盘谷镇……〔赣〕吉水县 228
盘陀镇……〔闽〕漳浦县 216
盘河镇……〔滇〕昭阳区 372
盘城街道……〔苏〕浦口区 179
盘信镇……〔黔〕松桃苗族自治县 363
盘亭乡……〔闽〕浦城县 217
盘峰乡……〔浙〕磐安县 194
盘湾镇……〔苏〕射阳县 184
盘塘镇……〔湘〕桃源县 283
盘锦市……〔辽〕 152
盘溪镇……〔滇〕华宁县 371
盘鳌乡……〔川〕东坡区 340
舲舫乡……〔湘〕茶陵县 278
船厂路街道……〔冀〕山海关区 110
船口街道……〔黑〕松北区 165
船山区……〔川〕遂宁市 335
船场镇……〔闽〕南靖县 217
船形乡……〔湘〕炎陵县 278
船步镇……〔粤〕罗定市 300
船房傈僳族傣族乡……〔滇〕华坪县 373
船埔镇……〔粤〕普宁市 300
船营区……〔吉〕吉林市 158
船湾镇……〔湘〕醴陵市 278
船塘镇……〔粤〕东源县 298
船溪乡……〔湘〕辰溪县 286
船滩镇……〔赣〕武宁县 224
船寮镇……〔浙〕青田县 197
斜土路街道……〔沪〕徐汇区 175
斜口街道……〔陕〕临潼区 389
斜卡乡……〔川〕九龙县 350
斜沟乡……〔青〕大通回族土族自治县 413
斜店乡……〔鲁〕冠县 245
斜桥镇……〔苏〕靖江市 186
斜桥镇……〔浙〕海宁市 192
斜塘街道……〔苏〕虎丘区 181
斜源镇……〔川〕大邑县 328
斜滩镇……〔闽〕寿宁县 219
鸽群乡……〔藏〕嘉黎县 385
彩云镇……〔滇〕师宗县 370
彩云镇……〔滇〕禄丰县 375
彩屯街道……〔辽〕溪湖区 148
彩石街道……〔鲁〕历城区 235
彩北街道……〔辽〕溪湖区 148
彩虹街道……〔黑〕龙沙区 167
彩虹街道……〔粤〕荔湾区 291
彩亭桥镇……〔冀〕玉田县 109
彩塘镇……〔粤〕潮安区 299
脚木足乡……〔川〕马尔康市 348
象山区……〔桂〕桂林市 304
象山县……〔浙〕宁波市 190
象山街道……〔苏〕京口区 185
象山街道……〔桂〕象山区 304
象山镇……〔赣〕新建区 223
象山镇……〔川〕大英县 335
象市镇……〔湘〕慈利县 283
象耳镇……〔川〕东坡区 340
象达镇……〔滇〕龙陵县 371
象州县……〔桂〕来宾市 310
象州镇……〔桂〕象州县 310
象形乡……〔赣〕永新县 229
象园街道……〔闽〕晋安区 213
象明彝族乡……〔滇〕勐腊县 377
象图乡……〔滇〕剑川县 378
象河乡……〔豫〕泌阳县 263
象洞镇……〔闽〕武平县 218
象珠镇……〔浙〕永康市 195
象棋镇……〔桂〕藤县 305
象湖镇……〔闽〕漳平市 219
象湖镇……〔赣〕瑞金市 227
象溪镇……〔浙〕松阳县 197
象鼻街道……〔川〕翠屏区 341
猪场乡……〔桂〕隆林各族自治县 308
猪场坪乡……〔黔〕兴义市 363
猪场苗族彝族乡……〔黔〕纳雍县 361
猎德街道……〔粤〕天河区 291
猫儿乡……〔湘〕花垣县 288
猫场镇……〔黔〕大方县 360
猫场镇……〔黔〕织金县 361
猫洞苗族仡佬族乡……〔黔〕普定县 360
猫营镇……〔黔〕紫云苗族布依族自治县 360
猫街镇……〔滇〕武定县 375
猗氏镇……〔晋〕临猗县 127
猇亭区……〔鄂〕宜昌市 269
凰村乡……〔赣〕湖口县 225
凰岗镇……〔赣〕鄱阳县 232
斛山乡……〔豫〕光山县 260
斛兴街道……〔黔〕罗甸县 365
猛山乡……〔川〕武胜县 343
猛虎乡……〔滇〕永仁县 375
猛追湾街道……〔川〕成华区 327
猛硐瑶族乡……〔滇〕麻栗坡县 376
祭城路街道……〔豫〕金水区 249
馆驿镇……〔鲁〕梁山县 240
馆前镇……〔闽〕长汀县 218
馆陶县……〔冀〕邯郸市 111
馆陶镇……〔冀〕馆陶县 111
鸾山镇……〔湘〕攸县 278
鸾凤乡……〔闽〕光泽县 217
麻万镇……〔黔〕独山县 365
麻山区……〔黑〕鸡西市 168
麻山街道……〔黑〕麻山区 168
麻山镇……〔赣〕湘东区 224
麻山镇……〔黔〕望谟县 363
麻子川镇……〔陇〕岷县 407
麻扎乡……〔新〕伊宁县 428
麻屯镇……〔豫〕孟津县 251
麻日乡……〔川〕新龙县 350
麻双乡……〔赣〕南康区 226
麻邛乡……〔川〕白玉县 350
麻石镇……〔川〕通江县 346
麻布加乡……〔藏〕萨迦县 382
麻布岗镇……〔粤〕龙川县 298
麻田镇……〔晋〕左权县 127
麻乍镇……〔黔〕威宁彝族回族苗族自治县 361
麻丘镇……〔赣〕南昌县 223
麻尼寺沟乡……〔陇〕临夏县 408
麻地会乡……〔晋〕方山县 131
麻当镇……〔陇〕夏河县 409
麻多乡……〔青〕曲麻莱县 415
麻冲乡……〔湘〕凤凰县 288
麻米乡……〔藏〕改则县 385
麻州镇……〔赣〕会昌县 227
麻江乡……〔藏〕尼木县 381
麻江县……〔黔〕黔东南苗族侗族自治州 365
麻江镇……〔湘〕双牌县 285
麻池镇……〔蒙〕九原区 135
麻阳苗族自治县……〔湘〕怀化市 287
麻步镇……〔浙〕平阳县 191
麻园街道……〔黔〕七星关区 360
麻岗镇……〔粤〕电白区 295
麻沙镇……〔闽〕建阳区 217
麻尾镇……〔黔〕独山县 365
麻孜乡……〔川〕道孚县 350
麻陇彝族乡……〔川〕米易县 330
麻陂镇……〔粤〕博罗县 296
麻武乡……〔陇〕崆峒区 404
麻坪镇……〔陕〕旬阳县 397
麻坪镇……〔陕〕洛南县 397
麻英乡……〔川〕旺苍县 334
麻林瑶族乡……〔湘〕新宁县 281
麻虎镇……〔陕〕白河县 397
麻旺镇……〔渝〕酉阳土家族苗族自治县 323
麻呷乡……〔川〕石渠县 351
麻店镇……〔鲁〕惠民县 245
麻河口镇……〔湘〕南县 284
麻河镇……〔鄂〕汉川市 271
麻沿河镇……〔陇〕徽县 408
麻郎错乡……〔川〕雅江县 350
麻线乡……〔吉〕集安市 160
麻城市……〔鄂〕黄冈市 273
麻城镇……〔鄂〕掇刀区 270
麻城镇……〔川〕叙永县 331
麻垌镇……〔桂〕桂平市 307
麻柳乡……〔渝〕开州区 321
麻柳乡……〔川〕朝天区 334
麻柳乡……〔川〕夹江县 337
麻柳镇……〔川〕达川区 343
麻柳镇……〔陕〕紫阳县 396
麻柳嘴镇……〔渝〕巴南区 319
麻洞川乡……〔陕〕宝塔区 393
麻洋镇……〔鄂〕天门市 274
麻绒乡……〔川〕白玉县 350
麻莲乡……〔青〕门源回族自治县 414
麻栗场镇……〔湘〕花垣县 288
麻栗坡县……〔滇〕文山壮族苗族自治州 376
麻栗镇……〔川〕德昌县 352
麻栗镇……〔滇〕麻栗坡县 376
麻秧街道……〔川〕盐亭县 332
麻涌镇……〔粤〕东莞市 299
麻家坞镇……〔冀〕任丘市 119
麻家集镇……〔陇〕渭源县 406
麻家渡镇……〔鄂〕溢水镇 268
麻埠镇……〔皖〕金寨县 209
麻黄山乡……〔宁〕盐池县 420
麻黄梁镇……〔陕〕榆阳区 395
麻斜街道……〔粤〕坡头区 294
麻麻门巴民族乡……〔藏〕错那县 384
麻章区……〔粤〕湛江市 294
麻章镇……〔粤〕麻章区 294
麻街镇……〔陕〕商州区 397
麻窝乡……〔川〕黑水县 349
麻塘山乡……〔湘〕隆回县 281
麻塘苗族瑶族乡……〔湘〕绥宁县 281
麻溪铺镇……〔湘〕沅陵县 286
麻榨镇……〔粤〕龙门县 296
麻豪口镇……〔鄂〕公安县 271
庵东镇……〔浙〕慈溪市 191
庵杰乡……〔闽〕长汀县 218
庵埠镇……〔粤〕潮安区 299
庾岭镇……〔陕〕丹凤县 397
廊下镇……〔沪〕金山区 176
廊田镇……〔粤〕乐昌市 292
廊坊市……〔冀〕 119
康二城镇……〔冀〕武安市 112
康大营镇……〔吉〕梅河口市 160
康山乡……〔赣〕余干县 232
康山乡……〔川〕马尔康市 348
康山街道……〔浙〕吴兴区 193
康马县……〔藏〕日喀则市 382
康马镇……〔藏〕康马县 382
康丰乡……〔陇〕康乐县 408
康王乡……〔湘〕岳阳楼区 281
康巴什区……〔蒙〕鄂尔多斯市 138
康玉乡……〔藏〕波密县 384
康布乡……〔藏〕亚东县 382
康平县……〔辽〕沈阳市 146
康平街道……〔吉〕梨树县 159
康平镇……〔滇〕江城哈尼族彝族自治县 373
康禾镇……〔粤〕东源县 298
康仙庄乡……〔冀〕霸州市 120
康乐乡……〔川〕万源市 345
康乐县……〔陇〕临夏回族自治州 408
康乐街道……〔赣〕万载县 229
康乐街道……〔豫〕吉利区 251
康乐镇……〔渝〕奉节县 322
康乐镇……〔陇〕肃南裕固族自治县 404
康宁乡……〔陇〕凉州区 403
康宁街道……〔辽〕凌河区 149
康宁镇……〔晋〕兴县 131
康扬镇……〔青〕尖扎县 414
康多乡……〔陇〕卓尼县 409
康庄乡……〔冀〕复兴区 111
康庄镇……〔京〕延庆区 100
康庄镇……〔鲁〕临清市 245
康安街道……〔黑〕安图县 165
康如乡……〔藏〕康马县 382
康克尔柯尔克孜族乡……〔新〕皮山县 427
康苏镇……〔新〕乌恰县 426
康县……〔陇〕陇南市 407
康沙镇……〔藏〕洛隆县 383
康坪乡……〔渝〕奉节县 322
康其乡……〔新〕拜城县 426

（十一画）康鹿章竟商旌望阎着盖粗断剪焕烽清

康卓乡……〔藏〕江孜县 381
康金街道……〔黑〕呼兰区 165
康店镇……〔豫〕巩义市 249
康定市……〔川〕甘孜藏族自治州 349
康驿镇……〔鲁〕汶上县 240
康城镇……〔晋〕交口县 131
康荣镇……〔黑〕兰西县 171
康保县……〔冀〕张家口市 116
康保镇……〔冀〕康保县 116
康美街道……〔渝〕渝北区 318
康美镇……〔闽〕南安市 216
康美镇……〔闽〕东山县 217
康桥街道……〔浙〕拱墅区 189
康桥镇……〔沪〕浦东新区 176
康厝畲族乡……〔闽〕福安市 219
康健新村街道……〔沪〕徐汇区 175
康家会镇……〔晋〕静乐县 129
康家集乡……〔陇〕临洮县 406
康勒乡……〔川〕色达县 351
康雄乡……〔藏〕仁布县 382
康普乡……〔滇〕维西傈僳族自治县 378
康新街道……〔蒙〕康巴什区 138
康熙岭镇……〔桂〕钦南区 306
鹿厂镇……〔川〕会理县 352
鹿山街道……〔浙〕富阳区 189
鹿山街道……〔浙〕嵊州市 194
鹿马桥镇……〔湘〕东安县 285
鹿马登乡……〔滇〕福贡县 378
鹿乡镇……〔吉〕双阳区 157
鹿冈乡……〔赣〕永丰县 228
鹿头乡……〔冀〕涉县 111
鹿头镇……〔鄂〕枣阳市 270
鹿西乡……〔浙〕洞头区 191
鹿江街道……〔赣〕樟树市 230
鹿邑县……〔豫〕周口市 262
鹿角镇……〔渝〕彭水苗族土家族自治县 323
鹿苑街道……〔陕〕高陵区 389
鹿林山街道……〔黑〕南山区 168
鹿固乡……〔晋〕河曲县 129
鹿鸣乡……〔渝〕彭水苗族土家族自治县 323
鹿鸣乡……〔滇〕祥云县 377
鹿鸣镇……〔川〕平昌县 347
鹿阜街道……〔滇〕石林彝族自治县 369
鹿城区……〔浙〕温州市 191
鹿城镇……〔皖〕阜南县 207
鹿城镇……〔滇〕楚雄市 374
鹿泉区……〔冀〕石家庄市 107
鹿亭乡……〔浙〕余姚市 191
鹿原镇……〔湘〕炎陵县 278
鹿峰街道……〔湘〕桂阳县 284
鹿窝镇……〔黔〕息烽县 357
鹿楼街道……〔豫〕山城区 253
鹿楼镇……〔苏〕沛县 180
鹿寨县……〔桂〕柳州市 304
鹿寨镇……〔桂〕鹿寨县 304
章山街道……〔鄂〕西塞山区 268
章广镇……〔皖〕南谯区 206
章水镇……〔浙〕海曙区 190
章化镇……〔豫〕舞阳县 257
章凤镇……〔滇〕陇川县 378
章古台镇……〔辽〕彰武县 151
章旦乡……〔浙〕青田县 197
章田寺乡……〔鄂〕公安县 271
章丘区……〔鲁〕济南市 235
章台镇……〔冀〕威县 113
章吉营乡……〔冀〕隆化县 117
章吉营乡……〔辽〕北票市 153
章华镇……〔湘〕华容县 281
章多乡……〔藏〕达孜区 381
章庄乡……〔赣〕安福县 229
章庄铺镇……〔鄂〕公安县 271
章安街道……〔浙〕椒江区 196
章驮乡……〔滇〕临翔区 374
章贡区……〔赣〕赣州市 226
章村乡……〔浙〕青田县 197
章村街道……〔冀〕桥西区 112
章村镇……〔浙〕安吉县 193
章里集镇……〔冀〕临漳县 111
章谷镇……〔川〕丹巴县 349
章纳乡……〔川〕理塘县 351
章佳乡……〔川〕贡井区 329
章都乡……〔川〕白玉县 350
章党街道……〔辽〕东洲区 148
章党镇……〔辽〕东洲区 148
章集街道……〔苏〕沭阳县 186
章缝镇……〔鲁〕巨野县 246
章镇镇……〔浙〕上虞区 193
竟成镇……〔赣〕珠山区 223
竟陵街道……〔鄂〕天门市 274
商山镇……〔皖〕休宁县 205
商水县……〔豫〕周口市 261
商户地乡……〔新〕沙湾县 429
商丘市……〔豫〕 259
商圣街道……〔豫〕淅川县 258
商老庄乡……〔鲁〕东平县 241
商州区……〔陕〕商洛市 397
商州镇……〔川〕宜宾县 341
商林乡……〔冀〕献县 119
商店镇……〔鲁〕阳信县 245
商河县……〔鲁〕济南市 235
商城县……〔豫〕信阳市 260
商城街道……〔豫〕偃师市 251
商城镇……〔冀〕成安县 111
商南县……〔陕〕商洛市 397
商洛市……〔陕〕 397
商都县……〔蒙〕乌兰察布市 140
商桥镇……〔豫〕郾城区 256
商颂大街街道……〔豫〕文峰区 253
商酒务镇……〔豫〕宝丰县 252
商家镇……〔鲁〕周村区 237
商镇……〔陕〕丹凤县 397
旌东街道……〔川〕旌阳区 331
旌阳区……〔川〕德阳市 331
旌阳街道……〔川〕旌阳区 331
旌阳镇……〔皖〕旌德县 210
旌德县……〔皖〕宣城市 210
望丰乡……〔黔〕雷山县 365
望夫镇……〔粤〕电白区 295
望水乡……〔川〕简阳市 329
望水台街道……〔辽〕太子河区 151
望牛墩镇……〔粤〕东莞市 299
望月湖街道……〔湘〕岳麓区 277
望龙镇……〔川〕合江县 330
望田镇……〔豫〕鄢陵县 256
望仙乡……〔赣〕上饶县 231
望台镇……〔辽〕海城市 148
望关镇……〔陇〕康县 407
望江乡……〔川〕渠县 345
望江县……〔皖〕安庆市 204
望江街道……〔浙〕上城区 189
望江路街道……〔川〕武侯区 327
望江镇……〔黑〕郊区 170
望远镇……〔宁〕永宁县 419
望花区……〔辽〕抚顺市 148
望里镇……〔浙〕苍南县 191
望直港镇……〔苏〕宝应县 185
望松街道……〔浙〕松阳县 197
望佳镇……〔川〕荣县 329
望岳街道……〔湘〕岳麓区 277
望岳路街道……〔湘〕岳阳楼区 281
望鱼乡……〔川〕雨城区 345
望狐乡……〔晋〕广灵县 124
望京街道……〔京〕朝阳区 99
望京镇……〔川〕平昌县 347
望春门街道……〔湘〕湘乡市 279
望春街道……〔浙〕海曙区 190
望垭镇……〔川〕阆中市 340
望城区……〔湘〕长沙市 277
望城坡街道……〔湘〕岳麓区 277
望城街道……〔皖〕金安区 208
望城街道……〔鲁〕莱西市 236
望城街道……〔湘〕临澧县 282
望城镇……〔赣〕新建区 223
望树镇……〔冀〕盐山县 118
望奎县……〔黑〕绥化市 171
望奎镇……〔黑〕望奎县 171
望亭镇……〔冀〕清苑区 113
望亭镇……〔苏〕相城区 181
望洪镇……〔宁〕永宁县 419
望都县……〔冀〕保定市 114
望都镇……〔冀〕望都县 114
望峰岗镇……〔皖〕谢家集区 203
望留街道……〔鲁〕潍城区 239
望高镇……〔桂〕平桂区 308
望海寺街道……〔辽〕龙港区 154
望海街道……〔辽〕鲅鱼圈区 150
望海楼街道……〔津〕河北区 103
望海满族乡……〔辽〕兴城市 154
望埠镇……〔粤〕英德市 299
望湖街道……〔皖〕包河区 201
望谟县……〔黔〕黔西南布依族苗族自治州 363
望溪镇……〔川〕渠县 345
望滨街道……〔辽〕沈北新区 145
望疃镇……〔皖〕利辛县 209
望麓园街道……〔湘〕开福区 277
阎什镇……〔鲁〕鄄城县 246
阎庄乡……〔冀〕清苑区 113
阎庄乡……〔晋〕昔阳县 127
阎庄镇……〔晋〕原平市 129
阎庄镇……〔鲁〕莒县 242
阎村镇……〔京〕房山区 99
阎村镇……〔陕〕临渭区 392
阎村镇……〔陕〕商州区 397
阎里乡……〔冀〕南和县 112
阎良区……〔陕〕西安市 389
阎店乡……〔辽〕瓦房店市 147
阎店楼镇……〔鲁〕曹县 246
阎油房乡……〔冀〕康保县 116
阎家乡……〔陇〕张家川回族自治县 403
阎家店乡……〔冀〕迁安市 110
阎家河镇……〔鄂〕麻城市 273
阎家镇……〔辽〕凌海市 150
阎楼乡……〔豫〕兰考县 250
阎楼镇……〔鲁〕阳谷县 244
阎疃镇……〔冀〕巨鹿县 113
着晓乡……〔青〕囊谦县 415
盖山镇……〔闽〕仓山区 213
盖玉乡……〔川〕白玉县 350
盖北镇……〔浙〕上虞区 193
盖州市……〔辽〕营口市 150
盖尾镇……〔闽〕仙游县 214
盖孜力克镇……〔新〕柯坪县 426
盖孜库木乡……〔新〕沙雅县 425
盖洋乡……〔闽〕永泰县 213
盖洋镇……〔闽〕明溪县 214
盖租乡……〔川〕盐源县 352
盖家庄乡……〔晋〕娄烦县 123
盖德镇……〔闽〕德化县 216
粗石江镇……〔湘〕江永县 286
断石乡……〔川〕三台县 332
断龙山镇……〔湘〕古丈县 288
断杉镇……〔黔〕惠水县 365
断桥镇……〔黔〕关岭布依族苗族自治县 360
剪市镇……〔湘〕桃源县 283
焕古镇……〔陕〕紫阳县 396
烽火乡……〔湘〕临澧县 283
烽火镇……〔陕〕礼泉县 391
清三营乡……〔冀〕崇礼区 116
清丰县……〔豫〕濮阳市 255
清太坪镇……〔鄂〕巴东县 274
清水土家族乡……〔渝〕云阳县 322
清水口镇……〔桂〕北流市 307
清水乡……〔赣〕上饶县 231
清水乡……〔川〕昭化区 334
清水乡……〔川〕营山县 339
清水乡……〔滇〕腾冲市 371
清水乡……〔青〕循化撒拉族自治县 414
清水台街道……〔辽〕沈北新区 145
清水县……〔陇〕天水市 402
清水坪镇……〔湘〕保靖县 288
清水河乡……〔豫〕台前县 256
清水河县……〔蒙〕呼和浩特市 135
清水河哈萨克族乡……〔新〕玛纳斯县 424
清水河街道……〔皖〕金安区 208
清水河街道……〔粤〕罗湖区 292
清水河镇……〔黔〕兴义市 363
清水河镇……〔青〕称多县 415
清水河镇……〔新〕霍城县 428
清水驿乡……〔陇〕榆中县 401

（十一画）清渚鸿淇淋淅淞淹涿渠淑淖淌淠渑淮淦渊淝渔

清水桥镇……〔湘〕宁远县 286
清水铺镇……〔黔〕七星关区 360
清水街道……〔皖〕鸠江区 202
清水塘街道……〔湘〕开福区 277
清水塘街道……〔湘〕石峰区 278
清水镇……〔京〕门头沟区 99
清水镇……〔辽〕大洼区 152
清水镇……〔鲁〕冠县 245
清水镇……〔川〕仁寿县 341
清水镇……〔川〕大竹县 344
清水镇……〔川〕雁江区 347
清水镇……〔陕〕府谷县 395
清水镇……〔陇〕凉州区 403
清水镇……〔陇〕肃州区 405
清水镇……〔陇〕岷县 407
清升镇……〔渝〕荣昌区 320
清仁乡……〔川〕芦山县 346
清化镇街道……〔豫〕博爱县 255
清风乡……〔川〕简阳市 329
清风岭镇……〔辽〕朝阳县 153
清风店镇……〔冀〕定州市 115
清风街道……〔豫〕殷都区 253
清风街道……〔皖〕贵池区 210
清平乡……〔滇〕陇川县 378
清平街道……〔豫〕顺河回族区 250
清平镇……〔鲁〕高唐县 245
清平镇……〔渝〕合川区 319
清平镇……〔川〕绵竹市 332
清平镇……〔川〕武胜县 343
清平彝族乡……〔川〕屏山县 342
清华园街道……〔京〕海淀区 99
清华街道……〔辽〕西市区 150
清华镇……〔赣〕婺源县 232
清名桥街道……〔苏〕梁溪区 179
清州镇……〔冀〕青县 118
清江乡……〔赣〕武宁县 224
清江桥乡……〔湘〕新宁县 281
清江浦区……〔苏〕淮安市 183
清江街道……〔苏〕清江浦区 183
清江镇……〔浙〕乐清市 192
清江镇……〔湘〕资兴市 285
清江镇……〔渝〕荣昌区 320
清江镇……〔川〕金堂县 328
清江镇……〔川〕巴州区 346
清池街道……〔鲁〕奎文区 239
清池镇……〔黔〕金沙县 361
清远市……〔粤〕 298
清坪镇……〔鄂〕咸丰县 274
清苑区……〔冀〕保定市 113
清苑镇……〔冀〕清苑区 113
清明河乡……〔鄂〕云梦县 271
清和街道……〔吉〕朝阳区 157
清浅镇……〔皖〕太和县 207
清河口街道……〔鄂〕樊城区 269
清河门区……〔辽〕阜新市 151
清河乡……〔皖〕怀宁县 204
清河乡……〔川〕中江县 331
清河区……〔辽〕铁岭市 152
清河头乡……〔豫〕濮阳县 256
清河县……〔冀〕邢台市 113
清河驿乡……〔豫〕西华县 261
清河城镇……〔辽〕本溪满族自治县 149
清河街道……〔京〕海淀区 99
清河街道……〔辽〕清河门区 151
清河街道……〔苏〕清江浦区 183
清河街道……〔皖〕颍州区 206
清河街道……〔豫〕平舆县 263
清河镇……〔晋〕稷山县 128
清河镇……〔蒙〕科尔沁区 137
清河镇……〔吉〕集安市 160
清河镇……〔黑〕通河县 166
清河镇……〔鲁〕鱼台县 240
清河镇……〔鲁〕惠民县 245
清河镇……〔豫〕方城县 258
清河镇……〔川〕大竹县 344
清油河镇……〔陕〕商南县 397
清波街道……〔浙〕上城区 189
清城区……〔粤〕清远市 298
清香坪街道……〔川〕西区 330
清泉乡……〔渝〕酉阳土家族苗族自治县 323
清泉乡……〔川〕阆中市 340
清泉街道……〔辽〕沈北新区 145
清泉街道……〔鲁〕冠县 245
清泉镇……〔鄂〕浠水县 272
清泉镇……〔湘〕桂东县 285
清泉镇……〔川〕青白江区 327
清泉镇……〔川〕安州区 332
清泉镇……〔陇〕山丹县 404
清姜街道……〔陕〕渭滨区 390
清洋街道……〔鲁〕福山区 238
清真巷街道……〔青〕城东区 413
清真街道……〔蒙〕科尔沁区 137
清原满族自治县……〔辽〕抚顺市 148
清原镇……〔辽〕清原满族自治县 148
清徐县……〔晋〕太原市 123
清凉山镇……〔辽〕岫岩满族自治县 147
清凉寺街道……〔冀〕涿州市 115
清凉店镇……〔冀〕武邑县 120
清凉峰镇……〔浙〕临安区 189
清凉镇……〔闽〕永泰县 213
清浦街道……〔苏〕清江浦区 183
清流县……〔闽〕三明市 215
清流街道……〔皖〕琅琊区 206
清流镇……〔渝〕荣昌区 320
清流镇……〔川〕新都区 327
清流镇……〔川〕安岳县 347
清涧县……〔陕〕榆林市 396
清涧街道……〔晋〕河津市 128
清浪乡……〔湘〕沅陵县 286
清集镇……〔豫〕太康县 262
清港镇……〔浙〕玉环市 196
清湖乡……〔赣〕弋阳县 232
清湖街道……〔浙〕江山市 195
清湖镇……〔桂〕陆川县 307
清湾镇……〔桂〕北流市 307
清塘镇……〔陕〕旬邑县 392
清塘铺镇……〔湘〕安化县 284
清塘镇……〔湘〕道县 286
清塘镇……〔桂〕钟山县 309
清新区……〔粤〕清远市 298
清源乡……〔川〕营山县 339
清源街道……〔京〕大兴区 100
清源街道……〔闽〕丰泽区 215
清源街道……〔豫〕正阳县 263
清源镇……〔晋〕清徐县 123
清源镇……〔闽〕寿宁县 219
清源镇……〔陇〕凉州区 403
清源镇……〔陇〕渭源县 406
清溪乡……〔黑〕孙吴县 171
清溪乡……〔赣〕会昌县 227
清溪场镇……〔渝〕秀山土家族苗族自治县 323
清溪场镇……〔川〕渠县 344
清溪街道……〔皖〕贵池区 210
清溪街道……〔川〕高坪区 338
清溪镇……〔皖〕含山县 203
清溪镇……〔湘〕韶山市 279
清溪镇……〔粤〕东莞市 299
清溪镇……〔渝〕涪陵区 317
清溪镇……〔川〕犍为县 337
清溪镇……〔川〕宣汉县 344
清溪镇……〔川〕汉源县 346
清镇市……〔黔〕贵阳市 357
渚口乡……〔皖〕祁门县 205
渚河路街道……〔冀〕邯山区 110
鸿山街道……〔苏〕新吴区 180
鸿山镇……〔闽〕石狮市 216
鸿兴镇……〔吉〕通榆县 162
鸿尾乡……〔闽〕闽侯县 213
鸿茅镇……〔蒙〕凉城县 140
鸿昌街道……〔豫〕博爱县 255
鸿畅镇……〔豫〕禹州市 256
鸿城街道……〔吉〕南关区 157
鸿顺里街道……〔津〕河北区 103
鸿亭街道……〔桂〕钦北区 306
鸿塘镇……〔赣〕贵溪市 226
鸿鹰街道……〔豫〕卫东区 252
淇县……〔豫〕鹤壁市 253
淇滨区……〔豫〕鹤壁市 253
淇滩镇……〔黔〕沿河土家族自治县 362
淋山河镇……〔鄂〕团风县 272
淅川县……〔豫〕南阳市 258
淅河镇……〔鄂〕曾都区 273
淞南镇……〔沪〕宝山区 175
淹底乡……〔晋〕洪洞县 130
涿州市……〔冀〕保定市 115
涿鹿县……〔冀〕张家口市 116
涿鹿镇……〔冀〕涿鹿县 116
渠口乡……〔宁〕平罗县 419
渠口镇……〔冀〕香河县 119
渠口镇……〔渝〕开州区 320
渠子镇……〔陕〕永寿县 391
渠马镇……〔渝〕云阳县 322
渠东街道……〔豫〕红旗区 254
渠北乡……〔川〕渠县 345
渠旧镇……〔桂〕扶绥县 310
渠江镇……〔湘〕安化县 284
渠江镇……〔川〕渠县 344
渠阳镇……〔湘〕靖州苗族侗族自治县 287
渠坝镇……〔川〕纳溪区 330
渠村乡……〔豫〕濮阳县 256
渠县……〔川〕达州市 344
渠沟乡……〔冀〕固安县 119
渠沟镇……〔皖〕相山区 203
渠岸镇……〔陕〕三原县 391
渠南乡……〔川〕渠县 345
渠洋镇……〔桂〕靖西市 308
渠黎镇……〔桂〕扶绥县 310
淑阳镇……〔冀〕香河县 119
淑村镇……〔冀〕武安市 112
淖毛湖镇……〔新〕伊吾县 424
淌塘镇……〔川〕会东县 352
淠东乡……〔皖〕金安区 208
渑池县……〔豫〕三门峡市 257
淮土镇……〔闽〕宁化县 215
淮上区……〔皖〕蚌埠市 202
淮口镇……〔川〕金堂县 328
淮川街道……〔湘〕浏阳市 277
淮北市……〔皖〕 203
淮宁湾镇……〔陕〕子洲县 396
淮安区……〔苏〕淮安市 183
淮安市……〔苏〕 183
淮阳县……〔豫〕周口市 262
淮阴区……〔苏〕淮安市 183
淮河街道……〔豫〕息县 261
淮河路街道……〔豫〕二七区 249
淮河镇……〔苏〕盱眙县 184
淮河镇……〔鄂〕随县 273
淮城街道……〔苏〕淮安区 183
淮南市……〔皖〕 202
淮海中路街道……〔沪〕黄浦区 175
淮海街道……〔苏〕清江浦区 183
淮源镇……〔豫〕桐柏县 258
淮滨县……〔豫〕信阳市 261
淮滨街道……〔皖〕田家庵区 202
淮滨街道……〔皖〕淮上区 202
淮镇镇……〔冀〕献县 119
淦田镇……〔湘〕株洲县 278
淦阳街道……〔赣〕樟树市 230
渊泉镇……〔陇〕瓜州县 405
淝田镇……〔湘〕耒阳市 280
淝河乡……〔皖〕怀远县 202
淝河镇……〔皖〕包河区 201
淝河镇……〔皖〕谯城区 209
淝南镇……〔皖〕怀远县 202
渔山乡……〔浙〕富阳区 189
渔门镇……〔川〕盐边县 330
渔户寨乡……〔冀〕迁西县 109
渔市街道……〔辽〕西市区 150
渔阳镇……〔津〕蓟州区 104
渔沃街道……〔鲁〕东明县 246
渔沟镇……〔苏〕淮阴区 183
渔沟镇……〔皖〕灵璧县 208
渔泽镇……〔晋〕屯留县 125
渔峡口镇……〔鄂〕长阳土家族自治县 269
渔亭镇……〔皖〕黟县 205
渔洋关镇……〔鄂〕五峰土家族自治县 269
渔洋镇……〔鄂〕潜江市 274
渔洲坪街道……〔桂〕港口区 306
渔涝镇……〔粤〕封开县 296
渔湖镇……〔粤〕榕城区 300

（十一画）渔淘淳涪淤淡淀浣深渌涵梁淄惜寇寅寄宿窑密谋谌谏扈逯尉屠弶弹随隍隆

渔渡镇……〔陕〕镇巴县 395
渔溪乡……〔川〕顺庆区 338
渔溪镇……〔闽〕福清市 214
渔溪镇……〔川〕恩阳区 346
渔箭镇……〔川〕隆昌市 336
渔薪镇……〔鄂〕天门市 274
淘沙镇……〔赣〕丰城市 230
淘金坪乡……〔湘〕溆浦县 287
淳口镇……〔湘〕浏阳市 277
淳化县……〔陕〕咸阳市 392
淳化街道……〔苏〕江宁区 179
淳安县……〔浙〕杭州市 190
淳溪街道……〔苏〕高淳区 179
涪西镇……〔川〕射洪县 335
涪江街道……〔川〕游仙区 332
涪阳镇……〔川〕通江县 346
涪城区……〔川〕绵阳市 332
涪洋镇…〔黔〕务川仡佬族苗族自治县 359
涪陵区……〔渝〕 317
淤上乡……〔浙〕庆元县 197
淤泥彝族乡……〔黔〕盘州市 358
淤溪镇……〔苏〕姜堰区 185
淡水街道……〔粤〕惠阳区 296
淡竹乡……〔浙〕仙居县 196
淡村镇……〔陕〕富平县 393
淡溪镇……〔浙〕乐清市 192
淀山湖镇……〔苏〕昆山市 182
浣市镇……〔鄂〕松滋市 272
深土镇……〔闽〕漳浦县 217
深子湖镇……〔湘〕溆浦县 287
深井子街道……〔辽〕浑南区 145
深井镇……〔冀〕宣化区 115
深井镇……〔辽〕建平县 153
深井镇……〔粤〕台山市 294
深北街道……〔辽〕立山区 147
深州市……〔冀〕衡水市 120
深圳市……〔粤〕 292
深州镇……〔冀〕深州市 120
深沟乡……〔陇〕静宁县 405
深沪镇……〔闽〕晋江市 216
深甽镇……〔浙〕宁海县 191
深河乡……〔冀〕抚宁区 110
深河乡……〔鄂〕溢水镇 268
深泽乡……〔浙〕磐安县 194
深泽县……〔冀〕石家庄市 108
深泽镇……〔冀〕深泽县 108
深南街道……〔辽〕立山区 147
深柳镇……〔湘〕安乡县 282
深桥镇……〔闽〕诏安县 217
深渡水瑶族乡……〔粤〕始兴县 292
深渡苗族乡……〔湘〕洪江市 287
深渡镇……〔皖〕歙县 205
深溪镇……〔黔〕红花岗区 358
深镇镇……〔粤〕高州市 295
深澳镇……〔粤〕南澳县 293
渌口镇……〔湘〕株洲县 278
渌井镇……〔川〕营山县 339
渌田镇……〔湘〕攸县 278
渌渚镇……〔浙〕富阳区 189
涵水镇……〔川〕平昌县 347
涵东街道……〔闽〕涵江区 214
涵西街道……〔闽〕涵江区 214
涵江区……〔闽〕莆田市 214
梁二庄镇……〔冀〕邱县 111
梁才街道……〔鲁〕滨城区 245
梁山县……〔鲁〕济宁市 240
梁山街道……〔鲁〕梁山县 240
梁山街道……〔渝〕梁平区 321
梁山镇……〔辽〕新民市 146
梁山镇……〔陕〕乾县 391
梁山镇……〔陕〕南郑区 394
梁山镇……〔陇〕张家川回族自治县 403
梁子乡……〔川〕宁南县 352
梁子湖区……〔鄂〕鄂州市 270
梁子镇……〔鄂〕梁子湖区 270
梁屯镇……〔辽〕盖州市 150
梁水镇……〔鲁〕东昌府区 244
梁化镇……〔粤〕惠东县 296
梁平区……〔渝〕 321
梁北镇……〔豫〕禹州市 256
梁头镇……〔津〕静海区 104
梁永镇……〔川〕巴州区 346
梁召镇……〔冀〕任丘市 119
梁庄乡……〔晋〕广灵县 124
梁庄镇……〔豫〕内黄县 253
梁庄镇……〔豫〕濮阳县 256
梁弄镇……〔浙〕余姚市 191
梁村乡……〔豫〕南乐县 255
梁村镇……〔鲁〕高唐县 245
梁村镇……〔粤〕怀集县 296
梁村镇……〔陕〕乾县 391
梁园区……〔豫〕商丘市 259
梁园镇……〔皖〕肥东县 201
梁邱镇……〔鲁〕费县 243
梁岔镇……〔苏〕涟水县 183
梁苑街道……〔豫〕龙亭区 250
梁板乡……〔川〕邻水县 343
梁河县…〔滇〕德宏傣族景颇族自治州 378
梁宝寺镇……〔鲁〕嘉祥县 240
梁垛镇……〔苏〕东台市 184
梁洼镇……〔豫〕鲁山县 252
梁祝镇……〔豫〕汝南县 263
梁格庄镇……〔冀〕易县 114
梁原乡……〔陇〕灵台县 404
梁徐镇……〔苏〕姜堰区 185
梁家屯路街道……〔冀〕路南区 108
梁家寺东乡族乡……〔陇〕和政县 409
梁家庄乡……〔晋〕岚县 131
梁家村镇……〔冀〕肃宁县 118
梁家沟街道……〔蒙〕乌达区 136
梁家坪乡……〔晋〕五寨县 129
梁家营乡……〔冀〕高碑店市 115
梁家塌乡……〔晋〕灵石县 127
梁家寨乡……〔晋〕盂县 124
梁家墩镇……〔陇〕甘州区 404
梁家镇……〔鲁〕禹城市 244
梁堂镇……〔鲁〕冠县 245
梁堤头镇……〔鲁〕曹县 246
梁集乡……〔冀〕景县 120
梁集镇……〔冀〕吴桥县 119
梁集镇……〔苏〕睢宁县 180
梁湖乡……〔陇〕瓜州县 405
梁湖街道……〔浙〕上虞区 193
梁溪区……〔苏〕无锡市 179
梁寨镇……〔苏〕丰县 180
淄川区……〔鲁〕淄博市 236
淄角镇……〔鲁〕惠民县 245
淄博市……〔鲁〕 236
惜福镇街道……〔鲁〕城阳区 236
寇店镇……〔豫〕洛龙区 251
寇家塬镇……〔陕〕吴堡县 396
寅寺镇……〔鲁〕汶上县 240
寅阳镇……〔苏〕启东市 182
寅街镇……〔滇〕弥渡县 377
寄料镇……〔豫〕汝州市 252
宿迁市……〔苏〕 186
宿羊山镇……〔苏〕邳州市 181
宿州市……〔皖〕 207
宿安乡……〔鲁〕临邑县 244
宿松县……〔皖〕安庆市 204
宿城区……〔苏〕宿迁市 186
宿城街道……〔苏〕连云区 182
宿鸭湖街道……〔豫〕汝南县 263
宿豫区……〔苏〕宿迁市 186
窑口镇……〔皖〕寿县 203
窑子头乡……〔晋〕朔城区 126
窑头乡……〔晋〕偏关县 129
窑头镇……〔赣〕万安县 228
窑圪台乡……〔晋〕保德县 129
窑地街道……〔黑〕尖山区 168
窑场乡……〔川〕南部县 339
窑沟乡……〔蒙〕清水河县 135
窑店街道……〔陕〕渭城区 391
窑店镇……〔陇〕泾川县 404
窑店镇……〔陇〕临洮县 406
窑洼乡……〔晋〕保德县 129
窑淮镇……〔鄂〕房县 268
窑街街道……〔陇〕红古区 401
窑湾街道……〔鄂〕西陵区 269
窑湾街道……〔湘〕雨湖区 278
窑湾镇……〔苏〕新沂市 181
密山市……〔黑〕鸡西市 168
密山镇……〔黑〕密山市 168
密云区……〔京〕 100
密云镇……〔京〕密云区 100
密水街道……〔鲁〕高密市 239
密地街道……〔川〕东区 330
密州街道……〔鲁〕诸城市 239
密江乡……〔吉〕珲春市 162
密祉镇……〔滇〕弥渡县 377
谋道镇……〔鄂〕利川市 274
谌家矶街道……〔鄂〕江岸区 267
谏壁街道……〔苏〕京口区 185
扈胡镇……〔皖〕霍邱县 208
逯家湾镇……〔晋〕天镇县 124
尉氏县……〔豫〕开封市 250
尉庄乡……〔晋〕乡宁县 130
尉都乡……〔冀〕易县 114
尉郭乡……〔晋〕夏县 128
尉犁县……〔新〕巴音郭楞蒙古自治州 425
尉犁镇……〔新〕尉犁县 425
屠园乡……〔苏〕宿城区 186
屠甸镇……〔浙〕桐乡市 192
弶港镇……〔苏〕东台市 184
弹子石街道……〔渝〕南岸区 318
弹子镇……〔渝〕万州区 317
弹前乡……〔赣〕万安县 229
随州市……〔鄂〕 273
随县……〔鄂〕随州市 273
随官屯镇……〔鲁〕郓城县 246
隍城镇……〔赣〕丰城市 230
隆广镇……〔琼〕陵水黎族自治县 314
隆子县……〔藏〕山南市 384
隆子镇……〔藏〕隆子县 384
隆丰镇……〔川〕彭州市 328
隆木乡……〔赣〕南康区 226
隆中街道……〔鄂〕襄城区 269
隆化县……〔冀〕承德市 117
隆化镇……〔晋〕翼城县 130
隆文镇……〔粤〕梅县区 297
隆古乡……〔豫〕潢川县 261
隆务镇……〔青〕同仁县 414
隆尧县……〔冀〕邢台市 112
隆尧镇……〔冀〕隆尧县 112
隆回县……〔湘〕邵阳市 280
隆江镇……〔粤〕惠来县 300
隆兴乡……〔川〕高坪区 338
隆兴乡……〔川〕宜宾县 341
隆兴乡……〔陇〕武都区 407
隆兴昌镇……〔蒙〕五原县 139
隆兴镇……〔渝〕合川区 319
隆兴镇……〔川〕崇州市 328
隆兴镇…〔黔〕道真仡佬族苗族自治县 358
隆兴镇……〔黔〕习水县 359
隆安县……〔桂〕南宁市 303
隆阳区……〔滇〕保山市 371
隆坊镇……〔陕〕黄陵县 394
隆里乡……〔黔〕锦屏县 364
隆坪乡……〔赣〕兴国县 227
隆林各族自治县……〔桂〕靖西市 308
隆或镇……〔桂〕隆林各族自治县 308
隆昌市……〔川〕内江市 336
隆昌镇……〔蒙〕巴林左旗 136
隆昌镇……〔辽〕辽阳县 151
隆治乡……〔青〕民和回族土族自治县 413
隆宝镇……〔青〕玉树市 415
隆宫乡……〔浙〕庆元县 197
隆都镇……〔粤〕澄海区 293
隆格尔乡……〔藏〕仲巴县 382
隆家堡乡……〔湘〕麻阳苗族自治县 287
隆桑镇……〔桂〕德保县 308
隆教畲族乡……〔闽〕龙海市 217
隆盛合镇……〔蒙〕磴口县 139
隆盛庄镇……〔蒙〕丰镇市 140
隆盛镇……〔桂〕北流市 307
隆盛镇……〔渝〕綦江区 318
隆盛镇……〔川〕金堂县 328
隆盛镇……〔川〕大英县 335
隆街镇……〔粤〕连平县 298
隆福乡……〔桂〕都安瑶族自治县 309

（十一画）隆隐颇绩续绮骑绰绳维绵绿巢（十二画）琵琴琶琥琼斑琯琚款堪塔搭堰越超堤提博

隆德县……〔宁〕固原市 420
隐贤镇……〔皖〕寿县 203
隐珠街道……〔鲁〕黄岛区 236
隐峰镇……〔川〕什邡市 331
颇章乡……〔藏〕乃东区 384
绩溪县……〔皖〕宣城市 210
续迈乡……〔藏〕尼木县 381
绮陌街道……〔黔〕织金县 361
骑马山街道……〔新〕沙依巴克区 423
骑马乡……〔川〕青川县 334
骑马坝乡……〔滇〕绿春县 376
骑龙乡……〔川〕蓬安县 339
骑龙乡……〔川〕开江县 344
骑龙镇……〔渝〕南川区 320
骑龙镇……〔川〕富顺县 329
骑岭乡……〔豫〕汝州市 252
骑骡沟镇……〔川〕宁南县 352
绰河源镇……〔蒙〕牙克石市 139
绰霍尔乡……〔新〕察布查尔锡伯自治县 428
绳金塔街道……〔赣〕西湖区 223
维山乡……〔湘〕新化县 288
维古乡……〔川〕黑水县 349
维它乡……〔川〕道孚县 350
维西傈僳族自治县……〔滇〕迪庆藏族自治州 378
维吾尔玉其温乡……〔新〕伊宁县 428
维明街道……〔冀〕桥西区 107
维的乡……〔滇〕永仁县 375
维桥乡……〔苏〕盱眙县 184
维登乡……〔滇〕维西傈僳族自治县 378
维新乡……〔浙〕磐安县 194
维新镇……〔湘〕石门县 283
维新镇……〔渝〕铜梁区 320
维新镇……〔川〕筠连县 342
维新镇……〔黔〕纳雍县 361
维新镇……〔陇〕岷县 407
维摩彝族乡……〔滇〕砚山县 376
绵山镇……〔晋〕介休市 127
绵竹市……〔川〕德阳市 331
绵阳市……〔川〕 332
绵远镇……〔川〕绵竹市 332
绵虒镇……〔川〕汶川县 348
绿水镇……〔鄂〕来凤县 274
绿水镇……〔川〕营山县 339
绿水镇……〔川〕会理县 352
绿化白族彝族乡……〔黔〕黔西县 361
绿东村街道……〔豫〕中原区 249
绿汁镇……〔滇〕易门县 371
绿华镇……〔沪〕崇明区 176
绿杨乡……〔鄂〕浠水县 272
绿园区……〔吉〕长春市 157
绿林镇……〔鄂〕京山县 270
绿春县……〔滇〕红河哈尼族彝族自治州 376
绿茵湖街道……〔黔〕都匀市 365
绿洲街道……〔豫〕民权县 259
绿洲路街道……〔新〕昌吉市 424
绿葱坡镇……〔鄂〕巴东县 274
绿塘乡……〔黔〕大方县 360
巢湖市……〔皖〕合肥市 201

十二画

琵琶街道……〔苏〕鼓楼区 180
琵琶镇……〔川〕富顺县 329
琵琶镇……〔陇〕武都区 407
琴川街道……〔苏〕常熟市 181
琴台街道……〔豫〕鲁山县 252
琴江镇……〔赣〕石城县 227
琴城镇……〔赣〕南丰县 231
琴亭镇……〔赣〕莲花县 224
琴断口街道……〔鄂〕汉阳区 267
琴溪镇……〔皖〕泾县 210
琶洲街道……〔粤〕海珠区 291
琥珀街道……〔皖〕蜀山区 201
琥珀镇……〔陇〕麦积区 402
琼山区……〔琼〕海口市 313
琼中黎族苗族自治县……〔琼〕儋州市 314
琼库尔恰克乡……〔新〕巴楚县 427
琼库勒乡……〔新〕且末县 425
琼孜乡……〔藏〕定结县 382
琼果乡……〔藏〕仲巴县 382
琼科瑞克街道……〔新〕伊宁市 428
琼结县……〔藏〕山南市 384
琼结镇……〔藏〕琼结县 384
琼海市……〔琼〕儋州市 313
琼博拉乡……〔新〕察布查尔锡伯自治县 428
琼湖街道……〔湘〕沅江市 284
斑竹乡……〔川〕高坪区 338
斑竹园镇……〔皖〕金寨县 209
斑竹园镇……〔川〕新都区 327
斑竹垱镇……〔鄂〕公安县 271
斑鸠店镇……〔鲁〕东平县 241
琯头镇……〔闽〕连江县 213
琚湾镇……〔鄂〕枣阳市 270
款场乡……〔黔〕三穗县 364
款庄镇……〔滇〕富民县 369
堪圩乡……〔桂〕大新县 310
堪嘉镇……〔川〕雁江区 347
塔丁乡……〔藏〕谢通门县 382
塔儿村乡……〔冀〕宣化区 115
塔下乡……〔赣〕上高县 229
塔上镇……〔冀〕灵寿县 107
塔山乡……〔辽〕连山区 154
塔山屯镇……〔辽〕绥中县 154
塔山街道……〔浙〕越城区 193
塔山街道……〔赣〕乐平市 224
塔山街道……〔黔〕六枝特区 357
塔山瑶族乡……〔湘〕常宁市 280
塔山镇……〔苏〕贾汪区 180
塔山镇……〔苏〕赣榆区 183
塔山镇……〔川〕三台县 332
塔子乡……〔川〕色达县 351
塔子城镇……〔黑〕泰来县 167
塔子湖街道……〔鄂〕江岸区 267
塔木托格拉克乡……〔新〕新和县 425
塔木托格拉克乡……〔新〕阿瓦提县 426
塔木素布拉格苏木……〔蒙〕阿拉善右旗 141
塔瓦库勒乡……〔新〕和田县 427
塔中镇……〔新〕且末县 425
塔水镇……〔川〕安州区 332
塔什艾日克乡……〔新〕新和县 425
塔什米里克乡……〔新〕疏附县 426
塔什库尔干乡……〔新〕塔什库尔干塔吉克自治县 427
塔什库尔干塔吉克自治县……〔新〕喀什地区 427
塔什库尔干镇……〔新〕塔什库尔干塔吉克自治县 427
塔什库勒克乡……〔新〕伊宁市 428
塔什店镇……〔新〕库尔勒市 425
塔公镇……〔川〕康定市 349
塔石乡……〔浙〕婺城区 194
塔石瑶族水族乡……〔黔〕榕江县 364
塔石镇……〔浙〕龙游县 195
塔布勒合特蒙古族乡……〔新〕乌苏市 429
塔布赛乡……〔蒙〕土默特左旗 135
塔尔气镇……〔蒙〕牙克石市 139
塔尔玛乡……〔藏〕申扎县 385
塔尔拉克乡……〔新〕轮台县 425
塔尔根镇……〔黑〕海伦市 172
塔尔塔吉克族乡……〔新〕阿克陶县 426
塔尔湖镇……〔蒙〕五原县 139
塔尔镇……〔青〕大通回族土族自治县 413
塔头镇……〔粤〕揭西县 300
塔尕尔其乡……〔新〕疏勒县 426
塔尕尔其乡……〔新〕莎车县 427
塔加藏族乡……〔青〕化隆回族自治县 414
塔吉克阿巴提镇……〔新〕塔什库尔干塔吉克自治县 427
塔西河哈萨克族乡……〔新〕玛纳斯县 424
塔合曼乡……〔新〕塔什库尔干塔吉克自治县 427
塔庄镇……〔闽〕闽清县 213
塔坊镇……〔皖〕祁门县 205
塔克什肯镇……〔新〕青河县 429
塔里木乡……〔新〕库车县 425
塔里木乡……〔新〕沙雅县 425
塔里木乡……〔新〕尉犁县 425
塔秀乡……〔青〕贵南县 414
塔秀乡……〔新〕温泉县 425
塔甸镇……〔滇〕峨山彝族自治县 371
塔孜洪乡……〔新〕疏勒县 426
塔杰乡……〔藏〕达孜区 381
塔卧镇……〔湘〕永顺县 288
塔岭镇……〔辽〕庄河市 147
塔河县……〔黑〕大兴安岭地区 172
塔河镇……〔黑〕塔河县 172
塔河镇……〔川〕宣汉县 344
塔城乡……〔赣〕南昌县 223
塔城乡……〔滇〕玉龙纳西族自治县 373
塔城市……〔新〕塔城地区 428
塔城地区……〔新〕 428
塔城镇……〔滇〕维西傈僳族自治县 378
塔荣镇……〔藏〕尼木县 381
塔畈乡……〔皖〕潜山县 204
塔哈其镇……〔新〕和硕县 425
塔哈镇……〔黑〕富裕县 167
塔前镇……〔闽〕延平区 217
塔前镇……〔赣〕乐平市 224
塔洋镇……〔琼〕琼海市 313
塔桥镇……〔豫〕上蔡县 263
塔峪镇……〔辽〕田屯街道 148
塔峰镇……〔湘〕蓝山县 286
塔勒德镇……〔新〕新源县 428
塔营子镇……〔辽〕阜新蒙古族自治县 151
塔崖驿乡……〔冀〕涞源县 114
塔提让镇……〔新〕且末县 425
塔斯托别乡……〔新〕巩留县 428
塔铺街道……〔豫〕延津县 254
塔集镇……〔苏〕金湖县 184
塔温觉肯乡……〔新〕博湖县 425
塔温敖宝镇……〔蒙〕莫力达瓦达斡尔族自治旗 138
塔湾街道……〔辽〕皇姑区 145
塔湾街道……〔豫〕瀍河回族区 251
塔湾镇……〔陕〕横山区 395
塔源镇……〔黑〕海伦市 172
塔溪乡……〔黑〕嫩江县 171
搭连街道……〔辽〕东洲区 148
堰口镇……〔皖〕寿县 203
堰口镇……〔陕〕西乡县 394
堰门镇……〔陕〕岚皋县 396
堰坪镇……〔渝〕云阳县 322
堰桥街道……〔苏〕惠山区 179
堰塘土家族乡……〔黔〕德江县 362
堰塘乡……〔川〕万源市 345
越北镇……〔吉〕船营区 158
越西县……〔川〕凉山彝族自治州 354
越州镇……〔滇〕麒麟区 370
越秀区……〔粤〕广州市 291
越秀路街道……〔津〕河西区 103
越河街道……〔鲁〕任城区 240
越河镇……〔冀〕开平区 109
越城区……〔浙〕绍兴市 193
越城镇……〔川〕越西县 354
越溪乡……〔浙〕宁海县 191
越溪街道……〔苏〕吴中区 181
越溪镇……〔川〕威远县 336
超化镇……〔豫〕新密市 249
超格图呼热苏木……〔蒙〕阿拉善左旗 141
超等蒙古族乡……〔黑〕肇源县 169
堤口路街道……〔鲁〕天桥区 235
堤村乡……〔冀〕巨鹿县 113
堤村乡……〔晋〕洪洞县 130
提克阿热克镇……〔新〕巩留县 428
提孜那甫乡……〔新〕塔什库尔干塔吉克自治县 427
提蒙乡……〔琼〕陵水黎族自治县 314
提篮桥街道……〔沪〕虹口区 175
博大乡……〔川〕盐源县 352
博山区……〔鲁〕淄博市 237
博山镇……〔鲁〕博山区 237
博古其镇……〔新〕铁门关市 429
博平镇……〔鲁〕茌平县 244
博白县……〔桂〕玉林市 307
博白镇……〔桂〕博白县 307
博乐市……〔新〕博尔塔拉蒙古自治州 424
博尔羌吉镇……〔新〕巴里坤哈萨克自治县 424

（十二画）博颉揭喜彭揣插搜堠揉斯期联葫散鄚募葛萩董

博尔通古乡……〔新〕沙湾县 429
博尔塔拉蒙古自治州……〔新〕 424
博兴县……〔鲁〕滨州市 245
博兴街道……〔京〕大兴区 100
博克图镇……〔蒙〕牙克石市 139
博里镇……〔苏〕淮安区 183
博孜墩柯尔克孜族乡……〔新〕温宿县 425
博拉镇……〔陇〕夏河县 409
博尚镇……〔滇〕临翔区 374
博昌街道……〔鲁〕博兴县 245
博罗县……〔粤〕惠州市 296
博南镇……〔滇〕永平县 377
博树回族乡……〔川〕阆中市 340
博厚镇……〔琼〕临高县 314
博科乡……〔川〕木里藏族自治县 352
博美乡……〔川〕新龙县 350
博美镇……〔粤〕陆丰市 297
博洛乡……〔川〕昭觉县 353
博洛拉达乡……〔川〕喜德县 353
博洛铺镇……〔辽〕大石桥市 150
博济桥街道……〔鲁〕阳谷县 244
博贺镇……〔粤〕电白区 295
博格达尔镇……〔新〕温泉县 424
博峪镇……〔陇〕舟曲县 409
博峰街道……〔新〕阜康市 424
博爱县……〔豫〕焦作市 255
博爱街道……〔琼〕美兰区 313
博野县……〔冀〕保定市 115
博野镇……〔冀〕博野县 115
博望区……〔皖〕马鞍山市 203
博望街道……〔陕〕城固县 394
博望镇……〔皖〕博望区 203
博望镇……〔豫〕方城县 257
博斯坦乡……〔新〕托克逊县 424
博斯坦乡……〔新〕策勒县 428
博斯塘乡……〔新〕木垒哈萨克自治县 424
博斯腾湖乡……〔新〕博湖县 425
博铺街道……〔粤〕吴川市 295
博湖县……〔新〕巴音郭楞蒙古自治州 425
博湖镇……〔新〕博湖县 425
博窝乡……〔川〕木里藏族自治县 352
博鳌镇……〔琼〕琼海市 313
颉庄乡……〔冀〕竞秀区 113
揭东区……〔粤〕揭阳市 300
揭乐乡……〔闽〕连城县 219
揭西县……〔粤〕揭阳市 300
揭阳市……〔粤〕 300
喜古乡……〔滇〕文山市 376
喜头镇……〔黔〕仁怀市 359
喜河镇……〔陕〕石泉县 396
喜泉镇……〔陇〕景泰县 402
喜洲镇……〔滇〕大理市 377
喜神乡……〔川〕平昌县 347
喜捷镇……〔川〕宜宾县 341
喜德县……〔川〕凉山彝族自治州 353
彭山区……〔川〕眉山市 340
彭水苗族土家族自治县……〔渝〕 323
彭公镇……〔陕〕长武县 392
彭市镇……〔鄂〕天门市 274
彭场镇……〔鄂〕仙桃市 274
彭后街道……〔冀〕桥西区 107
彭州市……〔川〕成都市 328
彭阳县……〔宁〕固原市 420
彭坊乡……〔赣〕安福县 229
彭杜村乡……〔冀〕桃城区 120
彭村乡……〔冀〕固安县 119
彭李街道……〔鲁〕滨城区 245
彭店子乡……〔冀〕迁安市 110
彭店乡……〔豫〕息县 261
彭店乡……〔鄂〕大悟县 271
彭店乡……〔川〕苍溪县 335
彭店镇……〔豫〕郾陵县 256
彭庙镇……〔川〕富顺县 329
彭泽县……〔赣〕九江市 225
彭城街道……〔苏〕云龙区 180
彭城镇……〔冀〕峰峰矿区 111
彭城镇……〔川〕阆中市 340
彭思镇……〔鄂〕蕲春县 272
彭桥乡……〔豫〕正阳县 263
彭桥镇……〔豫〕邓州市 258
彭原镇……〔陇〕西峰区 405
彭高镇……〔赣〕上栗县 224
彭浦新村街道……〔沪〕静安区 175
彭浦镇……〔沪〕静安区 175
彭家乡……〔川〕广安区 342
彭家庄回族乡……〔冀〕新乐市 108
彭家坪镇……〔陇〕七里河区 401
彭家桥街道……〔赣〕东湖区 223
彭家湾乡……〔豫〕平桥区 260
彭家寨乡……〔冀〕复兴区 111
彭家寨镇……〔青〕城西区 413
彭措林乡……〔藏〕拉孜县 382
彭埠街道……〔浙〕江干区 189
彭营镇……〔豫〕镇平县 258
彭婆镇……〔豫〕伊川县 251
彭塔乡……〔皖〕霍邱县 209
彭堡镇……〔宁〕原州区 420
彭集街道……〔鲁〕东平县 241
彭湾乡……〔赣〕贵溪市 226
彭楼镇……〔鲁〕鄄城县 246
彭新镇……〔豫〕罗山县 260
彭溪街道……〔川〕彭山区 340
彭溪镇……〔浙〕泰顺县 192
彭寨镇……〔粤〕和平县 298
彭镇……〔川〕双流区 327
彭镇……〔陕〕宜君县 390
揣骨疃镇……〔冀〕阳原县 116
插花镇……〔皖〕颍东区 206
插岗乡……〔陇〕舟曲县 409
插甸镇……〔滇〕武定县 375
插旗镇……〔湘〕华容县 281
搜登站镇……〔吉〕船营区 158
堠北庄镇……〔晋〕郊区 125
揉谷镇……〔陕〕杨陵区 391
斯大林街道……〔黑〕安图县 165
斯也克乡……〔新〕于田县 428
斯木镇……〔川〕炉霍县 350
斯古溪乡……〔川〕雷波县 354
斯闸乡……〔川〕稻城县 351
斯俄乡……〔川〕甘孜县 350
斯觉镇……〔川〕甘洛县 354
斯家场镇……〔鄂〕松滋市 272
期纳镇……〔滇〕永胜县 373
期思镇……〔豫〕淮滨县 261
期路白苗族乡……〔滇〕蒙自市 375
联乡……〔藏〕桑珠孜区 381
联发镇……〔黑〕海伦市 172
联圩镇……〔赣〕新建区 223
联合乡……〔吉〕大安市 162
联合乡……〔鄂〕沙市区 271
联合乡……〔渝〕彭水苗族土家族自治县 323
联合乡……〔川〕冕宁县 354
联合乡……〔滇〕寻甸回族彝族自治县 369
联合苗族乡……〔川〕筠连县 342
联合街道……〔湘〕蒸湘区 279
联合镇……〔辽〕龙城区 153
联合镇……〔闽〕尤溪县 215
联合镇……〔川〕中江县 331
联江乡……〔川〕名山区 345
联兴乡……〔黑〕嫩江县 171
联兴满族镇……〔黑〕双城区 166
联安镇……〔粤〕海丰县 297
联芳街道……〔渝〕沙坪坝区 317
联财镇……〔宁〕隆德县 420
联补乡……〔川〕布拖县 353
联纺东街道……〔冀〕丛台区 110
联纺西街道……〔冀〕丛台区 110
联和街道……〔粤〕黄埔区 291
联城街道……〔浙〕莲都区 196
联城镇……〔鲁〕蒙阴县 243
联星街道……〔湘〕攸县 278
联饶镇……〔粤〕饶平县 300
联络镇……〔川〕沿滩区 329
联珠镇……〔滇〕墨江哈尼族自治县 373
联棚乡……〔鄂〕点军区 269
联盟街道……〔冀〕新华区 107
联盟街道……〔吉〕扶余市 161
联盟街道……〔黑〕平房区 165
联盟街道……〔滇〕盘龙区 369
联盟路街道……〔冀〕莲池区 113
葫市镇……〔黔〕赤水市 359
葫芦口镇……〔川〕宁南县 352
葫芦乡……〔冀〕广宗县 113
葫芦乡……〔川〕达川区 344
葫芦岛市……〔辽〕 154
葫芦岛街道……〔辽〕龙港区 154
葫芦镇……〔湘〕保靖县 288
葫芦镇……〔川〕沙湾区 337
散水头镇……〔冀〕玉田县 109
散旦镇……〔滇〕富民县 369
散花镇……〔鄂〕浠水县 272
散兵镇……〔皖〕巢湖市 201
散都苏木……〔蒙〕科尔沁左翼后旗 137
鄚州镇……〔冀〕任丘市 119
募役镇……〔黔〕镇宁布依族苗族自治县 360
葛公镇……〔皖〕东至县 210
葛石镇……〔鲁〕宁阳县 241
葛布街道……〔辽〕顺城区 148
葛卡乡……〔川〕道孚县 350
葛田乡……〔赣〕井冈山市 229
葛仙山乡……〔赣〕铅山县 232
葛仙山镇……〔川〕彭州市 328
葛仙庄镇……〔冀〕清河县 113
葛兰镇……〔渝〕长寿区 319
葛竹坪镇……〔湘〕溆浦县 287
葛坑镇……〔闽〕德化县 216
葛岗镇……〔豫〕杞县 250
葛条港乡……〔冀〕昌黎县 110
葛坡镇……〔桂〕富川瑶族自治县 309
葛坳乡……〔赣〕于都县 227
葛岭镇……〔闽〕永泰县 213
葛店乡……〔豫〕淮阳县 262
葛店镇……〔鄂〕华容区 270
葛沽镇……〔津〕津南区 103
葛城街道……〔渝〕城口县 321
葛洲坝街道……〔鄂〕西陵区 269
葛根庙镇……〔蒙〕乌兰浩特市 140
葛家岔镇……〔陇〕安定区 406
葛家满族乡……〔辽〕绥中县 154
葛家镇……〔鲁〕文登区 241
葛家镇……〔湘〕浏阳市 277
葛埠口乡……〔豫〕原阳县 254
葛渔城镇……〔冀〕安次区 119
葛牌镇……〔陕〕蓝田县 390
葛集镇……〔皖〕砀山县 208
葛塘街道……〔苏〕六合区 179
葛源镇……〔赣〕横峰县 232
葛溪乡……〔赣〕弋阳县 232
葛寨镇……〔豫〕伊川县 251
萩芦镇……〔闽〕涵江区 214
董干镇……〔滇〕麻栗坡县 376
董口镇……〔鲁〕鄄城县 246
董马乡……〔滇〕西畴县 376
董王庄乡……〔豫〕宜阳县 251
董公寺街道……〔黔〕汇川区 358
董市镇……〔鄂〕枝江市 269
董地苗族彝族乡……〔黔〕纳雍县 361
董地街道……〔黔〕水城县 357
董场镇……〔川〕大邑县 328
董团乡……〔赣〕上饶县 231
董志镇……〔陇〕西峰区 405
董杜庄镇……〔鲁〕莘县 244
董村镇……〔晋〕忻府区 128
董村镇……〔豫〕长葛市 256
董岭乡……〔陇〕东乡族自治县 409
董周乡……〔豫〕鲁山县 252
董店乡……〔豫〕睢县 259
董官屯镇……〔鲁〕巨野县 246
董封乡……〔晋〕阳城县 126
董浜镇……〔苏〕常熟市 182
董家沟街道……〔辽〕金州区 146
董家河镇……〔豫〕浉河区 260
董家河镇……〔陕〕耀州区 390
董家埂乡……〔川〕简阳市 329
董家营镇……〔陕〕城固县 394
董家窑街道……〔赣〕东湖区 223
董家塅街道……〔湘〕芦淞区 278
董家街道……〔鲁〕历城区 235
董家镇……〔赣〕丰城市 230
董家镇……〔渝〕丰都县 321

（十二画）董葡敬蒋落萱韩朝葭葵楮棋椰森椅椒棉椑棕榔棣惠

董堡乡……〔滇〕广南县 377
董集镇……〔鲁〕垦利区 238
董塘镇……〔粤〕仁化县 292
董溪乡……〔川〕通江县 347
葡萄沟街道……〔新〕高昌区 423
葡萄架乡……〔豫〕兰考县 250
葡萄镇……〔桂〕阳朔县 304
葡萄镇……〔新〕高昌区 423
敬元乡……〔川〕江油市 333
敬业街道……〔辽〕古塔区 149
敬仲镇……〔鲁〕临淄区 237
敬安镇……〔苏〕沛县 180
敬南镇……〔黔〕兴义市 363
敬信镇……〔吉〕珲春市 162
敬亭山街道……〔皖〕宣州区 210
敬梓镇……〔粤〕紫金县 298
敬德镇……〔桂〕德保县 308
蒋口镇……〔豫〕永城市 260
蒋王街道……〔苏〕邗江区 184
蒋场镇……〔鄂〕天门市 274
蒋乔街道……〔苏〕润州区 185
蒋庄乡……〔豫〕原阳县 254
蒋坝镇……〔苏〕洪泽区 183
蒋坊乡……〔冀〕阜城县 120
蒋坊乡……〔晋〕五台县 128
蒋坊乡……〔湘〕城步苗族自治县 281
蒋村乡……〔晋〕定襄县 128
蒋村街道……〔浙〕西湖区 189
蒋村镇……〔陕〕鄠邑区 389
蒋李集镇……〔豫〕建安区 256
蒋辛屯镇……〔冀〕香河县 119
蒋官屯街道……〔鲁〕东昌府区 244
蒋垛镇……〔苏〕姜堰区 185
蒋巷镇……〔赣〕南昌县 223
蒋峪镇……〔鲁〕临朐县 239
蒋家桥镇……〔湘〕祁东县 280
蒋家堰镇……〔鄂〕竹溪县 268
蒋家嘴镇……〔湘〕汉寿县 282
蒋堂镇……〔浙〕婺城区 194
蒋集镇……〔皖〕定远县 206
蒋集镇……〔鲁〕宁阳县 241
蒋集镇……〔豫〕固始县 260
落卜镇……〔川〕叙永县 331
落儿岭镇……〔皖〕霍山县 209
落水河乡……〔晋〕灵丘县 124
落水镇……〔滇〕宣威市 370
落别布依族彝族乡……〔黔〕六枝特区 357
落垡镇……〔冀〕安次区 119
落润乡……〔川〕高县 342
落雁乡……〔滇〕盐津县 372
落潮井镇……〔湘〕凤凰县 288
萱洲镇……〔湘〕衡山县 279
韩山镇……〔苏〕沭阳县 186
韩屯镇……〔鲁〕茌平县 244
韩公渡镇……〔湘〕鼎城区 282
韩北乡……〔晋〕武乡县 125
韩北街道……〔冀〕竞秀区 113
韩寺镇……〔豫〕中牟县 249
韩场镇……〔川〕大邑县 328
韩庄乡……〔冀〕莲池区 113
韩庄镇……〔冀〕武邑县 120
韩庄镇……〔鲁〕微山县 240
韩庄镇……〔豫〕汤阴县 253
韩庄镇……〔豫〕汝南县 263
韩阳镇……〔晋〕永济市 128
韩坊镇……〔赣〕赣县区 226
韩村乡……〔冀〕竞秀区 113
韩村河镇……〔京〕房山区 99
韩村镇……〔冀〕赵县 108
韩村镇……〔冀〕永清县 119
韩村镇……〔冀〕献县 119
韩村镇……〔皖〕濉溪县 203
韩村镇……〔豫〕清丰县 255
韩岗镇……〔鲁〕梁山县 240
韩佐乡……〔陇〕凉州区 403
韩岔镇……〔陕〕横山区 395
韩甸镇……〔黑〕双城区 166
韩张镇……〔豫〕南乐县 255
韩店镇……〔晋〕长治县 125
韩店镇……〔鲁〕邹平县 245
韩店镇……〔陇〕庄浪县 404
韩庙镇……〔鲁〕商河县 235
韩城市……〔陕〕渭南市 393
韩城街道……〔豫〕禹州市 256
韩城镇……〔冀〕丰润区 109
韩城镇……〔豫〕宜阳县 251
韩垓镇……〔鲁〕梁山县 240
韩洪乡……〔晋〕沁源县 125
韩院乡……〔陇〕宕昌县 407
韩桥乡……〔苏〕淮阴区 183
韩家川乡……〔晋〕保德县 129
韩家园镇……〔黑〕呼玛县 172
韩家店乡……〔冀〕隆化县 117
韩家店镇……〔辽〕海州区 151
韩家集镇……〔陇〕会宁县 402
韩家楼乡……〔晋〕五寨县 129
韩家墩街道……〔鄂〕硚口区 267
韩家镇……〔陕〕彬县 391
韩陵镇……〔豫〕安阳县 253
韩麻营镇……〔冀〕隆化县 117
韩董庄镇……〔豫〕原阳县 254
韩森寨街道……〔陕〕新城区 389
韩集乡……〔鲁〕东昌府区 244
韩集乡……〔鄂〕汉川市 271
韩集镇……〔冀〕盐山县 118
韩集镇……〔鲁〕曹县 246
韩集镇……〔豫〕新蔡县 263
韩集镇……〔陇〕临夏县 408
韩道口镇……〔豫〕夏邑县 259
韩摆渡镇……〔皖〕裕安区 208
韩寨镇……〔豫〕上蔡县 263
朝天门街道……〔渝〕渝中区 317
朝天区……〔川〕广元市 334
朝天宫街道……〔苏〕秦淮区 179
朝天镇……〔川〕朝天区 334
朝东镇……〔桂〕富川瑶族自治县 309
朝外街道……〔京〕朝阳区 99
朝农街道……〔赣〕西湖区 223
朝那镇……〔陇〕灵台县 404
朝阳山镇……〔吉〕磐石市 159
朝阳川镇……〔吉〕延吉市 162
朝阳门街道……〔京〕东城区 99
朝阳乡……〔吉〕德惠市 158
朝阳乡……〔黑〕宝清县 169
朝阳乡……〔黑〕肇州县 169
朝阳乡……〔黑〕五大连池市 171
朝阳乡……〔桂〕七星区 304
朝阳乡……〔川〕昭化区 334
朝阳乡……〔川〕岳池县 343
朝阳乡……〔川〕大竹县 344
朝阳区……〔京〕 99
朝阳区……〔吉〕长春市 157
朝阳市……〔辽〕 153
朝阳寺镇……〔鄂〕咸丰县 274
朝阳地镇……
……〔冀〕围场满族蒙古族自治县 118
朝阳县……〔辽〕朝阳市 153
朝阳沟镇……〔黑〕肇州县 169
朝阳坡镇……〔吉〕公主岭市 159
朝阳洲街道……〔赣〕西湖区 223
朝阳街街道……〔湘〕芙蓉区 277
朝阳街道……〔苏〕连云区 182
朝阳街道……〔浙〕吴兴区 192
朝阳街道……〔皖〕田家庵区 202
朝阳街道……〔皖〕禹会区 202
朝阳街道……〔鲁〕高密市 239
朝阳街道……〔鲁〕河东区 242
朝阳街道……〔湘〕赫山区 283
朝阳街道……〔湘〕零陵区 285
朝阳街道……〔桂〕兴宁区 303
朝阳街道……〔渝〕北碚区 318
朝阳街道……〔川〕涪城区 332
朝阳街道……〔川〕通川区 343
朝阳街道……〔青〕城北区 413
朝阳街道……〔宁〕大武口区 419
朝阳湖镇……〔川〕蒲江县 328
朝阳湾镇……
……〔冀〕围场满族蒙古族自治县 118
朝阳路街道……〔豫〕义马市 257
朝阳路街道……〔鄂〕沙市区 271
朝阳镇……〔晋〕寿阳县 127
朝阳镇……〔蒙〕化德县 140
朝阳镇……〔辽〕岫岩满族自治县 148
朝阳镇……〔辽〕昌图县 152
朝阳镇……〔吉〕舒兰市 158
朝阳镇……〔吉〕辉南县 160
朝阳镇……〔黑〕香坊区 165
朝阳镇……〔黑〕嘉荫县 169
朝阳镇……〔皖〕灵璧县 208
朝阳镇……〔闽〕龙文区 216
朝阳镇……〔赣〕信州区 231
朝阳镇……〔豫〕孟津县 251
朝阳镇……〔渝〕巫溪县 322
朝阳镇……〔川〕市中区 336
朝阳镇……〔川〕安岳县 347
朝阳镇……〔黔〕荔波县 365
朝克乌拉苏木……〔蒙〕锡林浩特市 141
朝里瑶族乡……〔桂〕凌云县 308
朝邑镇……〔陕〕大荔县 392
朝城镇……〔鲁〕莘县 244
朝真乡……〔川〕游仙区 332
朝晖街道……〔浙〕下城区 189
朝鲁吐镇……〔蒙〕科尔沁左翼后旗 137
朝歌街道……〔豫〕淇县 253
朝霞街道……〔津〕宝坻区 104
葭沚街道……〔浙〕椒江区 196
葵山镇……〔滇〕师宗县 370
葵阳镇……〔桂〕兴业县 307
葵英街道……〔辽〕中山区 146
葵涌街道……〔粤〕龙岗区 293
葵潭镇……〔粤〕惠来县 300
楮坪乡……〔闽〕柘荣县 219
棋山镇……〔鲁〕莒县 242
棋坪镇……〔赣〕铜鼓县 230
棋梓镇……〔湘〕湘乡市 279
棋盘山镇……
……〔冀〕围场满族蒙古族自治县 118
棋盘乡……〔鄂〕监利县 272
棋盘乡……〔新〕叶城县 427
棋盘井镇……〔蒙〕鄂托克旗 138
棋盘镇……〔苏〕新沂市 181
棋盘镇……〔陕〕宜君县 390
椰林镇……〔琼〕陵水黎族自治县 314
森工街道……〔吉〕临江市 161
森工街道……〔蒙〕根河市 139
森多镇……〔青〕贵南县 414
森村乡……〔皖〕歙县 205
森荣乡……〔川〕冕宁县 354
椅圈镇……〔辽〕东港市 149
椒江区……〔浙〕台州市 196
椒园镇……〔鄂〕宣恩县 274
椒园镇……〔川〕古蔺县 331
椒金山街道……〔辽〕甘井子区 146
棉北街道……〔粤〕潮阳区 293
棉竹镇……〔川〕市中区 336
棉花庄镇……〔苏〕淮阴区 183
棉花坪瑶族乡……〔湘〕宁远县 286
棉花坡镇……〔川〕纳溪区 330
棉沙湾乡……〔川〕冕宁县 354
棉纺路街道……〔豫〕中原区 249
棉城街道……〔川〕石棉县 346
棉洋镇……〔粤〕五华县 297
棉桠乡……〔川〕盐源县 352
棉船镇……〔赣〕彭泽县 225
棉湖镇……〔粤〕揭西县 300
椑木镇……〔川〕东兴区 336
椑南镇……〔川〕东兴区 336
棕坪乡……〔黔〕道真仡佬族苗族自治县 359
棕树营街道……〔滇〕西山区 369
棕溪镇……〔陕〕旬阳县 397
榔坪镇……〔鄂〕长阳土家族自治县 269
榔桥镇……〔皖〕泾县 210
棣丰街道……〔鲁〕无棣县 245
棣花镇……〔陕〕丹凤县 397
棣棠乡……〔渝〕彭水苗族土家族自治县 323
惠七满族镇……〔黑〕望奎县 171
惠山区……〔苏〕无锡市 179
惠山街道……〔苏〕梁溪区 179
惠水县……〔黔〕黔南布依族苗族自治州 365
惠东县……〔粤〕惠州市 296

（十二画）惠覃粟棘厦硝确硫雁雄锏雅紫辉棠掌晴鼎晶喇喊景

惠民乡……〔川〕盐边县 330
惠民县……〔鲁〕滨州市 245
惠民街道……〔浙〕嘉善县 192
惠民街道……〔粤〕武江区 292
惠民街道……〔渝〕巴南区 318
惠民道街道……〔冀〕路南区 108
惠民镇……〔滇〕澜沧拉祜族自治县 374
惠发街道……〔吉〕德惠市 158
惠州市……〔粤〕 296
惠安县……〔闽〕泉州市 215
惠安堡镇……〔宁〕盐池县 419
惠安街道……〔豫〕兰考县 250
惠安镇……〔川〕冕宁县 353
惠农区……〔宁〕石嘴山市 419
惠阳区……〔粤〕惠州市 296
惠阳街道……〔冀〕满城区 113
惠远镇……〔新〕霍城县 428
惠来县……〔粤〕揭阳市 300
惠环街道……〔粤〕惠城区 296
惠实街道……〔辽〕兴隆台区 152
惠城区……〔粤〕惠州市 296
惠城镇……〔粤〕惠来县 300
惠南镇……〔沪〕浦东新区 176
惠济乡……〔豫〕柘城县 259
惠济区……〔豫〕郑州市 249
惠萍镇……〔苏〕启东市 182
覃斗镇……〔粤〕雷州市 295
覃巴镇……〔粤〕吴川市 295
覃怀街道……〔豫〕沁阳市 255
覃家岗街道……〔渝〕沙坪坝区 317
覃塘区……〔桂〕贵港市 306
覃塘街道……〔桂〕覃塘区 306
粟城乡……〔晋〕左权县 127
棘针寨镇……〔冀〕魏县 112
棘洪滩街道……〔鲁〕城阳区 236
厦门市……〔闽〕 214
厦坪镇……〔赣〕井冈山市 229
厦铺镇……〔鄂〕通山县 273
厦港街道……〔闽〕思明区 214
硝河乡……〔宁〕西吉县 420
确山县……〔豫〕驻马店市 263
确布乡……〔藏〕定结县 382
硫市镇……〔湘〕衡南县 279
硫磺沟镇……〔新〕昌吉市 424
雁山区……〔桂〕桂林市 304
雁山镇……〔桂〕雁山区 304
雁门口镇……〔鄂〕京山县 270
雁门乡……〔川〕汶川县 348
雁门关乡……〔晋〕代县 129
雁门镇……〔川〕江油市 333
雁石坪镇……〔藏〕安多县 385
雁石镇……〔闽〕新罗区 218
雁北街道……〔陇〕城关区 401
雁江区……〔川〕资阳市 347
雁江镇……〔桂〕隆安县 303
雁江镇……〔川〕雁江区 347
雁池乡……〔湘〕石门县 283
雁园街道……〔陇〕城关区 401
雁鸣湖镇……〔吉〕敦化市 162
雁鸣湖镇……〔豫〕中牟县 249
雁荡镇……〔浙〕乐清市 192
雁南街道……〔陇〕城关区 401
雁洋镇……〔粤〕梅县区 297
雁栖（地区）镇……〔京〕怀柔区 100
雁翅镇……〔京〕门头沟区 99
雁峰区……〔湘〕衡阳市 279
雁峰街道……〔湘〕雁峰区 279
雁崖街道……〔晋〕矿区 123
雁塔区……〔陕〕西安市 389
雁溪乡……〔浙〕景宁畲族自治县 197
雄巴乡……〔藏〕昂仁县 382
雄巴乡……〔藏〕革吉县 385
雄石街道……〔赣〕贵溪市 226
雄龙西乡……〔川〕新龙县 350
雄先藏族乡……〔青〕化隆回族自治县 414
雄关乡……〔滇〕江川区 371
雄州街道……〔苏〕六合区 179
雄州街道……〔粤〕南雄市 292
雄州镇……〔冀〕雄县 115
雄江镇……〔闽〕闽清县 213
雄如乡……〔藏〕萨嘎县 382
雄麦乡……〔藏〕萨迦县 381
雄玛乡……〔藏〕萨迦县 382
雄坝乡……〔川〕理塘县 351
雄村镇……〔皖〕歙县 205
雄县……〔冀〕保定市 115
雄武乡……〔黔〕兴义市 363
雄松乡……〔藏〕贡觉县 383
雄狮乡……〔川〕南部县 339
雄梅镇……〔藏〕申扎县 385
雄章乡……〔藏〕康马县 382
雄壁镇……〔滇〕师宗县 370
锏川镇……〔闽〕惠安县 216
雅瓦乡……〔新〕墨玉县 427
雅水镇……〔黔〕惠水县 365
雅长乡……〔桂〕乐业县 308
雅布赖镇……〔蒙〕阿拉善右旗 141
雅龙乡……〔桂〕大化瑶族自治县 310
雅尔塞镇……〔黑〕梅里斯达斡尔族区 167
雅灰乡……〔黔〕丹寨县 365
雅曲乡……〔藏〕双湖县 385
雅江县……〔川〕甘孜藏族自治州 350
雅江镇……〔渝〕秀山土家族苗族自治县 323
雅安市……〔川〕 345
雅安镇……〔藏〕巴青县 385
雅阳镇……〔浙〕泰顺县 192
雅玛里克山街道……〔新〕沙依巴克区 423
雅克拉镇……〔新〕库车县 425
雅西镇……〔湘〕花垣县 288
雅邑镇……〔滇〕墨江哈尼族自治县 373
雅拉乡……〔川〕康定市 349
雅周镇……〔苏〕海安县 182
雅河朝鲜族乡……〔辽〕桓仁满族自治县 149
雅河街道……〔辽〕岫岩满族自治县 147
雅星镇……〔琼〕儋州市 313
雅畈镇……〔浙〕婺城区 194
雅都镇……〔川〕茂县 348
雅砻江镇……〔川〕木里藏族自治县 352
雅塘镇……〔粤〕廉江市 294
雅满苏镇……〔新〕伊州区 424
雅溪镇……〔浙〕莲都区 196
雅瑶乡……〔桂〕融安县 304
雅瑶镇……〔粤〕鹤山市 294
雅韶镇……〔粤〕阳东区 298
雅璜乡……〔浙〕嵊州市 194
雅德乡……〔川〕炉霍县 350
雅儒街道……〔桂〕柳北区 304
紫山镇……〔闽〕惠安县 215
紫马乡……〔黔〕晴隆县 363
紫云乡……〔川〕昭化区 334
紫云苗族布依族自治县……〔黔〕安顺市 360
紫云街道……〔闽〕延平区 217
紫云路街道……〔豫〕汝州市 252
紫云镇……〔豫〕襄城县 256
紫水乡……〔渝〕开州区 321
紫水街道……〔豫〕光山县 260
紫石乡……〔川〕天全县 346
紫市镇……〔粤〕龙川县 298
紫贞街道……〔鄂〕樊城区 269
紫竹院街道……〔京〕海淀区 99
紫庄镇……〔苏〕贾汪区 180
紫阳乡……〔赣〕上犹县 226
紫阳县……〔陕〕安康市 396
紫阳街道……〔浙〕上城区 189
紫阳街道……〔鄂〕武昌区 267
紫阳镇……〔赣〕婺源县 232
紫坊畔乡……〔陇〕华池县 406
紫来街道……〔黑〕北林区 171
紫岩乡……〔晋〕忻府区 128
紫岩乡……〔川〕西充县 340
紫金乡……〔滇〕巍山彝族回族自治县 377
紫金乡……〔藏〕江孜县 381
紫金县……〔粤〕河源市 298
紫金街道……〔晋〕城区 124
紫金街道……〔浙〕莲都区 196
紫金街道……〔豫〕西峡县 258
紫金镇……〔鄂〕谷城县 270
紫河镇……〔川〕三台县 332
紫泥镇……〔闽〕龙海市 217
紫城镇……〔粤〕紫金县 298
紫荆山南路街道……〔豫〕管城回族区 249
紫荆山街道……〔鲁〕蓬莱市 238
紫荆关镇……〔冀〕易县 114
紫荆街道……〔辽〕凌河区 149
紫荆路街道……〔豫〕巩义市 249
紫荆镇……〔桂〕桂平市 307
紫荆镇……〔陕〕汉滨区 396
紫柏街道……〔陕〕留坝县 395
紫都台镇……〔辽〕阜新蒙古族自治县 151
紫冢镇……〔冀〕南宫市 113
紫陵镇……〔豫〕沁阳市 255
紫帽镇……〔闽〕晋江市 216
紫港街道……〔浙〕常山县 195
紫湖镇……〔赣〕玉山县 232
紫蓬镇……〔皖〕肥西县 201
紫照镇……〔渝〕梁平区 321
紫溪乡……〔赣〕铅山县 232
紫溪乡……〔川〕万源市 345
紫溪市镇……〔湘〕东安县 285
紫溪镇……〔滇〕楚雄市 374
紫霄镇……〔赣〕南丰县 231
紫薇大道街道……〔豫〕文峰区 252
紫薇镇……〔黔〕印江土家族苗族自治县 362
辉山街道……〔辽〕沈北新区 145
辉山镇……〔川〕五通桥区 337
辉发城镇……〔吉〕辉南县 160
辉苏木……〔蒙〕鄂温克族自治旗 138
辉县市……〔豫〕新乡市 254
辉南县……〔吉〕通化市 160
辉南镇……〔吉〕辉南县 160
辉埠镇……〔浙〕常山县 195
辉渠镇……〔鲁〕安丘市 239
辉隆乡……〔川〕普格县 352
辉景镇……〔川〕顺庆区 338
辉耀镇……〔冀〕涿鹿县 116
棠下街道……〔粤〕天河区 291
棠下镇……〔粤〕蓬江区 294
棠口乡……〔闽〕屏南县 219
棠阴镇……〔赣〕宜黄县 231
棠村镇……〔豫〕新蔡县 263
棠张镇……〔苏〕铜山区 180
棠树乡……〔皖〕舒城县 209
棠香街道……〔渝〕大足区 318
棠浦镇……〔赣〕宜丰县 229
棠棣镇……〔鄂〕安陆市 271
棠景街道……〔粤〕白云区 291
棠溪镇……〔皖〕贵池区 210
掌子沟乡……〔陇〕临夏县 408
掌布镇……〔黔〕平塘县 365
掌政镇……〔宁〕兴庆区 419
掌起镇……〔浙〕慈溪市 191
晴川街道……〔鄂〕汉阳区 267
晴朗乡……〔川〕黑水县 349
晴隆县……〔黔〕黔西南布依族苗族自治州 363
鼎山街道……〔渝〕江津区 319
鼎山镇……〔川〕巴州区 346
鼎龙乡……〔赣〕兴国县 227
鼎城区……〔湘〕常德市 282
鼎屏镇……〔川〕邻水县 343
鼎盛东大街街道……〔冀〕三河市 120
鼎湖区……〔粤〕肇庆市 295
鼎湖镇……〔赣〕安义县 223
鼎新镇……〔川〕荣县 329
鼎新镇……〔陇〕金塔县 405
鼎新彝族苗族乡……〔黔〕大方县 360
晶桥镇……〔苏〕溧水区 179
喇叭沟门满族乡……〔京〕怀柔区 100
喇叭镇……〔黔〕红花岗区 358
喇嘛甸镇……〔吉〕梨树县 159
喇嘛甸镇……〔黑〕让胡路区 169
喇嘛垭乡……〔川〕理塘县 351
喇嘛昭乡……〔新〕额敏县 429
喇嘛洞镇……〔辽〕建昌县 154
喇嘛湾镇……〔蒙〕清水河县 135
喊叫水乡……〔宁〕中宁县 420
景山街道……〔京〕东城区 99
景山街道……〔浙〕瓯海区 191
景山镇……〔吉〕靖宇县 160
景毛乡……〔晋〕襄汾县 130
景凤乡……〔晋〕沁源县 125

（十二画）景晾跑蛤蛟喂喻喀嵖嵝帽嵛嵯嵋赋黑铺锁锅智鹄犍鹅稍程

景古镇……………………〔陇〕康乐县 408
景东彝族自治县…………〔滇〕普洱市 373
景市镇……………………〔川〕达川区 343
景宁畲族自治县…………〔浙〕丽水市 197
景台镇…………〔吉〕伊通满族自治县 159
景芝镇……………………〔鲁〕安丘市 239
景州镇…………………………〔冀〕景县 120
景讷乡……………………〔滇〕景洪市 377
景阳乡……………………〔鄂〕郧西县 268
景阳镇……………………〔豫〕洛宁县 251
景阳镇……………………〔鄂〕建始县 274
景阳镇……〔青〕大通回族土族自治县 413
景村镇……………………〔陕〕洛南县 397
景县………………………〔冀〕衡水市 120
景谷傣族彝族自治县……〔滇〕普洱市 373
景谷镇……〔滇〕景谷傣族彝族自治县 373
景罕镇……………………〔滇〕陇川县 378
景贤乡……………………〔川〕仁寿县 341
景尚乡……………………〔晋〕寿阳县 127
景和镇……………………〔冀〕河间市 119
景南乡…………〔浙〕景宁畲族自治县 197
景星镇……………………〔黑〕龙江县 167
景星镇……………………〔川〕宁南县 352
景星镇………〔滇〕墨江哈尼族自治县 373
景哈哈尼族乡……………〔滇〕景洪市 377
景信乡……………………………………
……〔滇〕孟连傣族拉祜族佤族自治县 374
景洪市……〔滇〕西双版纳傣族自治州 377
景泰县……………………〔陇〕白银市 402
景泰街道…………………〔粤〕白云区 291
景福镇……………………〔川〕三台县 332
景福镇…………〔滇〕景东彝族自治县 373
景德镇市……………………………〔赣〕 223
晾马台镇…………………〔冀〕容城县 114
跑马坪乡………〔滇〕宁蒗彝族自治县 373
跑马镇……………………〔川〕宁南县 352
蛤泊镇……………………〔冀〕卢龙县 110
蛟川街道…………………〔浙〕镇海区 190
蛟龙镇……………………〔鲁〕临沭县 243
蛟河市……………………〔吉〕吉林市 158
蛟洋镇……………………〔闽〕上杭县 218
蛟桥镇…………………〔赣〕青山湖区 223
蛟流河乡…………………〔吉〕洮南市 162
蛟塘镇……………………〔赣〕庐山市 225
蛟塘镇……………………〔粤〕高要区 296
蛟潭庄镇…………………〔冀〕平山县 108
蛟潭镇……………………〔赣〕浮梁县 223
喂马乡……………………〔晋〕和顺县 127
喻屯镇……………………〔鲁〕任城区 240
喻寺镇…………………………〔川〕泸县 330
喻家乡……………………〔川〕高坪区 338
喻家坳乡…………………〔湘〕宁乡市 278
喀瓦克乡…………………〔新〕墨玉县 427
喀什乡……………………〔新〕伊宁县 428
喀什东路街道……………〔新〕新市区 423
喀什市…………………〔新〕喀什地区 426
喀什地区……………………………〔新〕 426
喀什塔什乡………………〔新〕和田县 427
喀尔曲尕乡………………〔新〕尉犁县 425
喀尔交镇…………………〔新〕吉木乃县 429
喀尔钦镇…………………〔陇〕卓尼县 409
喀尔赛镇…………………〔新〕墨玉县 427
喀尔墩乡…………………〔新〕伊宁市 428
喀拉也木勒镇……………〔新〕额敏县 429
喀拉布拉镇………………〔新〕新源县 428
喀拉布勒根乡……………〔新〕富蕴县 429
喀拉托别乡………………〔新〕尼勒克县 428
喀拉托海镇………………〔新〕特克斯县 428
喀拉亚尕奇乡……………〔新〕伊宁县 428
喀拉达拉镇………………〔新〕特克斯县 428
喀拉玛盖镇………………〔新〕福海县 429
喀拉克尔乡………………〔新〕于田县 428
喀拉苏乡…………………〔新〕莎车县 427
喀拉苏乡…………………〔新〕尼勒克县 428
喀拉苏镇…………………〔新〕昭苏县 428
喀拉希力克乡……………〔新〕阿勒泰市 429
喀拉哈巴克乡……………〔新〕塔城市 428
喀拉通克镇………………〔新〕富蕴县 429
喀拉塔勒镇………………〔新〕阿克苏市 425
喀拉喀什镇………………〔新〕墨玉县 427
喀热开其克乡……………〔新〕阿克陶县 426
喀格勒克镇………………〔新〕叶城县 427
喀夏加尔镇………………〔新〕昭苏县 428
喀喇沁左翼蒙古族自治县……………………〔辽〕朝阳市 153
喀喇沁旗…………………〔蒙〕赤峰市 137
喀喇沁镇…………………〔辽〕建平县 153
喀群乡……………………〔新〕莎车县 427
喀赞其街道………………〔新〕伊宁市 428
嵖岈山镇…………………〔豫〕遂平县 263
嵝崄乡……………………〔陕〕黄龙县 394
帽儿山镇…………………〔黑〕尚志市 166
帽子峰镇…………………〔粤〕南雄市 292
帽盔山街道………………〔辽〕振兴区 149
嵛山镇……………………〔闽〕福鼎市 219
嵯岗镇…………………〔蒙〕新巴尔虎左旗 139
嵯峨镇……………………〔陕〕三原县 391
嵋阳镇……………………〔晋〕临猗县 127
赋春镇……………………〔赣〕婺源县 232
黑土台镇…………………〔蒙〕丰镇市 140
黑土河镇……………………………………
………〔黔〕威宁彝族回族苗族自治县 361
黑土镇……………………〔黔〕织金县 361
黑山乡……………………〔鲁〕长岛县 238
黑山头镇………………〔蒙〕额尔古纳市 139
黑山头镇………………〔吉〕梅河口市 160
黑山寺乡…………………〔冀〕涿鹿县 116
黑山县……………………〔辽〕锦州市 150
黑山咀镇……〔冀〕丰宁满族自治县 117
黑山科乡…………………〔辽〕建昌县 154
黑山街道…………………〔辽〕黑山县 150
黑山镇……………………〔黑〕巴彦县 166
黑山镇……………………〔渝〕綦江区 318
黑山镇……………………〔陕〕商州区 397
黑马乡……………………〔川〕甘洛县 354
黑马河镇…………………〔青〕共和县 414
黑井镇……………………〔滇〕禄丰县 375
黑支果乡…………………〔滇〕广南县 377
黑水乡……………………〔川〕平昌县 347
黑水县……〔川〕阿坝藏族羌族自治州 349
黑水河乡…………………〔冀〕元氏县 108
黑水镇……………………〔辽〕建平县 153
黑水镇……………………〔吉〕洮南市 162
黑水镇…〔渝〕酉阳土家族苗族自治县 323
黑水镇………〔黔〕沿河土家族自治县 362
黑牛营子乡………………〔辽〕朝阳县 153
黑石乡……………………〔吉〕敦化市 162
黑石头镇……………………………………
………〔黔〕威宁彝族回族苗族自治县 361
黑石铺街道………………〔湘〕天心区 277
黑石渡镇…………………〔皖〕霍山县 209
黑石镇……………………〔吉〕磐石市 159
黑石镇……………………〔陇〕皋兰县 401
黑石礁街道……………〔辽〕沙河口区 146
黑龙关镇…………………………〔晋〕蒲县 130
黑龙坝镇…………………〔蒙〕开鲁县 137
黑龙宫镇…………………〔黑〕尚志市 166
黑龙滩镇…………………〔川〕仁寿县 341
黑龙镇……………………〔豫〕唐河县 258
黑龙镇……………………〔川〕青神县 341
黑龙潭镇…………………〔豫〕郾城区 256
黑龙潭镇…………………〔川〕德昌县 352
黑田铺镇…………………〔湘〕邵东县 280
黑台镇……………………〔黑〕密山市 168
黑老夭乡………………〔蒙〕和林格尔县 135
黑竹沟镇………〔川〕峨边彝族自治县 337
黑竹镇……………………〔川〕名山区 345
黑庄户（地区）乡…………〔京〕朝阳区 99
黑池镇……………………〔陕〕合阳县 392
黑里河镇…………………〔蒙〕宁城县 137
黑里寨镇…………………〔鲁〕高青县 237
黑岗乡……………………〔黑〕龙江县 167
黑岛镇……………………〔辽〕庄河市 147
黑沟乡…………〔辽〕桓仁满族自治县 149
黑沟镇……………………〔辽〕东港市 149
黑孜苇乡…………………〔新〕乌恰县 426
黑坪镇……………………〔川〕盐亭县 332
黑英山乡…………………〔新〕拜城县 426
黑林子镇………………〔吉〕公主岭市 159
黑林铺街道………………〔滇〕五华区 369
黑林镇……………………〔吉〕榆树市 157
黑林镇……………………〔苏〕赣榆区 183
黑松驿镇…………………〔陇〕古浪县 403
黑虎乡…………………………〔川〕茂县 348
黑虎庙镇…………………〔鲁〕梁山县 240
黑鱼泡镇…………………〔吉〕镇赉县 161
黑河乡…………………〔川〕九寨沟县 348
黑河市…………………………………〔黑〕 171
黑河镇……………………〔陕〕略阳县 394
黑沿子镇…………………〔冀〕丰南区 109
黑城子镇…………………〔辽〕北票市 153
黑城乡……………………〔冀〕临城县 112
黑树镇……………………〔滇〕镇雄县 372
黑泉镇……………………〔陇〕高台县 404
黑家堡镇…………………〔陕〕延长县 393
黑塔镇…………………………〔皖〕泗县 208
黑堡乡……………………〔冀〕望都县 114
黑溪镇……………………〔渝〕黔江区 319
黑潭乡……………………〔川〕南江县 347
铺上镇……………………〔冀〕大名县 111
铺川乡……………………………………
〔陇〕积石山保安族东乡族撒拉族自治县 409
铺门镇……………………〔桂〕八步区 308
铺子湾镇…………………〔川〕威远县 336
铺前镇……………………〔琼〕文昌市 313
铺集镇……………………〔鲁〕胶州市 236
铺镇………………………〔陕〕汉台区 394
锁石镇……………………〔湘〕双峰县 287
锁龙乡…………………………〔陇〕岷县 407
锁江羌族乡………………〔川〕平武县 333
锁阳城镇…………………〔陇〕瓜州县 405
锁金村街道………………〔苏〕玄武区 179
锁南坝镇…………〔陇〕东乡族自治县 409
锁簧镇……………………〔晋〕平定县 124
锅圈岩苗族彝族乡………〔黔〕纳雍县 361
智水乡……………………〔川〕大英县 336
智仁乡……………………〔浙〕乐清市 192
智凤街道…………………〔渝〕大足区 318
智远街道…………………〔鲁〕历下区 235
智青松多镇………………〔青〕久治县 415
智新镇……………………〔吉〕龙井市 162
鹄山乡……………………〔赣〕渝水区 225
犍为县……………………〔川〕乐山市 337
鹅山街道…………………〔桂〕柳南区 304
鹅公岭侗族苗族乡………〔湘〕绥宁县 281
鹅公镇……………………〔赣〕定南县 227
鹅池镇……………………〔渝〕黔江区 319
鹅岭乡…………………〔赣〕井冈山市 229
鹅城镇……………………〔晋〕静乐县 129
鹅屋乡……………………〔晋〕壶关县 125
鹅峰乡……………………〔赣〕万载县 229
鹅埠镇……………………〔粤〕海丰县 297
鹅湖镇……………………〔苏〕锡山区 179
鹅湖镇……………………〔赣〕浮梁县 223
鹅湖镇……………………〔赣〕铅山县 232
鹅塘镇……………………〔桂〕平桂区 308
稍户营子镇…………………〔辽〕义县 150
稍岗镇……………………〔豫〕虞城县 259
稍峪乡……………………〔陇〕西和县 408
程屯镇……………………〔鲁〕郓城县 246
程龙镇……………………〔赣〕龙南县 227
程庄镇……………………〔冀〕滦南县 109
程庄镇……………………〔皖〕砀山县 208
程庄镇……………………〔豫〕民权县 259
程江镇……………………〔粤〕梅县区 297
程村乡…………〔桂〕三江侗族自治县 304
程村镇……………………〔粤〕阳西县 298
程岭乡……………………〔皖〕宿松县 204
程委镇……………………〔冀〕博野县 115
程河镇……………………〔鄂〕襄州区 270
程油子乡…………………〔冀〕安平县 120
程桥街道…………………〔苏〕六合区 179
程郭镇……………………〔鲁〕莱州市 238
程海镇……………………〔滇〕永胜县 373
程家山乡…………………〔晋〕黎城县 125
程家桥街道………………〔沪〕长宁区 175
程家集镇…………………〔皖〕利辛县 209
程集镇……………………〔皖〕颍州区 206
程集镇……………………〔鄂〕监利县 271
程湾镇……………………〔豫〕桐柏县 258

（十二画）程稀税等策筒筵筋傣傅牌堡集焦傍储粤奥街御循舒畲释舜腊腴鲁颍猴然馋蛮敦

程楼乡……〔豫〕宁陵县 259
程溪镇……〔闽〕龙海市 217
程寨镇……〔黔〕习水县 359
稀土路街道……〔蒙〕九原区 135
税务庄街道……〔冀〕开平区 109
税郭镇……〔鲁〕市中区 237
税镇镇……〔皖〕太和县 207
等驾坡街道……〔陕〕雁塔区 389
策大雅乡……〔新〕轮台县 425
策武镇……〔闽〕长汀县 218
策底镇……〔陇〕华亭县 404
策勒乡……〔新〕策勒县 428
策勒县……〔新〕和田地区 428
策勒镇……〔新〕策勒县 428
策源乡……〔湘〕炎陵县 278
筒车湾镇……〔陕〕宁陕县 396
筵宾镇……〔鲁〕莒南县 243
筋竹镇……〔桂〕岑溪市 305
傣庄街道……〔鲁〕兰山区 242
傅坊乡……〔赣〕南丰县 231
傅村街道……〔鲁〕微山县 240
傅村镇……〔浙〕金东区 194
傅垅乡……〔赣〕湖口县 225
傅店镇……〔豫〕潢川县 261
傅家乡……〔川〕南江县 347
傅家堰乡……〔鄂〕五峰土家族自治县 269
傅家镇……〔辽〕昌图县 152
傅家镇……〔鲁〕张店区 237
傅集镇……〔豫〕杞县 250
傅寨乡……〔豫〕正阳县 263
牌头镇……〔浙〕诸暨市 193
牌坊乡……〔川〕大竹县 344
牌坊回族满族乡……〔皖〕肥东县 201
牌坊镇……〔皖〕涡阳县 209
牌楼乡…〔冀〕围场满族蒙古族自治县 118
牌楼乡……〔湘〕安仁县 285
牌楼街道……〔苏〕鼓楼区 180
牌楼街道……〔渝〕万州区 317
牌楼街道……〔川〕市中区 336
牌楼镇……〔辽〕海城市 148
牌楼镇……〔皖〕贵池区 210
牌楼镇……〔鄂〕东宝区 270
堡子坝镇……〔陇〕文县 407
堡子里街道……〔冀〕桥西区 115
堡子店镇……〔冀〕遵化市 109
堡子湾乡……〔晋〕新荣区 124
堡子镇……〔湘〕会同县 287
堡子镇……〔川〕达川区 343
堡里镇……〔桂〕永福县 305
堡面前乡……〔湘〕邵东县 280
堡镇……〔沪〕崇明区 176
集士港镇……〔浙〕海曙区 190
集义乡……〔晋〕清徐县 123
集义庄乡……〔晋〕繁峙县 129
集义镇……〔陕〕宜川县 393
集凤镇……〔川〕中江县 331
集凤镇……〔川〕嘉陵区 338
集宁区……〔蒙〕乌兰察布市 140
集安市……〔吉〕通化市 160
集里街道……〔湘〕浏阳市 277
集兵镇……〔湘〕衡阳县 279
集体乡……〔吉〕长岭县 161
集沐乡……〔川〕金川县 349
集贤乡……〔川〕崇州市 329
集贤县……〔黑〕双鸭山市 169
集贤里街道……〔津〕北辰区 103
集贤街道……〔辽〕和平区 145
集贤街道……〔黑〕四方台区 169
集贤路街道……〔皖〕大观区 204
集贤镇……〔黑〕集贤县 169
集贤镇……〔陕〕周至县 390
集店乡……〔晋〕壶关县 125
集美区……〔闽〕厦门市 214
集美街道……〔闽〕集美区 214
集益乡……〔湘〕汝城县 285
集益乡……〔川〕井研县 337
焦石镇……〔渝〕涪陵区 317
焦东街道……〔豫〕山阳区 255
焦北街道……〔豫〕解放区 255
焦西街道……〔豫〕解放区 255
焦庄乡……〔冀〕莲池区 113
焦庄乡……〔豫〕西平县 262
焦村镇……〔皖〕黄山区 205
焦村镇……〔豫〕汝州市 252
焦村镇……〔豫〕灵宝市 257
焦村镇……〔陇〕宁县 406
焦园乡……〔鲁〕东明县 246
焦岗集镇……〔皖〕凤台县 203
焦作市……〔豫〕254
焦陂镇……〔皖〕阜南县 207
焦虎镇……〔豫〕滑县 253
焦岱镇……〔陕〕蓝田县 390
焦店镇……〔豫〕新华区 252
焦庙镇……〔鲁〕齐河县 244
焦南街道……〔豫〕解放区 255
焦桥镇……〔鲁〕邹平县 245
焦家庄镇……〔陇〕永昌县 401
焦家湾街道……〔陇〕城关区 401
焦滩乡……〔浙〕遂昌县 197
傍河乡……〔川〕稻城县 351
储潭镇……〔赣〕赣县区 226
粤汉街道……〔湘〕珠晖区 279
粤海街道……〔粤〕南山区 292
奥运村街道……〔京〕朝阳区 99
奥依托格拉克乡……〔新〕于田县 428
奥依亚依拉克镇……〔新〕且末县 425
奥依塔克镇……〔新〕阿克陶县 426
奥特贝希乡……〔新〕乌什县 426
奥家湾乡……〔晋〕兴县 131
街口街道……〔粤〕从化区 291
街口镇……〔皖〕歙县 205
街子镇……〔川〕崇州市 328
街子镇……〔川〕游仙区 332
街子镇……〔川〕武胜县 343
街子镇……〔青〕循化撒拉族自治县 414
街头镇……〔浙〕天台县 196
街头镇……〔鲁〕五莲县 242
街关镇……〔冀〕武强县 120
街里街道……〔黑〕梨树区 168
街河市镇……〔鄂〕松滋市 272
街亭镇……〔浙〕诸暨市 193
街津口赫哲族乡……〔黑〕同江市 170
御史乡……〔川〕高坪区 338
御临镇……〔川〕邻水县 343
御营镇……〔川〕罗江区 331
御道口镇…〔冀〕围场满族蒙古族自治县 118
循化撒拉族自治县……〔青〕海东市 414
舒兰市……〔吉〕吉林市 158
舒庄乡……〔豫〕商水县 261
舒庄镇……〔皖〕界首市 207
舒安街道……〔鄂〕江夏区 267
舒坪镇……〔川〕自流井区 329
舒城县……〔皖〕六安市 209
舒茶镇……〔皖〕舒城县 209
舒洪镇……〔浙〕缙云县 197
舒桥乡……〔浙〕青田县 197
舒家坝镇……〔陕〕宁强县 394
舒家村乡……〔湘〕麻阳苗族自治县 287
舒溶溪乡……〔湘〕溆浦县 287
畲江镇……〔粤〕梅县区 297
番田镇……〔豫〕温县 255
番阳镇……〔琼〕五指山市 313
番城街道……〔豫〕固始县 260
番禺区……〔粤〕广州市 291
释之街道……〔豫〕方城县 257
舜山镇……〔皖〕来安县 206
舜王街道……〔鲁〕诸城市 239
舜玉路街道……〔鲁〕市中区 235
舜华路街道……〔鲁〕历下区 235
舜耕街道……〔鲁〕市中区 235
舜耕镇……〔皖〕田家庵区 202
舜峰镇……〔湘〕临武县 285
舜陵街道……〔湘〕宁远县 286
舜德乡……〔赣〕湖口县 225
腊口镇……〔浙〕青田县 197
腊山街道……〔鲁〕槐荫区 235
腊山街道……〔滇〕罗平县 370
腊久乡……〔藏〕洛隆县 383
腊子口镇……〔陇〕迭部县 409
腊尔山镇……〔湘〕凤凰县 288
腊市镇……〔赣〕湘东区 224
腊树镇……〔皖〕怀宁县 204
腊勐镇……〔滇〕龙陵县 371
腊窝乡……〔川〕冕宁县 354
腴地乡…〔渝〕酉阳土家族苗族自治县 323
鲁口镇……〔皖〕颍上县 207
鲁山县……〔豫〕平顶山市 252
鲁山道街道……〔津〕河东区 103
鲁屯镇……〔黔〕兴义市 363
鲁布革布依族苗族乡……〔滇〕罗平县 370
鲁布格镇……〔黔〕兴义市 363
鲁北镇……〔蒙〕扎鲁特旗 137
鲁史镇……〔滇〕凤庆县 374
鲁台镇……〔豫〕淮阳县 262
鲁吉镇……〔川〕会东县 352
鲁地拉镇……〔滇〕永胜县 373
鲁权屯镇……〔鲁〕武城县 244
鲁庄镇……〔豫〕巩义市 249
鲁阳街道……〔豫〕鲁山县 252
鲁贡镇……〔黔〕贞丰县 363
鲁克沁镇……〔新〕鄯善县 423
鲁村镇……〔鲁〕沂源县 237
鲁岗镇……〔豫〕封丘县 254
鲁谷街道……〔京〕石景山区 99
鲁甸乡……〔滇〕玉龙纳西族自治县 373
鲁甸县……〔滇〕昭通市 372
鲁沙尔镇……〔青〕湟中县 413
鲁纳乡……〔滇〕会泽县 370
鲁河乡……〔黑〕龙江县 167
鲁河镇……〔豫〕濮阳县 256
鲁城街道……〔鲁〕曲阜市 240
鲁城镇……〔鲁〕兰陵县 243
鲁垛镇……〔苏〕宝应县 185
鲁班街道……〔黔〕仁怀市 359
鲁班镇……〔川〕三台县 332
鲁桥镇……〔鲁〕微山县 240
鲁桥镇……〔陕〕三原县 391
鲁础营回族乡……〔黔〕兴仁县 363
鲁家沟镇……〔陇〕安定区 406
鲁容乡……〔黔〕贞丰县 363
鲁朗镇……〔藏〕巴宜区 383
鲁基乡……〔川〕喜德县 353
鲁掌镇……〔滇〕泸水市 378
鲁塘镇……〔湘〕北湖区 284
鲁溪镇……〔赣〕武宁县 224
颍上县……〔皖〕阜阳市 207
颍川街道……〔豫〕禹州市 256
颍东区……〔皖〕阜阳市 206
颍西街道……〔皖〕颍州区 206
颍州区……〔皖〕阜阳市 206
颍阳镇……〔豫〕登封市 250
颍阳镇……〔豫〕襄城县 256
颍南街道……〔皖〕界首市 207
颍泉区……〔皖〕阜阳市 206
颍桥回族镇……〔豫〕襄城县 256
猴石镇……〔吉〕东丰县 159
猴场苗族布依族乡……〔黔〕水城县 358
猴场苗族仡佬族乡……〔黔〕普定县 360
猴场镇…〔黔〕紫云苗族布依族自治县 360
猴场镇…〔黔〕威宁彝族回族苗族自治县 361
猴场镇……〔黔〕瓮安县 365
猴屿乡……〔闽〕长乐区 213
猴桥镇……〔滇〕腾冲市 371
猴嘴街道……〔苏〕连云区 182
然乌乡……〔川〕理塘县 351
然乌镇……〔藏〕八宿县 383
然巴乡……〔藏〕仁布县 382
然充乡……〔川〕色达县 351
然姑乡……〔川〕德格县 350
馋口镇……〔陇〕安定区 406
蛮汉镇……〔蒙〕凉城县 140
蛮会镇……〔蒙〕杭锦后旗 139
敦仁街道……〔渝〕涪陵区 317
敦化市……〔吉〕延边朝鲜族自治州 162
敦化坊街道……〔晋〕杏花岭区 123
敦化路街道……〔鲁〕市北区 236
敦好镇……〔渝〕开州区 320
敦厚镇……〔赣〕吉安县 228
敦煌市……〔陇〕酒泉市 405
敦煌路街道……〔陇〕七里河区 401

（十二画）敦斌痘郿童阔善翔羡普尊道遂曾湛港湖

敦寨镇……〔黔〕锦屏县 364
敦操乡……〔黔〕长顺县 365
斌郎乡……〔川〕达川区 344
痘姆乡……〔皖〕潜山县 204
郿郚镇……〔鲁〕昌乐县 239
童市镇……〔湘〕平江县 282
童寺镇……〔川〕富顺县 329
童坊镇……〔闽〕长汀县 218
童家桥街道……〔渝〕沙坪坝区 317
童家溪镇……〔渝〕北碚区 318
童家镇……〔赣〕月湖区 226
童家镇……〔川〕市中区 336
童家镇……〔川〕大竹县 344
童家镇……〔川〕乐至县 348
童游街道……〔闽〕建阳区 217
阔什艾日克乡……〔新〕莎车县 427
阔什萨特玛乡……〔新〕且末县 425
阔什塔格镇……〔新〕皮山县 427
阔达藏族乡……〔川〕平武县 333
阔克阿尕什乡……〔新〕福海县 429
阔克铁热克柯尔克孜族乡
……〔新〕特克斯县 428
阔依其乡……〔新〕墨玉县 427
阔洪奇乡…〔新〕察布查尔锡伯自治县 428
阔斯特克镇……〔新〕布尔津县 429
善广乡……〔渝〕忠县 322
善友镇……〔吉〕宁江区 161
善应镇……〔豫〕龙安区 253
善岱镇……〔蒙〕土默特左旗 135
善南街道……〔鲁〕滕州市 237
善厚镇……〔皖〕和县 203
善琏镇……〔浙〕南浔区 193
善堂镇……〔豫〕浚县 253
善感乡…〔渝〕彭水苗族土家族自治县 323
善福乡……〔晋〕襄垣县 125
翔云道街道……〔冀〕路北区 108
翔云镇……〔闽〕南安市 216
翔凤镇……〔鄂〕来凤县 274
翔安区……〔闽〕厦门市 214
羡塘镇……〔黔〕惠水县 365
普义乡…〔滇〕宁洱哈尼族彝族自治县 373
普子乡……〔渝〕万州区 317
普子镇…〔渝〕彭水苗族土家族自治县 323
普马乡……〔川〕德格县 350
普仁乡……〔川〕市中区 336
普化镇……〔陕〕蓝田县 390
普文镇……〔滇〕景洪市 377
普巴绒乡……〔川〕雅江县 350
普古彝族苗族乡……〔黔〕盘州市 358
普东街道……〔津〕北辰区 103
普田回族乡……〔黔〕盘州市 358
普乐堡镇……〔辽〕桓仁满族自治县 149
普乐镇……〔湘〕桂东县 285
普立乡……〔滇〕宣威市 370
普兰县……〔藏〕阿里地区 385
普兰店区……〔辽〕大连市 146
普兰镇……〔藏〕普兰县 385
普宁市……〔粤〕揭阳市 300
普戎镇……〔湘〕保靖县 288
普吉街道……〔滇〕五华区 369
普光镇……〔川〕宣汉县 344
普当乡……〔藏〕南木林县 381
普会寺镇……〔豫〕确山县 263
普合苗族乡……〔桂〕西林县 308
普兴乡……〔川〕峨眉山市 338
普兴镇……〔川〕新津县 328
普兴镇……〔川〕中江县 331
普安乡……〔渝〕云阳县 322
普安乡……〔川〕简阳市 329
普安县……
……〔黔〕黔西南布依族苗族自治州 363
普安镇……〔川〕剑阁县 334
普安镇……〔川〕宜宾县 341
普安镇……〔川〕岳池县 343
普安镇……〔川〕开江县 344
普安镇……〔黔〕三都水族自治县 365
普阳街道……〔吉〕绿园区 157
普玛江塘乡……〔藏〕浪卡子县 384
普连集镇……〔鲁〕曹县 246
普利乡…〔黔〕关岭布依族苗族自治县 360
普利桥镇……〔湘〕冷水滩区 285
普沙绒乡……〔川〕康定市 349
普陀区……〔沪〕 175
普陀区……〔浙〕舟山市 195
普陀山镇……〔浙〕普陀区 195
普坪镇……〔黔〕安龙县 363
普拉底乡…〔滇〕贡山独龙族怒族自治县 378
普松乡……〔藏〕尼木县 381
普松乡……〔藏〕仁布县 382
普昌镇……〔川〕甘洛县 354
普明镇……〔晋〕岚县 131
普岭乡……〔川〕营山县 339
普底彝族苗族白族乡……〔黔〕大方县 360
普定县……〔黔〕安顺市 360
普宜镇……〔黔〕七星关区 360
普诗乡……〔川〕昭觉县 353
普威镇……〔川〕米易县 330
普顺镇……〔渝〕垫江县 321
普保镇……〔藏〕班戈县 385
普迹镇……〔湘〕浏阳市 277
普洱市……〔滇〕 373
普洱镇……〔滇〕盐津县 372
普济镇……〔鄂〕江陵县 272
普济镇……〔川〕旺苍县 334
普恰克其乡……〔新〕墨玉县 427
普觉镇……〔黔〕松桃苗族自治县 363
普格县……〔川〕凉山彝族自治州 352
普益乡……〔桂〕阳朔县 304
普润镇……〔川〕隆昌市 336
普基镇……〔川〕普格县 352
普溯镇……〔滇〕祥云县 377
普惠乡……〔新〕库尔勒市 425
普雄乡……〔滇〕建水县 375
普雄镇……〔川〕越西县 354
普集街道……〔鲁〕章丘区 235
普集街道……〔陕〕武功县 392
普满乡……〔湘〕嘉禾县 285
尊祖庄乡……〔冀〕河间市 119
尊桥乡……〔赣〕上饶县 231
奠安乡……〔宁〕隆德县 420
道口铺街道……〔鲁〕东昌府区 244
道口镇……〔鲁〕莒南县 243
道口镇街道……〔豫〕滑县 253
道义街道……〔辽〕沈北新区 145
道太乡……〔浙〕龙泉市 197
道东堡乡……〔冀〕成安县 111
道东街道……〔冀〕新华区 118
道东街道……〔皖〕埇桥区 207
道北街道……〔黑〕昂昂溪区 167
道北街道……〔蒙〕满洲里市 139
道北街道……〔陇〕麦积区 402
道北路街道……〔豫〕西工区 250
道外区……〔黑〕哈尔滨市 165
道让乡……〔川〕达川区 344
道台桥镇……〔黑〕依兰县 166
道托镇……〔鲁〕沂水县 243
道老杜苏木……〔蒙〕扎鲁特旗 138
道场乡……〔浙〕吴兴区 193
道字乡……〔吉〕乾安县 161
道坝子乡…〔冀〕围场满族蒙古族自治县 118
道县……〔湘〕永州市 285
道里区……〔黑〕哈尔滨市 165
道帏藏族乡…〔青〕循化撒拉族自治县 414
道佐乡……〔川〕邛崃市 328
道孚县……〔川〕甘孜藏族自治州 350
道坪镇……〔黔〕福泉市 365
道林镇……〔湘〕宁乡市 277
道虎沟乡……〔冀〕平泉市 118
道明镇……〔川〕崇州市 328
道河镇……〔黑〕东宁市 171
道南街道……〔蒙〕满洲里市 139
道南街道……〔陇〕麦积区 402
道真仡佬族苗族自治县…〔黔〕遵义市 358
道桥镇……〔鄂〕云梦县 271
道特淖尔镇……〔蒙〕东乌珠穆沁旗 141
道朗镇……〔鲁〕岱岳区 241
道滘镇……〔粤〕东莞市 299
道墟街道……〔浙〕上虞区 193
道镇……〔陕〕甘泉县 393
道德街街道……〔鲁〕槐荫区 235
遂川县……〔赣〕吉安市 228
遂平县……〔豫〕驻马店市 263
遂宁市……〔川〕 335
遂昌县……〔浙〕丽水市 197
遂城镇……〔冀〕徐水区 114
遂城镇……〔粤〕遂溪县 294
遂意乡……〔桂〕忻城县 310
遂溪县……〔粤〕湛江市 294
曾口镇……〔川〕巴州区 346
曾田镇……〔粤〕东源县 298
曾达乡……〔川〕金川县 349
曾店镇……〔鄂〕云梦县 271
曾都区……〔鄂〕随州市 273
曾家乡……〔川〕万源市 345
曾家镇……〔渝〕沙坪坝区 317
曾家镇……〔川〕朝天区 334
曾家镇……〔陕〕镇坪县 397
曾集镇……〔鄂〕沙洋县 270
曾溪镇……〔陕〕石泉县 396
湛山街道……〔鲁〕市南区 236
湛北乡……〔豫〕襄城县 256
湛田乡……〔赣〕宁都县 227
湛江市……〔粤〕 294
湛江镇……〔桂〕港南区 306
湛河区……〔豫〕平顶山市 252
湛河北路街道……〔豫〕新华区 252
湛郎街道……〔赣〕袁州区 229
湛普镇……〔渝〕丰都县 321
港上镇……〔苏〕邳州市 181
港上镇……〔鲁〕郯城县 242
港口乡……〔赣〕铜鼓县 230
港口乡……〔鄂〕崇阳县 273
港口区……〔桂〕防城港市 306
港口街镇……〔赣〕柴桑区 224
港口镇……〔皖〕宁国市 210
港口镇……〔赣〕修水县 224
港口镇……〔赣〕弋阳县 232
港口镇……〔粤〕英德市 299
港门镇……〔粤〕遂溪县 294
港北区……〔桂〕贵港市 306
港头镇……〔苏〕新沂市 181
港头镇……〔闽〕福清市 214
港边乡……〔赣〕横峰县 232
港西镇……〔沪〕崇明区 176
港西镇……〔鲁〕荣成市 241
港沟街道……〔鲁〕历城区 235
港尾镇……〔闽〕龙海市 217
港闸区……〔苏〕南通市 182
港沿镇……〔沪〕崇明区 176
港城大街街道……〔冀〕海港区 110
港城街道……〔桂〕港北区 306
港南区……〔桂〕贵港市 306
港湾街道……〔鲁〕荣成市 241
湖上乡……〔闽〕安溪县 216
湖上乡……〔赣〕莲花县 224
湖口县……〔赣〕九江市 225
湖口镇……〔湘〕茶陵县 278
湖口镇……〔粤〕南雄市 292
湖山乡……〔浙〕遂昌县 197
湖山乡……〔闽〕永定区 218
湖丰镇……〔赣〕广丰区 231
湖云乡……〔赣〕万年县 232
湖屯镇……〔鲁〕肥城市 241
湖东街道……〔豫〕浉河区 260
湖东路街道……〔皖〕花山区 203
湖东镇……〔苏〕沭阳县 186
湖东镇……〔粤〕陆丰市 297
湖北口回族乡……〔鄂〕郧西县 268
湖北路街道……〔豫〕涧西区 251
湖田街道……〔鲁〕张店区 237
湖田镇……〔赣〕袁州区 229
湖头镇……〔闽〕安溪县 216
湖头镇……〔鲁〕沂南县 242
湖边镇……〔赣〕章贡区 226
湖西街道……〔辽〕苏家屯区 145
湖西街道……〔吉〕朝阳区 157
湖西街道……〔鲁〕东昌府区 244
湖西畲族乡……〔闽〕漳浦县 217
湖光镇……〔粤〕麻章区 294
湖州市……〔浙〕 192

（十二画）湖渣湘渤温渭湍滑湫湟溆渝溢湓湾渡

湖江镇……〔赣〕赣县区 226
湖阳镇……〔皖〕当涂县 203
湖阳镇……〔豫〕唐河县 258
湖坑镇……〔闽〕永定区 218
湖坊乡……〔赣〕黎川县 231
湖坊镇……〔赣〕青山湖区 223
湖坊镇……〔赣〕铅山县 232
湖村乡……〔赣〕上饶县 231
湖村镇……〔闽〕宁化县 215
湖里区……〔闽〕厦门市 214
湖里街道……〔闽〕湖里区 214
湖岗乡……〔豫〕杞县 250
湖岛街道……〔鲁〕市北区 236
湖 镇……〔苏〕宜兴市 180
湖沟镇……〔皖〕固镇县 202
湖坪乡……〔赣〕乐安县 231
湖林乡……〔闽〕华安县 217
湖岭镇……〔浙〕瑞安市 192
湖泗街道……〔鄂〕江夏区 267
湖泽镇……〔赣〕分宜县 225
湖南乡……〔赣〕临川区 230
湖南街道……〔辽〕铁东区 147
湖南路街道……〔沪〕徐汇区 175
湖南路街道……〔苏〕鼓楼区 179
湖南镇……〔浙〕衢江区 195
湖南镇……〔闽〕长乐区 213
湖美乡……〔闽〕大田县 215
湖洋镇……〔闽〕永春县 216
湖洋镇……〔闽〕上杭县 218
湖润镇……〔桂〕靖西市 308
湖塘乡……〔赣〕丰城市 230
湖塘街道……〔浙〕柯桥区 193
湖塘镇……〔苏〕武进区 181
湖雷镇……〔闽〕永定区 218
湖雾镇……〔浙〕乐清市 192
湖源乡……〔浙〕富阳区 189
湖源乡……〔闽〕沙县 215
湖溪乡……〔赣〕乐安县 231
湖溪镇……〔浙〕东阳市 195
湖滨区……〔豫〕三门峡市 257
湖滨街道……〔黑〕龙沙区 167
湖滨街道……〔黑〕工农区 168
湖滨街道……〔苏〕泉山区 180
湖滨街道……〔浙〕上城区 189
湖滨街道……〔闽〕石狮市 216
湖滨街道……〔豫〕湖滨区 257
湖滨街道……〔湘〕岳阳楼区 281
湖滨路街道……〔豫〕新华区 252
湖滨镇……〔鲁〕博兴县 245
湖墅街道……〔浙〕拱墅区 189
湖镇镇……〔浙〕龙游县 195
湖镇镇……〔粤〕博罗县 296
湖熟街道……〔苏〕江宁区 179
湖潮苗族布依族乡……〔黔〕花溪区 357
湖寮镇……〔粤〕大埔县 297
渣江镇……〔湘〕衡阳县 279
渣园乡……〔豫〕郏县 252
渣坪乡……〔湘〕洞口县 281
渣津镇……〔赣〕修水县 224
渣渡镇……〔湘〕冷水江市 288
湘口街道……〔鄂〕汉南区 267
湘乡市……〔湘〕湘潭市 279
湘水镇……〔陕〕南郑区 394
湘龙街道……〔湘〕长沙县 277
湘东区……〔赣〕萍乡市 224
湘东镇……〔赣〕湘东区 224
湘乐镇……〔陇〕宁县 406
湘西土家族苗族自治州……〔湘〕 288
湘江乡……〔湘〕江华瑶族自治县 286
湘江源瑶族乡……〔湘〕蓝山县 286
湘阴县……〔湘〕岳阳市 281
湘店乡……〔闽〕武平县 219
湘河镇……〔陕〕商南县 397
湘桥区……〔粤〕潮州市 299
湘桥街道……〔粤〕湘桥区 299
湘雅路街道……〔湘〕开福区 277
湘湖街道……〔湘〕芙蓉区 277
湘湖镇……〔赣〕浮梁县 223
湘漓镇……〔桂〕兴安县 305
湘滨镇……〔湘〕湘阴县 281
湘潭市……〔湘〕 278
湘潭县……〔湘〕湘潭市 278
湘潭街道……〔吉〕龙潭区 158
湘潭路街道……〔鲁〕李沧区 236
渤海乡……〔冀〕山海关区 110
渤海街道……〔辽〕兴隆台区 152
渤海街道……〔辽〕连山区 154
渤海街道……〔吉〕敦化市 162
渤海路街道……〔冀〕任丘市 119
渤海路街道……〔鲁〕庆云县 243
渤海镇……〔京〕怀柔区 100
渤海镇……〔黑〕宁安市 170
渤海镇……〔浙〕景宁畲族自治县 197
温水镇……〔鲁〕平邑县 243
温水镇……〔黔〕习水县 359
温水镇……〔陕〕陇县 391
温仁镇……〔冀〕清苑区 113
温巴什乡……〔新〕拜城县 426
温圳镇……〔赣〕进贤县 223
温亚尔乡……〔新〕伊宁县 428
温州市……〔浙〕 191
温江区……〔川〕成都市 327
温汤镇……〔赣〕袁州区 229
温更镇……〔蒙〕乌拉特中旗 139
温县……〔豫〕焦作市 255
温陈街道……〔鲁〕茌平县 244
温拖乡……〔川〕德格县 350
温岭市……〔浙〕台州市 196
温图高勒苏木……〔蒙〕额济纳旗 141
温店镇……〔鲁〕阳信县 245
温郊乡……〔闽〕清流县 215
温波镇……〔川〕石渠县 351
温春镇……〔黑〕西安区 170
温城乡……〔冀〕景县 120
温峤镇……〔浙〕温岭市 196
温香镇……〔辽〕海城市 148
温泉（地区）镇……〔京〕海淀区 99
温泉乡……〔晋〕岢岚县 129
温泉乡……〔晋〕交口县 131
温泉乡……〔青〕兴海县 414
温泉屯镇……〔冀〕涿鹿县 116
温泉县……〔新〕博尔塔拉蒙古自治州 424
温泉街道……〔蒙〕阿尔山市 140
温泉街道……〔辽〕铁东区 147
温泉街道……〔辽〕海城市 148
温泉街道……〔辽〕兴城市 154
温泉街道……〔闽〕鼓楼区 213
温泉街道……〔鲁〕即墨区 236
温泉街道……〔鲁〕招远市 238
温泉街道……〔豫〕温县 255
温泉街道……〔鄂〕咸安区 273
温泉街道……〔滇〕安宁市 370
温泉镇……〔苏〕东海县 183
温泉镇……〔皖〕岳西县 205
温泉镇……〔赣〕庐山市 225
温泉镇……〔赣〕临川区 230
温泉镇……〔赣〕铜鼓县 230
温泉镇……〔鲁〕环翠区 241
温泉镇……〔豫〕汝州市 252
温泉镇……〔鄂〕英山县 272
温泉镇……〔粤〕从化区 291
温泉镇……〔桂〕陆川县 307
温泉镇……〔渝〕开州区 320
温泉镇……〔黔〕息烽县 357
温泉镇……〔黔〕绥阳县 358
温泉镇……〔滇〕昌宁县 371
温泉镇……〔陕〕勉县 394
温泉镇……〔陇〕武山县 403
温泉镇……〔陇〕西峰区 405
温泉彝族乡……〔川〕盐边县 330
温浏乡……〔滇〕丘北县 376
温都尔勒图镇……〔蒙〕阿拉善左旗 141
温家庄乡……〔晋〕寿阳县 127
温宿县……〔新〕阿克苏地区 425
温宿镇……〔新〕温宿县 425
温堡乡……〔宁〕隆德县 420
温塘镇……〔冀〕平山县 108
温塘镇……〔湘〕新化县 288
温溪镇……〔浙〕青田县 197
温滴楼镇……〔辽〕凌海市 150
渭干乡……〔新〕新和县 425
渭门乡……〔川〕茂县 348
渭丰镇……〔陕〕鄠邑区 389
渭田镇……〔闽〕松溪县 218
渭阳乡……〔陇〕陇西县 406
渭阳西路街道……〔陕〕秦都区 391
渭阳街道……〔陕〕渭城区 391
渭沱镇……〔渝〕合川区 319
渭城区……〔陕〕咸阳市 391
渭城街道……〔陕〕渭城区 391
渭南市……〔陕〕 392
渭南镇……〔陇〕麦积区 402
渭津镇……〔吉〕东辽县 159
渭桥乡……〔皖〕休宁县 205
渭塘镇……〔苏〕相城区 181
渭源县……〔陇〕定西市 406
渭源路街道……〔陇〕城关区 401
渭滨区……〔陕〕宝鸡市 390
渭滨街道……〔陕〕秦都区 391
湍口镇……〔浙〕临安区 189
湍水头镇……〔晋〕临县 131
湍东镇……〔豫〕内乡县 258
湍河街道……〔豫〕邓州市 258
滑石侗族苗族土家族乡……〔黔〕碧江区 362
滑县……〔豫〕安阳市 253
滑集镇……〔皖〕临泉县 207
湫山乡……〔浙〕仙居县 196
湫山乡……〔陇〕礼县 408
湫头镇……〔陇〕正宁县 406
湫坡头镇……〔陕〕旬邑县 392
湟中县……〔青〕西宁市 413
湟里镇……〔苏〕武进区 181
湟源县……〔青〕西宁市 413
溆浦县……〔湘〕怀化市 286
渝中区……〔渝〕 317
渝水区……〔赣〕新余市 225
渝北区……〔渝〕 318
渝州路街道……〔渝〕九龙坡区 318
渝碚路街道……〔渝〕沙坪坝区 317
溢城街道……〔赣〕瑞昌市 225
湓浦街道……〔赣〕浔阳区 224
湓滩镇……〔豫〕邓州市 258
湾井镇……〔湘〕宁远县 286
湾沚镇……〔皖〕芜湖县 202
湾水镇……〔黔〕凯里市 364
湾龙镇……〔吉〕梅河口市 160
湾丘彝族乡……〔川〕米易县 330
湾仔街道……〔粤〕香洲区 293
湾头桥镇……〔湘〕武冈市 281
湾头镇……〔苏〕广陵区 184
湾坝彝族乡……〔川〕九龙县 350
湾坞镇……〔闽〕福安市 219
湾里乡……〔赣〕弋阳县 232
湾里区……〔赣〕南昌市 223
湾里街道……〔辽〕金州区 146
湾里街道……〔皖〕鸠江区 202
湾甸子镇……〔辽〕清原满族自治县 148
湾甸傣族乡……〔滇〕昌宁县 371
湾沟门乡……〔冀〕隆化县 117
湾沟镇……〔吉〕江源区 160
湾岭镇……〔琼〕保亭黎族苗族自治县 314
湾桥镇……〔滇〕大理市 377
湾塘乡……〔滇〕屏边苗族自治县 375
湾溪乡……〔湘〕洪江市 287
湾溪街道……〔黔〕凯里市 363
湾滩河镇……〔黔〕龙里县 365
湾碧傣族傈僳族乡……〔滇〕大姚县 375
湾潭乡……〔鄂〕汉川市 271
湾潭镇……〔鄂〕五峰土家族自治县 269
渡口土家族乡……〔川〕宣汉县 344
渡口乡……〔湘〕安仁县 285
渡口乡……〔川〕雷波县 354
渡口驿乡……〔鲁〕夏津县 244
渡口堡乡……〔冀〕怀安县 116
渡口镇……〔蒙〕磴口县 139
渡马镇……〔黔〕天柱县 364
渡市镇……〔川〕达川区 343
渡头桥镇……〔湘〕双清区 280
渡头塘镇……〔湘〕涟源市 288
渡舟街道……〔渝〕长寿区 319

（十二画）渡游湔滋渥湄滁愉寒富窝裕禅禄谢谦犀弼强粥巽疏隔隘

渡江镇……〔赣〕龙南县 227
渡普镇……〔鄂〕嘉鱼县 273
游风镇……〔陕〕武功县 392
游仙区……〔川〕绵阳市 332
游仙街道……〔川〕游仙区 332
游河乡……〔豫〕浉河区 260
游城乡……〔赣〕鄱阳县 232
游洋镇……〔闽〕仙游县 214
游家镇……〔湘〕新化县 288
游埠镇……〔浙〕兰溪市 194
游集镇……〔皖〕灵璧县 208
游溪镇……〔粤〕乳源瑶族自治县 292
湔氐镇……〔川〕什邡市 331
滋泥泉子镇……〔新〕阜康市 424
滋润乡……〔晋〕朔城区 126
滋镇……〔鲁〕陵城区 243
渥江镇……〔赣〕袁州区 229
湄江街道……〔黔〕湄潭县 359
湄江镇……〔湘〕涟源市 288
湄洲镇……〔闽〕秀屿区 214
湄洲镇……〔闽〕秀屿区 214
湄潭县……〔黔〕遵义市 359
滁口镇……〔湘〕资兴市 285
滁州市……〔皖〕206
愉群翁回族乡……〔新〕伊宁县 428
寒王乡……〔晋〕左权县 127
寒冻镇……〔豫〕正阳县 263
寒坡乡……〔川〕南部县 339
寒岭镇……〔辽〕辽阳县 151
寒亭区……〔鲁〕潍坊市 239
寒亭街道……〔鲁〕寒亭区 239
寒葱沟镇……〔黑〕抚远市 170
富力街道……〔黑〕南山区 168
富口镇……〔闽〕沙县 215
富山乡……〔浙〕黄岩区 196
富山乡……〔赣〕南昌县 223
富山街道……〔辽〕建平县 153
富川瑶族自治县……〔桂〕贺州市 309
富乡乡……〔川〕汉源县 346
富太镇……〔吉〕磐石市 159
富屯街道……〔辽〕北镇市 150
富水镇……〔陕〕商南县 397
富牛镇……〔川〕东坡区 340
富仁镇……〔陕〕周至县 390
富文乡……〔浙〕淳安县 190
富文街道……〔吉〕洮南市 162
富文镇……〔琼〕定安县 314
富世镇……〔川〕富顺县 329
富平县……〔陕〕渭南市 393
富东乡……〔滇〕澜沧拉祜族自治县 374
富田镇……〔赣〕青原区 228
富乐街道……〔川〕游仙区 332
富乐镇……〔川〕会理县 352
富乐镇……〔滇〕罗平县 370
富宁县……〔滇〕文山壮族苗族自治州 377
富宁街街道……〔宁〕兴庆区 419
富民县……〔滇〕昆明市 369
富民街道……〔桂〕万秀区 305
富民路街道……〔津〕河东区 103
富加镇……〔川〕仁寿县 340
富邦乡……〔滇〕澜沧拉祜族自治县 374
富全镇……〔川〕沿滩区 329
富庄镇……〔川〕汉源县 345
富江乡……〔吉〕通化县 160
富江乡……〔黑〕巴彦县 166
富池镇……〔鄂〕阳新县 268
富兴乡……〔川〕长宁县 342
富兴堡街道……〔闽〕三元区 214
富兴街道……〔蒙〕东胜区 138
富兴镇……〔川〕中江县 331
富安街道……〔黑〕尖山区 168
富安镇……〔苏〕东台市 184
富阳区……〔浙〕杭州市 189
富阳镇……〔桂〕富川瑶族自治县 309
富村镇……〔冀〕高邑县 108
富村镇……〔滇〕富源县 370
富县……〔陕〕延安市 393
富岗乡……〔冀〕易县 114
富利镇……〔川〕南部县 338
富良棚乡……〔滇〕峨山彝族自治县 371
富拉尔基区……〔黑〕齐齐哈尔市 167
富林镇……〔黑〕通河县 166
富林镇……〔粤〕云安区 300
富林镇……〔川〕汉源县 345
富国街道……〔吉〕西安区 159
富国街道……〔鲁〕沾化区 245
富昌乡……〔冀〕竞秀区 113
富岩镇……
……〔滇〕孟连傣族拉祜族佤族自治县 374
富罗镇……〔桂〕昭平县 308
富岭镇……〔闽〕浦城县 217
富和乡……〔川〕富顺县 330
富和乡……〔川〕沐川县 337
富河镇……〔蒙〕巴林左旗 136
富官庄镇……〔鲁〕沂水县 243
富驿镇……〔川〕盐亭县 332
富春乡……〔鲁〕鄄城县 246
富春江镇……〔浙〕桐庐县 190
富春街道……〔浙〕富阳区 189
富城乡……〔赣〕会昌县 227
富荣镇……〔辽〕阜新蒙古族自治县 151
富荣镇……〔川〕屏山县 342
富顺县……〔川〕自贡市 329
富顺镇……〔川〕三台县 332
富顺镇……〔川〕茂县 348
富泉乡……〔闽〕永泰县 213
富泉镇……〔川〕汉源县 346
富饶乡……〔黑〕依安县 167
富恒乡……〔滇〕漾濞彝族自治县 377
富海镇……〔黑〕富裕县 167
富家桥镇……〔湘〕零陵区 285
富家镇……〔辽〕台安县 147
富盛镇……〔浙〕越城区 193
富堨镇……〔皖〕歙县 205
富锋街道……〔吉〕朝阳区 157
富裕县……〔黑〕齐齐哈尔市 167
富裕街道……〔吉〕南关区 157
富裕镇……〔黑〕富裕县 167
富禄苗族乡……〔桂〕三江侗族自治县 304
富强乡……〔黑〕绥滨县 168
富强街道……〔吉〕梨树县 159
富强街道……〔黑〕碾子山区 167
富强路街道……〔蒙〕青山区 135
富强镇……〔黑〕拜泉县 167
富塘街道……〔湘〕道县 285
富路镇……〔黑〕富裕县 167
富锦市……〔黑〕佳木斯市 170
富锦镇……〔黑〕富锦市 170
富新镇……〔川〕绵竹市 332
富源乡……〔黑〕密山市 168
富源县……〔滇〕曲靖市 370
富源街道……〔鲁〕沾化区 245
富源路街道……〔川〕船山区 335
富溪乡……〔皖〕徽州区 205
富溪镇……〔闽〕柘荣县 219
富溪镇……〔川〕东兴区 336
富滩镇……〔赣〕青原区 228
富蕴县……〔新〕阿勒泰地区 429
富镇镇……〔冀〕泊头市 119
窝公乡……〔川〕德格县 350
窝北镇……〔冀〕肃宁县 118
窝依莫克镇……〔新〕布尔津县 429
窝底乡……〔川〕小金县 349
窝城镇……〔豫〕临颍县 257
窝洛沽镇……〔冀〕玉田县 109
窝堡乡……〔川〕冕宁县 354
窝赛乡……〔青〕达日县 415
裕东街道……〔冀〕裕华区 107
裕田街道……〔黑〕呼兰区 165
裕民县……〔新〕塔城地区 429
裕民街道……〔黑〕呼兰区 165
裕民街道……〔宁〕青铜峡市 420
裕民镇……〔川〕岳池县 343
裕华区……〔冀〕石家庄市 107
裕华街道……〔冀〕莲池区 113
裕华街道……〔冀〕霸州市 120
裕华路街道……〔冀〕裕华区 107
裕华镇……〔川〕阆中市 340
裕兴街道……〔冀〕裕华区 107
裕安区……〔皖〕六安市 208
裕河镇……〔陇〕武都区 407
裕南街街道……〔湘〕天心区 277
裕隆回族乡……〔川〕西昌市 351
裕翔街道……〔冀〕裕华区 107
裕强街道……〔冀〕裕华区 107
裕强街道……〔黑〕呼兰区 165
裕溪口街道……〔皖〕鸠江区 201
裕溪乡……〔浙〕松阳县 197
禅林乡……〔川〕苍溪县 335
禅城区……〔粤〕佛山市 293
禅家岩镇……〔陕〕宁强县 394
禅堂乡……〔皖〕灵璧县 208
禄口街道……〔苏〕江宁区 179
禄丰县……〔滇〕楚雄彝族自治州 375
禄劝彝族苗族自治县……〔滇〕昆明市 369
禄市镇……〔川〕华蓥市 343
禄加镇……〔川〕仁寿县 341
禄步镇……〔粤〕高要区 295
禄峒镇……〔桂〕靖西市 308
禄脿街道……〔滇〕安宁市 370
禄新镇……〔桂〕武宣县 310
谢三村街道……〔皖〕谢家集区 203
谢屯乡……〔辽〕凌海市 150
谢屯镇……〔辽〕瓦房店市 147
谢庄乡……〔冀〕赵县 108
谢庄镇……〔豫〕卧龙区 257
谢安乡……〔川〕仁寿县 341
谢坝仡佬族苗族乡……〔黔〕正安县 358
谢坊镇……〔赣〕瑞金市 227
谢村镇……〔陕〕洋县 394
谢岗镇……〔粤〕东莞市 299
谢鸡镇……〔粤〕高州市 295
谢林港镇……〔湘〕赫山区 284
谢炉镇……〔冀〕清河县 113
谢河镇……〔川〕南部县 338
谢河镇……〔陇〕凉州区 403
谢洋乡……〔闽〕大田县 215
谢桥街道……〔黔〕万山区 362
谢桥镇……〔皖〕颍上县 207
谢家垭乡……〔湘〕永定区 283
谢家铺镇……〔湘〕鼎城区 282
谢家堡乡……〔冀〕涿鹿县 116
谢家集区……〔皖〕淮南市 203
谢家集街道……〔皖〕谢家集区 203
谢家湾乡……〔陇〕甘谷县 403
谢家湾街道……〔渝〕九龙坡区 318
谢家滩乡……〔青〕化隆回族自治县 414
谢家滩镇……〔赣〕鄱阳县 232
谢家镇……〔川〕彭山区 340
谢通门县……〔藏〕日喀则市 382
谢集镇……〔鲁〕单县 246
谢集镇……〔豫〕梁园区 259
谢塘镇……〔浙〕上虞区 193
谢旗营镇……〔豫〕武陟县 255
谦六彝族乡……〔滇〕澜沧拉祜族自治县 374
犀牛脚镇……〔桂〕钦南区 306
犀浦镇……〔川〕郫都区 328
犀溪镇……〔闽〕寿宁县 219
弼时镇……〔湘〕汨罗市 282
弼佑镇……〔黔〕册亨县 363
强玛镇……〔藏〕安多县 385
强堆乡……〔藏〕白朗县 382
强蛟镇……〔浙〕宁海县 191
强湾乡……〔陇〕白银区 402
强嘎乡……〔藏〕林周县 381
粥店街道……〔鲁〕岱岳区 241
巽宅镇……〔浙〕永嘉县 191
疏附县……〔新〕喀什地区 426
疏勒县……〔新〕喀什地区 426
疏勒镇……〔新〕疏勒县 426
隔川乡……〔闽〕连城县 219
隔河头镇……〔冀〕青龙满族自治县 110
隔蒲潭镇……〔鄂〕云梦县 271
隘口乡……〔皖〕宿松县 204
隘口乡……〔川〕宣汉县 344
隘口镇……
……〔渝〕秀山土家族苗族自治县 323
隘子镇……〔粤〕始兴县 292
隘洞镇……〔桂〕东兰县 309
登云镇……〔粤〕龙川县 298

登木乡……〔藏〕朗县 384
登龙乡……〔赣〕吉安县 228
登龙乡……〔川〕白玉县 350
登仕堡子镇……〔辽〕法库县 146
登州街道……〔鲁〕蓬莱市 238
登州路街道……〔鲁〕市北区 236
登岗镇……〔粤〕榕城区 300
登沙河街道……〔辽〕金州区 146
登封市……〔豫〕郑州市 250
登科街道……〔川〕恩阳区 346
登峰街道……〔辽〕旅顺口区 146
登峰街道……〔粤〕越秀区 291
登特科镇……〔蒙〕莫力达瓦达斡尔族自治旗 138
登塘镇……〔粤〕潮安区 299
婺城区……〔浙〕金华市 194
婺源县……〔赣〕上饶市 232
缑氏镇……〔豫〕偃师市 251
㮾梨街道……〔湘〕长沙县 277
鄐隍镇……〔粤〕丰顺县 297

十三画

瑞云乡……〔川〕安岳县 348
瑞云观乡……〔冀〕怀来县 116
瑞光街道……〔吉〕洮北区 161
瑞州街道……〔赣〕高安市 230
瑞安市……〔浙〕宁波市 192
瑞丽市……〔滇〕德宏傣族景颇族自治州 378
瑞林镇……〔赣〕瑞金市 227
瑞昌市……〔赣〕九江市 225
瑞昌路街道……〔鲁〕市北区 236
瑞金二路街道……〔沪〕黄浦区 175
瑞金市……〔赣〕赣州市 227
瑞金路街道……〔苏〕秦淮区 179
瑞宝街道……〔粤〕海珠区 291
瑞洪镇……〔赣〕余干县 232
瑞峰镇……〔川〕青神县 341
瑞塔铺镇……〔湘〕桑植县 283
瑞景街道……〔津〕北辰区 103
瑞溪镇……〔琼〕屯昌县 314
瑞溪镇……〔黔〕正安县 358
鄢岗镇……〔豫〕商城县 260
鄢城街道……〔鄂〕宜城市 270
鄢家乡……〔川〕高坪区 338
鄢家镇……〔川〕罗江区 331
鄢陵县……〔豫〕许昌市 256
塌山乡……〔冀〕宽城满族自治县 118
鼓山镇……〔闽〕晋安区 213
鼓东街道……〔闽〕鼓楼区 213
鼓场街道……〔黔〕金沙县 361
鼓扬镇……〔黔〕长顺县 365
鼓西街道……〔闽〕鼓楼区 213
鼓匠乡……〔川〕武胜县 343
鼓浪屿街道……〔闽〕思明区 214
鼓楼区……〔苏〕南京市 179
鼓楼区……〔苏〕徐州市 180
鼓楼区……〔闽〕福州市 213
鼓楼区……〔豫〕开封市 250
鼓楼西街道……〔晋〕尧都区 129
鼓楼街道……〔京〕密云区 100
鼓楼街道……〔津〕南开区 103
鼓楼街道……〔冀〕泊头市 119
鼓楼街道……〔晋〕杏花岭区 123
鼓楼街道……〔晋〕霍州市 130
鼓楼街道……〔辽〕盖州市 150
鼓楼街道……〔浙〕海曙区 190
鼓楼街道……〔皖〕颍州区 206
鼓楼街道……〔皖〕裕安区 208
鼓楼街道……〔鲁〕兖州区 240
鼓楼街道……〔鄂〕麻城市 273
鼓楼街道……〔黔〕平坝区 359
鼓楼街道……〔滇〕盘龙区 369
鼓楼街道……〔陕〕榆阳区 395
堽城镇……〔鲁〕宁阳县 241
摆所镇……〔黔〕长顺县 365
摆金镇……〔黔〕惠水县 365
摆榔彝族布朗族乡……〔滇〕施甸县 371
摆渡镇……〔黑〕宾县 166
搬口街道……〔豫〕川汇区 261
搬经镇……〔苏〕如皋市 182
搬罾镇……〔川〕顺庆区 338
摇铃乡……〔川〕剑阁县 335
摇鞍镇乡……〔冀〕临西县 113
塘下镇……〔浙〕瑞安市 192
塘口镇……〔粤〕开平市 294
塘口镇……〔粤〕阳西县 298
塘山乡……〔赣〕德安县 225
塘山镇……〔赣〕青山湖区 223
塘川镇……〔青〕互助土族自治县 413
塘子街道…〔滇〕寻甸回族彝族自治县 369
塘且乡……〔川〕昭觉县 353
塘田市镇……〔湘〕邵阳县 280
塘市镇……〔湘〕桂阳县 284
塘汇街道……〔浙〕秀洲区 192
塘头镇……〔黔〕思南县 362
塘边镇……〔黔〕平塘县 365
塘西街道……〔皖〕花山区 203
塘汛镇……〔川〕涪城区 332
塘红乡……〔桂〕上林县 303
塘坝乡……〔川〕犍为县 337
塘坝乡……〔川〕筠连县 342
塘坝镇……〔渝〕潼南区 320
塘坝镇……〔黔〕沿河土家族自治县 362
塘坊镇……〔赣〕广昌县 231
塘坊镇……〔渝〕巫溪县 322
塘村乡……〔赣〕安远县 227
塘村镇……〔湘〕嘉禾县 284
塘步镇……〔桂〕藤县 305
塘沟镇……〔苏〕沭阳县 186
塘尾街道……〔粤〕吴川市 295
塘坪镇……〔粤〕阳东区 298
塘岸镇……〔桂〕北流市 307
塘底乡……〔湘〕双牌县 285
塘沽街道……〔津〕滨海新区 104
塘河街道……〔苏〕建湖县 184
塘河镇……〔渝〕江津区 319
塘房镇……〔滇〕镇雄县 372
塘南镇……〔皖〕当涂县 203
塘南镇……〔赣〕南昌县 223
塘前乡……〔闽〕永泰县 213
塘前乡……〔闽〕连城县 219
塘洲镇……〔赣〕泰和县 228
塘栖镇……〔浙〕余杭区 189
塘桥街道……〔沪〕浦东新区 176
塘桥镇……〔苏〕张家港市 182
塘格木镇……〔青〕共和县 414
塘厦镇……〔粤〕东莞市 299
塘雅镇……〔浙〕金东区 194
塘湖镇……〔冀〕易县 114
塘湖镇……〔鄂〕通城县 273
塘湾镇……〔赣〕贵溪市 226
塘湾镇……〔湘〕洪江市 287
塘渡口镇……〔湘〕邵阳县 280
塘蓬镇……〔粤〕廉江市 294
塘源口乡……〔浙〕江山市 195
塘溪镇……〔浙〕鄞州区 190
塘缀镇……〔粤〕吴川市 295
鄞州区……〔浙〕宁波市 190
鄞江镇……〔浙〕海曙区 190
勤丰镇……〔滇〕禄丰县 375
勤劳镇……〔黑〕庆安县 172
靳村乡……〔豫〕汝阳县 251
靳岗街道……〔豫〕卧龙区 257
靳堂乡……〔豫〕原阳县 254
靳寨乡……〔皖〕界首市 207
鹊儿山镇……〔晋〕左云县 124
蓝口镇……〔粤〕东源县 298
蓝山县……〔湘〕永州市 286
蓝天街道……〔蒙〕准格尔旗 138
蓝天街道……〔琼〕美兰区 313
蓝田乡……〔闽〕安溪县 216
蓝田县……〔陕〕西安市 390
蓝田街道……〔湘〕涟源市 288
蓝田街道……〔川〕江阳区 330
蓝田瑶族乡……〔粤〕龙门县 296
蓝田镇……〔闽〕龙文区 216
蓝田镇……〔黔〕天柱县 364
蓝关街道……〔陕〕蓝田县 390
蓝坊镇……〔赣〕高安市 230
蓝坊镇……〔粤〕蕉岭县 297
蓝村镇……〔鲁〕即墨区 236
蓝钟镇……〔粤〕怀集县 296
蓝桥镇……〔陕〕蓝田县 390
蓝塘镇……〔粤〕紫金县 298
蓝溪镇……〔闽〕上杭县 218
蓝旗卡伦乡……〔冀〕围场满族蒙古族自治县 118
蓝旗营镇……〔冀〕兴隆县 117
蓝旗镇……〔冀〕隆化县 117
蓝旗镇……〔辽〕凤城市 149
幕府山街道……〔苏〕鼓楼区 179
蓟州区……〔津〕104
蓬东乡……〔渝〕黔江区 319
蓬华镇……〔闽〕南安市 216
蓬江区……〔粤〕江门市 294
蓬安县……〔川〕南充市 339
蓬南镇……〔川〕蓬溪县 335
蓬壶镇……〔闽〕永春县 216
蓬莱市……〔鲁〕烟台市 238
蓬莱阁街道……〔鲁〕蓬莱市 238
蓬莱镇……〔闽〕安溪县 216
蓬莱镇……〔琼〕文昌市 313
蓬莱镇……〔川〕大英县 336
蓬街镇……〔浙〕路桥区 196
蓬塘乡……〔湘〕常宁市 280
蓬源镇……〔湘〕衡东县 279
蓬溪县……〔川〕遂宁市 335
蒿子港镇……〔湘〕鼎城区 282
蒿吉坪瑶族乡……〔湘〕中方县 286
蒿坝镇……〔川〕筠连县 342
蒿沟乡……〔皖〕埇桥区 208
蒿坪镇……〔鄂〕丹江口市 269
蒿坪镇……〔陕〕紫阳县 396
蒿林乡……〔陇〕西和县 408
蒿咀铺乡……〔陇〕合水县 406
蒿溪回族乡……〔川〕青川县 334
蓄集乡……〔青〕德令哈市 415
蒲上镇……〔冀〕顺平县 115
蒲口乡……〔冀〕高阳县 114
蒲山镇……〔豫〕卧龙区 257
蒲川乡……〔滇〕腾冲市 372
蒲东街道……〔辽〕辽中区 145
蒲东街道……〔豫〕长垣县 254
蒲北街道……〔豫〕长垣县 254
蒲包乡……〔川〕大竹县 344
蒲台乡……〔青〕乐都区 413
蒲场镇……〔黔〕绥阳县 358
蒲西乡……〔川〕壤塘县 349
蒲西街道……〔辽〕辽中区 145
蒲西街道……〔豫〕长垣县 254
蒲团乡……〔鄂〕华容区 270
蒲吕街道……〔渝〕铜梁区 320
蒲州街道……〔浙〕龙湾区 191
蒲州镇……〔晋〕永济市 128
蒲江县……〔川〕成都市 328
蒲池乡……〔陇〕武都区 407
蒲阳镇……〔冀〕顺平县 115
蒲阳镇……〔川〕都江堰市 328
蒲圻街道……〔鄂〕赤壁市 273
蒲芦瑶族乡……〔桂〕荔浦县 305
蒲村镇……〔陕〕岐山县 390
蒲县……〔晋〕临汾市 130
蒲岐镇……〔浙〕乐清市 192
蒲汪镇……〔鲁〕沂南县 242
蒲庙镇……〔桂〕邕宁区 303
蒲城县……〔陕〕渭南市 392
蒲城街道……〔豫〕卫东区 252
蒲城镇……〔晋〕蒲县 130
蒲亭镇……〔赣〕德安县 225
蒲洼乡……〔京〕房山区 100
蒲莲乡……〔川〕广安区 342
蒲莲镇……〔渝〕巫溪县 322
蒲峪路街道……〔黑〕克东县 167
蒲家乡……〔川〕朝天区 334
蒲家镇……〔川〕通川区 343
蒲麻镇……〔陇〕岷县 407
蒲掌乡……〔晋〕垣曲县 128
蒲窝镇……〔陇〕灵台县 404
蒲塘镇……〔桂〕兴业县 307

（十三画）蒲蓉蒙蓥蒸献椿椹楠替楚榄槐榆槎楼榉裘赖感碛碑硼碗碌鄠雷零雾雹辑督虞鉴睦睢愚暖

蒲溪乡……〔川〕理县 348
蒲溪镇……〔陕〕汉阴县 396
蒲稳侗族苗族乡……〔湘〕会同县 287
蒲缥镇……〔滇〕隆阳区 371
蒲鞋市街道……〔浙〕鹿城区 191
蓉江街道……〔赣〕南康区 226
蓉花山镇……〔辽〕庄河市 147
蓉城镇……〔皖〕青阳县 210
蒙兀室韦苏木……〔蒙〕额尔古纳市 139
蒙山县……〔桂〕梧州市 305
蒙山镇……〔赣〕上高县 229
蒙山镇……〔桂〕蒙山县 305
蒙公镇……〔桂〕覃塘区 306
蒙古营镇……〔辽〕北票市 153
蒙圩镇……〔桂〕桂平市 307
蒙西镇……〔蒙〕鄂托克旗 138
蒙自乡……〔川〕稻城县 351
蒙自市…〔滇〕红河哈尼族彝族自治州 375
蒙阳镇……〔川〕名山区 345
蒙阴县……〔鲁〕临沂市 243
蒙阴街道……〔鲁〕蒙阴县 243
蒙村镇……〔桂〕兴宾区 310
蒙顶山镇……〔川〕名山区 345
蒙宜镇……〔川〕石渠县 351
蒙姑镇……〔滇〕巧家县 372
蒙城县……〔皖〕亳州市 209
蒙泉镇……〔湘〕石门县 283
蒙海镇……〔蒙〕杭锦后旗 140
蓥华镇……〔川〕什邡市 331
蒸湘区……〔湘〕衡阳市 279
蒸湘街道……〔湘〕蒸湘区 279
献县……〔冀〕沧州市 119
椿木乡……〔川〕邻水县 343
椿木营乡……〔鄂〕宣恩县 274
椿林镇……〔陕〕蒲城县 392
椿树街道……〔京〕西城区 99
椿树镇……〔皖〕金安区 208
椹涧乡……〔豫〕建安区 256
楠木乡……〔赣〕袁州区 229
楠木乡…〔渝〕酉阳土家族苗族自治县 323
楠木坪镇……〔湘〕芷江侗族自治县 287
楠木铺乡……〔湘〕沅陵县 286
楠木渡镇……〔黔〕开阳县 357
楠木镇……〔川〕南部县 338
楠市镇……〔湘〕蓝山县 286
楠竹山镇……〔湘〕雨湖区 278
楠竹山镇……〔渝〕南川区 320
楠杆土家族乡……〔黔〕德江县 362
楠杆镇……〔豫〕罗山县 260
替滨镇……〔粤〕罗定市 300
楚门镇……〔浙〕玉环市 196
楚古兰街道……〔蒙〕锡林浩特市 141
楚米镇……〔黔〕桐梓县 358
楚江街道……〔湘〕石门县 283
楚江镇……〔湘〕临武县 285
楚村镇……〔皖〕蒙城县 209
楚旺镇……〔豫〕内黄县 253
楚店镇……〔皖〕涡阳县 209
楚侯乡……〔晋〕临猗县 127
楚雄市……〔滇〕楚雄彝族自治州 374
楚雄彝族自治州……〔滇〕 374
楚鲁松杰乡……〔藏〕札达县 385
榄圩乡……〔桂〕大新县 310
榄核镇……〔粤〕南沙区 291
槐阳镇……〔冀〕元氏县 108
槐芽镇……〔陕〕眉县 391
槐花乡……〔川〕蓬溪县 335
槐林镇……〔皖〕巢湖市 201
槐店乡……〔豫〕光山县 260
槐店回族镇……〔豫〕沈丘县 261
槐底街道……〔冀〕裕华区 107
槐泗镇……〔苏〕邗江区 185
槐荫区……〔鲁〕济南市 235
槐南镇……〔闽〕永安市 215
槐柏镇……〔陕〕洛川县 393
槐树乡……〔豫〕孟州市 255
槐树乡……〔豫〕遂平县 263
槐树关镇……〔陕〕洋县 394
槐树湾乡……〔皖〕金寨县 209
槐树镇……〔冀〕晋州市 108
槐树镇……〔川〕西充县 340
槐桥乡……〔冀〕曲周县 112
槐埝乡……〔晋〕浮山县 130
槐新街道……〔豫〕偃师市 251
榆山街道……〔鲁〕平阴县 235
榆中县……〔陇〕兰州市 401
榆庄乡……〔晋〕宁武县 129
榆次区……〔晋〕晋中市 126
榆关镇……〔冀〕抚宁区 110
榆阳区……〔陕〕榆林市 395
榆村乡……〔皖〕休宁县 205
榆社县……〔晋〕晋中市 127
榆林子镇……〔陇〕正宁县 406
榆林乡……〔豫〕延津县 254
榆林乡……〔豫〕建安区 256
榆林乡……〔陇〕临夏县 408
榆林市……〔陕〕 395
榆林街道……〔辽〕新抚区 148
榆林街道……〔川〕康定市 349
榆林镇……〔蒙〕赛罕区 135
榆林镇……〔吉〕集安市 160
榆林镇……〔黑〕兰西县 171
榆岭乡……〔晋〕平鲁区 126
榆树乡……〔辽〕新宾满族自治县 148
榆树乡……〔黑〕肇州县 169
榆树乡……〔陇〕徽县 408
榆树屯镇……〔黑〕昂昂溪区 167
榆树市……〔吉〕长春市 157
榆树台镇……〔吉〕梨树县 159
榆树沟街道……〔新〕水磨沟区 423
榆树沟镇……〔新〕昌吉市 424
榆树林子镇……〔冀〕平泉市 118
榆树林子镇……〔辽〕建平县 153
榆树街道……〔辽〕大洼区 152
榆树街道……〔吉〕龙潭区 158
榆树镇……〔黑〕安图县 165
榆科镇……〔冀〕深州市 120
榆垡镇……〔京〕大兴区 100
榆盘镇……〔陇〕武山县 403
槎水镇……〔皖〕潜山县 204
楼溪镇……〔湘〕新化县 287
楼下镇……〔黔〕普安县 363
楼山街道……〔鲁〕李沧区 236
楼子乡……〔川〕青川县 334
楼子营镇……〔晋〕河曲县 129
楼王镇……〔苏〕盐都区 184
楼台乡……〔鄂〕溢水镇 268
楼庄乡……〔鲁〕曹县 246
楼观镇……〔陕〕周至县 390
楼沟乡……〔晋〕偏关县 129
楼板寨乡……〔晋〕原平市 129
楼底镇……〔冀〕栾城区 107
楼房镇……〔辽〕振安区 149
楼塔镇……〔浙〕萧山区 189
楼街朝鲜族乡……〔吉〕辉南县 160
楼德镇……〔鲁〕新泰市 241
榉溪乡……〔川〕盐亭县 333
裘村镇……〔浙〕奉化区 190
赖坊镇……〔闽〕清流县 215
赖村镇……〔赣〕宁都县 227
赖店镇……〔闽〕仙游县 214
赖源乡……〔闽〕连城县 219
感王镇……〔辽〕海城市 148
感城镇……〔琼〕东方市 314
感德镇……〔闽〕安溪县 216
碛口镇……〔晋〕临县 131
碑记镇……〔川〕雁江区 347
碑坝镇……〔陕〕南郑区 394
碑林区……〔陕〕西安市 389
碑庙镇……〔川〕通川区 343
碑垭乡……〔川〕剑阁县 334
碑院镇……〔川〕南部县 338
碑格乡……〔滇〕开远市 375
碑高乡……〔川〕达川区 344
碑廓镇……〔鲁〕岚山区 242
硼海镇……〔辽〕宽甸满族自治县 149
碗厂乡……〔川〕昭觉县 353
碗厂镇……〔川〕威远县 336
碗厂镇……〔滇〕镇雄县 372
碗米坡镇……〔湘〕保靖县 288
碗泉乡……〔川〕剑阁县 334
碗窑乡……〔浙〕江山市 195
碌曲县……〔陇〕甘南藏族自治州 409
鄠邑区……〔陕〕西安市 389
雷大镇……〔陇〕静宁县 405
雷山县…〔黔〕黔东南苗族侗族自治州 365
雷王乡……〔陇〕礼县 408
雷牙镇……〔陕〕白水县 393
雷公尖乡……〔赣〕靖安县 230
雷公镇……〔鄂〕安陆市 271
雷打石镇……〔湘〕天元区 278
雷龙湾镇……〔陕〕横山区 395
雷平镇……〔桂〕大新县 310
雷庄镇……〔冀〕滦县 109
雷州市……〔粤〕湛江市 295
雷池乡……〔皖〕望江县 205
雷池乡……〔川〕雷波县 354
雷坝镇……〔陇〕礼县 408
雷赤镇……〔陕〕延长县 393
雷甸镇……〔浙〕德清县 193
雷坪镇……〔湘〕桂阳县 284
雷鸣镇……〔琼〕定安县 314
雷岭镇……〔粤〕潮南区 293
雷河镇……〔鄂〕宜城市 270
雷波县……〔川〕凉山彝族自治州 354
雷官镇……〔皖〕来安县 206
雷城街道……〔粤〕雷州市 295
雷音乡……〔川〕荣县 329
雷洞瑶族水族乡……〔黔〕黎平县 364
雷峰乡……〔浙〕天台县 196
雷峰镇……〔闽〕德化县 216
雷高镇……〔粤〕雷州市 295
雷家乡……〔川〕简阳市 329
雷家店乡……〔辽〕建昌县 154
雷家店镇……〔鄂〕英山县 272
雷家碛乡……〔晋〕临县 131
雷埠乡……〔皖〕怀宁县 204
雷锋街道……〔湘〕望城区 277
雷集镇……〔鲁〕夏津县 244
雷溪镇……〔赣〕贵溪市 226
雷寨乡……〔豫〕正阳县 263
零口街道……〔陕〕临潼区 389
零阳镇……〔湘〕慈利县 283
零陵区……〔湘〕永州市 285
零溪镇……〔湘〕慈利县 283
雾山乡……〔川〕大邑县 328
雾灵山镇……〔冀〕兴隆县 117
雾渡河镇……〔鄂〕夷陵区 269
雾溪畲族乡……〔浙〕云和县 197
雹水乡……〔冀〕唐县 114
辑庆镇……〔川〕中江县 331
督院街街道……〔川〕锦江区 327
虞山镇……〔苏〕常熟市 181
虞乡镇……〔晋〕永济市 128
虞关乡……〔陇〕徽县 408
虞宅乡……〔浙〕浦江县 194
虞丞乡……〔川〕仁寿县 341
虞城县……〔豫〕商丘市 259
虞唐镇……〔湘〕湘乡市 279
虞家河乡……〔赣〕濂溪区 224
虞姬乡……〔皖〕灵璧县 208
鉴江街道……〔粤〕化州市 295
鉴江镇……〔闽〕罗源县 213
鉴湖街道……〔浙〕越城区 193
睦坝乡……〔川〕蓬安县 339
睦村乡……〔赣〕井冈山市 229
睦岗街道……〔粤〕端州区 295
睦洲镇……〔粤〕新会区 294
睢宁县……〔苏〕徐州市 180
睢阳区……〔豫〕商丘市 259
睢县……〔豫〕商丘市 259
睢河街道……〔苏〕睢宁县 180
睢城街道……〔苏〕睢宁县 180
睢水镇……〔川〕安州区 332
愚公乡……〔黑〕依兰县 166
暖水乡……〔蒙〕准格尔旗 138
暖水镇……〔湘〕汝城县 285
暖池塘镇……〔辽〕南票区 154
暖泉街道……〔蒙〕牙克石市 139
暖泉镇……〔冀〕蔚县 116

（十三画）暖歇暗照跶跳路蜂畹蜀嵊嵩错锡锣锦矮雉稔稠筠筻筲贺筱简魁衙微遥腻腰鹏腾詹鲅鲇鲊鲍

暖泉镇……〔晋〕中阳县 131
暖泉镇……〔辽〕盖州市 150
歇马乡……〔川〕夹江县 337
歇马镇……〔鄂〕保康县 270
歇马镇……〔渝〕北碚区 318
歇武镇……〔青〕称多县 415
暗流镇……〔黔〕清镇市 357
照阳河镇……〔冀〕康保县 116
照旺庄镇……〔鲁〕莱阳市 238
照金镇……〔陕〕耀州区 390
照境镇……〔豫〕获嘉县 254
照壁山乡……〔新〕木垒哈萨克自治县 424
跶石街道……〔浙〕龙泉市 197
跳马镇……〔湘〕雨花区 277
跳伞塔街道……〔川〕武侯区 327
跳磴镇……〔渝〕大渡口区 317
跳蹬河街道……〔川〕成华区 327
路下乡……〔闽〕屏南县 219
路口乡……〔赣〕修水县 224
路口乡……〔豫〕息县 261
路口镇……〔赣〕莲花县 224
路口镇……〔鄂〕黄州区 272
路口镇……〔鄂〕崇阳县 273
路口镇……〔湘〕长沙县 277
路口镇……〔湘〕云溪区 281
路井镇……〔陕〕合阳县 392
路东街道……〔晋〕尧都区 129
路东街道……〔晋〕侯马市 130
路北区……〔冀〕唐山市 108
路北街道……〔冀〕桃城区 120
路北街道……〔浙〕路桥区 196
路西街道……〔晋〕榆次区 126
路西街道……〔晋〕侯马市 130
路庄子乡……〔冀〕曲阳县 114
路阳镇……〔渝〕云阳县 322
路村乡……〔晋〕屯留县 125
路村营乡……〔冀〕磁县 111
路园镇……〔陇〕渭源县 406
路罗镇……〔冀〕邢台县 112
路河镇……〔豫〕睢阳区 259
路居镇……〔滇〕江川区 371
路南区……〔冀〕唐山市 108
路南街道……〔冀〕山海关区 110
路南街道……〔苏〕海州区 182
路南街道……〔浙〕路桥区 196
路南镇……〔辽〕老边区 150
路桥乡……〔冀〕馆陶县 112
路桥区……〔浙〕台州市 196
路桥街道……〔浙〕路桥区 196
路家村镇……〔晋〕盂县 124
路盘乡……〔陇〕临夏县 408
路寨乡……〔豫〕原阳县 254
蜂岩镇……〔黔〕凤冈县 359
蜂桶乡……〔川〕万源市 345
蜂桶寨乡……〔川〕宝兴县 346
畹町镇……〔滇〕瑞丽市 378
蜀山区……〔皖〕合肥市 201
蜀山街道……〔浙〕萧山区 189
蜀山镇……〔皖〕无为县 202
蜀北街道……〔川〕南部县 338
蜀河镇……〔陕〕旬阳县 397
嵊山镇……〔浙〕嵊泗县 196
嵊州市……〔浙〕绍兴市 194
嵊泗县……〔浙〕舟山市 196
嵩口镇……〔闽〕永泰县 213
嵩口镇……〔闽〕清流县 215
嵩山街街道……〔新〕新市区 423
嵩山路街道……〔豫〕二七区 249
嵩山路街道……〔湘〕天元区 278
嵩市镇……〔赣〕资溪县 231
嵩屿街道……〔闽〕海沧区 214
嵩阳街道……〔豫〕登封市 250
嵩阳街道……〔滇〕嵩明县 369
嵩县……〔豫〕洛阳市 251
嵩明县……〔滇〕昆明市 369
嵩峰乡……〔赣〕广丰区 231
嵩湖乡……〔赣〕临川区 230
嵩溪镇……〔闽〕清流县 215
错那县……〔藏〕山南市 384
错那镇……〔藏〕错那县 384
错阿镇……〔川〕德格县 350
错高乡……〔藏〕工布江达县 384
锡山区……〔苏〕无锡市 179
锡北镇……〔苏〕锡山区 179
锡尼街道……〔蒙〕达拉特旗 138
锡尼镇……〔蒙〕杭锦旗 138
锡场镇……〔粤〕东源县 298
锡场镇……〔粤〕揭东区 300
锡林北路街道……〔蒙〕新城区 135
锡林郭勒盟……〔蒙〕 141
锡林浩特市……〔蒙〕锡林郭勒盟 141
锡林街道……〔蒙〕二连浩特市 141
锡矿山街道……〔湘〕冷水江市 288
锡泥河东苏木……〔蒙〕鄂温克族自治旗 139
锡泥河西苏木……〔蒙〕鄂温克族自治旗 139
锡城镇……〔滇〕个旧市 375
锡钦乡……〔藏〕拉孜县 382
锡铁山镇……〔青〕天峻县 415
锡勒乡……〔蒙〕察哈尔右翼后旗 140
锡溪乡……〔川〕渠县 345
锣圩镇……〔桂〕武鸣区 303
锣场镇……〔鄂〕沙市区 271
锣鼓塔街道……〔湘〕武陵源区 283
锦山镇……〔蒙〕喀喇沁旗 137
锦山镇……〔黑〕富锦市 170
锦山镇……〔琼〕文昌市 313
锦川镇……〔川〕德昌县 352
锦丰镇……〔苏〕张家港市 182
锦水街道……〔鲁〕平阴县 235
锦斗镇……〔闽〕永春县 216
锦石乡……〔湘〕湘潭县 279
锦北街道……〔浙〕临安区 189
锦华街道……〔冀〕高阳县 114
锦华街道……〔吉〕大安市 162
锦州市……〔辽〕 149
锦江乡……〔川〕崇州市 329
锦江乡……〔川〕彭山区 340
锦江区……〔川〕成都市 327
锦江镇……〔赣〕余江县 226
锦江镇……〔赣〕上高县 229
锦阳路街道……〔陕〕耀州区 390
锦纶街道……〔晋〕榆次区 126
锦林街道……〔宁〕大武口区 419
锦尚镇……〔闽〕石狮市 216
锦和街道……〔豫〕滑县 253
锦和镇……〔湘〕麻阳苗族自治县 287
锦和镇……〔粤〕徐闻县 294
锦采街道……〔辽〕兴隆台区 152
锦郊街道……〔辽〕连山区 154
锦城街道……〔浙〕临安区 189
锦城镇……〔川〕雷波县 354
锦南街道……〔浙〕临安区 189
锦星镇……〔黔〕黔西县 360
锦界镇……〔陕〕神木市 396
锦秋街道……〔鲁〕博兴县 245
锦屏乡……〔川〕剑阁县 335
锦屏县……〔黔〕黔东南苗族侗族自治州 364
锦屏街道……〔浙〕奉化区 190
锦屏镇……〔苏〕海州区 183
锦屏镇……〔豫〕宜阳县 251
锦屏镇……〔川〕蓬安县 339
锦屏镇……〔川〕屏山县 342
锦屏镇……〔川〕冕宁县 353
锦屏镇……〔滇〕景东彝族自治县 373
锦屏镇……〔滇〕丘北县 376
锦屏镇……〔陇〕崇信县 404
锦铁街道……〔辽〕凌河区 149
锦绣街道……〔桂〕柳北区 304
锦程街道……〔吉〕绿园区 157
锦湖街道……〔浙〕瑞安市 192
锦溪镇……〔苏〕昆山市 182
锦溪镇……〔浙〕龙泉市 197
锦滨镇……〔湘〕辰溪县 286
矮寨镇……〔湘〕吉首市 288
雉城街道……〔浙〕长兴县 193
雉街彝族苗族乡……〔黔〕赫章县 361
稔山镇……〔粤〕惠东县 296
稔田镇……〔闽〕上杭县 218
稔村镇……〔粤〕新兴县 300
稠江街道……〔浙〕义乌市 194
稠城街道……〔浙〕义乌市 194
稠树塘镇……〔湘〕武冈市 281
筠门岭镇……〔赣〕会昌县 227
筠阳街道……〔赣〕高安市 230
筠连县……〔川〕宜宾市 342
筠连镇……〔川〕筠连县 342
筻口镇……〔湘〕岳阳县 281
筲箕湾镇……〔湘〕沅陵县 286
筼筜街道……〔闽〕思明区 214
筱村镇……〔浙〕泰顺县 192
筱埕镇……〔闽〕连江县 213
筱塘乡……〔赣〕丰城市 230
筱溪街道……〔川〕贡井区 329
简池镇……〔陕〕镇巴县 395
简阳市……〔川〕成都市 329
简城街道……〔川〕简阳市 329
简家陇镇……〔湘〕邵东县 280
简嘎乡……〔黔〕镇宁布依族苗族自治县 360
魁斗镇……〔闽〕安溪县 216
魁圩乡……〔桂〕靖西市 308
魁多乡……〔川〕九龙县 350
衙下集镇……〔陇〕临洮县 406
衙前乡……〔赣〕进贤县 223
衙前镇……〔浙〕萧山区 189
衙前镇……〔赣〕遂川县 228
微山县……〔鲁〕济宁市 240
微山岛镇……〔鲁〕微山县 240
微子镇……〔晋〕潞城市 125
微水镇……〔冀〕井陉县 107
遥田镇……〔湘〕耒阳市 280
遥田镇……〔粤〕新丰县 292
遥观镇……〔苏〕武进区 181
遥墙街道……〔鲁〕历城区 235
腻脚彝族乡……〔滇〕丘北县 376
腰山镇……〔冀〕顺平县 115
腰屯乡……〔黑〕集贤县 169
腰屯乡……〔黑〕孙吴县 171
腰古镇……〔粤〕云城区 300
腰市镇……〔陕〕商州区 397
腰庄乡……〔晋〕保德县 129
腰坨子乡……〔吉〕长岭县 161
腰林毛都镇……〔蒙〕科尔沁左翼中旗 137
腰店镇……〔豫〕邓州市 259
腰站子东乡族镇……〔陇〕瓜州县 405
腰站镇……〔冀〕围场满族蒙古族自治县 118
腰站镇……〔鲁〕平原县 244
腰铺镇……〔皖〕南谯区 206
腰堡街道……〔黑〕呼兰区 165
腰堡镇……〔辽〕铁岭县 152
腰街彝族乡……〔滇〕凤庆县 374
腰新乡……〔黑〕杜尔伯特蒙古族自治县 169
腰潞镇……〔湘〕茶陵县 278
鹏田乡……〔赣〕临川区 230
鹏泉街道……〔鲁〕莱城区 242
腾飞路街道……〔冀〕海港区 110
腾达镇……〔川〕筠连县 342
腾冲市……〔滇〕保山市 371
腾克镇……〔蒙〕莫力达瓦达斡尔族自治旗 138
腾桥镇……〔赣〕临川区 230
腾格里额里斯镇……〔蒙〕阿拉善左旗 141
腾越镇……〔滇〕腾冲市 371
腾蛟镇……〔浙〕平阳县 191
腾鳌镇……〔辽〕海城市 148
詹圩镇……〔赣〕东乡区 230
詹店镇……〔豫〕武陟县 255
詹桥镇……〔湘〕临湘市 282
詹家镇……〔浙〕龙游县 195
鲅鱼圈区……〔辽〕营口市 150
鲇鱼山街道……〔豫〕商城县 260
鲇鱼山镇……〔赣〕昌江区 223
鲇鱼须镇……〔湘〕华容县 281
鲊埠回族乡……〔湘〕桃江县 284
鲍山街道……〔鲁〕历城区 235
鲍沟镇……〔鲁〕滕州市 237
鲍店镇……〔晋〕长子县 125
鲍官屯镇……〔冀〕南皮县 118
鲍峡镇……〔鄂〕郧阳区 268
鲍家乡……〔辽〕北镇市 150
鲍集镇……〔苏〕盱眙县 184

（十三画）鲍解廉靖新

鲍集镇……〔皖〕怀远县 202
鲍墟镇……〔冀〕蠡县 115
解元乡……〔川〕阆中市 340
解甲庄街道……〔鲁〕莱山区 238
解州镇……〔晋〕盐湖区 127
解村乡……〔晋〕原平市 129
解店镇……〔晋〕万荣县 127
解放门街道……〔陕〕新城区 389
解放乡……〔黑〕依安县 167
解放乡……〔川〕名山区 345
解放乡……〔川〕昭觉县 353
解放区……〔豫〕焦作市 254
解放北路街道……〔新〕天山区 423
解放西街街道……〔宁〕兴庆区 419
解放岩乡……〔湘〕泸溪县 288
解放南路街道……〔新〕天山区 423
解放营子乡……〔蒙〕翁牛特旗 137
解放街道……〔冀〕泊头市 119
解放街道……〔蒙〕临河区 139
解放街道……〔辽〕苏家屯区 145
解放街道……〔辽〕铁东区 147
解放街道……〔吉〕铁东区 159
解放街道……〔吉〕梅河口市 160
解放街道……〔黑〕工农区 168
解放街道……〔浙〕南湖区 192
解放街道……〔皖〕龙子湖区 202
解放街道……〔赣〕章贡区 226
解放街道……〔豫〕梁园区 259
解放街道……〔粤〕霞山区 294
解放街道……〔桂〕柳北区 304
解放街道……〔陕〕临渭区 392
解放道街道……〔冀〕广阳区 119
解放碑街道……〔渝〕渝中区 317
解放路街道……〔晋〕尧都区 129
解放路街道……〔皖〕花山区 203
解放路街道……〔鲁〕历下区 235
解放路街道……〔豫〕二七区 249
解放路街道……〔豫〕北关区 253
解放路街道……〔豫〕卫滨区 254
解放路街道……〔鄂〕沙市区 271
解放路街道……〔新〕伊宁市 428
解放路街道……〔新〕阿勒泰市 429
解原乡……〔晋〕忻府区 128
解峪乡……〔晋〕垣曲县 128
解特阿热勒镇……〔新〕福海县 429
解家沟镇……〔陕〕清涧县 396
解集乡……〔皖〕埇桥区 207
解愁乡……〔晋〕寿阳县 127
廉庄镇……〔津〕宁河区 104
廉州镇……〔冀〕藁城区 107
廉州镇……〔桂〕合浦县 306
廉江市……〔粤〕湛江市 294
廉村镇……〔豫〕叶县 252
廉桥镇……〔湘〕邵东县 280
靖口镇……〔陕〕太白县 391
靖石乡……〔赣〕于都县 227
靖民镇……〔川〕市中区 336
靖边县……〔陕〕榆林市 395
靖西市……〔桂〕百色市 308
靖州苗族侗族自治县……〔湘〕怀化市 287
靖江市……〔苏〕泰州市 186
靖江街道……〔浙〕萧山区 189
靖宇县……〔吉〕白山市 160
靖宇街道……〔黑〕道外区 165
靖宇镇……〔吉〕靖宇县 160
靖安乡……〔川〕开江县 344
靖安乡……〔陇〕靖远县 402
靖安乡……〔陇〕甘州区 404
靖安县……〔赣〕宜春市 230
靖安镇……〔冀〕昌黎县 110
靖安镇……〔滇〕昭阳区 372
靖远县……〔陇〕白银市 402
靖远路街道……〔陇〕城关区 401
靖位乡……〔湘〕新宁县 281
靖和街道……〔吉〕珲春市 162
靖和镇……〔川〕威远县 336
靖城街道……〔苏〕靖江市 186
靖城镇……〔闽〕南靖县 217
靖海镇……〔粤〕惠来县 300
靖港镇……〔湘〕望城区 277
新一街道……〔黑〕道外区 165
新一街道……〔黑〕东山区 168
新厂街道……〔赣〕珠山区 223
新厂镇……〔鄂〕石首市 272
新厂镇……〔湘〕靖州苗族侗族自治县 287
新厂镇……〔滇〕西盟佤族自治县 374
新九乡……〔川〕盐边县 330
新干县……〔赣〕吉安市 228
新工街道……〔蒙〕牙克石市 139
新工街道……〔辽〕兴隆台区 152
新万发镇……〔吉〕扶余市 161
新山村街道……〔渝〕大渡口区 317
新山傈僳族乡……〔川〕米易县 330
新凡乡……〔川〕沐川县 337
新门关街道……〔豫〕禹王台区 250
新义街道……〔豫〕义马市 257
新义街道……〔晋〕孝义市 131
新习镇……〔豫〕濮阳县 256
新马头镇……〔冀〕邱县 111
新马桥镇……〔皖〕固镇县 202
新马集镇……〔皖〕界首市 207
新马街乡……〔滇〕西畴县 376
新乡乡……〔川〕越西县 354
新乡市……〔豫〕 254
新乡县……〔豫〕新乡市 254
新乡镇……〔渝〕万州区 317
新丰乡……〔皖〕黄山区 205
新丰乡……〔赣〕宜黄县 231
新丰县……〔粤〕韶关市 292
新丰街道……〔闽〕武夷山市 218
新丰街道……〔赣〕南城县 230
新丰街道……〔陕〕临潼区 389
新丰路街道……〔冀〕丰宁满族自治县 117
新丰镇……〔苏〕大丰区 184
新丰镇……〔浙〕南湖区 192
新丰镇……〔粤〕饶平县 299
新丰镇……〔桂〕北流市 307
新丰镇……〔川〕广汉市 331
新开口镇……〔津〕宝坻区 104
新开乡……〔陇〕灵台县 404
新开地乡……〔蒙〕克什克腾旗 136
新开岭乡……〔辽〕建昌县 154
新开河街道……〔津〕河北区 103
新开河镇……〔蒙〕满洲里市 139
新开河镇……〔辽〕台安县 147
新开铺街道……〔湘〕天心区 277
新开街道……〔苏〕崇川区 182
新开路街道……〔冀〕广阳区 119
新开镇……〔辽〕大洼区 152
新开镇……〔鄂〕黄梅县 273
新开镇……〔湘〕岳阳县 281
新天镇……〔陇〕民乐县 404
新元街道……〔豫〕建安区 256
新云乡……〔川〕五通桥区 337
新太乡……〔川〕开江县 344
新区街道……〔吉〕宁江区 161
新区街道……〔苏〕铜山区 180
新区街道……〔鲁〕东昌府区 244
新区街道……〔豫〕义马市 257
新区街道……〔宁〕原州区 420
新屯子镇……〔吉〕抚松县 160
新屯乡……〔黑〕依安县 167
新屯街道……〔辽〕东洲区 148
新屯街道……〔黔〕望谟县 363
新屯镇……〔冀〕枣强县 120
新中街道……〔黔〕红花岗区 358
新中镇……〔豫〕巩义市 249
新中镇……〔川〕旌阳区 331
新仁苗族乡……〔黔〕黔西县 361
新化乡……〔黔〕锦屏县 364
新化乡……〔滇〕新平彝族傣族自治县 371
新化县……〔湘〕娄底市 287
新化苗族彝族满族乡……〔黔〕金沙县 361
新化镇……〔桂〕乐业县 308
新公中镇……〔蒙〕五原县 139
新仓镇……〔浙〕平湖市 192
新仓镇……〔皖〕太湖县 204
新乌江镇……〔皖〕颍东区 206
新户镇……〔鲁〕河口区 238
新户镇……〔新〕木垒哈萨克自治县 424
新巴尔虎左旗……〔蒙〕呼伦贝尔市 139
新巴尔虎右旗……〔蒙〕呼伦贝尔市 139
新巴镇……〔黔〕贵定县 365
新艾里蒙古族乡……〔吉〕大安市 162
新石街道……〔冀〕桥西区 107
新龙乡……〔赣〕安远县 226
新龙场镇……〔黔〕兴仁县 363
新龙县……〔川〕甘孜藏族自治州 350
新龙镇……〔琼〕东方市 314
新平安镇……〔吉〕大安市 162
新平旺街道……〔晋〕矿区 123
新平堡镇……〔晋〕天镇县 124
新平街道……〔滇〕文山市 376
新平镇……〔川〕新津县 328
新平镇……〔川〕广汉市 331
新平镇……〔川〕峨眉山市 338
新平彝族傣族自治县……〔滇〕玉溪市 371
新东街道……〔辽〕大东区 145
新东街道……〔苏〕海州区 182
新卡乡……〔藏〕察雅县 383
新北区……〔苏〕常州市 181
新北区街道……〔新〕独山子区 423
新北站街道……〔辽〕沈河区 145
新北街道……〔津〕滨海新区 104
新北街道……〔辽〕清河门区 151
新北街道……〔吉〕船营区 158
新甲乡……〔桂〕靖西市 308
新田乡……〔晋〕侯马市 130
新田县……〔湘〕永州市 286
新田铺镇……〔湘〕新邵县 280
新田镇……〔皖〕宣州区 210
新田镇……〔赣〕信丰县 226
新田镇……〔赣〕袁州区 229
新田镇……〔粤〕陆河县 297
新田镇……〔粤〕龙川县 298
新田镇……〔桂〕博白县 307
新田镇……〔渝〕万州区 317
新田镇……〔渝〕彭水苗族土家族自治县 323
新生乡……〔黑〕拜泉县 167
新生乡……〔川〕大竹县 344
新生鄂伦春族乡……〔黑〕爱辉区 171
新生街道……〔辽〕兴隆台区 152
新生街道……〔渝〕忠县 321
新生镇……〔川〕三台县 332
新乐乡……〔黑〕虎林市 168
新乐乡……〔渝〕石柱土家族自治县 323
新乐市……〔冀〕石家庄市 108
新乐街道……〔辽〕皇姑区 145
新乐街道……〔黑〕道外区 165
新乐镇……〔川〕纳溪区 330
新市区……〔新〕乌鲁木齐市 423
新市区街道……〔陇〕玉门市 405
新市区街道……〔新〕伊州区 424
新市区街道……〔新〕乌苏市 428
新市场街道……〔冀〕竞秀区 113
新市坝镇……〔川〕甘洛县 354
新市街道……〔吉〕临江市 161
新市街道……〔粤〕白云区 291
新市街道……〔渝〕长寿区 319
新市街道……〔陕〕临潼区 389
新市渡镇……〔湘〕赫山区 284
新市镇……〔浙〕德清县 193
新市镇……〔皖〕博望区 203
新市镇……〔鲁〕济阳县 235
新市镇……〔鄂〕枣阳市 270
新市镇……〔鄂〕京山县 270
新市镇……〔湘〕攸县 278
新市镇……〔湘〕耒阳市 280
新市镇……〔湘〕汨罗市 282
新市镇……〔川〕简阳市 329
新市镇……〔川〕绵竹市 332
新市镇……〔川〕屏山县 342
新市镇……〔川〕渠县 345
新立乡……〔吉〕双辽市 159
新立屯镇……〔辽〕黑山县 150
新立城镇……〔吉〕南关区 157
新立街道……〔津〕东丽区 103
新立街道……〔吉〕洮北区 161
新立镇……〔辽〕大洼区 152
新立镇……〔吉〕榆树市 157

（十三画）新

新立镇……〔渝〕忠县 322
新宁县……〔湘〕邵阳市 281
新宁镇……〔赣〕武宁县 224
新宁镇……〔桂〕扶绥县 310
新宁镇……〔川〕开江县 344
新宁镇……〔陇〕宁县 406
新民乡……〔蒙〕阿鲁科尔沁旗 136
新民乡……〔赣〕安义县 223
新民乡……〔川〕简阳市 329
新民乡……〔青〕民和回族土族自治县 413
新民乡……〔宁〕泾源县 420
新民屯镇……〔辽〕辽中区 146
新民市……〔辽〕沈阳市 146
新民场镇……〔川〕郫都区 328
新民街道……〔辽〕田屯街道 148
新民街道……〔辽〕太和区 149
新民街道……〔吉〕汪清县 162
新民街道……〔宁〕红寺堡区 419
新民路街道……〔新〕水磨沟区 423
新民镇……〔辽〕阜新蒙古族自治县 151
新民镇……〔黑〕木兰县 166
新民镇……〔闽〕同安区 214
新民镇……〔粤〕廉江市 294
新民镇……〔渝〕垫江县 321
新民镇……〔渝〕奉节县 322
新民镇……〔川〕新都区 327
新民镇……〔川〕大安区 329
新民镇……〔川〕犍为县 337
新民镇……〔川〕越西县 354
新民镇……〔黔〕盘州市 358
新民镇……〔黔〕播州区 358
新民镇……〔陕〕彬县 391
新民镇……〔陕〕府谷县 395
新民藏族彝族乡……〔川〕石棉县 346
新发乡……〔吉〕通榆县 162
新发乡……〔黑〕依安县 167
新发布依族乡……
……〔黔〕威宁彝族回族苗族自治县 361
新发朝鲜民族乡……〔蒙〕阿荣旗 138
新发街道……〔辽〕新邱区 151
新发街道……〔吉〕宽城区 157
新发镇……〔黑〕安图县 165
新发镇……〔黑〕五大连池市 171
新发镇……〔皖〕郎溪县 210
新发镇……〔川〕会理县 352
新台门镇……〔辽〕连山区 154
新台子镇……〔辽〕铁岭县 152
新台镇……〔辽〕台安县 147
新圩乡……〔桂〕忻城县 310
新圩江镇……〔湘〕东安县 285
新圩镇……〔闽〕翔安区 214
新圩镇……〔闽〕华安县 217
新圩镇……〔赣〕青原区 228
新圩镇……〔湘〕蓝山县 286
新圩镇……〔湘〕新田县 286
新圩镇……〔粤〕惠阳区 296
新圩镇……〔粤〕德庆县 296
新圩镇……〔粤〕兴宁市 297
新圩镇……〔粤〕阳西县 298
新圩镇……〔粤〕饶平县 300
新圩镇……〔桂〕宾阳县 303
新圩镇……〔桂〕蒙山县 305
新圩镇……〔桂〕灌阳县 305
新圩镇……〔桂〕灵山县 306
新圩镇……〔桂〕北流市 307
新寺乡……〔陇〕永靖县 408
新寺镇……〔陇〕漳县 407
新吉乡……〔藏〕班戈县 385
新吉林街道……〔吉〕龙潭区 158
新地乡…〔冀〕围场满族蒙古族自治县 118
新地乡……〔新〕吉木萨尔县 424
新地乡……〔新〕裕民县 429
新地号街道……〔吉〕昌邑区 158
新地镇……〔桂〕龙圩区 305
新场乡……〔川〕峨边彝族自治县 337
新场乡……〔川〕嘉陵区 338
新场乡……〔川〕天全县 346
新场乡……〔川〕雁江区 347
新场乡……〔黔〕六枝特区 357
新场布依族苗族乡……〔黔〕西秀区 359
新场镇……〔沪〕浦东新区 176
新场镇……〔湘〕凤凰县 288
新场镇……〔川〕大邑县 328
新场镇……〔川〕威远县 336
新场镇……〔川〕夹江县 337
新场镇……〔川〕岳池县 343
新场镇……〔川〕通江县 346
新场镇……〔黔〕乌当区 357
新场镇……〔陕〕宁陕县 396
新达街道……〔蒙〕乌达区 136
新成街道……〔黑〕香坊区 165
新成路街道……〔沪〕嘉定区 176
新回龙镇……〔粤〕东源县 298
新竹街道……〔桂〕青秀区 303
新竹镇……〔琼〕定安县 314
新伟街道……〔黑〕平房区 165
新华乡……〔黑〕北林区 171
新华乡……〔皖〕黄山区 205
新华乡……〔桂〕富川瑶族自治县 309
新华乡……〔渝〕黔江区 319
新华乡……〔川〕天全县 346
新华乡……〔滇〕腾冲市 372
新华乡……〔滇〕元谋县 375
新华乡……〔滇〕屏边苗族自治县 375
新华乡……〔陇〕凉州区 403
新华区……〔冀〕石家庄市 107
新华区……〔冀〕沧州市 118
新华区……〔豫〕平顶山市 252
新华北路街道……〔新〕天山区 423
新华西街道……〔蒙〕海勃湾区 136
新华西路街道……〔蒙〕回民区 135
新华西路街道……〔川〕青羊区 327
新华南路街道……〔新〕天山区 423
新华街街道……〔冀〕桥西区 115
新华街街道……〔晋〕城区 123
新华街街道……〔蒙〕集宁区 140
新华街街道……〔豫〕鹤山区 253
新华街街道……〔豫〕驿城区 262
新华街街道……〔宁〕兴庆区 419
新华街道……〔京〕通州区 100
新华街道……〔晋〕榆次区 126
新华街道……〔蒙〕海勃湾区 136
新华街道……〔蒙〕临河区 139
新华街道……〔辽〕和平区 145
新华街道……〔辽〕瓦房店市 147
新华街道……〔辽〕庄河市 147
新华街道……〔辽〕顺城区 148
新华街道……〔辽〕白塔区 151
新华街道……〔辽〕龙城区 153
新华街道……〔吉〕桦甸市 158
新华街道……〔吉〕梅河口市 160
新华街道……〔吉〕洮北区 161
新华街道……〔吉〕图们市 162
新华街道……〔黑〕安图县 165
新华街道……〔黑〕爱民区 170
新华街道……〔皖〕颍东区 206
新华街道……〔鲁〕德城区 243
新华街道……〔豫〕鼓楼区 250
新华街道……〔豫〕解放区 254
新华街道……〔豫〕宛城区 257
新华街道……〔鄂〕江汉区 267
新华街道……〔鄂〕孝南区 271
新华街道……〔粤〕花都区 291
新华街道……〔粤〕武江区 292
新华街道……〔粤〕茂南区 295
新华路街道……〔冀〕新华区 107
新华路街道……〔冀〕丰南区 109
新华路街道……〔冀〕双桥区 117
新华路街道……〔冀〕任丘市 119
新华路街道……〔沪〕长宁区 175
新华路街道……〔鲁〕临清市 245
新华路街道……〔豫〕巩义市 249
新华路街道……〔豫〕新郑市 249
新华路街道……〔豫〕新密市 249
新华路街道……〔陕〕阎良区 389
新华路街道……〔陇〕金川区 401
新华镇……〔蒙〕临河区 139
新华镇……〔吉〕通榆县 162
新华镇……〔黑〕东山区 168
新华镇……〔鄂〕神农架林区 274
新华镇……〔川〕宣汉县 344
新华镇……〔川〕宁南县 352
新华镇……〔黔〕六枝特区 357
新华镇……〔滇〕富宁县 377
新华镇……〔陇〕临泽县 404
新华彝族苗族乡……〔滇〕凤庆县 374
新舟镇……〔黔〕红花岗区 358
新会区……〔粤〕江门市 294
新会镇……〔川〕蓬溪县 335
新合乡……〔吉〕安图县 162
新合乡……〔浙〕桐庐县 190
新合街道……〔陕〕灞桥区 389
新合镇……〔吉〕梅河口市 160
新合镇……〔赣〕柴桑区 224
新庄子乡……〔冀〕迁西县 109
新庄子镇……〔辽〕凌海市 150
新庄乡……〔陇〕和政县 409
新庄孜街道……〔皖〕八公山区 203
新庄傈僳族傣族乡……〔滇〕华坪县 373
新庄集乡……〔宁〕红寺堡区 419
新庄街道……〔苏〕宜兴市 180
新庄镇……〔吉〕榆树市 158
新庄镇……〔苏〕宿豫区 186
新庄镇……〔皖〕萧县 208
新庄镇……〔赣〕宜丰县 229
新庄镇……〔鲁〕费县 243
新庆镇……〔桂〕藤县 305
新庄镇……〔陇〕会宁县 402
新庄镇……〔陇〕宁县 406
新庄镇……〔青〕大通回族土族自治县 413
新刘集乡……〔皖〕颍上县 207
新关镇……〔晋〕偏关县 129
新关镇……〔湘〕石门县 283
新州镇……〔桂〕隆林各族自治县 308
新州镇……〔琼〕儋州市 313
新州镇……〔黔〕黄平县 364
新江口镇……〔鄂〕松滋市 272
新江乡……〔赣〕遂川县 228
新江街道……〔粤〕源城区 298
新江街道……〔川〕东兴区 336
新江湾城街道……〔沪〕杨浦区 175
新江镇……〔粤〕翁源县 292
新江镇……〔桂〕邕宁区 303
新池镇……〔陕〕合阳县 392
新兴乡……〔吉〕伊通满族自治县 159
新兴乡……〔吉〕通榆县 162
新兴乡……〔川〕江油市 333
新兴乡……〔川〕冕宁县 354
新兴区……〔黑〕七台河市 170
新兴县……〔粤〕云浮市 300
新兴鄂伦春族乡……〔黑〕逊克县 171
新兴街道……〔津〕和平区 103
新兴街道……〔辽〕铁东区 147
新兴街道……〔辽〕东港市 149
新兴街道……〔辽〕站前区 150
新兴街道……〔辽〕海州区 150
新兴街道……〔吉〕龙山区 159
新兴街道……〔吉〕延吉市 162
新兴街道……〔黑〕双城区 166
新兴街道……〔黑〕昂昂溪区 167
新兴街道……〔黑〕阳明区 170
新兴街道……〔浙〕南湖区 192
新兴街道……〔豫〕魏都区 256
新兴街道……〔粤〕霞山区 294
新兴街道……〔粤〕榕城区 300
新兴街道……〔陕〕阎良区 389
新兴街道……〔陕〕渭城区 391
新兴镇……〔冀〕青县 118
新兴镇……〔辽〕黑山县 150
新兴镇……〔辽〕大洼区 152
新兴镇……〔黑〕依安县 167
新兴镇……〔苏〕亭湖区 184
新兴镇……〔浙〕松阳县 197
新兴镇……〔皖〕涡阳县 209
新兴镇……〔鲁〕兰陵县 243
新兴镇……〔琼〕屯昌县 314
新兴镇……〔川〕双流区 327
新兴镇……〔川〕彭州市 328
新兴镇……〔陕〕三原县 391
新兴镇……〔陇〕甘谷县 403

（十三画）新

新宅镇……〔浙〕武义县 194
新安乡……〔吉〕舒兰市 158
新安边镇……〔陕〕定边县 395
新安江街道……〔浙〕建德市 190
新安县……〔豫〕洛阳市 251
新安所镇……〔滇〕蒙自市 375
新安店镇……〔豫〕确山县 263
新安朝鲜族镇……〔黑〕海林市 170
新安傣族乡……〔川〕会理县 352
新安集镇……〔豫〕沈丘县 262
新安街道……〔吉〕龙潭区 158
新安街道……〔吉〕珲春市 162
新安街道……〔黑〕宝山区 169
新安街道……〔黑〕东安区 170
新安街道……〔苏〕新吴区 179
新安街道……〔苏〕新沂市 180
新安街道……〔鲁〕安丘市 239
新安街道……〔粤〕宝安区 292
新安路街道……〔豫〕上街区 249
新安镇……〔津〕宝坻区 104
新安镇……〔冀〕正定县 107
新安镇……〔蒙〕乌拉特前旗 139
新安镇……〔吉〕长岭县 161
新安镇……〔苏〕灌南县 183
新安镇……〔浙〕德清县 193
新安镇……〔皖〕祁门县 205
新安镇……〔皖〕来安县 206
新安镇……〔皖〕裕安区 208
新安镇……〔湘〕临澧县 283
新安镇……〔粤〕化州市 295
新安镇……〔桂〕平果县 308
新安镇……〔川〕江油市 333
新安镇……〔川〕屏山县 342
新安镇……〔滇〕墨江哈尼族自治县 373
新军屯镇……〔冀〕丰润区 109
新农乡……〔吉〕农安县 157
新农村镇……〔辽〕新民市 146
新农街道……〔吉〕蛟河市 158
新农镇……〔辽〕东港市 149
新农镇……〔黑〕安图县 165
新阮店乡……〔豫〕正阳县 263
新阳街道……〔桂〕西乡塘区 303
新阳街道……〔闽〕海沧区 214
新阳路街道……〔黑〕安图县 165
新阳镇……〔闽〕尤溪县 215
新阳镇……〔陕〕乾县 391
新阳镇……〔陇〕麦积区 402
新观乡……〔川〕苍溪县 335
新抚区……〔辽〕抚顺市 148
新抚街道……〔辽〕新抚区 148
新抚镇……〔滇〕墨江哈尼族自治县 373
新坝镇……〔苏〕海州区 183
新坝镇……〔苏〕扬中市 185
新坝镇……〔陇〕高台县 404
新坍镇……〔苏〕射阳县 184
新坊乡……〔湘〕桂东县 285
新坊镇……〔赣〕袁州区 229
新苏莫苏木……〔蒙〕翁牛特旗 137
新村乡……〔黑〕青冈县 172
新村乡……〔沪〕崇明区 176
新村乡……〔川〕通川区 343
新村乡……〔川〕宁南县 352
新村回族乡……〔冀〕黄骅市 119
新村街道……〔京〕丰台区 99
新村街道……〔津〕滨海新区 104
新村街道……〔辽〕宏伟区 151
新村街道……〔赣〕珠山区 223
新村街道……〔鄂〕江岸区 267
新村街道……〔川〕西昌市 351
新村镇……〔皖〕阜南县 207
新村镇……〔豫〕新郑市 249
新村镇……〔琼〕陵水黎族自治县 314
新村镇……〔滇〕楚雄市 374
新杖子镇……〔冀〕承德县 117
新甫街道……〔鲁〕新泰市 241
新吴区……〔苏〕无锡市 179
新县……〔豫〕信阳市 260
新县镇……〔冀〕孟村回族自治县 119
新县镇……〔闽〕涵江区 214
新里镇……〔豫〕淮滨县 261
新园乡……〔川〕蓬安县 339
新园街道……〔粤〕霞山区 294
新岗山镇……〔赣〕德兴市 232
新利街道……〔黑〕阿城区 165
新邱区……〔辽〕阜新市 151
新体路街道……〔蒙〕集宁区 140
新皂镇……〔川〕涪城区 332
新余市……〔赣〕 225
新甸铺镇……〔豫〕新野县 258
新甸镇……〔辽〕岫岩满族自治县 147
新甸镇……〔黑〕宾县 166
新亨镇……〔粤〕揭东区 300
新沂市……〔苏〕徐州市 180
新沟桥街道……〔鄂〕青山区 267
新沟镇……〔苏〕阜宁县 184
新沟镇……〔鄂〕监利县 271
新沟镇街道……〔鄂〕东西湖区 267
新汶街道……〔鲁〕新泰市 241
新张集乡……〔皖〕利辛县 210
新陂乡……〔赣〕于都县 227
新陂镇……〔粤〕兴宁市 297
新妙镇……〔渝〕涪陵区 317
新邵县……〔湘〕邵阳市 280
新青区……〔黑〕伊春市 169
新现镇……〔滇〕屏边苗族自治县 375
新坪镇……〔桂〕荔浦县 305
新坡镇……〔冀〕峰峰矿区 111
新坡镇……〔粤〕茂南区 295
新坡镇……〔琼〕龙华区 313
新拨镇……〔冀〕围场满族蒙古族自治县 118
新林乡……〔浙〕新昌县 193
新林镇……〔蒙〕林西县 136
新林镇……〔蒙〕扎赉特旗 141
新林镇……〔黑〕海伦市 172
新林镇……〔川〕峨边彝族自治县 337
新枫街道……〔赣〕昌江区 223
新杭镇……〔皖〕广德县 210
新旺乡……〔晋〕南郊区 124
新昌乡……〔浙〕常山县 195
新昌县……〔浙〕绍兴市 193
新昌镇……〔赣〕宜丰县 229
新明乡……〔皖〕黄山区 205
新明街道……〔辽〕明山区 148
新明街道……〔浙〕鄞州区 190
新明楼街道……〔陕〕榆阳区 395
新罗区……〔闽〕龙岩市 218
新和县……〔新〕阿克苏地区 425
新和镇……〔桂〕江州区 310
新和镇……〔新〕新和县 425
新佳木苏木……〔蒙〕科尔沁右翼中旗 141
新忽热苏木……〔蒙〕乌拉特中旗 139
新店子镇……〔冀〕遵化市 109
新店子镇……〔蒙〕和林格尔县 135
新店乡……〔豫〕宛城区 257
新店乡……〔川〕东兴区 336
新店乡……〔川〕仁寿县 341
新店乡……〔川〕万源市 345
新店乡……〔陇〕静宁县 405
新店坪镇……〔湘〕芷江侗族自治县 287
新店镇……〔晋〕沁县 125
新店镇……〔苏〕新沂市 181
新店镇……〔苏〕如东县 182
新店镇……〔皖〕霍邱县 208
新店镇……〔闽〕晋安区 213
新店镇……〔闽〕翔安区 214
新店镇……〔豫〕郾城区 256
新店镇……〔鄂〕赤壁市 273
新店镇……〔川〕大安区 329
新店镇……〔川〕威远县 336
新店镇……〔川〕营山县 339
新店镇……〔川〕名山区 345
新店镇……〔黔〕清镇市 357
新店镇……〔黔〕玉屏侗族自治县 362
新店镇……〔黔〕普安县 363
新店镇……〔滇〕巧家县 372
新店彝族乡……〔滇〕丘北县 376
新庙乡……〔川〕嘉陵区 338
新庙乡……〔川〕荥经县 345
新庙镇……〔鄂〕鄂城区 270
新兖镇……〔鲁〕兖州区 240
新闸街道……〔苏〕钟楼区 181
新郑市……〔豫〕郑州市 249
新河乡……〔湘〕华容县 281
新河乡……〔川〕蓬安县 339
新河县……〔冀〕邢台市 113
新河街道……〔津〕滨海新区 104
新河街道……〔苏〕亭湖区 184
新河街道……〔湘〕开福区 277
新河路街道……〔皖〕迎江区 204
新河镇……〔冀〕新河县 113
新河镇……〔沪〕崇明区 176
新河镇……〔苏〕邳州市 181
新河镇……〔苏〕沭阳县 186
新河镇……〔浙〕温岭市 196
新河镇……〔皖〕青阳县 210
新河镇……〔鲁〕平度市 236
新河镇……〔鄂〕汉川市 271
新河镇……〔湘〕常宁市 280
新泾镇……〔沪〕长宁区 175
新学乡……〔川〕武胜县 343
新宝力格苏木……〔蒙〕新巴尔虎左旗 139
新宝拉格镇……〔蒙〕镶黄旗 141
新宝镇……〔粤〕信宜市 295
新房子镇……〔吉〕长白朝鲜族自治县 161
新房彝族苗族乡……〔黔〕纳雍县 361
新建乡……〔川〕荥经县 345
新建乡……〔川〕宁南县 352
新建区……〔赣〕南昌市 223
新建北路街道……〔晋〕城区 123
新建南路街道……〔晋〕城区 123
新建街道……〔晋〕榆次区 126
新建街道……〔辽〕站前区 150
新建街道……〔吉〕昌邑区 158
新建街道……〔吉〕浑江区 160
新建街道……〔黑〕昂昂溪区 167
新建街道……〔川〕顺庆区 338
新建路街道……〔晋〕忻府区 128
新建路街道……〔豫〕新郑市 249
新建镇……〔苏〕宜兴市 180
新建镇……〔浙〕缙云县 197
新建镇……〔湘〕中方县 286
新建镇……〔黔〕凤冈县 359
新驿镇……〔鲁〕兖州区 240
新春乡……〔川〕江油市 333
新春街道……〔吉〕南关区 157
新春街道……〔黑〕南岗区 165
新城子街道……〔辽〕沈北新区 145
新城子镇……〔京〕密云区 100
新城子镇……〔蒙〕林西县 136
新城子镇……〔陇〕永昌县 401
新城子藏族乡……〔陇〕宕昌县 407
新城乡……〔吉〕宁江区 161
新城乡……〔滇〕石屏县 376
新城乡……〔滇〕盈江县 378
新城乡……〔陇〕清水县 402
新城区……〔蒙〕呼和浩特市 135
新城区……〔陕〕西安市 389
新城区街道……〔蒙〕丰镇市 140
新城桥街道……〔苏〕崇川区 182
新城铺镇……〔冀〕正定县 107
新城街道……〔晋〕尖草坪区 123
新城街道……〔蒙〕科尔沁区 137
新城街道……〔蒙〕乌兰浩特市 140
新城街道……〔蒙〕阿尔山市 140
新城街道……〔辽〕新民市 146
新城街道……〔辽〕铁西区 147
新城街道……〔辽〕东港市 149
新城街道……〔辽〕文圣区 151
新城街道……〔辽〕开原市 152
新城街道……〔辽〕建平县 153
新城街道……〔苏〕亭湖区 184
新城街道……〔浙〕秀洲区 192
新城街道……〔鲁〕奎文区 239
新城街道……〔鲁〕肥城市 241
新城街道……〔鲁〕东阿县 245
新城街道……〔豫〕惠济区 249
新城街道……〔豫〕山阳区 255
新城街道……〔豫〕临颍县 257
新城街道……〔豫〕睢阳区 259
新城街道……〔豫〕商水县 261

（十三画）新

新城街道……〔豫〕郸城县 262
新城街道……〔粤〕雷州市 295
新城街道……〔陕〕韩城市 393
新城街道……〔陕〕汉滨区 396
新城街道……〔陇〕肃州区 405
新城街道……〔新〕库车县 425
新城街道……〔新〕库尔勒市 425
新城街道……〔新〕阿克苏市 425
新城街道……〔新〕塔城市 428
新城街道……〔新〕石河子市 429
新城镇……〔津〕滨海新区 104
新城镇……〔冀〕辛集市 108
新城镇……〔冀〕沙河市 113
新城镇……〔冀〕高碑店市 115
新城镇……〔晋〕右玉县 126
新城镇……〔晋〕垣曲县 128
新城镇……〔晋〕襄汾县 130
新城镇……〔黑〕桦川县 170
新城镇……〔苏〕仪征市 185
新城镇……〔赣〕大余县 226
新城镇……〔赣〕井冈山市 229
新城镇……〔鲁〕桓台县 237
新城镇……〔鄂〕大悟县 271
新城镇……〔粤〕新兴县 300
新城镇……〔川〕昭觉县 353
新城镇……〔陇〕西固区 401
新城镇……〔陇〕嘉峪关市 401
新城镇……〔陇〕镇原县 406
新城镇……〔陇〕临潭县 409
新政镇……〔琼〕保亭黎族苗族自治县 314
新政镇……〔川〕仪陇县 339
新垌镇……〔粤〕高州市 295
新垛镇……〔苏〕兴化市 186
新茶乡……〔川〕甘洛县 354
新荣乡……〔川〕石渠县 351
新荣乡……〔藏〕洛隆县 383
新荣区……〔晋〕大同市 124
新荣镇……〔晋〕新荣区 124
新荣镇……〔桂〕北流市 307
新南街道……〔黑〕工农区 168
新南街道……〔苏〕海州区 182
新南镇……〔黔〕湄潭县 359
新柳街道……〔辽〕新民市 146
新星乡……〔川〕简阳市 329
新星乡……〔川〕蓬溪县 335
新界埠镇……〔赣〕上高县 229
新虹街道……〔沪〕闵行区 175
新钢街道……〔赣〕渝水区 225
新香坊街道……〔黑〕香坊区 165
新复乡……〔川〕顺庆区 338
新保安镇……〔冀〕怀来县 116
新泉乡……〔赣〕芦溪县 224
新泉路街道……〔晋〕矿区 123
新泉镇……〔闽〕连城县 219
新泉镇……〔湘〕湘阴县 281
新胜乡……〔川〕蓬溪县 335
新胜街道……〔晋〕矿区 123
新胜镇……〔渝〕潼南区 320
新狮街道……〔浙〕婺城区 194
新度镇……〔闽〕荔城区 214
新前街道……〔浙〕黄岩区 196
新洋街道……〔苏〕亭湖区 184
新洲乡……〔皖〕迎江区 204
新洲区……〔鄂〕武汉市 268
新洲镇……〔鄂〕竹溪县 268
新洲镇……〔湘〕津市市 283
新洲镇……〔粤〕阳东区 298
新洲镇……〔黔〕正安县 358
新津乡……〔渝〕云阳县 322
新津县……〔川〕成都市 328
新津街道……〔粤〕龙湖区 293
新盈镇……〔琼〕临高县 314
新垒头镇……〔冀〕辛集市 108
新绛县……〔晋〕运城市 128
新泰市……〔鲁〕泰安市 241
新袁镇……〔苏〕泗阳县 186
新都区……〔川〕成都市 327
新都桥镇……〔川〕康定市 349
新都街道……〔苏〕盐都区 184
新都街道……〔川〕新都区 327
新都镇……〔川〕炉霍县 350
新桐乡……〔浙〕富阳区 189
新桥乡……〔闽〕泰宁县 215
新桥乡……〔川〕小金县 349
新桥河镇……〔湘〕资阳区 283
新桥街道……〔浙〕瓯海区 191
新桥街道……〔闽〕芗城区 216
新桥街道……〔粤〕宝安区 292
新桥街道……〔渝〕沙坪坝区 317
新桥街道……〔川〕前锋区 342
新桥镇……〔沪〕松江区 176
新桥镇……〔苏〕江阴市 180
新桥镇……〔苏〕新北区 181
新桥镇……〔苏〕靖江市 186
新桥镇……〔浙〕象山县 190
新桥镇……〔浙〕路桥区 196
新桥镇……〔闽〕长汀县 218
新桥镇……〔闽〕漳平市 219
新桥镇……〔豫〕永城市 260
新桥镇……〔豫〕项城市 262
新桥镇……〔湘〕衡山县 279
新桥镇……〔湘〕永定区 283
新桥镇……〔粤〕高要区 295
新桥镇……〔桂〕宾阳县 303
新桥镇……〔桂〕福绵区 307
新桥镇……〔川〕荣县 329
新桥镇……〔川〕游仙区 332
新桥镇……〔川〕船山区 335
新桥镇……〔川〕资中县 336
新桥镇……〔黔〕安龙县 363
新桥镇……〔滇〕牟定县 374
新格乡……〔川〕小金县 349
新厝镇……〔闽〕福清市 214
新原乡……〔晋〕原平市 129
新晃侗族自治县……〔湘〕怀化市 287
新哨镇……〔滇〕弥勒市 375
新造镇……〔粤〕番禺区 291
新高乡……〔晋〕代县 129
新站乡……〔吉〕扶余市 161
新站街道……〔吉〕东昌区 160
新站镇……〔吉〕蛟河市 158
新站镇……〔黑〕肇源县 169
新站镇……〔豫〕淮阳县 262
新站镇……〔黔〕桐梓县 358
新烟街街道……〔豫〕新郑市 249
新浦街道……〔苏〕海州区 182
新浦镇……〔浙〕慈溪市 191
新海街道……〔苏〕海州区 182
新海镇……〔沪〕崇明区 176
新浜镇……〔沪〕松江区 176
新家园乡……〔晋〕怀仁县 126
新宾满族自治县……〔辽〕抚顺市 148
新宾镇……〔辽〕新宾满族自治县 148
新陶官街道……〔辽〕铁西区 147
新埠街道……〔琼〕美兰区 313
新埭镇……〔浙〕平湖市 192
新营子镇……〔蒙〕托克托县 135
新营乡……〔宁〕西吉县 420
新营盘乡……〔滇〕宁蒗彝族自治县 373
新营街道……〔赣〕德兴市 232
新营镇……〔陇〕榆中县 401
新营镇……〔陇〕和政县 409
新盛乡……〔川〕犍为县 337
新盛店镇……〔鲁〕夏津县 244
新盛街道……〔苏〕邗江区 184
新盛镇……〔渝〕綦江区 318
新盛镇……〔渝〕梁平区 321
新盛镇……〔川〕罗江区 331
新野县……〔豫〕南阳市 258
新鄂鄂伦春族乡……〔黑〕逊克县 171
新康府街道……〔赣〕袁州区 229
新添乡……〔川〕荥经县 345
新添堡回族乡……〔陇〕会宁县 402
新添镇……〔陇〕临洮县 406
新淮街道……〔皖〕田家庵区 202
新窑镇……〔黔〕六枝特区 357
新窑镇……〔陇〕崇信县 404
新密市……〔豫〕郑州市 249
新隆镇……〔湘〕新田县 286
新塔热乡……〔新〕和硕县 425
新堰镇……〔鄂〕汉川市 271
新堤街道……〔鄂〕洪湖市 272
新棉镇……〔川〕石棉县 346
新惠镇……〔蒙〕敖汉旗 137
新雅街道……〔粤〕花都区 291
新辉路街道……〔豫〕牧野区 254
新棠镇……〔桂〕钦北区 306
新景乡……〔陇〕通渭县 406
新景镇……〔黔〕沿河土家族自治县 362
新铺镇……〔鄂〕孝南区 271
新铺镇……〔湘〕石门县 283
新铺镇……〔粤〕蕉岭县 297
新铺镇……〔黔〕关岭布依族苗族自治县 360
新铺镇……〔陕〕勉县 394
新筑街道……〔陕〕灞桥区 389
新堡乡……〔晋〕宁武县 129
新堡乡……〔陇〕古浪县 403
新堡布依族乡……〔黔〕乌当区 357
新堡镇……〔宁〕中宁县 420
新集川镇……〔陕〕陇县 391
新集乡……〔豫〕桐柏县 258
新集乡……〔陇〕安定区 406
新集乡……〔陇〕镇原县 406
新集乡……〔宁〕彭阳县 420
新集镇……〔冀〕迁西县 109
新集镇……〔冀〕昌黎县 110
新集镇……〔冀〕三河市 120
新集镇……〔苏〕灌南县 183
新集镇……〔苏〕仪征市 185
新集镇……〔皖〕五河县 202
新集镇……〔皖〕凤台县 203
新集镇……〔皖〕颍上县 207
新集镇……〔豫〕新县 260
新集镇……〔陕〕南郑区 394
新集镇……〔陇〕临夏县 408
新街口街道……〔京〕西城区 99
新街口街道……〔苏〕玄武区 179
新街子镇……〔陕〕勉县 394
新街乡……〔川〕开江县 344
新街乡……〔滇〕文山市 376
新街回族乡……〔滇〕会泽县 370
新街回族乡……〔青〕贵德县 414
新街街道……〔苏〕宜兴市 180
新街街道……〔浙〕萧山区 189
新街街道……〔湘〕洪江市 287
新街街道……〔川〕自流井区 329
新街镇……〔苏〕东台市 184
新街镇……〔苏〕泰兴市 186
新街镇……〔皖〕天长市 206
新街镇……〔赣〕高安市 230
新街镇……〔鄂〕随县 273
新街镇……〔鄂〕嘉鱼县 273
新街镇……〔桂〕灌阳县 305
新街镇……〔川〕会东县 352
新街镇……〔滇〕鲁甸县 372
新街镇……〔滇〕大姚县 375
新街镇……〔滇〕元阳县 376
新街镇……〔滇〕弥渡县 377
新街镇……〔陕〕陈仓区 390
新街彝族苗族布依族乡……〔黔〕水城县 357
新鲁镇……〔川〕三台县 332
新港街道……〔津〕滨海新区 104
新港街道……〔闽〕台江区 213
新港街道……〔鲁〕蓬莱市 238
新港街道……〔粤〕海珠区 291
新港街道……〔粤〕城区 297
新港镇……〔皖〕繁昌县 202
新港镇……〔赣〕濂溪区 224
新港镇……〔粤〕东源县 298
新湖街道……〔鲁〕德城区 243
新湖街道……〔粤〕宝安区 292
新湖镇……〔吉〕南关区 157
新湖镇……〔鲁〕东平县 241
新湘路街道……〔湘〕湘乡市 279
新湾乡……〔赣〕修水县 225
新湾街道……〔浙〕萧山区 189
新湾镇……〔湘〕沅江市 284
新渡乡……〔苏〕淮阴区 183
新渡镇……〔皖〕桐城市 205
新渥镇……〔浙〕磐安县 194

（十三画）新鄣韵意雍阙豢粮煎慈煤煌溱滠满漭漠滇溧源滏滔溪溜滦漷漓滚溢滨

新富乡……〔黑〕绥滨县 168
新登镇……〔浙〕富阳区 189
新塬镇……〔陇〕会宁县 402
新塘乡……〔赣〕柴桑区 224
新塘乡……〔鄂〕恩施市 274
新塘边镇……〔浙〕江山市 195
新塘街道……〔浙〕萧山区 189
新塘街道……〔闽〕晋江市 216
新塘街道……〔粤〕天河区 291
新塘镇……〔湘〕衡东县 279
新塘镇……〔粤〕增城区 292
新塘镇……〔粤〕饶平县 299
新塘镇……〔桂〕港南区 306
新蒲街道……〔黔〕红花岗区 358
新路河镇……〔湘〕中方县 286
新路湾镇……〔浙〕遂昌县 197
新塍镇……〔浙〕秀洲区 192
新靖镇……〔桂〕靖西市 308
新新街街道……〔豫〕新华区 252
新新街道……〔浙〕柯城区 195
新源县……〔新〕伊犁哈萨克自治州 428
新源道街道……〔冀〕广阳区 119
新源镇……〔吉〕扶余市 161
新源镇……〔青〕天峻县 415
新源镇……〔新〕新源县 428
新溪口乡……〔皖〕歙县 205
新溪乡……〔赣〕渝水区 225
新溪镇……〔粤〕龙湖区 293
新滩乡……〔赣〕铅山县 232
新滩镇……〔鄂〕洪湖市 272
新滩镇……〔滇〕绥江县 372
新滩镇街道……〔湘〕北塔区 280
新福乡……〔黑〕肇州县 169
新福街道……〔粤〕金平区 293
新福镇……〔桂〕横县 303
新碧街道……〔浙〕缙云县 197
新墙镇……〔湘〕岳阳县 281
新嘉街道……〔浙〕南湖区 192
新嘉街道……〔鲁〕龙口市 238
新蔡县……〔豫〕驻马店市 263
新碶街道……〔浙〕北仑区 190
新韶镇……〔粤〕浈江区 292
新寨乡……〔晋〕五寨县 129
新寨乡……〔陇〕宕昌县 407
新寨店镇……〔冀〕赵县 108
新寨街道……〔青〕玉树市 415
新寨镇……〔冀〕乐亭县 109
新寨镇…〔黔〕印江土家族苗族自治县 362
新寨镇……〔陇〕渭源县 406
新墩镇……〔陇〕甘州区 404
新镇……〔蒙〕奈曼旗 137
新镇乡……〔黑〕友谊县 169
新镇乡……〔川〕邻水县 343
新镇街道……〔京〕房山区 99
新镇镇……〔冀〕文安县 120
新镇镇……〔豫〕浚县 253
新德镇……〔川〕三台县 332
新潭镇……〔皖〕屯溪区 205
新寮镇……〔粤〕徐闻县 294
新繁镇……〔川〕新都区 327
新疆街道……〔黑〕平房区 165
鄣吴镇……〔浙〕安吉县 193
韵家口镇……〔青〕城东区 413
意溪镇……〔粤〕湘桥区 299
雍川镇……〔陕〕岐山县 390
雍阳街道……〔黔〕瓮安县 365
雍河乡……〔川〕苍溪县 335
雍溪镇……〔渝〕大足区 318
雍熙街道……〔黔〕纳雍县 361
阙店乡……〔皖〕舒城县 209
阙家镇……〔川〕高坪区 338
豢龙乡……〔川〕梓潼县 333
粮市镇……〔湘〕祁东县 279
粮道街道……〔鄂〕武昌区 267
煎茶铺镇……〔冀〕霸州市 120
煎茶镇……〔川〕双流区 327
煎茶镇……〔黔〕德江县 362
慈口乡……〔鄂〕通山县 273
慈云镇……〔渝〕江津区 319
慈化镇……〔赣〕袁州区 229
慈圣镇……〔豫〕柘城县 259
慈坝乡……〔川〕黑水县 349
慈利县……〔湘〕张家界市 283
慈林镇……〔晋〕长子县 125
慈周寨镇……〔豫〕滑县 253
慈城镇……〔浙〕江北区 190
慈音街道……〔川〕船山区 335
慈恩寺乡……〔辽〕法库县 146
慈峪镇……〔冀〕灵寿县 107
慈航镇……〔川〕仁寿县 340
慈惠街道……〔鄂〕东西湖区 267
慈湖街道……〔皖〕花山区 203
慈溪市……〔浙〕宁波市 191
煤山街道……〔豫〕汝州市 252
煤山镇……〔浙〕长兴县 193
煤矿街道……〔冀〕下花园区 115
煤炭坝镇……〔湘〕宁乡市 277
煤峪口街道……〔晋〕矿区 123
煤海街道……〔辽〕太平区 151
煌固镇……〔赣〕上饶县 231
溱东镇……〔苏〕东台市 184
溱潼镇……〔苏〕姜堰区 185
滠口街道……〔鄂〕黄陂区 267
满井镇……〔冀〕尚义县 116
满井镇……〔黑〕宾县 166
满井镇……〔川〕仁寿县 341
满月乡……〔渝〕开州区 321
满归镇……〔蒙〕根河市 139
满庄镇……〔鲁〕岱岳区 241
满村镇……〔豫〕长垣县 254
满杖子镇……〔冀〕承德县 117
满坪镇……〔青〕民和回族土族自治县 413
满春街道……〔鄂〕江汉区 267
满城区……〔冀〕保定市 113
满城北街街道……〔宁〕金凤区 419
满城镇……〔冀〕满城区 113
满洲里市……〔蒙〕呼伦贝尔市 139
满都户镇……〔辽〕辽中区 145
满都拉图镇……〔蒙〕苏尼特左旗 141
满都拉镇…〔蒙〕达尔罕茂明安联合旗 136
满都呼宝拉格镇…〔蒙〕东乌珠穆沁旗 141
满硐镇……〔鲁〕嘉祥县 240
满堂川镇……〔陕〕绥德县 395
满堂红镇……〔辽〕彰武县 151
满堂街道……〔辽〕浑南区 145
满银沟镇……〔川〕会东县 352
满族屯满族乡……
……〔蒙〕科尔沁右翼前旗 140
满掌乡……〔青〕达日县 415
满德堂乡……〔冀〕康保县 116
漭水镇……〔滇〕昌宁县 371
漠川乡……〔桂〕兴安县 305
漠沙镇……〔滇〕新平彝族傣族自治县 371
漠河县……〔黑〕大兴安岭地区 172
漠泥沟乡……〔陇〕临夏县 408
漠源乡……〔闽〕将乐县 215
漠滨侗族苗族乡……〔湘〕会同县 287
滇源街道……〔滇〕盘龙区 369
滇滩镇……〔滇〕腾冲市 371
溧水区……〔苏〕南京市 179
溧江镇……〔赣〕新干县 228
溧阳市……〔苏〕常州市 181
溧河乡……〔豫〕宛城区 257
溧河铺镇……〔豫〕新野县 258
溧城镇……〔苏〕溧阳市 181
源口瑶族乡……〔湘〕江永县 286
源东乡……〔浙〕金东区 194
源汇区……〔豫〕漯河市 256
源头镇……〔桂〕资源县 305
源西街道……〔粤〕源城区 298
源芳乡……〔皖〕休宁县 205
源村镇……〔黔〕金沙县 361
源城区……〔粤〕河源市 297
源南乡……〔赣〕芦溪县 224
源南镇……〔粤〕源城区 298
源泉镇……〔鲁〕博山区 237
源潭镇……〔皖〕潜山县 204
源潭镇……〔豫〕唐河县 258
源潭镇……〔粤〕清城区 298
滏东街道……〔冀〕邯山区 110
滏阳东路街道……〔冀〕峰峰矿区 111
滔河乡……〔豫〕淅川县 258
滔河镇……〔陕〕岚皋县 396
滔溪镇……〔湘〕安化县 284
溪下乡……〔浙〕永嘉县 191
溪口乡……〔渝〕万州区 317
溪口乡……〔川〕万源市 345
溪口镇……〔浙〕奉化区 190
溪口镇……〔浙〕龙游县 195
溪口镇……〔皖〕休宁县 205
溪口镇……〔皖〕宣州区 210
溪口镇……〔闽〕建宁县 215
溪口镇……〔闽〕上杭县 218
溪口镇……〔赣〕修水县 224
溪口镇……〔湘〕慈利县 283
溪口镇……〔湘〕通道侗族自治县 287
溪口镇…〔渝〕秀山土家族苗族自治县 323
溪口镇……〔川〕华蓥市 343
溪山镇……〔粤〕连平县 298
溪龙乡……〔浙〕安吉县 193
溪东乡……〔闽〕松溪县 218
溪丘湾乡……〔鄂〕巴东县 274
溪头乡……〔赣〕婺源县 232
溪头乡……〔川〕高坪区 338
溪头镇……〔皖〕歙县 205
溪头镇……〔粤〕阳西县 298
溪西镇……〔粤〕惠来县 300
溪江乡……〔湘〕衡阳县 279
溪尾乡……〔闽〕尤溪县 215
溪尾镇……〔闽〕福安市 219
溪河镇……〔吉〕舒兰市 158
溪河镇……〔苏〕淮安区 183
溪南镇……〔闽〕漳平市 219
溪南镇……〔闽〕霞浦县 219
溪南镇……〔粤〕澄海区 293
溪柄镇……〔闽〕福安市 219
溪美街道……〔闽〕南安市 216
溪洛米乡……〔川〕雷波县 354
溪翁庄镇……〔京〕密云区 100
溪落渡镇……〔滇〕永善县 372
溪港乡……〔浙〕仙居县 196
溪湖区……〔辽〕本溪市 148
溪源乡……〔闽〕建宁县 215
溪潭镇……〔闽〕福安市 219
溪霞镇……〔赣〕新建区 223
溜姑乡……〔川〕会东县 352
滦平县……〔冀〕承德市 117
滦平镇……〔冀〕滦平县 117
滦阳镇……〔冀〕迁西县 109
滦县……〔冀〕唐山市 109
滦河街道……〔冀〕滦县 109
滦河镇……〔冀〕双滦区 117
滦城路街道……〔冀〕滦县 109
滦南县……〔冀〕唐山市 109
滦镇街道……〔陕〕长安区 389
漷县镇……〔京〕通州区 100
漓东街道……〔桂〕七星区 304
漓江镇……〔川〕苍溪县 335
漓渚镇……〔浙〕柯桥区 193
滚贝侗族乡……〔桂〕融水苗族自治县 304
溢水镇……〔鄂〕溢水镇 268
溢水镇……〔陕〕洋县 394
滨北街道……〔鲁〕滨城区 245
滨达乡……〔藏〕类乌齐县 383
滨州市……〔鲁〕 245
滨江区……〔浙〕杭州市 189
滨江街道……〔吉〕东昌区 160
滨江街道……〔吉〕宁江区 161
滨江街道……〔黑〕道外区 165
滨江街道……〔苏〕海门市 182
滨江街道……〔浙〕鹿城区 191
滨江街道……〔赣〕青原区 228
滨江街道……〔湘〕双清区 280
滨江街道……〔粤〕海珠区 291
滨江街道……〔琼〕琼山区 313
滨江街道……〔川〕南部县 338
滨江镇……〔苏〕泰兴市 186
滨江镇……〔赣〕贵溪市 226
滨兴街道……〔赣〕浔阳区 224
滨河街道……〔京〕平谷区 100

滨河街道……〔冀〕迁安市 110
滨河街道……〔晋〕尧都区 129
滨河街道……〔晋〕离石区 130
滨河街道……〔蒙〕海勃湾区 136
滨河街道……〔蒙〕科尔沁区 137
滨河街道……〔蒙〕康巴什区 138
滨河街道……〔辽〕沈河区 145
滨河街道……〔辽〕立山区 147
滨河街道……〔吉〕舒兰市 158
滨河街道……〔鲁〕定陶区 246
滨河街道……〔豫〕唐河县 258
滨河路街道……〔陇〕金川区 401
滨河镇……〔宁〕沙坡头区 420
滨城区……〔鲁〕滨州市 245
滨海县……〔苏〕盐城市 184
滨海街道……〔蒙〕乌达区 136
滨海街道……〔辽〕西市区 150
滨海街道……〔辽〕龙港区 154
滨海街道……〔闽〕思明区 214
滨海街道……〔鲁〕黄岛区 236
滨海街道……〔粤〕濠江区 293
滨海街道……〔琼〕龙华区 313
滨海港镇……〔苏〕滨海县 184
滨海路街道……〔鲁〕莱山区 238
滨海新区……〔津〕 104
滨海镇……〔冀〕曹妃甸区 109
滨海镇……〔浙〕温岭市 196
滨海镇……〔鲁〕沾化区 245
滨淮镇……〔苏〕滨海县 184
滨湖区……〔苏〕无锡市 179
滨湖街道……〔苏〕吴江区 181
滨湖街道……〔浙〕吴兴区 193
滨湖街道……〔鲁〕鱼台县 240
滨湖街道……〔豫〕淮滨县 261
滨湖街道……〔鄂〕江夏区 267
滨湖街道……〔鄂〕洪湖市 272
滨湖镇……〔鲁〕滕州市 237
滨湖镇……〔新〕昌吉市 424
溶口乡……〔皖〕祁门县 205
溶江乡……〔浙〕缙云县 197
溶江镇……〔桂〕兴安县 305
溶溪镇……
……〔渝〕秀山土家族苗族自治县 323
滏阳镇……〔豫〕新华区 252
滩上镇……〔晋〕代县 129
滩头乡……〔滇〕盐津县 372
滩头镇……〔湘〕隆回县 280
滩里镇……〔冀〕文安县 120
滩坪乡……〔陇〕礼县 408
滩面镇……〔桂〕陆川县 307
滩桥镇……〔鄂〕江陵县 272
滩堆乡……〔藏〕安多县 385
滩营乡……〔桂〕防城区 306
滩溪镇……〔赣〕永修县 225
滩歌镇……〔陇〕武山县 403
慎水乡……〔豫〕正阳县 263
慎城镇……〔皖〕颍上县 207
窦妪镇……〔冀〕栾城区 107
窦店镇……〔京〕房山区 99
窟窿山乡……〔冀〕丰宁满族自治县 117
褚兰镇……〔皖〕埇桥区 207
褚庙乡……〔豫〕民权县 259
褚河镇……〔豫〕禹州市 256
褚堂街道……〔豫〕遂平县 263
褚集镇……〔皖〕怀远县 202
褚墩镇……〔鲁〕兰山区 242
福山区……〔鲁〕烟台市 238
福山镇……〔琼〕屯昌县 314
福龙瑶族乡……〔桂〕宜州区 309
福申乡……〔川〕平昌县 347
福田乡……〔闽〕安溪县 216
福田乡……〔川〕简阳市 329
福田区……〔粤〕深圳市 292
福田寺镇……〔鄂〕监利县 272
福田河镇……〔鄂〕麻城市 273
福田铺乡……〔湘〕衡山县 279
福田街道……〔浙〕义乌市 194
福田街道……〔粤〕福田区 292
福田镇……〔赣〕上栗县 224
福田镇……〔粤〕博罗县 296
福田镇……〔渝〕巫山县 322
福田镇……〔川〕仁和区 330
福宁集镇……〔豫〕原阳县 254
福永街道……〔粤〕宝安区 292
福民乡……〔黑〕海伦市 172
福民乡……〔赣〕峡江县 228
福民街道……〔辽〕新抚区 148
福民街道……〔吉〕梅河口市 160
福台路街道……〔陇〕安定区 406
福成镇……〔桂〕银海区 306
福成镇……〔陕〕南郑区 394
福华街街道……〔豫〕二七区 249
福全街道……〔浙〕柯桥区 193
福庆乡……〔川〕旺苍县 334
福州市……〔闽〕 213
福兴乡……〔黑〕肇源县 169
福兴地镇……〔辽〕阜新蒙古族自治县 151
福兴街道……〔粤〕兴宁市 297
福兴满族乡……〔黑〕绥滨县 168
福兴镇……〔川〕金堂县 328
福安市……〔闽〕宁德市 219
福安街道……〔吉〕磐石市 158
福寿山镇……〔湘〕平江县 282
福寿镇……〔渝〕南川区 320
福贡县……〔滇〕怒江傈僳族自治州 378
福利路街道……〔陇〕西固区 401
福利镇……〔黑〕集贤县 169
福利镇……〔桂〕阳朔县 304
福利镇……〔桂〕富川瑶族自治县 309
福应街道……〔浙〕仙居县 196
福旺镇……〔桂〕浦北县 306
福果镇……〔渝〕铜梁区 320
福明街道……〔浙〕鄞州区 190
福宝镇……〔川〕合江县 330
福建园街道……〔桂〕江南区 303
福城街道……〔赣〕樟树市 230
福城街道……〔粤〕龙华区 293
福临乡……〔川〕仪陇县 340
福临镇……〔湘〕长沙县 277
福星乡……〔川〕阆中市 340
福星镇……〔陇〕陇西县 406
福顺镇……〔吉〕洮南市 162
福保街道……〔粤〕福田区 292
福泉市……〔黔〕黔南布依族苗族自治州 365
福洪镇……〔川〕青白江区 327
福洞镇……〔吉〕和龙市 162
福莱山街道……〔鲁〕福山区 238
福海县……〔新〕阿勒泰地区 429
福海街道……〔粤〕宝安区 292
福海街道……〔滇〕西山区 369
福海镇……〔新〕福海县 429
福堂镇……〔粤〕连山壮族瑶族自治县 299
福清市……〔闽〕福州市 214
福隆乡……〔桂〕大新县 310
福绵区……〔桂〕玉林市 307
福绵镇……〔桂〕福绵区 307
福堪镇……〔豫〕南乐县 255
福鼎市……〔闽〕宁德市 219
福集镇……〔川〕泸县 330
福善庄乡……〔晋〕朔城区 126
福善镇……〔川〕富顺县 329
福善镇……〔川〕达川区 343
福渡镇……〔皖〕无为县 202
福禄乡……〔川〕大英县 336
福禄朝鲜族满族乡……〔黑〕穆棱市 171
福禄镇……〔渝〕璧山区 320
福禄镇……〔渝〕梁平区 321
福禄镇……〔川〕沙湾区 337
福新街道……〔鲁〕福山区 238
福新镇……〔桂〕天等县 310
福源乡……〔川〕营山县 339
福溪街道……〔浙〕天台县 196
福镇街道……〔吉〕龙山区 159
福德镇……〔川〕蓬安县 339
群力乡……〔川〕蓬溪县 335
群力街道……〔黑〕安图县 165
群力镇……〔渝〕潼南区 320
群山乡……〔黑〕孙吴县 171
群丰镇……〔湘〕天元区 278
群巴克镇……〔新〕轮台县 425
群龙乡……〔川〕南部县 339
群乐乡……〔川〕蓬安县 339
群乐镇……〔川〕恩阳区 346
群加藏族乡……〔青〕湟中县 413
群众路街道……〔陕〕金台区 390
群利镇……〔川〕蓬溪县 335
群英乡……〔琼〕陵水黎族自治县 314
群英街道……〔吉〕宽城区 157
群科镇……〔青〕化隆回族自治县 414
群胜乡……〔黑〕郊区 170
群峰乡……〔湘〕洪江市 287
殿市镇……〔陕〕横山区 395
殿前街道……〔闽〕湖里区 214
辟展乡……〔新〕鄯善县 423
叠山镇……〔赣〕弋阳县 232
叠石乡……〔闽〕福鼎市 219
叠彩区……〔桂〕桂林市 304
叠彩街道……〔桂〕叠彩区 304
叠溪镇……〔川〕茂县 348
缙云县……〔浙〕丽水市 197
骝马镇……〔川〕资中县 336
缠溪镇…〔黔〕印江土家族苗族自治县 362

十四画

静升镇……〔晋〕灵石县 127
静乐县……〔晋〕忻州市 129
静兰街道……〔桂〕城中区 303
静宁县……〔陇〕平凉市 404
静边镇……〔川〕渠县 344
静安区……〔沪〕 175
静安寺街道……〔沪〕静安区 175
静观镇……〔渝〕北碚区 318
静河镇……〔湘〕湘阴县 282
静海区……〔津〕 104
静海镇……〔津〕静海区 104
静游镇……〔晋〕娄烦县 123
碧土乡……〔藏〕左贡县 383
碧口镇……〔陇〕文县 407
碧山乡……〔川〕沙湾区 337
碧山镇……〔渝〕梁平区 321
碧水镇……〔黑〕海伦市 172
碧玉镇……〔陇〕通渭县 406
碧石渡镇……〔鄂〕鄂城区 270
碧龙乡……〔川〕南部县 339
碧江区……〔黔〕铜仁市 362
碧安乡……〔滇〕景谷傣族彝族自治县 373
碧阳街道……〔黔〕七星关区 360
碧阳镇……〔皖〕黟县 205
碧里乡……〔闽〕罗源县 213
碧鸡街道……〔滇〕西山区 369
碧岩镇……〔陇〕陇西县 406
碧岭街道……〔粤〕坪山区 293
碧波镇……〔黔〕凯里市 364
碧城镇……〔滇〕禄丰县 375
碧泉乡……〔川〕仪陇县 340
碧洲镇……〔黑〕海伦市 172
碧洲镇……〔赣〕遂川县 228
碧莲镇……〔浙〕永嘉县 191
碧峰峡镇……〔川〕雨城区 345
碧峰镇……〔黔〕正安县 358
碧海街道……〔黔〕七星关区 360
碧流台镇……〔蒙〕巴林左旗 136
碧流河镇……〔新〕奇台县 424
碧涌镇……〔湘〕芷江侗族自治县 287
碧痕镇……〔黔〕晴隆县 363
碧湖镇……〔浙〕莲都区 196
碧溪乡……〔川〕蓬安县 339
碧溪乡……〔滇〕南涧彝族自治县 377
碧溪街道……〔苏〕常熟市 181
碧溪镇……〔赣〕泰和县 228
碧寨乡……〔滇〕龙陵县 371
瑶山乡……〔浙〕淳安县 190
瑶山乡……〔滇〕河口瑶族自治县 376
瑶山瑶族乡……〔黔〕荔波县 365
瑶区瑶族乡……〔滇〕勐腊县 377
瑶田镇……〔赣〕永丰县 228
瑶圩乡……〔赣〕东乡区 230
瑶曲镇……〔陕〕耀州区 390
瑶安瑶族乡……〔粤〕连州市 299

（十四画）瑶瑷墙墟嘉赫踅誓綦聚蕈慕暮蔓蔡蔗蔺熙蔚蓼榛模榴榜榨榕歌僰酿碱碣磁臧霁辕辖蜚裴颗嘎蜘蝉嶂锹

瑶里镇……〔赣〕浮梁县 223
瑶岗仙镇……〔湘〕宜章县 284
瑶沟乡……〔苏〕泗洪县 186
瑶峰镇……〔晋〕夏县 128
瑶海区……〔皖〕合肥市 201
瑶琳镇……〔浙〕桐庐县 190
瑶溪街道……〔浙〕龙湾区 191
瑷珲镇……〔黑〕爱辉区 171
墙头镇……〔浙〕象山县 190
墟沟街道……〔苏〕连云区 182
嘉山街道……〔湘〕津市市 283
嘉山路街道……〔皖〕瑶海区 201
嘉川镇……〔川〕旺苍县 334
嘉平镇……〔渝〕江津区 319
嘉北街道……〔浙〕秀洲区 192
嘉禾乡……〔川〕渠县 345
嘉禾乡……〔滇〕江城哈尼族彝族自治县 373
嘉禾县……〔湘〕郴州市 284
嘉禾街道……〔粤〕白云区 291
嘉禾街道……〔川〕船山区 335
嘉乐泉乡……〔晋〕古交市 123
嘉乐镇……〔川〕高县 342
嘉尔嘎勒赛汉镇……〔蒙〕阿拉善左旗 141
嘉会镇……〔冀〕枣强县 120
嘉会镇……〔桂〕恭城瑶族自治县 305
嘉兴市……〔浙〕 192
嘉兴路街道……〔沪〕虹口区 175
嘉农镇……〔川〕沙湾区 337
嘉应观乡……〔豫〕武陟县 255
嘉明镇……〔川〕泸县 330
嘉鱼县……〔鄂〕咸宁市 273
嘉泽镇……〔苏〕武进区 181
嘉定区……〔沪〕 176
嘉定镇……〔赣〕信丰县 226
嘉定镇街道……〔沪〕嘉定区 176
嘉荫县……〔黑〕伊春市 169
嘉树镇……〔湘〕醴陵市 278
嘉莲街道……〔闽〕思明区 214
嘉峪关市……〔陇〕兰州市 401
嘉峪关路街道……〔陇〕城关区 401
嘉峰镇……〔晋〕沁水县 125
嘉积镇……〔琼〕琼海市 313
嘉祥县……〔鲁〕济宁市 240
嘉祥街道……〔鲁〕嘉祥县 240
嘉陵乡……〔川〕岳池县 343
嘉陵区……〔川〕南充市 338
嘉陵街道……〔川〕利州区 333
嘉陵道街道……〔津〕南开区 103
嘉陵镇……〔陇〕徽县 408
嘉善县……〔浙〕嘉兴市 192
嘉黎县……〔藏〕那曲市 385
嘉黎镇……〔藏〕嘉黎县 385
赫山区……〔湘〕益阳市 283
赫山街道……〔湘〕赫山区 283
赫店镇……〔皖〕无为县 202
赫章县……〔黔〕毕节市 361
踅孜镇……〔豫〕潢川县 261
誓节镇……〔皖〕广德县 210
綦江区……〔渝〕 318
綦村镇……〔冀〕沙河市 113
聚凤仡佬族侗族乡……〔黔〕石阡县 362
聚乐乡……〔晋〕大同县 124
聚贤镇……〔川〕安居区 335
聚宝乡……〔吉〕洮南市 162
聚奎镇……〔渝〕梁平区 321
聚粮屯镇……〔辽〕义县 150
聚源镇……〔川〕都江堰市 328
蕈草镇……〔渝〕云阳县 322
慕仪镇……〔陕〕陈仓区 390
慕俄格古城街道……〔黔〕大方县 360
暮云街道……〔湘〕天心区 277
蔓耗镇……〔滇〕个旧市 375
蔡口集乡……〔陇〕庆城县 405
蔡山镇……〔鄂〕黄梅县 273
蔡川镇……〔陕〕丹凤县 397
蔡子池街道……〔湘〕耒阳市 280
蔡木山乡……〔蒙〕多伦县 141
蔡牛镇……〔辽〕铁岭县 152
蔡公庄镇……〔津〕静海区 104
蔡公堂乡……〔藏〕城关区 381
蔡市镇……〔湘〕冷水滩区 285
蔡场镇……〔川〕大邑县 328
蔡庄镇……〔豫〕尉氏县 250
蔡江乡……〔赣〕宁都县 227
蔡坊乡……〔赣〕安远县 226
蔡村乡……〔晋〕稷山县 128
蔡村镇……〔晋〕浑源县 124
蔡村镇……〔皖〕泾县 210
蔡园镇……〔冀〕迁安市 110
蔡甸区……〔鄂〕武汉市 267
蔡甸街道……〔鄂〕蔡甸区 267
蔡沟乡……〔豫〕上蔡县 263
蔡岭镇……〔赣〕都昌县 225
蔡和乡……〔川〕渠县 345
蔡金镇……〔川〕五通桥区 337
蔡店乡……〔豫〕汝阳县 251
蔡店街道……〔鄂〕黄陂区 267
蔡庙镇……〔皖〕太和县 207
蔡河镇……〔鄂〕浠水县 272
蔡河镇……〔鄂〕广水市 273
蔡官镇……〔黔〕西秀区 359
蔡洼街道……〔晋〕矿区 124
蔡都街道……〔豫〕上蔡县 262
蔡桥乡……〔湘〕邵阳县 280
蔡桥镇……〔苏〕滨海县 184
蔡家会镇……〔晋〕兴县 131
蔡家岗街道……〔皖〕谢家集区 203
蔡家岗街道……〔渝〕北碚区 318
蔡家岗镇……〔湘〕鼎城区 282
蔡家沟镇……〔吉〕扶余市 161
蔡家坡镇……〔陕〕岐山县 390
蔡家庙乡……〔陇〕庆城县 405
蔡家桥镇……〔皖〕旌德县 210
蔡家峪乡……〔冀〕易县 114
蔡家崖乡……〔晋〕兴县 131
蔡家堡乡……〔青〕互助土族自治县 414
蔡家湖镇……〔新〕五家渠市 429
蔡家榨街道……〔鄂〕黄陂区 267
蔡家镇……〔吉〕梨树县 159
蔡家镇……〔渝〕江津区 319
蔡堂镇……〔鲁〕单县 246
蔡集镇……〔苏〕宿豫区 186
蔡源乡……〔浙〕遂昌县 197
蔡锷乡……〔湘〕大祥区 280
蔡旗镇……〔陇〕民勤县 403
蔡寨回族乡……〔豫〕西平县 262
蔗香镇……〔黔〕望谟县 363
蔺市镇……〔渝〕涪陵区 317
蔺店镇……〔陕〕临渭区 392
蔺河镇……〔陕〕岚皋县 396
熙岭乡……〔闽〕屏南县 219
蔚竹口乡……〔湘〕江华瑶族自治县 286
蔚州镇……〔冀〕蔚县 116
蔚县……〔冀〕张家口市 116
蔚汾镇……〔晋〕兴县 131
蓼子乡……〔渝〕城口县 321
蓼叶镇……〔川〕营山县 339
蓼兰镇……〔鲁〕平度市 236
蓼江镇……〔湘〕资兴市 285
蓼花镇……〔赣〕庐山市 225
蓼坪乡……〔川〕甘洛县 354
蓼沿乡……〔闽〕连江县 213
蓼城街道……〔豫〕固始县 260
蓼南乡……〔赣〕庐山市 225
蓼泉镇……〔陇〕临泽县 404
蓼皋街道……〔黔〕松桃苗族自治县 362
蓼堤镇……〔豫〕睢县 259
榛子乡……〔鄂〕兴山县 269
榛子镇……〔冀〕滦县 109
模环乡……〔浙〕龙游县 195
榴花街道……〔辽〕凌河区 149
榴园镇……〔鲁〕峄城区 237
榴城镇……〔皖〕怀远县 202
榜山镇……〔闽〕龙海市 217
榜头镇……〔闽〕仙游县 214
榜式堡镇……〔辽〕盖州市 150
榜圩镇……〔桂〕平果县 308
榜罗镇……〔陇〕通渭县 406
榨鼓乡……〔川〕犍为县 337
榕山镇……〔川〕合江县 330
榕右乡……〔川〕合江县 330
榕东街道……〔粤〕榕城区 300
榕华街道……〔粤〕榕城区 300
榕江县……〔黔〕黔东南苗族侗族自治州 364
榕城区……〔粤〕揭阳市 300
歌山镇……〔浙〕东阳市 194
歌乐山街道……〔渝〕沙坪坝区 317
歌乐山镇……〔渝〕沙坪坝区 317
歌乐沱乡……〔川〕色达县 351
僰王山镇……〔川〕兴文县 342
酿溪镇……〔湘〕新邵县 280
碱厂满族乡……〔辽〕兴城市 154
碱厂镇……〔辽〕本溪满族自治县 149
碱场街道……〔黑〕梨树区 168
碱房乡……〔冀〕隆化县 117
碱泉街街道……〔新〕天山区 423
碱滩镇……〔陇〕甘州区 404
碣石山镇……〔鲁〕无棣县 245
碣石镇……〔粤〕陆丰市 297
磁山镇……〔冀〕武安市 112
磁石乡……〔藏〕措勤县 385
磁州镇……〔冀〕磁县 111
磁县……〔冀〕邯郸市 111
磁灶镇……〔闽〕晋江市 216
磁钟乡……〔豫〕湖滨区 257
磁峰镇……〔川〕彭州市 328
磁涧镇……〔豫〕新安县 251
磁窑镇……〔鲁〕宁阳县 241
磁器口街道……〔渝〕沙坪坝区 317
臧屯乡……〔冀〕大城县 119
臧村镇……〔冀〕清苑区 113
臧家庄镇……〔鲁〕栖霞市 239
臧寨乡……〔晋〕应县 126
霁虹街道……〔辽〕铁西区 145
辕门口街道……〔湘〕武冈市 281
辖曼镇……〔川〕若尔盖县 349
蜚克图街道……〔黑〕阿城区 166
裴山镇……〔冀〕易县 114
裴介镇……〔晋〕夏县 128
裴石镇……〔川〕南溪区 341
裴圩镇……〔苏〕泗阳县 186
裴庄乡……〔晋〕万荣县 128
裴兴镇……〔渝〕垫江县 321
裴村乡……〔晋〕浑源县 124
裴村店乡……〔豫〕杞县 250
裴沟乡……〔晋〕石楼县 131
裴社乡……〔晋〕闻喜县 128
裴城镇……〔豫〕郾城区 256
裴桥镇……〔豫〕永城市 260
裴家营镇……〔陇〕古浪县 403
裴家湾镇……〔陕〕子洲县 396
裴营乡……〔豫〕邓州市 259
裴梅镇……〔赣〕万年县 232
裴德镇……〔黑〕密山市 168
颗砂乡……〔湘〕永顺县 288
嘎木乡……〔藏〕索县 385
嘎日乡……〔川〕甘洛县 354
嘎什根乡……〔吉〕镇赉县 162
嘎东镇……〔藏〕白朗县 382
嘎吉镇……〔川〕会东县 352
嘎托镇……〔藏〕芒康县 383
嘎达布其镇……〔蒙〕东乌珠穆沁旗 141
嘎亥图镇……〔蒙〕扎鲁特旗 137
嘎玛乡……〔藏〕卡若区 383
嘎玛贡桑街道……〔藏〕城关区 381
嘎拉乡……〔藏〕康马县 382
嘎美乡……〔藏〕索县 385
嘎洒镇……〔滇〕景洪市 377
嘎海乐苏木……〔蒙〕东乌珠穆沁旗 141
嘎娘乡……〔滇〕元阳县 376
嘎措乡……〔藏〕双湖县 385
嘎塔乡……〔藏〕丁青县 383
嘎鲁图镇……〔蒙〕乌审旗 138
嘎普乡……〔藏〕白朗县 382
蜘蛛山镇……〔辽〕阜新蒙古族自治县 151
蝉房乡……〔冀〕沙河市 113
蝉战河乡……〔滇〕宁蒗彝族自治县 373
嶂石岩镇……〔冀〕赞皇县 108
锹峪镇……〔陇〕渭源县 406
舞凤乡……〔川〕恩阳区 346

（十四画）舞稳箐箕箬管毓傈僧鄱鲖鲘鲜鲟獐雒馒膏遮瘦廖彰韶端旗阚鄯精粽潢潆潇漆漕漂漫漯潋滚漳滴漩漾演澉潍寨赛察

舞凤街道……〔川〕顺庆区 338
舞阳坝街道……〔鄂〕恩施市 274
舞阳县……〔豫〕漯河市 256
舞阳街道……〔浙〕德清县 193
舞钢市……〔豫〕平顶山市 252
舞泉镇……〔豫〕舞阳县 256
舞雩乡……〔川〕犍为县 337
稳坪镇……〔黔〕德江县 362
箐口乡……〔川〕雷波县 354
箐河傈僳族乡……〔川〕盐边县 330
箕山镇……〔鲁〕鄄城县 246
箕子台街道……〔豫〕西华县 261
箕城镇……〔晋〕榆社县 127
箬阳乡……〔浙〕婺城区 194
箬坑乡……〔皖〕祁门县 206
箬横镇……〔浙〕温岭市 196
管头镇……〔晋〕乡宁县 130
管庄（地区）乡……〔京〕朝阳区 99
管阳镇……〔闽〕福鼎市 219
管村镇……〔川〕达川区 343
管店镇……〔皖〕明光市 206
管城回族区……〔豫〕郑州市 249
管前镇……〔闽〕尤溪县 215
管厝乡……〔闽〕浦城县 217
管家务回族乡……〔冀〕永清县 119
管家堡乡……〔晋〕左云县 124
管陶乡……〔冀〕武安市 112
管窑镇……〔鄂〕蕲春县 272
管镇镇……〔苏〕盱眙县 184
毓龙街道……〔苏〕亭湖区 184
毓兰镇……〔湘〕洞口县 281
毓秀苗族乡……〔川〕兴文县 342
毓璜顶街道……〔鲁〕芝罘区 238
傈僳族德昂族乡……〔滇〕镇康县 374
僧固乡……〔豫〕延津县 254
僧念镇……〔晋〕汾西县 130
僧楼镇……〔晋〕河津市 128
鄱阳县……〔赣〕上饶市 232
鄱阳镇……〔赣〕鄱阳县 232
鲖城镇……〔皖〕临泉县 206
鲘门镇……〔粤〕海丰县 297
鲘溪乡……〔粤〕普宁市 300
鲜水镇……〔川〕道孚县 350
鲜店乡……〔川〕蓬安县 339
鲟鱼镇……〔皖〕桐城市 205
獐子岛镇……〔辽〕长海县 147
獐獏乡……〔冀〕内丘县 112
雒城镇……〔川〕广汉市 331
雒容镇……〔桂〕鱼峰区 303
馒头营乡……〔冀〕张北县 116
膏田镇…〔渝〕秀山土家族苗族自治县 323
遮山镇……〔豫〕镇平县 258
遮岛镇……〔滇〕梁河县 378
遮放镇……〔滇〕芒市 378
遮浪街道……〔粤〕城区 297
瘦西湖街道……〔苏〕邗江区 185
廖屯镇……〔辽〕北镇市 150
廖田镇……〔湘〕衡南县 279
廖场乡……〔川〕名山区 345
廖家村镇……〔湘〕桑植县 283
廖家桥镇……〔湘〕凤凰县 288
廖家镇……〔川〕崇州市 328
彰东街道……〔豫〕北关区 253
彰北街道……〔豫〕北关区 253
彰加镇……〔川〕仁寿县 340
彰武县……〔辽〕阜新市 151
彰武街道……〔豫〕龙安区 253
彰武镇……〔辽〕彰武县 151
彰明镇……〔川〕江油市 333
彰驿站街道……〔辽〕铁西区 145
彰冠镇……〔川〕会理县 352
韶口乡……〔赣〕万安县 229
韶山乡……〔湘〕韶山市 279
韶山市……〔湘〕湘潭市 279
韶关市……〔粤〕 292
端氏镇……〔晋〕沁水县 125
端州区……〔粤〕肇庆市 295
端芬镇……〔粤〕台山市 294
端村镇……〔冀〕安新县 114
端桥铺镇……〔湘〕东安县 285
旗下营镇……〔蒙〕卓资县 140
旗口镇……〔辽〕大石桥市 150
阚家镇……〔鲁〕高密市 239
阚疃镇……〔皖〕利辛县 209
鄯善火车站镇……〔新〕鄯善县 423
鄯善县……〔新〕吐鲁番地区 423
鄯善镇……〔新〕鄯善县 423
精武镇……〔津〕西青区 103
精河县……〔新〕博尔塔拉蒙古自治州 424
精河镇……〔新〕精河县 424
粽粑乡……〔川〕岳池县 343
潢川县……〔豫〕信阳市 261
潢溪镇……〔赣〕余江县 226
潆溪乡……〔川〕高县 342
潆溪街道……〔川〕顺庆区 338
潇浦镇……〔湘〕江永县 286
潇湘街道……〔湘〕石鼓区 279
潇湘街道……〔滇〕麒麟区 370
漆工镇……〔赣〕弋阳县 232
漆园街道……〔皖〕蒙城县 209
漆河镇……〔湘〕桃源县 283
漆树土家族乡……〔川〕宣汉县 344
漆树乡……〔川〕自流井区 329
漆树坝镇……〔陕〕勉县 394
漆桥镇……〔苏〕高淳区 179
漆碑乡……〔川〕宣汉县 344
漕河泾街道……〔沪〕徐汇区 175
漕河镇……〔冀〕徐水区 114
漕河镇……〔鲁〕兖州区 240
漕河镇……〔鄂〕蕲春县 272
漕泾镇……〔沪〕金山区 176
漕涧镇……〔滇〕云龙县 377
漕湖街道……〔苏〕相城区 181
漂河镇……〔吉〕蛟河市 158
漫川关镇……〔陕〕山阳县 397
漫水乡……〔鄂〕来凤县 274
漫水河镇……〔皖〕霍山县 209
漫水湾镇……〔川〕冕宁县 353
漫水滩乡……〔陇〕景泰县 402
漫江乡……〔赣〕修水县 225
漫江镇……〔吉〕抚松县 160
漫河乡……〔冀〕阜城县 120
漫洼乡……〔陇〕临洮县 406
漫湾镇……〔滇〕景东彝族自治县 373
漫湾镇……〔滇〕云县 374
漫路乡……〔陇〕临夏县 408
漯河市……〔豫〕 256
潋江镇……〔赣〕兴国县 227
滚马乡……〔黔〕三穗县 364
漳扎镇……〔川〕九寨沟县 348
漳平市……〔闽〕龙岩市 219
漳州市……〔闽〕 216
漳江街道……〔湘〕桃源县 283
漳县……〔陇〕定西市 406
漳河店镇……〔冀〕成安县 111
漳河镇……〔鄂〕东宝区 270
漳浒寨街道……〔陕〕雁塔区 389
漳浦县……〔闽〕漳州市 216
漳港街道……〔闽〕长乐区 213
漳湖镇……〔皖〕望江县 205
漳湾镇……〔闽〕蕉城区 219
漳源镇……〔晋〕沁县 125
漳溪畲族乡……〔粤〕东源县 298
漳墩镇……〔闽〕建阳区 217
滴道区……〔黑〕鸡西市 168
滴道河乡……〔黑〕滴道区 168
漩口镇……〔川〕汶川县 348
漩坪乡……〔川〕北川羌族自治县 333
漩涡镇……〔陕〕汉阴县 396
漾月街道……〔滇〕师宗县 370
漾头镇……〔黔〕碧江区 362
漾江镇……〔滇〕漾濞彝族自治县 377
漾濞彝族自治县……
……〔滇〕大理白族自治州 377
演马街道……〔豫〕马村区 255
演丰镇……〔琼〕美兰区 313
演礼乡……〔晋〕阳城县 126
演圣镇……〔川〕剑阁县 334
演陂镇……〔湘〕衡阳县 279
演武乡……〔川〕梓潼县 333
演武乡……〔陇〕环县 405
演武街道……〔辽〕田屯街道 148
演武镇……〔晋〕汾阳市 131
演集街道……〔豫〕永城市 260
澉浦镇……〔浙〕海盐县 192
潍州路街道……〔鲁〕奎文区 239
潍坊市……〔鲁〕 239
潍坊新村街道……〔沪〕浦东新区 176
潍城区……〔鲁〕潍坊市 239
寨下镇……〔赣〕袁州区 229
寨上街道……〔津〕滨海新区 104
寨子乡……〔晋〕隰县 130
寨子乡……〔川〕金阳县 353
寨子沟乡……
〔陇〕积石山保安族东乡族撒拉族自治县 409
寨子镇……〔冀〕南皮县 118
寨牙乡……〔湘〕靖州苗族侗族自治县 287
寨乐镇……〔黔〕纳雍县 361
寨市苗族侗族乡……〔湘〕绥宁县 281
寨头乡……〔冀〕灵寿县 108
寨头堡乡……〔鲁〕乐陵市 244
寨圩镇……〔桂〕浦北县 306
寨圪塔乡……〔晋〕浮山县 130
寨安乡……〔桂〕宁明县 310
寨坝镇……〔黔〕习水县 359
寨里乡……〔冀〕安新县 114
寨里河镇……〔鲁〕莒县 242
寨里镇……〔闽〕光泽县 217
寨里镇……〔鲁〕淄川区 236
寨里镇……〔鲁〕莱城区 242
寨岗镇……〔粤〕连南瑶族自治县 299
寨沙镇……〔桂〕鹿寨县 304
寨坡乡……〔川〕南江县 347
寨英镇……〔黔〕松桃苗族自治县 363
寨河回族乡……〔陇〕崆峒区 404
寨河镇……〔豫〕光山县 260
寨科乡……〔宁〕原州区 420
寨前镇……〔湘〕桂东县 285
寨根乡……〔豫〕西峡县 258
寨隆镇……〔桂〕柳城县 304
寨蒿镇……〔黔〕榕江县 364
寨豁乡……〔豫〕博爱县 255
赛力乡……〔新〕泽普县 426
赛口镇……〔皖〕望江县 205
赛马镇……〔辽〕凤城市 149
赛马镇……〔川〕武胜县 343
赛乡……〔藏〕萨迦县 382
赛什斯镇……〔陇〕天祝藏族自治县 403
赛乌素镇……〔蒙〕兴和县 140
赛龙镇……〔川〕岳池县 343
赛尔龙乡……〔青〕河南蒙古族自治县 414
赛汉陶来苏木……〔蒙〕额济纳旗 141
赛汉塔拉苏木……〔蒙〕阿鲁科尔沁旗 136
赛汉塔拉镇……〔蒙〕苏尼特右旗 141
赛汗街道……〔蒙〕九原区 135
赛阳镇……〔赣〕濂溪区 224
赛来塘镇……〔青〕班玛县 415
赛里木镇……〔新〕拜城县 426
赛岐镇……〔闽〕福安市 219
赛罕区……〔蒙〕呼和浩特市 135
赛罕乌力吉苏木……〔蒙〕苏尼特右旗 141
赛罕高毕苏木……〔蒙〕苏尼特左旗 141
赛拉隆乡……〔陇〕天祝藏族自治县 403
赛图拉镇……〔新〕皮山县 427
赛金镇……〔川〕仪陇县 339
赛鱼街道……〔晋〕矿区 124
赛虹桥街道……〔苏〕雨花台区 179
赛音呼都嘎苏木……〔蒙〕正蓝旗 141
赛涧回族乡……〔皖〕颍上县 207
察瓦龙乡……〔藏〕察隅县 384
察布乡……〔藏〕改则县 385
察布查尔锡伯自治县……
……〔新〕伊犁哈萨克自治州 428
察布查尔镇……
……〔新〕察布查尔锡伯自治县 428
察尔齐镇……〔新〕拜城县 426
察尔森镇……〔蒙〕科尔沁右翼前旗 140
察汗乌苏蒙古族乡……〔新〕昭苏县 428
察汗乌苏镇……〔青〕都兰县 415
察拉乡……〔藏〕察雅县 383

（十四画）察蜜寥谭肇褡谯暨嫩嫘翟翠熊骡碍（十五画）慧璜撒撮播墩增聪鞍蕨蕺蕉蕲蔬横

察哈尔右翼中旗……〔蒙〕乌兰察布市 140
察哈尔右翼后旗……〔蒙〕乌兰察布市 140
察哈尔右翼前旗……〔蒙〕乌兰察布市 140
察素齐镇……〔蒙〕土默特左旗 135
察隅县……〔藏〕林芝市 384
察雅县……〔藏〕昌都市 383
蜜蜂张街道……〔豫〕二七区 249
寥廓街道……〔滇〕麒麟区 370
谭山镇……〔鄂〕郧阳区 268
谭子山镇……〔湘〕衡南县 279
谭庄镇……〔豫〕商水县 261
谭坝乡……〔川〕沙湾区 337
谭坝镇……〔陕〕汉滨区 396
谭坊镇……〔鲁〕青州市 239
谭店乡……〔豫〕西平县 262
谭桥街道……〔湘〕攸县 278
谭格庄镇……〔鲁〕莱阳市 238
谭家山镇……〔湘〕湘潭县 278
谭家场乡……〔湘〕辰溪县 286
谭家河乡……〔豫〕浉河区 260
谭家桥镇……〔皖〕黄山区 205
谭家街道……〔陕〕未央区 389
谭家湾镇……〔鄂〕郧阳区 268
谭家寨乡……〔湘〕麻阳苗族自治县 287
谭家镇……〔渝〕开州区 320
谭棚镇……〔皖〕临泉县 206
肇东市……〔黑〕绥化市 172
肇东镇……〔黑〕肇东市 172
肇庆市……〔粤〕 295
肇州县……〔黑〕大庆市 169
肇州镇……〔黑〕肇州县 169
肇兴镇……〔黑〕萝北县 168
肇兴镇……〔黔〕黎平县 364
肇陈镇……〔赣〕瑞昌市 225
肇源县……〔黑〕大庆市 169
肇源镇……〔黑〕肇源县 169
褡裢街道……〔冀〕沙河市 113
谯东镇……〔皖〕谯城区 209
谯城区……〔皖〕亳州市 209
谯家镇……〔黔〕沿河土家族自治县 362
谯楼街道……〔豫〕息县 261
暨龙镇……〔渝〕丰都县 321
暨阳街道……〔浙〕诸暨市 193
嫩江县……〔黑〕黑河市 171
嫩江镇……〔黑〕嫩江县 171
嫩哇乡……〔川〕若尔盖县 349
嫘祖镇……〔豫〕西平县 262
嫘祖镇……〔鄂〕远安县 269
翟山街道……〔苏〕泉山区 180
翟王镇……〔鲁〕阳信县 245
翟庄街道……〔豫〕召陵区 256
翟坡镇……〔豫〕新乡县 254
翟店镇……〔晋〕潞城市 125
翟店镇……〔晋〕稷山县 128
翟家所镇……〔陇〕会宁县 402
翟家河乡……〔陇〕庆城县 405
翟家街道……〔辽〕铁西区 145
翟家镇……〔鲁〕临邑县 244
翟营乡……〔冀〕行唐县 107
翟镇……〔鲁〕新泰市 241
翟镇镇……〔豫〕偃师市 251
翠云街道……〔渝〕渝北区 318
翠云路街道……〔豫〕洛龙区 251
翠玉傈僳族普米族乡……〔滇〕宁蒗彝族自治县 373
翠竹街道……〔粤〕罗湖区 292
翠华镇……〔滇〕禄劝彝族苗族自治县 369
翠华镇……〔滇〕大关县 372
翠江镇……〔闽〕宁化县 215
翠里瑶族壮族乡……〔黔〕从江县 365
翠园街道……〔湘〕大祥区 280
翠岗镇……〔黑〕海伦市 172
翠苑街道……〔浙〕西湖区 189
翠岩镇……〔辽〕凌海市 150
翠香街道……〔粤〕香洲区 293
翠峦区……〔黑〕伊春市 169
翠屏山街道……〔苏〕云龙区 180
翠屏区……〔川〕宜宾市 341
翠屏街道……〔鲁〕栖霞市 239
翠屏街道……〔川〕达川区 343
翠峰街道……〔滇〕麒麟区 370
翠峰镇……〔晋〕灵石县 127
翠峰镇……〔陕〕周至县 390
熊儿寨乡……〔京〕平谷区 100
熊口镇……〔鄂〕潜江市 274
熊山街道……〔闽〕政和县 218
熊村镇……〔赣〕黎川县 231
熊岳镇……〔辽〕鲅鱼圈区 150
熊河镇……〔鄂〕江陵县 272
熊官屯镇……〔辽〕铁岭县 152
熊背乡……〔豫〕鲁山县 252
熊家场镇……〔黔〕织金县 361
熊家镇……〔渝〕万州区 317
熊集镇……〔鄂〕枣阳市 270
熊寨镇……〔豫〕正阳县 263
骡坪镇……〔渝〕巫山县 322
碍嘉镇……〔滇〕双柏县 374

十五画

慧阳街道……〔吉〕大安市 162
慧觉镇……〔川〕罗江区 331
璜土镇……〔苏〕江阴市 180
璜山镇……〔浙〕诸暨市 193
璜田乡……〔皖〕歙县 205
璜尖乡……〔皖〕休宁县 205
璜泾镇……〔苏〕太仓市 182
撒瓦脚乡……〔川〕金川县 349
撒拉溪镇……〔黔〕七星关区 360
撒莲镇……〔川〕米易县 330
撒营盘镇……〔滇〕禄劝彝族苗族自治县 369
撮镇镇……〔皖〕肥东县 201
播乐乡……〔滇〕沾益区 370
播扬镇……〔粤〕化州市 295
播州区……〔黔〕遵义市 358
播阳镇……〔湘〕通道侗族自治县 287
播明镇……〔晋〕忻府区 128
播南街道……〔黔〕播州区 358
播植镇……〔粤〕德庆县 296
墩上乡……〔川〕北川羌族自治县 333
墩上街道……〔皖〕贵池区 210
墩子塘街道……〔赣〕东湖区 223
墩巴格乡……〔新〕莎车县 427
墩头镇……〔苏〕海安县 182
墩买里街道……〔新〕伊宁市 428
墩尚镇……〔苏〕赣榆区 183
墩麻扎镇……〔新〕伊宁县 428
墩集镇……〔皖〕泗县 208
墩阔坦乡……〔新〕尉犁县 425
墩阔坦镇……〔新〕库车县 425
增田镇……〔赣〕乐安县 231
增产乡……〔川〕营山县 339
增江街道……〔粤〕增城区 292
增村镇……〔冀〕藁城区 107
增城区……〔粤〕广州市 292
增盛镇……〔吉〕扶余市 161
增期乡……〔藏〕桑日县 384
增福乡……〔渝〕涪陵区 317
增福街道……〔湘〕北湖区 284
增福镇……〔豫〕长葛市 256
聪子峪乡……〔晋〕沁源县 125
鞍山市……〔辽〕 147
鞍山道街道……〔蒙〕昆都仑区 135
鞍子山乡……〔辽〕庄河市 147
鞍子镇……〔渝〕彭水苗族土家族自治县 323
鞍匠镇……〔冀〕承德县 117
蕨溪镇……〔川〕宜宾县 341
蕺山街道……〔浙〕越城区 193
蕉山乡……〔晋〕广灵县 124
蕉北街道……〔闽〕蕉城区 219
蕉江瑶族乡……〔桂〕全州县 305
蕉坝镇……〔黔〕务川仡佬族苗族自治县 359
蕉坑乡……〔赣〕丰城市 230
蕉村镇……〔川〕高县 342
蕉岭县……〔粤〕梅州市 297
蕉城区……〔闽〕宁德市 219
蕉城镇……〔粤〕蕉岭县 297
蕉南街道……〔闽〕蕉城区 219
蕉溪乡……〔湘〕浏阳市 277
蕉溪镇……〔黔〕镇远县 364
蕲州镇……〔鄂〕蕲春县 272
蕲县镇……〔皖〕埇桥区 207
蕲春县……〔鄂〕黄冈市 272
蔬园乡……〔黑〕东山区 168
横口乡……〔闽〕永春县 216
横山区……〔陕〕榆林市 395
横山桥镇……〔苏〕武进区 181
横山街道……〔陕〕横山区 395
横山镇……〔浙〕龙游县 195
横山镇……〔赣〕广丰区 231
横山镇……〔粤〕廉江市 294
横山镇……〔粤〕广宁县 296
横山镇……〔桂〕陆川县 307
横山镇……〔渝〕綦江区 318
横山镇……〔川〕安居区 335
横车镇……〔鄂〕蕲春县 272
横水乡……〔晋〕绛县 128
横水镇……〔赣〕崇义县 226
横水镇……〔豫〕孟津县 251
横水镇……〔豫〕林州市 253
横水镇……〔陕〕凤翔县 390
横石水镇……〔粤〕英德市 299
横石塘镇……〔粤〕英德市 299
横龙镇……〔赣〕安福县 229
横市镇……〔赣〕南康区 226
横市镇……〔湘〕宁乡市 278
横立山乡……〔赣〕瑞昌市 225
横头山镇……〔黑〕桦川县 170
横州镇……〔桂〕横县 303
横江镇……〔赣〕石城县 227
横江镇……〔赣〕吉安县 228
横江镇……〔川〕宜宾县 341
横村镇……〔浙〕桐庐县 190
横县……〔桂〕南宁市 303
横岗街道……〔粤〕龙岗区 293
横沥镇……〔粤〕南沙区 291
横沥镇……〔粤〕惠城区 296
横沥镇……〔粤〕东莞市 299
横沙乡……〔沪〕崇明区 176
横沟市镇……〔鄂〕石首市 272
横沟桥镇……〔鄂〕咸安区 273
横陂镇……〔粤〕恩平市 294
横陂镇……〔粤〕五华县 297
横现河街道……〔陕〕略阳县 394
横林镇……〔苏〕武进区 181
横林镇……〔鄂〕天门市 274
横板桥镇……〔湘〕隆回县 280
横岩乡……〔湘〕洪江市 287
横岭瑶族乡……〔湘〕道县 286
横岭镇……〔晋〕和顺县 127
横店街道……〔鄂〕黄陂区 267
横店镇……〔浙〕东阳市 195
横庙乡……〔川〕安岳县 348
横河镇……〔浙〕慈溪市 191
横河镇……〔晋〕阳城县 126
横河镇……〔粤〕博罗县 296
横泾街道……〔苏〕吴中区 181
横栏镇……〔粤〕英德市 299
横荷街道……〔粤〕清城区 298
横桥乡……〔晋〕新绛县 128
横峰县……〔赣〕上饶市 232
横峰街道……〔浙〕温岭市 196
横涧乡……〔冀〕井陉矿区 107
横涧乡……〔晋〕繁峙县 129
横涧乡……〔豫〕卢氏县 257
横埠镇……〔皖〕枞阳县 204
横渠镇……〔陕〕眉县 391
横梁乡……〔陇〕古浪县 403
横梁街道……〔苏〕六合区 179
横琴镇……〔粤〕香洲区 293
横街镇……〔浙〕海曙区 190
横街镇……〔浙〕路桥区 196
横街镇……〔赣〕玉山县 232
横道河子乡……〔吉〕桦甸市 158
横道河子镇……〔辽〕铁岭县 152
横道河镇……〔吉〕东丰县 159
横道镇……〔黑〕海林市 170
横港镇……〔赣〕瑞昌市 225
横渡镇……〔浙〕三门县 196
横渡镇……〔皖〕石台县 210

（十五画）横槽樱樊橡樟磊磙碾震霄噶影踏颛墨镇靠稽稷稻黎稼篁箭篆儋德

横塘岗乡……〔皖〕金安区 208
横塘街道……〔苏〕虎丘区 181
横塘镇……〔赣〕庐山市 225
横塘镇……〔湘〕东安县 285
横路乡……〔赣〕武宁县 224
横溪街道……〔苏〕江宁区 179
横溪镇……〔浙〕鄞州区 190
横溪镇……〔浙〕兰溪市 194
横溪镇……〔浙〕仙居县 196
横寨乡……〔赣〕南康区 226
槽元乡……〔川〕会理县 352
槽渔滩镇……〔川〕洪雅县 341
樱桃园镇……〔鲁〕莘县 244
樊口街道……〔鄂〕鄂城区 270
樊川镇……〔苏〕江都区 185
樊村河乡……〔晋〕沁水县 125
樊村镇……〔晋〕河津市 128
樊村镇……〔豫〕宜阳县 251
樊学镇……〔陕〕定边县 395
樊城区……〔鄂〕襄阳市 269
樊相镇……〔豫〕长垣县 254
樊哙镇……〔川〕宣汉县 344
樊家川镇……〔陇〕环县 405
樊集乡……〔豫〕新野县 258
橡林街道……〔豫〕驿城区 262
樟山镇……〔赣〕吉州区 228
樟木乡……〔赣〕兴国县 227
樟木乡……〔湘〕衡阳县 279
樟木头镇……〔粤〕东莞市 299
樟木林镇……〔桂〕昭平县 308
樟木桥街道……〔湘〕武陵区 282
樟木箐乡……〔川〕西昌市 351
樟木镇……〔桂〕覃塘区 306
樟木镇……〔桂〕福绵区 307
樟木镇……〔藏〕聂拉木县 382
樟斗镇……〔赣〕大余县 226
樟市镇……〔湘〕桂阳县 284
樟市镇……〔粤〕曲江区 292
樟村坪镇……〔鄂〕夷陵区 269
樟村镇……〔赣〕玉山县 232
樟坪畲族乡……〔赣〕贵溪市 226
樟城镇……〔闽〕永泰县 213
樟树乡……〔湘〕衡阳县 279
樟树市……〔赣〕宜春市 230
樟树墩镇……〔赣〕弋阳县 232
樟树镇……〔湘〕湘阴县 281
樟树镇……〔湘〕永兴县 284
樟铺镇……〔粤〕吴川市 295
樟湖镇……〔闽〕延平区 217
樟塘镇……〔闽〕东山县 217
樟溪乡……〔浙〕松阳县 197
樟溪乡……〔赣〕黎川县 231
樟溪镇……〔粤〕饶平县 300
樟潭街道……〔浙〕衢江区 195
磊口乡……〔豫〕安阳县 253
磙子营乡……〔豫〕鲁山县 252
碾子山区……〔黑〕齐齐哈尔市 167
碾子峪镇……〔冀〕宽城满族自治县 118
碾子镇……〔陕〕镇巴县 395
碾庄镇……〔苏〕邳州市 181
碾坝镇……〔陇〕康县 407
碾伯镇……〔青〕乐都区 413
碾张乡……〔晋〕长子县 125
碾垭乡……〔川〕南部县 339
碾盘乡……〔辽〕东洲区 148
碾盘乡……〔川〕南部县 339
震泽镇……〔苏〕吴江区 181
震湖乡……〔宁〕西吉县 420
震雷山街道……〔豫〕平桥区 260
霄云镇……〔鲁〕金乡县 240
噶尔县……〔藏〕阿里地区 385
影山湖街道……〔黔〕播州区 358
影山镇……〔黔〕独山县 365
踏水镇……〔川〕简阳市 329
踏水镇……〔川〕沙湾区 337
踏卡彝族乡……〔川〕九龙县 350
颛桥镇……〔沪〕闵行区 175
墨山乡……〔赣〕上高县 229
墨玉县……〔新〕和田地区 427
墨竹工卡县……〔藏〕拉萨市 381
墨冲镇……〔黔〕都匀市 365
墨江哈尼族自治县……〔滇〕普洱市 373
墨红镇……〔滇〕富源县 370
墨林乡……〔川〕荣县 329
墨河街道……〔苏〕新沂市 181
墨盘街道……〔辽〕普兰店区 147
墨脱县……〔藏〕林芝市 384
墨脱镇……〔藏〕墨脱县 384
墨翰乡……〔滇〕永善县 372
墨镫乡……〔晋〕武乡县 125
镇川镇……〔陕〕勉县 394
镇川镇……〔陕〕榆阳区 395
镇子梁乡……〔晋〕应县 126
镇子镇……〔川〕安岳县 347
镇巴县……〔陕〕汉中市 395
镇龙乡……〔桂〕横县 303
镇龙乡……〔川〕岳池县 343
镇龙镇……〔川〕平昌县 347
镇平县……〔豫〕南阳市 258
镇东乡……〔黑〕巴彦县 166
镇东街道……〔渝〕开州区 320
镇北堡镇……〔宁〕西夏区 419
镇头镇……〔赣〕婺源县 232
镇头镇……〔湘〕浏阳市 277
镇宁布依族苗族自治县…〔黔〕安顺市 360
镇宁堡乡……〔冀〕赤城县 117
镇圩瑶族乡……〔桂〕上林县 303
镇西堡镇……〔辽〕铁岭县 152
镇西镇……〔川〕威远县 336
镇舟镇……〔川〕筠连县 342
镇江市……〔苏〕 185
镇江寺街道……〔川〕船山区 335
镇江关乡……〔川〕松潘县 348
镇江庙乡……〔川〕马边彝族自治县 337
镇江路街道……〔鲁〕市北区 236
镇江镇……〔粤〕高州市 295
镇安县……〔陕〕商洛市 397
镇安镇……〔辽〕黑山县 150
镇安镇……〔粤〕云安区 300
镇安镇……〔渝〕开州区 320
镇安镇……〔滇〕龙陵县 371
镇阳乡……〔川〕井研县 337
镇远县…〔黔〕黔东南苗族侗族自治州 364
镇里垌乡……〔豫〕虞城县 259
镇岗乡……〔赣〕安远县 226
镇沅彝族哈尼族拉祜族自治县……
……〔滇〕普洱市 373
镇坪乡……〔川〕松潘县 348
镇坪县……〔陕〕安康市 397
镇罗营镇……〔京〕平谷区 100
镇罗镇……〔宁〕沙坡头区 420
镇金镇……〔川〕简阳市 329
镇城底镇……〔晋〕古交市 123
镇南乡……〔湘〕临武县 285
镇南镇…〔黔〕务川仡佬族苗族自治县 359
镇前镇……〔闽〕政和县 218
镇桥镇……〔赣〕乐平市 224
镇原县……〔陇〕庆阳市 406
镇海区……〔浙〕宁波市 190
镇海街道……〔闽〕荔城区 214
镇盛镇……〔粤〕茂南区 295
镇赉县……〔吉〕白城市 161
镇赉镇……〔吉〕镇赉县 161
镇康县……〔滇〕临沧市 374
镇隆镇……〔粤〕信宜市 295
镇隆镇……〔粤〕惠阳区 296
镇隆镇……〔桂〕平南县 307
镇雄县……〔滇〕昭通市 372
镇渡乡……〔赣〕上高县 229
镇裕镇……〔川〕岳池县 342
镇靖镇……〔陕〕靖边县 395
镇溪街道……〔湘〕吉首市 288
镇德桥镇……〔湘〕鼎城区 282
靠山乡……〔黑〕绥棱县 172
靠山街道……〔蒙〕海拉尔区 138
靠山街道……〔吉〕龙潭区 158
靠山镇……〔辽〕开原市 153
靠山镇……〔吉〕农安县 157
靠山镇……〔吉〕伊通满族自治县 159
稽山街道……〔浙〕越城区 193
稽东镇……〔浙〕柯桥区 193
稷下街道……〔鲁〕临淄区 237
稷山县……〔晋〕运城市 128
稷峰镇……〔晋〕稷山县 128
稻田镇……〔鲁〕寿光市 239
稻地镇……〔冀〕路南区 108
稻庄镇……〔鲁〕广饶县 238
稻谷乡……〔川〕宁南县 352
稻城县……〔川〕甘孜藏族自治州 351
稻香村街道……〔皖〕蜀山区 201
黎川县……〔赣〕抚州市 230
黎少镇……〔粤〕罗定市 300
黎水镇……〔渝〕黔江区 319
黎平县…〔黔〕黔东南苗族侗族自治州 364
黎民居乡……〔冀〕河间市 119
黎母山镇…〔琼〕保亭黎族苗族自治县 314
黎圩镇……〔赣〕东乡区 230
黎托街道……〔湘〕雨花区 277
黎场乡……〔渝〕石柱土家族自治县 323
黎华街道……〔黑〕道外区 165
黎安乡……〔川〕普格县 352
黎安镇……〔琼〕陵水黎族自治县 314
黎阳街道……〔豫〕浚县 253
黎阳路街道……〔豫〕淇滨区 253
黎阳镇……〔皖〕屯溪区 205
黎坝镇……〔陕〕镇巴县 395
黎村镇……〔桂〕容县 307
黎里镇……〔苏〕吴江区 181
黎坪镇……〔陕〕南郑区 394
黎明乡……〔黑〕肇东市 172
黎明乡……〔桂〕平果县 308
黎明乡…〔滇〕宁洱哈尼族彝族自治县 373
黎明关水族乡……〔黔〕荔波县 365
黎明傈僳族乡……
……〔滇〕玉龙纳西族自治县 373
黎明街道……〔吉〕集安市 160
黎明街道……〔黑〕香坊区 165
黎咀镇……〔粤〕龙川县 298
黎城县……〔晋〕长治市 125
黎城镇……〔苏〕金湖县 184
黎香湖镇……〔渝〕南川区 320
黎侯镇……〔晋〕黎城县 125
黎洪乡……〔川〕会理县 352
黎家乡……〔川〕邻水县 343
黎家坪镇……〔湘〕祁阳县 285
黎埠镇……〔粤〕阳山县 299
黎雅镇……〔川〕梓潼县 333
黎集镇……〔豫〕固始县 260
黎塘镇……〔桂〕宾阳县 303
黎溪镇……〔粤〕英德市 299
黎溪镇……〔川〕会理县 352
黎曙镇……〔川〕三台县 332
稼轩乡……〔赣〕铅山县 232
稼依镇……〔滇〕砚山县 376
篁碧畲族乡……〔赣〕铅山县 232
箭厂河乡……〔豫〕新县 260
箭竹苗族乡……〔川〕古蔺县 331
箭板镇……〔川〕沐川县 337
箭盘山街道……〔桂〕鱼峰区 303
篆角乡……〔滇〕广南县 377
篆塘镇……〔渝〕綦江区 318
儋州市……〔琼〕 313
德山街道……〔湘〕武陵区 282
德化乡……〔黔〕黎平县 364
德化县……〔闽〕泉州市 216
德化街街道……〔豫〕二七区 249
德化镇…〔滇〕宁洱哈尼族彝族自治县 373
德凤街道……〔黔〕黎平县 364
德平镇……〔鲁〕临邑县 243
德归镇……〔冀〕文安县 120
德令哈市…〔青〕海西蒙古族藏族自治州 415
德外里都如克哈萨克族乡……
……〔新〕伊州区 424
德包图乡……〔蒙〕化德县 140
德吉乡……〔川〕越西县 354
德吉林镇……〔藏〕仁布县 382
德达乡……〔川〕理塘县 351
德庆乡……〔藏〕堆龙德庆区 381
德庆县……〔粤〕肇庆市 296
德庆镇……〔藏〕达孜区 381

（十五画）德磐虢膘滕鲤熟摩褒颜遵潜澌潮潭潦澳潘澛潼澜澄寮额

德庆镇……〔藏〕班戈县 385
德州市……〔鲁〕243
德州镇……〔川〕德昌县 352
德江县……〔黔〕铜仁市 362
德兴乡……〔藏〕墨脱县 384
德兴乡……〔陇〕陇西县 406
德兴市……〔赣〕上饶市 232
德兴满族乡……〔辽〕西丰县 152
德安乡……〔滇〕宁洱哈尼族彝族自治县 373
德安县……〔赣〕九江市 225
德阳市……〔川〕331
德坞街道……〔黔〕钟山区 357
德巫乡……〔川〕理塘县 351
德伯斯镇……〔蒙〕科尔沁右翼前旗 140
德宏傣族景颇族自治州……〔滇〕378
德苴乡……〔滇〕弥渡县 377
德卧镇……〔黔〕安龙县 363
德卓镇……〔黔〕赫章县 361
德旺土家族苗族乡……〔黔〕江口县 362
德昌乡……〔黑〕肇东市 172
德昌县……〔川〕凉山彝族自治州 352
德昂乡……〔青〕达日县 415
德岭山镇……〔蒙〕乌拉特中旗 139
德泽乡……〔滇〕沾益区 370
德城区……〔鲁〕德州市 243
德城街道……〔粤〕德庆县 296
德政镇……〔冀〕魏县 112
德荣马乡……〔川〕石渠县 351
德威乡……〔川〕泸定县 349
德厚镇……〔滇〕文山市 376
德钦县……〔滇〕迪庆藏族自治州 378
德顺乡……〔黔〕黎平县 364
德顺蒙古族乡……〔吉〕洮北区 161
德保县……〔桂〕百色市 308
德胜街道……〔京〕西城区 99
德胜街道……〔吉〕船营区 158
德胜镇……〔黑〕青冈县 172
德胜镇……〔赣〕黎川县 231
德胜镇……〔桂〕宜州区 309
德亭镇……〔豫〕嵩县 251
德差乡……〔川〕雅江县 350
德恒隆乡……〔青〕化隆回族自治县 414
德格乡……〔川〕阿坝县 349
德格县……〔川〕甘孜藏族自治州 350
德党镇……〔滇〕永德县 374
德峨镇……〔桂〕隆林各族自治县 308
德宽路街道……〔皖〕大观区 204
德祥乡……〔黑〕巴彦县 166
德清县……〔浙〕湖州市 193
德隆乡……〔桂〕那坡县 308
德隆镇……〔渝〕南川区 320
德惠市……〔吉〕长春市 158
德善乡……〔黑〕方正县 166
德登乡……〔藏〕江达县 383
德感街道……〔渝〕江津区 319
德新乡……〔吉〕龙井市 162
德新镇……〔川〕旌阳区 331
德新镇……〔黔〕贵定县 365
德源镇……〔川〕郫都区 328
德溪乡……〔川〕金阳县 353
德溪街道……〔黔〕七星关区 360
德耀镇……〔川〕古蔺县 331
磐石市……〔吉〕吉林市 158
磐石街道……〔鲁〕曹县 246
磐石镇……〔浙〕乐清市 192
磐石镇……〔川〕通川区 343
磐东街道……〔粤〕揭东区 300
磐安县……〔浙〕金华市 194
磐安镇……〔陇〕甘谷县 403
虢王镇……〔陕〕凤翔县 390
虢镇街道……〔陕〕陈仓区 390
膘尔托阔依乡……〔新〕乌恰县 426
滕王阁街道……〔赣〕东湖区 223
滕庄子乡……〔冀〕黄骅市 119
滕州市……〔鲁〕枣庄市 237
滕家镇……〔鲁〕荣成市 241
鲤中街道……〔闽〕鲤城区 215
鲤鱼山街道……〔新〕新市区 423
鲤鱼塘镇……〔湘〕永兴县 284
鲤城区……〔闽〕泉州市 215
鲤城街道……〔闽〕仙游县 214
鲤南镇……〔闽〕仙游县 214
鲤溪镇……〔湘〕宁远县 286
熟坪乡……〔湘〕洪江市 287
熟溪街道……〔浙〕武义县 194
摩尼镇……〔川〕叙永县 331
摩梭河街道……〔川〕西区 330
褒城镇……〔陕〕勉县 394
颜庄镇……〔鲁〕钢城区 242
颜村铺乡……〔豫〕范县 255
颜店镇……〔鲁〕兖州区 240
颜单镇……〔苏〕建湖县 184
颜厝镇……〔闽〕龙海市 217
颜集镇……〔苏〕沭阳县 186
颜集镇……〔皖〕谯城区 209
遵义市……〔黔〕358
遵义街道……〔吉〕龙潭区 158
遵化市……〔冀〕唐山市 109
遵化店镇……〔豫〕叶县 252
遵化镇……〔冀〕遵化市 109
遵道镇……〔川〕绵竹市 331
遵谭镇……〔琼〕龙华区 313
潜口镇……〔皖〕徽州区 205
潜山县……〔皖〕安庆市 204
潜川镇……〔浙〕临安区 189
潜江市……〔鄂〕恩施土家族苗族自治州 274
澌岸镇……〔川〕平昌县 347
澌波乡……〔川〕通江县 347
澌滩乡……〔川〕平昌县 347
潮水镇……〔鲁〕蓬莱市 238
潮田乡……〔桂〕灵川县 304
潮庄镇……〔豫〕睢县 259
潮州市……〔粤〕299
潮安区……〔粤〕潮州市 299
潮阳区……〔粤〕汕头市 293
潮阳街道……〔津〕宝坻区 104
潮连街道……〔粤〕蓬江区 294
潮鸣街道……〔浙〕下城区 189
潮河镇……〔鲁〕五莲县 242
潮河镇……〔川〕泸县 330
潮南区……〔粤〕汕头市 293
潮泉镇……〔鲁〕肥城市 241
潮洛窝乡……〔冀〕玉田县 109
潮格温都尔镇……〔蒙〕乌拉特后旗 139
潮砥镇……〔黔〕德江县 362
潮海街道……〔鲁〕即墨区 236
潭下镇……〔粤〕五华县 297
潭下镇……〔桂〕灵川县 304
潭口镇……〔赣〕章贡区 226
潭山镇……〔赣〕宜丰县 229
潭门镇……〔琼〕琼海市 313
潭中街道……〔桂〕城中区 303
潭水镇……〔粤〕阳春市 298
潭牛镇……〔琼〕文昌市 313
潭布镇……〔粤〕广宁县 296
潭龙街道……〔豫〕延津县 254
潭东镇……〔赣〕章贡区 226
潭丘乡……〔赣〕新干县 228
潭市镇……〔湘〕湘乡市 279
潭头乡……〔赣〕永丰县 228
潭头乡……〔桂〕融安县 304
潭头镇……〔闽〕长乐区 213
潭头镇……〔闽〕福安市 219
潭头镇……〔豫〕栾川县 251
潭头镇……〔粤〕高州市 295
潭西街道……〔桂〕柳南区 304
潭西镇……〔粤〕陆丰市 297
潭江镇……〔粤〕丰顺县 297
潭府乡……〔湘〕新邵县 280
潭城乡……〔赣〕永丰县 228
潭城街道……〔闽〕建阳区 217
潭城镇……〔闽〕平潭县 214
潭柘寺镇……〔京〕门头沟区 99
潭埠镇……〔赣〕万载县 229
潭湾镇……〔湘〕辰溪县 286
潭溪乡……〔赣〕黎川县 231
潭溪镇……〔湘〕新邵县 280
潭溪镇……〔湘〕泸溪县 288
潦河坡镇……〔豫〕卧龙区 257
潦河镇……〔豫〕卧龙区 257
澳头街道……〔粤〕惠阳区 296
澳前镇……〔闽〕平潭县 214
潘口乡……〔鄂〕溢水镇 268
潘火街道……〔浙〕鄞州区 190
潘田镇……〔粤〕丰顺县 297
潘市镇……〔湘〕祁阳县 285
潘庄镇……〔津〕宁河区 104
潘庄镇……〔冀〕卢龙县 110
潘庄镇……〔鲁〕临清市 245
潘州街道……〔粤〕高州市 295
潘安乡……〔川〕小金县 349
潘安湖街道……〔苏〕贾汪区 180
潘村镇……〔皖〕明光市 206
潘岱街道……〔浙〕瑞安市 192
潘店镇……〔鲁〕齐河县 244
潘店镇……〔豫〕封丘县 254
潘河乡……〔豫〕卢氏县 257
潘河街道……〔豫〕社旗县 258
潘津镇……〔新〕伊宁市 428
潘桥街道……〔浙〕瓯海区 191
潘家庄镇……〔黔〕兴仁县 363
潘家园街道……〔京〕朝阳区 99
潘家沟街道……〔冀〕双桥区 117
潘家堡镇……〔辽〕辽中区 145
潘家湾土家族乡……〔鄂〕宜昌市 269
潘家湾镇……〔鄂〕嘉鱼县 273
潘黄街道……〔苏〕盐都区 184
潘集区……〔皖〕淮南市 203
潘集镇……〔皖〕潘集区 203
潘集镇……〔皖〕霍邱县 208
潘渡乡……〔闽〕连江县 213
潘渡镇……〔鲁〕郓城县 246
潘塘街道……〔苏〕云龙区 180
潘塘街道……〔鄂〕新洲区 268
潘新镇……〔豫〕罗山县 260
澛港街道……〔皖〕弋江区 201
潼川镇……〔川〕三台县 332
潼关县……〔陕〕渭南市 392
潼阳镇……〔苏〕沭阳县 186
潼侨镇……〔粤〕惠城区 296
潼南区……〔渝〕320
潼射镇……〔川〕射洪县 335
潼湖镇……〔粤〕惠城区 296
澜沧拉祜族自治县……〔滇〕普洱市 374
澜河镇……〔粤〕南雄市 292
澄迈县……〔琼〕儋州市 314
澄华街道……〔粤〕澄海区 293
澄江县……〔滇〕玉溪市 371
澄江街道……〔苏〕江阴市 180
澄江街道……〔浙〕黄岩区 196
澄江街道……〔皖〕宣州区 210
澄江镇……〔赣〕寻乌县 227
澄江镇……〔赣〕泰和县 228
澄江镇……〔粤〕始兴县 292
澄江镇……〔桂〕都安瑶族自治县 309
澄江镇……〔渝〕北碚区 318
澄阳街道……〔苏〕相城区 181
澄城县……〔陕〕渭南市 392
澄泰乡……〔桂〕上林县 303
澄海区……〔粤〕汕头市 293
澄塘镇……〔赣〕宜丰县 229
澄照乡……〔浙〕景宁畲族自治县 197
澄源乡……〔闽〕政和县 218
澄溪镇……〔渝〕垫江县 321
澄潭江镇……〔湘〕浏阳市 277
澄潭镇……〔浙〕新昌县 193
寮步镇……〔粤〕东莞市 299
寮塘乡……〔赣〕安福县 229
额木庭高勒苏木……〔蒙〕科尔沁右翼中旗 141
额仁淖尔苏木……〔蒙〕苏尼特右旗 141
额尔古纳市……〔蒙〕呼伦贝尔市 139
额尔克哈什哈苏木…〔蒙〕阿拉善左旗 141
额尔和乡……〔蒙〕莫力达瓦达斡尔族自治旗 138
额尔格图镇……〔蒙〕科尔沁右翼前旗 140
额尔敦街道……〔蒙〕锡林浩特市 141
额尔登布拉格苏木…〔蒙〕乌拉特前旗 139

（十五画）额鹤憨熨履嬉豫（十六画）靛擂操燕薛薄翰樵整融瓢醒殪霖霓霍冀嘴蟒螅鹦赠默黔镜赞穆篱儒衡

额尼乡……〔川〕喜德县 353
额吉淖尔镇……〔蒙〕东乌珠穆沁旗 141
额如乡
……〔吉〕前郭尔罗斯蒙古族自治县 161
额玛勒郭楞蒙古族乡……〔新〕额敏县 429
额济纳旗……〔蒙〕阿拉善盟 141
额勒再特乌鲁乡……〔新〕和静县 425
额勒顺镇……〔蒙〕库伦旗 137
额敏县……〔新〕塔城地区 429
额敏镇……〔新〕额敏县 429
额穆镇……〔吉〕敦化市 162
鹤上镇……〔闽〕长乐区 213
鹤山区……〔豫〕鹤壁市 253
鹤山市……〔粤〕江门市 294
鹤山街道……〔豫〕鹤山区 253
鹤山街道……〔川〕蒲江县 328
鹤山镇……〔鲁〕宁阳县 241
鹤子镇……〔赣〕安远县 226
鹤丰乡……〔川〕阆中市 340
鹤毛镇……〔皖〕无为县 202
鹤龙街道……〔粤〕白云区 291
鹤龙湖镇……〔湘〕湘阴县 281
鹤北镇……〔黑〕萝北县 168
鹤市镇……〔粤〕龙川县 298
鹤立镇……〔黑〕汤原县 170
鹤庆县……〔滇〕大理白族自治州 378
鹤兴街道……〔黑〕东山区 168
鹤岗市……〔黑〕 168
鹤林镇……〔川〕渠县 345
鹤鸣乡……〔川〕大邑县 328
鹤鸣湖镇……〔黑〕林甸县 169
鹤岭镇……〔湘〕雨湖区 278
鹤城乡……〔皖〕休宁县 205
鹤城区……〔湘〕怀化市 286
鹤城街道……〔浙〕青田县 197
鹤城镇……〔赣〕资溪县 231
鹤城镇……〔粤〕鹤山市 294
鹤峰乡……〔渝〕奉节县 322
鹤峰县
……〔鄂〕恩施土家族苗族自治州 274
鹤浦镇……〔浙〕象山县 190
鹤盛镇……〔浙〕永嘉县 191
鹤游镇……〔渝〕垫江县 321
鹤塘镇……〔闽〕古田县 219
鹤龄镇……〔川〕剑阁县 334
鹤溪街道……〔浙〕景宁畲族自治县 197
鹤壁市……〔豫〕 253
鹤壁集镇……〔豫〕鹤山区 253
憨班乡……〔陇〕舟曲县 409
熨斗镇……〔陕〕石泉县 396
履坦镇……〔浙〕武义县 194
嬉子湖镇……〔皖〕桐城市 205
豫龙镇……〔豫〕荥阳市 249
豫宁街道……〔赣〕武宁县 224
豫让桥街道……〔冀〕桥东区 112
豫园街道……〔沪〕黄浦区 175
豫灵镇……〔豫〕灵宝市 257
豫海镇……〔宁〕同心县 420
豫章街道……〔赣〕东湖区 223
豫新街道……〔苏〕宿豫区 186

十六画

靛水街道……
……〔渝〕彭水苗族土家族自治县 323
靛房镇……〔湘〕龙山县 288
擂鼓镇……〔鄂〕溢水镇 268
擂鼓镇……〔川〕北川羌族自治县 333
操场乡……〔赣〕分宜县 225
操军镇……〔湘〕华容县 281
燕儿窝街道……〔新〕天山区 423
燕山大街街道……〔冀〕海港区 110
燕山乡……〔皖〕蚌山区 202
燕山乡……〔渝〕万州区 317
燕山乡……〔川〕南江县 347
燕山街道……〔辽〕龙城区 153
燕山街道……〔鲁〕历下区 235
燕山路街道……〔冀〕丰润区 109
燕门乡……〔滇〕德钦县 378
燕子口镇……〔黔〕七星关区 360
燕子山街道……〔晋〕矿区 123
燕子乡……〔川〕旺苍县 334
燕子矶街道……〔苏〕栖霞区 179
燕子沟镇……〔川〕泸定县 349
燕子河镇……〔皖〕金寨县 209
燕子砭镇……〔陕〕宁强县 394
燕子埠镇……〔苏〕邳州市 181
燕子墩乡……〔宁〕惠农区 419
燕子镇……〔鄂〕鹤峰县 274
燕云乡……〔川〕松潘县 348
燕东街道……〔闽〕永安市 215
燕北街道……〔辽〕双塔区 153
燕北街道……〔闽〕永安市 215
燕西街道……〔闽〕永安市 215
燕坊镇……〔赣〕永修县 225
燕矶镇……〔鄂〕鄂城区 270
燕园街道……〔京〕海淀区 99
燕尾港镇……〔苏〕灌云县 183
燕罗街道……〔粤〕宝安区 292
燕店镇……〔鲁〕莘县 244
燕郊镇……〔冀〕三河市 120
燕河营镇……〔冀〕卢龙县 110
燕赵镇……〔冀〕曲阳县 114
燕南街道……〔闽〕永安市 215
燕峒乡……〔桂〕德保县 308
燕泉街道……〔湘〕北湖区 284
燕洞镇……〔桂〕巴马瑶族自治县 309
燕都街道……〔辽〕双塔区 153
燕格柏乡……
……〔冀〕围场满族蒙古族自治县 118
燕崖镇……〔鲁〕沂源县 237
燕塔街道……〔鲁〕莘县 244
燕厦乡……〔鄂〕通山县 273
燕窝镇……〔鄂〕洪湖市 272
燕窝镇……〔渝〕合川区 319
燕塘镇……〔桂〕钟山县 309
燕楼镇……〔黔〕花溪区 357
薛屯乡……〔辽〕黑山县 150
薛百镇……〔陇〕民勤县 403
薛庄镇……〔鲁〕费县 243
薛关镇……〔晋〕蒲县 130
薛村镇……〔晋〕柳林县 131
薛吴村乡……〔冀〕南宫市 113
薛坪镇……〔鄂〕南漳县 270
薛店镇……〔晋〕闻喜县 128
薛店镇……〔豫〕新郑市 250
薛店镇……〔豫〕郏县 252
薛官屯乡……〔冀〕沧县 118
薛录镇……〔陕〕乾县 391
薛城区……〔鲁〕枣庄市 237
薛城镇……〔川〕理县 348
薛阁街道……〔皖〕谯城区 209
薛家岛街道……〔鲁〕黄岛区 236
薛家峁镇……〔陕〕绥德县 395
薛家河镇……〔陕〕绥德县 395
薛家窊乡……〔晋〕宁武县 129
薛家湾镇……〔蒙〕准格尔旗 138
薛家镇……〔苏〕新北区 181
薛埠镇……〔苏〕金坛区 181
薛圐圙乡……〔晋〕山阴县 126
薛集镇……〔鄂〕老河口市 270
薛湖镇……〔豫〕永城市 260
薛镇……〔陕〕富平县 393
薄竹镇……〔滇〕文山市 376
薄荷台乡……〔黑〕肇源县 169
薄壁镇……〔豫〕辉县市 254
翰林街道……〔黔〕盘州市 358
翰林镇……〔琼〕定安县 314
翰堂镇……〔赣〕上高县 229
翰章乡……〔吉〕敦化市 162
樵舍镇……〔赣〕新建区 223
樵店乡……〔川〕剑阁县 335
整董镇……〔滇〕江城哈尼族彝族自治县 373
融水苗族自治县……〔桂〕柳州市 304
融水镇……〔桂〕融水苗族自治县 304
融安县……〔桂〕柳州市 304
瓢井镇……〔黔〕大方县 360
瓢里镇……〔桂〕龙胜各族自治县 305
醒民镇……〔黔〕习水县 359
醒狮镇……〔黔〕龙里县 365
殪虎桥镇……〔陇〕漳县 407
霖磐镇……〔粤〕揭东区 300
霓屿街道……〔浙〕洞头区 191
霍口畲族乡……〔闽〕罗源县 213
霍山县……〔皖〕六安市 209
霍什拉甫乡……〔新〕莎车县 427
霍龙门镇……〔黑〕嫩江县 171
霍尔乡……〔藏〕普兰县 385
霍尔巴乡……〔藏〕仲巴县 382
霍尔奇镇……〔蒙〕阿荣旗 138
霍尔果斯市……〔新〕伊犁哈萨克自治州 428
霍吉尔特蒙古族乡……〔新〕额敏县 429
霍西乡……〔川〕色达县 351
霍各庄镇……〔津〕宝坻区 104
霍州市……〔晋〕临汾市 130
霍里街道……〔皖〕花山区 203
霍邱县……〔皖〕六安市 208
霍林河街道……〔蒙〕科尔沁区 137
霍林郭勒市……〔蒙〕通辽市 138
霍城县……〔新〕伊犁哈萨克自治州 428
霍城镇……〔陇〕山丹县 404
霍家店街道……〔吉〕梨树县 159
霍营街道……〔京〕昌平区 100
霍童镇……〔闽〕蕉城区 219
冀屯镇……〔豫〕辉县市 254
冀氏镇……〔晋〕安泽县 130
冀州区……〔冀〕衡水市 120
冀州镇……〔冀〕冀州区 120
冀村镇……〔晋〕汾阳市 131
冀家村乡……〔冀〕邢台县 112
嘴头镇……〔陕〕太白县 391
蟒川镇……〔豫〕汝州市 252
蟒石口镇……〔冀〕涿鹿县 116
蟒河镇……〔晋〕阳城县 126
螅镇……〔陕〕佳县 396
鹦鸽镇……〔陕〕太白县 391
鹦鹉街道……〔鄂〕汉阳区 267
鹦鹉溪镇……〔黔〕思南县 362
赠科乡……〔川〕白玉县 350
默戎镇……〔湘〕古丈县 288
默勒镇……〔青〕祁连县 414
黔东南苗族侗族自治州……〔黔〕 363
黔西县……〔黔〕毕节市 360
黔西南布依族苗族自治州……〔黔〕 363
黔江区……〔渝〕 319
黔灵镇……〔黔〕云岩区 357
黔城镇……〔湘〕洪江市 287
黔南布依族苗族自治州……〔黔〕 365
黔陶布依族苗族乡……〔黔〕花溪区 357
镜坝镇……〔赣〕南康区 226
镜岭镇……〔浙〕新昌县 193
镜泊镇……〔黑〕宁安市 171
镜洋镇……〔闽〕福清市 214
镜湖区……〔皖〕芜湖市 201
镜湖街道……〔吉〕宁江区 161
赞字乡……〔吉〕乾安县 161
赞皇县……〔冀〕石家庄市 108
赞皇镇……〔冀〕赞皇县 108
赞善街道……〔冀〕沙河市 113
穆云畲族乡……〔闽〕福安市 219
穆阳镇……〔闽〕福安市 219
穆村乡……〔冀〕深州市 120
穆村镇……〔晋〕柳林县 131
穆坪镇……〔川〕宝兴县 346
穆店乡……〔苏〕盱眙县 184
穆店乡……〔豫〕鹿邑县 262
穆家峪镇……〔京〕密云区 100
穆家营子镇……〔蒙〕松山区 136
穆家镇……〔辽〕辽阳县 151
穆棱市……〔黑〕牡丹江市 171
穆棱街道……〔黑〕梨树区 168
穆棱镇……〔黑〕穆棱市 171
穆寨街道……〔陕〕临潼区 389
篱笆镇……〔皖〕蒙城县 209
儒岙镇……〔浙〕新昌县 193
儒林街道……〔京〕延庆区 100
儒林镇……〔苏〕金坛区 181
儒林镇……〔湘〕城步苗族自治县 281
儒洞镇……〔粤〕阳西县 298
衡山县……〔湘〕衡阳市 279

衡山镇······〔皖〕霍山县 209
衡水市······〔冀〕120
衡龙桥镇······〔湘〕赫山区 283
衡东县······〔湘〕衡阳市 279
衡州路街道······〔湘〕珠晖区 279
衡阳市······〔湘〕279
衡阳县······〔湘〕衡阳市 279
衡阳街道······〔桂〕西乡塘区 303
衡南县······〔湘〕衡阳市 279
歙县······〔皖〕黄山市 205
膳房堡乡······〔冀〕万全区 116
雕庄街道······〔苏〕天宁区 181
雕鹗镇······〔冀〕赤城县 117
鲸园街道······〔鲁〕环翠区 241
鲹鱼河镇······〔川〕会东县 352
鲵江街道······〔粤〕金平区 293
鲵莲街道······〔粤〕金平区 293
磨刀石镇······〔黑〕阳明区 170
磨山镇······〔鲁〕兰陵县 243
磨子土家族乡······〔渝〕忠县 322
磨子桥镇······〔陕〕洋县 394
磨子潭镇······〔皖〕霍山县 209
磨市镇······〔鄂〕长阳土家族自治县 269
磨市镇······〔湘〕石门县 283
磨头镇······〔苏〕如皋市 182
磨头镇······〔豫〕博爱县 255
磨西镇······〔川〕泸定县 349
磨西镇······〔川〕泸定县 349
磨池镇······〔川〕井研县 337
磨坝藏族乡······〔陇〕武都区 407
磨里镇······〔晋〕绛县 128
磨坪乡······〔鄂〕秭归县 269
磨店街道······〔皖〕瑶海区 201
磨家镇······〔川〕涪城区 332
磨菇气镇······〔蒙〕扎兰屯市 139
磨盘乡······〔川〕西昌市 351
磨黑镇···〔滇〕宁洱哈尼族彝族自治县 373
磨街乡······〔豫〕禹州市 256
磨溪乡······〔赣〕德安县 225
磨溪镇······〔川〕安居区 335
磨滩镇······〔川〕昭化区 333
磨憨镇······〔滇〕勐腊县 377
糖坊镇······〔黑〕宾县 166
燎原乡······〔川〕崇州市 329
燎原街道······〔黑〕南岗区 165
燎原街道······〔粤〕普宁市 300
燎原镇······〔黑〕兰西县 171
燎原镇······〔黔〕桐梓县 358
濛江乡······〔吉〕靖宇县 160
濛江街道······〔黔〕惠水县 365
濛江镇······〔桂〕藤县 305
濛阳镇······〔川〕彭州市 328
濛洲街道······〔浙〕庆元县 197
濑湍镇······〔桂〕江州区 310
濉溪县······〔皖〕淮北市 203
濉溪镇······〔闽〕建宁县 215
濉溪镇······〔皖〕濉溪县 203
潞王坟乡······〔豫〕凤泉区 254
潞田镇······〔赣〕万安县 228
潞华街道······〔晋〕潞城市 125
潞江镇······〔滇〕隆阳区 371
潞城市······〔晋〕长治市 125
潞城街道······〔苏〕武进区 181
潞城瑶族乡······〔桂〕田林县 308
潞城镇······〔京〕通州区 100
潞城镇······〔晋〕陵川县 126
潞灌乡······〔冀〕南皮县 118
澧田镇······〔赣〕永新县 229
澧西街道······〔湘〕澧县 282
澧江街道······
······〔滇〕元江哈尼族彝族傣族自治县 371
澧阳街道······〔湘〕澧县 282
澧县······〔湘〕常德市 282
澧南镇······〔湘〕澧县 282
澧浦街道······〔湘〕澧县 282
澧浦镇······〔浙〕金东区 194
澧源镇······〔湘〕桑植县 283
澧溪镇······〔赣〕武宁县 224
澧澹街道······〔湘〕澧县 282
澡下镇······〔赣〕奉新县 229
澡溪乡······〔赣〕奉新县 229
澴潭镇······〔鄂〕随县 273
澥浦镇······〔浙〕镇海区 190
濂水镇······〔陕〕南郑区 394
濂竹乡······〔浙〕遂昌县 197
濂溪区······〔赣〕九江市 224
濂溪街道······〔湘〕道县 285
隰县······〔晋〕临汾市 130

十七画

璪都镇······〔赣〕靖安县 230
戴圩街道······〔苏〕邳州市 181
戴庄镇······〔苏〕邳州市 181
戴坊镇······〔赣〕乐安县 231
戴村镇······〔浙〕萧山区 189
戴庙镇······〔鲁〕东平县 241
戴河镇······〔冀〕北戴河区 110
戴南镇······〔苏〕兴化市 186
戴桥镇······〔皖〕界首市 207
戴家场镇······〔鄂〕洪湖市 272
戴家埔乡······〔赣〕遂川县 228
戴埠镇······〔苏〕溧阳市 181
戴窑镇······〔苏〕兴化市 185
戴湾镇······〔鲁〕临清市 245
戴楼镇······〔苏〕金湖县 184
壕子口街道······〔川〕市中区 336
擦耳镇······〔川〕高坪区 338
擦咔乡······〔藏〕革吉县 385
擦罗彝族乡······〔川〕石棉县 346
藉口镇······〔陇〕秦州区 402
藏比乡······〔藏〕嘉黎县 385
藏巴哇镇······〔陇〕卓尼县 409
藏坝乡······〔川〕理塘县 351
藏改乡······〔藏〕江孜县 381
藏南镇······〔鲁〕黄岛区 236
藏桂乡······〔新〕皮山县 427
藁城区······〔冀〕石家庄市 107
檬子乡······〔川〕旺苍县 334
檬双乡······〔川〕通川区 343
檬垭乡······〔川〕仪陇县 339
檀木镇······〔川〕达川区 343
檀圩镇······〔桂〕灵山县 306
檀江街道······〔湘〕大祥区 280
檀林镇······〔鄂〕蕲春县 272
檀营（地区）满族蒙族乡···〔京〕密云区 100
檀溪街道······〔鄂〕襄城区 269
檀溪镇······〔浙〕浦江县 194
磻溪镇······〔闽〕福鼎市 219
磻溪镇······〔黔〕剑河县 364
磻溪镇······〔陕〕陈仓区 390
磷矿镇······〔鄂〕钟祥市 270
磷溪镇······〔粤〕湘桥区 299
磴上镇······〔冀〕承德县 117
磴口县······〔蒙〕巴彦淖尔市 139
霞口镇······〔冀〕阜城县 120
霞山区······〔粤〕湛江市 294
霞云岭乡······〔京〕房山区 100
霞西镇······〔皖〕宁国市 210
霞关镇······〔浙〕苍南县 191
霞阳镇······〔湘〕炎陵县 278
霞坑镇······〔皖〕歙县 205
霞拔乡······〔闽〕永泰县 213
霞若傈僳族乡······〔滇〕德钦县 378
霞林街道······〔闽〕城厢区 214
霞城街道······〔湘〕岳塘区 278
霞美镇······〔闽〕南安市 216
霞美镇······〔闽〕漳浦县 216
霞洞镇······〔粤〕电白区 295
霞峰镇······〔赣〕广丰区 231
霞浦县······〔闽〕宁德市 219
霞浦街道······〔浙〕北仑区 190
霞流镇······〔湘〕衡东县 279
霞涌街道······〔粤〕惠阳区 296
霞葛镇······〔闽〕诏安县 217
霞寨镇······〔闽〕平和县 217
鹭鹭树镇······〔辽〕昌图县 152
曙光乡······〔蒙〕临河区 139
曙光乡······〔黑〕克山县 167
曙光乡······〔川〕三台县 332
曙光乡······〔滇〕广南县 377
曙光街街道······〔豫〕新华区 252
曙光街道······〔京〕海淀区 99
曙光街道······〔辽〕立山区 147
曙光街道······〔辽〕兴隆台区 152
曙光街道······〔吉〕南关区 157
曙光街道······〔黑〕海伦市 172
曙光路街道······〔豫〕北关区 253
曙光镇······〔辽〕宏伟区 151
曙光镇······〔吉〕梅河口市 160
曙光镇······〔黔〕纳雍县 361
曙坪镇······〔陕〕镇坪县 397
曈里镇······〔鲁〕嘉祥县 240
螺山镇······〔鄂〕洪湖市 272
螺田镇······〔赣〕吉水县 228
螺阳镇······〔闽〕惠安县 215
螺岗镇······〔粤〕广宁县 296
螺城镇······〔闽〕惠安县 215
螺洋街道······〔浙〕路桥区 196
螺洲镇······〔闽〕仓山区 213
螺溪镇······〔赣〕泰和县 228
螺溪镇······〔粤〕陆河县 297
螺溪镇······〔川〕高坪区 338
螺髻山镇······〔川〕普格县 352
镡河乡······〔陇〕成县 407
穗东街道······〔粤〕黄埔区 291
魏北街道······〔豫〕魏都区 256
魏庄街道······〔豫〕长垣县 254
魏庄镇······〔皖〕怀远县 202
魏庄镇······〔鲁〕莘县 244
魏兴镇······〔川〕通川区 343
魏村镇······〔冀〕清苑区 113
魏村镇······〔晋〕尧都区 129
魏县······〔冀〕邯郸市 112
魏岗乡······〔豫〕潢川县 261
魏岗镇······〔皖〕谯城区 209
魏邱乡······〔豫〕延津县 254
魏岭乡······〔陇〕七里河区 401
魏店镇······〔陇〕秦安县 402
魏庙镇······〔苏〕沛县 180
魏城镇······〔冀〕魏县 112
魏城镇······〔川〕游仙区 332
魏都区······〔豫〕许昌市 256
魏桥镇······〔鲁〕邹平县 245
魏家屯镇······〔冀〕冀州区 120
魏家庄街道······〔鲁〕市中区 235
魏家庄镇······〔冀〕隆尧县 112
魏家岭乡······〔辽〕建昌县 154
魏家峁镇······〔蒙〕准格尔旗 138
魏家桥镇······〔冀〕深州市 120
魏家桥镇······〔湘〕邵东县 280
魏家楼镇······〔陕〕横山区 395
魏家滩镇······〔晋〕兴县 131
魏家镇······〔川〕万源市 345
魏营镇······〔苏〕泗洪县 186
魏集镇······〔苏〕睢宁县 180
魏集镇······〔鲁〕惠民县 245
魏集镇······〔豫〕商水县 261
魏善庄镇······〔京〕大兴区 100
魏湾镇······〔鲁〕临清市 245
魏湾镇······〔鲁〕曹县 246
魏塘街道······〔浙〕嘉善县 192
魏僧寨镇······〔冀〕馆陶县 112
魏寨街道······〔陕〕长安区 389
簕竹镇······〔粤〕新兴县 300
篾厂乡······〔滇〕马关县 376
簇桥街道······〔川〕武侯区 327
簇锦街道······〔川〕武侯区 327
繁阳镇······〔皖〕繁昌县 202
繁昌县······〔皖〕芜湖市 202
繁城回族镇······〔豫〕临颍县 257
繁城镇······〔晋〕繁峙县 129
繁荣乡······〔黑〕富裕县 167
繁荣乡······〔黑〕明水县 172
繁荣街道······〔蒙〕扎兰屯市 139
繁荣街道······〔辽〕铁西区 147
繁荣街道······〔吉〕宁江区 161
繁荣街道······〔黑〕碾子山区 167
繁峙县······〔晋〕忻州市 129
繁塔街道······〔豫〕禹王台区 250

（十七画）黛皤徽爵襄糜㵲濮濠濯翼𬇙（十八画）鳌鬃藕藤酆瞿瞻鹭蟠黟镰酂簰礐翻鹰瀑瀍璧彝（十九画）蘑藻麓攀酃簸蟹麒瀚瀛骥（二十画）壤醴耀巍籍糯灌瀼（二十一画）霸露曩鳡赣夔灈蠡（二十二画）囊镶穰（二十三画）趱罐麟（二十四画）衢鑫灞

黛溪街道……〔鲁〕邹平县 245
黛溪镇……〔闽〕屏南县 219
皤滩乡……〔浙〕仙居县 196
徽王庄镇……〔鲁〕陵城区 243
徽州区……〔皖〕黄山市 205
徽县……〔陇〕陇南市 408
徽城镇……〔皖〕歙县 205
爵溪街道……〔浙〕象山县 190
襄平街道……〔辽〕白塔区 151
襄州区……〔鄂〕襄阳市 269
襄安镇……〔皖〕无为县 202
襄阳市……〔鄂〕 269
襄阳街道……〔湘〕津市市 283
襄汾县……〔晋〕临汾市 130
襄河镇……〔皖〕全椒县 206
襄垣乡……〔晋〕平遥县 127
襄垣县……〔晋〕长治市 125
襄城区……〔鄂〕襄阳市 269
襄城县……〔豫〕许昌市 256
襄南镇……〔陇〕通渭县 406
襄陵镇……〔晋〕襄汾县 130
糜杆桥镇……〔陕〕凤翔县 390
糜滩镇……〔陇〕靖远县 402
糜镇……〔鲁〕陵城区 243
㵲阳镇……〔黔〕镇远县 364
濮上街道……〔豫〕华龙区 255
濮东街道……〔豫〕华龙区 255
濮阳市……〔豫〕 255
濮阳县……〔豫〕濮阳市 256
濮城镇……〔豫〕范县 255
濮院镇……〔浙〕桐乡市 192
濮塘镇……〔皖〕花山区 203
濠头乡……〔湘〕汝城县 285
濠江区……〔粤〕汕头市 293
濠村乡……〔闽〕浦城县 217
濠城镇……〔皖〕固镇县 202
濯水镇……〔渝〕黔江区 319
濯田镇……〔闽〕长汀县 218
濯港镇……〔鄂〕黄梅县 272
翼城县……〔晋〕临汾市 130
𬇙渡镇……〔川〕渠县 345

十八画

鳌山卫街道……〔鲁〕即墨区 236
鳌石乡……〔晋〕阳高县 124
鳌头镇……〔粤〕从化区 292
鳌头镇……〔粤〕茂南区 295
鳌江镇……〔浙〕平阳县 191
鳌江镇……〔粤〕惠来县 300
鳌阳镇……〔闽〕寿宁县 219
鳌峰街道……〔皖〕宣州区 210
鳌峰街道……〔闽〕台江区 213
鳌陵乡……〔川〕仁寿县 341
鳌溪镇……〔赣〕乐安县 231
鬃岭镇……〔黔〕纳雍县 361
藕团乡……〔湘〕靖州苗族侗族自治县 287
藕池镇……〔鄂〕公安县 271
藕塘乡……〔川〕仁寿县 341
藕塘镇……〔皖〕定远县 206
藤田镇……〔赣〕永丰县 228
藤州镇……〔桂〕藤县 305
藤县……〔桂〕梧州市 305
藤桥乡……〔川〕盐源县 352
藤桥镇……〔浙〕鹿城区 191
酆田镇……〔湘〕洞口县 281
酆桥镇……〔赣〕吉水县 228
瞿昙镇……〔青〕乐都区 413
瞿河乡……〔川〕射洪县 335
瞿家湾镇……〔鄂〕洪湖市 272
瞿靖镇……〔宁〕青铜峡市 420
瞿溪街道……〔浙〕瓯海区 191
瞻岐镇……〔浙〕鄞州区 190
瞻榆镇……〔吉〕通榆县 162
鹭江街道……〔闽〕思明区 214
鹭鸶港乡……〔赣〕余干县 232
蟠龙乡……〔川〕江安县 341
蟠龙镇……〔晋〕武乡县 125
蟠龙镇……〔赣〕章贡区 226
蟠龙镇……〔渝〕梁平区 321
蟠龙镇……〔川〕罗江区 331
蟠龙镇……〔川〕乐至县 348
蟠龙镇……〔黔〕水城县 357
蟠龙镇……〔陕〕金台区 390
蟠龙镇……〔陕〕宝塔区 393
蟠猫乡……〔滇〕牟定县 375
黟县……〔皖〕黄山市 205
镰刀湾镇……〔陕〕安塞区 393
酂阳街道……〔鄂〕老河口市 270
酂阳镇……〔豫〕永城市 260
酂城镇……〔豫〕永城市 260
簰洲湾镇……〔鄂〕嘉鱼县 273
礐石街道……〔粤〕濠江区 293
翻江镇……〔湘〕湘乡市 279
鹰手营子矿区……〔冀〕承德市 117
鹰手营子镇……〔冀〕鹰手营子矿区 117
鹰背乡……〔川〕万源市 345
鹰潭市……〔赣〕 225
瀑河乡……〔冀〕徐水区 114
瀍西街道……〔豫〕瀍河回族区 251
瀍河回族乡……〔豫〕瀍河回族区 251
瀍河回族区……〔豫〕洛阳市 250
璧山区……〔渝〕 320
璧城街道……〔渝〕璧山区 320
璧泉街道……〔渝〕璧山区 320
彝良县……〔滇〕昭通市 372
彝海镇……〔川〕冕宁县 353

十九画

蘑菇峪乡……〔冀〕兴隆县 117
藻溪镇……〔浙〕苍南县 191
麓谷街道……〔湘〕岳麓区 277
攀天阁乡……〔滇〕维西傈僳族自治县 378
攀枝花乡……〔滇〕元阳县 376
攀枝花市……〔川〕 330
攀莲镇……〔川〕米易县 330
酃湖乡……〔湘〕珠晖区 279
簸箕梁子乡……〔川〕雷波县 354
蟹螺藏族乡……〔川〕石棉县 346
麒麟区……〔滇〕曲靖市 370
麒麟苗族乡……〔川〕兴文县 342
麒麟街道……〔苏〕江宁区 179
麒麟街道……〔桂〕鱼峰区 303
麒麟镇……〔皖〕枞阳县 204
麒麟镇……〔粤〕普宁市 300
瀚仙镇……〔闽〕明溪县 214
瀛州路街道……〔冀〕河间市 119
瀛洲街道……〔闽〕台江区 213
瀛洲街道……〔豫〕涧西区 251
瀛洲镇……〔皖〕绩溪县 210
瀛海（地区）镇……〔京〕大兴区 100
瀛湖镇……〔陕〕汉滨区 396
骥村镇……〔湘〕新田县 286

二十画

壤口乡……〔川〕红原县 349
壤柯镇……〔川〕壤塘县 349
壤塘县……〔川〕阿坝藏族羌族自治州 349
醴泉街道……〔鲁〕高密市 239
醴陵市……〔湘〕株洲市 278
耀华道街道……〔冀〕广阳区 119
耀州区……〔陕〕铜川市 390
耀灵镇……〔渝〕云阳县 322
巍山镇……〔浙〕东阳市 194
巍山彝族回族自治县……〔滇〕大理白族自治州 377
巍岭乡……〔皖〕岳西县 205
巍宝山乡…〔滇〕巍山彝族回族自治县 377
籍山镇……〔皖〕繁昌县 202
籍田镇……〔川〕双流区 327
糯扎渡镇……〔滇〕澜沧拉祜族自治县 374
糯良乡……〔滇〕沧源佤族自治县 374
糯垌镇……〔桂〕岑溪市 305
糯福乡……〔滇〕澜沧拉祜族自治县 374
灌口街道……〔川〕都江堰市 328
灌口镇……〔闽〕集美区 214
灌云县……〔苏〕连云港市 183
灌水镇……〔辽〕宽甸满族自治县 149
灌阳县……〔桂〕桂林市 305
灌阳镇……〔桂〕灌阳县 305
灌南县……〔苏〕连云港市 183
灌涨镇……〔豫〕内乡县 258
灌溪镇……〔赣〕泰和县 228
灌溪镇……〔湘〕鼎城区 282
瀼河乡……〔豫〕鲁山县 252
瀼渡镇……〔渝〕万州区 317
瀼溪镇……〔赣〕彭泽县 225

二十一画

霸州市……〔冀〕廊坊市 120
霸州镇……〔冀〕霸州市 120
露天矿街道……〔粤〕茂南区 295
露水河镇……〔吉〕抚松县 160
露圩镇……〔桂〕宾阳县 303
露峰街道……〔豫〕鲁山县 252
曩宋阿昌族乡……〔滇〕梁河县 378
鳡鱼彝族乡……〔川〕盐边县 330
赣马镇……〔苏〕赣榆区 183
赣州市……〔赣〕 226
赣江街道……〔赣〕章贡区 226
赣县区……〔赣〕赣州市 226
赣榆区……〔苏〕连云港市 183
夔门街道……〔渝〕奉节县 322
灈阳街道……〔豫〕遂平县 263
蠡吾镇……〔冀〕蠡县 115
蠡县……〔冀〕保定市 115
蠡园街道……〔苏〕滨湖区 179
蠡湖街道……〔苏〕滨湖区 179

二十二画

囊谦县……〔青〕玉树藏族自治州 415
镶黄旗……〔蒙〕锡林郭勒盟 141
穰东镇……〔豫〕邓州市 258

二十三画

趱滩乡……〔川〕高县 342
罐子镇……〔川〕达川区 344
罐头嘴镇……〔湘〕汉寿县 282
罐坝乡……〔川〕万源市 345
罐垭乡……〔川〕西充县 340
麟凤镇……〔滇〕威信县 372
麟绛镇……〔晋〕屯留县 125
麟游县……〔陕〕宝鸡市 391
麟潭乡……〔赣〕崇义县 226
麟麟镇……〔鲁〕巨野县 246

二十四画

衢山镇……〔浙〕岱山县 195
衢化街道……〔浙〕柯城区 195
衢州市……〔浙〕 195
衢江区……〔浙〕衢州市 195
鑫源街道……〔陕〕汉台区 394
灞桥区……〔陕〕西安市 389
灞桥街道……〔陕〕灞桥区 389
灞陵街道……〔豫〕魏都区 256
灞源镇……〔陕〕蓝田县 390